PANTHÉON LITTÉRAIRE.

LITTÉRATURE FRANÇAISE.

HISTOIRE.

CHOIX
DE
CHRONIQUES ET MÉMOIRES
SUR
L'HISTOIRE DE FRANCE.

XVe SIÈCLE.

IMPRIMÉ

PAR LES PRESSES MÉCANIQUES DE E. DUVERGER,

RUE DE VERNEUIL, N° 4.

CHOIX

DE

CHRONIQUES ET MÉMOIRES

SUR

L'HISTOIRE DE FRANCE

AVEC NOTES ET NOTICES

PAR J. A. C. BUCHON.

JACQUES DU CLERCQ. — MÉMOIRES, DE 1448 A 1467.
PIÈCES RELATIVES A LA PRISE DE CONSTANTINOPLE EN 1453.
JEAN LEFEBVRE, DE SAINT-REMY. — MÉMOIRES, DE 1407 A 1435.
MÉMOIRES SUR *JACQUES COEUR*, ET ACTES DE SON PROCÈS.

PARIS

AUGUSTE DESREZ, IMPRIMEUR-ÉDITEUR,
RUE NEUVE-DES-PETITS-CHAMPS, N° 50.

M DCCC XXXVIII.

A M. DE SALVANDY,

MINISTRE DE L'INSTRUCTION PUBLIQUE.

Monsieur le Ministre,

Je vous devais des remercîments pour votre obligeance toute amicale envers moi. Toutes les fois que j'ai désiré avoir communication d'un manuscrit intéressant de nos bibliothèques des départements, je vous ai toujours trouvé prêt à l'obtenir pour moi sans me le faire attendre. Il m'a suffi, l'année dernière, de désirer une lettre de vous qui m'ouvrît plus aisément les archives des départements et des communes du Midi, pour que cette lettre fût à l'instant écrite et dans les termes les plus bienveillants. C'est ainsi que j'ai pu, à la suite du procès de la Pucelle d'Orléans, donner des fragments du curieux *Registre delphinal* de Thomassin, que vous avez fait venir pour moi de Grenoble ; c'est ainsi encore que j'ai pu recueillir, dans les archives communales et départementales des Basses-Pyrénées, des documents qui ont leur place dans un autre volume de cette même collection du Panthéon sur le quatorzième siècle. Une excursion de santé et de délassement est devenue par là une étude utile pour moi.

Je vous ai prouvé, en vous présentant, sans autre mission que le désir du bien, le fruit de mes patientes et longues recherches sur les bibliothèques et archives de la Vienne et des Basses-Pyrénées, que j'avais su utiliser votre lettre dans l'intérêt du public non moins que dans mon intérêt privé. Je n'ai qu'un seul moyen, monsieur le Ministre, de vous prouver combien j'ai été touché de votre constante bienveillance à mon égard ; c'est de rendre mes remercîments publics, en vous offrant ce volume.

J'ai l'honneur d'être,

Monsieur le Ministre,

Votre très humble et très dévoué serviteur,

J. A. C. BUCHON.

20 avril 1838.

NOTICES.

JACQUES DU CLERCQ,

NÉ EN 1440.

Voici sa généalogie telle qu'il la donne lui-même. « Le dix-neuviesme jour de may mil quatre cent soixante-six[1], quy est jour de Saint-Yves qui fut advocat, en la ville de Lisle clost son dernier jour, en l'age de 89 ans, maistre *Jacques Du Clercq*, mon père, licencié en decret, conseillier et advocat de monseigneur le duc de Bourgongne. Iceluy maistre Jacques se maria en l'an 1409, en la ville de Compiengne à une jeune fille de Pierre de Camelin, nommée Jehanne; et estoit lors au duc d'Orléans; despuis fut au duc Jehan de Bourgongne, et despuis au duc Philippes de Bourgongne, tant qu'il vesquit conseillier et advocat en la chastellenie de Lisle, Douay et Orchies. De laquelle sa première femme il olt sept enfans, desquels les deux premiers morurent josnes. Les aultres cinq feurent nommés :

« Le premier, *Sohier*, lequel feut despuis licencié en decret et en lois, et chanoine d'Arras, et escolastre de Cassel ;

« La deuxiesme olt nom *Marie*, et feut mariée à ung bourgeois de Douay, nommé Ricard Botin; laquelle ne feut que deulx ans mariée, et en eut ung fils qui morut;

« Le tierch fus-je, nommé JACQUES DU CLERCQ, quy me mariay en la ville de Lisle à une jeune fille nommée Jehanne, fille d'ung escuyer nommé Balduin de la Lacherie, de laquelle je n'eus nuls enfans;

« La quarte olt nom *Floure* et fut religieuse en l'abbaye d'Esteim emprès Arras ;

« La cinquiesme olt nom *Jehanne*, laquelle fut mariée à ung nommé Guillebert de Brenay, recepveur de messire Englebert d'Engien, demourant à Tournay, duquel elle demoura vefve, l'an 1455, quy, comme cy-dessus est dict, feut murdry en la ville de Tournay ; et en demoura cinq filles. Puis elle se remaria à ung gentilhomme nommé Pierre de la Bourre ; de laquelle il olt ung fils nommé *Josse*.

« Iceluy maistre Jacques[1] fut vefve en l'an 1434, le septiesme jour de mars, et depuis se remaria en l'an 1439 à une femme vefve d'ung bourgeois de Lisle, nommé Estève Hangouart, laquelle fut fille de Roppin, seigneur de Houpplines, ung gentilhomme en la chastellenie de Lisle ; de laquelle il eut ung fils qui mourut jeune. Ledit maistre Jacques, tant qu'il vesquit, ne diminua en riens de son sens vers Dieu ne vers le monde, et olt la plus belle fin que chrestien peult avoir ; car jusques à rendre l'esprit parla latin et françois, et en soy recommandant à Dieu se partist du monde, et faillit comme une chandeille.

« Iceluy maistre Jacques Du Clercq estoit natif de Douay, fils légitime de *Thomas Du Clercq* et de Emmelot Barre, fille de Jehan Barre, bourgeois de Douay. Ledit Thomas servit en ses josnes jours le conte Loys de Flandres et alla en armes avecq ledict Loys, qui encoires n'estoit conte de Flandres, au pays de Romanie[2], en l'aide du pappe, et revint avecq ledit conte Loys quy, à son retour, lui donna deulx cens escus de gaiges sur la ville de Douay, qu'il receut toute sa vie.

« Lequel Thomas morut l'an 1407 et fut fils légitime de *Pierre Du Clercq*, natif de Bappalmes ; lequel Pierre se maria à Douay à la fille d'ung escuyer de Douay, nommé Jehan de Fiérin, nommé Roque.

« Et plus avant, dont ledit maistre Jacques descendit, je ne sçay. »

Dans un autre endroit de son livre il donne quelques autres renseignements sur sa personne.

« Je parlerai, dit-il[3], des choses advenues de la cognoissance de moy, JACQUES DU CLERCQ, escuyer, seigneur de Beauvoir en Ternois, fils de maistre Jacques Du Clercq, desquelles je, Jacques Du Clercq dessusdict, demeurant en la cité d'Arras, en ma maison nommée la Monnoie,

---

(1) Voyez page 293 de cette édition.

(1) Son père. (2) Romagne.
(3) Pages 1 et 2.

ay enquis au mieulx que j'ay sceu et peu, et les ay mis par escript au plus vray que j'ai sceu et peu; et commence cestuy volume [1] en l'an de ma nativité vingt-huitiesme, et l'an deuxiesme de mon mariage. »

Or comme cet ouvrage commence à l'année 1448, il s'ensuit que Jacques Du Clercq est né en 1420, et que ce fut dans l'année 1446, à l'âge de 26 ans qu'il épousa Jehanne de la Lacherie, dont il n'eut pas d'enfants.

Dans un autre endroit de sa chronique [2] il parle d'un *Jehan Du Clercq*, abbé de Saint-Vaast-d'Arras, qui était fort probablement son oncle, à en juger par les dates. Son père était mort en 1466, à l'âge de 89 ans, et cet abbé Jehan Du Clercq mourut en 1462, à l'âge de 86 ans. Il était par conséquent né en 1376 et d'un an plus jeune que le Jacques Du Clercq, père de notre chroniqueur, qui donne sur la vie de cet abbé, sur sa naissance, ses vertus, des détails trop intimes pour ne pas faire supposer qu'il était de sa famille.

Cette parenté de Du Clercq avec le riche et puissant abbé de Saint-Vaast explique la ferveur de son zèle religieux et la rigueur de son orthodoxie. Les tortures et les supplices multipliés sous ses yeux par les inquisiteurs d'Arras contre de pauvres malheureux qui viennent déclarer avoir traversé les airs pour assister au sabbat et y avoir vu le diable jouant de la cornemuse, n'éveillent ni son incrédulité ni sa pitié. Il raconte les faits sans réflexion aucune; et quand plus tard le parlement de Paris arrête enfin le cours de tant de folles violences, il se contente de rapporter aussi les actes et les faits. Jacques Du Clercq est un chroniqueur fort sec et un écrivain peu habile, mais il vivait dans une époque féconde en événements intéressants, et dans une ville placée au centre de la lutte entre les deux rivalités française et bourguignonne, et sa situation particulière lui permettait de connaître exactement les détails locaux.

Deux des morceaux de son histoire sont surtout dignes d'être cités. Le premier est l'historique du procès, de la condamnation, de l'exécution, puis de la trop tardive réhabilitation des bourgeois d'Arras accusés de vauderie; le second est le tableau des désordres sans répression qui signalèrent les dernières années du règne du duc de Bourgogne, Philippe-le-Bon. Jamais assurément le favoritisme des princes ne produisit d'aussi désastreux effets pour les peuples.

Un fragment assez insignifiant des mémoires de Jacques Du Clercq fut publié pour la première fois dans la collection des anciens mémoires de Perrin. M. Petitot se contenta de reproduire ce fragment dans sa collection.

M. le baron de Reiffenberg publia le premier à Bruxelles une édition complète des Mémoires de Jacques Du Clercq, en quatre volumes. Ne connaissant pas alors de manuscrit de Du Clercq qui me servit à collationner cette édition, je me contentai de la reproduire exactement dans ma collection des Chroniques.

En l'année 1836, le désir de compléter mes recherches sur George Chastellain m'ayant fait entreprendre un voyage dans les anciennes villes de Flandre, parmi d'autres manuscrits curieux le bibliothécaire d'Arras me montra un manuscrit de Jacques Du Clercq, le même sans doute qui, suivant l'indication qui m'avait été donnée il y a plusieurs années par l'obligeant marquis Lever, lui avait été communiqué au mois d'août 1822, et qu'il avait rendu le 25 du même mois. M. Billet, membre du corps municipal d'Arras, homme aussi instruit que bienveillant, voulut bien se charger de me faire obtenir communication de ce manuscrit à Paris, ainsi qu'on avait bien voulu déjà le faire pour les deux volumes des manuscrits de George Chastellain, publiés pour la première fois dans cette collection. Je collationnai avec soin ce manuscrit sur l'édition de M. de Reiffenberg, et vis avec plaisir qu'il me fournissait le moyen d'y faire un très grand nombre de corrections. C'est sur le manuscrit même que j'ai revu les épreuves de la présente édition. Grâce au secours le texte de Jacques Du Clercq s'est beaucoup amélioré; un grand nombre de passages douteux, et des phrases incomplètes ou obscures ont été éclaircis et complétés dans cette nouvelle édition. Je la présente avec confiance à l'examen le plus minutieux; le public gagne toujours à une critique approfondie et éclairée.

---

[1] A ce volume qui s'étend jusqu'à la mort de Philippe de Bourgongne, son intention était d'en joindre encore un autre, « selon, dit-il que je vivrai ou qu'il adviendra des choses en mon temps. » On ne voit pas que le second ouvrage ait jamais été écrit. (2) Page 200.

JEAN LEFEBVRE,

SEIGNEUR DE SAINT-REMY, DE LA VACQUERIE, D'AVESNES ET DE MORIENNE,

NÉ A ABBEVILLE, VERS 1394. — MORT EN 1468.

Don Julian de Pinedo y Salazar, qui a écrit en espagnol une histoire de l'ordre de la Toison-d'Or (en 3 volumes in-folio), donne les renseignements suivants sur Jean de Saint-Remy.

« Jean le Fèvre, seigneur de Saint-Remy, de la Vacquerie, d'Avesnes et de Moriennes, né à Abbeville en Picardie, conseiller et hérant du duc de Bourgogne, Philippe-le-Bon, avec le titre de Charrolois, fut créé par le même duc chevalier et premier roi d'armes de l'ordre de la Toison-d'Or, dès son institution, en 1429. Il écrivit les mémoires des principaux chapitres de l'ordre tenus de son temps ; il écrivit aussi, en 1463, un traité qui contient les ordonnances des anciens ducs de Bourgogne, sur le blason. Il a laissé deux volumes de *Mémoires* sur les principaux événements de son temps, depuis l'année 1407 jusqu'à l'année 1460 [1]. Le 7 mai 1468, il demanda à se faire remplacer dans son emploi de premier roi d'armes, par Gilles Gobet, héraut du même ordre avec le titre de Fusil, et qu'il avait instruit dès son enfance dans l'art héraldique, et avait amené avec lui dans plusieurs voyages. Gilles Gobet fut en effet nommé son substitut par une cédule expédiée par Martin Steenberge, greffier de l'ordre [2]. Jean le Fèvre mourut le jour du Saint-Sacrement [3] en 1468. »

Les *Mémoires* de Saint-Remy dont il est question ici renferment quelques renseignements de plus sur sa personne, et à l'aide de ces faits additionnels, mademoiselle Dupont a rédigé une bonne notice sur Saint-Remy, insérée dans un des volumes du journal de la Société de l'Histoire de France. En republiant moi-même pour la seconde fois cette édition de Saint-Remy, j'extrais de ses mémoires tous les renseignements qui lui sont personnels.

Dans l'année 1415, on le voit assister à la bataille d'Azincourt :

« Et là eussiez vu les Anglois, cuidants le jeudi avoir la bataille, estre en grand' dévotion, eulx mettants à genoux, les mains jointes vers le ciel, faisants leurs oraisons à Dieu qu'il les voulsist mettre en sa garde. Et qu'il soit vrai, j'estois avec eux et vis ce que dessus est dit [1].

« Et jà-soit-ce que les Franchois fussent bien cinquante mille hommes, et grand nombre de chariots et charrettes, canons et serpentines, et aultres oustillements de guerre, tel qu'au tel cas debvoit appartenir, néanmoins si y avoit-il peu d'instruments de musique pour eulx resjouir, et à peine celle nuict, de tout l'ost des Franchois, on n'eust ouy ung cheval hennir. Je le sai pour vérité par messire Jehan, le batard de Waurin, seigneur de Forestel, car en celle journée estoit du costé des Franchois, et j'estois de l'aultre costé des Anglois [2]. »

Il y occupait, à ce qu'il semble, l'emploi d'officier d'armes, c'est-à-dire poursuivant. « Durant la bataille (d'Azincourt), tous officiers d'armes, tant d'un party que d'autre, se tinrent ensemble ; et après la bataille, ceulx de France s'en allèrent où bon leur sembla, et ceulx d'Angleterre demourèrent avec leurs maistres qui avoient gaigné la bataille. Mais quant à moi, je demourai avec les Anglois ; et depuis j'ay ouy parler plusieurs notables chevaliers de la partie de France, et par espécial à messire Jean et à messire Guilbert de Lannoy, frères, qui furent à ladicte bataille, qui en racontoient bien au long [3]. »

Or, pour devenir officier d'armes ou poursuivant, il fallait avoir au moins vingt ans, et ce n'était qu'après sept ans de possession de cet office qu'on devenait héraut d'armes ; ce qui porte par conséquent la date de sa naissance vers l'année 1394.

---

(1) Le manuscrit de la Bibliothèque royale n. 9869-3 ne contient que jusqu'à l'année 1434 et celui du marquis Lever, ne donne que jusqu'à l'année 1436.
(2) Salazar, t. II, p. 637.
(3) La Fête-Dieu.

(1) P. 396, première colonne.
(2) P. 397, deuxième colonne.
(3) P. 404, deuxième colonne.

En l'an 1429, lors de la première création de l'ordre de la Toison-d'Or, il fut créé roy d'armes de cet ordre, sous le nom de Toison-d'Or qu'il continua toujours à porter depuis et en même temps chancelier du duc de Bourgongne. Jusqu'à cette année il avait porté, probablement depuis l'année 1422, le titre de héraut Charrollois.

« Or est vrai que [1], par grant délibéracion du conseil, le duc et les seigneurs dudict ordre (de la Toison-d'Or) avoient institué, faict et ordonné quatre hommes officiers à eux, dont les manières s'ensuivent; c'est à sçavoir : ung *chancelier* pour eulx servir en ladicte noble ordre, faict par ung très notable docteur en théologie, familier du duc, appelé maistre JEHAN GERMAIN, esleu évesque de Nevers; le second pour leur *greffier* et secrétaire, ung notable homme appelé maistre JEHAN IMBER, familier et officier du duc; ung autre pour leur *trésorier*, ung très puissant et riche homme, pareillement familier et officier du duc, appelé GUY GUILBAULT; et ung notable homme et souffisant hérault appelé CHARROLOIS, lequel estoit aussi au duc; icelui firent leur *roy d'armes* et le nommèrent THOISON-D'OR, pour eux servir en leurs besognes et affaires, et est autheur de cestuy livre, comme devant est dit en ung prologue. »

Il fut en cette qualité chargé par le duc de Bourgogne et par l'ordre lui-même de missions assez importantes.

Dans l'année 1430 on le voit envoyé par le duc de Bourgogne au duc de Bethford.

« A icelui conseil (à Lihons en Santerre) fut ordonné que le duc envoieroit querir aucuns Anglois qui avoient leur siége devant Clermont; si fut ainsi fait, et je fus moi-mesme envoyé; mais je ne le trouvai pas, ains estoient retraits à Rouen, où le roi Henry d'Angleterre, bien josne enfant, estoit. Là trouvai le duc de Bethford, lors régent de France, auquel je dis comment j'avois laissé le duc audit lieu de Lihons, et comment ses gens avoient esté rués jus et destroussés. Sy me respondit le duc de Bethford, qu'il envoieroit ses gens à son beau-frère le duc de Bourgongne [2]. »

En 1432 il est chargé de porter le collier de l'ordre au seigneur d'Antoing, élu chevalier de l'ordre en remplacement d'André de Toulongeon.

« Et fust porté le collier de l'ordre au seigneur d'Antoing, par Thoison-d'Or, lequel il receut très amiablement et aggréablement [3]. »

En 1434 il eut à porter la parole dans un débat relatif à des armoiries contestées entre plusieurs membres de la famille de Brimeu.

« Et premièrement fureut demandées les opinions des roys d'armes et héraulx. Et par moy, portant la parolle de toute l'office d'armes, ainsi que par eux ordonné m'estoit, fut dict [1], etc. »

En septembre 1435 il fut envoyé par le duc de Bourgogne au roy d'Angleterre, pour porter les propositions de paix entre les roys de France et d'Angleterre.

« Et le duc y envoya, par moi Thoison-d'Or, les offres grandes et honnorables que le roy faisoit au roy d'Angleterre, lesquels offres seront cy après declairées ; c'est à sçavoir : que le roy offroit au roy d'Angleterre, moyennant qu'il renonçoit à la succession, titre et demande qu'il feroit à la couronne de France, la duchié de Normandie, sauf et réservé l'hommaige; la duchié de Guienne, ce de quoi ils possessoient; et tout ce qu'ils tenoient en Picardie d'ancienne conqueste [2]. »

En 1449 il est établi juge d'un pas d'armes entrepris par Jacques de la Laing [3]. Saint-Remy lui-même a pris soin de nous donner le procès-verbal de ce pas d'armes; on le retrouve dans le n° 8417 des manuscrits de la Bib. R. ; il est adressé au père de Jacques de la Laing. J'ai donné un extrait des diverses pièces qui composent ce volume dans ma notice sur Georges Chastellain. Ce procès-verbal commence au feuillet 47.

« Mon très honnouré et doubté seigneur, dit Saint-Remy en commençant, après toutes recommandations prémises, je vous envoie et rescrips certains mémoires des haulx et loables fais d'armes que feit en camp clos feu de bon memoire vostre fils, messire Jacques de la Laing, au temps de son jeune aige, et qui, pour sa mort douloreuse, n'a guères duré. Et laisse à escripre les nobles fais et entreprises qu'il a fait avec son souverain et naturel prince le duc de Bourgoingne et de Brabant en ses guerres de Flandres, lesquels nobles fais, comme raison est, seront mis ès chroniques qui en seront faictes; lesquels memoires je vous envoye, vous suppliant qu'il vous plaise

---

(1) Page 507, deuxième colonne.
(2) P. 510, deuxième colonne.
(3) P. 527, deuxième colonne.

(1) Page 547, deuxième colonne.
(2) P. 558, première colonne.
(3) « Le duc Philippe de Bourgongne bailla à J. de La Laing, pour estre son juge et tenant son lieu, le noble roy d'armes de la Thoison, que chascun nommoit THOISON-D'OR, lequel fut tenu tout son vivant le plus sachant et vertueux et voir disant qui pour son temps estoit, pour un roy d'armes le non pareil qui pour lors fust en vie ; et pour la prud'hommie de lui et pour son bon sens estoit conseiller du duc. Messire Jaques de La Laing, qui le connoissoit de longtemps, fut moult joieux quand il sceut qu'il seroit son juge élu de par le duc son souverain seigneur. » (Chronique de Jacques de La Laing, p. 674 dans cette collection.)

me pardonner sy je n'ay faict lesdis memoires plus au long et en meilleure forme, car si faire le savois, je y suis bien tenu. Mais ce ne sont tant seulement que petits mémoires au regard de ces haulx fais ; et aussi Charrolois, qui a veu la pluspart de ces nobles fais, en escript bien au long [1], et encore peut escripre, avec autres nobles personnes qui en savent à parler ; lesquelles escriptures bien assemblées, j'espère que vous, mon très honnouré et doubté seigneur, en ferez faire livres, affin que ceulx qui sont yssus et ystront de la noble maison dont il estoit yssu prennent exemple à ses haulx et nobles fais, pour à leur loyal povoir ensuir ses bonnes et vertueuses œuvres, et qu'ils soient mieulx tenus de prier nostre benoist Créateur, que de sa saincte grace et miséricorde luy plaise mettre l'ame du vaillant chevallier en son benoist repos de paradis. »

Saint-Remy donne ensuite le procès-verbal de la joute entre J. de la Laing et J. Boniface, le 26 septembre 1445, après avoir rapporté toutes ses démarches préliminaires entre les deux parties. Le détail de ces négociations et de ces combats se trouve reproduit presque mot pour mot dans la Chronique de Jacques de la Laing, au chapitre XXIV, intitulé : *Cy parle d'ung chevalier sécilien et de sa venue; et estoit de l'hostel d'Alphonce, roy d'Arragon et de Sécille, lequel portoit une emprinse pour faire armes.*

Après la description du combat contre J. Boniface, Saint-Remy passe à d'autres emprinses de J. de la Laing :

« En ces présents mémoires, dit-il [2], je layré à parler des haultes et loables entreprinses que ledit de la Laing avoit entencion de faire au royaume de France, tant en l'isle Nostre-Dame, à Paris, comme ès aultres lieux, comme il peult apparoir par les chapitres et lettres sur ce faictes, et par les *Mémoires de Charrollois* dont dessus est faicte mencion, et je ne parleray tant seulement que des louables œuvres faictes et accomplies par ledit de la Laing. »

Il raconte ensuite le départ de J. de la Laing pour les royaumes de Navarre, d'Arragon, de Castille et de Portugal, et décrit sa joute avec Diego de Guzman, à Valladolid. Après le compte rendu de cette joute, Saint-Remy ajoute :

« Et sur ce, m'en partis et m'en vins en Navarre ; sy n'en sçay plus parler. »

« Au mois de juillet 1448, continue Saint-Remy, messire Jacques de la Laing envoya *Charrolois* le hérault au royaulme d'Escosce, porter lettres à messire Gemes du Glas [1], frère du conte du Glas. »

Cette joute, qui fut de plusieurs contre plusieurs, et dans laquelle figurent surtout Jacques de la Laing, Simon son oncle et Miriadec, du côté des Français, est racontée avec de grands détails. Il paraît même que le procès-verbal en fut dressé sur les lieux, et que le n° 8417 est le volume original sur lequel il a été transcrit. On lit en effet, page 58, verso de ce manuscrit :

« Lesquelles armes ainsi faictes par lesdits de la Laing et le gentil Meriadec, nous, Robert, abbé d'Ascuque, et James Duglas, chevalier du royaulme d'Escosse, certiffions avoir ainsi esté faictes, et ne voulons tollir l'onneur de si vaillans et honnestes gentils hommes. En tesmoing de ce nous avons signé cy desoubs de nos seings manuels en ce présent livre, apporté du royaume de France en Escosse.

« R. abbé d'Ascuque, et James Duglas. »

« Ne demoura guères, ajoute Saint-Remy, que ledit de la Laing, et son oncle, messire Simon, prindrent congie du roy d'Escosse; si monterent en mer, et allerent en Angleterre ; et Meriadec print le chemin du royaume d'Escosse, à aller audit royaume d'Angleterre sans entrer en mer. Et en la ville de Londres arriverent ledit de la Laing et sondit oncle, et Meriadec, les deux par mer et l'autre par terre, ainsi que dessus est dit. Or est ainsi, que ledit de la Laing avoit envoyé grant temps d'avant ledit Charrolois le hérault devers le roy d'Angleterre pour avoir ung sauf-conduit, et aussi pour avoir congié de porter sadicte emprinse à la cour du roy d'Angleterre et en son royaume. Et sy porta ledit Charrolois les chappitres, qui estoient tieulx que cieulx dont est parlé aux armes faictes devant le roy de Castille par ledit de la Laing à l'encontre de messire Deago de Goswen. Ledit de la Laing et sondit oncle messire Simon de la Laing, et le dessusdit Meriadec, furent en Angleterre et audit lieu de Londres grant espace de temps, et y furent très petitement receus. Et ne voult le roy d'Angleterre donner congié à nul de son royaume de faire armes à l'encontre dudit de la Laing. Si s'en retournèrent dudit royaulme d'Angleterre, ledit de la Laing et sondit oncle messire Simon, et ledit Meriadec, à la cour de leur prince et maistre, monseigneur le duc de Bourgoigne, là où ils eurent très bonne chère, car bien leur estoit deue. »

Après la défense faite aux chevaliers anglais

---

(1) D'après l'autorité de J. Chifflet, j'avois attribué comme lui à Georges Chastellain la chronique de Jacques de La Laing ; mais de nouveaux renseignements plus exacts sur Chastellain, puisés dans ses propres ouvrages que le premier j'ai retrouvés et publiés, m'ont prouvé que ce n'était pas de lui, mais du hérault Charrolois qu'était cette chronique, et le témoignage de Saint-Remy vient fortifier encore mon opinion. Le manuscrit de la Bibliothèque royale qui contient la chronique de J. de Lalaing commence par une belle miniature qui représente l'auteur, vêtu en costume de roy d'armes, avec le manteau fleurdelisé, et ce manuscrit est du temps.

(2) Folio 54 verset du manuscrit 8417.

(1) James Douglas.

de se battre avec Jacques de La Laing en Angleterre, l'un d'eux partit pour Bruges afin de répondre à son appel. Saint-Remy l'appelle Thomas, sans autre désignation, et decrit le combat qui eut lieu à Bruges, et dans lequel Jacques de La Laing fut un peu blessé, mais l'Anglais renversé et vaincu.

Encouragé par ses succès, sans être arrêté par sa blessure, Jacques de La Laing conçut une *emprinse* plus magnifique que toutes les autres en 1450; c'est celle qui est connue sous le nom du *Pas de la fontaine des Pleurs*, et qui est décrite avec de nombreux détails dans la chronique de Jacques de La Laing. Saint-Remy rapporte les actes authentiques[1] et les combats qui s'en suivirent. Il y présidait lui-même.

« Et estoit juge, dit-il[2], ung notable et prudent homme nommé Thoison-d'Or, conseiller et roy d'armes de mondit seigneur de Bourgoingne. »

Ce procès-verbal est littéralement transcrit dans la chronique de Jacques de Lalaing, et il forme les chapitres LX à LXXIX[3]; on n'y a changé que le *moy* qui se trouve parfois dans le manuscrit, comme dans cette phrase par exemple, à la fin du Pas de la fontaine des Pleurs :

« Et lequel petit traictié a esté fait et escript en haste par *moy Thoison-d'Or*, non mie si authentiquement que la matière le requiert, car véritablement ce a esté vraye, notable et haulte emprinse, et honnourablement conduite du commancement jusques à la fin et bien digne de mémoire. »

Jacques de La Laing, après ce tournois, partit pour aller au grand jubilé de Rome[4].

« Et après ce que par dévotion il eust esté aux saincts pardons de ladicte saincte cité de Rome, s'en alla en la cité de Naples, là où estoit le très excellent et victorieux prince le roy d'Arragon, qui moult grant honneur luy feit; mais pour les aliances et amours faternelles qui estoient entre luy et mondit seigneur de Bourgoigne, ne voulsist souffrir audit de La Laing qu'il portast son emprinse telle que aux autres royaumes avoit porté : et il ne voult que nul homme de sa court ni de ses royaumes et seigneuries feissent armes contre luy.

« A ycelle court dudit roy d'Arragon trouva ledit de La Laing le noble duc de Clèves, lequel venoit du Saint-Sépulcre de Jérusalem, qui luy feit l'une des grans joyes qui luy povoit advenir; car il avoit esté norri le temps de son enfance tousjours avecques luy, en la court de mondit seigneur de Bourgoingne. Le roy d'Arragon festia le duc de Cleves si grandement et si honnorablement, comme j'ay ouy dire, que le roy n'en pourroit plus faire à prince qu'il luy en feit. Et puis s'en retourna ledit duc de Cleves tout au long des Ytalies, et ledit de La Laing avec luy; èsquels païs ledit de La Laing ne trouva nuls qui touchassent à ses targes ne emprinse ; et s'en retourna à la court de mondit seigneur de Bourgoingne son maistre, là où il n'avoit point esté de long temps.

« *Item* l'an 1451, mondit seigneur de Bourgoingne feit à Mons en Henault la feste et solempnité de son ordre de la Thoison, à laquelle sollempnité et feste ledit messire Jacques de La Laing fut esleu chevallier, frère et compaignon d'icelle ordre.

« Et le huitiesme jour après, mondit seigneur de Bourgoingne envoia devers nostre saint père de Rome son ambassade grande et honorable, c'est assavoir : messire Jehan de Croy, ledit messire Jaques de La Laing, ung notable abbé et docteur en théologie et *moy roy d'armes Thoison-d'Or*, et autres, pour haultes et grandes matières, et de Rome devers le roy d'Arragon, et puis à leur retour devers le roy de France. Ausquelles grandes ambassades et voiaiges ledit de Lalaing se gouverna grandement et honourablement et y acquit honneur et loange.

« *Item*, il n'est pas à oblier les haults fais et vaillances d'armes que feit ledit messire Jaques de La Laing, avecques son souverain seigneur et maistre monseigneur le duc ce Bourgoingne, ès guerres de Flandres, èsquelles guerres il fina ses jours; Dieu de sa grace luy face pardon à l'ame !

« Mais pour le présent je mettray fin à ceste épistre, laquelle, mon très honoré et doubté seigneur, je vous envoye par manière d'ung petit advertissement, afin que celui qui escripra des haulx et chevalereux fais dudit de Lelain peust aucune chose recouvrer de madicte épistre, que *moy Thoison-d'Or* vous rescrips, mon très honoré et doubté seigneur, non mie si auctentiquement que la matière le requiert, car véritablement les haulx louables et honourables fais d'armes cy-dessus escrips sont bien dignes de mémoire.

« *Item*, et après le trespas de ce gentil chevalier fut trouvé en une sienne bouete[1] où il avoit ses plus chères bagues[2], uns chappittres d'armes qu'il avoit intention d'accomplir, la guerre faillie où il paia son treheu[3] à nature; et ne y avoit ame qui rien en sceust que monseigneur de Bourgoingne et luy. Et ces chappitres contenoient : d'avoir unes lettres de mondit seigneur de Bourgoingne adressantes au roy Alfonce

---

(1) Folio 61 verso et suivants.
(2) Folio 65, verso, dernière ligne.
(3) De la page 670 à la page 690 de mon édition donnée dans cette collection.
(4) En 1450.

(1) Boîte.
(2) Effets.
(3) Tribu.

d'Arragon, comme il l'advertissoit, pour faire savoir à l'empereur qu'il y avoit ung chevalier estrange qui se devoit rendre, le jour de la Penthecouste, devant l'empereur, armé de toutes armes accoustumées à nobles hommes à combattre en champ clos, garny de hache, d'espée et de dague, sans nul sort ne nul engin; et en cest estat servir l'empereur de couppe tout le long du disner, et emporter ladicte couppe les tables levées, sy ne trouvoit aucun noble homme sans villain reprouche qui le luy ostast par force d'armes. Et sy son bonheur luy donnoit de l'emporter, faisoit savoir à l'empereur et à toute sa compaignie : que à la Penthecouste prouchaine en serviroit mondit seigneur de Bourgoingne, si aucun aultre chevalier ou escuyer de la condicion dessus dicte desdictes Alemaignes ne la lui ostoit par force d'armes; et en advertissoit l'empereur demi an avant le terme; et après cela le gentil chevalier estoit délibéré de servir Dieu toute sa vie. »

Dans cette année 1452 Saint-Remy fut, comme l'on voit d'après son propre témoignage, envoyé avec Jacques de la Laing et Jehan de Croy en ambassade auprès du pape, du roi d'Arragon et du roi de France; dans les années 1456, 58 et 59 par le duc Philippe à son fils, le comte de Charrolois, pour calmer son irritation; puis à Charles VII.

Il paraît que dans la scandaleuse et abominable affaire des prétendus vaudois brûlés par l'inquisition, à Arras, Lefebvre de Saint-Remy contribua beaucoup à éteindre les bûchers, et que les inquisiteurs redoutèrent ses lumières, son humanité et son crédit auprès de son souverain. Voici comment s'exprime le discret et tremblant J. Du Clercq à ce sujet.

« Après ce que lesdicts vicaires se fussent conseillés, ils prindrent congié du duc[1]; lequel duc envoya devers les inquisiteurs à Arras, pour estre présent à interroger les prisonniers sur le faict de vaulderie, Thoison-d'Or, son premier hérault, auquel il avoit parfaicte fiance et credence. Lequel Thoison-d'Or il envoya pour estre mieulx adverti de la vérité, pour tant qu'on lui avoit rapporté, qu'aulcuns de la ville de Paris et d'ailleurs en France, disoient qu'il faisoit prendre en son pays les riches hommes et aultres, afin d'avoir leurs biens et leurs terres, dont très troublé il estoit; mais pour ce ne vouloit-il pas laisser à soustenir la foi, si le cas le requeroit, comme il disoit. Et ainsi s'en retournerent lesdits vicaires et leur compaignie, et ledict Thoison-d'Or avecq eulx, et revindrent en la ville d'Arras, le quatorziesme jour du mois d'aoust, l'an 1460. Et combien que je ne puisse savoir quel conseil on leur baillia à Bruxelles, toutesfois, eulx revenus, on ne print plus prisonnier pour le cas de vaulderie, jà-soit-ce que plusieurs, et tant que sans nombre, en estoient accusés; et furent lesdicts prisonniers plus doulcement traictés que par devant ils n'avoient esté. »

Ce fut à peu près à cette époque que Saint-Remy commença à écrire ses Mémoires. Il était alors âgé de soixante-sept ans.

« Il est vray que mon très redoubté seigneur le duc Phillippe, le jour qu'il espousa madame Elisabeth, fille, sœur et tante du roi de Portugal, en la ville de Bruges, le premier jour du mois de janvier, l'an quatorze cent vingt-neuf, fonda l'ordre de la Thoison-d'Or... . . . . et à l'office de *roi d'armes* dudict ordre je fus esluc, institué et mis; et me fut donné le nom de *Thoison-d'Or* par mondict très redoubté seigneur, qui en outre me fit tant d'honneur de sa grace que de me retenir son *chancelier* . . . et d'exposer que faire debvois tant en ses guerres que ès grandes et notables ambassades ès quelles lui a plu moi envoier, tant devers les papes Eugène et Nicolle en Italie que devers plusieurs prinches du pays; aussi devers le roi d'Arragon ès royaulmes de Naples et de Sicile, ès Espaignes, devers le roy de Chastille, de Portugal, de Navarre et de Grenade; plusieurs voyaiges ès Allemaignes et en Angleterre, en Escoche, et plusieurs aultres lieux. Et tant ay voyaigé par mer et par terre que, par la grace de Dieu, je ay atteint l'age de soixante-sept ans ou environ[1], occupé de maladie en telle manière que bonnement ne puis aller ni faire tels ou semblables voyaiges à pied, à cheval ni à charriot; par quoy j'ai esté et suis contraint et mis en nécessité de moi en départir. Pourquoi, en considérant les choses dessusdictes, pour eschevir oisiveté qui est la mère de tous les vices, et que mon anchienneté ne demourast inutile, me suis disposé faire et compiler ce petit volume. . . Et je parlerai en brief de moult merveilleuses et piteuses aventures depuis l'an quatorze cent sept jusques à l'an quatre cent soixante »

Il envoia ces mémoires qu'il venait de rédiger au célèbre chroniqueur Georges Chastellain pour lequel il avait une estime particulière.

« Et ce fait les ay envoyés au noble orateur Georges Chastellain [2] pour aulcunement en son bon plaisir et selon sa discrétion les employer ès nobles histoires et chroniques que lui faict [3], jà-

---

(1) Jacques Du Clercq, p. 149, première et deuxième colonne.

(1) Mémoires de Saint-Remy, pages 319 et 320.
(2) Id. Ibid.
(3) Il s'agit des chroniques de Bourgogne de Georges Chastellain, retrouveés par moi sous divers noms, et publiées pour la première fois dans ma collection des chroniques et d'une manière bien plus complète dans cette collection du Panthéon d'après des manuscrits d'Arras et de Bruxelles.

soit-ce que la chose soit de petit fruit au regard de son œuvre. . . . . Et parlerai des haults et louables faits du duc et des chevalliers de son ordre, non mie si au long à la centiesme partie que en a descript ce noble orateur Georges Chastellain [1]. »

Au-delà de l'année 1460 on le retrouve mentionné comme ayant suivi, en 1467, le convoi de Philippe-le-Bon à Dijon. Il devait alors avoir de 74 à 75 ans; et enfin son ami Georges Chastellain le mentionne encore à l'année 1468. On le voit, cette année, envoyé par Charles-le-Téméraire pour porter à Philippe de Savoie les insignes de l'ordre de la Toison-d'Or.

« *Thoison-d'Or* lui porta le collier; et haultement le recheut et à grant honneur [2]. »

Le même Chastellain nous donne des renseignements précis sur le dernier événement de sa vie, son élévation au grade de chevalier, et sur la date de sa mort.

« Or estoit ainsi, dit-il [3], que *Thoison d'Or*, qui avoit servi ledict ordre en l'estat et office de roy de l'ordre par l'espace de 36 ans, et estoit jà devenu viel et de grand eage; et par divers grans labeurs et voyages qu'il avoit eus fort débilité et affoibli, avec ce encoires qu'au-dict présent lieu de Bruges il estoit encheu en maladie, dont il mourut enfin dedans six semaines après [4], cestui Thoison-d'Or, un petit ressours de sa dicte maladie et espérant encore pouvoir vivre aucun temps, mais non pas de porter cure ne soing en son estat accoustumé, pourpensa et délibéra de soy convenablement déporter de son estat avant sa mort, et de y constituer ung autre, du gré du duc, en sa pleine vie. Et de faict y constitua; et se arresta sur ung sien serviteur, lequel il avoit faict, nommé Fusil [5]; et comme il avoit oy dire que le duc tenoit une cour ouverte le jour de la Pentecoste, pensa là, en pleine salle et congrégacion, prier au duc pour estre déporté de son estat, considéré ses vieux jours et son impotence, et par son gré et accord de les mettre en nouvelle main, lequel il avoit choisi digne à ce; et ce faict, vouldroit et prieroit le duc, pour toute recompense et rétribution de ses services, qu'il luy pleust le faire chevalier, considéré encore qu'il avoit terres et seigneuries nobles et de noble tenement lesquelles il avoit acquises. »

Georges Chastellain procède ensuite dans son récit, comme on peut le voir dans cette collection, et raconte comme Saint-Remy fut armé chevalier par son souverain [1]. Ces derniers honneurs jetèrent un nouveau lustre sur la fin de cette carrière de dévouement.

Les Mémoires de Saint-Remy ont été publiés pour la première fois par Le Laboureur, à la suite de l'anonyme de Saint-Denis. Dans l'édition de Le Laboureur, les Mémoires de Lefebvre de Saint-Remy se terminent en 1422, à la mort de Charles VI.

Dans ma Collection des chroniques j'ai publié une nouvelle édition de cette partie des Mémoires, en la revoyant sur le manuscrit 9869 de la Bibliothèque royale, et j'y ai ajouté la suite de ces mémoires jusqu'à l'année 1434, conformément au texte de ce manuscrit. La copie d'un autre manuscrit, qui n'avait été communiquée par l'obligeance du marquis Lever, m'avait permis d'y ajouter une cinquantaine de pages in-8º de plus.

J'ai revu de nouveau cette édition sur le manuscrit, mais je n'ai pu retrouver jusqu'à l'année 1460, à laquelle Lefebvre de Saint-Remy déclare lui-même s'être arrêté.

Aucun soin n'a été omis pour rendre cette nouvelle édition aussi complète et aussi correcte que possible.

J'ai ajouté à la fin de ce volume plusieurs pièces relatives au célèbre Jacques Cœur, et entre autres l'arrêt rendu contre lui, tel qu'il m'a été fourni par l'acte original déposé dans les archives du château de Saint-Fargeau et que M. de Boisgelin, le propriétaire actuel, a bien voulu me communiquer et m'autoriser à publier.

Paris, 20 mai 1838.

J. A. C. BUCHON.

---

(1) Les chroniques de Bourgogne par Georges Chastellain, estoient en effet fort détaillées et fort complètes à en juger parce que j'ai publié, mais je n'ai pas encore retrouvé une lacune de trente-huit ans pour le règne de Charles VII.
(2) Page 452 deuxième colonne.
(3) Page 453, deuxième colonne.
(4) Le jour de la Fête-Dieu.
(5) Gilles Gobet, dit Fusil.

(1) Chastellain, page 454.

LES MÉMOIRES

DE

JACQUES DU CLERCQ

ESCUYER, SEIGNEUR DE BEAUVOIR EN TERNOIS,

COMMENÇANTES L'AN MIL QUATRE CENTS QUARANTE ET HUICT,
FINISSANTES L'AN MIL QUATRE CENTS SOIXANTE ET SEPT.

PRÉFACE

ET INTENTION DE L'AUTHEUR.

Cy après s'ensuivent les choses advenues depuis l'an de l'incarnation de Nostre Seigneur Jésus-Christ mil quatre cents quarante et huict ans, jusques en l'an mil quatre cents soixante-sept ans, tant au royaulme d'Angleterre comme au royaulme de France et ès pays de Philippes-le-Grand, duc de Bourgongne; lequel Philippes estoit duc de Bourgongne, de Brabant, de Lembourg, Luxembourg; comte de Flandres, d'Arthois, Bourgongne, Haynault, Hollande, Zélande et de Namur; marquis du Saint-Empire, sieur de Frize, de Salins et de Malines, et avecques ce possessoit des pays de Picardie, Amiénois, Vermandois, Ponthieu, Boullenois et aultres pays; et par espécial des choses advenues de la cognoissance de moy, JACQUES DU CLERCQ, escuyer, seigneur de Beauvoir en Ternois, fils de maistre Jacques du Clercq, licentier ès droits, conseiller dudict Philippes duc de Bourgongne en la chastellenie de Douay, Lille et Orchies, demeurant à Lille; desquelles je, JACQUES DU CLERCQ dessusdict, demeurant en la cité d'Arras, en ma maison nommée le Monnoye, ay enquis au mieulx que j'ay sceu et peu, et les ay mis par escript au plus vray que j'ay sceu et peu. Et certiffie à touts que je ne l'ay faict pour or, ny pour argent, ny sallaire, ny pour complaire à prince quy soit, ny homme ny femme quy vescut. Mais l'ay faict en manière de passer le temps, et affin que ceulx à venir puissent veoir les choses passées, et prendre exemple aux choses de vertu et fuir celles de vices; ne voullant aussy favoriser ne blasmer nul à mon pouvoir, fors seulement desclarer les choses advenues. Et prie à touts princes, chevalliers et seigneurs, que sy j'ay en ce mis chose quy les desplaise, que sur moy ne le veullent imputer à mal, car je ne l'ay faict à nulle intention de nuire ou vitupérer personne, ny par hayne; et aussy, s'il y a quelque chose quy plaise, ne m'en soit sceu gré, car je ne l'ay faict pour avoir leur amour, ny pour leur complaire, ny à intention de les amender.

Et combien que ce n'est pas tout ce que j'ay escript des choses advenues, et n'est seulement que des choses advenues durant le temps dessusdict, qui dura jusques à la mort d'icelluy Philippes-le-Grand, duc de Bourgongne, desquelles choses j'ay compilé ce présent livre; et des choses depuis advenues j'ay intention d'en faire ung aultre volume ou deux, selon ce que je vivray, ou qu'il adviendra des choses en mon temps.

Et commence cestuy volume en l'an de ma nativité vingt-huictiesme, en l'an deuxiesme de mon mariage. Et affin que plus légèrement on puist trouver les choses dessusdictes advenues, telles que l'on les demandera, je les ay mises par chapitres, des quelles la déclaration du premier livre s'en suit, quy contient : comme le roy de France, septiesme de ce nom, conquesta toute Normandie et le pays de Guyenne et de Bourdelois [1].

Cy commencent les faicts advenus tant au royaulme de France comme ailleurs, et par espécial ès pays de Philippes, duc de Bourgongne, commençant en l'an de grace et incarnation de Nostre Seigneur mil quatre cents quarante et huict, et finant en l'an mil quatre cents soixante et sept, que iceluy duc mourut.

LIVRE I.

Comment le roy de France, VIIe de ce nom, conquesta toute la Normandie, et le pays de Guyenne et de Bourdelois.

CHAPITRE I.

Comment les Anglois prindrent Fougières, en Bretaigne; et des seigneuries que les Anglois possessoient en France.

En l'an de l'incarnation de Nostre Seigneur Jésus-Christ mil quatre cents quarante-huict, durant les trefves d'entre Charles, roy de France, septiesme de ce nom, et Henry VI, roy d'Angleterre, fils du roy Henry et de Catherine de France, sœur au roy Charles dessusdict, prindrent d'eschelles et par emblées les Anglois les ville et chastel de Fougières, scitués en la duché de Bretaigne, à l'entrée de Normandie, de laquelle duché de Normandie, de Guyenne, et d'aultres moult grandes seigneuries au royaulme de France, iceluy roy d'Angleterre possessoit. Iceluy roy d'Angleterre avoit environ vingt-huict ans, et en son age de huict à dix ans, par les guerres et divisions qui avoient esté au royaulme de France, avoit esté couronné roy de France à Paris, par les grandes conquestes,

(1) Suit dans le manuscrit la table des livres et chapitres.

persécutions et batailles que le roy Henry son père y avoit faict, par lesquelles il avoit conquis une partie du royaulme, et en avoit débouté le roy Charles VI, aisné, quy plus n'avoit de fils. Et sy le roy Henry eust survécu Charles VI son beau-père, il eust appréhendé tout le royaulme; lequel royaulme lui avoit esté donné par iceluy Charles VI. Mais par la pourvoyance divine, quy ne voullut souffrir que le droit héritier du royaulme de France feust privé de son héritage, le roy Henry d'Angleterre, environ quarante-huict jours avant que le roy Charles VI mourust, vint à clorre son dernier jour; et mourut au bois de Vincennes, emprès Paris, délaissant le roy Henry dessusdict son fils d'ung an ou environ. Après laquelle mort du roy Henry et du roy Charles VI, Charles, fils dudict Charles, Daulphin de France, alla à puissance d'armes en la cité de Rains, et illecq se feit couronner roy de France. Et despuis son couronnement reconquesta Paris, Ponthoise, et la pluspart de son royaulme, tellement que les Anglois ne tenoient mès audict an quarante-huict que les duchés et seigneuries cy dessusdictes.

CHAPITRE II.

Comment le roy de France envoya signifier au duc de Sombreset que la ville de Fougières luy feust rendue et restituée avec touts les biens qui avoient esté prins dedans.

Le roy Charles estant monté à cheval au Moustier, et party pour aller à Bourges en Berry, sa ville, on luy vint signifier comment les Anglois avoient prins Fougières, environ six cents combattants, dont estoit chief ung chevallier arragonnois, nommé messire François de Suriennes, et pillé la ville, laquelle estoit riche et puissante, et peuplée de très nobles bourgeois et aultres riches marchands. Pour lesquelles nouvelles le roy alla à Chynon; et là, par délibération du conseil, incontinent envoya le seigneur de Cullant, son grand maistred'hostel, Guillaume Cousinot, son conseiller, et Pierre de Foncer[1], son escuyer d'escurie, en ambassade devers le duc de Sombreset[2], gouverneur de Normandie de par le roy d'Angleterre, pour luy sommer et requérir qu'il voulsist[3] rendre et délivrer lesdictes ville et chastel de Fougières, et faire rendre et restituer les biens et marchandises quy dedans avoient esté prinses; lequel duc de Sombreset dict qu'il désavouoit ceux qui les avoient prins, supposé qu'il en feust itieulx[4], et pour ce ne se mesleroit ny entremetteroit de les faire rendre.

Le duc de Bretaigne l'envoya pareillement sommer et requérir de rendre ou faire rendre et réparer lesdictes ville et chastel de Fougières; auquel ledict duc feit pareille response qu'il avoit faict aux ambassadeurs du roy de France. Quand le duc de Bretaigne oyt ladicte response dudict duc, considérant les maulx infinis qui polroient estre faicts par icelle prinse, envoya en ambassade devers le roy de France l'évesque de Resnes[5], et le sieur de Quemenay[6], pour luy remonstrer et faire sçavoir comment les Anglois avoient prins sa ville et chastel de Fougières, sur les trefves d'entre les roys de France et d'Angleterre, èsquelles le duc estoit comprins nommément avecques touts ses pays et seigneuries; et pour ces choses, considéré qu'il

(1) Fontenay. (2) Sommerset. (3) Voulût. (4) De tels. (5) Rennes. (6) Guemenée.

estoit son vassal et nepveu, le supplioit et requéroit de luy aider et donner confort à recouvrer sadicte ville, ainsy que ung seigneur est tenu à secourir son vassal. Aulxquels ambassadeurs de Bretaigne le roy de France respondit que, pour ces causes, il avoit envoyé son ambassadeur vers le duc de Sombreset; et semblablement avoit envoyé hastivement pardevers le roy d'Angleterre Jehan Havart, son escuyer tranchant, pour le sommer de rendre ladicte ville; et pour ce falloit attendre la venue et retour de iceulx, et sçavoir leur response, devant que on peust par autre manière besongner en ceste matière. Mais au cas que ils ne vouldroient rendre ladicte ville, le roy promectoit secours et confort au duc de Bretaigne son nepveu, allencontre des Anglois, et luy aideroit à recouvrer sadicte ville de Fougières de tout son pouvoir.

CHAPITRE III.

Comment la ville et chastel du Pont-de-l'Arche feurent prins des gents du roy de France par subtylle voye; et comment le seigneur du pays de Bretaigne promit de servir le roy de France.

L'an ensuivant, mil quatre cents quarante-neuf, après Pasques, les ambassadeurs du roy Charles retournèrent de Rouan et d'Angleterre à Chynon, devers le roy, lequel, après avoir ouy la response, envoya devers le duc de Bretaigne le comte de Dunois, le seigneur de Precigny et aultres, pour prendre et recepvoir pour luy et en son nom, d'icelluy duc et barons et seigneurs du pays, le serment de servir le roy léallement, tant que la guerre dureroit, ou cas qu'il se meict en armes pour les ayder et secourir allencontre des Anglois; et lesquels duc, barons et seigneurs le promirent ainsi; ce que, pour plus seurement entretenir, baillèrent leurs scels, lesquels feurent portés au roy. Et tout incontinent ce faict, le duc de Bretaigne manda de toutes parts à ses subjects, amis et alliés, qu'ils le voulsissent ayder et secourir à soy vengier des Anglois et recouvrer sa ville de Fougières. Et à ceste occasion et pour luy complaire, messire Jehan de Bresay, chevalier, natif du pays d'Anjou, capitaine de Louviers; Robert de Flocque, dict Flocquet, escuyer, du pays de Normandie, bailly d'Evreulx; Jacques de Clermont, escuyer, du pays de la Dauphiné; le seigneur de Magny et Guillaume de Vicars, escuyer, entreprindrent de prendre les ville et chastel du Pont-de-l'Arche, sur la rivière de Saine, à quatre lieues près de Rouan au-dessus, par le moyen d'ung marchand de Louviers, lequel souvent menoit charroy par ledict Pont-de-l'Arche, pour aller à Rouan, et véoit qu'il n'y avoit guières de gardes à icelluy pont. Et vindrent le seigneur de Bresay et avecques luy aulcuns gents de pied, eulx embuscher près dudict lieu, du costel devers la porte Sainct-Houin; et Robert de Flocquet, atout quatre à cinq cents combattants à cheval, plus près de la ville, devers le bois, du costel dudict Louviers. Celluy marchand, le joeudy devant l'Ascension, ou mois de may, se partit de Louviers pour aller à Rouan, ainsy qu'aultrefois il avoit faict ; et en passant pria le portier qu'il luy voulsist bien matin ouvrir la porte du chastel, et qu'il luy donneroit le vin, lui faisant accroire qu'il voulloit hastivement retourner audict Louviers, quérir des denrées ; et après ce passa oultre, comme à heure de minuit, accompagnié de ceux de l'embusche de pied. Il se retourna logier en une hostellerie aux champs, près du chastel du costel de Sainct-Houin, là où il trouva en son lit la femme, laquelle eut grande poeur à sa venue ; car son mary estoit hors d'elle à ses affaires. Lequel marchand feut là jusques au poinct du jour ; et lors alla tout seul appeller le portier, lequel vint ouvrir la porte, ainsy que luy avoit le jour de debvant promis; et au plustost saillirent deux compagnons du costel pour entrer au chastel avecques le marchand, atout sa charrette qu'il laissa sur le pont, au lez du boullovert, jusques à ce qu'il tira trois pièces d'argent pour le vin d'icelluy portier, lesquelles il jeta à terre; et en soy baissant pour les lever, le marchand le tua d'une dague. Ceulx du chastel ouirent le bruict ; et en descendit ung en sa chemise, Anglois, bel homme, jeusne et fort, entre les aultres, qui cuida lever le pont du chastel, quand il apperceut le boullovert prins ; mais le marchand se hasta et le tua ; et ainsy feut conquis le chastel. Tous ceulx de pied passèrent là, vindrent au long du pont, faisants grands cris pour entrer en la ville. Ung Anglois gardoit la porte affin qu'ils n'y entrassent, et la garda longuement et vaillamment ; mais enfin feut tué et la ville prinse; et là feurent morts et prins cent à six vingts Anglois ; et entre aultres feut prins le seigneur de Falquembercq [1], qui d'adventure y estoit entré la nuict de devant. Quand ceulx de pied feurent dans la ville, feirent ouvrir la porte de devers Louviers, par où entrèrent le bailly d'Evreulx, le seigneur de Magny et tous les gens de cheval, criants saint Yves et Bretaigne ! Ainsy feut la ville prinse, quy estoit moult bonne place et moult fort chastel, et beau pont sur la rivière de Saine.

CHAPITRE IV.

Comment Conacq et Sainct-Marguerin, au pays et sur les marches de Bourdelois, feurent prinses, et Gerberoy en Beauvoisin.

Incontinent ung peu après la prinse du Pont-de-l'Arche, ung gentilhomme nommé Acedin, du pays de Gascoingne, du consentement du duc de Bretaigne, print d'eschelles les places de Conacq et Sainct-Marguerin [2], au pays et sur les marches de Bourdelois, desquelles estoit capitaine, pour le roy d'Angleterre, ung escuyer nommé Mondot de Lansac, lequel feut prins près dudict Conacq, en venant de Bourdeaulx; car il cuydoit que la place feust encoires en l'obeissance du roy d'Angleterre. En ce temps feut aussy prinse la place de Gerberoy, en Beauvoisin, par le seigneur de Mouy, gouverneur du pays ; et là feurent tués tous les Anglois quy estoient dedans, nombrés à trente personnes, dont estoit chief et capitaine ung nommé Jehan Harpe, quy ce jour-là estoit à Gournay.

CHAPITRE V.

Comment la ville de Conches feut prinse ; et des ambassades de par les Anglois quy vindrent devers le roy.

Assez tost après ces choses feut prinse la ville de Conches, par le bailly d'Evreulx. Donc quand les Anglois sceurent ces nouvelles, l'archevesque de Bourdeaulx et ceulx de la cité envoyèrent ung poursuivant vers le roy à Chynon, luy requérir qu'il feist rendre les places de Conacq et Sainct-Marguerin, et qu'il leur donnast saulf-conduit, faignants voulloir venir vers luy ; dont de tout on ne feit riens ; et s'en retourna ledict poursuivant. Et pareillement envoyèrent le duc de Sombreset et le sire de Tallebot, devers le roy à Chynon, maistre Jehan L'Enffant, et ung aultre d'Angleterre, pour requérir que l'on rendist lesdictes places de Pont-

(1) Fauconbridge. (2) Maigrin.

de-l'Arche, Conches et Gerberoy. Aulxquels le roy respondit que, s'ils voulloient rendre Fougières à son nepveu le duc de Bretaigne, et restituer les biens quy y avoient esté prins dedans, il se faisoit fort de leur faire rendre par icelluy duc, ou ceulx quy par son adveu les avoient prinses, lesdictes places; à quoy les ambassadeurs respondirent qu'ils n'avoient nulle puissance de toucher au faict de Fougières. Et pour ce s'en retournèrent à Rouan, sans aultre chose faire, devers le duc de Sombreset.

CHAPITRE VI.

Comment la guerre recommença entre les roys de France et d'Angleterre, et feurent toutes trefves rompues.

Charles, roy de France, duement informé que les Anglois faisoient la guerre au royaulme d'Escosse et au roy d'Espagne, ses alliés, quy estoient comprins ès trefves qu'il avoit aulx Anglois, et pareillement à ses subjects de La Rochelle, de Dieppe et d'ailleurs, continuellement, sans rendre ne réparer choses qu'ils aient faict contre icelles trefves, ne par mer ne par terre, combien que par plusieurs et diverses fois, espécialement pour la ville de Fougières, il les avoit fait sommer et requérir par ses ambassadeurs et ceulx du duc de Bretaigne, tant au roy mesme, en son pays d'Angleterre, comme à ceulx quy, de par luy, avoient le gouvernement de Normandie; et mesmement quand et les trefves avoient duré, les Anglois de Mante et Vernoeul et Laigny alloient sur les chemins de Orléans et de Paris, desrobber et copper les gorges aulx bonnes gents et marchands qui passoient leur chemin; et le semblable faisoient les Anglois de Noeuf-Chastel, de Gournay, de Gerberoy, sur les chemins de Paris et Amiens; et avecques ce alloient de nuict par le plat pays, prendre, copper les gorges et meurdrir les gentilshommes de l'obéissance du roy, en leurs licts. Et ceulx qui faisoient cela se faisoient appeler les *faulx visages*, et se vestoient et desguisoient d'habits dissolus et espouvantables, affin qu'on ne les recognust; lesquelles choses estoient refusans de réparer. Pour lesquelles causes et aultres, le roy délibéra par conseil de leur faire la guerre par mer et par terre. Et feirent, luy et le duc de Bretaigne, assembler leurs gents de toutes parts. Durant lequel temps les Anglois feirent une saillie sur les gents du duc de Bretaigne, lesquels les reboutèrent très asprement, sy qu'ils feurent, que prins que morts, six vingts Anglois.

CHAPITRE VII.

Comment la ville de Vernoeul feut prinse par ung molnier, et le chastel assiégé.

En ce temps, ung molnier de la ville de Vernoeul, quy avoit son moulin contre les murs d'icelle ville, feut battu d'ung Anglois faisant le guet, pour ce qu'il dormoit, lequel alla de despit vers le bailly d'Evreulx, et luy promit, moyennant certaines convenances faictes entre eulx, de le boutter dedans la ville. Et s'assemblèrent messire Pierre de Bresay, sénéschal de Poitou, ledict bailly d'Evreulx, Jacques de Clermont et aultres, et chevauchèrent tant que touts ensemble se trouvèrent, le neuviesme jour de juillet, l'an quarante-neuf, au poinct du jour, près des murs de la ville de Vernoeul. Iceluy molnier, quy faisoit le guet ce jour, feit descendre les aultres quy estoient au guet plus matin qu'ils n'avoient accoustumé; et pour ce qu'il estoit dimanche se hastèrent d'aller à la messe pour des-juner. Les François, à l'ayde du molnier, dressèrent les eschelles au droit du moulin, et entrèrent dans la ville sans estre apperceus. Ils estoient dedans six vingts Anglois, dont les aulcuns feurent tués et prins, les aultres se retirèrent au chastel à grande haste. Le lendemain, le molnier osta et tollit une partie de l'eaue des fossés du chastel, lequel feut assailly et deffendu moult valeureusement; mais à la fin feut prins d'assault, où il y eut moult belles armes faictes, et par espécial par le sénéschal; et là feurent morts et prins plusieurs Anglois. Les aultres se retirèrent en grande haste en la Tour-Grise, laquelle estoit moult forte et imprenable, tant qu'il y eust à mangier dedans; car elle est haulte et grosse, bien garnie et environnée de fossés pleins d'eaue.

CHAPITRE VIII.

Comment la tour de Vernoeul feut assiégée, et du secours que le seigneur de Talebot leur cuida faire; et comment le roy de France entra en Normandie pour secourir ceulx du siège; et comment la ville de Pont-Eau-de-Mer feut prinse par les François.

Le jour que la ville de Vernoeul et le chastel feurent prins, le comte de Dunois, nouvellement institué lieutenant général du roy de France en ses guerres, arriva à Vernoeul, accompagnié de sire Guillaume de Cullant, grand-maistre-d'hostel, de Flourent d'Illiers et de plusieurs aultres chevalliers, escuyers et gents d'armes, lesquels meirent le siége de touts costés contre ladicte tour. Lesquels eurent nouvelles que le seigneur de Tallebot estoit venu jusques à Bretoeul, pour secourir et ayder ladicte tour; et se partirent tous, réservé iceluy messire Flourent, quy demoura pour le gouvernement du siége et la garde de la ville, atout huict cents combattants; et chevauchèrent tant qu'ils rateindrent le seigneur de Tallebot près de Harecourt. Lequel, quand il les apperceut, se fortifia et ferma de hayes et de chariots qu'il avoit amenés pour porter ses vivres, en telle manière que on ne le pouvoit grever; et quand vint sur la minuict, il se retraict hastivement audict chastel de Harecourt. Tout iceluy jour feurent les François en armes, cuidants avoir bataille; et là feurent faicts chevalliers : le seigneur de Herbault, sire Jehan de Bar, le seigneur de Baugy et Jehan Dalon, escuyer d'escurie; lesquels, quand ils veirent le seigneur de Tallebot retraict, ce jour allèrent à Evreulx. Durant ces choses, le roy de France, Charles, quy avoit son armée preste, se partit d'Amboise le sixiesme jour d'aoust, l'an quarante-neuf dessusdict, pour passer la rivière d'Oise et entrer en Normandie pour secourir et ayder ceulx quy tenoient le siége devant la tour de Vernoeul. Et le huictiesme jour dudict mois se partirent d'Evreulx le comte de Dunois, le grand maistre d'hostel, les seigneurs de Blainville et Magny, et plusieurs aultres chevalliers et escuyers, jusqu'au nombre de deulx mil cinq cents combattants; et d'ung aultre costé passèrent ce jour le Pont de l'Arche, pour entrer en Normandie, le comte d'Eu, de Sainct-Pol, les seigneurs de Saveuse, de Roye, de Mouy, de Rambures, et plusieurs aultres chevalliers et escuyers, jusques au nombre de trois cents lances, et quatorze à quinze cents archiers. La pluspart desquels chevalliers, escuyers et archiers, estoient des pays du duc Philippes de Bourgongne; lequel duc leur avoit donné congié d'y aller et servir le roy, et ne leur avoit baillié nulle constraincte, fors que il avoit octroyé que quiconque y voulloit aller s'y en allast. Quand icelles armées feurent entrees au pays de Normandie, si chevaulchèrent d'ung costel et d'aultre, tant que le douziesme jour dudict mois se trouvèrent ensemble devant la ville de Pont-Eau-de-Mer, le comte de Dunois, du costel devers Rouan; le comte d'Eu et le comte de Sainct-Pol, et toute leur compagnie, du costel devers Honfleur, oultre la rivière quy passe encontre icelle ville; lesquels meirent leurs gens en ordonnance, puis assaillirent la ville. Du costel du comte de Sainct-Pol et des Picards feut combattu moult longuement et vigoureusement; car les Anglois quy estoient dedans feirent bien leur debvoir de la garder; et y eut moult de belles armes faictes d'ung costé et d'aultre, tant qu'en la fin la ville feut prinse d'assault, par le feu quy y feut mis des fusées ardentes qu'on y tiroit. Et se retirèrent les Anglois au long de la ville, en une forte maison, lesquels estoient quatre cents et vingt, dont estoient chiefs et capitaines Monfort, thrésorier de Normandie, et Jacques Hoston, lesquels se rendirent tous prisonniers au comte de Dunois, comme lieutenant du roy. A celle besoingne feurent faicts chevalliers les seigneurs de Roye, de Rambures, et le seigneur Mourcourt, fils du seigneur de Contay, et plusieurs aultres du pays de Picardie, jusques au nombre de vingt-deux.

CHAPITRE IX.

Comment le roy de France arriva à Vendosme et à Chartres; et comment Sainct-James de Buveron feut assailly et puis prins; et de ceulx de la tour de Vernoeul quy se rendirent au roy.

Le douziesme jour d'aoust arriva Charles, roy de France, en la ville de Vendosme, grandement accompagnié; et là feut jusques au dix-huitiesme jour du mois dessusdict. Cependant le seigneur de Loheac, le maréchal de Bretaigne, messire Geoffroy de Couyren et Joachim Rohault assaillirent Sainct-James de Buveron sy durement que l'assault dura despuis neuf heures au matin jusques à la nuict. Et le lendemain s'en allèrent les Anglois quy dedans estoient, leurs corps et leurs vies sauves, et rendirent la place; et le douziesme jour d'aoust, le roy Charles entra en sa cité de Chartres; et le lendemain de sa venue se rendirent ses prisonniers ceulx de la tour de Vernoeul, quy n'estoient que trente; car ung peu paravant estoient eschappés plusieurs de dedans, atout l'avoir, par la faulte du capitaine et de ceulx quy faisoient le guet, et dont ils fuirent; et feirent le traictié de la red dition de ladicte place le sieur de Persigny [1], et le seigneur de Baugy.

CHAPITRE X.

Comment la cité de Liseulx, Noeufchastel et ceulx de la ville de Mante, se rendirent au roy; et de l'entrée du roy à Vernoeul; et comment le chastel de Vogny feut remis en l'obéissance du roy.

Le comte de Dunois, lieutenant général du roy de France, le comte de Sainct-Pol et les aultres quy avoient esté à Pont-Eau-de-Mer, se partirent et chevaulchèrent ensemble devant la cité de Liseulx pour y mectre le siége. Mais quand ceulx de la ville apperceurent sy grande multitude de gents, ils considérèrent que la ville ne pouvoit longuement durer ne résister à sy grande puissance; et doubtèrent aussy qu'elle ne feust prinse d'assault, et qu'elle ne feust pillée, périe et destruicte; parquoy ils meirent la cité en l'obéissance du roy de France, par le conseil de leur évesque, quy s'y gouverna pour le roy très grandement; puis se rendirent au roy plusieurs menues places allencontre dudict Liseulx.

Après ces choses se partit le roy de France de Chartres, le jour de Sainct-Loys, à belle et grande compagnie, et alla au giste à Chasteau-Noeuf, quy, ce jour, se rendit aulx comtes de Dunois, d'Eu et de Sainct-Pol et ceulx de leur compagnie, quy estoient de cinq à six mille combattants. Et pareillement se rendit la ville de Mante sur Saine; et estoient dedans icelle ville de sept à huict vingts combattants, dont estoit chief et capitaine ung nommé Sainte-Barbe; lesquels s'en allèrent à Rouan, leurs corps et leurs biens saulfs. Et le lendemain entra Charles roy de France à Vernoeul, à grand estat et noble compagnie; lequel y feut moult honorablement receu, et à grande joye de ceulx de la ville, lesquels allèrent aux champs au-devant de lui, atout les processions, faisans fusées, et criants Noel! parmy la ville. Le roy estant à Vernoeul, se rendit à luy le chasteau de Vogny, par ung escuyer du pays de Normandie, nommé le sire de Saincte-Marie, capitaine dudict chastel, pour messire François de Surienne, dit l'Arragonois, seigneur de ladicte place, quy avoit marié sa fille audict escuyer. Lequel escuyer meit les François par le donjon, sans le sceu

(1) Précigny.

des gens de guerre, quy estoient deux cents combattants, logiés en la basse-court par iceluy messire François, pour la garde dudict chastel. Lesquels, quand ils apperceurent les François, se cuidèrent saulver et mectre à deffense; mais pour ce qu'ils feurent trop foibles, ils feurent prins en ladicte basse-court, leurs chevaulx et biens; et demeurèrent prisonniers à la vollonté du roy. Et feut faicte ceste entreprinse par le séneschal de Poitou, lequel n'y feut point en personne. La femme dudict messire François estoit dedans ledict chastel, laquelle s'en alla atout ses biens, estant mal contente de son gendre.

CHAPITRE XI.

Comment les villes de Vernon sur Saine, Gournay et le chastel d'Essay feurent mis en l'obéissance du roy de France.

Le joeudy vingt-septiesme jour du mois d'aoust, feut mis le siége devant Vernon-sur-Saine, par les comtes de Dunois, d'Eu et de Sainct-Pol et aultres de leur compagnie; laquelle ville estoit moult bonne place, et y avoit ung fort chastel et ung aultre petit sur le pont, nommé Vernonnet, dont estoit capitaine le fils du comte d'Ormont d'Irlande, quy avoit pour la garde deulx cents et quarante combattants, vaillants gents, lesquels promirent rendre la place le samedy ensuivant, à heure de prime, en cas qu'ils ne feuissent secourus en dedans ce jour. Dedans lequel jour ne feurent secourus, pource que les aultres Anglois n'osoient desgarnir Rouan. Pour laquelle cause rendirent la ville aux François et s'en allèrent, leurs corps et bien saulfs; et demourèrent ceulx de la ville paisiblement sans rien perdre. Aulcuns jours après, le capitaine de Gournay, nommé Guillaume Comen, Anglois, rendit la ville de Gournay aulx comtes d'Eu et de Sainct-Pol, parmy certain traictié et appoinctements faicts entre eulx. Puis se partit le roy de France de Vernoeul, et s'en vint à Évreulx, grandement accompagnié, où il feut honorablement receu des habitants de la ville, en criant Noël! et les rues tendues comme à Vernoeul; et là coucha une nuict; et le lendemain se partit pour aller à Louviers, où il feut semblablement receu à grande joie. En ce temps les Anglois des villes et chastel d'Essay allèrent pescher à ung estang assez près de ladicte ville. Sy vint à la cognoissance du duc d'Allençon, lequel y alla secrètement et les print; et puis les mena devant la ville d'Essay, laquelle ils luy feirent rendre.

CHAPITRE XII.

Comment Fescamps, le chastel de Harecourt, le chastel de Chambrois et la Roche-Guyon feurent rendus au roy.

Durant les choses dessusdictes, ceulx de la garnison de Dieppe, pour le roy de France, sceurent qu'il y avoit peu d'Anglois pour la garde de l'abbaye de Fescamps, quy est port de mer; sy y allèrent secrètement et la prindrent. Assez tost après y arriva une nef quy venoit d'Angleterre, en laquelle il y avoit quatre-vingts Anglois quy venoient pour estre en leur aide, lesquels les François laissèrent descendre pour les prendre tous prisonniers. En ceste saison le comte de Dunois et ceulx de sa compagnie meirent le siége devant le chasteau de Harecourt, quy est bel et fort; et là feirent des belles approches, èsquelles feut tué d'ung canon ung vaillant homme françois de la garnison de Louviers; et pareillement feut tué ung Anglois d'une coullevrine sur le portal de la basse-court. Les Anglois estoient dedans de six à sept vingts, dont estoit capitaine le bailly dudict Harecourt, nommé messire Richard Fregnal, lequel feut alors deshonnoré et pendu à la porte du boullovert. Les François quy devant estoient, s'efforcèrent de jetter canon, et du premier coup perchèrent tout oultre les murs de la basse-court. Alors les Anglois doubtèrent, et promirent rendre la place en cas qu'ils ne seroient à certain jour les plus forts aux champs, auxquels il ne se trouvèrent point; et par tant rendirent le chastel le cinquiesme jour de septembre, lequel ils avoient tenu par l'espace de quinze jours, et s'en allèrent, leurs corps et vies saulfs. Et le dix-huictiesme jour de septembre ensuivant feut assiégé le chastel de Chambrois par les comtes de Dunois, de Clermont et de Nevers, le seigneur de Laval, le seigneur de Cullant, grand maistre-d'hostel du roy, le seigneur de Blanville, les seigneurs de Vernoeul, de Gaucourt et de Bresay; les baillys de Berry et d'Évreulx, et plusieurs aultres chevalliers et escuyers, lesquels n'y feirent guières; mais enfin le comte de Clermont feit composition avecques les Anglois quy dedans estoient, quy feurent trouvés environ deux cents testes, quy s'en allèrent leurs corps et vies saulfs. En ce mesme temps se rendit la ville de Noeufchastel de Lincourt aux comtes d'Eu et de Sainct-Pol, quy avoient mis le siége dès le huictiesme jour dudict mois; et, pendant qu'ils y feurent, prindrent la ville d'Essay. Assez tost ung Anglois de Galles, nommé Édouard, capitaine de la Roche-Guyon, parce que sa femme estoit de France, et parente à messire Denys de Chailly, laquelle avoit de belles terres au pays de France, par l'admonestement, prières et enhortement de sa femme, rendit aux gens du roy de France la Roche-Guyon, quy estoit une très forte place sur la rivière de Saine; et se feit François, moyennant qu'il deubt jouir des terres de sa femme estants en l'obéissance des François.

CHAPITRE XIII.

Comment le duc de Bretaigne entra en Normandie et meit en l'obéissance du roy les villes de Coustances et de Saint-Loup; et le duc d'Allençon print la ville d'Allençon.

En ceste saison, le duc de Bretaigne, accompagnié d'Arthus de Bretaigne, connestable de France, du comte de Laval, du seigneur de Loheac, mareschal de France, du seigneur de Montaulban, mareschal de Bretaigne, et de plusieurs aultres chevalliers et escuyers, jusques au nombre de six mille combattants, à y comprendre trois cents lances et leur compagnie d'archiers des gents du roy de France, dont estoient conducteurs icelluy Loheac, messire Geoffroy de Couvren et Joachim Rohault, se partit de sa duché de Bretaigne et entra en la Basse-Normandie; et, avant partir, laissa son frère messire Pierre de Bretaigne, sur les marches de Fougières et d'Avrence[1], pour la garde du pays, atout trois cents lances, puis mena son armée devant la ville de Coustances et y meit le siége. Mais les Anglois quy estoient dedans, voyants le peuple quy estoit devant eux, se rendirent le jour ensuivant. Et alla mectre le siége devant Saint-Loup[2], laquelle se rendit le seiziesme jour dudict mois de septembre, et s'en allèrent les Anglois, leurs corps et leurs vies saulfs, lesquels estoient deux cents combattants, dont estoit capitaine messire Estienne Ponchon. En ce temps-là, le duc d'Allençon, au poinct du jour, par le consentement et aide des bourgeois et aultres habitants de la ville d'Allençon, print ladicte ville; et s'enffuirent et retirèrent les Anglois dedans le chasteau, lequel incontinent feut assiégé par icelluy, atout

(1) Avranches. (2) Saint-Lô.

huict vingts lances, et en la fin se rendirent les Anglois.

CHAPITRE XIV.

Comment le comte de Foix se partit de son pays et alla mectre le siége devant Mauléon, et comme le roy de Navarre vint pour cuider lever le siége, puis s'en retourna sans rien faire, et se rendit la ville au comte de Foix; et du sieur de Luce qui se rendit François atout six cents combattants.

Au mois de septembre dessus dict, le comte de Foix, accompagné des comtes de Comminges et d'Estraict [1], du vicomte de Lautrec, son frère, et de plusieurs barons et chevalliers du pays de Foix, de cinq à six vingts lances et de dix mille arbalestriers, partit de son pays de Biarne [2] et chevaucha, ainsy que dict est, accompagné, par le pays des Basques jusques dans la ville de Mauléon de Selle [3], où il meit le siége; et assez tost après ceulx de la ville, doubtants qu'ils ne fussent prins d'assault, se rendirent par composition; et lors se retirèrent dans le chastel les Anglois, lequel chastel est le plus fort de la duché de Guyenne; car il est merveilleusement hault, assis sur ung hault et dur rocq. Le comte sçavoit qu'il y avoit peu de vivres dedans; et pour ce y meit le siége de touts les costés. Quand le roy de Navarre sceut ces nouvelles-là, il feit son mandement de toutes parts pour aller lever le siége; et chevaucha avecques six mille combattants arragonois, gascons, anglois et navarrois, jusques à deux lieues près de la ville, en cuidant lever le siége. Mais quand il sceut la puissance et fortification de ceulx qui y tenoient le siége, il feit reculer et retraire ses gens, puis envoya ses messagers vers le comte de Foix pour parlamenter avecques luy, lequel luy envoya seureté de venir. Sy vint le roy de Navarre à petite compagnie à ung quart de lieue près du siége, atout sa seureté, où estoit le comte, auquel il dit que, veu qu'il avoit espousé sa fille, dont il avoit belle lignée, et attendu l'affinité quy pour ce debvroit estre entre eulx, il se donnoit grande merveille comment il avoit assiégé ladicte place sur sa sauve garde, veu que le connestable en estoit capitaine de par luy pour le roy d'Angleterre, auquel il avoit promis la garder encontre tout. Le comte de Foix, son gendre, luy respondit : qu'il estoit lieutenant du roy de France ès pays d'entre Guyenne et les monts Es-

(1) Astarac. (2) Bearn. (3) Mauléon de Soule, (Basses-Pyrenées.)

péraulx [1], et sy estoit son subject et son vassal; et que, par son commandement, comme son lieutenant, avoit mis le siége devant le chastel; et pour ce, jamais pour homme ne s'en lèveroit jusques à ce qu'il feust en l'obéissance du roy de France. Mais en toutes choses à luy possibles il l'aideroit et conforteroit, comme père de sa femme, réservé contre le roy de France, ses subjects et alliés. Après ceste response s'en retourna le roy de Navarre et son ost en son pays. Quand ceulx du chastel veirent qu'ils ne pouvoient estre secourus, attendu la grande nécessité qu'ils avoient, rendirent le chastel au comte de Foix. Assez tost après, le seigneur de Luce, accompagnié de six cents combattants portants des croix rouges, lequel estoit homme du roy de France à cause dudict chastel, alla faire en la main du comte de Foix hommaige au roy de France; et incontinent le serment faict, s'en retourna atout sa compagnie en sa maison, portants touts des croix blanches, dont leurs femmes et enfants feurent moult esbahis. Après ces choses, le comte de Foix retourna en son pays.

CHAPITRE XV.

Comment le chastel d'Yevres se rendit François; de la prinse des ville et chastel d'Argentan; et comment le roy de Cécille et son frère vindrent servir le roy de France; et du siége qui feut mis devant le Chastel-Gaillard.

Le vingt-uniesme jour du mois de septembre, l'an dessusdict quarante-neuf, les comtes de Dunois, de Clermont et de Nevers, et plusieurs aultres en leur compagnie, meirent le siége devant le chastel d'Yevres, lequel feut, par les Anglois qui dedans estoient, rendu, et s'en allèrent, leurs corps et leurs vies saulfs. Ce faict, les François allèrent devant les ville et chastel d'Argentan, où ils meirent le siége; et lors les Anglois parlamentèrent; et quand les bourgeois de dedans veirent les Anglois amusés à parlamenter, cognoissants que leur vollonté estoit de tenir, contre la cognoissance des Anglois et sans leur sceu, appellèrent aulcuns de l'aultre costé dont on parlamentoit, et leur demandèrent ung estendart, bannière ou enseigne, leur disants que là où ils mecteroient l'enseigne, veinssent seurement, et les mecteroient dedans la place; et ainsy le feirent. Quand les Anglois les appercevrent entrer ens, ils se retournèrent

(1) Pyrenées.

au chastel, et incontinent une bombarde du siége des François tira contremont la muraille d'icelluy chastel, et y feit trou assez grand pour y passer une charrette. Lors les François voyants le mur ainsy abbattu, ils assaillirent le chastel et le prindrent par le trou. Les Anglois de dedans se bouttèrent au donjon; mais assez tost se rendirent, de poeur d'estre prins d'assaut, et s'en allèrent ung baston au poing tant seulement.

En ceste saison estoit le roi de France à Louviers, et sa compagnie ; vindrent le roy de Cécille, Regner[1] et Charles d'Anjou, comte de Maine, son frère, vers luy, desquels le roy avoit espousé leur sœur; et amenèrent avecques eulx le vicomte de Loumaigne, le comte de Castres, le cadet de Labret, le baron de Traynel, chancellier de France; le seigneur de Cullant, grand-maistre-d'hostel ; le comte de Tancarville, le comte de Dampmartin, le mareschal de la Fayette, messire Ferry de Loheranne[2], messire Jean son frère, les seigneurs de Blanville, de Montgascon, de Précigny, de Gaucourt, de Poully, de la Bessière, de Chailly, de Monurant, de Brion, de Beauvois, de Han en Champaigne, d'Aigreville et de Maulicorne, messire Theaude de Walpergues, messire Jehan du Cigne, messire Louis Rochepot, messire Robinet d'Estampes, et plusieurs aultres barons, chevalliers et escuyers, jusques au nombre de deux cents lances et archiers, sans les gents du duc d'Allençon et ceulx du duc de Bretaigne, et des comtes de Dunois, d'Eu, de Clermont et de Sainct-Pol. Toutes ces compagnies venues au service du roy de France, le roy feit metre le siége debvant le Chastel-Gaillard, quy est moult fort et imprenable; car il est assis près de la rivière de Saine sur ung rocq, que nuls engins ne poeuvent grever. Lequel siége feut mis par le séneschal de Poitou, le seigneur de Jaloignes, mareschal de France, messire Jehan de Bresay, Denys de Chailly, et aultres, qui à mectre le siége se gouvernoient bravement et vaillamment ; et y estoit le roy en personne.

(1) René. (2) Albret. (3) Lorraine.

CHAPITRE XVI.

Comment la ville de Gisors feut mise en l'obéissance du roy, et comment le roy et toute son armée alla devant Rouan pour sommer de rendre la ville.

Deux ou trois jours avant le siége mis devant le Chastel Gaillard, ou environ, feut faicte la composition de la ville de Gisors par le séneschal de Poitou, et feut rendue la ville par ung escuyer nommé Paviot, et ung aultre nommé Pierre de Courcelles, parent de la femme du capitaine de Gisors, nommé Richard Marbery. Icelle avoit de belles terres en France, et pour ce tant que son mary feut content de rendre ladicte place à ung jour nommé ; et de faict la rendit, et se feit François, parmy ce que on luy délivrast deux de ses enfants qui avoient esté prins à Pont-Eau-de-Mer, et qu'il jouiroit des terres de sa femme que les François tenoient. Et au mois d'octobre ensuivant, l'an mil quatre cents quarante-neuf, le roy manda au comte de Dunois et à ceulx de sa compagnie quy avoient mis Argentan en son obéissance, et pareillement aulx comtes d'Eu, de Sainct-Pol, et à ceulx de leur compagnie, qu'ils vinssent vers luy atout leurs gens, par ce qu'il voulloit mectre la cité de Rouan en son obéissance. Sy vindrent hastivement à son commandement, et chevauchèrent tant que la compagnie du comte de Dunois se trouva en la campagne de Noeufbourg, et ceux des comtes d'Eu et de Sainct-Pol s'assemblèrent de l'aultre costel près de la ville de Rouan. Incontinent après se partit le roy de France, accompagné du roy de Cécille et aultres devant nommés ; et chevaulcha jusques au Pont-de-l'Arche, où ceulx de la ville vindrent devant luy, faisants grande joie de son advénement. Et lors envoya sommer ceulx de la ville et cité de Rouan, par ses héraulx, qu'ils eussent à luy rendre et mectre en son obéissance ladicte ville. Mais les Anglois quy estoient dedans ne voullurent souffrir que les héraulx baillassent leur sommation ; ains respondirent qu'ils retournassent en grande haste ; et sy feirent-ils, car ils avoient esté en grand dangier de mort. Le roy, sçachant les manières que les Anglois avoient tenu à ses héraulx, feit passer touts ses gens d'armes ledict Pont-de-l'Arche, dont estoit conducteur le comte de Dunois, et les envoya devant la cité de Rouan, où ils furent trois jours en grande puissance, combien qu'il feist en ces trois jours ord[1] temps et ennuieux de pluye; et y eurent les gens de guerre moult à souffrir, car ceulx de dedans feirent sur eulx moult grandes saillies, où il y eut moult de belles armes faictes; et y feut prins à l'une desdites saillies ung escuyer françois, nommé le bastard Soubrier, par son cheval quy cheut dessous luy. Les seigneurs françois se meirent en bataille devant ladicte ville, et envoyèrent sommer par les héraulx du roy pour la deulxiesme fois ceulx de la cité qu'ils se meissent en l'obéissance du roy; mais les Anglois ne voulurent souffrir qu'ils approchassent la ville, ne qu'ils parlassent au peuple; et ainsy s'en retournèrent comme les premiers. Et lors le comte de Dunois, voyant que nul de la cité ne faisoit semblant ne manière de vouloir rendre la ville, considérant aussy le temps et la saison quy estoit sur l'hiver, s'en retourna au giste ce tiers jour au Pont-de-l'Arche, et les gens de guerre allentour d'icelluy pont par les villaiges.

CHAPITRE XVII.

Comment les François cuidèrent entrer en la ville de Rouan, par le moyen d'aulcuns de la ville, mais le seigneur de Tallebot les reboutta, et en y eut plusieurs morts.

En ce temps, vindrent nouvelles au roy de France, luy estant au Pont-de-l'Arche, qu'aulcuns de la ville de Rouan se mectoient sur la muraille d'icelle ville dedans deux tours, et là gardoient ung pan de mur, affin que les François peussent par là entrer en la ville. Si feut envoyé le comte de Dunois celle part avecques l'armée, pour entreprendre ceste besongne; et incontinent se partirent les roys de France et de Cécille en deux batailles, dont l'une feut à la porte Beauvoisine, près de la Justice, où estoient le seigneur de Cullant, le seigneur Delval, les seigneurs de Blanville et de Bureulx[2] et de Jaloingnes, mareschal de France, et plusieurs aultres; lesquels ne feurent pas à pied, fors seulement les archiers, quy ne se bougièrent de leur place. L'aultre bataille feut entre les Chartreulx et la ville, où estoit le comte de Dunois, lieutenant général, et les comtes de Clermont, de Nevers, d'Eu, de Sainct-Pol, le séneschal de Poitou, messire Robert de Flocque, bailly d'Evreulx, et plusieurs aultres chevalliers et escuyers. Il vint devers eulx ung homme de la cité leur

(1) Sale. (2) Bureau.

dire qu'il estoit temps d'entrer, et que chascun feist son debvoir. Et lors descendit à pied le comte de Dunois et touts ses gents, et marchèrent jusques à la muraille de la ville, où ils dressèrent ung peu d'eschelles qu'ils avoient entre lesdictes tours, pour monter contremont le mur. Là feurent faicts chevaliers: Charles de la Fayette, le seigneur d'Aigreville, maistre Guillaume Cousinot, Jacques de la Rivière, bailly de Nivernois, Robert de Harenville, et plusieurs aultres qui grandement feirent leur debvoir sur la muraille. Le seigneur de Taillebot[1], quy estoit sur le mur, véant ce, atout[2] grande compagnie de gents d'armes et de traict, anglois, comme tout forcené, vint pour rebouter les François, qui jà estoient partie montés sur le mur, lesquels très vaillamment se combattirent; mais à la fin leur convint laisser la muraille et guerpir[3] le champ, car ils estoient encoires trop peu montés. Et feit tant le seigneur de Tallebot, par sa vaillance, qu'il feut maistre de la cité et des deux tours; et là feurent, que pris que tués, environ soixante personnes, tant des François que de ceulx de la ville quy les aydèrent; dont les aulcuns saillirent ès fossés du hault des tours; les aultres eschappèrent.

CHAPITRE XVIII.

De la prinse de la ville et cité de Rouan, sauf le palais et le chastel.

Après que les François feurent, ainsy que dict est, reboutés par les Anglois jus de la muraille de la ville et cité de Rouan, et que les roys de France et de Cécille, qui estoient arrivés à Darnestal, veirent que la puissance de la cité n'estoit bien joincte ne unie avecques les aultres de la ville qui s'estoient mis ès tours, ils s'en retournèrent au Pont-de-l'Arche; et touts les gents de guerre et la puissance s'en allèrent logier par les villaiges sur la rivière de Saine. Le lendemain, ceulx de la ville de Rouan, pour la grande peour et frayeur qu'ils avoient eue de l'assault, doubtants que la ville ne feut prinse d'assault et par ce pillée, désolée et destruicte, et aussy pour esviter l'effusion du sang, qui polroit advenir par la prinse d'icelle cité, envoyèrent l'official d'icelluy lieu et aultres au Pont-de-l'Arche, devers le roy de France, pour avoir de luy ung saulf-conduict pour aulcuns des plus notables gents d'église, nobles, bourgeois, mar-

(1) Talbot. (2) Avec. (3) Quitter.

chands et aultres de la cité, lesquels vouloient venir devers luy ou les seigneurs de son grand conseil, pour trouver et faire aulcun bon traictié et appoinctement. Sy leur feut délibvré ledict saulf-conduict; et ce jour, atout leur saulf-conduict, à la seureté du roy, vindrent, c'est assavoir : pour ceulx de la cité, l'archevesque dudict lieu avecques plusieurs aultres, et pour le duc de Sombreset, gouverneur de par le roy d'Angleterre de la duchié de Normandie, lequel estoit dedans Rouan, aulcuns chevalliers et escuyers, au port de Sainct-Ouen, à une lieue près du Pont-de-l'Arche ; auquel port ils trouvèrent pour le roy de France, le comte de Dunois, le chancelier, le séneschal de Poitou, messire Guillaume Cousinot, et plusieurs aultres. Illecques parlamentèrent longue et bonne pièce les ungs avecques les aultres, tant que l'archevesque et ceulx de la cité feurent d'accord et contents de rendre la ville de Rouan, et la mectre en l'obéissance du roy de France, et en promirent faire leur debvoir, parmy ce que touts ceulx de la ville et cité qui voldroient demourer, demoureroient atout leurs biens sans rien perdre, et quy s'en voldroient aller s'en iroient. Et ainsy se partirent les Anglois et les François, les ungs pour aller au Pont-de-l'Arche, les autres à Rouan ; mais pource qu'ils y arrivèrent tard et de nuict, ne peurent faire leur response ce jour jusqu'au lendemain, quy feut le dix-huictiesme jour d'octobre; lequel jour ceulx quy avoient esté vers les François s'en allèrent en la maison de la ville pour relater devant le peuple l'appoinctement et les parolles qu'ils avoient eus avecques les gents du roy de France, lesquels parolles et appoinctements feurent très agréables à ceulx de la ville et desplaisants aulx Anglois. Lesquels, quand ils perceurent la vollonté et grand désir que le peuple avoit au roy de France, se partirent mal-contents de l'hostel de ville, et se meirent touts en armes, et puis se retirèrent au palais, au pont, sur les portaulx, et au chastel de la ville. Quand ceulx de la ville cognurent leur contenance, ils se doubtèrent fort; et pour ce se meirent pareillement en armes, et feirent grand guet et grande garde tout le jour, quy fut samedy, et la nuict semblablement, contre iceulx Anglois; puis envoyèrent hastivement celle nuict ung homme au Pont-de-l'Arche au roy de France, lequel y arriva au poinct du jour, faire sçavoir au roy de France qu'il les vinst hastivement secourir, et qu'ils le mectroient dedans la ville. Le dimanche au matin, dix-neufviesme jour du mois d'octobre, ceulx de la ville, quy touts estoient en armes, s'esmeurent contre les Anglois très asprement, tant qu'ils gagnèrent sur eux les murs et portaulx de la ville, et les chassèrent touts ensemble au palais, pont et chastel de la ville ; et à ceste heure le comte de Dunois et plusieurs aultres, quy près estoient de ladicte ville logiés, montèrent hastivement à cheval pour secourir les habitants de la ville allencontre des Anglois ; et feut le bailli d'Evreulx frappé d'ung cheval de sa compagnie, quy luy rompit la jambe, pour ce qu'il n'avoit eu le loisir de prendre son harnois ; lequel feut porté au Pont-de-l'Arche pour guérir ; et eut le gouvernement et garde de ses gents le seigneur de Magny. Tantost après partit le roy du Pont-de-l'Arche, grandement accompagnié de gents d'armes, pour tirer à Rouan ; et feit charger son artillerie pour faire assaillir Saincte-Catherine, que les Anglois tenoient. Mais cependant le comte de Dunois les feit rendre, voyants la ville estre contre eux, et on leur bailla ung hérault du roy pour les conduire. En allant trouvèrent le roy, ainsy qu'ils passoient le pont de Sainct-Ouen, lequel leur dit qu'ils ne prinssent rien sans payer, et ils luy répondirent qu'ils n'avoient de quoi payer. Lors le roy leur feit bailler cent francs : lesquels estoient au nombre de six-vingts, puis les laissa aller. Le roy s'en alla logier à Saincte-Catherine ; le comte de Dunois et les aultres gents de guerre estoient à la porte Martinville, auquel lieu vindrent vers eulx les gents d'église, nobles, bourgeois, marchands et habitants de la ville, quy leur apportèrent les clefs, en disant qu'il pleust au seigneur de Dunois boutter dedans la cité tel et sy grand nombre de gents d'armes qu'il luy plairoit. Lequel leur respondit qu'il feroit leur vollonté. Et après plusieurs parolles dictes entre eulx pour le bien de la ville, y entra premier messire Pierre de Bresay, séneschal de Poitou, atout cent lances et les archiers du comte de Dunois; et les aultres batailles s'en allèrent ce soir logier aux villaiges d'allentour la ville. Et estoit belle chose de veoir les compagnies des roys de France et de Cécille et des aultres seigneurs, chevalliers et escuyers. Ce jour mesme, au soir, rendirent les

Anglois le pont; et feut baillé en garde au seigneur de Harenville, et le lendemain feurent ouvertes toutes les portes de la ville et cité, et y entra tout homme quy voullut y entrer.

Le duc de Sombreset, quy estoit au palais, voyant la puissance du roy de France, requit qu'il parlast au roy, dont le roy feut content. Adoncques se partit du palais, accompagnié d'ung certain nombre de ses gens et des héraulx du roy, lesquels l'accompagnèrent jusques à Saincte-Catherine-du-Mont de Rouan, où le roy estoit et son grand conseil, et en sa compagnie le roy de Cécille, le comte de Majne, et plusieurs aultres seigneurs de son sang, le patriarche d'Antioche, l'archevesque de Rouan, et plusieurs aultres prélats. Après que le duc eust salué et faict la révérence au roy de France, il le pria qu'il luy pleust que luy, le seigneur de Tallebot, et aultres Anglois, s'en peussent aller seurement, jouissants de l'absolution, ainsy que ceulx de Rouan l'avoient faict, et avoit esté ordonné et accepté par ceulx de son grand conseil. Le roy de France respondit: que la requeste n'estoit point raisonnable, et qu'il n'en feroit rien; car ils n'avoient voullu tenir le traictié, appoinctement et absolution dictes, ne rendre le palais et le chastel; ains les avoient tenus, et encoires tenoient contre sa puissance, son gré et vollonté; et sy n'avoient voulu consentir que ceulx de Rouan luy rendissent sa ville, mais résisté à leur pouvoir. Et pour ces causes, devant qu'il partist du palais, luy rendroient Honfleur, Harfleur, et toutes les places du camp estants ès mains du roy d'Angleterre. Sur ces parolles, le duc s'en retourna au palais, regardant parmy les rues tout le peuple portant la croix blanche, dont il n'estoit pas joyeulx; et feut convoyé par les comtes de Clermont et d'Eu.

CHAPITRE XIX.

Comment le roy de France feit mectre le siége devant le palais de Rouan, et comment le palais lui feut rendu.

Après que le duc de Sombreset se feust parti du roy, le roy commanda mectre le siége devant le palais; lequel y feut mis du costel devers les champs, où le roy envoya grand nombre de gens de guerre, hommes d'armes et de traict; puis feit faire de grandes tranchis tout autour d'icelluy palais, tant aux champs comme en la ville; et feurent assis touts les bombardes et canons au-devant de la porte du palais quy ouvre sur la ville, et pareillement de celle quy ouvre sur les champs. Quand le duc de Sombreset apperceut les approches, il feut moult esbahy, voyant qu'il avoit peu de vivres au palais et beaucoup de gents; au contraire, considérant aussy qu'il ne pouvoit estre nullement secouru, il requit à parlamenter aux gents du roy de France; et, pour ceste raison, feurent faictes trefves des deux costés, lesquelles feurent prolongées de jour à aultre, par l'espace de douze jours, pour ce que les Anglois ne voulloient consentir de laisser en hostaige le seigneur de Tallebot. Sy parlèrent par plusieurs fois et sy longuement, le comte de Dunois et ceulx du grand conseil du roy, avecques les Anglois, qu'en la fin feurent d'accord ensemble : que le seigneur de Sombreset, gouverneur pour le roy d'Angleterre, sa femme et enfants, et touts les aultres Anglois du palais et chastel, s'en iroient où bon leur sembleroit en leurs pays, leurs biens saulfs, réservés les prisonniers et grosse artillerie, parmy ce qu'ils payeroient au roy de France cinquante mille escus d'or; et sy payeroient tout ce qu'ils debvoient loyallement à ceulx de la ville, bourgeois, marchands et aultres; et avecques ce, feroit le gouverneur rendre les places d'Arques, de Caudebecq, de Moustier-Viller, de Lislebonne, Tancarville et Honfleur; et, pour seureté de ce, bailleroit son scel et lettres-patentes; et demoureroit en hostaige le seigneur de Tallebot, jusques à ce qu'icelles places feuissent rendues, et les cinquante mille escus payés; et avecques ce, pour les deniers deubs à ceulx de la ville, demoureroient hostaiges le fils du comte d'Ormont d'Irlande, et le fils Thomas Gruel, capitaine de Chierbourg, le seigneur de Brequegny, le fils du sire de Ros, fils de la duchesse de Sombreset; et ainsi feut faict. Puis feurent livrés les hostaiges aux commis du roy; et puis s'en partit le duc de Sombreset et aultres Anglois, et s'en allèrent à Harfleur, et de là à Caen. Lequel duc commit, pour faire rendre les places, messire Thomas Hou et le seigneur Fouques[1]; lesquels firent mectre les places en l'obéissance du roy de France, réservé Honfleur, dont estoit capitaine ung nommé Courson, quy ne le voullut rendre; et, pour ce, demoura ledict Tallebot prisonnier du roy de France.

(1) Hoston.

CHAPITRE XX.

Comment le roy feit son entrée en la cité de Rouan, et comme il y feut receu.

Après ce que dict est, en moult grande joie et liesse feit le roy de France sa feste de Toussaints audict lieu de Saincte-Catherine, près de Rouan ; puis se partit le lundy ensuivant, vingtiesme jour du mois de novembre, veille de Sainct-Martin d'hyver, pour entrer en la ville de Rouan, accompagnié du roy de Cécille et aultres seigneurs de son sang cy-après nommés, en moult grands et riches habillements les aulcuns eux, et leurs chevaulx couverts de drap de damas et de satin en maintes guises, les aultres à grandes croix blanches, et les aultres aultrement. Entre lesquels, après le roy de France, estoient en plus grands habillements, les comtes de Sainct-Pol et de Nevers. Le comte de Sainct-Pol estoit armé tout au blancq, monté sur ung destrier enharnaché de satin noir, semé d'orfévrerie ; après luy ses pages vestus et leurs chevaulx harnachés de mesme comme celuy de leur seigneur, dont l'ung portoit une lance couverte de velours vermeil ; le second, couverte de drap d'or ; le tiers, ung armet en la teste tout de fin or richement ouvré ; après estoit le palefrenier richement vestu et harnaché comme les aultres pages, lequel menoit ung grand destrier en main, tout couvert de drap d'or jusqu'aulx pieds. Le comte de Nevers avoit douze gentilshommes après luy, leurs chevaulx couverts de satin vermeil à grandes croix blanches. Le roy de France estoit monté et armé de toutes pièces, sur ung coursier couvert jusques aux pieds de velours d'azur, semé de fleurs de lys d'or de brodure ; en sa teste avoit ung chappel de velours vermeil, où avoit au bout une houppe de fil d'or ; après luy ses pages vestus de vermeil, les manches toutes couvertes d'orfévrerie, lesquels portoient ses harnois de teste couverts de fin or de diverses façons et plumes d'autruche, de diverses couleurs. A sa dextre estoit le roy de Cécille ; à sa senestre, le comte de Maine, son frère, armés tout au blancq, leurs chevaulx richement harnachés et couverts de croix blanches, semées de houppes de fil d'or, et leurs pages semblablement. Après estoit le comte de Clermont, et aultres seigneurs de France, chascun selon son degré, moult richement habillés. Le seigneur de Cullant, grand-maistre-d'hostel, venoit après, armé de toutes pièces, sur ung coursier moult richement couvert, en son col une escharpe de fin or pendant jusqu'à la croupe de son cheval, et devant luy ses pages ; lequel estoit gouverneur de la bataille, où il y avoit six cents lances, et en chascune ung panoncel de satin vermeil, à ung soleil d'or. Derrière le grand-maistre-d'hostel estoit ung escuyer quy portoit l'estendard du roy de France, lequel estoit vestu de satin cramoisy semé de soleils d'or, et joindant de luy estoient les six cents lances ; ung peu devant estoit son escuyer tranchant, monté sur ung grand destrier, quy portoit le penon, lequel estoit de velours azuré à trois fleurs de lys d'or de broderie, bordées de grosses perles. Devant le roy, tout joignant, estoit le seigneur de Saincte-Traille, bailly de Berry, et grand-escuyer du roy, tout armé au blancq, monté sur ung grand destrier, enharnaché de velours azuré à grands affiquets d'argent doré ; lequel portoit en escharpe la grande espée de parement du roy, dont le pommel, la croix et le morges et la boutterolle de la gayne, estoient d'or, et la couverture de la gayne estoit couverte de velours azuré, semé de fleurs de lys d'or. Debvant luy, au plus près, chevauchoit Pierre de Fontenay, escuyer d'escurie, armé, monté et enharnaché comme l'aultre ; et en sa teste ung chappel pointu et ung mantel de velours vermeil, fourré d'hermines ; lequel portoit en escharpe ung autre mantel de pourpre fourré d'hermines. Debvant icelluy estoit Guillaume Juvenel des Ursins, chevallier, seigneur de Traynel, et chancellier de France, vestu en estat royal, de robbe et chapperon fourré, et ung mantel d'escarlate ; devant luy une hacquenée blanche couverte de fleurs de lys d'or de brodure sur velours azuré pareil du roy, et dessus icelle couverture ung petit coffre semé de fleurs de lys d'or : auquel coffre estoient les grands sceaux du roy de France ; et menoit icelle hacquenée ung varlet à pied, en main. Joignant icelle hacquenée estoient plusieurs hérauls et poursuivants du roy, et aultres seigneurs quy là estoient, richement habillés et vestus de leurs cottes d'armes ; et devant eux estoient nœuf trompettes atout les bannières de leur seigneur et maistre, lesquels suivoient les ungs après les aultres. Après alloient tous les premiers, les archiers du roy de France, vestus de jacquettes de couleur rouge, blanc et verd, semées d'orfévrerie; après, ceulx du roy de Cécille, du comte du Maine, et plusieurs aultres seigneurs d'icelle compagnie, jusques au nombre de six cents archiers bien montés, touts ayant brigandines et jacquettes dessus, de plusieurs et diverses façons, harnois de jambes, espées, dagues et harnois de teste couverts et tout garnis d'argent; et les gouvernoient les seigneurs de Poilly et de Clère, messire Théaude de Valpergue et aultres, quy avoient leurs chevaux couverts de satin de diverses manières et couleurs. Le roy de France chevaucha en telle manière et ordonnance jusques près la porte Beauvoisine, du costel des Chartreulx. Et là vint au-debvant de luy l'archevesque de Rouan, accompagnié de plusieurs abbés, évesques, et aultres gens d'église constitués en dignité; lesquels luy feirent la révérence moult honnorablement, et s'en retournèrent. Incontinent après vint le comte de Dunois, lieutenant général du roy, monté sur ung cheval couvert de velours vermeil à grande croix blanche, vestu d'une jacquette pareille, fourrée de martres zebelines; en sa teste ung chappel de velours noir, et à son costé une espée garnie d'or et de pierres précieuses, quy feut prisée vingt mille escus d'or. Icelluy comte de Dunois estoit frère bastard du duc d'Orléans, cousin-germain du roy de France. Avecques luy vindrent le sénéschal de Poitou et Jacques Cœur, argentier du roy; par le moyen duquel Jacques Cœur le roy avoit ainsy conequis Normandie, parce qu'il avoit presté au roy une partie des deniers pour payer ses gents d'armes; laquelle armée eust esté rompue, se n'eust esté icelluy Jacques Cœur, lequel estoit extraict de petite génération; mais il menoit sy grand faict de marchandises que par touts royaulmes avoit ses facteurs quy marchandoient de ses deniers, pour luy, et très tant que sans nombre; et mesme en avoit plusieurs quy oncq ne l'avoient veu[1]. Icelluy sénéschal et Jacques Cœur estoient montés sur destriers vestus et couverts comme le comte de Dunois. Puis vindrent des bourgeois de la cité en grand nombre, vestus de bleu et chapperons rouges, lesquels feirent la révérence au roy, et luy remonstrèrent des choses passées, plusieurs en moult beau langaige, et ils luy livrèrent les clefs de la cité; et les receut bénignement, puis les bailla au sénéschal

(1) Voyez dans l'Appendice, le Mémoire sur Jacques Cœur.

quy en fut le capitaine, messire Guillaume Cousinot, nouvel bailly de Rouan, lequel estoit vestu de velours bleu, son cheval enharnaché pareil, à grandes affiches d'argent doré. Puis après vindrent les gens d'église revestus de cappes, en moult grande multitude, tant séculiers que religieulx, chantants et portants les reliques avecques la croix, en chantant le *Te Deum laudamus*. Et ainsy entra le roy par la porte Beauvoisienne, et là feut faict chevallier par le sénéschal de Poitou ung josne enfant, fils du sieur de Précigny, agé de douze à treize ans. Ceulx de la ville et cité feirent porter ung ciel sur le roy, par quatre des plus notables de la ville, et feirent tendre le boullovert de ladicte porte, l'entrée et tours d'icelle, de drap de la livrée du roy, et ses armes au milieu; et par où il passoit estoient les rues toutes tendues à ciel et couvertes moult richement, plaines de peuple criant Noël! Par les carrefours avoit personnaiges; entre les autres une fontaine armoyée des armes de la ville, quy sont *Agnus Dei*, jectant beuverages par les coins; ailleurs avoit ung tigre et les petits qui se miroient en miroirs; et au plus près de Nostre-Dame, avoit ung cerf vollant moult bien faict, portant sur son col une couronne, quy s'agenouilla par mystère devant le roy, quand il passa par là pour aller à l'église. Le roy descendit à ladicte grande église de Nostre-Dame, où il feut receu par l'évesque et touts ceux de l'église richement revestus; et là feit son oraison, puis s'en alla à l'hostel de l'archevesque, où il feut logié, et chascun en son logis. Ceulx de la ville feirent grande feste ceste nuict, et feirent grands feus par toutes les rues, jusques au vendredy ensuivant; et le lendemain feirent procession générale et solempnelle où feut le susdit archevesque; et gardèrent la journée de toutes œuvres terriennes. Pareillement, le mercredy et joeudy ensuivant, les tables estoient mises, et vin et viandes dessus, emmy les rues, à touts venants. Ils feirent des grands dons au roy, à ses officiers, ses héraulx et poursuivants quy là estoient; puis proposèrent devant le roy de France, les gents de l'église et de la ville, et aultres bourgeois et marchands, luy remonstrants qu'il ne laissast pas pour l'hyver à faire la guerre et poursuivre ses ennemis les Anglois; car par le moyen des villes qu'ils tenoient encoires en Normandie, polroient faire plusieurs énormes maulx au pays ; et, à ce faire, luy offroient l'aider et de corps et de chevance. Le roy, lequel estoit en sa chayère couverte de riche drap d'or, assis en la salle de l'archevesque, les oyt bénignement et volontiers, puis feit faire la response par son chancellier, tellement qu'ils en feurent très contents.

CHAPITRE XXI.

Comment le duc de Bretaigne print Gournay, Reneville, le pont d'Oire, la Haye du pays de Valoingues, et aultres villes en la Basse-Normandie et en Constantin, et Fougières.

En ce temps, le duc de Bretaigne, lequel avoit en sa compagnie huict mille combattants, print Gournay, Thorigny, Reneville, la Haye-du pays de Valoingnes, et plusieurs aultres places en la Basse-Normandie et ou pays de Coustantin [1] ; et sy print la ville et chastel de Fougières, où il avoit tenu le siége l'espace d'ung mois, pendant lequel il feit faire telles approches, et tellement battre la muraille de canons et bombardes, qu'on les debvoit assaillir, quand les Anglois, quy dedans estoient, se rendirent, environ de quatre à cinq cents, dont estoit capitaine ung nommé messire François de Surienne, dit l'Arragonnois. Lesquels s'en allèrent, leurs chevaulx et harnois saulfs, et ung petit fardelet devant eulx tant seulement. Lequel messire François laissa despuis le party des Anglois, et demoura au service du roy. Après celle prinse, le duc de Bretaigne et ceulx de sa compagnie s'en retournèrent touts en leurs maisons pour la mortalité, laquelle estoit frappée en l'ost ; laquelle feit mourir grand nombre de gents, et entre aultres le fils du comte Jehan ; dont ce feut dommaige. Et en ce temps se rendit le chastel de Toucques au seigneur de Blanville, quy estoit devant. Et en ce temps se rendit aussy le susdict Chastel-Gaillard, lequel feut assiégé par l'espace de cinq semaines ; et estoient dedans cent vingts Anglois ; lesquels s'en allèrent à Harfleur, leurs corps et biens saulfs.

CHAPITRE XXII.

Du siége qui feut mis devant Harfleur, et comment la ville feut rendue ; puis parle de l'armée que feit le comte de Foix ; et comme il assiega le Chastel-Guisant ; et comme il défeit les Anglois, et en y eut, que morts que prins, environ douze cents.

Après les choses dessus dictes faictes, le roy de France se partit de la ville de Rouan,

(1) Cotentin.

armé d'une brigandine, et dessus une jacquette de drap, accompagnié du roy de Cécille et des aultres seigneurs de son sang, en grands habillements, et par espécial le comte de Sainct-Pol, lequel avoit ung chanfrain à son cheval prisé de vingt mille escus ; et chevaucha jusques en la ville de Moustier-Villier, à demi-lieue près de Harfleur, où il feut logié ; et incontinent feit mectre le siége devant Harfleur, par les comtes de Dunois, d'Eu, de Clermont et de Nevers, le seigneur de Cullant, grand-maistre-d'hostel, le seigneur de Blanville, maistre des arbalestriers, et plusieurs aultres, qui touts y feirent grandement leur debvoir, et y eurent grandement à souffrir, tant pour les gelées, pluies et aultres froidures, comme pour la mer, quy souvent sourdoit en plusieurs logis, pour ce qu'ils estoient tout entrecouverts de paillas et de genestre [1] ; car autour d'icelle ville de Harfleur, n'y avoit arbres ny maisons où ils se peussent héberger ne loger. Ce nonobstant ils feirent de sy grandes approches de trenchis, de fossés et de mines, et battirent tellement la muraille de bombardes et canons, que les Anglois quy estoient dedans, environ quinze cents, rendirent la ville de Harfleur au roy de France, et s'en allèrent, leurs corps et biens saulfs, les ungs en Angleterre, les aultres en Normandie, ès places tenantes leur party.

Assez tost après icelle reddition, quy feut environ le quatre de janvier an dessusdict, mil quatre cents quarante-neuf, le roy partit de Moustier et retourna sur la rivière de Saine, à une abbaye nommée Jumièges, à cinq lieues au-dessous de Rouan. En ce mesme temps, le comte de Foix feit assembler une grosse armée, et feit mectre le siége par le seigneur de Lautrec, son frère bastard de Foix, devant le chastel de Guisant, qui est très fort chastel, assis à quatre lieues près de Bayonne. Quand les Anglois le sceurent, ils se meirent par les champs jusques environ quatre mille combattants, dont estoient chiefs, le connestable de Navarre, le maire de Bayonne, Georges Soliton, et plusieurs aultres, lesquels se bouttèrent en vaisseaulx sur une rivière quy passe parmi ledict lieu de Bayonne, et vindrent descendre près du chastel ; et quand ceux qui tenoient le siége en furent advertis, se partirent secrètement, et vindrent au-debvant des Anglois, lesquels es-

(1) Genets.

toient jà descendus de leurs navires, et férirent si asprement et durement dessus eulx qu'ils les desconfeirent et meirent en fuite jusques à leurs basteaulx ; et là feurent, que morts que prins, douze cents Anglois. Georges Soliton, quand il veit ceste destrousse, se doubta qu'il ne peust recouvrir ses navires, et par ce passa parmy le siége, atout soixante lances, et se saulva pour ceste heure dedans le boullovert ; puis regarda qu'il ne pouvoit estre secouru. Si se partit de nuict, atout ses gens, cuidant retourner au lieu de Bayonne ; mais le bastard de Goix le sceut, et le poursuivit tellement, qu'iceluy Georges feut là prins, et la pluspart de ses gens ; et le lendemain se rendit le chastel et quinze ou seize places entre Menet, Haye et Bayonne ; puis s'en retournèrent les gents du comte de Foix en leur pays.

CHAPITRE XXIII.

Du siége de Honnefleur, et comme elle fut rendue ; et des ville et chastel de Ballesmes, que le duc d'Allençon assiégea et print ; et de la ville de Fresnay quy se rendit par composition.

Durant le temps que Charles, roy de France, estoit en l'abbaye de Jumièges, le dix-septiesme jour de janvier, l'an quarante-neuf, feut faict le siége de Honnefleur par le comte de Dunois et les aultres seigneurs dessus nommés de sa compagnie, lesquels feirent grandes approches de fossés, trenchis et mines, et feirent battre la muraille de bombardes, canons et engins volants, tellement que les Anglois qui dedans estoient de trois à quatre cents, dont estoit chief et maistre le susdict Courson, composèrent à rendre icelle ville de Honnefleur aulx François, le dix-huictiesme jour de febvrier ensuivant, en cas qu'ils ne seroient secourus, et de ce bailler hostaiges. Pour lesquels combattre les François feirent ordonner de clorre les camps ; mais les Anglois n'y vindrent point, pour ce que le duc de Sombreset ne les secourut point, lequel estoit dedans la ville de Caen, laquelle ville il n'osoit désemparer, et aussi ils n'estoient assez forts, s'il ne leur feust venu secours d'Angleterre. Et pour ce rendirent ladicte ville et s'en allèrent, leurs corps et biens saulfs, en Angleterre. Devant icelle ville feut tué d'ung canon ung escuyer françois, nommé Regnault Guillaume, quy lors estoit bailly de Montargis ; de laquelle mort feut dommaige.

Cependant le duc d'Allençon assiégea la ville et le chastel de Ballesmes de touts costés ; et lors les Anglois quy dedans estoient promirent de rendre ladicte ville au cas que les François ne seroient combattus. Et feut jour assigné. Auquel jour le duc d'Allençon se gouverna honorablement et vaillamment ; et tint la journée, luy et Poton, seigneur de Saincte-Traille, à peu de gents, jusques à ce que l'heure feust passée. A laquelle journée les Anglois ne comparurent point ; ains rendirent la ville, leurs corps et biens saulfs ; lesquels estoient deux cents combattants, dont estoit capitaine ung nommé Matha-Go [1].

Durant ce temps, le roy estoit logié à une abbaye nommée Sainct-Bertin, à deux lieues près de Honnefleur ; lequel roy se partit pour aller à Essay et Bernay et à Allençon ; et de là envoya ses gents mectre le siége debvant Fresnay, où estoient dedans de quatre à cinq cents Anglois et Normands, dont estoit gouverneur Adrien Troslot [2] et Janequin Bacquier [3] ; lesquels, sitost qu'ils sceurent la venue des François, promirent rendre la ville, moyennant qu'on leur délibvreroit douze cents soliers ; et si leur renditon leur capitaine nommé Monfort, quy avoit esté prins à Pont-Eau-de-Mer ; et ainsy feut faict ; et s'en allèrent le vingt-deuxiesme jour de mars, à Falaise et à Caen, leurs corps et leurs biens saulfs.

CHAPITRE XXIV.

De la bataille de Fourmigny, où les Anglois feurent desconfits, et en mourut trois mille six cents soixante-quatorze.

En ce temps, après les Pasques passées, l'an mil quatre cents cinquante, descendirent à Chierbourg trois mille Anglois du pays d'Angleterre, dont estoit chief Thomas Kyriel, lesquels chevauchèrent pour leurs journées jusqu'au faubourg de Valoingnes, dont estoit garde et capitaine, pour le roy de France, ung escuyer de Poitou, nommé Albert Regnault, et illecques meirent le siége. Lequel capitaine tint longuement le siége sans estre secouru, et tant qu'enfin le rendit, et s'en partit luy et ses compagnons, saulfs biens, chevaulx et harnois. Durant ce temps et siége estoient les François assemblés de toutes parts pour cuider lever le siége de Valoingnes devant dict. Et quand les Anglois le sceurent, ils s'assemblèrent pareille-

---

(1) Mathieu Gough   (2) Trollops.   (3) Baker.

ment pour tenir les champs, et partirent de Caen de cinq à six cents combattants, dont estoit conduiseur messire Robert Vere ; et de la ville de Bayeulx huict cents combattants, dont estoit chief et conduiseur Matha-Go ; de la ville de Vires, quatre à cinq cents combattants, dont estoit chief et conduiseur messire Henry Morbery [1]; lesquels s'assemblèrent avec ceulx quy estoient de nouvel venus d'Angleterre, tant qu'ils se trouvèrent de cinq à six mille combattants. Toutes les compagnies d'Anglois cy-dessus déclarées assemblées, ils passèrent les guets Sainct-Clément, pour l'hyver, vers Bayeulx et vers Caen ; et lors, les François quy s'estoient mis sur les champs pour les trouver le sceurent, lesquels les poursuivirent et chevauchèrent fort, les ungs d'un costel et les aultres de l'aultre, tant qu'en la fin, le quatorziesme d'apvril, l'an dessusdict mille quatre cents cinquante, les atteignirent messire Geoffroy de Couvran et Joachim Rohault ; lesquels férirent asprement sur l'arrière-garde des Anglois, et en tuèrent plusieurs ; puis se retrairent et feirent sçavoir au connestable de France, quy estoit à Sainct-Loup [2], leur faict et le faict des Anglois ; et pareillement le feirent sçavoir au comte de Clermont, quy estoit sur les champs pour les quérir. Lequel incontinent feut accompagnié du comte de Chastres, du sénéschal de Poitou, des seigneurs de Montgascon et de Ray, admiral de France, du sénéschal de Bourbonnois, des seigneurs de Manye [3], de Mouy et de Robert Conigam ; messire Geoffroy de Couvran, Joachim Rohault et Olivier de Brion ; lesquels, assemblés ensemble, tirèrent hastivement où estoient les Anglois, et les trouvèrent en ung champ, près ung villaige nommé Fourmigny, entre Careton [4] et Bayeulx.

Quand les Anglois les apperceurent, ils se meirent en bataille, et envoyèrent quérir diligemment le susdict Matha-Go le jour quy feut le quinziesme jour du mois d'apvril, lequel s'estoit party d'eulx très le matin pour aller à Bayeulx ; pour lequel mandement il retourna incontinent ; et feurent les François et Anglois, par l'espace de trois heures, l'ung devant l'aultre, en escarmouchant l'ung contre l'aultre. Et cependant feirent les Anglois grands trous et fossés devant eulx, de dagues et espées, affin que sy les François les assailloient, qu'ils chéissent

(1) Norbury. (2) Saint-Lô. (3) Mauny. (4) Carentan.

eulx et leurs chevaulx. Les Anglois avoient derrière leur dos, à ung traict d'arcq et entre deulx, grande foison de jardinages plains de pommiers, poiriers et autres divers arbres, affin qu'on ne leur peust courir sur le derrière. Cependant le seigneur de Richemont, connestable de France, le comte de Laval, le seigneur de Loheac, mareschal de France, le seigneur d'Orval, le mareschal de Bretaigne, le seigneur de Sainct-Sévère, et plusieurs aultres, jusques au nombre de trois cents lances et archiers, faisoient diligence d'estre près desdicts Anglois ; et chevauchèrent à ung villaige nommé Estrievères, où ils avoient couché le soir, jusquesà ung moulin à vent au-dessus dudict Fourmigny ; et là, à la vue des Anglois, se meirent touts en bataille et marchèrent en leurs ordonnances près d'iceluy Fourmigny, à ung guet ou à ung petit pont de pierre ; et alors les Anglois doubtèrent et laissèrent le camp, et se reculèrent sur la rivière pour la mectre à leur dos. Voyant ce, le comte de Clermont, quy avoit de cinq à six cents lances aveecques les archiers et sa compagnie, et le connestable de France, les assaillirent vigoureusement, et en la fin les desconfeirent autour d'icelle rivière. Et là feurent morts et occis, par le rapport des héraulx, des prestres et des bonnes gents quy là estoient, trois mille sept cents soixante quatorze Anglois; et sy feurent prins messire Thomas Kiriel, messire Henry Morbery, Janequin Basquiers, et plusieurs aultres Anglois, jusques au nombre de douze cents; et les morts feurent enterrés en quatre fosses. Matha-Go eschappa et s'enfuit à Bayeulx ; et aussy feit messire Robert Vere, et s'en alla à Caen. Et en icelle bataille morurent, du costel de François, de six à huict cents hommes seulement. Et porroient aulcuns dire que ce feut grace de Dieu pour les François quy eurent ceste victoire ; car ils n'estoient en tout, par le rapport des héraulx, qu'environ trois mille combattants, et les Anglois estoient de six à sept mille ; et par ce peut apparoir assez la grace de Dieu sur les François, lesquels s'y gouvernèrent bravement et vaillamment ; et entre aultres, ceux de dessoubs l'estendart s'y portèrent honnorablement et honnestement ; et sy feirent ceulx du connestable, les seigneurs de Montgascon, de Sainct-Sévère, et par espécial le sénéschal de Poitou ; car les Anglois chargèrent l'effort sur ses gens et sur ceulx du bailly d'Evreulx, que gouvernoit le seigneur de Mauny, tellement qu'ils gaignèrent, du costé où ils estoient en bataille, deulx coulevrines sur eulx. Et lors le séneschal descendit à pied, et feit descendre ses gents; puis assaillit si durement les Anglois qu'il les rebouta par l'ung des bouts de la bataille, la longueur de quatre lances, et recouvra les deulx coulevrines; et à ceste reboute morurent sept cents Anglois. Ce véants, les aultres François se portèrent sy vailliamment, qu'ils eurent la victoire, et leur demoura le camp; et là feut faict chevallier le comte de Chastres frère du comte de la Marche; Godefroy de Valoingnes, frère du comte de Boulogne et d'Auvergne, le seigneur de Vauver, fils du comte de Villars, le seigneur de Sainct-Sévère, le seigneur d'Allençon, et plusieurs aultres.

CHAPITRE XXV.

Comme la ville de Vires et aultres villes feurent mises en l'obéissance du roy de France; et du siége mis debvant la cité de Bayeulx; et comme on l'assaillit par deulx fois, et enfin feut rendue par composition.

Après la desconfiture que feirent les François sur les Anglois, à la bataille de Fourmigny, les seigneurs françois allèrent mectre le siége devant la ville de Vires. Lequel n'y feut guières, car messire Henry de Morbery, quy estoit prisonnier, en estoit capitaine; sy feit tant par composition que les Anglois quy dedans estoient de trois à quatre cents, s'en allèrent, leurs corps et leurs biens saulfs, dedans Caen. Après la ville de Vires rendue, le connestable de France, le seigneur de Laval, et aultres quy estoient en leur compagnie, se partirent et s'en allèrent vers le duc de Bretaigne, soubs quy ils estoient; lequel duc, avec la compagnie dessusdicte, alla mectre le siége en personne devant Avranche, et le tint trois semaines; et cependant feit faire des grandes approches et feit battre la muraille d'engins, tellement que ung nommé Lampot, quy en estoit capitaine, rendit icelle ville d'Avranche au duc de Bretaigne, et s'en alla, ung bastong au poing tant seulement, et ses compagnons pareillement, qui estoient de quatre à cinq cents. Pareillement se rendit la place de Celoingne¹, quy est une forte place, et imprenable, tant qu'il y ait à manger; car elle est toute assise sur une roche en la mer, près du mont Sainct-Michel. Ils estoient

(1) Celune, sur la rivière de ce nom.

dedans de quatre-vingts à cent Anglois; lesquelles s'en allèrent, leurs corps et leurs biens saulfs, à Chierbourg.

Assez tost après la prinse de Vires, les comtes de Clermont, de Chastres, et aultres de leur compagnie, quy avoient tenu le siége devant Vires, allèrent mectre le siége devant Bayeulx; et se logèrent ès faulxbourgs du costel devers Carentan, les comtes de Dunois, lieutenant général du roy de France, de Nevers, d'Eu, les seigneurs de Cullant, grand-maistre-d'hostel du roy, et de Jalloingnes, son frère, d'Orval, de Bueil, et plusieurs aultres chevaliers et escuyers; et de l'aultre costel, ès faulxbourgs des cordeliers, se logèrent le seigneur de Montenay, conduiseur des gents du duc d'Allençon, Pierre de Louvain, Robert Conungam¹, et grand nombre de francs archiers. Le siége clos de touts costés, les François battirent fort la ville de canons, bombardes et aultres engins, par l'espace de seize jours continuellement; et tellement l'oppressèrent de mines et trenchis qu'elle estoit preste à assaillir. Mais le roy de France avoit pitié de la destruction de la cité, et ne le vouloit consentir; néantmoins, sans leur congié ne sceu, et sans aulcune ordonnance, d'ardeur que les gents de guerre avoient de gaigner, ils assaillirent la cité deulx fois en mesme jour; et il y eut de belles armes faictes d'ung costel et d'aultre; et s'y portèrent de touts costés très vaillamment; et en y eut des morts des deulx lez, tant des traicts, comme des coulevrines; mais en la fin les François se retraièrent sans rien faire, pour tant qu'ils ne l'assaillirent que d'ung costel, et sans ordonnance de leur capitaine; et feut leur faulte, car s'ils l'eussent assaillie par l'ordonnance des capitaines et de deulx costels, sans faulte nulle elle eust esté prinse d'assault. D'icelluy assault feut fort espouvanté le seigneur de Matha-Go, car il y eust tué de vaillants gents anglois. Et à ceste cause parlementa icelluy Matha-Go avecques le comte de Dunois et aultres seigneurs françois, et rendit la cité aulx François; et s'en alla à Chierbourg, luy, Jannequin Bacquier, et touts les aultres Anglois quy soubs eulx estoient, ung baston en leur poing seulement, lesquels estoient nombrés à neuf cents Anglois des plus vaillants gents de guerre quy fuissent en Normandie de leur party; et issirent de la cité

(1) Cunningham.

par la porte du chastel. Les François leur laissèrent à aulcuns, pour l'honneur de la gentillesse, une partie de leurs chevaulx, pour porter les damoiselles et aultres gentilles femmes; et avecques ce leur feirent délibvrer des charrettes pour porter aulcunes des plus notables femmes des Anglois, quy s'en alloient avecques leurs maris; lesquelles faisoient piteulx doeuil à veoir, car il partit d'icelle ville de trois à quatre cents femmes, sans les enfants, dont il en y avoit grand nombre. Les unes portoient les petits berceaulx où estoient leurs enfants, sur leurs testes ; les aultres portoient les petits enfants sur leur col ; les aultres autrement, le mieulx qu'elles pouvoient ; et en tel estat se partirent les Anglois et leurs femmes, quy estoit pitié à regarder.

CHAPITRE XXVI.

Comment les François prinrent Bricquebecq et Valloingnes ; et du siége quy feut mis debvant Sainct-Saulveur-le-Vicomte, et comme enfin la ville feut mise en l'obéissance du roy de France.

Après la conqueste de la cité de Bayeulx, le comte de Dunois, atout son ost, passa la rivière d'Orne; et aussy feit le comte de Clermont et ceulx de sa compagnie; puis menèrent leurs gents vivre sur le pays, en attendant la venue du connestable de France et de ses gents ; lesquels cependant prindrent Bricquebecq, et meirent le siége devant Valloingnes, laquelle se rendit assez tost après, parce que le lieutenant du capitaine quy en avoit la garde, de par le roy d'Angleterre, s'estoit faict François. Ils estoient dedans six vingts Anglois, lesquels allèrent, leurs corps et leurs biens saulfs, à Chierbourg. Cependant, les mareschaulx de France et de Bretaigne meirent le siége devant Sainct-Saulveur-le-Vicomte, quy est une moult belle place, et une des plus fortes de Normandie. Illecq feirent touts sy valliamment et grandement leur debvoir qu'en peu de temps meirent ceulx de la place en grande nécessité, et les oppressèrent fort de trenchis ; et à l'advancement feut occis ung vaillant escuyer du pays de Berry, d'ung traict ; lequel on nommoit Jehan Manchefort. Et en icelle place estoient deux cents combattants anglois, dont estoit chief et capitaine le seigneur de Robersart. Lesquels Anglois se rendirent aux François, sans coups de canon ne d'engins, car toute l'artillerie estoit demourée chargée à Bayeulx, pour mener à Caen ; lesquels Anglois, leurs corps et biens saulfs, s'en allèrent à Chierbourg, et eurent espace de huict jours à vider leurs biens.

CHAPITRE XXVII.

Comment les François meirent le siége debvant la ville de Caen et comme ils gaignèrent ung boullevert.

Après que la ville de Sainct-Saulveur feut mise ès mains du roy de France, les dessusdicts mareschaulx se partirent d'illecq atout leur compagnie, et chevauchèrent jusques à deulx lieues près de Caen, en ung villaige nommé Cheulx ; et là trouvèrent logiés le connestable de France, le comte de Laval, le seigneur de Loheach, son frère, mareschal de France, et le mareschal de Bretaigne. Et y trouvèrent aussy messire Jacques de Luxembourg, frère du comte de Sainct-Pol, les seigneurs d'Estouteville et de Malestroict, de Sainct-Sévère et de Bousacq, et plusieurs aultres chevalliers et escuyers ; touts lesquels, le cinquiesme jour de juin, se partirent dudit lieu de Cheulx, et s'en allèrent logier ès faulxbourgs de la ville de Caen, du costel devers Bayeulx, devers l'abbaye de Sainct-Estienne, près la muraille de la ville. Et pareillement se logèrent les comtes de Clermont, de Chastres, et les seigneurs de Mongascon, de Mouy, gouverneur de Beauvoisin; messire Geoffroy de Couvran, messire Charles de la Fayette, Robert de Flocques, bailly d'Evreulx, et plusieurs aultres chevalliers et escuyers, jusqu'au nombre de quatorze cents lances et de quatre mille et cinq cents archiers, coustelliers et guisarmiers à cheval, et deux mille francs archiers à pied, lesquels ce jour estoient partis de Vernoeul. Et se logèrent ès faulxbourgs de ladicte ville, ce jour mesme, du costel de devers Paris, avec le comte de Dunois, lieutenant général du roy de France, le grand-maistre-d'hostel, le seigneur de Jaloingnes, son frère d'Orval, de Montenay, gouverneur des gens du duc d'Allençon, le sieur d'Ivry, prévost de Paris; le sieur de Beaumont, son frère, et plusieurs aultres chevalliers et escuyers, jusques au nombre de six cents lances et de deux mille cinq cents archiers, guisarmiers et coustelliers à cheval et deux mille francs archiers à pied, quy s'estoient partis de demy-lieue de là. Par la manière dessus déclarée, feut la ville assiégée de deux costels. La ville ainsy assiégée que dict est, les François, incontinent, feirent faire ung pont au-dessus de la ville pour passer la rivière, pour aller d'ung costel à l'autre, et secourir l'ung l'aultre sy besoin estoit; et le quatriesme jour après, passèrent dessus icelluy pont les comtes de Nevers et d'Eu, le seigneur de Beuil, celluy de Montenay, et Joachim Rohault, à grande compagnie de gents de guerre; lesquels s'en allèrent logier ès faulxbourgs de la ville, du costel de devers la mer, en une abbaye de dames nommée la Trinité; et dès le premier jour que les François y meirent le siége, incontinent qu'ils y feurent arrivés, assaillirent le boullevert de la porte quy va à Bayeulx; et illecques y eust faict des beaulx faits d'armes, tant qu'à la fin icelluy boullevert feut prins d'assaut; mais les François le laissèrent despuis, pource qu'il estoit ouvert du costel devers la muraille de la ville; et semblablement demoura désemparé des Anglois, pource que, incontinent après la prinse d'icelluy boullevert, ils murèrent leur porte.

CHAPITRE XXVIII.

Comme le roy de France se partit d'Argentan, et alla au siége debvant Caen, et comme les François assaillirent le boullevert et le prindrent.

La ville de Caen assiégée comme dict est, Charles, roy de France, se partit d'Argentan pour aller tenir siége avecques ses gents, accompagnié du roy de Sécille, du duc de Calabre son fils, des comtes du Maine, de Sainct-Pol et de Tancarville, du vicomte de Lomaigne, de monseigneur Ferry de Loherraine [1], de Jehan son frère, seigneur de Traynel, chancelier de France, des seigneurs de Blainville et de Pruilly, des baillis de Berry et de Lyon, et de plusieurs aultres chevalliers, escuyers, et de gents d'armes et de traict jusqu'au nombre de six cents lances; et alla coucher à Saint-Pierre-sur-Dive, et le lendemain à Jaure, et l'aultre jour après alla disner avec touts ceulx de sa compagnie ès faulxbourgs de Vaucelle; puis se partit incontinent et passa au-dessus de la ville la rivière, par-dessus le pont, à demy-lieue près de là; et s'en alla logier atout ses gens dedans une abbaye nommée Ardaine, où il feut durant le siége, fors une nuict, en passant par les faulxbourgs, qu'il feut logié ès faulxbourgs en ladicte abbaye de la Trinité. Illecques demeurèrent le roy de Sécille, le duc de Calabre, le duc d'Allençon, le comte de Sainct-Pol, monseigneur Ferry de Loherraine, Jehan son frère, et plusieurs aultres, jusques au nombre de mille archiers à cheval, et de deulx mille francs archiers à pied, dont la pluspart estoient logiés ès villages allentour dudict Caen. En une chapelle, entre le chastel et l'abbaye dudict Sainct-Estienne, estoient logiés les seigneurs de Beauvoir et de Bourbonnois, atout trente lances et mille cinq cents francs archiers. Assez tost après la venue du roy, le comte de Dunois feit assaillir les boulleverts de Vaucelle, quy estoient sur la rivière d'Orne, près de la muraille de la ville de Caen, lesquels se tinrent longuement; mais en la fin feurent prins grande foison d'Anglois. A chascun logis du siége avoit mines jusques dans les fossés de la ville, et par especial du costel devers le connestable, dont les gents minèrent la tour et la muraille de debvant Sainct-Estienne, tellement que tout cheut et trébucha à terre, en telle manière que les François de dehors pouvoient combattre les Anglois en la ville main à main. Quand les Anglois se veirent ainsy approchiés de toutes parts tout allentour de la ville, doubtants qu'ils ne feussent prins d'assault, requirent de parlamenter pour trouver leur traictié devers le roy.

CHAPITRE XXIX.

Comment ceulx de Caen eurent leur traictié devers le roy, et comme ils luy délibvrèrent les ville et chastel où estoit le comte de Sombreset, lequel, sa femme, ses enfants et touts ceulx de leur compagnie, feussent Anglois ou aultres, s'en allèrent, leurs corps et leurs biens saulfs.

Quand le roy de France sceut que ceulx de la ville de Caen requéroient parlamenter pour trouver leur traictié, icelluy roy, mectant Dieu devant ses yeux, regardant la pitié que ce seroit de destruire telle ville et de violer et piller les églises de Dieu, pour aussy eschevir [1] l'effusion de sang de hommes, de femmes et de enfants, quy dedans euissent peu estre tués, se consentit de parlamenter à eulx; et la ville feut receupte à composition, jà soit que à la vérité il n'y avoit nulle apparence que, s'il eust pleu au roy que la ville n'euist été prinse d'assault sans nul remède; et

(1) Lorraine.

(1) Éviter.

euist eu après le chastel et le donjon, mais non pas sitost, car iceluy chastel est l'ung des forts de Normandie, garny de haye et grand boullevert de moult dure pierre, assis sur une roche, laquelle contient aultant que la ville de Corbeil ou celle de Montferrant; et y a dedans ung donjon très fort, faict d'une large et haulte tour carrée de la façon de celle de Londres ou du chastel d'Amboise, et environné tout autour de quatre grosses tours maçonnées depuis le pied des fossés jusques au hault à l'esgal de la terre, lesquelles tours sont moult haultes; puis est fermé de fortes murailles et haultes tout autour, selon la quantité des tours dessusdictes. Dedans iceluy chastel se tenoient le duc de Sombreset, ses femme et enfants, et dedans la ville messire Robert Vere, frère du comte de Eusfort[1], messire Henry Reddefort, messire Expansier[2], Henry Candre, Guillaume Carne, Henry lord Clogiet, Fouquet, Ethon et plusieurs aultres, lesquels estoient conduiseurs, pour le duc de Sombreset, de quatre mille Anglois pour la garde de la ville de Caen; lesquels Anglois durant le siége s'assemblèrent par plusieurs fois et coururent sus aulx François; et ce feirent pareillement les François sur les Anglois, c'est à savoir, pour le roy de France, le comte de Dunois, le séneschal de Poitou et plusieurs aultres. Quand les Anglois sceurent que le roy estoit content de tenir parlament à eulx et ceulx de la ville, sy ordonnèrent, par l'octroy du roy de France, certain lieu pour parlamenter. Auquel lieu, pour le roy de France, feurent députés le comte de Dunois, le séneschal de Poitou et messire Jean Bureau, thrésorier de France; et pour les Anglois messire Richard Henton, bailly de Caen, Foucques, Ethon et Jehan Gages; et pour ceulx de la ville, Eustasse Canivet, lieutenant du bailly, et l'abbé de Sainct-Estienne de Caen; lesquels ensemble assemblés parlamentèrent tant que, le lendemain du jour de sainct Jehan-Baptiste, feut le traictié faict par la manière que s'ensuit; c'est à sçavoir : que les dessusdicts Anglois promeirent de mectre les ville, chastel et donjon en la main et obéissance du roy de France en dedans le premier jour de juillet, au cas que le roy de France et sa puissance ne seroient combattus des Anglois; et moyennant ce, le duc de Sombreset, sa femme, ses enfants et touts les aultres Anglois qui s'en vouldroient aller s'en iroient, eulx, leurs femmes et enfants, chevaulx, harnois et aultres biens meubles; et avecques ce, pour les porter et mener, on leur bailleroit vaisseaulx et charroy pour les passer en Angleterre et non ailleurs, à leurs despens, à telle condition que les Anglois délivreroient touts leurs prisonniers. Sy délivreroient et laisseroient touts scellés, et sy quicteroient touts ceulx de la ville, tant gents d'église, marchands bourgeois et autres, quy leur debvoient, sans rien leur en faire payer, et sans encoires que pour ce ils leur ostassent rien du leur, quand ils se partiroient de la ville; et avecques ce laisseroient toute artillerie grosse et menue, réservés arcqs et arbalestres et couleuvrines en main. Et pour entretenir les choses dessusdictes sans faillir, bailleroient les Anglois pour hostaiges, douze Anglois d'Angleterre, deulx chevalliers de Normandie, et quatre bourgeois de la ville de Caen. Et le premier jour de juillet en suivant, mil quatre cents cinquante, rendirent les ville, chastel et donjon de Caen, pource qu'ils ne feurent point secourus. Et en apporta les clefs aux champs pour le dessusdict donjon le dessus nommé bailly, et les meit ès mains du connestable de France, en présence du comte de Dunois, lieutenant général du roy de France, auquel incontinent les livra iceluy connestable, comme le capitaine et gouverneur d'icelle ville et chastel pour le roy de France. Et demeura le connestable aux champs pour faire vuider les Anglois et leur faire tenir chemin droict à Caen; et au plutost après le comte de Dunois, accompagné du mareschal de France, seigneur de Jalloingnes, debvant luy deulx cents archiers à pied, et entre deulx les héraulx et trompettes du roy de France, après luy joignant trois escuyers d'escurie, portants les bannières du roy de France, et derrière cent hommes d'armes à pied, entra par le donjon à pied dedans la ville et chastel, et feit mectre les bannières du roy sur le donjon et sur les portes d'icelle ville.

CHAPITRE XXX.

Comment le roy de France se partit de l'abbaye d'Ardaine et entra en la ville de Caen.

Le sixiesme jour de juillet, l'an mil quatre cents cinquante, se partit le roy de France de

---

(1) Oxford. (2) Despenser.

l'abbaye d'Ardaine pour entrer en la ville de Caen ; et monta à cheval accompagnié du roy de Sécille, du duc de Calabre son fils, du duc d'Allençon, des comtes du Maine, de Clermont, de Dunois, de Nevers, de Sainct-Pol et de Tancarville ; des seigneurs de Roy, de Coetivy, admiral de France ; des mareschaulx de France et de Bretaigne, et de plusieurs aultres grands seigneurs, chevalliers, escuyers, très grandement et richement habillés et vestus ; et chevaulcha jusques auprès de la ville, atout deulx cents archiers devant luy, avecques ses héraulx et trompettes, et derrière luy cent lances. Et là vindrent au-debvant de luy, hors de la ville, avecques le comte de Dunois, les bourgeois de la ville, avecques grande multitude de gents; lesquels, après qu'ils eurent faict la révérence au roy, luy présentèrent les clefs de la ville de Caen, et il les receut bénignement. Après vindrent les gents d'église revestus, à grandes processions, ainsy qu'il est accoustumé de faire ; puis entra le roy en ladicte cité de Caen; et portèrent le ciel sur luy quatre gentilshommes, chevaliers et escuyers, demourants en icelle ville. Les rues où le roy passoit estoient tendues et couvertes à ciel bravement, et y avoit foison de peuple criant Noël.

CHAPITRE XXXI.

Comment le siége feut mis devant Fallaise, et des assaults que les Anglois feirent, mais enfin feurent rebouttés.

Le propre jour que le roy entra dans la ville de Caen, feut mis le siége devant Fallaise, de touts costés, et s'y trouva premier, Poton de Saincte-Traille, bailly de Berry, et le lundy après y arriva sire Jehan Bureau, thrésorier de France, avec luy les francs archiers et artillerie. Quand les Anglois de la place les aperceurent, ils allèrent au-debvant d'eulx, et les saillirent très asprement; mais en la fin feurent rebouttés jusques aux portes de leur forteresse ; et s'y gouverna le thrésorier grandement, et aussy feit iceluy Poton.

CHAPITRE XXXII.

Comment le roy de France alla en personne au siége de Fallaise, et avecques luy plusieurs seigneurs, et comment ils se logèrent.

Le huictiesme jour, l'an susdict, Charles, roy de France, se partit de la ville de Caen, et alla le soir au giste à Sainct-Severin, et le lendemain se logea du costel devers Argentan, à une lieue près de Fallaise, à une abbaye nommée Sainct-Andrieu, avec luy le roy de Sécille, le duc de Calabre son fils, les comtes de Maine, de Sainct-Pol et de Tancarville, le vicomte de Lomaigne, messire Ferry de Loheraine et plusieurs aultres ; et le duc d'Allençon feut logié à Saincte-Marguerite, du costé devers Paris, et demy-lieue près ladicte abbaye, en ung lieu dict La Guibray. Et feut logié au plus près de luy le comte de Dunois et le seigneur de la Forest, gouverneur des gents du comte de Maine. Au-dessoubs de La Guibray estoient logiés en une abbaye deux mille francs archiers, du costel devers le Maine. Au droict de la porte, près du chastel, feurent logiés le seigneur de Beaujeu, le seigneur de Beauvoir, messire Jehan de Lorraine et Poton de Saincte-Traille, bailly de Berry, et de l'aultre costel, devers Caen, feurent logiés les comtes de Nevers et d'Eu, le seigneur de Cullant, grand-maistre-d'hostel, d'Orval, de Blanville, de Montenay et plusieurs aultres.

CHAPITRE XXXIII.

Comment le siége feut mis par les François devant Chierbourg ; et comment Fallaise feut rendue et mise en la main du roy de France.

En ce temps le comte de Richemont, connestable de France, les comtes de Clermont, de Laval, le seigneur de Loheach, son frère, mareschal de France, les seigneurs de Raix, de Cotivy, admiral, le seigneur de Mongascon, le mareschal de Jalloingnes, le sénéchal de Poitou, le seigneur de Montauban, mareschal de Bretaigne ; les seigneurs d'Estouteville, de Moy, en Bauvoisin; le sénéchal de Bourbonnois, messire Geoffroy de Couvran, Pierre de Louvain, Jennet de Tillay et Robert de Connyngham, et les gents du seigneur de Sainct-Sévère avecques deulx mille francs archiers, allèrent mectre le siége devant Chierbourg, quy est la plus forte place de Normandie, et y feurent longuement. Cependant, le onziesme jour de juillet, les Anglois de Fallaise traictèrent tant avecques le comte de Dunois que, par le commandement du roy, il leur bailla jour jusques au vingt-uniesme jour dudict mois, en dedans lequel jour ils promièrent rendre la ville et le chastel de Fallaise, et mectre en l'obéissance du roy de France, au cas qu'ils ne seroient secourus en dedans ce jour, pourveu que leur maistre et capitaine, le seigneur de Tallebot, quy estoit seigneur d'icelle place du don du roy d'Angleterre, lequel estoit prisonnier du roy de France au chastel de Droeulx, seroit délibvré de prison, et remis en liberté et franchise, et avecques ce seroit quicte de certaine promesse que iceluy Tallebot avoit faicte au roy de France. Et pour entretenement de ce que dict est, baillèrent les Anglois douze hostaiges. En dedans lequel jour iceux Anglois ne feurent secourus ; pour laquelle cause ils rendirent ladicte ville et chastel de Fallaise, par la manière accoustumée. Dedans icelle ville et chastel estoient mille et cinq cents Anglois, , touts combattants, et les plus valliants gents et mieulx en poinct quy fuissent en la duchié de Normandie, de gents de leur nation ; desquels estoient conducteurs et capitaines sous Tallebot, André Troslop et Thomas Heton, lesquels s'en allèrent en Angleterre, touts leurs corps et leurs biens saulfs. Et feut capitaine de Fallaise, de par le roy de France, Poton de Saincte-Traille, son grand escuyer des escuries et son grand bailly de Berry.

CHAPITRE XXXIV.

Du siége quy feut mis devant Donfort, et comme elle feut rendue au roy de France ; et de la mort de François, duc de Bretaigne.

Assez tost après le traictié de Fallaise, audict mois de juillet, se partirent messire Charles de Cullant, grand-maistre-d'hostel du roy, le seigneur de Blanville, messire Jehan Bureau, thrésorier de France, et gouverneur de l'artillerie, et plusieurs aultres, avecques mille et cinq cents francs archiers ; et allèrent mectre le siége debvant la ville et chastel de Donfort[1], auquel lieu estoient de sept à huit cents Anglois ; lesquels, le deuxiesme jour d'aoust, rendirent la ville et chastel aux François, et s'en allèrent leurs corps et leurs biens saulfs.

En ce temps estoit à son dernier jour et mourut par maladie, François, duc de Bretaigne, nepveu du roy de France ; dont ce feut dommaige ; car il estoit moult noble prince et vaillant de son corps.

CHAPITRE XXXV.

Comment le seigneur de Cottivy, admiral de France, et le bailly de Troyes feurent tués durant le siége de Chierbourg, et comme la ville feut mise en l'obéissance du roy de France.

Le siége estant devant Chierbourg, se gou-

(1) Domfront.

vernèrent grandement, honnorablement et valliamment les François quy là estoient, et oppressèrent fort ceulx de dedans de trenchis, mines et aultres oppressions, où feut tué d'ung canon, messire Pregent de Cottivy, seigneur de Raix et admiral de France; quy feut bien grand dommaige ; car il estoit l'ung des vaillants chevalliers et bien renommés de la France, prudent homme et de bon age. Et pareillement feut en la ville tué d'une coulevrine Thomas le Bourgeois, bailly de Troyes, lequel estoit vaillant homme de son corps, à pied et à cheval, de grande conduicte et bien cognoissant la subtilité de la guerre. Icelle ville de Chierbourg feut fort battue de canons et bombardes, et le plus subtilement que homme veist. Du costel de la mer, y eut trois bombardes rompues et ung canon, et y feurent faictes de belles et grandes armes ; et tellement que Thomas Gruel, Anglois, composa et traicta de rendre la place, dont il estoit capitaine, moyennant qu'on luy délibvreroit son fils, quy estoit hostaige pour sa part de l'argent quy estoit deu au roy de France et à ceulx de Rouan, pour la composition qu'avoit faicte le duc de Sombreset, luy estant à Rouan ; lequel luy feut rendu et quicte. Puis délibvra la ville et chastel de Chierbourg au roy de France ou à ses commis, le douziesme jour du mois d'aoust, audict an mil cinq cents et cinquante. En laquelle ville ils estoient bien mille combattants anglois, soubs iceluy Thomas Gruel, lesquels s'en allèrent leurs corps et biens saulfs. Après ce en feut capitaine pour le roy de France le seigneur de Bueil, atout quatre-vingts lances ; lequel avoit esté fait nouvel admiral de France, par le trespas du seigneur de Cottivy, quy en son vivant estoit capitaine de Granville, dont feut capitaine après sa mort messire Jehan de Lorraine, atout cinquante lances.

CHAPITRE XXXVI.

Comment, après que le roy eust conquis tout le pays de la Normandie, il envoya ses gents d'armes en Guyenne ; et des gents de guerre qu'il laissa pour garder ledict pays de Normandie, puis s'en retourna en sa ville de Tours.

Ainsy comme dict est cy-dessus feut reconquesté par le roy de France, Charles, septiesme de ce nom, et par les François, la duchié de Normandie, et toutes les villes et chasteaulx d'icelle mis en l'obéissance du roy de France, en ung an et six mois ; quy peut sembler que ce feut grace divine que Dieu y entendit ; car on n'a peu veu ny sceu que sy grand pays feust sitost conquesté ; lequel pays contient six grosses journées de long et quatre journées de large, et y a dedans six éveschés, ung archevesque et cent que villes et forts chasteaux, sans ceulx quy ont esté abattus, destruicts et desmolis par la fortune de guerre, laquelle y avoit duré l'espace de trente ans, durant les grandes divisions quy avoient esté en France, tant à cause de la mort de Loys duc d'Orléans, quy feut occis en l'an quatre cents et sept, en la ville de Paris, et lequel estoit frère du roy Charles sixiesme, comme de la mort de Jehan duc de Bourgogne, lequel avoit aussy esté vilainement occis à Montereau Faut-Yonne, en l'an mil quatre cents dix neuf, desquelles guerres font mention plusieurs chroniques de ce parlants, quy en ce temps feurent faictes. On n'a point veu que sy grand pays eust esté conquis en sy peu de temps ny à moins d'occision de peuples et de gents d'armes, ny à moins de dommaige ; quy peut et doibt tourner à la grande gloire et honneur du roy de France dessusdict, des princes et aultres seigneurs françois debvant nommés, et de touts aultres quy feurent en la compagnie du roy, au recouvrement de la duchié dessusdicte ; et se feit icelle conqueste en l'année des grands pardons de Rome[1].

Quand le roy de France eut, ainsy que dict est, conquis toute la Normandie, il ordonna six cents lances et les archiers, c'est à sçavoir : chascune lance deulx archiers et ung coustelier, pour garder iceluy pays ; et les aultres gents de guerre, il les envoya en Guyenne. Puis se partit le roy du pays de Normandie, et arriva au mois de septembre ensuivant en sa ville de Tours en Touraine.

CHAPITRE XXXVII.

Des graces que le roy rendit à Nostre Seigneur ; et ordonna chascun, en la mémoire de la victoire que Dieu luy avoit envoyée, faire processions générales par tout son royaulme, quy se feroient le quatorziesme jour d'aoust ; et de l'ordonnance des gents d'armes et de leurs habillements.

Quand le roy feut retourné à Tours, il rendit graces à Dieu de sa grande et noble conqueste et victoire qu'il avoit ; et par délibération de son grand conseil, affin de rendre plus grandes graces et plus remercier Dieu de sa grande conqueste, il commanda célébrer processions

[1] L'an 1450, année du jubilé, qui avoit lieu tous les cinquante ans.

générales par tout son royaulme, le quatorziesme jour d'octobre ensuivant, et de là en avant par chascun an, le quatorziesme jour d'aoust ; et de ce envoya lettres-patentes aulx prélats par tout son royaulme, requérant de ce faire, et que en ce n'y olt faulte. Et pour ce que cy-dessus est assez parlé des assemblées des gents d'armes que les princes et seigneurs tenoient et avoient, et comment l'ung avoit deux cents lances, l'autre trois cents, et ainsy plus ou moins, il est bon de faire entendre ce qu'on appeloit une lance et quelle sieute[1]. Vray est que, par l'ordonnance qu'il avoit mis en son royaulme, laquelle montoit d'ordinaire, sans les seigneurs, princes, seigneurs fiefvés et arrière-fiefvés quy doivent servir le roy, à dix-sept cents lances. Et estoit chascune lance d'ung homme d'armes, armé de cuirasse, harnas de jambes, sallades, bannière, espée, et tout ce qu'il fault à ung homme armé au cler, ses sallades et espées garnies d'argent ; lequel homme d'armes avoit trois chevaulx de prix, l'ung pour luy, l'aultre pour son page quy portoit sa lance, le tiers pour son valet, lequel estoit armé de sallade, bringandine, jacquet ou haubergeon, portant hache ou guisarme ; et avoit avec ce chascune lance, deulx archiers à cheval, armés le plus de bringandines, harnas et sallades, dont les plusieurs estoient garnies d'argent. Du moins avoient iceulx archiers, touts jacquets ou bons haubergeons. Et payoit-on touts ceulx quy estoient de ceste ordonnance de dix-sept cents lances, de mois en mois, feust que le roy olt guerre ou non. Et les payoient les gens du plat pays et des bonnes villes, par une taille qu'iceluy roy avoit mis sus, ce qu'on n'avoit oncques faict, laquelle on appeloit *la taille des gents d'armes ;* et avoit chascun homme d'arme quinze francs, monnoie royale, pour ses trois chevaulx, à sçavoir : pour luy son page et ung guisarmier ou coustellier ; et chascun archier, pour lui et son cheval, sept francs et demy le mois. Durant ceste conqueste de Normandie, touts les gents d'armes du roy de France et quy estoient en son service, fuissent d'icelle ordonnance ou non, feurent touts payés de leurs gages de mois en mois ; et n'y avoit sy osé ne si hardy quy osast prendre, durant ladicte guerre ou conqueste de Normandie, prisonnier ny rançonner cheval ny autre beste quelle

[1] Suite.

qu'elle feust, ny vivres en quelque lieu que ce feust sans payer, fuissent en l'obéissance des Anglois ou à ceulx de leur party, fors seulement sur iceulx Anglois et gents tenants leur party quy estoient trouvés faisants guerre et en armes; et ceulx-là pouvoient-ils bien prendre licitement, et leur estoit permis, et non aultrement. Touts ceulx pareillement quy gouvernoient l'artillerie estoient payés de jour en jour, en laquelle y avoit le plus grand nombre de grosses bombardes, gros canons, veuglaires, serpentines, crapeaulx d'eau, coulevrines et ribaudequins qu'il n'estoit lors mémoire d'homme avoir veu à roy chrestien, bien garnis de poudres, manteaulx, et toutes autres choses pour approcher et prendre villes et chasteaulx, et moult grande foison de charroys pour les mener, et des manouvriers pour les gouverner. Pour laquelle artillerie conduire et gouverner estoient commis messire Jehan Bureau et son frère, qui en feirent moult bien leur debvoir, et s'y gouvernèrent très grandement. Et à la vérité dire, durant ceste conqueste de Normandie, les plus des villes et chasteaulx eussent esté prinses d'assault et par force d'armes; mais quand les places estoient approchées et prestes à assaillir, le roy de France, Charles, en avoit pitié, et vouloit qu'on les prinst par composition pour obvier à l'effusion de sang humain, et à la destruction du pays et des peuples quy estoient enclos en icelles forteresses.

CHAPITRE XXXVIII.

Comment le seigneur d'Albreth desconfit ceux de Bourdeaux, et en occit quinze cents, et prit prisonniers douze cents; et de la prinse de maistre Jean Panchous, recepveur général du roy, et de sa condampnation.

Charles roy de France, venu en sa ville de Tours, feit prendre maistre Jehan Panchous, son recepveur-général de ses finances, lequel feut mis au chasteau de Tours; et luy meit-on sus qu'il avoit mal gouverné sa recepte, pourquoy il feut questionné par le conseil du roy; et par sa confession, feut trouvé avoir commis crime de lèze majesté, pour avoir prins en grandes et excessives sommes des deniers du roy, mesmement avoir fait certaines ratures. Pour lesquelles causes il feut condamné par la bouche du chancellier de France à tenir prison certain temps, et ses biens confisqués, desquels le roy donna une maison qu'il avoit faict en la ville de Tours au comte de Dunois; et oultre ce feut le dict maistre Jehan Panchous condamné à payer au roy la somme de soixante mille livres.

Audict an, le dernier jour d'octobre, le seigneur d'Orval, le tiers fils du seigneur d'Albreth, et sa compagnie de quatre à cinq cents combattants, se partirent de Basas et allèrent courre en l'isle de Médoche en Bourdelois; et repeurent en ung bois deux lieues près de Bourdeaulx; et le lendemain, jour de Toussaints, comme ils feurent montés à cheval, leur vindrent nouvelles que ceulx de Bourdeaulx, tant gents de guerre que populaires, estoient sur les champs en nombre de huict à neuf cents, tant de pied comme de cheval, pour eulx venir combattre. De ce adverti, le seigneur d'Orval pour tant ne laissa à faire son entreprinse, mais meit ses gens en bonne ordonnance, attendants la bataille, combien qu'ils feussent en moindre nombre sans comparaison que les Bourdelois et Anglois; et attendirent que ceulx de Bourdeaulx, desquels estoit conduiseur le maire de Bourdeaulx, les choisirent. Sy se mirent en ordonnance et leur vinrent courre sus; et là le seigneur d'Albreth et ceulx de sa compagnie se portèrent sy valliamment qu'ils les meirent en fuite et en occirent, tant en la bataille qu'en fuyant, bien dix-huit cents; et sy prindrent des prisonniers bien douze cents hommes. Ce faict, le seigneur d'Albreth et ceulx de sa compagnie s'en retournèrent en la cité de Basas dessusdicte. A ceste desconfiture feurent fort descartés et esbahis ceulx de Bourdeaulx et du pays environ.

CHAPITRE XXXIX.

Comment Pierre de Bretaigne feit honneur au roy de la duchié de Bretaigne; et comment le roy envoya le comte de Dunois avec armée au pays de Guyenne; et de la redditiou du chastel de Montguyon et de la ville de Blaye.

Audict an cinquante, lendemain du jour des Ames, en une petite ville et chasteau nommée Montbason, Pierre, duc de Bretaigne nouvellement, par la mort de son frère François, feit hommaige au roy de France Charles, de la duchié de Bretaigne, et luy feit le serment en tel cas accoustumé; et comme grand chambellan du roy le comte de Dunois print sa ceinture, l'espée et le bouclier, comme à luy appartenoit. Et après le serment faict, le chancellier luy dict qu'il estoit homme lige au roy de France, à cause d'icelle duchié; à quoy feut respondu par le chancellier du duc que, saulf la révérence du roy et de luy, il n'estoit lige à cause de celle duchié. Et sur ce feurent en altercation une espace de temps; et finablement le receupt le roy en foy aux us et coustumes, ainsy que ses prédécesseurs ducs de Bretaigne avoient faict. Et tost après il feit au roy ung aultre hommaige de sa comté de Montfort, à cause de laquelle il confessa estre son homme lige et vassal : et ce feut receu à grands honneur et chierre du roy et de ses nobles. Et là, par l'espace de quinze jours, y olt grand esbattement et liesse; et là feut festoyé des dames et damoiselles. Avecques le duc de Bretaigne estoit son oncle le comte de Richemont, connestable de France, et plusieurs aultres seigneurs et escuyers, jusques au nombre de quatre à cinq cents chevaux. Iceluy Pierre de Bretaigne succéda en la duchié, parce que le duc François son frère, dernier mort, avoit fait morir Gilles de Bretaigne, son second frère, parce qu'iceluy Gilles tenoit le party du roy Henry d'Angleterre, duquel il estoit son connestable ès pays de deçà la mer, et iceluy François tenoit le party du roy de France; et environ ung an paravant la mort dudict François, l'avoit faict prendre prisonnier et l'avoit mis en la garde du seigneur de Montauban, nommé Arthus. Lequel Gilles, après qu'il avoit esté traictié par douces parolles, pour sçavoir s'il se vouloit retraire du parti des Anglois, feut traicté par parolles rigoureuses; mais pour choses que on lui sceust dire, il ne se voulut retraire de son propos; parquoy le duc son frère conceupt haine mortelle contre luy. Et au mois de mai, le roy, estant en sa cité de Tours, ordonna le comte de Dunois et de Longueville son lieutenant général pour aller au pays de Guyenne, pour le réduire en son obéissance, et avecques luy grande et notable compagnie; et se partit ledict comte de Dunois audict mois de may, et s'en alla mectre le siège devant ung chasteau nommé Montguyon. Auquel lieu vint au service du roy de France le comte d'Angoulesme, frère légitime du duc d'Orléans, maistre Jehan Bureau, thrésorier de France, Pierre de Louvain et plusieurs aultres, jusques à quatre cents lances, et leurs archiers et guisarmiers, avecques quatre mille francs archiers, lesquels tindrent siége, attendants plus grande seigneurie, laquelle debvoit venir; et lequel siége y feut l'espace de huict jours; et en estoit capitaine pour les Anglois Regnault de Sainct-Jehan, escuyer gascon et serviteur du capitaine de Beuil, avecques certain nombre de gents d'armes. Lequel voyant ne pouvoir résister à la puissance quy estoit debvant luy, feit appoinctement aux François, par lequel la place feut rendue en l'obéissance du roy.

Audict an, le seiziesme jour dudict mois de may, après la rendition de Montguyon, le comte de Dunois alla mectre le siège debvant l'une des portes de la ville de Blaye. Et se joignirent avecques luy messire Pierre de Beauvoir, seigneur de la Bessière, lieutenant du comte du Maine et gouverneur de ses gents d'armes, et Geoffroy de Sainct-Belin, lesquels avoient en leur compagnie huict vingts lances, fornies d'archiers et guisarmiers. Et là trouvèrent messire Jacques de Chabanne, grand-maistre-d'hostel du roy de France, et Joachim Rohault, lesquels avecques leur compagnie se meirent du costel de devers le chasteau, et se meirent et logèrent à la Maladrerie; et avoient avecques eulx deulx cents lances, et les archiers et guisarmiers, avecques deulx mille de francs archiers. Et là arriva par mer grande foison de navires, dont estoit chief et gouverneur Jehan le Bouchier, général de France[1]. Esquels navires avoit grande multitude de gents d'armes et de traict, et grande foison de vivres pour avitailler l'ost. Lesquels navires, en approchant le siège, trouvèrent devant la porte d'icelle ville cinq gros basteaulx bien armés, lesquels estoient venus de Bourdeaulx pour avitailler la ville de Blaye; lesquels ils assaillirent tellement et si vaillamment que les navires des François meirent en fuite les Anglois, desquels il y olt plusieurs morts et navrés; et leur convint désancrer leurs basteaulx pour eulx enffuire; et les chassèrent les François jusqu'aulx portes de Bourdeaulx, puis s'en retournèrent avecques leurs navires au port de Blaye, affin que secours ne vivres ne peuissent entrer dedans ladicte ville; et ainsy feut assiégée par mer et par terre de toutes parts. Deulx ou trois jours après ce faict, arriva devant ladicte ville le comte de Ponthieu[2], atout cent lances et trois cents arbalestriers, et se logea au siège du comte de Dunois. Durant icelluy siége feurent faictes des grandes valliances et approchements de mines, de fossés et trenchis; et feut la ville fort battue de gros engins, bombardes et canons, tellement que les murailles feurent abbatues en plusieurs lieulx dedans icelle ville. Pour la deffendre estoient les plus

(1) Receveur-général des Finances. (2) Penthièvre.

valliants gents de la duchié de Guyenne, tenants le party du roy d'Angleterre. Et environ le vingt-huictiesme jour du mois de may, environ ung peu debvant soleil couchant, à l'heure que sonne le guet, aulcuns archiers de la compagnie de Jehan de Meause, nommé le seigneur de la Mangonnerre, capitaine des francs archiers de Tourraine, et les gents de Pierre de Louvain, montèrent sur la muraille de la ville. Lors commença l'assault de toutes parts, tellement que la ville feut prinse. A laquelle prinse y olt des Anglois, que morts que navrés, deux cents ou environ, et se retrairent en grande haste le maire et le soubs-maire de Bourdeaulx dedans le chastel de la ville, avecques eulx les seigneurs françois; et approchèrent aulcuns le chastel. Mais quand ceulx du chastel veirent qu'ils approchoient et qu'ils ne pouvoient avoir secours par terre ne par mer, ils prindrent traictié avecques les François et rendirent le chastel en l'obéissance du roy de France Charles VII de ce nom; et se retirèrent les maire et soubs-maire de Bourdeaulx, audict Bourdeaulx, leurs vies et bagues saulves.

CHAPITRE XL.

Comment tout à ung mesme temps le comte de Dunois assiégea les ville et chastel de Bourg, le comte d'Albreth assiégea la cité d'Arques, le comte d'Arminacq assiégea Rion, le comte de Ponthièvre assiégea Chastillon en Pierregort; et feurent toutes ces places rendues au roy de France.

Après la rendition de la ville et chastel de Blaye, incontinent, sans intervalle, le comte de Dunois, avecques toute sa compagnie, alla mectre le siége devant la ville et chastel de Bourg[1], tant par mer que par terre. Et n'y feut ledict siége que cinq à six jours; car quand ceulx de la ville, quy estoient dedans, veirent sy grande puissance et en sy belle ordonnance, aussy bombardes et canons sortir debvant eulx, avecques mines, approchements et trenchis, ils requirent eulx rendre, leurs corps et biens saulfs. Et estoient dedans, de la part du roy d'Angleterre et de ceulx de Bourdeaulx, de quatre à cinq cents combattants, dont estoit capitaine messire Bertrand de Montferrand, lequel, luy et ses gents s'en allèrent, leurs corps et leurs biens saulfs, en la ville de Bourdeaulx; et demoura la place en la garde, de par le roy de France, de messire Jacques de Chabanen, grand-maistre-d'hostel de France Et ce mesme an, audict mois de may, le comte d'Albreth, avecques les seigneurs de Tartas et d'Orval, ses fils, lequel avoit en sa compagnie trois cents lances et deux mille arbalestriers, vint mectre le siége devant la cité d'Arques, du costel de devers Bourdeaulx, au bout du pont de la rivière de la Dourdonne. Et environ dix à douze heures après que le siége feut mis, vint le comte de Foix avecques le vicomte de Lautrech, son frère légitime, messire Bernard de Bierne[1], son frère bastard; les barons de Nœuville, de Lattrydon[2], de Roix et de Corasse; messire Martin Gratien, capitaine des Espagnols; Robin Petit-Los, capitaine des Escossois; et plusieurs aultres chevalliers, seigneurs et escuyers, et gens de guerre, jusques au nombre de cinq cents lances et de mille arbalestriers; et meirent le siége devers Navarre et Bierne. Durant lequel siége il olt plusieurs armes d'ung costel et d'aultre, jusques à tant qu'il vint à leur cognoissance que ceulx de Bourdeaulx avoient intention de trouver le traictié avecques le lieutenant du roy de France ou ses commis. Pour laquelle cause, à la requeste du comte de Foix, ils feurent comparants à l'appointcement que feirent ceulx de Bourdeaulx. Et par ainsy la cité feut rendue en la main du roy de France, et commise à garder à quatre barons du pays de Bierne.

En ce mesme temps et mois, se partit le comte d'Arminacq de son pays, avecques le sieur de Poictraille et les quatre séneschaux de Toullouse, de Rouergue, d'Agenes[3] et de Crécy[4], et le séneschal de Guyenne. Et avoit le comte en sa compagnie, tant des seigneurs dessusdicts que de gens de son pays, cinq cents lances et les archiers, avecques lesquels il vint mectre le siége devant une place nommée Royon[5]. Il feut par une espace de temps, en portant forte guerre aux ennemis du roy de France. Durant lequel temps, jà-soit qu'ils parlamentassent d'avoir appointcement avecques ceulx de Bourdeaulx, sy faisoient-ils tousjours forte guerre les ungs contre les aultres, jusques à tant que ledict appointcement feut faict.

En ce mesme temps et mois feut mis le siége debvant Chastillon en Perregort, par le comte de Ponthièvre, et le sieur de Jalloingnes, ma-

(1) Bourbourg.

(1) Béarn. (2) Terride. (3) Agénois. (4) Quercy. (5) Riom.

reschal de France, accompagnié de maistre Jehan Bureau, thrésorier de France; et avoient en leur compagnie trois cents lances avecques leurs francs archiers, avecques grosse artillerie et menue; quy espouvanta tellement ceulx dedans, lesquels voyoient la puissance du roy de France, quy faisoit mectre plusieurs siéges ensemble, feirent traictié et composition aulx François, par lequel, leurs corps et leurs biens saulfs, ils partirent de la place, laquelle demoureroit ès mains du roy de France; laquelle feut mise à garder à messire Jehan Bureau.

En ce temps se rendirent au roy de France ceulx de la ville de Sainct-Melon[1], voyants qu'ils ne pouvoient résister contre sa puissance; et feut la ville bailliée en garde au comte de Ponthièvre.

CHAPITRE XLI.

Comment le comte de Dunois envoya mectre le siége devant le chasteau de Fronsacq, en tenant le siége qu'il avoit mis à Bourg fourny de gents de traict; et feit savoir à ceulx de Libourne d'eulx rendre; et comme plusieurs places se rendirent au roy de France.

Le second jour de juing, audict an cinquante et ung, le comte de Dunois envoya mectre le siége, par mer et par terre, debvant une place appelée Fronsacq, et il demoura devant Bourg-bourg par aulcune espace de temps pour faire certaines ordonnances, et mectre régime et police au bien et proffit du royaulme; et ce faict, vint personnellement audict siége de Fronsacq, et envoya ung hérault pour sommer ceulx de Libourne d'eulx rendre. Lesquels de Libourne envoyèrent les principaulx de la ville pour trouver traictié; lequel traictié faict et accordé, la ville feut rendue au roy et bailliée en garde au comte d'Angoulesme. Et au regard du chasteau de Fronsacq, quy estoit le plus fort chasteau des marches de Guyenne, et lequel avoit tousjours esté gardé d'Anglois natifs du pays d'Angleterre, pour ce que c'est chambre du roy et la clef de Guyenne et de Bourdelois, les Anglois tindrent icelle place le plus qu'ils peurent. Toutesfois, voyants la noblesse et la grande multitude des gents de guerre debvant eulx, quy n'estoit point la quarte partie de la puissance du roy, et comment pour icelle heure les francs archiers tenoient quatre siéges, lesquels ne povoient secourir les ungs les aultres pour les grosses rivières de Gironde et Dourdonne, quy lors estoient très grosses, véants aussy qu'il n'y avoit siége tenu des François quy ne feust assez fort pour attendre et combattre toute la puissance que le roy d'Angleterre avoit en ce temps en Guyenne; pour lesquelles choses, ceulx de la place traictèrent avecques le comte de Dunois, que sy, en dedans la veille de Sainct-Jehan-Baptiste ensuivant ce jour, les François n'estoient combattus devant ladicte place par les Anglois, qu'ils rendroient la place en la main du roy de France. Pareillement traictèrent ceulx de Bourdeaulx, eulx faisants fort de faire rendre toutes les places de Guyenne estants en l'obéissance du roy d'Angleterre; et, pour seureté de ce faire, baillèrent hostaiges, affin d'entretenir ce que dict est. Et pour estre à icelle journée de la Sainct-Jehan, vindrent le comte de Nevers, de Clermont, de Chastres, de Vendosme, de Ponthièvre, accompagniés de plusieurs aultres chevalliers et escuyers; et feurent en bataille ce jour pour attendre leurs ennemis. Et feut la journée haultement et honnorablement tenue en riches et grands habillements; et là feurent faicts chevalliers le comte de Vendosme, le vicomte de Turenne, le seigneur de la Rochefoucault, le fils du seigneur de Couvran, messire Jehan de Rocencourt, le seigneur de Gounault, messire Pierre de Bar, messire Pierre de Motengam, messire Ferry de Grancourt, messire Jehan de Bordelles, le sieur de Fontenelles, le bastard de Vendosme, messire Jehan de la Haye, messire Tristan L'Hermite, messire Jehan de l'Estrange, messire Pierre de Louvain, et plusieurs aultres, jusqu'au nombre de soixante chevalliers. Et le lendemain matin, quy feut la veille de Sainct-Jehan-Baptiste, rendirent les Anglois la place de Fronsacq, car aulcun secours d'Anglois ne leur feut baillié; et la baillèrent es mains du comte de Dunois, lequel la laissa en garde à Joachim Rohault. Et envoya icelluy comte de Dunois ung hérault vers le comte d'Arminacq, quy tenoit siége devant la ville de Riom, lequel luy bailla le double du traictié de Bourdeaulx; et lors se rendit icelle ville en l'obéissance du roy de France, et feut bailliée en garde au seigneur d'Albreth; et de là s'en alla le hérault devers le seigneur de Foix; et adoncques se meirent ceulx de la cité d'Arques en l'obéissance dudict roy.

---

(1) Saint-Emilion.

CHAPITRE XLII.

Comment la ville de Bourdeaulx feut mise et rendue en la main du roy de France ; et de l'entrée que feirent les gens du roy en ladicte ville de Bourdeaulx.

Après que les commis à faire le traictié de Bourdeaulx eurent besoigné avecques ceulx dudict lieu, ils retournèrent vers le comte de Dunois, lieutenant général du roy de France, le chancellier de France et aultres du conseil, et leur monstrèrent l'appoinctement, tant d'ung costel que d'autre, mis par escript ; dont feurent fort joyeulx. Et feut la chose desclarée, l'espace de huict jours, comme dict est, après le dimanche à eulx octroyé par ledict lieutenant. Auquel jour ne leur vint ne comparut aucun secours ; et néantmoins, contre les promesses faictes par ceulx de Bourdeaulx, eulx confiants toujours d'avoir secours, requirent jour de bataille. Lequel jour feut octroyé au quatorziesme jour de juing, pour illecq leur deffendre sy secours leur venoit par le roy d'Angleterre, ou sinon ils promirent eulx rendre ledict jour. Auquel jour comparurent les dessus-nommés pour cuider combattre les Anglois, ou réduire la ville en l'obéissance du roy de France. Auquel jour ils feurent attendants la bataille jusques au soleil couchant ; et à celle heure ceulx de Bourdeaulx, véants avoir faulte de secours, feirent cri par ung hérault, lequel crioit : Secours de ceulx d'Angleterre pour ceulx de Bourdeaulx ! auquel cry ne feut aucunement respondu, ne donné secours. Parquoy se partirent d'illecq icelles parties, et s'en allèrent logier, sans aultre chose faire pour icelle heure. Et le lendemain, le chancellier et le thrésorier de France avec plusieurs aultres retournèrent pardevers ceulx de Bourdeaulx ; lesquels appointèrent que, le mercredy ensuivant, ils seroient tout prests de rendre la ville et bailler les clefs de touts chasteaux, havres, ports et barrières de la ville, et faire le serment d'estre bons et loyaulx subjects dès-ores-en-avant du roy de France, selon les promesses par eulx faictes. Et feut ordonné le thrésorier de France, pour les grandes diligences qu'il avoit faictes à la poursuite d'icelle duchié de Guyenne, maire de la cité de Bordeaulx. Et pareillement feut aussy ordonné connestable dudict lieu Joachim Rohaut. Au mercredy ensuivant, quy estoit prins pour rendre ladicte ville, feurent préparés les seigneurs de Bourdeaulx et ceulx du pays, pour plus honnorablement recepvoir le comte de Dunois comme lieutenant du roy de France, et la seigneurie estant avecques luy. Lesquels, ce jour, prindrent la possession de ladicte cité. Et entrèrent premiers, par ordonnance d'icelluy lieutenant, messire Thibault de Valpergue, bailly de Lyon, et messire Jehan Bureau, thrésorier de France, et maire d'icelle ville ; aulxquels feurent bailliées les clefs de touts les lieulx forts estants en ceste ville. Et à l'entrée ne feurent point les francs archiers, à la requeste de ceulx de Bourdeaulx, mais feurent envoyés logier autour de Libourne. Icelle entrée de Bourdeaulx commença au soleil levant ; et feut faicte par le hérault dudict lieu, où estoient les seigneurs de l'Esparre, de Montferrand, et plusieurs aultres nobles et notables seigneurs du pays ; et touts les gens d'église feurent revestus en cappes, religieulx, chanoines, curés et aultres ; lesquels receurent honnorablement icelluy lieutenant du roy de France et sa compagnie. Et premièrement commencèrent à entrer les archiers de l'avant-garde ; c'est à sçavoir, mareschaulx et escuyers, quy estoient de mille à douze cents, dont estoient gouverneurs Joachim Rohaut, connestable de Bourdeaulx, et le seigneur de Piensac, séneschal de Toullouse. Après, allèrent les hommes d'armes d'icelle avant-garde, touts à pied ; lesquels gouvernoient les mareschaulx de Loheac et de Jalloingnes, estimés trois cents hommes d'armes ; et estoient lesdicts mareschaulx très bien montés. Et après eulx alloient les comtes de Nevers et d'Arminacq, et le vicomte de Lautrec, frère du comte de Foix, quy avoit trois cents hommes de pied. Après, entrèrent les archiers du seigneur de la Bessière, lieutenant du comte du Maine, de trois à quatre cents. Après entra la bataille des archiers au nombre de trois mille ; et les gouvernoient les seigneurs de la Bessière et de la Rochefoucault. Après entrèrent trois des seigneurs du grand conseil du roy : à sçavoir, l'évesque d'Allet, maistre Guy Bernard, archidiacre de Tours, et après l'évesque duc de Langre, le chancellier de la Marche, et avecques luy aulcuns secrétaires du roy. Après entra messire Tristan L'Hermite, prévost des mareschaulx, avecques ses sergeants. Après, entrèrent quatre trompettes du roy, poursuivants et héraulx, portants les cottes d'armes du roy et des seigneurs à quy ils estoient. Et après entra une hacquenée blanche, couverte d'ung velours cramoisy; et avoit sur la crouppe ung drap de velours azuré, semé de fleurs de lys d'or et de brodure; et sur la selle estoit ung petit coffret couvert de velours azuré, semé de fleurs de lys d'orfévrerie, dedans lequel estoient les sceaux du roy; laquelle hacquenée menoit ung varlet de pied; et à chascun costel d'icelle estoient deulx archiers, vestus de livrée; puis alloit le chancellier de France à cheval, quy estoit armé d'ung corset d'acier, et par-dessus une jacquette de velours cramoisy. Après, entra le sieur de Xantraille, bailly de Berry, et grand escuyer d'escurie du roy, monté sur ung coursier couvert d'ung drap de soie; et estoit le bailly armé à blancq, tenant l'une des bannières du roy; le seigneur de Montigny, tenant l'aultre à senestre, monté sur ung aultre coursier; et chevauchoient debvant le lieutenant du roy. Puis après entra le lieutenant du roy, monté sur ung coursier blanc, couvert d'ung velours bleu, chargié d'orfévrerie d'or, et estoit seul armé de harnas blanc. Et après luy venoient les comtes d'Angoulesme et de Clermont, armés de blancq, et leurs chevaulx couverts, leurs pages et eulx habilliés et montés richement. Puis entrèrent les comtes de Vendosme et de Chastres, avec eulx plusieurs barons et seigneurs richement habilliés. Et après eulx entra la bataille des hommes d'armes, nombrés mille cinq cents lances, lesquels gouvernoit messire Jacques de Chabannes, grand-maistre d'hostel du roy; et estoit à cheval tout armé, et son cheval richement couvert. Et après entrèrent les hommes d'armes du comte du Maine, nombrés cent et cinquante lances, lesquels gouvernoit messire Geoffroy de Sainct-Belin, de Chaumont en Bassigny. Puis entra l'arrièregarde, que faisoient les gents de Joachim Rohault, avecques lesquels estoient les gents d'armes du seigneur de Saincte-Traille. Et ainsy allèrent toutes les compagnies jusques au-debvant de la grande église; et là descendit le lieutenant du roy, les comtes d'Angoulesme, de Vendosme, de Chastres, et plusieurs aultres. Et adoncques vint l'archevesque de Bourdeaulx à la porte d'icelle église, revestu en pontifical, accompagnié de plusieurs chanoines d'icelle église; et encensa le lieutenant, et luy feit baiser la croix et aulcuns aultres reliquaires; puis le print par la main, et le mena dedans le chœur [faire sa prière debvant l'autel grand. Avecques le lieutenant entrèrent les seigneurs dessus nommés; et laissèrent les bannières du roy dedans l'église; et l'oraison faicte des seigneurs, l'archevesque print ung missel, et feit jurer et promectre au lieutenant et aux aultres seigneurs, que le roy les maintiendroit en leurs franchises et priviléges anciens. Et pareillement le lieutenant feit jurer l'archevesque, le seigneur de l'Esparre et les aultres assistants de la ville, et aultres gents d'auctorité, qu'ils seroient à tousjours bons et loyaulx subjects du roy de France, et mesme toute la communauté; ce qu'ils accordèrent touts à une voix, les mains tendues aulx saincts, comme on a accoustumé de faire. De ce serment feut exempté le captal de Bœuf[1], quy pour lors estoit chevalier de la Jarretière, quy estoit l'ordre du roy d'Angleterre. Et après le serment faict et la messe chantée, chascun se retira en son hostel pour disner; mais ne demoura guières après disner qu'il ne feust grand murmure en la ville, pour ung des gens du roy, lequel, après le cry faict solemnellement à son de trompe de par le roy, que nul ne prinst sur son hoste ny ailleurs aucunes choses sans payer, transgressa ledict commandement. Lequel feut prins par les gens du roy et condampné d'estre pendu, comme il feut; laquelle chose pleut moult à iceulx de Bourdeaulx et du pays. Au surplus, le lieutenant du roy feit faire ung gibet tout nœuf, pour pendre cinq compagnons de l'ost du lieutenant, lesquels, en faveur de Guillaume de Flavy, avoient navré messire Pierre Louvain, chevallier, luy estant au service du roy, et l'avoient espié par plusieurs journées pour le tuer. Et disoit-on que ce faisoient faire messire Charles, messire Hector et messire Raoul de Flavy, frères, touts chevalliers et frères audict Guillaume de Flavy, capitaine de compagnie. Lequel Guillaume, certain temps paravant, avoit esté meurdry par son barbier, quy luy avoit coppé la gorge, à la requeste de la femme dudict messire Guillaume. Et après qu'il luy olt coppé la gorge, en une place que on appelle[2] ...., entre Noyon et Compiègne, où il se tenoit communément, icelle dame print ung coussin et luy meit sur le visaige et l'estaignit. Et assez tost après, icelluy messire Pierre de Louvain vint au chasteau, et

(1) De Buch. (2) Lacune dans le manuscrit.

emmena la femme dudict messire Guillaume; laquelle tost après il espousa. Icelluy Guillaume, en son temps, avoit esté toujours tenant le party du roy, vaillant homme de guerre, mais le plus tyran et faisant plus de tyrannie et horribles crimes que on polroit faire : prendre filles malgré touts ceulx quy en volloient parler, les violer, faire morir gens sans pitié, et les noyer. Entre les aultres, il avoit fait morir le mareschal de Rouan, père de sa femme ; et combien qu'il feust viel et de soixante ans, fort gros, et sa femme belle et josne, de vingt à vingt-trois ans, sy avoit-il toujours des aultres jeusnes filles qu'il maintenoit en adultère; et avecques ce menaçoit souvent sa femme ; quy, par advanture, feut cause de sa mort. Toutesfois, à cause que sa mort feut villaine et déshonneste, il en desplaisoit à ses frères; et pourchassoient ce qu'ils povoient par justice que sa femme feust arse ; mais oncques n'en peurent avoir raison à leur volonté. Ils avoient esté six frères, dont les trois avoient tousjours tenu le party du roy et les aultres trois le party du duc de Bourgogne ; c'est à sçavoir, Jehan l'aisné, Charles et Raoul, le party du duc; lequel Jehan estoit l'aisné et très riche, et ne feut oncques chevallier; aussy ne feut Guillaume quy estoit second et très riche. Ceulx qui tindrent le party du roy feurent ledict Guillaume, messire Charles, chevallier, et ung aultre quy mourut au siége de Compiègne, d'ung traict, estant à une fenestre. Toutesfois iceulx cinq compagnons feurent pendus. Et ainsy feut par icelluy lieutenant faict justice, dont ceulx de ladicte ville et cité feurent fort joyeulx ; car du temps qu'ils estoient ès mains des Anglois, il n'y avoit que voie de fait ; à laquelle voie le plus sage du monde ne sçavoit que respondre.

En icelle ville et cité de Bourdeaulx, séjourna icelluy lieutenant par l'espace de dix jours ou environ, pour y mectre police et gouvernement ; et tellement que les gents de guerre s'y gouvernoient sy gracieusement que pendant ce temps grief ny extorsion n'y feut faicte à aulcuns de la ville et cité. Par la manière dessusdicte feut conquise la duchié de Guyenne, excepté la ville de Bayonne. A laquelle conqueste faire se portèrent touts les seigneurs dessus-nommés, et touts ceulx quy feurent en leur armée ; laquelle armée feut estimée à vingt mille combattants. Le comte de Clermont demoura capitaine de ladicte ville de Bourdeaulx ; et son lieutenant estoit messire Olivier de Cotivy, qui avoit la charge des gents d'armes ; son frère, Prugent de Cotivy, feut en son temps admiral de France.

CHAPITRE XLIII.

Comment le siége feut mis debvant la cité de Bayonne, et des seigneurs quy y vindrent ; des saillies et assaults quy y feurent faicts.

Après la rendition de la ville de Bourdeaulx, feut ordonné que les comtes de Nevers, de Clermont et de Chastres, iroient devers le roy de France, au chasteau de Chierebourg ; et les comtes d'Arminacq, d'Angoulesme et de Ponthièvre et leurs gents iroient en leurs maisons ; et semblablement touts les francs archiers, jusques à ce qu'on les redemanderoit. Lesquels comtes de Clermont, de Nevers et de Chastres, arrivés devers le roy de France Charles, par le moyen de son conseil il délibéra aller mectre le siége devant Bayonne, tenant le party des Anglois; et, pour ce faire, ordonna au chasteau de Chierebourg, ses lieutenants, les comtes de Foix et de Dunois ; lesquels, le sixiesme jour du mois d'aoust, meirent le siége devant la cité de Bayonne. Et estoient en la compagnie du comte de Foix, jusques au nombre de sept cents lances, avecques les archiers et guisarmiers, dont il y en avoit quatre cents lances des gents du roy, et trois cents lances des barons et chevalliers, hommes et subjects du comte de Foix, desquels il faisoit beau veoir les montures et harnas de teste. Le comte avoit avecques luy deux mille arbalestriers, et les paysans extraicts de son pays. Après le siége assis par ledict comte, il feit plusieurs chevalliers, le fils du grand-maistre-d'hostel du roy, le seigneur de Tessacq, frère du seigneur de Novailles, le seigneur de Venacq, et plusieurs aultres, jusques au nombre de quinze chevalliers. Et environ midy, icelluy jour, arriva le comte de Dunois et de Longueville, lequel meit son siége devant la cité du costel devers Bierne[1], entre les rivières de la Deure[2] et de la Mire[3], quy sont deux grosses rivières et larges ; et tellement que l'ung desdicts siéges ne pouvoit secourir l'aultre. Et estoient en la compagnie d'icelluy lieutenant, jusques au nombre de six cents lances, les archiers et guisarmiers. Et à mectre icelluy siége, s'y gouvernèrent iceulx capitaines grandement et honnora-

(1) Bearn. (2) L'Adour. (3) La Nive.

blement. Le lendemain, qui feust le sixiesme jour dudict mois, ceulx dedans Bayonne, désemparèrent les faulxbourgs de Sainct-Léon, du costel où estoit le comte de Foix, lesquels estoient très forts et fermés de fossés et de gros ponçons. Mais la grande multitude des grosses coulevrines, serpentines et ribaudequins, quy rompoient les palais, et tiroient les gents de guerre quy issoient à la deffense, leur feirent abandonner et laisser lesdicts faulxbourgs. Et adoncques bouttèrent le feu ès églises quy estoient dedans, et ès maisons par espécial, quand ils apperceurent ceulx quy tenoient le siège quy se mectoient à point pour eulx assaillir. Et adoncques entrèrent iceulx assaillants à fil dedans iceulx faulxbourgs, et les poursuivirent sy radement[1] que, s'ils euissent esté cent hommes ensemble, ils fuissent entrés en la ville avecques ceulx de dedans. Après ce faict, se logèrent les assaillants en iceulx faulxbourgs, et estendirent le feu estant ès églises et maisons; et se logea le comte de Foix ès Augustins. Et le sixiesme jour ensuivant, du costel de Bourdeaulx, vint le seigneur d'Albreth et le viscomte de Tartas, son frère, et se logèrent à Sainct-Esprit, au bout du pont de bois; lequel pont feut rompu la nuict ensuivant par les gents du seigneur d'Albreth, lequel avoit en sa compagnie deux cents lances avecques les archiers, et trois mille arbalestriers. Et le lendemain saillirent hors ceulx de la ville de Bayonne par ung boullevert du costel de la mer. Et lors messire Bernard de Bierne[2] et ses gents vindrent à l'escarmouche, et les reboutèrent jusques dedans la ville; et en retournant de l'escarmouche, ledict seigneur Bernard feut frappé d'une coullevrine; et perça son pavois, et entra le plomb dedans sa jambe entre les deux os, quy despuis feut tiré hors et sy bien gouverné par les chirurgiens, que le péril du feu en feut hors. Et le lendemain matin feut prinse une église forte quy estoit fermée de fossés et de pieulx, par les gents d'iceluy messire Bernard, moitié d'assault, moitié d'emblée. Quand ceulx de dedans Bayonne veirent les grands approchements de tirer contre la muraille, et sy n'estoient point encoires venues les grosses bombardes, lesquelles approchoient fort, le vingt-cinquiesme jour dudict mois d'aoust, ils commencèrent à parlementer aulx comtes de Foix et de Dunois, et aulcuns du conseil du roy de France; lesquels,

(1) Impétueusement. (2) Béarn.

J. Du Clercq et St. Remy.

après plusieurs choses pourparlées, traictèrent en la manière quy s'ensuit.

CHAPITRE XLIV.

Comment la ville de Bayonne, par appoinctement, se rendit au roy de France; et d'une croix blanche quy feut veue en l'air dessus la cité; et des Biscayens quy vindrent en l'aide du roy.

Après plusieurs parlements, ceulx de la ville de Bayonne promirent eulx rendre en la main du roy, et avecques ce mectroient en la main du roy dom Jehan de Beaumont, le capitaine, frère du connestable de Navarre, de l'ordre de Saint-Jehan de Jérusalem, lequel demoureroit prisonnier à la volonté du roy; et toults les gents de guerre estants en icelle ville demoureroient pareillement toults prisonniers et à la volonté du roy; et ceulx de la ville se saulveroient à la volonté du roy, et sy payeroient quarante mille escus; et ce jour rendroient ledict dom Jehan leur capitaine; lesquels toults présents, et les assistants du roy, en la main du grand-maistre-d'hostel du roy bailla sa main. Durant que le siège estoit à Bayonne, ceulx du pays de Biscaye feirent grande diligence de fournir le siége de vivres; car le roy leur en avoit escript. Pareillement venoient vivres de Bierne; mais c'estoit à grande peine, pour la multitude de bourgeois quy estoient au pays. Toutesfois l'ost n'eut nulle faulte de vivres. Iceulx Biscayens vindrent atout douze basteaux d'armes nommés espinaces et une grande nave; lesquels arrivèrent à une demy-lieue près de Bayonne, affin que ceux qui estoient dedans la ville ne s'en pussent aider par eau. Lesquels Biscayens furent nombrés six cents combattants. Le vendredi vingtiesme jour dudict mois d'aoust, ung peu après soleil levant, que le jour feut bel et clair et qu'il faisoit moult beau temps, feut veue au ciel par ceulx quy estoient en l'ost du roy, et mesmement par les Anglois estants dedans Bayonne, une croix blanche, laquelle feut veue publiquement l'espace d'une demy-heure. Et lors ceulx de la ville quy s'estoient le jour de devant rendus et avoient faict leurs compositions, desquels estoient bannières et pennons aux croix rouges, dirent que c'estoit le plaisir de Dieu qu'ils fuissent François et qu'ils portassent toults croix blanches. Et ce jour entra dedans la ville à l'heure de deux heures, avecques l'archevesque d'icelle ville pour prendre possession d'icelle et du chasteau, le seigneur de la Bessière; et là feurent portées les bannières du roy, au haut de la tour d'iceluy chasteau, par les héraulx du roy, chascun d'eulx criant : Montjoie! Et à ceste heure arriva la navire des Biscayens dedans le port de Bayonne, laquelle chose il faisoit beau voir.

CHAPITRE XLV.

De l'entrée du comte de Dunois, comme lieutenant du roy de France, en la ville et cité de Bayonne.

Le samedy onziesme jour dudict mois d'aoust, audict an cinquante et un, entrèrent les gents du roy en la ville de Bayonne ; et premièrement entra le comte de Foix, avecques luy le maistre-d'hostel du roy, le seigneur de Lautrec, frère dudict comte ; le seigneur de Navailles, le seigneur de la Bessière et plusieurs aultres. Et avoient avecques eulx mille archiers que gouvernoit l'Espinace. Et après vindrent deulx héraulx du roy, et aultres portants leurs cottes d'armes. Et après messire Bertrand d'Espagne, séneschal de Foix, armé tout au blancq, quy portoit la bannière du roy, monté sur ung coursier moult richement habillié ; et avoit son cheval ung chanfrain garny d'or et de pierres précieuses, prisé à quinze mille escus, et grand nombre de gents après luy ; et sans intervalle venoient six cents lances à pied. Et de l'autre part entra le comte de Dunois, quy avoit debvant luy douze cents archiers et deulx des héraulx du roy, et aultres portants diverses armes. Après venoit messire Jennet de Saveuses, monté sur ung coursier portant l'une des bannières du roy ; et à ceste entrée feit le comte de Dunois chevallier ledict Jennet, le seigneur de Montguyon, Jehan de Montmorency, et le seigneur de la Boussey. Après ladicte bannière entra le comte de Dunois, armé au blancq, et son cheval couvert de velours cramoisy ; après, le seigneur de Loheac mareschal de France, le seigneur d'Orval, plusieurs autres grands seigneurs ; et derrière eulx six cents lances. Ainsy allèrent jusques à la porte de la grande église, où estoit l'évesque revestu en pontifical, chanoines et aultres gens d'église revestus en cappes ; et les attendoient atout les reliques ; et là descendirent les seigneurs à pied et allèrent faire leur dévotion dedans l'église, puis s'en allèrent en leurs logis. Et envoya le comte de Foix la couverture de son cheval, quy estoit de drap d'or, et prisée à quatre cents escus d'or, devant Nostre-Dame de Bayonne, pour faire des cappes. Le lendemain, les seigneurs allèrent entendre la messe en l'église, et après la messe prindrent les serments de ceulx de la ville, en la présence du seigneur d'Albreth, quy y estoit venu le samedy debvant. Et en icelle ville feurent commis maire messire Jehan Le Boursier, général de France, et messire Martin Gratien, lesquels demourèrent pour gouverner la ville ; et le lundy prochain, les dessusdicts seigneurs avecques leurs gents s'en allèrent ès pays à eulx assignés pour vivre. Et tantost après, les barons, chevalliers, nobles, bourgeois et gents de touts estats, du pays de Bourdelois, de Bayonnois et ceulx du pays d'environ allèrent à Tallebourg, devers le roy de France, pour confermer les articles et appoinctements passés par eulx, et faire au roy les hommaiges de leurs seigneuries. Après lesquelles choses faictes au roy, le roy quicta à ceulx de Bayonne vingt mille escus, de quarante mille qu'ils debvoient payer ; après, chascun retourna en son lieu. Ainsy que dict est, feut réduicte en la main du roy de France toute la duchié de Guyenne et de Normandie, et généralement tout le royaume de France, excepté la ville de Calais, que les Anglois tenoient encoires.

CHAPITRE XLVI.

Comment l'empereur Frédéricq espousa pour femme la fille du roy de Portugal ; et du discord quy feut en Angleterre pour le gouvernement du royaulme entre le duc d'Yorck et le duc de Sombreset ; et de l'ambassade du pape.

Audict temps, l'an cinquante et ung, feut l'empereur Frédéricq, duc d'Autriche, couronné et espousé à Rome, par le pape Nicolas, à la fille du roy de Portugal, et y eut grande feste et sollempnité, comme aulx parties appartenoit bien ; et après peu de temps se parteit de Rome, et s'en retourna en Allemagne, et y mena sa femme ; et là feurent grandement et honnorablement receus, selon les usages et stile du pays.

En icelle mesme année, y eut grandes discordes en Angleterre, entre les ducs d'Yorck et de Sombreset, pour le gouvernement du royaulme ; et estoit le roy d'Angleterre pour le duc de Sombreset, lequel tenoit les champs avecques sa puissance, en belle bataille bien ordonnée ; le duc d'Yorck pareillement les siens en bataille. Et feurent les ungs debvant les aultres cuidants combattre ; mais les prélats, avecques ceulx du pays, considérants les grands maulx quy s'en polroient ensuivir, trouvèrent manière de traicter ; et promeit le duc d'Yorck non jamais faire assemblée ne armée contre son roy ; et ainsy se retrairent chascun en son lieu.

En icelluy temps, vint le cardinal d'Estouteville, avecques l'archevesque de Rouan, devers le roy, comme légat du pape, et commis de par le pape Nicolas, luy requérir qu'il voulsist faire paix avecques le roy d'Angleterre ; car la guerre quy estoit entre eulx deulx portoit grand préjudice à la foy catholique ; et plus se polroit faire, se brief ne se faisoit l'accord entre les deulx royaulmes ; car touts les jours les Turcqs et infidels entreprenoient et gagnoient pays sur les chrestiens. A quoy feut respondu par le roy qu'il estoit prest d'y entendre en toutes bonnes voyes pour icelle paix trouver ; et encoires estoit prest avecques ce de s'employer sur les mescréants en tout ce quy luy seroit possible. Et cependant qu'icelluy cardinal estoit devers le roy, le pape, ayant la chose à cœur, envoya l'archevesque de Ravenne, quy estoit extraict de la famille des Ursins de Rome, devers le roy d'Angleterre ; lequel luy remonstra semblablement qu'il voulsist faire paix avecques le roy de France, pour les raisons devant touchiées, et que la division polroit engendrer contempt [1] contre la chrestienneté, attendu que les infidels conquéroient sur les marches de Hongrie et des Allemaignes très fort. Auquel feut respondu pour le roy d'Angleterre, par ceulx à ce commis, car icelluy roy n'estoit point des plus malicieulx, et ne se mesloit comme peu du gouvernement du royaulme : que quand les Anglois auroient autant conquesté du pays de France que le roy de France avoit conquesté sur eux, il seroit temps de parler d'icelle matière. Et sur ceste response retourna ledict archevesque d'une part, et ledict cardinal d'aultre, porter leur response au pape Nicolas ; et aultres choses par eulx ne feurent faictes en ceste matière.

APPENDICE DU LIVRE I.
SUR LES GUERRES D'ANGLETERRE.

AVERTISSEMENT.

Les chapitres suivants, jusques au deuxiesme livre, contiennent la poursuite et continuation des guerres, discordes et desbats advenus au royaulme d'Angleterre pour le gouvernement d'icelluy, entre les ducs de Sombreset, d'Yorck

(1) Mépris.

et aultres, tenants leurs partis, et dont est par l'autheur fort peu touché au chapitre précédent, quy est le dernier du premier livre, ce qu'enseigne la préface dudict autheur suivante.

PRÉFACE DE L'AUTHEUR.

Pour tant que après ce que je, Jacques Du Clercq, escuyer, seigneur de Beauvoir en Ternois, ay clos mon premier volume des choses advenues en mon temps et venues à ma cognoissance, èsquelles choses advenues j'ay parlé de plusieurs personnes et choses advenues en Angleterre, et comment Edouard, duc d'Yorck, feut couronné roy d'Angleterre, et le roy Henry et Sebastien, fils d'Edouard, en feut desboutté, et puis mort, j'ay esté adverty et sceu le commencement des divisions et les causes dont elles meurent audict royaulme, et ce qu'il en advint par avant mondict volume encommencé, je desclareray cy en brief la cause des discords quy advindrent audict royaulme, et comment à ceste cause presque touts les princes dudict royaulme morurent par l'espée.

CHAPITRE PREMIER.
Du discord quy feut entre le duc d'Yorck et le duc de Sombreset, pour le gouvernement du royaulme, et de la mort dudict duc de Glocestre, et exil du duc d'Yorck.

Environ l'an mil quatre cents quarante-huict, au royaulme d'Angleterre se meurent mal talent et haine entre le duc de Sombreset et le duc d'Yorck, à l'occasion de ce que le roy Henry, quy estoit roy d'Angleterre, estoit simple et comme plain de grande malice, par laquelle sa simplicité les princes et seigneurs d'Angleterre estoient divisés en deulx parties. De l'une partie estoient les ducs de Clochestre [1], d'Yorck, et plusieurs princes et seigneurs, et de l'aultre partie estoient les ducs de Sombreset, de Suffort [2], le seigneur de Say, l'évesque de Salbry [3], et aultres princes et seigneurs. Et chascune d'icelles parties vouloit gouverner le roy Henry et le royaulme ; et n'y estoit point le duc d'Yorck, quy estoit à ce temps régent et capitaine général de Normandie, de par le roy d'Angleterre. Auquel temps le roy Henry feut conseillé par lesdicts de Sombreset et Suffort, et aultres, de laisser perdre (et en ce temps gouvernoit le duc

(1) Glocester. (2) Suffolk. (3) Salisbury.

de Clochestre le roy et le royaulme) le pays de Normandie, et remettre en la main du roy de France. Auquel conseil lesdicts de Clochestre et d'Yorck ne se voulurent consentir. Feut mis le duc de Clochestre hors du conseil du roy, et le duc d'Yorck feut rappelé en Angleterre, et puis envoyé en exil ou pays d'Irlande, et feut le duc de Sombreset en son lieu, et tantost après le duc de Sombreset envoyé en Normandie. Le pays de Normandie feut rendu et remis entre la main du roy de France, Charles, septiesme de ce nom. Après laquelle rendition, en Angleterre, en une place nommée Toury [1], feut fait ung parlement, auquel, par arrest, le seigneur de Beaumont, adonc connestable d'Angleterre, feit prisonnier le duc de Clochestre, lequel, après avoir mis touts ses gents en diverses prisons, feut mené en divers lieulx prisonnier. Et à la fin, pour tant que l'on doubtoit de la commune d'Angleterre, quy fort l'aimoit, on le feit mourir d'une inhumaine mort, pensant que l'on cuideroit qu'il feut mort de sa belle mort; c'est à sçavoir, luy estant une nuict en son lict, ceulx quy le feirent mourir luy bouttèrent en son fuisel de derrière, par où nature humaine se purge, ung cornet d'une corne de vache, troué, parmy lequel trou ils luy bouttèrent en son corps ung barreau de fer ardant tout rouge, de la longueur de son corps. Et ainsy mourut, estimants qu'on ne se percevroit pas de meurdre à veoir le corps par dehors; mais depuis feut sceu, mais non tost toutesfois. Tant à l'occasion de sa mort, que pour ce que on avoit laissé perdre tout le pays de Normandie, la commune d'Angleterre conceut très grande haine allencontre du duc de Suffort et ceulx de sa partie, quy estoient conseillers du roy; et à ceste cause feut le duc de Suffort envoyé en exil; lequel, en le menant et passant ung bras de mer, feut rencontré d'ung navire d'Angleterre, et feut prins, et luy trencha-t-on la teste; et après ce faict, les communes de l'évesché de Salesbury s'esmeurent; et feit l'ung d'eulx à l'évesque trencher la teste.

CHAPITRE II.

Du capitaine apostat et de petit lieu quy esmeut une partie de la commune d'Angleterre contre les nobles, et comment plusieurs princes et seigneurs feurent par luy mis à mort et descapités; et en la fin comment il feut occis.

En l'an mil quatre cents cinquante, ung nommé Jean Cade, lequel estoit apostat, esmeut une partie de la commune de Kent, et jusques au nombre de vingt mille combattants, desquels il feut faict capitaine; et ne sçavoit-on bonnement d'où il estoit. Laquelle communauté, avec leur capitaine, allèrent tenir ung camp ainsy que à dix mille près de Londres, quy font environ cinq lieues, allencontre desquels le roy d'Angleterre vuida de Londres pour les combattre; mais quand il feut adverti que c'estoient gents populaires et meschants gents, il feut conseillé de ne les combattre; et y envoya le duc de Belingham [1], pour leur dire que le roy leur mandoit que touts ses loyaux subjects vuidassent du champ. Et incontinent que le cry feut fait, le capitaine respondit qu'il estoit l'ung d'iceulx, et se partit; et en allant, il rencontra messire Humffroy Staffort, et Guillaume Staffort, son frère, lesquels il combattit et les tua. Ce faict, le roy retourna à Londres, et se bouta au chasteau de Wallingfort [2]. Et après ce, alla ledict capitaine en la ville de Londres, et y entra franchement le quatriesme jour de juillet. Il desrobba ung marchand appellé Philippe Malpas, et se logea la nuict hors de Londres, en la grande rue appellée Southwerbe [3]; et le lendemain il entra à Londres, vestu d'une robbe de velours atout une espée en sa main; feit tirer le seigneur de Say hors de la tour de Londres, et le feit mener en la halle, où il fust incontinent jugé à mourir, et incontinent on luy trancha la teste en la principale rue de Londres appellée Cepe [4]; et la teste feut mise en une lance, avecques la teste de son beau-frère et les aultres qui feurent tués, comme dict est; et son corps feut mis en detrais à la queue de deulx chevaulx. Après ce, ralla ledict capitaine en son logis, et là se tint le jour en suivant, et feit décoller ung grand larron nommé Hol Bardin. Puis print conseil icelluy capitaine comment il pourroit desrobber ceulx de la ville de Londres. Duquel fourfaict ceulx de Londres feurent advertis. Sy ordonnèrent le seigneur de Scalles et Mathieu Goughe, capitaines, avecques grand nombre de gents pour les prendre subitement. De quoy icelluy capitaine feut adverty, et feit guet autour de son hostel; lequel guet cria alarmes à la venue du seigneur de Scalles et Mathieu Goughe. Et feut icelluy seigneur reculé jusques au plus près du pont quy est au plus près

---

(1) Saint-Edmondsbury.

(1) Buckingham. (2) Kenilworth. (3) Southwark. (4) Cheapside.

de Londres; mais enfin, le seigneur de Scalles feit le capitaine reculler jusques à l'aultre pied du pont ; et, en ce faisant, Mathieu Goughe entra en une maison pour dormir, cuidant avoir reculé ses adversaires du tout ; mais ledict capitaine les reculla derechief comme debvant. Et comme ledict Mathieu eut ung peu dormi, il issit dehors, criant son enseigne, cuidant estre avecques ses gents ; et là feut tué par les gents du capitaine. Quand le capitaine veit que ceulx de Londres estoient multipliés, il feit ardoir le pont quy y avalle, affin que nul luy approchast ; mais les archiers ne laissèrent à les assaillir toute la nuit, jusqu'au lendemain que l'archevesque de Cantorbéry et l'archevesque d'Yorck feirent tant que les gens du capitaine s'en rallèrent en leur pays ; et demoura le capitaine seul à privée maisnie [1], et lors s'enffuit en la terre de Kent ; mais ceulx de Londres envoyèrent après pour le prendre. Et ainsy qu'il estoit assis au disner, ung Gallois entra en la maison pour le prendre ; lequel, sy tost qu'il le veist, entra dans ung jardin, auquel jardin ledict Gallois luy donna ung coulp dont il mourut ; et feut son corps porté en la ville de Londres, et la teste mise sur le pont de Londres. Et assez tost après, le roy Henry d'Angleterre print grande punition de touts les plus grands qui estoient avecques icelluy capitaine, et quy auroient esté consentants de faire ce qu'il avoit faict.

CHAPITRE III.

Comment le duc d'Yorck feut rappellé, et feut régent d'Angleterre, et eut le gouvernement du royaulme, et de la mort du duc de Sombreset.

Assez tost après la mort du capitaine dessusdict, le duc de Sombreset retourna du pays de Normandie, et feut le principal du conseil du roy d'Angleterre, avecques la royne. Le duc d'Yorck voyant le duc de Sombreset, quy avoit esté cause de la perte de Normandie, estre principal du conseil du roy, entre lesquels le duc de Sombreset et le duc d'Yorck il y avoit grande haine, icelluy duc d'Yorck assembla grand nombre de gents de guerre, et, arrivé à Londres, alla devers le roy Henry, et feit tant que le duc de Sombreset, quy estoit logié aux Jacobins, feut faict prisonnier, et mis dans la tour de Londres ; lequel duc de Sombreset la

(1) Avec peu de suite.

royne soustenoit ; et estoient eulx deulx sy fort alliés ensemble qu'on [ne pouvoit avoir raison de luy. Et à ceste cause fallut que le duc d'Yorck partist, car il n'osoit plus converser avecques le roy. Après lequel son partement il revint jusques à cinq milles près de Londres, et avecques luy et en sa compagnie le comte de Winshre [1] et le seigneur de Cobham, avecques bien vingt mille combattants. Pour lesquels combattre le roy vuida de Londres, avecques luy le duc de Xeste [2], le duc de Norffort [3], le duc de Benguigham [4] et le duc de Sombreset, et des aultres seigneurs, desquels la plus grande partie aimoient bien le duc d'Yorck ; à laquelle cause la paix feut faicte. Et alla le duc d'Yorck avecques le roy à Londres ; mais icelle paix ne dura guières. Il fallut que le duc d'Yorck se partist de la cour du roy pour le duc de Sombreset quy le haioit.

En l'an mil quatre cents cinquante-six ou environ, retourna le duc d'Yorck devers le roy, avecques luy le comte de Werwick et le comte de Sallebury, et bien douze mille combattants ; et rencontra le roy en une ville nommée Saint-Albain, lequel avoit avecques luy grand nombre de gents de guerre ; et estoit avec luy le duc de Sombreset, quy conseilla au roy de combattre le duc d'Yorck ; et illecques se combattirent l'ung contre l'aultre ; et perdit le roy la journée. Et y feurent tués du costé du roy le comte de Northombellant, le duc de Sombreset, le seigneur de Cliffort et plusieurs aultres gentilshommes. Et après ceste bataille, le duc d'Yorck gouverna tout le royaulme d'Angleterre paisiblement, et feut faict protecteur et régent d'Angleterre ; mais ce ne dura mye longuement.

CHAPITRE IV.

Comment le roy d'Angleterre rentra au gouvernement du royaulme, et comment le duc d'Yorck et touts ses alliés feurent bannis d'Angleterre, et leurs terres saisies.

Ne demoura guières, après ce que le duc d'Yorck eut mys à mort le duc de Sombreset, lequel on dict qu'il tua de sa propre main, que la royne d'Angleterre, laquelle estoit alliée au duc de Sombreset, ne feit tant que le duc d'Yorck feut mis hors de tout le gouvernement du royaulme, et icelluy baillié à la royne ; laquelle, incontinent qu'elle eut le gouvernement, feit ajourner le duc d'Yorck, le comte

(1) Winchester. (2) Exeter. (3) Norfolk. (4) Buckingham.

de Werwich [1] et le comte de Salesbury, comme traistres; lesquels seigneurs assemblèrent grand nombre de gents pour venir en leur compagnie, eulx excuser vers le roy. Mais le roy qui estoit hors en Galles, en ung chastel appelé Ludlou [2], et avecq luy.....[3] combattants, leur manda qu'ils ne vinssent pas vers luy, sçavoir à telle advanture. Nonobstant ce, le duc d'Yorck se combattit aux gents de la royne; et feut la journée pour les gents de la royne; et s'en retourna le duc d'Yorck en Irlande; et son fils, le comte de la Marche, le comte de Werwich, le comte de Salesbury, allèrent à Calais; mais le comte de Salesbury, en venant du costé du duc d'Yorck, rencontra une armée de gents du costé de la royne, desquels le capitaine estoit le seigneur d'Aldely [4], lequel il combattit; et feut le seigneur d'Aldely tué, et messire Thomas Criel [5] et plusieurs aultres nobles hommes; et après que le duc d'Yorck eust esté vaincu, le roy d'Angleterre feit mectre toutes ses terres en sa main et de ceulx de sa compagnie, et les feit bannir du royaulme.

CHAPITRE V.

Comment le duc d'Yorck, par bataille, olt le gouvernement d'Angleterre, et comment il mourut en bataille.

Après toutes ces choses, en l'an mil quatre cents soixante, au mois de juing, le comte de la Marche, fils du duc d'Yorck; le comte de Werwich, le comte de Salesbury, assemblèrent bien cent mille combattants, et allèrent à Londres où estoit le seigneur de Scales, qui se boutta à garand dedans la tour de Londres; et là feut sommé du comte de la Marche. Si ne voulut-il rendre la tour; parquoy le comte de la Marche et le comte de Werwich, avecques ung légat de par le pape, allèrent devers le roy, quy estoit à Northampton, pour traiter de paix; mais ceulx du costé du roy ne voulurent entendre; et y eut bataille, de laquelle lesdicts de la Marche et Werwich feurent victorieux; et y feut prins le roy Henry, et moururent de son costel le duc de Bakingham, le comte de Hasembury [6], le vicomte de Beaumont et le baron d'Egremont; et fut mené le roy à Londres, en la garde du comte de la Marche. Lequel roy commanda au seigneur de Scales qu'il rendist la tour de Londres, comme il feit, sa vie sauve. Mais assez

(1) Warwick. (2) Ludlow. (3) Lacune dans les manuscrits. (4) Audley. (5) Kiriel. (6) Shrewsbury.

tost après, en passant par la Tamise, une rivière ainsy nommée, par aulcuns qu'il avoit rudement traictiés il feut tué en ung batteau sur ladicte Tamise; de quoy les comtes de la Marche et Werwich feurent fort courroucés. Ce faict, feut ordonné ung parlement à Londres. Auquel parlement vint le duc d'Yorck; et proposa en plain parlement que la couronne d'Angleterre luy devoit appartenir, et devoit estre roy; et feut par ledict parlement accordé audict duc d'Yorck le royaulme et la couronne, moyennant que le roy Henry en posseroit sa vie durante, et porteroit la couronne; et après son trespas, ladicte couronne appartiendroit au duc d'Yorck et à ses hoirs; et par cest accord le roy payeroit chascun an, sa vie durante, au duc d'Yorck ou à ses enfants, vingt mille escus ou florins d'Angleterre; et le duc d'Yorck lui promeit d'estre léal à luy et à la couronne. Après lequel appointement faict, le roy pria au duc d'Yorck qu'il voulsist mectre paix entre la royne et le pays; laquelle royne estoit lors à Yorck. Lequel duc feit assembler vingt mille combattants, et manda à la royne qu'elle voulsist venir à Londres pour tenir le susdict appointement. Laquelle royne, de ce advertie, et que son fils Edouard, fils du roy Henry, estoit privé de la couronne, ne voullut en riens tenir ne obtempérer audict appointement; mais au contraire envoya desfier le duc d'Yorck et toute sa puissance, et approcha le duc d'Yorck pour le combattre et sa puissance; et y olt jour de bataille entre eulx, le trentiesme jour de décembre, l'an soixante; et feut la royne victorieuse; et y moururent lesdicts d'Yorck, son fils, comte de Ruteland, le comte de Salesbury et aultres; de laquelle bataille j'ay fait mention cy-après, en mon quart livre au feuillet cotté 178 [1]; et là pourra-t-on veoir le faict de la bataille.

CHAPITRE VI.

Comment la royne olt le gouvernement d'Angleterre, et feit bannir Edouard, fils du duc d'Yorck; comment ledict Edouard, comte de la Marche, desconfit la royne et appréhenda le royaulme.

Après ce que le duc d'Yorck olt esté desconfit et mort par les gents de la royne, accompagniée de son fils, le prince de Galles, le duc de Licestre, le duc de Sombreset, le comte de Winshre [2],

(1) Cette cote du manuscrit se rapporte au chapitre XVII, livre IV, dans cette édition.
(2) Winchester.

le comte de Nortomberland, le frère du comte de Wesmorlande, le seigneur de Cliffort, le seigneur de Welles, le seigneur de Willoby et bien cent mille combattants, allèrent à Londres où le roy estoit. Quand le comte de Werwich le sceut, il assembla ce qu'il peut de gents; et vuida avecques luy le roy pour combattre la royne. Et n'estoit point avec luy le duc d'Yorck, comte de la Marche, fils du dernier duc; ains estoit allé vers occident ou pays d'Angleterre, où il avoit combattu le seigneur de Pennebroac[1], frère du roy Henry. Et trouva le comte de Werwich l'ost de la royne à Saint-Albin. Et quand le roy Henry feut sy près de la royne, il dict au comte qu'il ne se combattroit point contre sa femme et son fils. Pour laquelle cause le comte de Werwich se partit de luy, et s'en alla vers le nouvel duc d'Yorck, comte de la Marche. Incontinent qu'il feut party, les gents de la royne combattirent à l'ost du roy et le desconfirent; et y moururent les seigneurs de Bonneville[2], messire Thomas Kyriel et aultre grand nombre de nobles gents. Et après ce, le roy, avec nombre de nobles gents, et la royne, retournèrent à Yorck, et feirent declarer le nouvel duc d'Yorck, comte de la Marche et tous ses alliés, traistres; et annulla l'appoincte-ment faict avec le duc d'Yorck, son père, et ses alliés. Ce venu à la cognoissance de Edouard, duc d'Yorck, environ l'entrée de mars, en l'an dessusdict soixante, accompagnié du comte de Werwick et aultres seigneurs, avecques bien trente mille combattants, envoya à Londres et print la possession du royaulme; et incontinent après s'achemina avec toute sa puissance vers le roy d'Angletere et la royne pour les combattre. Et feit tant, que le jour de Pasques flories en suivant, il olt bataille entre la royne et ses gents. Et pourtant que de ceste journée et bataille, en mondict quatriesme livre de ce présent vollume est faicte mention, folio 191[1], et des choses depuis advenues en Angleterre, venues en ma cognoissance, j'en ay escrit comme il m'a esté certifié en ordre, selon les ans que les cas sont advenus, comme plus à plain on pourra veoir, quy regarder y voldra, je feray cy fin de ceste matière. Et n'ay seulement mis ces choses dessusdictes au commencement de ce présent livre, fors que pour ce que, en compilant mondict livre, n'en peus oncques sçavoir le vray que mondict vollume n'ait esté clos. Sy l'ay mis en ce commencement, affin que l'on puisse entendre et sçavoir la cause et le commencement desdictes divisions.

LIVRE II.

Cy-après s'ensuivent les chapitres du second livre, lesquels contiennent tout au long les guerres qui feurent entre Philippes, duc de Bourgogne, comte de Flandres, et entre ceulx de Gand, qui durèrent environ deux ans.

CHAPITRE I.

Comment et pour quelle cause Philippes, duc de Bourgoingne, de Brabant, de Lothiers, de Lembourg et de Luxembourg, comte de Flandres, etc., requit aulx quatre membres de Flandres certaine imposition sur le sel, quy feut la cause pourquoy la guerre sourdit d'iceluy duc contre les Gantois.

En l'an de l'incarnation de Nostre Seigneur mil quatre cents cinquante et ung, Philippes, duc de Bourgoingne, de Brabant, de Lothiers, de Lembourg et de Luxembourg, comte de Flandres, d'Artois, de Bourgogne, de Haynault, de Hollande et de Zélande, seigneur de Frise, de Salins, de Malines, possessant des pays de Picardie, Vermandois, Ponthieu, Boullenois et aultres pays, en l'age de cinquante quatre ans, ou environ, assembla les quatre membres de Flandres. Et pour donner à entendre que c'est des quatre membres de Flandres : vray est qu'en la comté de Flandres a plusieurs grosses villes et villaiges, avecques plusieurs villes fermées quy ne sont point sy grandes comme

(1) Pembroke. (2) Bonville.

(1) Cette indication, ainsi que la première de la page précédente, est celle du manuscrit original de Du Clercq et non de la copie d'Arras que j'ai sous les yeux en faisant cette édition. Ce feuillet 191 se rapporte au chapitre XXIV du livre IV.

Bruges ou Gand; et est ceste comté divisée en quatre membres, desquels le premier est la ville de Gand, quy est l'une des plus fortes et grosses villes de par deçà les monts, fort peuplée de gents et de grand circuit. En icelle ville s'y comprend tout le pays de Wast, quy est ung fertile pays. Le second membre est Bruges; avecques laquelle ville se comprend celle de Nieuport sur la mer, avec aultres gros villaiges. Le tiers membre est la ville d'Ipres, avecques laquelle se comprend tout le pays du Francq, comme la ville de Bergue, Duncquerke, et aultres grosses terres et villaiges. Le quart membre est la ville de Courtray, avecques laquelle se comprend la ville d'Audenarde, la ville de Termonde, et aultres gros villaiges et villes, comme la ville et comté d'Aloste, le pays des Quatre-Mestiers et aultres places. Icelluy pays de Flandres est moult fort beau pays; et s'y vit et gouverne en partie avecques le mestier de draperie, de marchandise de sel, tant en harangs, mollues, drogues, et poissons de mer qu'ils salent, et pourvoient le pays d'autour d'eulx, comme aultrement.

Après que le duc Philippes, comte de Flandres, eust assemblé iceulx membres, il leur requit que, pour supporter ses affaires et les frais qu'incessamment luy convenoit faire en plusieurs manières, ils luy volsissent octroyer que, sur chascun sacq de sel que on vendroit en la comté de Flandres, il peust prendre à son prouffit et des comtes de Flandres ses successeurs advenir, vingt-quatre gros, monnoye de Flandres lors courante, lesquels vingt-quatre gros valloient alors demi-escu d'or de la forge de France; et moiennant ce, ledict Philippes leur seigneur estoit content de leur promectre que, de ce jour en avant ne leur feroit requeste qu'ils luy accordassent nulles aides, qu'on appelloit tailles, et leur promectoit de ce jamais eulx requérir. Et pour donner à entendre que c'estoit d'ung sacq de sel : vray est que ung sacq de sel estoit le fais d'ung homme, et aultant que ung fort et rude homme de trente ans pooit soustenir sur ses espaulles pour porter de lieu en aultre. Or, la requeste du duc Philippes par les quatre membres examinée, considérants ceulx de la ville de Gand, premier membre et principal d'icelle comté (car cestuy membre pooit plus audict pays que les autres trois), que tout le pays de Flandres, ou en partie, se nourrissoit de choses salées, et que par le moien des marchandises salées qu'ils menoient hors du pays de Flandres, l'argent venoit au pays, et en estoit le pays riche; et aussy doubtants que sy ils accordoient icelle demande à leur seigneur, que, pour le temps advenir, icelluy leur seigneur, ou aultres après luy à venir, ne lairoient leur demander aides ou tailles, et par ce payeroient en deux manières, laquelle chose ils ne polroient bonnement souffrir sans la diminution du pays, car icelle imposition sur le sel monteroit touts les ans infinis deniers, et laquelle imposition ne prendroit jamais fin, icelluy membre de Gand, toute la ville et tout le pays à eulx subjects ne vollurent accorder au duc leur seigneur icelle requeste, ny que ladicte imposition feust mise sur le sel, ains y feut du tout contredict et en tout; et respondirent au duc leur dict seigneur : qu'ils avoient convenu ensemble et conclud entre eulx que, jusques à la mort du derrain homme de la ville de Gand et du pays à eulx subject, ils n'accorderoient ny souffriroient ladicte imposition estre mise sus. Ouye laquelle response par les aultres trois membres de Flandres, ils conclurent entre eulx : que ils feroient remonstrer au duc, que, touchant ladicte imposition, ils se y gouverneroient ainsy et pareillement que ceulx de Gand, et non aultrement; et ceste response feirent au duc Philippes et non alutre. Après lesquelles responses faictes au duc par iceulx de la ville de Gand et les aultres trois membres, il leur donna congié; et sy ne requit ladicte imposition sur le sel, et ne leur en feit parler en nulles manières; mais ceulx de Gand, despuis qu'ils olrent refusé ladicte imposition estre mise sus, ils perceurent bien que, quand ils auroient affaire au duc ou à son conseil, ils n'auroient point si bon accès à luy ny à son conseil comme ils avoient accoustumé d'avoir; mesmes ne povient avoir, ce leur sembloit, sy briefve expédition de leurs causes et querelles qu'ils soulloient; par quoy ils commencèrent à murmurer contre leur seigneur.

CHAPITRE II.

Comment la ville de Bourdeaulx et de tous les pays de Bourdelois feurent mis en la main des Anglois.

L'an de grace mil quatre cents cinquante-deulx, le sieur de l'Esparre, et aulcuns bourgeois et aultres habitants de la ville de Bourdeaulx, par le conseil des seigneurs de Montferrant, de Rosan, de Laval et de Anglade, trouvèrent façon et moyen d'aller en Angleterre; et eulx arrivés audict pays, sous couleur qu'ils disoient que despuis qu'ils s'estoient mis en l'obéissance du roy de France, ils estoient travaillés des aides, subsides, tailles, gabelles et maltostes, que bonnement ils ne pooient plus souffrir, ils traictèrent se remectre en l'obéissance du roy d'Angleterre et des Anglois. Pour laquelle remise feit le roy d'Angleterre assembler son conseil; et y feurent évoqués touts les capitaines et seigneurs du pays. Et là feut conclud d'envoyer le seigneur de Tallebot, au mois d'octobre audict an cinquante-deulx, audict pays de Bourdelois. Après ce faict, le seigneur de l'Esparre et ses complices s'en revindrent audict pays de Bourdelois; et le mois d'octobre ensuivant le seigneur de Tallebot se partit d'Angleterre, le dix-huictiesme jour dudict mois, accompagnié de quatre à cinq mille combattants anglois, et arriva à l'isle de Médoc, où ils prindrent deux places petites, pour loger partie de leurs gents. Et adonc ledict Tallebot commença faire courre ledict pays pour le mectre en subjection, quy n'estoit pas fort à faire, car il n'y avoit nulle résistance, parce que l'armée du roi estoit en retraicte, et il n'y avoit demouré que ung peu de gents ès garnisons. La venue de Tallebot sceue par ceulx de Bourdeaulx, ils commencèrent à parlamenter les ungs avecques les autres de la manière d'eulx remectre en la subjection des Anglois et en leur obéissance; et vollurent les aulcuns que les François estants en garnison dedans la ville, dont estoit capitaine pour le roy le seigneur de Cottivy, sénéschal de Guyenne, et le seigneur du Puich, et que eulx et le soubsmaire s'en allassent, leurs corps et biens saulfs. Mais cependant aulcuns allèrent ouvrir une porte d'icelle ville; par quoi feurent touts les François prins quy estoient dedans la ville, au moings la plus grande partie, tant de gents de guerre, officiers comme aultres, lesquels demourèrent prisonniers aulx Anglois. Ces nouvelles venues au roy de France, il feut moult dolent; et envoya pour ceste cause hastivement les mareschaulx de France, Joachin Rohault, et plusieurs aultres capitaines, jusqu'au nombre de six cents lances, et les archiers, et coustelliers, et guisarmiers, pour garder et renforcer les places allentour de Bourdeaulx, comme le comte de Clermont, lieutenant général èsdictes marches croiroit estre expédient, jusqu'à la saison d'esté ensuivant que le roy avoit intention d'y mectre plus grande provision. Mais ains que les gents du roy y fuissent arrivés, le seigneur de Tallebot, ses gents, et les barons du pays de Bourdelois meirent la pluspart dudict pays en l'obéissance du roi d'Angleterre, et, par espécial, la ville et chastel de Chastillon en Perrigorre, laquelle estoit tenue par des gents du roy de France, et laquelle feut rendue auxdicts Anglois par faulte de secours; et s'en allèrent les François leurs corps et leurs biens saulfs. Et à toutes ces choses ne pooit résister le comte de Clermont, fils aisné du duc de Bourbon, jà-soit qu'il s'y gouvernast grandement et vaillamment; mais ains la venue de ceulx que le roy y envoya, il ne pooit résister à la puissance des Anglois, pour tant que la pluspart du pays de Bourdelois estoit du party du roy d'Angleterre.

CHAPITRE III.

Comment, après que le pays de Bourdelois feut ainsy retourné au roy d'Angleterre, vindrent derechief plusieurs capitaines audict pays; comment le roy envoya desfier le duc de Savoye, et de l'accord quy feut faict entre le roy de France et ledict duc.

Les nouvelles venues en Angleterre comme messire Tallebot avoit remis le pays de Bourdelois et la ville de Bourdeaulx en l'obéissance du roy d'Angleterre, ceulx d'Angleterre, pour renforcer l'armée de messire Tallebot, envoyèrent à Bourdeaulx le seigneur de Camric[1], le bastard de Sombreset, le fils dudict messire de Tallebot, le seigneur de Lisle et le seigneur des Moulins, et en leur compagnie quatre mille combattants; lesquels Anglois amenèrent avecques eulx quatre-vingts basteaux, que grands que petits, chargiés de farine et de lard, pour avitailler la ville de Bourdeaulx; dont ceulx de la ville et du pays tenants le party d'Angleterre feurent moult joyeulx.

Audict an cinquante-deux, au mois de juillet, le roy estant à Meung-sur-Yèvre, près de Bourges, envoya desfier le duc de Savoye, pour certaines extorsions qu'il disoit que le duc avoit faictes à la couronne de France; et au mois d'aoust ensuivant, se partit avec son ost, où il y avoit grande et noble compagnie de seigneurs et aultres gents de guerre, et alla au pays de

(1) Cambridge.

Forest, pour passer et entrer au pays de Savoye. Le cardinal d'Estouteville, lequel s'en retournoit à Rome, feut averty de ceste chose, lequel à ceste occasion retourna et alla devers le duc de Savoye, et puis après devers le roy de France ; et après qu'il sceut la cause de leur desbat, traicta tant d'ung costé que d'aultre, que le duc de Savoye vint vers le roy, et promit réparer au bon plaisir du roy ce que le roy luy demandoit; et ainsy feut la paix faicte à Seurs en Forest; et s'en retourna le duc en Savoye; et le cardinal s'en alla son chemin vers Rome, rapporter au pape ce qu'il avoit besoingnié.

CHAPITRE IV.

Cy commence à parler de la mortelle guerre quy feut entre Philippes, duc de Bourgoingne, comte de Flandres, et ceulx de la ville de Gand, ses subjects, et premier comment la guerre commença.

Après que les Gantois eurent totalement refusé au duc de Bourgoingne l'imposition qu'il vouloit mectre sur le sel au pays de Flandres, comme dict est, ils commencèrent entre eulx à murmurer, disants que, pour ce qu'ils avoient refusé ladicte imposition, ils n'estoient point en grace de leur seigneur, et puis qu'il les vouloit tenir en haine, aussy ils ne tiendroient compte de luy. Et s'élevèrent en tel orgueil que, quand le duc envoyoit ses officiers en la ville, tant pour renouveler la loy, comme il avoit accoustumé de faire, que aultrement, ils ne le vouloient souffrir. Et quand les officiers de la ville, establis au nom du duc leur seigneur, leur remonstrèrent comment ils faisoient mal et le péril où ils se bouttoient, ils s'esmeutèrent plus que auparavant ils n'avoient fait, tellement qu'ils prindrent plusieurs officiers de la ville que le duc y avoit establis, comme de long-temps il avoit accoustumé de faire, et avoient de tout temps faict les comtes de Flandres ses prédécesseurs, et faire debvoit et pooit, et sy feirent iceux officiers du duc descappiter; et quy plus est, et toujours continuant en leur malvolance qu'ils avoient à leur seigneur, ils constituèrent trois capitaines en la ville de Gand, qu'ils appelèrent hoyguemans[1], quy vault autant à dire en françois : souverains hommes de la ville. Lesquels hoyguemans feurent esleus par la communauté de la ville, de gents de moindre estat d'icelle

(1) Hooftman.

ville et povres gents ; mais c'estoient ceulx en partie quy avoient esmeu et esmouvoient le peuple ; dont le premier et principal d'iceulx hoyguemans feut appelé Lievin Bonne, qui vault aultant à dire en françois Lievin Fève, lequel estoit ung povre maçon, et de meschant estat; le second estoit appelé Butreman, qui est à dire en françois Homme-de-burre, qui estoit aussy povre et meschant, ou plus, qu'icelluy Lievin Fève ; et le tiers ung de pareille vacation. Et ces hoyguemans mis sus, ils commencèrent à faire leurs ordonnances telles qu'il leur plaisoit ; et lors les plus meschants de la ville emprindrent à avoir plus de gouvernement que les nobles hommes, bourgeois et riches marchands. Et pourtant que j'ay intention de mectre toute la guerre quy feut entre lesdicts Gantois et leurs seigneurs, sans y entrelacer quelque chose, laquelle guerre dura deulx ans, j'ay ci-devant mis comment le pays de Guyenne et de Bourdeaulx se mirent en la subjection des Anglois, combien qu'icelle guerre des Gantois feust commencée avant la reddition d'icelluy pays de Bourdelois aulx Anglois, comme cy-après sera dict.

CHAPITRE V.

Du mandement des gents d'armes que feit le duc de Bourgoingue.

En l'an mil quatre cents cinquante et ung, environ le commencement de caresme, le duc de Bourgoingne, comte de Flandres, adverty comme ceulx de Gand avoient fait mourir ses officiers, et s'efforçoient de pis faire contre luy et sa seigneurie, il envoya par touts ses pays et seigneuries, réservé celuy de Bourgoingne, publier ses mandements tels, c'est à sçavoir : que touts ceulx qui avoient coustume de porter les armes fuissent prests en armes, tel jour qu'il leur desclara, sans leur desclarer ne dire pour où c'estoit aller, jà-soit que son intention feust de mectre ceulx de Gand en son obéissance. Et commit lors pour garder la ville d'Audenarde, comme capitaine d'icelle ville, ung bailly chevallier, nommé messire Symon de Lallaing, avecques luy le seigneur de Cornet, chevallier, natif de Flandres ; et leur deffendit que par la riviere de l'Escaut, quy va de Tournay à Gand et passe parmy Audenarde, ils ne laissent mener vivres dedans la ville de Gand ny dans les aultres tenants le party des Gantois.

CHAPITRE VI.

Comment les trois membres de Flandres, avecques ung notable homme et deulx des Chartreulx de Gand, vindrent à Bruxelles devers le duc de Bourgoingne pour traictier la paix des Gantois; cependant ils assiégèrent Audenarde.

L'an de grace mil quatre cents cinquante et ung, en la semaine peneuse, en la ville de Bruxelles en Brabant, vindrent les trois membres de Flandres ; c'est à sçavoir, ceulx de Bruges, d'Ipres et du Franc, avecques eulx ung chartreulx du chartrousaige[1] de Gand, devers le duc de Bourgoingne, comte de Flandres ; et droictement par le jour du benoist et grand venderdy au matin s'approchèrent du duc. Et eulx, sçachants que le duc avoit volonté d'entrer au pays de Flandres à force de gents d'armes pour subjuguer les Gantois, se jettèrent à genoulx devant luy ; et le chartreulx, parlant pour touts, pria doulcement et humblement au duc, en l'honneur du benoist jour, que il lui pleust avoir pitié de son pays de Flandres, et par espécial de sa bonne ville de Gand, et que par sa grace leur volsist pardonner son courroux ; et les mesfaicts que luy avoient faicts ceulx de la ville de Gand, estoient prests de l'amender au dict et ordonnance du conseil du duc. Sy ainsy ceulx de la ville de Gand ne volloient faire, sy tant feroient, s'ils pooient, qu'ils le feroient.

Auxquels le duc respondit : que, pour la révérence du jour du benoist venderdy, quel jour ils estoient, moiennant la réparation qu'ils feroient au los de son conseil, il leur pardonnoit leurs mesfaicts. Et ainsy comme lesdicts trois membres et le chartreulx estoient devers le duc pour traicter paix, aulcuns paysans entour de la ville d'Audenarde, lesquels avoient retraict aulcuns de leurs biens, pour doubte de la guerre, en ladicte ville, s'assemblèrent environ douze cents touts ensemble, jusques à la porte d'Audenarde, cuidants entrer ens, mais on leur cloyt les portes ; et vint-on dire à messire Symon de Lallaing, capitaine du duc audict lieu, lequel estoit au chastel, qu'il y avoit bien douze cents hommes, lesquels disoient avoir de leurs biens en la ville, quy volloient entrer en ladicte ville. Iceluy messire Symon de Lallaing, quy estoit valliant chevallier et duict à la guerre, non sçachant quelle volonté ceulx de dehors avoient, leur refusa l'entrée de la ville jusques à ce qu'il en auroit le commandement du duc,

(1) De la Chartreuse.

lequel l'avoit commis à garder ladicte ville. Ceste response de messire Symon oye par ceulx de dehors quy cuidoient entrer, eulx tantost se retirèrent vers la ville de Gand, et remonstrèrent aux Gantois comment ils avoient mis leurs biens en la ville d'Audenarde, lesquels d'Audenarde, quand ils leur requérirent d'entrer en leur ville pour ravoir leurs biens, leur cloyrent les portes et refusèrent l'entrée ; et requéroient qu'ils fissent tant qu'ils puissent ravoir leurs biens. Incontinent que les hoyguemans de ladicte ville de Gand oyrent cecy, leur dirent qu'ils leur feroient ravoir leurs biens. Lors bouttèrent leurs bannières hors, et assemblèrent grande multitude de peuple, jusques au nombre de quinze mille ou plus, gents de touts estats et mestiers ; et le quatorziesme jour d'apvril mil quatre cents cinquante-deulx, après Pasques, vidèrent hors de la ville de Gand, avecques eulx grande quantité de charroy chargié d'engins et de vivres, et allèrent mectre le siége autour de la ville d'Audenarde, quy est à cinq lieues près de la ville de Gand. Mais ainçois qu'ils approchèrent de la ville, messire de Lallaing, capitaine de la ville, doubtant que lesdicts Gantois ne se logeassent ès faulxbourgs de la ville, issit hors de ladicte ville atout tant peu de gents de guerre qu'il avoit, et livra une escarmouche auxdicts Gantois ; mais peu y feit ; car il fallut qu'il retournast, pour la multitude de peuple ; et au retourner feit boutter le feu ès faulxbourgs d'Audenarde et les ardit ; puis entra en la ville ; et les Gantois se logèrent allentour de ladicte ville ; et l'assiégèrent de touts costés tellement, que vivres ne personne ne povoient entrer en ladicte ville.

CHAPITRE VII.

De la grande assemblée que le duc de Bourgoingne feit quand il sceut que ceulx de Gand estoient vuidiés pour assiéger Audenarde ; et les noms d'aulcuns seigneurs quy le vindrent servir ; et comment ils gagnèrent le pont de Pierre et occirent plusieurs Gantois.

L'an de grace mil quatre cents cinquante-deulx, ès festes de Pasques, le duc de Bourgoingne estant à Bruxelles en son pays de Brabant, on luy vint dire comment les Gantois estoient vuidiés de Gand et avoient assiégé la ville d'Audenarde. Le duc, quand il oyt ces nouvelles, feut moult courroucié ; et incontinent et sans délay manda touts ses gents d'armes, fiefvés et arrière fiefvés, lesquels, tantost les lettres receues, montèrent à cheval et le vindrent servir. Et pour vous en nommer aulcuns : premier vint M. le comte d'Estampes, M. Jehan de Bourgoingne, cousin germain du duc, capitaine d'Artois et de Picardie, lequel amena avecques luy les nobles pour la grande part de Picardie et d'Artois, tels comme le seigneur de Saveuses, nommé Philippes, le seigneur de Dampierre, le seigneur de Neuville, Loys de Bourbon, le seigneur de Reubempré, le seigneur de Harnes[1], le seigneur de Happelincourt, le seigneur de Lille-Adam, sénéchal de Boulogne, le seigneur de Cohem, le fils du vidame d'Amiens, le seigneur de Waurin, le seigneur de Vironay, le seigneur de Habarq, messire Sanse de Lallaing, messire Jacques de Lallaing, son nepveu, fils du seigneur de Lallaing, quy estoit moult vaillant chevalier, et nepveu dudict messire Symon de Lallaing quy estoit enclos audict Audenarde ; le seigneur de Moreul, le seigneur de Haubourdin, bastard de Sainct-Pol, le seigneur d'Inchy, le seigneur de Rinery, le seigneur de Mellencourt et plusieurs aultres grands seigneurs avecques luy, dont trop long le raconter seroit. *Item*, y vint le bastard du duc, nommé Anthoine, en moult noble compagnie, chevaliers, escuyers et archiers; et avoit en sa compagnie plus de mille combattants; touts lesquels seigneurs et leurs compagnies se tirèrent vers Audenarde pour aller lever le siége. Et estoit noble chose de veoir en la compagnie tant de nobles chevaliers et escuyers et archiers. Et arrivèrent assez près du pont de Pierre, assez près d'ung chastel nommé Holchin, auquel chastel estoit entré ung paysan quy tenoit le party des Gantois, nommé Butreman, quy vaut en françois : homme de burre ; et tenoit le chastel pour les Gantois ; et avoit avecques luy plusieurs Gantois, lesquels avoient faict des forts trencquis sur le pont et le gardoient fort, affin que les gents du duc ne puissent passer par ledict pont. Quand le comte d'Estampes veit lesdicts trencquis et le pont ainsy gardé, sy feit semblant de vouloir passer ; et, entre-tant feit chevaucher une partie de ses gents, quy passèrent par Watrelot, ung villaige assez près ; lesquels vindrent enclorre ceulx quy gardoient le pont. Et tantost ceulx quy gardoient le pont perceurent les picquenaires derrière eulx, et que les archiers commencèrent à tirer sur eulx, sy

(1) Hornes.

se retraièrent en ung fort moustier, assez près d'illecq, et laissèrent le pont. Lors passa le comte d'Estampes, et vint environner le moustier où les Gantois s'estoient restraicts, et feit lesdicts Gantois admonester qu'ils se rendissent et qu'il leur sauveroit les vies ; de quoy ils ne voulurent rien faire, ains tirèrent dudict moustier d'engins et d'arbalestres après luy, et tuèrent trois archiers, et plusieurs en navrèrent. Quand le comte apperceut ce, il feit prestement bouter le feu au moustier. Lorsque le feu feut dedans, sy saillirent touts hors ; et en saillant hors, on les occioit et coppoit-on les gorges, tellement qu'il n'en eschappa nuls. Et en mourut illecq jusques au nombre de quatre-vingt et dix. Et illecq n'estoit point ledit Boutreman, ains s'en estoit fuy et allé ailleurs à garand. Après ce faict, le comte s'en retourna à Watrelot et à Lannoy. Luy et touts ses gents illecq se refreschirent ; et pansèrent les navrés, et laissèrent les Gantois morts touts nuds sur terre, lesquels y feurent trois jours sans estre enterrés, tant que par pitié aulcunes créatures les vindrent mectre en terre non saincte ; mais ains que le comte se partist, feit enterrer les trois archiers quy estoient morts de ses gents en terre saincte.

CHAPITRE VIII.

Des nobles hommes et seigneurs quy vindrent à Grandmont, où le duc estoit, pour le servir en armes, moult noblement accompagniés ; et comment le comte d'Estampes leva le siége de devant Audenarde, et des chevalliers quy y feurent faicts, et de la grande multitude des Gantois quy y moururent.

Quand le duc eut partout envoyé ses lettres pour faire assembler gents d'armes, sy se tira à Grandmont, une petite ville à cinq lieues près de Gand. Auquel lieu de Grandmont vinrent, noblement accompagniés de gents de guerre : Loys, comte de Sainct-Pol, Tibault de Luxembourg, seigneur de Fresnes, Jacques de Luxembourg, frère audict comte, Adolf de Clèves, frère au duc de Clèves, nepveu audict duc, Cornille, fils bastard du duc, capitaine de Luxembourg, messire Jehan de Croy, grand-bailly de Hainault, seigneur de Cymay, avecques touts les nobles et gents de guerre du pays de Hainault, le seigneur de Croy, son aisné frère, chambellan et principal gouverneur dudict duc, le seigneur d'Oissy, le seigneur de Crecquy, et touts les nobles du pays de Flandres, au moings la plus grande partie ; touts lesquels dessusdicts se trouvèrent vers le duc à Grandmont.

Or, vous veuil conter du comte d'Estampes, quy s'estoit retraict à Watrelot et à Lannoy après l'occision faicte des Gantois, accompagnié des Picards seulement, lequel conclud qu'il iroit lever le siége de Audenarde, ains que le duc en sceust rien, le vingt-cinquiesme jour d'apvril mil quatre cents cinquante-deulx, comme il feit; laquelle conclusion il avoit grand désir de faire sçavoir à messire Symon de Lallaing, capitaine d'Audenarde, lequel estoit enclos dedans ladicte ville, et n'y pooit-on entrer, pour l'ost desdits Gantois. Lors feit tant qu'il trouva trois compagnons, dont ung estoit soldoyer du chastel de Lille, nommé Jonesse, lesquels promeirent, moiennant chascun cinquante couronnes, qu'ils se mectroient touts nuds en la rivière de l'Escaut au plus près qu'ils polroient aller pour l'ost, et nageroient tant en la moictié que entreroient en Audenarde, et porteroient lettres audict messire Symon, pour estre prest à l'heure que ledict comte luy escriproit, comme ils feirent. Et à l'heure que ledict comte avoit rescript audict messire Symon, se partit du lieu où il estoit en moult belle ordonnance, et feit et ordonna trois batailles : en la première bataille, que l'on appelle l'avant-garde, feut Anthoine, fils bastard du duc, le seigneur de Saveuses, Jacques de Lallaing et plusieurs aultres nobles hommes d'armes et archiers; en la seconde bataille estoit ledict comte, moult noblement accompagnié; et en la tierce bataille, que l'on appelle l'arrière-garde, plusieurs chevaliers et escuyers. Et ainsy chevauchèrent, tant qu'ils vindrent assez près du siége. Lors feit le comte touts les archiers descendre à pied. Et pourtant que le comte n'estoit point chevallier, requit l'ordre de chevallerie au seigneur de Saveuses ; et après qu'il l'eust receu, il feit cinquante-deulx chevalliers, desquels aulcuns je nommeray : premièrement Anthoine, bastard du duc, Loys de Bourbon, le seigneur de Harnes, Wallerand, seigneur de Moreul, Jehan de Comines, Jehan de Miraulmont, Philippes de Lallaing, Robert seigneur d'Antreulles, Anthoine seigneur d'Avelluy, David d'Artus, Anthoine seigneur de Herin, le Borgne d'Ens et son fils, le seigneur de Hallevin en France, Perceville seigneur de Belleforière, Hugues de Noeufville, Alard seigneur de Rabodenges, et aultres dont le compte seroit trop long à raconter ; et aussy des aultres ne sçay les noms.

Or, vous veuil conter du siége que les Gantois avoient, lesquels avoient tellement enclos ladicte ville d'Audenarde qu'on n'y pooit entrer d'ung lez et de l'aultre de la rivière de l'Escault, laquelle passoit parmy la ville, tellement que ceulx d'ung lez ne pooient sçavoir de l'aultre ; c'est à scavoir, ceulx qui estoient d'ung lez vers Courtray ne pooient sçavoir de ceulx du lez vers Grandmont, pour ladicte rivière quy les despartoit. Quand ceulx du lez vers Courtray, auquel les Picards les venoient assaillir, veirent et sceurent que les Picards les approchoient, comme valliants et hardys laissèrent leur siége, et fièrement se meirent en belle bataille; et vindrent la pluspart, chascun une picque en la main (quy est ung baston de la longueur d'une lance d'homme d'armes ; mais elle est plus menue, ferrée et acerrée au bout, et sont très dangereux bastons), et touts aultres engins, comme coullevrines et aultres, contre lesdicts Picards. Lorsqu'ils s'approchèrent, commencèrent les archiers de Picardie à tirer sur eulx ; lesquels traicts ils ne peurent endurer, car ils estoient mal armés; ains se mirent en fuite, les Picards les enchassants, tellement que peu en eschappa qu'ils ne fuissent mis à mort. Et on veut dire et estime-t-on qu'ils y mourrurent trois mille Gantois, sans ce qu'il y olt nul des assaillants quy y feut mort, sinon qu'ung homme d'armes nommé Jennin d'Athies, fils d'ung bourgeois d'Arras, lequel, ains que les archiers commencèrent à tirer sur les Gantois, se boutta sur lesdicts Gantois sy avant qu'ils le tuèrent.

CHAPITRE IX.

Comment on vint dire au duc que les Gantois levoient leur camp et siége d'Audenarde; lequel duc, non sachant ce que le comte avoit faict, se partit de Grandmont et les poursuivit, toujours tuant, jusqu'à Gand; et comment ceulx de Gand feirent décapiter leurs hoyguemans, et en feirent cinq nouveaux.

Le duc estant à Grandmont, on luy vint dire que les Gantois avoient levé le siége d'Audenarde et s'en retournoient vers Gand. Lors le duc, comme tout plein d'ire, monta à cheval, et sans ordonnance les suivit ; et alla après eulx avec ceulx de sa compagnie; et les chassèrent, tout tuants jusques aux portes de Gand, tellement qu'il y olt des gents d'armes quy allèrent hurter de leurs lances à la porte de Gand;

et tant cachèrent[1] que la nuict vint; et alla le duc celle nuict, et touts ses gents, gesir à la Paillarde ; et le lendemain repassa ledict duc parmy les morts, dont il y eut grand' planté[2]. Et jà-soit ce, comme dessus dict est, que le jour de devant le duc et ses gents les eussent mis à mort, toutesfois, comme on m'a dict, le duc en eut grande pitié ; et de retour qu'il feut, s'en alla à Audenarde, auquel lieu il trouva ledict comte d'Estampes, lequel il festoya moult noblement ; et feit mectre touts les engins que les Gantois avoient laissés, en la ville, dont il y en avoit à grande planté, et tout le remennant[3] qu'ils laissèrent du siége feut buttiné. Les morts, tant ceulx qui furent occis à lever le siége comme ceulx de devers Grandmont, feurent trois jours sans estre enterrés, tellement que les oiseaulx et bestes les mangeoient, dont c'estoit grande pitié ; mais enfin aulcuns preudhommes par pitié feirent grandes fosses aulx champs, où on les jetta et couvrit de terre.

Or, voulie[4] retourner aux Gantois quy estoient eschappés, entre lesquels les trois hoyguemans eschappèrent et rentrèrent dedans Gand avecques ceulx quy s'estoient peu saulver ; lesquels trois hoyguemans, sitost qu'ils feurent retournés en la ville, feurent prins par le commun de la ville, et prestement on leur coppa les testes. Après ce faict, feurent par ledict commun faicts cinq hoyguemans nouveaux.

CHAPITRE X.

Des garnisons que le duc mcit ès villes prochaines de Gand ; et de plusieurs courses que les gents d'armes du duc feirent jusques aux portes de Gand.

Après ce que le siége d'Audenarde feut levé, comme dict est, le duc se partit de Audenarde, et s'en alla en la ville de Tenremonde, quy est entre Gand et Anvers sur la rivière, et délaissa le comte d'Estampes et sa compagnie à Audenarde, et puis envoya le comte de Sainct-Pol et sa compagnie en la ville d'Aloste, à quatre lieues de Gand ; après, envoya à Courtray grosse garnison de gents de guerre, affin de fermer touts les passages, que nuls vivres ne puissent venir en la ville de Gand. Ces choses ainsy faictes, le comte d'Estampes, lequel estoit demouré à Audenarde, ne sçay quants jours après que le duc se feut party d'Audenarde, luy et ses gents allèrent courir jusques à Gand ; et en passant devant ung chastel quy s'appeloit Gaures, feut frappé d'ung virreton[1] venant dudict chastel ung nommé Jehan de Miraulmont, seigneur dudict lieu, nouveau chevallier faict, duquel coup il mourut ; pour laquelle mort ledict comte feit assaillir ledict chastel, mais il n'y feit guières ; et quand il veit qu'il n'y pooit rien gagner, il feit retraire ses gens et s'en alla jusques aux portes de Gand ; là y olt ung chevalier de sa compagnie, lequel alla férir les portes de Gand de sa lance. Iceluy chevallier se nommoit messire Gauvin Quieret, seigneur de Druel ; et escria qu'ils vidassent hors. Lors y olt aulcuns vilains hommes, lesquels vuidèrent hors de la ville et livrèrent une escarmouche aux gents du duc et en tuèrent aulcuns ; puis rentrèrent dedans Gand, sans grand dangier et dommaige. Quand le comte veit qu'aultre chose ne pooit faire, sy s'en retourna à Audenarde.

Pareillement aussy le comte de Sainct-Pol, estant à Aloste, courut plusieurs fois jusques aux portes de Gand, et reboutta les Gantois plusieurs fois en leur ville, et s'y feit beaucoup de valliances. Ung autre jour alla encoires le comte d'Estampes courre vers Gand ; et trouva aulcuns Gantois, lesquels par force feit rentrer dedans la ville ; et en cest endroit y mourut plus de quarante ; et aussy y demoura de ses gens sept archiers. Et quand il veit que les Gantois feurent rentrés dedans Gand, s'en retourna à Audenarde.

CHAPITRE XI.

De la vaillance de messire Jacques de Lallaing ; et comment il entra premier au pays de Wast, quy estoit moult fort pays.

Entre Gand et Anvers y a ung fort pays plein d'eauwe et moult riche et gras pays, estant nommé le pays de Wast, plein de fossés et sablons boullants ; et estoient touts ceulx du pays de Wast du tout obéissants à ceulx de Gand ; et jà-soit ce qu'audict pays fuissent plusieurs grands et gros villaiges, toutesfois ils se disoient touts estre aulx Gantois, et obéissants du tout à eulx, et sy ne pensoient avoir aultre seigneur que ceulx de Gand, ne onques n'avoir esté obéissants à aultruy que aulx Gantois. Et mesmement, jà-soit ce que au temps passé plusieurs roys, comme de France et d'Angleterre, euissent assiégé la ville de Gand, combien qu'ils n'euissent peu conquester ladicte ville, pareille-

(1) Chassèrent. (2) Abondance. (3) Reste. (4) Je veux.

(1) Javelot.

ment n'avoient peu entrer ne conquester ledict pays de Wast; et n'avoit oncques esté conquis, et estoit le plus riche pays que on peust trouver.

Le duc estoit à Tenremonde; et désirant entrer audict pays et le conquester, feit faire et carpenter ung pont pour entrer au pays de Wast. Et comme le pont feut prest à lever, ung hardi et vaillant chevalier, nommé messire Jacques de Lallaing, fils aisné du seigneur Jacques de Lallaing, pria et requit au duc qu'il lui volsist donner congié d'entrer audict pays; lequel duc luy octroya, et commanda à touts ses archiers de corps qu'ils allassent avec luy. Lequel messire Jacques, ayant l'octroy du duc, le dix-huictiesme jour de may, en assez petite compagnie de gents d'armes, entra au pays de Wast et passa le pont que le duc avoit faict faire; auquel pays il n'alla guières avant qu'il trouva une grosse compagnie de gents d'armes gantois, desquels, ainçois qu'il s'en apperceust, feut incontinent enclos et assailly. Et comme messire Jehan, bastard de Renty, chevalier et capitaine des archiers de corps du duc, lequel portoit la bannière où estoient les armes du duc, perceut les Gantois quy les encloyoient et venoient assaillir, il laissa cheoir par terre la bannière et se meit en vilaine fuite. Lors se férirent les Gantois et Picards moult valliamment; et de prime face en occirent sept, dont les trois estoient archiers du duc, l'ung nommé Jennin de Cocquerel, de la ville d'Arras. Et mesmement avoient jà occis le cheval de messire Philippes de Lallaing, frère de messire Jacques, josne chevalier, et jà le euissent mis à mort, combien qu'il se deffendist au mieux qu'il pooit, quand messire Jacques, comme hardy et valliant chevallier, se férit au milieu des Gantois, remonta son frère sur ung cheval, quy estoit à pied en ung fossé. Et quand plusieurs des archiers du duc veirent la valliance et hardiesse dudict messire Jacques, jà-soit ce que leur capitaine s'en feust fuy, si reprindrent-ils courage; et despouillèrent les jacquets qu'ils avoient vestus, pour estre plus légiers; et se mirent en leurs pourpoincts; et commencèrent à tirer sur les Gantois, tellement que par force de traicts feirent reculer les Gantois. Et lors messire Jacques de Lallaing, voyant et appercevant que une partie de ses gens s'en estoient fuis, et que à la longue il ne polroit matter ne vaincre lesdicts Gantois, comme très hardy et valliant chevallier,

recueilla touts ses gents qu'il avoit; et se remit en belle ordonnance, et s'en retourna, sans ce que nuls de ses gents y mourussent, sinon les sept dessus nommés; mais ains qu'il s'en retournast, y olt plusieurs Gantois tués; et ainsy s'en retourna vers le duc.

CHAPITRE XII.

Comment le comte de Sainct-Pol entra au pays de Wast, et des chevalliers quy y feurent faicts.

Le noble comte de Sainct-Pol, lequel estoit en garnison en la ville d'Aloste, qu'on appelle le pays des Quatre Mestiers, et est moult fort pays, marchisant au pays de Wast, se avoit volonté d'entrer audict pays de Wast. Sy assembla icelluy comte ses deulx frères germains, avecques Adolf de Clefves, frère du duc de Clefves, et nepveu du duc de Bourgoingne, Cornille, bastard du duc, et plusieurs aultres chevalliers et nobles combattants; et entra luy et sa compagnie au pays de Wast; et incontinent qu'ils y feurent, entrevinrent allencontre d'eulx une grosse compagnie de Gantois, et assaillirent ledict comte. Mais les Gantois ne durèrent comme rien, ains feurent par le comte et ses gents prestement et en peu d'heures rués jus; et se tournèrent les Gantois en fuite; et sy en mourut deulx cents ou plus. Ce faict, le comte cuidoit estre assuré pour le jour; mais les Gantois se réunirent derechief à moult grande puissance et compagnie, et vindrent rassaillir et courre sus audict comte.

Quand on vint dire ces nouvelles audict comte, tantost remit ses gents en bataille, pour recoeuillir les Gantois; et à ceste recoeuillote feurent faicts chevalliers nouveaux: Adolf, nepveu au duc de Bourgogne, Thyebault de Luxembourg, seigneur de Fiennes, frère audict comte de Sainct-Pol, Cornille, bastard du duc, gouverneur de Luxembourg, lequel estoit sage et hardy chevallier, et plusieurs aultres, dont je me tais pour briefveté. Lesquels chevalliers faicts, eulx et leur compagnie se férirent ès Gantois sy fièrement et par telle empainte[1] que derechief les meirent encoires une fois en route. En ceste bataille mourut des Gantois environ de trois cents ou plus; mais en ceste seconde rescousse et rencontre, y olt quatre des archiers du corps du duc de Bourgoingne quy y feirent merveille de vaillance, l'ung nommé Hoste le Sur,

(1) Choc.

l'aultre le Martire; des deulx aultres je ne sçais leur nom. Après ce faict, le comte et ses gens se retirèrent par le susdict pont en sa garnison.

CHAPITRE XIII.

Des bastilles et boulleverts que les Gantois oirent faict à Nivelles, en Flandres; et comment le comte d'Estampes les conquesta par force, et des morts quy y feurent tant d'ung costel que d'aultre.

Sur les marches d'entre Gand et Audenarde, y avoit ung fort villaige qu'on appeloit Nivelles en Flandres, dont estoit seigneur Jehan de Montmorency, lequel Jehan estoit avec le duc de Bourgoingne; auquel villaige les Gantois s'estoient retirés, et auquel ils avoient faict plusieurs bastilles et boulleverts pour grever les Picards; et illecq se tenoient en grand nombre. Le comte d'Estampes sçachant qu'illecq s'estoient retraicts plusieurs Gantois, et en grand nombre, manda la garnison de Courtray, avec laquelle garnison, luy et touts ses gens bien en poinct, le vingt-cinquiesme jour de may audict an cinquante-deux, s'en alla pour entrer audict Nivelles. Et comme il approcha, trouva plusieurs bastilles et boulleverts, lesquels il print par force; et entra en ladicte ville de Nivelles, en laquelle y olt plusieurs Gantois occis. Et comme le comte se feut retraict hors de la ville, aucuns Picards et plusieurs aultres entrèrent audict villaige pour eulx se rafreschir et leurs chevaulx. Les aulcuns aussy des Picards passèrent oultre le villaige en cachant[1] toujours les Gantois quy s'enfuyoient. Ceulx quy se rafreschirent en la ville ne se donnèrent garde que les Gantois, lesquels s'estoient recoeuilliés en grand nombre, les vinssent prendre en desroy et assaillir. Et en ce second assaut meirent à mort, des gents du comte d'Estampes: le seigneur de Herin, chevallier, ung escuyer nommé Cyvoy, escuyer servant du comte de Renty, ung vaillant homme d'armes nommé Rollecquin, le prévost Jehan Dinde, et aultres hommes d'armes jusques au nombre de quatorze, et bien cinquante archiers. Et jà euissent mis à mort touts ceulx quy estoient au villaige, sy le seigneur de Saveuses ne les feust venu secourir, lesquels il combattit jusques à tant que le comte d'Estampes y vint et sa compagnie; auquel comte on estoit allé dire la mésadventure quy estoit advenue à ses gents.

(1) Chassant.

Et acertes ledict seigneur de Saveuses, lequel estoit valliant homme de guerre, et bien l'avoit monstré tout son temps, passé quarante ans et devant, s'y porta si valliamment et sa compagnie qu'on ne polroit plus. Avecques mondict seigneur de Saveuses estoit monseigneur Guy de Roye et monseigneur Pierre de Raisé, chevallier, lesquels s'y portèrent aussy très valliamment avecques aultres.

Quand le comte feut venu où les Gantois et Picards se combattoient, sy descendirent le plus à pied. Illecq failloit passer ung pont; duquel pont passer de prime face y avoit honneur, car chascun cremoit[1] moult, tant pour ceulx quy estoient jà morts comme pour le mal arroy où ils estoient. Là estoient veus plusieurs lasches courraiges; toutesfois les plus vaillants passèrent premiers le pont, et tantost coururent sus aux Gantois; et de rechief desconfirent la deuxiesme fois; et y moururent des Gantois plus de douze cents: le remenant se bouttèrent ès bois et se sauvèrent. Après laquelle victoire le comte feit mectre les morts de son costé en une maison, et y feit boutter le feu, et les ardoit; pareillement feit boutter le feu partout ledict villaige de Nivelles, quy feut tout ards. Ce faict, le comte, non sçachant de la victoire que le jour de devant avoit eu le comte de Sainct-Pol au pays de Wast, s'en retourna en la ville d'Audenarde.

CHAPITRE XIV.

Comment le duc Philippes de Bourgoingne s'appareilla pour entrer au pays de Wast, et comment les Gantois cuidèrent rompre une digue sur la mer, pour noyer ledict duc et ses gents et tout le pays de Wast.

Le duc de Bourgoingne estant à Tenremonde, et désirant de mectre à obéissance les Gantois, et sçachant que les Gantois avoient faict au pays de Wast plusieurs grands et gros boulleverts, manda toutes les garnisons, tant de Courtray, d'Aloste, d'Audenarde, comme d'aultres villes; et manda de nouvel en ses pays d'Artois et de Picardie, que les bonnes villes luy envoyassent certain nombre d'archiers et arbalestriers, lesquels on luy envoya tout à pied. Lesquels archiers et arbalestriers il commit à garder les bonnes villes desquelles il avoit mandé les garnisons. Et ce temps pendant que le duc s'appareilloit pour entrer au pays de

(1) Craignoit.

Wast, aulcuns Gantois s'assemblèrent en grand nombre, et allèrent sur une dicque de la mer, la cuidants rompre et despiecher, affin de noyer tout le pays de Wast, le duc de Bourgoingne et touts ses gens, sitost qu'ils y seroient entrés. De laquelle entreprinse le duc feut adverty ; sy envoya prestement le noble et valliant comte de Sainct-Pol ; lequel comte et ses gents trouvèrent les Gantois que despiechoient la dicque, èsquels Gantois le comte se férit et les desconfit, et en occit plus de cinq cents ; puis feit refaire ladicte dicque et s'en retourna. Après ce faict s'en retourna vers ledict duc de Bourgoingne. Devers lequel duc de Bourgoingne estoit venu, à belle compagnie de gents d'armes, pour le servir, Jehan, duc de Clefves, son nepveu, fils de sa sœur ; et aussy estoit venu au duc de Bourgoingne monseigneur Charles, son fils légitime, agié de dix-huit ans ; et plus n'avoit le duc d'enfant légitime. Le duc Philippes de Bourgoingne, après qu'il olt assemblé touts ses gents, et qu'ils fuissent venus devers luy, sçachant que les Gantois ses ennemis avoient faict ung fort boullevert à Waselle, assez près de Rippelmonde, auquel boullevert ils avoient plusieurs engins avecques plusieurs Gantois en grand nombre, se partit de Terremonde et s'en vint à Rippelmonde.

CHAPITRE XV.

De la bataille de Rippelmonde, et comment Cornille, fils bastard du duc de Bourgoingne, y feut tué, et comment aussy les Gantois feurent desconfits.

Le seiziesme jour de juing, audict an cinquante-deulx, se partit Philippes, duc de Bourgoingne, de Rippelmonde, et touts ses gents avecques luy, pour aller combattre les Gantois ; mais au despartir, il ordonna trois batailles. La première bataille, que on appelle avant-garde, mena le comte de Sainct-Pol, avecques luy ses deulx frères, Cornille, bastard dudict duc, le seigneur de Saveuses, et messire Jacques de Lallaing et aultres chevalliers et escuyers et archiers ; la seconde bataille, que on appelle la bataille, mena le duc de Bourgoingne, avecques luy son fils et touts ses chevalliers et barons, accompagniés d'une partie des Picards ; la tierce bataille, que on appelle arrière-garde, menoit le comte d'Estampes, avecques luy monseigneur Jehan, duc de Clefves et plusieurs aultres, tant chevalliers et escuyers picards que allemands. Entre lesquelles trois batailles n'y avoit guières de distance de l'une à l'aultre. Après ce que ledict duc de Bourgoingne olt ainsy mis ses gentsen ordonnance, sy s'en alla vers Waselle, où estoient ses ennemis les Gantois en grand nombre, fiers et orgueilleux ; et lesquels ne craindoient lors le duc leur seigneur et maistre, ne toute sa puissance. Lesquels Gantois avoient faict ung moult fort boullevert, et fort garny d'engins ; et avoit en escript sur chascun engin lequel mestier de Gand les avoit envoyés. Le duc, quy estoit ung vaillant et hardy chevallier, et moult duict et stillé en armes, comme bien l'avoit monstré en son temps, s'appensa bien que, sy les Gantois véoyent de prime face toute sa grande puissance, qu'ils ne vuideroient point de leurs forts ; parquoy il envoya aulcuns courriers et gents de guerre devant, et leur dict que sy véoyent les Gantois, quy estoient fiers et orgueilleux, en ordonnance pour vuider et venir à bataille contre luy, qu'ils feissent signe de fuire, tant que les Gantois seroient vuidés de leur fort et boulleverts. Lesquels courreurs se partirent ; et le duc et ses gents en belle ordonnance les suivoient près, tellement que les Gantois ne pooient veoir que la première bataille. Les courreurs chevauchèrent tant qu'ils vindrent devant Waselle. Aulcuns Gantois, sitost qu'ils les veirent, vuidèrent et feignirent de leur vouloir courre sus ; lors les courreurs s'enfuirent comme le duc avoit commandé. Quand les Gantois veirent ainsy fuire les courreurs, cuidants que tout l'ost du duc se deubt enffuire, saillirent hors et vuidèrent de leurs boulleverts et forts, en belle ordonnance et rangiés en bataille pour courir sus au duc leur seigneur ; et commencèrent à marcher vers l'ost du duc. Quand les courreurs veirent ce, sy vindrent au duc, et luy certifièrent que les Gantois estoient et venoient en bataille contre luy ; lors feit le duc touts ses gents descendre à pied, archiers et hommes d'armes, réservés aulcuns hommes d'armes ; et ainsy en belle ordonnance les deux ost commencèrent à approcher l'ung de l'autre. Sitost qu'ils feurent près, sy commencèrent à tirer les Picards sur les Gantois, et les Gantois sur les Picards, de coulevrines et crapaudaulx ; mais les Gantois feurent prestement sy lardés des traicts des Picards qu'ils ne pooient plus souffrir, ains se meirent en fuite. Lors les hommes d'armes du duc se férirent entre eulx, les cachants [1] et

(1) Chassant.

tuants. Et en celle cache y olt ung valliant et hardy chevallier nommé Cornille, fils bastard du duc Philippes de Bourgoingne, capitaine de Luxembourg, lequel, en cachant et tuant lesdicts Gantois, feut féru d'adventure d'ung Gantois d'une picque au hastrel [1]; et n'avoit point ledict Cornille de gorgerin, duquel coup il mourut prestement. Quand les gents du duc veirent le chevallier mort, sy le vengèrent fièrement, car ils occirent tant de Gantois, qu'on nombre les morts des Gantois jusqu'à quinze cents ou plus. Ceulx des Gantois quy poeulrent eschapper feirent tant par fuire qu'ils vindrent à Acres, ung très gros et fort villaige, lequel estoit très bien boulloverquié; et jusques audict Acres les suivirent tout tuants les gents du duc de Bourgoingne.

En ceste bataille se porta moult valliamment messire Jacques de Lallaing, chevallier. Après ceste bataille, le duc rassembla ses gents et loua Dieu de la victoire qu'il luy avoit donnée, sans que de ses gents feussent morts, sinon son fils bastard, duquel il feut moult dolent; et à la vérité ce n'estoit point sans raison, car ledit Cornille estoit preux, courtois et vaillant chevallier; et sy estoit aimé en touts lieux où il repparoit. Le duc feit porter le corps dudict Cornille à Bruxelles, et enterrer à Saint-Nicolas; et y feit faire ung moult riche service, auquel luy-mesme y feut, puis retourna avecques ses gens, et feit mener tous les engins qu'il avoit conquis sur lesdicts Gantois en la ville de Bruxelles.

CHAPITRE XVI.

Comment une grande compagnie de Hollandois vindrent en l'ayde du duc de Bourgoingne, et comment ledict duc commanda ardoir le pays de Wast, et comment ceulx d'Acres laissèrent leurs boulleverts; et feut ladicte ville arse.

Le lendemain de ladicte bataille de Ripelmonde, on vint dire au duc que le seigneur de la Vère, ung des grands seigneurs de Hollande, portant l'ordre dudict duc, et le seigneur de Lannoy, en la chastellenie de Lille, gouverneur du pays de Hollande, chevallier portant l'ordre dudict duc pour lequel il estoit gouverneur, venoient devers luy à fort belle compagnie pour le servir. Quand le duc feut de ce adverty, sy monta à cheval et alla alle..contre d'eux, et les bienviengna hautement; et disoit-on qu'ils estoient bien trois mille, èsquels il y avoit la pluspart touts cranequiniers. Le duc, quy ne pooit

(1) Cou.

oublier la mort de son bastard, commanda que touts les villaiges du pays de Wast, quy estoient rebellés à luy fuissent ards, et puis on boutta le feu en plusieurs places; mais il y olt plusieurs villaiges, quand veirent ce, quy s'assemblèrent et vindrent nuds pieds, sans chapperon ny çainture, une blanche verge en leurs mains, prier mercy au duc, lequel les receupt très humblement à mercy. Le pays de Wast, comme dict ay cy-dessus, estoit le plus riche plat pays qu'on eust pu trouver; car oncques n'avoit esté pillé, combien que aultrefois plusieurs rois, comme le roy de France et d'Angleterre, eussent mis le siège devant Gand, où peu ou néant avoient faict. Mais nonobstant qu'ils n'avoient peu conquerre ne gagner ladicte ville de Gand, aussy n'avoient peu conquester ledict pays, mesmement entrer ens à force. Après ce faict le duc et ses gents se retirèrent vers Acres, où les Gantois s'estoient retraicts; mais les Gantois, quand ils sceurent sa venue, laissèrent la ville et les boulleverts, et s'enfuirent; lors y feit le duc boutter le feu, et feut la ville toute arse.

CHAPITRE XVII.

Des ambassadeurs que le roy de France, Charles septiesme de ce nom, envoya devers ledict duc, pour mectre traictié de paix entre le duc et ceulx de Gand.

Le roy de France Charles, VIIe de ce nom, sçachant la guerre cruelle entre le duc Philippes de Bourgoingne et ceulx de Gand ses subjects, envoya vers ledict duc ung ambassadeur pour traictier de paix entre les parties, c'est à sçavoir le seigneur de Beaumont, chevallier et son procureur général, et plusieurs aultres notables clerccqs; et avecques ce feit nommer chief et le premier de son obéissance le comte de Sainct-Pol, lequel estoit en la compagnie du duc; lequel comte, sçachant leur venue, alla allencontre jusques à la ville et cité de Tournay; en laquelle ville, tant de par la ville comme de par ledict comte, ils feurent haultement festoyés. Après ce, le comte se partit d'eulx et alla devers le duc pour sçavoir comme il luy plairoit de parler à eulx; lequel duc leur assigna lieu de parler à luy à Terremonde; et alla allencontre d'eulx le seigneur de Croy, son premier chambellan, premier conseiller et gouverneur, lequel les amena à Terremonde; en laquelle ville de Terremonde le duc estoit venu, et avoit laissé son armée au dessusdict pays de Wast. En laquelle ville de Terremende, à certains jours et heures que le duc leur baillia, vindrent vers le duc dire pour le roy qui les avoit illecq envoyés. Premier luy remonstrèrent : comment le roy se donnoit de merveille de ce qu'il destruisoit ainsy le pays de Flandres, quy estoit tenu du roy, et que par le moien d'icelle destruction les Gantois, quy estoient orgueilleux et puissants, polroient mectre dedans leur ville les Anglois, quy estoient anciens ennemis du royaulme de France, quy polroit tourner au grand préjudice du roy et du royaume; pour laquelle cause les avoit le roy envoyés devers luy, luy priant, et commandant sy mestier estoit, qu'il cessast de ladicte guerre, et faisist paix à ceulx de Gand, sy faire se pooit.

CHAPITRE XVIII.

De la response que le duc feit aux ambassadeurs du roy, et comment trefves feurent données trois jours.

Après ce que le duc Philippes de Bourgoingne, comte de Flandres, olt oy la proposition faicte par les susdicts ambassadeurs du roy de France, de luy-mesme il leur respondit en telle manière : premier, en tant qu'ils avoient touchié que les Anglois, anciens ennemis du roy, se polroient boutter en la ville de Gand; que ce il ne craignoit point; ne que pour homme quy feust vivant ne feroit paix auxdicts Gantois ses subjects, jusques à tant qu'ils se rendroient et mecteroient à faire sa vollonté, ou les mecteroit par force. Laquelle response oye par lesdicts ambassadeurs, ils n'osèrent plus parler contre la vollonté du duc ; mais ils feirent tant qu'ils traictèrent de trefves trois jours tant seulement, que le duc octroya pour l'honneur du roy et non aultrement, quy feut depuis le vingt-huictiesme jour de juing audict an cinquante-deulx, jusques au pénultiesme dudict mois ; et avecques ce, à la requeste desdicts ambassadeurs, baillia saulf-conduict de certain nombre de Gantois pour venir, sy bon leur sembloit, devers ledict duc traictier de la paix.

CHAPITRE XIX.

Comment les ambassadeurs du roy de France s'en allèrent à Gand et retournèrent sans rien faire.

Ces choses ainsy faictes, les ambassadeurs du roy de France, réservé le comte de Sainct-Pol, après ce qu'ils eurent envoyé à Gand pour sçavoir sy c'estoit leur vollonté qu'ils allassent devers eux, entrèrent en la ville de Gand, en laquelle ville ils feurent très hautement receus par les Gantois. Et après qu'ils feurent descendus, allèrent à la maison de la ville. Illecq déclarèrent aux Gantois : comment le roy les avoit envoyés pour mectre paix et accord entre le duc de Bourgoingne leur seigneur et eulx ; pour de laquelle chose venir à chief avoient impétré devers ledict duc trefves de trois jours, avecques le saulf-conduict pour aulcuns de la ville venir vers luy traictier de la paix. Après lesquelles parolles proposées par lesdicts ambassadeurs, lesdicts de la ville respondirent aulx ambassadeurs : que ledict duc leur seigneur estoit sy merveilleulx que nullement ne les vouloit ouyr ny entretenir en leurs franchises et priviléges, et que pour riens ils ne laisseroient perdre leurs priviléges. Et dirent aulx ambassadeurs, sy aultre chose ne voulloient dire, que hastivement partissent de la ville; lesquels ambassadeurs se partirent incontinent après ce qu'ils perceurent la grande orgueil quy estoit ès Gantois ; et s'en revindrent devers le duc sans riens faire.

CHAPITRE XX.

Comment Anthoine, fils bastard du duc de Bourgoingne, desconfit les Gantois, et du coustellier quy feut prins et pendu, auquel au retour ceulx de Gand avoient promis de le faire comte de Gand.

Les ambassadeurs du roy de France ne feurent point plustost vuidiés de la ville de Gand pour retourner devers le duc, qu'une grande compagnie de Gantois en armes vuidèrent de la ville de Gand, jusques au nombre de cinq mille ou plus, pour aller derechief combattre le duc et ses gents. Et estoit de chief de l'armée desdicts Gantois et comme capitaine ung nommé [1]...., coustellier de Gand, lequel estoit gras homme, et forgeoit des cousteaulx qui portoient enseigne de lunettes; lequel coustellier s'estoit vanté de destruire et ruer jus le duc et sa puissance, et ceulx de Gand avoient promis audict coustellier que, au cas qu'il peust desconfire et ruer jus le duc et sa puissance, ils le feroient comte de Flandres. Lesquelles compagnies des Gantois se tirèrent vers Hulste, ung gros et fort villaige quy estoit au-dessus dict pays de Wast, lequel estoit mis en la garde du duc; et illecq estoient le bastard du duc et plusieurs aultres gens de guerre quy le gardoient pour le

(1) Lacune.

doubte des Gantois. Tant exploitèrent lesdicts Gantois qu'ils arrivèrent audict Hulste, et cuidèrent prendre ledict Anthoine et ses gents en desroy, et qu'ils ne sceussent point leur venue; mais le bastard estoit adverty de leur venue, et vuida allencontre d'eulx ; et sy fièrement les assaillit qu'il les desconfit tellement qu'il en demoura bien trois mille morts ; et feut prins le coustellier, quy estoit leur chief et capitaine, avecques plusieurs aultres, lesquels feurent menés devers le duc, lequel duc les feit touts pendre.

Et en vérité je vous dirai ung grand merveille, et à peu sembleroit-elle croyable : c'est que les Gantois hayoient tant le duc leur seigneur, et estoient tant obstinés à le nuire et faire guerre, que quand ils estoient prins ils aimoient mieulx que on les pendist et feist mourir que de prier mercy au duc leur seigneur, quoy faisants on leur respiteroit[1] leurs vies. Ils respondirent qu'ils aimoient mieulx à mourir que de luy prier mercy, et qu'ils mouroient à bonne querelle et comme martyrs.

CHAPITRE XXI.

Comment les Hollandois se combattirent à ceulx qui feurent enfuis de Hulste ; et comment les Gantois feurent derechief desconfits ; et comment Molbecq feut arse.

Après la desconfiture faicte devant Hulste, bien deux mille Gantois, lesquels feurent eschappés de la bataille de Hulste, s'en cuidèrent venir à Molbecq, ung fort villaige le Gand, audict pays de Wast ; et audict villaige se tenoient les Gantois ; mais ledict villaige estoit assiégé du seigneur de la Vère et du seigneur de Lannoy, accompagniés des Hollandois quy estoient venus au secours et ayde du duc. Lesquels Hollandois, quy riens ne sçavoient de la desconfiture de Hulste, sitost qu'ils sceurent que les Gantois les approchoient, se meirent en belle ordonnance et commencèrent à tirer de leurs crennecquins sur lesdicts Gantois ; et d'aultre costé, le susdict bastard, avec ses gents, suivoit lesdicts Gantois en les chassant. Illecq feurent les Gantois desconfits et morts ; et y moururent bien deux mille ; car peu ou nul en reschappa. Quand ceulx qui estoient à Molbecq sceurent la desconfiture des Gantois, sy abandonnèrent leurs boulleverts et s'enfuirent. Après laquelle desconfiture et occision faicte par ledict bastard

(1) Epargueroit.

et Hollandois, ils s'assemblèrent, et conclurent ensemble d'assaillir la ville de Molbecq ; et comme ils approchoient, ils n'y trouvèrent nulle deffense, car touts ceulx de la ville s'en estoient fuis. Sy entrèrent les gents du duc de Bourgoingne en ladicte ville ; et après ce qu'ils olrent tout pillé, sy bouttèrent le feu par toute la ville ; et feut la ville de Molbecq toute arse.

CHAPITRE XXII.

Comment les ambassadeurs du roy revindrent devers le duc, et du siége que le duc meit devant la ville de Gand ; et comment les Gantois envoyèrent prier audict duc d'avoir saulf-conduict de venir vers luy.

Le duc estant à Hoyguemustre, au pays de Wast, les ambassadeurs du roy, quy estoient retournés à Gand, vindrent vers luy, et luy contèrent la response des Gantois ; et luy dirent comment ils rapportoient le saulf-conduict qu'il avoit envoyé pour aulcuns Gantois, et que ceulx de Gand n'en avoient tenu compte. Lors jura le duc que jamais à eulx paix ne feroit, s'ils ne se mectoient à sa vollonté ; et se ils ne se y mectent, se les y mectra-il par force. Et prestement la response oye par les ambassadeurs, ils se partirent de Hoyguemustre. Luy s'en alla à Axelles ; et illecq, après ce qu'il olt conquesté tout le pays de Wast, et mis en obéissance en moins de quinze jours, assembla touts ses gents, et alla mectre le siége devant Gand ; et se logea le duc à Long-Pont, assez près de Gand. Et tantost que ceulx de Gand perceurent les gents du duc et luy propre, sy envoyèrent prier aulx ambassadeurs du roy qu'ils voulsissent tant faire vers le duc, qu'il leur voulsist renvoyer leur saulf-conduict pour venir traictier de paix. Lesquels ambassadeurs feirent tant que leur requeste feut accordée du duc. Et pour l'honneur du roy, icelluy duc feit bailler son saulf-conduict pour venir, sy bon leur sembloit, parler à son conseil ; mais bien leur feit dire que jà traictié à eulx ne feroit, s'ils ne mectoient leurs corps et la ville à sa vollonté.

CHAPITRE XXIII.

Comment les ambassadeurs rallèrent à Gand, tant que trefves feurent données de six sepmaines, et comment après ce le duc leva le siége et desfit son armée.

Ayant le duc de Bourgoingne, comme dict est, mis le siége autour d'une partie de la ville, ses gents alloient touts les jours jusqu'aux portes de

Gand, et brusloient touts les mollins et les pays entour de la ville ; et ceulx de la ville de Gand, voyants, comme dessus est dict, le siége devant eulx, avec la grande perte qu'ils avoient eue de tant de gents comme autrement, et avecques ce qu'ils avoient en leur ville très grande mortalité d'impidémie[1], ils envoyèrent prier aulx ambassadeurs du roy qu'ils volsissent tant faire que le duc leur envoyast ung saulf-conduict pour aller devers luy ou son conseil, pour traictier de la paix ; et avecques ce prioient aulxdicts ambassadeurs qu'il leur plust encoires une fois venir à Gand. Les ambassadeurs, cuidants y mectre la paix derechief, allèrent à Gand, et leur portèrent ung saulf-conduict. Auquel lieu de Gand feurent très honnorablement receus. Et venus en ladicte ville, assemblèrent tout le commun sur le marchié, et illecq leur monstrèrent les saulf-conduicts qu'ils apportoient du duc de Bourgoingne, leur seigneur, pour aller devers luy ou son conseil, afin de trouver la paix entre eulx et le duc. Lors feurent d'accord les Gantois ensemble : que touts ceulx quy voulloient avoir paix se tirassent d'ung lez et costé du marchié, et ceulx qui n'en voulloient pas, d'ung autre lez et costé ; et ainsy se divisèrent en deux parties, dont il y en olt d'une partie sept mille, lesquels désiroient touts la paix ; et d'aultre partie y en avoit douze mille quy n'y voulloient entendre. Quand les ambassadeurs veirent ce, conclurent que le lendemain on revenist sur le marchié pour veoir sy on se polroit accorder ensemble. Le lendemain venu, vindrent touts ceulx quy avoient dict qu'ils désiroient paix ; mais des aultres n'en revindrent nuls. Lors touts ceulx quy estoient sur le marchié crièrent ensemble, tout d'une voix, qu'ils voulloient paix, en priant aulx ambassadeurs humblement qu'ils s'en retournassent vers le duc, avecques aulcuns députés par eulx, et que, s'ils pooient, ils feissent tant que la paix feust faicte. Après ces choses, se départirent lesdicts ambassadeurs et députés, et vindrent devers le duc ; et tant firent que le duc accorda aulx Gantois six sepmaines de trefves, par tel sy, que les Gantois baillèrent hostaiges au duc, et que sy durant ce temps la paix ne se trouvoit entre eulx, de reffunder au duc la perte et le dommaige qu'il polroit avoir eu à cause d'avoir desfaict son armée, et les frais qu'il mectroit à les

(1) Epidémie.

rassembler, avecques les gages de gents d'armes qu'il mectroit en garnison entour Gand lesdicts six sepmaines durant ; et avecques ce ne se polront ceulx de Gand, sur peine de rompre les trefves, garnir de nuls vivres ce temps pendant, et sy ne polront entrer en nulles villes du duc sans demander congié à la porte. Et encoires feut ordonné que, pour venir traictier de paix, ils ne viendroient que jusques au nombre de cinquante. Et feut prins le lieu de traictier à Lille, où les ambassadeurs debvoient estre, et le conseil du duc Philippes de Bourgoingne, lequel leva le siége et desfit son armée, reservé qu'il laissa à Terremonde, Aloste, Courtray et Audenarde, à chascune desdictes villes, très fortes garnisons ; puis s'en alla le duc à Bruxelles, et son conseil à Lille, et le remenant de son armée chascun en son lieu.

CHAPITRE XXIV.

Comment les trefves feurent publiées, et comment les Gantois feirent pendre le varlet d'ung hérault que les ambassadeurs avoient envoyé à Gand publier lesdictes trefves.

Toutes les dessusdictes choses faictes, le duc feit publier les trefves par ses pays ; et pareillement les ambassadeurs du roy envoyèrent ung hérault à Gand pour publier les trefves ; lequel hérault, sitost qu'il fust descendu, ainsy que son varlet menoit ses chevaulx, feut prins d'aulcuns Gantois ; lequel varlet portoit devant et derrière de son jacque ou journade l'enseigne du duc, quy estoit une croix Saint-Andrieu, blanche, et estoit l'enseigne de touts ses gents. Et feut ledict varlet prestement par aulcuns Gantois pendu et estranglé en despit du duc de Bourgoingne, leur seigneur ; et disoit-on que ce avoient fait les parents du coustelier, quy avoit esté pendu comme dict est dessus, lequel devoit estre comte de Flandres ; toutesfois ils ne feirent nul mal au hérault, ains s'en retourna sain et saulf.

CHAPITRE XXV.

Comment ceulx de Gand vindrent à Lille et promeirent d'entretenir ce que les ambassadeurs du roy ordonnèrent, et la sentence que les ambassadeurs rendirent.

Les dessusdicts ambassadeurs venus à Lille, et les conseillers du duc, lequel duc avoit levé son siége, comme dict est, et desparty son armée le vingt-deuxiesme jour de juillet, au dessusdict an cinquante-deulx, ceulx de Gand envoyèrent audict lieu de Lille leurs députés, jusqu'au nombre de cinquante chevalliers, avecques ung advocat du parlement, qu'ils avoient mandé pour estre à leur conseil, nommé maistre Jehan de Pouppincourt ; lesquels illecq venus baillèrent auxdicts ambassadeurs leurs faicts par escript ; et pareillement feit le conseil dudict duc. Et combien que le duc n'y volsist point estre, toutesfois il feut tant requis et prié, tant par son conseil comme par lesdicts ambassadeurs du roy, qu'il se partist de Bruxelles, et le vingt-septiesme jour d'aoust arriva à Lille. Le duc venu à Lille, sçachant les députés de Gand que de brief on debvroit rendre leur sentence, et aussy que le jour approchoit que les trefves devoient faillir, ils se partirent de la ville de Lille, et se retirèrent à Gand ; et ne laissèrent en ladicte ville de Lille que deulx hérauts et ung truscheman. Après lequel département les ambassadeurs du roy rendirent leur sentence en telle manière, c'est à sçavoir :

Premier, ordonnèrent que la porte par où les Gantois estoient vuidés pour aller mectre le siége devant Audenarde seroit close une fois la sepmaine, par tel jour qu'ils vuidèrent, (et feut par ung jeudy) à tousjours perpétuellement.

Item, que la porte par où vuidèrent pour aller livrer bataille à leur prince et seigneur, (quy feut à Rippelmonde), seroit close à tousjours mais et murée.

Item, avecques ce feroient tenus ceulx de Gand mectre jus touts les chapperons blancqs, lesquels touts ceulx quy tenoient le party de ceulx de Gand portoient pour enseigne, pour par ce estre cognus, comme en guerre qu'autrement.

Item, pour tant que quy estoit bourgeois de Gand, on ne les pooit traictier sinon par-devant les eschevins de Gand, ou qu'ils fuissent demourants en la comté de Flandres, pourquoy on ne pooit avoir raison d'eulx sinon en perdant la plus grande part de ce qu'ils debvoient, ils ordonnèrent que lesdicts eschevins de Gand ne cognoistroient dès-or-mais de nuls de leurs bourgeois, sinon de ceulx quy seroient demourants en leur banlieue.

Item, pour ce qu'ils bannissoient sans ce qu'ils disent les causes pourquoi, ils ne le feroient plus sans dire et déclarer les causes pourquoy, au grand bailly de Gand ordonné de par le duc leur seigneur ; et sy autrement le faisoient, soient tenus les amender et en estre punis.

Item, pour tant qu'ils avoient accoustumé que, au renouveller, les eschevins de Gand devoient estre en nombre de vingt-quatre, dont il y en failloit avoir les douze qu'ils fuissent du mestier des tisserants ou soubs leurs bannières, feut dict par les ambassadeurs que quatre preud'hommes esleus par le duc, et quatre esleus par la communauté, renouvelleroient lesdicts eschevins, sans avoir regard d'en faire plus du mestier des tisserants que des autres, sinon à ceulx quy seroient plus propres pour le bien publicque ; ne jamais lesdicts esleus ne partiroient d'une chambre quy leur seroit ordonnée, jusques à ce qu'ils auroient esleu lesdicts eschevins, et ainsy le solloient[1] faire du temps du noble comte Guy.

Item, pour tant qu'ils avoient accoustumé, sitost qu'ils se troubloient, de mectre leurs bannières hors, et les porter au marchié, et illecq leur assembler et veoir leur puissance, il feust ordonné qu'ils esliroient six maisons, les plus lointaines l'une de l'autre que faire se polroit, et illecq polroient assembler ; et avecques ce feroient mectre toutes leurs bannières en ung coffre fermant à cinq clefs, dont l'une porteroit le grand bailly de Gand, l'autre le premier eschevin, la tierce le grand doyen des mestiers ; et les deux autres deux preud'hommes esleus de par la ville.

Item, ne s'escriproient plus, tant en leurs lettres missives comme aultrement, les dessusdicts eschevins de Gand, les Seigneurs de Gand, comme faisoient et avoient faict grand temps devant ; mais se régleroient d'escripre comme les aultres villes appartenantes audict duc.

Item, que toute la loi de ladicte ville, les doyens et hoyguemans, avec deux mille des manants et habitants de ladicte ville de Gand, viendroient, en leurs chemises tant seulement, demy-lieue hors de la ville de Gand, où il sembleroit bon au duc, luy prier mercy, en disant : que mauvaisement et faussement s'estoient rebellés contre luy, quy estoit leur seigneur, en luy priant que d'eulx volsist avoir pitié et les recepvoir à mercy, en leur pardonnant la rébellion par eulx faicte à tort et à mauvaise cause.

Item, sy aucuns des officiers du duc doresnavant faisoient chose quy requerist pugnition, les eschevins ny ceux de la ville n'en cognoistroient plus, comme avoient faict, ains seroient renvoyés au duc et à ses conseillers.

Item, le pays de Wast, d'Aloste, d'Audenarde, de Terremonde, de Rippelmonde, Briefvliet, avec le pays des Quatre Mestiers, lesquels

(1) Avoient coutume.

auparavant obéis soient à ceulx de Gand, sans ce que aultres que eulx en euissent la cognoissance, lesdicts ambassadeurs ordonnèrent que dedans ung an advenir ordonneroient sy lesdits Gantois en auroient plus cognoissance ny domination, ou non.

Item, et pour les dommaiges que ledict duc avoit eus et supportés à cause de la rébellion desdicts Gantois, lesdicts de Gand seroient tenus de payer au duc deulx cents cinquante mille reyders d'or, telles que de soixante-huict pesants le marc de Troyes, de huict onces pour le marc, de bon or et alloy, telles que le duc avoit faict forger en sadicte ville de Gand.

Telles feurent les ordonnances pour parvenir à paix, que lesdicts ambassadeurs du roy rendoient par forme et matière de sentence; de laquelle sentence ceulx de Gand ne tindrent riens, jà soit ce qu'ils avoient promis de tenir et furnir tout ce que lesdicts ambassadeurs ordonneroient.

CHAPITRE XXVI.

Comment ceulx de Gand ne tindrent point l'ordonnance de la paix, mais recommencèrent la guerre et ardirent Hulste; et comme ung hérault eschappa de Gand.

Ainsy, comme je vous a y dict, feut la sentence rendue par lesdicts ambassadeurs du roy en la ville de Lille. Après laquelle sentence les dessusdicts héraulx et truschements, que les Gantois avoient laissés à Lille, s'en allèrent; et rapportèrent par escript aux Gantois la sentence rendue par lesdicts ambassadeurs; laquelle sentence feut lue publiquement devant la communauté, dont il olt grand murmure entre eulx; car les ungs estoient contents d'entretenir le traictié, mais la plus grande partie n'en voullut rien faire; et feurent bien dix jours sans response s'ils tiendroient ledict traictié ou non. Durant lesquels dix jours aulcuns compagnons de la ville de Gand s'assemblèrent et prindrent le nom des Compagnons de la Verde-Tente; et feut capitaine de ceste compagnie ung qui s'appeloit le bastard du Blancq Estrain. Et après ce qu'ils se feussent assemblés, bien armés et embastonnés, vuidèrent par nuict hors de la ville de Gand et allèrent vers Hulste, ung gros villaige au pays de Wast. Et pour abuser et surprendre ceulx quy estoient audict Hulste, lesquels s'estoient rendus au duc de Bourgogne, ils feirent allumer à ung des lez de la ville des torsins et fallots, affin que ceulx de Hulste cuidassent qu'ils vinssent par ce costel-là; et quand ceulx de Hulste veirent lesdicts torsins et lumières, sy se tirèrent touts celle part, cuidants eulx deffendre contre les Gantois venants celle part et de ce costel-là les assaillir.

Et comme ils s'estoient touts tirés de ce costel, ceulx de la Verde-Tente entrèrent audict Hulste par ung aultre lez et en meirent plusieurs à l'espée; ceulx qui peurent eschapper se saulvèrent au mieulx qu'ils poeulrent. Après ce, lesdicts Gantois pillièrent toute la ville et l'ardirent toute; puis se retraièrent dedans Gand. De tout ce ne sçavoient les ambassadeurs riens, lesquels estoient encoires à Lille, et attendoient la response des Gantois; lesquels ne leur envoyèrent quelque response s'ils tiendroient leur sentence ou non. Pour laquelle chose ils envoyèrent ung hérault à Gand, avecques lettres addressantes à ceulx de Gand, contenantes s'ils leur feroient sçavoir se ils tiendroient leur appointctement ou non. Lequel hérault, sitost qu'il fust arrivé en la ville de Gand et descendu en une hostellerie, pria à son hoste que il le volsist addrecer à baillier ses lettres, lesquelles il apportoit de la part desdicts ambassadeurs. Lequel hoste, sitost qu'il entendit cela, en ayant pitié de luy, luy dict que mal estoit arrivé, et qu'il se gardast bien de dire qu'il estoit venu pour ceste cause; car, s'il le disoit, sa vie estoit finie. Quand le hérault oyt ce, sy pria humblement qu'il le garandist de mort se il pooit; l'hoste luy dict qu'il se tinst tout coy en son hostel, et que le lendemain luy sçauroit à dire sy on le voudroit oyr ou non. Quand ce vint le lendemain, l'hoste luy dit que, s'il estoit cognu, il estoit mort; mais s'il pooit, il luy aideroit à saulver sa vie. Sy luy conseillia qu'il retournast sa robbe; et le feit monter à cheval, et luy baillia son varlet, quy alla avecques luy; et luy dict que sy on luy demandoit qu'il estoit, qu'il dict qu'il estoit ung marchand de France quy revenoit d'Anvers. Ledict hérault creut son hoste et son conseil; mais sitost qu'il fust venu à la porte, on luy demanda d'où il estoit, et il respondit comme son hoste luy avoit dict; lors on luy ouvrit la porte, et ceulx quy gardoient la porte luy demandèrent le vin. Et entre tant qu'on ouvroit la porte, mectoit sa main à sa bourse. Mais la porte ne feut pas sitost ouverte que ledict hérault ne férit son cheval des esperons et passa oultre sans donner ou payer vin; et n'arresta jusques à ce qu'il vint à Lille. Et ainsy eschappa et rapporta aulx ambassadeurs comment il avoit esté en grand péril.

CHAPITRE XXVII.

Comment les ambassadeurs du roy, quy avoient esté envoyés devers le duc Philippes de Bourgoingne, après ce qu'ils se feussent travaillies, selon que dict est, prindrent congié au duc, et s'en retournèrent; et comme les Gantois ardirent Axelles.

Les ambassadeurs que le roy Charles de France avoit envoyés devers le duc de Bourgoingne, après qu'ils se feussent travailliés pour mectre paix et accorder le duc et ceulx de Gand, voyants que ceulx de Gand alloient totalement contre leur promesse et ne volloient riens tenir de l'ordonnance desdicts ambassadeurs, ils prindrent congié au dessusdict duc de Bourgoingne, lequel duc leur feit donner six mille reydders, tel que dessus est dict, pour leur travail. Après lequel don et qu'ils en olrent remercié ledict duc, ils s'en retournèrent en France devers le roy, et ledict duc séjournoit à Lille, attendant la response des Gantois; lesquels Gantois, en continuant tousjours leur rébellion et orgueil, avecques ce qu'ils olrent pillié et ars ladicte ville de Hulste, derechief issirent de Gand et allèrent ardoir un gros villaige qu'on appeloit Axelles.

En ce temps pendant encoires cuidèrent prendre la ville d'Aloste; mais ung capitaine quy gardoit ladicte ville de par le duc, nommé messire Anthoine de Wissocq, chevallier, la deffendit et ses gents, tellement qu'ils n'y conquestèrent riens; sy s'en retournèrent; et en retournant ils bouttèrent le feu en touts les villaiges qu'ils sçavoient estre obéissants au duc; et mectoient à mort femmes et enfants en despit du duc; et faisoient plusieurs maulx, et tant que sans nombre.

CHAPITRE XXVIII.

Comment le duc de Bourgoingne rassembla ses osts et feit nouvelle armée, et manda le mareschal de Bourgoingne, et comment ceulx de Gand ardirent la ville de Harlebecq.

Le duc de Bourgoingne estant à Lille, attendant la response de ceulx de Gand, on lui vint dire les maulx que les Gantois faisoient, non veuillants tenir l'appoinctement et ordonnance rendue par les ambassadeurs du roy de France. Lors le duc feut troublé et iré, et dict que chier ils le compareroient; et feit prestement ses lettres escripre, et remanda une partie de ses gents d'armes; et, jà soit que jusqu'alors il n'avoit mandé au pays de Bourgoingne nuls gents d'armes, pour tant que le duc de Callabre, fils du roy de Sécille, duc d'Anjou, s'efforçoit de jour en jour d'entrer audict pays de Bourgoingne pour le pillier s'il pooit, il manda lors le mareschal de Bourgoingne, lequel estoit seigneur de Beaumont. Et jà soit ce qu'il fust de petite stature et boçu, toutesfois il estoit renommé d'estre très valliant homme de guerre, et il estoit cremu[1] et redoubté; lequel mareschal, après ce qu'il eust receu lettres du duc, s'appresta de venir, avecques luy très belle compagnie de Bourguignons.

Ce temps pendant que ledict duc attendoit ses gents et son mareschal de Bourgoingne, le vingt-quatriesme de septembre, l'an cinquante-deulx, les Gantois vuidèrent de la ville de Gand et allèrent ardoir ung gros villaige appelé Harlebecq, à demy-lieue de Courtray; et le feirent par nuict; et meirent à mort plusieurs hommes, femmes et enfants; de laquelle chose ceulx de Courtray feurent espantés[2]. Ces choses sceues par le duc de Bourgoingne, lequel estoit en la ville de Lille, il envoya prestement son nepveu, Adolphe de Clefves, avecques plusieurs hommes d'armes et archiers; mais ains qu'ils feussent venus à Courtray, les Gantois s'estoient retraicts à Gand.

CHAPITRE XXIX.

Comment Philippes, duc de Bourgoingne, envoya à Courtray son mareschal de Bourgoingne et le feit capitaine principal de touts ses gents d'armes, et des garnisons qu'il y meit ès bonnes villes; des ordonnances que feit iceluy mareschal, et des feus quy feurent bouttés.

Quand le duc de Bourgoingne eut assemblé ce qu'il avoit de gents de guerre, il ordonna garnison à Terremonde, Courtray, Aloste, Audenarde, et par toutes les bonnes villes et passaiges par où vivres pooient venir dedans la ville de Gand; puis ordonna le mareschal de Bourgoingne principal capitaine de touts ses gents d'armes; et le commit pour garder la ville de Courtray avec plusieurs chevalliers et escuyers de Picardie. Ce faict, ordonna son fils Anthoine, bastard, à garder la ville de Terremonde; messire Symon de Lallaing et messire Jacques, son nepveu, à garder la ville d'Audenarde. Lesquels

(1) Craint. (2) Epouvantés.

feirent maintes valliances, par espécial iceluy messire Jacques; puis commit messire Anthoine de Wissocq, chevallier, à garder la ville d'Aloste. Après ces garnisons envoyées et données par le duc, Adolf de Clefves son nepveu se partit de Courtray et retourna à Lille.

Or, vous veuille parler du mareschal de Bourgoingne, lequel, incontinent qu'il feut arrivé à Courtray, feit crier et publier par tout le pays : que touts ceulx quy voldroient tenir le party du duc meissent leurs biens en lieu seur, et ne laissassent riens à cinq lieues près de Gand, sur péril de tout perdre et leurs corps, s'ils estoient trouvés ; et feit pendre touts les prisonniers qu'il pooit sçavoir qu'ils estoient Gantois, lesquels on tenoit prisonniers. Et certes, car la guerre estoit sy mortelle et avoit esté tousjours, par espécial du costel de ceulx de Gand, que touts ceulx qu'ils pooient prendre tenants le party du duc de Bourgoingne, leur seigneur, pour quelques finances qu'ils euissent sceu baillier, ils ne euissent esté respités de mort, que prestement qu'ils estoient prins ne feussent descappités ou pendus; et de tant qu'ils les euissent peu prendre, nobles, chevalliers ou princes, de tant euissent esté plus joyeux de les faire mourir, ne jamais n'en euissent nuls respité de la mort; et n'y vailloit rien rançon qu'on euist sceu baillier. Mais la chose n'estoit point sy criminelle du costel du duc, car quand ils prenoient un prisonnier, ne leur tolloient vie, et ils le mectoient très vollunters à rançon. Toutesfois, pour cry que sceust faire le mareschal, touts ceulx des villaiges d'entoûr Gand tirèrent leurs corps et leurs biens dedans Gand. Quand le mareschal de Bourgoingne perceut ce, il feit par tout boutter les feus; et ne laissa rien à cinq lieues de Gand, que tout ne feust ars et bruslé, et par espécial quy feust en pays de refuge; et sy d'adventure laissoit aulcuns villaiges quy tinssent le party du duc, pareillement ceulx de Gand les ardoient; et par ainsy, d'ung costel ou de l'autre, tout feut ars et bruslé.

CHAPITRE XXX.

Comment messire Jacques de Lallaing feit une course vers Gand, et de la première course que feit le mareschal de Bourgoingne vers icelle ville de Gand.

Messire Jacques de Lallaing, hardy et valliant chevallier, luy et ses gents ung jour allèrent courre jusques aulx portes de Gand, et ardirent deulx des mollins estants sur les fossés de la ville, sans que nuls des Gantois saillirent dehors ; et en ce voyage trouva quinze chars chargiés de bled, qu'on menoit à Gand, lesquels il feit amener à Audenarde.

Environ ces jours, le mareschal de Bourgoingne assembla ses gents, et alla pareillement courre jusques aux portes de Gand; et afin que ceulx de la ville vuidassent contre luy, feit en allant ardre et brusler tout le pays ; mais pour ce ceulx de la ville de Gand ne vuidèrent. Sy s'en retourna ; et en retournant passa par-devant ung chastel nommé Poucres, duquel chastel il feit assaillir la basse-court et la prit par force ; mais les Gantois se retraièrent au chastel; et n'en y eut nuls morts ; mais de la compagnie du mareschal y feut occis ung archier. Quand le mareschal veit qu'il ne pooit faire mal au chastel, lequel estoit moult bel et fort, il feit boutter le feu en icelle basse-court et l'ardit, puis s'en retourna à Courtray.

CHAPITRE XXXI.

Comment Anthoine, bastard de Bourgoingne, alla courre jusqu'à Gand, et comment les Gantois luy coururent sus, et de la fuite que ses gents feirent.

Le vingt-cinquiesme jour d'octobre, l'an mil quatre cents cinquante et deulx, par ung vendredy, Anthoine, bastard de Bourgoingne, avecques luy François l'Arragonois, chevallier et conduiseur d'icelluy bastard, pourtant que ledict bastard estoit josne, et ledict messire François estoit renommé d'estre valliant homme de guerre, mandèrent la garnison d'Aloste. Lesquels venus, ils se trouvèrent environ mille combattants, touts lesquels s'acheminèrent vers la ville de Gand, pour veoir sy les Gantois sortiroient hors de ladicte ville. Et comme ils feurent à demy-lieue de Gand, sitost que les Gantois les apperceurent, lesquels sçavoient bien leur venue, et estoient prests à vuider à grande multitude de peuple, et avoient avecques eux aulcuns compagnons anglois, lesquels, pour gagner, s'estoient à la sourde dedans Gand mis, et iceulx Anglois conduisoient les Gantois, lesquels prestement issirent tout à pied et les Anglois à cheval. Sitost que les courreurs choisirent lesdicts Gantois issus, sy en y olt aulcuns qui saisirent leurs lances, et les rompirent valliamment sur les Anglois, qui estoient à cheval; desquels seigneurs quy rompirent leurs lances, l'ung feut le seigneur de Guienneville, Flameng, Brunois de Ollehain, Picard, et Pierre de Lannoy de Lille; et valliamment s'y portèrent, sans estre morts ny navrés. Puis s'en retournèrent lesdicts coureurs devers le bastard, et luy dirent le grand peuple quy estoit issu de Gand, lequel peuple les suivoit fort et estoit jà prest de luy; et à peine olrent ce dict quand le bastard veit les Gantois devant luy. Lors feit ledict bastard crier et commander à ses gents que chascun descendist à pied; mais pour chose qu'il feist dire, ny mesme disant, oncques ne descendit de ses gents à pied que cinq : l'ung feut messire François l'Arragonois, l'aultre feut celuy quy portoit l'estendart dudict bastard et trois archiers. Ains, ne sçay par quelle maladventure, ne pour quoy ce fust, ou s'ils s'espantèrent, ou sy c'estoit pour tant que le bastard estoit josne et ne le cremoient point, mais touts les gents dudict bastard se meirent en fuite, ne oncques, pour choses que ledict bastard sceust crier ny menacer, il ne les sceult ny poeult faire retourner; dont à peu qu'il n'enrageoit. Et à grande peine poeut estre remonté sur son cheval ledict François l'Arragonois et celuy qui portoit l'estendart, que les Anglois et Gantois ne vindrent sur eulx. Et feurent les trois archiers quy estoient descendus à pied, illecq tués desdicts Gantois. Quand le bastard veit ce, et qu'il failloit que pour le jour la perte et déshonneur chéyst sur luy, luy vingtiesme d'hommes d'armes demoura derrière, tellement que nuls des Gantois n'osèrent suivir les fuyants; et tellement aussy s'y porta que nuls de ses gents ne feurent rataints, jà-soit ce qu'ils s'enfuirent quy mieulx mieulx, et laissoient sur les chemins arcqs, trousses, lances et toutes aultres harnas. Ny mesmes les Anglois quy estoient à cheval ne s'osèrent férir en luy. Et d'aultre part ceulx de pied ne le pooient rattaindre. Et ainsy, toujours en reculant, feit tant que touts ses gents feurent sauvés; et s'en ralla chascun en son logis. La dessusdicte maladventure et déshonneur dudict bastard, et la fuitte que olrent ses gents ce jour, leur feut par adventure, et sans doubte la salvation de leurs biens, jà-soit ce qu'ils n'en sceussent rien; car, comme dessus est dict, les Gantois sçavoient bien leur venue, parquoy ils vuidèrent ainsy prestement que dict vous ay, et avecques ce avoient faict vuider par une autre porte de la ville que celle par où ils vuidèrent, bien quatre mille Gantois ou plus, lesquels moult fort se hastèrent pour aller rompre les ponts, et empeschier les passaiges par où le bastard estoit passé et pour luy courre sus par-derrière; mais pour ladicte fuitte, ceulx quy vuidèrent par ladicte porte vindrent trop tard à faire ce qu'ils avoient empensé.

CHAPITRE XXXII.

Comment le mareschal de Bourgoingne avecques ses gens, feit ardoir Escloot, et comment messire François l'Arragonois reboutta valliamment les Gantois quy estoient venus mectre le siège devant la ville d'Aloste.

Le mareschal de Bourgoingne avecques messire Jacques de Lallaing et le seigneur de Grutus[1], Flameng, avecques grande compagnie de gents de guerre, sceurent que les Gantois se tenoient à Escloot, très fort villaige, auquel Escloot avoit ung fort moustier. Pourquoy ils s'assemblèrent ung jour, et vuidèrent pour tirer vers ledict Escloot et entrèrent dedans. Et tantost que les Gantois veirent les Picards, sy se retrahirent vers ledict moustier, et dudict moustier se bouttèrent dedans ung bois assez près d'illecq; mais ils ne se sceurent sitost retraire qu'il n'en demoura des morts bien quarante. Et feut la ville toute pilliée; et puis feut boutté le feu dedans. Et la cause pourquoy on bouttoit ainsy les feus estoit, pour ce que les hommes du plat pays ne se volloient désister de mener vivres aux Gantois, et de sonner leurs cloches quand les Picards alloient courre, affin d'assembler les paysans et leur donner emcombrier [2] à leur retour. Brief, à cinq lieues de Gand allenviron, tout feut ards, ou d'ung lez ou de l'aultre; et ce que l'une des parties laissoit, l'aultre brusloit. Maints gros villaiges et maintes belles maisons feurent arses, desquelles je ne feray mention, car trop longue chose seroit à raconter.

Le quatorziesme jour du mois de novembre ensuivant, sçachants les Gantois que messire Anthoine de Wissocq, capitaine d'Aloste, s'estoit allé esbattre en son pays, s'assemblèrent bien dix mille de pied, avecques aulcuns Anglois, lesquels estoient à cheval et les conduisoient; et se partirent de Gand pour aller assaillir la ville d'Aloste; mais ainçois[3] qu'ils se partirent, Anthoine, bastard du duc de Bour-

(1) La Gruthuse. (2) Dommage. (3) Avant.

goingne, quy estoit à Terremonde, sceut qu'ils debvoient partir, par aulcuns espies; pour laquelle cause, et ladicte ville garder et renforcer, ledict bastard envoya audict Aloste ledict messire François l'Arragonois, avecques bien trois cents combattants. Lequel messire François, tantost qu'il feut arrivé audict Aloste, on luy vint dire que les Gantois venoient à grande force de gents. Lors ledict messire François, comme valliant et hardy chevallier, atout ce qu'il poeult de gens, la ville laissiée garnie pour la deffendre sy mestier estoit, issit de la ville d'Aloste et alla contre lesdicts Gantois. Lesquels Gantois, tantost qu'ils veirent venir les Picards contre eulx, retournèrent vers Gand; et jà euist esté prins le capitaine des Anglois, sy le cheval dudict messire François ne luy feust failly. Toutesfois, par sa valliance, rebouta lesdicts Gantois; et si la nuict ne feust venue, il y eust eu plus grand mechief; mais quand ledict messire François veit que la nuict estoit venue, sy se retrait et entra dedans la ville.

CHAPITRE XXXIII.

De la valliance de douze archiers picards, et comment ung des capitaines de la Verde Tente feut prins et esquartelé.

Le samedy ensuivant que les Gantois avoient cuidé prendre la ville d'Aloste, le mareschal de Bourgoingne avecques ses gents alla courre jusqu'aux portes de Gand, cuidant que les Gantois ou Anglois deuissent sortir hors; mais pour ce ne saillit pied hors; pourquoy le mareschal retourna; et en retournant y olt douze archiers de Picardie, lesquels s'esloignèrent de leur compagnie pour gagner et ramener quelque chose; et bien s'esloignèrent de l'ost demy-lieue. Eulx ainsy éloignés, ils passèrent ung petit pont, autour duquel ils ne perceurent nulluy; mais sitost qu'ils feurent ung traict d'arcq passés le pont, ils choisirent [1] devant eulx plusieurs Gantois avecques beaucoup d'Anglois bien montés et armés. Sy cuidèrent retourner, mais ils veirent le pont tout chargié de gents. Quand ils apperceurent cecy, descendirent à pied et lièrent leurs chevaulx ensemble, et montèrent contre mont le fossé contre leurs ennemis, affin qu'ils cuidassent que leurs gents feussent près d'eulx, et qu'ils les vinssent secourir; et prindrent chascun ung cornet qu'ils avoient à leurs cols et cornèrent haultement;

(1) Aperçurent.

puis se meirent ensemble aux champs où les Anglois estoient, mieulx aimants mourir en eulx deffendant qu'en fuyant; et commencèrent à tirer sur les Anglois et Gantois. Là y eut ung Anglois bien monté, au poing la lance, lequel vint se férir entre eulx, pour eulx desfoucquier; mais pour ce ne se meirent en desroy, ains commencèrent à tirer sur luy et eulx partir en deux pour faire voye au cheval dudict Anglois; mais aussitost que ledict Anglois veit et perceut leur valliance et hardiesse, doubtant aussy que secours ne leur vinst, vira son cheval et s'en retourna, et toute sa compagnie aussy. Sy se partirent et s'en allèrent, et laissèrent quoys lesdicts archiers. Mais pour ce ne demoura mie que lesdicts archiers ne tirassent après. Et feut le cheval dudict Anglois attaint de plusieurs flèches; ne sçay s'il feut navré, ou nul de sa compagnie. Et lorsque ceulx qui s'estoient mis sur le pont, quy estoient plus de quarante paysans, choisissèrent les Anglois et Gantois ravaller, sy laissèrent le pont et se bouttèrent ès bois assez près d'illecq. Lors les dessusdicts archiers remontèrent à cheval et s'en rallèrent franchement; et feirent tant qu'ils retrouvèrent leurs gents; et ainsy par la valliance de leurs corps eschappèrent.

En une autre course qu'on feit vers Gand, feurent prins aulcuns de la Verde Tente, et ung de leurs capitaines feut esquartelé, et ung de ses compagnons pendu.

CHAPITRE XXXIV.

Comment messire Jacques de Lallaing secourut son frère messire Philippes, que les Gantois et Anglois cachoient (1).

Le deuxiesme jour de décembre mil quatre cents cinquante-deulx, messire Philippes de Lallaing, josne chevallier, avecques ceulx de la garnison d'Audenarde, alla courre jusqu'aulx portes de Gand et y bouttèrent les feus. Lors saillirent hors de Gand environ deulx cents compagnons à cheval bien montés, èsquels les Picards férirent vistement; et tuèrent ung homme d'armes des Gantois, lequel, environ ung mois devant, avoit prins ung josne homme de Picardie duquel il en avoit fait son page; lequel page, sitost qu'il veit son maistre mort, sy se partit des Gantois et se vint rendre aux Picards; et leur dict que de la ville estoient issus plus de mille combattants par plusieurs portes, pour les ve-

(1) Chassoient.

nir enclorre par-derrière. Et jà estoient les Gantois rebouttés, quand de ladicte ville de Gand saillirent encoires de rechief environ trois cents combattants à cheval. Ledict messire Philippes voyant et oyant ce que le page certiffioit, par le conseil de ses gents, en les mectant en belle ordonnance, se meit à retourner. Et combien que les Gantois feussent comme remis et rebouttés, quand ils veirent ce, ils se remeirent en ordonnance, et se meirent à suivir ledict messire Philippes ; lequel messire Philippes et ceulx de sa compagnie souvent retournèrent sur eulx ; et ainsy escarmouchèrent l'ung l'aultre. On vint dire à messire Jacques de Lallaing, lequel estoit à Audenarde, comment les Gantois cachoient[1] son frère. Lors messire Jacques et ses gents montèrent à cheval ; et vindrent secourir sondict frère, lequel estoit jà à une lieue près Audenarde. Ledict messire Jacques se vint férir ès Gantois quy cachoient son frère. Et jà s'y feussent férus, quand aulcuns de ses gents perceurent bien quatre mille Gantois, quy de grande allure venoient d'ung costel pour les enclorre ; et estoient ceulx quy estoient vuidés de Gand, comme le page leur avoit dict. Lors ledict messire Jacques retourna et ramena son frère et ses gens avecques luy ; et les Gantois quy suivoient messire Philippes, avecques ceulx quy estoient venus pour les enclore en celle nuict, se logèrent à demy-lieue près d'Audenarde, en une abbaye, et là feirent grande chière ; puis le lendemain matin s'en retournèrent à Gand sains et saulfs.

CHAPITRE XXXV.

Comment les Gantois de la Verde Tende bouttèrent les feus au pays de Haynault, et comment messire François l'Arragonois rua jus plusieurs Gantois, et comment aussy plusieurs Anglois de dedans Gand se allèrent rendre au bastard de Bourgoingne.

Environ ce temps-là, plusieurs Gantois, et quy le plus souvent se tenoient aulx champs, et les appelloit-on les Compagnons de la Verde Tente, et estoient souvent jusqu'au nombre de dix mille, s'assemblèrent et allèrent boutter les feus au pays de Haynault ; et y meirent à mort plusieurs gents, tant paysans que aultres, jusqu'au nombre de cent ou plus ; et ardirent dix-sept villaiges. Et jà-soit qu'ils feussent poursuivis de plusieurs Picards, sy retournèrent-ils à Gand sans encombrier. Et environ trois ou quatre jours devant ces choses advenues, bien cinquante Anglois se partirent de Gand ; et faisants signe et feignants qu'ils alloient courre sus les Picards, ils s'en allèrent à Terremonde eulx rendre à Anthoine, bastard de Bourgoingne ; lesquels il receut et les retint de son armée aux gages du duc de Bourgoingne. Et le susdict bastard, sçachant comment lesdicts Gantois avoient boutté les feus au pays de Haynault, issit de Terremonde, et mena les Anglois quy s'estoient venus rendre à luy. Et messire François l'Arragonois print son chemin vers Gand ; et en allant, rencontra les Gantois de la Verde Tente en grand nombre, prests à combattre. Lors ledict bastard et ses gents se férirent ès Gantois, et en occirent plus de deulx cents, et le demourant se saulva au mieulx qu'ils poeurent et rentrèrent en Gand, réservés aulcuns prisonniers que les aultres emmenèrent.

CHAPITRE XXXVI.

Comment les Gantois envoyèrent devers le comte d'Estampes pour voulloir traictier de paix, et du parlement quy feut faict à Bruges.

Pendant les choses dessusdictes, ceulx de Gand envoyèrent ung chartreulx devers le comte d'Estampes, en luy priant que, par sa grace, il volsist impétrer devers le duc de Bourgoingne ung saulf-conduict pour aulcuns de ceulx de Gand venir traictier de paix où bon sembleroit au duc. Lequel comte feit tant vers le duc qu'ils 'olrent saulf-conduict de venir à Bruges, devers le conseil du duc ; et illecq envoya le duc le comte d'Estampes pour tenir son lieu. A laquelle journée les Gantois envoyèrent plusieurs députés, et entre aultres ledict chartreulx, et messire Bauldoin de Vos, ancien chevallier, lequel chevallier avoit esté long-temps prisonnier à Gand, sourdant qu'on luy mectoit sus qu'il avoit voullu estre contre ceulx de Gand ; et avoit ledict chevallier esté mis sur ung hourt, les yeulx bandés, pour luy trancher la teste ; mais il olt des amis, à la prière desquels il feut ramené en prison ; et y avoit esté jusqu'alors qu'ils l'envoyèrent pour traictier la paix. Venus à Bruges, on trouva iceulx députés de Gand aussy orgueilleulx et haultains que oncques avoient esté ; pourquoy s'en retournèrent sans riens faire ; mais ledict chevallier ne s'en voullut raller à Gand, ains s'en alla boutter en

[1] Chassoient.

ung chartrousage avec le susdict chartreulx, lequel aussy ne voullut rentrer à Gand; et les aultres députés de Gand, quy s'en retournèrent à Gand, arrestèrent tant en chemin que leur saulf-conduict faillit; et sy feurent rencontrés et pris d'aulcuns Picards quy venoient de courre, et feurent amenés prisonniers à Bruges, entre lesquels avoit deulx des plus forts ennemis du duc, et qu'il avoit en la ville.

CHAPITRE XXXVII.

Comment les Gantois vindrent assaillir Courtray, et comment le seigneur de Dreulx sortit de la ville.

Le dix-huictiesme jour de febvrier, mil quatre cents cinquante-deulx [1], ceulx de Gand sçachants comme ceulx qu'ils avoient envoyés en ambassade estoient prins, vuidèrent en grand nombre et se meirent en trois batailles; et ainsy en belle ordonnance se vindrent rangier devant Courtray. En laquelle ville le mareschal de Bourgoingne n'estoit point, ains estoit à Lille devers le duc. Tantost que ceulx de la garnison sceurent leur venue, sy allèrent aulx cresneaulx affin de deffendre la ville. En la ville y avoit ung chevallier nommé messire Gauwin Quyeret, seigneur de Dreulx, lequel estoit renommé d'estre l'ung des plus valliants chevalliers de la compagnie du duc; lequel chevallier, avecques le peu de ses gents, vuida pour aller escarmoucher les Gantois; mais il n'y gagna riens; ains feurent occis de ses gents deulx hommes d'armes et ung archier, et feut constraint par force de rentrer dedans la ville. Après ce faict, les Gantois assaillirent les faulxbourgs de la ville; mais ceulx de dedans, quy peu cremoient les Gantois, les deffendirent sy bien que les dessusdicts Gantois n'y gagnèrent riens, sinon qu'ils occirent sur un boullevert, de traict, ung homme d'armes. Et après ce que lesdicts Gantois veirent que par force d'assaillir n'y feroient riens, sy s'en retournèrent en belle ordonnance en la ville de Gand. Et jà-soit ce que en ladite ville de Courtray y avoit grosse garnison et vaillants gents, sy ne feirent toutesfois quelque saillie sur les Gantois. Ne sçay sy c'estoit pour ce que ledict mareschal n'y estoit point, ou par adventure qu'ils n'estoient mie sy grand nombre qu'on cuidoit, car plusieurs s'en estoient rallés en leurs maisons, pour ce qu'on ne leur payoit point bien leurs gages; sy disoient aulcuns: que ledit mareschal de Bourgoingne leur retenoit leurs soldes; pour laquelle chose les Picards commencèrent à hayr ledict mareschal.

(1) Ou cinquante-trois, nouveau style.

CHAPITRE XXXVIII.

Comme les Gantois cuidèrent prendre la duchesse de Bourgoingne, et de la valliance d'ung chevallier de Flandres qui olt nom le seigneur de Maldeghem, et de messire Symon de Lallaing.

Le deuxiesme jour de mars audict an cinquante-deulx, le bastard de Bourgoingne, et sa compagnie, alla encoires vers Gand; et rencontra grand planté [1] des Gantois, èsquels il se férit; et en occit bien cinquante, sans plusieurs qu'il print prisonniers.

Le cinquiesme jour dudict mois de mars, la duchesse de Bourgoingne, au command du duc son mary, se partit de Lille pour aller à Bruges, pour aulcunes besoingnes, ne sçay quelles. De laquelle aller feurent advertis ceulx de Gand. Les Gantois, cuidants que ladicte dame deubt aller tout le grand chemin de Lille à Bruges, s'assemblèrent en grand nombre avecques touts ceulx de la Verde Tente, et allèrent vers ledict chemin à intention de prendre ladicte dame et toute l'assemblée mettre à mort. Mais la dame feut advertie de leur vollonté; sy print aultre chemin par où alla à Bruges. Messire Symon de Lallaing, lequel estoit capitaine de l'Escluse et s'y tenoit, sçachant que ladicte dame debvoit venir à Bruges, se partit de l'Escluse, environ deulx cents combattants avec luy, pour venir allencontre de ladicte dame et la conduire jusques à Bruges. Et comme il venoit le grand chemin de Bruges à Lille, ung chevallier de Flandres, seigneur de Maldeghem, quy estoit de sa compagnie et alloit devant, et n'alloit point le droict chemin, et avoit laissé la compagnie dudict messire Symon, lequel chevallier, ainsy qu'il chevauchoit, veit et perceut l'embusque des Gantois, quy sans dire mot atttendoient tout quoy ledict messire Symon de Lallaing. Lequel seigneur de Maldeghem, sitost qu'il les veit, feit sonner ses trompettes, affin que messire Symon, quy venoit derrière, se retrahist; mais jà estoit ledict maistre Symon, quand il oyt les trompettes du dict seigneur de Maldeghem, sy avant qu'il estoit ainsy comme au milieu de l'embusque. Quand ledict messire Symon oyt lesdictes trompettes

(1) Quantité.

dudict seigneur de Maldeghem, et veit les Gantois saillir de leurs embusques, sy veit bien que retraicte ne se polroit sans dangier, car jà assailloient les Gantois ses gens et avoient abbatu son estandart. Lors ledict messire Symon, comme valliant chevallier, et ceulx de sa compagnie, se férirent et ruèrent sur les Gantois, et se deffendirent comme hardis et proeux. Et jà euissent bien peu avoir du pire, quand ledict Maldeghem les vint secourir; et se frappa ès Gantois; et par la valliance de luy et de sa compagnie feit tant qu'il recula les Gantois; et reculla ledict messire Symon et sa compagnie, tellement qu'il les délivra des mains desdicts Gantois. Et se mirent touts ensemble en ordonnance et retournèrent vers Bruges; car les Gantois estoient trop grand peuple contre sy peu de gents. Et en cestuy rencontre, des gents dudict messire Symon mourut ung gentilhomme de Flandres, nommé David de Quinghuien, avecques trois hommes d'armes et douze à seize archiers, entre lesquels il y avoit deulx archiers de corps du duc de Bourgogne, dont l'ung estoit d'Arras ou d'allentour, nommé Jennin Lefebvre, lequel s'y porta sy valliamment qu'on ne polroit plus; et en tua et blesça plusieurs ains qu'il peult estre mort; et sy olt ledict messire Symon son cheval blescié dessous luy. Et sans doubte, sy ledict seigneur de Maldeghem n'euist esté de la partie, messire Symon et sa compagnie euissent esté, comme on disoit, touts desconfits, morts ou prins. Ce faict, les Gantois retournèrent à Gand et perdirent bien peu de leurs gents.

Environ aussy trois jours debvant, aulcuns Gantois, lesquels se tenoient au chasteau de Poucres, ardirent ung gros villaige nommé Anglemoustier, réservé le chastel, lequel on deffendit contre eulx, lequel Anglemoustier estoit au comte d'Estampes; et disoit-on que ceulx de Poucres avoient ce faict sans le commandement de ceulx de Gand; car ledict comte avoit tousjours rendu peine de trouver moien de traicter de paix entre le duc et ceulx de Gand.

En ce temps mourut l'évesque d'Arras, nommé Forceguerre. Après laquelle mort, par le commandement du duc de Bourgoingne, ses chanoines esleurent monseigneur Jacques de Coymbres, nepveu à la duchesse de Portugal, lequel monseigneur Jacques, en prochain temps après, feut esleu en archevesque de Narbonne; pour laquelle cause deslaissa l'éveschié d'Arras; lequel éveschié, à la requeste dudict duc, nostre Saint-Père donna à ung moisne nommé Jehan, abbé de Lusseu[1], en Bourgoingne, référendaire et conseiller dudict duc. Et par la vertu de la pragmatique-sanction, laquelle courroit au royaume de France, l'archevesque de Reims, en deffault que les chanoines auroient différé d'eslire à la requeste du duc tant que les bulles fuissent venues de Rome pour eslire le dessus nommé Jacques, et n'avoient point faict d'élection en temps et lieu, donna ledict éveschié à maistre Denis de Montmorency, frère du seigneur de Montmorency et doyen de l'église de Tournay. Pourquoy procès feut meu entre ledict abbé de Lusseu, lequel estoit de Bourgoingne, et ledict maistre Denis, tant à Rome qu'au parlement de Paris, duquel je parleray cy-après, mais je veulx retourner à la guerre des Gantois.

CHAPITRE XXXIX.

Comment se feit assemblée, à Seclin, pour cuider traictier la paix des Gantois, et comment Pierre Moreau mena par deulx fois les Gantois à Terremonde, et de l'assault qu'ils y feirent.

Derechief encoires les Gantois envoyèrent prier au conseil du duc de Bourgoingne qu'il leur plust tant faire devers le duc qu'il leur volsist envoyer ung saulf-conduict, jusques au nombre de vingt personnes, pour venir traicter de paix, et leur assigner lieu où il plairoit audict duc qu'ils vinssent. Le duc, à la prière et requeste de son conseil, leur envoya ung saulf-conduict, et ordonna qu'ils vinssent parlementer à Seclin, ung gros villaige à deulx lieues près de Lille, et neuf ou environ d'Arras. Auquel lieu de Seclin le duc y envoya pour parlementer à eulx le comte d'Estampes et maistre Nicolas Raullin, son chancelier, et aultres; et du costel des Gantois vindrent le prieur de Saint-Pierre-lez-Gand, et aultres, desquels je ne sçay les noms. Lesquels touts assemblés ensemble ne feirent riens; et s'en retourna chascune partie sans riens faire. Et après ce que les Gantois quy avoient esté parlementer à Seclin feurent retournés à Gand, ung homme d'armes françois, nommé Pierre Moreau, de l'age de vingt-trois ou vingt-quatre ans, lequel s'estoit allé boutter dedans Gand pour gagner solde, et duquel les Gantois avoient faict ung de leurs capitaines, pour tant qu'ils n'avoient nuls ou peu de

(1) Luxeuil en Franche-Comté.

gentilhommes, car touts les gentilhommes estoient du costel du duc, icelluy Moreau assembla grande quantité de Gantois, et issit hors la ville de Gand, et alla jusques à Terremonde. Mais sitost que le bastard de Bourgoingne sceut leur venue, sy vuida contre eulx; et en occit plusieurs, et les reboutta valliamment; et s'en retournèrent à Gand. Mais aulcuns jours après, ledict Pierre Moreau rassembla les Gantois en grand nombre, et le quatorziesme jour d'apvril mille quatre cents cinquante-trois, vuida de la ville de Gand à touts ses gents; et vindrent devant la ville de Terremonde, en belle ordonnance, et assaillirent ladicte ville. En laquelle ville n'estoit pour lors le dessusdict bastard, ains estoit allé devers le duc; et y avoit laissé messire François l'Arragonois, valliant et hardy chevallier quy deffendit bien la ville. Et jà-soit que les Gantois y feissent très fort assault, sy n'y gagnèrent-ils riens, ains perdirent noeuf de leurs gents, sans plusieurs quy y feurent navrés. Quand Pierre Moreau perceut qu'illecq ne pooit rien prouffiter, luy et ses gents s'en retournèrent à Gand.

CHAPITRE XL.

Des feus que les Gantois bouttèrent vers Enghuien et vers Tournay, et comment les gents d'armes du duc estoient maulvaisement payés.

Le dix-neuviesme jour d'apvril, an mil quatre cents cinquante-trois, après Pasques, les dessusdicts Gantois et ceulx de la Verde Tente issirent de Gand en grand nombre, et bouttèrent les feus vers Enghuien et vers Tournay, en tuant touts ceulx qu'ils trouvoient; et en tuèrent plusieurs. Sy ardirent plusieurs gros villaiges, sans que nulles des garnisons saillissent dehors sur eulx; ains retournèrent paisiblement à Gand et sans doubte. Les gents de guerre que le duc avoit mis ès garnisons se plaindoient moult de leur payement, et s'en estoient retournés en leurs maisons beaucoup, tellement que bien peu en estoit demouré, quy avoient vendu arcqs, trousses, sallades, etc., pour vivre; ne sçay où le deffaut tenoit.

CHAPITRE XLI.

Comment le duc Philippes rassembla ses gents d'armes pour aller à Gand, et comment on cuida ardoir et brusler l'artillerie et amonition dudict duc à Lille.

Le duc Philippes de Bourgoingne voyant continuellement les Gantois en leur grande orgueil, feit publier son mandement, et commanda que tout homme quy se avoit accoustumé d'armer, avecques fiefvés et arrière-fiefvés, feust prest en armes au quinziesme jour d'apvril, l'an mil quatre cents cinquante-trois, pour derechief aller vers Gand, abbattre l'orgueil des Gantois. Et ce temps pendant, le duc, quy avoit à Lille toute son artillerie preste, lequel duc estoit à Lille illecq attendant ses gents d'armes, et icelle son artillerie estoit en son hostel, qu'on appelle la Salle de Lille, auquel hostel y a une tour où avoit un cellier qui battoit contre la rivière du rivage, laquelle rivière vient de la Lys, et en icelluy cellier y avoit plusieurs tonneaulx de poudre de canon, advint qu'en ladicte tour ou cellier, par une rayère quy y estoit, on jetta du feu; et ne sçait-on quy; mais sy, de adventure, on ne feust allé audict cellier, comme on y alla pour quelque chose qu'on y avoit affaire, toute l'artillerie dudict duc euist esté arse, avecques, par adventure, toute la ville ou partie d'icelle. Mais ainsy que, par cas de fortune, on vint sy à poinct qu'encoires n'avoit faict le feu nul mal, jà-soit ce que le ledict feu s'estoit jà ahers[1] à ung tonnel plain de poudre, et avoit jà ars deux cercles; ny oncques on ne peut sçavoir qui ce avoit fait, sinon que ce avoient faict aulcun maronnier[2] ou aultre, lequel estoit Gantois, ou avoit ses amis dedans la ville de Gand (toutefois oncques on ne peut sçavoir la vérité); et aussy jà-soit ce que le duc avoit faict publier qu'on feust prest au quinziesme jour d'apvril, sy rallongea-t-il le jour jusques au quinziesme de may.

CHAPITRE XLII.

Du cruel assault que les Gantois feirent à la ville d'Aloste; de la valliance de messire Loys de Viefville, chevallier; et comment messire Anthoine de Wissocq, chevallier, cuida surprendre l'ost des Gantois.

Le huictiesme jour de may mil quatre cents cinquante-trois, vuidèrent de la ville de Gand bien quatorze mille Gantois à pied, bien embastonnés, et environ deulx cents hommes à cheval, et s'en allèrent devant la ville d'Aloste, pour assiéger ou prendre ladicte ville; et, comme ils approchèrent, ung chevallier, nommé messire Loys de Viefville, lequel estoit en la ville, et avecques luy environ quatre cents combattants,

(1) Attaché. (2) Marin, matelot.

vuida de ladicte ville. Et n'estoit point à celle heure dedans ladicte ville messire Anthoine de Wissocq, lequel en estoit capitaine pour lors. Et alla ledict messire Loys faire une escarmouche aulx Gantois, lesquels estoient de cheval, et venoient devant ceulx quy estoient à pied ; et férit en eulx tellement que ceulx de Gand reculèrent ; et feut icelluy quy portoit l'estendart féru d'une lance tout oultre le corps, et mourut, et avecques luy plusieurs aultres Gantois ; et reboutèrent tellement lesdicts Gantois, qu'ils feurent constraints d'eulx retraire avecques les gents de pied. Après ce faict, ledict messire Loys se retourna et rentra dedans la ville ; et celle nuict les Gantois se logèrent autour d'icelle ville ; et sitost que le lendemain le jour adjourna, les Gantois assaillirent la ville, laquelle feut de toutes parts fort bien deffendue. Toutesfois lesdicts Gantois, de toutes leurs forces assaillirent ung boullevert ; et sy grand assault y livrèrent qu'ils y tuèrent six hommes d'armes de la garnison. Et jà euissent entrés dedans le boullevert, quand ledict messire Loys y vint, lequel reboutta les Gantois ; et y mourut des Gantois à ce reboutement plus de vingt. Et de tout costel estoit l'assault fort. Et bien aussy se deffendirent ceulx de la ville. Et dura l'assault trois heures, et en y eut des morts plusieurs d'ung costel et d'aultre. Et tant dura l'assault que les Gantois feurent trop travaillés et se retirèrent, et se logèrent au-tour de la ville.

Et durant ledict assault, on estoit allé dire à messire Anthoine de Wissocq, lequel estoit allé se battre le jour de devant à Terremonde, comment que les Gantois estoient devant Aloste et l'assailloient. Lors ledict messire Anthoine et messire François l'Arragonois, atout bien six cents combattants, vuidèrent de la ville de Terremonde pour aller assaillir les Gantois quy estoient devant Aloste et l'assailloient. Mais jà estoit l'assault failly quand ils approchèrent de la ville ; et s'estoient mis lesdicts Gantois en belle ordonnance, car ils estoient advertis de la venue des Picards. Quand lesdicts Picards veirent les Gantois en sy grand nombre et en sy belle ordonnance, sy doubtèrent de frapper en eulx ; et se conclurent qu'ils se logeroient assez près d'eulx, et que le lendemain au matin les assailleroient ; mais celle nuict et par nuict lesdicts Gantois se partirent de devant Aloste et s'en rallèrent à Gand avec leurs chars et engins.

CHAPITRE XLIII.

Du traictié qu'on cuida avoir faict à Lille ; et comment les pays du duc estoient travailliés tant des gents de guerre du duc comme des tailles.

Ce temps pendant que les Gantois faisoient tant de maulx, les trois membres de Flandres, avecques les nations de Bruges, vindrent à Lille devers le duc de Bourgoingne, en priant audict duc qu'encoires une fois volsist envoyer aux Gantois ung saulf-conduict, pour venir à Lille pour parlamenter de paix. Ledict duc, pour l'amour des nations, leur octroya ; et vindrent à Lille vingt ambassadeurs de Gand. Et pour vous faire entendre que c'est des quatre membres de Flandres, faut sçavoir que quatre y en a, dont la ville de Gand est le premier ; Bruges, le second ; Ypres, le tierce ; et le pays de Francq, le quart ; et les nations de Bruges sont les marchands tenants les tables de marchandise par tout le pays chrestien.

Lesdicts membres et nations ainsy assemblés à Lille traictèrent tant qu'on cuida proprement que la paix feust faicte entre le duc et les Gantois. Et sitost qu'ils feurent revenus à Gand, sy dirent comment ils olrent besoingné et traictié. Duquel traictié que les ambassadeurs avoient faict avecques les membres et nations, les Gantois n'en voulurent riens tenir ; et ainsy feut le tout rompu ; dont les pays du duc valurent pis ; car durant ce que les membres de Flandres, comme dessus est dict, estoient devers le duc et traictoient de la paix, l'armée dudict duc, quy estoit preste très le quinziesme jour d'apvril, tenoit les champs ès pays de Picardie et d'Artois et de Boullenois, de Flandres, de Haynault et d'ailleurs. Et les tindrent six sepmaines ; durant lequel temps faisoient moult de maulx. Et n'estoit nul preud'homme ne marchand quy, sans grand doubte et péril d'estre desrobbé des gents d'armes, osast aller par les champs. Et mesmement falloit garder les bonnes villes des pays du duc à force, et faire guet aux portes, comme sy les ennemis feussent à l'environ ; car sy les gents d'armes du duc y euissent peu entrer forts assez, il les euissent pilliées. Et mesmement se logèrent et pillièrent plusieurs faulxbourgs des bonnes villes. Et tout ce falloit endurer par les gents du plat pays et les aultres, jà-soit ce que lesdicts pays feussent assez taillés de tailles, avecques tout ce que ledict duc faisoit payer.

CHAPITRE XLIV.
Comment le duc envoya le sieur de Croy à Lembourg, et des seigneurs quy allèrent avec luy.

Environ les Pasques mil quatre cents cinquante-trois, plusieurs Allemands en la duché de Lembourg se tenoient à Thionville ; laquelle ville de Thionville n'estoit pas en l'obéissance dudict duc de Bourgoingne, nonobstant qu'il fust duc de Lembourg ; et le tenoit tant par force qu'aultrement, par deniers que luy et son père en avoient bailliés. Et le avoit le duc conquesté par force l'an mil quatre cents quarante-deulx ; mais oncques n'avoit gagné ladicte ville de Thionville, laquelle estoit de la duché ; et plus de ville n'y avoit en celle duché quy ne feust obéissante audict duc, au moings peu d'aultres. Iceulx Allemands, lesquels estoient valliants gents de guerre en icelluy temps, sçachants que le duc avoit affaire en Flandres, prindrent et pillièrent plusieurs villes en ladicte duché de Lembourg, et tousjours se retiroient à Thionville. Le duc, après ce qu'il olt conquesté ladicte duché en l'an quarante-deulx, feut la ville de Luxembourg gagnée par eschelles, par nuict, et ainsy emblée par les gents d'armes dudict duc estants environ ladicte ville, et retraict le comte de Clucq au chastel. Et despuis abbandonna ledit comte le chastel et s'enffuit. Auquel comte de Clucq le duc de Bar, oncle du roy de Hongrie, d'Autriche et de Boheme, nommé Lansselot, lequel roy Lansselot estoit josne enfant, et estoit ledict duc son tuteur, et comme son tuteur avoit baillié le gouvernement de ladicte duché de Luxembourg audict comte de Clucq. Et la querelle pourquoy le duc de Bourgoingne l'alla conquester feut, pourtant que le duc Jehan, son père, avoit jà pieçà presté grosse somme de deniers sur ladicte duché ; et despuis, ledict duc avoit achepté ladicte duché à la duchesse de Luxembourg ; et après la mort de ladicte duchesse, debvoit eschoir au roy Lansselot, lequel estoit ung des plus grands roys de chrestienneté après le roy de France. En laquelle duché, ainsy conquestée de par le duc, réservé Thionville, ledict duc avoit commis au gouvernement Cornille, son bastard, lequel, comme dessus est dict, feut tué en la bataille de Rippelmonde. Durant lequel temps que ledict Cornille gouvernoit ladicte duché, il s'y gouverna et s'y contint sy haultement que de touts ceulx du pays il estoit cremu et aymé, et mesmement de ses ennemis ; ne oncques durant sa vie y olt homme quy se leva contre luy, ny quy s'efforça d'entrer en ladicte duché. Et après la mort dudict Cornille, le duc de Bourgoingne baillia le gouvernement de la duché audict seigneur de Croy, son premier chambellant et principal gouverneur. Lequel gouvernement ainsy baillé audict seigneur de Croy, ne demoura point longuement que les Allemands vindrent en la duché, comme dessus est dict, et y faisoient moult de maulx. Pour laquelle cause le duc, pour résister aux Allemands, envoya le seigneur de Reubempré, chevallier, nommé Anthoine, nepveu dudict seigneur de Croy, accompagnié de cent hommes d'armes et de quatre cents archiers, tant Picards comme Boullenois ; lesquels venus audict pays de Luxembourg, se trouvèrent trop foibles pour résister à la force des Allemands, quy estoient grand nombre et vaillants gents de guerre, pour abbattre l'orgueil desdicts Allemands, et résister, comme dict est, à eulx. Nonobstant ce, il envoya audict pays de Luxembourg le seigneur de Croy, le seigneur de Hames, le seigneur de Moreul, le seigneur de Dompmart, et aultres, jusques au nombre de cent lances.

CHAPITRE XLV.
Comment le bailly de Haynault rua jus plusieurs Gantois ; de la grande assemblée que le duc feit pour aller vers Gand, et comment il se partit de Lille avec son armée.

Durant les jours que le duc s'apprestoit pour aller guerroyer les Gantois, aulcuns d'iceulx quy se nommoient les Compagnons de la Verde Tente de plus en plus s'efforçoient de boutter les feulx, tant au pays de Flandres que de Haynault, et faisoient plusieurs maulx, et tant que sans nombre. Advint que les dessusdicts de la Verde Tente allèrent vers Athe en Haynault, le quinziesme jour de juing, pour boutter les feulx. De laquelle venue messire Jehan de Croy, chevallier, feut adverty ; et alla allencontre d'eulx, et les rua jus, et en occit trois cents ou plus, et print plusieurs prisonniers ; et après ce, s'en retourna à Athe ; et le vingtiesme jour du mois de juing, audict an mil quatre cents et cinquante-trois, toute l'armée du duc de Bourgoingne estant autour de Lille, ledict duc avecques son armée se partit de Lille et alla à Courtray, et toute son artillerie avec luy, et aussy plusieurs carpentiers et pionniers, par plusieurs milliers, comme on les nombroit ; touts lesquels carpentiers et pionniers estoient payés aux despens des bonnes gents du plat pays dudict duc; et jà-soit ce qu'ils avoient esté mangiés et pilliés, comme dessus est dict, et qu'ils fuissent taillés, toutesfois, volsissent ou non, leur convenoit payer les dicts carpentiers et pionniers.

Or est bien droict que je dise les noms d'aulcuns princes et seigneurs quy estoient avecques le duc. Premiers y estoient le comte d'Estampes et messire Jacques de Sainct-Pol, lequel avoit et menoit touts les gents du comte de Sainct-Pol et du seigneur de Fiennes, son frère, et de son aultre frère, lesquels n'y estoient point; car ledict comte estoit au service du roy de France en Bourdelois, où le roy guerroyoit les Anglois; et ledict seigneur de Fiennes avoit de nouvel perdu sa femme, laquelle estoit fille du seigneur d'Antoing. En la compagnie dudict duc y estoit aussy Anthoine, son fils bastard, et touts ceulx quy cy-dessus ont esté nommés, réservé le duc de Clefves et ceulx quy estoient allés au pays de Luxembourg. Avecques ledict duc y estoit aussy le mareschal de Bourgoingne, accompagnié de trois cents lances, hommes de Bourgoingne, lesquels il avoit mandé. Et disoit-on que ledict mareschal avoit beaucoup gagné en Flandres, tant en la guerre comme pour avoir retenu les gages et salaires des gents de guerre; et d'une partie de son gaing avoit fait faire plus de mille marcqs d'argent de moult riche vaisselle à Tournay, laquelle vaisselle il avoit envoyée en Bourgoingne. Et combien que ledict mareschal euist la renommée d'estre moult vaillant homme de guerre, toutesfois, le temps durant qu'il avoit esté en Flandres, il n'avoit faict chose quy feust de grande memoire, sinon qu'il avoit faict ardoir tout le pays d'entour Gand.

CHAPITRE XLVI.

Comment le duc alla assiéger Herlebecq, et le print, avec ung fort moustier.

Le duc de Bourgoingne avecques toute son armée se partit de Courtray, et alla à Audenarde, et alla assiéger ung chastel qui s'appelle Herlebecq, et ung gros moustier assez près d'illecq; lequel moustier feut prestement par les Picards, et peu après, prins; et y avoit dedans ledict moustier environ trente-deux Gantois, touts lesquels feurent prins, et, par le commandement dudict duc, pendus.

Et le vingt-septiesme jour ensuivant dudict mois, le chastel de Herlebecq se rendit à la vollonté du duc; et estoient dedans cent et cinq, lesquels touts feurent, par le commandement du duc, pendus et estranglés.

CHAPITRE XLVII.

Comment le duc alla assiéger Poucres; et de la mort de messire Jacques de Lallaing, très valliant et hardy chevallier, et comment ledict chastel feut prins, et ceux de dedans pendus et estranglés.

Après ce que le chastel de Herlebecq feust prins, le duc de Bourgoingne et son armée allèrent mectre le siége devant ung chastel qu'on appeloit Poucres. Et comme ledict chastel feut tout enclos des gents du duc, le mareschal de Bourgoingne, messire Anthoine, bastard de Bourgoingne, et messire Jacques de Lallaing, allèrent faire affuster une bombarde pour battre ledict chastel. Et comme ils faisoient asseoir ladicte bombarde, ceulx du chastel tirèrent d'ung veuguelaire après les dessusdicts seigneurs; duquel veuguelaire ils férirent messire Jacques de Lallaing, et luy emportèrent le hanepière de la teste. Duquel coup ledict messire Jacques géit mort, dont ce feut grande pitié et grande perte; car, sans doubte, je croys que plus valliant que luy, sy ce n'estoit le duc Philippes de Bourgoingne, n'y avoit en l'armée dudict duc; et bien avoit monstré sa valliance en la guerre de Gand et aultre part, comme en Escoce, en Espaigne et aultres plusieurs royaulmes, où il avoit faict plusieurs faicts d'armes. Ledict messire Jacques de Lallaing estoit humble où il convenoit, sage, large, courtois; et avec ce avoit la grace de bien servir Dieu, soy confesser et recepvoir son créateur touts les dimanches. Pour brief dire, c'estoit ung chevallier bien parfaict et dressé, de l'aage de trente-deulx ans ou environ [1]. De laquelle mort dudict Jacques de Lallaing le duc Philippes feut moult courroucié, car il l'aimoit moult; et, comme on disoit, c'estoit le chevallier de sa cour que plus il aimoit, tant pour sa bonté que pour sa beauté; car il estoit grand et bien faict. Avec ledict messire Jacques mourut du coup dudict veuguelaire ung homme d'armes et quatre archiers. Après laquelle mort dudict messire Jacques, le duc feit prestement lever et affuster touts ses engins et jetter contre la forteresse; tellement que, jà-soit ce que ledict chastel feust moult fort et bel, toutesfois sy feurent toutes

(1) Voyez, dans cette Collection, la Chronique de Jacques de La Laing.

les tours acravantées ; et fallit que ceulx dedans se rendissent à la vollonté du duc, lequel les feit prestement touts pendre et estrangler, réservés six, dont l'ung estoit ladre, et les autres josnes enfants; et feurent bien cent et plus pendus. Ce faict, le duc feit desmolir et abbattre toute ladicte forteresse, et la feit raser jusques en terre ; et feit prendre le corps dudict messire Jacques, et le feit porter à Lallaing pour estre illecq mis en terre, duquel Lallaing son père estoit seigneur; et luy Jacques estoit son fils aisné.

CHAPITRE XLVIII.

Comment le duc retourna à Courtray, et comment le peuple estoit travaillié pour avoir et lever argent.

Après ce que Poucres feut desmolie, le duc se retourna à Courtray, et illecq séjourna douze jours ; durant lesquels douze jours touts ses gents d'armes tindrent les champs en mangeant et pillant le plat pays, lequel estoit et obéissoit au duc, et mesme les villaiges de plusieurs nobles quy estoient avecques le duc. Et disoit-on que le duc séjournoit à Courtray en attendant argent; et entre temps laissoit ses gents manger tout le plat pays, pourtant qu'ils n'estoient point payés. Et avecques ce le duc, en plusieurs bonnes villes, commença à faire contraindre les nobles, marchands et bourgeois des lieulx, lesquels ne le servoient point, de lui prester certaine somme de deniers, chascun selon son estat, nonobstant que pour ce ne laissoient point à estre levés par lesdictes bonnes villes plusieurs mal-tostes et subsides. Desquelles choses les riches hommes avecques le peuple commençoient à murmurer. Et n'estoit point le peuple si malcontent de payer lesdicts deniers (car ils appercevoient bien qu'il en avoit affaire), qu'ils estoient de ce qu'on disoit qu'au prouffit du duc ny à sa cognoissance ne venoit point tout l'argent qu'on exigeoit, non pas à peu près la moictié, et qu'aulcuns recepveurs et aultres, ne sçais quels, officiers affamés, quy estoient autour du duc, engloutissoient tout. Desquelles choses je ne certifie rien, trop bien que la renommée du peuple estoit telle; et m'en rapporte à ce quy en est.

CHAPITRE XLIX.

Comment le duc alla assiéger Gaures ; et de l'ordonnance dudict duc.

Le seiziesme jour de juillet mil quatre cents cinquante-trois, après que le duc eust séjourné douze jours à Courtray, on apporta grosses finances audict duc. Sy feit d'icelles payer touts ses gents d'armes pour ung mois d'avenir; puis icelluy jour se partit de Courtray, et alla assiéger ung moult fort chastel quy est entre Gand et Audenarde, auquel chastel les Gantois se tenoient. Pour lequel chastel assiéger, et ains qu'il arriva là, ordonna ses gents en trois batailles, qu'on appelle, comme dessus est dict, avant-garde, bataille et arrière-garde. En la première bataille, qu'on appelle avant-garde, estoit chief le mareschal de Bourgoingne; avecques luy estoit Anthoine, bastard de Bourgoingne, messire Jehan de Croy, grand bailly de Haynault, avecques les Hennuyers et maints aultres chevalliers, escuyers et gents de guerre dont trop longue chose seroit à raconter les noms, et aussy certes je ne sçauroys. En la seconde bataille estoit le duc de Bourgoingne armé tout au clair, lequel, comme on disoit, et pour tel estoit tenu de ceulx qui le congnoissoient et l'avoient veu, estoit le plus hardy et le plus valliant homme quy feust en toute son assemblée ; et bien l'avoit monstré en son temps, en plusieurs grandes et grosses batailles ; et estoit ung homme sans poeur, comme on disoit ; et combien qu'il euist lors cinquante-six ans, sy le faisoit-il beau veoir en armes. Quy de sa vaillance voldra ouyr parler ou veoir, le verra ès cronicques de ceulx quy ont mis par escript la bataille qu'il olt à Saint-Ricquier contre les François, et quy ont mis aussy par escript comment il meit le pays de Hollande en sa subjection, et comment ceulx de Bruges le cuidèrent mectre à mort, et toute sa compagnie, en ladicte ville de Bruges. Je me tairay atant de ce, et retourneray à ma matière.

Avecques le duc estoit Charles son fils légitime, le comte de Charollois, de l'aage de dix-neuf ans; et plus de enfants de mariage n'avoit ledict duc. Y estoit aussy Adolf de Clefves, nepveu dudict duc, le comte d'Estampes, le seigneur de Saveuses et toute l'armée de Picardie et d'Artois, avecques maints aultres combattants. Et en la tierce bataille, qu'on appelle l'arrière-garde, estoit Jacques de Sainct-Pol, Jacques de Lille-Adam avecques touts les Boullenois, et plusieurs aultres chevalliers, escuyers et gents de guerre. Pour brief dire, estoit belle chose à veoir toute l'armée du duc, car c'estoit pour la pluspart touts gents de guerre et bien en poinct, et quy avoient accoustumé d'aller en guerre. Et n'y avoit nul Hollandois; et touts les gentilshommes de France de l'armée estoient avecques le duc. Et pourtant que les Gantois s'estoient vantés qu'ils livreroient en brief la bataille au duc, alla ledict duc mectre le siége en telle ordonnance devant le chastel de Gaures; car il n'y avoit plus ville, chastel ne forteresse quy ne feust en l'obéissance du duc.

CHAPITRE L.

Comment ceulx quy estoient dedans Gaures eurent promesse des Gantois de les secourir, et comment Jean de Vos eschappa de Gaures, et alla quérir les Gantois, et comment ceulx du chastel se rendirent.

On dict à ceulx de Gand que le duc debvoit assiéger le chastel de Gaures; pourquoy les Gantois envoyèrent ung homme d'armes anglois, nommé Jehan de Vos, luy seiziesme de gents de guerre, avecques ceulx quy estoient au chastel. Et dirent ceulx de Gand à Jehan de Vos et à ceulx de sa compagnie, qu'ils y allassent hardiment, et reconfortassent ceulx dedans ledict chastel de Gaures; car le duc n'auroit point sitost meis le siége devant le chastel que vingt-quatre heures après ils ne livreroient bataille audict duc et à ses gents ; et le leur promirent à tenir fermement; et disoit-on qu'ainsy ils avoient promis à ceulx de Poucres, dont ils n'en tindrent riens. Après toutes ces choses ainsy faictes, le duc meit le siége devant ledict chastel ; et feut tout environné de ses gents ; puis feit dresser touts ses engins pour battre le chastel. Et comme il les faisoit dresser, dedans le chastel y avoit ung compagnon, lequel jouoit très bien d'une trompette, lequel certes n'estoit pas Flameng, ains estoit du pays du duc, et avoit autresfois servy aulcuns seigneurs quy estoient en la compagnie du duc. Icelluy compagnon monta sur une haute eschauguette d'une tour, et illecq dict moult de blasphemmes du duc, en l'appellant faulx, desloyal, traistre, tyran, et moult aultres injures quy sonnoient très mal, en disant : « De bien brief son orgueil soit abbattu des Gan- « tois! » On rapporta ces parolles au duc, lequel, considérant que folie luy faisoit dire, n'en feit guières de compte. Le chastel estoit assis en bas lieu, et mal battable d'engins ; mais nonobstant ce, le duc le faisoit battre d'engins le plus qu'il pooit ; et tellement le batteit que ceulx du chastel luy offrirent rendre ledict chastel, leurs vies saulves ; car ils véoient que les Gantois leur avoient failly ; à quoi le duc ne les vollut recepvoir, pour les injures que le trompette avoit dict de luy. Quand Jehan de Vos leur capitaine veit ce, et que les Gantois luy avoient ainsy menty et failly leur foi, sy s'appensa comment il polroit saulver sa vie. Sy feit tant, comme on disoit, que par une nuict il parla à aulcuns des gents du duc, et leur promit que, moyennant qu'on le laissast issir sans péril de son corps, luy et ses gents, du chastel, qu'il amèneroit les Gantois, en dedans deulx jours après son partement, en bataille contre le duc ; et illecq le duc polroit prendre vengeance desdicts Gantois. Et par ceste promesse, ils s'avallèrent, luy quatorziesme, la nuict ensuivante, hors du chastel, sans que ceulx de dedans s'apperceussent de son allée, jusques ce que vint le lendemain matin. Quand ceulx de Gaures perceurent leur capitaine et une partie de ses gents eschappés, sy conclurent touts d'eulx rendre à la vollonté du duc, car plus n'avoient d'espoir d'estre secourus ; parquoy celluy jour, ainsy qu'à midi, rendirent leur corps et le chastel à la vollonté du duc ; touts lesquels ledict duc feit incontinent pendre, jà-soit ce qu'il y eust deux cordeliers de l'ordre de Saint-François, avecques ledict trompette.

CHAPITRE LI.

Comment, à l'admonestement de Jean de Vos, ceulx de Gand vuidèrent en bataille contre le duc leur seigneur.

Quand ledict Jehan de Vos, Anglois, feut vuidé du chastel de Gaures, et ses compagnons, sy s'en allèrent à Gand. Et des Gantois feurent très bien receus, en luy demandant comment ceulx dedans Gaures se portoient ; aulxquels il respondit qu'ils se portoient très mal, et qu'ils estoient moult esbahis de ce qu'ils ne les estoient venus secourir, comme promis l'avoient, en leur disant telles parolles ou en substance :
« Si jamais voullez avoir veangeance du duc
« de Bourgogne, sy vuidiez hastivement à toute
« vostre puissance ; et se luy courrez sus, vous
« le ruerez jus, car la plus grande partie de ses
« gents s'en sont retournés par faulte de paye-
« ment ; et ne sont à peu nuls gents, car ils ne
« sont pas plus de quatre mille combattants. Et
« ne fays nul doubte que sy les voullez aller com-
« battre à toute vostre puissance, que lui et ses
« gents seront prestement ruésjus. » Ces parolles

dictes par Jehan de Vos et ouyes par ceulx de Gand, ils feirent prestement clorre leurs portes, affin que nuls se vuidassent et allassent dire leur secret ; puis feirent commandement en la ville, que tout homme, depuis l'aage de vingt ans jusques à l'aage de soixante ans, s'armast pour aller combattre le duc, sur la hart. Et combien que plusieurs n'y voulloient aller, toutesfois il falloit qu'ils y allassent, ou y estoient constraints, ou aultrement on les eust mis à mort; lors, ou par belle ou par force, se meirent touts en armes. Avecques eulx estoit ledict Jehan de Vos, accompagnié de plusieurs Anglois et aultres, jusques au nombre de deulx cents hommes à cheval. Avecques lesdicts Gantois estoit le bastard du Blanc Estrain et touts ceulx de la Verde Tente, dont il estoit capitaine. Quand ils et leurs engins et chariots feurent touts prests, en moult belle ordonnance vuidèrent de la ville de Gand ; et les conduist ledict Jehan de Vos, et ceulx de cheval. En celle compagnie n'y avoit nuls nobles hommes, au moins de quoy feut quelque renommée, car touts les nobles hommes de Flandres estoient avecques le duc.

CHAPITRE LII.

Comment le duc envoya Charles son fils à Lille, pour le destourber d'estre en la bataille de Gaures, et comment ledict Charles voullut estre en bataille.

Environ trois jours devant la bataille de Gaures, le duc, quy attendoit d'heure en heure que les Gantois deuissent saillir de Gand et venir contre luy en bataille, feit entendre à Charles son fils, affin qu'il ne feust pas à la bataille, que sa mère la duchesse, laquelle estoit à Lille, estoit moult malade, pourquoy il voulloit qu'il l'allast visiter. Ledict Charles, non sçachant à quoy son père pensoit, se partit de l'ost et alla à Lille, auquel lieu il trouva sa mère en très bonne santé, et auquel lieu de Lille luy feut dict que son père l'avoit illecq envoyé pourtant qu'il attendoit avoir la bataille contre les Gantois. Tantost que ledict Charles ouyt ces parolles, sy dict en celle manière : « Puisque « mon père y sera, j'y puis bien estre, car il se « combat pour moy garder mon héritaige; sy ce « seroit laschement faict à moy sy je y failloie; et « pourtant je promets à Dieu que je y serai sy je « puis. » Et jà-soit ce que sa mère le cuidast retenir à Lille, sy n'en poeult elle estre la maistresse : ainçois monta à cheval et s'en ralla à l'ost avecques son père.

CHAPITRE LIII.

Comment le duc se meit pour aller en bataille contre ceulx de Gand, ses mortels ennemis, et de la belle ordonnance qu'il feit ; et des nouveaulx chevalliers quy y feurent faicts, et aussy de ceulx quy ce jour levèrent bannière.

Assez tost après que les Gantois feurent issus de la ville de Gand pour venir à bataille contre leur duc et seigneur, on vint dire audict duc comment ils estoient issus, et venoient grande allure, et estoient jà près d'illecq. Lequel duc estoit assis au disner. Tantost ouyes ces nouvelles, sy se leva de table, et dict, de cœur joyeulx, qu'ils feussent les bien venus et qu'ils seroient combattus. Lors feit cryer allarme, et s'arma tout au clair, et son fils avecques luy. Et certes ce propre jour s'estoient rendus ceulx de Gaures, et estoient plusieurs de l'armée du duc allés dedans le chastel, veoir pendre ceulx de dedans, et tellement qu'à peine, despuis qu'ils oyrent cryer allarme, se feurent mis en armes et en arroy, que on ne leur vint dire que les Gantois estoient bien près d'eulx. Sitost que le duc veit ses gens en ordonnance, sy les meit en trois batailles, comme dessus est dict ; et alloit le duc en chascune bataille donner cœur et hardyment, en leur disant qu'ils se combattissent hardyment contre les Gantois, quy luy venoient courre sus, et qu'à l'ayde de Dieu, ains que le soleil se couchast, ils seroient touts riches. Et menoit l'avant-garde le mareschal de Bourgoingne et ceulx que dessus ay nommés ; et après alloient lesdictes aultres deulx batailles. Et entre lesdictes trois batailles n'y avoit pas plus de distance que d'ung ject de pierre, ou ung petit traict d'arcq. Et après ce que ledict duc eust mis ses gens en ordonnance, illecq y olt plusieurs hommes d'armes quy requirent chevallerie, et lesquels feurent faicts chevalliers ; desquels j'en nommerai aulcuns : primes Jacques de Sainct-Pol, le mareschal de Bourgoingne et le seigneur de Noeufchastel, le Besgue de Rancicourt, Jehan de Hames, fils du seigneur de Hames; le seigneur de Ligne en Haynault, le seigneur de Rougemont, le seigneur de Grutuse en Flandres, le seigneur de Serre, le seigneur de Ribaupré, Guillaume Candmas, Jehan de Wazières, Ferry de Ensche, Guillaume de Talamer, Jacques de Montmartin, Pierre de Zuncq, Tidon d'Esture,

Guyot de Grammont, Jacques de Montigny, Aubert de Beaumont, Gilles Provisy, Robert de Goy, Jehan de Suavre, Jehan de Dringhem, Jehan de la Viefville, Philippes de Maldeghem, Ambelart de Noeufville, Liennart Mocet, François de Meuton, Symon du Chastelet, Anthoine de Ray et son frère, le sieur de Noirquermes et son frère, Flamangs; Guillaume de Grispeur, Gallehaut de Willerval, Charles de Noyelles, Andrieu de Cleron, Mathieu de Rebecque, Secret de Gavre, Louis de Praicq, Henry d'Estiembecque, le seigneur de Toulongeon, et Tristan son frère, Bourguignons, frères d'une portée; Jehan Pierron, Claude de la Guise, Christophe de Hardenten, Jehan Du Pleix, Anne de Taullain, Loys de Helmestrop, Philippes de Cohen, Symon d'Esturmel, Colart Angort, Lion de la Havarderie, Loys d'Espierre, maistre Pierre de Goux [1], conseiller du duc, Henry Brisvicq, et maints aultres que je ne sçauroys nommer, tant de Bourgoingne, de Brabant, de Haynault, de Flandres, d'Artois, de Boullenois, comme de Picardie. Desquels chevalliers faicts y en olt aulcuns, lesquels icelluy jour levèrent bannière; c'est à sçavoir : le seigneur de Cohem, le seigneur d'Estambourt, le seigneur de Miraulmont, et aultres desquels je ne peulx sçavoir leurs noms.

CHAPITRE LIV.

De la mortelle bataille que le duc de Bourgoingne eult contre ceulx de Gand, ses subjects ; et comment les Gantois feurent desconfits ; et de la grande occision qu'il y olt.

Le vingt-deuxiesme jour de juillet mil quatre cents cinquante-trois, se partit le duc Philippes de Bourgoingne de devant Gaures, atout son ost, pour aller combattre ceulx de Gand, ses ennemis. Lequel duc, après ce qu'il olt mis ses gens en ordonnance, comme dessus j'ay dict, ne feut pas sitost meu qu'il perceut ses ennemis. Aussitost qu'il les perceut et veit que son avant-garde estoit jà près d'eulx, sy envoya avecques ceulx de l'avant-garde le seigneur de Saveuses et sa compagnie pour faire secours à ceulx de l'avant-garde.

Mais sitost que les Gantois veirent les Picards, sy se rangèrent en bataille et meirent leurs coulleuvrines et engins devant eulx. Quand le mareschal du duc veit ce, se doubta que du traict desdicts engins ne fuissent plusieurs de ses gents occis ; pour laquelle cause, affin qu'ils

(1) Gois.

laissassent leurs engins, feit signe de ung peu reculer. Et à certes tantost que les Gantois les veirent reculer, sy allèrent très asprement vers eulx en très belle ordonnance; et les conduisoit ledit Jean de Vos. Sitost qu'il fust assez près pour combattre, sy frappa son cheval des esporons et s'en vint rendre au duc en luy disant telles paroles : « Voicy les Gantois que je vous « amaine ; je me mets en vostre mercy. » Après ce, commença la bataille, et commencèrent les archiers à tirer sur les Gantois, et les Gantois à eulx très valliamment deffendre ; et avoient jà occis ung homme d'armes et aulcuns archiers, quand le duc de sa personne se férit en eulx, et généralement toutes les trois batailles ensemble ; et y feit le duc merveille de valliance, et aussy feit Jacques de Sainct-Pol. Lors ne se peurent plus tenir ceulx de Gand et prindrent la fuitte laide et vilaine, et s'enfuirent vers Gand, et le duc et ses gents en fuyant les occyoient. Et ainsy qu'ils cachoient [1] lesdicts Gantois, aulcuns d'iceulx Gantois se retrairent en une prairie enclose de fossés et ung petit bosquet. Lesquels Gantois derechief se meirent illecq en deffense ; et illecq des hommes d'armes du duc et le duc mesme feurent enclos ; lesquels hommes d'armes ne sçavoient entrer dedans, pour les fossés dont ladicte prairie estoit enclose ; et y avoit honneur à y entrer premier, pour ce que on n'y pouvoit entrer à cheval qu'à grand dangier ; et sy n'avoient illecq lesdicts hommes avecques eulx aulcuns archiers, lesquels estoient touts descendus à pied et ne les avoient peu suivre, ains estoient derrière eux, où ils chassoient les Gantois et les occyoient. Entre les hommes d'armes dudict duc quy avoient enclos ladicte prairie, il en y olt ung quy estoit de Bruges, quy par trois fois sur son cheval passa les fossés, et sa lance en poing se férit ès Gantois, et à chascune fois repassa. Mais à la troisiesme fois qu'il y retourna, tantost qu'il feust issu de ladicte prairie, son cheval mourut des horions qu'il avoit eus. Quand ce veit le duc, et que nul n'osoit entrer ladicte prairie, sy férit son cheval des esporons et passa les fossés, et entra dedans ladicte prairie ; et tantost touts ceulx de sa compagnie le suivirent et se férirent touts ès Gantois ; et illecq feit merveille de valliance ledict duc de son corps, et Charles, son fils, aussy ; mais aussy receuprent-ils maints coups de pic-

(1) Chassoient.

ques des Gantois, lesquels fort et vertueusement se deffendoient; et euist le duc et ses hommes d'armes fort à faire à subjuguer lesdicts Gantois en ladicte prairie, quand une grande compagnie d'archiers, lesquels suivoient le duc de loing, et aulxquels, pour les haster, on estoit allé allencontre leur dire comment le duc se combattoit, vindrent au secours du duc et commencèrent à tirer sur lesdicts Gantois; lesquels, prestement qu'ils sentirent les traicts, feurent desconfits et commencèrent à lancier l'ung çà, l'autre là, mais ils ne pooient vuider ladicte prairie, pourquoi feurent touts illecq occis. Pareillement ceulx quy fuyoient de la bataille, on les occyoit et tuoit, car ils ne sçavoient bonnement tirer à Gand s'ils ne passoient par la rivière de l'Escault. Et plusieurs, et tant que merveille, lesquels pensoient passer la rivière, se noyoient, tant pour le traict que on tiroit après eulx, comme pour ce qu'ils ne pooient nager, ou ne sçavoient, pour leurs armes; et sy en tuoit-on plusieurs, tant en l'eaue, comme sur le bord de l'eaue, qu'on ruoit en la rivière, tellement que ladicte rivière en feut toute vermeille. Plusieurs aussy y en y olt quy, sans passer la rivière, s'enffuirent à Gand; lesquels feurent tellement caciés des Picards que, s'ils eussent vollu, sans qu'ils euissent sceu quy ils estoient, fuissent francquement entrés dedans la ville de Gand, et l'euissent prins; car pour certain, à ceste heure, ceulx de Gand feurent sy esperdus et sy espouvantés, qu'en la ville il n'y avoit nulle deffense. Toutesfois le duc, comme aulcuns disoient, ne vollut souffrir qu'on entrist dedans, ny qu'on allast ce jour jusque là pour leur livrer l'assault; car le duc consideroit que sy on entroit dedans la ville, qu'elle seroit tellement pilliée et destruicte, que jamais elle ne seroit réparée; pourquoy le duc, après la bataille gagnée et lesdicts Gantois occis et caciés jusques ès portes de Gand, feit touts ses gents retraire. Ledict duc, après ceste victoire, rentra dedans sa tente, et là se jetta à genoux et rendit humblement graces à Dieu de ce qu'il avoit subjugué ses ennemis les Gantois. Les morts de la partie de ceulx de Gand, tant noyés que occis, feurent nombrés vingt mille, ou plus; mais toutesfois le bastard de Blancq Estrain reschappa et se sauva, passant la rivière à nud; et de la partie du duc n'y moururent que seize hommes, lesquels moururent au commencement de la bataille, et estoient Bourguignons et Hennuyers.

CHAPITRE LV.

Comment le duc envoya ung hérault dedans Gand, et comme les Gantois envoyèrent vers luy requérir miséricorde.

Après la grande victoire que le duc olt eue contre ceulx de Gand, ses subjects, le lendemain de la bataille, le duc, par sa bénignité, considérant que ce que les Gantois avoient faict avoit esté par fol et maulvais conseil, ayant pitié d'eulx, comme seigneur et prince doit avoir à ses subjects, envoya ung hérault en la ville de Gand, portant ses lettres-patentes èsquelles avoit ainsi escript, ou en substance, que: jà-soit-ce que le grand Dieu tout-puissant, à l'aide de son bon droict, lui eust envoyé plusieurs fois victoire sur eulx, toutesfois luy, non désirant (ne oncques devant n'avoit faict), leur mort, il avoit encoires pitié d'eulx, et que s'ils se volloient mectre en sa vollonté, qu'il auroit encoires pitié d'eulx. Et avecques ce leur envoya ung saulf-conduict pour aulcuns venir à luy. Lequel hérault arriva à Gand, vestu d'une cotte d'armes du duc, le vingt-quatriesme jour de juillet. Et tantost que ceulx de Gand olrent veu lesdictes lettres du duc, et considérants sa grande humilité et la pitié qu'il avoit d'eulx non ayant regard à leur grande orgueil et rébellion, le hérault feut haultement festoyé d'eulx et honoré; et feurent les lettres du duc leues en public. Après lesquelles lettres leues, touts conclurent de prier mercy au duc et de faire sa vollonté comme à leur prince et seigneur souverain; et, sans prendre jour ny heure, envoyèrent prestement aulcuns de la ville de Gand devers le duc avecques ledict hérault. Lesquels venus devers le duc, requirent que, combien que en enfraignant son commandement et à tort les Gantois l'euissent guerroyé, il volsist avoir pitié d'eulx et les recepvoir à mercy, et que par sa bénigne grace volsist, luy et ses gents, se retraire à Gaures pour trois jours, lesquels trois jours durant les Gantois viendroient vers luy pour avoir paix et faire toute sa vollonté. Laquelle requeste le duc leur octroya; et sy recula luy et son ost à Gaures; et en retournant passa là où la bataille avoit esté, et veit les morts tout nuds despouillés, et n'estoient point enterrés, dont le duc en olt grande pitié; et dirent aucuns qu'il pleura de pitié. Lesquels morts feurent trois jours ou plus sans estre enterrés. Et c'estoit une grande pitié de voir les femmes de Gand, lesquelles venoient quérir, l'une son mary, l'aultre son fils, l'aultre son père, frère ou aultres parents. Les aulcunes peschoient en la rivière après leurs amis, lesquels y estoient noyés, car de gents noyés estoit toute la rivière couverte. Et feit commandement que nul feust sy hardy de faire mal aux femmes, ains qu'on les laissast enterrer les morts.

Et le vingt-cinquiesme jour de juillet, envoyèrent ceulx de Gand une ambassade vers le duc à Gaures, en laquelle estoit l'abbé de Sainct-Bavon de Gand, le prieur des Chartreux et plusieurs que je ne sçaurois nommer. Lesquels, venus devant le duc, se jettèrent à genoulx en priant mercy à luy pour ceulx de Gand, lesquels estoient prests, moyennant leur vie saulve, de faire sa volonté. Lors le duc, mectant en oubly touts les maulx que les Gantois luy avoient faicts, et non se orgueillant de la victoire que Dieu luy avoit donnée, comme bégnin et piteulx, leur pardonna touts leurs mesfaicts, par telles conditions : qu'ils tiendroient le traictié qu'ils avoient fait à Seclin, et promis et conclud de faire en la ville de Lille, par les trois membres de Flandres avecques les nations de Bruges. Ces paroles ouyes par les ambassadeurs de Gand, pour et au nom de ceulx de Gand, ils le promirent faire et accomplir sans nul contredict, en remerçyant le duc bien humblement de sa bénignité et pitié ; lequel traictié feut tel que s'ensuit cy-après.

CHAPITRE LVI.
Du traictié de paix de ceulx de Gand avec leur seigneur et prince le duc de Bourgoingne.

Après la bataille de Gaures, et que les Gantois oirent esté desconficts et morts, comme cy dessus est dict, feut faicte la paix d'eulx et du duc de Bourgoingne, leur seigneur, comme il suit :

« Premier, seront tenus ceulx de la ville de Gand d'aller allencontre du duc, leur seigneur, à une lieue près de Gand, là où il semblera bon au duc, en nombre de deux mille et plus, sans capperon, pieds nuds, prier mercy au duc ; et avecques lesdicts deux mille iront touts les conseilliers, eschevins et hoyguemans de ladicte ville, touts nuds, excepté leurs chemises et les petits draps qu'on appelle communément des brayes ; et iront tout devant les aultres ; et quand devant le duc venus seront, ou son fils, lequel bon semblera audict duc, chascun desdicts Gantois se mectra à genoulx, et diront les paroles que cy après s'ensuivent ; c'est à sçavoir : Que mauvaisement, faulsement et comme rebelles et désobéissants ils ont esté en armes contre luy et grandement mespris vers luy, et comme mal conseilliés ; et contre raison ont créé des hoyguemans ; dont luy en requièrent humblement mercy et pardon.

« *Item*, seront tenus de clorre et fermer à tousjours mais les deux portes par où ils vuidèrent pour aller mectre le siége à Audenarde, par tel jour qu'ils en vuidèrent, quy feut par ung joeudy.

« *Item*, seront tenus de clorre et fermer à tousjours la porte par où ils vuidèrent pour aller combattre ledict duc, leur seigneur, à Rippelmonde, nommée icelle porte l'Hospital-Porte.

« *Item*, payeront ceulx de Gand au duc, pour les dommaiges et intérests qu'il avoit eus à cause de la guerre, deux cents mille reiddres d'or, dont les soixante-huit pèseront ung marcq de Troyes, de huict onces chascun marcq.

« *Item*, et pour réparation des pays qu'ils avoient gastés et ards, payeront ce quy sera ordonné par les trois membres de Flandres ; et sy les trois membres de Flandres n'en voeullent rien ordonner, payeront cent mille reiddres de fin or, tels que dessus sont dicts.

« *Item*, et pour réparation des églises destruictes, payeront cinquante mille reiddres, tels que dessus.

« *Item*, pour ce que le duc avoit beaucoup perdu de son domaine, seront tenus de mectre susaulcuns tributs, maltostes et subsides, ce quy durera l'espace de quinze ans, montants à telle valeur ou plus chascun an que ledict duc pooit avoir perdu de son domaine ; et que ce feroit accorder par les trois membres de Flandres ; et ne se prendra point ledict tribut hors de la comté de Flandres.

« *Item*, seront tenus de renouveler leur loy par la forme et manière qu'ils ont de par le roy Philippes, sans ce que le doyen des tisserans se puisse entremectre de les renouveler, et sans ce que lesdicts doyens y commectent quatre hommes pour faire les eschevins, ny que lesdicts doyens puissent aller en la maison de la ville pour veoir leurs chartres ou priviléges ; ains, sy en riens se melloient, seroient punis du duc à sa vollonté. Esliront ceulx de la ville quatre personnes à leur vollonté, et le duc quatre à sa vollonté, lesquels créeront vingt-six eschevins. Et ne partiront d'une chambre quy leur sera ordonnée lesdicts esleus, sitost que nommés seront, jusques à ce qu'ils auront renouvelé la loy; et au bout de l'an, quand lesdicts de la loy se partiront de ladicte loy, esliront pour ceulx de la ville les quatre hommes dessus nommés pour ladicte loy renouveler.

« *Item*, au regard de leurs bourgeois, ils en useront selon les priviléges qu'ils en ont, sans avoir regard à leurs usages et coustumes.

« *Item*, ne feront nulluy bannir de Gand, sans le conseil du bailly de Gand, et sans luy dire les causes, comme faisoient devant ; et se aultrement le faisoient, ils seroient punis à la vollonté du duc ; et aussy sy le bailly leur refusoit à faire justice, ils se retireroient vers le duc, quy priveroit son bailly de son office, et le puniroit selon son malfaict par l'advis et discrétion de son conseil.

« *Item*, ne polront faire édict ne statut sans l'octroy et congié du duc; et seront desclarés nuls et de nulle valeur toutes les ordonnances et édicts, lesquels estoient mis sus sans l'octroy du duc ou ses commis.

« *Item*, et n'auront ceulx de la ville de Gand nulle cognoissance de nuls des officiers par le duc commis touchant ledict office seulement; et sy aultrement en prendent cognoissance, ils seront punis à la vollonté du duc; et aussy sy lesdicts officiers touchant leur office faisoient aultrement que faire le debvoient, sitost que ceulx de la ville se tireroient vers le duc, il leur en feroit raison, tellement que par raison debvront estre contents.

« *Item*, et en aultant qu'ils se rescripsoient Seigneurs de Gand, doresnavant se règleront dessus comme les aultres villes du duc font.

« *Item*, ne cognoistront plus des faicts et délicts faicts par leurs bourgeois au dehors des mectes de leurs loix et eschevinages; mais seront lesdicts bourgeois traictiés ès jurisdictions où ils seront manants, sans ce que lesdicts de Gand en aient quelque renvoy.

« *Item*, seront tenus porter toutes leurs bannières au duc, et les mectre en sa main pour en faire son plaisir et sa vollonté, sans en faire faire nulles aultres, affin que jamais ne se puissent esmouvoir.

« *Item*, ne porteront plus les blancqs caperons, lesquels ils portoient durant la guerre; mais seront touts ceulx qu'on trouvera quy les porteront prins et emprisonnés; et les polra le duc punir à sa vollonté.

« *Item*, ne cognoistront plus des causes quy sont eschues ès pays de Waast, Brievelet, Terremonde, Audenarde, Courtray, ny Aloste; ains demoureront les causes où elles seront encommenciées; et en tant que lesdicts pays en auroient auparavant prins cognoissance, le duc en ordonneroit en dedans six mois prochains à venir s'ils en cognoistroient ou non.

« *Item*, seront tenus d'entretenir les articles d'ung traictié quy feut passé à Gand, présents l'évesque de Tournay et aultres conseilliers du duc. »

Duquel traictié, tel que dessus est dict et déclaré, présents feurent, pour le faire et passer, Charles Charollois, fils du duc, le comte d'Estampes, Jacques de Sainct-Pol, Adolf de Clefves, nepveu du duc, Jehan de Portugal, nepveu de la duchesse, le mareschal de Bourgoingne, Anthoine, bastard de Bourgoingne, le seigneur de Chargny, Thiébaut de Noeufchastel, Claude de Montagu, le seigneur de Conches, messire Jehan de Croy, messire Symon de Lallaing, le bastard de Sainct-Pol, le seigneur de Haubourdin et messire Pierre de Goy, etc.

En la présence desquels ceulx de Gand promirent d'entretenir ce que dessus est dict, à ce appelé ung notaire apostolique et publique, lequel estoit de Cambray, nommé Jehan De Schoenhove; et les noms de ceulx de Gand quy promirent à entretenir ledict traictié, feurent : l'abbé de Tronches, le prieur des chartreulx, sire Bauduin de Fosseux, religieux de Sainct-Bavon-lez-Gand, maistre Jehan du Mortier, maistre Jehan du Quesne, Jehan Bard, Anthoine Soixandre, Jehan Van de Mons, Jehan Van de Poelle et Guillamme de Poitiers.

CHAPITRE LVII.

Comment les ambassadeurs retournèrent à Gand, et de la joye que iceulx de la ville feirent de ce que leur paix estoit faicte.

Après ce que le traictié feut faict et passé comme dessus est déclaré, les Gantois quy estoient venus devers le duc pour faire ledict traictié, s'en retournèrent à Gand, et rapportèrent par escript le traictié qu'ils avoient faict, lequel traictié feut leu en commun. Laquelle lecture du traictié ouye, touts ceulx de la ville de Gand feirent et démenèrent moult grande joye, et allumèrent et feirent partout grands feus; et estoient tant joyeulx que merveilles de ce qu'ils avoient paix au duc. Et pour vray, sitost que la paix et traictié du duc et des Gantois feut accordé et passé, plusieurs Picards, compagnons adventureux, entrèrent avecques les ambassadeurs des Gantois en la ville; et leur y feirent ceulx de la ville bonne chière; et pareillement par le congié du duc y entrèrent plusieurs chars chargiés de vin, et aultres chars chargiés de victuailles quy estoient en l'ost dudict duc. Et à certes ceulx de la ville faisoient grande joye, festoient aulx gents mesmes du duc quy estoient de leur vollonté allés jouer en ladicte ville, plusieurs, tant pour veoir la ville, lesquels n'y avoient oncques esté et tant en avoient ouy parler, comme aussy pour eulx refaire et refoeiller en ladicte ville.

CHAPITRE LVIII.

De l'amendise que les Gantois feirent, et comment ils vindrent prier mercy au duc.

Le lundy, dernier jour du mois de juillet, audict an mil quatre cents cinquante-trois, après toutes les choses dessusdictes faictes et passées, le duc de Bourgoingne, comte de Flandres, etc., se partit de Gaures avecques ses gents en belle bataille ordonnée; et en tel arroy alla une lieue près de Gand; et lors s'arresta et meit touts ses archiers en deulx aysles, entre lesquels debvoient touts les Gantois passer. Et estoient iceulx archiers mis en rang leurs arcqs tendus; lesquels tenoient demy-lieue loing ou plus; et en la fin estoient touts les hommes d'armes, au milieu desquels estoit le duc de Bourgoingne et son fils, et autour d'eulx touts les nobles et grands seigneurs de son armée. Lequel duc n'eut pas sitost mis ses gents en ordonnance que les Gantois ne vindrent en tel ordre qu'ils avoient promis; et les menoient lesdicts chartreulx de Gand, et l'abbé dessusdict. Devant les eschevins de Gand alloient les conseilliers et les hoyguemans, au nombre de vingt-cinq, touts nuds, réservé leurs chemises et leurs brayes. Après alloient deux mille, touts vestus de noir, à pieds nuds, sans çainture et sans chapperon; touts lesquels passèrent entre les deulx aysles des archiers, et parmy tout l'ost du duc qui estoit en belle ordonnance. Et incontinent, d'aussy loing que les Gantois aperceurent le duc, ils se jettèrent à genoulx, en criant tout d'une voix ensemble : « Miséricorde à ceulx de Gand! » Après ce premier cry, alla allencontre d'eulx maistre Nicolle Raullin, chancellier du duc, lequel leur remonstra, oyants touts clairement : comment faulsement et mauvaisement, et comme mauvaises et orgueilleuses gents, ils s'estoient rebellés contre leur seigneur, quy illecq estoit présent, dont ils avoient mal faict, et qu'encoires ne sçavoit-il sy le duc leur pardonneroit. Lesquels Gantois ce oyants ne respondirent riens, mais tout ensemble, comme devant avoient faict, meirent les genoulx en terre, et tout d'une voix cryèrent le plus haultement qu'ils peurent : « Miséricorde, « miséricorde, miséricorde à ceulx de Gand! » Et après ce se relevèrent et allèrent sy avant qu'ils feurent devant le duc, leur seigneur, lequel estoit monté sur ung cheval richement et noblement enharnaché; et illecq encoires derechief meirent les genoulx en terre, et en grande abondance de larmes et de pleurs cryoient touts d'une voix ensemble, comme dessus est dict : « Miséricorde à ceulx de Gand! » Puis requit publiquement le conseil de la ville de Gand au duc, que, de sa pitié et de sa bénigne grace, il volsist à son peuple de Gand, quy illecq estoit présent, pardonner, lesquels mauvaisement et faulsement, comme rebelles et désobéissants, s'estoient contre luy rebellés, avoient créé hoyguemans, et faict plusieurs énormes crimes et tant que sans nombre, dont humblement luy en requéroient mercy et pardon ; sy le prioient daigner pardonner touts leurs mesfaicts en quelque manière que faict les eussent, et que jamais plus ne leur amenderoit, ains doresnavant lui seroient vrays, obéissants et loyaulx subjects.

Après lesquelles parolles dictes par le conseiller de la ville de Gand, le duc, de sa francque et bonne vollonté, libéralement leur pardonna son ire et son maltalent, et aussy feit son fils, quy illecq estoit présent. Après ces choses faictes ainsy, les Gantois, pleins de liesse et bien joyeulx, s'en retournèrent à Gand, en faisant grande feste ; et pareillement ceulx quy estoient demourés en la ville, à leur retour s'efforcèrent à faire feste. Ce faict, aussy le duc retourna à Lille ; et illecq despartit son ost, et à chascun donna congié; lesquels s'en retournèrent chascun en sa marche, sans riens tenir des champs. Et ainsy feut finie la guerre que olt le duc de Bourgoingne, comte de Flandres, contre ceulx de la ville de Gand, ses subjects.

CHAPITRE LIX.

Comment le seigneur de Croy et les Picards qu'il avoit avec luy reconquirent ce que les Allemands avoient conquis en la duché de Luxembourg, et des trefves quy feurent données.

Le seigneur de Croy, lequel, comme cy-dessus est déclaré, estoit allé, par le commandement du duc de Bourgoingne, avecques grand nombre de Picards, au pays de Luxembourg, venu audict pays, livra plusieurs assaults, et olt plusieurs rencontres aulx Allemands et les Allemands contre luy, lesquels estoient très vaillants gents; et y en olt plusieurs morts et prins d'ung costel et d'aultre. Toutesfois ledict seigneur de Croy et ceulx de sa compagnie feirent tellement qu'ils reconquestèrent toutes les villes et forteresses que les Allemands avoient conquestées; et sy fort les oppressa qu'ils n'avoient audict pays où eux se retraire, sinon en la ville de Thyonville, en laquelle estoient huict cents combattants et plus. Ce voyants, les Allemands requirent trefves pour dix mois audict seigneur de Croy, par condition que, sy en dedans lesdicts dix mois ne libvroient bataille au duc de Bourgoingne et à toute sa puissance, ils rendroient la ville de Thyonville au duc, et tout ce qu'ils tenoient en ladicte duché de Luxembourg. Lequel seigneur de Croy, voyant et considérant que par tout ce pays et duché de Luxembourg y avoit une très grande mortalité, puis aussy considérant que l'hyver approchoit moult fort, envoya envers le duc de Bourgoingne, Philippes, comte de Flandres et duc de Luxembourg, etc., pour sçavoir sy c'estoit sa vollonté qu'il bailliast icelles trefves aux Allemands, moyennant aussy les promesses et conditions cy-dessus déclarées, faictes par iceulx Allemands. Ce que le duc feut content d'accorder. Et feurent les trefves données jusques à l'Ascension de l'an cinquante-quatre ensuivant; et baillèrent les Allemands hostaiges d'entretenir ce qu'ils avoient promis. Ce faict, toute l'armée que le duc avoit audict pays de Luxembourg se partit, et sans tenir les champs s'en retourna en son lieu.

LIVRE III.

Cy commence le tiers livre, où il parle comment le roy de France, la deuxiesme fois, reconquesta Bourdelois, et de la conqueste de Constantinople par le Turc; de la sentence et prinse du duc d'Alençon, et aultres choses quy advinrent jusques en l'an mil quatre cents cinquante-neuf.

CHAPITRE PREMIER.

Comment Charles VIIe de ce nom, roy de France, alla la deuxiesme fois en Bourdelois, pour reconquester le pays, et de la prinse de la ville de Chalaix en Bourdelois par les François, et du siége quy feut mis devant Chastillon.

Combien que cy-devant j'ay traictié tout au long de la guerre que olt le duc de Bourgoingne contre ceulx de Gand, sans y entrelacer, comme sy n'y eut d'aultres choses advenues, affin que je n'entrelace les unes matières avecques les aultres, toutesfois audict an mil quatre cents cinquante-trois, après ce que Charles VII de ce nom, roy de France, olt tout l'hyver passé faict toutes ses préparations pour reconquester le pays de Guyenne et de Bourdelois, le second jour de juing audict an, icelluy roy se partit du chasteau de Lusignem [1], et alla à Sainct-Jehand'Angely; et le douziesme jour audict mois, feut mis le siége devant Chalaix en Bourdelois, par messire Jacques de Chabanne, grand-maistre-

(1) Lusignan.

d'hostel du roy, et par le comte de Penthièvres, seigneur de Sainct-Sévère de Boucat; et le dix-septiesme jour ensuivant, feut icelluy Chalaix prins d'assault par les seigneurs dessusdicts et aultres de leur compagnie, en nombre de quatre à cinq cents lances, et les archiers et guisarmiers, avecques certain nombre de francs archiers; et y avoit dedans la ville en garnison huict vingts combattants, desquels, à la prinse de la ville, feurent tués quatre-vingts, et les aultres se retirèrent en une tour où ils feurent certain espace de temps en attendant secours, lequel ne leur vint pas; sy les convint rendre à la vollonté du roy. Lesquels estoient au nombre de quatre-vingts hommes, quy touts feurent descappités pour ce que auparavant avoient faict serment au roy et puis s'estoient retournés Anglois. Le seigneur d'Englades s'estoit parti de Bourdeaulx les cuidant venir secourir; mais en venant il sceut la prinse de la ville, pourquoy il s'en retourna hastivement.

Audict an cinquante-trois, le quatorziesme jour du mois de juillet, feut mis le siége par les François devant la ville de Chastillon en Perrigort, assise sur la rivière de Dordonne, occupée par les Anglois; et y feut mectre le siége le seigneur de Loheac, et le seigneur de Jalloingnes, mareschal de France, et plusieurs aultres chevalliers et gents de guerre, jusques au nombre de seize à dix-huict cents hommes d'armes, et les archiers, entre lesquels estoient les gents du comte du Maine et les gents du comte de Nevers, que conduisoit messire Ferry du Francq; aussy y estoient les gents du comte de Castres, fils du seigneur de la Marche; Jehan Messignac et Guillaulme de Luzarc, et les gents du comte de Bretaigne, dont estoit chief le comte d'Estampes, son nepveu; et pour luy les conduisoient le seigneur de la Hunaudière et le seigneur de Montauban, pour ce que ledict comte estoit demouré vers le roy. Et là estoit la grosse et menue artillerie du roy, dont avoit la charge maistre Jehan Bureau et Jaspart Bureau son frère, maistre de ladicte artillerie; et avoient en leur compagnie sept cents mannouvriers, lesquels, par l'ordonnance d'icelluy maistre Jehan Bureau et son frère, clorent hastivement un camp de fossés où estoit toute l'artillerie; et adonc feut mis le siége devant Chastillon. Ce venu à la cognoissance du seigneur Tallebot, il se partit incontinent et en haste de la ville de Bourdeaulx, accompagnié de huict cents à mille Anglois de cheval, entre lesquels estoit son fils, le seigneur de Lisle, le seigneur de Molins et plusieurs aultres du royaulme d'Angleterre, tant chevalliers que escuyers, et aussy du pays de Bourdelois; et après venoient quatre à cinq mille Anglois de pied; et arriva icelluy Tallebot devant ledict siége le merquerdy dix-sept de juillet, environ le poinct du jour.

CHAPITRE II.

Comment messire Tallebot cuida lever le siége de Chastillon, et comment il y mourut et son fils, et se rendirent ceulx du chastel; et de la grande occision d'Anglois quy feut devant Chastillon.

Tantost que les François feurent advertis de la venue de messire Tallebot, ils se bouttèrent au camp qui estoit fermé de fossés; et trouva icelluy Tallebot en son chemin aulcuns francs archiers quy encoires n'estoient pas retraicts audict camp; et les commencèrent les François à fort tirer pour gagner le champ, pour ce que les Anglois commencèrent à marcher pour approcher, cuidants que les François se fuyssent et levassent leur siége. Lors feit icelluy Tallebot, en attendant une partie de ses gents à pied, mectre une quoeue de vin sur le boult pour leur donner à boire et les raffraischir. Et cependant les François arrivèrent au parcq, et se meirent en ordonnance, et meirent les fossés leurs engins à pouldre devant la venue d'iceulx Anglois. Ceulx de Chastillon trouvèrent façon de mander audict Tallebot qu'il se advançast légièrement, et que les François fuyoient; ce que fit icelluy Tallebot; mais luy venu, il feut moult eshabi de veoir la forteresse que avoient faicte les François, tant fossés, artillerie comme aultrement. Illecq estoient pour résister aulx Anglois: les mareschaulx de France, le grand-maistre-d'hostel du roy, le comte de Penthièvres, le séneschal de Poitou, le seigneur de la Bessière, messire Jehan Bureau et plusieurs aultres, lesquels estoient commis à conduire icelle armée, et avecques eulx estoient plusieurs grands seigneurs. Messire Tallebot et sa compagnie arrivèrent à la barrière, cuidants entrer au camp; mais ils trouvèrent frontière de valliants gents de guerre quy leur monstrèrent hardy et bon couraige, dont ils feurent esbahis, veu ce que on leur avoit mandé. Icelluy Tallebot estoit monté sur une petite hacquenée, et ne descendit point à pied, pource qu'il estoit ancien homme; mais il fit mettre pied à terre à touts ceulx de sa compagnie, quy estoient venus à cheval; et à l'armée avoient les Anglois vingt-quatre bannières desployées, tant du roy d'Angleterre, de sainct Georges, de la Trinité comme d'aultres, et dudict Tallebot, et plusieurs estendarts. Et adonc commença l'assaut; et y olt de grande valliance; et se combattirent fort l'une partie et l'aultre; et dura le cappelis par l'espace d'une forte heure. Mais, pour renforcer les François, vindrent le seigneur de Montauban et le seigneur de la Hunaudière, avecques les gents du duc de Bretaigne, lesquels ils avoient en gouvernement. Lesquels venus à l'enforcement des François, par grand couraige et par leurs prouesses, feirent tant que les Anglois retournèrent le dos; et feurent abbattues et ruées par terre toutes leurs bannières par iceulx Bretons; et prindrent les Anglois la fuitte, dont en moururent plusieurs. Et par espécial feut féru d'une coulevrine la hacquenée de messire Tallebot, tellement qu'elle cheut toute morte et Tallebot dessous; lequel feut tué illecq des François, car il n'estoit point armé, pour ce que, quand le roy Charles luy quitta sa rançon, quand il feut prins en Rouen, et luy donna grande somme de deniers, il promit de sa franche volonté, sans constrainte, de soy jamais armer contre luy ne les siens, et s'en alla aux pardons de Rome; mais luy retourné, ne poeult laisser sa vie, et recommença la guerre comme dict ay ci-dessus. Icelluy Tallebot estoit tenu pour ung des valliants chevalliers d'Angleterre et le plus redoubté; il avoit esté plus de trente ans en France, où il avoit fait moult de valliance et aussy moult de maulx et meurdres, d'occisions, de feulx boutter et de innumérables maulx; desquels maulx et valliance appert par les chroniques en ce temps faictes. En icelluy capelis feut aussy pareillement mort son fils, seigneur de Lisle, messire Hernel, Paul Thomas Auringham, le seigneur de Pinguillain, Gascon, et trente chevalliers du royaume d'Angleterre, et des plus valliants, comme on disoit; et sy y fust prins le seigneur De Molins. Mais pour ce que les François estoient de pied et fort travaillés, plusieurs Anglois et Gascons eschappèrent, et se bouttèrent dedans la ville et chasteau de Chastillon, jusqu'au nombre de huict cents à mille, entre lesquels estoient le fils du captal de Bœuf[1], comte

(1) de Buch.

de Candalle, le seigneur de Montferrant, le seigneur de Rosam et le seigneur d'Englades; et eschappa le seigneur de l'Esparre, quy avoit esté la principale cause que le pays de Bourdelois s'estoit remis ès mains des Anglois. Plusieurs prindrent les clefs des champs, les ungs par terre, les aultres par mer, dont plusieurs feurent envoyés pour rattaindre ceulx quy se fuyrent par terre. Montèrent à cheval le comte de Penthièvres, le bailly de Tourraine et plusieurs aultres François de touts estats, lesquels poursuivirent les Anglois, tuants jusques auprès de Sainct-Million[1]. En icelle besoigne feurent au champ occis quatre à cinq cents Anglois. Le lendemain d'icelle desconfiture d'Anglois, les François feirent approcher leurs engins à pouldre devant la ville. Ceulx de dedans, voyants l'appareil que on leur faisoit, commencèrent à eulx humilier; et se rendirent touts prisonniers à la vollonté du roy et des seigneurs dessusdicts quy s'en estoient retraicts avecques eulx; lesquels estoient en nombre de quinze cents.

CHAPITRE III.

Comment Sainct-Million et Libourne se rendirent au roy de France, et de plusieurs places que le comte de Clermont meit en l'obéissance du roy de France.

Depuis la rendition de Chastillon, se partirent les François avec leurs puissants canons et artillerie, et allèrent devant Sainct-Million. Lesquels, voyants qu'ils ne pouvoient résister contre les François, se rendirent, et ils furent receus à mercy. D'illecq tira toute l'armée debvant la ville de Libourne, laquelle n'avoit point esté bailliée du gré de ceulx de la ville ès mains des Anglois, quand Tallebot arriva à Bourdeaulx, car les François, à quy ils avoient esté bailliés en garde, quand ils sceurent la venue de Tallebot, désemparèrent la ville; sy convint les habitants d'icelle obéir à icelluy Tallebot; pourquoy, quand les François vindrent, ils se rendirent au roy, et le roy les receut en sa bonne grace, et ne feurent en riens molestés. En ce temps le comte de Clermont, lieutenant général du roy, estoit au pays de Guyenne et de Bourdelois, de là la rivière de Gironde, ès pays de Languedoc, et estoient en sa compagnie le comte de Foix, le comte d'Albreth, le seigneur d'Orval son fils; messire Theaude de Sautreville, bailly de Lyon; le seigneur de Saincte-Trailles, grand escuyer d'escurie;

(1) Saint-Emilion.

messire Bernard de Bierne[1]; le vicomte de Terride, le seigneur de Lavardan, et plusieurs aultres capitaines, avecques dix-huict cents lances, et les archiers et guisarmiers, lesquels s'y gouvernèrent en telle manière que, par courses qu'ils feissent sur le pays, en prendant prisonniers et gastant le pays, oncques Anglois de Bourdeaulx, quy estoient bien huict mille combattants, ne se embattirent sur eulx et ne contredirent en riens.

Le quatorziesme dudict mois de juillet, le comte de Clermont et ceulx de sa compagnie allèrent mectre le siége devant le chastel noeuf de Made[2], et feurent devant par l'espace de quinze jours; et tenoit la place, pour le roy d'Angleterre, le seigneur de Lisle, chevalier gascon, lequel, voyant luy estre impossible de la plus tenir, la rendit aulx François. Ce fait, icelluy comte et ceulx de sa compagnie allèrent mectre le siége devant Blancfort; et se partit d'eulx le comte de Foix et le seigneur de Lautrec son frère, et allèrent mectre le siége devant le chastel de Cadillacq; et le seigneur de Sainct-Trailles alla devant Sainct-Macaire, et le meit en l'obéissance du roy; et le seigneur d'Albreth se partit de devant Blancfort, et alla devant Langon et Villendras, lesquels il meit pareillement en l'obéissance du roy de France, estants les aultres François encoires devant Blancfort. Et tenoient à la fois deulx ou trois siéges, lesquels on nombroit mille lances, en ce comprins les gents du comte d'Ermignac, que conduisoit ung escuyer nommé Lasne de Lange, sénéschal de Rouargue. Cependant que le siége estoit devant Cadillacq, le comte de Clermont tenoit tousjours le siége devant Blancfort, et le tint tant qu'il se rendit à lu .

CHAPITRE IV.

Comment le roy de France meit le siége devant Cadillacq, et le prit d'assault.

Le dix-septiesme jour de juillet, en ce mesme an cinquante-trois, Charles, roy de France, se partit de la cité d'Angoulesme, pour aller au pays de Bourdelois, pour conforter et aider son ost; et estoient en sa compagnie les comtes d'Angoulesme, du Maine, de Nevers, d'Estampes, de Castres, de Vendosme, et plusieurs aultres barons, chevalliers et escuyers; et arriva

(1) Béarn.   (2) Médoc.

en la ville de Libourne, et son ost devant Fronsac, que tenoient les Anglois; lesquels se rendirent, et s'en allèrent, chascun ung baston en son poing; puis passa son ost la rivière de Dordonne, pour mectre en l'obéissance du roy de France le pays d'Entre-deux-Mers. Et le roy alla à Montferrant, et feit mectre une bastille devant Le Riaut[1] de lez[2] Bourdeaulx, par une partie de son ost; et l'aultre partie meirent le siége devant la ville et chasteau de Cadillacq, devant laquelle estoit de l'aultre costel le comte de Clermont, les comtes de Foix, d'Albreth, le seigneur d'Orval, le seigneur de Sautreville, bailly de Lyon, et plusieurs aultres, jusques au nombre de mille lances; et les archiers estoient devant Bourdeaulx, du costel de devers les Landes, pour mangier le pays, affin que ceulx de Bourdeaulx ne s'en peussent aider. Et le dix-huictiesme de juillet, le roy, en personne, et son ost assaillirent la place de Cadillacq, laquelle feut prinse et emportée d'assault. Et entra le premier dedans ung escuyer nommé Geouffroy de Saint-Bellin, bailly de Chaumont en Bassigny; et lors les Anglois se retirèrent au chasteau, quy estoit moult fort et bien fermé, autour duquel feut meis le siége des François; sy qu'il convint qu'ils se rendissent, au mois d'octobre ensuivant, touts prisonniers du roy de France; desquels le capitaine du lieu, nommé Gaillardet, feut descapité. Dedans la bastille de Le Riaut estoient le seigneur de Loheac, mareschal de France, et plusieurs aultres seigneurs, chevalliers et capitaines, jusques au nombre de quinze à seize lances, avecques les gents de traict, bien garnis d'artillerie; et auprès d'icelle bastille estoient les basteaulx de l'armée du roy, par mer, c'est à sçavoir : de Bretaigne, de Poitou, de l'Espaigne, de Hollande, de Zélande et de Flandres, armés et avitaillés. Et là feurent dedans la rivière de Gironde, jusques à ce que la ville de Bourdeaulx feust mise en l'obéissance du roy de France. Du party des Anglois estoient pareillement les basteaulx et navires venus du pays d'Angleterre. Et incontinent eulx arrivés, feit le seigneur de Camus mectre cordage dedans la ville de Bourdeaulx, affin qu'ils ne s'en pussent aller. Lesdicts Anglois aussy feirent faire une bastille contraire à celle des François, et au-dessus d'icelle; mais elle leur prouffita peu. Ils estoient

(1) La Réole.   (2) Près.

en la ville, de la part du roy d'Angleterre, grands gents, c'est à sçavoir : le seigneur de Camus, le seigneur de Cliton, le bastard de Sombreset, le seigneur de l'Esparre, Gascon, le seigneur de Rosam, et de trois à quatre mille Anglois d'Angleterre, et aultant et plus de gents du pays de Gascoingne, dont l'une des parties estoit dedans icelle ville, et l'aultre dedans leur bastille pour garder leurs navires. Et là feurent les deulx puissances, les ungs devant les aultres, et chascun sa bastille, pour garder les navires, depuis le premier jour d'aoust jusques au dix-septiesme jour d'octobre ensuivant, dommaigeants et grevants chascun jour l'ung l'aultre, en toutes les manières qu'ils pouvoient.

CHAPITRE V.

De la reddition de la ville de Bourdeaulx assiégée, et de tout le pays de Bourdelois et de Guyenne.

La ville de Bourdeaulx assiégée par le roy de France, comme dessus est dict, les Anglois de dedans voyants eulx oppressés de toutes parts de François, et qu'ils avoient faulte de vivre, et avec ce, que toutes les places et forteresses du pays, par force d'armes, estoient en l'obéissance du roy de France, requirent de avoir amiable composition. Le roy de France, oye leur requeste, veuillant toujours user de pitié et miséricorde, comme il estoit coustumier de faire, et considérant que en son ost il avoit très grande mortalité, quy faisoit fort à doubter, affin que ses gents changeassent nouvel air, feut content de traicter avecques les Anglois, par la manière quy s'ensuit. Et feut l'accord faict, c'est à sçavoir : que la ville et cité de Bourdeaulx luy seroient rendues, et demoureroient touts les habitants ses vrais et loyaux subjects, et feroient le serment de non jamais se rebeller contre la couronne de France, recognoissants le roy estre leur souverain seigneur ; et les Anglois eurent congié de eulx en aller en leurs navires au pays d'Angleterre, ou à Calais, se bon leur sembloit, quy siet sur la mer. Et pour ce que aulcuns des seigneurs et de la cité avoient esté en Angleterre quérir les Anglois, rompants leur foi et serment qu'ils avoient faict l'année précédente au roy, lequel, à grande force, à grande peine et frais, les auroit conquis, feurent bannis de Bourdeaulx vingt personnes, telles qu'il pleut au roy, de ceulx qui avoient esté quérir iceulx Anglois, du nombre desquels feurent le seigneur de Duras et le seigneur de l'Esparre. Et feut icelluy traictié faict le dix-septiesme jour d'octobre audict an cinquante-trois. Messire Pierre Beaumeneau, seigneur de la Bessière, mourut environ trois jours après la bataille de Chastillon ; et aussy mourut messire Jacques de Chabannes, grand-maistre-d'hostel du roy, quy feut moult plaint, car il estoit valliant chevallier. La ville ainsy rendue au roy, le roy eut incontinent toutes les places de Bourdelois et de Guyenne. Ainsy le pays délivré des Anglois et aultres ennemis du roy de France, le roy commit, pour garder celuy pays, le comte de Clermont, fils du duc de Bourbon, et le feit son lieutenant général ; et y commit avecques luy messire Theaude de Valpergue ; et maistre Jehan Bureau, trésorier de France, demoura maistre de la cité. Et avecques eulx deslaissa plusieurs gents d'armes, archiers et arbalestriers, pour la garde du pays, dont il estoit besoin. Ce faict, voyant le roy qu'en tout son royaulme de France n'y avoit ville ne forteresse, ducs ne seigneurs, que touts n'obéissent à luy (réservé les villes de Calais, Hames, Guysnes, lesquelles estoient en l'obéissance du roy d'Angleterre, et disoit-on que le roy les feust allé conquerre, mais les laissoit pour ce qu'elles estoient du domaine et comté d'Artois, laquelle comté estoit au duc de Bourgoingne, et aussy qu'il n'y pooit venir sans passer par les pays d'icelluy duc, et que en passant on pourroit faire aulcuns griefs au pays, dont grande guerre se pourroit esmouvoir, car les Anglois avoient trefves audict duc de Bourgoingne), le roy se partit du pays de Bourdelois, et s'en retourna en la ville de Tours.

CHAPITRE VI.

Comment le grand Turc assiégea la ville de Constantinople.

Audict an mil quatre cents cinquante-trois, le Grand-Turc de Turquie, nommé Barbesan[1], fils de Crest, fils d'Orest, seigneur ès parties d'Achaye, accompaigné de deux cents mille hommes, dont il y avoit trente à quarante mille hommes à cheval, et environ soixante mille, lesquels, la pluspart, estoient sans armes, saulf qu'ils avoient targes et semy-targes, quy sont

(1) Mahomet II. J. Du Clercq n'a fait que copier, presque textuellement, une relation contemporaine, adressée au cardinal d'Avignon. Voyez l'Appendice à la fin du volume.

espées de Turquie, et le surplus des aultres soixante mille estoient robeurs et gasteurs de pays, et le surplus estoient marchands et aultres, servants le siége pour gaigner, vint courre le pays auprès de Constantinople, le quatriesme jour d'apvril, après Pasques : et, le quinziesme jour d'icelluy mois, meit le siége devant la cité de Constantinople. Et avoit plusieurs bombardes, couleuvrines, et aultres engins pour assaillir; et entre aultres avoit une grosse bombarde de métal, tout d'une pièce, tenant pierre de douze pouces et quatre doigts de tour, et pesant mille ou huict cents livres ; lesquelles bombardes tiroient chascun jour cents à six vingts coups; et feirent telle tempeste cinquante-cinq jours, pourquoy il leur falloit, comme disent ceulx quy se cognoissoient en ceste science, par chascun jour, mille livres de pouldre, et, par ce, estimoit-on qu'il y avoit quarante mille couleuvrines. Avecques tout ce que dict est, avoit icelluy Turc, en mer, tant au port comme dehors, de quarante-une à quarante-sept galères, de soixante à quatre-vingts galliotes, de dix-huict à vingt banchières, et de seize à vingt barges petites, comme qu'ils appeloient palendis[1], et assez d'aultres fustes. Le siége ainsy posé et mis, ainsy que dict est, devant Constantinople, Sagam Bassa, conseillier du Turc, et celuy quy avoit plus d'audience et d'auctorité vers luy, feit porter de la mer, par-dessus terre, l'espace de deulx à trois milles, le nombre de soixante à quatre-vingts galliotes, tant gallées que aultres fustes armées, jusques dedans le Pulce-Mandagarin [2], quy est emprès du port, entre les deulx cités : auquel port ne pooient autrement les navires du Turc entrer, pour l'armée des chrestiens, estants à ung pont de brique que les chrestiens avoient faict sur la terre du Phar, pour aller de Constantinople à Péra, pour secourir l'ung l'aultre. Et de ceste armée du Turc feut capitaine ung nommé Alvitangeli. Et ainsy feut le siége du Turc fermé par mer et par terre.

CHAPITRE VII.

De la situation de Constantinople, et comment le Turc, après plusieurs conseils, se résolut d'assaillir Constantinople.

Constantinople est très forte cité, en figure triangulaire, et a vingt milles de tour devers

(1) Chalandres ; et dans quelques patois français *chalans*, du mot grec χαλάνδραι.

(2) Golfe Cératique.

terre, et cinq devers la mer, cinq devers le port du golfe, et les murs de devers la terre sont très gros et haults ; et dessus y a barbaquannes et mascicoulis, et au dehors faulx murs et fossés ; et sont haults lesdicts murs principaulx de vingt à vingt-deux braces, et larges de six braces en aulcuns lieulx, et les aultres huict. Les faulx murs de dehors ont les terraulx haults de vingt-deulx braces, et les murs de dessus ont quatorze braces, et gros de trois braces; les fossés sont larges de vingt-cinq braces, et profonds de dix braces. En icelle cité de Constantinople estoient en tout de vingt-cinq à trente mille hommes et six mille combattants ; et au pont, pour deffendre la chaisne, y avoit des chrestiens, trente-neuf galères, desquelles y avoit neuf, c'est à sçavoir, deux subtilles et trois marchandes véniciennes, trois de l'empereur et une de messire Jehan Justinien, ung Genevois[1], au gage de l'empereur.

Constantinople, ainsy assiégée par mer et par terre, et ainsy fort combattue de bombardes et de traicts, se deffendit cinquante jours. Durant lesquels jours le capitaine de la gallée Trapesonde monta sur une gallée pour verser le navire du Turc, avecques certains aultres à ce ordonnés; mais la gallée feut enfondrée d'une bombarde des Turcs ; et feurent les chrestiens, par le fondement, affichiés à pieulx aigus devant ceulx quy faisoient la garde sur la mer contre les Turcs dudict siége. Au costé de la terre, où tenoit son siége Sagan Bassa, Albanois, avoit plusieurs hommes accoustumés de miner or et argent, quy feirent minées en quatorze lieulx sous les murs de la ville, pour les tresbucher ; et là commencèrent les mines bien long des murs contre lesquels les chrestiens contreminèrent ; et par plusieurs fois estouffèrent les Turcs en leurs mines par fumées, aucune fois par puantises, et en aulcuns lieulx les noyoient par force d'eau, et aucune fois les tuoient à combattre main à main. Iceluy Sagan Bassa feit ung chastel de bois sy haut et sy fort qu'il seignourioit le mur ; et sy feit faire sur basteau ung pont, de longueur de mille braces, pour passer la mer à travers ; et les Turcs feirent encoires faire plusieurs autres instruments de bois, très haults, et grands estables et logis ; et souvent faisoient grandes escarmouches où il mouroit beaucoup de gents de costé et d'aul-

(1) Génois.

tre; mais, pour ung chrestien qu'il y mouroit, en mouroit cent Turcs. En icelluy siége que tenoit le Turc, avoit plusieurs chrestiens de Grèce, et d'aultres nations; lesquels, combien qu'ils servissent le Turc, toutesfois sy ne les constraindoit-il pas à resnier la foy chrestienne, ains les laissoit adorer Dieu et prier à leur plaisir, et ne luy chalsit que de conquester pays. Durant icelluy siége, y eut aulcuns capitaines turcs quy hayoient Sagan Bassa, lesquels, voyants que trop oppressoit les chrestiens, au despit de luy, advertirent ceulx de la ville, par lettres que tiroient dedans la ville, et en aultre manière, de ce qu'il se faisoit au siége; et entre aultres choses advertirent les chrestiens comme le Turc, avecq touts ses princes, seigneurs et conseilliers, avoit tenu conseil quatre jours; et illecq, ung capitaine, nommé Collum[1] Bassa, conseilloit à lever le siége, en alléguant au Turc: «Tu as faict ton devoir; tu as jà donné « plusieurs grandes batailles, et en tant de jours; « dont il y en a eu de morts grande quantité de « tes gents; car plus y va de gents à l'assault, et « plus il en demeure. Ceulx qui ont esté sur les « murs ont esté reboutés et tués; et tes antéces- « seurs jamais ne vinrent, ne jamais ne vien- « dront sy avant. Ce t'est grande gloire d'y avoir « esté, et te doit suffire sans vouloir destruire « touts tes gents. » Et tant luy dict que le Turc deslibéra de lever le siége et s'en retourner, et de ficher aulcunes collompnes[2], pour monstrer à jamais qu'il avoit faict ce que nuls de ses prédécesseurs n'avoient oncques faict ne entrepris. Mais Sagam Bassa estoit d'opinion contraire, et dict au Turc: « Tu as rué jus une grande « partie des murs; du moins encoires ung aspre « assault! et se nous faillons, nous prendrons tel « party que bon te semblera. » Et au conseil de Sagam Bassa s'accordit le Turc. De tout ce feurent advertis ceulx de dedans, en leur mandant qu'ils se tenissent deulx ou trois jours, et que lors seroient-ils seurs que le siége se lèveroit sans nul secours.

CHAPITRE VIII.

Comment le Turc feit assaillir Constantinople, et de la grande deffense qu'on y feit, et comment elle fut prinse d'assault.

Le Turc, comme cy-dessus est dict, tout deslibéré d'assaillir la ville de Constantinople, trois jours devant l'assault, commanda que chascun

(1) Kalil. (2) Colonnes.

de son costé feist solemnelle jeusne à la réverence du Dieu du ciel, lequel seul il adore; laquelle jeusne luy et ses gents feirent trois jours continuels; et ne mangeoient tout le jour riens, fors seulement la nuict, pour sustenter le corps. Et feirent en ces nuicts infinies lumières de chandelles et de bois quy brusloit de soy-mesme en mer et en terre, tant qu'il semblast que mer et terre bruslassent; et avecq ce, feirent grands sons de tambours et aultres instruments, car de trompettes avoient-ils bien peu. Les trois jours finis, le vingt-septiesme de may, audict an cinquante-trois, le Turc commença son assault bien lentement au soir! Et avoit ordonné icelluy Turc ses gents en la manière qu'il s'ensuit; c'est à sçavoir: Siglardy, capitaine général de Turquie, atout vingt mille hommes, à la porte du Puich, où estoit la grande bataille; et Sagam Bassa, conseillier du Turc, avecq la tierce partie des gents du siége, à la porte de Sainct-Romain, loing du Puich environ ung mille; Wigabec, capitaine général de Grèce, feut mis au costé de Galligara, à l'endroict du palais de l'empereur; Sagam Bassa, Albanois, venu estoit long devers Père, avecq plusieurs chrestiens reniés; car de ce pays-là, moult se renient tous les jours. L'assault commencé, ceulx de dedans se deffendirent partout valliamment. A Sainct-Romain estoit le lieu le plus légier à prendre, et la muraille la plus foible, de laquelle avoit jà esté abbattue par les jours passés une partie; et là estoient les bombardes quy ruèrent jus une barbaquenne, et la moitié des murs du milieu desquels en cheut deulx cents braces; là aussy avoit des couleuvrines et des traicts, tant que à peine véoit-on le ciel; toutesfois ceulx de dedans relevoient les bresches du mur de grosses tonnes et de bois et terre, et d'aultres choses; et se deffendirent au mieulx qu'ils pooient. En icelluy lieu se deffendoit fort messire Jehan Justinian, ung Génevois[1], quy estoit aux gages de l'empereur, et s'y porta moult valliamment; mesme aussy toute la cité avoit grand espoir en luy et en sa valliance. Mais en icelluy lieu, pour faire son dernier effort, le Turcq, avecq dix mille hommes pour garder sa personne, et deulx bannières élevées, et autre infiny nombre de Turcs avecq eulx, et ceulx du chasteau de bois, par eschelles et aultres instruments, commencèrent à emplir les

(1) Génois.

fossés et à monter sur les murs. Lors feut messire Justinian blessié d'une couleuvrine; et s'en partit pour soy faire médeciner; et bailla sa garde à deulx gentilshommes genevois. Néantmoins les Turcs montèrent sur les murs. Et adonc les chrestiens, eulx voyants sy oppressés, et aussy que icelluy Justinian s'en estoit allé, cuidants qu'il s'enffuit, abbandonnèrent leur garde et s'enffuirent. Lors entrèrent les Turcs en Constantinople, le vingt-huictiesme jour de may[1], audict an cinquante-trois, mectants touts à l'espée ceulx quy leur faisoient résistance. Illecq feut tué l'empereur de Constantinople; et dirent aulcuns qu'il eut la teste trenchiée; aultres disent qu'il mourut à la porte en la presse, cuidant issir. L'ung et l'aultre poeut estre vraye, ce qu'il fust mort en la presse, et que despuis les Turcs luy eussent trenchié la teste. A icelle entrée piteuse et douloureuse pour les chrestiens, les Turcs eurent paisible possession de la cité; et se transportèrent ès églises d'icelles, par espécial en la maistresse, quy est appelée Saincte-Sophie, quy moult estoit grande, large et espacieuse; et là trouvèrent-ils plusieurs dames et damoiselles, et femmes de grande auctorité, avecq plusieurs filles pucelles, desquelles ils eulrent leur compagnie charnelle de force et oultre leur gré et volonté, et en contempt de Dieu nostre créateur et de la foy. Et mesmement le Turc viola en icelle église la femme de l'empereur, et la tint despuis pour sa concubine, et l'emmena avecq luy quand il partit de la cité. Plusieurs aultres de ses gents commirent illecq peschié de luxure en plusieurs et diverses manières; et disoit-on qu'ils prindrent l'hostie sacrée du précieulx corps de Jésus-Christ, et la traisnèrent par les rues, et qu'ils ardirent le corps de saincte Sophie, et occirent touts les chrestiens, grands et petits. Voyants les galères vénitiennes du pays de Roménie icelle perdition, ils demourèrent jusques à midy, attendants de sauver aulcuns chrestiens, dont il en issit de la ville bien quatre cents; entre lesquels feut Jacques le Talet, quy estoit sur le mur à sa garde, bien loing de la porte ou entrèrent les Turcs, et s'entretint bien deulx heures après leur entrée, et gagna la mer, et se despouillia, et nagea jusqu'aux galères quy le receurent. On disoit encoires que sy l'armée de Venise, que menoit messire Jehan Rendour[1], feust arrivée ung jour devant qu'elle arriva, la ville eust esté bien secourue; en laquelle il y avoit noeuf galères vénitiennes et vingt navires du moings; mais elles ne vindrent pas à temps. Elle arriva seulement à Nigrepont, ung jour après icelle prinse.

CHAPITRE IX.

Comment la ville de Père se rendit au Turc, et comment aulcuns se saulvèrent et aultres périrent, et de la perte qui feut à Constantinople, et de la façon du Turc.

Ceulx de la ville de Père, lesquels n'avoient eu encoires nul assault, estoient, la plus grande part de la ville, allés en Constantinople pour le deffendre, et ceulx quy estoient demourés n'avoient rien osté de leurs biens, en laquelle avoit encoires six mille hommes, attendants la miséricorde de Dieu. Quand ils sceurent la prinse de Constantinople, ils envoyèrent les clefs de la cité au Turc, en se rendant en sa miséricorde. Toutesfois une grande partie des hommes et des femmes montèrent sur aulcunes nefs des Genevois[2] pour eulx s'en aller, et s'en allèrent; mais il y eut une nef chargée de femmes de Père quy fust prinse des Turcs. La prinse de Constantinople, comme on disoit, valloit au Turc quatre millions de ducats; et estimoit-on la perte de ceulx de Venise cinquante mille ducats; et ceulx de Florence y perdirent vingt mille ducats; et aultres cités y perdirent beaucoup. On disoit parmy ceulx quy avoient conversé avecq le Turc et cognoissoient ses faicts et conditions et sa puissance, que, à la prinse de Constantinople, il avoit vingt-trois à vingt-quatre ans, et estoit cruel plus que Néron, se délectant à espandre le sang humain. Il estoit fort courageux, ardant et désirant seigneuriser et triompher de tout le monde, plus que Alexandre ne César, ne aultres, quelque valliants qu'ils ayent esté; et alléguoit qu'il avoit plus grande seigneurie et puissance que nuls d'eulx n'avoient; et tousjours faisoit lire histoire devant luy; et disoit que aisée chose seroit de faire ung pont jusqu'à Venise pour passer ses gents d'armes; et enquestoit de Rome où elle estoit assise, et du duc de Milan et de ses valliances; et disoit qu'il tiendroit son siège en Constantinople, sy, qu'il disoit qu'il ne seroit nul en terre ne en mer quy l'osist atten-

---

(1) Constantinople fut prinse le 29. Voyez les Relations de ce siége dans l'appendice de ce volume.

(1) Jacques Lordonne. (2) Génois.

dre et quy ne luy portast les clefs des bonnes villes, à l'occasion qu'il avoit prins par force Constantinople, quy estoit la plus forte cité d'Europe, laquelle on n'euist jamais cuidé que armée, combien grande qu'elle fust, la deubst surmonter.

CHAPITRE X.

Comment le roy de France feit faire deux chasteaux à Bourdeaulx; et comment il olt grande apparence de guerre au royaulme d'Angleterre; et de la prinse du seigneur de l'Espare, et comment il mourut et feut escartelé.

Environ ung an après ce que le roy de France Charles olt reconquesté le pays de Guyenne et de Bourdelois, la deuxiesme fois il envoya grand nombre de gents d'armes et de francs archiers dedans la cité de Bourdeaulx, et illecq feit faire deulx chasteaulx en icelle cité pour tenir le peuple en subjection, dont l'ung feut situé sur le bord de la rivière et du costé de devers Biern[1]. A l'aultre bout de la rivière feit faire l'aultre chasteau. Et pour iceulx faire, ordonna le comte de Cleremont, le seigneur de Saintrailles, maistre Jehan Bureau et aultres.

En ce mesme temps et an, le duc d'Yorck print le gouvernement du royaulme d'Angleterre, et feit mectre ès prisons les ducs de Sombreset et Glocestre, c'est à sçavoir le duc de Sombreset en la grosse four de Londres, et le duc de Glocestre au chasteau de Pontfroit[2]. En celui an mesme, le roy Henry d'Angleterre manda aulcuns seigneurs de son pays, et leur remonstra comme le duc de Sombreset et le duc de Glocestre, ses propres parents et de son sang, estoient prisonniers. Sy vouloit bien que, s'ils n'estoient grandement chargiés de cas crimineulx contre sa majesté royale, qu'ils feussent deslivrés; dont ils feurent d'accord; et mesmement le maire et gouverneur de Londres dit qu'il les deslivreroit en bailliant bonne et seure caution. Et tantost après la deslivrance desdicts seigneurs, vint le duc de Sombreset en pouvoir et auctorité, et telle qu'il euist le régime et gouvernement du roy. Le duc d'Yorck se partit de la cour et s'en alla le plus secrètement qu'il peut en son pays, doubtant que le duc de Sombreset ne luy feist desplaisir.

En ce temps aussy feut prins le seigneur de l'Espare, lequel avoit esté cause de remectre le pays de Bourdelois en la main des Anglois; et feut mené en la ville de Poitiers, et illecq questionné.

(1) Béarn. (2) Pontefract.

Et après sa confession et son procès faict, feut condamné à mourir; et olt la teste tranchée; et puis feut escartelé et mis en six pièces, lesquelles feurent pendues en divers lieulx, comme l'on a accoustumé de faire en tel cas d'ung traistre, pour donner exemple à touts aultres.

CHAPITRE XI.

Comment le chevallier Blanc occit vingt-quatre mille Turcs, et envoya dix-huict Turcs, à savoir: six au pape, six au roy de France, et six au duc de Bourgoingne; et de la condempnation de maistre Guillaume l'Ollive, docteur en théologie, comme vaudois.

En ce temps, ung nommé le chevallier Blanc[1], mareschal de Hongrie, lequel n'estoit point noble, mais estoit ung mareschal, lequel se meit en ladicte guerre soubs le roy de Hongrie, duquel il feut depuis ung grand capitaine, se meit sur les champs pour combattre le Turc; et avoit en sa compagnie de vingt à vingt-quatre mille combattants; lesquels Turcs avoient jà gagné le port de Sambonne, où estoient bien quatre-vingt mille, auquel port feut quinze jours pour attendre toute puissance quy sur eulx pourroit venir. Ce venu à la cognoissance dudict chevallier Blanc, se partit de Moreuve[2] et vint joindre au Turc environ deulx heures devant le jour; et tellement se combattit sur ceulx quy estoient sur terre qu'il en mourut jusques au nombre de vingt-quatre mille; et ceulx quy estoient en la mer, voyants le déluge et fortune estre tournée sur leurs gents, s'enfuirent et ne peulrent estre poursuivis, pour ce que ledict chevallier Blanc n'avoit nuls navires. Toutesfois lesdicts Turcs se combattirent valliamment; et y feut le chevallier Blanc fort navré et plusieurs de ses gents. En ceste desconfiture feurent prins cinquante Turcs ou environ, desquels ledict chevallier Blanc en envoya six au pape Nicolas, six au roy de France et six au duc de Bourgoingne; et feut illecq prins aussy le cousin du Turc. En celluy an mourut le pape Nicolas, quy estoit en sa force; et feut trouvé qu'il feut empoisonné, et succéda en la papalité le pape Calixte.

L'an au dessusdict cinquante-trois, par ung dimanche, surveille du jour de Noël, feut eschaffaudé et preschié publiquement et condampné perpétuellement estre en prison de l'évesque en la cité d'Evreulx en Normandie, ung nommé maistre Guillaume de l'Ollive, docteur en théologie, prieur de Sainct-Germain-en-Laye, et au

(1) Jean Corvin Hunniades. (2) Peut-être pour Moravie.

devant augustin et de certains aultres ordres, lequel, par tentation et exhortation de l'ennemi d'enfer, auquel il s'estoit donné pour accomplir ses délices mondains, et par espécial pour faire son plaisir d'une dame chevallieresse, comme on disoit, se meit en telle servitude de l'ennemy qu'il luy convenoit estre en certain lieu toutesfois qu'il estoit invité par ledict ennemi; auquel lieu ils avoient accoustumé de faire leur consistoire; et ne luy falloit monter que sur ung bastoncel, qu'il estoit prestement transporté là où ledict consistoire se faisoit. Et confessa icelluy maistre Guillaulme, de sa bonne vollonté, avoir faict hommaige à l'ennemy, estant en semblance et espèce d'ung mouton, en le baisant par le fondement; et persévéra par diverses années en son dampnable propos; et avoit tousjours aide de l'ennemy en tout ce qu'il luy voulloit requérir, jusques à ce qu'il feust accusé et atteint d'icelluy maléfice et détenu prisonnier. Depuis lequel emprisonnement faict par justice, la puissance de l'ennemy ne feut de nul effet; et demoura icelluy maistre Guillaulme en prison en la fosse, au pain et à l'eau. Par ladicte condempnation en icelluy emprisonnement, luy feut remonstré par l'inquisiteur moult haultement et solemnellement les belles prédications et enseignements qu'il avoit faicts au peuple au temps passé, quand il alloit par les pays preschier la foy de Jésus-Christ; et plusieurs aultres remonstrances luy feurent faictes par ledict inquisiteur. Après laquelle remonstrance, icelluy maistre Guillaulme, sçachant que bonnement il avoit délinqué bien grandement envers nostre rédempteur et créateur, commença à gémir et douloir de son mesfaict, en criant mercy à Dieu et à justice, en soy recommandant aulx prières des assistants; puis feut mené en la fosse pour faire pénitence du très horrible cas quy luy estoit advenu.

CHAPITRE XII.

De la sentence quy feut baillée contre Jacques Cœur, argentier du roy de France, lequel avoit esté faict prisonnier, et depuis eschappé de prison.

Au dessusdict an cinquante-trois, par le chancellier de France, en la personne du roy de France, feut prononcée la sentence de Jacques Cœur, argentier d'icelluy roy de France; lequel Jacques Cœur, extraict de petite génération sans quelque noblesse, en sa jeunesse se boutta en marchandises, et petit à petit multiplioit tellement qu'il se mesloit de toutes marchandises; et devint sy puissant en marchandises qu'il avoit facteurs quy distribuoient ses marchandises par touts les royaulmes chrestiens, et mesme, comme on disoit en Sarrasinerie et ès pays des infidèles; et avoient des facteurs sans nombre par touts pays, lesquels vivoient soubs luy, desquels la pluspart ne le avoient oncques veu. Et pour la richesse et conduicte de luy, avoit faict le roy de France son argentier. Icelluy Jacques Cœur, comme on disoit, avoit esté cause que le roy de France avoit reconquis la duché de Normandie, par les grands deniers qu'il luy avoit prestés et avanciés; et avoit faict audict roy maints prests et plaisirs. Il estoit sy riche qu'on disoit qu'il faisoit ferrer ses hacquenées et chevaulx de fers d'argent, et portoit de sa devise et livrée en escripture : *A Cœur vaillant riens impossible*. Et avoit faict faire à Bourges en Berry une maison la plus riche de quoy on pooit parler. Toutesfois icelluy roy Charles, l'an précédent cinquante-deux, sous umbre de certaine accusation de crime que luy imposa la damoiselle de Mortaigne[1] et aultres, icelluy roy Charles le avoit faict faire prisonnier, et tenir en prison fermée bien estroictement et bien gardé; de laquelle il eschappa, par moyen qui seroit long à raconter, et s'en alla à Rome; et illecq se tenoit aussy honorablement comme il faisoit en France; car, nonobstant que tout ce qu'il avoit en France, que on estimoit valloir ung million d'or, quy vault dix cents mille escus, le roy avoit faict tout mectre en sa main, et n'en avoit rien, sy estoit-il encoires riche, pour les grosses marchandises qu'il avoit hors du royaulme. Et feut sa sentence telle :

« Combien que Jacques Cœur ait ung chrestien, lequel estoit eschappé des mains des Sarrasins, par convoitise ou aultrement, comme Infidèle, rendu aux mains des Sarrasins, avecq ce ait baillié et deslivré aux Sarrasins, ennemis de la foy chrestienne, armures de toutes sortes, forgiées à usage de guerre, et mesmement envoyé plusieurs ouvriers pour icelles faire, et instruire les Sarrasins, quy paravant n'en avoient oncques eu nuls, et induement ait prins et rapiné plusieurs finances sur les pays du roy, tant en Languedoc comme ailleurs, pour lesquelles causes et crimes, par rigueur de justice, il ait desservi mort : le roy, veuillant toujours

(1) Mortaing.

user de miséricorde, luy remet la mort et luy saulve la vie, et le condampne à rachepter le chrestien qu'il a revendu, quelque somme d'argent qu'il doive couster, ou ung chrestien rachepter des mains des Sarrasins, se ravoir on ne le peult.

« *Item*, pour deniers induement prins au royaume, il le condampne à cent mille escus.

« Et pour offenses à luy commises à plusieurs et diverses fois, à trois cents mille escus; et le surplus de touts ses biens confisqués au roy.

« Et avecq ce le bannit à tousjours du royaume de France, réservé tousjours la bonne grace et plaisir du roy [1]. »

Et au regard de la damoiselle de Mortaigne, laquelle le avoit faussement accusé de plusieurs crimes, jà-soit-ce que à ceste cause euist confisqué corps et biens, le roy luy a redonné sa vie en faveur de son mary et prédécesseurs, quy ont servi le roy de tout temps; et feut condampnée de faire amende honorable au roy, c'est à sçavoir ou à son procureur, en disant que faussement et desloyaument elle avoit accusé d'aulcuns crimes ledict Jacques Cœur, Jacques Coullognes et Martin Prandous, en requérant à Dieu, au roy et à justice, pardon et mercy [2].

CHAPITRE XIII.
Du discord quy feut pour l'éveschié d'Arras.

En ce temps, et en l'éveschié d'Arras, vacante pour ung nommé Forteguerre, les chanoines Nostre-Dame d'Arras requirent le duc de Bourgoingne de non eslire évesque, veuillants y mectre par vertu d'une bulle du pape Jehan Godeffroy, moine et abbé de Luceux. Ung nommé maistre Denis de Montmorency, chanoine et doyen de Tournay, impétra l'éveschié à l'archevesque de Reims; et feut esmeu procès entre icelluy doyen et abbé, tellement que par le parlement l'éveschié feut adjugé au prouffit dudict maistre Denis; pour quoy feut envoyé par la cour de parlement ung seigneur de parlement nommé maistre Jehan Damoiseau, pour prendre la possession de l'éveschié. Lequel, pour ce faire, arrivé en la cité d'Arras par ung

(1) Voyez dans l'Appendice le texte même de la sentence d'après une copie authentique tirée des archives du château de Saint-Fargeau, et que le propriétaire de Saint-Fargeau, M. le marquis de Boisgelin, a bien voulu m'autoriser à reproduire ici pour la première fois.

(2) Voyez dans l'Appendice ce qui est relatif à Jacques Cœur.

soir, se logea en une hostellerie où pend pour enseigne, à l'Ostour; et le lendemain s'en alla vers l'église Nostre-Dame, cuidant faire son exploict à l'entrée du portail. En laquelle église il trouva ung chevallier de Portugal, de l'hostel du duc de Bourgoingne, accompagnié de plusieurs gents de guerre, lequel pria audict maistre Jehan qu'il se déportast d'entrer en ladicte église; et feut le dict seigneur du parlement constrainct de s'en retourner à Paris sans riens faire. Et peu de temps après, le duc Philippes de Bourgoingne en personne, et le comte de Charrollois son fils, vint mectre ledict Jehan Goddefroy, abbé de Luceux, par bulle du pape, en possession de l'éveschié; et tint audict abbé compagnie à faire son entrée audict éveschié, quelque deffense au contraire faicte par le roy. Et depuis ce faict, voyant ledict maistre Denis que contre ledict duc ne pooit résister, s'accorda audict Jehan, évesque d'Arras, et lui quitta et transporta son droit en ladicte éveschié, moyennant que, pour les frais et despens qu'il avoit fait à cause dudict éveschié, il fourniroit quatre mille francs monnoie royale; et moyennant ce il renonça au droict qu'il avoit en l'éveschié.

CHAPITRE XIV.
Comment le pape Nicolas envoya devant le duc Philippes, de Bourgoingne ung chevallier avec la copie d'unes lettres que le grand Turc avoit escriptes au pape Nicolas.

En l'an de l'Incarnation de Nostre-Seigneur mil quatre cents cinquante-trois, la nuict Sainct-Martin d'hiver, en Lille en Flandres, arriva ung chevallier envoyé par nostre Sainct-Père le pape Nicolas devers le duc Philippes de Bourgoingne; lequel chevallier apporta unes lettres audict duc, de par ledict pape Nicolas, contenants comment le grand Turc, accompagnié de la grande multitude de payens et Sarrasins, estoient entrés en chrestienneté, et déjà avoient prins la cité de Constantinople en Grèce et l'empereur décollé, sa femme violée, traisné l'hostie consacrée ou précieux corps de Jésus-Christ par les rues, le corps de madame saincte Sophie arse et bruslé, destruit toute ladicte ville, et occis les chrestiens grands et petits, et conquesté toute la Grèce; et s'efforçoient de plus en plus entrer en chrestienneté et destruire les pays des chrestiens; pourquoy ledict pape Nicolas prioit et requéroit au duc de Bourgoingne que, comme bon chrestien et fils de saincte Eglise, il se vollust disposer et ordonner de faire aide aux chrestiens contre les ennemis de la foy. Après ce que le duc olt leu icelles lettres, ledict chevallier luy presta la copie des lettres que ledict Grand-Turc avoit envoyées audict pape Nicolas, dont la teneur s'ensuit[1] :

« Morbesant, Hopresant, ensemble ses frères, Callabilabra, collatériaux chevalliers de l'empire de Organcy[2], seigneur de la presqu'Isle d'Achaye, au grand prestre de Rome, nostre bien-aimé, selon qu'il a desservi. Il est venu à nostre cognoissance que, à la requeste du peuple des Vénitiens, vous faictes publier par les églises d'Italie que touts ceulx qui nous feront guerre auront plein pardon en ce monde et vie éternelle en l'aultre; de quoy avons esté acertenés par aulcuns piétons croisés quy naguières ont passé la mer en navire de Vénitiens : et de ce nous donnons grand merveille; car, se Dieu vous a donné telle puissance, vous en devez user raisonnablement, sans pour ce induire les chrestiens à nous faire guerre, attendu que nous sommes certains que nos prédécesseurs ont toujours maintenu que oncques ne feurent consentants de vostre Jésus-Christ crucifié, et ne possèdent point la Terre-Saincte, ains ont toujours hay les Juifs, pour ce que nous trouvons en nos histoires et croniques, que par envie et trahison meirent ledict prophète vostre Jésus-Christ en la main de Pilate, président en Jérusalem pour les Romains, quy le feit mourir en croix ; et d'aultre part, prenons à grande desplaisance que les Italiens nous fassent guerre, veu que nous avons à eux naturel amour, pour ce qu'ils sont partis de nous, ensemble toute leur gloire, nom et puissance, c'est à sçavoir, de Anthenor, venant du lignage du grand Prian, jadis seigneur de Troyes, le grand chef de la nation des Turcs; et pour ce, comme son successeur, entendons et proposons rédifier ladicte cité de Troyes et remectre en estat sa seigneurie, et ramener à obéissance de nostre empire toute l'Europe. Et singulièrement en vengeance du sang de Hector, et subversion de la noble cité de Troyes et pollution du grand temple de Pallas, subjugué avons toute la Grèce et les habitants d'icelle, comme successeurs et héritiers de ceulx quy feirent ladicte destruction de Troyes, ensemble les terres que tiennent les Vénitiens, et qu'ils ont par force submises, à nous promises par le sort des prophéties. Sy prions et requérons vostre prudence que doresnavant vous déportez de donner telles bulles et que ne sollicitez les chrestiens à nous faire guerre, attendu que ne sommes aulcunement desliberés à leur faire guerre à cause de leur créance et foy, mais seulement pour le droict temporel que avons èsdictes terres de nostre conqueste; car sy nous adorons Jésus-Christ, nous le confessons et sçavons estre vostre prophète. Et derechief nous avons souvent entendu, que en vostre loy ne devez aulcuns constraindre par force ; car se nous faisons guerre aux Vénitiens, nous la faisons à juste tiltre, pour ce que, sans auctorité de prince ou de seigneur, ils, de leurs volontés et forces, ont usurpé les terres qu'ils détiennent en Europe, ce que ne pourrions, ne ne debvrions bonnement souffrir. Ains, puisque le temps de nos promesses est présentement advenu, sommes desliberés de mectre lesdictes terres hors de la tyrannie desdicts Vénitiens ; et mesmement que ledict peuple des Vénitiens ne communique en riens avec les aultres nations d'Italie, ains se réputent les plus grands des aultres : parquoy, à l'aide du grand Dieu Jupiter, avons intention de rabaisser du tout leur orgueil et mectre tout au bas. Toutefois, si pour les choses dessusdictes n'estes deliberé de cesser de nous faire esmouvoir guerre, soyez certain que nous mectrons sus toute nostre puissance, et requerrons l'aide de l'empereur d'Organ et des aultres princes et roys d'Orient, quy jusques à ores faignent qu'ils dorment et ne vous font guerre ; et assemblerons sy grand puissance que nous pourrons lors résister, non seulement à vos piétons croisés que vous avez envoyés, mais sy vous esmouvez contre nous les Galles et les pays latins, nous y résisterons à toute puissance par l'aide de Neptune, dieu de la mer; et par la puissance de nostredict navire conquesterons l'isle de Lesponte[1], et d'illecq entrerons en Croacie et Dalmatie, régions d'Acquilon. Donné en nostre palais triomphant, l'an de Mahomet dix [2], au mois de juing. »

---

(1) Il est inutile de s'arrêter à discuter l'authenticité de cette lettre ridicule, rapportée par plusieurs chroniqueurs.

(2) Urgentz, voyez l'Atlas catalan de 1374, publié par moi dans les notices des Manuscrits. de la Bibl. du roi, t. XII.

(1) Hellespont.

(2) L'ignorant auteur de cette lettre apocryphe, qui fait de Jupiter et de Neptune des dieux mahométans, pouvait sans

[1458] LIVRE III, CHAP. XV. 87

Par lesquelles lettres dessusdictes apparoit la cautelle du grand Turc, quy met en avant qu'il ne vouloit point de guerre aux chrestiens à cause de leur foy, mais seulement pour occasion de recouvrer sa seigneurie temporelle, qu'il disoit luy appartenir à cause de Troyes la grande, dont il estoit party, comme il disoit ; et tout ce qu'il disoit n'estoit à aultre fin synon de destourber les princes à donner aide et confort aux Vénitiens et aultres pays chrestiens.

CHAPITRE XV.

De la response que le duc Philippes de Bourgoingne feit au message du pape, et des vœux quy feurent voués, lesquels vœux peu ou néant feurent accomplis.

Après ce que le duc Philippes de Bourgoingne olt veu les lettres que nostre Sainct-Père de Rome, le pape Nicolas, luy avoit envoyées avecq celles du Turc, il festoya et bienveigna moult haultement ledict chevallier, porteur desdictes lettres, et luy dict : qu'à l'aide de Dieu il feroit secours aux chrestiens le plus brief qu'il pourroit, contre ledict admiral de Turquie, ennemy de la foi. Et pour commencement de faire secours, envoya quatre gallées furnies d'engins à nostredict Sainct-Père, et luy rescripst ses lettres, et donna grand don audict chevallier. Et après ces choses faictes, le chevallier se partit de Lille et s'en retourna.

Et comme en ce temps, ung peu devant caresme prenant, Jehan, duc de Clefves, vint veoir le duc de Bourgoingne, son oncle, à Lille, auquel lieu de Lille ledict duc de Clefves feut grandement festoyé, et de moult riches mangiers où feurent dames et damoiselles, en lesquels banquets, Jehan, comte d'Estampes, en feit ung moult riche ; duquel banquet et mangier trop longue chose seroit à raconter les histoires et richesses, sans les vivres quy y feurent ; sy m'en tairai, sinon qu'en la fin du mangier dudict banquet veint une jeune fille de l'age de douze ans, laquelle, accompagnée noblement, monta sur la table et meit ung chappel de fleurs sur le chef du duc de Bourgoingne, quy estoit signifiance que le duc, après cestuy banquet, en devoit faire ung. Lequel duc moult liement receupt ledict chappel ; et douze jours après ledict banquet, feit ung banquet et mangier audict lieu de Lille, auquel banquet il manda plusieurs nobles, princes, chevalliers et escuyers, duquel je parlerai, pour tant qu'il y olt plusieurs misteres ; car le jour que ledict banquet se debvoit faire au vespre, ledict duc de Bourgoingne, ainsy que une heure après midy, feit issir de son hostel ung chevallier, lequel estoit venu et extraict anciennement du chevallier au Cigne [1], lequel estoit fils de la sœur dudict duc de Bourgoingne, frère du duc de Clefves, et estoit nommé Adolf ; et avoit le chevallier fait vœu de jouster celuy jour contre touts venants, à chascun ung coup de lance. Lequel chevallier au partir de son hostel avoit ung cigne de la grandeur d'ung cheval, au moins la façon, car c'estoit ung homme vif dedans ; lequel conduisoit ledict chevallier atout une longue chaisne de fin or, et au costé du cigne alloient les façons de deulx hommes saulvages ; et le chevallier estoit environné de gents en forme d'aigles. Après lequel chevallier alloit le duc de Bourgoingne, quy portoit sur luy plusieurs pierres précieuses, lesquelles on estimoit valoir ung million d'or ou plus ; et ledict duc, ledict jour, quy, passé seize ans devant, ne avoit donné livrée de robbe sinon de noir, feit faire à ses gents robbes de couleurs, comme paravant lesdicts seize ans il avoit accoustumé, et luy mesme porta couleur. Plusieurs princes et chevalliers alloient avecq le duc de Bourgoingne et conduisoient le chevallier au Cigne, tant qu'il vint jusques au marchié de ladicte ville, auquel il debvoit fournir sa jouste ; et illecq, contre icelluy chevallier au Cigne vindrent jouster plusieurs princes et seigneurs, desquels aulcuns je nommerai : premier, Charles, comte de Charrollois, fils légitime dudict duc de Bourgoingne (et plus d'enfant légitime ne avoit), le comte de Sainct Pol, son frère, le seigneur de Fiennes, Anthoine, fils bastard dudict duc, et aultres, desquels le compte seroit trop long ; sy m'en tairai.

Après laquelle jouste finie, chacun se retira en son hostel, et le duc pareillement ; lequel, toutes les dames et damoiselles quy avoient esté à ladicte jouste et le regardé, emmena et feit toutes venir en son hostel. Entre lesquelles estoient dame Isabel de Portugal, femme dudict duc de Bourgoingne, damoiselle Catherine de Bourbon, fille du duc de Bourbon, niepce dudict duc, et

plus de scrupule transformer l'année 857 de l'hégire en l'année dix.

(1) Voy. les Mém. de Mathieu de Coussy et d'Olivier de la Marche.

tant d'aultres dames, damoiselles et bourgeoises que sans nombre, lesquelles je ne sçaurois nommer. Auquel hostel du duc de Bourgoingne estoit le mangier et banquet tout prest. Auquel banquet, après ce que chascun et chascune feut assis, par engins faicts, vindrent tout du haut de la salle et descendoient chariots, comme chaires de dames, plains de toutes manières de vivres que on pourroit deviser, et chascun chariot faisoit un plat de mets. Je me tairai de toutes manières que pour corps d'hommes on pourroit nommer. Il y avoit devant la haucte table une fontaine faicte par engin, quy jettoit eaue. Au milieu de la salle il y avoit ung lion devant lequel on bastoit ung chiennet petit, et assez près en une fœuillère, avec la façon d'ung homme saulvage. En ladicte salle y avoit une jeune pucelle quy jettoit de ses mammelles hypocras au lieu de laict, et assez près d'elle y avoit ung jeune enfant quy jettoit par sa broquette eaue de rose. Tant d'aultres choses y avoit que trop longue chose seroit à raconter. Droict devant la table dudict duc de Bourgoingne y avoit faict une église, de laquelle issit ung clerc séant sur ung dromadaire, lequel dromadaire menoit ung geyant tout vif; lequel clerc, oyants touts, addressa sa parole au duc de Bourgoingne, et en beaulx mots luy remonstra : comment saincte Eglise perdoit de jour en jour son héritaige, et comment chrestienneté estoit foulée par les ennemis de la foy, en ramentevant les nobles chrestiens trespassés quy en leur temps soustindrent la foy. Et comme ledict clerc se complaignoit au nom de saincte Eglise, ung nommé Toison-d'Or, premier héraut du duc de Bourgogne, apporta ung faisan rosti, que l'on nomme aultrement colimoge[1], moult joliment joly; et présenta ledict hérault ledict faisan au duc pour entremets; et dict ledict hérault au duc que à tel pied y chéoit vouer. Lors le duc de Bourgoingne reprint les paroles du hérault, et dict que c'estoit bien droict de vouer et qu'il commenceroit tousjours premier. Lors voua le duc de Bourgoingne, présents touts ceulx quy là estoient, à Dieu le Père, Dieu le Fils et au benoist Sainct-Esprit, ung seul en trois personnes, à la glorieuse vierge Marie, mère de Dieu, et à toute la cour de paradis, que, se le roy de France volloit tenir ses pays en paix, il iroit où le grand admiral de Turquie estoit, et toute sa puissance, et qu'il le combattroit, se audict admiral ne tenoit, de son corps contre le sien, ou puissance contre puissance. Après lequel vœu faict par le duc, le faisan feut présenté à touts les princes quy illecq estoient, chevalliers et nobles hommes, c'est à sçavoir : le comte de Charrollois, le duc de Clefves, Adolf, son frère, le comte d'Estampes, le comte de Sainct-Pol et plusieurs aultres seigneurs, lesquels feirent plusieurs grands vœux, desquels je n'en parleray, pour tant qu'ils ne feurent pas accomplis ne faits, et s'y seroit la chose trop longue à raconter. Après lesquels vœulx faicts, y olt plusieurs jeulx de mistères, danses et mommeries; et après lesquels danses chascun s'en alla coucher en son hostel.

CHAPITRE XVI.

Comment le duc Philippes de Bourgoingne feit fiancer à son fils la fille du duc de Bourbon, laquelle estoit fille de sa sœur; et comment après ce ledict duc se partit et s'en alla en Allemagne, pour trouver passaige et avoir aide et compagnie pour aller sur les Infidèles.

Environ huict jours après ce que le duc Philippes de Bourgogne olt faict le banquet et vœulx dessusdicts, en la première sepmaine de mars, ledict duc de Bourgoingne feit fiancer à Charles, son fils légitime (et plus n'en avoit), Catherine, fille du duc de Bourbon, sa niepce, fille de sa sœur. Pour lequel marriage parfurnir il envoya à Rome Jehan, évesque d'Arras, pour avoir une dispensation de nostre Sainct-Père, pour parfaire ledict marriage. Après ce faict, le duc de Bourgoingne congia touts ses officiers domestiques jusques à vingt-deulx mois passés, qu'il espéroit estre autant dehors; de quoy ses serviteurs feurent eshahis; car plusieurs en y avoit quy n'avoient point tant espargné que pour vivre sans gage ledict temps durant. Et le quinziesme jour de mars ensuivant, l'an dessusdict cinquante-trois, le duc de Bourgoingne se partit de Lille à privée compagnie, et print son chemin par Bourgoingne, et puis s'en alla ès Allemagnes pour cuider trouver l'empereur illecq, affin de sçavoir audict empereur d'Allemagne et aulx aultres princes s'ils ne voldroient point faire secours aulx chrestiens, et aussy se par lesdictes Allemagnes ses gents polroient passer sans avoir encombrier. Esquelles Allemagnes, de plusieurs grands princes il feut moult haultement et notablement festoyé et bienvenu; mais il ne parla point à l'empereur; ains envoya l'empereur devers luy, mandant qu'il se despor-

---

(1) Coq de limousin.

tast de venir vers luy, pour certaine maladie qu'il avoit. Aulcuns disoient que l'empereur feignoit estre malade, et qu'il ne l'estoit pas; mais il ne volloit pas parler audict duc, doubtant que s'il parloit, que le duc luy eust tant requis d'aller sur les Turcs qu'il ne l'eust sceu bonnement refuser; et toute voye il n'y volloit pas aller, car icelluy empereur Frédéric n'estoit pas chevallereux en armes, ains estoit tout quoy avecq sa femme, et ne ly chaloit de guerre. Toutes voies les messagiers d'icelluy empereur quy vindrent vers le duc prindrent journée de eulx retrouver devers le duc et l'empereur, se faire se pooit, en dedans six mois, pour lors conclure sur les requestes que le duc faisoit aulx ambassadeurs de l'empereur, au nom dudict empereur, touchant le secours qu'il avoit intention de faire aux chrestiens. Ces choses ainsy faictes, le duc s'en alla et retourna des Allemagnes et s'en vint à Digeon en Bourgoingne, où il se tint une espace de temps.

CHAPITRE XVII.

Du marriage du comte de Charrollois à la fille du duc de Bourbon, et comment le duc, quand il retourna en ses pays, feut grandement festoyé et l'honneur que on lui feit.

L'an de grace mil quatre cents cinquante-quatre, le pénultiesme jour d'octobre, après ce que la dispense de cour de Rome feut venue, par le commandement du duc Philippes de Bourgoingne, lequel avoit envoyé icelle dispense contenant comment le pape dispensoit Charles, comte de Charrollois, fils du duc Philippes, et luy donnoit congié de prendre à femme et espouse Catherine de Bourbon, sa cousine germaine, enfants de frère et sœur, en la ville de Lille en Flandres, icelluy Charles espousa ladicte Catherine de Bourbon, la duchesse sa mère estant à Lille, et ledict duc à Digeon en Bourgoingne. Et feut ledict marriage si forcément faict que, la nuict de devant, ledict Charles n'en savoit rien. Et disoit-on que ledict Charles ne le faisoit point volontiers, pour autant que c'estoit sa cousine; et aussy que la duchesse sa mère et Anthoine le bastard, et aultres, le induisoient fort à soy marrier en Angleterre à la fille du duc d'Yorck, lequel duc disoit appartenir à luy le royaulme d'Angleterre, de quoy ledict duc feut adverty; et pour ceste cause,

ains qu'il se partist pour faire son voyage en Allemagne, il feit fiancer son fils à icelle Catherine de Bourbon, puis leur envoya quérir la dispense. Et me feut dict, et disoit-on communément encoires plus, c'est à sçavoir que, ains que ledict fiançage feust parfaict, et que le duc véoit bien que son fils eust volontiers reculé, que le duc manda son fils, et le bastard son fils, et présents plusieurs seigneurs, luy dict : « J'ai « entendu que tu fais envis [1] le marriage que je « veulx que tu fasses. Je ne sçay quy te meult, « sy-non que on m'a dict que tu te marrierois vo-« lontiers en Angleterre à telle. Je veulx bien que « tu saches que, combien que j'ay eu grandes al-« liances aux Anglois, et pour venger la mort « de mon père je me sois pieçà allié à eulx, sy « ne feut oncques mon cœur et mon courraige « anglois. Et veulx bien que tu le saches. Sy je « cuidois que tu le feisses et que tu te volsisses al-« lier, je te bouterois hors de touts mes pays, ne « jamais de seigneuries que j'ay tu ne joyrois; et « encoires plus, sy je cuidois que mon fils bastard, « que voilà présent, le conseillast, ne aultres, « je le ferois mettre en ung sacq, et noyer, et « touts ceulx quy te conseilleroient de toutes ces « choses. » Je m'en attends à ce qu'il en est. Toutes voies, comme dict ay, par le commandement très exprès du duc, Charles coucha icelle nuict avec sa femme, laquelle depuis il aima tant que c'estoit belle chose de la vie touchant marriage qu'ils menoient. Et disoient pour vray que pour rien icelluy Charles n'eust allé à aultre femme que la sienne; car lors c'estoit grande pitié que le péché de luxure régnoit moult fort, et par espécial ès princes et gents marriés; et estoit le plus gentil compagnon quy plus de femmes sçavoit tromper et avoir au moment, et quy plus luxurieux estoit; et mesme régnoit encoires plus icelluy péchié de luxure ès prélats de l'église et en touts gents d'église. Et comme, le temps durant que le duc feut hors de ses pays, ledict duc eust laissé le gouvernement de touts ses pays à Charles son fils, quy estoit en l'age de vingt ans, auquel gouvernement ledict Charles se contint très bien, et se faisoit fort craindre en faisant justice, car il volloit sur toute chose que justice feut faicte, ung dangier y avoit, comme on di soit, c'estoit qu'il estoit informé et s'informoit aucune fois, sans vouloir ouyr partie, pourquoy

---
(1) Avec peine, du latin *invitus*.

on le doubtoit moult, et désiroit-on la revenue de son père.

Environ le quatriesme febvrier, audict an cinquante-quatre[1], le duc de Bourgoingne s'en vint à Lille, auquel lieu il feut receu joyeusement ; et avoit-on faict commandement que chascun chief d'hostel envoyast au-devant du duc, atout une torche de cire ardente. Après ce qu'il eult séjourné à Lille ung peu, le vingt-quatriesme jour de febvrier, audict an, ledict duc de Bourgoingne vint en la ville d'Arras ; allencontre duquel chascun chief d'hostel de ladicte ville alla ou envoya, portant chascun une torche ou torsin ardent.

Et entra ledict duc en ladicte ville d'Arras par la porte Sainct-Michel. A l'entrée de laquelle porte, sur hourds faicts, y avoit jeulx de mistères et de personnages ; et illecq aussy vindrent allencontre de luy plusieurs grandes compagnies de pucelles, toutes blanches vestues, portants chascune ung torsin ardant ; lesquelles, sitost qu'elles veirent le duc, crièrent Noël ! Et y avoit moult de belles filles. Et après qu'il feut entré en la ville, il trouva tout du long de la tuillerie et du petit marché, faict sur hours, moult richement habilliés, toute la vie de Gédéon en personnages de gents en vie, lesquels ne parloient point ; ains ne faisoient que les signes de ladicte mistère, quy estoit la plus riche chose que on avoit veu piéçà, et moult bien faict au vif ; et disoit-on que ce avoit cousté plus de mille couronnes d'or. Brief, sy Dieu feust descendu du ciel, je ne sçais sy on en euist autant faict, ne peu plus faire d'honneur que on en feit audict duc. Et véritablement aussy il estoit moult aimé en touts ses pays, et tant que plus on ne pourroit ; et sy estoit redoubté de touts ses voisins et ennemis pour la valliance de luy.

CHAPITRE XVIII.

Des grands subsides et aydes que le duc de Bourgoingne demanda au pays d'Artois et ailleurs en ses pays pour aller guerroyer les Turcs, et de plusieurs incidents.

Cinq jours après ce que le duc Philippes de Bourgoingne olt ainsy esté receu, festoyé et honnoré en la ville d'Arras, ledict duc assembla et manda les trois estats de la comté d'Artois ; auxquels trois estats il requist que, affin de

(1) Ou cinquante-cinq, nouveau style.

résister aux ennemis de la foy, qu'ils volsissent faire aide de six vingts mille couronnes d'or, les soixante-dix pesants huict onces, quy est le marc de Troye. De laquelle aide qu'il requit lesdicts trois estats feurent moult esbahys ; car la comté d'Artois en domaine ne vault au comte d'Artois que 14,000 francs. Toutesfois, tant par crainte que par amour, on luy accorda et promit payer 56,000 francs, moyennant qu'il ne lèveroit ledict argent jusques à ce qu'il se partiroit, et son armée avecq luy, pour aller sur lesdicts Turcs ; et aussy le duc de soy-mesme le promit. Après ce faict, le duc se partit de la ville d'Arras, et s'en alla en Flandres, Brabant, Haynault et ailleurs ses pays, où illecq il requist aussy moult grandes et grosses aides pour faire ledict voyage ; lesquels en partie on l'y accorda, comme dessus dict est, tant par crainte que par amour.

En ce temps, l'an mil quatre cents cinquante-cinq, ou environ la Sainct-Jehan-Baptiste, Raoul de Habare, frère germain du seigneur de Habare, accompagné de quatorze ou quinze hommes, entra en la cité d'Arras, environ six heures du matin, par la porte Maistre-Adam ; à laquelle porte il laissa les huict de ses compagnons, et luy sixième alla ens, au cellier de l'hostel de la Couronne, en la cité, quy est entre le portal de l'église et la porte d'Arras, et illecq print au lit tout nud ung nommé Estienne Braquet, sergent du prévost de la cité, et le tira hors, et tant le bastit que deulx jours ou trois après il mourut.

En ceste saison aussy, audict an mil quatre cents cinquante-cinq, mademoiselle de Villeclerc[1], laquelle estoit très bien en la grace du roy, et comme on disoit, en faisoit le roy ce que luy plaisoit, de une jeune fille d'ung escuyer nommé Anthoine Rebreuves, demeurant en la cité d'Arras, nommée Blanche, (laquelle fille demeuroit avecq la dame de Jenly, femme du seigneur de Jenly, laquelle dame estoit alléeà la cour du roy et avoit mené ladicte Blanche,) laquelle estoit la plus belle que on eust peu veoir ne regarder ; icelle dame de Villeclerc, sitost

(1) Antoinette de Maignelais, veuve du sieur de Villequiers, la même qui vécut ensuite avec François II, duc de Bretagne, dont elle eut quatre enfants. Elle avoit acquis pour 8 mille écus d'or, environ 80 mille louis de notre monnoie, la terre de Menneton Salon en Berry, qui avoit appartenu à Jacques Cœur.

qu'elle vit icelle fille, pria moult de l'avoir avecq elle; mais la dame de Jenly luy respondit qu'elle la remèneroit ou la renvoyroit à son père, et que sans le congié de son père ne l'auroit pas, et aussy la ramena; mais assez tost après, par le gré et consentement de son père, du seigneur de Saucourt, oncle d'icelle Blanche, et du seigneur de Jenly, Jaquet de Rebreuves, frère d'icelle Blanche, très bel escuyer, aigié de vingt-sept ans, ou environ (et sa sœur de dix-huict ans), mena sadicte sœur Blanche à la cour du roy, demourer avecq icelle damoiselle de Villeclerc; et feut ledict Jacques retenu escuyer tranchant d'icelle damoiselle. Et pour vray icelle damoiselle tenoit grand estat, et plus grand que la royne de France; et le vouloit ainsy le roy. Icelle dame de Villeclerc estoit moult belle, et estoit mariée; et sy avoit esté niepce d'une damoiselle qu'on appeloit la belle Agnès, laquelle avoit esté totalement en la grace du roy; et dit-on qu'icelle Agnès mourut par poison moult josne[1]; après laquelle, icelle damoiselle Villeclerc gouverna le roy pareillement, ou plus que ne avoit faict sa tante.

Et avoit toujours icelle dame de Villeclerc trois ou quatre filles ou damoiselles, les plus belles qu'elle pooit trouver; et suivoient le roy partout en moult grand estat et bobant, et tout aulx dépens du roy. Et nonobstant toutes ces choses, et que le père, frère, oncle et seigneur de Jenly fuissent advertis de tout ce que j'ay dict et du gouvernement, ils y envoyèrent icelle belle fille Blanche, et là y mena son frère. Laquelle Blanche, au partir de l'hostel de son père en la cité d'Arras, plouroit moult fort; et me feut dict qu'elle dict qu'elle aimeroit mieulx qu'elle puist demourer avec son père, et mangier du pain et boire de l'eaue. Toutes voyes elle y alla; et disoit-on que son père luy avoit envoyé par escarseté[2] et chiceté, affin qu'il ne luy coustast rien, ne son fils quy estoit son aisné fils, nonobstant que ledict Anthoine estoit très riche homme et bien à l'avant, ayant de beaux héritaiges. Et assez tost après que icelle damoiselle Blanche olt esté ung peu de temps avec ladicte damoiselle de Villeclerc, la renommée couroit qu'elle estoit aussy très bien en la grace du roy; et pareillement qu'estoit la damoiselle de Villeclerc.

(1) Agnès mourut en couches en 1449. (2) Avarice.

CHAPITRE XIX.

Comment le duc Philippes de Bourgoingne feit son fils bastard, nommé David, évesque d'Utrech, quy est entre Frise et Hollande; et de la guerre quy s'en esmeut; et comment enfin le duc feit sa volonté, et feut sondict fils évesque, nonobstant qu'il feust évesque de Thérouanne.

En l'an mil quatre cents cinquante-cinq, l'évesque d'Utrech, une grosse cité, située entre les pays de Hollande et le pays de Frise, mourut; après laquelle mort les chanoines de ladicte église esleurent le prévost d'icelle église, lequel estoit frère du seigneur de Brederode, lequel seigneur de Brederode portoit l'ordre du duc Philippes de Bourgoingne, quy estoit le Toison d'Or, et estoit parent au duc. Et ains[1] ladicte eslection faicte, le duc envoya prier aulx chanoines de ladicte église d'Utrech (et ains aussy que l'évesque feust mort), que se ledict évesque mouroit, qu'ils volsissent eslire à évesque David, son fils bastard, évesque de Thérouanne, ce qu'ils ne voullurent accorder; pourquoy le duc envoya impétrer ledict évesquié pour son fils au pape; lequel confirma ledict évesquié audict David, après la mort de l'évesque; et comme ce temps pendant l'évesque d'Utrech mourut, après ce que le duc olt ladicte confirmation du pape pour ledict David, il se transporta en son pays de Hollande, en une ville qu'on appelle La Haye en Hollande, contendant par douce voye tant faire à ceulx d'Utrech qu'ils receussent son fils à évesque. Et arriva le duc à ladicte Haye environ le jour Sainct-Remy, l'an mil quatre cents cinquante-cinq; auquel lieu il séjourna jusqu'à la Sainct-Jehan-Baptiste mil quatre cents cinquante-six ensuivant, sans qu'il sceust ne peult estre d'accord à ceulx d'Utrech. Et quand le duc veit que sans force il ne mectroit point son fils en ladicte évesquié, sy assembla ses osts près de ladicte ville d'Utrech. Après ce qu'il olt assemblé ses osts, ceulx d'Utrech s'accordèrent à luy, et feut le traictié faict entre le duc et ceulx d'Utrech, par telle condition, que ledict David auroit l'évesquié d'Utrech, quatre mille francs d'or chascun an, et deulx mille francs chascun an sur l'évesquié de Thérouane, quy font quatre mille couronnes d'or; avecq ce auroit ledict esleu, pour les mises et despens qu'il avoit faicts, cinquante millions d'or, dont les cinquante-six pesoient ung marc de huict onces, pour une fois tant seule-

(1) Avant.

ment, dont les églises cathédraux de ladicte évesquié d'Utrech debvoient payer trente mille lions, et les autres vingt mille se debvoient payer à tel jour que le duc de Clefves et ledict David évesque d'Utrech diroient ; et sy seroit le esleu de Brederode, premier conseillier du duc en son pays de Hollande, à mille mailles d'or de gages chascun an. Et par les présents susdicts ledict Brederode se déporta de l'évesquié, lequel valoit, comme on disoit, bien cinquante mille florins d'or ou francs chascun an.

Ces choses faictes et passées, le cinquiesme jour d'aoust, le duc de Bourgoingne, accompagnié de bien quatorze mille combattants, comme on disoit, entra en la ville d'Utrech ; et vindrent ceulx de la ville bien loing au dehors de ladicte ville, allencontre de luy, et luy présentèrent les clefs de la ladicte ville, pour et au nom dudict David son fils bastard ; et le lendemain, jour de venderdy, ledict David, évesque d'Utrech, feit son entrée en ladicte ville, lequel y entra en armes de corps, accompagnié des Picards ; et le dimanche ensuivant dict la messe en l'église cathédrale. Après ce faict, le duc, veuillant mectre en obéissance du tout ceulx dudict évesque, alla mectre le siège devant une ville nommée Deventer, moult belle et forte ville, laquelle estoit de ladicte évesquié, et laquelle estoit rebelle et desobéissante audict David, évesque d'Utrech. Auquel siège mectre ceulx de la ville issirent ; et y olt escarmouche, et y olt des blesciés et morts de part et d'aultre ; mais ceulx de la ville feurent rebouttés, et feut le siége mis. Iceulx de Deventer avoient faict ung moult fort boullevert, lequel, quatre jours après le siége mis, feut sy fort battu d'engins que une moitie de ceulx de Deventer mesmes bouttèrent le feu dedans, et se retrairent dans la ville ; et le lendemain matin les gents du duc y allèrent, et le pardémolirent. Tant tint le siège le duc devant ladicte ville de Deventer que, environ la fin du mois de septembre, ceulx d'icelle ville envoyèrent ambassade vers le duc, et promirent au duc de obéir audict David son fils, évesque d'Utrech, et faire obéir toutes les aultres villes de ladicte évesquié. Ce temps pendant que le duc de Bourgoingne tenoit le siége devant Deventer, et que ceulx de la ville traictoient de paix et accord, le duc de Gueldres, quy avoit espousé la niepce dudict duc de Bourgoingne, et lequel avoit amené ledict duc audict pays, et abandonné touts ses pays et forteresses, feit alliance à ceulx de Frise ; et s'assemblèrent ceulx de Frise et ledict duc de Gueldres en grand nombre pour venir ruer jus ledict duc, et lever son siége qu'il tenoit ; et de ce ne sçavoit riens le duc de Bourgoingne, ains tenoit le duc de Gueldres pour son vray amy. La femme du duc de Gueldres, quy estoit niepce du duc de Bourgoingne, sçachant la fausse et maulvaise trahison que son mary voulloit et pourchassoit, par une nuict se embla d'une ville où elle se tenoit, et print ung sien fils avecq elle, de l'age de quinze ans, fils du duc de Gueldres, et vint dire tout ce que son mary pourchassoit et avoit intention de faire au duc de Bourgoingne, son oncle ; pour laquelle cause le duc feut prest et condescendit à plustost prendre traictié à ceux de Deventer. Pourquoy, après ledict traictié faict et passé par ceulx de Deventer au duc, et ceulx de Deventer le olrent promis à tenir, comme dict ai cy-dessus, et eurent faict lettres scellées de leurs seaux et promis de non jamais aller au contraire, ains de toujours obéir audict David, le vingt-septiesme de septembre mil cinq cents cinquante-six, le duc de Bourgoingne leva son siége ; et, sans encombrier de perte de bien ne de gens s'en retourna à Utrech, et de Utrech à La Haye en Hollande, et illecq desfit son armée et laissa son fils paisible évesque d'Utrech. Bien debvoit le duc aimer sa niepce ; car pour certain, la nuict ensuivant que le duc de Bourgoingne leva son siége, le duc de Gueldres et les Frisins luy debvoient venir courre sus, et se hastoient à tuer cheval d'y venir ; mais sitost qu'ils sceurent que le duc en feust adverty, sy se arrestèrent. Le duc de Gueldres estoit moult traistre et desloyal, et mal consideroit les biens que le duc de Bourgoingne luy avoit faicts, lequel avoit marié sa fille au roy d'Escosse, et la faict mener, et tout à ses despends, et d'aultres biens que sans nombre il luy avoit faicts.

CHAPITRE XX.

De la prinse du duc d'Allençon, en la ville de Paris, par le commandement du roy ; et aultres incidents.

L'an de grace mil quatre cents cinquante-six, en la ville de Paris, par le commandement de Charles VII de ce nom, roy de France, le bastard d'Orléans, le comte de Dunois, accompagnié du prevost de Paris, print prisonnier Jehan, duc d'Allençon, cousin et proche parent du roy Charles; et disoit-on, avecq ce feurent prins plusieurs des officiers dudict duc d'Allençon. Et prestement la prinse faite, le bastard d'Orléans, accompagnié de plusieurs archiers, le mena à Melun; et d'illecq feut ledict duc mené devers le roy Charles; et disoit-on qu'il confessa qu'il avoit faict traictié de marriage de son fils aisné à la fille du duc d'Yorck d'Angleterre, lequel duc, après le trespas du roy Henry d'Angleterre, debvoit succéder à la couronne. Pour auquel traictié de marriage parvenir, le duc debvoit livrer aux Anglois toutes les forteresses qu'il avoit en Normandie et ailleurs, parquoy les Anglois debvoient entrer au pays de Normandie, quy estoit au préjudice du royaulme de France.

Après laquelle confession, le roy Charles le feit mectre prisonnier. De ses gents y olt prins avecq luy sept, trois lais, trois prestres et ung hérault, lesquels sçavoient parler du faict. Après ceste prinse faicte, pour ce que aulcuns du commun peuple murmuroient que le duc de Bourgoingne sçavoit bien ceste besoingne, le roy sçachant que non, feit publier en plusieurs villes de son royaulme, que, sur peine de confiscation de corps et de biens, nul ne feust sy hardy de dire chose au déshonneur du duc de Bourgoingne.

L'évesque d'Arras, nommé Jehan Godefroy, en son temps cardinal, impétra pardons de Rome pour l'espace de cinquante ans, commençant à la manne mil quatre cents cinquante-six, de chascun jour: qui visiteroit la manne séant et les octaves de Nostre-Dame auroit quinze ans et quinze quarantaines de pardons, avecq les pardons quy estoient paravant de visiter ladicte église et donner des biens.

En ce temps, le vingt septiesme de juillet, audict an cinquante-six, environ dix heures du vespre, après soupper, en la cité d'Arras, Martin le Josne, l'année précédente prevost de Beauquesne, feut occis et mis à mort par ung nommé Collard le Vasseur, le josne fils de Collard, lequel estoit tavernier; et la cause feut pour aulcunes parolles que ledict Collard avoit dict audict Martin, eulx souppants ensemble.

Après lequel soupper ledict Martin vint espier icelluy Collard et l'assaillit en la grande rue de cité; lequel Collard s'enffuit vers son hostel, nommé la Fleur-de-lis, lequel il perceut fermé; et lorsque ledict Collard veit ce, il se retourna vers ledict Martin, et ferit ledict Martin d'une dague vers la gorge, duquel coup ledict Martin mourut, sans mot dire, sinon, sitost qu'il fust féru, il dit à ung nommé Tassinot Were, sergent du roy, lequel estoit près de luy: « Je suis meurdry. » Et à la verité ledict sergent Martin estoit de très petite vie, non marrié; et n'estoient toutes ses fins que à pecune et à luxure; et estoit en ces cas très mal renommé, nonobstant qu'il feust venu de bonne génération en la ville d'Arras.

En ce temps aussy, environ le premier jour d'aoust, Philippes, seigneur de Saveuses, chevallier, commença la fondation d'une église de femmes, nommée Sainte-Claire; et y avoit religieux quy les pourchassoient, de l'ordre de Sainct-François; et estoient les femmes encloses; et feut ladicte église encommencée et faicte emprès la porte de Brounes, en ladicte cité d'Arras.

En ce temps feurent les bleds chers, et vaillit la charge du cheval quarante sols, monnoie d'Artois.

Item, audict an cinquante-six, au mois de juing, apparut une commette vers soleil couchant, laquelle avoit queue comme feu et fumée, laquelle queue tiroit vers soleil de midy; et dura environ trois sepmaines; de laquelle commette on disoit que signifioit mal.

Audict an, vins feurent moult chers, parce que les vignes feurent escoulées par les pluies; et feurent les vins sy verdis et maulvais par toute la France et Bourgoingne, que on ne but ladicte année sinon que vins vieux; et vendoit-on la queue de bon viel vin de Bourgoingne quarante-huit francs, monnoie d'Artois.

Item, en l'année précédente, feut grand pestilence et mortalité en plusieurs villes, comme à Paris, Arras et ailleurs.

CHAPITRE XXI.

Comment les Turcs feurent desconfits et rués, en Hongrie, jus par un noble chrestien, nommé Ovidianus, plus par miracle que autrement, et comment le pape, après ceste victoire, voult que par toute chrestienneté en soit faicte mémoire perpétuelle.

En cest an mil quatre cents cinquante-six, le grand admiral de Turquie, nommé Morbesant, à présent empereur de Organie, seigneur de l'Isle de l'Achaye, avoit mis le siège devant une forteresse et bonne ville nommée Grusseusseberch[1], sur les frontières de Hongrie, ès marches de

(1) Sthul-Weissembourg ou Albe Royale.

Hongrie, auquel lieu le siége demoura par l'espace de quatre mois et demy. En l'ost desdicts Turcs avoit des chrestiens, lesquels feurent advertis que le Turc avoit juré par son dieu Mahomet : que icelle ville et chasteau il assailleroit et gagneroit, ou luy et touts ses gents y demoureroient. Lesquels chrestiens feirent ce sçavoir à ceulx de la ville, lesquels de la ville le feirent sçavoir à ung homme très puissant nommé Ovidianus [1]; et mandèrent : que le grand Turc et toute sa puissance debvoit assaillir ladicte ville la nuict de la Magdeleine. Lequel Ovidianus, après telles nouvelles ouyes, se mit sus; et assembla noeuf cents hommes à cheval et bien quarante mille piétons, gents de plusieurs mestiers, avecq lesquels gents il arriva devant ladicte ville la nuict du jour de la Magdeleine, et entra dedans par la rivière de la Euvre, laquelle rivière le grand Turc ne faisoit point garder, et ne tenoit son siége que par terre. Le grand Turc désirant d'avoir la ville et ceulx de dedans à son volloir, et veuillant tenir sa promesse d'assaillir la ville, feit assaillir ladicte ville par la tierce partie de ses gents, environ douze heures de la nuict, dont lendemain estoit le jour de la Magdeleine. Auquel assault les chrestiens se revangèrent moult fort, et reboutèrent les Turcs jusques de leurs murailles; et dura l'assaut depuis douze heures de la nuict jusques à huict heures ensuivant, que les Turcs feurent recrans [2] et se retirèrent. Et lorsqu'ils se feurent retirés, revindrent autre tierce partie des gents dudict grand Turc, frais et nouveaulx, lesquels commencèrent de nouvel à assaillir la ville; et dura ledict assault depuis huict heures jusqu'à quatre heures après midy; et comme devant reboutèrent les chrestiens lesdicts Turcs. Après, pour faire le tiers assault, vint le grand Turc en personne, accompagnié de toute sa gentillesse, pour assaillir ladicte ville, comme devant. Et dura cest assault depuis les quatre heures après midy jusques au lendemain midy; tant que de ces trois assaults les chrestiens en feurent moult travalliés et presque vaincus; et jà feurent une grande partie des Turcs entrés dedans la ville; et à celle heure y olt ung dévot frère nommé Capistranus, cordelier, lequel print ung crucifix en sa main

(1) Corvin, deuxième fils de Jean Hunniades.
(2) Fatigués.

et monta au plus hault du chasteau et cria à haute voix les mots quy cy-après s'ensuivent :
« O Deus meus! Deus meus! ô altissime Pater!
« veni in adjutorium; veni, libera populum
« quem redemisti pretioso sanguine tuo; veni,
« noli tardare! Deus meus! Deus meus, ubi
« sunt misericordiæ tuæ? Veni, ne Turci et
« increduli dicant : Ubi est Deus eorum? »

Ces propres mots cria-t-il à haulte voix, moult tendrement plourant. Ceste voix oyrent les chrestiens; sy en feurent moult confortés et renforcés; et comme s'ils ne euissent point esté travailliés paravant, se férirent tellement ès Turcs qu'ils occirent touts les Turcs quy estoient entrés en la ville, et les aultres mirent en fuitte, et les suivirent bien huict lieues loing, en toujours les occiant; et tant en meirent à mort que à peine les sçavoit-on nombrer. Et à compter ceulx quy demourèrent morts dedans et devant la ville, on en trouve le nombre de cent mille et plus. Et trouvèrent les chrestiens, où le siége avoit esté, onze bombardes, dont il y en avoit six de trente-trois quartiers de long et sept quartiers de hauteur, et bien deulx cents aultres petites bombardes et canons, et plusieurs aultres biens et richesses. Icelle noble victoire miraculeuse venue à la cognoissance de nostre Sainct-Père le Pape, ledict Sainct-Père envoya ses bulles par toute la chrestiénneté, contenants ladicte victoire, comme cy-dessus est escript, commandant à toutes églises cathédraux, monastériaux, priorés, prevostés et paroisses, que, en l'honneur de Dieu, quy ceste victoire avoit envoyée, on feit sonner touts les jours, à l'heure entre deulx et trois, après disner, trois coups sur la plus grosse cloche quy y fust, affin que chascun bon chrestien dist trois fois *Pater noster* et trois fois *Ave Maria*, et prier Dieu qu'il donnast victoire aux chrestiens contre les ennemis de la foy; et avecq ce commanda que on feist le premier jour de chascun mois procession générale en chascune ville, église ou villaige; et pour ce faire donna grands pardons et indulgences. Lesquelles choses, au commandement dudict nostre Sainct-Père, on feit par tout le royaulme de France, jà soit que ce feust nouvelle chose, mais on ne feit la procession que quatre fois en la ville d'Arras. Ne sçais que on feit ailleurs, mais on continua les trois coups sur la cloche, que on appela les Pardons après disner, pour tant que de tout temps par avant on sonnoit par tout les Pardons après soupper, quy estoient establis à l'honneur de la glorieuse Vierge Marie, mère de Dieu.

CHAPITRE XXII.

Comment Loys, daulphin de Vienne, aisné fils du roy de France, vint à refuge au duc de Bourgoingne, et eschappa des mains de ceulx quy le cachoient [1]; et de plusieurs incidents.

L'an de grace mil quatre cents cinquante-six, Loys, daulphin de Vienne, aisné fils du roy de France, sçachant que le roy de France Charles, son père, avoit envoyé secrètement messire Anthoine de Chabanne, comte de Damp-Martin, au pays de Vienne, avecq grand nombre de gents d'armes, pour prendre et amener devers luy sondict fils, pour certaines causes quy à ce le mouvoient, lesquelles je ne sçay pas au vray, sinon que aulcuns disoient qu'il avoit tellement taillié le pays du Daulphiné et mis au bas, pour soy entretenir, sy que plus n'en pooit, et avecq ce avoit totalement r'osté le temporel de ceulx de l'église, et les gents de l'église sy mis à obéissance, qu'ils n'avoient de leurs bénéfices que ce qu'ils volloient. Et volloient aulcuns dire aussy que ledict daulphin avoit jà pieçà faict mourir une damoiselle nommée la Belle Agnès, laquelle estoit la plus belle femme du royaulme, et totalement en l'amour du roy son père; après la mort de laquelle, comme dessus est dict, le roy retint à sa cour sa niepce, nommée la demoiselle de Villeclerc, laquelle estoit aussy moult belle, et avoit en sa compagnie les plus belles damoiselles qu'elle pooit trouver, lesquelles suivoient toujours le roy où qu'il allast, et se logeoient toujours une lieue ou moins près de luy. Duquel gouvernement le daulphin avoit esté et estoit moult desplaisant. Et pour ceste cause s'estoit absenté du royaulme de France plus de douze ans tout entiers, et s'estoit tenu au pays de Daulphiné; durant lequel temps il n'avoit eu quelques deniers de son père ne du royaume, ains luy avoit fallu vivre du pays. Aultres aussy disoient : que le roy le volloit retraire devers luy, et luy donner un estat comme il appartenoit. Aultres encore disoient que, se le roy son père le olt tenu, le euist mis en tel lieu, que jamais on n'en olt ouy parler, et euist fait roy de France après luy [2]. . . . . . .

(1) Poursuivoient.
(2) Lacune dans le manuscrit d'Arras.

. . . .
Desquelles choses je m'attends à ce qu'il en est. Mais toutesfois le daulphin, sçachant que le roy son père le contendoit à faire prendre secrètement, ou, se on ne le euist peu prendre secrètement, de faire entrer à force au Daulphiné et le prendre à force, feit appointer ung disner en une forest pour cachier [1], et illecq faindit de aller disner, et y faire une grande feste. A icelle feste le cuida prendre le comte de Damp-Martin, et feit touts ses aguets pour le prendre; mais le daulphin, le jour qu'il devoit partir pour aller à la chasse, luy sixiesme ou septiesme, se partit; et à tuer cheval chevaucha vers les marches de Bourgoingne. Et jà-soit-ce que, tantost que on sceut son département, il feust suivy du comte de Damp-Martin et aultres de moult près, et si presque on ne pourroit plus, toutesfois il leur eschappa. Et chevaulcha tant qu'il vint à Sainct-Claude en Bourgoingne; et illecq feut receu moult honnorablement du prince d'Orange, lequel estoit grand seigneur en Bourgoingne; lequel prince, paravant, ledict daulphin avoit moult hay pour aulcunes destrousses que ledict prince et le mareschal de Bourgoingne avoient faicts sur les gents du roy et de ses gents. Toutesfois, luy estant avec le prince, il manda le mareschal de Bourgoingne, et le pria qu'il le menast devers le duc de Bourgoingne; lequel mareschal vint vers luy; et, bien accompagné de gents de guerre, convoya et amena le daulphin vers le duc de Bourgoingne. Et arriva le daulphin environ le mois de septembre, l'an dessusdict cinquante-six à Louvain, en Brabant, et à Bruxelles, où le duc de Bourgoingne estoit ! Lequel duc, tantost qu'il sceut sa venue, alla allencontre de luy, et le receupt moult honnorablement comme aisné fils du roy de France, et tant honnorablement que on ne pourroit plus ; et luy donna, pour entretenir son estat, deux mille couronnes d'or le mois, les soixante-dix couronnes pesants le marc de huict onces, et avecq ce luy pria qu'il eslust pour sa demeure telle place qu'il luy plairoit en touts ses pays. Lequel daulphin esleut et print une place et forteresse en Brabant, nommée Genappe, laquelle estoit à quatre lieues près de Bruxelles. Et depuis ceste heure feut le mareschal de Bourgoingne totalement en la grace dudict daulphin, comme il monstroit.

(1) Chasser.

En iceluy an mil quatre cents cinquante-six, environ le mois de may, Thiébaut de Luxembourg, chevallier, seigneur de Fiennes, frère germain au comte de Sainct-Pol, s'en alla rendre moine de Cisteaux, en l'abbaye de Cisteaux, lequel Thiébaut estoit de l'age de trente-six ans, très beau chevallier, et avoit esté marrié à la fille du seigneur d'Anthoing, de laquelle il avoit à celuy jour plusieurs enfants, et estoit sa femme morte ; et disoit-on que dès son enfance avoit eu volonté d'entrer en religion et servir Dieu. Toutesfois, jusques au jour qu'il se rendit, avoit esté moult mondain, valliant chevallier et gentilhomme ; mais il n'olt guerre esté en religion qu'il ne feust abbé d'Igny, et puis olt des aultres abbayes ; et tant feit qu'il fust évesque du Mans, et puis alla en cour de Rome, affin d'avoir plus d'honneurs et de bénéfice.

CHAPITRE XXIII.

Comment le duc d'Yorck se combattit au roy d'Angleterre, et y mourut le duc de Sombreset et aultres seigneurs, et reprint le duc le gouvernement du royaulme, et sy feut le roy blescié.

En l'an précédent mil quatre cents cinquante-cinq, Henry, roi d'Angleterre, par le conseil du duc de Sombreset, manda touts les seigneurs de son royaulme venir vers luy. en leur simple estat, pour ordonner des haultes affaires de son royaulme, comme ils disoient, dont en vint une grande partie à Londres. Le duc d'Yorck s'appensa qu'il se y trouveroit à la journée. Et de faict se meit en chemin, et partit de son pays atout mille combattants, et après luy quatre à cinq mille combattants. Le roy et ceulx de Londres feurent bien advertis de mille combattants, mais non pas des aultres quy venoient après. Sy se délibéra le roy et le duc de Sombreset, accompagniés du comte de Nortombellant et plusieurs aultres seigneurs avecq eulx, à tant de gents qu'ils peurent finer à Londres, de aller allencontre de luy et le ruer jus. Sy se meit le roy sur les champs, luy et son ost, et chevaucha tellement qu'il rencontra iceluy duc ; et incontinent, sans quelque parlement, commencèrent les parties à frapper les ungs sur les aultres ; et là feut sy fort combattu qu'il y olt grande foison de morts d'ung costé et d'aultre. Toutesfois la journée de la victoire demoura au duc d'Yorck ; et là feut tué le duc de Sombreset, le comte Nortombellant et plusieurs aultres, tant seigneurs que aultres, jusques au nombre de quatre à cinq cents hommes ; et mesmement feut le roy navré et blescié d'une flèche parmy le col, et feut en grande adventure de son corps ; et preint le duc d'Yorck plusieurs prisonniers, tant seigneurs, nobles que aultres, lesquels il mena à Londres avec le roy ; et là feurent les ungs délivrés et les aultres punis selon leurs mérites. Et de ceste heure feut tout le gouvernement du roy renversé ; et demoura le duc d'Yorck gouverneur du roy et du royaulme, seul et pour le tout.

En ce temps le roy de France tollit par force d'armes au comte d'Armignac la pluspart de toutes ses terres ; lequel, quand il olt tout perdu, se retrait au royaulme de Navarre et d'Arragon.

Environ la fin du mois d'octobre, l'an cinquante-six, Philippes, duc de Bourgoingne, envoya en ambassade devers le roy de France messire Jehan de Croy, grand bailly de Haynaut et messire Symon de Lallaing, chevalier, et aultres pour le faict de monseigneur le daulphin de Vienne, en laquelle ils furent jusques au jour des trois rois ensuivant. Et ne peust-on sçavoir ce qu'ils avoient besoigné ; mais durant ce temps le roy meit garnison de gents d'armes à Compiègne, à Lyon et sur les marches de Bourgoingne, et partout environ le pays du duc ; et pareillement eulx retournés, le duc de Bourgoingne feit publier par touts ses pays : que touts ceulx quy se avoient accoustumés d'armer feussent près et en armes, toutesfois qu'il le demanderoit, sur la hart.

Audict an cinquante-six, environ le Noël, il olt son dernier jour le duc de Bourbon ; et succéda en la duchié son fils, comte de Clermont, fils de la sœur du duc de Bourgoingne.

CHAPITRE XXIV.

Du crollement de terre quy feut en Puille, et des cités quy fondirent par icelluy crollement.

Au dessusdict an mil quatre cents cinquante-six, le quatriesme jour de novembre, environ trois heures devant le jour, se meut ung crollement de terre ès contrées de Naples, de Puille et de Calabre, si cruel, qu'il n'est homme quy le peust penser s'il ne le avoit veu ; duquel crollement s'en suivirent grands maulx et innumérables; car une cité audict royaulme, nommée Arians[1], en feut fondue et périe, et en icelle moururent huict mille personnes; et encoires une aultre cité où demouroient trois mille personnes, quy tous y moururent sans nuls eschapper; et encoires une aultre terre nommée Achery[2]; en telle manière qu'il n'est homme quy oncques euist veu audict lieu, cité, ville ny chasteaulx ny forteresses, excepté ceulx quy les avoient veu paravant qu'elles feussent fondues et péries; car icelluy crollement encoires alla à ruiner la moitié d'une cité nommée Troye, en laquelle mourut grand peuple; et s'y alla par terre grande partie du chasteau et ville de Canose[3] et les cités d'Asoly[4] et de Sainte-Agathe, Lechannes[5], Anry[6] et plusieurs aultres; et en la comté de Mollesse fondirent en abisme la cité de Campo-Basso, le chasteau de Sainct-Leon, les chasteau de Castune et de la Rippe, et aussy plusieurs terres de la comté d'Altenate, fondues comme dessus, èsquelles sont morts vingt-huict mille personnes.

En la cité de Naples oIt grand dommaige aussy par icelluy tremblement de terre, par espécial plus aulx églises que aulx édifices de la cité. Et dura icelluy crollement l'espace de trois jours, et en aulcunes plus longuement; c'est à sçavoir: depuis le quatriesme jour dudict mois jusques au septiesme inclus, durant lesquels jours moururent cent mille personnes, comme il a esté relaté par gents de diverses contrées quy disoient la chose et sçavoient estre vraie. Par icelluy crollement de terre feurent encoires mis en ruine en une nuict le chasteau de Sangine, le chasteau de Pusole et la roche de Cappra; et n'y est demouré muraille ne maison. Par icelluy crollement de terre a esté mis en ruine la moitié de la cité de Sulmone, et le chasteau de Oliveto, èsquels sont morts cinq cents personnes, et au chasteau de Pessoly six cents. Et pareillement au chasteau de Choco moururent le seigneur et toutes les personnes quy estoient dedans. Encoires en feut mise en ruine la reprinse du mur d'Anconne, devers la porte de Li-Monti; et se y olt grand dommaige ès édifices de Cappra, de Aversa et de Benevent, et le chasteau de Lusano; quy sont choses bien difficiles à croire quy ne les auroit veues. Ceste grande et merveilleuse perte feut envoyée au marquis de Ferrare en escript par messire Hercule son frère, quy estoit au royaulme de Naples avecq le roy d'Arragon; et feut escript à Rogea[1]. Et pourtant qu'il feust sceu et cognu par tout le monde que ledict crollement feut audict pays en décembre, l'an mil quatre cent cinquante-six, par lequel plusieurs chasteaulx, églises et maisons et aultres édifices fondirent, j'ay le contenu de la copie des lettres au marquis de Ferrare, envoyées par son frère, mises en ce présent livre. Si tout est vrai ce qu'elles contiennent, je n'en sçay rien, oultre ce que ledict crollement feut, et qu'il feit, comme dessus est dict, plusieurs dommaiges dont plusieurs personnes moururent, et fondirent plusieurs chasteaulx, églises, maisons et aultres édifices.

CHAPITRE XXV.

D'une grande destruction des Turcs que feirent les Hongrès au pays de Hongrie.

En ce mesme temps feirent les Hongrès au pays de Hongrie une grande destruction sur les ennemis de la foy de Jésus-Christ, par le conseil du seigneur Jehan Capistran, disciple jadis de sainct Jehan Bernardin, lequel sainct Jehan Bernardin avoit régné paravant, et estoit mort environ huict ou dix ans; et feut élevé son corps sur terre, et canonisé en la cité de Rome en l'an de la jubilée mil quatre cents cinquante, et estoit cordelier.

Et par le conseil du sage et vaillant chevalier messire Guillaume Blanc, puissant en armes, feurent bouttés hors de la cité de Belgrado grande multitude de Turcs, lesquels feurent touts occis jusques au nombre de quinze mille, et n'eschappa oncques hommes. Ceste entreprinse faicte, le lendemain vindrent grandes compagnies de Turcs devant icelle cité en grand ost; lesquels icelluy jour feurent par les chrestiens tellement combattus qu'il y mourut de rechief cent mille Turcs entre le soleil levant et le soleil couchant. Et là estoit en personne le souldan de Perse, principal capitaine de touts lesdicts Turcs; lequel, voyant telle desconfiture estre sur ses gents, s'enffuit avec ung peu de ses gents en une cité nommée Berbe, et de là en la terre de Grèce. Après ce se transportèrent ledit chevallier nommé le chevallier Blanc, et toute sa compagnie devant la

(1) Arienzo. (2) Acerva. (3) Canosa. (4) Ascoli. (5) Lecce. (6) Andria.

J. Du Clercq et St.-Remy.

(1) Reggio.

cité de Berbe, laquelle, en ensuivant leur bonne fortune par l'ayde de Dieu, gagnèrent, et meirent à mort deulx mille Turcs. Après ce, ensuivant aussy leur bonne fortune, par l'ayde de Dieu, gagnèrent plusieurs villes et chasteaulx, c'est à sçavoir la cité de Bastilliane, Vulgara, Fascigia, Duere, et une aultre cité nommée Augusta, quy estoit moult belle cité, en laquelle moururent et feurent destruits quinze mille Turcs ; et à celle journée moururent six mille chrestiens. Depuis, lesdicts chrestiens prindrent Sainct-Vincent et la ville de Valence avecq le chasteau ; et tellement besoignèrent que tout feut converti à la foy catholique. Ce faict, les chrestiens, pour gagner de plus en plus, allèrent devant le chasteau de Flavis, lequel ils prindrent ; et si prindrent Gavandalo, Preons, Scavengets et Chastomen ; et là feurent destruicts quatre mille Turcs et la cité gagniée ; mais il y morut cent chrestiens. Et tantost après entra toute la compagnie d'iceulx chrestiens en la terre de Grèce ; et là gaignèrent une grande cité nommée Glotuasse, où ils occirent deulx mille Turcs ; et de là s'enffuirent et délaissèrent tous les chasteaulx, villaiges, villes closes et aultres forteresses estants en icelles marches, et s'en allèrent en la province de Caldée, quy est emprès de Constantinople ; et ainsy leur demoura la terre, le peuple et grande partie du pays de Grèce vers occident. Après encoires feurent prinses sur les Turcs la cité de Lathéris et celle de Glaunis, et le chasteau avecq plusieurs aultres forteresses et villaiges. En la desconfiture cy-devant dicte des Turcs, feurent nombrés les Turcs quy y avoient esté occis par les chrestiens deulx cents mille, et huict vingt cités et villes murées prinses, et quatre cents chasteaulx et aultres forteresses. Et feut ceste conqueste ès chroniques de France en l'église de Sainct-Denys, desquelles ce que dict est cy-dessus touchant icelle conqueste est extraict [1]. Lesquelles choses affermèrent estre vrayes, sur sainctes évangiles de Dieu et sur le vœu de prestrise, vénérables personnes : messire Jehan Valate, prestre, messire Patrice Tornaille, prestre, et Andreu Vallate, homme lay, touts trois estants du diocèse de Emblem en Achaye ; lesquels dessus nommés, par le serment que dict est, feurent interrogiés, comme ils sçavoient les dessus-dictes choses estre vrayes. Lesquels déposèrent : qu'ils avoient esté et assisté personnellement en toutes les batailles en armes à combattre ; et pour leur grand péril de mort où ils avoient esté, s'estoient voués à monseigneur sainct Denys, et en plusieurs aultres pélerinages qu'ils avoient intention d'accomplir, avant que jamais ils retournassent en leur pays ; et oultre plus, affirmèrent que, en la première bataille quy feut faicte, le chevallier Blanc feut grièvement navré d'une lance, et tant que nécessité le constraindit de soy retraire en la cité d'Auguste, où il mourut. Et en icelle menée feut pareillement fort navré le Turc, lequel se retraict à Constantinople, où il feut malade une espace de temps ; et luy guéry retourna en son pays.

Audict an cinquante-six, le duc de Savoye et sa femme vindrent devers le roy de France ; et accoucha la femme du prince de Piémont, aisné fils du duc de Savoie, laquelle estoit fille du roy de France, d'ung fils.

En ce temps vint une ambassade d'Espaigne pour confermer l'alliance du roy de France et du roy d'Espaigne.

En ce temps aussy le roy de Navarre vint devers le roy de France demander la duchié de Nemours.

En ce temps encoires retourna le cardinal d'Avignon du pays de Bretaigne, où il avoit canonisé sainct Vincent, de l'ordre des Jacobins, en la cité de Vannes ; et assez tost après, icelluy cardinal alla devers le roy de France pour avoir ung dixiesme sur les gents d'église de son royaume, pour aller combattre les Turcs, comme il disoit.

Audict an feurent grande abbondance de pluyes.

CHAPITRE XXVI.

Comment le duc de Bourgoingne se courrouça à Charles son fils, et comment despuis le daulphin feit la paix ; et de la femme dudict Charles, quy accoucha d'enfant, d'une fille ; et de plusieurs aultres incidents.

L'an dessusdict mil quatre cents cinquante-six, le dix-septiesme de febvrier, monseigneur daulphin, le duc de Bourgoingne et Charles son fils estants en la ville de Bruxelles, meut paroles entre le seigneur de Sempy, aisné fils de messire Jehan de Croy [1], bailly de Haynault, et le seigneur

---

(1) Ce chapitre se trouve en effet textuellement dans la Grande Chronique, à l'année 1486, feuillet CLXXIX.

(1) Jean Hunniades.

d'Emeryes, fils du chancelier de Bourgoingne, lesquels estoient chambellans d'icelluy Charles, comte, seul fils du duc de Bourgoingne ; et la raison feut, pour ce que chascun des deulx contendoit, en l'absence du seigneur d'Aussy, lequel estoit premier chambellan d'icelluy comte de Charollois, estre le premier après luy. Et tant que ce bruit vint à la cognoissance du duc de Bourgoingne, lequel manda son fils, et luy commanda que le seigneur de Sempy feust le premier; lequel respondit au duc son père, que jamais ceulx de Croy ne le gouverneroient, ainsy qu'ils le avoient gouverné, et que trop le avoient gouverné. Pour lesquelles paroles le duc se courrouça sy fort à son fils qu'il luy dict par courroux plusieurs injurieuses parolles, en luy faisant commandement qu'il vidast ses pays; et tira une dague qu'il portoit, pour le férir ; et le eust féru s'il ne se en feust fuy, car il en feit tout son pouvoir. Et après qu'il feut parti, jàsoit-ce qu'il feust près de la nuict, le duc manda ung cheval et monta sus; et non-obstant qu'il pleust très bien et feist ord [1] temps, se partit tout seul de Bruxelles, et, comme homme courroucé s'en alloit, ne lui en chaloit où, comme on disoit. Et la nuict venue, il se trouva en ung bois auquel il se perdit; et faillit qu'il se couschast en la maison d'ung povre homme, audict bois; lequel povre homme le conduisit jusques à Genappe, quy est, comme dessus est dict, à quatre lieues près de Bruxelles ; auquel povre homme il donna huict pièces d'or. Et combien qu'on ne sçavoit où il estoit allé, toutesfois il feut incontinent suivy de ses gents, et tant quis [2] qu'on le trouva ; et feut tantost bien accompagnié et s'en revint à Bruxelles.

Et le vingt-uniesme jour dudict mois de febvrier, à la requeste de monseigneur le daulphin, de l'évesque de Liége, nepveu du duc, de la femme d'icelluy comte de Charollois, de l'évesque d'Utrech et de la duchesse de Bourgoingne, le duc pardonna à son fils son courroux et mal-talent. Mais pour tant que son fils avoit esté, comme on disoit, induict par aulcuns ses serviteurs de vouloir avoir, contre la volonté de son père, le seigneur d'Emeryes à premier chambellan, le duc feit bannir de toutes ses pays deulx des principaulx serviteurs de son fils : le premier, appelé Guillaume Visse, maistre de sa chambre, lequel, ne avoit guières de temps, estoit venu un povre

(1) Sale. (2) Cherché.

valeton du pays de Champaigne vers Bourgoingne, et avoit premier servy Martin Cornille, comme recepveur général et garde des chevaulx, et de là servit ledict comte de Charollois; le second feut ung escuyer natif du pays de Bourgoingne, nommé Guyot Duisy.

Environ ce temps, monseigneur le daulphin et le comte de Charollois s'en allèrent à la chasse, en laquelle le daulphin se perdit, luy troisiesme, en ung bois, et pareillement se perdit le comte ; et quand vint sur le soir, le comte, cuidant que icelluy daulphin feust retourné, s'en retourna à Bruxelles ; et sy tost qu'il feut descendu alla voir son père, lequel luy demanda où estoit monseigneur le daulphin ; auquel respondit qu'il ne savoit, et qu'il cuidoit qu'il fust revenu devant luy. Lors le duc se courrouça à luy, et luy commanda que prestement s'en rallast vers luy, et ne retournast jusques à ce qu'il l'auroit retrouvé ; ce que le comte feit, et y alla prestement. Et le duc feit monter gents de touts lez à cheval atout [1] torses ardentes pour le quérir ; lequel s'estoit jà esloingnié huict grosses lieues de Bruxelles, n'euist esté ung paysan auquel il donna une pièce d'or, quy le ramena, tant qu'ils trouvèrent le comte de Charollois et aultres plusieurs quy le ramenèrent à Bruxelles vers le duc, lequel duc feit venir vers luy celuy quy le avoit ramené, auquel il donna ung beau don.

En cest an mil quatre cents cinquante-six, par ung mardy, dix-septiesme jour de febvrier, madame Catherine, femme du comte de Charollois et fille du duc de Bourbon, en la ville de Bruxelles, accoucha d'une fille. Et la tint sur fonts monseigneur le daulphin de Vienne, la duchesse de Bourgoingne, et la dame de Ravestain, niepce d'icelle duchesse, et femme de Adolf de Clefves ; et luy donna icelluy daulphin à nom Marie, pour l'amour de la reine de France, sa mère, laquelle s'appelloit Marie. A la nativité de laquelle fille on feit solemnelle feste. Et à porter icelluy enfant à fonts, alloit devant, le fils du duc de Gueldres, nepveu du duc de Bourgoingne, lequel portoit ung bacin ; après luy alloit Adolf de Clefves, nepveu aussy du duc, lequel portoit une couppe d'or ; et après alloit le comte d'Estampes, lequel portoit ung cierge bénit. Après lesquels trois, la duchesse de Bourgoingne portoit l'enfant, et à sa dextre estoit le dessusdict dauphin, quy tenoit sa main sur le

(1) Avec.

chief de l'enfant, en le soutenant; et y avoit cinq cents torches ou plus Et feurent au baptesme l'évesque de Cambray, frère bastard du duc, et l'évesque de Toul, abbé de Sainct-Bertin. A la venue d'icelle fille, par touts les pays du duc, feurent faicts feus et grande feste.

En ce temps, dame Isabeau, duchesse de Bourgoingne et fille du roy de Portugal, feit faire une religion de grises sœurs de l'ordre de Sainct-François, mendiants en Flandres, en ung lieu nommé la Motte-au-Bois, ès bois de Nieppe, et illecq s'alla tenir, menant vie de dévotion; et disoit-on qu'elle estoit mal du duc son mary, à cause du discord quy avoit esté entre son fils et son mary, et cuidoit le duc que ce euist esté par elle, pourquoy il ne vouloit parler à elle.

Audict an cinquante-six, par une nuict du vingtiesme febvrier, entre onze et douze heures à midy, en la ville de Tournay, ung nommé Guillebert de Brenay, recepveur de messire Guillebert d'Enghien, chevallier, assez près du Pont-à-Port, feut occis par trahison, en le frappant par-derrière par deulx compagnons, desquels deulx l'ung d'iceulx estoit frère de trois compagnons que icelluy recepveur avoit faict pendre par justice comme murdriers, touts trois à ung arbre. Et estoient menés à ceste guerre à cause d'ung héritaige que le recepveur avoit accepté, que ceulx frères disoient à eulx appartenir, dont guerre s'en estoit meue; et en avoit morts de deulx costés de dix à onze hommes, que d'espée que par justice.

En ce temps, ung nommé Jacotin d'Athies, bourgeois d'Arras, tua en ladicte ville ung compagnon nommé Miquelet de Wailly, sur le petit marchié, à l'entrée de la maison d'ung drapier où il cousoit chausses, et luy donna deux coups d'une espée dont il mourut; et feit ce au contempt que icelluy Miquelet avoit faict relever une fille de joye, quy estoit couchiée avecq luy; lequel faict estant faict, Jacotin se rendit prisonnier à la loy d'Arras. De laquelle mort dudict Miquelet il feut jugié quitte et delivré à cause de ce que icelluy Miquelet estoit semons à soixante livres, et estoit ès escripts de la ville; et a esté cause que, par leurs privilèges, le jugèrent quitte et delivré.

En cest an aussy, de rechief le duc de Bourgoingne renvoya devers le roy de France les dessusdicts Jehan de Croy et Symon de Lallaing, chevalliers, et aultres en ambassade.

Audict an mil quatre cents cinquante-six, en la ville de Rome, mourut Jacques Cœur, où il s'estoit tenu honnorablement et richement, combien que le roy de France, dont il avoit esté son argentier, euist retenu tout ce qu'il avoit en France. Après laquelle mort le roy de France touts ses biens rendit à ses hoirs; et se repentit et feut moult courroucé de ce que oncques on le avoit faict mectre prisonnier.

En cest an aussy, environ la fin du caresme, mourut le patriarche d'Aquillée, lequel avoit surnom Jouvenel [1]; et estoient quatre frères, fils d'ung seigneur de parlement de Paris, dont l'ung estoit chancellier de France, l'aultre archevesque de Reims, luy patriarche d'Aquillée, et l'aultre chevallier en armes; et les avoit ainsy faict le roy de France pour le sens quy estoit en eulx, et qu'il les aimoit.

En cestuy an, on leva en la comté d'Artois les tailles que on avoit accordées au duc de Bourgoingne au cas qu'il iroit sur les Turcs; et les leva-t-on par constrainte du duc, nonobstant qu'il n'allast nulle part, et qu'il euist dict qu'il n'en vouloit nulles, jusqu'à ce qu'il iroit sur lesdicts Turcs.

CHAPITRE XXVII.

Comment le duc de Bourgoingne mena le daulphin à Bruges, et de l'honneur que on luy feit, et aultres choses.

Environ la Pasque ensuivant, mil quatre cents cinquante-sept, Philippes, duc de Bourgoingne se partit de Bruxelles, en la compagnie de monseigneur Loys, aisné fils du roi de France, daulphin de Vienne; et s'en alla à Oudenarde au giste, et le lendemain au giste à Courtray, et de Courtray à Bruges. En laquelle ville de Bruges, ains qu'ils entrassent ens, vindrent allencontre d'eulx les nations quy se tenoient à Bruges, chascune nation vestue de divers couleurs, touts en habits de soie ou de velours, et les bourgeois pareillement. Et estoient, comme on disoit, bien huict cents hommes, touts vestus de soie, sans aultres richement habillés, et sans le peuple quy issit hors la ville pour veoir ledict monseigneur le daulphin. Et pour certain, monseigneur le daulphin n'avoit oncques mais veu tant de gents que issit de la ville, et n'euist point cuidé comme à peu en euist autant en la comté de Flandres, au moins en la pluspart.

(1) Juvénal des Ursins.

En icelle ville de Bruges feut le daulphin, pour l'honneur du duc, et aussy que ainsy le volloit, receu moult honnorablement, et tant que on ne porroit de plus.

En ce temps couroient plusieurs maulvais garnements en Artois, en Picardie et ailleurs, lesquels desrobboient les pauvres gents, et aulcuns prenoient et vendoient aux Anglois; et si n'en faisoit-on nulle justice. Et s'accompagnoient aulcunes fois avecq ceulx de Calaix quy estoient Anglois. Et feut prins d'eulx environ ce temps ung gentilhomme de la comté de Sainct-Pol, nommé le Brun de Cuincy, en revenant de l'hostel de son frère, par aulcuns Anglois, et mené à Calais; mais environ trois mois après, par lettres que le duc de Bourgoingne feit rescripre, il feut delivré sans rançon, mais sy luy cousta-t-il en despends plus de quatre cents couronnes d'or.

En ce temps aussy, en may, revindrent de devers le roy de France lesdicts messeigneurs Jean de Croy et messire Symon de Lallaing, et arrivèrent à Bruges devers le duc; de ce qu'ils besoingnèrent je n'en pus rien sçavoir.

En ce temps aussy, le neufviesme jour de may, l'an dessusdict, ung compagnon labourier, nommé Florent, dit d'Aroustra, natif de Seclin, luy septiesme, feurent prins en la chastellenie de Lille, en ung villaige nommé Raimbaucourt; et feut ledict Aroustra, Hacquenet, Anglois, et encoires ung, luy troisiesme, pendus à ung arbre, et les aultres feurent menés à Lille prisonniers. Et la cause pourquoy feurent pendus estoit, que ledict Aroustra se tenoit ès bois, et par nuict alloit par les villaiges composer les bonnes gents, et avoit tué un hostellain au Pont-à-Rais. Et le craignoit-on moult fort, pour tant qu'il estoit accompagnié de plusieurs maulvais garçons; car quy ne luy donnoit ce qu'il demandoit, il les menaçoit de tuer, et ardoir leurs maisons. Il estoit le plus bel homme de tout le pays; mais touts les jours il s'efforçoit de faire mal, et escripvoit ès lieulx, au moins en plusieurs où il se hostelloit, comme par mocquerie: « Aroustra, si l'on te tient, on te pendra, » laquelle desrision et mocquerie luy feut prophétie.

En icelluy temps, ung pelletier nommé Jehan Pinte mourut le vingt-septiesme jour du mois de juing audict an cinquante-sept; et le lendemain matin, ainsy que Jehan Pinte feut mis en terre, sa femme, laquelle estoit josne femme de trente-quatre ans ou environ, fiança et espousa ce propre jour ung nommé Willemet de Neouville, pelletier aussy, de l'age de vingt ans ou environ, et la nuict en suivant coucha avec sondict second mary. Je mets ce par escript pour tant que, comme je crois, on a veu peu de femmes soy plustost remarrier, combien que en auculnes manières on la pourroit excuser; car en ce temps, par tout le pays du duc de Bourgoingne, sitost qu'il advenoit que aulcuns marchands labouriers et aulcune fois bourgeois d'une bonne ville ou officier trespassoit de ce siècle, quy fust riche, et il délaissast sa femme riche, tantost ledict duc, son fils ou aultres de ses pays voulloient marrier lesdictes vefves à leurs archiers ou autres leurs serviteurs; et falloit que lesdictes vefves, sy elles se voulloient marrier, qu'elles espousissent ceulx que leurs seigneurs leur voulloient bailler, ou fissent tant par argent, au moins tant à ceulx quy les voulloient avoir, comme à ceulx quy gouvernoient les seigneurs, et aulcunes fois aulx seigneurs mesmes, que ils souffrissent qu'elles se marriassent à leur gré. Et encoires estoient-elles les plus heureuses, quy par force d'amis et d'argent en pouvoient estre deslivrées; car le plus souvent, volsissent ou non, sy elles se voulloient marrier, il falloit qu'elles prensissent ceulx que les seigneurs leur voulloient bailler. Et pareillement, quand ung homme estoit riche, et il avoit une fille à marier, s'il ne la marioit bien josne, il estoit travaillié comme est dict cy-dessus.

En celuy temps aussy, pour obvier aux courses et entreprinses que les Anglois faisoient au pays du duc Philippes de Bourgoingne, le duc envoya à Sainct-Omer Jehan, comte d'Estampes, Anthoine, bastard du duc, et aultres. Devers lequel Jehan, comte d'Estampes, vint le comte de Werwicq, capitaine de Calais; et se trouvèrent ensemble lesdicts comtes en plain champ, chascune partie bien accompagniée de chevalliers, escuyers et archiers en armes. Et feut icelle journée de parlementer entre ledict comte d'Estampes pour et au nom du duc, et ledict comte de Werwicq, Anglois, pour et au nom du roy Henry d'Angleterre, le premier de juillet; auquel jour feut tant traictié que trefves feurent données entre lesdicts Anglois et ledict duc l'espace de huict ans; et avecq ce feut rendu le Brun de Cuincy, lequel ung peu de temps devant avoit esté prins et mené à Calais.

CHAPITRE XXVIII.

De la venue de la femme de monseigneur le daulphin devers son mary; et comment aulcuns François se bouttèrent en mer et descendirent en Angleterre, et prindrent Saint-Wicq, ung port en Angleterre, et aultres choses.

En ce temps, le dixiesme jour de juillet, l'an dessusdict cinquante-sept, madame, fille du duc de Savoye, laquelle avoit espousé monseigneur Loys, aisné fils du roy de France, daulphin, et laquelle n'avoit encoires oncques esté conjointement avecq son mary, jà-soit-ce qu'elle euist seize ans ou environ, et sy avoit plus de cinq ans passés que sondict père l'avoit livrée audict monseigneur le daulphin, et l'estoit allé quérir le seigneur de Montagu, elle arrivée devers ledict monseigneur le daulphin son mary, consommèrent le mariage et couchèrent ensemble. Et lorsque ladicte dame arriva audict Namur, le duc de Bourgoingne n'y estoit point, car il s'estoit party pour aller au pays de Picardie. Et alla par Lille à Abbeville, de Abbeville à Amiens, puis à Corbie et à Péronne et à Sainct-Quentin, lesquelles villes il alla visiter pour ce que on disoit que le roy de France avoit une grosse armée preste; et ne sçavoit-on pour où c'estoit aller, ne qu'il en voulloit faire. Pour laquelle cause le duc estoit allé ès villes dessusdictes, eulx remonstrer comment le roy luy auroit baillié ledict pays par accord faict, et despuis par le traictié d'Arras; et leur remonstra que, despuis qu'il les avoit eus, il les avoit tenus en paix; par quoy il leur requéroit, se le roi envoyoit garnison èsdictes villes, qu'ils ne les receussent pas; mais sy le roi y venoit en personne, il leur commandoit que on luy feist ouverture, et allast-on allencontre de luy comme il appartenoit; ce que lesdictes villes luy accordèrent; puis retourna par Cambray et alla à Mons en Haynaut.

En ce temps, le vingt-deuxiesme de juillet, il tonna et éclistra moult fort et feit grand orage; et queut¹ le tonnoire au clocher de Saint-Vaast.

Environ ung mois devant, le tonnoire aussy avoit ards trois maisons à Lille, et sy avoit fort dommagié une des portes de Béthune; à Paris aussy avoit faict grand dommage; et en celle saison aussy en plusieurs villes et villaiges par orages olt grands dommaiges.

En ce temps aussy, audict an cinquante-sept, environ le jour de la Magdelaine, une partie de la ville de Durdrech, en Hollande, feut ardse, et y olt plus de deux mille maisons ardses et gents plusieurs.

Audict an mil quatre cents cinquante-sept, au mois d'aoust, Charles, roy de France, faindant qu'il envoyast plusieurs gents de guerre en l'aide du roy d'Escoce, lequel avoit guerre contre le roy Henry d'Angleterre, iceulx gents de guerre montèrent en mer à Dieppe et à Harfleur en Normandie; et, disoit-on, qu'ils estoient grand nombre; et estoient leurs capitaines le seigneur de la Varende, sénéschal de Normandie, l'admiral de la mer, Flocquet, capitaine d'Evreulx, Charlot Des Marests, capitaine de Dieppe, et aultres; et le jour de Sainct-Jehan Décolasse descendirent et prindrent port à Angleterre, à Sainct-Deswicq¹. Et tantost qu'ils y feurent descendus et olrent prins port, ceulx d'Angleterre feirent grands feus, et sonnoient par toutes églises leurs cloches pour eulx assembler; mais ains qu'ils peussent estre assemblés, livrèrent les François ung assault audict Sainct-Deswicq. Auquel assault faire, feurent faicts chevalliers lesdits Flocquet, Charlot Des Marests, Polrus de Lignes et aultres, jusques au nombre de vingt; et prindrent par force d'assault le dict Sainct-Deswicq; et y olt des Anglois environ trois cents tués, et des François de trente à quarante, entre lesquels il olt quatre hommes d'armes françois morts. Après ce faict, les François pillèrent toute la ville et meirent leurs feus sans boutter nuls feus ne riens faire aux églises; puis se meirent en mer sans retourner à Dieppe, le jour Sainct-Gilles ensuivant; et ne feurent sur terre que l'espace d'une marée; et y gaignèrent les François grand butin. En ceste propre saison, environ huict jours devant, une grande compagnie de Bretons aussy passèrent la mer, et entrèrent en Angleterre et y bouttèrent les feus et pillèrent une grande distance de pays; puis s'en retournèrent en Bretaigne. Et disoit-on que les François quy estoient montés à Dieppe cuidoient que lesdicts Bretons deuissent venir en leur compagnie, mais chascun feit son faict à part luy.

En ce temps, le mardy vingt-uniesme de septembre, le cardinal de Constance, le seigneur d'Esternay, l'ung des généraulx de France, et ung des secrétaires du roy de France Charles, ambassadeurs dudict roy de France, envoyés devers Philippes, duc de Bourgoingne, arrivèrent à

---
(1) Cheut, tomba.

(1) Sandwich.

Bruxelles; et estoient accompagniés de l'évesque d'Arras, nommé Jehan, lequel les avoit attendus à Tournay, au commandement dudict duc; et environ la Toussaint ils s'en retournèrent; et ne peus-je sçavoir les causes pourquoy ils estoient venus, ne la response qu'on leur feit.

En cest an cinquante-sept, on mourut de l'impidémie[1] en plusieurs villes et villaiges, très fort, espéciallement à Amiens, à Compiègne, à Noyon, à Douay et ailleurs.

En ce temps, en la ville d'Arras, mourut maistre Jehan Le Sot, agié de quatre-vingts ans ou environ, lequel estoit conseiller de la ville d'Arras; après laquelle mort succéda à son office Richart Pinchon, procureur de la ville; lequel Richart, depuis lors en avant se feit appeler maistre Richart, combien qu'il ne feust clercq et n'avoit oncques estudié en clergie; mais il estoit renommé d'estre ung des plus cauteleux hommes du pays; et par subtilité et cautelle estoit procureur général du pays du duc de Bourgoingne. Il avoit en son temps tant travaillié l'église de Saint-Vaast par procès, tant encontre la ville d'Arras comme contre luy propre, que pour ung jour la ville d'Arras avoit cinquante et ung procès contre ladicte église de Sainct-Vaast; et faillit enfin que, pour eschever[2] les grands despens, le duc envoyast certains commissaires députés de par luy pour les accorder; et y feurent envoyés maistre Jehan Tronchon et maistre Philippes de Lanterne. Et des cinquante et ung procès, ceulx de la ville d'Arras, par la sentence desdicts commissaires, ne obtinrent gain que en ung, et ceulx de l'église en cinquante; parquoy on pouvoit percevoir que ledit Richart n'aimoit point l'église ne celle de Sainct-Vaast, ne celle d'Ancin, ne maintes aultres, auxquelles par sa subtilité il feit maintes griefs, torts et dommaiges.

CHAPITRE XXIX.

Comment le comte de Sainct-Pol vint devers Philippes, duc de Bourgoingne, pour cuider avoir la main-levée de la terre d'Enghien; et comment le duc, en la présence dudict comte, luy feit proposer plusieurs crimes par luy faicts, et de la response dudict comte, et d'aultres choses.

Comme en l'an précédent cinquante-six, Philippes, duc de Bourgoingne, eust fait mectre en sa main la terre d'Enghien, appartenant au comte de Sainct-Pol, laquelle terre est hors du royaulme de France, et jà-soit-ce que le comte euist plusieurs grandes terres et seigneuries enclavées ès pays du duc, qu'il tenoit du royaulme, le duc n'avoit touchié qu'à la terre d'Enghien, laquelle estoit, comme dict est, hors du royaulme; le comte, désirant avoir main-levée de sadicte terre, ou sçavoir pourquoy le duc la avoit mis en sa main et en faisoit recepvoir les prouffits, envoya prier et requérir au duc qu'il luy pleust luy envoyer ung saulf-conduict, affin qu'il peust venir vers luy et sçavoir les causes pourquoy il avoit mis ses terres en ses mains. Lequel saulf-conduict le duc ne voullut bailler, ne envoyer de prime face, se ledict comte ne se desclaroit son ennemy; mais s'il se desclaroit son ennemy, très volontiers luy envoyeroit. A quoy feut respondu par le comte : qu'il ne se desclareroit point son ennemy, mais son humble subject, et que pour doubte de son ire n'oseroit venir devers luy sans saulf-conduict, et aultrement il n'y venroit[1] point. A la parfin, le duc luy envoya ung saulf-conduict. Et tantost que ledict comte olt ledict saulf-conduict, accompagnié du seigneur d'Offemon, du seigneur de Jenly, du seigneur de Happlaincourt et aultres chevalliers, jusqu'au nombre de vingt-quatre ou plus, avecq deulx avocats de parlement, et aultres gents de conseil et escuyers, bien jusques au nombre de deulx cents chevaulx environ, le quinziesme du mois de septembre, audict an cinquante-sept, arriva en la ville de Bruxelles, où estoit ledict duc, et le seiziesme jour dudict mois, le comte vint devers le duc en son hostel à Bruxelles, et illecq, en public, présents touts ceulx quy y voulloient estre, feut dict et remonstré audict comte par le conseil du duc présent: comme le comte estoit bien tenu à luy; et que tout le bien qu'il avoit venoit la pluspart de luy ou de ses prédécesseurs; car par les prédécesseurs dudict duc auroit esté envoyé quérir le père dudict comte avecq ses deulx oncles, frères de sondict père, au pays de Luxembourg, lesquels on avoit rapporté petits enfants en hottes; et despuis, par le moyen dudict duc, avoient ensoubs luy et ailleurs les seigneuries que chascun sçavoit, c'est à sçavoir sondict père, nommé Pierre de Luxembourg, le comté de Sainct-Pol, la seigneurie d'Enghien et aultres terres; son oncle, messire Jehan de Luxembourg, la comté de Lignes et plusieurs aultres grandes terres;

---

(1) Épidémie. (2) Éviter.

(1) Viendroit.

et sy le avoit faict capitaine de la comté d'Artois, et son second oncle cardinal de Rouen. Mais pourquoy il avoit faict mectre sa terre d'Enghien en sa main, estoit, pour certaines homicides occultes et aultres crimes que le duc disoit que le comte avoit faicts, ou faict faire, lesquelles choses on luy declara. Et dura la déclaration bien l'espace de trois heures, en luy declarant aussy qu'il n'estoit point venu vers le duc comme son subject et vassal, ains estoit venu l'espée au poing, accompagnié comme cy-dessus est dict, et par saulf-conduict. Après laquelle proposition faicte par le conseil du duc contre le comte, le comte respondit : que, au regard du saulf-conduict, il ne l'avoit pas prins comme ennemy du duc, ains estoit et avoit esté prest de le servir; et que s'il ne doubtoit que luy, il le sentoit sy sage et sy prudent que en tout et par tout il se mectoit en sa vollonté; mais il sçavoit de certain que en sa cour avoient aulcuns qui l'enflammoient devers luy, et ne l'aimoient pas; pourquoy, doubtant l'ire de son prince, il n'euist osé venir sans saulf-conduict, requérant au surplus au duc qu'il puist parler à luy à part pour luy dire et s'excuser des crimes qu'on luy mectoit sus, ou se non qu'il feut ouy en public en ses excusations, ce quy feut accordé. Toutesfois, quelque excusation qu'il feit, tant par sa bouche que par la bouche de maistre Jehan de Poupencourt [1], avocat en parlement, la main du duc ne feut pas levée de sa terre d'Enghien, et s'en partit le comte sans riens faire. Et la cause principale pour quoy, entre plusieurs aultres, on présumoit que ledict Philippes, duc de Bourgoingne, n'estoit pas bien content du comte, estoit : pour tant que jà pièça le comte, quy avoit plusieurs enfants, tant fils comme fille, avoit donné à marriage, sa fille aisnée légitime pour prendre à marriage, au fils aisné du seigneur de Croy, lequel estoit premier chambellan et gouverneur du duc ; laquelle avoit esté et estoit passé dix ans en la main dudict seigneur de Croy, pour tant que ladicte fille estoit trop josne, et estoit aussy son fils ; mais en icelluy temps feurent assez agiés ; pourquoy le seigneur de Croy avoit faict les nopces de son fils et de ladicte fille environ le Noël, l'an précédent, et les avoit faict coucher ensemble. Lesquelles nopces s'estoient faictes contre la vollonté du comte; et n'y avoit point esté; ains y avoit envoyé son fils aisné, secrètement, accompagnié de gents de guerre, pour la cuider embler et la ramener en son hostel ; mais le seigneur de Croy en feut adverty. Sy s'en retourna le fils du comte de Sainct-Pol sans riens faire, et le seigneur de Croy leur feit consommer ledict marriage. Depuis lequel marriage consommé, ledict seigneur de Croy voullut que le comte payast le marriage de sa fille, ce que le comte ne voullut. Toutesfois, touchant toutes ces choses, ne feut rien parlé par le duc, quand il feit declarer au comte les causes quy le avoient meu à avoir ses terres en sa main.

En ce temps, le dix-huictiesme jour de novembre, audict an cinquante-sept, en la ville d'Arras, devant l'Hostel-Dieu de Sainct-Jehan en l'Estrée, au poinct du jour, feut trouvé ung homme meurdry, à barbe rousse, bel homme, fort et puissant, de l'age de quarante ans ou environ ; et feut trouvé en sa chemise, ses chaulses et son pourpoinct, et sa robbe jettée sur son corps ; et ne pooit-on percevoir sur luy nulles playes, sinon qu'il avoit les cuisses desquirées, ainsy que on l'avoit traisné ; et sy avoit le hatreau [1] tout noir, ainsy que s'il euist esté estranglé. Et feut ledict mort porté en la halle d'Arras ; et combien qu'il y feust demi-jour ou plus, sy ne feut-il pas recognu de personne ; mais on supposoit qu'il feust marchand de joaillerie : et ne peut-on oncques sçavoir dont on le avoit atraisné, ne quy avoit faict le murdre.

En ce temps aussy, environ la Saint-Martin d'hiver, le Lyon d'Aix et Hutinet de Lannoy, en la ville de Hesdain, à plein jour, battirent et navrèrent, en plusieurs lieulx de son corps, le prieur de Hesdain, lequel estoit moine de l'ordre de Saint-Remy de Reims ; et la cause feut, pour tant que ledict Hutinet avoit esté quérir une femme que ledict moine tenoit, de quoy ledict Hutinet avoit esté battu par le bastard de Cohem, lequel bastard avoit ramené ladicte femme dudict moine. A vérité dire, plusieurs gents d'église, et le plus, en ce temps et long-temps paravant, estoient sy dissolus au péchié de luxure et avarice, ambition et ès délices mondains, que ce seroit pitié à le mettre par escript, et aussy bien les grands, comme prelats et aultres, que les povres prestres, mendiants et aultres.

En ce temps aussy, le huictiesme jour de novembre, ung josne compagnon, nommé Petit-Jehan Fourment, en la paroisse de Hees près Ar-

---

(1) Popincourt.

(1) Cou.

ras, à son père, nommé Willame Fourment, donna ung coup de dague dans sa maison entre les quatre membres; et la cause pourquoy, feut ce que son père voulloit aller rompre son coffre.

En cest an aussy cinquante-sept, et en l'an cinquante-six et cinquante-cinq, feurent grains en pareille valleur; et valloit de trente-deux à trente-cinq sols, monnoye d'Artois, la charge d'ung cheval de bled.

En cest an aussy, le quatriesme jour de décembre, environ noeuf heures du vespres, Jacotin Braquet, bourgeois d'Arras, et à marier, feut occis et mis à mort entre le petit marchié, à cousteaulx à pointes, en la ville d'Arras, par trois compagnons, nommés Jacotin Des Prés, Jennin, fils de Fremin, orphèvre, dit Biset, et Gufret, lesquels se disoient au seigneur de Habarc; et avoit l'ung d'eulx esté à tuer ledict Jacotin, quy avoit esté tué comme cy-dessus est dict. Lequel Jacotin estoit agé de trente-neuf ans ou environ. Lequel en son advenement, environ dix-huit ou vingt ans devant sa mort, avoit esté soubçonné de avoir occis, avecq aultres, en ladicte ville d'Arras, ung sergeant d'icelle ville nommé Perard. Mais, par force d'argent et d'amis, il s'en purgea de faict nié; et despuis avoit ledict Jacotin despendu la pluspart de sa chevance. Et jà-soit-ce que ledict Jacotin feust de bonnes gents en ladicte ville d'Arras, pour les desbats et les noises que avoit, jà-soit-ce qu'il ne sceust tirer en ung arcq, sy estoit le bon homme d'armes, bon jousteur et subtil homme, mais il estoit de méchante vie, et aimant les dés et les filles.

CHAPITRE XXX.

De l'ambassade que Lancelot, roy de Hongrie et de Behaigne, envoya devers le roy de France, pour avoir sa fille en mariage; et d'aultres choses.

Le huictiesme jour de décembre mil quatre cents cinquante-sept, en la ville de Tours en Touraine, entra et arriva l'ambassade que envoyoit Lancelot, roy de Hongrie et de Behaigne entre grandes et nobles ordonnances; et estoient de trois nations, de Hongrie, de Behaigne et d'Autriche : de Hongrie, l'archevesque Crol, d'Offam[1], messire Ladislau de Polne; de Behaigne le seigneur de Sternembourg, messire Odislau Zetzinges, et messire Jacques Scrop. Et sy en estoit le prévost de Treves, le seigneur de Ro-

(1) Offen.

denaguet, messire Adam de Castenon et douze ou treize aultres chevaliers, et bien trente gentilshommes de bon hostel; lesquels entrèrent en ladicte ville en très belle ordonnance; et estoient bien sept cents chevaulx ou environ, et vingt-six charriots bien et richement attelés de beaulx chevaulx. Belle chose estoit à veoir ladicte entrée. Mais ains qu'ils arrivassent en ladicte ville, envoya Charles, roy de France, à l'encontre d'eulx une grande et noble compagnie : premier, le cardinal de Constance, l'archevesque de Tours; le seigneur du Mans et plusieurs gents d'église; et après alloient ceulx de la ville de Tours; et après eulx le chancelier de France et ceulx du conseil; après estoient (quy estoit la dernière compagnie), Philippes, duc de Savoye, le comte de Foix, le comte de la Marche, le comte de Dunois, le marquis de Saluces, le seigneur de la Tour, le grand-sénéschal de Normandie et toute la suite de la noblesse, estant en la ville de Tours. Et quand les gents du roy de France trouvèrent lesdicts ambassadeurs, chascun se meit en belle ordonnance; et leur feit le chancelier de France une belle et notable proposition. Et après, se meirent les gents d'église avecq les gents d'église, les chevalliers et les escuyers avecq les chevalliers et les escuyers, et ainsy entrèrent en la ville de Tours en très grande joie. Le roy de France, Charles, son second fils, la royne et madame Magdelaine, fille du roy de France, estoient logiés au Montils, assez près de ladicte ville; et avoient esté le roy Charles malade; et pourtant ne peurent lesdicts ambassadeurs parler à luy qu'il ne feust dix jours après ladicte entrée. Auquel jour, quy feut le dix-huictiesme dudict mois de décembre, lesdicts ambassadeurs feurent audict lieu de Montils et parlèrent au roy Charles; et luy feirent la révérence et recommandations du roy Lancelot, leur souverain seigneur et maistre; et par la bouche du dessusdict archevesque de Crol d'Offam feut faicte une belle proposition en latin, remonstrant le prochain lignaige entre ledict roy Charles et ledict roy Lancelot; aussy le grand amour que de tout temps avoit eu entre ceulx des royaulmes de Hongrie et de Behaigne et la très chrestienne maison de France; et dict au roy : qu'il n'estoit sy belle chose que de paix, et pour avoir amour entre luy et le roy Lancelot, ils estoient venus, en disant au roy Charles : « Quand paix « et amour sera entre toy et mon souverain sei-

« gneur, quy seroient au monde ceulx quy vous
« pourront nuire? Tes prédécesseurs et nos sou-
« verains, roys de Hongrie et de Behaigne, ont
« esté amis et alliés ensemble; encoires y sommes-
« nous venus pour ceste cause. Tu es la colompne
« de la chrestienneté, et mon souverain seigneur
« en est l'escu; tu es la chrestienne maison, et mon
« souverain seigneur est la muraille. » Plusieurs
aultres belles parolles dict au roy. En concluant
demanda et requit ledict archevesque au roy son
enfant, c'est à sçavoir, dame Magdelaine, pour
estre femme et espouse du roy de Hongrie et
de Behaigne. Et est vray que le roy Lancelot
avoit faict demander par avant par plusieurs
fois ladicte Magdelaine audict roy Charles; lequel
luy avoit toujours rescript que, quand il envoyeroit devers luy ambassades notables, ayants pouvoir souffisant dudict roy Lancelot pour ledict
marriage, qu'il y entendroit volontiers. Pourquoy le roy Charles oyt l'ambassade; et voyant
aussy que mieulx ne pourroit allier sa fille, conclut d'entendre au marriage. Et feurent, de par
le roy, gents députés à communiquer avecq les
ambassadeurs pour pratiquer, ordonner et conclure ledict marriage. Et cependant les princes
et seigneurs estants en la cour du roy Charles
se préparèrent à festoyer les ambassadeurs ; et
premier commença le comte de Foix, lequel
festoya lesdicts ambassadeurs en ladicte ville de
Tours, le vingt-deuxiesme de décembre l'an
dessusdict, et leur feit et donna ung très beau disner. Et feurent assis à la table touts les chiefs de
l'ambassade dudict roy de Hongrie et le chancellier de France ; à la seconde table, touts les
chevaliers et escuyers de ladicte ambassade ;
à la tierce table, mademoiselle de Chastillon au
hault estoit; après, mademoiselle de Villeclerc;
après, Charles d'Angier, seigneur du Maine,
frère de la royne de France; après, la dame de
Chastillon; après, le seigneur et comte de Vendosme; après, mademoiselle de Chasteau-Brun ;
après, la demoiselle de Rosny, et plusieurs aultres damoiselles, chevalliers et escuyers. Et estoient de ladicte ambassade bien deulx cents ou
environ; et y avoit grand nombre de gents d'armes, héraulx et trompettes, et ménestriers. En
icelle salle ne feurent point assis le comte de
Foix, le comte de la Marche, Philippes, fils du duc
de Savoye, le comte de Dunois, le marquis de Saluces, le seigneur de la Tour, le grand-mareschal
de Normandie, le seigneur de Prie, et plusieurs

aultres grands seigneurs, lesquels disnèrent en
une aultre chambre ; et alloient la pluspart
d'eulx devant les mests. Les tables feurent servies
de plusieurs mests, desquels je me tairai, mais
des entremests je vous parlerai ung peu. Le premier entremests estoit ung chasteau, où il y avoit
quatre petites tours, et au milieu une grande
tour à quatre fenestres, et à chascune fenestre
ung visage de damoiselle, leurs cheveulx derrière; et ne voyoit-on que leur visage; et s y avoit
tout au plus hault une bannière des armes du
roy Lancelot, et tout autour des quatre tou-
rettes, les armes des chiefs de ladicte ambassade;
et dedans ladicte tour avoit six enfants très bien
chantants, lesquels chantoient en telle manière
qu'il sembloit que ce feussent lesdictes damoiselles. Le second entremests estoit une terrible
beste nommée tigre, le corps gros, court et ar-
rasé, la teste terrible et hideuse, et avoit deulx
cornes courtes et aiguës. Dedans ladicte teste
avoit ung homme quy la faisoit remuer, comme
sy elle feust en vie, et jettoit feu par la gueule
très hideusement; et feut portée par quatre
gentilshommes habilliés à la mode de Bierne[1],
et dansèrent à la façon du pays. Le troisiesme
entremests estoit une grand roche où il y avoit
dedans une fontaine, et faisants et connins[2]
blancs et aultres ; et y avoit cinq petits enfants
sauvages, lesquels issirent d'icelle roche et commencèrent à danser la mourisque. Le quatriesme
entremests feut ung très habile escuyer quy
sembloit estre à cheval et avoit fausses jambes
par dehors; et estoient luy et son cheval gentement vestus et houssés, et que luy advenoit à
faire bondir et saillir son cheval ; et tenoit en
sa main ung pot de diverses couleurs, et d'icelluy
pot issoient plusieurs fleurs; et par-dessus tout
avoit ung très beau lys bien chargié de fleurs de
lys; et le assit sur la grande table affin de vouer
ceulx quy voudroient vouer. Si vouèrent deulx
chevalliers de ladicte ambassade : le premier,
Jacques Scrop, feit vœu que, pour l'amour de
mademoiselle de Villeclerc, laquelle estoit assise
plus près de luy, que jamais ne seroit à table à
disner ou soupper, tant et jusques à ce qu'il
auroit faict armes ; ung chevalier de Hongrie
feit vœu aux dames et au paon que ung mois
après qu'il seroit arrivé audict pays de Hongrie,
il romproit deux lances à fers émoulus pour
l'amour de la damoiselle de Chasteau-Brun, et

(1) Béarn. (2) Lapins.

sy ne se vestiroit que de noir jusques à ce qu'il auroit accomply son vœu, pour l'amour de ladicte damoiselle quy estoit vefve. En la fin, sans laver, feurent portés à la grande table plats pleins d'espices confites, comme on diroit dragerie, très bien faictes en façon de cerfs, biches, sangliers, ours, singes, licornes, lions, tigres et aultres bestes, et en chascun plat les armes de ceulx que on servoit à iceluy disner. Les officiers d'armes, trompettes et ménestriers olrent dons et largesses; et oultre, donna le comte de Foix au roy d'armes de Hongrie, dix aulnes de drap de velours; et après graces on commença à danser, mais ce ne feut guières.

CHAPITRE XXXI.

Comment nouvelles vindrent en France aulx ambassadeurs, de la mort du roy Lancelot, et du grand dueil que on en feit.

La nuict de Noël ensuivant, audict an mil quatre cents cinquante-sept, vindrent les nouvelles audict lieu de Tours, de la mort du roy Lancelot, roy de Hongrie et de Behaigne, de laquelle mort feut faict grand et merveilleulx dueil de touts ceulx du sang royal et aultres estants audict Tours, car ung chascun s'efforçoit de faire joye aulx ambassadeurs du roy Lancelot. Le comte de Foix les avoit premier festoyés, comme dessus est escript; le comte de Maine les debvoit festoyer le troisiesme jour après Noël; et déjà estoient les préparations faictes, sy grandes que on disoit qu'il n'estoit point mémoire d'homme d'avoir veu devers le roy sy grand disner, ne tant de grands entremests quy y debvoient estre; et après les debvoient festoyer touts les autres grands seigneurs; mais la douloureuse mort abatit toute la joie quy là estoit. Et qu'il soit vray, ne feut point souffert aulx trompettes et ménestriers de jouer des instruments devant le comte de Maine le jour de Noël, lequel jour de Noël, ledict comte tenoit l'estat pour le roy, ne aussy que le roy d'armes ne hérauts criassent largesse, ja-soit-ce que le don leur en feust faict. Pitié estoit de veoir le dueil que ceulx de la très noble ambassade du roy Lancelot faisoient, quy de sy longtain pays estoient venus, comme de Hongrie, de Behaigne, d'Autriche et d'ailleurs, en grands et merveilleux despends de riches et somptueux habits et vestures, tant de très riches draps d'or et bordures de perles, et de draps de soye et d'aultres draps, riches fourrures de martres zébelines, hermines, menus vairs et aultres fourrures, de riches joyaux, vaisselles d'or et d'argent, riches montures et grand nombre de charriots bien habilliés. Or, voyoient iceulx ambassadeurs le grand appareil quy se mectoit sus, tant de beaulx banquets, disners, souppers, joustes criées et toutes aultres manières de festoyements de quoy corps d'homme se peut adviser, se préparoient pour eux festoyer. Et d'autres parts, en quelle joye se cuidoient aller, car ils se tenoient pour touts asseurs de emmener la belle et bonne Magdelaine, fille du roy Charles de France, à leur souverain seigneur, quy tant ne désiroit terres et joyaux, or et argent, et ne demandoit que son seul corps. Ledict Lancelot estoit josne roy, agié de dix-huict ans et non plus. Il la désiroit pour l'amour d'elle et pour tant qu'elle estoit fille du roy de France. Iceulx ambassadeurs sçavoient aussy les grands apparaux quy se faisoient par touts les lieulx où ladicte dame Magdelaine debvoit passer, et par espécial en la ville de Parme[1], où elle debvoit estre moult richement couronnée et receue; auquel lieu de Parme iceulx ambassadeurs s'attendoient d'avoir triomphes de gloire et d'honneur, ensemble rémunération de leurs grands travaulx, peines et coustages que portés avoient en leurs voyages. Or leur advint tout le contraire de leur désir. La mort d'icelluy roy Lancelot feut célée au roy Charles, six jours; et ne lui osoit-on dire pour deux raisons, l'une parce qu'il avoit esté malade, l'autre pour le grand desplaisir qu'il en prendroit. Et fust le service du roy Lancelot faict aulx despends du roy Charles, de ceulx de son sang et conseil, ains qu'il en sceust riens; et feut faict en l'église de Sainct-Martin, en la ville de Tours, le vingt-neuf de décembre ensuivant, où feurent le comte de Maine, le comte de la Marche, Philippe de Savoye, le comte de Dunois et aultres grands chevalliers et escuyers, de gents de conseil et prelats, et dict le cardinal de Constance la messe. A icelluy service y olt deux cents torches et mille cierges. Les povres quy tenoient les torches feurent touts vestus de noir; et feut donné pour Dieu celluy jour deux cents livres tournois; et icelluy mesme jour feut dict au roy Charles la mort du roy Lancelot, dont le roy feut moult desplaisant; toutesfois il loua Dieu,

(1) Prague.

puis que son plaisir estoit que ainsy feut.

Et le penultiesme dudict mois de décembre, ceulx de ladicte ambassade allèrent prendre congié à la royne de France et de dame Magdelaine, et luy présentèrent ung moult riche collier, ung diamant, et une robe de drap d'or à la façon de Hongrie. A icelluy congié prendre y olt maintes larmes plourées; et estoit pitié de veoir chascune partie, pour le dueil que chascun menoit. Et le dernier dudict mois de décembre, lesdicts ambassadeurs prindrent congié du roy Charles, et luy présentèrent quatre chevaulx blancs quy avoient esté conquis sur le grand Turc, dont sur les deulx avoit deulx pages, et les autres estoient en main, touts couverts de draps d'or et sellés. Le roy Charles aussy donna grands dons auxdicts ambassadeurs, c'est à sçavoir riche vaisselle toute dorée, coupes d'or toutes plaines d'escus d'or, et feit dons à touts ceulx à quy il appartenoit, et aulx officiers d'armes, trompettes, ménestriers, tambourins; et comme on disoit, monta le don que le roy leur feit à vingt-deulx mille escus d'or ou plus, les soixante-dix escus pesants huict onces, vingt esterlins pour chascune once; et après se départirent lesdicts ambassadeurs, et s'en rallèrent en leur pays.

Les nouvelles vindrent à Philippes, duc de Bourgoingne, environ le jour de Noël, audict an, que le roy Lancelot, roy de Hongrie et de Behaigne, agié de dix-huict ans, estoit mort. Lequel roy Lancelot estoit mort par poison, lequel poison luy feut baillié en ung mangier aulx vespres; et prestement qu'il olt mangié ledict poison, il devint pasle et despuis verd comme herbe, et ne vescut que trois heures après. Et, disoit-on, la cause pourquoy il feut empoisonné estoit, pour ce que le roy Lancelot voulloit avoir la fille du roy de France, et ses gouverneurs doubtoient que, après le marriage faict, ne luy bailliast aultres gouverneurs. Ledict roy Lancelot disoit luy appartenir la duchié de Luxembourg, laquelle duchié Philippes, duc de Bourgoingne, avoit conquis à l'espée, et disoit-on luy appartenir par les raisons cy en ce livre dessus declarées; sy la tenoit en sa main et la possessoit. Ledict roy Lancelot laissa par testament, comme on disoit, à la fille du roy de France ladicte duchié.

Icelluy roy, nonobstant que ledict duc Philippes et luy feussent prochains parents, sy tenoit-il le duc pour son ennemy à cause de ladicte duchié de Luxembourg; et disoit-on que l'une des causes pourquoy il se voulloit allier en France estoit affin d'avoir l'aide du roy de France pour venir guerroyer ledict duc; et s'estoient jà tirés aulcuns gents de guerre du roy de France vers ledict pays de Luxembourg, en espérance que, le marriage consommé entre la fille du roy de France et le roy Lancelot, il y auroit pleine guerre. Ces choses considérées, et nonobstant que le duc feust adverty de toutes ces choses, sy ne les doubtoit-il pas, ains feit grand dueil de la mort dudict roy Lancelot ; et feit faire ung moult notable service pour ledict roy en la ville de Bruges, où feurent monseigneur Loys de France, aisné fils du roy de France, daulphin de Vienne, Charles, comte de Charollois, fils du duc, et plusieurs aultres princes, chevalliers et escuyers. Icelluy roy Lancelot avoit, comme on disoit, commis exécuteur de son testament, à cause du don qu'il avoit faict de ladicte duchié de Luxembourg à Magdelaine, fille du roy Charles, le père de ladicte fille.

En ce temps, Jehan de Coymbres, fils de Pierre de Portugal, lequel Jehan avoit espousé la fille du roy de Cypre, nouvellement mort, laquelle estoit royne de Cypre, et par ce moyen estoit ledict Jehan, roy, clost son dernier jour et mourut. Icelluy Jehan estoit nepveu à la duchesse de Bourgoingne; et le avoit le duc marié et faict roy. En ce temps aussy, le premier jour de janvier, maistre Jacques de Paris, de Tournay, clost son dernier jour et mourut en la ville de Paris, en l'age de quatre-vingts ans ou environ ; lequel maistre Jacques estoit tenu le plus expert et le plus sage en la science de médecin, quy ne feust au royaulme de France, ne quy avoit esté grand temps devant ; et dès en sa vie, ès sinagogues, on lisoit aulcuns livres par luy faicts comme faicts par très notables docteurs. Icelluy maistre Jacques délaissa moult de livres en médecine, et feut moult plaint pour le noble sens qu'il avoit en l'art de médecine.

En icelluy an, environ ce temps, clost son dernier jour et mourut le duc de Bretaigne, sans laisser hoirs de sa chair ; en laquelle duchié luy succéda son frère Arthus, comte de Richemont et connestable de France.

En icelluy temps, environ la chandeleur, en la ville de Lille, l'hoste de la Teste d'or, nommé Gilles de Nevers, feut ards et ramené en poudre, pour le ord et villain péchié de Sodome. Et accusa icelluy Gilles plusieurs d'icelluy péchié, et mesme ung aumusseur, lequel feut prins et ards pareillement. En la ville de Sainct-Omer, feurent ards deulx hommes pour ledict péchié, lesquels en accusèrent plusieurs aultres comme l'on disoit, dont on ardit encoires depuis en ladicte ville. En icelluy temps, ung cabaretier, demeurant sur le marchié, nommé le Régent, lequel estoit blasphemeur du nom de Dieu, et sy n'en prenoit-on quelques pugnitions, en revenant en son hostel après disner, soudainement mourut.

CHAPITRE XXXII.

De la maladie du roy Charles, et de plusieurs aultres choses.

En ce temps, Charles, roy de France, en la ville de Tours en Tourraine, feut sy malade que on disoit touts les jours qu'il estoit mort; et feit-on à Paris et en plusieurs lieulx du royaulme processions et prières, affin que Dieu luy envoyast santé; et assez tost après il feut guéry. Et tantost qu'il feust guéry, il envoya ung gentilhomme vers Philippes, duc de Bourgoingne, porter lettres de crédence; lequel escuyer trouva le duc à Bruges; et après ce qu'il luy olt présenté ses lettres, ledict duc luy dict qu'il dist sa crédence. Lequel dict au duc : que Charles, roy de France, avoit mis en sa garde le damoiseau de Rondemach et toutes ses terres, ens ou royaume et dehors, lequel Rondemach avoit la pluspart de ses terres en la duchié de Luxembourg, et avoit tousjours esté pour le roy Lancelot contre ledict duc. Ledict duc luy respondit: que les terres dudict damoiseau n'estoient pas au royaulme de France, ains estoit ledict damoiseau subject à luy, et en ce n'y avoit Charles, le roy, que veoir; et dict au messagier : « Je vodrois « bien sçavoir se le roy veult tenir la paix quy « feut faicte à Arras entre luy et moy; car au re- « gard de moy je ne la briseray pas; mais je « vous prie que vous luy disiez qu'il me fasse « sçavoir sa vollonté; et me recommanderez en « sa bonne grace, car je sçay bien qu'il n'y a « nul de son conseil quy me aime. » Et ceste response faicte par le duc, le lendemain le duc envoya une secrète ambassade devers le roy.

Durant le temps de ces choses, le comte de Sainct-Pol estoit devers le roy Charles, et disoit-on qu'il eust esté vollontiers connestable de France.

En ce temps, on doubtoit fort que le roy ne volsist mouvoir guerre contre le duc.

Audict an cinquante-sept, il feut sy fort et grand hyver et long, que depuis la Sainct-Martin d'hyver jusqu'au dix-huictiesme de febvrier, il ne desgella pas, pourquoy le gros pont feut rompu. Il gela sy fort que on passoit la rivière d'Oise et plusieurs aultres rivières à charriot et à cheval; et sy feit en la fin moult grandes neiges; et sy grande multitude en queut[1], que quand il desgella il fit sy grandes lavasses qu'il n'estoit point mémoire d'homme que on les euist veu si grandes, et feirent moult de dommaiges.

Audict an, le vingt-deuxiesme de febvrier, il feit par l'espace de huict heures sy grands vents en la ville d'Arras et environ, qu'on n'avoit veu de long-temps devant sy grand ne sy dommageux. Il abbattit en la ville et en la cité d'Arras plusieurs queminées et descouvrit plusieurs maisons, et ès villaiges d'entour abbattit grandes maisons et gros arbres. Et le vingt-quatriesme dudict mois feit pareil impétueux vent, quy dura despuis minuict jusques à midy ou plus; en la ville de Bruges abbattit murs et maisons et occit plusieurs gents.

A l'Escluse, périt une grosse nef pleine de fruits de caresme; et entre l'Escluse et le Dam pareillement encoires une nef pleine aussy de fruits de caresme; et y feurent noyées trois personnes.

En la ville de Lille abbattit partie d'une des portes de la ville, et plusieurs murs et queminées, et occit une josne femme; et généralement par tout le pays d'environ, c'estoit grande pitié en estre, tant pour le péril que pour le dommage comme le vent y faisoit; et dirent aulcuns que la terre crolla, mais il ne feut point certiffié.

Audict an, Baudechon Mallet et son frère, fils de Jehan Mallet, maistre de la chambre des comptes de Philippes, duc de Bourgoingne à Lille, feurent prins en ladicte ville pour avoir forcé une josne femme aimée d'ung compagnon; et par espécial ledict Baudechon avoit faict la force. Pourquoy il feut mené ens ou chasteau de Lille, et illecq, tant pour ledict cas que pour aultres, comme d'avoir tué ung sergent en ladicte ville, par le commandement de Charles, comte de Charollois, feut descapité. Mais ledict Baudechon ne se voulloit agenouiller, et ne voulloit

{1) Tomba.

souffrir qu'on le descappitast. Quand le bourel vit ce, ledict Baudechon estant droit, d'ung revers de l'espée, par-devant par la gorge, luy envoya la teste sur les espaules, ce qu'on n'avoit oncques veu faire ; et ung sien compain quy n'avoit point commis le cas, feut envoyé prisonnier à Chaulmes, une forteresse où de coustume on envoyoit les malfaicteurs pour mieulx les punir.

Audict an aussy, environ le caresme, et après pasque, l'an mil quatre cents cinquante-huict, grande multitude d'Allemans et de Brabançons et d'aultres pays, tant hommes que femmes et enfants, en très grand nombre, par plusieurs fois passèrent par le pays d'Artois et les pays environ, et alloient en pèlerinage au mont Sainct-Michel ; et disoient que c'estoit par miracles que monseigneur sainct Michel avoit faicts en leur pays. Et entre aultres choses racontoient, que ung homme mourut soudainement en battant son enfant, pour ce que l'enfant voulloit aller au mont Sainct-Michel ; et disoient que monseigneur sainct Michel le avoit faict mourir. Aulcuns disoient aussy, que communément ceste volonté leur venoit, et ne sçavoient pourquoy, sinon que nullement ne pooient avoir repos par nuict qu'ils n'euissent volonté de aller visiter le sainct lieu du mont Sainct-Michel. Et en y passa plusieurs milliers par plusieurs fois.

En cest an aussy, par le jour du grand venderdy, mourut Charles, seigneur de Rochefort, chevallier, lequel Charles estoit premier chambellan et principal gouverneur de Jehan, comte d'Estampes ; et ne feut que deux ou trois jours malade. Et combien qu'il euist bon sens et entendement, sy ne voullut-il oncques oyr parler de confession ny de recepvoir les saincts sacrements ; et sy trouva-t-on après sa mort bien cinquante mille escus quy estoient à luy ; sy ne avoit oncques esté marié et avoit bien cinquante ans. Ledict Charles feut peu plainct, car il estoit trop convoiteux ; et disoit-on que ce avoit esté par luy que la comtesse d'Estampes avoit esté mal de son mary. Il avoit faict en son temps, par convoitise, moult de choses desraisonnables, et entre les aultres j'en dirai une : il avoit faict mectre par force et par puissance, en l'église de Sainct-Guislain en Haynault, ung abbé nouvel, jà-soit-ce que l'abbé n'estoit point mort ; lequel abbé, qu'il avoit faict mectre par son fol gouvernement, avoit destruit une aultre abbaye en Haynault, nommée Mons, et sy avoit cousté à ladicte abbaye de Sainct-Guislain, pour cuider résister de non avoir ledict abbé, plus de trente mille livres, monnoie de Haynault, sans huict cents livres de rente que ledict Charles prenoit chascun an sur ladicte église, sa vie durant, que l'abbé qu'il avoit mis luy avoit donné, sans aultres dons qu'il debvoit avoir. Et environ ce temps aussy, ledict abbé mourut, et jusques au nombre de sept personnes, quy avoient esté cause du dommaige de ladicte église, pour y mectre ledict abbé, quy sont choses miraculeuses. Audict Charles succéda en son office Hues de Longueval, chevallier, seigneur de Vaux.

CHAPITRE XXXIII.

Comment, à la requeste de ceulx de Gand, Philippes, duc de Bourgoingne, alla à Gand ; et comment ceulx de Gand le receurent honnorablement ; et aultres choses.

Le vingt-troisiesme jour d'apvril, l'an mil quatre cents cinquante-huict, après pasques, à la requeste de ceulx de Gand, quy par longtemps devant avoient faict prier et requérir, tant par monseigneur Loys, aisné fils du roy de France, daulphin de Vienne, comme par plusieurs aultres grands seigneurs, à Philippes, duc de Bourgoingne, leur seigneur, qu'il luy pleust venir en sa ville de Gand, mais le duc n'y mena pas ledict daulphin, Charles de Charollois, son fils, ne le seigneur de Croy, son principal gouverneur. De laquelle entrée du duc en ladicte ville de Gand je vous veulx ung petit conter.

Il feut vray que, ainsy que le duc entra en ladicte ville, quand il feut à ung quart de lieue près, vindrent allencontre de luy tout le clergié de ladicte ville, doyens, chanoines, prestres, et touts aultres gents d'église à procession, revestus de riches cappes ; et y avoit six abbés. Après les gents d'église vindrent en belle ordonnance le grand-bailly de Gand, nommé messire Robert de Gouy, chevallier, capitaine de cinquante hommes à cheval, gents de justice, touts d'une livrée, èsquels estoient ceulx de la loy ; après vindrent les doyens des mestiers, dont il y en avoit soixante-dix, chascun doyen accompagnié jusques à dix hommes de leur mestier des plus honnorables ; et avoit chascun doyen et ceulx de sa compagnie chascun ung manteau tout d'une couleur, et à chascun doyen de diverses couleurs ou façons. Après, vindrent les nobles hommes de la ville, chevalliers, escuyers et bourgeois, quy estoient jusques au nombre de cent, ou plus. Et quand touts les dessusdicts de Gand feurent venus jusques auprès dudict duc leur seigneur, le bailly de Gand s'approcha du duc en disant telles parolles : « Mon très honoré seigneur, voyez cy ceulx de « vostre ville de Gand quy vous requièrent et « prient (et lors se meirent touts à genoux, et « joindants leurs mains) qu'il vous plaise oublier « leurs outrages et maulvaises vollontés qu'ils ont « eus par cy-devant, et eulx tout pardonner, car « ils sont touts prests et appareillés de vous ser- « vir, obéir, et estre vos pauvres subjects, et « mourir, se besoing est, avecq vous; » en disant plusieurs aultres parolles, lesquelles je ne sçaurois raconter, car je n'estois pas présent.

En la compagnie du duc estoient Jehan, comte d'Estampes, Adolf de Clefves, nepveu du duc, Anthoine, bastard du duc, et plusieurs aultres grands seigneurs, jusques à bien douze cents hommes, chevalliers. Ce faict, le duc se meit en chemin, lesdicts de Gand devant en belle ordonnance, comme ils estoient venus. Devant luy estoient touts ses héraulx et roys d'armes, vestus de leurs robbes d'armes, jusques au nombre de dix-huit à dix-nœuf; après, six trompettes dudict duc, combien que avecq ceulx de Gand estoient bien trente trompettes, ou plus. Devant ledict duc estoit son escuyer d'escurie, nommé Meliador, et quy portoit l'espée; et autour dudict duc estoient ses archiers de corps, jusques au nombre de cinquante, touts à pied. Quand approcha la ville, sy veit les portes de ladicte ville que ceulx de Gand avoient faict despendre et mectre hors de la ville à pleins champs, affin que le duc ne se doubtast de quelque mauvaistié ne trahison.

Quand le duc entra en la porte de Gand, veint une pucelle, belle et josne, laquelle descendit par engins, qu'on avoit faict de bien hault; laquelle pucelle salua le duc en disant telles paroles en latin : *Inveni quem diligit anima mea.* Après ce faict, et que le duc feust entré en la ville, touts ceulx de dedans la ville crioient Noël! Et y avoit les trois parts de ceulx quy le voyoient quy plouroient; et pareillement ceulx de la compagnie du duc, de pitié pour l'humilité qu'ils voyoient que ceulx de la ville faisoient; car despuis la première porte de Gand jusques à l'hostel du duc, estoient toutes les rues tendues des plus riches draps que on avoit peu trouver; et selon les fenestres estoient tout du long des rues torches allumées; et, disoit-on qu'il y en avoit plus de quarante mille, mais je m'en attends au voir [1]. De carrefour en carrefour, dont il y a plus de quarante, avoit hourds [2] faicts, où on jouoit histoires par signes, les plus riches que on pooit veoir; et sur le grand pont en la rivière, avoit ung grand basteau couvert de drap, et tout autour des torses ardentes; et sembloit qu'elles ardissent en l'eaue; et pareillement autour du basteau et dedans avoit plusieurs beaulx jeus de misteres. Par les carrefours aussy estoient grands feus allumés. Entre les aultres en feirent ung devant le Vieil Chasteau, où y avoit, comme on disoit, dix-sept grosses charrées de bois, à quatre chevaulx chascun char; car, à brief dire, du vivant d'homme, on n'avoit veu faire à roy ne à princes sy noble et riche entrée et recueil. Et ainsy alla le duc jusques à son hostel, où il meit plus de deulx heures, à cause des misteres que on luy monstroit. Et à l'entrée de son hostel, ceulx de la ville de Gand, lesquels avoient faict tuer ung lion, et dedans la peau du lion avoit ung homme, lequel vint prendre ledict duc par la bride de son cheval, et le mena dedans son hostel. Et le lendemain, tout avant la ville de Gand feirent feus; et mectoient tables par les rues, et y mangeoient et beuvoient; et ne voyoit-on que hourds chargiés de joueurs de personnages quy en touts leurs jeux rendoient grace audict duc de l'honneur qu'il leur avoit faict, tousjours en eulx humiliant, et à l'honneur dudict duc et des seigneurs.

En ce temps, le quatorziesme de may mil quatre cents cinquante-huict, en ung villaige nommé Sonastre, à six lieues près d'Arras, ung compagnon à marier, laboureur, nommé Jennin de la Bouve, natif de Sailly-au-Bois, occit et murdrit sa mère, et luy donna trois coups de coustel, et puis luy couppa la gorge; laquelle mourut sans confession. Après lequel faict, ledict Jennin feut prins par la justice dudict seigneur de Sonastre, et feut pendu audict lieu, le pénultiesme du mois ensuivant.

Au dict an aussy mil quatre cents cinquante-huict, le quatorziesme de may, en la cité d'Arras, feurent prins par justice deulx compagnons, l'ung nommé Jennin Boulois, natif de Leuze en Haynault, brasseur, de l'age de trente-

(1) Vrai. (2) Echaffauds.

six ans, l'aultre natif de ladicte cité, nommé Collart Muette, cordonnier, de l'age de dix-huict ans, pour le maudict et ord peschié de sodomie ; et confessèrent leurs cas ; et feut ledict Jennin bruslé et ards lez le gibet de l'évesque, nommé les Hochettes.

Le dix-septiesme du mois, feut, comme dict est, ards ledict Jennin, lequel avoit empunaisié de cestuy maudict peschié plusieurs bonnes villes, car il confessa l'avoir commis à Amiens, Sainct-Quentin cité et ailleurs, et l'avoir continué l'espace de dix-huict ans. Il en accusa plusieurs ; dont il y olt prins à Arras deulx compagnons, l'ung nommé Oudinet Blas, natif de Blangy en Ternois, piqueur, l'aultre nommé Hacquinet l'Hoste, natif de Bouchain, brasseur. Lequel Oudinet cognut avoir faict ledict peschié despuis pasques passés seulement, avec aulcuns larcins ; pourquoi il feut condamné par les eschevins d'Arras à estre ards. Et feut ards lez le gibet de la ville, le dix-huictiesme de may. Et ledict Hacquinet feut requis, comme clercq, par l'évesque ; mais les eschevins d'Arras ne le voullurent rendre, ains envoyèrent devers le duc de Bourgoingne, leur seigneur, pour sçavoir ce qu'il volloit que on feist : lequel duc leur rescripvit, qu'il voulloit que autant que on trouvoit, feussent prestres, clercqs ou lais, que on les ardist. Ceste response eue par lesdicts eschevins, condempnèrent ledict Hacquinet à estre ards ; et feut ards au lieu où ledict Oudinet avoit esté, à sçavoir audict gibet d'Arras, le vingt-cinquiesme de may ensuivant.

CHAPITRE XXXIV.

De l'ambassade que le roy Charles envoya devers Philippes, duc de Bourgoingne, pour luy signifier qu'il fust au jour qu'il voulloit rendre la sentence du duc d'Allençon ; et aultres choses.

Audict an cinquante-huict, environ la fin du mois d'apvril, arrivèrent ambassadeurs de par le roy de France, Charles VIIe de ce nom, devers Philippes, duc de Bourgoingne, lesquels signifièrent audict duc : que le roy Charles avoit prins jour pour baillier sentence de deslivrance ou aultrement au duc d'Allençon, et aussy pour traicter d'aulcunes besoignes touchant le bien du royaulme, au quinziesme de juing audict an cinquante-huict, à une ville nommée Montargis, auquel lieu il avoit intention d'assembler les pairs de France, dont ledict duc estoit trois fois pair, c'est assavoir, pair et doyen des pairs, à cause de sa duchié de Bourgoingne, et pair à cause de sa comté de Flandres, et pair à cause de la comté d'Artois. Après laquelle signification faicte de par le roy Charles, ils sommèrent au duc qu'il feust à ladicte journée, se bon luy sembloit. Lequel duc respondit aux ambassadeurs : que, jà-soit que par la paix faicte d'entre le roy et luy en la ville d'Arras, le roy n'avoit sur sa personne quelque commandement, et n'estoit sa personne en rien subjecte à luy par ledict traictié, toutesfois, au plaisir de Dieu, il y seroit. Après laquelle response, lesdicts ambassadeurs partis, envoya Thoison-d'Or, son premier hérault, devers le roy. Lequel Thoison-d'Or party, le duc feit publier par toutes les bonnes villes de ses pays : que tout homme quy avoit accoustumé de soy armer, fiefvés et arrière-fiefvés, et archiers et arbalestriers sermentés des bonnes villes, se meissent en armes et feussent prests sus les champs le vingt-quatriesme de juing cinquante-huict. Et contenoit le mandement dudict duc : que c'estoit pour aller à Montargis à certain jour que le roy Charles luy avoit sommé qu'il y fust ; sy estoit son attention d'y aller, à la plus grande arrivée et puissance qu'il pourroit. En ce temps pendant, faisoit visiter toute son artillerie, tant à Lille comme ailleurs, affin qu'elle feust preste.

Et pareillement le roy Charles avoit faict publier par tout son royaulme l'arrière-ban, et que on feust prest le premier de juing. Et disoit-on que c'estoit, pour tant que les Anglois estoient en grand nombre de gents de guerre prests pour venir en France, et ne sçavoit-on où ils debvoient arriver. Toutesfois on ne sçavoit au vray à quelle intention le roy le faisoit, ne se c'estoit pour guerroyer le duc de Bourgoingne, à cause qu'il soutenoit son fils aisné et le portoit et gardoit contre la vollonté du roy, au moins d'aulcuns de son conseil, ou se c'estoit pour résister auxdicts Anglois.

En ce temps, ledict Philippes, duc de Bourgoingne, pour certaines rébellions que ceulx d'Utrech faisoient contre David son fils, évesque d'Utrech, envoya Anthoine, son bastard, atout environ huict vingts lances et sept à huict vingts archiers, audict pays ; et se partirent le vingt-cinquiesme de may ; mais sitost qu'ils y vindrent, ceulx dudict pays se rapaisèrent devers ledict évesque, leur seigneur ; et s'en retourna ledict Anthoine, bastard, et sa compagnie.

En ce temps, le pénultiesme d'apvril, mourut messire Jehan de Bourbon, seigneur de l'Escluse et de Carency, et mourut audict lieu ; lequel messire Jehan de Bourbon laissa quatre fils d'une dame, laquelle il avoit eue ains qu'il l'espousast ; et estoit de petit lieu et avoit esté mariée à ung sien serviteur ; et la tenoit dès le temps de son premier mary ; et disoit-on que le fils aisné dudict monseigneur Jehan de Bourbon, nommé Loys, avoit esté engendré durant que ladicte dame avoit encoires son premier mary.

En cest an aussy, le huictiesme de juing, en la ville d'Arras, feut jugé à pendre, et pendu au gibet, ung josne compagnon de l'age de vingt-quatre ans, du pays de Brabant, nommé Henriet, et la cause feut pour tant qu'il avoit emblé ung calice et faict aultres larcins.

En ce temps, Philippes, duc de Bourgoingne, en la ville de Bruxelles, olt une très forte fièvre, laquelle fièvre ne luy dura guières qu'il ne feust guéry. Durant laquelle maladie, sa femme, dame Isabeau de Portugal, le vint veoir ; et jà-soit-que le duc n'avoit vollu parler à elle despuis que son fils le avoit courroucé, pour ce que le duc cuidoit qu'il euist usé de son conseil quand il le courrouça, toutesfois le duc receut ladicte dame sa femme très bénignement, et luy pardonna son mal talent, et ploururent touts deulx ensemble.

En ce temps aussy, environ la Sainct-Jehan-Baptiste, en la ville de Paris, mourut Jehan, évesque de Meaulx, moine ; et avoit esté abbé de Sainct-Omer, et estoit natif d'entour Aire en Artois.

CHAPITRE XXXV.

Comment le roy de France envoya dire au duc de Bourgoingne qu'il se déportast de venir à la journée de Montargis, et luy suffisoit qu'il y envoyast trois ou quatre notables personnes, députées de par luy ; et de plusieurs aultres choses.

Environ le premier jour de juing, audict an mil quatre cents cinquante-huict, revint de devers le roy Charles Thoison-d'Or, que le duc de Bourgoingne avoit envoyé, lequel rapporta audict duc : que le roy Charles avoit entendu que [1]...

(1) Il y a ici une lacune de quatre pages dans le manuscrit. La copie d'Arras que j'ai sous les yeux laisse ici une lacune de deux feuillets avec cette remarque : *Desunt hic duo folia, quæ vacua relicta sunt hic, sicut in exemplari.*

CHAPITRE XXXVI.

De la venue de la femme du comte de Nevers à Lille devers Philippes, duc de Bourgoingne, et de la feste que on luy feit ; et aultres choses.

Le quinziesme d'aoust, audict an cinquante-huict, Philippes, duc de Bourgoingne, estant en la ville de Lille, Charles, comte de Charrollois, Charles, comte de Nevers, Adolf de Clefves et plusieurs aultres princes et seigneurs, montèrent à cheval et allèrent allencontre de la femme dudict Charles, comte de Nevers, laquelle estoit fille du seigneur de Labret, en Auvergne[1], et laquelle venoit veoir le duc ; et la rencontrèrent environ une lieue près de la ville. La amenoit Jehan, comte d'Estampes, frère du comte de Nevers, lequel l'estoit allé quérir en Retelois. De l'honneur que le duc feit à ladicte dame, et des esbatements, belles compagnies et mystères que ceulx de la ville feirent à l'entrée de ladicte dame, longue chose seroit à raconter ; sy m'en tairay. Mais elle, venue en ladicte ville, descendit à l'hostel dudict comte d'Estampes ; et descendit le duc de son cheval pour la mectre jus de sa haiquenée, sur quoy elle séoit, et puis la mena en sa chambre ; et durant toute la nuict on joua jeus de personnages devant son hostel ; et le lendemain vint en ladicte ville la comtesse d'Eu, fille du seigneur d'Antoing, allencontre de laquelle le duc alla et la ramena jusques en son hostel. Et le lendemain, messire Philippes de Lallaing, chevallier, feit une jouste de sept courses de lances contre touts venants. Et le samedy ensuivant, Adolf de Clefves jousta contre touts venants ; et le dimanche ensuivant, Charles, fils dudict duc, Anthoine, bastard de Bourgoingne, son frère, eulx vingt, tournoyèrent contre aultres vingt, lesquels estoient : messire Philippes de Sainct-Pol, et Philippes de Bourbon, le bastard de Brabant, ledit Adolf de Clefves, et plusieurs aultres grands seigneurs. Et ce temps durant feirent banquets et mangers les plus riches que l'on pourroit dire ; et en feit ung ledict duc et ledict Adolf ; et puis en feirent ung ceulx de la ville, où estoient dames, damoiselles et bourgeoises de la ville. Et ainsy feut ladicte dame festoyée dix jours durant. Et le onziesme jour, ladicte dame de Nevers se partit de ladicte ville pour aller à Englemoustiers, où estoit la comtesse d'Estampes, sa belle-sœur ; et la convoya le duc et ledict Adolf avecq luy, luy sixiesme, ar-

(1) En Gascogne.

mé au blanc, chascun ayant sa lance derrière. Et comme ils la convoyoient, environ ung quart de lieue près ladicte ville, à ung poncelet, vindrent à l'encontre desdictes dames Charles, comte de Charrollois, fils dudict duc, et messire Anthoine, bastard dudict duc, eux sixiesmes, armés tout au clair, lesquels vindrent audict poncelet, et demandèrent audict Adolf quy il estoit et où il menoit ces dames; lequel leur respondict : qu'il ne leur chaussist [1], et qu'ils les laissassent passer leur chemin, car ils ne demandoient riens. Lors ledict Charles, comte de Charrollois, luy et ses gents, avallèrent leurs lances, et ledict Adolf pareillement, et se férirent ensemble; et rompit chascun sa lance; puis saisirent leurs espées, lesquelles estoient rabattues et tournantes; et illecq, comme en ung tournois, battirent tant l'ung l'aultre que chascun se recrandist [2]. Et quand chascun feut recrand, ils ostèrent leurs heaulmes, et vindrent aux dames, et les meirent en ung très bel hostel assez près dudict pont, quy estoit au frère maistre Betremy, à la Truye, jadis maistre de la chambre des comptes dudict duc, auquel lieu ledict comte de Charrollois avoit faict appointer ung moult riche mangier; et après mangier, chantèrent et dansèrent; et après tout ce, les dames remontèrent à cheval; et illecq print congié le duc aux dames, et s'en retourna à Lille, et les dames et ledict comte de Nevers et comte d'Estampes, à Englemoustiers.

Environ ce temps, ung chevallier, nommé le seigneur de Roncq, lequel avoit espousé la sœur bastarde du comte de Sainct-Pol, et lequel estoit l'ung de ceulx quy mectoient à exécution aulcuns criminaulx faicts quand le comte de Sainct-Pol les voulloit faire faire, c'est à sçavoir, de voye de faict, et de battre ou tuer ung compagnon, lequel avoit fiancé une josne fille, laquelle ledict sieur de Roncq ne voulloit pas qu'il prinst, pour ce qu'il l'aimoit, feit prendre ledict compagnon environ la ville de Renty, puis le feit coucher à terre, et coupper la laschure de son pourpoinct, puis coupper les génitoires et son membre, puis luy feit fendre le ventre et prendre le cœur de son ventre, et partir en deulx, et ainsy mourut; pour lequel faict Philippes, duc de Bourgoingne, envoya audict pays, pour le cuider prendre, aulcuns de ses archiers; mais ledict seigneur de Roncq s'espaysa, et ne le

(1) Importât. (2) Se rendit.

trouva-t-on point. Pourquoy le duc feit mectre toutes terres dudict chevallier en sa main. Et assez tost après derechief il envoya encoires deulx des enfants bastards de Renty, chevalliers, son maistre d'hostel, chambellan et capitaine de ses archiers, accompagniés de sept ou huict de ses archiers de corps pour prendre ledict seigneur de Roncq s'ils le pooient trouver. Lesquels allèrent à Hucqueliers, assez près du lieu où ledict seigneur de Roncq avoit son logis, et illecq se tindrent huict à dix jours sans ce que on sceut pourquoy ils se y tenoient. Eulx estants audict lieu de Hucqueliers, on rapporta aulx Anglois de la garnison de Calaix, qu'il y avoit des archiers du duc quy espioient s'ils sauroient nuls Anglois dudict Calaix pour les prendre; pourquoy, environ cinquante ou soixante Anglois se meirent hors dudict Calaix et s'en allèrent embuscher en ung bois à trois lieues près dudict Hucqueliers; et en y olt huict quy les allèrent ourdoier autour dudict Hucqueliers, où que les dessusdicts estoient. On vint dire auxdicts bastards et archiers qu'il y avoit là entour des Anglois. Lors lesdicts bastards et archiers montèrent à cheval et allèrent après les huict Anglois; et quand lesdicts Anglois les veirent, sy se meirent à courre et les aultres à cachier [1]; et en courant, l'ung des chevaulx desdicts Anglois feut recrant [2]; sy demoura derrière, et feut ledict Anglois tué de ces archiers. Tant cachièrent lesdicts Anglois qu'ils vindrent là où ledict embusche estoit; de laquelle embusche saillirent sur lesdicts bastards et archiers. Lors se meirent à retourner et prindrent la fuite, et en fuyant y olt ung desdicts archiers, nommé Colinet-le-Brasseur, lequel feut tué. Il y olt trois desdicts archiers lesquels se bouttèrent au buis, et par ainsy eschappèrent; les aultres se bouttèrent en une maison assez près, et illecq se deffendirent. Quand les Anglois veirent ce, sy y vollurent bouter le feu. Quand aulcuns desdicts archiers apperceurent ce, ils saillirent en la cour, et se deffendirent et blessèrent plusieurs Anglois; mais en la fin ils feurent tous mis à mort. Quand veit l'aisné desdicts bastards, nommé Bonnet, lequel en l'absence de son père estoit capitaine des archiers du duc, il demanda s'il n'y avoit nuls gentilhommes en la compagnie, et estoit ledict Bonnet moult valliant josne homme et bien-aimé. Lorsque les Anglois luy respondirent que ouy et que hardi-

(1) Chasser. (2) Fatigué.

ment descendist et que mal n'auroit de son corps, lors ledict Bonnet, après ce qu'il se feust deffendu le plus qu'il peust, et que bien voyoit qu'il ne pooit plus résister, descendit sans baston; lequel, sitost qu'il feut descendu, lesdicts Anglois le prindrent et luy couppèrent la gorge, et ainsy mourut. Et feut ce faict le jour Saint-Betremieu[1], en aoust, audict an cinquante-huict.

Audict an, le vingt-septiesme dudict mois d'aoust, le duc vint en la ville d'Arras; et illecq, pour plusieurs choses par son conseil proposées, demanda certaines aides, lesquels luy feurent accordés, c'est à sçavoir aide et demy; puis se partit dudict Arras et s'en alla à Lille.

Audict an aussy, le vingt-septiesme dudict mois d'aoust, environ six heures du vespres, par le commandement dudict duc, par vingt-quatre de ses archiers de corps, en la ville de Douay, en l'église des Frères-mineurs, feurent prins Jehan de Ferrin, luy sixiesme et ses complices, lesquels avoient mis à mort, comme dessus est dict, Willame d'Aubermont; et feurent menés à Bouchain en Haynault; et le quinziesme de septembre ensuivant feurent descappités trois desdicts compagnons, et mis sus deux roues hors à l'entrée des portes de la ville; et n'y demoura que ledict Jehan Ferrin, et ung sien cousin germain nommé Cahe, lequel avoit agacié lesdicts d'Aubermont. Et se n'euist esté que Jehan abbé de Saint-Vaast, auquel ledict Jehan Ferrin estoit parent, et pour lequel ledict abbé se jetta à genoulx devant le duc, en luy priant qu'il euist pitié dudict Jehan Ferrin et ne le feist point mourir, ils euissent, comme on disoit, touts esté descappités. Et feut son cousin respité[2] avecq luy, pour tant qu'il le avoit servy comme parent, et les trois aultres l'avoient accompagnié et servy par argent. Toutes voyes, combien que on ne les euist faict mourir, sy demourèrent-ils prisonniers; et n'estoient point asseurés encoires que on feroit d'eulx, pourquoy ils feirent tant à leur cepier[3] que par argent il les laissa vuider; et s'en alla le cepier avec eulx.

En ce temps aussy, le duc, estant en la ville d'Arras, tint sur fonts en l'église Nostre-Dame d'Arras ung fils que Anthoine de Habart, chevallier, avoit eu de sa femme, la fille du seigneur de Contay, et le tint sur fonts avec le duc, son bastard, et la dame de Contay, mère de ladicte dame de Habart, et y olt trente torses pour porter l'enfant aux fonts. Ledict seigneur de Habart estoit en ce temps fort craint en la ville d'Arras et environ, pour tant que plusieurs compagnons se disoient à luy, lesquels avoient faict plusieurs homicides, et tenoient fillettes, et ne faisoient touts les jours que combattre. Ledict seigneur de Habart estoit luy troisiesme de frères légitimes, Pierre et Raoul, lesquels estoient réputés valliants hommes de leurs corps, en guerre et aultrement.

Audict an aussy, le dernier d'aoust, le bastard d'Auteville, luy deuxiesme, au terroir de Celers, ledict bastard estant à cheval et son compagnon à pied, assaillirent ung bon labboureur, lequel amassoit avoine, nommé Jehan le Pucier, lequel Jehan se deffendit très fort; enfin ledict bastard l'occit et tua d'une longe de bœuf qu'il portoit, quy estoit ung long baston comme d'oseraie, que son compagnon tira, et, disoit-on, pour ce que ledict Jehan avoit prins à marriage une josne fille que ledict bastard aimoit.

Environ ce temps aussy, le vingt-sixiesme d'aoust, environ icelle ville de Celers, sept compagnons prindrent en plein champ une josne fille, laquelle amassoit avoine avecq sa mère et sa sœur, et battirent la mère et la sœur tellement, que la mère feut en péril de mort; et amenèrent ladicte fille; et trois jours après vindrent à la feste audict Celers où aultre ville d'environ, et menèrent la fille, laquelle disoit que c'estoit de son bon gré qu'ils la avoient emmenée. Toutesfois, combien que les amis de la fille s'en allassent plaindre au seigneur de Criencourt, quy estoit à Arras devers ledue, lequel ne s'en bougea.

A la vérité dire, en ce temps on faisoit sy peu de justice, pourquoy on faisoit tant d'occisions et de larcins que sans nombre; et n'y avoit homme de pied, labboureur, marchand, ny aultre, quy osast aller par les champs, quy ne portast ung espieu, hache ou aultre baston, pour doubte des maulvais garçons; et sembloit que chascun feust homme de guerre; et quand les manants du pays propre avoient desrobbé aulcuns de nuict, on disoit que c'estoit ceulx de la garnison de Calais; et tout ce se faisoit par faulte de justice.

Audict an, le quatriesme de septembre, en la ville d'Arras, sur les cresteaux de ladicte ville,

---

(1) Barthélemy. (2) Epargné. (3) Geôlier, chargé de la surveillance des ceps ou fers.

assez près de la porte de Meaulens, on trouva ung enfant nouveau-né mort, et avoit-on mis sur ledict enfant une grosse pierre de grès. Duquel faict feut soubçonnée une fille demourant à la maison Gillot Gissart, cordonnier, assez près, laquelle fille, ce dict jour au matin, estoit allée au villaige de Théluc, à la feste ; auquel lieu de Théluc, Robert Marcais, lieutenant d'Arras, l'alla quérir et la ramena à la Cour-le-Comte prisonnière ; laquelle confessa avoir eu ledict enfant, et le meurdry ; pourquoy feut condampnée à estre ardse, et feut ardse le sixiesme dudict mois.

En ce temps, Taneguy du Chastel, capitaine du chasteau et chastellenie de Beaucaire, assez près d'Avignon, clost son dernier jour ; et mourut de mort naturelle. Lequel Taneguy meurdrit et occit Jehan, duc de Bourgoingne père dudict Philippes, duc de Bourgoingne, lequel feut traitreusement et vilainement meurdry et occis en la présence du roy Charles septiesme de ce nom, quy encoires vivoit, lequel roy estoit lors daulphin de Vienne ; et feut meurdry sur le saulf-conduict dudict daulphin, comme assez pourrez veoir et savoir sy voulez lire les croniques sur ce faictes ; et se feit ledict murdre à Montreau-Fault-Yonne, en l'an mil quatre cents dix-neuf[1].

Audict an, en plusieurs lieulx, les bleds feurent en-nielés, par espécial les purs bleds ; mais toutes voyes il feut grande planté[2] d'aultre bled,

CHAPITRE XXXVII.

Dict de justice que le roy Charles tint à Vendosme ; et comment le duc de Bourgoingne envoya une ambassade, en partie pour excuser le duc d'Allençon, et prier au roy qu'il euist pitié de luy ; et des parolles moult notables que le duc y feit proposer, et après, la condempnation dudict duc d'Allenchon ; et des vers faicts en rhime que on sema en la cour du duc de Bourgoingne.

Charles, roy de France, lequel, comme dict est dessus, avoit eu intention de tenir son parlement, qu'on appelloit lict de justice, à Montargis, pour plusieurs choses touchant le bien de son royaulme, et par espécial, touchant le faict du duc d'Allenchon, lequel estoit prisonnier, pour tant que audict Montargis avoit trop peu de logis pour loger tant de gents comme à ce faire il convenoit, ordonna de faire, ce

(1) Voy. Georges Chastellain dans cette collection.
(2) Quantité.

qu'il avoit en pensée de faire à Montargis, à Vendosme ; en laquelle ville de Vendosme, pour tenir son dict siége, il entra comme il s'ensuit, le vingt-uniesme d'aoust, audict an cinquantehuict.

Premièrement, entrèrent en la ville douze chars armoyés des armes du roy et les chevaulx pareillement, réservé le premier char quy estoit armoyé des armes du grand-maistre-d'hostel du roy ; après, suivirent douze sommiers aussy chargiés des armes du roy, et chascun charreton et varlet vestus de rouge ; après les sommiers, entrèrent les menus officiers du roy, touts armés de brigandines, et chargiés de blanches houces[1] à la devise du roy ; et estoient environ cinquante, lesquels estoient conduicts par deulx huissiers d'armes ; après, entrèrent soixante crannequiniers, bien montés et armés de blanc harnois, chascun son crannequin en sa main, et ce qu'il y appartient, et leurs salades bien garnies et ung houcel dessous, couvert de houces blanches à la devise du roy, chargiés d'orfèverie bien largement ; après, entrèrent les archiers du roy bien habillés, saulf qu'en lieu de harnois blanc ils avoient brigandines, et estoient leurs salades à ceste façon qu'elles ne avoient point deulx doigts de visière, et estoient en nombre de quatre-vingt à cent ; après, alloient les seigneurs non armés, c'est à sçavoir : le duc d'Orléans, le comte d'An———————— ———— —— ———— ———————, et puis après deulx roys d'armes ou héraulx, et puis quatre trompettes, et puis aultres trois roys ou héraulx ; après, alloit l'escuyer de l'escurie sur ung coursier, portant l'espée et l'escharpe du roy ; et après, alloit le roy armé d'ung corset, vestu dessus d'une robbe sanguine à plois[2], et ung chapeau où il y avoit une moult riche bague ; et avoit houceaux larges, et séoit sur ung cheval bay assez grand, dont la selle estoit fort garnie d'or ; après, suivoit monseigneur Charles de France, second fils du roy, et estoit armé et vestu comme roy ; et suivoit la garde du roy où il y avoit cent à six vingt lances, tant de ceulx de la garde, comme des aultres princes et nobles hommes de son hostel, touts lesdicts de cent à six vingts hommes d'armes très bien en point et bien armés, saulf la teste, et avoient devant eulx leurs pages touts ensamble. Et le vingt-sixiesme dudict mois d'aoust ensuivant,

(1) Housses. (2) Plis.

Charles, roy de France, en la ville de Vendosme, tant pour le faict du duc d'Allençon, comme pour aultre besoingne touchant son royaulme, tint son lict de justice. Pour lequel lict tenir, touts les douze pairs y debvoient estre, dont la declaration s'ensuit : Premier, le doyen des pairs duc de Bourgoingne, le duc de Bourbon, le duc d'Anjou, ceulx feurent les trois pairs de France; après, le comte de Flandres, le duc d'Allençon et le comte de la Marche, ceulx-cy sont les trois pairs lais de France ; des aultres six pairs de France quatre sont, l'archevesque de Reims, l'archevesque de Langres, l'évesque de Laon et l'évesque de Noyon ; et pour ce que des dessusdictes pairies les roys avoient retraict de pieçà à la couronne de France la comté de Champaigne, le roy feit illecq de sa propre volonté deulx nouveaulx pairs de France, c'est à sçavoir : le comte de Foix et le comte d'Eu.

Et pour desclarer les seigneurs quy estoient en la compagnie du roy, et comment le roy estoit assis pour tenir son lict de justice : Premier, estoit assis le roy en tel lieu et semblablement comme est assis au palais à Paris le premier président, réservé qu'il estoit assis quatre marches plus haultes que icelluy de Paris; à son costé dextre, à deulx marches au-dessoubs, monseigneur Charles son fils, et dessoubs la dextre, ung degré plus bas du rang de son fils, à main dextre, le duc d'Orléans, lequel n'approchoit point près à quatre pieds ; après estoient, du costé dudict duc d'Orléans, les seigneurs du nom quy s'ensuivent : c'est à savoir, Charles, frère du duc d'Anjou, le comte de Vendosme, le fils du duc de Savoye, et aultres ; et aulx pieds du roy, à deulx marches dessous, à main senestre, estoit le bastard d'Orléans, comte de Dunois, et le chancellier de France. A la main senestre du costé, estoit ledict comte de Dunois, assis comme lieutenant du connestable de France, pour ce que, incontinent que le roy feut assis, icelluy connestable, lequel estoit duc de Bretaigne, vint devers luy, et, en la présence de son conseil, luy requist qu'il ne feust pas à rendre la sentence du duc d'Allençon, pour ce que ledict duc estoit son parent et son nepveu, laquelle requeste luy accorda le roy et le tint bien pour excusé. Du costé senestre estoient assis les autres six pairs de France, archevesques et évesques; et après, de leur costé, tout d'un rang, estoient les évesques de Paris,

Coutances et plusieurs aultres, et l'abbé de Sainct-Denys pour le dernier dudict rang ; et après ceulx de la cour du parlement, les présidents et conseillers de plusieurs seigneurs, c'est à sçavoir, les maistres des requestes, les trésoriers ; et par devant eulx estoient assis les seigneurs de la Tour, d'Espernay, et plusieurs aultres dont je me tayrai, car ce seroit trop longue chose à raconter. Après ce qu'ils feurent assis pour besoingner, le chancellier parla pour et au nom du roy, et commanda aux huissiers que on allast appeller et sçavoir sy le duc de Bourgoingne, le duc d'Anjou, le duc de Bourbon et comte de la Marche, lesquels estoient pairs de France, n'estoient point venus, desquels n'y avoit nuls en personne. Lesquels huissiers issirent hors la chambre du conseil, eulx trois avecq le chancellier, maistre Guillaume Devis et Jacques Cambion, conseillers du roy en parlement, et allèrent sçavoir s'il n'y avoit nuls pour les dessusdicts pairs là séants. Mais sitost qu'ils feurent issus, ils trouvèrent en moult grand estat, de par le duc Philippes de Bourgoingne, messire Jehan de Croy, seigneur de Chimay, messire Symon de Lallaing, chevalliers, maistre Jehan l'Orfebvre, président de Luxembourg et conseiller dudict duc Philippes, et Thoison-d'Or, roy d'armes dudict duc, moult grandement accompagniés ; lesquels quatre dessusdicts nommés, sans plus, entrèrent en la chambre où estoit ledict roy comme dict est ; et pareillement y avoit aussy pour les aultres pairs, Anjou, Bourbon et La Marche, pour chascun une ambassade. Tantost que ladicte ambassade dudict duc de Bourgoingne feust entrée ens, sy saluèrent le roy et excusèrent le duc de Bourgoingne de non estre illecq venu, pour les causes cy-dessus desclarées et aultres ; aulxquels, par la bouche de son chancellier, feit respondre : qu'il euist bien voulu que le duc y euist esté, se faire se euist peu ; et semblablement aulx aultres, Anjou, Bourbon et La Marche. Après laquelle response les ambassadeurs du duc de Bourgoingne demandèrent au roy d'avoir audience de dire ce qu'ils avoient de charge de par le duc de Bourgoingne, leur seigneur et maistre, ce que le roy leur octroya. Lors commença à parler ledict maistre Jehan l'Orfebvre pour eulx touts. Laquelle proposition je ne ouys pas, mais elle me feut depuis bailliée par escript. Et crois aussy que ledict maistre Jehan l'Orfebvre la baillia aussy par escript à la cour; lequel escript feut copié; et me vint de ceste copie, comme on me certiffia; laquelle copie s'ensuit.

Copie de ce que les ambassadeurs du duc de Bourgoingne proposèrent devant le roy Charles, en la ville de Vendosme, où il tenoit son lict de justice pour le duc d'Allençon.

« Nostre souverain seigneur, syre, combien que vostre très humble et très obéissant serviteur et parent, le duc de Bourgoingne, cognoist vostre bonté tant incline à la grasce que nul besoing soit l'exciter ou esmouvoir; toutes voies à icelluy a semblé et semble qu'il ne s'acquitteroit pas envers monseigneur d'Allençon, envers lequel il est proche parent, s'il ne s'employoit à ce que vostre miséricorde luy fust impétrée à son grand et extresme besoing; et pour ceste cause, par mon très honnoré seigneur monseigneur de Chimay, et par révérend père en Dieu monseigneur de Coutances, vous a fait très humblement supplier que le faict de monseigneur d'Allençon il vous plaise de vostre grasce avoir recommandé. Et présentement, sçachant que journée servoit pour ceste matière, nous a ordonné et commis le faict derechief, et à ceste fin vous dire et remonstrer aulcunes choses, desquelles il a pleu à messeigneurs quy cy sont me chargier comme le moindre, et que j'ay intention de faire le mieulx que je pourray, à vostre bénigne supportation et correction. Premièrement, syre, monseigneur de Bourgoingne vous faict supplier le plus humblement que faire se peut, que ne preniez à desplaisir sy présentement et autrefois il vous requiert a requis de grasce pour monseigneur d'Allençon, car Dieu luy est témoing qu'il est amèrement déplaisant que mondict seigneur d'Allençon ait psésumé faire chose que faire ne deubt; et ce qu'il en faict, il faict seulement pour se mectre en son debvoir et s'acquitter de ce à quoy nature l'a obligié comme parent envers monseigneur d'Allençon. Pour venir au poinct de nostre charge principale : il semble, syre, à monseigneur de Bourgoingne, et tousjours à vostre correction, que vostre très noble cœur peut raisonnablement estre meu à faire grasce et estendre vostre miséricorde sur monseigneur d'Allençon, pour quatre considérations.

La première est, pour la haulteur, excellence et sublimité de l'estat de vostre dignité et majesté royale, le roy des roys, le seigneur des seigneurs, nostre benoist Sauveur, fontaine de miséricorde et de grasce, convenant à touts, et singulièrement aulx princes, miséricorde. Luc. : *Estote misericordes, sicut et Pater vester misericors est;* « soyez miséricordieux comme « vostre père. » Et l'empereur Justinian, en la loy impériale : *Nisi misericordes fuerimus in subditos imperii nostri, venid indigni videbimur*; « si nous ne sommes, dit-il, miséricordieulx aulx « subjects de nostre empire, nous ne serons pas « dignes que Dieu nous pardonne. » Et en la loy première, DE DONATIONIBUS : *Inter regem et reginam nihil tam peculiare principi quam humanitas per quam Dei mutatio servatur;* « il « n'est rien tant propre à princes que humanité. » Cy est, syre, ce qui est escript en décret, QUINQUAGESIMA DISTINCTIONE : *Qui misericordiam vetat non solum non teneant principes, sed audire fugiant;* « ô princes, dit-il, fuyez la sen-« tence, l'advis et l'opinion de ceulx quy disent « que miséricorde ne se fasse, car telle sentence « ne faict pas seulement à non tenir, mais à non « ouyr. » Il y a deux raisons; l'une est touchiée au lieu allégué, où il est escript que : *Major est misericordia omnibus holocaustum tribuentibus et sacrificiis;* et l'autre met le décret, *omnis* (SEPTUAGESIMA QUÆSTIONE PRIMA) *qui misericordiam negat, Christum negat.* « Miséricorde « est plus grande chose que n'est oblation ne « sacrifice, » et « ceulx quy dénient miséricorde « renient Jésus-Christ. » Ayez en mémoire, syre, ce quy est escript, PROVERBIORUM SECUNDO : *Misericordia et veritas custodiunt thronum ejus; circumda eos gutture tuo; et scribe illas in tabulis cordis tui, et habebis gratiam coram Deo et hominibus :* « miséricorde et vérité, dict le Sage, « sont les vertus quy conservent les roys, et clé-« mence est celle quy enrichit et baille puissance « à son throsne; pour ceste cause les doibt avoir le « roy tousjours en son cœur et en sa bouche. » Policraton, en son quatriesme livre, au septiesme chapitre, parle de Trajan en ceste manière : *Trajanus Augustorum gentilium optimus clemens fuit in omnes, nulli austerus, et quibus parcere nefas erat :* « Trajan, le meilleur em-« pereur des payens, feut clément envers touts « et non austère. » C'est empereur feut celuy quy, pour sa justice, feut tiré hors des enfers aulx prières de monseigneur sainct Grégoire, et feut chrestien trois cents ans après sa mort. Et dict Policraton au lieu que dessus, qu'il feut de telle clémence que oncques en son temps il ne voulut faire mourir noble homme, nonobstant que plusieurs feurent trouvés avoir conspiré contre luy, ainçois laboura les réduire par douceur et amitié. Le bon Senecque, entre les aultres vertus dues aulx princes, met pour la principale, ame clémente : *Nullum enim magis quam regem decet clementia.* Virgile, le souverain poëte des Latins, voulant exorer Ænée, le loue de pitié : *Insignem pietate virum* et *pius Æneas.* Et sy Caton est en recommandation des hommes par sentence et rigueur de justice, aussy est César pour sa miséricorde, duquel on lit que, oncques à hommes quy luy requist de pardon, il ne le refusa.

La seconde consideration est, pour la proximité du sang qui est entre vous, syre, et le seigneur d'Allençon, laquelle est tant notoire que de la réciter me tais ; une seule chose veux-je dire : qu'il est descendu du seul frère du roy dont vous estes party. Valère, en son quatriesme livre, DE PIETATE ERGA PARENTES, dict aussy : *Prima et optima rerum natura pietatis est magistra, quæ nullo ministerio vocis, non ope litterarum indigens, propriis ac tacitis vocibus, charitatem parentum pectoribus liberorum infudit;* « la première et très bonne nature des cho- « ses, est maistresse de pitié, quy, par son sens et « puissance, a mis ès cœurs de ceulx quy sont pa- « rents de lignaige, amour et charité quy les cons- « traignent, sans ayde de parole ou d'escripture, « à avoir miséricorde l'ung de l'aultre. » Pour ce dit-il mesme : *Quam laudabilis est pietas quæ tribuit parentibus;* « pitié fait à recommander « quand on en use envers ses parents. » Et au décret NON SATIS, SOIXANTE-SEIZIÈME DISTINCTION : *Atque primus gradus misericordiæ est in propinquos;* « le premier degré de mi- « séricorde est en ses parents. » Et la loy DE LEGATIS, *in fine*, dit : *Proximitas sanguinis arguit præsumptionem pietatis;* « la « proximité de sang faict présomption de piété. » Ce considérant, le Sage dict en sa cent vingt-deuxiesme : *Si excusserit gladium adversùs proximum, noli timere, quare regressus est ad amicum.* Syre, monseigneur de Bourgoingne a ceste espérance que, « sy l'épée de justice estoit « tirée hors de la gaisne et baillée à l'exécuteur « pour férir le coup, que la feriez remectre et re- « tourner, » et que, en conclusion, vous recognoistriez vostre sang et vostre parent.

La tierce considération est : pour les bons services faicts à vous, syre, et à vos très nobles progéniteurs, par les devanciers de monseigneur d'Allençon et par luy-mesme, et par ceulx quy encoires sont et ses enfants. Son bisayeul mourut en la bataille de Cressy ; son ayeul ou grand père feut hostaige en Angleterre pour le roy prins en Poitiers ; son père fina ses jours à la bataille d'Agincourt ; luy-mesme feut trouvé à la bataille de Verneul entre les morts et de là mené prisonnier en Angleterre. Et est tout notoire, syre, et vous sçavez assez que ç'a esté par finance prins du prix de la vente de ce peu d'héritage demouré, qu'il a esté mis hors des mains de vos anciens ennemis. Syre, il aima mieux de ainsy partir que d'estre quicte et de avoir ses terres franches et deslivrées, et plusieurs aultres biens, qu'on luy promectoit, et faulser sa loyauté, ains volt acquitter sa loyauté. Au regard de ses enfants, syre, selon l'estat de leur innocence, ils offrent sang à espandre, en en suivant la très noble trace de leurs prédécesseurs. Plusieurs histoires se polroient ramentevoir pour monstrer les mérites et biens-faicts quy ont prouffité aux enfants et la pitié des enfants aux pères ; mais j'en pense prendre deux bien briefves récitées par Valère en son cinquiesme livre ou titre : *Infames rei quibus ex causis condemnati sunt.....* feurent cause du crime, *legis Julii repetendarum;* c'est de avoir indûement exactionné le peuple. Jà-soit-ce qu'il n'est aulcune deffense au contraire, toutesfois grasce luy voult faire pour deulx causes, l'une pour son ancienne noblesse, l'aultre pour cause du bien faict par son père. Servius Galba feut pareillement accusé de avoir faict mourir sans cause plusieurs des subjects en Espagne, et pour toutes ses excusations ne dict aultre chose, sinon qu'il recommandoit son fils, quy estoit parent du très noble roy Gallus ; à laquelle voix feut faict grasce, non pas à son fils, mais à luy mesme. Syre, monseigneur d'Allençon n'est-il d'aulcune noblesse ? ne sont ses bienfaicts et ses services non pas de son père, mais de trois parents récents et nouveaux ? ne sont ses enfants parents au très noble roy Gallus ? c'est de vous, syre, quy estes la lumière des roys et la fleur de toute noblesse, au désir de touts ceulx quy vivent.

La quatriesme considération est pour la personne de monseigneur d'Allençon. Syre, ceulx quy ont conversé et hanté souvent avecq monseigneur d'Allençon peuvent avoir assez cognoissance, tant par sa conduicte et langaige, que il y a toujours eu plus de négligence et simplicité que de enemitié et maulvaise mallice. A gents de telle condition, syre, la loy est plus douce et miséricordieuse et moins rigoureuse que aulx aultres, *lege senat. de testamentis.* Et d'aultre part, syre, sy par quelque soudaine mélancolie monseigneur d'Allençon avoit présumé et voulu faire chose à vous préjudiciable, toutesfois l'effect, Dieu mercy, n'est pas ensuivy. N'entendez pas, syre, que monseigneur de Bourgoingne veuille dire : qu'en touts délicts l'œuvre doibt estre consommé avant que le délict soit formé, car il sçait et cognoist que en plusieurs crimes, et singulièrement en cestuy dont par renommée on charge monseigneur d'Allençon, il est aultrement, et que la vollonté faict à pugnir comme l'effect, sinon qu'il est notoire en la loy : *Si quis, non dicam rapere... de episcopis et clericis;* mais entend monseigneur de Bourgoingne seulement par ce, monstrer que la grasce se peult mieulx asseoir que sy la chose feust consommée et accomplie, et que dangier s'en feust ensuivy ; mesmement et que par avant la consommation de la chose, monseigneur d'Allençon se euist peu de soymesme retraire et repentir, ce quy est vraisemblable qu'il eust faict.

Pour ces considérations, syre, entretenant ce que autresfois vous a esté requis et supplié au nom de monseigneur de Bourgoingne, derechief, syre, il vous supplie en telle humillité et de cœur que plus peult, que vostre très noble plaisir soit estendre les yeulx de vostre très ample et piteuse miséricorde sur monseigneur d'Allençon et sa maison, et pardonner, remectre et abollir tout ce qu'il peut avoir mespris, mesfaict ou offensé allencontre de vous, et luy garder son honneur, sans lequel cœur de noble homme ne peut vivre. Syre, princes, estrangiers, voisins, amis et ennemis cognoissent par expérience vostre charité et humanité, vostre miséricorde et puissante bonté. Pour Dieu, syre, ne veuillez seclurre ne desboutter vostre humble parent, mais faites que avecq les aultres il puisse dire ce quy est escript PSALMO NONAGESIMO QUARTO : *Misericordiam Domini in æternum cantabo;* « toujours et à jamais je loueray la miséricorde de mon roy, « mon prince et mon seigneur. »

Copie de la response faicte du roy par la bouche de monseigneur de Coutances aux ambassadeurs du duc de Bourgoingne.

Le roy a bien ouy et entendu ce que luy avez remonstré de par le duc de Bourgoingne ; et en substance tendez et enhortez le roy à ce qu'il soit piteux à monseigneur d'Allençon et pour monseigneur d'Allençon, pour quatre considérations : la première, pour l'auctorité de sa majesté royale ; la seconde, pour ce qu'il est son parent ; la tierce, pour les services faicts au roy par ses devanciers ; la quatriesme, pour la simplesse de sa personne ; aussy, que le cas n'est advenu. Le roy vous faict dire que : au regard du premier poinct, à cause de sa majesté royale, il est tenu de faire justice ; car par justice règnent les roys, *per me reges regnant*. S'il n'estoit la bonne justice des rois et des princes, les royaulmes et seigneureries ne seroient que larronnerie ; *si non esset justitia*. Quant au second, de monseigneur d'Allençon quy est parent du roy ; de tant est-il plus tenu au bien de luy et de son royaulme, et plus a offensé de faire ce qu'il a faict ; et comme les enfants sont tenus au bien et à la conservation de leur père et de sa maison, aussy sont tenus les parents du roy, lesquels ont rendition à luy, comme les enfants au père, au bien de luy et de sa maison. En tant que touche les services faicts par les devanciers de monseigneur d'Allençon, il ne les a point ensuivis et faict comme ils ont ; et comme les enfants ne doivent porter le forfait du père, *ne filius pro patre*, aussy ne doivent-ils prouffiter de son loier et bienfaict. Au regard du dernier, touchant la personne de monseigneur d'Allençon, qu'il a bien monstré qu'il n'est pas saige, mais qu'il est simple, ainsy que dict : il est bien apparu du contraire, et que par grande mallice et sa trop grande subtilité il a voullu procéder en ceste matière ; et ce voit-on clairement par son procès ; et a esté le délict parfait, accomply et consomme, en tant que la chose le regardoit, pour ce qu'il n'est pas demouré en simple pensée, aincois a procédé à accomplir la chose en tant qu'il l'a peu mener ; et n'a pas tenu à luy qu'elle n'ait sorty son effect : c'est ce quy est escript. Pourquoy, il est digne de punition comme de cas advenu, *lege, cogitatus si quis nostrum*. Ce que je vous dis, non pas du cas particulier, duquel je ne voldrois pas parler, mais seullement pour monstrer que la loy veut et ordonne ainsy. Et pour conclusion et response, le roy vous faict dire qu'il fera en ceste matière par l'advis des princes et seigneurs de son sang et aultres, et ceulx de son conseil quy sont près de luy; et eust bien voullu que monseigneur de Bourgoingne y euist esté pour avoir son bon conseil; et tant en fera que mondict seigneur de Bourgoingne et tout le monde en seront contents.

Cy-après s'ensuit la copie du *dictum* de l'arrest proféré à Vendosme, le dixiesme d'octobre l'an mille quatre cents cinquante-huict, par le chancellier de France, le roy séant en son siége et accompagnié comme dessus est dict, après ce qu'il ott par plusieurs jours tenu son lict de justice.

Charles, par la grasce de Dieu roy de France, comme nous sommes deuement informés que Jehan, duc d'Allençon, pair de France, avoit conduict et mené et faict conduire plusieurs traictiés et appoinctements avecq nos anciens ennemis et adversaires les Anglois : sçavoir faisons que, veues et visitées par nous et par nostre cour garnie de pairs et d'aultres à ce appellés, les charges et informations des tesmoings, faictes allencontre dudict Jehan d'Allençon, ensemble ses confessions et aultres contenues au procès bien au long, et à très grande et mure deliberation; et considéré ce qu'il faisoit à considérer en ceste partie : Nous, par l'advis et delibération de nostre dicte cour, garnie comme dessus, avons dict et declaré, disons et declarons par arrest, ledict d'Allençon estre criminenlx de crime de lèze-majesté, et comme tel le avons condempné et condempnons à recepvoir mort et estre exécuté par justice; et avecq ce avons declaré et declarons touts et chascun des biens dudict d'Allençon estre confisqués, et nous competer et appartenir, saulf toutesfois et réservé à nous de faire et ordonner sur tout ainsy que bon nous semblera.

Cy-après s'ensuit la réservation que le roy feit dudict duc d'Allençon et de ses biens.

La sentence et arrest rendus, comme dessus est dict, le roy Charles declare son plaisir estre tel, c'est à sçavoir : Que au regard de la personne dudict d'Allençon, il voulloit que l'exécution d'icelle feust différée jusques à son bon plaisir, et quant aulx biens quy appartenoient audict d'Allençon, jà-soit-ce que, vu l'énormité des cas et crimes dessusdicts, les enfants dudict d'Allençon, raison et les usages gardés en tel cas, deussent estre privés et desbouttés de touts biens, honneurs et prérogatives, et vivre en telle pauvreté et mendicité que ce feust exemple à touts aultres, toutesfois, en la remembrance des services faicts par les prédécesseurs dudict d'Allençon aulx prédécesseurs du roy, et de la chose publique et du royaulme, espérant aussy que lesdicts enfants se gouverneroient et conduiroient envers le roy comme vrais et loyaulx subjects doivent faire envers leur souverain seigneur, et en faveur et contemplation des requestes sur ce faictes au roy par le duc de Bourgoingne, oncle dudict d'Allençon, le roy, de sa grasce, modérant sa confiscation et fourfaictures des biens dessus declarés, volsit et declara qu'ils fussent et demourassent à la femme et enfants dudict d'Allençon, réservé au roy l'artillerie, harnas et aultres habillements de guerre; et au regard des terres, seigneuries et biens meubles, le roy retint à luy les villes, chastel, chastellenie et viscomté de Vernoeul, tant deçà que delà la rivière de Arve, avec leurs appartenances, appendances et dependances desdictes villes, chasteaux, chastellenies et viscomtés, lesquelles, dès à présent, le roy volt adjoindre et incorporer au patrimoine du domaine de sa couronne; et avecq ce retint ledict roy le surplus des chasteaux, chastellenies, terres, viscomtés, seigneuries, rentes, revenus, possessions et biens immeubles quy feurent du duc d'Allençon, adjacentes et appartenantes d'icelluy duc; ensemble touts droits, noms et actions quy feurent et polroient escheoir, avenir, competer et appartenir audict d'Allençon à cause de ladicte duché, tant en possession, postérité que aultrement, et touts aultres droicts et seigneuries quy sont partis de la couronne et pairage, où qu'ils seroient, réservé la comté de Perche, dont cy-après sera faict mention, pour en faire et ordonner par le roy à son bon plaisir. Retint aussy le roy le chastel, chastellenie, terre et seigneurie de Sainct-Blanchy en Lorraine, ensemble le payage que ledict d'Allençon avoit et prenoit sur les ponts de Tours, et aultres rentes, fiefs et revenus que icelluy d'Allençon avoit et tenoit en ladicte ville et chastellenie de Tours, pour en faire et ordonner comme dessus.

Item, semblablement réserva à luy le roy les fois et hommaiges, droicts, debvoirs et recognoissances quy competoient et appartenoient audict d'Allençon, à cause de la comté de Perche ; et au regard des aultres terres, seigneuries et biens immeubles quy appartenoient audict duc d'Allençon, le roy les laissa et voult qu'ils feussent et demourassent aulx enfants dudict d'Allençon, ainsy et par la manière que s'ensuit :

Primes : le comté de Perche, pour en jouir par Regner, seul fils dudict d'Allençon, et pour ses hoirs masles descendants de son corps en loyal marriage, sans toutesfois aulcune dignité ou prérogative de pairs. Et quant au surplus des aultres terres quy feurent dudict d'Allençon, le roy les laissa et volt qu'elles demourassent auxdicts enfants d'icelluy d'Allençon, tant masles que femelles, pour en joyr et user par lesdicts enfants, par la main du roy, jusques qu'eulx et chascun d'eulx soient en age ; et après qu'ils seront en age, par leurs mains comme de leurs propres choses, et par leurs hoirs descendants de loyal marriage, et tout selon les coustumes des pays où lesdictes terres sont assises.

Et ces choses faictes, le roy envoya ledict d'Allençon en ung fort chastel nommé Aiguemortes, sur la fin du royaulme, vers Avignon, et illecq tint prison.

Ce temps pendant que le roy tenoit son lict de justice à Vendosme, feurent trouvés rolles de papiers en l'hostel du duc de Bourgoingne, où estoient escripts les vers quy s'ensuivent, touchant, comme il sembloit, les roys de France et d'Angleterre, et ledict duc de Bourgoingne [1].

PHILIPPES.
Voullant aimer, là où point ne m'asseure,
N'ose esloigner ce qu'au cœur m'est contraire,
Ainsy, sans tost vers nulluy me repaire,
Froid entre deulx couvient que je demeure.

CHARLES.
Lyon, les bras n'as pas sy au desseure,
Que par toy puisse ung nouvel monde faire.
Branle où tu veux, mais pense à ton affaire :
Cent ans as creu, tout se paye en une heure.

HENRY.
Peu de vous deulx m'est-il quy rie ou pleure ;
Vers nul ne suis fort engrand de complaire,
Sinon pour vous ensemble entre-desfaire,
Me joindre à l'un, pour l'aultre courir seure.

(1) Ces vers sont de Georges Chastellain. *Voy.* dans cette collection la Notice sur Chastellain à la tête de ses œuvres historiques inédites.

CHARLES.
Boutte où tu peux, feu, en paille ou en feure,
Petit je crains ton fier bras sagittaire,
Mais je seray roy, regnant solitaire,
S'il plaist à Dieu qu'en vain je ne labeure.

PHILIPPES.
S'amour tenoit la voie de son cœur,
Là où bon sang luy monstre son repaire,
Ung cœur, ung corps, demourroit une paire,
Anquel nul nuir ne poiroit une meur.

HENRY.
Secrette envie ensemble vous desveure ;
Grand'gloire à l'ung, à l'aultre est transversaire ;
Pourquoy, moy neutre, à touts deux adversaire,
Toujours m'attends moy ravoir ma demeure.

CHAPITRE XXXVIII.

De la mort d'Alphonse, roy d'Arragon, et des merveilleulx signes quy advinrent environ l'heure de sa mort, et aulcuns jours après ; et de la richesse du roy.

Environ le jour Sainct-Jehan Baptiste mil quatre cents cinquante-huict, en la ville de Naples, Alphonse, roy d'Arragon, roy de Secile, roy de Naples, et seigneur de plusieurs aultres terres, et le plus riche roy, comme on disoit, quy avoit esté, grand temps devant luy, cloist son dernier jour et mourut de mort naturelle, et laissa le royaulme de Naples avec les dépendances, et illecq de Secile à ung fils bastard qu'il avoit, nommé Ferrand ; et avecq ce luy laissa, comme on certiffia au Sainct-Père de Rome Calixte, six fois dix cents mille florins d'or, quy font six millions d'or, sans sa chapelle, quy estoit la plus riche du monde, laquelle il luy laissa avec ses joyaulx et sa credence, quy valloient, comme on disoit, plus d'ung million. Lequel Alphonse, entre aultres plusieurs grands vaisseaulx qu'il avoit faict faire pour combattre sur mer, avoit faict faire une nave que on tenoit la plus grande du monde, car elle estoit sy grande que à grande peine pooit aller en mer, et estoit tousjours au port de Naples. Laquelle nef, ung peu devant la mort du roy, on l'avoit mise en mer. Et à ceste propre heure que icelluy roy Alphonse mourut, on ramena icelle nef au port de Naples ; et à l'arrivée toucha au fond du gravier de la mer, tellement qu'elle se fendit, et rompit l'arbre du moilon, quy estoit de telle grosseur que cinq hommes ne l'eussent sceu embrasser aux bras ; et au cheoir, ledict arbre rompit la nave en plus de mille pièces, et feit sy grand son et grande noise que chascun de Naples et d'entour cuidoit que le pays deubst fondre, comme il avoit faict en aulcuns lieulx, environ deulx ansdevant, comme cy-devant est dict. Et pareillement en la salle dudict roy Alphonse, quy estoit moult belle et richement peintrée, en laquelle salle il y avoit ung tabernacle dessus le siége où le roy se séoit, lequel estoit doré d'or fin, et estoient peintes les armes et couronnées, icelluy tabernacle, huict jours après la mort dudict roy, à telle heure propre que le roy rendit l'ame, rompit avecq ses armes et sa couronne, et chéit de dessus son siége.

Icelluy Alphonse, roy d'Arragon, estoit réputé très hardy et valliant homme de son corps, en guerre et aultrement, et très sage de sens naturel. Et bien le avoit monstré; car il avoit acquis la plus grande part des pays et royaulmes qu'il tenoit, par force d'armes et à l'espée; et sy tenoit, comme on disoit, par force, une partie du patrimoine de l'église de Rome, combien que le pape ne luy livroit la guerre; et estoit la cause, comme on disoit, qu'il estoit sy fort et redoubté que nul ne se osoit mouvoir contre luy. Et jà feust-ce vray, qu'il estoit bien loing des pays de Philippes de Bourgoingne, toutesfois estoient alliés et compagnons d'armes lesdicts roy et duc ensemble; et portoit le roy l'ordre du duc, quy estoit la Toison-d'Or, et le duc portoit l'ordre du roy, quy estoit une bande blanche; et combien qu'ils n'euissent oncques veu l'ung l'aultre, sy s'entre-aimoient-ils très fort, comme on disoit. Après la mort duquel, le pape Calixte, combien qu'il euist, durant la vie dudict Alphonse, accordé que son fils succédast au royaulme de Naples, feit publier une bulle révocatoire par laquelle il chassoit le bastard du royaulme, non voullant qu'il succédast à son père le roy; et excommunia le bastard et ses adhérants, et touts ceulx quy luy presteroient aide ne confort. Et disoit le pape : que le royaulme luy appartenoit, puisqu'il n'avoit nuls enfants légitimes. Mais après la mort du pape Calixte, quy mourut assez tost après ledict roy, le pape Pius receupt le bastard en hommaige du royaulme de Naples; et disoit-on que le bastard avoit donné grande somme d'or audict pape Pius.

CHAPITRE XXXIX.

De la mort du pape Calixte; et comment le pape Pius feut esleu, et aultres choses quy advindrent en icelluy temps.

Le sixiesme jour d'aoust, le pape Calixte en la ville et cité de Rome mourut, et régna quatre ans trois jours ou environ; et avoit bien quatre-vingts ans quand il feut esleu pape. Après la mort duquel pape Calixte, feut esleu pape le cardinal de Same-la-Vieille, lequel avoit esté secrétaire de l'empereur Frédéricq, et lequel du despuis feut appellé pape Pius second de ce nom; et estoit grand orateur, de l'age de soixante ans ou environ. Mais à ladicte eslection faire esleurent aulcuns cardinaulx le cardinal de Rouen, lequel estoit noble homme, frère au seigneur de Torsy en Normandie; et olt ledict cardinal de Rouen au commencement le plus de voix; mais en la fin les Italiens, quy avoient baillié leurs voix audict cardinal de Rouen, doubtants que s'il estoit pape il polroit venir son siége papal tenir deçà les monts, se condescendirent audict; et esleurent, et feut pape par commun accord et tout d'une opinion; et ainsy feut sacré et institué.

Audict an cinquante-huict, le onziesme jour d'octobre, ung escuyer nommé Collart du Bois-Huon, seigneur de Vys en Artois, lequel avoit espousé la fille bastarde de Philippes, seigneur de Saveuses, et à ceste cause, ledict seigneur de Saveuses, pour tant que ledict Collart estoit folastre et de folle manière, il avoit mis ledict Collart en tutelle par ung mandement du roy, et le faisoit tenir le seigneur de Saveuses en son chastel de Baillemont, en une tour, pour le corriger, icelluy Collart du Bois-Huon par désespoir se pendit et estrangla avecq une besaighe[1], en quoy on luy avoit apporté du fruit.

Audict an, le douziesme d'octobre, comme trois bourgeoises d'Arras, très notables et bien famées et renommées, l'une femme de Jehan Sacquespée, l'aultre femme de Jacques Hatoy, l'aultre femme de Pierre Lame, avec elle Remy Caullier, frère de ladicte femme, Jacques Hatoy et aultres hommes et femmes leurs serviteurs, s'en revenoient de Saincte-Bertille, quy est à Mareuil assez près d'Arras, de pélerinage, assez près de la porte de Baudimont, ainsy qu'elles revenoient sur le soir, ung char passoit par devant elles, sur lequel avoit ung josne compa-

(1) Besace, sac long.

gnon, fils de Jacques Gaillard[1], censier de Gaucourt, de l'age de dix-neuf à vingt ans, à quy le char estoit; lequel josne compagnon laissa cheoir ung de ses patins; lesquelles bourgeoises crièrent après luy quy menoit le charriot, qu'il recueillast son patin; lequel charreton descendit et alla pour requérir ledict patin; lequel patin ung josne garçon, non pas de la compagnie desdictes bourgeoises, mais quy d'adventure passoit, fils d'ung appellé Gillot-le-Bouchier, l'avoit recueilly et ne luy voulloit rendre sans que ledict charreton ne luy donnast ung denier, ce que ledict charreton ne voullut faire, ains reprint par force le patin; ce voyant le garçon, il alla dire aulx bourgeoises que ledict charreton avoit dict plusieurs villaines paroles d'elles; pour laquelle cause le dessusdict Remy Caullier, à la requeste d'aulcunes d'elles, par espécial de la femme de Pierre Lame, retourna pour battre ledict charreton, et le ratteint; et ainsy qu'il le battoit, le josne fils quy estoit sur le char descendit de son char pour aller dire à ceulx quy le battoient que c'estoit assez et que c'estoit mal à propos; lequel, sitost qu'il approcha d'eulx, receut du varlet et de la femme de Pierre Lame ung coup d'une fuste, quy est ung baston comme pour s'appuyer, mais il y a dedans une espée de fer agut, duquel coup il perça audict josne fils l'oing et les boyaulx, tellement que au huictiesme jour ensuivant il mourut; et feurent en grand dangier toutes lesdictes bourgeoises et touts ceulx de leur compagnie, et debvoient obtenir pardon du roy à leurs despens.

En ce temps, le vingt-huictiesme jour d'octobre, Jehan de Frévillers et son frère, accompgniés de vingt-six à vingt-huit compagnons de guerre armés au clair, environ my-nuict, entrèrent en la maison de Martelet de Bretencourt, demourant à Treines sur Somme, et illecq trouvèrent Jehan de Humières, nepveu du seigneur de Humières, chevallier, portant l'ordre du Toison, lequel Jehan de Humières ils prindrent et descoppèrent à leur vollonté sans mort; et luy donnèrent huict ou dix playes; et sy luy cuidoient avoir écerné ung pied. Et sy ce n'euist esté la femme dudict Jehan de Humières, laquelle estoit enceinte, et aultres femmes, ils euissent encoires pis faict audict Jehan, lequel ils laissèrent comme mort; puis

(1) Remy.

prindrent son varlet, et luy coppèrent les nerfs des jambes; et pareillement le desplayèrent. Et la cause feut, comme on disoit, pour ce que ledict Jehan de Humières ou gents commis de par luy avoient esté en la maison de Jehan, seigneur de Mailly, avec grand nombre de gents de guerre, et illecq avoient villainement battu et affolé le frère du dessusdict de Frévillers et deulx aultres avecq luy, pour tant seulement que ledict seigneur de Mailly avoit donné une cure à Collinet de Frévillers, et le seigneur de Humières voulloit que ung autre prestre le feust, lequel curé y demouroit. Sur quoy feut procès esmeu entre lesdicts curés; et gagna ledict Collinet la cure, et feit l'aultre curé vuider de par le roy; et pour les despenses, feit vendre touts les biens dudict curé, telle fevre, telle vente; à laquelle vente faire y avoit des gents dudict seigneur de Mailly. Pour laquelle cause on alla, ainsy que dessus est dict, en la maison dudict seigneur de Mailly, ainsy descopper ledict de Frévillers, lequel se disoit et estoit parent audict seigneur de Mailly. Pour lesquelles entreprises guerre feut esmeue entre ledict seigneur de Mailly et le seigneur de Humières, quy estoient touts deulx des plus grands de Picardie. Laquelle guerre venue à la cognoissance de Philippes, duc de Bourgoingne, il leur deffendit la voye de faict. Auparavant, ledict Jehan de Humières feut descouppé, mais ledict seigneur de Mailly ne se volt oncques faire fort des frères dudict de Frévillers, lesquels estoient en l'armée et ordonnance du roy, lesquels, comme cy dessus est dict, feirent le faict dessusdict. Après la chose prinse en la main du duc, dont le duc feut moult courroucié, il manda ledict seigneur de Mailly, lequel y alla moult grandement accompagnié de ses parents, seigneurs et amys, et dit au duc qu'il ne l'avoit point faict faire. Et combien que le duc derechief deffendist aux dicts seigneurs de Mailly et Humières la voye de faict, sy se gardoit moult fort le seigneur de Mailly; et avoit grand nombre de gents de guerre avecq luy, et renforça moult fort son chasteau de Mailly; et monseigneur Hues de Mailly, frère, aussy se garda moult fort, et renforça sa forteresse du Rossignol, où il se tenoit; et assez tost après, le vingt-uniesme de novembre ensuivant, ledict seigneur de Humières, chevallier, portant l'ordre du duc de Bourgoingne, en la ville de Mons en Haynault, mourut et feut emporté enterrer en la ville de Humières.

Audict an cinquante-huict, le treiziesme de novembre, à Sainct-Quentin en Vermandois, Anthoine, seigneur de Habart, mourut ; de laquelle mort, jà-soit-ce qu'il feust réputé très bon homme d'armes et valliant homme, plusieurs gents feirent peu de dueil, pour tant qu'il soustenoit plusieurs compagnons de guerre, lesquels ne vivoient que sur le refa ; et sy n'en faisoit-on nulle justice, ne n'en osoit-on faire, pour la doubte dudict seigneur de Habart. Ledict seigneur de Habart abrégea ses jours par excès, comme on disoit, par boire et mangier largement et longuement, et des plus forts vins ; et mesmement par nuict se relevoit de son lict pour boire et mangier, et estoit deulx ou trois heures à table.

CHAPITRE XL.

D'une ambassade d'Angleterre quy vint devers Philippes, duc de Bourgoingne ; et comment les Anglois prindrent aulcuns vaisseaulx que les Bretons avoient amenés, et allèrent à Estaples, et aultres choses.

Audict an cinquante-huict, en la ville de Mons en Haynault, environ le Sainct-Martin d'hyver, arriva ambassade d'Angleterre, et environ vingt chevaulx. Pourquoy ne pour quelle cause ils venoient je n'en peus riens sçavoir, fors que on disoit qu'ils estoient venus pour avoir alliance de marriage au pays du duc. Auxquels le duc dit que, au regard d'alliance de marriage ils n'auroient pas à luy ; car aussy ne le pooit faire sans rompre la paix quy feut faicte à Arras, entre le roy de France Charles et luy ; et pareillement ne debvoient avoir au roy Charles, sans l'accord d'eulx deulx ensemble. Ceste response baillée par le duc, lesdicts Anglois, par saulf-conduict, s'en allèrent devers le roy de France, et passèrent par Arras, environ la Sainct-Andrieu.

Environ ce temps, bien huict cents Anglois, combattants, se partirent de Calais et allèrent à Estaples, où illec trouvèrent plusieurs vaisseaulx chargés de vins de Poitou, que les Bretons avoient amenés, lesquels ils rançonnèrent, et prindrent plusieurs mulets quy estoient venus de Languedoc pour remporter du soret, lesquels ils rançonnèrent aussy, et emmenèrent plusieurs prisonniers.

En ce temps, en la ville de Vallenciennes, le quatorziesme décembre, en la présence du duc, se feit ung faict d'armes de deulx chevalliers,

l'ung nommé Henry, et estoit Allemand de l'hostel de Adolf de Clefves ; l'aultre, nommé Jehan de Rebremeites, seigneur de Thibauville, lequel estoit Picard, de l'hostel de messire Anthoine, bastard de Bourgoingne. Lequel faict d'armes debvoit estre tel : que l'un d'eulx feust abbattu tout plat du coup, et sy debvoit chascun darder ung coup de dard. Lesquelles armes se feirent ; mais ains que nul d'eulx feust abbattu, le duc jetta son baston ; l'Allemand se combattit la visière ouverte, et le Picard la visière abbattue ; et feut ledict Allemand ung peu blescié d'une esclissure au visage, et feit le Picard reculer sept ou huict pas ; brief, ce feut peu de chose, et le tout se faisoit par plaisance ou sotie[1].

CHAPITRE XLI.

De l'obéissance que Philippes, duc de Bourgoingne, envoya rendre au pape Pius, et comment deulx compagnons tuèrent deulx aultres, embastonnés, ainsy comme par miracle ; et plusieurs aultres choses.

Audict an cinquante-huict, environ le Noël, Philippes, duc de Bourgoingne, envoya rendre obéissance de ses pays au pape Pius, et y envoya une très grande ambassade. De laquelle ambassade estoit chef Jacques de Coimbres, cardinal de Lisbonne, nepveu de la duchesse de Bourgoingne, et avecq luy l'évesque d'Arras, Jehan, lesquels pour lors estoient en cour de Rome ; et des pays dudict duc y alla messire Symon de Lallaing, chevallier sage et discret, Anthoine Roche-Baron, chevallier, seigneur de Brueil, et deulx docteurs en théologie et aultres.

En ce temps, le lendemain du jour de Noël, entre le villaige nommé le Franoy et la ville de Bappaumes, deulx compagnons, frères, fils du marissal de Franoy, se meirent en aguet à la requeste de leur mère, et rencontrèrent deulx compagnons, frères, dont l'ung estoit josne clercq, et l'autre sous-diacre, lequel estoit sans baston, l'aultre avoit ung baston. Lesquels deulx frères, sitost qu'ils veirent les deulx fils du marissal vers eulx, embastonnés, sy se doubtèrent et tournèrent aultre chemin pour les eschiever[2] ; ce voyants, les fils du marissal sy coupèrent les poullannes de leurs soulliers et fuirent après eux, tellement qu'ils les rattaindirent, et leur escrièrent : A la mort ! Quand ce veirent les

(1) Jeu. (2) Eviter.

deulx aultres frères, sy se retourna et commança le clerc à parler en leur disant : « Nous ne « vous mesfismes oncques riens, et sy ne vous « demandons riens ; sy vous prions que, en « l'honneur du jour de Noël, quel jour il feut « hier, que vous ne nous veuillez mal faire et « nous veuillez laisser aller en paix. » Lors les fils dudict marissal, en resniant et blasphesmant Dieu, commencèrent à les assaillir, l'ung le clerc, l'aultre l'aultre. Par espécial celluy quy assayllit le josne luy lança ung coup et le cuida avoir occis; mais ung pain qu'il avoit en son sein le saulva; après, le férit én la teste et le navra. Lors ledict clercq, quy toujours prioit mercy, voyant que mercy n'y valloit riens, sy se meit à deffense, tellement qu'il desbatonna son adversaire, et de ses propres bastons le tua; puis alla au secours de son frère quy se deffendoit à l'aultre fils du marissal. Quand il apperceut que son frère estoit mort et qu'il ne valloit guières mieulx, sy se meit à genoulx en priant mercy aux dessusdicts frères, et leur pardonna la mort de son frère et la sienne s'il en pooit reschapper ; et s'il pooit reschapper ou parler ains sa mort, il les disculperoit de leur mort à ses amis, car bien avoient desservy ce qu'ils avoient; lesquels frères ne le férirent plus, lesdictes paroles ouyes, ains le laissèrent aller ; lequel avoit bien dix-huit playes, desquelles playes au bout de quatre jours il mourut; mais ains sa mort, comme il leur avoit promis, en la présence de ses amis, il confessa comment à tort et sans cause il les avoit espiés et assaillys, et descoulpa ¹, et dict que ce qu'ils avoient faict avoit esté par l'instigation de leur mère, femme dudict marissal, laquelle leur avoit commandé ce faire, en disant qu'elle les resnioit s'ils ne tuoient ou descouppoient lesdicts deulx frères ; et la cause pourquoy, c'estoit qu'elle avoit eu paroles à la mère ou père de la maison desdicts frères. Pour lesquelles paroles ou desbats, le seigneur de Happlincourt leur avoit deffendu l'œuvre de faict, après ce qu'il n'avoit pu faire la paix ; et pour ceste cause s'estoit ledict marissal party dudict lieu de Franoy et estoit allé demeurer à Bapaumes. Je mets ce en escript, car il peut sembler que ce feut œuvre de Dieu ; car ceulx quy vindrent pour tuer feurent tués, et, à leur tort, non ayants mercy d'autruy.

(1) Disculpa.

En ce temps aussy, la nuict des trois roys, trespassa de ce siècle Marie de Borgne, fille de Collart de Borgne, bourgeois d'Arras, laquelle Marie avoit espousé ung bourgeois d'Arras, nommé Roland Cardon, duquel avoit ung fils, et en estoit demourée vefve en l'age de trente ans; laquelle vefve, après la mort dudict Roland, son mary, mena moult dévote et honneste vie, en accomplissant les œuvres de miséricorde, et faisant les commandements de Dieu, et moult asprement chastiant son corps par pénitence ; et mesmement, après la mort de son mary, quitta plusieurs grosses sommes d'argent quy luy estoient deues, tant à cause de prests, que ledict Rolland avoit presté à plusieurs marchands, tant de vin comme aultrement, en prenant gagnaige, c'est à sçavoir, sur chascun muid de vin qu'il vendoit, seize sous; et quitta les arrérages et principal ; et avec ce rendit plusieurs lettres de rentes viagères, et quitta ceulx quy luy debvoient, et dont elle avoit, ou son mary, receu le principal de la somme, et aulx aultres ne prenoit que le résidu du principal de la somme qu'ils debvoient, sans compter les montes pour reste. Icelle noble vefve revestoit plusieurs povres, visitoit les chartriés¹, et leur donnoit de ses biens ; leur lavoit leurs linges; et plusieurs aultres vertus avoit, et aultres bonnes œuvres faisoit et feit jusqu'au jour de son trespas ; et feut vefve environ douze ans ou quatorze ans. Dieu par sa grasce luy fasse mercy ; car la commune renommée estoit, et telle la tiens, que c'estoit une bonne, dévote et saincte femme.

Environ ce temps aussy, Philippes, duc de Bourgoingne, pour obvier aux larcins que les Anglois faisoient, tant en son pays comme ailleurs, meit garnison à Bouloingne, à Arras, à Gravelines, Fresnes, Sainct-Omer et aultres places ; et ne feut ce faict, seulement affin que quand lesdicts Anglois alloient courre, qu'ils feussent prins par ceulx desdictes garnisons avec ceulx du pays.

CHAPITRE XLII.

De la mort du duc de Bretaigne, et d'une grosse ambassade des Grecqs quy vindrent devers le duc ; et comment la paix feut faicte du comte de Sainct-Pol et du duc de Bourgoingne; et aultres choses.

Audict an cinquante-huit, environ le jour de Noël, mourut et cloist son dernier jour Artus,

(1) Prisonniers.

duc de Bretaigne, comte de Richemont et connestable de France; et mourut sans avoir hoirs de sa chair. En laquelle duchié de Bretaigne succéda Jehan de Bretaigne, comte d'Estampes. Et pour tant que Jehan de Bretaigne se disoit aussy comte d'Estampes, le roy de France tenoit ladicte comté en sa main, et comme on disoit en bailloit les prouffits audict Jehan de Bretaigne; lequel Jehan estoit fils du frère du vieil duc de Bretaigne et duc Artus, et de par sa mère estoit fils de la sœur du duc d'Orléans.

Environ ce temps aussy, feut l'accord faict d'entre Philippes, duc de Bourgoingne, et le comte de Sainct-Pol; et vint le comte devers le duc à Mons en Haynault, là où ledict duc le receut très bénignement. Et parlèrent par plusieurs fois le duc et le comte moult privément ensemble, seul à seul. Duquel accord chascun feut moult joyeulx, et mesme le comte de Charrollois, fils dudict duc, lequel festoya le comte moult haultement en mangiers et aultrement; sy firent les seigneurs et princes.

Environ ce temps aussy, vint une ambassade de Grèce devers Philippes, duc de Bourgoingne; et estoient environ cinquante chevaulx; lesquels ambassadeurs feirent requeste et prière au duc qu'il volsist estre ou envoyer à certaine journée assignée de par nostre Sainct-Père le pape Pius, où le pape et touts les princes chrestiens debvoient estre et envoyer pour aulcunes causes touchant la chrestienneté; lesquels ambassadeurs le duc honnora, bienveigna et festoya moult noblement et haultement, et leur donna des beaulx dons, et leur promit de y envoyer. Après ce se partirent les ambassadeurs.

Environ ce temps, ledict duc de Bourgoingne envoya le bastard de Sainct-Pol, chevallier, seigneur de Hautbourdin, et aultres de ses conseilliers, en ambassade en Angleterre.

Audict an aussy cinquante-huict, environ la chandeleur, revinrent les ambassadeurs d'Angleterre, quy estoient allés devers le roy de France, pour cuider trouver alliance à luy par marriage ou trefves; et avoient mené plusieurs hacquenées en espérance de les donner; mais la royne ne voullut parler à eulx; ne homme de son royaulme ny de sa cour prendre nulle de leurs hacquenées; ains s'en retournèrent sans riens faire, et ne passèrent point la ville de Rouen.

Audict an, le pénultiesme jour de janvier, en la ville d'Arras, ung nommé Gilles d'Aulet, bourgeois d'Arras, lequel avoit esté homme de guerre, de l'age de soixante ans ou plus, mourut sans confession, et sans parler, ainsy que à my-nuict; et n'avoit oncques eu ne sens ne cognoissance depuis que la maladie luy prist; laquelle luy prist le soir de devant, ainsy qu'il revenoit de jouer à dés, quy feut le lundy au soir, et il mourut le mardy, à my-nuict. La cause pourquoy, je le may[1] par escript, est pour tant que, jà-soit-ce que ledict Gilles feust riche homme et euist bon sens naturel, et à l'église feust de honneste vie, tant de resnier Dieu mot à mot, de jurer les saincts et sainctes, et blasphesmer deshonnestement la vierge Marie, comme de jouer aulx dés, tables et aultres jeus, brief, il se délectoit du tout à mal dire, à mal faire et à veoir mal faire, et estoit homicide, pourquoy il peut sembler que se il feust de meschante vie, aussy il fina meschantement.

Environ ce temps aussy, entour la chandeleur, au pays de l'Alloeu, feut ards le fils Jacques du Bois, pour l'ord et mauldict peschié de sodomie. Et disoit-on que sy ledict Jacques père euist vescu, lequel estoit de nouvel trespassé, il euist esté aussy ards pour ledict peschié. Et en raccusa plusieurs, sans aulcuns quy estoient prins; dont trois jours après feut ards encoires ung audict pays, lequel estoit au bastard de Bourgoingne.

Audict an aussy, le vingt-uniesme de janvier, en la ville de Hesdain, ung nommé Elion d'Aix tua d'ung coup de dague Andrieu de Fontaines, fils de Bauduin de Fontaines, de l'age de vingt ans, ou environ; et la cause feut pour ce que ledict de Fontaines estoit venu momer où ledict Elion estoit en feste avecq les sœurs dudict de Fontaines; auquel ledict Elion demanda quy il estoit, lequel ne se vollut nommer; pourquoy ledict Elion luy donna ung coup de dague, duquel il mourut prestement sans parler, sinon qu'il dict à sa sœur, quy illecq estoit: « Ma sœur, je suis mort; » laquelle sœur dudict de Fontaines ledict Elion eut, comme on disoit, vollontiers eu en marriage; et estoit ledict de Fontaines très bien amy et compagnon dudict Elion, et ne cuidoit point ledict Elion que ce feust ledict de Fontaines.

---

[1] Mets.

Et en ce temps, environ six jours après ce faict, en la ville de Hesdain, on ardict ung compagnon pour ledict peschié de sodomie.

Audict an aussy, le vingt-quatriesme de febvrier, par ung samedy au soir, en la ville de Douay, entre la porte d'Esquerchins et la seconde porte, feurent ardses plusieurs maisons, au nombre de vingt ou vingt-quatre; et sy prit par une femme, par mesche en une estable; et feut ardse la femme par quoy le feu se prist, parce qu'elle ne sceut vuidier assez tost de l'estable où le feu se print.

CHAPITRE XLIII.

D'ung hermite nommé Alphonse, hérétique, quy fust ards à Lille, et des grandes erreurs qu'il disoit; et aultres incidents.

Le vingt-sixiesme jour de mars, l'an mil quatre cents cinquante-huict, en la ville de Lille-en-Flandres, feut ards et son corps ramené en pouldre, ung nommé Alphonse, natif de Portugal, lequel estoit habillié en forme d'hermite, de assez dure age; lequel Alphonse secrètement séduisoit le peuple de fausse créance. Et disoit icelluy Alphonse que, puis que sainct Grégoire pape mourut, il n'y avoit eu pape duement esleu ne consacré, par conséquent nuls évesques, ne nuls prestres, ne le corps de Nostre-Seigneur consacré, ne marriages faicts, ne nuls aultres sacrements. Et combien que ledict Alphonse disoit qu'il croyoit en la Trinité, sy ne croyoit-il pas en plusieurs articles de la foy; ains disoit qu'il avoit esté en noeuf éveschiés repris de la foy, mais Dieu l'en avoit tousjours deslivré sans péril de son corps; que se on le faisoit mourir, que dedans trois ans il adviendroit sy grande mortalité, famine et guerre, que le pays en seroit destruict. Et menoit ledict Alphonse moult aspre vie, comme aller sans soulliers, vestir la chaire, et toujours estoit ès églises à genoulx et en oraisons. Toutesfois il feut preschié publicquement; et jà-soit qu'il eust autrefois esté preschié publicquement ailleurs, ne se vollut oncques rappeler, ne monstrer nuls signes de foy; mais disoit que feu que on allumast entour de luy ne le pouroit ardoir; mais il mentit, car sitost que le feu feut boutté ès fagots, il feut subitement ards et bruslé.

Audict an cinquante-huict, le jour du jeudy absolu, mourut Georges de Rocquinbos, chevallier, seigneur de Philomele, au chastel de Beveray, lequel estoit principal gouverneur de messire Anthoine, bastard de Bourgoingne; et usoit ledict bastard de son conseil ou en partie. Icelluy Georges avoit esté à la prinse de Luxembourg, où il avoit esté l'ung des quatre butiniers des biens de ladicte ville. Et feut son principal escoeuil, car il n'est nul quy sceust dire au vray les grands larcins que on y feit despuis ceste prinse de Luxembourg, quy feut l'an mil quatre cents quarante-deux, que icelle ville feut prinse et emblée[1] par les gents du duc de Bourgoingne. Et faisoit icelluy Georges marrier les serviteurs et archiers dudict bastard par force aux filles des bons marchands, bourgeois ou riches labouriers, ou il falloit que les riches se appactissent[2] à luy par argent. Il faisoit par les prélats donner bénefices, tant par force que par amour. Brief, il faisoit faire plusieurs choses illicites et irrésonnables. Et aussy sa fin feut moult petite et périlleuse; car, combien qu'il feust sept jours malade, et qu'il feust fort admonesté, tant par son curé que par le gardien des frères-mineurs de Béthune, lequel gardien ledict curé le avoit envoyé quérir pour ce qu'il luy sembloit que ledict Georges ne volloit ordonner ne penser à sa conscience, comme bon chrestien doit faire, quelque admonestement que lesdicts curé et gardien luy feissent, en luy encoires remonstrant le sainct temps où il estoit, et qu'il estoit la péneuse et saincte semaine, icelluy Georges mourut sans confession ne aultres sacrements; et feit plusieurs signes à sa mort; et à peine n'osoit nul approchier près de luy; et luy mort, son corps feut prestement tout noir.

En ce temps aussy mourut Arnould de Gouy, chevallier, grand bailly de Gand, lequel, par sa subtilité, jà-soit-ce qu'il feust de petit lieu, venu de la ville de Douay, comme bourgeoisie ou marchands, il s'estoit tellement conduict par sa subtilité qu'il avoit esté longtemps bailly de Douay, et puis feut grand bailly de Gand; et avoit esté en Cipre et ailleurs en plusieurs ambassades de Philippes, duc de Bourgoingne; et avoit tant prouffité tant en jeus de dés, en gouvernement de justice comme aultrement, qu'il estoit parvenu riche homme, et avoit

(1) Enlevée. (2) Composassent.

achepté plusieurs belles terres, et faict son aisné fils chevallier, combien que au commencement il n'avoit pas valliant cent escus, comme on disoit.

Environ ce temps, après Pasques, l'an mil quatre cents cinquante-neuf, messire Jehan de Croy, seigneur de Chimay, et le seigneur de Lannoy, gouverneur de Hollande, retournèrent de l'ambassade où ils estoient allés, de par le duc de Bourgoingne, devers le roy de France; et disoit-on qu'ils avoient peu ou néant besoingnié, et que, jà-soit-ce que le duc de Bourgoingne euist faict et envoyé par escript au roy plusieurs notables remonstrances, en se humiliant, il ne avoit eu que rigoureuse response; et sur chascun article que le duc avoit envoyé par escript, on luy avoit respondu par escript très poignamment; pourquoy on craignoit que ledict roy ne voullust esmouvoir guerre contre le duc.

Audict cinquante-neuf, le premier jour d'apvril, le fils de Jehan Malet, maistre de la chambre des comptes à Lille, lequel, par force d'amis, estoit issu de Ripplemonde, où il avoit esté envoyé, comme dessus est dict, quand son frère feut descappité (et se rendit en la maison de son père, à Lille, en continuant en ses maulvaises œuvres, et sy estoit banny de ladicte ville), feut prins et mené au chastel de ladicte ville, et illecq prestement descappité.

Environ ce temps aussy, en ladicte ville de Lille, en une maison que on appelle *Le Beau Regard*, feut tué le bastard de Carmin par ung nommé Jean Watel, sergeant du gouverneur de ladicte ville.

Audict an aussy, le vingt-quatriesme d'apvril, mourut damp Jehan Jonglet, religieulx et prieur de l'église de Saint-Vaast d'Arras, lequel, comme il pooit apparoir à touts ceulx quy le veirent, fina en moult vraie foy et olt moult belle fin, comme vray chrestien; et aussy avoit-il esté tout son temps de très belle et honneste vie et très bien servy Dieu.

Audict an aussy, le premier jour de may, en la ville d'Avesnes-le-Comte, lequel jour estoit la feste, vint ung gentilhomme, nommé Philippes de Brimeu, capitaine de Luceulx, lequel estoit au comte de Sainct-Pol, accompagnié de bien vingt-quatre hommes de guerre, tant de pied qu'à cheval; et illecq, environ deulx heures après midy, trouvèrent Agnieulx de Croix,

compagnon de guerre, auquel ils donnèrent bien dix-sept ou dix-huict playes; et illecq feut descouppé tant ès bras, jambes, visaige, teste que ailliers, car ils ne le volloient point tuer; ains disoit tousjours ledict Philippes qu'ils ne le tuassent point; mais à chascun horion que on luy donnoit, on luy disoit que le comte de Sainct-Pol se recommandoit à luy. Et la cause pourquoy on luy feit ce, estoit, pour tant que ledict Agnieulx, environ huict ans devant, accompagnié de plusieurs compagnons, avoit battu et vilenné le bailly et sergeant de la ville de Sainct-Pol. Desquels compagnons aulcuns avoient esté pendus et exécutés à mort, tant pour ce que pour aultres choses, et en avoient esté pareillement descouppés; et disoit-on que encoires seroient ainsy habillés ceulx quy avoient esté avec ledict Aignieulx ledict bailly battre.

Audict an mil quatre cents cinquante-neuf, le dix-huit de may, après disner, ung chanoine de Nostre-Dame d'Arras, nommé messire Nicaise le Vasseur, lequel avoit longtemps gouverné le chapitre d'Arras, en l'age de quatrevingts ans, en allant aulx vespres, et avoit faict bonne chière au disner et ne se sentoit de riens malade, ès cloistres de l'église, droict sur la tombe d'ung chanoine, surnommé Vaigier, auquel messire Nicaise avoit faict moult de travail et de peine en son temps, à cause des chanteries de l'église, soudainement chéit tout mort, sans monstrer quelques signes de vie. Icelluy messire Nicaise estoit famé de avoir tenu une femme de laquelle il avoit deulx filles, lesquelles, comme on disoit, il avoit cogneues charnellement. Par espécial de l'une avoit eu une fille, laquelle il cogneut aussy charnellement; toutesfois icelluy messire Nicaise faisoit très honnorablement touts les bons jours et grandes festes le service divin, c'est à sçavoir, chanter grandes messes, vespres, et estre au chœur de l'église, et bien luy séoit à le faire.

CHAPITRE XLIV.

D'ung carmois quy feut prins en son église des Carmes-lez-Arras, et comment il rappela les erreurs qu'il avoit preschiées.

Audict an, le vingt-troisiesme de may, après disner, Jehan Piccavé, huissier d'armes de Philippes, duc de Bourgoingne, accompagnié de plusieurs gents, entra en l'église Nostre-Dame des

Carmes-lez-Arras ; et illecq, en rompant et faisant rompre les huys que on avoit clos contre luy, feit desmollir et despecier une brasserie que lesdicts Carmes avoient faict faire, par mandement du duc, impétré à la requeste de ceulx de la ville d'Arras ; et n'avoient lesdicts Carmes vollu desmolir ladicte brasserie, jà-soit-ce que le duc leur en euist rescript par deulx fois ou plus.

Audict an, le troisiesme de juing, Willemet Were, fils de Jehan, de l'age de dix-huict à vingt ans, en la cité d'Arras, férit d'ung coustel seigneur Pierre Were, son frère, prestre, en la poictrine haulte ; et se le coustel n'euist rompu contre l'os de la poictrine, il l'euist tué. Et feut la cause pour ce que ledict messire Pierre voulloit faire aller coucher ledict Willemet hors de la maison de sa mère, partant que ledict Willemet disoit qu'il n'iroit point à certain jour devant l'official d'Arras, auquel jour ledict seigneur Pierre avoit promis de le ramener, sur dix livres d'amende [1].

CHAPITRE XLV.

De l'ambassade que Philippes, duc de Bourgoingne, envoya à Mantua, où le pape avoit assemblé plusieurs prélats et princes chrestiens, pour conclure sur plusieurs choses touchantes les Turcqs et la foy ; et aultres incidents.

Au mois de juing, audict an cinquante-neuf, Philippes, duc de Bourgoingne, pour estre à certaines journées et jours de conseil prefixés que le pape debvoit tenir à Mantua, auquel lieu le pape Pius avoit semons de venir touts les princes chrestiens, pour délibérer de certaines choses touchantes les griefs que les Turcqs faisoient touts les jours, et les conquestes sur les chrestiens, et aultres choses touchantes la foy, envoya une grosse ambassade devers ledict pape, de laquelle ambassade estoit chief Jehan, duc de Clefves, nepveu dudict duc de Bourgoingne. Avecq luy estoient les seigneurs de Loëgues en Hollande, messire Jehan de Croy, seigneur de Chymay, le seigneur de Gouly, messire Anthoine Haveron, et plusieurs aultres grands seigneurs ; et estoient en tout bien trois cents chevaulx ; et avoit ledict duc six chars chargiés de ses bagues, et six joueurs de clairons et de trompet-

---

[1] Ce chapitre ne correspond point à son titre. Le copiste a vraisemblablement omis l'histoire du carme mentionnée dans le titre.

tes, desquels clairons ils jouoient à l'entrée des bonnes villes. Et passa par Paris le duc en moult grand estat, où il feut receu honnorablement. Brief, c'estoit noble chose à veoir ladicte ambassade, tant estoient touts bien en poinct et bien montés et habillés.

Audict an cinquante-neuf, le vingt et uniesme de juing, en la ville de Dourlens, Jennet de Grouches, frère du seigneur de Griboval, chevallier, meit à mort d'ung coup de dague ung nommé Bonnelet ; et se print le desbat à cause de ce que ledict Bonnelet cuidoit mectre accord entre ledict Jennet et ung nommé Robinet Casaques, quy avoient prins parolles ensemble pour le jeu de palmes ; icelluy Bonnelet estoit josne et rude, et homicide de plusieurs hommes.

Environ ce temps, par ung mardy, douziesme de juing, audict an cinquante-neuf, mourut et fina ses jours Bauduin d'Oignies, seigneur d'Estrée, chevallier et gentilhomme, gouverneur de la chastellenie de Lille, Douay et d'Orchies, maistre d'hostel, chambellan, et ung des gouverneurs des finances du duc de Bourgoingne. Lequel Bauduin feut et avoit esté ung très sage homme, bon justicier et de très honneste vie, sobre et diligent, sans estre luxurieux ne oultrageulx en boire ne en mangier ; et avoit plusieurs vertus, et n'estoit taschié de nuls vices que de convoitise, mais il estoit assez convoiteulx. Il feut moult plainct en la chastellenie de Lille, et par especial de ceulx de la ville ; et feirent faire et célébrer ceulx de la ville de Lille, par toutes les paroisses et églises, ung service solemnel, en priant Dieu pour l'ame de luy. Il avoit esté marié deulx fois : la première fois à la fille de Guy Guillebault, quy plus n'avoit d'enfants légitimes que ladicte fille ; lequel Guy, jà-soit que en sa jeunesse il euist esté maçon, par la subtilité de luy, il feit tellement qu'il feut recepveur général du duc de Bourgoingne ; et le loua moult le duc, en son vivant et après sa mort. Icelluy Guy estoit de Hesdin, et feit touts ceulx de son lignaige riches, tant par les offices et bénéfices qu'il leur faisoit avoir du duc, comme des biens qu'il leur faisoit ; et achepta de grosses terres, et feit faire le chastel de Brouay. Et par le moyen de la fille dudict Guy, que ledict Bauduin prit en mariage, de laquelle il eut plusieurs enfants, ledict Bauduin, quy estoit povre gentilhomme, feut esleu et advancié, comme dessus est dict. Et après la mort de sa première femme se remaria à la fille d'ung seigneur de Hallewin, en Flandres, de laquelle il laissa aussy plusieurs enfants, auxquels il laissa à touts des biens largement, car il estoit moult riche ; et avoit environ de cinquante à soixante ans quand il mourut.

Audict an aussy cinquante-neuf, le premier jour de juing, Michel Lallier, ung très riche marchand et bourgeois de Paris, assez près du pont Sainct-Maxence, vers Creil, feut prins par trois compagnons anglois et mené à Calais.

Environ ce temps, ung cabaretier d'Arras, nommé Quentinet, lequel estoit joueur de dés, resnieur et blasphesmeur de Dieu oultrageusement, en l'Hostel-Dieu de Sainct-Jehan en l'Estrée, mourut de maladie de derverie[1] et comme dervé.

En ce temps aussy, le neuviesme de juillet, feirent grandes oraiges environ Arras ; et tuist le tonnoire une femme à Moncy-au-Bois, laquelle fenoit foing, et disoit-on qu'elle estoit encainte d'enfant.

Audict an encoires, environ le douziesme de juillet, en la ville de Lille, feurent ards deulx sodomites, l'ung de l'age de cinquante à soixante ans, et l'aultre josne compagnon, quy sçavoit jouer du tambourin, et se disoit estre serviteur au seigneur de Fretin. Après lesquels ards, ung sergeant du prévost de Lille, nommé François, pour tant qu'il les avoit trouvés au peschié et ne les avoit point raccusés, ains les avoit composés à grands deniers, tant pour ce que pour aultres cas, feut ledict François condampné à mort ; et euit ledict François le hatreau[2] tranchié.

Environ ce temps, entour de la ville d'Arras et ailleurs, en la comté d'Artois et en Picardie, feurent faicts plusieurs homicides, dont ne sçais les causes pourquoy ny les noms des aucteurs.

Audict an cinquante-neuviesme, apvril et may feurent sy froids et sy seqcs qu'il feut bien peu d'avoine, et valloit le mencaud d'Arras seize ou dix-sept sous ; c'estoit la chierge[3] d'ung cheval trente-trois sous. Et renchérirent les bleds, car il en estoit peu, et vaillut, après aoust, la chierge d'ung cheval de bled vingt-huict sous ; et feut l'année très tardive, pourquoy les vins feurent très verds et ne vailloient guières ; mesme ceulx du pays de Beaune ne vaillèrent comme riens et feurent très verds.

(1) Folie. (2) Cou. (3) Charge.

CHAPITRE XLVI.

Comment le duc de Bourgoingne envoya le comte d'Estampes à Amiens, pour prendre le vidamme d'Amiens et aultres.

Environ ce temps, Philippes, duc de Bourgoingne, doubtant, comme on disoit, que Arthus de Longueval, chevallier, lequel estoit bailly d'Amiens de par le roy de France, oultre la rivière de Somme, (et non deçà la rivière en tirant vers Flandres, car en ce temps estoit bailly le seigneur de Crèvecœur, chevallier, de par ledict duc de Bourgoingne, et estoit meilleur bailliage qu'avoit ledict siegneur de Crèvecœur, sans comparaison, et estoit peu de chose du bailliage dudict Arthus), que icelluy Arthus qui avoit ordonnance de gents d'armes de par le roy, ne volsist faire entrer en ladicte ville d'Amiens aulcuns gents de guerre de par le roy, comme on disoit qu'il prétendoit à faire, envoya audict lieu d'Amiens Jehan, comte d'Estampes. Lequel comte venu audict lieu d'Amiens, par le commandement dudict duc, de sa propre main print prisonnier le vidamme d'Amiens, chevallier, et envoya au duc à Bruxelles ; lequel duc le feit boutter prisonnier à Ripplemonde. Duquel vidamme le comte d'Estampes avoit espousé sa soeur ; et s'y avoit le vidamme espousé la fille bastarde du duc. La cause pourquoy ledit vidamme feut prins, aulcuns disoient que c'estoit pour son fol gouvernement, et qu'il gastoit toute sa chevance ; aultres disoient que c'estoit pour ce qu'il avoit emprunté grande somme de deniers à Charles d'Anjou, comte du Maine, frère de la royne de France, sur la terre, ville et chasteau de Pecquigny, assez près d'Amiens, laquelle est très forte place, et luy contendoit à vendre ; et par ainsy euist esté en la main du roy, quy euist peu porter préjudice au duc de Bourgoingne. En laquelle ville et forteresse de Pecquigny, après la prise dudict vidamme, ledict comte d'Estampes meit garnison et en feit capitaine le seigneur de Miraulmont. Quand ledict comte entra en ladicte ville d'Amiens, ledict Arthus de Longueval, lequel estoit, comme on disoit, en ladicte ville d'Amiens, se partit de ladicte ville, et se bouta en ung petit batelet en la rivière, et se saulva, qu'il ne feust pas prins ; car s'il euist esté prins, il euist esté en danger. On disoit aussy que, en ladicte ville d'Amiens, estoient plusieurs quy bien sçavoient ce que ledict Arthus contendoit à faire, et estoient ses complices, dont on en cuida prendre aulcuns ; mais ils se sauvèrent, et par espécial ung nommé Jacques de Philescamps, lequel estoit recepveur d'Amiens, et avoit gaignié toute sa chevance, lequel estoit très riche, au service du duc de Bourgoingne ; et eschappa ledict Philescamps, parce qu'il monta sur le meilleur cheval qu'il avoit, et feindit aller esbattre ; mais au commandement dudict comte, il feut prestement poursuivy pour le cuider prendre. Quand il veit ce, il frappa son cheval tellement des esperons que, ains que on le puist rattaindre, il entra en ung bois ; et illecq descendit, et tua son cheval de son espée quy luy coula plusieurs coups parmy le corps, et puis se boutta dedans le bois et ainsy eschappa. Quand il se veit eschappé, il print son chemin vers Bruxelles, et s'en alla prestement vers le duc, et feit sa paix. Ne sçais s'il estoit en la malle grace du comte d'Estampes, pourquoy il s'estoit ainsy absenté, ou se c'estoit pour le faict dudict Arthus.

CHAPITRE XLVII.

Comment la femme de monseigneur Loys, fils aisné du roy de France, daulphin de Vienne, accoucha d'ung fils, au chasteau de Genappe, en Brabant ; et aultres incidents.

Par ung venderdy, dix-septiesme de juillet, la fille du duc de Savoye, et femme à Loys, aisné fils du roy de France, ens ou chasteau de Genappe, en Brabant, accoucha d'ung fils ; lesquelles nouvelles on vint dire prestement au duc de Bourgoingne, quy lors estoit à Bruxelles. Dont le duc feut moult joyeulx, et donna mille lyons d'or à celluy quy luy rapporta les nouvelles, puis feit prestement escrire lettres par toutes les bonnes villes de ses pays, que ils allumassent feus et feissent joye pour la noble venue dudict enfant ; ce qu'on feit partout moult honorablement. Et le cinquiesme jour d'aoust feut ledict enfant baptisé ès fonts de la paroisse dudict Genappe, èsquels, tout comme on disoit, avoit jadis esté baptisé Godefroy de Bouillon, quy jadis avoit conquesté Jhérusalem, et en avoit esté roy, et sy avoit esté né audict chasteau ; et vollut ledict monseigneur le daulphin, quy estoit audict Genappe, que on appelast son fils Joachim. Et tindrent ledict enfant sur fonts, et feurent pareins et mareyne le duc de Bourgoingne, le seigneur de Croy, premier chambellan du duc, et la dame de Ravestein, femme de Adolf de Clèves, nepveu du duc. De raconter les honneurs et richesses quy feurent faictes, ce seroit trop longue chose.

Le duc donna à l'enfant ung dressoir chargié de vaisselle d'or et d'argent, lequel il avoit envoyé en la chambre de la gisante, avec les draps de haulte lice et tapisserie, et aussy il les y avoit envoyé, car ils n'avoient point apporté telles choses quand ils vindrent au refuge du duc ; sy en estoient assez mal pourveus ; et le seigneur de Croy donna une nef d'argent doré, à ung fond de cristal, pesant soixante marcs d'argent, huict onces au marc. Ledict seigneur de Croy porta ledict enfant aulx fonts, et le duc le rapporta sur les bras. Après ces choses faictes, le daulphin remercia le duc, et osta son chappel tout jus de la teste. Le duc ce voyant se meit à ung genoul et ne se vollut lever jusques à ce que le daulphin euist remis son chappeau sur la teste. Le daulphin, en remerciant le duc, dit telles paroles, ou en substance : « Mon très « chier oncle, je vous remercie du bien et de « l'honneur que vous me faites ; je ne le polray « ne sçauray desservir, car c'est chose impossi- « ble, synon que pour tout guerdon je vous « donne mon corps, le corps de ma femme et le « corps de mon enfant. » A icelles parolles le plus de ceux qui estoient présents plourèrent tant de joye comme de pitié ; il y olt plusieurs aultres parolles dictes tant par le daulphin comme par le duc ; pour cause de briefveté je m'en tais.

En ce temps, le neuviesme jour d'aoust, entre Lille et Tournay, à lieue et demye près de Lille, à l'ung des trois arbres joignants ensemble sur ledict chemin, feut pendu le bastard Le Bouc, lequel estoit homicide de plusieurs hommes et banny du royaulme de France, et très mal renommé de plusieurs aultres crimes ; et feut prins au Pont-à-Vendin par le lieutenant de Lille, en la maison de la Couronne, où ledict bastard estoit accompagnié de treize à quatorze compagnons. Avecq luy feurent prins trois de sa compagnie ; les aultres s'enfuirent ; et ne se meirent nuls desdicts compagnons à deffense, que le bastard, lequel se deffendit très fort. Et incontinent que ledict bastard feut prins, après qu'il feut confessé, on l'alla pendre, comme dict est.

Oudict an cinquante-neuf, le premier de septembre, par Druet le Vasseur, fils de Pierre, et

Martin de Warlus, feut battu ung prestre nommé messire Pierre Loire, vicaire de Nostre-Dame d'Arras; et feut battu en allant aulx vespres atout son habit, sans estre navré; et fallut qu'il s'enffuit dedans l'église à saulveté. Et comme ledict Druet ne tenist compte de justice, ains alloit avant la cité, environ une heure après feut prins avecq ung sien frère bastard, par Jehan Bracquet, lieutenant du prévost de la cité; mais prestement il feut laissé aller, jà-soit-ce que le seigneur de Miraulmont, quy pour lors d'adventure estoit en la cité, devant lequel ledict Druet feut mené, dist audict lieutenant et à maistre Pierre du Hamel, archidiacre d'Ostrevant et vicaire de l'évesque quy illecq estoit présent: que sy ils luy requéroient ayde de justice, il le livreroit en leurs prisons, où bon leur sembleroit; mais ils ne luy en osèrent oncques requérir; et sy estoit ledict seigneur de Miraulmont chambellan du comte d'Estampes, lequel comte estoit capitaine d'Artois; ains le laissa aller, comme dict est. Quand ce veit l'archidiacre d'Avallon, quy estoit conseiller dudict comte, et estoit illecq avecq ledict seigneur de Miraumont, sy dict audict archidiacre d'Ostrevant: que c'estoit dommaige que on ne l'avoit mesme battu et des plus grands de leur chapitre. Et comme ledict lieutenant avoit laissé aller ledict Druet, en la présence dudict Druet vint ung compagnon nommé Willemet Barelles, lequel estoit et se disoit aulx enfants de Habart, aulxquels ledict Druet aussy se disoit. Lequel Willemet prit parolles audict lieutenant et luy courut sus; et se le lieutenant ne se feut deffendu, il eust esté vilené ou tué. Et mesmement courut sus, à l'hostel de la Couronne, en cité, ledict Willemet, ung nommé Loys, et luy donna deulx coups de dague, et le cuida avoir tué; mais il ne le blessa point, parce que ledict Loys quéit[1]; et avoit une longue robe, pource que ledict Loys accompagnoit le lieutenant. Véant le peuple toutes ces choses, il y euist plus de cent personnes autour dudict Willemet. On le laissa aller tout paisiblement, pour la rumeur desdicts enfants de Habart. Ainsy estoit pour ce temps, en cité et Arras, justice obéye, et tout par les gents d'église quy gouvernoient l'éveschié, et les chiefs de justice, aulxquels ne challoit que de emplir leurs bourses et avoir approuvéances. Ceulx quy estoient mal renommés et faisoient maulx innumérables, ils les laissoient paisibles et ne leur osoient riens demander; mais ceulx quy avoient peu ou néant mesfaict, ceux-cy payoient les amendes et estoient durement et rigoureusement traictiés.

Environ en ce temps, en ung villaige en la chastellenie de Lille, nommé Lannoy, le seigneur dudict lieu, lequel estoit capitaine d'Hollande et gouverneur de Lille, le feit clorre de murs et en feit une ville fermée; et feit ledict seigneur de Lannoy crier francque feste en ladicte ville de Lannoy, le jour sainct Denis et sainct Guillin, en octobre; et donna à chascun marchand, quy plus apporteroit de deniers de chascun mestier, à chascun certaine somme d'or et d'argent; mesmement au plus grand buveur quatre lots de vin; lesquelles sommes montèrent, comme on disoit, à sept cents livres, monnoye d'Artois, ou plus.

Environ ce temps aussy, Pierre l'Estemacq, natif de Bruges en Flandres, ou environ, lequel estoit ung des généraulx des finances du duc de Bourgoingne, ung villaige nommé Médelbourg en Flandres, feit clore de murs, et en feit une ville fermée, quy paravant ne avoit esté que ung villaige.

Audict an aussy, le onziesme jour de septembre, environ cinq heures du vespres, en cité lez Arras, Collard-le-Brun, cuvellier, en levant ung engien à estamper vergus, entre luy, sa femme et ung fils qu'il avoit, de treize ans ou environ, par malle adventure laissèrent quéir[1] ledit engien, lequel quéit sur leur fils et le tua tout roide, sans mot dire ne faire signe de vie.

Audict an aussy, environ le mois d'aoust, au pays de Brye et ailleurs, en France, en aulcunes places, comme on disoit, mouches estoient de la grandeur d'une chauve-souris, et avoient deulx esles comme les mouches qu'on appelle Prestres; et estoient de celle façon: avoient deulx yeulx de la grandeur d'ung grain de vesce, et une queue de la longueur d'ung doigt, et au front une corne de quatre ou cinq pouces de long et aisguë qu'elles entortilloient autour de leur teste; et quand elles volloient elles empoignoient moult uniement[2]. Desquelles mouches sitost que bestes, hommes ou femmes en estoient prins, ils en mouroient prestement; et n'y sça-

---

(1) Tomba.

(1) Tomber. (2) Ensemble.

voit-on remédier; et en moururent, par espécial audict pays de Brye, plusieurs bestes sauvages ès prairies, et plusieurs bestes à cornes.

Environ ce temps, Jacques de Coymbres, fils de Pierre de Portugal, fils du roy de Portugal, lequel Jacques estoit nepveu à la duchesse de Bourgoingne, et par le moyen dudict duc avoit esté évesque d'Arras, puis archevesque, et après feut cardinal, en l'age de vingt-huict à trente ans mourut.

CHAPITRE XLVIII.

De l'armée que le duc de Bourgoingne envoya en Gueldres, pour ayder le fils du duc de Gueldres, son nepveu, contre ledict duc de Gueldres, son père; et comment le comte d'Arminacq s'enffuit de Paris où il estoit prisonnier eslargy, et vint vers ledict duc de Bourgoingne.

Le duc de Gueldres, quy avoit espousé la niepce du duc de Bourgoingne, fille de sa sœur et du duc de Clefves, pour tant que, comme cy-dessus ay dit, ladicte dame s'estoit partie de luy, et emmené son fils aisné avec elle, et estoit venue dire la trahison que le duc de Gueldres, son mary, avoit voullu faire au duc de Bourgoingne, et oncques puis ne s'estoit osé retraire vers le duc son mary, icelluy son mary ne luy sçavoit ne voulloit donner quelque chose pour soy vivre ne entretenir son fils, ains leur tenoit le duc de Bourgoingne leur estat à ses despends. Pourquoy, quand le duc de Bourgoingne véit l'obstination du duc de Gueldres, sy feit assembler gents d'armes jusqu'à mille combattants, desquels estoit capitaine le bastard de Sainct-Pol, seigneur de Haultbourdin, chevallier; et les envoya à l'aide du fils du duc de Gueldres, lequel estoit entré en Gueldres, pour avoir provision de vivres, et avoit avecq luy plusieurs Gueldrois. Mais sitost que le duc de Gueldres feust adverty des gents d'armes que le duc avoit envoyés, et jà estoient près d'illecq, il feit traictié à son fils et à sa femme, et feut la paix faicte; et s'en retournèrent lesdicts gens d'armes. Et feut ladicte paix faicte environ la fin de septembre, l'an dessusdict mil quatre cents cinquante-neuf.

Audict an mil quatre cents cinquante-neuf, le comte d'Arminacq, lequel, par le commandement de Charles, roy de France, avoit esté prins par force d'armes et mené prisonnier en la conciergerie de Paris, et feurent toutes ses terres mises en la main du roy, pour certaines causes que le roy feit proposer contre luy en parlement et contre son père dernier mort, contre lequel son père il feit proposer crime de lèze-majesté; pourquoy il disoit ses terres et seigneuries estre à luy confisquées; et pareillement feit proposer plusieurs crimes contre icelluy comte, tant de lèze-majesté que aultres, et avecq ce, que icelluy comte avoit eu sa sœur en fornication, en laquelle il avoit engendré plusieurs enfants, puis la avoit prinse en marriage contre raison; après lesquelles propositions et conclusions criminelles prinses par le procureur du roy contre ledict comte, après qu'il euist esté quelque temps prisonnier, durant lequel on luy faisoit son procès, feut eslargy, de prison et pouvoit aller où bon luy sembloit, à dix lieues autour de la ville de Paris et non plus; et luy avoit ordonné le roy pour tenir son estat dix mille couronnes d'or chascun an: comme celuy comte euist esté plus d'ung an en cest estat, et sceut que son procès estoit sur le point d'estre jugé, luy estant à Corbeil, se partist dudict lieu luy troisiesme, ung vallet, ung page et luy, sans plus; et passa la rivière d'Oise sur son cheval à nage, au plus près du bacq de Choisy; et feut son page noyé au passer l'eaue; mais luy et son vallet passèrent oultre. Et tant chemina que il arriva devers le duc de Bourgoingne. Il cuida parler à luy; mais le duc ne luy voeult parler. Ne sçay la chose pourquoy, sinon que son père avoit esté le plus ennemy mortel qu'il olt eu; et à ceste cause feut son père le comte d'Erminacq tué en la ville de Paris, par la commune de la ville; toutesfois le duc ne luy baillia nul empeschement ne ne feit bailler.

Quand ce veit le comte, sy s'en alla vers monsieur le daulphin, et parla à luy au champ en allant à la chasse; après se partit le comte; si s'en alla à Louvain; puis se partist de Louvain, et, comme on disoit, tira vers la cour de Rome pour avoir dispense au pape de avoir sa sœur en marriage; aulcuns aultres disoient qu'il tira vers Espagne, où il avoit aulcunes terres: ne sçay au vray où il tira ne alla.

En ce temps, les ambassadeurs que le duc de Bourgoingne avoit envoyés à Mantua devers le pape retournèrent à Bruxelles, et revindrent par plusieurs lieulx et à plusieurs villes; et y en olt plusieurs malades; mais on disoit qu'ils y feirent bien peu. Mais ce feut merveille de grand honneur que le pape et ceulx de la cour de Rome feirent au duc de Clefves, tant pour l'honneur de son oncle, le duc de Bourgoingne, comme pour l'honneur de luy.

Charles, roy de France, y avoit aussy envoyé moult grosse et notable ambassade, laquelle aussy, comme on disoit, y fit bien peu.

Le duc de Milan alla à ladicte journée de Mantua en moult grande compagnie; et estoit accompagnié de plus de trois cents hommes, touts vestus de soye; et y mena sa fille, agiée de seize ans ou dix-huict, laquelle feit une proposition en latin devant le pape moult honnorablement; mais je ne puis sçavoir sur quoy ne pourquoy, sinon que on me dict que le duc lui faisoit faire affin que on perceut et veit qu'icelle estoit clergesse.

LIVRE IV.

S'ensuiet le quatriesme livre de la présente histoire, auquel est traictié des grandes occisions quy feurent en Angleterre; comment aussy plusieurs en la ville d'Arras feurent prins et aulcuns ards comme Vauldois et sorciers; de la mort du roy de France et du couronnement de son fils, daulphin de Vienne.

CHAPITRE PREMIER.

Comment la royne d'Angleterre euist bataille contre le duc d'Yorc, et comme le duc de Sombreset cuida prendre Calais et faillit, puis se boutta dedans Guynes, où il fut en grand dangier.

Environ ce temps y olt en Angleterre jour de bataille assigné entre les gents de la royne d'Angleterre, femme du roy Henry et fille du roy de Sécile, duc d'Anjou, et le duc d'Yorc et ses gents; laquelle royne gouvernoit le royaulme d'Angleterre, pourtant que le roy son mary n'estoit pas homme idoine, ny adonné aulx armes, duquel roy Henry elle avoit ung fils nommé Édouard. Et estoit avec la royne le duc de Sombreset, duquel le duc d'Yorc avoit tué le père de sa propre main, environ quatre ou cinq ans devant; pour laquelle mort y avoit eu grande guerre entre les ducs d'Yorc et de Sombreset, et y avoit eu des grosses batailles. Et vouloit chascun desdicts ducs avoir le gouvernement du royaulme, et par espécial le duc d'Yorc, lequel disoit que le royaulme d'Angleterre luy debvoit appartenir de droicte ligne. A laquelle journée assignée le duc d'Yorc avoit avecq luy le comte de Werwicq, Guynes et ceulx de la garnison. Quand les deulx parties feurent rangées en bataille, la royne joua d'ung merveilleux tour, car elle envoya par saulf-conduict dire en l'ost du duc d'Yorc, que le roy d'Angleterre n'estoit point malcontent d'eulx; et sy, de touts ceulx quy illecq estoient assemblés, y avoit aulcuns quy euissent mesfaict vers le roy d'Angleterre, le roy pardonnoit tout ce qu'ils avoient mesfaict, moiennant qu'ils laissassent le duc d'Yorc et se retirassent de son costé. Laquelle chose feut moult grevable au duc d'Yorc; car la pluspart de son ost le laissa et se retira avecq la royne, et mesmement ceulx de la garnison de Guynes. Quand la royne veit ce, sy feit tantost assaillir le duc, lequel feut prestement desconfit; et prit le duc la fuite, et se sauva tirant vers Irlande et vers Galles. Le comte de la Marche, aisné fils du duc d'Yorc, le comte de Werwicq et aultres seigneurs de leur compagnie se bouttèrent en mer à l'adventure en ung petit basteau; et ainsy que fortune le voullut arrivèrent à Calais, mais ce feut grande adventure que touts ne périrent en mer. Et en ceste bataille y olt grand nombre de morts du costé du duc d'Yorc. Après icelle bataille ainsy gaignée par la royne d'Angleterre, le duc de Sombreset entra en mer, avecq luy environ mille combattants; et laissa ses chevaulx et ses habillements à Douvre en Angleterre, et s'en vint au port de Calais, cuidant que ceulx de Calais le duissent laisser entrer en ladicte ville au nom du roy d'Angleterre, non sçachant que les comtes de la Marche et de Werwicq y feussent arrivés; et le comte de Werwicq et ceulx de dedans ne les y laissèrent point entrer. Pourquoy ledict duc et ses gents descendirent à terre, et s'en allèrent touts de pied à Guynes assez près de Calais; et illecq entra sans contredict. Le lendemain, trois basteaux que le duc de Sombreset avoit laissés au havre à Douvre où estoient ses chevaulx avecq ses habillements de guerre et grande somme de deniers et vivres, se partirent dudict Douvre pour aller auprès du duc de Sombreset; et, malgré la tempeste de mer, se férirent dedans le havre de Calais. Lesquels vaisseaulx, et touts ceulx quy estoient dedans, le comte de Werwicq feit prendre et mener en la ville de Calais, et en feit descappiter trois quy estoient èsdictes nefs, quy avoient esté de ceulx quy s'estoient tournés contre luy à la journée dessusdicte, l'ung desquels estoit nommé Relseatus Pourses; des aultres deulx je n'ay sceu finer les noms[1]. Avecq icelles nefs quy se férirent au havre de Calais, y avoit une des plus puissantes nefs d'Angleterre, nommée Catherine, quy estoit basteau de guerre, et plein de gents de guerre, et y avoit environ deulx cents hommes de guerre; lesquels véants qu'ils estoient en péril d'estre touts perdus s'ils ne se bouttoient au havre de Calais, dirent au maistre marinier: qu'ils aimoient mieulx mourir qu'eulx boutter dedans ledict havre de Calais, pour le doubte du comte de Werwicq, lequel estoit dedans, et duquel estoient ennemis. Les mariniers, véants ladicte nef en péril d'estre perdue s'ils ne se bouttoient au havre de Calais, descendirent en petits basteaux, disants qu'ils alloient visiter leur nef tout autour. Lesquels mariniers, sitost qu'ils feurent ès dicts petits basteaux, coppèrent les cordes à quoy leurs petits basteaux estoient loyés[2] au grand, et s'en allèrent boutter audict havre de Calais, et laissèrent ladicte nef appelée Catherine à l'adventure sans mariniers; laquelle nef, ne touts ceulx quy estoient dedans, on ne sçait que tout devint; et disoient qu'elle feut périe en mer, et touts ceulx de dedans; et advindrent toutes ces choses en novembre audict an cinquante-neuf.

La nuict de monseigneur sainct Clément, en hyver, en la ville de Pernes, ainsy qu'on faisoit le service sur le corps d'ung homme nouvel trespassé, à heure de grand'messe, il feit sy grand orage de tonnerre que par fouldre une partie du clocquier dudict Pernes, quy estoit tout neuf, feut abattu; et dedans l'église y olt deulx ou trois personnes occises dudict fouldre.

CHAPITRE II.

De la mort de Joachim, fils de monseigneur Loys de France, daulphin de Vienne; et comment Charles, roy de France, envoya en ambassade devers le duc de Bourgoingne le cardinal de Coutances et aultres gents de son conseil; de la proposition que ledict cardinal feit, et comment le duc luy respondict de luy-mesme.

Le jeudy pénultiesme jour de novembre mil quatre cents cinquante-neuf, cloist son dernier jour et mourut Joachim, aisné fils de monseigneur Loys de France, daulphin de Vienne, en l'age de quatre mois et deulx jours; et feit faire moult honnorablement le duc de Bourgoingne le service dudict Joachim en la ville de Bruxelles en Brabant.

En ce temps, le vingtiesme jour de décembre, en ladicte ville de Bruxelles, arriva ung ambassadeur, envoyé de par Charles, roy de France, devers le duc de Bourgoingne, dont estoit chef de ladicte ambassade le cardinal de Coutances et aultres gents de la cour du roy; et le lendemain, vingt-uniesme jour dudict mois, olt ladicte ambassade audience devers ledict duc publiquement; et illecq proposa ledict cardinal ce qu'il avoit de charge devant le duc; et dura sa proposition bien deulx heures ou plus. En laquelle proposition entre aultres choses il dict au duc: qu'il y avoit deux choses pourquoy le roy de France n'estoit pas du duc bien content, et luy en desplaisoit.

La première chose estoit: que le duc avoit séduit son aisné fils, nommé Loys, daulphin de Vienne, de venir vers luy, lequel il soustenoit en ses pays contre le gré et la vollonté du roy, jà-soit-ce que le roy luy olt plusieurs fois requéru qu'il luy renvoyast, laquelle chose desplaisoit moult au roy.

La seconde chose estoit: que le duc avoit prins trefves aulx Anglois, ce que faire ne devoit, par l'accord et traictié qu'ils avoient ensemble, quy estoit au grand préjudice du royaulme de France; et avecq ce souffroit les Anglois de Calais passer par ses pays et aller en France, robber et prendre prisonniers les

---

(1) Hollinshed les nomme Jamin Finhyll et John Felon. (2) Liés.

gents de France et des pays du roy, et que sitost qu'ils estoient rentrés au pays du duc, ils estoient aussy assurés que s'ils feussent en Angleterre, dont aussy en desplaisoit moult au roy.

Et dict encoires ledict cardinal au duc : que le roy luy avoit commandé bailler les choses dessusdictes par escript et par articles, lesquelles il présenta et bailla au duc.

Lesquelles choses dictes et faictes par ledict cardinal et ambassadeurs, icelluy duc de Bourgoingne, de luy-mesme et sans prendre conseil, prestement respondict, et par espécial, sur les deulx choses dessusdictes.

Premier, touchant le faict de monseigneur Loys, aisné fils du roy, lequel s'estoit retiré devers luy : que touchant ce il n'estoit pas ainsy que le roy luy mandoit, ne que le cardinal avoit dict, car il n'avoit point séduit ny enhorté ledict monseigneur Loys de venir devers luy, mais y estoit venu à garant et sauveté pour le doubte du roy son père ; lequel monseigneur Loys il avoit receu pour l'honneur du roy, et l'avoit soustenu et donné de ses biens au mieulx qu'il avoit peu, et non pas tant qu'il voudroit bien et appartiendroit audict monseigneur Loys ; et voulloit bien que chascun sceust que, tant qu'il plairoit audict monseigneur Loys se tenir en ses pays, il ne luy fauldroit pas, ains, tant qu'il auroit ung denier, il en auroit la moitié ; aussy ne luy deffendoit pas de retourner devers son père le roy, ainçois estoit prest, toutesfois qu'il plairoit audict monseigneur Loys, de le faire conduire jusques au roy son père, par son fils, le comte de Charrollois, ou luy-mesme, s'y besoing estoit, iroit avecq luy, tellement accompagné qu'il iroit seurement jusques au roy son père ; et par ainsy apparroit clairement que ce n'estoit point par luy que ledict monseigneur Loys ne retournoit vers son père le roy ; et ne l'empeschoit pas, comme aussy ne le contraindroit pas d'y aller s'il ne voulloit.

Après, dict encoires le duc, pour répondre au second poinct : que, au regard des Anglois qui couroient par ses pays et par les pays de France, ce n'estoit pas par luy, et n'en pooit mais, et que chascun pooit sçavoir comment il faisoit garder les frontières d'entour Calais ; et encoires de nouvel, puis ung an, avoit bien renforcié les garnisons ; et que mesme lesdicts Anglois couroient ses pays et y faisoient beaucoup de maulx, et sy n'en pooit avoir aultre chose,

sinon, quand on les pooit prendre, il les faisoit pendre ou exécuter par justice.

Et au surplus de ce que ledict cardinal avoit proposé devant luy, il dict aux ambassadeurs, que le lendemain il leur feroit répondre publiquement par son conseil.

CHAPITRE III.

D'une femme nommée Deniselle, laquelle feut prinse en la ville de Douay, comme vauldoisé, et amenée prisonnière en la cité d'Arras ès prisons de l'évesque, laquelle raccusa ung appelé Jean La Vitte, dict Abbé-de-peu-de-sens, et comment aussy ledict abbé feut prins, et les morgues qu'ils tindrent quand ils feurent prins, et aultres incidents.

Environ le jour de touts les Saincts, l'an mil quatre cents cinquante-neuf, feut prinse en la ville de Douay une josne femme de l'age de trente à quarante ans, nommée Deniselle, femme de folle vie ; et feut prinse à la requeste de l'inquisiteur de la foy, demeurant à Arras, nommé Pierre-le-Brousart, jacobin, maistre en théologie. Laquelle Deniselle, sitost qu'elle feust prinse, feut menée devant aulcuns eschevins et hommes de la loy de ladicte ville de Douay, et illecq demanda ce qu'on luy demandoit. On luy respondit qu'on lui diroit en temps et lieu. Et aultre chose ne feut respondu, sinon qu'on luy demanda, par manière de gaberie[1], sy elle ne cognoissoit pas ung hermite nommé Robinet de Vaulx. Laquelle, aussitost qu'elle oyt ce, elle dict : « Et que cecy ? cuide-t-on que je soye vauldoise ? » Et ainsy m'a esté dict et tesmoingné. Icelle Deniselle, après qu'elle olt esté remonstrée à la loy de Douay, feut amenée prisonnière en la cité d'Arras, ès prisons de l'évesché. Et la cause pourquoy icelle Deniselle feut prinse estoit, que ledict inquisiteur de la foy avoit esté au chapitre général que les frères prescheurs font tous les ans ; lequel se estoit faict et tenu à Langres, en Bourgoingne ; durant lequel chapitre des jacobins, en ladicte ville, avoit esté ards comme vauldois, illecq, ung nommé Robinet de Vaulx, natif de Hebuterne en Artois, lequel se contenoit comme ung hermite, et s'habilloit en toute telle façon qu'ung hermite ; lequel Robinet avoit dict : que plusieurs personnes, hommes et femmes, estoient vauldois ; et entre les aultres avoit nommé icelle Deniselle, demourant à Douay, et Jehan La Vitte, dict Abbé-de-peu-de-sens ; et feut pourquoy ledict inquisiteur, quand feut revenu dudict chapitre, feit prendre ladicte Deniselle au dict lieu de

(1) Moquerie.

Douay. Laquelle Deniselle, mise ès prisons de l'évesque, feut interrogiée, et par plusieurs fois mise à la torture par-devant les vicaires dudict évesque, nommés maistre Pierre du Hamel, archi-diacre d'Ostrevant, maistre Jehan Thieubault, canoine et official, maistre Jehan Pochon, aussy canoine, et maistre Mathieu du Hamel, secrétaire de l'évesque, et aussy canoine d'Arras. Et avecq eulx se boutta à interrogier ladicte Deniselle maistre Jacques Du Bois, docteur en théologie, aussy canoine, et doyen en l'église d'Arras, de l'age de trente-quatre à trente-cinq ans; et feut icelluy maistre Jacques quy prist plus de peine à interrogier ladicte Deniselle sur le faict de vaulderie. Laquelle Deniselle, après avoir esté par plusieurs fois mise à la gehenne et torture, confessa avoir esté en vaulderie, où elle y avoit veu plusieurs personnes, et entre aultres ledict maistre Jehan LaVitte, Abbé-de-peu-de-sens, lequel estoit peinctre, et souloit demourer à Arras, et ne sçavoiton où il demouroit. Lors ledict inquisiteur de la foy feit tant qu'il sceut qu'il demouroit à Abbeville en Ponthieu; en laquelle ville ledict inquisiteur alla; et le feit illecq prendre prisonnier et amener, le vingt-cinquiesme jour de febvrier, audict an, en ladicte cité d'Arras, ès prisons de l'évesque. Lequel Abbé-de-peu-de-sens, aussitost qu'il feust mis èsdictes prisons, pour doubte qu'il ne confessast chose quy luy puist nuire, se cuida copper la langue d'ung canivet; mais quand il sentit la douleur, il ne la coppa point tout oultre, et ne se fit que blesser; et se blessa sy fort qu'il feut longtemps qu'il ne pooit parler; mais pour ce on ne laissa point à l'interrogier par la gehenne et aultrement, car il sçavoit bien escrire, et mectoit sa confession par escript.

Icelluy Abbé-de-peu-de-sens confessa d'avoir esté en vaulderie, et y avoir veu moult de gents, lesquels il nomma par noms et surnoms, et gents de touts estats, nobles, gents d'église et aultres hommes et femmes; et entre aultres: ung nommé Huguet Camery, dit Patre-nostre, barbieur, Jehan le Febvre, sergeant d'eschevins d'Arras, Jehanne d'Auvergne, dame des menues estrinnes à Arras, et trois filles de joye, l'une nommée Belotte, l'aultre Vergengon, et la tierce Blancqminette. Pourquoy lesdicts Huguet, Jehan le Febvre, et les femmes dessusdictes feurent prinses et mises ès prisons de l'évesque en ladicte cité d'Arras. Ces choses ainsy faictes, et que les dessusdicts vicaires veirent que la chose montoit de plus en plus, feurent tous délibérés de laisser aller touts les dessusdicts prins comme vauldois et vauldoises, sans nulle punition. Et de faict les euissent laissé aller, environ la feste de pasques communeaux, quand le dessusdict maistre Jacques Du Bois, docteur en théologie et doyen de l'église de Nostre-Dame d'Arras, se vint opposer à leur délivrance, et se feit partie formée contre eulx et contre iceulx prisonniers. Se feit aussy partie pour la foy, frère Jehan, évesque de Varut[1], frère mineur, docteur en théologie et suffragant de l'éveschié d'Arras. Après ce, ledict doyen d'Arras alla à Péronne devers Jehan, comte d'Estampes; et feut le conducteur dudict doyen pour luy faire accès de parler audict comte, et pour luy tenir compagnie, ung appelé Jehan de Meurchin, lequel estoit aveugle et ne voyoit goutte. Sitost que le doyen olt parlé au comte, le comte vint à Arras; et manda les vicaires, et leur commanda qu'ils feissent leur devoir desdictes personnes prinses, ou qu'aultrement il s'en prendroit à eulx-mesmes; puis se partit et s'en ralla à Péronne.

Environ le quinziesme jour de janvier, audict an mil quatre cents cinquante-neuf, le seigneur de Rivières, lequel avoit esté autrefois capitaine de Calais, au nom du roy Henry d'Angleterre, icelluy seigneur de Rivières[2], lequel estoit puissant et noble, avoit assemblé aulcuns basteaux pleins de gents de guerre à ung port de mer en Angleterre, nommé Sandewacq[3], assez près de Calais, pour venir livrer assault à ceulx de Calais, et remener le duc de Sombreset, lequel se tenoit à Guynes, et ne sçavoit comment rentrer en Angleterre pour doubte de ceulx de Calais; et comme icelluy seigneur de Rivières estoit audict Sandewacq, par une nuict, feut prins, et plusieurs aultres avecq luy, par les gents du comte de Werwicq, capitaine de Calais; et feurent menés prisonniers à Calais; et avecq ce emmenèrent audict Calais cinq ou six basteaux pleins de biens qu'ils trouvèrent audict Sandewacq, quy estoit de la partie dudict seigneur de Rivières.

Le vingt-cinquiesme jour de febvrier, quy feut le jour du gras dimanche, Charles, comte de Charrollois, feit crier une jouste au Quesnoy,

(1) Baruth. (2) Rivers. (3) Sandwich.

c'est asscavoir : luy, Adolphe de Clefves, Anthoine, bastard de Bourgoingne, et le seigneur de Gruthuse, eulx quatre à marrier contre touts venants ; et y olt moult noble jouste.

Pareillement aussy le dimanche après le behourdy¹, audict an, aulcuns gentilshommes de l'hostel du comte d'Estampes feirent crier unes joustes en la ville d'Amiens, où le comte se tenoit lors ; auxquelles joustes vindrent jouster ledict Charles, comte de Charrollois, Adolphe de Clefves, et ledict bastard de Bourgoingne, et aultres.

Aussy feurent criées unes joustes au my-caresme ensuivant, par aulcuns bourgeois gentilshommes de la ville de Sainct-Omer.

On feict aussy en ce temps unes joustes à Utrech en Hollande ; et tout cecy sans les joustes de Lille et de Bruges, quy touts les ans se font èsdictes villes, c'est asscavoir celles de Lille le jour de behourdy, et celles de Bruges le prochain dimanche après Quasimodo, où on fait moult belle feste en touts les deulx lieulx.

Audict an aussy, le treiziesme jour de mars, toute la ville de Pernes en Ternois feut ardse ; et se prit le feu ès faulxbourgs et saillit en la ville ; et se prist par une femme quy refrisoit oille² sur le feu, comme on disoit.

Le dix-septiesme jour dudict mois de mars, feut ards, en la ville de Lille, ung homme, lequel se disoit estre homme et femme et avoir les deux sexes, mais il n'en estoit riens ; et estoit homme, combien qu'il feust habillé en habit de femme. Ainsy s'habilloit pour coucher avec des josnes hommes, avecq lesquels il commectoit le péché de sodomie.

Le vingt-huictiesme jour de mars feut pendu en la ville d'Arras, jugié par les eschevins de la ville, ung josne compagnon nommé Jacotin Thumeis, agé de vingt ans, natif de Lille ; et feut pendu pour larcin ; et l'avoit-on prins saisy de plusieurs choses qu'il avoit emblées ; et avoit une oreille coppée qu'on luy avoit coppée en Normandie ; et sy avoit en plusieurs aultres villes esté chastié et reprins de larcins qu'il avoit faicts, et sy ne s'en pooit tenir.

(1) Le bonhourdi, behourdi et behourdich étoit une espèce de joûte qui se faisoit avec des batons, le premier et le deuxième dimanches de carême, et qui a servi depuis à désigner ces deux dimanches.
(2) Huile.

CHAPITRE IV.

Comment la dessusdicte Deniselle, elle cinquiesme de femmes, l'Abbé-de-peu-de-sens, et Jehan le Febvre furent mitrés en preschiés publiquement, puis rendus à la justice laye et ars, leurs corps ramenés en pouldre, comme vauldois ; la manière comme ils alloient à la vaulderie, et quelles choses ils faisoient quand ils y estoient, comme il feut dict publiquement ; et comme ils se desdisoient touts à la mort.

Comme cy-dessus j'ay dict, feurent prins lesdicts Deniselle, Abbé-de-peu-de-sens, et aultres cy-dessus nommés ; lesquels interrogiés par gehenne ou aultrement, confessèrent, c'est asscavoir ladicte Deniselle, ledict Abbé, Jehanne d'Auvergne, Belotte, Vergengon et Blancqminette, avoir esté en vaulderie et y avoir veu moult d'hommes, de femmes et gents de touts estats, riches et pauvres, et tant que sans nombre, comme on disoit. Après lesquelles confessions les vicaires de l'évesque envoièrent à Cambray leur confession pour avoir conseil de ce qu'ils avoient à faire, à ung maistre Gilles Carlier, docteur en théologie, agié de soixante-douze ans ou plus, doyen de l'église de Nostre-Dame de Cambray, et ung des notables clercqs quy feust en chrestienneté, comme on disoit, et à maistre Grégoire Nicolaï, canoine et official de l'évesque de Cambray, très noble clercq, comme on disoit. Lesquels notables clercqs, ladicte confession vue desdicts prisonniers, renvoyèrent leur opinion par escript auxdicts vicaires. Et nonobstant que ne veis pas ladicte opinion, toutesfois on disoit que l'opinion desdicts clercqs estoit : que, s'ils voulloient rappeller, pour la première fois ils n'en debvoient point mourir, au cas qu'ils n'euissent commis nuls meurdres ny mal usé du corps de Nostre Seigneur Jésus-Christ, c'est asscavoir du sacrement de l'autel. Contre laquelle opinion lesdicts évesque de Varut, suffragant de l'évesché d'Arras, et maistre Jacques Du Bois, doyen de l'église Nostre-Dame d'Arras, feurent totalement ; car ils feurent d'opinion que touts ceulx quy avoient esté à ladicte vaulderie, et quy l'avoient confessé, debvoient mourir, et ceulx aussy quy estoient raccusés d'eulx, supposé qu'ils ne le cogneussent point ny par gehenne ny aultrement, moiennant toutesfois qu'ils aient trois ou quatre tesmoings contre eulx. Et sy faisoient iceulx doyen et évesque moult grande diligence affin que touts fuissent ards, et en prenoient moult de peine. Icelluy doyen disoit et certifioit en toutes compagnies où il estoit, et bien luy ouys dire, que le tierce de chrestienneté et plus avoient esté en ladicte vaulderie et estoient vauldois; et sçavoit telles choses, dont il ne pooit dire, et que s'il le pooit dire, on en seroit moult esbahy. Et avecq ce disoit : que touts ceulx quy estoient accusés d'estre vauldois estoient vauldois ; et qu'ils n'en pooient accuser nuls quy ne le fuissent. Et quand on arguoit contre luy, fuissent clercqs ou aultres, disoit : qu'on debvroit prendre iceulx, comme suspects d'estre vauldois. Les soustenants que ce ne polroit estre, ou avoir en leur faict illusion, il disoit qu'on debvroit prendre iceulx, comme suspects d'estre vauldois. Il dict aussy, paravant qu'il n'y en olt aulcuns ards, que, quand ce venroit[1] à la mort, ils rappelleroient tout ce qu'ils auroient dict, et que le diable leur faisoit ce faire, afin qu'ils fuissent dampnés en enfer. Et en toutes ces choses le soustenoit et confortoit ledict évesque de Varut, et sy disoit qu'il estoit vrai. Plus, il disoit qu'il croioit qu'il y avoit des évesques, voire des cardinaulx, quy avoient esté en ladicte vaulderie, et de grands maistres ; et qu'il y en avoit tant que, s'ils pooient avoir quelque roy ou grand prince de leur compagnie, ils s'élèveroient contre touts ceulx quy ne seroient point de la compagnie ; et estoient assez puissants contre eulx ; et feroient villenies et desplaisir à touts ceulx quy n'en seroient point. Icelluy évesque, avant qu'il feust évesque, avoit esté pénitentier du pape à Rome, durant l'an des pardons de Rome, asscavoir l'an mil quatre cents cinquante, pourquoy on disoit qu'il pooit sçavoir moult de choses ; et avoit icelluy évesque une telle imagination que, quand il véoit les gens, il disoit et jugeoit s'ils avoient esté en ladicte vaulderie ou non. Icelluy évesque avec le doyen disoient : que, aussitost qu'ung homme estoit prins ou raccusé pour ladicte vaulderie, que nul ne les debvoit aider ny secourir, feust père, mère, frère, sœur ou quelqu'aultre prochain parent ou amy, sur peine d'estre prins comme vauldois ; et disoient encoires oultre : que, supposé qu'iceulx quy en estoient sceuissent bien qu'ils en feuissent accusés, sy ne s'en pooient-ils fuir. Bref, de tout leur pooir, sens et puissance, labouroient que touts ceulx qu'on avoit prins et qu'on polroit prendre fuissent ards, fuissent nobles, riches ou pauvres. Et tant feirent que de rechief on prit

[1] Viendroit.

encoires, comme accusé dudict crime, ung nommé Jennin de Veury, marchand de bois, à marier, de l'age de quarante ans. Et firent de rechief rescrire par le comte d'Estampes aulx vicaires de l'évesque d'Arras, qu'ils abrégeassent les procès desdicts prisonniers.

Pourquoy lesdicts vicaires, lesquels totalement usèrent du conseil desdicts évesque de Varut et doyen d'Arras, assemblèrent touts les clercqs de ladicte ville et cité d'Arras, entre lesquels estoit damp Jehan Barré, prieur de Sainct-Vaast, docteur en théologie, et aultres clercqs, tant canoines d'Arras, capellains, jacobins, frères-mineurs, carmes et aultres clercqs lays, comme maistre Gilles Flameng, advocat à Beauquesne, maistre Mathieu Paille, aussy advocat audict Beauquesne; aulx quels clercqs ils monstrèrent les dépositions et procès, lesquels estoient touts faicts, desdictes Deniselle, Jehanne d'Auvergne, Belotte, Vergengon, Blancqminette, Abbé-de-peu-de-sens, et Jehan le Febvre ; duquel Jehan le Febvre n'y avoit point de procès, car, ains qu'il eust esté interrogié ne mis à la torture, la nuict debvant leur sentence rendue, on le trouva pendu et estranglé en prison, de la cornette de son capperon ; et ne peut-on oncques sçavoir de vray s'il s'estoit pendu de soy-mesme, ou sy on l'avoit pendu de peur qu'il n'en raccusast plusieurs.

Après lesquels procès veus et les opinions desdicts clercqs dictes, le lendemain, neuviesme jour de may, en la cour de la maison épiscopale en cité, sur ung hauld hourt faict pour ceste cause, feurent amenés lesdicts Abbé-de-peu-de-sens, Deniselle, Belotte, Vergengon, Blancqminette, Jehanne d'Auvergne, et ledict Jehan le Febvre porté, car il estoit mort ; et illecq feurent mitrés d'une mitre où estoit peincte la figure du diable, en telle manière qu'ils avoient confessé luy avoir faict hommaige ; et eulx à genoulx, peincts debvant le diable. Et illecq par maistre Pierre le Brousart, docteur en théologie, jacobin et inquisiteur de la foy chrestienne, preschiés publiquement, présent tout le peuple. Et y avoit tant de gents que c'estoit merveille ; car de touts les villaiges d'entour Arras et de dix ou douze lieues alenviron et plus y avoit des gents. Et là dict et déclara ledict inquisiteur : que les dessus-nommés avoient esté en vaulderie et la manière comment ; c'est asscavoir :

Que quand ils voulloient aller à ladicte vaulderie, d'ung oignement que le diable leur avoit baillé, ils oindoient une vergue de bois bien petite, et leurs palmes et leurs mains, puis mectoient celle verguette entre leurs jambes, et tantost ils s'envoloient où ils voulloient estre, par-desseure bonnes villes, bois et eaues ; et les portoit le diable au lieu où ils debvoient faire leur assemblée ; et en ce lieu trouvoient l'ung l'aultre, les tables mises, chargiées de vins et viandes ; et illecq trouvoient ung diable en forme de boucq, de quien[1], de singe, et aulcune fois d'homme ; et là faisoient oblation et hommaiges audict diable et l'adoroient ; et luy donnoient les plusieurs leurs ames, et à peine tout ou du moings quelque chose de leurs corps ; puis baisoient le diable en forme de boucq au derrière, c'est au cu, avec candeilles ardentes en leurs mains. Et estoit ledict Abbé-depeu-de-sens le droict conducteur et le maistre de les faire faire hommaige quand ils estoient nouveaulx venus. Et après celle hommaige faicte, marchoient sur la croix et cacquoient[2] de leur salive sus, en despit de Jésus-Christ et de la saincte Trinité ; puis montroient le cu devers le ciel et le firmament, en despit de Dieu. Et après qu'ils avoient touts bien bu et mangié, ils prenoient habitation charnelle touts ensemble ; et mesme le diable se mectoit en forme d'homme et de femme ; et prenoient habitation, les hommes avecq le diable en forme de femme, et le diable en forme d'homme avec les femmes. Et mesme illecq commectoient le péchié de sodomie, de bougrerie et tant d'aultres crimes sy très fort puants et énormes, tant contre Dieu que contre nature, que ledict inquisiteur dict qu'il ne les oseroit nommer, pour doubte que les oreilles innocentes ne fuissent adverties de sy villains crimes sy énormes et cruels.

Dict encoires ledict inquisiteur : que l'oignement duquel ils se oindoient ils le faisoient par la manière quy s'ensuit. C'est asscavoir qu'ils prenoient, quand ils alloient recepvoir leur sacrement, l'hostie sacrée ou le précieulx corps de Nostre Seigneur Jésus-Christ, et le mectoient en ung pot avec des crapeaulx ; et là le laissoient tant que lesdicts crapeaulx l'avoient usé ; puis prenoient des os de chrestiens pendus et en faisoient pouldre ; et après ardoient et tuoient les crapeaulx ; et d'iceulx crapeaulx et de la pouldre desdicts os avecq du sang de josnes enfants vierges, avecq

[1] De chien. [2] Crachoient.

herbes et aultres choses faisoient ledict onguent ; et de cest onguent avoit faict ledict Abbé.

Et sy dict encoires ledict inquisiteur : qu'en leur assemblée le diable les preschoit, et leur deffendoit d'aller à l'église, d'ouyr messe et prendre de l'eaue bénite ; et que s'ils en prenoient pour monstrer qu'ils fuissent chrestiens, qu'ils dissent : « Ne desplaise à nostre maistre, » et qu'ils n'allassent point à la confesse. Et sy leur disoit qu'il n'estoit point d'aultre vie que celle où nous sommes, et qu'ils n'avoient point d'ame. Et quand aulcun quy avoit esté en ladicte vaulderie et assemblée se voulloit retraire et repentir, le diable les battoit d'ung v... de thor[1], par telle façon qu'ils en estoient tout froissés ; et qu'ils avoient tenu leur dicte assemblée au bois de Mofflaines, assez près d'Arras, au bois de Maugart, à demy-lieue d'Arras, et à Haultes-Fontaines lez Arras ; et auxdictes Haultes-Fontaines avoient esté à pied et en plein jour après disner.

Toutes ces choses dictes et remonstrées par ledict inquisiteur, il leur demanda s'il estoit ainsy, touts l'ung après l'autre. Et respondirent que ouy ; et mesme ledict Abbé et touts le confessèrent publiquement. Après laquelle confession feut leur sentence rendue en françois et en latin, c'est à asscavoir : feurent touts rendus à la justice laye, comme pourris et non dignes d'estre avec les membres de saincte Église, et touts leurs héritages confisqués au seigneur, et leurs biens meubles à l'évesque. Ladicte Deniselle feut rendue à la loy de la ville de Douay, quy pour la ravoir et pour ceste cause estoit là venue. Ledict Abbé feut rendu aulx prévost et eschevins de cité, et les quatre femmes et ledict Jehan le Febvre à la loy d'Arras. Lesquelles femmes feurent prestement menées en la halle de la ville d'Arras ; lesquelles femmes et ledict Jehan le Febvre feurent illecq condampnés par lesdicts eschevins à estre ards et leur corps ramenés en pouldre. Sitost que lesdictes femmes ouïrent leur sentence, comme femmes désespérées, commencèrent à crier et dire à maistre Gilles Flameng, advocat, quy illecq estoit présent, et quy toujours avoit assisté à les interroguier, tant par torture comme aultrement, tels mots : « Ha ! faulx, traistre, desloyal, tu « nous as deceutes ; tu nous disois que nous « confessismes ce qu'on nous disoit et qu'on nous

[1] Nerf de bœuf.

« lairoit aller, et que n'auriesmes aultre pé-
« nitence que d'aller en pèlerinage six lieues
« loing, ou dix ou douze. Tu sçais, meschant,
« que tu nous as trahis! » Et là publicquement
disoient : qu'oncques n'avoient esté en ladicte
vaulderie, et que ce qu'elles en avoient confessé avoit esté par force de gehenne et de
torture, et que par les blandises [1] et promesses dudict maistre Gilles et aultres quy les avoient
interrogiées ; et moult d'aultres choses disoient.
Mais ce ne leur valloit rien ; car elles feurent
baillées ès mains du bourreau et prestement
menées à la justice de la ville d'Arras, et
illecq leurs corps ards et ramenés en pouldre. Et en les menant mourir, et jusques à ce
qu'elles rendirent l'ame, sans en rappeller, disoient publicquement : qu'oncques n'avoient
jamais esté en ladicte vaulderie, et que ce
qu'elles en avoient confessé avoit esté par
gehenne et torture, et parce qu'on leur faisoit
entendre que sy elles ne le confessoient on les
arderoit. Et despuis leur sentence rendue jusques à la mort, elles firent toutes les manières
qu'ung bon chrestien doibt faire, en leur confessant, en recommandant leurs ames à Dieu,
priants au peuple que on priast Dieu pour elles,
et requérants à ceulx et celles quy les cognoissoient qu'on feist dire des messes pour elles. Et
moururent en cest estat, disants : qu'oncques
n'avoient esté en ladicte vaulderie et qu'elles ne
sçavoient que c'estoit.

Lesquelles parolles et manières qu'elles tenoient meirent le peuple en grande pensée et
murmure. Sy disoient les aulcuns : que c'estoit
à tort qu'on les faisoit mourir. Les aultres disoient : que le diable leur avoit commandé
d'ainsy dire, et qu'ils se rappellassent affin
qu'ils fuissent dampnés. Desquelles choses je
m'en attends à Dieu quy tout sçait.

Ladicte Deniselle feut menée à Douay, et de
par les eschevins de la ville condampnée à estre
ardse; et feut ardse. Laquelle aussy dict qu'on la
feit mourir à tort ; et dict toutes les parolles et
tint toutes les manières que les aultres avoient
tenues jusques à la mort.

Ledict Abbé-de-peu-de-sens feut aussy condampné par les eschevins de cité, le jour que
la sentence feut rendue, à estre ards ; et feut
le premier exécuté à la justice de l'évesque.
Icelluy Abbé dict aussy toutes les pareilles parol-

(1) Caresses.

les, et tint toutes les manières que les aultres
avoient faict, et encoires plus. Et disoit qu'on
le faisoit mourir à tort. Et toutes les dernières
parolles qu'il dict, estant loyé à l'estaque pour
ardoir, feurent telles en latin : *Jesus autem trans-
iens per medium illorum ibat.* Icelluy Abbé
estoit de l'age de soixante à soixante-dix ans,
et estoit peinctre ; et estoit bien venu en plusieurs lieulx, pourtant qu'il estoit rethoricien ;
et faisoit chants et ballades, et les disoit debvant
les gents ; et, par espécial, avoit faict plusieurs
beaulx dictiers et ballades à l'honneur de la
glorieuse Vierge Marie, et par ce plusieurs gents
l'avoient bien chier; mais à chascune fois qu'il
disoit ou lisoit aulcun dictier ou ballade à
l'honneur de Dieu et de Nostre-Dame, ou de
quelques saincts ou sainctes, quand il avoit tout
dict, en la fin il ostoit son cappel ou capperon, et
disoit : « Ne desplaise à mon maistre », comme
aulcuns certifioient ; je ne sçais qu'il en est.

Iceulx et icelles ainsy exécutés, comme dict
est, à la requeste dudict inquisiteur de la foy,
feurent par l'accusation d'eulx prins encoires
comme vauldois : ung nommé Thomas, quy estoit fourreur de robes, ung nommé le petit
Henriot (et estoit l'ung de ceulx quy tenoient le
bresleng), Jehan du Bois, demourant à Wailly,
ung nommé Jacques Mollinier, cuisinier, maistre Robert le Josne, chevallier, gouverneur
d'Arras, Colin de Bullecourt, la femme d'un
sellier, nommée la Franche-Comté, pour ce
qu'elle avoit eu espousé ung hérault ainsy
nommé, Colette l'Estrevée, femme commune,
item une josne fille nommée Printemps Gay,
femme commune, *item* une josne fille nommée
Catron, autre dicte la Gringaude, femme commune, une josne femme nommée la Parqueminière, femme commune, *item* une autre josne
femme nommée Jehanne le Lucque, femme
aussy commune.

CHAPITRE V.

Comment le comte d'Erminacq feut banny du royaulme de
France; et aultres incidences.

Audict an mil quatre cents soixante, environ
le my-may, par sentence rendue par les seigneurs
du parlement de Paris, après que le comte
d'Erminacq, lequel avoit rompu prison, comme
dict est, et s'en estoit allé, olt esté semons et
adjourné à comparoir, comme il appartient,
icelluy comte feut banny, à son de trompe, du

royaulme de France, et touts ses biens confisqués au roy ; lequel comte, comme on disoit, estoit ung des plus grands comtes terriens et riches quy feust au royaulme ; et disoit-on qu'il avoit plus de trois cents que villes, que chasteaux, que forteresses et aultres places à pontslevis.

En ce temps, en may, bled et avoine renchérirent très fort ; et valloit la charge d'ung cheval de bled quarante sols, monnoye d'Artois, et l'avoine autant ; mais l'aoust venu, il rabaissa ; et ne vaillit le bled que vingt-quatre sols la charge d'ung cheval, et l'avoine seize sols.

En ce temps aussy, environ le my-may, feit venir le seigneur de Saveuses en l'église de Saincte-Claire en la cité d'Arras, que ledict seigneur avoit faict faire toute neuve de ses deniers, treize religieuses et des frères mineurs de l'Observance pour les pourchasser ; car les religieuses estoient encloses, ne jamais ne vidoient ; et sy n'y entroit homme ne femme.

En ce temps aussy, la nuict du sacrement, par nuict, Robert de Saveuses, prévost de cité, fils bastard de Bon de Saveuses, gouverneur de Béthune, accompagnié de quinze ou seize compagnons, se partit de cité pour aller prendre ung josne prestre, curé de Blairville, et ce par le commandement des vicaires de l'évesque d'Arras, lesquels luy avoient commandé le prendre mort ou vif, pour tant que ledict prestre estoit trop dissolu, tant en luxure comme aultrement, et estoit en sentence d'excommuniement ; ne jà pour ce ne laissoit à célébrer, ains disoit touts les jours messe. Et quand il disoit messe il mettoit assez près de l'autel, emprés luy, ung bon espieu de fer trenchant, quy estoit baston de guerre, pour se deffendre, sy aulcuns le fuissent venus querre ; et avoit garny et boullouverquié sa maison, comme en temps de guerre. Et jà-soit-ce que les vicaires dudict évesque l'euissent plusieurs fois cuidé faire prendre, tant par les archiers du comte d'Estampes comme par aultres gents, on ne l'avoit oncques peu prendre. Pour la hardiesse de luy, quatre ou cinq ne l'euissent osé prendre. Toutesfois ledict Robert, accompagnié comme dict est, s'en alla à Ransart, où ledict prestre se tenoit, et entra en sa maison, où ledict prestre y estoit ; et saillit hors tout nud en sa chemise, et se défendit merveilleusement. Et feust échappé s'il eust eu son baston ; et encoires sans son baston feust échappé, n'eust esté ung de la compagnie du bastard, nommé Jacotin Parent, quy d'ung baston le frappa tellement en la teste qu'il quéit¹, et le navra. Et feut prins et emmené malgré ses sœurs et sa mère, lesquelles le défendoient moult fortement. Et traisnèrent ledict prestre demy-lieue long, pource qu'il ne voulloit aller avant ; et tant feirent qu'ils l'emmenèrent en cité lez Arras ès prisons de l'évesque, et sa mère et ses sœurs avec luy ; lequel prestre curé, luy estant en prison, au bout de huict jours mourut du coup qu'il avoit eu en la teste ; et feut confessé ; et olt moult belle fin ; mais il feut enterré en terre profane. De laquelle mort ledict bastard et ses compagnons furent en moult grand dangier ; et en feut appellé aulx droicts du roy ; et ne le voulloient advouer les vicaires ; sy fallit que touts en euissent pardon du roy.

Environ ce temps aussy feut prins vers Inchy ung compagnon nommé Jennin, et mené à Cambray, en la prison de l'évesque. Lequel Jennin, tant qu'il feut prins, se cuida puis occire d'ung couteau, mais on l'en préserva. Icelluy Jennin avoit feint que la dame d'Inchy, femme de Philippes, seigneur d'Inchy, laquelle avoit esté fille du seigneur de Treslon en Hainault, et laquelle estoit trespassée, s'estoit apparue à luy et s'apparoit souvent son esprit à luy ; et feit faire au seigneur d'Inchy moult de pélerinages pour elle, et faire dire plusieurs messes, et donner plusieurs aumosnes ; et disoit que ladicte dame, laquelle estoit en purgatoire, luy faisoit dire ce qu'il disoit ; et rameneut plusieurs choses audict seigneur d'Inchy, que ladicte dame et luy avoient faict en son vivant, dont nul ne pooit sçavoir à parler qu'eulx, tant peschiés qu'aultres choses secrettes ; pourquoy ledict seigneur le croioit. Et couroit renommée par toute la comté d'Artois et ailleurs que ladicte dame s'apparoit souvent audict Jennin ; et cuidoit chascun qu'il feust vray, mesme les princes et seigneurs, pour tant que ledict apparoit innocent², et le tenoit-on pour folastre³. Mais assez tost qu'il feut prisonnier et qu'il olt esté interrogié, il confessa que de tout ce qu'il avoit dict il avoit menty ; et luy faisoit dire et faire le diable ; et par son enhort l'avoit dict et faict. Et confessa plusieurs choses diaboliques, et que le diable s'apparoit

(1) Tomba. (2) Simple d'esprit. (3) Idiot.

souvent à luy, et estoit bien famillier du diable. Je ne mets point sa confession par escript, pour ce que je ne le vis pas.

Pour lesquels crimes et peschiés diaboliques il feut preschié publicquement devant le peuple, et condampné à porter une croix blanche sur sa robe en la poitrine, laquelle luy feut attaquiée publicquement illecq; mais en le remenant en prison, il la déchira et marcha sus. Pour laquelle cause, comme pour pure gaieté de rencheoir en hérésie, deulx jours après feut condampné à estre ards; et feut son corps ramené en pouldre.

CHAPITRE VI.

Comment, en la ville d'Amiens et de Tournay, on prit plusieurs gents comme vauldois, lesquels après, on laissa aller sans quelque sentence.

Environ ce temps, en la ville d'Amiens, par l'accusation de ceulx quy avoient esté prins et ards comme vauldois en la ville d'Arras, feurent aulcunes personnes prinses, lesquelles l'évesque d'Amiens délivra prestement. Et dit ; qu'autant qu'on luy en améneroit, il les laisseroit aller et les délivreroit, et qu'il ne croyoit pas qu'ils feissent ne peussent faire ce qu'ils disoient. Icelluy évesque estoit frère du seigneur de Beauvois-le-Borgne ; et estoit clercq, et avoit demeuré longtemps en cour de Rome, et y estoit procureur du duc de Bourgoingne.

En la ville de Tournay, aussy pareillement, comme vauldois on prit ung sergeant du roy et deulx ou trois aultres personnes. En laquelle ville de Tournay demeuroit maistre Jehan Taincture, docteur en théologie et très notable clercq, et moult renommé en sens et en clergie, et plusieurs aultres très notables clercqs, lesquels pour ceste cause convindrent ensemble; et feit ledict maistre Jehan Taincture sur ladicte vaulderie ung traictié très bel, lequel il publia et envoya en plusieurs lieulx. Ne sçay qu'il y avoit; mais après ce que ceulx qu'on avoit prins audict Tournay comme vauldois olrent esté prisonniers certaine espace de temps, on les laissa aller sans quelque punition.

CHAPITRE VII.

Comment le seigneur de Beauffort, chevallier, et Jehan Tacquet, bourgeois d'Arras, et aultres, feurent prins comme vauldois.

Le vingt-deuxiesme jour de juing mil quatre cents soixante, sur le soir, en la ville d'Arras, feut prins comme vauldois, par Robert de Marquais, lieutenant d'Arras, Jehan Tacquet, bourgeois et eschevin de la ville d'Arras, riche de quatre ou cinq cents francs de rente ; et feut amené en cité en la prison de l'évesque ; et le lendemain après disner, pour ledict cas, feut prins Pierre du Carieulx, très riche homme, agié de soixante ans ou environ ; et s'estoit élevé en richesses par sçavoir faire comptes et receptes ; et disoit-on que c'estoit le meilleur faiseur de comptes quy fust en France. Icelluy Pierre avoit aultrefois esté preschié pour hérésie contre la loy et estoit mal renommé en la foy ; et combien qu'il feust riche de quatre à cinq cents francs, sy tenoit-il son menage seul sans varlet ne mesquine[1], et sy n'avoit oncques esté et n'estoit marié ; Pierre feut aussy mené en la prison de l'évesque en cité.

Le mardy en suivant, jour de Saint-Jehan-Baptiste, par ledict Robert de Marquais, feut prins messire Payen de Beauffort, chevallier, noble homme, et une des anciennes bannières d'Artois, agié de soixante-douze ans ou environ, et riche de cinq à six cents francs de rente, comme accusé d'estre vauldois. Icelluy seigneur de Beauffort, ainçois[2] qu'il feust faict prisonnier, sçavoit bien qu'il estoit accusé d'estre vauldois, et luy avoit-on dict qu'il se gardast; mais il respondit à ceulx quy luy dirent : que, s'il estoit mille lieues loing, et qu'il sceust qu'il en feust accusé, sy reviendroit-il pour s'en excuser ; et ne craignoit riens. Pour ce cas mesmes vint en la ville d'Arras pour se monstrer et excuser. Et encoires luy venu en ladicte ville d'Arras, en son hostel de Quievrette[3], quy estoit sien, son fils aisné et aultres ses amis luy prièrent et requirent très instamment que, s'il se sentoit coupable dudict crime, il se voulsist absenter. Lequel leur respondit de rechief : qu'il n'en feroit rien et qu'il ne craignoit homme. Et illecq leur feit le plus solemnel serment qu'il poeult, en donnant son ame à tous les diables d'enfer, et en renonçant à la gloire du paradis, s'il sçavoit que c'estoit la vaulderie et s'il en estoit coupable ; et jura qu'il en estoit innocent. Toutesfois celuy propre jour, comme dict est, feut prins à l'après-disner par le lieutenant d'Arras, sans le tenir prisonnier; lequel seigneur de Beauffort

(1) Servante. (2) Avant. (3) La Chevrette.

pria audict lieutenant qu'il le menast devers le comte d'Estampes, lequel pour ceste heure estoit en la ville d'Arras, venu pour ceste cause; ce que feit le lieutenant. Et comme le seigneur de Beauffort feut venu devers le comte pour se cuider excuser, le comte ne voullut parler à luy; ains commanda ledict comte à messire Hues de Mailly, chevallier, seigneur de Boullencourt, prochain parent dudict seigneur de Beauffort, que, accompagnié de Guillaume de Berry, lieutenant du bailly d'Amiens et du lieutenant d'Arras, il le menast publiquement en la prison de l'évesque; ce que feit ledict chevallier; et print ledict seigneur de Beauffort par le bras et le mena publiquement entre quatre et cinq heures en ladicte cité en la prison de l'évesque. Et allèrent jusques en ladicte prison plusieurs de ses fils et ung nommé Jacques Guillemant, lequel avoit espousé sa sœur bastarde; lequel Jacques estoit fils d'ung canoine d'Arras, et lequel Jacques feut aussy détenu prisonnier avec ledict seigneur de Beauffort, comme accusé d'estre vauldois. Icelluy Jacques usoit de guérir gents de fièvres par parolles; et y avoient plusieurs gents fiance, mais c'estoit contre le commandement de Dieu et de l'Eglise.

Le lendemain feut aussy envoyé quérir, comme accusé d'estre vauldois, ung des sujets dudict seigneur de Beauffort, nommé Rogier.

CHAPITRE VIII.

Comment encoires, en la ville d'Arras, on preschia comme vauldois, trois hommes avec six femmes, desquels les trois hommes et cinq femmes feurent ards.

L'an dessusdict mil quatre cents soixante, en la cité d'Arras, en la maison épiscopale, en la grande cour, furent menés sur ung hourt [1] faict pour ceste cause, Jehan du Bois, Jacques, cuisinier du gouverneur d'Arras, Colin de Boullecourt, la femme d'ung sellier, nommée la Franche-Comté, Collette l'Estrevée, femme commune, une josne fille nommée Printemps Gay, femme commune, Cateron, dicte la Gringaulde, femme commune, une josne femme nommée la Parqueminière, femme commune. Et illecq sur touts et toutes feut mise une mitre sur chascune teste comme vauldoises et vauldois; en laquelle mitre estoit peinct la forme du diable, en telle forme qu'ils luy avoient faict hommaige, et puis la forme d'eulx à genoulx devant luy; et là par l'inquisiteur de la foy, mommé maistre Pierre le Brousart, jacobin, preschiés publiquement debvant tout le peuple. Et y avoit tant de peuple que sans nombre. Et illecq leur remonstra comment ils avoient esté en ladicte vaulderie, et faict tout ce que dessus ay dict, et mesme que aulcunes d'icelles quy estoient là présentes avoient esté cogneues charnellement du diable d'enfer, l'une en forme de lièvre, l'autre en forme de renard, l'autre en forme de thor, l'autre en forme d'homme, et aultres en forme de quelque beste; mesme que ladicte Colette avoit baillié par trois fois l'hostie sacrée du précieux corps de nostre Seigneur Jésus-Christ à l'Abbé-de-peu-de-sens, pour faire leur oignement. Laquelle Colette luy respondit publiquement, qu'il n'en estoit riens; et voulloit dire aultre chose, mais on ne la laissa point parler. Et après ce que ledict inquisiteur les eust preschiés et dict à chascune sa confession, ainsy que ils et elles l'avoient confessé, il leur demanda à chascun et à chascune sy ce qu'il avoit dict n'estoit pas vray. Lesquels et lesquelles respondirent touts et toutes, réservé ladicte Colette l'Estrevée, que oui. Et mesme à celles quy avoient esté cogneues du diable charnellement, comme elles avoient confessé, ledict inquisiteur leur demanda s'il n'estoit point vray; et respondirent publiquement que ouy. Après lesquelles confessions ledict inquisiteur rendit leur sentence en latin, puis en françois.

Et feut leur sentence telle : que lesdicts Jehan du Bois et femme mommée Franche-Comté, pour tant qu'ils ne s'estoient point révoqués despuis leur première confession, ains avoient tousjours despuis prié grasce et miséricorde, et les aultres avoient varié et dict aulcune fois qu'ils n'y avoient point esté ne sçavoient que c'estoit, nonobstant qu'ils l'euissent touts confessé sur le hourt, réservé ladicte Colette, touts pour ce feurent rendus à la justice laye, comme membres pourris; et bailliés au lieutenant d'Arras touts, réservés ledict Jehan du Bois et la femme Franche-Comté; c'est à sçavoir : Jacques, cuisinier du gouverneur, Colette l'Estrevée, Printemps Gay, Cateron dit la Gringaulde, la Parqueminière et Jehanne le Lucque. Lesquels feurent assez tost après menés à la justice de la ville d'Arras, et illecq ards et leurs corps ramenés

(1) Echafaud.

en pouldre. Et ne feurent pas menés devant les eschevins de la ville ; et n'eurent aultre sentence que d'estre rendus à la justice laye, comme membres pourris ; et on les mena touts sur ung hourt. Et estoit merveille comme elles prioient tout chascun que on priast pour eulx ; et disoient publicquement que c'estoit à tort que on les faisoit mourir, et que oncques n'avoient esté en ladicte vaulderie, et ne sçavoient que c'estoit ; et ce qu'elles avoient confessé avoit esté par force de gehenne et de torture. Et plusieurs aultres choses disoient contre ceulx quy les avoient jugé ; et jusques à la mort faisoient et monstroient touts les signes que chrestiens doibvent faire et monstrer à la mort, saulf que touts-dis [1] disoient qu'on les fesoit mourir à tort. Et en cest estat moururent. Et le dessusdict Colin de Boullencourt feut aussy rendu comme membre pourry à la justice laye, c'est asscavoir au prevost de cité. Lequel pareillement que les aultres, tost après, sans aultre jugement, feut mené a la justice de l'évesque, et illecq ards et ramené en cendres. Et tout pareillement que les aultres dict, qu'on le faisoit mourir à tort, et ce qu'il avoit confessé avoit esté à la force de gehenne. Et mourut, comme il sembloit, en vraie et bonne foy. Et prit, luy estant prest de mourir, trois paux de terre ou d'herbe, au nom du Père et du Fils et du Sainct-Esprit, et ainsy il mourut. Et lesdicts Jehan du Bois et la Franche-Comté feurent condampnés certain temps en chartre. Icelluy Jehan du Bois, luy estant sur le hourt, l'inquisiteur luy demanda s'il n'estoit point vray qu'il euist donné au diable, quand il luy fit hommaige, l'ongle de son pouce ; lequel respondit publiquement que ouy, et monstra son pouce devant tout le peuple. On disoit qu'on avoit respité [2] lesdicts du Bois et Franche-Comté, affin que les aultres quy estoient et seroient prins, en espérant miséricorde, confessassent plustost avoir esté en ladicte vaulderie.

(1) Toujours. (2) Epargné.

CHAPITRE IX.

Comment maistre Anthoine Sacquespée, bourgeois et eschevin de la ville d'Arras, Jehan Josset, aussy eschevin, et Henriet de Royville, et aultres, furent prins comme accusés d'estre vauldois ; et comment Martin Cornille, recepveur des aydes du duc de Bourgoingne, et Willaume le Febvre, eschevin de ladicte ville, et Hotin Loys, sergeant, s'enffuirent, pour doubte d'estre prins pour ce cas ; et de la grande perplexité en quoy ceulx de la ville estoient ; et des preschements que les vicaires feirent preschier ; et de ceulx quy feurent commis à interroguer les prisonniers prins comme vauldois.

Le seiziesme jour de juillet, audict an, en la ville d'Arras, sur le soir, feut prins comme accusé d'estre vauldois par messire Baulduin, seigneur de Noyelles, chevallier et gouverneur de Péronne, maistre Anthoine Sacquespée, bourgeois et eschevin de la ville d'Arras, ung des plus riches bourgeois et grand rentier en héritaige de ladicte ville. Lequel gouverneur de Péronne, après qu'il l'olt prins, le baillia au lieutenant d'Arras ; et estoit soir, entre huict et noeuf ; lequel lieutenant le mena par la porte de Sainct-Miquel, et l'emmena en cité par les faulxbourgs, et le boutta ès prisons de l'évesque, où les aultres estoient.

Le lendemain feurent prins pour ledict cas Jehan Josset, eschevin d'Arras, hoste de la Clef sur le grand marché, et Henriet de Royville, sergeant de ladicte ville ; et feurent menés en cité comme les aultres ès prisons de l'évesque.

Et cestuy propre jour, se partirent de la ville, de peour d'estre prins pour ledict cas, Martin Cornille, recepveur des aides ordinaires du comté d'Artois, et Willaume le Febvre, très riche bourgeois et eschevin de la ville ; lesquels, comme on disoit, euissent esté prins avecq les aultres, s'ils ne s'en fuissent partis et espaysés. Et combien que le comte d'Estampes les feit querir, sy ne les peut-on trouver ; et feurent poursuivis jusqu'à Paris ; et emporta ledict Martin grand thrésor, comme on disoit. Ledict Martin tenoit moult grand estat, et encoires plus sa femme, jà-soit que ledict Martin feussist de petit lieu, et avoit esté en ses josnes jours parmentier, c'est-à-dire cousturier de robbes, et povre compagnon.

Et avant que ledict maistre Anthoine feust prins, plusieurs de ses parents et amis, car il estoit de grand lignaige en la ville, luy avoient assez de fois dict et faict prier très instamment qu'il se volsist absenter une espace de temps de ladicte ville, et qu'il estoit accusé d'avoir esté en ladicte vaulderie; lequel, à chascune fois leur respondit : qu'il n'en estoit coupable, et que s'il estoit mille lieues loing et sceust qu'il en feust accusé, sy revenroit[1] pour s'excuser, sy on luy voulloit rien demander; et aimeroit mieulx mourir ou à perdre quand qu'il avoit vaillant, que s'absenter pour ce cas.

Et pour vous déclarer ceulx quy feurent commis pour interroguier lesdicts prisonniers, avecq les vicaires de l'église et de l'évesque cy-dessus nommés feurent : premier, ledict inquisiteur, l'évesque de Barut, suffragant, maistre Jacques du Bois, doyen d'Arras, maistre Jean Boullengier, docteur en théologie, Philippes, seigneur de Saveuses, chevallier, quy estoit grand seigneur et moult affecté de faire justice et ardoir touts ceulx quy estoient prins et accusés d'estre vauldois; et y estoit ledict seigneur de Saveuses commis de par le comte d'Estampes avecq le seigneur de Crievecœur, bailly d'Amiens, Guillaume de Berry, lieutenant dudict bailly, et maistre Jehan Forme, secrétaire du comte. Après y estoit l'inquisiteur de la foy, jacobin, demourant à Tournay, maistre Gilles Flameng, advocat à Beauquesne, maistre Mathieu Paille, aussy advocat audict Beauquesne; et encoires avecq iceulx envoya le duc de Bourgoingne l'évesque de Salubrie, jacobin, docteur en théologie, confesseur dudict duc, agié de quatre-vingts ans ou environ, et ledict messire Baulduin, seigneur de Noyelles, chevallier, gouverneur de Péronne; car jusques alors, pour visiter le procès de ceulx quy avoient esté condampnés et exécutés, n'y avoit eu aultres que lesdicts vicaires, l'évesque de Barut, le doyen et les aultres clercqs de Sainct-Vaast, des carmes, jacobins, cordeliers, Nostre-Dame, tant canoines que aultres.

Et le vingt-septiesme jour dudict mois de juillet, feut prins pour ledict cas Jacotin d'Athies, fils de bourgeois d'Arras ; lequel se tenoit avecq ledict Martin Cornille, et estoit parent de sa femme ; et comme les aultres feut mené en cité en la prison de l'évesque.

Et le treiziesme jour du mois d'aoust ensuivant, feut prins pour ledict cas Jehan le Febvre, coultier de chevaulx, et mené comme les aultres en la prison de l'évesque.

(1) Reviendroit.

En ce tempore[1], la ville et cité d'Arras, et pour certain touts ceulx quy y demouroient, feurent sy escandalisés par tout le royaulme de France et ailleurs d'estre vauldois, qu'à peine voulloit-on loger les marchands et aultres de ladicte ville; et mesmes les marchands en perdirent leur crédence; et voulloient ceulx à quy ils debvoient estre payés de ce qu'ils leur debvoient, de poeur qu'ils ne fuissent prins comme vauldois, par quoy ils euissent leurs biens confisqués.

Et à certes, en ce tempore il n'y avoit sy notable homme ès ville et cité d'Arras, ne sy bon chrestien, quy bonnement endurast, pour quelque besoigne qu'il euist, tant feust nécessaire, aller hors de la ville, de poeur d'estre prins comme vauldois. Et pour certain, il n'y avoit ne sy bon ne sy léal que, s'il feust allé au moings pour l'espace de quinze jours ou plus, que le plus du menu peuple n'euist dict qu'il s'en feust allé de poeur d'estre prins comme vauldois; et eust-on dict publicquement qu'il estoit vauldois. Et comme les vicaires de l'évesque feuissent assez advertis de la grande crainte et malle renommée que ceulx de la ville d'Arras avoient par touts les pays, ils feirent bien preschier publicquement que nuls ne murmurassent contre eulx ne ceulx quy estoient commis avecq eulx; et que n'euissent nulle poeur d'estre accusés sans cause, car ils n'en faisoient nuls prendre comme vauldois quy ne feuissent accusés de huict ou dix tesmoings, lesquels avoient esté en ladicte vaulderie, et illecq les avoient veus; mais despuis feut sceu, qu'aulcuns feurent prins pour ledict cas, lesquels n'avoient esté accusés que d'ung ou de deulx, ou de trois pour le plus.

CHAPITRE X.

Comment Martin Cornille, Willaume le Febvre et Hotin Loys feurent cités comme vauldois ; et d'une grosse bataille quy feut en Angleterre des gents du duc d'Yorc contre les gents de la royne d'Angleterre.

Environ ce temps, après que Martin Cornille, Willaume le Febvre et Hotin Loys feurent absentés de poeur d'estre prins comme vauldois, les vicaires de l'évesque les feirent citer à comparoir en personne, et respondre à l'accusation contre eulx faicte, sous peine d'estre atteints et convaincus dudict cas; et sy feirent

(1) Temps.

icelle citation attaquier [1] par les églises et lieux publicques, en leur donnant jour de comparoir. Durant lesquels jours Willaume le Febvre, fils légitime de Willaume le Febvre, et plus n'en avoit, accompagnié d'ung notaire de Paris, vint à maistre Jean Pochon, vicaire de l'évesque d'Arras, et le trouva bien matin à matines, en l'église de Nostre-Dame d'Arras. En la présence duquel maistre Jehan Pochon il appela de luy et des vicaires de l'évesque, des griefs qu'ils faisoient et s'efforçoient de faire à Willaume le Febvre, son père; et ce faict, prestement luy et son notaire monta à cheval, et s'en alla devers Paris, auquel lieu son père s'estoit rendu prisonnier, pour respondre à ce que lesdicts vicaires luy voldroient demander. Lesquels Willaume et notaire partis, incontinent, au commandement desdicts vicaires, quatre ou cinq compagnons allèrent après eulx et les ratteindirent à Montdidier; et feurent ramenés touts deulx, loyés et bretecqués, ès prisons de l'évesque d'Arras. Et pour tant que, la nuict de devant ledict appel, Jacques le Berghuier, bourgeois d'Arras, Jehan le Febvre, coultier de vin à Arras, Jehan de Reubempré, marchand de vin à Arras, et Colin Père-Dieu, sergeant d'eschevin dudict, parents et amis dudict Willemet, avoient accompagnié ledict Willemet, et bien sçavoient qu'il avoit intention de faire ledict appel, et sy ne l'avoient faict sçavoir auxdicts vicaires ny à l'inquisiteur de foy, ils feurent touts faicts prisonniers pour ceste cause, et amenés en cité en la prison de l'évesque. Et ne peut ledict Willemet estre délivré, ny nuls de ses compagnons, jusqu'à ce qu'il olt renoncié à son appellation. Lequel y renonça; et feut délivré, luy et les dessusdicts. Après laquelle renonciation, pour ce que ledict Willaume le Febvre, Martin Cornille et Hotin Loys ne comparurent à leur journée, ils feurent touts excommuniés comme convaincus d'estre vauldois, et leur excommunication attaquiée [2] aux posteaux des églises et portes de la ville d'Arras.

Environ vers ce temps, y olt une bataille en Angleterre entre les gents de la royne d'Angleterre, laquelle gouvernoit le royaulme d'Angleterre, et Edouard, fils du duc d'Yorc, comte de la Marche, et le comte de Werwicq et leurs gents; et feurent les gents de la royne descon-

fits; et y en mourut de sept à huict mille hommes; et feut le roy Henry d'Angleterre mis en la subjection du comte de Werwicq. En la présence duquel roy Henry, après ce que ledict comte olt fait la révérence audict roy, ledict comte de Werwicq feit trancher les testes à deulx ou trois de ses principaulx gouverneurs, desquels je n'ay peu savoir les noms.

CHAPITRE XI.

Comment, à la requeste du seigneur de Beauffort, Anthoine Sacquespée, et ceulx quy estoient prisonniers comme Vauldois, on envoya les vicaires de l'évesque devers le duc de Bourgoingne, affin que ledict duc assemblast touts les plus grands clercqs qu'il polroit trouver, affin de avoir conseil et déterminer qu'on feroit desdicts prisonniers; et avecq ce, on envoya quérir plusieurs clercqs aux despends desdicts prisonniers, lesquels vindrent à Arras.

Après ce que le seigneur de Beauffort feut prins, et maistre Anthoine et les aultres, à la requeste desdicts prisonniers feurent envoyés quérir en la ville d'Amiens maistre Martin Malingré, licencié ès lois et en décret, canoine et official d'Amiens, l'inquisiteur de la foy de Tournay et plusieurs aultres notables clercqs, desquels ne vindrent que ledict maistre Martin et l'inquisiteur de Tournay; les aultres s'excusèrent, les ungs par vieillesse, les aultres aultrement. De quoy aulcuns disoient qu'ils n'y voulloient point venir, pour tant que oncques on n'avoit veu ès marches de par-deçà tels cas advenus, et que la matière estoit pesante et bien maulvaise, car de mille personnes, une, hors de la ville d'Arras, ne croyoit pas, comme on disoit, que ce feust vrai qu'ils allassent en ladicte vaulderie, ny feissent ce qu'ils disoient. Pourquoy, ne sçais sy ce feust pour ceste cause ou non, il n'y vint que les deulx dessus nommés. Pour laquelle cause les vicaires de l'évesque, c'est asçavoir maistre Pierre du Hamel, archidiacre d'Ostrevant, maistre Jehan Thieubaut, official d'Arras, et maistre Mathieu du Hamel, secrétaire de l'évesque, notaire et canoine d'Arras, avecq eulx maistre Pierre le Brousart, inquisiteur de la foy, et maistre Gilles le Flameng, licencié ès décret et advocat en cour laye à Beauquesne, à la requeste et aux despends desdicts prisonniers, allèrent devers Philippes, duc de Bourgoingne, à Bruxelles, en Brabant, pour avoir conseil de ce qu'ils avoient à faire en ladicte matière de vaulderie, et des prisonniers quy pour ceste cause es

(1) Attacher. (2) Attachée.

toient prins. Eulx venus à Bruxelles, tantost que le duc sceut pourquoy ils estoient venus, le duc, désirant de tout son cœur la foy chrestienne soustenir et garder, envoya en la ville de Louvain en Brabant, où il y a université très renommée et des très notables clercqs, quérir touts les plus grands clercqs quy y feuissent, et leur commanda de venir à Bruxelles. Après manda touts les clerqs notables et exprès de tout le pays entour de luy; lesquels y vindrent en grand nombre, tant dudict Louvain que d'ailleurs. Aulxquels clercqs les procès tant dudict seigneur de Beauffort que d'aultres feurent monstrés, lesquels avoient confessé d'avoir esté en ladicte vaulderie, et aussy les procès de ceulx quy ne l'avoient point confessé, car il y en olt plusieurs quy oncques ne le confessèrent pour gehenne ou torture qu'on leur sceust faire, comme cy-après sera dict, quand temps sera. Lesquels procès veus par lesdicts clercqs, de ce qu'ils convenoient ne de leurs opinions je ne peus rien sçavoir, car, comme on disoit, ils ne feurent pas bien unis ensemble : car les aulcuns disoient que la vaulderie n'estoit point réelle, les aultres que c'estoit illusion, et que, supposé qu'il y poeult avoir aulcune réalité par la permission divine, aussy y pooit-il avoir beaucoup d'illusion, et qu'ils ne faisoient pas tout ce qu'ils cuidoient faire. Les aulcuns aussy disoient : que c'estoit chose réelle, et qu'ils alloient en ladicte vaulderie en corps et en ame, et que puis qu'ung homme s'adonne à l'ennemy d'enfer, Dieu permet que l'ennemy d'enfer ayt sur luy ceste puissance que de le porter en ladicte vaulderie et ailleurs. Après ce que lesdicts vicaires se feussent conseillés, sy prindrent congié du duc, lequel duc envoya avec eulx, pour estre présent à interrogier lesdicts prisonniers, Toison-d'Or, son premier hérault, auquel il avoit très parfaicte fiance et crédence; lequel Toison-d'Or il envoya pour estre mieulx adverty de la vérité, pour tant qu'on luy avoit rapporté qu'aulcuns de la ville de Paris et d'ailleurs en France disoient qu'il faisoit prendre en ses pays les riches hommes et aultres, afin d'avoir leurs biens et leurs terres, dont très troublé il estoit; mais pour ce ne voulloit-il pas laisser à soustenir la foy, sy le cas le requéroit, comme il disoit. Et ainsy s'en retournèrent lesdicts vicaires et leur compagnie, et ledict Toison-d'Or avecq eulx, et revindrent en la ville d'Arras, le quatorziesme jour du mois d'aoust, l'an mil quatre cents soixante. Et combien que je ne puisse sçavoir quel conseil on leur baillia à Bruxelles, toutesfois, eulx revenus, on ne print plus personne pour ledict cas de vaulderie, jàsoit-ce que plusieurs, et tant que sans nombre, en feuissent accusés; et feurent lesdicts prisonniers plus doucement traictiés que par-devant ils n'avoient esté; et feirent lesdicts vicaires de l'évesque, despuis leur revenue jusques au mois de septembre, que quatre procès, c'est asscavoir, le procès du seigneur de Beauffort, de Jehan Tacquet, de Perrotin du Carieux et de Huguet Aubry, dit Patre-nostre. Et feut faict le procès dudict Huguet, nonobstant qu'il n'eust oncques rien confessé, pour tant que ledict Huguet avoit une fois rompu prison et eschappé, mais il feut reprins. Lesquels procès faicts, après ce qu'ils oyrent l'opinion des clercqs estants à Arras et aultres cy-dessus nommés, derechief ils renvoyèrent les procès à Bruxelles, devers ledict duc, pour avoir encoires l'opinion des clercqs, pour sçavoir comment ils en feroient. Et porta lesdicts procès maistre Mathieu du Hamel dessusdict, avecq luy messire Guillaume de Berry, lieutenant du bailly d'Amiens, et sy s'en retourna avecq eux ledict Toison d'Or, que le duc y avoit envoyé. Lesquels venus à Bruxelles, le duc feit visiter lesdicts procès.

En ce temps pendant, bulles du pape feurent apportées au doyen de Soignies en Brabant, impétrées à la requeste de Martin Cornille, lequel s'estoit absenté et enffuy, comme dict est cy-dessus; et les avoit esté querre ledict doyen. Par lesquelles bulles nostre Sainct-Père le pape Pius commettoit maistre Gilles Carlier, docteur en théologie et doyen de Nostre-Dame de Cambray, maistre Grégoire Nicolaï, canoine et official de Cambray, maistre Pierre du Hamel et maistre Jehan Thieubaut, vicaire de l'évesque d'Arras, comme cy-dessus est dict, à cognoistre seuls et pour le tout, se aultres clercqs ne voulsissent appeler avec eulx, de touts ceulx quy seroient prins et estoient occulpés[1] ou accusés à cause de ladicte vaulderie. Mais ce temps pendant que ledict doyen avoit allé quérir lesdictes bulles, le dessusdict Martin Cornille feut prins en Bourgoingne, où il se tenoit, et feut rendu à l'archevesque de Besançon pour en cognoistre.

(1) Inculpés.

CHAPITRE XII.

D'ung nommé Noël Ferre, natif d'Amiens, lequel feut ards en la ville de Mantes, et la cendre ruée au vent, lequel avoit congneu d'avoir esté en ladicte vaulderie.

L'an mil quatre cents soixante, le vingt-sixiesme jour d'aoust, en la ville de Mantes, feut ards, et son corps ramené en pouldre, et la pouldre par jugement jettée au vent, ung nommé Noël Ferre, natif d'Amiens, comme il disoit, de l'age de vingt-huict ans, lequel confessa d'estre sorcier et avoir commis plusieurs meurdres, larcins et piperies ; et avecq ce d'avoir esté par quatre fois en vaulderie, en laquelle vaulderie il avoit adoré le diable en forme de boucq, et luy donné corps et ame ; et nomma les places où il avoit esté en ladicte vaulderie ; c'est asscavoir une fois à Estampes, une aultre fois emprès Péronne, une aultre fois en ung lieu entre Corbie et Beauvais, et l'aultre fois au bois de Mofflaines lez Arras. Esquelles assemblées de vaulderie il confessa d'avoir veu plusieurs gents, entre lesquels il nomma l'Abbé-de-peu-de-sens, cy-dessus nommé ; lequel Abbé, comme il confessa, recepvoit les serments faicts au diable, et parloit pour le diable. Il en nomma aussy d'aultres, tant de la ville d'Arras, d'Amiens, de Paris, de Blois, comme d'aultres lieulx ; et estoit ledict Noël raiemant et brimbeux, demandant l'aumosne ; et menoit avecq luy sa femme, laquelle il accusa aussy d'avoir esté en ladicte vaulderie.

Item, icelluy Noël confessa aussy avoir esté au consistoire en vaulderie, où la délibération feut prinse de brusler la ville de Pernes, laquelle avoit esté ardse, comme dessus a esté dict ; et le feit faire ung chevallier, lequel estoit lors en vaulderie, et le nomma. Je veis et leus le procès dudict Noël Ferre, lequel feut envoyé en la cité d'Arras, auquel estoit contenu tout ce que dict est dessus et plusieurs aultres choses ; et sy veis la sentence, scélée des juges de Mantes. Lequel Noël exécuté comme dict est, sa femme feut prinse, laquelle appella de ceulx de Mantes, et feut menée au parlement à Paris ; laquelle assez tost feut délivrée quitte sans avoir griefs.

CHAPITRE XIII.

Comment le roy d'Escoce mourut de l'esclat d'une bombarde ; et d'une grande orage qu'il feit en Liége et ailleurs ; et d'aultres choses.

Environ ce temps tenoit le roy d'Escoce ung siége devant ung chastel ; et comme il avoit fait affuster une bombarde pour jetter dedans le chastel, laquelle il alla veoir pour la veoir jetter, le premier coup incontinent que le feu feut dans la chambre de ladite bombarde, elle rompist et se despiéça ; et saillirent les pièces en esclat, puis cy, puis là, tellement que l'une des pièces alla férir icelluy roy d'Escoce et le tua, et mourut ainsy. Icelluy roy avoit la moictié de son visage rouge comme sang, et tel yssit du ventre de sa mère. Il avoit espousé la fille du duc de Gueldres ; et en avoit faict le marriage le duc de Bourgoingne, duquel elle estoit niepce.

Après icelluy roy succéda au royaulme son fils aisné, fils de ladicte dame.

De laquelle mort le duc de Bourgoingne feut fort courroucié ; et en feit faire solennel service, car ils estoient alliés ensemble.

En ce temps aussy, au pays de Liége, en la ville de Dinan, quéyrent[1] sy grandes eauwes[2] qu'une partie d'une abbaye estant en icelle ville et plusieurs édifices feurent abattus ; et mesme l'abbé d'icelle abbaye, estant en sa chambre avecq une femme qu'il tenoit en concubinage, feurent touts deux emportés et noyés en l'eaue, et avecq eulx plusieurs moines, et aultres hommes et femmes.

Pareillement audict temps, le vingt-sixiesme d'aoust, feit sy grande orage en la ville de Béthune, en laquelle il estoit la feste, que la pluspart des marchandises des marchands feurent esparses parmy les rues ; et par espécial y perdirent beaucoup les joielliers de leurs vaisselles et joyaulx. Et en aulcunes villes autour dudict Béthune, l'orage y feit moult dommaige et y olt plusieurs gents morts.

Audict an, le vingt-sixiesme jour d'aoust, en la ville d'Amiens, feurent exécutés par justice ung homme, une femme, frère et sœur, lesquels estoient de noble sang, et avoient esté charnellement ensemble l'espace de sept ans ; et confessèrent avoir occis ung enfant qu'ils avoient eu de l'ung l'aultre sans avoir baptesme,

(1) Tombèrent. (2) Eaux.

avecq plusieurs aultres crimes; pour lesquels l'homme feut pendu au gibbet d'Amiens et la femme feut ardse.

Audict an quatre cents soixante, par ung samedy, vingtiesme jour de décembre, en la ville de Lille, mourut maistre Jehan Chevrot, évesque de Tournay, en l'age de quatre-vingts ans, natif de Bourgoingne; lequel évesque estoit l'ung des principaulx, avecq le chancellier de Bourgoingne, conseiller et gouverneur de Philippes, duc de Bourgoingne; et l'avoit icelluy duc, longtemps paravant, faict évesque contre la volonté du roy de France, lequel roy avoit faict avoir l'évesquié à ung clercq noble homme surnommé de Harcourt, natif de Normandie et parent du duc de Bourgoingne, et estoit en possession. Mais le duc voullut qu'icelluy Chevrot l'euist, combien qu'il ne feust pas noble; et convint par force que ledict de Harcourt se partist de Tournay et laissast l'évesquié audit Chevrot, quy en fust vingt-quatre ans ou plus évesque. Après la mort duquel, son corps, accompagnié de plus de deulx cents chevaulx, tant de nobles que d'aultres, feut porté en une litière, couverte de drap d'or, en l'église de Nostre-Dame de Tournay, et illecq feut mis en terre.

En laquelle évesquié succéda Jehan Godefroy, natif de Champaigne, fils illégitime d'ung canoine archidiacre de Raims, lequel l'engendra en une nonain, laquelle estoit noble femme; et fallit que ledict archidiacre pour ceste cause s'en partist de Raims et s'en allast à Rome, où depuis il feut cardinal. Mais pour revenir à mon propos, icelluy Jehan Godefroy estoit moine de Sainct-Benoist et avoit esté de l'hostel du roy de Sécille, duc d'Anjou; et par le congié dudict roy vint à l'hostel du duc de Bourgoingne, lequel duc luy avoit faict avoir l'évesquié de Toul en Bourgoingne et abbaye de Sainct-Bertin par force en commanderie; et estoit icelluy pour principal conseiller du duc, à cause que le chancellier estoit moult ancien. Toutesfois, incontinent que Charles, roy de France, sceut la mort d'icelluy Chevrot et comment icelluy Godefroy avoit, par manière de résignation, sy subtillement que personne ne s'en donna de garde que le notaire quy estoit avecq luy, prins la possession de l'évesquié, il se partist incontinent après ce faict; dont il feit de sens; car tant est que, quand iceulx de Tournay le sceurent, s'ils l'euissent sceu trouver, ils luy euissent faict desplaisir. Il envoya à Tournay ses lettres-patentes avecq le seigneur de Moy et aultres seigneurs, par lesquelles il requéroit et mandoit qu'ils esleuissent ung évesque, sans blescier leurs consciences, le plus idoine qu'ils pooient pour eulx, aultre qu'icelluy évesque de Toul, lequel il tenoit son ennemy. A laquelle requeste et commandement le collége de Tournay, jà-soit-ce que, puis la possession prinse, ils euissent à la requeste du duc de Bourgoingne, quy devers eulx avoit envoyé plusieurs grands seigneurs pour ceste cause, promis de n'en eslire d'aultre que ledict évesque de Toul, et de faict l'euissent receupt et promis le recepvoir comme évesque, nonobstant tout ce, ils esleurent Charles de Bourbon, lequel estoit josne de vingt-six ans ou environ et n'estoit pas prestre ny mesme *in sacris*, jà-soit l'archevesque de Lyon, sur le Rosne, lequel estoit frère du duc de Bourgoingne, et fils légitime de la sœur du duc de Bourgoingne. Nonobstant toutes ces choses, et qu'iceux de Tournay ne voulloient pas avoir icelluy évesque de Toul, ledict évesque de Toul, moine, demoura évesque d'icelluy évesquié de Tournay; et sy luy demoura l'abbaye de Sainct-Bertin en commande; et le fils du mareschal de Bourgoingne feut évesque de Toul.

En ce temps aussy, ung homme appelé Guislain, de l'age de quarante ans, natif d'entour Audenarde, tout nud, réservé ung petit cœuvre-quief[1] qu'il avoit devant sa nature, vint offrir deux cierges de cire pesante une livre, en l'église Nostre-Dame d'Arras, devant la grande image de Nostre-Dame de Primes. Illecq feit son oraison; laquelle finie, moy qui ce présent livre ay composé, luy demanday pourquoy il venoit en cest estat. Lequel me respondit : qu'il avoit esté prisonnier en la duchié de Luxembourg, en une ville nommée Thionville, des Allemands, et que sitost qu'il feust prins il promit à la Vierge Marie, mère de Dieu, que s'il pooit eschapper, en tel point qu'il eschapperoit en viendroit remercier en l'église Nostre-Dame d'Arras. Et comme il disoit, il estoit marchand de jouillerie; et quand il feut prins feut toute sa jouillerie perdue; et le donnoient l'ung à l'aultre; et feut mis en une haulte tour; et luy disoient touts les jours les Allemands quy prins l'avoient qu'ils le noyeroient. En laquelle tour il disoit y avoir une treille de fer, laquelle

(1) Couvre-chef.

par l'aide de Dieu il osta, et feit une corde de ses vestements et ce qu'il avoit là dedans, tellement qu'il en feit dix-sept toises, quy sont environ de six à sept pieds chascune toise, et la tour, laquelle estoit environnée d'eaue, avoit depuis l'eaue jusques à ladicte treille vingt-deux toises; et est sur la rivière de Meuse. Et quand il olt faict ladicte corde, il s'avalla jusques au bout, et puis se laissa cheoir de cinq toises de hauteur en l'eaue; et par la grasce de Dieu nagea tant qu'il feust oultre ladicte eaue de Meuse tout nud; et en cest estat, réservé ung petit cœuvre-quief qu'on luy donna sur le chemin pour l'honneur de Dieu, pour couvrir son humanité, vint en ladicte église Nostre-Dame-d'Arras, offrir lesdicts deulx cierges en l'honneur de ladicte Vierge Marie, mère de Dieu. Comme il disoit, il luy sembloit qu'elle lui avoit donné le hardement de faire ce que il avoit faict, et sy luy en estoit bien venu. Et pour tant que ce me semble ung beau miracle, pour l'honneur de la très glorieuse mère de Dieu je l'ay mis par escript; car véritablement ledict Guislain, lequel sembloit bien estre homme prudent et saige, me dict et certifia estre vrayes toutes ces parolles et choses et plusieurs aultres. Et après qu'il eust faict ainsy pèlerinage, aulcuns gents luy donnèrent aulcuns vestements pour le commencier à revestir, lequel les prit; et paravant n'avoit voullu nuls prendre ne riens, fors sa vie.

CHAPITRE XIV.

Comment ceulx quy avoient porté les procès des prisonniers pour le faict de la vaulderie revindrent; et comment le seigneur de Beauffort feut preschié publicquement; et Jehan Tacquet, Perrotin du Carieulx et Huguet Aubry feurent mitrés et preschiés aussi publicquement, et de leur condamnation.

Le douziesme jour d'octobre mil quatre cents soixante, revindrent en la cité d'Arras, de devers le duc de Bourgoingne, messire Guillaume de Berry, lieutenant du bailly d'Amiens, et maistre Mathieu du Hamel, secrétaire de l'évesque d'Arras, lesquels avoient porté le procès de quatre prisonniers pour le faict de vaulderie; et revint avecq eulx, que le duc y envoya, maistre Adrien Collin, président de la chambre du duc, laquelle chambre se tenoit à Ypres. Et eulx revenus, feurent de rechief interroguiés lesdicts prisonniers sur le faict de vaulderie, en la présence dudict président. Ce faict, les vicaires rassemblèrent encoires touts les clercqs de la ville et de la cité d'Arras, où estoient lesdicts président, l'évesque de Salubrie et de Barut, le doyen d'Arras, et son frère maistre Jehan du Bois, bachelier en théologie et canoine d'Arras, damp Jehan Barré, moine de Sainct-Vaast et docteur en théologie, maistre Gilles Flameng, maistre Mathieu Paille, maistre Jehan Mauville, advocat en la cour de l'évesque, maistre Simon de Sainct-Vaast, licentié ès lois, canoine d'Arras, maistre Jehan Boulengier, docteur en théologie, et plusieurs aultres clercqs, tant en théologie comme en lois, décrets et ès arts, aulxquels les quatre procès feurent monstrés, dont cy-après feray mention. Et après ce qu'ils olrent veus lesdicts procès et leurs opinions dictes, les vicaires de l'évesque, le vingt-deuxiesme jour dudict mois d'octobre, rendirent la sentence desdicts quatre procès; c'est à sçavoir, du seigneur de Beauffort, Jehan Tacquet, Perrotin du Carieulx et dudict Huguet Aubry; car combien qu'on assemblast les clercqs, et dissent leurs opinions, sy rendoient la sentence lesdicts vicaires, et ne les jugeoient point les clercqs.

Icelluy vingt-deuxiesme jour du mois d'octobre, au dessusdict an mil quatre cents soixante, en la maison épiscopale de l'évesque d'Arras, en cité, publicquement et devant tout le monde, où il y en avoit tant que sans nombre, car de dix lieues allenviron d'Arras, ou plus, y estoient venus hommes et femmes de touts lez, furent mis sur ung hault hourt élevé, faict pour ceste cause, messire Collart dit Payen, seigneur de Beauffort, chevallier, Jehan Tacquet, Perrotin du Carieulx et Huguet Aubry; et illecq feut mise sur leurs testes, asscavoir de Jehan Tacquet, Perrotin du Carieulx et Huguet Aubry, sur chascune leur teste une mitre, en laquelle estoit peincte l'image du diable, en telle façon qu'ils l'avoient aouré[1]. Et nonobstant que ledict Huguet n'avoit riens confessé, sy feut-il mitré; et y estoit peinct en telle façon qu'on avoit déposé contre luy qu'il avoit faict hommaige au diable. Et illecq par l'inquisiteur de la foy en la ville de Cambray, jacobin, feurent preschiés publicquement; et dit ledict inquisiteur : que ledict seigneur de Beauffort, chevallier, quy illecq estoit présent, avoit consenty au vouloir de meschantes femmes, lesquelles avoient esté ardses, comme vauldoises, comme cy-dessus est dict; et par leur enhort[2], il avoit prins ung bas-

(1) Adoré. (2) Conseil.

toncel[1] et oingt ledict bastoncel et ses mains d'ung oignement qu'on luy avoit baillé, et puis mis ledict baston entre ses jambes; et incontinent, luy estant en la ville d'Arras, en sa maison à la Quievrette, feut porté par l'ennemy d'enfer, la première fois au bois de Mofflaines, à une lieue près d'Arras en la vaulderie, où illecq y avoit plusieurs hommes et femmes; et illecq, en ladicte vaulderie, présents touts ceulx quy y estoient, feit hommaige au diable d'enfer, lequel y estoit et présidoit en forme de singe; et baisa au diable la patte; et combien que le diable luy requist son ame, il ne luy donna que quatre de ses cheveulx de son chief. Ce faict en icelle place, luy estant en ladicte vaulderie, cogneut une femme charnellement, et ne feut point ladicte femme nommée. Et dict encoires ledict inquisiteur que ledict seigneur de Beauffort avoit esté par deulx aultres fois encoires en ladicte vaulderie et aultres lieulx; c'est asscavoir, l'une des fois à Haultes-Fontaines, assez près d'Arras; et y estoit allé à pied, en plein jour, après disner; et y estoit le diable en forme de quien; le nommé Thirault sy présidoit; et là le preschoit le diable, et touts ceulx qui y estoient, dont il y en avoit foison d'hommes et femmes; et leur disoit le diable qu'il n'y avoit monde que cestuy où nous sommes, et n'avoient point d'ame aultre que les bestes; et quand ils mouroient tout mouroit; illecq il leur deffendit d'aller à l'église, d'eulx confesser et recevpoir le corps de Nostre Seigneur Jésus Christ, de prendre de l'eaue bénite, et de faire tout ce que chrestien doibt faire et est tenu de faire; et illecq luy promit ledict chevallier d'obéir à luy; et la tierce fois feut en ladicte vaulderie en ung bosquet assez près d'Arras. Toutes ces choses dictes par ledict inquisiteur, ledict inquisiteur demanda audict chevallier et seigneur de Beauffort s'il n'estoit point ainsy qu'il avoit dict; lequel chevallier respondit hault et clair que ouy, en requérant miséricorde. Lors dict ledict inquisiteur publiquement au peuple: qu'on ne se donnast point de merveille sy ledict seigneur de Beauffort n'estoit point mitré et s'il ne l'avoit point esté, pour tant que ledict seigneur de Beauffort avoit confessé d'avoir esté en ladicte vaulderie sans quelque gehenne ny torture, ny oncques puis s'estoit rappellé.

Après ce, adressa ledict inquisiteur ses paroles

(1) Petit bâton. (2) Chien.

à Jehan Tacquet; et sy dit publiquement que ledict Tacquet avoit esté en ladicte vaulderie par dix fois ou plus, et avoit faict hommaige à l'ennemy d'enfer, et mesmement luy avoit donné son ame; et que l'ennemy d'enfer l'avoit battu d'ung v.. de thor, pour tant qu'il s'estoit voullu restraire de luy; et luy avoit ledict ennemy deffendu de faire quelques bonnes œuvres de chrestien, comme cy-dessus est dict; et luy estoit enjoint que se, pour la honte du peuple eschever[1], il falloit qu'il allast à l'église ou prensist de l'eaue bénite, qu'il dist : « Ne desplaise à mon « maître. » Item, lui avoit le diable deffendu qu'il ne peust pas parler à ceulx quy estoient vauldois de vaulderie hors de leur congrégation; avec ce, s'il estoit prins pour cestuy cas, qu'il ne raccusast nulluy de leur secte; et sy par force de gehenne ou aultrement il les raccusoit, qu'à la mort il les descoulpast; que jamais il ne se confessast; et que pareillement le diable deffendoit toutes ces choses à faire à touts ceulx quy estoient vauldois, et quy obéissoient à luy. Plusieurs aultres crimes dict ledict inquisiteur que ledict Jehan Tacquet avoit commis; et après cela luy demanda s'il n'estoit point vray: lequel Jehan Tacquet, illecq présent, comme dict est, respondit, tellement que chascun l'entendit, que ouy, en requérant miséricorde.

Après ce, adressa l'inquisiteur ses parolles à Perrotin du Carieulx, et dict que ledict Perrotin avoit esté en ladicte vaulderie tant de fois que sans nombre, et qu'il avoit faict hommaige à l'ennemy d'enfer, et en signe de ce luy avoit baisé le cul, tenant une candeille ardente en ses mains, et sy luy avoit donné son ame, et luy en avoit faict une cédulle escripte de sa main et de son propre sang, et sy avoit baillé à l'Abbé-de-peu-de-sens dessus nommé, par trois fois l'hostie sacrée ou le précieux corps de Nostre Seigneur Jésus-Christ, quand il le recevpoit aux Pasques pour donner à manger aux crapeaulx. Desquels crapeaulx, avec des os de gents pendus, que luy-mesme avoit recoeuillis dessous le gibbet d'Arras et ailleurs, avecq du sang de josnes enfants qu'il avoit luy-mesme occis, jusques au nombre de quatre, dont luy, ledict Abbé-de-peu-de-sens, et Colette l'Estrevée, cy-dessus nommés, avoient faict ledict oignement dont ils se peignoient, et certaines pouldres dont ils nuisoient aulx créatures humaines et aulx biens de terre;

(1) Eviter.

et sy avoient faict plusieurs aultres maulx. Après toutes ces parolles, demanda audict Perrotin s'il n'estoit point vray; lequel Perrotin, nonobstant que trois mois devant qu'il avoit esté prisonnier, avoit confessé les choses dessusdictes, respondit publicquement : qu'il n'en estoit riens, et que ce qu'il en avoit confessé avoit esté par force de gehenne et de torture. Toutesfois avoit ledict Perrotin, escript de sa propre main, en les confessant, toutes les choses dessusdictes. Nonobstant ce, nia-t-il tout, et dict : que des choses que l'inquisiteur disoit, il n'en estoit riens. Et comme j'ay cy-dessus dict, il avoit esté pour hérésie publicquement preschié en la salle épiscopale, et sy estoit moult incité, et tant qu'il fallut que sur le hourt on le feit taire, car il voulloit tousjours parler; et eust dict moult de choses sy on l'euist laissé parler.

Après ce, addréça l'inquisiteur ses parolles à Huguet Aubry, dict Patre-nostre, et dict qu'il avoit esté accusé dudict crime de vaulderie par nœuf tesmoings, dont trois luy avoient dict en sa présence, et que, nonobstant quelques tortures qu'on luy sceust faire, il n'avoit oncques riens voulu confesser; sy encoires il le vouloit confesser, qu'on luy feroit grasce; et demanda audict Huguet s'il n'estoit point vray qu'il euist esté en ladicte vaulderie. Lequel répondit publicquement : qu'il ne sçavoit que c'estoit et que oncques n'y avoit esté. Icelluy Huguet, comme on disoit, avoit esté mis à la gehenne et torture par quinze fois ou plus, la plus griefve gehenne et torture qu'on luy pooit faire, et mesmement deulx fois en ung jour. Encoires luy feit-on plus ; car quand on vit qu'il ne voulloit riens confesser touchant la vaulderie, on le mena en ung fort chastel assez près d'Arras, que on appelle Belle-Motte, et illecq feut interroguié, après ce qu'on luy eust monstré le bourrel quy là estoit venu, comme on luy disoit, pour l'exécuter à la mort, et que s'il ne voulloit prestement confesser son faict, il seroit là aussitost exécuté. Et disent aulcuns qu'il olt les yeux bandés, comme sy on le deubst descappiter; mais oncques, pour tout ce, ne confessa d'avoir esté en ladicte vaulderie; et disoit qu'il ne sçavoit que c'estoit, et qu'on le faisoit mourir à tort. Quand ledict inquisiteur ouyt qu'il ne voullut encoires riens confesser, sy luy dict publicquement: qu'il avoit rompu prison, et s'estoit eschappé par nuict avec un prestre quy estoit prisonnier pour lar-

cin, par quoy il s'estoit rendu coupable du faict, mais il avoit esté reprins. Lors se jeta ledict Huguet à genoulx, disant que le prestre l'euist occis s'il ne s'en feust allé avec luy, et leur en prioit mercy. Toutesfois, pour ce qu'il eschappa, feut-il preschié et mitré, car les clercqs disoient que, pour ce qu'il avoit rompu prison il devoit estre atteint du cas. Toutes ces choses dictes et remonstrées publicquement par ledict inquisiteur, feit fin de son preschement.

Après ce, tout incontinent, présent tout le peuple, maistre Pierre le Brousart, inquisiteur de la foy en la ville et cité d'Arras, et maistre Mathieu du Hamel, secrétaire de l'évesque d'Arras, c'est asçavoir, ledict inquisiteur en latin, et ledict maistre Mathieu en françois, rendirent les sentences, chascune l'une après l'aultre.

Premier, la sentence dudict seigneur de Beauffort, par laquelle il feut déclaré hérétique, apostat et idolastre, lequel publicquement en battit sa coulpe, en requérant la miséricorde de l'Eglise ; et par ladicte sentence feut condampné à estre illecq battu publicquement de vergues, comme feut, sur les espaules, tout vestu, sans estre despouillié, par ledict inquisiteur.

Item, feut condampné à tenir prison fermée l'espace de sept ans, en tel lieu que bon sembleroit à l'évesque.

Item, feut condampné d'envoyer mectre au tronc des pardons de la ville de Malines, en Brabant, lequel tronc estoit ordonné pour y mectre les aulmosnes de ceulx quy voulloient donner aulcune pécune pour aller sur les Turcs, ennemis de la foy, et pour soustenir la foy chrestienne, la somme de six mille livres, monnoye d'Artois, quy valloient cinq mille escus d'or, les septante pesant ung marcq de huict onces, pour ledict argent employer à soustenir la foy chrestienne.

Item, feut condampné à payer, pour supporter les frais de l'inquisition chrestienne, la somme de quinze cents livres, monnoye dicte.

Item, feut condampné à payer cent cinquante livres, monnoye dicte, à la fabrique de Nostre-Dame d'Arras.

Item, feut condampné à payer cent livres, monnoye dicte, pour faire une croix de pierre à Haultes-Fontaines, au lieu auquel il avoit promis faire service au diable, affin qu'il feust mémoire de ce.

Item, feut condampné de payer cent livres

monnoye dicte, à l'église de la Trinité, ès faulxbourgs d'Arras.

Item, de payer cent livres, monnoye dicte, à l'église des Carmes, ès faulxbourgs d'Arras.

Item, cent livres aux Jacobins ès faulxbourgs d'Arras, et cent livres aux frères mineurs, toute monnoye dicte.

Item, feut condampné de payer aux filles de Dieu et aulx hospitaulx de la ville et cité d'Arras, à chascun dix livres, monnoye dicte.

Et la punition de prison réservée à la volonté de l'évesque.

Après laquelle sentence dudict seigneur de Beauffort, rendirent la sentence dudict Jehan Tacquet, bourgeois et eschevin d'Arras; par laquelle sentence ils déclaroient ledict Jehan Tacquet hérétique et idolastre. Et le condampnèrent, par manière de pénitence, à estre illecq publicquement battu de vergues, comme le seigneur de Beauffort l'avoit esté; et le battit illecq prestement ledict inquisiteur, comme ledict seigneur de Beauffort; lequel Jehan Tacquet requéroit publicquement miséricorde de l'Eglise.

Item, feut condampné à tenir prison fermée, l'espace de dix ans, tousjours réservant la longueur dudict prison à la vollonté de l'évesque.

Item, feut condampné à payer au dessusdict tronc de Malines, pour employer à soutenir ladicte foy chrestienne, mille livres, monnoye dicte.

Item, feut condampné à payer pour soustenir les frais de ladicte inquisition, deulx cents livres.

Item, de payer cent livres, monnoye dicte, à l'église de Sainct-Jehan en Rouville, dont il estoit paroissien.

Item, de payer cent livres pour faire une croix de pierre au bois de Mofflaines, en la place où il avoit donné son ame au diable.

Après ceste sentence rendue, rendirent la sentence de Perrotin du Carieux, par laquelle il feut desclaré hérétique, apostat, homicide et idolastre; et comme ayant aultrefois esté reprins sur la foy, et ne véant en luy aulcuns signes de repentance, comme membre pourry, feut deslivré à la justice laye.

Après ceste sentence, rendirent la sentence de Huguet Aubry. Et combien que ledict Huguet n'euist riens confessé, toutesfois, selon l'opinion de plusieurs clercqs, il estoit atteint du cas, pour ce qu'il avoit rompu prison. Icelluy Huguet, quand on rendoit sa sentence, estoit à genoulx et pleuroit, en disant qu'il s'attendoit à la sentence des vicaires. Par laquelle sentence il feut condampné à estre mis en chartre, qu'on appelle le Bonnel, quy n'est point droicte chartre, l'espace de vingt ans, en pain et en eaue.

Le bruit commun couroit que, pour tant que cestuy Huguet avoit esté serviteur de l'évesque d'Arras, et despuis de Martin Cornille, qu'il avoit toujours esté conseillié, conforté et aidé des vicaires dudict évesque, et que iceulx vicaires mettoient peine, tant qu'ils pooient, d'annuller et esteindre le faict de vaulderie. Ne sçays sy c'estoit vray, pour tant qu'à Paris, Amiens et Tournay, quy sont grosses villes, on avoit prins plusieurs hommes et femmes comme vauldois, auxquels on n'avoit riens faict; ains les avoit-on laissé aller sans aulcune punition. De tout ce, je m'en attends à ce qui en est, et n'en veulx personne chargier.

Mais toutesfois aulcuns clercqs disoient et maintenoient, que partout estoient tant de vauldois, et qu'il y en avoit de si grands, en l'église, à la cour des princes et ailleurs, que c'estoit merveilles.

On disoit aussy que Antechrist, le faulx et desloyal, estoit nais[1]; et que de bref il devoit régner, et que touts les vauldois seroient de sa partie. Dieu, par sa grace, veuille garder touts loyaulx chrestiens, et ne veuille que de nostre temps ne adviengne!

Après lesquelles sentences rendues, et chascun ou en partie despartis, les eschevins de la ville d'Arras vindrent requerre comme leur bourgeois ledict Perrotin du Carieulx, lequel, en payant les despens par luy faictes en ladicte prison, leur feut rendu celuy jour, environ quatre heures après disner.

Icelluy Pierrottin, ainçois[2] qu'il se partist de la prison de l'évesque, donna à ung sergent cinq sols pour les donner au bourrel, affin qu'il le délivrast plustost, quand temps seroit. Et combien que ledict Perrotin sceust bien qu'il debvoit mourir ce jour, sy ne faisoit-il que penser que ses biens deviendroient, en demandant sy on les confisqueroit touts. Et quand on luy disoit qu'il pensast à son ame; il respondoit: que passé avoit trois mois, qu'il n'avoit faict aultre chose que d'y penser. Et après qu'il feut

(1) Né. (2) Avant.

livré à la loy d'Arras, il feut mandé en la halle d'Arras; et illecq présent, descoulpa ceulx qu'il avoit encoulpé de la vaulderie, dont les aulcuns estoient là présents, eschevins et aultres; et dit que ce qu'il avoit dict, escript et confessé, il l'avoit faict par force de gehenne, et qu'autant de gents de nom qu'il cognoissoit, il les avoit touts nommés à faict; et sy plus en eust cognu, plus en eust confessé et nommé. Ce faict, le lieutenant d'Arras le mena à la justice d'Arras; et illecq feut ards, et son corps ramené en pouldre comme les aultres avoient esté; et feurent prins touts ses biens par les officiers du duc comme confisqués; et aussy feurent touts les biens des aultres quy avoient esté exécutés, nonobstant quelques priviléges que ceulx de la ville d'Arras euissent, par lesquels leurs piviléges ils maintenoient, que d'ung bourgeois d'Arras ne confisquoit-on riens, tenu du comté d'Artois; desquels priviléges ils usoient touts les jours. Mais en cestuy cas, on ne les laissa point jouir pour ceste heure : je ne sçay comment ceulx de la ville d'Arras en usèrent puis après.

Le vingt-troisiesme jour d'octobre, audict an mil quatre cents soixante, Charles comte de Charrollois, fils de Philippes duc de Bourgoingne, vint en la ville d'Arras, accompagnié d'Adolphe de Clefves, du comte d'Estampes et de messire Anthoine, bastard de Bourgoingne. En laquelle ville, par le commandement de son père, il avoit mandé les trois estats de la comté d'Artois, aulxquels il requist trois aides, sans l'aide ordinaire; lesquels trois aides valoient quarante mille francs. Et les raisons estoient, pour supporter, comme il feit proposer, les frais de plusieurs ambassades qu'il avoit envoyées en plusieurs pays; c'est à sçavoir, devers le roy de France, où il avoit envoyé l'évesque de Tournay nouvel, quy devant estoit évesque de Toul, messire Jehan de Croy, messire Simon de Lallaing, Toison-d'Or et aultres : *item*, avoit envoyé en Angleterre le seigneur de Lannoy, gouverneur de Hollande, le mareschal de Bourgoingne et aultres; *item*, avoit envoyé en Escoce le seigneur de Grutuse et aultres seigneurs pour le faict de son neveu, fils du roy d'Escoce : toutes lesquelles ambassades il y avoit envoyé pour le bien de ses pays et pour les tenir en paix. Et avecq ce, feit remonstrer comment il entretenoit tout l'estat de monseigneur le daulphin, aisné fils du roy de France; lesquelles choses ne se pooient faire sans grandes mises, par quoy il estoit de nécessité que ses subjects l'aidassent.

Ceste proposition faicte, les trois estats prindrent congié de retourner en son lieu, chascun pour eulx en conseillier, jusques au quatriesme de novembre ensuivant. Lequel temps durant, ledict comte d'Estampes mena le comte de Charrollois festoyer à Péronne, Bapaumes, Sainct-Quentin et ailleurs; puis revindrent audict Arras le quatriesme jour dudict mois de novembre; auquel jour se y retrouvèrent aussy les trois estats, lesquels accordèrent audict duc de Bourgoingne de lever aide et demie et demie aide, au prouffit et pour le comte de Charrollois son fils, quy furent deulx aides, desquelles le comte feut content, et ainsy s'en retourna chez luy.

CHAPITRE XV.

Comment les vicaires de l'évesque d'Arras délivrèrent maistre Anthoine Sacquespée, Henriet de Royville, Jehan Josset, et plusieurs aultres prisonniers accusés pour ladicte vaulderie, ny oncques despuis ne prindrent personne pour ledict cas.

Le vingt-quatriesme jour d'octobre, l'an dessusdict, les vicaires de l'évesque d'Arras meirent hors de prison, et eslargirent à leur mandement Henriet de Royville, lequel avoit esté trois mois prisonnier, comme accusé d'avoir esté en ladicte vaulderie; lequel Henriet, jà-soit-ce qu'il euist esté mis à la torture, avoit tousjours denié d'y avoir esté, ne oncques ne l'avoit confessé; lequel eslargissement valloit pleine délivrance.

Item, le pénultiesme jour d'octobre, lesdicts vicaires eslargirent et meirent hors de prison une josne femme nommée Belotte, laquelle estoit fille de joye. Ceste femme commune, laquelle avoit esté prinse comme vauldoise, avoit esté par plusieurs fois mise à la torture et confessé avoir esté en ladicte vaulderie. Sy disoit-on qu'elle avoit esté presque ardse quand on ardit les dernières femmes, et ne tint qu'à sa mitre, quy ne feut point faicte ny achevée. Toutesfois lesdicts vicaires la délivrèrent franchement, saulf qu'ils la congièrent hors l'évesquié d'Arras, et luy enjoignirent d'aller à Nostre-Dame de Bouloingne.

Item, cedict jour propre, délivrèrent et meirent hors de prison par eslargissement, comme dessus est dict, Jacotin d'Athies, lequel avoit esté prins pour ledict cas de vaulderie. Je ne sçay s'il avoit esté mis à la torture, mais il ne confessa oncques d'avoir esté en ladicte vaulderie; et ne luy feut enjoint aultres choses que simplement il vuideroit de l'évesquié d'Arras quinze jours durant. On disoit lors que ledict Jacotin, lequel estoit de la bourgeoisie d'Arras, n'estoit pas bien content de la villenie qu'on luy avoit faict, et dict, après sa délivrance et devant, qu'il n'en prendroit pas bien à ceulx parmy quy ce avoit esté.

Item, le vingt-quatriesme jour de novembre audict an, feurent mis hors de prison et à pleine délivrance, maistre Anthoine Sacquespée, Jehan Josset et Jacquet Willemant, lesquels avoient esté prins comme accusés d'avoir esté en ladicte vaulderie. Et combien que ledict maistre Anthoine euist esté accusé de plusieurs tesmoings, et qu'il euist esté mis à torture très dure, sy ne confessa oncques y avoir esté ny estre en riens coupable, mesme ne sçavoir que c'estoit de vaulderie, comme il disoit. Et pareillement en avoient dict et faict lesdicts Josset et Jacquet Willemant; pourquoy ils feurent mis à pleine deslivrance, moyennant qu'ils jurèrent derechief sur les sainctes Evangiles n'y avoir oncques esté, et n'en estre coupables dudict crime; et avecq ce, s'ils vouloient estre délivrés, falloit qu'ils fissent venir, c'est à sçavoir, pour ledict maistre Anthoine, sept tesmoings notables et bien famés; pour ledict Josset, cinq tesmoings; et pour ledict Willemant, quatre, lesquels affermeroient par leur serment, chascun pour sa partie, c'est à sçavoir, les sept pour maistre Anthoine Sacquespée, les cinq pour Josset, et les quatre pour ledict Jacquet Willemant : qu'ils tenoient que lesdicts maistre Anthoine Sacquespée, Jehan Josset et Jacquet Willemant avoient faict bon et léal serment, et croyoient qu'en riens n'en estoient coupables. Et en iceulx tesmoings quy déposèrent, y en avoit comme on disoit de tels quy avoient esté accusés d'avoir esté en ladicte vaulderie. Le serment faict, les dessusdicts prisonniers s'en rallèrent quittes et délivrés chascun en sa maison, comme innocents de ce cas, accompagniés de leurs parents et amis quy les estoient venus quérir.

Item, environ le vingt-cinquiesme jour dudict mois de décembre, feut délivré par purge de cinq tesmoings, comme dessus est dict, Jehan le Febvre, coultier de chevaulx, lequel avoit esté prins pour ladicte vaulderie et mis à torture, ny oncques ne confessa d'y avoir esté.

Item, environ ces jours feut mise hors de la prison, au commandement desdicts vicaires, une femme nommé Jennon d'Amiens par eslargissement; laquelle Jennon avoit esté mise à torture par plusieurs fois, et aussy confessé plusieurs choses ; mais pour toute pénitence on luy enjoignit d'aller en pélerinage à Nostre-Dame d'Esquerchin, quy sont cinq lieues près d'Arras.

Item, le dixiesme jour de décembre, par purge de cinq tesmoings, quy jurèrent comme cy-dessus est dict, feut mis hors de prison et à pleine délivrance, le petit Henriot, lequel tenoit le barleng d'Arras, lequel avoit esté prisonnier plus de sept mois pour ledict cas de vaulderie; et avoit esté mis à torture plus de quinze fois merveilleusement, et tellement qu'on luy avoit bruslé les plantes des pieds, et en estoit comme affolé[1]; mais oncques pour ce ne confessa avoir esté en ladicte vaulderie, ains ne sçavoit que c'estoit. Toutesfois, combien qu'on les délivrast quittes et délivrés touchant ladicte vaulderie, sy failloit-il qu'ils payassent tous les despends qu'ils avoient faicts en ladicte prison, et chascun sa part de l'inquisition, s'ils avoient de quoy, ou aultrement ne feuissent point issus.

Item, le seiziesme jour de décembre ensuivant, l'an dessusdict, par purge de tesmoings, comme cy-dessus est dict, feut mis hors de prison et délivré Jennin de Berry, lequel avoit esté prisonnier pour le cas de vaulderie plus de sept mois, et avoit eu autant ou plus de tesmoings que nuls aultres réservé Huguet; et sy avoit esté mis à la torture autant de fois ou plus, et sy horriblement ou plus que nuls des aultres ; mais oncques n'avoit confessé d'avoir esté en ladicte vaulderie, ains disoit qu'il ne sçavoit que c'estoit. Ledict Jennin estoit marchand de bois et renommé d'estre ung mangeur de pauvres gents, et n'avoit pas renommé d'estre loyal; et sy n'avoit oncques esté marié, et avoit bien quarante ans.

Item, ce jour mesme feut délivré par purge de tesmoings comme les aultres, ung nommé Rogier, lequel estoit des gents du seigneur de Beauffort.

Item, le dix-neuviesme jour ensuite dudict mois de décembre, feut aussy délivré ung nommé Thomas Foure, lequel avoit esté faict

(1) Estropié.

prisonnier pour ledict cas de vaulderie de sept à huict mois; et feut mis à la torture aussy forte que nuls des aultres; et sy avoit plusieurs tesmoings contre luy; mais oncques pour ce ne confessa d'avoir esté en ladicte vaulderie, ains disoit qu'il ne sçavoit que c'estoit.

A toutes ces délivrances faictes ne feurent oncques appellés l'évesque de Barut, le doyen de Nostre-Dame d'Arras, maistre Jehan Boullengier ny aultres clercqs, ny le seigneur de Saveuses, ny nuls de ceulx quy avoient esté commis à interroguier lesdicts prisonniers pour ladicte vaulderie avecq les vicaires, et n'en n'y olt oncques évocqués ou appellés à ce faire, jà-soit-ce qu'ils feuissent en la ville; et ne se mesloient nuls de leur délivrance que ledict maistre Pierre le Brousart, inquisiteur de la foy, les vicaires de l'évesque d'Arras, et le secrétaire d'icelluy évesque cydessus nommé.

Audict an mil quatre cents soixante, par ung samedy vingt-septiesme du mois de décembre, feut éclipse de lune à my-nuit, entre le samedy et dimanche; et dura ladicte éclipse l'espace de deulx ou trois heures.

Item, audict an, la nuict de Noël, jà-soit-ce qu'il euist très fort gelé et feist moult froid au pays d'Artois, à Hesdin, Sainct-Pol, Arras et ailleurs, il tonna sy fort et éclistra, que plusieurs gents veirent une grosse fouldre de feu ardente au ciel, en 'manière d'ung dragon ardent, comme aulcuns disoient. Les aultres disoient que ce avoit esté comme une flambe courante.

CHAPITRE XVI.

Comment les vicaires d'Arras absouldrent Martin Cornille, lequel ils avoient excommunié comme vauldois.

Audict an mil quatre cents soixante, les vicaires de l'évesque d'Arras, sçachants Martin Cornille estre prisonnier pour le faict de vaulderie, en la prison de l'archevesque de Besançon en Bourgoingne, lequel Martin avoit envoyé signifier son emprisonnement, et que durant le temps qu'ils procédoient à son excommunication il estoit prisonnier, iceulx vicaires, nonobstant qu'à leur pourchas ledict Martin Cornille, Willaume le Febvre et Hotin Loys euissent esté excommuniés comme atteints et convaincus dudict cas, et qu'ils avoient attaqué[1] leurs excommunica-

(1) Attaché.

tions par les portaulx des églises et portes de ladicte ville d'Arras, déclarèrent ledict Martin estre absous dudict excommuniement.

Environ ce temps feurent en plusieurs lieulx de la ville d'Arras semés et jettés rolles de papiér, èsquels estoit escript en vers rimés ce quy s'ensuit:

Les traîtors remplis de grande envie,
De convoitise et de venin couvers,
Ont fait regner ne scay quelle vauldrie,
Pour cuider prendre à tort et à travers
Les biens d'aulcuns notables et pervers
Avec leurs corps, leurs femmes et chevance,
Et mectre à mort des gens d'estat divers.
Ah! noble Arras, tu as bien eu l'advance.

Par toy, doyen, quy t'es en la clergie
Moult abusé, cuidant trouver les fons
D'aulcuns secrets de la théologie,
Mais garde-toy avec les compagnons;
Je te promets, nous d'Arras te ferons
Et à Barut danser sy belle danse!
Riens ne t'y vault, blandissure, ny dons,
Ny ès vicaires adjouter ta fidance.

Quand tu estois en Arras, bonne ville,
Chascun cuidoit que tu feusses prophète,
Sage comme un Salomon ou Sibille;
Mais sy du sens quy oncq feust en ta teste,
Tu as voulu semer une tempeste,
Tu beuveras ton brassin et brouet;
Et sy seras des premiers à la feste.
Folie fait quy folie commet.

Et toy aussy, seigneur de Salubrie,
Quy t'égalois au feu de ta maison,
Tu avois beau faire chasteaulx en Brie,
Quand on traitoit les aultres sans raison,
On te cuidoit homme de discrétion;
Pour rapporter au prince la trainée.
Tu t'es porté tout ainsy qu'un plicion,
Quy, pour tremper, est mis en la buée.

L'inquisiteur à sa blanche barrette,
Son nez velu, et sa trongne maugrinne
Des principaulx a esté à la feste,
Pour pauvres gens tirer à la gehenne;
Mais il ne sçait qu'ung peu qu'on luy macha.
Tout son desir estoit, et son pourchas,
D'avoir bien meubles tenus en sa saisine
Paisiblement, mais il ne les a pas.

Et vous vicaires, avec vos avocats
Paille, Fourme, Flameng et l'assemblée,
Vous estes touts coupables dudict cas.
Et sy vous faut aller à la journée;
Mais je vous jure la Vierge honnorée,
Que une fois vous passerez le pas,
Et sy direz quy esmut la meslée
De mettre sus les vauldois en Arras.

Et voirement, quand, bien à tort je pense,
Vous volletiez dessus ung chevallier,
Auquel, avez parfaite confidence
Qu'il poet vos faits tout et oultre porter,
Certes, c'estoit le quien au grand collier.
Mais point n'estoit d'icelle confrairie
De sainct Hubert quy guérit d'enragier,
Car il est cheu en moult grande redderie.

Vostre quien dort; sy fait vostre pasteur;
Et vous avez touts la puce en l'oreille.
Se il se peut plaindre avecq son seigneur,
Que maudict soit le cœur quy vous travaille;
Chascun de vous plusieurs fois se réveille,
Mais vous serez touts pugnis en ung tas,
Et sçaurons touts quy esmeut la merveille
De mectre sus les vauldois en Arras.

Seigneurs, pour Dieu ne vous déplaise mye
S'on veut sçavoir la vérité du cas,
Car çà esté par trop grand' villenie
De mectre sus les vauldois en Arras.

Sur le dos desdicts brefves et rolles de papier estoit en escript ce qui s'ensuit :

Quy ce briefvet recoeullera,
Garde se bien qu'il ne le monstre,
Ou de le dire tout et oultre,
Fors à touts ceulx qu'il trouvera;
Et s'ainsy fait, il gaignera
Plain ung sacq de pardons à ploutre.
Sois seur qu'à ce point ne fauldra
Feust chappelain, curé ou coustre.

CHAPITRE XVII.

D'une grosse bataille quy feut en Angleterre entre le duc d'Yorc et les gents de la royne; et comment le duc d'Yorc feut vaincu et prins, et son second fils et le comte de Saleberie descapités.

L'an de grasce mil quatre cents soixante, environ le premier de janvier, quy est le premier jour de l'an, jà-soit-ce que entre Henry, roy d'Angleterre, et le duc d'Yorc, eust certain traictié de paix, lequel roy Henry estoit en la subjection et gouvernement dudict duc d'Yorc, et avoit esté mis en sa subjection despuis la bataille que le comte de Werwicq gaigna, comme cy-dessus est dict, et estoit ladicte paix faicte tellement entre ledict duc et ledict roy Henry que le roy Henry debvoit estre roy sa vie durante tant seulement, et après la mort dudict roy Henry ledict duc ou ses hoirs debvoient estre roys, à tousjours perpétuellement eulx et leurs hoirs; et feut icelle paix faicte sans l'adveu et accord de la royne d'Angleterre, laquelle royne estoit fille du duc d'Anjou, quy se disoit roy de Sécille; et avoit icelle royne ung fils nommé Edouard, laquelle elle disoit estre fils dudict roy Henry; mais aulcuns disoient que ledict Edouard n'estoit pas fils du roy Henry, et qu'elle ne s'estoit point bien portée en marriage. De ce qu'il en est, je m'en rapporte au vray, car je n'en sçay riens; trop bien le sçait ladicte royne. Icelluy roy Henry estoit homme simple, dévot et bien servant Dieu, comme on disoit, et n'estoit pas homme de guerre; et à ceste cause qu'il estoit simple, on disoit qu'il n'estoit pas sage. Et pour vous faire entendre et déclarer la cause quy mouvoit ledict duc d'Yorc voulloir estre roy d'Angleterre : il est vray que le dernier roy Edouard d'Angleterre avoit eu quatre fils; le premier, nommé Edouard, prince de Galles, le second le duc de Lenclastre, le tiers Hedmon, duc d'Yorc, et le quart estoit aussy duc. Icelluy premier fils, nommé Edouard, feut moult vaillant homme, et desconfit le roy de France Jehan en bataille et le prit prisonnier, et sy reconquesta le royaulme des Espagnes sur Bertrand de Gleksy [1], quy l'avoit conquis pour le roy Henry d'Espagne. Après plusieurs victoires qu'icelluy Edouard, prince de Galles, obtint, et qu'il feut retourné en Angleterre, le roy Henry, son père, le renvoya derechief en France pour guerroyer; mais ainçois qu'icelluy prince de Galles se partist d'Angleterre, il requist au roy son père que, s'il plaisoit à Dieu qu'il mourust audict voyage, ains qu'il mourust [2], qu'il volsist faire le serment à touts les princes d'Angleterre qu'après la mort de luy, son père, ils couronneroient à roy ung fils qu'icelluy prince de Galles avoit, nommé Richard; ce que le roy Edouard feit ; et manda touts ses fils et ses princes, et leur feit faire ledict serment; et comme il pleut à Dieu, icelluy prince mourut avant son père; et assez tost après icelluy roy Edouard mourut. Après laquelle mort du roy Edouard, le duc de Lenclastre, premier frère du prince, comme il avoit promis, couronna en roy d'Angleterre ledict Richard, son neveu.

De laquelle chose il despleut moult aux enfants dudict duc de Lenclastre, considérants que sy leur père n'euist faict ceste chose, ils euissent esté roys. Sy s'appensèrent d'une merveilleuse chose, par especial l'aisné, lequel s'appeloit Henry de

(1) Du Guesclin. (2) Avant sa mort.

Lenclastre, lequel Henry avoit tousjours eu l'imagination que, sy son père le duc de Lenclastre euist bien voullu, il euist esté quelque jour roy. Tantost après que ledict duc son père feut allé de vie à mort, il feit meurdrir et villainement mourir ledict Richard ; et appréhenda icelluy Henry le royaulme d'Angleterre par force et par violence, et s'en feit couronner roy ; et sy en fust roy, nonobstant qu'au jour qu'icelluy Richard feust meurdry et tué, Hedmon le duc d'Yorc, fils du roy Edouard, et oncle du roy Richard occis, oncle aussy dudict Henry de Lenclastre, estoit vivant, auquel Hedmon, comme au plus prochain dudict roy Richard, debvoit compéter ledict royaulme d'Angleterre, et non audict Henry quy n'estoit que cousin-germain, et quy avoit ainsy faict meurdrir le roy Richard, lequel roy Richard n'avoit nuls enfants ; et d'icelluy Hedmon, duc d'Yorc, estoit descendu le duc d'Yorc à présent et dont ceste histoire faict mention ; et avoit esté icelluy Hedmon, ayeul dudict duc de ligne droict. Et à cause des choses dessusdictes, disoit le duc d'Yorc à luy compéter le royaulme d'Angleterre, quelque traictié que luy ne ses prédécesseurs euissent faict dudict royaulme d'Angleterre avecq les descendants dudict roy Henry de Lenclastre, ny avecq ledict Henry mesme, lequel Henry de Lenclastre avoit aussy esté ayeul dudict roy Henry, dont ceste histoire faict mention. Icelluy duc d'Yorc estant en la ville de Yorc, et le roy Henry avecq luy, la royne d'Angleterre, laquelle estoit desplaisante et courroucée de l'accord que son mary avoit faict audict duc d'Yorc, au préjudice de son fils Edouard, assembla tant de gents d'armes comme elle peut ; et estoit avecq elle le duc de Sombreset et plusieurs aultres ducs et comtes ; et vint devant ladicte ville de Yorc ; et illecq feut journée de bataille assignée entre les gents de la royne et le duc d'Yorc ; à laquelle journée assignée, quy feut environ le premier jour de l'an dessusdict, les deux parties comparurent ; et estoit avecq ledict duc d'Yorc son second fils, le comte de Rutelant, le comte de Salesbury et plusieurs aultres seigneurs ; et du costé de la royne estoient les seigneurs dessus nommés et ung cappitaine nommé Treslot, et y olt grosse bataille[1] ; mais la maladventure chéit sur ledict duc d'Yorc ; car il feut desconfit, et en y olt plusieurs morts ; et mesme ledict duc d'Yorc, son second fils, et

(1) Il s'agit de la bataille de Wakefield.

le comte Salesbury, le seigneur de Neuville, de Haringeois[1], messire Thomas de Hermant et messire Jehan Harintoy[2] y moururent ; mais le duc d'Yorc et le comte de Rutelant, son second fils, et le comte de Salesbury y feurent prins, et ce propre jour feurent touts trois descappités et morts, et leurs testes mises au bout des lances sur les portes de ladicte ville d'Yorc.

Et pour autant que ledict duc d'Yorc avoit voullu estre roy d'Angleterre, après ce que ledict duc feut descappité par le conseil dudict cappitaine Adrien Treslot, on meit sur sa teste une couronne de papier par derision, laquelle derision on polroit bien prendre pour auspice, en signifiant qu'il estoit roy ; car assez tost après son fils, nommé Edouard, desconfit les gents de la royne, et feut couronné et régna paisiblement roy d'Angleterre, comme cy-après sera dict.

Icelluy duc d'Yorc deslaissa plusieurs fils, sans celuy qui mourut avecq luy, et en laissa trois dont l'aisné estoit nommé Edouard, comte de la Marche en Angleterre, de l'age de vingt ans ou environ, et icelluy estoit le plus beau josne chevallier quy feust en Angleterre ; les aultres deulx estoient josnes. Après laquelle mort du duc d'Yorc dessusdict et des aultres, tantost que Edouard, fils dudict duc, sceust les nouvelles, luy et le comte de Werwicq feirent une grande assemblée de gents de guerre pour venir combatre ceulx quy olrent gagné ladicte bataille.

CHAPITRE XLVIII.

Comment Charles, comte de Charrollois, fils de Philippes, duc de Bourgoingne, se vint plaindre audict duc de Bourgoingne, son père, du seigneur de Croy, principal gouverneur dudict duc.

En ce temps, Charles, comte de Charrollois, accompagnié du comte d'Estampes et aultres seigneurs de son sang, arriva et vint en la ville de Bruxelles, et vint devers le duc de Bourgoingne, son père ; et arriva ledict Charles et tout son train, et touts les seigneurs avecq luy, touts vestus de blanc ; et en cest estat alla saluer son père ; et illecq feut aulcuns jours ains qu'il feist ce qu'il pensoit de faire.

Ung jour se trouva ledict Charles avecq le duc son père ; auquel duc son père Charles pria qu'icelluy voulsist luy donner audience de luy dire ce quy luy gisoit sur le cœur, lequel duc luy dict ou feit dire ce qu'il voulloit. Et dict lors ledict Charles à maistre Erard Vauris, natif de

(1) Hastings. (2) Harrow.

Bourgoingne, quy estoit son principal conseillier, qu'il dist ce qu'il luy avoit chargié de dire; lequel maistre Erard Vauris commença bientost à parler debvant le duc et à ouvrir la matière, laquelle luy estoit commandée à dire par ledict Charles, comte de Charrollois, en remonstrant les deffaults, crimes et délicts faicts par le seigneur de Croy, quy illecq estoit présent; car sans la présence dudict seigneur de Croy, le comte de Charrollois ne les euist voullu dire, lequel seigneur de Croy estoit le principal gouverneur de duc.

Sitost que le duc ouït qu'on accusoit le seigneur de Croy de plusieurs choses quy touchoient grandement à l'honneur dudict seigneur de Croy, le duc dict audict maistre Erard: qu'il advisast bien à ce qu'il disoit, et qu'il se gardast bien de dire aultre chose que vérité, et chose qu'il puisse bien prouver. Desquelles parolles dictes par le duc ledict maistre Erard olt sy grande peour, et sy feut doubtant de mal dire ou faire, que le cœur luy faillit, présents touts. Et quand le cœur luy feut revenu, il s'excusa audict Charles de plus parler, de poeur qu'il avoit du duc; car il perceut bien que le duc se troubla.

Icelluy maistre Erard estoit renommé d'estre très notable et grand clercq et bien emparlé; et se donnoient de merveilles les assistants de la doubte et poeur qu'il olt. Ledict Charles, ce voyant, se jetta prestement à genoulx devant sondict père, et reprint la parolle pour ledict maistre Erard; et moult haultemene et en moult beau langaige commença à alléguier devant le duc son père, et devant le seigneur de Croy, et aultres plusieurs, aulcunes faultes et crimes qu'il disoit que ledict seigneur de Croy avoit commis et perpétrés; desquels je me tais, pourtant qu'il ne me feut pas dict à la vérité quelles deffaultes, et n'en ay peu sçavoir la vérité[1]. Mais quoy qu'il feust ou que ce soit, le duc Philippes coppa la parolle audict Charles son fils, et luy dict : que plus il n'en voulloit ouïr parler, et qu'il se gardast bien que plus il en parlast, ny venist devers luy pour telles choses; et commanda illecq audict seigneur de Croy qu'il faisist tant devers son fils qu'icelluy son fils fussist content de luy. Et combien qu'après le département dudict duc le seigneur de Croy feist son debvoir de prier mercy audict Charles, comte de Charrollois, et s'excuser vers luy, sy ne peut-il oncques avoir aultre response dudict seigneur comte de Charrollois, fors que : quand il, seigneur de Croy, auroit faict réparation du mal qu'il avoit faict, il auroit aussy bien regard au bien faict qu'au mal faict. Et n'en peut ledict seigneur de Croy avoir aultre response; et demoura sur ce poinct.

Et après toutes ces choses, se partit ledict seigneur comte de Charollois, pour aller au Quesnoy devers sa femme, son père et luy très bien contents; et le convoya ledict seigneur de Croy jusques hors des portes de Bruxelles. Mais oncques ne peut le seigneur de Croy avoir aultre response de icelluy Charles; et ainsy s'en revint devers le duc, et demoura en tel estat et gouvernement que devant.

Audict an soixante, l'année feut très tard; mais nonobstant ce, les vins feurent assez bons selon leur tardiveté; mais ils feurent chiers; et valloit à Arras une queue de vin de Beaune vingt-quatre couronnes.

Les avoines et bleds rabaissèrent, mais se tindrent assez chiers, à cause de ce que les greniers des riches gents estoient vuidés par la chierté des grains quy avoit esté; et vaillit l'aoust passé la quierque[1] d'ung cheval de bled, de vingt à vingt-quatre sols, et l'avoine de vingt-six à vingt-neuf sols.

CHAPITRE XIX.

Comment ung huissier de parlement vint en la prison de l'évesque d'Arras, et en tira hors le seigneur de Beauffort, quy le volsist veoir; et aultres choses.

Audict an mil quatre cents soixante[2], le seizième jour de janvier, arriva ung huissier de parlement en la ville d'Arras, pour faire information du tort que le seigneur de Beauffort disoit qu'on luy avoit faict, aussy pour s'informer des torts que Jehan Taquet et aultres disoient qu'on leur avoit faict par gehenne et aultrement, pour s'informer aussy d'une appellation que le seigneur de Beauffort disoit avoir faict des vicaires ; c'est assçavoir, qu'avant qu'il feust oncques interrogié, ne condampné d'avoir esté en ladicte vaulderie, il avoit appelé des vicaires et leurs complices en parlement. Et avoit esté amené icelluy huissier, par Philippes, de Beauf-

---

(1) Voyez, pour ces allégations et reproches du comte de Charrolois, contre le seigneur de Croy, la chronique de Georges Chastellain qui en avoit reçu la confidence.

(1) Charge.
(2) Soixante et un, nouveau style.

tort, aisné fils dudict seigneur de Beauffort. Lequel, après information faicte et plusieurs tesmoings ouïs, tels que ceulx quy l'avoient faict icy venir luy voullurent administrer, le vingt-cinquiesme jour de janvier ensuivant, ledict huissier, accompagnié de Philippes de Beauffort, luy quatriesme des frères légitimes, à sçavoir : de Pierre, Raoul et Jacques de Habart, frères, et aultres, jusques au nombre de trente compagnons ou environ, bien embastonnés de bastons de guerre, vindrent aulx vicaires de l'évesque, aulxquels l'huissier, de par le roy de France, requist avoir l'obéissance de exploiter ce qu'il avoit de charge. Lesquels vicaires, de la poeur qu'ils oirent de ceulx de sa compagnie, comme dict est embastonnés, ne comparurent. Lors l'huissier, entre dix et onze heures à midy, alla à l'hostel de l'évesque, et demanda les clefs du prison au geolier, lequel les luy refusa. Lors ledict huissier les luy print par force; puis alla en la prison où le seigneur de Beauffort estoit, et l'en tira hors; et l'emmena en la ville d'Arras, en sa maison, nommée la Quievrette, et donna jour aulx vicaires de l'évesque pour comparoir en la cour de parlement contre le seigneur de Beauffort, au vingt-cinquiesme de février suivant, pour respondre en la cause d'appel dudict seigneur et aultres choses ; et le lendemain, l'huissier emmena ledict seigneur de Beauffort à Paris.

Le propre jour qu'on emmena le seigneur de Beauffort en la cité d'Arras, avecq les enfants de Habart, avoit ung nommé Willemet Baceler, banny de la ville d'Arras, lequel Willemet entra en ladicte ville avecq eulx, et alla disner en une taverne, devant l'église de Sainct-Jury, nommée les Caillaux, avecq plusieurs aultres ses compagnons. Ce sçachant, Robert de Marquais, lieutenant du gouverneur d'Arras, accompagnié de ses sergeants, vint à ladicte taverne pour prendre iceluy Willemet, et entra en une chambre haulte où ils disnoient; lequel saillit en la rue, d'où toutesfois il y avoit vingt-neuf ou trente pieds de hault, et feut blessé au cheoir en la teste; mais aulcuns disoient que le coup qu'il avoit en sa teste, ung sergeant d'Arras, nommé Picquedame, pour lequel il estoit banny, luy avoit donné. Toutesfois, quoy que ce feust, Willemet s'enffuit par la porte Haguerne, en la vigne où les enfants de Habart se tenoient, et eschappa, jà-soit-ce que le lieutenant et ses sergeants feuissent et courussent après, et qu'ils criassent: « Aide ! aide au prince ! » tellement que toutes les rues en estoient toutes estonnées. Et disoient que sy iceluy Willemet euist esté prins, qu'on luy euist coppé ung poing par justice.

Audict an soixante, le quatorziesme jour de janvier, en la ville d'Arras, sur le soir, ung nommé Mahiennot l'orfebvre, dit Biset, lequel estoit homicide, tenant filles aulx estuves, et mal renommé, et se nommoit le Marissal de Habart, feut occis devant les masingues par deulx compagnons, l'ung nommé Payennot de Gournay, et l'aultre Rollequin de Gouy, noble homme, parent de ceulx de Habart, et ledict Rollequin servant lesdicts enfants de Habart. Et combien qu'on tenoit iceluy Mahiennot hardy, toutesfois il se boutta en la maison d'ung potier d'estaing, et ne se deffendit oncques; et illecq feut tué, sy bien qu'oncques mot ne parla, et mourut sans confession; et assez tost après, iceluy Payennot feut tué d'ung prestre de villaige.

Audict an soixante, le premier de febvrier, se leva, sur les marches de Normandie, en la mer (et le veirent plusieurs hommes) ung tourbillon de feu, lequel s'éleva en l'air, et, en manière de fouldre du ciel, vint confondre et abbatre les clocques et le clocquier, et environ la moitié de la nef de l'abbaye et l'église de Fescamps en Normandie; et feut le fouldre sy impétueulx que merveilles.

CHAPITRE XX.

D'une josne fille quy feut menée à l'évesque du Mans, pour le travail que l'ennemy luy faisoit, comme elle disoit.

Audict an mil quatre cents soixante, feut amenée en la ville du Mans, devers l'évesque dudict lieu, une josne fille de l'age de vingt-deulx ans, laquelle on disoit moult fort estre vexée et travaillée de l'ennemy d'enfer. Et feut ceste chose ventillée par toute la France et ailleurs, pour la merveille que c'estoit. Lesquelles merveilles ventillées, Marie, royne de France, rescripvit devers l'évesque du Mans, en luy priant qu'il luy rescripsist la vérité de la fille ; sur quoy iceluy évesque luy escripvit unes lettres dont la copie s'ensuit :

Copie des lettres de l'évesque du Mans à dame madame Marie, royne de France, touchant la josne fille.

« Très honorée dame, soubs Dieu je me recommande humblement à vostre bonne grasce. Pour satisfaire à vostre désir, je vous rescrips assez au long. La fille dont m'avez escript, ceste fille, comme elle dict, et aussy le tesmoignent honnestes femmes quy l'ont veue, est vierge, agée de vingt-deulx ans ou environ, native de Chassé-lez-Usson, en cest diocèse du Mans, fille de Jehan Seron. Elle a esté longtemps à Laval, où, ainsy qu'elle et aultres dient, a esté longuement et durement travaillée du maulvais esprit, ce quy m'estoit difficile à croire. Madame de Laval luy a faict beaucoup de bien et l'a envoyée devers moy ung peu devant la Magdelaine, affin que je l'oysse en confession ; et l'ay confermée ; et comme elle avoit paravant à nom Jehanne, à sa requeste, en recongnoissant l'aide de Dieu et l'aide merveilleulx que luy avoit faict la Vierge Marie, mère de Dieu, Marie je l'ay nommée. Puis s'en retourna à Laval bien joyeuse, et par aulcun temps ne feut point malade ne travaillée du maulvais esprit. Mais pour ce que derechief il l'a travaillée, madame de Laval le m'a derechief envoyée ; aussy dit icelle josne fille qu'elle avoit dévotion d'y venir. Elle a faict sa neuvaine en l'église de Sainct-Julien ; et quand elle olt faict, en la fin de ladicte neuvaine, le samedy vingt-troisiesme de novembre, l'an mil quatre cents soixante, luy feurent faictes par l'ennemy deulx playes. Le dimanche, jut[1] au lict malade. Celluy jour, le lundy et mardy, feut fort tourmentée, et le dimanche ne mangea qu'ung morceau de pain, et despuis ne mangea ne but jusques au mardy après vespres. Et la veis moult terriblement tourmentée, tellement qu'à peine plusieurs la pooient tenir, ne faire retourner le visage devers moy. Elle ne pooit parler, mais monstroit, en faisant signe de la main, que le diable la tenoit à la gorge. Sy essayay plusieurs fois à luy faire le signe de la croix sur la gorge ; mais incontinent que j'y touchois, le maulvais esprit la faisoit tressaillir moult violentement, et ne pooit souffrir que j'y fisse le signe de la croix.

« Après ce, adjuray le diable, et luy commanday, par la vertu de Dieu, qu'il se départist de ceste fille racheptée de son précieulx sang. Et pour ce qu'il ne cessoit point de la tourmenter, je dis : « Mettons-nous à genoulx et prions Dieu. » Après ce, me vint en mémoire de la parolle quy est en la saincte Escripture, que le diable craint le plus, asscavoir : *Et verbum caro factum est, et habitavit in nobis.*

« J'y dis ces parolles ; et avecq icelles je dis : *Jesus Nazarenus, rex Judæorum.* Ce dict, ne tardit point que ceste fille ne parlast. Et le premier mot qu'elle proféra, ce feut *Jésus*, à grande consolation des assistants, quy estoient plus de quarante, lesquels répandoient ruisseaulx de larmes, de joye et de pitié qu'ils avoient. Après aussy l'admonestay qu'elle dist *Jesus Maria* en mes mains et renoncast au diable et à ses fraudes et déceptions, et feist profession de la foy, en disant : « Je crois qu'il est un Dieu en trois per-« sonnes, le Père, le Fils et le Sainct-Esprit, et « que le Fils prit nature humaine au ventre de la « glorieuse Vierge Marie, lequel souffrit mort et « passion pour nous racheptar, monta ès cieulx, « et viendra pour jugier vifs et morts au jour du « jugement ; » et dist qu'elle mettoit son ame entre ses mains. Lors, comme elle dict, le diable issit de son corps. Depuis n'y retourna.

« Celluy jour mesme, le merquerdy, joedy et le venderdy au matin, feut sy terriblement tourmentée, que hastivement je feus envoyé quérir par plusieurs messages. Je vins à elle, et feis de l'eau béniste. Et quand je dis ces mots *Effugiant omnes diabolicæ fraudes*, elle feut moult travaillée ; et sembloit qu'elle appellast le diable de soy. Sy récitay plus de sept fois *diabolicæ fraudes* avant qu'il cessast de l'infester. Après, elle demoura en repos, et derechief feit profession de la foy ; mais despuis l'ennemy ne cessa de la tourmenter en jour et en nuict jusques à présent ; et l'a blessiée en la teste, en face, et aulx épaules, en poictrine et ès mamelles, ès bras, ès mains, ès costés, au ventre et cuisses, maintenant en une partie de son corps, maintenant en une aultre. Et de ses plaies est issu moult de sang, tant que sa teste, son visaige et aultres parties de son corps estoient tout ensanglantées, avec son couvrechief, sa chemise et les draps de son lict. Les plaies encoires y pèrent[1] et luy font moult de douleur. Les unes sont comme engratineures ; les aultres comme quy auroit assis sus des platines de fer chauld ; et celles quy l'ont gardée disent qu'elles ont ouy férir plusieurs fois sur elle, ouy terrible voix, ouy froisser ses os, et à teste élevée et transportés,

---

(1) Coucha.

(1) Paraissent.

maintenant hault en l'air, et maintenant bas de touts costés. Nonobstant qu'elle feust gardée par ceulx quy la gardent, le maulvais esprit luy mettoit souvent sa teste entre ses jambes. Elle a esté soudainement hors de son lict, la teste contre bas, les jambes contremont, transportée de son lict loing en la place, la coite¹ de son lict, pailles et aultres choses ostées et jettées en la place ; les draps, les ustencils de l'hostel, comme plats, paelles², écuelles, candrelats³, transportés et abbatus à terre ; plusieurs pouldres et poisons, comme souffre, jettés et espandus par diverses fois, de la puanteur desquels non elle, mais aultres, quy estoient hommes et femmes, ont esté malades. Elle dict avoir veu le diable en plusieurs figures ; et mesme une notable femme le dict comme elle, l'avoir veu en une figure terrible, dont elle s'en esméant⁴, elle m'a dict plusieurs choses bien merveilleuses ; mais pour le présent ne les puis escrire, fors ce qu'elle m'a dict ; et l'ay relaté en plaine prédication, à ma descharge et à l'édification du peuple, c'est asscavoir : qu'elle avoit commandement de me dire que j'aurois grande charge, et que je feisse mon debvoir, le premier au salut des ames à moy commises, desquelles j'avois à rendre compte devant Dieu, et espécialement de trois peschiés, lesquels sont moult desplaisants à Dieu, lesquels on me nomma ; c'est asscavoir, luxure, quy moult règne en gents d'église, tant religieulx que aultres, et aussy en gents lays, tant ès hommes mariés qu'en femmes mariées ; le second d'orgueil, quy est dedans le cœur, et se monstre par dehors en habits excessifs et en difformité d'iceulx habits tant ès hommes que femmes ; la tierce est l'irrévérence quy est faicte au sainct temple de Dieu par ceulx et celles quy vont et viennent à l'église en janglant⁵, devisant et parlant des parolles dissolues et en perturbant le service divin.

« Quelle est ceste fille en son cœur et en vollonté, et à quelle fin tournera son faict ? A Dieu en est réservé le jugement, quy seul cognoist les cœurs des hommes et les choses advenir. Nous hommes, ne povons juger de la vollonté du cœur des personnes, sinon par les œuvres de dehors, jouxte⁶ la sentence de Jésus-Christ, *à fructibus eorum cognoscetis ;* comme au fruict l'on cognoist l'arbre, ainsy aux œuvres on co-

(1) Couverture. (2) Pelles. (3) Chandeliers. (4) Effrayant. (5) Causant. (6) D'après.

gnoist la vollonté des personnes. Et ceste fille a toujours le nom de Jésus et de Marie en la bouche. Elle se confesse à moy ; et selon ce qu'elle m'a dict, son faict est l'ung des merveilleux dont j'oys oncques parler. Elle a faict confession générale et bien longue à ung notable licentié en théologie, bon prud'homme, mon pénitencier, demourant avecq moy ; et à luy se confesse chascun jour, le plus souvent deulx fois, en sa maladie. Et a esté mise en onction à sa requeste, et a plusieurs fois receu le *corpus Domini*. Et combien qu'elle olt la gorge ardse, comme elle disoit, et que grand mal luy feut d'avaller sa salive, en ung peu de vin ou d'eau, sans quelques douleurs ne mal, elle a receu son sauveur. C'est merveille de la patience qu'elle a. Et nonobstant qu'elle ne dort ne mange sy peu que néant, elle a toujours sens et entendement ; et à ceulx quy la viennent veoir de toutes parts, en sy grande abondance qu'il convient touts les huis fermer, elle donne sy beaulx enseignements, à chascun selon son estat et vocation, tant aulx gents d'église qu'à nobles et populaires, que tous en sont émerveillés. A aulcunes femmes quy avoient cornes en leurs testes, et leurs poictrines descouvertes, elle a dict : « Au temps passé, j'ai eu cornes en mon « chapperon, et ay monstré ma poictrine. Voyez, « disoit-elle en monstrant le sang quy estoit en « sa teste et en sa poictrine, voyez comment je « suis parée, comment il fait bon servir tel mais« tre quy ainsy paye son serviteur. »

« A aulcuns, quy disoient estre au roy, a dict : « Recommandez-moy humblement au roy et luy « dictes qu'il recognoisse bien la grasce que Dieu « luy a faict, qu'il veuille soulager son peuple. »

« Je crois que le faict de ceste fille estoit une admonition ou une monitoire citation de Dieu, pour admonester les habitants de ceste ville et aultres, pour eulx retraire et amander leur vie. Et Dieu a monstré ung grand signe d'amour aulx habitants d'icy de ce qu'il l'a faict icy venir et estre ainsy durement vexée et travaillée. Et de ce peult-on juger par le grand faict quy s'en est ensuivy, quand ceulx et celles quy l'ont veue, et ouy parler, voyants d'une part les horribles persécutions dont elle a esté et est par les maulvais esprits corporellement travaillée, poeuvent juger combien dur et tyrannique est le service du diable, puis combien durement et horriblement il persécute les condampnés, comme exécuteur de la divine justice. Par ce doncques, d'une part, et d'aultre, par les salutaires admonitions qu'elle faict aulx hommes et femmes de soy retraire de leurs peschiés et d'eulx confesser, plusieurs hommes, et de touts états, se jettent hors des liens et service du diable par le cas de contrition, et se confessent sy exprès, et en sy grande hastiveté, que les pénitenciers et curés, tant de la ville que des champs, n'y ont peu furnir; et a convenu y en mectre d'aultres. Et pour la mémoire et à l'occasion du faict de ceste fille, on voit hommes et femmes ainsy esmeus, avoir contrition de leurs peschiés et eulx confesser; et ay sceu par les confesseurs que plusieurs ont confessé peschiés tenus de vingt ou trente ans.

« Elle dict à ceulx ou celles quy viennent devers elle : « Ayez plus pitié de vos ames que de moy, « et vous confessez. » Dont le diable contre luy a dict : « Il ne te suffit pas de toy deffendre, sy tu « admonestes tout le monde à se confesser. » Après luy a dict : « Tu es venu de loing pour « fuire, mais tu ne sçaurois de sy loing fuire que « je ne te trouve bien. » Et elle respondit : « Je me « mettray ès mains de mon doulx Sauveur Jésus-« Christ, et illecq ne me viendras mie quérir. »

« Le diable aulcune fois l'appelloit à soy ; et elle disoit : « Hé ! hé ! hé ! mon Créateur, où irai-je ? » Les gents quy présents là estoient, disoient; « En « paradis. » Et le diable respondit : « En enfer. » Quand elle appelloit Jésus, le diable, en la tourmentant, appelloit Sathan sy hault que on l'oyoit. Moult de choses disoit, et par plusieurs fois en réclamant Dieu, et le diable la tourmentant en appellant Sathan.

« Ladicte josne fille m'a dict qu'elle craint moult à revenir à monde, pour les grandes tribulations quy sont à venir se les peschiés quy règnent ne cessent. Je luy ay dict que, quant à présent issir de ce monde ou plus longuement y demourer, quant à ce aussy que les persécutions corporelles qu'elle souffre encoires durent ou qu'elles se cessent, qu'elle se doibt submettre à la vollonté de Dieu, qu'il en fasse ce quy est plus à sa gloire, au salut de son ame et des aultres ; mais qu'elle prie Dieu qu'en icelles persécutions, il luy donne grasce d'estre confermée en vraie foy, en bonne espérance, et en forte patience pour les supporter. Et elle m'a dict qu'elle a plus grand poeur d'offenser Dieu que de souffrir la peine de dampnation. Je l'ay souvent admonestée de se confesser véritablement, sans riens céler, et que c'est la chose que le diable craint le plus, et pourquoy elle sera plustost délivrée de la vexation qu'il luy faict ; elle m'a dict qu'elle cuide avoir tout dict et révélé.

« Ceulx et celles seront bien conseilliés quy feront leur prouffit de ceste fille, quelle fin qu'ils doibvent tourner, en eulx corrigeant de leurs peschiés, et en amendant leur vie.

« Ma très redoubtée et honorée dame, la miséricorde de Dieu soit avec vous !

« Escript en vostre ville du Mans, ce dix-neufviesme en décembre, l'an mil quatre cents soixante. Vostre très humble cappellain, orateur et indigne ministre en l'église du Mans. »

CHAPITRE XXI.

Comment ladicte josne fille feut menée devers le conseil du roy de France, et illecq interroguiée par lesdicts conseilliers, et après preschiée comme sorcière et corrompue d'homme.

Ces choses dessusdictes de la josne fille du Mans venues à la cognoissance du roy de France et de son conseil, icelle josne fille, par délibération dudict conseil du roy, feut envoyée quérir au Mans, et menée en la ville de Tours en Touraine, où le conseil du roy se tenoit et le roy assez près ; et illecq la josne fille feut visitée et interroguiée. Ne sçay ce qu'on y trouva ou confessa, mais par le conseil du roy feut condampnée à estre mitrée et preschiée publiquement devant tout le peuple ès villes du Mans, de Tours et de Laval, et puis ramenée audict lieu de Tours pour plourer et gémir ses peschiés en prison fermée, l'espace de sept ans, en pain de douleur et en eau de tristesse.

Icelle josne fille, comme on disoit, feut trouvée sorcière et corrompue; et la tenoit en concubinage ung josne clercq; et confessa que quand on cuidoit qu'elle feust tourmentée, que non estoit; et n'estoient que visions que le diable luy donnoit, comme on disoit qu'elle confessa. Ne sçay sy elle disoit vray ou non, car plusieurs gents disoient qu'on avoit veu de merveilleuses choses, comme cy-dessus est escript ; et sy tenoit-on l'évesque du Mans pour une très dévote et bonne personne, lequel évesque avoit rescript les lettres dont cy-dessus ay mis coppie.

Et jà-soit-ce qu'on disoit qu'il estoit saincte personne, sy feut-il enchargié, et eut des affaires assez par le roy et son conseil, de ce qu'il avoit creu ladicte josne fille, et rescript et certiffié ce que dessus est dict estre vray. Et feut icelle josne fille preschiéee publiquement en la ville de Tours en Tourraine, le deuziesme jour de mai, l'an mil quatre cents soixante et ung, et y estoit présent le conseil du roy de France, le chancellier et les aultres; et la preschia maistre Guillaume de Chasteaufort, grand-maistre de Navarre. Et feut ladicte josne fille mitrée; et autour sa mitre estoit escript en vers rimés, mis à l'ung des lez en latin, et à l'aultre lez de ladicte mitre en françois :

Quæ famata priùs, nunc sum infamata per orbem:
Tempore facta juvant, quæ modo jure nocent.
Multos derisi, nunc sum derisa per omnes :
Facta favent fictis, edita fictoribus.

Ceulx en françois estoient :

J'ay de ma langue, du Diable la voix feinte,
Et faulsement feint qu'il me tourmentoit.
La langue traistre a fait confession sainte,
Feintes visions, dont ma langue mentoit.
Mais aultres abus quy l'erreur augmentoient,
Des sacrements ay abusé sans crainte,
Faict faulx serments; nuls ne me démentoient;
Pourquoy je suis pour mes péchiés cy peinte.

CHAPITRE XXII.

Comment les vicaires d'Arras allèrent à Paris contre le seigneur de Beauffort; et comment, par le commandement de l'évesque d'Arras, quy estoit à Rome, ils délivrèrent Huguet Aubry; et comment Martin Cornille revint.

Le dix-septiesme jour de février, se partirent d'Arras maistre Pierre du Hamel et maistre Jehan Thiebault, vicaires de l'évesque d'Arras, pour aller à Paris ; auquel lieu ils estoient adjournés à comparoir en personne le quinziesme du mois. Auquel jour la cause du seigneur de Beauffort contre lesdicts vicaires ne suivit point, ains feut rallongiée jusques une aultre fois. Puis revindrent lesdicts vicaires; et iceulx retournés à Arras, ils receurent lettres de Rome, que l'évesque d'Arras leur envoyoit, par lesquelles, entre aultres choses, il leur rescripvoit: qu'ils délivrassent Huguet Aubry de chartre[1], en laquelle il estoit condampné, comme cy-dessus est dict, à cause de la vaulderie. Lesquels vicaires délivrèrent ledict Huguet Aubry, dict Patre-nostre, et le meirent hors de prison, le laissant aller quitte et délivré.

(1) De prison.

Environ ce temps aussy, Martin Cornille, lequel avoit esté déclaré excommunié et vauldois, comme cy-dessus j'ay dict, revint en la ville d'Arras; lequel Martin, l'archevesque de Besançon, après plusieurs informations faictes à la requeste dudict, et plusieurs tesmoings que ledict Martin feit ouyr en Arras et citer, et aveeq ce ceulx quy ouïrent lesdicts tesmoings, visitèrent touts lesdicts procès de ceulx quy avoient accusé ledict Martin; et avant toutes ces choses faictes et mises par escript et envoyées à Besanson, ledict archevesque de Besançon délivra ledict Martin Cornille quitte, délivré et non coupable de ladicte vaulderie.

Le seiziesme jour de février mil quatre cents soixante, vindrent quatre compagnons en unes estuves à Arras, nommées Le Glay, où fillettes de joie se tenoient, prendre une josne fille de seize ans ou environ, et malgré elle la voullurent mener hors aveeq eulx; et pour tant qu'elle ne voullut aller, ains leur disoit qu'elle estoit grosse, ils la battirent sur la teste et sur le corps très villainement, et l'emmenèrent en une maison d'où elle eschappa; et le deuxiesme jour ensuivant, des coups et horions qu'elle avoit eus, enfanta d'ung enfant mort; et feut menée en l'Hostel-Dieu de Sainct-Jehan en l'Estrée; et combien qu'on sceust, ou on euist sceu quy euist voullu, quy estoient les compagnons, on n'en feit nulle information ne justice. Et à vérité dire, en la ville d'Arras, cité ou all'environ, ny en toute Artois, on ne faisoit point ou néant de justice, sinon sur ceulx quy n'avoient de quoy eulx deffendre, ou bien sur ceulx quy n'estoient pas portés des seigneurs.

CHAPITRE XXIII.

D'une chose merveilleuse quy advint assez près de Soissons, asscavoir, d'ung prestre quy baptisa ung crapault, et d'ung sorceron qu'on feit, dont quatre personnes moururent.

Audict an mil quatre cents soixante, advint un cas merveilleulx, horrible et détestable, lequel pour mieulx entendre et la cruauté horrible, je mettray ung peu au long. Et pour venir à la matière, feut vray qu'en ung certain villaige nommé[1] . . . ., assez près de Soissons, avoit ung curé nommé messire Ive Favins; lequel prestre curé disoit à luy appartenir, comme curé, les dixmes dudict villaige. Et pour tant voullut avoir dixmes sur certaines terres et maisons appartenantes aux croisiés de Sainct-

(1) Lacune d'un mot dans le manuscrit.

Jehan de Jherusalem ; et les voullut prendre ledict curé sur le censier desdicts croisiés, nommé Jéhan Rogier; lequel censier s'y opposa, et appella en garand ses maistres et seigneurs de Sainct-Jéhan de Jhérusalem, lesquels le garandirent, et soutindrent ledict procès contre ledict curé, lequel feut grand procès; tellement que enfin ledict curé decheit et perdit sa cause ; et feut condampné ès despends, qu'il paya, lesquels estoient grands et gros. Pour laquelle cause ledict curé conceupt très grande haine contre ledict censier, jà-soit-que ledict curé ne luy en feist nul semblant. Or advint certain temps après que, comme en ladicte ville, y oit une pauvre femme y demourante, laquelle gaignoit sa vie à filer, et estoit du pays de Haynault, d'ung villaige nommé Merville, assez près d'Avesnes, et lequel est à l'abbaye de Maroilles, quy sont moines noirs. Icelle femme print du lin à filer pour la femme dudict censier Jehan Rogier, pour laquelle fillerie s'esmeut contempt[1] entre icelle femme et la femme de Rogier, censier dessusdict. Et disoit ladicte femme : que la femme dudict censier ne l'avoit point bien payée, et se plaindoit de ladicte censière en plusieurs lieulx ; et tant que cela vint à la cognoissance du curé. Lequel curé ayant en son cœur le dommaige qu'il avoit eu à cause du procès qu'il avoit perdu allencontre dudict censier, obstiné en haine couverte contre icelluy censier, pour luy pourchasser mal, s'il pooit, approcha de ladicte femme, laquelle se plaindoit de ladicte censière; à laquelle filleresse ledict curé se plaindit du censier et de sa femme, en disant moult de mal d'eulx, et que moult volontiers, s'il pooit ou sçavoit, se vengeroit d'eulx. Ayant icelle filleresse mauldicte et maulvaise femme cogneu la vollonté maulvaise dudict curé, dict audict curé : que, s'il voulloit faire ce qu'elle diroit, elle l'en vengeroit bien. Lequel curé luy dict qu'il feroit ce qu'elle voudroit. Et la mauldicte femme luy alla querir ung pot de terre, auquel pot y avoit ung gros et grand crapault, laquelle beste venimeuse elle nourrissoit en ung pot ; et dict audict curé: « Baptisez ce crapault et luy donnez tout le « faict du sainct sacrement de baptesme, comme « on faict à ung enfant : après ce, luy baillez à « manger et user d'une hostie sacrée ou précieulx « corps de Jésus-Christ. » A laquelle requeste ledict curé, par sa mauldicte vollonté, obéit; et feit

(1) Du débat.

ce que ladicte sorcière mauldicte luy avoit commandé, en la présence de ladicte sorcière et de sa fille, quy estoit femme mariée. Et à certes ledict curé, remply du diable d'enfer, d'ire et de vengeance, baptisa et donna le sainct sacrement de baptesme au crapault, et luy donna à nom Jehan. Et après ce, par sa mauldicte volonté, bailla l'hostie sacrée ou précieulx corps de nostre Seigneur Jésus-Christ, audict crapault, lequel crapault usa ladicte hostie. Ce faict, la mauldicte sorcière tua ledict crapault et le desmembra, duquel, avecq plusieurs aultres poisons et force sorceries qu'elle y meit, elle feit ung sorceron, lequel elle baillia à sa fille; et luy dict qu'elle l'allast jetter dessous la table du censier, entretemps qu'ils disnoient, feindant qu'elle venoit demander que sa mère demandoit à la censière pour sa fillerie. Laquelle fille feit le commandement de sa mère ; et trouva que ledict censier disnoit et se séoit à table, luy, sa femme et ung sien fils ; et illecq entra icelle fille de ladicte sorcière, et demanda à ladicte censière aulcune bien petite somme de pécune que sa mère luy avoit dict qu'elle demandast à cause de sa fillerie. Et comme elle parloit à ladicte censière, elle laissa tomber dessous la table du censier ledict sorceron, puis elle retourna à sa mère, et elle partit. Tantost après, le dessusdict censier, non sçachant d'icelle sorcerie, ny ne s'en donnant garde, se sentit malade, sa femme pareillement, et son fils ; et moururent touts trois avant qu'il feust trois jours. Après ces choses advenues et sceues, la très mauldicte sorcière et sa fille feurent prinses. Laquelle sorcière mauldicte confessa ce que dessus est estre vray, et sa fille aussy, lesquelles raccusèrent ledict curé. Pour lesquelles choses et aultres, en la ville de Soissons, elles feurent condampnées à estre ardses ; mais la fille se feit enceinte d'enfant, pourquoy on la renvoya en prison après son enffantement; et la mère, mauldicte sorcière, feut ardse, et son corps ramené en pouldre ; mais icelle fille estant en prison eschappa, et s'enffuit audict Maroilles en Haynault, dont elle estoit ; auquel lieu elle feut prinse et renvoyée à Soissons, et, par appel, de Soissons à Paris.

Après ce aussy que ladicte sorcière feut ardse, feut prins ledict messire Ive Favins; et feut pareillement mené ès prisons de l'évesque à Paris. Lequel curé, quy estoit riche et extraict de riches gents, luy estant prisonnier, olt conseil de ceulx quy le favorisoient, par lequel il appella de l'évesque en parlement; et combien que pour ce ne deubst ledict évesque avoir différé de luy faire son procès, toutesfois, ne sçay sy ce fust par or ou argent ou par la grande requeste des amis dudict curé, l'évesque le rendit à ladicte cour de parlement; et disoit-on que par force d'argent et d'amis on ne trouva point ledict curé coupable du faict cy-dessus; et s'en purgea ledict curé sans quelque punition, dont plusieurs se donnèrent des merveilles; et de la fille je ne sçay ce qu'on feit, ny qu'elle devint, ne sy on la laissa aller aussy bien comme le curé.

CHAPITRE XXIV.

D'une grosse bataille quy feut en Angleterre entre la royne d'Angleterre et Edouard, nouvel duc d'Yorc; et comment les gents de la royne enfin s'enfuirent desconfits; et comment ledict Edouard, duc d'Yorc, se feit couronner roy d'Angleterre.

Après ce que le duc d'Yorc euist esté, comme cy-dessus a esté dict, desconfit et prins et descappité en sa propre ville de Yorc, tantost que Edouard, son fils aisné, comte de la Marche et le comte de Werwicq, lesquels n'avoient point esté à ladicte desconfiture, sceurent la mésadvenue dudict duc et de ses gents, sy assemblèrent en la ville de Londres; laquelle ville est la chief ville d'Angleterre, et qui a Londres il est roy d'Angleterre. Laquelle ville et toute la communauté estoit du costé du duc d'Yorc, contre le roy Henry; et illecq se meirent du tout en ordre et en armes pour venir vers Yorc, venger la mort dudict duc, et dès lors voullurent ceulx de Londres couronner en roy d'Angleterre ledict Edouard nouvel duc d'Yorc; lequel Edouard accepta le royaulme, combien qu'il n'eust que vingt ans ou environ. Sy leur dict-il que jà ne porteroit couronne de roy jusques à tant qu'il auroit subjugué ses ennemis et les bouté hors d'Angleterre. Ces choses faictes, ung grand nombre de gents de guerre se partirent, et lesdicts Edouard, comte de Werwicq, et aultres ducs et comtes et leur ost, pour aller vers Yorc.

Aussy ladicte royne d'Angleterre, elle et le duc de Sombreset, assemblèrent leur ost en grand nombre, tant nobles, ducs, comtes et barons qu'aultres, et vint à toutes ses gents pour trouver ledict Edouard qu'on disoit nouvel roy d'Angleterre; et tant feit qu'au dict an mil quatre cents soixante, le vingt-huictiesme jour de mars quy fust jour de Pasques-Flouries, jour de bataille feut assigneé entre ladicte royne et ses gents, et lesdicts Edouard et le comte de Werwicq, à Farbrige[1], environ huict lieues près d'Yorc, à laquelle journée les deulx partis comparurent, et gaigna ledict duc de Sombreset la première bataille, qu'on dit l'avant-garde; laquelle du costé dudict Edouard feut du tout rueé jus et touts morts; et y mourut l'oncle dudict comte de Werwicq, et aultres plusieurs grands seigneurs. Quand ce veirent les gents de la royne, sy cuidèrent avoir tout gaigné et se meirent au pillage. Ceulx quy eschappèrent de ladicte bataille vindrent dire ces nouvelles audict Edouard et au comte Werwicq, quy n'avoient esté en ladicte première bataille, ains estoient encoires avecq leurs gents touts entiers; lesquels et leurs gents quand ils oyrent ce, feurent moult desconfortés, et à peu que chascun voulloit prendre la fuite. Quand ce veirent lesdicts Edouard et comtede Werwicq, par le conseil dudict comte, ledict Edouard feit faire ung ban en leur ost; c'est à sçavoir que quy avoit peoeur sy en retournast, et ceulx quy demoureroient auroient chascun quantité d'argent; et avecq ce sy aulcuns de ceulx quy s'en retourneroient après le ban faict, de ceulx quy demoureroient, quy les porroit occire auroit certaine grosse somme d'argent. Et dict-on que ledict comte, quand il oyt dire que la première bataille estoit perdue, et que son oncle y estoit mort et aultres de son sang, oyants touts ceulx de son ost, dit telles paroles en plourant : « Je prie Dieu qu'il ait l'ame de ceulx quy sont « morts. » Et leva les yeulx devers le ciel disant : « Pour tant que je n'ay recours qu'à toy, mon « Dieu! mon créateur, je t'en requiers vengean- « ce, et à toy mon espée. » Laquelle il tira et la baisa à la croix; lors dict à ses gents : « Quy « veut retourner sy retourne, et quy a peoeur sy « s'en voise; quant à moy, je mourray et vivray « avecq ceulx quy demoureront avecq moy. » Lors saillit jus de son cheval et se mit à pied, et tua son cheval de son espée. Ces choses faictes, le lendemain se rassemblèrent les deulx osts; c'est à sçavoir ceulx de la partie de la royne, et ceulx de la partie dudict Edouard[2], quy se disoit nouveau roy; et durèrent leurs batailles par trois heures ou plus. Enfin, la mésadventure de la

---

(1) Ferry-Bridge. (2) Il s'agit de la bataille de Touton, livrée le 9 mars 1461.

bataille choit sur le duc de Sombreset et les gents de la royne, et feurent touts rués jus, prins et morts. Et y moururent du costé de ladicte royne, des seigneurs de nom, le comte de Nortonbellant, le seigneur de Cliffort, le seigneur de Neville, frère dudict seigneur comte de Nortonbellant[1], seigneur de Wesmer[2], le seigneur de Welles[3] le fils du duc de Bourquinchon[4] le seigneur Dacres[5], le seigneur de Scailles[6], le seigneur de Gray, messire Andrieu Trolle[7], chevallier, lequel s'y porta noblement et y feut moult valliant homme; il y tua, comme on dict, ung chevallier et deulx hommes d'armes. Icelluy Andrieu Trolle estoit renommé d'estre valliant homme d'armes, jà feut ce qu'il feust d'assez petit lieu. Plusieurs aultres chevalliers, seigneurs et escuyers y feurent morts et prins, dont je ne sçais les noms. Le comte Danchires[8], y feut prins, et feut descollé à Yorc. En icelle bataille moururent, du costé de ladicte royne, comme on disoit, trente mille hommes ou plus. Après laquelle victoire, ledict Edouard, à grande joye et grande liesse de ceulx quy l'aimoient, alla à Yorc. Et après ce qu'il olt esté en ladicte ville d'Yorc et faict recueillir les os des testes de son père, frère et amis, et mis avecq leurs corps en très honnorable sépulture, et ensepvely en grands pleurs, et y faict moult honnorable et riche service, et quand il olt du tout en tout rebouté ses ennemis, il retourna en la ville de Londres, en Angleterre. Et le jour de Sainct-Pierre et de Sainct-Pol, apostres, en esté, feut ledict Edouard, fils du duc d'Yorc, en la ville de Londres, couronné roy d'Angleterre. Après aussy icelle bataille, la royne et le duc de Sombreset et ceulx quy s'en estoient peu eschapper se retrayèrent en ung chastel assez près d'illecq, duquel chastel ils s'en allèrent assez tost après, pour le doubte dudict Edouard quy vint assiéger ledict chastel. En bref, il les deschassa tellement, que le duc de Sombreset et la royne ne s'osèrent plus tenir au royaulme d'Angleterre; ains s'en alla la royne en Escoce, devers la royne d'Escoce, laquelle estoit f... du duc de Gueldres et niepce du duc de Bourgoingne; et pourparla du mariage de son fils Edouard, fils du roy Henry d'Angleterre et de la fille de ladicte royne d'Escoce, laquelle royne avoit plusieurs enfants de son mary le roy d'Escoce, dernier mort. Et faisoit ce ladicte royne afin de avoir aide des Escoçois contre le nouvel roy d'Angleterre. Le duc de Bourgoingne sçachant que ladicte royne d'Angleterre estoit allée en Escoce pour faire ceste alliance, y envoya ung chevallier de Flandres très noble et sage, nommé le seigneur de Grutuse; lequel seigneur de Grutuse y alla hastivement en grand estat, richement habillié et noblement accompagné de plusieurs chevalliers et escuyers. Et durant que ledict seigneur de Grutuse feust en Escoce, il rompit ladicte alliance. Mais après ce que ledict seigneur de Grutuse feust party et qu'il eust tout rompu par le commandement dudict duc de Bourgoingne, lequel tenoit le roy Renyer, duc d'Anjou, roy de Secile et père de ladicte royne d'Angleterre, pour ennemy (et la cause estoit pour tant que aultrefois ledict duc avoit ledict roy Renyer desconfit en bataille, et prins grand nombre de ses gents et occis; pour laquelle cause le duc ne se fioit point audict roy Renyer ny ès siens, et pour ceste cause avoit envoyé rompre ladicte alliance prestement par ledict seigneur de Grutuse,) mais au retour, les Escoçois feirent ladicte alliance, par telle condition : que la royne d'Angleterre leur rendit, c'est sçavoir pour le roy d'Escoce leur josne seigneur, frère de ladicte fille, la ville, isle et chastel de Bervicq, quy est une des fortes villes et isles du royaulme d'Escoce, et une entrée d'Escoce au royaulme d'Angleterre. Laquelle isle les Anglois avoient de tout temps tenue, et ne l'avoient peu ravoir les Escoçois ne par guerre, ne par traictié, ne par argent. Et disoit-on que ceulx d'Escoce disoient : qu'il valloit mieulx adventurer une fille et ravoir ladicte isle, que ce que ladicte isle vinst ès mains ou feust prinse par cas d'adventure dudict roy Edouard d'Angleterre. Et par ainsy feut faict le mariage de ladicte josne fille d'Escoce au josne Edouard fils de ladicte royne d'Angleterre; lesquels deulx n'estoient qu'enfants, chascun de huict à noeuf ans.

Durant le temps qu'il y avoit sy grande guerre en Angleterre, comme cy-dessus j'ay dict, le roy Edouard, duc d'Yorc, avoit envoyé deulx de ses frères, lesquels estoient josnes enfants de noeuf ou dix ans ou environ, en garde audict duc de Bourgoingne en son pays de Hollande, lesquels y feurent certain espace de temps; puis les feit venir ledict duc à l'Escluse, et de l'Escluse

---

(1) Sir John Nevil, étoit frère du comte de Wesmoreland. (2) Wesmoreland. (3) Wells. (4) Buckingham. (5) Lord Dacresy. (6) Scales. (7) Andrew Trollop. (8) Devonshire.

à Bruges où ledict duc estoit ; et leur feit ledict duc grand honneur et les feit festoyer. Mais après icelle bataille cy-dessus desclarée, ledict Edouard roy envoya requerre audict duc comme il luy renvoyast ses frères ; ce que ledict duc feit. Et les renvoya à Calais environ la fin du mois d'apvril, et les feit honnorablement et seurement conduire jusques à ladicte ville de Calais.

En ce temps aussy, le quinziesme jour d'avril, l'an mil quatre cents soixante-un, après Pasques, en ung villaige nommé Inchy, sur le costé de Cambray, feurent ardses douze maisons par feu de meschief ; et se prit le feu en la maison d'ung homme, lequel ce propre jour, par trois fois avoit boutté hors de sa maison sa propre mère, quy l'avoit porté en son ventre, laquelle estoit pauvre femme. Et disoit-on que la troisiesme fois qu'il la bouttoit hors de sa maison, disoit, qu'il aimeroit mieux que le feu feust en sa maison que jamais l'hébergeast ny y demourast ; et le propre jour, je ne sçais par quel meschief, comme sy ce feust chose miraculeuse et punition divine, le feu se prit en sa maison, et feut ardse avecq les aultres douze.

En ce temps aussy, au commandement du duc de Bourgoingne, par ung sien huissier d'armes, en la cité lez Arras, feut mandé en la ville d'Arras ung nommé Jacotin Maupetit, sergeant du roy, du nombre d'Artois ; lequel Jacotin y vint. Et comme ledict huissier luy mit sus de faict qu'il avoit faict les ballades touchant la vaulderie, cy-dessus escriptes, et aultres libelles diffamatoires, pourquoy il le faisoit prisonnier dudict duc, icelluy Jacotin, en soy excusant, despouilla sa robbe fourrée de renards et s'enffuit en pourpoint à Nostre-Dame d'Arras, de Nostre-Dame à Sainct-Nicaise, de Sainct-Nicaise à l'église des Carmes, et de là il s'en alla rendre prisonnier en parlement de Paris ; et fit tant qu'il revint quitte et délivré. Dudict huissier, on prit ses biens à Arras, durant qu'on ne sçavoit où il estoit, et en feit inventaire et vente du surplus. Quand il est revenu, je ne sçais comment ils en feirent. Ledict Jacotin estoit par sa mère de la bourgeoisie d'Arras.

En ce temps aussy, le vingt-septiesme dudict mois d'apvril, en la cité lez Arras, environ trois heures après disner, Pierre le Saumier, brasseur de cerevoise[1], accompaigné de Jacquin Longcourut, donna à Pierre de Nourréquier,

(1) Bière.

aultrement surnommé le Gros Pierre, couvreur de thieulles[1], d'ung espieu en la poictrine, duquel coup il quéit[2] et puis se releva ; et n'alla pas dix ou douze ajambées ledict Pierre qu'il ne quéit mort sans que oncques dist mot, ne parlast à prestre ny aultrement. Et la cause estoit, parce que ledict Pierre avoit eu noise au père dudict Pierre le Saumier, à cause de certain procès qu'il avoit contre luy. Et combien que ledict Pierre du Saumier feust marié, sy estoit-il de très fol gouvernement et avoit presque tout perdu le sien. Aussy ledict Pierre estoit homicide, et disoit-on qu'il avoit jà pieçà tué ung bon preudhomme, en la vigne lez la porte d'Arras, et de la cité ; auquel preud'homme, en bouttant sa teste hors sa fenestre par nuict, parce que son quient[3] abboyoit, on luy donna d'ung espieu au hastrel[4] ; duquel coup il mourut ; et laissa une pauvre femme et des pauvres enfants, et estoit couvreur de thieulles ledict bon preudhomme. Dont ledict Pierre en feut soupçonné, mais se purgea tellement quellement ; et de faict nia-t-il avoir aussy esté à la mort du prestre quy fust prins à Ransart, comme cy-dessus est dict. Ledict Pierre aussy estoit jureur, resnieur et blasphemeur du nom de Dieu et des saincts ; toutesfois il faisoit volontiers son mestier, et estoit fort et rude ouvrier et très bon, et le désiroit-on bien d'avoir pour ouvrer son mestier de couvreur de thieulles.

En ce propre jour aussy, en la ville d'Arras, environ la Croix au pré, feut trouvée une josne fille de l'âge de dix-huict ans, en l'eau de Crinçon, laquelle s'estoit noyée par meschief.

CHAPITRE XXV.

De la feste de l'ordre du Thoison que le duc de Bourgoingne feit à Sainct-Omer, et aultres choses.

Le premier jour de may mil quatre cents soixante un, par ung vendredy, Philippes, duc de Bourgoingne, feit la feste du Thoison, quy estoit l'ordre que luy et ses chevalliers portoient, quy estoient en nombre. Et feit icelle feste à sa ville de Sainct-Omer, en la comté d'Artois. Et illecq feit la plus grande feste que pieçà il n'avoit faict à feste qu'il fist du Thoison. Et y estoient chevalliers du Toison :

Messire Charles, fils du duc, comte de Charrollois, Jehan le duc de Clefves, Adolphe son

(1) Tuiles. (2) Tomba. (3) Chien. (4) Cou.

frère, Jehan comte d'Estampes, le mareschal de Bourgoingne, le seigneur de Croy, Jehan de Croy son frère, le seigneur de Lannoy, le seigneur de Hault-bourdin, bastard de Sainct-Pol, Anthoine, bastard de Bourgoingne, fils bastard dudict duc, et les aultres chevalliers du Thoison, lesquels je ne nommeray point.

Le duc d'Orléans, Charles nommé, n'y estoit pas; ains s'estoit envoyé excuser et y avoit envoyé pour luy.

N'y estoit point aussy le duc d'Allençon quy, comme cy-dessus ay dict, estoit prisonnier, lequel estoit aussy du Thoison.

A ladicte feste et assemblée vindrent plusieurs grands princes, chevalliers et escuyers, et tant qu'à merveilles, tant d'Allemagne, France, Escoce, que d'aultres pays. Et dura ladicte feste les jours de vendredy, samedy et dimanche ensuivant l'ung l'autre; auquel troisiesme jour, comme ils ont de coutume, feut faict ung service moult riche et moult solennel pour les ames de touts ceulx quy ont porté ledict Thoison, et ont esté de ladicte ordre.

En ladicte feste feut ung chevalier représentant le duc d'Allençon; car, combien qu'en ladicte ordre du Thoison n'y doibve avoir nuls chevalliers de reproche, ledict duc de Bourgoingne ne tenoit point que ledict duc euist faict quelques faultes ny trahison contre le roy, quelque condampnation qu'il olt eue contre luy. Et feut illecq preschié publicquement : que le duc d'Allençon avoit esté à tort condampné et qu'il n'avoit faict quelque villain faict, et ainsy le croyoit certainement le duc.

Après lequel service faict et la feste faillie, lesdicts seigneurs du Thoison s'assemblèrent au jour qu'il leur pleut et qu'il pleut audict duc, et illecq conclurent de donner et envoyer les ordres du Thoison de ceulx quy estoient morts, aux aultres chevalliers et seigneurs vivants ; à sçavoir, en olt ung messire Philippe Pot, chevallier, natif du pays de Bourgoingne; aussy eult Loys seigneur de Grutuse, chevallier natif de Flandres; aussy eult ung messire Guy de Roye, chevallier natif de Picardie, seigneur de Roye; et sy envoya ladicte ordre le duc au roy d'Arragon, et luy porta le seigneur de Crecquy, chevallier, portant aussi ladicte ordre; et y alla très richement et très noblement accompagnié. Et le dimanche ensuivant, Charles, comte de Charrollois, et le fils du duc Adolphe joustèrent contre touts venants, avecq eulx, aussy et faisoit le troisiesme, le bastard de Bourgoingne; et là y eult belles joustes et moult grands seigneurs quy joustèrent.

Environ ce temps, le onziesme jour du mois dessusdict, l'an soixante-ung, ung jeune compagnon marié, couvreur de thieulles, comme il couvroit en la ville d'Arras, sur la maison des Cousteaux à poincts, queit [1] jus d'une couverture, de si hault qu'il se tua tout mort, sans mouvoir pied ne jambe ne parler mot.

CHAPITRE XXVI.

Comment le doyen d'Arras, quy avoit esté cause de faire ardoir ceulx quy avoient esté prins comme vauldois, queit malade et hors de son bon sens ; et comment la femme de monseigneur le daulphin se adjust d'une fille.

Environ ce temps, maistre Jacques du Bois, maistre et docteur en théologie et doyen de l'église de Nostre-Dame d'Arras, comme il alloit en la ville de Corbey [2], queit en une maladie de redderie [3], et comme hors de son bon sens, et feut ramené à Paris. Icelluy maistre Jacques estoit réputé bon clercq, et josne homme, et le plaindoient plusieurs. Il y en avoit aussy plusieurs quy disoient que c'estoit punition de Dieu, pour ce que ç'avoit esté par son admonition et advertissement qu'on avoit prins comme vauldois ceulx cy-dessus nommés, et les aulcuns ards, comme dict est ; et avoit esté icelluy quy en espécial et totalement s'estoit mis en peine de prouver certainement qu'on alloit en ladicte vaulderie et que c'estoit chose réelle. Et ceulx quy ce disoient dudict doyen et contre luy estoient ceulx quy ne croyoient pas que l'on feust porté en l'air par l'ennemy d'enfer en ladicte vaulderie.

Et combien qu'icelluy maistre Jacques revint, comme on disoit, en son bon sens, sy n'y avoit point de seureté, et falloit qu'il se tinst en une chambre ; et enfin les membres luy faillirent, et s'alita par maladie; et par force de longuement gesir en son lict, avoit grand traulx [4] en son corps, comme grande playe, et feut fort martyrisé. Et disoient aussy aulcuns qu'il avoit esté empoisonné des vauldois ou ensorcelé. Et à la parfin, environ le mois de février, audict an mil quatre cents soixante-ung, mourut ledict maistre Jacques du Bois, lequel olt touts ses bons sens

(1) Tomba. (2) Corbeil. (3) Folie. (4) Trous.

à la mort, et les avoit eu encoires bien ung mois devant sa mort; et à certes il olt belle fin.

En ce temps, environ la fin d'apvril, en la forteresse et chastel de Genappe en Brabant, s'accouchia d'une fille, la femme de monseigneur Loys, aisné fils du roy de France et daulphin de Vienne, laquelle feut nommée Anne.

CHAPITRE XXVII.

Comment plusieurs ambassadeurs de moult divers pays vindrent touts ensemble devers le roy de France et puis devers le duc de Bourgoingne.

L'an mil quatre cents soixante-ung, au mois de may, arrivèrent devers Charles, roy de France, ambassades des plus loingtains et estrangiers pays qu'on vist oncques venir en chrestienneté, tant des pays de Sarrazinerie comme d'ailleurs, desquels les noms s'ensuivent cy-après, habillés et vestus de moult estrange manière d'habits, et non accoustumés de veoir; et sy ne les sçauroit-on deviser.

S'ensuivent les noms desdicts ambassadeurs: Premier estoit le patriarche d'Antioche, nommé frère Loys de Boulloingne, et estoit cordelier, lequel sembloit honneste prélat, portoit l'habit des cordeliers de l'Observance et ne sçavoit guières de latin, mais il parloit grecq et ung peu italien, et estoit docteur et chief de l'ambassade.

Item, y avoit ung chevallier nommé Miquiel, lequel estoit ambassadeur de l'empereur de Trappezonde, et estoit beau chevallier, grand et vénérable, sage et de belle contenance.

Item, y avoit ung aultre chevallier nommé maistre Nicolle, et estoit ambassadeur du roy de Perse, et estoit bel homme, grand, ancien et de belle façon.

Item, y avoit ung aultre chevallier nommé maistre Chastonides, et estoit ambassadeur du roy de Gerge et de Mésopotamie, quy estoit homme merveilleulx et de merveilleuse façon, grand et gros, et avoit deulx couronnes en la tonsure de la teste, et sy avoit deulx anneaulx à ses oreilles, et avoit le visage et la barbe rez comme ung marmot, mais il estoit doulce personne à veoir.

Item, y avoit ung aultre ambassadeur nommé Mahon, quy estoit ung ambassadeur du Petit Turc, lequel disoit que sy les chrestiens voulloient aider son seigneur le Petit Turc contre le Grand Turc, icelluy Petit Turc seroit avec les chrestiens et les serviroit atout cinquante mille hommes.

Item, y avoit ung chevallier nommé Mammart, quy estoit ambassadeur du roy d'Arménie, et estoit gentil chevallier et beau homme, et lequel jouoit de plusieurs instruments.

Item, y avoit ung aultre chevallier nommé messire Hanse, ambassadeur du prestre Jehan, quy estoit merveilleusement grand clercq et bon astrologien.

Touts lesquels ambassadeurs meirent dix-sept mois à venir, ains qu'ils arrivassent devers le roy de France. Venus devant le conseil dudict roy, nommèrent le roy de France le Roy Très Chrestien, et luy signifièrent et dirent de par les empereurs, roys et Turc dessusdicts : qu'il pleust au roy d'envoyer de ses gents et son enseigne pour mener guerre audict Grand Turc, et ils s'y employeroient tellement qu'ils mectroient peine de le destruire et conquester; et ne demandoient point d'argent, car ils disoient avoir argent assez; et ne demandoient fors l'aide du roy de France, qu'ils nommèrent aussy Roy des Roys. Et avec ce disoient : que l'enseigne du Roy de France et ung capitaine en son nom avecq, vauldroit plus de cent mille hommes. De la response que le roy leur feit faire je n'en puis rien sçavoir; mais il les feit festoyer et donner des grands convives.

Puis se partirent de devers le roy de France, et vindrent à Bruxelles devers le duc Philippes de Bourgoingne, lequel les recoeuilla et festoya moult honnorablement, et leur feit de beaulx dons; mais de ce qu'ils proposèrent devers ledict duc, ny de ce que ledict duc leur respondit, je n'en puis rien sçavoir.

Environ ce temps, en ung villaige lez Monstreul, nommé Auxy, par feu de meschief feurent ardses de six à sept vingts maisons, et toutes les plus belles maisons de la ville; et les avoit-on fait neufves pour la pluspart pour l'amour de leur seigneur d'Auxy, lequel estoit premier chambellan et principal gouverneur du comte de Charrollois, fils du duc de Bourgoingne.

CHAPITRE XXVIII.

Comment la cause du seigneur de Beauffort feut plaidoyée en parlement, et ledict seigneur de Beauffort eslargy.

L'an mil quatre cents soixante et ung, au mois de juing, feut la cause du seigneur de Beauffort plaidoyée en parlement, allencontre des vicaires de l'évesque d'Arras, et contre touts ceulx quy avoient interrogié les prisonniers, comme vauldois prins et retenus. Et illecq, en plein parlement, feut dict par maistre Jehan de Popincourt, advocat en parlement et conseil dudict seigneur de Beauffort, plusieurs cruelles choses, en donnant beaucoup de charges à plusieurs quy s'estoient meslés de l'inquisition de ladicte vaulderie. Et si dict, entre aultres choses : que sitost qu'ung prisonnier estoit prins pour ladicte vaulderie, on luy disoit que, s'il ne confessoit ce qu'on luy diroit, il seroit ards et bruslé, et que s'il confessoit, on le laisseroit aller franchement sans quelque peine, sinon ung petit pélerinage. Et quand il ne vouloit confesser, on le mettoit à la torture, tellement qu'il failloit qu'il confessast tout ce qu'on vouloit.

Dit encoires oultre ledict Popincourt : tantost que ledict seigneur de Beauffort olt esté mené en prison, ou assez tost après, maistre Jacques du Bois, doyen d'Arras, après ce qu'il olt dict, confessé et juré que oncques n'avoit esté en ladicte vaulderie, se jetta à genoulx devant ledict seigneur de Beauffort, et luy pria moult humblement qu'il confessast d'avoir esté dans ladicte vaulderie, ou aultrement qu'il en estoit tout déterminé, et ne le pooit nul sauver qu'il ne feust ards, et touts ses biens et héritaiges confisqués ; mais s'il le vouloit confesser, il seroit délivré en dedans quatre jours, et ne seroit ny mitré ny preschié ; et ce quy le mouvoit à ainsy humblement le prier, estoit pour la pitié qu'il avoit de luy et de ses enfants, lesquels demoureroient touts povres. Et quand le seigneur de Beauffort oyt ce, sy dit qu'il se parjureroit, et qu'il avoit juré le contraire. A quoi ledict doyen dict : qu'il ne luy en chaulsist et qu'il l'en absoulderoit. Par telles paroles et aultres plusieurs quy seroient longues à raconter, ledict seigneur de Beauffort confessa avoir esté en ladicte vaulderie, comme cy-dessus est dict. Ledict Popincourt dit encoires : après ce que le seigneur de Beauffort euist confessé ce que dict est, il faillit qu'il payast au duc quatre mille francs ; *item*, au comte d'Estampes, deux mille francs ; *item*, au bailly d'Amiens mille francs ; et au lieutenant dudict bailly, deulx cents francs, sans ce qu'il feust en rien condampné envers lesdicts comtes d'Estampes, bailly ny lieutenant. Et avoit pareillement prins ledict bailly, à Jehan Tacquet, lequel estoit prisonnier pour ledict cas, quatre cents livres.

Plusieurs aultres choses plaidoya et dit publicquement ledict Popincourt, pour ledict seigneur de Beauffort, et moult terribles et moult chargeables contre ceulx quy s'estoient meslés de l'inquisition de ladicte vaulderie. Et après ce que ledict Popincourt euist tout dict et parlé ce qu'il vouloit dire, il feut dict par parlement : que ledict seigneur de Beauffort seroit eslargy de prison ; avecq ce, que ung huissier du parlement iroit, aux despends dudict Beauffort, en la cité d'Arras, ès prison de l'évesque ; et que Jehan Tacquet, Jehan du Bois, et la femme qu'on nomme Franche-Comté, lesquels avoient esté preschiés comme vauldois, seroient eslargis. Lesquels on vint quérir environ dix jours après, et feurent menés à Paris. Et assez tost après qu'ils feurent venus à Paris, feurent touts eslargis pour aller où bon leur sembleroit ; et revint chascun en sa maison.

Et disoient touts : que oncques n'avoient esté en ladicte vaulderie, et que ce qu'ils avoient dict avoit esté par force de gehenne et poeur d'estre ards. Et combien que chascun s'en retournast en sa maison, sy estoient toutsdis leurs procès pendants audict parlement, et y feurent longtemps après ; et sy n'estoit cause déterminée, s'ils avoient esté condampnés, ne prins à tort et à droit ; et ralloient quelquefois à Paris, pour solliciter leur procès.

Environ ce temps aussy, ou assez tost après, vindrent deulx commissaires de Paris, docteurs en théologie, c'est à sçavoir, l'ung jacobin et inquisiteur de la foy en l'évesquié de Paris, l'aultre, ung ancien religieulx, et aultres députés avecq eulx. Lesquels commissaires feirent attacher lettres aux portes d'Arras, où il avoit escript : que s'il estoit nul quy sceust que dire sur Guillaume le Febvre, bourgeois d'Arras, lequel avoit esté excommunié comme vauldois, pour ce qu'il s'estoit absenté, qu'ils vinssent à eulx, et ils les oyroient en dedans certain jour. Et ce pendant qu'ils feurent à Arras, oyrent plusieurs tesmoings qu'on leur administra sur la purge dudict Guillaume le Febvre, lequel se purgea à Paris sous l'évesque de Paris. Et oyrent entre les aultres plusieurs tesmoings quy avoient esté prins comme accusés de ladicte vaulderie. Devers iceulx commissaires vindrent les vicaires de l'évesque d'Arras, lesquels leur monstrèrent les procès de ceulx quy avoient esté exécutés ou preschiés comme vauldois, et par lesquels ils pooient voir comme ledict Guillaume le Febvre estoit accusé. Après lesquelles choses faictes, lesdicts commissaires retournèrent à Paris, et emportèrent les coppies des procès faicts contre ceulx quy avoient esté prins, exécutés et preschiés comme vauldois. Lesquels procès veus et visités à Paris, par l'évesque de Paris, l'archevesque de Raims, et inquisiteur de la foy ès marches de France, avec plusieurs aultres docteurs en théologie, et oyes les propositions dudict Guillaume le Febvre, feut, par ledict archevesque de Raims, Guillaume le Febvre déclaré délivré, absout et innocent dudict crime de vaulderie. Et environ le mois de septembre, feut renvoyé audict Guillaume le Febvre action pour poursuivre les vicaires dudict évesque d'Arras, pour estre réparé de son honneur, et pour les despends et dommaiges qu'il y avoit mis.

Environ ce temps aussy, revint en la ville d'Arras Hotin Loys, sergeant d'Arras, lequel, comme dict est, avoit esté excommunié comme vauldois, et avoit esté à Rome, d'où rapporta lettres du pape, comme il le renvoyoit à maistre Gilles Carlier, doyen de Nostre-Dame de Cambray, et à maistre Grégoire Nicole, official en ladicte église, pour le punir sy qu'ils trouveroient qu'il auroit desservy; lequel n'eut quelque punition, ains feut sergeant comme paravant.

CHAPITRE XXIX.

Comment Charles, roy de France, septiesme de ce nom, à Meung, emprès de Bourges en Berry, alla de vie en trespas.

L'an de grace mil quatre cents soixante et ung, le vingt-deuxiesme jour de juillet, au chasteau de Meung, à quatre lieues de Bourges en Berry, Charles, roy de France, septiesme de ce nom, cloist son dernier jour; et mourut environ l'age de soixante-huict ans; et avoit régné roy trente-neuf ans. Cestuy Charles, au commencement de son règne, feut moult fortuné [1]. Et perdit la pluspart de son royaulme, par la force de la guerre que menoit le roy Henry d'Angleterre, lequel roy Henry avoit espousé la sœur dudict roy Charles. Et cuida bien iceluy roy Henry avoir le royaulme de France, et en débouter ledict roy Charles, par l'aide du duc de Bourgoingne, duquel duc on avoit tué son père, le duc Jehan, en l'an mil quatre cents dix-neuf; et feut tué par Taneguy du Chastel, et aultres, en la présence dudict roy Charles, quy lors estoit daulphin de Vienne; et vivoit encore le roy son père; et feut tué ledict duc Jehan à Montreau-Faut-Yonne, quy feut ung des maulvais homicides qu'on ouyst oncques parler. Toutesfois ledict duc estoit venu vers ledict daulphin à son mande; et estoit la paix faicte entre ledict daulphin et luy; et avoient oye messe, et receu le corps de Jésus-Christ, comme on disoit, ensemble, aulcuns jours devant; et feut une hostie sacrée partie en deux, et en print ledict daulphin une, et ledict duc Jehan l'aultre. Et combien qu'après ledict homicide faict, ledict Charles, lors daulphin, quand il feut roy, s'excusa moult dudict homicide, disant qu'il estoit josne, innocent, et qu'il n'en sçavoit riens, toutesfois, tant qu'il vescut, ledict Taneguy, et ceulx quy feirent ledict homicide, se tindrent en ses pays et s'y gardèrent; et baillia des fortes places pour eulx garder; et mesme ledict Taneguy, lequel se tint touts les jours de sa vie assez près d'Avignon, sur les marches de France, vescut, despuis le homicide faict, plus de quarante ans, et feut toujours en la garde dudict roy Charles et de son cousin. Et quy de ce veut plus sçavoir, qu'il voie les chroniques sur ce et alors faictes. Et combien qu'au commencement de son règne ledict roy Charles feust moult fortuné, toutesfois, en l'an mil quatre cents trente-cinq, feut faicte la paix d'entre ledict roy Charles et Philippes, duc de Bourgoingne. Despuis laquelle paix faicte, pour ce que ledict duc ne guerroya plus le roy Charles, par le sens et conduicte dudict roy, et les sens et conduicte de son cousin [1], il reconquesta tout son royaulme, et plus qu'oncques roy n'avoit faict, car il reconquesta la duché d'Aquitaine et tout le pays de Bourdelois; lesquels pays avoient esté, par l'espace de deulx cents ans ou environ, en la main des Anglois. Il reconquesta aussy tout le pays de Normandie, que les Anglois avoient tenu plus de trente ans en leur possession. Brief, il feit tant que partout son royaulme il feut obéy et aimé. Et ne demoura en tout le royaulme de France que Calais, Hames et Guisnes, quy ne fuissent obéissants à luy; lequel Calais estoit au roy d'Angleterre. Et disoit-on que ledict roy Charles euist lesdicts Anglois houttés hors desdictes pla-

---

(a) Poursuivi par la fortune.

(1) Le comte de Dunois, bâtard d'Orléans.

ces, sy ce n'euist esté pour ce qu'il n'y povoit venir sans passer son ost par le pays dudict duc de Bourgoingne; par lequel voyaige, guerre s'euist peu mouvoir entre luy et ledict duc.

Icelluy roy Charles ordonna en son royaulme quinze cents hommes d'armes, et de cinq à six mille archiers, lesquels il meit ès frontières du royaulme, par espécial du costé des Anglois; lesquels gents d'armes estoient payés aux dépends de ses pays. Et y avoit certaines tailles et impositions que touts ceulx de ses pays payoient s'ils n'estoient clercqs, nobles ou privilégiés, dont on payoit les gages des gents d'armes; et avoit chascun homme d'armes à trois chevaulx, pour le mois, quinze francs seize sols, monnoye royale pour le franc, quy valloient onze couronnes et demie d'or ou environ; et pour chascun archier, sept francs et demy pour le mois, monnoye dicte; et estoient très bien payés. Pourquoy il n'y avoit sy hardy ny sy maulvais desdicts gents d'armes quy osassent personne desrobber ne riens prendre de l'aultruy. Ains passoient marchands et touts aultres bonnes gents aussy seurement par les lieulx où ils se tenoient, que parmy les bonnes villes. Et ainsy faisoit-on par tout le royaulme de France, puis qu'on avoit passé le pays de Picardie; et euist-on porté par les champs son poing plein d'or; ny oncques n'y avoit faict sy seur; car mesme larrons ne brigands ne se osoient tenir en France, que tantost ne feuissent prins par les justices ou les gents d'armes.

Mesme icelluy roy Charles aussy remit sus et feit courir le quatriesme, en son royaulme, des vins vendus à détail, quy moult grevoit audict royaulme. Cestuy quatriesme feut venu du cent à quatre; car quand anciennement il feut permis sus, on meit au centiesme et du centiesme au cinquantiesme, puis au vingtiesme, puis au huictiesme et puis au quatriesme. Toutes ces choses et subsides couroient en France, sans les gabelles de sel quy y couroient, quelques impositions et aultres débites, dont le peuple estoit mangié.

Icelluy roy Charles, ains qu'il euist paix audict duc, menoit moult saincte vie, et disoit ses heures canonniaulx; mais despuis la paix faicte audict duc, jà-soit-ce qu'il continuast au service de Dieu, il s'accointa d'une josne femme venue de petit lieu d'envers Thour¹, nommée Agnès,

(1) Fromenteau, village de Touraine.

laquelle despuis feut appelée la Belle Agnès; laquelle Belle Agnès menoit plus grand estat que la royne de France. Et se tenoit peu ou néant la dicte royne Marie avec ledict roy Charles, combien qu'elle feust moult bonne et très humble dame, et comme on disoit, moult estoit saincte femme. Icelle Belle Agnès estoit, sy comme on disoit, une des belles femmes du royaulme, mais elle ne dura guières, et mourut; et disoit-on qu'elle feut empoisonnée.

Après laquelle Belle Agnès morte, le roy Charles accointa en son lieu la niepce de ladicte Belle Agnès, laquelle estoit femme mariée au seigneur de Vilecler¹; et se tenoit son mary avecq elle; et elle estoit bien aussy belle que sa tante; et sçavoit aussy cinq à six damoiselles des plus belles du royaulme, de petit lieu, lesquelles suivoient ledict roy Charles partout où il alloit; et estoient vestues et habillées le plus richement qu'on pooit, comme roynes; et tenoient moult grand et dissolu estat, et le tout aux despends du roy, et plus grand estat qu'une royne ne feroit; et ne se tenoit peu ou néant la royne avecq son mary.

Le susdict roy Charles feut moult aimé par tout son royaulme, et le gouverna moult haultement, noblement et sagement; et n'estoit pas vindicatif, ains vouloit bien justice estre faicte, et forte justice regner après ses conquestes, tellement que tout marchand et aultres gents alloient seurement parmy son royaulme.

Et prestement que ledict roy Charles feust mort, Charles d'Anjou, comte du Mayne, oncle de monseigneur Loys, aisné fils dudict roy Charles, envoya signifier la mort dudict roy Charles à monseigneur Loys, lequel, comme cy-dessus est dict, se tenoit à Génappe en Brabant. Et vindrent messagers vers ledict monseigneur Loys, quy recrandirent² trois chevaulx. Et sceut la mort de son père le vingt-deuxiesme jour dudict mois de juillet. Tantost que monseigneur Loys sceut que sondict père estoit mort, sy envoya hastivement dire ces nouvelles à Philippes, duc de Bourgoingne, lequel duc estoit lors en sa ville de Hesdin en Artois; lequel duc jà sçavoit les nouvelles, et les envoyoit dire à Loys, craindant qu'il n'en sceust rien.

Ces choses sceues dudict Loys et du duc, ils assignèrent jour ensemble, qu'ils se trouveroient à Avesnes en Haynault, à certain jour, pour tirer à Raims, et illecq ledict monseigneur

(1) Villequier. (2) Fatiguèrent.

Loys estre sacré roy de France. Et pour autant que ledict duc doubtoit qu'aulcun empeschement ne feust faict par aulcuns de France à sacrer et couronner ledict monseigneur Loys, il rescripvit tantost à touts les nobles de ses pays, comme de Bourgoingne, Picardie, Artois, Boulenois, Flandres, Haynault et Brabant, et ailleurs ses pays, qu'ils se meissent sus en armes atout le plus de gents qu'ils polroient, et fuissent entour Sainct-Quentin en Vermandois, au huictiesme jour d'aoust ensuivant. Après lesquelles lettres repceues des nobles par tout le pays dudict duc, se meirent sus en armes en aussy ou plus grand nombre de gents que oncques n'avoient faict, et le plus richement qu'ils peurent. Et comme par touts les pays dudict duc touts les gents d'armes fuissent tout prests, ledict monseigneur Loys estant à Avesnes en Haynault, vers luy venoient touts les jours à grande route[1] gents d'armes, chevalliers et princes du royaulme de France, eulx rendants à son obéissance, le reconnoissants roy de France ; et pareillement venoient touts les jours de touts les gents députés de par les bonnes villes de France et du royaulme, luy rendre obéissance et le recognoistre roy de France.

Icelluy monseigneur Loys, considérant aussy et sçachant la grande armée que le duc de Bourgoingne faisoit, laquelle estoit sy grande que la pluspart des pays par où les gents d'armes euissent passé, eussent esté touts pillés et mangiés, rescripvit et fit prier au duc qu'il se deportast de faire sy grande armée. A laquelle requeste et prière ledict duc obéit. Et manda à touts ceulx de ses pays qu'ils ne se meissent aux champs ; ains, sy aulcuns en y avoit, se retournassent en leurs maisons sans robber ny faire nul dommaige, sur peine de la hart. Mais bien manda aux grands seigneurs et cappitaines de ses pays que, s'ils voulloient venir avec luy à Raims et à Paris au sacre du roy Loys, avecq eulx leur estat quotidien, en armes ou aultrement, ils feuissent bien venus. Lesquels seigneurs et cappitaines, au moins la pluspart, y allèrent en armes, moult noblement habillés et le plus richement qu'ils peurent. Et jà-soit qu'ils ne feurent que à leur estat quotidien, sy feurent-ils bien quatre mille combattants ou davantage. On disoit que sy touts ceux quy s'estoient montés y fuissent allés, ils euissent esté bien cent mille hommes. Ne sçay qu'il en est ; mais je sçay bien que plusieurs gentilshommes et gents de guerre avoient mis grands frais à eulx monter ; et se montèrent compagnons avecq eulx ; à quoy faire ils perdirent assez ; car sy ung cheval avoit cousté cinquante escus, ils n'en r'avoient que la moitié, aulcunes fois moins ; de quoy ils estoient moult courroucés et crevoient de deuil, tant pour leurs dictes pertes, que aussy, comme je crois, qu'il y avoit plusieurs gents de guerre quy désiroient d'y aller pour piller et robber.

CHAPITRE XXX.

Comment le duc de Bourgoingne alla à Avesnes, en Haynault, devers le nouvel roy de France Loys ; et comme on y feit le service du roy Charles, et aultres choses.

Assez tost après que le duc Philippes de Bourgoingne feust adverty de la mort du roy de France Charles, se partit de Hesdin ; et au jour déterminé entre le roy Loys et ledict duc, il se trouva en Avesnes en Haynault devers ledict Loys. Auquel lieu d'Avesnes feut faict le service dudict roy Charles moult honnorablement ; et feurent dictes les vigiles le dimanche deuxiesme jour d'aoust, et le lendemain la messe, et y olt moult grands luminaires, comme en tel cas appartient. Et feut audict service le nouvel roy, vestu en deuil tout de noir ; et le menoit le seigneur de Montauban. Après ledict roy alloit le duc de Bourgoingne, vestu en deuil pareillement ; et le menoit le seigneur de Croy. Après lequel duc alloit le comte de Charrollois, fils dudict duc, vestu en deuil comme les aultres ; et le menoit le seigneur de Contay. Après alloient le comte d'Estampes, Jacques, frère du duc de Bourbon, Adolphe de Clefves, et plusieurs aultres grands seigneurs. Et prestement la messe du service dicte et le disner faict, ledict roy Loys se vestit de pourpre et s'en alla à la chasse. Et est la manière que, sitost qu'ung roy de France est mort, son fils aisné ou son plus prochain est roy ; et n'est point le royaulme sans roy ; et pour ceste cause le nouvel roy ne porte de deuil, ains se veste de pourpre ou de rouge, en signifiant qu'il y a roy en France.

Le lendemain du service, quy feut le quatriesme jour d'aoust, le roy Loys partit de Avesnes, pour tant qu'il y avoit trop peu de place ; car touts les jours gents venoient de

---

(1) Troupe.

touts lez vers luy, et à peine pooit-on avoir place pour loger à quatre à cinq lieues près Avesnes; et s'en alla vers Raims, et passa par le pays de Thierache; et le cinquiesme jour du mois d'aoust le duc se partit, et s'en alla à Sainct-Quentin en Vermandois, auquel lieu il debvoit trouver les nobles de ses pays.

Le roy Loys et ledict duc avoient prins jour d'eulx trouver ensemble en la ville de Laon, pour aller à Raims sacrer ledict roy Loys.

CHAPITRE XXXI.

Comment le corps du roy Charles feut apporté et mis en sépulture à Sainct-Denys en France.

Après ce que le roy Charles feut mort à Meung, son corps feut embaulmé, et moult honnorablement mis sur ung charriot couvert de drap d'or, à grand luminaire, et ainsy apporté jusques en la ville de Paris, en laquelle ville feut faict son service en l'église Nostre-Dame moult honnorablement. Et après le service faict, feut le corps porté à Sainct-Denys en France le huictiesme jour d'aoust, et illecq son service de rechief faict sur ledict corps porté audict lieu de Sainct-Denys, où il feut mis en sépulture avecq les roys; et feut tousjours le corps du roy Charles accompagnié jusques à Sainct-Denis, du duc d'Orléans, son cousin germain, du bastard d'Orléans, comte de Dunois, et d'aultres grands seigneurs; et y avoit plus de cinq cents chevaulx.

On pria moult par tout le royaulme pour ledict roy Charles; et feut moult plouré et plainct, car il estoit aimé par tout sondict royaulme.

En ce temps, le neuviesme jour d'aoust, ès faulxbourgs d'Arras, devant l'église de Sainct-Vincent, feut tué ung josne et rude compagnon, nommé Willemet Fourdin, dict Bacelier, natif de Brouay; lequel Willemet, accompagnié d'ung compagnon, nommé l'Abbé de Harart, estoient allés pour trouver Collin Souverain et son frère, lesquels estoient josnes compagnons de dix-sept à vingt ans, fils du carrelier demourant devant ladicte église. Sy trouvèrent lesdicts compagnons frères, et leur coururent sus, et férit ledict Willemet premier. Quoy véants ledict Collin et son frère, monstrèrent aulx gents comment c'estoit, en leur corps deffendant. Lors ledict Collin tira d'une fusée, quy est ung long baston, en laquelle y à ung grand long espée, dont il le perça tout oultre le corps, et quéit[1] ledict

(1) Tomba.

Willemet. Sy se releva; mais ne feut pas sitost relevé que ledict Collin ne vinst encoires férir, tellement que de rechief il luy perça le corps encoires tout oultre; du quel coup il boutta ledict Willemet contre une maison, sy rudement qu'il attaqua[1] son espée, avec ledict Willemet boutté parmy, au postel de ladicte maison. Et ainsy que ledict Collin se combattoit audict Willemet, son frère se combattoit audict Abbé. Avecq lesquels frères estoient jà venus trois compagnons en son aide; et euissent tué ledict Abbé, sy ce n'euist esté ung bourgeois d'Arras, nommé Pierre Carme, lequel feit entrer ledict Abbé en l'église de Sainct-Vincent; et eut ledict Abbé trois playes très périlleuses; mais il n'en mourut pas. Ce faict, ledict Collin et ses compagnons se partirent et laissèrent ledict Willemet, lequel mourut environ ung quart d'heure après, et feut confessé. Lesdicts Willemet et Abbé se disoient estre aulx enfants de Habart; lesquels Abbé et Willemet estoient très mal renommés; et tenoient fillettes communes, et ne se faisoient que combattre puis à l'ung, puis à l'aultre, et ne leur challoit à quy, par espécial ledict Willemet, et à peu touts les jours; et ne feut point plainct, ains en estoit chascun joyeulx, car ils ne faisoient quelques œuvres de bien, fors aller par tavernes et cabarets, et aultres malles œuvres. Les facteurs s'allèrent rendre prisonniers à la loy d'Arras, et prouvèrent ce avoient faict leurs corps deffendants, par quoy ils feurent jugiés quittes et delivrés, et leur en bailla-t-on lettres sous le scel de la ville. A vérité dire, le regne estoit lors en Arras, cité et environ, qu'on n'y faisoit point ou néant de justice, par espécial sur les compagnons de guerre, pour ce que les seigneurs les portoient, et pour ce n'en osoiton faire justice; mais, par la permission de Dieu, comme je crois, ils faisoient punition d'eulx-mesmes, c'est asscavoir en tuant l'ung l'aultre, comme par ce livre pouvez voir.

CHAPITRE XXXII.

Comment le roy Loys feut sacré à Raims, et quels princes estoient avecq luy, et des chevalliers quy y feurent faicts, et aultres plusieurs choses.

Le quatorziesme jour d'aoust, l'an mil quatre cents soixante-ung, nuict et veille de l'Assomption de Nostre-Dame la Vierge Marie, entra Loys,

(1) Attacha.

nouvel roy de France, en la cité et ville de Raims, accompagnié des princes quy s'ensuivent.

Et premier, de Philippes duc de Bourgoingne; avecq lequel duc estoient :
Charles, son fils, comte de Charrollois ;
Le duc de Bourbon, son nepveu ;
Le duc de Clefves, son nepveu ;
Adolphe de Clefves ;
Le comte de Nevers, cousin-germain dudict duc ;
Son frère, le comte d'Estampes ;
Monseigneur Jehan de Lorraine ;
Le comte de Sainct-Pol ;
Jehan de Melun, fils du seigneur d'Anthoing, et la pluspart des nobles hommes, grands seigneurs et chevaliers, bannières de touts ses pays, atout les gents simplement de leur famille, et encoires moins. Mais combien qu'ils feussent à peu de gents, sy estoient-ils tant richement habilliés que c'estoit merveille, et estoit noblesse à les veoir.

Après ledict duc et ceulx de sa compagnie estoient :
Le comte d'Angoulesme, frère du duc d'Orléans ;
Le comte d'Eu ;
Le comte de Vendosme ;
Le comte de Grandpré ;
Philippes, fils aisné du duc de Savoye ;
Le comte de Nassel[1] ;
Le comte de Sainct-Pol ;
Le comte de Braine ;
Le cadet de La Bret[2] ;
L'aisné fils du marquis de Saluces ;
L'aisné fils du comte de Monbras[3] ;
L'Aigle de Bretagne ;
Le seigneur de Lohéach.

Et le lendemain, jour de l'Assomption de Nostre-Dame la glorieuse Vierge Marie, par l'archevesque de Raims, en l'église cathédrale de Nostre-Dame de Raims, feut sacré et couronné roy de France ledict Loys, présents les pairs de France, ou personne de par eulx. Et feit ledict duc de Bourgoingne, pour tant qu'il estoit pair deulx fois, habillier comme pair représentant sa personne, son nepveu le duc de Clefves. Et comme ledict roy Loys feut habillié et prest pour estre sacré, il tira l'espée et la baillia au duc de Bourgoingne, en luy priant qu'il luy donnast l'acollée et le feist chevallier. Et feit ce que onoques mais roy n'avoit faict ; car on maintient que touts les enfants de France sont chevalliers sur les fonts. A laquelle prière et requeste le duc obéit, et le feit chevallier. Après ce qu'il feut chevallier, il feit cinq ou six chevalliers, c'est à sçavoir : le seigneur de Beaujeu et Jacques son frère, enfants du duc de Bourbon, dernier mort ; les deux fils du seigneur de Croy, et maistre Jehan Bureau, thrésorier de France ; puis dit au duc de Bourgoingne qu'il estoit tout las, pour le travail qu'il avoit eu, et qu'il feist les aultres chevalliers quy le requéroient ; à quoy ledict duc obéit ; et en feit plusieurs de sa main. Et quand il feut tanné et las, sy commit aulcuns seigneurs chevalliers, pour les faire, lesquels en feirent plusieurs. C'est à sçavoir, feurent chevalliers celuy jour, tant par la main dudict duc que d'aultres :
L'aisné fils du comte de Pontièvre ;
Le fils du comte de Saluces ;
L'aisné fils de Wistenbarg[1] ;
Le seigneur de Chastillon ;
Anthoine, fils de messire Jehan de Croy, seigneur de Sempy ;
Jehan de Melun, fils du seigneur d'Anthoing ;
Anthoine d'Ailly, seigneur de Varennes ;
Le seigneur de Montcaurel ;
Jehan, fils du seigneur de Hallewin ;
Jehan de Bernieulle ;
Artus de Longueval ;
Jehan, fils du seigneur de Montmorency, seigneur de Mermel ;
Loys son frère, seigneur de Fosseulx ;
Le seigneur d'Arsy ;
Philippes, seigneur de Houbrin ;
Anthoine, fils du seigneur de Lallaing ;
Jehan de le Hamède ;
Charles de Poictiers ;
Jehan de Renty ;
Jehan de Puisseleu ;
Jehan de Doncquerre ;
Le seigneur de Brimeu ;
Robert du Quesnoy ;
Le seigneur de Vendoeul ;
Charles de la Viefville ;
Le seigneur de Rinceval ;
Hector de Sorel ;
Jehan de la Viefville ;
Le seigneur d'Argilliers ;
Le seigneur de Ravestein ;

---

(1) Nassau. (2) Albret. (3) Mont Béllard.

(1) Wurtemberg.

Le seigneur de Lahu ;
Le seigneur de Sarcus ;
Le seigneur de Toussepeau ;
Le seigneur de Bouteville ;
Morlet de Renty ;
Le seigneur de Beaucamp ;
Honoré de Marle ;
Jehan Disque ;
Le seigneur de Sailly ;
Adrien de Mailly ;
Gilles de Berlemont ;
Claude de Dampmartin ;
Loys de Montereau ;
Le seigneur de la Conté ;
Le seigneur de Chasteau-Regnard ;
Mauroy de Sainct-Legier ;
Michel de Grognies ;
Le seigneur de Discelle ;
Le seigneur de le Feuilhe ;
Le seigneur de Solency ;
Sampson de Sainct-Germain ;
Pierre d'Erguemont ;

Trois ambassadeurs du roy de Perse, et plusieurs aultres. Et disoit-on qu'il y en eut faict bien deulx cents chevalliers ou environ.

Et après ce faict, feut ledict roy Loys sacré moult honnorablement ; et y eut plusieurs beaulx mystères à le sacrer, quy trop longs seroient à raconter. Et estoient le roy et les pairs de France en habits semés de fleurs de lys d'or sur velours azuré. La pluspart de touts les chevalliers quy feurent faicts estoient du pays du duc de Bourgoingne. Et après ce que le roy feut sacré, le roy Loys tint cour ouverte ; et disnèrent avec luy touts les douze pairs de France, touts séants à sa table ; et séoit ledict duc, comme doyen des pairs, au plus près du roy, réservé qu'il y avoit entre eulx deulx ung évesque, pair de France, et à l'aultre lez desseure, l'archevesque de Raims.

Après icelluy disner faict et les tables ostées, ledict duc de Bourgoingne, en continuant sa grande humilité, et monstrant la grande bonté et doulceur de luy, jà feust ce vray que plusieurs quy avoient gouverné le roy Charles son père euissent mis grande peine à esmouvoir guerre entre ledict roy Charles et ledict duc, se jetta à genoulx devant le nouveau roy Loys, et luy requit, qu'en l'honneur de la mort et passion que nostre Seigneur Jésus-Christ avoit endurée pour nous, il voulsist faire pardon et pardonner son mal talent à touts ceulx qu'il soupçonnoit avoir mis le discord entre luy et son feu père ; et avecq ce, que touts ceulx quy avoient esté officiers et gouverneurs de son feu père, les voulsist laisser en leurs offices, sy ainsy n'estoit qu'on trouvast par vraie information et bonne justice qu'ils euissent faict aultres choses qu'ils ne debvoient faire. Laquelle requeste le roy Loys luy accorda, réservé jusques à huict personnes.

Après ce, luy feit requeste et prière de plusieurs aultres choses prouffitables pour luy et pour son royaulme, et tousjours monstrant le grand amour qu'il avoit à la couronne de France, de laquelle il estoit descendu, en mettant en oubly les injures et torts qu'on luy avoit faict au temps passé. Mesme après ce que le roy Loys feust sacré, ledict duc de Bourgoingne feut le premier quy luy feit hommaige ; et luy dit telles parolles ou en substance : « Très redoubté sei-
« gneur, je vous fais hommaige de la duchié de
« Bourgoingne, de la comté de Flandres, de la
« comté d'Artois et de touts les pays que je tiens
« de la noble couronne de France, et vous tiens à
« seigneur et vous en promets obéissance et ser-
« vice ; et non tant seulement d'icelles, mais de la
« duchié de Brabant, de Luxembourg, de Lau-
« thrich[1], Limbourg, de la comté de Bourgoin-
« gne, de Haynault, de Hollande, de Zélande, de
« Namur et de toutes les terres, lesquelles ne sont
« point du royaulme de France, et que je ne tiens
« point de vous ; d'aultant de seigneurs, nobles
« hommes, gents de guerre et aultres quy y sont
« et que je polray traire ne trouver, je vous en
« offre et promets service avecq mon corps tant
« que je vivray, avecq quant que polray finer
« d'or et d'argent. »

Après laquelle obéissance faicte par le duc de Bourgoingne, le duc de Bourbon, nepveu dudict duc, le comte de Nevers, le comte de Vendosme, et touts les aultres princes et pairs de France, feirent hommaige audict roy Loys.

Après toutes ces choses faictes, et aultres plusieurs quy seroient longues à raconter, ledict roy Loys se départit de Raims et s'en alla à Meaulx en Brie, et ledict duc de Bourgoingne aussy ; et de Meaulx alla ledict roy Loys à Sainct-Denys, où son père estoit enterré ; et illecq, sur le corps de son père, feit sa prière ; et sy dict-on qu'il ploura moult tendrement. Et luy estant à Sainct-

(1) Lothier.

Denys, et illecq allenviron, ledict duc de Bourgoingne se partit de Meaulx et vint le dimanche, penultiesme jour d'aoust, en la ville de Paris, en laquelle ville de Paris estoient venus debvant luy la plus grande partie de ses gents, huict jours debvant ou plus, et mesme Charles, comte de Charrollois, son fils. Et sy n'avoit ledict duc guières de gents avecq luy quand il entra dedans Paris, sinon le comte d'Estampes, le seigneur de Croy, le seigneur de Saveuses et aultres ; lequel seigneur de Saveuses, combien qu'il feust ancien chevallier, avoit tousjours esté avecq ledict duc à Raims et ailleurs, et avoit quatre pages quy portoient quatre salades des plus riches quy feuissent en la compagnie, après celles du duc.

S'ensuivent les prélats quy feurent présents au sacre du roy Loys :
Le cardinal de Coutances ;
Le légat de nostre Sainct-Père ès parties de France ;
Le patriarche d'Antioche ;
L'archevesque de Raims ;
L'archevesque de Lyon ;
L'archevesque de Bourdeaulx ;
L'archevesque de Bourges.

Les évesques :
L'évesque de Langres ;
L'évesque de Cambray ;
L'évesque de Chaslons ;
L'évesque de Tournay ;
L'évesque d'Amiens ;
L'évesque de Sallubrye ;
L'évesque de Soissons ;
L'évesque de Lisieulx ;
L'évesque de Laon ;
L'évesque de Noyon ;
L'évesque de Liége ;
L'évesque de Paris ;
L'évesque de Troyes ;
L'évesque de Chartres ;
L'évesque du Puis en Auvergne ;
L'évesque de Reinnes en Bretagne ;
L'évesque de Senlis.

S'ensuivent les abbés :
L'abbé de Sainct-Denys ;
L'abbé de Sainct-Nicaise ;
L'abbé d'Igny ;
L'abbé de Sainct-Remy ;
L'abbé de Sainct-Vincent ;
Et l'abbé de Sainct-Denys à Raims.

CHAPITRE XXXIII.

Comment le roy Loys de France entra en la ville de Paris après son sacre, et comment le duc de Bourgoingne alla noblement accompagnié allencontre de luy, et des noblesses quy y feurent.

Le lundy, dernier jour d'aoust, l'an mil quatre cents soixante-ung, entre deulx et trois heures après disner, le très noble duc de Bourgoingne, en continuant et désirant faire service, plaisir et honneur au roy Loys, se partit de la ville de Paris, de son hostel d'Artois, accompagnié fort noblement, comme cy-après je diray quand je parleray de l'entrée du roy Loys, quy estoit assez près de Paris, et attendoit ledict duc pour faire son entrée ; avecq lequel duc estoient, à sçavoir :

Le duc de Bourbon ;
Le seigneur de Beaujeu son frère ;
Jacques de Bourbon son frère ;
L'archevesque de Lyon ;
L'évesque de Liége ; touts frères dudict duc de Bourbon, et nepveux dudict duc de Bourgoingne ;
Le comte de Charrollois, fils dudict duc ;
Le duc de Clefves et Adolphe de Clefves, frères, nepveux du duc de Bourgoingne ;
Le comte de Nevers et le comte d'Estampes, frères, cousins-germains dudict duc de Bourgoingne ;
Le comte de Sainct-Pol et Jacques de Sainct-Pol, aussy frères ;
Anthoine, fils bastard dudict duc de Bourgoingne ;
Deulx des bastards de Brabant ;
Le comte de Poitiers ;
Le seigneur de Croy, et plusieurs aultres seigneurs, dont de aulcuns parleray par ordre en la déclaration de l'entrée du roy Loys à Paris, laquelle cy-après s'ensuit.

Tantost que ledict duc feust venu où ledict roy Loys estoit, sy commanda ledict roy Loys qu'on se missist en ordonnance, et commençast à entrer en ladicte ville de Paris.

Et pour vous raconter en quelle ordonnance ils y entrèrent, et en quelle manière et comment ils estoient habilliés et houssés, premiers entrèrent en ladicte ville de Paris, et allèrent debvant les aultres environ demi-quart d'heure :

Adolphe de Clefves, messire Philippes de

Hornes, seigneur de Bausignies, et messire Philippes Pot, seigneur de la Roche en Bourgoingne, eulx trois en rang.

Et avoit ledict Adolphe six chevaulx, chargiés de houssures de drap d'or jusques en terre, et chargiés de grosses campanes [1], dont il y en avoit beaucoup, et touts ses pages et ceulx quy estoient sur les chevaulx merveilleusement en poinct; le seigneur de la Roche et le seigneur de Bausignies pareillement; et touts leurs gents merveilleusement en bon poinct. Et les faisoit beau veoir, et aussy les campanes rendoient ung grand bruict. Ledict seigneur de la Roche avoit aussy six chevaulx houssés de drap d'or de cramoisy et de velours noir et velours cramoisy, et de brodure, et dessus chascun une grosse campane d'argent, aussy grosse que la teste d'ung homme, et ses pages de rouge et violet, tant richement que on ne polroit plus.

Après iceulx vindrent à Paris les archiers de corps du comte d'Estampes, en nombre de vingt-quatre, deulx en ung rang; entre lesquels estoient messire Pierre de Miraulmont, seigneur de la Boutillerye, chevallier, et encoires ung aultre gentilhomme avecq luy, lesquels estoient comme capitaines des archiers; et avoient chascun trois chevaulx couverts de houssements jusques à terre, de drap d'or et de velours cramoisy, à campanes d'argent, en habillement pareil.

Après lesquels archiers alloient le comte de Nevers et le comte d'Estampes, frères. Ledict comte d'Estampes, quy estoit maisné, estoit moult richement habillié de sa personne, et avoit après luy quatorze chevaulx, c'est à sçavoir, huict tout couverts de houssures d'orfévrie, de martres zebelins, de drap d'or et de drap d'argent jusques à terre, et de velours cramoisy, chargiés de campanes d'argent. Après iceulx, aultres six pages, et six chevaulx non houssés, mais le page très richement en poinct, de robbes de draps de Damas chargiées par en bas d'orfévrie, et belles chaisnes d'or au col.

Après ces pages dudict seigneur d'Estampes, suivoient le seigneur de Roye et le seigneur de Crèvecœur, bailly d'Amiens, merveilleusement en poinct; et après eulx, touts les seigneurs et gentilhommes de la compagnie dudict comte, leurs chevaulx houssés jusques à terre, de soie noire, bleue et blanche, et touts d'une parure; et estoient jusques au nombre de trente ou plus, quy estoit belle chose à veoir.

Après alloient les archiers du corps du duc de Bourbon, très bien en poinct, au nombre de vingt-quatre ou plus.

Après alloient les archiers de corps du comte de Charrollois, en nombre de trente, très bien en poinct; et entre eulx alloient messire Philippes de Crèvecœur et le seigneur de Humbercourt, comme cappitaines desdicts archiers, chascun habillié d'ung palletot [1] d'orfévrie, et chascun quatre chevaulx couverts de drap d'or et d'argent, et grande foison de campanes d'argent.

Après les archiers du comte de Charrollois venoient messire Jehan, bastard de Renty, et encoires ung aultre, chascun habillié d'ung palletot d'orfévrie doré, et chascun trois chevaulx moult richement habilliés de houssures jusques à terre, de drap de velours et aultres, chargiées de campanes d'argent; et estoient ces deulx cappitaines des archiers du duc de Bourgoingne.

Après eulx venoient les archiers du corps dudict duc de Bourgoingne, en nombre de cent, très bien en poinct.

Après venoient: Charles de Chaslons, Philippes de Bourbon, fils de messire Jehan de Bourbon, le seigneur de Comines en Flandres, le seigneur de Toulongeon et son frère, Bourguignons, et encoires ung aultre, touts paraulx, chascun ung cheval couvert d'une houssure de velours bleu, semée de campanes d'argent bien drues, quy estoit une belle chose.

Après venoient le bailly de Haynault, fils de messire Jehan de Croy, et messire Simon de Lallaing; et avoit ledict bailly six chevaulx couverts de houssures de drap d'or, de martres et de drap d'argent, entrelasciés de harnas d'orfévrie, et l'ung des chevaulx mené en dextre [2], et pareillement les aultres précédents.

Après alloit le seigneur de Beaucamp, lequel avoit six chevaulx, touts d'une parure, merveilleusement en poinct; et touts alloient en belle ordonnance.

Après alloient les deulx fils du seigneur de Croy, quy avoient houssures merveilleusement, richement et largement.

---

(1) Cloches.

(1) Espèce de manteau; ce nom est resté dans la langue.
(2) Menés en main.

Après alloit messire Philippes de Lallaing, armé de toutes pièces, houssoyé d'une garde d'acier, et de deulx pages après luy, houssés de velours, et se monstroit gentil compagnon.

Après ce venoient le seigneur de Boucain[1], fils du seigneur de la Vere en Hollande, et le seigneur de Grutuse en Flandres, touts deulx paraulx, chascun quatre chevaulx couverts, l'ung de velours cramoisy bordé richement, l'aultre de martres zebelins, l'autre de riche drap de cramoisy, et l'aultre de drap d'argent, et chascun ung cheval en dextre houssé d'une houssure chargiée de grosses campanes d'argent, et à chascune des aultres houssures y en avoit aussy; et feurent des mieulx en poinct de la compagnie de ce qu'ils contenoient.

Après vindrent le seigneur de Breda et messire Jehan de Croy, seigneur de Chimay; et avoient chascun six chevaulx, couverts moult richement.

Après venoient le seigneur de Gaesbaecq et ung aultre, quy estoient touts enharnachiés de houssures faictes de velours, chargiées de grosses campanes d'argent doré et aultres, et leurs pages moult richement houssés.

Après venoit le comte de Sainct-Pol, sy richement qu'on ne polroit mieulx, et estoit belle chose à veoir.

Après venoit messire Anthoine, bastard de Bourgoingne, quy avoit debvant luy nœuf gentilshommes, touts leurs salades sur leurs testes et gorgerons au col et harnas de jambes, houssés, eulx et leurs chevaulx, de satin moitié blanc, moitié violet et bordé de noir; et avoit ledict messire Anthoine nœuf pages après luy, touts houssés pareillement. L'ung des pages portoit une lance toute couverte de fines martres zebelins; et avoit chascun page et gentilhomme sur sa salade une bannerolle de satin blanc et violet. Et autour du cheval dudict messire Anthoine avoit six de ses archiers à pied; et se monstroit fort gentil compagnon, et disoit-on que c'estoit l'ung des mieulx en poinct.

Après venoient Jacques de Bourbon, frère du duc de Bourbon, et le seigneur de Wistembergh, habilliés et houssés touts deulx paraulx, merveilleusement, gentiment et richement en poinct.

Après venoient messire Jehan de Luxembourg, seigneur de Fiennes, et le seigneur de Boucqs, lesquels aussy estoient moult richement et noblement habilliés.

Après venoit le bastard de Sainct-Pol, seigneur de Hault-bourdin, fils du beau comte Walleran, lequel avoit trois chevaulx, houssés sy richement qu'on ne pooit plus; et luy estoit monté sur ung cheval auquel il falloit la rue; et sur sa salade portoit habillement que portoient les gentes dames en icelluy temps; le faisoit beau veoir.

Touts lesquels seigneurs dessus nommés, et aultres plusieurs, que je ne nomme point parce que je ne les sçaurois touts nommer, jà-soit-ce que les veisse touts, estoient de l'hostel et de la compagnie du duc de Bourgoingne, lesquels estoient par compte faict treize vingts houssures[1] jusques à la terre, et plus.

Après lesquels venoient le seigneur de Montauban, admiral de France; le bastard d'Arminacq, marissal de France, quy aussy estoient merveilleusement en poinct et bien habilliés et houssés, et aultres plusieurs seigneurs et gentilshommes, bien jusques au nombre de soixante houssures, touts de l'hostel et de la compagnie du roy.

Et alloient devant eulx: le comte d'Eu, le comte de la Marche et le comte de Patriarch[2], frère au comte d'Armaignac, touts sans houssures et en rang.

Après venoient les héraulx, quy estoient en nombre, tant ceulx du roy que des aultres princes, soixante-seize.

Après alloient les archiers du roy, quy estoient en nombre de six vingts, très bien en poinct, chascun ung varlet à pied.

Après alloient les trompettes, quy estoient en nombre de cinquante-quatre, mais nuls desdictes trompettes sonnoient, sinon les trompettes du roy.

Après eulx alloient le marissal de Bourgoingne et le seigneur de Croy, moult bien en poinct et richement; et avoit ledict seigneur de Croy quatre chevaulx qu'il avoit envoyés debvant, lesquels estoient en harnas quy estoit de grosses chaisnes d'argent doré, de l'espaisseur de deulx doigts de large, et estoient par escaillons, et de quatre ou cinq escaillons à ung lez et à l'aultre, et de longueur depuis le cœur jusques à la selle, et poictraulx pareillement.

---

(1) Buchan.

(1) Deux cent soixante. (2) Pardiac.

Et après alloit debvant le roy Joachim Rohaut, premier escuyer du roy, lequel portoit l'espée du roy en escharpe.

Après luy portoit le heaulme du roy, à une couronne d'or, le fils Flocquet, cappitaine d'Evreulx.

Et entre cestuy et le roy avoit ung cheval en dextre mené, couvert de velours bleu, semé de fleurs de lys d'or.

Et puis après, alloit le roy de France, sur ung blanc cheval, en signe de seigneur, vestu d'une robbe blanche de soye sans martres, et ung pourpoint de satin cramoisy vermeil et ung petit chapperon et locquette. Et portoient quatre bourgeois de Paris, sur lances bien haultes, ung drap d'or dessus luy, en manière d'ung tabernacle, ainsy comme on porte, le jour du Sacrement, dessus le précieulx corps de Jésus-Christ. Et y avoit deulx hommes d'armes à pied, chascun une hache au poing, quy alloient pas à pas après le roy.

Et après le roy, environ vingt ou trente pieds derrière, alloit le duc de Bourgoingne, moult richement habillié, la selle de son cheval chargiée de riches pierreries; et sy avoit une aloière[1] et aultres bagues[2] sur luy, quy valloient, comme on disoit, une moult grande finance, et disoient aulcuns ung million d'or, quy vaut dix cents mille florins; ne sçay qu'il en est.

Ledict duc avoit après luy nœuf pages quy estoient couverts de houssures d'orfévrie, les plus riches qu'on eust sceu trouver; et portoit l'ung des pages une salade qu'on disoit valoir cent mille couronnes d'or, sans les aultres salades; et le chanfrain du cheval dudict duc estoit tout chargié de pierres précieuses.

Et au costé dudict duc, à sénestre, environ six à huict pieds au milieu de la rue, alloit le duc de Bourbon, nepveu dudict duc de Bourgoingne, et lequel duc de Bourbon avoit espousé la sœur du roy; et estoit icelluy duc de Bourbon merveilleusement richement accoustré en bon poinct.

Et au costé sénestre dudict duc de Bourbon, à l'aultre lez de la rue, alloit le comte de Charrollois, fils du duc de Bourgoingne, lequel s'y monstra gentil compagnon, et sy que plus on ne polroit.

Et après eulx, environ le ject d'une pierre, alloit le duc de Clefves, moult richement habillié, d'ung mantel vestu, où estoient à ung costé ses armes brodées, et estoit l'aultre moitié chargiée de perles et pierres précieuses; et estoit une moult riche chose.

Et après icelluy duc, le seigneur de Montpensier, oncle du duc de Bourbon, et aultres seigneurs, barons, chevalliers et escuyers, alloient sans nombre, jusques au nombre, comme on disoit, de douze mille chevaulx ou plus; desquels seigneurs, par espécial du royaulme, n'en y avoit guières quy feuissent houssés en pompe, pour ce qu'ils ne sçavoient comment ils estoient du roy Loys, et doubtoient de perdre leurs offices.

La loy et les bourgeois de Paris allèrent audebvant du roy; mais ce feut bien peu de chose au regard de la puissance de ladicte ville. Et n'y alla point le duc d'Orléans, nonobstant qu'il feust à Paris, pour l'ancienneté de luy, et aussy qu'encoires faisoit le dœuil du roy Charles; mais icelluy duc d'Orléans alla veoir à une fenestre passer le roy, pour veoir sa noblesse, et par espécial pour veoir passer le duc de Bourgoingne et sa noblesse; et aussy feit la duchesse d'Allençon et le comte de Perche son fils, fils aisné du duc d'Allençon, josne enfant de quinze ans. Le duc d'Allençon son père, prestement que le roy Charles feust mort, feut mis hors de prison; et estoit icelle duchesse très noblement accompagnée et en bon estat.

Et à l'entrée de Paris, à la porte Sainct-Denys par où le roy passa, y avoit une nef moult gentillement faicte et richement, de laquelle descendirent deux angels, quy vindrent couronner le roy Loys; et descendirent par engien[1], et remontèrent par engien.

Et entre la porte Sainct-Denys et le Chastelet, y avoit une fontaine, laquelle, par engien, jettoit vin et hypocras; et crioient les enfants et plusieurs gents: Noël!

Et environ le quartier des halles, à ung coing de rue, y olt ung boucher de Paris, lequel, à haulte voix, dit: « O francq et noble duc de « Bourgoingne, vous soyez le bien venu en la ville « de Paris; il y a longtemps que vous n'y feutes, « combien qu'on vous y ait moult désiré. »

Et droictement à l'entrée du Chastelet estoit faicte la prinse de la bastille de Dieppe, laquelle le roy Loys, luy estant daulphin, prit.

---

(1) Gibecière, bourse. (2) Effets.

(1) Machine.

Et assez près, aulcunes figures de jeus de personnages; et en aultre lieu le crucifiement de nostre Seigneur Jésus-Christ.

On avoit deffendu par le roy, à son de trompe, que nul ne feust sy hardy qu'il se tenist par les rues par où le roy debvoit passer, pour la presse des chevaulx; mais ce nonobstant, il y en avoit tant que c'estoit merveille. Et sy estoient les fenestres des maisons et gouttières par où le roy passa, toutes pleines de gents, et louoit-on les fenestres bien chier. Et y avoit sy grand nombre de gents venus à Paris, pour venir veoir ledict duc de Bourgoingne, lequel on pensoit bien qu'il iroit noblement allencontre du roy, que c'estoit une infinité, tant du royaulme, de Normandie, des pays du duc de Bourgoingne, comme aussy de dehors ledict royaulme; car touts les seigneurs du royaulme ou la pluspart y estoient; et n'y failloit des princes du royaulme, que touts n'y feuissent, que le roy Regner, roy de Sécile et duc d'Anjou, Charles d'Anjou, comte de Maine, frère dudict roy Regner, lequel, comme on disoit, estoit avecq la royne Marie, mère dudict roy Loys, le duc de Bretaigne, le duc d'Allençon, et le comte d'Arminacq; lequel comte d'Arminacq le roy avoit mandé, nonobstant qu'il feust banny du royaulme, et ses biens déclarés confisqués, comme cy-dessus est dict. Et lequel comte, environ le vingt-huictiesme jour de septembre, ains que le roy partist de Paris, vint en ladicte ville de Paris devers le roy Loys, lequel le receupt très bénignement, et luy rendit toutes ses terres et seigneuries que le roy Charles son père luy avoit ostées et prinses en sa main. Ledict comte d'Arminacq alla aussy veoir le duc de Bourgoingne, et luy offrit à faire tout honneur et service; et ledict duc le receupt très bénignement; et despuis parlèrent ensemble plusieurs fois par très grande amitié et amour.

Aussy n'y estoit point messire Anthoine de Chabannes, comte de Dampmartin, lequel, comme on disoit, s'en estoit allé hors du royaulme, pour le doubte de la fureur du roy.

Tout le remenant[1] des princes, barons et seigneurs du royaulme de France, pour la pluspart, se ils n'estoient malades ou avoient excusation légitime, avecq la pluspart des seigneurs des pays du duc de Bourgoingne, tant du royaulme que dehors, estoient en ladicte ville de Paris,

avecq touts les archevesques et évesques du royaulme, et plusieurs abbés. Et combien qu'il ne feust point mémoire d'hommes qu'oncques on eust vu loger à Paris par fourriers; car dedans Paris pooient estre logés par les hostelleries, comme on trouvoit, bien cinquante mille chevaulx, sans les hostels des seigneurs et aultres, toutesfois, combien que ceulx de Paris ne voulsissent point qu'on se logeast par fourriers, le roy voullut qu'on s'y logeast; et sy feut-on logé par fourriers, pour la multitude de gents qu'il y avoit. Et certes, il y avoit tant de gents, tant à pied comme à cheval, qu'on ne sçavoit où loger qu'à moult grande peine, né en toute la ville, ne ès faulxbourgs, ne à deulx lieues allenviron de Paris. Et quand on cuidoit estre bien logé, on estoit prestement deslogé par les fourriers. Et estimoit-on le peuple quy estoit venu dans la ville de Paris, pour veoir entrer ens le roy Loys, que seigneurs que aultres, cinq cents mille testes.

On avoit faict crier de par le roy, à son de trompe, parmy la ville de Paris, que nul, pour la venue du roy ny des seigneurs, sur grande amende, ne renquérist[1] les vins, ny ne prinsist plus de deulx sols parisis pour la journée du cheval.

Le roy alla tout droict, sans descendre, à l'église Nostre-Dame de Paris; et illecq descendit, et visita l'église et les reliques, et y fit le serment tel que les roys de France ont accoustumé de faire; et y feit quatre chevalliers, puis remonta à cheval, et s'en alla au palais, lequel palais estoit tout tendu de haute lisse. Et illecq tint cour plénière et y souppa, et souppèrent avecq luy touts les douze pairs de France et ceulx de son sang, et à sa table; et ès aultres tables les aultres prévés seigneurs, chevalliers et escuyers. Comment ils furent assis, ny des mets et entremets, je m'en tais, car aussy je ne m'en enquis point. Et sy feut ceste nuict le roy au palais; et le lendemain, jour de mardy, le roy se partit après disner du palais, et s'en alla loger aux Tournelles, auprès la bastille de Sainct-Anthoine. Et comme ung jour que le roy avoit esté esbatre, et s'en retournoit aux Tournelles, et le convoyoit le duc de Bourgoingne, en la grande rue de Sainct-Anthoine olt ung bouchier de Paris, lequel dit tout hault, sy que chascun le pooit oïr : « O noble et francq duc

(1) Reste.

(1) Renchérit.

« de Bourgoingne, vous soyez le bien venu! nous
« vous devons bien aimer, car vous nous avez
« bien gardé nostre roy. »

Ledict duc de Bourgoingne, estant à Paris, feit tendre en sa salle de son hostel d'Artois et dedans les chambres la plus noble tapisserie que ceulx de Paris avoient oncques veue, par espécial celle de l'histoire de Gédéon, que ledict duc avoit faict faire toute d'or et de soye, pour l'amour de l'ordre du Toison qu'il portoit; laquelle toison Gédéon pria à nostre Seigneur qu'elle feust mouillée, puis séchée, comme en la Bible on le peut plus aisément veoir; et sur icelle avoit prins son ordre; et ne l'avoit voullu prendre sur la toison que Jason conquesta en l'ile de Colchos, pour ce que Jason mentit sa foy.

Ledict duc feit aussy tendre l'histoire d'Alexandre, et aultres plusieurs, toutes faictes d'or et d'argent et de soye. Pour la multitude qu'il en avoit, les faisoit tendre les unes sur les aultres.

Ledict duc Philippes tenoit tel et le plus riche et plus grand estat qu'on avoit oncques veu tenir à prince de France ; et n'estoit personne quy ne s'esmerveillast de l'estat qu'il tenoit, des richesses et des pierreries qu'il portoit; et sans doubte, quand il alloit parmy la ville de Paris visiter les églises, une fois l'église de Nostre-Dame, aultre fois aulx Célestins, l'aultre fois aulx Chartreulx et ailleurs, il ne chevauchoit point qu'ils n'allassent devant luy quatre-vingts ou cent chevalliers ou plus, et sept à huict princes, que ducs, que comtes, et entour de son cheval trente ou quarante de ses archiers de corps à pied, chascun portant ung gouge, ou hache, ou aultre baston de guerre, et tousjours portant quelque bague nouvelle, la plus riche qu'on pooit veoir. Une journée, portoit une bande chargiée de pierreries précieuses quy valloient infinis trésors; aultre journée, ung agnus; aultre une amuce; aultre jour, ung bonnet. Et mesme ceulx de Paris, quy n'ont point accoustumé saillir ès rues pour quelques seigneurs quy passent par les rues, pour la noblesse dudict duc sailloient hors des maisons sitost que ledict duc passoit; et sembloient tousjours les rues par où ledict duc passoit toutes pleines de gents, pour le peuple quy accouroit. Et pareillement estoit l'hostel dudict duc de Bourgoingne touts les jours plein du peuple, pour veoir le noble estat qu'il tenoit. Il avoit faict faire en sa salle ung dressoir carré, et degrés en carrure, de quatre ou cinq degrés de haulteur, lequel il faisoit, quand il y mangeoit, chargier de vaisselle d'or et d'argent, moult riche; et aulx quatre cornets du dressoir, à chascun cornet y avoit une licorne, quy estoit la plus riche chose qu'on avoit oncques veue en France; car en France n'en y avoit qu'une petite, comme on disoit, laquelle estoit à Sainct-Denys pour relique, et l'avoit jadis donnée ung roy.

Icelluy duc de Bourgoingne avoit faict tendre ung pavillon de soye en son jardin; et n'y avoit point d'estacques[1] au moillou[2], et estoit soustenu par desseure d'une estacque de bois quy se prenoit par dehors. Et à l'entrée dudict pavillon y avoit en manière de ung cancel[3], de la façon de ung cancel à l'entrée d'une église ; lequel cancel, et tout le pavillon, estoit, par dehors, couvert de fin velours, semé de feuilles d'or et estincellé d'estincelles d'or, de moult riche brodure, moult richement faict, et entre les feuilles, les armes de toutes les duchés, comtés et seigneuries dont ledict seigneur duc estoit seigneur et possesseur; et à l'entrée dudict cancel, les pleines armes dudict duc. Lequel duc, en ladicte ville de Paris, feit plusieurs riches et nobles mangiers et bancquets, où en aulcuns feurent les dames et seigneurs, et en aultres tant seulement aultres princes.

Le dimanche treiziesme jour de septembre, en la grande rue Sainct-Anthoine, à Paris, debvant l'hostel du roy, aux Tournelles, feit une jouste le comte de Charrollois, fils dudict duc, Adolphe de Clefves, Anthoine, bastard de Bourgoingne, le seigneur de Grutuse, le seigneur de Mourecourt, et le seigneur des Querdes, eulx six contre touts venants; et y olt moult fortes joustes; et se jousta le comte de Charrollois; et se stoient touts moult richement houssés. Ledict duc de Bourgoingne vint à cheval auxdictes joustes; derrière luy, sur son cheval, la duchesse d'Orléans, sa niepce, et devant luy, sur le col de son cheval, une josne fille de Paris, de quinze ans ou environ, laquelle estoit l'une des belles filles de Paris, et pour la beauté d'elle l'avoit prinse ladicte duchesse avecq elle. Et y avoit autant de presse à veoir ledict duc, tant pour les richesses qu'il

(1) Pieux. (2) Milieu. (3) Balustrade.

portoit sur luy que pour ce qu'il se monstroit sy gentil compagnon, comme il y avoit à veoir les joustes. Tant de peuple y avoit-il et tant de chevaulx, qu'il y olt quatre ou cinq personnes tuées du menu peuple, des chevaulx, et grande planté[1] de blessés. Et le dimanche encore ensuivant, vingtiesme jour dudict mois, y olt faictes aultres joustes, moult nobles et moult riches.

Pour bref dire, merveilleuse chose estoit et grande noblesse de l'estat que ledict duc de Bourgoingne y tenoit, et des grands disners, souppers et banquets qu'il feit aulx dames et aulx princes.

CHAPITRE XXXIV.

Des officiers que le roy renouvella, et comment il se partit de Paris, et comme il prit congié au duc de Bourgoingne, et comme ledict duc le reconvoya, et des parolles que le roy dit au duc de Bourgoingne au prendre congié.

Le roy Loys estant à Paris, il feit son chancellier de maistre Pierre de Morvillier, lequel avoit esté quart président de parlement à Paris; mais on l'en avoit desmis. Il desposa le premier président de parlement et le feit second président, et feit premier président[2]... Il feit aussy son advocat en parlement de[3]... et desposa celui quy l'estoit. Et plus il ne renouvella d'offices en parlement; mais il feit prévost de Paris, Jacques, seigneur de l'Isle-Adam, lequel estoit sénéchal de Boulloingne de par le duc de Bourgoingne; et en desposa Eloy d'Estoutteville, chevallier, quy l'estoit. Et après ces choses ainsy faictes et plusieurs aultres, le roy quy désiroit d'aller veoir sa mère, laquelle estoit à Amboise, là où il luy avoit mandé qu'elle l'attendist, le jour debvant son partement de Paris, dit à aulcuns de ses gents qu'il se partiroit le lendemain, et que ainçois[4] qu'il se partist, voulloit dire adieu à son oncle le duc de Bourgoingne; pourquoy, après ce qu'il eut disné, se partit de son hostel des Tournelles pour venir à l'hostel d'Artois, quy estoit l'hostel du duc. On vint dire au duc que le roy venoit vers luy; lequel duc estoit assis à table et disnoit; mais tantost qu'il ouït ce, il se leva de la table et alla allenconstre du roy à pied tout au long de la rue assez loing, et sitost qu'il rencontra le roy, il s'agenouilla et salua le roy.

(1) Quantité. (2) Lacune dans le manuscrit. (3) *Idem.*
(4) Avant.

Le roy descendit de son cheval à pied et ramena ledict duc jusques en son hostel, touts deulx à pied. Et quand ils feurent entrés en l'hostel d'Artois, oyants touts quy illecq estoient, tant avecq luy que comme avecq ledict duc, le roy Loys remercia le duc des biens et de l'honneur qu'il luy avoit faict, en luy disant : qu'il sçavoit bien que s'il n'euist esté, il estoit bien possible que par adventure ne feust pas en vie. Plusieurs aultres parolles feurent moult honnorablement dictes audict duc. Puis après le congié prins audict duc, le roy s'en retourna en son hostel aux Tournelles.

Et le lendemain vingt-quatriesme de septembre, partit le roy Loys de Paris. Et combien qu'il euist prins congié audict duc, toutesfois ledict duc le convoya hors de Paris bien loing, moult richement et honnorablement accompagnié et son fils aussy, et tous les seigneurs cydessus nommés quy estoient avec ledict duc. Et de rechief, à plein camp, print ledict roy Loys congié audict duc, en luy disant les paroles cydessus escriptes, publicquement, et aultres doulces et honnorables parolles. Et pareillement ledict duc luy offroit corps et biens. Tant estoit aimable et piteux leur département, et tant plaisoit à ceulx quy les véoient, qu'il n'en avoit guières d'ung costé ny d'aultre quy illecq estoient à quy le cœur ne ratendrist et ne plourast de joye. Ledict duc, après ce faict, retourna à Paris, et aussy toute sa compagnie ; aussy feit le comte d'Armignac quy avoit convoyé le roy, et plusieurs aultres grands seigneurs. Et ainsy s'en alla le roy Loys à Amboise.

Ce temps pendant que le roy estoit à Paris, vint de cour de Rome à Paris, comme légat de nostre Sainct-Père le pape, Jehan, l'évesque d'Arras, avec luy ung secrétaire du pape et certains notaires apostoliques; et estoit légat ledict évesque aulx royaulmes de France, d'Angleterre et d'Escoce. Le roy Loys receupt très bénignement ledict évesque, aussy le duc de Bourgoingne. Et avoit esté ledict évesque nourry à l'hostel dudict duc, et luy avoit faict avoir touts les bénéfices qu'il avoit. Le roy Loys retint ledict évesque de son conseil et son procureur en cour de Rome, et avoit grands accès au roy.

CHAPITRE XXXV.

Comment le duc de Bourgoingne se partit de Paris et s'en retourna en ses pays.

Le merquerdy derrain jour de septembre mil quatre cents soixante-ung, se partit de la ville de Paris le duc de Bourgoingne, et s'en alla à Sainct-Denys, où il feut deulx jours ; et y mena sa niepce la duchesse d'Orléans et plusieurs aultres dames et damoiselles. Le duc feit faire en l'église Sainct-Denys ung très riche service, tant pour le roy Charles dernier mort, que pour les aultres roys de France dont il estoit descendu, et ses prédécesseurs ; il festoya aussy et bienviegna audict lieu de Sainct-Denys, de moult riches mangiers et banequets, les dames et damoiselles, princes et seigneurs, dont il y avoit plusieurs quy l'avoient convoyé jusques audict lieu de Sainct-Denys. Duquel lieu de Sainct-Denys se partit le vendredy, deuxiesme jour d'octobre, pour s'en retourner en ses pays; et passa parmy la ville de Compiègne, où on lui feit le plus grand honneur qu'on peult ; puis repassa ledict duc par Ham et aultres villes et forteresses quy estoient au comte de Sainct-Pol. Et estoit ledict comte très bien en la grasce dudict duc; et avoit le roy, luy estant à Paris et le duc aussy, faict la paix du seigneur de Croy et du comte de Sainct-Pol ; laquelle haine avoit ung temps duré, nonobstant que le fils aisné du seigneur de Croy eust espousé la fille dudict comte de Sainct-Pol, par laquelle, à la requeste du roy Loys, ledict duc de Bourgoingne pardonna tout son maltalent audict comte de Sainct-Pol, et feut ledict comte très bien en la grasce dudict duc, comme il y parut; car ledict duc repassa par plusieurs de ses places, èsquelles ledict comte festoya ledict duc moult haultement et richement; puis repassa ledict duc par Cambray où le comte de Sainct-Pol aussy le festoya moult grandement. Et estoient touts ceulx des pays du duc très bien contents et joyeulx de ce que le duc estoit content dudict comte et que ledict comte estoit moult bien en sa grasce ; car ledict comte estoit très bien aimé ès pays dudict duc, et aussy il avoit à perdre par touts les pays dudict duc, en chascun pays plusieurs grosses terres et forteresses ; et estoit, comme on disoit, ung des plus riches et mesme le plus riche comte de France. De Cambray se partit ledict duc et s'en alla à Bruxelles. Le comte de Charrollois avoit laissé le duc de Bourgoingne son père à Sainct-Denys en France; et print illecq le chemin pour aller en Bourgoingne, où il n'avoit oncques esté despuis qu'il ost esté né de mère ; car il en feut prestement apporté, et feut nourry en la ville de Gand en Flandres ; et s'en alla ledict comte en Bourgoingne, où il feut moult honnorablement receu ; puis s'en alla visiter le corps de monseigneur sainct Claude en Bourgoingne, et d'illecq tira pour aller à Tours en Tourraine où le roy de France estoit, comme cy-après je diray.

En ce temps, audict an soixante-ung, le deuxiesme jour d'octobre, Pierre de Habart, Raoul de Habart son frère, Payen de la Vacquerie, ung faulconnier, maistre Estienne Morel, prestre, ledict fauconnier et maistre Estienne à pied et les aultres à cheval, se partirent de la Vigne emprès Arras après disner et s'en allèrent voller[1] vers Neuville[2] Vitasse; et comme ils vollassent, le seigneur dudict Neuville, nommé messire Robert de Coche chevallier, envoya ung de ses gents, nommé le petit bastard de Fosseux, veoir quels gents c'estoient. Lequel vint à eulx, et demanda à Payen de la Vacquerie, quy portoit ung oisel, sy l'oisel estoit au duc de Bourgoingne. Respondu que non, demanda : « A quy doncques ? » Lors Pierre de Habart dit que l'oisel estoit sien. Lors luy dit ledict bastard : que le seigneur de Neuville estoit seigneur quy avoit chiens et oiseaulx assez pour voller sur ses terres, sans que aultres y vinssent. Alors ledict Payen, quy estoit très bon escuyer, respondit : qu'il n'y avoit nul d'eulx, que s'il eust cuidé que le seigneur de Neuville en euist esté mal content, quy y feust venu, mais qu'il n'y avoit celuy quy ne luy feroit plaisir sy luy en requéroit. Après ces choses, ledict bastard s'en retourna ; et comme les dessusdicts volleurs[3] s'en retournoient, saillit de terre ung renard, lequel ils prindrent aulx chiens. Après laquelle chasse, quand le seigneur de Neuville l'oyt, jà-soit-ce qu'il se feust mis à chemin pour venir vers eulx par amour, et eulx vers luy, ledict seigneur de Neuville retourna audict Neuville. Et prestement après vindrent cinq ou six compagnons à cheval, l'ung après l'aultre, atout javellines et aultres bastons, quy vindrent escrier auxdicts volleurs : « Morts et tués touts ! » et leur coururent sus. Lesquels se meirent touts en fuite, car ils n'avoient nuls armures ny

(1) Chasser au vol. (2) Nivelle. (3) Chasseurs au vol.

bastons pour eulx deffendre. Et feut de nécessité audict Pierre, quy estoit sur ung bien petit cheval, vestu d'une robbe longue, de descendre à pied et de se sauver de son cheval; et olt sa robbe percée d'une javelline, mais il ne feut riens blescié, combien que, sy lesdicts de Neuville euissent voullu, ils l'euissent bien tué ou navré, mais ils ne le voullurent, ains chassoient après ledict Raoul quy estoit bien monté, et aussy estoit ledict Payen; sy ne luy peurent mal faire. Ledict Pierre trouva des charretons quy menoient vins, avec lesquels il s'accosta et accompagnia de peur qu'il avoit desdicts de Neuville; mais il ne feut aultrement queru ¹ desdicts de Neuville quy ne s'en donnèrent de garde; et ledict Pierre vint tout de pied jusques ès faulxbourgs d'Arras. Après ce que lesdicts de Neuville eurent ainsy rembarrés lesdicts volleurs, sy trouvèrent le faulconnier et retindrent aulcuns de ses oiseaulx; lesquels oiseaulx le lendendemain matin ils renvoyèrent en la Vigne en la maison desdicts Pierre et Raoul; mais cestuy propre jour qu'ils renvoyèrent les oiseaulx, ledict Raoul de Habart, Jacques de Habart et environ douze compagnons, touts bien armés et embastonnés, et les aulcuns arcqs ès mains bandés, allèrent en la ville d'Arras, en la maison dudict seigneur de Neuville, environ l'église de la Magdelaine, et entrèrent dedans, et rompirent les huis, et quirent par ladicte maison ledict seigneur de Neuville, le y cuidant trouver, en disant telles parolles : « Où es-tu, traistre chevallier; viens, « viens avant sy tu oses? » et plusieurs aultres villains propos. Lequel seigneur n'y estoit, ains estoit en sa forteresse de Neuville. Et quand ils veirent qu'il n'y estoit pas et qu'ils ne le trouvèrent, ledict Jacques de Habart s'en alla à la maison d'ung compagnon quy gardoit oiseaulx audict seigneur de Neuville; et illecq entra, et trouva deulx oiseaulx quy estoient audict seigneur de Neuville, aulxquels il tordit le col, despiéça, desquira ² et tua en disant : « Voilà, en despit de « ton maistre, le seigneur de Neuville! et s'il « estoit icy, luy en ferois autant. » Après ce faict, lesdicts Raoul et Jacques et leur compagnie s'en allèrent à la maison du curé de l'église de la Magdelaine, droict debvant ladicte église, où ledict seigneur de Neuville et ses enfants réparoient³. Ne sçay sy les y cuidoient trouver; mais bien sçavoient Robinet de Coche, lequel estoit fils du cousin-germain dudict de Neuville, bastard, lequel ne se gardoit pas, aussy n'avoit esté à faire ce que dessus est dict, que ledict seigneur de Neuville feit faire le jour de devant, ains estoit prestement revenu de la feste de Douay, et n'en sçavoit rien, comme on disoit; lequel Robinet trouvèrent séant au disner, à la table dudict curé; et illecq ledict Jacques le print par le collet du pourpoinct et le traisna jus des montées d'une chambre; et là, luy et ses compagnons luy donnèrent plusieurs coups de dagues ès cuisses et espaulles, sans le navrer à mort, en luy disant : « Sy nous euissions trouvé ton maistre, le sei- « gneur de Neuville, nous nous feuissions prins « à luy ; mais pour ce que nous ne le trouvons « pas, au despit, tu auras ces horions. » Ce faict, de luy, s'en retournèrent paisiblement, sans ce qu'oncques homme de la ville ny de la justice s'en esmeust, en la Vigne ; et au retour estoient plus qu'au venir; car tousjours leur venoient gents en aide. Et à ce faire ne feurent pas lesdicts Pierre de Habart ne Payen de la Vacquerie.

Audict an soixante-ung, feit très beau et sec; et feurent les vins et les bleds très bons; les vins feurent assez chiers, mais les bleds à très bon marché; et ne valloit la charge d'ung cheval du meilleur bled, après aoust, que de quatorze à quinze sols.

Et régna, depuis aoust ou environ, une manière de caulde maladie et de fièvres en plusieurs lieulx et presque partout ; mais il n'en mouroit guières, nonobstant qu'on se remesist sus à grande peine.

CHAPITRE XXXVI.

Comment la communauté de la cité de Raims s'esmeut, pour les subsides et gabelles quy régnoient, et meirent aulcuns de ceulx quy les recepvoient à mort, et comment ils en feurent punis.

Après ce que le roy de France, Loys, olt esté sacré à Raims, et s'en feust party, environ la Sainct-Remy ensuivant, que audict jour de Sainct-Remy on baillé à ferme les subsides et gabelles en France, aulcuns de la ville et cité de Raims s'efforcèrent de mettre à prix lesdictes gabelles, aulxquels aulcuns de la communauté deffendirent de les non mettre à prix par eulx ne par aultres, en leur disant, que sy ne les y mettoient elles quéiroient ¹. De quoy ceulx quy les avoient mis à prix ne tindrent compte; pourquoy tout le

(1) Cherché. (2) Déchira. (3) Demeuroient.

(1) Tomberoient.

[1461]

commun de la cité s'esmeut en armes; et meirent aulcuns des fermiers et maltoteurs à mort; et de faict prindrent leurs papiers en quoy ils escripvoient leurs fermes, et ardirent en pleine rue.

Ces choses venues à la cognoissance du roy Loys et de son conseil, on envoya, de par le roy, en ladicte ville de Raims, des gents de guerre non cognoissables, habilliés en forme de marchands ou laboureurs; et y entrèrent cy deulx, cy trois, cy quatre. Et tant en y entra, ains que ceulx de la ville, au moins la commune, s'en apperceurent, qu'ils se trouvèrent les plus forts; et prindrent quatre-vingts ou cent des plus principaulx de ladicte rébellion. Et après ce que les gents du roy feurent les maistres, vindrent plusieurs gents de guerre, de par le roy; et y vint le seigneur de Moy et aultres; tellement qu'assez tost après ils feurent autour de ladicte ville et cité grande foison de combattants. Et feurent aulcuns descappités, les aultres bannis et punis à la discrétion du conseil du roy; et feut la chose par ce point rappaisée.

En ce temps, en la ville de Bourdeaulx mourut Poton de Saincte-Traille, très valliant cappitaine, et lequel avoit tousjours tenu le party du roy de France, Charles dernier mort; et feut tousjours trouvé féal vers son seigneur. Et feut ledict Poton, et ung cappitaine nommé la Hire, lequel estoit mort grand temps paravant ledict Poton, en partie cause, par leur hardiesse et valliance, que ledict roy Charles ne feust du tout débouté de son royaulme, et qu'il reconquist tout son royaulme.

En ce temps aussy, le onziesme jour d'octobre, par ung dimanche, feut la ville d'Encre, en Artois, toute ardse par feu de meschief; et n'y demoura comme riens. Et se disoit-on que le feu se prit ne sçait-on comment. Toutesfois, en moins de demy quart d'heure, feut toute la ville de toutes parts en feu; et sembloit que ce feust punition divine; et sy feurent ardses l'église parroissialle, la prioré et tout ce qu'il y avoit dedans ladicte ville.

Audict an aussy, en la ville d'Arras, le quatorziesme jour d'octobre, en ung cabaret souppoient messire Nicaise de l'Hommel, prestre, Jennin Parmentier, palefrenier du seigneur de la Motte et Jennin Martin; et comme ce vint à faire l'escot, ledict Jennin Parmentier et ledict prestre pour l'escot prindrent parolles ensemble, tellement que ledict prestre feut féru d'ung coup à la teste, à la table. Puis se partit ledict prestre et attendit, à l'entrée de l'huis dudict cabaret ledict Jennin Parmentier quy l'avoit féru; et sitost qu'il issit, luy courut sus et le cuida frapper d'ung coustel à clou comme ung bracquemart; lequel luy destourna le coup, puis tira sa dague et luy frappa au ventre, duquel coup le prestre mourut le lendemain; et feut ledict Jacquinet semons sur la teste, de ladicte ville d'Arras. Pour certain alors en ladicte ville d'Arras et en cité, on faisoit peu ou néant de justice, ne au pays d'environ; on violloit femmes mariées, on meurdrissoit, on desrobboit, composoit, battoit et villenoit-on plusieurs gents touts les jours ou le plus souvent, et sy ne faisoit-on nulle justice de ceulx quy ce faisoient; mesmes le véoient touts les jours ceulx quy estoient commis à la justice, et sy ne les prenoient point ny les punissoient en riens, nonobstant que les plusieurs et presque touts feuissent petits compagnons. Et combien qu'en aulcunes bonnes villes, comme Cambray, Douay, Lille, Vallenciennes et aultres, on feist justice et pendoit-on plusieurs maulvais garnements, lesquels raccusoient ceulx quy se tenoient audict Arras et allenviron, et ce envoioit-on par escript, sy ne faisoit-on pour ce riens à Arras, et s'y venoient retraire ceulx quy pooient eschapper des aultres lieulx. Trop bien, sy de cas d'adventure aulcun simple homme choppoit[1], cestuy estoit tout despouillé de ses biens; et à plusieurs se prenoit-on quy avoient peu ou néant mesfaict; et se on se plaindoit au bailly d'Amiens, quy estoit le seigneur de Crèvecœur, sy n'en faisoit-il point de justice. Et estoit lors gouverneur d'Arras maistre Robert de Jeusne, agié de quatre-vingts ans, et son lieutenant Robert des Marquais. Et sy on faisoit peu de justice temporellement, encoires le faisoit-on moins espirituellement en la cour espirituelle, nonobstant que l'official voullust cognoistre de touts cas tant temporels, réels et aultrement.

CHAPITRE XXXVII.

De plusieurs signes quy feurent veus en la ville d'Arras.

Audict an mil quatre cents soixante-ung, la nuict du jour de tous les Saincts, en la ville d'Arras et au pays d'environ, feut veue au ciel

(1) Broncholt, failloit, commettoit une faute.

une chose ardente comme ung barreau de fer, bien long et gros de quatre toises et environ d'espaisseur, par semblant de la moitié de la lune; et feut bien longuement au ciel, comme par l'espace de demy-quart d'heure; et véoit-on clair comme en pleine lune ou plus; et enfin, ce barreau, quy estoit long se crincquilla en telle façon[1]... et remonta ès cieulx. Plusieurs gents d'entour et dedans la ville le veirent. Ung pareil signe avoit-on veu au jour de Sainct-Remy dernier passé. Plusieurs gents en ce temps aussy disoient avoir veu plusieurs signes en la comté d'Artois, comme veoir gents d'armes en l'air; et mesme aulcuns disoient que, quand la ville d'Encre feut ardse, y olt des gents quy alloient audict Encre, et que eulx estants assez près, ils rencontrèrent gents grands et noirs quy leur demandèrent : « Où allez-vous? — A Encre, » et ils respondirent : « Allez, nous avons brassé et faict y faire ung beau feu à Encre. »

En ce temps, Jehan, évesque d'Arras, environ le jour de touts les Saincts, vint en la cité d'Arras, et y feut receu comme légat; et alla-t-on au-devant de luy. Et luy illecq arrivé, déposa maistre Pierre du Hamel d'estre son vicaire, et ne l'advoua point de ce qu'il avoit faict touchant la vaulderie, ains luy dit qu'il n'avoit point bien faict d'en avoir nuls faict prendre ne condampner, et que ce n'estoit point chose vraie, ains estoit une chose mise sus. Et en la présence dudict Jehan, évesque d'Arras, et dudict Pierre du Hamel, se vint plaindre audict évesque ung nommé Huguet Aubry, dict Patrenostre; lequel Huguet, comme cy-dessus est dict, avoit esté prins comme vauldois, et n'avoit voullu rien confesser. Et dit iceluy Huguet audict évesque, qu'icelluy maistre Pierre, l'évesque de Barut et maistre Jacques du Bois, l'avoient plusieurs fois induict et voullu induire qu'il disist que l'évesque d'Arras estoit vauldois et plusieurs aultres notables gents; et en la présence dudict évesque, dit ledict Huguet plusieurs injurieuses parolles et vilains propos, sans ce que ledict évesque l'en punist en riens.

Environ ce temps, estoit l'évesque de Barut prisonnier en Bourgoingne, en la ville dont il estoit natif; et l'avoit-on faict prisonnier pour sçavoir quy l'avoit meu à soustenir le faict de la vaulderie à Arras; et luy mettoit-on sus qu'il, avecq aultres, l'avoit mis sus. De laquelle prison assez tost après il eschappa; et comme il témoigna luy-mesme despuis, il eschappa miraculeusement. De la manière d'eschapper je m'en tais, pour tant que je n'en peus sçavoir aultre chose que ce quy vient dudict évesque. Lequel évesque, luy eschappé s'en alla à Sainct-Jacques en Gallice, et au revenir feut retenu confesseur de la royne Marie, femme quy feut à Charles septiesme de ce nom, roy de France.

Audict an aussy, environ la Toussaincts, se partit d'Arras maistre Mathieu Paille, lequel s'estoit meslé de la vaulderie, et alla demourer à Paris.

Pareillement maistre Gilles Flameng se partit d'Arras, lequel aussy s'estoit meslé de ladicte vaulderie, et s'en alla demourer à Douay; et disoit-on que c'estoit pour ce qu'ils n'estoient point bien aimés à Arras et n'y estoient asseurs.

Audict an soixante-ung, environ le jour du Noël, Godefroy, évesque de Tournay, comme cy-dessus est dict, feit son entrée en la ville de Tournay, comme évesque; et y feut le duc de Bourgoingne, et moult d'aultres princes et seigneurs. Et feut merveilles du bobant qu'on y feit; et cousta ladicte entrée audict évesque plus de cinq mille couronnes d'or.

Audict an aussy, par ung samedy septiesme jour de novembre, en la cité lez Arras, ung nommé Simon le Hardy, procureur en cour laye, et revenant d'ouyr vespres, après disner, droict devant sa maison, à l'entrée de son huis, quéit tout roide mort[1]. Aulcuns disoient que ce feut d'ung vers quy luy frappa au cœur, aultres d'apoplessie, pour tant que cedict jour n'avoit beu ny mangié; et sy avoit soixante ans ou plus.

En ce temps aussy, au chasteau en Portien, ung josne escuyer, nommé Anthoine de la Barre, natif de Lille en Flandres, maistre d'hostel de la dame de Croy, femme du seigneur de Croy, par frénésie se férit d'ung coup de coustel en la poictrine; toutesfois il n'en mourut pas; et feut son mire[2] maistre Nicolle Roussel. Icelluy Anthoine s'estoit marié environ ung an devhant à une très belle damoiselle, et supposoient aulcuns qu'ilen feuist jaloulx; ne sçais ce qu'il en feut.

Audict an aussy, le sixiesme jour de décembre, en la ville d'Arras, en la maison d'ung tinturier

---

[1] Le copiste place ici une figure composée de plusieurs cercles qui se déroulent, l'un dans l'autre comme l'enveloppe d'un colimaçon.

[1] Tomba. [2] Médecin.

nommé Jehan Chume, ung censier, lequel avoit souppé en ladicte maison avecq aultres gents de villaige, et s'estoient baignés après souppé et avoient bien beu, ainsy que ledict censier s'en alloit coucher, en montant une montée se laissa quéir[1] aval et se tua.

CHAPITRE XXXVIII.

Comment Charles, fils du duc de Bourgoingne, alla veoir le roy Loys, et comment il se perdit à la chasse, et du deuil que le roy en faisoit, et aultres choses.

Comme cy-dessus est dict, après ce que le roy Loys se feust party de Paris, le duc de Bourgoingne et son fils se partirent. Et s'en alla le duc à Bruxelles et sondict fils le comte de Charrollois en Bourgoingne et à Sainct-Claude, et de là s'en alla à Tours en Touraine, où ledict roy Loys estoit. Lequel roy Loys, sitost qu'il sceut la venue dudict Charles, comte de Charrollois, il envoya allencontre de luy Charles, duc d'Allençon, le comte d'Eu, le comte de la Marche, le comte de Patriarch[2], le duc de Sombreset, et touts les princes de sa cour. Et vindrent allencontre de luy bien loing hors de la porte aulx champs. Icelluy Charles avoit avecq luy, tant de Bourgoingne que d'aultres, bien trois cent cinquante chevaulx, et des seigneurs bien grands. Quand ledict Charles feut entré en Tours, par le commandement du roy, il alla loger à l'hostel du roy Loys; lequel roy mesme descendit de sa chambre jusques en bas pour le venir biensviegner; et le receut le roy bien lyement et luy feit grand chière. Et le festoya grandement le comte de Maine, Charles d'Anjou, oncle du roy et frère du roy de Sécile, lequel Charles le duc de Bourgoingne avoit tousjours tenu et déclaré ennemy durant la vie du roy Charles.

Et durant le temps que ledict Charles, comte de Charrollois, feut devers ledict roy Loys, le mena ung jour cacher[3], et estoit avecq luy ledict Charles d'Anjou. Advint que ledict comte de Charrollois poursuivit une beste rouge, tellement qu'il se perdit, et ne demoura que luy cinquiesme. Et quand il ne sceut où il estoit, il alla tant, et par nuict, qu'il trouva ung villaige où il y avoit une hostellerie, en laquelle il s'hébergea au mieulx qu'il poeult, car il estoit noire nuict, et lesdicts roys Loys et Charles d'Anjou retournèrent dont ils estoient partis. Tantost que le roy Loys feut descendu, demanda son beau-frère de Charrollois. On luy respondit qu'on ne sçavoit où il estoit. Tantost il le feit quérir, mais on ne luy en sceut dire quelques nouvelles. Lors feut le roy troublé, et ne le vit-on oncques plus troublé. Tantost envoya par touts les villaiges d'entour, d'où il venoit, pour le trouver; et ès clocquiers des villaiges faisoit allumer torses et fallots, affin que sy ledict comte estoit près, qu'il apperceut les feus; et feit gens aller atout torses et fallots par champs et par bois, et partout; mais il n'en ouït quelques nouvelles. Ledict Charles d'Anjou en estoit aussy moult troublé; car il doubtoit qu'il n'euist quelque encombrier, et que on ne l'en mesist sus.

Ledict roy Loys estoit sy troublé, qu'il jura qu'il ne beuveroit ne mangeroit jusques à ce qu'il en auroit eu nouvelles; et rongeoit par courroux ung baston. Et ainsy comme on quéroit ledict seigneur de Charrollois, icelluy seigneur pensa bien qu'on le quéreroit et qu'on seroit en doubte pour luy; partant demanda à son hoste combien il y avoit jusques où le roy estoit, lequel luy respondit qu'il n'y avoit que deulx lieues. Lors luy pria qu'il luy bailliast quelque homme paysan pour conduire ung de ses gents jusques au roy; ce que l'hoste feit. Lors rescripvit ledict seigneur de Charrollois au roy son adventure, et comme il estoit bien logié, et ne se doubtast pas de luy; et y envoya ung chevallier de son hostel, nommé Philippes de Crèvecœur; et estoit bien onze heures en la nuict ains que ledict Philippes vinst vers le roy, auquel il baillia les lettres dudict comte.

Tantost que le roy eust veu ses lettres, il feut moult joyeulx; et beut et mangea, et le lendemain matin le renvoya quérir.

Devers le roy Loys estoit, comme cy-dessus ay dict, le duc de Sombreset, Anglois, lequel duc estoit venu France cuidant trouver le roy Charles vivant; et comme il arriva en France, ledict roy Charles mourut; pourquoi il feut prins des gents du roy; et le feit le roy Loys venir à Tours vers luy, et luy feit très bonne chère, jà feust-il que le duc de Sombreset feust ennemy mortel d'Edouard, nouvel roy d'Angleterre, et avoit toujours conduict la guerre de la royne d'Angleterre contre ledict Edouard, et que le duc de Bourgoingne tenoit à amy ledict roy Edouard, comme on disoit, et ne l'avoit point nuy en ses affaires, ains l'avoit favorisé, et gardé

(1) Tomber. (2) Pardiac. (3) Chasser.

ses frères. Toutesfois ledict seigneur comte de Charrollois aimoit moult et avoit très chier ledict duc de Sombreset, lequel duc estoit son parent, et l'euist volontiers aidé contre ledict Edouard s'il euist peu; et euist bien voullu qu'il euist eu victoire contre ledict Edouard nouvel roy. Et pour l'amour dudict seigneur de Charrollois le roy Loys délibvra ledict duc, et luy feit donner de l'or et de l'argent pour aller où bon luy sembleroit. Lequel duc se meit en mer pour cuider aller vers Escoce ; mais on luy conseilla qu'il n'y allast point, car il estoit espié par le roy Edouard. Sy ne passa pas oultre, mais retourna et s'en alla à Bruges en Flandres, où il feut une grande espace. Et luy laissoit estre le duc de Bourgoingne sans luy faire empeschement, pour l'amour dudict seigneur comte de Charrollois son fils. Et ainsy tenoient le père et le fils chascun ung party ; et quand le père estoit joyeulx de quelque victoire que ledict Edouard avoit, le fils en estoit dolent et triste.

Après ce que le comte de Charrollois olt esté près d'ung mois avecq le roy Loys, le comte print congié du roy, lequel l'avoit moult haultement receu, et tant qu'on ne polroit plus ; puis s'en retourna et repassa par la Normandie. Et par toutes les bonnes villes du royaulme où il venoit et passoit, les nobles venoient allencontre de luy, et le clergié à croix et processions ; et ainsy avoient commandement du roy qu'on luy feist ; et mesme, ès bonnes villes où il entroit comme prince, délibvroit touts prisonniers des prisons. Il repassa par Blois, où le duc d'Orléans le festoya moult haultement ; et encoires euist-il faict plus, mais il ne voulloit nulle part séjourner, pour tant qu'il contendoit à faire sa feste de Noël avecq sa femme, quy estoit à Aire en Artois. Puis repassa, comme dessus dict est, par Normandie, où on le festoya moult haultement, et tant qu'on ne porroit plus, et par espécial, à Rouen ; car on disoit que le roy l'avoit faict son lieutenant au pays de Normandie, et luy avoit ordonné trente-six mille francs de pension chaque an sur luy. Pour faire brief, il se hasta tant, qu'il célébra la feste de Noël avecq sa femme, à Aire en Artois, et illecq se tint jusques après les Rois, que luy et sa femme s'en partirent ; et s'en alla à Bruxelles, vers son père le duc de Bourgoingne.

En ce temps, Jehan, évesque d'Arras, lequel estoit devers le roy de France Loys, à Tours en Touraine, feit tant que ledict roy Loys luy accorda que la pragmatique-sanction, laquelle avoit lieu au royaulme de France, et par laquelle le pape ny les collateurs de bénéfices ne donnoient nuls bénéfices, que touts ne feuissent embrouillés par les nominations des universités, et estoit grand pitié comme on s'embrouilloit en procès pour avoir les bénéfices, seroit mise jus ; et avoit jà duré plus de trente ans. Icelluy Jehan, évesque d'Arras, estant à Tours devers le roy Loys, le pape luy envoya ung rouge cappel; et feut cardinal, et le nommoit-on cardinal d'Arras.

Environ ce temps aussy, ung cappitaine des gents-d'armes, moult renommé en faict de guerre, très vaillant et hardy chevallier, nommé Flocquet, cappitaine d'Evreulx, mourut en l'age de cinquante ans ou environ, lequel feut moult plainct, car, par son subtil engin, il gagna sur les Anglois le Pont-de-l'Arche, quy feut cause et commencement que le roy Charles entra en Normandie, et reconquesta tout ledict pays de Normandie.

Audict an soixante-ung, le sixiesme jour de janvier, en la ville et bretecque[1] d'Arras, feurent admonestés à son de trompe, à la requeste du procureur général du roy et de Huguet Aubry, dict Patenostre, lequel Huguet avoit esté prins comme vauldois, maistre Jehan Faulconnier, évesque de Barut, maistre Jacques du Bois, doyen d'Arras, messire Pierre le Brousart, inquisiteur de la foy, maistre Jehan Boulengier, maistre Jehan Paille, messire Guillaulme de Berry, lieutenant d'Amiens, Jehan Fourme, maistre Jehan Thiebault, maistre Jehan Pon, Robert, bastard de Saveuses, maistre Pierre du Hamel et maistre Gilles Flameng à comparoir en parlement, pour respondre à ce qu'on leur vouldroit demander, touchant les griefs et extorsions que ledict Huguet disoit qu'ils luy avoient faiqt et faict faire, et dont certaine information avoit esté faicte à la requeste dudict Huguet, par aulcuns députés de parlement. Laquelle information veue par ceulx du parlement, ils feurent adjournés comme dict est ; c'est à sçavoir, lesdicts maistres Pierre du Hamel et Gilles Flameng, à comparoir en personne, et touts les aultres adjournés simplement. Et contenoit le mandement dudict adjournement, lequel mandement feut leu en pleine bretecque publique-

(1) Rempart.

ment, que ledict Huguet estant prisonnier, les dessusdicts, par gehenne et aultrement, luy avoient voulu faire cognoistre qu'il avoit esté en la vaulderie, et que mesme luy avoient dict : « Cognois que tu es vauldois, et se nomme tels et « tels quy sont aussy vauldois, et quy ont esté « avecq toy; » lesquels tels et tels n'estoient point nommés audict mandement, mais ils estoient nommés en ladicte information ; et se disoit-on qu'il y avoit des grands seigneurs et aultres gents riches et puissants.

Et feut jour assigné auxdicts ajournés au deuxiesme jour après la Chandeleur ensuivant.

CHAPITRE XXXIX.

Comment la dame de Thyembrone feut meurdrye à Hesdin par son beau-fils, et d'ung maulvais faict que feit messire Loys de la Viefville, et comment il mourut, et aultres choses.

L'an mil quatre cents soixante-ung, le dixiesme jour de janvier, en la ville de Hesdin, la femme du seigneur de Thyembrone, chevallier, estant en son jardin après disner, ung sien beau-fils de son mary, nommé Anthoine, donna à ladicte dame, elle estant à genoulx et disant ses heures, trois coups de dague ès mamelles tout dedans, puis s'enffuit et se boutta dedans une église ; desquels coups icelle dame assez tost après mourut. Icelluy Anthoine estoit nepveu du seigneur de Croy, fils de sa sœur, et avoit le propre jour disné avecq ladicte dame et devant elle. Icelle dame feut moult plaincte, car elle avoit bonne grasce d'estre bonne preude femme et grande aulmosnière, et moult bien servant Dieu ; elle estoit du pays de Flandres, et avoit esté aultrefois par avant mariée, comme aussy sondict mary, paravant elle, l'avoit esté deulx fois. Ce feut ung horrible et villain meurdre ; toutesfois nulle justice n'en feut faicte, ains s'en alla le facteur au Crotoy avec le seigneur de Reubempré, nepveu aussy dudict Croy, et capitaine dudict lieu, et illecq se tint.

En ce temps aussy mourut en la ville de Sainct-Omer messire Loys de la Viefville, chevallier, seigneur de Sains, en l'age de quarante ans ou environ, assez soudainement ; car assez tost après qu'il eust descendu de son cheval, s'alla coucher en son hostel, et illecq mourut sans faire quelque ordonnance. Ledict chevallier estoit capitaine de Gravelines ; très beau chevallier, mais très luxurieux estoit, et par espé-

cial en ce cas avoit faict ung merveilleux faict ; car deulx ou trois ans devant, avoit ravy une damoiselle par force en plein champ, très belle, laquelle estoit niepce de l'abbesse de Bourbourg, et noble femme, et l'une des plus belles que lors on veit, et josne ; laquelle fille il amena avecq sa femme ; laquelle sa femme estoit de noble lieu, belle et bonne, et en avoit plusieurs enfants ; et combien qu'elle feust belle et bonne preude femme, faisoit-il seoir ladicte fille, qu'il avoit ravie, à sa table, et luy au milieu d'elles deulx ; et véante sa femme, alloit coucher avecq ladicte fille, et bouttoit sa femme hors de sa chambre, qu'elle allast où bon luy sembloit. La très noble dame souffroit ce patiemment. Et plus fort feit la très noble dame ; car, après ce que ledict chevallier olt ravy ladicte damoiselle, le duc de Bourgoingne manda ledict chevallier et ladicte damoiselle, en intention d'en faire justice ; mais la très noble dame, quy dudict chevallier avoit plusieurs enfants, doubtant en soy-mesme que sy ladicte fille se plaindoit de force et disoit la vérité de ce que luy avoit faict son mary, que ledict duc en feroit justice telle qu'il appartenoit et dont il morroit, par quoy luy et ses enfants en seroient au temps à venir reprochiés, la très noble dame, par plusieurs fois et par plusieurs jours et continuellement se jetoit à genoulx devant ladicte fille, et luy prioit très instamment qu'elle euist pitié de son mary et qu'elle ne se volsist plaindre de force ; et tant feit par doulces et humbles prières, avec mille florins d'or qu'elle luy feit avoir, que ladicte fille venue devers ledict duc ne se plaindit pas de force ; et par ainsy, avec l'aide de Dieu, et que ledict chevallier olt du seigneur de Croy duquel il estoit parent, il n'euist garde. Et sans doubte sy ce n'eust esté ladicte dame sa femme, avec l'aide du seigneur de Croy, icelluy chevallier euist esté tout perdu et feust mort ; car le faict feut faict en la présence de trop de gents et estoit trop clair, et feut faict en plein jour ; et monstra ladicte fille toute telle rébellion qu'une femme doit et peut faire ; et sans doubte, pour le très horrible faict, plusieurs euissent bien voullu que justice euist été faicte dudict chevallier. La femme dudict chevallier mourut environ ung an auparavant ledict chevallier, par l'ennuy et le desplaisir qu'elle avoit de la vie de son mary, et olt très belle fin. Ledict chevallier estoit grand parleur, et ne tenoit chose qu'il promettoit; j'escrips ce par manière d'exemple, pour monstrer que souvent la belle vie amène la belle fin.

Environ ce temps, en la ville d'Authun en Bourgoingne, mourut maistre Nicolas Raullin, chevallier, chancellier du duché de Bourgoingne, agié de quatre-vingt et six ans ou environ; de laquelle ville d'Authun son fils estoit évesque, et cardinal de nostre Sainct-Père. Et combien que ledict maistre Nicolas feust venu de petit lieu, sy feut toutesfois premier advocat en parlement, et puis chancelier, auquel office comme dict est, il se gouverna tellement qu'il y acquesta plus de quarante mille florins de rente; et feit touts ses enfants de grands seigneurs, et ses filles allia très haultement; et gouverna le duc tellement que, durant son temps, ledict duc régna très haultement; et n'y avoit sy hault prince quy ne le doubstat. Ledict chancelier feut réputé ung des sages du royaulme, à parler temporellement; car au regard de l'espirituel, je m'en tais.

CHAPITRE XL.

Comment le duc de Bourgoingne feut fort malade, et des prières et processions qu'on en feit, et aultres choses.

Audict an soixante-ung, en la ville de Bruxelles en Brabant, environ la Chandeleur, print au duc de Bourgoingne une grande maladie, et sy grande que touts les maistres en médecine l'abandonnèrent, et espéroient plus sa mort que sa vie, car en sa vie n'avoit plus d'espoir. Ledict duc estant ainsy malade, manda son fils Charles, comte de Charrollois, quy estoit au Quesnoy avec sa femme, lequel y vint prestement. Sondict fils venu, tantost qu'il veit sondict père ainsy agressé de maladie, il manda incontinent par toutes les villes fermées des pays de son père: comment sondict père estoit grièvement malade et que les médecins faisoient grand doubte de sa mort; par quoy il requéroit à touts les subjects de sondict père et à toutes gents d'église qu'ils volsissent par tout faire processions générales, prières et oraisons, en priant à Dieu que par sa grasce il volsist envoyer guérison à monseigneur son père. Lesquelles lettres, tantost qu'on les avoit apportées ès lieulx où on les avoit apportées, tout le clergié et le peuple, de grande et bonne volonté, faisoient prières et processions pour ledict duc. Et sans doubte ledict duc de Bourgoingne estoit sy aimé de son peuple, que c'estoit merveilles comment chascun faisoit diligence de prier pour luy; et sondict fils, le comte de Charrollois, en feit grandement son debvoir; car luy-mesme, sans se despouiller, et sans peu ou néant dormir, veilla sondict père quatre jours et quatre nuicts sans le laisser; et jà fust chose vraye que sondict père luy disoit souvent qu'il se desportast, en luy disant: « Mon « fils, je vous prie que vous vous desportiez de « prendre tant de peine pour moy; vous en pol- « riez estre malade, dont je serois courroucé; « et puis qu'il plaist à Dieu que je le sois, il « vault mieulx que je le sois seul que vous et « moy. » Le bon prince le disoit à son fils, craindant qu'il ne prensist quelque maladie, quy luy olt fait moult de mal, car il n'avoit plus d'enfant légitime. Toutesfois sondict fils ne le voullut oncques laisser; ains quand son père le cuidoit reposant, il estoit toujours autour de luy qu'il ne le véoit point. Devers ledict duc vint aussy la duchesse sa femme, laquelle se tenoit au bois de Nieppe, ainsy comme en dévotion, sans porter d'habit de religieuse. Et assez tost après les prières et processions faictes pour ledict duc, ledict duc revint en assez bonne convalescence, et de jour en jour amenda tant qu'il feut guéry; mais il feut plus de demy-an ains qu'il feut guéry; et se tint toutsdis la duchesse avec luy; et la laissa ledict duc gouverner avecq sondict fils, et par ainsy ladicte duchesse laissa son hermitage.

Pour certain on tenoit que, par les prières qu'on avoit faictes pour ledict duc, ledict duc estoit revenu en santé; car on feit maintes prières; et en aulcunes villes aulcuns alloient à processions en leurs chemises sans plus, aultres nuds pieds et aultrement; et estoit ledict duc moult aimé.

Audict an soixante-ung, le douziesme jour de febvrier[1], en ladicte ville de Bruxelles, ung homme nommé Rolland Pippe, de l'age de trente-six à quarante ans, secrétaire du duc de Bourgoingne et de son fils, et maistre de la chambre des deniers dudict duc, par désespoir se laissa cheoir en ung puits et se noya; et disoit-on que c'estoit pour ce qu'on l'avoit voullu reformer; toutesfois on disoit qu'il eust bien rendu compte, et estoit très riche.

Audict an aussy, le treiziesme jour de febvrier,

(1) 1462 nouveau style.

par ung samedy après disner, ung nommé Jennin Frion, et l'aultre Philippes le Camus, lesquels se disoient aulx enfants de Habart, entrèrent en une taverne, nommée les Bouteilles, en cité lez Arras, et illecq navrèrent ung compagnon, fils du tavernier de Goem-en-prés, en la teste, et luy percèrent les cuisses; puis s'en allèrent et passèrent devant le prévost de Beauquesne et de cité, en pleine rue; et sy avoit bien ouy l'effroy, et le sçavoit jà bien, mais oncques ne s'en meult, ny homme de par luy; ainsy estoit justice gouvernée.

Environ ce temps, la femme d'Adolphe de Cleves, niepce de la duchesse de Bourgoingne, fina ses jours et mourut en la ville du Quesnoy, en la comté de Haynault; laquelle dame feut moult plaincte, car elle estoit bien aimée de son mary et de touts ceulx quy la cognoissoient; et par espécial le duc de Bourgoingne l'aimoit moult pour la bonté d'elle; et feut plus de deulx mois après ains[1] qu'on l'osast dire audict duc pour sa maladie; et estoit josne dame de l'age et en dessous de trente ans.

Audict an, le quatriesme jour de mars en caresme, en la cité d'Arras, à heure de dix heures à midy, en pleine rue, devant le portail de Nostre-Dame, à l'entrée d'ung cabaret nommé le Cardinal, deulx compagnons nommés l'ung Gillecquin Molet, et l'aultre Sohier Grignart, vindrent à Pierre Martin, prévost de Beauquesne et prévost de cité ensemble; et illecq dit Gillecquin audict prévost : qu'on luy avoit dict qu'il le quéroit pour le faire prisonnier, et qu'il le requéroit fort qu'il luy volsist dire pourquoy. Ledict prévost luy respondit : qu'il s'en allast, et qu'il ne luy demandoit rien pour l'heure. Lors ledict Gillecquin le prit par la poictrine ou par ses corrois, et le tira arrière de l'huis dudict cabaret. Et tantost qu'il feust arrière, le dessusdict Sohier, quy estoit de costé dudict cabaret contre ung huis, et ne s'en gardoit pas ledict prévost, haulsa ung baston qu'il avoit, qu'on appeloit ung becq de faucon, duquel becq de faucon luy donna sy grand coup en la teste qu'il luy enfondra la cervelle et luy feit voler ung œil hors de la teste; duquel coup ledict prévost quéit[2]. Mais ledict Sohier, quy à grande peine pooit ravoir son baston hors de sa teste, en le tirant hors, l'entraisna jusqu'au ruyot[3] en-my[4] la rue, et il-

(1) Avant. (2) Tomba. (3) Ruisseau. (4) Au milieu de.

lecq ledict Sohier derechief et ledict Gillecquin frappèrent sur luy quy mieulx mieulx; c'est à sçavoir ledict Sohier à bras tourné, tousjours en la teste, dudict becq de faucon, et ledict Gillecquin le frappoit ès cuisses et au corps d'une dague qu'il boutta tout dedans, tellement que sa teste feut toute espaultrée, et son corps et ses cuisses en plusieurs lieulx percés. Et en tel estat le laissèrent iceulx facteurs, et s'en allèrent boutter en franchise en l'église de Nostre-Dame en cité; et sitost qu'ils feurent montés le portail Nostre-Dame, jettèrent leurs bastons tout au loing; et ledict Pierre Martin, prévost, quy ne parloit ny n'avoit quelque entendement, feut prins à force de gents, et porté à l'hostel-Dieu, droict devant ledict lieu où il avoit esté ainsy navré, auquel lieu il vesquit environ deulx heures après et non plus, sans ce qu'on apperceust en luy quelque signe d'entendement despuis qu'il feut féru et abbattu. Et combien que ledict Pierre Martin feust de petit lieu et euist esté sergent du roy, sy estoit-il prévost de Beauquesne et de cité, et huissier d'armes du duc de Bourgoingne, aulx honneurs tant seulement et sans gages. Lesdicts Gillecquin et Sohier, quy avoient faict, comme dict est, le meurdre, estoient à Mahieu Des Marets, lequel Mahieu avoit esté l'an devant prévost de Beauquesne; et estoit ledict Gillecquin cousin-germain dudict Mahieu, et ledict Sohier son varlet. Entre lesdicts Pierre et Mahieu y avoit eu auparavant grosses parolles et reproches; mais la paix en estoit faicte, et avoient tout pardonné l'ung à l'aultre. Toutesfois aulcuns murmuroient que ledict Mahieu en feut coupable, ou sa femme, à laquelle ledict Pierre tenoit rancune et ne daignoit parler à elle, et sy estoient prochains voisins. La justice demanda aulxdicts facteurs après ledict faict faict et commis, se ledict Mahieu en estoit coulpable; lesquels respondirent que non, et que oneques homme ne leur en avoit parlé ne requis, et n'en sçavoient ledict Mahieu, sa femme rien; mais qu'ils l'avoient faict de leur propre volonté, et ne s'en repentoient point, sinon qu'il estoit mort sans confession. Et à vérité dire, ce poroit avoir esté punition divine, car ledict Pierre Martin estoit tant élevé en orgueil et présomption que merveilles, et sy debvoit plus qu'il avoit valliant, et sy estoit tant rapineulx qu'il ne luy challoit, mais qu'il euist, sur quy que ce feust; et n'avoit pitié de nulluy; et sy avoit en luy peu ou néant de loyaulté; et estoit très luxurieulx, jà-soit-ce qu'il feust marié; et en ce cas et en ceste vie estoit fort abandonné; il estoit aussy villain parlier de Dieu, et blasphesmant et jurant mot à mot son corps, son sang, ses playes, et aultres saincts, et ne sçavoit parler à peu sans jurer villainement le nom de Dieu ou de ses saincts; il estoit aussy glout et fort à sa bouche. Pour lesquelles choses et aultres on pooit présupposer que la punition de Dieu se feust assise sur luy, combien que je ne le veuille pas dire, car c'est à Dieu seul ce cognoistre et sçavoir;] mais pour certain, s'il euist plus vescu, plusieurs disoient qu'il n'avoit onques faict tant de rapines et de mal qu'il euist faict.

En ce temps, et grand temps devant, c'estoit grande pitié des meurdres, des larcins, viollements et aultres grands et horribles crimes qu'on faisoit à Arras et cité, et ailleurs environ au comté d'Artois et Picardie; et sy n'en faisoit-on nulle justice, combien qu'ailleurs ès aultres pays dudict duc on faisoit assez bonne justice. Ne sçay à quoy il tenoit qu'on en faisoit moins à Arras et à l'environ que ailleurs.

En ce temps aussy, le quatriesme jour de mars, en la ville de[1] . . . . mourut dame . . . . . de Braine, femme à Loys, comte de Sainct-Pol, de laquelle demoura quatre fils et plusieurs filles et succéda . . . . . son aisné fils à la comté de Braine, à la seigneurie de Ghistelle et aultres plusieurs comtés et grandes seigneuries; et disoit-on que ledict comte de Sainct-Pol possessoit, à cause de ladicte dame, bien cinquante mille francs de rente chasque an, parmy la traue[2] de Bruges, quy vault grands deniers par an.

En ce temps aussy, environ la fin de mars, mourut messire Gauwin Quieret, chevallier, en la ville d'Abbeville; lequel chevallier, en son temps, on avoit tenu pour ung des hardis et vaillants chevalliers de son corps quy feust ès pays du duc de Bourgoingne ne en France; et par plusieurs fois l'avoit monstré; et combien qu'il ne feust point des plus riches du pays, sy avoit-il assez par raison; et estoit aimé de touts gents de bien, car il n'estoit pas convoiteulx; et feut moult plainct.

(1) Les points indiquent les lacunes du manuscrit.
(2) Tribut.

CHAPITRE XLI.

De la nativité du fils du duc d'Orléans; de la mort de Jehan Toustain, premier varlet de chambre du duc de Bourgoingne, que le comte de Charrollois feit descappiter, pour tant qu'il l'avoit cuidé faire mourir par poison, et aultres choses.

Audict an soixante et ung, environ le mois de mars, la duchesse d'Orléans, niepce du duc de Bourgoingne, fille de sa sœur, duchesse de Clefves, accoucha d'ung fils, lequel olt à nom Loys; et le tint sur les fonts Loys, roy de France, et la royne d'Angleterre, laquelle estoit venue vers le roy Loys, lequel luy estoit germain et à son mary le roy Henry, pour avoir secours et aide contre Édouard, roy d'Angleterre, elle, son mary et son fils.

En l'an ensuivant, l'an mil quatre cents soixante-deulx, par ung dimanche, jour de Sainct-Jacques et de Sainct-Chrystophe, feut prins en la ville de Bruxelles, par le seigneur d'Aussy et messire de Crèvecœur, chevalliers, Jehan Toustain, par le commandement du duc de Bourgoingne, à la requeste de son fils, le comte de Charrollois, et feut prestement mené à Rippelmonde. Et la cause pourquoy Jehan Toustain feut prins feut, qu'icelluy Jehan Toustain avoit esté au pays de Bourgoingne, dont il estoit, et illec avoit traictié à ung pauvre gentilhomme, de ceulx de sa chevance, nommé Jehan de Vy, et avoit servy le mareschal de Bourgoingne, pour une certaine somme d'argent, et promesse d'aller quérir poison au pays de Lombardie, pour empoisonner le comte de Charrollois; lequel Jehan de Vy y alla, et rapporta ledict poison audict Jehan Toustain; lequel Jehan Toustain ne luy tint pas convenance, et sy ne luy baillia point tant de deniers qu'il luy avoit promis; dont ledict Jehan de Vy feut mal content; et de faict, se plaindit dudict Toustain à ung gentilhomme nommé Arcembaulx, natif de Bourgoingne, lequel estoit de l'hostel dudict comte de Charrollois, en luy disant que ledict Toustain estoit ung maulvais homme, et que, s'il vouloit tenir secret tout ce qu'il luy diroit, il luy raconteroit merveilles; ce que ledict Arcembaulx luy promit; et lors luy dict comment ledict Toustain avoit marchandé à luy d'apporter ledict poison, et sy ne le vouloit payer. Ledict Arcembaulx, ce oy, luy dict que, se ne vouloit dire ce audict comte de Charrollois, que luymesme luy diroit. Ledict Jehan de Vy, doubtant que son faict ne feust descouvert, s'en alla prestement audict comte de Charrollois, et luy pria mercy, et dict toute l'œuvre; et dict qu'il se faisoit partie fourmée contre ledict Toustain ; et, affin qu'il feust plus certain de l'œuvre, luy bailla plusieurs lettres escriptes de la main dudict Toustain, touchant ledict poison ; lequel comte luy dict qu'il s'allast rendre prisonnier à Rippelmonde, comme il feit. Ledict comte, sçachant ces choses, s'en alla devers son père, où venu, se jetta à genoulx, et luy pria qu'il luy volsist faire justice, comme il feroit au plus pauvre homme de ses pays, d'ung de son hostel, luy quy estoit son fils légitime, et plus n'en avoit. Le duc luy demanda : « duquel ? » Le comte respondit : que c'estoit de Jehan Toustain, lequel avoit envoyé quérir poison pour l'empoisonner, et monstra les lettres escriptes de sa main. Le duc, quy bien cognut la lettre dudict Toustain, luy dict qu'il luy en feroit raison. Icelluy Jehan Toustain estoit le premier varlet de chambre, et le plus privé de ceulx qu'il euist, et sy privé qu'il n'y avoit office ès pays dudict duc que ledict duc donnast, que ne passassent par les mains dudict Toustain, et qu'il n'en euist quelque chose. Ledict Jehan Toustain estoit tenu riche de cinq mille florins d'or ou plus, avecq dix mille florins de rente chascun an, jà-soit-ce que, quand il vint à l'hostel dudict duc, il vint vestu d'une pauvre juppel de toile, servir son oncle Imbert, garde des joyaulx dudict duc; lequel Imbert le feit varlet de chambre dudict duc. Le jour que ledict comte se complaindit audict duc, feut la nuict devant la prinse dudict Toustain. Et le lendemain, jour de dimanche, au matin, comme ledict duc s'appuyoit à une fenestre, avec sa femme la duchesse et avec sondict fils pour conclure du faict dudict Toustain, ledict Toustain, comme il avoit accoutumé, cachoit[1] au parcq de Bruxelles, présent ledict duc, et riens ne se doubtoit, se jouoit et rioit, et esbattoit audict duc. Après laquelle cache[2], ledict Toustain vint devers ledict duc ; auquel Toustain le duc dict telles paroles ou en substance : « Il « y a ung homme à Rippelmonde lequel te « charge fort de ton honneurr Je te commande « que tu voises[3] à Rippelmonde avec le seigneur « d'Aussy, lequel y va pour ceste cause ; si te « houses[4] et va prestement. » Ledict Toustain luy respondit qu'il iroit volontiers, et qu'il ne doubtoit homme quy le chargeast, que bien ne

(1) Chassoit. (2) Chasse. (3) Ailles. (4) Bottes.

s'en excusast. Sy s'en alla monter à cheval; et, bien richement monté de cinq chevaulx, et bien habillé de son corps, s'en alla à l'hostel du seigneur d'Aussy, ancien et sage chevallier, premier chambellan dudict comte, et l'avoit nourry dès qu'il feut nais[1] ; auquel hostel il trouva le seigneur d'Aussy, tout prest et à cheval, avec luy seize archiers de corps dudict duc, et ledict messire Philippes de Crèvecœur. Quand ledict Toustain veit les archiers, sy demanda ce qu'ils faisoient là ; lors respondit le seigneur d'Aussy : qu'ils y avoient à faire, et qu'ils iroient avec luy. Lors se partit ledict seigneur d'Aussy, et messire Philippes, et ledict Toustain au millou[2] d'eulx, touts trois en rang, et passèrent parmy toute la ville de Bruxelles, sans autre chose dire audict Toustain. Tantost qu'ils feurent hors de la ville, ledict seigneur d'Aussy dit audict Toustain : qu'il falloit qu'il descendist de son cheval, lequel estoit un bel destrier, et qu'il montast sur son cheval, quy estoit une petite hacquenée. Quand ledict Toustain veit ce, et qu'il falloit qu'il feust, il obéit et devint moult pasle et se doubta. Sy descendit ; et lors le noble et sage chevallier le feit prisonnier dudict duc, puis le feit remonter, et le mena audict chastel de Rippelmonde ; et les suivit le comte de Charrollois de sy près qu'il feut aussitost audict chastel que ledict Toustain ; et prit les clefs de la tour où ledict Toustain feut mis. Après luy allèrent le bastard de Bourgoingne, l'évesque de Tournay, le seigneur de Croy et le seigneur de Goy ; et ne parloit nul audict Toustain que les dessusdicts seigneurs ; et n'y parla nul peu ou néant que ledict comte n'y feust présent ou ne les ouist. Ledict Toustain là venu, on feit venir devant luy ledict Jehan de Vy, lequel luy dict ce qu'il avoit faict et marchandé avecq luy. Illecq y olt entre eulx deulx de moult grosses paroles. Ledict Jehan de Vy luy feit monstrer ses lettres escriptes de sa main. Et tant feut parlé audict Toustain que, sans quelque gehenne, jà-soit-ce qu'on dit qu'on luy monstra ladicte gehenne, de sa franche volonté il confessa son faict ; c'est à sçavoir qu'il avoit esté luy-mesme par deulx fois au pays de Piedmont, ou Lombardie, puis le Noël derrain passé, pour avoir ledict poison, et ne le avoit peu avoir, et pour ce avoit marchandé audict Jehan de Vy ; et que la cause pourquoy il le faisoit, ce n'estoit

(1) Né. (2) Milleu.

pas, comme il dict de prime-face, pour faire mourir le comte de Charrollois, ains estoit pour estre en sa grasce ; toutesfois, enfin, il cognut que c'estoit pour le faire mourir; et après ladicte poison prinse, il n'euist vescu qu'ung an ; et luy debvoit donner à la my-aoust prochain venant, que lors aulcuns banquets et mangiers se debvoient faire à l'hostel dudict duc. Et dict que la cause quy le mouvoit à ce faire estoit, qu'il se doubtoit qu'il ne feust pas bien en la grasce dudict comte, et que se ledict duc son père feust mort, il avoit doubte qu'il ne luy euist tollu le sien, ou par adventure sa vie. Des aultres choses qu'il confessa, je ne le pus sçavoir, car trop feut tenu secret. Après ceste confession, ledict comte demanda à Jehan de Vy que sy ledict Toustain luy olt tenu sa promesse, s'il ne l'euist point raccusé ; auquel il respondit que non. Et ce le feit mourir, car, par sa confession, il ne l'avoit raccusé que par convoitise. Ces choses faictes, le vendredy ensuivant, ledict Toustain feut mené sur une haulte tour audict Rippelmonde, pour le descappiter, présents ceulx du conseil dudict duc dessusdicts; mais ençois[1] que ledict Toustain mourust, il pria qu'il peust ung peu parler audict comte, ce que on luy octroya; et parla assez bon espace audict comte seul à seul; et ne sceut-on qu'il luy dict, combien que ceulx quy estoient loing d'eulx veirent bien qu'à chascun propos que ledict Toustain disoit, voire à peu à chascun mot, ledict comte faisoit le signe de la croix ; pourquoy on doubtoit qu'il n'euist raccusé plus grande chose de luy, ou dict chose quy feust pleine de mal, de luy ou d'aultruy. Après ce qu'il olt parlé audict comte, il luy pria que son corps ne feust point esquartelé, et qu'il feust mis en terre saincte. Ce faict, il feut descappité, et olt la teste tranchée ; et assez tost après luy, ledict Jehan de Vy, audict lieu propre et cestuy jour ; mais ledict Jehan de Vy ne croyoit point que ledict Toustain feust mort tant qu'on luy monstrast la teste dudict Toustain.

Les biens et héritaiges dudict Toustain feurent touts confisqués ; mais ledict duc assez tost après les redonna à la femme dudict Toustain et à ses enfants, laquelle femme dudict Toustain estoit bien en la grasce dudict duc. On disoit encoires que ledict Toustain avoit faict mourir par poison la dame de Ravestain, femme de Adolphé de Clefves, nepveu dudict duc.

(1) Avant.

Assez tost après la mort dudict Toustain, feut prins en la ville de Bruxelles maistre Gilles Courbet, natif du pays de Haynault, lequel estoit moult affin dudict Toustain; et luy mettoit-on sus qu'il avoit escript de sa main aulcunes lettres touchant ladicte poison ; lequel maistre Gilles, assez tost après, par subtilité, eschappa de prison, et s'avalla d'une haulte fenestre à terre, et s'enffuit à Paris. Et assez tost après feit tant qu'on le laissa paisible, par aulcuns moyens qu'il avoit à la cour dudict duc, et s'en vint demourer à la cité d'Arras, dont il estoit canoine. Icestuy maistre Gilles avoit la renommée d'estre moult séditieulx homme, et subtil en subtilité réprouvée.

En ce temps, le vingt-cinquiesme jour d'aoust ensuivant, dix heures du vespres, en une taverne au mont Sainct-Éloy, feut tué le Borgne d'Estrayelles, d'ung sien compagnon, nommé Robinet Guillemand, après boire ; et estoient touts deulx archiers du comte d'Estampes : mais ils estoient pleins de débats et mal renommés, tant d'estre espieurs de chemins, houilliers[1] et aultrement. Et combien que justice feust assez advertie de leur vie et d'aultres, et sy n'en faisoit-on quelque justice. Faict assez à présumer que Dieu les faisoit punir l'ung l'aultre ; car, puis deulx ans, plusieurs avoient tué l'ung l'autre.

En ce mois d'aoust, feut aussy ung marchand de Dynant desrobé de deulx cents florins environ Hervain, une demy-lieue d'Arras, par aulcuns compagnons de cheval; et disoit-on que ceulx quy ce feirent, on les voyoit touts les jours pétoyer le marché d'Arras; et estoient maulvais garnemens quy se vivoient de femmes, et de jeulx de dés, et sy ne faisoient que se combattre; et sy n'en faisoit-on nulle justice.

CHAPITRE XLII.

Comment le bailly d'Amiens, par mandement du duc, vint à Arras et allenviron, pendre plusieurs maulvais garnements, lesquels il feit pendre ; et de la mort de Jehan du Clercq, abbé de Saint-Waast d'Arras ; et d'aultres plusieurs choses.

Audict an soixante-deuxiesme, pour les crimes quy continuellement se faisoient en la ville d'Arras et en la comté d'Artois, le duc de Bourgoingne envoya au seigneur de Crèvecœur, bailly d'Amiens, chambellan et principal gouverneur de Jehan, comte d'Estampes, cappitaine

(1) Débauchés.

de Picardie, ung mandement par lequel luy mandoit : qu'il allast par toute Picardie et Artois, et feist justice des malfaicteurs quels qu'ils feuissent mesme ceulx de son sang, sy aulcun en y avoit, chevalliers, escuyers et ses propres archiers de son corps ou d'aultres princes. Ce mandement venu audict bailly, il assembla les archiers du comte d'Estampes et aultres compagnons, avecq le bailly de Cambrésis, nommé messire Estienne de Nouvelle, et le bailly d'Orchies, nommé messire Pierre de Raisse, chevallier, jusques au nombre de cinquante à soixante. Lesquels, par ung vendredy, dixiesme jour de septembre, arrivèrent à Arras secretement, cy deux, cy trois, et se logèrent en quinze ou vingt hostels; et avoient faict amener leurs bastons et armures sur ung car, affin qu'on ne s'en perceust. Et ceste nuict propre s'assemblèrent et allèrent par touts les lieulx où ils cuidoient trouver ceulx qu'ils quéroient, dont certaine information avoit esté faicte par le procureur du roy environ ung mois devant; mais la pluspart et près touts ceulx qu'ils quéroient en feurent advertis et se saulvèrent; et ne prindrent celle nuict que trois compagnons nommés Philipart le Camus, Willemet Morlet, et l'aultre Pollet[1]... lesquels se disoient aulx enfants de Habart.

Et le lendemain matin vindrent en cité lez Arras, où ils prindrent Collin Blarre, et le page de Pierre de Habart, lequel, comme on disoit, avoit passé les murs de la ville d'Arras, pour venir dire à ceulx quy estoient en la vingte leur venue; lesquels cinq prisonniers feurent mis à cheval et menés au chasteau de Lens.

Ce propre jour aussy prindrent le frère du ministre de la Trinité, religieulx de ladicte ordre, très maulvais et très mal renommé de toutes mauvaisetés, et ung compagnon nommé le Bailly de Porte-fain.

Et ce jour mesme allèrent aulcuns compagnons vers Gouy, et prindrent ung nommé Jehan Lance, archier du corps de Anthoine, bastard de Bourgoingne; et l'amenèrent en cité avecq les deulx dessusdicts; et le dimanche ensuivant vint le bailly d'Amiens en ladicte cité d'Arras, lequel en venant près de Bapaume en avoit attrappé deulx aultres, desquels feit ung pendre à ung arbre, et l'aultre feut moult fort blessé au prendre. Et y disna; et après disner, après ce qu'il olt interrogié ledict Jehan Lance, Bailly de Porte-fain, et

(1) Lacune d'un mot.

ledict religieulx, s'en alla à Lens, et feit mener après luy lesdicts trois prisonniers; desquels l'ung, c'est à sçavoir Jehan Lance, il fit pendre à ung arbre sur ledict chemin de Lens, assez près de Thelue. Lequel Jehan Lance, comme on disoit, estoit meurdrier, espieur de chemins, et tant maulvais qu'on ne pooit plus; et avoit mené ceste vie trente ou quarante ans, car il avoit de cinquante à soixante ans; les deulx aultres feurent menés à Lens.

Ce dict jour de dimanche, le bailly de Cambrésis s'en alla oultre le mont de Sainct-Eloy, et print Rigault d'Estre, archier de corps dudict bastard de Bourgoingne, et le mena à Lens; et le lendemain, environ dix heures par nuict, feut ledict Rigault pendu à ung arbre. Ledict Rigault estoit de bonnes gents et gentilhomme, mais il estoit très mal renommé, comme d'estre espieux de chemins, combatteur et houillier[1], jà feust-il marrié; et avoit mené ceste vie trente ans ou plus; et tant avoit faict de larcins que sans nombre, jà-soit qu'il tinst hostellerie et taverne; et feurent de la mort desdicts Rigault et Jehan Lance moult de gents lyes.

Et le mardy ensuivant feut pendu ledict Philippart le Camus, entre Lens et le chemin de La Bassée, à ung arbre emprès Hulluch; lequel estoit natif de cité d'Arras et de bonnes gents, mais il estoit meurdrier, combatteur, houillier, enforceur de femmes; et sy disoit-on qu'il avoit confessé avoir esté à meurdrir et estrangler ung joyllier, lequel on avoit attraisné sur les degrés de l'hospital Sainct-Jehan en l'Estrée; lequel feut trouvé mort en sa chemise, en l'an mil quatre cents cinquante-sept, le dix-huictiesme jour de novembre, comme cy-dessus est dict.

Le vendredy ensuivant revint le bailly d'Amiens en ladicte cité d'Arras, et feit délivrer quitte et délivra ledict page de Pierre Habart, lesdicts Willemet, Morlet et Pollet[2]... et le petit ministre rendit à l'évesque, nonobstant que, pour la maulvaiseté dudict religieulx, l'évesque ne le requéroit point; mais ledict bailly, pour ce qu'il estoit homme d'église, n'en osa faire justice.

Et le lendemain, jour de samedy et de marchié à Arras, feit pendre Collin Blarre à ung arbre sur le chemin de Paris, assez près de Beaurain, au lez de Champré, d'une cappe; et la principale cause de sa mort feut pour sa malle renommée qu'il avoit d'estre noiseulx, ivroingüé,

(1) Débauché. (2) Lacune d'un mot.

houillier et composeur de gents; et disoit-on qu'il avoit esté à esforcier une femme à Avesnes-le-Comte. Il estoit de bonnes gents de labœur.

Cedict jour de samedy, ledict bailly d'Amiens se partit d'Arras, et les aultres, et s'en allèrent à Péronne; et disoit-on qu'ils prindrent despuis par Picardie et Artois aulcuns maulvais garçons dont ils feirent faire justice.

En ce temps, audict an mil quatre cents soixante-deulx, le quinziesme jour de septembre, à trois heures après midy, en l'église de Sainct-Vaast d'Arras, en l'age de quatre-vingt et six ans, cloist son dernier jour Jehan du Clercq, abbé de Sainct-Vaast d'Arras, et rendit ame en sa chambre, sur son lict; lequel avoit esté abbé trente-quatre ans de ladicte église. Icelluy abbé avoit moult haultement et bien gouverné ladicte église, et avoit esté moult cremu de touts ses moines, et plus qu'abbé n'avoit esté, passé deulx cents ans; et aussy il les avoit gardés en paix et en droicture; et moult avoit gardé les droicts et les héritaiges de l'église, et fort augmenté le revenu d'icelle. Feit refaict toutes les maisons et censses de l'église. La tour du clocquier de l'église, laquelle estoit si maulvaise qu'elle estoit soustenue de gros et somptueulx carpentaiges de quesne, il feit, par force d'encres de fer par dedans et de pierre de grés par dehors, solemnellement refaire; puis feit parfaire la nef de l'église, quy n'estoit qu'une vaulsure, oultre le crucifix, et y feit quatre vaulsures de long; c'est à sçavoir, quatre grandes vaulsures et huict petites; et n'y avoit ne comble ne commencement, sinon la fondation des pilliers, quy estoient faicts deulx cents'ans paravant ou plus. Après ce, feit faire le portail de l'église, et tant d'aultres nobles ouvraiges dedans l'église que sans nombre, lesquels avoient monté à moult grande finance. Il avoit faict faire aussy à Ennencourt, ès faulxbourgs d'Arras, une fort belle maison de plaisance et gardin, et avoit accaté¹ la place de ses deniers; et estoit pour s'en aller esbattre, et aulcune fois y menet son couvent esbattre.

Il avoit aussy faict refaire la maison de Hervain, à demy-lieue près d'Arras, laquelle avoit esté ardse au siége d'Arras, et y avoit faict une moult noble place pour pareillement y mener son couvent, ou par adventure soy y tenir en temps de mortalité.

(1) Acheté.

Il feit encoires faire toutes les belles chambres, depuis le clocquier de l'église en descendant, jusques au pont de Sainct-Vaast; et en l'Hostel-Dieu mesme feit il des beaulx ouvrages. Moult d'aultres ouvrages feit faire, quy trop seroient longs à raconter.

Ledict abbé avoit esté de moult grand couraige, et bien l'avoit monstré contre touts princes, ducs et aultres, quels qu'ils feuissent, pour sousteniir les droicts de l'église, et mesme contre ceulx de la ville d'Arras. La mort dudict abbé desplut fort à ceulx d'Arras et du pays d'environ, et à ses religieulx; et feut moult plainct; et moult de peuple prioit pour luy, que Dieu par sa grace mist à repos son ame. Il feit en son temps une chose de grande recommandation, et dont il acquit moult l'amour du peuple; et feut en la grande famine, l'an mil quatre cents trente-huict, que le bled feut lors sy chier, par tout le royaulme et ailleurs, que la charge du cheval de bled valloit dix francs monnoye d'Artois, seize sous pour le franc, et moroient les pauvres gents de faim; et ne souffroit-on les pauvres gents ès bonnes villes, ains leur faisoit-on des begudes¹ ou maisoncelles hors des portes, tant pour la famine que pour l'infection de leur pauvreté. Quand ledict abbé veit la grande famine en ladicte ville d'Arras, sy feit ouvrir ses greniers et les greniers de l'église quy estoient pleins de bled, car l'année devant, la charge d'ung cheval de bled ne valloit que huict sols; et à touts pauvres gents, labouriers et gents de mestier, quy estoient pauvres et disetteulx de bled, feit donner le mencault pour vingt-huict sols. C'estoit la charge d'ung cheval cinquante-six sols, quy valloient trois francs et demy; et comme dict est, en la ville et ailleurs il valloit dix francs la charge d'ung cheval. Mais n'en avoient nuls s'ils n'estoient pauvres et disetteulx, car les riches et les marchands n'en avoient point; et sy n'en avoient nuls plus de deulx boisseaulx en ung coup au plus. Et ceste œuvre pleut moult au peuple, et pria-t-on moult pour luy; car s'il n'euist faict ceste bonne œuvre, sans doubte le commun se feust esmeu par famine et feuist allé ès greniers de ceulx quy avoient bled, et le pris, par adventure pour néant, et mis à mort ceulx à quy c'estoient ou quy les gardoient.

Environ ce temps, messire Jehan de Croy, chevallier, seigneur de Chimay, revint devers le

(1) Cabarets.

roy Loys de France, lequel avoit esté envoyé en ambassade par le duc de Bourgoingne; et disoit-on que ledict seigneur de Chimay avoit à grande peine parlé au roy; en la fin il y parla, mais ce feut peu. Et la cause pourquoy ledict duc avoit esté envoyé illecq estoit, pour tant que le roy avoit voullu faire publier ès pays dudict duc, que nul ne bailliast ayde ne conffort, ny ne marchandast ne soutinst les Anglois du costel du nouveau roy Edouard d'Angleterre; ce que ledict duc n'avoit voullu souffrir publier, veu qu'il avoit trefves audict roy Edouard. Et aussy avoit ledict roy Loys voullu mettre gabelle de sel en Bourgoingne, ce qu'oncques on n'avoit veu. Et pour ces causes et aultres avoit envoyé ledict seigneur de Chimay vers ledict roy, pour le prier qu'il ne le volsist travailler de ces choses sans cause. Mais, comme dict est dessus, à grande peine parla-t-il à luy; et quand il y parla, ce feut à l'issir de sa chambre, où ledict seigneur l'attendoit. Et sy disoit-on que le roy Loys de prime face dict au seigneur de Chimay telles parolles ou en substance : « Quel homme est-ce le duc de « Bourgoingne? est-il aultre ou d'aultre nature « et métail que les aultres princes et seigneurs du « royaulme d'environ? » A quoy ledict seigneur de Chimay luy respondit, considérant de quel courage[1] il luy demandoit, non remembrant, ce luy sembloit, les biens et honneurs que le duc luy avoit faicts, comme orgueilleulx et hardy chevallier et non doubtant homme pour deffendre l'honneur dudict duc son seigneur : que oui, et que le duc estoit d'aultre métail et aultre que les aultres princes de France et d'allenviron; car il l'avoit gardé, porté et soustenu contre la vollonté du roy Charles son père, et touts ceulx du royaulme et aultres à quy il en desplaisoit, ce que nul aultre n'euist voullu ny osé faire. Prestement que le roy ouyt ces parolles, sy se partit sans mot dire et rentra en sa chambre; ny ne parla plus à luy ledict seigneur de Chimay, ains s'en retourna. Aulcuns disoient que, après ceste réponse, le bastard d'Orléans comte de Dunois, vint au seigneur de Chimay, et luy demanda comment il avoit osé ainsy parler au roy. Lequel luy respondit : que s'il euist esté cinquante lieues loing, et euist cuidé ne pensé que le roy luy eust voullu dire les parolles qu'il luy avoit dict, il feust retourné pour respondre ce qu'il luy avoit respondu.

(1) Intention.

CHAPITRE XLIII.

Comment la duchesse de Bourbon, sœur du duc de Bourgoingne, vint devers luy à Bruxelles, et comment le roy Loys envoya en Angleterre, au secours de la royne, deux mille combattants; et d'aultres choses.

Environ ce temps, la douairière, duchesse de Bourbon, sœur du duc Philippes de Bourgoingne, avecq deulx de ses filles et plusieurs de ses fils, vint devers son frère ledict duc à Bruxelles; et disoit-on que elle ne retourneroit plus audict pays de Bourbonnois. Icelle dame avoit grasce d'estre sage dame, et l'avoit bien tousjours monstré. Icelle avoit eu du duc de Bourbon six fils et cinq filles : le premier olt nom Loys, et feut duc; le second feut marié, par le moyen du duc Philippes son oncle, à la fille du roy de Chyppre, mais il mourut ains qu'il allast en Chyppre, et mourut de la lèpre; le tiers feut archevesque de Lyon, et olt nom Charles et eut l'abbaye de Sainct-Vault en command; le quart feut évesque de Liège; le quint feut seigneur de Beaujeu, et olt la fille du duc d'Orléans en marriage; le sixiesme olt nom Jacques, et se tenoit avecq le duc de Bourgoingne, son oncle. Des filles : la première olt espousé le duc de Calabre, fils aisné du roy de Secille et duc d'Anjou, laquelle mourut après qu'elle olt eu dudict duc ung fils; la seconde, le duc la donna à son fils, comte de Charrollois; la tierce, ledict duc la maria au fils du duc de Gueldres son nepveu; les aultres estoient encore à marrier. Ledict duc leur oncle les avoit touts ainsy advanciés, et moult leur avoit faict de bien.

En ce temps, Loys, roy de France, pour faire secours à la royne d'Angleterre, envoya deulx mille combattants en Angleterre, dont estoit cappitaine messire Henry de Brésil[1], chevallier, seigneur de la Varende[2], lequel avoit, du temps du roy Charles, totalement gouverné tout le royaulme; et disoit-on que le roy l'y envoyoit pour tant qu'il ne l'aimoit point, affin par adventure qu'il demourast là. Toutesfois il s'y porta sy sagement au commencement qu'il y conquesta plusieurs places, èsquelles ils se tindrent certaine espace, attendants le secours du duc de Sombreset, lequel leur avoit promis d'amener secours de gents, et avecq ce d'amener grosse armée d'Escoce; lequel duc le trahit, car ce temps pendant, il feit tant qu'il olt sa paix au roy Edouard d'Angleterre, et se luy

(1) Brézé. (2) Varennes.

rendit ledict roy sa duché et ses aultres terres; et par ainsy faillit aulx François de sa promesse, et sy n'eurent, par ce moyen, nuls secours d'Escoce ; et feurent par le comte de Werwicq adsiégés ès places qu'ils tenoient, où ils ne se feuissent point tant tenus s'ils n'euissent attendu secours. Enfin il leur feut de nécessité, après qu'ils oirent mangié, par famine, plusieurs de leurs chevaulx, d'eulx rendre, leurs vies saulfves; et s'en retournèrent plusieurs ung petit baston en leurs mains, quy estoit blanc; mais ains qu'ils partissent, estoient allés en Escoce pour avoir secours, où ils faillirent de l'avoir. Durant lequel temps, y olt plusieurs escarmouches et rencontres, où il y olt plusieurs morts d'ung costel et d'aultre, et aussy plusieurs François prisonniers.

En ce temps, le vingt-septiesme jour d'octobre, entre Lens et Vimy, deulx compagnons, frères, accompagniés de trois leurs cousins-germains, ung compagnon nommé Jennin le Guillebert, dict Vicaire, lequel ils avoient espiés, ils assaillirent ; et nonobstant qu'il se deffendist fort et moult vailliamment, car il estoit fort et hardy, en l'age de vingt-sept ans, ils le navrèrent et descoppèrent tellement qu'ils le meirent à mort ; et mourut environ ung quart d'heure après. Et la cause pourquoy ce feirent, feut qu'icelluy Vicaire avoit, environ ung an ou deulx paravant, tué en la ville de Lille le frère d'iceulx deulx frères. Icelluy Vicaire avoit aussy desfloré sa cousine-germaine, et tenu grand temps et despendu la chevance de ladicte fille, et après l'avoit abbandonnée.

CHAPITRE XLIV.

D'aulcuns gents d'armes que le duc de Bourgoingne envoya à Mayence, pour le discord quy estoit meu par l'évesque; et de plusieurs joustes qu'on feit à Bruxelles; et d'aultres choses.

Environ ce temps, Philippes, duc de Bourgoingne, envoya en Allemaigne environ cent hommes d'armes et quatre cents archiers en l'aide de [1].., lequel avoit guerre pour l'évesquié de Mayence. Et sy avoit sy grande guerre et sy cruelle qu'ils y avoient destruict et du tout gasté bien deulx ou trois journées de pays. Et feut chief de ceste armée N [2]...

(1) Il s'agit ici de la querelle entre Thierry d'Isembourg et Adolphe de Nassau Wisbaden, qui se disputoient l'électorat ecclésiastique de Mayence. Adolphe surprit Mayence le 27 octobre 1462 et Thierry céda l'évêché à son heureux compétiteur, par un traité conclu en 1463. (2) Lacune d'un mot.

En ce temps, le vingt-septiesme d'octobre, à Louvres en Parisis, emprès Paris, mourut messire Louis de Bourbon, chevallier, seigneur de Carency, fils aisné de messire Jehan de Bourbon ; et estoit de l'hostel du comte d'Estampes ; et mourut du flux de ventre, et feut emporté enterrer à Senlis.

Le vingtiesme jour de novembre ensuivant, en la ville d'Arras, feurent, au commandement du duc de Bourgoingne, par le comte de Charrollois son fils, assemblés les trois estats d'Artois ; et leur feut monstré par l'évesque de Tournay, le seigneur de Créquy, et Ricard Pinçon, procureur général dudict duc Philippes, plusieurs affaires que ledict duc avoit soustenu ; pour lesquelles supporter il requéroit au pays d'Artois, dix ans durant, chascun an deulx tailles, qu'on appelloit aydes, avec l'ayde ordinaire qu'on prendroit pour la gabelle du sel quy jadis couroit en Artois, et montoit chascune ayde à vingt-quatre mille francs. Laquelle requeste ne luy feut point accordée, mais on luy accorda lever seulement deulx aydes pour ledict an ; desquelles aydes le comte de Charrollois auroit demy ayde pour luy et à son prouffit.

Le vingt-uniesme jour dudict mois de novembre, environ dix heures, feut esclipse de lune et nouvel temps tout ensemble et en une mesme heure.

Audict an aussy, environ la Saincte-Catherine d'hiver, en la ville de Bruxelles en Brabant, se feirent plusieurs joustes et esbattements à la venue de la duchesse de Bourbon, laquelle avoit amené deulx de ses filles à marrier avecq elle ; et sy en y avoit une avecq sa fille la comtesse de Charrollois, pour lesquelles lesdicts esbattements se faisoient. Et y estoient le comte de Charrollois, le duc de Clefves, le fils du duc de Gueldres, le comte d'Estampes, le comte de Sainct-Pol, Adolphe de Clefves, le bastard de Bourgoingne, et y olt quatre des fils du duc de Bourbon et aultres; et illecq estoit le duc à cheval, aussy richement habillié et en aussy grand bruict qu'il pooit estre.

Audict an soixante-deulx, le vingt-troisiesme jour de décembre, en la ville d'Arras, sur le petit marchié, environ la Rouge-Maison, ung nommé Jehan de Laval, brasseur de cerevoise [1], demourant aux Mazengues, d'ung plançon [2] ferré et plommé sur quoy on s'appuie, donna

(1) Bière. (2) Pieu.

deulx ou trois coups sur la teste de Collart Jonglet de Hesbuterne, desquels coups il mourut trois jours après; et s'esmeut la cause dudict desbat pour grain que ledict Jonglet avoit vendu audict de Laval, et n'y avoit à dire que douze deniers de leur compte, pour lesquels se desmentirent l'ung l'aultre à faire ledict compte. Et despuis, icelluy de Laval, sçachant que ledict Collart beuvoit en une taverne, y alla et salua ledict Collart Jonglet. Lequel Collart, ou son beau-fils, quy illecq estoit, luy dict qu'il volsist partir de là; et fallit qu'il s'en partist. Sy en feut sy esmeu qu'il alla en sa maison et espia tant ledict Collart qu'il le trouva comme dict est. Ledict de Laval avoit environ vingt-six ans, et ledict Collart environ soixante ans; lequel Collart estoit ung bon laboureur, riche homme et preud'homme par renommée; ledict de Laval, ce faict, feut prestement semons sur la teste, de la ville d'Arras.

En ce temps aussy, ce propre jour, eschappèrent des prisons de l'évesque d'Arras en cité onze prisonniers; et loyèrent le cepier[1] sur ung banc et le battirent, et emportèrent ses bagues[2], son or et son argent. Et feut par ce que ledict cepier donnoit à souper à quatre prisonniers, lesquels desprisonnèrent les aultres; et ne sceut-on ce qu'ils devindrent, réservé le fils du ministre de la Trinité, lequel feut reprins au caresme en suivant.

Le pénultiesme jour de février, ès faulxbourgs d'Arras, en la cense de la vefve Jehan Rombault, assez près des moulins de Myolens, ung josne compagnon de l'âge de vingt ans ou environ, quy avoit espousé une josne fille de l'âge de dix-huit ans, très belle femme, environ huict heures du matin, jour de dimanche, que sa femme se levoit de son lict, il l'assomma d'ung maillet de plomb, la meurdrit, et espaultra toute la cervelle; puis luy mit une corde au col et la traisna dessous son lict; après ce il s'enffuit. Aulcuns quy le veirent fuir se doubtèrent et vindrent en sa maison, et trouvèrent ladicte femme meurdrie, comme dict est; et disoit-on qu'elle estoit grosse d'enfant; et feut ouverte par l'auctorité de justice; mais il n'estoit point vray; elle n'avoit esté mariée que demy-an ou environ. L'homme ne sçavoit riens faire, et l'avoit pris par amour, sçachant qu'elle avoit eu ung enfant devant son marriage. Aulcuns disoient qu'il l'avoit

(1) Attachèrent le geôlier. (2) Ses effets.

occise pour tant qu'elle continuoit la folie de son corps, comme elle avoit faict paravant son dict marriage. Et après lequel meurdre faict, il feut prins à Bapaume le lendemain; puis feut requis de ceulx d'Arras, lequel leur feut renvoyé, et feut pendu au gibbet d'Arras.

CHAPITRE XLV.

Comment on print plusieurs prisonniers, lesquels avoient faict une imaige de cyre pour nuire au comte de Charrollois; et de la mort de maistre Robert-le-Jeusne, gouverneur d'Arras; et aultres choses.

Environ ce temps, feurent prins, en la ville de Bruxelles, trois hommes avec ung apotiquaire, par le commandement du comte de Charrollois; lesquels avoient faict faire six imaiges de cyre, trois en forme d'homme, et trois en forme de femme, pour empoisonner ledict comte, comme cy-après sera dict plus à plein. Et feut ceste chose sceue par ledict apotiquaire, lequel dit à aulcuns des gents dudict comte : qu'il avoit faict lesdictes imaiges de cyre, et sy ne sçavoit pourquoy, sinon que ceulx quy luy avoient faict faire luy avoient dict que c'estoit pour faire aulcune habilité devant ledict comte, et qu'on les feroit mouvoir et parler. Ce sembleroit, on ne prit pas touts ceulx quy estoient coupables dudict cas; car il y en olt aulcuns quy pas n'y estoient; et aulcuns s'enffuirent; par espécial ung gentilhomme de Bourgoingne, nommé Charles de Noyers, lequel estoit ou avoit esté de l'hostel du comte d'Estampes. Et combien qu'il s'en feust enffuy, sy feut-il pour tant suivy et tellement espié qu'il feut prins. Et feut ledict Charles, lequel estoit Bourguignon, amené prisonnier au Quesnoy-le-Comte en Haynault. Et pareillement, assez tost après, ledict comte d'Estampes, par le commandement dudict comte de Charrollois, envoya par le seigneur de Crèvecœur audict comte, au Quesnoy, ung nommé maistre Jehan des Bruyères, natif de Bourgoingne, lequel se mesloit de médecine, et estoit de l'hostel dudict comte d'Estampes. Touts lesquels prisonniers feurent interrogiés, réservé ledict apotiquaire, lequel feut délivré comme innocent du faict; et disoit-on qu'ils avoient confessé des merveilleuses choses et maulvaises, lesquelles feurent tenues sy secrètes qu'on ne peut rien sçavoir pour l'heure; et demourèrent touts prisonniers.

En l'an ensuivant mil quatre cents soixante-trois, le dix-neuviesme jour d'apvril, après Pasques, environ douze heures à midy, cloist son dernier jour maistre Robert le Jeusne, licencié ès loix et en décret, chevalier en armes et gouverneur de la ville d'Arras, en l'age de quatre-vingt et douze ans ou environ; et mourut en son hostel, en la ville d'Arras. Icestuy maistre Robert le Jeusne estoit natif de Lens en Artois, de assez petit lieu, mais par son sens il feut en son temps moult eslevé. Il feut en son advènement, après qu'il feust retourné des escolles, advocat à Amiens, et puis feut au conseil du roy Henry d'Angleterre, lequel olt espousé la fille du roy de France, Charles sixiesme. Icestuy Henry le feit chevallier, et retint de son conseil, et luy feit plusieurs biens. Après la mort du roy Henry, Philippes, duc de Bourgoingne, le feit bailly d'Amiens. Durant lequel temps qu'il feut bailly, y avoit grande guerre entre le roy de France et le duc de Bourgoingne et le josne roy d'Angleterre. Et feut jusqu'à la paix d'Arras du conseil dudict roy d'Angleterre. Et tant comme il feut bailly d'Amiens, il feit si rade justice qu'il feit, comme on disoit, que prendre, que mourir et descappiter et noyer, dix-neuf cents hommes ou plus; et dict-on que sitost qu'ung François estoit prins, que lors on appeloit Arminacq, qu'il les faisoit mourir, et que mesme on leur mettoit sus[1]....., pour avoir le leur sans cause.

Durant qu'il estoit bailly, le commun d'Amiens s'esmeut; il en feut adverty; sy s'en partit bien en haste, ny oncques puis n'y rentra. Il s'en partit à le bonne heure; car s'il euist esté trouvé de la commune, ils l'euissent mis à mort. Il s'en alla devers le duc de Bourgoingne, lequel le feit gouverneur d'Arras; et feut Jehan de Brunon bailly d'Amiens. Il olt deulx fils et une fille de sa femme; l'ung de ses fils feut mis à l'escolle, nommé Jehan, lequel feut évesque d'Amiens; puis alla à Rome et feut évesque de Thérouanne, et après cardinal ; il feut très diligent et soutil, et gouverna en partie le sainct-siége de Rome ; il estoit moult riche et feit moult de biens à tout son lignaige, et moult les advança, en donnant grands deniers ; il mourut en l'age de quarante ans ou environ. S'il ne feust mort sy josne, il estoit homme pour estre pape. L'aultre fils feut nommé Guillaulme,

et feut chevallier, et accata[1] Contay, Montcourt et aultres terres ; il prit à femme une moult noble femme, quy feut fille du seigneur Luly et sœur à la dame de Saveuses, de laquelle il olt plusieurs enfants qu'il allia haultement ; il feut maistre-d'hostel du comte de Charrollois, et après son père gouverneur d'Arras, et estoit soutil et sage.

La fille feut mariée à ung gentilhomme nommé le Besgue de Rancicourt, quy puis feut chevallier; de laquelle il olt quatre filles et deulx fils : l'aisné fils feut évesque d'Arras, et les filles feurent haultement mariées.

Icestuy maistre Robert olt ung grand sens naturel, mais il estoit moult convoiteulx et luxurieulx, et jusques à la mort; mais environ ung an devant sa mort, il revint en enfance, et assez soudainement mourut; et ne feut guères plainct en la ville d'Arras et environ, sinon de ses parents, serviteurs et amis[2]......... et disoient aulcuns que ledict hoste estoit jaloux d'eulx pour l'amour de sa femme.

Audict an aussy, au premier jour de may, feut trouvé hors de la porte de Baudimont lez Arras, ung josne fils de seize ans, nepveu de Robert de Calonne, laboureur ; lequel josne fils, comme il estoit allé quérir ung poullain ès prés, et le ramenoit avecq les vacques, il loya le licol dont il l'amenoit autour de luy; le poullain s'espanta[3] et le traisna tellement, qu'il y mourut ; et puis oncques ne parla.

Audict an aussy, en la ville d'Arras, ung coulletier[4] de chevaulx, nommé Lanselot, environ les vespres, print parolles à ung compagnon nommé Enguerrant Quentin, fils d'ung marchand de chevaulx, pour tant que ledict Enguerrant, en revenant de dehors à cheval, avoit donné ung horion à ung petit enfant de dix ans, fils dudict Lanselot, lequel enfant alloit trop près de son cheval; et montèrent les parolles tellement, que ledict Lanselot se partit et alla quérir une fusée, quy estoit ung espieu ; et prestement s'en alla pour trouver ledict Enguerrant, lequel estoit descendu ; et le trouva hors de la porte Saint-Micquiel, son frère et son cousin-germain avecq luy, ung bracqmart au costé; et comme ledict Enguerrant ne se donnoit garde, en entrant en la porte dudict bollevert de Sainct-

(1) Lacune.

(1) Acheta.

(2) Ici se trouve dans le manuscrit une demi-page tout-à-fait illisible et effacée.

(3) S'effraya. (4) Courtier.

Micquiel, ledict Lanselot luy boutta en la poictrine, dessous l'essel, ladicte fusée; duquel coup il mourut; et comme le frère dudict Enguerrant le cuida venger, il receupt dudict Lanselot ung coup dudict espieu au bras et ung en l'espaulle, par quoy il laissa ledict Lanselot aller; lequel Lanselot s'en alla boutter aulx frères-mineurs en franchise.

Audict an aussy, le septiesme jour de may, en ung villaige assez près d'Arras, nommé Hault-Avesnes, par ung pourcel qu'on brusla, feurent ardses de huict à dix maisons.

Audict an aussy, maistre Pierre de Rancicourt, fils aisné du Besgues de Rancicourt, chevallier, et de la fille de maistre Robert le Jeusne, gouverneur d'Arras, print par procureur possession de l'évesquié d'Arras, par résignation que Jehan Godefroy, évesque et cardinal, luy en feit; lequel cardinal, par ce moyen, feut évesque d'Alby. Icelluy maistre Pierre avoit plusieurs grands bénéfices, sy comme chancelier de l'église d'Amiens, archi-diacre de Cambray et aultres, lesquels il deslaissa touts pour ledict évesquié; lesquels bénéfices son oncle, l'évesque de Therouanne, luy avoit faict avoir avecq la protonotairie du pape. Icelluy maistre Pierre avoit environ trente-deulx ans; et y avoit environ dix ans que sondict oncle estoit mort; après la mort duquel se partit de Rome, ne n'y avoit rallé jusques lors.

Audict an aussy, le dix-neuviesme jour dudict mois, cinq compagnons, quy se disoient estre à Hugues de Neufville, chevallier, seigneur d'Arly et séneschal de Sainct-Pol, ung compagnon nommé Gallu de Douay, fils du censier de l'abbay d'Anzin emprès d'Arras, tirèrent hors d'une maison où il s'estoit boutté pour le doubte d'eulx, et en la rue luy donnèrent plusieurs coups de dague ès cuisses et ès bras, et luy brelinguèrent le visaige; lesquels cinq compagnons, ce propre jour mesme, ung peu debvant, avoient esté en la maison d'ung nommé Jehan Tillou, procureur en la cour d'église, demourant en cité lez Arras, et illecq avoient prins une josne fille de l'age de onze à douze ans, et emmenée devant chascun, environ deulx heures après disner; laquelle josne fille ung compagnon disoit avoir affyée, mais son père ne voulloit point qu'elle l'euist; et pour ceste cause avoit esté baillée, par la justice de l'évesque, en garde

(1) Fiancée.

audict Jehan Tillou; et ce que lesdicts compagnons feirent estoit à la requeste du père de ladicte josne fille. Après ces choses faictes, lesdicts compagnons s'en allèrent à Neuville [1] Vitasse dont le père dudict seigneur d'Arly estoit seigneur, sans ce que justice leur bailliast empeschement.

CHAPITRE XLVI.

De l'honneur qu'on feit au duc de Bourgoingne, à Lille, après sa maladie, et du seigneur de Montmorency quy avoit deulx fils, dont le maisné cuida occire l'aultre; et aultres choses quy advinrent en celuy temps.

Audict an soixante-trois, le sixiesme jour de juillet, Philippes, duc de Bourgoingne, se partit de Bruges et vint à Lille le huictiesme jour ensuivant; et illecq feut receu moult honnorablement, et sy honnorablement qu'ils allèrent au-debvant de luy hors de la porte plus de quatre cents hommes, chascun portant une longue torche de cyre allumée en sa main. Et despuis la porte de Courtray jusques en son hostel, quy estoit sur le marchié de la ville, debvant la plus grande partie de toutes les maisons par où il passa, on avoit faict allumeryes de cyre en manière d'erche [2]; et estoient torches ou candelles compassées par degré toutes ardantes; et ès quarefours et en plusieurs aultres lieulx grands feulx ardants, et jœux de personnages quy ne faisoient que des signes de mystères; et faisoit chascun mestier de la ville une allumerye devant une maison par-devant où il passoit, avecq aulcun mystère ou esbattement. Les brasseurs de cerevoise meirent une quœuwe de vin de Viane devant leur allumerye; et à la venue du duc la percèrent en trois lieulx; il en polvoit boire quy voulloit; et dessus ladicte quœuwe avoient faict escrire telles parolles :

Ceulx doibvent bien donner le vin,
Quy vendent eauwe à leur voisin.

Le duc entra en la ville bien tard; et se ne véoit-on gouste, sinon desdictes torches et allumeryes. Brief ce feut la plus riche chose qu'on pooit veoir; car moy, quy les mets par escript, les vis. Et à vérité dire, pour la grande multitude desdictes torches et candelles allumées, par comparaison on le polroit comparer à la clarté du paradis; et ce cousta moult à ceulx de la ville.

Environ ce temps, ung chevallier de France et baron, seigneur de Memorency [3], à Mémo-

(1) Nivelle. (2) Arche. (3) Montmorency.

rency feut malade, sy qu'on cuidoit qu'il debvoit mourir; et, pour ceste cause, l'estoit venu voir son aisné fils, nommé Jehan, seigneur de Nieuvelles en Flandres, quy est ung gros villaige. Icelluy seigneur de Mémorency avoit eu espousé une dame du pays d'Artois, fille du grand seigneur de Fosseulx, laquelle estoit morte, mais d'elle estoient demourés deulx fils; l'aisné, comme dict est, olt nom Jehan, l'aultre Loys, tous deulx vivants à celuy jour. Après la mort de leur mère, laquelle mourut josne, et despuis se remaria leur père, iceulx deulx enfants succédèrent à plusieurs grandes terres et seigneuries de par leur mère; et feut ledict Jehan aisné seigneur de Nieuvelles et aultres seigneuries; et ledict Loys, en quittant touts droicts de quint, olt la terre de Fosseulx, laquelle se tenoit en Artois ou environ. Sachant son père malade, et adverty qu'il avoit faict son testament, par lequel il donnoit touts ses biens et héritaiges audict Jehan et à aultres ses enfants nés au second marriage, et en privoit et en forclooit de touts poincts ledict Loys, à cause de ce que ledict Loys jà pieçà estant en l'age de vingt ans ou environ, férit sondict frère et le navra d'une espée et le cuida tuer; avecq ce avoit ledict Loys, au grand desplaisir de sondict père, tué ou faict tuer ung prestre; et despuis toutes ces choses s'estoit marrié à une josne fille, venue de lieu non pareil à luy, laquelle il avoit estenée à Lille, demourant avecq et servant une bourgeoise de la ville, femme de Josse Regner, et l'avoit tenue longtemps, et en avoit cinq fils d'elle ains qu'il la prinst en marriage, et l'espousa contre la volonté de son père et de ses amis, et à leur grand desplaisir; pour lesquelles causes sondict père le privoit de son hoyrie, comme son testament portoit; et avoit ce faict sondict père par mandement du roy, contenant les choses susdictes. Icelluy Loys, seigneur de Fosseulx, de toutes ces choses avoit ses paix et traictié, et par la conduicte de sa femme se gouvernoit tellement qu'il estoit très riche; et avoit acquesté et acquestoit, de jour en jour, de belles terres et seigneuries. Toutesfois, de quelque bon gouvernement qu'il feust, il estoit chaud et hastif. Et tantost qu'il ouït dire comment son frère estoit allé voir son père, lequel estoit aggressé de maladie, et qu'il l'avoit forclos de ses biens, comme dict est, il print huict compagnons de guerre avecq luy, et bien armé et embastonné se partit du pays d'Artois pour aller devers son père; et, en passant à Luzerces, assembla la loy dudict lieu, et passa procuration pour mettre son aisné fils en touts ses héritages; puis alla devers son père, où il trouva son frère; et illecq feut deulx jours et deulx nuicts, vivant, mangeant et beuvant avecq sondict frère, et oyant messe avecq luy; et au bout de deulx jours, quand il luy sembla qu'il estoit heure d'accomplir sa volonté, et que son frère n'estoit que luy cinquiesme, print parolles à sondict frère et luy courut sus, et touts les compagnons qu'il avoit amenés; et se n'euissent esté quatre compagnons, quy estoient avec sondict frère, lesquels estoient bien armés et gents valliants, et les avoit sondict frère amenés avecq luy du pays de Flandres où il se tenoit, ledict Loys euist tué son frère ou faict tuer; mais iceulx compagnons le garandirent tellement que la noise et le cry feut oy, et qu'aultres compagnons vindrent, par quoy il fallut que ledict Loys et les siens s'enffuirent; et montèrent à cheval, et s'en retournèrent audict pays de Picardie, et en repassant par ledict Luzerces révocqua sa procuration en disant : « Je n'ay « point faict ce que je cuidois faire. » Icelluy Loys retourné s'en alla hors du royaulme au pays de Haynault. De son costé n'y olt nulluy navré, mais du costé de sondict frère y olt deulx compagnons fort navrés, dont l'ung mourut assez tost après. Ces choses venues à la cognoissance du roy, au pourchas du seigneur de Mémorency et de son fils aisné, le roy envoya le prévost de Paris, seigneur de Lille-Adam, en Picardie, mettre en sa main touts les héritages dudict seigneur de Fosseulx, et l'ajourner à comparoir en personne en parlement, sur confiscation de corps et de biens.

Le duc de Bourgoingne ayant tousjours en son cœur désiré d'accomplir les vœulx qu'il avoit faicts en l'an mil quatre cents cinquante-trois, pour aller combattre le Grand-Turc, ennemy de la foy chrestienne, quy jà avoit conquis l'empire de Grèce, comme dict est, aulxquels il n'avoit peu fournir pour les grandes affaires qu'il avoit eues, et par espécial pour la doubte qu'il avoit que Charles, roy de France, ne volsist attenter sur luy, tant pour ravoir son fils aisné, lequel se tenoit en son pays contre la volonté de son père, comme aultrement, à cause de plusieurs haineulx que ledict duc avoit en France, environ cestuy temps envoya devers le pape

Pius, Jehan, évesque de Tournay, avec luy messire Simon de Lallaing, chevallier, et le seigneur de Forestel, chevallier, et aultres seigneurs et notables gents, pour avoir conseil par quelle manière ses vœulx et son voyage se polroient accomplir; et leur donna pooir d'obliger son corps et tout le sien, comme se luy-mesme estoit présent, de estre et comparoir par-delà avecq son armée, jusqu'au nombre de six mille combattants, en tel jour qu'ils prendroient et qu'il seroit expédient, se mort ou maladie ne l'empeschoit.

Le pénultiesme jour de juillet, audict an, en la ville de Noyon, mourut monseigneur Guy de Roye, chevallier, en l'age de cinquante à soixante ans, en très belle foy, et olt moult belle fin. Icelluy seigneur de Roye portoit le Toison, qui estoit l'ordre du duc de Bourgoingne; et avoit tout son temps tenu le party dudict duc de Bourgoingne, et avoit esté moult vaillant et hardy chevallier et saige; et feut moult plainct pour l'humilité de luy et sa bonté.

Audict an, le premier jour du mois d'aoust, maistre Pierre de Rancicourt, évesque d'Arras, feit son entrée en ladicte ville d'Arras; et y olt moult de gentilshommes et chevalliers; et y feit-on grande feste.

Audict an aussy, le treiziesme jour d'aoust, l'an dessus dict, ung nommé Jacotin Hachequin, quy se disoit estre à ceulx de Habart, agié environ de quarante ans ou plus, estant à marrier, et avoit esté à plusieurs homicides, et estoit très mal renommé, et toute sa vie s'estoit appliqué à mal faire, et mesme ung an devant sa mort emmené une femme en France, où il olt esté pendu sy aulcuns gents d'Arras quy d'adventure passoient par là ne l'euissent secouru, par le moyen desquels il ramena ladicte femme, laquelle son mary reprit ce propre jour, trouva ladicte femme accompagniée d'une sienne fille entre le mont Sainct-Eloy et Esconaivres, à deulx lieues d'Arras; laquelle il print et la mena ès bleds pour en faire sa vollonté. La fillette s'enffuit et l'alla dire à son père, lequel print en sa main une fusée [1], et vint assaillir ledict Hachequin et le navra à mort, tellement que ledict Hachequin lendemain mourut. Ainsy faisoit Dieu justice, pourtant qu'on n'en faisoit point.

(1) Pieu ferré.

APPENDICE DU LIVRE IV.

Ce qui s'ensuit est continuation des procès meus à la requeste du seigneur de Beauffort et aultres pour le faict de la vaulderie.

I.

Ce quy après s'ensuit a esté extraict du papier mémorial de l'eschevinage d'Arras, commençant au mois de may l'an mil quatre cents quatre-vingt et quatre, folio 87, et finant au mois de novembre l'an mil quatre cents quatre-vingt et quinze.

Le dimanche, dixiesme jour de juillet mil quatre cents quatre-vingt et onze, arriva en ceste ville d'Arras, monsieur maistre Jehan Angenost, conseiller du roy nostre sire en sa cour de parlement à Paris, commissaire commis et député par ladicte cour pour mettre à exécution l'arrest prononcé en ladicte cour, le vingtiesme de may dernier passé, au proffit de monseigneur Jehan de Beauffort, nepveu de feu messire Collard de Beauffort, son père grand, de Huguet Aubry et aultres desnommés cy-après, quy auroient esté raccusés d'estre vauldois et sorciers, et avecq luy Loys le Bourgeois, huissier de ladicte cour, lequel estant accompagnié dudict seigneur de Beauffort, de monseigneur de Habart, son frère utérin, dudict Hugues, et plusieurs aultres seigneurs et gents notables, se logea au grand marchié, en la maison de l'hostellerie de la Fleur de Lys.

Et certains briefs jours après, ledict sieur commissaire ainsy arrivé, s'informa du lieu et place où ceulx que l'on disoit estre accusés vauldois feurent preschiés, mitrés, eschaffauldés et condampnés; ce qu'il trouva avoir esté faict en la cour espirituelle d'Arras, au-debvant de la plombée et galerie de ladicte cour, où illecq ledict commissaire feit faire ung grand hourt et eschaffault pour mettre à exécution ledict arrest le lundy dix-huictiesme jour dudict mois, et pour y faire ung sermon solemnel, par ung docteur notable, ensuivant ledict arrest.

Item que ledict commissaire vint séant en ceste chambre du conseil, où estoient assemblés les officiers du roy et messieurs les mayeurs et eschevins en nombre, aulxquels il exposa sa charge, présents lesdicts seigneurs de Beauffort et de Habart, Huguet Aubry et aultres, à sçavoir le mardy, douziesme jour dudict mois; et que par messieurs feust bailliée toute assistance, et que chascun feust présent audict sermon, en ladicte cour espirituelle, et qu'en faveur desdicts seigneurs et les bourgeois de la ville et aultrement, comme il exposa de par le roy et ladicte cour, chascun feist feste, joyeuseté et esbattement, et que l'on cessast de toutes œuvres, comme et ainsy qu'il feut conclud.

Duquel arrêt s'ensuit le *dictum* en françois, extraict des registres de ladicte cour de parlement.

EXTRAICT DES REGISTRES DU PARLEMENT.

Entre messire Collart de Beauffort, chevallier, et Jehan Tacquet, escuyer, appelans de maistre Robert le Jeusne, gouverneur d'Arras pour le feu duc de Bourgoingne, Robert de Marquais, lieutenant dudict gouverneur, de l'évesque d'Arras, maistre Jehan Thyebaut, son official, Pierre du Hamel et Pierre Pochon, vicaire dudict évesque, frère Guillaulme le Brousart, soy-disant inquisiteur de la foy, maistre Jacques du Bois, doyen d'Arras, Jehan le Boullangier, Gilles le Flameng, et Mathieu Paille, et aussy ledict Beauffort, appellant; de frère Jehan Fauconnier, de l'ordre des frères mineurs, évesque de Barut, et de maistre Jehan Forme, secrétaire du comte d'Estampes; lesdicts de Beauffort, Tacquet, Huguet Aubry, Barthélemy Amant, Nicolle de Gavrelle sa femme, Jehanne le Febvre, fille de feu Jehan le Febvre, dict le Cat; Pierre du Cariœulx, nepveu et héritier de feu Pierre du Cariœulx, et Jehan Bery, le procureur général joint avecq eulx, demandeurs en cas d'excès, abbus et attemptats d'une part, allencontre desdicts duc de Bourgoingne, maistre Robert le Jeusne, Robert de Marquais, évesque d'Arras, Jehan Thiébaut, Pierre du Hamel, Jehan Pochon, Jacques du Bois, Jehan Boullengier, Gilles le Flameng, Jehan Forme, Mathieu Paille, appellés et intimés en cas d'appel, et iceulx Thiébaut, du Hamel, Pochon, Boullengier, Flameng, Forme, Paille, Jehan l'Hostellier, Mathieu du Hamel, scribes desdicts évesque, vicaires et inquisiteur; messire Philippes de Saveuses, chevallier, maistre Gilles de Bery, soi-disant lieutenant du bailly d'Amiens, deffendeurs èsdicts cas d'excès, abbus et attemptats, d'aultre part; veus par la cour les plaidoyers faicts en elle le vingt-uniesme jour de may mil quatre cents soixante et ung, et aultres jours ensuivant, les demandes et deffenses desdictes parties par elles despuis bailliées par escript, les confessions desdicts Thiébaut, Pochon et Mathieu du Hamel, Marquais, Flameng, Paille, Boullengier, Bery et Forme, faictes en ladicte cour, ensemble les procès criminels, faicts tant en cour séculière qu'ecclésiastique allencontre desdicts messire Collart de Beaufort, Taquet, Aubry, Gavrelle, Bery, de feu Pierre du Cariœulx, Jehan le Febvre dict le Cat, Denise Grenier, et aussy de Jehan Tenoze, dict l'Abbé-de-peu-de-sens, Collette l'Estrevée, Jehanne d'Auvergne, Bellotte, Moucharde, Jacquet de Baillœuil, Henry de la Boulle dict Rancourt, Bellotte du Quesnoy, Jehan du Bois, Gilles de Bleucourt, Jehanne Grieste *alias* Verjugon, Thomas le Braconnier, Catherine le Gaude, *alias* Cateron, printemps Gay, *alias* Wiffetode, Marguerite, dicte Beghuine, dame Jehanne Gérard, dicte de Lucque, une nommée la Parcheminière, Jacques Gumetuande, Rogier, Robecquin, Jehanne d'Amiens, maistre Anthoine Sacquespée, Jehan Josset, Henry Royville, bourgeois dudict Arras, Jacotin d'Aties et Jehan le Febvre, touts accusés de crimes de sortiléges et vaulderie; iceulx procès apportés en ladicte cour par l'ordonnance d'icelle, et tout ce que par icelles parties a esté mis et produict par devers ladicte cour, contredicts et salvations, ensemble certaine lettre en fourme d'accord, faicte et passée par-devant les gents du conseil dudict duc de Bourgoingne, produict par ledict Marquais et par luy prétendu avoir esté faict avecq feu messire Philippes de Beauffort, en son vivant chevallier, fils dudict messire Collart de Beauffort, lesdicts Tacquet, Cariœulx et Bery, les lettres royaulx de reliévement dudict accord, par ledict messire Philippes de Beauffort, obtenues le second jour de juing mil quatre cents soixante dix-huict, le plaidoyer sur ce faict, productions, contredicts et salvations, avecq certaine requeste bailliée par iceluy Marquais, par laquelle il requéroit la confession par luy faicte le onziesme jour de décembre, l'an mil quatre cents soixante-sept, luy estre communiquée; pareillement certain accord faict et passé entre Jehan, seigneur de Beauffort, nepveu et héritier dudict feu Collart de Beauffort, ledict Pierre du Cariœulx, Tassart Bosquillaut, mary et bail de Jehanne le Febvre, fille dudict feu le Cat,

Jenin de Sailly, mary et bail de Ysabel le Vasseur, paravant femme dudict de Bleucourt, et Jehan Walquin, mary et bail de Périne de Bary, et ledict Huguet Aubry, comme reprendant le procès au lieu desdicts défunts, ledict procureur-général adjoinct avec eulx d'une part, et maistre de Bery, conseillier du roy en ladicte cour, Jehan de Tongry, escuyer, et sa femme au lieu dudict feu Bery, d'aultre ; la requeste bailliée à ladicte cour par l'évesque d'Arras, quy à présent est, ensemble les conclusions prinses en ceste partie par ledict procureur général du roy ; et ouy et interrogié ledict Marquais par ladicte cour sur aulcuns poincts dudict procès, et tout asseuré ; dit a esté :

Que sans avoir regard auxdictes lettres d'accord et requeste par ledict évesque d'Arras et de Marquais, il a esté mal et abusément faict, prins, emprisonné, appoincté, procédé, sentencié, exécuté par lesdicts appelés et intimés, et bien appelés par lesdicts appelants.

Condampne ledict duc de Bourgoingne, et le condampne la cour ès despens de la cause d'appel, la taxation d'iceulx réservés par-devers elle; et a déclaré et déclare ladicte cour touts les procès faicts en la cour-le-comte et ailleurs, en cour laye, par lesdicts du Bois, Flameng, Forme, de Marquais ou aulcuns d'eulx, et aussy touts les aultres procès faicts en cour d'église, signés du Hamel, abusifs, nuls, faicts faulsement et aultrement que à poinct, et comme tels, ensemble toutes les minutes et originaulx d'iceulx, quelque part qu'ils soient trouvés, seront publicquement rompus, brisés et lacérés, tant en ladicte cour qu'audict lieu d'Arras, excepté les procès faicts par les dessusdicts contre Jehanne le Scelier, lequel sera apporté par-devers ladicte cour, pour, icelluy veu, en ordonner comme de raison ; et a annullé et annulle toutes sentences, confiscations de biens, meubles et immeubles, condampnations, demandes, payements, exécutions, et tout ce qu'au moyen d'iceulx en est ensuivy ; et a remis et remet ladicte cour touts lesdicts condampnés, exécutés et accusés à leur honneur ; et a levé et osté, lève et oste toutes mains mises et aultres empeschements quelconques, mis et apposés ès biens, tant meubles que immeubles, fruicts et revenus desdicts demandeurs ; aulcuns contre lesquels a esté procédé par emprisonnement, condampnations ou aultrement, à cause et aulx moyens des cas à eulx imposés, iceulx met du tout et à pleine délivrance à leur prouffit ; et au surplus, pour réparation desdicts excès, attemptats, faultes, abbus commis par lesdicts deffendeurs, a condampné et condampne ladicte cour, tant par le moyen desdictes appellations que par le bénéfice du procureur du roy, iceulx deffendeurs à rendre et restituer auxdicts demandeurs et aultres emprisonnés et exécutés, touts lesdicts biens tant meubles que immeubles, fruicts et revenus d'iceulx, prins et levés sur eulx, au moyen de prinses, déclarations, confiscations, condampnations et exécutions faictes contre eulx en la manière que s'ensuit :

C'est à sçavoir : lesdicts ducs de Bourgoingne, de Marquais, le Flameng, Thiébaut, Pochon et Pierre du Hamel, des biens desdicts Beghuine, Verjugon, Cateron, Bary, Bracourt et de Lucque, chascun d'iceulx pour le tout.

Et lesdicts ducs de Bourgoingne, Flameng, Forme, Thiébaut, Pochon et Pierre du Hamel, des biens desdicts Gavrelle, Jehanne d'Amiens, la Parcheminière, Jehan du Bois, de Bleucourt et de Printemps Gay, aussy en chascun d'iceulx pour le tout.

Et oultre, ledict duc de Bourgoingne, Thiébaut, Pochon et Pierre du Hamel, les biens desdicts Beauffort, Grenier, l'Estrevée, Moucharde, Aubry, de Bailloeul, de la Boulle, Tacquet, Carioeulx, Wilman, Robecquin, Sacquespée, Josset, l'Abbé-de-peu-de-sens, Jehanne d'Auvergne, du Quesnoy, le Cat, Royville, d'Athies, le Febvre, et chascun d'eulx semblablement pour le tout.

Et au cas que les biens desdicts de Marquais, Flameng, Forme, Thiébaut, Pochon et Pierre du Hamel, ne suffiroient pour la restitution desdicts biens, èsquels ils sont condampnés, ladicte cour a condampné et condampne *pro rata* à restituer lesdicts biens en la manière quy s'en suit ; c'est à sçavoir :

Lesdicts Saveuses, Paille, Boullengier, Forme, les hoirs de Bery et Marquais, les biens dudict le Cat.

Et lesdicts Saveuses, hoirs de Bery, Forme, le Flameng, les biens dudict de la Boulle.

Lesdits de Saveuses, hoirs de Bery, Paille, Boullengier, les biens de ladicte Gavrelle.

Lesdicts de Saveuses, Paille, Boullengier et Forme, lesdicts biens dudict de Bery.

Lesdicts Flameng, Boullengier, Paille, hoirs de

Bery et Forme, les biens desdicts l'Estrevée, Moucharde, Villeman, Robecquin, Sacquespée et Josset.

Et lesdicts Paille, hoirs de Bery, Forme, les biens de ladicte Grenières.

Lesdicts Flameng, Paille, Boullengier et Forme, les biens desdicts Carioeulx et Beauffort.

Lesdicts Flameng, Paille et Boullengier, les biens desdicts Aymery du Bois et de Royville.

Lesdicts Flameng, Boullengier, hoirs de Bery et Forme, les biens dudict Bailloeul.

Lesdicts Paille et Boullengier, les biens desdicts de Bleucourt, de Lucque, le Febvre et d'Athies.

Lesdicts Paille, Boullengier et hoirs de Bery, les biens desdicts Printemps Gay, Cateron et la Parcheminière.

Lesdicts Flameng et Forme, les biens de l'Abbé et d'Auvergne.

Lesdicts Flameng, Boullengier et Forme, les biens dudict de Quesnoy.

Ledict Boullengier, les biens dudict Braconier.

Et lesdicts hoirs de Bery, les biens desdicts Beghuine, d'Amiens et Verjugon.

Et en tant qu'il touche ledict de Beauffort, Carioeulx, Bocquillon et sa femme, Wilquin et sa femme, et ledict Aubry, ledict accord faict avecq eulx, et ledict procureur du roy et lesdicts hoirs dudict Bery, demourant en sa force et vertu, et partant mis hors de procès.

Et pour réparation et amende prouffitable, ladicte cour a condampné et condampne les dessusdicts deffendeurs ès sommes selon la distribution quy s'ensuit :

C'est à sçavoir lesdicts Thiebaut, Pochon et Pierre du Hamel, vicaires susdicts, chascun en la somme de.............. 1200 liv. parisis.
Le Flameng, de........ 1000 liv. parisis.
Ledict de Saveuses, de.. 500 liv. parisis.
Ledict Forme, de....... 400 liv. parisis.
Ledict Paille, de....... 300 liv. parisis.
Ledict Boullengier, de... 300 liv. parisis.
Et lesdicts de Marquais et Mathieu du Hamel, chascun d'eulx de.............. 200 liv. parisis.

Montant toutes lesdictes sommes à................ 6500 liv. parisis.

Sur lesquelles sommes seront prinses préalablement quinze cents livres parisis, quy seront convertis et employés à faire dire et célébrer ung service en l'église cathédrale d'Arras, pour la fondation d'une messe, calice, livres et ornemens à ce nécessaires, quy sera dicte et célébrée par chascun jour perpétuellement en ladicte église d'Arras, laquelle messe sera sonnée, répétée et tintée à trente-trois coups distincts et séparés par trois intervalles, chascun de onze coups, pour le salut et remède des ames desdicts exécutés, et aussy pour faire ung eschaffault au lieu où lesdicts demandeurs et aultres exécutés ont été publiquement eschaffaudés, preschiés et mitrés, sur lequel eschaffault sera faict ung sermon pour exhorter le peuple à prier Dieu pour les ames desdicts exécutés, et déclarer qu'à tort et contre ordre et fourme de justice, et procès faulx et induement faict, ils ont été condampnés, eschaffaudés, preschiés, mitrés et exécutés; et en la fin dudict sermon sera, en la présence dudict exécuteur, rompu et lacéré tout ce qu'il restera desdicts procès, et semblablement pour faire faire une croix de pierre de quinze pieds de haulteur au lieu le plus prochain et convenable dudict lieu ou aultre, où lesdicts condampnés ont esté exécutés et bruslés, en laquelle sera insculpé et affiché ung épitaphe contenant l'effect de ce présent arrest; et du résidu de ladicte somme, montant à cinq mille livres parisis, sera prise et appliquée au roy, auxdicts de Beauffort et à chascun d'eulx la somme de mille livres, et auxdicts Tacquet, Jehanne le Febvre, Hermant et Nicolle de Gavrelle, sa femme, Pierre de Carioeulx, Jehan de Bery et à chascun d'eulx quatre cents livres; et seront touts lesdicts demandeurs, services, fondations, et aultres choses ordonnées en œuvres pitoyables, premièrement payés que le roy.

Et a condampné et condampne ladicte cour lesdicts deffendeurs ès despends faicts en ces procès, concernant ledict excès; desquels despends lesdicts hoirs de Bery payeront seulement leur portion contingente envers lesdicts Tacquet et Gavrelle, la taxation d'iceulx réservée par-devers elle; et au regard dudict maistre Robert le Jeusne, ladicte cour l'a absous des impétitions et demandes desdicts demandeurs et du procureur du roy, et l'a mis et met hors de procès et sans despends.

Et en tant que touche la restitution des biens et commissions de fiefs requise par ledict de Beauffort allencontre dudict de Saveuses, et aussy en tant qu'il touche les conclusions prinses contre ledict l'Hostellier, lesdictes parties informeront *vocatis vocandis* sur les faicts et articles quy seront par ladicte cour extraicts de leur plaidoyer, dedans le lendemain de la Sainct-Martin d'hyver prochainement venant, par ung des conseillers d'icelle cour, quy à ce par elle sera commis pour ce faict rapporté et receu pour juger leur estre faict droit.

Et au surplus, ladicte cour a deffendu et deffend auxdicts évesques d'Arras, ses officiers, inquisiteur de la foy et touts aultres juges ecclésiastiques et séculiers, que doresnavant ils n'usent en procès d'exécutions extraordinaires, de gehennes, questions et tortures inhumaines et cruelles, comme capellet, mettre le feu ès plantes des pieds, faire avaller huille ne vinaigre, battre ne frapper le ventre des criminels ou accusés, ny aultres semblables et non accoustumées questions, sur peine d'en estre reprins et punis selon l'exigence des cas.

Prononcé le vingtiesme jour de may mil quatre cents quatre-vingt-onze; ainsy signés en hault; délibvré et escript en bas : collation est faicte.

Item, en ensuivant la remonstrance dudict seigneur commissaire, faicte en la chambre de la ville d'Arras, feurent par luy, lesdicts officiers du roy et mesdicts sieurs mayeur et eschevins, faictes et conclutes les publications et ordonnances quy s'ensuivent, dont la première feut prononcée par les carrefours de la ville, par ledict huissier, à son de trompe et par cry publicq, et en la cité pareillement, le mercredy treiziesme et samedy seiziesme dudict mois de juillet, et la seconde par le commis du greffe de ladicte ville.

OR, OYEZ, MESSIEURS, OYEZ.

L'on vous faict à sçavoir de par le roy nostre sire, la cour du parlement à Paris, et par monsieur maistre Jehan Angenost, conseiller dudict seigneur en la cour, et commis de par elle à exécuter certain arrest prononcé le vingtiesme jour de may dernier passé, au prouffit de feu messire Collart, en son vivant chevalier, seigneur de Beauffort, et Ransart, et Jehan Tacquet, bourgeois de ceste ville d'Arras, Huguet Aubry, Barthélemy Hermant, Nicolle de Gravelle sa femme, Jehanne le Febvre, fille de feu Jehan le Febvre dict le Cat, Pierre du Ca-

riœulx et Jehan Bery, le procureur général du roy joinct avec eulx, que lundy prochain, à heure de huict heures du matin, sera faict publicquement en la présence dudict exécuteur, en la présence aussy des parties intéressées, se adsister et estre y veulent, sur ung hourt ou eschaffault quy se faict joindant vis-à-vis, et devant la plombée située et assise en la cour de l'hostel épiscopal de la cité d'Arras, ung sermon par ung docteur régent en la faculté de théologie en l'université de Paris, par lequel sera exposé en partie le contenu audict arrest. Et pour ce, pour obéir à justice, que l'on fasse diligence de soy y trouver et adsister, sur peine d'estre réputé désobéissant à justice.

On vous faict en outre à sçavoir, de par icelluy seigneur et mesdicts sieurs mayeur et eschevins de ceste ville d'Arras : qu'en ensuivant ladicte publication et ordonnance, chascun festoye ledict jour de lundy, pour les causes contenues en ladicte publication, et que l'on donnera ledict jour de lundy, aux meilleurs joueurs, et quy le meilleur joeu joueront de folie moralisée, une fleur de lys d'argent, et au meilleur ensuivant, une paire d'oisons ; et seront joués ledict jour de lundy après disner, l'ung après l'aultre.

Oultre sera donné au meilleur joueur, et le mieulx joué de pure folie, une tasse d'argent.

Et au meilleur ensuivant, une paire de chapons. Et seront joués depuis sept heures au soir jusques ad ce que l'on aura tout faict.

Et ceulx quy voudront jouer, tant dehors comme dedans la ville, pour gaigner et parvenir aulxdicts prix, seront tenus venir prendre taille à l'hoste de l'argentier de ceste ville, ledict jour de lundy, à sçavoir en dedans douze heures avant midy, pour jouer par ordre, les ungs après les aultres ; et après lesdicts joeulx joués, seront tenus baillier lesdicts joueurs le double de leursdicts joeulx pour iceulx examiner et pour ordonner et distribuer les prix où il appartiendra ; et ne seront receus aulcuns joeulx quy depuis ung an ença auront esté joués en ceste ville, loy ou eschevinage.

Oultre seront par mesdicts sieurs mayeur et eschevins escriptes lettres missives à la justice et aulx officiers de la ville de Bapaume, pour dénoter et faire sçavoir ledict sermon aulx habitants desdicts lieulx, et ledict arrest, quy seront exécutés ledict jour de lundy.

Item, pareillement à Sainct-Pol.

Item, semblablement à Hesdin.
Item, à Therouanne.
Item, à Aire.
Item, à Béthune.

Item, que ledict lundy, dix-huictiesme jour de juillet, les officiers du roy et mesdicts seigneurs les mayeur et eschevins, revestus de leurs robbes de l'eschevinage, accompagniés des sergeants à vergues, se trouveront à la halle, à cheval, à l'heure de sept heures du matin.

Lesquels assemblés allèrent par-devers ledict commissaire pour aller audict sermon avecq luy et avecq ceux qui l'accompagnoient. Lesquels aussy assemblés, et touts à cheval, se partirent et s'en allèrent touts par la grande rue de Sainct-Gery, Arnestat, Sainct-Aubert et de l'Estrée, en ladicte cité, en ladicte cour spirituelle, où illecq sur le hourt et eschaffault y faict et appareillés de la haulteur de dix-huict pieds, ou environ, ils montèrent; et sur lequel hourt, par ledict commissaire, après la requeste à luy faicte par ledict seigneur de Beauffort, par la bouche de maistre Jehan Jonglet, licentié ès loix, feut mis ledict arrest à exécution, et remis ledict seigneur de Beauffort, sa postérité et aultres parties intéressées, dénoncées audict *dictum*, en leur bonne, saincte et entière fame et renommée.

Ce faict, feut faict ung sermon par monsieur maistre Geoffroy Broussart, docteur en théologie, présents lesdicts commissaires, officiers du roy et officiers de la ville et eschevinage, présents aussy et sur lesdicts hour et eschaffault lesdicts seigneurs de Beauffort, Huguet Aubry, Nicolas Aubry, Anne Aubry, sa femme, et Guillaulme l'Escourinne, enfants dudict Huguet, Jehan du Carioeulx, Mathieu de Bery, sa femme, fille de feu Jehan de Bery, Isabelle le Vasseur, vefve defeu Guillaulme de Bleu court, frère dudict feu Jehan de Royville, Pierre du Carioeulx, nepveu de feu Pierre du Carioeulx, desnommé audict *dictum*, et Robinet du Carioeulx, son nepveu.

Et dura ledict sermon deulx heures et demy ou environ; auquel sermon feurent, par estimation, le nombre de huict à noeuf mille personnes ou environ.

Et print ledict docteur pour thesme et introït de sondict sermon, ces mots : *Erudimini qui judicatis terram*; lequel thesme il proposa advoir prins originallement en la seconde psalme du psalmiste de David.

Après lequel sermon achevé, feut leu, mot après l'aultre, par ledict huissier, le *dictum* cy-dessus transcript, présent le peuple. Et ce faict, retournèrent lesdicts commissaires et docteurs et officiers en ladicte ville d'Arras; et les accompagnoient lesdicts seigneurs officiers du roy, les mayeur et eschevins, jusques à l'hostel de la Chievrette, où illecq ledict seigneur de Beauffort leur donna à disner, et mesdicts sieurs mayeur et eschevins se retirèrent et disnèrent ensemble en la maison de la Balance; au-debvant de laquelle feut tendu et mis le tapis de la ville pour veoir les joeulx et esbattements. En laquelle maison vindrent, après disner, lesdicts commissaires et docteur, pour veoir lesdicts joeulx et esbattements.

En ensuivant la dessusdicte publication, feut ledict jour de lundy, par les bourgeois, manants et habitants, cessé de toutes œuvres manuelles par tout le jour.

Et feut iceluy jour joué plusieurs joeulx et esbattements par ceux de l'abbé de l'Escache, et aultres compagnons, estants sur le petit marchié, chascun en son logis à part, et à bannière et estendarts desployés.

II.

COPIE

De la sentence et arrest en latin, prononcé en la cour du parlement à Paris, entre messire Collard de Beauffort, Jehan Tacquet et aultres, appelants de maistre Robert le Jeusne, gouverneur d'Arras, Robert de Marquais, son lieutenant, et aultres, le vingtiesme jour de may mil quatre cents quatre-vingt et onze, collationné à l'original.

Carolus, Dei gratia Francorum rex, universis præsentes litteras inspecturis salutem : Notum facimus quod lite mota et pendente in nostra Parlementi curia, inter dilectum nostrum Collardum de Belloforti, militem, et Joannem Tacquet, scutiferum, a magistro Roberto le Jeusne dudum gubernatore Atrebatense, pro defuncto avunculo et consanguineo nostro duce Burgundiæ, dum ageret in vivis, et a Roberto de Marquais ejus locum tenente, episcopoque Atrebatense, nec non magistris Joanne Theobaldi, officiali, Petro du Hamel et Petro Pochon, vicariis dicti episcopi, et a Guillelmo le Brossart, inquisitorem fidei se dicente, Jacobo de Bosco, ecclesiæ Atrebatensis decano, Joanne le Boullengier, Ægidio le Flameng et Matheo Paille, et ipsum de Belloforti, a Joanne Faulconnier, religioso ordinis fratrum minorum, episcopoque de Baruto, ac a magistro Joanne Forme, comitis d'Estampes secretario, appellantes; eosdemque Collardum de Belloforti, Tacquet, Hugonem Aubry, Bartholomeum Hosmen, Nicolaum Gravelle, ejus uxorem, Joannam le Febvre, defuncti Joannis le Febvre, alias le Cat, filiam, Petrum de Carioeul, defuncti Petri de Carioeul nepotem ac hæredem, Joannem Bary et procuratorem nostrum generalem cum eis adjunctum, in casu excessuum, abusuum et attentatorum, actores ex una parte, et dictos ducem Burgundiæ, Robertum le Jeusne, Robertum de Marquais, episcopum Atrebatensem, Joannem Theobaldi, Petrum du Hamel, Joannem Pochon, Jacobum du Bois, Joannem Boullengier, le Flameng, Forme, dicti comitis Stamparum secretarium, et Paille, appellantes ipso facto: Theobaldi du Hamel, Pochon, Boullengier, Flameng, Forme, Paille, Joannem l'Hostellier, Matheum du Hamel, prædictorum episcopi vicariorum et inquisitoris scribas, Philippum de Saveuses, militem, magistrum Guillelmum de Bery, locum tenentem balivii Ambianensis se dicentem, in dicto casu abusuum et attentatorum, deffensores ex parte altera. Super eo quod dicti appellantes et actores dicebant et proponebant, et maximè dictus Collardus de Belloforti, quod ab aliquo tempore, per jam dictos appellatos et deffensores, nonnulli fraudulent, inventio, sub colore hæreticæ pravitatis, sortilegii seu valderiæ, in villa Atrebatense, reperta fuerat, et pro, ad factum illud, procedendo et quos pretendebatur de hujusmodi secta culpabiles puniendo, dicti deffensores, commissos et deputatos seu delegatos se gesserant et portaverant: dicebat insuper dictus Collardus quod, ipse licet notabilis et miles strenuus de baronia, in comitatu Artesii, extractus fuisset, et semper bene, debite et catholice vixisset, ac in sua juventute arma, ut nobilis absque reprehensione fuisset etiam insecutus, nihiloque minus antedicti deffensores dictam novam inventionem conducentes, dictum Collardum de Belloforti pluresque alias personas variorum statuum, tam magnas quam parvas, de supradicto crimine hæresis, sortilegii seu valderiæ, nullo accusatore superveniente, informatione-

que aut minime præcedente, falso oneraverant, illudque crimini eis imposuerunt, et, pro ad suos fines veniendo, Jacobum de Willeman, virum catholicum et bene famatum, cum cæteris aliis probis, notabilibus, et bonis hominibus capi et incarceri fecerant; et quamvis jam dicti Guillelmus le Brossart et Joannes Faulconnier, religiosi, suis in prædicationibus, per eos ad universum populum factis, quod nullam personam de dicto crimine accusatam, nisi septem testium assertione seu testimonio oneraretur, minime caperent, palam ac publice dixissent, his tamen non obstantibus, præfati deffensores dictum Jacobum de Willeman, sic, ut prædicitur, captum in unam coquinam adduci, ubi caput ipsius cum una parva corda nodosa, seu nodis plena, ligari, et taliter quod testam intrabat sibi, quod sortilegus et valderius erat improbando astringi; et iterum, quod ea quæ ab eo petebant minime fatebatur, dictum ejus caput altera grossiore corda, ut prius nodata, rursum ligari et astringi; pluresque alios occasione dictæ valderiæ per eos oneratos et incarceratos, super aliquo scamno, pluribus funibus seu cordis ligatos, extendi, unoque freno seu bajulo aut baculo ad morsum apto, in ore cujuslibet applicato, unam aquæ situlam per quemlibet potari, pluraque alia tormenta, gehennas, torturas seu quæstiones extraordinarias, inhumanas et crudeles, absque aliquo temperamento, fieri; nec non magistrum Antonium Sacquespée, quamvis ipse de supradicto crimine sortilegii seu valderiæ minime suspectus esset, quæstionari et torturari fecerant, sed ipsum postmodum magna denariorum summa, ab eo per eos extorta, mediante, ad domum suam remiserant, et pariter jam dictum Joannem de Bary prisonnierum mancipaverant, ac in torturam posuerant, plantasque suorum pedum candelis ardentibus cremari, oleum et acetum in ejus corpus ponendo, seu infundendo, ipsumque erga eos in magnam denariorum summam obligari procurando; insuper et tres feminas seu mulieres, dictumque Joannem de Bosco valde et inhumaniter torturari et quæstionari fecerant. Et dum præmissa agerentur, jam dictus le Brossart, inquisitorem se fidei dicens, eidem Joanni de Bosco persuaserat et dixerat, quod cum idem inquisitorem se dicens, sermonem populo faceret, idem de Bosco, surgens et rectum se tenens, eundem inquisitorem se dicentem veritatem prædicare fateretur, publice ei responderet, alioqui ipsum de Bosco super scalfaudium comburi seu cremari facere minatus fuerat.

Dicebat præterea dictus de Belloforti quod, occasione prædictæ inventionis dictæ valderiæ sub colore justitiæ, occisi et interfecti, de prædicto crimine sibi imposito minime culpabiles fore et plures alios qui crimina seu casus supradicti sortilegii scelere sibi impositos cognoverant seu confessi fuerant, absque punitione, juris ordine non servato, dimissos seu relictos fuisse, et hoc per eorum processus constare semper declaraverant, et in hujusmodi proposito injuste et absque causa extremum vitæ supplicium subierant; et respectu jam dicti Hugonis Aubry, alias Patrenostre, ipse sicut alii captus, incarceratus, ligatus et oculis velatus, super unam riparum conductus exstiterat, sibique, quod onera super dicto crimine sibi imposita confiteretur, alias ipso facto submergeretur, dictum fuerat; propter quod peragendum dicti deffensores eundem Aymery cuidam servienti, quem ad suam loquelam cognoverat, tradiderant liberaverantque : sed postea ipso readducto dicti intimati et deffensores eundem quinque vel sex vicibus absque aliqua temperie, sed cum maxima severitate, nullis indiciis novis habitis, quæstionaverant, et illum nihilominus inconfessum et non convictum seu testibus supuratum, publice prædicari, caputque mitra ejus præcingi fecerant, et ad carcerem per spatium viginti annorum tenendum condemnaverant : aliusque Roguet vocatus et captus, nec non jam dictus de Carioeul, decem seu duodecim vicibus torturatus ac deinde ad mortem condemnatus exstiterat, tandem vero executatus. Dictus du Carioeul in mercato Atrebatense existens, quod innocens moriebatur, publice ante suam executionem cum magno fletu, exclamarat; nec non plures personas, et signanter jam dictum de Belloforti per eum, falso oneratas et accusatas fuisse, ab eis veniam postulando, vociferatus erat atque declaraverat.

Dicebant consequenter dicti appellantes et actores quod deffensores prænominati, pluresque mulieres ceperant et quæstionaverant, et præcipue grossam Joannam dictam Bellotam, la Sceliere et alias, super quarum gutture et earum capillos trahendo, ipsasque ad prædictum de Belloforti nec non domini de Croy, de dicto crimine et de concubitu cum eis accusare promovendo, dictus dominus de Saveuses exultando tripudiaverat, et, extractis nonnullis accusationibus, dictum magistrum le Boullengier, erga præfatum consanguineum nostrum ducem Burgundiæ, ut sibi dictos de Croy et de Belloforti ac alios dominos a quibus multæ pecuniæ levari possent, de dicto crimine valderiæ oneratos fuisse diceret, transmiserat; qui quidem consanguineus noster suas litteras pro secundum justitiam procedendo concesserat, quæ dicto de Saveuses et comiti Stamparum præsentatæ et traditæ, et postmodum per eundem de Saveuses jam dicto Roberto de Marquais locum tenenti dicti gubernatoris Atrebatensis transmissæ fuerant, et sibi, quatenus jam memoratum de Belloforti quod citius caperet et incarceret, mandaverat; ipsisque mandatis obediendo prædictus de Marquais dictum de Belloforti, tunc in dicta villa Atrebatense ante quandam domum inventum, prisonnierum ex ordinatione dicti comitis seu domini Stamparum ceperat; unde ipse de Belloforti ad nostram parlamenti curiam appellaverat; ipsa tamen appellatione non obstante, ipse primo ad hospicium dicti domini Stamparum ac deinde ad domum episcopalem Atrebatensem, cum uno servitore adductus ac ibidem longo temporis spatio detentus, deindeque ipsius bona ad manum justitiæ posita exstiterant; deinde ipse pro appellante se iterum gesserat; contra quarum appellationum odium et in ipsorum spretum jam dicti deffensores, sua temeraria voluntate, et absque juris discussione neque ordine, eundem de Belloforti super scalphauda adduci, ibique publice prædicari fecerant, ac eundem ad et per spatium septem annorum prisonem tenendum, ac in decem millium librarum summam condemnarant; ac nonnullo tempore effluxo, dictus de Belloforti suum revelamentum in casu appelli obtinuerat, vigore cujus informationem fieri et se prisonnierum ad carcerem conciergeriæ palatii nostri Parisiensis adduci fecerat; posteaque processus supradicti, ad dictorum procuratoris nostri generalis et de Belloforti requestam, penes dictam curiam nostram oblati exstiterant.

Præfatus vero Joannes Tacquet, appellans, dicebat similiter atque proponebat quod ipse notabilis burgensis villæ Atrebatensis, a nobili progenie extractus, bonusque christianus erat et semper fuerat, qui et ejus prædecessores plures fundationes, signanter in ecclesia Atrebatensi, fecerant, et propter ejus honestatem ipse scabinus dictæ villæ Atrebatensis devenerat. Licet tamen ipse de crimine sortilegii seu valderiæ nunquam convictus fuisset, sed de eodem se nunquam intromisisset, nihilominus jam dictus dominus Robertus de Marquais eundem Tacquet ad se venire, id quod fecerat, mandaverat; qui quidem de Marquais prædictum Tacquet repente prisonnierum pro dicto crimine valderiæ ceperat, ac longo temporis spatio detinuerat; qua pendente, dictus decanus Atrebatensis et alii defensores dictum Tacquet dicere et asserere quod de hujusmodi crimine valderiæ esset convictus, ac plures alios accusaret, plerumque monuerant. Ipse tamen id facere renuerat, ob quod valde enormiter torturatus et quæstionatus fuerat; et paulo post dicti deffensores quendam ipsius Tacquet amicum eundem Tacquet alloqui fecerant, qui eidem ut confiteretur ea quæ vellent, esto quod bonum vel malum esset, alias prædicto etiam decano et aliis prædictis defensoribus præsentibus, suggesserat; et idem decanus consilium dicti amici bonum esse, et parentes dicti de Belloforti, simile consilium sibi dedisse, protulerat sive dixerat, sub quarum exhortationum at persuasionum colore dictus Tacquet, id quod ab eo dicti defensores petere voluerant, confessus exstiterat; et dictum Joannem Tacquet ad scalfaudandum, prædicandum, et mittra caput ejus circumdandum, ac in mille quadringentis libris et ad carcerem per decennium tenendum, condemnaverant; unde dictus Tacquet ad dictam curiam nostram appellaverat, medio cujus appellationis ipse conciergeriam palatii nostri Parisiensis pro refugio habuerat.

Memorati vero Hugo Aubry, Joannes le Febvre, Bartholomeus Hermen et Nicolas de Gavrelle, ejus uxor, dicebant ibidem et proponebant, et potissime dictus Aymery, quod ipse bonus vir, juvenis in statu matrimonii conjunctus fuerat et erat, qui bene et debite tanquam verus catholicus, absque unquam aliquod reprehensibile faciendo, se repererat et gubernaverat. Verum in vigilia festi Ramis Palmarum, anno mille iiij lx, jam dictus Petrus du Hamel, absque informatione præcedente, dictum Aymery ad se venire mandaverat; ipseque apud dictum du Hamel sub bona fide existens, idem du Hamel memorato Aubry, quod dictos vicarios Atrebatensis episcopi, ipsumque episcopum de Baruto, nec non dictum decanum sibi locuturos exspectaret, et consequenter eidem Aubry ut in cameram commentariensis seu custodis carcerum dicti episcopi Atrebatensis prisonnierus pergeret; et ipsum prisonnierum ducendo dictus custos carcerum dicto Aubry quod omnia quæ ab eo peterentur jure vel injuria fateretur, et quod omnes qui nihil confiteri voluerant morte perempti fuerant; illi vero qui petitoribus confessi fuerant, illico liberati remanserant. Instigaverat et etiam, eo in carcere existens, quædam mulier, la Bouchierre nuncupata, in dictis carceribus, ad tendandum Aubry ipsam per torturam et quæstionem quos sibi dicti deffensores nominari fecerant accusasse, et ad hoc compulsam fuisse, et eidem Aubry etiam alios, sibi nominandos, accusare opportere, promulgaverat; deindeque profato Aymery superdicto crimine interrogato et nihil in sui præjudicium confitente, nullamque personam accusante, dicta Bouchierre duæque mulieres aliæ, una Dauvergne et altera Delespine nuncupatæ, vitam lubricam degentes, enormiter per torturam flagellatæ, cum sæpe dicto Aubry confrontatæ fuerant, quarum aliquæ minime ipsum cognoscere, neque eum in certis nemoribus, de quibus fuerat quæstio, vidisse, reliquæ vero quod si de eo aliquid mali dixerant, hoc idem per geennam seu torturam, vim et violentiam, fecisse declaraverunt; sed his nullum respectum habendo, dicti deffensores præfatum Aymery primo in liere [1] absque crestello [2], membris extensis et longo temporis spatio, et postea per quandam aliam torturam, *molinet* gallice vocatam, aquam, oleum et acetum, pro vitione, sibi tradendo, ac quod ipsum in dicta valderia interfuisse confiteri, et sibi nominandos de hujusmodi crimine accusare, sub pœna fractionis suorum prædictorum membrorum, oportebat, sibi suadendo quæstionaverant, ipsique semimortuo nisi flores, roseas seu violetas, sustinuisset; sed quod si prædictos sibi nominandos non accusaret, alias torturas usque ad membrorum dissolutionem pateretur, per minas promiserant; verum ipse quod minime accusaret responderat: sed his minime contenti, ipsum

---

(1) Ceinture. (2) Pièce de bois dentelée.

Aubry duodecim civibus torturaverant, et ad quandam arborem eum suspendere et postea submergere, sibi vim sævientem, et cum ea confiteretur, derisionem administrando, administraverant ; et ex post ipsum undecim mensibus prisonnierum in magna paupertate et misera detinuerant, et pro omni complemento eundem scalfaudari, prædicari et mittrari facientes, ipsum ad tenendum carcerem fermatum condemnaverant. Sed medio persecutionis, per jam dictum Collardum de Belloforti, in dicta villa Atrebatensi, tunc occasione præmissorum detentos in eam adduci ordinaverat, quo pendente dictus Aubry apud Romam erga dictum episcopum Atrebatensem pro eum liberari faciendo transmiserat, id quod dictus episcopus cum tota diligentia fieri jam dictis deffensoribus mandaverat. Quo medio, dicti deffensores memorato Aubry jam dictos carceres aperuerant et ab illis eum exire demiserant ; deinde, quod idem Aubry certas litteras a defuncto charissimo domino progenitore nostro obtinuerat, de præmissis narrativas, vigore quarum jam dictos du Hamel et Flameng in dicta nostra parlamenti curia personaliter, alios vero deffensores simpliciter comparituros adjournari fecerat ; qui quidem adjournati ex post in dicta nostra curia comparuerant, et per eum interrogati fuerant, ex quibus et quam pluribus aliis rationibus et causis per dictos appellantes et actores respective propositis et allegatis, concludendo petebant et requirebant, videlicet, jam dicti Collardus de Belloforti et Joannes Tacquet, appellantes, quod per arrestum dictæ curiæ nostræ diceretur et declararetur jam dictos intimatos male et abusive fecisse, incarcerasse, processisse, refutasse et denegasse, dictos appellantes bene appellasse ; et in quantum ipsi et alii sui consortes erant actores, dicti deffensores pro jam dictorum abusuum, excessuum et attentatorum reparatione, ad dictum Collardum de Belloforti in statu quo erat tempore prædictæ appellationis suæ restituendum et reponendum, et supradictas denariorum summas per dictos actores occasione præmissorum eisdem deffensoribus traditas, cum eorum terris, bonis et proficieis reddendum et restituendum, nec non jam dictos commissarios ad id super scalfaudia modo et forma quibus dictos actores condemnaverant, quod ipsi falso, inique et absque ratione id fecerant dicendum, ac etiam emendam honorabilem, tam in dicta curia nostra quam in villa Atrebatensi publice super dictă scalfaudia, in qua idem actores scalfaudati fuerant, dicendo atque proferendo quod contra Deum, absque causa seu ratione, per avaritiam, sub umbra et colore justitiæ, prædictos actores capi in carcerem, scalfaudarique, prædicari et mittrari, prædictosque excessus, abusus, et attentata fieri fecerant, commiserant et perpetraverant, Deo, nobis, justitiæ et memoratis actoribus veniam requirendo, ac in eodem loco unam crucem lapideam, in quam unum epitaphium affigetur, prædictam emendam honorabilem et reparationem continens fieri et erigi faciendo, ipsum Collardum de Belloforti perpetuo, immediate ab omnibus deffensoribus dictis exemptum fore, et pro emenda utili quemlibet ipsorum deffensorum in solidum erga dictum de Belloforti in decem, et erga quemlibet aliorum actorum in trium millium scutorum auri summis et ad tenendum carcerem fermatum usque ad præmissorum complementum, solutionem et satisfactionem eisdem actoribus priusquam nobis fiendam, nec non in eorumdem actorum damnis interesse et expensis condemnaretur.

Memorati vero deffensores et intimati ex adverso dixissent et præsupposuissent, et signanter dictus episcopus Atrebatensis, garantiam pro dictis suis vicariis, episcopo de Baruto, inquisitore fidei ac cæteris aliis in se suscipere volens, quod secundum juris communem dispositionem cognitio, decisio et punitio de nefando hæresis seu idolatriæ crimine ad judices ecclesiasticos spectabat ac pertinebat, quodque principalis materia de qua nunc agebatur et unde appellationes per dictos appellantes præsentes procedebant, super dicto crimine ventillata materiæ præ ecclesiastica erat; de qua etiam Ecclesia in suo foro et judicio integraliter cognoverat, taliterque processibus debite factis suam sententiam protulerat et partim exsequi facerat ; hisque præsuppositis dicebant ulterius dicti deffensores quod quidquam in hac parte, nisi pro confirmatione fidei catholicæ, fecerant seu egerant ; nam jam dicti officiarii episcopi Atrebatensis plures personas de nefandissima secta valderiæ nuncupata, oneratas et accusatas in processu posuerant, quarum aliæ condemnatæ, aliæ absolutæ fuerant, earumdemque personarum processus faciendo, perficiendo dicti vicarii et inquisitor, jam dictum Collardum de Belloforti de dicta secta valderiæ per duos viros et duas mulieres in diversis carceribus prisonnieros detentos, oneratum accusatumque invenerant; his tamen non obstantibus dicti vicarii ad captionem dicti de Belloforti procedere distulerant donec gentes justitiæ ordinariæ villæ Atrebatensis, eisdem vicariis quod super facto ejusdem de Belloforti provideri debebat, demonstraverant, et propterea magna deliberatione præhabita, die festi beati Joannis Baptistæ, anni 1460, dictus de Belloforti per officiarios laïcos dictæ villæ prisonnierus captus, ac eo quod de fide quæstio erat, jam dicto episcopo Atrebatensi ac suis officiariis redditus, ac in una camera cum talibus custodibus quos habere requisiverat, conductus fuerat ; quem dicti commissarii super articulis dictum crimen concernentibus, ut ab eo sciretur veritas, interrogaverant, sed ipse nihil confiteri voluerat; ob quod ipsi commissarii pro illa die absque aliter procedendo, recesserant; et die sequenti, dum sæpe dicti commissarii et alii usque ad decennarium numerum, erga dictum de Belloforti reverterentur, Philippus dicti de Belloforti, filius natu major, nec non domini de Rivery et de Mailly, aliique nobiles et scutiferi in magna comitiva iisdem deffensoribus obviam occurrerant, et dictum de Belloforti alloqui requisivérant, quod fieri dicti commissarii in præsentia tamen nonnullorum ex ipsis concescerant ; et postquam plura verba cum eodem de Belloforti habuissent, dictus de Belloforti prisonnierus, juramento solemni prius præstito, interrogatus in præsentia dictorum officiariorum suorumque parentum, absque inductione, minis neque aliquibus torturis, dixerat et confessus fuerat, quod a tribus annis citra ipsius cognitionem cum una muliere, la Pigneresse vocata, in villa Atrebatensi rem habuerat, et una dierum in simul cubare seu jacere concluserant ; quam conclusionem faciendo dicta Pigneresse ipsi de Belloforti in villeto ad unam pulchram comutinam pergere petierat; ad quam idem de Belloforti istud bene velle responderat, et ex tunc ipsi ambo gradus domus dictæ Pigneresse descenderant ; quæ quidem la Pigneresse quemdam baculum uno nigro unguento unxerat, et postea uterque, ut eques, dictum baculum ascenderat et raptim in nemore de Mofflaines se repererat, et ipsi in dicto nemore plures personas, prima quarum speciem simiæ rufæ gerebat, ad mensam sedentes, multas epulas habentes, invenerant et repererant. Coram qua simia ipse de Belloforti præsentatus fuerat, cui dicta simia hæc verba videlicet : « Vos bene veneritis, » protulerat ; et post cœnam peractam dicta simia pedem dextrum tetenderat, quem pedem dictus de Belloforti, genibus per eum flexis, aliis tripudiantibus, deosculatus fuerat ; et postea idem de Belloforti, antequam a dicto nemore exirent, dictam la Pigneresse carnaliter cognoverat, et adhuc in domum dictæ la Pigneresse redierant, cum qua etiam ipse rem pluries habuerat ; et ultra diabolum sub dicta figura simiæ esse, sortes etiam et colores vestium quibus alii induebantur declarando, revelaverat. Præterea quod in dictam valderiam, cum quadam alia, la Parcheminiere vocata, iterum fuerat, ubi quemdam in speciem unius nigri canis, qui sibi pecunias promiserat, repererant ; cui dictus de Belloforti capillos sui capitis dono præsentaverat, et tertio ipsum in nemore Alti-Fontium cum quodam suo servitore fuisse, et ibidem malignum spiritum in dicta simiæ specie vidisse responderat et confessus fuerat ; et in illis confessionibus pluries relictis perseveraverat, quibus quidem confessionibus per plures universitates magnosque doctores et cæteras alias personas egregias et scientificas visis, dicti commissarii, per eorum sententiam, in conspectu populi dictæ villæ Atrebatensis prolatam, ipso de Belloforti a sententia excommunicationis prius absoluto, ad prisonem in carceribus dicti episcopi Atrebatensis spatio annorum tenendum, nec non in sex millium librarum summam monetæ Artesii, pro fide catholica adversus Turcos et non alibi impendendam, ac in loco de Malinnes extra potestatem dicti episcopi Atrebatensis ponendam, nec non in mille quadragentis libris, secundum declarationem dictæ sententiæ impendendis, condemnaverant ; a qua quidem sententia minime appellatum exstiterat ; sed post executionem ipsius dictus de Belloforti et ejus parentes relevamentum in causa appelli obtinuerant, ac jam dictos intimatos ac deffensores intimari et adjournari fecerant. Prædictus vero consanguineus noster, dux Burgundiæ, prosecutionem dictæ materiæ pro bona fide et pro abjuratione tanti erroris, qui maligno spiritu ad partes augere dicebat, per jam dictos vicarios episcopi Atrebatensis ac inquisitorem fidei factam fuisse, et ob hoc dictum de Belloforti inadmissibilem fore similiter proposuisset pariterque dictus de Saveuses dixisset et proponi fecisset, quod ipse de Saveuses, notabilis miles, in ætate septuagenaria constitutus, multum dives in bonis tam mobilibus quam immobilibus erat, ac bene et honorabiliter absque opprobrio sese rexerat ac gubernaverat, ac cum dicto Collardo de Belloforti magnam amicitiam habuerat, cujus filium, Philippum de Belloforti vocatum, ex sacris fontibus baptismatis nomen sibi imponendo levaverat ; ipse Philippus de Belloforti, ejus filiolus, processu dicti Collardi sui patris pendente et durante, cum eodem de Saveuses biberat, manducaverat ac conversus fuerat, sed dictus de Saveuses ad dictum processum faciendum ad requestam dictorum vicariorum duntaxat sese repererat, dictique vicarii, et non idem de Saveuses dictum de Belloforti condemnarant. Præfati vero Petrus du Hamel, Ægidius le Flameng, Jacobus du Bois, Jacobus Thiebaut, Joannes Pochon, Petrus le Brossart, Joannes le Boullengier, Matheus Paille, Joannes Forme, Matheus du Hamel, Joannes l'Hostellier et Guillelmus de Bary dicebant similiter quod dicti actores eo crimine valderiæ, sortilegii seu hæresis, modo et forma præfatis, per quosdam suos complices onerati et accusati fuerant, ob quod, ipsis interrogatis, processibus contra eos factis, in multis et diversis emendis, superius declaratis, condemnati fuerant ; quare, mediis præfatis et aliis latius in processu deductis et propositis, concludendo etiam petebant et requirebant dicti intimati et deffensores, per arrestum dictæ curiæ nostræ, dici et declarari jam dictos appellantes minimè fore admittendos, saltem suas appellationes desertas esse, ipsosque appellantes ad carceres dicti episcopi Atrebatensis ipsorum expensis reddi et restitui debere, præfatumque de Belloforti in similibus emendis honorabilibus et utilibus erga dictum de Saveuses, prout ipse de Belloforti adversus ipsum concluserat, ipsum de Belloforti fidem et hommagium per eum, ratione domini de Belloforti, quod dictus dominus de Saveuses in suis manibus tenebat fore, fecisse similiter declarando ; nec non memoratos deffensores ab omnibus petitionibus, requestis et conclusionibus ipsorum actorum absolvi, eosque in ipsorum deffensorum et intimatorum damnis interesse, et expensis condemnari. Memoratus procurator noster generalis, contentum dictis processibus ad effectum reducendo, dicebat etiam et proponebat quod prædicti deffensores absque informatione præcedente jam dictos actores et cæteros alios, occasione dictæ valderiæ, capi ac incarcerari, ac eos enormiter diversis vicibus, crudelibus et intolerabilibus torturis quæstionari et torturari, ipsorumque processus, absque juris ordine servato, de dictis torturis nulla habita mentione, fecerant, ac eos in diversis pœnis et emendis condemnaverant ; ob quod idem procurator noster generalis, omnes prædictos processus, tam in curia comitis Artessii quam in curia ecclesiastica, in dicta materia valderiæ factos, abusivos, falsos, nullos, contra totum ordinem et formam justitiæ per crudelitates intolerabiles, et aliter quam debite factos fuisse, dici ac declarari, ac tanquam tales publice in nostra curia disrumpi, frangi et lacerari, saltem per ipsam, cum omnibus sententiis, judiciis, confiscationibus bonorum mobilium et immobilium condemnationibusque pecuniarum, exactionibus et cæteris aliis, quæ medio processuum, sententiarum et judiciorum unde secuta fuerunt adnullari et adnihillari, et id faciendo omnia et singula bona mobilia et immobilia dictorum actorum ratione præmissorum capta, hæredibus ubicumque illorum qui executati fuerunt, et cuilibet ipsorum actorum in quantum eos concernebat, alia autem bona et denariorum summas omnibus illis a quibus extortæ et exactæ fuerant reddi et restitui, ad eosque faciendum jam dictos deffensores et quemlibet ipsorum compelli, nec non omnia arresta, manumissas et impedimenta super hujusmodi bonis posita, suis expensis amoveri et levari ; dictosque actores, in suo honore, fama et statu, in quibus ante dictos processus erant, reponi, ac prædictos deffensores in locis in quibus dicti condemnati, executati, et cæteri alii prædicati, scalfaudati et mittrati fuerunt, et in loco principali in quo prædicati exstiterunt unam crucem lapideam in signum perpetuæ memoriæ, in qua casus reparationis contineatur, construi et eregi, præfatosque deffensores laïcos pœna corporali et publica secundum casus exigentiam puniri ; sin autem etiam in dicta curia nostra, in locis in quibus dicti abusus fuerunt perpetrati et commissi, emendam honorabilem faciendum, dicendo et proferendo quod ipsi falso, inique ac aliter quam debite supradictos excessus et abusus fecerant, commiserant et perpetraverant, et ob hoc, Deo, nobis, justitiæ et dictis actoribus ac hæredibus executatorum veniam exposcendo, et pro emenda utili dictos deffensores, et quemlibet ipsorum in solidum in decem millium scutorum auri summa erga nos, et ad tenendum carcerem fermatum usque ad plenariam satisfactionem et complementum præmissorum, et ex beneficio dicti procuratoris nostri generalis ac in dicta ecclesia cathedrali Atrebatensi quingentas missas, quarum tres alta voce, altera voce submissa, diebus illis quibus condemnati ultimo supplicio executati fuerunt, dici et celebrari faciendum, nec non in dicta ecclesia unam capellaniam, calicibus, cappis, casulis et cæteris aliis ornamentis decentibus munitam, fundandam, ac illam de centum librarum reditu debite admortisato dotandam; pro in ea qualibet die unam missam, ob dictorum defunctorum animarum salutem et remedium dicendo, et ad eisdem defunctis et aliis actoribus viventibus, seu eorum hæredibus omnes denariorum summas super eis captas, exertas, extortas et levatas reddendum et restituendum condemnari, supradictisque vicariis dicti episcopi Atrebatensis, ac omnibus aliis et cuilibet ipsorum, ne ipsi a modo torturis quæstionibusque supradictis uterentur, sub pœna centum marcarum auri, nobis applicandarum, inhiberi et defendi.

Dicebantque ulterius prædictæ partes hinc inde, tam repplicando quam duplicando, plura facta et rationes ad supradictos fines, per eos concludendo, super quibus partibus ipsis, per dictam curiam nostram ad plenum hinc inde auditis, eadem curia nostra dictas partes ad producendum penes eam quicquid producere vellent et in jure appunctassent, tandem visis per dictam curiam nostram litigatis, prædictarum partium in ea vigesima prima die mensis maii 1461, et aliis inde sequentibus, factis, demandisque et deffensionibus ipsarum partitum per eas, deinde inscriptis traditis, confessionibusque jam dictorum Joannis Thiebault, Joannis Pochon, Petri et Mathei du Hamel, Roberti de Marquais, Ægidii Flameng, Mathei Paille, Joannis Boullengier, Guillelmi de Bery ac Joannis Forme, in dicta curia nostra factis, una cum processibus criminalibus, tam in curia seculari quam ecclesiastica, contra jam dictos Collardum de Belloforti, Taquet, Aubry, Gavrelle, Bery, defunctosque Petrum du Carioeul, Joannem le Febvre, dictum le Cat, et Dyonisium Grenier, ac etiam Joannem Tannoy, dictum l'Abbé-de-peu-de-sens, Colletam l'Estrevée, Joannem d'Auvergne, Bellotam, Henricum de la Boille, dictum Cancourt, Bellotam du Quesnoy, Joannem du Bois, Ægidium de Bleucourt, Joannem Griet, alias Verjugon, Thomam le Braconnier, Catharinam la Gringaulde, alias Kateron, quandam Printemps Gay, alias Wistmande vocatam, Margaretam, dictam Beghuinne de Doue, Joannam Bayarde, dictam le Luquet, alteram nuncupatam la Parcheminiere, Jacobum, cui nomen erat Roquetum Rollequin, Joannam d'Amiens, nec non magistrum Antonium Sacquespée, Joannem Josset, Henricum de Royville, burgenses dictæ villæ Atrebatensis, Jacobum d'Atyes et Joannem le Febvre, omnes de crimine sortilegii et valderiæ accusatos, factis, et in eadem curia nostra ex ipsius gubernatione oblatis, et cæteris aliis per ipsas partes penes ipsam curiam nostram traditis et productis, ipsarumque contradictis et salvationibus, nec non certis litteris in forma accordii coram gentibus consilii jam dicti ducis Burgundiæ factis et passatis per dictum Robertum de Marquais, traditis ac per eum cum defuncto Philippo de Beauffort, in vita sua milite, jam dicti Collardi de Beauffort filio, dictisque Tacquet, Carioeul et Bery, factum fuisse prætenso, litterisque relevamenti ipsius accordii per eumdem Philippum de Beauffort, secunda die mensis junii anno Domini 1478, à jam dicto charissimo progenitore nostro obtentis, litigato super hoc agitato, productionibus, contradictis et salvationibus, nec non certis requestis per ipsum de Marquais traditis, per quas suam confessionem, undecima die mensis decembris anno 1467, factam sibi communicari requirebat, similiter certo accordo in ipsa curia nostra, vigesima prima die mensis julii ultimo præteritæ, in Joannem dominum de Beauffort, nepotem dicti Collardi atque etiam ipsius hæredem, dictum Petrum du Carioeul, Tapardum, Bosquillon, maritum et baillivum Joannæ le Febvre, jam dicti defuncti le Cat filiæ, Joannem de Saillier, maritum et baillivum Isabellæ le Vasseur, per antea dicti de Blencourt uxoris, Joannem Witegny, etiam maritum et baillivum Perinæ de Bary, jam dictumque Hugonem Aubry, tanquam præsentem processum loco dictorum defunctorum resumentes se dictum procuratorem nostrum generalem cum eis adjunctum ex una parte, et dilectum et fidelem in ipsa curia nostra consiliarium nostrum magistrum Philippum de Bery, Joannem de Torrigny, scutiferum, et suam uxorem, loco dicti defuncti de Bery, ex parte altera facto, supplicationeque sive requesta eidem curiæ nostræ per dilectum et fidelem consiliarium nostrum episcopum Atrebatensem tradita ac etiam conclusionibus in hac materia per dictum procuratorem nostrum generalem captis et dicto de Marquais, per eamdem curiam nostram, super aliquibus punctis ipsius processus audito et interrogato, ac consideratis in hac parte considerandis, præfata curia nostra per suum arrestum absque jam dictis litteris accordi, et requestis per dictos episcopum Atrebatensem et de Marquais traditis respectum habendo, jam dictos appellatos et intimates male et abusive fecisse, dixisse, incarcerasse, appunctasse, processisse, sententiasse et executasse, dictosque appellantes benet appellàsse, et ob hoc dictus dux Burgundiæ nobis emendabit, ipso intimatos in expensas appellationis causæ earumdem taxatione dictæ curiæ nostræ reservata condemnando, nec non eadem curia nostra omnes processus jam dictos in curia comitis et alibi in curia laïcali, per antedictos du Bois, Flameng, Forme et de Marquais, seu aliquem ipsorum ac etiam cæteros alios processus in curia ecclesiastica de Hamelo signatos, falsos, abusivos, nullos, factos falso et aliter quam debite esse dixit et declaravit, dicitque et declarat, ac quod ut tales una cum omnibus minutis et originalibus ipsorum ubicumque reperii et inveniri poterunt publice tam in dicta curia nostra quam in dicto loco Atrebatense frangentur, cassabuntur et lacerabuntur; dempto processu per supra nominatos deffensores contra Joannem le Scelliere facto, qui penes curiam nostram, pro illo viso et fine rationis appunctando, afferetur, ordinavit et ordinat, omnesques ententias, judicia, bonorum confiscationes, mobilium et immobilium, condemnationes emendarum, pecuniarum executiones et cætera alia medio hujuscemodi processum subsecuta, adnullavit seu adnihillavit, adnullat seu adnihillat; prædictosque omnes condemnatos, execcutatos et accusatos ad suum honorem et famam remisit et remittit. Omnes manumissas et certa alia impedimenta quæcunque in bonis tam mobilibus quam immobilibus, fructibus et revenutis seu reditibus dictorum actorum et aliorum contra quos per incarcerationem, condemnationem seu aliter ad causam et medio casuum sibi impositorum processus exstitit, factum et appositum levavit ac levat, ac illa ad plenariam liberationem ad eorum utilitatem posuit ac ponit; et insuper eadem curia nostra pro jam dictorum excessuum, attentatorum, defectuum et abusuum per sæpe deffensores commissorum reparatione, tam medio dictarum appellationum quam ex beneficio dicti procuratoris nostri generalis, dictos deffensores, eisdem actoribus et aliis incarceratis et executatis omnia prædicta bona tam mobilia quam immobilia, ipsorumque fructus et revenutas super eis occasione dictarum captionum, declarationum, confiscationum, condemnationum et executionum contra eos factarum capta et levata, in forma quæ sequitur reddendum et restituendum, videlicet :

Memoratos ducem Burgundiæ, de Marquais, le Flameng, Thiebault, Pochon et Petrum du Hamel, et eorum quemlibet pro toto, bona jam dictorum Beguinette, Frejongon, Kateron, Bary, Bracquoniere et la Lucquet.

Item, ipsos ducem Burgundiæ, Flameng, Forme, Thiebault, Pochon et Petrum du Hamel etiam quemlibet eorum in solidum bona antedictorum Gavrelle, Joannæ d'Amiens, la Parcheminiere, Joannis du Bois, d'Ablencourt et Printemps Gay.

Et ulterius ipsos ducem Burgundiæ, Thiebault, Pochon et Petrum du Hamel, et quemlibet ipsorum pro toto bono prædictorum de Beauffort, Greniere, l'Estrevée, Moucharde, Aubry, de Bailleul et de la Boulle, Tacquet, Carioeul, Guilleman, Rocquelin, Sacquespée, Josset, l'Abbé-de-peu-de-sens, Joannæ d'Auvergne, du Quesnoy, le Cat, Royville, d'Athies et le Febvre, condemnavit et condemnat; et casu quo bona ipsorum de Marquais, Flameng, Forme, Thiebault, Pochon et Petri du Hamel, pro restitutione dictorum bonorum in quibus condemnati fuerunt minime sufficerent, dicta curia nostra ad supradicta bona in modum qui sequitur pro rata restituendum, videlicet :

Jam dictos de Savenses, Boullengier, Paille,

Forme, hæredes dicti de Bery et Marquais, bona dicti le Cat.

Ipsosque de Saveuses, Boullengier hæredes de Bery, Forme, Flameng, bona dicti de la Boulle.

Sæpe dictos de Saveuses, hæredes de Bery, Paille et Boullengier, bona prædictæ Gavrelle.

Eosdem de Saveuses, Paille, Boullangier et Forme, bona sæpe dicti de Bary.

Præfatosque Flameng, Boullengier, Paille, hæredes de Bery et Forme, bona dictorum l'Estrevée, Moucharde, Wilman, Rolecquin, Sacquespée et Josset.

Memoratos Paille, Flameng, hæredes de Bery et Forme, bona jam dictæ Greniere.

Ipsos Flameng, Paille, Boullengier et Forme, bona prænominatorum de Carioeul et Belloforti.

Prælibatos Flameng, Paille et Boullengier, bona memoratorum Aubry, du Bois et de Royville.

Eosdemque Flameng, Boullengier et hæredes de Bery et Forme, dona dicti Bailleul.

Ipsos Paille et Boullengier, bona dictorum d'Ablencourt, la Lucque, le Febvre et d'Athies.

Præfatos Paille, Boullengier et hæredes de Bery, bona dictarum Printemps Gay, Kateron et la Parcheminiere.

Dictosque Flameng et Forme, bona dicti du Quesnoy, quidem Boullengier, bona dicti Braconnier.

Et supradictos hæredes de Bery, bona jam dictarum Beguinne, d'Amiens et Verjugon, condemnavit et condemnat.

Et in quantum tangit dictum accordum inter dictos de Belloforti, de Carioeul, Bosquillon et suam uxorem, Willequin et suam similiter uxorem, Aubry et procuratorem nostrum generalem, et hæredes prædicti de Bery factum ; hujusmodi accordo in suo rabore, efficacia et virtute remanente, et ipsis extra processum positis, dicta curia nostra pro reparatione et emenda utili memoratos deffensores in summis, et secundum distributionem sequentem, videlicet :

Jam dictos Thiebault, Pochon et Petrum du Hamel, supradictos vicarios, quemlibet ipsorum in mille ducentarum librarum Parisiensium.

Dictum le Flameng, in mille.

Præfatum de Saveuses, in quingentarum.

Antedictum Forme, in quadringentarum.

Commemoratos et dictos Paille et Boullengier, quemlibet eorumdem in trecentarum.

Et prælibatos de Marquais et Matheum du Hamel, et quemlibet ipsorum, in ducentarum librarum Parisiensium summis.

Omnibus dictis summis ad sex millium quingentarum librarum Parisiensium summam ascendentibus, super qua summa primitus capientur mille quingentæ libræ parisienses, quæ ad dici et celebrari faciendum unum servitium in ecclesia Atrebatensi, pro fundatione unius missæ, calicis, libri et ornamentorum, ad hoc necessarium, quæ die quolibet in perpetuum in dicta ecclesia Atrebatensi dicetur et celebrabitur, et quæ missa pulsabitur, ictuabitur et sustinetur per triginta tres ictus distinctos et separatos, et per tria intervalla quodlibet, videlicet : de undecim ictibus pro salute animarum dictorum executatorum ac etiam pro unum scalfaudium faciendo in loco in quo dicti actores et alii executati publice scalfaudati, prædicati et mittrati fuerunt, implicabitur ; et super quod quidem scalfaudium, fiet una prædicatio, pro populum exhortando ad Altissimum deprecandum pro dictorum executatorum animabus, et etiam declarando quod extraordinarie, et contra totum ordinem et formam omnis justitiæ, per processus falsos et indebite factos, ipsi condemnati, scalfaudati, prædicati, mittrati et executati fuerumt. In fine cujus prædicationis, omne illud quod ex dictis processibus restabit, in præsentia executoris, præsentis arrestati, disrumpetur et lacerabitur.

Et similiter pro fieri faciendo unam crucem lapideam altam quindecim pedum in loco propinquiori et convenientiori dicti loci, in quo aliqui ex dictis condemnatis executati et combusti exstiterunt, in qua sculpetur et affigetur unum epitaphium effectum præsentis arresti continens.

Et quæ de residuo dictæ summæ ad quinque mille libras Parisienses ascendente, nobis, dictis de Belloforti, Aubry et quilibet ipsorum summa mille librarum Parisiensium.

Item, dictis Tacquet, Joanni le Febvre, Hermant et Nicolæ Gavrelle, ejus uxori, Petro du Carioeul et Joanni de Bery, et eorum cuilibet quadringentarum librarum Parisiensium summa capietur et applicabitur.

Etiamque omnes prædicti actores, servitia, fundationes et aliæ res ad pia opera ordinata priusquam nobis solvantur.

Dictaque curia nostra supradictos deffensores in expensis in præsenti processu factis, dictos excessus concernentes, quarum expensarum prædicti de Bery hæredes suam portionem contingentem duntaxat solvent erga dictos Tacquet et Gavrelle, taxatione eorumdem dictæ curiæ nostræ reservata, condemnavit et condemnat.

Dictum magistrum Robertum le Jeusne, ab impetitionibus et demandis dictorum actorum et procuratoris nostri generalis absolvendo, et ipsum extra processum et absque impensis ponendo.

Quatenus vero concernit restitutionem bonorum et commissionem feudi per dictum de Belloforti contra dictum de Saveuses, requisitam, nec non conclusiones contra dictum l'Hostellier captas, quæ dictæ partes informabunt vocandis, super factis et articulis per dictam curiam nostram a suo litigato extrahendis infra instans festum beatissimi Martini hiemalis, per alterum ex dilectis et fidelibus in dicta curia nostra consiliariis, ad hoc prædictam nostram deputandum, pro hoc facto reportato et ad judicandum recepto, ipsis jus faciendo, ordinavit et ordinat.

Et ulterius eadem curia nostra dicto episcopo Atrebatensi, suis officiariis, inquisitori fidei et omnibus aliis judicibus ecclesiasticis et secularibus ne a modo in processibus et executionibus extraordinariis, gehennis quæstionibus et torturis inhumanis et crudelibus, sicuti de capelletto, igneum ad plantam pedum apponendo, oleum neque acetum bibere faciendo, ventrem criminosorum et accusatorum verberando seu percutiendo, neque aliis et insolitis quæstionibus utantur, sub pœna reprehendendi et secundum exigentiam casuum puniendi, inhibuit et deffendit, inhibet et deffendit. In cujus rei testimonium, nostrum præsentibus fecimus apponi sigillum. Datum Parisiis, Parlamento nostro, vigesima die mensis maii anno Domini 1491, et regni nostri octavo.

LIVRE V.

En ce livre cinquiesme est traictié comment les princes de France allèrent ensemble contre le roy ; de la bataille quy feut entre le roy et le comte de Charrollois au Mont-le-Héry ; comment la royne d'Angleterre vint, elle et son fils, en France ; de la rebellion de ceulx du pays de Liége ; et comment la ville de Dynant feut destruicte ; de la mort du duc de Bourgoingne et aultres choses, et parle jusques au mois de juillet, an mil quatre cents soixante et sept.

CHAPITRE I.

Comment la royne d'Angleterre vint à l'Escluse en Flandres, et y amena son fils, et vint devers le duc de Bourgoingne et son fils, lesquels les receurent moult haultement ; et parolle aussy comme le roy donna au seigneur de Croy la comté de Guynes et aultres terres ; et aultres choses advenues en ce temps.

Environ ce temps, la royne d'Angleterre, fille de Regnier, roy de Sécille et duc d'Anjou, descachiée[1] et desbouttée d'Angleterre elle et son fils, tellement avoit eu fortune contre elle, qu'après toutes les desconfitures qu'elle avoit, comme elle passoit par une forest en Angleterre, elle et son fils, pour garandir son fils, elle feut prinse des pillards, lesquels l'euissent mis à mort, se dissention ne feust meue entre eulx pour le butin des joyaulx d'icelle dame ; et ainsy qu'ils se combattoient, icelle dame print son enfant entre ses bras et s'enfuia en la forest, auquel elle feut contrainte de lasseté de baillier à ung brigand des bois son enfant, en lui disant : « Saulve le fils de ton roy. » Et ainsy eschappa des mains des pillars ; et despuis alla en France devers le roy Loys, quy estoit germain à elle et à son mary, car son père et la royne Marie estoient frère et sœur, et la royne d'Angleterre, mère de son mary Henry, roy d'Angleterre, et le roy Charles, père dudict Loys, estoient aussy

(1) Chassée.

frère et sœur; lequel roy Loys lui baillia le seigneur de la Varende [1], chevallier, avecq certain nombre de gents d'armes, pour aller avecq. Laquelle le mena pour cuider entrer en Angleterre par le moyen d'aulcuns ses amis et ses alliés qu'elle avoit audict pays; mais ils n'y feirent rien et n'y entrèrent point. Quand elle veit qu'elle avoit failly, elle trait à garand à l'Escluse, quy est ung port de mer au pays de Flandres, avecq sondict fils et le seigneur de la Varende, et le roy Henry, au pays de Galles en Angleterre, en une moult forte place. De l'Escluse elle vint avecq sondict fils et le seigneur de la Varende à Bruges, auquel lieu elle feut reçue honnorablement; et par le command du duc de Bourgoingne, feut deffraiée de touts despends; et audict lieu elle laissa son fils Édouard, et s'en alla à Lille, où estoit le comte de Charrollois. Lequel comte, par son command, feit aller ceulx de la ville alencontra d'elle, et y alla aussy en personne bien loing hors de la porte; et la ramena en la ville, et illecq la festoya moult haultement. Après ce se partit ladicte royne pour aller devers le duc de Bourgoingne, quy estoit à Hesdin; et vint ladicte royne à Béthune, auquel lieu le duc luy envoya plusieurs de ses archiers, pour la conduire jusqu'à Sainct-Pol, pour tant que le duc estoit adverty que plusieurs Anglois s'estoient partis de Calais, pour cuider prendre ou mal faire à ladicte royne et à son fils [2]. Lesquels archiers amenèrent ladicte royne jusques à Sainct-Pol, en laquelle ville le duc vint devers ladicte royne. Et combien que ladicte royne euist tout son vivant tenu ledict duc pour son ennemy et de son mary, et disoit-on que durant qu'elle et sondict mary estoient paisiblement régnants en Angleterre, elle avoit dict plusieurs fois que sy elle tenoit le duc de Bourgoingne elle passeroit entre son corps et sa teste, quy estoit autant dire qu'elle l'euist faict mourir et descappiter, et ce avoit esté rapporté au duc toutesfois ledict duc la festoya moult haultement, et luy feit payer touts ses dépends, et se luy donna deux mille couronnes d'or, et au seigneur de la Varende mille couronnes d'or, et à chascune des femmes quy estoient avec elle cent couronnes; et sy les feit convoyer hors de ses pays, et tant qu'elle feust

(1) Brézé, seigneur de Varennes.
(2) Voyez dans la Chronique de Georges Chastellain tous les détails relatifs à cette affaire. Chastellain était lié avec cette reine, pour laquelle il composa son ouvrage des *Nobles malheureux* qui est une continuation de celui de Bocace.

ès pays de Barrois, où estoit son frère, le duc de Calabre, quy en estoit seigneur. Et dict-on que ladicte dame royne deubt dire, après qu'elle olt esté receue ainsy dudict duc, et qu'elle euist parlé à luy par plusieurs fois, qu'elle estoit bien malheureuse qu'elle ne s'estoit pieçà retirée vers luy, et que s'elle s'y feust retirée, elle ne son mary n'euissent oncques esté ainsy descachiés [1] d'Angleterre, comme ils estoient.

Audict an, le vingt-uniesme d'aoust, hors de la porte Sainct-Nicolas d'Arras, devant les Carmes, environ huict heures du vespres, ung nommé Pierret de Chaumont, tua ung manouvrier, nommé Henry, bon preud'homme; et estoit ledict Pierret, luy quatriesme à faire le faict; et feut par ivrongneté; car à l'issir hors d'une taverne quy estoit assez près des Carmes, trouva ledict Henry, et luy donna une buffe, pour tant qu'il portoit ung baston; et puis luy donnèrent six coulps de dague, dont il mourut prestement. Icelluy Henry avoit six enfants en marriage, bien renommés et bien faisants leur labeur. Lequel Pierret et encoires ung aultre feurent semons sur la teste de la ville d'Arras; et n'y olt aultre cause que ce que ledict Henry, portant ung baston, luy demandèrent pourquoy il le portoit, et il respondit que ce n'estoit pour mal faire; lors le desmentirent et frappèrent sur luy.

Environ ce temps, Loys, roy de France, lequel depuis son couronnement avoit circuit et visité tout son royaulme, tant Normandie, Bretaigne, Anjou, Gascogne, Acquitaine, Bourdelois, et avoit, comme on disoit, mis d'accord le roy d'Espagne et le comte de Blois du discord quy estoit entre eulx touchant le royaulme de Navarre, lesquels avoient espousé deulx sœurs, filles du roy de Navarre, entra de son retour à Paris, le vingtiesme jour d'aoust; et vingt et uniesme jour de septembre ensuivant, feit publier à son de trompe, en ladicte ville de Paris, comment il avoit donné au seigneur de Croy, son compère, le comté de Chastelleraut, et appendances de la comté de Guynes, emprès de Calais. Icelluy seigneur de Croy estoit son grand-maistre-d'hostel, et s'estoit depuis demy-an retiré vers luy. Sy c'estoit par le conseil du duc de Bourgoingne, ou non, je m'en tais. Sous lequel duc il avoit esté nourry, et duquel tout son honneur et richesse venoit; car, comme on disoit, au service dudict duc, il avoit acquis

(1) Chassés.

bien quarante ou cinquante mille francs de rente chascun an, sans les ouvrages qu'il avoit faict grands et somptueux ès places et forteresses à luy appartenants, sans l'or, les thrésors et richesses des vaisselles et aultres, dont on disoit qu'il en avoit moult. Et disoit-on qu'il se tiroit ainsy vers le roy, et se faisoit bien de luy, pour le doubte qu'il avoit du comte de Charrollois, fils dudict duc, lequel ne l'avoit point en grasce, comme cy-dessus est dict, et comme cy-après sera dict. Ledict roy Loys le receupt à grand honneur et luy feit de grands dons, tant de la comté de Guynes, comme dict est, comme d'aultres grosses terres en Champaigne et ailleurs. En brief ledict roy ne luy refusoit riens, ains accordoit tout ce qu'il luy demandoit. Et ce que le roy luy faisoit tant de biens, on disoit que c'estoit pour ce qu'il luy avoit rapporté qu'icelluy roy Loys r'auroit les terres de dessus la rivière de Somme, que ledict duc de Bourgoingne tenoit engagiées pour quatre cents et cinquante mille escus d'or, avec aultres réparations, et que ledict duc, moiennant ladicte somme, luy rebailleroit lesdictes terres.

Après qu'il olt esté une espace de temps devers le roy Loys, revint devers ledict duc, lequel duc ne l'avoit en rien privé de ses offices; ains estoit tout comme devant.

Environ ce temps aussy, Jehan de Bourgoingne, comte d'Estampes, lequel estoit en la malle grasce du comte de Charrollois, et ne sçavoit-on point au vray la cause pourquoy, sinon qu'on disoit en commun, que c'estoit pour tant que ceulx quy avoient esté prins pour avoir faict faire les images de cyre à Bruxelles, comme dict est cy-dessus, estoient serviteurs et de l'hostel dudict comte d'Estampes, et soupçonnoit-on qu'il en sceust quelque chose; toutesfois comment ny pourquoy, je ne sçay: mais ledict comte ne se tenoit plus à la cour dudict duc de Bourgoingne, car icelluy duc ne le vouloit; ne le comte de Charrollois ne le vouloit avoir en sa compagnie, ains estoit avec ledict comte de Charrollois, le comte de Sainct-Pol; entre lequel comte de Sainct-Pol et ledict comte d'Estampes, y avoit haine de loing-temps. Le deuxiesme jour de septembre, audict an soixante-trois, se partit de Roye, en Vermandois, à grand estat, bien accompagnié de chevalliers et escuyers, jusqu'au nombre de cent chevaulx ou plus, et s'en alla à Pontoise devers le roy Loys de France, lequel le receupt très grandement et luy feit grande chière, et le mena despuis avecq luy devers le duc de Bourgoingne à Hesdin, comme cy-après sera dict.

Environ ce temps aussy, Isabeau, royne de France, arriva à Pontoise, devers le roy son mary, laquelle ne menoit point grand estat, ny aussy ne faisoit son mary.

Le roy Loys ne vouloit pas avoir ses gents bobanciers, ne pompeulx en habits ny aultrement; car luy-mesme se vestoit de draps de laine de petit prix, et portoit pourpoint de futaine. Il estoit homme soutil en ce en quoy il s'appliquoit; il aimoit fort la chasse, tant de chiens comme d'oiseaulx; on disoit que tout son cœur estoit à amasser deniers, et avoit jà grands thrésors, comme on disoit; il ne donnoit guières sinon à faulconniers, braconniers et gents de deduict; et quy vouloit estre bien de luy ou besoingner d'aulcunes choses, sy vinst vers luy à petit estat et simplement habillié. Il ne diminua nuls subsides, tailles ne gabelles au royaulme, ains en mettoit de jour en jour des nouvelles, et demandoit nouveaulx deniers avec lesdicts subsides, pour supporter ses affaires, dont le peuple estoit fort travaillé. Se c'estoit par son conseil ou de par luy, je n'en sçay rien; mais le peuple ne le prenoit point en bon gré.

Audict an soixante-trois, le sixiesme jour de septembre, par arrest de parlement, feut rendue sentence contre Anthoine de Chabannes, comte de Damp-Martin, lequel, après la mort du roy Charles, père du roy Loys, s'estoit rendu fugitif pour la cremeur[1] dudict roy Loys. Lequel comte, ung an après la mort dudict roy Charles, ou environ, vint prier mercy audict roy Loys, et se mit du tout en sa vollonté; lequel l'envoya en la Conciergerie à Paris, et manda à ceulx du parlement que son procès feust faict. Lequel faict, il feut dict qu'il avoit commis crime de lèze-majesté devers le roy Loys; pourquoy touts ses biens et héritages feurent dicts confisqués audict roy, et son corps digne de mort; mais le roy Loys luy remit sa vie, moiennant qu'il promettoit d'aller en l'isle de Rhodes, et illecq se tenir toute sa vie; et de ce bailleroit bonne caution. Laquelle caution il ne peult mie trouver; pour laquelle cause il fallit qu'il tinst prison à Paris, en la Bastille Saint-Anthoine, jusques à ce qu'il auroit trouvé ladicte caution.

(1) Crainte.

Environ ce temps aussy, Loys, roy de France, feit par toute l'Isle de France et environ brusler touts les rests, fillets et engins quy appartenoient à la chasse et vollerie, tant pour prendre grosses bestes, comme perdrix, faisans, et aultres bestes et oiseaulx; et n'y en euist nuls à quy on ne les bruslast, feuissent nobles, chevalliers ou barons, réservé à aulcunes garennes des princes de France. Et pareillement, comme on disoit, avoit faict faire par tout son royaulme, et là où il avoit esté; et moy estant à Compiègne, en veis plusieurs ardoir. La cause pourquoy il le faisoit, estoit, comme on disoit, que la pluspart de son déduict estoit en chasserie et vollerie.

CHAPITRE II.

Comment le roy Loys receut du duc de Bourgoingne les terres engagiées sur la rivière de Somme; et comment il alla devers le duc à Hesdin; et d'aultres choses quy advinrent en ce temps.

Durant le temps que le roy Loys feut à Paris et paravant, il feist tant comme par dons, qu'on luy donna, tant les bonnes villes de son royaulme, comme aultrement, car partout ne demoura abbaye, évesquié, prioré ne riche marchand quy ne luy feissent prest ou don d'aulcunes sommes de deniers; après lesquelles assemblées, comme dict est, se partit de Paris, et alla, comme j'ay dict, à Pontoise, de Pontoise à Beauvais, à Eu et Abbeville, d'Abbeville à Hesdin; et alla le duc de Bourgoingne allencontre de luy jusques hors de la ville et non plus, car le roy luy avoit mandé qu'il ne vouloit point qu'il se travaillist de venir alencontre de luy, pour la maladie qu'il avoit eue. Quand le duc veit le roy, il s'inclina sur son cheval, le chief nud, et le roy se desfula[1]; puis acollèrent l'ung l'aultre et parlèrent grand temps ensemble en riant; et avecq ledict roy estoit le comte d'Estampes; puis entrèrent à Hesdin, quy est en la comté d'Artois, en laquelle ville y a ung moult beau chasteau, auquel chasteau ledict duc mena et feit loger le roy Loys, et se deslogea de sa chambre pour le loger; et illecq festoya le duc ledict roy Loys, sy grandement qu'on ne polroit plus. Le roy estant à Hesdin, feit apporter quatre cents mille escus d'or, lesquels il baillia audict duc de Bourgoingne, en luy priant qu'il feuist content de ceste somme pour payement du rachapt desdictes terres, en luy promettant d'accomplir le contenu au traictié quy se feit à Arras, par lequel debvoit estre fondée une église de Célestins rentés au lieu où le duc Jehan de Bourgoingne feut mis à mort, et aultres choses. Le duc octroya au roy toute sa requeste et prit les deniers; et du surplus s'attendit à ce qu'il luy promit.

Durant le temps que le roy Loys estoit à Hesdin, par saulf-conduict dudict roy et du duc, de par le roy Edouard d'Angleterre vint une grosse ambassade audict Hesdin; et estoient de trois à quatre cents chevaulx bien montés en grande bobance et richesse; et en estoit chief ung évesque nommé George, frère du comte de Werwicq.

Durant ledict temps aussy que le roy Loys estoit à Hesdin, le duc de Bourgoingne envoya en Hollande plusieurs messages devers le comte de Charrollois son fils, où ledict comte estoit, luy mandant qu'il vinst à Hesdin, où estoit ledict roy Loys; mais il n'y voulut oncques venir, ains s'envoya excuser aussy par plusieurs messagers, rescripvant: que, tant que le comte d'Estampes et le seigneur de Croy seroient illecq, il ne s'y retrouveroit pas. Et se disoit-on que ledict comte de Charrollois estoit très mal content que ledict seigneur de Croy avoit traictié le remboursement des terres engagiées sur la rivière de Somme et ailleurs, et de ce aussy que le roy retenoit et avoit retenu de son hostel et de son conseil le comte d'Estampes et aussy le seigneur de Croy, estant le roy bien adverty que ledict de Charrollois ne les aimoit pas.

Le roy Loys estant, ainsy que dict est, logié au chasteau de Hesdin, lequel, comme on disoit, estoit le plus fort le plus beau et le plus somptueulx chastel de France, et y avoient faict faire le duc Jehan de Bourgoingne et ledict duc Philippes, son fils, moult d'ouvraiges et comme tout nœuf de fond en comble, et estoit tout faict, réservé dessur la ville où encoires estoit la vieille muraille, et y ouvroit-on touts les jours, et estoit l'intention du duc de parfaire sur la ville comme ailleurs; et estoit icelluy chastel la clé de la comté d'Artois et de Boullenois et aultres pays; et sied tellement, que ceulx du chastel polroient aller par toute la comté d'Artois et Boullenois. On dit que le roy Loys requist au duc de Bourgoingne qu'il luy donnast ledict chastel et ville de Hesdin, et il luy donneroit la ville de Tour-

---

[1] Ota son chapeau.

J. Du Clercq et St. Remy.

nay, de Mortaigne et aultres places ; à quoy ledict duc ne volt entendre.

Ces choses faictes, et aultres, quy longues seroient à raconter, le dix-neufviesme jour d'octobre, le roy se partist de la ville de Hesdin ; et le convoya le duc, et prit congié en très grand amour, comme il sembloit. Nonobstant que jà feust chose vraye que le duc euist requis et faict plusieurs requestes audict roy, sy ne luy en accorda nulles; et retourna ledict roy Loys à Abbeville en Ponthieu, et illecq feit renouveler les serments des bonnes villes, des gents d'église et des nobles hommes. Et jà feust-il que plusieurs seigneurs desdicts pays avoient des grandes terres ès aultres pays du duc, dont ils en estoient subjects audict duc de Bourgoingne ; sy vouloit-il qu'ils feissent serment de non servir aultres que luy et ses successeurs roys de France.

Entre les aultres choses que ledict duc requist le roy, on dit qu'il luy requist qu'il ne déposast nuls des officiers des pays raccatés[1], lesquels il avoit commis, s'il n'y trouvoit faulte. Mais prestement les serments renouvelés, le seigneur de Saveuses, lequel avoit esté et encoires estoit ung hardy chevallier et valliant, ny oncques n'avoit faict faulte devers son prince, il déposa de sa cappitainerie d'Amiens, de la cité d'Arras et de la ville de Doullens, et y commit le seigneur de Lannoy, nepveu dudict seigneur de Croy, portant l'ordre du duc de Bourgoingne ; lequel avoit esté par ledict duc faict gouverneur de la Hollande, et pour ce jour estoit gouverneur de Lille, Douay et Orchies, de par ledict duc.

Il déposa aussy le bastard de Sainct-Pol, seigneur de Hault-Bourdin, portant aussy l'ordre du Toison-d'Or, de la cappitainerie de Mortaigne, et donna l'office au seigneur de Lannoy.

Il déposa encoires le seigneur de Crèvecœur, premier chambellan du comte d'Estampes, et donna ce bailliage audict seigneur de Lannoy; et avecq touts ces offices donna à icelluy seigneur de Lannoy deulx mille livres tournois de pension chascun an. Pourquoy il faisoit tant de biens audict seigneur de Lannoy, on ne sçavoit, et s'en donnoit-on merveilles ; car sans ces offices, icelluy seigneur estoit moult riche et puissant, et avoit esté tousjours nourry dessoubs et en la maison dudict duc, et luy en venoit tout son honneur et richesse ; ny oncques n'avoit esté de l'hostel dudict roy, et sy ne luy avoit faict quelque service dont il feust mémoire. Assez tost après que le roy feut party de Hesdin, le duc s'en partist et s'en alla à Lille, et de Lille à Bruges.

CHAPITRE III.

De la mort de Marie, royne de France ; et comment Loys, comte de Sainct-Pol, feut adjourné à comparoir en personne devant le roy, et aultres choses advenues.

En ce temps, Marie, royne de France, mère du roy Loys, fille du duc d'Anjou et sœur au duc quy pour ce jour estoit mort, cloist son dernier jour. Icelle dame estoit fort saincte et bonne dame, et de la bonté et saincteté d'elle la commune renommée estoit toute pleine.

Environ ce temps aussy, le roy de France feit adjourner le comte de Sainct-Pol à comparoir en personne par-devant luy, où qu'il fust, le quinziesme jour de novembre, et avec luy le seigneur de Genly ; et disoit-on que le seigneur de Genly, par le conseil dudict comte, avoit esté, à la requeste dudict comte de Charrollois, devers le duc de Bretaigne pour faire alliance entre ledict duc et le comte de Charrollois, lequel duc estoit mal du roy, et attendoit de jour en jour qu'il vinst à force d'armes en ses pays, lesquels il avoit moult fortifiés ; et se tenoit en armes avec ses gents pour l'attendre et le combattre, sy mestier estoit ; et encoires disoit-on que le duc de Bourbon et plusieurs aultres princes de France estoient de ceste alliance.

Le sixiesme jour de novembre, audict an soixante-trois, en ung villaige nommé Estrum, à une lieue près d'Arras, à une neuche[1] quy s'y faisoit, le fils de Colas de Boubers, nommé Bonnet, demourant à Louez avecq son père, lequel, comme dict est cy-dessus, en l'an cinquante-neuf, avoit tué le varlet de son père, print paroles à aulcuns compaignons, lesquels avoient ramené une josne fille, entre lesquels estoient Petit-Jehan Caudron et son frère, enfants Philippot Caudron ; et se combattirent des poignets ; et eulx combattants, ledict Petit-Jehan tira sa dague et en férit ledict Bonnet tellement, que ledict mercredy ensuivant il en mourut.

Environ ce temps aussy, ung parmentier, nommé Jehan Belhomme, demourant dessous la porte entre Arras et la cité, lequel estoit marié, mais sa femme l'avoit laissé, et estoit par le pays, et pour ceste cause s'estoit ac-

---

(1) Rachetés.

(1) Noce.

cointé d'une mesquine de l'age de quarante ou cinquante ans, laide assez, pourtant que ladicte mesquine luy dit villennie, luy donna ung coup de coustel au ventre, duquel coup elle mourut; et feut ledict Jehan semons sur la teste, de la ville d'Arras.

En ce temps aussy, le quinziesme jour d'octobre, à six heures du vespres, qu'on ne voyoit goutte, en la ville d'Arras, et en la ville de Compiègne où j'estois, et ailleurs, feut veu ainsy comme le ciel ouvert; et veit-on très clair, comme on feroit d'ung coulp d'esclistre, mais il dura ung peu plus; et le veis moy estant à Compiègne, et avec moy plusieurs aultres. Sembloit le ciel plein de feu; et puis se recloyt et s'ammoncela ledict feu en forme d'ung brandon bien loing, et puis s'espanit à néant par bien long traict, ainsy qu'aulcunes fois font les estoiles. Et feut tout ce faict en l'instant qu'on diroit l'*Ave Maria* au long; et disoit-on que ce signifioit aulcune chose à venir.

CHAPITRE IV.

Comment l'évesque de Tournay revint de Rome; et comment le duc assembla les trois estats de ses pays, en intention d'aller sur les Turcs, et du mariage du fils du duc de Gueldres à la fille de Bourbon; et aultres choses.

Environ ce temps, retourna l'évesque de Tournay, de Rome où le duc de Bourgoingne l'avoit envoyé, et luy et toute l'ambassade; et rapporta audict duc comment avoit communiqué avecq nostre sainct-père le pape Pius, et comment ledict pape s'estoit faict fort, à l'ayde des Genevois[1], des Italiens, et aultres roys et princes, de trouver quarante mille combattants chrestiens, avecq lesquels luy-mesme prendroit la croix pour aller contre les Turcqs infidèles et ennemis de nostre foy, et comment ils s'estoient faict forts audict pape qu'au jour par eulx prins, ledict duc seroit par-delà, ou cappitaine pour luy, accompagnié de six mille combattants du moins. Le duc de Bourgoingne de ce adverty feut moult joyeulx, et manda incontinent à toutes les seigneurs, chevalliers, escuyers, prélats et bonnes villes de ses pays, tant ceulx quy avoient voué d'aller en Turquie comme aultres, qu'ils feuissent devers luy à Bruges le quinziesme jour de décembre audict an soixante-trois. Lesquels venus audict Bruges, le duc leur feit remonstrer comment son intention estoit d'aller sur les ennemis de la foy, et d'estre, environ le mois de may, à Aiguesmortes; et oultre on leur feit dire qu'il les remandoit pour leur dire ce qu'il avoit intention de faire touchant les gouvernements de ses pays.

En ce temps, le dix-huictiesme de décembre, en la ville de Bruges, feurent faictes les neuches[1] du fils du duc de Gueldres aisné, avecq Catherine, fille de la duchesse de Bourbon; lequel estoit fils de la fille de la duchesse de Clefves, sœur du duc de Bourgoingne, lesquelles duchesses de Clefves et de Bourbon estoient deulx sœurs; mais la duchesse de Clefves estoit morte environ deulx mois devant lesdicts nopces. Auquel jour de neuches, après disner, feurent faictes fort grandes joustes; et y joustèrent Anthoine, bastard de Bourgoingne, messire Jehan de Croy, seigneur de Renty, fils aisné du seigneur de Croy, et plusieurs aultres seigneurs. Et comme ung josne gentilhomme de Boullenois, nommé Jehan, fils de David de Frommessent, lequel David n'avoit plus d'enfant que luy, et sy estoit riche, on disoit, de trois mille florins de rente, servit en la jouste ledict seigneur de Renty duquel il estoit parent, il advint, entre plusieurs coups, que les jousteurs faillirent ung coup de asseurer l'ung l'aultre; pourquoy ils se désarçonnèrent de leurs lances, dont l'une des lances quéit[2] sur les lices quy estoient de bois, dont l'ung des bouts de lance saillit sur la teste dudict Jehan de Frommessent, et le navra ung peu par semblant en la teste, et ne sembloit guières de choses à luy ny aulx aultres; mais toutesfois six heures après il mourut dudict coulp. De laquelle mort chascun feut desplaisant, et mesmement le seigneur de Croy et son fils; lequel seigneur de Croy feit le lendemain faire son service et moult solemnel, où feurent la pluspart des seigneurs de la cour. Icelluy Jehan de Frommessent avoit faict touts ses apparaulx pour aller avecq le duc en Turquie.

En icelluy mesme jour, il olt encoires deulx hommes blessés à cause des joustes, mais non pas des jousteurs, dont ils moururent.

En celluy mesme jour, ung des paiges dudict duc, nommé Hollandre, tua ung homme en la ville de Bruges, par cault[3] sang.

En icelluy temps, Jehan de Godefroy, évesque d'Alby, moine et cardinal, arriva en Abbeville devers le roy de France, lequel le receupt très

(1) Génois.   (1) Noces.   (2) Tomba.   (3) Chaud.

grandement et honnorablement, combien que, paravant sa venue, on disoit qu'il estoit mal du roy, à cause que par luy estoit abolie la pragmatique-sanction, quy avoit régné en France, laquelle avoit esté mise sus au concille de Balle, par vertu de laquelle le pape ne donnoit nuls bénéfices en France; mais les donnoient les collateurs, à la nomination des universités, tant de Paris que d'ailleurs en France; et n'avoit le collateur que des trois l'ung dont peuist faire sa volonté. Par ceste pragmatique-sanction, il y avoit tant de nominations d'estudiants èsdictes universités, qu'on ne sçavoit donner quelques bénéfices, qu'il ne suivist procès; et tenoient tellement les pauvres en procès, qu'ils perdoient leurs bénéfices. Ils estoient aulcunes fois quatre, cinq ou six à ung évesquié, et puis pactisoient ensemble; celuy quy emportoit le bénéfice laissoit à l'ung une cure, à l'aultre une capelle, à l'aultre aultre chose; et s'il y avoit vingt escus de despends, il payoit cent escus pour les despends; et de ce ne faisoient nulle conscience, et n'estoit point réputé symonie. Brief il sembloit bien souvent qu'on marchandast des bénéfices comme marchands font des denrées. Et sy peu que ce feust n'y avoit nuls bénéfices donnés sans litiges; et tousjours l'emportoit le plus fort, feut par prière de prince, de seigneur ou aultrement. Icelluy cardinal n'avoit point tenu au roy ce qu'il luy promeit, comme on disoit, quand il luy rendit ou feit rendre la chartre; car il luy avoit promis que le pape mettroit en France ung légat quy donneroit les bénéfices, affin que l'argent de France n'allast point à Rome; mais il ne tint pas sa promesse, et n'y envoya le pape nul légat; ains, sitost que ledict cardinal eust baillié au pape ladicte chartre de pragmatique-sanction, ledict pape feit traisner, parmy la ville et les rues, ladicte chartre scellée des sceaulx du concille de Balle où elle feut donnée, en publiant comment elle estoit abbolie. Ledict cardinal avoit passé parmy Paris; et combien que ceulx de Paris euissent joué ung jeu de personnaige publicquement, comment les rats avoient mangié les sceaulx de la pragmatique sanction, dont elle prit fin (et ce feirent les clercqs de l'université, pour ce que, lorsque cela feut faict, ledict cardinal estoit évesque d'Arras; et contenoit icelluy joeu comment les rats quy en euirent mangié euirent rouge teste; et par ce voulloient donner à entendre que pour ceste cause avoit esté ledict évesque faict cardinal), et avecq ce disoit-on que ceulx de Paris hayoient moult ledict cardinal, et qu'il n'y oseroit venir, toutesfois aulcuns de ladicte ville allèrent allencontre de luy. Et y feut une nuict; et n'y eut oncques quelques encombriers ne villaines parolles. Icelluy cardinal, comme dessus est dict, estoit le plus grand clercq qu'on sceust estre; il estoit grand orateur et grand prometteur, mais peu tenoit ce qu'il promettoit; il estoit fort convoiteulx, et ne luy estoit rien impossible à entreprendre, mais qu'il y euist prouffit.

Audict an soixante-trois, le sixiesme jour de janvier, deulx compagnons montés et embastonnés, sur le chemin de Douay, une lieue près d'Arras, prindrent ung marchand de bœufs de Normandie, et après qu'il l'euirent navré et près tué, ils le menèrent en une vallée, assez près d'illecq, contre ung moffle d'estoeul[1], et illecq le despouillèrent; et prindrent en son pourpoint environ sept-vingts francs en lions d'or, et puis coppèrent les cingles de son cheval, et le laissèrent là; et combien que l'ung le volsist tuer, et l'aultre ne le voullut souffrir, le marchand, au mieulx qu'il peut, vint à Arras et se plaindit à justice, monstrant comment il estoit navré; mais oncques pour ce justice ne se bougea.

CHAPITRE V.

Comment le duc de Bourgoingne rassembla derechief les trois estats de ses pays à Bruges; et comment son fils le feit venir en dedans leur jour en Anvers en Brabant, pardevant luy, dont le duc feut mal content; item, des crimes que sondict fils dict que le seigneur de Croy avoit commis; et comment enfin le duc pardonna à sondict fils ce qu'il pooit avoir mesfaict.

Environ ce temps, le duc de Bourgoingne derechief manda les trois estats de ses pays à ce qu'ils fuissent en nombre compétent, le dixiesme jour de janvier, à Bruges. Ce sachant son fils, le comte de Charrollois, lequel estoit en l'indignation de son père, comme dict est cy-dessus, et comme je diray cy-après, rescripvit par touts les pays dudict duc aulx trois estats : qu'ils volsissent estre devers luy en la ville d'Anvers en Brabant, le troisiesme jour de janvier, en rescripvant aulxdicts trois estats comment il estoit desplaisant du courroux que son père tenoit contre luy sans cause, comme il rescripvit; car

(1) Meule de paille.

il n'avoit faict ny ne voulloit faire chose dont il se deubst troubler vers luy ; mais aulcuns des gouverneurs de son père, et quy ne l'aimoient point, le tenoient en son indignation ; et pour ce et pour aultres choses désiroit de parler à eulx ains que la journée venist qu'ils debvoient estre par devers son père, affin qu'ils peuissent et volsissent prier à sondict père qu'il volsist estre content de luy, et qu'il estoit prest de faire tout ce que bon luy sembleroit, et que bon fils doibt faire à son père. Et comme plusieurs prélats, nobles et bonnes villes feuissent partis d'aller envers ledict comte de Charrollois, le duc son père en feut adverty et très troublé de ce, et rescripvit par touts ses pays auxdicts trois estats, qu'on n'y allast point. Et mesmement feit faire commandement à plusieurs quy jà estoient oultre Gand pour aller devers ledict comte, qu'ils retournassent ; lesquels retournèrent ; mais ains que ledict duc olt envoyé lesdictes lettres, aulcuns desdicts trois estats estoient jà devers ledict comte. Quelles choses qu'ils y feirent je ne sçay.

Et le neuviesme jour de janvier, touts les dessusdicts quy avoient esté devers ledict comte avecq les aultres trois estats, feurent à Bruges devers ledict duc ; et y olt trois évesques et environ soixante abbés, grande quantité de nobles et bon nombre de députés des bonnes villes ; et y olt si grands gents et tant, qu'à grand peine poeulrent[1] touts leurs serviteurs en une grande salle tendue.

Et après qu'illecq feurent touts assemblés, le duc vint ; avecq luy ceulx quy s'ensuivent : Adolphe de Clefves son nepveu, le seigneur de Croy, le bailly de Haynault, nepveu dudict seigneur de Croy, et aultres seigneurs. Et illecq devant touts, l'évesque de Tournay remercia, pour et au nom dudict duc, lesdicts trois estats de leur bonne diligence, et oultre, que ledict duc estoit de nouvel sy troublé de certaines nouvelles qu'il avoit eues de son fils le comte de Charrollois, que pour lors il n'estoit point en poinct de dire ce qu'il avoit proposé leur dire et faire. Et à ces mots le duc print la parolle et dict : que ce qu'il estoit troublé estoit, que son fils se laissoit gouverner de gents qu'il n'aimoit pas, et que sondict fils ne voulloit pas faire sa vollonté. Et lors print ung papier et le bailla à ung secrétaire pour le lire, en disant : « Ce « que mon fils a rescript entendez-y. » Auquel

(1) Façon de parler populaire pour : purent être contenus.

papier ledict comte entre aultres choses luy rescripvoit : que la chose quy luy desplaisoit au monde le plus, estoit ce qu'il estoit troublé vers luy ; et se c'estoit pour ce qu'il n'avoit voullu venir vers luy pour quelque commandement qu'il euist de luy, il luy prioit de ce qu'il le tinst pour excusé, car son intention n'est pas d'aller devers luy, tant que ceulx quy estoient entour de luy y feuissent, lesquels l'avoient cuidé faire mourir par poisons, et touts les jours pourchassoient sa mort s'ils pooient ; et c'estoit chose vraye et dont il en estoit certain. Et aultres causes ne sçavoit dont il deubst estre troublé vers luy, sy ce n'estoit pour trois choses :

La première, pour ce qu'il n'aimoit pas le seigneur de Croy, pour la cause qu'il avoit aultrefois déclarée en présence de luy et dudict seigneur de Croy ; et encoires de nouvel n'avoit cause de l'aimer, car ledict seigneur de Croy avoit tant faict avecq ses alliés que le roy r'avoit les terres engagiées, comme dessus est dict, quy estoit à son préjudice, de ses hoyrs et de touts ses pays ; en quoy faisant il avoit mal faict, veu que le roy n'avoit point faict plusieurs choses qu'il debvoit faire selon le traictié d'Arras.

La seconde cause estoit que ledict comte avoit retenu de son hostel l'archidiacre d'Avallon, après ce qu'il se feust party du comte d'Estampes, son cousin ; dequoy il ne debvoit pas estre mal content de luy, pour certaines causes qu'il luy diroit, mais qu'il luy pleust de parler à luy.

La troisiesme cause estoit, pour ce qu'il avoit envoyé quérir en Hollande par les archiers, maistre Anthoine Michiel, par le conseil duquel et aultres ledict comte de Charrollois s'estoit, comme il disoit, voullu faire, sans son gré et congié, comte de Hollande ; et qu'après ce qu'il feust prins, lesdicts archiers dudict comte vindrent rescourre ledict maistre Michiel ; desquelles choses ledict comte s'excusoit, disant que oncques ne s'avoit voullu faire ny estre comte de Hollande, ains s'il sçavoit où ledict maistre Michiel estoit, il le renvoyeroit devers ledict duc son père.

Ces choses ainsy dictes, le duc remercia les trois estats et leur donna congié jusques à ce qu'il les remanderoit, quy seroit assez brief. Sy se partirent aulcuns desdicts trois estats, non pas touts, car de chascune bonne ville des pays dudict duc en demoura deulx ou trois ; et conclurent de demourer touts audict Bruges, jusques à ce que la paix et union dudict duc et de son fils seroit faicte ; et avecq eulx demoura ung très notable clercq et preud'homme comme on disoit, lequel estoit abbé de Cisteaulx en Bourgoingne.

Ce temps pendant que les députés desdicts trois estats estoient à Bruges, le comte de Charrollois se partit d'Anvers et vint à Gand, auquel lieu de Gand lesdicts députés se retournèrent avecq l'évesque de Tournay, le seigneur de Goux et messire Simon de Lallaing, chevallier; et allèrent touts devers ledict comte pour luy dire leur vollonté. Et proposa pour eulx ledict abbé de Cisteaulx en telle manière, c'est à sçavoir : qu'après plusieurs nobles remonstrances, en alléguant la saincte Escripture, et l'obéissance que le fils doibt faire à son père, ils le requéroient qu'il se volsist condescendre en toute humilité, et estre content de faire et furnir au plaisir de monseigneur son père ; dont, en espécial, ils luy requéroient qu'il se déportast d'aulcuns siens serviteurs. Et après que ledict abbé de Cysteaulx olt prins sa conclusion, l'évesque de Tournay se jetta à genoulx devant luy, et fit pareillement de belles remonstrances servantes à ce propos. Et le laissa ledict comte long-temps à genoulx, car il n'estoit pas bien en sa grace. Et entre aultres choses, dit : qu'il n'estoit point venu vers luy comme serviteur de son père, mais comme évesque, et à ceste cause est tenu toute paix nourrir pour eschevir[1] touts meschiefs. A quel mot le comte de Charrollois le reprint bien court, disant : que s'il n'euist oncques esté serviteur de monseigneur son père, il n'y olt guières gaigné. Après ce, dit ledict comte auxdicts trois estats ou députés : qu'à la proposition qu'ils luy avoient faict paravant, on ne luy avoit touchié que de maistre Anthoine Michiel, et maintenant ils luy muoient propos[2] ; pourquoy il ne croyoit point que ledict abbé euist charge de faire telles requestes. Mais les députés l'avouèrent en disant, qu'ils lui avoient faict dire, et oultre plus, qu'en obéissant à son bon plaisir estoient venus touts audict Gand. Aulxquels ledict comte respondit : qu'il estoit joyeulx de leur venue. Et osta son bonnet de dessus son chief, et les remercia, comme ses très loyaulx amis, de la peine et travail qu'ils avoient prins et de l'amour qu'ils luy monstroient, en disant : que jamais ce n'oublieroit, et

(1) Eviter. (2) Changeaient de propos.

qu'au plaisir de Dieu il le recognoistroit à touts les pays dont les députés estoient là présents, et à eulx-mesmes ; et que pour le grand bien qu'ils luy monstroient, il ne leur voulloit plus céler son courage[1], ains leur voulloit dire une partie des délicts et maléfices que le seigneur de Croy et ses alliés avoient faicts.

Et premièrement dit : que derrainement qu'il avoit esté devers le roy, ledict seigneur de Croy dit, depuis son retour, à la comtesse de Charrollois sa femme, elle estant malade, que s'il n'euist crému à courchier[2] que luy et le comte de Charrollois, il l'euist lors faict prendre prisonnier, et mettre en tel lieu qu'il n'euist jamais faict mal à luy ny à aultres.

Item dit : que le seigneur de Croy avoit dict à plus notable et meilleur qu'il ne soit, soy comparant à luy, qu'il n'accomptoit rien à luy, et qu'il avoit nœuf cents, que chevalliers que escuyers, quy luy avoient promis et juré le servir jusques à la mort.

Dit encoires ledict comte : qu'ainsi que ledict seigneur de Croy le veit venir, il dit : « Veés « icy ce grand diable quy vient ! tant qu'il vive « nous n'aurons bien à la cour. »

Item dit : qu'icelluy de Croy avoit dict, après ce qu'il s'estoit retraict en Hollande, que c'estoit de pœur de luy ; disant, que quand il luy voldroit mal, il ne seroit pas là mieulx qu'ailleurs, et qu'il estoit ainsy qu'une wauffre[3] entre deulx fers.

Item dit : qu'icelluy de Croy s'estoit vanté que, quand viendroit au fort, il estoit seur d'estre servy de ceulx d'Artois, et qu'il avoit icelluy pays et tout le pays d'allenviron en son obéissance, en disant : « Quelle chose cuide faire monsei- « gneur de Charrollois, ny de quy se pense-il « aider ? Se pense-il aider de ces Flamengastres « et de ces Brabançois ? il s'abuse ; et quand « viendroit au besoing ils l'abandonneroient, « comme ont faict ailleurs. » Et à ces mots, dit : qu'il réputoit ceulx de Flandres et de Brabant ses léaulx amis, et que ce que ledict Croy en avoit dict avoit esté meschamment parlé ; et que pareillement de ceulx d'Artois, Picardie et allenviron, il ne s'en doubtoit en rien et ne s'en donnoit guières de maulvais temps.

Item dit : qu'il vouloit à ceste fois que chascun sceust qu'il estoit vray que le seigneur de

(1) Intention. (2) Courroucer. (3) Gaufre.

Croy avoit envoyé devers le prévost de Wastennes, et luy avoit envoyé sa nativité pour sçavoir les fortunes et biens quy luy debvoient advenir; dont après ce, il avoit faict des merveilleulx recors en disant, pour le blasmer devers monseigneur son père, qu'il debvoit estre le plus fortuné [1], et luy debvoient advenir les plus grands meschiefs du monde.

Item, dit encoires : que ledict seigneur de Croy avoit derechief envoyé devers iceluy prévost, affin qu'il feist, ou par sort ou aultrement, tellement que iceluy de Croy peust toujours entretenir mondict seigneur son père en haisne contre luy, et l'esloigner de son père.

Item, dit oultre : que touchant le faict de ceulx quy avoient pourchassié sa mort par sort et par manière estrange, dont d'iceulx luy estoit apparu suffisamment, il estoit certain qu'il y avoit six images de cyre, trois en forme d'homme et trois en forme de femme, lesquelles avoient escript sur leurs fronts, sur leurs dos, sur leurs testes et en aultres lieulx, le nom du diable qu'on nommoit Bollyat, et le nom de celuy sur quy ils vouloient addresser, avecq aultres noms ; et estoient images pour faire trois choses : la première, pour estre en grasce de celuy pour quy ils faisoient l'image ; la seconde pour le faire hayr de ceulx qu'ils voudroient ; la tierce pour le tenir en leur gré quand ils voudroient ; et avoit baptisé icelles images ung évesque quy estoit prieur de Morogues en Bourgoingne.

Item, dit encoires : qu'entre les aultres quy de ce estoient soupçonnés, en y avoit deulx ou trois des serviteurs du comte d'Estampes, dont l'ung estoit son médecin ; lequel, pour soy excuser, l'avoit faict prendre, et luy avoit envoyé par le seigneur de Crèvecœur pour en faire son plaisir.

Item, dit iceluy comte auxdicts députés : « Messieurs et mes amis, n'entendez mie que « je me desfie de vous, sy je ne vous nomme mie « touts les complices de ceulx quy ainsy ont « pourchassié ma mort ; car je ne le chaille, « sinon pour sauver leur honneur, et aussy « sur la grande idée qu'auriez, sy les oyez « nommer. »

Ce dict, ledict comte se desfula [2] derechief, et dit : « Mes amis, vous avez ouy tout mon cas. « J'apperçois le grand amour dont m'aimez, par « les grandes peines et travaulx qu'avez prins

(1) Exposé aux chances de la fortune.—(2) Ota son chapeau.

« pour moy. Vous savez comment derrairement « je concluds, quand seriez touts venus devers « moi, que de ceste matière vous bailleroye « telle response que Dieu, mondict seigneur et « père, et vous, debvriez estre contents de moy ; « et est ce que je vous voullois dire. Pourquoy « je vous prie que veuillez parler ensemble, et « me voulliez bailler conseil de ce que j'ay à « faire, attendu ce que dict est : car, en vérité, « je sçay et crois vraiment que touts seriez des-« plaisants s'il me mes-arrivoit de me mettre « ès mains de mes ennemis ; car par eulx ne « veulx estre gouverné, mais par mes bons et « loyaulx serviteurs. Sy ayez sur tout advis, je « vous en supplie, car de ceste place ne parti-« ray jusques à ce que j'auray vostre res-« ponse. Dieu me le doint bonne, comme en « vous j'ay la parfaicte fiance. »

CHAPITRE VI.

Comment les députés rendirent response audict comte ; et comment, par leur conseil, ledict comte s'en alla devers son père à Bruges, et feurent d'accord ensemble.

Les choses dessusdictes faictes par le comte de Charrollois, les députés se retraîrent en une chambre, où ils feurent environ demy-heure ; puis retournèrent devers ledict comte, et se jettèrent touts à genoulx devant luy, lequel incontinent les feit relever. L'abbé de Cisteaulx, pour et au nom desdicts députés, porta la parolle, et dit au comte comment ils avoient parlé ensemble, et qu'ils estoient touts d'une opinion ; c'estoit qu'ils luy requéroient très humblement que, pour parvenir à la bonne grasce et amour de monseigneur son père, il feust content de soy retourner devers luy, et qu'en ce faisant il eschéveroit [1] ung grand trouble quy polroit advenir en touts les pays de son père ; et qu'au regard de ses ennemis, Dieu l'en avoit gardé jusques à ceste heure, et encoires, par les bonnes prières de touts ceulx desdicts pays, il l'en garderoit ; et que quand son père le verroit, il auroit sy grande joie que ce seroit celuy quy mieulx le garderoit ; et aussy de luy-mesme il estoit prudent et bien cognoissant ce qu'il debvoit faire ; et au regard de ses serviteurs, on luy supplioit qu'il les volsist pour ceste fois laisser derrière, sans leur donner congié, et qu'il feroit bien brief la paix d'iceulx vers son père ; et sy en aulcune manière ils luy

(1) Eviteroit.

pooient bien faire, ils s'y offroient en tout ce qu'il leur seroit possible. Ce ouy par ledict comte, il les remercia très haultement, et leur dit : que, pour entretenir l'amour de Dieu, et de monseigneur son père et d'eulx, il leur accordoit de bon cœur toute leur requeste, en leur priant qu'ils le volsissent accompagnier à aller devers mondict seigneur son père, et luy volsissent faire requeste pour ses serviteurs; ce qu'ils luy accordèrent. Et le lundy ensuivant, ledict comte de Charrollois, accompagnié de grand nombre de nobles gents, chevalliers et escuyers, avec lesdicts députés, se partit dudict Gand, et arriva ce jour à Bruges. Et vindrent au-devant de luy l'archevesque de Lyon, Adolphe de Clefves, Anthoine, bastard de Bourgoingne, et plusieurs aultres seigneurs, avecq la loy de la ville; de laquelle ville, cestuy propre jour, le seigneur de Croy, sçachant sa venue, s'estoit party et estoit allé devers le roy Loys à Tournay. Et descendit le comte à l'hostel de son père, puis monta en sa chambre; et, sitost qu'il le veit, s'agenouilla par trois fois : et, à la troisiesme fois, dit : «Mon « très redoubté seigneur et père, j'ai entendu « qu'estes malcontent de moy pour trois cho-« ses;» lesquelles il luy déclara, comme dict est cy-dessus, quand il parla aux députés, et s'en excusa ainsy que dessus est dict. Puis dit : «Tou-« tesfois si en ce, ou en aultre chose, je vous ay « aulcunement troublé ne courroucié, je vous en « prie mercy. » Alors le duc dit : « De toutes vos « excusations, je sçay bien ce qu'il en est; ne « m'en parlez plus; mais puis qu'estes icy venu « à mercy, soyez-moy bon fils, et je vous seray « bon père; » et le print par la main et luy pardonna tout. Ce faict, les députés des bonnes villes, après congié prins au duc, lequel leur assigna jour, au huictiesme jour de mars, à estre audict Bruges devers luy pour leur dire son intention, et aussy après congié prins au comte de Charrollois, en lui rendant grace de ce qu'il estoit venu à leur requeste devers le duc son père, chascun s'en retourna en son lieu.

En ceste année soixante-troisiesme, et soixante-quatriesme ensuivant, le bled feut à sy bon marchié que la charge d'ung cheval ne valloit que huict sols, monnoie d'Artois, ou moins; et en y avoit quy ne valloit que quatre ou cinq sols, et l'avoine ne valloit à Arras que quatre sols le mencault; on avoit poix pour quatre sols, cinq ou six sols le mencault à Arras; et disoient les anciens qu'ils n'avoient oncques veu grains à sy petit prix.

Audict an soixante-troisiesme aussy, le seiziesme de janvier, environ dix heures, Martinet de Warlus, lequel estoit de bon lieu et gentilhomme de par sa mère, en l'age de vingt-huict ans, ou environ, en la ville d'Arras, vint ès estuves des femmes, en ung lieu publicq nommé le Fort-Homme; auquel lieu il trouva ung compagnon couchié avecq une fillette de joie, nommé Gillot Moilon, orfèvre; lequel Martinet voult ladicte fille emmener, et la feit lever; auquel ledict Gillot pria qu'il la laissast, et luy offrit donner ung escu d'or le lendemain. Icelluy Martinet, non content, férit ledict Gillot; lequel Gillot férit ledict Martinet d'ung coustel qu'il avoit, en la poictrine, tellement que du coup il quéit[1] mort sans parler. Icelluy Martinet avoit eu belle chevance, et bien deulx cents francs de rente, chascun an; mais il avoit tout despendu et gasté, et estoit de très meschante vie, tant en desbat comme en compositions, et aussy il olt pauvre fin. Celuy quy le tua estoit venu de la ville de Cambray à Arras puis deulx mois, pour faire gouges, au commandement du duc de Bourgoingne, pour porter en Turquie.

CHAPITRE VII.

Comment le roy Loys de France vint en la ville et cité d'Arras, et d'illecq alla en Tournay et à Lille, et de l'honneur qu'on luy feit partout.

Le vingt-quatriesme jour de janvier, par ung lundy, environ trois heures après midy, entra le roy de France en la cité lez Arras; et allèrent allencontre de luy les canoines, moines de Sainct-Vaast, religieulx mandiants et aultre clergié, avecq les nobles et ceulx de la loy et aultres; et entra par la porte de Beaudimont. A l'entrée de laquelle porte il descendit à pied allencontre du clergié, et depuis la porte, à pied, jusques en l'église de Nostre-Dame; et estoit au moilou[2] le cardinal d'Alby et le seigneur de Lau; et estoit ledict cardinal à dextre et ledict seigneur de Lau à sénestre, lequel le roy tenoit par la main. Icelluy seigneur de Lau estoit ung pauvre gentilhomme; mais le roy l'avoit faict chevallier, et estoit tousjours en sa chambre avecq luy, et n'alloit peu ou néant sans luy, et l'avoit faict cappitaine de cent lances. Après que le roy olt faict son oroison en l'église, et son frère le

(1) Tomba. (2) Milieu.

duc de Berry, quy estoit josne de dix-sept ou dix-huict ans, le comte d'Eu, le prince de Pyemont et aultres princes et seigneurs, non pas en grand nombre ny en grand estat, car touts estoient montés sur des petits chevaulx courtaulx, le roy se logea au cloistre de l'église, en l'hostel de maistre Jean Thyebault, canoine et official d'Artois, quy estoit bien petit hostel; et ne voullut avoir aultre hostel, combien que l'hostel de l'évesque estoit le plus bel hostel épiscopal qu'on peuist trouver, et qu'il y olt encoires en cloistre de très beaulx hostels de canoines; et estoit sa coustume que, par tout où il venoit, il vouloit estre logié en petite place, et ne tenoit compte s'elle n'estoit pas trop belle. Le roy logié, touts ses gros princes et aultres feurent logiés en la cité; et ne voullut le roy que nuls se logeassent à Arras de ses gents, pour ce que ceulx d'Arras avoient refusé aux fourriers du roy qu'ils logeassent par fourrier jusques à ce que les hostelleries de la ville seroient pleines, ésquelles il pooit de quatre à cinq mille chevaulx, comme ils disoient. Ils feurent touts en ladicte cité par fourriers logiés, là où il leur pleut, et feurent très bien logiés; et leur feirent ceulx de la cité tout le plus doulcement et courtoisement qu'ils polrent, tellement qu'ils s'en louèrent moult despuis, et ceulx de la cité ne se plaindirent pas d'eulx. Le roy feut en la cité sans entrer à Arras jusques au samedy suivant; et disoit-on qu'il n'avoit désiré d'y entrer jusques à ce que son conseil euist veu aulcuns privilèges que ceulx de la ville avoient, donnés des roys de France, par lesquels ils leur octroyent de semondre sur la teste et bannir à tousjours ou à temps, sans ce que jamais roy ne prince ne leur peust rendre la ville[1]. Et iceulx privilèges veus par son conseil, le samedy dessusdict alla en ladicte ville d'Arras. Auquel lieu, à l'entrée de la porte, il trouva grand nombre de semons sur la teste et bannis de la ville, lesquels, combien que devant luy euissent baillé leur requeste par escript et supplication de grasce, encoires illecq derechief luy requéroient humblement qu'à son entrée il leur rendist la ville et franchise d'icelle. Auxquels il respondit de sa bouche en telle sorte: « Enfants, vous me requérez de grasce, de ce que « n'est pas la coustume aux roys de France de « faire; et pourtant ne vous y fiez pas, car je

(1) Le droit de rentrer dans la ville.

« ne veulx point rompre les privilèges de nostre « bel oncle de Bourgoingne. »

Et pour l'importunité des requestes que les bannis luy faisoient, en luy disant qu'il le pooit faire, et que sy leur octroyoit ils y entreroient, bien leur dit et répéta les paroles dessusdictes par trois fois; dont les eschevins d'Arras, quy illecq estoient, et secrètement, avoient notaires quy de ces paroles feirent lettres, que ceulx de la ville gardent.

Ce dict et faict, le roy entra en la ville; et à l'entrer en ladicte ville osta son cappel. Et disent aulcuns qu'ils luy veirent cheoir plusieurs larmes de ses yeulx. Il avoit tousjours avecq luy, à son dextre costé, ledict cardinal d'Alby; il alla oyr messe en l'église de Sainct-Vaast, puis retourna disner en cité.

Le dimanche ensuivant, derechef le roy alla en Arras visiter l'église de Sainct-Vaast, et veoir tout le lieu et les chambres que l'abbé, nommé Jehan du Clercq, dernier mort, avoit faict faire, en intention que les roys de France quy viendroient à Arras y seroient logiés; car l'église et abbaye de Sainct-Vaast est le logis du roy, pour ce qu'ils sont de fondation royale.

De Sainct-Vaast il alla au marchié faire son oroison en la cappelle où la candelle d'Arras est, quy s'appelle le Joyel Nostre-Dame.

Puis s'en vint par-devant l'église de Sainct-Gery en Arras, en laquelle estoit le blancq clocque, laquelle on tombissoit[1], car on ne l'osoit sonner à vollée, pour ce que le clocquier n'estoit point seur ny bon, et aussy pour la pesanteur d'elle, car elle pesoit de dix-sept à dix-huit mille livres; et estoit moult belle clocque et bonne, et la meilleure dont on sceuist à parler. Mais ainsy que le roy passoit, ung serrurier nommé Olivier, lequel avoit l'horloge en garde et la conduisoit, lequel estoit audict clocquier tout armé au blancq, descendit dudict clocquier, et alla prendre le cheval du roy par la bride, en demandant le vin au roy; dont le roy s'effréa ung peu; toutesfois il luy feit donner le vin, et se luy pardonna son mesfaict; car sy ne luy olt pardonné, il euist esté griefvement puny; car, comme on dit: quy met la main au roy, il est digne de mort, ou en la mercy du roy.

Or advint-il que, parce que ledict Olivier descendit et laissa la clocque, et que plusieurs gents montèrent au clocquier où la clocque estoit, et

(1) On frappait sans la mettre en branle.

dit-on que aulcuns de ceulx quy montèrent touchèrent à ladicte clocque de quelque chose, durant que le roy passoit, et qu'on la tombissoit, donc la clocque se cassa; pourquoy touts ceulx de la ville feurent moult courroucés, et non sans cause, car c'estoit une belle et bonne clocque.

D'illecq le roy alla parmy la ville et ès faulxbourgs de Sainct-Vincent; et alla veoir le lieu où son grand-père Charles sixiesme de ce nom, roy de France, feut logié, quand il vint mettre le siége à Arras, quy estoit le Temple.

Au revenir, le roy descendit en la ville d'Arras pour boire, en la maison de Ricart Pinchon, procureur et conseiller de la ville d'Arras, puis retourna en cité.

Le lendemain, penultiesme jour de janvier, se partist de cité, environ sept heures du matin, luy six ou septiesme, soudainement, combien qu'il avoit dict le jour de devant qu'il ne partiroit. Tantost qu'il feut party, ses archiers, quy estoient environ soixante en nombre, très bien en poinct, le suivirent, quy mieulx mieulx, et ses aultres gents pareillement, princes et aultres; et disoit-on que c'estoit sa manière de faire, d'ainsy partir soubdainement partout où il alloit, ny n'avoit cure qu'on le convoyast, ny d'estre veu du peuple. Il s'en alla disner à trois lieues d'Arras, en ung villaige nommé Souches; et feut logié en une maison quy estoit à Martin Cornille, demeurant à Arras.

De Souches s'en alla à Seclin emprès de Lille, où il feut aulcuns jours; auquel lieu de Seclin ung de ses archiers de corps, nommé le Grand Robin, Escoçois, tua ung sien compagnon nommé le Grand Roland, aussy archier et Escoçois; et la cause feut une josne fille que le Grand Roland tenoit.

Et le sixiesme jour de febvrier, le roy entra en la ville et cité de Tournay, en laquelle ceulx de la ville le receuprent moult honnorablement; et feurent quatre cents hommes ou plus des plus notables de la ville, vestus de blanc; et sur leurs robes devant et derrière y avoit ung arbre de lys faict de broderie; lesquels allèrent audebvant du roy. Et à l'entrée de la porte y avoit, moult gentement faict, ung chastel de papier, où la forme, l'enclos, les tours, les portes et toute la closture de la ville estoient très bien faictes, pareilles à la ville; lequel chastel on présenta au roy, avecq toutes les clefs de la ville.

Après ce, une très belle fille, et la plus belle de la ville, par engin qu'on avoit faict, descendit comme des nues, et vint saluer le roy, et ouvrit sa robe sur sa poitrine, où y avoit ung cœur bien faict; lequel cœur se fendit, et en issit une moult noble fleur de lys d'or, quy valloit grand avoir; laquelle elle donna au roy, de par la ville, et luy dit : que comme elle estoit pucelle, qu'aussy estoit la ville pucelle, et qu'oncques n'avoit esté prinse, ny estée ny tournée contre les roys de France, mais avoient ceulx de la ville chascun en leur cœur une fleur de lys.

Il y trouva après de nobles histoires de joeus à personnages, et tant d'aultres mystères que le raconter polroit ennuyer. Et avecq ce luy donnèrent de grands dons; et feut le roy logié en la maison d'ung canoine de Tournay, nommé maistre Jean Mannich, lequel canoine estoit de vie très lubricque, mais il estoit bien cognu du roy, pour tant que, quand il feut nouvel roy, il traicta la paix de ceulx de Tournay vers luy, lesquels estoient en sa malle grasce, à cause de ce qu'ils ne l'avoient voulu recepvoir ny faire feste durant le temps que son père n'estoit pas content de luy.

Le dixhuitiesme jour de febvrier, ledict roy Loys se partit de Tournay, et s'en alla à Lille ès Flandres, lequel jour il estoit le quatriesme jour de caresme, nuict du behourdy[1], que lors on a accoustumé en ladicte ville de jouster. Et avoit à ce jour duré icelle feste bien deulx cents ans; et y a moult belles joustes et belle et riche feste; et aussy à ce jour la ville de Lille estoit tenue une des villes du royaulme où il y avoit plus de riches gents, de richesses et de grandeur; et y avoit grand peuple, hommes et femmes moult gentement habillés et pompeulx, aussy dévots, et ung peuple moult aulmosnier. Et feut ledict roy logié assez près des Frères Mineurs, en la maison d'ung nommé Bocquet de Lattre, maistre-d'hostel du comte de Charrollois.

Ce propre jour aussy, vint en ladicte ville le duc de Bourgoingne, avecq luy sa sœur, la duchesse de Bourbon. Durant qu'ils y feurent, y olt belles joustes; et durèrent despuis le dimanche jusqu'au vendredy; et le bourgeois de la ville quy estoit roy de l'espinette estoit nommé

(1) Deuxième dimanche de carême qui reçoit son nom des joutes ou behourds qu'on célébroit habituellement à cette époque.

[1464]

Baudechon Gommer, de l'age de vingt ans.
Durant que le roy feut à Lille, il pria tant au duc de Bourgoingne qu'il se déportast du voyage de Turquie jusqu'à ung an, que le duc luy octroya. Et la cause pourquoy le duc luy octroya feut : que le roy luy remonstra que, s'il se partoit, les Anglois, ses anciens ennemis et du royaulme, se polroient enorgueillir, prendre nouvelles alliances, et esmouvoir la guerre; et avecq ce, s'il se partoit sy brief, son partement polroit estre cause de moult de maulx et de périls; mais en dedans ung an, se faire se pooit, la paix se feroit d'entre luy et les Anglois, et alors polroit faire son sainct voyage, à la seureté de ses pays et du royaulme. Et promit le roy au duc que, sy l'accord se faisoit, il luy donneroit dix mille combattants, à ses despends payés pour quatre mois, pour aller avecq luy. Edouard, roy d'Angleterre, luy avoit aussi promis, comme on disoit, certaine quantité d'archiers, payés à ses despends pour quelque temps. Par ces choses et aultres semblables, feut le voyage de Turquie rompu pour le duc, dont moult luy desplaisoit, comme on disoit.

Le vendredy ensuivant, le roy Loys se partit de Lille et vint au giste en cité où il feut grandement festoyé par le comte d'Estampes.

D'illecq alla à Paris, de Paris à Sainct-Clou; auquel lieu de Sainct-Clou le duc de Savoye, père de la royne, l'avoit longtemps attendu, malade de goutte; et s'estoit party de Savoye, avecq luy son fils aisné; et disoit-on que, pour ce qu'il ne gouvernoit pas bien ses pays, ceulx de Savoye avoient prins pour gouverneur Philippes de Savoye, maisné fils du duc, lequel estoit très sage et gentil, et obéissoient ceulx dudict pays à luy plus qu'à son père ny à son frère aisné.

CHAPITRE VIII.

Comment le duc de Bourgoingne envoya le bastard de Bourgoingne avec deulx mille combattants devers le pape pour aller contre les Turcqs; et comment le roy Loys feit détenir prisonnier Philippes de Savoye, sous saulf-conduict, feit adjourner le comte Sainct-Pol, et aultres choses.

Le huictiesme jour de mars, l'an soixante-trois[1], le duc de Bourgoingne de rechief assembla les trois estats de ses pays en la ville de Lille, aulxquels feit remonstrer par l'évesque de Tournay : comment, à la requeste, prière et commandement exprès du roy, il avoit retardé de

(1) Et 1464 nouveau style.

faire, pour ung an, son voyage sur les Infidèles, laquelle chose estoit ce qu'il désiroit le plus d'accomplir, et moult luy desplaisoit le demourer; toutesfois, affin que le pape et les princes de par-delà, aulxquels il avoit promis d'aller par-delà et y estre à la Sainct-Jehan-Baptiste ensuivant, ne feuissent pas mal contents de luy, il y envoyroit Anthoine, son fils bastard, accompaignié encoires d'ung sien fils bastard, nommé Baulduin, de l'age de dix-huict ans, avecq deulx mille combattants. Et illecq le duc, en la présence des trois estats, voua de rechief que, s'il n'estoit mort ou malade, il seroit ès marches de Turquie en dedans la Sainct-Jehan-Baptiste, l'an soixante-cinq, à toute la plus grande puissance qu'il polroit, et illecq achemineroit ses vœulx. Aulcuns disoient : que aulcuns fils du diable, ou plains de maulvais esprit, avoient tant faict devers le roy Loys qu'il avoit retardé ledict sainct voyage, quy estoit au grand déshonneur du duc, et contre ce qu'il avoit promis, et à la confusion de chrestienneté; car touts les jours les ennemis de la foy conquestoient sur les chrestiens; et en donnoit-on à grande charge au cardinal d'Alby. Et combien que plusieurs princes et chevalliers euissent voué d'aller audict sainct voyage sy le duc y alloit, à ce qu'on pooit percevoir il n'en y avoit nul que le duc et son fils bastard quy ne cremist d'y aller, et quy ne désirast que le duc n'y allast pas; mais sy c'euist esté pour guerroyer à leurs voisins et contre chrestiens, ils l'euissent eu plus chier beaucoup que d'aller combattre les Turcqs.

Environ ce temps, le duc de Savoye feit tant devers le roy Loys, son beau-fils, qu'il envoya quérir par ung chevallier Philippes de Savoye, en luy envoyant saulf-conduict de venir et de retourner sans empeschement; lequel, au commandement du roy et sur son saulf-conduict, vint devers luy; mais le roy le feit prendre prisonnier et l'envoya en ung fort chastel, et illecq le feit moult près garder. De laquelle chose plusieurs du royaulme se donnèrent grande merveille.

En ce temps aussy, le roy Loys feit adjourner à son de trompe le comte de Sainct-Pol, Loys, à estre devers luy en personne sur le troisiesme deffault; lequel comte, doubtant d'estre banny du royaulme, par saulf-conduict du roy et aultres grands moyens qu'il olt, alla devers le roy à Nogent. Et illecq feut très grandement receu du roy; et feut traictié faict; et feit serment et hommaige au roy de ce qu'il tenoit de luy; et luy monstroit le roy toute l'amour et honneur qu'il pooit. Et disoit-on que le roy luy avoit requis qu'il luy feist serment de non jamais converser avec le comte de Charrollois, ne l'aider, ne conforter; à quoy il respondit: qu'il avoit faict serment audict comte de le servir, lequel serment il ne pooit rompre.

Audict an soixante-trois, le jour du grand vendredy, pénultiesme jour de mars, comme ung josne fils de Bruges, facteur d'ung marchand, de l'age de vingt ans, alloit de Bruges à Paris, entre Lille et Arras, en ung villaige nommé le Pont-à-Vendin, trouva ung homme de trente ans, natif de Bourgoingne, nommé Jennin, habillé comme un carton [1], et aussy estoit-il carton; lequel carton, quy veit icelluy fils environ Lens tirer sa bourse pour donner une aulmosne aulx ladres, en laquelle bourse y avoit plusieurs pièces d'or, pour la convoitise desquelles avoir, feut tellement tenté du diable que, quand vint sur le soir, entre Vimy et Lens, icelluy carton donna audict fils, lequel alloit devant luy, d'ung baston sur la teste, tellement qu'il l'abattit à terre; puis luy donna plusieurs coulps de coustel au corps, tant qu'il le laissa pour mort; et luy rosta son or et son argent. Et dormit ceste nuict ledict facteur aulx champs, assez près d'illecq, en ung moffle d'estoeul [2], et le lendemain vint à Arras. Icelluy josne fils ainsy navré demoura sur terre jusques au lendemain, qu'ung homme de cheval, passant par illecq, le meit sur son cheval et le ramena à Arras, en l'hospital Sainct-Jehan en l'Estrée. Lequel illecq mis, combien qu'il feust moult navré et en bien grand dangier de mort, sy parloit-il assez bien. Et dit comment icelluy quy ce luy avoit faict estoit habillé; et par les enseignes qu'il donna feut le facteur celluy jour prins à Arras et mené devant luy, lequel le recognut prestement. Ce véant, ledict facteur cognut son faict, et luy rendit l'argent, reservé ce dont il avoit accaté [3] une robbe, des cauces et ung cappel; et y avoit plus d'or qu'on ne cuidoit. Le facteur confessa qu'il le cuidoit avoir meurdry: pourquoy, le lundy suivant, par les eschevins d'Arras, feut condampné à mort; et sy feut pendu au gibbet de la ville, et ne confessa avoir faict aultre crime.

CHAPITRE IX.

Comment le bastard de Bourgoingne se partit pour aller sur les Turcqs; et aultres choses; et de la mort du comte de Nevers.

L'an de grasce mil quatre cents soixante-quatre, assez tost après Pasques, Philippes, comte de Nevers, mourut sans avoir hoirs de sa chair; et feut Jehan de Bourgoingne, comte d'Estampes, son hoir des comtés de Nevers, Retel et aultres terres, car c'estoit son frère.

En cest an, le quinziesme jour d'apvril après Pasques, en la ville de Busquoy, Jennin Flahault, fils de Jehan, assaillit Jennin Bertoul, fils Jacquemart, environ noeuf heures du vespres. Icelluy Jacquemart, oïant la voix, y vint et trouva Collard de Thyeulloye, bailly du seigneur de Saveuses, et son varlet, quy tenoient les deulx combattants; aulxquels ledict Jacquemart dit: que sy on ne laissoit aller son fils, quy estoit navré à la cuisse, qu'il tueroit ledict bailly. Ce véant ledict bailly, dit à son varlet qu'il laissast aller le sien, et il laisseroit aller celuy qu'il tenoit, comme ils feirent. Et ce faict, ledict Flahault férit ledict Jacquemart d'ung espieu au front et l'abbattit; duquel coulp ledict Jacquemart mourut, le jeudy ensuivant. Icelluy Jacquemart estoit bailly des enfants messire Jehan de Boubers et riche homme; et le père d'icelluy Flahault estoit leur recepveur; et s'esmeut ledict desbat à cause de leurs offices.

Audict an soixante-quatre, le vingt-uniesme jour de may, Anthoine, bastard de Bourgoingne, lequel, le jour de devant, jour de Penthecouste, avoit prins la croix, accompagnié de messire Simon de Lallaing, chevallier, deulx des fils dudict messire Simon, du seigneur de Cohem, chevallier, du seigneur de Bossu, chevallier, de Jehan de Longueval, avecq plusieurs aultres chevalliers et escuyers, jusques au nombre de deulx mille combattants, à ung port de mer en Flandre, nommé l'Escluse, en la présence du duc de Bourgoingne, entrèrent en leurs bateaulx; et se partirent dudict lieu, et singlèrent en mer pour aller sur les ennemis de la foy chrestienne.

Lequel duc, au partir, avoit donné à icelluy Anthoine, son bastard, avecq lequel le duc en-

(1) Charretier. (2) Meule de paille. (3) Acheté.

voyoit encoires ung sien bastard qu'il avoit avecq luy, de l'age de dix-huict ans, nommé Baulduin, lequel estoit bien espirituel[1] et désirant les armes, cent mille couronnes d'or, pour commencement d'aller audict voyage. Avec ce, avoit donné à icelluy Anthoine la comté de la Roche vers Bourgoingne, avec plusieurs aultres terres.

En ce temps aussy, se croisèrent grand nombre de gents, et la pluspart touts josnes hommes. Et se partoient par routes [2] cy dix, cy vingt, cy quarante ensemble, sans cappitaines, et les aulcuns avecq bien peu d'argent ne habillements de guerre, et à pied ; et tirèrent touts vers Rome. Et disoit-on que des pays du duc en estoient partis grand nombre, et bien jusqu'au nombre de vingt mille ou plus. Pareillement des aultres pays chrestiens se croisèrent tant de gents, sans chief ne sans conduicte, de touts royaulmes, qu'il me feut dict par ung docteur en théologie, homme créable, lequel estoit en ce temps à Rome, qu'on disoit à Rome, que, s'ils se feuissent assemblés ensemble, ils se feuissent bien trouvés trois cents mille hommes. Et pour ce qu'ainsy partoient sans chief ne sans gaiges, on doubtoit moult que, s'ils s'assembloient ensemble, il n'en vint aulcun inconvénient.

CHAPITRE X.

D'une bataille quy feut en Angleterre ; et du comte de Charrollois quy vint vers son père ; et de la mort de Pierre de Louvain.

Au mois de may l'an soixante-quatre, olt une bataille de rechief entre le nouvel roy Edouard et les gents du roy Henry, par le conseil et enhort du duc de Sombreset, lequel, cuidant recouvrer le royaulme pour le roy Henry, en allant contre la paix qu'il avoit faict au roy Edouard, et contre son serment, par lequel ledict Edouard luy avoit rendu toutes ses terres et tout pardonné, assembla ce qu'il peut de gents, et vint en bataille contre le comte de Werwicq, lieutenant du roy Edouard ; en laquelle bataille icelluy duc de Sombreset feut vaincu et prins prisonnier, et la pluspart de ses gents morts. Après laquelle bataille le comte de Werwicq feit présent au roy Edouard du duc de Sombreset, lequel Edouard feit icelluy duc descappiter.

Audict an soixante-quatre, le deuxiesme jour du mois de juing, vint le comte de Charrollois devers son père, en la ville de Lille, accompagnié de quatre-vingt à cent gentilshommes, et grand nombre de chevaulx ; en laquelle ville de Lille le seigneur de Croy estoit. Et combien que le duc ne feust pas bien content de son fils, le seigneur de Saveuses feit tant qu'il parla à sondict fils et luy pardonna tout ; mais il ne luy rendit pas sa pension ; et disoit-on que c'estoit par ledict seigneur de Croy et les siens. Toutesfois le seigneur de Croy feit tant qu'il parla au comte ; lequel luy dit, comme on disoit : quand il feroit ce qu'il debvoit, il luy seroit bon seigneur.

Le quinziesme jour de juing audict an soixante-quatre, comme Pierre de Louvain, lequel estoit cappitaine de gents d'armes et avoit eu, du temps du roy Charles, cent lances dessoubs luy, se feust party de Compiègne pour aller vers Soissons, luy sixiesme sans plus, et encoires gents de conseil, et avoit renvoyé aulcuns compagnons quy estoient venus avecq luy en armes, tantost qu'il feust venu et entré en la forest, trouva messire Raoul de Flavy, chevallier, seigneur de Rybencourt, accompagnié de quatorze compagnons. Lequel chevallier assaillit icelluy Pierre de Louvain ; et du premier coup olt le corps percé d'une javeline, et feut abbattu jus d'une mulle sur laquelle il estoit ; et illecq feut occis et olt plusieurs coups. Avecq luy estoit ung seigneur de parlement auquel on ne feit nul mal, ny à nuls de ses gents ny de sa compagnie. Icelluy Pierre de Louvain estoit en la sauve-garde du roy ; sy en feut le cas plus criminel ; mais aussy y avoit-il grande cause, laquelle je veulx ung peu déclarer.

Il est vray qu'icelluy de Flavy avoit cinq frères, quy estoient enfants du seigneur de Flavy, extraict de noble sang des pays de Picardie, c'est à sçavoir Jehan, Guillaulme, Charles, Hector ; luy estoit maisné ; et touts, reservé Jehan seigneur de Flavy, gents de guerre et abandonnés à la guerre. Guillaulme feut cappitaine de Compiègne de par le roy, durant que le duc de Bourgoingne, accompagnié d'aulcuns Anglois, y meirent le siége ; et estoit Charles, son frère, avec luy ; et les aultres tenoient le party du duc de Bourgoingne. Cestuy Guillaulme estoit moult hardy et

---

(1) Plein de vivacité. (2) Troupes.

valliant homme de guerre, mais des pieurs [1] en villenies, en femmes et luxures, en robber, piller, faire noyer, faire pendre et faire mourir gents, qu'on pooit trouver, comme la renommée en couroit. Icelluy Guillaulme, après ce qu'il olt levé le siége audict Compiègne, olt grand bruit, et tant que le mareschal de [2]......... quy estoit grand seigneur, luy donna sa fille en mariage, laquelle estoit moult belle damoiselle et josne. Il feut avecq elle grand temps, durant lequel il prit son beau-père, père de sa femme, et le mena en forte prison, en laquelle il mourut; et despuis, continuant en sa luxure, estant marié, en la présence de sa femme, quy estoit moult belle, avoit souvent en son lict avec elle josnes garces, avecq lesquelles il prenoit compagnie charnelle; et quand sa femme en parloit quelque peu, on disoit qu'il la menaçoit de la faire ou noyer ou mourir. Sy advint, ainsy que l'ennemy [3] est soutil, et que par adventure Dieu voulloit punir icelluy Guillaulme, que sa femme s'accointa de Pierre de Louvain, cy-dessus nommé, lequel estoit estranger et estoit de l'ordonnance du roy Charles, quy luy avoit baillié cent lances soubs luy, et estoit réputé vaillant homme; et par ceste accointance faicte, elle feit tant au barbieur [4] de son mary, qu'il luy debvoit copper la gorge. Sy advint ung jour que, comme le barbieur barbioit Guillaulme son mary, et n'y avoit en la chambre que luy et elle, qu'il coppa la gorge à icelluy Guillaulme, et puis s'enffuit hors de la chambre. Quand elle veit Guillaulme chéir, et que le barbieur ne luy avoit point bien coppé la gorge, et qu'il n'estoit pas mort, sy print le rasoir que ledict barbieur avoit laissé, et parcoppa la gorge à icelluy Guillaulme, son mary, et mourut; puis meit ung coussin sur son visage, et vuida hors de sa chambre et aussy de la maison; au dehors de laquelle maison ledict Pierre de Louvain estoit quy l'attendoit; lequel l'emmena, et assez tost après la print en mariage. De la mort duquel Guillaulme, ses frères feirent grand pourchas contre Pierre de Louvain et sa femme, laquelle avoit ung fils dudict Guillaulme, josne de nœuf ans, et demoura riche de trois mille francs de rente, et souvent menaçoit sa mère de la faire ardoir; mais il mourut josne. Quand les frères dudict Guillaulme veirent qu'ils ne peulrent bonnement prouver ledict meurdre, et sy ne sçavoient comment avoir icelluy Pierre, quy se tenoit avecq le roy, Raoul Flavy, cy-dessus nommé, feit tant par sa diligence, qu'il trouva en Carcassonne le barbieur quy avoit faict ledict faict, et le ramena prisonnier et le livra au roy Charles, pour en faire justice et de ceulx quy luy avoient ce faict faire. Après laquelle confession, Pierre de Louvain, sa femme et le barbieur obtinrent rémission du roy, et feurent par ce délivrés.

Ce véant icelluy messire Raoul, il alla au pays de Bourdelois, auquel il trouva ledict Pierre de Louvain, lequel il assaillit, et le navra à mort en plusieurs lieulx; et le cuida avoir tué, mais il n'en mourut pas. Pour lequel faict icelluy Raoul, messire Charles et messire Hector, ses frères, feurent prisonniers au Chastelet en Paris, et y olrent moult à souffrir; et par le procès feut condampné Raoul et ses frères, en grosses sommes envers Pierre de Louvain; et tousjours se gardoit ledict Pierre de Louvain desdicts frères, lesquels le hayoient, comme il parut par ce que dict est cy-dessus.

CHAPITRE XI.

Comment le roy de France vint devers le duc de Bourgoingne; et d'une adventure quy advint en la chambre où on plaide à Paris.

Au mois de juing, l'an dessusdict soixante-quatre, le quinziesme jour, au Palais de Paris, en la chambre où on plaide devant les présidents, comme on plaidoit une cause quy estoit entre l'évesque d'Angiers et ung riche homme d'Angiers, nommé Jehan, lequel ledict évesque accusoit de hérésie et usure, et pour ceste cause estoit prisonnier eslargy à caution, et le jour de devant avoit faict plaidoyer sa cause icelluy Jehan, par maistre Jehan de Poupincourt, advocat, en remonstrant les torts qu'on luy avoit faicts, comme il disoit (maistre Witasse l'Ullier plaidoit la cause pour l'évesque), en l'accusant estre hérétique et usurier, et avecq qu'il avoit dict publicquement, présents plusieurs nobles hommes, gents d'église et aultres, qu'il ne croyoit point qu'il feut ung Dieu, ne diable, ne paradis, n'enfer; et en ce disant, toute la chambre où on plaidoit trembla tellement qu'il n'y olt icelluy quy n'olt grand pœur; et chéit une pierre d'en hault à terre sans blescier personne; et mesme icelluy maistre Witasse, de pœur laissa

[1] Pires. (2) Lacune d'un mot. (3) Le diable. (4) Barbier.

chéir le rollet qu'il tenoit en sa main pour plaider ladicte cause. Pour lequel tremblement on laissa le plaidier jusqu'au lendemain. Lequel jour venu, en plaidant la cause dessusdicte, à l'heure mesme que le jour de devant, la chambre trembla comme dessus, et issit ung des sommiers de dessus de sa mortaigne, et s'avalla bien deulx bons pieds sans cheoir, dont touts ceulx quy y estoient olrent sy grand pœur qu'ils cuidoient touts périr; et réclamoient le nom de Jésus; et perdirent plusieurs, de haste d'eulx enffuire, leurs bonnets, leurs capperons, patins et aultres choses; et fallit laisser le plaidier; ne plaida-t-on plus en ladicte chambre tant qu'elle feut refaicte; et alla-t-on plaidier en la chambre Sainct-Loys.

Audict mois de juing, le roy de France vint à Amiens, et d'Amiens vint à Sainct-Pol où il trouva le duc de Bourgoingne, lequel s'en alloit à Hesdin; auquel Sainct-Pol, Loys comte dudict Sainct-Pol, leur feit grande chière et les festoya moult haultement; et sy avoit ledict comte festoyé le roy moult richement et à grands frais, tant en cacher [1], voller comme aultrement, à Lusseu et ailleurs en ses places.

Le duc mena ledict roy de France de Sainct-Pol à Hesdin, où le bien venu feut moult noblement, et tant qu'on ne polroit plus; auquel lieu de Hesdin vint une ambassade d'Angleterre, de par le roy Edouard, auquel le duc feit grande chière.

On disoit alors que, durant que le roy estoit à Hesdin, il requit au duc qu'il luy volsist rendre les chastelleries de Lille, Douay et Orchies, moiennant certaines grosses sommes de deniers et grande quantité de rentes, pour lesquelles il disoit les debvoir ravoir; c'est à sçavoir, deux cents mille livres tournois et dix mille livres de rente, pour laquelle somme ses devanciers roys les avoient engagiées aulx comtes de Flandres. Mais à ceste requeste le duc respondit : que, quand le duc Philippes de Bourgoingne fils du roy, print Margueritte fille du comte de Flandres, les chastelleries luy feurent baillées pour en joyr, par luy et ses hoirs masles; et au cas qu'il n'en auroit nul, moiennant ce lesdictes sommes debvoient retourner au roy.

On disoit encoires, que le roy avoit requis au duc qu'il luy volsist baillier la ville et le chastel de Hesdin, et luy bailleroit Mortaigne et le droict

(1) Chasser.

qu'il avoit sur Tournay; et plusieurs aultres requestes feit au duc, dont il ne luy baillia quelque response, pour ce qu'elles ne luy plaisoient pas.

Mais le duc luy requit trois choses :

La première, qu'il olt son fils en sa bonne grasce et pour recommandé, duquel, comme il avoit entendu, il n'estoit pas bien content.

La seconde, qu'il se volsist desporter de constraindre les nobles hommes, quy tenoient mesmement du roy de France aulcunes terres, et sy en avoient tenues de luy, à faire aultre serment que les nobles hommes avoient accoustumé de faire; desquels il avoit jà voullu constraindre aulcuns de faire serment de non jamais servir aultres que les roys de France.

La tierce, qu'il volsist faire ce qu'il debvoit faire par le traictié d'Arras, comme promis il luy avoit quand il luy rendit les terres de Picardie, dont encoires n'estoit riens faict ny apparence de faire.

Aulxquelles requestes le roy ne respondit riens, comme on disoit, mais se partit dudict Hesdin le lendemain, et tira vers Rouen, où il feut certain temps; le duc le reconvoya bien demy-lieue.

Environ la fin du mois de juillet, le roy revint à ung villaige nommé Nouvion, assez près de Hesdin, auquel estoit encoires ledict duc. Le roy se tenoit audict Nouvion sans venir à Hesdin, ny le duc vers luy; mais le seigneur de Croy alloit souvent parler au roy et revenoit à Hesdin.

Environ ce temps, Jennet d'Ossay, cappitaine du comte de Nevers, par mandement du comte, et accompagnié de ses archiers, en ung villaige nommé Dyenast en la comté de Sainct-Pol, print prisonnier ung gentilhomme nommé Jehan de l'Estoire, fils et héritier du seigneur de Dyenast, et le mena au chastel de Péronne. Icelluy Jehan estoit ung des beaulx hommes qu'on peult voir, grand, fort et hardy, mais il avoit faict plusieurs crimes et maulx en homicides, desbats et aultres meschantes entreprises. Il avoit tué ung sien homme de fief, quy le tenoit pour bon amy, pour ce qu'il luy avoit refusé l'argent d'ung cheval; il avoit esté banny du royaulme, et ses biens confisqués par plusieurs fois; mais son beau-père, quy avoit espousé sa mère, nommé Guillaulme de Cuincy, luy avoit faict tousjours sa paix et ravoir ses biens et héritages, combien que plusieurs fois icelluy Jehan l'avoit cuidé tuer. Icelluy Jehan tenoit une garce dont il ne se pooit desfaire et n'estoit point marrié. Et comme il avoit accoustumé d'aller souvent au chastel de son beau-père, ung jour après Pasques, l'an soixante-quatre, après disner, vint audict chastel; et comme Guillaulme son beau-père s'appuyoit à une fenestre, frappa d'ung grand coustel sur ledict Guillaulme, et luy cuida fendre la teste, mais il faillit et frappa sur son espaule. Quand Guillaulme sentit ce, il vuida de la chambre, et en vuidant il le navra en plusieurs lieulx; et feut constrainct ledict Guillaulme de saillir de son pont en l'eau de ses fossés, ou aultrement il l'euist tué. Icelluy Jehan avoit beaucoup de maulvais garçons dessoubs luy quy faisoient moult de maulx, et luy avecq eulx; et quand il avoit faict quelque grand mal, il faisoit l'homme comme hors de sens et de raison. Guillaulme feut en grand péril de mort; il ne mourut pas, mais il demoura affolé [1] comme on disoit.

Icelluy Jehan mené à Péronne, comme dict est, ses amis doubtants que le comte de Nevers ne le feist mourir, feirent tant que le duc de Bourgoingne le feit amener à Hesdin; lequel y venu, et son information veue, avecq moult de plaintes de luy, et ouïs ceulx quy requéroient justice pour ses desmérites, par le conseil dudict duc feut condamné à mort; ne pour quelques prières que ses amis feissent au duc, icelluy duc ne voullut différer, ains voullut qu'il feust pendu; et voult qu'il feust mené par ung dimanche, cinquiesme jour d'aoust, publiquement par la ville au gibbet de Hesdin; et illecq feut pendu et estranglé, et y pendit environ cinq heures. Durant lequel temps ses amis feirent tant vers le duc, que les Frères Mineurs de Hesdin, avecq plusieurs chevalliers et escuyers, le vindrent quérir au gibbet de Hesdin et le feirent despendre, et l'accompagnèrent jusques à l'église desdicts Frères Mineurs, où il feut enterré.

CHAPITRE XII.

De la mort du pape Pius; et comment le bastard de Reubempré feut prins en Hollande; et comment le seigneur de Haplincourt et Raoul de Flavy feurent bannis du royaulme.

Le quinziesme jour d'aoust, l'an dessusdict mil quatre cents soixante-quatre, cloist son dernier jour le pape Pius; et disoit-on que à l'heure de sa mort, autour de Rome et ailleurs, les vignes, les arbres et aultres biens de terre feurent fouldroyés par tempeste d'orage; et mourut icelluy pape, comme on disoit, de mort diverse, et en grand dangier pour son ame, et en parloit-on en maulvaise manière. Et aussy au vray dire, au temps dudict pape Pius et devant, tout alloit très mal en l'Eglise, car les bénéfices estoient donnés à la requeste des princes et seigneurs ou par force d'argent; et avoit ung cardinal ou ung évesque plusieurs bénéfices. Par espécial les cardinaulx tenoient en commanderie vingt ou trente que évesquiés, que abbayes, que priorés conventueulx, et n'y avoit nul prélat esleu par les colléges ou couvents; plusieurs fils de prince on faisoit archevesques ou évesques sans estre prestres, et tenoient abbayes en commanderie. Et en ce temps le plus des gents d'Eglise, des grands jusques aux moindres, mendiants et aultres, estoient sy abandonnés et oultrageulx en orgueil, luxure et convoitise, qu'on ne polroit plus dire; en ce passoient oultre mesure toutes gents séculiers. Après la mort du pape Pius, feut pape Paulus second.

Environ ce temps, en la ville de Paris, feurent bannis à son de trompe, du royaulme de France, Jehan, seigneur de Haplincourt, chevallier, et messire Raoul de Flavy, chevallier; et ledict seigneur de Haplincourt estoit de l'hostel du comte de Sainct-Pol, et se tenoit avecq le comte de Charrollois.

L'an dessusdict, au mois de septembre, le roy estant à Abbeville en Ponthieu, et le duc de Bourgoingne à Hesdin, d'ung port de mer quy s'appelle le Crotoy, en une gallée avantageuse se partit le bastard de Reubempré, avecq luy environ cinquante hommes, lesquels allèrent en Hollande en une ville quy s'appelle la Haye, en laquelle estoit le comte de Charrollois. Et comme ils y feussent, ou assez près d'illecq, ils se tenoient en secrets lieulx sans eulx monstrer, excepté le bastard quy estoit bien cognu à la cour du comte, car il y avoit esté nourry. Lequel bastard illecq estant, enquesta moult de l'estat du comte, et s'il n'alloit pas esbattre du vespres, et quand il alloit à la chasse s'il y failloit grande compagnie. Et tant en demanda que par soupçon feut prins et mené devers le comte, auquel il confessa ce qu'il avoit intention de faire. De laquelle confession on ne peut rien sçavoir au vray, car le comte ne volt pas que on le sceust; et feit mectre le bastard en forte prison et bien

---

[1] Estropié.

garder. Toutesfois la commune renommée feut partout, et disoit-on publicquement, que le bastard estoit allé en Hollande pour cuider prendre le comte de Charrollois et le mener devers le roy de France; mesme disoit-on que, s'il ne l'eust peu prendre, il le debvoit occire s'il pooit.

Après la confession du bastard, le comte feit prendre touts ceulx quy estoient venus avecq le bastard, lesquels assez tost après il feit délivrer, reservés deulx, avecq basteau et maronnier[1], lequel, comme on disoit, sçavoit la cause de leur venue. Le comte de Charrollois envoya prestement au duc son père dire ces nouvelles, avecq la déposition du bastard, dont le duc feut moult esbahy et troublé; aussy feurent touts ceulx de ses pays et mesme en France, et doubtoit-on fort la guerre. Le duc pour ce ne se partit encoires de Hesdin, ny le roy d'Abbeville, où il s'estoit tenu bien longuement.

Et durant le temps que le roy estoit illecq et environ, et le duc à Hesdin, à peu sçavoit-on comment aller par les champs sans grande compagnie, au pays de Picardie ne environ Hesdin, pour les meurdres et larcins que on y faisoit, et sy n'en faisoit-on nulle justice. Environ ce temps, environ Bonnières, ung villaige autour de Hesdin, ung bon labourier feut trouvé de trois compagnons, lesquels le desrobbèrent; et ainsy qu'il s'estoit mis à genoulx pour leur crier mercy, l'ung d'eulx par derrière d'ung bracquemart luy coppa la teste toute jus des espaules. En ce temps aussy, en la forest de Senlis, deulx josnes escoliers de la ville de Roye feurent meurdris et desrobbés par trois compagnons, dont les deulx feurent prins et pendus; le tierce eschappa et s'en alla à Cambray, dont il estoit; auquel lieu assez tost après il feut pendu.

CHAPITRE XIII.

Du duc de Bourbon quy vint devers le roy; et du soudain partement que le duc de Bourgoingne feit de Hesdin.

Durant le temps que le roy estoit à Abbeville, et le duc de Bourgoingne à Hesdin, le duc de Bourbon quy avoit espousé la sœur du roy, et sy estoit nepveu du duc de Bourgoingne, vint à Abbeville devers le roy; et disoit-on que, combien que le roy l'euist plusieurs fois mandé,

___
(1) Marinier.

J. Du Clercq et St. Remy.

il n'y avoit voullu venir jusques lors, et que encoires n'y estoit point venu sans saulf-conduict. Et couroit la renommée que luy, le duc de Bretaigne et le comte de Charrollois avoient alliance ensemble, telles que sy on vouloit mal à l'ung les aultres l'aideroient.

Le neufviesme jour d'octobre mil quatre cents soixante-quatre, le duc de Bourgoingne receupt lettres du roy, contenants qu'il le venroit veoir à Hesdin le lendemain. On disoit aussy que, ce propre jour, le duc receupt, luy estant à son disner, deulx lettres venant de Hollande, de par son fils, par lesquelles il luy rescripvoit qu'il n'estoit pas bien à Hesdin. Pour lesquelles choses, cestuy propre jour, prestement que le duc olt disné, il monta à cheval, et assez à petite compagnie et soudainement il se partist de Hesdin et s'en alla au giste à Sainct-Pol; et tantost tout chascun de sa cour alla après luy; et commanda aussy que on amenast tout son carroy. De Sainct-Pol il alla à Lille; et laissa à Hesdin, pour garder la ville et le chastel, son nepveu Adolphe de Clefves et le seigneur de Créquy, aulxquels il chargea que, sy le roy y venoit, que on luy feist ouverture par toute la ville et au chastel. Icelluy partement du duc venu à la cognoissance du roy, assez tost après il se partit d'Abbeville et s'en alla en la ville de Rouen en Normandie; le duc de Bourbon aussy, tantost qu'il sceust le partement de son oncle à Lille, où le duc le festoya haultement; et d'illecq alla le duc de Bourbon à Gand, où le comte de Charrollois estoit, quy luy feit grande chière, et là feut aussy grandement festoyé.

CHAPITRE XIV.

Comment le roy manda, des pays et villes racheptées et aultres pays, aulcuns députés, pour eulx remonstrer qu'il estoit déplaisant de la renommée quy couroit du comte de Charrollois, et pour faire le comte de Nevers cappitaine de Picardie.

Le roy venu à Rouen, il rescripvit à ceulx de Tournay, ceulx de la cité d'Arras, Mortaigne, Noyon, Lens, Amiens, Cambray, Abbeville, Montreuil, Sainct-Quentin, et toutes les villes par luy racheptées au duc de Bourgoingne, que ils envoyassent devers luy aulcuns députés. Lesquels y envoyèrent touts, réservé Cambray. Aulxquels, par maistre Pierre de Morvilliers, son chancellier, il feit remonstrer: comment il avoit entendu que par les pays du duc de Bourgoingne et par aulcuns lieulx de ses pays, la renommée couroit qu'il avoit envoyé le bastard de Reubempré et ses complices en Hollande, pour cuider prendre le comte de Charrollois et l'amener devers luy, dont il n'en estoit riens. Mais bien estoit vray que, combien que le duc de Bretaigne luy eusist faict hommaige, comme faire debvoit, de sa duché, sy ne obéissoit pas bien à luy et se fortifioit contre luy; et de faict avoit sceu qu'il avoit envoyé maistre Jehan de Renneville, son vis-chancellier, en Angleterre, vers ses anciens ennemis pour y avoir alliance, ce que faire ne debvoit; car nul prince de France, sans son congié, ne debvoit envoyer ambassade vers ses ennemis. Laquelle chose venue à sa cognoissance, il avoit envoyé ledict bastard vers Hollande pour cuider prendre ledict vis-chancellier, lequel debvoit revenir par Hollande, et le amener devers luy; mais oncques ne avoit pensé de faire prendre le comte de Charrollois; et ce debvoit-on bien penser, car n'estoit chose à présumer que sy peu de gents euissent pu prendre ung tel prince quy n'est pas sans grande compagnie; et aussy ne l'eust daigné faire, veu les grands biens que le duc son père luy avoit faict; et s'il l'eust voullu faire, sy n'y eust-il jamais envoyé ledict bastard, quy n'estoit accompagné que de pescheurs d'Abbeville. Dit encoires plus ledict chancellier : que le roy estoit adverty que, en la ville de Bruges, ung prescheur avoit preschié publiquement, en laquelle il y a de toute nation du monde, que le roy avoit envoyé le bastard de Reubempré en Hollande pour cuider prendre et occire le comte de Charrollois, dont le roy estoit très mal content ; et ne le pensoit pas ainsy laisser couller, sans punition de ceulx quy ce avoient faict dire.

Ces choses feurent ainsy remonstrées, présents les comtes d'Angoulesme, d'Eu, de Nevers, le duc de Nemours, l'admiral de France et aultres grands seigneurs, avecq tout le conseil du roy. Après ce leur dit le chancelier : que le roy les avoit mandés aussy pour eulx faire sçavoir, que il avoit ordonné le comte de Nevers son lieutenant et cappitaine général des villes racheptées dessusdictes, jusques à la rivière de Loire, affin que, s'il se partoit, il demourast pour résister aulx entreprinses que pourroient faire les Anglois ses anciens ennemis; aulxquels il commandoit que au comte de Nevers ils obéissent comme à luy. Ce feut faict la nuict Sainct-Simon, et le lendemain les députés s'en retournèrent.

CHAPITRE XV.

Comment le comte de Charrollois vint à Lille devers son père ; et de l'ambassade que le roy de France envoya à Lille devers le duc de Bourgoingne.

Le quatriesme jour de novembre, le comte de Charrollois arriva en la ville de Lille, accompagnié de quatre-vingts à cent, que chevalliers, que gentilshommes, grands seigneurs, et bien six cents chevaulx, sans ceulx de la ville, quy vindrent bien quatre cents chevaux allencontre de luy ; à l'entrée en ladicte ville crioient Noël de joye les petits enfants. Et ce propre jour alla le comte devers son père ; et le lendemain, cinquiesme jour dudict mois, arrivèrent en ladicte ville de Lille, le comte d'Eu, le chancellier de France et l'archevesque de Nerbonne, ambassadeurs du roy de France, à grande compagnie et le lendemain allèrent devers le duc. En la présence duquel et du comte de Charrollois, son fils, le chancellier proposa la charge que il avoit du roy, laquelle proposition je ne sçaurois tout dire, car je n'y estois pas. Mais les causes pourquoy les envoyoit principalement estoient deulx : la première pour ravoir le bastard de Reubempré, la seconde pour le roy estre réparé des parolles que on avoit faict courir au deshonneur de luy ; et avecq ce, que le duc envoyast au roy ung gentilhomme nommé Olivier de la Marche, quy estoit serviteur du comte de Charrollois, par lequel avoient esté portées les premières nouvelles de la prinse du bastard de Reubempré au duc à Hesdin, et avoit dict et divulgué le premier que le roy avoit voulu faire prendre le comte de Charrollois. Oultre ces choses, il vouloit encoires que le duc envoyast au roy le prescheur ou les prescheurs quy avoient preschié à Bruges que le roy avoit voullu ce faire, pour d'iceulx faire telle justice que en tel cas appartient. Et affin de ravoir le bastard, dit au duc : que le roy sçachant que le duc de Bretaigne avoit envoyé en Angleterre son vis-chancellier pour avoir alliance aulx Anglois, et debvoit repasser par Hollande pour parler au comte (se c'estoit pour bien ou non il ne sçavoit), il envoya le bastard de Reubempré en Hollande pour prendre et amener devers luy icelluy vis-chancellier. Auquel bastard venu en

Hollande, sans ce que y feist chose quy ne feust à faire, le comte de Charrollois, quy estoit doubtif plus qu'il ne debvoit, et sans cause, feit prendre ledict bastard luy troisiesme, et le basteau où ils estoient venus avecq le maronnier.

A ces mots, ledict Charrollois illecq présent, oyant ces parolles, se jetta à genoulx devant le duc son père disant : « Très redoubté seigneur « et père, je vous prie qu'il vous plaise que je « puisse respondre aux parolles cy proférées, les-« quelles touchent vostre honneur et le mien; et « à l'aide de Dieu mon Créateur, je y respondray « tellement à l'honneur de Dieu que vostre hon-« neur et le mien y seront bien gardés, car mais [1] « que j'aye la grasce de Dieu mon Créateur, je ne « crains homme quy vive sous le ciel que vous, « mon très redoubté seigneur et père. Et me « donne de grandes merveilles que, veu que je « suis povre parent de monseigneur le roy de « France, pourquoy il me quiert sy fort. » A ces mots, le chancellier dit au duc, et coppant la parole à son fils, que ils n'avoient nuls charges du roy de parler, ne respondre de bouche ne par escript au comte de Charrollois. Et lors le duc dit à son fils qu'il se deportast de plus parler jusques une aultre fois; dont le comte fust moult troublé; toutesfois il obéit au command de son père. Ce faict et dict, le chancelier derechief recommença parler, en disant au duc : que le roy luy avoit chargé luy dire, que il se donnoit merveilles que il s'estoit party de Hesdin sy soudainement, veu que il avoit promis au roy que il ne s'en partiroit point sans avoir parlé à luy, ou sans son congié, et veu aussy qu'il avoit tousjours oy maintenir que le duc ne avoit oncques esté reprins d'aller contre sa parolle. Plusieurs aultres choses proposa le chancellier devant le duc; lequel duc le laissa dire ce qu'il volt; mais prestement qu'il olt faict fin, le duc de luy-mesme et par sa bouche respondit en telle manière ou substance à aulcuns articles qu'il avoit proposés. Et premier, en tant que ils avoient dict que son fils estoit doubtif; que si il l'estoit, cela ne luy venoit de par luy, car oncques en sa vie ne avoit doubté prince ne homme quy vescust, ne encoires ne cremoit [2] ne doubtoit prince ne homme vivant. Et par manière joyeuse en riant, dit : que s'il estoit doubtif, ce luy venoit de par sa mère, quy

(1) Pourvu. (2) Craignoit.

mainte fois avoit doubté et le mescreu, que il n'allast à aultres femmes que à elle. Et touchant ce qu'ils avoient requis le bastard de Reubempré à ravoir, il leur dit : que il ne le rendroit pas, pourtant que il avoit esté prins au pays de Hollande, dont il estoit seigneur de la terre et de la mer, sans en recognoistre nul à souverain que Dieu; et illecq ne avoit le roy que veoir ne que cognoistre, car c'estoit hors de sa seigneurie. Et illecq estoit le bastard en justice, laquelle on luy feroit selon ses desmérites ou selon son innocence; combien que c'estoit chose toute notoire, cognue par touts ses pays, ès-quels le bastard avoit esté nourry, que ledict bastard ne valoit rien et estoit homme de male renommée, homicide et maulvais garçon. Et quant à ce que le roy requéroit l'escuyer quy rapporta les nouvelles, et les prescheurs quy avoient preschié, il respondit, quant aux prescheurs : que il estoit prince terrien et avoit à cognoistre des hommes séculiers et non de ceulx de l'Eglise, aulxquels il ne vouloit touchier; et aussy c'est chose certaine, que plusieurs prescheurs sont peu sages et disent souvent des choses sans advis et sans commandement, et puis se partent des lieulx et s'en vont où bon leur semble, et ne sçait-on qu'ils deviennent; et sy, ne croit point que on l'eust oncques preschié. Au regard de l'escuyer : il dit qu'il estoit de l'hostel de son fils, et ne pensoit point qu'il eust fait chose que il ne deubst faire ne dire; et se aultre chose avoit faict, il s'en informeroit, et en feroit telle justice que il appartiendroit. Et quand vint à respondre à ce que le roy luy mandoit que il ne avoit pas tenu sa promesse, il se troubla ung petit, et dit oyants touts, assez haultement : « Je veulx bien que chas-« cun sçache que je ne promis oncques chose de « ma bouche à homme quy vive, que je n'ay tenu « à ma possibilité. » Et, luy ung peu réparé, en riant dit : « Je ne feis oncques faulte, fors aulx « dames. Et veulx bien que vous sçachiez, et « vous prie que vous disiez à monseigneur le roy, « que quand je pris dernièrement congié à luy, je « luy dis voirement que, se il ne me survenoit aul-« tres nouvelles nécessaires, que je avois pour « lors, ou que j'eusse aulcunes affaires quy requé-« rissent mon retour, je ne me partirois point de « Hesdin sans prendre congié ou parler à luy s'il « luy plaisoit; et aultres choses ne luy promis.
« Or, advint-il que, à l'heure que je m'en partis, il

« m'estoit nécessité partir, tant pour certaines
« grosses affaires quy me survindrent à coulp,
« comme pour le faict du bastard dessusdict. » Ces
parolles et ault resdictes par le duc, le chancellier
dit derechief au duc : que eulx touts ambassadeurs ne croyoient et ne cuidoient pas que, veu
le grand honneur que il avoit tousjours porté au
roy et à la couronne de France, et aussy l'ambassade que le roy luy avoit envoyée, telle que ses
propres parents le comte d'Eu et l'archevesque de
Narbonne, avec eulx son chancellier, quy estoit
la plus excellente que on peust envoyer, que ils
s'en partissent sans ravoir du moins ledict bastard, considérés les biens et honneur que le roy
luy avoit faict et monstré, et que sur ce se volsist conseiller. Le duc encoires sur ce leur respondit : que tout le bien, honneur et service
que il avoit peu faire ne pourchasser au roy,
il le avoit faict volontiers ; mais de chose que
au roy il euist requis oncques rien ne accorda,
ne des choses que luy promist oncques il s'en
estoit peu apperceu ; et mesme quand il rachepta
les terres de Picardie, le duc debvoit joyr desdictes terres sa vie durante ; mais prestement
qu'il olt receu les deniers, on luy cloist le pas
de la jouissance ; dont il ne luy challoit guières.
A ces mots, ung très noble clercq natif de Bourgoingne, chevallier, nommé maistre Pierre Goux,
ung des principaulx du conseil du duc commença à parler à ladicte ambassade, et dit en telle manière : « Messieurs, affin que chascun l'entende,
« monseigneur le duc quy là est, ne tient pas tout
« ce qu'il a du roy de France. Bien est vray qu'il
« en tient la duché de Bourgoingne, la comté de
« Flandres et la comté d'Artois ; mais a hors du
« royaulme moult d'aultres belles seigneuries,
« telles que les duchés de Brabant, de Luxem-
« bourg, de Lembourg et de Loctrique[1], avecq
« les comtés de Bourgoingne, de Haynault, de
« Hollande, de Namur et plusieurs aultres pays,
« desquelles la pluspart il tient de Dieu tant seu-
« lement. » Et lors dit le chancellier : que combien
que il feust le seigneur de touts ces pays, sy
n'estoit-il pas roy. Quand le duc luy oyt dire, il
respondit de sa bouche, présents touts : « Je veulx
« bien que chascun sçache que, sy j'euisse voullu,
« je feuisse roy. » Mais il ne dit pas de quel
royaulme. Et aultre response ne leur respondit
pour ce jour ; mais il leur dit que plus ample

[1] Lothiers.

response leur feroit rendre ains trois jours
passés, et ainsy se despartirent. Et prestement
cedict jour le duc envoya devers le roy Loys,
par ung sien poursuivant, une lettre close adressant à la personne du roy, lequel estoit à Nogent
emprès Chartres ; lequel poursuivant ne mit
que dix jours d'aller et revenir, et sy parla au
roy ; et leut le roy les lettres ; et par le poursuivant rescripvit au duc ; mais ce qu'il y avoit
ès lettres de l'une partie ne de l'aultre, je ne
sçay.

CHAPITRE XVI.

De la response que le comte de Charrollois feit aulx ambassadeurs du roy, et comment les ambassadeurs, par toutes les villes de Picardie, au repasser, excusèrent le roy de France des parolles quy couroient.

Ce jeudy ensuivant, huict de novembre, l'an
dessusdict, feurent par le duc de Bourgoingne
mandés les ambassadeurs du roy ; et illecq, en
sa présence, le comte de Charrollois son fils de
sa bouche respondit à touts les poincts et articles que le chancellier avoit proposés, sy haultement et sy sagement, et sans soy troubler,
que chascun se donna grand merveille du sens
et de la prudence quy estoit en luy ; et dit-on que,
après l'assemblée despartie, que le duc dit à
aulcuns de ses plus privés, que il ne cuidoit pas
avoir un fils sy sage. Après la response rendue
par le comte de Charrollois, comme dict est, se
partirent les ambassadeurs du roy, sans ce que
des choses qu'ils euissent requis leur feust rien
accordé aultrement que dict est ; et allèrent à
Tournay, à Douay et en la cité d'Arras, à
Dourlens, à Amiens, et ailleurs : en toutes lesquelles villes, en chascune ils assemblèrent les
trois estats et commune, en la présence desquels ils remonstrèrent : comment le roy estoit
troublé et courroucié des parolles que on
disoit de luy, touchant le faict du comte de
Charrollois, et que oncques ne le pensa et ne
l'eust voullu ne daigné faire ; et certiffioient-ils
avoir ouy dire au roy de sa bouche, et oultre
plus leur avoit chargié le roy, comme il apparoit par lettres de crédence que ils monstrèrent, que ils requérissent aulx trois estats des
bonnes villes par où ils passeroient, quy n'estoient pas nuement à luy subjects, et commandassent aulx subjects du roy : que se ils avoient
en leur imagination que le roy eust voullu faire
ce dont la renommée couroit, que ils les meis-

sent hors; et que sy aulcuns en parloient contre l'honneur du roy et luy en bailliassent charge, que ils les feissent prisonniers et les envoyassent au roy, ou en fissent telle punition que le cas requéroit. Environ ce temps, estoient revenus puis deulx, trois, dix ou douze, ou plus ou moins, la pluspart de ceulx quy estoient allés sur les Turcqs; et ne les voldrent les Italiens ny ceulx de Rome laisser passer; ains leur donna le pape pardon de leurs vœulx, et de retourner. Et disoit-on qu'ils estoient allés des parties de chrestienneté et prins la croix, le plus à pied, sans argent et sans cappitaine, comme aultrement, le nombre de trois cents mille hommes; duquel nombre je n'en sçay au vray, fors que la renommée en couroit.

CHAPITRE XVII.

Comment les seigneurs de Torsy et de Moy meirent Crèvecœur, emprès Cambray, en l'obéissance du roy et de l'évesque de Tournay; et aultres seigneurs quy allèrent de par le duc de Bourgoingne devers le roy de France.

Environ ce temps, le quinziesme jour de novembre audict an, les seigneurs de Moy et de Torsy, par le commandement du roy de France, Loys, arrivèrent en la ville de Crèvecœur, assez près de Cambray, et illecq, de par le roy, meirent touts nouveaulx officiers, et meirent la ville en la main du roy. Et jà feust vray que le roy euist donné la ville de Crèvecœur, Arleux et Sainct-Souplet, et aultres terres, à Anthoine, bastard de Bourgoingne, pour luy et ses hoirs en joyr, et que icelles villes ne feuissent pas du royaulme, ains sont tenues de l'évesque de Cambray, nonobstant toutes ces choses, apportèrent lesdicts seigneurs ung mandement du roy, par lequel il révocquoit le don par luy faict audict bastard touchant la seigneurie; mais des prouffits il les laissoit au bastard. Le bailly dudict Crèvecœur, nommé Tristain Blondel, environ vingt compagnons de guerre avecq luy, se boutta au chastel, et levèrent le pont. Quand le seigneur de Torsy le sceut, sy alla parler à eulx et leur demanda de par quy ils estoient là venus; ils respondirent : de par la femme du bastard de Bourgoingne, laquelle leur avoit baillié la coppie des lettres du don que le roy avoit faict à son mary d'icelles terres, et leur offrirent à monstrer. Lors le seigneur de Torsy leur fit le mandement du roy et leur pria que amiablement s'en partissent. Quand ils oyrent ce, et considérèrent que ceulx du pays leur voullurent courir sus, lesquels ils cuidoient que ils les deussent aider, mais ils estoient touts contraires et du party du roy, touts vuidèrent du chastel, sans ce que à nuls on feit grief, réservé au bailly, lequel, pour tant que il estoit allé quérir les bons compagnons, il feut faict prisonnier et mené à Paris devers le roy; et feut en grand péril; mais en la fin feut délivré.

Environ le jour de Noël ensuivant, le duc de Bourgoingne envoya l'évesque de Tournay, le seigneur de Créquy, chevallier, et le protonotaire de Bourbon, avecq grande compagnie, en ambassade devers Loys, roy de France, à Tours en Touraine; auquel lieu de Tours le roy assembla touts les princes et seigneurs de son royaulme tant qu'il en polt avoir; et illecq vindrent le roy Regnier de Secille, duc d'Anjou, le duc d'Orléans, le comte de Nevers, le comte de Sainct-Pol et aultres en moult grand nombre de princes et seigneurs. Et illecq le roy, de sa bouche, leur dit : que ce qu'il les avoit mandé n'estoit pas pour nuire au duc de Bourgoingne, jà-soit-ce que on le cuidast, auquel duc il estoit tant tenu que plus ne pooit, mais estoit pour le faict du duc de Bretaigne, lequel avoit dict et de faict rescript par ses lettres missives au comte de Charrollois, au duc d'Orléans et au duc de Bourbon, au roy de Secille et aultres princes, que ce que le roy se tenoit tant ès parties de Picardie estoit pour avoir paix aulx Anglois, ses anciens ennemis, aulxquels il debvroit donner la duché de Normandie et de Guyenne, affin qu'il peust subjuguer les maisons de Bourgoingne, de Bretaigne, de Bourbon, d'Orléans, d'Anjou, et aultres issues de la couronne de France. Laquelle chose il leur certiffia et jura qu'il ne pensa onques, ne n'ot volonté de ce faire, ne de aliéner l'héritage de la couronne, ne de grever son sang. Et dit de sa bouche : que se il vouloit faire telles choses, que il ne seroit pas digne de tenir la couronne. Et ce pourquoy il s'estoit tenu en Picardie, estoit à cause que le duc de Bourgoingne avoit intention d'aller oultre la mer combattre les Turcqs; et ce le avoit meu de prendre trefve aux Anglois, affin que durant son voyage les pays feussent en paix. Après ce que il olt ce dict, requist à touts ceulx de son sang et aultres princes illecq présents, s'aulcuns en y avoit, que ils dissent s'ils croyoient ne cuidassent que ce que le duc de Bretaigne avoit rescript feust vray. Touts lesquels d'une voix respondirent : qu'ils ne le croyoient point. Et lors leur requist que, pour venger l'injure que le duc de Bretaigne luy avoit faict, que ils le volsissent servir contre luy, lesquels luy promirent touts de le servir à leur pooir.

CHAPITRE XVIII.

De la mort de Charles, duc d'Orléans; et du marriage d'Edouard, roy d'Angleterre; et aultres choses advenues en icelluy temps.

Le quatriesme jour de janvier, en l'an de l'incarnation de nostre Seigneur mil quatre cents soixante-quatre[1] cloist son dernier jour, en l'age de soixante-dix ans ou environ, Charles, duc d'Orléans, lequel délaissa ung fils nommé Loys, de l'age de trois ans, et une fille de l'age de huict à neuf ans. Icelluy Charles, pour vengier la mort du duc d'Orléans son père, quy feut tué à Paris, commença la guerre contre Jehan, duc de Bourgoingne, père du duc Philippes, laquelle dura plus de trente ans, et sy longuement que en plusieurs villaiges, et tant que sans nombre, feurent plus de trente ans sans estre habités, comme ès chroniques de ce faictes appert plus à plein. Icelluy Charles, duc d'Orléans, en son josne age, feut prins en la bataille de Rousseau-ville[2]; et feut prisonnier en Angleterre l'espace de vingt-cinq ans ; et jamais n'en feust retourné, se le duc Philippes de Bourgoingne ne le eust racheté; lequel paya sa rançon, et luy baillia sa niepce, la fille du duc de Clefves, à marriage, de laquelle il olt les enfants cy-dessus. Despuis, s'en retourna en France, feut de belle et honneste vie, et servit fort bien Dieu, et ne feit oncques puis chose que bon prince ne debvoit faire. Toutes les semaines, le jour de vendredy, donnoit à treize pauvres à disner et les servoit luy mesme ains[3] qu'il mangeast, et après leur lavoit les pieds comme nostre Seigneur Jésus-Christ feit à ses apostres. Il mourut comme bon chrestien doibt faire, entre le Noël et caresme. Environ ce temps, Edouard, roy d'Angleterre, lequel on nommoit Edouard-aux-longues-jambes, et estoit ung des beaulx chevalliers d'Angleterre, prit à marriage la fille du sieur de la Rivière[4], ung chevallier d'Angleterre, lequel estoit chevallier d'assez petite extraction au regard du roy ; mais en sa jeunesse, pour ce qu'il estoit fort beau chevallier, feut envoyé en France pour servir la femme du duc de Bedefort, frère du roy Henry et régent de France, pour son nepveu Henry, quy avoit esté couronné roy de France à Paris, moult josne, après la mort du roy son père ; laquelle duchesse estoit fille du comte de Sainct-Pol, et moult estoit bonne dame. Icelle dame, après la mort du régent son mary, sans conseil et contre la volonté de touts ses amis, et par espécial du cardinal de Rouen, son oncle, print en marriage et espousa ledict chevallier seigneur de la Rivière, lequel l'emmena au pays d'Angleterre, ne oncques ne luy ne elle ne osèrent revenir en France, pour le doubte des amis d'elle. Icelle dame olt d'icelluy seigneur de la Rivière plusieurs enfants, et entre les aultres, icelle dame dont j'ai parlé, laquelle le roy Edouard print, pour sa beauté et par amourette ; et disoit-on que c'estoit la plus belle que on pooit veoir ; et couroit la voix que, ains qu'il l'espousa, il avoit eu sa compagnie. Le mayeur de Londres et aultres seigneurs d'Angleterre feurent mal contents de ce marriage ; et deubt le mayeur dire, comme la voix en couroit, que, ains qu'elle feust couronnée, il cousteroit dix mille hommes. Le roy de ce adverty n'en tint compte et l'espousa, et dit qu'il la feroit couronner ; et ainçois qu'il l'espousast, envoya requérir au comte de Charrollois, qu'il luy volsist faire celle honneur, que il luy envoyast aulcuns seigneurs des amis d'elle et de son sang, affin que on ne pensast pas qu'elle ne feust de noble lieu et de noble sang ; lequel comte y envoya Jacques de Sainct-Pol, frère du comte de Sainct-Pol et oncle à icelle royne, accompagnié de chevalliers et nobles hommes, jusques au nombre de cent chevaulx ou environ, et donna audict Jacques six cents couronnes, et à chascun chevallier ou gentilhomme, cent couronnes pour eulx festoyer honnorablement en Angleterre. Et feut honnorablement receu en

---

(1) 1465, nouveau style.

(2) Charles d'Orléans, père de Louis XII, fut pris à la bataille d'Azincourt, près Rousseau-Ville en 1415. Il ne fut délivré qu'en 1439. Il a composé de fort jolis vers françois, et il peut être, mieux que Vilon, regardé comme le père de la poésie françoise.

(3) Avant.

(4) Rivers.

Angleterre; et luy feit le roy grande chière et à eulx touts; et feirent des joustes et esbattements plusieurs, car icelluy Jacques avoit en sa compagnie de nobles hommes, pour faire touts esbattements, feuissent armes, joustes, tournois, courre aux barres, jouer à la palme et touts aultres déduits. Après que le roy l'olt festoyé moult grandement, et tant qu'on ne polroit plus, il retourna devers le comte de Charrollois. Et disoit-on que la cause principale pourquoy le comte de Charrollois le avoit envoyé en Angleterre, estoit affin de avoir ayde du roy d'Angleterre, se besoing estoit, contre ses ennemis, au moings qu'ils ne voulsissent nuire; car il estoit adverty que le roy de France avoit voullu avoir paix et alliance à luy, pour luy nuire, et aulcuns seigneurs de France; et ceste paix et alliance avoit cuidé de faire le seigneur de Lannoy, lequel, comme on disoit, avoit esté envoyé en Angleterre de par le roy de France et le duc de Bourgoingne. A laquelle paix ne alliance le roy Edouard ne volt entendre; mais envoya au duc de Bourgoingne les lettres que le roy de France luy avoit escript, et rescript au duc tout ce que le seigneur de Lannoy avoit cuidé faire; dont le duc feut moult esbahy; et dès lors se commença à doubter du roy et aultres. On disoit encoires que le roy Edouard dit à Jacques de Sainct-Pol au partir, que sy le comte Charrollois avoit affaire, que il le secourroit et ayderoit de gents de guerre et aultrement.

Environ ce temps, en ung villaige nommé Avesnes-le-Comte, en Artois, ung nommé Claudet Camus meurdrit sa femme, laquelle estoit enceinte de deulx enfants; et la trouvat-on en une estable, une baille[1] de bois sur elle, affin que on cuidast qu'elle se feust occise; mais le faict feut sceu, et s'enffuit ledict Claude. Icelle femme estoit de bonne bourgeoisie en la ville d'Arras, et sœur à Jacquotin Bracquet, dont cy-dessus est parlé, mais elle estoit ung peu innocente; grande femme estoit, et sy avoit de son mary plusieurs enfants; mais son mary estoit de male vie; et demoura à marrier tant que son frère vescut, lequel despendit une partie de ce qu'elle avoit valliant; car son père luy avoit laissé bien deulx cents francs de rente. Après la mort de son frère Jehan Bracquet, son oncle la marria à icelluy Claude qui estoit pauvre compagnon; et en olt icelluy Jehan bien cent florins, dont icelluy Jehan avoit bien affaire, car il estoit pauvre, combien qu'il euist esté riche, car il avoit despendu plus de cinq cents francs de rente, et plus d'or et d'argent qu'il ne pesoit.

Audict an, en la cité d'Arras, le cinquiesme jour de febvrier, feut battu de vergues ung josne compagnon de Brabant, de l'age de vingt ans, et banny de la cité, pourtant que le jour de Nostre-Dame de la Chandelleur, en l'église de Nostre-Dame, en oyant messe, il print en la bourse d'ung homme, huchier[1] demourant à Arras, certain argent, comme il confessa; et monstra comment il l'avoit faict.

En cest an mil quatre cents soixante-quatre, il gela depuis le dixiesme jour de décembre jusques au quinziesme jour de febvrier; et gella sy fort, par espécial sept ou huict jours entiers, que le vin, le pain et aultres viandes s'engelloient à la table; et feurent plusieurs puits en la ville d'Arras engellés; il gelloit en celier, et en aulcuns lieulx jusques au fond des boves[2]. Brief il feit sy froid que plusieurs gents par les champs mourrurent de froid. Et disoient les anciens hommes que puis l'an mil quatre cents et sept, que lors il feut le plus grand hyver dont on avoit oy parler, il ne avoit sy fort gellé; et avecq les gellées feit grandes neiges; la rivière d'Oise et de Senne et aultres feurent engellées, et carioit-on sus comme en pleins camps.

CHAPITRE XIX.

Des deulx bastards de Bourgoingne quy revindrent; et de l'ambassade que le duc avoit envoyée devers le roy, quy revint; et aultres choses.

Environ la fin de febvrier, Anthoine et Baulduin, bastards de Bourgoingne, revindrent du voyage qu'ils avoient cuidé faire sur les Turcqs, et entrèrent à Bruxelles; avecq eulx messire Simon de Lallaing, chevallier, le seigneur de Cohem et plusieurs aultres seigneurs et chevalliers, de retour du voyage de Turquie, entrèrent à Bruxelles; lesquels s'estoient partis avecq eulx pour aller combattre les Turcqs, ce qu'ils ne feirent; et feut leur voyage de petite value et peu d'efficace car ils ne feirent oncques chose digne de memoire. Combien que en plusieurs lieulx par la mer, après eulx partis de l'Escluse pour aller à Marseille, qu'ils passassent par les

(1) Porte.

(1) Layetier. (2) Caves.

pays des Turcqs, et passer les y convenoit, n'y olt oncques riens faict, comme il me feut certifié, quy soit digne de louange. Et ains qu'ils venissent à Marseille, plusieurs moururent de maladie. Et eulx arrivés à Marseille, où ils feurent plus de trois ou quatre mois, la mortalité se frappa tellement que de deulx mille qu'ils estoient, il en mourut de quatre à cinq cents. Et puis revindrent, comme dict est, et laissèrent à Marseille toute leur artillerie et leurs harnas de guerre; et revindrent par Avignon, et par terre jusques à leurs lieulx.

Environ ce temps aussy, l'évesque de Tournay, le seigneur de Créquy et leur compagnie, que le duc de Bourgoingne avoit envoyé devers le roy, feurent de retour; et disoit-on, se ils ne feuissent allés vers le roy, le roy estoit délibéré, quelque chose qu'il dist, d'entrer atout sa puissance de gents d'armes ès pays du duc de Bourgoingne; et ce pooit bien estre vray, par ce que cy-après apperra et sera dict. Et cuidoit bien le roy que le comte de Sainct-Pol le deubst servir, et cuidoit avoir traictié au duc de Bretaigne; mais les choses allèrent tout aultrement, comme cy-après sera dict.

Audict an aussy, ung compagnon nommé Colinet de la Vergne, natif de Sailly en Ostrevan, feut assailly entre la Rouge-maison et la Tuilerie, en la ville d'Arras, de trois, l'ung nommé Jehan le Vasseur, dict Faucquemont; le second, Ostevenet, dict Venet, et le tierce, Jehan Roguet; lesquels se disoient estre à Jehan Longueval, d'avecq lequel ils estoient revenus du voyage de Turquie, environ quinze jours devant. Lequel Colinet feut par eulx tué; et luy donna ledict Faucquemont le coup de la mort par-derrière ès espaules, que ledict Colinet ne s'en donnast garde, car il se revengea tellement que, se n'eust esté le coup de Faucquemont, il s'estoit retiré à saufveté à la maison d'ung cordonnier en la Tuilerie. Icelluy Colinet du coup dessusdict chéit mort sans parler mot. Il estoit de haulte stature et moult bel josne homme. Et la cause pourquoy ils assaillirent icelluy Colinet, aulcuns disoient que ce venoit à cause d'une fillette de joie; aultres disoient que c'estoit pour ce que Colinet se disoit aux enfants du seigneur de Neuville[1], entre lequel seigneur de Neuville et ceulx de Longueval ne avoit pas

(1) Nivelle.

bon amour. Après qu'ils olrent ce faict, ils s'en allèrent aux Frères Mineurs à saulfveté; et les accompagnièrent huict aultres compagnons quy touts estoient audict Jehan de Longueval, et revenus avecq luy de Turquie; lesquels avoient esté aux desbats, mais ils n'y frappèrent point; mais au besoing ils y euissent frappé, comme on disoit. Des Cordeliers ils se vindrent rendre à la cour de l'évesque, et feirent admonester la loy, comme illecq, combien que ung ou deulx les plus principaulx facteurs ne feussent pas clercqs, et des aultres aussy; mais nonobstant l'admonestement, les facteurs feurent bannis et semons sur la teste, touts trois, de la ville d'Arras. Ce venu à leur cognoissance, la propre nuict, environ trois heures après nuict, touts onze ensemble rompirent prison, et s'en allèrent où bon leur sembla. Et disoit-on que l'évesque n'en estoit pas courroucié, quelle semblance de courroux qu'il en monstroit, et nonobstant qu'il feist mettre les gardes des prisons prisonniers; car Jehan de Longueval estoit bien son amy, et prochain parent du seigneur de Longueval, quy avoit espousé la sœur de l'évesque.

CHAPITRE XX.

Comment le bastard retourna du voyage qu'il avoit entrepris; et comment le duc de Bourgoingne feut malade à Bruxelles; et comment le seigneur de Croy, son frère Jehan de Croy, leurs enfants, et le seigneur de Lannoy, feurent déboutés de la cour et des pays du duc de Bourgoingne.

L'an de grasce mil quatre cents soixante-quatre, jour de Quaresimaux, Anthoine et Baulduin, bastards de Bourgoingne, avecq eulx le seigneur de Cohem, messire Simon de Lallaing et plusieurs aultres, de retour du voyage de Turquie, entrèrent en la ville de Bruxelles. Lesquels, comme dessus ay dict, s'estoient partis pour aller combattre les Infideles; mais ils ne s'y combattirent oncques; et feut leur voyage de petite efficace; car combien que par la mer qu'ils passèrent, ils passèrent par moult de pays sarrazins et infideles, il n'y olt oncques faict valliance de guerre dont il doibve estre memoire; et ne feirent que passer la mer et venir à Marseille, où ils séjournèrent plus de quatre mois, attendants se le pape venroit ou envoyeroit ce que il avoit promis. Durant lequel temps mourut de quatre à cinq cents que nobles hommes, que aultres de leur compagnie, par impédimie[1] et aultrement, de la maladie; et ne voldrent les Italiens laisser passer les piétons croisiés oultre pays, pour la multitude quy estoit sans chief, sans cappitaine et sans argent le plus; et mesmement donna le pape pardon et absolution des serments qu'ils avoient faicts, et congié de retourner en leurs pays; et feut du tout le voyage rompu.

Environ ce temps, le deuxiesme jour de mars, en la ville de Bruxelles, print au duc de Bourgoingne une maladie sy griefve que on espéroit mieulx sa mort que sa vie; en laquelle ville estoit le comte de Charrollois son fils; et n'y estoit pas le seigneur de Croy, ains s'estoit party environ trois semaines auparavant sa maladie. Icelluy comte, doubtant la mort de son père, et sçachant que le seigneur de Croy, ses amis et alliés avoient le gouvernement du pays du duc son père, et par espécial de la ville et pays de Luxembourg, de Namur, de Boullenois, de Beaumont en Haynault et ailleurs, sans le sceu du seigneur de Croy, envoya renouveler les cappitaines des chasteaulx dudict Luxembourg, de Namur, de Bouloingne et Beaumont. Et par subtile manière, ce faict et sondict père retourné en santé, feit tant, que le huictiesme jour dudict mois de mars, par l'enhort d'aulcuns de son conseil et plusieurs nobles, feut content que sondict fils eust soubs luy le gouvernement de touts ses pays, dont le seigneur de Quievrain, fils aisné de messire Jehan de Croy, chambellan du duc, feut moult courroucié; et par son conseil, le neufviesme jour dudict mois, le duc rassembla son conseil et révoqua ce qu'il avoit faict le jour de devant. Ce sçachant, son fils assembla son conseil, tel comme le comte de Sainct-Pol, le bastard de Bourgoingne et aultres, avecq la pluspart du conseil de son père, et illecq dit: que plus il ne vouloit celler son couraige, ains voloit dire ce que piéçà avoit eu volonté de dire; c'estoit que de ce jour en avant il faisoit sçavoir à touts ses amis que le seigneur de Croy, les siens et touts ses alliés, il tenoit et réputoit mortels ennemis, en leur disant les causes, lesquelles aulcunes seront cy-après desclarées par lettres que le comte envoya publier par toutes les bonnes villes du pays de son père. Et ce faict, envoya prestement deulx ou trois chevalliers, et feit sçavoir au seigneur de Quievrain, lequel en la seigneurie du seigneur de Croy son oncle, estoit premier chambellan du duc son père, que se il ne se départist du service de son père, il ne luy en viendroit jà bien, et qu'il feroit que sage de se retirer. Lequel seigneur de Quievrain, oye la nouvelle du comte, doubtant par adventure plus qu'il ne debvoit, ou non sçachant comment faire pour bien faire, ne comment s'en partir seurement au moins du deshonneur quy polroit advenir, le lendemain du mandement, par ung samedy matin, se alla jeter à genoulx devant le duc de Bourgoingne, le remerciant des biens qu'il luy avoit faict, et luy priant qu'il prinst en gré ce qu'il luy avoit faict de service, luy priant qu'il luy donnast congié de partir de sa cour; et moult effrayement luy dit que on le cachoit[1] pour occire, et comment le comte son fils estoit mal content de luy. Quand le duc l'olt oy, sy feut moult troublé, et luy deffendit qu'il ne se partist point; et moult ayrement[2] print ung baston que on appelle une gouge ou espieu, en sa main, et issit de sa chambre, et dit qu'il verroit sy son fils venroit tuer ses gents; et alla à la porte de son hostel, et illecq feut longuement. La duchesse de Bourbon sa sœur, avecq aultres dames et damoiselles et le bastard de Bourgoingne vindrent devers luy et l'appaisèrent au mieulx qu'ils polrent, et tant feirent qu'il retourna en sa chambre. Ce temps pendant, le seigneur de Quievrain, quel command que le duc luy olt faict, se partit de la cour du duc le plus secrètement qu'il peust, luy deuxiesme, et feit emporter ses meilleures bagues. Le comte de Charrollois sçachant que son père estoit mal content de luy, sy tint touts les jours conseil, tant de son conseil comme de ceulx du conseil de son père, auquel estoit l'évesque de Tournay, le seigneur de Gois et aultres, et se meit en ses debvoirs de rappaiser son père. Et comme chascun des bons conseilliers de son père se meirent en leurs debvoirs de faire la paix du comte vers son père, par meure délibération et par conseil, le comte de Charrollois envoya par toutes bonnes villes du pays de son père, ses lettres-patentes adressantes aux nobles, aux bourgeois et aux communes, requérant qu'elles feussent lues publiquement, dont la teneur s'ensuit:

(1) Chassoit.
(2) Avec beaucoup d'ire, de colère.

(1) Epidémie.

Copie des lettres que le comte de Charrollois envoya par les bonnes villes des pays de son père.

« Très chiers et bien amés, vous savez comment, grasce à Dieu, mon très redoubté père et seigneur a haultement, longuement et grandement regné en sa seigneurie, tellement que, par le moyen des grandes et nobles vertus quy ont esté et sont en sa personne, il a mis et élevé ceste maison de Bourgoingne, dont il est le chief très noble, en plus grand degré que elle ne feust de la mémoire des hommes. Et combien que de présent, à cause de son ancien age, il soit foible de sa personne et travaillié de maladie, toutesfois sy a-t-il tousjours, comme nous cognoissons, voulloir et intention, et aussy de bons et grands moyens d'entretenir sa seigneurie et maintenir ses bons subjects de bien en mieulx, en justice, paix et tranquillité; et ne véons ne apercevons chose aulcune quy à ce donne empeschement, fors la frauduleuse et damnable déception du sire de Croy et des siens, quy, par ambition et extresme convoitise et pour leur singulier prouffit, veullent embrasser et avoir tout le gouvernement des pays et seigneuries de mondict seigneur et père, tant qu'il vivra; et, comme ingrats, après son décès les mener et faire venir à totale ruine et perdition, pour haine de nous, que, parvenu à age de cognoissance, ils ont de tout leur pooir labouré et rendu toutes peines à eulx possibles, par faulx et non véritables rapports, de nous mettre en l'indignation et male grasce de mondict seigneur et père, comme vous et les estats de sondict pays avez par nous esté et estes assez informés et les ay advertis. Eulx, sentants que par ce moyen ne povoient encoires plainement parvenir à leurs fins et intentions, ont travaillé de quérir aultres voyes pour nous grever, desfaire et destruire s'il eust esté en leur puissance; car monseigneur le roy estant encoires par-deçà daulphin, ils se travaillèrent de faire mettre main à nous, et nous constituer prisonnier, ainsy que monseigneur le roy, despuis son couronnement, nous a, de sa grasce, certifié de sa bouche; dont, et de son singulier amour qu'il nous démonstra, nous tenons à tousjours obligiés à luy. Despuis ledict couronnement, pour le grand desplaisir qu'ils avoient et prenoient de ce que monseigneur le roy nous tenoit, vous fermes, et nous en grasce, ils ne ont jamais cessé jusque à ce qu'ils ont trouvé façon et manière de nous mettre hors de sa grasce, et du tout nous éloigner d'icelle. Et à leurs moyens, ses ambassadeurs, en la présence de mondict seigneur et père, luy estant n'aguières en sa ville de Lille, nous ont publiquement imposé grandes charges, comme vous avez peu sçavoir; et ont lesdicts de Croy et les siens offert et présenté à monseigneur le roy de le servir allencontre de nous après le décès de mondict seigneur et père, au cas que grever ou guerroyer nous voldroit, ce que nous ne porriesmes croire que faire volsist, car nous ne avons faict ne ne ferons, se Dieu plaist, chose quy le doibve à ce mouvoir. Et se sont vantés de nous faire guerre des places et forteresses de Bouloingne, Namur, Luxembourg et aultres qu'ils tenoient en leurs mains, et icelles mettre en aultres mains que de mondict seigneur père et de nous. D'aultre part, lesdicts de Croy ont, par faulx et maulvais rapports, meu et incité mondict seigneur le roy à rachepter les terres royales que mondict seigneur et père avoit en gage. Et pour ce que mondict seigneur et père y faisoit difficulté et n'estoit pas enclin de y entendre, parce que mondict seigneur le roy requéroit avoir quittances de certaine et grande somme quy se debvoit payer en faisant ledict rachapt, ledict de Croy luy dit et feit dire : que mondict seigneur le roy luy lairoit lesdictes terres, et qu'il en jouiroit sa vie durante, nonobstant iceluy rachapt; dont toutesfois ledict seigneur de Croy sçavoit bien le contraire, ainsy qu'il est notoire. D'aultre part, pour encoires par aultres voyes voulloir et cuider grever et dommagier les pays et seigneuries de mondict seigneur et père, ledict seigneur de Croy et les siens ont de tout leur pooir favorisé, soustenu et aidié allencontre de nous, le comte de Nevers, nostre cousin, jà-soit-ce qu'ils feuissent et soient bien advertis de ce que emprins avoit esté contre nostre personne, et comment nostre dict cousin de Nevers s'estoit vanté que mondict seigneur le roy luy avoit promis de baillier quatre cents lances, avecq l'aide des Liégeois, pour entrer au pays de Brabant et s'en faire seigneur, après le trespas de mondict seigneur père, et par ce moien nous en débouter, deschachier [1] et déshériter. Et pour baillier plus de puissance de pooir faire dommaige au pays et subjects de mondict seigneur et père et à nous, icelluy seigneur de

(1) Chasser.

Croy luy avoit faict avoir le don de cappitaine général et lieutenant de mondict seigneur le roy èsdictes terres racheptées ; lequel office, en besoignant au faict dudict engagement, il s'estoit faict donner. Et moyennant ce, nostre dict cousin de Nevers luy a transporté une baronnie de Roucy en Retelois; et dit-on publiquement que luy et les siens sont alliés par serment, scellés et promesses allencontre de nous. Et combien que, puis n'a guières de temps, aulcuns des serviteurs de mondict seigneur et père, désirants le radressement dudict seigneur de Croy envers nous et nostre appaisement avecq luy et les siens, ayent esté à ces fins par devers nous, et que pour honneur et révérence de Dieu nostre Créateur, autheur de paix, et de mondict seigneur père, sans avoir regard aux grandes injures, persécutions, desplaisirs et dommaiges à nous faicts par icelluy seigneur de Croy et les siens, nous feuissions condescendus à octroyer, et de faict eussions faict expédier certaines cédules signées de nostre main, contenants en effet que, quand ledict seigneur de Croy nous feroit aulcuns services, nous l'en aurions et tiendrions pour agréable, et n'en serions pas ingrats envers luy, et que se, à cause desdicts services qu'il nous feroit, aulcun dommaige ou inconvénient luy advenoit, nous, en ce cas, le porterions envers et contre touts, sy avant que par raison le faire polrions et debvrions ; toutesfois icelluy de Croy ne tint oncques compte du contenu de ladicte cédulle, ains a despuis tousjours persévéré de mal en pis allencontre de nous. Et quand on luy a remonstré qu'il se debvoit mettre envers nous en ses debvoirs, aultrement qu'il ne avoit par devant faict, et que les places qu'il tenoit de mondict seigneur et père n'estoient pas son héritaige, il a plainement respondu : que mondict seigneur et père les luy avoit données à la vie de luy et de ses enfants, et qu'il avoit bien intention que sesdicts enfants les tiendroient après luy, mesmement lesdictes places de Namur, Bouloingne et Luxembourg. Et sy est vray que par cy-devant il s'est parforcié d'avoir le don de mondict seigneur et père, de la vraie propriété et seigneurie desdictes places, lequel don il luy euist lors obtenu se mondict seigneur et père y euist esté enclin, et se aulcuns ses conseilliers notables n'y eussent obvié par bonnes et louables remonstrances. Et en oultre, pour mieulx cuider brouiller et mettre en inconvénient les pays de mondict seigneur et père, ledict seigneur de Croy a esté, n'a guières de jours, en la ville de Namur, en laquelle et au chastel d'illecq il a cuidé boutter et mettre grand nombre de gents d'armes, feignant et prenant couleur que ce estoit contre les Liégeois; à quoy, Dieu mercy ! il a failly, car les bonnes gents de ladicte ville, sçachants et cognoissants la fin à quoy il tendoit, ne le ont point voullu souffrir. Et quand il a ce veu, il s'en est party et s'en est allé à la ville de Beaumont en Haynault, auquel lieu et au chastel d'illecq il a pareillement voullu mettre gents d'armes; mais ceulx de la ville ne le ont voullu souffrir. Et d'aultre part a, puis peu de temps en çà, faict venir devant la ville de Luxembourg le duc Loys de Bavière, comte de Valence son beau-fils, ou aulcuns de par ledict duc, atout grand nombre de gents de guerre, pour soy cuyder faire maistre d'icelle ville et chastel de Luxembourg ; ce qu'il euist faict, se provision n'y euist esté mise avant sa venue. Finablement, ledict seigneur de Croy et ses frères, par toutes les voyes et moyens quy leur ont esté et sont possibles, mescognoissants, comme ingrats, les grands et excessifs biens et honneurs qu'ils ont receus de mondict seigneur et père leur seigneur et prince, ont contendu et contendent journellement à mettre à totalle ruine, au moings en dangier de guerre ou de grands inconvénients, les pays ou seigneuries de mondict seigneur et père, et le bon et léal peuple habitants et résidants en iceulx. Toutes lesquelles choses par nous considérées, ayant pitié du pauvre peuple, désirant et voullant de tout nostre cœur, sans plus nulles dissimulations, pourveoir et remédier à ce que, par le moyen et à cause dudict seigneur de Croy et des siens, aulcun scandale, inconvénient ou dangier ne adviene aulxdicts pays et subjects de mondict père, faisons garder soigneusement et seurement lesdicts chasteaulx de Namur, de Luxembourg et de Bouloingne, pour en servir mondict seigneur et père, et tenir ses pays en seureté seurement, et non à aultres fins. Et aussy puis aulcuns jours en-çà, avons supplié et requis en toute humilité mondict seigneur et père, que son plaisir feust de nous donner audience de parler à luy, affin de luy pooir remonstrer et déclarer les choses dessusdictes, avecq nostre bon desir, voulloir et intention sur icelles. Et pour ce que ne avons encoires peu parvenir à ladicte audience avoir, nous avons despuis faict devers nous assembler ceulx de son sang, avecq touts les chevalliers et escuyers et gents de conseil notables de son hostel et du nostre, estants présentement en ceste ville; aulxquels bien au long avons remonstré et donné à cognoistre les choses avant dictes, et comment nous estions et sommes concluds de terminer, et délibérés de pourveoir, à l'aide de Dieu, aulx inconvéniens apparents à venir, à fin telle que mondict seigneur et père demoure entier en sa seigneurie, et nous après luy. Pour laquelle garder et entretenir nous voullons mettre et exposer corps et biens, et demourer son très humble et très obéissant fils, sans entreprendre aulcun gouvernement, fors autant et sy avant que son plaisir sera nous en baillier; en leur déclarant que, pour nous mieulx employer à le servir et obéir, comme bon et obéissant fils est tenu de faire, nostre intention est de continuellement nous tenir doresnavant emprès luy et en son hostel, sans souffrir à nostre pooir que icelluy seigneur de Croy ne les siens, lesquels tenons et réputons pour nos ennemis, ayent plus de gouvernement emprès luy en sondict hostel ny en ses pays, comme ils ont eu par cy-devant jusqu'à présent; leur déclarant aussy que, au regard des aultres bons et loyaulx officiers, conseillers, serviteurs et subjects de mondict seigneur et père, nous les tenons et réputons touts nos bons amis, et les aimons et chérissons comme les nostres propres, et que se le temps passé ils le ont bien et loyaulment servy, ils veuillent encoires continuer et persévérer de bien en mieulx au bien de luy et de sesdicts pays, et de nostre part entendrons libéralement, soingneusement et de bon cœur à faire et exécuter tout ce qu'il luy plaira par bon advis et conseil nous commander et ordonner, en leur requérant que touts volsissent avoir regard et considération à nostre bon, loyal et entier voulloir, sans de cy en avant porter, aimer, soustenir ne favoriser en aulcune manière lesdicts seigneurs de Croy, ne les siens, lesquels, comme dict est, nous tenons et réputons nos ennemis; ains nous aident conformément en tout ce que polrions avoir à faire pour la garde, deffense et préservation desdicts pays de mondict seigneur et père. Laquelle nostre requeste touts ceulx quy estoient à l'assemblée dessusdicte ont libéralement accordée et octroyée. Despuis ces choses, le seigneur de Quievrain, nepveu dudict seigneur de Croy, s'est party de ceste ville; dont mondict seigneur et père a esté mal content, et s'est à ceste cause aulcunement meu et troublé allencontre de nous. Mais, au plaisir de nostre seigneur et à l'aide de bonne remonstrance de ses bons et léaulx conseilliers, nous espérons tellement faire qu'il se contentera et appaisera. De toutes lesquelles choses, très chiers et bien amés, vous advertissons par ces présentes comme nos bons et léaulx amis, aulxquels nous voullons et désirons plainement ouvrir et manifester le secret de nostre pensée, et affin que sçachiez la pure vérité des choses ainsy qu'elles sont advenues, vous priant et requérant très acertes, très affectueusement et de cœur, que vous ne veuilliez recepvoir ne donner faveur aulxdicts de Croy ne à leurs alliés, tenants ne quy tiendront leur partie, ainçois en faictes comme des ennemis de nous et de mondict seigneur et père, et que ne veuilliez ajouster foy aux rapports, lettres ne escriptures que l'on vous polroit faire au contraire des choses dessusdictes; car nous voullons et désirons de tout nostre cœur aider, servir, honnorer et obéir mon avant dict seigneur et père, et en toutes façons et manières à nous possibles, ainsy que tenus y sommes et avons faict jusques à ores; ne jà ne ferons, à Dieu plaist! chose aulcune dont par raison ait ne doibt avoir cause d'estre mal content de nous; ainçois, sans entreprendre sur sa personne, sur sa seigneurie, ne sur le gouvernement d'icelle, nous employerons de tout nostre pooir en corps et en biens à la bonne garde, seureté et préservation de sesdicts pays et subjects, envers et contre touts quy parforcier ou advanchier se voldroient de les grever, fouler, invader ou endommaigier en quelque manière que ce soit. A quoy vous prions et requérons aussy très cordialement nous voulloir servir, aider et assister au mieulx que possible vous sera, se mestier en avons, comme nous y avons parfaicte fiance. Très chiers et bien amés, le Sainct-Esprit vous ait en sa bonne grasce.

Escript à Bruxelles, le vingt-deuxiesme jour de mars mil quatre cents soixante-quatre; signé CHARLES.

Et desseure les lettres avoit escript: de par le comte de Charrollois, le seigneur de Chasteau-Belin et de Béthune. »

CHAPITRE XXI.

Comment le duc de Berry, frère au roy Loys de France, s'en alla en Bretaigne sans le congié du roy.

Environ le commencement de mars, l'an dessus, soixante-quatre, en la propre sepmaine que le duc feut troublé à son fils, et que le seigneur de Quievrain se partit de Bruxelles, lequel seigneur de Quievrain avoit esté bailly de Haynault, et estoit reputé pour un josne homme très sage et grand historien, Charles, duc de Berry, seul frère du roy de France, agié de dix-huit ans, que le roy Loys son frère tenoit avecq luy assez simplement et en peu d'estat, ne luy bailliant sy grand estat qu'il avoit accoustumé tenir durant que le feu roy son père vivoit, ainsy comme le roy s'estoit party de Poitiers et allé en pèlerinage assez près dudict Poitiers, feit semblant d'aller à la cache[1], luy dixiesme ou environ ; et hastivement, au plustot qu'il peut, faisant rompre les ponts par où il passoit, de doubte qu'il ne feust suivy, s'en alla devers le duc de Bretaigne, avec lesquels duc de Berry et de Bretaigne, on disoit que les ducs de Bourbon et Calabre, et le comte de Charrollois et aultres seigneurs du sang de France estoient alliés. Icelluy partement du duc de Berry venu à la cognoissance du roy son frère, le roy feut moult dolent et courroucié ; et manda par toute France aulx villes et forteresses, que on feuist sur sa garde, et feist on bon guet ; et mesmement rescript aulx villes et pays racheptés au duc de Bourgoingne : que les deniers que il avoit demandé de nouvel, oultre toutes aultres debtes, et qu'on luy avoit accordé payer, il leur quittoit.

CHAPITRE XXII.

Comment le comte de Dampmartin eschappa hors de la bastille Sainct-Anthoine, où le roy le tenoit prisonnier ; et de la conjonction de Saturne, Jupiter et Mars.

En ceste propre sepmaine que les choses dessusdictes advindrent, quy feut la première sepmaine de mars, le comte de Dampmartin, lequel le roy Loys faisoit tenir prisonnier en la bastille Saint-Anthoine à Paris, trouva et feit ung trou en ung des murs de la tour, et trouva ung bastel prest pour passer l'eaue quy environne la bastille, et sur le bord de l'eaue trouva des chevaulx, quy illecq l'attendoient. Sy monta à cheval et s'en alla en Bretaigne, et disoit-on que c'estoit une chose faicte à la main.

En ceste propre sepmaine aussy, Pierre, seigneur de Roubais, chevallier, et aultres chevalliers et escuyers de la chastellenie de Lille, avecq eulx plusieurs gents de guerre, par le commandement du comte de Charrollois, allèrent et prindrent la ville et chastel de Lannoy, y cuidants trouver le seigneur de Lannoy, chevallier, gouverneur de Lille et bailly d'Amiens, nepveu du seigneur de Croy ; lesquels faillirent de le trouver, car il feut de leur venue adverty ; sy s'en partit luy, sa femme et ses enfants, et emporta son or, son argent et ses bonnes bagues, dont il avoit largement, et s'en alla à Tournay, quy est à deulx lieues près dudict Lannoy. Icelluy estoit gouverneur de Hollande, et estoit moult riche.

En ceste sepmaine encoires, feurent prins l'abbé de Hannon, par le command dudict comte, et ung nommé Pierçon, lequel gouvernoit de tout le seigneur de Croy ; et le appelloit-on, en l'absence dudict Croy, le Petit Duc ; lequel estoit venu de petit lieu, mais il estoit devenu riche. Icelluy abbé de Hannon aussy estoit ung des plus privés du seigneur de Croy, lequel Croy le avoit faict abbé. Le comte de Charrollois donna à Jacques de Sainct-Pol la ville et chastel de Lannoy. On trouva dedans le chastel de six à sept vingt pourceaulx sallés et moult de farine moulue, avecq planté[1] de bled et d'avoine, et ung mollin à mouldre bled tout noeuf dedans le chastel.

En ce temps, le dix-septiesme jour de mars, en la ville d'Arras, ung nommé Colin Pere-dieu, sergeant des chemins, en deswageant[2] ung viessier[3] d'Arras, nommé Jean Manart, le fils d'icelluy Manart le blasmoit ; pour ce icelluy Colin luy donna d'une petite blanche vergue ung coup sur la teste ; lors luy donna le valeton, ung coup de dague en la cuisse, duquel coup il mourut le vingt-cinquiesme dudict mois. Icelluy Colin avoit plusieurs ans, et sy ne avoit esté jamais marié, mais avoit suivy les fillettes ; et estoit hommicide d'ung sergeant du chastellain, nommé Gieffrain, que il avoit occis ; et sy estoit villain blasphemateur de Dieu et hasardeur.[4]

---

(1) Chasse.

(1) Quantité. (2) Repoussant. (3) Fripier, marchand de vieilles choses. *Viese est* un mot picard pour *vieille*.
(4) Joueur de jeux de hasard.

Audict an mil quatre cents soixante-quatre, se feit une conjonction de Saturne, Jupiter et Mars, au signe; laquelle conjonction des trois planettes, comme aulcuns clercqs quy se cognoissent en ceste science disoient, signifioit guerre, mortalité, faulte de biens, et plusieurs aultres maulx; et pour certain, environ ce temps ou tantost après, on disoit que par tout le monde, touts les princes de terres et les communes estoient esmeus en armes, et sy ne sçavoient la pluspart la cause pourquoy ne quy les mouvoit.

CHAPITRE XXIII.

La teneur d'une lettre que Charles, duc de Berry, seul frère du roy Loys de France, envoya au duc de Bourgoingne; et comment Jacques de Sainct-Pol revint d'Angleterre.

Environ ce temps, Charles, duc de Berry, seul frère du roy Loys de France, envoya au duc de Bourgoingne une lettre dont la teneur s'ensuit :

« Très chier et très aimé oncle, je me recommande à vous, tant comme je puisse. Il vous plaise sçavoir, que, puis aulcun temps ença, j'ay ouy souventesfois les clameurs de la pluspart des seigneurs du sang, mes parents et aultres nobles hommes de ce royaulme en touts estats, du désordre et piteulx gouvernement quy par tout icelluy a cours, par le conseil de gents estants autour de monseigneur, plains de toute mauvaiseté et iniquités, lesquels, pour leurs prouffits et affection singulière et désordonnée, ont mis monseigneur en souspeçon et haine vers vous, moy et touts les seigneurs dudict royaulme, mesme vers les rois de Castille et d'Escoce, alliés depuis sy long-temps à la couronne, que chascun sçait. Au regard comment l'auctorité de l'Eglise a esté gardée, et justice faicte et administrée, les nobles maintenus en leurs droits de noblesse et usage, le povre peuple supporté et gardé d'oppression, ne vous en rescrips plus avant, car je sçay que assez en estes informé. Et moy desplaisant des choses dictes, ainsy que doibs estre, comme icelluy à quy ce faict touche de sy près que chascun sçait, et désirant y pourvoir par le conseil de vous, desdicts seigneurs et parents et aultres nobles hommes, quy touts ont promis me aider et servir, sans y espargnier corps ne biens au bien du royaulme et de la chose publicque d'icelluy, aussy pour saulver ma personne que je sentois en dangier, car incessamment et ouvertement mondict seigneur et ceulx d'entour de luy parloient de moy parolles telles, que par raison me debvoient donner cause de moy doubter, je me suis party d'avecq mondict seigneur, et venu vers mon beau cousin de Bretaigne, lequel me feit sy bon et louable recoeuil, que assez ne m'en sçaurois louer; et est résolu de me servir de corps, biens et de toute sa puissance au bien dudict royaulme et de la chose publicque. Et pour ce, très chier et très aimé oncle, que mon intention est de me employer avecq vous et lesdicts seigneurs mes parents, par le conseil desquels je veuille user, et non aultrement, à la rescousse et adresse dudict royaulme désolé, et que je sçay que estes des plus grands de ce royaulme, à quy le bien et le mal touche bien avant, et doyen des pairs de France, prince renommé d'honneur et de justice, ainsy qu'il appert par vos grands faicts, conduictes et entretenement de vos grandes seigneuries, sçachant que le désordre dudict royaulme vous a despleu et desplaist, comme raison est, désiré-je de tout mon cœur avecq vous et les aultres seigneurs mes parents et amis nous assembler, affin de pourveoir, par conseil de vous et d'eulx, à tous les faicts quy, par deffault d'ordre, justice et pollice, sont aujourd'huy en tous les estats dudict royaulme, et au soulagement du povre peuple quy tant a porté que plus n'en poeut, et mettre tel ordre en touts endroits qu'elle puist estre à Dieu plaisante, et à l'honneur, félicité et bien dudict royaume, et à rétribution d'honneur et louable mémoire perpétuelle de touts ceulx quy y seront employés. Sy vous prie, très chier et très aimé oncle, que en ceste matière quy est sy grande, et pour sy bonne fin, vous plaise monstrer et assister et vous employer, et aussy faire employer mon beau-frère de Charrollois, vostre fils, en mon aide, comme je me suis toujours confié que ainsy le ferez. Et affin que vous et moy puissions ensemble, quy est chose que plus désirons, pour ce que mon intention est de brief et incontinent entrer en pays et tenir les champs, avecq les aultres princes et seigneurs quy me ont promis me y accompagnier et aider, je vous prie qu'il vous plaise à mettre sus et tirer de vostre pays vers France; et au cas que faire ne le polriez, y veuilliez faire tirer mondict beau-frère de Charrollois, avecq bonne puissance de gents; et avecq ce envoyer et faire venir devers moy aulcuns de vostre conseil féables, pour estre et adsister pour vous à ce que les aultres seigneurs du sang adviseront estre à faire pour le bien dudict royaulme, et par lequel polriez tousjours estre informés de ma bonne et juste intention, laquelle, par vous et lesdicts seigneurs du sang je veulx conduire, et non aultrement. Et ce quy par mondict seigneur beau-frère en vostre absence sera faict et dict pour le bien de la chose publicque et du royaulme et soulagement du povre peuple, je le soutiendray et maintiendray jusques à la mort, et de ce povez estre bien certain. Très chier et très aimé oncle, faictes-moi tousjours sçavoir s'il est chose que pour vous puisse, et je le feray, priant Dieu qu'il vous donne bonne vie et ce que vous désirez. Escriptes à Nantes en Bretaigne, le quinziesme jour de mars. Et la subscription estoit : Vostre nepveu, CHARLES. Et l'intitulation : A mon oncle, duc de Bourgoingne. »

Environ ce temps, Jacques de Sainct-Pol, lors frère du comte de Sainct-Pol Loys, retourna d'Angleterre devers le comte de Charrollois à Bruxelles. Et disoit-on que la principale cause pourquoy le comte l'avoit envoyé en Angleterre estoit pour avoir alliance et aide du roy Edouard, sy besoing estoit, contre ses ennemis ; car le comte estoit adverty que Loys, roy de France, avoit cuidé avoir paix et alliance audict Edouard, pour luy nuire et à aulcuns seigneurs de France. Et ceste paix et alliance avoit cuidé faire le seigneur de Lannoy ; lequel, comme cy-dessus est dict, avoit esté envoyé en Angleterre de par le roy Loys et le duc de Bourgoingne. Mais le roy Edouard n'y volt entendre, ains envoya au duc de Bourgoingne les lettres que le roy Loys luy avoit envoyées et escriptes, et ce que le seigneur de Lannoy avoit voullu faire, ainsy que on disoit ; dont le duc feut moult esbahy. Le roy Edouard avoit faict grande chière audict Jacques et à sa compagnie ; et disoit-on que ledict roy Edouard luy avoit promis de secourir et aider le comte de Charrollois, sy mestier en avoit, de gents de guerre et aultrement.

Cedict an, vingt-deuxiesme de mars, feut condampné d'estre ards, comme feut, en la ville d'Arras, ung nommé Nicaise, demourant à Remy en Artois, et une genisse avecq luy, avec laquelle il avoit commis le mauldict peschié contre nature, nommé bougrerie, lequel peschié il confessa avoir commis et continué l'espace de trente-six ans ; et sy estoit marrié, ayant femme et plusieurs enfants.

Copie de une lettre que Loys, roy de France, envoya au duc de Bourbon, quy avoit espousé sa sœur.

« Mon frère, lundy je partis matin pour aller faire mon voyage à Nostre-Dame-du-Pont ; et dès que je feus party, demie heure après, mon frère de Berry se partit sans mon sceu, et luy emmena Odet d'Aydie, et est allé en Bretaigne. Ne say quy l'a meu à cecy ; et s'il a bien faict il le trouvera. Je vous prie que, sur tout le plaisir et service que jamais me volez, que, incontinent ces lettres veues, montez à cheval et venez vers moy, et que ne veuilliez faillir. Et vous prie que faictes mettre cent lances de vostre pays sus, et laisserez le bastard pour ce faire, et vous en venez incontinent ; et quand vos gents seront prests, je vous feray payer. Et adieu. Escripte de ma main, et croyez Josselin de ce qu'il vous dira de ma part. Ainsy signé, LOYS. »

Copie des lettres que le duc de Bourbon rescript au roy en response à ses lettres.

« Mon très redoubté et souverain seigneur, je me recommande humblement en vostre bonne grasce. Et vous plaise sçavoir, mon très redoubté et souverain seigneur, que j'ay receu vos lettres, qu'il vous a pleu moy rescripre de vostre main, par Josselin du Bois, porteur de ceste ; et oys bien au long la créance que sur icelles il m'a dict, contenant en effet comme n'a guières, en allant en vostre voyage de Nostre-Dame-du-Pont, avez sceu comme monseigneur de Berry, vostre frère, s'en estoit allé avecq Odet d'Aydie, en Bretaigne, sans vostre sceu ; et pour ce que avez grande et singulière confiance en moy, requérez que incontinent volsisse partir pour aller devers vous, et laisser mon frère le bastard de Bourbon, pour mettre sus cent lances en mon pays, pour tirer après, et faire ce qu'il seroit advisé. Donc, mon très redoubté et souverain seigneur, du bon voulloir et fiance que avez en moy, je vous remercie tant et sy humblement que faire je puisse. Et pour vous advertir et faire sçavoir tout à plein, mon très redoubté et souverain seigneur, les motifs, causes et raisons, tant de l'allée incognue de mondict seigneur de Berry, comme des aultres choses présentes quy sont à ceste heure, comme je crois, divulguées, tant en plusieurs parties de vostre royaulme comme dehors : par loing temps ont esté considérées et pesées, et généralement par touts les seigneurs, princes de vostre sang et lignaige quy ont terres et seigneuries ès pays de vostredict royaulme, auquel ils ont bonne part chascun en son endroict, les façons quy ont esté trouvées, tant au faict de la justice, police et gouvernement d'icelluy, que aulx grandes extrémités et excessives charges du povre peuple ; lequel oultre, nous princes et seigneurs dessusdicts, chascun en droit soy, avons veu et cognu plaindre, douloir et souffrir, et soustenir charges, vexations et molestes importables, et par sus toute ordre et façon deue et accoustumée. Dont plusieurs fois, depuis vostre advénement à la couronne, par plusieurs d'entre nous et nos subjects, tant en général que en particulier, vous ont esté faites des remonstrances, et à ceulx qu'il vous a pleu élever et approcher entre vous, ayants le maniement et conduicte desdictes choses; lesquelles remonstrances, requestes et complaincles estoient, ont esté et sont dignes d'estre ouyes, et que provision y feust donnée, pour le bien, l'utilité et conservation de la chose publicque de vostre royaulme, et aussy pour l'estat desdicts seigneurs et princes de vostre sang ; aulxquelles choses, jusques à présent, n'a esté vostre plaisir aulcunement entendre, donner oreille ny provision, ordre ny police raisonnable, comme ce et aultres choses, lesquelles ont esté par cy-devant faictes et conduictes par vostre plaisir, vollonté et tolérance, au moyen d'aulcuns quy sont entour vous, quy, par cy-devant, ne ont guières cognu, comme il appert, le faict et l'estat de vostredict royaulme, lequel a esté sy longuement prospérant en bonne justice, tranquillité et police ordinaire, quy ont esté toutes claires et manifestes, tant en vostre royaulme que ailleurs. Pourquoy, mon très redoubté seigneur, lesdicts princes et seigneurs touts ensemble, d'une voix commune et consentement, de pitié et compassion du povre peuple à eulx subject, la clameur et oppression duquel, en touts les estats, est parvenue à leurs oreilles ; après ce que ont veu et cognu que, par remonstrances particulières ne requestes que on vous

ait sur ce faictes, n'avez voullu donner ordre, remède ne provision convenable, ont conclud, délibéré, et par seing et scellés authentiques, tels qu'il appartient en tels cas, de eulx trouver et mettre ensemble, pour vous remonstrer et donner à cognoistre par une voix, telle que Dieu, raison et équité leur enseigne, les choses dessusdictes, pour y donner doresnavant bonne ordre et provision, aultre qu'il n'y a eu depuis que la couronne de France est en vos mains ; et en quoy espérons touts, à l'aide de Dieu nostre Créateur, quy cognoist et sçait toutes intentions, faire œuvre quy à vous, à vostredicte couronne, et à toute la chose publicque de vostredict royaulme, sera prouffitable et utile, et aulx princes et seigneurs de vostre sang honnorable et digne de recommandation et mémoire perpétuelle. Et quant à ce, mon très redoubté et souverain seigneur, que m'escripvez, que j'aille vers vous, en quoy me semble, par la face de vos lettres, que estes non adverty de ces choses que vous escrips, le cas à présent ne le requiert, ne ne le puis; et desplait à touts les seigneurs et princes de vostre sang, qu'il faille que, par faulte de donner ordre de bonne heure aulxdictes choses, le faict de vostre royaulme vienne à telle commotion et nécessité, laquelle se polroit légièrement appaiser, quand il vous plaira, par considérant en vousmesme l'estat et prospérité en quoy vous avez trouvé vostredict royaulme, et quel il est de présent. Mais il peut estre, mon très redoubté et souverain seigneur, que n'estes point du tout adverty, et que plusieurs choses sont mal faictes par cy-devant, tant entour vous que vostredict royaulme, par puissance, force et violence, et aultres voies non accoustumées, quy ne sont pas venues à vostre notice et cognoissance, et dont on vous informera tellement et sy duement, que vous polriez et debvriez dire que ce quy se faict par lesdicts princes et seigneurs, se faict à bonne et juste cause, et en quoy nul quy s'en mesle ne peut avoir blasme ne reproche envers Dieu, vostre couronne, ne justice. Pourquoy je vous supplie, mon très honnoré et souverain seigneur, très humblement, que, attendu et considéré ce que dict est, et aultres choses que sçaurez bien considérer, et que ne puis rescripre, dont plainement ay parlé audict Josselin, vous plaise m'avoir pour excusé de ce que ne voys devers vous, car je suis délibéré, avec les aultres princes et seigneurs de ceste alliance et vollonté, pour le bien de vous et de vostredict royaulme, d'entendre à vous faire lesdictes remonstrances, et y donner ordre, vous suppliant très humblement, mon très redoubté et souverain seigneur, pour l'amour de Dieu, qu'il vous plaise à y avoir advis, et y donner de bonne heure provision, telle que on ne puist dire que de vostre temps sont advenus inconvénients en vostre royaulme, par faulte de y vouloir remédier, comme il appartient par raison; en vous assurant, mon très redoubté et souverain seigneur, que ceste besoingne n'est pas emprinse, ne ne se conduict contre vostre personne ne le bien de vostre royaulme, mais seulement pour remectre les choses en ordre et à vostre honneur, et au bien de vous et de vos subjects, relevement et confort du pauvre, quy sont, de toute droicte et de bonne raison, dignes de préférence et de recommandation, et, où y eschiet prompte et convenable provision, comme vostre bonne discrétion, comme envers laquelle (tant je puisse et doibs, m'en acquitte par cestes lettres) pourvoiera pour le mieux s'il luy plaist adviser. Mon très redoubté et souverain seigneur, je supplie le benoist Fils de Dieu, qu'il vous donne bonne vie et longue. Escript à Molins, le treiziesme jour de mars. »

Copie d'unes lettres que Loys, roy de France, par tout son royaulme envoya pour publier aux lieux accoustumés 'de faire publications.

« Loys, par la grace de Dieu, roy de France, à touts ceulx quy ces présentes lettres verront, salut. Comme aulcuns, meus de maulvais espoir et dampnable propos, non ayants regard à Dieu, honneur et conscience, à la loyaulté qu'ils nous doibvent, et à quoy par serment ou aultrement sont tenus envers nous et à la couronne de France, ayent faict, conspiré, machiné et pourchassié plusieurs choses préjudiciables à nous, nos subjects et à la chose publicque, eulx efforçants par ce et aultrement troubler et empescher le bon estat du royaulme, quy estoit sy paisible et tranquille que marchandise courroit franchement partout, chascun vivoit paisiblement en sa maison, feuissent gents d'église, nobles, bourgeois, marchands, laboureurs, toutes sortes de gents, estrangers ou du royaulme, pooient entrer et issir par toutes les parties de nostre royaulme, avecq leurs denrées et marchandises et argent, et toutes aultres choses quelconques sans dangier, destourbier ou empeschement; néanmoins non ayants iceulx séducteurs considération aulx choses dessusdictes et aulx maulx et inconvénients quy peuvent advenir par leur maulvaise et dampnable conspiration, ont induict, séduict et suborné nostre frère de Berry, josne d'age, et non considérant la maulvaise intention de ceulx quy ces trahisons, rébellions, machinations, conspirations, conduisent, à soy séparer avecq nous, et par leur faulx donné à entendre, soubs ombre et couleur de luy, et plusieurs languaiges controuvés pour le attraire à faire joindre avec eulx, et esmouvoir le peuple allencontre de nous, et soy séparer de nostre obéissance, que ont faict dire, semer et publier par diverses parties de ce dict royaulme que on vouloit nostredict frère emprisonner, et attenter à sa personne, ce que oncques ne pensasmes; et quand eussions sceu aulcun quy euist ung tel cas voullu perpétrer, nous eussions faict telle pugnition que ce euist esté exemple aulx aultres; ainchois, pensions, et entendissions que nostredict frère feust sy content de nous, et nous en tenions pour sy asseuré que possible estoit; luy-mesme de sa bouche avoit debvant nous ainsy dict et affermé avecq tant de belles et honnestes parolles, qu'il estoit vraisemblable que ainsy estoit; et croyons fermement qu'il avoit ce propos et vollonté, sy ne feussent les faulx et maulvais séduiseurs quy en ce l'ont destourbé et du bon voulloir qu'il avoit en nous destourbé; et lesquels en oultre ont envoyé en diverses parties du royaulme pour faire adhérer et joindre avec eulx, par leurs faulx donné à entendre, à leur faulse et dampnable séduction, laquelle ils s'efforcent couvrir soubs couleur du bien de chose publicque, plusieurs princes, prélats, gents d'église, barons, chevalliers, escuyers, bourgeois, marchands, et aultres habitants des bonnes villes et des champs, lesquels ignorants la maulvaise et dampnable fin à quoy lesdicts séduiseurs tendent, quy n'est que pour mectre guerre et division en ce royaulme, et troubler et empescher le bon voulloir que nos bons et loyaulx subjects ont envers nous, comme faire doibvent, polroient et poeuvent estre leur avoient donné consentement, cuidants bien faire, et leur avoient donné quelques promesses de eulx joindre avec eulx et tenir leur partie ou aultrement ; desquelles choses, quand ainsy est tout clair que inconvénients irréparables s'en polroient ensuivir, en l'exemple des choses passées, et dont à ceste cause est à doubter que nos anciens ennemis et adversaires les Anglois, à leur pourchas et aultrement, polroient descendre en ce royaulme, et y faire maulx et dommaiges irréparables, comme aultrefois ils ont faict, dont tant de sang humain chrestien, tant de ceulx de nostre sang, comme des aultres gents nobles de nostre royaulme, a esté espandu, tant d'églises violées, femmes forcées, pucelles déflorées, et aultres pitiés et inhumanités sont ensuivies, que piteuse chose est de les raconter, et de quoy sy lesdicts princes, gents d'église, nobles et aultres, eussent esté advertis, il ne fault faire aulcun doubte que jamais ne l'eussent faict ny consenti ; et néanmoins, doubtants que pour l'alliance qu'ils ont faict aulxdicts séduiseurs, trahistres et rebelles à nous et à la couronne de France, nous volsissions prendre vengeance d'eulx, et procéder allencontre d'eulx, ainsy qu'il est accoustumé contre criminels de crime de lèze-majesté, polroient faire difficulté d'eulx réduire et recognoistre de l'affaire en quoy ils ont esté meus, et que ne leurs volsissions donner et impartir nostre grace : Sçavoir faisons, que nous, à l'exemple de nostre Sauveur Jésus-Christ, duquel tenons ce royaulme et la couronne, lequel ne veult la perdition de son peuple, mais que chascun se réduict pour estre et demourer en sa bonne grasce, nonobstant toutes les faultes et erreurs en quoy lesdicts princes, prélats, gents d'église et aultres, de quelque estat que ce soit, polroient estre encheus et envers nous avoir offensé, à cause et par le moyen desdicts séduiseurs, trahistres, rebelles et desobéissants vers nous, voullant monstrer, comme prince de miséricorde, que ne voullons la destruction et perdition de nostre peuple, avons disposé de faire advertir touts les subjects de nostre royaulme des choses dessusdictes ; et pour les asseurer que nul ne fasse difficulté de venir vers nous, et se réduire et oster hors de l'erreur en quoy ils peuvent estre ou seront escheus, avons ordonné, dict et desclaré, disons, ordonnons et desclarons, par cesdictes présentes : que touts ceulx quy voudront venir et réduire envers nous dedans ung mois, ou six semaines ou plus tard, deslaissants et abbandonnants le dampnable party desdicts rebelles et desobéissants, nous les recevrons bénignement, et dès le présent leur impartissons nostre bénigne grasce, sans ce que à ceste cause, ores ne pour le temps advenir, on leur repute aulcun blasme, cause, crime, reproche ou deshonneur, à l'occasion des choses dessusdictes, ne que on leur donne ou fasse aulcun destourbier, dommaige ou empeschement en leur corps ny en leurs biens en manière quelconque ; et voullons que sitost qu'ils se réduiront à nous comme à leur souverain et droicturier seigneur, ils soient restitués en leur bonne fame et renommée, et en touts leurs biens ; et que de ces présentes ils s'en puissent aider et leur valloir tout ainsy que s'ils avoient lettres espéciales, au cas en eulx réduisants et venants par devers nous et nos lieutenants pour faire le serment, et nous servir et obéir comme bons et loyaulx subjects doibvent faire. Et d'abbondant, pour obvier à toutes choses quy polroient préjudicier à nostre présente grace et abbolition générale, donnons en mandement à nos lieutenants, connestables, mareschaulx et chiefs de guerre, séneschaulx, baillys et prévosts, et tous nos aultres justiciers et officiers, et à leurs lieutenants, et à chascun d'eulx, que ces lettres et le contenu en icelles ils fassent garder, entretenir et observer de poinct en poinct, et icelles publier par les auditoires et jurisdictions, et par touts les lieus accoutumés à faire cris et publications ; et que touts ceulx quy s'en voudront aider, ils les en fassent joyr et pleinement user et sans difficulté quelconque ; et imposons silence perpétuel à nostre procureur et à tout ce qu'il voudroit dire et alléguer et proposer au contraire ; et voullons que au *vidimus* d'icelles, faictes soubs scel royal ou authentique, foy soit adjouttée comme à l'original. En tesmoing de ce, nous avons faict mectre nostre scel à ces présentes. Donné à Tours, le seiziesme jour de mars, l'an de grace mil quatre cents soixante-quatre, et de nostre règne le quatre. Ainsy signé par le roy en son conseil, auquel le comte d'Eu, le comte du Maisne, les comte de Commynes et seigneur du Bois-Menart mareschal de France, le comte de Maulevrier grand-séneschal, le seigneur du Lau et de la Baserle, maistre Jehan Daumon président de Toulouse, le seigneur de Monstrœul de la Rosade, maistre Étienne, chevallier, Guillaume de Varye, et aultres estoient. »

De la teneur de la lettre que le comte de Nevers et de Rétel feit publier par les villes dont il estoit lieutenant du roy.

« Jehan, comte de Nevers, de Retel et d'Estampes, baron, doyen et seigneur de Dourdain, lieutenant de monseigneur le roy, et capitaine général du pays de Picardie, Laonnois, Soissonnois, Beauvoisis, Tournesis, Cambresis, et aultres marches allenviron, aulx baillys de Vermandois, Amiens, Tournay, Tournesis, Senlis, Sainct-Quentin, Péronne, Montdidier, Roye, séneschal de Ponthieu, et aultres justiciers et officiers de mondict seigneur le roy, ou à leurs lieutenans, salut. Aujourd'huy, date de ces présentes, avons receu lettres de mondict seigneur le roy, par lesquelles, et pour certaines causes et raisons ad ce le mouvants, il nous escript et mande prestement meetre seure et bonne provision en toutes villes et forteresses situées et assises ès pays et marches dessus desclarés, et dont pour et de par luy avons la charge et gouvernement, en manière que bon compte luy en soit rendu en sa bonne et vraie obéissance, toutesfois qu'il luy plaira et que mestier sera ; et que pour le suivir, sy mestier estoit, faisons préparer touts ses nobles vassaulx, féaulx et aultres, ayants accoustumé servir et fréquenter les armes, et iceulx tenir prests en leurs hostels sans en partir, ne eulx mectre sur les champs sans l'ordonnance ou mandement de monseigneur le roy, ou de par nous ; pourquoy nous, veuillant et désirant, comme raison, obéir à monseigneur le roy, et accomplir son bon vouloir et plaisir, vous mandons et enjoignons de par luy, l'en commectant se mestier est, et par ces présentes, que en ce et par touts les lieulx accoustumés à faire cris et publications ès termes de vos offices, vous et chascun de vous en droict soy faictes crier et publier, en faisant commandement exprès de par monseigneur le roy, sur certaines et grosses peines : que touts capitaines et chiefs, quy par cy-devant ont accoustumé avoir charge et conduicte de gens de guerre, se préparent ou fassent préparer le plus desdictes gents de guerre que recouvrer polront, et aussy que touts aultres vassaulx et féaulx de mondict seigneur le roy, quy semblablement ont accoustumé, ou sont puissants eulx armer et fréquenter les guerres, se préparent en toute diligence au mieulx que possible leur sera, et se tiennent prests en leurs hostels, garnis et pourveus de chevaulx et d'aultres accoustrements de guerre, pour eulx partir et mectre sur les champs prestement qu'il plaira à mondict seigneur le roy ordonner, ou que de par luy le feroit sçavoir ; et au cas que aulcuns desdictes marches se seroient mis ou vouldroient mectre sus en armes, sans ordonnance de mondict seigneur le roy ou de nous, les constraigniez ou faictes constraindre de eulx en cesser, ou départir et retourner en leurs maisons et hostels, par prinse de leurs corps, biens et héritaiges, seigneuries et possessions, et soubs la main de mondict seigneur le roy les faire régir et gouverner, en y commectant par icelluy seigneur roy, baillys, recepveurs et aultres officiers solvents et resseants, quy des frais et levées desdicts héritaiges et seigneuries puissent et sçachent rendre bon *reliqua*, quand et où il appartiendra, sans en compte, et faire la main levée ou deslivrance sinon par l'ordonnance et commandement de mondict seigneur le roy ou de nous. De ce faire vous donnons pouvoir de par mondict seigneur le roy ; et mandons et commandons à vous, et à chascun de vous et vos commis, et députés en ceste partie, en ce faisants, diligemment obéir. Donné en nostre ville de Mezières, le seiziesme jour de mars mil quatre cents soixante-quatre. Ainsy signé par M. le comte, lieutenant-gouverneur et capitaine-général, Berthaut. »

De la teneur d'unes lettres que le comte de Charrollois envoya en la ville d'Arras et en plusieurs aultres villes de ses pays.

« Très chier et bien amés, le gouverneur, son lieutenant, mayeur et eschevins d'Arras. Pour ce qu'il est venu à nostre cognoissance que le seigneur de Croy et les siens font assembler des gents, et entendent de tirer à eulx grand nombre de compagnons de guerre des pays de mon très redoubté seigneur et père, et mesmement ès pays d'Artois, Boullenois, villes, chastellenies de Lille, Douay, Orchies ; et pareillement le comte de Nevers, nostre cousin, avecq quy se sont alliés pour eulx servir desdicts compagnons allencontre de nous, pour fouller et dommaiger lesdicts pays de mondict seigneur et père ; nous quy voullons, désirons et entendons de tout nostre cœur obvier, remédier et pourveoir à telles choses, mesmement à ce que, à cause et par le moyen de ce que dict est, aulcun dommaige et inconvénient ne adviegne aulxdicts pays et subjects de mondict seigneur et père, escripvons seulement devers vous et vous prions et requérons très acertes que, incontinent ceste veue, vous faictes ou faictes faire deffense et exprès commandement de par mondict seigneur et père, et de par nous, en la ville d'Arras et ailleurs, ès mectes et termes de vos offices et jurisdictions, que nul quel qu'il soit ne se mecte sus en armes ne aultrement pour aller servir ledict comte de Nevers nostre cousin, lesdicts de Croy nos ennemis, et aultres, sans nostre sceu et licence ou congié, et que ce ne soit par l'ordonnance de nous ou de ceulx quy ont ou poiroient cy-après avoir charge de par nous de cœuillir et lever gents d'armes pour nous servir à la garde, deffense et préservation desdicts pays et subjects de mondict seigneur et père, à peine de confiscations de corps et de biens. Et au cas que vous trouverez aulcuns faisants ou allants contre lesdictes deffenses, les prendrez ou ferez prendre au corps et procéder allencontre d'eulx par la manière dessusdicte, sans deport ou dissimulation quelconque, affin que aultres y prendent exemple et se gardent de faire le semblable; et en ce faire tel et sy bon devoir et acquit que la chose le requiert et que y avons nostre fiance. Très chiers et bien amés, nostre seigneur soit garde de vous. Escriptes à Bruxelles, le vingt-cinquiesme jour de mars mil quatre cents soixante-quatre. Ainsy signé, CHARLES TROTIN, secrétaire; et la souscription estoit : le comte de Charrollois, seigneur de Chasteau-Bellin et de Bethune. »

Le cinquiesme jour d'apvril ensuivant, en la ville de Lille, maistre Thomas Mallet, maistre de la chambre des comptes où il besoignoit, ne se donnant garde du duc de Bourgoingne, par le prévost de Lille, par le command du comte de Charrollois, feut prins en la propre chambre des comptes, où il besoignoit ne s'en donnant garde; lequel prévost le livra prestement à quatorze archiers dudict comte, lesquels prestement le feirent monter à cheval, et le menèrent en ung chastel nommé Beauvoir; et pour requeste que ledict maistre Thomas feist, ne le voullurent laisser aller jusques à sa maison, en icelle ville de Lille. Icelluy maistre Thomas avoit esté clercq à Guy Guillebault, pauvre enfant; mais pour ce jour il estoit tant riche que à merveilles, et avoit marié plusieurs de ses filles très grandement à plusieurs chevaliers. Il avoit esté élevé soubs le seigneur de Croy, et estoit convoiteulx merveilleusement et riche. Assez tost après que icelluy maistre Thomas feut prisonnier, feust prins en ladicte ville de Lille Hutin Mallet son frère, et mené au chastel de Lille; et le huictiesme jour de juing ensuivant feut descapité icelluy Hutin, lequel Hutin estoit renommé d'estre hocqueleur[1], faulx, plain de procès et questions, et avoit eu deulx femmes; la première, quy estoit belle et bonne, il avoit tant battue par sa jalousie qu'elle en mourut; la seconde, qu'il print riche et agiée de soixante ans ou plus, il luy avoit mené sy malle vie par battre et fourmener qu'elle en mourut aussy; mais par l'audience que son frère avoit, ses parties contraires ne pooient avoir raison. Toutesfois toutes ces choses ne feurent point la cause de sa prinse, mais aulcunes injurieuses parolles qu'il avoit dict du comte de Charollois, après qu'il sceut que son frère estoit prisonnier. Et luy prins, vindrent ces plaintes en grand nombre, quy feurent cause de sa mort; et quatre ou cinq mois après, ledict Thomas Mallet, son frère, par le grand pourchas qu'il oit, feut délivré de prison et restitué en son office.

CHAPITRE XXIV.

Comment le duc de Bourgoingne pardonna à son fils son mal talent, et du grand mandement des gents d'armes qu'il feit après qu'il oit assemblé les trois estats de ses pays.

Le quatorziesme jour d'apvril, l'an soixante-quatre, quy feut le jour du benoist venderdy, que nostre Seigneur Jésus-Christ souffrit mort en croix pour nous, en la maison du duc de Bourgoingne à Bruxelles, ung très solennel prescheur feit un preschement sur clémence et miséricorde, moult pitoyable à oyr; et feut icelluy preschement faict pour attraire le duc à pardonner à son fils son mal talent, ce qu'il n'avoit voullu faire depuis son courroux jusques à ce jour; et présentement feit plusieurs

---

[1] Fourbe.

chevalliers du Toison. Après disner, allèrent vers le duc luy prier qu'il volsist pardonner à son fils ce qu'il luy avoit mesfaict ; et le lendemain, nuict de Pasques, environ douze heures à midy, vint le comte de Charrollois vers son père, et se jetta à ung genoux, et dict à son père telles parolles ou en substance : « Très re-« doubté seigneur et père, je vous prie que, en « l'honneur de la passion de nostre Seigneur Jé-« sus-Christ, il vous plaise me pardonner ce que « j'ay mesfaict vers vous ; car ce que j'ay faict, « je l'ay faict pour me préserver de mort et vous « aussy, et pour la préservation de vous et de « vos subjects, comme cy-après je dirai plus à « plain. » Plusieurs aultres parolles très sagement et haultement dict le comte au duc, quy moult plaisoient aux oyants ; lequel duc le tenoit par le cœutre[1] du bras, ayant tousjours les yeulx sur luy. Après lesquelles parolles le duc luy dit : « Charles, mon fils, je vous pardonne touts les « meffaicts que vous m'avez faict jusques aujour-« d'huy ; soyez-moy bon fils et je vous seray bon « père. » Et en ce disant cheurent les larmes des yeulx au duc ; laquelle chose feit la pluspart de touts ceulx quy présents y estoient plourer, dont toute la salle estoit plaine, et y avoit grand nombre de seigneurs et chevalliers. Ce faict et les festes de Pasques passées, le duc manda les trois estats de ses pays audict Bruxelles, au vingt-quatriesme jour d'apvril ; lesquels estant illecq venus, en la présence de luy et de son fils, par l'évesque de Tournay, publiquement feit lire les lettres que le duc de Berry luy avoit envoyées. Par lequel évesque feut remonstré aulxdicts estats comment le duc faisoit mandement de gents d'armes, et avoit intention de mectre sus la plus grande armée de gents de guerre à cheval que oncques avoit faict, pour aller en l'aide du duc de Berry, laquelle doit estre preste le septiesme jour de may ensuivant, et en feroit chief son fils, le comte de Charrollois ; laquelle ne se pooit entretenir sans grande somme de deniers ; pourquoy le duc leur requéroit aide, chascun selon son pooir, et le plus que poiroit ; et demanda au pays d'Artois dix-neuf mille francs, et aulx aultres pays chascun leur puissance. Lesquels trois estats prindrent jour de respondre, au douziesme jour de may ; auquel jour ceulx d'Artois luy accordèrent quatorze mille francs, et les aultres pays chascun leur pooir. Ce temps pendant, au commandement du duc de Bourgoingne et du comte de Charrollois, se meirent sus : Loys, comte de Sainct-Pol, le comte de Bryene, le comte de Marles, le seigneur de Roussy ses enfants, Jacques de Sainct-Pol, frère dudict comte, Adolphe de Clefves, nepveu du duc, les bastards de Bourgoingne, Anthoine et Baulduin, et presque touts les chevalliers et nobles hommes des pays d'Artois, Boullenois, Haynault, Flandres, Hollande, Zélande, Brabant, et aultres pays, touts en armes et noblement accompagniés, et en sy grand nombre que on les estimoit à quatorze cents lances, huict mille archiers, et le demourant crannequinniers, coullevriniers, coustilliers et aultres gents de guerre, sans les compagnons quy gardoient le carroy, quy estoit grand nombre ; chascun portoit ung mallet de plomb. Avec lesquels nombre de gents de guerre n'estoient point ceulx du pays de Bourgoingne, lesquels aussy se meirent sus en armes, jusques au nombre de cinq à six cents hommes d'armes, chascun portant lances, sans les aultres gents de guerre. Avec lesquels Bourgoingnons estoient : le mareschal de Bourgoingne, le prince d'Orange, le comte de Charny, le seigneur de Boullenghuien et aultres grands seigneurs, desquels les noms, tant de ceulx quy estoient avecq le comte de Charollois comme avecq les Bourgoingnons, seroient trop longs à raconter, et sy ne les sçaurois touts nommer.

Durant ce temps que les gents d'armes se mectoient sus, ung gentilhomme nommé Jehan de Longueval, seigneur de Vaulx, capitaine des archiers du bastard de Bourgoingne, accompagnié de plusieurs gents de guerre, le premier jour de may, environ le midy, entra en la ville d'Arloeux, en laquelle le roy de France avoit faict mectre nouveaulx officiers, et à Crèvecœur, et à Sainct-Souplet ; et d'illecq ledict Jehan alla à Crèvecœur ; et y entra cedict jour environ quatre heures après midy. Duquel lieu aulcuns maulvais de là dedans s'estoient partis pour doubte du bastard de Bourgoingne, vers lequel ils pensoient bien avoir mesprins ; et estoient allés demourer à Cambray, et ailleurs au Royaulme. Quand icelluy Jehan et ses gents feurent dedans ladicte ville, ils allèrent au chastel auquel estoit le bailly dudict lieu, quy demanda à quy ils estoient, et

---

(1) Coude.

quy les envoyoit illecq. A quoy Jehan de Longueval respondit : qu'ils estoient au bastard de Bourgoingne, et qu'il les laissast dedans, ou ils entreroient par force. A quoy ledict bailly, quy mis estoit par le roy, dit : qu'il n'estoit point fort assez pour tenir contre eulx, et puis qu'ils y venoient par force, eulx sçachants que le roy de France le avoit illecq commis, que au moings ils le laissassent vuidier saulf son corps et ses biens ; ce quy luy feut accordé. Et entra icelluy Jehan ; et vuida ledict bailly quy estoit de Normandie. Ce faict, se partist Jehan de Longueval, et y laissa en garnison cent compagnons de guerre, et sy en envoya dedans Arloeux.

CHAPITRE XXV.

Comment la pluspart des gents du comte de Nevers le laissèrent pour aller servir le comte de Charrollois.

Le roy de France, lequel avoit commis et ordonné son lieutenant général Jehan de Nevers et d'Estampes, despuis la rivière d'Oyse jusques à la rivière de Somme, et capitaine desdicts pays, comme dict est, feut adverty de l'armée que le comte de Charrollois mectoit sus; pour laquelle cause il envoya maistre Pierre Morvilliers, son chancellier, tant à Amiens, Abbeville comme ailleurs. Lequel chancellier trouva èsdicts pays les comtes d'Eu et de Nevers ; lesquels comte et chancellier feirent publier plusieurs lettres en faisant commandement de par le roy et comte de Nevers, ès pays dessusdicts et touts ceulx quy avoient accoustumé de eulx armer, avecq touts fiefvés et aultres, feuissent prests au mois de may, en faisant deffense de par le roy que nuls, sur confiscations de corps et de biens, sur la hart, ne s'armassent dessoubs aultres princes que le roy ou le comte de Nevers. Mais, nonobstant lesdicts commandements, le seigneur de Moyreuil, grand terrien, quy avoit tout le sien èsdicts pays, lequel avoit tousjours tenu le party de Bourgoingne, et estoit valliant chevallier, le seigneur de Wadencourt, chevallier, et plusieurs aultres chevalliers, nobles et aultres chevalliers, nobles et aultres gents de guerre, s'armèrent et allèrent avecq le comte de Charrollois ; et aimèrent mieulx abbandonner touts leurs héritaiges et biens que eulx armer contre le comte. Plusieurs chevalliers et escuyers y avoit èsdicts pays quy ne s'armèrent ne d'ung costé ne d'aultre, entre aultres le seigneur de Beauvoir. Plusieurs aussy en y olt quy s'armèrent du costé du roy, tels que le seigneur Dommarcq, le seigneur de Reubempré, le seigneur d'Avelis, le seigneur de Remy et plusieurs aultres chevalliers. Durant ce temps que d'ung costé et d'aultre, comme dict est, chascun se préparoit à la guerre, le comte de Nevers, quy sçavoit pour certain que le comte de Charrollois le tenoit pour son ennemy, envoya plusieurs messagiers et ambassades devers le comte de Charrollois, pour estre oy en ses deffenses et excusations diverses ; vers lequel ceulx quy alloient ne pooient avoir audience, ains les renvoyoit le comte sans riens faire. Ce voyants plusieurs chevalliers et escuyers de l'hostel du comte de Nevers leur maistre, et que on leur poiroit imputer aulcuns crimes dont ils estoient innocents, abbandonnèrent ledict comte et s'en partirent de luy, et allèrent servir le comte de Charrollois ; lesquels j'en nommeray aulcuns : premièrement le seigneur de Crievecœur, son premier chambellan et principal gouverneur, le seigneur de Miraumont, le seigneur de Beauvoir, le seigneur de Hargeries, chevalliers et touts chambellans, Jennet d'Offay, capitaine de ses archiers, et plusieurs aultres de ses serviteurs. Le comte de Nevers voyant qu'il ne pooit trouver traictement devers le comte de Charrollois, envoya prier plusieurs fois au seigneur de Saveuses qu'il volsist aller parler à luy, lequel seigneur de Saveuses n'y voullut oncques aller, car il se tenoit à Lully en Picardie ; et comme ledict seigneur de Saveuses se feut party dudict Lully pour aller devers le duc de Bourgoingne, quy l'avoit mandé, et passant par Bray-sur-Somme, le comte de Nevers vint parler à luy audict Bray, le troisiesme jour de may ; et parla longuement à luy, affin que ledict seigneur de Saveuses, nommé Philippes, lequel estoit ancien, valliant et sage chevallier, et ne avoit tenu aultre partie que du duc de Bourgoingne, parlast pour luy audict comte de Charrollois ; ce que ledict chevallier promit faire, moyennant qu'il ne s'armast d'ung costé ny d'aultre, et qu'il ne bouttast point de garnison dedans Péronne ; ce que le comte luy promit. Lequel seigneur de Saveuses party, tost après le comte de Nevers feut adverty que le comte de Sainct-Pol avoit passé monstre de ses gents d'armes, et estoit allé

[1465]

devant Péronne, eulx admonester qu'ils se rendissent au duc de Bourgoingne et à son fils le comte de Charrollois; auquel ceulx de la ville avoient prins trois jours de respondre, durant lesquels ils envoyèrent vers le comte de Nevers, à Amiens, luy signifier que, s'il ne venoit à Péronne, ils feroient par le conseil du commun, lesquels comme on disoit ne demandoient que eulx rendre Bourgoingnons. Ce oyant, le comte partist d'Amiens le quinziesme jour de may, avec luy Joachim Rohault, mareschal de France, lequel avoit cent lances et deulx cents archiers dessoubs luy, de l'ordonnance du roy; et ce propre jour entra en la ville de Péronne, avecq luy de cinq à six cents chevaulx, touts gents de guerre. La cause pourquoy le comte de Charrollois volloit ravoir la ville de Péronne, avecq les villes et chastelleries de Montdidier et de Roye en Vermandois, estoit qu'il disoit que lesdictes villes et chastelleries avoient esté données par son père, duc de Bourgoingne, au comte de Nevers, quand il se maria, pour en joyr sa vie durante, ou tant et si longuement que on luy délivreroit trente-deux mille couronnes d'or, ou que ledict comte auroit plus grandes seigneuries : depuis lequel don le comte de Nevers, puis peu de temps, avoit tant faict vers le roy et duc de Bourgoingne qu'il avoit, comme il disoit, lesdictes villes et chastelleries à tousjours; et mesmement puis ung an ou environ, on ne cryoit crys publics et ne baillioit-on lettres ès-dictes prévostés et villes, que de par le roy et comte de Nevers, ce que paravant on avoit tousjours crié de par le roy et duc de Bourgoingne. Le comte de Charrollois disoit oultre que, depuis ce don faict, le comte de Nevers estoit pourveu de la comté de Nevers, Retel et plusieurs aultres seigneuries, par quoy il debvoit ravoir lesdictes chastelleries et villes, et que son père ne pooit aliéner son héritaige sans son gré; et mesme maintenoit le duc qu'il ne luy avoit baillié icelles terres que à rachapt; et s'il en avoit lettres, sy estoient-elles scellées sans son sceu. Le seigneur de Saveuses, quy estoient devers le comte de Charrollois, avoit jà tellement besoingné pour le comte de Nevers qu'on disoit qu'il avoit sa paix, quand on vint dire au comte que le comte de Nevers avoit boutté grosse garnison à Péronne, quy estoit contre ce qu'il avoit promis au seigneur de Saveuses; par quoy tout feut rompu.

CHAPITRE XXVI.

Comment le comte de Charrollois print congié à son père, et des ambassadeurs du roy quy vindrent vers luy; et comment il se partist pour aller en France avec grosse artillerie.

Environ le quinziesme jour de may, l'an de grasce mil quatre cents soixante-cinq, le comte de Charrollois, quy sçavoit que toute son armée estoit preste, réservé ceulx de Bourgoingne, lesquels estoient encoires en Bourgoingne touts prests, luy estant en la ville de Bruxelles, print congié au duc son père. Après congié prins se partist le comte et s'en alla au Quesnoy en Haynault, où illecq l'attendoit une ambassade de Bretaigne et une ambassade du roy de France, dont estoit chief messire Thiebaut de Sainct-Pol, frère dudict comte Loys de Sainct-Pol, évesque du Mans, lequel évesque, comme dict est cy-dessus, s'estoit rendu moisne en l'abbaye de Clervaulx, et laissié grandes terres et seigneuries; et cuidoit-on que ce feut par grande dévotion; mais tantost qu'il feut moisne, il ne cessa tant qu'il feust abbé d'Igny, et d'abbé d'Igny évesque de Mans, et sur toutes choses aimoit deniers, comme on disoit; et disoit-on que ledict évesque y besoingna peu ou néant.

Ce faict, le comte de Charrollois se partist du Quesnoy-le-Comte en Haynault, le quinziesme jour de may, avecq toute son armée, et s'en alla à Hencourt, entre Crèvecœur et Sainct-Quentin, auquel lieu l'attendoit toute son artillerie, dont il avoit foison; car parmi la ville d'Arras avoit passé deux cents trente-six chars chargés d'artillerie, tant bombardes, mortiers, veuglaires, serpentines et aultres traicts à poudre, et tel qu'il fault à ost, laquelle artillerie avoit esté prinse au chasteau de Lille; et disoit-on que aultre grande quantité d'artillerie estoit passée par Cambray, que on avoit prinse à Bruxelles et à Namur, et tout vint en l'ost du comte à Hencourt. Le comte se partist de Hencourt et s'en alla à Rossy, à deulx lieues près Péronne, et illecq se tint aulcuns jours accompagnié de tout son ost, quy estoit le plus bel et plus grand que oncques duc de Bourgoingne eust faict de gents de guerre, sans commune. Ceulx de Péronne cuidoient et attendoient de jour en jour que le comte de Charrollois les deubt assiéger; mais le comte pensoit à toute aultre chose.

CHAPITRE XXVII.

Comment le comte de Charrollois passa la rivière de Somme pour tirer en France, et des villes de Bray, de Neelle, Roye et Mont-Didier qu'il meit en son obeïssance.

Le quatriesme jour de juing mil quatre cents soixante-cinq, le comte de Charrollois et toute son armée s'en alla à Bray-sur-Somme ; et luy apportèrent ceulx de la ville les clefs ; et le septiesme jour, le comte de Sainct-Pol et le bastard de Bourgoingne, et leurs gents, allèrent devant Neelle en Vermandois ; et comme ils délibérassent d'assaillir la ville, ceulx de la ville se rendirent à eulx par telle condition que huict hommes d'armes et six vingts archiers, lesquels estoient dedans en garnison, s'en partirent saulfs, leurs vies, chevaulx et armes ; mais les archiers laissèrent tout et s'en partirent en leurs pourpoints ou paletots, en sa main chascun ung baston blancq. Illecq feut prins le seigneur de Neelle et détenu prisonnier. Et ce propre jour le seigneur de Haultbourdin, bastard de Sainct-Pol, accompagnié d'aulcuns gents de guerre, allèrent à Roye en Vermandois, et avallèrent des échelles ès fossés pour l'assaillir. Ce voyants ceulx de la ville se rendirent à luy pour et au nom du comte de Charrollois. Sy entra ledict bastard dedans la ville, en laquelle estoit la comtesse de Nevers ; à laquelle comtesse, femme dudict comte, on donna congié de soy retraire où bon luy sembleroit, sans luy faire grief ny injures. Laquelle comtesse ung jour ou deulx après se partist et s'en alla à Compiègne, et là envoya Adolf de Clefves atout cinq ou six cents combattants ; et environ deulx jours après, se rendit la ville de Mont-Didier au comte de Charrollois, en laquelle estoit Hue de Mailly, seigneur de Boulliencourt, hardy et valliant chevallier, quy tousjours avoit tenu la partie de Bourgoingne, lequel en feut faict capitaine ; et estoient ceulx de Mont-Didier ceulx quy plus aimoient de toutes les terres dessus la rivière de Somme le duc de Bourgoingne, et avoient tousjours aimé.

CHAPITRE XXVIII.

Comment le comte de Nevers se partist de Péronne ; et du siége que le comte de Charrollois meit à Beaulieu.

Durant le temps qu'on estoit occupé à mectre en obéissance du comte de Charrollois les villes dessusdictes, le comte de Nevers, sçachant que le comte de Charrollois avoit passé la rivière de Somme, doubtant que le siége ne feust mis devant Péronne et qu'il ne feust enclos dedans, se partist dudict Péronne, avec luy Joachim Rohault, mareschal de France, le seigneur de Moy et aultres jusques au nombre, comme on disoit, de deux mille combattants ; et s'en allèrent pour entrer à Noyon. Devant la porte de laquelle ville ils feurent longuement ains qu'on les volsist laisser entrer ens, et promirent que n'en y entreroit que certain nombre, affin qu'ils ne feussent maistres de la ville ; mais, quelques promesses qu'ils fissent, ils n'en tindrent riens ; ains y entrèrent touts et feurent maistres de la ville, et y feirent assez de desroy ; et à l'entrer ens y olt ung homme d'armes occis par ceulx de la ville par laisser cheoir l'erche de la porte, cuidant deffendre que touts n'y entrassent.

Environ le vingt-cinquiesme jour de juing, après ce que la ville de Mont-Didier se feust rendue, le comte de Charrollois se partist de Roye, et alla mectre le siége devant le chastel de Beaulieu, quy est ung fort chasteau appartenant au seigneur de Neelle, et y avoit ung gros villaige ; auquel chastel y avoit plusieurs compagnons de guerre quy, sçachant sa venue, bouttèrent le feu en la ville autour du chastel, et ardirent le plus beau et meilleur de la ville. Auquel siége y feut environ huict jours, durant lesquels le chasteau feut moult endommaigié de canons et aultres traicts à poudre ; et feut tellement battu que ceulx de dedans se rendirent saulfs, leurs vies, biens et harnas ; et se rendit le chastel le jour Sainct-Jehan-Baptiste. Durant que le siége estoit devant Beaulieu, le bastard de Sainct-Pol, seigneur de Haultbourdin, passa la rivière d'Oyse, luy et ses gents, et entra en la ville de Pont-Sainct-Maxence, ains que ceulx de la ville en sceuissent riens. Icelluy chevallier estoit avecq le comte de Sainct-Pol, lequel comte menoit et conduisoit l'avant-garde du comte de Charrollois, lequel comte avoit ordonné de touts ses gents trois batailles : une avant-garde que menoit le comte de Sainct-Pol ; une arrière-garde que menoit le bastard de Bourgoingne ; et il menoit la bataille quy estoit la troisiesme. Tantost que le comte de Charrollois sceut qu'il avoit passaige par la rivière d'Oyse, luy et toute son armée allèrent au Pont-Sainct-Maxence, et passèrent touts la rivière. Ceulx de la ville feirent au comte toute obéissance au nom du duc de Berry, dont il se disoit lieutenant-général; et illecq, de par le duc de Berry, le comte feit crier que il mectoit jus touts les subsides, impositions, quatriesmes et aultres débittes; et pareillement avoit faict mectre jus à Péronne et à Mont-Didier. Icelluy comte entra en ladicte ville de Pont le jour Sainct-Pierre et Sainct-Pol.

CHAPITRE XXIX.

Comment le comte de Charrollois se partist de Pont et entra dedans Sainct-Denys, puis alla en la bataille dedans Paris; et comment le comte de Sainct-Pol gagna Sainct-Cloud-sur-Saine et eut passaige sur Saine; et plusieurs aultres choses.

Après que le comte de Charrollois olt esté aulcuns jours à Pont, il et tout son ost se partist d'illecq; et s'en allèrent à Sainct-Denys en France; en laquelle ville, pour et au nom du duc de Berry, on luy feit ouverture, et aussy que ils véoient bien que par force ils ne pooient contre luy. Et illecq, entre Paris et Sainct-Denis, luy et touts ses gents se tindrent tout le mois de juing, attendants illecq les ducs de Berry, de Bretaigne, de Callabre et de Bourbon et les aultres princes quy avoient scellé ensemble et promis d'estre audict Sainct-Denys, endedans le jour de Sainct-Jehan-Baptiste. Le jour de Sainct-Jehan-Baptiste passé et tout le mois de juing, le comte de Charrollois véant que nuls des princes dessusdicts n'estoient venus, et mesmement le mareschal de Bourgoingne, ne nuls Bourgoingnons, mais luy feut rapporté qu'ils ne pooient passer pour illecq venir, pour l'armée du roy de France quy les costoyoit de touts lez, le huictiesme jour de juillet, icelluy comte et ses gents, touts mis en bataille, s'en alla devant Paris, et sy près que ceulx de la ville les pooient veoir tout à plein. C'estoit la plus belle armée que de mémoire d'homme on euist veu en France de peu de gents. Joachim Rohault, mareschal de France, vuida de Paris pour veoir l'armée, jà l'euist-il paravant costoyé, tant à Beaulieu que ailleurs, par plusieurs fois, pour faire sur eulx aulcune emprinse s'il euist peu, mais il n'y trouva oncques avantage; ains, tantost que on sçavoit où il estoit, les gents du comte tournoient celle part pour luy courir sus; et ne se osoit tenir près d'eulx; et encoires celluy jour, tantost que les gents du comte le perceurent, ils le cuidèrent enclorre; et luy feut de nécessité qu'il retournast dedans Paris prestement. Quand les gents du comte le veirent rentrer dedans la ville, le comte feit ruer sur la cauchie [1] deulx ou trois serpentines, quy effrayèrent ceulx de la ville, combien qu'ils ne blessèrent personne qu'on sceuist. Le comte s'estoit mis devant toute la bataille et alla jusques à ung mollin, assez près de la ville de Paris, lesquels de Paris se attendoient qu'on les deubst assaillir; mais non feit, car le comte leur avoit faict remonstrer, tant audict pays et ailleurs, qu'il n'estoit venu que pour le bien du royaume, et à la prière et requeste dudict duc de Berry, quy avoit mandé qu'il seroit de brief avec luy, et se donnoit de merveilles que jà n'estoit venu; lequel duc de Berry faisoit ce qu'il faisoit pour le bien du royaume, leur signifiant qu'ils obéissent à luy comme et au nom du duc. Et à la rentrée que le mareschal feit dedans Paris, il rencontra ung homme d'église, chanoine d'Arras, nommé messire Jacques de Villers, quy avoit eu affaire à Paris et retournoit en Picardie, soy-disant de la ville d'Amiens; auquel chanoine icelluy mareschal feit jurer qu'il diroit au comte de Charrollois qu'il avoit prestement receu lettres du roy de France, que endedans quatre jours ou environ, il se trouveroit à Paris et iroit où le comte seroit, et verroit quy seroit le plus fort. Lequel chanoine tint sa promesse et dit les parolles au comte, qu'il trouva audict mollin. Aulxquelles parolles le comte respondit qu'il le croyoit, pour ce que paravant luy avoit mandé plusieurs choses quy n'estoient point vraies. Après ce que le comte de Charrollois eut faict sa monstre devant Paris, luy et son ost se retirèrent au Lendy, entre Paris et Sainct-Denys, où encoires estoient les loges et maisons de la feste dudict Lendy; et illecq, comme il avoit accoustumé de faire partout où il alloit, enclost son ost du carroy quy le suivoit, dont il avoit grand nombre, tant de l'artillerie, comme du carroy desdicts seigneurs. Le comte de Sainct-Pol, quy menoit l'avant-garde, entre Paris et Sainct-Cloud trouva un bateau chargié de foing, quy estoit moult grand, que on menoit à Paris; lequel basteau il print, et vuida

(1) Chaussée.

le foing quy estoit dedans, et, par ce basteau luy et toute l'avant-garde passa oultre la rivière de Saine; et affin de avoir passaige par la rivière, alla prendre et gagner le pont Sainct-Cloud, auquel lieu y avoit plusieurs gents de guerre, lesquels se rendirent, saulf leurs corps et leurs biens, et s'en allèrent à Paris. Ce sceu du comte de Charrollois, luy et toute son armée vindrent au pont de Sainct-Cloud, et passèrent touts la rivière de Saine.

Durant le temps que le comte de Charrollois estoit entre Paris, envoyèrent en son ost deux ballades dont la teneur s'ensuit :

D'où venez-vous? — D'où? voire de la cour.
— Et qu'y faict-on? — Qu'y faict-on? rien quy vaille.
— A brief parler, quel est bruict de la cour?
Mauvais; oy? — Oy certainement.
— Aurons-nous pis? — Oy certainement.
— Comment cela? — On en voit l'apparence.
— Quy portera ce faix entièrement?
— Quy? voire quy? les trois estats de France.

Dont vient cecy? de quoy sy grief mal sourd?
— Dont voir déa? — Dictes le hardement.
Je crieus pensant qu'il tient l'argent sy court.
— Diray-je oy? — Dictes-le baudement.
Et quy sont-ils? — Je ne parle aultrement.
— En ont-ils eu? — S'ils en ont à puissance!
— Quy leur en baille, sy très abbondamment?
— Quy? voire quy? les trois estats de France.

Que dict Paris? est-il muet et sourd?
N'ose-il parler? — Nenny, ne parlement.
— Et le clergié, le vous tient-on bien court?
— Par vostre foy, oy, publiquement.
— Noblesse quoy? — Va moitié pirement;
Tout se périt sans avoir espérance.
— Quy peut pourvoir à cecy bonnement?
— Quy? voire quy? les trois estats de France.

Prince, quy veult leur donner allégeance?
— A quy? — A eux; je vous prie humblement
— De quoy? — Que vous ayez leur règne en remembrance.
— Quy peut donner bon conseil prestement?
— Quy? voire quy? les trois estats de France.

LA SECONDE BALLADE.

Quand vous verrez les princes reculés
Et eulx mesmes meus en dissention;
Quand vous verrez les sages aveuglés
Pour soustenir police et union;
Quand les flatteurs par leur séduction
Informeront les seigneurs au contraire,
Quand on croira des fols l'opinion,
Soyez asseurs qu'aurez beaucoup à faire.

Quand vous verrez les nobles désolés
Pour supporter basse condition;

Quand vous verrez meschants gents appelés
En hault estat et domination;
Quand le mesfaict n'aura pugnition,
Quand vous verrez plaindre le populaire
De mangerie et d'imposition,
Soyez asseurs qu'aurez beaucoup à faire.

Quand vous verrez le clergié ravallés;
Oster aux juges leur jurisdiction;
Quand vous verrez vieulx servants désolés
Et dépourveus de leur provision;
Quand vous verrez au peuple émotion,
Quand le petit vouldra le grand desfaire,
Et en l'église noise et destruction,
Soyez asseurs qu'aurez beaucoup à faire.

Prince, pour Dieu ayez affection
D'entretenir la justice ordinaire,
Ou aultrement, et pour conclusion,
Soyez asseur qu'aurez beaucoup à faire.

CHAPITRE XXX.

Comment le comte de Charrollois se partist, et toute son armée, du pont Sainct-Cloud pour aller allencontre du duc de Bretaigne, quy ne pooit passer, pour les gents du roy; et comment il sceut que le roy de France venoit hastivement pour le ruer jus.

Le quinziesme jour de juillet mil quatre cents soixante-cinq, le comte de Charrollois et toute son armée quy s'estoient partis du pont Sainct-Cloud pour tirer vers Estampes et aller allencontre des ducs de Berry et de Bretaigne, lesquels ne pooient passer pour l'armée du roy de France quy les empeschoit, arrivèrent à Mont-le-Héry et environ; et alla le comte de Sainct-Pol, quy menoit l'avant-garde, jusques le Mont-le-Héry; et se logea luy et ses gents en la ville de Mont-le-Héry, sur ledict mont, sans entrer au chasteau. Lequel chastel estoit garny de gents de guerre y commis de par le roy, auquel le comte ne feit quelque assault, ne ceulx de dedans ne feirent quelque signe de guerre. Le comte de Charrollois, quy menoit la bataille, se logea à deulx lieues près du mont, et le bastard de Bourgoingne, quy menoit l'arrière-garde, se logea à deulx lieues près du comte, et à quatre lieues du mont. Le comte de Sainct-Pol, quy estoit sur le mont, envoya ses escoutes tout environ luy, desquels aulcuns allèrent jusques à Chastres, à trois lieues du mont, tirant vers Estampes; lesquels retournés certiflèrent au comte que le roy de France et toute sa puissance estoit à Chastres et environ, comme il estoit vrai. Il estoit environ onze heures en la nuict quand le comte de Sainct-

Pol oyt ces nouvelles, pour lesquelles il se deslogea du mont; et vint logier au-dessous du mont, en la vallée, en une campaigne au lez devers Paris, et feit sçavoir les nouvelles au comte de Charrollois, luy mandant qu'il se hastast de venir, et que le roy luy livreroit bataille le lendemain au poinct du jour. Le comte, de ce adverty, se hasta moult fort d'aller où le comte de Sainct-Pol estoit, et manda au bastard de Bourgoingne qu'il se hastast, comme il feit; et le lendemain, seiziesme jour du mois de juillet, environ soleil levant, le comte de Charrollois vint où le comte de Sainct-Pol estoit, et l'arrière-garde, que menoit le bastard de Bourgoingne, vint avec eulx; et illecq ordonnèrent leurs batailles et se meirent en ordonnance.

CHAPITRE XXXI.

Comment le roy Loys de France vint hastivement du pays de Bourbonnois pour combattre le comte de Charrollois.

Le roy de France, lequel estoit au pays de Bourbonnois, ou environ, où il guerroyoit le duc de Bourbon, et empeschoit que le duc de Berry et de Bretaigne ne se joignissent et passassent pour aller à Sainct-Denys vers le comte de Charrollois, comme ils avoient promis, ayant la plus grande armée qu'il avoit peu assembler, à pied et à cheval, sans prendre les garnisons que il avoit laissié partout son royaulme, comme sur la rivière de Saine, sur les marches de Bourgoingne, comme sur les rivières de Somme et d'Oyse, et ailleurs, en Normandie, Guyenne, et partout son royaulme, feut adverty que le comte de Charrollois et toute son armée avoient passé les rivières de Somme, d'Oyse et de Saine. Doubtant que les seigneurs de Berry et de Bretaigne, et aultres princes, ne se assemblassent, sçachant que eulx assemblés seroient plus forts que luy, polroient plus nuire et seroient plus dangereulx à vaincre que chascun à part luy, assembla touts ses capitaines pour avoir conseil s'il combattroit les ducs de Berry et de Bretaigne ainsq'il combattist le comte de Charrollois. Et combien qu'il y olt de diverses opinions, la pluspart luy conseilla qu'il combattist premier le comte de Charrollois; car s'il le pooit ruer jus et vaincre, de legier il auroit à sa vollonté les ducs de Berry et de Bretaigne, et touts les princes de France; et que c'estoit le meilleur, ains que ledict comte euist avec luy les Bourguignons, quy encoires n'estoient arrivés devers luy pour les garnisons du pays du roy quy les empeschoient, ne que les princes de France feuissent assemblés avec luy. Et jàsoit-que la pluspart feust de pareille opinion, toutesfois ung hardy et valliant chevallier, nommé messire Pierre de Brésé, seigneur de la Varenne et sénéschal de Normandie, dit au roy que ce n'estoit point son conseil de ainsy le faire; car il cognoissoit le comte de Charrollois, et qu'il n'estoit pas homme de desmarchier, et que les Picards et ceulx quy estoient avecq luy de ses pays l'aimoient de sy grand couraige, et sy estoient la pluspart gents accoustumés de guerre, lesquels ne le lairoient jusques à la mort; mais estoit son opinion de premier combattre les ducs de Berry et de Bretaigne, avec lesquels avoit plusieurs gents de guerre quy avoient esté des ordonnances du roy Charles, son père; lesquels, quand ils verroient sa présence, ils n'oseroient combattre contre luy, ains se tourneroient de son party, par quoy de légier il metteroit le remenant¹ à mercy. Auquel séneschal feut dict qu'il avoit paour; lequel feit response que non avoit, et s'il y avoit journée de bataille ne rencontre, il monstreroit que ce qu'il disoit, il ne le faisoit de paour, mais seulement pour loyaulment conseiller le roy. En la fin, le roy se conclud de premier combattre le comte de Charrollois; et hastivement feit commandement sur la hart, que chascun le sievist. Et chevaulcha le quatorziesme jour de juillet, que de jour, que de nuict, luy et son ost, vingt-quatre lieues; et alla au giste à Estampes, et le lendemain à Chastres, à trois lieues du Mont-le-Héry; et passa assez près, comme à six ou huict lieues près de l'ost des ducs de Berry et de Bretaigne, et non sçachant, que les messagiers qu'ils avoient envoyés à Paris feuissent prins ne que le comte de Charrollois feust sy près de luy, le seiziesme jour de juillet, devant le jour se deslogea de Chastres, et ung peu devant soleil levant, luy et son armée se trouvèrent sur le Mont-le-Héry, dessous lequel mont ils veirent le comte de Charrollois et toute son armée. Ce voyant le roy, et sçachant que c'estoit le comte de Charrollois, sy feit mectre ses gents en ordonnance et bataille. Il ordonna trois batailles: en la première bataille, que on appelle l'avant-

(1) Reste.

garde, estoit le dessusdict monseigneur Pierre de Brésé, chevallier, seigneur de la Varenne et séneschal de Normandie, le fils du comte de Noyrenton, le seigneur de Barbasan, Malortie, Flocquet, Salzart, et aultres capitaines et gents d'armes; en la seconde, que on appelle la bataille, estoit le roy avecq plusieurs grands seigneurs et capitaines; en la tierce, que on appelle l'arrière-garde, estoit le comte du Maisne, et bien sept à huict cents hommes d'armes. Et disoit-on que ès dictes trois batailles y avoit deulx mille deulx cents hommes d'armes portants lances, les mieulx en poinct et les mieulx montés que gents d'armes feurent oncques; et là estoit la fleur des gents de guerre, toute la puissance du roy de France. Avec eulx estoient les archiers et aultres gents de guerre, quy estoient en grand nombre, combien que plusieurs feuissent demourés derrière, quy estoient mal montés et à pied, pour le grand chemin que le roy feit en haste.

CHAPITRE XXXII.

Comment le comte de Charrollois feit ses batailles et meit ses gents en ordonnance pour attendre la puissance du roy.

Quand le comte de Charrollois perceut sur le mont le roy de France et tout son ost, sy assembla touts ses gents et feit aussy trois batailles : la première menoit le comte de Sainct-Pol; la deuxiesme, luy en personne; et la tierce, Anthoine, bastard de Bourgoingne; lesquelles il feit tout joindre ensemble, et enclorre tout autour de son carroy, par-derrière, et affuster touts ses engins à poudre devant; et chascun archier avoit ung peuchon pour ficquier[1] en terre devant luy, pour doubte des chevaulx qu'ils n'enfondrassent sur eulx, attendant que le roy et son armée deuissent illecq venir courre sus et combattre.

CHAPITRE XXXIII.

De la bataille ou rencontre quy feut faicte sur le Mont-le-Héry.

Le roy de France et son ost estant en bataille sur le Mont-le-Héry, et voyant au-dessoubs du mont, en la vallée, en tirant vers Paris, le comte de Charrollois et son ost mis en ordonnance, quy les attendoit de pied coy, feut par l'espace de quatre heures ou plus en bataille sans l'assaillir, combien qu'ils feuissent à ung traict d'arcq près l'ung de l'aultre; durant lequel temps le comte de Charrollois faisoit jetter ses engins sur les gents du roy; et en tuèrent plusieurs; mais pour ce que le roy ne les siens ne descendirent, ne feirent manière d'assaillir, ains faisoit aussy jetter ses engins à poudre pareillement ès gents du comte, desquels il n'avoit pas tant que le comte, car touts n'estoient pas encoires venus (et quand touts euissent esté venus qu'il faisoit venir, sy n'en avoit-il guières au regard de ceulx du comte), durant ce temps, plusieurs des gents du roy commencèrent à touppier[1] autour de l'ost du comte, comme pour l'advironner, ou pour luy donner le soleil en l'œuil. Ce appercevant le comte et ses gents, sy prindrent les capitaines conseil ensemble; et combien que le comte n'estoit point venu pour combattre le roy, doubtant que ceulx de Paris ne feuissent adverti que le roy estoit illecq, et ne venissent à grosse puissance en son aide, et ne feuissent assaillis d'ung lez du roy et de l'aultre de ceulx de Paris, conclurent de marcher avant, et issir de leur fort, et assaillir le roy et sa puissance. Lors commanda le comte de Charrollois de marcher avant; et se partirent en deulx aisles, l'une vers le bois, l'aultre du costé du villaige, et la bataille au front emprès le carroy, ayant les bois au dos. Et combien que on ne sçait bonnement quy premier assaillit des trois batailles, au commencier, la bataille feut bouttée au villaige, pour empescher que les François ne descendissent par le villaige du Mont-le-Héry. Lors se commença la bataille, en laquelle, de la première empaincte[2], plusieurs d'ung costé et d'aultre se meirent en fuite. Du costé du comte de Charrollois s'enffuirent le tiers de ses gents ou plus, entre lesquels s'enffuirent le seigneur d'Emeryes, son premier chambellan, lequel avoit cent lances d'ordonnance, le seigneur de Haplincourt, quy portoit le penon des archiers du comte de Sainct-Pol, le seigneur de Rabodenghues, et aultres sans nombre, touts lesquels s'enffuirent au pont Sainct-Cloud, reservé le seigneur de Rabodenghues, quy n'alla point plus de deux lieues loing qu'il ne re-

---

(1) Ficher.

(1) Tournoyer, comme fait une toupie entre les mains d'un enfant. — (2) Attaque.

tourna, et avecq luy quatre mille combattants, mais ce feut après que ung hérault luy vint dire que le comte de Charrollois se combattoit encoires, et qu'il avoit gaigné la bataille. Du costé du roy print la villaine fuite le comte du Maisne, frère du roy de Secile, oncle du roy; le seigneur de Montauban, admiral de France, le capitaine des archiers du roy, et aultres sans nombre, et jusques au nombre de huict cents lances ou plus, quy touts tournèrent vers Estampes, sans nuls d'eulx retourner d'ung costé et d'aultre. Touts les chemins estoient couverts de bagues, comme malles, bouges, vaisselles, joyaulx, harnats, chevaulx que laissèrent cheoir les fuyants, et nuls d'eulx n'avoient loisir de recoueillir, de paour qu'ils avoient, car d'ung costé et d'aultre, il sembloit que les ennemis feuissent à leurs tallons, et sy ne les suivoit-on pas. Et combien que d'ung costé ou d'aultre y olt moult de fuyants, toutesfois s'assemblèrent lesdicts deulx osts ensemble, et se commença la bataille cruelle et horrible de ceulx quy estoient demourés; et là olt mainte bataille faicte d'ung costé et d'aultre. Le comte de Charrollois entre les aultres s'y porta valliamment, et donnoit courage à ses gents, en disant : « Or, « avant, mes amis, deffendez vostre prince, et « ne le laissiez en dangier ; je ne vous laisserai « jusques à la mort ; voyez moi cy, pour vivre et « mourir avecq vous. » Par sa valliance, non doubtant son corps, se frappoit partout tellement qu'il feut blescié d'ung coup d'espée; et luy cuida-t-on copper la gorge ; mais pour ce ne laissa, tout blescié, de se frapper en la bataille, et à donner couraige à ses gents. Par sa valliance et parolles, donna tel couraige à tant peu de gents quy luy estoient demourés, que chascun sy boutta hardy comme ung lion, sy qu'ils reboutèrent les gents du roy, et feut l'avant-garde ruée jus ; et là mourut ung sage, valliant et noble chevallier, nommé messire Pierre de Brésé, séneschal de Normandie, deulx aultres valliants et hardis chevalliers, l'ung nommé Flocquet, et l'aultre Chiefroy Lahire, avecq plusieurs aultres chevalliers et nobles hommes d'armes, jusques au nombre de trois cents lances ou plus, lesquels se férirent sy avant en la bataille qu'ils ne peulrent retourner. A ce commencement aussy feurent occis du costé du comte ung noble et valliant chevallier, nommé messire Philippes de Lallaing, lequel par sa vaillance, icelluy jour, feut en partie cause que les gents du roy feurent reboutés; et y feit moult de valliance. Aussy y moururent le seigneur de Hames, hardy chevallier, messire Philippes d'Ongnyes, chevallier, le fils du seigneur de Saucourt, le fils de messire Regnault de Raisse, et aultres chevalliers et gentilshommes, dont je ne sçay les noms, avecq grand nombre de valliants et hardis archiers; et feurent les morts estimés, tant d'ung costé que d'aultre, de trois à quatre mille demourés morts en la place; et ne peut-on oncques sçavoir duquel costé il en mourut le plus, car sitost qu'ils estoient abbattus ou morts, ils estoient dépouillés tout nuds; et par ce ne pooit-on cognoistre de quel costé ils estoient. En ceste bataille feurent prins le seigneur de Crièvecœur, quy s'y porta comme valliant et proeux chevallier, et en blessa plusieurs ains [1] qu'il peust estre prins. Sy feut prins le seigneur de Miraumont, le seigneur de Brouay, le seigneur du Bois, le seigneur de Montcaurel et aulcuns aultres, touts lesquels estoient avecq le comte de Charrollois. Et des gents du costé du roy feurent prins, le comte de Vantadour, le seigneur de Barbasan, quy feut ung jour et une nuict avecq les morts sans avoir cognoissance, et aultres. Quand le roy de France perceut que ses gents estoient reboutés, et oyt que aulcuns de ses gents luy dirent que on disoit, parmy son ost, que il estoit mort, on dit qu'il se frappa dedans ses gents, et osta sa salade de dessus sa teste, et disoit à ses gents : « Mes amis, voicy vostre roy ; « deffendez-vous de bon cœur, je ne suis point « mort ; » et s'y porta très valliamment jusques à ce qu'on luy vint dire que ses gents s'en estoient fuis. Lors se retrait sur le Mont-le-Héry tout dessus ; et illecq feut une espace de temps, durant lequel temps le remanant [2] de ses gents combattoient, et se recueillirent tellement qu'ils se retrayèrent sur le mont où le roy estoit. Le comte et ses gents demoura en la place, moult joyeulx de sa victoire; et se rallièrent ensemble, et se remirent en bataille, attendants et cuidants que le roy et ses gents derechief leur deuissent venir courre sus. La bataille dura jusques à sept heures du vespres ; le roy se tint sur le mont depuis environ sept heures jusques soleil couchant, qu'il se partist du mont et ar-

(1) Avant. (2) Reste.

riva, environ dix heures en la nuict, en la ville de Corbeil, à six lieues du Mont-le-Héry, atout bien peu de gents, car plusieurs de ses gents s'en estoient fuis, que on ne sçavoit où. Le comte quy, jusques au lendemain au poinct du jour, s'estoit tenu en bataille, attendant le roy, cuidant qu'il feust encoires sur le mont, feut adverty de la despartie du roy, mais il ne volt souffrir que on allast après eulx, craindant les embusches, non sçachant encoires la villaine fuite des gents du roy, desquels aulcuns fuirent sy loing qu'ils ne cessèrent fuire jusques à Amboise, disants partout où ils passoient que le roy estoit mort et desconfit. Le comte alla le lendemain sur le mont, où il trouva plusieurs chechenès [1] plains de morts; et combien que aulcuns disoient que les François les y avoient jettés, affin que l'on ne sceust combien de gents de leur costé y estoient demourés, toutesfois à la vérité on ne sçavoit sy c'estoit des gents du roy ou du comte, car le jour de la bataille y olt dedans la ville sur le mont grande occision.

CHAPITRE XXXIV.

Comment aulcuns de Paris saillirent hors de la ville et prindrent les fuyants de la bataille quy avoient abandonné le comte de Charrollois.

Avant que la bataille de Mont-le-Héry commença, trois des héraults du roy de France se partirent de son ost et s'en allèrent à Paris, où ils vindrent environ midy. Illecq, à son de trompe, allèrent parmy la ville crier alarme, et que tost on allast à l'aide du roy, lequel se combattoit au comte de Charrollois; mais oncques, pour cris qu'ils fissent, la commune ne se bougea; mais Joachim Rohault, mareschal de France, avecq environ cinq cents hommes de guerre qu'il avoit avecq luy, touts à cheval, partirent prestement de Paris et s'en allèrent au pont Sainct-Cloud, où ils ne trouvèrent personne des gents du comte de Charrollois; car ceulx que le comte avoit laissiés pour garder le pont, ils abandonnèrent et s'enffuirent quand ils veirent les seigneurs d'Emeryes, Haplincourt, Inchy et aultres sans nombre fuir, et disoient que le comte avoit tout perdu. Le mareschal entra dedans la ville, et touts les fuyants quy depuis y vindrent détint prisonniers, dont

(1) Fossés.

il y olt grand nombre, et les mena à Paris. Les seigneurs d'Emeryes, Inchy et aultres quy estoient passés parmy le pont Sainct-Cloud, fuirent jusques au pont Sainct-Maxence, cuidants passer la rivière d'Oyse; mais ils ne peurent, pour le seigneur de Mouy, capitaine de Compiègne, et plusieurs gents de guerre des garnisons de Corby, Senlis, Clermont, Crespy et aultres places, lesquelles avoient jà oy nouvelles de la bataille, et cuidoient que le comte de Charrollois olt tout perdu, et que le roy euist eu la victoire; pour quoy ils s'estoient assemblés, et estoient allés mectre le siége au pont Sainct-Maxence, du costé vers Mont-Didier; et livrèrent ung assault au pont, par lequel assault ceux de dedans se rendirent, saulf leurs biens. Là feurent prins le seigneur d'Emmeryes et moult d'aultres; le seigneur de Haplincourt feut prins entour Paris et mené à Paris. Pour brief dire, oncques nul homme de nom de ceulx quy s'enffuyoient n'eschappèrent qu'ils ne feussent prins, ou morts, ou noyés, et en feit-on à Paris plusieurs noyer. Aulcuns povres compagnons eschappèrent sans estre prins ou morts; lesquels retournèrent touts deschirés et en povres habits, après qu'ils avoient esté touts desrobbés. Devant le pont Sainct-Maxence feut tué d'ung engin à pouldre, de ceulx de dedans, ung gentilhomme du costé du roy, nommé Jehan de Gronce, frère au seigneur de Griboval, natif de Picardie; mais il tenoit la partie du roy, pour ce qu'il avoit esté au pays de Vallois, quy luy venoit de par sa mère, et son frère estoit avecq le comte de Charrollois.

CHAPITRE XXXV.

Comment, après la bataille de Mont-le-Héry, le comte de Charrollois feit enterrer les morts.

Après que le comte de Charrollois sceut comment le roy s'estoit party du Mont-le-Héry, sy feist publier à son de trompe, et par touts les carrefours de son ost, que, s'il estoit quy le requérist de bataille, il estoit prest de le recepvoir. Voyant que personne ne vint, sy feist enterrer les morts, et entre les aultres le seigneur de Hames, et messire Philippes de Lallaing et le seigneur de la Varenne, sénéschal de Normandie, en une chappelle assez près du mont; mais sitost que le sénéschal feust mis en terre, vindrent aulcuns de Paris, par saulf-conduict, requérir au comte le corps du séneschal, lequel il octroya; sy l'emportèrent à Paris. Au debvant du corps duquel allèrent hors de la porte plusieurs religieulx mendiants et aultres plusieurs de la ville de Paris; et feut le corps enterré aux Jacobins à Paris, moult solennellement, comme ung homme de hault nom; et feut moult plainct, pour le bien et valliance de luy.

CHAPITRE XXXVI.

Comment le roy de France se partist de Corbeil et alla à Paris; et comment il envoya l'évesque de Paris devers le comte de Charrollois.

Le roy de France, comme dict est cy-dessus, arriva et entra dedans Corbeil le jour de la bataille, environ les onze heures de nuict ; auquel lieu il séjourna jusqu'au jeudy dix-huictiesme jour de juillet, lequel jour il partist de Corbeil et s'en alla à Paris, tout selon la rivière du costé vers Sainct-Denys; et entra à Paris celuy jour, à bien petite compagnie, et n'avoit plus de cent chevalliers avecq luy. Quand ceulx de Paris vindrent au-debvant de luy, ung peu hors de la porte, en grande compagnie, le roy, à ceste heure, ne sçavoit bonnement que touts ses gents estoient devenus; mais tantost qu'il feut dedans Paris, revinrent ses gents d'armes vers luy et se rassemblèrent à Paris, au moings pour la pluspart. Illecq revinrent touts ses capitaines de gents d'armes, le comte du Maisne, l'admiral de France et aultres; et tant y en vindrent que toute la ville de Paris et autour de Paris, outre la rivière, tout feut plein de gents d'armes. Le comte de Nevers se partist de Compiègne, et alla devers le roy, après la bataille, à Paris ; mais il n'y feut guières qu'il ne retourna à Compiègne, et de Compiègne à Péronne; et ne sçavoit-on s'il estoit bien du roy ou non, pourtant que le roy cuidoit qu'il deuist assembler grand nombre de gents d'armes des pays racatés[1], ainsy qu'il faisoit du temps qu'il s'armoit avecq le duc de Bourgoingne; car le plus de gentsde guerre estoient allés avecq le comte de Charrollois, les aultres plusieurs ne se volloient armer d'ung costé ny d'aultre.

Après aulcuns jours que le roy feut arrivé à Paris, il envoya l'évesque de Paris, quy estoit renommé d'estre dévote personne et grand clercq, devers le comte de Charrollois. Icelluy évesque, désirant mectre la paix entre le roy et les princes, alla vers le comte, lequel luy donna audience. Sy luy dict que le roy l'avoit envoyé vers luy, sçavoir quy l'avoit meu d'entrer en son royaulme, et à sy grande armée ; et que le roy luy manda que quand il alla ès pays de son père, il n'y alla pas à sy grande armée, mais il y alla simplement et à petite compaignée. Le comte luy seul respondit à l'évesque : que deulx choses le avoient meu d'entrer en son royaulme : la première pour tenir sa promesse et son scellé, que luy et plusieurs princes de France avoient promis ensemble, quy estoit, de eulx trouver ensemble autour de Paris en dedans le jour de Sainct-Jehan-Baptiste, pour le bien du royaulme ; la seconde cause estoit pour ravoir deulx hommes, lesquels estoient sousténus au royaulme. Et de ce qu'il estoit venu à sy grande armée, estoit pour garder son corps, lequel, en son propre pays et héritaige de son père, on le avoit cuidé faire mourir, tant par poison que par espée, et sy le avoit-on cuidé prendre pour le mener en pays estrange ; et que veu ce que on luy avoit cuidé faire en ses pays, encoires luy polroit-on faire pis au-dehors; sy volloit estre bien accompaignié pour soy garder. Et en tant que le roy lui manda qu'il ne vint pas en sy grande compagnie ès pays de son père, lorsqu'il y vint il n'avoit pas la puissance de y venir fort accompagnié ; èsquels pays de son père il feut receu noblement, richement et en paix, et ne luy avoit-on pas faict comme on luy avoit cuidé faire. Dit oultre audict évesque : que ce qu'il estoit entré au royaulme n'estoit point pour y nuire, mais pour le bien d'icelluy ; et avoit commandé à ses gents que chascun payast ce qu'il y prendroit; et n'y avoit voullu souffrir y faire aulcun grief ; et sy aulcuns passaiges il avoit prins, sy n'estoit-ce pour luy en faire seigneur ny attribuer à lui, mais seulement pour avoir passaige ung petit de temps. Au regard de la puissance qu'il avoit amenée, estoit pourtant qu'il volloit bien que chascun sceust qu'il avoit bien pooir de ce faire, et homme pour contrester[1] à ses ennemis, et aider et conforter ses amis.

Atant se partist l'évesque, sans avoir dudict seigneur comte aultre response.

(1) Rachetés.

(1) *Contrà-stare*, résister.

CHAPITRE XXXVII.

Comment les ducs de Berry et de Bretaigne vindrent et arrivèrent à Estampes, devers le comte de Charrollois; et du comte de Charny, quy feut rué jus par les gents du roy et prins prisonnier.

Après la journée de Mont-le-Héry, le comte de Charrollois, luy et son ost, allèrent à Estampes, pour tirer allencontre des ducs de Berry et de Bretaigne, lesquels se hastoient tellement venir que, le vingt-uniesme jour du mois de juillet, arrivèrent les ducs de Berry et de Bretaigne, accompagniés, comme on disoit, de dix mille combattants ou environ, devers le comte de Charrollois à Estampes. Lequel comte alla encontre d'eulx au-dehors d'Estampes. Et de sy loing qu'ils veirent l'ung l'aultre, descendirent touts les princes à pied, et s'entr'accollèrent fort, et feirent de grands biens-viengnans ensemble. Le duc de Berry dit au comte que ce luy pesoit quand avoit esté blescié ; lequel luy respondit que c'estoit usance de guerre. Après ce allèrent touts ensemble à Estampes, laquelle appartenoit de droict héritaige au duc de Bretaigne ; et en avoit tousjours jouy, combien que le comte de Nevers s'en estoit appelé et appeloit comte. A l'entrée des comtes et princes à Estampes feut crié Noël ; et feirent grande feste et grande joye d'ung costé et d'aultre.

Environ ce temps, le comte de Charny, lequel s'estoit party de Bourgoingne, avecq luy cinquante lances ou environ, pour venir avecq le comte de Charrollois, et non voullant aller ny soy mectre soubs le mareschal de Bourgoingne, lequel conduisoit et estoit chief de l'armée de Bourgoingne, feut rencontré d'aulcuns des gents du roy, et par force feut rué jus et prins prisonnier ; et le remanant[1] de ses gents, quy ne feurent ne morts ne prins, se sauvèrent ; et depuis feut le comte de Charny mis à rençon, à vingt mille couronnes d'or. Le comte avoit espousé la fille bastarde du duc de Bourgoingne ; il avoit esté en son temps valliant chevallier, et faict plusieurs armes ; mais il estoit ancien, et avoit environ soixante-huict ans ou plus.

(1) Reste.

CHAPITRE XXXVIII.

Comment les ducs de Calabre, de Bourbon, de Nemours, comte d'Arminacq, et aultres, arrivèrent à Estampes ; et comment le roy alla à Rouen ; et aultres choses.

Environ huict jours après que les ducs de Berry et de Bretaigne feurent arrivés à Estampes, vindrent audict lieu les ducs de Bourbon, de Nemours et comte d'Arminacq, à très belle compagnie ; puis vint le duc de Calabre, quy amena une manière de gents non armés, que on appelloit Simples, lesquels estoient moult hardis gents. Après luy vint le mareschal de Bourgoingne, avecq les Bourguignons, quy estoient six cents lances ou plus, sans les aultres combattants ; mais peu y avoit d'archiers, forts coustilliers, car ils n'usent en Bourgoingne d'arcqs, au moins peu. Quand tous les princes susdicts feurent arrivés à Estampes, avecq le comte de Charrollois (touts lesquels, comme on disoit, ne s'estoient osé mectre à chemin ny entrer au royaulme tant qu'ils sceurent que le comte de Charrollois s'estoit combattu au roy et avoit gagné la place de la bataille, et sy d'adventure le roy olt rué jus le comte, peust-estre que nul d'eulx n'eust marché en paix), lesquels, prestement qu'ils sceurent les nouvelles, vindrent vers le comte, et s'assemblèrent à Estampes ; lesquels, touts ensemble, pour la multitude de gents qu'ils estoient, et pour avoir vivres plus abbondamment, se tirèrent au pays de Beaulse et de Gastinois, auquel pays se rendirent plusieurs villes au duc de Berry, comme Provins et aultres. Le roy de France, sçachant que les princes estoient touts ensemble, s'en alla à Rouen en Normandie, et illecq contraindit fiefvés et arrière-fiefvés, et quy estoient idoines en guerre, d'eulx armer et aller avecq luy ; et assembla ce qu'il poeult de gents. Durant le temps que le roy estoit à Paris, après que les princes et seigneurs dessusdicts olrent esté environ ung mois au pays de Beaulse et de Gastinois pour leur reffaire et leurs gents, cuidants et attendants de jour en jour que le roy leur debvoit venir courre sus et livrer bataille, se partirent desdicts pays et passèrent par le pays de Brye ; et environ le jour de Sainct-Barthélemy, les ducs de Berry et de Bretaigne, et le comte de Charrollois vindrent entre Paris et arrivèrent au pont de Charenton ; et illecq feurent logiés les ducs de Berry et de Bretaigne; et le comte de Charrollois et ceulx de sa compagnie, feurent logiés à Conflans; c'est à sçavoir : le comte, pour son corps, au chasteau; le comte de Sainct-Pol et l'avant-garde entre Paris et Conflans; le bastard de Bourgoingne et l'arrière-garde entre Conflans et le pont de Charenton; lesdicts ducs de Berry et de Bretaigne avecq leurs armées feurent logiés à Sainct-Mor, à Beaulté, et autour du bois de Vincennes, d'ung lez de l'eaue ; et de l'aultre lez, le duc de Calabre et les Bourgoingnons ; les gents du comte d'Arminacq et du duc de Nemours, demourèrent en Brye, lesquels on estimoit à cinq ou six mille combattants. Après que chascun d'eulx feut logié, et que le comte de Charrollois olt faict reprendre le pont Sainct-Cloud et Laigny-sur-Marne, et avoient abbandonné les places, le jour que la bataille feut au Mont-le-Héry, le comte de Charrollois feit faire pont pour passer la rivière et pour approcher Paris et y mectre le siége.

Dans Paris estoit le comte de Maisne et aultres gents de guerre, en grand nombre, et sy grand qu'il failloit que la pluspart feussent logiés au camp autour de Paris et oultre la rivière de Saine; et avoient faict faire forts boulloverts, où ils se tenoient. Une partie des gents des princes dessusdicts passèrent l'eaue de Saine sur ponts, et s'en allèrent logier assez près de Paris, et sy près que entre les gents du roy et eulx n'y avoit que ung fossé nouvel faict entre deulx. Illecq feirent plusieurs escarmouches d'ung costé et d'aultre, où souvent en y avoit des morts et des prins. A l'une de ces escarmouches feut tué ung josne et gentil chevallier, fils de messire Simon de Lallaing, nommé Simon, quy feut moult plainct des gents du comte de Charrollois.

CHAPITRE XXXIX.

Comment on somma à ceulx de Paris qu'ils se rendissent au duc de Berry et aulx princes quy estoient en sa compagnie.

Assez tost après que les princes de France feurent arrivés entre Paris et passés la rivière de Saine, ils feirent sommer à ceulx de dedans Paris que ils feissent ouverture de la ville au duc de Berry, comme régent de France, ou sinon ils destruieroient leurs vignes et arderoient les maisons et villaiges autour Paris, et puis assailleroient la ville. A laquelle response ceulx de Paris prindrent aulcuns jours, durant lesquels ils envoyèrent à Rouen dire au roy que, sy ne les venoit secourir, ils estoient en grand dangier, et que, nonobstant dedans la ville et environ y olt par luy grand nombre de gents d'armes, sy faudroit-il qu'ils se rendissent. Le roy, oyes ces nouvelles, accompaignié de ce qu'il poeult assembler de gents de guerre, se partist de Rouen, et entra en la ville de Paris le vingthuictiesme jour d'aoust.

CHAPITRE XL.

Comment l'évesque de Paris pourchassa tant que trefves feurent données ; et des nouvelles quy vindrent ès pays du duc de Bourgoingne, auquel on rapporta que le comte de Charrollois avoit esté desconfit et rué jus au Mont-le-Héry du roy.

Environ trois jours après que le roy feust retourné de Rouen et rentré dedans Paris, feurent envoyés de par le roy, devers le duc de Berry, comte de Charrollois et les aultres seigneurs, l'évesque de Paris et aultres seigneurs et notables conseilliers, lesquels, à l'aide de plusieurs et grands princes et seigneurs, quy moult se penèrent pour trouver et mectre la paix entre le roy et les princes de France, feirent tant que les trefves feurent données d'ung costé et d'aultre, aulcuns jours. Durant lesquels, entre Conflans et Paris, feut ordonné certain lieu, où que on feit drescher une grande tente pour illecq venir aulcuns députés d'ung costé et d'aultre pour parlementer de paix.

Après la rencontre du Mont-le-Héry, ceulx quy s'enffuirent, non sçachants comment la journée avoit prins fin, aulcuns passèrent la rivière d'Oyse, quy disoient que le comte de Charrollois avoit esté desconfit; et mesmement, le dix-huictiesme jour de juillet, par la ville d'Arras passa ung messagier, que le seigneur de Boulliencourt, chevallier, capitaine de Mont-Didier, envoyoit devers le duc de Bourgoingne, portant une lettre dont il laissa la copie à Arras, contenant : que ce propre jour, estant venu ung homme devers luy, qu'il luy certiffia que jour précédent, au matin, avoit veu et oy ung messagier parler au comte de Nevers, en la ville de Compiégne, lequel avoit dict et certiffié au comte que le seiziesme jour de juillet, le roy de France s'estoit combattu contre le comte de Charrollois, et que l'avant-garde du roy, à la première empaincte, feut ruée jus; mais à la fin le roy avoit eu victoire; et y estoient morts le comte de Sainct-Pol, le seigneur de Hault-Bourdin, bastard de Sainct-Pol; et ne sçavoit-on sy le comte de Charrollois estoit prins ou s'il estoit quelque part sauvé, ne sy le bastard de Bourgoingne estoit mort ou prins. Ces nouvelles sceues en la ville d'Arras, elles feurent tantost espandues par touts les pays du duc de Bourgoingne. Lors feurent touts ceulx du pays du duc fort simples et dollents: et ne vous sçaurois dire la pitié que c'estoit et le dolleur que chascun menoit; et ne avoit hommes, chevallier ny aultre, quy euist couraige de deffendre le pays du duc de Bourgoingne, fors seullement le seigneur de Saveuses, nommé Philippes, ancien chevallier de soixante-douze ans ou plus, lequel estoit à Corbie quand le seigneur de Boulliencourt luy envoya dire ces nouvelles; lequel se partist de la ville de Corbie, tantost que il sceut les nouvelles; et passa de-lez Bray et manda au seigneur de Reubare et à ceulx de la garnison que le comte de Charrollois y avoit laissié, qu'ils gardassent bien Bray, et que s'ils n'avoient des gents assez, il leur en envoieroit assez en brief. Et environ vingt archiers avecq luy volt entrer dedans Bapaume; laquelle entrée ceulx de la ville luy refusèrent; et sembloit que aulcuns de la ville ne feussent pas léals au duc de Bourgoingne leur seigneur. Quand il veit cecy, dit à ceulx de la ville que, s'il n'y entroit pas par beau, il y entreroit par force; ce voyants, ceulx de la ville le laissèrent entrer ens à petite compaignie. Il feut moult eshahy du refus; et à la vérité c'estoit chose pour esbahir, car ils estoient nuement tenus de la comté d'Artois et au duc de Bourgoingne; et sembloit que, sy la chose feust allée comme on disoit, qu'ils se feuissent tournés avecq le comte de Nevers, duquel comte ung de ses archiers estoit mayeur de la ville. Le seigneur de Saveuses y coucha la nuict; et le lendemain, vingtiesme jour de juillet, environ midy, se partist et alla à Arras, et logea en la cité, en sa maison. Illecq manda prestement ceulx de la ville d'Arras, auxquels il remonstra comme il estoit de nécessité de mectre gents sus pour garder les pays du duc, pour aller conforter et requérir leur prince, le comte de Charrollois, sy mestier estoit. Et estois présent moy, quy ay mis ces choses par escript, quand il requist que on luy volsist prester dix mille escus, en soy obligeant à rente viagère ou héritière, ou que on volsist acater pour dix mille escus des meilleurs héritaiges qu'il euist ne luy ne sa femme, au rachapt d'ung an; et que cest argent estoit pour employer à mectre gents de guerre sus avecq tout ce qu'il avoit d'argent, de vaisselles et de bagues; que tout volloit employer avecq son corps pour secourir et aider le comte de Charrollois et servir son prince; lequel argent il ne poeult recouvrer. Toutesfois aultant d'argent qu'il avoit ne qu'il peut emprunter, il employa à mectre gents d'armes sus; et manda par toutes les villes du duc, dont il estoit seigneur, car il tenoit bien huict mille florins de rente ou plus, à touts ceulx quy s'estoient accoustumés d'armer avecq luy, et aulx gents de guerre, que prestement venissent en armes devers luy; et à ceulx quy n'avoient de quoy leur armer, leur faisoit baillier jacques, arcqs, trousses et chevaulx, ou trouvoit manière qu'ils estoient habilliés; et à ce faire s'y employoit diligemment la dame de Saveuses, sa femme, pour complaire à son mary. Et tant feit de luy-mesme que, ainsi qu'il feust quinze jours, assembla de trois à quatre cents compaignons de guerre bien en poinct, tant à pied que à cheval. Ce temps pendant, le duc de Bourgoingne envoya audict seigneur de Saveuses ung mandement par lequel il le commectoit capitaine-général d'Artois; et manda aux bonnes villes, chastelleries d'Artois et de Lille, que on meist sus des gents de guerre au plus grand nombre que on polroit, et allassent devers le seigneur de Saveuses. Lesquels y envoyèrent tellement qu'ils se trouvèrent en dedans quinze jours devers le seigneur de Saveuses deux mille combattants et plus, de pied: le seigneur de Roubaix, riche de dix mille florins de rente ou plus, grand terrien; Jehan de Montmorency, chevallier, seigneur de Nivelles en Flandres, riche et grand terrien; le seigneur de Beauffremont, chevallier. Et environ trois cents compaignons de guerre, lesquels le comte de Charrollois avoit laissié à Bray-sur-Somme, pour garder la ville, tantost qu'ils oyrent les nouvelles que le comte s'estoit combattu, cuidants qu'il olt esté desconfit, se partirent de Bray et l'abbandonnèrent, et vindrent jusques à Bapalmes, devers le seigneur de Saveuses; mais ceulx de la ville ne les vollurent laisser entrer dedans. Ce voyant, ledict seigneur de

Saveuses feit seller ses chevaulx et manda ceulx de la ville, aulxquels il dit qu'ils estoient trahistres à leur prince, et maulvaises gents, et feroit sçavoir à leur prince leur maulvaise manière de faire ; puis monta à cheval et partist de la ville. Aulcuns de la ville allèrent après luy, hors de la porte, et luy prièrent qu'il retournast ; aulxquels il dit qu'il ne voulloit pas estre avecq des trahistres à leur prince jusques à ce qu'il y retourneroit à plus grande compaignie, comme il feit ; car, dix à douze jours après, il retourna avecq toutes les gents qu'il olt assemblé, comme dict est cy-dessus, et les boutta touts dedans la ville en garnison, où ils feurent loing-temps, comme cy-après diray. Quand il feut party de Bapalmes, il trouva le seigneur de Roubaix quy l'attendoit moult desconforté, disant qu'il luy desplaisoit de ce qu'il avoit fallu qu'il abbandonnast la ville de Bray, et que ce n'estoit pas par luy, mais que c'estoit par les gents du seigneur de Nivelle, quy estoient Flamengs, lesquels ne se y volloient plus tenir. Le seigneur de Saveuses feut courroucié de leur partement, et leur conseilla de y retourner, mais ils estoient touts espars. Ce que voyant, par le conseil du seigneur de Saveuses, le seigneur de Roubaix rassembla, huict ou dix jours après, ce qu'il peut de gents, et retourna à Bray.

CHAPITRE XLI.

Comment ceulx de Compiégne assaillirent Roye, et comment le seigneur de Boulliencourt requist aide de gents pour garder Mont-Didier.

Prestement les nouvelles sceues à Compiégne de la bataille, cuidants, comme dict est, que le roy olt eu victoire, les garnisons de Compiégne et d'ailleurs environ, après qu'ils olrent prins le pont Sainct-Maxence, allèrent assaillir la ville de Roye, de laquelle estoit capitaine le seigneur du Fay, chevallier, lequel, à l'aide de ceulx de la ville et environ quarante ou cinquanie compaignons de guerre qu'ils avoient, deffendirent tellement la ville qu'ils reboutttèrent leurs ennemis, desquels ils en tuèrent et blescièrent aulcuns, sans ce qu'ils perdissent que ung homme quy feut tué sur la muraille, d'une flèche. Ce faict, les François retournèrent, disants à ceulx de la ville qu'ils y reviendroient de brief à plus grande compaignie ; pourquoy le seigneur du Fay envoya vers le duc de Bourgoingne et le seigneur de Saveuses, pour avoir gents de guerre. Ledict seigneur de Boulliencourt, hardy et valliant chevallier, lequel n'avoit que vingt ou trente compaignons de guerre de ses propres subjects avecq luy en la ville de Mont-Didier, envoya aussy devers le duc et le seigneur de Saveuses pour avoir gents pour garder la ville de Mont-Didier le plus brief que on polroit ; et sy on ne luy envoyoit, sy garderoit-il la ville au nom du duc jusques à la mort. Il estoit saige chevallier, hardy, et loyal vers Dieu et le monde, et ne avoit oncques tenu aultre partie que la partie du duc de Bourgoingne, pourquoy il estoit fort aimé de ceulx de la ville, quy estoient fort Bourgoingnons. Après que le seigneur de Saveuses olt oy leurs requestes, et qu'il olt assemblé ses gents en la ville de Bapalmes, sy les despartist et envoya en plusieurs places, comme à Roye, Mont-Didier, Bray, et aultres.

CHAPITRE XLII.

Comment les nouvelles vindrent ès pays du duc que le comte de Charrollois avoit eu victoire au Mont-le-Héry.

Les choses dessusdictes faictes, combien que touts les passaiges de la rivière d'Oyse, de Saine et d'ailleurs par toute France, feussent de sy près gardés que nul n'y passoit quy ne feust desrobbé et pillié plusieurs fois, et du tout desnué jusques à la chemise, pourquoy ne pooient apporter lettres ne cédulle pour sçavoir le vray de la bataille, toutesfois aulcuns jacobins, carmes, frères mineurs, et aultres gents en pauvre habit, passèrent toutes les rivières et vindrent dire les nouvelles de la bataille, et comment le comte de Charrollois avoit eu la victoire de la bataille au Mont-le-Héry, et que par sa valliance il avoit demouré sur le champ et estoit cause de la victoire.

CHAPITRE XLIII.

Comment ceulx du pays de Liége envoyèrent deffier le comte de Charrollois ; et de l'alliance que le roy de France print aulx Liégeois.

Environ le mois d'aoust, l'an dessusdict mil quatre cents soixante-cinq, ceulx de la cité et pays de Liége, envers lesquels Loys, roy de France, au mois de juing devant passé, avoit envoyé une grosse ambassade pour avoir alliance, et eulx annuire au duc de Bourgoingne et son fils; laquelle ambassade print aulxdicts Liégeois alliance, par laquelle ceulx de Liége promirent de mener guerre au duc et à son fils, avecq touts leurs amis et alliés, et d'entrer ès pays de Brabant, de Namur et aultres pays du duc, à force d'armes et y boutter le feu, et faire touts faicts de guerre en dedans le jour Sainct-Jacques et Sainct-Christophe, l'an dessusdict soixante-cinq; et moiennant ce, le roy leur debvoit envoyer deux cents hommes d'armes, chascun à trois chevaulx du moings, en dedans ledict jour; lesquels entreroient d'ung aultre costé au pays de Haynault, à force d'armes; et avecq ce promit que le roy ne feroit paix au duc ny aulx siens, sans leur congié, où qu'ils y feuissent comprins, avecq plusieurs aultres choses qu'ils prévirent, dont ils baillièrent lettres scellées du scel du roy; de toutes lesquelles choses le duc feut adverty. Icelles alliances faictes, environ le mois d'aoust, l'an dessusdict soixante-cinq, le vingt-deuxiesme jour, comme le duc de Bourgoingne mectoit le pied en l'estrier, en sa maison de Bruxelles, pour aller battre à la chasse, vint ung hérault de par ceulx de Liége, quy luy apporta lettres par lesquelles ils deffioient le comte de Charollois son fils, de feu et de sang, requérant sur ce avoir response; lequel n'olt aultre response fors qu'il portast les lettres au comte. Le messagier retourna à Liége. Ceulx de Liége renvoyèrent deffier la personne du duc et touts ses alliés, et vuidèrent en grand nombre et grande puissance de la cité; et en ardant et gastant touts les pays du duc, allèrent mectre le siége devant la ville de Lembourg. Le duc de Bourgoingne oyant et voyant la malle vollonté de ceulx de Liége, et sçachant l'alliance par eulx prinse au roy de France, feit mectre sus gents d'armes pour résister à ses ennemis, et manda les ducs de Clefves et de Gueldres, ses nepveux, le comte de Nanssau, le marquis de Ferrare, le comte de Hornes, le seigneur de Guasembecq, le bastard de Brabant, le sénéschal de Haynault, messire Jehan de Reubempré grand bailly de Haynault, et plusieurs aultres seigneurs, tant en Brabant, Haynault et Allemagne, sans les garnisons qu'il avoit mis en ses villes et forteresses de tout allenviron des pays de Liége. Touts lesquels seigneurs dessusdicts vindrent servir le duc en armes et bien accompagniés; et luy-mesme volt aller à Namur, à intention de combattre ceulx de Liége. Quand ceulx de Liége feurent advertis de l'armée que le duc avoit, non cuidants que, pour la grande armée que son fils avoit mené en France, qu'il en puist recouvrer de tant, et voyants que le roy n'avoit pas envoyé ses deulx cents lances en Haynault comme il avoit promis, levèrent le siége et retournèrent en la ville de Liége.

Environ ce temps, la duchesse de Clefves, fille du comte de Nevers, quy plus d'enfant n'avoit, vint devers le duc de Bourgoingne, en la ville de Bruxelles, où feut trois ou quatre jours ains[1] que le duc volsist parler à elle. Le troisiesme jour vint vers le duc et se jetta à genoulx, tendrement luy priant qu'il volsist avoir pitié de son père et d'elle; car sy son père estoit destruict et déshonoré, elle et ses enfants l'estoient, dont en avoit plusieurs du duc de Clefves son mary, et par espécial trois fils; disant encoires que tout le bien et honneur que elle et son père avoient, venoient de luy quy les avoit nourry, eslevé et marié sy haultement que chascun sçavoit et sçait, comme à ses enfants. Le duc à ces mots se ratenrit, et luy cheurent les larmes des yeulx; et dit à la dame telles parolles ou en substance : « Vostre père re- « cognoist et a mal recogneu le bien qu'il a eu « en l'hostel de céans ; je luy avois faict dire qu'il « se partist de Péronne et s'en allast en la comté « de Nevers ou de Retel, quy sont à luy, et là « se tenist jusques à tant que j'aurois tant faict, « que mon fils feust content de luy; dont il n'a « riens faict, ains s'est armé contre monseigneur « de Berry et mon fils, et a faict le pis qu'il a « peu, et tenu mon héritaige de Péronne, de « Mont-Didier, de Roye, les cuidant estre siens, « ce qu'ils ne sont pas, sinon pour certaines « sommes de deniers que je luy donnay, laquelle « on luy a voullu rendre, mais il ne l'a voullu « prendre. Je ne sçais s'il cuide avoir iceulx mes « héritaiges et aultres grandes seigneuries que « j'ay; il ne les aura pas; je luy en garderay bien, « au plaisir de Dieu. » Et à ces mots laissa la dame. Trois ou quatre jours après le duc de Clefves, quy avoit laissié ses gents d'armes ès garnisons entour du pays de Liége, vint à Bruxelles, vers le duc son oncle, vers lequel n'avoit esté de loingtemps paravant pour les divisions dessus-

---

(1) Avant.

dictes. Ledict duc de Bourgoingne le receut très honnorablement et le festoya et feit grande chière ; et avecq les duchesses de Bourbon, de Gueldres, de Clefves et aultres dames le bien-viengna.

Audict an soixante-cinq, au mois de juing, en la ville d'Arras, ne sçay sy la constellation du temps le debvoit, mais plusieurs petits enfants, sur le grand marchié et par les rues, se croisoient pour combattre l'ung contre l'aultre, et crioient, l'ung Bourgoingne! l'aultre Estampes! l'aultre Croy! et avoient tonneaulx où ils bouttoient l'ung l'aultre comme prisonniers, et ce comme par esbattement. Et comme ils faisoient ce, ung manouvrier nommé Jehan, en les regardant, boutta ung compaignon nommé Robinet, vallet d'ung barbier ; dont ledict Robinet print paroles audict Jehan, et le desmentit ; pourquoy icelluy Jehan luy donna un coup de poing ; lors tira ledict Robinet sa dague et le férit au front, duquel coup il mourut trois jours après. Pour lequel faict ledict Robinet feut banny de la ville d'Arras, et s'en alla en Flandres, dont il estoit. Ledict Robinet laissa sa femme povre et chargiée de six enfants ; car il n'avoit que sa labeur.

Audict an encoires, le vingt et uniesme jour de juing, en la ville d'Arras, une femme mariée, nommée Jehenne Lenglesse, femme de Jehan Lenglé, attourneresse et achemeresse [1] des dames de nopces, feut mise sur ung char, lyée par les bras et par les espaulles contre une estacque, tellement qu'elle ne se pooit couchier ny baisser, et feut menée par touts les carrefours de la ville d'Arras, ung sien cousin avecq elle, lequel estoit cordier, joueur du luttre [2] aux nopces ; et feut à chascun carrefour battue sur sa chair nue par un bourel, et son cousin avecq, puis menés au grand marchié au pillory, et illecq bouttés leurs testes et mains ès ceps, entre deulx aisselles, où ils feurent certaines heures publicquement, puis mis hors et bannis à toujours de ladicte ville d'Arras ; et la cause feut, pour ce que ladicte Jehenne feut trouvée avecq son cousin sur les champs, quy emportoient plusieurs biens de son mary, lequel ils avoient cuidé meurdrir. Icelle Jehenne, comme on disoit, estoit sy abbandonnée de son corps que riens plus ; et mesme alloit souvent quérir son cousin estant couché avecq sa femme pour coucher avecq elle. J'ay mis ceste œuvre de justice par escript pour ce que de mémoire d'homme on n'avoit veu parcille justice.

Environ ce temps y olt de cent à six-vingts maisons ardses en la ville d'Ardres ; et feut la ville à moitié ardse ; et disoit-on que le feu y avoit esté boutté par compaignons que le chancellier de France y avoit envoyés, et qu'ils estoient douze ou quatorze quy se debvoient espandre par le pays du duc de Bourgoingne, et boutter le feu ès bonnes villes s'ils pooient, lesquels ils bouttoient par traicts, que ils tiroient ès couvertures d'estoeulle [1], quy ne s'allumoit point qu'il ne feust ung jour après qu'ils estoient retirés ; desquels compaignons aulcuns feurent prins en la ville de Sainct-Omer.

Audict an aussy, le septiesme jour de juillet, un ung villaige environ Béthune, nommé Bruay, lequel jour il estoit la chandeille et feste dudict lieu, et par ung jour de dimanche, ainsy que chascun estoit à l'église et y chantoit-on la grande messe, environ l'offertoire, chéit en ladicte église ung coup de fouldre et de tonnoire sy terrible qu'il occist ung josne fils de vingt-deulx ans d'age, quy chantoit à l'estaplier, et deulx enfants de dix-huict ans d'age ou environ, et navra et brusla plusieurs sans mort, et entra par dedans le comble et feit un trou ès thieulles [2], et r'alla issir par ung autre lez audict comble. La dame de Bruay, josne dame, n'y estoit pas, et n'y feust pas parce que, comme elle s'en volt partir de son chastel pour aller à l'église, ung fol innocent, quy demouroit avec elle, luy dit qu'elle n'y allast pas, et que sy elle y alloit il luy en viendroit mal ; et estoit ce fol ung gentilhomme nommé [3] . . . . , lequel estoit marié et avoit plusieurs enfants ; mais puis vingt ans avoit eu tel accident de maladie qu'il estoit tombé en innocence, et avoit gasté le sien, sans avoir faict de mal à personne, ne sans despuis avoir attouché à sa dicte femme ne à aultres, non plus que ung enfant. Il vint bien à la dame qu'elle n'y alla pas, car la fouldre chéit au siège où elle se séoit en l'église, et emporta une image de Sainct-Martin, patron de leur église, l'espée de quoy il coppoit son mantel, et en plusieurs lieux de l'église se jetta, et esgratinia les painctures.

---

(1) Du vieux mot *acesmé*, prononcé *achesmé*, en Flandres, et qui signifie paré. Achemeresse signifie ici faiseuse de parures. (2) Luth.

(1) Paille. (2) Tuiles.
(3) Lacune d'un mot dans le manuscrit.

CHAPITRE XLIV.

Comment le duc de Bourgoingne envoya de l'argent à son fils; et comment le roy alla à Conflans devers le comte de Charrollois; et aultres choses.

Après la journée du Mont-le-Héry, il feut plus de quinze jours avant que le duc de Bourgoingne sceuíst le rencontre; et luy feut cellé jusques à ce que on feut bien adverty comme la chose alloit; et ne luy osoit-on dire, pour les grandes maladies qu'il avoit eues, dont encoires n'estoit pas bien guéry, doubtant qu'il prist la mort de dueil; mais le vray de la journée sceu, tout luy feut conté. Le duc, paravant la journée, avoit envoyé argent pour payer les gents d'armes, lequel argent estoit encoires à Arras, quand on rapporta que son fils avoit tout perdu, parquoy il envoya ledict argent avecq aulcuns compagnons de guerre au seigneur de Saveuses, affin de conduire ledict argent à son fils; lequel seigneur de Saveuses, accompaignié de touts ses gents, tant de pied que de cheval, conduict icelle finance jusques à Mont-Didier; auquel lieu le comte de Charrollois envoya le seigneur de Hault-Bourdin, avec grande compaignie de gents de guerre, pour estre et accompaignier le seigneur de Saveuses, et amener lesdictes finances, comme ils feirent; lesquels les conduirent jusques à Conflans. Et leur feut nécessité d'estre bien accompaigniés de gents d'armes, car plusieurs garnisons des gents du roy s'assemblèrent et feirent plusieurs embusches pour les ruer jus et prendre lesdictes finances; desquelles embusches ledict seigneur de Saveuses en feut adverty. Sy se tindrent luy et ses gents tousjours en bonne ordonnance, jusques à tant qu'ils vindrent à Conflans devers le comte de Charrollois. Quand le seigneur de Saveuses approcha de Conflans, sy tira de ses gents, sans plus, d'une part avecq luy, et se meit en bataille et belle ordonnance, et vint où le comte de Charrollois estoit. Lequel il faisoit beau veoir; car, combien qu'il olt bien soixante-douze ans, sy estoit-il monté et habillié comme sy ne olt que quarante ans; et avoit quatre ou cinq pages après luy, atout riches salades, leurs chevaulx et le sien chargiés d'orfévreries, semés de croix de Sainct-Andrieu. Le comte de Charrollois le veit en cest estat moult volontiers, et luy feit grande chière; et dit-on que, en luy faisant le bien-viegnant, il luy dit :

« Seigneur de Saveuses, soyez le très bien venu;
« je voldrois que euissiez esté avecq moy au
« Mont-le-Héry, et m'euist cousté quarante
« mille escus d'or. »

CHAPITRE XLV.

Comment ceulx de la ville de Dynant pendirent la pourtraicture du comte de Charrollois devant Bouvynes; et des opprobres qu'ils disoient de luy; et aultres choses.

Environ ce temps, ceulx de la ville de Dynant, quy estoit une ville au pays de Liége, la plus forte et la plus riche beaucoup que la cité de Liége, car oncques n'avoit esté prinse ny gaignée, combien que plusieurs empereurs, roys et ducs y euissent mis plusieurs fois le siége, et jusques à dix-sept siéges à plusieurs et divers temps, ceulx de Dynant, quy de tout temps avoient pillié leurs voisins, quand guerre y estoit, et tout apporté à Dynant (et se y faisoit-on les candrelats et toute fondure de léton et métal de cuivre), assez tost après la bataille du Mont-le-Héry, cuidants que le comte de Charrollois olt esté desconfit, s'avisèrent d'une grande folie en monstrant leur animé couraige et la haine qu'ils portoient au duc de Bourgoingne et son fils; car, par leur oultrageulx couraige, ils feirent faire la pourtraicture du comte de Charrollois, laquelle ils vestirent d'armes du comte, puis en grande multitude et armes allèrent faire droict devant la ville de Bouvynes, quy estoit au duc de Bourgoingne, et illecq feirent ung gibbet et y pendirent celle pourtraicture, en disant à ceulx de Bouvynes : « Voilà le fils de vostre duc, le faux trahistre, le
« comte de Charrollois, lequel le roy de France
« a faict ou fera pendre comme il est là pendu; il
« se disoit fils de vostre duc, mais il estoit vil-
« lain bastard, et feut changié en enfance au fils
« du seigneur de Hainsbergue, nostre évesque.
« Cuidoit-il ruer jus le roy de France? » Plusieurs aultres vilaines paroles dirent du duc et de son fils, menassants le duc de destruire et ardoir ses pays, comme fols et oultre-cuydiés; car ils n'avoient cause de ce dire; car la mère du comte, femme du duc, estoit une des bonnes femmes de son corps quy feust sur la terre. Desquelles opprobres et villenyes assez tost après le comte feut adverty, et en feut moult troublé; et dit qu'ils le compareroient, comme ils feirent, ainsy qu'il sera dict cy-après.

CHAPITRE XLVI.

Comment le roy de France alla à Conflans devers le comte de Charrollois; et plusieurs aultres choses.

Durant que les princes de France estoient environ Paris, et que les trefves estoient pour parlementer de paix, le roy de France se partist de la ville de Paris, et en une nacelle, par la rivière, alla près de Conflans. Quand le comte sceut sa venue, sy alla allencontre, en la compaignie de ses archiers et aultres seigneurs. Tantost que le roy le veit venir, issist hors de sa nacelle et alla vers luy. Le comte, d'aussy loing qu'il le veit, luy feit honneur tel qu'à ung roy de France appartient; puis vindrent ensemble; et de prime face le roy l'embrassa en luy monstrant grand honneur et amour, puis se devisèrent ensemble bien longuement; de quoy je ne sçay, mais j'ay veu la coppie d'une lettre que le comte rescript à son père, par laquelle luy escripvit comment il avoit parlé au roy, lequel luy avoit dict moult de belles parolles. Quand le roy se partit du comte, il pria au comte qu'il volsist venir à Paris, et que là luy feroit grande chière; mais le comte luy feit response qu'il avoit voué et promis qu'il n'entreroit en nulle bonne ville jusques à son retour. Atant s'en retourna le roy à Paris, lequel donna aulx archiers du comte cinquante couronnes d'or pour aller boire; et le comte retourna à Conflans.

Durant lesdictes trefves et parlement, ceulx de Croy, leurs enfants et le seigneur de Lannoy estoient à Paris, et meirent grande peine pour ravoir leur traictié au comte; et mesme le roy s'y employoit le plus qu'il pooit; mais oncques n'y volt le comte entendre; et sur toutes choses ne volloit oyr parler de ceste matière. Le seigneur de Croy, par sauf-conduict, alla une fois avec le roy jusques en l'ost du comte, durant que on traictoit de paix; mais il feut dict qu'il n'y vinst plus. Le roy, par plusieurs fois, vint à Conflans veoir le comte de Charrollois, et oirent moult de secrettes devises ensemble; et monstroit le roy moult grand honneur et amour au comte, et sy grand que on ne polroit plus; car, quand il le venoit veoir, il renvoyoit touts ses gents, qu'il n'en retenoit que bien peu; et disoit-on qu'il estoit plus asseur avecq le comte et ses gents que dedans Paris.

Audict mois d'aoust, le vingt-sixiesme jour, en la ville de Boulongne sur mer, feurent prins le chastelain et le sergeant du chastel, lesquels avoient vendu la ville et le chastel aulx Anglois de Calais et de Guisnes, quy y debvoient entrer le vingt-huictiesme jour; et debvoient les dessusdicts boutter le feu en la basse Boullongne, et entre tant que on olt allé au feu, ils debvoient mectre lesdicts Anglois au chastel et en la ville, et tuer tout, réservé ceulx que ledict chastelain et sergeant avoient exceptés. De laquelle trahison ils se descouvrirent à ung aultre sergeant quy leur avoit faict serment d'estre des leurs; lequel sergeant se repentit, et dit la trahison au mayeur de la ville, lequel y pourveut tellement que lesdicts chastelain et sergeant feurent prins; lesquels confessèrent leur trahison; pourquoy ils feurent, le deuxiesme jour de septembre, descapités, et leurs corps pendus au gibbet. Iceulx exécutés estoient ceulx propres quy avoient tant faict que le fils du seigneur de Croy s'estoit party du chastel, dont il estoit capitaine; et y avoient faict entrer, au commencement du caresme dernier passé, les gents du comte de Charrollois, lequel comte avoit donné aulxdicts chastelain et sergeant touts les biens estants au chastel, appartenants audict seigneur de Croy, et moult de biens luy avoit faict et avoit intention de faire.

CHAPITRE XLVII.

De la prinse du roy Henry d'Angleterre par le roy Edouard; et comment la ville de Rouen feut prinse par le duc de Bourbon, Ponthoise par les Bretons; et du miracle de Sainct-Jacques; et d'aultres choses.

Environ le mois d'aoust, l'an dessusdict quatorze cents soixante et cinq, par les gents du roy Edouard feut prins le roy Henry d'Angleterre, et mesme, en la ville de Londres, le feit-on monter sur ung petit cheval et mener tout avant la ville, en laquelle le roy Edouard avoit faict deffense sur la hart que nul ne le saluast. Et dans cest estat et mal révéramment, mais bien honteusement, feut mené jusques au chastel, devant lequel avoit un arbre à manière de pillory, autour duquel le feit touppier[1] trois fois, et puis feut boutté dedans le chastel. De laquelle desrision plusieurs de la ville de Londres feurent moult troublés, mais ils n'en osoient dire mot.

(1) Tourner.

Audict an soixante-cinq, le huictiesme de septembre, en la ville d'Arras, environ les Nœufves Estuves, trois compagnons quy se disoient au seigneur de Savye prindrent noise à trois ou quatre sergeants, pour les filles, et feut l'ung des sergeants navré, nommé le Roy de la Povrelle. Roy de la Povrelle, et les voyant que c'estoit acertes, dit à ung compagnon quy les regardoit : « Va prendre ces compagnons, je te « fay sergeant; » lequel le cuida aller prendre, mais l'ung des trois compagnons luy coppa ung poing; puis s'en allèrent sans estre prins.

Ce propre jour, environ l'heure de vespres, aulcuns compagnons se combattirent aux nocquets en l'abbaye en ladicte ville. Oyant le desbat, ung gentilhomme nommé Waurin de Vignacourt, lieutenant du cappitaine d'Artois, vuida de sa maison, quy estoit debvant le lieu où on se combattoit, et en feit l'ung prisonnier; pourquoy les aultres l'assaillèrent et le navrèrent d'ung espieu en l'espaule; et s'il ne se feut deffendu, et que aulcuns compagnons vindrent en aide, ils l'euissent par adventure tué.

Audict an soixante-cinquiesme, environ la fin du mois de septembre, feut prinse la ville de Pontoise, et y entrèrent les Bretons par nuict, par moyen du lieutenant du cappitaine et aultres.

Environ aussy ce temps, le duc de Bourbon, accompaignié de plusieurs gents de guerre, entra au chastel de Rouen en Normandie, lequel luy feut rendu au nom du duc de Berry, par la femme du sénéschal de Normandie, quy mourut au Mont-le-Héry; laquelle l'avoit en garde par le roy, et se fioit le roy moult en elle. Et assez tost après, par le moyen d'aulcuns des plus grands de la ville, par le conseil desquels la dame avoit faict entrer le duc de Bourbon au chastel, le duc de Bourbon feut mandé de ceulx de la ville, en laquelle, et tantost qu'il y feust venu, tout le commun de la ville se rendirent à luy pour et au nom du duc de Berry, et prindrent le duc de Berry à duc de Normandie. Ce faict, le duc de Bourbon alla en plusieurs villes de Normandie; lesquels il réduit tout à luy, pour et au nom du duc de Berry; et mesme la ville de Caen se rendit, et à peu tout Normandie.

Environ ce temps, les gents du duc de Bourgoingne ardirent plusieurs villaiges au pays de Liége; et pareillement feirent ceulx de Dynant, et les Liégeois au pays du duc, tant ès pays de Brabant, Lembourg, comme en la comté de Namur; et tant d'ung costé que d'aultre feurent ards infini nombre de villaiges et de maisons.

En ce temps, environ le commencement d'octobre, issirent ceulx de Dynant, et allèrent vers Bouvines et ès pays du duc, et en olt aulcuns tués, et feurent constraints de rentrer dedans Dynant. Les parents de ceulx quy feurent morts à ceste rencontre s'assemblèrent en grand nombre, et allèrent en une prison où ils trouvèrent trois prisonniers du pays du duc, lesquels ils tuèrent, et les menèrent hors, et au premier arbre qu'ils trouvèrent, ils les pendirent ; mais, par la grace de Dieu et mérite de monseigneur sainct Jacques, comme l'ung des trois s'estoit voué à monseigneur sainct Jacques, et le réclama à haulte voix, ayant ferme espoir qu'il le garderoit de mort, la corde dont il estoit loyé au col, au cheoir de l'eschelle, rompit, et oncques ne le peurent pendre, par le mérite du benoist sainct Jacques; et feut le compaignon ramené en la ville sans estre mort ou blesceié, et les deulx aultres demourèrent pendants. Non contents encoires de ce, prindrent ung josne fils d'Arras, fils de Martin Cornille, escolier, lequel estoit prisonnier, et avoit esté prins des gents de guerre en retournant de l'estude; lequel ils l'euissent faict mourir, mais aulcuns de la ville en olrent pitié, et leur dirent que l'enfant estoit fils d'ung riche homme, lequel leur paieroit grosse rençon, quy leur seroit donnée pour faire prier pour les ames de leurs amis quy estoient morts, et pour eslever leurs enfants; et ce feit sauver l'enfant, lequel depuis paya à ceulx de Dynant grosse rençon.

CHAPITRE XLVIII.

De la mort de la comtesse de Charrollois; et comment le comte de Nevers feut prins, et le chastel et ville de Péronne.

Le vingt-sixiesme jour de septembre, l'an mil quatre cents soixante-cinq, en la ville de Bruxelles, par ung jeudy, cloist son dernier jour très noble et excellente dame Catherine de Bourbon, femme du comte de Charrollois, laquelle ne deslaissa que une fille seulement, nommée Marie, et n'avoit oncques eu plus d'enfant. Icelle dame avoit la renommée d'estre la plus humble, la plus bénigne, et pleine de meilleurs mœurs que dame que poeult estre. Le comte et elle avoient aimé l'ung l'aultre parfaictement et tellement qu'il n'estoit point sceu que, puis que le comte l'eust espousée, il euist à faire à aultre femme que à elle. On disoit qu'elle estoit tant gracieuse que à peu l'avoit oncques veu courroucée. Les duchesses de Bourgoingne et de Bourbon, ses mères, feurent à son trespas. Laquelle duchesse de Bourgoingne feit merveilleux debvoir de la garder nuict et jour, tellement que à l'heure de sa mort elle dit que la duchesse de Bourgoingne estoit mieulx sa mère que sa mère quy l'avoit portée. Icelle duchesse de Bourgoingne estoit moult dévote, et luy challoit peu du monde ; et à ceste cause, ne se tenoit pas avecq le duc son mary, ains y laissoit estre la duchesse de Bourbon, sœur de son mary, laquelle tenoit compaignie au duc, et avoit tenu deulx ou trois ans paravant, avecq plusieurs de ses enfants, fils et filles.

Le troisiesme jour d'octobre ensuivant, l'an dessusdict mil quatre cents soixante-cinq, ung gentilhomme, natif de Bourgoingne, nommé Arcquembault, lequel ung mois paravant avoit esté plusieurs fois à Péronne, devers le comte de Nevers, par le moyen du seigneur de Saveuses, et puis, par saulf-conduict du roy, avoit esté en France devers le comte de Charrollois, et retourné devers le duc son frere, et disoit-on que c'estoit pour trouver le traictié du comte, et que le comte devoit rendre Péronne, icelluy Arcquembault, en la compaignie du seigneur de Roubaix, du seigneur de Fourmelles et aultres, jusques au nombre de cinq à six cents combattants, environ quatre heures du matin vindrent debvant Péronne ; et quand ils approchèrent de la ville, ledict Arcquembault, luy douziesme à pied, avecq les aultres, alla au boullovert debvant le chastel et monta dedans par eschelles, et print ledict boullovert et ceulx de dedans, par le moyen desquels il entra incontinent dedans la tour du chastel, où il trouva le comte de Nevers, le seigneur de Sailly, et aultres en leurs lits, lesquels il print prisonniers ; et ce faict, environ le poinct du jour, le comte et ses gents jettèrent cris au prendre, tellement que ceulx de la ville l'oyrent, lesquels vindrent en armes debvant le chastel, auxquels estoient jà entrés soixante à quatre-vingts hommes des gents du duc de Bourgoingne, quy vindrent sur les murs monstrer à ceulx de la ville comment ils estoient au duc de Bourgoingne et qu'ils se rendissent à luy. Lesquels prindrent advis de respondre à trois heures après disner, et de trois heures à cinq ; à laquelle heure ils obéirent au commandement des gents du duc, et ouvrirent les portes au seigneur de Roubaix et aulx aultres. Et, par ceste façon, feut prinse la ville et mise en la main du duc, dont aulcuns disoient que le comte de Nevers l'avoit ainsy voullu laisser prendre, affin que le roy de France, auquel il avoit faict serment, ne le volsist chargier de sa foy, et que son traictié estoit faict au duc et à son fils. Mais, quoy qu'il en feust, on mena prestement ledict comte prisonnier au chastel de Béthune, et ledict Arcquembault demoura à Péronne ; lequel avoit le renom de bien escheller villes et chasteaulx, et par luy feut prinse et eschellée la ville de Luxembourg, comme on disoit, en l'année mil quatre cents quarante-deulx.

Audict an soixante-cinq dessusdict, le quinziesme jour d'octobre, environ cinq heures après minuit, en la ville d'Arras, feut veu comme le ciel ouvrir, et feit clair comme ung coup d'esclitre[1] ; et après ce, on veit vers bise[2] au ciel comme ung barreau de feu de la longueur et façon d'une lance, lequel se tortigna, et puis se tourna à travers, et le bout de debvant, quy estoit menu, devint gros, et le bout de derrière, quy estoit gros, devint gresle, et puis diminua et vint à néant et dura à l'espace d'ung quart d'heure ou environ.

CHAPITRE XLIX.

Comment les Liégeois feurent desconfits par les gents du duc de Bourgoingne, à Montenacq, et jusques au nombre de deulx mille ou plus de morts.

L'an de grasce mil quatre cents soixante-cinq, le dix-neuviesme jour d'octobre, le comte de Nansso, le sénéschal de Haynault, le seigneur de Grutuse, le seigneur de Reubempré grand bailly de Haynault, et aultres chevalliers et escuyers et gents de guerre, jusques au nombre de dix-huit cents combattants ou environ, se partirent ensemble et entrèrent au pays de Liége, bouttants les feus en plusieurs lieulx, et

(1) Eclair. (2) Nord.

ardants plusieurs gros villaiges et maisons ; et en passant assez près d'ung gros villaige, nommé Montenacq, quy est à dire en françois Montigny, entre Sainct-Tron en Hasebain et Verlo, à environ cinq lieues de la cité de Liége, ung grand nombre de Liégeois, lesquels se tenoient à Montenacq, et gardoient le villaige, où il y avoit bien trois cents feus, lequel ils avoient clos et fort fortifié de barrières, tellement que on n'y olt sceu entrer, et y estoient environ quatre mille combattants, quand ils feurent advertis que les gents du duc passoient par emprès eulx, lesquels ne contendoient que de passer sans les assaillir, car ils estoient trop fort fortifiés, en grand nombre vuidèrent du villaige, et se meirent en ung lieu où les gents du duc debvoient passer, pour les combattre et ruer jus; et illecq s'encloyrent et feirent ung fort de leurs engins et charrois, attendants les gents du duc. Lesquels assez tost vindrent illecq, et trouvèrent iceulx Liégeois enclos et fortifiés comme dict est. Sy prindrent conseil entre eulx de les combattre, mais qu'ils les puissent faire issir de leur fort. Pour lesquels faire issir feirent signe de retourner et fuire de poeur d'eulx, affin qu'ils vuidassent, comme ils feirent; car prestement qu'ils les veirent tourner le dos, cuidants qu'ils fuyssent, vuidèrent de leur fort pour aller après eulx. Ce voyant par les gents du duc, sy retournèrent sur eulx ; et illecq y olt grande bataille; mais les Liégeois tindrent comme riens, ains se meirent en desroy et en fuite, et feurent rués jus; et y en demoura sur la place deulx mille deulx cents ou environ de morts ; et des gents du duc on ne poeult sçavoir qu'il en mourust que ung archier.

CHAPITRE L.

Comment la paix feut traictiée entre le roy de France et les seigneurs de son sang.

Les princes et seigneurs du sang royal et aultres, estants autour de Paris, et le roy Loys dedans la ville, par le bon advis des seigneurs et de leurs conseillers, d'ung costé et d'aultre, feut tant traictié et parlementé que paix feut faicte et traictiée entre le roy de France d'une part, et le duc de Berry son frère, les ducs de Bretaigne, de Callabre, de Bourbon, de Nemours, les comtes de Charrollois, Blois, d'Arminacq, et aultres, par la manière quy s'ensuit, non pas que je le mets tout au long, mais le mettray en brief sy avant que l'ay peu sçavoir.

Premier, pour pourveoir aulx désordres du royaulme et des griefves exactions, charges et dommaiges du peuple, aulx plainctes et doléances de la part des seigneurs du sang et aultres subjects du roy, le roy commectroit trente-six notables hommes du royaulme, c'est-à-dire, à sçavoir, douze prélats, douze chevalliers et douze notables gents de conseil et eulx cognoissants en justice, aulxquels il donneroit pooir de eulx informer des deffaultes quy se faisoient en son royaulme, et de y mectre remède convenable ; et promist, en parole de roy, de tenir ferme et stable à tousjours tout ce qu'ils ordonneroient ; lesquels debvroient commencier le quinziesme jour de décembre, et avoir faict en dedans deulx mois, et au plus en dedans quarante jours après les deulx mois.

Item, seroit toute division mise à néant; et ne polroit nul reprochier à aultruy le party qu'il auroit tenu, ne n'en seroit en quelque dangier, ne luy en feroit-on nul grief, et sy rauroit chascun ce quy luy compétoit paravant l'armée mise sus, jà-soit-ce que à cause de ceste leurs biens en héritaiges eussent esté donnés ;

Item, par icelluy traictié, le comte de Dunois, bastard d'Orléans, debvoit ravoir toutes les terres que le roy luy avoit ostées ;

Item, le comte de Dammartin, eut toutes ses terres et biens quelconques que le roy luy avoit ostés et donnés comme confisqués ;

Item, le comte d'Arminacq rauroit toutes les terres que le roy luy avoit aussy ostées ;

Item, le duc de Bourbon r'olt toutes ses villes places et forteresses que le roy avoit confisquées sur luy, et avecq ce trente-six mille francs, chascun an, de pension sur le roy, pour le mariage de sa femme, sœur du roy, et sy seroit capitaine et auroit la charge de une partie des gents d'armes de l'ordonnance du roy ;

Item, auroit le duc de Calabre, pour aulcunes faultes qu'on luy avoit faict, par lesquelles il avoit perdu le royaulme de Naples, deulx cents mille couronnes d'or, avec la charge de trois cents lances de gents d'armes des ordonnances du roy, desquels il seroit capitaine ;

Item, le duc de Nemours seroit capitaine de

deulx cents lances des ordonnances du roy et capitaine de l'Isle-de-France;

Item, le comte de Sainct-Pol feut faict connestable de France, et luy baillia le roy l'espée de sa main, publicquement au palais à Paris;

Item, le duc de Berry, seul frère du roy, pour son partage du royaulme de France, auroit la duchié de Normandie, par appanage à luy et ses hoirs masles procréés de son sang, pour la tenir en telle franchise et liberté que anciennement les ducs de Normandie la tenoient du roy de France, c'est à sçavoir en féauté et hommaige, et que doresnavant tenroient les ducs de Bretaigne et d'Allençon leurs duchiés du duc de Normandie, comme anciennement ils avoient tenus;

Item, le comte de Charrollois oit toutes terres racatées par le roy au duc son père, comme celles de la rivière de Somme que ailleurs, avecq la comté de Guysnes, pour en jouir par luy et ses hoirs en la manière accoustumée et cy-après déclarée;

Item, par ce traictié, promit le roy de non jamais constraindre nuls des seigneurs dessusdicts à venir vers luy, ne y seroient tenus de y venir en leurs personnes, saulf toutesfois ne estre exemptés des services qu'ils doivent au roy de leur fidélité, et pour la deffense et bien évident du royaulme;

Item, feurent rendues les villes, forteresses et places prinses et occupées, tant de l'une partie que de l'aultre, à cause de la division encommenciée;

Item, feurent rendus touts les biens quy feurent prins durant les trefves;

Item, pour tant que toutes ces choses et aultres, chascun des princes, pour aultant que leur pooit toucher, prindrent leurs scellés du scel du roy, desquelles lettres je ne peus avoir copie, fors seulement la copie des lettres que le comte de Charrollois en print, laquelle copie j'ay icy mis par escript en ce présent livre, dont la teneur s'ensuit.

Copie des lettres au prouffit du comte de Charrollois, par le traictié de Conflans.

« Loys, par la grace de Dieu roy de France, etc., à touts ceulx quy ces présentes lettres verront, salut. Comme nostre chier et très amé frère et cousin, Charles, comte de Charrollois, du volloir et commandement de nostre très chier et très amé oncle le duc de Bourgoingne, son père, pour venir et assembler avecq nostre chier et très amé frère le duc de Normandie, n'a guières duc de Berry, et aultres seigneurs de nostre sang ayant volloir et intention de besoingnier et entendre en aulcunes matières concernantes le bien publicque et universel de nostre royaulme, l'estat et appaisement desdicts seigneurs vers nous, ayt depuis cinq mois en çà mis sus grande et puissante armée, sans laquelle il ne pooit seurement venir et soy trouver à leur assemblée; pour ce mesmes que aulcuns rapports luy avoient esté faicts en luy donnant aulcunes charges, donnants à entendre que nous le tenrons pour nostre ennemy, et aussy que le comte de Nevers et le seigneur de Croy, qu'il tenoit et réputoit pour ses ennemys, par l'aide, part et faveur de nos gents de guerre, villes et pays, forteresses, s'estoient mis sus en armes, en la frontière des pays de nostredict oncle, et sur les passaiges de nostre frère et cousin, et à l'occasion de ces matières, tant avant l'assemblée d'icelluy nostre frère et cousin avec nostre frère de Normandie et aultres seigneurs de nostre sang que depuis, plusieurs discors, divisions et voyes de faict soient ensuivis, jusques à grande effusion de sang, entre nous, nostre frère et aultres seigneurs de nostre sang, pour lesquels appaiser, affin de mectre à fin les grands maulx et inconvénients inestimables encommenciés, et quy estoient apparents à venir à cause desdictes divisions, à ce que nous et lesdicts seigneurs de nostre sang puissions estre et demourer en amour, union, concorde que Dieu nostre créateur, auteur et largiteur de paix et union, puist estre servy et révéré, et nostre royaulme en touts estats régy et gouverné en paix, tranquillité, police et bonne justice: nous avons faict faire et tenir plusieurs assemblées d'aulcuns nos parents, conseillers et serviteurs, avecq l'autorité des seigneurs de nostre sang, et aultres leurs commis et députés, entre lesquels d'une part et d'aultre, après plusieurs notables ouvertures faictes, tant pour le bien publicque de nostredict royaulme, police et gouvernement d'icelluy, que pour l'appaisement et réunion de nostredict frère, duc de Normandie, et aultres seigneurs de nostre sang, envers nous, les commis et députés de nostredict frère et cousin le comte de Charrollois, ont faict plusieurs remonstrations, plainctes et doléances, et entre les aultres, tant pour lesdicts rapports faicts à nostredict frère et cousin, que pour aultres causes touchant l'estat de sa personne, dont révélation a esté faicte, et aussy pour ce qu'il estoit adverty que aulcuns de nos gents et serviteurs au nom de nous avoient procuré et faict certaines alliances qu'elles luy pooient estre préjudiciables, icelluy nostre frère et cousin a esté constrainct de mectre sus ladicte armée, pour la conduicte de laquelle il a faict et soustenu grands frais, mises et despens, montants à plus de quatre cents mille escus ; et avecq ce, pour ce que par le moyen desdictes alliances et sollicitations d'aulcuns nos serviteurs, les Liégeois s'estoient n'a guières mis en armes, en intention d'envahir les pays de nostredict oncle et porter dommaige, icelluy nostredict oncle, pour résister allencontre lesdicts Liégeois, avoit mis sus ladicte grande armée à grands frais et despens ; et d'aultre part, pour ce que nous avons n'a guières racheptéde nostredict oncle les terres estants sur la rivière de Somme, lesquelles, par le traictié d'Arras, luy appartenoient, nonobstant que nostredict frère et cousin, à bonne et juste cause, soy attendant que nous ne les deussions rachepter du vivant de nostredict oncle, qu'icelluy nostredict oncle n'a joy des prouffits desdictes terres sa vie durant, ainsy qu'avoit sa fiance, et que lesdictes terres n'ont pas esté racheptées selon la teneur du traictié dudict Arras ; icelluy nostre frère et cousin a esté et est grandement intéressé, disant que des charges, mises, despens, dommaiges et intérêts dessusdicts et aultres quy ont esté déclarés, nous estans raisonnablement tenu de faire récompense convenable : sur lesquelles choses rapport nous a esté faict, et nous avons eu bonne et meure délibération par plusieurs fois avecq aulcuns des seigneurs de nostre sang, des gents de nostre grand conseil et aultres notables hommes de nostre royaulme, sçavoir faisons : Que de nostre certaine science et bonne volonté, désirant rejoindre à nous mondict frère et cousin, de ce que par les grands et bons services, aide et secours qu'il poeult et voeult faire à nous et à la couronne, nostredict royaulme puisse estre gardé et deffendu allencontre de nos anciens ennemis, et paix, union et tranquillité estre entretenue entre nous, nostredict frère, cousin et aultres seigneurs de nostre sang, et que toutes voyes de faict puissent cesser, et justice puisse estre obéie, gardée et observée en mondict royaulme, et aussy pour considération et rémunération des grandes mises, despens et grands services que mondict oncle nous a faicts et a soustenu pour nous du vivant de nostre feu très chier père, que Dieu absolve ! par devers lequel et en ses pays, pour éviter les dangiers èsquels nous estions vraisemblablement de nostre personne, nous retirasmes, et tant pour l'entretenement de l'estat de nous et de nostre très chière et très amée compagne la royne, que pour plusieurs notables ambassades envoyées devers nostredict seigneur et père et ailleurs, pour nos affaires, touchant nostre estat à venir à la couronne, et d'aultres grands frais et despens faicts par nostredict oncle et nostredict frère et cousin pour nous accompagnier à nostre sacre à Raims, à nostre entrée de Paris, à grand nombre de gents d'armes, pour le doubte qu'avions de trouver contradiction en nostredict royaulme, de touts lesquels frais, mises et despens nous avons souventes fois promis à nostredict oncle et à nostredict frère et cousin de les rescompenser ; et aussy pour rescompenser icelluy nostredict frère et cousin de la pension de trente-six mille francs que nous luy avions donnée et accordée, et laquelle certain temps avant lesdictes divisions luy a esté empeschiée et rompue ; par l'advis et délibération de nostredict frère de Normandie et de nos très chiers et très amés cousins les ducs de Bretaigne, de Calabre, de Bourbon et de Nemours, les comtes du Maisne, de Perche, d'Arminacq, des gents de nostre grand conseil, de nostre parlement et aultres notables hommes de nostre royaulme, avons baillié et transporté, baillons et transportons par ces présentes à nostre frère et cousin le comte de Charrollois, pour considération et rescompense des choses dessusdictes, et aussy pour ce que nostredict frère et cousin s'est libéralement employé envers nostredict frère et aultres seigneurs de nostre sang à l'appaisement desdictes divisions, et pour bien de paix, pour luy et ses hoirs masles et femelles descendants de luy en droicte ligne, à tousjours, les cités, villes et forteresses, terres et seigneuries appartenantes à nous, de et sur la rivière de Somme, d'ung costé et d'aultre, comme Amiens, Sainct - Quentin, Corbie, Abbeville, ensemble la comté de Ponthieu deçà et delà la rivière de Somme, Dourlens, Sainct-Ricquier, Crèvecœur, Arloeux, Monstreul, le Crotoy, Mortaigne, avecq leurs appartenances et appendances quelconques, et touts aultres quy nous peuvent appartenir à cause de nostredicte couronne, despuis ladicte rivière de Somme inclusivement, en tirant du costé d'Artois, de Flandres et de Haynault, tant de nostredict royaulme que de l'empire, lesquelles mondict oncle de Bourgoingne tenoit et possédoit n'a guières au moyen dudict traictié d'Arras, et avant le rachapt et dégagement que nous en avons faict, et y comprendant aussy au regard des villes séants sur ladicte rivière de Somme, de ce costé de nostre royaulme, les banlieues et eschevinages d'icelles, tout ainsy et en la forme et manière que nostredict oncle les tenoit et possédoit, pour en jouir par nostredict frère et cousin, et sesdicts hoirs, et les hoirs de sesdicts hoirs, masles ou femelles, descendants d'eulx en droicte ligne, desdictes cités, villes, forteresses, terres et seigneuries, en touts prouffits et revenus, tant de demandes comme aides ordinaires pour la guerre, et aussy tailles et aultres émoluments quelconques, ainsy que faisoit mondict oncle, et sans y retenir aulcune chose, fors les foy, hommaiges, ressorts et souveraineté; et lequel transport nous avons faict et faisons au rachapt de deux cents mille escus d'or, et de poids, à présent ayant cours; lequel rachapt nous et nos successeurs ne polrons faire de nostredict frère et cousin durant sa vie, mais seulement nous et nos successeurs le polrons faire des hoirs de nostredict frère et cousin descendants de luy en droicte ligne, et des hoirs de ses hoirs aussy descendants d'eulx et d'icelle ligne, quy tiendront icelles terres, parmy leur bailliant et payant à une fois ladicte somme de deux cents mille escus; pour la seureté duquel rachapt nostredict frère et cousin nous bailliera ses lettres-patentes en bonne forme ; et vollons et entendons que nostredict frère et cousin et sesdicts hoirs descendants de luy et quy tiendront sesdictes terres, polront commectre et ordonner pleinement à leur vollonté touts officiers quy seront nécessaires à mectre et instituer au regard du domaine desdictes cités, villes, forteresses, terres et seigneuries dessusdictes, et que les aultres officiers quy seront nécessaires pour les droicts royaulx, aides et tailles, soient instituées de par nous et nosdicts successeurs, à la nomination de nostredict frère et cousin et ses hoirs, pour icelles aides, tailles, imposer et lever, ainsy qu'il se faisoit du temps que nostredict oncle de Bourgoingne les tenoit et possédoit. Et en oultre, comme par ledict traictié d'Arras, entre aultres choses eut esté accordé que la comté de Boulongne seroit et demoureroit à nostredict oncle de Bourgoingne et à ses enfants masles procréés de son propre corps, et que nostredict feu seigneur et père seroit tenu de rescompenser ceux quy prétendent de y avoir droict; nous, pour les causes et considérations dessusdictes, et sans desrogier audict traictié d'Arras, avons accordé et déclaré, accordons et déclarons à nostredict frère et cousin, que luy, ses enfants masles ou femelles, procréés en mariage de son propre corps tant seulement, durant leur vie, tiennent et puissent tenir ladicte comté de Boulongne, en la forme et manière que par ledict traictié d'Arras, nostredict frère et cousin le poeult tenir et en faire les fruits lever, comme de leur héritaige ; et à ce nous ferons consentir ceulx quy prétendent droict à ladicte comté ; et seront tenus de faire les rescompenses qu'il appartiendra, et en tenir paisibles nostredict frère et cousin et sesdicts enfants. Et aussy avons promis et accordé, promettons et accordons à nostredict frère et cousin, que nous luy ferons bailler et despecher, pleinement, purement et franchement, et, en tant que nous est, luy baillions et délivrons dès maintenant, les chasteaulx, villes, chastelleries et prévosté de Péronne, Mont - Didier et Roye, avecq toutes leurs appartenances et appendances quelconques, deschargées de toutes gageries et racas, en tels et semblables droicts que elles feurent bailliées et transportées à nostredict oncle, son père, par ledict traictié d'Arras, pour les tenir et en joyr, ainsy et par la manière desclarée audict traictié ; et ferons et procurerons par effet que nostredict très chier et très amé cousin le comte de Nevers, transporte et remette à nostredict frère et cousin tout le droict qu'il a et prétend avoir èsdicts chasteaulx, villes, prévosté et chastellenies, et que de ce qu'il en tient il vuide, et despesche la possession ès mains de nostredict frère et cousin, ou de son commis. Et avecq ce avons baillié et transporté à nostredict frère et cousin, pour luy, ses hoirs et successeurs quelconques, et en héritaige perpétuelle, la comté de Guysnes et ses appartenances et dépendances quelconques, pour en joyr par nostredict frère et cousin, sesdicts hoirs et successeurs en touts droicts, prouffits et émoluments, tant des domaines, d'aides, tailles, comme et pareillement que des aultres terres.

« Et du droict que le seigneur de Croy et aultres polroient avoir et prétendre en ladicte comté nous serons tenus de rescompenser, et d'icelle comté faire et tenir nostredict frère et cousin, et sesdicts hoirs, quictes et paisibles envers ledict Croy et aultres.

« Toutes lesquelles choses nous avons promis et promettons en parolle de roy, par nostre serment et soubs l'obligation de touts nos biens présents et advenir, pour nous, nos hoirs et successeurs, tenir, garder, entretenir et accomplir de poinct en poinct, en la forme et manière dessusdictes, finablement, sans jamais venir au contraire par nous ou par aultre, ne souffrir que aultre y vienne directement ou indirectement, ou couvertement, ou en appert, le tout sans fraude ou mal-engin; et nous sommes submis et submectons pour l'accomplissement et entretenement des choses dessusdictes et chascune d'elles, à la correction et constraincte de nostre Sainct-Père le pape, et à toutes aultres cours, tant d'église comme séculières, par lesquelles à chascune d'icelle nous voullons et consentons, nous et nosdicts successeurs, estre constraincts à observer toutes et chascune les choses dessusdictes, en renonçant à touts droicts, priviléges, ordonnances, édicts royaulx, exceptions et chose quelconque, par lesquelles on polroit, en tout ou en partie, venir au contraire des choses dessusdictes, tout ainsy que sy lesdicts droicts, ordonnances, édits et exceptions et aultres renonciations estoient expressément déclarées et spécifiées en cesdictes présentes.

« Et en oultre, mandons et expressément enjoignons à nostre amé et féal chancellier, à nos amés et féaulx conseilliers les gents de nostre grand conseil, les gents quy tiendront nos parlements à venir, gents de nos comptes et généraulx de nos finances, baillis, sénéchaulx et aultres nos officiers et justiciers, ou leurs lieutenants et chascun d'eulx, comme à eulx appartiendra, que ces nos présentes et le contenu en icelles ils gardent entièrement et accomplissent de poinct en poinct, et ne savent ne ne souffrent faire aulcune chose au contraire; et quand aulcune chose sera faicte au contraire, ils réparent et remectent incontinent et sans délay au premier estat et deu, et mesme lesdicts de parlement, des comptes et des finances, que cesdictes présentes ils vérifient et approuvent, et les fassent publier et enregistrer partout où il appartiendra, nonobstant quelconques ordonnances faictes de non aliéner ne mectre hors de nos mains les domaines de nostredicte couronne et toutes restrictions, promesses et serments que nous et nos officiers avons peu faire en général ou en particulier, sous quelque forme de parolles par lesquelles on poulroit ou vouldroit empeschier l'effet, accomplissement et entretennement de tout le contenu en cesdictes présentes, lesquelles ordonnances, restrictions, promesses, obligations et serments, nous, pour bien de paix, ne voullons, quant au cas présent, desrogier ou préjudicier aulx transports et aultres choses dessusdictes; et lesdictes promesses, serments et aultres instructions que nosdicts officiers poulroient avoir envers nous, au contraire des choses dessusdictes, nous les tiendrons et tenons par ces présentes, et en accomplissant le contraire d'icelles, pour quittes et souffisamment deschargiés. Et pour ce que d'icelles l'on polra avoir à faire en divers lieulx et plusieurs, nous voullons que au *vidimus* d'icelles, faictes soubs scel royal, foy soit adjoustée comme à l'original. En tesmoing de ce, nous avons faict mectre et apposer nostre grand scel à ses présentes. Donné à Paris, le cinquiesme jour d'octobre, l'an de grasce mil quatre cents soixante-cinq, et de nostre règne le cinquiesme. Signé par le roy, le comte de Sainct-Pol, connestable de France, le seigneur de Montauban, admiral de France, le seigneur des Landes, maistre Jehan d'Auvet, président de Toulouse, et aultres présents. J. Bonore. *Et in dorso: lecta et publicata Parisiis in parlamento, duodecimo die octobris, anno Domini millesimo quadringentesimo sexagesimo quinto. Sic signatum:* Cheveteau. *Registrata, præsente procuratore regis non contradicente. Actum in parlamento, septem decimo die octobris, anno Domini millesimo quadringentesimo sexagesimo quinto. Sic signatum:* Cheveteau. »

Copie encoires d'unes lettres de don faict par le roy au comte de Charrollois, pour parvenir au traictié de paix.

« Loys, par la grasce de Dieu roy de France, à tous ceulx quy ces présentes lettres verront, salut. Comme par nos aultres lettres de la date du cinquiesme jour du présent mois d'octobre, et pour les causes contenues en icelles, nous ayons entre aultres choses baillié et transporté à nostre très chier et très amé frère et cousin Charles, comte de Charrollois, toutes terres estants sur la rivière de Somme, que nostre très chier et aimé oncle le duc de Bourgoingne, son père, tenoit et possédoit au moyen du traicté d'Arras, paravant le rachapt et desengagement que nous en avons n'a guières faict de luy, comme est plus à plein contenu en nosdictes lettres, et despuis nostredict frère et cousin nous ait humblement faict remonstrer que du bailliage d'Amiens sont et ont accoustumé d'estre trois prévostés ; c'est à sçavoir, la prévosté de Vymeu, la prévosté de Beauvoisis, quy s'estend partie dedans la ville d'Amiens, et la prévosté de Foeulloy, quy s'estend deçà et delà la rivière de Somme, lesquelles, par ce que nostredict oncle ne les tenoit et possédoit paravant ledict rachapt, ne sont point comprinses audict transport que nous avons faict desdictes terres à nostredict frère et cousin, en nous suppliant que pour éviter les discords et desbats quy polroient estre entre les officiers quy seroient commis de par nous èsdictes prévostés et les officiers ordonnés èsdictes terres, et aussy affin que lesdictes prévostés ne soient démembrées dudict bailliage d'Amiens, il nous plaise adjoindre audict bail et transport desdictes terres lesdictes prévostés et leurs appartenances et appendances quelconques, et luy en faire nouveau transport, pour en joyr comme des aultres terres : sçavoir faisons : que nous, de nostre certaine science, et pour les causes et considérations contenues en nosdictes aultres lettres, et aultres justes causes ad ce nous mouvants, avons baillié et transporté, baillons et transportons à nostredict frère et cousin le comte de Charrollois, pour luy et ses hoirs aussy descendants de luy, et les hoirs de ses hoirs aussy descendants d'eulx en droicte ligne, lesdictes prévostés de Vymeu, Beauvoisis et Foeulloy, et les appartenances et appendances quelconques, estants dudict bailliage d'Amiens, pour en jouir en la forme et manière, et en tels et semblables droicts, et soubs telles et semblables réservations de rachapt, que icelluy nostredict frère et cousin, et sesdicts hoirs descendants de luy en droicte ligne, lesdictes terres transportées tiendront et polront tenir ; et voullons que nostredict frère et cousin et sesdicts hoirs, quant aulxdictes prévostés et leurs appartenances, se puissent aider des lettres que nous luy avons bailliées et octroyées, contenant lesdictes terres, et de tout le contenu en icelles, tout ainsy que sy lesdictes prévostés et leursdictes appartenances estoient nommées et expressément déclarées et spécifiées en nosdictes lettres. Sy mandons et expressément enjoignons à nostre amé et féal chancelier, et à nos amés et féaulx les gents de nostre grand conseil, les gents tenants nostre parlement, gents de nos comptes, généraulx de nos finances, et à touts nos baillifs, justiciers, officiers et subjects, que de nostre présent don, octroy et adjonction, ils fassent et souffrent joyr et user nostredict frère et cousin paisiblement, sans luy faire ne souffrir estre faict aulcun destourbier ou empeschement au contraire ; et que ces nos présentes ils vériffient, publient et fassent enregistrer partout où il appartiendra, nonobstant toutes ordonnances, restrictions et aultres choses faisables au contraire; et aussy mandons et commectons à nos amés et féaulx les commissaires par nous commis et ordonnés, à baillier les possessions desdictes terres à nostredict frère et cousin, et pareillement ils mectent luy ou ses commis en possession desdictes prévostés et l'en fassent joyr, et sans difficulté ou contradiction quelconque ; car tel est nostre plaisir. En tesmoing de ce, nous avons faict mectre nostre scel à ces présentes. Donné à Paris, le treiziesme jour d'octobre, l'an de grasce mil quatre cents soixante-cinq, et de nostre règne le cinquiesme. Signé par le roy, les seigneurs des Landes, du Lau, de Baserles et aultres présents. *Signatum* PICART. *Lecta et publicata Parisiis in parlamento, sexdecimo die octobris, anno Domini millesimo quadringentesimo sexagesimo quinto. Vocatus fuit procurator regis, qui publicare prædita non contradixit. Actum in parlamento, die et annis prædictis.* CHEVETEAU. »

CHAPITRE LI.

Comment le comte de Charrollois print congié au roy et aulx princes de France, et se partist de Conflans; et comment le roy, à sa requeste, vint veoir toute l'armée du comte; et comment le duc de Normandie feit hommage au roy de la duché.

Le traictié de la paix faicte entre Loys, roy de France, et les princes de son sang, comme dict est, et par la manière cy-dessus desclarée, le roy et touts les princes s'assemblèrent ensemble au bois de Vincennes, dedans le chasteau; auquel lieu Charles, seul frère du roy, nouveau duc de Normandie, et pareillement touts les princes de France quy illecq estoient, feirent au roy les debvoirs qu'ils luy debvoient faire à cause de leurs seigneuries. Et en ce mesme lieu touts les princes prindrent congié au roy, et puis l'ung à l'aultre, pour chascun soy retirer en leurs pays et affaires. Ce dessusdict faict, le comte de Charrollois feit faire reveues et monstres de ses gents, auxquelles reveues le roy vint pour les veoir; car elles se feirent entre Paris et Conflans; et dict-on que le roy dit qu'il n'eust point cuidé que le comte eust tant de gents, ne qu'il eust esté sy puissant, et en feut tout esbahy.

Le comte de Charrollois, après avoir prins congié au roy et aulx princes de France, comme dict est, et encoires despuis, le dernier d'octobre se partist de Conflans; et alla ceste nuict gésir à Villers-le-Bel, quy est entre Paris et Senlis, luy et toute son armée; mais ains qu'il se partist de Conflans, le roy vint à Conflans devers luy, pour dire encoires une fois adieu et prendre congié; et convoya le roy ledict comte jusques à Villers-le-Bel, quelques prières que le comte luy feist, en disant au roy que il n'appartenoit point à luy de ce faire. Le roy, à bien petite compagnie, convoya le comte jusques audict Villers-le-Bel; auquel lieu le roy et le comte le lendemain célébrèrent la feste et solemnité du jour de Touts les Saints; et feurent le roy et le comte audict Villers-le-Bel trois ou quatre jours ensemble, où ils eurent plusieurs secrettes devises; et monstroit sy grand amour au comte que on ne polroit plus dire; et sembloit que il se partoit de luy enfin en moult grand amour. Le comte print congié du roy, et s'en alla en Senlis, et le roy retourna à Paris. Le comte feut en la ville de Senlis honnorablement receu, et pareillement à Compiégne, Noyon et ailleurs ès villes du roy, et tout par le commandement du roy; et n'entroit en nulles bonnes villes que, ains qu'il y entrast, les villes ne feussent les plus fortes; auxquelles villes les gents du comte payoient tout ce qu'ils prendoient sans y faire nul desroy; car le comte leur avoit deffendu sur la hart.

CHAPITRE LII.

Comment le comte de Charrollois alla à Maisières-sur-Meuse, et illecq assembla son ost pour entrer au pays de Liége.

Le comte de Charrollois, quy, par plusieurs fois, luy estant à Conflans, avoit receu lettres du duc de Bourgoingne, son père, par lesquelles il luy mandoit que, sy le traictié n'estoit faict entre le roy et les princes de France, qu'il luy envoyast cinq ou six cents combattants pour mener la guerre contre ceulx de Liége, avecq ce qu'il avoit de gents d'armes, contre lesquels Liégeois l'intention du duc estoit de aller et combattre les Liégeois, et se venger de l'injure de ceulx que Dynant luy avoient faict et dict, sçachant que plusieurs de ses gents d'armes se estoient partis et retournés en leurs maisons, après le traictié faict du roy et des princes, et ainçois [1] qu'il se partist de Conflans, envoya ses lettres par touts les pays de son père, mandant commandement sur la hart, confiscation de corps et de biens, ou d'estre banny de touts les pays de son père : que touts ceulx quy avoient esté avecq luy en France, et touts aultres quy s'estoient accoustumés d'armer, feussent, le quinziesme jour de novembre, en armes à Maisières-sur-Meuse, pour entrer au pays de Liége. Auquel lieu de Maisières le comte alla avecq ce qu'il avoit de gents; desquels aulcuns passèrent par le pays de Soissonnois, lequel ils mangèrent fort. Le comte arrivé à Maisières, touts ceulx quy estoient retournés, et aultres plusieurs des pays de son père, feurent audict Maisières audict quinziesme jour de novembre. Et y retournoient le plus [2] contre leur vollonté, tant pour ce qu'ils estoient marrys d'estre hors, comme pour ce qu'ils avoient esté mal payés; car de douze sepmaines qu'ils avoient esté au service,

(1) Avant. (2) La plupart.

ils ne avoient esté payés que dix sepmaines; toutesfois ils ne osoient laissier, car il n'y avoit sy grand sur quy il n'eust frappé de quelque baston qu'il tenist, quand il les trouvoit en desroy ou qu'ils ne faisoient ce qu'il commandoit; et n'eust épargnié de faire mourir, en cas de désobéissance, non plus le grand que le petit.

Le comte assembla audict Maisières plus grande armée beaucoup que il n'avoit eu en France, car les bonnes villes du duc y envoyèrent archiers et arbalestriers; et s'en allèrent plusieurs chevalliers et escuyers de dessus la rivière de Somme, quy de l'année n'y avoient esté, et mesme plusieurs quy paravant avoient esté en l'armée du roy y allèrent.

CHAPITRE LIII.

Comment le duc de Normandie feit son entrée à Rouen; et comment tantost après, le roy, à force d'armes, rentra en Normandie; et se rendit tout le pays à luy, lequel il osta à son frère; et d'aulcuns hérétiques en nostre foy quy feurent ards en la ville de Lille.

Après que le comte de Charrollois feut party de Conflans, Charles, frère du roy, nouveau duc de Normandie, accompagné du duc de Bretaigne, du comte de Dunois et aultres seigneurs, print son chemin pour aller au pays de Normandie, lequel estoit du tout à son obéissance; et alla jusqu'à la Saincte-Catherine, emprès Rouen. Ceulx de la ville de Rouen pour recepvoir leur nouveau duc feirent de grands apparaulx; et conclurent le duc et ceulx de la ville que le jour Saincte-Catherine, en décembre, le duc entreroit en la ville de Rouen. Auquel jour, comme ceulx de Rouen avoient leurs choses toutes prestes, et estoient prests pour recepvoir leur duc à grand honneur, le duc ne venoit, pour tant, comme on disoit, que le duc de Bretaigne luy donnoit à entendre qu'ils faisoient faire aulcuns habillements pour entrer en pompe en la ville, et luy prioit qu'il attendist qu'ils feuissent faicts. Mais on disoit encoires qu'il tendoit à aultre fin; c'estoit de mener le duc de Bretaigne, pour le gouverner, et le pays de Normandie, à son plaisir, et avoir aulcunes villes de la duchié de Normandie qui estoient sur les marches de Bretaigne; et si voulloit mectre touts officiers en Normandie, à sa poste[1], ce que les Normands ne voulloient souffrir. De toutes lesquelles choses je ne sçais pas bien le

(1) Volonté.

vray. Mais ceulx de Rouen voyants que tout estoit prest pour recepvoir leur duc, estants advertys des choses dessusdictes, par le conseil de messire Jehan de Lorraine, comte de Harcourt, et frère du comte de Vauldemont, lequel estoit principal gouverneur du nouveau duc de Normandie, et l'y avoit mis le duc de Bretaigne, avecq lequel il se tenoit, ceulx de Rouen et la communauté de la ville en armes vindrent à Saincte-Catherine lez Rouen où estoit leur duc et le duc de Bretaigne, accompagnié dudit Jehan de Lorraine, lequel, présents touts, dit au duc de Normandie que ceulx de Rouen le venoient quérir, et qu'il luy pleusist à partir; et de faict l'emmena, le volsist le duc de Bretaigne ou non; et disoit-on que aultrement le duc de Normandie ne sçavoit issir de la compagnie du duc de Bretaigne. Et s'en alla le duc de Normandie, avecq les dessusdicts, en la ville de Rouen, en laquelle il feut moult haultement festoyé. Mais la feste durant que l'on festoyoit dedans Rouen, le duc de Bretaigne, lequel duc l'estoit venu l'accompagnier, et avoit laissié ses gents d'armes, ce voyant, partit de Saincte-Catherine, et s'en alla avecq ses gents d'armes; et tira luy et son armée vers Bretaigne, et passa par le pays de Normandie, en pillant et desrobbant tout le pays; et ne laissoient licts, linceulx, estrait, que tout ne feissent emmener avec eulx sur cars. Et mesmement se rendirent plusieurs villes à luy, comme la ville de Rennes et aultres; auquel lieu de Rennes il laissa le chastel garny de ses gents. Les choses dessusdictes faictes par le duc de Normandie et le duc de Bretaigne, tantost que le roy feut adverty de ce que le duc de Bretaigne avoit faict contre son frère, feit son arrière-ban; et assembla tout ce qu'il peut avoir de gents d'armes, et entra en Normandie; et premier alla à Rennes, laquelle luy feut rendue par le duc de Bretaigne. Ce faict, toutes les villes de Normandie, réservé Rouen, Louviers, Pont-à-l'Arche et aulcuns aultres chasteaux, se rendirent au roy sans coup férir. Et ne laissoit pour ce marchandise à courir au pays, pour tant que entre les gents du roy et de son frère n'y avoit encoires eu nulle bataille ne rencontre; car le duc de Normandie avoit peu de gents; sy ne se osoient moubvoir ny trouver devant les gents du roy. Le duc estoit en la ville de Rouen, auquel ceulx de Rouen avoient promis de le tenir à seigneur et non aultres, et en ceste querelle mourir avecq luy; mais tout le contraire advint ; car, assez tost après, le duc de Normandie, quy n'estoit pas asseuré dedans la ville de Rouen, s'en partit et s'en alla devers le duc de Bretaigne, quy le receut bénignement. Ceulx de Rouen, incontinent le duc party, se rendirent au roy; sy feit le Pont-à-l'Arche et Louviers; et brief le roy reprist en sa main toute la duchié de Normandie. De toute laquelle rendition feut cause le duc de Bourbon, par lequel la duchié avoit esté mise en la main du duc de Normandie; mais prestement le traictié faict, le roy se gouverna par luy en son conseil, par lequel duc de Bourbon, beau-frère du roy, la duchié feut remise en la main du roy; et feit noyer le seigneur d'Esternoy, pour ce qu'il avoit esté cause de la rendition de Rouen à son frère; lequel seigneur d'Esternoy avoit esté général[1] de Normandie du temps du roy Charles; lequel estoit moult aimé au pays, et tenu pour moult sage homme. Il estoit homme de grande dévotion, et, comme on disoit, ne couchoit point sur lict ; il vestoit une hayre sur la chaire nue; il ne mangeoit à son repas que d'ung mets; il se confessoit touts les jours, et faisoit moult d'aultres abstinences et aulmosnes. Le roy, pour la cause dessusdicte, en feit d'aultres mourir à Rouen et en Normandie, dont je ne peus sçavoir les noms; et feut tout ce faict au mois de décembre l'an soixante-cinq.

L'an dessusdict, audict mois de septembre, en la ville de Lille, feurent preschiés publicquement cinq hommes, lesquels on appeloit turlupins ; et estoient faulx hérétiques et incrédules en la foy chrestienne, lesquels estoient de la ville de Lille ou environ ; et en les preschant, feurent desclarées les erreurs que les très desléaulx avoient crues, desquelles ils se rappellèrent les quatorze; et crièrent mercy à Dieu et à l'Eglise. Et pourtant que c'estoit la première fois qu'ils estoient reprins d'hérésie, leur feut pardonné, et feurent respités[2] d'estre ards, moiennant la pénitence quy leur feut enjointe, en leur desclarant, sur le feu[3], que jamais ne creussent nulles d'icelles erreurs et aul-

tres ; et l'aultre feut ards, et son corps ramené en poudre.

Et jà-soit-ce que les erreurs et incrédulités sont choses abominables et merveilleuses à oyr à tous bons chrestiens, toutesfois, affin que chascun se garde de telles erreurs et de hanter tels faulx et maulvais hérétiques, je veulx cy mettre par escript et desclareray les quatorze articles pour lesquels ils feurent preschiés. Et confessèrent estre plusieurs de leur fausse crédence et compagnie, et qu'ils s'assembloient ensemble secrètement; et oyants touts, l'ung d'eulx lisoit leurs livres d'hérésies et fausse incrédulité.

Et pour venir au poinct des quatorze articles de leur incrédulité :

Le premier estoit qu'ils disoient : que Christ estoit plus véritablement au ciel que au sacrement de l'autel ;

Le second, ils disoient : que l'eaue bénite estoit de nulle valeur, et qu'elle ne pooit estre bénite ;

Le tiers : qu'il n'est nul prestre, et sy n'est pas de sacrements ;

Le quart : qu'il n'est pas de pape en l'Église de Rome ;

Le cinquiesme : que la Vierge Marie, mère de Dieu, n'est point advocate des pescheurs, et que en elle ne ès saints ne doibt estre mise nulle espérance ;

Le sixiesme : que le signe de la croix est de nulle valeur ;

Le septiesme : que le peschié d'adultère est plus grand que hérésie ;

Le huictiesme : que on peut bien dire : « Je « crois en Dieu, » mais non « au Sainct-Esprit ; »

Le neufviesme : que on ne doibt point se confesser aux prestres ;

Le dixiesme : que ce n'est point peschié que de mangier chair en caresme ;

Le onziesme : que Jésus-Christ n'institua pas de jeusnes ;

Le douziesme : que Jésus-Christ ne feut au sépulcre que deulx jours ;

Le treiziesme : que prestre estant en peschié mortel ne peut consacrer le corps de Jésus-Christ ;

Le quatorziesme et dernier article : que Jésus-Christ estant au ciel ne peut estre tout ensemble au ciel et au sacrement de l'autel.

---

(1) Receveur général. (2) Epargnés.
(3) Sur peine d'être brûlés.

CHAPITRE LIV.

Comment le comte de Charrollois entra au pays de Liége; et comment les Liégeois feirent tant qu'ils eurent trefves.

Incontinent que ceulx de la cité de Liége et du pays sceurent que le traictié estoit faict entre le roy et les princes de France, sy cuidèrent estre comprins au traictié; mais quand ils feurent advertys qu'ils n'y estoient point comprins, et que le comte de Charrollois et toute son armée les approchoit, sy envoyèrent grosse ambassade devers le duc de Bourgoingne à Bruxelles, luy faisants grandes offres de réparations, et humblement priants avoir paix à luy et à son fils. Et à leur prière et requeste feirent tant qu'ils olrent quinze jours de trefves, durant lesquels le comte de Charrollois, lequel estoit à Sainct-Tron en Hasbain, une grosse ville au pays de Liége, laquelle s'estoit rendue à luy, deffendit de non piller le pays de Liége; et sy ne receurent point ses gents d'armes argent de luy, lesquels tenoient, pour ce qu'ils en pouvoient entrer au pays de Liége, moult grande cruauté, car ils ne se pouvoient tenir ensemble sans argent pour ce qu'ils n'eussent eu nuls vivres sans argent, s'y s'espardirent par le plat pays de Brabant, Namur et ailleurs, et en y avoit jusques au pays de Lorraine, et jusques à Vallanciennes; pourquoy lesdicts pays, par iceulx quinze jours durant, feurent encore tout pilliés et mangiés. Iceulx quinze jours passés feurent encoires baillées trefves huict jours, cuidants de jour en jour que la paix se deubt faire, pour les grandes offres que ceulx de Liége offroient; et huict jours en aultres huict jours, feurent bailliées trefves jusqu'au vingt-deuxiesme de janvier, au préjudice des pays du duc, lesquels estoient tout mangiés des gents d'armes, comme dict est. Voyant le comte de Charrollois que les Liégeois ne tenoient choses qu'ils promissent, assembla ses gents d'armes et entra au pays de Liége; et tout premier y entra le comte Sainct-Pol, connestable de France, lequel menoit l'avant-garde du comte de Charrollois; puist rescript le comte au duc son père: que il luy envoyast ce qu'il avoit de gents d'armes, et que son intention estoit de brief combattre les Liégeois. Lors se mit le duc en armes; et envoya le seigneur de Saveuses debvant son fils, luy mandant qu'il le suivroit prestement, et qu'il ne se battist point sans luy. Et a grande peine peult-on celuy jour retenir le duc qu'il ne partist, combien qu'il olt esté moult malade, et que encoires estoit assez foible; et quand vint le lendemain, que le duc et toute son armée estoient près de partir, le comte son fils luy escripvit comment ceulx de Liége estoient venus devers luy, et avoient apporté le traictié tout tel qu'il le demandoit, scellé du scel de la cité de Liége, quy luy prioient mercy, et qu'il feust content d'eulx; lequel traictié le comte avoit accepté, moiennant que ce feut sa vollonté et plaisir de luy. Pour lesquelles lettres le duc ne se partit point; dont plusieurs feurent moult joyeulx, espérants que la paix se feroit.

CHAPITRE LV.

Comment le traictié de paix feut faict d'entre le duc de Bourgoingne, son fils et ceulx du pays de Liége.

Le vingt-deuxiesme jour du mois de janvier, l'an mil quatre cents soixante-cinq [1], sçachants ceulx du pays de Liége que le comte de Charrollois et son armée estoient entrés au pays de Liége, sy vindrent devers le comte, de par ceulx de la cité, de quatre-vingts à cent hommes notables, bien montés et en armes, pour le doubte mesme des Liégeois quy estoient bannis de la cité pour ce qu'ils ne voulloient que guerre. Lesquels trouvèrent le comte de Charrollois entre Sainct-Tron et Tongres, auquel ils présentèrent le traictié de paix scellé de ceulx de Liége, eulx faisants forts, sur leurs vies, des aultres villes et pays de Liége, contenant tout au long tout ce que le duc et son fils leur demandoient que ils feissent. Et se jettèrent à genoulx, luy requérant humblement mercy, et qu'il volsist modérer son ire vers eulx et touts ceulx du pays, et que doresnavant luy seroient bons serviteurs et voisins. Lequel traictié feut accepté du comte; et moiennant les réparations et amendes prouffitables qu'ils promirent payer, il leur pardonna tout. Laquelle amende estoit, qu'ils, debvoient payer au duc six cents mille mailles d'or à six ans, et que luy, comme duc de Brabant, et ses hoirs ducs de Brabant à tousjours seraient mambourgs [2] et capitaines de tout le pays de Liége, à deulx mille florins de pension pour chascun an; et sy ne polroient riens encommencier de pesant,

(1) Ou soixante-six, nouveau style. (2) Gouverneurs.

feust guerre ou aultre chose, que ce ne feust par le congié de leur mambourg, avec plusieurs aultres choses desquelles je me tais, car je ne veis point le traictié.

Ce faict, et le traictié accepté et promis, la paix feut cryée par tout l'ost; et le lendemain, jour de vendredy, le comte de Charrollois, assez près de Tongres, présents ceulx de Liége quy estoient venus devers ledict comte, feit tout son ost mectre en ordonnance et en bataille, affin de prendre congié à eulx et les remercier; laquelle bataille plusieurs du pays de Liége, tant de Tongres comme du pays allenviron, allèrent veoir; et se donnèrent de merveilles de la grande armée et du peuple que le comte avoit; et ne l'euissent jamais cuidé ne creu; car on disoit à ceste heure qu'il y avoit bien vingt-huict mille chevaulx, sans les gents de pied, dont il y avoit grand nombre, et sans ceulx quy s'en estoient retournés, tant par congié que aultrement, par faulte d'argent et tenance. Icelle armée estant en bataille, comme dict est, le comte de Charrollois alla tout du long de ladicte bataille, et remercia chascun cappitaine et touts ceulx de l'armée, eulx priant que, s'il les avoit mal payés, qu'ils le tenissent pour excusé, car bonnement ne le avoit peu faire; mais, au plaisir de Dieu, une aultre fois, il les payeroit mieulx, et sy les récompenseroit de ce qu'il leur debvoit. Et dit oultre que s'il y avoit nuls compagnons quy fuissent bannis et euissent perdu le pays de son père, qu'ils venissent vers luy à Bruxelles, et il feroit tant vers son père qu'ils auroient le pays. Et atant print congié d'eulx, et s'en alla à Saint-Tron en Hasbain, et chascun cappitaine et leurs gents retournèrent en leurs maisons. Et comme, le samedy ensuivant et dimanche, gents d'armes ne faisoient que passer par Sainct-Tron, où estoit le comte, pour retourner en leurs maisons icelluy dimanche, aulcuns de la ville de Sainct-Tron, cuidants que touts les gents d'armes feuissent passés, prindrent parolle à aulcuns compagnons de guerre quy estoient de la compagnie du bastard de Bourgoingne, et en occirent deulx, puis feirent aller clorre la porte par où les gents d'armes entroient, et garder les aultres, en intention par adventure d'occire touts ceulx quy estoient en la ville. On alla ce dire au comte, lequel prestement envoya les archiers du bastard de Bourgoingne à la porte de Tongres, par où les gents d'armes venoient pour retourner en leurs marches; laquelle ils gagnèrent, et laissèrent entrer les gents d'armes qui revenoient. Et tant y entra qu'ils allèrent prestement sur le marchié avecq ceulx quy estoient dedans, et illecq se meirent en bataille, malgré ceulx de la ville quy là s'estoient assemblés, desquels de la ville y feurent occis environ vingt. Les aultres s'enffuirent et se boutèrent ès maisons, et aulcuns saillirent par desseure les murs de la ville; et vraiment touts ceulx de la ville, femmes et enfants, euissent esté occis quand le comte y vint; lequel, voyant que ses gents estoient maistres, deffendit que chascun cessast d'occire et de pillier, car plusieurs estoient jà entrés ès maisons, rompants huys et fenestres, en pillant et prenant ce qu'ils trouvèrent. Le comte commanda à ses gents que chascun se retraisist et se logeast très bien, et prensist des biens de l'hostel par raison. Aulcuns de la ville, quy avoient esmeu la meslée, se retirèrent en une forte maison, en laquelle ils feurent assiégés et prins. Ce feut faict le vingt-sixiesme jour de janvier, l'an dessusdict soixante-cinq[1].

CHAPITRE LVI.

Comment le comte de Charrollois se partist de Sainct-Tron, et s'en alla veoir son père à Bruxelles, lequel le receut à grande joye.

Après les choses dessusdictes, le comte de Charrollois se partist de Sainct-Tron, et s'en alla veoir son père en la ville de Bruxelles, lequel à grande joie le receut. Et disoit-on que, quand le comte le salua en se mettant à genoulx, le duc son père le print par le bras en le levant et l'accolant; et luy tomboient les larmes des yeulx, et feut une espasse sans parler de joye. Après que le comte olt esté aulcuns temps avec son père, il se partist de la ville de Bruxelles pour aller en pélerinage à Nostre-Dame de Boulloingne, à pied; et alla à Gand, et de Gand à Bruges et à Sainct-Omer, èsquelles villes il feut moult haultement festoyé, et luy faisoit-on moult grande feste. En laquelle ville vint le comte de Nevers vers luy, et luy requist pardon de tout ce qu'il avoit offensé vers luy; lequel comte de Charrollois luy pardonna tout, et feut une espasse de temps avec luy. Et disoit-

---

(1) Ou soixante-six, nouveau style.

on qu'il estoit très bien en sa grasce, comme il appareut; car, après que le comte de Nevers olt prins congié à luy, et estant party, le comte de Charrollois rescript à plusieurs villes par où il passoit, que on luy feist pareille feste, et le receust-on aussy honnorablement que on feroit sa personne; et environ la fin du mois passa par la ville de Lille, où il feut haultement festoyé et receu, et s'en alla de là en Retelois. Le comte de Charrollois s'en alla de Sainct-Omer à Boulloingne, de là à Rue, au Crotoy, à Montrœul, à Abbeville, à Amiens, à Corbie, à Péronne; aulxquels lieulx il feut tant honnorablement receu que rien plus, combien que on disoit que ceulx des pays racheptés estoient courouciés qu'ils n'estoient plus au roy de France. Le comte de Charrollois estant à Péronne feut adverty que le roy de France faisoit grande armée, et la plus grande que il feist oncques, et que despuis la bataille de Mont-le-Héry ne avoit faict que faire artillerie; et mesmement par touts les pays par où il passoit et en plusieurs lieulx de son royaulme, où il y avoit deulx clocques, il faisoit prendre une pour faire serpentines et aultres engins à pouldre; et jà-soit-ce que le roy rescripvist au comte de Charrollois qu'il estoit le meilleur amy qu'il eust, et qu'il ne luy voulloit nul mal, le comte ne se y osoit fier; ains feit crier en Picardie, Artois, et ailleurs, par les pays de son père, que touts ceulx quy s'estoient accoutumés d'armer feussent prests le quinziesme de juing, pour aller en la compagnie du roy en Normandie, allencontre des Anglois quy debvoient descendre. Et le roy pareillement avoit faict l'arrière-ban en son royaulme, donnant à entendre que c'estoit aussy pour aller allencontre des Anglois, quy debvoient descendre en Normandie. Toutes lesquelles choses d'ung costé et d'aultre n'estoient que fiction : car le roy avoit envoyé le bastard de Bourbon en Angleterre, lequel y besoingna; quoy? je ne sçay, ne à quel fin le bastard de par le roy estoit allé vers les Anglois. Le comte de Charrollois pareillement feit tenir parlement aux Anglois à Sainct-Omer, auquel il avoit envoyé le bastard de Bourgoingne, et de par les Anglois y estoit le comte de Werwicq et aultres.

Environ le my-may, en ung villaige nommé le mont Sainct-Eloy, feurent prins trois compagnons de Calais, Anglois, lesquels estoient espieurs de chemins ; lesquels, assez tost après, feurent pendus au bois de Mofflaines, assez près d'Arras.

Le dix-neuviesme jour de may aussy, quy est jour Sainct-Yves quy feut advocat en la ville de Lille, cloist son dernier jour, en l'age de quatre-vingt-noeuf ans, maistre Jacques Du Clercq, mon père, licentié en décrets, conseillier et advocat de monseigneur le duc de Bourgoingne. Icelluy maistre Jacques se maria en l'an mil quatre cents et noeuf, en la ville de Compiègne, à une josne fille de Pierre de Camelin, nommée Jehanne. Et estoit lors au duc d'Orléans ; et despuis feut au duc Jehan de Bourgoingne, et despuis au duc Philippes de Bourgoingne, tant qu'il vesquit, conseillier et advocat en la chastellerie de Lille, Douay et Orchies. De laquelle sa première femme il olt sept enfants, desquels les deulx premiers moururent josnes. Les aultres cinq feurent nommés : le premier Sohier, lequel feut despuis licentié en décrets et en lois, et chanoine d'Arras, et escolastre de Cassel ; la deuxiesme olt nom Marie, et feut mariée à ung bourgeois de Douay, nommé Ricart Botin, laquelle ne feut que deulx ans mariée et en eut ung filz quy mourut; le tiers feusje, nommé Jacques Du Clercq, quy me marriay en la ville de Lille à une josne fille nommée Jehanne, fille d'ung escuyer nommé Balduin de Laherie, de laquelle je n'eus nuls enfants ; la quarte olt nom Floure, et feut religieuse de l'abbaye d'Esteim, emprès Arras; la cinquiesme eut nom Jehanne, laquelle feut mariée à ung nommé Guillebert de Brenay, recepveur de messire Englebert d'Engien, demourant à Tournay, duquel elle demoura vefve l'an mil quatre cents soixante-cinq, quy, comme cy-dessus est dict, feut meurdry en la ville de Tournay, et en demoura cinq filles; puis elle se remaria à ung gentilhomme nommé Pierre de la Bourre, de laquelle il olt ung fils nommé Josse. Icelluy maistre Jacques feut vefve en l'an mil quatre cents trente-quatre, le septiesme jour de mars; et despuis se remaria en l'an mil quatre cents trente-neuf, à une femme vefve d'ung bourgeois de Lille, nommé Esteve Hangouart, laquelle feut fille de Roppin, seigneur de Houpplines, ung gentilhomme en la chastellerie de Lille, de laquelle il eut ung fils quy mourut josne. Ledict maistre Jacques, tant qu'il vesquit, ne diminua en riens de son sens vers Dieu ne vers le monde, et eut la plus belle fin que chrestien peult avoir ; car jusques à rendre l'esprit parla latin et françois, et en soy recommandant à Dieu se partit du monde, et faillit comme une chandelle. Icelluy maistre Jacques Du Clercq estoit natif de Douay, fils légitime de Thomas Du Clercq et de Emmelot Barre, fille de Jehan Barre, bourgeois de Douay ; ledict Thomas servit en ses josnes ans le comte Loys de Flandres, et alla en armes avec ledict Loys, quy encoires n'estoit comte de Flandres, au pays des Romains, en l'aide du pape ; et revint avecq ledict comme Loys, quy, à son retour, luy donna deux cents escus de gages sur la ville de Douay, qu'il receut toute sa vie. Lequel Thomas mourut l'an mil quatre cents et sept, et feut fils légitime de Pierre, et se maria à Douay à la fille d'ung escuyer de Douay nommé Jehan de Fierin, nommé Rogue. Et plus avant, dont ledict maistre Jacques descendit, je ne sçay. Sa première femme, comme dict ay dessus, feut fille d'ung escuyer nommé Pierre de Camelin, légitime ; lequel Pierre feut fils légitime de Philippes de Camelin, lequel Philippes feut fils légitime de Philippes de Camelin ; lequel Philippes feut fils légitime d'ung nommé Jehan de Camelin, lequel feut serviteur en son temps du comte de Ponthieu et feut son maistre-d'hostel et son sénéschal de Ponthieu. De la génération de ladicte Jehanne de Camelin plus je ne sçay. Ladicte Jehanne olt une sœur légitime, nommée Isabelle, laquelle a espousé Raoul Pouillet, ung gentilhomme de Compiègne, duquel elle eut ung fils nommé Jehan Pouillet, lequel se maria à une gentille femme, niepce de Jacques de Vaucelles, dont il eut plusieurs enfants. Ladicte Jehanne et Isabelle feurent filles de la fille Collart de Boucher, nommée Marie, ung très riche bourgeois de Compiègne, quy eut plusieurs filles, toutes richement mariées.

Se j'ay mis ceste généalogie, il me soit pardonné ; je l'ay faict pour ce que je veulx bien que chascun sache de quelles gents moy, aucteur de ce livre, suis extraict et descendu, en me semblant, puis que je mectoye les choses dont je avois mémoire par escript, je debvois mectre par escript dont je descendois, affin que s'aulcun de mon sang lit cy-après ce présent livre, puisse sçavoir dont il descend.

L'an mil quatre cents soixante-six, despuis Pasques jusqu'à la my-aoust, se marièrent tant de josnes gents de bonnes villes et des villaiges, au moins en la comté d'Artois et au pays de Picardie, que les anciens disoient qu'ils n'avoient point de mémoire qu'ils euissent veu, en sy peu de temps, faire tant de mariages, ne à leurs prédécesseurs ne le avoient ouï dire.

Audict an soixante-six, le dernier jour de juing, au mont Sainct-Eloy, en ung villaige à deulx lieues d'Arras, en la maison d'ung mareschal, par une maulvaise cheminée, se print le feu à la maison, laquelle feut ardse avecq encoires sept aultres maisons en ledict villaige ; puis saillit le feu dedans l'enclos de l'abbaye dudict mont Sainct-Eloy, où feut ards le vieil moustier ; et les orgues, quy estoient dedans la neuve église, de la chaleur se fondirent.

CHAPITRE LVII.

Comment ceulx du pays de Liége, et par espécial ceulx de la ville de Dynant, rompirent la paix par eulx faicte au duc de Bourgoingne, et recommencèrent la guerre ; et aultres choses.

Environ ce temps, ceulx du pays de Liége, et par espécial ceulx de la ville de Dynant, en continuants en leurs folies, non eulx maintenants comme ils debvoient et entretenants la paix faicte, à leur prière, au duc de Bourgoingne, laissèrent entrer en la ville de Dynant plusieurs bannis du pays de Liége et aultres quy ne demandoient que la guerre, lesquels commencèrent du tout à mal faire. Et issirent de la ville de Dynant, et allèrent piller plusieurs villaiges, tant au pays de Brabant, Namur, comme aultres pays du duc de Bourgoingne, en violant églises et bouttant les feus en plusieurs lieulx. Le duc, de ce adverty, manda à touts ses gents d'armes qu'ils feuissent au pays de Namur le vingt-huictiesme jour de juillet ; et feit le plus grand mandement et espécial qu'il peust. Et comme, la première sepmaine de juillet, le duc estant assis à table pour disner, au commencement de son disner ne feut pas servy de tels mets comme il avoit accoustumé, sy manda ceulx quy avoient la charge de sa despense, et leur demanda se on le voulloit tenir en tutelle, et pourquoy on ne le avoit servy comme il avoit accoustumé. Auquel ils respondirent : qu'ils ne le avoient faict, fors pour ce que les médecins le avoient deffendu. Le duc en ce courroux, demanda aulx aulcuns seigneurs d'entour luy sy ses gens d'armes se mectoient fort sus en ses pays. Auquel on respondit que l'apparence estoit petite, et que les nobles et gents de guerre avoient l'année passée esté si mal payés que chascun reculoit et doubtoit les frais, et que, quy voulloit avoir les compagnons de guerre, il falloit que les hommes d'armes et capitaines les remontassent et habilliassent de touts poincts, parce qu'ils estoient la pluspart devenus povres, et leurs habillements usés et desrompus. Ce oyant le duc, par grande ire dit : qu'il ne avoit point tenu à luy, et qu'il en avoit tiré de son thrésor deulx cents mille couronnes d'or; et tellement se troubla qu'il trébuscha la table et tout ce quy estoit dessus à terre, disant : « Qu'esse-cy ? jamais ne croiray personne à payer mes gents « d'armes, que je ne les fasse payer moy-mesme; « suis-je donc mis en oubly ? » Et en ce disant, par ire et par courroux feut féru d'une maladie appelée apploplisie [1], et eut la bouche comme torse; et feut en tel dangier que on cuida par deux ou trois fois qu'il deubst mourir; et ne sçavoit-on que en faire. Toutesfois, au bout de trois ou quatre jours il feut tout refaict, et revint en santé, et rescripvit par touts ses pays que chascun feust prest, sur la hart. A vérité dire, les gents d'armes, l'année passée, avoient esté mal payés, et ne avoient receu que le tiers de ce qu'ils avoient servy; et avecq ce, le comte de Charrollois les avoit durement traictiés, en les battant et menaçant de faire morir prestement, dès qu'ils ne faisoient à sa vollonté. Et pour peu de chose, comme on disoit, le comte tua ung archier, pour ce qu'il ne se tenoit pas bien en ordonnance, et sy n'estoient pas debvant leurs ennemis. Pour telles choses et moindres plusieurs en blessa et navra; et mesme férit plusieurs nobles hommes et hommes d'armes; et n'y avoit sy grand homme ne archier quy ne le cremissent; et n'y avoit point tant d'amour que de crémeur.

Environ ce temps le comte de Charrollois estant à Péronne, la gabelle de sel, laquelle il avoit mis jus à l'aller en son voyage de France, l'année devant, à Péronne, Mont-Didier et Roye, et promis de le non jamais faire cueillir, il remist sus; et mesme feit recueillir les arréraiges d'ung an, que ladicte gabelle ne avoit point couru ; laquelle chose feit perdre au peuple espérance qu'ils avoient en luy; et par espécial il feut du tout mal de ceulx desdictes terres où la gabelle couroit et par touts les pays racheptés.

Audict an soixante-six, le quinziesme jour de juillet, le seigneur de Rollepot, chevallier, en l'age de soixante ans ou plus, comme il estoit allé en ung villaige nommé Frevent, emprès Lucheu, où il estoit la feste, ung compagnon, luy sixiesme des compagnons de guerre, print parolles aux gents dudict chevallier; et commencèrent à frapper l'ung sur l'aultre. Ce voyant, ledict chevallier se frappa au mouillou [1] et tua de sa propre main icelluy quy avoit esmeu la noise; et, que luy que ses gents, quy estoient douze ou quatorze, en navrèrent encoires des aultres.

Audict an, le dernier jour de juing, ung nommé Baudechon Boucquet, dict Buffardin, natif de Gouy en Artois, lequel, pauvre enfant et de petites gents, en son enfance servit messire Baude de Noyelle, chevallier, seigneur de Noyelle et dudict Gouy, portant l'ordre du duc de Bourgoingne et gouverneur de Péronne, tellement qu'il le feist son recepveur, et puis le maria en la ville de Péronne à une josne fille de la ville de Péronne, très riche, quy ne avoit que onze ou douze ans quand il la print, et feut recepveur de Péronne, et estoit à ce jour très riche, agié de quarante ans ou environ, icelluy Buffardin, revenant le jour de devant d'une nopce de Noyon, et sa femme avecq luy, envoya sa femme par deulx de ses frères, coucher à l'hostel d'ung sien cousin germain, assez près de Péronne, à quatre ou cinq traicts d'arcq; et le lendemain, dernier jour de juing, remply de l'ennemy d'enfer, envoya ung sien frère dire à sa femme qu'elle revenist à Péronne; laquelle se partist de l'hostel de sondict cousin, elle et deulx des frères dudict Buffardin et ung prestre; et comme elle approcha Péronne, debvant une abbaye nommée Biach, les frères dudict Buffardin luy dirent : « Lisse, « confesse-toy, il te fault mourir; et se tu ne te « abréges, tu mourras sans confession. » Laquelle priant mercy, et voyant que mercy ne valloit riens, parla au prestre en confesse ; puis luy frappèrent trois coups de dague en sa poictrine, et luy fendirent la teste, et ainsy la meurdri-

(1) Apoplexie.

(1) Milieu.

rent. Elle estoit encainte, comme on disoit; puis la jettèrent en ung puits, assez près d'illecq, que nul ne s'en perceut; et s'en allèrent à Péronne, et menacèrent le prestre de mort s'il en disoit riens. Ce meurdre feut celé seize jours; car il faisoit courir la voix que elle s'en estoit allé avecq quelque homme par le pays, en adultère; ce que on créoit assez, parce qu'elle avoit eu renommée, et encoires avoit, de se mal porter de son corps avecq luy; et combien que son mary le sceut bien, passé dix ou douze ans, sy ne luy en feit oncques mal; ains luy monstroit grand amour jusqu'à cestuy jour. Or, advint-il, ainsy que Dieu le veut, et que tel meurdre ne se peut céler, que aulcuns bergers regardèrent au puits où ceste femme estoit; sy veirent quelque personne; et allèrent dire à la justice de Péronne, laquelle y vint; et feut la femme tirée hors, et cognut-on que c'estoit la femme dudict Buffardin. Et tantost ledict Buffardin de ce adverty, luy et ses frères s'enffuirent hors du pays. Et combien que audict meurdre faire je ne dis pas que ledict Buffardin y feut, toutesfois les plusieurs disoient que ledict Buffardin y avoit esté et qu'il luy avoit donné trois coups de dague en l'appelant fausse ribaude; laquelle respondit: que ce qu'elle avoit faict il en estoit cause. Icelluy Buffardin n'estoit pas aimé au pays, parce qu'il avoit esté cause de remectre sus la gabelle du sel, et le avoit mis à prix et donné grands deniers, affin qu'elle recourust.

Assez tost après il feut prins en la ville de Noyon, et feut en grand dangier d'estre exécuté; mais il feut requis comme clercq; et despuis, par force d'amis et de grands seigneurs à quy il avoit faict plaisir, et par espécial du seigneur de Crèvecœur, il eut sa rémission et feut aultant honnoré que dessus, et olt ses offices et encoires aultres. Icelluy Buffardin avoit plusieurs enfants de sa femme.

CHAPITRE LVIII.

De la sentence d'excommuniement que le pape jetta sur ceulx de Dynant; et comment le duc et son fils assemblèrent leurs osts et allèrent mettre le siége devant la ville de Dynant; et aultres choses.

Environ ce temps, le duc de Bourgoingne feit attacher aulx portes des bonnes villes de ses pays la copie de une sentence d'excommuniement que le pape avoit jetté sur ceulx de Dynant et leurs adhérents, à cause de maulx qu'ils faisoient et s'efforçoient de faire, en allant contre tout traictié de paix, et non voullants obéir au sainct-siége apostolique; par laquelle sentence donnoit congié au duc de Bourgoingne et à ses gents de les punir et faire obéir, comme doibvent faire touts bons chrestiens; et en ce faisant leur donnoit plein pardon, et par ceste sentence deffendoit le service divin estre faict en ladicte ville. Lesquels de Dynant, non acoutants à ceste sentence, constraindirent les prestres contre leur vollonté de célébrer messe; et noyèrent deulx ou trois prestres, lesquels contre le commandement apostolique ne voulloient célébrer.

Environ ce temps le bastard de Sainct-Pol, fils bastard du beau comte de Sainct-Pol, nommé Wallerand, quy feut connestable de France, comme il debvoit partir pour aller en Liége en l'armée du duc de Bourgoingne, et que ses gents estoient touts prets, une maladie le print, de laquelle assez tost après il mourut. Icelluy bastard estoit seigneur de Haultbourdin et d'Ailly; il estoit hardy et valliant chevallier, et sy avoit esté ung des beaux chevalliers du royaulme de France, bon jousteur et fort amoureulx; il estoit riche en bagues et de revenus et d'office, son premier escole feut par estre en la grasce des dames, et de bien grandes. Il mourut en l'age de soixante-six ans ou environ, en bonne force et ne sembloit pas vieulx; il estoit grand et droict et bien faict, et sy portoit le Toison-d'Or quy estoit l'ordre du duc de Bourgoingne.

Audict an soixante-six, le vingt-septiesme jour de juillet, en la ville d'Arras, environ neuf ou dix heures du vespres, en ung lieu publique de femmes, nommé les Nœuves-Estuves, deulx compagnons tuèrent ung josne compagnon, barbier, à marier, nommé Vincent Mansel, fils d'ung canoine de Lille, lequel estoit très habile enfant et avoit eslevé son mestier. Il feut tué parce qu'il cuida mectre l'accord entre ceulx quy le tuèrent et ung qu'ils voulloient battre, et eut ung coup de cousteau en la poictrine, duquel il mourut prestement sans confession; et ne feurent les facteurs prins ne semons, parce qu'on ne peut sçavoir leurs noms.

Environ le commencement d'aoust, au commandement du duc de Bourgoingne, et de son fils, de touts ses pays, se meirent gents d'armes sur les champs, et tirèrent touts vers Namur, comme le duc leur avoit mandé, auquel ils ne voullurent et n'osèrent faillir, car ils le aimoient moult. Illecq assembla le duc sy grand ost que on disoit qu'ils se trouvèrent la moitié plus que le comte de Charrollois ne mena en France l'année devant, et qu'ils estoient trente mille payés. Illecq estoient : le comte de Charrollois, le comte de Sainct-Pol, connestable de France, Adolf de Clefves, le comte de Marle, le comte de Brianne, le seigneur de Roussy, les trois enfants du comte de Sainct-Pol, le bastard de Bourgoingne, comte de la Roche, messire Bauduin, bastard de Bourgoingne, le comte de Nasso, le seigneur de Fiennes, le seigneur de Bouchain, messire Jacques de Sainct-Pol, frère du comte, le seigneur de Saveuses, le seigneur de Perrewes, le seigneur de Grutuse, le seigneur d'Emeryes et maints aultres chevalliers et escuyers, comme le comte de Hornes, le mareschal de Bourgoingne, sans estre accompagniés de ceulx du pays de Bourgoingne, lesquels encoires n'y estoient point venus, et maints aultres seigneurs, dont trop longue chose seroit à raconter.

Quand ils feurent touts assemblés, le duc se partit de Bruxelles et vint à Namur, quy feut le treiziesme d'aoust; et le seiziesme jour plusieurs grands seigneurs et gents de guerre passèrent parmy Namur, et tindrent les champs attendants le comte de Charrollois, lequel jour le comte se partit de Namur en armes, moult noblement, et le conduirent Adolf de Clefves, le bastard de Bourgoingne et aultres.

Le lendemain, jour de dimanche, ledict comte, le mareschal de Bourgoingne et aultres, environ trois cents combattants, coururent devant Dynant et jusques aux faulxbourgs, lesquels de Dynant saillirent hors, et feurent reboutés par deulx ou trois fois; et sy en demoura de leur costé trois ou quatre, et du costé du comte n'y eut homme mort ne blessié, combien que ceulx de la ville jettèrent à merveille d'engins à pouldre. Le comte de Sainct-Pol, connestable de France, messire Jacques son frère, le seigneur de Roussy, le seigneur d'Emeryes, le souverain de Flandres et aultres de son armée tenoient ce jour les champs de l'aultre costé de la rivière de Meuse, ainsy que on va de Mortaigne à Dynant, faisants approche de la ville. Le seigneur de Saveuses estoit à Bouvynes avecq ceulx de la garnison, quy est à deulx ou trois traicts d'arcques près de Dynant. On maintenoit en l'ost que ceulx de la cité de Liége avoient faict vœu de leurs gents, et qu'ils estoient bien quarante mille hommes, dont ils en avoient envoyé quatre mille en la ville ; et s'estoient vantés de lever le siége, sy on le y mectoit, ou ils y demoureroient.

Le dix-huictiesme jour d'aoust, le mareschal et aultres gents de guerre se partirent matin de l'ost pour descouvrir pays; et environ sept heures, le seigneur de Moreul et aultres commis à l'artillerie feirent cheminer le charroy, quy duroit bien trois lieues. Le charroy mis à chemin, le comte et toute l'armée se meirent aulx champs en belle ordonnance, et chevaulchèrent à deulx esles, costoyant le charroy jusques à Dynant. Le comte de Charrollois avoit debvant luy touts ses archiers, et estoit son estendart battu à or, à l'enseigne de l'imaige de sainct George à cheval, perçant ung serpent de sa lance, et le guidon et ses archiers pareils, excepté que sainct George estoit à pied; le seigneur de Cohen portoit l'estendart du bastard de Bourgoingne, quy faisoit l'avant-garde ; le comte faisoit la bataille; l'arrière-garde le comte de Marle, les seigneurs de Boucamp[1], de Grutuse, Fiennes, Humières, sur frain chevaulchoient, et le bailly de Haynault, les seigneurs de le Hamède, de Boussut, d'Ervelducq, Crèvecœur, Rabodengues, Mouycourt, Sainct-Venant, Neuville, Haines, Momès et aultre grand nombre.

Quand les osts feurent arrivés près de la ville, ains qu'ils eurent prins touts leurs logis, ceulx de la ville commencèrent à jetter traicts à pouldre et saillirent hors de la ville, et allèrent boutter le feu en une grosse cense au-dessus de l'abbaye. Ce voyants, les gents du bastard de Bourgoingne leur coururent sus; et feut crié alarme. Lors le comte et touts approchèrent; et poursuivirent sy rudement ceulx de la ville qu'ils abandonnèrent leurs faulxbourgs, et par force rentrèrent en la ville, et feurent poursuivis jusques à la porte; et se ils eussent eu engin à pouldre, ils feuissent entrés dedans avecq eulx. Ainsy feurent gagnés les faulxbourgs, quy estoient enclos d'eau et fermés de bonnes murailles, et forts comme une bonne ville ; et y avoit une église de frères mineurs très belle et

(1) Buchan.

riche avecq ung monastère de femmes et une paroisse, et tenant aulx faulxbourgs une abbaye de moines blancs. A gagnier les faulxbourgs, y eut de quatre à six hommes morts. Quand les faulxbourgs feurent gagniés du costé vers Bouvynes, comme dict est, ceulx de dedans allèrent ardoir les faulxbourgs de l'aultre costé, ains que le comte de Sainct-Pol peust venir, quy estoit de ce costé oultre la rivière; et feirent ce, affin que ledict comte ne se y logeast. Le comte de Charrollois se logea la nuict en ladicte abbaye; et feit-on fort guet aulx frères mineurs; et ceste nuict on affusta à l'endroit de la porte une bombarde, laquelle en briefs jours la desmolit; et chéit, mais ceulx de dedans prestement remurèrent l'entrée. Le connestable et ses gents se logèrent touts au bas de la montaigne sur la rivière; et feit abattre d'ung traict a pouldre une tourmère, parce qu'elle leur faisoit grand mal. Le mardy on feit rompre touts postis et murailles de l'église des frères et abbaye pour asseoir engins de bombardes, affin de desmolir les murs de la ville; et ce jour jettèrent sur ceulx de la ville, et ceulx sur eulx; et y eut quatre des gents du comte morts, par eulx tenir au chemin descouvert; et feut ce jour le bombardier tué du traict de ceulx de la ville en coeullant une vergue, lequel estoit de Namur. Vivres feurent chier, et y valloit ung pain de deulx parisis deulx gros, et vivres ensuivant; et pour les chevaulx failloit aller trois ou quatre lieues. Et ce jour s'alla logier le comte aulx frères mineurs, à un ject de pierre près de la porte, et sy vint le duc de Bourgoingne de Namur à Bouvynes. Après les engins, comme dict est, affustés, on somma à ceulx de la ville qu'ils se rendissent à la vollonté du duc, à quoy ils respondirent qu'ils n'en avoient talent[1]; et en continuant leurs villains parliers, disoient moult de villenies du comte et de son fils, et plus que oncques ne avoient faict; car d'heure en heure disoient aulx gents du duc : « Quy a
« mandé ce vieil monnart vostre duc de cy ve-
« nir mourir? A-t-il tant vescu pour cy venir
« mourir sy villainement? Et vostre comte Char-
« lotel; que fait-il cy venir mourir. Il voise[2]
« au Mont-le-Héry combattre le noble roy
« de France quy nous viendra secourir; et ne
« nous fauldra point, car il le nous a promis. A
« malle heure y vint-il oncques; il a le becque
« trop josne; ceulx de la cité de Liége le desloqueront brief villainement. » Plusieurs aultres villaines paroles, quy trop longues seroient à raconter, disoient de jour en jour. Et quy plus est, ains que le siége y feust mis, ceulx de Bouvynes leur envoyèrent unes lettres par ung messagier, eulx priants que, ains que le duc mist le siége ils se rendissent à luy, ou feissent tant qu'il feust content d'eulx; lesquels, au despit d'eulx et du duc, feirent descappiter le messagier. Ceulx de Bouvynes encoires envoyèrent ung enfant innocent en la ville, portant une lettre à la loy de la ville, eulx admonestants que, ains que le duc venist, feissent leur traictié vers luy, affin que eulx de Dynant, ne ceulx de Bouvynes ne feussent des gents d'armes mangiés ne destruicts; mais ils feirent mourir icelluy enfant innocent au despit d'eulx et du duc, et disoit-on qu'ils le feirent desmembrer. Ils feirent encoires une grande desrision ains que le siége y feust mis, sçachant que on le y venoit mectre; car ils allèrent en grand nombre assez près de Bouvynes, et par desseure une fosse parfonde d'eaue orde[1] et pleine de crapaulx, meirent ung veau sur lequel ils assirent la pourtraicture du duc de Bourgoingne, armoyé desdictes armes, et crioient à ceulx de Bouvynes : « Voicy
« le siége du grand crapaulx vostre duc! »
Maintes aultres choses villaines feirent au despit du duc et de son fils, desquelles le duc et son fils feurent advertis; pourquoy le duc et son fils dirent, s'ils la prenoient ou pouvoient conquerre, ils la gasteroient et destruiroient du tout, et y feroient semer sel et fer, comme anciennement on faisoit quand on destruisoit une ville; et ainsy en feut faict.

CHAPITRE LIX.

Comment ceulx de Dynant se rendirent par force d'estre battus d'engins.

Le comte de Charrollois voyant la malle obstination de ceulx de Dynant, après que touts ses engins feurent dressés, sy commencèrent à jetter l'ung après l'aultre par sy grande impétuosité que ils ne cessoient trois ou quatre heures; lesquelles durant, ceulx de la ville ne se sçavoient où sauver et ne voyoient goutte; et

(1) Volonté. (2) Qu'il aille.

(1) Sale.

estoit ung droict enfer que d'y estre, pour l'occision, fouldre et tempeste que les engins faisoient en la ville; et disoit-on que en cinq ou six jours y moururent bien sept cents personnes dedans la ville, ce que je ne certiffie point. Toutesfois, ce temps durant, le duc de Bourgoingne feit faire deulx ponts à Bouvynes pour passer la rivière de Meuse, après que les murailles et les tourres, lesquelles avoient plus de neuf pieds d'espais, feurent fort endommagiées, et que on olt abbattu plus de soixante pieds de murailles. Le vendredy ensuivant, huict hommes des plus reséants de la ville, par saulf-conduict, vindrent en l'ost pour cuider avoir paix; mais ils ne y feirent riens. Le samedy ensuivant on feit commandement par l'ost : que chascun feust prest le lendemain pour assaillir la ville, et que chascun euist ung fagot pour emplir le fossé. Le lendemain, quy feut dimanche, après messe, comme on cuidoit assaillir la ville, le duc ne le volt souffrir; et envoya dire qu'il voulloit qu'elle feust encoires plus battue d'engins; et le lundy on rua merveilleusement sur la ville, et feut moult fort battue; car ceulx de la ville ruoient comme par désespoir. Quand ceulx de la ville veirent leur ville sy battue qu'ils ne s'y polroient plus bonnement tenir, sy vuidèrent ceulx de leur garnison et s'enffuirent. Le remanant[1], quy véoient que de leurs gents y avoit grand nombre de morts, se voudrent[2] rendre, saulfs leurs vies; mais le duc ne les volt recepvoir. Ledict jour de lundy, y olt trente ou trente-deulx hommes morts des gents du comte, par une flammecque quy chéit en ung tonnel de pouldre de canon que on avoit oublié à clorre quand on boutta le feu en une bombarde. Plusieurs feurent blessiés; et par espécial ung valliant chevallier, nommé messire Hugues de Mailly, seigneur de Boulliencourt, olt tout le visage bruslé; mais il feut puis guéry. Icelluy jour de lundy, vingt-cinquiesme jour d'aoust, le duc de Bourgoingne feut adverty par son nepveu, évesque de Liége, quy se tenoit en la ville de Huy, que ceulx de la cité de Liége estoient issus de trente à quarante mille hommes en intention de venir lever le siége ou livrer bataille au duc. Le duc prestement assembla son conseil et ses chevalliers pour sçavoir qu'il feroit, ou s'il lèveroit le siége pour aller allencontre d'eulx, ou s'il lairroit une partie devant Dynant pour garder les engins, et l'aultre iroit contre ceulx de Liége, ou s'il les attendroit de pied. Pourquoy lors lui feut conseillié que, ains qu'il levast le siége ne allast contre eulx, qu'il assaillist la ville, et qu'il la auroit prinse ou livré grand assault, ains que ceulx de Liége feussent venus jusques à eulx; et sy ne la avoit prinse, sy auroit-il tellement travaillé la ville qu'ils ne auroient pooir de saillir sur eulx, s'ils alloient contre ceulx de Liége. Lequel conseil feut tenu. Et feut commandé que par l'ost chascun se meist en poinct pour assaillir, et apportast chascun son fagot. Et comme chascun estoit prest, environ cinq heures du vespres, ceulx de la ville, doubtants qu'ils ne polroient souffrir, sans touts mourir, ledict assault, se rendirent à la volonté du duc et portèrent les clefs au bastard de Bourgoingne, quy les porta au comte de Charrollois, lequel comte ne les voullut recepvoir sans le consentement de son père. Lequel consentement eu, il les receupt; et entra ceste nuict le bastard de Bourgoingne dedans le chastel de Dynant, quy luy feut délivré; et le mareschal de Bourgoingne, le seigneur de Mareul et le capitaine de Bouvynes entrèrent avecq leurs gents dedans et gardèrent les portes; et lendemain matin, on commença à butiner; mais le comte feit commander sur la hart que on cessast tant qu'il feust venu. Lequel y entra environ midy; et feit chascun loger par fourrier, tant qu'il olt nouvelles de son père, lequel olt volonté d'entrer en la ville; mais il luy feut conseillié de non y entrer, puisque sa vollonté estoit de la destruire; sy n'y alla pas. Pourquoy, assez tost après que on sceut sa vollonté et que chascun euist son quartier et logis par fourrier, on commença à butiner, car le comte avoit tout abbandonné, chascun en son quartier; et y olt au commencement grand desroy, et tuèrent l'ung l'aultre pour le butin; mais en la fin chascun garda son quartier et son logis.

Icelle ville de Dynant estoit réputée la plus riche ville que on sceuist et la plus forte. Le seigneur de Roubaix et le seigneur de Mareul, quy estoient sur la muraille rompue, r'ostèrent à plusieurs compagnons leur butin quand ils avoient quelque chose de bon, s'ils n'estoient forts assez. Chascun prenoit son hoste prisonnier, et mesme plusieurs enfants; partout c'es-

---

(1) Reste. (2) Voulurent.

toit petit ou grand. Mais il polroit sembler que Dieu souffrist ceste pugnition d'eulx estre faite, tant pour ce qu'ils estoient excommuniés, comme pour la grande orgueil et oultrecuidance dont ceulx de la ville estoient pleins, et ne cremoient [1] Dieu ne homme.

Le mardy, le mercredy et le jeudy, on ne feit que butiner; et estoit toute la rivière de Meuse pleine de basteaulx pleins de biens que on vuidoit de la ville; et sy ne véoit-on touts les jours que chars, charrettes, chevaulx, tonneaulx, brouettes, chargiés de biens qu'on emportoit hors de la ville, et hommes à pied et à cheval chargiés de biens, car il y avoit tant de biens, et se y avoit tant de vivres que merveilles, et disoit-on qu'ils estoient garnis de vivres pour trois ans.

Ces jours durant, on print plusieurs femmes pour sçavoir quy estoient les maulvais, et ceulx quy avoient dict les blasphesmes du duc et de son fils, lesquelles en accusèrent plusieurs. Sy feirent ceulx de Bouvynes; et en accusèrent aulcuns, lesquels feurent prins et jettés, deulx loyés ensemble, en la rivière et noyés; et sy feit le comte pendre le bombardier de Dynant sur la montaigne desseure l'église. Touts aussy que on polvoit sçavoir qu'ils avoient esté cause de la guerre feurent jettés en la rivière.

Au commencement de butiner, le comte de Charrollois feut adverty que on enforçoit les femmes; pourquoy il feit commandement sur la hart que on cessast; mais il y en eut aulcuns quy ne cessèrent, desquels le comte en feit pendre trois; les aultres se sauvèrent; lesquels trois quy feurent prins, le comte publicquement et en plein jour feit venir parmy l'ost trois fois, affin que chascun prist exemple, et puis les feit pendre à ung gibet. Laquelle justice feit cesser que on n'osa plus les femmes violer, car le comte aussy avoit juré que touts ceulx quy violeroient femmes, feuissent nobles ou non nobles, qu'il les feroit mourir. Le comte aussy, assez tost après que il feust entré en la ville, feit vuider hors de la ville les gents d'église, les femmes et petits enfants, et les feit conduire par ses gents jusques près de la cité de Liége, en leur donnant congié et les laissant aller quittes et délivrés; lesquelles femmes, petits enfants et gents d'église, à l'issir hors la ville, jettèrent deulx ou trois cris sy terribles et piteulx que touts ceulx quy le oyrent eurent pitié et horreur, tant pour la pitié de leur partement comme pour les piteuses lamentations qu'ils faisoient, et pour aultres povretés.

CHAPITRE LX.

De la destruction de la ville de Dynant, et comment elle feut ardse, et puis destruite et desmolie de tout point.

Le vendredy ensuivant, vingt-huictiesme jour du mois d'aoust, l'an mil quatre cents soixante-six, après ce que la pluspart des biens quy estoient en la ville de Dynant feurent portés hors de la ville, et mesmement plusieurs églises et maisons descouvertes du plomb quy estoit sus, que on ostoit, pour tant que le duc avoit conclud de la destruire et desmolir du tout, environ une heure après minuict, le feu se print au logis Adolf de Clefves, au coing Nostre-Dame; et ne peut-on sçavoir comment le feu s'y print, ou sy ce feut feu de meschief, ou sy on le boutta pour abrégier les gents d'armes de vuider hors de la ville, lesquels on ne pooit avoir hors pour le butin, ou sy aulcuns quy estoient dedans, le bouttèrent pour cuider ardoir ceulx quy estoient dedans, ou sy aulcuns quy n'avoient point de butin le bouttèrent par envie, ou sy le comte le avoit commandé de faire (quy n'est pas à croire, pour ce que le comte euist ainçois faict sauver les biens de l'église, lesquels pour la pluspart feurent emblés, fourragiés et ards, excepté aulcunes dignes fiertes [1], quy feurent mises en la main du comte de Charrollois), ou sy les Liégeois, pour mectre le comte en desroy et faire perdre le surplus des biens quy estoient dedans, le y bouttèrent; dont il y avoit encore moult de biens, et tant qu'on ne sçauroit estimer; car c'estoit la plus marchande et plus riche ville, comme on disoit, de par-deçà les monts, et de forte fortification et situation. Incontinent que on perceut le feu, le comte commanda que chascun s'employast pour l'estaindre; et combien que par l'espasse de deulx heures on y olt bien remédié, et estainct ledict feu, toutesfois chascun ne pensoit ne ne visoit que à sauver son butin. Pour laquelle cause, ce temps pendant, le feu se print en la maison de la ville, où il y avoit grands tas de

---

(1) Craignoient.

(1) Châsses.

pouldre de canon, quy esprindrent de feu toute l'église Nostre-Dame au comble, laquelle estoit vaultée; et par ce ne feurent pas ards la pluspart des biens et ornements ne des reliques de l'église; et en emportoit chascun ce qu'il en pooit emporter, quand le comte y vint, quy feit sauver la fierte de saincte Perpétue, et aultres dignes joyaulx et corps saints, qu'il feit porter à Bouvynes. Et en ce faisant eut assez affaire à saulver son corps, pour le feu; et eut de ses bagues assez ardses, et assez en y eut de bruslées. On y crioit le meurdre, que c'estoit la plus grande cruauté et esbahissement que on véit oncques puis la vengeance de nostre Seigneur Jésus-Christ; car le feu suivoit les gents aulx talons de touts costés. Et combien que le duc olt conclud de destruire la ville, à la vérité dire, il peut sembler que, quand il n'euist eu nulle vollonté, ce estoit le plaisir de Dieu qu'elle fust destruite; car on ne peut oncques sçavoir au vray comment le feu s'y prist, combien que la pluspart de ceulx quy y estoient disoient que le feu s'y prist par une maulvaise cheminée; quy seroit encoires à mon propos, que il peut sembler que ce feust vollonté divine qu'elle feust destruite, pour leur orgueil et aultres maulx que on y faisoit; de quoy je m'attends à Dieu quy tout sçait. Icelluy feu feit dommaige aulx gents du duc plus de cent mille couronnes de butin, quy feut ards n'estant encoires vuidé.

Durant que la ville de Dynant estoit en feu et en flambe, estoit une grosse ambassade de Liége à Bouvynes devers le duc pour trouver leur traictié par-devers luy, lesquels Liégeois pooient voir et véoient pleinement la destruction de Dynant, quy estoit chose piteuse à veoir.

Après que chascun feust party de Dynant pour la chaleur du feu, le comte feit boutter le feu par toute la ville et par touts les faulxbourgs de entour la ville, et feit mander gents tout autour du pays, tant en Brabant, Namur, Haynault, comme ailleurs, pour venir desmolir les tourres et murailles, et touts forts de la ville; lesquels y vindrent en grand nombre; aulxquels le comte feit donner à chascun trois patars pour le jour, avecq le butin qu'ils y trouvoient. Et tellement y feut besoigné que, quatre jours après le feu prins, ceulx quy regardoient la place où la ville avoit esté pooient dire : « Cy feut Dy-« nant! » car il n'y avoit maisons, moustiers, tourres, ne murailles, ne portes, que tout ne feust ards ou abbattu. On disoit que les fourmes des bateurs de mestail valloient plus de cent mille florins de Rhin.

Dedans l'église cathédrale de Dynant, quand le feu s'y print, estoient plusieurs riches prisonniers, lesquels feurent ards, et ne les peut-on sauver; et mesme plusieurs quy s'estoient retraicts en plusieurs fortes tourres avant la ville, lesquels on ne pooit avoir sans affamer ou abbattre les tourres, par ledict feu feurent ards.

CHAPITRE LXI.

Comment, après Dynant destruite, ledict duc retourna à Namur, et tout son ost, pour entrer au pays de Liége; et allèrent devant la cité; et des villes quy se rendirent au comte son fils.

Le premier jour de septembre, après que la ville de Dynant feut toute destruicte et desmolie, tellement que les femmes mesmes quy y alloient pour trouver leurs maisons ne sçavoient cognoistre la place où leur maison estoit, le duc se partit de Bouvynes, et entra en ung batel couvert; et alla ce jour gésir à Namur. Et tout par la rivière et à l'entrée, ens monta à cheval; et y entra à grand triomphe, avecq luy grande noblesse, et l'ambassade de Liége, quy tousjours alloit après luy pour avoir la paix. Ce jour et le lendemain passa toute l'armée parmy la ville de Namur, quy meirent plus de deulx jours à passer. Et alla le bastard de Bourgoingne logier au pays de Hasebain, à deulx lieues de la ville de Sainct-Tron, et le comte une lieue oultre, en Tiremont et Sainct-Tron, laquelle ville de Sainct-Tron s'estoit rebellée, mais elle se rendit au comte, et sy feit la ville de Tuin; laquelle ville de Tuin le duc avoit donnée au comte de Sainct-Pol pour la prendre et pillier et faire sa volonté, en récompensation de ce qu'il n'avoit eu, ne ses gents, quelque butin à la prinse de Dynant. Laquelle ville de Tuin se rendit audict comte de Sainct-Pol, pour et au nom dudict duc. Et moyennant certaine somme de deniers que elle paya audict comte de Sainct-Pol, connestable de France, et qu'ils promirent d'abbattre leurs portes et toute la muraille de la ville, et Sainct-Tron pareillement, ils ne feurent point pilliés. Et disoit-on que ledict connestable eut dix mille florins de Rhin pour sa récompense; et encoires ne se tenoit-il pas bien récompensé du butin de Dynant, ne ses gents aussy. Le comte de Charrollois s'en alla pour assiéger la ville de Tongres; mais on luy dit qu'il n'y avoit personne, et que tout s'en estoit fuy. Par quoy le comte, le jeudy quatriesme de septembre, feit tirer son ost et tout son carroy vers la cité de Liége, et le duc son père demoura à Namur; et alla le comte jusques à Montenacq, à quatre grosses lieues de la cité de Liége, tousjours estant en bataille et costoyant son carroy; et y arriva le sixiesme jour dudict mois, lequel jour il feut adverty que ceulx de Liége estoient issus hors en grand nombre pour le combatre. Lors se meit en bataille sans aller guières loing; et duroient les esles de la bataille plus d'une grosse lieue.

Ledict jour, environ onze heures, vint une ambassade par ceulx de la cité requérir seur estat jusques à lendemain dix heures, et que dedans ceste heure ils asseuroient de faire tout ce qu'il leur demanderoit. Le comte leur accorda; et ce faict, le connestable et le bastard de Bourgoingne allèrent pour veoir la conduicte des Liégeois quy estoient issus de Liége, lesquels estoient sur la rivière de Gerre; aulxquels feut rapporté, que les coureurs quy avoient conduict l'ambassade de Liége s'escarmouchoient contre les fourriers du comte de Charrollois, pourquoy aulcuns tirèrent celle part; mais les Liégeois quy escarmouchoient se retirèrent prestement avecq les aultres; et quand vint sur le soir, ceulx de l'ost du comte perceurent clairement les Liégeois. Lors se meit le comte en bataille devant eulx au moins d'ung quart de lieue; et passa le connestable oultre la rivière de Gerre, pour les enclorre; et feit plusieurs de ses gents mectre à pied; et estoit environ cinq heures du vespres. Et estoient les gents du comte prests pour les combatre, et ne demandoient aultre chose; mais le comte ne le voullut souffrir pour le seur estat qu'il avoit baillié; dont plusieurs estoient courroucés; car il sembloit bien que touts y feussent demourés, et que nul d'eulx ne s'en pooit fuire. On les nombroit deulx mille à cheval, et dix mille à pied; mais iceulx estoient davantage, parce qu'ils se tenoient pour la pluspart en ung villaige, par quoy on ne pooit bien sçavoir le nombre. Ce jour, le comte de Charrollois feit ardoir ung villaige, nommé Varennes, quy avoit esté une ville fermée; et y avoit quatre cents feus ou plus; et ce feit pour faire saillir les gents hors, lesquels ne s'en voulloient partir, pour venir avecq les aultres, et eulx tenir en bataille, auquel feu il y euit plusieurs bagues de gents d'armes perdues, et y euit tel desroy que merveilles. Toutesfois chascun se meit en bataille. Ce jour, le comte de Charrollois et toute l'armée feurent cinq heures en bataille, et jusques à dix heures en la nuict, qu'il feit chascun retraire au logis.

CHAPITRE LXII.[1]

Comment la paix feut faicte derechief du comte de Charrollois et du duc son père et de ceulx de la cité de Liége et du pays.

Le dimanche, septiesme jour de septembre, l'an dessusdict, soixante-six, bien matin, le comte de Charrollois derechief se remit en bataille; et ne passa pas ce jour le connestable la rivière, ains demoura avecq le comte; et en ceste ordonnance feurent jusques à dix heures. Lequel temps durant, les coureurs trouvèrent que les Liégeois s'estoient retraicts et se tenoient en ung villaige environ Tongres; et environ dix heures, l'ambassade revint de Liége, luy dire que ceulx de Liége luy prioient et requéroient paix, et qu'ils estoient prests de tenir et parfurnir de poinct en poinct tout ce que le duc son père et luy demandoient; et que pour ce faire plus seurement, ils bailleroient hostaiges de cinquante hommes, tels qu'il plairoit au duc d'eslire, c'est à sçavoir trente-deulx hommes pour la cité de Liége, six pour la ville de Tongres, six de la ville de Sainct-Tron, et six de la ville de Hasselt; et mesmement ce propre jour en livrèrent une partie; lesquels feurent menés à Judenge[1] devers le duc de Bourgoingne, lequel s'estoit party de Namur à intention d'estre avecq son fils pour combatre les Liégeois. Et par ceste manière feut faicte la paix d'entre le duc, son fils et les Liégeois. Par laquelle paix ils promirent payer six cents mille florins de Rhin en six ans, chascun an cent mille, et livrèrent les dessusdicts cinquante hostaigiers à la vollonté du duc, et tels qu'il les vouloit avoir; lesquels, au bout de l'an, et qu'ils auroient payé ung paiement, iceulx cinquante seroient quittes, et retourneroient, moyennant que ceulx de Liége, ains

(1) Jodoigne.

qu'ils partissent, en renvoieroient d'aultres cinquante, tels qu'il plairoit audict duc comme dict est; et sy seroit le duc, comme duc de Brabant, et ses successeurs ducs de Brabant à tousjours, maimbourgs [1] et cappitaines des Liégeois et du pays, sans le conseil et vollonté duquel ils ne poiroient faire quelque chose doresnavant de nouvel. Moult aultres choses y eut qu'ils promirent faire par ledict traictié; desquelles, par briéveté, je me tais.

Ce jour, et le lendemain lundy, vivres feurent moult chiers, et à peine en pooient recouvrer les gents d'armes en l'ost.

Ledict jour de lundy, huictiesme jour de septembre, après que la paix et tout estoit faict, arrivèrent les Bourguignons venants du pays de Bourgoingne, lesquels estoient environ quatre cents lances; et les conduisoit le seigneur de Montagu et le marquis de Rostelincq [2]; et ainsy c'estoit la deuxiesme fois, c'est à sçavoir, l'année passée, et à ceste fois, que lesdicts Bourguignons estoient venus sur le tard.

Cedict jour aussy arrivèrent en l'ost les Suistres [3], quy estoient environ soixante hommes.

Et ce propre jour arrivèrent aussy trois cents hommes envoyés de la ville d'Anvers, cuidants que le comte, ce jour, deuist combattre les Liégeois. Ce propre jour aussy vindrent devers le comte touts les hostaigiers que ceulx de Liége promirent livrer à la vollonté du duc.

Le mardy ensuivant, le seigneur de Humbercourt et l'archidiacre de Avalon, feurent houssés pour aller en la cité de Liége, pour rapporter le traictié scellé; mais ils eurent conseil de non y aller.

Et le lendemain mercredy, ceulx de la cité vindrent délivrer au comte de Charrollois les lettres de leur promesse, scellées des sceaulx des villes de Tongres, Sainct-Tron et Hasselt, et aultres villes, contenants : comment ils promectoient furnir et entretenir le traictié par eulx faict, et chascun en baillier les hostaigiers, desquels sy aulcuns d'eulx moroient durant qu'ils seroient hostaigiers, ils seroient tenus d'en envoyer des aultres; et que des intérests que le duc avoit eu depuis la paix faicte l'année paravant, ils en prenoient le duc à juge, promectants payer ce qu'il en ordonneroit et faire à sa vollonté. Et ce soir, le comte de Charrollois feit deffendre en son ost le courre, fourragier, et tout faict de guerre, et feut la paix cryée.

Le jeudy ensuivant, onziesme jour de septembre, le comte de Charrollois et son ost se partit du lieu où il estoit, quy s'appeloit Helloy, et vint à Montenacq, et le vendredy à Croisettes, et le samedy à Moustier-sur-Saunière, et le dimanche à Chastellet-sur-Seine, ung gros villaige appartenant au chapitre de Liége, et tousjours son ost avecq luy. Audict Chastellet vindrent ceulx de Tuin faire leur amendise, lesquels par trois fois se jettèrent à genoulx à terre, en criant mercy en grand nombre; et là feut leur paix faicte, moiennant le traictié faict, et ce qu'ils avoient promis d'abbattre leurs portes et murailles, et payer au connestable ce que cy-dessus est dict; et feurent illecq cent hommes ordonnés pour desmolir les murs de Tuin, aulx dépens de la ville. Illecq donna le comte de Charrollois congié à touts ses gents, lesquels retournèrent touts en leurs marches, et le comte s'en alla à Gembloud, en Brabant, et puis vers le duc son père, lequel estoit retourné à Bruxelles.

Au mois d'octobre ensuivant, hors de la porte de Sainct-Michel de la ville d'Arras, ung nommé Miquel navra le fils d'ung mosnier, nommé Jehan de Bourgoingne, duquel coup il mourut environ quinze jours après; lequel Miquel feut prins prisonnier et descapité au marchié d'Arras. Icelluy Miquel estoit de tel courage qu'il pria plusieurs fois qu'il n'eust pas les yeulx bandés, et qu'il estoit tant asseuré qu'il ne doubtoit point la mort; mais pour sa prière n'en feut rien faict.

Audict an soixante-six, en la fin du mois de novembre, le duc de Bourgoingne et son fils envoyèrent le souverain de Flandres, le seigneur de Rabodenghes, le seigneur de la Boutillerie, et aultres, en ambassade devers le roy Édouard d'Angleterre.

Le vingt-huictiesme jour de décembre, audict an, en la ville d'Arras, ung maçon, nommé Jacquemart, frappa par-dessous en l'aisne ung sien beau-frère, nommé Absalon Ricart, sayeteur [1], duquel coup il mourut prestement et sans parler; lesquels deulx avoient souppé ensemble à la feste de la confrairie des archiers, dont ils estoient confrères. Et se meut la noise derrière Saincte-Croix, pour ce que chascun d'eulx avoit des enfants, lesquels estoient nepveulx

---

(1) Gouverneurs. (2) Rothelin. (3) Suisses.

(1) Fabricant de flèches.

d'ung prestre, et que le prestre faisoit plus de bien aulx ungs que aulx aultres.

Audict an soixante-six encoires, en ung village nommé Esquerchin, deulx frères, pour ce que le maisné reprenoit l'aisné de sa malle vie, et que c'estoit mal faict qu'il avoit laissé sa preude femme et tenoit une concubine, icelluy son frère, quy estoit homme suivant les guerres, courut sus à son frère, le cuidant tuer, et le navra. Quand son frère, quy estoit bon labourier et preud'homme, veit ce, sy se revengea; et comme Dieu le vollut, il tua et occit son frère, quy estoit très mal renommé.

Le douziesme jour d'apvril ensuivant, l'an mil quatre cents soixante-sept, en la ville d'Arras, ung compagnon de Bucquoy, environ Arras, lequel servoit Jacotin Berto, ung archier de corps du duc de Bourgoingne, feut navré de trois compagnons; de laquelle navrure il mourut cinq ou six jours après.

CHAPITRE LXIII.

D'une piteuse adventure quy advint en ung villaige nommé Dyevast.

L'an de grasce mil quatre cents soixante-sept, le pénultiesme jour d'apvril, en ung villaige nommé Dievast, à six lieues d'Arras, et en la comté de Sainct-Pol, ou environ, ung gentilhomme, nommé Jehan de Bailleul, de l'age de cinquante ans, ou environ, lequel demouroit audict Dyevast avecq sa damoiselle mère, quy estoit vefve, et y avoient seigneurie, remply de l'ennemy d'enfer, se leva bien matin et print une dague toute nue, et s'en alla en la cuisine de sa maison, où il trouva une josne fille quy le servoit, de l'age de vingt ans ou environ, bonne et belle pucelle, laquelle s'estoit levée temprement [1] pour faire la buée [2], à laquelle il donna de celle dague plusieurs horions et l'occit; mais ains qu'elle mourut, cria. Oyant le cry, la chambrière de l'hostel, de pareil age, et belle et bonne pucelle, alla celle part, laquelle derechief férit et occit. La damoiselle mère, oyant le cry des pucelles, ouvrit sa chambre et alla celle part, à laquelle il donna deulx coups de dague au ventre; desquels coups ce propre jour ou lendemain mourut; mais elle se confessa et receut ses sacrements ains sa mort. Puis alla ledict Jehan pour cuider entrer en la chambre d'une sienne fille nouvellement mariée,

(1) De bonne heure. (2) La lessive

laquelle il trouva close; sy descendit et ralla en sa chambre et vollut occire son fils, quy avoit la nuict couché avec luy, de l'age de seize à dix-huict ans; mais son fils luy pria tant mercy et parla sy beau qu'il le laissa. Ce faict, s'en alla en sa cour; et illecq, par ceulx de l'hostel et aultres, quy s'assemblèrent quand ils eurent oy l'effroy, feut prins par force et lié. Icelluy Jehan de Bailleul estoit aussy fils de ladicte damoiselle et de Martel de Bailleul, quy estoit mort, et estoient plusieurs enfants. Icelluy Jehan de Bailleul, paravant ceste horrible meurdre, estoit tenu pour ung aussy gracieulx et honneste homme et de bon sens que homme de la ville. En ses josnes jours il se maria à une gentille femme, sœur du seigneur de Tanlay, contre le vouloir de son père, pour ce que son père n'estoit point au-debvant, et il l'eust volontairement marié richement. Pour estre despeschié, il se maria noblement à une belle et bonne fille, mais elle n'estoit pas riche; pourquoy son père et sa mère, de couraige animé et propos délibéré, le mauldirent plusieurs fois et luy donnèrent leur malédiction. Et ce estoit tout commun qu'il estoit ainsy; et à ceste cause, comme on disoit, avoit eu plusieurs adventures diverses et estranges à raconter, s'il estoit vray. Toutesfois, assez tost après le marriage faict, son père et sa mère luy pardonnèrent tout; et eut d'icelle damoiselle plusieurs enfants, desquels il avoit marié l'une quinze jours paravant. Il estoit vefve environ ung an ce faict advenu. Il avoit toujours esté luxurieulx et encoires estoit; et, disoit-on, que la cause de sa frénésie feut pour ce qu'il aimoit une fille audict villaige, et sa mère luy avoit dict que c'estoit mal faict. Se ce feut pour ceste cause ou aultre, je ne sçay, ou pour ce qu'il ne pooit bien faire, par la malédiction de son père; mais toutesfois, combien que on ne avoit oncques ouy parler de sy cruel faict, sy ne feut-il point prins par justice, ne ses biens confisqués, mais seulement feut mené à Sainct-Akare et à Sainct-Nazare, comme hors de son sens, où il feut certains jours. Après lesquels on ne veit oncques en luy faulte de sens, et sembloit aussy raisonnable que ung aultre, et s'en alla à Rome et rapporta son pardon; et aultre justice ne feut faicte; quy pooit sembler à plusieurs gents merveille; mais aulcuns gents disoient, par espécial les clercs, que on n'y pooit asseoir sentence sur luy, non plus qu'à ung homme furieux.

Environ ce temps, Anthoine, bastard de Bourgoingne, monta en mer au port de l'Escluse, et s'en alla en Angleterre; et y alla bien accompagnié, furny d'engins et de gents de guerre, pour ce que aulcuns escumeurs de mer, quy se disoient Espaignols (mais ils ne disoient pas vray, ains disoit-on qu'ils estoient des marches de France), s'estoient mis sur la mer pour le cuider prendre et ruer jus. Desquels escumeurs, par les gents dudict bastard, feurent prinses deulx nefs où il y avoit plusieurs biens et gents de guerre, lesquelles feurent butinées. Que on feit de ceulx de dedans je ne sçay; mais ledict bastard sans dangier alla en Angleterre et feit ses armes, desquelles je me tais, pour ce que ne feut par grand faict d'armes, comme on disoit; car ce n'estoient que armes à plaisance et à la vollonté du roy.

Environ ce temps, oultre Arras, en une église de Sainct-Michel, assez près de la ville, en la rivière on trouva ung homme noyé, une pierre à son col, mal vestu, à grands et gros solliers, une bourse en son sein, où il y avoit environ seize pièces d'argent, duquel on ne peult sçavoir le nom ne quy il estoit. Aulcuns disoient qu'il s'estoit désespéré; aultres présuposoient qu'on l'avoit meurdry, et que ceulx quy le avoient meurdry luy avoient par adventure baillié maulvais accoustrements, affin qu'il semblast estre ung povre homme quy se feust désespéré, mais on ne peut rien sçavoir.

Audict an soixante-sept, le onziesme jour de juing, par le commandement du comte de Charrollois, Maillotin du Bacq, prévost des mareschaulx, entre cinq et six heures du matin, en la ville d'Arras, entra en la Cour-le-Comte, et illecq ung prisonnier nommé Guillaulme Were, natif de la cité d'Arras, emmena hors de la ville, au bois de Mofflaines, auquel lieu à ung arbre le feit pendre et estrangler; et la cause feust pour ce que icelluy Guillaulme Were, de l'age de trente ans ou environ, luy estant marié et ayant trois ou quatre enfants, une femme de la ville d'Arras, laquelle alloit aux champs veoir des bleds croissants qu'elle avoit prins à soyer[1] à l'aoust prochain, print par force, et la traina audict bled, et la viola contre sa vollonté. Icelluy Guillaulme estoit accompagnié d'ung compaignon nommé Jehan, de la ville d'Arras; lequel, après que ledict Guillaulme euist faict sa vollonté d'elle, en feit autant que ledict Guillaulme; et contre son gré et vollonté la viola, et print sa compaignie; et après qu'ils eurent ce faict, tollit à ladicte femme l'argent de sa bourse. Icelluy Guillaulme estoit renommé d'estre de malle vie, et par espécial avoit esté plusieurs fois reprins de larcin et d'aultres choses, et pareillement estoit son compaignon; ils feurent touts deulx prins prisonniers et requis de leur couronne comme clercqs, et feut ledict Jehan rendu à son ordinaire; mais ceulx de la ville d'Arras ne vollurent rendre ledict Guillaulme, mais différèrent tant qu'ils eurent envoyé devers le comte de Charrollois son information : laquelle veue, le comte de Charrollois prestement envoya son prévost des mareschaulx à Arras, auquel il commanda qu'il feist aultre information d'icelluy Guillaulme, et s'il trouvoit que l'information qu'on luy avoit envoyée feust vraie, que prestement le feist pendre, comme le feit. Et trouva ladicte information vraie, et encoires plus, par quoy il accomplist la vollonté du comte en faisant justice comme dict est, et s'il euist peu avoir l'aultre son compaignon, duquel il feit bonne diligence, mais il ne le peult ravoir, il en eust faict pareillement que dudict Guillaume.

Le deuxiesme jour de juillet ensuivant audict an, en la ville d'Arras, ung compaignon nommé Hotin, lequel avoit esté prins à Cantimpré, près Cambray, quy est du bailliage d'Arras, et amené en ladicte ville, de l'age de vingt-huict ans ou environ, pour plusieurs larcins, lesquels touts ensemble ne montoient pas plus de dix francs, par les hommes de la Cour-le-Comte, feut condamné à estre pendu et estranglé, comme il le feut, et feut pendu au birelin. Icelluy Hotin, comme on disoit, estoit polvre de sens et comme innocent; et luy faillit le cœur sur l'eschelle; et estoit de sy petit courage qu'il le faillust lyer par le corps et le tirer amont[1] de l'eschelle.

L'an mil quatre cents soixante-cinq, les vins feurent sy verds partout que pour ceste année on n'en povoit boire; et en but-on bien peu, car ils avoient esté l'année devant bons et à grande abbondance.

Bleds feurent ceste année en la comté d'Ar-

(1) Couper.

(1) En haut.

J. Du Clercq et St.-Remy.

tois, Santers, Picardie et ailleurs, presque touts enniélés, mais il en feut assez ; et ne feurent point pour ce les viels trop chiers, parce qu'il en estoit tant de viels ; et ne vallut la charge d'ung cheval que seize ou dix-huict sols, monnoye d'Artois.

L'an soixante-six ensuivant, bleds feurent encoires enniélés, mais pour ce ne feurent plus chiers que ladicte année paravant ; et sy feurent vins très bons, et sy en feut plenté[1], pourquoy feurent à bon marchié.

L'an soixante-sept ensuivant, il feut planté de bleds, bons et de bonne garde.

En ce temps, les dames et damoiselles ne portoient plus nulles queux à leurs robes, mais elles portoient bordures de gris et letisses de velours et aultres choses, de la largeur d'ung velours de hault ; et sy portoient sur leurs chiefs bourlets à manière de bonnets ronds et en allant amenusant par-dessus, de la hauteur de demy-aulne ou trois quartiers de loing, aulcunes moins, aultres plus, et desliés couvrechiefs par-dessus, pendants par-derrière jusques en terre, et çaintures de soie de la largeur de quatre ou cinq poulx ; les tissus et les ferrures larges et dorés, pesants cinq, six, huict onces d'argent, et larges colliers d'or en leurs cols de plusieurs façons.

En ce temps aussy les hommes se vestoient sy court que leurs chausses alloient près jusques à la façon de leurs fesses, et par devant tout ce où leur humanité estoit ; et faisoient fendre les manches de leurs robes et de leurs pourpoincts, que on véoit leurs bras, parmy une déliée chemise qu'ils portoient, dont la manche de la chemise estoit large ; et sy portoient longs cheveulx quy leur venoient par devant jusques aulx yeulx, et par derrière jusques au fond du hatrel[2] ; et dessus leurs testes bonnets de drap de ung quartier ou quartier et demy de hauteur ; et les nobles et les riches grosses chaisnes d'or au col et pourpoincts de velours ou draps de soie, et longues pouillaines[3] à leurs solliers, de ung quartier ou quartier et demy de long, et à leurs robes gros mahoitres[4] sur leurs espaules, pour les faire apparoître plus furnis et plus croissés, et pareillement à leurs pourpoincts, lesquels on fournissoit fort de bourre ; et s'ils n'estoient ainsy habilliés, sy s'habilloient-ils tout long jusques en terre de

(1) Abondance. (2) Cou. (3) Pointes. (4) Bourrelets.

robbes, et s'habilloient puis long, puis court ; et n'y avoit sy petit compagnon de mestier quy n'eust une longue robbe de drap jusques aux tallons.

CHAPITRE LXIV ET DERNIER.

De la mort et trespas de Philippes, duc de Bourgoingne, et de son enterrement. Fin et dernier chapitre de ce présent livre.

Le douziesme jour de juing, en l'an de l'incarnation de nostre Seigneur Jésus-Christ mil quatre cents soixante-sept, par ung venderdy au soir, en la ville de Bruges, print à Philippes, duc de Bourgoingne, une maladie, laquelle luy print par vomir ; de laquelle le lundy ensuivant, quinziesme jour dudict mois, entre neuf et dix heures du vespres, il mourut et cloist son dernier jour. Le dimanche avant sa mort on alla hastivement dire au comte de Charrollois, lequel estoit à Gand, comment son père estoit griefvement malade, lequel comte, la nouvelle oye, prestement monta à cheval et se partist de Gand et alla à Bruges. Et sembloit, partout où il passoit, qu'il deuist faire fendre des pieds de son cheval les quarreaulx, tant hastivement chevaulchoit ; et n'y en eut que quatre ou cinq chevalliers quy le peurent suivir. Il arriva le lundy environ midy à Bruges et descendit à l'hostel de son père, devers lequel prestement il alla, lequel son père avoit jà perdu la parolle. Le comte se jetta devant son père à genoulx, tenrement plourant, luy requérant sa bénédiction, et que s'aucune chose luy avoit mesfait qu'il luy pardonnast. Au plus près du duc estoit son confesseur, évesque, lequel l'admonesta et pria moult que, s'il avoit encoires entendement, qu'il le monstrast, et que au moins s'il ne pooit parler qu'il feist aucuns signes. A laquelle admonestation, vœulx et prières de son fils, il retourna ses yeulx sur sondict fils et regarda, et lui estreindit[1] la main, laquelle il avoit mis sur la sienne, et aultre signe ne luy peut faire ne feit. Le comte son fils feut toujours emprès luy tant qu'il rendit l'ame et qu'il feut expiré.

Le duc mort et expiré, son corps feut laissé sur son lict toute ceste nuict, ung noir bonnet sur son chief ; et en sa chambre et le lendemain jusques au soir, chascun quy voulloit le venoir

(1) Serra.

veoir, où il y eut moult grand peuple. Le lendemain, jour de mardy, sur le soir, feut son corps ouvert et embausmé, et son cœur, son corps et ses entrailles mis en trois vaisseaulx de plomb, et ceste nuict portés en sa chapelle sur une bierre de six pieds de hault ou environ, couverte de noir velours jusques en terre, et dessus une croix de drap de damas blanc, et aulx quatre costés de la bierre quatre grands cierges ardents ; et là feurent célébrées messes à deulx autels sans cesser jusques à nonne. Et le dimanche ensuivant, environ quatre heures après midy, feut le corps porté enterrer dedans l'église de Sainct-Donat, à Bruges, jusques à tant que on auroit pourveu à ce qu'il falloit pour le porter ès lieulx qu'il avoit ordonné. Auquel corps porter en terre alloient devant seize cents hommes touts vestus de noir, armoyés des armes du duc, portants chascun une torse ardante en leurs mains, dont les quatre cents estoient de l'hostel et aulx despens du duc, quatre cents de par la ville de Bruges, quatre cents de par les mestiers de Bruges, et quatre cents de par le pays du Franc, et touts aux despens de la ville, des mestiers et du pays du Franc, autant de l'ung comme de l'aultre ; et au moilou[1] desdictes torses alloient bien neuf cents hommes, tant nobles comme archiers, l'abbé de Bruges et du Franc avec vingt-ung preslats, desquels estoient l'évesque d'Ybernie[2] quy dit le lendemain la première messe, ung évesque d'Angleterre, l'évesque de Cambray, l'évesque de Tournay quy dit le lendemain la messe et feit un bref sermon, et puis feit la bénédiction sur le corps, et l'évesque d'Amiens quy dit la seconde messe ; les aultres estoient abbés de Flandres et d'ailleurs. Entre les prélats et le corps y avoit quatre rois d'armes embrungnés[3], vestus de cottes d'armes, c'est à sçavoir les rois de Brabant, de Flandres, d'Artois et de Hainault, avecq le mareschal de Brabant, nommé Charrollois. Le corps portoient les seigneurs de Joingny, Crequy, Grandehue, Commines, Bossu, Vevres, Breda, le bastard de Brabant, Philippes, fils du bastard de Bourgoingne, Philippes de Bourbon, et le marquis de Ferrare, et les archiers du duc estoient allenviron d'eulx. Sur le corps avoit ung drap d'or de velours noir, jusques en terre, à une croix de damas blanc ; et dessus le corps, bien hault, portoient sur quatre lances le comte de Nasso, le comte de Boucant[1], Baulduin, bastard de Bourgoingne, et le seigneur de Challon, ung palle de draps d'or ; et devant le corps portoit Meliador, premier escuyer d'escurie, l'espée le poing dessous. Et feirent le deuil deulx de ses nepveulx ; c'est à sçavoir : Jacques de Bourbon, Adolf de Clefves et le comte de Marle, le seigneur de Roussy, Jacques de Sainct-Pol, et moult aultres nobles chevalliers en grand nombre, devant lesquels alloient les quatre ordres mendiants avecq toutes les paroisses de Bruges. Et feurent celluy jour, par toutes les paroisses de Bruges, dictes vigiles pour le duc, et lendemain messe. En cest estat, et comme j'ay desclaré, feut porté le corps en ladicte église de Sainct-Donat, laquelle estoit préparée ; c'est à sçavoir : le chœur estoit tendu de noir damas, et par-dessus de velours y avoit grand nombre d'armoiries contenants le blason du duc en l'ordre de la Toison. Au dextre du grand autel estoit l'oratoire de Charles, son fils, nouvel duc, tendue de satin, et près d'icelle ung sarcus[2] couvert, de cœur et de corps. Le travail estoit faict en forme d'une croisiée, tendue de noir damas, armoyée, où estoient quatre grandes bannières desdictes armes sur la bierre ; et dedans avoit ung drap d'or bordé de damas à une croix de blanc velours, avecq quatre grands cirons[3] ardants, et aultres petits, en nombre de quatorze cents ou plus, touts ardants ; et faillit touer les verrières pour la chaleur. L'autel du chœur et ce de dessous estoit tout tendu de velours noir, et par dedans et par dehors d'ung velours pendant en bas, armoyé des armes du duc, et sy avoit ung pénon tacheté d'armes, et une grande bannière du duc ; et la nef de l'église estoit tendue de drap noir et par desseure de camelot noir. Quand vint à mectre le corps en terre, n'est homme quy sceut dire la grande pitié des pleurs des officiers et aultres illecq présents ; à vérité dire, chascun pooit et debvoit plourer quy estoit subject au duc, car ils perdoient ce jour ung prince le plus renommé quy feust sur la terre des chrestiens, plein de largesse, plein d'honneur, plein de hardiesse et valliance, et

---

(1) Milieu. (2) Irlande. (3) En deuil.

(1) Buchan. (2) Cercueil. (3) Cierges.

brief, remply de moult nobles vertus, lequel avoit touts ses pays gardé en paix, à la poincte de l'espée, envers touts et contre touts, sans en rien espargner son corps, ains le avoit toujours mis devant, pour deffendre ses subjects et garder ses pays. Touts nobles hommes quy venoient à luy à saulfveté, euissent esté ses ennemis ou non, recepvoit-il humblement, et les retenoit de sa cour et leur faisoit ce qu'il pooit de bien. Après, que le corps feut avallé en la fosse, les officiers domestiques, comme il est accoustumé de faire, jettèrent en la fosse chascun ung blanc baston, desquels ceulx quy faisoient à relever feurent relevés. Lesdicts cœur et corps feurent mis en ung plat sarcus, chascun par soy, couvert d'une bierre de marbre, de la haulteur de cinq pieds de large et de sept de haulteur, de longueur de nœuf à dix pieds. Et le lendemain feut faict le service, où feut le comte de Charollois nouvel duc, accompaignié, comme dict est, sans l'office des armes. Auquel faire chanta la messe l'évesque de Tournay, lequel y feit ung très notable sermon, auquel recommanda l'ame du duc ès prières des présents et de tout son peuple; laquelle Dieu par sa grasce veuille mectre en sa gloire, à repos avec les bons et loyaulx chrestiens! Amen.

POUR L'ÉPITAPHE

S'ensuit les vers mis par escript autour du tombeau de Philippes, grand duc de Bourgoingne.

Jehan feut né de Philippes qui du roy Jehan feut fils
Et de Jean, Je-Philippes que mort tient en ses fils.
Mon père me laissa Bourgoingne, Flandre, Artois;
Succéder y debvoy par toutes bonnes loix.
J'ay creu ma seigneurie de Brabant, de Lembourg,
Namur, Henault, Zelande, Hollande, Luxembourg,
Contraires, m'ont esté Allemans et Liégois;
Deboutté les en ay par armes et par droix.
D'un mesme temps Anglois, François me desfièrent,
Et l'empereur aussy ; rien du mien n'y gaignèrent,
Mais par Charles sixiesme j'eus guerre en grand desroy.
Il me requist de paix, dont il demeura roy.
Sept bastailles soustins desquelles j'ay eu victoire,
Oncque n'en perdis nulle ; à Dieu en soit la gloire!
Contre moy se sont mis et Flamans et Liégois,
Mais je les ay remis et vaincus plusieurs fois.
Per Barrois et Lorrains René guerre me meut,
De Cecille estoit roy, mais mon prisonnier feut.
Loys, le fils de Charles, fugitif et marry,
Feut par moy couronné quand cinq ans l'eus nourry.
Edouard, duc d'Iorc de çà vint en ma terre.
Par mon nom et faveur il feut roy d'Angleterre.
Pour deffendre l'Eglise qui est de Dieu maison,
Ay mis sus la noble ordre que l'on dit la Toison;
Et, pour la foy chrestienne maintenir en vigueur
J'envoiay mes gallères jusqu'à la mer majeur.
En mes vieux jours avoy conclud et entrepris
Y aller en personne, se mort ne m'eust surpris.
Le concille par hayne pappe Eugène peina.
Telle faveur luy feis que pappe il demoura.
En l'an soixante et sept avec quatorze cens
Payay droit de nature à soixante et onze ans.
Avecq mon père et ave je suis icy renclus,
Ainsy qu'en mon vivant je m'y estoy conclud.
Le bon Jesus fut guide de touts mes faicts et dicts.
Priez-luy qu'à l'issue il me doint paradis.
Amen.

FIN DU CINQUIESME ET DERNIER LIVRE DE CESTE PRÉSENTE HISTOIRE.

APPENDICE.

PRISE DE CONSTANTINOPLE
PAR LES TURCS.

La prise de Constantinople par les Turcs, qui produisit une si grande sensation dans toute la chrétienté, est racontée avec beaucoup d'inexactitude et d'ignorance par les chroniqueurs de Bourgogne, pays où on prenait le plus vif intérêt à la cause des Grecs. Ducas (c. 34 - 42), Phranza (l. III, c. 7-20), Chalcondyle (l. VIII, p. 201-214), ont raconté cet événement avec de grands détails sur les souffrances et les efforts des Grecs.

Lord Stuart de Rothsay, pendant qu'il était ambassadeur d'Angleterre à Paris, a fait imprimer à une vingtaine d'exemplaires, et avec le plus grand luxe (1 vol. in-4°, 1823), les relations latines de la prise de Constantinople par Léonard de Chios (composé dans l'île de Chios, le 16 août 1453, soixante-dix-neuf jours après l'événement) et de Godefroy Lange, et y a joint la lettre du cardinal Isidore au pape Nicolas V, et les complaintes de Ducas sur la destruction de l'empire d'Orient. Spondanus a fait (A. D. 1459, n°s 1-27) une revue succincte des divers matériaux relatifs à cette conquête, et des faits qu'ils présentent ; et Gibbon l'a racontée en détail dans son dernier volume.

La bibliothèque du roi possède deux manuscrits en vers grecs sur ce sujet ; mais ce ne sont que des complaintes dans le genre de celles de Ducas, qui ne présentent aucuns faits nouveaux.

Les manuscrits français, supplément 521 et ancien fonds 9675[3], contiennent une relation française qui paraît avoir servi de base à tout ce qu'a écrit, non pas Monstrelet, comme le dit Gibbon, Monstrelet étant mort à cette époque, mais Jacques du Clercq, que le libraire-éditeur de Monstrelet avait copié ; J. du Clercq n'a fait que transcrire textuellement la relation que je vais donner ici ; il en a seulement supprimé quelques passages. J'y ajouterai, pour compléter ce morceau, une relation publiée par M. Garcin de Tassy, dans le Journal asiatique, d'après les Annales de l'empire ottoman de Saad-Eddin-Effendi.

Information envoyée par Francisco de Trasne à très révérend père en Dieu monseigneur le cardinal d'Avignon, et par Jehan Blanchien et Jacques Tétardé, marchans florentins, de l'entreprinse de Constantinople faite par l'empereur turc, le dix-neuviesme jour de mars l'an mille quatre cent cinquante-trois, à laquelle ledit Jacques estoit personnellement.

Le quatriesme jour d'avril, audit an, le Turc courut auprès de Constantinople, et le cinquiesme jour dudit mois posa son siége sur la cité.

Audit siége avoit en tout deux cent mille hommes, desquels il pouvoit avoir environ soixante mille hommes de fait, dont trente et quarante mille chevaux. Et estoient armés les aucuns d'eux de hauberjons et jaques ; et aucuns en y avoit armés à la guise de France, autres à la guise de Bugarie, autres en autres façons ; aucuns avoient chapeaux de fer. Et avoient aucuns arcs et cranequins ; les autres, gens de fait, pour la pluspart sans armes, excepté qu'ils avoient targettes et saumetaires, qui est espée turque. Le surplus, outre les soixante mille, estoient robeurs, gasteurs, merchans, artisans et autres suivans le siége pour gaingner.

Audit siége avoit plusieurs bombardes et très grand nombre de couleuvrines et autres instruments pour offendre et abattre les murs. Et entre les autres y avoit une grosse bombarde de métal, pesant mil neuf cents livres, toute d'une pièce, tirant pierres de onze espans et de quatre dois de tour, et pesant mil quatre cents cinquante-une livres ; laquelle bombarde tiroit chascun jour de cent à six vingts cops ; et dura le siége cinquante-cinq jours ; pourquoi sont en compte qu'ils employèrent chascun jour mil livres de poudre à bombardes. Ainsi à cinquante-cinq jours en despendirent cinquante-cinq mil livres; et si y avoit dix mil coulevrines.

L'armée des Turcs estoit, tant en mer, au port, que dehors, de seize à dix-huit galées, soixante ou soixante-dix galiotes de dix-huit à vingt livres, de seize à vingt barges, petites comme pour monter chevaux, qu'ils appellent palendrines, et assez d'autres fortes.

Le siége posé par terre, Sangan-bassa, conseiller du Turc, et celui qui estoit le plus craint et qui a plus d'autorité entour lui, fist porter de la mer par sur terre, l'espace de deux ou trois milles, de soixante-dix à quatre-vingt tant galées comme autres fustes armées, jusques dedans le gouffre Mandraguin, qui est auprès, entre les deux cités, auxquels est le port de Constantinople, auquel port la navire du Turc ne povoit aucunement entrer par mer, pour l'armée des chrétiens et pour un pont de barques que les chrétiens avoient fait sur l'entrée du port, pour aller de Constantinople à Péra, pour s'entre-secourir. De ceste armée du Turc fut capitaine Alintengoli[1], lequel rompit quatre nefs génevoises, et lors le Turc le fit capitaine. Et ainsi fut fermé le siége par mer et par terre.

Constantinople est très forte, en figure triangulaire, et a seize milles de tour devers la terre, cinq milles devers la mer, cinq devers le port, et le gouffre[2] cinq. Les murs devers la terre sont très gros et hauts, et dessus y a barbacanes et machicolis, et en dehors faux murs et fossés; et sont hauts les murs principaux de vingt à vingt-deux brassées, et larges en eaux en aucuns lieux six brassées, et en aucuns lieux huit brassées. Les faux murs au dehors ont le terrein haut de douze brassées; le mur dessus, haut de quatorze brassées, et gros de trois brassées. Les fossés sont larges de vingt-six brassées, et parfonds de dix brassées.

En icelle cité avoit en tout de trente à trente-six mille hommes armés, et de six à six vingt mille combattants et non plus.

Au port, pour défendre la chaisne, y avoit de chrétiens, trente nefs et neuf gallées; c'est à savoir, deux subtilles, trois marchandes vénitiennes, trois de l'empereur, et une de maistre Jehan Justinien, Génevois[1], et aux gages de l'empereur.

Constantinople doncques ainsi assiégée par mer et par terre, et ainsi fort battue dehors et dedans de bombardes et de trait, se deffendit cinquante-quatre jours.

En ce temps, advint aucunes particularités, semblant aux chrétiens estre de léger bruslées les navires des Turcs; le capitaine de la galée Traxérin demoura sur une galée subtile avec certains autres à ce ordonnés; mais leur galée fut effondrée d'une bombarde des Turcs. Les gens furent noyés, excepté aucuns qui furent pris par les Turcs; lesquels furent par le fondement affichés à pieux aigus devant ceux qui fesoient la garde sur la mer.

Du costé de la terre estoit Sagan-bassa, Albanois renié, qui, en son siége, avoit plusieurs hommes accoutumés de miner l'or et l'argent; et mina en douze lieux sur le mur de la ville pour le tailler; et commença ses mines bien loin du mur. Les chrestiens contreminèrent en escoutant, et les reboutèrent plusieurs et diverses fois, et estouffèrent les Turcs en leurs mines par fumées, par pueurs, et les noyèrent par force d'eau, et aucunes fois main à main.

Ledit Sagan-bassa fit un chastel de bois, si haut et si fort et si grand qu'il seignorioit le mur.

Item, fit ung pont sur boistes, long de mille brassées, large de sept brassées, pour passer la mer à travers le port jusqu'au pied du mur.

Item, fit plusieurs instruments très haulx et grandes eschelles et légières. Et ainsi chacun jour fesoient grand escarmouches où il mouroit des gens de çà et de là: mais pour ung qui moroit de ceux de dedans, il en moroit cent de ceux de dehors.

Au siége du Turc, y avoit plusieurs chrétiens de Grèce et autres nations, qui combien qu'ils soient subjets aux Turcs, toutesfois ne sont-ils pas contraints par lui de régnier la foi chrétienne, ains adorent à leur volonté.

Et oultre, y avoit aucuns capitaines et aucuns puissants Turcs, qui, par despit de Sagan-bassa, qui trop les oppressoit, advisèrent ceux de dedans, par lettres qu'ils tiroient dedans la ville et par toute autre manière possible, de tout ce qui se fesoit au siége. Et entre autres

---

(1) Le manuscrit 521, suppl., l'appelle Arbitangoli, et le manuscrit 9675³ Alintingoli. (2) Golphe.

(1) Giustiniani, génois.

choses furent les navires advisés comment les Turcs, avec les barons, princes, seigneurs et conseilliers avoient tenu conseil quatre jours continuels; entre lesquels estoit un capitaine nommé Calli-bassa, qui y conseilloit à lever le siége en alléguant au Turc : « Tu as fait ton « devoir, tu leur as donné quatre grandes ba- « tailles, et tant y a de jours, où il est mort « grande quantité de gens. Tu vois la cité def- « fensable et imprenable en telle manière que, « tant plus de tes gens vont à l'assaut, plus y « demeure. Ceux qui ont esté sur le mur ont esté « reboutés et tués, et tes antécesseurs jamais « n'y vinrent ne n'y voldrent venir; et t'est « grant gloire et honneur d'avoir tant fait; et « te doit suffire, sans vouloir détruire toutes tes « gens. » Et tant fut dit que le Turc délibéroit de soi lever et de s'en retirer, et de ficher au- cunes coulonnes pour notifier à jamais qu'il avoit fait ce que nuls de ses antécesseurs n'a- voient entrepris, et que plus nul Turc ne se osast approcher de Constantinople. Sangan- bassa estoit d'opinion contraire et disoit au Turc : « Tu as fait le plus fort; tu as rué jus « une grande partie du mur de la cité; nous en « ruerons de l'autre. Donnons encore un aspre « assaut, et se nous faillons, nous prendrons « puis le parti qu'il te semblera bon. » Tant lui sceut dire, que le Turc lui consentit. Et de tout ce furent bien advisés et advertis ceux de dedans, et admonestés qu'ils se feissent vaillants deux ou trois jours, et estoient surs qu'après ledit assaut s'en iroit le Turc sans nul retour.

Le Turc doncques délibéra d'encoires as- saillir. Trois jours devant l'assaut, commanda solennel jeusne, en l'honneur du grand Dieu du ciel, lequel seul il adore. Jeusnèrent lui et les siens trois jours continuels, par ainsi que tout le jour ne mangeoient riens que de nuict; firent infini luminaire de chandelles et de bois qui brusloit de soi-mesmes en mer, et ensuite ardist avec grands sons de tabours et autres instruments; car de trompettes n'ont-ils que bien peu.

Estants les choses en ces termes, et le Turc délibéré d'assaillir et en intention de vaincre, et ceux de dedans bien délibérés de deffendre, le Turc commença son assaut bien lentement, le vingt-huitiesme jour de mai au soir. Et avoit le Turc ordonné ses gens en la manière qui s'ensuit ;

Premiers :

Bilhardy, capitaine général du Turc, avoit vingt mille hommes à la porte de Pighy, où estoit la grant bastille.

Calli-basa, conseiller du Turc, ami des chrestiens, et Sagan-bassa aussi conseiller du Turc, avec aussi la tierce partie de ses gens du siége, vindrent à la porte de Sainct-Romain, loing de Pighy environ ung mille.

Elbiliabet, capitaine-général de Grèce fust mis au costel de Saligaria, à l'endroit du palais l'empereur, où estoient la moindre part des na- vires, loing de Sainct-Romain deux milles.

Sagan-bassa, Albanois régnoyé, estoit outre l'eaue, devers Péra, avec plusieurs chrestiens régniés; car, de ce pays, s'en régnient moult tous les jours.

L'assaut commenchié, ceux de dedans se deffendirent vaillamment à la porte de Sainct- Romain, qui estoit le lieu le plus légier à en- vahir à la muraille qui estoit la plus foible, et jà en avoient abbatu partie par les jours passés. Là estoient les bombardes, qui bouttèrent jus une barbacane, et une partie du mur du mi- lieu, où il y avoit bien deux cents brassées. Là aussi estoient les coulevrines et du traict tant qu'on ne véoit point le ciel. Toutes voies, ceux de dedans rebouchoient les trous du mur de boiste, de bois et de terre, et se deffendoient le mieux qu'ils povoient.

En ce lieu deffendoit messire Jehan Justinian, ung Génevois qui estoit aux gages de l'empe- reur; si se portoit vaillamment; et ainsi toute la cité avoit grant espoir en lui et en sa vail- lance.

En ce lieu, pour faire son dernier effort, s'ap- procha le Turc à deux bannières, avec dix mille hommes, esleus pour la garde de sa per- sonne, et aussi autres, avec le chastel de bois, ponts, eschielles et autres instruments; et com- menchèrent à emplir les fossés, et à dresser ponts, eschielles et autres instruments, et mon- ter sur le mur.

Là fust messire Jehan Justinian blessé d'une coulevrine, et s'en partist pour se faire médi- ciner; et bailla sa garde à deux gentilhommes Génevois.

Les Turcs montèrent sur le mur; les gens de la garde de dedans, voyants les Turcs jà entrés sur le mur, et messire Jehan Justinian s'en aller, cuidants qu'il s'enfouist, habandonnèrent leurs gardes et s'en fouirent. Et ainsi entrèrent les Turcs dedans Constantinople, à l'aube du jour, le vingt-neuviesme jour de mai, et mectants à l'espée tout quant que ils trouvoient qui leur estoit résistant.

Péra n'avoit encore eu nul assaut ; et estoient la plus grande partie des chrestiens à deffendre. Ceux qui estoient à Péra, qui n'avoient rien perdu de leurs biens, délibéroient d'envoyer les clefs au Turc, et se recommander à lui et lui offrir la cité, en laquelle avoit environ six mille hommes, et de ainsi attendre la miséricorde de Dieu. Toutes voies, une grande partie des hommes et des femmes montèrent sur une nef de Génevois pour s'en aller ensemble ; laquelle nef fust ractaincte des Turcs et prinse.

L'empereur de Constantinople mourut, et aucuns dient qu'il olt la teste tranchée. Autres dient qu'il mourut à la porte, en la presse, en soi cuidant issir. L'un et l'autre peut bien estre vrai : c'est qu'il fust mort en la presse, et que puis les Turcs lui eussent coppé la teste.

Les grosses gallées de Roménie, du voyage de Traxerit, demourèrent là jusques à midi, attendants pour sauver aucuns chrestiens, dont il en est venu bien quatre cents ; entre lesquels estoit lui estant sur le mur en sa garde, bien loing par où entrèrent les Turcs, sentist leur entrée bien deux heures après ; il gagna la mer, et se despouilla, et noa[1] jusques aux gallées qui le receurent.

Le Turc et ses gens effondrèrent une nef génevoise de huict cents boistes, quatre-vingt et dix mille ducats, et prirent de treize à seize nefves, trois d'environ six cents boistes chacune, et les autres sont de deux à trois cents boistes. Le Turc a de navires en tous deux cents soixante, tant de nefs comme de gallées, que galiotes, dont la pluspart est à faire pour des Turcs.

Se l'armée de Venise que menoit messire Jehan Lauredan fust arrivée à Constantinople ung jour avant qu'elle fust prinse, certes ils n'avoient nul doute ; laquelle armée estoit de neuf gallées vénitiennes, et vingt nefves en tout ; mais ne vint pas à temps : seulement arriva à Nigrepont ladite navire, un jour après que lesdites gallées fuyantes y estoient arrivées.

On trouve, par ceux qui ont conversé avec le Turc, et qui ont cogneu ses faits, ses conditions et sa puissance : qu'il estoit de l'age de vingt-trois à vingt-quatre ans, cruel plus que Neyron, soi délictant en répandant sang humain, courageux et ardent seigneur ; convoite triompher sur tout le monde, voire plus qu'Alexandre ne César, ne autres vaillants hommes qui ont esté ; et allègue qu'il a plus grande seignourie et puissance que nul d'eux n'avoit. Et tousjours fait lire l'histoire, demande où et comment ; et tient que légier lui seroit à faire pont de Zara durant jusques à Venise, pour povoir passer là ses gens d'armes. Pareillement demande de Rome où elle est assise, et aussi du duc de Milan et de ses vaillances ; et d'autre chose ne parle fors que de guerre.

Dit qu'il veut faire son siége à Constantinople ; car là il veut et peut faire merveilleux navire. Ainsi estime-t-il qu'il ne sera ne en mer ne en terre, ne ainsi ne sera pays du monde qui ne lui porte les clefs sans l'attendre, considérant qu'il a prinse Constantinople, la plus forte ville de l'Europe, et se forte que jamais on ne cuidoit, pour grande armée qu'elle fust, qu'on le deust soumettre, et considérant que lui et les siens sont hardis et ingénieux en armes, plus que autres ne se peuvent estimer de leur vie.

L'on estime que le butin de Constantinople vaut au Turc quatre millions de ducats. La perte de Venise s'estime à cinquante mille ducats ; car en ceste gallée s'est sauvé environ vingt mille ducats ; de Génevois, il a perte infinie ; de Florentins, vingt mille ducats.

On estime que pour cest esté le Turc ne fera nul autre grand fait d'armes ; mais entendra à ses faits pour entretenir Constantinople, sinon que aucun lieu de voulenté et sans guerre se voulsist rendre. Ses gens voudront chacun retourner en sa maison pour recueillir leurs biens et eux reposer. Mais on peut tenir pour certain qu'il s'apprestera merveilleusement par mer et par terre pour se mettre sus en temps nouvel. Mais se les chrestiens y pourvoient promptement, on tient seurement qu'on le chassera du pays ; et acquestera-t-il tout le pays à tout jamais. Et les manières d'y pourvoir sont telles :

Premièrement, il faudroit faire paix entre les chrestiens.

Item, faudroit que les Vénitiens, le duc de Milan, les Florentins, et autres seigneurs d'Italie, feissent une arméee de vingt mille che-

---

[1] Nagea.

vaux, bien en point et bons capitaines; laquelle fust conduite devers Prime, par Albanie, jusques aux frontières des chrestiens; et là se posast en lieu habondant de vivres, là où ils se ront ou seroient seurs, et l'augmenter d'Albanois, Sallonicquois, et autres nations chrestiennes, qui voulentiers venroient pour deffendre la foi chrestienne.

Par mer, outre l'armée jà faite, à icelle faudroit adjoindre une autre du roy d'Arragon, de Vénitiens, de Florentins, de Génevois, de corsaires, et autres gens qui sont à la marine, qui souffiroit à vaincre celle du Turc, s'elle n'est plus grosse que celle de pied; laquelle armée s'en allast au port de Nigrepont, pour prendre Sarrapoli, et autres lieux, pour obvier au passage de l'estroit, que le Turc veut faire de Turquie, en Grèce et en tout.

Item, faudroit que l'empereur, les Hongrès, les Bohesmes, les Poullains[1], et autres nations d'iceluy pays, avec Jehan Waivoda, en ceste partie très redoubté, eux fissent une autre armée qui seroit en Grèce et Andronopoli et autres lieux occupés du Turc; et faudroit tenir manière que toutes ces armées feussent toutes en un temps èsdits lieux, et eussent toutes intelligence l'une et l'autre. Si s'ensuivroit cest effet.

Le Turc, qui à ceste fois a fait tout son effort, n'a que deux cents mille hommes, tant bons que meschants, entre lesquels il y a grande quantité de chrestiens et autres de ses subjects qui le suivent mal voulentiers; lesquels sentants l'armée des chrestiens, abandonneroient le Turc et se joindroient aux chrestiens.

Item, le Turc, par nature et d'usage, n'attend point la guerre ne en cité ne en chasteau; mais se tient continuellement aux champs, lui, et toute sa force; par quoi débilitera lui et les siens.

En outre, les chrestiens de Russie et des autres pays vendroient tous à l'armée des chrestiens.

En outre, le Haramen, qui est grand seigneur en Turquie, ennemi capital du Turc, s'il est advisé que chrestiens guerroient le Turc, oppressera grandement le Turc en Turquie, et lui fera guerre.

En Grèce n'y aura paysan ne laboureur qui n'apporte vivres aux chrestiens. Les vivres faudront aux Turcs en Grèce; le pays de Turquie leur sera rompu par la mer : les chrestiens de Grèce voudront recouvrer à l'espée leurs terres ès lieux du Turc. Ainsi, mais que les armées s'approchent po à po l'une de l'autre, il n'est nulle doubte que brief le Turc et son exercite ne soit affamé et desfait. Mais si on n'y pourvoie diligemment, et que on donne temps et loisir au Turc de soi mettre à poinct, par terre et par mer, il n'est nulle doubte qu'il ne fasse grande esclandre en chrestienneté, dont Dieu nous garde par sa bonté!

RELATION

DE LA

PRISE DE CONSTANTINOPLE

PAR MAHOMET II,

Extraite des annales de l'empire ottoman de Saad-Eddin-Effendi, et traduite du turc par M. Garcin de Tassy.

La saison des neiges, des glaces et des frimas était passée, le doux printemps l'avait suivie, et avait déjà embelli les champs; la rose, semblable à l'agaçante beauté, laissait entrevoir ses charmes; l'amoureux rossignol commençait à faire entendre ses gémissements; la terre, couverte d'un tapis vert, semblait attendre les légions de l'équitable Mahomet; bientôt les tentes musulmanes s'élevèrent au milieu des prés fleuris; les collines et les vallées furent honorées de la présence des troupes de la foi.

Cependant le sultan tint conseil et prit de sages mesures pour trouver la voie de la réussite dans sa nouvelle expédition. Les préparatifs nécessaires terminés, il se mit en marche, en implorant le secours de Dieu. Des canons, dont chacun aurait pu renverser une forteresse et abattre des remparts, furent transportés sur leurs affûts, et suivirent l'armée victorieuse.

Le monarque du monde passa en revue ses nombreuses légions, où l'on distinguait les officiers de l'empire, ornements des rangs; les visirs, aussi prudents qu'Assaf[1], et dont la

---

(1) Polonois.

(1) Selon les Orientaux, Assaf était le premier ministre de Salomon. Il est célèbre chez eux par sa sagesse. C'est proba-

taille élevée avait la majesté du cyprès. Il fut charmé de leur bonne tenue, et de l'éclat des pommes dorées de ses bannières et de ses étendards, et en rendit grace au créateur. Il s'adressa ensuite à ces lions terribles, qui se repaissaient de sang, à ces tigres farouches, qui ne respiraient que la vengeance, et leur dit « Que l'ordre exprimé dans ces mots du Coran, *combattez pour la voie de Dieu*[1], était un commandement général auquel ils devaient obéir. » Il leur développa toute l'importance des promesses divines qu'on lit dans les versets de ce saint livre, qui roulent sur la guerre contre les infidèles; il leur fit comprendre ensuite que la réunion de la ville de Constantinople aux possessions des unitaires pourrait seule amener la paix et fortifier la religion. Il ajouta que le prophète avoit promis, ainsi que le rapportent des traditions certaines, que son peuple s'emparerait de cette ville spacieuse, de cette place bien fortifiée, et qu'elle deviendrait le séjour des musulmans et la résidence des unitaires[2]; et après avoir inspiré à ses guerriers *le goût du miel du martyre*, il dirigea les rênes du coursier de son bonheur vers Constantinople.

Conformément aux anciens usages, les ulémas, les scheiks et les descendants du prophète suivirent quelque temps le khosroès victorieux, priant pour le succès de ses armes. Une foule d'esprits purs accompagnaient ces troupes belliqueuses; des légions du monde intellectuel leur servaient d'avant-garde; et les contemplatifs Ac-schems-eddin et Ac-bic-dadé marchaient auprès des cohortes de la victoire, pour demander le secours de l'Etre bienfaisant.

Un matin, pendant que l'armée lumineuse du soleil s'avançait pour s'emparer du château des ténèbres, l'avant-garde victorieuse du grand schah arriva sous les murs de Constantinople. Bientôt l'armée impériale, semblable à une mer sans limites et à un torrent impétueux, se précipita sur ses traces et vint assiéger la ville du côté de la terre.

A la nouvelle du dessein formel de Mahomet, le malheureux empereur grec avait fait tous les préparatifs nécessaires pour soutenir le siége, et avait apporté tous ses soins à faire réparer et fortifier les remparts; mais comprenant que vouloir s'opposer à ce prince, aussi heureux que Féridoun, à ce héros qui avait apprivoisé le faucon de la fortune au vol élevé, c'était imiter le faible passereau qui essaierait de résister à un puissant oiseau de proie; sachant de plus que le désir qu'il avait d'être indépendant était la cause de ses débats avec l'empereur musulman, il envoya à la cour de bonheur et de gloire un ambassadeur, pour déclarer qu'il se soumettait, offrant à Mahomet les places qui étaient dans les environs de Constantinople avec leurs dépendances, pourvu que le monarque daignât lui laisser la capitale de l'empire grec; demandant de partager le sort des autres princes infidèles qui étaient tributaires, et s'engageant d'envoyer chaque année le tribut qui lui serait imposé.

Le sultan équitable dédaigna les paroles de l'envoyé, et lui faisant connaître ces mots : *l'islamisme ou le combat*, il le chargea d'inviter son maître à livrer la ville.

L'empereur grec, désespéré, réunit alors toutes ses forces, espérant renverser à coups de mousquets et de bombardes les rangs des guerriers de la foi, et de les brûler avec des grenades pleines de naphte.

Les assiégeants et les assiégés poursuivaient leurs travaux; ils étaient sous les armes depuis l'aurore jusqu'à ce que le soleil, oiseau aux ailes dorées, cessât de se montrer la terrasse de l'horizon. Les musulmans placèrent convenablement les canons dont nous avons parlé, et construisirent leurs retranchements. Ce furent les azebs et les janissaires à qui le sultan confia cet emploi. Bientôt les portes et les remparts de Constantinople, semblables au cœur d'un amant malheureux, furent percés en mille endroits. La flamme qui sortait de l'embouchure de ces instruments de combat, au corps d'airain, à la bouche de feu, jetaient la douleur et le trouble parmi les mécréants. La fumée qui se répandait dans les airs, et qui montait jusqu'aux astres, rendait le jour lumineux semblable à la nuit sombre; et bientôt la face du monde devint aussi obscure que la fortune noire des malheureux infidèles. En s'échappant de l'arc, les flèches, comme des

---

blement le même dont nous avons des cantiques qui se trouvent dans le psautier.

(1) Surate V, v. 39, édition de Hinckelmann.

(2) Solak-Zadeh donne le texte de la tradition : « Certes, « Constantinople sera prise par une armée excellente, sous les « ordres d'un général excellent. »

APPENDICE.

ambassadeurs, faisaient entendre aux oreilles des ennemis privés d'anges gardiens la nouvelle exprimée par cette sentence du Coran : « Partout où vous serez, la mort vous y atteindra¹. » Les balistes lançant sans cesse des pierres aux téméraires qui défendaient les tours et les remparts, ceux-ci éprouvaient à l'instant même l'effet des menaces du livre saint : « Tu les frapperas avec des pierres qui contiennent la sentence de ceux qu'elles atteignent², » et allaient au fond de l'enfer ratifier l'arrêt du juge du tribunal de la prédestination. Toutefois les boulets de pierre des bombardes et des mousquets que lançaient les infidèles renversèrent le boulevart de l'existence d'un certain nombre de musulmans, et l'hippodrome du combat fut rempli de martyrs.

Cependant deux grands vaisseaux, dont les mâts élevés montaient jusqu'aux cieux, vinrent de la part des Francs, pleins d'artifice et dignes du feu de l'enfer, porter secours aux Grecs. Les mécréants qui montaient ces navires se précipitèrent dans la place, et ils se mirent de suite à boucher les crevasses et les trouées dont les fortifications étaient couvertes, et à repousser les guerriers de la foi. Fiers de ce succès passager, les assiégés, semblables à la tortue qui sort de ses écailles, montraient la tête au dehors des remparts, et vociféraient des injures aux musulmans. Ceux d'entre les principaux de l'empire, qui étaient d'accord avec Khalil-pacha, saisirent cette occasion de persuader au victorieux monarque l'impossibilité de prendre Constantinople et la nécessité de faire la paix et de s'en retourner. Mais ce héros, qui avait naturellement de l'aversion pour les conseils timides et mal digérés, dédaigna les discours perfides de ces gens qui enseignaient le mal.

Cependant, le pied ferme dans le lieu du combat, les musulmans, d'après le conseil des ulémas et des scheiks aux vues droites, continuèrent à précipiter dans le fossé de la mort un grand nombre des ingrats à la Divinité, qui défendaient la place. Le docteur Ahmed Kourani, le scheik Ac-Schems-eddin et le visir Zagtous-pacha, qui partageaient les sentiments du sultan, s'opposèrent à la paix et aux mesures de conciliation, en disant que retirer la main du pan de la robe de la victoire maîtresse des guerriers ne serait point répondre à la résolution généreuse que l'on avait formée ; et faisant connaître aux troupes la promesse du prophète, renfermée dans ces mots : « La Grèce sera votre conquête, » ils leur démontrèrent combien il était nécessaire qu'ils fissent tous leurs efforts pour vérifier cette autre sentence de Mahomet : « Le plus grand combat est celui qui aura lieu à la prise de Constantinople. » Aussi les musulmans, préparés à abandonner leur vie dans la voie de la religion, éclairaient jour et nuit le champ de bataille des flammes de leurs épées. Cependant, la beauté enchanteresse de la victoire ne laissant point voir son visage radieux, le prudent monarque rassembla les chefs éclairés de l'armée, et leur tint ce discours : « Ce côté de la place est garanti par un fossé profond, et préservé par tous les moyens possibles de défense. Nous ne pourrions, sans beaucoup de peines, traverser le fossé, et le courrier des pensées ne saurait trouver un passage au travers de ces solides remparts. Les murs entourent la ville de trois côtés. Si nous ne la battons que par un seul point, nous aurons bien de la peine à en triompher ; d'ailleurs cette victoire causerait la perte d'une grande partie de nos gens ; il faut donc aussi trouver le moyen d'attaquer la place par mer. »

Mais une chaîne était tendue sur le canal qui sépare Constantinople du faubourg de Galata, ce qui rendait impossible le passage des vaisseaux par cet endroit. Pour trouver un expédient, les grands de l'empire firent en vain parcourir le désert de la réflexion au coursier de leurs pensées. Enfin le schah conquérant du monde conçut le dessein de faire traîner les vaisseaux musulmans du fort qu'il avait fait construire¹ et de les faire parvenir jusqu'au port par-derrière Galata.

Quoique l'exécution de ce projet pût être mise au nombre des choses auxquelles il faut renoncer, toutefois, avec l'assistance de Dieu, on l'exécuta facilement. Par des dispositions surprenantes que firent d'habiles mécaniciens, les musulmans tirèrent de la mer sur le sol leurs vaisseaux aussi grands que des montagnes, et les ayant frottés de graisse et pavoi-

---
(1) Surate IV, v. 80. (2) Surate GV, v. 4.

(1) Bourgaz-Kessen.

sés, ils les firent glisser sur la terre, dans les descentes et les montées, et les lancèrent sur les flots qui baignent les remparts de la ville. Ils dressèrent aussitôt après un pont sur ces navires, et y placèrent des retranchements.

Les moines fortifiaient sans cesse le courage des assiégés en même temps qu'ils les consolaient. « La prise de Constantinople est impossible, disaient-ils, parce que les présages astrologiques de nos livres indiquent que notre ville ne sera conquise que lorsqu'un souverain fera glisser sur la terre des vaisseaux, les voiles déployées. » Mais lorsqu'ils eurent vu de leurs yeux cette merveille, ils comprirent que leur ruine allait s'accomplir ; aussi la parole s'éteignit-elle dans leurs bouches, et le feu du désespoir s'alluma dans leurs cœurs [1].

L'empereur immonde ayant appris que les fortifications qui étaient du côté de la mer étaient aussi entamées, en pensa perdre la raison ; néanmoins il renforça la troupe qui gardait cet endroit, et s'appliqua à faire réparer les murailles, tantôt d'un côté, tantôt d'un autre ; mais les soldats grecs ne pouvant y suffire, il chargea l'armée des Francs de remettre en état la partie des remparts située au midi de la porte d'Andrinople. Les principaux d'entre les Grecs furent indignés de ce qu'on ne leur avait pas confié la garde d'un lieu qu'ils auraient défendu mieux que personne, et qu'on l'avait remise à des étrangers ; aussi la division se mit-elle parmi les assiégés, ce qui occasionna des fautes dans les ordres donnés pour faire agir ces troupes de l'erreur. Les Ottomans ne tardèrent pas à s'en apercevoir ; et considérant leur vie comme une marchandise de vil prix, ils montèrent à l'assaut avec intrépidité par les brèches qui étaient au midi de la porte d'Andrinople. Ils allaient franchir les remparts lorsque l'avant-garde des ténèbres parut du haut de l'horizon occidental, et bientôt les astres de la nuit furent témoins de la supériorité des braves musulmans. Alors le monarque juste et valeureux donna à l'armée victorieuse l'ordre de mettre des lanternes ou des bougies allumées au haut des piques et des lances, et jusqu'à ce que l'astre du quatrième ciel jetât ses rayons sur le monde, de continuer à combattre, afin de ne pas laisser de repos aux méprisables infidèles, ni leur donner le temps de réparer les brèches. Ainsi, d'après l'ordre impérial, la lumière des flambeaux et des lampes éclaira le devant de la place et les alentours, qui devinrent semblables à un camp couvert de roses et de tulipes.

Les musulmans réunirent dans cette nuit le double mérite de combattre et de prier ; avec le sang du martyre, ils purifièrent des souillures de leurs péchés le pan de leurs robes. Bientôt le soleil étant sorti des ténèbres de l'Occident, ayant mis en fuite, avec les flèches et les dards de ses rayons, les légions des astres, le général des Francs artificieux monta sur les remparts afin de repousser les cohortes de la foi. Au moment même un jeune musulman, se tenant à la corde de la ferme résolution, s'élança comme une araignée sur les murs de la place, et ayant allongé de bas en haut son épée, semblable au croissant de la lune, d'un seul coup il fit envoler le hibou de l'âme de cet infidèle du nid impur de son corps. A cette vue les Francs se précipitèrent dans le chemin de la fuite, et, semblables à un torrent impétueux, ils allèrent vers la mer regagner leurs vaisseaux. En même temps les musulmans ceignirent la ceinture de l'ardeur, et, semblables au lion qui est à la poursuite de sa proie, sans faire attention à la pluie continuelle des flèches, des pierres, des boulets de canon et de fusils, ils coururent aux brèches, persuadés qu'elles étaient la porte de la victoire.

La poussière du combat s'élevait jusqu'aux cieux, et, comme un voile, couvrait la voûte azurée.

Les épées ne se reposaient pas un seul instant ; les dards et les flèches perçaient sans cesse les cœurs de cette troupe rebelle. Bientôt les Ottomans élevèrent sur les murs de Constantinople l'étendard de la victoire, et proclamèrent avec la langue libre de leur épée, les surates du triomphe et des remparts [1]. La défense de la place se ralentissait, et la bonne nouvelle exprimée par ces mots du Coran : « Certes, notre armée remportera la victoire [2], » fondait la confiance de l'armée musulmane et la remplissait d'un saint enthousiasme.

Cependant l'empereur grec, entouré de ses

---

[1] Cet alinéa est tiré des Annales de Solak-Zadeh.

[1] Ce sont les Surates XLVIII et LXXXV.
[2] Surate XXXVII, v. 173.

soldats les plus braves, était dans son palais, situé au nord de la porte d'Andrinople ; il cherchait à en défendre les avenues contre les guerriers musulmans, lorsque tout à coup il apprit que ceux qui arborent l'étendard élevé de la parole de Dieu s'étaient introduits dans l'intérieur de la place. Il connaît alors que le drapeau de son bonheur est abattu ; son esprit se trouble ; il se hâte de fuir loin de sa demeure. Pendant que, se querellant lui-même sur sa mauvaise fortune, cet homme, dont l'habitation devait être l'enfer, se disait : « Où est le lieu pour fuir [1] ? » il rencontra une poignée de fidèles qui, en pleine assurance, s'occupaient à recueillir du butin. A cette vue, le feu de la haine embrase son cœur ténébreux, et la faux de son épée coupe de suite la moisson de la vie de ces paisibles musulmans. Un pauvre soldat de cette troupe avait été seulement blessé ; noyé dans le sang qui coulait de ses blessures, et en proie aux douleurs les plus vives, il attendait la mort. Le monarque grec, ayant aperçu ce malheureux, leva son épée pour lui ôter le dernier souffle de la vie. Dans ce moment de désespoir, l'infortuné, aidé du secours de Dieu, précipite cet ennemi de la religion de dessus sa selle, ornée d'or, le renverse sur la terre noire, et fait pleuvoir sur sa tête les fourmis de son cimeterre guerrier. Cet exploit, qui apporta du soulagement aux souffrances du bon musulman, mit en déroute ceux qui suivaient l'empereur. N'ayant que la mort devant les yeux, ils s'enfuirent loin du lieu des regards ; aucun d'eux ne resta dans le lieu du combat et n'osa mettre la main à l'épée. Sur ces entrefaites, les musulmans ouvrirent les portes de la ville, et les troupes, asiles de la victoire, qui étaient hors de la place, commencèrent à y entrer au-devant du roi puissant. Avec la permission du sultan, les troupes fortunées pillèrent la ville durant trois nuits et trois jours, et firent jouir l'œil de leur espoir de la vue des beautés grecques, au ris doux comme le sucre. Ce métal, qui, pour l'insensé, est une source de malheurs et qui donne la réputation et la prééminence aux gens inconnus du monde, fut le partage de ceux qui échangent la denrée de l'existence corporelle contre le capital de la vie éternelle.

Le troisième jour les hérauts de la Cour Sublime firent connaître la volonté de Mahomet, aussi absolue que le destin. C'était que les soldats cessassent le pillage, ne fissent de mal à personne et demeurassent tranquilles. Cet ordre auguste ayant été exécuté, les glaives rentrèrent dans le fourreau et les arcs dans l'angle du repos.

Par les soins du monarque fortuné, la poussière du combat fut abattue, l'épée de la guerre suspendue ; on jeta les flèches et l'on brisa les arcs. Par ses efforts généreux on entendit, au lieu du bruit détestable des cloches, la profession de foi musulmane et le cri cinq fois répété par jour de la religion du prophète [1]. Les églises de Constantinople furent dépouillées des idoles qui les souillaient ; elles furent purifiées des impuretés chrétiennes. Les usages antiques furent entièrement changés ; plusieurs temples et chapelles des Nazaréens, par le placement du mihrabe et de la chaire des fidèles, rivalisèrent avec le paradis élevé. Les rayons lumineux de l'islamisme dissipèrent les sombres ténèbres de la méchanceté.

Après que ce séjour enchanté, qui excite la jalousie de la citadelle verte du ciel, eût été, pendant tant d'années, rempli d'insectes et de reptiles, il devint, par la grâce du Créateur, la demeure des unitaires ; et la clef de ce pays, nouvellement conquis, ouvrit la serrure de bien des choses difficiles.

D'après Achic-pacha [2], la célèbre prise de Constantinople eut lieu un dimanche, et le cinquante-unième jour depuis le commencement du siége. Toutefois, il est dit dans la chronique de Nochri [3] que le siège commença au milieu de *rebi-ul-evel* (vers la fin de mars), et que la conquête n'eut lieu que le 20 de *joumazi-ul akir* [4] 857 (27 juin 1453). La date de

---

[1] Surate LXXV, v. 10.

[1] L'auteur veut parler ici de l'appel à la prière, qui se fait du haut des minarets cinq fois par jour. Plus bas il compare ces minarets à *des platanes touffus sur les rameaux desquels des rossignols du jardin de la sainteté viennent se poser et chanter l'unité de Dieu.*

[2] Ahmed ben-Yahia ben-Solimann-ben-Achic pacha est auteur d'une histoire des Ottomans intitulée *Tarikh-i-al-i-Othman*. C'est une des plus anciennes chroniques ottomanes, et elle est du nombre de celles que Saad-eddin a consultées pour composer la sienne. (Voyez au sujet de cette histoire une note de M. de Hammer, dans le *Journal asiat.*, tom. IV, pag. 34.)

[3] Mevla Mohamed en-Nochri el-Modarres, auteur d'un *Tarikh-i-al-i-Othman* ou histoire ottomane.

[4] Il y a un abrégé en turc de l'histoire ottomane, qui place

la prise de cette superbe cité est « ville excellente.¹ »

(1) Les Turcs sont dans l'usage de fixer la date des événements importants par une sentence anagrammatique d'un ou plusieurs mots, ou par un ou plusieurs vers qui renferment l'anagramme de la date. Cette sentence et ces vers ont rapport à l'événement. On obtient ces phrases mnémoniques par la valeur numérique des lettres de l'alphabet arabe. Les deux mots turcs qui se traduisent par *ville excellente* (tirés du Coran, Surate, XXIV.[v. 14]. équivalent à 857, en faisant l'addition des lettres.

la prise de Constantinople au 21 rebi-ul-evel 857 (1ᵉʳ avril 1453).

MÉMOIRES

DE JEAN LEFÈVRE, DIT TOISON-D'OR,

SEIGNEUR DE SAINT-REMY,

DE LA VAQUERIE, D'AVESNES ET DE MORIENNE, PREMIER ROI D'ARMES DE LA TOISON D'OR,
ET CHANCELIER DE PHILIPPE, DUC DE BOURGOGNE.

PROLOGUE.

Au nom de la très excellente et glorieuse Trinité, Père, Fils et Sainct-Esperit, ung Dieu éternel en trois personnes, qui tout a faict, créé et composé par sa puissance infinie, selon sa provue discrétion et vollenté ; et de la glorieuse Vierge Marie, mère et fille de nostre Créateur et Rédempteur Jésus-Christ, reine des cieulx et de la terre, dame des anges et de tous les saincts et sainctes de paradis, auxquels gloire et louenge soit donnée, et apprès à tous empereurs, rois, ducs, comtes, barons et aultres, donnés, selon sa vocation, à la très noble et militant ordre de chevallerie, en laquelle ont esté et sont de haults et nobles princes et aultres, qui en cest état ont régné et règnent ; comprins lesquels, par permission et sous la puissance divine, ont esté et sont instituės et ordonnés ès dignités temporelles pour soustenir saincte Eglise, droit et justice, et le bien de la chose publique maintenir, et deffendre nostre foy chrestienne et catolique ; je Jehan, seigneur de Sainct-Remy, de la Vacquerie, d'Avesnes et de Morienne, dict Thoison d'or, conseiller et roi d'armes de très hault, très excellent et très puissant prince et mon très redoubté seigneur Philippe, par la grace de Dieu duc de Bourgongne, de Lotheric(1), de Brabant et de Lembourg ; comte de Flandres, d'Arthois et de Bourgongne ; palatin de Hainaut, de Hollande, de Zellande et de Namur ; marquis du Sainct-Empire, seigneur de Frize, de Salins et de Ma-

(1) Lothier.

lines, duquel, de tout mon cœur, j'ai toujours désiré et désire accomplir les commandements et plaisirs, et faire chose dont aucunement soit mémoire apprès mon temps ; et comme je m'y répute tenu et obligé, et singulièrement à cause du serment par moi faict à ladicte ordre de la Thoison d'or, ainsi que cy apprès sera plus à plein déclaré, et lequel est contenu ès chappitres dudict ordre, me suis disposé à rédiger et mectre par escript aucunes petites recordations et mémoires ès quelles sont contenues en chief plusieurs choses advenues, desquelles j'ai peu avoir cognoissance ; et ce faict, les ay envoyés au noble orateur George Chastellain(1), pour aulcunement, à son bon plaisir et selon sa discrétion, les employer ès nobles histoires et chroniques que lui faict, jà-soit-ce-que(2) la chose soit de petit fruict au regard de son œuvre, sinon tant seullement par manière d'avertissement.

Et pour venir à parler de cette matière, et comment je ai esté premièrement nommé Thoison d'or ; il est vrai que mondict très redoubté seigneur(3), le jour qu'il espousa madame Elisabeth(4), fille, sœur et tante du roi de Portugal(5), en la ville de Bruges, le 1er jour du mois de

(1) Voyez le volume de notre collection qui renferme les œuvres de Chastellain.
(2) Quoique.
(3) Philippe-le-Bon, duc et comte de Bourgogne, qui succéda, en 1419, à son père, Jean-Sans-Peur.
(4) Elisabeth, ou Isabelle, était fille de Jean 1er de Portugal.
(5) Elle étoit sœur d'Edouard, qui succéda à Jean 1er, leur père, en 1433, et tante d'Alphonse V, fils d'Edouard, qui succéda en 1438.

janvier, l'an 1429, fonda ledict ordre, ordonna, nomma et esleut ung certain nombre de chevaliers, desquels les noms seront cy après déclarés, et avec iceulx quatre officiers, c'est assavoir, chancellier, trésaurier, greffier et roi d'armes ; auquel office de roi d'armes je fus esleu, institué et mis ; et me fut donné le nom *Thoison d'or*, par mondict très redoubté seigneur, qui en oultre me fist tant d'honneur de sa grace que de me retenir son chancellier. Desquels offices et estas obéir, exercer, et servir mon très redoubté seigneur, à mon pouvoir léalement, ès exercices de ses offices et aultrement, fut par moi faict serment sollemnel ès mains de l'évesque de Chaalons, chancellier de ladicte ordre de la Thoison d'or, en la présence de mon très redoubté seigneur et de plusieurs des chevaliers dudict ordre. Depuis lequel temps mondict très redoubté seigneur disposa que faire debvions, tant en ses guerres que ès grandes et notables ambassades, èsquelles lui a pleu moi envoyer, tant devers les papes Eugène [1] et Nicolle [2], en Italie, et devers plusieurs prinches du pays ; aussi devers le roi d'Arragon [3], ès royaulmes de Naples et de Sicille, ès Espaignes, devers le roi de Chastille, de Portugal, de Navarre et de Grenade ; plusieurs voyaiges ès Allemaignes et en Angleterre, en Escoche, et plusieurs aultres lieux. Et tant ay voyagié, par mer et par terre, que par la grace de Dieu je ai atteint l'aage de soixante-sept ans ou environ, occupé de maladie en telle manière que bonnement ne puis aller ni faire tels ou semblables voyaiges à pied, à cheval, ni à charriot : par quoi j'ai esté et suis constraint et mis en nécessité de moi en déporter [4]. Pour quoi, en considérant les choses dessusdictes, pour eschever [5] occiosité [6], qui est la mère de tous vices, et que mon ancienneté ne demeurast inutile, me suis disposé, comme dict est, faire et compiler ce petit volume, en quel sont contenues pluisieurs choses que je ay veues, et aultres qui m'ont esté dictes et recordées par pluisieurs notables personnes dignes de foi.

(1) Eugène IV (Gabriel Condolmieri, Vénitien, cardinal, évêque de Sienne), élu pape le 3 mai 1431.

(2) Nicolas V (Thomas de Sárzan, cardinal, évêque de Bologne), élu pape le 6 mai 1447.

(3) Alphonse I*er*, roi d'Arragon, V*e* de ce nom, roi de Naples de 1442 à 1458.

(4) Dispenser. (5) Eviter. (6) Oisiveté.

Et pour ce que sçais bien que pluisieurs cronicques et histoires ont estés faictes et escriptes, par pluisieurs grands livres et volumes, par leur vertueuse éloquence, selon leurs exquis et aournés [1] langaiges, et mesmement du temps dont mon avant dict petit livre faict mention, je me suis déporté [2] de y faire longue récitation, ni de tant présumer que de moy entremettre ni bouter trop avant en ceste matière, attendu que je congnois bien mon imperfection, et que les hommes me pourroient bien faire riche, mais saige non. Et pourtant me suis attendu et attends auxdits historiens et orateurs d'avoir escript et mis en leurs histoires, livres et volumes, ces haulx faicts et aultres advenues chacun en son temps ; et ay faict et compilé pour ces causes dessusdictes, ce présent petit livre par manière de recordation et mémoire en mon gros et rude langaige picard [3], comme cellui quy aultrement ne sauroit escripre ni parler. En quel livre sont contenues, entre les aultres choses, la plus grand' part des voyaiges quy par moy ont esté faicts par le commandement de mon avant dict seigneur, moyennant la grace de Dieu et de la glorieuse Vierge Marie et toute la cour célestiale [4] de paradis, quy soit au commenchement, au moyen et en la fin de mon œuvre. Et supplie et requiers tant humblement que je puis, de tous ceulx quy le verront et orront [5], que si aulcunes choses y a dignes de répréhension ou correction, il leur plaise, en suppléant à mon ignoranche, de moy avoir et tenir pour excusé, entendu que ce qui par moy a esté faict, dit et rédigé par escript, les ay faict le mieulx et le plus véritablement que j'ay peu, et sans aulcune faveur, pour recordation et mémoire de choses dessusdites. Et quand je parlerai du roi de France, je le nommerai le roi tant seullement, et tous les aultres rois averont sieute [6]. Aussi quand je parlerai de mon avant dict seigneur de Bourgongne, je le nommeray le duc tant seullement, au moins à la plus part du livre ; et au regard de feu monseigneur son père [7], il sera nommé duc de Bourgongne.

(1) Ornés. (2) Dispensé.

(3) La langue picarde se distinguait surtout par la multiplication de *ch*, au lieu du *c*, par exemple ; *cacher* pour chasser, comme dans Escoche, Franche pour Ecosse, France.

(4) Céleste. (5) Entendront (6) Auront une désignation de leur pays. (7) Jean Sans-Peur.

INTRODUCTION.

Pour ce que j'ay intention de parler et escripre en brief les choses avenues en mon temps, et que je pourrois bien avoir vues, je commencherai à parler de la très dolloureuse aventure qui advint en France l'an 1407, que lors régnoit Charles VI de ce nom, qui en son temps et après sa mort fut nommé Charles-le-Bien-Aymé. Lequel avoit un seul frère nommé Loys, duc d'Orléans; et si avoit trois oncles, frères, lesquels trois oncles avoient à nom, l'ung Charles, duc d'Anjou, le second, Jehan, duc de Berry, et le tiers, Philippe, duc de Bourgongne[1].

Du duc Philippe, duc de Bourgongne, yssirent[2] plusieurs enfants, entre lesquels en y eut ung, et l'ains-né, nommé Jehan[3], qui après la mort de son père fut duc de Bourgongne, lequel estoit cousin-germain dudit duc Loys d'Orléans. Or, advint que, par la temptacion du diable, par envye d'avoir le gouvernement du royaulme, comme l'on disoit, et aussy pour aultres causes qui cy-après seront déclarées, le duc Jehan de Bourgongne fist tuer le duc d'Orléans, son cousin-germain; dont sy grandes et sy mauldites guerres sourdirent, et qui tant longhement durèrent, que peu s'en faillit que tout le royaulme ne fust destruict, comme l'on poeult[4] veoir et savoir par les cronicques qui en sont faictes, et aussi j'en parlerai ung petit en che présent livre. Après aussi, je parleray de la venue du roi Henry d'Angleterre[5], qui vint en France l'an 1415, et aussi de son fils le roy Henry[6], qui fut couronné roy de France à Paris; et après je parleray comment mon avant dict seigneur le duc Philippe de Bourgongne, en l'an 1429, espousa la fille du roy de Portugal, en la ville de Bruges, où il y eut une grande et nottable feste, en laquelle feste le duc mist sus une ordre appelée la Thoison d'or, dont le duc fut le fundateur, chef et souverain; en laquelle ordre furent premièrement ordonnés vingt-quatre chevaliers gentishommes de nom et d'armes, nés en léal mariage et sans reproches. Et avec, fut ordonné par ledict duc, qu'il y auroit quatre officiers : c'est à sçavoir, chancellier, trésaurier, greffier et roy d'armes, ainsi que devant est dict. En après, je parleray des hauts et loables faicts du duc et des chevaliers de son ordre, non mye sy au long, à la centiesme partye, que en a descript nottable orateur George le Chastellain[1].

En après je parlerai, et en brief, de moult merveilleuses et piteuses aventures advenues depuis le commencement de cestui petit livre, jusques à l'an 1460[2]; et pour che j'ai dict que je commencherai en l'an 1407.

Vrai est que le duc Jehan de Bourgongne fist tuer le duc d'Orléans, frère seul du roy Charles-le-Bien-Aymé, dont terribles et mauldites guerres en sourdirent et vinrent, telles et si grandes qu'il n'est à croyre, fors de ceulx qui les veyrent. D'icelle mort plusieurs du royaume furent troublés et courouchiés, et non sans cause. Or est vray que de prime face on ne sçavoit quy avoit faict faire l'homicide du duc d'Orléans; mais après ce que la vérité fut sçue, la vefve[3] de feu le duc d'Orléans, fille du duc de Millan[4], se tira à Paris, en sa compaignye trois de ses enfants, c'est à sçavoir Charles, duc d'Orléans, son ains-né fils, le comte de Vertus[5] et le comte d'Angoulesme[6]. Elle et ses trois enfants firent envers le roy de grants poursuites pour avoir justice du duc de Bourgongne; mais pour diligence ne porsieute[7] qu'elle sceut faire, remède n'y sceut trouver; et fut la matière longuement délaiée[8]; et finablement morut la povre duchesse en la porsieute; et ne fut pour l'heure ne de sa vye aultre chose faicte.

---

(1) Philippe-le-Hardi, fils de Jean, roi de France, créé duc et souverain de Bourgogne par le roi Jean, par une donation passée à Nogent-sur-Marne, le 6 septembre 1363.
(2) Sortirent.
(3) Jean Sans-Peur, fils de Philippe-le-Hardi, lui succéda en 1404.
(4) Peut. (5) Henri V, fils d'Henri IV. (6) Henri VI.

(1) Voyez le volume de ses Œuvres, publié dans cette collection.
(2) Les manuscrits que j'ai entre les mains ne vont que jusqu'à 1436.
(3) Veuve.
(4) Valentine, fille de Jean Galéas Visconti.
(5) Philippe, comte de Vertus.
(6) Jean d'Orléans, comte d'Angoulême.
(7) Poursuite.
(8) Mise en délai.

CHAPITRE I.

La rébellion des Liégeois faicte l'an 1408, à l'encontre de leur seigneur et esleu, Jehan de Bavière, lequel ils assiégèrent dedans la ville de Trecht (1) etc.

Je layray[2] à parler de la duchesse d'Orléans et de ses enffants jusques à temps et heure sera, et parleray comment, en l'an 1408, ceulx de la cité et pays de Liège se rébellèrent allencontre de leur esleu, nommé Jehan de Bavière[3] frère du duc Guillaume de Bavière, comte de Haynaut, de Hollande et de Zellande. Et se mirent sus Liégeois en nombre de quarante à cinquante mille hommes, et allèrent assiéger leur esleu, qui estoit dedans la ville de Trect[4] sur Meuse. Quand l'esleu se trouva assiégié, pour ceste cause il envoya devers le duc Guillaume, son frère, et devers le duc de Bourgongne, son beau-frère ; car le duc de Bourgongne avoit espousé sa sœur, et le duc Guillaume la sœur du duc de Bourgongne. L'esleu leur signiffia et rescript[5] comment il estoit assiégié, leur requérant secours ; laquelle chose ils firent en grand' diligence ; et assembla le duc de Bourgongne une grande et nottable armée, tant de Bourgongne, de Picardie que de Flandres, où il eust de grands seigneuries. Pareillement fist le duc Guillaume.

Le roy sçut l'assemblée des deux princes, qui estoit grande, pour entrer dedans le pays de Liège ; pour laquelle cause il envoya monseigneur Guichard Dolphin, qui puis fust grand maistre d'hostel de France et aultres, en sa compaignye, devers le duc de Bourgongne, pour lui faire deffense de par le roy, sur certaines et grosses paines, qu'il ne combatist les Liégeois ne entrast en leur pays.

Or, est vray, que quand messire Guichard Dolphin et ceulx de sa compaignye arrivèrent devers le duc de Bourgongne et le duc Guillaume, lesquels estoient desjà entrés dedans le pays de Liège. Mais che non obstant, monsseigneur Guichard accomplit che que le roy luy avoit chargié, et fist les deffenses telles que devant sont dictes. Auxquels commandements le duc de Bourgongne respondy : qu'il avoit esté et estoit prest d'obéir au roy ; mais il avoit procédé si avant, et estoit si près de ses ennemis, que sans grand' honte ne se povoit retrayre[1], et sy savoit bien que le roy ne le voulloit point deshonorer, requérant, apprès plusieurs parolles à monseigneur Guichard Dolphin, que, comme son parent et amy, il le voulsist[2] conseillier, disant : « Vous avez accompli vostre charge, et n'estes plus ambas- « sadeur. Comme monseigneur Guichard Dol- « phin, veuilliez moy aydier à garder mon « honneur. »

Monseigneur Guichard luy répondy : qu'il luy sembloit qu'il ne povoit retourner par honneur, s'il ne véoit de plus près ses ennemis, en luy disant qu'il estoit prest de vivre et morir avec luy allencontre des Liégeois rebelles ; et avoit faict porter secrettement avec lui son harnas[3] de guerre, en paniers ; et quand ceulx quy estoient avec luy sceurent sa volonté, si conclurent d'eulx armer avec luy. Et pour ce qu'ils n'avoient point de harnas, le duc leur en fist baillier de son armoirie. Ainssy conclurent combattre avec le duc de Bourgongne.

Quand les Liégeois sceurent la venue des deulx princes, ils levèrent leur siége et se retrairent[4] dedans la cité de Liège, mais n'y arrestèrent guères qu'ils ne yssirent[5] aux champs pour combattre. Et prinrent place belle et grande, et s'assemblèrent pour combattre les deulx ducs et l'esleu de Liège, qui estoit yssu de la ville de Trect[6], où il avoit esté assiégié. La bataille fut grande et bien combattue, tant d'ung costé comme d'aultre ; et Dieu sçait quelle fin firent Liégeois, et quel dommage les archiers de Picardie firent aux Liégeois, car enfin furent Liégeois desconfits ; et là moururent, ainssy qu'ils furent nombrés, vingt-huit mille Liégeois, sans ceulx qui furent prisonniers ; et des gens du duc de Bourgongne et du duc Guillaume, environ six cents.

Avant que les trois princes dessus nommés se partissent du pays des Liégeois, firent à leur seigneur l'esleu plaine obéissance, comme plus à plain est déclaré ès croniques sur ce faicte. Touttesfois il n'est pas à oublier les seigneurs qui furent en icelle bataille avec les dessusdits trois princes, au moins aulcune partye : lesquels ne sont point mis par ordre, mais ainssy

---

(1) Maestricht. (2) Laisserai.
(3) Jean de Bavière avait été élu à l'évêché sans être prêtre, et les Liégeois voulaient qu'il reçût l'ordre de prêtrise ou renonçât à l'évêché.
(4) Maëstricht. (5) Ecrivit.

(1) Retirer. (2) Voulût. (3) Harnois. (4) Retirèrent.
(5) Sortirent. (6) Maëstricht.

que les ay trouvés par escript¹. Et premiers le comte de Namur, le comte de la Marcq, le prince d'Orange, le comte de Clermont, le comte de Fribourg, messire Jehan de Namur, le seigneur d'Enghien, le seigneur de Sainct-George, le seigneur de Croy, messire Jehan de Vergy, maréchal de Bourgongne, le sénéchal de Haynaut, le seigneur de Ghistelle, le seigneur de Lignes, le seigneur de Waurin, le seigneur de Boussu, le seigneur de Roubais, le seigneur de Rosinbos, le seigneur de Rochepot, messire Jehan de Torsy, messire Pierre de Fontenay, le seigneur de la Hamède, les enfants de Mailly, le seigneur de Miromont, le seigneur de Beauvoir, messire Jehan de Sainct-Gobin, messire Jehan de Bailleul, messire Hue de Lannoy et deulx de ses frères, le seigneur de Happelencourt, messire Hélion de Hacqueville, le chastellain de Lens, messire Jehan de Roye, le seigneur de Sempy, le seigneur d'Inchy, le seigneur de Landres, messire Jehan de Noeufchastel, messire Robert de Flandres, messire Jehan de Bourbon, le seigneur de Chasteauviller, le seigneur de la Guiche, le seigneur de Helly, le seigneur de Raasse, messire Jehan de Jumont, messire Guillaume de Noisle, Robert de Roulx, Enguerrant de Bournonville, et plusieurs aultres nobles hommes.

En icelle meisme année, plusieurs princes du roiaulme mirent grant paine de faire paix entre les enfants d'Orléans et le duc de Bourgongne; et de faict se tint une journée en la ville de Chartres, là où estoit le roy et la royne, les roys de Sicille et de Navarre, le duc de Guyenne, qui pour lors avoit esposée la fille du duc Jehan de Bourgongne, les ducs de Berry et de Bourbon, le cardinal de Bar, et plusieurs aultres grants seigneurs de céans. L'assemblée fut en l'église Nostre-Dame de Chartres. Là estoient les dessus nommés. Le roi fist aller premiers les enfants d'Orléans devers lui en l'église, et puis manda le duc de Bourgongne; et quand le duc fut devant le roy, et après la révérence faicte, il feit dire qu'il avoit entendu qu'il estoit indigné et courrouchié contre luy pour le faict qu'il avoit commis et faict faire en la personne du duc d'Orléans son frère, pour le bien de sa personne et du royaulme; car il estoit prest de dire et remonstrer véritablement, touttes et

(1) Ecrit.

quantes fois qu'il lui plairoit, en suppliant au roy très humblement qu'il lui pleusist¹ oster de lui son yre² et indignacion, et le tenir en sa bonne grace. Ces parolles dictes, fut dict au duc de Bourgongne qu'il se tirast ung peu arrière; puis après la royne, le duc de Guyenne, son fils, les roys de Secille et de Navarre, et le duc de Berry, se engenouillèrent devant le roy, et lui supplièrent et requirent qu'il luy pleusist pardonner au duc de Bourgongne l'offense qu'il avoit faict. Laquelle requeste fust par le roy accordée; et fist-on venir le duc de Bourgongne devant le roy; et dist le roy au duc de Bourgongne : « Beau cousin, à la re- « queste de ceulx que vous véez chy présents, « je vous pardonne tout. »

Le duc de Bourgongne remerchia le roi très humblement; et, ce faict, s'approcha des enfants d'Orléans, et leur fist dire par le seigneur d'Olehain, qu'il leur dist : « Messeigneurs, ve- « chy le duc de Bourgongne, lequel vous prye « et requiert qu'il vous plaise oster de vos « cœurs, si vous avez aulcunes malveuillances « ou hayne contre luy pour le faict quy fut « perpétré³ en la personne du duc d'Orléans « vostre père, et dores-en-avant vous demourez « et soyez bons amis enssamble. » Adonc, dict le duc de Bourgongne : « Je vous en prye. » Mais les enfants d'Orléans ne répondirent mot. Ce véant, le roy leur commanda qu'ils accordassent la requeste à son beau cousin de Bourgongne, et ils respondirent au roy : « Puisqu'il « vous plaist le commander, nous accordons la « requeste, et pardonnons toute la malincolie⁴ « que avions contre luy, car en riens ne vous « voullons désobéir. » Et lors, incontinent, le cardinal de Bar ouvrit ung missel, et, en touchant leurs mains sur les évangilles, promirent de tenir bonne paix et entière l'un envers l'aultre, sans jamais aller au contraire. Puis commanda le roy à touttes les partyes d'estre bons amis ensamble; et, avec ce, leur fist deffense qu'ils ne feissent ni pourchacassent grief ni dommage l'ung à l'aultre, ni à leurs serviteurs, subgects et amis et alliés. Icelle paix faicte, dont plusieurs furent moult joyeulx; chacun s'en alla en son pays, et le roy et la royne retournèrent à Paris, dont tout le peuple fut joyeulx.

(1) Plût. (2) Courroux. (3) Commis. (4) Chagrin.

CHAPITRE II.

Du concile quy se tint à Pise, où furent comdempnés deulx antipappes, et en leur lieu esleu pappe Alexandre, V° de ce nom, quy estoit auparavant archevesque de Milan, nommé Pierre de Candye.

En l'an 1409 se tint un concille à Pise, où furent assemblés grand nombre de prélats pour la division qui estoit en l'Eglise entre les deux pappes ; et là y avoit vingt-quatre cardinaulx, tant de ceulx du collège de Rome que ceulx du pappe de la Lune [1]. Grand nombre de prélats de toute chrétienté y estoient assemblés. Aussi y estoient plusieurs ambassadeurs, tant de l'empereur comme des roys et princes de toute chrestienté. L'avant dit cardinal de Bar, Guy de Roye, archevesque de Rains, et maistre Pierre d'Alli, évesque de Cambray, se mirent à chemin ensemble, fort accompaigniés de prélats et clergié, pour aller au concille dont devant est dict.

CHAPITRE III.

La fortune adverse qui advint à l'archevesque de Rains en allant au concille de Pise.

Ung jour furent logiés en une ville nommée Voultre [2], estant à quatre lieues de Jennes [3] ; advint que le mareschal de l'archevesque de Rains print noise à ung mareschal de la ville ; et tellement monta leur débat, que le mareschal de la ville fut occhis par l'autre mareschal, lequel s'en courut pour saulveté à l'hostel de son maistre ; mais ceulx de la ville, esmeus pour ce débat, coururent en grand nombre en l'hostel de l'archevesque, pour vengier la mort de leur mareschal. L'archevesque, pour les rappaisier, yssy hors de son hostel, et leur pria doulcement qu'ils voulsissent cesser et appaisier, et il bailleroit son mareschal au juge de la ville pour faire justice. En offrant ceste offre, aulcun maulvais garnement de celle esmeute gecta ung dard contre l'archevesque, et l'attaint sy durement qu'il chéit mort à terre ; et sy occirent le mareschal, et le juge qui le tenoit. Le cardinal de Bar et les aultres convint partir hastivement, pour la doubte du peuple qui esmeu estoit ; et s'en allèrent au concille de Pise, où furent les deulx pappes

(1) La Luna, espagnol. (2) Voltri. (3) Gênes.

condempnés comme hérétiques sissematicques [1], obstinés en mal et troubleurs de la paix de nostre saincte Eglise.

Après icelle condempnation faicte devant tout le peuple présent, tout le clergié se mirent en conclave, appelant la grace du Sainct-Esperit ; et furent dix jours ensemble, et eslurent pappe canonicque, nommé Pierre de Candie, natif de Gresse [2], de l'ordre des Frères-Mineurs, docteur en théologie, archevesque de Milan ; et fut nommé Alexandre, V° de ce nom, et fut faict le 16° de juing.

CHAPITRE IV.

Comment les Jenevois [3] se rébellèrent contre les François et occirent le lieutenant de Boussicault ; et comment Montagu eult la teste tranchée pour avoir mal gouverné les finances du roy.

En icellui an, Boussicault, mareschal de France, gouverneur de Jennes pour le roy, fut prié du duc de Milan, qu'il voulsist aller devers lui pour appaisier le débat de luy et de son frère. Sy se party Boussicault, et alla à Milan ; mais, tantost après son partement, ceulx de Jennes se rébellèrent contre les François, et cruellement occirent le seigneur de Toullette, lieutenant Boussicault, et les aultres Franchois se saulvèrent ès chastiaulx qui estoient en leurs mains.

Mais, sans tarder, ils furent assiégiés par les Jénevois [3] et par le marquis de Montferrat, qui se mist avec ceulx de Jennes, et le firent leur duc à 10,000 ducats de gaiges par an. Le mareschal Boussicault fist depuis grant guerre aulx Jenevois ; mais enfin tout fut reconquis sur lui ; et convint qu'il retournast en France [4].

En icelle année fut accusé Montagu d'avoir mal gouverné les finances du roy, et qu'il s'en estoit fort enrichy ; et, par le conseil du roy, fut prins par le provost de Paris et jehiné [5], et puis son procès faict, et enfin fut condempné à morir et avoir la teste coppée, et son corps pendu au gibet.

(1) Schismatiques. (2) Grèce. (3) Génois.
(4) Voyez dans cette collection la chronique de Boucicaut.
(5) Mis à la question.

CHAPITRE V.

L'assemblée que les enfants d'Orléans, avecques ceulx de leur party, feirent en la ville de Chartres.

En l'an 1410, les enfants d'Orléans, le duc de Berry, de Bourbon, et aultres seigneurs de leur party, s'assemblèrent en la ville de Chartres, et firent grand mandement de gens d'armes, entre lesquels estoient les comtes d'Allenchon et de Erminach; et envoyèrent en plusieurs bonnes villes lettres pour les attraire à eulx, en remonstrant que le roy et son royaume estoit mal gouverné. Le roy leur manda et commanda qu'ils renvoyassent leurs gens d'armes sans ainssy gaster son royaulme; mais ils n'en voulurent rien faire, disant que jusques à che qu'ils auroient audience devers le roy ils ne se partiroient. Le roy renvoya de rechief devers eulx, afin que s'ils vouloient venir devers luy à simple compaignie, il en estoit content, mais ils n'y voulurent obéir.

CHAPITRE VI.

L'assemblée que le roi feist contre les enfants d'Orléans, et comment il délaya la sentence qu'il avoit faict contre eulx.

Pour laquelle cause cy-devant dicte le roy fist grant mandement; et vinrent à luy de la part du duc Jehan de Bourgongne grant nombre de gens; entre lesquels estoit le duc de Brabant, le comte de Pointièvre, le comte de Saint-Pol; et estoient nombrés 15 mille bachinets et 17,000 hommes de trect, dont l'Ile-de-France en fut moult foullée et destruicte. Et, de l'autre costé, les Orliennois estoient logiés au Mont-le-Héry, à grant puissance, quy tant y faisoient de maulx que à merveilles. Sy fut advisé qu'il estoit besoing de trouver quelque bon moyen entre les partyes, ou aultrement tout le pays estoit perdu et destruit. Pour laquelle cause la royne alla devers les ducs d'Orliens, de Berry et de Bourbon, pour appaisier, se faire se pouvoit, les différens des partyes; mais pour remonstrance qu'elle sceust faire elle ne sceust trouver accord, et s'en retourna à Paris, et les Orliennois s'en allèrent logier jusques ès faulbours de Paris, du costé vers le Mont-le-Héry. Sy furent ceulx de Paris plus esmerveilliés que devant; par quoy la royne fut de rechief envoyée devers les ducs d'Orliens, de Berry et de Bourbon, laquelle leur remonstra la desplaisance que le roy avoit de ainssy veoir son pays et son peuple destruire, et que, à la vérité, se ils ne se pacifioient, le roy avoit intencion de déclairer touttes leurs terres confisquiées, et de leurs corps, se tenir les povoit, en faire justice, comme de ses ennemis rebelles et désobéissans. Quelque chose que la royne sceust dire, ne se voulurent accorder à nul traictié, tousjours demandant justice du duc Jehan de Bourgongne.

En tel estat retourna la royne, disant que plus le roy ne renvoyeroit devers eulx, mais procèderoit contre eulx en toutte rigoeur. La royne fist son rapport; et véant le roy que les Orliennois faisoient de mal en pis, conclud premièrement leurs terres confisquiées, et secondement d'entrer en bataille contre eulx avec ses alliés.

Le duc de Berry sceut la conclusion que le roy avoit prins, pourquoi il envoya devers le roy, lui requérant qu'il fust content qu'il peust renvoyer devers luy pour trouver aulcun bon moyen entre les partyes. Le roy eult conseil de luy accorder sa requeste; car il estoit trop desplaisant de veoir les seigneurs de son sang en telle division. Sy délaya la sentence que devant avoit ordonné estre prononchiée, et dict qu'il vouloit que aulcun bon traictié se trouvast entre eulx. Les ambassadeurs orlienois et les gens du roy se trouvèrent ensemble, et sy bien besongnèrent que appointié fut que les partyes seroient d'accord et que retourneroient chacun en son pays, au moins de dommaige qu'ils pouroient faire au pays du roy; et ne demourroit avec le roy que le comte de Mortaigne, et que le roy manderoit le duc de Berry venir devers luy; pareillement il manderoit le duc de Berry venir devers luy; pareillement il manderoit le duc de Bourgongne affin que se aulcunes ordonnances estoient faictes pour le bien du royaulme, que l'ung n'y fust point appellé sans l'autre, comme ces choses sont plus au long et à plain déclarées ès lettres qui pour tous en furent faictes.

CHAPITRE VII.

Comment le seigneur de Croy, en allant en ambasse devers le roy et le duc de Berry, fut rencontré des gens du duc d'Orléans et mené prisonnier à Blois.

Ne demoura guaires apprès che que le duc

de Bourgongne fust retourné en son pays, il envoya ses ambassadeurs devers le roy, qui lors estoit à Paris, et de Paris les ordonna aller à Bourges, devers le duc de Berry. Les ambassadeurs du duc de Bourgongne estoient le seigneur de Croy, le seigneur de Domes, et maistre Raoul le Maire, chanoine de Tournay. Advint, quand ils orent besongnié, en allant de Paris à Bourges, ils furent rencontrés des gens du duc d'Orliens, quy prinrent le seigneur de Croy et laissèrent aller les deux aultres. Le seigneur de Croy fut mené à Blois, où il fut, comme l'on dict, durement interrogié et gehiné sur la mort du duc d'Orléans, penssant qu'il en fust ou eult esté cause, coulpable ou consentant; et fut mis en destroite prison. Et les aultres ambassadeurs allèrent devers le duc de Berry, et feirent leur legation; et puis luy dirent comment les gens du duc d'Orléans avoient prins le seigneur de Croy, qui estoit chief de l'ambassade, et luy prièrent qu'il voulsist aydier à sa délivrance. Le duc de Berry le prist à grant desplaisir; et sans tarder manda au duc d'Orléans, par lettres signées de sa main, qu'il renvoyast devers luy, ou sy non il le réputeroit pour son ennemy. Le duc d'Orléans rescript assez courtoisement, en prolongeant la besongne d'autre part. Quand le roy et le duc de Guyenne en furent advertis, ils mandèrent au duc d'Orléans qu'il le délivrast, sur peine de mourir en leur indignacion; mais il ne fist riens, ainssy que cy-après sera dict.

CHAPITRE VIII.

Des lettres que les trois frères d'Orléans envoyèrent au roy pour avoir justice de la mort de leur père; et des lettres de défiance qu'ils envoyèrent au duc de Bourgogne.

En l'an 1411, les trois frères d'Orléans entreprinrent de faire guerre au duc de Bourgongne, disant qu'il n'avoit point tenu la paix faicte à Chartres. Mais premièrement ils envoyèrent lettres au roy, lesquelles contenoient en effect la mort et occision de leur père, qui estoit son seul frère, lequel avoit le duc de Bourgongne faict occire par la grant hayne qu'il avoit à luy de longue main, et pour convoitise d'avoir le gouvernement du roy; puis déclarèrent le péchié estre sy grant et sy énorme qu'oncques ne fut faict le pareil, attendu la prochaineté de sang et l'aliance qui estoit entre eulx, et les alliances qu'ils avoient ensemble, non pas une seulle mais plusieurs, disant qu'ils portoient les enseignes l'ung de l'autre en signe d'amistié, et aultres plusieurs choses qu'ils imposoient au duc de Bourgongne contre son honneur. Et puis ils mettoient en leursdictes lettres, comment après ce qu'il l'ot faict tuer ne luy suffist pas, ains le voult condempner après sa mort par faulses accusations; puis dirent comment madame leur mère poursuivit devers le roy et son conseil pour avoir réparacion et justice du cas, et que le roy leur avoit promis qu'il leur feroit, dedens le Noël ensuivant, ou autre jour certain; dont néantmoins il ne avoit rien faict; puis déclarèrent toutte la manière que tint le duc de Bourgongne, quand il vint à Paris à main armée, et comment il alla à Chartres, devers le roy, là où une paix fu faicte par constrainte ou par faveur, et contre toutte raison, et qu'elle n'est pas digne de recittation; et mesmement que le duc de Bourgongne n'avoit point tenu les points contenus en icelle paix; par laquelle ils ne devoient pourchasser l'ung ne l'autre, ne à leurs gens ou serviteurs faire mal ne dangiers. Et il avoit faict morir Montagu, après ce qu'il l'avoit faict jehiner sy terriblement que tous ses membres furent desrompus par jehine[1], en hayne de ce qu'il estoit leur familier, si comme le remonstra à sa fin; car quand on luy deult copper la teste, il affermoit et print sur la dampnation de son ame qu'il n'avoit oncques veu ne perchéu que le duc d'Orliens deffunct pensast mal ne trayson contre le bien de la personne du roy. Secondement, pour che qu'il nourist et soustint les meurdriers quy par la dicte paix furent exceptés; et tiercement qu'il avoit destitué de tous offices leurs favourables et bouttés arrière du roy, pour y mectre les siens et pour gouverner à son plaisir. Puis ramenteurent le voyage qu'ils firent de Chartres à Mont-le-Héry et de Mont-le-Héry à Vincestre[2], et la paix qui y fut faicte, par laquelle debvoient estre mis en conseil et gouvernement du roy hommes preudhommes, et non suspects, et loyaulx, et non pensionaires de nulles des parties; et néantmoins le duc de Bourgongne, avant son partement, y avoit ordonné et laissié les siens familliers et serviteurs, par

(1) Torture. (2) Vincennes.

lesquels tout estoit faict en l'hostel du roy, qui estoit chose directement faicte contre icelle paix. Finablement requirent au roy, par leurs lettres, qu'il ne voeulle souffrir la mort de leur père demourer impugnye, mais leur voeulle faire justice ainssy que au cas appartenoit.

Lesquelles lettres, signées de leurs saings manuels, furent faictes à Jargiau, le 10e jour de juillet, l'an 1411; et furent venues au conseil du roy, et sur icelles furent dictes et remonstrées plusieurs oppinions. Mais néantmoins le duc de Bourgongne avoit adonc tant d'amis à la cour du roy que riens n'y fut respondu qui fut aggréable aux enfans d'Orléans. Mesmement fut envoyée la coppie des dictes lettres au duc de Bourgongne, par quoi il congnut qu'il auroit guerre prochainement. Sy se prépara à toutte dilligence pour résister contre eulx et tous ceulx quy nuyre le polroient.

Durant che, envoyèrent ces enffans d'Orléans plusieurs semblables lettres à plusieurs bonnes villes, requérants que chascun leur fust en ayde de venger la mort de leur père. Et pour che que du roy ne de la royne ne du conseil ils n'eurent point de response, ils envoyèrent encore unes lettres aultres au roy, contenant manière de sommacion; disant, se provision ne leur estoit faillie, qu'ils la querroient par aultre manière. Sy que le roy fut meu de parler à la royne au duc de Berry, et aultres, pour trouver aucun moyen pour les appaiser. Mais néantmoins on ne les pouvoit accorder; car le duc de Bourgongne ne voulloit faire quelque réparacion aultre qu'il avoit faict à Chartres. Et vint la chose à telle conclusion que les enfans d'Orléans se conclurent seulement de faire guerre au duc de Bourgongne, à l'ayde de plusieurs grans seigneurs quy leur avoient promis leur ayde et secours. Et de faict envoyèrent lettres au duc de Bougongne et messages par les quelles ils le deffioient pour la mort du duc d'Orléans leur père; les quelles lettres furent données à Jargiau, le dix-huitième de juillet an dessus dict. Et quand le duc de Bourgongne eult veu et receu les lettres de deffiance, il fist responce aux enffans d'Orléans et rescript que pour raison et droicture il avoit faict tuer et occire leur père, et que une fois il les feroit amender che que ainssy l'avoient deffié et chargié son honneur. Et furent les lettres données à Douay, le treizième d'aoust en suivant.

Quand le duc d'Orléans oit veu les responces du duc de Bourgongne, il se prépara de tous points à lui faire guerre; et envoya bouter gens de guerre en garnison ès villes de Roye, Ham, Charny, Clermont et aultres places là environ. Les quelles garnisons se prinrent à courre en Arthois et ailleurs, sur les terres de ceulx qui tenoient la partye du duc de Bourgongne. Et pareillement le duc de Bourgonge mist garnisons ès villes et forteresses, sur la frontière et allencontre des Orliénois. Ainsy commencha pays à destruire; mais touttefois, le duc de Bourgongne avoit adonc le roy de son party, par le moyen de ceulx quy le gouvernoient et estoient entour de luy.

Pour che tamps estoit cappitaine de Paris le bon Walleran de Sainct-Pol. Avant luy estoit Jehan de Luxembourg son nepveu, quy depuis fut nommé comte de Ligny, et fut chevalier de l'ordre de la Toison-d'Or, qui en son tamps fit de grandes vaillances. D'autres gens et seigneurs de Picardie estoient avec le roy; c'est à savoir messire Jehan de Thorsy, évesque de Tournay, le vidame d'Amiens, Antoine de Craon, le seigneur de Helly, Charles de Savoisy, Antoine des Essarts, Jehan de Courcelles, et aultres qui tout estoient Bourguignons; de laquelle chose les Orliénois estoient moult desplaisants; et se mirent sus à grand' puissance, et commencèrent à gaster le pays.

CHAPITRE IX.

Du mandement que le roi feit contre ses ennemis, les enfants d'Orléans, avec l'assemblée des gens d'armes et des Flamands que le duc fit.

Pour laquelle cause devant ditte, le roy fit de grands mandements, et fit crier sur son royaume que tout homme se mit sus pour le servir, et en son absence le duc de Bourgongne, pour aider à bouter hors du royaume ses ennemis, et au duc de Bourgongne fust faitte obéissance comme à lui-mesme, et que on lui fit ouverture, pour lui et les siens, toutes et quantes fois qu'il lui plairoit. Le duc de Guyenne, qui avoit espousé la fille du duc de Bourgongne, le manda par ses lettres, que le plus brief qu'il polroit il allast servir le roi et lui, en la plus grant puissance de gens d'armes, et de tant qu'il polroit finer, et en sa propre personne, pour résister et rebouter les Orliennois, qui gastoient le royaume en plusieurs lieux. Quand le duc de Bourgongne eut veu ces lettres du duc de Guyenne, il assembla gens d'armes de toutes parts en son pays de Flandre, de quarante à cinquante mille Flamands bien embastonnés, et si avoient bien douze mille charriots chargés d'armures et de leurs habillements. Le duc de Brabant y vint atout belle compaignie de ses gens, et messire Guillaume Baldoch, lieutenant de Calais, à trois cents combattants anglois, et grand planté de chevaliers et aultres, du pays d'Artois et de Bourgongne. Et estoit le duc de Bourgongne de là quarante mille combattants; et, à la requeste des Flamands, leur avoit abandonné ce qu'ils pourroient conquerre contre leurs ennemis.

CHAPITRE X.

Du désordre que les Flamands faisoient en l'armée du duc, dont plusieurs desbats s'ensuivoient.

Donc advint, quand ils vindrent aux champs en la fin de la comté d'Arthois, ils commencèrent à prendre et ravir tout ce qu'ils trouvoient, et troussoient sur leurs charriots; et pour le grand nombre qu'ils estoient, ne tenoient compte des gentilshommes ne d'autres; mais prenoient les meilleurs logis, et leur tolloient [1] leurs vivres et leurs fourrages, dont sourdirent plusieurs débats. Le duc de Bourgongne assembla tout son armée à Marquyon, entre Arras et Cambray, puis se mist en chemin pour aller mettre le siége devant la forteresse de Hem, où estoient ses adversaires. Et quand il fut devant la ville d'Athies-Guysiet, entre Marquyon et Hem, les bourgeois de la ville furent si espouventés de sa grand' puissance qu'ils lui portèrent les clefs de la ville, et par tant eschappèrent de péril et de dommage. Après se tira le duc de Bourgongne vers Hem; et, au prendre les logis devant la ville, ceux de la garnison saillirent; et là eut une grande escarmouche; mais l'effort des Bourguignons les fist retraire dedans la ville.

CHAPITRE XI.

Le siége devant la ville de Hem, qui feut à la fin abandonnée des Orliénois et pillée des Bourguignons.

Et lendemain, tout l'ost fut logié par bonne

(1) Enlevaient.

ordonnance. Ceux de dedans firent plusieurs saillies, où il y eut plusieurs hommes tués et bléchiés, tant d'une part que d'autre. Bombardes et canons y jettèrent, et rompirent portes et murailles en plusieurs lieux; mais ceux de la ville les réparoient le mieux qu'ils pouvoient de tonneaux, de bois et fiens [1]. Le duc de Bourgongne ordonna de faire ponts pour passer la rivière de Somme, afin de les enclorre de toutes parts. Ceux de la garnison, véants la grand' puissance, n'osèrent plus attendre, ains habandonnèrent la ville avec les plus notables gens, et partirent de nuit le plus secrettement qu'ils porrent, emportants de leurs biens che que povoient. Incontinent ceux de l'ost le sceurent. Si entrèrent sans deffense dans la ville, laquelle fut toute pillée et robbée. Les Flamands, qui estoient en plus grand nombre, tolloient aux autres che qu'ils avoient pris, dont plusieurs débats sourdirent en leur ost. La ville fut arse, l'abbaye, les églises, et plusieurs hommes, femmes et enfants qui se estoient muchiés et retraits ès cheliers; qui fut grand' pitié et aussi grand ébahissement aux autres villes du parti d'Orléans.

CHAPITRE XII.

Comment ceulx de la ville de Nelle se rendirent au duc de Bourgongne.

Quand ceux de la ville de Nelle sceurent la prise et la destruction de Hem, véants que leurs garnisons les habandonnoient, envoyèrent vers le duc de Bourgongne lui présenter les clefs de leur ville. Le duc les rechupt et les prit à merci, moyennant qu'ils abbatissent partie de leurs murs et de leurs portes. Ceux de la ville se rendirent ainsi au duc de Bourgongne, et lui firent serment qu'ils ne recepvroient ni obéiroient au duc d'Orléans, ne à ceux de son alliance. Pareillement le firent ceux de Chauny. Le duc de Bourgongne, venu à Roye et au pays d'environ, atout son ost, ainsi que avez ouï, envoya messire Pierre des Essars à Paris, devers le roi et les Parisiens, pour signifier sa venue et sa puissance; dont le roi, le duc de Guienne et les Parisiens furent moult esjouis.

(1) Foins.

CHAPITRE XIII.

Comment le duc d'Orliens et ses alliés passèrent Marne, et assemblèrent au pays de Vallois plusieurs gens d'armes de diverses langues, quy furent appelés Erminacques.

Entre ces choses, le duc d'Orliens, le comte d'Erminacques, le connétable de France, le maistre des arbalestriers de France, à grand' compagnie de gens d'armes, allèrent à Melun devers la reine, avec laquelle ils eurent aucun parlement; puis passèrent la rivière de Marne, et entrèrent en la duché de Vallois, appartenant au duc d'Orliens; et là assemblèrent les Orliénois, les ducs de Bourbon, d'Alenchon, Jehan, fils du duc de Bar, et pluiseurs autres de diverses langues et pays; lesquels, de lors en avant, furent nommés Erminacques, pour la bande blanche qu'ils portoient, qui étoit, comme l'on disoit, l'enseigne du comte d'Ermignacque. De la duché de Vallois les Orliénois prinrent leur chemin à Beaumont-sur-Oise; et en passant devant la cité de Senlis, un capitaine de Picardie, nommé Enguerrand de Bournonville, saillit sur eux, et rua jus aucuns de la compagnie des Orliénois; et y prit entre les autres choses ung charriot chargé de bachinets.

CHAPITRE XIV.

Comment les Flamands retournèrent de devant Mont-Didier, quoique le duc de Bourgogne leur feist remonstrer, et feurent conduicts en leur pays par le duc de Brabant, frère au duc de Bourgogne.

Or fault parler du duc de Bourgogne, et comment il s'en alla de Roye devant Mont-Didier, et là fut par aucuns jours logié. Là se commencèrent Flamands fort à lasser de tenir les champs, et envoyèrent leurs capitaines devers le duc de Bourgogne, demander congé de retourner en Flandre, disants qu'ils avoient servi autant de temps qu'on leur avoit requis et que promis avoient. Le duc de Bourgogne les cuida bien retenir; et par plusieurs fois leur remonstra et fit remonstrer que ses ennemis estoient prests, et de jour en jour attendoient la bataille, en leur requérant qu'ils voulsissent demourer avec lui encore huit jours tant seulement. Les capitaines des Flamands assemblèrent leur commun, et leur remonstrèrent la requeste que leur faisoit leur seigneur; mais, pour remonstrance nulle n'y voulrent demourer; et dirent qu'ils s'en iroient; et se prinrent à trousser tentes et autres bagues; et tous se mirent à retour vers leurs pays. Quand le duc de Bourgongne vit que remède n'y avoit, fut moult dolent, disant que ses ennemis estoient à une journée près de lui, qui diroient et publieroient partout qu'il s'en seroit enfui, et qu'il ne les osoit attendre. Quand le duc vit le délogement des Flamands, et qu'il demouroit bien esseulé [1], si eut conseil de soi retraire en Picardie, et ordonna le duc de Brabant, Anthoine, son frère, pour remener et conduire les Flamands au pays. Quand les Orliénois sceurent le deslogement des Flamands, et que le duc de Bourgongne estoit retourné en Picardie, ils en furent joyeux; et par aucun moyen cuidèrent avoir le roi de leur parti; et tirèrent droit à Paris, pensants que les portes leur seroient ouvertes. Mais ils trouvèrent le contraire, car ceux de Paris leur firent telle résistance et si dure qu'il les convint retourner devers Saint-Denis, laquelle leur fut rendue; et logèrent dedans.

CHAPITRE XV.

Comment la ville de Saint-Denis leur fut rendue; et de la guerre que les Orliénois firent aux Parisiens; et des bouchers de Paris.

Quand les Orliénois virent que on ne les volloit avoir dedans Paris, ils se mirent à faire guerre ouverte aux Parisiens et à ceux qui dedans estoient. En la ville de Paris estoient les bouchers en grand règne; et n'y avoit homme ne femme qui osast parler d'Orliens, de Berry, de Bourbon, ne de ceux tenant leur parti; et véritablement estoit grand' pitié de la rigueur que les bouchers faisoient à ceux qui estoient soupçonnés Orliénois, car il ne falloit que dire: « Velà un Erminacque! » on les alloit tuer ou noyer sans faire information nulle.

Quand le duc de Bourgongne fut retourné en sa ville d'Arras, il fit son mandement, asembla chevaliers, écuyers et gens de guerre; et d'autre part le vindrent servir les comtes d'Arondel et de Quinte, Anglois, que le roi d'Angleterre lui envoya, atout douze cents combattants.

(1) Seul, isolé.

CHAPITRE XVI.

Comment le duc de Bourgongne entra dedans Paris et prit la ville et tour de Saint-Cloud sur les Orliénois ; et de la guerre et prise de plusieurs places que le roy et le duc de Bourgongne feirent ès pays de Beausse et de Vallois.

Prestement que le duc de Bourgongne eut assemblé, son armée qu'on nombroit de six à sept mille combattants, il se mit à chemin pour aller à Paris ; et tira tout droit à Pontoise, et de là au pont de Meulan où il passa la rivière de Seine en tirant au loin du val de Jouy ; et s'en alla entrer dedans Paris par la porte de Saint-Jacques, qui est à l'opposite de la porte Saint-Denis, où les Orliénois étoient logiés. Or est ainsi que, avant la venue du duc de Bourgogne dedans Paris, le duc d'Orliens trouva moyen devers le capitaine de la tour du pont de Saint-Cloud, en laquelle le duc d'Orliens mist de ses gens dedans, et fit fortifier le villaige où se logèrent grand nombre de gens qu'on nommoit les Erminacques, qui faisoient tous les maux du monde, outre la rivière de Seine devers Paris. Quand le duc de Bourgongne fut entré dedans Paris, avant qu'il se logeast, alla tout droit au roi faire la révérence, et au duc de Guyenne, aisné fils de France. Le comte de Nevers, son frère, et le comte de Saint-Pol, qui dedans Paris estoient avec le roi, furent moult joyeux de sa venue icelle nuit. Et se logea en l'hôtel de Bourbon auprès du Louvre, où le roi estoit logié. Les Anglois furent logiés à Saint-Martin-des-Champs, et les autres partout avant la ville. Lendemain yssit de Paris une grand' compagnie de gens du duc de Bourgongne, entre lesquels estoit Jean de Luxembourg, nepveu du comte de Saint-Pol, en sa compaignie Enguerrand de Bournonville et plusieurs autres ; et allèrent courre devant la Chapelle, entre Paris et Saint-Denis, que les Orliénois avoient fortifié, et y tenoient un gros logis ; mais ce nonobstant, ils eussent esté en grand' aventure d'estre rués jus, n'eust esté qu'ils eurent secours de ceux de Saint-Denis. L'assaut fut grand et bien combattu, tant d'une partie que d'autre ; et en y eut plusieurs blessés, mais chose n'y fut faicte pour ceste heure. Le duc de Bourgogne, qui fort désiroit traveillier ses ennemis, assembla ses princes et seigneurs, et tint conseil. Là lui fut conseillé que bon estoit qu'il allast à Saint-Cloud pour essayer de rompre les logis des Orliénois et de plus grand plaisir ne pourroit faire à ceux de Paris ; par lesquels Orliénois tout le pays devers le Mont-le-Héry estoit en subjection. De che conseil fut le duc d'accord. A tous ceux qui là estoient si fut ordonné que, tantost après jour failli, on feroit sçavoir à tous les capitaines et chefs de chambres que secrettement ils s'apprestassent, eux et leurs gens, pour partir à minuit en la compaignie du duc de Bourgongne, sans nommer le lieu où ils devoient aller. L'ordonnance faite, le duc de Bourgongne se partit à l'heure devant dicte, qui fut le deuxième jour de novembre en icellui an, en sa compagnie le comte de Nevers, son frère, le comte de la Marche et plusieurs autres ; et fit guider lui et ceux qui conduisoient son ordonnance pour aller droit à Saint-Cloud, costiant la rivière de Seine du costé vers Mont-le-Héry. Et avec ce ordonna cent lances, hommes vaillants et bien montés qui, du côté vers Saint-Denis, chevauchèrent le plus secrettement qu'ils purent, tant qu'ils furent à l'endroit de la tour Saint-Cloud, pour garde que nul ne passast par là de la ville ne de la tour pour aller vers les Orliénois. Quand le duc de Bourgongne fut parti de Paris, il tira son chemin droit à Saint-Cloud, et moyennant les guides qu'il avoit, se trouva devant la tour assez près : celle nuit fist grand' froidure à merveille.

Et quand ce vint environ sept heures au matin, le duc de Bourgongne fit assaillir la ville, par deux ou trois lieux. Les Orliénois, qui grand nombre de gens estoient, vaillamment se deffendirent. L'assaut fut grand, le cri et la noise ; mais les Orliénois furent surpris, et ne peurent faire sçavoir à leur grand' puissance l'assaut que on leur faisoit ; car les cent lances du duc de Bourgogne, qui estoient d'entre le pont de Saint-Cloud, gardoient que nul ne pouvoit yssir. La besogne fut grande ; et y perdit maint homme la vie ; toutefois Orliénois y furent déconfits, dont pluiseurs, qui se cuidoient sauver et retraire en la tour de Saint-Cloud, furent noyés ; car la presse fut si grande sur le pont qu'ils boutoient l'un autre jus en l'eaue ; et avec ce on dit que le pont rompit, qui tout chargé de gens estoit. Et là furent, que morts que noyés, de neuf cents à mille hommes, et de quatre à cinq cents prisonniers ;

entre lesquels fut pris le seigneur d'Escambourg, messire Manssart Du Bois, Guillaume Battillier, et autres gens de nom. Et après celle déconfiture, retourna le duc de Bourgongne à Paris, et fut reçu des citoyens à grand louange.

Quand le duc d'Orliens et ceux de sa compaignie sceurent la déconfiture de leurs gens, furent moult dolents; pour laquelle cause se mirent à conseil. Si conseillèrent, vu la grand' puissance qu'avoit le duc de Bourgongne, qu'ils se partiroient celle nuit. Et firent ceste nuit secrettement ponts sur la rivière de Seine, pour passer à l'endroit de Saint-Denis. Ainsi se partirent; mais tout leur carriage et la plupart de leurs bagages demeurèrent, et s'en allèrent devers la duché d'Orliens. Le second jour après, les gens du duc de Bourgongne allèrent devant la tour de Saint-Cloud, et se rendit le capitaine à la volonté du roi, telle qu'il fit trancher la teste au capitaine de la tour, nommé Collinet de Puysseux, et aussi à messire Manssart du Bois, pour ce qu'il estoit natif de Picardie. Ne demeura guères après que le roi et le duc de Bourgongne envoyèrent le maréchal Boussicault, le seigneur de Helly, Enguerrant de Bournonville et Amé de Viry, atout grand' puissance, en la ville de Bonneval, lesquels faisoient guerre à la duché d'Orliens, au pays de Beausse et d'environ. Le comte Walleran de Saint-Pol eut charge d'aller avec grand' compagnie de gens de guerre en la duché de Vallois en la terre de Coucy, là où il fit grand' conqueste; et premier lui fut rendu Crespy en Vallois, Pierrefons, dont le seigneur de Bosqueaulx estoit capitaine, puis après la Ferté-Millon et Villers Cauterets. Après alla devant la ville et chasteau de Coucy, dont messire Robert d'Onne estoit capitaine. La ville ne tint guères, ains se rendit au comte de Saint-Pol. Le chasteau tint et fut assiégé et battu de canons, qui guaires n'y faisoient; car c'est une des belles et fortes places au royaume de France. Et quand le comte de Saint-Pol vit que ne le povoit avoir pour battre de canons, il fit faire plusieurs mines, entre lesquelles en y eut une qui s'adressa à l'encontre d'une tour qui se nommoit la tour Maistre-Odon. Quand les mineurs orent miné celle tour et mise sur estances [1], ils y bouttèrent le feu, et tellement que la

(1) Pieux.

tour qui estoit à terrasse se fendit en deux; et avalla une des parties en bas, sans soi desmaschonner, laquelle s'appuya contre l'autre partie qui demeura entière. A celle heure que la tour se fendit, avoit haut sur la terrasse deux hommes de guerre qui demeurèrent en leur estat, sur la partie qui demeura droite, mais furent fort épouvantés. Après che que le siège eut été longuement devant le chasteau de Coucy, ceux de dedens, véants qu'ils n'auroient point de secours, rendirent la place au comte de Saint-Pol.

CHAPITRE XVII.

Comment Walcran, comte de Saint-Pol, fut fait connestable de France, au lieu de Messire Charles de Labreth; et comment la comté de Vertus feut rendue au roy.

Après celle conqueste faite, le comte de Saint-Pol retourna à Paris, et fut de par le roi fait connestable de France, au lieu de messire Charles de Labreth [1], pour et à cause de la division qui lors estoit au royaume de France; car le seigneur de Labreth estoit Orliénois, et le comte de Saint-Pol Bourguignon. Le seigneur de Rambures fut fait maistre des arbalestriers, au lieu du seigneur de Hangest; le seigneur de Longy, mareschal de France, au lieu du seigneur de Rieux; messire Philippe de Cervolles, bailly de Vitery; et eut charge, de par le roi et le duc de Bourgongne, d'aller avec puissance de gens d'armes en Champagne, pour mettre en l'obéissance du roi plusieurs places, lesquelles estoient rebelles; et lui fut rendu pour le roi la comté de Vertus, Espernay et toutes les autres places d'environ, excepté Moismes, que messire Clignet de Brabant tenoit et messire Thomas de Largies. Si fut la place asségiée et pendant le siége, messire Thomas de Largies et messire Clignet de Brabant yssirent pour aller querre secours, et y laissèrent le frère de messire Clignet pour la garder. Toutefois ils n'orent point de secours et ne retournèrent point la deffendre, et fut la place rendue au bailly de Vitery, à la volonté du roi, qui fut telle que le frère de messire Clignet en eut la teste coppée.

(1) D'Albret.

CHAPITRE XVIII.

Comment messire Jehan, fils du seigneur de Croy, print le chastiau de Moncheaux, et en icelui trois des enfans du duc Jehan de Bourbon; et de plusieurs capitaines qui furent ordonnés de faire la guerre au duc d'Orléans et ses alliés, en divers lieux et pays.

En icelle saison, messire Jehan de Croy, fils du seigneur de Croy, véant que son père estoit prisonnier ès mains du duc d'Orliens, et en grand danger de mort, comme l'on disoit, trouva façon d'entrer dedans le chasteau de Moncheaulx, séant en la comté d'Eu, où il trouva trois des enfans du duc Jehan de Bourbon, lesquels il prit et mena prisonniers dedans la chasteau de Renty.

En icelle saison, le vidame d'Amiens eut charge d'aller devant Clermont en Beauvoisy, et lui fut rendu pour le roi et le duc de Bourgongne le chastel et la ville. Le bailly d'Amiens eut charge d'aller au pays de Boullenois; et à lui se rendirent, pour le roi, le chasteau et la ville de Boulongne, la comté d'Eu, Gamaches et tout le pays d'environ.

Vous avez ouy comment le comte d'Arondel et de Quinte furent, avec le duc de Bourgongne, à la prise de Saint-Cloud, qui fut une grande et belle besogne pour lui. Or, est vrai que le duc de Bourgongne, véant que ses adversaires étoient fort reboutés, il envoya les deux comtes d'Arondel et de Quinte en Angleterre; et en après fut ordonné le comte de la Marche et le seigneur de Hambye d'aller au pays de Beausse en la duché d'Orliens. Si advint que, quand ils furent logés au pays de Beausse, ils ne logèrent point ensemble, mais loin l'un de l'autre. Ceux qui dedans Orliens estoient le sçurent; si assemblèrent de cinq à six cents combattants, dont les seigneurs de Barbasan et de Gaucourt estoient chefs; et se partirent de la nuit; et tant chevauchèrent que vindrent au point du jour auprès d'un village nommé *Puiset, en* Beausse, où le comte de la Marche estoit logé, qui rien ne sçavoit de la venu des Orliénois. Si fut là pris le comte de la Marche et la plupart de ses gens, à bien peu de défense. Toutefois les aucuns allèrent vers le seigneur de Hambie, qui logé estoit assez près de là, qui se gouverna si bien qu'il reprit la plupart de ses prisonniers, et si rua jus des Orliannois de trois à quatre cents; et se ne fust la seule personne du comte de la Marche qu'ils emmenèrent, ils eussent beaucoup plus perdu que gagné. Or, tost après la besogne de Saint-Cloud, et en ce mesme mois, les ducs de Bourgongne et de Guyenne allèrent asségier la ville d'Estampes, laquelle estoit au duc de Berry; et en estoit capitaine un gentil chevalier, nommé messire Loys Bourdon. La ville ne tint point longuement; mais firent ouverture. Dedans laquelle logèrent les ducs de Bourgongne et de Guyenne. La forteresse fut asségiée, laquelle avoit trois tours. La place fut fort battue et minée; et furent, par force, la basse-cour et le chasteau pris, et le donjon de la grosse tour minée et mise sur estanches, par ceste sorte que qui eust vollu, on l'eust fait trébucher par terre. Mais dedans icelle tour avoit, avec le capitaine, un gentil chevalier du pays de Picardie, nommé le seigneur de Raon, prisonnier dedans ladite tour, lequel fit tant que le capitaine eut son traité, tel que, en rendant ladite tour, il auroit sa vie sauve; mais seroit prisonnier au plaisir des ducs de Guienne et de Bourgongne.

Après la reddition du castel et ville d'Estampes, lesdits ducs retournèrent à Paris, où ils furent, à grand' joie, reçus du roi et des autres, et là fut messire Loys Bourdon amené prisonnier, et depuis fut délivré et eut à la cour du roi gouvernement; lequel gouvernement fut à sa maladventure, car il fut accusé d'aucuns cas deshonnestes; par quoi il fut pris et rué par nuit en la rivière de Seine, où il fina ses jours. Après le retour d'Estampes, qui fut à l'entrée de décembre en l'an onze, plusieurs capitaines, tenans la partie du roi et du duc de Bourgongne, furent envoyés pour faire guerre aux Orliénois et à ceux qui tenoient leur parti; c'est assavoir, messire Guichart Daulphin, le seigneur de Helly et autres au pays de Berry; Amé de Viry, au pays de Bourbonnois. Le seigneur de Helly, lui estant au pays de Berry, en un village, fut pris dépourvu de gens, du duc de Berry, au point du jour; et là perdit la plupart de ses gens; mais depuis ne demeura guaires que ne se remonta, et depuis fit-il de très belles besognes, tant en Berry comme en Guyenne, dont il fut fait sénescal; et là se trouva grandement accompagné de noblesse, tant de Picardie de Flandres, de Tourraine que de Guyenne. Ainsi que le seigneur de Helly estoit un jour en la ville de Saint-Jean-d'Angéiy, nouvelles lui vindrent de La Rochelle, qu'on avoit vu, sur le costé d'Angleterre, navires de guerre qui prenoient le chemin pour aller vers La Rochelle, comme il sembloit. Or, tenoient alors une petite ville nommée Soubise les Anglois, séant sur la mer, à trois lieues de La Rochelle, dont un chevalier d'Angleterre, nommé messire Thomas Blood, estoit capitaine. Et sembloit à ceux de La Rochelle que les navires venoient à Soubise, mener vitailles; et dirent au seigneur de Helly que, s'il vouloit aller a La Rochelle, ils lui bailleroient navires pour aller au-devant des Anglois, et qu'il ne poiroit faillir de les trouver. Le seigneur de Helly crut iceulx de La Rochelle, et alla en leur ville, et monta en mer, cuidant trouver les Anglois; mais, pour abréger, ils ne les trouvèrent point. En retournant vers La Rochelle, il le convenoit passer devant la ville de Soubise. Or est vrai que quand ledit seigneur de Helly vint devant ladite ville, il requit à ses maronniers que ils le descendissent à terre, car il vouloit voir de quelle advenue estoit la ville de Soubise. Les maronniers s'excusèrent fort, disants que la mer se retraioit et que leur gros navire ne poiroit approcher la terre. Il répondit qu'il volloit descendre et qu'on le mist en bottairins; et de fait descendit et aucuns de ses gens au mieux que povoient. Les Anglois, qui dedans Soubise estoient, se mirent tous en armes. Véants que les gens du seigneur de Helly descendoient à très grand peine, et que ceux des navires ne pourroient secourir ceux de la terre, et qu'ils estoient assez forts pour iceux combattre, saillirent hors de leur ville, et combattirent le seigneur de Helly, qui bien se deffendit, car il estoit vaillant chevalier. Là, fut le noble chevalier de Helly pris, et de bien nobles gens de sa compagnie morts et prins ; et là moururent messire Helly, son frère, le seigneur de Bailleul en Flandre, messire Jehan Oudard et plusieurs autres, et ceux des navires qui ne pouvoient secourir le seigneur de Helly se retournèrent à La Rochelle. Par ceste malle fortune fut la compagnie du seigneur de Helly rompue, et s'en retourna chacun en son pays.

CHAPITRE XIX.

La délivrance du seigneur de Croy et des enfants du duc de Bourbon; et comment le seigneur de Croy feut fait gouverneur du Boullenois, chastellain de Bray-sur-Somme, et grand bouteiller de France.

Au mois de mars ensuivant, à la prière et requeste de la duchesse de Bourbon, fille du duc de Berry, fut, par le duc d'Orliens, le seigneur de Croy mis à plaine délivrance de la prison où il avoit longuement esté; et fut envoyé des gens du duc d'Orliens jusques auprès de Paris; et à son partement promit sur sa foi de tant faire vers son maistre le duc de Bourgongne que les enfants de Bourbon, qui estoient prisonniers, seroient délivrés. Et quand il fut venu à Paris, le duc de Bourgongne et le duc de Guyenne le rechurent à grand' joie. En briefs jours après, le seigneur de Croy fit requeste, laquelle avoit promis, de la délivrance des enfants de Bourbon, laquelle lui fut accordée de par le roi. Si furent mandés au chasteau de Renti, et furent amenés à Paris, et de là furent renvoyés franchement sans riens payer; et les conduisit messire Jean de Croy jusques aux terres du duc de Berry; mais le fils de messire Manssart du Bois, qui avoit esté pris avec eux, demeura prisonnier au chasteau de Renti. En outre, le seigneur de Croy, par l'ordonnance et consentement du duc de Bourgongne, fut ordonné de par le roi gouverneur de la comté de Boullogne et chastellain de Bray-sur-Somme ; et encore lui fut donné derechef, à la requeste du duc de Bourgongne, l'office de grand boutillier de France, et à messire Pierre des Essarts, prévost de Paris, se lui fut baillé l'office d'estre maistre des eauwes et forests, lequel tenoit par avant Walleran, comte de Saint-Pol, connétable de France.

CHAPITRE XX.

Comment le bailly de Caen, en Normandie, print aucuns des ambassadeurs et tous leurs papiers et instructions, que les ducs de Berry, d'Orliens et de Bourbon et aultres, leurs alliés, envoyoient en Angleterre, l'an 1412.

Au commencement de cest an 1412, les ducs de Berry, d'Orliens et de Bourbon, les comtes de Vertus, d'Angoulesme, d'Alenchon, d'Erminacq et le seigneur de Labret, soi disant connétable de France, avec eux aucuns grands seigneurs de leur alliance, pour eulx fortifier et à leur pooir de tout nuire au duc de Bourgongne, envoyèrent leurs ambassadeurs devers le roi Henri d'Angleterre, avec lettres garnies et scellées, et instructions, afin de besoigner avec lui selon la charge qu'ils avoient des seigneurs dessus nommés. Mais ainsi que ces ambassadeurs passoient sur le pays du Maine, pour aller en Bretagne, et de là en Angleterre, furent poursuivis par le bailly de Caen, en Normandie, lequel, à l'aide d'aucuns hommes qu'il assembla, les rua jus, et en print une partie avec toutes leurs lettres scellées et instructions, et les autres se sauvèrent le mieux qu'ils polrent. Après ce jour, envoya toutes icelles escriptures et besognes au roi. Et estoient icelles lettres en un sac de cuir qui estoit scellé pardessus, et pour icelles voir et visiter. Le premier merquedi après Pasques, le roi estant en l'hostel de Saint-Pol tenant son hostel, où estoient le roi de Secylle, les ducs de Guyenne et de Bourgongne, les comtes de Charrolois, de Nevers, de Mortaing et plusieurs autres, fut proposé par le chancellier du duc de Guyenne d'assigner le seigneur de d'Ollehain [1], comme n'a gaires lui avoit esté baillée en garde, par l'ordonnance du conseil du roi, un sacq de cuir, auquel estoient plusieurs papiers, qui avoient esté trouvé et pris par le bailly de Caen en la compagnie d'un chevalier chambellain du duc de Bretagne, de frère Jacques Petit, de l'ordre de Saint-Augustin, et autres ambassadeurs des dessus nommés; et là récita ledit chancellier, comment en icelui sacq avoient esté trouvé quatre blancs scellés de quatre grands sceaulx, et signés de quatre seings manuels, c'est assavoir Berry, Orliens, Bourbon et Alenchon; et en chacun estoient leurs noms escripts dessus les sceaulx en marge, et n'y avoit autre escript. Et aussi avoient trouvé plusieurs lettres addressans au roi d'Angleterre, à la reine et à ses quatre fils, et pareillement au duc de Bretagne, au comte de Richemont et aussi à plusieurs autres grands seigneurs d'Angleterre. Et si portoit frère Jacques Petit plusieurs lettres de crédence, èsquelles n'avoit nulles subscriptions, adressants au roi et à la reine d'Angleterre; et furent icelles publiquement leutes, et par icelles nommoit, le duc de Berry, le roi d'Angleterre, « mon très redouté seigneur et nepveu, » et la reine, « ma très redoutée dame niepce et fille; » et estoient signées de la propre main du duc de Berry, et en icelles qu'il envoyoit à la reine, avoit escript deux lignes de sa main. En outre là furent, présents le roi et les princes, et tout le conseil, montrés les blancs scellés des dessusdits, et les tint le roi en sa main : et si avoit une petite cedulle par manière de libelle, contenant une feuille de papier, auquel estoit l'instruction des dessusdits ambassadeurs; et estoit contenu dedens comment ils réciteroient les propositions faittes par la duchesse d'Orliens et ses enfants, contre le duc de Bourgongne, pour la mort du duc d'Orliens; réciteroient aussi comment, par plusieurs fois, pour icelle mort ils avoient sommé et requis le roi à faire et avoir justice du duc de Bourgongne, laquelle ils n'avoient pu obtenir, pour tant que le duc de Bourgongne avoit tellement séduit le roi, disant comment le duc d'Orliens avoit esté faux et traistre contre le roi et sa majesté; et disoient aussi que le duc de Bourgongne avoit séduit le peuple, espécialement celuy de Paris; aussi fait courre langaiges que les dessus nommés volloient déposer le roi de sa couronne, et détruire sa génération, che qui estoit faux et n'avoient oncques pensé. Et si estoit aussi que le duc de Bourgongne avoit mis en indignation devers le roi Jean, duc de Bretagne, pour la cause qu'il avoit rompu le voyaige de Calais, et plusieurs autres choses que le duc de Bourgongne vouloit faire contre le roi d'Angleterre; et comment il avoit séduit le peuple de Paris contre le roi et son fils de Guyenne; que tout entierement ils estoient gouvernés par leurs mains, et estoient devers eux en telle subjection que à peine osoient dire mot. Et ainsi ceux de Paris, sous ombre d'une bulle donnée par Urbain, pape quint, pour les grands compagnies qui estoient venues en France, les dessus nommés et tous leurs alliés contre raison avoient esté dénoncés et excommuniés, et comment ils avoient contraint l'official de Paris par force, de faire procès contre eux, afin qu'ils fuyssent dénunchiés, excommuniés et rengrevés; et apprès que bien se gardassent lesdits ambassadeurs d'eux descouvrir à homme d'Angleterre, s'ils ne sentoient qu'ils fuyssent de la bende des dessusdits. Et quand auroient dit publiquement au roi d'Angleterre ce que dessus est touchié, se lui dissent qu'ils avoient à

---

[1] Il s'appelait Jean de Nielles.

parler à lui à part; c'est assavoir comme ceux de Berry, Orliens, Bourbon et Allenchon vouloient du tout son bien et son honneur, et eux allier avec lui, et luy aider et conforter allencontre du duc de Bourgongne, et aussi contre ceux de Galles et d'Ibernie; et outre, luy dissent que au cas qu'ils ne polroient venir à leurs conclusions contre les Escochois, qu'ils s'y emploieroient de tous leurs povoirs; et se ainsi estoit que il ne se poeult faire, ils feroient tant que la paix seroit faicte entre lui et le roi. Et en outre que, s'il y avoit aucunes terres sur la mer où il voulsist faire aucunes demandes ou avoir aucun droit, ils feroient tant qu'il seroit content. Et lui dissent encoires, comment, par deffaulte de justice, ils venoient devers lui pour avoir droict et raison de la mort du duc d'Orliens; et comment, pour le nom de roi qu'il porte, lui appartient faire justice; et que ce lui seroit plus grand honneur perpétuel de tant noble sang, comme estoit le duc d'Orliens. Et se lui dissent comment les dessus nommés le serviroient de tout leur povoir, lui et ses enfants, et aussi les siens, au temps advenir; laquelle chose pourroient bien faire contre tous les plus puissants et plus nobles du royaume de France. Et en outre, que lesdits ambassadeurs requissent au roi d'Angleterre, d'avoir trois cents lances et quatre mille archers, lesquels on payeroit pour quatre mois. En après, fut montré par ledit chancellier de Guyenne un petit traité, lequel frère Jacques Petit avoit fait sur le gouvernement du roy de France, contenant plusieurs articles; et fut leu publicquement; entre lesquels estoit que, sur chacun arpent de terre fut imposé une aide qui seroit nommé fons de terre. Et pareillement que en ce royaume on ait greniers de bled et d'avoine au profit du roi, et encore pluiseurs autres choses que pour cause de brief je ne voeul réciter, pour ce que les chroniques de France en font tout au long mention; car tant estoit grande la haine contre le duc de Bourgongne, de ces seigneurs, qu'il ne leur chaloit qu'ils feissent pour estre vengiés de lui et le mettre au-dessous. Mesmement y avoit autres lettres lesquelles furent leutes publiquement, contenants que n'avoit gaires de temps que les ducs d'Orliens avec leurs alliés furent assemblés en la ville de Bourges, et que là ils avoient renouvellé leurs sermens, en concluant destruire le roi et le duc de Bourgongne, et la royne, et la bonne cité de Paris, si les voulloient aidier allencontre d'eux, ou ils seroient destruits et morts en la paine.

Quand le roi entendy ceste clause, de son propre mouvement, moult fort plourant, respondy et dit: « Nous véons bien leur mauvaise
« volonté; pourquoi nous prions et requerons
« à vous tous, qui estes de notre sang, que nous
« aidiez et conseilliez contre eux; car il nous
« touche et à vous aussi, et à tout nostre
« royaume. » Et pareillement en pria les autres là estant. Et adonc le roi de Secylle se leva, en soi mettant à genoux devant le roi et dit:
« Sire, pour l'honneur de vous et de votre
« royaume, je supplie qu'il vous plaise ceste
« besogne bien et diligemment solliciter, et
« avoir au cœur, car il est grand' nécessité. » Et pareillement firent les autres ducs, comtes et autres seigneurs, et se offrirent à servir le roi de toute leur puissance. Et après ces besognes ainsi dittes, les matières des dessusdictes furent publiées parmi Paris et à pluiseurs données par escrit.

En cest an et mesme jour, Louis, duc de Bavière, frère de la reine, estant à Paris, fut soupchonné par les Parisiens avoir dit aucunes paroles au roi et au duc de Guyenne en la faveur des ducs de Berry, d'Orliens et leurs alliés. Pour laquelle cause, et aussi pour doubte que ceulx de Paris ne lui feissent aucun danger, s'en partit et s'en alla en son pays en Allemagne. Et assez tost après, le roi d'Angleterre fit crier à son de trompe, en sa ville de Calais et aultres lieux, et frontières du Boullenois à lui subjectes, que nul, de quelqu'état qu'il fut de son obéissance, n'allast au royaume de France pour servir en armes ne autrement, sur peine de confiscation de corps et de biens.

Ainsi que vous avez ouy se demenèrent les besognes en France, après ces consaulx, lettres et instructions, et autres gloses veues par le roi en son conseil.

CHAPITRE XXI.

Comment les sièges furent mis devant les ville et chasteau de Danfrons, et ville et chasteau de Saint-Remy, tenant le parti des Orliennois, qui furent rendus au roy.

Le roi de Secille, par l'ordonnance du roi, se partit de Paris, le mardi vingt-huitiesme d'avril, moult bien accompagné de gens d'armes, et alla mettre garnison par toutes ses villes et forteresses de ses pays d'Anjou et domaines à l'encontre des comtes d'Alenchon et de Richemont. D'autre part, furent envoyés au pays d'Alenchon, pour le mettre en l'obéissance du roi, messire Anthoine de Craon et le Borgne de Heuze, bien accompagnés de gens de guerre. Lesquels mirent le siège devant la ville de Danfrons, laquelle leur fut rendue; mais le chastel ne polrent avoir. Toutefois ils l'asségièrent de tous côtés. Quand ceux du chastel se virent asségiés, ils envoyèrent devers le comte d'Allenchon, lui requérant que les voulsist secourir. Si leur promit secours en briefs jours, disant qu'il combatteroit ceux qui tenoient le siège. De laquelle response furent advertis ceux qui tenoient le siège. Si mandèrent incontinent au roy qu'il leur envoyast aide; laquelle chose il fit; et y envoya le comte de Sainct-Pol, connestable de France, et un des maréchaux de France, à grand puissance. Et pareillement le roy de Secylle y envoya une belle compaignie; mais au jour que le comte d'Alenchon avoit assigné journée de combattre, il n'y vint point. Lors le connestable et autres, véans que leurs adversaires ne s'estoient apparu pour lever le siége, firent édifier devant le chastel de Danfrons une forte bastille, dedans laquelle, et en la ville, ils laissèrent grans gens pour asségier ceux du chastel; puis se partit le connestable, et alla mettre le siège devant Saint-Remy-au-plain, et envoya à Vernon querre les bombardes et engiens de guerre pour amener au siège. En la compagnie du connestable estoit Jehan de Luxembourg, son nepveu, et plusieurs autres notables seigneurs, jusques au nombre de douze cents lances et grand nombre d'archers, lesquels tous ensemble se logèrent en la ville de Sainct-Remy, et alenviron, moult forte place et bien garnie de gens de guerre. Le connestable les fit sommer d'eux rendre en l'obéissance du roy; ils le refusèrent. Après icelle sommation, y jetèrent bombardes et canons, dont la place fut fort battue et adommagée. Durant le siège, le seigneur de Gaucourt, messire Jean de Trèves et autres capitaines, tenans la partie d'Orliens et d'Alenchon, se mirent ensemble atout grand nombre de combattants, le plus secretement qu'ils polrent, en intention de frapper sur ceulx du siége, cuidans iceux trouver à despourveu; mais de leur venue et de leur puissance fut le connestable adverti. Si fit hastivement ordonner ses batailles aux champs. Son ordonnance faite et véant ses ennemis, plusieurs escuyers, espérans la bataille, lui requirent l'ordre de chevallerie. Le connestable en fit de nouveaux chevaliers. Là fut fait chevalier Jehan de Luxembourg, Jean de Beaussault, Allart de Harbaumes, le Brun de Sains, messire Robert de Pierrecourt, Regnaut d'Azincourt et pluiseurs autres.

Quand le connestable eut ordonné ses batailles, il se mit à pied auprès de sa bannière. Les Orlienois qui, à cheval estoient, se prinrent à courre par force grande dedans la ville Sainct-Remy, cuidans y trouver leurs ennemis, pensans qu'ils ne fussent point advertis. Quand ils perchurent qu'ils estoient en bataille, ils se assemblèrent faisans grands cris. Les hommes d'armes à cheval se frappèrent devant un petit nombre des archers du connestable et en tuèrent de vingt à trente; mais le connestable et ses gens tinrent ordonnance, et se gouvernèrent si vaillamment que les Orlienois furent desconfits, et en brief se mirent en fuite. Les gens du connestable se montèrent à cheval, et là y ot grand' chasse et poursuite, où il y ot maint homme mort; et, au retour de la chasse, ramenèrent bien de quatre-vingts à cent prisonniers; et, tout droit à leur proie vindrent, devant le connestable, qui tenoit son ordonnance et menoit grand joie de la victoire. Entre lesquels prisonniers estoit le seigneur d'Anières, messire Jehan de Garensières et plusieurs autres. Or est vrai qu'avecque les gens de guerre tenans le parti des Orlienois estoient plusieurs paysans, dont en y ot de tués de trois à quatre cents. Après la victoire et la reddition du chastel de Saint-Remy, le connestable se retrait dedans la ville de Danfrons, et fist préparer et mettre ses gens en ordonnance pour de tous points asségier le chastel. Ceux du chastel véans qu'ils auroient le siège, et que, entendu la bataille qui avoit esté donnée devers Sainct-Remy, il n'estoit point vraisemblable à avoir secours, rendirent la place, moyennant qu'ils se partiroient saufs en leur corps et biens. Après la conqueste de Danfrons et de Sainct-Remy au plain, le connestable et ses gents retournèrent à Paris. Lequel fut rechu à grand joie et honneur, pour la victoire que Dieu lui avoit envoyé.

CHAPITRE XXII.

Comment les ducs de Berry, de Bourbon et d'Orliens, envoyèrent derechef ambassade au roy d'Angleterre ; et des alliances et traités qui se firent entre eulx.

Autre ambassade fut faite de par les ducs de Berry, de Bourbon, d'Orliens et comte d'Alenchon, oyans les nouvelles de la mauvaise adventure de leurs gens, et aussi que de jour en jour les gens du roi s'efforçoient d'eux faire guerre, et prendre villes et chasteaux sur eux ; pourquoi eux tous ensemble conclurent derechief d'envoyer devers le roy d'Angleterre, pour avoir secours et aide. Si ordonnèrent leurs ambassadeurs; et les envoyèrent en Angleterre. Lesquels se gardèrent mieux que la première fois, et trouvèrent le roy d'Angleterre logié dedans un de ses manoirs de plaisance, nommé Eltham, séant assez près de Londres. Le roi d'Angleterre les rechupt moult honorablement, et en brief eurent audience, et présentèrent leurs lettres au roi, qui contenoient crédence sur eux. Après la lecture des lettres, les ambassadeurs déposèrent leurs créances, selon le contenu de leur instruction ; et dirent : que, entre autres choses, n'avoit gaires de temps que les ducs de Berry, d'Orliens, et autres leurs alliés, avoit mis sus une ambassade pour aller devers lui, portant lettres scellées par leurs maîtres ; mais en chemin avoient été rués jus, et leurs lettres prinses et ostées, et la plupart détenus prisonniers. Le roi d'Angleterre respondit qu'il en estoit desplaisant, et que bien eust vollu que fuissent venus sans encombrier vers lui. Finablement, après plusieurs secrets consaux que iceulx eurent avec le roy d'Angleterre, et moyennant les scellés de leurs maîtres qu'ils avoient portés avec eux, traictèrent tant que le roi d'Angleterre fut content d'envoyer au duc de Berry et d'Orliens, son second fils, Thomas, duc de Clarence, accompagné des gens d'armes qu'il avoit requis ; et d'icelui traité et promesse bailla aux ambassadeurs ses lettres scellées de son grand sceau, dont ils furent moult joyeux. Leurs besognes faites et accomplies, prinrent congé du roy d'Angleterre, et s'en retournèrent en France devers les ducs de Berry, d'Orliens et de Bourbon, et autres qu'ils trouvèrent en la cité de Bourges, qui furent moult joyeux quand vinrent les scellés du roi d'Angleterre ; car chacun jour attendoient d'en avoir affaire, parce qu'ils savoient que le duc de Bourgongne menoit le roi avec toute sa puissance allencontre d'eulx, pour les subjuguer.

Le roy d'Angleterre, ses enfants, d'une part, et les ducs d'Orliens, de Berry et de Bourbon, les comtes d'Allenchon, d'Erminacq, d'Albret, et autres de leurs alliés, d'autre part, firent traité ensemble, en l'an 1412[1], le huitiesme jour de mai.

« Premièrement, fut accordé par les dessusdits seigneurs, ou par leurs procureurs, que doresnavant exposeroient leurs personnes et toute leur puissance à servir le roy d'Angleterre, ses hoirs et successeurs, toutes et quantesfois qu'ils en seroient requis, en toutes ses justes querelles ; èsquelles justes querelles recognoissent que la querelle que le roi d'Angleterre maintient en la duché de Guyenne et en ses appartenances, est bonne et juste, et que ladite duchié lui appartient par droit, héritage et succession naturelle, et déclarent dès maintenant, qu'ils ne blessent aucunement leur léauté en persistant en che avec le roy d'Angleterre.

Item, iceulx seigneurs, ou leurs procureurs suffisamment fondés, offrent leurs fils, filles, niepces, nepveux, selon la disposition du roy d'Angleterre.

Item, offrent villes, terres et forteresses, tous leurs biens, à l'aide dudit roi d'Angleterre, en ses querelles en la restitution de la duché de Guyenne.

Item, toutes fraudes cessans, iceulx seigneurs sont prests de reconnoistre audit roy d'Angleterre la duché de Guyenne estre sienne, et en telle et semblable franchise qu'auleuns de ses prédécesseurs tindrent et possédèrent.

Item, reconnoissent les dessusdits seigneurs que toutes les villes, chasteaux et forteresses qu'ils tiennent en la duché de Guyenne, ils les tiennent et veulent tenir du roy d'Angleterre, comme de leur vrai duc de Guyenne ; et promettent tous services deubs pour hommage, par la meilleure manière qu'il se poeult faire.

Item, en après est déclaré comment èsdites lettres scellées il plaist au roy d'Angleterre que le duc de Berry, son loyal oncle, sujet et

(1) Et 1413, n. st.

vassal, et pareillement le comte d'Erminacq, tiennent de lui en foi en hommage les terres et seigneuries que s'ensuit : le duc de Berry tenra la comté de Poitou sa vie durant ; le duc d'Orliens tenra la comté d'Angoulesme sa vie durant, et la comté de Pierregort à toujours ; le comte d'Erminacq tenra quatre chasteaux déclarés ès lettres scellées sur ce faites.

Item, et parmi ces promesses faictes, le roy d'Angleterre et duc de Guyenne doibt deffendre les dessusdits seigneurs contre tous leurs ennemis, et à eux donner secours comme à leurs vrais subjets, et avec ce leur faire son accomplissement de justice du duc Jehan de Bourgongne. Et en oultre, ne fera le roy d'Angleterre nuls traictiés, confédérations ne accords avec le duc de Bourgongne, ses alliés et amis, sans le consentement des dessusdits seigneurs.

Item, leur enverra présentement le roy d'Angleterre huit mille combattants, pour eulx faire secours contre le duc de Bourgongne, qui s'efforce de mener le roi à toute sa puissance contre eux.

Icelles lettres de confédérations et alliances entre icelles parties furent passées et scellées des sceaux des deux parties, le huitiesme de mai 1412. Toutefois les dessusdits seigneurs promirent payer les gens du roy d'Angleterre, et à ce s'obligèrent suffisamment. A laquelle promesse le roy d'Angleterre ne faillit point : car, pour le temps que le siège estoit devant Bourges, moult tost après le roy d'Angleterre envoya son second fils et secours auxdits seigneurs, atout le nombre de huit mille combattants, pour aller et résister allencontre du duc de Bourgongne ; auquel en advinrent pluiseurs maux et tribulations en France, et plus que par avant. Et aussi en ceste mesme année le roy Henri trespassa de che siècle, comme cy après polrez voir.

Vérité fut que, en ce temps, le roi, pour mettre ses ennemis en son obéyssance, manda par tout son royaume gens d'armes pour venir vers lui à Paris ; et avec ce furent mandés grand nombre de charrettes ; et aussi les ducs de Bourgongne et de Guyenne firent très grans mandemens. Les Parisiens, en grand nombre, avec ceux de l'université, véans que le roi estoit prest d'aller en son voyage, en la présence de son conseil, lui requerrent instamment qu'il ne fist accord ne traictié avec ses ennemis sans ce qu'ils y fuissent comprins et dénommés. La requeste leur fut accordée. Le roi issit de Paris, en noble arroi, le sixième jour de mai d'icelui an, et alla au bois de Vincennes, où estoit la royne sa compaigne ; et de là alla à Melun, accompaigné des ducs de Bourgongne, de Guyenne et de Bar, des comtes de Mortaing et de Nevers, avec pluiseurs autres grands seigneurs, et print son chemin pour aller mettre le siége devant la ville de Bourges, comme il fit. Durant lequel temps les Anglois de la frontière de Boullenois prindrent d'emblée la forteresse de Bavelenghen, située entre Ardre et Calais, laquelle appartenoit au seigneur de Dixmude, nonobstant que pour lors avoit trèves scellées entre les deux rois. Et fut commune renommée que le capitaine de ladite place, nommé Jean d'Estenbecque, l'avoit vendue, et rechupt argent des Anglois. Pour laquelle prinse, quand les nouvelles furent espandues par le pays, le peuple tenant le parti des François fut moult troublé. Le capitaine et sa femme demourèrent paisiblement avec les Anglois ; par quoi fut assez à voir que c'estoit assez son consentement ; et aucuns souldoyers qu'il avoit avec lui furent prisonniers, et mis à ranchon.

CHAPITRE XXIII.

Des lettres que le roy d'Angleterre envoya aux Gantois, à ceulx de Bruges et du Franc ; et comment la ville de Guisnes feut prinse des Franchois.

En ce temps-là fut rompue l'alliance et le traictié que le roi Henri avoit voulu avoir pour le mariage de son fils ains-né avec la fille du duc de Bourgongne. Et fut du tout retourné par le moyen du traictié qu'il avoit fait avec les Orliénois ; et puis envoya aux Gantois et à ceux de Bruges et du Franc, lettres en franchois, dont la teneur s'ensuit :

« Henri, par la grace de Dieu roy de France et d'Angleterre, seigneur d'Irlande, à honnorés et sages seigneurs bourgmaistres et eschevins des villes de Gand, de Bruges, d'Yppre et du territoire du Franc, nos très chers et espéciaux amis, salut et dilection. Il est venu à nostre cognoissance, par relation créable, comment, sous ombre de nostre adversaire de France, le duc de Bourgongne, comte de Flandres,

CHAPITRE XXIII.

print et vocult prendre son chemin vers nostre pays d'Acquitaine, pour icelui gaster et destruire et nos subjets, et par espécial nos très chers et bien aimés cousins, les ducs de Berry, d'Orliens et de Bourbon, les comtes d'Alenchon, d'Erminacq et de Labreth, qui se disoit connestable de France. Pourquoi, se vostre seigneur persévère en son vicieux et maulvais propos, vous nous voeuilliez, par le porteur de ceste, signifier par vos lettres, le plustost que polrez, se ceux du pays de Flandres voeullent pour leur partie tenir les trèves entre nous et eulx dernièrement faictes et données, sans vous assister au maulvais propos de vostredit seigneur contre nous. Entendans, très honorés seigneurs et très chiers amis, en ce cas que vous et les communes de Flandres le voudroient tenir et garder au profit du pays de Flandres, nous entendons et avons proposé de faire pareillement de nostre partie. Très chiers et honorés seigneurs et amis, le Saint-Esprit vous en ait en sa sainte garde. Donné sous nostre privé séel, en nostre palais de Wesmoutier, le 16 de mai, l'an 1412. »

Les Flamands, ayant receu ces lettres, respondirent et dirent au porteur : que les trèves dont lesdites lettres faisoient mencion ne voeulloient nullement enfreindre, mais aussi au roy, leur souverain seigneur, et à leur seigneur duc de Bourgongne, comte de Flandres, assisteroient comme autrefois ils ont fait, selon leur povoir; et autre response ne firent au porteur desdites lettres. Lequel retourna hastivement à Calais, et de là en Angleterre, où il fit son rapport de la response de ceux de Flandres ; de laquelle le roy d'Angleterre ne fut pas trop bien content, mais pour l'heure ne fit autre chose. Après ce que le hérault du roy d'Angleterre se fust parti, les Flamens envoyèrent un messager, atout les lettres à eulx envoyées de par le roy d'Angleterre, en la ville de Sens, où estoient le roy et le duc de Bourgongne. Si bailla les lettres au roy, en la présence du duc de Bourgongne et de tous les princes; dont et de laquelle response que les Flamens avoient faite au hérault, le roy et le duc de Bourgongne furent bien contents. Le roy, estant encore avec les princes à Sens en Bourgongne, ouyt certaines nouvelles que le roy d'Angleterre vouloit envoyer aucuns de ses gens en France pour gaster son royaume, et que déjà estoient issus de Calais et d'autres forteresses, en tirant sur les frontières du Boullenois, et commençoient à courir et faire innumérables maux, en enfraignant les trèves qui estoient entre eulx. Et pour obvier aux entreprises du roy d'Angleterre, fut envoyé ès parties de Boullenois le comte Waleran de Saint-Pol, lors connestable de France, qui hastivement se partit du roy, avecque lui le Borgne de la Heuse et autres chevaliers, et alla à Saint-Omer, à Boullogne et autres places sur les frontières; si les garnit et renforça de gens de guerre pour résister aux Anglois. Tantost après, toutes ces places ainsi pourvues, toute la terre et frontière des Anglois fut esmute et plaine de rigoeur et de rumeur; mais ils cessèrent pour adviser la manière des François. Toutefois gaires ne se tinrent sans mal faire, et commencèrent à courre, prendre prisonniers, et faire le pis que povoient. Le connestable, véant leur manière, tint conseil avec ses chevaliers et autres. Le conseil tenu, il assembla jusques au nombre de trois cents lances et six cents hommes archiers, lesquels conduisoient le seigneur de Louroy et un nommé Aliam Becquetin. Il envoya devers la ville de Guisnes, quand ils commencèrent à approcher, et tout à pied. De par un autre costé, estoit envoyé messire Jean de Remy avec quarante lances ; car bien savoit les entrées de la ville, afin de montrer par quel lieu il debveroit assaillir. Laquelle ville estoit close de bons fossés, et sy estoit garnie d'Anglois, Hollandois et autres souldoyers qui y demeuroient. Le connestable, atout six cents lances, passa oultre la ville pour garder un passaige qui estoit entre Calais et Guisnes; lors le connestable se mit au milieu de ses gens, et là se tint tant que l'assaut dura. Les compaignies ordonnées pour che faire se trouvèrent ensemble au point du jour près de la ville, bien ordonnés et prests pour assaillir. Si commenchèrent à passer les fossés et rompre les palis ; et firent tant par leur vaillance que ils entrèrent dedans la ville. Si y bouttèrent le feu, et y ot arses plus de quarante maisons. Mais ceulx du chasteau ouvrirent une porte de leur basse-cour, par laquelle ceulx de la ville entrèrent dedans. Ainsi fut la ville prinse et arse, à laquelle y ot plusieurs morts et navrés. La retraite des François fit sçavoir le seigneur de Louroy au connestable, lequel atout son armée, retourna à Boullogne, où il laissa garnison, comme ès autres lieux et places. Les deux parties couroient tous les jours les uns sur les aultres, en faisant innumérables maux.

CHAPITRE XXIV.

Comment le roy meit le siège devant la cité de Bourges, où traictlé se feit, et feut la cité rendue, et la paix de Chartres renouvelée entre les partyes d'Orliens et de Bourgongne; et comment les Anglois descendirent en Normandie.

Le dixiesme jour de juing, le roy mist son siége devant la ville de Bourges. De ce qui y fut faict ne vous quiers faire grande recordation, pour che que les chroniques de France en font mention bien au long, ni des armes, escarmouches et saillies, ne des rencontres, mais certainement ceulx de dedans et de dehors firent maintes belles armes l'un contre l'autre. Mais enfin traité se fit, et fut rendue en l'obéissance du roy; et fut lors renouvelé la paix faicte à Chartres entre les parties d'Orliens et de Bourgongne, et furent les sermens renouvellés d'un costé et d'autre. Après ce que le roy eut recheupt l'obéissance de la cité de Bourges, les ducs de Berry et de Bourbon, et le seigneur d'Albreth, avec eux les procureurs du duc d'Orliens et ses frères, allèrent en la tente du duc de Guyenne, pour ce que pour lors le roy estoit malade de sa maladie accoutumée; et en la présence de plusieurs princes et grands seigneurs jurèrent derechef la paix par eux accordée devant Bourges, sur saintes Evangiles, tenir loyaument et fermement garder. Et en après le promirent jurer en la présence du roy, et le faire jurer le duc d'Orliens et ses frères, qui lors estoient absents, en leur promettant de faire sçavoir le jour qui leur fut assigné par devant le roy, c'est assavoir en la ville d'Aussoire[1]. Après ces choses, et juremens et promesses, le roy alla à Aussoire; et convindrent le duc d'Orliens, ainsi que promis avoient ses procureurs, et là renouvellèrent les sermens que faire devoient. Durant ces traités, le roi estant à Aussoire, lui vinrent autres nouvelles, et aux princes estans avec lui, qui moult lui dépleurent, et non sans cause; c'est assavoir que les Anglois estoient arrivés atout leurs navires à la Roche-Saint-Wast, qui est au pays de Coustantin[1], et là estoient descendus à terre, et eux espandus au pays d'environ, et roboient et prenoient prisonniers; et estoient environ huit mille combattants, dont il y avoit deux mille lances, et le surplus archiers; et en estoit conducteur Thomas, duc de Clarence, second fils du roi d'Angleterre; et venoient iceux Anglois au secours de Bourges, ainsi que le roy d'Angleterre avoit promis. Et tantost qu'ils feurent descendus, les comtes d'Alençon et de Richemond allèrent devers eux, qui de cœur joyeux les receurent, jà-soit-ce qu'ils venissent trop tard en leur aide; mais ce nonobstant ils aidèrent de tout leur povoir à pourvoir de vivres et de chevaux, et depuis eurent les Anglois de six à sept cents Gascons qui avoient esté souldoyers du duc de Berry à Bourges, lesquels se boutèrent avec eux, et tous ensemble commencèrent à gaster le pays. Mais les ducs de Berry, d'Orliens et autres, envoyèrent devers eulx pour appointier de leur année qui montoit bien à deux cents mille écus; et se la finance eust été preste, ils fussent retournés en Angleterre; mais par faute d'argent ils firent depuis beaucoup de mal en France.

En ce mesme temps vindrent d'Angleterre à Calais les comtes de Werwic et de Quinte, envoyés de par le roy Henri, atout deux mille combattants au pays de Boullenois, et firent grands dommages, et finablement ardirent la ville de Saunir-au-Bois, prinrent d'assault le bois de Wassault, le pillèrent et robèrent tout, puis boutèrent le feu dedans. Pour laquelle cause le roy envoya à Saint-Omer le comte Walleran, son connestable, le seigneur de Rambures, maître des arbalestriers, et le seigneur de Helly, atout[2] grand nombre de gens d'armes qui furent mis en garnison sur les frontières de Boullenois.

Et par ainsi le pays de tous costés fut oppressé et dégasté, tant par les Anglois comme par les François.

(1) Cotentin. (2) Avec.

---

(1) Auxerré.

CHAPITRE XXV.

Du retour du roy à Paris, et comment le duc d'Orliens alla vers le duc de Clarence, et le contenta de la soulde des Anglois qu'il avoit amenés à son ayde et secours ; et des commotions et haines couvertes entre les princes du sang royal ; et comment le duc de Bourgongne, comte de Flandres, se partit du roy et retourna en son pays de Flandres.

En ce mesme temps, le roy retourna à Paris. Avec le roy entrèrent à Paris les ducs de Guyenne, de Bourgongne et de Bourbon, et le comte de Vertus. La royne avec les ducs de Berry et d'Orliens demourèrent au bois de Vincennes. Brief après, la royne entra dedans Paris, et fut par le duc d'Orliens convoyée jusques auprès de la porte sans entrer dedans ; puis prit congé d'elle, et par dehors de Paris se tira en sa comté de Beaumont, et le duc de Berry demoura au bois de Vincennes. Et après ce que le duc d'Orliens eust par aucuns jours séjourné en sa comté de Beaumont, se départit et alla vers les Anglois, c'est assavoir le duc de Clarence, qui estoit venu, comme dessus est dit, à sa requeste ; si le contenta de finance aussi avant qu'il put finer, et pour ce qu'il ne poeult recouvrer toute la somme que on leur povoit devoir pour leurs gages, le comte d'Angolesme, son mains-né frère, fut baillé en gage et en ostage au duc de Clarence pour le résidu, avec lui plusieurs gentilshommes, qui tous ensemble furent envoyés par le duc de Clarence en Angleterre, et puis atout ses gens s'en alla au pays de Guyenne ; et fut baillé le comte d'Angolesme pour la somme de deux cents et dix mille francs, monnoie de France. Et après ce que le duc d'Orliens ot ainsi exploité, s'en retourna à Blois. Si demeurèrent iceux hostages au pays d'Angleterre grand espace de temps, comme cy après sera déclaré. En ce mesme temps plusieurs commotions se faisoient à Paris secrettement entre les seigneurs du sang royal, et tout par les officiers et serviteurs des princes, car n'y avoit celui qui ne désiroit avoir aucun gouvernement ou proffit, les uns de la partie d'Orliens, les autres de Bourgongne, parquoi bien ne se povoient concorder ensemble, et n'y avoit celui qui ne voulsist gouverner, quelque traictié qu'ils eussent fait. Si y avoit en couvert de grandes haines couvertes et grands envies. Et tant firent le duc d'Orliens et ceux de sa bande que ils gouvernèrent du tout le roy et le duc de Guyenne. Le duc de Bourgongne, véant ainsi les choses retournées, se partist secrettement de Paris, en menant le roy à la chasse où il prit congé de lui et s'en alla en son pays de Flandres ; dont ceulx de Paris et autres ses bienvoeullans furent moult desplaisans ; car ceulx qui estoient commis en aucuns offices ou gouvernements furent despostés à la requeste des ducs de Berry et d'Orliens ; mais toutefois il advint, avant le partement du duc de Bourgongne, maintes merveilleuses choses en la ville de Paris, ainsi que cy après sera dit. Ainsi comme vous avez ouy se demenoient les faicts de France, et tout par envies et haynes couvertes ; parquoi le roy et son royaume fut presque tout détruit, et si ne povoit mais. Or est vrai, et ainsi que pour les maux que le duc de Clarence faisoit au pays de Normandie, le roy fut conseillé de faire mandement et assembler gens d'armes pour résister allencontre de icellui duc de Clarence et de ses gens. Toutefois, comme vous avez ouy, le duc d'Orliens contenta le duc de Clarence, et tant fit que il retourna en Angleterre lui et ses gens.

CHAPITRE XXVI.

Comment la ville de Soubise, en Guyenne, fut prise et démolie par le duc de Bourbon et le comte de la Marche, sur les Anglois.

Or est ainsi que les gens de guerre que le roy avoit mandés pour la résistance des Anglois faisoient innumérables maux autour de Paris. Si fut advisé que on les payeroit pour un mois, et seroient menés par le duc de Bourbon et le comte de la Marche au pays de Guyenne pour asségier la ville de Soubise, séant sur la mer, à trois lieues près de La Rochelle, que lors les Anglois occupoient ; et ainsi que il fut ordonné il fut faict, et furent iceux payés pour un mois. Ils furent conduits et menés par un vaillant chevalier nommé messire Hector, bastard de Bourbon, néanmoins que le duc de Bourbon et le comte de la Marche estoient les chefs. Or exploitèrent tant qu'ils se trouvèrent en la ville de Saint-Jean-d'Angely. Eux là venus ils envoyèrent en La Rochelle secrettement faire grand nombre d'eschelles, et chependant envoyèrent courre devant la ville de Soubise pour prendre les passages et aussi l'assiette de la ville ; et puis après ce que leurs habillements furent faicts, ils ordonnèrent certains bateaux à mettre leurs eschielles, et s'y assemblèrent le plus de arbalestriers qu'ils polrent finer, puis ordonnèrent que, à certain jour, ceux de La Rochelle seroient atout leur appareil auprès de la ville, et le duc de Bourbon, le comte de la Marche et le gentil bastard de Bourbon ensemble iroient avec leurs gens par terre. Et de fait une belle nuit passèrent la rivière de Charente à Sainctes et à Taillebourg, et devant le jour se trouvèrent assez près de la ville de Soubise. Toutefois ils n'estoient point si près que ceux de la ville peussent ouïr le bruit de leurs chevaux. Là firent leurs ordonnances pour assaillir la ville de la belle nuit. Pavois et eschielles feurent descendus de la navire, et environ le point du jour commenchèrent à assaillir la ville. Et de fait fut la ville prinse d'assaut, nonobstant que ils estoient de cinq à six cents Anglois dedans, mais ne se doutoient de l'assaut, ne de la venue des Franchois ; et là furent morts de deux à trois cents Anglois, et les autres prisonniers. Là fut la ville destruite, et par ceux de La Rochelle démolie. Après ceste conqueste, les deulx gentils princes de France donnèrent congé à tous leurs gens de guerre, et les deux princes dessusdits retournèrent à Paris, où ils furent festoyés grandement.

CHAPITRE XXVII.

De l'assemblée et commotion des Parisiens, et des outrages que feirent au duc de Guyenne, et de plusieurs maux qu'ils perpétrèrent ; des blancs chapperons qu'ils mirent sus en livrée, que le roy porta et plusieurs aultres seigneurs ; et de l'oultraige qu'ils feirent au roy et à la royne, ès personnes d'aucuns princes et seigneurs, dames et damoiselles.

En ceste mesme année, et après ce que le roy fust revenu du siége de Bourges, il ot conseil de réformer aulcuns qui de longtemps auparavant avoient gouverné ses finances ; et se firent pluiseurs informations allencontre d'eux, tant publiquement comme secrètement ; dont la plus part estoient en grand doubte et soupechon comment ils polroient eschapper, car déjà en y avoit plusieurs arrestés personnellement, et les aulcuns s'estoient rendus fugitifs ; desquel son avoit mis les biens en la main du roy. Si quéroient divers moyens entre les princes qui gouvernoient le roy : entre lesquels des absents estoit messire Pierre de Essarts, qui estoit retrait à Chierbourg en Normandie, et par aucuns moyens qu'il eut devers le duc de Guyenne, fut mandé de venir à Paris ; et entra secrètement dedans la bastille Saint-Anthoine, avec lui Anthoine son frère. Toutefois il fut sceu par aucuns bourgeois de Paris, qui point ne l'aimoient ; et le firent sçavoir au duc de Bourgongne et à ses gens, qui de lui n'estoient pas contens. Pour laquelle cause fut faicte une grande assemblée des communes de Paris, avec eux messire Elion de Jacqueville, lors capitaine de Paris : et tous ensemble allèrent devant la bastille, et tant firent qu'ils eurent en leurs mains messire Pierre des Essarts et son frère, et les menèrent prisonniers en Chastellet, et depuis au Palais. Ne demoura guères après que icelles communes de Paris se rassemblèrent jusques au nombre de six mille, sous l'estendard de Jacqueville ; et si estoient avec eux messire Robert de Mailly, Charles de Lens, et pluiseurs autres de l'hostel du duc de Bourgongne ; et tous ensemble allèrent devant l'hostel du duc de Guyenne. Or est vrai que les principaulx esmouveux d'icelles communes estoient Caboche le boucher, maistre Jean de Troyes, et Denisot de Chaumont, pelletier ; lesquels entrèrent dedans l'hostel au duc de Guyenne, et allèrent tout droit devant lui, disans en ceste manière : « Nostre très redoubté seigneur, véez ci les « Parisiens, non pas tous, qui vous requièrent, « pour le bien de vostre père et de vous, que « vous leur faites livrer aucuns traistres qui sont « en votre hostel de présent. » Le bon duc leur respondit par grand desplaisance : qu'il n'avoit nuls traistres en son hôtel, et que à eux n'appartenoit pas aller ainsi vers lui. Iceux bouchiers et méchants gens répondirent, que ils les voulloient avoir, et que, pour le bien de lui, ils prendroient et puniroient selon leurs démérites. Le duc de Bourgogne, en sa compagnie le duc de Lorraine, sceurent ceste assemblée. Si allèrent au duc de Guyenne. Mais ce nonobstant que le duc de Bourgongne fust présent et auprès du duc de Guyenne, si ne laissèrent pas iceulx Parisiens à prendre plusieurs hommes en son hostel ; et prinrent son chancellier, le duc de Bar, messire Jacques de Rivière, les deux fils du seigneur de Boissay, Michiel de Vitry et son frère, les deux fils de messire Regnault d'Angennes, les deux frères du Maisnil, les deux frères de Gérasme, et Pierre de Naisson. Quand le duc de Guyenne vit faire tel outrage en son hostel, il fut moult troublé et dit au duc de Bourgongne : « Beau-père, ceste mutation « est faite par vostre conseil; et ne vous en « povez excuser, car les gens de vostre hostel « sont avec eux; et soyez seur que une fois il « m'en souviendra toujours, et n'ira pas la be- « sogne à vostre plaisir. » Le duc de Bourgongne respondit : « Mon très redoubté seigneur, vous « vous informerez, et, se Dieu plait, vous en « saurez la vérité. » Toutefois les Parisiens enmenèrent tous ceulx qu'ils avoient pris, et les firent mettre en diverses prisons; et après allèrent quérir messire Raoul Bridoul : et, ainsi que on le menoit, l'un de ses hayneux le férit d'une hache et le tua, puis fut jetté en Seine; et, ce mesme jour, tuèrent un tapissier, notable homme, nommé Martin Dane, et si tuèrent un canonnier nommé Wateller, serviteur du duc d'Orliens. Après ces choses faictes les Parisiens contraindirent le duc de Guyenne de soi loger à l'hostel de Saint-Pol, avec le roy son père, et firent garder curieusement les portes, afin qu'il ne s'en allast hors de Paris : et la cause sy estoit pour ce que aucuns disoient que il voulloit aller au bois de Vincesnes, et que il avoit mandé à messire Pierre des Essarts que il lui amenast cinq cents lances, et les fist payer pour ung mois; et aussi que le duc d'Orliens et aucuns de sa partie faisoient grant assemblée de gens d'armes pour estre avec le duc de Guyenne, le premier jour de mai, l'an mille quatre cens et treize, au chastel du bois de Vincesnes, où là se devoit faire unes joustes, dont le duc de Bourgongne et les Parisiens n'estoient pas bien contents. Et pour vrai dire, c'estoit piteuse chose pour lors d'estre à Paris, car il n'y avoit ordre ne gouvernement entre eux. Et pour montrer que c'étoit pour le bien du roy et du royaume ce qu'ils faisoient, rescripvirent à pluisers bonnes villes, en requérant que, se besoin estoit, ils les voulsissent aider et conforter en toutes leurs affaires, et aussi que tous demourassent ensemble et en union au service du roy et de son fils ains-né. Et après que ils orent ainsi rescript aux bonnes villes, prièrent et requirent au roy qu'il lui plaisist mander à tous les baillis et séneschaux de son royaume ses lettres patentes, pour les faire publier par tous les baillages et séneschaussés, contenans en effet que le roy deffendoit, sur peine de confiscation de corps et de biens, que quelque personne, de quelqu'estat qu'il fust n'allast à mandement, ne à arme nulle, si ce n'estoit à son commandement, ou de son fils ains-né, ou du comte de Saint-Pol, connestable de France. Icelui mandement fut envoyé par tous les bailliages, ainsi que dit est.

En ce temps, comme devant est dit, les Parisiens avoient fait une livrée de blancs chapperons, que ils portoient et faisoient porter à pluiseurs seigneurs, tant d'église comme autres; et de fait le porta le roy, le duc de Berry et autres, qui estoit chose de grand'esclandre; mais lors ils étoient si puissants et si obstinés en maux que nul n'y savoit remède mettre, car ils se fioient fort d'avoir aide du duc de Bourgongne. Le onziesme jour de mai 1413, firent proposer les Parisiens, devant les ducs de Guyenne, de Berry, de Bourgongne et de Lorraine, les comtes de Charollois, de Nevers, et devant prélats, chevaliers, escuyers et communes de la ville de Paris, là où avoit plus de douze mille blancs chapperons, aucunes remontrances dont cy n'est faite mention. Et en la fin de ladite proposition firent bailler au duc de Guyenne un roolle, et lui requirent qu'il fust leu en publique. Auquel roolle estoient escrits et dénommés soixante traistres, tant absents comme présents; et de fait en firent prendre jusques au nombre de vingt, entre lesquels estoient le seigneur de Boissay, maistre-d'hostel du roi, Michiel de Laillier et autres; et les absents furent appellés par les carefours de Paris à son de trompe, au droit du roy, en briefs jours, sur peine de confiscation de corps et biens. Or est vrai que, le dix-huitième jour de mai, l'an dessusdit, le roy qui malade avoit esté, se trouva sain et en bon point, et de son hostel de Saint-Pol s'en alla à l'église Nostre-Dame, portant le blanc chapperon; et aussi faisoient les princes; puis s'en retourna en son hostel, accompaigné de grant multitude de poeuple.

Le vingtiesme jour de mai estoient les Parisiens, atout grand nombre de gens d'armes, qui environnèrent leur ville, afin que nul ne s'en pust fuir ne saillir hors; et si furent les portes fermées avec ceste garde; et lors établirent, en chascune rue de Paris, dixaines et diseniers qui toujours estoient armés. Et ce fait, le prevost de mareschaux et les gouverneurs de la ville, avec grant nombre de gens armés, allèrent devant l'hostel du roy, et trouvèrent avec lui la royne et son fils ains-né, qui de l'assemblée rien ne savoient. A celle heure avoit à

Paris grant assemblée de seigneurs, c'est assavoir les ducs de Berry, de Bourgongne, de Lorraine et de Bavière, frère de la royne, qui lendemain devoit épouser la sœur du comte d'Alenchon; et avec ce y estoient les comtes de Charrollois et de Nevers, et de Saint-Pol, connestable de France, et autres, et pluiseurs prélats et grands seigneurs en très grand nombre; et lesdits firent faire une proposition devant le roy par un carmélite, nommé frère Wistase, lequel prit pour son theusme : *Nisi Dominus custodierit civitatem, frustrà vigilat qui custodit eam.* Qui vaut autant à dire : Si le Seigneur ne garde la ville et la cité, la veille labeure en vain. Laquelle proposition exposée, après prescha moult bien ; et là fit aucune mention des prisonniers, et du mauvais gouvernement du royaume et des maux qui s'y faisoient. Sa collation et prédication finée, le chancelier du roy de France lui dit que il se fist advouer, et il respondit que si feroit-il. Alors le prevost des marchands et les eschevins de la ville le advouèrent ; mais pour che que là n'estoit que un petit nombre de gens, et que ils ne parloient point assez haut au gré du chancelier, aucuns des gens du roy appelèrent aucuns des notables bourgeois de la ville, et de la plus grant nation qui là estoient arrivés avec les autres, lesquels allèrent devers le roy, et advouèrent ce que frère Wistasse avoit dit, en remontrant au roy la bonne amour et dilection qu'ils avoient, et à sa noble génération ; et que tout ce que ils avoient fait et faisoient estoit pour le bien et utilité de lui, de sa génération, et pour le bien publicque de tout son royaume.

Quand le duc de Bourgongne sceut icelle assemblée estre en l'hostel du roy, très diligemment monta à cheval, et alla devers eux, leur priant qu'ils s'en allassent à leurs hostels, en leur demandant que ils voulloient, et pourquoi ils estoient là venus en armes, en leur remontrant que ce n'estoit pas bien fait, vu que le roy naguères étoit retourné de sa grand' maladie. Ils respondirent au duc de Bourgongne : qu'ils ne se estoient point assemblés pour mal, mais pour le bien du royaume, et lui baillèrent un roolle, en disant que jamais ne se partiroient de là jusques à tant que on leur auroit baillé ceux qui escrits estoient dedans le roolle ; c'est à savoir, le frère de la reine et le chancelier, et ceux qui s'ensuit : Charles de Villers, Covenard, Bayer, Jean, seigneur d'Olhain, l'archevesque de Bourges, Jean Vincent, Jennet d'Estouteville, le trésorier du duc de Guyenne, et un chevaucheur du duc d'Orléans, qui ce jour avoit apporté lettres au roy de par son maître, et avec ce madame Bonne d'Erminacq, la dame de Montauban, la dame du Quesnoy, la dame d'Avelin, la dame de Nouvion, la dame du Chastel, et quatre damoiselles.

Quand le duc de Bourgogne vit que rien ne profitoit sa requeste, il s'en alla vers la reine et lui montra le roolle ; laquelle, moult troublée, appella son fils le duc de Guyenne, et lui commanda que lui et le duc de Bourgongne allassent vers eux, et de plus ils les priassent tous deux que jusques à huit jours tant seulement se voulsissent déporter de prendre son frère, et au huitiesme jour, sans nulle faute, elle leur bailleroit à faire leur volonté; et se à sa requeste ne vouloient rien faire, au moins que ils fussent contents que elle le peulsist faire mener après eux, là où ils le vouldroient avoir prisonnier. Le duc de Guyenne fut moult courroucé et dolent de la manière que tenoient les Parisiens. Toutefois il alla devers eux, avec lui le duc de Bourgongne, qui leur exposa la requeste de la reine en brief, mais de tous points le refusèrent, disants, se on ne leur bailloit ce que ils demandoient, ils les iroient quérir quelque part que ils fussent, et fussent en la chambre du roy. Les ducs de Guyenne et de Bourgongne véans que ils ne pouvoient résister ne rien faire devers les Parisiens, se retournèrent vers la reine, et lui contèrent en la présence de son frère la response des Parisiens, qui étoit telle que vous avez oy.

Quand le duc Loys de Bavière, frère de la reine, vit que remède n'y avoit qu'il ne fust mis ès mains des Parisiens, en très grand' crainte et amère déplaisance, descendit de la chambre de la reine, et s'en alla aux Parisiens en leur faisant une requeste que ils le voulsissent mettre en honneste prison, et se ils le trouvoient de rien coupable, il estoit content d'estre pugni, et se ils le trouvoient innocent, sans longue prison le délivrer. Les autres après descendirent ; si firent les dames et damoiselles, qui ne fut pas sans grand paour et craindre ; et là y ot maintes larmes plourés ; et à la vérité ce estoit grand' pitié de voir telles nobles femmes estre mises ès mains de tel commun. Incontinent que iceux seigneurs, dames et damoiselles furent ès mains

CHAPITRE XXVII.

des Parisiens, ils les firent monter à cheval et menèrent en prison, les uns au Louvre, et les autres en autres prisons, et Dieu sait la crainte que avoient icelle noble gent. La reine et le surplus de ses femmes plouroient, que c'estoit pitié à les voir; et pareillement le duc de Guyenne. Tantost après le seigneur d'Olhain fut délivré ; aussi fut le chancellier du duc d'Orliens. Le duc de Bourgongne, qui avoit la garde de son cousin-germain le duc de Bar, de messire Pierre des Essarts, de Anthoine son frère, et de plusieurs autres qui estoient prisonniers au chasteau du Louvre, lesquels il avoit plégié, s'en déchargea et les donna en garde à ceux de Paris. Ordonné fut, de par le roy, douze commissaires chevaliers et six examinateurs, pour connoistre et juger selon l'exigence des cas ; et fut baillé à ceux de Paris.

Or est vrai que par le duc de Berry, oncle du duc de Bar, et aussi au pourchas de sa sœur Bonne de Bar, comtesse de Saint-Pol, et autres ses amis, se fit un traité, lequel fut envoyé devers ceux de l'université pour en avoir leur avis touchant les faits sur quoi ils avoient esté pris, mais leur en déplaisoit. Quand ceux de Paris virent ceux de l'université déjoindre d'eux, et doubtans que en temps avenir aucune chose ne leur en fust demandée, ils impétrèrent devers le roy et son grand conseil un mandement royal pour leur décharge et excusation, lequel contenoit en effet : que le roy les avoit fait prendre, et que ce que les Parisiens avoient fait estoit pour le bien de la personne du roy et du royaume, et aussi pour le bien de la justice et toute la chose publique, veullant que jamais à eux quelque chose ne fust demandée, ne à leurs hoirs ; et au *vidimus* d'icelles lettres sous le scel du Chastellet, ou autres sceaulx royaux ou authentiques, pleine et vraie foi y soit ajoutée, comme à l'original. Lesquelles lettres furent faites à Paris, le treiziesme jour d'avril 1413, présents les ducs de Berry, de Bourgongne, l'archevesque de Bourges, l'évesque de Tournay, le connestable de France, l'abbé de Saint-Denis, et plusieurs autres. Durant les tribulations qui lors estoient à Paris, le comte de Vertus, frère du duc d'Orliens, qui lors estoit à Paris, considérant la prise du duc de Bar et des autres, sans le sceu et licence du roy, se partit secrettement de la ville de Paris, et s'en alla, lui troisième, devers le duc d'Orliens son frère,

qui lors estoit en la ville de Blois, auquel il raconta les grands tribulations, monopoles et assemblées qui s'estoient faites et faisoient de jour en jour à Paris, dont moult en déplut au duc d'Orliens. Duquel partement le duc de Bourgogne fut moult déplaisant, car il ot bien vollu que le mariage d'une de ses filles et du comte de Vertus se fust fait, ainsi que promis avoit esté par avant. Pareillement se partirent de Paris plusieurs notables seigneurs des gens du duc de Bourgogne, pour la crémeur et doubte des Parisiens. Toutefois, le duc de Bourgogne en remanda les aucuns, qui en grand doubte y retournèrent, et non sans cause ; car les Parisiens en faisoient morir et noyer journellement, sans ordre et ordonnance, que estoit pitié à le voir, car en eux n'avoit raison nulle. Et le vendredi ensuivant dixiesme de mai, à la requeste du duc de Bourgongne et des Parisiens, le roy alla en la Chambre de parlement, et là fut en estat royal ; et là fit et ordonna certaines constitutions touchant le gouvernement de son royaume ; et par espécial ordonna un mandement qui seroit porté par tous les baillages et ailleurs, pour là estre publié ; et la cause si estoit, pource que messire Clignet de Brabant, messire Loys Bourdon et autres capitaines, tenoient les champs sur la rivière de Loire en prenant leur chemin devers Paris. Le mandement contenoit, en effet : que le roi mandoit à tous ses baillis et officiers comment il avoit sceu que plusieurs gens pilloient et roboient, et détruisoient son royaume ; et de fait estoit acertené que par eux estoient les subjets tués ou rançonnés, pucelles violées ; et tous les maux que ennemis polvoient faire, ils faisoient ; pour lesquelles causes le roy mandoit qu'il fust crié à son de trompe, par tous les lieux acoutumés à ce faire, que tantost un chacun se retournast à son hostel sans plus tenir les champs, sur confiscation de corps et de biens. Et avec ce fut publié : que nul, de quelque estat qu'il fust, fussent les princes de son sang ou autres, ne fissent assemblée de gens de guerre, pour quelque cause que ce fust, si ce n'estoit pas son mandement et ordonnance. Toutefois, il n'entendoit mie que si aucun prince de son sang, et ceux qui l'avoient servi au siége de Bourges, mandoient aucuns de leurs subjets à venir devers eux, qu'ils ne le peussent, mais à tous autres deffendoit.

Tantost après, environ la vigile de Pentecoustes, messire Jacques de la Rivière, frère au comte de Dammartin, qui avoit esté pris avec le duc de Bar en hostel du duc de Guyenne, fut dit que il s'estoit désespéré, et frappé d'un pot d'étain en la teste, si grand coup que il s'estoit tué; et pour ceste cause fut mis sur une charrette, et mené ès halles de Paris, où il fut décapité : mais, à la vérité, la chose alla autrement; car le seigneur de la Jacqueville l'alla visiter en la prison; et entre plusieurs paroles l'appela faux traistre ; et messire Jacques respondit que il avoit menti; et adonc le seigneur de Jacqueville, soi véant démenti, et meu de courroux, le frappa d'une petite hachette que il tenoit en la main si grand coup que il mourut. Et quand ledit Jacqueville l'ot ainsi tué, il issit hors de la prison, et fit courre la voix avant Paris que lui-mesme s'estoit tué d'un coup de pot d'étain. Si fut tout notoire que ainsi estoit, et chacun le disoit, et cuidoit chacun que il fust ainsi. Un gentilhomme, nommé le Petit Maisnil, écuyer tranchant du duc de Guyenne, eut la tête tranchée ès halles, et aussi oirent Thomassin et deux gentilshommes; et tout ce faisoient faire les Parisiens. Le comte d'Eu, qui là estoit, prit congé du roy et du duc de Berry, son beau-père, pour aller en sa ville d'Eu, où il fit grand'assemblée de gens d'armes, feignant que il voulsist faire guerre au seigneur de Croy, pour tant que messire Jean de Croy avoit pris les enfants de Bourbon en son hostel de Monceaulx ; mais il fit le contraire, car tantost qu'il ot ses gents prests, s'en alla devers le duc d'Orléans, qui estoit à Vernoeul en Perche; et aussi le roy Loys, les ducs de Bretaigne et de Bourbon, les comtes de Vertus et d'Alençon, et plusieurs grands seigneurs, qui estoient assemblés, pour certaines lettres que le duc de Guyenne leur avoit escript, et aussi mandé par le comte de Vertus, c'est assavoir : comment le roy son père, la reine et lui, estoient prisonniers, et de tous points au gouvernement et garde de ceux de Paris, dont lui déplaisoit grandement. Aussi leur fit dire l'emprisonnement des ducs de Bar et de Bavière, et des autres, tant hommes que femmes ; pourquoi s'estoient iceux assemblés en la ville de Vernoeul. Si orent advis ensemble qu'ils rescripvroient au roy et à son grand conseil, et à ceux de Paris, qu'ils laissassent aller le duc de Guyenne où bon lui sembleroit, et qu'ils délivrassent les ducs de Bar et de Bavière, avec tous les autres prisonniers ; ou, si ce ne faisoient, ils feroient guerre à la ville de Paris, et détruiroient à leur pooir tous ceux qui dedans estoient, réservé le roy et ceux de son sang royal. Lesquelles lettres furent reçues par le roy en conseil, où il fut délibéré que on envoyeroit une ambassade devers eux pour traitier des matières, pour faire faire response aux lettres que escriptes avoient. Le samedi, premier jour de juillet, après ce que on eut fait le procès de messire Pierre des Essarts, auparavant prévost de Paris, il fut mené ès halles, où il ot la teste tranchée et le corps mené au gibet.

CHAPITRE XXVIII.

De la proposition et harangue que les ambassadeurs du roy de Cécille, des ducs d'Orliens et de Bourbon, feirent à Ponthoise aux ducs de Berry et de Bourgongne, pour le bien et utilité, paix et union du royaume ; et des articles sur ce advisés.

Vous avez ouy comment il fut délibéré au conseil du roy d'envoyer une ambassade devers le roi Loys, les ducs de Bretagne et de Bourbon, et fut ainsi fait. Lesquels ambassadeurs furent honnorablement receus d'eux; et tantost après ladite ambassade envoyée, le roy tint conseil: et fut ordonné que messire Jean de Moroeul porteroit lettres ès baillages d'Amiens et de Vermandois, et aux prévostés d'icelles, par lesquelles le roy leur faisoit savoir : qu'ils lui fussent toujours fermes, bons et loaulx ; et fussent toujours prests en armes toutes et quantes fois que lui et son fils, duc de Guyenne, les manderoient pour eux servir; et avec ce leur mandoit le roy que tout ce qui avoit esté fait à Paris, touchant l'exécution de plusieurs gens, avoit esté fait par justice et de son consentement, en leur faisant savoir et déclarer les causes pourquoi l'exécution avoit esté faite. En celle saison, une armée d'Angleterre descendit en la cité d'Eu, en un port de mer nommé le Tresport, lequel ils prirent et ardirent et détruirent, et mesmement l'église et l'abbaye fondée en l'honneur de saint Michel ; et puis s'en retournèrent, sans autre chose faire, en Angleterre. Or faut parler des ambassadeurs qui avoient esté envoyés de par le roy à Vernœul, devers les dessusdits seigneurs. Les ambassadeurs furent l'évesque de Tournay, le grand maistre de Roddes, les seigneurs d'Offemont et de la Viefville, maistre Pierre de Marigny et aultres ; lesquels, après ce que ils orent besogné devers les princes qui à Vernoeul estoient, rapportèrent au roy l'effet de leur ambassade. Laquelle rapportée, un peu de temps après, par l'ordonnance du roy, les ducs de Berry et de Bourgongne, avec eux lesdits ambassadeurs, furent envoyés à Ponthoise; et le roy de Secille, les ducs d'Orliens et de Bourbon, les comtes de Vertus, d'Alenchon et d'Eu, vinrent à Vernon; et là envoyèrent leurs ambassades à Ponthoise, devers le duc de Berry et Bourgongne, pour leur remontrer et exposer les causes de leurs complaintes, et les grands maux, périls et inconvénients qui pourroient advenir; et par un de leurs ambassadeurs fut exposée la charge et la créance qu'ils avoient aux ducs de Berry et de Bourgongne, avec lesquels estoient plusieurs du conseil du roy, et aussi des Parisiens. Et dit ainsi celuy qui proposa pour le roy Loys, les ducs d'Orliens et autres.

« La crédence à nous baillée, de la partie de monseigneur le roy de Secille et le duc d'Orliens, et vous, nos très redoutés seigneurs de Berry, de Bourgongne, et à vous, messeigneurs du grand conseil du roy, et de monseigneur de Guyenne, qui estes de leur compagnie, puisqu'il convient que je die la parole pour le bien de paix, confiant en celui qui est auteur de paix, en la faveur et bonne volonté des écoutants, je prends un mot du Psautier : *Oculi mei semper ad Dominum*, au vingt-quatriesme psaume, qui vaut autant à dire : « Mes yeux sont toujours vers nostre Seigneur. » Par l'introduction du sage Platon, duquel j'ai pris mon theusme, entre les autres notables dits envoyés à tous seigneurs et princes ayans prééminence au gouvernement des choses publiques, ils doivent garder les commandements de leurs seigneurs; premier, que en tout ce que ils feront ils aient le regard à la chose publique, en délaissant et mettant derrière leur bien particulier et profit, selon ce que la chose publique, dont ils ont le gouvernement, représente un corps dont ils sont les chefs, et les sujets sont les membres; en telle manière que, se aucuns des membres sont blessés, qu'il en descende douleur au chef. Et pour venir à mon propos, je considère ce royaume de France chrestien estre un corps, duquel vostre souverain seigneur le roi est le chef, et les membres sont les sujets. En quel degré je metterai les seigneurs du sang royal, qui nous ont ici envoyé, et vous aussi, mes très redoutés seigneurs auxquels nous parlons? Je ne sçais, car nous n'avons point de chef, se non le roy, nostre souverain seigneur et prince. Quant au chef, je ne vous compare pas, ne aussi aux membres particuliers du chef. Et pour tant que entre les autres membres du chef les yeux sont les plus notables, et de plus grand, singulière et meilleure condition, je vous compère comme les yeux dudit chef, pour trois causes très excellentes et singulières. Premier : car les yeux sont et doivent estre de leur nature en corps bien disposés de mesure, forme et figure, et de vue, et sans quelque différence, si comme que quand un œil regarde droit et l'autre de travers, ou que l'un fust clos et l'autre ouvert, tout le corps en est difforme, et de ce prend-il nouvel nom, comme borgne et loucque. Et ainsi me semble que nos seigneurs nous ont ici envoyés à vous, nos très redoutés seigneurs, auxquels nous parlons ; supposé que vous soyez plusieurs en grand nombre, toutefois estes vous regard sur tout le corps, et debvez estre tout d'une volonté, tendans à une bonne fin ; c'est assavoir l'œil d'entendement par clère connoissance, et l'œil par effet, par vraie amour, et sans différence, comme dit le sage éclésiastique : *Oculi sapientis in capite ejus*. Secondement : les yeux sont en la plus haute et évidente partie de tout le corps, comme dit le prophète Ezéchiel, au vingt-quatriesme chapitre : *Speculatorem dedi te domui Israël;* pareillement sont nos seigneurs du sang royal, car pour la singulière affection que ils ont à leur seigneur et à toute sa domination et seigneurie, ils veillent continuellement sur la garde d'icelui. Tiercement : car pour la grand' noblesse de l'œil, qui a la forme ronde, il a telle sensibilité de tous les membres de son corps que tantost que aucun membre est blessé de douleur, il en pleure, comme dit le prophète Jérémie, au dix-neuviesme chapitre : *Plorans plorabit et educet oculus meus lacrymam*. Et semblablement fait à ce propos ce que récite Valère en son huitiesme livre, de Marcelle tyran; lequel véant la désolation de sa cité par son ennemi, laquelle il avoit pris par force, ne se polt tenir de pleurer de la douleur des membres ; comme fit Codrus, duc d'Athènes, lequel, pour gagner la bataille contre ses adversaires, il se fit tuer de sa mesme volonté. Et pour ce, tous nos seigneurs sont et doibvent estre de pareille condition ; et les ai accomparés aux yeux, disant : *Oculi mei semper ad Dominum*, en la personne des seigneurs qui nous ont envoyés, voire et en la personne de nous qui avons ceste charge receue, non pas pour tant que aucun de nous se équipare à l'œul, mais comme très humble serviteur de l'œul, et assis entre ses ennemis, maistre du corps des devant dits, comme l'ongle du petit doigt nommé le médecin de la dextre main, par vraie disposition de nature, accoutumé de servir et obéir à l'œul, à l'exemple duquel nous sommes contraints de parler de tant haute matière, laquelle chose nous est moult griefve ; mais c'est le bien de la paix, et pour obéir à l'œul ; car, en quelconque temps, chacun doibt avoir regard à nostre Seigneur, mais encore plus en temps d'adversité, comme on dit : « Viens à ton « ami quand tu es appelé, lui estant en prospé- « rité ; et quand il est en adversité, n'attends pas « que tu soyes appelé. » Mais j'entends de tous seigneurs terriens, supposé qu'ils soient dissolus, et non faisant les faicts et les œuvres du roy et du Seigneur, selon le dit de l'apostre saint Pierre : « Soyez subjects à toutes créatures pour « l'amour de Dieu, et au roy, comme plus excel- « lent ; » et de rechef : « Soyez obéissants en la « crémeur de nostre Seigneur, et non pas tant « seulement aux bons et justes, mais aussi aux « non sachants. » Et par ainsi se poeult dire de chacun seigneur le mot que j'ai pris : *Oculi mei semper ad Dominum*. Et pourtant, mes seigneurs qui nous ont ici envoyés, ayant l'œul d'entendement par claire cognoissance, et affectés par vraie amour à leur seigneur, comme au chef et à tout le corps de ce chrestien royaume, doubtans que d'eux on ne die ce qui est escript par le Sage au huitiesme chapitre : *Speculatores ejus cæci sunt ;* « Ses gardeurs ou veilleurs « sont aveuglés : » et aussi que on ne die qu'ils soient semblables aux porcs, qui les fruits des arbres dévorent, et jamais ne lèvent leurs yeux à l'arbre ; veans et pensans aucuns mauvais qui puis un peu de temps les ont tenus en la ville de Paris, se deullent qu'ils voyent avoir et souffrir tout le corps devant dit une grande destruction, pour laquelle puisse bientost venir et encourir à une bien grande maladie périlleuse, et telle que, par continuation, puisse estre mortelle, que Dieu, par sa grace ne veulle ! Premier ils ont entendu la prinse des serviteurs du roy, de la royne et du duc de Guyenne, desquels à eux seigneurs tant seulement appartient la cognoissance, et non à autre : et après ont entendu que pareillement a esté fait des dames et damoiselles qui estoient en la compagnie de la royne et de madame de Guyenne. Lesquelles choses, tant pour l'honneur de leurdite maistresse la royne, comme pour l'amour du sexe féminin, ont deubt par raison avoir différé, et aussi pour l'honneur de chasteté. Et droict dit ainsi et commande, sur grand peine, que honnestes femmes ne soient point traictées en publique ; et aussi, pour l'honneur de noblesse et de la noble maison dont elles sont extraites et issues, il semble qu'elles ne doibvent pas estre ainsi traictiées. Et en outre, se deullent, et nonobstant que quelques seigneurs du sang royal n'appartiennent fors seulement au roy et aux seigneurs de son sang, messeigneurs les ducs de Bar et de Bavière, comme ils ont entendu, par gens qui n'avoient nulle autorité d'office royal, et en manière de rumeur du peuple, lesquels, par force, rompirent les portes de l'hostel du roy et de monseigneur de Guyenne, et par espécial que ils ne scevent aucunes justes causes ou couleur pourquoi ils font tels exploits qui ne se deussent faire ; et peut-être que si ils sçavoient aucunes justes causes, ils ne se esmerveilleroient point tant que ils font. Et encore outre ; car en continuant, comme on dit, monseigneur de Guyenne a esté et est privé de sa liberté active et passive : active, car il ne peult aller hors de son hostel, ou au moins hors de la ville de Paris ; passive, car nul, de quelque condition qu'il soit, ou de son sang, ou d'autre, n'ose parler ne converser avec lui, fors ceux qui le gardent, ainsi qu'il est accoutumé de faire à un prisonnier honneste : laquelle chose est moult griefve à lui et auxdits seigneurs, d'estre privés de la vision et conversation de leur souverain seigneur en terre, comme se c'estoit après la vie perdre la vision de Dieu. *Item*, se deulent ; car, puis que les choses sont advenues, vindrent lettres de par la ville de Paris, envoyées auxdits seigneurs, et presque semblables envoyées aux bonnes villes de ce royaume, contenants en effet les exploits dessusdits avoir esté faits, par le petit gouvernement dudit monseigneur de Guyenne, et en le requérant que chacun fist ainsi. Donc, quant aux lettres dessusdites envoyées, ils se deulent, car nuls, fors ceux du sang royal, ne doivent sçavoir quelque chose de leur gouvernement, ne qui donne charge à tels seigneurs; et aussi n'y avoit la cause faincte ou vraie pourquoy les villes deussent faire tels exploits ; car il n'estoit personne qui jamais se fust mêlé du gouvernement de monseigneur de Guyenne. Et semble que ce ne soit fors à induire ou esmouvoir le peuple à aucun mauvais appointement faire, au préjudice du roi et du royaume. Et aussi se deullent, car, par l'importunité d'aucuns continuans ladite matière, furent impétrés mandemens contenans que, pour quelque mandement desdits seigneurs ou d'aucuns d'eux, nuls ne venissent en leur compagnie, mais se tenissent en leurs maisons, jusques à donc que monseigneur le connestable ou aucuns autres seigneurs estans dedans Paris les manderoient, dont grandement se plaignent ; car onques ne firent ne ont intention de faire chose pourquoi on leur doye oster leurs vassaux ; et quand le roy a affaire d'eux, les susdits vassaux le doivent servir en leur compagnie. *Item*, se plaindent de pluiseurs autres paroles et mandemens par lesquels pluiseurs officiers, qui de faict ont prins et de faict encore prendent chasteaux et forteresses, en y commettant nouveaux officiers, en bouttant dehors ses capitaines, quoiqu'ils soient notables chevaliers et escuyers, preudhommes et sans reproches, qui toute leur vie ont bien servi et léalement, et ont intention de servir le roy. Lesquelles choses et mandemens, et chacune d'icelles lettres sont moult estranges, nouvelles et déplaisantes, et donnent occasion à tous les estats, tant en chef comme en membres, mal exemple et inobédience, et par conséquent de subversion et de ruineuse domination ; car ce très noble et très chrestien royaulme a esté gouverné longuement en bonne prospérité, principalement par bonne police d'icellui, en bonne et vraie justice, dont le fondement fut par trois choses, par lesquelles il excède les autres : comme première : patience par laquelle la foi chrestienne fut défendue, et justice par bonne police soutenue en ce royaulme, et après par la très noble et pleine preud'hommie de chevalerie, par laquelle non pas seulement ce royaulme, mais toute la foi chrestienne en a esté doublée et défendue ; et tiercement le grand nombre de peuple loyal, et subjects, comme vrais obéissants à la domination : lesquels trois, par telle manière et exploits, légèrement venroient à totale perversité et perdition ; et tellement que tout l'ordre est perversé, et que l'un occupe l'office de l'autre ; car les pieds qui portent le chef, les bras et le corps, vont dessus, et le chef est bas; donc le corps et tous ses membres perderoient la reigle et bonne disposition de nature, et ainsi que dit la loi. Pour laquelle chose nos seigneurs qui nous envoyent à supplier au roy et à la royne, et à monseigneur de Guyenne, et en priant et requérant à vous, nos très chers et redoutés seigneurs, qui ici estes, et à chacun de vous, à part lui, selon l'exigence du cas et possibilité ; laquelle est pour avoir et eux porter les remèdes convenables ; et il leur semble que en poursuivant l'opinion des sages physiciens que abstinence est persévération des maladies pour la santé du corps : et pour ce de la partie des seigneurs devantdits, nous vous prions, et de la nostre vous supplions, que de cy en avant tels exploits et manières, ainsi que dit est dessus, et toutes commissions extraordinaires cessent du tout, par vraie exhibition de bonne justice, par laquelle, honneur, prééminence et vraie liberté soient au roy et à monseigneur de Guyenne, comme au chef soit honneur et prérogative accoutumée, et aux seigneurs comme à l'œil du chef, vraie justice, et en eux préservant de toutes offenses, et au peuple comme le corps, les bras et les jambes, soit bonne, vraie et seure paix, et comme dit le Psalmiste : *Justitia et pax oscultæ sunt.* Duquel bien dit sainct Augustin, « que chacun demande la paix en sa maison. » Et s'aucuns voeullent ladite abstinence estre périlleuse, pour la crémeur des deux choses contraires, qui sont guerre et justice rigoureuse, nous répondons de la partie desdits seigneurs : que ces deux là ils escheveront de tout leur pouvoir, et par effect se ployeront de très bon cœur à faire ladite abstinence, et à expulser tous les gens d'armes portants dommaige en ce royaulme, par toutes les voies et par tous les moyens que ils porront. Et quant au faict de justice rigoureuse, leur intention est de ensuivir la manière de tous princes, considérant la sentence de Platon, que quand un prince est cruel en la chose publique, est quand le tuteur chastie cruellement son pupille du conseil que ils ont pris à défendre; en espécial en ensuivant la coutume de leurs prédécesseurs de la très noble maison de France, lesquels ont toujours accoutumé d'avoir en eux pitié de débonnaireté, et délaisser au derrière rancune et malévolence contre ceux de la ville de Paris ou de la partie, qui de ce pourroient estre coupables ou chargés, en suppliant au roy, à la royne, et à monsegneur de Guyenne, pour avoir et obtenir, tant d'un costé comme d'autre, leur abolition. Et désirent lesdits seigneurs sur toutes les choses de ce monde, à voir le roy et la royne, et monseigneur le duc de Guyenne, en leurs franchises et libertés, comme à Rouen, Chartres, Melun ou Montargis, ou en autres lieux plus convenables hors de Paris, pour le premier accès, non pas pour la malévolance qu'ils aient contre les habitants d'icelle, mais pour eschever toute occasion de rumeur, laquelle seroit ou polroit estre entre les serviteurs desdits seigneurs et pluiseurs de la ville. Et plaist auxdits seigneurs, que en toute seureté expédiente et nécessaire soient voies et manières advisées et mises avant, à obvier à toutes souppechons et inconvénients à ladite congrégation. Auquel lieu venront lesdits seigneurs de très bon cœur, pour adviser et pourvoir au bon estat de ce royaulme, et au vrai pacifiement d'icellui; et sur ce soient advisées les manières possibles de seureté; car nos seigneurs, et nous de leur partie, seront prests d'entendre au bien, honneur, profit, et à la vraie union du très noble chef du corps et de tous les membres dessusdits. Et se je ai dit petit, mes seigneurs et compagnons sont bien disposés pour amende; et se je ai dit trop, ou chose qui touche au deshonneur ou à la desplaisance d'aucuns, mes très redoutés seigneurs, plaise vous les imputer à simplesse ou à ignorance de loyauté très parfaite et très affectée au bon estat du roy, et à l'appaisement de tout son royaulme, veu et considéré que je ai esté et suis par nature fort obligé à serment et service, à ce faire; cuidant de tout mon petit pouvoir ensuivir mon petit et singulier desir, lequel le roy de Secille, mon seigneur et mon maistre, a au bien de ceste matière; et ne me soit pas s'il vous plaist imputé de témérité, ne autre mal talent ou affection désordonnée que j'aye ne os oncques, ne entends à avoir jusques à ceste proposition desdites ambassades, c'est assavoir du roy de Secille et des autres seigneurs. »

En après, furent dites et proférées plusieurs paroles sur l'avis de la paix, d'une partie et d'autre, afin que ce royaulme demourast en tranquillité et union; et provision fut mise aux inconvénients; et furent faits aucuns articles sur ce, lesquels sont contenus en une cédulle de laquelle la teneur s'ensuit.

« Entre les seigneurs du sang royal, sera bonne amour et union; et promettront et jureront estre vraisetbons amis, et de ce feront lettres les uns aux autres et serments; et, en plus grande confirmation de ce, jureront et prometteront pareillement les serviteurs plus principaux desdits seigneurs d'une part et d'autre.

« Item, les seigneurs du sang royal qui ont envoyé leurs messages et ambassades feront cesser la voie de fait et de guerre, et ne feront quelques mandements de gens d'armes, mais s'aulcuns en estoient faits, ils les feront cesser du tout.

« Item, feront tout leur loyal povoir de faire expulser et retourner le plus brief que faire pourront les gens de compaignies qui sont avec messeigneurs Clignet et Loys Bourdon et autres, adhérents par toutes voies et manières à eux possibles. Et se les gens de compagnies ne voulloient ce faire, lesdits seigneurs s'employeroient au service du roy, pour iceux faire retourner ou détruire, et tous les autres ennemis du roy qui vouldroient grever son royaume.

« Item, promettront que de choses qui sont advenues à Paris ils ne porteront nulles rancunes, maltalent ne dommaige à la ville de Paris, ne à aucuns particuliers d'icelles, ne procureront estre faits en aucune manière, sous ombre de justice, ou en autre manière, comment que ce soit; et s'aucunes seuretés estoient advisées pour le bien de la ville et des particuliers d'icelles, ils se offrent faire procurer et aidier de tout le pouvoir.

« Item, que tous les seigneurs jureront et promettront par leurs serments, sur la sainte vraie croix et sur les saintes Evangiles de Dieu, en paroles de prince et sur leur honneur, faire entretenir et paraccomplir loyalement toutes les choses dessus dites, sans aucune fraude ou calompnie de vérité; et de ce feront et bailleront leurs lettres au roy, scellées de leurs sceaulx.

« *Item*, en ce faisant, les messages et ambassades desdits seigneurs requerront au roy que il lui plaise adnuller et révoquer tous les mandements des gens d'armes, et fasse cesser toutes voyes de fait de guerre, excepté contre les gens de Ponthoise.

« *Item*, semblablement fasse cesser et réduire à néant tous les mandemens n'a gaires donnés, à mettre en sa main aucuns chasteaux et forteresses, et de iceux oster les capitaines et autres, et commettre en lieux d'iceulx ou en lieu des seigneurs auxquels les chasteaux et forteresses appartenoient, et fasse remettre les dessusdits au premier estat, quant à ce; et que la commission par lui donnée, après certain temps, pour le fait des prisonniers appellés ou à appeler à bannissement, soit révoquée; et que, par justice ordinaire et accoutumée du roy, soient contraints et convenus, sans ce que aucuns commissaires particuliers de ce se entremeslent aucunement.

« *Item*, que le roy, la royne, monseigneur de Guyenne, ces choses ainsi faites et accomplies, soient un certain jour en aucun lieu dehors Paris; auquel lieu soient les devant dits seigneurs de chacune partie pour conferrer bonne union entre eux, pour adviser aux besognes du roi, nécessaires à lui et à son royaulme; et se aucuns faisoient doubte que les seigneurs ou aucuns d'eulx voulsissent induire le roy, la royne, et monseigneur de Guyenne, à aucune hayne ou vengeance contre la ville de Paris ou aucun des habitants, ou prendre le gouvernement, ou attraire le roi avec eux, ou monseigneur de Guyenne, ou que à ladite congrégation ou assemblée on fasse aucun doubte, ledits seigneurs sont prests de bailler bonne seurté possible, là ou on pourra adviser. »

Lesquelles besognes ainsi mises par escript et conclues par les seigneurs dessusdits d'une partie et d'autre, se départirent et retournèrent ès lieux dont ils estoient partis.

Et après que les ducs de Berry et de Bourgongne, et ceux qui avec eux estoient furent retournés à Paris, ils remontrèrent au roy les points de leur ambassade, et le contenu de la cédulle; et après ce que tout ot esté avisé par grand délibération de conseil, où estoient ceux de l'université de Paris et de la ville en grand nombre, fut accordé de par le roy, que tout ce que les ambassadeurs avoient fait et rapporté s'entretenroit; et sur ce fut ordonné à faire certains mandements royaux, pour envoyer ès sénéchaussées du royaume, pour estre publié par les officiers ès lieux accoutumés; desquels mandements la copie sera cy-après déclarée.

Durant que on traitoit ainsi ladite paix, messire Clignet de Brabant, messire Loys Bourdon, et autres capitaines, en leur compaignie bien seize mille combattants, faisants maux innumérables, se trouvèrent jusques au pays de Gastinois, disants que c'estoit pour faire guerre aux Parisiens. De ce non contents, mirent jusques au nombre de seize cents lances, et grand nombre d'autres combattants, desquels étoit chef et capitaine messire Elion de Jacqueville. Toutefois ils ne se entrouvèrent point, et se départirent sans combattre. En ce temps le roy ordonna une grande ambassade, c'est assavoir le comte de Sainct-Pol, connestable de France, l'évesque de Tournay et l'amiral; lesquels feurent, par le roy, envoyés à Boulogne sur la mer, pour communiquer avec les ambassadeurs du nouveau roy d'Angleterre, nommé Henri, fils du roy Henri de Lancastre, qui de nouvel estoit allé de vie à trespas, qui estoient descendus à Calais; c'est à savoir le comte de Warwic, l'évesque de Saint-David, et aucuns autres; lesquels ambassadeurs s'assemblèrent ensemble, et traitèrent unes trefves entre les deux royaumes de France et d'Angleterre, jusques aux Pasques, lesquelles furent publiées et tenues.

CHAPITRE XXIX.

Comment le roy conclut de entretenir ce qui avoit esté conclud à Ponthoise; et de la délivrance des princes et aultres grands personnaiges, chevaliers et officiers, emprisonnés par les Parisiens; aussy la réintégration de plusieurs quy avoient esté desmis de leurs offices; du partement du duc de Bourgongne; de la venue de plusieurs princes à Paris; et comment messire Charles de Labreth feut remis en l'estat de connestable.

Vous avez ouy comment les ducs de Berry et de Bourgongne avoient besogné à Ponthoise avec les ambassadeurs du roy de Secille, des ducs de Bourbon, d'Orliens et autres, qui lors estoient à Vernon-sur-Seine, et comment le roy en son grand conseil conclud de tenir et entretenir tout ce que en ladite ville de Ponthoise avoit esté fait et pourparlé. Pour laquelle cause ordonna certain mandement estre publié partout son royaume. Par lequel mandement il faisoit sçavoir le traictié de la paix, et comment il révoquoit et adnulloit tous les bannissements et toutes sentences quelconques qui avoient esté faites contre ceux de son sang, et contre les prisonniers pris par ceux de Paris, et voulloit aussi que toutes gens de guerre et tenans les champs s'en rallassent à leurs hostels sans plus adomager son royaume, sur peine de confiscation de corps et biens; en mandant aussi à tous les baillis et officiers que, se les gens d'armes de Champagne voulloient obéir, qu'ils trouvassent manière d'estre les plus forts en abandonnant tous leurs biens, chevaux et harnois à ceux qui à leur compaignie seroient, et que se aucuns se deffendoient, que on les occist, et s'aucuns vouloient empescher le bien de se faire, fust en parole ou en fait, qu'ils fussent criminellement punis. Or est ainsi que, après ce que le roy eust ainsi conclud pour la cédulle qui avoit ainsi esté faite audit lieu de Ponthoise, incontinent après, en la présence des ducs de Berry et de Bourgongne, fut ordonné, et de fait allèrent les trois ducs de Berry, de Guyenne et de Bourgongne, desprisonner les prisonniers que ceux de Paris avoient emprisonnés; c'est assavoir les ducs de Bar, de Bavière et autres grands personnages et en grand nombre de chevaliers et d'officiers, tant des gens du roy et de la reine que de monseigneur de Guyenne; dont plusieurs de Paris cuidèrent empescher la paix et la délivrance d'iceux; mais pour eux on n'en fit rien. Après ce que les prisonniers furent délivrés, fut maistre Jean de Troyes, concierge du Palais, desmis de son office, et tous ses biens pris et emportés dudit Palais par aucuns de la ville de Paris, lesquels avoient accoutumé de l'accompagner; et en l'office de conciergerie fut restitué celui qui auparavant l'exerçoit, et pareillement plusieurs autres à qui on avoit osté leurs offices y furent remis et restitués, comme Anthoine des Essarts; comme aussi au duc de Bar fut rendue la capitainerie du Louvre, au duc de Bavière la Bastille comme auparavant avoit esté. A la délivrance des prisonniers dessusdits faicte une grand feste et grand joie par tout Paris; et firent feste par deux jours entiers, sonnants les cloches toutes en heure, comme l'on disoit; et icelle feste se faisoit pour l'amour de la paix. Tantost après ceste feste faite furent pris des gens du duc de Bourgongne, le seigneur de la Viefville, messire Charles de Lens; et messire Robinet de Mailly, doubtant qu'il ne fust pris, s'en alla, et pour ceste cause fut banni du royaulme. Le seigneur de Jacqueville fut desmis de son office de capitainerie de Paris. Plusieurs des bouchers, Caboche, Jean de Troyes, maistre Witase de Lattre, s'en allèrent les uns en Flandres, les aultres en Bourgongne. Plusieurs aultres aussi se absentèrent, c'est assavoir les commissaires qui avoient esté ordonnés à interroger les prisonniers. Quand le duc de Bourgongne veit la manière du duc de Guyenne, doubtant qu'il ne fust mie bien content de lui, fut en grand souppechon que on ne mist la main à sa personne; et avec ce, il véoit que ses gens le laissoient et secrettement s'en alloient sans prendre congé de lui, pour doubte que on ne le prist, ainsi que desjà en avoit de pris; et si étoit adverti que on avoit fait aucuns agaits de nuit autour de son hostel; véant aussi que jour en jour venoient, devers le duc de Guyenne, grand nombre de ceux qui par avant avoient esté ses adversaires; et pour ce, afin de obvier et résister aux périls qui s'en polroient ensuivre, trouva manière que le roy alla chasser ès bois de Villenœufve-Sainct-George. Si alla avec lui; et quand il vit son point, il prit congé du roy, en disant qu'il avoit eu nouvelles de son pays de Flandres, où il falloit qu'il retournast pour aucuns affaires qui lui estoient survenus. Et de fait, se party après qu'il eut pris congé du roy. Ce jour-là alla gésir auprès du Pont-Saint-Maissance[1], et prit son droit chemin à Lille en Flandres. Après son partement, les Orliénois et aucuns Parisiens commencèrent à fort murmurer contre lui; et les gens qui avoient tenu son parti furent en grand soussy, et non sans cause, car chacun jour on en prenoit, dont des aucuns on faisoit justice assez hastive. Et de fait, furent exécutés, traisnés et pendus les deux nepveux Caboche, et pareillement Jean de Troyes. Quand la royne, les ducs de Guyenne, de Berry et de Bar sçurent le partement du duc de Bourgongne, ils en furent fort joyeux, et ainsi plusieurs autres qui paravant se montroient du tout en lui. Et fort estoit la chance retournée, car n'avoit pas grand temps que nul n'osoit parler des Orliénois, et à ceste heure estoit tout le contraire, car de tous points ils

(1) Pont-Saint-Maixent.

estoient au-dessus. En la ville de Paris et en Bourgongne n'estoit nul qui en osast parler. Ne demoura gaires que le roi de Secille, les ducs d'Orléans, de Bourbon, les comtes d'Alenchon, de Vertus, d'Eu et Dampmartin, et aultres en grand nombre allèrent à Paris en grande compaignie de gens d'armes en belle ordonnance. Les ducs de Bavière et plusieurs bourgeois de la ville allèrent allencontre d'eux et les reçurent à grand joie. Iceulx princes allèrent tout droit au palais faire la révérence au roi, à la reine et au duc de Guyenne qui là estoient à ceste assemblée. La joie fut moult grande, et là soupèrent la plupart des princes ensemble; et le lendemain messire Charles de Labreth arriva à Paris; auquel feut rendu son office de connestable, et le comte de Sainct-Pol démis.

CHAPITRE XXX.

Le mandement que le roy feit publier par tout son royaume, par lequel il annulla, révoqua et annichila tous autres mandements et ordonnances par luy octroyées contre les princes de son sang, barons et autres.

Le huitiesme jour de septembre, en icelui an, à l'instance et faveur des princes dont devant est faite mention, le roi alla en la chambre de parlement et s'assit au lieu accoutumé, et là fit et constitua par son grand conseil un édit lequel il ordonna estre prononchié, duquel la teneur s'ensuit:

« Charles, par la grace de Dieu roi de France, à tous ceux qui ces présentes lettres verront, salut. Comme pour l'occasion des divisions, des guerres et discors meus en nostre royaume entre aucuns de nostre sang et lignage, plusieurs choses nous eussent dampnablement et mensongierement esté rapportées, sous umbre desquelles, et pour ce que en nostre conseil, et aussi en nostre ville de Paris n'estoient pas telle franchise, et que n'estions pas conseillés vraiement et lealment à l'honneur de nous ne de nostre royaume, comme il appartenoit; car pluiseurs estoient parciables et affectés désordonnement, et les aucuns avoient telle cremeur qu'ils chéoient en la personne, mesmement de grand vertu et de grand constance, par ce qu'ils véoient, par dire et tenir vérité, pluiseurs perdre leur estat, et aussi par espécial pluiseurs des notables prélats, nobles, et autres aussi de nostre conseil et de notre ville de Paris, estre tortionnairement et viollentement pris et dépouillés de leurs biens et mis à ranchon; pourquoi pluiseurs de nos bienveullants estoient fugitifs et absents de nostre conseil et de nostre ville de Paris; et furent plusieurs lettres patentes dampnablement procurées et induement obtenues en nostre nom, et scellées de nostre scel, et envoyées à nostre très puissant père souverain seigneur, au saint collége de Rome, et autres plusieurs grands princes et seigneurs, contenans: que il estoit venu à nostre connoissance pleinement et clerement, et nous teniesmes pour bien et duement informés, tant par certaines lettres qui nagaires furent trouvées en nos mains et de nostre conseil, comme par envies que nous aviesmes veu et véyesmes tous les jours, jà-soit-ce que jà despieça nous en doubtiesmes, et que la chose avoit esté grand temps couverte sous dissimulation, que Jean de Berry, nostre oncle, Charles d'Orléans et ses frères, nos nepveux, Jean de Bourbon, Jean d'Alenchon, Charles de Labreth, nos cousins, Bernard d'Erminacq et leurs aidants, adhérents, alliés et complices, à nous contraires et de mauvais propos, inique et dampnable, avoient entrepris et s'estoient enforcés de expulser, destituer et destruire nous de nostre estat et autorité royale, et de tout leur pouvoir nous et nostre genre, que Dieu ne veuille! et outre ce, faire un nouveau roi en France; laquelle chose est abominable à ouyr et réciter à tous cœurs de nos bons et loyaux subjets; et que en ce et en autres choses qu'ils leur imposoient iniquement et mauvaisement, ils avoient commis envers nous et notre royale majesté grands et énormes crimes et maléfices, tant de lèze-majesté comme autrement; et aussi plusieurs diffamatoires libelles ont été faictes et baillées à plusieurs personnes, et attachiées aux portaux des églises et publiées en plusieurs lieux, au grand déshonneur et grand charge de nostre sang et lignage, comme de nostre très cher et bien amé fils, nostre très cher et bien amé nostre oncle de Berry, nos très chers et bien amés neveux et cousins, les ducs d'Orléans et de Bourbon, les comtes de Vertus, d'Alenchon, d'Erminacq et aussi Labreth, connestable de France, et aussi de plusieurs barons, et aucuns leurs bienvoeullants, et conséquemment de nous et de nostre domination: pour lesquelles choses nous, par icelles lettres, abandonniesmes tous nos oncles, nepveux et cousins, avec leurs adhérents et serviteurs et bien veullants, à prendre et destruire, avec toutes leurs terres et seigneuries, et biens quelconques, en déclarant iceux avoir forfait envers nous corps et biens ; et encore, à eux plus grèver et injurier, et de nous eslongier et esmouvoir le peuple contre eux, sous couleur de certaines bulles outre soixante ans impétrées et octroyées contre les gens des compaignies, èsquels sans titre et sans cause, et de leur autorité tenoient et assembloient, par manière de compaignies, contre nous et nostre royaume ; lesquelles ne se povoient, comme par l'inspection d'icelle poeut clairement apparoir, impliquer contre nosdits oncles, fils, neveux et autres, et tout par deffaute de bon et vrai conseil, et sans nostre dit souverain et très saint père le pape, et sans délibération de notables personnes comme il appartenoit au cas et sans ordre de droit, de procès ou monition à ce requises en observées, et sans précédentes délibérations quelconques, feurent induement par force, faveur et voulonté désordonnée, déclarées aucunes sentences d'excommuniement contre les devant dits de nostre sang et lignage, leurs officiers et subjets, adhérents et complices, par lesquels ils furent, comme vérité est, publiés comme excommuniés par tout nostre royaume. Et outre furent derechef proclamés à peine de ban, comme traistres et malfaiteurs, de fait bannis de nostre royaume et despoinctiés de leurs bénéfices et offices. A l'occasion desquelles furent dictes et semées, et publiées pluiseurs erreurs, excès et inhumanités crueuses contre pluiseurs, lesquels, à l'occasion des choses devant dites, furent pris et mis à mort au regard du salut et de l'ame, comme de telle mort naturelle et piteuse, comme gens hors de la loi et sans confession, et comme bestes brutes, et sans avoir quelque administration de quelque sacrement de sainte Église, enfouis aux champs et jettés aux bestes mues et aux oiseaux comme si ce fussent chiens, lesquelles choses sont moult *dures et inhumaines, damnables, iniques, crueuses, destrecheuses, et par espécial entre chrestiens et vrais catholiques.* Lesquelles choses devant dites ont esté faites à l'instigation, impression, violence et importunité d'aucuns séditieux, troubleurs de paix et mal voeullants de nos oncles, fils, neveux et cousins, contre raison et vérité, par machination et damnable fiction, et pour venir à leurs fausses et mauvaises entreprises, comme nous avons esté et sommes depuis informés pleinement. Et pour che, nous qui ne voulons par raison telles choses et tels blasphèmes non vraies et aussi faites et procurées, comme dit est, au déshonneur et charge de ceux de notre sang et lignage, et d'aucuns autres, demeurer ainsi, et qui toujours désirons et avons désiré la vérité des choses dessusdites, connues et réparées, laquelle, par inadvertance ou autrement, induement a par nous esté faite au préjudice, à la charge, au déshonneur d'autrui et mesmement de ceux de nostre sang et lignage et d'aucuns autres devant dits, comme nous sommes obligés : Sçavoir faisons nous estre plainement informés de nosdits oncles, fils, et neveux, et cousins, prélats, barons, nobles et autres leurs bienveullants, avoir eu toujours bonne affection et léale intention, et avoir esté nos bons et loyaux parents, obéissants et subjets, et tels que doivent estre envers nous, et tout ce qui y a esté fait avoir esté fait mauvaisement, damnablement et subreptivement impétré contre vérité et raison, à l'instance, impression, instigation, importunité et violence d'aucuns séditieux, troubleurs de paix et malveullants. Pour laquelle cause toutes les lettres et mandements qui contre leur honneur et à leur charge ont esté faits touchant les choses dessusdites de leurs dépendances, nous icelles déclarons, et par ces présentes avons déclaré avoir esté tortionnairement de nulle valeur faites, passées et subreptivement impétrées par leurs faux et malveullants accuseurs ; et en ce avons esté déceus et non bien advertis de la vérité, par deffaute de bon conseil et liberté de dire vérité, comme dit est. Et toutes les lettres et mandements avec toutes les choses quelconques qui seroient à la charge et déshonneur de nos oncles, fils, neveux et cousins, et autres devant dits, et généralement tout ce qui s'en est ensuivi, nous estant en nostredit parlement et lieu de justice tenant, de plusieurs de nostre sang et plusieurs prélats, gens d'église, tant de nostre fille l'université de Paris, de plusieurs barons et autres personnes, tant de nostre grand conseil et parlement, comme nostre bonne ville de Paris, accompagnés, révoquons et annullons, et par ces présentes avons révoqué et annullé, damnons et adnichillons, et du tout en tout mettons au néant, et deffendons à tous nos subjets, sur peine d'encourir nostre indignation, et sur tout quant que ils se peuvent meffaire envers nous, que contre la teneur de nos affections, déclarations, renonciations et ordonnances, ne facent, dient ne viengnent pour le présent ne en temps advenir par fait, par parole, ne autrement par quelconque manière que ce soit; et se aucunes lettres ou mandements estoient ne fussent exhibés, montrés et produits en jugement ou dehors, ne voulons à iceux aucune foi estre ajoutée, maintenant ne autresfois; mais voulons et mandons que ils soient deschirés et coppés partout là où ils pourroient estre trouvés. Et pour ce, donnons en mandement à nos amis et féaux nos conseillers et gens de parlement, au prévost de Paris et à tous autres nos baillys, prévosts, séneschaux et autres justiciers, à leurs lieutenants et à chacun d'eux, si comme à lui appartiendra, que nos présentes affections, déclarations, révocations et ordonnances fassent publier, afin que nul ne puist avoir de ce ignorance, en leurs auditoires et en tous autres lieux à faire proclamations en tel cas et lieux accoustumés en leurs jurisdictions et mectes, à son de trompe ou autrement, deuement. Et tout ce voulons-nous estre presché et remonstré par les prélats et clercs qui ont accoustumé de prescher au peuple, que des choses dessusdites avons esté déceus, séduits et mal informés au temps passé par les manières et cautelles dessusdits; et aussi voulons et ordonnons que au transcript de ces présentes lettres, faites sous le scel royal, ou autre authentique, comme à l'original soit pleine foi ajoutée. En tesmoing desquelles choses nous avons à ces présentes faict mettre notre scel. Donné en nostre grand' chambre de parlement à Paris, où estoit le lit de justice, le douziesme jour de septembre, l'an quatorze cents treize, et de nostre règne le trente-troisième. « Par le roy tenant son lieu de justice, en sa court de parlement vraie. »

Et depuis furent publiés à Amiens au mois de septembre, le quinzième jour de l'an dessusdit.

CHAPITRE XXXI.

De la venue à Paris de Jean, duc de Bretagne, biau-fils du roy; du comte de Richemont, son frère, et de l'ambassade d'Angleterre; comment le duc d'Orléans et ceulx de son party retournèrent à gouverner le roy et royaume; et de l'édit que le roy feit pour entretenir la paix; et plusieurs autres besognes.

A la venue à Paris du roy Loys, des ducs d'Orléans, de Bourbon et des autres princes, se feirent à merveilles grands festes, grands banquets, et grands esbatements et merveilles; et fit faire le duc d'Orléans heucques[1] italiennes de drap de laine de couleur violet; et sur ce avoit escript en lettres faites de boulons d'argent, *le droit chemin*. Et n'estoit point de bonne heure, ne avant Paris qui ne avoit une. Danses et mommeries se faisoient; et Dieu sçait comme le duc Jehan de Bourbon estoit en bruit entre les dames et damoiselles. Or estoit bien l'estat tourné que devant est dit; car n'avoit gaires de temps que des princes dessusdits on n'eust osé dire mot, sinon à leur foule et vitupère. Or est fol qui en peuple se fie. En ce temps vinrent à Paris Jehan, duc de Bretagne, lequel avoit espousé la fille du roy; avec lui le comte de Richemont son frère, et aussi l'ambassade du roy d'Angleterre; c'est assavoir le duc d'Yorck et le comte de Rothelan, pour traiter le mariage du roi d'Angleterre et de madame Katherine de France, fille du roy, afin de ensuivre l'alliance que voloit faire le duc de Bourgongne, qui vouloit donner sa fille au roi d'Angleterre. Iceulx ambassadeurs furent ouys et bien venus, mais rien ne y feirent, et s'en retournèrent en Angleterre.

En ce temps estoit le duc de Bourgongne en la ville de Lille, en laquelle il assembla grand noblesse de son pays, et avec ce les quatre membres de Flandres; et là fut le comte Walleran de Sainct-Pol, lequel venoit de Boulogne et Bavelinguehen, où il s'estoit assemblé avec le comte de Warwick et l'évesque de Sainct-David, et aucuns aultres Anglois, pour les trefves entre les deux roys de France et d'Angleterre, lesquelles furent octroyées jusques à la feste de Sainct-Jehan-Baptiste. Et là receut ledit comte de Sainct-Pol, connestable de France, lettres du roy par lesquelles lui mandoit qu'il allast à Paris rendre l'espée de connestable. Sur lesquelles lettres il demanda conseil au duc de Bourgongne. Toutefois j'entends que il ne fut pas conseillé de ce faire. Et s'en alla en sa ville de Saint-Pol; et puis alla jusques en la ville d'Amiens, là où il ordonna une ambassade pour aller à Paris devers le roy. Ses ambassadeurs furent le vidame d'Amiens et maistre Robert le Josne pour proposer devant le roy leur légation. Eux venus à Paris devers le roy fu-

(1) Robes.

rent ouys; et proposa ledit maistre Robert, en plein conseil, en quel estoit le roi et plusieurs autres princes, et remonstra au roi et lui dit : que le comte de Saint-Pol, son maistre, n'avoit oncques tenu parti que le sien, ne oncques villes ne forteresses n'avoit tenu contre lui, ainsi que pluiseurs avoient fait. Ces choses dites et proposées, lui fut dit que il se fist advouer des seigneurs avec lesquels il estoit venu; lesquels le désadvouèrent. Et pour ce fut pris et mené en Chastelet, où il fut deux jours en très grand paour et amère déplaisance. Toutefois le duc de Bar, beau-frère du comte de Saint-Pol, requist au roy de sa délivrance, et fut mis hors de prison; et en ce point s'en retournèrent les ambassadeurs du comte de Saint-Pol. En après, furent derechef grands mandements royaux envoyés par toutes les parties du royaume à estre publiés ès lieux accoutumés, lesquels mandements contenoient les desrois faits en la ville de Paris par les Parisiens, à la déplaisance du roy, de la royne et du duc de Guyenne. Lesquels mandements contenoient tous les monopoles, traysons, desrisions que avoient faits les Parisiens dedans la ville de Paris; et mesmement comment ils estoient allés à main armée, et en grand desrision en l'hostel du duc de Guyenne, où ils avoient trouvé le duc de Bar, lequel ils avoient prins avec pluisieurs autres nobles hommes; en après, comment ils avoient esté jusques à la chambre de la royne prendre aucunes nobles femmes, dont en avoit du sang royal, et menées prisonnières en divers lieux, et pluiseurs autres choses. Après ces choses faites, le duc d'Orléans requit au roy qu'il lui fist ravoir ses villes et chasteaux de Coussy, Pierrefons et la Ferté-Milon, que le comte de Saint-Pol avoit conquises et ne lui vouloit rendre, jà-çoit-ce que par les convenances de la paix se devoit ainsi faire. La requeste du duc d'Orléans lui fut accordée ; et fut, de par le roi, ordonné messire Gastelin du Bois, baillyf de Sens, d'aller recevoir l'obéissance de par le roy des dessusdites places; lesquelles obéirent au roy, et furent rendues et restituées au duc d'Orléans. Ne demoura gaires que le comte d'Erminacq vinst à Paris en la compagnie de messire Clignet de Brabant et autres, à grant compagnie de gens d'armes, lequel fut honnorablement receu du roy. En ce temps estoit gouverné le roy et tout le royaume par les Orliennois; et au regard de ceulx qui avoient tenu la partie de Bourgongne, estoient du tout boutés arrière et n'avoient quelque audience, et convenoit que ceulx qui dedans Paris demeurés estoient ouyssent plusieurs paroles qui pas ne leur plaisoient.

Vous avez ouy comment le duc de Bourgongne estoit à Lisle, où il avoit mandés plusieurs grands seigneurs pour avoir advis et conseil de ses affaires ; car souvent lui venoient nouvelles de Paris, comment ceulx qui avoient esté ses adversaires gouvernoient le roy et le duc de Guyenne, et grand' peine mettoient de le mettre hors de leur grace. Pour lesquelles causes il doubtoit que enfin ils ne le meissent en guerre, et de tous points tournassent le roy et le duc de Guyenne contre lui; pour laquelle cause il avoit assemblé son conseil. Et durant que le duc de Bourgongne estoit à Lille, le roy d'Angleterre envoya une ambassade devers lui pour traictier le mariage du roy avec l'une de ses filles ; toutefois ils ne polrent estre d'accord, et par ainsi retournèrent en Angleterre.

Le onzième jour d'octobre, en icelui an, le roi ordonna de ses gens, c'est assavoir le seigneur d'Auffemont et le seigneur de Moy, lesquels il envoya devers le comte de Sainct-Pol lui requérir qu'il envoyast l'espée de connestable; à quoi il respondit que il n'avoit point fait chose par quoi on lui deubt oster, et qu'il s'en conseilleroit à ses amis, et en briefs jours assembleroit ses parents et amis, et feroit telle response que par raison le roy debveroit estre content. Tantost après le roy fist un édit par lequel il ordonna un mandement pour faire publier allencontre de ceulx qui ne se porroient tenir de murmurer et injurier les uns contre les aultres, et qui désiroient d'esmouvoir gens à commotion et discorde pour engendrer nouveaux desbats et guerres. Lequel mandement fust publié par tout le royaume, qui contenoit en effet : « que le roy vouloit tenir et entretenir de point en point le traicté de la paix, sans l'enfreindre ne souffrir estre enfreint, en faisant exprès commandement et deffense, de par le roy, sur peine de confiscation de corps et de biens, que nuls, de quelque estat, auctorité et condition qu'ils soient, ne fassent, dient, profèrent paroles au contraire de ladicte paix, ne gens induisent à venir contre icelle, ne veullent empescher; et que tous ceulx que vous trouve rez faisans, parlans ou murmurans au contraire, nous voulons, par vous ou vos commis, estre faicte inquisition ; et diligemment en faciez ou faites faire purgation ou justice, toutes excusations cessans, par si et telle manière que ce soit exemple à tous aultres ; et que par vous, vostre négligence ou coulpe n'y ait aucune faute; et les biens desdicts coupables et murmurans, meubles et non meubles, prendez et faites prendre, et mettre en nos mains, aux dépens de la chose , par personne ou personnes souffisans et notables qui de ce puissent rendre bon compte, et reliquat, où et quand mestier sera ; et de ce faire vous donnons, aussi à vos depputés et commis en ceste partie, pleine puissance, nonobstant quelconques lettres, ordonnances, mandements, deffenses, oppositions ou appellations à ce contraires. Donné à Paris le sixiesme d'octobre l'an 1413, de notre règne le trente-trois. Ainsi signé par le roy en son grand conseil, où estoit le roy de Sécille, les ducs de Berry, d'Orléans, de Bourbon et plusieurs aultres. »

Et puis furent publiées à Amiens, et au baillage, le trois de novembre audict an.

CHAPITRE XXXII.

Comment Loys, duc de Bavière, épousa la vefve du comte de Mortaing, frère du roy de Navarre ; du bannissement du royaume des gens du duc de Bourgogne, et de l'ambassade que le roy envoya au duc de Bourgogne; et aultres incidents.

En ces propres jours ou là environ, Loys, duc de Bavière, frère de la reine, épousa la vefve de feu messire Pierre, frère au roy de Navarre, en son temps comte de Mortaing; auxquels noeupces ot unes très belles joustes. Et y jousta le roi et pluiseurs aultres de son sang ; et le lendemain pluiseurs des gens du duc de Bourgogne furent bannis du royaulme de France ; duquel bannissement les nouvelles furent rapportées au duc de Bourgongne, qui lors estoit à Saint-Omer ; duquel ne fut pas content. Et lui conseilloient aucuns qu'il se mist en armes et en puissance, et que il se tirast droit à Paris, et que les Parisiens lui feroient assistance aussi grande que faite lui avoient autrefois ; mais il n'en vouloit rien faire.

En ce temps s'émeut dissension entre les ducs d'Orléans et de Bretagne, pour ce que le duc de Bretagne se vouloit mettre au-dessus du duc d'Orléans. Le roi en eult la connoissance et en décida, et jugea que le duc d'Orléans iroit au-dessus du duc de Bretagne, tant en aller, seoir, escrire, que en toutes autres choses ; dont le duc de Bretagne fut mal content, et pour ceste cause s'en partit de la ville de Paris par mal talent ; mais avant son partement, eut paroles entre lui et le comte de Vendosme moult aigres, et par ainsi demeurèrent en hayne l'un contre l'autre. Environ ces jours fut le Borgne de la Heuze desmis par le roi de la puissance de la prévosté de Paris, et en son lieu y fut constitué maistre Andrieu Marchand, advocat en parlement. Messire Guichard Daulphin, grand maistre-d'hostel de France, le seigneur de Rembures, maistre des arbalestriers, et messire Anthoine de Craon furent renvoyés en leurs maisons ; et leur fut dit qu'ils ne retournassent plus se le roi ne les mandoit. Et pareillement furent mis hors de Paris trois à quatre cents hommes que femmes, pour ce qu'ils avoient esté favorables au duc de Bourgongne. Le comte de Vendosme fut fait grand-maistre-d'hostel, et avec ce pluiseurs offices furent renouvellées. Environ la Toussaint, le roi ordonna une ambassade pour envoyer devers le duc de Bourgongne, qui lors estoit à Lille qui se donnoit du bon temps. On fit unes festes et joustes où lui-mesme jousta, son fils, comte de Charollois, et ses deux frères, c'est assavoir le duc de Brabant et le comte de Nevers, et pluiseurs autres chevaliers.

L'évesque d'Evreux, le seigneur de Dampierre, l'amiral de France et autres ambassadeurs du roy, présentèrent au duc de Bourgongne lettres par lesquelles le roy mandoit au duc de Bourgongne : que, sur peine de toute confiscation, il ne fesist convenance ni traités nuls au roi d'Angleterre, touchant le mariage de sa fille ni autrement, en quelque manière que ce fust ; et avec ce, qu'il rendist et fist rendre au roi trois de ses villes et chasteaux, lesquelles il tenoit ou faisoit tenir par ses gens ; c'est assavoir, Chierbourg, Bohain et le Crotoy ; et qu'il tenist de point en point la paix telle qu'il avoit promise. Quand le duc de Bourgongne olt ouy la lecture du mandement et commandement royal, sans faire quelque réponse, se partit de la ville de Lille et s'en alla à Audenarde. Les ambassadeurs du roy retournèrent à Paris sans autre chose faire. Le roi doubtant la rompture de la paix, fit faire nouveaux mandements par quoi il mandoit à tous les baillifs, séneschaux et officiers, qu'ils fissent publier iceux mandements, par lesquels il mandoit qu'il vouloit tenir et entretenir la paix faite entre les Orliénois et les Bourguignons; laquelle chacune des parties avoit juré solennellement sur les saintes Évangiles et sur la sainte vraie croix, tenir sans icelle enfraindre ou violer; néanmoins il estoit venu en la cognoissance du roi que pluiseurs, de divers estats et conditions, murmuroient à Paris en semant mauvaises paroles pour venir à conclusion de rompture de la paix, à icelle intention d'émouvoir guerre mortelle; pour laquelle cause le roi mandoit à ses officiers que, s'ils trouvoient aucuns des gens tels que dessus est dit, ils fuissent pris et punis criminellement; et avec ce, ceux qui les accusoient à justice eussent la tierce partie de leurs biens.

[CHAPITRE XXXIII.

Comment le roy de Sécille renvoya la fille du duc de Bourgongne, Catherine, laquelle estoit plegie (1) à Loys son filz, dont le duc feut mal content; et des lettres excusatoires et accusatoires que ledit duc envoya au roy.

Le vingtiesme jour du mois de novembre, le roi de Sécille fit ramener en la ville de Beauvais Catherine, fille au duc de Bourgongne; laquelle devoit estre épousée à Loys, son fils ains-né, ainsi comme paravant, du consentement des deux parties, avoit esté traité; et sur ce, par le duc de Bourgongne luy avoit esté envoyée en très honorable état; mais, comme dit est, la renvoya accompagnée du seigneur de Longvy, maréchal de France, et plusieurs aultres, jusques au nombre de cent soixante chevaux, chevaliers, écuyers, dames et damoiselles, et aultres officiers du roy Loys. Laquelle fut rendue aux gens de son père; c'est assavoir aux seigneurs de Dours, de Brimeu, de Humbercourt et de Bours, et autres chevaliers, escuyers, dames et damoiselles, pour ceste cause là envoyés de par lui; et d'iceux fut receue et ramenée jusques à Amiens, et de là à l'Isle, devers son père, le duc de Bourgongne, qui de ce grandement fut troublé, et conchut pour ceste cause grande haine allencontre du roi de Sécille, laquelle dura toutes leurs vies; et depuis, sans avoir esté mariée, mourut en la ville de Gand icelle ladite Catherine de Bourgongne;

(1) Fiancée.

laquelle estoit, selon sa jeunesse, une très gracieuse dame. Tantost après, le duc de Bourgongne envoya à Paris, devers le roi, unes lettres contenants les excusations et accusations que il faisoit contre ses adversaires, desquelles lettres la teneur s'ensuit :

« Mon très redoubté seigneur,

» Je me recommande à vous tant humblement comme je puis, et suis désirant journellement, comme droit est, de sçavoir de vostre bon estat, que Dieu, par son doux plaisir, voueulle tousjours continuer de bien en mieux, selon vostre bon vouloir et désir ! Pourquoi je vous supplie très humblement, mon très redoubté seigneur, que plus souvent je puisse, par vostre bon plaisir, estre de vous par lettres bien à plain acertené; car Dieu sçait, mon très redoubté seigneur, comment je désire de vous voir en bonne prospérité, et ne puis avoir plus grand consolation ne parfaicte joie en ce monde que d'oyr bonnes nouvelles de vous, que Dieu, par sa sainte grace, me doinst toujours oyr et sçavoir telles et si bonnes que vous vouldriez, et que je vouldroye et désire pour moi-mesme. Mon très redoubté seigneur, se de vostre grace et humilité vous plaist sçavoir de mon état, j'estoye au département de ceste ville en très bonne santé de ma personne, grace à Dieu, qui tousjours me la veuille octroyer ! Mon très redoubté seigneur, je tiens bien estre en vostre bonne mémoire comment, par vostre bonne ordonnance, du conseil de mon très redoubté seigneur, monseigneur le duc de Guyenne, vostre fils et le mien, de plusieurs seigneurs de vostre sang et de vostre grand conseil, à la grande et humble requeste de vostre fille l'université de Paris, des gens d'Eglise d'icelle ville, du prévost et eschevins, et généralement des autres bonnes gens de vostredite ville, certaines ordonnances, tant de vostre grand conseil comme de pluiseurs autres conseillers, lesdits seigneurs de ladite université, de l'Eglise et de ladite ville de Paris, à avoir paix et union des seigneurs de vostre sang, pour le bien qui en poeult advenir à vous et à eux, et généralement à tout vostre royaume, et mesmement pour la réparation de misère et misérable estat de votre royaume, qui estoit en estat de toute désolation, se ne fust la grace de Dieu qui vous inspira de ladite ordonnance, moyennant laquelle chacun vostre léal parent et sujet de vostre

CHAPITRE XXXIII.

royaume peuvent avoir espérance de dormir et reposer en paix, si comme il fut dit et proposé notablement par devant vous, où estoient plusieurs, tant de vostre sang comme autres, par un notable chevalier, conseiller de mon très cher seigneur et cousin le roi de Sécille; et néanmoins, mon très redoubté seigneur, jàsoit-ce que je euisse juré en vostre présence, de bonne foi et bonne intention, et tant cordialement que plusieurs adonc assistants présents devant vous povoient veoir; et pour ce que je doubte et ai doublé que pour mon département pluiseurs puissent prendre aucune estrange imagination sur la rumpture et infraction de vostredicte ordonnance, le plus tost que j'ai pu, je vous ai envoyé devers vous de mes gens pour ceste cause, principalement mes lettres, à vous certifier la volonté et intention que j'avois et ay à l'entretenement de vostre ordonnance; et encore, à plus grand confirmation, j'ai envoyé devers vous mes gens pour ceste cause principalement, que je tiens et veux tenir estre en vostre bonne mémoire. Mais, ce nonobstant, mon très redoubté seigneur, et que je n'ai rien fait contre vostredite ordonnance, quelque charge que aucuns m'ont voulu donner contre vérité, sauf l'honneur et révérence de vous, moult de choses sont et ont esté faites contre la teneur de vostre ordonnance, au contempt, préjudice et vitupère de moi et des miens, qui estoient dedans icelle ordonnance déclarés. Et pour ce, suis-je moins tenu de procéder de vostre volonté, et intention de vostre dit fils, mon très redoubté seigneur, ou d'aucuns autres prudhommes de vostre sang et lignage, ou aussi de pluiseurs autres de vostre grand conseil; mais je suis tenu de procéder, à l'instigation et pourchas et grands importunités d'aucuns, qui ont longuement contendu et contendent à estranges voies et matières, lesquelles Dieu voeulle réduire et ramener à bien, ainsi que il sait que mestier est, et que le désire, pour la déclaration des causes dessusdites. Il est vrai, mon très redoubté seigneur, que, à l'instigation et procuration d'aucuns, assez tost après le serment fait sur vostredite ordonnance, ont esté faictes pluiseurs chevauchées, armes et congrégations, par le moyen d'aucuns de vostredite ville de Paris, par espécial emprès mon hostel et logis, et à l'environ, lesquels semblablement estoient faits au contempt et préjudice de moi;

car, depuis que je partis de Paris, n'ont point là esté faites telles armées, chevauchées ne assemblées, et qui pis est, qui eut adonc creu aulcuns, la main eust esté mise sur moy devant mon despartement, qui n'estoit pas signe d'avoir paix et union.

« *Item*, est vray que devant et apprès, plusieurs de vos bons et anciens serviteurs et des miens, qui n'avoient riens fourfait, furent prins et emprisonnés, et les aultres contraints par force et par voyes obliques, à eulx départir hors de Paris.

« *Item*, que tous ceulx que on sçavoit qui avoient eu aucune amour ou faveur à moi furent destitués de leurs offices, par telle manière que aulcuns, par élection et sans aultrui préjudice, les eussent eues, et sans ce que sur eulx on sçust ou poeult sçavoir aulcun mal, ou aultre faute ou cause, fors tant que ils estoient trop fort Bourguignons; et emprès tous les jours se faict ainsi. Et se par adventure deissent ou feissent dire, ou voulsissent dire que cela avoit esté faict ou se faisoit, pource que, moy estant devers vous en vostre service à Paris, je avoye faict semblablement; ad ce poeult estre répondu bien et vrayement; car, supposé que ainsi fust, se peult-on clèrement appercevoir, cognoistre et considérer les termes de vostre ordonnance, qui sont principalement fondés sur bonne paix, amour et union, que ce n'est fors vengeance de avoir faict ce que dit est. Laquelle chose est signe de division, et non pas de paix, amour et union, et seroit plus expédient pour la conservation de vostre ordonnance et bien de vostre royaulme, de pourvoir, par bonne élection et vraie à vos offices, non point aulx personnes, sans avoir regart à ladicte vengeance.

« *Item*, que par lesdites procurations et inductions, à paine estoit-il nul qui osast parler ne communiquer avec aulcuns, puisque on sentoit ou sçavoit que il voulsist mon bien et honneur, qu'ils ne fussent griefment punis et corrigés.

« *Item*, que, en plusieurs serments, propositions et assemblées ont esté dictes paroles contre mon honneur et estat, et contre vérité, saulve l'honneur et révérence de vous, en usant de paroles, non pas si estranges que on n'entendist bien notoirement que on les dist pour moi, en venant directement contre la paix ordonnée par vous, tant à Chartres comme à Aussoire, et contre les trefves dernièrement jurées et promises, lesquelles choses sont de très mauvais exemple, et contre l'enseignement de Cathon, et promovans à toutes tenchons[1], desbats et dissensions qui pourroient tourner, que Dieu ne veuille! en grand préjudice et détriment de vostre royaulme.

« *Item*, ont esté faites pluiseurs lettres, et en plusieurs lieux, en vostre royaume, comme dehors, grandement faisant mention, qui bien les entend, contre l'honneur de vous, mon très redoubté seigneur, de monseigneur de Guyenne, et de pluiseurs autres de vostre sang. Et se aucuns disoient, ou vouloient dire que ce fut fait pour recouvrer de leur honneur, dont par les lettres ils avoient esté vitupérés, atout le moins dust-il avoir exprimé la vérité ès dernières lettres, sans donner charge à aultrui, qui a bien voulu tenir les trefves de vostre ordonnance.

« *Item*, que plusieurs m'ont voulu donner charge contre vérité, saulf l'honneur et révérence de vous, mon très redoubté seigneur, que j'ai tenu contre vostre ordonnance et deffence, gens d'armes, qui grandement ont opprimé et dommagié vostre peuple. Et la vérité est, comme autrefois vous ai dit et fait dire, par vostre commandement, je eus charge d'avoir mil hommes d'armes avec monseigneur de Berry, mon oncle, et autres aussi auxquels vous aviez donné charge de gens d'armes, obvier à plusieurs gens de compaignie en plusieurs emprises qu'ils vouloient faire devant vostre ville de Paris, en grand' déshonorance et vitupère de vous; et incontinent après vostre dicte ordonnance jurée, je les contremandai; pour gens d'armes, n'en ai tenu aucuns sur le pays, et se aucuns se y sont tenus, eux advenans de moi, ce n'a pas esté par mon ordonnance ne de mon commandement; ne sai si ce a esté de leur volonté, ne parce qu'ils véoient les gens de compaignie, qui faisoient, comme encore font, tant de maux que chacun sçait.

« *Item*, est vrai, mon très redoubté seigneur, comme il est assez notoire, que aucuns ont tenu longuement et encore tiennent gens de compaignie entre les rivières d'Yonne, de Loire, de Seine et ailleurs, en venant contre vostredite ordonnance, qui est à la totale destruction de vostre peuple et pays, où ils ont esté et sont

(1) Querelles.

sans différence de personne de quelque estat qu'ils soient, gens d'Eglise, nobles ou autres, en moi donnant charge qu'ils les tiennent, pour ce que on dit que je fais assemblée de gens par tous mes pays pour aller à Paris à grand puissance. Et en ce est autrement faisant contre vostredite ordonnance, laquelle, sauf vostre honneur et révérence, mon très redoubté seigneur, n'est pas vrai, car je ne l'ai pas fait ne oncques ad ce ne autres choses quelconques qu'il vous deuist déplaire en quelque manière, ne je ne feis oncques ne voeul faire le contraire, mais serai tant que je vivrai vostre bon et léal parent, et très obéissant subject.

« *Item*, est vrai, mon très redoubté seigneur, que plusieurs, si comme je me suis informé pleinement, ont dit publiquement contre vérité, sauf toujours l'honneur et révérence de vous, que j'avoye à Paris murdriers ou tueurs convenables et expers, pour eux tuer et murdrir; sur quoi, mon très redoubté seigneur, je vous afferme en vérité que je ne fis oncques ce, ne le pensai; et ce ne sont pas les premières charges qu'ils m'ont voulu donner.

« *Item*, que plusieurs ont esté bannis du consentement de moi, dont aucuns disent qu'ils ne l'ont pas desservi, et que ils le montreroient bien, si comme ils disent, s'ils peuvent estre seurs de leurs corps, d'avoir bonne et vraie justice. Laquelle chose je ne dis pas, ne entends à empescher la punition ou correction des mauvais, ou de ceux qui vous ont fait desplaisir, mais pour ceux qui ainsi, au contempt de moi, ont esté déposés.

« *Item*, que aucuns ont esté en l'hostel de mes povres serviteurs, que j'ai en vostre ville de Paris, entour et environ mon hostel, iceulx hosteulx cherchier et retourner, pour ce que on disoit que lettres avoient esté portées èsdits hostels, de par moi, pour bailler à plusieurs du quartier des halles, pour faire une commotion en vostre ville de Paris; et par espécial, audit quartier des halles, dont plusieurs de femmes de mesdicts serviteurs ont esté durement traictées en vostre Chastelet, examinées sur ce, pourquoi, mon très redoubté seigneur, plaise vous sçavoir que oncques je n'escrivis aucunes lettres, en enfreignant vostre dicte ordonnance, et font mal et péché ceux qui me baillent tels charges, de quoi vous et autres puissent avoir mauvaise imagination contre

CHAPITRE XXXIII.

moi. Et bien doivent connoître ceux de Paris, ceux dudit quartier comme des autres, que pour mourir ne feroient ou vouldroient faire pour moi ne pour autre quelque chose qui deuist tourner à vostre déshonneur et desplaisance. Et quant est à moi, Dieu ne me preste jà tant vivre que je fasse le contraire.

« *Item*, et que pis est, on a dit, à ce que j'ai entendu, contre vérité, que j'ai traicté un mariage en Angleterre, auquel mariage j'ai promis les chasteaux du Crotoy, de Chierbourg et de Bohain, avec plusieurs autres choses faictes audict traicté, au grand préjudice de vous et de vostre royaume ; et pleust à Dieu qu'ils vous fuissent toujours aussi loyaux à la conservation de vostre personne, progénie et de vostre seigneurie, domaine et royaulme, comme j'ai esté et serai toute ma vie.

« *Item*, contre votre ordonnance ont été faictes et poursuivies plusieurs autres choses à déclarer en temps et en lieu, qui sont contre l'estat de ma personne ; desquelles choses devant touchées, et autres à déclairer, ne font tenir les plus principaux points et trefves de vostre ordonnance, mais ils me veullent faire plus d'une guerre, et plus mauvaise que hommes à paine puist faire ; c'est assavoir de controuver toutes les voyes qu'ils puissent trouver, par ce que dict est, de me faire eslongier de vous. Toutefois, mon très redouté seigneur, je ne vous escrits pas les choses devant dites, afin que je veuille aller contre vostre ordonnance, ne icelle enfraindre, mais afin de réintégration ou réparation de vostre estat et de vostre royaulme, qui tant a à souffrir en tous estats, et en tant de manières, qu'il n'est homme tant pervers ne cruel auquel il ne deust prendre pitié.

« *Item*, se aucuns m'ont donné ou voeullent donner charge de reculer et eslongier vostre ordonnance, je vous affirme que oncques ne pensai, ne à icelle n'ai voulu empescher, mais l'ai voulu autant que homme de vostre royaume, soit de vostre sang ou autre, exauchier. Mais il est vrai que je quéroye provision de mettre bonne paix, ferme et estable en vostre royaulme, touchant les choses dessusdictes advenir. Pourquoi je vous supplie, mon très redouté seigneur, tant cordialement comme je puis, que il vous plaise à pourveoir aux inconvénients devant dicts, par icelle manière que ceux qui de ce sont blessés ou empeschés n'aient cause de eux plus dolloir, et que vostre ordonnance soit tellement entretenue que ce soit au bien et honneur de vous, salut et restauration de vostre royaume, et que chacun puisse dormir et reposer, ainsi que on cuidoit, en paix. Et, ad ce faire, voeul exposer mon corps, mes amis, et tout ce que Dieu m'a presté, et en ce, et en toutes autres choses, vostre bon plaisir et commandement d'accomplir, je suis prest et appareillé Mon très redouté seigneur, je supplie au benoist Fils de Dieu qu'ils vous ayt en sa saincte garde, et vous doint bonne vie et longue. »

Icelles lettres furent présentées au roy par le roy d'armes de Flandres ; lequel les receut amiablement et agréablement, mais ce ne fut pas du gré de ceux quy alors gouvernoient le roy : et ne souffrirent pas que le roy fist réponse par escripture ne aultrement ; mais par le chancellier fut dit au roy d'armes : que le roy avoit veu les lettres que son maistre le duc de Bourgongne avoit envoyées, sur lesquelles auroit advis, et en temps et en lieu en feroit response. Autre response ne olt le roi d'armes de Flandres ; et, en cest estat, retourna devers son maistre, qui alors estoit en son pays de Flandres. Ne demoura gaires après que le duc de Bourgongne feist une assemblée de ses amis en la ville d'Anvers, pour avoir conseil de ses affaires ; en laquelle ville furent le duc de Brabant son frère, le duc Guillaume en Bavière, comte de Haynault, Jehan de Bavière, esleu de Liège, les comtes de Clèves et de Sainct-Pol, et plusieurs aultres grands et notables seigneurs. Et là remontra et feist remontrer que il doubtoit avoir guerre contre les Orliénois ; et leur requist que s'il avoit affaire, qu'ils le voulsissent servir, aider et conforter. Si lui promirent tous ceulx qui là estoient assemblés de lui faire, allencontre de tous ses adversaires, excepté la personne du roy et ses enffants, aide et assistance de tout leur pouvoir. Après celui conseil, s'en retourna en Flandres, et les aultres seigneurs tous en leurs lieux. Quand le comte Waleran fut retourné en son hostel, il trouva un sergent d'armes envoyé devers lui de par le roy, qui luy présenta lettres, par lesquelles le roy luy mandoit et commandoit et deffendoit, sur grand peine, qu'il ne se armast ne feist assemblée de gens d'armes, pour servir ne accompagner le duc de Bourgongne, ne aultres de son royaume, sans son commandement.

CHAPITRE XXXIV.

Comment la royne feit prendre quatre chevaliers et plusieurs escuyers et serviteurs du duc de Guyenne, son fils, desquels messire Jehan de Croy estoit l'un, qui feut envoyé tenir prison à Mont-le-Héry; des lettres que le duc de Guyenne escripvit au duc de Bourgongne, lequel avec son armée, vint jusques à devant Paris, où il ne poeult entrer; et comment ledict messire Jehan de Croy feut par force et subtilité délivré de sa prison.

En ce temps, le duc de Guyenne tenoit son estat dedans le chasteau du Louvre, dedans Paris. La royne sa mère alla devers luy; laquelle, par avant conseillée du roy de Sécille, des ducs de Bourgongne, d'Orléans, et d'aultres princes, feit prendre quatre chevaliers, et plusieurs escuyers et aultres serviteurs de son fils le duc de Guyenne, et les feit mener hors du Louvre, dont le duc de Guyenne feut fort troublé, de sorte que se n'eussent esté les princes qui autour de luy estoient, il eust esmeu le peuple de Paris, pour estre à son aide et deffendre ses gens. Mais iceux princes et la royne sa mère le rappaisa au mieux qu'elle polt. Les quatre chevaliers dessusdits furent messire Jehan de Croy, le seigneur de Moy, messire Bertrand de Montaubant et messire David de Brimeu, dont les trois furent en briefs jours délivrés, par ainsi que ils feirent serment de non plus retourner devers le duc de Guyenne. Mais messire Jehan de Croy feut mené au chastelet de Mont-le-Héry, où là feut détenu prisonnier. Le duc de Guyenne, très mal content de l'outrage que on luy avoit faict, envoya secrètement devers le duc de Bourgongne, afin que il vinst hastivement devers luy atout puissance de gens d'armes; et, par trois fois, escript le duc de Guyenne au duc de Bourgongne pour le haster, ainsi que cy après sera dit. Quand le duc de Bourgongne eut receu les lettres du duc de Guyenne, il en fut moult joyeulx, car aultre chose ne demandoit que d'aller à Paris, et d'avoir occasion et couleur de faire assemblée de gens d'armes. Si feit un grand mandement pour tous ses pays; et, feit tant qu'il ot une grande compaignie; mais avant son partement, il rescripvit lettres à la plupart des bonnes villes de Picardie, par lesquelles il leur remonstra le traité de la paix faicte à Aussoire, et depuis confirmée et jurée, et traitée à Ponthoise; néanmoins on lui avoit faict de grandes injures et blasphesmes par prédications ou collations et aultrement, faicts en la ville de Paris, et mesmement à la duchesse de Guyenne sa fille, et aussi à plusieurs de ses serviteurs, toutes lesquelles choses il avoit porté patiemment pour l'observance de la paix et le souverain bien du royaulme, jusques à ce que le duc de Guyenne l'avoit mandé, pour plusieurs excès et despits que on luy avoit faicts dedans le chastel du Louvre à Paris, où on le tenoit comme prisonnier; et, pour garder sa loyauté, il s'estoit délibéré de hastivement aller à Paris; devers le roy et le duc de Guyenne, atout la plus grand compaignie de gens d'armes que il polroit finer. Or, ne faut pas doubter que, en briefs jours, l'assemblée que faisoit le duc de Bourgongne feut sceue à Paris; et pour ceste cause feut le conseil assemblé; auquel conseil feut appointé que le duc de Guyenne rescriproit au duc de Bourgongne certaines lettres qui contenoient, en effet, que il lui mandoit, et néanmoins commandoit qu'il ne fist assemblée de gens d'armes, en quelque manière que ce fust, et que c'estoit contre la paix d'Aussoire qu'il avoit jurée; et ne vouloit point qu'il allast à Paris; mais se on luy avoit faict faire aulcune chose qui fust contre le traité de la paix, qu'il le mandast au roy et au duc de Guyenne, et on luy en feroit raison. Touttefois, néanmoins le mandement du duc de Guyenne, le duc de Bourgongne ne cessa point de rassembler des gens; pour laquelle cause le roy envoya certains mandements aux baillifs et sénéchaux de son royaulme, qu'ils feissent crier et publier par tous les lieux accoutumés de ce faire: que tous ceulx quy s'estoient accoutumés d'armer fussent prests, c'est assavoir de Picardie, le cinquiesme jour de février, en la ville de Mont-Didier, pour tirer droit à Paris, car le roy estoit délibéré et conclud, de toute sa puissance, de résister contre les emprinses du duc de Bourgongne, et contre tous ceulx qui voudroient empescher le bien de la paix; et avec ce, que le roy mandoit, que nul, de quelque estat qu'il fust, ne se armast avec le duc de Bourgongne; et ceulx qui seroient trouvés faisans le contraire, tantost et incontinent leurs biens feussent mis en la main du roy. Avec iceulx mandements furent envoyées lettres closes sur les passages, par lesquelles il leur deffendoit que au duc de Bourgongne ne feissent aulcune ouverture de leurs villes à passage, sur peine d'encourir en son indignation. Or est vrai que, quelque mandement que le roy et le duc de Guyenne feissent au duc de Bourgongne, pour ce que le duc de Guyenne luy avoit rescript par trois fois, que il ne laissa point à soi assembler ne mettre sus; et la cause feut pour les lettres qui luy avoient esté envoyées, comme vous orrez par la teneur des trois lettres escriptes de la main du duc de Guyenne. La première contenoit :

« Très chier et très amé père,

« Nous vous mandons qu'incontinent ces lettres veues, toutes excusations cessants, vous venez devers nous, très bien accompaigné pour la seurté de vostre personne; et sur tout ce que vous doubtez à nous courroucer, ne vous falliez pas.

« Escript de nostre main, à Paris, le quatriesme jour de décembre.

« Signé de sa main *Loys*. Et en la superscription : A nostre très chier et très amé père le duc de Bourgongne. »

La seconde contenoit :

« Très chier et très amé père,

« Je vous ay autrefois escript que venissiez devers moi très bien accompagné; pourquoi je vous prie que le plus tost que vous porrez vous veniez à moi, très bien accompagné, et pour cause. Et ne doubtez; car je porterai vostre faict tout oultre, qui que le voeuille veoir.

« Escript à Paris, le treiziesme jour de décembre.

« Signé *Loys*; et en la subscription comme dessus. »

La tierce lettre contenoit :

« Très chier et très amé père,

« Je vous ay jà mandé, par deux fois, que vous venissiez à moi, dont vous n'avez rien fait; toutefois nous vous mandons encore derechef que, toutes choses arrière mises, le plus tost que vous povez, vous venez à nous, bien accompagnié pour vostre seureté : et en ce ne défailliez, pour quelconques lettres que vous ayez de nous, et sur tout quant que vous nous doubtez à courroucer, et pour certaines causes qui tant vous touchent que plus ne povent.

« Escript le 21 décembre.

« Signé *Loys*; et la subscription que dessous. »

Icelles lettres furent veues de Jean Clabault, escuyer, garde de par le roi du scel du baillage de Vermandois, establi à Roye, dont *vidimus* fut fait et scellé du scel royal.

Vous avez ouy la cause pourquoi le duc de Bourgongne entreprit son voyage de aller à Paris, et print, de sa ville d'Arras, le chemin pour tirer à Péronne, où il cuida passer la rivière de Somme; mais ceulx de la ville de Péronne avoient mandement et deffense du roi de non les laisser passer; et, pour ceste cause, envoyèrent au-devant de lui le seigneur de Longueval, qui leur estoit lors capitaine, pour eux excuser du passage; si print le duc de Bourgongne son chemin à Exclusiers, où il passa la rivière de Somme, et de là à Roye, et puis envoya à Compiengne le comte de Nevers son frère, qui fist tant que, nonobstant le mandement et commandement du roi, que ceulx de Compiengne firent ouverture, et lui donnèrent passage; et la cause qui les meult de ce faire fut pour ce que ils veirent les lettres que le duc de Guyenne lui avoit envoyées. Après ce que le duc de Bourgongne se fut trouvé dedans Compiengne, prit le serment des plus notables de la ville, lesquels lui promirent de tenir son parti, et prit son chemin pour aller à Senlis, y cuidant passer; mais ceulx de la ville lui refusèrent passage, pour la deffense qu'ils avoient du roy. Pourquoi lui convint tirer la plaine de l'Isle-de-France. C'est assavoir à Baron et Dampmartin en Gonelle, où là vindrent plusieurs de la duché et comté de Bourgongne, à grant compagnie de gens d'armes. Les nouvelles du duc de Bourgongne et de son aller vindrent à Paris, que desjà il estoit à l'Isle-de-France; et furent dites au duc de Guyenne, qui ce jour disnoit en l'hostel d'un chanoine ès cloistre de Nostre-Dame de Paris. Icelles nouvelles oyes promptement, manda estre devers luy le roy Loys, le duc d'Orléans, les comtes de Vertus et de Richemont, et pluiseurs aultres; et là fut conclud de mettre gens promptement sus, au plus grand nombre que faire se polroit, faisant ordonnance de trois batailles, c'est assavoir d'avant-garde, de bataille, et arrière-garde. L'avant-garde fut conduite par les comtes de Vertus, d'Eu et de Richemont, lesquels chevauchoient tous trois en rang, à enseigne desployée, et leurs gens après eux. En la bataille, estoient le roy Loys, les ducs de Guyenne et d'Orléans. En après, estoit l'arrière-garde, que le comte d'Erminacq et aultres conduisoient ; èsquelles trois batailles on estimoit quatorze mille chevaux. Et se fist icelle assemblée devant le portail Nostre-Dame ; puis s'en allèrent en belle ordonnance devant l'hostel de la ville ; et là fist-on sonner une trompette pour faire silence, tant que le chancellier du duc de Guyenne eust parlé et remonstré la cause pourquoy ceste assemblée estoit faicte; et aussi disoit au peuple, comment le duc de Guyenne, son maistre, les merchioit de la bonne amour que ils avoient pour luy, et de la loyauté et obédience que ils luy monstroient à ceste fois, en leur requérant que ils s'appointassent et ordonnassent à toutte puissance pour résister allencontre du duc de Bourgongne, lequel, contre le voulloir du roy, en allant contre sa deffense, enfraignoit la paix, en leur certifiant que il ne l'avoit point mandé ne escript qu'il venist à Paris; puis demanda le chancellier du duc de Guyenne s'il estoit ainsi que il avoit dict, et il respondit que ouy. Icelles parolles dictes, les seigneurs dessusdits se départirent, et chevauchèrent au long de la ville de Paris, en tirant droit à la Croix du Tiroir : devant laquelle Croix ils s'arrestèrent ; et là, le chancellier du duc de Guyenne hurla au peuple, disant telles parolles ou semblables qu'il leur avoit dictes en Grève devant la maison de la ville. Icelles choses faictes et dictes, le duc de Guyenne s'en alla à son hostel du Louvre ; le roy de Sézille à la bastille Sainct-Antoine ; le duc d'Orléans à Sainct-Martin-des-Champs ; le comte d'Erminacq à l'hostel d'Arthois ; le duc de Berry au Temple ; et les aultres seigneurs parmy la ville. Lesquels soigneusement et diligemment y chevauchoient, par doubte que aucune rumeur ne s'y feist ; et firent clorre touttes les portes, excepté la porte Sainct-Jacques et Sainct-Antoine. Et, à la vérité dire, ils estoient en grand doubte, quelque puissance qu'ils eussent, doubtants la faveur que pluiseurs de Paris avoient au duc de Bourgongne, qui estoit logié à Dampmartin en Gonelle. Le duc de Bourgongne, receut moult honorablement ses gens de la duché et comté de Bourgongne qui estoient là venus ; et, en après, se délogea et prist son chemin tout droit dedans la ville de Sainct-Denis. Le troisiesme jour après, envoya à Paris son roy d'armes d'Arthois, porter lettres au roy, aussi à la royne, au duc de Guyenne, et à ceulx de la ville, requérant au roy qu'il lui pleusist estre content qu'il allast devers luy pour lui dire la cause de sa venue, lequel estoit contendant à toute bonne fin, et que là n'estoit venu pour faire guerre, ne pour malveillance nulle ; mais estoit venu au mandement de monseigneur de Guyenne, pour obéir, ainsi que tenu estoit ; et avoit le duc de Bourgongne, avec lui, six à sept mille combattants. Or est vrai que le roy d'armes cuida bien faire son message, et présenter ses lettres, car il avoit esté mené en un hostel, en la ville de Paris : auquel hostel, deux ou trois heures après ce qu'il y estoit arrivé, alla devers luy un homme qu'il ne cognoissoit, qui lui dit que tost et hastivement il s'en retournast, ou il seroit en danger de sa personne. Et ainsi que le roy d'armes estoit à cheval pour s'en retourner devers son maistre, trouva le comte d'Erminacq qui lui dit, que se luy ne aultres, de par le duc de Bourgongne, retournoient plus dans Paris, on luy feroit trancher la teste. Ainsi retourna sans rien besogner, et raconta au duc de Bourgongne la rudesse que il avoit trouvée ; lequel en fust desplaisant. Pourquoy il assembla son conseil ; si lui fust conseillé de lui mettre très matin aux champs, et à toutte sa puissance, montés et armés un chacun au mieux que faire se polroit, et en belle ordonnance, tirassent leur chemin droit à la porte de Mont-Martre ; laquelle chose fut ainsi faicte.

Mais ils trouvèrent la porte close, devant laquelle ils se mirent en bataille en très belle ordonnance. Or est vrai que le duc de Bourgongne ordonna quatre de ses chevaliers, lesquels il fit mettre hors de la bataille, auxquels il ordonna qu'ils se tirassent vers la porte Sainct-Honouré, et que là trouvassent manière de parler à ceux qui gardoient la porte, pour leur dire et remonstrer la cause qui l'avoit là amené ; et avec les quatre chevaliers ordonna son roy d'armes d'Arthois pour aller devant la porte ; mais quand le roy d'armes requist aux gardes de la porte que ils parlassent à lui pour faire le message des quatre chevaliers, iceulx gardes respondirent que ils n'avoient cure de parler à lui, disant que bientost s'en retournassent, ou sinon on tireroit après lui, et aultrement ne parlèrent. Cependant Enguerran de Bournonville estoit descendu à pied, en sa compaignie quatre combattants portant l'étendard du duc de Bourgongne, espérant que se aucuns

CHAPITRE XXXIV.

de Paris le véoient, ils se metteroient sus à puissance pour faire ouverture d'aucune des portes ; mais rien n'en advint ; et commencèrent à tirer d'arbalestre sur les gens du duc de Bourgongne. A la retraite en y eut de navrés, nonobstant que les gens du duc de Bourgongne leur disoient qu'ils ne vouloient point de guerre, mais de tous points vouloient entretenir la paix, et aussi ne firent oncques semblant de volloir mal à quelque personne qui dedans Paris fust. Quand le duc de Bourgongne veid que rien ne profitoit estre devant la ville de Paris que nul n'avoit voulu parler à lui ne à ses gens, il s'en retourna dedans la ville de Sainct-Denis, où il ordonna certaines lettres, que secretement il fit attacher au portail Nostre-Dame de Paris, au Palais et autres pluiseurs lieux, contenants : que, par le mandement de monseigneur de Guyenne, dont il avoit plusieurs lettres signées de sa main, il s'estoit mis sus en armes pour soi employer au bien du roy, du duc de Guyenne et du royaulme, et aussi pour les mettre hors du danger où ils estoient en servitude, et que nul ne pensast que il voulsist avoir l'administration et gouvernement en quelque manière, ne vouloir adommagier la bonne ville de Paris, et qu'il estoit prest de entretenir tout ce que par l'ordonnance du roy avoit juré et promis, et s'en retourner en ses pays, mais que les aultres seigneurs, qui dedans Paris estoient, voulsissent faire le semblable ; et se donnoit de merveilles pourquoy on n'avoit vollu recevoir ses lettres, et aussi que, sans invasion de traict aucunement, s'estoit trouvé devant la ville de Paris, pour faire exposer aucunes besognes touchant le bien de la paix et du royaume, toutesfois on avoit tiré et blessé aucuns de ses gens ; et requerroit à tous les bien voeullans et sujets du roy qu'ils le voulsissent aider et conforter contre tous ceux qui ainsy avoient mis en danger et servitude le duc de Guyenne. Telles parolles ou semblables estoient esdites lettres données à Sainct-Denis, le 11 de février 1413[1]. Quand ces lettres furent ainsi trouvées en pluiseurs porteaux dedans Paris, furent monstrées au conseil du roy et des princes qui là estoient ; pour laquelle cause fut renforcé le guet et garde de Paris. Ce temps durant que le duc de Bourgongne estoit logé à Sainct-Denis, le seigneur de Croy, qui en sa compaignie estoit, ordonna vingt hommes d'armes sages et prudents, et vaillants et très bien montés, lesquels trouvèrent manière de passer la rivière de Seine auprès de Conflans ; lesquels chevauchèrent le plus secretement que ils polrent jusques en la ville de Mont-le-Héry, eulx disans au duc de Bourbon, que là ils estoient venus pour faire son logis. Messire Jean de Croy, fils du seigneur de Croy, prisonnier dedans le chastel de Mont-le-Héry, estoit, par le moyen d'un chastellain, qui céans le gouvernoit, adverty de la venue desdits vingt hommes d'armes. Or est vrai que à celle heure que ces vingt hommes d'armes arrivèrent à Mont-le-Héry, messire Jean de Croy ouyt messe en une chapelle auprès de la porte du chastel. Et messe oye, iceulx hommes d'armes, qui un bon cheval avoient amené pour messire Jean de Croy, se trouvèrent assez prests ; et incontinent sachans leur besogne estre preste et que ils povoient bien emmener messire Jean de Croy, se tirèrent vers lui et le firent monter à cheval. Ainsi que messire Jean de Croy montoit à cheval, aucuns de la place allèrent devers messire Collard de Calleville, capitaine du chastel, et garde de messire Jehan de Croy, qui fut de ces nouvelles moult esmerveillé, car en rien ne se doubtoit. Lors il accourut en grand diligence à la porte, et véant messire Jehan de Croy à cheval et hors de sa main et puissance, dit : « Ah ! mon« seigneur, se vous en allez ainsi, je suis détruit « de corps et de chevance. » Messire Jehan lui respondit : « De vostre ennuy et dommage me « déplairoit. Toutefois, à l'aide de Dieu, j'ai « intention de m'en aller ; mais si vous vollez « venir avec moi, les biens de monseigneur « mon père et les miens ne vous fauldront « point.» Et en ce point se partit messire Jehan de Croy ; et messire Collard de Calleville, demeura attendant l'adventure de Dieu, et telle que advenir lui porroit. Les vingt hommes d'armes se conduirent si sagement qu'ils se trouvèrent dedans la ville de Sainct-Denis atout messire Jehan de Croy. Le duc de Bourgongne, qui toujours avoit espoir d'avoir nouvelles de Paris, de rechef envoya son roi d'armes d'Arthois, portant lettres devers le roi de Sécille et devers les ducs d'Orléans et de Berry, pour eux signifier la cause de sa venue, en eux requérant que ils voulsissent souffrir que il parlast au roy et au duc de Guyenne, ou à tout le

---
[1] Et 1414, nouv. st.

moins que ses gens y peuissent parler, disant outre qu'ils laissassent le roi dominer et gouverner, sans le tenir en servitude, et par espécial le duc de Guyenne, lequel ils détenoient à sa grande déplaisance ; mais quand le roi d'armes fut à la porte Sainct-Antoine, on lui dit qu'il s'en retournast atout ses lettres, et que il n'entreroit point dedans Paris. Quand le roy d'armes oy ceste réponse, qui très rudement et très rigoureusement lui fut faite, il prit un baston fendu, dedans lequel il meit ses lettres, et devant la porte les ficha en terre, et là les laissa ; et le plus tost qu'il poeult retourna à Sainct-Denis vers son maître, lequel fut plus mal content que devant. Quand le duc de Bourgongne veit que il perdoit temps, et que venir ne pooit à son intention, il conclud de s'en retourner en son pays de Flandres, et laissa garnison à Compiengne et à Soissons ; c'est assavoir, à Compiengne, messire Hugues de Lannoy, le seigneur de Sainct-Légier et plusieurs autres ; à Soissons, messire Collart de Fiennes, Enguerrand de Bournonville et autres gens de guerre. Et fut conclud par le duc de Bourgongne, avec sa chevalerie et les bonnes villes, que jusques à tant que le roi et son fils le duc de Guyenne seroient en franchise, sans estre ainsi détenus, et qu'ils gouverneroient ainsi par telles personnes que ils vouldroient, et que ceux qui ainsi les tenoient et leurs gens seroient chascun en leur pays, si comme lui duc de Bourgongne et ceux de son parti, qu'ils s'offroient eulx en aller en leur pays, ils ne debvroient point d'obéissance aux mandements donnés par l'advis et conseil desdits seigneurs, ne de ceulx de leur parti. Lesquelles choses le duc de Bourgongne signifia à plusieurs bonnes villes, en les requérant de par le roy et le duc de Guyenne qu'ils le voeullent aider, et eux joindre avec lui ; et en ce faisant eux et chascun d'eux acquitteront leur loyauté, et en seront recommandés toute leur vie, en les promettant de les aider et conforter de tout son povoir, et de ce leur bailler lettres. Ces choses faites, le duc de Bourgongne s'en alla en sa ville d'Arras ; et les Bourguignons de la duché et comté qui le estoient venus servir, il les envoya tenir les champs ès pays de Cambresis et de Therasche, sur les terres de messire Robert de Bar, comte de Marle. Et quand il fut arrivé en sa ville d'Arras, il assembla les trois estats de son pays, et par espécial les nobles, pour leur communiquer ses affaires ; et si leur fit dire par le seigneur d'Ollehain la cause qui l'avoit mené à Paris. Ces remonstrations faites, toute la noblesse qui là estoit lui promirent de le servir allencontre de tous ses adversaires, excepté le roy et ses enfants. En ce conseil et assemblée ordonna le duc de Bourgongne lettres pour envoyer en plusieurs bonnes villes du royaume, lesquelles contenoient tout le démené de son voyage devant Paris, et comment par lettres de monseigneur de Guyenne il y estoit allé ; et finablement estoit contenu ès lettres comment le roy et le duc de Guyenne estoient comme prisonniers ; leur requerant qu'ils ne voulsissent obéir aux lettres ne aux mandements quelconques, tant qu'ils fussent au gouvernement de gens où lors estoient. Ces choses faites, et envoyées lesdites lettres avec le *vidimus* de trois lettres que le duc de Guyenne lui avoit envoyées, il s'en retourna en son pays de Flandres.

CHAPITRE XXXV.

Des mandemens que le roy feit publier par son royaume à l'encontre du duc de Bourgongne, en le bannissant et privant de toutes graces et bienfaits, ensemble ses favorables, amis et alliés, en luy impirant crimes horribles et détestables.

Or faut parler des princes qui dedans Paris estoient. Vrai est que après le partement du duc de Bourgongne, de la ville de Sainct-Denis, le roy et les autres princes qui là estoient, sceurent que le duc de Bourgongne avoit mis garnisons ès villes royales. Pour laquelle cause furent mesmerveillés, disant qu'il monstroit qu'il vouloit venir à la guerre ; et pour y obvier et résister, le roy fit faire mandements, lesquels il envoya publier par tout son royaume, contenant en effet que le duc de Bourgongne, contre le mandement et deffense de lui, et mesmement contre la paix par eux jurée, avoit fait grands mandements et assemblées de gens d'armes, estoit allé devant la ville de Paris, et à son retour mis garnison ès villes royales, et avec ce tenoit gens d'armes sur les champs, pillants et robants le povre peuple. Pour laquelle cause le roi mandoit qu'il fust crié à son de trompes, que toutes gens de guerre fussent presls pour servir le roi, sur confiscation de corps et de biens. Après la publication des mandements dessus dits, ceux qui avoient tenu le parti du duc de Bourgongne à Paris et à l'environ, furent moult oppressés. Plusieurs furent pris et décapités, et leurs biens confisqués; et avec ehe fut ordonné un mandement royal, envoyé par les baillages et senechaussées, par lequel le roy les privoit de toutes graces et bienfaits, en bannissant le duc de Bourgongne, lui, ses favorables, amis et alliés, pour le très cruel et dampnable homicide perpétré et commis en la personne du duc Loys d'Orléans, et avec ce tous les faits que pouvoit avoir faict ou fait faire le duc de Bourgongne; et tous les maux que on pourroit dire ne penser allencontre de lui, estoient mis par escript en icellui mandement, disant que il avoit faict pluiseurs fois questionner et tourmenter plusieurs personnes, les uns fait morir sous ombre de justice, sans cause et sans raison, les aultres morir de faim en prison, sans confession, sans aultres sacrements ecclésiastiques, et les faisant jeter aux champs, aux chiens, sans volloir souffrir qu'ils eussent sépulture, ne que leurs enfants nouvellement nés fussent baptisés, qui est expressément contre nostre foi en ces choses, fait faire horribles cruautés, et les plus grands inhumanités que oncques fuissent veues ne oys, et plus sous ombre de guerre, qui n'estoit pas au roy, ne devoit estre, mais au duc de Bourgongne, et pour son fait particulier. Et avec ce, disoit-on que le duc de Bourgongne faisoit lever sur les sujets du royaulme merveilleuse finance, tant par taille, emprunts, réformations, trésors d'église ès cours de parlement, de chastellet et ailleurs mises en dépost, et aultres sommes de deniers qui estoient mises et consignées au profit de femmes veuves et d'enfants maindres-dans [1], pour cause de retraite ou rachapt de revenus ou héritages. Et tant de maux inumérables estoient audit mandement, comme le tout se peult veoir ès chroniques, où ils estoient bien au long spécifiés et déclairés.

CHAPITRE XXXVI.

Comment les chaisnes de la ville de Paris furent ostées, et les bastons invasibles et deffensables deffendus de porter aulx Parisiens, et leurs armures ostées ; et comment les articles de maistre Jean Petit, que aultrefois avoit proposés, furent ars publiquement.

Vous avez ouy comment le duc de Bourgongne, après son partement du pays de France, s'estoit retraict en son pays; mais ce nonobstant, les ducs de Berry, d'Orléans et aultres, n'avoient fiance nulle en ceux de Paris; et toujours les soupçonnoient estre Bourguignons. Pour laquelle cause fut appointé et ordonné messire Tanneguy du Chastel, lors prévost de Paris, et Remonnet de la Guerre, par l'auctorité du roi et de son grand conseil, oster toutes les chaisnes servans aux rues de Paris; lesquels les firent, par doubte de mutation du peuple, mener au Louvre et en la bastille Sainct-Antoine ; et avec ce furent les bourgeois, manants et habitants de Paris contraints de bailler toutes leurs armures, lesquelles furent aussi portées au Louvre et en la bastille. Et avec ce leur fut deffendu de porter bastons invasibles ou deffensables ; et si leur fut deffendu la garde des portes; et les faisoient garder les Orliénois aux dépens de ceux de la ville. Tous les jours grands chevauchies de gens d'armes alloient avant la ville, et y faisoient gaits de nuit et de jour aux portes et à la muraille. Pour laquelle cause ceux de la ville de Paris, véans qu'ils estoient mis en telle subjection, et toute deffense on mettoit sur eux, ils conchurent telle hayne allencontre du comte d'Erminacq que oncques puis ne l'aimèrent ; et depuis bien lui montrèrent, comme il sera dit en après. En ce mesme temps, le roy envoya plusieurs lettres et mandements contenants en effet, comme autrefois il avoit escript et envoyé pluiseurs lettres aux bonnes villes de son royaume, pour séduire le poeuple, pour parvenir à sa mauvaise et maudite entreprise. Et avec ce furent envoyées aultres lettres de par le roy, aux nobles du pays d'Arthois, aux baillis de Tournay et de Vermandois, par lesquelles il deffendoit, sur grosses peines, que de là en avant ils ne s'amassassent avec le duc de Bourgongne, ne l'accompagnassent ne lui ne les siens, en quelque manière que ce fust ; mais tantost et incontinent se préparassent pour servir le roy : car, par l'aide de Dieu, il avoit intention de punir et humilier le duc de Bourgongne. En ce temps, l'évesque de Paris, à la requeste de l'université, envoya devers le duc de Bourgongne pour sçavoir s'il vouloit advouer maistre Jean Petit des articles que aultrefois avoit proposées à sa requeste contre le feu duc d'Orléans; et le duc de Bourgongne respondit au message que il ne

---
(1) Mineurs.

le vouloit porter ni advouer, sinon en son bon droit. Le messagier retourné à Paris à l'évesque la response oye par l'inquisiteur de la foi, fut ordonné que les articles que avoit preschés publiquement maistre Jean Petit seroient arses publiquement, présent le clergé, et tous autres qui veoir le voldroient. Et ainsi fut fait. Et fut renommée, que on iroit quérir les os dudit maistre Jean Petit, qui estoit trespassé et enterré en la ville de Hesdin, pour les faire ardoir en la ville de Paris, au lieu où les articles avoient esté arses.

CHAPITRE XXXVII.

Des mandemens et remonstrances que le duc de Bourgongne feit aulx nobles de son pays d'Arthois et de Picardie; et de la maladie quy alors régnoit au royaume de France, nommée la coqueluche.

Le duc de Bourgogne ouyt nouvelles que le roy faisoit grand' assemblée de gens d'armes; pour laquelle cause il manda les nobles de son pays d'Arthois et de Picardie, pour estre devers lui en sa ville d'Arras, et leur remonstroit qu'il avoit eu certaines nouvelles que le roy et le duc de Guyenne estoient du tout tournés contre lui par le moyen de ceux qui les gouvernoient. Si leur fut monstré les lettres escriptes de la main du duc de Guyenne; et avec ce leur fit dire qu'il avoit laissé ses gens ès villes de Compiengne et de Soissons, pour le bien du roy. Toutefois, il sçavoit de vérité que l'assemblée que le roy faisoit, c'estoit pour recouvrer icelles villes; pour laquelle cause il requéroit aux nobles qu'ils lui voulsissent bailler conseil et aide. A quoi lui fut répondu de tous : que volontiers le serviroient allencontre de tous ses adversaires, réservé le roi et ses enfants. Mais le seigneur de Ronq dit plus, car il dit que il serviroit contre le roi et contre tous aultres qui grever lui vouldroient.

Et en ce temps régnoit une maladie par tout le royaume de France, qui tenoit en la teste, dont plusieurs josnes et vieux mouroient, laquelle maladie se nomme la cocqueluce.

CHAPITRE XXXVIII.

De l'armée que le roy mist sus contre le duc de Bourgongne, et comment la ville de Complengne feut assaillie, où le roy se trouva en personne ; et comment la ville luy feut rendue par appoinctement.

La royne et le duc de Guyenne tindrent conseil, auquel fut concluld de faire guerre au duc de Bourgongne et à ses alliés, et se tint le second jour de mars en celluy an ; où furent assemblés en l'hostel de Sainct-Pol la royne et le duc de Guyenne, pour ce que le roy estoit malade : là furent plusieurs princes et prélats. Auquel conseil, par la bouche du chancellier, fut remonstré bien au long l'estat et gouvernement du duc de Bourgongne, et comment il s'estoit conduit rigoureusement contre le roy et les seigneurs de son sang, par plusieurs et diverses fois, depuis la mort du duc Loys d'Orléans, et plusieurs aultres remonstrances ; requérant aux princes qui là estoient, que sur la foy, serment et loyaulté qu'ils devoient au roy, le voulsissent conseiller, et le duc de Guyenne son fils, de ce qu'ils avoient à faire contre le duc de Bourgongne. Or est vray que, après que la matière, qui grande estoit, ot esté bien débattue, fut, par la bouche de l'archevesque de Sens, dit, de l'autorité et ordonnance de tous ceulx qui là estoient : que licitement et de raison le roy povoit et devoit faire guerre au duc de Bourgongne, considérées les manières qu'il avoit toujours faict et tenues, et tenroit à l'encontre du roy, du duc de Guyenne, et de tout le bien du royaulme. Si fut concluld : que le roy, en sa personne, se metteroit sus avec sa puissance pour faire guerre au duc de Bourgongne, ses alliés et aydans. Et là fut faict promesse, mesmement de la royne, du duc de Guyenne, et de tous les aultres, que jamais n'attenderoient à quelques ambassades, lettres, ou aultres choses qui puissent venir de par le duc de Bourgongne, jusques à tant que luy et les siens seroient humiliés, et du tout remis en l'obéyssance du roi et de son conseil. La guerre concluite, le roy fit son mandement par tout son royaulme, plus grand que oncques en sa vie n'avoit faict, et pareillement le firent tous les princes qui là estoient, et tant que, en peu de temps, grand nombre de gens d'armes se trouvèrent en l'Isle de France, et en la marche d'environ. Icelle assemblée faicte, furent envoyés aulcuns capitaines devant la ville de Compiengne, qui mirent le siége devant la ville de Compiengne de l'un des costés, en attendant la venue du roy ; et afin que les gens du roy ne peussent loger à leur ayse, ceulx de dedans la ville ardirent et démollirent les faulxbourgs de ladicte ville, et plusieurs notables édifices, tant églises comme maisons. Mais ce nonobstant, les François ne se laissèrent pas à loger, et de faict firent ponts sur la rivière d'Oyse, afin d'assiéger la ville du tout en tout, ainsi qu'ils firent. Et le merquedy de la semaine peneuse, quatriesme jour d'avril, le roy issit de Paris à grand estat, et s'en alla à Senlis, pour illec attendre les princes de son sang et de son armée. En laquelle armée on fit porter au roy et au duc de Guyenne la bande et enseigne du comte d'Erminacq, dont plusieurs se donnèrent grand' merveille que il avoit laissé son enseigne ancienne, et que ses prédécesseurs avoient toujours porté en armes, c'est assavoir la blanche croix ; dont plusieurs feurent mal contents, veu que c'estoit en son royaulme, et veu aussi la bande du comte d'Erminacq, laquelle il portoit par damnation d'ung pape, en signe d'amendise de l'ung de ses prédécesseurs, pour ung forfait qu'il avoit commis contre l'Eglise. Toutefois la plupart de ceste armée portoient les deux enseignes, c'est assavoir la croix et la bande.

Au commencement de l'an 1414, renouvellé de date, c'est assavoir le lundi de Pasques, l'an 1414, le duc de Guyenne, premier fils du roy, party de Paris à très noble compaignie, et alla à Senlis où estoit le roy son père. Après la venue du duc de Guyenne, le roy tantost après se party pour aller au siége de Compiengne, et feut son premier logis à Verbrye, et de là s'en alla au siége. Et quant à la royne et duchesse de Guyenne, elles se partirent de Paris, et s'en allèrent à Meaulx en Brie, et le duc de Berry demoura capitaine de Paris, et gouverneur des marches d'environ. Le roi de Sézille s'en alla en son pays d'Anjou, et depuis revint à Paris, mais il ne feut pas tout le voyage avec le roy. Quand le roy feut arrivé devant la ville de Compiengne, il envoya devers ceulx de la ville un officier d'armes, par lequel il leur fist nonchier sa venue, en les sommant qu'ils luy feissent ouverture pour y loger luy et les siens, comme raison, et comme bons loyaulx devoient faire à leur souverain seigneur. Ceulx de la ville respondirent que très volontiers le recevroient luy et son aisné fils de Guyenne, avec leur estat, et non autrement ; laquelle response feut faicte au roy qui autre chose n'en feit pour l'heure. Si feut le logis du roy ordonné en la maison d'ung bourgeois de Compiengne, séant entre la ville et la forest ; et le duc de Guyenne feut logé en l'abbaye de Royal-lieu, et les aultres princes tout à l'environ de la ville. Canons et bombardes feurent ajustés, qui dommagèrent la ville ; plusieurs saillies et escarmouches se faisoient le siége durant. Entre les aultres en y eut ung dont il faut faire mention.

Vrai est que messire Hector, bastard de Bourbon, manda à ceulx de Compiengne que le premier jour de may les iroit esmayer ; laquelle chose il feit ; et monta à cheval, en sa compaignie deux cents hommes d'armes des plus vaillants qu'il pot finer, et avec une belle compaignie de gens de pied, et tous ensemble chacun un chapeau de mai sur leur harnois de festes, allèrent devant la porte de Compiengne nommée la porte de Pierrefons ; et avec eulx portoient une grand' branche de may pour les esmayer, ainsy que promis l'avoient les chevalliers et escuyers avec eulx. Les aultres qui dedans la ville estoient, quy savoient ceste venue, s'estoient préparés, armés et ordonnés, et plusieurs montés en armes ouvrirent la porte et feirent une saillie sur le bastard de Bourbon et sur ses gens, en laquelle bataille y eut maintes belles armes faictes, dont plusieurs, tant d'un costé comme d'aultres, y feurent blessés et navrés, et sy en y eut de morts en la place. Et de faict, le bastard de Bourbon eut son cheval tué sous luy, et s'il n'eust eu bonne ayde, eust esté mené prisonnier dedans la ville ; toutefois il feut très bien secouru, et sans grand' perte retourna en son logis, luy et les siens. Quand ceulx de la ville se veirent assiégés, et le roy devant eulx à sy grande puissance, ils conclurent d'envoyer devers le duc de Bourgongne, luy requérant se de luy auroient secours, ou quelle chose il luy plairoit qu'ils feissent. Le duc de Bourgongne, véant que le roy estoit en personne, et que il n'avoit point gens prests pour lever le siége, leur manda que ils feissent traité et apoinctement le plus honnorablement que faire se polroit. La response du duc de Bourgongne venue à ceulx de Compiengne, trouvèrent manière de parlementer à ceulx du siége ; et tant feut exploité, que la ville seroit rendue au roy, par ainsy que tous les gens de guerre quy dedans estoient s'en iroient où bon leur sembleroit atout leurs biens, et généralement atout ce quy leur appartenoit ; quant aulx habitants de la ville, ils demoureroient en corps et en bien saufs, et sy auroient pardon, moyennant que ils crieroient merchy au roy. Et par ainsy feut la ville de Compiengne rendue au roy, quy feut le septiesme jour du mois de may, l'an 1414. Icelle reddition faicte, et les Bourguignons vidiés, lesquels s'en allèrent au pays d'Arthois, le roy et le duc de Guyenne entrèrent dedans la ville, où ils feurent faisans bonne chière par aucun temps. Pendant ce temps, le comte Walleran de Saint-Pol chéy de son cheval sy rudement qu'il se rompist la jambe ; et pour icelle adventure ne se arma point en icelle armée ; dont les aucuns dient qu'il faignoit estre blessé, afin de estre excusé d'aller au mandement du roy, et pareillement estoit requis du duc de Bourgongne que il l'allast servir, et ainsy par la blessure ou aultrement ne servist ne l'ung ne l'aultre. Et pareillement messire Jacques de Chastillon, seigneur de Dampierre, admiral de France, se tint toute la saison en son chastel à Roulencourt, où on disoit que il estoit malade, et pour icelle armée ne servit le roy ne le duc de Bourgongne. Toutefois la pluspart de leurs gens feurent au service du duc de Bourgongne.

CHAPITRE XXXIX.

Comment Soissons feut assiégée par le roy, prinse et pillée, les églises violées, et de grands crimes y perpétrés.

Après la prinse de Compiengne, le roy print son chemin pour aller devers Soissons avec toute son armée ; si exploita chemin tant que il se trouva devant la cité de Soissons, dont, pour le duc de Bourgongne, estoit capitaine Enguerran de Bournonville, nonobstant que il y eust dedans la ville plusieurs grands seigneurs. Le roy se logea en une abbaye nommée Sainct-Jean-des-Vignes, le duc de Guyenne à Sainct-Crespin, et les autres princes tout entour, le mieux que poirent ; et de l'autre costé de la rivière estoit logé le comte d'Erminacq. Au prendre le siège eust de grands escarmouches, car ceux de dedans faisoient ardoir et démolir églises, maisons et aultres édifices, et nonobstant on n'y laissa point pour tant à loger. Le roy fist sommer ceux de la ville, comme leur souverain seigneur ; mais les gens du duc de Bourgongne n'en vouldrent rien faire, espérant d'avoir secours du duc de Bourgongne. Après ce furent appointiés bombardes et canons, dont la ville fust très fort battue, et très fort approchée. Dedans la ville de Soissons estoient de quarante à cinquante Anglois, entre lesquels avoit de très bons archiers ; si advint que en une saillie que ceulx de la ville feirent, messire Hector, bastard de Bourbon, à l'escarmouche, et au rebouter ceulx de dedans la ville, fust navré d'une flèche parmi le gorgerin, qui fust faulsé tout oultre, tant que le fer de ladite flèche entra dedans la gorge de messire Hector ; de laquelle blessure il alla de vie à trépas ; dont le duc Jehan de Bourbon fut moult courroucé et merveilleusement déplaisant, et aussi furent la plus grand partie de ceulx de l'ost ; et se il fust fort plaint, ce ne fut pas merveilles, car, à vérité dire, c'estoit un des vaillants chevaliers de la compagnie, et ne sçay poinct se plus vaillant y avoit. Depuis la mort du bon messire Hector, ne fina le duc de Bourbon de pourchasser la destruction de ceux de la ville de Soissons, tant par battures de canons, d'approches, que aultrement ; et de faict fit tant que journée fut prinse de l'aissaillir, et ordonnance faicte que chacun fist pourvéance de grandes et longues bourrées pour jetter dedans les fossés ; et tant feut procédé que la ville feut assaillie, les eschelles dressées aux murailles, pour combattre main à main à merveilles. Fort feut la ville assaillie, et aussi bien deffendue. Le duc de Bourbon, qui mortellement hayoit ceulx de la ville, feut de ceux montants aux eschelles, et combattants main à main ; et en combattant feut abattu de hault en bas d'un coup de hache, dont il feut si fort navré que on cuidoit que il fust mort, et feut porté en son logis en tel estat qu'il ne connoissoit ne homme ne femme ; pour laquelle blesseure, tant pour entendre à luy à l'emporter que pour la vaillance de ceulx de dedans, l'assault feut de tous poincts delaissé, et se retrayoit chacun. Mais ne demoura guères que on commença à crier : Ville gaignée ! dont tous ceulx qui estoient du costé vers Sainct-Jean-des-Vignes furent moult émerveillez, car desjà estoient tous retraits. Mais est vrai qu'il y avoit dedans la ville de Soissons aucuns Anglois qui avoient eu débat et noise en la ville, duquel débat n'avoient pas eu le meilleur; pour laquelle cause ils avoient conceu hayne à plusieurs qui dedans la ville estoient, et pour eux venger trouvèrent façon de parler à aucuns Anglois Bourdelois, de la compagnie du comte d'Erminacq, et tant y en bouttèrent qu'ils furent maistres de la ville; car jamais ceulx de la ville ne se fussent doubtés que leur ville eust été prinse par là; et sans ouvrir la porte qui murée estoit, et sans avaler le pont ou la planchette, estoit impossible de par là prendre la ville.

Or est ainsi que quand les gens du comte d'Erminacq se trouvèrent puissants dedans la ville, commencèrent à crier: Ville gaignée! laquelle chose plusieurs des gens de guerre qui là estoient ne le povoient croire, et de faict en furent plusieurs prins et morts, lesquels furent trouvés en la garde qui leur estoit ordonnée pour la ville deffendre. Quand Enguerran vit la mal adventure, il se cuida deffendre; mais sa deffense guères ne luy vallust, et feut pris et fort blessé à prendre, entre lesquelles blessures en avoit une au front, dont il estoit fort blessé. Quand ceulx du costé Sainct-Jean-des-Vignes ouyrent le bruit et le cry en la ville, véans la muraille abandonnée et encore la plupart des eschelles dressées, saillirent ès fossés, et montèrent amont la muraille, qui plus n'estoit deffendue.

Ansi que vous avez ouy, la ville de Soissons feut prinse. Or, fault parler de la pitié et cruauté qui en la ville feut faicte. Premièrement furent bien que morts, que prins en la place, que testes coupées, que pendus, bien de mille à douze cents. Et après furent toutes les églises violées, cassées, et reliquaires rompus; les ossements des corps saincts jettés dehors, le corps de Jésus-Christ osté hors des vaisseaux qui estoient dedans le tabernacle, pour en avoir iceulx vaisseaux; femmes efforcées devant leurs maris, et aucunes des notables femmes qui se retrayrent dedans les églises; les enchaintes, de paour et de tristesse enfantèrent sans terme, dont les enfants n'avoient poinct de vie; et n'estoit point à croire que oncques telles cruautés fussent faictes en ville nulle, et avec ce feut toute la ville nettoiée, nettement vidée et pillée. Le vaillant escuyer Enguerran de Bournonville il eust la teste tranchée; messire Pierre de Menau et plusieurs aultres; et avec ce furent de cinq à six vingts, tant Anglois comme aultres, pendus. Après celle destruction, le roy fist diligemment chercher qu'estoient devenus les ossements des corps saincts, et avec ce fist crier que nul, de quelqu'estat, ne les transportast hors de la ville; par lequel moyen, aussi par argent qui en feut donné, furent plusieurs corps et saincts reliquaires remis ès églises, et avec ce plusieurs notables femmes, qui par nobles hommes avoient esté menées en la garde du duc de Guyenne, furent remenées en leurs maisons, et avec ce gens ordonnés des plus notables pour retraire le peuple de la ville, tant prisonniers que ceux qui s'en estoient fuis, auxquels le roy donna pardon, et par ainsi se retrayrent plusieurs de la cité. Après ces ordonnances faictes, le roy se partit de la ville de Soissons, en prenant son chemin vers la cité de Laon, où il feut bien l'espace de quinze jours; et là alla devers lui Philippe, comte de Nevers, frère du duc de Bourgongne, lequel fist son traicté envers le roy, tel que le roy n'iroit ne envoyeroit en sa comté de Rethel, ne aussi en aultre terre et seigneurie que il eust; laquelle chose le roy luy accorda, par ainsi qu'il ne aideroit ne conforteroit en quelque manière le duc de Bourgongne son frère; puis après ce traicté faict, s'en alla le comte de Nevers en sa ville de Mezière-sur-Meuse. Le roy estant à Laon fist publier nouveaux mandements pour avoir gens de guerre.

Le quinziesme jour de juin se partit le roy de Laon, et alla en sa ville de Sainct-Quentin; en laquelle ville alla devers luy la dame de Hainnault, sœur du duc de Bourgongne, pour traicter la paix; mais quelle remonstrance qu'elle sceust faire, rien ne s'y poeult traicter; et print congé du roy et s'en retourna. Le roy estant à Sainct-Quentin ouït nouvelles que les Bourguignons des duché et conté, en très belle compagnie, s'en alloient tout droict au pays de Haynnault, pour servir le duc de Bourgongne; pour laquelle cause le duc de Bourbon, le comte d'Eu, et messire Charles de Labreth, furent ordonnés pour tirer sur les Bourguignons et les ruer jus; et tant chevauchèrent qu'ils les trouvèrent à un passage qui se nomme le Pont-à-Merle, au pays de Haynnault. Les Bourguignons estoient en très belle compagnie,

Or est ainsi que les Bourguignons desjà avoient passé le Pont-à-Merle, excepté le Veau de Bar qui conduisoit le charroi, qui se mist à deffense, et très vaillamment combattit; mais guères de gens n'avoit avec luy, et ses ennemis estoient bien quatre mille; si feut là prins et quarante ou cinquante avec luy, et les aultres se sauvèrent et prinrent leur chemin droict à Bruxelles, en Brabant. Or est vrai que le roy, après qu'il olt envoyé son avant-garde sur les Bourguignons, se partit de Sainct-Quentin en tirant après ces gens, et feut jusques à un gros village nommé la Chapelle, en Therrasse ; mais quand il sceut que son avant-garde retournoit avec leur prinse, retourna à Sainct-Quentin, et tantost après alla à Péronne, où il feut longue espace, et puis de tous poincts conclut d'aller assiéger Bappasmes et Arras. Mais, avant son partement, avoit esté le duc de Bourgongne en la ville de Péronne, et aussi les ambassadeurs des quatre membres du pays de Flandres, et ceulx quatre membres pour trouver la paix du duc de Bourgongne devers le roy. Quand le duc de Bourgongne sceut qu'il ne povoit avoir la paix, il conclut de se vouloir deffendre contre ses ennemis, toujours réservant la personne du roy et du duc de Guyenne, et de là en avant fist provision pour la garde de ses villes et forteresses de la comté d'Arthois et ailleurs.

CHAPITRE XL.

Comment le duc de Bourgongne pourvey de capitaines ses villes de la comté d'Arthois et frontières.

A Douay, le duc de Bourgogne ordonna capitaine des gens de guerre messire Gaultier de Ruppe; et de la ville d'Arras fut capitaine général messire Jean de Luxembourg, lors josne chevalier, avec lui le seigneur de Ronq, le seigneur de Noyelle, messire Jean Bouier, gouverneur d'Arras, Allain de Vendosme, et plusieurs autres, jusques au nombre de six cents hommes de trait. En la cité lez Arras, estoient les seigneurs de Montagu, monseigneur de Vienne, le bastard de Garnison et autres jusques au nombre de six cents gents d'armes, et de la ville et communauté d'Arras estoit capitaine le seigneur de Beaufort. Et pour venir à parler du roy, vrai est qu'il se partit de Péronne le vingtiesme jour de juillet, et s'en alla loger à Miraumont et ès villages d'entour.

CHAPITRE XLI.

Comment Bapasme feut asségiée et rendue au roy par traictié et appoinctement.

Et lendemain, 21 de juillet, le roi vint devant Bapasmes; mais promptement que le roi et ses gens se trouvèrent en la comté d'Arthois, ils déployèrent leurs bannières, disant qu'ils estoient sur les terres de leurs ennemis ; et se faisoit porter le roi l'oriflambe, comme il eust fait sur les Sarrasins. Toutefois l'oriflambe n'estoit point déployé, mais le portoit un chevalier en esquierpe[1]. Quand le duc de Bourbon, qui estoit chef de l'avant-garde, se trouva devant Bapasme, il fit de sa main plusieurs chevaliers, entre lesquels fut fait le comte d'Eu; et pareillement en fit le roi, quand devant la ville fut arrivé. Et après ce qu'il ot fait plusieurs chevaliers, le seigneur de Boissay et le seigneur de Gaucourt, pour ce voyage maréchaux ordonnans les logis, menèrent le roy loger en une abbaye, assez près de Bapasme, et en haut lieu, sans rivière ne fontaine nulle ; et si estoit en temps d'esté que il faisoit chaud et sec; pourquoi les marais furent tantost tout secs ; et falloit aller plus de trois lieues long quérir l'eau à la rivière auprès de Miraumont, qui estoit une grand'peine ; si se advisèrent aucuns de faire perchier nouveaux puits ; tant en firent que on avoit son cheval abreuvé le jour pour un petit blancq. Advint que le duc de Guyenne manda le capitaine de Bapasme, c'est assavoir Henry de Hangest, avec lui messire Jehan de Jeumont, et Adam d'Avelus, auxquels il demanda pourquoi ils ne faisoient ouverture au roy leur souverain seigneur. Si répondirent très humblement que ils le gardoient pour le roy et pour lui, par le commandement du duc de Bourgongne, qui ainsi leur avoit baillé en garde, en requérant au duc de Guyenne que on leur donnast terme de huit jours pour envoyer devers le duc de Bourgongne, qui ainsi leur avoit donné en garde, laquelle requeste leur fut accordée. Si fut envoyé devers le duc de Bourgongne pour lui remonstrer la grand'puissance qui estoit devant Bapasme, laquelle estoit très mal pourveue de tous vivres et habillements de guerre. Pour laquelle cause le duc de Bourgongne conclud et feut content que ils rendissent la ville et le chasteau au roy et au duc de Guyenne, moyen-

(1) Echarpe.

nant leurs corps et leurs biens saufs, et ainsi de ceux de la ville; et feut ainsi fait, et la ville rendue et aussi le chastel au roy; mais au traité feurent réservés ceux de Paris, s'aucuns en y avoit. Le jour et l'heure fut ordonné du partement des Bourguignons, lesquels furent visités et regardés, se en leur compaignie n'avoit nuls Parisiens. Si en y fut trouvé trois en habillements de varlet portant bacinets avecques leurs maistres, afin que ils ne fussent congneus; toutefois rien n'y valut, car ils furent recongneus et puis eurent les testes tranchées. Et en ce propre jour fut publié, à son de trompe, que tout homme, de quelque estat qu'il fuist, marchand ou autres répairant en l'ost du roy, portast la droite croix et la bande, sur peine d'estre confisqué corps et biens.

CHAPITRE XLII.

Des préparations que ceulx d'Arras feirent pour la garde de la ville et cité, attendant le siége du roi.

Alors le duc de Brabant et la comtesse de Haynault estoient à Cambray, qui envoyèrent devers le roy, luy requérant de povoir venir devers lui; mais le roy ne le volut pas, et fut content d'envoyer devers eux son ambassade; c'est assavoir le baron de Yvoy en Normandie, et le seigneur de Ligne, de Haynault, bien instruits pour communiquer avec le duc de Brabant et la dame de Haynault. Mais nullement ne se polrent accorder, et revindrent devers le roy; et le duc de Brabant et la comtesse de Haynault s'en retournèrent devers le duc de Bourgongne. Après le siége de Bapasme, ceux de la ville d'Arras s'attendirent tout seurement d'avoir le siége, comme ils eurent; et sachant la grand' puissance que le roy avoit, firent grand'préparation pour eulx deffendre et fortifier leur ville; et furent bollevers faits au-devant des portes, de gros chesnes plantés par grand'maistrise, et barrer et fossoyer en divers lieux. Et si se pourvéirent de toutes autres choses à eux nécessaires; et avec ce firent ordonnances que messire Jean de Luxembourg, leur capitaine, fit publier à son de trompe; c'est assavoir que tout bourgeois, manants et habitants de la ville, et aultres, de quelque estat qu'il fust, se pourvéissent du moins pour six mois, ou qu'ils vuidassent la ville, et pareillement les gens de guerre. Après lesquelles publications, aucuns bourgeois et habitants menèrent leurs femmes et leurs enfants,

et aucuns de leurs biens ès villes de Douay, Lille, Béthune, et autres lieulx où bon leur sembla. En outre, les capitaines firent abbattre et desmolir plusieurs notables églises, maisons et édifices tout autour de la ville; c'est assavoir l'abbaye de la Tieuloye, l'église des cordelliers, celle des Jacobins, et aucunes autres; et pareillement le feirent autour de la ville.

CHAPITRE XLIII.

Comment le roi assiégea Arras avec deulx cent mille hommes, qui fut approchée et battue, et vaillamment deffendue.

Ne demoura gaire après que le roy eust envoyé son ambassade à Cambray, devers le duc de Brabant, qu'il s'en alla mettre le siége devant Arras, et laissa à Bapasme messire Gasselin du Bois, capitaine de la ville, qui fit faire le serment à tous ceulx de la ville. Vous avez oy comment le roy alla assiégier la ville d'Arras à si grand'compagnie que on estimoit deux cent mille hommes. Si fut le roy logié en une maison nommé le Temple, et le duc de Guyenne assez près de luy, ès faubourgs; et du costé de l'abbaye de la Tieulloye, furent logés le duc d'Orléans, les comtes de Vertus et d'Alenchon, et le duc de Bar; mais les plus honnorablement logiés furent le duc de Bourbon et le comte d'Eu; car ils furent logiés au faubourg qui se nomme Baudimont, au droit chemin d'Arras à Lille; lesquels ne povoient avoir que à très grand'peine secours et aide de leurs gens, et si estoient à la venue par où la puissance du duc de Bourgongne povoit venir, sans le congié des aultres; mais un bien y avoit pour eulx, car leurs logis estoient clos de murailles; mais aussi estoient-ils en la pleine saillie de la ville et cité, qui sont deux villes. Toutefois, quelque grand' puissance que le roy mist, qui fut estimée deux cent mille, si ne fut oncques la ville si asségiée qu'ils n'eussent deux portes ouvertes pour entrer et issir quand bon leur sembleroit. Auprès d'Arras siet un petit chastel nommé Belle-motte, lequel durant le siége, par appointement, ne feit point de guerre aux gens du roy, ne aussi les gens du roy ne luy feirent point de guerre; toujours toutes voies y demeurèrent les gens du duc de Bourgongne, pour ce que la ville d'Arras ne feut point que toujours ne peussent entrer et issir, ainsi que devant est dict. Si se faisoient de grands saillies et escarmouches, toujours à l'advantage des Bourguignons; entre lesquels s'en feit une envers la porte Sainct-Michel, en la prarie oultre une rivièrette, c'est assavoir ils se trouvèrent des gens du roy de six à sept vingts combattants, qui pardessus une planchette passèrent la rivière; laquelle chose ceux de la ville véoient. Si envoyèrent le plus secrettement que faire se peust oster la planche; et ce fait, par une petite posterne, saillirent sur les gens du roy; et quand les gens du roy veirent la puissance qui venoit sur eux, cuidèrent retourner, mais trouvèrent leur passage rompu, et là furent que morts que prins, de quarante à cinquante. Entre lesquels fut prins un gentilhomme nommé Cordellier, de Gironne; et lendemain furent trouvés vingt ou plus en la rivière où la besogne avoit esté. Et pour parler des courses ou chevauchées que faisoient les gens du roy au pays d'Arthois, ce seroit long à raconter; car tout le pays d'Arthois feut si pillé et détruit qu'il n'est point à croire fors à ceux qui le véoient. Entre autres courses, l'un des bastards de Bourbon, après la mort de son frère messire Hector, fut envoyé quérir aux écoles où il estoit à Paris, et le fit-on venir au siége d'Arras; et pour luy bailler bruit et renommée, luy feurent baillés mille combattants, lesquels allèrent courre la comté de Sainct-Pol, où ils feirent de grands dommages, prinrent et ruinèrent biens sans nombre, et feurent devant la ville de Sainct-Pol, où le comte et sa femme estoient, laquelle estoit sœur au duc de Bar; et plusieurs reproches, et déraisons et moqueries disoient du comte de Sainct-Pol, disants qu'il faignoit estre malade afin qu'il n'allast servir le roy; et bien monstroit qu'il estoit Bourguignon, quand il avoit envoyé messire Jehan de Luxembourg, son neveu, et la plupart de ses gens au service du duc de Bourgongne; et plusieurs autres paroles disoient de luy.

Après ce que le bastard de Bourbon fut retourné au siége devant Arras, un autre capitaine de deux cents combattants allèrent courre devant les villes de Luceux et Hesdin, où ils feirent maux innumérables, tant de bouter le feu, comme de prendre prisonniers; toutefois ceux de la garnison de Hesdin et d'autres places tenants le party du duc de Bourgongne se meirent ensemble, et poursuiveirent les François tellement qu'ils rescourrent la plupart des prisonniers. D'autre part, les garnisons tenants la partye de Bourgongne faisoient souvent de grand destrousses. Le duc de Bourgongne, qui grand desir et volonté avoit de secourir ceulx d'Arras, se conclud que il metteroit en peine de ruer jus l'avant-garde du roy; et feut tout prest pour ce faire; et feut mandé à ceulx des ville de Arras et cité, afin qu'ils fuissent tous prests pour saillir le plus grand nombre que ils poiroient. Au jour qui avoit esté prins, se trouvèrent les Bourguignons quatre mille combattants, desquels estoient capitaines le seigneur de Croy, messire Jehan de Ruppes, et plusieurs autres, qui chevauchèrent ensemble jusques à trois lieues près d'Arras, où ils ordonnèrent leurs coureurs pour aller devant; desquels coureurs feurent Jacques et Arthus, frères, Loys de Boussu et autres, qui tous ensemble, de droite fortune, feurent prins des gens du roy et menés au siége. Et pourtant les gens du duc de Bourgongne sçachants la prinse de leurs coureurs, et doubtants leur entreprise par eulx estre descouverte, feurent moult troublés, et sans rien besogner retournèrent. Durant le siége d'Arras, les gens du roy prinrent la forteresse d'Avesne-le-Comte, et une autre forteresse nommé Villers-le-Chastel, toutes deux séant à quatre lieues près d'Arras, où toujours avoit grand nombre de gens du roy qui gastoient le pays. Et avec ce ne se pouvoient faire assemblées de Bourgongne, qu'ils ne le seussent pour mander au siége. La ville d'Arras feut merveilleusement battue; et si feurent faites approches et mines couvertes et descouvertes, allants jusques aux murs de la cité, où par icelles les gens du roy cuidèrent secrettement entrer dedans, mais par une contre-mine feurent très vaillamment combattus.

CHAPITRE XLIV.

Comment armes feurent faictes ès mines devant Arras, du comte d'Eu allencontre du seigneur de Montagu; et d'autres armes qui se feirent devant la ville de Lens; et les bonnes chières que les parties feirent les uns aulx aultres.

Après ces choses faictes se feirent plusieurs devises de ceux de la ville à ceux de dehors, et tous dirent que armes feurent prinses à faire dedans les mines, c'est assavoir de monseigneur le comte d'Eu allencontre de monseigneur de Montagu, capitaine de la cité; et feurent les armes conditionnées; c'est assavoir que le seigneur de Montagu devoit estre dedans les mines armé et embastonné de hache, d'espée et de dague, se bon lui sembloit, et le comte d'Eu dehors les mines ainsi armé et embastonné comme l'autre ; et feurent les armes ainsi devisées : sy le seigneur de Montagu povoit issir hors les mines oultre la voulenté du comte d'Eu, estoit tenu de lui donner un diamant de cent escus, et au cas que le comte garderoit tellement l'issue que le seigneur de Montagu ne pourroit issir, ledit seigneur de Montagu seroit tenu de lui donner pareillement un diamant de cent escus. Ainsi que vous avez ouy feurent les armes faictes, mais le comte d'Eu, qui josne estoit, garda si vaillamment l'issue et le passage que le seigneur de Montagu ne le sceut conquerre ; et de faict paya voulentiers le diamant qu'il feit présenter au comte d'Eu pour donner à sa dame.

Durant iceluy siége avoit à Lens, en Arthois, garnison de vaillants chevaliers, escuyers et vaillants hommes. Or est vrai que les gens du roy alloient souvent courre devant la ville et chastel de Lens et au pays environ. Sy se prinrent, au deviser les ungs aux aultres, de rompre leurs lances, et tant que en pluiseurs devises se meit sus une entreprise de quatre nobles hommes François contre quatre nobles hommes Bourguignons ; èsquelles armes chascun devoit estre armé comme bon luy sembloit, et tels lances et fer que chascun vouldroit porter, mais qu'ils feussent de mesure. Or vous avez ouy comment le bastard de Bourbon, josne enfant, pour ce que le duc de Bourbon désiroit lui bailler bruit et cognoissance, le feit chef des quatre François ; et de la partie des Bourguignons feut capitaine un très puissant et bel chevalier nommé Cotte-Brune, qui depuis feut maréchal de Bourgongne, et en sa compagnie trois nobles hommes natifs du royaume de Portugal, lesquels estoient serviteurs du duc de Bourgongne. Et se feit l'assemblée à plains champs, entre Arras et la ville de Lens ; et le jour de l'assemblée feut le bastard de Bourbon bien accompaigné de chevaliers et d'escuyers, lesquels avoient seureté et sauf-conduit du duc de Bourgongne ; et pareillement l'avoient les Bourguignons du roy. A l'assembler s'entrefeirent grands festes ous, excepté ceulx quy les armes faisoient, qi ne parlèrent les uns aux aultres jusques aux armes faictes. Cotte-Brune, qui grand et puissant estoit, avoit fait apporter grosses lances à merveilles, et les plus beaux fers de lance que jamais on povoit voir ; mais quand il sçut qu'il avoit affaire à ung enfant, il trouva manière d'avoir lances gracieuses, desquelles il feit les armes allencontre du duc de Bourbon, si gracieusement que nul ne feut blessé. Après le bastard de Bourbon et Cotte-Brune, feit armes Alardin de Monsay, lequel estoit monté sur ung moult beau destrier, que le duc Loys de Bavière avoit donné au duc de Guyenne. Alardin de Monsay qui dessus estoit fit armes allencontre d'un Portingallois ; et à chascune course que ledit Alardin couroit, désarmoit son homme du coup de lance, et jusques à quatre coups le fit ; mais à la vérité le Portingallois assit la lance droit au milieu de la teste de son cheval que Alardin chevauchoit, duquel coup j'ai ouy dire qu'il mourut ; or par ainsi Alardin et son compaignon ne feirent plus. Le troisième se nommoit Virennes, escuyer du duc de Bourbon, qui feit les armes contre un Portingallois qui feurent merveilleusement rudes ; et à la sixiesme course le gentilhomme françois eut l'épaule senestre percée, et la lance rompue dans le harnois, et par ainsi ne feirent plus. Le quatriesme estoit aussi de l'hostel du duc de Bourbon, qui se nommoit Congnet, qui feit aussi contre un Portingallois ; lesquels feirent tant ruddement que merveilles estoit à les voir. Le Portingallois estoit monté sur un bon destrier et bel, lequel chust en la place, tout mort, sans savoir de quoi ce feut, sinon au cheoir il eut le col rompu. Toutefois le Portingallois renouvela de cheval et parfeirent leurs courses ; mais à la derraine course, le Portingallois assit la lance en la selle du François, laquelle feut faussée tout oultre, et le harnois jusques au sang. De laquelle blessure feut grand bruit, et disoient les Bourguignons qu'il estoit mort. Toutefois je ne sus oncques rien que ainsi fut ; et s'il mourut, ce ne feut pas d'un mois après, car il se ralla du siége avec le duc de Bourbon son maistre. Après les armes faictes, chevaliers et escuyers s'entremirent en faisant telles chières que merveilles ; et avoient chascune des parties faict venir vin et viande ; et là y avoit tentes et pavillons où tables feurent mises, et aussi les queues de vin effoncées sur les bouts ; et Dieu sait la chière que chascun faisoit l'un à l'autre. Le bastard de Bourbon et Cotte-Brune s'entredonnèrent dons de chevaux et d'aucuns gracieux habillements de guerre. Là estoit Louvelet de Mainguehem, escuyer d'escurie du duc de Bourgongne, qui portoit ung manteau tout chargé de blancs doubles qu'il donna aux officiers d'armes de partie du roy; puis prinrent congé les uns des autres bien et doulcement, et retournèrent chacun en son party.

CHAPITRE XLV.

Comment la paix feut traictiée et accordée entre le roy et le duc de Bourgongne, au siége devant Arras ; et du désordre qui feut au délogement, à l'occasion du feu quy feut ès logis de l'ost.

Ne demoura guaires après que le duc de Brabant et la comtesse de Haynault sa sœur vinrent au siége d'Arras devers le roy, et avec eulx les trois estats de Flandres, qui moult désiroient la paix. Quand ils feurent arrivés devers le roy, ils feurent du duc de Guyenne très joyeusement receus ; et pour commencement de venir à paix feurent faictes trefves entre les deux parties. Si se mirent ensemble les gens du roy avec le duc de Brabant pour communicquer la paix, qui très nécessaire estoit pour le roy et pour le duc, et par espécial pour le povre peuple; car nonobstant que le roy avoit une merveilleuse puissance, toutefois n'estoit la ville d'Arras sy asségiée qu'ils ne povoient, quand affaire en avoient, avoir novelles gens et poudre, et artillerie menue que ils avoient souvent. Et quant au duc de Bourgongne, les garnisons que il tenoit en plusieurs des bonnes villes lui coustoient merveilleuses finances, pour laquelle cause la paix en estoit plus légère à faire. Sy feut par la grace de Dieu la paix lors traictée, dont plusieurs se resjouirent. Laquelle paix feut publiée à son de trompe, le mardi quatriesme jour de septembre, devant les tentes du roy, environ six heures après disner; et par le cry, feut expressément commandé, sur peine d'encourir l'indignation du roy, que les bandes feussent ostées, et les gens du duc devoient oster la croix Sainct-Andrieu.

En l'ost du roy s'estoit frappée une maladie de flux de ventre, dont estoit mort messire Amé de Salbruse[1] et plusieurs aultres notables gens; et à cetse heure en estoit malade le duc Loys de Bavière, le connestable de France et aucuns de leurs gens. Pour laquelle cause le traictié s'en conclust plus légèrement; et feut le traictié tellement faict que, pour l'honneur et révérence du roy, le comte de Vendosme entreroit dedans la ville d'Arras et la cité pour prendre l'obéissance d'icelles, et sur les portes mettroit les bannières du roy. Et pour ce que toutes les seuretés pour l'entretennement de la paix purent les bailler ne d'un costé ne d'autre, feut ordonné par le roy et son conseil, au duc de Brabant, à la dame de Haynault et aux trois estats de Flandres, qu'ils feussent à certains jours en la ville de Senlis devers le roy ou ses commis. Ces choses feurent faictes, et la paix criée et publiée comme vous avez ouy.

Lendemain que la paix avoit esté ainsy criée, aucunes gens de guerre, désirants d'aller devant la puissance du roy, se deslogèrent dès la minuit, et à leur deslogement boutèrent le feu en leur logis. Sy estoient les logis de malaventure au-dessus du vent, lesquels tenoient ensemble, couverts de paille. Sy feurent en peu d'heures allumés par telle façon que un chascun avoit assez affaire à sauver son corps. Et là y eut un desroy sy grand que oncques eust en ost de prince, et ne feust veu le pareil ; car là y eut ars prisonniers, gens malades, harnas de guerre, chevaux, tentes et pavillons en sy grand nombre et sy belles, que en ce temps oncques ne feurent veues plus belles ne plus riches; et feut le feu sy grand que hastivement et devant le jour fallust faire lever le roy de son lit, nonobstant que le feu se prist bien arrière de son logis. Le duc de Barre et le comte d'Erminacq, et plusieurs aultres s'armèrent et se mirent aulx champs et en belle bataille et ordonnance, dont les aulcuns feurent ordonnés devant trois des portes d'Arras; car nonobstant la paix criée, sy ne se fièrent point trop fort en ceulx de la ville. Que vous dirai-je ? ce feut le plus désordonné partement que oncques feust veu. Et sans pourvoir à leur artillerie, vivres de marchands, et ce qu'il convenoit à l'ost, un chacun s'en alla, excepté le duc de Bourbon et le comte d'Eu, quy estoient logés de l'aultre costé de la ville, quy se deslogèrent en belle ordonnance et feirent l'arrière-garde. Après iceluy deslogement, tel que vous avez ouy, issirent ceulx de la ville, quy de tant de vivres trouvèrent à merveilles, tous abandonnés des marchands à quy ils estoient ; lesquels vivres, avec

(1) Saarbruck.

[1414]

l'artillerie du roy, quy sans garde estoit demourée, feirent mener dedans la ville. Laquelle artillerie feut depuis renvoyée quérir de par le roy; mais tout ne revint pas, car la plupart feut perdue. Ainsi que vous avez ouy se deslogèrent le roy et toute sa compagnie de devant Arras, et retourna droit à Paris. La royne et la duchesse de Guyenne estoient en un chastel, au dehors de Paris, séant sur Seine, entre Montmartre et Saint-Denys, nommé Saint-Ouen, où le roy alla descendre; aussy feit le duc de Guyenne; et les aultres allèrent loger à Paris, et de là retournèrent chacun en son pays.

CHAPITRE XLVI.

Le contenu des articles de la paix quy feut jurée par le duc de Brabant, la comtesse de Hainault et les députés du duc de Bourgongne, d'une part, et d'autre par le duc de Guyenne, le duc d'Orléans, le duc de Bourbon et aultres.

Pour venir à parler du traictié faict devant Arras, où le duc de Brabant et la comtesse de Haynault, sa sœur, estoient pour le duc de Bourgongne, lesquels avoient de luy bien ample pouvoir pour pacifier, accorder et obliger le duc de Bourgongne, à tout ce que ils le voudroient obliger, touchant ladite paix et traictié qui là fust faict; lesquelles choses feurent traictiées en la présence du duc de Guyenne, qui feust tel qu'il s'ensuit en substance.

« Premièrement fut ordonné, pource que au temps passé sont advenus plusieurs dhommaiges au royaulme de France, contre le plaisir du roy, et de son fils le duc de Guyenne, que, en toutte humilité, humblement les supplieront lesdits de Brabant et députés de Flandres, au nom du duc de Bourgongne et comme ses procureurs de luy fondés suffisamment, que en touttes choses où le duc de Bourgongne a deffailly depuis la paix faicte à Ponthoise, où le roy et le duc peuvent avoir prins desplaisance, ils le lui veuillent pardonner, et en bonne grace et amour le recevoir. En outre, iceulx traicteurs dessus nommés bailleront ou feront bailler au duc de Guyenne, ou à son commis, les clefs de la ville d'Arras et cité, et aussi de toutte bonne ville ou forteresse au royaume de France, appartenant au duc de Bourgongne, èsquelles le roy ou son fils mettront baillis, capitaines, et aultres officiers, tels que bon leur semblera, sans pour ce enfraindre la paix. En après fera le duc de Bourgongne délivrer au roy ou à ses commis le chastel de Crotoy; et, de fait, le mettra en sa main. Le duc de Bourgongne sera tenu de mettre hors, et esloigner de luy et de sa famille aucuns, lesquels sont en l'indignation du roy et du duc de Guyenne, sans plus les soutenir en nuls de ses pays; et lui seront iceulx délivrés et baillés par escript, en temps et lieu.

« *Item*, touttes terres prinses et mises en la main du roy, des vassaux et subjects bienveuillants, alliés et favorisants du duc de Bourgongne, de quelque estat qu'ils soient, pour l'occasion de ceste guerre, seront mises et restituées en iceulx, et aussy tous bannissements et appellations faicts à la cause devantditte seront mis à néant. Et pareillement, se le duc de Bourgongne a mis ou faict mettre aucunes terres ou seigneuries, ou biens quelconques en sa main, des favorisants, ou de ceux qui ont servy le roy en ceste présente armée, de quelque estat qu'ils soient, seront mis à plaine délivrance.

« *Item*, combien que lesdits tracteurs aient affermé au roy et au duc de Guyenne que le duc de Bourgongne n'ait nulle confédération ou alliance aux Anglois, néanmoins, pour oster tout soupçon, les dessusdits nommés pour le duc de Bourgongne prometteront que dorénavant il ne procédera, ne fera procéder, par manière d'alliance avec les Anglois, si ce n'est par le congé ou licence du roy ou du duc de Guyenne.

« *Item*, quant à la réparation de l'honneur du duc de Bourgongne, pource que plusieurs lettres ont esté faictes en plusieurs lieux de ce royaume, et envoyées dehors, lesquels le duc de Bourgongne dit estre à charge et deshonneur, ainsi que après ceste paix sera faicte, et que le roy sera à Paris, disposera aucuns de son conseil avec aucuns des gens du duc de Bourgongne, tels qu'il lui plaira à commettre, et aviseront ensemble, premier sauf l'honneur du roy, telles lettres que faire pourront à la décharge et réparation du duc de Bourgongne.

« *Item*, promectera le duc de Bourgongne que jamais ne fera, ne procurera estre fait par luy, en appert ou en couvert, aucun mal, destourbier ou empeschements aux vassaux et officiers du roy, qui en ceste querelle l'ont servi, tant en personne que sous aultres capitaines de leur compaignie, ne aussi aux bourgeois de Paris; ne aux aultres habitants, par voies de faict, ne par aucune manière, à l'occasion dudit service, empeschement ne sera ne debvra être faict, ne procurera.

« *Item*, le roy veult et ordonne, pour toujours tenir ses subjects en vraie obédience, comme ils doibvent estre tenus, que le traictié de Chartres, et aultres traictiés, qui depuis ont esté faicts, soient fermement et sans corruption gardés ; et que, se aucune chose y a à garder, à parfaire et à réparer, que de l'ung et de l'autre soient faicts et réparés.

« *Item*, pour la seurté des choses dessusdites estre fermement tenues et accomplies par le duc de Bourgongne, le duc de Brabant et la comtesse de Haynault, et les dessusdits députés jureront, au nom du duc de Bourgogne, pour tous les pays, que le duc de Bourgongne tiendra fermement, et gardera perpétuellement ceste bonne paix, sans désormais faire venir ou procurer pour luy ou pour autrui aulcune chose au contraire. Et au cas que le duc de Bourgogne commencheroit aucune chose, en appert ou en couvert, contre la teneur et traictié de ceste bonne paix, iceulx duc et dame ne luy feront ne donneront aucun aide ni conseil de corps ne de pécune, en quelque manière que ce soit, veu aussi que les seigneurs du sang du roy et autres prélats et bonnes villes du royaume, feront semblablement serment ; et de ce les dessusdits bailleront bonnes lettres et compétentes, à l'ordonnance du roy et de son conseil ; et, avec ce, promettront le duc de Brabant et dame de Haynault que les députés feront léalement leur pouvoir à faire semblablement jurer et promettre pour ceulx d'Arras, et les nobles et aultres qui sont dedans, à tenir les choses dessusdites, et aussi ceulx qui sont pour le présent en la compaignie du duc de Bourgongne. »

Après lesquelles choses traictiées et mises par escript, afin que mieux fussent entretenues, jurèrent et firent serment les parties accomplir et entretenir le traictié loyalement et fermement. Et premiers jurèrent le duc de Brabant et dame de Haynault ; avec eux les députés, eux faisants forts du duc de Bourgongne, bienveuillants et alliés, comme dit est. En après que iceux eurent fait le serment en la présence du duc de Guyenne, il jura et fit serment solemnel de entretenir la paix et traictié dessusdit ; et puis appela Charles, duc d'Orléans, son cousin-germain, en lui requérant qu'il voulsist jurer la paix et traictié dessusdit. Lequel d'Orléans s'inclina bien bas, en disant au duc de Guyenne : « Et monseigneur, je ne suis pas tenu de vous « faire serment ; car je ne suis venu seulement « que pour vous servir, monseigneur le roy et « vous. » Et alors le duc de Guyenne lui dit : « Beau cousin, nous vous prions que jurez la « paix. » Et encore, le duc d'Orléans dit une fois : « Monseigneur, je n'ai point rompu la « paix, et ne dois point faire serment ; plaise « vous estre content. » Auxquelles paroles, derechef, pour la tierce fois, lui requit le duc de Guyenne pour ce faire ; et adonc, le duc d'Orléans, par grand courroux, dit : « Monseigneur, « je n'ai point rompu la paix, ni ceux de mon « costé ; faites ceux venir qui l'ont rompu pré- « sent vous, serment faire, et après je ferai vos- « tre plaisir. » Et après, l'archevesque de Rheims et aucuns autres, voyants le duc de Guyenne non estre content de tant de paroles, dirent au duc d'Orléans : « Monseigneur, faites ce que « monseigneur de Guyenne vous requiert. » Lequel, après toutes ces choses, fist serment d'entretenir la paix, quoique contre sa volonté ; et lui sembloit que le duc de Bourgongne et ses alliés avoient rompu la paix dernièrement faite et jurée à Ponthoise. En après fut appelé le duc de Bourbon, lequel, comme avoit le duc d'Orléans, cuida faire altercation de paroles ; mais incontinent le duc de Guyenne lui coupa court, disant : « Beau cousin, nous vous prions que « n'en parlez plus. » Et là fit serment le duc de Bourbon ; et tous les autres princes ensuivant le firent pareillement, sans y mettre contredit, et aussi les prélats, réservé l'archevesque de Sens, frère de Montagu, qui dit au duc de Guyenne : « Monseigneur, souviengne-vous du « serment que feistes, et nous tous, au partir « de Paris, présent la reine. » Et le duc de Guyenne respondit : « Ne parlez plus ; nous vou- « lons que la paix se tienne, et que vous le ju- « rez. » L'archevesque respondit : « Monsei- « gneur, puisque c'est vostre plaisir, je le ferai. » Et n'y ot plus de toute la seigneurie du roy qui fist refus de jurer la paix, que les trois dessusdits. Et feurent toutes ces choses accomplies paravant que le roy et ses princes se partissent de devant Arras. Après lequel département, et que le roy feust retourné à Senlis, plusieurs nobles et autres qui avoient esté en son armée, moururent de flux de ventre : entre lesquels mourut Edmond de Labreth et son frère, le seigneur de Hangest, et aucuns autres.

CHAPITRE XLVII.

Comment les Parisiens feurent mal contens qu'ils n'avoient esté appelés à traictier la paix devant Arras; et comment le duc s'en alla en Bourgongne, où il print la ville et chasteau de Tonnerre.

Ceulx de Paris, oyants les nouvelles du traictié fait par le roy au duc de Bourgongne, sans les appeler, déplaisants de ce, allèrent devers le duc de Berry, leur capitaine et gouverneur, demander comment icelle paix estoit faite, et qui avoit meu le roy et son conseil de le faire sans les appeler, disants qu'à eux appartenoit de le savoir, et bien estoit raison que en icelles fussent compris. Lequel duc de Berry respondit : « Ce ne vous touche en rien, ni entremettre « ne vous devez de monseigneur le roy, ni de « nous, qui sommes de son sang, car nous nous « courrouçons l'un à l'autre quand il nous plaist, « et quand il nous plaist la paix est faite. » Adonc ceux de Paris, sans plus rien respondre, s'en retournèrent en leur propre lieu. Or est vrai que, quand le duc de Brabant et dame de Haynault et députés de Flandres eurent fait rapport au duc de Bourgongne, qui lors estoit en sa ville de Lille, comment ils avoient promis d'aller à Senlis pour la confirmation de ladite paix, le duc de Bourgongne fut content. Toutefois, ils ne furent pas conseillés pour l'heure d'y aller. Pour laquelle cause ils envoyèrent leurs ambassades, c'est à savoir le doyen de l'église cathédrale de Liège, Guillaume Blondel, escuyer, et plusieurs autres, à comparoir pour eux, en leur nom, devant le roy et son conseil, pour la cause dessusdicte, au jour et lieu dessus nommés ; lesquels ambassades ne purent avoir response du grand conseil du roy sur leurs demandes et requestes, pource que le roy estoit malade ; et retournèrent vers leurs seigneurs, sans rien besongner.

Après ce que le roy et ses gens furent partis de devant Arras, le duc de Bourgongne feist aller loger ses Bourgongnons au pays de Cambrésis et de Thérasche ; et alla en sa personne en la cité de Cambray, auquel lieu vint vers luy son frère de Brabant. Et après ce qu'il eust eu avec luy aucuns parlements sur ses affaires, et aussi que il eut ordonné ses besognes, il prit son chemin pour aller en Bourgongne, et mena avec luy messire Robert de Mailly, maistre Eustasse de Lattre, qui nagaire avoit esté chancellier, Jehan le Gois, maistre Jehan de Troyes, chirurgien, Denisot de Chaumont, Caboche, et plusieurs aultres qui aultrefois avoient esté bannis du royaulme de France, ensemble leurs femmes et leurs enffants, et ses Bourgongnons, qui, tous ensemble avec aulcuns aultres, tant de Picardie comme d'autres pays, povoient estre vingt mille chevaux. Et feit son premier logis en la Chapelle en Thérasche ; et d'icelle print son chemin à Mézières-sur-Meuse, et là reposa pour un petit temps avec son frère le comte de Nevers ; puis alla loger devant Chaslons ; mais ceulx de la ville clouèrent leurs portes devant luy et ses gens, par vertu d'aulcunes lettres envoyées du roy, contenants que luy ne ses gens ne le meissent ne reçussent en leur ville. Laquelle chose desplut au duc de Bourgongne, car il avoit volonté de illec passer l'eau de Marne. Si print son chemin à Vitry, y cuidant passer ; mais on lui refusa le passage, comme on feit à Chaslons ; et enfin s'en alla loger vers Sainct-Dizier, où il passa la rivière de Marne ; et, après ce, print son droit chemin à Dijon ; auquel lieu feut reçu honorablement et joyeusement de tous ses subjects. Le duc de Bourgongne, au partir de Picardie, avoit donné congé à tous les capitaines d'icelles marches, lesquels demourèrent pour la garde de ses pays ; et d'autre part laissa, à son département, à son seul fils Philippe, comte de Charrolois, le gouvernement de Flandres, seul et pour le tout, jusques à son retour. Ne demoura gaire, après ce que le duc de Bourgongne feut arrivé en sa ville de Dijon, que il feist prendre la ville et chastel de Tonnerre, lesquels furent pillés, et le chastel destruit et désolé pas ses gens ; duquel chastel s'estoit parti ung peu devant le comte de Tonnerre et ses gens d'armes, pour la doubte de la venue du duc de Bourgongne, quy envoya à Paris devers le roy, pour luy faire savoir le chemin et voie par lequel il estoit allé de France en Bourgongne, et esquels lieux il paya ses dépens, et ceulx où il ne paya point, et la cause pourquoi ; et aussi luy feit savoir la destruction du chastel de Tonnerre que il avoit faict faire, pour ce que le comte son vassal luy avoit faict plusieurs rébellions et désobéissances; et de faict l'avoit défié et entreprins sur sa terre, en la détruisant et emmenant proyes, comme il peust faire ès terres de ses ennemis : laquelle chose n'estoit point à souffrir. Touttefois, il n'entendoit point aller ne enfreindre la paix faicte nagaire devant Arras; mais vouloit fermement garder et entretenir.

En outre, le duc de Bourgongne feist asségier un fort chastel situé en la comté de Bourgongne, appartenant au comte de Tonnerre, lequel feut conquis; et le donna à son fils le comte de Charrolois.

CHAPITRE XLVIII.

Du concile quy se tint à Constance, où le cardinal de Colonne feut esleu pappe et se nomma Martin; et comment le comte Waleran de Saint-Pol assegia la forteresse de Neufville-sur-Meuse, quy luy feut rendue.

En icelle année se tint le concile à Constance, en Allemagne, de plusieurs cardinaux, évesques et archevesques, et patriarches; et aussi y furent plusieurs ambassadeurs de roys et princes chrestiens. Et estoit lors très grande division en l'église, par Pierre de la Lune, nommé pape Bénédic, qui se disoit vray pape, nonobstant substraction qui luy estoit faicte, pour plusieurs causes, de la plus grande partie de la chrestienté ; et ne avoit mais obéissance que en Espagne et en Arragon, auquel royaume d'Arragon il se tenoit en une forte ville sur la mer. Et aussi en icel an avoit esté prins et mené en prison en la duché de Bavière le cardinal de Boulogne, nommé le pape Jehan; et le print le roy des Romains, empereur d'Allemagne, pour plusieurs crimes et articles que on luy mettoit sus. Et pour mettre l'Eglise en bonne paix et union, fist tant le roy des Romains que le concile fust mis audit lieu de Constance; en laquelle ville le concile se tint continuellement par l'espace de deux à trois ans, avant que ceulx des royaumes d'Espagne et d'Arragon y vinssent; lesquels y vinrent en l'an 1417, au mois d'aoust, à très belle et noble compagnie de prélats et de chevaliers; et tant que après leur venue on procéda à vraye eslection de pape; et enfin feut eslu, confirmé et pontifié le cardinal de la Colonne, de la nation de Rome, en l'an 1417; et feut nommé pape Martin.

Le comte de Sainct-Pol, soi disant encore connestable de France, se partit de la comté de Sainct-Pol, atout environ six cents combatants, hommes d'armes et archiers, desquels avoit bien soixante Anglois, et s'en alla par sa ville de Bohaim à Laon; auquel lieu lui furent fermées les portes, dont il feut mal content; et se logea au-dessus d'icelle ville, et puis de là à Rheims, à Chaslons et à Ligny en Barrois. Et tantost après le suivist la comtesse sa femme, sœur au duc de Barre, lesquels tous ensemble solennisèrent la feste de tous les Saincts en la ville de Ligny; et s'en alla à Luxembourg, à Thionville et en aucunes bonnes villes de la duché de Luxembourg, de laquelle duché il estoit gouverneur, et de la comté de Ligny, à cause de la comtesse sa femme. Et après qu'il eut visité les bonnes villes et forteresses audict pays, se prépara, environ la Sainct-Andrieu, pour asségier la forteresse de Neufville-sur-Meuse, en laquelle estoient aucuns de par le seigneur d'Orchimont, qui continuellement couroient et faisoient guerre en la duché de Luxembourg et comté de Ligny. Et furent asségiés par le comte de Sainct-Pol, lequel avoit en sa compaignie de nobles gens de guerre, c'est assavoir, messire Collart de Fiennes, Gaviot de Bournonville, Allain de Wandonne, et plusieurs aultres. La place fut fort battue de bombardes et de canons, et la basse-court prinse d'assault, et en feirent leur vouloir; et après bien trois mois que le siége y eust esté, la place se rendist. Après laquelle rendition le comte de Sainct-Pol s'en alla à Rheims, où il fut grand espace de temps sans luy partir, si n'estoit pour aller esbattre aux champs.

En icelle saison, le duc de Guyenne se partit de Paris pour aller à Melun, à Montargis et à Bourges, et feut loger au palais du duc de Berry, et n'avoit à son partement de Paris que huit personnes avecques luy; mais les comtes de Vertu et de Richemont le scurent, si le suivirent et l'accompagnèrent tout le voyage; et le lendemain se partit sans le sçu de ceulx de Bourges, et s'en alla au chastel de Mehun-sur-Yevre, que luy avoit donné le duc de Berry après sa mort; et feut la cause pourquoy il alla en Berry. Le chastel luy pleust très bien, et en icelui y demoura un mois; après retourna à Paris. En ce mesme temps le comte de Warwick, trois évesques et trois abbés, et plusieurs notables chevaliers et clercs, docteurs en théologie et en décret, jusques au nombre de huit cents, descendirent à Calais, et par Flandres allèrent au concile de Constance, de par le roy d'Angleterre et de son royaulme, en moult noble appareil; lesquels furent joyeusement receus du pape et concile, et du nouvel roy d'Allemagne et de Hongrie.

CHAPITRE XLIX.

Des services et obsèques que le roy fit faire solemnellement pour défunt Loys, duc d'Orléans, son frère.

En icelle année, le samedi veille des Rois, le roy fit faire solemnellement le service et obsèques du défunt Louis, duc d'Orléans, son frère, en l'église cathédrale de Nostre-Dame de Paris, qui encore n'avoit esté fait, présent le duc d'Orléans et le comte de Vertus, et les ducs de Berry, d'Alençhon et de Bourbon et plusieurs autres, tous vestus de noirs habits. Le duc de Guyenne, fils du roy, s'estoit parti le jour d'avant pour aller voir la royne sa mère, et sa sœur la duchesse de Bretagne, qui estoient à Melun, et ne fut point à icelui service. Auquel service prescha le chancelier de ladite église de Nostre-Dame, nommé Jehan Gerson, docteur en théologie, en recommandant le feu duc d'Orléans, disant que la gouverne du royaume, administrée par lui en son vivant, estoit meilleur, comme celui qui depuis y avoit esté. Auquel sermon il sembloit qu'il voulust plus esmouvoir la guerre que appaiser contre le duc de Bourgongne. Et disoit que pas il n'exhortoit ni conseilloit la mort du duc de Bourgongne ou destruction ; mais icelui debvoit estre humilié, pour recongnoistre son péché, en faisant digne satisfaction, et parconséquent la salvation de son ame. Et outre, dit que l'exécution faite au caresme dernier passé, devant la porte de l'église Nostre-Dame, de la proposition jadis faicte et proposée par maistre Jehan Petit, au conseil de France, pour le duc de Bourgongne, contre le duc d'Orléans défunt, comme mauvaise et fausse, avoit esté bien faicte, et encore ne avoit-on faict tant comme il appartenoit ; et, comme il dit estoit prest et appareillé de ce soutenir partout et contre tous. Le roy estoit en un oratoire auprès l'autel, du droit costé, sans habit noir. Auprès de lui estoit le duc d'Orléans, devant tous autres, pour la cause du service de son père, puis le duc de Berry, le comte de Vertus, et plusieurs autres en belle ordonnance. Après lequel sermon le duc d'Orléans et le duc de Berry et le comte des Vertus recommandèrent au roy le prescheur. Et le lundi ensuivant, le roy fit faire un pareil service pour le duc en la chapelle des Célestins de Paris, en laquelle il fut enterré, présents les dessusdits nommés ; et prescha monsieur Jehan Courte-Cuisse, docteur en théologie, en ensuivant le propos de maistre Jehan Gerson. Pareillement le roy fist faire encore un service, comme dessus, pour le défunt duc d'Orléans, au collége de Navarre à Paris, en la chapelle du lieu, présents ses parens dessus nommés.

CHAPITRE L.

Comment aulcuns hommes d'armes et gens de compaignie faisoient plusieurs maulx au royaume ; et comment la paix quy avoit esté accordée et traictiée devant Arras feut parachevée à Paris, et derechief jurée.

Or est vrai que, après la destruction de Tonnerre, que plusieurs hommes d'armes et de trait, qui avoient esté à ladite destruction, se tenoient ensemble, par manière de compaignie, bien sept mille chevaux, et en plusieurs lieux faisoient moult de maulx ès pays du roy, tant en Auxerrois comme ailleurs. Pourquoi fut ordonné, par le roy en son conseil, messire Gasselin du Bois, le seigneur de Gaucourt et plusieurs autres pour les combattre et subjuguer. Mais ils surent la venue des gens du roy ; et en y en eut de deux à trois cents, que morts, que pris, et menés en chastelet à Paris ; et depuis en y eut d'exécutés et mis à mort. En après, Hector de Saveuse, qui avoit fait guerre, fut pris par les gens du roy en faisant le pélerinage de Nostre-Dame de Liesse, et mené à Paris ; et de fait, se n'eust esté le pourchas de la dame de Haynault, qui lors estoit à Senlis, comme sera dit ci-après, ledit Hector eust esté exécuté, et aussi que messire Philippe de Saveuse, son frère, feist prisonnier messire Henry de Boissy, seigneur de Chaulle, et Eustache d'Aine, seigneur de Sarton, lesquels deux avoient de leurs prochains amis au conseil du roy, qui feirent grandes diligences de la délivrance dudit Hector, afin que leurs amis fussent délivrés. Pour lesquelles besognes et plusieurs autres, nonobstant que la paix eust esté faite devant Arras, si y avoit-il peu de seureté et d'amour, car la partie d'Orléans se tenoit devers le roy et le duc de Guyenne, son fils ; pourquoi ceux de la partie de Bourgongne n'avoient quelque aide en gouvernement devers le roy ; mais estoient traités à rigueur de justice très durement. Et, en pareil cas, le duc de Bourgongne traitoit rigoureusement ceux de la partie d'Orléans qui lui avoient esté contraires les guerres durant. Néanmoins, tellement quellement fut la paix partraictiée durant icelui temps. La dame de Haynaut, à grand' compaignie et notable, estoit à Senlis, et avec elle les députés des trois estats de Flandres, moult notablement. En après y alla le duc de Brabant et le conseil du duc de Bourgongne. Quand ils furent à Senlis, le roy les feist aller à Paris, excepté la dame de Haynaut, qui avoit commandement de son mari de ne point passer Senlis ; auquel lieu elle fut honorablement reçue par les ducs de Guyenne et de Berry, qui allèrent de Paris à l'encontre d'elle ; et après fut visitée par les autres du sang royal. Comme devant est dit, l'assemblée se feist à Paris par l'ordonnance du roy ; et là furent les princes, ambassades et conseils, tous, excepté la dame de Haynaut, qui envoya son ambassade, pour cause de ce qu'elle avoit défense de n'y point aller, comme devant est dit. Or est vrai que, après ce que plusieurs grands notables consaulx des gens du roy et du duc de Guyenne, avecques le duc de Brabant et les autres ambassadeurs, se furent tenus pour conclure la paix traictiée devant Arras, s'accordèrent les princes et seigneurs et conseil par si bonne façon que icelle paix fut criée et publiée à Paris, à son de trompe, le vingt-quatre febvrier. Et fut icelui traictié mis par escript ; mais pour ce que devant en est fait mention, je m'en passe à tant.

Les choses faictes et jurées, ainsi que vous avez ouy, le duc de Brabant et les ambassadeurs retournèrent au pays ; et bien brief après furent ordonnés commissaires, lesquelles allèrent à Tournans, de par le roy, où ils trouvèrent le comte de Charrollois, et aussi le duc de Brabant et la comtesse de Haynaut, et autres plusieurs nobles, prélats et gens de bonnes villes de Flandres et des marches d'environ. Et là fut de rechief la paix jurée par ceux qui là estoient ; et avec ce furent les députés du roy en plusieurs des bonnes villes de Bourgongne, là où ils firent faire le serment de la paix. Puis après furent en la duché de Bourgongne, où pareillement firent jurer aux bonnes villes la paix, qui quatre fois avoit esté faicte ; c'est assavoir à Chartes, Vicestres, Ponthoise et devant Arras. Et par les derraines lettres, estoient icelles paix bien au long rescrites, avec autres nouvelles choses que le roy y avoit fait mettre, comme le tout se poeult bien à plein voir par les chroniques, qui bien au long en font mencion.

CHAPITRE LI.

Comment messire Guichard Dolphin feut envoyé en ambassade, de par le roy, vers le duc de Bourgongne, qu'il trouva en la forest du chasteau d'Argilly, près de Beaulne, se déduisant à la chasse, où il jura d'entretenir la paix, comme avoient fait les ducs de Bourbon et autres.

Le duc de Guyenne, qui lors estoit à Paris devers le roy son père, et gouvernoit le royaume de France, si fut conseillé qu'on enverroit de par le roy devers le duc de Bourgongne, notables ambassadeurs, pour lui requérir qu'il voulust jurer et confirmer les traictiés qui nouvellement avoient esté faicts, ordonnés et accomplis, pour la vraie union et réconciliation des différends qui avoient esté paravant entre le duc d'Orléans, ses frères, et autres princes et seigneurs, leurs adhérents, à l'encontre du duc de Bourgongne, en quoi le duc de Guyenne avoit esté beaucoup travaillé depuis que il estoit venu au gouvernement dudit royaume de France, car il désiroit et vouloit sur toutes choses que les princes du royaume fussent tous en bonne union pour servir et secourir quand besoin seroit. Si furent envoyés de par le roy, en ce voyage, un moult notable et vaillant chevalier, nommé messire Guichard Dolphin, seigneur de Jaligny, et grand maistre d'hostel de France, et avec lui un conseiller du roy et un secrétaire. Si se partirent ces trois de Paris, et se trayrent en Bourgongne, où estoit pour lors le duc de Bourgongne ; et sur chemin eurent nouvelles qu'il se tenoit en un sien chasteau, assez près de la ville de Beaulne, nommé Argilly, pour ce que ledit chastel est assez près de grands forets, et en lieu de chasse et déduit. Or est vrai que le duc de Bourgongne, qui longtemps n'avoit demeuré ni séjourné en son pays de Bourgongne, et qui vouloit bien avoir ses plaisirs et soullas, se advisa que, pour mieux avoir son déduit, tant de la chasse des cerfs, et les ouïr braire par nuit, il se logeroit dans la forest d'Argilly, qui est grand' et lée. Si fit tendre et ordonné ses tentes et pavillon au milieu de ladite forest, en grands plains qui là sont; et dedans icelles tentes s'alla logier, et aussi la duchesse, dame Marguerite de Bavière sa femme et deux de ses filles, avec leurs dames et damoiselles. Et y avoit dedans lesdites tentes, la salle, la chapelle, chambres à parer et à coucher, et tout l'estat du duc et de la duchesse, autant que fussent logiés en l'une de leurs bonnes villes. Et demeurèrent là dedans icelle forest ainsi logiés plus de un mois en esbastement et en déduit. Et en ce mesme temps, vinrent en la ville de Beaulne les ambassadeurs du roy, dont dessus est parlé. Si firent savoir leur venue au duc de Bourgongne, pour savoir le lieu où seroit son plaisir qu'ils le trouvassent. Le duc, incontinent qu'il feut acertené[1] de leur venue, envoya de ses chevalliers vers eux pour les convoyer et accompagner, et les enchargea de les amener le lendemain, sur l'heure de la messe. Lesdits chevaliers firent ce qui leur estoit commandé, et si chevauchèrent avec lesdits ambassadeurs, tant que vinrent ès forests, et de là vinrent ès tentes; et là descendirent et trouvèrent grand' foison de barons de Bourgongne, tels que le prince d'Orange, les seigneurs de Saint-Georges, de Vergy, mareschaux de Bourgongne, de Neufchastel, de Reigny, d'Autry, et grand' foison d'autres, qui tous estoient venus voir le duc et son nouvel logis; et vinrent recevoir lesdits ambassadeurs, et les menèrent devers le duc, qui estoit en un oratoire; et sur l'entrée de la messe, ils lui firent la révérence et présentèrent leurs lettres de par le roy, qui estoient de créance. Le duc les reçut en grand' révérence, et les lut tout du long. Après qu'il eut lue icelles lettres, leur demanda de l'estat du roy, de la royne et de monseigneur de Guyenne, et de la duchesse, qui estoit sa fille. Ledit messire Guichard Dolphin en respondit bien et à point. Après, leur dit le duc qui les orroit[2] volontiers de tout ce qu'ils voudroient dire, et ordonna que on les menast en une belle tente, que au matin il avoit ordonné estre tendue pour les loger. Et quand la messe fut chantée, le duc se retrait[3] en une tente où estoit la chambre préparée; et là fut sa chayère et son conseil dresché et paré bien et convenablement. Là furent son chancellier et gens de conseil, et pluiseurs des barons dessus nommés. Et furent illec amenés lesdits ambassadeurs, qui proposèrent au long leur charge, qui estoit en effet que, par l'ordonnance du roy, monseigneur de Guyenne, son fils aisné, avoit prins la charge et gouvernement dudit royaulme, en quoi il se vouloit acquitter et employer loyalement au bien du roy son père et de la chose publique; et pour ce que il avoit vu et connu estre de piecha grand' dissention entre son cousin d'Orléans et pluiseurs princes, d'une part, et lui, à qui il parloit, dont paravant s'en estoient ensuivis infinis maux et dhommaiges au royaulme, pour faire cesser et apaiser, et pour remettre iceux princes et seigneurs en bonne amour et vraie union, avoit esté avisé et ordonné par le roy certains articles et traictiés d'accord, lesquels il avoit veu, gréé et accordé de les jurer et promettre, tenir et accomplir, quand il lui apparroit que le duc d'Orléans et ses adhérents les auroient promis et jurés de tenir. Et pour ce que, de leur part, estoit tout fait et accompli, comme ils lui faisoient apparoir suffisamment, le roy et le duc de Guyenne lui requéroient que, de sa part, il le voulust faire, ainsi que accordé l'avoit. A quoi, après beaucoup de remonstrances et doléances que icellui duc de Bourgongne leur fit exposer et remontrer par son chancellier, leur fut dit que il verroit volontiers les articles et serments faits par lesdits princes, et sur ce auroit avis, et lendemain leur feroit responce. Après la messe chantée, le duc se partit du pavillon qui faisoit son oratoire, et vint devant l'autel; et là, par son chancelier, fit exposer et dire la parfaite amour qu'il avoit toujours eue au roy, son souverain seigneur, et à monseigneur de Guyenne, et à toute la maison, et la grand' obéissance que il avoit toujours jurée, et les grands debvoirs qu'il avoit pour tenir la paix; et encore de présent, en obéissant au roy et à monseigneur de Guyenne, il estoit content de jurer et de promettre lesdits traictiés et articles, tout ainsi que les aultres princes l'avoient juré; et de fait, en la présence de tous, les promit tenir, et jura sur la vraie croix, qui là estoit présente; et de ce il bailla des lettres authentiques, en forme due. Et ce fait et accompli, s'en alla le duc en sa grand' tente, où estoit prest son disner, et

(1) Assuré. (2) Entendroit. (3) Retira.

disna messire Guichard Dolphin, et à sa table, et les autres deux à la table des chambellans; et après disner, pour les resjouir et festoyer, leur fit venir par ses veneürs un grand cerf, dedans un estang près de ladite tente, qui là fut prins à très bel déduit, et y fut la duchesse et toutes ses damoiselles; et puis soupèrent tous ensemble dans la forest, en belle ramée de verdure; et lendemain prirent congé lesdits ambassadeurs, et retournèrent à Paris, et firent leur rapport au roy de ce qu'ils avoient besongné avec le duc de Bourgongne.

CHAPITRE LII.

De plusieurs armes qui se feirent en divers lieux, entre Franchois et Portugalois; et de l'ambassade d'Angleterre qui demanda madame Catherine de France à femme pour le roy d'Angleterre.

Au mois d'avril 1415, se firent unes armes à Bar-le-Duc, devant le duc de Bar, de deux chevaliers, l'ung du royaulme de Portugal, nommé Alvaro Coutigno, et le François fut messire Clignet de Brabant. Au jour de leurs armes furent très bien accompaigniés de chevalliers, escuyers et plusieurs aultres. Or devoient combattre les deux chevalliers de get de lances, de hasche, espée et dague. Et quant ce vint à l'heure de s'assembler, bastons visités et mesurés, cris, deffenses et aultres cérémonies accomplies, messire Clignet issit de son pavillon, tenant sa lance en sa main, garni de ses aultres bastons. Et voyant celui à qui il devoit faire ses armes, lequel avoit la visière levée pour plus seurement faire le get de sa lance, messire Clignet marcha grant pas contre son homme, et tant, qu'il l'alla quérir assez près de son pavillon; et de si près hasta le Portugalois qu'il n'eust pas espace de jeter sa lance; et aussi messire Clignet laissa choir la sienne; et assemblèrent à combattre de hasches; et assit premier messire Clignet sur son compaignon; lequel fist une démarche pour clorre sa visière. Puis combattirent seulement deux ou trois coups et non plus, pour ce que le duc de Bar, leur juge, jetta le baston; et ainsi furent prins à l'honneur de l'ung et l'aultre. Après icelles armes faictes à Bar-le-Duc, les dessusdits Alvaro Coutigno, et aultres Portugalois allèrent à Paris, où plusieurs armes commencèrent a faire des Portugalois contre Fran-

çois, entre lesquels en y eust unes faictes en la cour, dans ung des hostels du roy, nommé Sainct-Pol, d'un vaillant et puissant escuyer de Portugal, nommé Rum Amderes[1], allencontre d'un chevalier bourbonnois, nommé messire Guillaume de Bar; lesquels armes furent faictes à pied, et de nombre de coups; c'est assavoir douze coups de hasche, douze coups d'espée, et douze coups de dague. Icelles armes furent faictes devant le roy, mais messire Jehan de Torsay, séneschal de Poitou, estoit quasi le juge pour le roy. Après ce que le chevallier et escuyer furent conduicts dedans leurs pavillons, et que toutes ordonnances accoustumées à faire en tel cas, furent faictes, le chevallier et l'escuyer issirent hors des pavillons, hasche en main, laquelle estoit sans dague à gros marteaux et petit taillant. S'y approchèrent ensemble, en frappant des hasches l'ung sur l'aultre de hault en bas; et donnèrent de si grande force et puissance que, à la vérité il sembloit qu'ils dussent fendre les bachinets; et finalement se donnèrent si grands coups, qu'ils ne peurent parfaire le nombre des coups, qu'ils ne se meslassent ensemble, et prinrent à bras; pour laquelle chose le séneschal de Poitou les fist prendre par les gardes, et plus ne firent quant aux hasches, et se retrayrent en leurs pavillons; car, les armes accomplies de chacun baston, se devoit retraire. Après les armes des hasches, issirent tenants les espées ès mains, lesquelles estoient effeutrées atout fortes et grosses rondelles sur la main; desquelles assemblèrent de combattre, en frappant l'ung sur l'aultre, d'estoc et de taille, de si grande force que, nonobstant le nombre des coups accomplis, et le baston jetté pour les prendre, si ne scurent faire si grande diligence à les garder que pour douze ils n'en fissent dix-huit, si très grandement que on ne les savoit prendre. Après icelles armes d'espées faictes, et la retraite en leurs pavillons, issirent les dagues en la main, desquelles ils abordèrent à combattre, et firent le nombre et plus; mais ce sembla peu de chose au regard des hasches et espées. Si furent ainsi les armes que vous avez ouy accomplies à l'honneur des deux parties. Aucunes armes furent faictes à cheval d'ung Portugalois contre un François, devant Sainct-

---

(1) Ruy Andeiro.

Antoine, auprès de la porte Baudet ; lesquelles armes estoient de nombre de courses de lances qui se firent et parfirent.

Or advint que plusieurs chevalliers et escuyers du royaulme de France se assemblèrent ensemble, et regardèrent qu'ils estoient plusieurs Portugalois venus du royaulme de Portugal en intention de faire armes. Si se conclurent ensemble qu'ils se trouveroient trois nobles hommes, lesquels envoyeroient devers les Portugalois, leur signifier et dire que ils sçavoient bien que ils estoient venus du royaulme de Portugal à l'intention, par armes, d'avoir l'accointance d'auleuns nobles hommes du royaulme de France. Pour laquelle cause se estoient trouvés ensemble trois nobles hommes, que ils leur faisoient sçavoir que ils estoient prests de leur accomplir leur désir et voulloir, c'est assavoir de faire armes contre trois hommes nobles de leur compagnie, par ainsi que ce seroit à combatre de hasche, d'espée et de dague, tant que les uns ou les autres se seroient rendus à leurs compagnons, ou à estre portés par terre. Laquelle chose oye, les Portugalois prinrent jour à respondre ; lequel jour fut très bref, et accordèrent les armes dessusdites ; desquelles armes le duc de Guyenne feut juge, et se feirent au dehors de Paris, en l'un des hostels du roy, séant entre Sainct-Denys et Montmartre, nommé Sainct-Ouen. Quand le jour feut venu pour faire icelles armes, le duc de Guyenne en hourt[1], accompagné de son oncle duc de Berry, les trois François, c'est assavoir messire François de Grignaulx, Maurigon de Fongnacq, et la Roque, entrèrent dedans les lices, èsquelles avoit trois pavillons tendus pour eulx trois ; mais avant qu'ils entrassent dedans leurs pavillons, ils allèrent faire la révérence au duc de Guyenne, leur juge. Après vinrent les trois Portugalois, c'est assavoir Alvaro Coutingno, Pierre Gonzalve de Malfais et Rum Amderes, lesquels aussi feirent la révérence au juge, puis entrèrent en leurs trois pavillons. Après, comme il est accoustumé de faire, furent pris deffenses, et autres cérémonies faictes et accomplies, et issirent les six hommes nobles de leurs pavillons, de cottes-d'armes vestus ; et portoient les Portugalois la croix rouge sur leurs cottes-d'armes, tenants leurs hasches en leurs mains, et garnis chacun de leurs aultres bastons. Si assemblèrent ensemble à combattre, assavoir messire François de Grignaulx contre messire Alvaro Coutingno, Maurigon de Longnacq contre Pierre Gonzalvc, et La Rocque contre Rum Amderes ; et les faisoit beau voir ; et à la verité, au marcher paroissoient bien hommes d'armes. Or advint la fortune à Rum Amderes, que on estimoit le plus puissant de tous les six, que en combattant de sa hasche, du bout de sa dague, et poussant contre La Rocque, de toute sa puissance, et tant qu'il faisoit desmarchier La Rocque. Quand La Rocque sentit que ledict Rum Amderes mettoit toute sa force et puissance pour le faire reculer, il desmarcha un pas, par laquelle desmarche Rum Amderes chut d'un genouil à terre ; lors La Rocque férit dessus, et de tout le corps le mist à terre. Ne sais sy le Portugalois se rendist ou non, ny quelles parolles eurent ensemble, mais est vray que La Rocque le laissa, et alla ayder son compagnon Maurigon, et se trouvèrent eulx deux sur Pierre Gonzalve, lequel se rendist tout droit. En après, Maurigon et La Rocque allèrent ayder à messire François de Grignaulx. Sy se trouvèrent les trois François sur le chevallier de Portugal, lequel combattit les trois ; mais en combattant, d'un tour de bras que Maurigon luy bailla, il le feit cheoir par terre. Sy feurent les armes accomplies comme vous avez ouy. Toutefois il feut demandé au chevallier Portugalois auquel des François il s'estoit rendu ; il respondit que il s'estoit rendu à eux trois. Et véritablement il acquit, nonobstant sa fortune, grant honneur ce jour, en tant que pluiseurs le tenoient le plus vaillant des six auparavant de la bataille des six.

L'an 1414, en la mesme place de Sainct-Ouen, au mois de février[1], avoit fait armes un Portugalois, nommé Diego d'Ollivières[2] allencontre d'un Breton, nommé Guillaume de la Haye, lesquelles armes feurent aussi faictes devant le duc de Guyenne, lesquels Portugalois et Bretons feurent en combastant prins sans oultrance ny de l'ung ni de l'aultre.

Il est vray que durant que le duc de Brabant estoit à Paris, une ambasade du roy d'Angleterre y vint ; c'est assavoir le duc de Yorck,

---

(1) Echafaud.

(1) 1415 n. st. (2) Oliveira.

oncle du roy d'Angletetre, et pluiseurs aultres, jusques au nombre de six cents chevaux, demander madame Catherine de France, fille du roy de France, pour le roy d'Angleterre, lesquels feurent très grandement festoyés, et y feurent faictes de moult belles joustes; et jousta le roy ce jour. Le duc d'Alenchon, qui tout nouvellement ce jour avoit esté fait duc, jousta; et aussi feirent les ducs de Brabant, d'Orléans et aultres. Et icelle feste dura trois jours entiers; à laquelle feste eust de riches habillements, tant couvertes de chevaulx, lances couvertes de martres zebelines, aux danses, heucques[1] d'orphaivrie, que merveille et belle chose estoit à voir. Et de faict, le duc de Guyenne feut lui douzieme vestu aux danses de heucques d'orphaivrie, et avoit sur chacune heucque quinze marcs d'argent, dont le duc de Brabant feut l'un des douze. Puis, après ces danses, feurent icelles heucques données aux officiers d'armes, trompettes et ménestrels; et aussi feurent tous les habillements. Tous les trois jours, à icelles danses et joustes, feurent la royne, la duchesse de Guyenne et pluiseurs aultres dames et damoiselles. Après que les ambassadeurs eurent esté grandement festoyés en la ville de Paris, ils prinrent congié du roy, sans rien besogner, car ils ne peurent rien faire, pour les grandes demandes qu'ils faisoient avecques ladicte dame Catherine de France.

CHAPITRE LIII.

Du trespas de Walleran, comte de Saint-Pol et de Ligny, et de ses héritiers; et comment le duc de Guyenne emporta les finances de la royne sa mère, et emprint le gouvernement du roy et royaume.

Le dix-neuviesme jour d'avril 1415, mourut en la ville de Yvoy, en la duché de Luxembourg, le comte Walleran, comte de Ligny et de Sainct-Pol, soy disant encore connestable de France; et feut enterré en l'église Notre-Dame, en ladite ville d'Yvoy, devant le grand autel, nonobstant que, par son testament, il eut ordonné estre mis et enterré en l'abbaye de Cercamp, dont ses prédécesseurs, comtes de Sainct-Pol, furent fondateurs. Dame Bonne de Bar, sœur au duc de Bar, feut sa seconde femme. Après la mort d'iceluy comte, furent ses héritiers les deux fils du duc Antoine de Brabant, dont devant est parlé, quy eut espousé la fille du comte de Walleran, dont Jehan Brabant et Philippe de Brabant issirent.

En ce mesme mois, la royne et le duc de Guyenne estoient en la ville de Melun, avec eux pluiseurs des princes du royaulme de France. Mais secretement, à peu de gens, de là se partit le duc de Guyenne, et s'en alla à Paris, et feit savoir aux princes quy avec la royne estoient, qu'ils s'en rallassent à leurs hostels, tant que le roy ou luy les manderoient. Le duc de Guyenne, sachant que la royne sa mère avoit grands finances ès hostels de Michault de Laillier, Guillaume Sangain et Picquet de la Haye, feit prendre toutes icelles finances et porter en son hostel. Puis après manda et assembla ceulx de l'université de Paris, les prévosts de Paris et des marchands, et pluiseurs bourgeois de ladite ville, auxquels il feit remontrer par l'évesque de Chartres : comment le royaulme et le roy son père estoient gouvernés; comment le duc d'Anjou avoit osté le trésor du roy Charles le Quint son grand père, porté et despendu[1] en Italie; en après les ducs de Berry et de Bourgongne Philippe; en après le feu duc d'Orléans et duc Jehan de Bourgongne, lors vivant; par lesquels toute la finance de son grand père et du royaulme ont esté prises et exilées; en disant qu'il estoit aisné fils de France, et que plus ne vouloit souffrir telle destruction des biens du royaulme : en faisant déclarer que, pour le bien public du royaulme, il avoit prins et prenoit le gouvernement d'icelui, en le notifiant à eux et à tous aultres à quoi il appartenoit ou povoit appartenir. Après lesquelles remonstrances se départirent ceux quy là avoient esté assemblés, très contents du gouvernement que le duc de Guyenne avoit prins, voyant l'occupation de la maladie que le roy avoit. Or est vrai que, après ce que la chose fut sue du gouvernement de monseigneur de Guyenne, le duc de Berry s'en alla en la comté d'Estampes, le duc d'Orléans à Blois, le duc de Bourbon en Bourbonnois, et le duc de Bourgongne estoit en Bourgongne. Ainsi demoura le duc de Guyenne fort esseulé[2] du

---

(1) Robes.

(1) Dépensé. (2) Isolé.

sang royal, et ne demoura avec luy que le comte de Richemont; et quant au roy, il estoit malade en son hostel à Paris. Le duc de Guyenne manda la duchesse sa femme, laquelle estoit avec la royne, et la feit aller à Saint-Germain-en-Laye.

CHAPITRE LIV.

Comment le roy d'Angleterre feit esquiper une armée de mer pour passer en France; de l'ambassade envoyée au roy d'Angleterre; des offres qu'ils lui feirent; et de la response du roy d'Angleterre.

Les ambassadeurs du roy d'Angleterre, qui moult honorablement avoient esté festoyés en France, retournèrent devers leur souverain seigneur, qu'ils trouvèrent auprès de Londres, auquel ils firent leur relation de ce qu'ils avoient trouvé devers le roy : de laquelle response le roy d'Angleterre ne fut pas content. Pour laquelle cause fit assembler son grand conseil, pour avoir avis à trouver navires, et aussi pour préparer tout ce qu'il lui falloit pour passer en France pour recouvrer son royaulme, si faire se pouvoit. Pour avoir des navires, envoya ses députés en Hollande et Zélande, auquel pays trouva navires, par ainsi que ceulx à qui c'estoit feussent bien assurés du payement. Le roy d'Angleterre trouva manière de lever grand argent en son royaulme; et veut-on dire que sa finance montoit à six cents mille nobles, ou le moins, à la valeur. Sa finance faicte, se conclud et délibera de passer en France, atout la plus grand' puissance que bonnement pourroit finer; lesquelles nouvelles feurent en brief temps sceues à Paris. Pour laquelle cause, le duc de Guyenne, qui avoit prins le gouvernement du royaume, fit assembler le conseil; et pource que lors il estoit assez esseullé des princes du sang royal, il remanda le duc de Berry, son oncle, et plusieurs aultres, avec lesquels il tint plusieurs conseils, pour savoir qu'il avoit à faire pour la défense du royaulme, allencontre des Anglois. Si fut de prime face avisé que on mettroit une taille sur tout le royaume; et, avec ce, fut appointé que on enverroit une ambassade, pour essayer à rompre l'armée du roy d'Angleterre, si faire se povoit, tant par traictié et offres comme autrement, en faisant response aux demandes que avoient fait les ambassadeurs du roy d'Angleterre, qui n'a gaires avoient esté en France. Et furent les ambassadeurs ordonnés; c'est assavoir le comte de Vendosme, l'archevesque de Bourges, et l'évesque de Lisieulx, et plusieurs aultres. Iceulx prinrent leur chemin de Paris à Calais, et là montèrent en mer pour aller en Angleterre. Sy estoient environ quatre cents chevaux. Si furent par les gens du roy d'Angleterre conduicts et menés devers luy à Lincestre, où ils le trouvèrent, avec luy ses trois frères, de Clarence, de Bethfort et de Glocestre, et plusieurs autres grands seigneurs; et par la bouche de l'archevesque de Bourges, fut exposée la charge qu'ils avoient, premièrement en latin, et puis en françois, très sagement et prudentement, dont il fut loué d'Anglois. Or est vrai que, par la charge qu'ils avoient, ils offrirent au roy d'Angleterre, madame Katerine de France, pour sa femme et espouse, que plusieurs fois il l'avoit faict demander, avec grand'somme d'argent, moyennant que bonne paix ou longues trefves se feroient entre les royaumes de France et d'Angleterre, et que le roy, et ceulx de son sang, désiroient avoir paix et union avec le roy d'Angleterre. Le roy d'Angleterre respondit : qu'il y auroit avis, et que, en brief temps, il leur feroit response. Sy ne demoura gaires que le roy d'Angleterre leur fist respondre, par l'archevesque de Cantorbie, qui reprint de mot à mot ou en substance la proposition des François, et dict que le roy d'Angleterre estoit bien content d'avoir traictié avec le roy de France, et de prendre sa fille à mariage, moyennant qu'il auroit avec la fille du roy les duchés de Guyenne et de Normandie, d'Anjou et de Touraine, et les comtés de Poitou, du Mans et de Ponthieu, qui anciennement ont esté à ses prédécesseurs roys d'Angleterre, et encore doivent estre; et si ainsi ne lui faisoit, il avoit intention de descendre en France, et, à l'aide de Dieu, de recouvrer tout le royaulme qui lui doit appartenir. Après ces choses dictes, le roy d'Angleterre advoua l'archevesque, disant que, au plaisir de Dieu, si on ne le vouloit ainsi faire, que brief il iroit en France. Aucuns dient que l'archevesque de Bourges, oyant les grans demandes que faisoit faire le roy d'Angleterre, demanda congé de respondre, en disant au roy d'Angleterre : « Révérence gardée, que penses-« tu veuillant débouter injustement le très « chrestien roy des Franchois, le plus noble et « le plus excellent de tous les roys chrestiens, de

« la chayère et trosne de si grant et puissant
« royaulme? Et cuides-tu, révérence gardée
« toujours, qu'il t'ait offert ou fait offrir à toi,
« donner sa terre et finance, avec sa propre
« fille, pour la crémeur de toy et de tes bien-
« vœuillants? Nenny; mais il l'a faict par pitié
« comme par amour de la paix, afin que le sang
« innocent ne soit point espandu, et que le peuple
« chrestien, par les tribulations de batailles ne
« fust point détruict, appellant l'aide de Dieu
« tout-puissant, de la benoiste Vierge Marie,
« de droit et de raison. Par les armes de lui et
« de ses loyaux vassaux, subjects, alliés et bien
« vœuillants, toujours révérence gardée, tu
« seras enchassé et reboutté de son royaulme,
« et de toutte domination, ou tu seras prins ou
« mort. Si te requérons, pour la révérence de
« nostre souverain seigneur, duquel nous som-
« mes ambassadeurs, que tu nous fasses re-
« mener seurement hors de ton royaulme et de
« tes seigneuries; et, avec ce, qu'il te plaise
« rescripre à nostre souverain seigneur, par
« lettres scellées du sceau armoyé de tes armes,
« la response que tu veux faire. » Le roy d'Angleterre fit faire grand'chière aulx ambassadeurs; et si leur fit bailler par escript la response; et les fist aussi conduire hors de ses
terres et seigneuries. Lesdits ambassadeurs,
quand furent retournés à Paris, en plein conseil,
devant le duc de Guyenne, et que ils eurent
baillé les lettres du roy d'Angleterre, racontèrent et dirent de mot à mot ce que ils avoient
faict. Vous avez ouy comment l'ambassade de
France fut en Angleterre; or est vrai que, tantost après que lesdits ambassadeurs de France
furent partis d'Angleterre, le roy d'Angleterre
fit toutes ses préparations et ordonnances pour
tirer droict au port de Hantonne, pour là monter
en mer, et descendre en France. Et avoit, en
sa compaignie, quand tout fut assemblé, pluiseurs princes et grands seigneurs, entre lesquels
avoit deux de ses frères; c'est assavoir le duc
de Clarence et de Glocestre, et son oncle le duc
d'York; les comtes de Rutlant et de La Marche;
le duc d'Exetre; les comtes de Hontinton,
d'Arondel, de Dasenfort[1] et de Kinte; les seigneurs de Ros et de Cornouailles, et pluiseurs
aultres grands seigneurs; et, comme on disoit,
de seize à vingt mille combattants.

(1) Oxford.

CHAPITRE LV.

La lettre que le roy d'Angleterre envoya devant son parlement de Hantonne, au roy de France; de la justice que
le roy d'Angleterre feit de ceulx qui avoient machiné sa
ruine.

Et quand le roy d'Angleterre feut arrivé en
la ville de Hantonne, il recripvist une lettre au
roy, dont la teneur s'ensuit : « A très noble
« prince, Charles, nostre cousin et adver-
« saire. » Henry, par la grace de Dieu roy
d'Angleterre et de France. A bailler à chacun
ce qui est sien est œuvre de inspiration et de
sage conseil. Très noble prince et cousin, et
nostre adversaire, jadis les nobles royaulmes
d'Angleterre et de France estoient en union;
maintenant ils sont divisés; et donc ils avoient
de coutume d'eulx exhausser en tout le monde
par leurs glorieuses victoires; et estoit à iceulx
une seule vertu de embellir et décorer la maison
de Dieu, à laquelle appartient sainteté, et
mettre paix et union en la église, en mettant
par leurs batailles concordables heureusement
les ennemis publiques en leur subjection. Mais,
hélas ! celle foi de lignage a perverty occision
fraternelle, et persecuté Abraham par impul-
sion humaine. La gloire d'amour fraternelle
est morte, et la différence d'humaine condition,
ancienne mère de ire, est ressuscitée de mort
à vie; mais nous contestons le souverain juge
en conscience, qui n'est ployé ni enclin par
prières aux pardons, que, à nostre prière, par
pur amour, avons procuré les moyens de paix.
Si ce non, laisserions par l'esprit, par conseil,
le juste titre de nostre héritage, au préjudice
de nostre ancienneté. Nous ne sommes pas tenus
par si grand adnullement de petit courage
que nous ne vous voulons combattre jusques à
la mort par justice; mais l'autorité escripte au
livre Deutéronomie enseigne que, à quelque
cité que les hommes viendront pour impugner
à combattre, premièrement ils lui offrent paix;
et jà-soit que violence, ravisseresse de justice,
a soustrait, et de longtemps, les nobles de
nostre royaulme et couronne, et nos droits
héritiers, toutefois charité de par nous, en tant
qu'elle a pu, a faict pour le recouvrer d'iceulx
à l'estat premerain; et ainsi doncques, par
deffaut de justice, nous pouvons avoir recours
aux armes. Toutefois, afin que nostre gloire
soit tesmoing à nostre conscience, maintenant

CHAPITRE LV.

par personnelle requeste, en ce trespas de nostre chemin auquel nous traict icelle defaicte de justice, nous enhortons ès entrailles de Jésus-Christ, ce que enhorte la perfection de la doctrine évangelique : « Amy, rends ce que « tu dois, et il nous soit fait par la volonté de « nostre Dieu souverain. » Et afin que le sang humain ne soit point espandu, qui est créé selon Dieu, l'héritage et due restitution de droicts cruellement soustraits, ou au moins des choses que nous instamment et tant de fois par nos ambassadeurs et messages, et desquelles nous seulement fist estre content la souveraine révérence d'iceluy souverain Dieu, et le bien de paix, et nous, pour nostre part, en cause de mariage, estiemes inclinés de défalquier et laisser cinquante mille escus d'or, dernièrement à nous promis; nous, désirans plus la paix que l'avarice; et avions prééleus iceulx nos droits de patrimoine, que si grand nous ont laissé nos vénérables ancesseurs, avec nostre très chière cousine Katherine, vostre glorieuse fille, et avec la pécune d'iniquité, multiplier mauvais trésors, et déshériter, par homme, la couronne; que Dieu ne veuille! Donné sous nostre scel privé, en nostre chastel de Hantonne, au rivage de la mer, le cinquiesme jour du mois d'aoust. »

Lesquelles lettres dessus dictes, après que par un hérault eurent esté présentées au roy, lui feut dict par aucuns à ce commis : que le roy et son conseil avoient vu les lettres, sur lesquelles on auroit advis; et pourverroit le roy sur le contenu en icelles, en temps et en lieu, comme bon lui sembleroit; et qu'il s'en allast quand il lui plairoit devers son seigneur le roy d'Angleterre. Après ce que le roy d'Angleterre eust esté une espace de temps en la ville de Hantonne, en attendant ses gens et navires, un peu devant son partement, lui advint une grande adventure, voire si elle eust esté exécutée comme vous oyez. Or est vrai que le comte de Camberige, nepveu du comte de Rutland, fils du duc d'Yorck, les seigneurs de Scroup et de Cobhem se tirèrent devers le comte de la Marche, que on tenoit pour vrai héritier de la couronne d'Angleterre, et de feu le roy Richard; et luy dirent et remonstrèrent comment il estoit vray héritier d'Angleterre, et que il trouvast manière de soi excuser de passer la mer pour aller en France avecques le roy Henry, soit par maladie ou aultrement, et se il demouroit en Angleterre, partant que il les voulsist croire, ils le feroient roy. Auxquelles remonstrances le comte de la Marche respondit : que c'estoit matière de grand poids, et que sur ce il auroit advis, et que brief il leur en feroit response. Lors se départirent, sans d'icelle chose plus parler. Le comte de la Marche pensa celle nuict fort sur ce que les seigneurs lui avoient dict. Quand ce veint lendemain, il trouva ses manières à part de parler au roy d'Angleterre en secret : si luy descouvrit le conseil et offres que les seigneurs dessusdicts luy avoient faict et promis, et dict au roy : « Sire, je vous tiens pour mon souverain sei- « gneur; le serment que je vous ai faict, le vous « vouldrois-je tenir jusques à la mort, ni pour « rien qui me peust advenir je ne vouldrois « aller au contraire. » Le roy d'Angleterre, qui estoit un homme fort sage et imaginatif, pensa moult fort à ceste besogne, et dict au comte de la Marche : « Beau-cousin, de vostre « loyauté et bien que me voulez je vous mercie; « souffrez-vous d'en parler à personne, tant « que vous en demanderai. » Lors le roy d'Angleterre assembla son grand conseil, avec lui tous les princes de son armée, et à icelui conseil mit les choses en terme par manière de fiction, disant qu'il avoit entendu que aucuns de ses subjects avoient pratiqué et de faict pratiquoient et vouloient persévérer que de tous poincts le débouter et mettre hors de la possession de la couronne d'Angleterre, laquelle chose il ne pouvoit croire. Et luy mesme à tous ceulx qui estoient là en demanda les opinions, en leur demandant si les choses estoient véritables; que loyalement le voulsissent conseiller de ce qu'il en auroit à faire, et qu'il feroit de ceulx qui telle trahison machinoient contre luy. Si en demanda aux plus grands seigneurs qui là estoient, puis vint adresser ses paroles au comte de Camberige, aux seigneurs de Scroup et de Cobhem, lesquels respondirent au roy, et dirent : « Sire, celuy ou ceulx qui vouldroient « machiner ne faire telle trahison allencontre « de vous, sont dignes de souffrir mort si « cruelle que ce soit exemple à tous aultres. » Et pareillement tous ceulx qui estoient au conseil en dirent autant, et que de trop male mort on ne les pouvoit faire mourir. Ce conseil tenu, et les opinions tous prises, comme dict est, les fit parler l'un devant l'aultre, c'est assavoir, les comtes de la Marche et de Camberige, Scroup et Cobhem ; et là sans gaires grand langage et sans gesne, confessèrent le cas qu'ils avoient conseillé au comte de la Marche, et par la manière que dessus est dict. Adonc le roy d'Angletere moult courroucé de la chose advenue par les chevaliers dessusdicts, lesquels il avoit moult aimés, en espécial le seigneur de Scroup, lequel, par plusieurs fois, il avoit couché devant luy en sa chambre, les fit à tous trois tranchier les testes, puis mettre en quatre quartiers, et les fit envoyer ès quatre les plus principaulx villes d'Angleterre.

CHAPITRE LVI.

Comment le roy d'Angleterre descendit et print port entre Honfleur et Harfleur, laquelle, par faute de secours, luy feut rendue.

Ne demoura gaire, après la justice faicte, que le roy d'Angleterre se prépara de tous points pour monter sur mer, et tirer vers France. Sy advint, quand le roy feut monté en son navire, et toute la compaignie preste pour partir et passer en France, comme il fist, une grand'aventure ; advint que le feu se frappa en aulcuns de ses navires de ses gens, et y eut trois gros navires ars et péris, et tout ce quy estoit dedans, ou peu s'en fallust ; et tellement atteint le feu, que depuis que lesdits navires feurent espris, presque tous feurent consommés par feu. Le mairien d'icelle navire ardoit tout clair en l'eau. Et feut bien grand' adventure qu'il n'y eust plus grand meschief ; mais chacun navire se tira arrière du feu, car nul ne l'osoit approcher. Icelles deux adventures advinrent au roy d'Angleterre avant son partement, dont plusieurs de ses gens s'en esmerveillèrent fort, et doubtoient plus grands inconvénients. Pour lesquelles adventures en y eut aulcuns quy conseillèrent au roy de non aller plus avant ; mais il ne les voulut croire, et passa la mer luy et toute son armée. Et tant exploitèrent de nager que par une nuit, veille de l'Assomption de Nostre-Dame, ils prinrent havre entre ung port, quy est entre Honnefleur et Harfleur, où l'eau de Seine choit en la mer ; et povoient bien estre huit cents vaisseaulx, chargés de gens et habillements de guerre ; et prinrent terre sans effusion de sang. Et après que tous feurent descendus, le roy d'Angleterre se logea à Guerarville, en une prioré, et le duc de Clarence et de Glocestre, ses frères, assez près de luy, et les aultres où ils se peurent le mieux. Et après che, asségièrent la ville de Harfleur, qui estoit la clef de la mer de toute Normandie, et formèrent le siége, ainsy qu'ils ont accoustumé de faire. Si feirent leurs approches, dressèrent leurs engins et bombardes, et commencèrent à battre la ville de tous costés. Dedans Harfleur estoient entrés, avec ceulx de la ville, environ trois cents hommes d'armes françois, pour garder la ville, entre lesquels estoient le seigneur d'Estouteville, capitaine de par le roy, les seigneurs de Blainville, de Hacqueville, de Harmenville, de Bréauté, de Gaucourt et plusieurs autres. Quand les Anglois eurent mis le siége, ils envoyèrent leurs fourriers devers le pays, prendre prisonniers, vivres et aultres choses à eulx nécessaires, et les amenèrent en leur ost, en faisant tous les maulx que faire se povoient. Le roy d'Angleterre alloit souvent autour de la ville, pour visiter les lieux les plus convenables pour asseoir ses gros engins ; et des pierres qu'ils jettoient feurent fort endommagés ceulx de la ville qui se défendoient très bien ; mais ne leur profitta gaires ; car les Anglois, par le traict de leurs archiers, les reboutoient à force dedans la ville. Or advint une moult mal adventure à ceulx de la ville ; car en ce temps le roy leur envoyoit grand foison de poudre et traict. Le roy d'Angleterre en feut adverti ; sy envoya hastivement de ses gens au-devant, qui les prinrent et les amenèrent en son ost. Durant iceluy siége, le roy envoya grands gens en la cité de Rouen, et en la frontière contre les Anglois ; lesquels François très diligemment gardèrent le pays, tant que les Anglois estants devant Harfleur, ne prinrent ny chasteau ny ville dedans le pays, jà-soit que les Anglois y travaillèrent assez le plat pays pour quérir vivres ; car ils eurent grand deffaute de vivres, pour ce que ceulx que ils avoient amenés d'Angleterre estoient jà tous faillys et gastés de l'air de la mer. Et avec che férit en eulx maladie de cours de ventre, dont moururent bien deux mille ou plus, et entre lesquels feurent les plus principaulx, le comte de Staffort, l'évesque de Nordvich, le seigneur de Beaumont, le seigneur de Tromplanton, et messire Brunel, avec pluiseurs aultres nobles. Néantmoins le roy d'Angleterre, en grand' diligence et labeur, persévéra toujours en son siége, et feit faire trois mines par-dessous la muraille, qui estoient prestes pour effondrer; et avec che feit par ses engins abattre grand' partie des portes, tours et murs d'icelle ville. Par quoy finallement feurent mis ceulx de la ville en telle nécessité qu'il leur convint prendre traictié avec le roy d'Angleterre, qui feut tel: qu'ils se rendroient tous prisonniers, la vie sauve, moyennant qu'ils auroient jour compétent de rendre la ville, au cas que à che jour ils ne auroient secours. Icelluy traicté feut des parties accordé. Et envoyèrent les François devers le roy et le duc de Guyenne, pour luy dénonchier le traictié, tel que dessus est dict, et aussy sy ils seroient secourus. Les messaigiers trouvèrent le duc de Guyenne à Vernon sur Seine; lesquels luy remonstrèrent l'estat et la nécessité de ceulx de Harfleur, qui servoient le roy et luy, de avoir secours en dedans les jours qui estoient accordés. Mais à brief dire, il leur feut respondu que la puissance du roy n'estoit pas encore assemblée ni preste pour bailler secours si hastivement. Et sur ce retournèrent les messaigiers, c'est assavoir le seigneur de Hacqueville, quy feit son rapport; dont tous les nobles et ceulx de la ville feurent moult troublés.

Vous avez ouy comment les ambassadeurs de Harfleur feurent à Vernon, parler au duc de Guyenne, et la response qu'ils eurent; pour laquelle cause il leur convint rendre la ville. Laquelle reddition se feit par la manière que dessus est dicte; qui feut une piteuse chose à ouyr à ceux quy estoient dedans la ville. Apprès qu'il feut venu à la cognoissance du roy comment la ville de Harfleur estoit rendue ès mains de son adversaire, le roy d'Angleterre, doubtant qu'il ne voulsist faire d'aultres emprinses sur son royaulme, afin de y résister, feit mandement par tous ses pays pour avoir plus grand nombre de gens d'armes qu'il y pust finer; et avec che rescript par toutes les bonnes villes le desroy en quoy il estoit mis par-devers le roy d'Angleterre. Pourquoy il commandoit à tous ses subjects et vassaulx, tant en Picardie comme aultre part, que tous, à la puissance qu'ils polroient finer, le venissent servir allencontre de son adversaire le roy d'Angleterre; et mandoit que tous subjects allassent devers le duc de Guyenne son fils. Auquel mandement tous ceulx de France, de Picardie et d'aultre part obéirent; et y allèrent à puissance de gens, jà-soit que le duc de Bourgongne, qui lors estoit en son pays de Bourgongne, pour les guerres qu'il avoit en France, allencontre des enfants du duc d'Orléans, manda par ses lettres-patentes que ils ne bougeassent, et ne servissent ny partissent hors de leurs hostels, jusques à tant qu'il leur fist sçavoir. Nonobstant che, rien n'en feut fait, mais obéirent aux commandements du roy.

CHAPITRE LVII.

Comment le roy d'Angleterre entra dedans la ville de Harfleur; du traictement qu'il feit aux gens de guerre, aux manans de la ville et aux gens d'églises; d'une embusche que les Franchois feirent sur les Anglois pendant le siège de ladite ville.

Or est vrai que, quand après les traictiés faicts entre le roy d'Angleterre et ceulx de la ville de Harfleur, et que les portes feurent ouvertes, et ses commis entrés dedans, à l'entrée qu'il feit dedans, descendit de cheval et se feit deschausser; et en telle manière alla jusques à l'église Sainct-Martin, paroissiale de ceste ville, et feit son oraison, regrasciant son Créateur de sa bonne fortune. Et apprès qu'il eut che fait, il feit mettre prisonniers tous les nobles et gens de guerre qui estoient là dedans; et depuis, brief ensuivant, feit mettre leurs noms par escript; et puis leur feit faire serment sur leur foi qu'ils se rendroient tous prisonniers en la ville de Calais, en dedans la Sainct-Martin ensuivant; et sur che partirent. Et pareillement feurent mis prisonniers grand' partie des bourgeois, et fallut qu'ils se rachetassent avec grands finances; et avec che feurent boutés dehors; et aussy feurent la plus grand' partie des femmes, avec leurs enfants; et leur bailla-t-on, au partir, chacun cinq sols et une partie de leurs vestements. Sy estoit piteuse chose à ouir les regrets piteux et lamentations que faisoient iceulx habitants, délaissants ainsy leur ville avec tous leurs biens. Avec che feurent licenciés tous les prestres et gens d'église. Et tant que à parler des biens quy feurent là trouvés, il y en avoit sans nombre quy demourèrent au roy d'Angleterre. Toutefois deux tours quy estoient sur la mer moult fortes, se tinrent environ deux jours après la reddition de la ville, et se rendirent comme les aultres. En apprès, le roy d'Angleterre envoya aucuns de ses prisonniers en Angleterre; c'est assavoir les seigneurs d'Estouteville et de Gaucourt, sur la navire sur quoi il estoit venu, et les biens que il avoit trouvé dedans la ville, et aussy grand nombre de gens malades, entre lesquels estoient le duc de Clarence, le comte d'Arondel et pluiseurs nobles hommes. Et disoient les aucuns que le siége estant devant Harfleur, le roy d'Angleterre avoit bien perdu cinq cents chevaliers et escuyers, sans compter les aultres quy y moururent tous d'icelle maladie, appelée flux de ventre. Durant le siége devant Harfleur, pluiseurs grands seigneurs de France se assemblèrent cinq à six mille chevaux ; lesquels eurent avis de eulx trouver ensemble le plus près que ils polroient bonnement du siége du roy d'Angleterre, et que ils mettroient grosses embusches au plus près que faire les polroient. Apprès, envoyèrent courreurs sur le siége, afin de faire saillir les Anglois. Ainsy feut faict. Et feurent trois embusches ordonnées. Icelles ordonnances faictes, feurent ordonnés courreurs pour courrir sur le siége. Des courreurs estoient pluiseurs nobles hommes, entre lesquels estoient les seigneurs de l'Isle-Adam, et messire Jacques de Brimeu, quy depuis feurent frères de la Toison-d'Or, et lesquels deux feurent prins à icelle course. Or est vray que, ainsy que comme il avoit esté ordonné, les courreurs se trouvèrent devant le siége des Anglois, et feirent crier alarme ; et tantost Anglois à cheval ; et chassèrent François chaudement ; et sans ordonnance de eulx retraire où il leur estoit ordonné, se prinrent les courreurs. Et pour che jour, les Anglois estoient en adventure de perdre une grand' perte, sy la chose eust esté bien conduite, mais le baron d'Yvry se montra trop tost ; pourquoi les Anglois laissèrent de chasser les François, et retournèrent en leur siége à peu de perte. Et à icelle course feurent prins le seigneur de l'Isle-Adam et messire Jacques de Brimeu ; et les prinrent les gens du seigneur de Robersart, natif de Haynault, lequel estoit Anglois et au service du roy d'Angleterre, luy troisiesme de frères. Apprès che que le roy d'Angleterre eust prins la ville de Harfleur, il feit réparer les murs de la ville, et puis y mit en garnison le duc d'Exetre, avec cinq cents hommes d'armes et quinze cents archers ; et feit fournir la ville de vivres et de artillerie.

CHAPITRE LVIII.

Comment le roy d'Angleterre se partit de Harfleur pour tirer à Calais et passer la rivière de Somme à la Blanche-Tache ; de deux beaux coups de lance donnés devant la ville d'Eu ; et comment par un prisonnier feut destourné de passer par ledit lieu, mais passa ladite rivière allentour d'Athies.

Après ce que le roy d'Angleterre eut pourvu à la garde de la ville de Harfleur, il prit son chemin pour aller vers Calais, et ordonna ses batailles ; et passa par le pays de Caulx en Normandie, en le dégastant et détruisant ; et tant exploita qu'il se trouva devant la ville d'Eu, laquelle est la dernière ville de Normandie. Si envoya ses courreurs devant la ville d'Eu, en laquelle estoient aucuns Franchois qui saillirent à l'encontre d'eux deux ; entre lesquels estoit un vaillant homme d'armes, nommé Lancelot Pierre. Si vinst allencontre de lui un Anglois. Eux deux couchèrent la lance et se férirent de telle roideur que le François transperça de sa lance le corps de l'Anglois ; et pareillement l'escuyer Anglois assist un coup sur le Franchois si rudement qu'il le traversa tout outre ; et ainsi finèrent leurs vies ces deux gentilshommes, lesquels furent fort plaints de ceux qui les connoissoient. En icelui jour, le roy d'Angleterre se logea auprès de la ville d'Eu et sur la rivière.

Or est vraiy que le lendemain le roy d'Angleterre, en passant par le pays de Wimeu, avoit volonté de passer la rivière de Somme, au lieu qu'on nomme la Blanche-Tache, pour tirer le droit chemin à Calais, par où passa jadis son aisné Edouard, roy d'Angleterre, quand il gagna la bataille de Cressy contre le roy Philippe de Valois, roy de France ; mais quand il vint à deux lieues près ou environ dudit passage, les gens de son avant-garde, ainsi comme gens s'espandent parmi le pays, prirent un gentilhomme du pays de Gascogne, serviteur à messire Charles de Labreth, lors connestable de France. Mais de ce gentilhomme ne sais ce que j'en dois dire, pour la malle et douloureuse malventure qui advint, car si ce gentilhomme n'eust esté pris à ceste heure, le roy d'Angleterre fust passé ladite Blanche-Tache sans contredit ; et par ainsi lui et ses gens pouvoient aller franchement à Calais ; et n'eust point esté ceste malheureuse adventure et journée des François, qui fut cause de la bataille d'Agincourt, comme ci-après sera dit. Et adonc, pour venir à parler dudit gentilhomme, que plusieurs François ont nommé diable et non pas homme, vrai est, quand il fut pris des Anglois, il fut mené devant le chef de l'avant-garde, et fut interrogé d'où il venoit, de quel pays il estoit, et à quel maistre; et il respondit qu'il estoit natif de Gascogne, et qu'il estoit sailli hors de la ville d'Abbeville, où il avoit laissé son maistre, le connestable de France. Après pluisieurs interrogations, lui fut demandé si le passage de la Blanche-Tache n'estoit par nuls gardé. Il respondit et affirma que ouy, et que pluisieurs grands seigneurs y estoient atout six mille combattants; et le certifia pour sa teste à couper. Pour icelles nouvelles fut ledit Gascon mené devant le roy d'Angleterre, et de rechief interrogé; et fit-on arrester toutes les batailles; et après ce que le roy l'eut ouy parler, il manda ses princes, qui là estoient, et mit les choses en délibération du conseil; et dura icelui conseil bien deux heures. Et enfin fut conclud que le roy prendroit chemin autre, parce qu'il créoit que le Gascon dist vérité. Et est à présupposer que le Gascon affirmoit les choses dessusdites estre vraies, pour le désir qu'il avoit de la bataille; car à icelle heure les Franchois n'estoient pas assemblés, et ne le furent pas qu'il ne fut bien huit jours après. Et pour venir à parler comment le roy d'Angleterre délaissa le passage de Blanche-Tache, vrai est qu'il prit son chemin pour monter à mont la rivière de Somme, cuidant par icelle trouver passage. Tant chemina qu'il se trouva assez près d'Amiens; et après prit son chemin à Boves, où il se logea. En icelui village avoit à foison de vignes, dedans lesquelles avoit foison de vins en queues dedans les pressoirs; et là alloient les Anglois quérir du vin, dont le roy estoit fort desplaisant et leur défendoit. Si lui fut demandé pourquoy il leur défendoit, et qu'il convenoit les petits compaignons emplir leurs bouteilles. Il leur respondit qu'il n'estoit point mal content des bouteilles, mais la plupart faisoient leurs bouteilles de leurs ventres, dont il estoit dolent; et la cause si estoit de peur qu'ils ne s'énivrassent. Iceluy village est assis sur rivière; et sur un petit rocq est assise une belle forteresse, laquelle est au comte de Vaudemont. Le roy d'Angleterre et tout son ost estoient en grande disette de pain; et fut composé ledit village à huit corbeillées de pain, portées chacune par deux hommes, lesquelles par le capitaine de ladite forteresse furent présentées au roy d'Angleterre. Le roy d'Angleterre avoit deux gentilshommes de sa compaignie moult malades, lesquelles il bailla audit capitaine; et devoit payer pour leur rançon pour chacun une haquenée; et si bien se gouverna ledit capitaine envers le roy d'Angleterre qu'il en vallut depuis de mieux au desloger de Boves.

Le roy d'Angleterre, avecques lui son armée, prit son chemin vers Neelle en Vermandois; et quand le roy passa devant icelle ville de Neelle, ils avoient leurs murs couverts de couvertoirs, la plupart vermaulx. Alors que le roy d'Angleterre alloit ainsi costiant la rivière de Somme pour trouver passage, estoit à Abbeville messire Charles de Labreth, connestable de France, avecques plusieurs autres notables chevaliers et autres gens de guerre, lesquels, oyants de jour en jour les nouvelles du chemin que tenoit le roy d'Angleterre, se partirent de la ville et allèrent à Corbie et de là Péronne, toujours leurs gens sur le pays assez près d'eux, et contestants garder tous les passages.

Et pour parler du passage du roy d'Angleterre, vrai est que lui et toute sa puissance descendirent des chevaux, et vinrent sur la rivière, et commencèrent à abattre maisons; et prirent eschelles, huis et fenestres, et feirent ponts pour passer; car, depuis environ huit heures du matin jusques à peu près de jour failli, ne cessèrent lesdits Anglois de besogner audit passage faire; et passoient sans chevaux. Quand ils furent passés en nombre compétent, passèrent un étendard; et quand l'avant-garde fut toute passée et tout à pied, on fit passer les chevaux. Après passa la bataille et l'arrière-garde; et comme il est dit ci-dessus, il fut nuit avant que tous fussent passés. Tout ainsi qu'il estoit nuit, Anglois marchèrent en pays; et alla le roy d'Angleterre loger assez près d'Athie, et les François estoient au pays d'environ. Et quand les François furent avertis que les Anglois avoient passé la rivière, ils furent moult mal contents de ceux de Sainct-Quentin, car par le roy leur estoit enjoint de rompre le passage par ou ils passèrent.

CHAPITRE LIX.

Comment les ducs d'Orléans et de Bourbon et le connestable envoyèrent vers le roy d'Angleterre, pour avoir journée et place pour combattre; de la réponse dudit roy, et comment le roy de France manda au connestable et autres princes qu'il feust combattu.

Les ducs d'Orléans et de Bourbon et connestable de France envoyèrent devers le roy d'Angleterre trois officiers d'armes, et lui faisoient savoir que pour accomplir son désir ils envoyoient devers lui; que ils savoient bien que, dès lors que il estoit party de son royaulme, son désir estoit de avoir bataille contre les Franchois ; et pourtant ils estoient trois princes issus de la maison de France, lesquels estoient prests de lui livrer et fournir son désir et ce qu'il querroit; et s'il volloit prendre jour et place pour eux volloir combattre, ils estoient contents de ce faire; laquelle par les députés de l'un et de l'autre seroit prise, non avantageuse non plus à l'un comme à l'autre, pourvu que ce fust le bon plaisir du roy, leur souverain seigneur. Ainsi contenoient les lettres, en effet ou en substance, envoyées au roy d'Angleterre, qui les reçut à grand' joie, et pareillement lesdits officiers d'armes grandement et honorablement, et leur donna grandement de ses biens en don, et les renvoya sans faire response; mais il envoya devers lesdits seigneurs Franchois deux de ses officiers d'armes, par lesquels il leur envoya response, qui fut telle : qu'il leur fit savoir que, depuis qu'il estoit parti de sa ville de Harfleur, il avoit contendu[1] et contendoit de jour en jour en son royaulme d'Angleterre ; et ne séioit en ville fermée ni en forteresse; pourquoy si iceulx trois princes de France le volloient combattre, il n'estoit jà nécessité de prendre ni jour ni place, car tous les jours le pouvoient trouver à pleins champs, et sans frémetés nulles. Ainsi leur fit faire responce, lesquels de rechief envoyèrent devers le roy lui faire savoir qu'il avoit passé la rivière de Somme ; car auparavant avoient fait savoir le chemin que tenoient les Anglois, ainsi que cy-après sera dit.

Après ce que le roy d'Angleterre sçut et fut averti que de toutes parts du royaulme de France se mettoient gens sus pour le combattre et empescher son chemin pour aller à Calais, sachant aussi la volonté de trois princes de France, qui désiroient de lui faire bataille, prit au partir de son logis et vestit cotte d'armes ; et aussi les fist vestir à tous ceux qui cottes d'armes avoient. Et avec ce, ordonna que tous archiers, de là en avant fussent garnis d'un peuchon[1] aiguisé à deux des bouts ; et ainsi chevaucha de jour en jour jusqu'au jour de la bataille.

Quand les Franchois virent que les Anglois eurent pris autre chemin que la Blanche-Tache, et que ils montoient à mont la rivière de Somme, comme il est dit, ils envoyèrent devers le roi et le duc de Guyenne, pour avoir congé de combattre le roy d'Angleterre. Si fut la chose mise en conseil ; et fut conclu que le roy d'Angleterre seroit combattu. Et incontinent après, le roy manda à son connestable et aux aultres princes estant avec lui, que tantost se missent ensemble avec toute la puissance qu'ils avoient, et combattissent le roy d'Angleterre ; laquelle conclusion fut en brief temps sçue en plusieurs lieux, tant au royaulme comme dehors, et qu'il soit ainsi. A la bataille, dont ci-après sera parlé, furent plusieurs nobles hommes des pays de Brabant, Hainault, Hollande, Zélande et d'ailleurs ; et mesme le duc de Guyenne avoit grand désir d'y aller, nonobstant que par le roy, son père, lui eust esté deffendu. Mais par le moyen du roy Loys et du duc de Berry, fut attargié[2] de non y aller. Et adonc, tous les seigneurs et tous les gens de guerre se partirent. Ils tirèrent devers le connestable, qui déjà estoit tiré devers le comte d'Arthois; lequel, oyant la volonté du roy, envoya hastivement devers le comte de Charrollois, seul fils du duc Jehan de Bourgongne, pour lui signifier la conclusion prise pour combattre les Anglois, en lui requérant de par le roy qu'il voulsist estre à icelle journée. A quoi fut respondu par les seigneurs de Chanteville, de Roubaix et de la Viefville, qui estoient pour lors avec lui en la ville d'Arras, que sur sa requeste il feroit si bonne diligence que il appartiendroit ; et sur ce se partit le messager. Jà-soit que le comte de Charrollois désirast de tout son cœur estre en icelle bataille en personne, et aussi que les gouverneurs lui donnassent à entendre que il y seroit, néanmoins leur estoit deffendu, de par le duc de Bourgongne, son père, et sur tant qu'ils pouvoient mes-

---

(1) Prétendu.

(1) Pieu. (2) Retardé.

prendre devers lui, qu'ils gardassent bien qu'il n'y allast pas. Et pour ceste cause, afin de eslongier, le menèrent de la ville d'Arras à Aire, auquel lieu furent renvoyés aucuns seigneurs de par le connestable, et Montjoye, roy d'armes du roy, pour faire requeste pareille au comte de Charrollois ; mais à bref dire, fut la besongne toutefois attargiée par les dessusdits seigneurs ; et mesmement trouvèrent manière de le tenir au chastel d'Aire le plus coiement et seurement que faire le pouvoient, afin que pas ne fust averti des nouvelles et de la journée de la bataille. Et entre temps, la plus grande partie des gens de son hostel, et aussi les nobles des pays de Flandres et de Picardie, qui estoient assemblés pour estre avec lui à la bataille, comme ils furent, qui savoient la besongne approcher, se partirent secrètement sans son sçu, et s'en allèrent avec les Franchois pour estre à combattre les Anglois. Et demeurèrent avec le seigneur de Charrollois, le seigneur josne[1] d'Antoing, et ses gouverneurs dessusdits, lesquels enfin lui déclarèrent, pour l'apaiser, la deffense qu'ils avoient du duc, son père, dont il ne fut pas bien content. Et comme je fus depuis informé, pour la desplaisance qu'il en eut, se retrayt[2] tout pleurant en sa chambre. Mais la noblesse qu'il avoit de Flandres et d'Arthois assemblée furent à la bataille tous morts ou prins. Et ce nonobstant, j'ai ouy dire au comte de Charrollois, depuis que il avoit atteint l'age de soixante-sept ans[3], que il estoit desplaisant de ce que il n'avoit eu la fortune d'avoir esté à ladite bataille, fust pour la mort, fust pour la vie.

CHAPITRE LX.

Du chemin que le roy d'Angleterre tint quand il feut passé la rivière de Somme ; comment les Franchois allèrent audevant de luy ; et comment ils virent l'un l'aultre, et se logèrent pour celle nuict ; et comment le roy d'Angleterre ordonna lendemain sa bataille.

Or convient à parler du roi d'Angleterre, lequel, au partement qu'il fit, quand il eut passé la rivière de Somme, il se logea auprès d'Athies, comme devant est dit, puis passa à Doing, auprès de Péronne ; après alla loger à Miraumont, et ès parties d'entour, là où il sçut certainement nouvelles que il seroit combattu ; puis prit

(1) Jeune. (2) Retira. (3) C'est-à-dire en l'année 1465, Philippe-le-Bon était né en 1396.

son chemin en tirant vers Encres, et alla loger à un village nommé Forcheville ; et ses gens se logèrent ès villes voisines ; et toujours en telle ordonnance comme vous avez ouy, les cottes d'armes vestues. Et le lendemain, qui estoit mercredy, chevaucha d'emprès Luceu, et alla loger à Bouviere-l'Escalon, et son avant-garde logea à Frenent, sur la rivière de Cauche. Or est vrai que le roy d'Angleterre et ses gens, pour ceste nuit, furent logés bien en sept ou huit villages, sans avoir empeschement, car les Franchois estoient allés pour estre au-devant d'eux vers Sainct-Pol, et sur la rivière d'Aisne. Et, à la vérité dire, le roy se cuida loger à un autre village, lequel avoit esté pris par ses fourriers ; mais lui, comme celui qui gardoit les cérémonies d'honneur, très louablement feit ce que vous orrez. Vrai est, qu'en ce voyage faisant, toutes et quantes fois qu'il vouloit envoyer courreurs devant villes ou chasteaux, ou en quelque, ses affaires, il faisoit dépouiller les cottes d'armes aux seigneurs et aux gentilshommes qui y alloient, et à leur retour les reprenoient. Si advint que en ce jour, que le roy d'Angleterre deslogea de Bouvière pour venir vers Blangy, où après avoir veu un village, duquel par les fourriers lui estoit ordonné, mais non estre averti, ne sachant ledit village où il se devoit loger, passa outre, environ un trait d'arc, et chevauchoit avant ; mais comme il lui fut dit que il avoit passé son logis, il s'arresta, et dit : « Jà Dieu ne plaise, entendu que j'aie la « cotte d'arme vestue, que je dois retourner « arrière. » Et passa outre, et se logea où l'avant-garde devoit loger, et fît passer plus avant l'avant-garde. Lendemain le roy d'Angleterre se partit par telle ordonnance qu'il avoit les jours paravant, et toujours tirant son chemin vers Calais. Ce jour estoit jeudy, vingt-quatriesme jour d'octobre, nuit Sainct-Crespin.

Quand le roi d'Angleterre fut deslogé, et que lui et ses batailles furent issues des villages, ses courreurs choisirent[1] de toutes parts les Franchois venir à grand' compagnie, pour aller loger à Rousseauville et à Azincourt, afin d'estre au-devant de lui, pour lendemain les combattre. Mais pour retourner au roy d'Angleterre, avant ce qu'il eust passé la rivière de Blangy en Ternois, et aussi pour ce qu'il y a un passage et grand destroit, fit desployer les cottes

(1) Aperçurent.

d'armes à six nobles hommes de son avantgarde, et les fit passer outre, pour savoir si le passage n'estoit de nuls gardé; lesquels trouvèrent qu'il n'y avoit point de deffence. Si passèrent les Anglois à grand' puissance et diligence ; puis quand ils furent passés le village de Blangy, lors sçut le roi d'Angleterre, pour vérité, que les Franchois estoient assemblés à grand' puissance. Le roy d'Angleterre, voyant devant lui les Franchois, fit descendre toutes ses gens à pied, et mettre tous en bataille et belle ordonnance. Et là eussiez vu les Anglois, cuidants le jeudy avoir la bataille, estre en grand' dévotion, eux mettants à genoux, les mains jointes vers le ciel, faisants leurs oraisons à Dieu, qu'il les voulsist mettre en sa garde. Et qu'il soit vrai, j'estois avec eux, et vis ce que dessus est dit. En icelle ordonnance demeura le roy d'Angleterre en la mesme place jusques au soleil couchant. Et, d'autre part, les Franchois qui bien pouvoient pareillement choisir[1] les Anglois, le jeudy cuidèrent combattre les Anglois; et se arrestèrent et mirent en si bonne ordonnance, vestirent cottes d'armes, desployèrent bannières, et y furent faits moult chevaliers. Là fut fait chevalier Philippe, comte de Nevers, par le mareschal Bouçicault, et pluiseurs aultres grands seigneurs et nobles hommes ; et assez tost après arriva le connestable auprès d'Azincourt, auquel lieu s'assemblèrent tous les Franchois ensemble en un seul ost ; et d'aultre part le roy d'Angleterre, voyant qu'il estoit sur le tard, lui et sa bataille se partirent pour aller loger à Maisoncelle, qui est auprès d'Azincourt. Mais avant qu'il allast en son logis, donna et fit donner congé à tous les prisonniers en son ost, en leur faisant promettre que si la journée de la bataille estoit pour lui, et que Dieu lui en donnast la victoire, qu'ils reviendroient tous devers lui et leurs maistres, s'ils vivoient, et si l'aventure lui venoit de perdre bataille, pour lors et pour le temps à venir leur quittoit leur foi. Après ces prisonniers délivrés, le roy se logea dedans le village de Maisoncelle, et aux avenues de son logis, et en espécial à l'avenue de ses ennemis, qui estoient environ une grand' lieue près de lui, et qu'on les oyoit tout à plein, et tellement que on les oyoit nommer l'un l'autre. Et quant aux Anglois, oncques gens ne firent moins de noise ; car à grand'

(1) Apercevoir.

peine les oyoit - on parler les uns aux autres, tant parloient - ils bas. D'autre part, quand les Franchois virent que le roy d'Angleterre s'estoit logé à Maisoncelle, et que pour le jour ils ne seroient combattus, il fut commandé, de par le roy et son connestable, que chacun en droit soy se logeast où il estoit. Lors, eussiez vu ployer bannières et pennons autour des lances, et desvestir cottes d'armes, destrousser malles et bahus ; et chacun seigneur, par leurs gens et fourriers, envoyer aux villages prochains querir pailles et estrains pour mettre dessous leurs pieds, et aussi pour eux reposer en la place où ils estoient, qui estoit moult froide pour le pestelis des chevaux ; et avec ce, presque toute la nuit il ne fit que pleuvoir. Et demenoient moult grand bruit, pages et varlets, et toutes manières de gens ; et tant, comme dit est, que les Anglois les pouvoient pleinement ouyr, mais de leur costé n'estoient point ouys ; car en celle nuit se confessèrent tous ceulx qui de prestres porent recouvrer. Les hommes d'armes remettoient à point leurs aiguillettes, et tout ce que mestier leur estoit ; et pareillement archiers renouvelèrent cordes, et addoubèrent ainsi comme il appartenoit. Puis quand ce vint de grand matin, le roy d'Angleterre commença à ouyr messe dès la pointe du jour ; et en ouyt trois, l'une après l'autre, armé de tout son harnois, hors la teste, et sa cotte d'armes vestue. Après les messes dictes, fit apporter son harnois de teste, qui estoit un très bel bachinet à bannière, sur lequel y avoit une riche couronne d'or, cerclée comme impériale couronne. Puis après ce qu'il fut de tous points habillé, monta à cheval gris, petit cheval, sans esperons, et sans faire sonner trompette ; et fit tirer la bataille ; et sur une belle plaine de jeunes blés verds, ordonna sa bataille ; et ordonna un gentilhomme, atout dix lances et vingt archiers, pour garder les bagages de lui et de ses gens, avec ses pages, qui nobles hommes estoient, et aucuns autres malades, qui aider ne se pouvoient. Il ne fit que une bataille ; et estoient tous les hommes d'armes au milieu de sa bataille, et toutes les bannières assez près les unes des aultres. Aux deux costés des hommes d'armes estoient les archiers ; et pouvoient bien estre de neuf cents à mille hommes d'armes, et dix mille archiers. Et pour parler des bannières, il y avoit pour son corps cinq bannières, c'est à savoir la bannière de la Trinité, la bannière de Saint-Georges, la bannière de Saint-Edouard et la bannière de ses propres armes. Aultres plusieurs y avoit du duc de Glocestre, du duc d'Yorck, du comte de la Marche, du comte de Hontidonne, du comte d'Oxenfort, du comte de Kinte, de deux seigneurs de Ross et de Cornouaille, et de pluiseurs autres. Quand le roy d'Angleterre eut ordonné sa bataille et ordonnance de son bagage, sur le petit cheval qui devant est dit, alla au long de sa bataille, et leur fit de belles remontrances, en leur exhortant de bien faire, disant : qu'il estoit venu en France pour son droit héritage recouvrer, et qu'il avoit bonne et juste querelle de ce faire, en leur disant que sur ceste querelle pouvoient franchement et seurement combattre, et qu'ils eussent souvenance qu'ils estoient nés du royaulme d'Angleterre, là où leurs pères et mères, femmes et enfants estoient demourants, parquoi ils se devoient efforcer pour y retourner en grand'gloire et louange ; et que les rois, ses prédécesseurs, avoient eu sur les Franchois maintes belles besongnes, batailles et desconfitures ; et que celui jour, chacun aidast à garder son corps et l'honneur de la couronne du roy d'Angleterre. En outre, leur disoit et remonstroit que les Franchois se vantoient que tous les archiers qui y seroient pris, ils leur feroient couper les trois doigts de la main dextre, afin que leur trait jamais homme ni cheval ne tuast.

CHAPITRE LXI.

Comment les Franchois ordonnèrent leurs batailles pour combattre le roy d'Angleterre.

Or faut parler des Franchois, quy, le jeudi au soir, comme devant est dict, se logèrent aulx champs quy estoient entre Azincourt et Tramecourt, où la bataille feut lendemain. En ladicte place, comme dict est, se tinrent jusques au matin, espérant de jamais en partir que premiers n'eussent combattu le roy d'Angleterre. Si se mirent et ordonnèrent tous en point. Mais pour en raconter à la vérité, le jeudi aulx vespres, quand ils eurent ravisé la place là où ils s'arrestèrent et là où la bataille feut lendemain, les princes de France et les officiers royaux, assavoir le connestable, le maréchal Boucicault, le seigneur de Dampierre et messire Clignet de Brabant, tous deulx eulx nommants amiraux, le seigneur de Rambures, maistre des arbalestriers de France, et pluiseurs princes, barons et chevaliers fichèrent leurs bannières de grand' liesse[1] avecques la bannière royale du connestable de France, au champ par eulx avisé et situé en la comté de Saint-Pol, au territoire d'Azincourt, par lequel lendemain debvoient passer les Anglois pour aller à Calais ; et firent celle nuit moult grands feux au plus près de la bannière sous laquelle ils devoient combattre. Et, jà-soit-ce que les Franchois fussent bien cinquante mille hommes, et grand nombre de charriots et charrettes, canons et serpentines, et aultres habillements de guerre, tel qu'en tel cas debvoit appartenir, néanmoins si y avoit-il peu de instruments de musique pour eulx resjouir, et à peine celle nuict, de tout l'ost des Franchois, on n'eust ouy un cheval hennir. Je le sai, pour vérité, par messire Jean, le bastard de Waurin, seigneur du Forestel[2], car en celle journée estoit du costé des Franchois, et j'estois de l'aultre costé des Anglois ; de laquelle chose chacun avoit grant merveille ; et n'y prendoient pas bon pied les Franchois, et aulcuns en disoient comme lendemain en advint.

Puis, quand che vint lendemain au matin, quy feut vendredy vingt-cinquiesme jour d'octobre, l'an 1415, les Franchois, assavoir le connestable de France et tous les aultres officiers du royaulme, les ducs d'Orléans, de Bar, d'Alenchon, les comtes de Nevers, d'Eu, de Richemont, de Vendosme, de Marle, de Vaudemont, de Blamont, de Salmes, de Grampret, de Roussy, de Dampmartin, et généralement tous les aultres nobles et gens de guerre, s'armèrent et issirent hors de leurs logis. Et lors, par le conseil du connestable et aultres sages du conseil du roy, feut ordonné à faire trois batailles, c'est assavoir avant-garde, bataille et arrière-garde ; en laquelle avant-garde furent mis environ huit mille bachinets, chevaliers et escuyers, et peu de gens de trait ; laquelle avant-garde conduisoit le connestable ; avec lui les ducs d'Orléans et de Bourbon, les comtes d'Eu et de Richemont, le maréchal Boucicaut, le maistre des arbalestriers, le seigneur de Dampierre, amiral de France, messire Guichard Dauphin, et aul-

(1) Joie.
(2) Nous avons de lui une Chronique manuscrite dont i existe une belle copie dans la bibliothèque royale.

cuns aultres capitaines; et le comte de Vendosme, et aultres officiers du roy, atout seize cents hommes d'armes, feut ordonné à faire une aile, pour férir sur les Anglois d'ung costé; et l'aultre aile conduisoit messire Clignet de Brabant, amiral, et messire Louis Bourdon, atout huit cents hommes d'armes à cheval, gens eslus, comme l'on disoit et que depuis j'ai ouy dire.

Avec lesquels conduiseurs dessusdicts estoient, pour rompre le trait des Anglois, messire Guillaume de Saveuse, Hector et Philippe ses frères, Ferry de Mailly, Alliaume de Gapaunes, Alain de Vendosme, Lamon de Launoy et pluiseurs aultres jusques au nombre dessusdict. Et, en la bataille dessusdicte, furent ordonnés ung nombre de chevaliers et escuyers, et gens de trait, desquels estoient conduiseurs les ducs de Bar et d'Alenchon, les comtes de Nevers et de Vendosme, et de Vaudemont, de Blamont, de Salins, de Grampret et de Roussy; et, en l'arrière-garde, tout le surplus des gens de guerre, lesquels conduisoient les comtes de Marle, de Dampmartin et de Fauquenbergue, et le seigneur de Longroy, capitaine d'Ardre, qui avoit amené ceulx de la frontière de Boulenois. Et, après che que toutes les batailles dessusdictes furent mises en ordonnance, comme dit est, estoit grand' noblesse de les voir; et, comme on povoit estimer à la vue du monde, estoient bien trois fois en nombre autant que les Anglois. Et, lorsque che feut fait, les Franchois séoient, par compaignies divisées, chacun auprès de sa bannière, en attendant la venue des Anglois; et, en eux repaisant, et aussi des haines que les ungs avoient aulx aultres se pardonnèrent; les aulcuns s'entrebrassoient et accoloient, par paix faisant, que pitié estoit à les voir. Toutes noises et discordes quy avoient esté en eulx, et que ils avoient eues du temps passé furent là transmuées en grand amour; et en y eut quy burent et mangèrent de ce que ils avoient. Et feurent, ainsi que il me feut dit, jusques entre neuf et dix heures du matin tenants pour certain, veu la grant multitude que ils estoient, que les Anglois ne povoient eschapper de leurs mains. Toutefois y avoit pluiseurs des sages qui doutoient à les combattre en bataille publique.

CHAPITRE LXII.

De l'emprinse que dix-huit gentilshommes Franchois feirent contre la personne du roy d'Angleterre ; et du parlement qui fut tenu entre les deux batailles ; de la bataille d'Azincourt, où l'armée des Franchois feut de tous points défaite par le roy Henry d'Angleterre.

En ces ordonnances faisant, du costé des Franchois, ainsy que depuis l'ouys recorder par chevaliers nottables de la bannière du seigneur de Croy, s'eslirent ensemble, et jurèrent dix-huit gentilshommes, de toute leur puissance joindre si près du roy d'Angleterre qu'ils lui abbatteroient la couronne sur la teste, ou ils mourroient tous, comme ils firent; mais avant ce se trouvèrent si près du roy que l'ung d'eux, d'une hache qu'il tenoit, le férit sur son bachinet un si grant coup qu'il lui abbattit un des fleurons de sa couronne, comme l'on disoit. Mais gaires ne demeura que tous ces gentilshommes fussent morts et détranchés, que onques un seul n'eschappa, dont ce fut grant dommage; car si chacun se fust ainsi employé de la partie des Franchois, il est à croire que les Anglois eussent eu mauvais parti. Et estoit chef et conducteur des dessusdits dix-huit escuyers, Louvelet de Masinguehem et Gaviot de Bournonville.

Quand les gens du roy d'Angleterre le eurent ainsi ouy parler, comme par cy-devant avez ouy, et faire ses remonstrances, cœur et hardement leur crust, car bien savoient qu'il estoit heure de eux deffendre, qui ne voulloit mourir. Aucuns de la part des Franchois voeullent dire que le roy d'Angleterre envoya secrettement devers les Franchois, par derrière son ost, deux cents archers afin qu'ils ne fussent perceus, vers Tramecourt, par dedans un pret assez près, et à l'endroit de l'avant-garde des Franchois, afin que, au marcher que feroient les Franchois, lesdits deux cents Anglois les verseroient de ce costé ; mais j'ai ouy dire et certifier pour vérité, par homme d'honneur qui en ce jour estoit avecques et en la compaignie du roy d'Angleterre, comme j'estois, qu'il n'en fust rien.

Or donc, comme dessus touché, les Anglois, oyants le roy eulx ainsi admonester, jettèrent un grant cry en disant : « Sire, nous prions Dieu qu'il « vous donne bonne vie et la victoire sur vos « ennemis. » Alors, après ce que le roy d'Angleterre eust ainsi admonesté ses gens, ainsi comme il estoit monté sur un petit cheval, se mist devant la bannière, et lors marcha atout sa bataille en très belle ordonnance en approchant ses ennemis; puis fist une reposée en icelle place, où il s'arresta. Il députa gens en qui il avoit grand fiance, et par lui furent ordonnés eux assembler et communiquer avec pluiseurs notables Franchois; lesquels Franchois et Anglois s'assemblèrent entre les deux batailles, ne sais à quelle requeste; mais vrai est qu'il y eut ouvertures et offres faictes d'un costé et d'aultre pour venir à paix entre les deux roys et royaulmes de France et d'Angleterre. Et fut offert, de la part des Franchois, comme j'ai ouy dire, si il vouloit renoncer au titre que il prétendoit avoir à la couronne de France, et de tout le quitter et délaisser, et rendre la ville de Harfleur que de nouvel il avoit conquise, le roy seroit content de lui laisser ce qu'il tenoit en Guyenne, et ce qu'il tenoit d'ancienne conqueste en Picardie. Le roy d'Angleterre ou ses gens respondirent: que si le roy de France lui voulloit laisser la duché de Guyenne et cinq cités que lors il nomma, et qui appartenoient et devoient estre à la duché de Guyenne, le comté de Ponthieu, madame Katerine, fille du roy de France, pour l'avoir à mariage, comme il l'eut depuis, et, pour joyaux et vesture de ladite dame, huit cent mille escus, il seroit content de renoncer au titre de la couronne de France et rendre la ville de Harfleur. Lesquels offres et demandes, tant d'un costé comme de l'autre, ne furent point acceptées; et retournèrent chacun en sa bataille. Ne demoura gaire depuis que, sans plus espérance de paix, chacun des deux parties se prépara à combattre. Comme devant est dit, chacun archer anglois avoit un peuchon[1] aiguisé à deux bouts qu'ils mettoient devant eux, et dont ils se fortifioient.

Vérité est que les Franchois avoient ordonné les batailles entre deux petits bois, l'un serrant à Azincourt, et l'aultre à Tramecourt. La place estoit estroite et très avantageuse pour les Anglois, et au contraire pour les Franchois; car les Franchois avoient esté toute la nuict à cheval, et si pleuvoit. Pages et varlets, et pluiseurs, en promenant leurs chevaux, avoient tout dérompu la place qui estoit molle et effondrée des chevaux, en telle manière que à grant peine se pouvoient ravoir hors de la terre, tant estoit molle. Or, d'autre part, les Franchois estoient si chargés de harnois qu'ils ne pouvoient aller avant. Premièrement estoient armés de cottes d'acier longues, passants les genoux, et moult pesantes; et par-dessous harnois de jambe, et par-dessus blancs harnois, et de plus bachinets de caruail. Et tant pesamment estoient armés, avec la terre qui estoit molle, comme dit est, que à grant peine povoient lever leurs bastons. A merveille y avoit-il de bannières, et tant que fut ordonné que pluiseurs seroient ostées et pliées; et aussi fut ordonné, entre les Franchois, que chacun racourcist sa lance afin qu'elles fussent plus roides quand ce viendroit à combattre. Assez avoient archers et arbalestriers; mais point ne les voulurent laisser tirer; et la cause si estoit pour la place qui estoit si estroite, qu'il n'y avoit place fors pour les hommes d'armes.

Après ce que le parlement se feust tenu entre les deux batailles, et que les députés furent retournés chacun avec leurs gens, le roy d'Angleterre, qui avoit ordonné un chevalier ancien, nommé messire Thomas Herpinghen, pour ordonner ses archers, et les mettre au front devant en deux aisles, icelui messire Thomas enhorta à tous généralement, de par le roy d'Angleterre, qu'ils combatissent vigoureusement contre les Franchois. Et ainsi chevauchant, lui troisième, par-devant la bataille des archers, après ce que il eust faict les ordonnances, jetta un baston contre mont qu'il tenoit en sa main, et en après descendit à pied, et se mit en la bataille du roy d'Angleterre, qui estoit pareillement descendu à pied entre ses gens et la bannière devant luy. Lors les Anglois commencèrent soudainement à marcher, en jettant un cry moult grant, dont grandement s'esmervcillèrent les Franchois. Et quand les Anglois virent que les Franchois point ne les approchoient, ils marchèrent vers eux tout bellement en belle ordonnance; et, derechef, firent un très grant cry en eux arrestant et reprenant leur haleine. Lors les archers d'Angleterre, qui estoient, comme j'ai dit, bien dix mille combattants, commencèrent à tirer à la volée contre iceulx Franchois, de aussi loing comme ils povoient tirer de leur puissance; lesquels archers estoient, la plus grant partie, sans armures à

[1] Pieu.

leur pourpoint, leurs chausses avallées, ayant haches et cognées pendants à leurs ceintures, ou longues espées, les aulcuns tout nuds pieds, et les aulcuns portoient hamettes ou capelines de cuir bouilli, et les aulcuns d'osier, sur lesquels avoit une croisure de fer. Alors les Franchois, vers eux voyants venir les Anglois, se mirent en ordonnance, chacun dessous sa bannière, ayant le bachinet en sa teste. Le connestable, le mareschal et les princes admonestoient moult fort leurs gens à bien combattre, et hardiment. Les Anglois, quand ce vint à l'approcher, leurs trompettes et clairons demenèrent grant bruit. Les Franchois commencèrent à incliner le chef, en espécial ceulx qui n'avoient point de pavais, pour le traict des Anglois; lesquels tirèrent si hardiment qu'il n'estoit nul qui les osast approcher; et ne s'osoient les Franchois descouvrir. Et ainsi allèrent allencontre d'eux, et les firent un petit reculer. Mais avant qu'ils puissent aborder ensemble, il y eut moult de Franchois blessés et navrés par le traict des Anglois; et, quand ils furent venus, comme dit est, jusques à eux, il estoient si pressés l'un de l'autre qu'ils ne pouvoient lever leurs bras pour férir sur leurs ennemis, sinon aucuns qui estoient au front devant, lesquels les boutoient de leurs lances qu'ils avoient coppées par le milieu, pour estre plus fortes et plus roides, afin qu'ils pussent approcher de plus près leurs ennemis. Et avoient fait les Franchois, le connestable et le mareschal, une ordonnance de mille à douze cents hommes d'armes, dont la moitié d'eulx devoient aller par le costé d'Azincourt, et l'aultre par devers Tramecourt, afin de rompre les ailes des archers Anglois; mais quand ce vint à l'approcher, ils n'y trouvèrent pas huit vingts hommes d'armes. Là estoit messire Clignet de Brabant, qui en espécial avoit la charge de ce faire. Lors messire Guillaume de Saveuse, un très vaillant chevallier, lui troisiesme, s'avança devant les autres, et estoit du lez d'Azincourt, et bien trois cents lances; lesquels se férirent dedans les archers Anglois qui avoient leurs peuchons aiguisés mis et affichés devant eux; mais la terre estoit si molle que lesdits peuchons chéoient; et retournèrent tous, excepté trois hommes d'armes, dont messire Guillaume en estoit l'un. Si leur mésadvint que leurs chevaux chéirent entre les peuchons; si tombèrent par terre entre les archers, lesquels furent tantost occis. Les aultres, ou la plus grant partie, atout leurs chevaux, pour la force et doute du traict, retournèrent parmi l'avant-garde des Franchois, auxquels ils firent de grans empeschements, et les dérompirent et ouvrirent en pluiseurs lieulx, et les firent reculer en terre nouvelle semée; car leurs chevaux estoient tellement navrés du traict qu'ils ne les povoient tenir ni gouverner.

Et ainsi, par iceulx fut l'avant-garde désordonnée, et commencèrent à cheoir hommes d'armes sans nombre; et leurs chevaux se mirent à fuir arrière de leurs ennemis, à l'exemple desquels se partirent et mirent en fuite grand partie des Franchois. Et tantost après, les archers anglois voyants ceste rompture et division en l'avant-garde, tous ensemble issirent hors de leurs peuchons, et jettèrent jus arcs et flesches, en prenant leurs espées, hasches et autres armures et bastons. Si se boutèrent par les lieux où ils voyoient les romptures. Là abbattoient et occisoient Franchois, et tant, que finablement ruèrent jus l'avant-garde, qui peu ou néant s'estoient combattus. Et tant alloient Anglois, frappants à dextre et à sénestre, qu'ils vindrent à la seconde bataille, qui estoit derrière l'avant-garde. Lors se férirent dedans, et le roy d'Angleterre en personne, avec ses gens d'armes. Alors survint le duc Anthoine de Brabant, qui avoit esté mandé de par le roy de France; lequel y arriva moult hastivement et à peu de compaignie, car ses gens ne le purent suivre, pour le désir que il avoit de soy y trouver. Si ne les voullut attendre, de haste que il avoit; et print une des bannières de ses trompettes, et y fist un pertuis par le milieu, dont il fist cotte d'armes. Jà si tost n'y fust descendu, que tantost et incontinent par les Anglois fut mis à mort. Lors commença la bataille et occision moult grande sur les Franchois, qui petitement se défendirent; car, à la cause des gens de cheval, la bataille des François fut rompue. Lors les Anglois envahirent de plus en plus les Franchois, en desrompant les deux premières batailles; et, en pluseurs lieulx, abbattants et occisants cruellement sans mercy. Et, entre temps, les aulcuns se relevèrent par l'aide des varlets, qui les menèrent hors de la bataille; car les Anglois estoient attentifs et occupés à combattre, occire et prendre prisonniers; pourquoy ils ne chassoient ne poursuivoient nully [1]. Et lors toutte l'arrière-garde estant encore à cheval, véants les deulx batailles premières avoir le pieur [2], se mirent à fuir, excepté aulcuns des chefs et conduiseurs d'icelles. Si est assavoir que, entre tant que la bataille duroit, les Anglois, qui estoient au-dessus, avoient prins plusieurs prisonniers franchois; et lors vindrent nouvelles au roy d'Angleterre que les Franchois assailloient par derrière, et qu'ils avoient desjà prins ses prisonniers, et aultres bagues; laquelle chose estoit véritable; car un nommé Robinet de Bournonville, Riflart de Plamasse, Ysambart d'Azincourt, et aulcuns hommes d'armes, accompaignés d'aulcuns paysans, environ six cents, allèrent au bagage du roy d'Angleterre, et prinrent les bagues et autres choses, avec grand nombre de chevaux anglois, en tant que les gardes d'iceulx estoient occupés en la bataille; pour laquelle destrousse le roy d'Angleterre fut moult troublé. Lors derechef, en poursuivant sa victoire, et voyant ses ennemis déconfits, et voyant que plus ne povoient résister allencontre de luy, encommencèrent à prendre prisonniers à tous costés, dont ils cuidèrent estre tous riches; et, à la vérité, aussi estoient-ils; car tous estoient grands seigneurs, qui estoient à ladite bataille. Et quand iceulx Franchois furent prins, ceux qui les avoient prisonniers les désarmoient de la teste. Lors leur survint une moult grand fortune, car une grand assemblée de l'arrièregarde, en laquelle il y avoit plusieurs François, Bretons, Gascons, Poitevins et autres, qui s'estoient mis en fuite, avoient avec eux grand foison d'étendarts et d'enseignes, eux monstrants signe vouloir combattre; et, de faict, marchèrent en ordonnance. Quand les Anglois perçurent iceulx ensemble en telle manière, il fut ordonné, de par le roy d'Angleterre, que chacun tuast son prisonnier; mais ceulx qui les avoient prins ne les voeulloient tuer, pour ce qu'il n'y avoit celui qui ne s'attendist d'en avoir grand finance. Lors, quand le roy d'Angleterre fut adverti que nul ne voeulloit tuer son prisonnier, ordonna un gentilhomme avec deux cents archers et lui commanda que tous prisonniers fussent tués. Si accomplit ledit escuyer le commandement du roy, qui fut moult pitoyable chose; car, de froid sang, toutte celle noblesse franchoise furent là tués et découpés, testes et visages, qui estoit une merveilleuse chose à voir. Ceste maudite compaignie de Franchois, qui aussi firent mourir celle noble chevallerie, quand ils virent que les Anglois estoient prests de les recevoir et combattre, tous se mirent à fuir subit, et à eux sauver, qui sauver se put; et se sauvèrent la plupart de ceulx qui estoient à cheval; mais, de ceulx de pied, en y eut plusieurs morts. Quand le roy d'Angleterre vit et apperçut clairement avoir obtenu la victoire contre ses adversaires, il remercia nostre Seigneur de bon cœur; et bien y avoit cause, car de ses gens ne furent morts sur la place que environ seize cents hommes de tous estats, entre lesquels y mourut le duc d'Yorck, son grant-oncle, et le comte d'Oxenfort. Et, pour vérité, la journée durant qu'ils s'assemblassent en bataille, y eut faict cinq cents chevaliers ou plus.

CHAPITRE LXIII.

Comment le roy d'Angleterre, après la bataille d'Azincourt, tint son chemin vers Guisnes, et de là à Calais et à Londres, avec ses prisonniers, entre lesquels estoit le duc d'Orléans, qui feut trouvé entre les morts; et comment il feut reçu en son royaume d'Angleterre.

En après, le roy d'Angleterre, se voyant demeuré victorieux sur le champ, comme dit est, tous les Franchois départis, sinon ceux qui estoient demeurés prisonniers ou morts en la place, il appela avec lui aucuns princes au champ où la bataille avoit esté. Quand il eut regardé la place, il demanda comment avoit nom le chastel qu'il véoit assez près de lui? On lui respondit qu'il avoit nom Azincourt. Lors le roy d'Angleterre dit : « Pourtant que toutes batailles « doivent porter le nom de la prochaine forte- « resse où elles sont faites, ceste-ci maintenant et « pardurablement aura nom la bataille d'Azin- « court. » Puis, quand le roy et ses princes eurent esté là une espasse, et que nuls Franchois ne se monstroient pour lui porter dommage, et qu'il veyt que sur le champ il y avoit esté bien quatre heures, et aussi véant qu'il plouvoit, et que le vespre approchoit, se tira en son logis de Maisoncelles. Et là archiers ne firent depuis la desconfiture que deschausser gens morts et désarmer, sous lesquels trouvèrent plusieurs prisonniers en vie; entre lesquels le duc d'Orléans en

(1) Personne. (2) Pire.

fut un, et plusieurs autres. Iceulx Anglois portèrent les harnois des morts en leur logis par chevalliers; et aussi emportèrent les Anglois morts en la bataille, entre lesquels y fut porté le duc d'Yorck et le comte d'Oxenfort, qui morts avoient esté en la bataille; et à la vérité les Anglois n'y firent pas grand perte, sinon de ces deux là. Quand ce vint au soir, le roy d'Angleterre fut adverty et sceut que tant de harnois on avoit apporté en son logis, fit crier en son ost que nul ne se chargeast néant plus qu'il en falloit pour son corps, et qu'encore n'estoit pas hors des dangiers du roy de France. On fit bouillir le corps du duc d'York et du comte d'Oxenfort, afin d'emporter leurs os au royaume d'Angleterre. Lors le roy d'Angleterre commanda que tout le harnois qui seroit outre et pardessus ce que ses gens emporteroient avecques les corps d'aucuns Anglois qui morts estoient en la bataille, fussent boutés en une maison ou grange, où là on fist tout ardoir, et ainsi en fut fait. Lendemain, qui fut samedi, les Anglois se deslogèrent très matin de Maisoncelles; et, atout leurs prisonniers, derechief allèrent sur les champs, et sur le champ où avoit esté la bataille; et ce qu'ils trouvèrent de Franchois encore en vie, les firent prisonniers ou occirent. Le roy d'Angleterre s'arresta sur le champ en regardant les morts; et là estoit pitoyable chose à voir la grant noblesse qui là avoit esté occise pour leur souverain seigneur, lesquels estoient désja tout nuds comme ceulx qui naissent.

Après ces choses faictes, le roy d'Angleterre passa outre, et print chemin vers Calais. Si advint que, à une reposée qu'il fit en son chemin, il fit apporter du pain et du vin, et l'envoya au duc d'Orléans, mais il ne vollut ne boire ne mangier; ce qui fut rapporté au roy d'Angleterre; et le roy cuidant que par desplaisance le duc d'Orléans ne voulsist ne boire ne mangier, tira devers luy, disant : « Beau cou-« sin, comment vous va? » Et le duc d'Orléans respondit : « Bien, monseigneur. » Lors le roy lui demanda : « D'où vient ce que ne voulez ne « boire ne mangier? » Il respondit que à la vérité il jusnoit. Si luy dit adonc le roy d'Angleterre : « Beau cousin, faites bonne chière; je connois « que Dieu m'a donné la grace d'avoir eu la « victoire sur les Franchois, non pas que je le « vaille; mais je croi certainement que Dieu les « a vollu pugnir. Et s'il est vray ce que j'en ay « ouy dire, ce n'est de merveilles; car on dit « que oncques plus grand desroy ne désordon-« nance de voluptés, de péchiés et de mauvais « vices, ne fut veu, qui reignent en France au-« jourd'hui, et est pitié de l'ouyr recorder, et « horreur aux escoutants. Et se Dieu en est « courrouchié, ce n'est pas de merveilles, et nul « ne s'en doibt esbahir. » Plusieurs devises et entrevalles eurent le roy d'Angleterre et le duc d'Orléans; et tousjours exploitoient chemin de chevauchier en très belle ordonnance, ainsi que tousjours avoient faict, excepté que, après la bataille, ne portèrent plus cottes d'armes en chevauchant, comme par avant avoient fait. Tant exploitèrent qu'ils arrivèrent à Guisnes, où le roy fut du capitaine de la place receu en grand honneur et révérence. Si sçachiez que tousjours il faisoit chevauchier et mettre les prisonniers franchois entre l'avant-garde et bataille.

Le roy d'Angleterre se logea dedans le chastel de Guisnes; mais la grosse flotte des gens d'armes tirèrent vers Calais, moult las, et travaillés, et chargiés de prisonniers et de proyes, excepté les ducs, comtes et hauts barons de France, que le roy d'Angleterre retint avec lui. Mais quand iceulx gens d'armes arrivèrent à Calais, où ils cuidèrent bien entrer, pour eux refaire et aisier, comme bien mestier en avoient, car la pluspart d'eux tous avoient esté par l'espace de huict jours ou dix sans mangier pain, mais d'autres vivres, chairs, beurres, œufs, frommages, tousjours quelque peu en avoient finé, si eussent alors voulu donner pour en avoir plus que on ne sauroit vous dire, car si grand disette avoient de pain qu'il ne leur challoit qu'il en coustast, mais qu'ils en eussent. Si est assez à penser que les povres prisonniers franchois, dont le plus estoient navrés et bleschiés, estoient en grant destresse, car bien cuidèrent entrer tous dedans Calais; mais ceux de la ville ne les vouldrent laisser entrer, exceptés aucuns seigneurs d'Angleterre; et le faisoient afin que vivres ne leur faulsissent, et que la ville, qui estoit en frontière, demourast tousjours bien garnie. Et par ainsi gens d'armes et archiers qui estoient chargiés de bagues et de prisonniers, la pluspart d'eux, pour avoir argent, vendoient à ceulx de la ville de leurs bagues et assez de leurs prisonniers; et ne leur challoit, mais qu'ils eussent argent et fussent en Angleterre. Et d'autre part, en y ot assez qui mirent leurs prisonniers à courtoise rançon; et les recepvoient sur leur foy, et donnoient à che jour ce qui valloit dix nobles pour quatre, et ne leur challoit, mais qu'ils eussent du pain pour mangier, ou qu'ils pussent estre passés en Angleterre. Le roy d'Angleterre, qui estoit à Guisnes, sceult et fut adverty en quelle disette ses gens estoient, et il y pourvéy tantost, car, à grant dilligence, il commanda que pourvéance de batteaux fust faicte; sur lesquels gens d'armes, archiers et leurs prisonniers passèrent en Angleterre, les uns à Douvres, les autres à Sandvich, où moult joyeux furent quand là se trouvèrent, et aussi pour la belle victoire qu'ils avoient eu contre les Franchois. Si se partirent et allèrent chacun en son lieu. Après, le roy, quand il eut séjourné aucuns jours à Guisnes, s'en alla à Calais; et en allant se print à deviser avec les princes franchois, en les réconfortant amiablement, comme celui qui bien le sçavoit faire; et tant chevauchèrent qu'ils vindrent à Calais, où le roy d'Angleterre fut reçu du capitaine et de ceux de la ville, lesquels lui vindrent au-devant jusques au plus près de Guisnes; et d'autre part les prestres et clercs, tous revestus, avec les croix et fanons de toutes les églises de la ville, en chantant : *Te Deum laudamus*. Hommes et femmes s'esjouissoient, et petits enfants, à sa venue, disants : « Bien venu soit le roy « nostre souverain seigneur. » Et ainsi en grand gloire et triomphe entra dedans la ville de Calais, et là séjourna le roy aucuns jours. Si y tint la feste de Tous-les-Saincts; et tantost après fist apprester ses navires pour passer en Angleterre, qui furent prests de partir le onze de novembre; mais avant son département vindrent par-devers lui les prisonniers de Harfleur, comme ils avoient promis. Le roy d'Angleterre fit faire voiles. Tantost qu'ils furent eslongiés de terre et entrés en mer, un moult grand vent s'esleva; et fut la mer très fort troublée, et tant que deux des vaisseaux du seigneur de Cornouailles périrent en mer et tous ceulx qui dedans estoient, que oncques un seul ne s'en eschappa, que tous ne fussent péris et noyés; et mesmement aucuns povres prisonniers allèrent arriver en Zélande, au port de Zerixée. Toutefois le roy d'Angleterre arriva sain et sauf en Angleterre, et prit terre à Douvres. Le roy d'Angleterre, pour la belle victoire de sa bataille d'Azincourt, et aussi pour la conqueste d'un si noble port comme de Harfleur, fut très grandement loé et gracié du clergié et peuple de son royaulme, comme bien y avoit raison. De Douvres alla à Cantorbie. Si luy vint audevant de luy l'archevesque, l'abbé et tous les religieux de ses églises, comme raison estoit. Puis, pour abrégier, quand eut là séjourné une espasse, il se mit à chemin pour tirer à Londres, où il fut honorablement receu; et vindrent au-devant de luy à croix et gonfanons, avec toutes les reliques des corps saints. Quand il vint vers Sainct-Pol, il descendit de son cheval; si baisa les reliques, et fit son offrande, puis se départit et entra en un batel sur la Thamise, et vint descendre en son palais de Wesmouster, lequel estoit moult richement paré et tendu, comme bien appartenoit à sa personne, et aussi pour l'honneur des princes de France ses prisonniers.

CHAPITRE LXIV.

Les noms des princes, grans maîtres, seigneurs et chevaliers franchois qui moururent à la bataille d'Azincourt.

Ainsi que vous avez ouy, le roy d'Angleterre vint en son royaulme en grand triomphe. Un petit vous lairons à parler du roy d'Angleterre, et parlerons de ceulx qui morurent à la piteuse bataille d'Azincourt, et aussy des prisonniers. Premier morut en la bataille messire Charles de Labreth, connestable de France; le mareschal Bouchicault feut mené prisonnier en Angleterre, où il morut; messire Jacques de Chastillon, seigneur de Dampierre, admiral de France; le seigneur de Rambures, maistre des arbalestriers; messire Guichart Daulphin, grand maistre-d'hostel de France. Des princes; messire Anthoine, duc de Brabant, frère au duc de Jehan de Bourgongne; le duc Edouard de Bar; le duc d'Alenchon; le comte Philippe de Nevers, frère au duc de Bourgongne; messire Robert de Bar, comte de Marle; le comte de Vaudemont; Jehan, frère au duc de Bar; le comte de Blammont; le comte de Grant-Pré; le comte de Roussy; le comte de Faukembergue; messire Loys de Bourbon, fils du seigneur de Preaulx; et aultres grands seigneurs, tant de pays de Picardie comme d'aultres pays : le vidame d'Amiens, le seigneur de

Croy et son fils, messire Jehan de Waurin et son fils ; le seigneur d'Auxy ; le seigneur de Brimeu ; le seigneur de Poix ; l'Estendard, seigneur de Crequy ; le seigneur de Lauroy, messire Wistasse de Bours ; messire Philippe d'Auxy et son fils ; le seigneur de Raineval et son frère ; le seigneur de Longueval, et messire Alain son frère ; le seigneur de Mally et son fils aisné ; le seigneur d'Inchy ; messire Guillaume de Saveuse ; le seigneur de Neufville ; le chastelain de Lens ; messire Jehan de Mareul ; messire Jehan de Béthune ; messire Jehan Mareul en Brie ; messire Simon de Craon ; le seigneur de Clary ; le seigneur de la Roche ; le seigneur de Aleigre, en Auvergne ; le seigneur de Beauffremont, en Champaigne ; messire Jacques de Hem : le seigneur de Sambry, messire Regnaut de Créquy, seigneur de Contes et son fils ; messire Oudart de Renty et deux de ses frères ; le seigneur de Happelaincourt ; messire Loys de Ghistelles ; messire Jacques de Lichternelde ; le seigneur de Harnes ; messire Jehan de Bailleuil ; messire Raoul de Flandres ; messire Collart de Fosseux ; le seigneur de Rosimbos, et son frère le seigneur de Thiennes ; le seigneur d'Azincourt et son fils ; le seigneur de Warignies ; le seigneur d'Auffemont ; messire Dreux d'Ongnies ; le seigneur de Bretencourt ; le séneschal d'Eu ; le seigneur de Coursy ; le seigneur de Viel-Port ; le seigneur de Moncaurel ; le seigneur de Fontaines, messire Anthoine de Beauvergier ; le seigneur de la Tour ; le seigneur de l'Ille-Gommor ; le seigneur de Sainct-Tron ; messire Ferry de Sardonne ; messire Pierre d'Argies ; messire Bertran de Montaben ; Bertrand de Sainct-Gilles ; messire Jehan de Werchin, séneschal de Haynault ; le seigneur de Qiévrain ; le seigneur de Hamaye ; le seigneur de Quesnoy ; le seigneur de Montigny, en Haynault ; le seigneur de Jeumont ; le seigneur de Chim ; messire Simon de Haverech ; le seigneur de Pottes ; messire Jehan Grés ; messire Michel de Chasteler et son frère ; le seigneur de Solre, et messire Brifault son frère ; le seigneur de Moy en Beauvoisis, et son fils ; messire Collart de Fresnes ; messire Collart de Sempy ; le seigneur du Bois-Dennequin ; messire Rasse de Moncaurel ; messire Lancelot de Cléry ; messire Gérart de Herbaumes ; Philippe de Poictiers ; messire Regnault d'Azincourt ; le seigneur de Chastelneuf ; le seigneur de Marquettes ; messire Regnault de Corbie ; messire Lancelot de Reubempré ; messire Hector de Chartres et ses deux frères ; le seigneur de Regnault-Ville ; le seigneur de Fiennes ; le seigneur de Tencques, le seigneur de Herlin ; messire Maillet de Gournay ; messire Pierre de Moyelle ; le seigneur de Honcourt ; le seigneur de Rasse ; le seigneur d'Espagny ; messire Loys de Vertain ; Hectorin d'Ongnies et son frère ; messire Henry de Boissy ; messire Artus de Moy ; messire Floridas de Morœul ; messire Tristan de Moy ; le seigneur de Verneul ; le vicomte de Dommart.

Se dire et raconter vous voulloye par noms et surnoms les barons, chevalliers, escuyers et nobles, qui à ceste journée morurent, trop pourroye eslongier la matière. Mais pour venir au faict, ne vous ai nommé que ducs, comtes, chevalliers et escuyers ; car tant de nobles escuyers y morurent et aultres vaillans hommes que c'estoit une pitié à veoir et à ouyr raconter aux officiers d'armes qui feurent à ladite journée, tant de la partie des Franchois que des Anglois ; car, durant la bataille, tous officiers d'armes, tant d'un party que d'autre, se tinrent ensemble ; et après la bataille ceulx de France s'en allèrent où bon leur sembla, et ceulx d'Angleterre demourèrent avec leurs maistres qui avoient gaigné la bataille. Mais, quant à moi, je demourai avec les Anglois ; et depuis j'ai ouy parler pluiseurs notables chevalliers de la partie de France, et par espécial à messire Hue et à messire Guillebert de Lannoy, frères, qui feurent à ladite bataille, qui en racontoient bien au long. Mais, comme dit est, tant y morurent de nobles que on les extimoit à dix mille hommes, dont ils estoient de sept à huit mille nobles hommes, et le surplus archiers et aultres gens. Et feut trouvé, à compter les princes qu'il y avoit morts, de cent à six vingts bannières ; et se la journée eust esté le samedy après, il y eust eu plus grand nombre qu'il n'y eut, car à tous costés gens applouvoient, comme se che fust à aller à une feste de joustes ou de tournoy [1].

(1) Voyez, dans le volume qui contient la chronique de Matthieu de Coussy, un poème en vers anglais sur la prise de Harfleur et sur la bataille d'Azincourt, en Appendice à la fin du volume.

CHAPITRE LXV.

Les noms des prisonniers franchois qui feurent prins à ladite journée d'Azincourt.

Or doncques, puisque je vous ay nommé partie de ceulx qui moururent à ladite bataille, je vous raconterai les noms de ceux qui feurent prisonniers à ladite journée, seize cents hommes ou environ, tous chevaliers ou escuyers, dont le premier feut Charles, duc d'Orléans ; le duc de Bourbon ; les comtes d'Eu, de Vendosme et de Richemont ; messire Jacques de Harcourt ; messire Jehan de Craon, seigneur de Dommart ; le seigneur de Fosseux ; le seigneur de Humières ; le seigneur de Roye ; le seigneur de Chauny ; messire Bohort Quieret ; le seigneur de Ligne, en Haynault ; le seigneur de Noyelle, nommé le Blanc Chevalier, et messire Baudot son fils ; le seigneur d'Inchy ; messire Jehan de Waucourt ; messire Athis de Brimeu ; messire Jennet de Poix ; messire Guillebert de Lannoy ; le seigneur d'Angnois, en Ternois, et pluiseurs aultres grands seigneurs, chevalliers et escuyers que je ne sais nommer, jusques au nombre dessusdit. Ainsy, comme vous avez ouy, advint de la piteuse journée d'Azincourt.

CHAPITRE LXVI.

Comment le roy de France feut adverti de la bataille que les princes de son sang avoient perdu ; comme aussi feut le duc de Bourgongne qui, à grand' puissance d'armes, tira vers Paris, où il ne peut entrer ; et du départ du duc de Guyenne ; et comment le comte d'Erminacq feut faict connéstable.

Assez tost après que le roy d'Angleterre eut obtenu la victoire sur les Franchois, au lieu d'Azincourt, les nouvelles feurent portées à Rouen devers le roy, de la douloureuse adventure et perte de ses gens. Si ne faut pas doubter que le roy et ses gens, princes et aultres, eurent au cœur grand' tristesse. Néanmoins, dedans certains jours après, le roy retourna à Paris, et en la présence du roy Loys, des ducs de Guyenne, de Berry, de Bretagne et de pluiseurs aultres de son sang et conseil, constitua et establit le comte d'Erminacq connestable de France, et manda icelluy hastivement au pays de Languedoc, où il estoit, à venir devers lui. Aussy feurent portées les nouvelles au duc de Bourgongne, qui lors estoit en son pays de Bourgongne ; pourquoy, pareillement comme les aultres princes, il feut très dolent, et très fort desplaisant, par espécial de ses deulx frères, le duc de Brabant et le duc de Nevers ; mais che nonobstant, se prépara sans délay à toute diligence et à grand' puissance de gens, pour aller à Paris, en sa compaignie le duc de Lorraine et bien dix mille chevaux ; pourquoy les Parisiens, doubtants le duc de Bourgongne, envoyèrent à Melun devers la royne de France, qui là estoit malade, laquelle de là se feit porter par pluiseurs hommes de pied à Paris, et se logea à l'hostel d'Orléans avec la duchesse de Guyenne, fille au duc de Bourgongne. Or est vrai que aucuns Parisiens et aucuns officiers du roy, qui avoient esté favorables à la partie d'Orléans, se doubtoient très fort pour ce qu'il avoit dans sa compaignie pluiseurs de ceulx qui avoient esté bannis et enchassés de Paris ; c'est assavoir messire Ellyon de Jacqueville ; messire Robinet de Mailly ; maistre Eustace de Latre ; maistre Jehan de Troyes ; Caboche et Denisot de Chaumont ; Garnier de Sainct-Yon, et pluiseurs aultres. Et pourtant traitèrent sy bien devers le roy que messire Clignet de Brabant, le seigneur de Barbasan et le seigneur des Bosqueaux, feurent mandés à venir à Paris avec grand nombre de gens d'armes, pour la seureté d'icelle, et aussy pour accompagner le duc de Guyenne. Et avecques che, feut mandé de rechef le comte d'Erminacq, qu'il venist atout[1] la plus grande puissance qu'il polroit finer. Le duc de Bourgongne passa par Troyes et s'en vint à Provins et à Meaulx en Brie ; auquel lieu on lui refusa l'entrée, par le commandement du duc de Guyenne, qui leur avoit rescript que pas ne laissassent dedans le duc de Bourgongne ; et pourtant s'en alla à Lagny-sur-Marne, et se logea dedans la ville. D'autre part se mirent sus pluiseurs capitaines à grand' puissance, du pays de Picardie ; c'est assavoir Martelet du Mesnil, Ferry de Mailly, Hector et Philippe de Saveuse, messire Maury de Sainct-Légier, messire Payen de Beaufort, Loys de Warignies, et pluiseurs aultres ; lesquels, fort dégastants le pays, allèrent par le pont au Vaire jusques au lieu de Lagny, devers le duc de Bourgongne, quy

(1) Avec.

mandé les avoit. Et tant multiplia sa compaignie qu'ils feurent bien vingt mille chevaux ou plus.

Durant lequel temps le roy Loys, sçachant qu'il n'estoit point aymé du duc de Bourgongne, pour la cause du renvoy de sa fille, se partit de Paris tout malade et se en alla à Angers ; mais avant son partement, se voeult soumettre de leurs discords sur le roy et sur son grand conseil, moyennant que il fust ouy en ses deffenses ; à quoy le duc de Bourgongne ne voult entendre, mais feit response à ceulx quy pour ceste cause estoient venus devers luy ; que des torts et blasme que le roy Loys avoit faict à luy et à sa fille, il l'amenderoit en temps et lieu, quand il polroit. Le duc de Bourgongne, de Lagny-sur-Marne, où il estoit, envoya devers le roy à Paris, messire Jehan de Luxembourg, le seigneur de Sainct-Georges, et pluiseurs aultres, quy exposèrent pleinement au conseil du roy la cause de sa venue, en faisant leur requeste que il pussit en Paris entrer atout sa puissance, pour la seureté de leur corps ; mais sur che, ils ne eurent aulcune response, synon que le roy envoyeroit brief response devers le duc de Bourgongne ; lequel y envoya maistre Jehan de Wailly, président en parlement, et pluiseurs aultres ambassadeurs du conseil du roy. Mais à la fin il ne put finer d'entrer à Paris en puissance ; ains luy fut dict que, sy il y voulloit aller à son simple estat, le roy et son conseil en estoient bien contents, et non aultrement. Che que le duc de Bourgongne ne voulut jamais, car biens çavoit que ceulx qui gouvernoient le roy estoient ses mortels ennemis, et ne se y fust pour rien fié.

Or, est ainsy que les Parysiens et principalement ceulx de l'université, véyant de jour en jour que pluiseurs maulx et desrisions se multiploient entre les seigneurs du sang royal et ceulx de leur conseil l'un contre l'aultre, à la grant destruction du royaulme et du povre peuple, allèrent un certain jour, à grant multitude, devers le duc de Guyenne, où estoit son frère, nommé le duc de Touraine, le duc de Berry et pluiseurs aultres grans seigneurs et gens d'esglise, demandant audience de parler. Laquelle obtenue, le premier président en parlement commença à parler et dit pour son thesme che qui se ensuit : *Domine, salva nos, perimus*, che qui veut dire : « Seigneur, sauvez-nous, car nous périssons. » Et est escrit au chapistre de sainct Mathieu. Lequel président clairement l'exposa, en touchant sagement et éloquement pluiseurs conclusions, en desclarant les principaux malfaicteurs du royaulme, troublants et opprimants le povre peuple.

Après la fin de laquelle proposition le duc de Guyenne promptement respondit, et prit parole de fils de roy : que doresnavant les malfaicteurs du royaulme, de quelque qualité que ils fussent, seroient punis selon leur desmérite, et que justice seroit fayte, réparée et gardée, et que le clergié et le peuple seroient tenus en paix. Mais tantost après, le bon duc de Guyenne, qui, par cours de nature, debvoit estre, après la mort du roy son père, roy, et qui avoit grant désir, comme raison estoit, de faire bonne justice et de tenir le peuple en paix, accoucha malade des fievres ; dont il alla de vie à trespas, le huitiesme jour de décembre, en l'hostel de Bourbon. Pour la mort duquel furent faicts grans pleurs et lamentations de pluiseurs seigneurs et aultres ses serviteurs. Si fut gardé son corps audit hostel, en un cercueil de plomb, par l'espace de trois jours ; et là vinrent tous les collèges de Paris prier pour luy, et depuis fut porté à Sainct-Denys, où les roys ont leurs sépultures.

En après huit jours ensuivant, le comte d'Erminacq entra à Paris, à recevoir l'office de connestable et l'espée de la main du roy, en faisant serment solennel, comme il est de coustume de faire ; et là remercia humblement le roy de l'honneur qu'il luy portoit et faisoit. Quand le comte d'Erminacq eut fait le serment de connestable, il assembla gens d'armes ; tant qu'il se trouva de cinq à six mille combattants pour résister allencontre du duc de Bourgongne ; et fit mettre en pluiseurs lieux garnisons ; et doubtant les Bourguignons, fit rompre pluiseurs ponts et passages. En ce temps fut messire Jehan de Torsay, de par le roy, ordonné maistre des arbalestriers de France, messire Thomas de Dargies, bailli de Vermandois, le seigneur de Humbercourt, bailly d'Amiens, et messire Brunet de Baines, bailly de Tournay ; et pareillement furent faits par le roy pluiseurs officiers en France.

En ycelle saison, le duc de Bretagne alla à Paris pour traiter devers le roy, que le duc de

Bourgongne, pust aller devers luy à toute sa puissance; laquelle chose il ne put impétrer, et pour tant retourna assez tost en Bretagne; mais avant son partement se courrouça moult fort à messire Tanneguy du Chastel, prévost de Paris, et luy dit pluiseurs injures, pour ce qu'il avoit fait mettre en prison au Chastelet le ministre des Mathurins, docteur en théologie, lequel avoit fait devant le peuple de Paris une proposition de par le duc de Bourgongne; et bief en suivant le prévost le deslivra franc et quitte.

CHAPITRE LXVII.

Du retour du duc de Bourgongne en son pays de Flandres, et comment il alla visiter ses deux nepveux, Jehan et Philippe, fils de son frère Anthoine, duc de Brabant, qui mourut en la bataille d'Azincourt; et des gens de guerre quy gastoient le pays de Santers, quy feurent rués jus par le commandement du roi de France.

Après que le duc de Bourgongne eust esté bien dix semaines à Lagny-sur-Marne, voyant que par nuls moyens il ne pouvoit impétrer devers le roy pour entrer dedans Paris, à simple estat se partit delà et prit son chemin à Dampmartin, à Reims en Lannois, Thiérasce et Cambrésis, à Douay et à Lille; et tousjours avoit grand nombre de gens d'armes avec luy, dont le povre peuple estoit fort oppressé. Toutefois, à son partement de Lagny, fut poursuivy par aucuns de soudoyers du roy, lesquels vers le Pont-à-Vaire férirent et occirent de ses gens, dont il fut mal content; et pour sa longue demeure dedans la ville de Lagny, les Parisiens et aultres le nommoient en commun langage « Jehan de Lagny. » Et après, quand il fut retourné en sa ville de Lille, il s'en alla en Brabant visiter ses deux nepveux, c'est à savoir Jehan et Philippe, fils au duc de Brabant; et lors prit avec luy le mains-né fils, auquel avoit esté ordonné pour partage la comté de Sainct-Pol et de Ligny et toutes les terres qui furent au comte Walleran de Sainct-Pol, père de madame leur mère et de Brabant. Le duc de Bourgongne retourna en son pays de Flandres, où il ordonna le seigneur de Fosseux, capitaine de Picardie, à faire retraire tous ses capitaines et leurs gens d'armes hors de son pays d'Arthois, et des mettes d'environ. Et pour ce que les aucuns travailloient moult fort les pays du roy, le vingt-quatriesme jour de janvier, par nuict, Rémonnet de la Guerre, le prévost de Compiengne, le seigneur des Bosqueaux, gouverneur de Valois, par le commandement du roy et de son conseil, assemblèrent secrettement grand nombre de gens d'armes, et furent au logis de messire Martelet du Maisnil, et Ferry de Mailly, qui estoient logés au pays de Santers, en aucuns villages, atout bien six cents hommes, faisants grans dérisions sur le pays; lesquels furent tous morts, pris ou destroussés, sinon ceux qui eschappèrent par fuite; et furent messire Martelet et Ferry de Mailly pris prisonniers et menés à Compiengne. Toutesfois le jour de la Purification de Nostre-Dame, messire Martelet et quatre aultres gentilshommes, après ce qu'ils eurent esté questionnés des officiers du roy, furent pendus au gibet de Compiengne; et Ferry de Mailly, par le moyen de aucuns ses bons amis, fut mis à pleine deslivrance.

CHAPITRE LXVIII.

Comment la sentence de condamnation, par cy-devant faicte par l'évesque de Paris, allencontre de feu maistre Jehan Petit, feut déclairée de nulle valeur au concile de Constance.

Vous avez ouy comment, par ci-devant, maistre Jehan Petit avoit esté condamné par l'évesque de Paris et par pluiseurs de l'Université, et aussi par l'inquisiteur de la foi; toutesfois au concile de Constance, Martin Porée, docteur en théologie et évesque d'Arras, avecques aultres ambassadeurs du duc de Bourgongne, mirent le cas en termes; et par ces clercs notables, c'est assavoir cardinaulx et aultres, feut dict ce qui s'ensuit, par le conseil et clercs de droit : « Par icelle nostre sentence
« ordinaire, laquelle nous affermons en ces es-
« cripts, nous prononçons et déclarons les sen-
« tences, procès et condamnations, arsins, def-
« fenses et excusations faictes par l'évesque de
« Paris contre maistre Jehan Petit, et toutes
« choses qui de ce se sont ensuivies, estre de
« nulle valeur, et les annullons et cassons. La
« condamnation des despens faicts de devant
« nous en ceste cause, nous les laissons à taxer
« pour cause. Ainsi, moi, Jourdain de Albane;
« ainsi, moi, Anthoine d'Aquila, prononçons;
« ainsi, moi, cardinal de Florence, le pronon-

« cons. » Lequel procès feut condamné au concile de Constance, le 15 jour de janvier.

CHAPITRE LXIX.

Comment l'empereur Sigismond arriva à Paris, où honorablement feut reçu du roy, et de là passa en Angleterre, où aussi feut honorablement reçu et festoyé du roy d'Angleterre; de son retour en France sans avoir besongné touchant la paix des deux roys; et du trespas du duc Jehan de Berry, oncle du roy de France.

En icelui temps, 1415[1], vinrent à Paris deux chevaliers des gens de l'empereur Sigismond et roy d'Allemagne, pour avoir et préparer son logis; auxquels deux chevaliers feut baillé et délivré le chastel du Louvre; et le jour du Gras Dimanche ensuivant, arriva l'empereur, accompaigné de huict cents chevaulx environ. Allencontre duquel allèrent le duc de Berry, le cardinal et le duc de Bar, le comte d'Erminacq et plusieurs aultres, en moult noble estat; et feut logié au Louvre; et en aucuns jours après fit exposer au roy et à son conseil la cause de sa venue; c'est assavoir pour l'union de nostre saincte Eglise. Et après il se offrit moult au roy à faire ce qu'il polroit pour luy et pour son royaulme; et depuis y eut un docter en théologie, nommé maistre Ghérart Machet, qui proposa devant luy moult prudentement, de par le roy, dont il feut très content, et estoit le roy en assez bonne santé. Et après que plusieurs parlements eurent par luy esté faicts sur l'estat de l'universelle Eglise et aultres besongnes, il se partit de Paris pour aller en Angleterre, où il s'acquitta d'appaiser à son pouvoir les deux roys de France et d'Angleterre, comme cy-après sera dit. Et feut son partement le mercredy devant les Pasques, et de là feut convoyé jusques à Sainct-Denis, par le roy Loys, le duc de Berry et le cardinal duc de Bar; et estoit en la compagnie de l'empereur, le duc de Milan, oncle du duc d'Orléans; et estoit l'empereur armé, portant à l'arçon de sa selle un chapeau de Montauban. Sur son harnois portoit une heuque[2] noire, en laquelle estoit une droicte croix, devant et derrière, de couleur de cendre, sur laquelle avoit escript en latin : « Dieu tout-puissant et miséricors. » Et ainsi estoient habillés la plus grant partie de ses gens, montés sur bons chevaulx; et s'en alla

à Boulogne; mais ceulx de la ville ne les laissèrent pas entrer dedans, dont il eut grand dépit; et pour ce ne voulut recevoir les présents à luy envoyés de la ville, et s'en alla à Calais; et après ce qu'il eust séjourné deux jours, navires feurent apprestés, sur lesquels luy et ses gens montèrent, et ils eurent vent à plaisir, qui tost les mit à Douvres. Après prinrent leur chemin à Londres. Si leur alla audevant le roy d'Angleterre et ses frères, accompaignés de pluiseurs nobles princes de son sang; et en briefs jours après y veint le duc Guillaume, comte de Haynault, pour parler de la paix des deux roys et de leurs royaulmes; mais ni l'empereur, ni le roy d'Angleterre, ni ceulx du conseil des deux parties, ne se sçurent accorder ni trouver manière de venir à bien de paix. Nonobstant ce, le roy d'Angleterre festoya moult honorablement l'empereur, et le duc Guillaume, son cousin, et les aultres ambassadeurs qui venus estoient en leur compaignie de par le roy. Dont, pour festoyer l'empereur, fit faire un moult bel et somptueux souper, où estoit assis l'empereur au milieu de la table, et à son dextre le duc d'Orléans, et au-dessus du duc d'Orléans le duc de Bourbon, le comte d'Eu, le seigneur d'Estouteville et le seigneur de Gaucourt, tous prisonniers au roy d'Angleterre; et au sénestre costé estoit assis le duc Guillaume, comte de Haynault, de Hollande et de Zélande; le duc de Brick, Allemand, et trois aultres comtes d'Allemagne que je ne sais nommer. Le roy d'Angleterre, qui bien sçavoit les honneurs mondains autant que prince de son temps, veint devant la table de l'empereur, pour le festoyer et semondre à faire bonne chière, vestu d'une moult noble robe de drap noir, et autour de son col un moult riche collier garni et aourné[1] de moult riches pierres; si les veint par deux fois visiter. L'empereur séjourna en la ville de Londres, avecques le roy d'Angleterre, par l'espace d'un mois ou cinq semaines; mais quand ils virent que ils ne pouvoient trouver paix ni moyen de traicter entre les deux roys de France et d'Angleterre, moult desplaisant l'empereur s'en départit et prit congié du roy d'Angleterre. Et quand le roy d'Angleterre sçut son partement, il le fit desfrayer, et tous ses gens, hommes et che-

(1) Et 1416, nouv. st.   (2) Robe.

(1) Orné.

vaulx. L'empereur, venu à Douvres, après ce que les ducs, comtes et barons d'Angleterre eurent prins congié de luy, il trouva son navire prest, et monta dessus, luy et ses gens, et veinrent au soir au giste à Calais ; puis l'empereur, sans gaires séjourner, retourna en France, là où il raconta au roy ce que luy et le duc Guillaulme avoient peu faire, touchant les matières pour venir au bien de paix ; dont le roy et les princes furent moult courroucés ; car bien sçavoient et espéroient que le roy d'Angleterre ne seroit assouffi à tant, et que en brief temps il repasseroit en France. Et quant est à parler du duc Guillaulme, il s'en partist de Londres environ douze jours après l'empereur, et s'en retourna au pays de Hollande.

En ceste année mourut le duc Jehan de Berry, oncle du roy, et se remaria la duchesse au seigneur de La Trimouille ; dont le duc de Bourgongne fut mal content, car pour ce jour il n'aimoit gaires le seigneur de La Trimouille ; et par droit, ladicte dame estoit comtesse de Boulogne. Et pource que le duc de Bourgongne fut adverti du mariage, hastivement envoya le seigneur de Fosseux, lors gouverneur d'Arthois, en la ville de Boulogne, pour icelle saisir et mettre en sa main ; mais desjà, de par le roy, estoit commis le seigneur de Moreul pour faire frontière allencontre des Anglois.

CHAPITRE LXX.

De l'armée de mer que le roy de France mit sus, laquelle feut défaite par l'armée des Anglois, dont le duc de Clarence estoit chief.

En icelle mesme année, fut par le roi et son conseil ordonné et avisé de mettre en la mer, entre France et Angleterre, une grosse armée, et si puissante que pour combattre l'armée du roy d'Angleterre, et mesmement pour garder la mer, que la ville de Harfleur ne fust avitaillée d'Angleterre, ni d'ailleurs. Et pour fournir icelle grosse armée, le roy envoya à Gennes, où il recouvra de huit grosses carraques, lesquelles le roy fit armer, avec pluiseurs et grand nombre de navires de guerre : et furent d'icelle armée chefs et capitaines, le bastard de Bourbon et messire Robinet de Bracquemont, amiral de France. Il est vrai que, après que ladite armée fut preste, ils se mirent en mer, et tant nagèrent qu'ils se trouvèrent sur la coste d'Angleterre, si puissants que pas ne les osoit attendre. Quand le roy d'Angleterre sçut que icelle armée estoit sur la mer pour lui deffendre le passage, il assembla les princes et grands seigneurs de son conseil, et leur fit remonstrer l'armée que les Franchois avoient mis sur mer, par laquelle, se provision n'y estoit mise, il y recevroit honte et dhommaiges, en leur requérant conseil. Si fut conclu en ce conseil, de assembler une grosse armée pour combattre les Franchois sur la mer. Quand il eut son armée preste, il manda son frère le duc de Clarence, et lui dit : « Je vous « ordonne chef de mon armée, et que tous de « madite armée vous obéissent comme à moi ; et, « au surplus, je vous commande que vous alliez « combattre l'armée des Franchois, qui de pré- « sent sont sur la mer ; et vous gardez, sur vostre « vie, de jamais retourner en Angleterre, s'ils « vous attendent, que vous ne les ayez combat- « tus. Et, par la grace de Dieu, soyez victorieux, « ou que vous soyez mort ou pris. » L'ordonnance du roy d'Angleterre faite, et son armée preste, où pouvoit avoir de trois à quatre cents navires, le duc de Clarence se partit après qu'il eut remercié le roy, son frère, de l'honneur qu'il lui faisoit, et de lui le congé prit ; et tant fit qu'il trouva l'armée des Franchois, auxquels il aborda et assembla à combattre, et là y eut dure bataille ; et Franchois furent enfin déconfits ; et là y eut maints nobles hommes morts et noyés ; entre lesquels fut mort le gentil chevalier messire Jehan de Bracquemont, fils de l'amiral ; le bastard de Bourbon fut pris et mené en Angleterre ; et quant aux quatre carracques, elles s'enfuirent sans combattre, et les aultres furent prises, avec plusieurs navires de guerre. Et après icelle bataille, le duc de Clarence fit ravitailler et rafraischir de vivres la ville de Harfleur ; puis s'en retournèrent les Anglois en Angleterre, fort joyeux de leur bonne fortune. De ces nouvelles fut moult joyeux le roy d'Angleterre, et bienviengna son frère moult grandement.

CHAPITRE LXXI.

Comment l'empereur Sigismond se trouva derechief à Calais, vers le roy d'Angleterre, comme aussi feit le duc de Bourgongne ; et de la rencontre que les Anglois de Harfleur eurent aux Franchois.

Environ la Saint-Remy 1416, l'empereur retourna à Calais. Si vint vers lui le roy d'Angleterre, moult grandement accompagné. Eux estants audit lieu de Calais, alla par-devers eux le duc de Bourgongne, où il feut honorablement receu. Si vint tenir ostage, pour lui, le duc de Glocestre, frère du roy d'Angleterre, en la ville de Sainct-Omer, et par le comte de Charrolois fut le duc de Glocestre grandement et honorablement receu. Si le visitoit et compaignoit, le plus qu'il pouvoit, le comte de Charrolois, qui alors estoit jeune, et qui, de son age, savoit plus que prince de son temps. Le duc de Glocestre, de l'honneur et courtoisie que le comte de Charrolois lui faisoit, le mercioit très honorablement. Le duc de Bourgongne, estant à Calais, fut à icelle fois moult requis et pressé du roy d'Angleterre qu'il se voulsist déporter d'estre en l'aide du roy allencontre de lui et des siens, par condition qu'il partiroit[1] à aucune des conquestes qu'il feroit en France; et avec ce le roy d'Angleterre lui promettoit de rien entreprendre sur nuls de ses terres et seigneuries, ni de ses alliés et bienveillants. Laquelle requeste ne voult pas accorder le duc de Bourgongne; mais les trèves qui par avant avoient esté accordées touchant le fait de marchandise entre Angleterre et France, furent ralongiés jusques à la Sainct-Michel 1419. Et, comme je fus informé, le duc de Bourgogne désiroit grandement parler à l'empereur, car autrement ne pouvoit parler à lui, s'il ne fust venu à Calais. Et aussi, l'empereur ne fust pas venu vers lui, à cause des desbats, noises et guerres que avoit le duc de Bourgongne à ceulx tenants la partie du duc d'Orléans et de ses frères. Et après ce qu'il eut séjourné en la ville de Calais par l'espace de huit jours, et besongné de ce pour quoi il estoit allé, prit congé et retourna à Sainct-Omer, et pareillement se retourna le duc de Glocestre à Calais. Pour lequel voyage, ainsi par le duc de Bourgongne fait, fut le roy, et ceux qui gouvernoient, moult merveillés; et tenoient véritablement qu'il se fust du tout allié avec le roy d'Angleterre au préjudice du roy et de sa seigneurie. De laquelle chose oncques ne fut parlé, excepté ce que le roy d'Angleterre lui avoit dit; mais tant aimoit le roy que jusques à mourir ne l'eust voulu faire. Mais en icelui temps tous les princes de France avoient conceu une si grand' envie sur lui, à cause de la mort du duc d'Orléans, que nul bien n'en pouvoient dire;

[1] Il aurait part.

parquoi grands guerres et effusions se faisoient alors en France, dont le roy d'Angleterre n'estoit pas courroucé; et ne s'en doit-on pas esmerveiller, car pour lors, si la France eût esté en paix et union, le roy d'Angleterre y eust eu moult à faire, avant qu'il fust venu aussi avant comme il vint.

En ce mesme temps, le duc d'Exetre, qui se tenoit à Harfleur, se mit sur un certain jour aux champs, atout trois mille combattants anglois; et alla courre devant la ville de Rouen, et de là alla atteindre le pays de Caux, où il fut par trois jours, et y fit de très griefs maux, par feux et espée; mais à ce temps se assemblèrent les garnisons, tant qu'ils se trouvèrent trois mille, comme estoient iceulx Anglois. Si les rencontrèrent, et leur coururent sus vaillamment, et en brief les mirent tous en desroi[1]. Si en demeura sur la place bien huit cents, que morts que pris; et les autres, avec le duc d'Exetre, se retrayrent en un jardin, qui estoit environné de fortes haies d'épine, et là se tinrent le surplus du jour. Les Franchois ne les pouvoient avoir, jà-soit-ce qu'ils s'en missent en peine. Et quand ce vint au soir, Franchois se retrayrent, pour eux rafraischir, en un village là au plus près; mais le duc d'Exetre, et ses gens, doutant la journée, se partit environ le point du jour, et tira vers Harfleur. Laquelle despartie seurent assez tost après les Franchois, qui derechef les poursuivirent et les rateindirent sur les marès, assez près de Harfleur, environ deux lieues. Si les assaillirent comme devant, mais les Anglois, voyants que sans mort ou prison ne pouvoient eschapper, ruèrent pied à terre. Si se défendirent en telle manière qu'ils desrompirent les Franchois, et mirent en fuite. Si moururent en la place jusques au nombre de douze cents Franchois, entre lesquels fut le principal le seigneur de Villequier, qui estoit conducteur; le demeurant se sauva. Ainsi advient-il de guerre, une fois perdre et l'autre gagner.

CHAPITRE LXXII.

Du monopole que les Parisiens feirent, quy feut descouvert d'une femme; et comment ceux qui feurent coupables feurent exécutés; et comment le dauphin de Viennois espousa la fille au comte de Haynault; et des trespas desdits dauphin et comte de Haynaut.

Après le partement de l'empereur de la ville de Paris, ceulx quy gouvernoient le roy, c'est assavoir le roy Loys, le duc de Berry et aulcuns

[1] Desordre.

aultres, tinrent conseil, auquel feut ordonné que on mettroit une taille sus pour les affaires du roy et du royaulme, dont le peuple, en espécial ceulx de Paris tenants secrettement le party du duc de Bourgongne, feurent moult troublés ; et à la couleur [1] d'icelle taille feirent une assemblée secrette, à laquelle feirent ung terrible monopole et conspiration, et la plus cruelle et détestable dont on poiroit parler. Ne sais s'il feut vray, mais la chose n'advint point, comme vous orrez [2]. Iceulx Parisiens, pour accomplir leur intention, envoyèrent devers le duc de Bourgongne, afin qu'il envoyast secrettement de ses gens à Paris, feignant que ce fust pour ses affaires, aulxquels iceulx Parisiens eussent conseil et confort. Sy leur accorda le duc de Bourgongne ; et leur envoya messire Jennet de Poix, Jacques de Fosseulx, le seigneur de Saint-Légier et Binet d'Auffleu, lesquels portèrent pluiseurs lettres de créance signées de la main du duc de Bourgongne, adressants à Paris, à ceulx à qui ils avoient fiance. En conclusion, au contempt de ladite taille, iceulx Parisiens jurèrent et feirent serment ensemble que le jour du grand vendredy, après disner, ils se mettroient sus en armes, pour prendre tous ceulx quy leur estoient contraires ; et premier, le prévost de Paris, lequel ils occiroient ; et en après mettroient à mort la royne de Sezile, et s'y prendroient le roy de Sezile et le duc de Berry, et les feroient vestir d'habits honteux, leur feroient rère [3] la teste comme fols, et les feroient mener sur deux beneaux [4] avant la ville de Paris ; après les feroient mourir, qui eust esté une grant cruauté, s'il estoit vrai. Toutefois la voix courut que pluiseurs, qui à la cause feurent exécutés, le confessèrent. Iceluy jour, ils ne mirent point à exécution leur maulvaise entreprinse, mais la cuidèrent exécuter le jour de Pasques ; mais leur maulvaiseté feut seue par une femme, quy leur conseil révéla à Michaut Laillier, qui le fist savoir à Bureau de Dampmartin, et Bureau le fist savoir au chancellier, qui promptement s'en alla au Louvre, et de là envoya secrettement à la royne, aulx princes et au prévost de Paris, déclarer la fausse et maulvaise intention d'iceulx Parisiens. Et promptement que le prévost le sçut, secrettement fit armer gens, et

(1) Sous prétexte. (2) Entendrez. (3) Raser. (4) Tombereaux.

assembla de cinquante à soixante hommes, et tira vers les quartiers des halles où aulcuns des capitaines de ces maulvais demouroient, qui ne se doubtoient en rien que leur entreprinse feust descouverte. Sy en feurent pluiseurs prins et menés en Chastelet, entre lesquels feurent prins messire Almeric d'Orgemont, l'archidiacre d'Amiens, doyen de Tours et chanoine de Paris, l'ung des présidents de la chambre des comptes, Robert de Belloy, très riche drappier, le sire de l'hostel de l'Ours, à la porte Baudet, et pluiseurs aultres. Laquelle chose en toutte diligence feut rescripte au connestable et au maréchal de France, qui lors estoient en la frontière de Harfleur, allencontre des Anglois ; lesquels y envoyèrent Remonnet de la Guerre, atout [1] huit cents hommes de guerre ; et le cinquiesme jour de may, feurent menés pluiseurs des maulvaises gens dessus nommés ès halles, où là feurent comme traictres exécutés et décollés. Et au regard de Almeric d'Orgemont, il feut rendu à l'evesque, par lequel il feut condamné au pain et à l'eau en chartre perpétuelle. Et tantost après, le connestable vint à Paris, accompagné de gens de guerre ; et après sa venue fit, par le prévost de Paris, oster toutes les chaisnes de fer par les rues de ladite ville, et avec che les armures de ceulx de la ville. Ne demoura gaires après, que messire Loys Bourdon, messire Clignet de Brabant, et le seigneur des Bosqueaulx, atout grand nombre de guerre, arrivèrent à Paris, et ès villages d'environ. Sy feurent tous les favorables du duc de Bourgongne en grand' perplexité ; et ceulx que on trouva coupables de la conspiration feurent sans miséricorde punis, les ungs décapités, les aultres pendus, les autres noyés, et peu en échappa. Toutefois les nobles hommes que le duc de Bourgongne avoit envoyés retournèrent sans quelque empeschement. En ce temps, estoient gens d'armes en grand' puissance, en l'Isle-de-France et ès marches environ, par l'ordonnance des gouverneurs quy gouvernoient le roy. Et pareillement se mirent sus les gens du duc de Bourgongne en grand nombre, parquoy le povre peuple du royaulme estoit tout détruit.

Vous avez ouy précédemment comment le duc de Guyenne alla de vie à trespas, après lequel trespas Jehan de Tourraine, son second

(1) Avec.

frère, feut daulphin de Viennois, et héritier de la couronne de France, lequel avoit espousé la fille et héritière du comte de Haynault, de Hollande et de Zélande, auquel le comte de Haynault bailla et ordonna ung grand estat pour le mener en France ; mais avant le partement s'assemblèrent ensemble le daulphin et le duc de Bourgongne, et le comte de Haynault, lesquels jurèrent et promirent de tenir de point en point la paix tant de fois faicte en France. Lesquels serments feurent faicts en la présence de pluiseurs grands seigneurs, en la ville de Valenciennes ; et puis, après ces choses faictes, le daulphin print son chemin pour aller à Paris, en sa compaignie madame la daulphine sa femme, et son beau-père le comte de Haynault. Il ne passa point Compiengne, et là d'une grosse maladie son ame rendit à Dieu. Duquel trespas se feit grand' murmuration parmy le royaulme ; et disoient les aucuns que il avoit esté empoisonné, pour cause que il estoit trop Bourgongnon, et trop fort allié avec le duc de Bourgongne. Après son trespas, madame la daulphine retourna au pays de Haynault en la compagnie de son frère, mais ce fut à grand deuil et en très amère déplaisance ; et ne demoura gaire après, que le comte de Haynault alla de vie à trespas ; et trespassa au chasteau de Bouchain, au mois d'aoust 1417. Si feut madame la daulphine héritiere des comtés de Haynault, de Hollande, de Zélande et seigneurie de Frise. Toutesfois, Jehan de Baviere, évesque de Liége, son oncle de par son frère, lui bailla pluiseurs empeschements, et par espécial ès comtés de Hollande et de Zélande.

CHAPITRE LXXIII.

Comment Jehan de Bavière, esleu de Liége, bailla empeschement à dame Jacqueline de Bavière, en la comté de Hollande ; et comment il se maria à la duchesse de Luxembourg, laquelle estoit vefve de feu Anthoine, duc de Brabant.

Après le trespas du daulphin de Viennois et du comte de Haynault, son beau-père, Jehan de Bavière, évesque de Liége, oncle de la daulphine, lui bailla moult d'empeschements, comme avez ouy, en disant que à icelles seigneuries ne devoient nulles femmes succéder : et de faict, se bouta, par le consentement d'aulcuns Hollandois, dedans la ville de Dordrecht, et en aulcunes aultres places qui le tenoient pour seigneur. Puis commença à faire guerre à ceulx du pays de Hollande et Zélande qui obéir ne voulloient, et délaissa du tout l'Eglise, et se maria à la duchesse de Luxembourg, laquelle auparavant avoit esté espouse du duc Anthoine de Brabant.

CHAPITRE LXXIV.

Comment le duc de Bourgongne escripvit lettres à pluiseurs villes du royaume, pour remettre le roy en liberté, et pour le bien public du royaume ; et comment la royne feut envoyée par le roy à Tours, en Touraine, avec trois gouverneurs, qui la tenoient bien court.

Le duc de Bourgongne, quy désiroit avoir le gouvernement du roy et du royaulme, envoya ses lettres en pluiseurs bonnes villes du royaulme, par lesquelles il remonstroit : comment pluiseurs et diverses fois paix avoit esté faicte en France, laquelle de son pouvoir avoit toujours tenu et vouloit tenir, mais de l'aultre partie avoit esté enfreinte en pluiseurs et diverses manières, comme par avoir mis gens prisonniers, décapités, pendus, noyés, les deux enfants de France empoisonnés, c'est assavoir le duc de Guyenne et le duc de Touraine, daulphin de Viennois ; et de jour en jour destruisoient le roy, tant par mangèries de gens d'armes que par pluiseurs grands tailles et exactions. Et après toutes ces grands remonstrances, requéroit à ceulx des bonnes villes, nobles et aultres, qu'ils le voulsissent ayder et délivrer, et à mettre en franchise le roy, quy estoit détenu par iceulx robbeurs et détruisants du royaulme, estrangiers et non du sang royal ; et pluiseurs aultres remonstrances du duc de Bourgongne qu'il leur faisoit, en disant qu'il avoit ferme espérance en Dieu, qui connoit le secret des cœurs des hommes, de venir à conclusion de garder et conserver la noble maison de France, par les moyens des bons et loyaulx subjects du roy, lesquels en avoit-il intention de secourir et ayder en toute manière, de noblesse, franchises et libertés, et tant faire que plus le peuple ne payeroit tailles, aydes, impositions, gabelles et autres exactions, comme luy requiert le noble royaume de France ; et contre ceulx quy voudroient aller au contraire, y procéderoit par voye ennemie contre eulx, par feu et sang, soient universités, communautés, chapitres, colléges, nobles et tous aultres, de quelque estat ou condition que ils soient. En ce mesme temps, la royne estant au bois de Vincennes, où elle avoit son noble estat, le roy estant vers elle, ainsy qu'il retournoit à Paris envers le vespre, rencontra messire Loys Bourdon allant de Paris au bois; lequel passant assez près du roi lui feit la révérence et passa oultre assez légèrement. Toutefois le roy le connut; si ordonna au prévost de Paris qu'il allast après luy, le prinst et en feist bonne garde, tant que aultrement y auroit ordonné : laquelle chose feut ainsy faicte; et après, par le commandement du roy feut questionné, puis feut mis en un sacq de cuir et jetté en Seine. Sur lequel on avoit escript : « *Laissez passer la justice du roy.* »

En briefs jours après, feut ordonné, de par le roy, que la royne s'en iroit à Tours en Touraine, en sa compagnie sa belle-sœur, duchesse de Bavière, et atout son simple et petit estat. Et luy feurent baillés pour la conduire maistre Jehan Guillaume Thorel, maistre Jehan Picart et maistre Laurent du Puis, sans le conseil desquels ne povoit rien besogner, escripre, ne faire quelque chose; de laquelle ordonnance elle fut fort déplaisante; et avec ce, ceulx quy la gouvernoient luy avoient osté tout son argent, joyaulx et richesses.

CHAPITRE LXXV.

Comment aucuns rebelles de Rouen occirent leur baillif, son lieutenant et autres; et comment le dauphin y alla à main armée et feit punir les rebelles.

En ce temps, par l'exhortation d'aulcuns quy estoient favorables et avoient la partie du duc de Bourgongne, se mirent sus, par manière de rébellion, plusieurs méchants gens de petit estat, en la ville de Rouen; et, de fait, allèrent en la maison du bailly royal de Rouen, nommé messire Raoul de Gaucourt, tous armés et embastonnés, heurtèrent à son huis bien fort, disants à ceulx de dedans : « Nous voulons cy entrer et parler à monseigneur le bailly, pour luy présenter un traistre que nous avons maintenant prins en la ville. » Et povoit estre environ dix heures en la nuict. Auxquels feut répondu par iceulx serviteurs, qu'ils missent leur prisonnier seurement jusques à lendemain. Néanmoins, par leurs importunités, tant de force comme aultrement, ouverture leur feut faite; et tantost le bailly se leva, et, affublé d'ung grant mantel, vint parler à eulx; et lors aulcuns de la compaignie quy avoient les faces mucées[1] le occirent cruellement. Après ce faict, de là allèrent à l'hostel de son lieutenant, nommé Jehan Légier, et le mirent à mort; et de là en aultres lieux, jusques au nombre de dix. Mais aulcuns des aultres officiers, comme le vicomte et le receveur, de che avertis, s'enfuirent au chastel, où ils feurent reçus par messire Pierre de Bourbon, quy en estoit capitaine; et, lendemain au matin, se assembla le commun en grant nombre, et allèrent en armes devant le chastel, en intention d'entrer. Mais le capitaine, quy avoit avec luy cent souldoyers de par le roy, leur refusa l'entrée. Après plusieurs paroles feut traité entre eulx que il entreroit dedans jusques au nombre de seize hommes des plus notables de la ville, pour parler au capitaine sur les affaires quy moult leur touchoient, comme ils disoient. Lesquels, après ce qu'ils furent entrés, s'excusèrent de la mort du bailly et des aultres, et aussi toute la communauté, disants que moult seroient joyeux si les facteurs estoient connus et prins et aussi punis, car pour l'homicide ils craignoient le roy, et, pour ce, lui requéroient qu'il leur baillast le chastel à garder : laquelle requeste leur feut refusée. Secondement, requirent que la porte du chastel vers les champs feust condamnée, et che pareillement leur feut refusé; et, après che, lui prièrent que il les voulsist excuser, eulx et le commun, devers le roy et le dauphin son fils ; auxquels le capitaine respondit qu'il le feroit en temps et lieu. Apprès plusieurs paroles, le capitaine leur conseilla que ils feissent ouverture au roy et à son fils, s'ils venoient en leur ville, comme bons subjects sont tenus et doivent faire. Il est vrai que, en brief temps, che qu'ils doubtoient advint ; car le fils du roy, partant de Paris atout trois mille combattants, alla au Pont-de-l'Arche; duquel lieu il envoya l'archevesque faire savoir à ceux de la ville sa venue, afin qu'ils luy feissent ouverture ou obéissance; et, quand l'archevesque feut venu à la porte, il trouva aulcuns chanoines de l'église armés avec les bourgeois de la ville, auxquels il exposa le mandement du daulphin. Et ils respondirent qu'il n'entreroit dans la ville à toute sa puissance; mais s'il y vouloit entrer à petite com-

(1) Cachées.

pagnie, ils en estoient contents, et non aultrement. Adonc[1] l'archevesque, voyant qu'il ne povoit rien besogner, retourna vers le dauphin, et luy dit ce qu'il avoit trouvé et ouy. Et lors le dauphin manda Pierre de Bourbon, et parla à luy en luy demandant l'estat de la ville. Apprès pluiseurs paroles, le daulphin s'en alla à loger à Saincte-Catherine du Mont de Rouen; après ce, dit à Pierre de Bourbon, capitaine du chastel de la ville de Rouen : « Allez en vostre « chastel, et, par la porte des champs, recevez « deulx cents hommes d'armes et autant d'ar- « chers que je vous envoyerai. » Laquelle chose feut ainsi faicte : pourquoi ceulx de la ville feurent en grand doutance. Touttefois, en dedans trois jours ensuivant, le dauphin, par traicté, entra dans la ville atout sa puissance, et feut loger au chastel de Rouen; puis traita à ceulx de la ville, en leur pardonnant tous leurs mesfaicts, excepté les occiseurs du bailly.

Tantost après, le dauphin retourna à Paris, et, avant son partement, ordonna bailly de Rouen le seigneur de Gamaches, auquel il commanda prendre punition des homicides trouvés coupables par bonne information de la mort du bailly : et ainsi en feut faict de la mort des aulcuns. Mais Allain Blanchard se absenta certain espace de temps, et depuis retourna en la ville de Rouen, où il eut grand autorité et gouvernement, comme cy après sera déclaré.

CHAPITRE LXXVI.

Le trespas du roy Loys de Sézille, et quels enfans il délaissa, et des pilleries et mauvais gouvernement qui estoit au royaume de France.

En ceste année le roy Loys mourut, et laissa trois fils ; c'est assavoir, Loys, l'aisné, qui feut roy après luy; le second eut nom René, et feut duc de Bar; et le tiers eut nom Charles, comte du Maine et de Guise. Il laissa aussi deulx filles, dont la première olt le dauphin, et la seconde, nommée Yolens, n'avoit que deulx ans.

Alors estoit en France ung moult meschant gouvernement, car justice n'y estoit en rien obéie; et les estrangiers qui tenoient les champs, du parti de Bourgongne, robboient et pilloient tout che qu'ils trouvoient, sans nuls espargner ni d'ung parti ni d'aultre, car les pays du duc de Bourgongne estoient pillés et robbés comme les aultres : et de faict, une compaignie d'iceulx se boutèrent en Picardie, vers la marche de Boullenois; mais Butor, bastard de Croy, mit sus les gens du pays, et s'en alla par nuit effondre sur leurs logis, et les rua jus; et y feut tué Laurens Roze, sous-lieutenant de Jehan de Claux, et aulcuns aultres ; mais pour lui venger de ce bastard, ledit Jehan de Claux print ung gentilhomme de Boullenois, nommé Gadifer de Collehaut, et le fit pendre à ung arbre. Touttefois ils issirent du pays de Boullenois, et s'en allèrent au pays de Santers, où ils prirent la ville et forteresse de Davenencourt, la pillèrent, et puis y boutèrent le feu, et de là s'en allèrent mettre le siège devant le Neufchastel sur Aisne. Et pour lever le siége, Remonet de la Guerre et le bailly de Vermandois se mirent sus, de par le roi, et allèrent pour cuider lever le siége; mais iceulx estrangers se levèrent de leur siége et les allèrent combattre; et là feurent déconfits les gens du roy; et feurent morts en la place plus de huit vingts, et les autres se fuirent et se sauvèrent au mieux qu'ils peurent ; et, par che moyen, se rendirent à eulx ceulx du chastel, et ils entrèrent dedans, et le pillèrent de tout point, et y boutèrent le feu; puis se retrahirent en Cambrésis, là où ils firent tous les maulx du monde. D'autre part, Jehan de Fosseux, Daviot de Poix, Ferry de Mailly, et aulcuns aultres Picards, jusques à douze cents combattants, passèrent ung jour la rivière de somme à la Blanche-Tache, et s'en allèrent jusques à Aumarle, prinrent la ville et assaillirent le chastel durement ; donc quand ils virent que ils ne le polrent avoir, ils pillèrent la ville, qui pleine estoit de tous biens, et puis y boutèrent le feu, et de là s'en allèrent à Hornoy et au beau pays de Vimeu tenir les champs, piller et robber che qu'ils y trouvèrent ; et puis, tous chargés de proyes et de prisonniers, ils repassèrent l'eau de Somme pour retourner au pays. Et Dieu sait comment le povre peuple estoit alors foulé et destruit de toutes parts.

En ce mesme temps estoit alors à Péronne, de par le connestable, messire Robert de Lore, à cent hommes d'armes, cent arbalestriers Jennevois, et cent aultres combattants, lesquels couroient souvent au pays d'Arthois ; et d'aultre part convinrent ceulx d'Amiens de bouter hors leur bailly et le procureur du roy, à l'instance du duc de Bourgongne, pour ce qu'ils estoient trop rigoureux à ses gens, ou aultre-

[1] Alors.

ment ils les menaçoient de leur faire guerre; et s'en allèrent le bailly et le procureur faire leur complainte au roy; pourquoi, en persévérant de mal en pis, ne feut pas content du duc de Bourgongne.

CHAPITRE LXXVII.

Comment le duc de Bourgongne envoya ses ambassadeurs aux villes d'Amiens, de Dourlens, Abbeville, Sainct-Riquier et Montreuil; et de la promesse que lesdites villes luy feirent.

Le duc de Bourgongne envoya ses ambassadeurs ès villes du roy, assavoir à Amiens, Dourlens, Abbeville, Sainct-Riquier et Montreuil, et leur fit remonstrer : que son intention estoit du tout à mettre provision au gouvernement du royaulme, pour le bien du peuple, priant qu'ils se voulsissent joindre avec luy.

Et si bien leur fut remonstré, qu'ils luy promeirent aide et confort, dont ils baillèrent lettres, contenants en effet :

Qu'ils aideroient le duc de Bourgongne à mettre le roy en sa franchise, royaulme en justice, afin que marchandise y pust avoir cours, et que le roy et le royaulme soient bien gouvernés;

Qu'ils mecteront le duc de Bourgongne en leur ville les plus fortes, et ses gens aussi, pour parler et venir parmi eulx, par payant leurs despens, et sans faire injure à personne, sur peine d'estre punis selon le cas :

Que les habitants d'icelles villes polroient aller dehors, ès pays du duc de Bourgongne sauvement.

Item, que le duc de Bourgongne les aidera et supportera contre tous ceulx qui nuire les vouldroient.

Item, que ils ne mecteront en leurs villes garnisons de gens d'armes, ni de l'un des costés ni de l'aultre.

Item, si aucunes desdictes villes vouloient faire contre ledict accord, ils en seroient punis selon toute rigueur de justice.

Et feut en substance la forme des lettres qui furent faictes à Dourlens, le 7ᵉ jour d'aoust, l'an 1417.

CHAPITRE LXXVIII.

Comment le duc de Bourgongne, avec une grande armée, s'en alla à Corbie et à Amiens, où le seigneur de Chauny vint vers luy de par le roy; de ses instructions, et la response du duc de Bourgongne ; et comment ledit seigneur de Chauny feut constitué prisonnier en la bastille à son retour.

En ce temps, avoit lors le duc de Bourgongne mis sus une grande armée, atout laquelle il se tira devers Corbie ; et advint, la nuict où il arriva à Corbie, que l'abbé de Corbie mourut. Puis s'en alla à Amiens, où ils crièrent Noël ! à sa bien venue. Puis fit illec nouveaulx officiers devant son partement, car il fit le seigneur de Belloy cappitaine de ladicte ville, et le seigneur de Humbercourt fit-il bailly. En icelle ville d'Amiens veint à luy le seigneur de Chauny, qui luy apporta lettres du roy, signées de sa main, et luy dit : qu'il avoit charge du roy de luy enjoindre et deffendre qu'il n'allast plus avant et qu'il mist son armée jus, et retournast en son pays, et qu'il rescripvist au roy pourquoi il avoit fait ceste armée et assemblée. Auquel le duc de Bourgongne respondit : que obstant qu'il estoit son parent du costé de Flandres, il ne debvoit point prendre telle charge, ains s'excuser. Lors le seigneur de Chauny se jeta à genoux et s'excusa le mieux qu'il pust, et ceulx aussi qui estoient entour le duc de Bourgongne le aidèrent à excuser. Si se appaisa le duc de Bourgongne; et jà-soit-ce que le cœur courroucé il eust dit au seigneur de Chauny que par luy il ne rescriproit point au roy, néantmoins, avant qu'il se partist, le duc de Bourgongne fut conseillé de luy bailler responce par escript, à toutes les articles qui luy avoient esté apportées par le seigneur de Chauny ; et se luy fit jurer qu'il les bailleroit à la personne du roy et non à aultres.

Le premier article de l'instruction dudict seigneur de Chauny estoit et contenoit : que le roy et le daulphin estoient moult esbahis des manières que tenoit le duc de Bourgongne devers le roy et sa seigneurie.

Item, pourquoi ses gens faisoient guerre ouverte au roy et ses subjects, et font pis que ne font les Anglois, qui sont ennemis mortels du royaulme, entendu qu'il estoit cousin-germain du roy, et que toujours dit et confesse qu'il veut le bien du roy ; et pourquoi il prend les serments des bonnes villes du roy, et les constraint à sa seigneurie.

Item, qu'il a faict accroire qu'il soit allié aux Anglois, et qu'il consent à déposer le roy de sa couronne ; pour lesquelles causes le roy luy faict ces choses remonstrer, afin qu'il voulust faire son armée retourner ; car il soit vraisemblable qu'il ne les tient sinon pour donner faveur, confort et aide aux Anglois, au préjudice du roy et de son royaulme.

Item, que s'il ne laisse sa manière de faire, il retournera reproche à luy et à sa génération, et ne ressemblera son bon père, qui luy exhorta à son derrain et luy pria moult, de toujours obéir au roy et à ses commandements.

Item, seront ces choses remonstrées par le seigneur de Chauny aux barons, chevaliers et escuyers estants avec le duc de Bourgongne ; et seront instamment requis de par le roy que, en ensuivant les traces de leurs bons et loyaulx prédécesseurs, ils se veullent tenir bons et loyaulx devers le roy, et que par mauvais conseil ils ne fassent chose qui leur tourne à déshonneur ou reproche.

Item, que si le duc de Bourgogne dit que ceulx qui gouvernent le roy luy font souvent, et luy ont faict aucunes duretés et choses qu'il ne peut ni doit souffrir, le seigneur de Chauny luy respondra, que pourtant ne doit-il point porter faveur aux Anglois, ni faire chose qui soit contre son honneur. En ceste matière pourroit-il bien procéder par manière plus honneste ; et aussi que le roy n'a pas la main close, qu'il ne soit bien enclin à luy faire graces et courtoisies, et à ceux qui sont en service, mais que ils fassent envers le roy ainsi comme ils sont tenus.

Ces choses ainsi, ou en substance, remonstrées au duc de Bourgongne par messire Aubert de Chauny, il luy fut respondu par ceulx du conseil du duc de Bourgongne, par escript, ainsi, ou en substance, que cy-après s'ensuit. Premièrement, au premier poinct, respond : Que voirement est-il parent et vassal du roy, et pourtant obligé au roy à le servir contre tout homme, et à ce a labouré et laboure encore, à celle fin que le roy et le royaulme soient bien gouvernés, et que réparations se fassent de ses maisons et de ses places, et de la justice de son royaulme, et de l'administration de ses finances ; de toutes lesquelles besognes ont esté, au pourchas du duc de Bourgongne, faites par le roy lesdictes ordonnances. De la rompture desdites ordonnances, qui guaires ne durèrent, furent cause ceulx qui cy-après seront nommés, lesquels sont des entours le roy, auxquels n'a pas suffi rompre et anéantir lesdictes ordonnances, mais sans cesse persécutent le duc de Bourgongne, et ses subjects, amis et bienveillants, en les destruisant de corps et de biens, contre l'honneur de luy et de sa postérité, jà-soit-ce que au saint concile de Constance eust obtenu une sentence pour soy, par laquelle il appert clairement de son bon droit et de la mauvaiseté de ses haineux.

Item, quant au poinct, touchant que les gens du duc de Bourgongne font guerre ouverte aux gens du roy, respond : Que quand il a veu ceulx qui sont entour le roy persévérer en leur rigueur, et qu'ils n'ont voulu entendre à nul bon régime ni a bien de paix, il fit ces choses sçavoir en pluiseurs lieux, et la volonté qu'il avoit au bien du royaulme, et la manière qu'il entendoit pour y remédier ; et pour celle cause fit-il son mandement de gens d'armes, et que, graces à Dieu, il avoit avecques luy six mille chevalliers et escuyers pour servir le roy pour son grand bien, et trente mille combattants, tous bien veuillants du roy et de son royaulme ; et avoit trouvé ceulx des bonnes villes bons et courtois, connoissants sa bonne intention ; avoit aussi trouvé aucunes places pleines de pillarts et de larrons, dont il avoit le pays délivré ; et en icelles avoit commis preud'hommes, léaulx gens au nom du roy ; lesquels, pour nulle quelconque chose, ne voulloient faire faute envers le roy. Si que touttes ces choses ont esté faictes au gré des bonnes villes qui sont au roy. Et respond qu'il a ce fait, afin que les subjects persévèrent en bonne volonté envers le roy et le royaulme, et à la confusion et reproche des empescheurs de paix et destruiseurs du royaulme, qui se trouvent entour le roy. Et ne l'a pas faict pour tollir au roy sa seigneurie et aide, comme dient lesdits haineux, mais trop bien que ces droits ou finances ne soient bailliées aux faux traistres et empescheurs de paix, ains soient confermées et gardées pour employer au bien du roy et de son royaume, en temps et en lieu. Et entend le duc avoir bien faict ; car tout ce qui vient ès mains de traistres a toujours mauvaisement et desléalement esté emblé[1] au roy, et desparti entre eulx, à l'avantage des ennemis de France, comme chacun sait ; et que son in-

(1) Enlevé.

tention est, lui venu devers le roy, procurer que tels aides n'aient plus cours.

Item, que le duc soit allié aulx Anglois, respond : que, sauve la révérence du roy, tous ceux qui dient qu'il est sermenté aux Anglois mentent.

Et quant au point de rompre son armée, respond : qu'il n'en fera rien, et que, en ce faisant, il feroit mal, attendu qu'il est heure de assembler gens pour résister contre ses ennemis qui sont dedans le royaulme.

Item, que quant à ce qui lui a été remonstré, que il regarde à son honneur et aulx parolles que lui dit son père, respond : que, voirement, son feu père, voyant les iniquités, manières et règnes de la cour de France, lui commanda servir le roy ; aussi est son intention d'entendre à la réparation et bonne réformation de ce royaulme. Et n'a pas faict ce soudainement ; mais toujours par très grand et meure délibération de conseil ; et partant lui semble que, s'il s'en déportoit, qu'il en seroit blasmé et reproché, et ceulx qui de lui issiroient.

Item, quant est du remonstrer touttes ces choses aux seigneurs de sa compaignie, respond : que, par leur bon conseil et pour le bien du royaulme, il a faict et encore faict tout ce qu'il a faict ; et partant est bien content que tous le sachent, afin qu'ils connoissent mieux les iniquités de ceulx qui destourbent la paix et la bonne intention du duc de Bourgongne.

Item, quant au point touchant que ces remonstrances et deffenses soient faictes au duc de Bourgongne, respond : que il sait bien que telles deffenses ne viennent pas du roy ni de sa volonté, et que le roy l'aime et le désire à voir, et les faux traistres font faire couvertement ces remonstrances et deffenses. Aussi, attendu que les ennemis sont en Normandie, il n'est pas heure de rompre les armes, ains au contraire se doivent tous bons et loyaux subjects mettre sus, et eulx employer à la deffense du royaulme. Et quand ores ils n'y fussent pas descendus, si ne voudroit pas le duc de Bourgongne souffrir les faux traistres qu'ils demeurassent en tel gouvernement.

Item, quant à ce que le duc de Bourgongne voulut dire, que ceulx qui gouvernent le roy, c'est assavoir messire Henry de Marle, l'évesque de Paris, messire Tanneguy du Chastel, messire Burel de Dampmartin, maistre Etienne de Beauregart, maistre Philippe de Corbie, et pluiseurs aultres, ont esté principaux promoteurs et conduiseurs desdittes iniquités, à la perturbation de paix, et ont faict pluiseurs grands excès et crimes cy-après déclarés ; pour lesquels enchasser et boutter hors du gouvernement, le duc de Bourgogne s'est mis en armes, et ne cessera, tant qu'il ait la vie au corps, de poursuivre sa bonne intention, et non pas pour favoriser les Anglois, ni pour destruire le royaulme.

Item, quant aulx graces que le roy doibt avoir faict au duc de Bourgogne, respond : que l'appointement que fit le duc Guillaume de Bavière avec la royne et le conseil, du vivant du daulphin, fut provisoirement assez faict à son gré ; mais sitost que le daulphin fust mort, les traistres ostèrent dudit appointement ce qui n'estoit pas à leur gré ; dont ce ne fust pas de merveilles si le duc n'en tint compte, quand mesmement le duc Guillaume estant au lit de la mort, quand il vit celle mutation ainsi faicte en leur appointement, à la charge et honneur du duc de Bourgongne, en fut si mal content, que il dit tout haut ; que les traistres qui estoient autour du roy, estoient pires que nul ne polroit dire ni penser ; et promit adonc et jura au duc de Bourgongne, si Dieu le voulloit aider de celle maladie, qu'il le aideroit de son corps et de ses sujets à prendre punition des traistres : lesquels il réputoit si mauvais et si obstinés en leur dampnable affection contre le duc de Bourgongne, en disant qu'il leur avoit ouy dire que, si les Anglois venoient d'un costé à Paris, et le duc de Bourgogne y allast de l'aultre costé, que ainchois [1] mettroient-ils les Anglois dedans Paris, que ne feroient le duc de Bourgongne. Ces paroles ici dit le duc Guillaume au lit de la mort, présents pluiseurs notables seigneurs.

Item, estoit vrai, que puis un petit de temps, iceulx gouverneurs du roy avoient faict ardoir publicquement au palais de Paris, les lettres-patentes du duc de Bourgongne, par lesquelles il offroit paix à tous ceulx qui le voulloient avoir avec lui. Finablement, lesdittes réponses estoient escriptes, que le duc de Bourgogne voulloit que chacun sceult que son intention estoit de persévérer en son bon propos, et qu'il ne le délaisseroit jusques à ce que il auroit eu

(1) Plutôt.

conseil grant avec le roy, et faict remonstrer au roy les iniquités, tyrannies, cruautés et inhumanités cy-dessus déclarées, la désolation du royaume et les manières qu'il convenoit tenir pour la réparation d'iceluy, tellement et tant que le roy et tous les bons subjects de son royaulme en debvroient estre contents. Et combien que le duc de Bourgongne ait par lettres-patentes offert paix, ainsi comme dit est, et que ceulx d'entour le roy ne l'eussent pas à ce reçu, ains ayent contre lui persévéré en leur rigueur et toutte vengeance, pour le bien du royaulme, qui tant a besoin de paix et concorde, de confort et aide, il se offre de toujours estre prest et appareillé de vouloir paix à tous, selon la teneur de ses lettres.

Ces responses du duc de Bourgongne furent rapportées au roy et au conseil par le seigneur de Chauny, et, par escript, sur chacun point des remonstrances. Quand le seigneur de Chauny fut retourné, il fust accusé en plein conseil, avant qu'il fist son rapport, d'avoir baillé en plusieurs lieux, à Amiens et à Paris, la copie de ses instrucions et des responses faictes par le duc de Bourgongne ; et lui en fut une copie leue et monstrée contre l'original, et fut trouvé que c'estoit tout un ; dont le seigneur de Chauny fut fortement argué et reproché, attendu qu'il estoit du conseil du roy ; mais il s'en excusa sur son clerc. Néanmoins il fut prins et mené en la bastille Sainct-Anthoine, où il fut longuement ; c'est assavoir, jusques à la prinse de Paris ; car les gouverneurs du roy estoient très déplaisants que les responses du duc de Bourgongne estoient sçues par tant de gens. Néanmoins, en persévérant en leurs obstinations, eulx advertis par lesdictes responses que le duc de Bourgongne ne se partiroit de son entreprinse, firent rescripre par le roy aulx villes et passages entre Amiens et Paris, qu'il ne fust receu, lui ni ses gens ; et, d'autre part, le connestable manda ses gens qui se tenoient en la frontière de Normandie, qu'ils venissent hastivement devers lui entour Paris, et les renvoya ès garnisons sur les frontières de Picardie, pour résister contre le duc de Bourgongne, qu'il ne venist à Paris. Ainsi donc les frontières de Normandie furent abandonnées aulx Anglois, pour contr'ester au duc de Bourgongne ; qui sembla à plusieurs une estrange chose.

CHAPITRE LXXIX.

Comment le duc de Bourgongne, en tirant à Paris, entra en plusieurs villes du royaume, qui se rendirent à luy ; comment il alla loger sur le Mont-Rouge, et envoya son héraut avec lettres, pour présenter au roy et au dauphin ; de la réponse du dauphin auxdictes lettres ; comment Mont-le-Héry, Estampes, Chartres et plusieurs autres villes se meirent en son obéissance.

Le duc de Bourgongne, à son partement d'Amiens pour aller devers Paris, laissa son fils le comte de Charrollois en Arthois, accompagné de notable conseil, et s'en alla à Corbie et à Montdidier ; et estoient avecque luy le jeune comte de Sainct-Pol, messire Jehan de Luxembourg, et plusieurs aultres notables et grands seigneurs ; et de Montdidier envoya à Beauvais le seigneur de Fosseux, accompaigné de ses trois frères et de plusieurs notables seigneurs de Picardie ; et par certains moyens la ville lui fut ouverte. Et lors il fit assembler les gouverneurs et les plus notables de la ville, et leur fit remonstrer la bonne affection qu'il avoit toujours eue au bien du royaulme, et les tribulations que il souffroit par le gouvernement d'aulcuns gens de petit estat qui estoient autour du roy. De laquelle proposition ceux de Beauvais furent assez contents, et tant qu'ils conclurent de le recevoir dans leur ville atout sa puissance. Et il y alla tantost après ; et crièrent Noël à son entrée. Il y séjourna huit jours, pendant lequel temps ceux de Gournay en Normandie s'en vinrent offrir à son service ; et ils lui jurèrent que ils luy seroient bons et fidèles au roy et à luy ; et il leur quitta toutes gabelles et subsides, ainsi qu'il feit aux aultres villes royales qui vouloient tenir son parti. Hector et Philippe de Saveuse, à grand compaignie de gens d'armes, allèrent à Beaumont-sur-Oise, pour gagner le passage, mais leur fut deffendu par les gens du connestable. Si retournèrent à Chambelly se herbergier ; et pillèrent le village et l'église qui estoit pleine de tous biens. Quand le duc de Bourgongne fut averti que les gens du connestable gardoient le passage de la rivière d'Oise, il se partit de Beauvais atout sa puissance qui estoit grande ; car il avoit, comme on disoit, soixante mille hommes. Et lors, par le moyen de Charles de Moy, le seigneur de l'Isle-Adam se tourna de son parti et lui bailla son passage par la ville de l'Isle-Adam. Mais entre ces choses, messire Jehan de Luxem-

CHAPITRE LXXIX.

bourg, à grand route de gens, trouva manière de passer la rivière à batteaulx, et s'en alla lendemain courre devant Senlis, dont messire Robert d'Esne estoit capitaine et bailly, lequel saillit sur les Bourguignons. Dont le commun de la ville fut si mal content que, la nuit ensuivant, le prinrent et mirent en prison, après qu'ils eurent tué huit ou dix de ses soudoyers ; et tantost après le boutèrent hors de la ville et tous ses gens; et puis mandèrent ledit de Luxembourg, et le mirent dedans leur ville; et jurèrent foi et loyauté au roy et au duc de Bourgongne ; et fut Troullart de Maucreux constitué bailli de Senlis, par Messire Jehan de Luxembourg.

Quand le duc de Bourgongne eut le passage de la rivière d'Oise, et que il feut à l'Isle-Adam, il se en alla mettre le siége devant Beaumont ; lesquels enfin se rendirent à sa volonté ; et fut sa volonté telle, que il y en eut neuf qui eurent les testes coppées, et les aultres payèrent par finance. Puis, après ce faict, laissa au chastel bonne garnison, et envoya son avant-garde logier à Mal-Buisson, auprès de Pontoise, du costé devers Paris ; et s'en alla atout son ost, de l'aultre costé devers Beauvais, et fit les engins dresser devant les portes de Pontoise. Mais ceux de la garnison se rendirent, sauf corps et biens, et lui promirent qu'ils ne s'armeroient contre lui devant le jour de Noël; dont ils ne tinrent rien ; car sitost qu'ils furent à Paris, ils se mirent à la guerre. Le duc de Bourgongne entra à Pontoise, et en fit capitaine le seigneur de l'Isle-Adam. Tantost après, le duc de Bourgongne prit son chemin à Meulan; et quand il eut passé Seine au pont de Meulan, il alla logier outre deux lieues en plein champ. Après fit mettre le siége devant la tour de Sainct-Cloud ; puis s'en alla logier sur une belle montagne, qui s'appelle Mont-Rouge ; et de là alloient tous les jours jusques devant Paris, et ceux de Paris sailloient souvent sur eux. Mais les Bourguignons couroient le plat pays à sept ou huit lieues arrière de leur ost, et ramenoient tant de vaches, brebis et bestes, que c'estoit pitié à regarder, avec aultres biens portatifs. Et le duc de Bourgongne, estant logé sur le Mont-Rouge devant Paris, envoya un hérault, nommé Palis, qui depuis fut roy d'armes de Flandres, porter lettres missives au roy et au daulphin. Lequel hérault fut mené par le comte d'Erminacq au daulphin, car au roy ne peult parler, et lui bailla les lettres du duc de Bourgongne, en lui disant en bref la charge que il avoit de lui. Et le daulphin lui dit, instruit par son conseil : « Hérault, dit-il, ton seigneur de
« Bourgongne, contre la vollenté de monsei-
« gneur le roy et de nous, a piéça gasté le
« royaulme en plusieurs lieux, en continuant
« jusques à maintenant de mal en pis. Il mons-
« tre mal qu'il soit nostre bienveillant, comme
« il nous escript. Et s'il veut que monseigneur
« le roy et nous le tenons pour nostre parent,
« et léal vassal et subject, qu'il voise¹ à débou-
« ter le roy d'Angleterre, ancien ennemi de ce
« royaulme, et après vienne devers monsei-
« gneur le roy, et il sera reçu. Et ne die plus
« que monseigneur le roy et moi soyons en
« servage de personne nulle, car nous sommes
« en nos libertés et franchises ; et garde que
« tu lui dies ce que te disons publiquement de-
« vant ses gens. » Après ces paroles le hérault retourna, et dit à son seigneur tout ce qu'il avoit ouy; dont le duc de Bourgongne ne fit gaire de semblant, considérant que telles paroles venoient des gouverneurs du roy et du daulphin. Quand le duc de Bourgongne vit qu'il n'entreroit point dedans Paris, et que ses favorables qui l'avoient mandé pouvoient faire ce qu'ils désiroient, il s'en alla assiéger Mont-le-Héry ; mais ceux de dedans se composèrent à lui, de rendre la place s'ils n'estoient secourus dedans huit jours. Et pour ce qu'ils n'eurent point de secours, ils rendirent la place. Et tantost après se rendirent à lui les chasteaux de Marcoussy, Dourdan, de Piseau et aultres du pays d'environ. Or advint que aucuns seigneurs de Bourgongne s'en allèrent devant le chastel d'Oursay, et affustèrent canons et engins, pour rompre la place ; mais le connestable leur vint courre sus, à un point du jour qu'ils de rien ne se doubtoient ; et les rua jus, si qu'il print bien cinquante gentilshommes, et les aultres se rentrayrent en leur ost. Entre ces choses, le duc de Bourgongne envoya seize mille combattans jusques à Chartres, laquelle ville se mit en l'obéissance du duc de Bourgongne ; et aussi firent Gaillardon, Estampes, et aultres plusieurs. Une autre compaignie fust envoyée à Anneau ; et la dame de la Rivière, qui estoit layens²,

---

(1) Aille. (2) Dedans.

leur promist que, en ses places, ne mettroit homme en la nuysance du duc de Bourgongne. Ainsi donc se mirent pluiseurs bonnes villes et chasteaux en l'obéissance du duc de Bourgongne, tout volontiers, pour ce qu'il ne leur souffroit payer tailles ni imposition, sinon celle du sel; par quoy il acquit la grace de pluiseurs bonnes villes, si que tous désiroient qu'il eust le gouvernement du royaulme.

CHAPITRE LXXX.

Comment le duc de Bourgongne escripvit derechief lettres à plusieurs bonnes villes, et envoya une cédule qui contenoit la substance de la proposition que ceulx du concile luy avoient faict faire par un docteur; comment il s'en alla devers Tours, au mandement de la royne, laquelle il ramena à Chartres.

Le duc de Bourgongne envoya pluiseurs lettres à pluiseurs bonnes villes pour les attraire à son amour. Par lesquelles ses lettres il leur remonstroit le mauvais gouvernement du royaulme par la coulpe de ceulx qui sont entour le roy et daulphin, et comment, pour remédier à tant de inconvénients qui en viennent, il s'est mis sus en armes; et jà-soit-ce que il ait faict par pluiseurs fois sommer et advertir les gouverneurs pour mettre remède et réparation au royaulme, néantmoins ils n'y ont oncques voulu entendre; mesmement, puis un peu de temps, luy estant logé près de Paris, avoit envoyé à Paris pour avoir accès et audience devers le roy, en luy offrant service de corps et de biens, et de toute sa puissance, mais son hérault ne put parler au roy; et luy feurent ses lettres rendues; et luy fut dit qu'il n'y retournast plus. Pourquoi son intention est de poursuivir son entreprise, quelque chose qui luy en puisse advenir, jusques à ce qu'il y ait bonne réformation au royaulme, et que lesdicts inconvénients cesseront, et que la marchandise puisse avoir cours au royaulme, et que justice soit maintenue; et, mesmement, attendu qu'il est déclaré par le saint concile de Rome que à luy appartient avoir recours ès besognes du royaulme. Et finablement les sommoit par ces lettres, au nom du roy, et leur prioit et requéroit que ils voulsissent avoir advis sur les choses dictes, et prendre avec luy une conclusion honorable pour le roy, si que ses subjects puissent de lors en avant vivre en paix et en justice. La substance de la cédule enclose ès lettres estoit telle, que un docteur nommé maistre Lievin Nevelin veint devers luy et luy présenta lettres de crédence que luy envoyèrent les doyens des évesques, le doyen des prestres, le doyen des diacres-cardinaulx estans audict concile. Lequel docteur, venu vers luy, commença sa proposition : *Domine, refugium factus es nobis*, c'est-à-dire : « En ce temps de déluge tu es nostre refuge. » Et puis, en déduisant la matière, compara le saint collège au roi David; et luy dit la manière qu'ils tenoient au concile, pour venir en l'union de l'église, et que toute la chrestienté estoit unie, excepté un grain de bled en un boissel, et nomma pour ce grain le comte d'Erminacq, qui tenoit encore la partie de Pierre de La Lune, lequel néantmoins estoit déclaré schismatique et hérétique, et tous ses adhérants et favorisants suspects de schisme et d'hérésie. Dit outre : qu'il estoit envoyé, non pas à luy comme duc de Bourgongne, mais à luy comme à celui qui représente le royaulme de France, et à qui en appartient le gouvernement, et non pas au roy, attendu son empeschement de maladie, ni à son fils, attendu son jeune age, ni au comte d'Erminacq, pource qu'il est réputé schismatique. Puis fit ledict docteur trois requestes au duc de Bourgongne. La première fut qu'il voulsist avoir le sainct concile et le pappe pour recommandés; la seconde, que, si aucuns avoient escript contre le sainct concile et collège, qu'il n'y voulsist ajouter foi; et la tierce qu'il voulsist avoir et tenir pour agréable tout ce qui seroit faict au concile, tant sur eslection de pappe comme sur la réformation de l'Eglise.

Après ce que le duc de Bourgongne eust esté un espace de temps à Mont-le-Héry, il s'en alla devant Corbeil, et le asségia de l'un des costés, qui fut une grande folie, car toujours alloient gens de Paris en la ville de Corbeil sans danger. Et s'il y eust esté cent ans, ainsi qu'il y estoit, il ne l'eust point eu. Si leva son siège et s'en alla à Chartres. La cause pourquoi il leva son siège si soudainement fut principalement, pour tant que la royne estant à Tours, si court tenue comme devant est dict, luy envoya prier, par un sien secrétaire, qu'il la voulsist deslivrer du danger où elle estoit, et en luy promettant qu'elle s'en iroit avec luy. Pour laquelle cause le duc de Bourgongne s'en alla si hastivement à Chartres, à Bonneval, à Vendosme et à Tours; mais quand il se trouva à deux lieues près, il envoya les seigneurs de Fosseux et de Vergy, à huict cents combattants, mettre em busches à demi-lieue de Tours. Lesquels illec venus envoyèrent un certain message devers la royne, pour noncer leur venue; et tantost elle dict à ses trois gouverneurs qu'elle vouloit ouyr la messe en l'abbaye de Marmoutier, qui est dehors la ville de Tours. Ceulx luy desconseillèrent; néantmoins elle les pria tant qu'ils la menèrent; et alors, ainsi qu'elle oyoit la messe, veint Hector de Saveuse, à soixante combattants, pour entrer en icelle abbaye. Lors les gouverneurs luy dirent : « Dame, dé- « partons d'ici, voici Bourguignons ou Anglois « qui sont ici venus. » Et elle leur dit qu'ils se tenissent près d'elle; et entre tant, Hector entra dedans l'Eglise et alla saluer la royne, de par son maistre le duc de Bourgongne. Elle luy demanda où estoit son seigneur, il luy dit qu'il viendroit en brief devers elle. Adonc luy dit-elle, qu'il prenist ces trois qui auprès d'elle estoient, et qu'il s'en tenist seur. Et tantost l'un de trois, nommé maistre Laurent du Puich, s'enfuit par derrière, et entra en un vaissel pour passer la rivière, mais il eut si grant haste qu'il se noya; et les deux aultres feurent prins, c'est assavoir maistre Jehan Pichard et maistre Guillaume Thorel. Il estoit environ neuf heures au matin, et le duc y veint environ à onze heures ; et y fit à la reine grand' révérence, et elle à luy, en luy disant: « Beau cou- « sin, entre tous les hommes de ce royaulme, « je vous dois aimer, quand à mon mandement « vous avez tout laissé et m'estes venu déli- « vrer de prison. Pourquoi, beau cousin, ja- « mais ne vous fauldrai, car bien vois que « toujours avez aimé monseigneur, sa généra- « tion, son royaulme et la chose publique. » Ils disnèrent ensemble en icelle abbaye. La royne manda en la ville que elle et son cousin de Bourgongne y vouloient entrer. Le capitaine y différa un petit, mais néantmoins il se retrait dedans le chastel, et ils entrèrent dans la ville atout leurs gens; et tantost après, au mandement de la royne, le capitaine ouvrit le chastel. Et puis, quand le duc de Bourgongne y eust séjourné trois jours, il commit à la garde du chastel Charles Labbe, à deux cents combattants, lequel jura et promit au duc de Bourgongne sa foi de bien garder la ville pour luy et en son nom, dont il luy faillit ; car, ainçois [1] que l'an fust passé, il la rendit au daulphin, et luy fit serment contre son seigneur le duc de Bourgongne. La royne et le duc veinrent à Chartres le neuviesme jour du mois novembre.

CHAPITRE LXXXI.

Comment la royne envoya lettres aux bonnes villes de France estants en l'obéissance du duc de Bourgongne; comment le duc de Bourgongne feut derechief frustré de l'entrée de Paris; et comment la royne et luy se tinrent la plus grant part de l'hiver à Troyes.

La royne venue à Chartres escripvit aux bonnes villes de France estants en l'obéissance du duc de Bourgongne, sans plus obtempérer à quelques lettres ou mandements du roy son seigneur, ni du daulphin son fils, et parlant au contraire desdictes lettres; et elle leur promettoit confort et aide contre tous ceulx qui les vouldroient en ceste cause nuire. Ces lettres feurent escriptes à Chartres, le deux de novembre an dessusdict. Encore fut ordonné audict lieu de Chartres, que messire Jehan de Morvilliers s'en iroit à Amiens, et avecques luy un greffier; et auroit illec le scel de la royne, pour sceller tous mandements dont on auroit mestier et besoin ès baillaiges d'Amiens, de Tournay, de Vermandois et de Senlis, sans plus aller en parlement à Paris. Et estoit le titre des mandements tel que cy-après s'ensuit : « Isabel, par la grace de Dieu royne de France, « ayant, pour l'occupation de monseigneur le « roy, le gouvernement et l'administration de « ce royaulme, par l'octroy irrévocable à nous « sur ce fait par mondict seigneur et son « grand conseil, etc. » Par le moyen desquels mandements de la royne, ledict maistre Jehan assembla une très grande somme de pécune; et pareillement, pour les pays outre la Seine obéissants au duc de Bourgongne, fut ordonné un aultre chancelier.

Le duc de Bourgongne, atout sa puissance, se partit de Chartres pour aller à Paris, espérant entrer dedans par le moyen d'aucuns ses amis. Et quand il approcha Paris, il envoya bien six mille combattants à la porte de Louvel de Chastillon, du costé Sainct-Marcel; mais ainçois qu'ils y venissent, le connestable en fut adverti. Si en-

---

(1) Avant.

voya de ses gens à icelle porte pour la garder, et par ce moyen fut leur entreprise rompue; et s'en allèrent logier à Sainct-Marcel, attendants la venue du duc de Bourgongne, qui bien cuidoit entrer dedans la ville de Paris, mais son entreprinse fut descouverte. Que vous dirai-je? le duc de Bourgongne s'en retourna de devant Paris, et veint logier soubs le Mont-le-Héry, et là donna congié à ses Picards, pour eulx aller hiverner en leur pays. Puis retourna le duc de Bourgongne à Chartres, devers la royne, atout le demeurant de ses gens; et puis prinrent leur chemin, la royne et luy, pour aller à Troyes, et là feurent honnorablement receus. Le duc de Bourgongne s'y tint la plus grand' partie de l'hiver, mais il envoya sur les frontières de Champaigne Jehan d'Anegui et Jehan de Clau, atout leurs gens, lesquels feirent forte guerre.

CHAPITRE LXXXII.

Comment Jehan de Bavière print la ville de Gorcum sur la comtesse de Hollande; comment ses gens feurent desconfits; comment le roy d'Angleterre conquestoit villes et chasteaux en Normandie, et le duc de Glocestre, son frère.

En ce temps, Jehan de Bavière, frère du duc Guillaume, faisoit forte guerre en Hollande contre sa niepce Jacqueline, duchesse en Bavière; et prit sur elle Gorcum, en Hollande. Mais le chastel ne purent-ils avoir, où ceux de la ville se retrayrent et le tinrent vaillamment. Et entre temps, icelle duchesse, avec la comtesse de Hainault sa mère, passèrent par navire en Hollande, à grosse compagnie de gens d'armes, et entrèrent dedans le chastel, qui tenoit pour elles; et quand les gens furent prests pour assaillir leurs ennemis, madame Jacqueline, héritière du pays, prit la bannière de ses armes, et la laissa à Walleran de Brederode, en lui disant: « Je veux qu'aujour-« d'hui vous représentiez ma personne; et « vous fais chef de mes gens. » Lors, les gens d'armes se mirent en belle ordonnance, et issirent du chastel en la ville; et combattirent les gens de Jehan de Bavière, lesquels furent déconfits. Et là mourut le damoiseau d'Erkles, et bien de cinq à six cents de son parti; et, du parti des dames, ledit Walleran de Brederode, qui fut fort plaint des dames, et non sans cause. Le comte de Charrollois alla en Hollande pour appaiser son oncle et sa cousine, mais rien n'en put faire, et retourna en Flandres.

Alors le roy d'Angleterre estoit en Normandie, et conquestoit villes et chasteaux, car nul ne lui contestoit; et tant qu'il assiégea la ville de Caen, grand' ville et forte, là où il perdit beaucoup de ses gens à pluiseurs assaults qu'il y fit; mais il le prit enfin par force; et y furent tués plus de cinq cents hommes de ceulx de dedans. Le duc de Glocestre, frère au roi d'Angleterre, assiégea Cherbourg, qui estoit la plus forte place de Normandie; et y fut le siége dix mois. Puis lui fut rendue par le capitaine, qui en eut une somme d'argent; et s'en alla retraire à Rouen, là où il se tint jusques à ce qu'elle fust conquise; et depuis lui fit le roy d'Angleterre trancher la teste, dont pluiseurs seigneurs de France ne furent guaire courroucés.

CHAPITRE LXXXIII.

Comment le roi feit assiéger Senlis; comment les Franchois en partirent; du secours que le comte de Charrollois leur envoya en l'absence du duc de Bourgongne, son père; et comment ambassades leurent envoyées d'un costé et d'autre, pour union du royaume.

Environ la feste Nostre-Dame Chandelier 1417, le roy se partit de Paris pour aller mettre le siége devant Senlis, que les Bourguignons tenoient; et estoient dedans messire Mauroy de Sainct-Légier, le bastard de Thian, capitaine de la ville, Troullart de Maucreux et aultres. Le roy, durant le siége, se tenoit au chastel de Creil. La ville fut fort approchée et battue de canons et autres engins, tellement qu'ils eurent conseil de prendre traictié. Si fut la chose appointée : que les Bourguignons rendroient au roy sa cité, au cas qu'ils ne seroient secourus en dedans le dix-neuviesme jour d'avril : et de ce baillèrent ostages. Après icelui traictié, envoyèrent iceulx Bourguignons devers le comte de Charrollois, en Flandres, pour cause que le duc de Bourgongne, son père, estoit en Bourgongne. Quand le comte de Charrollois ouyt les nouvelles, il se tira dedans la ville d'Arras, et là assembla tous les seigneurs du pays, pour sçavoir comment la ville de Senlis seroit secourue. Si fut advisé de faire mandement, au nom du duc de Bourgongne son père et de lui, par tout le pays de Picardie : et fut ainsi fait. Et se trouvèrent les Picards d'un seul pays, une très belle compagnie, c'est à sçavoir de huit à neuf cents hommes d'armes, deux mille archiers et aultres compagnons de guerre. Le comte de Charrollois, qui grand desir avoit de secourir la ville de Senlis et ceulx qui dedans estoient, se tira jusques à Corbie, en personne, à intention d'estre au jour que la ville se devoit rendre ou combattre, mais à toute force lui fut défendu ; mais à grand' peine le peut-on retenir. De l'armée des Picards furent chefs messire Jehan de Luxembourg et le seigneur de Fosseux, lors capitaines-généraux de Picardie, en leur compaignie pluiseurs chevaliers, escuyers et autres du pays de Picardie ; et prirent leur chemin droit à Ponthoise, qui se tenoit pour le duc de Bourgongne.

Quand le connestable sçut que Picards estoient à Ponthoise pour combattre et secourir ceulx de Senlis, ils envoyèrent quérir le roy, qui estoit à Creil ; et le jour que les Picards passèrent la rivière d'Oise, firent les Franchois monter le roy à cheval ; et si firent sommer ceux de Senlis qu'ils se rendissent au roy, ou qu'ils feroient trancher les testes à leurs ostages. Les Bourguignons et gens de guerre respondirent, que on leur feroit tort, et que le jour n'estoit point passé. Toutefois, ce nonobstant, les ostages eurent les testes coupées, dont il y avoit deux gentilshommes de Picardie, un nommé Guillaume Mauchevalier, et l'autre nommé Baudart de Wingles, deux bourgeois de Senlis et deux hommes d'église de ladite ville. Quand ceux de la ville sçurent que leurs ostages avoient les testes coppées, ils furent moult desplaisants; et, en dépit de ce, firent trancher les testes à quarante-six des gens du comte d'Erminacq, qu'ils tenoient prisonniers.

Après ces choses faictes, le roy se tira aux champs, et de tous points leva son siége. Quand il fut aux champs, ordonna la bataille moult honorablement. Après ils envoyèrent courreurs pour sçavoir et voir l'état des Picards. Lesquels courreurs trouvèrent Hector et Philippe de Saveuse ; et là y eut maintes lances rompues, et gens morts et prins, d'un costé et d'autre. Toutefois, le roy sceut que les Picards marchoient en belle ordonnance, en intention de combattre ; pour laquelle cause il envoya deux officiers d'armes devers eux, pour demander quels gens ils estoient, qui voulloient combattre le roy. Auxquels fut respondu que c'estoit messire Jehan de Luxembourg et le seigneur de Fosseux, serviteur du duc de Bourgongne, prest de faire service au roy, et aussi de leurs secours à la bonne ville de Senlis, ou combattre le comte d'Erminacq, qui naguaire tenoit le siége devant la bonne ville de Senlis. Ces choses faictes, le roy prit son chemin droit à Paris ; et le connestable et les gens de guerre, voyants la bataille des Picards, qui bien leur sembloit qu'ils fussent deux fois autant qu'ils estoient, et aussi pour la personne du roy, se partirent en belle ordonnance, et sans combattre, et accompaignèrent le roy et le remenèrent dedans Paris ; qui fut à la maladventure du comte d'Erminacq et de la plus grand' partie de ceux qui estoient en sa compaignie, car guaire ne demeura après que les Bourguignons entrèrent dedans Paris, où il fut piteusement tué, avec plus de trois mille qui tenoient son parti, comme cy-après sera dit. Et quant aux Picards, ils retournèrent joyeusement en Picardie, et ceulx de Senlis réparèrent les murs en ce qui faisoit à remparer à la ville, au mieux qu'ils purent, laquelle avoit esté fort battue de bombardes et de canons, et d'autres engins et habillements de guerre. En ce temps, la royne estoit avec le duc de Bourgongne, à Troyes ; pour laquelle cause fut advisé que on enverroit ambassades d'un costé et d'autre, afin de tout remettre en bonne paix et union. Pour laquelle cause la royne et le duc de Bourgongne envoyèrent pareillement gens de pareil estat, à Bray-sur-Seine, pour convenir ensemble sur un sauf-conduit pour chacune partie ; et de commun accord, convinrent ensemble par pluiseurs jours en un village nommé la Tombe, qui est au milieu de Monstreau et de Bray ; et dura le parlement de ces deux ambassades bien deux mois.

Entre ces choses, l'union fut mise en l'Eglise universelle; et fit le pape Martin mettre hors de prison le pape Jehan, lequel se mit du tout en sa mercy et obéissance ; et le receut bénignement, et le fit cardinal, mais mourut tantost après.

En ce temps aussi, ceulx de Rouen, qui estoient favorisables au duc de Bourgongne, mandèrent secrettement venir en leur ville aucuns de ses capitaines, lesquels, à grand nombre de ses gens, allèrent à Rouen ; et à l'aide de ceux de la ville, allèrent assaillir le chastel que tenoient les gens du roy contre la ville ; et tant continuèrent qu'ils se rendirent, saufs corps et biens.

En ce temps tout le royaulme estoit en division, et par conséquent en grand' désolation, et n'y régnoit justice ni raison, et le peuple estoit dérobé de tous costés.

CHAPITRE LXXXIV.

Comment deux cardinaux feurent envoyés en France, pour la paix qui feut conclue, et empeschée du parfaire par le comte d'Erminacq et pluiseurs aultres.

En ce temps, vinrent en France, de par le Sainct-Père de Rome, deux cardinaulx pour mettre paix entre la royne et le duc de Bourgongne d'une part, et le roy et son fils d'aultre part ; et vinrent lesdits cardinaulx à Bray, où les ambassades d'une partie et d'aultre estoient, quy y avoient longuement esté, et ne se povoient trouver d'accord. Le cardinal de Sainct-Marc tantost après s'en alla à Paris, remonstrer au roy le bien que povoit venir de paix, et aultres pluiseurs choses touchant ceste matière ; puis s'en retourna avec les aultres à Monstreau. Et convenoient ensemble comme tous les jours, en l'église de la Tombe, entre Bray et Monstreau. Et tant y besongnèrent que la paix y feut faicte et jurée par lesdits ambassadeurs, et mise par escript pour rapporter chacun à sa partie, assavoir s'ils le vouldroient tenir. Donc, quand le roy et le daulphin virent le traicté, il leur sembla bon ; mais le comte d'Erminacq, le chancellier de France, le prévost de Paris et Remonnet de la Guerre, dirent qu'ils ne conseilleroient jà de le passer, et que ce n'estoit pas bon pour le roy ; et dit le chancellier au roy que jà ne le scelleroit, et qu'il le scellast s'il vouloit. Desquelles paroles l'évesque de Paris et pluiseurs aultres notables gens feurent moult déplaisants, et conseillèrent au daulphin qu'il assemblast le conseil à son hostel au Louvre pour ouyr l'opinion de pluiseurs. Le conseil feut assemblé ; mais le connestable n'y voult oncques aller, disant que tous ceulx estoient traistres qui conseilloient au roy de passer un tel traicté. Si que par ces moyens tout feut rompu ; et demeurèrent les choses en tel estat où elles estoient par avant, sans paix et sans trèves.

Pourquoy pluiseurs notables gens conçurent grand' haisne contre le connestable. Néanmoins il envoya ses gens d'armes devant le Mont-le-Héry et devant Marcoussy ; et lui feurent ces places rendues par ceulx qui les tenoient au nom du duc de Bourgongne.

CHAPITRE LXXXV.

Comment le seigneur de l'Isle-Adam, à l'aide de aucuns Parisiens, entra avec ses gens tenants la partie du duc de Bourgongne dedans Paris ; des désordres et occisions y perpétrés ; comment la bastille feut rendue, et le seigneur de Chauny, qui estoit prisonnier, commis à la garde d'icelle.

Les Parisiens, mal contents du connestable et de ceux qui gouvernoient le roy, pource qu'ils avoient rompu le traicté de la paix, doubtoient estre longuement en grand' tribulation. Toutefois ils ne se osoient assembler ny descouvrir à personne, tant estoient guettés de près ; sinon que une fois, six ou huit compaignons de petit estat, lesquels s'en allèrent à Ponthoise secrètement devers le seigneur de l'Isle-Adam, et conclurent avec luy que, le dix-neuviesme jour de may, il viendroit avec plus de gens qu'il polroit à la porte de Sainct-Germain, et ils lui ouvriroient sans nulle faute. Il assembla gens de toutes parts, et fit tant qu'ils feurent bien huit cents combattants, entre lesquels estoient les plus principaulx, le Veau de Bar, le seigneur de Chastellus, le seigneur de Chevreuse, Ferry de Mailly, Loys de Wargnies, Lionnet de Bournonville, Daviot de Gouy et pluiseurs aultres ; lesquels, par nuict, à l'heure et jour dessusdict, allèrent à la porte Sainct-Germain ; et là trouvèrent Périnet Ferron, un des huit dessusdits, quy celle nuict avoit emblé sous le chevet du lit de son père les clefs de ceste porte, que son père gardoit. Et estoient avec luy ses complices, lesquels ouvrirent ceste porte, parquoi les gens d'armes entrèrent dedans. Donc, quand ils feurent tous dedans, ledit Périnet referma la porte et jetta les clefs par-dessus les murs ; puis allèrent tout coyement jusqu'assez près du Chastellet, où ils trouvèrent bien douze cents combattants des Parisiens pour aller avec eux ; puis s'en allèrent par diverses rues, criants : que quiconque vouloit avoir la paix allassent en armes avec eux. Auquel cri se mirent en armes avec eulx grand nombre de peuple ; et puis les uns s'en allèrent à l'hostel du roy, où ils rompirent les huis, et firent tant qu'ils parlèrent au roy, le-

CHAPITRE LXXXV.

quel feut content d'accorder tout ce qu'ils demandèrent. Et tantost le firent monter à cheval, avec luy le frère du roy de Chyppre; et le firent chevaucher avec eux parmi la ville. Aucuns allèrent à l'hostel du connestable, mais il en feut adverti et se sauva en habit dissimulé et desguisé, en la maison d'un povre homme auprès de son hostel. Aucuns aultres s'en allèrent à l'hostel du chancellier et de Remonnet de la Guerre, lesquels feurent trouvés et saisis. Adonc s'avisa Tanneguy du Chastel, prévost de Paris, quand il ouyt l'effroy, d'aller à l'hostel du daulphin, et l'enveloppa en un linceul hastivement, et en ce point l'emporta en la bastille Sainct-Antoine, là où secrettement pluiseurs notables gens se retirèrent. Ainsi donc ceste nuict, le premier et le second jour ensuivant, iceulx gens de guerre et le peuple ne cessèrent de fuster les maisons des gouverneurs du roy et de leurs favorisants, prinrent tous leurs biens et pluiseurs prisonniers, et les mirent au Palais, au Louvre et au Chastelet, et en pluiseurs aultres lieux. Entre lesquels feurent les évesques de Senlis, de Bayeux et de Coustance; messire Hector de Chartres, messire Enguerrand de Marcongnet, et autres sans nombre.

Le seigneur de l'Isle-Adam, après ces choses faictes, fit establir le Veau de Bar prévost de Paris, au lieu de Tanneguy du Chastel. Et à brief dire, tous les conseillers du roy, et aultres tenants la partie du comte d'Erminacq, feurent pillés, prins ou occis cruellement. Et avec ce feut crié de par le roy, à son de trompe, que tout homme ou femme quy sçavoient aucuns tenants la partye du comte d'Erminacq, respons[1] ou muchiés[2], le nonçassent au prévost, sous peine de confiscation de corps et de biens. Et tantost après le povre homme où estoit muchié le comte d'Erminacq, le alla noncer au prévost; lequel le alla prendre en ladite maison et le mena prisonnier au palais.

Entre ces choses, Tanneguy du Chastel trouva manière de envoyer le daulphin par Charenton, à Melun, à Corbeil, et à Montargis. Et si manda gens de son party de toutes parts pour venir devers luy à la bastille de Sainct-Anthoine. Et d'autre part, le seigneur de l'Isle-Adam envoya hastivement en Picardie et ailleurs pour tirer gens d'armes à Paris; et en briefs jours après, y vint grand nombre de gens de Picardie et ailleurs. Le matin après la prise de Paris, le maréchal de Rieux, le seigneur de Barbasan et Tanneguy du Chastel, accompagnés de quinze cents combattants, entrèrent dedans Paris à estendard déployé, par la porte Sainct-Anthoine, et s'en allèrent par derrière à l'hostel de Sainct-Pol, cuidants trouver le roy pour l'emmener avec eux; mais ne le trouvèrent pas, car on l'avoit mis au Louvre atout son estat. Si chevauchèrent en icelle grand rue, criant : « Vive le roy et le connestable comte d'Erminacq! » Mais ceulx de Paris, tout incontinent, avec leur nouveau prévost et le seigneur de l'Isle-Adam, s'encoururent celle part à si grand effort qu'il convint les Erminacqs retraire en la bastille; et y perdirent jusques au nombre de trois ou quatre cents des plus aventureux de leurs gens; et des Parisiens feurent occis environ quarante hommes. Et tantost après iceux, le maréchal de Rieux, le seigneur de Barbasan et Tanneguy, laissèrent bonne garnison dedans la bastille, et s'en allèrent à Corbeil, à Melun et à Meaux.

Et d'autre part, le jeudy ensuivant, vinrent à Paris Hector et Philippe de Saveuse à deux cents combattants, et se logèrent du costé de la bastille, aux Tournelles et là entour; et puis le vendredy, le samedy et les jours ensuivants, vinrent à Paris messire Jehan de Luxembourg, le seigneur de Fosseux et aultres, à grand'compaignie.

Ceulx quy feurent occis du party du comte d'Erminacq feurent par le bourrel de Paris portés aux champs et là enfouis; les aultres de Paris feurent enterrés honorablement en terre saincte.

Après ces choses faictes, ceulx quy feurent demourés en ladite bastille traitèrent avec le seigneur de l'Isle-Adam; et s'en allèrent saufs leurs corps et leurs biens; et feut commis à ladite bastille le seigneur de Chauny, quy grand temps avoit esté prisonnier là dedans et depuis qu'il retourna d'Amiens faire l'ambassade au duc de Bourgongne, dont cydessus est touché.

---

(1) Du latin *repositus*, mis en secret.. (2) Cachés.

CHAPITRE LXXXVI.

Comment les Parisiens, gens de petit estat, au nombre de quarante mille hommes, allèrent en diverses prisons, et tuèrent bien trois mille hommes, entre lesquels feut occis le comte d'Erminacq, connestable de France, plusieurs évesques et seigneurs ; comment la royne et le duc de Bourgongne entrèrent dedans Paris ; de plusieurs aultres choses advenues ; et comment la ville de Compiengne feut prinse des Dauphinois.

Le douziesme jour ensuivant, ceulx de Paris de petit estat s'assemblèrent bien quarante mille hommes ; et doubtants[1] que les prisonniers ne feussent mis à délivrance, s'en allèrent, comme bestes enragées, contre le gré de leur prévost et des seigneurs estants adonc à Paris, criants : « Vivent le roy et le duc de Bourgon- « gne ! » à grant bruit à toutes les prisons, et tuèrent cepiers[2] et cepières et tout ce qu'ils trouvèrent de prisonniers, indifféremment, sans nul espargner, jusques au nombre de trois mille hommes; desquels et les plus principaux feurent : le comte d'Erminacq, connestable de France, le chancellier de France, les évesques de Coustance, de Bayeux, d'Evreux, de Senlis et de Saintes, le comte de Grampret, Remonnet de la Guerre, l'abbé de Sainct-Cornille de Compiègne, Hector de Chartres, Charlot Poupart, argentier du roy, et généralement tous ceulx quy estoient èsdites prisons, jà-soit que plusieurs y feussent pour desbats ou pour debtes, mesmement tenants la partie de Bourgongne. Et outre feurent occises plusieurs femmes parmi la ville, inhumainement, et laissées ès places où elles estoient occises. Ceste occision commença à quatre heures après minuit, et dura jusques à dix heures du matin du jour ensuivant. Icelles occisions et meurdres se firent, présents messire Jehan de Luxembourg, le prévost de Paris, le seigneur de Fosseux, le seigneur de l'Isle-Adam, et pluiseurs aultres, jusques au nombre de mille combattants, tous en armes et sur leurs chevaux ; et n'y avoit si hardi quy osast dire d'entre eulx, sinon : « Mes enfants, vous faictes « bien. » Le corps du connestable, du chancellier et de Remonnet de la Guerre, feurent dénudés[3] en la cour du Palais, et liés ensemble ; et là demeurèrent trois jours en ce point ; et les mauvais enfants se jouoient à les trainer avant la cour du Palais. Et avoit le connestable osté de son corps une bande de son cuir, de deulx doigts de large, quy estoit une grant dérision. Et, au quatriesme jour, feurent mis sur beneaux[1] basses, et menés dehors Paris, et feurent enfouis avec les aultres en une fosse nommée la Louvière, auprès du marché aux pourceaulx. Iceulx communs de Paris, non assoufis de ceste occision, ne cessèrent, par plusieurs jours après, d'aller ès maisons de ceulx qui estoient notés avoir tenu le parti du comte d'Erminacq ; et prenoient leurs biens et les occioient sans merci ; et s'ils hayoient un homme, luy faisoient entendre qu'il estoit Erminacq, et le tuoient. Et si aulcun hayoit un aultre, et il leur dist : « Voilà un Erminacq ! » il estoit occis incontinent, sans que nul en osast parler.

Le duc de Bourgongne, ouyes les nouvelles de la prise de Paris, assembla hastivement ce qu'il peut avoir de gens, et s'en alla à Troyes devers la royne, et manda messire Jehan de Luxembourg et le seigneur de Fosseux, lesquels y allèrent à mille combattants. Puis se partirent de Troyes en grand arroy, la royne et le duc de Bourgongne, et s'en allèrent à Paris ; et y vinrent le quatorziesme jour de juillet ; et issirent de Paris plus de six cents hommes à cheval allencontre d'eulx, portant heucques[2] bleues, et, par-dessus, la croix Sainct-Andrieu, en lieu de la bande qu'ils avoient long-temps portée ; et offrirent au duc de Bourgongne et à son nepveu, le jeune comte de Sainct-Pol, deulx bleues heucques de velours à croix Sainct-Andrieu, comme ils portoient. A entrer en Paris, ils s'en allèrent descendre à l'hostel de Sainct-Pol, où estoit le roy, qui les receut à grant joie. Aulcuns jours après, se tinrent à Paris pluiseurs consaux sur le faict du gouvernement du royaulme. Le seigneur de l'Isle-Adam et le seigneur de Chastellus feurent faicts maréchaux, et messire Robinet de Mailly feut fait grand panetier de France ; messire Carles de Lens feut faict amiral ; maistre Eustache de Lattre feut faict chancelier ; maistre Philippe de Morvilliers feut faict premier président en parlement, et le duc de Bourgongne feut faict capitaine de Paris, et messire Charles de Lens son lieutenant ; et accordoit le roi tout che qu'on lui demandoit. Entre ces choses, un nommé Jehan de Vertaing, capitaine de Sainct-Denis, feut occis par douze compagnons, à la

---

(1) Craignant. (2) Geoliers. (3) Mis nus.

(1) Tombereaux. (2) Robes.

Chapelle, entre Paris et Sainct-Denis; et en feut accusé messire Jehan de Luxembourg, pour che que aulcuns de ses gens le tuèrent, c'est assavoir Lionnel de Wandonne, le bastard de Roubaix, et aulcuns aultres; et en feurent ceulx de Paris si mal contents qu'ils saillirent aux champs, pour prendre et mettre à mort les facteurs, mais ne les trouvèrent point; et convint ledict Luxembourg désavouer le faict, pour contenter ceulx de Paris.

Le duc de Touraine, daulphin de Vienne, feut induit par Tanneguy du Chastel, le vicomte de Narbonne, le président de Péronne, et aulcuns autres ses gouverneurs, de faire guerre au duc de Bourgongne, et se feit nommer régent de France, nonobstant qu'il feust pluiseurs fois sommé par le roy, la royne et le duc de Bourgongne, de retourner avec eulx, et on lui feroit tout honneur. Mais il ne voult rien faire, ains au contraire se disposa à faire la guerre; et tant que une fois huit compagnons armés à la couverte s'en allèrent à la porte de Compiengne, quy va à Pierrefons, et advisèrent leur point d'entrer avecques une charrette de bois; si tuèrent sur le pont ung des chevaux de la charrette; par quoy la charrette demoura sur le pont, et ne put estre levée; puis tuèrent aulcuns des portiers. Et, à ung signe qu'ils firent, saillit de la forest le seigneur des Bosqueaux, à [1] cinq cents combattants, et entrèrent en la ville, et crièrent: « Vive « le roy et monseigneur le dauphin! » et tuèrent pluiseurs gens en leur venir. La ville feut fustée; et feurent pris et pillés tous ceulx quy tenoient la partie de Bourgogne; le seigneur de Crèvecœur et le seigneur de Chevreuse furent menés à Pierrefons, et eschappèrent par finance. Ainsi feut Compiengne prinse et conquise par les Daulphinois, lesquels se prirent à faire dure guerre ès pays du duc de Bourgongne.

CHAPITRE LXXXVII.

Comment Jehan, duc de Brabant, espousa dame Jacques de Bavière, comtesse de Haynault et de Hollande, sa cousine-germaine.

En ce temps, et durant ces choses, Jehan, duc de Brabant, espousa Jacques de Bavière, sa cousine-germaine, comtesse de Haynault, de Hollande, de Zélande et d'Ostrevant, et si estoit sa marraine; mais ce mariage se fit pour

(1) Avec.

cause de entretenir la paix et amour, ensemble pour le bien de leurs subjects, pour ce que leurs seigneuries tiennent l'un l'autre. Et tantost après, la paix feut faicte entre Jehan de Bavière et sa niepce. Et depuis, comme le duc de Brabant et la comtesse sa femme résidoient à Mons, en Haynault, il feut un jour qu'il alla chasser; et vint à son hostel messire Evrard, bastard de Haynault, frère à la duchesse, et aucuns aultres avec lui; et de fait appensé, tuèrent le gouverneur du duc de Brabant, nommé Guillaume de Berghe, qui lors estoit couché malade sur un lit; dont le duc fut moult courroucé, mais enfin sa femme le rappaisa; et feut adonc commune renommée qu'elle en estoit bien consentante.

CHAPITRE LXXXVIII.

Comment les vicaires de l'évesque de Paris révoquèrent en plein sermon la condamnation qui autrefois avoit esté faicte contre maistre Jehan Petit, en réparant l'honneur du duc de Bourgongne; comment Lagny-sur-Marne feut prinse et reprinse; et de la grand' peste qui régna dans Paris.

En ce temps feut faicte à Paris une procession générale, où estoient ceulx de l'université, et principalement les vicaires de l'évesque de Paris, lors malade à Sainct-Omer. Lesquels vicaires revoquèrent là, en plein sermon, présents ceulx qui là estoient, la condamnation que ledit évesque avoit faicte autrefois contre la proposition de maistre Jean Petit, contre l'honneur du duc de Bourgongne, en réparant, quant à ce, son honneur et loyauté, comme vrai champion de la couronne de France; et firent appuoir du pouvoir qu'ils avoient de l'évesque en ceste partie; et tant que le duc de Bourgongne feut content.

En ce temps, prinrent les Daulphinois, qui se tenoient à Meaux, Lagny-sur-Marne, par faute de guette, et y firent beaucoup de maux; mais ceulx de la garnison se sauvèrent en une tour, et envoyèrent prier au duc de Bourgongne qu'il leur envoyast secours. Si y envoya le seigneur de l'Isle-Adam, lequel, par le moyen d'icelle tour, entra dedans la ville, et mit à l'espée la plus grand' partie des Daulphinois; puis laissa bonne garnison en la ville, et s'en retourna à Paris.

Tantost après, vint à Charenton le duc de Bretagne, pour faire la paix entre le daulphin et le duc de Bourgongne, mais ils ne se purent accorder; si s'en retourna le duc en Bretagne.

Ils s'assemblèrent à Charenton, comme dit est, pour cause de l'épidémie qui régnoit adonc à Paris, si grand' que, par le rapport des curés, il mourut ceste année, dedans Paris, plus de quarante mille personnes. Et moururent de ceste pestilence le prince d'Orange, le seigneur de Fosseux, messire Jehannet de Poix, le seigneur d'Auxy et autres gentilshommes, serviteurs du duc de Bourgongne.

CHAPITRE LXXXIX.

Comment les Parisiens occirent derechief plusieurs prisonniers ; et comment le daulphin reprint la ville de Tours.

Les communs de Paris s'assemblèrent encore une fois, en grand nombre, et s'en allèrent derechef à touttes les prisons, et y tuèrent plus de trois cents prisonniers qui y avoient esté mis depuis la première tuyson ; et puis s'en allèrent à la bastille Sainct-Anthoine, pour avoir sept prisonniers qui y estoient, et jurèrent qu'ils abattroient la place ou qu'ils les auroient. Et de fait, commencèrent à desmaçonner ; dont le duc de Bourgongne, fortement courroucé, vint à eulx, et leur remonstra tant d'unes et d'autres que les chefs lui promirent que les prisonniers seroient menés en Chastelet ; mais enfin, ils les tuèrent tous inhumainement sur la cauchie¹, et là les desvestirent ; et estoit le plus principal d'iceulx tyrans nommé Capeluche, lequel estoit bourrel de Paris. Lors le duc de Bourgongne, voyant les desrisions et inhumanités d'iceulx meschants gens, fit crier : qu'ils se cessassent de plus piller ni tuer, sur peine de perdre la vie, et qu'ils se préparassent à aller asségier Mont-le-Héry, où estoient leurs ennemis. Ils respondirent que ce feroient-ils volontiers, mais qu'ils eussent capitaines pour eulx conduire. Et lors leur fut ordonné le seigneur de Cohem, et aucuns autres, lesquels emmenèrent bien six mille hors de la ville, jusques à Mont-le-Héry. Mais entre tant qu'ils estoient là, le duc de Bourgongne fit pendre aucuns de leurs complices qui estoient demeurés, et leur fit les testes copper, et aulcuns noyer. Capeluche, entre les autres, eut la teste tranchée. Dont aussi tost que ceulx du siége eurent nouvelles, ils s'en retournèrent vers Paris pour faire pis

que devant ; mais on leur ferma les portes, et les fit-on retourner à leur siége. Assez tost après, ils furent remandés, pource qu'il y avoit aucuns ambassadeurs qui traitoient leur appointement. Madame la daulphine, du gré et consentement du roy, de la royne et du duc de Bourgongne, fut renvoyée honorablement de Paris en Anjou, afin que le daulphin, pour ceste courtoise, s'inclinast plutost à la paix ; mais ceulx qui gouvernoient ne lui eussent jamais conseillé. Aussi vint devers le daulphin le jeune comte d'Erminacq, grandement accompagné, qui se complaint de la cruelle mort de son père, et le dauphin lui respondit, que dedans briefs jours il lui en feroit bonne justice. Et tantost après alla mettre le siege devant Tours, laquelle ville lui fut assez tost rendue. D'autre part, le duc de Bourgongne, qui faisoit ce qu'il voulloit ès pays du roy, jà-soit-ce qu'il eust mis jus et faict cesser les aides, néanmoins il les fit remettre sus, sous ombre de lever le siége de Rouen. Et si furent les Parisiens requis de prester aucune somme d'argent ; et prestèrent cent mille francs, par condition qu'ils auroient, de chacune queue du vin qu'on vendroit à Paris, douze deniers ; et les recevroient par leurs mains, jusques à ce qu'ils seroient remboursés de leur prest. Ainsi doncques revinrent les aides en feste.

CHAPITRE XC.

Comment le roy d'Angleterre descendit avec son armée en Normandie, accompagné de deulx de ses frères et aultres gros seigneurs d'Angleterre ; comment plusieurs villes et forteresses se rendirent à luy ; comment la ville de Caen feut prinse par assault ; et comment le duc de Gloucestre assegia la ville et chasteau de Cherbourg.

En icelle année 1418, le roi Henry d'Angleterre, voyant que temps et heure estoit de poursuivre sa conqueste, après ce qu'il eut tenu un grand parlement en son palais de Wesmoutier¹, et conclu sur ses affaires, tant sur le parlement du gouvernement de son royaulme comme de l'armée qu'il avoit intention de mener en France, fit un mandement partout son royaulme, à tous les princes, barons, chevaliers et gens accoustumés d'eux armer, et leur mit un jour à estre prests au port de Hantonne, où ils se trouveroient ; auquel jour vinrent ceux qui y

---

(1) Chaussée.

(1) Westminster.

urent mandés. Si estoient avec lui deux de ses frères, les ducs de Clarence et de Glocestre, les comtes de Hontidonne, de Warwick, de Salisbury, de Sufolk, de Kinte; le grand seigneur de Roos, le seigneur de Cornouailles, les seigneurs de Wileby, d'Escalles et pluiseurs autres barons, chevaliers et escuyers, et avec eux grand nombre de gens d'armes et de trait. Le roy, voyant son armée preste, se tourna à Hantonne, où son navire estoit appresté; et si monta dessus, avec toute son armée; et tant nagèrent qu'ils prirent port à Toucques, en Normandie, sur l'intention de mettre en son obéissance toutte la duché de Normandie. Auquel lieu de Toucques y avoit un fort chastel royal, qui tantost fut asségié. Le roy fit dresser ses engins et habillements de guerre. Finablement, messire Jehan d'Angiennes, capitaine dudit chastel, sçachant qu'il n'auroit point de secours, rendit la place et se mit en l'obéissance du roy d'Angleterre, moyennant les vies sauves, corps et biens, de lui et de tous ses gens; et eut trois jours d'induices[1] pour les vuider; aussi le roy leur tint sa promesse.

Après celle rendition, et qu'il y eust mis de ses gens pour le garder, se partit dudit chastel en belle ordonnance. Premièrement fit partir son avant-garde, puis sa bataille, après son arrière-garde; et entre la bataille et son arrière-garde estoient les charriots, charettes, ses vivres et artillerie de guerre. Le roy d'Angleterre chevaucha, et tellement exploita que peu de temps et espace se rendirent à lui les villes et forteresses de Harcourt, du Bec, Helluyn, Verneuil, Evreux, et plusieurs autres places, sans faire grands deffenses. Pour lesquelles renditions les autres bonnes villes et forteresses d'icelui pays de Normandie se commencèrent moult fort à esmerveiller, car ils avoient peu de gens pour eulx deffendre.

Ainsi que vous avez ouy, estoit toutte France en desrision et division, qui estoit chose bien propice pour le roy d'Angleterre. Et en icelui temps, fut eslu pape le cardinal de la Colonne; et fut nommé pape Martin; qui, par l'approbation du saint concile de Constance, ordonna ledit concile estre convoqué au cinquiesme an ensuivant, l'an 1423.

Le roy d'Angleterre, qui estoit à grand' puissance au pays de Normandie, conquéroit villes et chasteaux, comme dit est. Et durant ces grands divisions qui estoient en France, entre les Franchois et les Bourguignons, et après qu'il eut pris pluiseurs villes et chasteaux, il alla mettre son siége devant la bonne ville de Caen, qui estoit moult puissante en bon peuple; et la fit assaillir par divers assauts, où moult perdit de gens; mais enfin tant continua que ladite ville, par force et d'assault, fut prinse; et fut bien mort six cents des deffendants. Et depuis se tint le chastel environ trois semaines; mais enfin se rendit moyennant que le capitaine et ses gens eurent seureté du roy d'Angleterre d'eulx partir, saufs leurs corps et biens. Après laquelle conqueste le roy d'Angleterre fit asségier par son frère, le duc de Glocestre, la forte ville et chastel de Cherbourg, qui estoit la plus forte place de toutte la duché de Normandie, et des mieux pourvues de vivres et de habillements de guerre; et y fut le siége environ dix mois, que oncques ne furent secourus. En la fin, messire Jehan d'Angiennes, qui en estoit capitaine, le rendit au duc de Glocestre, pour et au nom du roy d'Angleterre, moyennant qu'il en eut certaine somme d'argent, et sauf-conduit pour aller où bon lui sembla. Et s'en alla depuis en la cité de Rouen, après ce qu'elle fut conquise du roy d'Angleterre. Là séjourna tant que sondit sauf-conduit fust passé, sur la fiance d'aucuns seigneurs Anglois qui lui donnoient à entendre qu'ils lui feroient rallonger. Mais il fut trompé; et lui fit le roy d'Angleterre, trancher la teste, pour ce qu'il avoit pris argent de la rendition de la place, laquelle estoit encore assez bien garnie de vivres et artillerie; dont aucuns Franchois feurent bien joyeux, pour ce qu'il avoit rendu la place par convoitise d'argent, au préjudice du roy.

CHAPITRE XCI.

Comment le roy d'Angleterre asségia la ville de Rouen, et comment il fortifia son siége; de plusieurs choses quy advinrent pendant ledit siége; des ambassades des deulx roys, qui ne se peurent accorder et partirent sans traictier la paix.

En ce temps feut envoyé en la cité de Rouen, de par le roy et le duc de Bourgongne, pluiseurs capitaines pour aidier les habitants d'icelle à défendre ladite ville et garder contre le roy d'Angleterre, duquel ils attendoient

(1) Trèves.

de jour en jour à avoir le siége ; c'est assavoir messire Jehan de Neufchastel seigneur de Montagu, messire Anthoine de Toulonjon, le bastard de Thian et pluiseurs aultres. Avec ce y estoit auparavant messire Guy le Bouteillier, natif du pays de Normandie, capitaine-général de la ville, et le bastard d'Ally ; lesquels capitaines, tous ensemble, povoient avoir quatre mille combattants ou environ, tous gens à l'eslite. Et si estoient les citoyens bien seize mille hommes bien armés et habillés selon leur estat, prests et désirants de eulx défendre contre ceulx quy mal leur voldroient. Après la prise de la bonne ville de Caen, et que le roy d'Angleterre eut faict fournir et réparer la ville de gens et d'artillerie, et commis capitaine de par lui, print son chemin devers le Pont-de-l'Arche ; et pour l'asségier de tous costés, trouva manière de conquester la rivière de Seine. Là feut faict chevalier le fils du seigneur de Cornouaille, quy ce jour acquit grand honneur. Et de faict conquirent les Anglois ladite rivière de Seine, et par conséquent en briefs après la ville et chastel de Pont-de-l'Arche. Quand le roy d'Angleterre eut prins la plupart des bonnes villes et forts chasteaux de la duché de Normandie, et que à chacune des places il eut laissé des garnisons, se partit et print son chemin vers la bonne cité de Rouen ; mais au chemin ne demoura place ni fort chastel que tout ne mist à son obéissance. Tant exploita qu'il asségia la bonne ville de Rouen au mois de juin, avant qu'iceulx assiégés pussent avoir nouveaux grains. Son avant-garde se logea devant la ville, à minuit, afin que ceulx de dedans ne fissent aucune envahie sur eulx, et se logea le roy d'Angleterre à la maison des Chartreux ; le duc de Glocestre fut logé à la porte de Martinville ; le comte de Warwick à la porte de Beauvais ; le duc d'Exestre et le comte Dorset devant la porte du chastel ; le comte Mareschal et le seigneur de Cornouailles à la porte du Pont. De l'autre costé de Seine feurent mis les comtes de Hantonne, de Salébry, de Kinte et le seigneur de Neufville ; et devant Saincte-Catherine-sur-le-Mont feurent mis aulcuns aultres barons d'Angleterre. Toutefois, devant que lesdits asségiants pussent estre fortifiés, feurent par pluiseurs fois envahis des assiégés ; et y eut grosses escarmouches, tant d'ung costé comme d'aultre. Mais le roy d'Angleterre ordonna, au plutost qu'il pust, faire grands fossés entre la ville et son logis, sur lesquels fossés fit faire grosses hayes d'espine, pourquoy les Anglois ne povoient estre surpris ni travaillés, sinon par canons et par trait. Et en après, fist le roy d'Angleterre, en l'eau de Seine, à ung costé et à l'aultre, au jet d'un canon ou environ, près de la ville, tendre chaisnes de fer, dont l'une estoit d'un pied et demi dans l'eau, la seconde en la galite[1] de l'eau, et la tierce estoit à deulx pieds dessus, afin que par-dessus batteaux les assiégés ne pussent avoir recours, et aussy qu'ils ne pussent vuider par le courant de l'eau. Et avec ce feurent faicts en pluiseurs lieux moult de fossés profonds en terre, pour aller de logis à l'aultre, sans estre atteint du traict des canons ou des aultres engins d'iceulx assiégés. D'aultre part, ceulx quy dedans Saincte-Catherine estoient, rendirent le fort au roy d'Angleterre par faute de vivres, et s'en allèrent, tant seulement sauve leur vie, sans emporter rien de leurs biens. Si avoit en sa compaignie le roy d'Angleterre bien huit mille Irlandois, dont la plus grand'partie alloit à pié, l'ung estoit chaussé et l'aultre nud ; et povrement estoient habillés, ayants chacun une targette et gantelets avec gros couteaux d'estrange façon. Et ceulx quy alloient sur chevaux n'avoient nulles selles, et chevauchoient sur bons petits chevaulx de montagne, et estoient leurs peneaux assez de pareille façon que portent les blattiers[2] du pays de France. Toutefois ils estoient de petite défense au regard des natifs du pays d'Angleterre. Lesquels Irlandois souvent durant le siège avec les Anglois couroient la Normandie et faisoient maulx innumérables, ramenants en leur ost grands proyes ; et mesmement lesdits Irlandois de pied prendoient petits enfants ès bers[3] et autres, et montoient sur vaches portants lesdits petits enfants et bagues devant eulx ; et feurent pluiseurs fois trouvés des François en tel estat. Pour lesquels courses, tant d'Anglois, Bourgongnons, comme Daulphinois, le pays de Normandie feut fort oppressé et le peuple destruit. En oultre, le roy d'Angleterre estant dans son siège fit dresser devant la ville pluiseurs grosses bombardes et aultres engins pour icelle confondre et abattre ; et pareillement les assié-

(1) Surface. (2) Marchands de blé. (3) Berceau.

gés, par toutes voies et manières qu'ils povoient adviser, grévoient ennemis et faisoient aussy pluiseurs saillies, lesquelles seroient trop longues à raconter chacune à plein ; mais pour vray iceulx asségiés se gouvernèrent très vaillamment. Durant lequel siége, Laghen, bastard d'Ally, qui estoit l'ung des capitaines de ceulx de dedans en quy ceulx de la ville avoient plus grand' fiance, et avoit la charge et garde de la porte de Caux, devant laquelle vint un jour messire Jehan le Blancq, lors capitaine de Harfleur de par le roy d'Angleterre, qui pour lors estoit le fils du comte Dorset ; lequel requit audit bastard de rompre trois lances contre luy, lequel bastard luy accorda libéralement et prestement. Après qu'il feut armé, saillit hors, atout trente compaignons de pied ; et là, devant la barrière, coururent de grand' volonté l'ung contre l'aultre. Mais ainsy advint que du premier coup le chevalier anglois feut traversé parmy le corps et porté jus de son cheval ; et avec ce feut tiré dedans la ville par force, où il mourut tantost après ; dont fut dommage, car il estoit chevalier de bonne renommée ; et fut le bastard courroucé de sa mort. Toutefois iceluy bastard eut quatre cents nobles des amis du mort pour rendre son corps. Pour laquelle chose ledit bastard généralement de ceulx de la ville feut fort prisé et honoré, et pour les biens et vaillances quy estoient en lui, car c'estoit celuy que on disoit quy faisoit les plus belles saillies sur les Anglois et quy plus leur portoit de dommages.

Ceulx de la ville avoient esté asségiés une longue espace. Si se voyoient fort oppressés et leurs vivres amoindrir ; si trouvèrent manière de faire une sortie, comme sur le soir, et boutèrent dehors un prestre agé ; lequel très subtilement et en grand adventure se partit, bien adverti de ce qu'il devoit dire au roy, de par les asségiés en Rouen. Le prestre moult subtil eschappa le mieux qu'il pust ; et telle diligence fit que, sans nul empeschement, il vint à Paris. Lequel fit proposer sa légation devant le roy par ung docteur Augustin ; et prit iceluy proposant son thesme, en disant : *Quid faciemus*, lequel il exposa moult sagement et authentiquement. Et après qu'il eut proposé la charge à luy baillée, iceluy prestre dit au roy :
« Princes et seigneurs, il m'est enjoint par les
« habitants de la ville de Rouen à crier contre
« vous, et contre vous, seigneur de Bourgon-
« gne, quy avez le gouvernement du roy et de
« son royaulme, le grand haro ; lequel cri signi-
« fie l'oppression qu'ils ont des Anglois ; et
« vous mandent et font sçavoir de par moy
« que si, par faute de vostre secours, il convient
« qu'ils soient subjects au roy d'Angleterre,
« vous ne aurez au monde pires ennemis, et
« s'ils peuvent, ils détruiront vous et vostre gé-
« nération. » Telles et semblables paroles remonstra ledit prestre au roy et à son conseil ; et après qu'on luy eut promis de y pourvoir au plus brief que on polroit, il s'en retourna le mieux qu'il put, portant les nouvelles à iceulx asségiés. Et brief ensuivant, le roy et le duc de Bourgongne envoyèrent leurs ambassades au Pont-de-l'Arche vers le roy d'Angleterre pour traictier de la paix ; et alla avec lesdits ambassadeurs le cardinal des Ursins. Allencontre desquels vinrent, de par le roy d'Angleterre, au lieu du Pont-de-l'Arche, le comte de Warvick, le chancelier d'Angleterre, l'archevesque de Cantorbie, et aultres du conseil du roy. Et dura ceste ambassade environ quinze jours, durant lequel temps allèrent ambassadeurs devers le roy d'Angleterre à son siége devant Rouen. Si feurent du roy et des princes honorablement reçus ; et avoient porté lesdits ambassadeurs la figure de madame Katherine, fille du roy de France, laquelle feut présentée au roy, et luy plut très bien. Toutefois, pour ce qu'il fit trop forte demande, comme il sembla aux François, c'est assavoir que on luy donnast la fille du roy, dix cent mille escus d'or, la duché de Normandie, dont déjà il avoit conquesté la plus grand' partie, la duché d'Aquitaine et la comté de Poitou avec aultres seigneuries, sans tenir en ressort du roy, rien ne se put accorder. Et aussi les ambassadeurs du roy d'Angleterre firent response que le roy n'estoit point en estat ; pourquoy ils ne purent traiter avec eulx ; et dirent que le daulphin son fils n'estoit point emprès du roy ; et que au duc de Bourgongne n'appartenoit point traictier de l'héritage du roy. Après lesquelles choses le cardinal et les ambassadeurs s'en retournèrent devers le roy, qui nouvellement estoit à Ponthoise, avec la royne et le duc de Bourgongne ; et racontèrent l'estat de leur ambassade ; et en brief temps s'en retourna le cardinal en Avignon, devers le pape Martin, pource qu'il sentoit assez qui rien

ne polroit accorder entre les parties. Et adoncques ceulx de Rouen sçachants assez de la rompture de l'ambassade d'entre les deux rois, voyant que leur secours mettoit longuement à venir, prinrent ensemble conclusion de saillir hors de leur ville à puissance, et combattre ung des siéges du roy d'Angleterre; mais avant che, boutèrent hors de leur ville plus de vingt mille povres gens, hommes, femmes et enfants quy n'avoient que vivre, dames, damoiselles et hommes vieils, dont ils ne se povoient ayder.

Quand ils les eurent mis hors des portes, le roy d'Angleterre, qui de che feut tost adverti, y envoya gens d'armes et archers, quy par force de traicts que lentement tiroient sur icelles gens, force leur feut de eulx retraire dedans les fossés de la ville, où ils feurent l'espace de trois jours ; et tellement se demenoient de pleurer et crier, et aussy que pluiseurs femmes accouchèrent d'enfant dedans les fossés, que c'estoit piteuse chose à le voir; tant que en la fin, ceux de la garnison et les bourgeois de la ville feurent constraints, par pitié et compassion qu'ils eurent d'eulx, de les remettre dedans la ville. Par quoy mortalité et famine s'y bouta si grande que bien trente mille personnes, que hommes, que femmes, que enfants, y moururent. Ceulx de la garnison appercevants que leurs vivres amoindrissoient, et aussi que leur secours estoit lointain, comme dessus est dict, se mirent dehors la ville dix mille bons combattants et la ville gardée; et quand tout feut prest pour accomplir leur entreprinse, et que déjà en avoit sailly bien deux mille, cuidants que les aultres les debvoient suivre par la porte devers le chastel, où ils commencèrent à issir, il advint que aulcuns Anglois feurent advertis de leur saillie; tant que par nuict firent soier[1] atout soieries[2] sourdes les estaches[3] qui soutenoient le pont; parquoi, tantost qu'ils commencèrent à marcher sur ledit pont, ceulx quy estoient de ceste heure dessus cheurent ès fossés; une partie feurent morts et les aultres blessés; et de che feurent esmerveillés, non sans cause. Lors iceulx, voyants ceste adventure, se retrairent tantost à une aultre porte, pour secourir et ayder leurs gens qu'ils sçavoient en danger; et les firent retraire et rentrer dedans la ville. Mais avant qu'ils les pussent ravoir, perdirent beaucoup des leurs. Toutefois ce ne feut pas sans porter grand dommaige aux Anglois; et estoient en adventure, si ledit pont n'eust esté soié[1], de leur faire beaucoup de mal. Après laquelle besongne on commença à murmurer fort contre l'honneur de messire Guy le Bouteiller, qui feut mescreu[2] d'avoir faict soier ledit pont, et d'en avoir adverti les Anglois; et tost après ceste besongne, trespassa par maladie le bon Laghen, bastard d'Ally, pour la mort duquel ceulx de la communauté feurent fort desconfortés; car, comme dit est, ils se fioient plus en luy que en nul des aultres capitaines, pour la vaillance quy estoit en luy.

Or lairons à parler de ceulx de Rouen, et retournerons à parler ung peu du roy et de ceulx de sa partie.

CHAPITRE XCII.

Comment ceulx de Rouen envoyèrent devers le roy et le duc de Bourgongne, pour avoir secours, et leur remonstrer la nécessité et misère et povreté qu'ils souffroient par famine et peste; d'une embusche que les Franchois feirent sur les Anglois, qui ne leur porta que dommaiges.

Or, pour parler de l'estat et gouvernement du roy et du duc de Bourgongne, vérité est que, pour pourvoir à la délivrance de ceulx de Rouen, mandèrent gens d'armes en pluiseurs lieux du royaulme, lesquels y veinrent en grand nombre. Et adonc le roy, la royne et le duc de Bourgongne vinrent de Ponthoise à Beauvais, afin d'avoir vivres plus abondamment. Auquel lieu feurent tenus pluiseurs estroits consaulx, pour sçavoir comment on secouroit ceulx de Rouen ; mais on ne pouvoit trouver manière raisonnable que faire se pust, pour la division qui estoit entre le daulphin et le duc de Bourgongne, et avec ce, le roy d'Angleterre estoit trop puissamment fortifié. Le temps durant que le roy estoit à Beauvais, vinrent devers luy, comme j'ai ouy dire, quatre gentilshommes et quatre bourgeois de Rouen, ne sçais comment ils en issirent, pour signifier au roy et à son conseil le misérable estat que c'estoit de veoir la cité; lesquels, en la présence du roy et du duc de Bourgongne, et du grand conseil du roy, dirent comment plusieurs milliers de gens de ladicte ville estoient jà morts de faim dedans ladicte ville; et que, dès l'entrée du mois d'octobre, ils estoient constraints de manger chevaulx, chiens, chats, rats et souris, choses

---

(1) Scier. (2) Scies. (3) Pieux.　　(1) Scié. (2) Soupçonné.

CHAPITRE XCII.

non appartenans à créature humaine; et avec ce avoient bien jà bouté hors de la ville douze mille povres gens, desquels la plus grant partie estoient morts dedans les fossés, piteusement; et souvent falloit que les bonnes gens tirassent amont, par pitié, les petits enfants nouveaux nés, pour les faire baptiser; et après les rendoient aux mères, et moult en moururent sans estre baptisés; lesquelles choses estoient moult griefves et piteuses, tant seulement à ouyr raconter. Et alors dirent au roy : « Sire, et vous « noble duc de Bourgongne, les bonnes gens « vous ont jà pluiseurs fois signifié et faict sça- « voir la grant nécessité et détresse qu'ils souf- « frent; à quoy n'avez encore pourvu, comme « promis avez. Et pourtant à ceste dernière fois « sommes envoyés devers vous, annoncer, de « par lesdicts assiégés, que si en dedans briefs « jours ils ne sont secourus, ils se rendront au « roy d'Angleterre; et dès maintenant, si ce ne « faites, ils vous rendent la foi, serment et « loyauté, et obéissance qu'ils ont à vous. » Auxquels, par le roy et le duc de Bourgongne, bénignement fut respondu : que encore n'estoit pas la puissance du roy si grande que pour lever le siége de Rouen, dont moult leur en desplaisoit, mais, au plaisir de Dieu, briefvement seroient secourus. Et iceulx demandèrent dedans quel temps; à quoi le duc Jehan fit response en dedans de Noël. Et sur ce retournèrent en la ville de Rouen, au mieux qu'ils peurent, mais ce ne fut pas sans grant doute[1] et peur, et non sans cause. Nonobstant ce, ils rentrèrent dedans la ville, très joyeux de ce qu'ils estoient ainsi eschappés sans péril et fortune. Quand là feurent revenus, ils racontèrent mot à mot ce qu'ils avoient besogné. Or, pour parler de l'estat de ceulx de Rouen, n'est nul qui sceust raconter la povreté et misère que le povre peuple y souffroit de famine; car, comme il fut sceu véritablement, là moururent dedans ledict siége plus de cinquante mille personnes de famine; et qu'il soit vrai, en un seul cimetière, nommé la Magdelaine, y feurent enterrés, de compte faict, plus de trente-deux mille personnes. La famine y estoit si grande que les aucuns, quand ils voyoient porter viandes par les rues, comme tous désespérés y accouroient pour le tollir; et souvent souffroient, en ce faisant, que on les battist et navrast très cruellement; car, par l'espace de trois mois, ne feurent vendus quelques vivres sur le marché. Ce qui par avant le siége estoit vendu un denier, on le vendoit lors vingt, trente ou quarante deniers, et encore par nulle finance n'en pouvoit-on recouvrer. Pourquoi, comme dict est, il eut le siége durant, dedans icelle ville, moult de tribulations piteuses à raconter; car, qu'il soit vrai, ladicte famine fut si grande que, pour une pièce de pain, belles jeunes pucelles se abandonnoient. Les males fortunes et adventures seroient fortes à recorder et trop longues à escrire. Durant ce temps, messire Jacques de Harcourt et le seigneur de Moreul assemblèrent deux mille combattants ou environ, qu'ils menèrent à deux lieues ou environ près du siége, en intention de faire sur les Anglois aucune destrousse; et de fait, se mirent en embusche en deux lieues du siége, assez près l'un de l'aultre pour voir les ennemis venir. Et après envoyèrent bien six vingt hommes d'armes, lesquels allèrent férir en un village assez près du siége, où il y avoit aucuns Anglois, qui tantost feurent morts ou prins, sinon aucuns qui par bons chevaulx se sauvèrent et fuirent en l'ost, très fort crians allarme, disans qu'ils avoient veu les Franchois en grant nombre. Si ordonna le roy d'Angleterre le seigneur de Cornouailles, à six cents combattants, pour sçavoir que c'estoit; et sans s'arrester, s'en alla radement; et brief trouva les courreurs François, lesquels, voyans les Anglois trop grand nombre, retournèrent par-devers leurs embusches, auxquels ils dirent la venue des Anglois. Les Anglois chevauchèrent très hastivement après eulx; et lors les Franchois estant en embusches se meirent les aucuns en ordonnance pour aller par-devers leurs ennemis, et les aultres tournèrent le dos et se meirent en fuite. Pourquoi, ce voyans les Anglois frappèrent dedans, et les meirent en desroy; et feurent ce jour, que morts que prins, douze vingt[1] hommes d'armes françois, et les aultres se sauvèrent. Après ce, tourna le seigneur de Cornouailles au siége, très joyeux de sa bonne fortune, de laquelle le roy d'Angleterre et tous ses princes feurent moult joyeux. Si laisse à parler des Anglois, et retourne à parler du roy.

---

(1) Crainte.

(1) Deux cent quarante.

J. Du Clercq et St. Remy.

CHAPITRE XCIII.

Du traictié que le roy d'Angleterre et ceux de Rouen feirent, moyennant lequel ils rendirent la ville audit roy, quy avoit esté en l'obéissance des Franchois deux cent et quinze ans.

Le roy, la royne et le duc de Bourgongne estans à Beauvais, comme dit est, tinrent conseil pour sçavoir quand ceulx de Rouen seroient secourus; mais, en la conclusion, fut avisé qu'ils n'estoient pas assez puissans pour le présent pour combattre le roy d'Angleterre ni lever le siége. Et pourtant on donna congié à la plus grande partie des gens d'armes qui estoient assemblés; et les aulcuns feurent mis en garnison sur les frontières, tant sur les Anglois comme contre les Daulphinois. Après lesquelles conclusions, le roy, la royne et le duc de Bourgongne se partirent de Beauvais et s'en allèrent à Provins; pour quoy moult de gens feurent esmerveillés. Si furent tantost icelles nouvelles nonçées à ceulx de Rouen; et leur fut mandé secrettement par le duc de Bourgongne: que ils traictassent pour leur salvation avecques le roy d'Angleterre, au mieulx qu'ils porroient, et que aultrement n'y pouvoient remédier. Et adonc, quand les nouvelles feurent espandues en public en icelle ville, iceulx assiégés feurent moult dolents. Si s'assemblèrent en la maison de la ville les plus nottables, pour sçavoir comment ils se auroient à conduire devers le roy d'Angleterre. Et fut conclu, puisqu'ils avoient perdu l'espérance d'estre secourus, et qu'ils n'avoient nuls vivres, convenoit par nécessité qu'ils traictassent avecques leurs ennemis. Et envoyèrent un hérault devers le roy d'Angleterre, pour avoir un sauf-conduit pour six hommes aller devers luy, lequel leur fut envoyé. Si ordonnèrent à faire ceste ambasse deux hommes d'église, deux gentilshommes et deux bourgeois; et allèrent tout droit devers la tente du roy, mais ils feurent conduits par ses gens au logis de l'archevesque de Cantorbie, qui avoit la charge, avecques le comte de Warwick, de par le roy, de traiter avecques eulx. Et après qu'ils feurent assemblés, il y eut plusieurs matières ouvertes, assavoir à quelle fin ils porroient venir. Mais, pour ceste fois, ne purent oncques obtenir quelque traicté, sinon que tous les hommes de la ville se missent en la franche volonté du roy d'Angleterre; et, sur ce, retournèrent dedans la ville, et firent leur rapport, lequel leur sembla moult estrange. Et fut dit par tous ceulx là estans, que mieulx aimeroient vivre et mourir tous ensemble combattans leurs ennemis que eulx mettre en la subjection du roy d'Angleterre. Si se despartirent pour ce jour sans rien conclure; et le lendemain revinrent ensemble en moult grande multitude; et après plusieurs parlemens, finalement feurent tous d'opinion de mettre sur estaches de bois, un pan de mur par dedans la ville; après, eulx tous ensemble, hommes, femmes et enfans armer. Quand ils auroient premier boutté le feu en pluiseurs lieulx parmi la ville, ils abbateroient ledit pan de muraille ès fossés, et s'en iroient où Dieu les vouldroit conduire. Si se partirent, à intention, le lendemain, par nuict, mettre à exécution leur entreprinse. Mais il advint que le roy d'Angleterre fut de ce adverty; et pour tant que son désir estoit d'avoir la ville entière à son obéissance, fit fainctement redemander les ambassadeurs par l'évesque de Cantorbie, avecques lequel, et aultres à ce commis, fut tant traicté que les parties furent d'accord par la manière cy-après déclarée. Premièrement fut ordonné que le roy d'Angleterre auroit de tous les bourgeois et habitans de laditte ville de Rouen la somme de trois cents quarante-cinq mille escus d'or, du coin de France, et trois hommes à sa volonté, lesquels furent dénoncés; c'est assavoir maistre Robert de Luy, vicaire-général de l'archevesque de Rouen, lequel, durant le siége, s'estoit gouverné moult prudentement; le second fut un bourgeois nommé Jehan Jourdain, qui avoit eu le gouvernement des canonniers; le tiers fut nommé Allain Blanchard, qui estoit capitaine du mesme commun. Et avecques ce, tous universellement jureroient au roy d'Angleterre et à ses successeurs de tenir foy et loyauté avec toutte obéissance, moyennant qu'il leur prometteroit de les deffendre allencontre de tous ceulx qui force ou violence leur vouldroient faire; et avecques ce, leur tiendroit-on leurs priviléges, franchises et libertés desquels ils possessoient du temps du roy sainct Loys. En outre, fut ordonné que tous ceulx qui se vouldroient partir s'en iroient franchement, tant seulement vestus d'aulcuns de leurs habits, et le surplus demourroit confisqué au roy d'Angleterre. En après, fut ordonné que tous les gens d'armes mettroient généralement tous leurs biens en certains lieux déclarés ; et après qu'ils auroient fait serment au roy d'Angleterre d'eux point armer, un an durant, allencontre de lui, il leur feroit bailler sauf-conduit, et les feroit conduire outre des destroits, vestu chacun de ses habits accoutumés, tout à pied, le baston au poing. Après lesquels traictiés accordés et paraccomplis, et que le roy d'Angleterre eut pleiges d'entretenir les choses dessusdittes, ceulx de la ville, en nombre compétent, allèrent quérir vivres à leur plaisir en l'ost du roy d'Angleterre. Lequel traictié fut du tout parfourni le 16e jour de janvier, l'an 1418[1], par un lundy ; et le jeudy ensuivant, entra le roy d'Angleterre dedans la ville de Rouen, en grant triomphe, accompaignié des seigneurs de son sang et autres. Et avoit un page derrière lui, sur un moult beau coursier, portant une lance, à laquelle d'emprès le fer avoit attaché une queue de renard, en manière de penoncel ; puis alla logier dedans le chastel. Ainsi fut la ville et cité de Rouen conquise par les Anglois, laquelle avoit esté en l'obéissance des rois francbois depuis l'espace de deux cent quinze ans, que le roy Philippe, père[2] de sainct Loys, l'avoit conquise sur le roy Jehan d'Angleterre, comme confisquée, pour faute de relief, par le jugement des pairs de France. Puis, quand vint le lendemain, le roy fit copper la teste à Alain Blanchart, capitaine du commun ; et les deux aultres qui estoient en sa volonté furent depuis sauvés, en payant certaine somme de pécune. Et après, fit issir la garnison tout à pied, comme dit est.

En icelle mesme saison, le roy fit envoyer grand' garnison ès frontières contre les Anglois ; d'autre part, les Anglois gastoient tout le pays par feu et par espée ; et d'aultre part, les Daulphinois faisoient le cas pareil. Et quant aux gens du roy et du duc de Bourgongne ne se feignoient pas ; par ainsi, ce très noble royaulme estoit en divers lieulx travaillé et molesté, et merveilleusement oppressé par les trois parties dessusdites, et n'avoit le povre peuple comme nuls défenseurs, ni aultres recours que de eulx plaindre lamentablement à Dieu leur Créateur, en attendant sa grace.

(1) Et 1419 n. st. (2) Aïeul.

CHAPITRE XCIV.

Comment l'ambassade du roy d'Angleterre, en allant vers le roy de France, feut assaillie par les Daulphinois, qui feurent desconfits par les Anglois ; et du parc qui feut faict vers Meullant, où convinrent ensemble le roy d'Angleterre et ses deux frères, la reine de France, dame Catherine sa fille, le duc de Bourgongne et leurs consaulx, et retournèrent sans besongner.

En icelui temps, le roy d'Angleterre envoya à Provins, devers le roy, son ambassade, c'est assavoir les comtes de Warwick et de Kinte ; et estoient conduits par aucuns gens du duc de Bourgongne. Et en leur chemin furent assaillis par messire Tanneguy du Chastel et aultres Daulphinois, qui, au commencement, prinrent et gagnèrent une partie des chevaux et bagages desdits Anglois ; mais, en conclusion, les dessusdits Daulphinois furent déconfits. Après, iceux ambassadeurs s'en allèrent à Provins, où ils besognèrent avec le duc de Bourgongne et le conseil du roy ; et de là retournèrent à Rouen, devers le roy d'Angleterre, où ils firent leur relation de ce qu'ils avoient besogné, dont le roy fut moult joyeux. Et de rechief, environ la my avril, le roy d'Angleterre renvoya lesdits ambassadeurs devers le roy et le duc de Bourgongne à Troye, en Champagne ; auquel lieu fut tant traicté entre les parties que trefves furent faites entre les deux roys certaine espace de temps, sur espérance de plus avant besogner au faict de la paix. Et fut assigné jour pour convenir ensemble assez près de Meulant. Et assez tost après, le roy, la royne et dame Katherine de France, leur fille, et le duc de Bourgongne, à grant puissance, allèrent à Pontoise ; et eux là venus, firent préparer assez près de Meulant un grant parcage où se devoit tenir ladicte convention ; lequel estoit très bien clos de bonnes bailles[1], et archers en aucuns costés, et aussi environné de grands fossés ; et aussi y avoit plusieurs entrées fermans à trois barrières ; et par dedans furent tendues plusieurs tentes et pavillons pour reposer les seigneurs ; et estoient ordonnés aucuns villages pour loger les gens et chevaux, tant d'un costé comme d'aultre. Et quand la journée fut venue que icelles parties debvoient assembler en conseil, pour tant que le roy estoit mal disposé en santé, se partirent de Pontoise la royne, dame

(1) Portes.

Katherine sa fille, le duc de Bourgongne et le comte de Sainct-Pol, avec eux tout le conseil et bien mille combattans, et allèrent audit lieu ordonné emprès Meulant; et assez tost après arriva le roy d'Angleterre, accompagné des ducs de Clarence et de Glocestre, ses frères et son conseil. La royne, dextrée du duc de Bourgongne, et dame Catherine du comte de Sainct-Pol, atout leur conseil, et aucunes dames et damoiselles, entrèrent dedans ledit parc. Et pareillement le roy d'Angleterre, accompagné de ses deux frères et son conseil, par une autre entrée, vinrent dedans le parc; auquel lieu, en lui inclinant révéremment, salua la royne et puis la baisa, et aussi fit-il dame Catherine. Et après le duc de Bourgongne salua le roy d'Angleterre en fléchissant un petit le genouil, en inclinant son chef. Le roi d'Angleterre le prit par la main, et d'un commun consentement entrèrent adonc[1] dedans la tente du conseil. Et estoient leurs gens d'armes, chacun par ordonnance, au loin du parc. Après ce qu'ils eurent esté en conseil grant espace, prinrent congé l'un de l'aultre, moult honorablement et humblement, et s'en retournèrent les uns à Pontoise et les aultres à Mantes. Lendemain se rassemblèrent au lieu et place dessus-dite. Et dura le parlement bien trois semaines en pareil estat qu'il avoit esté la première fois, sauf que madame Catherine de France, qui y avoit esté là menée afin que le roy d'Angleterre la vist, qui fort estoit désirant d'avoir icelle à mariage, n'y retourna point depuis la première fois. Et là, eux ensemble, sans espérance de faire aucun bon traictié et paix finale entre les deux parties et roys, furent pluisieurs matières ouvertes; et souvent venoit l'une des parties plus puissamment accompagnée que l'aultre; et une aultre fois celle qui estoit venue à plus grand compaignie venoit à moindre. Et jà-soit-ce que Franchois et Anglois là estans fussent toujours, ce temps durant, logiés l'un auprès de l'aultre, toutefois n'y eut rumeurs ni débats entre lesdites parties, et vendoient l'un à l'aultre pluiseurs denrées. Mais en la fin ne poeurent lesdites parties rien concorder ni pacifier, pourtant que le roy d'Angleterre faisoit demandes moult grandes et extraordinaires, avec madame Catherine de France, comme aultres fois avoit

(1) Alors.

faict. Et aussi, durant le parlement, pour icelui corrompre, le daulphin envoya avecque son conseil, devers le duc de Bourgongne, messire Taneguy du Chastel pour lui signifier qu'il estoit prest pour traiter avecque lui, combien que par avant le duc de Bourgongne l'eust pluisieurs fois de ce faict requerre. Finablement, comme dit est, après que ledit parlement fust desparti et du tout mis au néant, durant les trefves, les tentes furent ostées, et le parc défaict de l'accord des deux parties; et se retrairent les Franchois à Pontoise et les Anglois à Mantes. Pour lequel parlement ainsi estre défailli, le roy d'Angleterre fut très courroucé et déplaisant, pour ce que il ne pouvo't venir à son intention; et prit pour cest cause le duc de Bourgongne en grand indignation, car il sçavoit que pour lors il estoit le principal par qui les besognes de France estoient conduites et gouvernées. Sy dit au duc de Bourgongne, comme aulcuns disoient : « Beau cousin, je veux que « vous sçachiez que une fois j'aurai, et tout ce « que j'ai demandé avec elle, ou je le débouté- « rai, et vous aussi, hors de son royaulme. » Auxquelles paroles le duc respondit : « Sire, « vous dictes vostre plaisir; mais devant que « vous ayez débouté monseigneur le roy et moy « hors de son royaulme, vous serez bien lassé. » En telles paroles et aultres, qui seroient trop longues à escripre, se départirent en prendant congié l'ung de l'autre, et retournèrent ès lieux dont ils estoient partis.

CHAPITRE XCV.

Comment le duc de Bourgongne se trouva vers monseigneur le daulphin, où la paix feut entre eulx jurée solennellement; entre les mains du légat envoyé par le Saint-Père; et comment le roy d'Angleterre feit escheler la ville de Ponthoise, où les Anglois trouvèrent et gagnèrent grant finance.

Vous avez ouy comment messire Taneguy du Chastel feut à Ponthoise devers le duc de Bourgongne, de par le daulphin, pour l'appaisement d'eulx deux, dont le duc de Bourgongne feut moult joyeux; et, pour icelle nouvelle, donna à messire Taneguy du Chastel ung moult beau coursier et cinq cents moutons d'or; et par luy feit sçavoir au daulphin que il estoit prest d'aller devers luy, quelque part qu'il luy plairoit; et manda messire Jehan de Luxembourg, quy lors estoit en Picardie, afin qu'il assemblast gens pour le accompagner. Messire Taneguy retourna devers le daulphin, auquel il feit rapport de che que il avoit besogné, dont le daulphin feut bien content. Apprès, assigna le daulphin jour pour convenir ensemble, et le manda au duc de Bourgongne, lequel en toute diligence se mit sus et partit de Ponthoise, et s'en alla à Corbeil, la dame de Giac en sa compagnie, qui avoit esté partie traiteresse de ceste assemblée ; et lendemain, quy feut dixiesme jour de juin, assemblèrent ensemble, environ à une lieue de Melun, assez près de Poilly-le-Fort, auquel lieu avoit un petit poncel de pierre. Et, quand ils vinrent à deulx traits d'arc, ou environ, firent arranger leur bataille et partirent chacun atout dix hommes de sa compagnie, tels qu'ils les voulurent prendre, et allèrent au milieu des deulx batailles l'un contre l'autre. Si descendirent à pied ; lors le duc de Bourgongne, en approchant le daulphin, s'inclina moult humblement pluiseurs fois ; et le daulphin, en ce faisant, le prit par la main où il estoit à genoux, le baisa, et puis le voult faire lever ; mais il ne voult et luy dit : « Monseigneur, je sais « bien comment je dois parler à vous. » En icelle assemblée estoit ung légat de nostre Saint-Père, afin de plus solennellement faire ledict traictié, et pour recevoir le serment des deulx parties et seigneurs quy là estoient assemblés pour ladicte paix, laquelle y feut bien et doucement conclue entre les deux parties ; car auparavant avoit esté ladite paix pourparlée tout au long. Or est vrai que, entre les aultres choses et articles dudit traictié, avoit bien fort lien ; car les deulx prinches, daulphin et duc de Bourgongne, accordèrent, jurèrent et promirent ès mains dudit légat, en parolles de prinches, sur les saints Evangiles et sur la vraie croix, de tenir de point en point ladite paix et traictié, et, avec che, accordèrent dès lors et pour le temps à venir que si l'ung d'eulx rompoit ou alloit allencontre d'icelle paix et traictié, que tous ses hommes, vassaux et subjects, et serviteurs, se armassent allencontre de luy; et de tous serments de fidélité et aultres les quittoient ; et voulloient de faict que ainsi se fist, en montrant tous grans signes d'estre joyeux, et en maudissant tous ceulx quy jamais porteroient armes pour si damnable querelle. Et apprès qu'ils eussent esté un espace de temps ensemble en cest estat, en grant signe de liesse et d'amour l'ung à l'aultre, le daulphin monta à cheval ; et luy tint l'estrier le duc de Bourgongne, nonobstant que moult de fois le daulphin lui pria que de le faire ils se déportast. Apprès monta à cheval le duc de Bourgongne ; et chevauchèrent un petit ensemble, et puis prirent révéremment congié l'ung de l'aultre ; et s'en alla le daulphin à Melun, et le duc de Bourgongne à Corbeil. Et lors après ceste départie, le daulphin et le duc de Bourgongne feirent faire et ordonner, par leurs conseillers, lettres et chartes des serments faits ensemble pour la paix et union entretenir entre les parties. Lesquelles promesses et jurements ne feurent en rien nullement tenus, dont peu s'en faillit que tout le royaulme n'en feust perdu et destruict ; et de faict en advinrent tant de maux que plus ne si grants ne adveinrent oncques en France, comme cy après polrez ouyr. Toutefois je m'en passe en brief, car au long se pourra monstrer par les chroniques, qui de che font mention ; et feurent icelle paix et traictié publiés en pluiseurs lieux, en France et Picardie. Or convient retourner à parler du roy d'Angleterre, lequel, quand il ouyt nouvelles de la paix et alliance que avoient faictes ensemble le daulphin et le duc de Bourgongne, ne feut pas joyeux ; car bien luy sembla que plus forts seroient les deulx princes ensemble que divisés. Néanmoins il se délibéra et conclut de poursuivre et mener à fin sa querelle et entreprinse, allencontre de tous ceulx quy nuire le voudroient. Et jeta son imagination et avis que bonne et profitable luy seroit la ville de Ponthoise, si il la povoit avoir. Et, sur che, manda aulcuns de ses plus féables capitaines, et aussi de ceulx quy avoient esté dedans icelle ville durant les ambassades dont dessus est faicte mention. Si leur déclara sa volonté ; et iceux luy respondirent qu'en che et en toutes autres choses qu'il luy plairoit commander, estoient prests de eulx y employer, sans espargner leurs corps, quelque peine ou travail qu'ils y dussent avoir. Et sur che, feut ordonné, de par le roy d'Angleterre, ceulx quy de ceste besogne auroient la charge ; c'est assavoir le capital de Bœuf[1], vaillant chevalier, frère du comte de Foix, quy avoit avecque luy ung des bons eschelleurs du monde, lequel pourjecta la ville. Et qu'il soit vrai, ung peu

---

(1) Buch.

devant le soleil levant, ayant tout son eschellement prest, à l'heure que le guet feut descendu pour aller à la première messe, pour boire au matin, l'eschelleur feit la diligence de dresser eschelles par lesquelles les Anglois montèrent si diligemment que oncques ne feurent perchus qu'ils ne fussent les plus forts dedans la ville; et feut ung lundy, dernier jour de juillet. Quand les Anglois se virent les plus forts, ils commencèrent à crier : Sainct George! Duquel cri feut la ville toute esmue, et le seigneur de l'Isle-Adam tout esmerveillé; lequel sans délai, avecque aulcuns de ses gens, monta à cheval et alla voir où estoit l'effroy; mais quand il perchut les Anglois dans la ville en si grant nombre, il s'en retourna et feit la plus grant diligence qu'il peut pour sauver ceulx de la ville de Ponthoise, dont pluiseurs feurent sauvés; et feit ouvrir vers la porte pour aller vers Paris. Puis de la ville issirent bien en sa compaignie six mille personnes, tant hommes que femmes comme enfants, tous désolés. Ainsi feut la ville de Ponthoise prise par les Anglois, en laquelle ils feirent maulx innumérables, comme par coutume se fait en ville ainsi conquise; et gagnèrent si grant finance que il n'est à croire; car le roy, la royne et le duc de Bourgongne, pluiseurs grants seigneurs et ambassades, y avoient esté grant espace du temps, et estoit la ville remplie de tous biens. Pour laquelle prise le pays de l'Isle-de-France, et par espécial vers Paris, feurent desconfortés. Et, quand les nouvelles vinrent en ce mesme jour à Sainct-Denis, où estoient le roy, le duc de Bourgongne et leurs estats, assez tost se départirent et s'en allèrent à Troyes, ensemble la royne, madame Katherine et pluiseurs aultres. Le seigneur de l'Isle-Adam assembla gens pour mettre en garnison, et se mit en la ville de Beauvais, pour tenir frontière et pour résister aulx entreprinses que chacun jour les Anglois faisoient. Toutefois, iceluy seigneur de l'Isle-Adam feut moult blasmé, pource que ainsi négligemment, par faute de guet, avoit laissé prendre la ville de Ponthoise, et par espécial les gouverneurs du daulphin en feurent très mal contents; mais aultre chose ne olrent.

CHAPITRE XCVI.

Comment la ville de Gisors se rendit aux Anglois, comme aussi feit le Chasteau-Gaillard, après avoir soutenu et enduré le siège par l'espace de seize mois, et par faute de cordes pour tirer eau.

Après ce que le roy d'Angleterre, qui jour et nuict ne pensoit à aultre chose, fors à venir au-dessus de son entreprinse, sceut la prise de Ponthoise, dont il fut moult joyeux, assez tost après manda son frère, le duc de Clarence, auquel il bailla la charge de foison de gens d'armes et de traits, pour aller asségier la ville de Gisors, dedans laquelle ville estoient capitaines Lionnel de Bournonville, et dedans le chastel David de Goy; lesquels, par les Anglois, en la fin de trois semaines après le siège mis, rendirent la ville et forteresse au duc de Clarence, par deffaut de vivres, moyennant qu'ils s'en iroient avecques leurs gens, saufs leurs corps et leurs biens, et les habitans de la ville demeureroient obéissans au roi d'Angleterre, en faisant le serment. Et ainsi se despartirent les dessusdits Lionnel de Bournonville; et ceulx qui aller s'en voulurent.

En ce temps, le roy d'Angleterre envoya asségier le chastel Gaillard, qui estoit une des plus fortes places du pays de Normandie, et le tenoient les gens du daulphin; et y fut le siège seize mois, au bout duquel temps se rendit, par faute que les cordes dont ils tiroient l'eau estoient faillies. Et en estoit capitaine messire Louis de Mauny, qui avoit avec lui six-vingt gentilshommes ou plus; et tenoient le siège les comtes de Hantonne et de Kent.

Et durant les choses dessusdites, avoient plusieurs Daulphinois et Bourguignons grands communications les uns avec les aultres, espérants que le traictié fait dust estre pardurable; mais dame fortune y pourveut par telle manière que, dedans briefs jours ensuivant, furent en plus grand' tribulation et peine l'un contre l'aultre que par avant n'avoient esté, comme cy-après sera desclaré.

Or, vous lairai un peu à parler des Anglois et de leurs conquestes, et parlerai des faicts de France.

CHAPITRE XCVII.

Comment le duc Jehan de Bourgongne feut occis à Montereau où faut Yonne, par le commandement et en présence du daulphin, seul fils du roy de France; des mandemens que le roy feit publier à icelle cause dedans son royaulme ; et comment le daulphin assembloit de tous costés gens d'armes (1).

Assez avez ouy comment le daulphin, seul fils du roy, fit paix au duc de Bourgongne. Après laquelle faicte et publiée par le royaulme, le daulphin se partit pour aller vers le pays de Touraine, avecques plusieurs de son conseil, depuis qu'il fut averti et conseillé de trouver la manière comment il pourroit decepvoir et faire mourir le duc de Bourgongne; laquelle chose il avoit intention de faire au parlement de la paix, comme l'on disoit ; laquelle paix fut faicte au lieu dessusdit ; mais pource qu'ils virent le duc de Bourgongne avoir grand' puissance, ne l'osèrent lors entreprendre. Si s'en retourna pour l'accomplir; et vint atout dix mille combattans ou environ, à Montereau où fault l'Yonne. Et tost après sa venue, envoya à Troyes en Champagne messire Tanneguy du Chastel, et aultres de ses gens, atout certaines lettres signées de sa main, par lesquelles il rescripvoit très affectueusement au duc de Bourgongne, que, pour conclure et adviser à la réparation et affaires du royaulme, et aussi pour aultres choses qui grandement lui touchoient, il voulsist aller devers lui audit lieu de Montereau. Lequel duc de Bourgongne, oyant ces requestes et nouvelles, différa plusieurs jours de y aller, et contendit que le daulphin allast devers le roy son père; et remonstra plusieurs fois à Tanneguy, que plus convenable et expédient seroit qu'il y allast que autrement, afin de tenir leur conseil ensemble. Et sur ce retourna Tanneguy devers le daulphin ; mais finalement conclut le daulphin et ceulx de son conseil de demeurer à Montereau, et non aller ailleurs. Et derechief retourna messire Tanneguy à Troyes, devers le duc de Bourgongne, avec lequel il traicta tant, qu'il vint à Bray-sur-Seine ; et de là feurent envoyés plusieurs messages de l'une partie à l'aultre. Entre lesquels enfin y envoya le daulphin l'évesque de Valence, qui estoit frère à l'évesque de Langres, lequel de Langres estoit avec le duc de Bourgongne, et un de ses principaux conseillers, nommé messire Charles de Poitiers. Et quand ycelui évesque feut venu audit lieu de Bray, si parla pluiseurs fois au duc de Bourgongne, et l'admonesta et l'induit a- certes qu'il voulsist aller vers le daulphin, disant qu'il ne fist nul doute ou soupçon de quelque mauvaiseté; et pareillement en parla féablement à son frère, en lui monstrant que féablement il y pouvoit aller, et feroit mal de le refuser. Touttefois, icelui évesque ne savoit pour vrai rien de ce qui advint depuis, et traictoit de bonne foi. Finablement, tant par les remonstrances qu'il fit, comme sur les paroles de messire Tanneguy, le duc de Bourgongne conclut et se disposa avec son conseil d'aller vers le daulphin, en la compaignie d'icelui évesque; et se partit dudit lieu de Brai le dixiesme jour de septembre 1419. Et avoit en sa compaignie cinq cents hommes d'armes, deux cents archiers et pluiseurs seigneurs; c'est assavoir, Charles, fils ains-né du duc de Bourbon, le seigneur de Navaille, frère au comte de Foix, Jehan, fils au comte de Fribourg, le seigneur de Sainct-Georges, messire Antoine de Vergy, le seigneur de Jonvelle, le seigneur d'Autrec, le seigneur de Montagu, messire Guy de Pontaillier, messire Charles de Lens, et plusieurs aultres, avecques lesquels il chevaucha assez joyeusement jusques à peu près de Montereau ; et estoit environ trois heures après-midi. Et lors vinrent allencontre de lui trois de ses gens, Jehan d'Ournay, Saubertier, et un autre que je ne sçai nommer ; lesquels lui dirent que ils venoient de la ville, où ils avoient vu sur le pont, au lieu mesme où ils se devoient assembler, plusieurs fortes barrières faites de nouvel, très avantageuses pour le parti du daulphin, disans qu'il pensoit à son faict, et que s'il se boutoit dedans, il seroit en danger du daulphin. Sur lesquels paroles le duc, tout à cheval, assembla son conseil, pour sçavoir qu'il estoit sur ce de faire ; et y eut de diverses opinions ; car les aucuns doutoient moult la journée, attendu les nouvelles que d'heure en heure ils oyoient. Les autres, qui ne pensoient qu'à bien, conseilloient pour mieux faire, de laissier qu'il allast vers le daulphin; et disoient que ils n'oseroient penser que un tel prince, fils du roy et successeur de la couronne, voulsist faire aultre chose que loyaulté. Et lors le duc de Bourgongne, voyant et oyant les di-

---

(1) C'est avec ses lamentations sur ce meurtre que Georges Chastellain commence ses chroniques.

verses opinions de son conseil, dit haut et clair, en la présence de tous ceulx qui là estoient : qu'il iroit, sur intention d'attendre telle adventure qu'il plairoit à Dieu de lui donner et envoyer ; disant oultre, que pour le péril de sa personne ne lui seroit reprouvé jà que la paix et réparation du royaulme fust attargiée ; et que bien sçavoit que si il failloit de y aller, que par adventure, guerre ou division se pourroit esmouvoir entre eulx, et que la charge et déshonneur en retourneroit sur lui. Et adonc s'en alla descendre au chastel de Montereau, par la porte vers les champs. Ledit chastel lui avoit esté deslivré pour lui logier, par les conseillers du dolphin, afin qu'il feust moins en soupçon que on lui voulsist mal. Et fit descendre avecques lui tous les seigneurs et deux cents hommes d'armes, et cent archiers, pour luy accompagner. Si estoit avec lui la dame de Giac, qui par avant, comme dit est, avoit esté plusieurs fois devers le daulphin durant le traictié cy-dessus dit, et moult induisoit le duc d'y aller, en lui admonestant qu'il ne fust point en doute de nulle trahison. Le duc de Bourgongne, comme il monstroit semblant, aimoit moult et croyoit de pluiseurs choses icelle dame, laquelle il avoit baillée en garde avecques partie de ses joyaux à Philippe Josequin, comme au plus féable de tous ses serviteurs. Et tost après qu'il feut descendu, ordonna à Jacques de la Balme qu'il se mist, avec ses gens d'armes, à l'entrée de la porte de la ville, pour la seureté de sa personne, et aussi à garder la convention. Et entre temps, messire Tanneguy vint devers le duc de Bourgongne, et lui dit que le daulphin estoit tout prest, et qu'il attendoit après lui. Il respondit qu'il s'en alloit. Et lors appela ceulx qui estoient commis d'aller avec lui ; et deffendit que nul n'y allast, sinon ceulx qui à ce estoient ordonnés, lesquels estoient dix, dont les noms s'ensuivent : c'est assavoir, Charles de Bourbon, le seigneur de Navaille, Jean de Fribourg, le seigneur de Sainct-Georges, le seigneur de Montagu, messire Antoine de Vergy, le seigneur d'Autrec, messire Guy de Pontaillier, messire Charles de Lens, messire Pierre de Giac, et un secrétaire nommé maistre Jehan Seguinart. Derechief allèrent allencontre de lui les gens du daulphin, qui renouvelèrent les serments et promesses par avant faicts et jurés entre lesdicts princes ; et ce faict, lui dirent : « Venez devers « Monseigneur, il vous attend cy, devant, sur le « pont. » Après lesquelles paroles, se retrayrent devers leur seigneur. Et adonc le duc de Bourgongne demanda à ses conseillers si il leur sembloit qu'il peust aller seurement devers le daulphin, sur les seuretés que sçavoient estre entre eulx deulx. Lesquels, ayans bonne intention, lui feirent responce : que seurement il pouvoit aller, attendu les promesses faictes par tant de notables personnes d'une partie et d'aultre ; et dirent que bien oseroient prendre l'adventure d'aller avecques luy. Sur laquelle responce se mit à chemin, faisant aller devant lui une partie de ses gens ; et entra en la première barrière, où il trouva les gens du daulphin, qui encore lui dirent : « Venez devers Monseigneur, il vous « attend. » Et il dit : « Je vais devers luy. » Et passa la seconde barrière, qui tantost fut fermée à la clef, après que lui et ses gens furent dedans entrés, par ceulx qui à ce estoient commis. Et en marchant avant, rencontra messire Tanneguy du Chastel, auquel en grand amour il férit de la main sur l'espaule, disant au seigneur de Sainct-Georges et aux aultres de ses gens : « Veez-cy en qui je me confie. » Et ainsi passa outre, jusques assez près du daulphin, qui estoit tout armé, l'espée ceinte, appuyé sur une barrière. Devant lequel, pour lui faire révérence se mit à un genou, en le saluant très honorablement : à quoi le daulphin respondit sans lui monstrer aucun signe d'amour, en lui remonstrant qu'il lui avoit mal tenu sa promesse, de ce qu'il n'avoit pas fait guerre aux Anglois, ni fait vider ses gens hors des garnisons, ainsi que promis l'avoit. Et adonc, messire Robert de Lore le prit par le bras dextre, et lui dit : « Levez-vous, vous n'estes que trop honorable. » Le duc de Bourgongne, qui estoit à un genou, comme dit est, avoit son espée chainte, laquelle estoit, selon son vouloir, trop demeurée derrière quand il se agenouilla. Il y mit sa main, pour la remettre plus devant. Et lors ledit messire Robert de Lore lui dit : « Mettez-« vous la main à vostre espée en la présence de « Monseigneur le daulphin ? » En ces paroles s'approcha messire Tanneguy, qui, comme on dit, fit un signe, et en disant : « Il est temps, » férit le duc de Bourgongne d'une hache qu'il tenoit en sa main, si rudement qu'il le fit cheoir à genoux. Et quand le duc de Bourgongne se sentit frappé, mit la main à son espée pour la tirer, soi cuidant lever pour soi deffendre, mais incontinent d'aucuns aultres feut féru et abattu par terre comme mort ; et prestement un nommé Olivier Layet, à l'aide de Pierre Frottier, lui bouta une espée pardessous son haubergeon, par dedans le ventre. Et aucuns dient que le frère du comte de Foix, quand il vit le duc de Bourgongne abattu par terre, lui cuidant sauver la vie, se mit sus son corps ; mais le vicomte de Narbonne tenoit une dague en sa main, dont il le férit et le perça tout oultre le corps. Aultres ont dit que c'estoit d'une espée, et aultres d'une hache ; touttefois il fut mort avec son maistre le duc de Bourgongne. Le daulphin, qui estoit appuyé sur la barrière, comme vous avez ouy, voyant ceste merveille, se tira arrière, comme tout effrayé, puis tantost par ses gens fut emmené à son hostel. Les aulcuns des seigneurs du duc de Bourgongne se voulurent mettre en deffense, et en y eut d'aucuns blessés ; mais ce leur valut moult peu ; car tous furent pris et menés prisonniers, excepté le seigneur de Montagu, qui estoit moult appert et viste ; et l'espée au poing, toute nue, saillit dehors des barrières, et se tira devers le chastel, où estoient les gens du duc de Bourgongne, dont aucuns montèrent à cheval, et en très grand' haste se despartirent, démenant grand deuil. Le seigneur de Jonvelle et aultres, qui estoient dedans le chastel de Montereau, et auxquels le duc de Bourgongne l'avoit baillé en garde à son partement, furent moult esmerveillés, eux voyans que nulle provision de vivres n'y avoit en ladicte place, ni aultres habillemens de guerre, fors que ceulx qu'ils y avoient apportés ; car on en avoit osté toute l'artillerie. Finablement, au mieux qu'ils peurent, trouvèrent leur traité par devers le daulphin, et s'en despartirent leurs corps et biens saufs ; et tirèrent vers Troyes, où ils trouvèrent le roy, la royne et pluseurs grands seigneurs, auxquels ils racontèrent la piteuse mort du duc de Bourgongne. Si en feut le roy, la royne et toute la cour troublée ; et eurent conseil d'envoyer par les bonnes villes mandemens royaulx, par lesquels remonstroient la mort et la déloyauté des facteurs, mandans et défendans aux officiers, que au daulphin ne à ceulx de son party ils ne baillassent aide ne secours, mais se préparassent à toute diligence de résister contre eulx, et que à che faire ils auroient brief bonne aide. Tantost après le faict advenu, les gens du daulphin prirent le corps du duc de Bourgongne ; si le desvestirent et ne luy laissèrent que son pourpoint, les housseaux et la barrette en son chef, et le mirent en un moulin quy là au plus près estoit, où il feut toute la nuict ; et lendemain matin feut mis en terre en l'église Nostre-Dame, devant l'autel Sainct-Loys, en ce mesme estat où il estoit ; et feirent dire aulcunes messes. Charles, fils du duc de Bourbon, demoura avec le daulphin, et aussy feit messire Pierre de Giac, la dame de Giac et Philippe Josequin, et luy feirent le serment ; mais les autres ne le voulurent oncques faire, pour bien ny pour promesses que on leur feit, disans toujours que mieux aimeroient mourir que faire chose qui tournast à reproche à eux et à leurs hoirs ; et finablement ils feurent tous mis à finance, sinon messire Charles de Lens, amiral de France, qu'ils firent mourir. Et, à ceste heure, pluiseurs hommes nottables estoient avec le daulphin, qui rien ne sçavoient du secret de ceste matière ; et en y eut d'aulcuns auxquels il desplut grandement, considérans les tribulations, ou reproches, ou meschefs qui en polroient sourdre au temps advenir, tant au royaulme de France comme à la personne de leur seigneur et maistre, le daulphin. Après ce que le daulphin eust tenu pluiseurs consaulx sur ses affaires, soi excusant de non avoir rompu la paix, fit rescripre pluiseurs lettres à ceulx des bonnes villes tenans son party, et en pluiseurs aultres lieulx : mais quelque rescription que il fist, ne fut pas cru ; car tous ceulx qui en oyoient parler, et que sous ombre de bonne paix avoit esté faict tel murdre[1], en estoient desplaisans, car il estoit moult aymé en France. Le daulphin se partit de Montereau, et s'en alla à Bourges, et manda gens d'armes de touttes parts ; et de là s'en alla en Anjou, où il eut parlement avec le duc de Bretaigne. Et lui accorda le duc une partie des nobles hommes de son pays pour lui servir : et adonc lui vindrent une moult grand' compaignie d'Escochois qu'il envoya sur la rivière de Loire ; puis s'en alla en Poitou, en Auvergne et en Languedoc, pour y lever gens d'armes, et y avoir leur aide. Et par touttes les bonnes villes où il passoit, il faisoit prononcer que ce qu'il avoit faict contre le duc de Bourgongne avoit esté faict sur bonne

(1) Meurtre.

et juste querelle, en soy justifiant le plus qu'il povoit. Quand la chose vint à la cognoissance des Parisiens, ils en furent moult dollens[1]; et pourtant, lendemain, au plus matin qu'ils peurent, assemblèrent le comte de Sainct-Pol, neveu du duc, lieutenant du roy à Paris, le chancellier de France, les prévosts de Paris et des marchands, et généralement tous les officiers du roy. En laquelle assemblée fut remonstré la mort du duc, et la manière comment icelle avoit esté faicte. Pour laquelle cause les dessus nommés firent serment au comte de Sainct-Pol de le servir, obéir, et, de toutte leur puissance, entendre à la garde et défense de la bonne ville de Paris, et de résister de corps et de biens à la dampnable intention des criminels, séditieux, rompeurs de paix et union du royaulme, et de poursuivre de tout leur pouvoir la vengeance des coupables et consentans de la mort et homicide du duc de Bourgongne; et firent serment d'entretenir leurs promesses; et, de ce, baillèrent lettres scellées du scel de Paris ; et pareillement firent les aultres bonnes villes de France qui alors tenoient le parti du roy et du duc de Bourgongne.

CHAPITRE XCVIII.

Comment la mort du duc Jehan de Bourgongne fut annoncée à son fils unique, Philippe, comte de Charrolois, qui en feut moult desplaisant, et tout le pays du roy de France; de l'alliance qu'il feit, par conseil et licence dudit roy, avecques le roy d'Angleterre; et du traictié faict à Troyes entre les deux roys, par lequel le roy de France donna sa fille à femme au roy d'Angleterre, et le feit héritier du royaume.

La piteuse mort du duc de Bourgongne feut dicte à Philippe, comte de Charrollois, son seul fils et héritier, luy estant à Gand, dont il eut si grant tristesse et desplaisir, que à peine par aucuns jours ne pouvoient ses conseils et ses gouverneurs le conforter, ni faire boire ni manger. Et quand madame Michelle de France, sa femme et sœur du daulphin, sceut ces nouvelles, elle fut moult troublée et en grant esmoy, doutant, entre les aultres choses, que son seigneur et mari ne l'euist pour ce moins agréable, et qu'elle n'en fust élongiée de son amour ; ce que pas n'advient, car en brief terme ensuivant, par les exhortations et amiables remonstrances que luy feirent ses gens, il feut très content

(1) Chagrins.

d'elle, et luy monstra aussi grant signe d'amour que par avant avoit faict. Après ce faict, tint son conseil avec ceulx de Flandres et d'Arthois, et fit serment partout, comme il est de coutume aux nouveaulx seigneurs ; puis après s'en alla à Malines, où il eut parlement avec le duc de Brabant, son cousin, Jehan de Bavière, son oncle, et sa tante la comtesse de Haynault. Duquel lieu s'en retourna à Lille ; et de ce jour en avant se nomma duc de Bourgongne en ses lettres, et print tous les titres de son père. Maintenant ne sera plus nommé en mon livre, le nouveau duc de Bourgongne, fors tant seulement le duc, ainsi que je vous ai dict au commencement du livre. A Lille veinrent pluiseurs seigneurs pour luy offrir service ; si en retint une partie ; aux aultres promit grands biens à faire. D'aultre part, veinrent aussi de Paris vers luy, Philippe de Morvilliers, premier président en parlement, et aussi pluiseurs aultres notables gens, avecques lesquels conclud d'escripre aux bonnes villes qui tenoient le parti du roy et le sien, certaines lettres contenants que, comme ils avoient tenu le parti de son père, ils voulsissent tenir le sien, mandant à iceulx qu'il leur feroit impétrer trefve aux Anglois bien brief; et leur fist sçavoir qu'ils envoyassent de leurs gens vers luy, à Arras, le 17e jour d'octobre ; et que ceulx qui y seroient envoyés, eussent toute puissance de besogner. Alors le duc, par grand délibération de conseil, pour soi fortifier allencontre de ses adversaires, envoya de ses ambassades à Rouen, devers le roy d'Angleterre, afin de impétrer unes trefves certaine espace de temps, pour tous les pays estans en l'obéissance du roy et de luy. Quand feurent venus à Rouen, trouvèrent les ambassadeurs du daulphin qui desjà estoient venus pour avoir traictié et alliance au roy d'Angleterre, en luy offrant les pays du duc, et les luy aidier à conquester, et avec ce, le duché de Normandie. Mais quand le roy sceut les ambassadeurs du duc estre venus par-devers luy, feut moult joyeux, et laissa les Dauphinois, qui moult dollens se despartirent de ce que ainsi avoient failli de parvenir à leur entente. Les ambassadeurs du duc besognèrent tellement qu'ils obtindrent unes trefves, en l'espérance de plus outre procéder avec luy. Durant lequel temps, les Dauphinois estans à Compiengne et sur les marches, et ceulx tenans la partie du

CHAPITRE XCVIII.

duc recommencèrent comme devant à mener très forte guerre les uns contre les aultres. Après une espace de temps, le duc tint conseil; auquel conseil finablement feut conclu que, pour le mieux, par la licence et congié du roy, il s'alllast au roy d'Angleterre le mieux qu'il pourroit. Et sur ce envoya derechief ambassadeurs à Rouen, devers le roy d'Angleterre; car moult désiroit d'avoir alliance avecques le duc, pource que il sçavoit que par son moyen il pourroit avoir madame Catherine de France, mieux que par nuls aultres. Quand les ambassadeurs du duc eurent monstré les causes et articles pourquoi ils estoient venus, le roy feit response que, dedans briefs jours, il enverroit devers le duc, de ses gens, qui seroient chargés de l'intention qu'il avoit de faire. Après lesquelles responses, retournèrent lesdicts ambassadeurs à Arras, devers le duc; lequel feit là faire le service de son père, en l'église de Saint-Vaast, moult solennellement. Et brief ensuivant veinrent devers le duc les ambassadeurs du roy d'Angleterre; et monstrèrent au duc aucuns articles contenans le traictié tel que le roy le vouloit avoir avecques le duc; sur lequel feurent baillés pareillement auxdicts ambassadeurs certains aultres articles de par le duc. Finablement, tant envoyèrent le roy d'Angleterre et le duc l'un devers l'aultre, qu'ils veinrent à conclusion d'avoir bon appointement, au cas que le roy et son conseil en seroient bien contents. Pour iceluy temps, le roy, la royne et dame Katherine estoient à Troyes en Champagne. Sur lesquels traictiés dessusdits et appointemens ainsi encommencés, feut ordonné que leurs gens ne feroient point guerre l'un à l'aultre; et feurent les trefves derechief confirmées. Et si feut appointé que le roy d'Angleterre enverroit ses ambassadeurs, en la compaignie du duc, audict lieu de Troyes, pour au surplus conclure des appointemens et conventions, et pour venir à toute bonne conclusion. Et avoit le duc intention de y aller brief ensuivant.

Le duc se partist de la ville d'Arras environ le mois de mars, où il laissa la duchesse sa femme, et print son chemin à Sainct-Quentin; et là séjourna certaine espace de temps, en attendant son armée. Et là veinrent devers luy les ambassadeurs du roy d'Angleterre, tous en armes, jusques au nombre de cinq cents combattans; desquels estoient les principaulx, les comtes de Warwick et de Kinte, et pluiseurs aultres, qui tous ensemble s'en allèrent avecques le duc jusques à Troyes en Champaigne. Si luy veinrent au-devant pluiseurs grands seigneurs de Bourgongne, et aultres notables bourgeois de la ville de Troyes, qui luy feirent grant honneur et révérence; et feut convoyé d'iceulx jusques à son hostel; et estoit le peuple en grant multitude par où il passoit, criant Noël à haute voix. En aucuns briefs jours ensuivant, feurent assemblés pluiseurs consaux en la présence du roy, de la royne et du duc, pour avoir advis sur la paix finale que vouloit avoir le roy d'Angleterre avecques le roy. Finablement, après pluiseurs parlements tenus avecques les ambassadeurs d'Angleterre, feut conclu et accordé en la faveur du duc, que le roy donneroit à Henry, roy d'Angleterre, madame Catherine, sa fille, en mariage, et après ce, le feroit vrai héritier après sa mort, et successeur de tout son royaulme, luy et ses hoirs, en déboutant son propre fils et héritier le daulphin, et aussi en annulant la constitution jadis faicte par les roys de France et les pairs, en grand délibération; c'est assavoir que le noble royaulme de France ne devoit succéder à femme et appartenir; et mesme, s'il advenoit que iceluy roy Henry, ne eust hoirs venans d'iceluy mariage, par le moyen d'iceluy traictié et accord, si demeureroit-il héritier de la couronne de France, au préjudice de tous les royaulx qui en temps à venir y pourroient et devroient succéder de droite ligne. Et feut tout ce faict et accordé par le roy, en la présence du duc. Et avecques ce, le roy d'Angleterre se devoit nommer régent et héritier de France, comme il feit. Ce traictié faict en la forme dicte, s'en retournèrent les ambassadeurs d'Angleterre à Rouen, portants avec eulx la copie dudict traictié, qui moult feut agréable au roy d'Angleterre. Et pour ce, au plus brief qu'il peut, prépara ses besognes en Normandie, et assembla ses gens pour aller à Troyes, pour confirmer iceluy traictié. A Troyes estoit demeuré, de par le roy d'Angleterre, messire Loys de Robersart, pour accompaigner et visiter madame Catherine de France. Je lairai à parler du roy, et parlerai du daulphin.

CHAPITRE XCIX.

Comment le daulphin se fortifia contre ses ennemis; et comment le comte de Conversan, messire Jehan de Luxembourg, son frère, et autres, asségièrent la forteresse de Alibaudière qui leur feut rendue; et de plusieurs places au pays de l'Auxerrois, qui se rendirent au roy.

Durant les traictiés, le daulphin et ceulx de son conseil, qui estoit à Bourges, ouyrent certaines nouvelles des alliances qui se faisoient contre luy, dont il feut en grant souci comment il pourroit résister contre, et aux emprises du roy d'Angleterre et du duc, sçachant que, par le moyen desdictes alliances, il estoit en péril de perdre la seigneurie et attente qu'il avoit à la couronne de France. Néantmoins il eut conseil de pourvoir à son faict; et feit garnir pluiseurs villes sur les frontières de ses adversaires, et y constitua capitaines des plus féables à ceulx de son parti; entre lesquels meit à Melun le seigneur de Barbasan; à Montereau, le seigneur de Guitry; à Montargis, messire Robert de Lore; à Meaux-en-Brie, le seigneur de Gamaches; à Compiengne et à pluiseurs aultres villes et forteresses, feit pareillement. Avecques ce, se pourvéy de grand nombre de gens pour estre toujours auprès de sa personne, en attendant les adventures qui de jour en jour pouvoient luy advenir. En ce temps, 1420, le duc envoya le comte de Conversan, messire Jehan de Luxembourg son frère, le seigneur de Croy et pluiseurs aultres, mettre le siége devant une forteresse nommée Alibaudière, séant à trois lieues de Troyes. Or advient que le vaillant chevalier messire Jehan de Luxembourg, au mettre le siége, à une saillie que ceulx de la place avoient faicte combattirent main à main, tellement que ledict de Luxembourg feut féru au-dessus de l'œil, d'un coup de lance, si grand que on cuidoit qu'il en dust mourir; et de ce coup en perdit l'œil, et demeura borgne; et tinrent le siége, le comte de Conversan, le vidame d'Amiens, le seigneur de Croy et pluiseurs aultres; et feut la place merveilleusement battue de canons. Et qu'il soit vrai, advient une fois, durant ledict siége, que aucuns compaignons de ceulx du siége, à une heure après disner et avoir bien bu, commencèrent une escarmouche, par telle façon qu'ils saillirent dedans les fossés, en criant : A l'assault! Lors incontinent, sans ordonnance nulle, toute la pluspart de ceulx du siége coururent atout bers de charriots en lieu d'eschelles. Là vissiez estendarts apporter ; et ceulx qui les portoient mettoient grant peine de les porter sur les tours qui abattues estoient. Or est vrai que ceulx de dedans feurent surpris, et ne se doutoient de l'assault. Or, pour ceste cause, n'eurent loisir d'eulx armer ; pourquoi grant partie d'eulx feurent morts et navrés ; et n'eust esté dix ou douze charriottées de barres de fer que ils avoient en leur place, dont ils grevoient fort les assaillants, ils eussent esté prins d'assault. Lequel assault dura jusques à la minuit; toutesfois la place, pour ceste fois, ne feut prinse ; mais le lendemain, sans plus attendre, se rendirent et s'en allèrent en pourpoints, sans rien aultre chose emporter. Toutesfois y eut des gentilshommes navrés, à qui on donna des petits chevaulx pour eulx en aller. Icelle place rendue, les biens feurent habandonnés à ceulx du siége. Après la place rendue, retournèrent les gens du duc à Troyes, excepté le vidame d'Amiens et aucuns aultres qui retournèrent en Picardie; et estoient bien six cents chevaulx ; lesquels feurent chassés de quatorze mille Daulphinois, dont Barbasan et Taneguy estoient chefs, lesquels estoient assemblés pour lever le siége de Alibaudière ; mais le vidame et ses gens se gouvernèrent si bien qu'ils ne perdirent rien; et s'en retournèrent les Daulphinois sans rien faire. En ce mesme temps le duc envoya aucuns de ses gens en pays d'Auxerrois, pour mettre en l'obéissance du roy et de luy aucunes forteresses que tenoient les gens du daulphin, lesquelles, ou la pluspart, feurent rendues, et pluiseurs abattues et desmolies, à la grant desplaisance du daulphin.

CHAPITRE C.

Comment le roy Henry d'Angleterre espousa madame Katherine de France, en la ville de Troyes, en Champaigne.

En l'an 1420, se partit de Rouen le roy Henry d'Angleterre, pour aller à Troyes; et alla au-devant de luy, pour luy faire honneur et révérence, le duc et pluiseurs aultres grands seigneurs, lesquels le convoyèrent jusques en son hostel où il se logea; et tantost après sa venue, alla voir le roy, la royne, et dame Catherine leur fille, qui feirent très grant honneur l'un à l'autre ; et après ce faict, s'assemblèrent et tinrent de grands consaulx pour conclure la paix finale et alliance; dont devant est faict mention. Et enfin feurent d'accord, et ce qui paravant n'estoit agréable au roy d'Angleterre feut lors corrigé, la plus part à sa volonté. Finablement, après l'accord faict, il fiança, selon la coustume de France madame Katherine; et lendemain, jour de la Trinité, 1420, le trentiesme jour de mai, l'espousa en l'église paroichiale. Si feurent faicts ce jour, par luy et ceulx de son sang, grands estats et boeubans, et tant richement vestus et parés de drap d'or et de soie de riche couleur, et chargés de pierres, que Franchois et Bourguignons s'esmerveilloient où telle richesse pouvoit avoir esté prinse. Et là estoit du parti du roy, le duc, par le moyen duquel les traités et alliances se faisoient. Si estoient avecques le duc, pour le accompaigner, le prince d'Orange, le seigneur de Joinvelle, le Veau-de-Bar, le seigneur de Montagu, messire Jehan de Cotte-Brune, mareschal de Bourgongne et de Picardie, le comte de Conversan, messire Jehan de Luxembourg, le seigneur de Croy, le seigneur de Haubercourt, le seigneur de Longueval, le seigneur de Roubaix, messire Hue de Lannoy, et pluiseurs aultres, qui ensemble, ou la pluspart, procurèrent, avecque le duc, d'entretenir pardurablement iceluy traictié, duquel la copie s'ensuit.

CHAPITRE CI.

Le traictié faict entre les roys de France et d'Angleterre.

« Charles, par la grace de Dieu roy de France, à tous nos baillifs, seneschaux, prévosts ou aultres chefs de nos justices, ou à leurs lieutenants, salut :

« Comme, par accordance, finale et perpétuelle paix, soient huy faictes et jurées, en ceste nostre ville de Troyes, par nous et nostre très cher et amé fils Henry, roy d'Angleterre, héritier et régent de France, pour nous et luy, les royalletés de France et d'Angleterre, tant par le moyen du mariage de luy et de nostre très chère et très amée fille Catherine, comme de pluiseurs points et articles, faicts, passés et accordés par chacune, pour le bien et utilité de nous et de nos subjects, et ceulx de nostredit fils, et pour la seureté d'iceulx pays; par le moyen de laquelle paix, chacun de nosdicts subjects et ceulx de nostredit fils, désormais en avant, pourront converser, marchander et besongner les ungs avec les aultres, tant de là la mer comme deçà.

« *Item*, est accordé que nostredit fils Henry, roy d'Angleterre, nous honorera doresnavant comme son père, et nostre compaigne la royne comme sa mère, et avecque che, ne nous empeschera, nostre vie durant, que nous jouissons et possessons paisiblement de nostredit royaulme et de la couronne, dignité et royaleté de France, et les revenus et profits, à la soutenance de nous, de nostre estat et des charges du royaulme avec partie desdites rentes et revenus à elle convenables.

« *Item*, est accordé que nostredite fille Catherine aura et prendra au royaulme d'Angleterre douaire, ainsy que les roynes ont au temps passé accoustumé d'avoir ; c'est assavoir pour chacun an, quarante mille escus, les deux vallant toujours ung noble d'Angleterre.

« *Item*, est ordonné que, s'il arrivoit que nostredite fille survéquit nostredit fils le roy Henry, elle prendra et aura au royaulme de France, tantost après le trespas de nostredit fils, douaire de la somme de vingt mille francs par an, dessus les terres et seigneuries que tint et eut en douaire nostre très chère dame de bonne mémoire, Blanche, jadis femme de Philippe, en son temps roy de France, nostre très redoubté seigneur et grand ayeul.

« *Item*, est ordonné que tantost après nostre trespas, et dès lors en avant, la couronne et royaulme de France, avecques tous les droits et appartenances, demoureront et seront perpétuellement à nostredit fils le roy Henry d'Angleterre et à ses hoirs.

« *Item*, que nostredit fils le roy Henry labourera de son pouvoir, et le plutost que faire se polra, à mettre en nostre obéissance toutes villes et cités, chasteaux, lieux, pays et personnes dedans nostre royaulme désobéissans à nous et tenans la partie vulgairement appelée du daulphin et Erminacq.

« *Item*, que toutes choses quy sont et seront appoinctées et accordées entre nous et nostre compaigne la royne, et nostredit fils le roy Henry avecques nostre conseil à che commis, les grands seigneurs, barons et estats de nostredit royaulme, tant spirituels comme temporels, et aussy les cités, communautés, citoyens et bourgeois des villes dudit royaulme, en tant que à eulx et à chacun d'eulx polra toucher, en tout bien et léalement garderont et feront leur povoir de bien garder contre tous aultres.

« *Item*, que continuellement et incontinent nostre trépas advenu, ils seront féaulx hommes et liges de nostredit fils le roy Henry et de ses hoirs, et iceluy nostredit fils Henry tiendront pour leur seigneur souverain lige et vray roy de France, sans aulcune opposition, contradiction, ou difficulté, le recevront et comme à tel obéiront ; et après ces choses jamais ne obéiront à aultre que à nous, comme à roy ou à régent du royaulme de France.

« *Item*, est accordé que nous, durant nostre vie, nommerons et appellerons iceluy nostre fils le roy Henry, en langue franchoise, en ceste manière : « Nostre très cher fils roy d'Angleterre, héritier de France, » et en langaige latin, en ceste manière : « *Noster præclarissimus filius Henricus, rex Angliæ, hæres Franciæ.*

« *Item*, est ordonné que nous, sur les choses déclarées et chacune d'icelle, outre nos lettres scellées de nostre grand scel, donnerons et ferons donner et faire à nostredit fils Henry lettres patentes, approbatoires et confirmatoires de nostre compaigne la royne, de nostre cousin le duc de Bourgongne et des aultres de nostre sang royal, des grands seigneurs, barons et cités à nous obéissants, desquels, en ceste partie, nostredit fils le roy Henry vouldra avoir lettres de nous.

« *Item*, que semblablement nostredit fils le roy Henry pour sa partie, oultre ses lettres patentes, pour ces mesmes choses scellées de son grand scel, nous fera donner et faire lettres patentes, approbatoires et confirmatoires de ses très chers frères et des aultres de son sang royal, des grands seigneurs, barons et cités à luy obéissans, desquelles en ceste partie nous vouldrons avoir lettre de nostredit fils le roy Henry.

Toutes lesquelles choses dessus escriptes, nous Charles, roy de France, pour nous et nos hoirs en tant que polra toucher, sans dol, fraude et mal engin, avons promis et promettons, juré et jurons, en parole de roy, aulx sainctes Evangiles de Dieu par nous corporellement touchées, faire, accomplir et observer, et que iceluy ferons par nos subjects observer et accomplir, et aussy que nous ou nos héritiers ne viendront jamais au contraire des choses dessusdites, en quelque manière ou jugement, ou dehors, directement ou par oblique, ou par quelconque couleur exquise. Et afin que ces choses soient fermes et estables perpétuellement et à tousjours, nous avons faict mettre nostre scel à ces présentes lettres, données à Troyes, le vingt-un jour de may, l'an 1420, et de nostre règne le quarantiesme ; scellées à Paris sous nostre scel ordonné, en l'absence du grand. Ainsy signées, par le roy et son grand conseil.

« J. MILLET. »

CHAPITRE CII.

Comment les roys de France et d'Angleterre assègièrent Sens, en Bourgongne, qui leur feut rendue, et la ville de Montereau-où-faut-Yonne, prinse d'assault, et le chasteau rendu par composition ; comment le corps de feu le duc Jehan feut porté et enterré aux Chartreux, à Dijon, en Bourgongne ; et comment le daulphin print la ville de Saint-Esprit, sur le Rhosne, et plusieurs autres forteresses, en Languedoc.

Vous avez ouy comment le roy de France et d'Angleterre et le duc de Bourgongne avoient juré paix finale, et aussy l'avoient juré les princes, gens d'église, chevaliers et escuyers, et aultres quy là estoient ; et aveeques che feut ordonné d'envoyer gens notables par les bonnes villes pour faire jurer icelle paix, dont plusieurs des terres et seigneuries du duc feurent moult desplaisants. Et de faict, fallut que le duc le commandast à plusieurs de ses subjects et amis, quy le serment ne vouloient faire. Entre lesquels Loys de Luxembourg, quy despuis feut cardinal de Rouen, et messire Jehan de Luxembourg son frère, ne le vouloient faire ; mais le duc leur commanda qu'ils le fissent. Auquel ils répondirent que, puisque c'estoit son plaisir, ils le feroient, mais ils le tenroient jusques à la mort ; et aussy firent-ils comme cy-après sera dit. Après tous les traictiés dessus déclarés et accomplis, aussy la solemnité des nopces parfaicte, comme dict est, se partirent les roys, les roynes et le duc, aveeques toute leur puissance, de Troyes. Si tirèrent vers Sens en Bourgongne, que occupoient les gens du daulphin ; et là eulx venus, feut icelle ville assiégée, où ils feurent environ douze jours. Mais ceulx de la ville quy n'avoient espérance nulle de secours, se rendirent en l'obéissance du roy, par condition que les gens

CHAPITRE CII.

d'armes s'en iroient saufs corps et biens, réservés ceulx quy seroient coupables de la mort du duc Jehan de Bourgongne, sy aulcuns en y avoit. Après icelle ville rendue, prise et mise en l'obéissance du roy, se partirent les roys et duc pour aller vers Montereau, et à l'entrée du mois de juin mirent le siége tout à l'environ de la ville et chasteau de Montereau, où ils feurent bonne espace de temps. Dedans laquelle estoit capitaine, pour le daulphin, le seigneur de Guitry, accompagné de quatre à cinq cents combattants, lesquels bien et vaillamment se défendirent, mais peu leur profita; car le jour Sainct-Jehan-Baptiste ensuivant, aulcuns Anglois et Bourgongnons, sans ordonnance ny commandement, s'esmurent soudainement, et tous ensemble allèrent assaillir en pluiseurs lieux icelle ville, et tant continuèrent que ils entrèrent dedans; et eulx venus dedans, allèrent devers le chastel où se retrairent la plus grand' partie des Daulphinois, quy moult vigoureusement feurent poursuivis et reboutés dedans le chastel, dont les aulcuns feurent si près hastés qu'ils cheurent en l'eau, et là feurent noyés. Après, se logèrent Anglois et Bourgongnons dedans la ville, devant le pont du chastel; et allèrent les gens du duc, par l'avertissement d'aulcunes femmes, au lieu où estoit enterré le duc Jehan de Bourgongne, et présentement mirent sur la tombe un drap d'église et allumèrent à chacun bout de ladite tombe un cierge; et lendemain par le duc, fils d'iceluy trespassé, feurent envoyés pluiseurs notables chevaliers et escuyers de son hostel, pour le faire desterrer, lesquels le firent mettre hors de terre. Mais à la vérité, c'estoit piteuse chose à le voir, et avoit encore son pourpoint, ses housseaux, la barette en son chef, et ainsy avoit esté mis en terre; et en vérité là n'avoit homme qui se pust tenir de plourer. Et en tel estat feut mis en un cercueil de plomb, garny de sel et espices, et de là porté en Bourgongne enterrer en l'église des Chartreux de Dijon, laquelle avoit faict fonder le duc de Philippe son père; et là feut auprès de lui enterré par l'ordonnance du duc son fils. En icelle fosse dont il feut tiré, feut mis dedans messire Butord, bastard de Croy, quy à l'assaut et prise de la ville fut tué. Après la prise de Montereau, le roy d'Angleterre et le duc deslogèrent d'où ils estoient, et par un pont que ils avoient faict faire nouvellement sur la rivière de Seine, allèrent loger entre deux rivières, c'est assavoir entre Seine et Yonne; et de tous costés approchèrent ladite forteresse, et firent dresser plusieurs engins pour icelle abattre. Or est vray que le roy d'Angleterre avoit pluiseurs prisonniers, lesquels avoient esté prins à l'assaut de ladite ville, aulxquels il fit dire que il les feroit tous pendre sy ils ne trouvoient la manière que le chastel se rendist à luy. Sy feut advisé que iceulx prisonniers, à seureté on les feroit parler à leur capitaine et à leurs amis quy dedans le chastel estoient, pour sçavoir sy ils le rendroient au roy d'Angleterre, disans que ils estoient tous morts sy ils ne rendoient la place; mais, pour prière ne remonstrances qu'ils sçussent faire, leur capitaine ne le voult faire. Alors iceulx prisonniers se mirent à genoux en priant à leur capitaine qu'il eust pitié d'eulx, ou ils estoient morts, et en rendant la place il leur sauveroit leurs vies. Aulxquels il respondit qu'ils fissent le mieulx qu'ils polroient et qu'il ne le rendroit pas. Et lors feurent ramenés lesdits prisonniers en l'ost, auquel lieu le roy d'Angleterre fit dresser un gibet, où lesdits prisonniers feurent tous pendus véans ceulx du chastel. Et après ces choses faictes, ceulx du chastel se tinrent environ huit jours, et puis firent traictié avec le roy d'Angleterre de rendre le chastel, par sy qu'ils s'en iroient saufs corps et vies, réservés ceulx qui seroient coupables de la mort du duc Jehan de Bourgongne, lesquels demoureroient en la volonté du roy d'Angleterre et du duc; et ainsy s'en allèrent les Daulphinois. Pour laquelle rendition le seigneur de Guitry feut fort blasmé, pour tant qu'il avoit ainsy laissé mourir ses gens, pour si peu après tenir, et avecques ce luy feut imposé que il estoit coupable de la mort du duc Jehan, et sur che offrit combattre un gentilhomme de l'hostel du duc, nommé Guillaume de Brie; mais en conclusion, le seigneur de Guitry se excusa, et n'y feut plus avant procédé. Tantost après le roy d'Angleterre mit bonne garnison dedans la ville et chasteau de Montereau, et fit préparer son ost pour brief ensuivant mettre le siège devant la ville de Melun. Et entre tant que ces choses se faisoient, le roy, la royne et le roy d'Angleterre se tenoient à Bray-sur-Seine, avecques tout leur estat. Alors vint devers le roy d'Angleterre le duc de Bethfort, son frère, atout huit cents hommes d'armes et deux mille archers. Sy feut receu en grand' liesse; pour la venue duquel la puissance du roy d'Angleterre feut grandement efforcée. Le daulphin et sa puissance estoient lors ès parties de Languedoc; et alla mettre le siége devant la ville du Saint-Esprit sur le Rhosne, dedans laquelle estoient les gens du prince d'Orange, tenans le parti de Bourgongne, laquelle luy feut rendue, et pluiseurs aultres forteresses au pays de Languedoc, lesquelles avoient tenu le party du duc par le moyen du prince d'Orange; et che faict s'en retourna le daulphin à Bourges en Berry, et assembla de toutes parts grand' puissance de gens pour résister allencontre des puissances du roy d'Angleterre et du duc, lesquelles il sçavoit estre prests pour conquerre et subjuguer les villes et pays quy se tenoient à luy.

CHAPITRE CIII.

De la croisie contre les Bohémois et Pragois, laquelle ne profita gaires ou rien.

En che temps, nostre Sainct-Père le pape ordonna une croisie pour aller sur les Pragois, duquel estoient conducteur, avec grant foison princes d'Allemaigne, l'évesque de Coulongne [1], l'évesque de Liége, l'archevesque de Trèves, l'évesque de Mayence, le duc Loys en Bavière, le marquis de Misse [2], et pluiseurs aultres princes; lesquels tous ensemble estoient quarante-deux, que ducs, que comtes, que marquis, sans les Savoyens, dont estoient chefs le seigneur d'Ais, le seigneur de Varembon, et le seigneur de Grolée, avec pluiseurs aultres qui estoient sous eulx, et en la compaignie du duc de Heidelberch, qui print son chemin par Neurembourg, au pays et royaulme de Behaigne, qui est moult bel et plantureux de tous biens, plein de villes, villages et chasteaux, lesquels on mettoit en destruction, par feux et espées, hommes, femmes et enfants. Et, à la vérité, ainsi que pluiseurs hommes racontoient, dignes de foy, quand les puissances se trouvèrent en la plaine, assez près de Souch, devant laquelle on meit le siége, ceulx qui estoient de cheval furent estimés cent cinquante mille personnes, teste armée, sans les gens de pied, chartons et marchands menans vivres, que on

(1) Cologne. (2) Misnie.

disoit estre plus de soixante mille. Laquelle armée dessusdite fut devant icelle ville environ un mois. Mais une envie et convoitise se mit entre les princes, parquoy l'armée, qui tant estoit grande, profita bien peu; et s'en partirent subitement sans rien faire; et, à la vérité, à les voir partir de leur siége, il sembloit qu'ils fussent chassés de leurs ennemis. Et en icelle armée estoit le cardinal d'Exestre, qui estoit d'Angleterre, lequel disoit, par grande desplaisance, voyant le desroy, que si y eust eu ce jour dix mille archers d'Angleterre, il eust rué jus touttes les compaignies qui là estoient, laquelle chose est véritable; car l'un n'attendoit l'aultre; et ainsi se despartit l'armée sans rien profiter. Atant vous layerai à parler de ceste matière, car le peu parler en est bon, et parleray du roy d'Angleterre et du duc.

CHAPITRE CIV.

Du siége de Melun, quy feut environnée de tous costés; comment le roy d'Angleterre y amena la royne sa femme; et comment, par traictié, elle feut rendue, et de pluiseurs incidens; et comment les roys et roynes entrèrent à Paris, et à grant joie feurent reçus.

Or nous convient parler du roy d'Angleterre et du duc, lesquels, après qu'ils eurent conquis Montereau, si partirent pour aller à Melun, que tenoient les gens du daulphin, laquelle fut asségiée tout à l'environ; et le roy avecques les roynes allèrent tenir leur estat à Corbeil. En la compaignie du roy d'Angleterre avoit un duc en Bavière, lequel avoit espousé sa sœur [1]. Iceulx Bourguignons et Anglois mirent leur intention de vouloir approcher leurs adversaires, et firent dresser leurs engins, pour desrompre les murs de la ville, dedans laquelle estoit capitaine général et principal le seigneur de Barbasan, avec de six à sept cents combattans, lesquels vaillamment se deffendirent. Touttefois, nonobstant leurs deffenses, furent approchés en pluiseurs lieulx jusques à leurs fossés, tant par mines que par bolvers. En outre, fut faict sur la rivière de Seine un pont sur bateaux, par lequel les assiégeans pouvoient tout autour de la ville secourir l'ung l'aultre pleinement. Et dura le siége dix-huit sepmaines. La ville fut fort battue; mais tantost que les murs estoient rompus par les en-

(1) Blanche sa sœur avoit espousé Louis de Bavière, comte palatin du Rhin.

gins, iceulx asségiés les refaisoient soigneusement de queues¹ pleines de terre, et d'aultres besognes à ce compétentes.

Après certaine espace de temps que le siége de Melun fust fermé, comme dit est, y fut mené le roy, afin que plus seurement on peuist sommer ceulx de la ville qu'ils se rendissent au roy leur souverain seigneur; mais à ce firent response que à son estat privé très volontiers lui feroient ouverture, disans que au roy d'Angleterre, ancien ennemi du royaulme, point ne obéiroient. Néanmoins, le roy fut grande espace au siége, sous le gouvernement du roy d'Angleterre son beau fils; et en ce mesme siége fist le roy d'Angleterre amener sa femme la royne, grandement accompaigniée de dames et damoiselles; et y séjourna environ un mois, estant logée en une maison que le roy son mari avoit faict faire emprès ses tentes, qui estoient loin de la ville, afin que de canons ne pussent estre travaillées. En ce temps, la royne de Secille², veuve du roy Loys de bonne mémoire, donna congié à son fils aisné pour aller à Rome, afin que de la main de nostre Sainct-Père le pappe il fust couronné roy de Naples; et le bailla aulx Florentins et Genevois³, sur leur loyauté; lesquels estoient ancrés atout⁴ quinze galées d'armes au port de Marseille, qui estoit de la terre de ladite royne; mais elle retint en ostage pour son fils huict des plus nottables barons du royaulme de Naples et de ses pays environ, qui le estoient venu quérir de par les cités et bonnes villes du royaulme de Naples; et ce firent par la hayne qu'ils avoient à leur royne, femme de messire Jacques de Bourbon, comte de La Marche, laquelle tenoit pour lors son mari prisonnier, par discorde qu'elle avoit eu à lui et à ses gouverneurs. Or s'en va le josne prince Loys, nageant par mer, ès galées dessusdites; et entra à Rome; et là receut solemnellement sondit royaulme par la main du pappe, jà-soit ce que lors ne fust pas couronné; et fut, de ce jour en avant, nommé roy Loys, comme avoit esté par avant son père. Or retournerons à nostre matière.

Durant le siége de Melun, comme dessus est dit, furent mises en la main du roy d'Angleterre, par le commandement du roy et consentement du duc et des Parisiens, les forteresses cy-après déclarées; c'est assavoir, la bastille Sainct-Anthoine, le Louvre, la maison de Nelle et le bois de Vincennes. Pour lesquelles recevoir fut envoyé le duc de Clarence, lequel fut constitué capitaine de Paris. En ceste mesme année, et durant le siége de Melun, pluiseurs courses se faisoient, tant d'un costé comme d'aultre, qui trop longues seroient à raconter, car tant de tribulations estoient lors par le royaulme de France que piteuse chose estoit à voir et ouyr raconter. En icelle année, trespassa en la ville de Blois Philippe, comte de Vertus, frère de Charles, duc d'Orléans, prisonnier pour lors en Angleterre; lequel comte de Vertus gouvernoit en France toutes les terres de ses frères dessusdits. Pour lequel trespas le daulphin fust fort affoibli d'aide et de conseil; et aussi ses deux frères, qui estoient prisonniers en Angleterre, eurent au cœur grant tristesse, comme raison estoit; car, en leur absence, eulx estans prisonniers, tant qu'il vesquy gouverna léalment et sagement leurs dominations et seignouries. Or convient retourner à l'estat du siége de Melun, durant lequel se férit en l'ost du roy d'Angleterre grant mortalité de épidémie; pour quoy il perdit grant nombre de ses gens. Et, de l'autre costé, se partit de l'ost du duc le prince d'Orange et pluiseurs autres. Pour lequel partement le duc envoya hastivement devers messire Jehan de Luxembourg, lors capitaine de Picardie, et lui manda qu'il assemblast le plus de gens et grant nombre qu'il pourroit, et le menast devers lui au siége de Melun. Lequel y vint tost après. Et quand il vint au-dessus de Melun, ayant ses gens en bataille, ceulx de la ville ce voyans cuidèrent avoir secours, et firent sonner les cloches, et monter sur les tours, crians hautement à ceulx de l'ost que ils missent leurs selles, et que ils seroient deslogiés. Mais tantost perçurent que c'estoient leurs ennemis : pour quoy testes baissées, touttes joies cessans, descendirent de leurs murs, sans espérance de ce jour en avant de plus avoir secours du daulphin; car ils lui avoient pluiseurs fois noncé la pestilence où ils estoient contraints : car, par famine, mangèrent chevaux et aultres vivres non appartenans à créature humaine; et, finablement, commencèrent à parlementer aux Anglois; et tellement fut appointé que ils rendroient la ville et le chasteau de Melun au roy d'Angleterre, et se met-

---

(1) Tonneaux. (2) Sicile. (3) Génois. (4) Avec.

J. Du Clercq et St. Remy.

troient tous généralement, tant hommes d'armes, bourgeois et habitans, comme touttes aultres personnes, en la grace des deux roys, lesquels les recevroient par telle manière que, s'il y en avoit aulcuns qui fussent trouvés coupables ou consentans de la mort du duc Jehan de Bourgongne, on leur feroit justice et raison, et ceulx qui ne seront trouvés coupables, n'auront garde de mort, mais demeureront prisonniers jusques à tant qu'ils auront baillé bonne caution de jamais eulx armer avec les ennemis desdits roys.

Item, que tous les dessusdits, tant bourgeois comme gens d'armes, mettroient tous leurs biens et armures dedans le chastel, et se rendroient tous prisonniers à cause de la guerre, et leur quitteront leur foi et rançon; et, pour seureté de ce, bailleront douze des plus notables en hostaiges, de ceux de la ville. Che traictié lors accordé et parfourni, fut tantost la ville et chastel mis en l'obéissance des roys. Et après l'accomplissement d'icelles besognes, tous les gens d'armes Daulphinois, desquels estoient principaux messire Pierre de Bourbon, seigneur de Préaux, le seigneur de Barbasan, et cinq ou six notables hommes et aulcunes gentilles-femmes, et grant partie des bourgeois de la ville, furent menés par les commans des deux roys, à force de gens d'armes, à Paris, et là emprisonnés au Chastelet, en la maison du Temple, et en la Bastille, et aultres places.

Item, fut défendu, par les deux roys, que nul n'entrast dedans la ville et chastel capital, sinon ceux qui à ce commis seroient.

Or, est vrai que pendant le temps que les traictés dessusdicts se faisoient, un gentilhomme de l'hostel du roy d'Angleterre, nommé Bertrand de Caumont, qui, à la bataille d'Azincourt, le propre jour, estant Franchois se rendit Anglois, pour cause que en Guyenne il tenoit du roy d'Angleterre, et pour sa vaillance estoit de lui moult aimé, mais, comme dit est, icelui Bertrand, comme mal conseillé, par convoitise de pécune qu'il en eut, aida à sauver et mettre hors de la ville Aymerion du Lau, qui avoit esté, comme l'on disoit, coupable de la mort du duc Jehan de Bourgongne. Laquelle chose alors vint à la connoissance du roy d'Angleterre. Donc pour ce mesfaict lui fit copper la teste, jà-soit-ce que le duc de Clarence, son frère, le duc et aultres, lui priassent que il lui voulsist pardonner: auxquels il respondit que plus n'en parlassent, et qu'il ne voulloit avoir nul traistre en son ost; et en fit faire justice pour monstrer exemple aux aultres. Toutesfois, aulcuns disoient qu'il eust bien voulu racheter ledit Bertrand de dix mille nobles. Icelles besognes accomplies, le roy d'Angleterre et le duc donnèrent congé à aulcuns de leurs gens, et se partirent de devant Melun pour aller à Corbeil, où estoient le roy et les deux roynes de France et d'Angleterre; et puis tous ensemble se partirent de Corbeil pour aller à Paris. Et allèrent les bourgeois de Paris au-devant desdits roys, en belle ordonnance; à l'entrée desquels fut par le peuple crié Noël! partout où ils passoient. Et chevaulchoient les deux roys, moult richement vestus, de front, l'ung d'emprès l'aultre, le roy à dextre, et le roy d'Angleterre à senestre. Après eux estoient les ducs de Clarence et de Bethfort, frères du roy d'Angleterre. Et, comme j'ai entendu, le duc tint son rang à part, c'est assavoir au senestre du roy d'Angleterre, sans soi mettre avecque les ducs de Clarence et de Bethfort; et estoit vestu de noir. Après lui estoient les chevaliers de son hostel; et les aultres princes et chevaliers suivoient les deux roys d'assez près. En pluisers lieux encontrèrent les gens d'église, à pied, en procession, arrestés par les carrefours, où ils présentoient aux roys à baiser les sainctes reliques; et chevaulchèrent ensemble jusques à l'église Nostre-Dame, où ils feirent leurs oraisons. Après, remontèrent à cheval, et s'en alla chacun en son logis; c'est assavoir, le roy en son hostel de Sainct-Pol, et le duc avecques lui; puis après que le duc eut convoyé le roy, il s'en alla logier en son hostel d'Arthois, et le roy d'Angleterre et ses deux frères, au chastel du Louvre; et le lendemain entrèrent dedans Paris les deux roynes de France et d'Angleterre. Allencontre desquelles allèrent le duc et pluisers seigneurs d'Angleterre, et aussi les bourgeois de Paris, en pareille ordonnance qu'ils avoient esté le jour devant; et fut de rechief faict toute joie à la venue des deux roys et roynes. Quant est à parler des dons et présens qui feurent faicts dedans Paris au roy d'Angleterre et à la royne sa femme, il seroit trop long à réciter. Tout ce jour et la nuit, couroit vin par les carrefours abondamment, par robinets d'airain et aultres conduits faicts par artifice. Par toutte la ville fut faicte grand liesse pour la paix finale des deux roys, plus qu'on ne vous sçauroit dire.

CHAPITRE CV.

Comment le duc de Bourgongne feit faire sa complainte au roy séant en justice, pour la mort du duc Jehan, son père, et demanda réparation; de la response du roy; et comment René d'Anjou, frère du roy de Sécile, épousa la fille héritière du duc de Lorraine.

En briefs jours après la venue des roys et princes à Paris, fut faicte grande complainte par le duc et le procureur de la duchesse de Bourgongne. Et pour icelle complainte, séy le roy, comme juge, en l'hostel Sainct-Pol, en la basse salle. Et là estoit assis sur le mesme banc où séoit le roy, le roy d'Angleterre. Auprès du roy, ès lieux ordonnés pour eux, estoient assis le chancellier de France, et maistre Philippe de Morvilliers, premier président en parlement, et pluiseurs aultres notables hommes du conseil du roy; et, d'aultre costé, vers le milieu de la salle, séoit sur un banc le duc; avecques lui, pour l'accompagner, les ducs de Clarence et de Bethford, les évesques de Terrouanne, de Tournay, de Beauvais et d'Amiens, messire Jehan de Luxembourg, et pluiseurs aultres chevalliers et escuyers du conseil du duc. Maistre Nicolas Rollin, lors avocat au parlement pour le duc et la duchesse sa mère, demanda audience aux deux roys de parler, comme il est de coutume de faire. Puis après proposa le félon et détestable homicide fait en la personne du duc Jehan de Bourgongne, dont il accusoit Charles, soy disant daulphin de Vienne, le vicomte de Narbonne, le seigneur de Barbazan, Tanneguy du Chastel, Guillaume Battilier, Jehan Louvet, président de Provence, messire Robert de Lore, Olivier Layet, Frottier, et tous les coupables dudit homicide; contre lesquels et chacun d'eux, ledict avocat conclut, afin que ils fussent mis en tombereaux, et menés par tous les carrefours de Paris, nues testes, par trois jours de samedy ou de feste, et tenir chacun un cierge en sa main, en disant à haute voix qu'ils avoient occis mauvaisement, faussement, damnablement et par envie, le duc de Bourgongne, sans cause raisonnable quelconque; et ce fait, ils fussent menés là où ils perpétrèrent ledict homicide; c'est assavoir Montreau, et là dissent et répétassent les paroles; en oultre, où ils occirent fust faicte et édifiée une église; et feussent ordonnés douze chanoines, six chapelains et six clercs, pour y perdurablement faire le divin service; et feussent pourvus de tous vestemens de table, de livres, de calices, de nappes, et de toutes aultres choses nécessaires; et feussent les chanoines fondés chacun de deux cents livres parisis, et les chapelains de cent, et les clercs de cinquante, monnoye dicte, aux dépens du daulphin et de ses complices; et aussi pourquoi seroit faicte ladicte église fust escrite de grosses lettres entaillées en pierre au portail d'icelle; et pareillement en chacune des villes qui s'ensuivent, qu'il fust faict une pareille église; c'est assavoir à Rome, à Paris, à Gand, à Dijon, à Sainct-Jacques-de-Compostelle et en Jérusalem, où nostre Seigneur souffrit mort. Après laquelle proposition feut proposé de rechief par maistre Pierre de Marigny, avocat du roy en parlement, en prenant conclusion criminelle contre les dessusdicts homicides. En oultre, Jehan Larchier, docteur en théologie dénommé par le recteur de l'université de Paris, proposa aussi moult bien authentiquement devant les deux roys, en eux enhortant par moult de manières, qu'ils feissent justice et punissent les coupables des crimes. Et là déclara moult de termes et de dignité de justice, et que ils entendissent et écoutassent bénignement aux requestes et prières du duc, afin que icelles requestes voulsissent mettre à effet. Après lesquelles propositions fut respondu de par le roy, par la bouche de son chancellier: que de la mort du duc de Bourgogne, de ceux qui si cruellement l'avoient occis, et des requestes contre eux présentement faictes de par le duc, il leur feroit, par la grace de Dieu, et bon advis et aide de son fils Henry, roy d'Angleterre, régent, héritier de France, là estant, bon accomplissement de justice de toutes les choses dictes et proposées sans faillir. Et ce faict, les deux roys et tous les aultres retournèrent chacun en son hostel.

En ce temps, après les besongnes dessusdictes, fut faict le mariage de Réné d'Anjou, frère au roy de Sécile, marquis du Pont, par le don du cardinal de Barre, son oncle, et la fille héritière du duc de Lorraine; et d'autre part, durant ces choses, messire Jacques de Harcourt, qui encore feignoit tenir la partie du duc, et tenoit grosse garnison au Crotoy, faisoit guerre moult forte par terre et par mer allencontre des Anglois, dont le roy d'Angleterre de ce averty n'estoit pas bien content. En ces mesmes jours vinrent pluiseurs ambassadeurs et commis de par les trois Estats du royaulme de France, par avant mandés, avec lesquels furent tenus pluiseurs consaulx ; en la fin desquels feurent les gabelles et impositions, quatriesme et aultres subsides, remises sus, réservé les grains.

CHAPITRE CVI.

Comment les roys de France et d'Angleterre tinrent leurs estats à Paris, le jour de Noël ; et comment le roy d'Angleterre commença de régner en France.

Le jour de Noël tinrent les deux roys leurs estats dedans Paris ; assavoir, le roy à son hostel de Sainct-Pol, et le roy d'Angleterre au Louvre, lesquels estats feurent bien différents les uns aux aultres ; car le roy estoit petitement et pauvrement servi, dont il desplaisoit moult à aulcuns Franchois qui le servoient. Et quant est à parler de l'estat du roy d'Angleterre, et de la royne sa femme, et des grants estats et habillements, dont luy, sa femme la royne, et les princes de son sang estoient adornés ce jour, seroit trop fort à raconter. Et de toutes parts venoient les subjects en humilité grande, pour luy faire révérence et honneur. Et dès lors commença le roy d'Angleterre du tout à gouverner et administrer les besongnes du royaulme, et faire officiers à son plaisir, en démettant ceux qui par le roy et le duc de Bourgongne mort, et celuy lors présent, y avoient esté longtemps. Il constitua le comte de Kinte, capitaine de Melun, à toute garnison de gens d'armes, et le comte de Hontidonne, son cousin, capitaine du bois de Vincennes. Et à Paris fut ordonné à demeurer avecques le roy le duc d'Exestre, atout cinq cents combattants. Après lesquelles ordonnances, et que la feste de la Nativité de nostre Seigneur fust passée, le roy d'Angleterre partit de Paris, et la royne sa femme, les ducs de Clarence et de Bethford, et aultres de ses princes et grants seigneurs, et s'en alla à Rouen, où il séjourna longue espace devant qu'il retournast en Angleterre. Et pareillement le duc partant de Paris, s'en alla à Beauvais, à la feste et entrée de maistre Pierre Cauchon, docteur en théologie, nouvel évesque de ceste ville de Beauvais : puis de là s'en alla à Lille, à Bruges et à Gand, où estoit sa femme, la duchesse Michelle, bù il séjourna environ trois semaines. Le rouge duc en Bavière, lequel estoit venu servir le roy d'Angleterre, son beau-frère, s'en retourna à son pays d'Allemagne, pour ce que il avoit eu nouvelles que les Bohémiens, instruits et enseigniés par un clerc de leur pays, quy estoit hérétique, s'estoient dressés et confusément esmues du venin d'hérésie, non pas seulement contre nostre foy catholique, mais avecques ce contre le roy d'Allemaigne, de Hongrie, de Bohesme ; et en grant multitude luy faisoient guerre mortelle.

CHAPITRE CVII.

Comment le roy d'Angleterre retourna en Angleterre avec sa femme, qu'il feit couronner royne en la ville de Londres, en Angleterre, où il tint moult grant feste ; de l'aide qu'il requit à ses subjects, qui libéralement luy accordèrent.

Après ce que le roy d'Angleterre eust ordonné ses besognes à Rouen, et commis capitaine général de toute Normandie son frère le duc de Clarence, quy estoit moult renommé en armes, il se party de là pour aller en Angleterre ; avecques luy la royne sa femme, son frère le duc de Bethfort, et bien six mille combattants, prit son chemin à Amiens. Si feut honorablement receu ; et luy fit-on et à la royne sa femme pluiseurs présents. Et de là par Sainct-Pol, Dourlans et Thérouanne, alla à Calais, où il séjourna aulcuns jours, et puis passa la mer et alla en Angleterre, où il feut reçu comme à luy appartenoit. Et luy venu en Angleterre fit ordonner tout ce qu'il appartenoit à couronner la royne sa femme ; laquelle couronnation feut faite en la cité royale de Londres, chef-ville du royaulme ; et là feut faite telle et sy grant feste que depuis le temps du très noble roy Arthus ne feut vue la pareille en Angleterre. Après laquelle feste le roy s'en alla en personne par les cités et bonnes villes de son royaulme, et leur fit exposer et déclarer toutes les bonnes adventures qui par son grand labeur et peine luy estoient advenues en France, et les besognes quy luy restoient et demeuroient encore à faire audit royaulme, et à subjuguer son adversaire, le daulphin de Vienne, quy se disoit régent et héritier de France, et qui tenoit et occupoit la plus grant partie de France, et que pour ce faire, et conquerre ledict royaulme, deux choses luy estoient nécessaires; c'est assavoir finances et gens d'armes; pour laquelle cause requéroit tous ses subjects qu'ils luy fissent ayde. Lesquelles requestes feurent accordées libéralement de tout son peuple et cités du royaulme d'Angleterre. Et pour vray, il assembla tantost si grant finance en or, argent et joyaux, qu'à peine le pouvoit-on nombrer. Et, de fait, il eslut en son royaulme une grant compaignie de la josnesse du pays, les plus forts et habiles à la guerre; et en brief rassembla bien trente mille combattants pour retourner en France. Et luy estant en Angleterre, pour tenir le royaulme plus seur, prit trefves à ses ennemis de Galles et d'Escosse, quy par longtemps avoient esté prisonniers en son royaulme, moyennant que le roy d'Escosse prist à femme sa cousine germaine, sœur du comte de Somberset, et nièce du cardinal de Wincestre, lequel feut le principal de traictier icelluy mariage.

CHAPITRE CVIII.

Comment la duchesse de Brabant se partit du duc son mari, par jalousie, et s'en alla avecques le seigneur de Robersart, en Angleterre, où elle se maria avecques le duc de Glocestre.

En ce mesme temps, madame Jacques de Bavière, duchesse de Brabant, laquelle outre sa volonté avoit esté mariée au duc de Brabant par la douairière de Haynault, sa mère, pour ce que on disoit que le duc de Brabant, son mary, tenoit une gentille femme, fille d'ung chevallier brabanchon, de fait, se partit la duchesse de l'hostel de son mary, et s'en alla loger en une hostellerie, en la ville nommée le Miroir; et là feit tant, qu'elle feut envoyée devers la duchesse mère, la comtesse douairière de Haynault, laquelle l'envoya quérir, et s'en alla en Haynault devers sa mère. Quand le duc de Bourgongne sceut le partement de la duchesse de Brabant, sa cousine germaine, il en feut moult desplaisant, et envoya devers elle; et luy il s'en alla à Bruxelles devers le duc de Brabant, et besogna tellement, que le jour feut pris que la duchesse de Brabant retourneroit à Bruxelles devers son mary. Auquel jour feurent criées unes joustes, pour à icelle rassemblée du duc de Brabant et de la duchesse, sa femme, faire une grant et noble feste; mais le diable, empescheur de tous biens, ne le poeult souffrir, comme vous oyerez cy après. Vray est que, durant le temps que le duc de Bourgongne et ses gens pratiquoient icelle réconciliation, le seigneur de Robertsart, Haynuyer, de tout temps tenant le parti des Anglois, et aussy faisoient deulx de ses frères et ses enfants, et la plupart de son lignage, s'estoit party d'Angleterre et se trouva en la ville de Valenciennes, où lesdites dames estoient; et là feut pratiqué le mariage du duc de Glocestre et de la duchesse de Brabant, nonobstant qu'elle feust mariée au duc de Brabant, comme dict est. Et tant y feut besogné, que la duchesse de Brabant laissa icelle belle assemblée quy se faisoit à Bruxelles; et, de fait, s'accorda, du consentement de sa mère, de s'en aller avecques le seigneur de Robertsart en Angleterre, feignant qu'elle vouloit aller en Ponthieu, dont elle estoit dame douairière, à cause du daulphin que elle avoit espousé. Si se partit la duchesse de Brabant de Valenciennes, prenant congé de sa mère; et s'en alla au giste de Bouchain, où icelle nuict elle ordonna ceulx et celles que elle vouloit avoir pour mener avecques elle. Et n'est mie à doubter que elle et le seigneur de Robertsart avoient ordonné l'heure elle devoit partir de ladite ville de Bouchain. Comme vous avez ouy, la duchesse coucha une nuict à Bouchain, et, lendemain devant le jour, elle feut à cheval, elle cinquiesme de femme, et ung petit nombre de gens; mais elle ne feut gaire éloignée de Bouchain, que elle trouva le seigneur de Robertsart, en sa compaignie environ quarante chevaulx, dont la plupart estoient archiers. En che point alla la duchesse de Brabant en Angleterre; dont en advint depuis de grants guerres et aultres maulx ès pays de Haynault, de Hollande et Zélande, dont elle estoit héritière, comme cy après sera dict.

CHAPITRE CIX.

Comment le daulphin feut banni du royaume et jugé indigne de la succession du royaume de France; et comment le seigneur de l'Isle-Adam feut fait prisonnier du duc d'Exestre, capitaine de Paris.

Devant que le roy d'Angleterre se partist de Paris pour passer la mer, feut appelé le daulphin à la table de marbre; et là feurent faites en ce cas toutes les sollennités accoutumées contre lui et ses complices, pour le crime faict en la personne de Jehan, duc de Bourgongne. Et pourtant que aulxdicts appeaulx ne alla ni envoya, feut par le conseil royal et par le parlement banni du royaulme, et jugé indigne de succéder à toutes seigneuries venues ou à venir, mesmement de la succession et attente qu'il avoit à la couronne de France, nonobstant que de icelle fust vray héritier apprès le trépas du roy son père, selon les coustumes anciennes de che noble royaulme. En après, le duc d'Exestre, qui estoit capitaine de Paris, pour certaines causes qui à che le murent, feit prendre le seigneur de l'Isle-Adam par aulcuns de ses Anglois; pour laquelle cause s'assemblèrent jusques à deulx mille hommes du commun de Paris, pour le rescourre de ceulx quy le menoient à la bastille Sainct-Anthoine; mais tantost le duc d'Exestre, à cinq cents combattants ou environ, la plus grant partie archiers, se férirent dedans eulx; et feit tirer les archiers au travers des communes; pourquoi, tant pour la paour du trait comme par le commandement qu'il leur feit de par le roy, se retrayrent assez brief en leurs maisons; et le seigneur de l'Ile-Adam feut mis prisonnier, et y demoura durant la vie du roy d'Angleterre, lequel l'eust faict mourir, si n'eust esté la requeste que le duc luy en feit.

CHAPITRE CX.

Comment le duc de Clarence feut occis des Daulphinois, avecques la fleur de la cavalerie d'Angleterre, à la bataille de Baugé, au pays d'Anjou; et du mariage du duc d'Alenchon à la seule fille du duc d'Orléans.

Le jour de Pasques 1421, le duc de Clarence, capitaine général de toute Normandie, apprès le partement du roy d'Angleterre son frère, avoit mené son ost devers le pays d'Anjou, où estoient assemblés en très grant nombre les Daulphinois; c'est assavoir le comte de Boken, connestable des Daulphinois, et le seigneur de la Fayette, capitaine, avec pluiseurs aultres capitaines, pour iceulx combattre et subjuguer. Advint que, che jour, le duc de Clarence ouyt certaines nouvelles que ses ennemis estoient assez près, en une ville nommée Baugé, en Anjou. Et pour tant ledict duc de Clarence, quy moult estoit renommé en armes, print sans délay une partie de ses gens, et à peu près tous les capitaines; et moult asprement alla envahir ses ennemis, et commencèrent aspre et dure bataille, où moult y eut de gens morts et navrés. Et entre tant, la grant troupe de son ost suivoit de loin à très grant peine et danger, pour le mauvais pas d'une rivière qu'ils avoient à passer. Les Daulphinois, quy estoient avertis de la venue de leurs ennemis, commencèrent à combattre moult asprement; et d'aultre part, les Anglois, quy pas n'estoient si grant nombre, se défendirent vigoureusement, espérans estre secourus par leurs gens quy à force venoient; mais le pas qu'ils avoient à passer estoit moult difficile, qui le retarda; et ne purent venir à temps; car les Daulphinois sachants leur venue, pour secourir les Anglois, se hastèrent de combattre le duc de Clarence; et commença la bataille des deulx parties moult aspre et dure; mais les Daulphinois estoient deulx contre ung Anglois; et eurent les Daulphinois la victoire. Et feurent morts sur la place le duc de Clarence, le duc de Kinte, le seigneur de Roos, maréchal d'Angleterre, et généralement la fleur de la chevalerie d'Angleterre, et de deux à trois mille combattants, que morts que prins, et pluiseurs aultres; et feut nommée icelle bataille de Baugé. Pour la mort et déconfiture desquels Anglois, les aultres Anglois quy estoient en France feurent moult desplaisants, et par espécial de la mort du duc de Clarence; car moult estoit aimé pour sa prudence et vaillance. Et mesmement, aulcuns Daulphinois, ses ennemis, feurent courroucés de sa mort; car la bonté et humilité de luy contraignoient ceulx quy l'avoient vu à iceluy aimer. Et, pour parler de ceulx quy suivoient le duc de Clarence à grant force, cuidants venir à temps, dont estoit chef le comte de Sallebry, lequel feit tant par sa vaillance, qu'il demoura le maistre sur la place; et prit le corps du duc de Clarence et de pluiseurs aultres quy là estoient, et aussy rescouit-il pluiseurs prisonniers. Et qu'il soit vrai, l'on disoit que si le duc de Clarence eust attendu ses gens, que il n'avoit garde des Daulphinois; mais désiroit la bataille, pource qu'il n'avoit point esté à celle d'Azincourt, que jamais n'y cuidoit venir à temps. Son corps feut très noblement porté en Angleterre; et n'est point à croire les regrets que, pour sa mort, le roy d'Angleterre et les princes du pays feirent pour luy, et aussy le commun de Londres et aultres quy le connoissoient. Pour laquelle mort le roy d'Angleterre hasta son armée pour aller en France. En ce temps feut traictié et parfait le mariage du duc d'Alenchon et de la seule fille de Charles, duc d'Orléans, lors prisonnier en Angleterre; et se feirent les nopces moult grants et solennelles en la ville de Blois; duquel mariage faire et traicter, feurent les principaulx, le daulphin, à quy elle estoit niepce, et le duc de Bretagne, oncle du duc d'Alenchon.

CHAPITRE CXI.

Comment le roy d'Angleterre descendit à Calais à grosse armée, et tira vers Chartres, cuidant combattre le daulphin qui l'avoit asségiée; et de la grant famine quy estoit à Paris, et entre Seine et Loire, Brie et Champaigne.

Le roy d'Angleterre, qui en ce temps estoit en Angleterre, et quy avoit ouy les nouvelles de la mort de son frère, et de la grande perte que il avoit faicte, feut grandement troublé; et pourtant que déjà avoit faict ses préparations pour retourner en France, quand son armée feut preste et payée pour huict mois, luy et tous ses gens entrèrent sur mer, et arrivèrent à Calais le jour Sainct-Barnabé. Et tantost après les vaisseaux deschargés feurent envoyés en Angleterre; et comme l'on disoit, estoient descendus trois à quatre mille hommes d'armes, et bien vingt-quatre mille archiers; et lendemain envoya le comte Dorset et le seigneur de Cliffort pour aller à Paris devers son oncle, le duc d'Exestre, quy pour lors estoit moult court tenu de vivres par les Daulphinois quy tenoient garnisons en plusieurs lieux autour de Paris. Les deux seigneurs estoient accompaignés de douze cents combattants, quy grand' diligence firent de chevaucher jusques à Paris, où ils feurent joyeusement reçus, tant pour leurs vivres que pour la descente du roy d'Angleterre auquel les Parisiens avoient grand' fiance. Or advint que le roy, après qu'il eut ordonné ses besongnes à Calais, se partit à grand' diligence, et tira vers la ville de Chartres, laquelle estoit asségiée de Daulphinois, et print son chemin par Monstrœul; et trouva le duc quy estoit allé allencontre de luy; puis partirent ensemble en tirant leur droit chemin à Abbeville, où ils se logèrent. Et lendemain print congé le duc de luy, et retourna en son pays d'Artois; et le roy d'Angleterre tira son chemin à Beauvais, à Gisors; et là luy feut dict que le Daulphin tenoit son siége devant la ville de Chartres, à grand'

puissance, et avoit volonté de luy livrer bataille, et que devant la ville de Chartres il l'attendroit. Quand le roy d'Angleterre sceut ces nouvelles, il envoya en très grand' diligence quérir le duc, afin que il feut à la bataille avecques luy. Le duc, quy moult désiroit à estre à la bataille contre celuy quy avoit faict occire son père, comme l'on disoit, se partit diligemment de la ville d'Arras; et manda gens de toutes parts pour aller après le roy d'Angleterre; mais sans attendre ses gens, continua toujours son chemin envers Gisors. Le roy d'Angleterre estoit passé oultre et estoit logé à Melun, et là attendoit le duc. Or est vray que le roy d'Angleterre et le duc feurent conclus et délibérés d'aller combattre le daulphin, et de aller lever le siége de Chartres; mais ils ouyrent dire que le daulphin avoit levé son siége, et s'en tiroit vers la cité d'Orléans. Les vraies nouvelles sçues, le duc print congé du roy d'Angleterre et retourna en Picardie, et le roy d'Angleterre passa oultre en tirant après le daulphin. En ce voyage que le roi d'Angleterre feit, il eut, luy et ses gens, sy grand' faute de vivres, que la famine totale se mist en son ost, et avecques che une grand' maladie, dont il perdit beaucoup de ses gens. Après que le roy d'Angleterre eut poursuivi le daulphin, il s'en retourna à Paris, où il feut grandement reçu;. mais à la vérité, la famine estoit si grande ès pays entre Seine et Loire, Champaigne et Brie, et mesmement dedans Paris, qu'il feut trouvé femme morte de faim, son enfant vif, tenant encore la mamelle de sa mère, y cuidant trouver substance, et autres povres sy très oppressés de faim que quand aulcun leur donnoit quelque peu à manger, ils disoient: « Donnez à un « autre, car je n'en mangerai jamais. » Et grand' pitié estoit d'icelle famine.

CHAPITRE CXII.

Comment le duc Philippe de Bourgongne combattit les Daulphinois, et gaigna la bataille qui feut nommé la bataille de Mons en Vimeux.

Or faut parler du duc. Vrai est que, luy estant en la ville de Mantes et Gisors, le seigneur d'Offemont et Poton de Saincte-Traille, assemblèrent de mille à douze cents chevaux; et par le moyen de sire Jacques de Harcourt, capitaine de la ville et chasteau du Crotoy, entrèrent dedans la ville de Sainct-Riquier. Et lors commencèrent courre le pays et faire maulx innumérables, et prirent la forteresse de Douvrières, par laquelle ils couroient devant Monstrœul et par tout le pays. Quand le duc sceut ces nouvelles, il feut délibéré d'aller mettre le siége devant Sainct-Riquier, laquelle chose il feit. Le duc pouvoit avoir en sa compaignie de cinq à six mille combattants, lesquels faisoient maintes belles escarmouches devant la ville. Le seigneur d'Offemont, qui dedans ladite ville estoit assiégé, avoit un frère nommé Loys de Neelle, lequel sçachant son frère estre assiégé du duc, feit une grand' assemblée pour secourir et ayder son frère quy asségié estoit. Le duc, sçachant que les Daulphinois le venoient combattre, eut conseil de lever son siége et aller au-devant d'eulx, et se partit de devant Sainct-Riquier le pénultiesme jour d'aoust, et print son chemin droit à Abbeville; et là burent et mangèrent aulcuns de ses gens tout à cheval, afin d'estre plustost prests, sy aulcunes nouvelles leur venoient de ses gens qu'il avoit envoyés chevauchants le pays de Vimeu, en tirant devers Oisemont. Or est vray que entre le point du jour et le soleil levant, virent et aperçurent les Daulphinois, qui en belle ordonnance s'en alloient moult radement en tirant vers le passage de la Blanche-Tache, où passe la rivière de Somme. Aulcuns de leurs gens feurent prins, par lesquels la vérité de leur intention feut sçue et tantost signifiée au duc, quy de nouvel estoit arrivé à Abbeville. Ces nouvelles ouyes, le duc partit en grand' haste, afin qu'il pust trouver ses ennemis avant qu'ils feussent passés la Blanche-Tache, à la rivière de Somme. Les Daulphinois, quy bien avoient perçu les Bourgongnons quy les poursuivoient, feirent grand' diligence d'estre devant audit passage de la Blanche-Tache, pour la passer et eulx joindre avecques messire Jacques de Harcourt, quy de l'autre costé de la rivière estoit atout une belle compaignie, tant de ses gens que de ceulx qui dedans Sainct-Riquier estoient, quand avoit esté assiégé. Mais quand les Daulphinois vinrent au passage, la mer venoit et estoit déjà sy haute que ils ne purent passer oultre ladite rivière, excepté le vaillant escuyer Poton de Sainct-Traille, quy depuis feut maréchal de France, quy print l'adventure de passer ladite rivière de Somme, et se joignit avec la puissance quy du costé de Vimeu estoit. Quand les Daulphinois veirent que impossible estoit de passer la rivière, ils se tindrent arrière et sy conclurent de combattre le duc. Leur bataille feut ordonnée par telle façon qu'ils mirent tous les mieux armés et montés au milieu de la bataille; et se pouvoient trouver de quinze à seize cents lances. Après leurs ordonnances faictes, et qu'ils perchurent le duc et ses enseignes, ils feirent des chevaliers nouveaux. Or faut parler du duc, lequel, quand vit ses ennemis en ordonnance, il ordonna sa bataille; en laquelle bataille estoit le vaillant chevalier messire Jehan de Luxembourg, les seigneurs d'Anthoing, de Croy, et grand' noblesse des pays de Flandres, d'Arthois, Picardie et Haynault. Il feit deux ailes de environ six vingt lances, dont de l'une estoit conducteur le seigneur de Saveuse, et de l'autre le bastard de Coussy. Icelles ordonnances faictes, et véant ses ennemis approchier et prests pour combattre, requist à messire Jehan de Luxembourg ordre de la chevalerie: et après qu'il feut faict chevalier, il en feit plusieurs de sa main. Ne demoura gaires que les Daulphinois et Bourgongnons assemblèrent et abordèrent ensemble. Les Daulphinois, comme dict est, avoient mis les mieux montés et armés au milieu de leur bataille et en poincte. Si se frappèrent en la bataille du duc, et rompirent sa bataille en passant oultre; mais les deux ailes que gouvernoient les seigneurs de Saveuse et le bastard de Coussy, se rejoignèrent avec la bataille du duc; et depuis, la bataille et les ailes se gouvernèrent si sagement et vaillamment, que de tous poincts ils défirent les Daulphinois; et promptement que les aulcuns des Daulphinois tomboient à terre, les archiers les tuoient. Lors se prinrent les Daulphinois à fuir, et les Bourgongnons très vaillamment les chassoient et prenoient prisonniers; et mesmement le duc très chevaleureusement se gouverna; et de faict print de sa main deux nobles hommes; et messire Jehan de Luxembourg chassa tant et si longuement ses ennemis, qu'il feut prins et décruppé de ses ennemis mais enfin il feut rescous. Que tant dirois-je? La bataille feut bien combattue, mais l'honneur et victoire en demoura au duc; et là feurent prins des Daulphinois pluiseurs nobles hommes; assavoir Loys d'Offemont, le seigneur de Conflans, messire Gilles de Gamaches et son frère, Pothon de Sainct-Traille, le marquis de Sève et son frère, le seigneur de Thiembronne et pluiseurs autres gentilshommes, jusqu'au nombr de six vingt. Et si feurent morts sur la place de six à sept cents hommes, tant d'un costé que d'autre, dont on disoit que de la partie de Bourgongne n'estoient morts que vingt à trente hommes, entre lesquels estoit le seigneur de la Viefville. Après ces choses achevées par le duc, il s'en ralla au giste à Abbeville, où il feut très honorablement receu, et toute sa compaignie, après qu'il olt séjourné cinq ou six jours à Abbeville. Après icelle bataille, qui feut nommée la bataille de Mons, pour ce que icelle avoit esté faicte assez près d'un village nommé Mons en Vimeu, le duc délivra les deux nobles hommes que il avoit prins de sa main, et leur quitta leur foi, et leur donna cheval et harnas : et avecques che leur donna à chacun cinq cents pièces d'or que à ce temps on nommoit Moutonceaulx[1]. Et au regard des autres nobles, seigneurs et capitaines daulphinois qui avoient esté prins à ladite bataille, se fist un traictié tel, que moyennant la rendition de la ville de Sainct-Ricquier, quy léallement fut remise en la main du duc, iceulx nobles hommes et capitaines furent tous délivrés sans payer finance. Et en fut ordonné capitaine messire Philippe de Fosseux, dict le Borgne; et le seigneur d'Offemont s'en alla de ladite ville, luy et tous ses gens, ainsy que ledit traictié le portoit.

CHAPITRE CXIII.

Comment le roy d'Angleterre asségia la ville de Meaux, en Brie; des saillies que les asségiés feirent; de la monnoye quy feut abbaissée, et les salus forgiés pour 25 sols.

Assez avez oy comment par cy-devant le roy d'Angleterre et le duc de leur puissance se tindrent vers Chartres, cuidans y trouver le daulphin, et comment le roy d'Angleterre donna congié au duc de retourner en ses pays de Flandres et Picardie, aussi, comment le roy d'Angleterre retourna à Paris, où il trouva le roy et la royne au bois de Vincennes, où il fust d'eulx receu à grand' joie. Et là, avant qu'il partist de Paris, fist pluiseurs ordonnances', tant sur les monnoyes comme autrement. Et qu'il soit vrai, couroit une monnoye, nommée flourettes, qui se allouoit pour seize deniers, que le roy d'Angleterre fist mettre à quatre deniers, pource qu'ils estoient de mauvais alloy.

(1) A cause de l'effigie d'un mouton.

Ces choses faictes, le roy d'Angleterre assembla grant puissance de gens, pour aller mettre le siége devant la ville de Meaux en Brie, assise sur la rivière de Marne, et ordonna le duc d'Exestre, son oncle, atout quatre mille combattants, et l'envoya prendre les faubourgs de ladicte ville de Meaux en Brie, afin que ceulx qui dedans la ville estoient n'y bouttassent le feu. Et tantost après que le roy eust appresté touttes ses besognes, il se partist à toutte sa puissance, nombrée à vingt mille combattants; et, le sixiesme jour d'octobre, se logea tout à l'environ de la ville et marché de Meaux; et, en briefs jours fit fermer son ost de hayes et de fossés, afin que de ses ennemis ne fust surpris, ne aussi que ceulx de dedans la ville ne pussent issir. Le roy d'Angleterre fit dresser canons et engins pour battre portes et murailles, et, avecques ce, fit faire de belles approches; et belle chose estoit à voir le siége. De par le daulphin estoient dedans la ville le bastard de Vaurus, son frère, Pierron de Luppe, messire Philippe Mallet, messire Loys Gast, et le Borgne de Coussy, jusques à mille combattants, vaillants hommes et esprouvés en armes, sans les bourgeois et communauté de la ville. Maintes belles saillies furent faictes devant le siége, qui assez longuement dura, comme vous orrez. Pendant iceluy siége, fut ordonné, à Paris, par le conseil du roy, que la monnoye, nommée flourettes, qui, de seize deniers, avoit esté mise à quatre deniers, seroit de rechief diminuée et mise à deux deniers, et l'escu d'or, qui avoit couru à neuf francs, fust mis à dix-huit sols parisis. Pour lesquelles mutations de monnoyes furent pluiseurs gens fort troublés; et, pour avoir provision d'autre monnoye nouvelle qui fust de valeur, furent forgiés salus d'or, qui eurent cours pour vingt-cinq sols tournois la pièce. En icelle monnoye avoit deulx escus de France et un d'Angleterre. Et, au regard de la blanche monnoye, on forgea doubles, qui eurent cours pour deux deniers tournois; et depuis furent nommés nicques; et régnèrent environ trois ans seulement. Je lairai à parler des choses dessusdictes, et parlerai d'une rencontre qui fust faicte entre messire Jacques de Harcourt, et aulcuns Anglois. En ce mesme temps, messire Jacques de Harcourt, capitaine du Crotoy, chevauchoit parmi le pays de Vimeu, en la compaignie de six à sept cents combattants. Il fust rencontré d'Anglois qui d'aventure s'estoient ressemblés des villes de Neufchastel, d'Argies et d'aultres lieulx, pour aller querre leurs adventures sur leurs ennemis; auxquels il eust très aspre rencontre; et vaillamment se combattoient ces deulx parties. Mais, en conclusion, les Anglois obtinrent la victoire; et perdist ledict messire Jacques de Harcourt de trois à quatre cents de ses hommes, tant morts que prins. Après ceste besogne, les Anglois, très joyeux de leur bonne fortune, retournèrent en leurs propres lieulx, et si emmenèrent avec eulx grand' planté de prisonniers, qui depuis furent délivrés par grands raenchons et finances, comme en tel cas il est accoutumé à faire.

CHAPITRE CXIV.

Comment le duc partist de Flandres pour aller en son pays de Bourgogne, en passant par Paris au bois de Vincennes, où estoient le roy et la royne, et de là au siége de Meaux ; et comment il alla visiter le duc et la duchesse de Savoye, son bel oncle et sa tante ; et comment le comte de Conversan fut délivré de prison ; et aussi fut Arthus, comte de Richemont, frère au duc de Bretaigne.

En ce temps mesme, après la feste de la Nativité de nostre Seigneur, le duc se partist de la ville d'Arras, où il laissa la duchesse, sa femme, fille du roy. Là prinrent congié l'ung de l'aultre, mais oncques depuis ne se virent, car elle mourut en brief temps après le partement de son mari; et s'en partist le duc, en sa compaignie le comte de Sainct-Pol et plusieurs aultres. Il chevaucha, et tant exploita qu'il se trouva en la ville de Paris; puis alla vers le roy et la royne, qui au bois de Vincennes estoient. Le duc ne séjourna gaires à Paris, et s'en alla devers le roy d'Angleterre, qui tenoit le siége devant Meaux, ainsi que devant est dict. Le roy d'Angleterre le receut moult honorablement, et moult joyeux fust de sa venue, et là tindrent grands consaulx ensemble, pour les affaires du royaulme. Le duc ne séjourna gaires avec le roy d'Angleterre, et s'en alla en son pays de Bourgogne, où il n'avoit point esté depuis la mort de son feu père, voir la duchesse sa mère et ses sœurs, desquelles il fust receu à grand' liesse. Ses hommes et vassaux lui firent les serments accoutumés de faire. Le duc fust fort festoyé de ses subjects, de joustes et esbattements plusieurs à sa venue. Après s'en alla le duc en pays de Savoye, voir son bel oncle et sa tante, les duc et duchesse de Savoye, et ce fait retourna en Bourgongne. Or est vray que durant le temps que le roy d'Angleterre tenoit son siége devant la ville de Meaux, vinst devers lui, à privée maisgnie [1], messire Jehan de Luxembourg, pour traictier de la délivrance du comte de Conversan, son frère, lequel, jà par long temps, avoit esté prisonnnier, et encore estoit dedans icelle ville de Luppes; et, lui venu là, fist et traicta tant, par l'aide et moyen du roy d'Angleterre, que son frère fust délivré de prison, moyennant certaine grant somme de pécune qui fust promise à payer et délivrer à Pierron de Luppes, à jour assigné. Et, depuis sa délivrance, demoura iceluy comte au service du roy d'Angleterre durant le siège de Meaux, et messire Jehan de Luxembourg retourna en Picardie, dont il estoit capitaine général, et en sa compaignie messire Hue de Lannoy, qui nouvellement avoit esté constitué maistre des arbalestriers de France, de par les deulx roys de France et d'Angleterre. Auquel an la royne d'Angleterre accoucha en Angleterre d'un fils, qui, par l'ordonnance de son père, fut nommé Henry sur les fonts, et avec les aultres qui à ce commis estoient, le leva la duchesse de Brabant, qui alors estoit en Angleterre. Pour laquelle nativité duquel fils fut menée très grand' liesse en Angleterre.

En ceste mesme année et saison, par certain traictié, fust délivré des prisons du roy d'Angleterre Arthus, comte de Richemont, frère au duc de Bretaigne ; et, après sa délivrance, alla atout gens d'armes au siége de Meaux, servir le roy d'Angleterre ; auquel service il demoura la vie d'iceluy roy d'Angleterre.

CHAPITRE CXV.

De l'emprinse du seigneur d'Offemont pour entrer en la ville de Meaux, en laquelle feut prins ; et comment ceulx de la ville se retirèrent au marché, en abandonnant la ville qui des Anglois feut prinse.

Devant iceluy siége, le seigneur d'Offemont assembla environ quarante combattants des plus renommés et experts en faict de guerre que il pust finer, et les mena devers Meaux, sur intention de les mener audict Meaux, et d'entrer secrettement dedans icelle ville, pour aider et conforter les assiégés, qui plusieurs fois l'avoient mandé pour estre capitaine de la ville. Lesquels, sçachants sa venue, estoient prépa-

(1) Suite.

rés à le recevoir ; et avoient sur un soir mis une eschelle sur leurs murs, par dehors, par où il devoit monter : et lors, au jour assigné, vinst ledict seigneur d'Offemont pour accomplir son entreprinse; et, de faict, vinst jusques aulx fossés de ladicte ville ; et commencèrent ses gens à monter à mont dedans la ville, par l'eschelle dessusdicte. Mais lui alloit tout derrière pour les boutter avant ; et en passant sur une vieille planche, cheyt, armé de plein harnas, ès fossés, et ne pust de là estre tiré de ses gens, nonobstant que ils lui baillèrent deux lances, lesquelles lui demourèrent ès mains. Et, entre temps, ceulx de l'ost qui ouyrent murmures, vindrent sur eulx à grant puissance, et le prindrent. Si fust ledict seigneur d'Offemont mené devers le roy d'Angleterre ; et l'examina sur pluiseurs propos, et le fist mettre en bonne garde. De ceste adventure furent ceulx de la ville moult troublés ; et doubtants que au loin aller ne peussent garder la ville et le marché, firent retraire aulcuns des biens de ladicte ville au marché. Laquelle chose apperçue par ceulx de siége, se esmurent soudainement, et allèrent assaillir ladicte ville ; et, de tous costés, commença l'assaut si dur et si estoré [1] que, en brief, fust la ville gaignée, sans ce que lesdicts assaillants y fissent grant perte. Et se retrairent les assiégés atout partie de leurs biens dedans le marché. Dedans la ville se logea le roy d'Angleterre ; et, brief ensuivant, gaigna une petite isle d'emprès le marché, en laquelle il fist asseoir pluiseurs gros engins, qui moult terriblement battoient les maisons et murs du marché. Et, par ces moyens, furent les asségiés contraints et mis en fuite ; et si n'avoient nulles espérances d'estre secourus du daulphin leur seigneur, à cause que les jours estoient passés que ils le devoient avoir secours. Et, derechief, en continuant de mal en pis, furent prins par les Anglois les moulins dudit marché ; pourquoy ils feurent en grant nécessité de avoir leurs blés moulus.

CHAPITRE CXVI.

Comment le roy d'Angleterre feit sommer ceux quy estoient à Meaux, lesquels se rendirent audit roy par traictié ; et comment plusieurs villes et forteresses feurent rendues par les Daulphinois au roy d'Angleterre.

En ce temps se faisoient plusieurs maux au

(1) Combattu, du mot *estour*, combat.

royaulme de France, tant de la partie des Daulphinois comme des Anglois, qui ne cessoient de prendre villes et forteresses, et icelles démollir et abattre. Que vous dirois-je ? Pluiseurs villes et forteresses, durant le siége de Meaux, en brief furent prinses et abattues d'un costé et d'autre au royaulme de France. Et qui tout voudroit et sauroit bien mettre au long par écrit, il auroit trop à faire : et pourtant je me passe, et retournerai à parler du siége de Meaux. Vous avez ouy comment le roy d'Angleterre avoit mis son siége devant le marché de Meaux, et les constraint par telle manière, que grand' partie de leurs murs estoient abattus et desrompus en divers lieux. Si les fit un jour sommer que ils se rendissent, à quoi ils ne voulurent obéir ; et dirent qu'il n'estoit pas encore heure de eux rendre. Et quand le roy d'Angleterre eut ouy leur response, sans à eux plus parler, fit commencer l'assaut très puissamment, lequel dura de sept à huit heures ; et se deffendirent les asségiés moult vaillamment, et combattirent tant qu'ils n'avoient plus nulles lances, qui toutes ne fussent rompues à eux deffendre ; mais au lieu de lances, combattirent longue espace de hastiers [1] de fer ; et tant continuèrent que pour ceste fois ils reboutèrent les Anglois hors de leurs fossés. Pluiseurs injures, tant de nuict comme de jour, durant ledit siége, dirent ceulx de dedans, et paroles vilaines aux Anglois. Entre aultres choses, mirent sur les murs un asne, lequel ils couronnèrent, en eux moquants des Anglois, en disant que c'estoit le roi, et que ils le allassent rescourre ; pourquoi le roy d'Angleterre, et de pluiseurs aultres choses, fut moult indigné sur eulx. Et aussi devant icelle ville fut tué d'un canon ung josne chevalier, fils du seigneur de Cornouaille, qui estoit cousin prochain du roy d'Angleterre ; laquelle mort lui vint à grand desplaisir.

En la fin d'avril, ceulx de Meaux commencèrent à parlementer, pour avoir traictié ; et furent, de par le roy d'Angleterre, commis son oncle le duc d'Exestre, les comtes de Warwick et de Conversan, et messire Gauthier de Hongreffault ; et de par les asségiés, messire Philippe Mallet, Pierron de Luppes, Jehan d'Aunay, Sinador de Jerames, le Borgne de Coussy et pluiseurs aultres ; lesquelles parties convinrent ensemble, par pluiseurs fois ; et enfin vin-

(1) Manches.

rent en conclusion en la manière cy-après déclarée.

« Premièrement, fut ordonné que le marché de Meaux seroit, le dixiesme jour de may, rendu et délivré ès mains des rois de France et d'Angleterre.

« *Item*, seroient rendus en leurs voulontés messire Loys Gast, le bastard de Vaurus, Denys de Vaurus, Jehan de Rambères, Tromagon, Bernard de Meureville, et un qui avoit bucciné d'un cornet durant le siége, nommé Orasses ; et seroient mis en justice, laquelle leur seroit faicte et administrée.

« *Item*, Guérard de Cissé, Pierron de Luppes, Philippes de Gamaches, Jehan d'Aunoy, demoureront en la voulonté des deux rois, jusques à tant qu'ils auront rendu ou faict rendre touttes les forteresses que eux et leurs commis tenoient au royaulme ; et après ce que ils les averont rendues, ils auront les vies sauves.

« *Item*, tous les aultres, tant gens d'armes comme habitants et bourgeois, demoureront en la voulonté des deux rois, sauve leur vie.

« *Item*, que le comte de Conversan demourera quitte envers Pierron de Luppes, ou autre, à qui il peut toucher, de sa finance ; et lui promettront de l'en tenir quitte à toujours, sans fraude ni malengin.

« *Item*, en dedans les huit jours que la rendition se doit faire, ceulx de dedans la ville mettront tous leurs biens généralement en certain lieu où ils puissent venir à plein à la connoissance des commis des dessusdits rois.

« *Item*, rendront quittes tous les prisonniers qu'ils tiennent, tant audit marché comme ès forteresses et lieux à eulx obéissants, et les quitteront de leur foy.

« *Item*, après tous les articles dessusdits accordés et accomplis, et pluiseurs aultres, par les deux parties, demoureront en estat jusqu'au dixiesme de may, que les Daulphinois feront ouverture aux commis des rois de France et d'Angleterre, et leur délivreront, par la manière qui a esté traictié. »

Lesquels commis envoyèrent tantost tous les prisonniers sous bonne garde où ordonné leur estoit ; dont les plus principaux furent menés par eau à Rouen et de là en Angleterre. Et si en y eut une partie menée à Paris, emprisonnés en pluiseurs lieux ; et pouvoient les gens de guerre estre de sept à huit cents. Le bastard de Vaurus, leur capitaine-général, fut descollé par le commandement du roy d'Angleterre, et son corps pendu à un arbre, au dehors, que on nommoit l'Orme Vaurus, pource que le bastard y avoit en son temps fait pendre pluiseurs Anglois et Bourguignons, quand il les pouvoit tenir, en disant : « *Menez-les à mon arbre.* » Et pour ce estoit ledict arbre ainsi nommé. Et avec ce, fut sa teste mise sur le bout de son estendart, et attachée à l'arbre dessusdit. Messire Loys Gast, Denys de Vaurus, maistre Jean de Rambères, et celui qui avoit sonné le cornet en soi truffant des Anglois, furent décapittés à Paris, leurs testes mises sur lances, et leurs corps pendus au gibet. Et tous les biens qui estoient audit marché de Meaux furent distribués du tout au plaisir du roy d'Angleterre ; puis en noble arroy entra audit marché, et y séjourna aulcuns jours ; et là ordonna de réédifier les portes, tours et murailles de ladite ville de Meaux.

Après la rendition de Meaux, furent mises en l'obéissance du roy d'Angleterre pluiseurs villes et forteresses, tant en la comté de Valois comme ès pays à l'environ, par le moyen du seigneur d'Offemont, dessous lequel elles estoient obéissants ; et avec ce fut son corps mis à délivrance, par condition qu'il jureroit la paix finale dernièrement faicte à Troyes entre les deux rois. Et pour ce entretenir bailla pleiges suffisants, c'est assavoir l'évesque de Noyon et le seigneur de Chauny, lesquels, pour seureté, obligèrent corps et biens. Quand les capitaines tenants le parti du daulphin ès marches de Beauvoisis virent et oyrent comment le roy d'Angleterre prenoit et gagnoit villes et forteresses imprenables, eurent si grand doubte que brief ensuivant envoyèrent devant le roy d'Angleterre leurs ambassades, pour traictier avec lui en dedans certain temps et jour, au cas que le daulphin ne les secourroit au jour que dit seroit. Entre lesquels traicta le seigneur de Gamaches pour la ville de Compiengne dont il estoit capitaine, et bailla ostages à le rendre, le dix-huitiesme jour de juin, en la main du roy. Et en ce cas pareil traictèrent messire Loys de Thienbronne, pour la ville de Gamaches et pluiseurs aultres villes et forteresses. Avec ce, par le pourchas de Pierron de Luppes, fut rendue la forteresse de Montagu, laquelle tenoit grant pays en subjection par sa force, et avoit fait grans maux et dommages aux villes de Reims et Laon, et ès pays environ. D'autre part, ceulx qui tenoient le chastel de Moy, en Laonois, doutant que Messire Jehan de Luxembourg et les Anglois ne les allassent assiéger soudainement, bouttèrent le feu dedans le chastel, et s'en allèrent à Guise; et pareillement ardirent, et brulèrent et détruisirent les chasteaux de Montescourt et de Brassy.

CHAPITRE CXVII.

Comment la royne d'Angleterre arriva à Harfleur, et de là s'en alla au bois de Vincennes, vers le roy et royne, ses père et mère, où le roy d'Angleterre vint vers elle; comment les dits roy et royne tirèrent à Paris et à Senlis; de la femme de l'armoyeur du roy quy fut exécutée avec aucuns de ses complices.

En l'an 1422, le jour de may, la royne d'Angleterre arriva à Harfleur en noble appareil et grant compaignie de gens d'armes, et avecques elle le duc de Bethfort, son beau-frère, quy estoit chef de l'armée. Et, après qu'ils eurent pris terre, allèrent à Rouen, et de là au bois de Vincennes devers le roy son père et la royne sa mère. Le roy d'Angleterre, son mary, qui estoit à Meaux avecques ses princes, adverti de sa venue, se partit et alla au bois de Vincennes devers le roy et la royne sa femme, où il fust moult honorablement receu; et le pénultiesme jour de may, les deux roys de France et d'Angleterre, et les roynes, se partirent de là, et entrèrent à Paris en moult noble estat. Et feurent logés le roy et la royne en leur hostel de Sainct-Pol, et le roy d'Angleterre et sa compaignie feurent logés au chastel du Louvre; et là célébrèrent, chascun en son hostel, la feste de Pentecoste. Après les festes passées, le roy d'Angleterre fist en icelle ville de Paris cueillir et lever la taille de marcs d'argent pour forger la nouvelle monnoye, ainsy et par la manière que on l'avoit cueillie ailleurs. Si s'en esmurent pluiseurs rumeurs; mais finablement les Parisiens, pour la crémeur du roy d'Angleterre, ne osoient montrer semblant de nulle désobéissance ou rébellion. Après un petit de temps, les deux roys et les roynes allèrent à Senlis, où ils séjournèrent aulcuns jours. Ne demoura gaires après que le roy d'Angleterre envoya son frère le duc de Bethfort à Compiengne, pour icelle recevoir du seigneur de Gamaches; lequel, comme paravant est dict, avoit promis le rendre en la main du duc de Bethfort; et se départirent environ douze chevaulx, eulx ayant bons saufs-conduits du roy d'Angleterre, et feurent menés et convoyés jusqu'à ce qu'ils feussent passés outre la rivière de Seine, et de là s'en allèrent devers le daulphin. Et en pareil cas, rendit le seigneur de Gamaches les forteresses que ses gens tenoient, comme dessus est faite mention, et par ainsy toutes les places que les Daulphinois tenoient, de Paris jusques à Boulogne sur la mer, feurent mises en l'obéissance des deux roys de France et d'Angleterre, excepté le Crotoy. En ce mesme temps, feurent envoyés de par les deux roys ambassades au Crotoy, devers messire Jacques de Harcourt; mais finablement, pour diligence qu'ils sçussent faire, ne purent venir à quelque traictié; et pour ce, s'en retournèrent arrière.

En ce mesme temps, alla le roy d'Angleterre à Compiengne pour voir la ville. Auquel lieu lui feurent rapportées nouvelles que on avoit voulu prendre la ville de Paris par aulcuns moyens de lettres apportées dans ladicte ville par la femme de l'armoyeur du roy; laquelle, par un certain jour bien matin, fut apperçue d'un prestre qui estoit allé en un sien jardin; et sur ce tout effrayé, retourna dedans la ville, et dit aux gardes qu'ils advisassent ce qu'ils avoient à faire, et qu'il avoit vu gens armés, et une femme parler à eulx. Et adonc les gardes de ce advertis prinrent la femme et la menèrent en prison, laquelle tantôst après congnut son fait. Pour lesquelles nouvelles le roy d'Angleterre retourna avecques tous ses gens à Paris, et fit noyer la femme pour ses démérites, et avecques ce aulcuns de ses complices, et puis retourna à Senlis devers le roy. Auquel temps messire Jehan de Vergy prit la ville de Sainct-Dizier; mais les Daulphinois qui estoient dedans se retrayrent au chastel, auquel ils feurent bientost asségiés, et entretemps La Hire et aulcuns capitaines s'assemblèrent pour aller secourir ceux dudict chastel. De laquelle assemblée feurent advertis les deux seigneurs dessusdicts. Et, pour y résister, se mirent ensemble le plus grant nombre que ils purent, et allèrent au-devant de leurs adversaires, lesquels ils assaillirent vigoureusement, et enfin les déconfirent. Si en y eut de morts environ quarante, et les aultres se sauvèrent par fuite.

Après laquelle besogne, retournèrent audict lieu de Sainct-Dizier, et brief ensuivant, se rendit à eulx le chastel, lequel ils garnirent de leurs gens. Je lairrai à parler des Anglois et des Bourguignons, et vous parlerai du daulphin.

CHAPITRE CXVIII.

De la puissance que le duc de Bourgongne mena devant la ville de Cosne-sur-Loire, pour combattre le [daulphin qui l'avoit faict asségier, lequel n'y comparut pas; du trespas du roy Henry d'Angleterre, et des remontrances qu'il feit aux princes d'Angleterre.

En ce temps, le daulphin assembla environ vingt mille combattants, et se tira atout iceulx vers Auxerre ; et là se tint assez longue espace, durant lequel temps fist assiéger la ville de Cosne-sur-Loire, qui enfin feut contrainte de traictier, par condition qu'ils lui rendroient, au cas que le duc ne les secourust en dans le quinziesme d'aoust ensuivant ; et, pour ce entretenir, baillèrent hostagiers. Et disoient les aulcuns que audict jour que la ville se debvoit rendre ou combattre, le daulphin y seroit en personne. Pour laquelle cause le duc fit ung très grant mandement par tous ses pays de Bourgongne, de Picardie, de Flandres et d'Arthois ; et sy envoya devers le roy d'Angleterre, luy requérant qu'il luy envoyast certain nombre de ses gens. Le roy d'Angleterre, moult désirant de complaire au duc, respondit que ce ne feroit-il pas, mais qu'il iroit en propre personne, avecques toute sa puissance. Le roy d'Angleterre, quy estoit en la cité de Senlis, non pas bien disposé de sa personne, fist partir son ost sous la conduite du duc de Bethfort pour estre en la compaignie du duc en ceste journée ; et lui-mesme, assez aggrévé de maladie, partit de Senlis, après ce qu'il eust pris congé au roy, à la royne, et aussy à la royne sa femme, qui oncques puis ne le vit; et alla à Melun, où il se fit mettre en une litière, en intention d'aller à la journée dont dessus est faict mention. Mais pourtant que il se sentit trop affoibli, et que il empiroit de jour en jour, retourna et se fit amener au bois de Vincennes, où il finit sa vie, comme cy-après sera dict. Et le duc de Bethfort, atout¹ son ost, se tirèrent par pluiseurs journées au pays de Bourgongne ; et aussy firent tous les seigneurs de Picardie, lesquels le duc avoit mandés. Et tant cheminèrent qu'ils se trouvèrent en la ville de Vezelay, où ils trouvèrent le duc quy les attendoit atout grant puissance de gens d'armes. En après, tous les princes et capitaines joints ensemble chevauchèrent tant qu'ils se trouvèrent devant la ville de Cosne, devant laquelle ils se logèrent la nuict, dont le lendemain ils devoient estre combattus, comme l'on disoit. Mais le daulphin sachant la puissance des princes dessus nommés, se retrayt devers Bourges en Berry, atout son armée, et de par luy ne comparut homme à ladicte journée ; et ainsy demoura à la ville de Cosne en l'obéissance du duc. Et après ceste journée passée, le duc remercia les princes et aultres quy ainsy l'avoient accompagné ; et bien y estoit tenu ; car, de mémoire d'homme, ne feut vu une telle puissance, ni plus à redouter, pour combattre à pied, que estoit celle-là. Le duc fit de grants dons, puis se retira en Bourgongne, les Anglois en France, et les Picards en Picardie. Auquel retour, vinrent certaines nouvelles au duc de Bethfort, sur le chemin, que le roy d'Angleterre estoit moult oppressé de maladie, et en grant péril de sa vie. Et pour ce incontinent, avecques lui aulcuns de ses plus féables et privés, à privée maisgnie¹, chevaucha en haste jusques au bois de Vincennes, où ils trouvèrent le roy d'Angleterre moult grief de sa personne. Et vint aussy à la connoissance du duc ; pourquoy il envoya messire Hue de Lannoy pour le visiter et pour sçavoir en quel point il estoit. Aucuns disoient que le roy d'Angleterre, sentant soy estre moult oppressé de maladie, fist venir devant luy son frère le duc de Bethfort, son oncle le duc d'Exestre, le comte de Warvick, messire Loys de Robersart, et aulcuns aultres, jusques au nombre de sept ou huit, où il avoit la plus grant fiance. Si leur remontra et leur dit assez piteusement les paroles cy-dessous escrittes, disant comment il voyoit bien que c'estoit le plaisir de son Créateur qu'il finast sa vie, et qu'il délaissoit le monde. Et après dit au duc de Bethford : « Beau frère, je vous prie « que, sur toute la loyauté et amour que vous « avez eus à moi, que soyez tousjours bon et « léal à mon fils vostre nepveu ; et au cas que

---

(1) Avec.

(1) Suite.

… beau-frère de Bourgongne voudroit empren-
« dre le régime du royaulme de France, je vous
« conseille que luy bailliez ; mais sy il le re-
« fuse, vous le prenderez. Et à vous beaux-
« oncle d'Exestre, je vous laisse seul et pour le
« tout le régime d'Angleterre ; car je sçais bien
« que moult bien le sçaurez gouverner. Et vous
« prie que pour quelque affaire que vous ayiez,
« ne retournez plus en France. Et avec ce, vous
« ordonne à estre du tout gouverneur de beau-
« fils vostre nepveu, et vous requiers que, sur
« tant que vous me aimez, que le véez et visi-
« tez très souvent en vostre personne. Et vous,
« beau cousin de Warvick, je veux que soyez
« son maistre, et que demourez du tout avec-
« ques luy pour le conduire et apprendre se-
« lon l'estat que il appartient ; car je n'y sçau-
« rois mieux parvenir. Et derechief vous prie
« à tous que gardez, sur tant que pouvez mes-
« prendre, que n'ayez aulcune dissension avec
« beau-frère de Bourgongne ; car si il adve-
« noit, que Dieu ne veuille ! que il y euist en-
« tre luy et vous aulcune malivolence, les be-
« songnes de ce royaulme, quy sont moult avan-
« cées pour nostre party, en pourroient grande-
« ment empirer. Si ne délivrez pas de prison
« beau-cousin d'Orléans, les comtes d'Eu et
« d'Angoulesme, jusques à tant que beau-fils
« Henry aura son age compétent ; et des aul-
« tres, faites comme bon vous semblera. »

Après lesquelles paroles ou semblables, les seigneurs là estants lui respondirent moult humblement, chacun en droit soi, ayant au cœur grant tristesse : que tout ce qu'il leur ordonneroit et sçauroient son plaisir estre faict, ils le accompliroient à leur pouvoir, sans en rien aller au contraire. Après ces choses, se partirent de la chambre aucuns d'eulx. Messire Hue de Lannoy, qui avoit esté envoyé devers luy de par le duc, après qu'il eust allégué et accompli sa légation, et eu aucunes paroles avec le roy d'Angleterre, s'en retourna en Bourgongne, devers le duc son maistre. Le roy d'Angleterre, tant oppressé de maladie que plus ne pouvoit, feit venir devant luy ses médecins, et leur requit bien instamment qu'ils voulsissent dire, selon ce qu'ils pouvoient voir de luy, quel terme de vie il pourroit encore bien avoir. A laquelle chose feurent grant espace sans luy faire response, sinon de luy bailler espérance, en disant que il estoit bien en Dieu de le faire retourner en santé. Si ne fust pas de ce content, et les requist, comme dessus, qu'ils luy dissent la vérité. Et adonc parlèrent ensemble, et par la bouche de l'un d'iceulx, qui se mit à genoux devant luy, luy feut dit : « Sire, pensez « à vostre faict, car il nous semble, si n'est la « grace de Dieu, que il est impossible que vi- « viez plus de quatre heures. » Et lors manda son confesseur, et aucuns gens d'église de sa famille, et ordonna à dire les sept psalmes ; et quand ce vint à *benigne fac Domine*, où il y a en iceluy vers : *muri Jerusalem*, il les feit arrester et dict tout hault que, sur la mort qu'il attendoit, il avoit intention, après ce que il auroit mis le royaulme de France en paix, de aller conquerre Jérusalem, si ce eust esté le plaisir de Dieu, son Créateur, de le laiser vivre son age ; et après qu'il eust ce dict, il les feit parfaire ; et assez brief ensuivant, selon le terme que avoient dict iceulx médecins, alla de vie à trespas le derrain jour d'aoust. Pour la mort duquel son frère, le duc de Bethfort, et tous les aultres princes, et généralement ceulx de son royaulme d'Angleterre firent grants lamentations, et demeurèrent en grant tristesse ; et tantost après feurent enterrées ses entrailles en l'église et monastère de Sainct-Maur-des-Fossés, et son corps mirent en un cercueil de plomb. Le duc de Bourgogne se partit de son pays de Bourgongne, et exploita tant que il se trouva au bois de Vincennes, et alla voir et visiter le duc de Bethfort et les aultres princes là estans, puis se partit de là et alla à Paris. Le corps du roy d'Angleterre fut mené en grant triomphe de gens à Paris, et mis dedans l'église Nostre-Dame ; et luy fut faict service solennel ; et de là fut mené en la cité de Rouen ; et là demeura assez longue espace de temps.

Pour la mort du roy d'Angleterre, et pour avoir advis au gouvernement du royaulme, s'assemblèrent pluiseurs princes en conseil, en la ville de Paris ; et là fut conclu et promis par eulx de rechief, en la forme et manière qu'il avoit esté traicté autrefois, entre les deux roys, à Troyes, que ils entretiendroient la paix finable que promise et jurée avoient. Après que les princes, assavoir les ducs de Bethfort, de Bourgongne et d'Exestre, avecques pluiseurs grants seigneurs, eurent prins leurs conclusions sur le régime du royaulme, se partit de Paris brief ensuivant le duc, et retourna en Arthois et en

Flandres; et le duc de Bethfort, avec les princes anglois, s'en alla à Rouen pour gouverner, appointer et ordonner des affaires de la duché de Normandie. Et là feut mené, en noble appareil, la reine d'Angleterre, qui de la mort de son feu mari rien ne sçavoit.

CHAPITRE CXIX.

Comment le corps du roy Henry d'Angleterre, dict le conquérant, fut porté en Angleterre et enterré à Westmoustier, auprès de ses prédécesseurs; de la pompe funèbre quy fut faicte, tant en chemin qu'en Angleterre.

En la ville de Rouen fut ordonné comment on mèneroit le corps du roy d'Angleterre en son pays. Si ordonnèrent un charriot que menoient quatre grands chevaulx; et avoient sa semblance en présentation, et en le représentant de cuir bouilli, peint moult richement, portant en son chef couronne d'or moult précieuse; et tenoit en sa main dextre le sceptre royal, et en sa senestre avoit une pomme d'or, comme l'empereur; et gisoit en un lit dedans le charriot, le visage vers le ciel. Duquel lit la couverture estoit de drap d'or de cramoisi; et avec ce on portoit, à passer parmi les bonnes villes, par-dessus le charriot, un moult riche drap de soie à quatre bastons, en la manière que on l'a accoutumé à porter sur le corps de Jésus-Christ, au jour du Sainct-Sacrement. Et ainsi allant, accompaigné de ses princes et de la chevalerie de son hostel, fut mené le droit chemin de Rouen à Abbeville, et mis en l'église Sainct-Wulfran; et si avoit moult de gens d'église à la dextre et sénestre partie du trespassé, qui nuict et jour, les uns à pied, les aultres chevauchants, cheminants ou estants, chantoient sans cesse l'office des morts, et célébroient tous les jours messes pour luy, depuis le poinct du jour, ès églises où ils se logeoient, jusques à tant que il estoit l'heure de partir. Et d'Abbeville s'en alla à Hesdin, à Monstroeul, à Boulogne, à Calais. Et toujours sur le chemin y avoit autour du charriot plusieurs hommes vestus de blanc, qui portoient en leurs mains torches allumées; et derrière, estoient vestus de noir ceulx de la famille du roy d'Angleterre; et après suivoient ceulx de la lignée, vestus de vestements de pleurs et de deuil; et en ensuivant tout, alloit la royne en grant compaignie, environ de une lieue loin.

De Calais passèrent par mer à Douvres en Angleterre, et puis par Cantorbie à Rocestre et à Londres, où ils arrivèrent la nuict Sainct-Martin d'hiver. Allencontre duquel issirent de Londres quinze évesques, vestus de chasubles pontificaulx, et pluiseurs abbés mitrés, et les aultres hommes d'église, et grant multitude de bourgeois et aultres du commun, les gens d'église, tous ensemble chantants l'office des morts; et le menèrent par le pont de Londres et par la rue des Lombards, jusques à l'église Sainct-Pol; et au plus près du charriot estoient pleurants les princes de son sang; et avecques ce, le premier cheval des quatre qui menoit ledict charriot, avoit un collier qui estoit peint des anciennes armes d'Angleterre. Au collier du second cheval estoient peintes les armes de France et d'Angleterre escartelées, lesquelles luy-mesme portoit en son vivant. Au collier du tiers cheval estoit peint pleinement sans différence, les armes de France; et au collier du quart estoient peintes les armes que portoit, quand il vivoit, le roy Arthus. Et après que le service du roy eust esté faict royalement, ils le portèrent en terre, en l'église de Westmoustier, auprès de ses prédécesseurs roys d'Angleterre. Auquel enterrement fut faict en toutes choses généralement, plus grant estat et bobant que depuis deux cents ans par avant n'avoit esté faict de nuls roys d'Angleterre. Ainsi et par ceste manière fina le roy Henry, en la fleur d'age, car quand il alla de vie à trespas, il ne pouvoit avoir que environ de quarante ans. Il estoit moult sage et expert en toute besogne dont il se vouloit entremettre, et de très hault vouloir; et avoit, en sept ou huict ans que son règne dura au royaulme de France, faict en iceluy de très grands conquests, plus que nuls de ses prédécesseurs roys d'Angleterre ne avoient faict long-temps par avant. Et pour vrai, il estoit si cremu et douté de ses princes et capitaines, qu'il n'y en avoit nul, tant luy fust prochain, qui osast transgresser ses ordonnances, par espécial ceulx d'Angleterre. Et pareillement estoient à ce réduits tous ceulx du royaulme de France, de quelque estat qu'ils fussent, estants en son obéissance et domination; et la cause principale si estoit, pource que ceulx qui faisoient le contraire en enfreignant ses commandements et ordonnances, faisoit punir très cruellement, sans en avoir miséricorde ; et bien entretenoit la discipline de chevalerie, comme jadis faisoient les Romains. Et après toutes besognes accomplies, s'assemblèrent les trois estats d'Angleterre pour avoir advis sur le régime d'Angleterre, et pour bailler gouverneur à leur petit roy Henry, qui pour lors n'avoit que dix-huit mois d'age ou environ. Les trois estats d'Angleterre ordonnèrent premièrement au gouvernement de la personne de leur roy un sage et vaillant comte, nommé Richart de Beaucamp, comte de Warwick, dont devant est pluiseurs fois parlé ; puis luy baillèrent estat bel et suffisant, et après aux affaires du royaulme eurent advis, selon leur sage et pourveue discrétion. Cy laisse à parler de la mort du roy d'Angleterre, et parlerai de la mort de la duchesse de Bourgongne, et de celle du roy son père.

CHAPITRE CXX.

Du trespas de la duchesse de Bourgongne, madame Michelle de France, en la ville de Gand; et du trespas du roy Charles de France, VI° de ce nom, nommé le Bien-Aimé, en la ville de Paris.

En ce temps que les assemblées se feirent pour le voyage de Cosne, mourut en la ville de Gand madame Michelle, fille du roy et femme du duc, et sœur au daulphin. Pour laquelle mort feurent troublés tous ses serviteurs, et généralement ceulx de Gand, et tous ceulx du pays du duc. Et assez tost après s'accoucha en son hostel de Sainct-Pol, à Paris, le roy ; et le vingt-uniesme jour d'octobre, rendit son esprit à Dieu ; et feurent à son trespas tant seulement son chancellier, son premier chambellan, son confesseur et aumosnier, avec aulcuns de ses officiers et serviteurs, en petit nombre. Puis fut son corps apporté à Sainct-Denis. Et n'y avoit lors nul des princes de son sang, excepté le duc de Bethford, frère au roy d'Angleterre défunct ; et mis en sépulture avec les aultres roys ses prédécesseurs. Après lequel enterrement et service accomplis, s'en retournèrent à Paris tous ceulx qui accompagné l'avoient.

CHAPITRE CXXI.

Comment le duc de Bethfort fut régent du royaume de France, pour son nepveu, le roy Henry d'Angleterre, VI° de ce nom.

En oultre, le duc de Bethford, seul et pour le tout, demoura régent et gouverneur du royaulme de France, et au nom de son nepveu le roy Henry le Josne, quant à ce qui estoit en son obéissance. Ainsi comme vous avez ouy, fina ses jours le très noble roy Charles, le quarante-deuxiesme an de son règne ; lequel la plus grant partie de son temps eut de moult grandes tribulations à cause des tribulations et divisions qui lors estoient et avoient esté en son royaulme, par les prochains de son sang, et par espécial par une maladie que on dit qu'il print en la ville du Mans, laquelle lui dura la plus part de son vivant ; dont ce fut dommage, car il estoit si bon prince que à toujours sera nommé Charles-le-Bien-Aimé ; et plus de luy en ce livre ne sera parlé : Dieu en ait l'ame, *amen*. Et pareillement, en cestuy livre, finent les grands faits et conquestes que fist en son temps le roy Henry d'Angleterre, cinquiesme de ce nom, depuis le trespas du roy Henry son père, qui piteusement fist mourir le roy Richard son cousin ; et prist et usurpa son royaulme d'Angleterre, et se fist couronner roy avant la mort d'iceluy roy Richard, nonobstant qu'il eust esté roy vingt-deux ans.

Le jour de Sainct-Martin d'hiver, l'an dessusdict, iceulx de la ville et chastel de Rue se rendirent à messire Jacques de Harcourt, lequel y fit venir un nombre de gens d'armes de la garnison de Guise ; et se continrent illec sans piller ni rober, à cause des trefves qui estoient lors entre les deux parties, jusques à lendemain de la feste Sainct-Andrieu. Lesquelles trefves passées, la guerre se renouvella si cruelle et si terrible, que nul ne sçauroit dire les maux et dommages qui en advinrent par tout le pays. Pourquoi ceux du grand conseil de France et ceux de Paris envoyèrent ambassades notables devers la royne d'Angleterre, pour avoir ayde et secours pour résister aux entreprises des Daulphinois ; et lors leur fut promy d'envoyer secours d'Angleterre.

CHAPITRE CXXII.

Comment ceulx de Meullent se rendirent aux Daulphinois, mais incontinent furent constraints de eulx rendre au duc de Bethfort, régent de France, à leurs grans perte et dhommaige.

Le quatorziesme jour de février, audit an, ceux de Meullent, désirants estre Daulphinois, se rendirent au seigneur de Granville, lequel y mena hastivement cinq cents combattants pour y tenir la place pour le daulphin ; mais si tost que le régent en fut adverty, il y alla hastivement, atout grant-planté[1] d'Anglois et des communes de Paris, et les asségia. Lesquels, non garnis de vivres ni de artillerie pour tenir la place contre les Anglois, se mirent en composition ; c'est assavoir : qu'ils rendroient ledit pont et chastel, ainsi garni comme il estoit, sans y riens démolir.

Item, que tous ceulx de là dedans se rendroient de la pure voulonté du régent, sauf leur vie seulement, excepté ceulx, si aulcuns y avoit, qui aultrefois eussent faict serment au roy d'Angleterre, ou qui eussent esté consentans de la mort de feu le duc Jehan de Bourgongne, excepté aussi ceulx d'Irlande, de Galles ou d'Escosse, si aulcuns en y avoit, et ceulx aussi qui furent à la première embusche pour prendre le pont et la forteresse, et les canons de layens.

Item, tous les biens de layens layront à la voulonté et connoissance du régent.

Et se fist la reddition de ladite place le samedy premier jour de mars, an dessusdit.

CHAPITRE CXXIII.

Comment les Daulphinois prinrent le chasteau de Dommart.

Le dimanche vingtiesme jour de mars ensuivant, prinrent d'eschelle et de nuict les Daulphinois de Rue le chastel de Dommart en Ponthieu, et prinrent layens messire Simon de Boullenvillier, le chevallier Jehan de Doncquerre, et pluiseurs aultres gentilshommes estants layens. Le Borgne de Fosseux, seigneur dudit lieu de par sa femme, se eschappa, et Jacques de Craon, son beau-fils, avecques lui, et pluiseurs aultres hommes et femmes estants tant audit chastel comme en la ville. Et là trouvèrent tant de biens les Daulphinois, assavoir d'or et d'argent, de vaisselle et d'aultres biens, que eux-mesmes en eurent grant merveille. Sy que, depuis lors jusques à ce qu'ils abandonnèrent ladite place, ils ne cessèrent de mener et transporter à Rue tant de biens que sans nombre ; et si en laissèrent assez des memdres biens ; puis abandonnèrent ladite place, doutans que là ne feussent asségiés ; et s'en retournèrent à Rue. Et lors, incontinent que ils feurent issus, le seigneur de Croy s'en alla bouter dedans ; et si ramena lesdits de Fosseux et de Craon ; mais ne la trouva point si bien garnie comme estoit devant ladicte prise.

CHAPITRE CXXIV.

Des alliances que le régent de France, les ducs de Bourgongne et de Bretaigne feirent ensemble ; et des mariages de deux sœurs du duc de Bourgongne, Anne et Margueritte, qui feurent traictiés avecques le régent et duc de Bretaigne ; et de pluiseurs places prinses par ledit régent.

Environ Quasimodo, l'an 1423, s'assemblèrent, en la ville d'Amiens, le régent de France, les ducs de Bourgongne et de Bretaigne, et feirent alliances ensemble, dont lettres feurent faictes et scellées de leurs sceaulx et signées de leurs mains. En outre, furent traictiés les mariages d'icelluy régent et de madame Anne de Bourgongne, sœur du duc, et de Artus de Bretaigne et de madame Marguerite de Bourgongne, sœur du duc. Lesdites lettres contenoient : que, pour le bien du royaulme de France et d'Angleterre, de leurs pays et subjects, ils ont promis et juré l'ung à l'aultre de vivre en bonne amour, comme frères, parents et bons amis, et de garder et défendre l'honneur d'eulx deux, chascun l'ung pour l'aultre, sans fiction ne couverture, et de advertir l'ung l'aultre de che quy viendra à leur congnoissance contre l'honneur ou le dhommage l'ung de l'aultre ; et contre ceulx quy vouldroient l'ung d'eulx nuyre ou grever, faire ayde hommes d'armes de chascun d'eulx, ou de gens de traict à l'advenant, et par telle manière que celuy qui fera ladicte ayde de gens d'armes sera tenu de payer ses gens pour le premier mois et non plus. Puis promirent tous ensamble d'eulx employer au reliefvement du povre peuple par toutes les meilleures voyes que on polra regarder, et de bouter la guerre hors du royaulme, et le mettre en bonne paix. Ces choses furent promises et jurées par eulx à tenir et maintenir sans enfraindre tout le cours de leurs vies et de chascun d'eulx ; et lesdites lettres sur che faictes le dix-septiesme jour d'apvril, l'an 1423, scellées et signées dudict régent, ducs de Bourgongne et de Bretaigne. Ledict duc de Bretaigne receut à Amiens ce que le régent luy fist délivrer

---

(1) Quantité.

pour ses dépens, six mille écus pour s'en retourner en son pays de Bretaigne, et le duc avecques luy. Artus, comte de Richemont, s'en alla en son pays, et le régent s'en alla à Troyes, où luy feut amenée Anne de Bourgogne ; et là luy amena la duchesse sa mère et le seigneur de Sainct-Georges, et aultres pluiseurs grants seigneurs de Bourgogne; et y feurent faictes moult solempnelles nopces et moult riches et plantureuses. Quand le régent olt achevé sa solempnité de ses nopces, et qu'il feut retourné à Paris, il assembla ses gens d'armes hastivement, et s'en alla asségier la ville de Pont-sur-Seine, et la print d'assault, et aultres trois ou quatre forteresses d'illec entour ; et puis s'en alla à Coursy, et la print aussy d'assault ; et là feit mener à Paris quelques hommes d'armes, en leurs pourpoints, testes nues, dont les aulcuns avoient cordes noées autour leurs cols, traisnantes jusques en terre, et des cordes noées entour leurs corps. Aultres tenoient espées nues par le milieu, les pointes contre leurs ventres, et chevauchoient ainsy parmy Paris jusques à l'hostel de Tournelles. En ce point furent présentés au régent quy estoit léans avec sa femme ; laquelle, ayant pitié des malheureux, fist tant devers son mary que ils eurent rémission ; car aultrement ils eussent esté tous morts. Entre ces choses, une compaignie d'Anglois, yssant de Normandie, prinrent le chastel de Noielle sur la mer. Adonc manda messire Jacques de Harcourt ceulx qui tenoient le chastel de Rue pour aydier à deffendre le Crotoy, lesquels habandonnèrent Rue. Et les Anglois tantost après entrèrent dedans, dont furent ceulx du Crotoy fierment travaillés des Anglois quy se tenoient à Sainct-Vallery, à Noielle et à Rue. Et oultre plus les Anglois, en grant puissance, vindrent par mer, la veille Sainct-Jean-Baptiste, et par terre ; et puis asségièrent le chastel du Crotoy, où estoient messire Jacques de Harcourt et ses gens, quy se deffendirent moult vaillamment.

CHAPITRE CXXV.

Comment les Daulphinois perdirent la bataille contre les Bourguignons et les Anglois, devant la ville de Crevant, qu'ils avoient asségiée.

En ce temps, le daulphin, quy avoit assemblé ung grant ost de touttes gens privés et estranges, car en son ost estoient Franchois, Lombards, Arragonnois, Escochois et Espaignols, envoya partie de ses gens asségier la ville de Crevant, séante sur la rivière de Cure, auprès de la rivière d'Yonne. Quand la dame douagère, en Bourgongne, en feut advertie, elle le signifia au régent et au mareschal de Bourgongne, quy se mist sus hastivement et à grant dilligence feit tant que à Auxerre s'assemblèrent grant nombre de Bourguignons et Anglois pour lever le siége et combattre les Daulphinois. Tous lesquels, ainsy assemblés, conclurent que ils yroient combattre leurs ennemis. Et si firent publier que Bourguignons et Anglois fuissent en armes, en union et sans noise, sur peine de mort.

Item, fut ordonné que sy tost que ils viendroient au lieu de la bataille, que chacun descendist à pied et que les chevaulx fussent menés demy-lieue loing arrière de la bataille ;

Item, que chacun euist ung peuchon de huit pieds de long, pour ficher devant eulx en terre, contre l'effort des chevaulx de leurs ennemis.

Item, que nul ne prist prisonniers jusques à che que la bataille seroit gaigniée.

Item, que chacun se pourveist de vivres pour deulx jours; et si ordonnèrent à ceulx d'Auxerre de pourveoir leur ost de vivres à toute diligence ;

Item, que tous se meissent ceste nuyct en oraison et prières, le plus dévotement que ils pourroient, attendants l'endemain la grasce de Dieu de vie ou de mort.

Quand che vint lendemain, environ deulx heures après midy, Anglois et Bourguignons se partirent d'Auxerre, en grant fraternité et unyon, et se logèrent celle nuyct à une lieue près de leurs ennemis ; et lendemain se mirent à chemin tous ensamble pour trouver leurs ennemis, lesquels s'estoient tenus trois jours et trois nuycts sur une montaigne, en bonne ordonnance et en grant nombre, et avoient laissé partie de leurs gens en leur siége devant Crevant[1]. Anglois et Bourguignons s'en allèrent mettre en ordonnance devant eulx, sy que entre ces deulx osts n'y avoit que la rivière d'Yonne. Les Daulphinois descendirent de leur montaigne en ordonnance de bataille, et furent en che point les ungs devant les aultres bien

(1) Cravan.

trois heures, sans aultre chose faire, la rivière entre les deulx osts. Et entre tant aulcuns Anglois gaingnèrent le pont de Crevant, et s'en allèrent envahir leur ennemi sans barguigner, et les aultres passèrent la riviere le mieulx qu'ils peurent ; et ceulx de dedans saillirent aussy sur les Daulphinois, sy que ils feurent envahis de toutes parts; et tellement feurent combattus que ils perdirent la bataille, et se meirent en fuite et en déconfiture. En celle bataille feurent occis plus de trois mille Escochois, quy estoient au front devant ; et se rendit prisonnier leur connestable au seigneur de Chastellus. Le bastard de la Baulue et aultres pluiseurs Daulphinois feurent occhis en ceste bataille. Les Espaignols, Lombards et Gascons s'enfuyrent ; et furent occhis en celle bataille plus de quatre mille Daulphinois, et de prins environ deux mille. Et lors tantost apprès feut faict un mectre quy s'enssieult :

Fine Julii cecidit Delphini turma Crevanti.

Apprès celle bataille de Crevant, les comtes de Salbry et de Suffort, avecques leurs Anglois, se tindrent au siége de Mont-Aguillon, en Champaigne, que tenoient aucuns aultres Anglois ; mais les Daulphinois ne tindrent guaires la place depuis la venue des comtes dessusdits et se rendirent.

CHAPITRE CXXVI.

Comment le Crotoy fut rendu au régent de France ; et de la mort de messire Jacques de Harcourt.

Or convient parler du siége de Crotoy, où messire Jacques de Harcourt estoit asségié. Vray est que les Anglois de la frontière de Calais tenoient siége devant le Crotoy ; c'est assavoir messire Raoul le Bouteillier et aultres, de l'ordonnance du régent. Durant lequel siége ils firent fossés en terre pour leur seurté, contre le traictié et contre la tempeste du temps, qui moult estoit divers. Durant lesdicts siéges, ceulx de dedans firent pluiseurs saillies et escarmouches ; mais lorsque ils virent que leurs vivres pourrissoient, et que n'avoient plus de bois à faire feu, ils se prindrent à parlementer pour venir à aulcun bon traictié ; à quoy ceulx de dehors entendirent légièrement et vollentiers, pour cause des grants pluies qui ne cessoient ceste saison, depuis la fin d'aoust, qui leur faisoit trop grant destourbier[1]; et finablement, traictié y fust trouvé par la manière qu'il s'ensuit; c'est assavoir que s'ils n'estoient secourus du daulphin, et dedans le premier jour, ils rendroient ladicte place au régent ou à ses commis.

Item, que messire Jacques de Harcourt et les aultres hommes de guerre s'en poiroient aller où ils vouldroient, saufs et réservés ceulx qui auroient esté coupables de la mort du duc Jehan de Bourgongne.

Item, qu'ils laisseront leurs prisonniers bretons.

Item, que ceulx de Crotoy pourront aller ledict temps durant en marchandises à Sainct-Wallery, à Rue et à Abbeville, par mer, acheter vivres et aultres denrées, par si qu'ils ayent congié de leurs capitaines ; et pareillement ceulx du parti des Anglois pourront aller au Crotoy, si qu'ils ayent congié du capitaine.

Item, que ceulx de Crotoy ne mettront en leur ville et forteresse aultres gens de guerre que ceulx qui y sont durant lesdits traictiés.

Pour touttes les présentes conditions tenir et assurer, ledict messire Jacques bailla certains pleiges. Après lequel traictié ainsi faict et accordé par les parties dessusdictes, ledict messire Jacques de Harcourt envoya ses deux frères, c'est assavoir l'évesque d'Amiens et messire Christophe de Harcourt, quérir ses enfants à Haverech, en Haynault, lesquels il eust de la seule fille et héritière du comte de Tancarville, vicomte de Melun et seigneur de Montreuil-Bellay ; et, par sesdicts deulx frères, les envoya audict Monstroeul-Bellay. Et puis, quand il eust touttes ces choses achevées, il recommanda la ville et le chastel du Crotoy, à messire Cocquart de Cambronne, chevallier, et à aulcuns aultres gens, et entra en mer garni de infinies pécunes et joyaulx, et aultres rapines que il eust acquises durant ceste guerre ; et mena avec lui le seigneur de Herselaer, et aulcuns aultres gentishommes ses plus privés, et s'en alla armer au Mont-Sainct-Michel ; et de là s'en alla par les rivages, tant que finablement il arriva à Monstroeul-Bellay, là où il trouva ses enfants ; et de là s'en alla devers le daulphin ; puis alla à Pertenay voir le seigneur de Pertenay, prochain parent de ses en-

(1) Mal.

fants, lequel seigneur néantmoins tenoit le party de Bourgongne ; et le voulloit, ledict messire Jacques, tourner Daulphinois, ou par amour ou par force. Et advint, eulx estans audict chastel de Pertenay, que ledict messire Jacques lui entama la matière pour le faire tourner Daulphinois. Adonc, quand il veit qu'il ne le polvoit muer, il le fist prisonnier du daulphin, en mettant main sur lui ; et entre tant ceux qui feurent entrés dedans le chastel avec luy prindrent à tuer les portiers et aulcuns aultres de léans, et cloyrent les portes ; mais ne les cloyrent pas bien ; car ceulx de la ville, si tost qu'il surent celle besongne, se armèrent et s'en coururent au chastel et entrèrent dedans. En leur venir tuèrent Jehan de Franchières et Gillot Cornet, et mesmement ledit messire Jacques de Harcourt, et aulcuns aultres, jusques au nombre de vingt-sept personnes. Quant ceulx que messire Jacques olt mis en embusche auprès du chastel sceurent le meschief à eulx advenu, ils se sauvèrent le mieulx qu'ils purent. Ainsi fina messire Jacques de Harcourt, chevallier, seigneur de Mont-Gomey et de Noyelle sur la mer ; et perdit sa vie meschamment, cuidant decepvoir le seigneur de Pertenay, dont ses enfants devoient estre héritiers.

Le régent de France alla à Amiens à grant compaignie de ses gens d'armes et de traict, tant pour tenir les journées devant le Crotoy, qui estoit traictié, comme pour avoir parlement avecques le duc de Bourgongne et le duc de Glocestre, qui lors avoit espousé Jacques de Bavière, comtesse de Haynault, laquelle avoit laissé son mary, le duc de Brabant et d'Amiens. S'en alla le régent à Abbeville, et envoya tenir les journées au Crotoy par messire Raoul Bouteillier, chevallier anglois, auquel il bailla touttes ses gens d'armes pour combatre ses ennemis se ils y venoient, et pource que nul n'y comparust, fust la place rendue aulx Anglois. Ces choses ainsi faictes, le régent s'en retourna de Abbeville à Amiens, où estoient venus les ambassadeurs du duc de Brabant ; et, tantost après, y vint le duc, et furent en conseil par pluiseurs journées ; mais ils ne purent ceste fois rien conclure ; et, pour ceste cause, assignèrent aultre jour à iceulx ambassadeurs, pour estre à Paris à la feste de la Trinité ; puis se partirent d'Amiens.

CHAPITRE CXXVII.

Comment messire Jehan de Luxembourg asségia la ville de Guyse ; et comment la ville de Yvrey-la-Cauchie feut rendue aux Anglois par faute de secours.

Messire Jehan de Luxembourg, capitaine de Picardie et gouverneur d'Arthois, se mist en peine de conquerre la comté de Guyse, qui lui ot esté donnée par le roy d'Angleterre et le régent de France ; et, par le congié du duc, assembla grand nombre de gens de guerre ; et eulx en ladicte comté entrée, et y print pluiseurs forteresses ; puis s'en alla, par l'ordonnance du duc, asségier puissamment la ville de Guyse. Donc quand ceulx de dedans sceurent sa venue, ils ardirent leurs faubourgs, et bien quatre cents maisons, et puis ils mirent leurs murs à deffense ; et en estoit capitaine Jehan, seigneur de Proissy. Lesquels envoyèrent signifier leur estat au duc de Bar, leur seigneur, et au duc de Lorraine, son beau-père, pour avoir secours. En ce mesme temps, fut Yvrey-la-Cauchye asségiée par les Anglois ; devant laquelle fust prins jour à rendre ou de combattre ; et jour assigné à la veille de l'Assomption Nostre-Dame, l'an mil quatre cents vingt-quatre. Auquel jour le régent comparut, accompaignié des comtes de Salbry et de Suffort, des barons de Willeby et de Scalles, et bien deulx mille huit cents hommes d'armes, et huit mille archiers bien habillés et estoffés. Et si y estoient du party de Bourgongne le seigneur de l'Isle-Adam et le baron de Moy, auxquels le régent bailla pour le jour à porter la bannière de France ; et il leur bailla cent chevalliers et escuyers, tant de l'hostel du duc comme d'aultres, pour les accompaigner. Le régent se tint en la place ordonnée tout le jour, jusques à lendemain à onze heures, attendant illec ses ennemis, qui estoient à trois lieues près de lui, en nombre, comme l'on disoit, de vingt-quatre mille combattants ; desquels estoit capitaine le duc d'Allenchon, messire Jehan de Harcourt, le comte d'Aumarle, le viscomte de Nerbonne, le comte de Douglas et le comte de Boquehen [1], Escochois, et moult d'aultres grants seigneurs ; lesquels n'approchèrent point plus près pour combattre. Ceulx d'Yvrey, véants le jour passé de rendre ou

(1) Buchan.

combattre, se partirent à touttes leurs bagues, et rendirent la ville et chastel et tous leurs prisonniers, ainsi que traictié estoit. La reddition faicte, le régent y mist un vaillant chevallier de Galles, pour garder ladicte ville et chastel. Ce mesme jour de l'Assomption de Nostre-Dame, se partist le régent pour trouver ses ennemis, lesquels s'estoient partis et retraits en la comté de Perche. Et trouva manière d'entrer par fraude en la ville et chastel de Verneul avecques ses Anglois; car les Bourguignons l'avoient laissé par son congié et estoient retournés devers le duc.

CHAPITRE CXXVIII.

Comment les Daulphinois feurent desconfits en bataille par le régent de France, près de Verneuil, où le duc d'Allenchon feut prisonnier, et pluiseurs aultres.

Il est vray que le régent, assez près de Verneuil, trouva ses ennemis rengiés en une bataille seulement; et lors qu'il les veit en che point, fit de ses gens une bataille, et puis les fit tous descendre à pied, et loyer [1] partie de leurs chevaulx, et attachier ensemble derrière la bataille, en manière de haie, par celle manière qu'ils ne se povoient aller avant; et furent ordonnés cinq cents archiers, armés légièrement, pour garder les chevaux et bagaiges. Ces choses ainsy faictes, les Anglois approchèrent leurs ennemis pour combattre; et à l'approchier, jectèrent archiers un cry, commenchants à tirer sur les Daulphinois. Si commencha la bataille dure et cruelle, d'une partie et d'aultre, mais trop plus des Daulphinois que des Anglois; car commeu ne grand' route de Daulphinois entendirent à gagner les chevaulx et bagages des Anglois, et les archiers ordonnés pour garder iceulx chevaux et bagages, se prindrent à tirer contre eulx par telle vertu, qu'ils les mirent en desroy, par l'effroy de leurs chevaux qui craignoient le traict des Anglois. Entre temps, se combattoient à la bataille, Daulphinois et Anglois, par si grand vertu que la chose fut en bransle; mais finablement les Anglois obtinrent la victoire. Et là furent les Escochois loés de bien combattre; mais enfin furent desconfis; néantmoins ne fut point sans grand' perte pour les Anglois. Et en icelle bataille furent morts les comtes de Douglas et de Boquehen [1], Escochois, et messire Jacques de Boquehen, fils dudit comte, le comte d'Aumarle, le comte de Mari, Lombard, le comte de Tonnoire, le visconte de Nerbonne et le comte de Vantadour, l'ancien seigneur de Granville, messire Jehan de Montenay, le seigneur de Bellay, messire Gilles de Gamaches et le seigneur de Thionville; le seigneur de la Fayette fut trouvé vif entre les morts et fut détenu prisonnier; le seigneur de Crenville, messire Anthoine de Beauseault et pluiseurs aultres jusques au nombre de cinq mille hommes, mais plus d'Escochois que d'aultres gens; et sy feurent prins le duc d'Allenchon, le seigneur de Hommet, messire Loys de Moyecourt et pluiseurs aultres. Après celle desconfiture, le régent se logea auprès des murs de la ville de Verneul, jusques ès lendemain que la ville et chastel se rendirent à luy. Ceste bataille fut en ung jeudy vingt-cinquiesme jour d'avril, l'an mil quatre cents vingt-quatre.

CHAPITRE CXXIX.

Comment la ville de Guyse se rendit à messire Jehan de Luxembourg quy de là en avant se nomma comte de Guyse.

Or faut revenir à parler de messire Jehan de Luxembourg, qui tenoit siège devant la ville de Guise. Ceulx de layens, véants que ils n'avoient plus d'espérance d'avoir secours et que le siège avoit longuement duré, ils eulrent advis de prendre appointement avec messire Jehan de Luxembourg; c'est assavoir que ils rendroient la ville au premier jour de mars prochain en suivant au cas qu'ils n'auroient secours en ce jour sy puissant que pour combattre; et se partiroient, saufs leurs corps et leurs biens; et auroient un mois de induces [2] à vuidier leurs biens après le jour de ladite rendition; et se aulcuns voulloient demourer et faire serment à messire Jehan de Luxembourg, ils demoureroient paisibles. Ces choses ainsi traictées, ledit messire Jehan retourna atout ses gens de guerre chascun en leurs places; et fut iceluy traicté faict en octobre. Et pour abrégier, quand ce vint le premier jour de mars ensuivant, ceulx de Guise n'eu-

(1) Lier.

(1) Buchan. (2) Trèves.

rent point de secours, et se rendirent à messire Jehan de Luxembourg, quy de là en avant se nomma comte de Guyse.

CHAPITRE CXXX.

Comment les ducs de Brabant et de Glocestre se submirent touchant leur procès à l'occasion de dame Jacques de Bavière, que chacun disoit estre sa femme, sur les ducs de Bethfort et de Bourgongne; et comment le duc de Glocestre refusa l'appointement par iceulx faict.

Vous avez ouy comment la duchesse de Brabant laissa le duc de Brabant, son mary, et s'en alla en Angleterre avec le seigneur de Robersart. Or est vray que jà-soit-ce qu'elle fust mariée au duc de Brabant, si fut le mariage faict d'elle et du duc de Glocestre, oncle du josne roy d'Angleterre et frère du duc de Bethfort, lors régent de France. Auquel mariage sourdirent plusieurs procès, divisions et guerres, car le duc de Brabant maintenoit qu'elle estoit sa femme, et à ceste cause se disoit seigneur de Haynault, de Hollande, de Zélande et de Frise; et pareillement se disoit le duc de Glocestre; dont de prime face s'esmeult procès en cour de Rome. Et disoit le duc de Glocestre que le mariage du duc de Brabant et de la dame ne pourroit riens valloir pour plusieurs raisons; et première que la mère de ladite duchesse avoit tenu sur les saints fonts de baptesme le duc de Brabant, et avec che, ladite dame estoit sa cousine-germaine. Le duc de Brabant, jà-soit-ce qu'il fut ainsy, sy l'avoit-il, par dispensacion, espousée en face de saincte Eglise. Aulcuns de leurs amis, véants que le procès estoit taillié de longuement durer en cour de Rome, trouvèrent manière, et firent tant que les deulx ducs de Glocestre et de Brabant se submirent sur les deulx ducs de Bethfort et de Bourgongne; et jour fut prins de déclarer l'appointement quy faict en seroit par les princes dessusdicts.

Or est vray que pour avoir advis et besognier en ladicte matière, le duc se trouva à Paris, devers le duc de Bethfort; et furent assemblés leurs conseillers en grand nombre; et par grand' et meure délibération fut l'appointement faict et mis par escript, et envoyé aux ducs de Glocestre et de Brabant, qui tous deulx se disoient marys de ladite dame. Or est vray que le duc de Brabant fut très content dudit appointement; mais le duc de Glocestre le refusa du tout, et dit que son intention estoit d'avoir les pays de sa femme, et que brief il se y trouveroit bien accompaigné. Quand le duc fut adverty de la response du duc de Glocestre, il dist au régent que il ayderoit son cousin, le duc de Brabant, à garder son droit, à l'encontre du duc de Glocestre.

CHAPITRE CXXXI.

Comment le duc de Bourgongne espousa madame Bonne d'Arthois, sœur du comte d'Eu, sa belle tante; du mariage de monseigneur Charles de Bourbon à la sœur dudict duc de Bourgongne, nommée Agnès; du trespas de Jehan de Bavière, oncle du duc et duchesse de Brabant, qui délaissa le duc de Bourgongne son héritier.

Après que le duc eult besognié à Paris pour le faict du duc de Glocestre, il se partit pour aller en Bourgongne, où il espousa madame Bonne d'Arthois, sœur du comte d'Eu, vefve de feu le comte de Nevers, son oncle, par dispensacion du pappe; laquelle dame n'estoit pas nommée Bonne sans cause, car de mieulx renommée de bonté n'avoit point au royaulme.

Après que le duc eult espousé ladicte dame et besogné en ses affaires en Bourgongne, il s'en alla en la ville de Mascon, où il trouva le duc de Savoye son cousin-germain, et les ambassadeurs du duc de Bretaigne. Et là vindrent aussy devers luy les ambassadeurs du daulphin, dont estoit le principal monseigneur Charles de Bourbon; après, l'archevesque de Rheims, l'évesque du Puy et plusieurs aultres. Et là fut faict le mariage de monseigneur Charles de Bourbon et d'une des sœurs du duc, qui furent fianchés et les promesses faictes ès mains de l'archevesque de Rheims, quy là estoit, comme dict est. En ce temps, trespassa Jehan de Bavière, oncle du duc et de la duchesse qui lors avoit espousé le duc de Glocestre; et pour ce qu'il n'avoit nuls enfants, ordonna le duc son héritier, et délaissa de tout sa niepce, que on nomma duchesse de Glocestre. En ce mesme temps, Arthur de Bretaigne, comte de Richemont, quy avoit espousée la sœur du duc, comme devant est dict, s'en alla devers le daulphin, et demoura de son party; et le fit le daulphin connestable de France.

CHAPITRE CXXXII.

Comment le duc de Glocestre et la duchesse descendirent à Calais et tirèrent à Valenciennes, où ils ne peurent entrer, et de là à Mons, où elle feit ses remonstrances, et feut le duc de Glocestre receu pour seigneur.

Le duc de Glocestre et la duchesse descendirent à Calais atout grant armée, et prindrent le chemin pour aller en Haynault; et tant exploitèrent chemin que ils se trouvèrent auprès de Valenciennes, espérants entrer dedans; mais ceulx de la ville ne les vouldrent laisser entrer dedans; pourquoy se party et tira droict en la ville de Mons, où il fut receu moult honorablement. Et là estoit la comtesse douagière de Haynault, mère de la duchesse de Glocestre. En ceste ville furent mandés les trois Estats, pers et hommes de la comté de Haynault, où la pluspart de ceulx du pays y furent et non pas tous; et là leur fist remonstrer la duchesse comment elle avoit eu espousé le duc de Brabant contre sa volonté, entendu qu'il avoit esté tenu sur fonts de par madame sa mère, et aussy qu'il estoit son cousin-germain; et comme bonne catholicque, pensant aux choses dessusdictes touttes et quantefois qu'elle alloit coucher avec luy, trembloit comme la feuille en l'arbre, sçachant le grant péché qu'elle commettoit. Ces choses considérées, du consentement de la comtesse sa mère, s'en estoit allée en Angleterre, où elle s'estoit mariée à très hault et très puissant prince Honfroy, fils, frère et oncle du roy d'Angleterre, lequel elle avoit espousé en face de saincte Eglise, requérant à ceulx du pays de Haynault qu'ils le receussent à seigneur, et lui feissent le serment de fidélité, laquelle chose fut faicte.

CHAPITRE CXXXIII.

Comment la ville de Brayne, en Haynault, fut rendue au duc de Brabant; et comment les Brabanchons retournèrent en leur pays.

Quand le duc ouyt dire que le duc de Glocestre estoit entré dedans le pays pour icelluy pays conquester, il se prépara en toute diligence pour retourner en son pays d'Arthois, pour conforter et ayder le duc de Brabant, son cousin. Or, est vray que la pluspart des gens de guerre du pays de Picardie se mirent sus pour aller au duc de Brabant. Quand le duc de Brabant sceult la venue du duc de Glocestre en Haynault, il assembla grant nombre de gens de guerre, et tant que son armée fust estimée à plus de vingt mille combattants, sans les aultres du pays du duc. De l'armée du duc de Brabant estoit chief le comte de Sainct-Pol, frère du duc de Brabant. Des aultres pays avoit plusieurs capitaines; c'est assavoir le comte de Conversan, frère de monseigneur Jehan de Luxembourg, le seigneur de Croy, monseigneur Englebert d'Enghien, le bastard de Sainct-Pol seigneur d'Haubourdin, le seigneur de l'Isle-Adam, le seigneur de Humières, Potton de Sainct-Traille, et plusieurs aultres. Quand icelle armée fust mise ensemble, ils entrèrent au pays de Haynault, et mirent le siége devant la ville de Brayne, dedans laquelle avoit plusieurs Anglois. Quand le duc de Glocestre sceult que ses gens estoient asségiés, il assembla le plus grant nombre de gens que il put finer, tant Anglois comme Hainuyers, et s'en alla logier en la ville de Soingnies, à une lieue près du siége des Brabanchons; mais touttefois il ne fut point conseillié de les combattre. Et se tint en icelle ville durant le siége qui gaires ne dura; car ceulx de la ville prindrent traictié, qui fut tel, que les Anglois s'en iroient en Angleterre, sans retourner devers le duc de Glocestre, ung baston en leur main, et ceulx de la ville prisonniers, leurs vies saulves. Après la reddition de la ville, fut conclu, par le comte de Sainct-Pol et les nobles de sa compaignie de aller mettre le siége devant Soingnies; et de fait fut tout ledit appareil pour y aller à lendemain matin. Touttefois il ne fut rien faict, pour che que, devant le jour, les Brabanchons, assistés des gens et communaultés du Brabant, quy là estoient en la compaignie dudict comte de Sainct-Pol, se deslogèrent et chargèrent tentes et pavillons, et s'en retournèrent en leur pays de Brabant, après ce qu'ils eurent arse et destruicte la ville de Brayne; dont le comte de Sainct-Pol et ses nobles furent moult desplaisants; et furent contraincts de laisser leur entreprinse, et prendre chemin avec les aultres. Quand le duc de Glocestre sceult le partement des Brabanchons, il issit hors de la ville de Soingnies, en sa compaignie environ six mille combattants, et se trouva aux champs ung peu oultre la ville de Brayne, assez près de une petite vallée où passe un petit ruissel d'eau, là où estoit le comte de Sainct-Pol et les capitaines et nobles dont dessus est faicte mention, lesquels estoient en belle ordonnance, attendants la bataille du duc de Glocestre; et ceulx du Brabant s'en alloient le grant chemin à Bruxelles. Et quand le duc de Glocestre veit ses adversaires prests pour combattre, il s'arresta en la plache où il estoit et se mit en bataille; et là furent ces deulx battailles l'une devant l'autre, la petite eaue entre eulx deulx, depuis le matin jusques à vespres, sans combattre, synon pluiseurs escarmouches quy se firent entre deulx battailles. Et quand vinst sur les vespres, le duc de Glocestre retourna à Soingnies, et le comte de Sainct-Pol et ses gens vers Bruxelles. Vous avez ouy comment le duc, luy estant en Bourgongne, manda à ses gens de Picardie et d'Arthois qu'ils se armassent pour aller au service de son cousin le duc de Brabant, comme ils firent. Or, est vray que icelles choses faictes, le duc se partist de son pays de Bourgongne, et retourna en son pays d'Arthois pour faire toute assistance à son cousin de Brabant, à l'encontre du duc de Glocestre. Quand le duc de Glocestre sceult que le duc estoit arrivé en Arthois, et qu'il assembloit gens, et avecques che que il avoit veu la copie des mandements que le duc avoit envoyés en son pays de Picardie, et ailleurs, par lesquels il mandoit à tous ses subjects qu'ils allassent ayder et conforter son cousin de Brabant, le duc de Glocestre en prit sy grant despit qu'il en rescripvit au duc bien merveilleuses et poignantes imaginatives lettres, telles et dont la teneur s'ensuit.

CHAPITRE CXXXIV.

Des lettres poignantes que le duc de Glocestre envoya au duc de Bourgongne.

Le duc de Glocestre, adverty que le duc avoit escript ses lettres à ses subjects et vassaulx, qu'ils se missent sus en armes pour aidier le duc de Brabant contre luy, lui escripvit unes lettres dures et poignants, dont la teneur s'ensieult :

« Hault et puissant prince, très chier et très amé cousin, nouvelles me sont venues que en vos terres et seigneuries on a crié et faict cris, de par vous, que toutes gens disposés aux armes soient prests pour aller en la compaignie de messire Jehan de Luxembourg et d'aultres, au service de mon cousin le duc de Brabant, allencontre de moy, mes gens et subjects, en donnant contre vérité pluiseurs choses à entendre. Et autant ou plus en ai apperchu par une coppie de certaines lettres qui se dient de vostre part escriptes, en vostre ville de Dijon, le vingt-deuxiesme jour de décembre, lesquelles publications et lettres viennent de vostre sceu et ordonnance. Et pour tant que assez que le temps passé ay faict à vostre prière, contemplacion et requeste, et aultrefois sur mon biau-frère le régent et vous me suis submis pour aidier à appaiser le différent et discord dont en icelles est faicte mention, d'estre mondit cousin de Brabant et moy, quantes journées en ay acceptées, et quelles offres à mon préjudice y ay faict faire, auxquelles choses vous sçavez que ceulx du duc de Brabant ne vouldrent oncques entendre ne prendre aulcun traictié ne appoinctement, supposé que icelles lettres soient contournées en contraire, ainsy que par la coppie d'icelles, se le vollez visiter, apparoir vous polra ; car je sçay aussy que ce que faict en ay n'est eslongné de vostre bonne mémoire. Et se prochainneté de lignaige vous voulloit mouvoir d'aucune chose faire, plutost debveriez estre enclin de aidier à ma partie que à l'autre, car ma compaigne et espouse est deulx fois vostre cousine germaine, et mondit cousin de Brabant de tant ne vous approche ; et encores plus y estes obligé par le traictié de la paix, par vous et moy sy solemnellement jurée, ce que jura oncques le duc de Brabant ; mais, comme vous sçavez, a faict alliance contraire, qui vous debveroit molester. Lequel traictié n'a de par moy esté enfrainct, ne jà ne sera ; ains de l'avoir pensé me seroit moult grief, car il me semble, se faict l'avoys, que depuis ne me polroit bien venir, ainsy qu'il ne feroit. Aussy tiens-je de certain que de vostre vie ne ferez le contraire. Et d'aultre part, n'avez encore peu apperchevoir que, avant ne depuis que je suis par deçà, n'ai-je toujours esté désirant à vous et aux vostres complaire, ne oncques aye faict, procuré, ne porté, ne souffert procurer ou faire à vous ne à vos subjects aulcuns griefs ou dommages. Mais vos subjects ay traitiés eulx aussy pour recommandés comme les miens propres, comme de che vosdicts subjects peulvent donner congnoissance. Avecques che sçavez comment piéça vous ay escript que vray est que par-deçà ne suis venu pour aulcune chose d'aultruy quérir ou demander. Ainçois suis content d'avoir ce qui m'appartient, à cause de madite compaigne vostre cousine, et que à l'aide de Dieu je garderai tant qu'elle vivra, que bien me souffist. Et se aulcune chose m'a convenu ou convient faire à mondit cousin de Brabant, comme avez sceu, ne suis en coulpe. Mais, par contraincte de ses entreprinses, pour mon honneur garder et mon pays deffendre, le m'a convenu faire, selon que sçavoir le polrez tout en la vérité; laquelle chose, comme je tiens, desjà en sçavez quy sont assez notifs, pour lesquelles je ne puis croire que oncques lesdictes publications et lettres procédants de che soient venues de vous ne à vostre congnoissance. Et pour che, hault et puissant prince, très chier et très amé cousin, je vous prie très à certes que ce que dessus est dict veuillez bien considérer, et je crois que, supposé que ainsy soit que on m'a donné à entendre, que je ne puis encore croire; se bien y pensez, prendrez aultre conseil et serez d'oppinion contraire. Quand aultrement le vouldriez faire, Dieu, à quy on ne peult rien céler, mon bon droit et le serment que avez faict, hault et puissant prince, très chier et très amé cousin, pour che que me faictes sçavoir vostre intention, avecques s'il est chose que pour vous faire puisse, et je m'y employerai de bon cœur; nostre Seigneur le scet, quy soit gardien de vous. Escript en ma ville de Mons en Haynault, sous mon signet, le vingt-deuxiesme jour de janvier. Hault et puissant prince, je vous envoye en ceste enclose la pareille coppie que dessus est dict. » Dessous estoit escript: « Vostre cousin le duc de Glocestre, comte de Haynault, de Hollande, de Zélande et de Pennebroke, et seigneur de Frise. »

CHAPITRE CXXXV.

De la response du duc de Bourgongne aux lettres envoyées par le duc de Glocestre, par laquelle il luy présente de le combattre corps à corps.

Quand le duc de Bourgongne ot veu les lettres du duc de Glocestre, il ne fut pas content; et brief après luy escripvit unes respondantes lettres dont la teneur s'ensuilt :

« Hault et puissant prince Honffroy, duc de Glocestre, je, Philippe, duc de Bourgongne, ay receu vos lettres à moy adressants, escriptes à Mons en Haynault, sous vostre signet, le vingt-deuxiesme jour de janvier dernier passé, contenants pluiseurs choses, en oultre les aultres, que advez eu nouvelles que en mes terres et seigneuries par deçà on avoit publié et faict crier de par moy que toutes gens d'armes et ceulx quy estoient disposés aulx armes fussent presls pour aller, en la compaignie de mon très chier et très amé cousin le duc de Brabant, allencontre de vous et vos veullants et alliés, en donnant pluiseurs choses à entendre contre vérité, sy comme portoient vosdits lettres; et que tant ou plus en avez percheus par une coppie que envoyée m'avez, de certaines lettres quy se dient de ma part en la ville de Dijon. Sur quoy, hault et puissant prince, de la graigneur [1] partie d'icelles de vos lettres, je me passe faire récitation et response, car gaire ou rien ne me est, fors de ce quy me touche à mon honneur, que je ne vœul ne doy souffrir blasmer ou chargier contre droict ou raison. Et pour tant vous escrips et signifie : que les lettres et publications d'icelles, semblables à la substance de ladite coppie que envoyé m'avez, procèdent de mon sceu, et les ay donné, mandé et commandé estre faictes; à quoy ay esté meu de faire pour le reffus par vous faict de obtempérer aux articles et point derrenièrement par beau-frère le régent et par moy, à grant délibération de conseil, advisées à Paris, et depuis à vous présentées pour l'appaisement du discord et content de mon très chier et très amé cousin le duc de Brabant et de vous. Mais, nonobstant che, après vostre dit refus, estes entré en puissance de gens de guerre au pays de Haynault, vous efforçant de débouter mondit cousin de Brabant et luy oster sa possession; et de ces choses sont mes lettres causées qui sont certaines et véritables, sy comme vous debvez sçavoir, et ignorer ne le polvez. Sy n'ay en rien donné à entendre contre la vérité, comme mensongièrement et à tort me mectez sus et vollez chargier, comme il me semble par vosdites lettres, que je garde devers moy pour essaignier quand le temps sera venu. Assez, voire trop, estoit du déshonneur que faict avez et vous efforchiez de faire à mondit cousin de Brabant, sans oultre voulloir che chargier mon honneur et renommée; que endurer ne vouldroye, ne veul, de vous ne d'aul-

(1) Majeure.

tre. Et pour che est-il que je vous somme et requiers par ces lettres que vous rappelez, et desdites che que m'avez escripts, que j'ay donné chose à entendre contre vérité, comme dict est, et selon que contiennent vos lettres-patentes; et se faire ne le voullez, se voullez maintenir la devant dite parole ou chose quy puisse chargier mon honneur ou renommée, je suis prest et seray de me deffendre de mon corps contre le vostre, et de vous combattre, en l'ayde de Dieu et de Nostre-Dame, en prenant jour compétent et raisonnable tel que bon vous semblera, et devant très hault et très excellent, et très puissant prince l'empereur, mon très chier sire et cousin, afin que vous et tout le monde voye que je vœul abrégier ceste matière, et garder mon honneur estroictement. Se mieulx vous plaist, je suis content que prenez à juge mon très chier et très amé frère le duc de Bethfort dessusdit, lequel, par raison, ne debvez refuser, car il est tel prince que je sçay que à vous et à moy, et à tout aultre, il vouldroit estre droicturier juge. Et pour honneur et révérence de Dieu, et eschiever[1] effusion de sang chrétien et la destruction du peuple, dont en mon cœur ay grant compassion, il doit à vous et à moy, quy sommes josnes chevaliers, estre plus convenable, ou cas que les paroles dessusdites vouldriez maintenir, que par nos corps, sans plus, ceste querelle soit menée, afin que d'y aller par voie de guerre, dont il convenroit maint vaillant homme, gentil et aultre, tant de vostre costé comme du mien, finer leurs jours piteusement; laquelle chose me desplairoit, se ainsy le me falloit faire; et aussy debveroit-il à vous, veu que la guerre des chrestiens l'un à l'autre doibt desplaire à tous bons catholiques; et à moy a-t-elle despleu et desplaist, se aultrement se polvoit faire. Hault et puissant prince, sur le contenu d'icelles veuillez faire response par vos lettres-patentes, et par le porteur de ceste ou aultre, le plus brief que faire se pourra, sans prolongier ces choses par escriptures ou aultrement, car j'ai désir que ceste chose prende briefment conclusion; pour mon honneur ne doy laissier ne laisseray que elle demoure en che point et sur ceste matière. Après la rescription de vosdites lettres, vous eusse plutost rescript et faict response, se n'eussent esté pluiseurs grandes occupations, quy depuis me sont survenues et me ont retardé. Et afin que vous apperre que ce vient de mon sceu et propre mouvement, j'ay escript mon nom à ces présentes, et à icelles ay faict mettre mon signet. Escript le douziesme jour de mars, l'an mil quatre cents vingt-quatre. » Dessous estoit escript : « De par le duc de Bourgongne, comte de Flandres, d'Arthois et de Bourgongne. »

CHAPITRE CXXXVI.

De la response du duc de Glocestre aux lettres du duc de Bourgongne, par laquelle il lui accepta le combat et assigna jour.

Quand le duc de Glocestre ot veu les lettres du duc de Bourgongne, il n'en feut pas content; et, incontinent après, lui en rescripvist unes respondants, dont la teneur s'enssieult :

« Hault et puissant prince, Philippe, duc de Bourgongne, je, Honfroy, par la grace de Dieu, fils, frère et oncle de roy, duc de Glocestre, comte de Haynault, de Hollande et de Zélande, povre seigneur de Frise et grand chambellan d'Angleterre, j'ai receu vos lettres en forme de placquart à moi adressants; desquelles, afin qu'ils me apperre que le contenu vient de vostre sceu et propre mouvement, avez signé et y escript vostre nom, et à icelles faict mettre vostre signet. Desquelles, pour la greigneur partie réciter m'est aussi pou ou moins comme il estoit à vous des miennes à vous adressées, escriptes à Mons en Haynault, sinon en tant qu'elles font mencion du refus par moi estre faict, pour non vouloir ce discord appaisier, qui est entre mon cousin de Brabant et moi, qui est meindre que vérité ; car mon cher et très amé frère le régent, duc de Bethfort, et tout le conseil de France scavent bien ce que j'en ai faict ; et aussi faictes-vous, si ignorer ne le voulez; et encore si le voulez, ne le pouvez. Ce que dictes que mensongièrement, par mesdictes lettres, vous ai mis sus aulcunes choses pourquoi me sommez et requérez par vosdictes lettres de rappeler et de dire ce que par les miennes dessusdictes escript vous ai, si vous laisse scavoir que le contenu de mesdictes lettres je dis et tiens estre vray, et d'encoste icelles vœul demeurer, et desja est approuvé par ce que vos gens, et à vostre mandement, ont perpétré en madicte comté; ni pour vous ni pour aultre, ne

---

(1) Éviter.

sera par moi rappelé; ains, à l'aide de Dieu, Nostre-Dame et monseigneur Sainct-Georges, le contenu de mesdictes lettres vous ferai de mon corps contre le vostre connoistre et gehir[1] estre vérité par-devant quelque des juges que vous eslirez, car tous deux me sont indifférents. Et pour tant que desirez la chose estre briefve, comme je fais pareillement, et que mondict frère est le plus près, je suis content de faire la chose par-devant luy, et le accepte pour juge. Et du jour que mettez en mon élection, je vous assigne ce jour sainct Georges prochain venant ou aultre, à la discrétion de mondict frère, auquel, au plaisir de Dieu, je serai prest et n'y fauldrai. Et au cas que mondict frère ne voulsist sur luy emprendre la chose, je suis content qu'elle soit devant très hault et très puissant prince l'empereur; et pareillement si l'empereur ne le veult prendre, par-devant beau-frère Hondfroy ou aultre juge indifférent. Mais pour ce que je ne sçai si vous voulez demeurer de près vostre signet, je vous somme et requiers que, par le porteur de ceste, m'envoyez vos lettres telles que par icelle m'avez envoyé, qui soient scellées sous votre scel, pareillement que du mien par ces présentes. Et quant audict duc de Brabant, se voulez ou osez dire qu'il ait meilleur droit que moi en nostre présente querelle, je suis prest de vous faire gehir de mon corps, au jour et devant ceulx que dessus, que j'ai le meilleur droit par la grace de Dieu. Escript en ma ville de Soingnies, le seiziesme jour de mars, l'an mil quatre cents vingt-quatre. »

Quand le duc de Bourgongne ot receu les deuxiesmes lettres du duc de Glocestre, par lesquelles donnoit à cognoistre qu'il ne demandoit aultre chose que la bataille estre faicte de corps à corps, et de eulx deux ensemble, il en fut moult joyeux, car aussi il ne demandoit aultre chose. Et de faict accepta et accorda le jour et le juge tel que le duc de Glocestre désiroit et vouloit, et adfin qu'il apparust de son vouloir, tous tels scellés que le duc de Glocestre demandoit touchant ladicte matière le duc lui accorda et envoya.

(1) Avouer.

CHAPITRE CXXXVII.

Comment le duc de Glocestre se partit, et comment le duc de Brabant asségia la ville de Mons, en Haynault; du traictié faict audict siége, par lequel dame Jeanne de Bavière fut baillée en garde au duc de Bourgongne.

Or est vrai que le duc de Glocestre, véant qu'il estoit venu à gaige de bataille, il tint un grand conseil en la ville de Mons, auquel estoit la comtesse de Haynault, mère de la duchesse sa femme, et pluiseurs gentilshommes et seigneurs du pays, auxquels il recommanda la duchesse sa femme, et leur pria qu'ils en feissent bonne garde; et aucun pou d'Anglois laissa avec elle. Et depuis, par le moyen des scellés et promesses qui estoient entre le duc et luy, touchant le gaige de la bataille, il se partit de Mons, et franchement s'en alla, luy et les Anglois qui avec luy estoient, et print son chemin droit à Calais, et là monta en mer pour aller en Angleterre. Après qu'il fut arrivé en la cour du roy d'Angleterre, il fist requeste par laquelle il remonstra comment il estoit obligé par son scellé d'estre à droit devant le duc de Bethfort, régent de France, à l'encontre du duc de Bourgongne, pour combattre de sa personne contre la sienne. De laquelle chose le roy d'Angleterre et ceulx de son conseil furent fort desplaisants; et fut grandement blasmé par le conseil du voyage qu'il avoit entreprins, et des termes et débats qu'il avoit prins avec le duc de Bourgongne; et au surplus luy fut dict que touchant son faict le roy d'Angleterre et son conseil y auroient advis. Or, faut parler du duc de Bourgongne, qui grand désir avoit de essayer son corps allencontre du duc de Glocestre; et à la vérité c'estoit le plus grand désir que il eust en ce monde. Et adfin d'estre prest au jour sainct George, il se tira en la ville de Hesdin où là fit venir pluiseurs armoiers pour forgier le harnas et habillement qui pour son corps lui estoient nécessaires; et en ce beau parc de Hesdin, qui est l'un des beaux du royaulme, se trouvoient tous les matins pour prendre alaine; et, avecques che, avoit pluiseurs certains lieux et place secretes où il exercitoit son corps à combattre et faire ses essais. Et là avoit pluiseurs nobles hommes qui luy monstroient la science de combattre et sçavoir deffendre, et si y avoit aucuns nobles hommes aussi qui journellement faisoient leurs essais, qui de tout leur cœur désiroient estre avec le duc, ou cas que le duc de Glocestre voudroit avoir compagnie d'un ou de deux à combattre le duc; et quant aux habillements que le duc fit faire pour estre paré au jour de la bataille, je crois que il ne sera point trouvé que oncques prince eust tel ne si riches; c'est assavoir en pavillon couvert de bannières, de chevaux et cottes d'armes. Et qu'il soit vrai, je appelle à témoignage ceulx qui les véirent au chastel de Lille en Flandre, où ils estoient encore l'an 1460. Que vous dirai-je? Oncques prince n'eust plus grand désir de soi trouver en champ clos et gaige de bataille que avoit le duc. Pendant lequel temps que icelles choses se faisoient, et tantost après que le duc de Glocestre se fust parti du pays de Haynault pour aller en Angleterre, le duc de Brabant assembla grand' armée et entra au pays de Haynault; et tant fit qu'il asségia la ville de Mons, où la duchesse estoit. Icelle ville fut fort oppressée de toutes parts; et de faict une belle fontaine qui sert la ville, venant de bien loing, fut rompue, et le cours de l'eau du tout osté. Ne demoura gaires de temps après que le siége avoit esté mis, que une journée se tint en la ville de Douay, où le duc estoit. Et là veinrent devers luy le duc de Brabant son frère, le comte de Sainct-Pol et la comtesse de Haynault, douaigière, mère de la duchesse de Glocestre ; et aussi y furent des eschevins et depputés de la ville de Mons; et là fut, par grande et meure délibération, faict un appointement ; c'est assavoir que ceulx de la ville de Mons bailleroient la duchesse de Glocestre en la main du duc, qui la devoit garder et faire garder en son pays de Flandres, moyennant une somme d'argent que elle devoit avoir de son pays de Haynault, de Hollande et Zellande, pour son estat tenir. Et devoit ladicte dame estre et demourer audict pays de Flandres, tant que le procès d'entre les deux ducs de Glocestre et de Brabant estant à court de Romme avoir prins fin; et, moyennant icelluy traictié, le duc de Brabant renvoyeroit ses gens, qui devant Mons estoient, en son pays de Brabant, par si que il joyroit des terres et seigneuries de Haynault, Hollande et Zellande. Quand la duchesse de Glocestre sceut l'appointement, bien cuida mourir de doeul, requérant à ceulx de Mons qu'ils la voulsissent garder, ainsi que promis l'avoient ; à quoi ceulx de Mons respondirent qu'ils n'estoient point assez forts; et finablement luy dirent qu'il convenoit qu'elle fust menée en la ville de Gand, comme elle fut; et par tant fut paix pour ceste heure au pays de Haynault.

CHAPITRE CXXXVIII.

Des remonstrances que le duc de Bethfort, frère du duc de Glocestre, feit faire au duc de Bourgongne, pour empescher le combat, à quoi ledit duc ne se volt consentir; touttefois rien ne ensuivit, et ne retourna oncques puis en France le duc de Glocestre, fors que autour de Calais...

Après ce que le duc de Bethfort eust esté bien au long adverty des escriptures et débats d'entre le duc et le duc de Glocestre, et du jour que ils avoient prins pour combattre, envoya nottable ambassade de ses gens devers le duc pour le remercier de l'honneur qu'il lui avoit faict de le prendre son juge à l'encontre de son propre frère, le duc de Glocestre; et avecques ce, lesdits ambassadeurs feirent de grandes et honnorables remonstrances au duc, affin de l'esmouvoir, et qu'il fust content d'appointier avecques le duc de Glocestre sans combattre ; de laquelle chose le duc ne voulut rien faire. Et bien s'attendoit que le duc de Glocestre se trouvast devant le duc de Bethfort au jour que promis estoit. Mais il en fut autrement, car oncques puis en France n'entra, au moins plus avant que environ la ville de Calais. Et, pour appaiser et mettre au néant icelui débat, et affin que le jour ne fust entretenu, et aussi pour garder l'honneur des parties, aussi avant que faire se povoit, le duc de Bethfort, alors régent de France, assembla le conseil de Paris, et des plus nottables, et qui mieulx se debvoient congnoistre en telles matières. Auquél conseil furent leues lettres que les deulx ducs avoient escriptes l'un à l'autre. Et icelles veues, bien digérées et esbattues, et le tout veu, furent de advis tous ensemble que pour telles et semblables parolles n'y chéoit gaige de bataille. Et là estoient les ambassadeurs des deulx ducs de Bourgongne et de Glocestre présents ; mais les ambassadeurs du duc en rien ne se voulloient contenter, ne eulx chargier de rien reporter au duc leur maistre de chose qui là euist esté faicte touchant ladicte matière. Et ceux du duc de Glocestre furent contents, et leur sembloit que le duc de Glocestre, leur maistre, estoit bien déchargié. Et depuis icelle journée, n'ai point sceu que aultre chose en ait esté; mais on disoit bien en termes généraulx, que oncques puis ne amèrent l'ung l'aultre.

CHAPITRE CXXXIX.

Comment le souldan d'Egypte et de Syrie envahist le royaulme de Cyppre, où il feist de gros dommaiges.

Il est vrai que, combien que paix eust esté, par l'espace de treize ans, entre le souldan, roy de Syrie et d'Égypte, et le roy de Cypre, advint que aulcuns maulvais félons et envieulx firent entendre au souldan que le roy de Cippre n'avoit pas bien entretenu le traictié de paix; dont le soudan s'esmeult en yre, sy fort et sy légièrement, sans soy plus informer, que il manda six gallées armées, et, sans tarder, les envoya en Cippre; et vinrent arriver et descendre au port de Limesson, laquelle ville, par les guerres précédentes, eust esté détruite; et se prirent les Sarrazins à entrer au pays, et faire grosse guerre de feu et de sang. Ils prirent gens et ardirent ladite ville de Limesson; mais la tour se tint tant que le roi Janus, de Cyppre, l'eut faict faire bonne et forte; et se retrayrent layans[1] les chrestiens de ladite ville. Quand le roy de Cippre fut adverty de ces choses, il mist sus ung chevallier de Cippre, nommé messire Philippe Prévost, et lancés, et aulcuns archiers; lesquels se allèrent à Limesson[2]; et fist une escarmouche aux Sarrazins. Or estoit au mois de juillet, que l'air estoit tant chault que merveilles; dont advint que durant ceste escarmouche messire Philippe leva sa visière pour soi ung peu esventer; et lors soudainement il fut féru d'une flesche en l'œul, qui lui monta au cherveau, et chut là roide mort; et les Sarrazins, tout incontinent, lui coppèrent la teste, et prindrent les esperons; puis se retrayrent en leurs gallées, pour le chault, et se retournèrent en Syrie, à peu de perte, et firent présent au souldan de la teste et des esperons du capitaine de Cippre, sur une lance, criant parmi la ville du Caire que ils avoient occis le frère du roy de Cippre, que l'on nommoit Henry, prince de Galilée, dont néanmoins ils mentoient. Pour ceste petite victoire, le souldan et les siens, en grand orgoeul, se délibérèrent de faire si grosse armée en la saison prochaine, que pour destruire le royaulme de Cippre. Or estoit, en ce temps, en la ville de Damas ung homme moult renommé en prud'hommie et de saincteté, que le souldan tenoit en grant révérence; et estoit cet homme bon amy au roy de Cippre, secrettement, comme il le montra depuis; car il s'en alla devers le souldan, et le blasma de ce qu'il eust les gallées envoyées en Cippre; et tant que le souldan se repentist, et eust bien voullu que bonne paix y eust esté trouvée. Mais, doubtant que le roy de Cippre ne s'y voulsist point incliner, il n'envoya point devers lui pour ceste cause. Dont print le sainct homme sur luy de envoyer ambassade de son fils mesme en Cyppre pour traictier icelle paix; et arriva à Famagoste, que les Genevois[1] tenoient. Le roy de Cippre, adverty de cette ambassade, ne voult souffrir que ils venissent devers luy, mais y envoya de ses gens pour sçavoir quel chose ils voulloient dire. Auxquels les ambassadeurs ne vouldrent rien dire, disant que se icellui fils du sainct homme povoit parler au roy de Cippre, que bonne paix seroit trouvée au profit du roy, grandement. Lors lui dirent les députés du roy que le souldan avoit faict grant follie de commenchier la guerre contre le roy de Cippre, et non-seulement contre le roy de Cippre, mais contre toutte la chrestienté. Et il respondit que le souldan estoit bien adverty du gouvernement de la chrestienté, et que le roy de France, qui tousjours avoit esté le chien au grant collier, dormoit pour le temps, et que peu ou néant doubtoit les chrestiens. Ainsi donc se retourna à Damas le fils du sainct homme, et récita à son père comment le roy de Cippre ne le voullut ouyr; dont le bon homme devint si mal content qu'il conforta tousjours le souldan en lui affermant qu'il auroit victoire du roy de Cippre.

Au mois d'aoust 1425, le souldan fit son amas de Sarrazins, et à grand planté[3] de galliottes, de gallées et de navires, touttes chargiés de gens et d'artillerie, se party de Syrie, et vint arriver dalez[3] Famagoste. Et lors estoit griefvement malade le roy de Cippre; lequel néantmoins ordonna son frère, messire Henry de Luisegnem[4], prince de Galilée, capitaine général du roy de Cippre, lequel se mist en ordonnance en

---

(1) Dedans. (2) Limisol.

(1) Génois. (2) Quantité. (3) Près. (4) Lusignan.

approchant ses ennemis, lesquels couroient toutte la rivière de Cippre, à l'endroit de Syrie, en mettant en feu et en ruynes tout le pays où ils passèrent. Messire Henry, qui les poursuivoit toujours, les rataint ung jour en ung lieu nommé Salines; et lorsque il se fut disposé de leur livrer bataille par terre et par mer, il se trouva habandonné de ses gens, tellement que à peu lui demoura le quart de ses hommes. Pourquoi le convint, par nécessité, retourner en la cité de Nicosie; dont se les Sarrazins en eussent esté advertis, ils eussent pu aller seurement jusques à ladite cité; mais ils poursuivirent tousjours la rivière jusques à Limesson, là où ils prinrent le capitaine et plusieurs aultres hommes et femmes, et menèrent tout en Syrie. Et eulx venus devers le souldan, lui présentèrent le capitaine Ragonnet de Flioul, duquel le souldan pria moult que il voulsist laissier sa chrestienté et soi tourner Sarrazin, lui promettant que il le feroit grant seigneur, riche et puissant; et il lui respondit que la loy des Sarrazins estoit faulse, et que il estoit content de morir en la foy chrestienne. Et lors le souldan incontinent le fit scier par le milieu, dont il mourut à grief martyre; et fut depuis commune renommée que plusieurs eulrent vu une couronne de feu descendre du ciel, en lieu où le corps du capitaine avoit esté martyrisié et ars après sa mort.

CHAPITRE CXL.

Des ambassadeurs par lesquels le daulphin envoya faire obéissance au pappe Martin; et des lettres du pappe, publiées au pays de Brabant, pour le faict de la duchesse dame Jacques.

Aux Pasques, l'an 1424, entrèrent à Rome les ambassadeurs du daulphin, à onze cents chevaulx, pour rendre au pape Martin toutte son obéissance, car par avant ils s'estoient tenus à Benedic, avec les Espaignols, les Arragonnois et les aultres. En ce temps aussi, de la partie du duc de Brabant furent publyées par le pays les lettres du pape contenants que comme le pape eust esté adverty, que, en Brabant et en l'éveschié d'Utrecht, eussent esté publiées certaines lettres, au nom du pape, à l'esclandre et contre l'honneur du duc de Brabant, comme si le pape approuvast le mariage du duc de Glocestre et de dame Jacques de Bavière, et que aulcuns maulvais et félons eussent faint ces choses estre vraies, le pape, par ses dernières lettres, donnoit à entendre que oncques les aultres lettres ne procédèrent de luy ni de son sceu, ains procédoient de hommes pleins d'esclandre, non ayants Dieu devant leurs yeulx, qui quièrent nouvelletés, et esmeuvent discussions et esclandres, voeullants que les coulpables trouvés de telles faulsetés fussent pugnis et excommuniés; et pour icelle cause en escripvoit-il aux évesques d'Utrecht, de Liége et de Cambray, pour donner à entendre que telles nouvelles ne venoient de luy, comme dict est.

CHAPITRE CXLI.

Comment le duc de Bethfort, régent de France, gaigna la cité et comté du Mans par traictié.

Le régent, luy estant à Rouen, fist ung grand mandement d'Anglois, et les bailla au comte de Sallebry, lequel tout incontinent s'en alla à Raimbouillet, une forte place où estoit une forte garnison de Daulphinois, quy gastoient tout le pays d'environ, mesmement jusques à Paris. Néantmoins ils se rendirent en habandon, et les Anglois y mirent grosse garnison; puis le comte de Sallebry s'en alla asségier la cité du Mans. Et n'y eurent gaires sis, quant en la cité eurent grand' disette de vivres; et s'en issy l'évesque pour trouver aulcun traictié avec le comte de Sallebry, et que la cité ne fust poinct destruite. Lors le comte se prist à traictier. Ce traictié fut faict en la maison des frères prescheurs d'emprès la cité du Mans, le second jour d'aoust, l'an mil quatre cent vingt-cinq. Ainsy doncques le roy Loys, duc d'Anjou, estant à Naples, perdit la comté du Mans, quy tourna à grand déplaisir au duc de Bretaigne, père de la femme du roy Loys; et lorsque ce vint à la congnoissance du régent, il envoya nottables ambassadeurs devers le duc de Bretaigne, afin que par yre ne se tournast Daulphinois.

CHAPITRE CXLII.

Comment la duchesse Jacques de Bavière trouva façon d'eschapper de Gand, et s'en alla en Zellande et Hollande, où elle feut receue comme dame; du secours que le duc de Glocestre luy envoya d'Angleterre; et comment le duc de Bourgongne les combattist et gaigna la bataille; et d'aultres emprinses faictes audit pays; et le trespas de la duchesse de Bourgongne, madame Bonne d'Arthois.

Bien avez ouy comment la duchesse de Glotre fut menée de la ville du Mans à Gand, où elle estoit gardée de par le duc, et peu de ses gens avoit avec elle. Toutesfois elle trouva manière de soi embler et issir de la ville de Gand, sans le sceu de ceulx qui la gardoient de par le duc; et s'en alla en Zellande, en la compaignie de deux hommes; et la receurent les Hollandois comme leur dame, dont les ungs se joignirent avec elle tout appertement, et les aultres n'osoient faire semblant pour cryme[1] du duc, lequel la feit quérir en maint lieu. Et en ce temps, assavoir en septembre, furent les nopces et sollempnitez faictes en la ville d'Athun, de monseigneur Charles de Bourbon, fils et héritier du duc de Bourbon, lors prisonnier en Angleterre, et de madame Agnès, sœur du duc; et y fut la duchesse de Bourgongne en personne, laquelle, sitost qu'elle fut retournée à Dijon, trespassa de flux de ventre, et fut moult plainte des Bourgongnons, car moult l'aimoient. En ce temps, furent envoyées devers le Sainct-Père à Rome notables ambassadeurs de France et d'Angleterre, pour lui sommer et convocquier concille général, ainsi que promis avoit esté au dernier concille de Constance, pour achever les besongnes qui demourèrent à achever audit concille. Et d'aultre part, le régent envoya nouvelles ambassades en Bretaigne, devers le duc de Bretaigne, pour tenir et entretenir le serment qu'il avoit faict à Amiens; car on se doubtoit de lui, et il respondit que voirement il avoit envoié devers le roy Charles, mais ce avoit esté pour trouver paix finale s'il eult pu. Et comme il fut argué que ses gens portoient la croix droicte blanche, comme les Daulphinois, il dict qu'il n'estoit pas si grant seigneur, ni tel que il peust à ses gens défendre ni constraindre qu'ils ne suivissent la guerre là où bon leur sembloit hors de son pays. Pour lesquelles responses rapportées au régent et au conseil du roy Henry d'Angleterre, ils délibérèrent de faire guerre au duc de Bretaigne; mais il convenoit, premièrement, le régent aller en Angleterre pour appaiser le discort qui estoit entre le duc de Glocestre son frère et le cardinal de Vincestre leur oncle, et frère au duc d'Excestre. Et estoit leur débat pour ce que le duc de Glocestre voulloit avoir le gouvernement du roy Henry, et aussi fit le cardinal; et pour ceste matière se tindrent plusieurs consaulx; et feut icelluy roy Henry, josne enfant, apporté plusieurs fois en plein conseil, assis au siége royal; et ordonna illec, entre aultres choses, le comte Mareschal estre duc. Le parlement se tint à Londres. Le régent avoit avec lui, entre aultres conseillers, maistre Philippe de Morvilliers, premier président en parlement à Paris.

Comme devant est dit, la duchesse de Glocestre trouva manière d'eschapper de la ville de Gand, elle troisiesme, et s'en alla en Zellande; et n'est pas à doubter que en grand diligence elle le fit sçavoir au duc de Glocestre qui lors estoit en Angleterre, qui moult en fut joyeulx; et pour la conforter et aidier, mist sus une armée de mille cinq cents combattants ou plus; et estoient la plus part archiers; et en estoit capitaine ung chevalier d'Angleterre; lesquels promptement que ils feurent prests et adoubés[1], se mirent en mer pour descendre en Zellande, où il y avoit plusieurs chevalliers, escuyers et aultres gens du pays, tenants le party de la duchesse. Or est vrai que lesdits Anglois montèrent en mer et vindrent descendre en Zellande. Pour laquelle cause le duc, atout quatre mille combattants environ, monta sur mer, cuidant trouver ses ennemis; mais ils avoier*déjà pris terre en Zellande, où ils trouvèrent de trois à quatre mille Zellandois qui se joignirent avecques eulx, dont le seigneur de Hamestede, son frère, et aultres estoient chiefs.

Quand le duc sceut de vrai que les Anglois estoient descendus, et les Zellandois joints avecques eulx, il se conclud de descendre de son navire pour les combattre, comme il feit. Mais sa descente estoit moult périlleuse, car la mer se commençoit à retraire. Parquoy les gros navires ne polvoient approcher de la terre; et falloit descendre dedans les battelerins; et les aultres s'alloient en l'eau jusques au col, laquelle chose estoit moult dangereuse, attendu que les Anglois et Hollandois véoient icelle descente près de combattre et rangiés en belle ordonnance et battaille, au long d'une dicque, laquelle ils cuidoient bien garder contre le duc; et se fortune ne leur eust esté contraire, ils avoient grand avantage, attendu qu'ils estoient hault, et le duc et ses gens estoient sur la grève de la mer. Touttefois, par

(1) Crainte.

(1) Armés.

la grace de Dieu et la vaillance du duc, ladicte dicque fut conquestée. A icelle entrée, y ot pluiseurs hommes morts et navrés, tant d'ung costé que d'aultre. Anglois et Zélandois furent de tous points assaillis, et tant que la déconfiture tourna de tous points sur eulx, et commenchèrent à fuir; mais la plupart d'eulx furent morts ou prins, tant sur la place comme en fuyant. De la part des Bourguignons, n'eult pas grant perte, sinon du seigneur de Vallins, Robert de Brimeu, et cinq ou six aultres hommes nobles. Après icelle bataille, le duc mit ses garnisons en pluiseurs places, tant de Hollande que de Zélande, et s'en retourna en son pays de Flandres, pour assembler gens pour retourner ès dessusdit pays de Hollande et de Zélande, comme il fist. Après le partement que le duc fist de Zélande, la duchesse de Glocestre, atout grosse puissance, assiégea le chastel de Hiellant, auquel estoit, de par le duc, le damoisel de Halzembergue, messire Rollant d'Utquerque et aulcuns aultres gentils hommes et archers. Quand messire Philippe d'Utquerque, fils de messire Rollant, en fut adverti, doubtant que son père n'eust disette en ceste place, il assembla de ses amis en Flandres, tant que il eust bien six cents combattants, et les mena en Hollande, pour lever le siége ou entrer en ladicte place; et de ce avoit adverty son père, et de l'heure qu'il y viendroit, afin que ceulx de dedans saillissent sur leurs ennemis, et que ils combatissent tous ensemble. Mais la duchesse, qui fust advertie de leur venue, et envoya partie de ses gens allencontre d'eulx, les trouvèrent en un destroit près de la mer, et les ruèrent jus et en occirent pluiseurs. Mais messire Jehan, et aulcuns de ses amis, qui estoient derrière, se sauvèrent par fuite. Quand les Hollandois furent retournés devers leur dame, elle fist occire tous les Flamands, puis leva son siége, donna congié à ses gens, et se retraict en la cité d'Utraicht. Entre ces choses, le duc eust grands consaulx en Flandres avecques le duc de Brabant sur ceste guerre, puis s'en alla à Boullongne, en pèlerinage, et retourna en Arthois, là où il leva grant aide d'argent, puis retourna en Flandre. Lors vindrent à lui pluiseurs capitaines de Bourgongne que il avoit mandés; entrelesquels estoit le prince d'Orange. Si s'en alla en Hollande à peu de chevaux, et commencha à mener dure guerre contre ceulx qui estoient tournés du parti de la duchesse; et mist grant partie du pays en son obéissance. Je layray à parler ici de ceste matière et parleray de la prise du roy de Cippre.

CHAPITRE CXLIII.

Comment le roy de Cippre fut prins à la bataille des Sarrazins, et mené prisonnier au souldan Baldador; et comment, par finance, il fut eslargi de prison et s'en retourna en Cippre.

En l'an 1426, Janus, roy de Cippre, sentant son royaulme durement dommagié du souldan, manda trois gentilshommes, leur bailla sa couronne et aultres pluiseurs joyaux vaillissants cent mille ducats, pour vendre ou emprunter pour soudoyer gens d'armes, et si envoya devers le grant maistre de Rhoddes pour avoir son aide; puis en après envoya aulx Vénissiens pour requerre leur aide : lesquels lui refusèrent, disants qu'ils avoient en Surie leurs frères, leurs parents, leurs amis et finances infinies qu'ils polroient perdre. Et pour tant quérist aide autre part; et qui plus est firent crier en toutes leurs seigneuries que nul ne allast en l'aide du roy de Cippre, sur peine de mort. Il envoya aussy à Rome. Le pape Martin luy fist délivrer dix mille ducats; puis allèrent partie des ambassadeurs devers le roy d'Arragon, qui tenoit lors près de Pise vingt-cinq gallées; et fust près d'aller en l'aide du roy de Cippre, se les messagers eussent esté en finances pour payer des gens d'armes. Mais, à leur requeste, il leur bailla partie de ses gens, environ cinq cents combattants, tant Castillans comme Espagnols; lesquels furent menés en Cippre sur la navire. Anthoine Engarin, Vénizien, banni de Venise, et aultres pluiseurs gentilshommes allèrent en l'aide du roy de Cippre, à leurs dépens, audict an 1426. Quand les aides du roy de Cippre luy furent venues, il en fust moult joyeux, et lors ordonna par bonne manière, attendant tous les jours ses ennemis. Il mist d'une partie les Lombards, les Italiens et les Franchois, et les Allemands d'aultre part, et puis les Espagnols et les Castillans d'une aultre part; mais ne se vouldrent-ils oncques tenir en paix, et estoit le roy bien embesoignié d'appaiser les noises et debats. Durant lesquels débats les Sarrazins vindrent arriver à grosse puissance à Limesson, et assaillirent la tour, et la prindrent par une fausse poterne que leur enseigna un faux chrestien baptisé, qui eust esté Sarrazin, et estoit canonnier de celle tour; mais il fust occis, et furent prins le et capitaine de léans, tous ceulx qui y furent trouvés. Quand le roy de Cippre en fut adverti, il eust conseil avec ses gens; et luy fust dict, par la plus saine partie, que mieulx valloit pays gasté que pays perdu, et qu'ils se tenist clos en sa ville sans se mectre aulx champs. Mais les étrangiers furent d'opinion contraire, et conseillèrent d'aller combattre les ennemis, qui si cruellement occioient le peuple chrestien. Ceulx-ci obtinrent leur opinion, si que lendemain le roy se mist à cheval pour aller sur ses ennemis. Mais au premier pas que son cheval se prist à aller, il se agenouilla jusques en terre. Et lors encore quand son frère, le prince de Galilée, monta à cheval, son espée lui chut hors du fourel, dont pluiseurs conchurent grand mal advenir, le tinrent pour prodige. Et nonobstant le roy s'en alla de Nicosie le jour à Beaulieu, qui est beau lieu et délectable, à quatre lieues près de Nicosie. Le dimenche, sixiesme jour de juillet, par le roy de Cippre, feurent veus les feux et feumées que les Sarrazins faisoient au pays, dont requirent les seigneurs Franchois, Allemands et Savoyens, le congier pour allèrent découvrir leurs ennemis, et y allèrent si avant que ils trouvèrent les Sarrazins, et les escarmouchèrent durement. Mais touttefois retraire leur convint, et y laissèrent vingt-neuf de leurs hommes morts, car les Sarrazins estoient en grand nombre. Donc, quand le roy les vist retourner, il se prist à chevaucher hastivement, sans ordonnance, accompaignié du prince de Galilée, son frère, le conestable de Jérusalem, son cousin germain, et de tous les barons de son royaulme; et tantost après encontra ses ennemis sur ung tertre près d'Ournay, et les assaillit si vigoureusement, que, en peu d'heures, il rua jus leur avant-garde; mais il advint que le coursier chut acoup si rudement que les chaingles de sa selle rompirent; et, comme il cuida remonter pour combattre comme dessus, la selle tourna tellement que le roy chut à terre tout plat, et s'enfuit son coursier; si que par nécessité convint le roy monter sur ung petit cheval, car tous ses pages se estoient fis atout ses aultres coursiers à icelle choipte[1] du roy. Ses gens,

(1) Chute.

cuidant qu'ils fussent morts, se commenchèrent à esbahir; et lors les Sarrazins reprindrent cœur, et rechargèrent sur eulx; et si s'avanchèrent ceux de la seconde bataille, tellement que il convint le roy retraire sur une petite montaigne assez avantageuse, et son frère de costé de lui, et tous ses gens se prinrent à fuir pour lui sauver. Dont lui conseilla son frère qu'il regardast à lui sauver, afin que son royaulme ne fust perdu, et il demourroit illec atout leurs bannières, attendant la fortune telle comme Dieu la lui vouldroit envoyer. Le roy lui dit que ce ne feroit-il pas, mais plutost allast rassembler leurs gens le mieux que il polroit et le plus tost. Et son frère y alla. Mais, tout incontinent, il fust si oppressé de Sarrazins que nonobstant sa vaillance et deffense il fust occis. Dont quand le roy vist qu'il estoit du tout abandonné de ses gens, il descendist de la montaigne pour soi-sauver en une vallée là près; mais ne fust gaire esllongié quand il fust tout avironné de Sarrazins. Et fust abbattu de son cheval, et l'eussent occis sans remède, se n'eust esté ung chevallier de Castelongne, nommé messire Gassera de Sonnaris, qui se jecta sur lui, criant en langage sirois : « C'est le roy! c'est le roy! » Dont s'avança le capitaine des Sarrazins; et, au signe de la main, fist à tous ses gens mectre leurs espées sur la terre; puis print le roy par la main, et lui dit en grec qu'il avoit pleust à Dieu qu'il fust venu en la puissance du souldan; qu'il se reconfortast, et qu'il le menoit devers lui espérant qu'il lui feroit bonne compaignie. Ledict messire Gassera estoit forment navré en la teste, et fust prins avecques le roy; et lui respitèrent la vie pour ce qu'il s'estoit chevalleureusement combattu. Le roy ainsi prins, il lui mit une chaisne au col, et le menèrent en ce poinct là où estoient leurs gens de pré, qui le vœulloient tuer sans merchi. Quand les nouvelles vindrent à Nicosie, environ minuict après la bataille, messire Hue de Losghon[1], frère du roy, esleu archevesque de Nicosie, et avecques lui messire Jacques de Craffain[2], mareschal de Cippre, se partirent incontinent de la cité, et emmenèrent avec eulx dame Agnès, fille du roy, et se allèrent boutter en la forteresse de Chermes, séant

(1) Lusignan. (2) Caffrano.

sur la mer, à cinq lieues près de Nicosie. Quand ceulx de Nicosie sceurent lendemain ces nouvelles, ils abandonnèrent la cité, s'en allèrent hommes et femmes et enfants ; et ne demourèrent en la cité que polvres gens et impotents.

Entre ces choses, le roy fust mené à Salines, au navire des Sarrazins. Et estoit adonc au pays de Blaffle, en ung port ancré, le navire du roy de Cippre, dont estoit capitaine messire Jehan, bastard de Lusignan, et le navire du grand maistre de Rhoddes, où estoient grand planté de bonnes gens d'armes ; mais ne polvoient avoir vent pour approchier Sarrazins, qui fust ung meschief ; car s'ils feussent venus avant, jamais les Sarrazins ne fussent descendus à terre. Mesmement estoit venu et arrivé à Baffle le bastard de Bourgongne, le seigneur de Roubaix, le Barbe de Nedoncel, à grant compaignie de gentilshommes pelerins, lesquels estoient tous désirants d'estre à ladicte bataille ; et leur avoit le roy envoyé des chevaulx. Mais tout estoit faict avant que ils partissent de Baffle ; et fust une grant faute au roy de soi tant haster qu'il ne les attendist point. Quand monseigneur le bastard de Bourgongne fut adverti de la déconfiture, il s'avancha de soi remettre en la mer pour rencontrer l'armée des Sarrazins à Salines. Le capitaine des Sarrazins, par terre s'en alla à Nicosie, trouva la ville abandonnée, entra dedans sans contredit et se logea au palais du roy, puis fist crier que tout homme revenist sur le sien paisiblement. Si revindrent là tost en ceste cité plus de douze mille personnes. En ce point revint le vent bon pour les Franchois chrestiens, à aller par mer sur les Sarrazins, et se avancèrent tellement que ils virent l'un l'aultre. Mais le capitaine par mer des Sarrazins avoit jà mandé au capitaine par terre, à Nicosie, qu'il le venist secourir sur peine de trahison incontinent sans tarder ; et si avoit contraint le roy escripre au capitaine général de son royaulme, et porta les lettres messire Gassera dessus nommé, contenants qu'il ne fist quelque entreprise sur les Sarrazins, si chier comme il avoit la vie du roy ; car voirement les Sarrazins eussent le roy tué, se ceulx de Cippre les eussent envahis ; et pour tant le capitaine ne se meut, dont néantmoins pluiseurs furent mal contents. Or estoient en celle armée des chrestiens une nove de pèlerins, lesquels désirants acquerre los et honneur, entendants aussi que l'armée des chrestiens assauldroit celle des Sarrazins, se avancèrent sitost et si avant qu'ils ne peulrent retourner, et furent prins en la présence du roy de Cippre, et furent près tous decoppés par pièces, comme l'on decoppe chair à la boucherie, car l'armée se fust retournée à Chermes ; d'aultre part, le capitaine des Sarrazins par terre, ouy le mandement de ses compagnons, pilla toute la cité de Nicosie, et y prist et emmena en captivité jusqu'à huit mille personnes ; et fit bouter le feu dedans le palais royal, puis se alla à Salines, prenant les petits enfants des mammelles des mères, et les gectoient par les champs sur les espées moult inhumainement ; et quand leurs prisonniers ne pouvoient aller, ils leur coppoient les testes. Quand tous furent rassemblés à Salines, ils montèrent en leurs vaisseaulx et remontèrent en Syrie et en Egypte, et estoient les povres prisonniers liés deulx ensemble et faisoient traisner la bannière Nostre-Dame, le chief contre terre ; et le roy mesme estoit sur un petit mulet, sans selle, loyé de chaisne de fer, et aux jambes grands fers et pesants ; et en tel point le menèrent devant le souldan Baldador, et le firent agenouiller devant lui plus bas, par neuf fois, et baiser la terre à chaque fois. Lequel souldan estoit moult pompeusement habillé sur un hault, le feist estre plus d'une heure en sa présence en ce point ; puis le fesit mener en une tour, où il le feist tenir, et lui fist administrer tous vivres, excepté vin ; mais les marchands chrétiens lui envoyèrent du vin secrettement. En ce mesme temps, un marchand génevois [1] meu de pitié requist à ceulx de Cippre qu'ils voulsissent envoyer au Kaire, et que il avoit espérance que le roy retourneroit brief, par finance, à deulx cent mille ducats, par telle condition qu'il paieroit les ans pour tribu, à perpétuité, au souldan, cinq tous mille ducats. En icellui temps envoya le grand maistre de Roddes devers le souldan, pour faire mettre le roy à finances ; mais c'estoit jà fait. Ainsi donques fut mis hors de fer le roy de Cippre ; et le mandoit souvent le souldan, pour deviser avecques lui, et moult lui exhortoit à laissier la foi chrestienne. Mais le roy lui fist tousjours si convenable response que le souldan fut si content de lui que souvent

---

(1) Génois.

lui fesoit prendre collation avecques lui. Finallement, le jour de la conversion Sainct-Pol, Janus, roi de Cippre, fut mis hors de prison, et le fist le souldan logier en la ville, et lui envoyoit souvent des beaulx chevaulx pour aller en esbat hors de la ville, où il alloit souvent bien accompaignié de Sarrazins. Et puis, quant la finance fut payée, il fut du tout délivré, et le jour de Pasques fleurie, ce seigneur monta sur une gallée au port d'Alexandre, que son frère esleu de Nicosie lui eult envoyée avecques la finance, en la compaignie de la gallée de Roddes, sur laquelle estoit l'admiral de Roddes; et s'en allèrent tout droict descendre à Chermes, là où le roy trouva tous les seigneurs et dames de son sang, avec la baronnie et noblesse de son royaulme; lesquels les receurent moult révéremment, en louant Dieu de ce que il estoit retourné de si grant péril, et puis s'en alla à Nicosie. Et après qu'il eust esté à l'église de Nostre-Dame rendre grâce à Dieu, il s'en alla logier à l'hostel du connestable de Jhérusalem, auquel il demoura toute sa vie; et depuis le trespas de la royne Charlotte ne cognust femme. Je layray à parler du roy de Cippre, et parleray de la duchesse de Glocestre.

CHAPITRE CXLIV.

Comment les Hollandois furent desconfits des Bourguignons, quy tenoient garnison à Hornes; et comment plusieurs villes quy tenoient de la partie de la duchesse se rendirent.

En ce temps mesme, les gens de la duchesse de Glocestre s'en allèrent à Hornes, à l'entrée de Frise, où estoient en garnison le seigneur de l'Isle-Adam, le bastard de Sainct-Pol, le seigneur de Humières et aultres, jusqu'à sept cents combattants; et bien les cuidoient mectre à déconfiture, mais les Bourguignons saillièrent sur eulx si vaillemment qu'ils les meirent en tel desroy qu'il en eut, que morts que prins, bien cinq cents, et les aultres fuirent; et, du costé des Bourgongnons, n'y feurent morts que le bâtard de la Viefville et dix archers. Le seigneur de l'Isle-Adam fut navré au visaige, et si olt la jambe perchiée d'une hache. Et, pour celle adventure fut l'effroy si grant du pays, que toutes les villes d'illec entour, du party de la duchesse, se rendirent en l'obéissance du duc; et, pour ce que celles quy se fut rebellées

après le serment faict au duc, et qu'ils eurent esté au siège de Herle avecques la duchesse, icelle feurent contraintes de bailler pleiges des plus souffisants du pays, pour tenir tout che en quoy par le duc ils seroient condempnés pour leurs forfaits.

CHAPITRE CXLV.

Comment Anglois furent desconfits au siège de Montargis.

Le régent de France fit par les Anglois asségier la ville et forteresse de Montargis, séant sur la rivière de Loing, et furent à ce siège pluiseurs grant seigneurs. Si se mit sus le comte de Richemont, connestable de France, et chevaucha toute une nuict bien vingt lieues; avecques lui messeigneurs Charles de Bourbon, le bastard d'Alencnon, et pluiseurs aultres; et vindrent soubdainement envahir le moindre siège et le desconfirent incontinent, et puis l'aultre siège; et furent occhis desdits deulx sièges plus de sept mille hommes. Le comte de Warvick et de Sufforcq et pluiseurs aultres se saulvèrent.

CHAPITRE CXLVI.

Comment la ville de Zenenberghe et le seigneur qui tenoit le party de la duchesse Jacques de Bavière, se rendirent au duc de Bourgongne; et du trespas du duc Jehan de Brabant, fils d'Anthoine, duquel Philippe, son frère, fut héritier, quy estoit comte de Sainct-Pol et de Ligny, seigneur de Fiennes et chastelain de Lille.

En ce temps furent les ennemis au duc de Bourgongne, qui se tenoient à la Goude, en Hollande, destroussés et rués jus en trois lieux; c'est assavoir à la Brille, à Delft, et en ung aultre lieu, et puis y mist le duc garnison de ses gens, et s'en retourna en Flandres où il assembla plus grand ost que devant, et les mena devant Zenenberghe, forte ville à merveilles, et l'assiégea puissamment. Et estoit léans le seigneur du lieu à grant nombre de gens du parti de la duchesse Jacquelinne. Ceste ville, pour sa force, tenoit en subjection tous les aultres ports de mer de Hollande, de Zélande et de Flandres; car icelle avoit grant deffense par mer, et souffrirent les gens du duc maintes peines durant le siège par les tempestes de la mer et aultrement. Mais, finallement, quand ils eurent sis tout l'hiver et que la famine vint en la ville, ils se rendirent par le traictié qui cy-après s'ensuit ; c'est assavoir que le seigneur de Zenenberghe, luy, ses subjects, sa ville et forteresse, et touttes ses terres et seigneuries, mist touttes ès mains du duc en sa propre voullenté, leur vie saulve, et tenroient prison à Lille tous les gentilshommes de léans là où le duc leur ordonna.

Item, qu'ils rendroient tous les prisonniers, en quelque place qu'ils aient, quictes et délivrés.

Item, que les bourgeois et habitants de Zenenberghe feront serment au duc comme à leur droicturier seigneur, et le duc leur pardonnera tout che qu'ils ont meffaict contre luy et ès pays de Hollande et de Zélande. Ces choses ainsy traictiées, seigneur de Zenenberghe le et tous les gentilshommes de léans s'en issirent en leurs pourpoints, sans rien emporter, une corde au col, et les bourgeois et les habitants demourèrent en l'obéissance du duc ; puis retourna le duc en Flandres pour l'impédimie quy couroit au pays, et mesmement en son ost, dont estoient jà morts le seigneur Humbercourt, son maistre d'hostel, messire Mauroi de Saint-Légier, et aulcuns aultres.

En ce temps trespassa le duc Jehan de Brabant, en son chastel de Lierre, le jeudy absolut, en disant *Miserere mei, Deus, etc.*, et fut enterré en sa chapelle de la Vence, où il eult fondé trois messes par sepmaine ; son père aussy y estoit enterré. Philippe son frère, quy se feist surnommer de Vallois, comte de Sainct-Pol et de Ligny, seigneur de Frenne et chastelain de Lille, fut son hoir. Par le moyen du duc de Bourgongne, son cousin, fut ordonné duc de Brabant et constitué.

CHAPITRE CXLVII.

Comment le régent de France vint vers le duc de Bourgongne à Lille, pour l'appoincter avecques le duc de Glocestre.

Environ Pasques, l'an 1427, vindrent nouvelles au duc, estant en Flandres, que les Hollandois se rebelloient. Si se prépara tout incontinent pour retourner au pays à puissance. Mesmement disoit-on communément que le duc de Glocestre debvoit venir en Hollande à dix mille combattants. Dont quand le régent fut adverti de touttes ces choses, ils s'en allèrent luy et sa femme pour trouver le duc de Bourgongne, et pour trouver en celle guerre aulcun bon appointement. Quand le duc sceut qu'ils venoient, il les alla attendre à Lille, et là les receut honorablement. Ils tindrent aulcuns parlemens ensemble sans rien conclure. Mais quand ils furent retournés à Paris, le régent et le conseil de France envoyèrent nottables ambassadeurs devers le duc et devers le duc de Glocestre, pour trouver moyen de appaiser leurs discors. Et advint que le duc de Glocestre se déporta de venir en Hollande, et de tous points laissa la duchesse en Bavière, dame de Hollande, de Zélande et de Frise, et print à femme une très belle damoiselle angloise, fille du seigneur de Cobam. Ainssy fut laissiée la duchesse quy, en son temps, avoit eu espousé le daulphin, fils et héritier de la couronne de France, et depuis, le duc de Brabant et le duc de Glocestre, et après eut espousé messire Franck de Borsel, zélandois, auquel le duc donna, pour l'honneur d'elle, titre de comte, et feut nommé comte d'Ostrevant, comme il sera dict cy-après. Or furent unes courtes trefves tenues entre eulx, pour veoir che temps pendant se on ne les pourroit mettre d'accord ; mais comme les Hollandois se entretenissent en leur voullenté de rebeller, le duc passa en Hollande atout son armée.

CHAPITRE CXLVIII.

Du débat pour l'éveschié d'Utrecht, et de la paix finalle quy feut faicte entre le duc de Bourgongne et dame Jacques de Bavière, quy se maria à messire Frank de Borsel, comte de Ostrevant.

En ce temps estoient deulx clercqs au pays, quy se débattoient pour l'éveschié d'Utrecht, desquels l'ung estoit de la partie de la duchesse et estoit au gré de ceulx de la cité, et l'aultre estoit du parti de Bourgongne et se tenoit avecques le duc. Le duc et son évesque s'en allèrent au pays de Gueldres, contre la duchesse et son évesque. En ce voyage le duc fist assaillir la ville de Amersfort, laquelle est de la seigneurie d'Utrecht, mais ceulx de dedans se deffendirent bien et vaillamment, et occirent le seigneur de Ros, et aultres pluiseurs y furent bleschiés, et convint le duc laissier l'assault. Et mist entour ès villes de son parti garnison de ses gens, et commist illec Lionnel de Bournonville et s'en retourna en Flandres. Mais, peu de temps après, il s'en ralla en Hollande, pour ce que la duchesse et ses gens ne cessoient de traveillier les gens de son parti; et, finablement, lui venu par de là se trouvèrent moyens entre luy et la duchesse, tellement que la paix fut faicte, et fut la duchesse menée honorablement et paisiblement devers sa mère en Haynault, pour demourer avecques elle, et l'accompaigna le duc mesme. Et fut leur traictié faict par l'advis des trois estats du pays de Hainault, Hollande, Zélande et Frise; c'est assavoir que le duc tiendroit et cognoistroit la duchesse, en Bavière, comtesse de Haynault, Hollande, Zélande, et dame de Frise; et elle, de sa part, véant que elle n'estoit point femme pour garder et deffendre de touttes oppressions, envers et contre tous, les dessusdits pays, veu les partialités quy grants estoient ès dessusdits pays de Haynault, Hollande, Zélande et Frise, congnut le duc son cousin pour son vrai héritier, gouverneur de touttes ses terres et seigneuries, et, de faict, l'en mist en possession. Duquel traictié pluiseurs gens des dessusdicts pays furent moult joieulx, et Dieu sait la joie que iceulx duc et duchesse faisoient ensemble, et ne sembloit pas que oncques eussent eu guerre ensemble. Icelle dame, au voulloir du duc, fut mariée à messire Frank Borsel, duquel ne d'aultres elle n'eust nuls enffants; et tantost après alla de vie à trespas, et par ainssi, le duc fut seigneur de touttes les terres dessusdites.

CHAPITRE CXLIX.

De plusieurs crollements de terre qui advinrent en Castelogne, Espaigne et Languedoc, et coppie de la lettre que le souldan de Babylone envoya aux seigneurs de la chrestienté.

L'an 1427, par tout le pays de Castelogne feut grand tremblement de terre, et commença deulx jours devant le quaresme, et dura jusques au merquedi après Pasques. Emprès la ville de Gironde, devers les monts, en une ville nommée Amer, jadis fondée de par le roy Charles le Grant, advint que un homme vint au curé et luy dit que un homme estoit là près au bois gisant, qui se vouloit confesser. Donc quand le curé vint près du bois, il véit grant planté de noirs moines qui lui sembloient maulvais esprits; si regarda derrière luy pour demander à l'homme qui le menoit qui estoient ces moines, mais ne le véit oncques depuis. Si retourna le curé tout paoureux en la ville, et dit à l'abbé, qui estoit seigneur de la ville, ce qu'il avoit veu. Lequel abbé ordonna tout incontinent faire une noble procession au dehors de la ville, et y allèrent hommes et femmes et enfants deschaulx, et les chefs nuds moult dévotement, et ne demourèrent en la ville sinon un boullenghier et son varlet. Mais tandis que la procession se faisoit autour de la ville, advinrent en la ville si grands crollements de terre que, quand la procession retourna, ils trouvèrent l'abbaye et tous le édifices de la ville trebuchiés par terre. Aucuns jours après, entre ladicte ville de Gironde[1] et Brachimonne[2], trebuchièrent de dix-huict à vingt villages que villes et pluiseurs chasteaulx. En une ville nommée Besodo, à deux lieues près de celle ville d'Amer, la terre fondit en pluisieurs lieux, et y effonsèrent quarante-neuf grosses maisons, si parfond que l'on n'y sçavoit trouver fond. Encoires d'emprès celle ville fendist un grant camp semé de froument, qui est devenu un grant lac d'eaue, et une partie de celle eaue est chaude; en celle eaue avallèrent les voisins une corde, et au bout d'icelle une pierre de ploocq; mais ils n'y trouvèrent ni polrent trouver fond. En la sepmaine peneuse, entre la ville d'Amer et le bois, fondit la terre si parfond que on n'y véoit point de fond, et y furent péries maintes bestes saulvaiges. En une grande abbaye, à sept lieues de Brachimone, feut amené ung démoniaque pour estre conjuré selon la coutume du lieu; lequel, contraint par les conjuracions, congnut qu'il eust esté avecques les mauvais esprits qui eurent destruit la ville d'Amer, dist oultre qu'ils eurent en octroy de nostre Seigneur de faire pluiseurs maulx au monde, si aulcuns chrestiens ne les eussent empeschés par leurs pénitences et oraisons, et par leurs processions. En ce mesme temps, en Espaigne, advinrent grands crollements de terre, si que pluiseurs villes tresbuchèrent. En Gallice, issirent d'un bois grands serpents, lesquels, par le conduit d'un loup, entrèrent en une ville de six cents maisons, et y engloutirent moult cruellement hommes, femmes et enfants, et aultres bestes semblables. Crollements advenirent en Languedocq en pluiseurs lieux, et encoires plus grand advint ès pays d'outremer.

S'ensuit la copie d'unes lettres que le souldan

(1) Girona. (2) Barcelonne.

de Babylone envoya audict an aux seigneurs de la chrestienté. « Baldadori, fils d'Aire, connestable de Jérico, prévost de paradis terrestre, nepveu des dieux, roy des roys, prince des princes, souldan de Babylone, de Baldarch[1], de Perse, de Jérusalem, de Caldée, de Barbarie, prince d'Affrique et d'Ircanie, seigneur des Scythes, Anucs, des Payens et des Martains, maistre Antipolet, advoué d'Amozone, gardien des isles, doyen des abbayes, commandeur des temples, frisseur de Heaulmes, perseur des haulbers, rompeur des harnois, fendeur d'escus, briseur de lances, lanceur de glaives, effondreur de destriers, trespercheur de presses, destruiseur de chasteaulx et de forteresses, fleur de chevalerie, sengler de hardiesse, ange de largesse, cremeur des ennemis, espérance d'amis, recouvreur des desconfiz, conserveur des Juifs, occiseur des chrestiens, gardien des Sarrazins, estendart de Mahomet, seigneur de tout le monde, aux roys d'Allemaigne, de France et d'Angleterre, à tous ducs, comtes, et généralement à tous ceulx auxquels nostre débonnaireté est advenir, salut en notre grace. Comme il soit loisible de relenquir erreur par saigesse qui veoult, vous mandons que ne tardez de venir vers nous, et relever vos fiefs et terres, en reniant vostre Dieu et la foi chrestienne, délaissant vos erreurs, en quoi vous et vos devanchiers avez estés enveloppés trop longuement, ou aultrement notre indignation et puissance tournera sur vous briefvement vos testes à renchon, sans espargnier homme. Donné la vegile des bassady, par la main Ebas Baptites, léal barbarin, l'an dix de nostre couronnement, en la seconde année de la victoire de Cippre. »

Atant je me tais de parler du souldan et parlerai du siége des Anglois devant Orléans.

CHAPITRE CL.

Comment les Anglois asségièrent la ville d'Orléans, où le comte de Salbery fut occis d'un coup de canon.

Au mois de juin 1428, se partirent d'Angleterre et descendirent à Calais une grande armée, nombrée de six mille combattants, dont le comte de Salbery estoit chief; et tant exploita qu'il se trouva à Paris. Là fut grandement receu et n'y

(1) Bagdad.

demoura gaires; il fut par le régent ordonné d'aller mettre le siége devant Orléans, laquelle chose fut faicte. Mais auparavant qu'il y mist le siége, il conquesta villes et chasteaulx plusieurs. Ces choses faictes, il mist le siége devant Orléans, du costé devers la Solongne; et en venue prist la tour du bout du pont; et trois ou quatre jours après ce qu'il eust prins ladicte tour, il s'assist hault aux fenestres, par lesquelles il véoit bien à plain en ladicte ville; et belle et puissante luy sembloit, espérant la mettre en l'obéissance du roy et régent d'Angleterre. Or advint que en soy devisant à ses gens d'icelle ville d'Orléans, ung homme, comme l'on disoit, qui pas n'estoit canonnier, se trouva auprès d'un canon chargié de poudre et de pierre, auquel canon il bouta le feu. Or est ainsi que la pierre férit contre la fenestre où le vaillant comte de Salbery estoit appuyé; duquel cop il fut si grevé, que en moins de huict jours après, alla de vie à trespas; qui fut grand perte pour les Anglois, car plus vaillant de luy ne fut en Angleterre, ne poeult estre sous le soleil. Quand le régent sceut celle mort, il ordonna estre en son lieu le comte de Suffort et le seigneur de Tallebot. Or est vrai que dedans la ville d'Orléans estoient de quinze à seize cents combattants, gens de guerre, sans ceulx de la ville, dont estoit capitaine le bastard d'Orléans, qui puis fut comte de Dunois, le seigneur de Gaucourt, Poton de Sainte-Traille, La Hire, le seigneur de Villars, et pluiseurs aultres, lesquels faisoient pluiseurs belles saillies sur les Anglois. Les Anglois firent pont sur la rivière de Loire; et avec ce feirent pluiseurs boulverts pour clore la ville de toutes parts. Toutefois je n'ai point sceu que la ville fust si asségiée que ceulx de dedans n'en ississent tellement quellement. Icellui siége dura très longuement; et pour la puissance des Daulphinois, failloit que les vivres, pour avitailler ceulx du siége, fussent conduits à puissance de gens de guerre. Or est ainsi que le régent, qui lors estoit à Paris, ordonna grant foison de charriots et charrettes chargiés de vivres, et, pour les mener seurement, furent ordonnés pluiseurs capitaines, accompagnés de quinze à seize cents hommes de guerre, et deux mille communes; lesquels exploitèrent chemin tant qu'ils se trouvèrent emprès d'Henville, en Beauce; et là, en plain champ, furent assaillis des Daulphinois, qui pouvoient bien estre six mille combattants, dont estoit chief messire Charles de Bourbon, le bastard d'Orléans, messire Jehan Stuart, connestable d'Escoche, son fils et son frère, Poton, La Hire et pluiseurs aultres. Quand les Anglois véirent si grand' compaignie de gens de guerre devant eulx, ils se mirent tous à pied et se fermèrent de leur charroi; et en belle ordonnance attendirent leurs ennemis. Là commencha la bataille dure et aspre en venue, mais enfin les Daulphinois se mirent en rompture et en fuicte; c'est assavoir ceulx de cheval; ceulx de pied y moururent la pluspart. Là furent tués le connestable d'Escoche, son frère, son fils, et près tous les Escochois, et pluiseurs aultres chevaliers et escuyers; et se appela celle bataille la bataille des herens. Après celle déconfiture, les Anglois menèrent leurs charriots et charrettes au siége que leurs gens tenoient devant ladicte ville d'Orléans, et y feurent à grant chière recheus.

CHAPITRE CLI.

Comment la pucelle Jehanne vint en bruit, et feut amenée au siége d'Orléans; comment elle saillist avec les Franchois sur les Anglois, et fut le siége abandonné.

Or, convient-il parler de une adventure qui advint en France, la nompareille que comme je crois y advint oncques. Vrai est qu'en un villaige sur les marches de Lorraine, avoit un homme et une femme, mariés ensemble, qui eurent pluiseurs enfants, entre lesquels eurent une fille qui, de l'age de sept à huict ans, fut mise à garder les brebis aux champs, et long-temps fit ce mestier. Or est vray qu'elle peut dire, du temps qu'elle avoit ou pouvoit avoir dix-huict ou vingt ans, qu'elle avoit souvent révélation de Dieu, et que devers elle venoit la glorieuse vierge Marie, accompaignée de pluiseurs anges, saincts et sainctes, entre lesquels elle nommoit madame sainte Katherine et David le prophète, atout sa harpe, laquelle il sonnoit mélodieusement; et enfin elle disoit que entre les aultres choses elle eut révélation de Dieu, par la bouche de la Vierge Marie, qu'elle se mist sus en armes, et que par elle, Charles, daulphin de Vienne, seroit remis en sa terre et seigneurie, et qu'elle le meneroit sacrer et couronner à Reims. Icelles nouvelles advinrent à un gentilhomme de la marche, lequel la arma et monta, et la mena au siége d'Orléans, allencontre des Anglois qui tenoient le siége.

Si fit assembler le bastard d'Orléans et aultres pluiseurs capitaines, auxquels il conta ce que icelle fille, nommée Jehanne la Pucelle[1], disoit. Et de faict fut interrogiée de pluiseurs sages et vaillants hommes, lesquels se boutèrent en foi de le croire, et adjoutèrent en icelle si grand' foi qu'ils abandonnèrent et mirent leurs corps en toute adventure avec elle. Et est vray que un jour elle leur dict qu'elle vouloit combattre les Anglois; et assembla ses gens, et se print de assaillir les Anglois par la plus forte bastille qu'ils tenoient, que gardoit un chevalier d'Angleterre nommé Cassedag. Icelle bastille fut, par ladicte Pucelle et les vaillants hommes, assaillie et prinse de bel assault, et là feut Cassedag mort, qui sembla chose miraculeuse, veue la force de la bastille et les gens qui le gardoient. Le bruit courut par l'ost des Anglois de la prinse de ladicte bastille; et finablement, quand ils ouyrent dire que ladicte Pucelle avoit faict ceste emprinse, ils en furent moult espouventés; et disoient entre eulx qu'ils avoient une prophétie qui contenoit, que une pucelle les devoit débouter hors de France, et de tous points les deffaire. Si levèrent leur siége et se retrayrent en aucunes places de leur obéissance, environ ladicte ville d'Orléans. Entre lesquels Anglois le comte de Suffort et le seigneur de la Poulle, son frère, se tinrent à Gergeau; mais gaires ne y feurent que icelle ville fust prinse d'assault, et là fut ledict seigneur de la Poulle mort et pluiseurs Anglois. La puissance des dessusdicts Anglois s'assemblèrent pour retourner à Paris devers le régent; mais ils furent de si près suivis des Daulphinois qu'ils se trouvèrent en bataille l'un devant l'aultre auprès d'un village en Beauce, qui se nomme Patté. Or advint qu'ils cuidèrent prendre place plus advantageuse que celle où ils estoient, et partirent de leur place. Mais les Daulphinois frappèrent dedans tellement qu'ils les deffirent, et de tous points les déconfirent. Là furent prins le comte de Suffort, le seigneur de Tallebot et tous les capitaines, excepté

(1) L'histoire détaillée de cette héroïne d'après les manuscrits du temps est contenue dans un des volumes de cette collection.

messire Jehan Fastolf, lequel s'en alla, dont il eut depuis grands reproches, pource qu'il estoit chevalier de la Jarretière. Toutefois il s'excusa fort, disant que si on l'eust voulu croire, la chose ne fust pas ainsi advenue de leur part. Ainsi furent Anglois desconfits, et se nomma icelle bataille la bataille de Patté.

CHAPITRE CLII.

Comment le daulphin fut couronné roy de France à Rains; de plusieurs villes quy se rendirent à luy; comment le duc de Bethfort luy alla allencontre, et présenta la bataille; des faicts de la Pucelle, quy mena le roy devant Paris.

Vous avez ouy comment Jehanne la Pucelle fut tellement en bruit entre les gens de guerre que réellement ils créoient que c'estoit une femme envoyée de par Dieu, par laquelle les Anglois seroient reboutés hors du royaulme. Icelle Pucelle fut menée vers le daulphin, qui vollentiers la véit, et qui, comme les aultres, ajousta en elle grant foi, et feist ung grant mandement où furent grant nombre des princes de son sang; c'est assavoir les ducs de Bourbon, d'Alençon et de Bar, Artus, connestable de France, les comtes d'Erminacq[1], de Patriac[2] et de Vendosme, le seigneur de Labret[3], le bastard d'Orléans, le seigneur de la Trimoulle, et pluiseurs grans seigneurs de France et d'Escoche. Et fut moult grande la puissance du daulphin, atout laquelle se tira droit à Troyes en Champaigne; et lui feut promptement la ville rendue, et lui firent obéissance; aussi firent ceulx de Chaslons et de Rains. En laquelle ville de Rains il fut sacré, oingt, et couronné roy de France. Ainsi fut Charles VIIe de ce nom sacré à Rains, comme vous avez ouy. Après que le roy eust séjourné ung petit de temps en la ville de Rains, il s'en alla en une abbaye où on aoure[4] sainct Marcoul, nostre corps bény, là où on dist qu'il print la dignité et privilege de garir les escroelles. Ces choses faictes, il passa la rivière de Marne, et se trouva à Crespy en Vallois. Quand le régent sceut que le roy avoit esté sacré à Rains, et qu'il marchoit en pays pour tirer droit à Paris, il assembla une grande compaignie d'Anglois et de Picards, entre lesquels estoient messeigneurs Jehan de Crequi, messeigneurs Jehan de Croï, le bastard de Sainct-Pol, messire Hue de Lannoy, saige et vaillant chevallier, Jehan de Brimeu et aultres, lesquels se trouvèrent en grant puissance en un village nommé Mittri en France, et les Franchois et leur puissance estoient en ung aultre village nommé........[1] à deux lieues près de Crespi en Vallois, et là estoit le duc d'Alenchon, ladicte Pucelle, et pluiseurs aultres capitaines. Le régent, qui désiroit la bataille contre les Franchois, approcha d'eulx jusques à une abbaye qui s'appelle la Victoire, laquelle n'est point loing d'une tour qui s'appelle Mont Espilloy; et là arriva environ my-aoust, l'an mil quatre cent vingt-neuf, ouyt messe à Crespy, puis monta à cheval, armé d'une brigandine, et se tira aux champs, là où il trouva une belle compaignie et grande qui l'attendoit. Toutefois le duc d'Alenchon et la Pucelle estoient desà devant; et se trouvèrent bien près des Anglois avant que le roy venist. Et quand le roy fut arrivé, lui et ses gens ordonnèrent une belle grande battaille à cheval, et avec che deulx aultres compaignies à manière de deux ailles; et avecques che avoit ung grant nombre de gens de pied. Et quant aux Anglois, ils ne firent qu'une bataille, et tout à pied, excepté le bastard de Sainct-Pol, messire Jehan de Croy et aulcuns aultres en petit nombre, lesquels, quand ils veirent les Franchois qui, quant aux hommes d'armes, ne descendoient point à pied, montèrent à cheval, comme dit est. Ce jour, faisoit grand chaleur et merveilleusement grant poussière. Or advint qu'à l'ung des bouts de la bataille des Anglois, les Franchois firent tirer la pluspart de leurs gens de traits, avec une compaignie de gens de cheval, et assaillirent les Anglois; et là y eust maintes flesches tirées, tant d'un costé comme d'aultre. Et pour renforchier les gens où la bataille s'estoit commenchiée, le régent y envoya une compaignie, sans ce que les battailles laissassent onques leur ordonnance, ne Franchois ne Anglois; et quand les Franchois véirent que Anglois et Piccards tindrent pied et vaillamment combattirent, ils se retrayrent, et oncques puis n'abordèrent ensemble l'ung contre l'aultre, sinon par escarmouches. Et, comme je oys dire, celui de tous qui mieulx se monstra ce jour là plus homme d'armes, et qui plus y

---

(1) Armagnac. (2) Pardillac. (3) Albret. (4) Adore.

(1) Le nom de ce village manque dans le manuscrit du roi 9869.-3.

rompit de lances, ce fut le bastard de Sainct-Pol. Messire Jehan de Croy y fut affolé d'un pied, tellement que toute sa vie demeura affolé. Icelle journée se passa ainsi comme vous avez ouï, sans aultre chose faire; et quand ce vind vers soleil couchant, le roy se tira en la ville de Crespy, et les aultres se tirèrent ès villaiges là entour. Or, faut parler des Anglois. Vrai est que aulcuns véirent bien la retraicte des Franchois; si les volloient aulcuns poursuivir, mais le régent ne le volt pas souffrir, pour le doubte des embusches; car, comme oy nombrer les Franchois, ils estoient de cinq à six mille harnois de jambes. Quand les Franchois furent ainsi partis, les Anglois logèrent en une abbaye et envoyèrent quérir des vivres à Senlis. Le lendemain, le roy et toute sa puissance se mirent en belle ordonnance auprès de la ville de Crespy, avec eux tous charriots et bagaiges; et ces choses faictes, tourna le dos aux Anglois et s'en alla en la ville de Compiengne, laquelle lors tenoit le parti des Anglois. Mais sans contredict nul firent ouverture au roy et le receurent à grant joie; et là séjourna le roy cinq jours, et y tint conseil de ce qu'il avoit affaire. Et quand le régent sceut que le roy estoit entré à Compiengne sans contredit, il se doubta fort que pluiseurs villes, qui lors estoient en leur obéissance, ne se tournassent du parti du roy. Pour laquelle cause, avecques sa puissance, retourna à Paris; et là laissa Louis de Luxembourg, évesque de Thérouene et chancellier de France pour les Anglois, le seigneur de l'Isle-Adam, lors mareschal de France, et aussi pluiseurs seigneurs d'Angleterre, aulxquels il bailla en garde ladite ville de Paris; et s'en alla en Normandie pour pourvoir aux gardes des bonnes villes et forteresses. Quand le roy eult séjourné à Compiengne, comme dict est, il prist son chemin avecques toute sa puissance pour venir droit à Paris; car la Pucelle lui avoit promis de le mettre dedans, et que de ce ne se debvoit poinct douter. Toutefois, elle y faillit comme vous orrez. Au partir de Compiengne, le roy tira droict à Senlis, laquelle ville luy fit obéissance, puis à Sainct-Denis, et entra dedans. Et apprès fut ordonné par les remonstrances que la Pucelle faisoit que la ville de Paris fust assaillie. Quand ce vint au tour de l'assaut, la Pucelle, armée et habillée, avecques son estendart, fut des premiers assaillants, et alla si près qu'elle fut navrée du traict. Mais les Anglois deffendirent si bien la ville que les Franchois n'y purent rien faire, et se retrayrent en la ville de Sainct-Denis. Après que le roy eut esté en la ville de Saint-Denis pluiseurs jours, véant que la ville de Paris estoit trop fort gardée, se retira oultre la rivière de Saine, et donna congié à la pluspart de ses gens, lesquels se mirent en garnison dans pluiseurs villes, tant à Beauvais, Senlis, Compiengne, Soissons, Crespy, et en pluiseurs aultres villes deçà Saine; lesquels firent forte guerre, tant sur les Anglois que sur les gens du duc. Et ainsi se passa icelle adventure, comme vous avez ouï, avecques pluiseurs autres choses qui trop longues seroient à raconter.

CHAPITRE CLIII.

De l'ambassade que le duc de Bourgongne envoya en Portugal, pour avoir madame Ysabel, fille du roy, en mariage.

En l'an 1428, dont devant est faicte mention, le duc envoya son ambassade devers le roy de Portugal, pour avoir en mariage madame Isabelle, sa fille, dont cy-après sera parlé en maintes manières, car en son temps elle fut comme saige et pleine de belles vertus. Iceulx ambassadeurs furent les seigneurs de Roubaix, Andrieu de Toulonjon, Baulduin d'Oignies et aultres. Or est vray que quand iceulx ambassadeurs furent arrivés devers le roy de Portugal, pour aulcunes difficultés quy se trouvèrent touchant le mariage du duc, il leur fallu retourner en Flandres devers le duc où il estoit, et où il y a bien grand voyage, soit par mer ou par terre. Et pendant le temps que iceulx ambassadeurs renvoyèrent devers le duc, le roy de Portingal maria son aisné fils, nommé Édouard, à la sœur du roy Alphonse d'Arragon, duquel maringe se fist une grand' feste et solempnité, dont ung peu sera faicte mention.

CHAPITRE CLIV.

Du mariage de l'infant don Édouard, fils du roy de Portugal, aisné à la sœur du roy Alphonse d'Arragon; de leurs accoustrements et pompe nuptiale, et nopces célébrés dans la ville d'Estremoux.

La nuict de Noël, le roy de Portingal envoya son second fils l'infant don Piettre, duc de Cuimbre, l'archevesque de Lisbonne, et pluiseurs autres chevaliers et escuyers, au-devant de l'infante, sœur du roy d'Arragon, laquelle estoit en une ville nommée Euvre [1]. Et de là se party pour venir en la ville d'Estremoux [2], où le roy de Portingal l'attendoit pour estre épouse de son fils aisné, nommé l'infant Édouard, qui depuis fut roy de Portingal, et icelle royne, laquelle estoit grandement accompaignée de dames et damoiselles, habillées à la mode d'Arragon. Or fault parler des habillements que avoient l'infant don Piettre et l'évesque de Lisbonne. Vray est que l'infant don Piettre avoit six coursiers richement habillés, et dessus, six gentilshommes paiges, lesquels estoient chargiés d'orphaivrerie, robbes, chapperons et chausses. Et, avecques che, avoit trois coursiers, et jennets de main couverts de velours cramoisi brandé de sa devise de la balance. L'archevesque de Lisbonne estoit accompaignié du clergié, et devant lui, quatre paiges montés sur quatre coursiers richement habilliés, et les paiges vestus de robbes moitié de velours noir et de bevres [3] le poil dehors, et sur les bevres avoit brodures d'orphaivrerie de sa devise. De aultres grands seigneurs y avoit bien habilliés de riches tissus de drap d'or et d'orphaivrerie; et polvoient estre mil chevaulx ou environ. Le roy de Portingal ordonna aussy son maisné fils pour aller au-devant de ladite dame, pour la rechepvoir, à un pont où passoit une petite rivière; et là iceluy infant don Fernand estoit accompaignié des comtes d'Orin [4], et de Roiolles [5], et avoit iceluy infant trois chevaulx couverts de drap damas de trois couleurs, vermeil, blanc et bleu; et après avoit sept jennets de main habillés à la moresque et puis richement habillés d'orphaivreries, et les paiges des comtes d'Orin et de Roiolles richement habillés d'orphaivreries, et polvoient estre mil chevaulx ou environ. La troisième compaignie, quy alla au-devant de ladite infante d'Arragon, fut l'infante de Portingal, quy depuis fut duchesse de Bourgongne, accompaignée de son frère l'infant Henry, et pluiseurs dames et damoiselles; touttes icelles compaignies richement habillées, tant hommes que femmes. Ladite infante de Portingal avoit pardessus sa vesture un riche manteau fendu à deulx costés, ung chapperon en gorge de velours bleu, et dessus ung chappel de Brabant broché d'or; et cuidoient aulcuns que ce fust ung chevalier. Et quant à l'infant don Henry, quy accompaignoit sa sœur, ce jour se trouva habillé en fils de roy; et avoit après luy trente-ung paiges montés sur chevaulx richement couverts et vestus d'orphaivrerie, de drap d'or et de soie; et polvoient estre environ sept. Or est vray, que environ demie lieue de ladite ville d'Estremoux, ladite infante de Portugal rencontra l'infante d'Arragon; et là se feirent de grands honneurs à rechepvoir ladite infante d'Arragon. La quarte compagnie quy alla au-devant de ladite infante d'Arragon fut le roy de Portingal, accompaignié de l'ung de ses fils, nommé l'infant don Jehan, du comte de Varcelles [1], de plusieurs archevesques et évesques, prélats, gens de conseil et de noble chevalerie. Le roy estoit monté sur ung moult beau coursier gris; après luy quatre compaignons, montés sur chevaulx royaulx, vestus de drap damas, vermeil et blanc; et polvoit bien avoir en sa compaignie mil chevaulx; et très gracieusement receut sa belle-fille, ladite infante, laquelle luy voult baiser la main, mais le roy de Portingal ne le volt point souffrir. Là avoit un chevalier quy fist attacher ung cordon d'orphaivrerie et de soie au fraing de la monture de ladite infante; et, ce faict, le roy de Portingal prist le cordon; mais tantost saillirent à terre dix, que barrons que grands seigneurs, pour tenir iceluy cordon et pour accompaigner ladite dame. Et auprès de ladite ville d'Estremoux, les seigneurs du sang royal de Portingal descendirent de leurs chevaulx, et tout à pied accompaignèrent ladite infante. A l'entrée de la porte de ladite ville, se firent pluiseurs esbattements de mistères. Ladite ville estoit tendue de draps des couleurs du roy de Portingal; c'est assavoir, ciel en haut, les parois [2], la cauchie [3], tellement que tout estoit couvert, haut et bas. Après les oraisons faictes en l'église, le roy de Portingal mena ladite infante en son hostel, quy moult richement estoit aournée de touttes choses. Là avoit ung riche dressoir, en la salle où le souper se fist, chargié de vaisselle dorée et blanche, et au regard des mets et entremets, que belle chose estoit à le veoir et regarder! Et le jour de Noël l'infante fut menée en la grande église; et la menoit le roy de Portingal; et là avoit grand' seigneurie de ducs, de comtes et

(1) Evora. (2) Estremoz. (3) Castor. (4) Ourem. (5) Arayollos.

(1) Barcellos. (2) Murs. (3) Chaussée.

de barons, gens d'église, dames et damoiselles. Et là estoient officiers d'armes, trompettes et clarons, et aultres ménestreulx ; et après le divin service faict, fut ramenée en sa chambre; et tost après le roy l'alla querrir, et l'amena en la salle moult richement parée. Le roy s'assit à table, et au-dessous de luy ladite infante, et à sa sénestre, sa fille, infante de Portingal. Le roy fut servy de ses quatre enfants; c'est assavoir l'infant don Piettre, l'infant don Henry, l'infant don Jehan et l'infant don Ferrand, quy moult humblement servirent. Et quant au regard des mets et entremets, pavons et aultres oiseaulx revestus et armoiés, entre lesquels y eult cinq banières de cinq royaulmes, premier d'Angleterre, de Castille, de Portingal, d'Arragon et de Navarre ; puis sonnèrent pluiseurs trompettes et ménestreulx ; et che faict, fut amené ung coursier couvert des devises du roy de Portingal, et dessus icelui coursier avoit ung sacq, et dedans ce sacq quarante mille royaulx ; et avecques che avoit ung cheval houchié[1] de velours bleu, sur quoy le roy d'armes de Portingal monta et alla devant la grand' table ; et là descendit et merchia le roy de Portingal bien honnourablement des quarante mille royaulx qu'il avoit donnés aulx officiers d'armes, trompettes et ménestreulx ; puis remonta sur son cheval et cria largesse par trois fois au roy de Portingal. En ce mesme jour, le roy de Portingal mena sa belle-fille, infante d'Arragon, au logis de Sainct-François, où estoit son aisné fils Édouard, dont encore cy n'a esté faicte mencion. Chevaulx feurent amenés. Pour ladite infante, estoit ordonnée une blanche haquenée moult richement garnie de riche tissu d'or cramoisi ; et avecques che, drechié brodures de perles pour le monter à cheval. Et feurent auprès d'elle les infants Piettre, duc de Cuimbre, et l'infant don Henry, duc de Viseu, quy tenoient une tablette d'argent, bien dorée et richement ouvrée, sur laquelle ladite infante monta sa haquenée ; et elle montée, les dessusdits infants don Piettre et don Henry prindrent au destre et senestre la bride de ladite haquenée ; et ainsy à pied la menèrent. Et derrière iceulx deux estoient, tant à destre comme à senestre, les infants don Jehan et don Fernand, les comtes d'Orin, et de Roiolles, et de Vasconselles, don Allephons, don Sanche, don Henry de Castille, et pluiseurs aultres grands seigneurs, chevaliers et escuyers. Après estoient les dames et damoiselles, et tout à pied, excepté le roy et ladite infante. Et pour che que il estoit nuict, y avoit de cent à six vingt torches. Et est vray que dame Isabel, fille du roy de Portingal, estoit devant au lieu des Cordeliers, accompaignié du comte de Barselles, et de pluiseurs prélats et seigneurs, pour rechepvoir sa belle-sœur l'infante d'Arragon. A l'entrée du monastère, le roy descendit de son cheval, et l'infante fut descendue par les quatre infants don Piettre, don Henry, don Jehan et don Fernand, par eulx mesmes, en sa chambre quy moult richement estoit parée ; et le roy de Portingal et ses enfants se retirèrent en une salle ; et fust là apporté le vin par manière de collacion ; et fut le roy servy par son maisné fils l'infant don Fernand ; après fut servy l'infant don Piettre, après, l'infant don Henry et l'infant don Jehan par grands seigneurs de leur lignaige, tant de dragioire, de vin que de la serviette.

Et che faict, le roy retourna en son chastel, accompaignié de ses enfants et seigneurs de son sang ; et après que le roy fut en sa chambre, les enfants du roy et tous les chevaliers et escuyers du sang royal retournèrent devers ladite infante d'Arragon. Et en une belle grand' salle s'assemblèrent, où là furent dansses de pluiseurs instruments, et aussy de chansons, et après les dansses s'apportèrent vin et espices, et les enfants don Piettre, don Henry, don Jehan et don Fernand servirent leur aisné frère don Édouard, et leur belle sœur l'infante d'Arragon ; et che faict se retourna honnourablement en son logis. A lendemain se fist grand disner, que l'infant don Édouard seigneur de nopces fist, où le roy de Portingal son père fut, moult bel et sollempnel de tous services, tel et sy grand que chacun peut penser ; et ainsy se passa la noble feste du dessusdit infant Édouard et de ladite infante d'Arragon ; lequel infant Édouard fut depuis roy de Portingal ; et de celle dame eust de beaulx enfants, dont l'aisné fut roy de Portingal, quy en l'an mil quatre cent soixante-cinq estoit tenu l'ung des vaillants princes de la chrestienté, et quy fist de belles conquestes sur les Sarrazins, ès pays d'Affrique, comme icelles sont bien ad plain déclarées ès cronicques quy en font mencion. Atant en lairay à parler, et parleray du duc et de madame Isabel de Portingal.

[1] Couvert d'une housse.

CHAPITRE CLV.

Comment madame Ysabel de Portingal arriva à l'Escluse, en Flandres, où elle fut honorablement receue ; de la solemnité et feste des nopces du duc et d'elle, quy se tint à Bruges ; et des joustes et esbattemens quy se y feirent ; et des seigneurs et dames quy se trouvèrent à ladite feste.

Après icelle belle feste accomplie, et la responce faicte aux ambassadeurs du duc, le roy Jehan de Portingal fut content du mariage et envoya sadite fille, dame Isabel, grandement et honourablement accompaigniée de l'infant don Ferrand, frère de ladite dame, le comte d'Orin et pluiseurs aultres grands seigneurs, dames et damoiselles, devers le duc. Laquelle dame arriva au port de l'Escluse en décembre mil quatre cents vingt-neuf, où elle fut bien et honourablement receue ; et là elle fut environ huict jours pour elle et ses gens ung peu refaire de la mer, car ils y eulrent tourment merveilleulx, et tant que pluiseurs des navires laissèrent l'ung l'aultre, dont les ungs arrivèrent en Angleterre, les aultres en Bretaigne ; mais par la grace de Dieu tost retourna à l'Escluse. Après que ladite dame eut séjourné à l'Escluse, elle entra à Bruges le huitiesme jour du mois de janvier, l'an mil quatre cents vingt-neuf ; mais avant son entrée, il fault parler de l'hostel du duc à Bruges, où les nopces se feirent.

Il estoit ordonné, il est vrai, que pluiseurs et notables édifices audit hostel, dont les aulcuns estoient à estre mis sur les aultres à durer. Et pour engrandir ledit hostel, y fut appliquée une rue tenant audit hostel pour y applicquier et ordonner pluiseurs édifices ; laquelle rue fut murée aulx deulx bouts. Or fault parler dudit hostel. Il est vrai que dedans la machonnerie dudit hostel, sur la grant rue, fut ung moult bel et grant lyon de fust[1] très richement peint, et ordonné pour toujours durer accroupi ; et tenoit en l'une de ses pattes de devant ung fusil, et en l'autre une pierre, et de celle pierre sourdoit vin blanc et vermeil par certain artifice, et chéoit devant lui en ung grant bachin assez hault, habandonnés à prendre à tous ceulx et celles qui y vouldroient venir ; et y fut celle course de vin durant jour et nuict de la feste. Dedans ledict hostel, emmi la cour, y avoit faict ung cerf pareillement encaissé en ung mur, pour y laissier tousjours, lequel tenoit une fiolle dans sa patte et rendoit son ypocras à tous venans, qui chéoit devant lui en ung grant bassin ; et estoit richement ordonné dedans une grant salle faicte de fust toute neufve, dont on parlera ci-après. Il y avoit pareillement faicte une licorne bien grande et richement aournée, qui pertoit en son front devant une licorne fine toute entière d'une pièce, laquelle avoit de longueur entre sept et huit piés, qui, par une petite ampoullette[1] qu'elle tenoit en sa patte devant elle, rendoit son eau rose chéant devant lui, comme dict est, en ung bachin, là où se povoient tous ceulx et celles rafraîchir, qui là dansèrent ou servirent. Dedans l'hostel furent faicts pluiseurs beaux édifices, lesquels ont esté abattus ; c'est assavoir trois grandes cuisines, trois rotisseries, grandes et plantureuses, six drescheoirs pour les viandes rechepvoir, les uns pour potaiges, les autres pour boullis, autres pour gellées, autres pour rosts, autres pour paticheries, autres pour fruis et entremests ; et surtout un grant et principal, auquel tous les autres rendoient. Et avec ce fut faicte neupve, pour abattre, une grande salle du fust, qui avoit cent et quarante-six pieds de long, et de largeur soixante-treize ; et à l'un des bouts y avoit une belle et grande cheminée, et à l'autre des bouts estoient les portes et entrées ; laquelle salle estoit moult bien et richement parée ; et à chascun costé de la salle ung drescheoir, dont chascun portoit vingt pieds de long ; et si estoit sur deulx pas de hault, et au costé ung petit huis pour y entrer et yssir, et portoit chascun drescheoir, estages de haulteur chascun de deulx pieds et demi de hault. Dedans ladicte salle avoit dessure une chambre de parement faicte pareillement pour abattre ; dedans laquelle chambre avoit ung lit qui portoit dix-huit pieds de long et douze de lées. Par icelle chambre entroit-on dedans le grand hostel anchien. Dedans ladicte salle y avoit faict un moult bel hourdis[2] et hault, sur un des costés, là où les hérauls se tenoient pour regarder les estats, et pour crier les festes ; et là sonnoient les trompettes et ménestreulx pour danser. En icelui eschauffault povoient bien entrer soixante hommes. Le comble tout de la salle estoit tendu par dedans, depuis les pens jusqu'à la festissure, de drap neuf

(1) Bois.

(1) Fiole. (2) Echafaud.

de trois coulleurs, c'est asçavoir vermeil, bleu et blancq, et tous semés de la devise du duc ; c'estoit ung fusil à pierres enflambées, et au montant de la salle, au milieu, y avoit attachié ung arbre bien branchu, doré moult richement en ung moult bel et riche préau ; auquel arbre doré pendoient grans escus armoyez des armes des seigneurs et pays du duc; et sur le comble de ladicte salle, par dehors, y avoit assises grandes banières des armes des pays du duc. Sur les drescheoirs, les trois estages estoient couvers et chargiés de vaisselles fines d'or, et les deux estages d'en bas de moult riche vaisselle d'argent doré par grans vaisseaulx ; et au milieu de la salle y avoit chandeliers croisiez de fust pendans, emplis de torchins de chire, que fesoit moult bel veoir ardeoir par nuict. La chapelle, la grant salle anchienne et toutes les chambres, celle de madame de Bethfort et toutes les autres, connues et non connues, furent tant richement tendues de tapisseries que c'estoit une grant merveille à penser; et en aulcunes chambres et salles, là où il appartenoit, grans drescheoirs chargiés de vaisselle d'or et d'argent par grant habondance, et partout l'hostel servis à toutes les heures disners et souspers tous en vaisselle d'argent; et tousjours demouroient les susdits drescheoirs fournis, tant que c'estoit grant noblesse. Or, fault parler de ceulx qui vindrent en ladicte ville de Bruges pour estre à celle noble feste. Vray est que il y vint pluisieurs grans seigneurs et barons, nobles chevaliers et escuyers, dames et damoiselles dont je me passe en brief, car on peult assez sçavoir leur grant puissance et estat, tels que le comte de Conversan, qui depuis fut comte de Sainct-Pol, et ses deulx enffans ; l'évesque de Liége, le comte de Blanquenehem, messire Jehan de Luxembourg, qui depuis fut comte de Ligny et de Guise; le seigneur d'Anthoing, le seigneur de Préaulx, le vidame d'Amiens, le seigneur de Montagu et pluisieurs autres, tant de Bourgongne, de Picardie, de Flandres, de Hollande, de Zellande, que de ailleurs.

Après fault parler des dames ; et première madame Anne de Bourgongne, duchesse de Bethfort, femme et espouse du régent de France ; pour lors laquelle dame estoit tenue l'une des gracieuses du monde. Si fault croire que en grant estat de chevaliers et escuyers, dames et damoiselles, et tous habillements, tels que à princesses appartenoient, elle estoit aournée[1] et furnie. La comtesse de Namur, douagière, y vint à moult bel estat, grandement accompaignée de chevaliers et escuyers, tous vestus de sa livrée de drap de sathin noir, ouvrée d'orphaivrerie, au nombre de cent chevaulx ou plus, moult bien accompaigniée aussy de dames et damoiselles vestues pareillement, chascune selon son estat ; et l'accompagnoit la dame de Santes, atout ung chariot et seize chevaulx, ses gens parés de la livrée du seigneur de Santes. La dame de Beaurevoir, femme de messire Jehan de Luxembourg, y entra le vendredy sixiesme jour de janvier, moult noblement accompaigniée de chevaliers et escuyers au nombre de six vingts chevaulx. Elle estoit en ung chariot moult riche, tout garny et couvert de drap d'or, et ensuivant après six gentils hommes sur haquenées moult bien parées, et deulx varlets sur deulx chevaulx menants deulx haquenées en main. La dame d'Antoing vint, grandement accompaigniée à quatre cents chevaux, menant deulx haquenées en main par deulx varlets. Si estoit en sa compaignie la dame de Croisilles, sa niepce ; et estoit ladicte dame de Croisilles à cheval, accompaigniée de cinq dames et damoiselles moult richement habillées, et grant foison de chevaliers, escuyers et aultres portants la livrée du seigneur d'Antoing, robbes vermeilles bien brodées. La séneschale de Haynault vint ledict jour, bien accompaigniée de quatre-vingts chevaulx ou environ, où il y avoit pluisieurs nottables chevaliers, escuyers, dames et damoiselles parés de sa livrée moult honourablement. Après, vindrent pluisieurs dames et damoiselles du pays de Flandres en grants estats, dont je ne ferai icy mémoire ; car de tout leur estat raconter la matière seroit trop longue. Le samedi, septiesme jour de janvier, le duc espousa en la ville de l'Escluse madame Elisabeth de Portingal ; et n'y eult pas grants estats ne cerimonies faictes aux espousages, fors que il y eult aulcuns de ses princes, seigneurs et barons ; et de par la dame pareillement y estoient son frère l'infant don Ferrand, le comte d'Orin[2], nepveu de ladicte dame, l'évesque d'Euvre[3] en Portingal. Si y avoit dames, seigneurs et barons : assavoir, don Sansse, don Ferrand

(1) Ornée. (2) Ourem. (3) Evora.

de Menesse¹, don Ferrand de Castro, don Jean de Castro, et pluiseurs aultres nobles et grants seigneurs et escuyers. Si y avoit pluiseurs dames et damoiselles venants du pays de Portingal au nombre de vingt ou vingt-quatre; somme toutte, tant seigneurs qu'aultres gens, deux mille ou environ, et la plus grande partie vestus de la livrée de ladicte dame, robbes bleues, brodées bien richement de sa devise. Le dimanche au matin ensuivant, huitiesme jour dudict mois, ledict duc se mit sur l'eaue accompaignié de ses gens, et six vaisseaulx bien ordonnés et habillés, et armoyés dudict pays de Portingal; et arriva au dehors de Bruges joindant la porte à dix heures du matin. Si allèrent au-devant les collèges par procession; peuple y estoit grand. Ceulx de Bruges, de Gand et d'aultres bonnes villes de Flandres y estoient en moult grant estat et magnificence; et allèrent au-devant de ladicte dame tous les nobles seigneurs du pays de dehors qui estoient venus à ladicte feste. Mais ne povoit durer longuement en ordonnance qu'il lui convenoit retrayre pour la grant presse qui y estoit. Là il y avoit ung chariot pendant, moult richement doré, couvert de drap d'or, que la régente de France, sœur du duc, avoit envoyé et fait présent à madicte dame; dont on disoit pour vray que ès pommeaulx dudict chariot avoit plus de six marcs d'argent doré et esmaillé moult richement. Il y avoit aussy une moult riche littière faicte neuve, tant richement que il n'estoit point à penser; sur quoy ladicte dame monta seule, adournée à l'usaige de France, accompaignée de toute gentillesse, allant à pied d'un costé et d'aultre, tenant ladicte dame et les deulx destriers qui portoient la litière, sans nul gent de cheval, sinon deulx, dont l'ung fut don Ferrant son frère, et le seigneur de Roubaix, pour ce qu'il ne povoit aller à pied; car aultrement ne fut-il pas de cheval ; et puis derrière grand foison chevaliers et escuyers. Et tous les barons, chevaliers et escuyers de Portingal alloient à pied; pareillement roy d'armes, trompettes, héraulx et menestreulx, qui aussy la conduirent jusques à l'hostel du duc. Et fut sur le chemin parmi la ville près de deulx heures avant qu'elle fust descendue dedans l'hostel du duc, pour cause de la grant presse de peuple

(1) Menezès.

qui lors estoit dedans la ville. Tout au long de la ville, les rues estoient parées de drap vermeil, sans nulles aultres couleurs, et tous les mestriers mis en ordonnance de degré en degré, moult nottablement et à grant nombre de gens; et avoient leurs trompettes d'argent, comme il est accoutumé, de carrefour en carrefour. Et à chascune compaignie, les grans pots d'argent emplis de vin pour eulx raffraischir, qui sont trois mestiers, auxquels y avoit par nombre cent et cinquante trompettes d'argent, sans les aultres instruments, qui faisoient moult grans esbaudissements par la ville. Et par dedans le marchié, depuis ung bout jusques à l'aultre, y avoit faicte une nœufve rue de haut hourdis¹, tout chargié de peuple; et tout au long d'icelle rue, et de là jusques à l'hostel du duc, estoient en ordonnance archièrs et arbalestriers; et, auprès de la porte, y avoit tout en une compagnie soixante-seize trompettes, qui toutes bondissoient en une fois. Et ainsi entra madicte dame en l'hostel du duc, son seigneur et mari. Ladicte dame entra dedans la cour et alla jusques au pied des degrés, en l'anchienne salle, et là descendit, là où la vinst bienvegnier la duchesse de Bethfort, régente de France, accompaigniée moult grandement des nobles dames et damoiselles, tant de celles de son hostel comme de celles qui estoient venues à ladicte feste. Si entrèrent en la chapelle, où le service divin fust nottablement et révéremment faict. Après, les dames se rafraischirent, et prindrent nouveaux habits et ahornements de plus nobles en plus nobles; et puis, par ladicte grant chambre nœufve, la dame entra dedans ladicte salle. Si l'admenoient son frère et son nepveu dessusdit; et puis la suivoient toutes les dames amenées de son pays. Et fust ainsi une espace dedans ladicte salle ; et puis y vinst un petit de temps la duchesse de Bethfort, accompaigniée moult grandement. Une petite espace après, vint le duc accompaignié des seigneurs, barons et chevalliers moult richement aornés et habilliés de tant riches habits et joyaux que merveilles seroit à raconter ; et n'y arresta gaires, depuis qu'il eust les dames bienveignées, qu'il ne se partist, et mangea en sa chambre privément. Après que le duc fust parti, s'assirent les dames par la manière qu'il

(1) Echafaud.

s'ensuit : première s'assist ladicte dame, et auprès de lui au-dessous la duchesse de Bethfort ; au dextre de ladicte dame, son frère; et puis tout au-dessus deulx évesques, celui d'Evre[1] en Portingal, et celui de Tournay ; au-dessous la douagière de Namur, et puis tout au-dessous la dame de Beaurevoir. Et sur ladicte table avoit trois riches nefs d'or et d'argent, pour mectre aumosne. L'une servoit devant ladicte dame, l'autre devant la régente, et la tierce devant l'infant don Ferrand. Quant à la seconde table où séoient les dames, il n'y eust point parfaicte ordonnance pour la presse de la gent qui y vindrent trop abondamment ; et se y remurent pluiseurs dames que on sist où on poeult trouver place. Si séoient, première, madame de Bausegny, puis la séneschale de Haynault, puis la dame d'Antoing, la dame de Beauvergier, la dame femme de monseigneur Philippe de Montmorenci, la dame de Santes, et toutes celles venants de Portingal furent toutes à une table ensemble. Au service, devant les mets de la grant table, alloient pluiseurs grants seigneurs, tels que l'évesque de Liége, le seigneur d'Enghien, messire Jehan de Luxembourg, le seigneur d'Antoing, le comte de Bosquenehen, et bien vingt chevalliers de l'hostel du duc. Et creez que c'estoit bel à veoir celle noble compaignie et ordonnance. A chacun mets, avoit entremets, et à chacun plat ung; dont le premier fust une dame et ung préau large, plus que n'est ung grant plat, et tenoit icelle dame, une bannière en sa main, armoyée des armes du duc ; et, à l'aultre main, menoit une licorne vestue d'un mantel ainsi armoyé. A chacun plat du second mests, y avoient dames qui tenoient en l'une des mains petits penoncheaux armoyés des armes dessusdictes, et à l'aultre main menoient chièvres enmantelés desdictes armes ; pareillement au tiers mets, y avoit hommes saulvaiges à cheval sur pourchelets rostis, aussi armoyés des armes dessusdictes. Au quart mests, haults chasteaux quarrés à quatre tours, et au milieu une grosse tour, là où il avoit sur la terraisse un homme saulvaige, tenant une banière des armes du duc ; et à chascune des quatre tours sur la terraisse, une dame tenant ung penon armoyé des armes de ses pays. En la fin y eust ung grant entremests d'ung grant pasté où il y avoit ung mouton tout vif, teint en bleu, et les cornes dorées de fin or. En icelle pasté, avoit ung homme nommé Hansse, le plus appert que on sceut, vestu en habit de beste saulvaige ; et quant le pasté fust ouvert, le mouton saillit en bas, et l'homme sur le bout de la table, et alla au long de l'appuye du blanc lutter et riber[1] à madame d'Or, une moult gracieuse folle, et qui bien sçavoit estre, qui estoit assise au milieu des deulx grants dames, aussi haut que l'appuye du banc. Et en lutter, et en riber, firent moult d'esbattements ; et d'aultre part pensez que assez y eust d'esbattements aultres, tant de trompettes, menestreulx et de moult divers instruments ; et estoit près de vespre avant que on eust disné. Apprès le disner et les graces dictes, les dames se retrayrent et prindrent nouveaux habits. Aussi se mirent tous les seigneurs et chevalliers, d'habits pareillement, deulx ou trois fois. Sy y eust vingt-un chevalliers qui estoient de la compaignie du duc, vestus paraux de robbes et heucques[2] chargiées d'orphaivreries riches et pesantes ; et dansssèrent jusques apprès mie nuict, que on fist crier, qui estoit près du jour, unes joustes pour lendemain ; puis se fist le banquet.

Le lendemain, joustèrent moult radement sur le marchié de Bruges, où on joustoit à trois rangs ; et durèrent les joustes le lundy, mardy, mercredy et jeudy ; sy se reposèrent le vendredy ; et toujours y eust prix d'armes pour la jouste aulx chevalliers et escuyers du dehors et du dedans. Sy y eust de moult grants dansseries et de moult grants estats faicts, tant d'habits changiés comme autrement. Mesmement paiges et officiers du duc, tous iceulx jours, muèrent d'habits tous chargiés d'orphaivrerie, cors et manches de drap de soie et de fourrures, tant richement que on ne polvoit penser. Pour le premier jour à la jouste, le comte de Bosquenehem forjousta de dehors ; et eust pour le prix un frémail d'or ; comme chevallier et comme escuyer du dehors, fust Vasque de Mol ; sy eust pour son prix ung rubis. Le chevallier qui de lors jousta dedans fust monseigneur de Créquy. Sy eust une chaisne d'or ; et l'escuyer de dedans fust Andrieu de Toulonjon ; si eust ung diamant. Au second jour, pour le chevallier de dehors, le duc eust ung riche dia-

---

(1) Evora.

(1) Folâtrer. (2) Robes.

mant; et l'escuyer de dehors fust Pierre de Vendre, et eust ung frémail d'or; et pour le chevallier de dedans, le comte de Blanquenehem; et eust ung diamant, et l'escuyer parlant ung frémail d'or. Le tiers jours, pour le chevallier de dehors, monseigneur de Créquy, ung rubis; l'escuyer Henry d'Oxen ung frémail d'or; le chevallier de dedans, le seigneur de Croy, ung rubis; l'escuyer Anthoine de Villers ung frémail d'or. Le quatriesme jour n'y eust que deulx prix, dont le mieulx faisant de dehors fust messire Jehan Vasques, chevallier de Portingal; sy eust ung rubis; et dedans, le seigneur de Bussy; sy eust ung diamant. Le sabmedy se fist unes joustes à l'usaige de Portingal, que les Portingallois firent sans donner prix; et furent abbattues toutes les listhes qui estoient sur la place. Sy firent une seule listhe à travers, de fort merrien, haute jusques aux espaules des chevaux, et furent tendues de drap bleu tout au long; et, en la fin de la jouste, demoura iceluy drap aulx cocquins, par pièches et bandeaux. Et joustoient aussi au long de la listhe, l'un d'ung costé, et l'aultre de l'autre, à escus comme de fin acier, et les heaulmes à la fachon, en selles de guerre; et n'y eust que deulx ou trois estrangiers contre eulx; et dura la jouste assez longuement, à peu rompre de bois; car les roches ne polvoient prendre sur les escus et harnois, nonobstant qu'ils y mettoient grant peine. Et furent assez richement habilliés à l'usage de leur pays. Le merquedy, troisiesme jour des espousailles, au vespre, que encoires joustoit-on, vinst la duchesse de Clèves; et amenoit avec elle deulx de ses fils. Le damoiseau de Clèves, son fils, estoit avec le duc, lequel alla au-devant de ladicte dame en la compaignie du duc, lequel y alla au-devant à grant foison de baronnie. Sy entra aussi noblement accompaignée, sur le vespre, à cheval, moult honorablement et à grant foison de torches. Le dimanche, seiziesme jour du mois, se firent joustes pareilles à celles du sabmedy, et y eust six jousteurs des pays du duc avec ceulx de Portingal. Et ainsi se conclud ladicte feste et solempnité, qui fust tant riche et honorable que mémoire en doit estre à toujours; car je crois que oncques ne furent venes tant de riches robbes de drap d'or et orphaivrerie que en icelle feste. Et qu'il soit vray, il y eust tant de seigneurs que dames qui firent faire tant de robbes de riches draps d'or tissus, sans celles d'orphaivreries, que les ungs en avoient pour leur corps vingt, les aultres seize, douze, dix, et le moyen estoit de cinq et de six, voire si riches que nul ne le polroit croire, qui ne l'auroit veu. Et quant au duc, sans les draps d'or, il y alloua, tant pour son corps que pour ceulx qu'il vestist pareils de lui, pour les paiges et ceulx de l'escuyrie, qui tous les jours eurent nouveaux marcs d'argent; et furent tous ses serviteurs vestus de drap de damas et de satin; et, comme je ouy dire, que icelle année que le duc espousa ladicte dame Elisabeth, fille du roy de Portingal, il despendit plus de six cent mille salus.

CHAPITRE CLVI.

Comment le duc de Bourgongne, durant la feste de ses nopces, institua et meit sus la noble ordre de la Toison d'or.

Et pour venir à parler de l'ordre de la Toison d'or, vray est que le duc, par grant magnificence, fist, durant ceste noble feste assemblée, publier la prise de ladicte noble ordre de la Toison d'or, par son roy d'armes de Flandres, accompagnié moult honorablement de pluiseurs officiers d'armes, et de l'un de ses secrétaires, prononchant les paroles par la manière que s'ensuit:

« Or, oyez, princes et princesses, seigneurs, dames et damoiselles, chevaliers et escuyers! Très hault, très excellent et très puissant prince, monseigneur le duc de Bourgongne, comte de Flandres, d'Arthois et de Bourgongne, palatin de Namur, ce faict sçavoir à tous: que pour la révérence de Dieu et soutenement de notre foi chrestienne, et pour honorer et exaulser la noble ordre de chevalerie, et aussi pour trois causes cy-après déclarées: la première pour faire honneur aux anchiens chevaliers, qui par leurs nobles et haults faicts sont dignes d'estre recommandés; la seconde, afin que ceulx qui de présent sont puissants et de force de corps, et exercent tous les jours les faicts appartenants à la chevalerie, aient cause de les continuer de bien en mieulx; et la tierce, afin que les chevaliers et gentilshommes qui verront porter l'ordre, dont cy-après sera toutte honneur ceulx qui le porteront, soient meus de eulx employer en nobles faicts, et eulx nourrir en telles mœurs que par leurs vaillances ils puissent acquérir bonne renommée et desservir en leur temps d'estre esleus à porter ladicte ordre : mondict seigneur le duc a emprins et mis sus une ordre qui est appelée la Toison-d'Or. Auquel, avecques et en oultre la personne d'icelui monseigneur le duc, a vingt-quatre chevaliers, gentilshommes de nom et d'armes, et sans reproches, nés et procréés en léal mariage ; desquels la déclaration des noms et surnoms se ensuivent : c'est assavoir nos très chiers et féaulx , messire Guillaume de Vienne, seigneur de Sainct-Georges et de Saincte-Croix ; nostre cousin, messire Renier Pot, seigneur de la Prugne et de la Roche de Noulay ; messire Jehan , seigneur de Roubaix et de Herzeilles ; messire Rollant d'Utequerque, seigneur de Hemsfrode et de Heestruut ; messire Anthoine de Vergy, comte de Dampmartin, seigneur de Champlite et Rugney, nostre cousin ; messire David de Brimeu, seigneur de Ligny ; messire Hues de Lannoy, seigneur de Santes ; messire Jehan de Commines ; messire Anthoine de Toulonjon, seigneur de Traves et de la Bastie, mareschal de Bourgongne ; messire Pierre de Luxembourg, comte de Sainct-Pol, de Conversan et Brienne, seigneur d'Enghien, nostre cousin ; messire Jehan de la Trimouille, seigneur de Jonvelle, aussi nostre cousin ; messire Guilbert de Lannoy, seigneur de Villerval et Tronchiennes ; messire Jehan de Luxembourg, comte de Ligny, seigneur de Beaurevoir et de Bohain, nostre cousin ; messire Jehan de Villers, seigneur de l'Isle-Adam ; messire Anthoine , seigneur de Croy et de Renty, nostre cousin ; messire Florimont de Brimeu ; messire Robert, seigneur de Mamines ; messire Jacques de Brimeu ; messire Baulduin de Lannoy, dit le Beghue, seigneur de Molembaix ; messire Pierre de Beffremont, seigneur de Charni ; messire Philippe, seigneur de Ternant et de La Motte ; messire Jehan de Croy, seigneur de Tours-sur-Marne, nostre cousin ; et messire Jehan, seigneur de Créqui et de Canaples. Auxquels chevaliers dessus nommés mondict seigneur donne à chacun d'eulx ung collier faict de fusils, auquel pend la Thoison-d'Or ; et est l'intention de mondict seigneur le duc de faire briefvement les ordonnances appartenants à ladicte ordre. »

CHÀPITRE CLVII.

Des armes quy se firent en la ville d'Arras, entre Franchois et Bourguignons, dont le duc estoit juge.

Ici laisse à parler des nopces du duc, et parlerai que auparavant dudict mariage, et aussi devant que l'ordre de la Thoison fust mise sus, ainsi que le duc alloit à Paris à grant armée pour ses affaires, en passant devant la cité de Senlis, pour lors tenant le parti contraire du duc, en laquelle cité avoit grant foison de ses ennemis, furent certaines armes emprinses à cheval, de fust[1] et de fer et de lances, de trois chevaliers et ung escuyer des pays du duc, allencontre de trois chevaliers et ung escuyer de la partie adverse, desquels les noms s'enssuivent. Premiers, le seigneur de Charny, messire Simon de Lalaing, messire Nicolle de Menton et Jehan de Baudrey ; et ceulx de la partie adverse estoient messire Théaude de Wallepergue, messire Philibert de Bresy, messire Guillaulme de Bès, et Poton de Sainct-Traille, lesquels estoient pour lors en ladicte cité de Senlis. Et mirent les dessus nommés si longuement à faire leurs armes que les espousailles et nopces furent faictes, et ladicte ordre de la Thoison d'or ordonnée, comme desus dit est ; et furent les susdictes armes faictes en la ville d'Arras, au mois de mars enssuivant, devant le duc qui estoit juge des dessusdictes armes. Et comme dit est, le premier fut messire Pierre, seigneur de Charny, allencontre de messire Philibert de Bresy ; lequel de Charny fist ses armes bien et vaillamment ; et fut ledict Philibert navré au visaige très durement, et en grant dangier de mort ; et les aultres six firent très bien, sans y avoir nul ny navré ne bleschié. Touttefois ledict messire Théode fut porté par terre, luy et son cheval, par messire Simon de Lalaing, qui depuis fut faict chevallier dudict ordre de la Thoison d'or. En après icelles armes, s'en firent unes aultres en ladicte ville d'Arras, de rencontres de lances, d'ung gentilhomme de Savoye tenant la partie au duc, allencontre de l'Estendart de Milly, bien vaillant escuyer, qui fut fort bleschié au visaige, pareillement que lediet messire Philibert de Bresy.

(1) Bois.

CHAPITRE CLVIII.

Comment le duc de Bourgongne asségia la ville de Compiengne, où la pucelle Jehanne fut prinse par une saillie qu'elle fit; et de plusieurs aultres faits de guerre.

En l'an 1430, fut le seigneur de l'Isle-Adam, chevalier de ladite ordre de la Thoison-d'Or, ordonné mareschal de France et capitaine de Paris, là où il s'est grandement et notablement gouverné en la garde de ladicte ville de Paris, et en son dict office de mareschal. Environ le vingt-deuxiesme jour d'avril, an dessusdict, fut envoyé de par le duc une très belle compaignie de chevaliers, escuyers et gens de guerre, de Picardie à Paris; et estoient cinq cents chevaulx ou environ; et estoit leur capitaine le seigneur de Ternant, chevalier dudict ordre de la Thoison-d'Or; et avoit l'estandart les devises du duc; et prinrent Saint-Mor-des-Fossés, forteresse pour lors adverse, et aultres menues places entour Paris. Et avec ce estoit ledict seigneur de Ternant capitaine-général du pays de Brie; et prinrent ses gens la ville de Coulleuvres-en-Brie, d'eschielles; et fist le seigneur de Ternant de belles besongnes audict pays de France et de Brie en fait de guerre. Au mois de may ensuivant, fist le duc une très belle et grande armée pour aller au siège de Compiengne où estoient ses ennemis. En laquelle compaignie estoient de ladicte ordre haulx et puissants seigneurs; c'est assavoir messire Philippe de Luxembourg comte de Ligny, le seigneur de Créquy, messire Hue de Lannoy, le seigneur de Commines, messire Jacques, messire David, messire Florimond de Brimeu, et le Bégue de Lannoy, tous chevaliers dudict ordre de la Thoison-d'Or, accompaigniés grandement et notablement; et y eult plusieurs places et forteresses qui se rendirent en allant audict siége. Au mois de may, an dessusdict, le duc mist le siége devant une forteresse séant sur la rivière d'Enne[1], près de la ville de Compiengne, nommée le Pont-à-Choisy; et falloit passer une grosse rivière, nommée Oise; et la passoit-on à ung villaige nommé le Pont-l'Evesque, assez près de la cité de Noyon; et estoit ledict passage gardé de deulx vaillants chevaliers d'Angleterre, et en iceluy s'estoient les adversaires du duc assemblés en grant nombre pour combattre le duc. Et là estoit Jehanne la Pucelle, laquelle estoit comme chief de la guerre du roy, adversaire pour lors du duc; et créoient les adversaires qu'elle mettroit les guerres à fin, car elle disoit qu'il luy estoit révélé par la bouche de Dieu et d'aulcuns sainctz. Si conclurent lesdicts adversaires d'aller ruer jus ceulx qui gardoient ledict pont; et de faict les allèrent assaillir très rudement; mais les chevalliers dessusdicts se défendirent si vaillamment que les ennemis ne les peulrent grever; et aussy le seigneur de Saveuses, et aultres des gens du duc, les vindrent aydier et secourir en toute diligence; et y eult grant foison de navrés d'ung costé et d'aultre; et ne firent lesdicts adversaires aultre chose pour l'heure, ains retournèrent chascun en leurs villes et forteresses, et les chevalliers demourèrent, gardants le pont tant que le duc fust devant ledict Pont-à-Choisy, où il fust dix jours; et s'enfuirent ceulx de ladicte place. Et tantost après que le duc eust prins ledict Pont-à-Choisy, repassa ledict pont et rivière, et se logea à une lieue près de Compiengne, et son ost ès villaiges près de ladicte ville. Et ainsi le duc ordonnoit ses gens pour mettre son siège devant ladicte ville de Compiengne, qui est grosse et grande ville, de grant tour, et enclose en partie de deulx rivières d'Oise et d'Enne, qui assemblent devant ladicte ville, ou assez près; et estoit capitaine de ladicte ville de Compiengne un escuyer nommé Guillaume de Flavi, lequel faisoit de grants maulx ès pays du duc. Adont vinst en la ville de Compiengne la Pucelle par nuit, et y fust deulx nuits et ung jour; et au deuxiesme jour dist qu'elle avoit eu révélation de Dieu qu'elle mettroit à desconfiture les Bourgongnons. Si fist fermer les portes de ladicte ville, et assembla ses gens et ceulx de la ville, et leur dit la révélation, laquelle luy estoit faicte comme elle disoit; c'est assavoir que Dieu lui avoit faict dire par saincte Katherine qu'elle issist ce jour allencontre de ses ennemis, et qu'elle desconfiroit le duc, et seroit prins de sa personne, et tous ses gens prins, morts et mis en fuite, et que de ce ne faisoit nul doubte. Or est vray que, par la créance que les gens de son party avoient en elle, la crurent. Et furent ce jour les portes fermées jusques environ deulx heures après midy, que la Pucelle issit, montée sur ung moult bel coursier, très bien armée de plain

---

[1] Aisne.

harnois, et par-dessus une riche heucque,[1] de drap d'or vermeil ; et après elle son estendart, et tous les gens de guerre estant en la ville de Compiengne ; et s'en allèrent en très belle ordonnance assaillir les gens des premiers logis du duc. Là estoit un vaillant chevallier nommé Bauldot de Noyelle, qui depuis fust chevalier de l'ordre de la Toison-d'Or, lequel, luy et ses gens, se deffendirent moult vaillamment, nonobstant qu'ils furent sous-prins ; et pendant l'assault, le comte de Ligny, en sa compaignie le seigneur de Créquy, tous deulx chevaliers de l'ordre de la Thoison-d'Or, à bien petit nombre de gens se mirent à approcher la Pucelle et ses gens ; laquelle pour la résistence qu'elle avoit trouvée au logis dudict Bauldot de Noyelle, et aussy pour le grant nombre des gens du duc, qui, de toutes parts, arrivoient où la noise estoit, si commenchèrent à retrayre. Si se frappèrent les Bourguignons dedans si très rudement que pluiseurs en furent prins, morts et noyés. Et la Pucelle si soustenoit toute la dernière le fais de ses adversaires ; et y fut prinse par l'ung des gens du comte de Ligny, et le frère de la Pucelle, et son maistre d'hostel. Laquelle Pucelle fut menée à grant joie devers le duc, lequel venoit en toute diligence en l'ayde et secours de ses gens ; lequel fut moult joyeulx de la prinse d'icelle, pour le grant nom qu'elle avoit ; car il ne sembloit point à pluiseurs de son party que ses œuvres ne fussent miraculeuses. Et tantost après ladicte prinse, le duc se logea assez près de la ville de Compiengne. Auprès du logis duc furent faictes mines et approces allendroit de ung fort bolvercq qui estoit au pont de la ville, où avoit forte garde ; et là y eult maintes belles escarmouches tant d'ung costé que d'aultre ; et si fust le bolvercq tant approchié que, par force d'armes et de bel assault, fut prins ; et peu y eult de ceulx qui le gardoient qui ne fussent tous noyés, morts ou prins.

CHAPITRE CLIX.

Comment les Liégeois commenchèrent la guerre contre les Namurois, boutants feu en pluiseurs endroits.

En iceluy temps, le duc estant devant Compiengne, firent les Liégeois, quy avoient abs-

(1) Robe.

tinence de guerre du duc, à certain temps dict, pluiseurs assemblées ensemble ; et finablement conclurent de eulx mectre en armes à puissance, et aller détruire sa comté de Namur, sans luy demander le dédit de guerre. Et se mirent sus, et commencèrent à boutter feux en pluiseurs lieux ; et prirent le chastel de Beaufort, qui par ung nommé Henri de Genne avoit esté abandonné. Ces choses venues à la connoissance du duc, luy estant devant Compiengne, par bonne discrétion et délibéracion du conseil, fut ordonné que le seigneur de Croy iroit à Namur pour résister allencontre desdits Liégeois, en nombre de sept à huit cents ; et arriva en la ville de Namur le seiziesme jour de juing ; et trouva ceulx de la ville et du pays entour moult desconfortés, combien que iceulx Liégeois ne tenoient encoires les champs à puissance.

CHAPITRE CLX.

Comment le comte de Ligny mit le siége devant Crespy en Lannois, qui luy feut rendue, et la cité de Soissons luy fist obéissance au nom du duc de Bourgongne.

Audict mois de juing, arrivèrent devers le duc, devant Compiengne, deulx comtes d'Angleterre, assavoir le comte de Hontinton et le comte d'Arondel ; et amenèrent avecques eulx environ deulx mille combattants. Et adont les deulx chevalliers d'Angleterre, quy gardèrent le pont dont dessus est parlé, s'en allèrent à Paris ; et durant iceluy siége de Compiengne, fut le siége mis devant la ville de Vittry, des adversaires du duc. Che venu à sa connoissance, par délibéracion du conseil, y envoya le comte de Ligny parmy le pays de Lannois, pour lors adversaire du duc, et y fist de grands gasts ; et mist le siége devant la ville de Crespy en Lannois, et luy fut rendue ; et de là, en retournant audict siége de Compiengne, fut devant la cité de Soissons ; et fist tant que la dicte cité luy fist obéissance pour et au nom du duc, et luy fut rendue.

CHAPITRE CLXI.

Du trespas du duc Philippe de Brabant ; et comment le duc de Bourgongne print possession de la duché ; de pluiseurs faicts d'armes quy se firent durant le siége de Compiengne ; et comment il fut délaissé.

Or est vray que, le quinziesme jour du mois d'aoust, vindrent nouvelles au duc que Phi-

CHAPITRE CLXI.

lippes, duc de Brabant, son cousin germain, estoit allé de vie à trespas; et, pour icelle cause, se partist le duc de son logis, pour aller audict pays de Brabant, lequel pays, par le trespas de sondict cousin, luy estoit escheu; pourquoy il alla prendre la possession dudict pays, et ordonna le comte de Ligny comme chief dudit logis de Compiengne; et si demourèrent les deulx comtes d'Angleterre dessus nommés, et estoient de trois à quatre mille combattants. Au mois de septembre ensuivant, après le partement du duc, le comte de Ligny, messire Hue de Lannoy, le seigneur de Créquy, et pluiseurs aultres, passèrent la rivière d'Oise, assez près de Compiengne, à ung pont faict de bateaulx, pour asségier ladicte ville; car encore n'estoit-elle point asségiée, ne n'y avoit siége que d'un costé, et par bastilles, assez près de ladicte ville, bien garnies de gens de guerre. Les deulx comtes d'Angleterre ne se bougèrent de leurs logis, lesquels estoient à ung village nommé Venettes, à ung quart de lieue de la ville; et quand lesdits chevaliers furent passés ladicte rivière, ils advisèrent que à si petit nombre de gens que ils estoient, veu le grant tour de la ville, ils ne pouvoient asségier ladicte ville tout autour. Si ordonnèrent à faire une bastille devant la plus forte porte de ladicte ville, du costé de la forest, là où les advenues des adversaires estoient, tant de ravitaillement que d'avoir secours. Si fut icelle bastille faicte et dreschiée devant icelle porte et gardée par le seigneur de Créquy et messire Florimont de Brimeu, chevalliers de l'ordre de la Thoison d'or; et là y eult maintes belles escarmouches, et de grants armes faictes à dreschier ledict bastillon, quy oncques ne fut parfaict. Et dura icelui logis l'espace de cinq mois passés; et, environ le mois d'octobre, s'assemblèrent les adversaires du duc, jusques au nombre de quatre mille combattants, ou plus, et vindrent ravitailler ladicte ville de Compiengne; et, quand les nouvelles furent venues à ceulx dudict logis, si leur fut acertené que iceulx venoient pour combattre; et lors les comtes de Hontinton, Ligny, Arondel, et messire Hue de Lannoy, ordonnèrent leurs gens pour combattre; et furent les quatre bastilles fermées de bonnes gens de guerre pour les garder. Si arrivèrent les susdits adversaires en une place environ une petite lieue de ladicte ville; et les seigneurs dessusdits sachants leur venue, cuidants que les dicts adversaires venissent combattre, marchèrent en bataille, tous à pied jusques à ladite place, pour le grand désir que ils avoient de combattre Et, quant che vint à l'aborder ensemble, les dessusdits adversaires se départirent sans combattre; et s'en allèrent ceulx de cheval à course de leurs chevaulx, et ceulx de pied se frappèrent dedans la forest; et là y eult desdits adversaires, que morts que prins, environ trente. Si convint les seigneurs dessusdits retourner à pied, comme dessus est dict; et iceulx comtes et seigneurs revenus, trouvèrent les adversaires en belle ordonnance et bataille, et à cheval, entre la ville et la forest; et là se monstrèrent bien gens de guerre. Si commencha une escarmouche entre les deulx batailles. Et, pour vray dire, se ils eussent combattu l'ung l'autre, la bataille eult esté mortelle, car la besongne estoit très hayneuse, et si avoit des vaillants hommes d'ung costé et d'aultre. Mais à peine se pouvoit-il faire que il y eult bataille; car les gens du duc ne voulloient combattre que à pied, et les adversaires à cheval; si estoit chascun sur sa garde. Mais, pendant icelle escarmouche, les dessusdits adversaires avoient envoyé de leurs gens de pied dedans la ville de Compiengne, lesquels, avecques ceulx de la ville, assaillirent la bastille où le seigneur de Créquy, messire Florimont et messire Jacques de Brimeu estoient. Or ne pouvoient ceulx de la bastille veoir leurs gens, estants en bataille, comme dessus est dict; et, pour che, avoit esté dict à ceux de Créquy et de Brimeu, que ils feissent gecter canons, se on les assailloit. Lesquels signes ne furent point ouis; et, par ainsi, ne fut point ladicte bastille secourue; et fut prinse de bel assault. Et furent prins les seigneurs de Brimeu et Créquy, et pluiseurs aultres; et furent morts bien trente de leurs gens. Entre lesquels y fut mort le seigneur de Limères, le chastelain Archambault de Brimeu; et tantost après fut porté à la congnoissance des comtes de Hontinton, de Ligny et d'Arondel, lesquels en furent terriblement troublés; et non sans cause, car ils avoient faict une grant perte. Et lors feirent par un roy d'armes sommer leurs ennemis et requérir la bataille. Mais ils ne feirent à che propos point de responce. Si demourèrent les dessusdits en bataille, l'ung devant l'aultre, jusques aulx vespres, que les adversaires entrèrent dedans ladite ville, et y bouttèrent grant foison de vivres que ils avoient amenées sur chevaulx en main; et les gens du duc, tous ensemble, repassèrent la rivière d'Oise à ung pont faict de batteaulx, qui pour lesdictes bastilles et logis avoit esté faict.

Le lendemain bien mattin, les adversaires issirent de la ville, et allèrent assaillir trois bastilles qui estoient près de la ville, et en prinrent les deulx, et la troisiesme se tint; et ché faict, lesdicts adversaires se retrayrent dedans la ville. Et ce venu à la cognoissance du comte de Ligny, qui n'avoit nulle voullenté de partir, s'en alla où lesdictes bastilles avoient esté gardées; et faisoit son compte de là attendre le duc auquel il avoit mandé l'adventure du jour. Et tout ainsi que le comte de Ligny ordonnoit remectre gens dedans lesdictes bastilles, on lui vint dire que les deulx comtes d'Angleterre, de Hontinton et d'Arondel s'en voulloient aller, en disant que le paiement de leurs gens estoit failli, passé avoit huit jours, et que sans argent ne demourroient plus. Pour quoy le comte de Ligny, tant dolant que plus ne povoit, alla devers les susdits comtes d'Angleterre, et les requit qu'ils voulsissent demourer jusques atant que on fust revenu de devers le duc; mais ce ne vouldrent-ils point faire, et se conclurent d'eulx partir. Lors tint le comte de Ligny conseil avec la noblesse qui avecques luy estoit. Sy fut advisé que, puisque on ne pouvoit faire demourer lesdits Anglois, qui avoient la plus grosse compaignie, que bonnement ledict comte de Ligny ne povoit demourer sans grant dangier, attendu que le duc estoit en Flandres; parquoi ne polroit venir là que ne fust bien hault jour. Et sembla que mieulx valloit que il se partist avecques les deux comtes dessusdits, que là demourer à si petit nombre de gens qu'il avoit. Sy fut conclud que il partiroit; qui lui feit très amère desplaisance; et partirent tous ensemble et laissèrent leurs bastilles et logis; et ainsi demoura ladicte ville sans estre prinse.

CHAPITRE CLXII.

De la guerre de l'évesque de Liége allencontre des Bourguignons, au pays de Namur et dudit Liége, laquelle fut fort rigoureuse.

Et pour revenir au propos des Liégeois, qui estoient entrés au pays de Namur, et pour parler des seigneurs de Croy et de Mamynes, chevalliers de l'ordre de la Thoison-d'Or, qui se partirent de Compiengne, et arrivèrent en ladicte ville de Namur, au quinziesme jour de juing, atout belle et noble compaignie de gens de guerre: si ne demoura gaires que les députés de quatre membres de Flandres arrivèrent en ladicte ville de Namur, le quinziesme jour de juing, pour aller en la cité de Liége, espérants trouver traictié avec lesdicts de Liége, là où ils vacquèrent environ quatorze jours, durant lesquels le sire de Croy ne feit aulcune guerre, tant pour ce que les susdits députés de Flandres ne eussent aulcun empeschement, comme pour che qu'ils entendoient à fortifier les fauxbourgs de ladite ville de Namur, qui n'estoient fermés que de palissades. Ce nonobstant, lesdicts de Liége bouttèrent le feu, ce temps durant, en pluiseurs lieux audit pays de Namur, et après le retour desdits députés de Flandres, qui ne besongnèrent rien, car lesdicts Liégeois ne désiroient que la guerre. Et lors l'évesque de Liége, nommé Jehan de Hainseberge, envoya audit lieu de Namur porter ses lettres de deffiance audict seigneur de Croy, par lesquelles il deffioit le duc pour cause de ce que ledict évesque de Liége avoit esté devers le duc pluiseurs journées, touchant la question desdicts Liégeois; et finalement fut appoinctié en ladicte ville de Gand et scellé, que se aulcuns d'eux voulloient faire guerre ou emprinse l'un sur l'autre, ils le signifieroient quinze jours devant ladicte entreprise; et pour ce envoya les dessusdictes lettres au seigneur de Croy, lequel fut conseillé de les recepvoir. Mesmement le porteur d'icelles disoit qu'il n'avoit charge que de les bailler audict seigneur de Croy. Et ce faict, sans attendre le temps de quinze jours, que ledict évesque avoit scellé, icellui évesque partit lendemain, et alla faire boutter feux en ung gros village nommé Andenne, et fist tout ardoir, excepté le corps de l'église des chanoines et chanoinesses. Et ce faict, ledict seigneur de Croy fut conseillié de aussi deffier ledict évesque, et ainsy le fit. Lesquelles deffiances présentées audict évesque, qui s'estoit retraict en sa ville de Huy, en attendant la puissance et commune de son pays, et le seigneur de Hainseberge, son père, qui le vint servir atout six cents Allemands ou environ, le seigneur de Croy s'en alla devant la ville de Fosse, une ville fermée, laquelle estoit audit évesque, et la print d'assault et la fist ardoir e destruire, et puis retourna en la ville de Namur. Ne demoura gaires que nouvelles vindrent au seigneur de Croy que les Liégeois de dessus la rivière de Sambre estoient assemblés, et qu'ils voulloient bouter feux en la comté de Namur, en ung gros villaige nommé Fleru. Et pour en sçavoir la vérité, le sire de Croy y envoya de ses gens, qui trouvèrent les Liégeois assez près d'ung bois, de six à sept cents hommes à pied, desquels en demoura morts environ six vingt, et le surplus se saulvèrent au bois et ailleurs le mieux qu'ils peurent. Tantost apprès, le seigneur de Croy envoya le seigneur de Reubempré, son beau-frère, en la forteresse de Poillinache, pour la garder allencontre des Liégeois; mais il ne fut mye longuement dedans ladicte forteresse que, à une saillie qu'il fist allencontre de ses adversaires, fut bleschié et emmené prisonnier à Dinant, où il morut de ladicte blessure, dont ce fut grant dhommaige. L'évesque de Liége, et ceulx de ses pays, se mirent sus tous ensemble aux champs, et s'en allèrent bouter feux parmi la comté de Namur; et mirent le siége devant une forteresse nommée Gosselines, que avoit en garde le bastard de Salme, et le rendit aux Liégeois, corps et biens saufs de lui et de ses compaignons; mais ledict traictié lui fut mal tenu, car les Liégois lui tuèrent environ cent de ses gens à l'issir de ladicte forteresse; et se saulva ledict bastard à grant peine; et ardirent ladicte forteresse; et ce faict, passèrent la rivière de Meuse, à Huy, et allèrent asségier la forteresse de Poillinache, où le seigneur de Croy avoit envoyé, apprès la prinse du seigneur de Reubempré, ung chevalier nommé le seigneur de Senlis. Si l'asségièrent les Liégois, et leur fut rendue par traictié, saufs corps et biens de ceulx qui estoient dedans; et fut pour la cause que l'eau leur estoit faillie. Et là dedans estoient retraits les subjects du pays d'entour; et sur cest estat avoient induce[1], de par scellés, de vidier leurs biens, jusques à huit jours. Mais rien ne leur en fust tenu, car au second jour les feulx y furent boutés, et la place démollie. Et en cellui siége envoyèrent ceulx de la ville de Trect cent arbalestriers et vingt hommes d'armes, avec aultres gens, jusques au nombre de quatre cents; lesquels furent tous rués jus par le seigneur de Croy; et peu en eschappa qui ne fussent morts ou prins.

(1) Trèves.

Et tantost après, les Liégois allèrent mettre le siége devant la ville de Bouvingnes, en la comté de Namur, où estoient envoyés, deulx gentilshommes de par le seigneur de Croy, nommés Sandras de Soier et Morlet de Renty, et pluiseurs aultres compaignons de guerre. Si estoient les Liégois bien trente mille hommes; et dura le siége environ vingt-six jours; et là y eult maintes belles escarmouches; et firent les Liégois trois ou quatre assaulx au bolverq de la tour; mais ceulx de dedans se deffendirent si vaillamment que lesdicts Liégois n'y peurent rien faire; et finablement levèrent leur siége sans conquester la ville. Et durant icellui siége, les Liégois avoient laissé, pour garder le pays de Hasebain, neuf mille hommes ou environ, tant de cheval comme de piet. Si est vray que le seigneur de Croy chevauchoit souvent, tant sur ceulx dudit siége comme sur ceulx qui gardoient ledict pays de Hasebain, là où il fist maintes belles escarmouches. Et tantost après, ledict seigneur envoya Jehan de Floron, et Allemand de Flesin, pour garder la ville de Vallecourt, en la cité de Namur. Mais iceulx n'eurent mie conseil de la tenir; ains s'en partirent et la habandonnèrent; et les Liégois tantost apprès y entrèrent et la pillèrent, et puis y boutèrent les feulx. Apprès ces choses faictes, les Liégois se retrayrent en leur pays et bonne ville de Liége; et ne demoura tenant les champs que les neuf mille hommes qui gardoient le pays de Hasebain, sur lesquels le seigneur de Croy et ses gens portoient de grands dhommaiges, et boutoient les feulx en pluiseurs lieux du pays de Liége. Tantost après, une compaignie de Liégois firent rencontre de messire Jehan de Croy et de pluiseurs aultres chevalliers et aultres gens; et desconfirent lesdicts Liégois; et y en eult, que morts que prins, bien quatre cents; et là furent faits chevalliers le seigneur de Lannoy et le bastard Jehan de Namur; et les fist chevalliers messire Jehan de Croy. Et durèrent icelles guerres ès pays de Liége et de Namur les mois de juillet, aoust et septembre, lesquelles furent très rigoreuses, et si feurent moult dhommageables à chascune des parties.

En la fin dudict mois de septembre, l'an mil quatre cent trente, furent prinses abstinences de guerre entre lesdicts pays de Liége et de Namur, et ce pour cause de la mortalité d'impédimie, laquelle estoit si grande au pays de

Namur et au pays d'environ que c'estoit pitié, et dont le seigneur de Mamines, chevallier dudict ordre de la Thoison d'or, fina vie par mort, dont ce fut dhommaige, car il estoit vaillant chevallier. Et par le traictié des susdictes abstinences, fut appoinctié que une journée se tiendroit à Malines, où lesdits Liégois seroient ouys par le duc, et feroient offres pour estre receus à traictié de paix, se faire se povoit.

CHAPITRE CLXIII.

Comment les gens du duc de Bourgongne furent rués jus devant Garmegny d'ung chevalier de France; comment ils envoyèrent demander la bataille au duc, quy estoit dedans Roye; et la response que le duc luy fist.

Et pour revenir à parler du deslogement de Compiengne, vray est que le duc en fust desplaisant, et mesmement pour les places que les adversaires avoient conquises depuis le deslogement; et de faict le duc assembla gens et les fist passer oultre la rivière d'Esne, en tirant droit à Garmegny, forteresse lors tenant le party contre le duc. En laquelle forteresse estoit venu de la nuict ung capitaine, nommé Poton de Sainct-Traille, en sa compaignie environ deulx cents lances; et n'en sçavoient rien les gens du duc, et cuidoient qu'il n'y eult que la garnison accoutumée. Or avoit ledict Poton mis embusche sur la venue des gens du duc, assez près de ladicte forteresse. Or est ainsi que fortune, quy pluiseurs choses de ce monde gouverne, fist saillir ung regnart en très beau pays; et lors le cry et la chasse se fist après icelui regnart; et lors les adversaires saillirent de leur embusche bien montés et armés, la lance au poing, et se férirent dedans les gens du duc quy estoient bien espars et sans ordonnance, et les pluiseurs sans harnois de teste. Sy se cuidèrent les aulcuns mectre ensemble, lesquels feurent tous morts et prins. Et lors commencèrent les aultres à fuir et eulx saulver quy polvoit. Et là furent morts Jacques de Helly, Anthoine de Vienne et messire Thomas Breriel, Anglois. Prins furent messire David de Poix, Gherart de Brimeu et pluiseurs aultres; et en y ot de morts bien quarante. Et fut ceste besongne faicte le vingtiesme jour de novembre mil quatre cent trente. Et ce mesme jour, le duc séant à table en la ville de Péronne sceult la nouvelle de la destrousse de ses gens, quy moult luy despleust. Et en toutte diligence monta à cheval, et chevaucha le droit chemin envers la place où ses gens avoient esté rués jus; mais les jours estoient lors sy courts, et aussy pour la grand' compaignie qu'il avoit, ne peult aller plus avant d'ung village nommé Lihons en Santers; et encoires fust nuict ains[1] qu'il arrivast, lequel Lihons est à deulx lieues de ladicte place de Garmegny; et là fist le duc assembler son conseil. Lors luy fust dict que Pothon, quy avoit rué jus ses gens, estoit logié au villaige de Garmegny et hors de la forteresse, veu les gens qu'il avoit avec luy; et adonc se offry le comte de Ligny de y aller la nuict, pour, au point du jour, frapper sur les logis dudict Pothon. Aultres seigneurs estants audit conseil ne furent mie de celle opinion, veu que le duc n'avoit pas grands gens, et sy estoit bien avant en pays d'ennemis pour mectre ce qu'il avoit de gens en deulx parties. Sy demourèrent tous celle nuict ensemble audict lieu de Lihons; mais à icelny conseil fut ordonné que le duc envoyeroit quérir aulcuns Anglois quy avoient leur siége devant Clermont. Sy fut ainsy faict. Et y fus moy-mesme envoyé, mais je ne les trouvay pas, ains estoient retrays à Rouen, où le roy Henry d'Angleterre, bien josne enfant, estoit; et là trouvay le duc de Bethfort, lors régent de France, auquel je dis comment j'avois laissié le duc audit lieu de Lihons, et comment ses gens avoient esté rués jus et destroussés. Sy me respondit le duc de Bethford qu'il envoyeroit ses gens à son beau-frère le duc, et fist grand' diligence de les assembler, comme cy-après sera dict. Et pour revenir à parler du duc, vray est que lendemain, dudict logis il se deslogea avecques son armée, et chevaucha droict à ladite forteresse de Garmegny, mais ne trouva personne, et s'en estoit allé ledit Pothon, ensemble ses gens et ceulx de ladite forteresse; puis s'en alla à Roye en Vermandois, tenant son party. Or est vray que le duc de Bethford envoya ung de ses prochains parents, nommé le comte de Perche, frère au comte de Sombreset, devers le duc; et en la compagnie dudit de Perche ung vaillant chevalier, nommé messire Loys de Robertsart, chevalier de l'ordre de la garretière d'Angleterre. Et exploittèrent tant qu'ils furent jusques à ung villaige nommé Conty, à cinq lieues de la cité d'Amiens, et là

(1) Avant.

se logèrent; et à iceluy logis vindrent sur eulx les adversaires, c'est assavoir le comte de Vendosme, le maréchal de Bousquehen[1], capitaine Escochois, Pothon de Sainct-Traille, Amado de Vignolles, et aultres, jusques au nombre de quatre à cinq mille combattants ; lesquels assaillirent les dessusdits Anglois, quy n'estoient que de quatre à cinq cents hommes, et furent lesdits Anglois rués jus. Et là fut mort messire Loys de Robertsart, luy huitiesme ; et se feut bien saulvé, comme l'on disoit, s'il eust voullu, mais pour cause qu'il estoit de ladite ordre de la garretière, ne se voult retrayre au chastel de Conty. Le comte et ses gens se retrayrent audict chastel ; et n'y eult pas grand nombre de morts, mais ils perdirent la plupart de leurs chevaulx. Après eulx venoit ung vaillant chevalier anglois, nommé le seigneur de Villeby[2], lequel alla saulvement devers le duc; mais desjà les dessusdits adversaires avoient esté bien près de la ville de Roye demander au duc bataille; et quant audit comte de Perche, il ne fut point devers le duc et ne passa point Amiens, comme dict est. Après que lesdits adversaires eulrent rué jus les logis dessusdits de Conty, ils s'en allèrent le chemin vers Roye, et envoyèrent deulx officiers d'armes devers le duc demander bataille. Sy adressèrent les susdits héraults au comte de Ligny, quy leur fist demander qu'ils voulloient; et lors dirent qu'ils requéroient de parler au duc. Sy leur fut dict qu'ils dissent ce qu'ils voulloient dire. Sy dirent : que ils estoient là envoyés de par les dessus nommés adversaires, pour avoir bataille allencontre du duc, ce que on luy fist, sçavoir ; et tantost eulrent response; laquelle fut telle : que pour le jour il estoit bien tart pour combattre, car c'estoit environ les plus courts jours de l'an, et qu'ils dissent à leurs maistres que, s'ils voulloient attendre jusques à lendemain mattin, que le duc les combatteroit. Sy retournèrent vers leursdits maistres, et dirent la response du duc ; laquelle response oye, renvoyèrent leurs héraults de rechief devers le duc, en disant que leurs gens n'auroient que vivres pour icelle nuict, et qu'ils n'y demourroient plus. Sy leur fut faicte réponse, de par le duc : que on leur bailleroit bonne seureté et abstinence de guerre pour icelle nuict et lendemain heure de combattre ; et avec che leur bailleroit et délivreroit la moitié des vivres qu'ils pourroient avoir ; et s'ils n'estoient contents de demourer, ils venissent près de ladite ville de Roye, où il les combatteroit. Sy s'en retournèrent lesdits héraults devers leurs maistres et firent leur response ; mais iceulx adversaires, ladicte response oye, s'en allèrent toutte la nuict chascun en leurs villes et forteresses ; et ainsi se départirent et rompirent leur assemblée sans aultre chose faire. Et le duc demoura celle nuict en ladite ville de Roye ; et lendemain le duc se partist et alla mettre le siége devant une forteresse nommée Lengny-lez-Categnies, laquelle luy fut rendue à voullenté ; et y eult aulcuns de ladite ville pendus ; et dura le siége six jours ou environ ; et là dedans estoit l'abbé de Sainct-Faron-lez-Meaulx, et pluiseurs gentilshommes, tout à la voullenté du duc; mais ledict abbé et aultres gentilshommes furent mis à finance, et depuis délivrés. Et le second jour de décembre ensuivant, se party le duc, et s'en alla à Péronne, et donna à ses gens congié, pour cause de l'iver quy estoit grande ceste année ; et dudit lieu de Péronne s'en alla à Brouxelles en Brabant, où estoit madame la duchesse ; et là fut jusques au quatriesme jour de janvier.

CHAPITRE CLXIV.

Du pardon que le duc feit aux Cassellois pour leur rébellion ; et comment il en fist exécuter, et remit le pays en justice.

Le quatriesme jour de janvier dessusdit, se partit le duc de Brouxelles et s'en alla à Sainct-Omer, pour résister allencontre de ceulx de Cassel, quy s'estoient rebellés à ses officiers ; et là assembla une belle et grand' armée. Et quand le duc et ses seigneurs et ses gens furent prests pour rentrer audit pays de Cassel, ils envoyèrent devers le duc, en luy priant qu'il les voulsist prendre à merchi; sy les rechupt, par ainsi qu'il les auroit à sa voullenté sans rien réserver, et que tous les hommes dudit pays de Cassel, au-dessus de quinze ans et au-dessous de quarante, venroient hors de leur pays, la teste nue, deschaulx et nus pieds, et les gens d'église revestus atout croix et bannières, et eau bénoiste ; et avecques ce porteroient tous leurs habillements de guerre en quelque lieu que il plairoit au duc. Si fust ainsy faict ; et se rendirent ainsy que dessus est dict, et issirent hors de

---

(1) Buchan. (2) Willoughby.

leur pays ; et vindrent en une place à une lieue près de Sainct-Omer, en tel estat que dessus est dict, nommée ladite place le Noeuf-Fossé. Si fist ce jour si très horrible temps de vent et de pluye qu'il n'estoit quy peust durer aulx champs ; et en iceluy jour eult en la ville de Sainct-Omer maintes églises et maisons découvertes du très horrible temps qu'il y faisoit. Et quand les dessusdicts de Cassel furent arrivés en ladicte place, sy se mirent en belle bataille, les gens d'église, comme dict est, revestus, et tous les testes nues, deschaux et nuds pieds, nombrés environ trente mille hommes. Et quand le duc sceult leur venue, il alla vers eulx atout son armée ; et tantost qu'ils le perchurent il se mirent à genoulx. Si passoient les gros ruisseaulx d'eaue parmi eulx de la pluye, tellement que c'estoit grand' pitié à veoir ; et lors vint le prévost de l'église de Sainct-Omer et Andrieu de Toulonjon, de par madame la duchesse, quy se mirent à genoulx en l'eaue et la boe devant le duc, en luy priant, de par madame la duchesse, qu'il luy pleust pardonner le meffaict aux dessusdits Casselois. Si les receupt à merchy et leur pardonna leur mesfaict, réservé à six quy eulrent les testes coppées en la ville de Cassel. Après touttes ces choses, donna le duc congié à tous ses gens d'armes, et s'en alla en ladicte ville de Cassel, là où il fist morir par justice les six hommes dessusdicts. Lequel pays avoit esté bien deulx ans ou environ en dissention et guerre sans justice. Et ces choses faictes, s'en alla le duc en sa bonne ville d'Yppre en Flandres, en laquelle ville il ne séjourna gaires, qu'il s'en retourna à Brouxelles en Brabant, là où il avoit laissié madame la duchesse.

CHAPITRE CLXV.

De l'estat que le duc de Bourgongne tinst en la ville de Brouxelles ; et du trespas de son cousin le prince de Piedmont.

L'an 1431, en la bonne ville de Brouxelles en Brabant, le jour de tous les saincts, au disner, le duc et la duchesse tinrent leur estat, moult honourablement accompaigniés de très révérends pères en Dieu les prélats qui s'ensuivent, assavoir : l'archevesque de Coullongne, l'évesque de Cambray, l'évesque d'Amiens, et pluiseurs autres abbés et prélats, et de grans,

haulx et notables seigneurs, comtes, barons, chevaliers et escuyers ; présents lesquels il voult montrer la bonne intencion et voulloir qu'il avoit des ordonnances faire appartenant à ladicte ordre de la Thoison-d'Or. Si est ainsy que, à icelle journée, le duc ne tint point l'estat en sa personne, pour tant que les nouvelles qu'il avoit eu nouvellement de son cousin le prince de Piedmont, fils au duc de Savoye, lequel estoit allé de vie à trespas ; et à ceste cause le duc fist son sustitut à tenir son estat pour la journée, de Jehan monseigneur de Clèves, fils au duc de Clèves, son nepveu, qui très honourablement le tint. Le duc, présent toute la noble compaignie qui là estoit, fist par son roy d'armes de Brabant, à ce ordonné, sadicte bonne intention et voullenté sçavoir et publier sollempnellement, comme il appartenoit, en la manière qu'il s'ensuit.

CHAPITRE CLXVI.

La publication que le duc feist faire en la ville de Brouxelles, pour encommenchier la feste de l'ordre de la Toison-d'Or.

« Or, oyez, princes, seigneurs, chevaliers et escuyers ! De par très hault et très excellent, très puissant prince et mon très redouté seigneur Philippe, par la grace de Dieu duc de Bourgongne, de Lothiers, de Brabant et de Lembourg, comte de Flandres, d'Arthois et de Bourgongne, palatin, etc. Est à savoir à tous les nobles seigneurs et compaignons de l'ordre de la Thoison, et à tous aultres princes, seigneurs, chevaliers et escuyers, que vous soiez en la bonne ville de Lille en Flandre, la nuict Sainct-Andrieu prochain venant, pour accompaignier le duc ; lequel a intencion et voullenté de encommenchier la feste de ladicte noble ordre de la Thoison-d'Or. Si fera très bonne chière à ceulx qui venir y vouldront. »

Il est vrai que audict an le duc fut en ladicte bonne ville de Lille, accompaignié des chevaliers et compaignons portans ladicte Thoison-d'Or en la manière qui s'ensuit, avec pluiseurs grants, nobles et puissants seigneurs.

CHAPITRE CLXVII.

De la première feste de l'ordre de la Toison d'or, que le duc de Bourgongne tint à Lille; et des cérémonies observées à ladicte feste.

Si est ainsi que la nuict Sainct-Andrieu, à l'heure de vespres, le duc, accompaignié de dix-huit de ses compaignions dudict ordre, furent vestus de robes vermeilles fourrées de gris, longues jusques dessoubs les genoulx, et pardessus grants et longs manteaulx de ladicte coulleur de fine escarlatte, bordées de riches orfrois de fin or, et grans et larges et ouvrés à la fachon de fusils, comme le duc les porte; et estoient fourrés de menus vairs moult richement; et par-dessus ils portoient chapperons de pareil drap à longues coquilles doubles, à l'usage anchien; et par-dessus iceulx habits, ils portoient le collier de ladicte ordre à descouvert. Or est-il vrai que le duc et ses compaignions se mirent en ordonnance à l'heure de vespres, en la grande salle, deulx à deulx ensemble, et le duc tout darrière eulx, vestus et parés comme dict est. Si s'en partirent et vinrent à la porte dudict hostel, où leur vindrent au-devant les processions, moult révéramment et sollempnellement; et s'en allèrent ainsi tenants leur ordonnance, les sainctes processions devant eulx, jusques à l'église Sainct-Pierre, où ils entrèrent dedans le chœur, et se seyrent en leurs siéges parés moult richement et nottablement ordonnés, comme ci-après s'ensuit. Tout le chœur de ladicte église estoit, hault et bas, paré et tendu de fines et riches tapisseries tissues à or, et les siéges pareillement. Si estoit par-dessus le siége du duc ung tableau armoié de ses armes, de hachement[1] de son ordre et devise. Et pareillement aux deulx costés du chœur, en haultes fourmes, estoient les siéges où se seyrent lesdicts seigneurs de l'ordre; et par-dessus chascun siége, tableaux armoiés des armes, hachements, ordre, noms et titres d'iceulx chevaliers; et par leurs armes chascun chevalier scet où il doit seoir; et quand l'ung d'iceulx chevaliers sont allés de vie à trespas, on mect en leur siége ung drap noir où les armes sont, comme toutes ces choses sont bien à plain déclarés ès chapitres de ladicte ordre.

Or fault parler d'iceulx qui furent en ladicte ordre en personne. A la première feste si y furent : le seigneur de Roubaix, messire Anthoine de Vergy, messire Hue de Lannoy, messire Anthoine de Toulonjon, le seigneur de Jonvelle, le seigneur de Croy, messire Jacques de Brimeu, messire Jehan de Croy. Au senestre costé estoient assis, au plus près du prince, messire Rollant d'Utekerque, messire David de Brimeu, le seigneur de Commines, messire Guilbert de Lannoy, le seigneur de l'Isle-Adam, le seigneur Florimont de Brimeu, le Bégue de Lannoy, le seigneur de Ternant, et le seigneur de Créquy, et par procureurs le seigneur de Sainct-George, messire Regnier Pot, le comte de Sainct-Pol, et le comte de Ligny. Le seigneur de Mamines estoit allé de vie à trespas; pour laquelle cause son siége estoit couvert de drap noir, et dessus icellui drap ses armes. Et là se tinrent honnourablement jusques à tant que le sainct serviche divin fust faict; et après vespres chantées, se levèrent lesdicts seigneurs, les plus josnes devant, deulx et deulx, par devant le prince et souverain de ladicte ordre, en le révérendant. Si revindrent, aussi en belle ordonnance, jusques à l'hostel du duc, dont ils estoient partis; et là entrèrent tous en une chambre, là où ils devestirent leurs manteaulx ; et plus ne fut ce jour faict. Or est vrai que par grant délibéracion de conseil le duc et les seigneurs dudict ordre avoient institué, faict et ordonné quatre hommes officiers à eulx, dont les mémoires s'enssuivent ; c'est à sçavoir, ung chancelier pour eulx servir en ladicte noble ordre, faict par ung très nottable docteur en théologie, familier du duc, appelé maistre Jehan Germain, esleu évesque de Nevers ; le second, pour leur greffier et secrétaire, ung notable homme appelé maistre Jehan Imber, familier et officier du duc ; ung autre pour leur trésorier, ung très puissant et riche homme, pareillement familier et officier du duc, appelé Guy Guilbault; et ung nottable homme et souffisant hérault, appelé Charrolois, lequel estoit aussi au duc. Icelui feirent leur roy d'armes, et le nommèrent Thoison-d'Or, pour eulx servir en leurs besongnes et affaires ; et est aultheur de

---

(1) Ecusson, armes prises eu l'honneur de l'*achevement* de quelque grande action, d'où les Anglois ont pris leur mot *atchievement*, prononcé comme l'écrit ici Saint-Remy. Ces *atchievements* ou écussons se pendent aux maisons à la mort de celui qui les portait.

cestuy livre, comme devant est dit en ung prologue. Et tous iceulx quatre officiers servans à ladicte ordre pareillement furent vestus chascun de rouges robbes, manteaux et chapperons, les robbes fourées et les manteaulx, non réservé le docteur, qui avoit l'habit et foure comme à docteur appartient. Et furent iceulx quatre officiers assis ès basses fourmes, pardevant le siége du duc, chascun en son degré. Et lendemain pareillement, comme la nuict Sainct-Andrieu, entrèrent en l'église à huit heures au matin. Si se sist chascun en son siége; et quand le sainct service fut faict jusques à l'offrande, alla le duc, fondateur et souverain de ladicte ordre, le premier à l'offrande; et après, lui retourné en son siége, le roy d'armes de l'ordre, pour le plus prochain du haultain siége, appela le seigneur de Sainct-George, ou son procureur pour lui; et pareillement il appela messire Regnier Pot, ou son procureur pour lui; pourquoi, au lieu d'iceulx chevaliers qui estoient absents, ils s'en apparurent deux aultres chevaliers de l'ordre dessusdit, dont l'ung fut messire Anthoine de Vergy, qui se présenta au lieu de monseigneur de Sainct-George, et le seigneur de Jonvelle se présenta au lieu de messire Regnier Pot.

Si se partirent de leurs siéges, comme procureurs représentants les personnes des dessusdicts défaillans. Si allèrent à l'offrande ces deulx ensemble, et chascun d'ung pièce d'or; et aussi firent tous les aultres chevaliers de ladicte ordre; et apprès allèrent offrir, le seigneur de Roubaix et messire Rollant d'Utekerque ensemble, de telle manière que les aultres dessusdicts; et ainsi, tous par ordre, ils allèrent offrir tous, deux et deux, l'ung à dextre et l'autre à senestre. En telle manière et ordonnance se fist l'offertoire, qui dura moult longuement; et estoient, chascune fois, appelés par le roy d'armes, qui les conduisoit jusques à l'autel, et les raconduisoit jusques à leurs siéges. Après ladicte offertoire faicte, se fist une moult belle prédication, en manière de collacion, par le chancelier de ladicte ordre, docteur et évesque de Nevers. Après icelle prédication, se parfist le sainct service divin, et puis se partirent de l'église les susdicts seigneurs de l'ordre en leur très honnourable ordonnance, comme j'ai dict dessus, et s'en retournèrent à l'hostel du duc. Si le convoyèrent en sa chambre, où il fut

une espasse avec icelle noble compaignie. A toutes icelles ordonnances furent pluiseurs héraulx, roys d'armes et poursuivans; premier pour roys d'armes, le roy de Berry, le roy de Brabant, le roy de Flandres, le roy d'Arthois et le roy de Haynault; et pour héraulx, Secille, Bretaigne, Orenge, Sainct-Pol, Namur, Vianne, Enghien, Zellande et Anthoing. Et de poursuivans furent le nombre de quatorze, tous à grants princes et seigneurs. Quand l'heure du disner fut venue, environ à midy, les tables furent dreschiées et très nottablement parées, comme à ung si très hault et très noble et riche estat appartenoit, et les dreschoirs parés et aournés de riche vasselle et joiaulx, si très richement que ce seroit trop longue chose à raconter. Si s'assist le duc au milieu de la table, et puis les seigneurs de degré en degré; c'est assavoir, les plus anchiens faicts chevaliers au plus près du souverain, les ungs à dextre et les aultres à senestre, en la fourme et manière que leurs tableaux de leurs armes estoient à l'église, comme dict est. Et au bout d'icelle longue table, par-devant, au dextre, y avoit une petite table où les quatre officiers de ladicte ordre se séoient, et chascun atout leurs manteaulx et habits de ladicte ordre; et en icelle grant salle n'y avoit aultre table dreschiée. Si furent servis très honnourablement les ungs apprès les aultres en leur degré. Là trompettes et menestreulx cornoient et jouoyent devant les mets et non ailleurs; et là estoit une doulce mélodie à ouyr durant icelui disner; et ainsi se fina le disner en très grant esjouissement et honnourable ordonnanche. Apprès graces rendues, le duc et lesdicts seigneurs se retrairent chascun en leurs chambres, et se desvestirent de tous leurs habits. En aultres salles se tindrent les estats de messeigneurs de l'église et des aultres nobles seigneurs qui furent venus à ladicte feste. Apprès icelle noble feste, et sollempnité passée, à l'heure de vespres, le duc et mesdicts seigneurs de l'ordre se revestirent tous de noirs habits, manteaulx et chapperons longs, comme de dœuil; si se mirent en leur ordonnance comme ils avoient faict au matin, chascun en son ordre et degré, et leur vindrent les processions au-devant; et, en fesant dévotes processions et oraisons, ils retournèrent en l'église et se mirent en leurs propres siéges, chascun dessoubs ses armes,

CHAPITRE CLXVII.

et là furent chantées et dictes vegilles pour les trespassés, et dura le serviche moult longuement et bien avant en la nuict; et puis, ledict service faict, s'en retournèrent audict hostel en ordonnance comme dessus. Quand che vint l'heure du soupper ils s'assirent à table atout leurs habits noirs, chascun en son degré, comme dict est. Des mets et ordonnance d'icelui soupper je me tais, mais vrai est qu'il fut de grant magnificence. Et lendemain matin de rechief, en noirs habits de doeul, se rangèrent en leur ordre, et avec les processions retournèrent à l'église; et très dévottement y furent au serviche divin que on fist pour les morts, dont au milieu du chœur y avoit ung chandellier de bois, paint de noir, sur lequel y avoit vingt-quatre chierges ardans pour et au nom desdicts seigneurs de l'ordre, chascun pesant trois livres; et icelui de mondict seigneur le duc souverain estoit au milieu, plus grant que les aultres; et chascun chierge armoié de petits escuchons des armes desdicts seigneurs de ladicte ordre, et estoient tous assis par ordre comme les seigneurs et les tableaux de leurs armes. Si se fist le sainct service divin très révéramment; et quand il fut l'heure de l'offrande, le roy d'armes Thoisond'Or apporta à mondict seigneur le duc son chierge ainsi armoié, comme dict est, lequel mondict seigneur le duc offrit à l'autel, et puis, par le roi d'armes, fut rapporté en son lieu sur le chandellier; et puis, comme j'ai dict dessus, furent appelés chascun seigneur en son siége pour aller à l'offertoire; et leur apportoit le roy d'armes à chacun son chierge, et puis, comme dict est, rassis en leur siége. Et les seigneurs qui y furent deffaillans y furent pareillement appelés, et y eulrent chascun leurs procureurs par lesdicts seigneurs et compaignons de l'ordre, comme dessus est dict aux aultres offertoires. Mais cellui de deffunt le seigneur de Mamines fut offert par le roy d'armes de l'ordre et laissié à l'autel destaint[1], sans estre rapporté en sa place comme les aultres furent; et par ainsy demoura ladicte place vide tout le remain[2] dudict service, en desmonstrant le trespas dudict seigneur de Mamines. Lesquelles choses estoient moult desvottes et plaisantes à veoir. Quand icelle offertoire fut passée, le greffier et secrétaire de l'ordre se mist à l'endroit des tableaux au milieu des frères mesdits seigneurs de l'ordre, et là fut faicte par lui une moult belle et pitoiable recommandation à mondict seigneur le duc, et à eulx tous, pour et au nom dudict chevallier, seigneur de Mamines, que Dieu pardoint! dont les armes estoient allendroit de son siége, comme dict est; et le fist en la manière qui s'enssuit.

« Très excellent et très puissant prince, mon très redoubté seigneur, le fondateur, chef et souverain de ceste honnorable et léable ordre de la Thoison-d'Or, et vous, nobles et honnourés seigneurs, chevalliers, frères et compaignons dudict ordre, cy présents maintenant à che service que l'on faict pour les trespassés; à l'intention de vous, monseigneur, affiert faire singulière et espécialle mention de l'ame du noble et vaillant chevallier messire Robert de Mamines, en son vivant frère et compaignon d'icellui ordre, qui trespassa à Namur, en vostre service, contre vos ennemis, l'an passé, et si vaillamment et grandement servy son naturel prinche, vous, monseigneur, en vos guerres, voyaiges, armées, et aultrement en maintes manières, a faictes de haultes proesses. »

Et ainsy, par moult belles, dévottes et très nottables ordonnances, se parfist le sainct serviche divin, et puis, par la manière que j'ai dict dessus, le duc et les seigneurs de l'ordre, en leur nottable et honnourable ordre et ordonnance, se partirent de l'église et retournèrent audit hostel du duc, et à l'heure du séoir, à table, mondict seigneur le duc en son siége moyen, et mesdicts seigneurs chascun en son degré, comme dessus a esté dict, en leurs habits de doeul, et puis, le disner passé, pour tout le jour furent ainsy vestus jusqu'à la nuit; et lendemain, le duc et les seigneurs dudict ordre furent vestus de tels habits qu'il leur plust à l'église, où ils furent ensemble ouyr la messe de Nostre-Dame, et entrèrent en chappitre, où ils furent par ordre et en manteaulx dudict ordre, où ils esleurent deulx chevalliers pour estre frères et compaignons dudict ordre; c'est assavoir le comte de Meurs, et messire Simon de Lalaing, comme il sera dict chi après.

(1) Eteint. (2) Reste.

CHAPITRE CLXVIII.

La coppie des lettres de l'institution de la noble ordre et confrairie de la Toison-d'Or, faicte en la ville de Lille, le vingt-septiesme jour de novembre, l'an de grace mil quatre cent et trente-un.

« Philippe, par la grace de Dieu duc de Bourgongne, de Lothier, de Brabant et de Lembourg, comte de Flandres, d'Arthois et de Bourgongne, palatin de Hainault, de Hollande, de Zellande et de Namur, marquis du Sainct-Empire, seigneur de Frise, de Salins et de Malines, sçavoir faisons à tous présents et advenir que, pour la très grand' et parfaicte amour au noble estat et ordre de chevallerie, dont de très ardant et singulier affection désirons l'honneur et accroissement, parquoi la vraie foy catholique, la foy de nostre mère saincte Eglise et la tranquillité et prospérité de la chose publicque, soient, comme poeulvent estre, deffendues, gardées et maintenues ; nous, à la gloire et louenge du Tout-Puissant, nostre Créateur et Rédempteur, en révérence de sa glorieuse mère Vierge Marie, et à l'honneur de monseigneur sainct Andrieu, apostre et martyr, à l'exaltation de vertus et bonnes meurs, le quinziesme jour de janvier, l'an de nostre Seigneur mil quatre cent vingt-neuf[1] qui fut le jour de la sollempnisation du mariaige de nous et de nostre très chière et très aimée compaigne, avons faict choix de certain nombre de chevalliers que vollons estre appelés l'ordre de la Thoison-d'Or, sous la forme, condicion, statuts, manières et articles qui s'ensuivent.

« Premier : ordonnons qu'en l'ordre devant dicte aura trente-ung chevalliers, gentilshommes de nom et d'armes, et sans reproches ; dont nous, en nostre temps, serons le chief et souverain, et apprès nous nos successeurs, ducs de Bourgongne.

« Item, les frères et chevalliers dudict ordre, à entrer en icellui, deveront laissier et laisseront toutte aultre ordre, se aultre en ont ou avoient, soit de prince ou de compaignie, excepté empereurs, rois et ducs, qui, avec che présent ordre, poiront porter l'ordre dont ils seront chiefs, par ainsy que ce soit du gré et consentement de nous ou de nos successeurs souverains, ou des frères de l'ordre, passé en leur chappitre, et non aultrement. Et pareillement, nous et nos successeurs souverains de ce présent ordre, en cas semblables, porrons, s'il nous plaist, porter l'ordre des dessusdicts empereurs, rois et ducs, avec la nostre, en démonstrance de vraye et fraternelle amour l'un envers l'aultre, et pour le bien qui en polroit venir.

« Item, pour avoir connoissance dudict ordre et des chevalliers qui en seront, nous, pour une fois, donnons à chascun des chevalliers ung collier d'or faict à nostre devise : c'est assavoir par pièces, à façon de fusils touchants à pierres, dont partent estincelles ardants, et au bout d'icellui collier, pendant semblance d'une thoison d'or ; lequel collier, qui appartiendra à l'ordre, et demourra toudis[1] à l'ordre, nous et nosdicts successeurs souverains, et chascun chevallier dudit ordre, serons tenus de porter chascun jour, autour du col, à descouvert, sur peine de faire dire une messe de quatre sols, et quatre sols donner pour Dieu, que ils seront tenus de faire en conscience, pour chascun jour qu'ils fauldront à le porter, excepté en armes, où il souffira de porter la thoison sans le collier, qui ainsi le vouldra faire. Aussi se le collier avoit besoing de réparation, il pourra pour ce estre mis ès mains de l'orfévre, et jusques il soit réparé ne sera tenu ledict chevallier de l'amender de non porter, et pareillement, se en aulcun lointaing voiage laisser le convenoit, ou en aultre cas ils le délaissent à porter par aulcun temps, tant par maladie comme pour la seureté de leurs personnes. Lequel collier ne poulra estre enrichi de pierres ni d'aultres choses ; et ne le pourront donner, vendre ne gaigier, ne aliéner, pour quelque nécessité ou cause, ne en quelque manière que ce soit.

« Item, que pour bonne amitié avoir audict ordre, tous les chevalliers d'icellui sont tenus et prometteront, à leur entrée, avoir bonne et vraye amour à nous, nos successeurs souverains dudit ordre, l'ung à l'aultre et nous à eulx, vouloir pourchasser et avancher à leur pouvoir l'honneur et prouffit, et eschever[2] le deshonneur et dommaige de ceux dudict ordre ; s'ils oyent aulcune chose dire qui fust à la grant charge de l'honneur d'aulcun d'icellui ordre, ils seront tenus de l'excuser par la meilleure manière que faire le poulront ; et se le disant vouloit persévérer publicquement en ses parolles, ils sont tenus, en ce cas, de lui dire en effect : « Nous, par le serment faict à l'ordre,

(1) Et 1430, nouv. st.

(1) Toujours. (2) Eviter.

CHAPITRE CLXVIII.

« sommes tenus de révéler à tous les chevalliers « de l'ordre se aulcune chose estoit dicte contre « leur honneur ; et pour che, advisez se voullez « persévérer en vos paroles. » Et au cas qu'il persévèreroit, sont tenus de le donner à congnoistre au chevallier duquel seroient dictes les parolles.

« *Item*, prometteront lesdicts chevalliers, se aulcun s'efforchoit de grever ou porter dommaige par œuvre de faict à nous et à nos successeurs, chiefs et souverains dudict ordre, ou à nos pays, terres et seigneuries, vassaulx et subjects, ou que nous ou iceulx successeurs souverains emprénissions aulcunes armes pour la deffense de la saincte foy chrestienne, ou pour deffendre, maintenir et rétablir la dignité, estat et liberté de nostre mère saincte Eglise et du sainct siége apostolicque de Rome, en ce cas, les chevalliers dudict ordre, les puissants en leurs personnes, seront tenus de nous servir personnellement, et les non puissants faire servir, moyennant gaiges raisonnables, s'ils n'ont loialle ensonne[1]. et apparant empeschement, auquel cas se poulront excuser.

« *Item*, que pour ceste cause et pour la grant amour et confidence de nos frères chrestiens, chevalliers dudict ordre, nous, pour nous et pour nos successeurs souverains, déterminons que nous ne iceulx n'entreprendrons aulcunes guerres ou aultres haultes besognes, que avant ne l'ayons faict sçavoir à la greigneur[2] partie desdicts frères chevalliers, pour sur che avoir leur avis et bon conseil, sauf entreprises secrettes et hastives, dont le révéler à pluiseurs pourroit porter préjudice et dommaige auxdictes entreprises.

« *Item*, semblablement, que les chevalliers de l'ordre, nos vassaulx ou subjects, ou des seigneuries de nostre gouvernement, ne se metteront en aulcunes guerres ou voiages loingtains sans le donner par avant à congnoistre à nous et à nos successeurs chiefs de l'ordre, et sans nostre congié ou licence ; mais par ce, ne entendons-nous pas que les chevalliers de icellui ordre, subjects de nous ou de nos successeurs souverains, soient empeschiés ou astraints, que au regard des terres et tennements qu'ils tiendront d'aultrui, qu'ils ne puissent bien entrer en guerre, et servir, ainsi qu'il appartient par honneur, comme ils eussent peu faire aupara-

(1) Embarras. (2) Majeure.

vant l'establissement de nostredict ordre, et nonobstant icellui, et aussi que les non subjects de nous et dudit chief de l'ordre ne puissent servir en armes et faire voiaiges à leurs plaisirs, par ainsi que ils le nous donnent à congnoistre par avant que faire le poulront, sans préjudice de leur entreprise ou voiaige.

« *Item*, s'il advenoit que entre aulcuns chevalliers de l'ordre sourdist débats ou contents, à cause de leurs personnes seulement, dont voye de faict et inconvénient fust apparent, che venu à la connoissance du souverain, il fera aux parties deffendre ou deffendra toutes œuvres de faict, en leur enjoignant que se submettent au dict et ordonnance de lui et de l'ordre, et que, en leurs personnes, ou se ils ne peuvent, par procureur, comparoissent au prochain chappitre ou assemblée d'icellui ordre, pour dire che qu'ils vouldront l'ung à l'encontre de l'aultre ; lequel souverain et chevaliers de l'ordre, parties ouyes, appoincteront du débat, le plus tost que faire se pourra ; à quoi les parties seront tenues de obtempérer et obéir, saulf par tout le droit et haultesse de nostre justice et seigneuries de nos successeurs.

« *Item*, si aulcun, par son outrage, voulsist villennier aulcun chevallier de l'ordre, tous les aultres qui ad ce seront présents, ou qui faire le pourront, sont tenus de y pourveoir et remédier.

« *Item*, si aulcun, non subject du souverain dudict ordre, estant en son gouvernement, faisoit injure à aulcun des chevalliers de l'ordre, subject dudict souverain, ou de ses seigneuries de son gouvernement, qui par voie de justice ne poeult avoir réparation, et que icellui chevallier, soi-disant grevé, ne se voulsist de la chose submettre au dict et ordonnance du souverain de l'ordre, et sa partie adverse le refusast, en che cas, le souverain et chevalliers de l'ordre seront tenus de faire à leurdict frère et compaignon, pour son droict, toutte assistance possible ; et quant aux chevalliers estranges non subjects du souverain de l'ordre, qui se vouldroient submettre, et leur partie en fust refusant, en ce cas, le souverain et chevalliers en feront telle assistance que bonnement pourront.

« *Item*, et aussi, comme audict ordre poulront estre chevalliers non subjects du souverain, pourroit venir à guerre au seigneur naturel desdicts chevalliers non subjects, ne au pays dont ils seront natifs; pour nous et nos successeurs souverains dudict ordre, déclairons que, en ce cas, lesdicts chevalliers non subjects pouront garder leur honneur et deffendre leur naturel seigneur, et ce, au pays dont ils seront natifs, sans pour che encourir en charge de deshonneur ne mesprendre audict ordre. Mais se leurdict seigneur voulloit faire guerre au souverain dessusdict ou à ses pays et subjects, attendu la fraternité et abstriction de l'ordre, se devront excuser de servir. Touttesfois, se le seigneur ne les y volloit recepvoir, ains les y voulsist constraindre, le pourront, sans pour ce encourir charge de deshonneur, servir, en ce cas que leur seigneur y seroit en personne, et non aultrement; mais que par leur scellé le signifient paravant audict souverain de l'ordre.

« *Item*, si aulcuns des chevalliers de l'ordre allast en voiaige et service d'arme de seigneurs estranges, il devera advertir; et se aulcuns de ses frères et compaignons d'icellui ordre estoient prins en bataille ou guerre, il feroit son léal povoir de à sondict compaignon saulver la vie; et s'il estoit prins de sa main, lui quicteroit sa foy, et le délivreroit franchement à son povoir, sinon que ledict chevallier seroit le chief de la guerre; et se ledict seigneur ne voulloit ainsi consentir, icellui chevallier de l'ordre ne se pourroit, par honneur, armer pour luy, mais debveroit laissier son service.

« *Item*, que les chevalliers dudict ordre y demoureront durant le cours de leurs vies, se ils ne commettoient cas reprochable, parquoy ils en deussent estre privés, lesquels cas nous déclarerons tels qu'il s'ensuit :

« C'est assavoir : se aulcun desdicts chevalliers, que jà n'aviegne! est attaint et convaincu de hérésie et erreur contre la foy chrestienne, ou avoit pour che souffert paine et pugnition publique;

« *Item*, s'il estoit attaint ou convaincu de trahison;

« *Item*, s'il s'enfuyoit ou parteist de journée en bataille, soit avec son seigneur ou aultres où bannières fussent déployées, et que on eult assemblé et procédé jusques à combattre.

« Pour lesquels trois cas dessus déclarés, affin que l'ordre et compaignie ne soit ad ce diffamée, mais demeure nette et honnorée, comme il appartient, ordonnons que le chevallier qui en seroit attaint ou convaincu, ou des deulx ou de l'un d'iceulx, soit, par le jugement du souverain et compaignons dudict ordre, osté, privé et débouté d'icellui ordre, lui ouy en ses deffences sur le cas, si deffendre et excuser s'en voulloit, ou par lui sur ce duement appelé, sommé et attendu; ou s'il commettoit aulcun aultre villain et énorme ou reprochable cas, le souverain et chevalliers de l'ordre procéderoient contre lui comme dessus est dict; et par aultre manière ne polroit estre privé ne débouté. Mais s'il advenoit que le souverain feist tort, grief ou violence à aulcuns des chevalliers de l'ordre, tout apprès que icellui chevallier auroit suffisamment requis et sommé ledict souverain et les chevalliers de luy en faire raison et justice, et l'auroit deuement attendue, et ne le polroit obtenir, et que par déclaration des frères et chevalliers pour che assemblés, de la greigneur partie d'eulx seroit faicte la déclaration du tort et reffus de justice, en che cas, et non par avant, ledict chevallier ainsi grevé polroit rendre ledict collier, et soi départir de l'ordre sans fourfaire ne estre chargiés d'honneur, en prenant gracieulx congié; et pareillement pour aultres licites et raisonnables causes, selon l'advis et déclaration des chevalliers de l'ordre.

« *Item*, et affin de oster touttes difficultés qui pourroient venir touchant les honneurs, estat et degré d'entre lesdicts chevalliers, et mesmement que bonne et vraye amour et fraternelle compaignie ne doibt point avoir regart à telles choses, nous voullons et ordonnons que tant en aller, soit en l'église ou en chappitre, et à table, nommer, parler et escripre, et en toutes aultres choses touchant ladicte ordre et amiable compaignie, tiennent lieu et ordre, selon le temps que ils auront receu l'ordre de chevallerie, et que s'il en y avoit qui tout en ung mesme jour eussent esté faicts chevalliers, ordonnons que le plus anchien d'age tiengne lieu premier en ce que dict est, et les aultres ensieuvent ; et quant à ceulx qui seront en l'ordre par élection du souverain et des chevalliers, ordonnons qu'ils auront lieu selon le temps qu'ils seront receus audict ordre; et se pluiseurs en y avoit d'ung mesme jour, ils auroient lieu, selon l'age, comme dict est, exceptés empereurs, rois et ducs, lesquels, pour hault essoine[1] de leurs

(1) Soin.

CHAPITRE CLXVIII.

dignités, auront lieu en ceste ordre, selon le temps qu'ils averont receus l'ordre de chevallerie, sans point avoir aultre regart à noblesse et lignaige, grandeur et seigneuries, offices, estats, richesses ou puissanches.

« *Item*, que à la création et commencement de nostredict ordre, pour le sens, prud'hommie, vaillance, vertus et bonnes mœurs des chevalliers cy-dessoubs escripts, la confidence que avons de leur loyaulté et persévérance en honnourables et bonnes œuvres, nous iceulx, selon leur anchiennetés en l'estat de chevallerie, et sans avoir regart, comme dessus est dict, à noblesse de lignage, se avons nommés, et par ces présentes nommons, c'est assavoir nos très chiers et féaux :

Messire Guille de Vienne, seigneur de Sainct-Georges et de Saincte-Croix, nostre cousin ;

Messire Regnier Pot, seigneur de La Prugne et de La Roche ;

Messire Jehan, seigneur de Roubaix et de Herselles ;

Messire Rollant d'Utekerque, seigneur de Hemsrode et de Henstruyt ;

Messire Anthoine de Vergy, comte de Dampmartin, nostre cousin ;

Messire David de Brimeu, seigneur de Ligny ;

Messire Hues de Lannoy, seigneur de Santes ;

Messire Jehan, seigneur de Commines ;

Messire Anthoine de Toulonjon, seigneur de Tranes et de la Bastie, mareschal de Bourgongne ;

Messire Pierre de Luxembourg, comte de Sainct-Pol, de Conversan et de Brienne, seigneur d'Enghien, nostre cousin ;

Messire Jehan de La Trimouille, seigneur de Jonvelle, nostre cousin ;

Messire Guilbert de Lannoy, seigneur de Willeroal et de Tronchiennes ;

Messire Jehan de Luxembourg, comte de Ligny et de Beaurevoir, nostre cousin ;

Messire Jehan de Villers, seigneur de l'Isle-Adam ;

Messire Anthoine, seigneur de Croy et de Renti, nostre cousin ;

Messire Florimont de Brimeu ;

Messire Robert, seigneur de Mamisnes ;

Messire Jacques de Brimeu ;

Messire Baulduin de Lannoy, dit le Besgue, seigneur de Mollenbaix ;

Messire Pierre de Beffremont, seigneur de Charny ;

Messire Philippes, seigneur de Dinant ;

Messire Jehan de Croy, seigneur de Tours-sur-Marne, nostre cousin ;

Et messire Jehan de Créquy et de Canaples ;

Et le surplus, pour accomplir ledict nombre de trente chevaliers de l'ordre, sans le souverain, réservons à estre mis en icelle ordre au prochain chapitre ou aultre subséquent, à l'élection de nous et de nos compaignons dudict ordre.

« *Item*, que en che présent ordre avons ordonné et ordonnons quatre officiers : c'est assavoir, chancellier, trésorier, greffier et roi d'arme, qui sera appelé Thoison-d'Or. Lesdicts officiers serviront audict ordre en la manière déclarée en certain livre et articles que leurs avons faict bailler par escript, pour leur instruction en enseignements requis à icelluy ordre, et feront services chascun en droict soy d'eulx acquitter en leurdict serviche, comme il appartient, et de tenir secret tout che que sera faict, dict, ordonné et apoinctié audict ordre que céler se devera.

« *Item*, que en faveur dudict ordre ferons, se Dieu plaist, en nostre ville de Dijon, en nostre duchié de Bourgongne, certaines fondations de divin serviche, en l'église de nostre chapelle des ducs, audict lieu de Dijon, et aultres fondations des vivres et sustentation des povres chevalliers, et édification à che pertinentes et nécessaires ainsi que déclarié est en nos lettres sur che faictes.

« *Item*, que au chœur de ladicte église, contre le mur, dessus le siége du souverain de l'ordre, sera mis et fichié l'escu de ses armes, heaulmes, tymbres et hachements, et pareillement sera faict des aultres chevalliers dudict ordre, dessus leurs siéges, au chœur de ladicte église.

« *Item*, combien que par cy-devant eust esté advisé de sollempnisier la feste et chappitre de che présent ordre, chascun an, au jour sainct Andrieu, apostre, néantmoins, pour considération de la briefté des jours, et que griefve chose est aux anchiens chevalliers et aultres qui sont de longtaines contrées de y venir souvent en si dure saison, nous, eue de plus délibération en ceste matière, ordonnons la feste, chapitre, convention, assemblée et amia-

J. DU CLERCQ ET SAINT REMY.

ble compaignie du souverain et de tous les frères chevalliers estre tenus de trois ans en trois ans, au second jour du mois de may, en tel lieu que le souverain fera par avant sçavoir, par temps compétent et raisonnable, selon la distance des lieux. Toutes voies nous réservons à nous de povoir tenir ladicte feste, et la anticiper et mettre à plus brief jour, se véons qu'il y ait cas qui le requiert, toudis à distanche et intervalle d'un an du précédent chappitre et non moins.

« *Item*, et affin que le chappitre, convention et feste de l'ordre soit entretenu, comme dessus est escript, et ne soit délaissié ou empeschié par les nécessités des cas qui pourroient advenir, voulons et ordonnons que, si par maladies, prison, périls de guerre, dangiers de chevalliers ou aultres quelconques causes raisonnables et rechevables, le souverain ou aulcun des chevalliers de l'ordre estoient empeschiés de non povoir sollemnellement comparoir audict chappitre et feste, en che cas celluy qui auroit tel empeschement seroit tenu d'envoyer pour luy aultres chevalliers de l'ordre ou pluiseurs ; c'est assavoir le commis du souverain pour présider, et des chevalliers, pour assister et comparoir audict chappitre, dire son excusation ou essonne[1], tenir lieu pour luy faire ses offrandes et sollempnité, ou ce que pour luy ou contre luy sera dict et faict, receues les corrections et paines, pour de tout luy faire rapport, et chascun pour faire au lieu de son maistre, qui commis envoyé aura, que il mesmes poeult et deust faire, si présent y estoit ; en quoi sera obéi et entendu par eulx de l'ordre, à icelluy qui personnellement y debvoit comparoir.

« *Item*, que dès le premier jour de may, tous les chevalliers de l'ordre, venus au lieu de l'assemblée, se viendront présenter devers le souverain dudict ordre, en son hostel, devant l'heure de vespres, et il les recevera amiablement et honnourablement, comme au cas appartiendra.

« *Item*, que le premier jour de may, ledict souverain et les chevalliers de l'ordre partiront ensemble de l'hostel de icelluy souverain ou de son commis, vestus pareillement de manteaulx d'escarlatte, comme dict est dessus ;

(1) Empêchement, embarras.

lesquels manteaulx et habillements le souverain et chascun des chevalliers fera faire à ses propres cousts, frais et despens, et en cest estat iront à l'église ouyr vespres, comme dict est.

« *Item*, le jour de la sollempnité, yront ouyr la grand' messe, qui sollempnellement sera célébrée en la révérenche de monseigneur sainct Andrieu ; à l'offertoire de laquelle messe sera, par le souverain et chascun des chevalliers présents, et procureurs des absents, offert une pièce d'or à la dévocion de celluy qui l'offrera, et après le service retourneront, en la manière dicte, en l'hostel du souverain, qui au disner les recevera à sa table et les festoiera honnourablement, ou les fera festoyer par son commis.

« *Item*, cedict jour mesme, le souverain et chevalliers dudict ordre, comme dict est, partiront de icelluy, vestus de longs manteaulx et affublés de chapperons noirs à longue cornette, iront ainsi à l'église ouyr vegilles et service pour les trespassés ; et lendemain iront en tel estat ouyr la messe pour les trespassés, à l'offertoire de laquelle le souverain et chascun des chevalliers présents, et procureurs des absents, offeront chascun ung chierge de chire armoié des armes de celluy pour quy offert sera ; et à ladicte offertoire sera, par le greffier dudict ordre, leu ung rolle des noms, sournoms et tiltres du souverain et des chevalliers de l'ordre trespassés, pour les ames desquels et aultres deffunts celluy qui célèbrera ladicte messe dira d'abondant en la fin de l'offertoire le psalme *De profundis*, et une oraison des trespassés.

Item, le jour ensuivant le souverain et chevalliers de l'ordre, vestus comme bon leur semblera, iront à l'église ouyr la grand' messe, qui sera célébrée sollempnellement de l'office de Nostre-Dame.

« *Item*, le lendemain de ladicte sollempnité, peuront les souverains et chevalliers de l'ordre, s'il leur plaist, encommenchier le chappitre pour traictier des affaires de l'ordre en tel lieu que par le souverain ordonné sera. Mais quant aux eslections et corrections des chevalliers de l'ordre, elles se feront au chappitre de l'église où aura esté le service divin, si chappitre y a convenable à ce, et sinon, en tel lieu qu'il plaira au souverain ; auquel lieu on

CHAPITRE CLXVIII. 515

feroit lesdictes élections ou corrections, le souverain, chevalliers et officiers de l'ordre auront leurs manteaulx et chapperons d'escarlatte dessusdicts.

« *Item*, audict chappitre sera parlé par le souverain ou son commis, ou par le chancellier, de l'auctorité du souverain, et enjoingt à tous les chevalliers présents, et procureurs des absents, et officiers de l'ordre, que ils tiennent secret ce que ès consaulx dudict chappitre sera dict, faict, traictié et demené, mesme les corrections faictes sur les chevalliers de l'ordre, sans rien reveller à aulcuns, fors les procureurs des absents, qui en porront rapporter à leurs maistres che quy leur touchera seullement.

« *Item*, et affin que ce présent ordre et amiable compaignie soit maintenue en bons termes, et que les supposts, chevalliers et frères d'icelluy ordre, travaillent à vivre vertueusement en bonnes mœurs, accroissement d'honneur et bonne renommée, pour exemple à tous aultres chevalliers et nobles, parquoy le debvoir de l'ordre de chevallerie et noblesse soit maintenue et mieulx congnue, et plus patent à tous, sera audict chappitre, entre aultres choses, touchié en général par le chancellier de l'ordre ce qui leur semblera estre bon et vaillable, et prouffiter à la correction des vices et inclination à amendement de vie et vertus par lesdicts de l'ordre ; et ce faict sera par icelluy mesme chancelier, au nom dudict ordre, et enjoingt au derrain en siége desdicts frères et compaignons, selon l'institution et ordre que dessus, que il isse du chappitre, et attende au dehors, jusques à ce que on l'appellera pour y retourner.

« *Item*, et que lui ainsi parti dudict chapitre, le souverain ou son commis, ou ledict chancellier au nom du souverain et de l'ordre, demandera par serment grant et sollempnel, à tous les chevalliers et au souverain, et à ung chascun particulièrement, en commenchant au siége d'en bas et procédant continuellement jusques en hault, que ils dient se ils ont veu, sceu ou ouy dire à personne digne de foi que leur frère et compaignon issu dudict chapitre ait dict, faict ou commis chose qui soit contre l'honneur, renommée ou estat de chevallerie, mesme contre les estatuts, points et ordonnanches de che présent ordre et amiable compaignie, et dont elle puist estre blasmée et diffammée aulcunement.

« *Item*, et s'il est trouvé par le rapport des frères chevalliers de l'ordre, ou de souffisant partie d'eulx, que leur dict frère et compaignon ait commis aulcun vice ou offense contre l'honneur, ou estat de chevallerie ou noblesse, mesme contre les paines et ordonnances de che présent ordre, et aultres cas que en ceulx qui requièrent privation, il lui sera par le souverain ou son commis, ou par ledict chancellier, remonstré et blasmé en le admonestant caritablement qu'il s'en corrige, et en telle manière que tous blasmes ou paroles diffammatoires ou mal sonnants sur personnes de si noble estat doibvent cesser, et que dès lors en avant les compaignons de l'ordre ayent de lui meilleur rapport ; et quant aux paines, le souverain et chevalliers dudict ordre en appoincteront ainsi qu'ils verront estre à faire selon le cas ; à quoi debvera obéir ledict chevallier sur quoi lesdictes paines seront mises ; et sera tenu de les porter, souffrir et accomplir.

« *Item*, et sera pareillement procédé après au regart de l'aultre chevallier prochain, et ainsi conséquemment des procureurs, en montant jusques au chief et souverain de l'ordre. Sur lequel, pour les raisons touchiées, et afin de entretenir l'amour et fraternité, et garder en che point égalité, et mesmement que des greigneurs doit par raison venir le meilleur exemple, voullons que l'issue et examen se face de lui comme des aultres, et la correction, paine et pugnition, à l'advis desdicts chevalliers de l'ordre, si le cas y eschiet.

« *Item*, si le chevallier issu du chapitre estoit, par ledict et témoignage des aultres ses frères et compaignons, réputé de bonne renommée, honnourable et vertueuse vie, et entendant aux haulx faicts de chevallerie et noblesse, il sera par le chancellier, de l'advis du souverain et des chevalliers, dict et exposé, par manière de congratulation, et pour le animer de tousjours bien faire, que ledict souverain et lesdicts frères de l'ordre sont oultre liés et joyeulx de la haulte et bonne renommée qu'ils ont eue de lui et des biens de sa personne, en le exortant et admonestant à toudis persévérer en bien et se efforchier à mieulx, affin que ses mérites et louenges en accroissent, et que il, par son bon exemple, donne à tous occasion de faire bonnes œuvres ; et pareillement sera dict aux aultres chevalliers de l'ordre, qui audict de leurs compaignons seroient tenus et réputés bons et vertueulx.

« *Item*, que se audict chapitre venoit à la cognoissance du souverain de l'ordre que aulcun des chevalliers et frères d'icellui eust commis aulcuns cas ou crimes par quoi il en deubst estre privé selon les estatus de ceste présente ordonnance, se ledict chevallier estoit là présent, le souverain fera mectre son cas en terme ; et lui ouy en ses deffenses, se aulcune chose voeult dire et prouyer en son excusation et solucion, lui sera sur che faict droict par le souverain et les chevalliers dudict ordre ou la greigneur partie d'eulx ; et se la chose venoit à la cognoissance du souverain hors le temps du chappitre, il signiffiera par ses lettres closes ou patentes scellées du scel de l'ordre, qu'il envoyera par le hérault Thoison-d'Or ou aultre personne notable, au chevallier blasmé et chargié du cas, qu'il viengne au chappitre prochain, pour estre procédé en sa matière ; et che faict, che que raison donra ; et se le temps dudict prochain chappitre estoit si brief, selon la distanche du lieu de la demouranche dudict chevallier, la signification sera faicte au chappitre subséquent, en lui inthimant qu'il viengne ou non, l'on procédera contre lui comme il appartiendra.

« *Item*, et s'il estoit trouvé que ledict chevallier ait commis aulcun cas reprochable ou digne de privation de l'ordre, il, par le souverain et chevalliers de l'ordre ou la greigneur partie d'eulx, en sera osté, privé et débouté comme dessus est dict ; et affin que l'ordre ne soit scandalisiée ou blasmée par la coulpe en sa personne, lui sera interdict et deffendu de jamais porter ledict collier ne aultre semblable, en lui enjoignant et commandant, par les sermens par lui faits à entrer en icelle ordre, que ledict collier il rende ès mains du souverain ou du trésorier de ladicte ordre ; et se ledict chevallier n'estoit présent ad ce, lui seront envoyées lettres patentes scellées du scel de l'ordre, contenants la privation, sentence et condempnation, deffence, interdict, inhibition, commandement et choses dessus dictes.

« *Item*, se ledict chevalier ainsy sommé estoit refusant de renvoyer ledict collier, ledict souverain, s'il estoit son subject, procédera par voie de justice à le contraindre ad che, et s'il n'estoit subject du souverain, il procédera comme il appartiendra, par l'advis et conseil des chevaliers de l'ordre.

« *Item*, ordonnons que quand l'ung des chevalliers de l'ordre ira de vie à trespas, ses hoirs ou ayant cause seront tenus de renvoyer, dedans trois mois après, ledict collier dudict défunt audict trésorier de l'ordre ; et parmi ces lettres dudict collier, ses hoirs ou ayant cause seront tenus quictes et déchargiés d'icelluy collier, aultrement non.

« *Item*, s'il advenoit que aulcun desdicts chevalliers perdist le collier par guerre et faict honourable, ou que, en poursuite d'aulcun faict honnourable et d'honneur, il fust faict prisonnier, par quoy ledict collier fust perdu, le souverain de l'ordre sera tenu, en ce cas, de donner à ses despens ung aultre collier audict chevallier ; mais se ledict chevallier perdoit son collier aultrement, il seroit tenu d'en faire faire ung à ses despens semblable, et l'avoir et porter, en dedans quatre mois après, ou le plus tost que bonnement faire se pourroit.

« *Item*, que quand il y aura vacquant ung lieu en l'ordre, par trespas d'aulcuns des chevalliers ou aultrement, il sera prins jour, pour remplir le nombre pourveu, d'ung aultre des condicions devant escriptes, par l'élection et plus grand nombre de voix du souverain et chevalliers de l'ordre ; en laquelle élection et touttes aultres opinions ou délibérations touchant les besongnes de l'ordre, la voix du souverain aura lieu et sera comptée pour deulx et non pour plus, sinon au cas cy-après déclaré.

« *Item*, sera procédé à ladicte élection en la manière quy s'ensuit ; c'est assavoir qu'après le trespas d'aulcuns des chevaliers de l'ordre, Thoison-d'Or, roy d'armes, sera tenu de le tantost donner à cognoistre au souverain quy, par ses lettres-patentes, le signifiera aux chevaliers de l'ordre, les requérant et mandant que au chappitre de lors prochain à venir, se le temps est compétent, et s'il estoit trop brief, à l'aultre chappitre à venir et prochain après, ils soient de leurs personnes advisés et prests de nommer et procéder à l'élection du nouvel frère et compaignon de l'ordre au lieu du deffunt ; et s'ils avoient essoingne ou empeschement raisonnable, parquoy personnellement ils n'y puissent comparoir, que chacun d'eulx envoie audict chappitre par leur procureur et aultre sur ce et au souverain en escript par sa cédulle, semblablement close et scellée de son scel, le nom du chevalier qu'il vouldra pour ce nommer.

« *Item*, et se lieu estoit vacquant par privation, pour ce qu'elle se feroit en chappitre, et par le souverain et chevaliers de l'ordre, comme dict est, iceluy souverain diroit ou feroit dire aulx chevaliers ou frères d'icelle ordre présents et aux procureurs des absents, que après ladicte privation ils advisent à nommer et à procéder à l'élection au lieu du privé que dessus.

« *Item*, que ladite élection se fera au temps et lieu du chappitre ordinaire et non aultrement, et avant que l'on y procède, par l'istorieur ou greffier de l'ordre, et che que par luy au rapport du roy d'armes, Thoison-d'Or, aura esté mis par escript des hauts faicts du chevalier trespassé, à sa recommandation et louange.

« *Item*, avant l'élection, sera par le souverain et les chevaliers présents et procureurs des absents, baillée cédulle, où nommeront les chevaliers présents, se ils sçavent aulcune chose parquoy les dessus nommés ne doibvent estre recepvables à l'élection.

« *Item*, et après ceste généralité, le souverain et chevaliers de l'ordre estants au siége audict chapitre, sera dict par le chancellier : « Messeigneurs, vous estes icy assemblés pour « élire ung nouveau frère et compaignon; mais, « pour y procéder sainctement et justement, « vous avez à faire les serments quy s'ensuivent; « et vous jurerez ès mains de monseigneur le sou- « verain ou de son commis, par la foi et serment « de vos corps et l'obligation et astriction que « vous avez à l'ordre : que vous procéderez, chas- « cun en droict soy, léalement et justement à la- « dicte élection ; et pour ce nommera chascun à « son jugement et advis ung notable chevalier, « des condicions dessus escriptes, bon et prouffi- « table pour le souverain et ses successeurs sou- « verains dudict ordre, leurs pays et seigneuries, « et pour le traitement et bien dudict ordre ; ne « pour lignaige, amour, hayne, justement à vos- « tre povoir élirez celuy quy moult vous sem- « blera digne d'estre appelé et mis à ceste hon- « nourable ordre et amiable compaignie. »

« *Item*, tantost après se lèvera le chevalier du premier siége, et révéramment venra [1] devers le souverain, ès mains duquel fera serment tel que dict est; et luy retourné en son siége, fera pareillement le prochain après, et ainsi les autres conséquemment et par ordre.

« *Item*, demandera après le souverain ou son commis au chevalier du premier siége, par le serment que faict a : quy est le chevalier quy mieulx luy semble digne d'estre appelé et receu à ceste ordre? Alors se lèvera ledict chevalier, et à un plat d'or et d'argent à ce ordonné, devant le souverain ou son commis, venra mectre une cédulle, en laquelle sera escript le nom du chevalier qu'il voudra nommer ; et ainsy feront tous les aultres conséquemment pareillement ; et mectera le souverain sa cédulle et celles qu'il aura receues des chevaliers absents, closes et scellées.

« *Item*, ce faict, le chancellier prendra toutes lesdictes cédulles et les lira tout haut ; et seront mis en escript les noms contenus dedans lesdictes cédulles dont sera faict collation ensamble, pour sçavoir quy aura le plus ; et che faict, le chancellier proclamera le nombre de voix que chascun des dénommés aura, et après, le souverain reprendra le plus de voix, et dira en nommant celuy quy plus en aura : « Tel a le « plus de voix, et par ainsy est esleu et appelé à « nostre frère et compaignon de l'ordre. » Et s'il y avoit difficulté, pour ce que deulx des nommés eussent aultant de voix l'ung que l'aultre, en ce cas et non aultre des affaires de l'ordre, le souverain, pour avanchier à l'élection, polra, oultre ses deulx voix, donner encoire la tierche à iceluy des deulx nommés que bon luy semblera. Mais sy le souverain ne le voulloit faire, on renouvelleroit l'élection première ; touttefois les cédulles des absents demoureront en valleur, pour ce que on ne poulroit assez tost avoir les leurs nouvelles.

« *Item*, et que l'élection faicte, elle sera par le greffier de l'ordre enregistrée en ung registre servant ad ce, le jour que faict aura esté. Et après che, sy le chevalier esleu n'estoit au lieu, le souverain, par le roy d'armes Thoisond'Or ou par aultre notable, signifiera au chevalier esleu sadicte élection, en luy requérant que le voeulle agréablement recepvoir, et accepter amiablement sa vocation à l'ordre ; des ordon-

(1) Viendra.

nances duquel luy sera, avec lesdictes lettres, envoyé le double par escript, afin de prendre sur ce son advis, en luy enseignant que se ladicte élection luy est agréable, et luy plaist estre à compaignie en l'ordre, il viengne devers le souverain, au jour quy luy sera signifié, pour faire les sermens, recepvoir le collier de l'ordre et faire touttes aultres choses pertinentes, et que son intencion sur che il voeulle la déclarer au porteur, et aussy en certifier le souverain, et en luy rescripre ses lettres par le porteur.

« *Item*, et se ledict chevalier esleu est grand seigneur, par quoy il deust avoir grands occupations et affaires, ou demourast, ou fust voyagier en lieu loimain, dont fust à doubter de pouvoir personnellement comparoir devers le souverain, s'il luy semble expédient, polroit faire bailler au porteur de ses lettres ung collier d'icelle ordre, pour, aprèsce que ledict éleu aura accepté ladicte élection, et non aultrement, présenter ledict collier, à condicion que de sadicte acceptacion et réception dudict collier il baillera ses lettres audict porteur quy les rendra au souverain, et par icelles promectera de venir au prochain chappitre, se faire se poeult bonnement, et sy non à l'autre subséquent, ou devers le souverain, pour jurer les poincts de l'ordre, le plus tost que bonnement faire se polra, et généralement faire tout che à quoy il sera tenu de faire.

« *Item*, que ledict chevalier élu et quy aura esté accepté à ladicte élection, venu devers le souverain pour faire les sermens et recepvoir le collier de l'ordre, se présentera au souverain, et luy dira, selon sa manière de parler : « J'ay veu par vos lettres comment, de la grace « de vous et des très honnourés frères et com- « paignons de la très honnorable ordre de la « Thoison-d'Or, j'ay esté éleu à iceluy ordre et « amiable compaignie, dont je me tiens très « grandement honnouré. J'ay révéremment « receu et accepté, et vous en remerchie de « très bon cœur; sy suis venu devers vous et m'y « présente prest pour obéir, et de faire tou- « chant iceluy ordre tout ce que je suis tenu de « 'faire. » A quoy sera responda par le souverain, accompaignié de plus grand nombre de chevaliers de l'ordre que faire se polra : « Sire, « nous, nos frères et compaignons de l'ordre, « quand de vous avons ouy dire tant de bien,

« espérants que y persévérerez et les augmente- « rez de l'exaltation et honneur de l'ordre de « chevalerie, et à nostre mérite, louange et exal- « tation et recommandation, vous avons éleu à « estre perpétuellement, se Dieu plaist, frère et « compaignon d'iceluy ordre et amiable com- « paignie; parquoy avez à faire les sermens quy « s'ensuivent ; c'est assavoir qu'à vostre léal po- « voir vous aiderez à garder, soustenir et défen- « dre les haultes seigneuries et droits du souve- « rain, tant que vous vivrez et serez dudict ordre.

« *Item*, que de tout vostre polvoir vous em- « ploierez et labourerez à maintenir à ladicte « ordre, estat et honneur, et mecterez paine à « le augmenter sans le souffrir décheoir on « amoindrir, tant qu'y puissiez remédier.

« *Item*, s'il advenoit, que Dieu ne voeulle ! « qu'en vous fust trouvé aulcune faulte, par « quoy, selon la constitution de che présent or- « dre, en fussiez privé et débouté, et sommé et « requis de rendre le collier, vous, en ce cas, le « renvoyerez sain et entier devers le souverain ou « le trésorier de l'ordre, dedans trois mois après « ladicte sommation faicte, sans jamais après « icelle sommation porter ledict collier, ne aultre « semblable, ne pour ceste occasion avoir ne tenir « rancune ou malveillance envers ledict souve- « rain, ne les frères chevaliers, ne aulcuns d'eux.

« *Item*, que touttes aultres pugnition et cor- « rectionl, quy pour aultres mendres cas vous « seront enchargiés ou enjoingts par l'ordre, « vous les porterez et accomplirez, sans pour « che aussy tenir ne aulcune rancune ne haine « envers le souverain.

« *Item*, que vous venrez et compaignerez « aulx chappitres, assemblées de l'ordre ou y « envoyerez selon l'estatut et ordonnance du- « dit ordre, et au souverain obéirez, ou à son « commis, en touttes choses raisonnablement, « touchant et requérant le debvoir et affaire « d'icelle ordre.

« *Item*, que de vostre léal povoir vous en- « tenderez et accomplirez tous les estatuts, or- « donnances, articles et points de l'ordre que « vous avez veu par escript, et les promectez et « jurez en général, tout ainsy que se particul- « lièrement et sur chascun point en fissiez es- « pécial serment. »

« *Item*, le chevalier le promectera et jurera ainsy ès foy et serment, et touchera la croix et les sainctes Evangilles.

CHAPITRE CLXVIII.

« *Item*, et ce faict, ledict chevallier se mectera réveramment devant le souverain ou son commis, quy prendra le collier de l'ordre et luy mectera autour du col, en disant ou fesant dire semblables parolles : « Sire, l'ordre vous re-« choit à son amiable compaignie, et, en signe « de che, vous présente ce collier. Dieu doint « que le puissiez long-temps porter à sa louange « et service, et exaltation de saincte Eglise, ac-« croissement et honneur de l'ordre, de vos mé-« rites et bonne renommée ! Au nom du Père et « du Fils et du Sainct-Esprit. » A quoi ledit chevallier répondra : « Amen ! Dieu me doint la grâce ! » Et après che, le chevalier du premier siége, quy lors sera présent, mènera le chevalier nouvellement élu devers le souverain en son siége, et iceluy souverain le baisera en signe d'amour perpétuelle ; et aussy le baiseront par ordre tous les aultres chevaliers.

« *Item*, se le chevalier élu se excusoit de accepter la élection, le souverain le signifiera aulx frères de l'ordre, en leur donnant à congnoistre, et requérant et mandant qu'ils soient apareillés de procéder à l'élection quand appartiendra.

« *Item*, et que les serments en la forme devant escripte et costume, feront aussy les chevaliers par nous cy-dessus nommés à frères et compaignons dudict ordre.

« *Item*, que chascun chevallier dudict ordre, à sa réception, paiera au trésorier dudict ordre, quarante escus de soixante-douze au marcq, ou la valleur, pour convertir aulx vestements, joyaulx et ornements pour le service divin au collége dudict ordre. Touttes voies, se il voulloit donner en che lieu joyaulx et ornements, jusques à la valleur de la somme, faire le polra ; et par che moyen sera tenu quicte de ladicte somme.

« *Item*, quand aulcun chevalier de l'ordre trespassera, chascun des frères d'iceluy ordre, ledict trespas venu à sa congnoissance, sera tenu de bailler ou envoyer au trésorier dudict ordre argent pour faire chanter quinze messes et quinze sols pour donner pour Dieu, pour les ames d'ung chascun chevalier trespassé, et ledict trésorier sera tenu de l'employer, comme dict est, au lieu de la fondation.

« *Item*, s'il advenoit après le décès du souverain de l'ordre, son successeur en l'ordre fust mendre en age, parquoy il ne fust puissant de mener les faicts de l'ordre, voullons et ordonnons que, en ce cas, les frères et compaignons de l'ordre fassent ensemble une assemblée et convention, et par oppinions, et le greigneur nombre de voix, élisent l'ung d'entr'eulx pour présider et demener les besongnes de l'ordre, au lieu du mineur, à ses despens, jusques à ce qu'il sera en eage de chevallier ; et se, au trespas du souverain, demouroit fille son héritière non mariée, voullons et ordonnons que semblablement soit éleu ung des frères de l'ordre, pour conduire les faicts d'iceluy ordre, jusques à ce que ladicte fille soit mariée à chevallier en eage d'emprendre conduire la charge et faicts de souverain de l'ordre ; auquel ainsi éleu voullons et ordonnons, durant ledict temps, estre obéi ès besongnes d'iceluy ordre comme au souverain.

« *Item*, et pour che que ce présent ordre, comme dessus est dict, est une fraternité et compaignie amiable, en laquelle se submectent de leur bon gré et voullenté les frères et chevaliers d'iceluy, et les prometteront et jureront garder et franchement entretenir sans enfraindre ne aller au contraire, voulons, establissons et décernons ledict ordre, avoir congnoissance et court souveraine ès choses et cas qui touchent et regardent ledict ordre et sur les frères et compaignons d'iceluy, et que touttes sommations, privations, appointements, sentences, jugements, arrests et choses passées et faictes par ladicte ordre, ès cas qui lui touchent, et sur les frères et chevalliers d'icelluy, soient exécutoires et vallables comme de court souveraine, sans ce que, pour les empeschier, l'on puisse ou doive dire, par appel, complainte, supplication ou aultrement, comment que che soit, traire ou adreschier à quelque seigneur, prince, juge, court, compaignie, ne aultrement quelconques, ne que le souverain et frères dudict ordre soient pour che tenus de respondre, attendu la volontaire et franche submission jurée solempnellement, comme dict est.

« Tous lesquels poincts, conditions, articles et choses dessusdictes et chascune d'icelles que avons ordonné et establi, ordonnons et establissons, comme dessusdict est, nous, pour nous et nos hoirs et successeurs ducs de Bourgongne, chiefs et souverains de nostre présent ordre et amiable compaignie de la Toison-d'Or, promettons tenir, garder et accomplir à nostre pouvoir, entièrement et inviolablement à tousjours ; et se ès choses dessus escriptes ou aulcune d'icelles avoit aulcune obscurté, doubte ou difficulté, nous en réservons et retenons à nous et à nosdicts successeurs, ducs de Bourgongne, souverains dudict ordre, la détermination, interprétation et déclaration, et d'y adjouster, corrigier, muer et esclarcir, en l'advis et délibération de nos frères et compagnons dudict ordre, exceptés : le premier article, faisant mention du nombre et de la condition des chevalliers dudict ordre ; le second, faisant mention et disant que les frères et chevalliers de l'ordre ne doibvent, iceluy receu, estre de nul aultre, sinon par la condition audict article déclarée ; le quatriesme article, de l'amitié que les souverain et chevalliers doibvent avoir l'ung envers l'autre ; le cinquiesme, du service que les chevalliers de l'ordre sont tenus de faire au souverain ; le huitiesme, comment le souverain debvera procéder pour apaisier les débats, si aulcuns en sourdoient entre les chevaliers de l'ordre, à cause de leurs prouesses ; le neufviesme et dixiesme, de l'assistance que le souverain et chevalliers de l'ordre debveront faire à leurs frères et compaignons ; le onziesme, en quel cas les chevalliers non subjets du souverain pourront servir allencontre de lui, sans charge d'honneur ; le douziesme, quelle courtoisie les chevalliers de l'ordre debveront faire à leurs frères et compaignons, s'ils estoient prins en guerre et en bataille où ils fussent ; les treiziesme, quinziesme et seiziesme articles touchant les cas parquoy se debveront faire privation de l'ordre, et aultres pour lesquels les chevalliers se pourront despartir ; le dix-septiesme article, contenant la manière et ordre qui se debvra tenir en aller seoir, escripre, parler et aultres faicts des choses, regardant à la situation de l'ordre devant dicte ; le quarante et uniesme faisant mention de l'élection à faire, quand il y aura lieu vacquant d'aulcuns chevalliers de l'ordre, en quoy le souverain aura deulx voix ; le cinquante-deuxiesme, de la manière de la réception du chevalier éleu ; et iceluy mesme article, et les cinquante-trois, cinquante-quatre, cinquante-cinq et cinquante-septiesme, des serments que debveront faire les chevalliers de l'ordre. Lesquels articles et chascun d'eulx ci-dessus désignés, selon leur forme et manière, vollons demourer fermes et entiers, sans par nous, nos successeurs souverains, ne

aultre, y estre faict mutation aulcune. Et voullons que, au *vidimus* de cestes, soubs nostre scel d'iceluy ordre, ou aultres authentiques, pleine foy y soit adjoustée comme à l'original. Et affin que che soit chose ferme et estable à tousjours, nous avons faict mettre nostre scel à ces présentes.

« Donnée à nostre ville de Lille, le vingt-septiesme jour de novembre, l'an de grace mil quatre cens trente et un[1]. »

CHAPITRE CLXIX.

Du nombre des officiers de l'ordre de la Thoison-d'Or ; et comment ils doibvent exercer leur office ; et du serment qu'ils sont tenus de faire.

« Premièrement en iceluy ordre aura ung officier nommé chancelier ; et pour tant que l'office est grant et de grant charge, et requiert d'avoir homme nottable, voeult et ordonne mondict seigneur le duc que nul ne soit à iceluy office pourveu s'il n'est constitué en prélature ecclesiastique, comme archevesque ou évesque, ou dignité nottable, cathédralle, ou collégiale église, ou personne séculière de grant recommandation ou expérience, clercq gradué en théologie ou en droit canon et civil.

« *Item*, que le chancellier aura en garde et gouvernement le scel de l'ordre, qui sera mis en ung coffre fermant à clef ; et ne polra ledict chevallier sceller d'icelluy scel aulcunes lettres touchant l'honneur d'aulcuns chevalliers, sinon par l'ordonnance expresse du seigneur souverain et de six compaignons dudict ordre à tout le moins, soubscrits à la signature. Mais en l'absence dudict scel de l'ordre, mondict seigneur le souverain pourra bien faire sceller icelles lettres de son scel de secret.

« *Item*, aura la charge, ledict chancellier, de par le souverain ou son commis, d'enquérir ou demander audict chappitre, aulx chevalliers de l'ordre, qui y seront, de l'estat du gouvernement de ung chascun d'iceulx chevalliers, qui, pour ceste cause, isseront hors du chappitre l'ung après l'aultre ; et les opinions ou dépopositions desdicts chevalliers révèlera ou réci-

(1) Voyez ces statuts, t. III, folio 1 à 63, de la *Historia de la insigne orden de la Toison de Ore*, par don JULIAN DE PINEDO Y SALAZAR. M. de Reiffenberg a publié en un volume in-4° l'histoire de cet ordre.

CHAPITRE CLXIX.

tera pour, par lesdicts souverain et son commis, y estre prins conclusion; laquelle conclusion, soit qu'elle tende à recommandation et louange, ou à correction, peine ou pugnition, iceluy chancellier proposera, remonstrera, et prononchera sur le chevallier à qui ce touchera.

« *Item*, avec che, ledict chancellier, au temps de l'élection à faire des chevalliers de l'ordre, recepvera du souverain et chevalliers les cédulles de ladicte élection, et fera comparaison, présents les officiers, du nombre des voix que aura chascun chevallier nommé pour ladicte élection.

« *Item*, et que ledict chancellier, ou aultre de l'ordre commis par ledict souverain, ensemble aulcuns chevalliers de l'ordre, à ce députés par ledict souverain, sera au temps du chappitre à l'audition des comptes du trésorier de l'ordre.

« *Item*, que ledict chancellier aura la charge, de par le souverain de l'ordre, de proposer et mectre avant audict chappitre ledict ordre touttes les choses qui seront advisées pour l'honneur, prouffict et bien d'iceluy ordre, et touttes les fois que par iceluy souverain ou son commis ordonné lui sera.

« *Item*, audict ordre aura ung aultre appelé trésorier, qui aura en garde touttes chartres, priviléges, lettres, mandements, escriptures, muniments et enseignements, touchant la fondation et les appartenances d'iceluy ordre, et aussi la garde de tous joyaulx, reliques, aornements et vestements d'esglise, tapisserie et librairie appartenants audict ordre, et avec che la garde et gouvernement des manteaulx d'escarlatte, appartenants au souverain et chevalliers de l'ordre, servants à l'estat et sérimonies de ladicte assemblée, convention et chappitre; lesquels manteaulx il debvera, à ladicte assemblée et convention, à chascun chevallier bailler le sien pour adoncques en user; et après les recepvera et gardera soigneusement pour le temps advenir. Mais les habits desdicts officiers demeureront devers eulx, et seront pour eulx en user à leurs vollentés; et s'il y avoit officiers nouveaulx, ils en feront faire à leurs despens, habits tels qu'il appartiendra, sur les gaiges qu'ils auront du souverain.

« *Item*, après le trespas ou privation d'aulcuns des chevalliers de l'ordre, fera le trésorier oster les armes, heaulmes et tymbres d'iceluy chevallier de sa place au chœur de l'église de la fondation, et les transporter où faire se debvra, selon l'ordre; et quand aultre chevalier sera en ce lieu éleu et receu, iceluy trésorier fera mectre ses heaulmes, tymbres et armes en la place qui lui sera deue au chœur de ladicte église.

« *Item*, aura encoires ledict trésorier la charge de la dotation et fondation dudict ordre, et des dons, lais, augmentations, prouffcts, bienfaits et émolumens d'icelluy, qu'il recepvra et fera venir ens bien diligemment, et par ce les fondations, pensions et charges ordinaires aux gens d'églises, povres chevaliers et officiers de l'ordre, selon l'ordonnance de la fondacion; et sur ce en fera aussi les aultres missions et despens nécessaires et convenables pour le faict de l'ordre, au commandement du souverain ou de son commis, et de tout rendra bon et léal compte au chapitre ordinaire, par devant icellui souverain ou son commis, ou ceulx de l'ordre ad ce desputés.

« *Item*, fera faire, ledict trésorier, livres où seront escripts tous les dons, aulmosnes, lais et bienffaits que l'on fera à l'ordre, de quelques choses que che soit; et des joiaux et aornemens fera inventoire et ostencion à chascun chappitre, si longuement qu'ils porront durer ou estre, et des dons pécunieulx et prouffcts des rentes, revenus et possessions, comme dict est; et à chascun chappitre, nommera par nom et surnom les bienffaicteurs dudict ordre, et déclarera les dons qui y auront esté faicts, affin de avoir mémoire et prix, et pour eulx, et donner exemple et couraige de y faire bien.

« *Item*, des chartres, priviléges, fondacions, augmentations, acquests, lettres, munimens et enseignemens dudict ordre, fera ledict trésorier faire livres et cartulaires collationnés aulx originaulx, et approuvés par scellés authentiques et saings de nos notaires ou personnes publiques; desquels cartulaires l'un demourra en ladicte église, et l'autre sera mis au trésor des chartres de Bourgongne; et si y sera foi adjoustée comme aux originaulx, affin que s'ils estoient d'aventure perdus, on peust avoir recours et soi aidier desdicts cartulaires.

« *Item*, ung aultre officier aura audict ordre, appelé greffier, qui sera prébendé d'une des bendes en l'église où sera faicte ladicte fondacion d'icellui ordre, ou aultre personne nottable et habile clercq, homme d'église ou séculier ; lequel greffier sera tenu de faire deulx livres en parchemin, en chascun desquels sera escripte la fondacion dudict ordre, les causes, ordonnances et estatus d'icellui ; et au commenchement desdicts livres sera historiée la représentation du fondateur et des vingt-quatre chevalliers premiers dudict ordre ci-dessus nommés; desquels livres, l'ung sera attachié au chœur à chaisne de fer, en ladicte église, devant le siége du souverain, et l'autre aussi sera attachié à chaisne de fer au chappitre devant le siége d'icellui souverain.

« *Item*, que ledict greffier mectera par escript, en ung livre ad ce ordonné, touttes les proesses louables et honnourables faits du souverain et de tous les chevaliers dudict ordre, faits depuis la fondation d'icellui, dont il sera informé par Thoison-d'Or, roy d'armes ; et sera tenu de monstrer au chappitre enssuivant la minute qu'il aura sur ce faicte au rapport dudict Thoison-d'Or, pour là est releu et corrigié, se mestier est, et apprès mis en grosse audict livre, laquelle sera leute avec la minute au chappitre subséquent.

« *Item*, en ung aultre livre escripra, ledict greffier, les appointemens, conclusions et actes des chappitres ordinaires, les fautes commises par les chevaliers de l'ordre, dont ils auront esté blasmés et repris en chappitre, les corrections, pugnitions et peines qui pour che leur auront esté ordonnées, et avec ce, les combinances des chevaliers de l'ordre qui ne seront comparus en chappitre, et n'y auront pour eulx souffisamment envoyés à faire remonstrer leurs excusations.

« *Item*, ung autre officier aura ordonné, c'est assavoir ung roy d'armes, appelé Thoison-d'Or, prudent, de bon renom et souffisant à l'office; auquel mondict seigneur le souverain fera baillier ung esmail qui sera dudict ordre, qu'il portera tant qu'il vivera ; et apprès le trespas d'icellui, ses heritiers seront tenus de rendre au trésorier de l'ordre ledict esmail, s'il n'avoit esté perdu en aulcun voyage ou faict honnourable, sans fraulde; auquel cas ses heritiers seront quittes dudict esmail qui ainsi perdu seroit ; et sera tenu ledict souverain de lui en faire avoir ung autre.

« *Item*, le roy d'armes dessusdict aura charge de porter ou faire porter les lettres du souverain aux chevalliers de l'ordre et aultres où il les fauldra envoyer ; signifier à icellui souverain le trespas des chevalliers de l'ordre quand le cas adviendra ; porter ou faire porter lettres de élections aux chevalliers ; rapporter leurs responses ; et généralement de faire ou faire faire toutes les messageries et choses dues, qui par le souverain ou officiers de l'ordre lui seront ordonnées.

« *Item*, ledict roy d'armes, Thoison-d'Or, enquerra dilligamment des prouesses et haulx faits, honnourables entreprinses du souverain et chevalliers de l'ordre, dont il fera véritable rapport au greffier de l'ordre, pour estre mis en escript, comme faire se debvera.

« *Item*, quand l'office du chancelier de l'ordre sera vacquant doresnavant, le souverain appellera des chevalliers de l'ordre le plus qu'il poulra recouvrer, et néant moins du nombre de six; et ad ce présents le trésorier et le greffier de l'ordre, se bonnement faire se poult, procèdera à élection du nouveau chancelier, promeu à prélature ecclésiasticque, comme archevesque, évesque, ou dignité nottable, cathédralle ou collégiale, église ou personne séculière de grant recommandation et expérience, clercq gradué en théologie ou en droit canon ou civil ; laquelle élection ainsi faicte sera signiffiée à l'éleu, en lui assignant jour de venir devers le souverain pour faire les sermens pertinens, en requérant que son intencion sur che il signiffie et certifie audict souverain.

« *Item*, s'il s'excusoit d'accepter ladicte élection, ledict souverain procèdera à élection d'ung aultre, et fera comme en l'article dessus prochain est contenu ; est jusques il y ait chancellier éleu, et qu'il ait faict le serment, le office sera exercé par ung commis, par l'advis et authorité du souverain et des chevalliers de l'ordre.

« *Item*, et que le chancellier éleu, et qui aura accepté l'élection, fera, ès mains du souverain ou son commis, les sermens que s'ensuit, c'est assavoir : qu'il comparera aux chappitres et assemblées de l'ordre en personne, sinon que par maladie ou aultre essongne ou cause recepvable il en fust empeschié, auquel cas il le fera sçavoir, sans fraulde, par ses lettres au souverain, qui, en son absence, pour icelle fois, commectera la charge de l'office à nottable personne, des conditions dessusdites, telle qu'il lui plaira, qui sera sermenté comme au cas appartient.

« *Item*, qu'il ne scellera du scel de l'ordre aulcunes lettres touchant l'honneur des chevalliers sinon du commendement du souverain, présents six des chevaliers de l'ordre à tout le moins.

« *Item*, que pour amour, haine, crainte, faveur ou affection aulcune, il ne laissera de loyaulment et duement à son povoir dire et proposer, ès chappitres et assemblées de l'ordre, toutes les choses qui lui seront chargiées par le souverain; et que les conclusions prinses ès chappitres, touchant la correction ou corrections d'aulcuns chevalliers ou aultrement, il dira où il appartiendra; et ainsi que faire se debvera, selon le contenu de ceste ordre, tiendra secret les consaulx d'icellui; et generalement à son povoir exercera, en tout et partout, bien et duement ledict office.

« *Item*, sera faicte la élection du trésorier de l'ordre quand le cas y écherra, ainsi que celle du chancellier; et fera les sermens qui se ensuivent : c'est assavoir, que bien et duement il gardera et gouvernera à son povoir les joiaulx, meubles, rentes, revenus et biens de l'ordre qu'il aura en gouvernement, sans en rien distribuer, fors en usaiges à quoi ils seront, par le souverain de l'ordre, applicqués et ordonnés.

« *Item*, que bien et loyaulment il distribuera aux gens d'église ce qui leur sera ordonné pour le divin service, aux officiers de l'ordre pour l'exercice de leurs offices, et aux povres chevalliers pour leur vivre et substentation, selon les fondation et dotation sur ce faictes; et de che fera son devoir, sans en riens retenir ne retarder.

« *Item*, qu'il rendra bon et loial compte des rentes et revenus appartenantes audict ordre, comme des dons et largesses qui faicts y seront, sans riens céler ni retenir; et en touttes aultres choses exercera le faict de son office bien et loyaulment à son povoir.

« *Item*, que vacquant le lieu du greffier de l'ordre, il sera, par le souverain, six des chevalliers de l'ordre, et néant moins, éleu ung aultre greffier, nottable personne des conditions dessusdictes; lequel greffier, ainsi éleu et qui aura accepté, fera, ès mains du souverain ou de son commis, le serment qui se enssuit, c'est assavoir : que bien véritablement et diligamment à son povoir il mectra par escript et en registres les haulx faicts et honnourables des chevaliers qui par le roy d'armes d'icellui ordre lui seront rapportés; et pareillement mectra léalment par escript les peines et corrections données aux chevalliers de l'ordre ès chappitres et assemblées; enregistrera les actes desdits chappitres; se acquittera et fera son debvoir en toutes escriptures touchant l'office; tiendra secret les consaulx de l'ordre; et icelluy office exercera bien et loyaulment et duement, à son povoir.

« *Item*, à l'élection du roy d'armes, nommé Thoison-d'Or, on procèdera en la manière que dict est du trésorier et greffier; et fera les sermens qui s'enssuivent : c'est assavoir, qu'il enquerra des haulx faits des chevalliers de l'ordre, sans faveur, amour, hayne, dhommaige, prouffict ou autre affection; et en fera véritable rapport au greffier de l'ordre, pour estre mis ès cronicques ou registres, comme faire se debvera.

« *Item*, que bien et diligemment il fera ou faire fera les messages qui lui seront enchargiés, et obéyra au souverain et chevalliers de l'ordre, en touttes choses servant loyaulment et dilligamment à son povoir. »

CHAPITRE CLXX.

Comment le prince d'Orange et les Bourguignons furent desconfits à la bataille des Daulphinois, devant Anthonne; et comment le seigneur de Montagu fut privé de l'ordre de la Thoison-d'Or.

En celuy an, le prince d'Orange, quy estoit gouverneur de Languedoc, fist de grants conquestes en iceluy pays sur les gens d'armes du daulphin. Or advint qu'il mist ung siège devant une place nommée Anthonne, que les gens du daulphin tenoient. Le daulphin, pour secourir ses gens, fist ung grant amas de gens d'armes et de traict. Entre lesquels y furent le seigneur de Gaucourt, gouverneur du daulphin, et pluiseurs aultres seigneurs dudict pays, et aussy de Lionnois; et avec eulx, Digne de Villendras, Edute de Ribedieux, Sallesart, et pluiseurs aultres capitaines. Et quand ils furent assemblés, ils se mirent aulx champs pour combattre le prince d'Orange, quy estoit grandement accompaigné de pluiseurs grands seigneurs de Bourgongne; lesquels, véants leurs adversaires, se mirent en belle ordonnance avec bannières déployées et cottes d'armes vestues.

Que vous diroye? les puissances s'assemblèrent ensemble et combattirent; mais la fortune tourna sur les Bourgongnons; et là furent pluiseurs grants seigneurs de Bourgongne morts et prins. Le prince d'Orange se saulva; et aussy fist le seigneur de Montagu, quy portoit l'ordre de la Thoison-d'Or, dont il fut fort repris. Et pource que, par le chappitre de la Thoison-d'Or, il y a trois choses parquoy on peult perdre ladicte ordre, c'est assavoir, si ung des chevaliers dudict ordre estoit atteint ou convaincu de trahison, d'hérésie, ou que il se trouvast en journée de bataille, où cottes d'armes et bannières fussent desployées, et procéder aussy avant que jusques à combattre sans estre victorieulx, mort ni prins, pour l'ung de ces trois cas, il seroit privé et débouté de iceluy noble ordre et fraternelle compaignie de l'ordre de la Thoison-d'Or. Or est vray que le seigneur de Montagu ne fut victorieulx, mort ni pris. Pour laquelle cause il fut mandé à comparoir en personne devant le duc, fondateur, chief et souverain, et les aultres chevalliers de l'ordre de la Thoison-d'Or, au prochain chappitre lors ensuivant. Auquel chappitre le seigneur de Montagu ne comparut point, mais envoya pour ouyr che de quoy on le vouldroit accuser. Auxquels il fut dict : que ledict de Montagu, leur maistre, avoit offensé faict, et commis cas par quoy il debvoit estre privé et débouté de la noble compaignie de la Thoison-d'Or, et de ne jamais porter le collier ni enseigne d'iceluy noble ordre, en leur enjoingnant, de par le duc et ceulx de l'ordre, qu'ils deissent au seigneur de Montagu, leur maistre, qu'il renvoyast le collier, et que jamais il ne le portast. A quoy iceulx notables gens envoyés de par le seigneur de Montagu respondirent. Et monstrèrent maintes belles et grandes excusations pour ledict seigneur de Montagu, disants que, au jour de la bataille, il avoit, par sa vaillance, sauvé maints chevaliers et escuyers d'estre morts ou prins, et que, par pluiseurs fois, il soustint le faix des ennemis, les fist arrester et retarder de la chasse qu'ils faisoient sur eulx; et prenoit à prouver par nobles hommes, qu'en che feut le derrain retrayant de la besogne; et, s'il ne vouloit, à son droit escient, estre mort ou prins, aultrement ne povoit faire. Et si, pour bien faire, il falloit qu'il perdist icelle noble compaignie de l'ordre, il luy sembloit que c'estoit une dure chose à porter ; mesmement qu'il s'estoit gouverné iceluy jour si vaillamment que corps de chevalier povoit faire. Touttefois, quelque remonstrance que les gens du seigneur de Montagu sceussent faire, le seigneur de Montagu ne feut receu à excusation nulle; et fut procédé allencontre de luy ; et, par les opinions, ceulx de l'ordre de la Thoison-d'Or estans en leur chappitre, nonobstant pluiseurs poursuites qui lors se feirent, depuis, le seigneur de Montagu fut jugié de non jamais porter le collier de la Thoison-d'Or, et d'estre privé et débouté de la noble compaignie d'icelle ordre. Quand le seigneur de Montagu sceut la sentence, il fut dollent et desplaisant que jamais homme ne povoit plus estre; car il estoit vaillant chevalier et de grant courage. Pour laquelle cause il fist ses ordonnances, et fist finances pour s'en aller au sainct voyage du sainct Sépulchre de Jérusalem; duquel voyage ne retourna oncque depuis, et là fina ses jours. Dieu en aye l'ame ! Aulcuns voeullent dire que le prince d'Orange avoit porté le collier de l'ordre de la Thoison-d'Or; mais bien poeult estre que, à la cause de ladicte journée, il perdit d'avoir ledict collier et ordre; car il estoit bien homme pour estre en icelle belle compaignie, n'eust esté la douloureuse et mauldicte aventure quy luy advint. Je lairay à parler de la bataille de Languedoc, et parlerai de celle des Barrois, où le duc de Bar fut prins et Barbasan mort.

CHAPITRE CLXXI.

De la guerre du duc de Bar, René d'Anjou, contre le comte de Vaudemont, lequel, avec le secours des gens de guerre que le duc de Bourgougne luy feit, combattist ledit duc de Bar, quy fut prisonnier et envoyé au duc de Bourgongne, et perdist la bataille.

Une grant guerre semeult entre René d'Anjou, fils du roy Loys, nommé roy de Sécille, lequel René avoit ung oncle de par sa mère, c'est assavoir le cardinal, fils et héritier du duc de Bar, son frère, lequel frère mourut à la bataille d'Agincourt, l'an quatorze cent quinze, dont cy-devant est faicte mencion. Or est vrai que ledict cardinal donna et fist son héritier dudict René, son nepveu, et lui donna et délaissa la duchié de Bar, et pluiseurs aultres belles seigneuries; et par le moyen d'icelles seigneuries, et aussi qu'il estoit fils de roy, issu de la très chrestienne maison de France, la fille et héritière de la duchié de Lorraine lui fut donnée en

CHAPITRE CLXXI.

mariage, qui fut ung grant bien pour les duchiés de Bar et de Lorraine; car de long-temps avoit en icelles seigneuries guerres et divisions, qui par icelluy mariage furent en paix et unis soubs ung seul seigneur. Aulcuns disoient que ladicte seigneurie de Lorraine s'estoit entretenue si long-temps qu'il n'estoit mémoire du contraire, tousjours venans de père en fils. Or estoit lors un nommé Ferry de Lorraine, yssu de la maison de Lorraine, lors si prochain du duc de Lorraine que son nepveu, et cousin-germain de l'héritière, femme dudict René, fils du roy Loys. Si advint, ne sçai si ce fut par partage ou aultrement, que guerre s'esmeut entre icelluy René, duc de Bar et de Lorraine, allencontre du comte de Vaudemont, seigneur de Genville, de Boves et aultres seigneuries. René, duc de Bar et de Lorraine, se trouva le plus puissant, et tellement que le comte de Vaudemont eust esté tout destruit, n'eust été qu'il se retraict devers le duc, lequel pour lors estoit en la ville de Gand; et là lui remonstra que ses prédécesseurs, ducs de Lorraine, avoient tousjours esté amis et alliés de la maison de Bourgongne, en lui requérant qu'il lui voulsist faire ayde de gens d'armes et de traict. Le duc lui ordonna et accorda cappitaines de Picardie, qui eslevèrent grant nombre d'archiers; et avec ce rescripvist et manda aulx grands seigneurs de Bourgongne : qu'ils se missent sus en armes, et qu'ils feissent toutte l'assistance et ayde qu'ils pourroient audict comte de Vaudemont. Tant fut la chose exploittiée que Bourguignons et Picards se trouvèrent ensemble avec le comte de Vaudemont; et se mirent avec eulx deulx chevaliers d'Angleterre, l'ung nommé messire Jehan Adam, et l'aultre messire Thomas Gargaron. Quand icelles compaignies furent ensemble, ils prirent le chemin pour tirer en la comté de Vaudemont, que René, duc de Bar, destruisoit du tout par feu et espée. Quand le duc de Bar sceult le comte de Vaudemont et les Bourguignons venir, il print les champs pour aller au-devant d'eulx. En sa compaignie avoit Franchois, Barrois, Lorrains et Allemands en bien grant nombre ; et tant procédèrent le duc de Bar et ses adversaires, que ils virent l'ung l'autre. Le duc de Bar, qui avoit merveilles grans gens, ne fist guères de compte du comte de Vaudemont ne des Bourguignons; et les Bourguignons au contraire;

car quand ils veirent la grant puissance, ils prinrent place la plus avantageuse qu'ils peurent pour eulx, laquelle estoit de grans buissons et haies, que ils avoient endossés ; et aux deulx ailes de leur bataille s'estoient fermés de leur carroy ; et oultre avec ce, les archiers s'estoient fortifiés de peuchons aguisiés aux deulx bouts. Quand le duc de Bar vit qu'ils avoient prins place, bien cuida qu'ils fussent à sa vollenté; et ordonna batailles pour les combatre à pied et à cheval ; et de ceste opinion estoient la plupart de ses gens, excepté ung vaillant chevallier nommé Barbasan, natif de France, qui fut d'opinion contraire, disant que mieulx les vauldroit affamer que combatre, veu le lieu où ils estoient; car de nul costé du monde ne povoient avoir vivres ; et si estoit la puissance du duc de Bar si grande que bien povoient garder que vivres ne leur povoient venir. Son oppinion fut rebouttée. Et disoient aulcuns que grant honte seroit de les laissier en la place où ils estoient, sans combatre, veu le petit nombre qu'ils estoient ; et y eult aulcuns qui dirent à Barbasan : « Qui a paour des fœulles, si ne « voise[1] pas au bois. » Il respondit : « Icelles parol« les sont pour moi. La merchi Dieu ! j'ay vescu « sans reproche, et aujourd'hui l'on verra si je « le dis pour lacheté ne pour crainte d'eulx; « mais le dis pour le mieulx et pour éviter les « dangiers qui en pourroient advenir. » Que vous en diroye-je ? Le duc de Bar et toutte sa puissance, sans grant ordonnance, marchèrent comme tous à cheval, et par espécial les Allemands, lesquels cuidoient de prime fache, à la puissance de leurs corps et chevaulx, desfaire de tous points les Bourguignons. Mais ils les trouvèrent si bien ordonnés, et fortifiés darrière et aulx costés, que peu leur firent de mal ; et, au contraire, ils furent receus à pointes de lances et de traicts, servis à si grant habondance, que eulx et leurs chevaulx furent navrés et bleschiés, par telle fachon que en grant désarroi ils se retrayrent. Le duc de Bar, véant ce desroi, se mit à pied, en sa compaignie pluiseurs grans seigneurs d'Allemaigne, le bon chevallier Barbasan, et pluiseurs aultres. Et quand ils se trouvèrent auprès de la bataille, les archiers bourguignons commenchèrent à tirer sur eulx, tellement que pluiseurs en furent morts et bleschiés; et avec ce, les Bourguignons

(1) Aille.

estoient si bien fermés et en si belle ordonnance que le duc de Bar ne ses gens ne leur povoient faire mal sans grant perte. Les Bourguignons, véants le desroi des gens du duc de Bar, issirent hors de leur fort et combattirent le duc de Bar; et ses gens à peu de perte obtinrent la victoire; et là fut le duc de Bar prins; le comte de Salverne, et pluiseurs aultres grans seigneurs d'Allemaigne morts; le bon chevallier Barbasan mort; le seigneur de Rodemarcq prins, et pluiseurs autres. Le duc de Bar fut prins de la main d'ung homme d'armes Hainuyer, nommé Martin Frivart, qui depuis fut bailli de Nostre-Dame de Haulx, auquel le duc donna dix mille francs d'argent comptant, et cinq cents francs de rente pendant sa vie, et le duc, comme raison estoit, eult le duc de Bar son prisonnier. En icelle battaille eut de grants seigneurs de Bourgongne, c'est assavoir messire Anthoine de Toulonjon, mareschal de Bourgongne, et la plus grant partie des seigneurs, chevalliers et escuyers de la duchié et comté de Bourgongne, les gens du prince d'Orange et son étandart. Icelle journée fut à grant honneur et profit du duc, et, par espécial, du comte de Vaudemont : car tout eust esté destruit, n'eust esté le secours et ayde que le duc lui fist. Lors estoit commune renommée que l'intention du duc de Bar estoit la comté de Vaudemont et la seigneurie de Genville conquister, comme bien lui sembloit estre audessus de conqueste la duchié et comté de Bourgongne, et aultre chose avec. Et quant à moy, je luy ouy une fois dire en la ville de Dijon, lui estant prisonnier du duc, que au jour qu'il fut prins à la battaille dessusdicte, que bien lui sembloit avoir gens assez pour combattre tout le monde pour ung jour; mais en peu d'heures fortune l'avoit bien bas mis, disant : puisqu'il falloit que ainsi fust, il debvoit bien louer Dieu d'estre cheu en la main de son beau-cousin de Bourgongne. Et disoit lors : « L'homme propose et Dieu dispose ». Je layray à parler de la battaille de Barrois, et parleray d'une besongne qui se fist assez près de Beauvais, et qui s'appelle la battaille du Bregier.

CHAPITRE CLXXII.

De la bataille du Bregier, où les Franchois furent desconfits des Anglois.

Bien advez ouy parler comment aulcuns, de legier et créance voullaige, se bouttèrent à croire que les faicts de la Pucelle estoient choses miraculeuses et permises de par Dieu; et fort y furent pluiseurs enclins de le croire. Or advint après la mort de Jehanne la Pucelle que aussi aulcuns de folle créance mirent sus un fol bregier, lequel, comme avoit dict la Pucelle Jehanne, disoit qu'il avoit révélation divine afin qu'il se mist sus en armes, afin d'aidier ce noble roy de France. Icelle folie fut expérimentée à la charge, perte et déshonneur du royaulme. Et advint que pluiseurs nottables seigneurs et cappitaines, eulx confiants en iceluy bregier, se mirent aulx champs; et quand les Anglois le sceurent, ils firent une grant assemblée pour résister allencontre d'eulx. De la part des Franchois estoient le mareschal de Boussac, Pothon de Saincte-Trailles, La Hire, et pluiseurs aultres cappitaines; en leur compaignie, le chief, ce meschant bregier. De la part des Anglois, estoient le comte d'Arondel, le seigneur de Tallebot, et pluiseurs aultres : lesquels Franchois et Anglois assemblèrent à battaille, et combattirent très vaillamment les ungs et les aultres. Touttefois la fortune tourna sur les Franchois; et là furent pluiseurs morts et prins; le vaillant Pothon de Saincte-Trailles, qui depuis fut mareschal de France, y fut prins; et se y fut prins le povre bregier sur lequel estoit l'espérance des Franchois. Le mareschal de Boussac, La Hire, et aultres, se retrayrent à Beauvais; et les Anglois, à grant honneur, triomphe et gloire, s'en retournèrent atout leurs proies et conquestes; et là fut mené le bregier. Qu'il devinst depuis, je ne sçai; mais je ouy dire qu'il avoit esté gecté en la rivière de Seine et noyé. Icelle battaille fust appelée la battaille du Bregier : laquelle battaille est plus au long escripte ès livres de ceulx qui en ont cronicqué. Et atant je m'en passe, et me souffist d'en faire mencion.

CHAPITRE CLXXIII.

Comment le duc de Bethfort, régent de France, asségla Laigny-sur-Marne, laquelle fut ravitaillée des Franchois, et le siége délaissié par ledict régent.

En l'an 1432, le duc de Bethfort, lors régent de France, assembla une grant armée pour mettre le siége devant la ville de Laigny-sur-Marne, que les Franchois tenoient et occupoient. Après ce que le régent ot faict son amas de gens, il s'en alla asségier icelle ville de Laigny, et fist faire pont sur la rivière de Marne; et, moyennant iceluy pont, fut la ville toutte asslégée, et puis approchiée et battue de bombardes et canons et aultre artillerie, ainsi qu'il estoit coustume de faire en siége de si grant prince que lors estoit le duc de Bethfort, régent de France. Dedans laquelle ville estoit cappitaine pour les Franchois ung gentil chevallier, nommé Jehan Foucault, qui à la garde d'icelle ville se gouverna honnourablement. Que vous diroie-je? Après ce que le siége eust été par grant espasse devant icelle ville, les Franchois se assemblèrent en grant nombre, entre lesquels estoient le bastard d'Orléans, chevallier vaillant et bien renommé, et grant nombre d'aultres seigneurs, cappitaines et nobles hommes. Et quand le régent sceult la venue des Franchois, il print place, cuidant combattre; en laquelle place les gens de son siége se retrayrent comme tous ensemble. Quand les Franchois furent venus, ils demourèrent à cheval en moult belle et grant ordonnance; et bien sembloit qu'ils ne demandassent que la bataille. Et lors levèrent une grant escarmouche; et, pendant icelle escarmouche, ils firent boutter foison vivres qu'ils avoient faict amener avec eulx; et, avec ce, y bouttèrent pluiseurs vaillants hommes pour aydier ceulx de la ville. Icelles choses faictes, et la ville ravitaillée et rafraischie de gens, comme dict est, les Franchois s'en retournèrent en leurs villes, chasteaulx et placés, quand le régent, qui avoit veu le ravitaillement, leva son siége et s'en alla à Paris. Iceluy jour fut le jour Sainct-Laurent, l'an dessusdict, que lors il fit si très chaud que pluiseurs Anglois moururent de la chaleur; et le régent fut tellement féru du soleil qu'il en fut malade; car il estoit sanghin, cras et replet, et aussi je crois bien que desplaisance et envie lui furent fort contraires, car, à la vérité dire, il estoit vaillant chevallier; et s'il avoit desplaisance ce n'estoit pas merveilles.

CHAPITRE CLXXIV.

De la seconde feste et solempnité de la Thoison-d'Or, quy fut tenue à Bruges.

La seconde solempnité et chapitre de l'ordre de la Thoison-d'Or, en l'an dessusdict, fut tenu en la ville de Bruges, à la Sainct-Andrieu, mil quatre cent trente-deux. Et comparurent personnellement avec le souverain dudict ordre, le seigneur de Roubaix, messire Rolland d'Utquerque, messire David de Brimeu, messire Hues de Lannoy, le seigneur de Commines, le comte de Sainct-Pol, messire Guillebert de Lannoy, le seigneur de Croy, messire Jacques de Brimeu, messire Baulduin de Lannoy, le seigneur de Ternand, messire Jehan de Croy, messire Jehan de Créqui, et le comte de Nevers; et par procureurs comparurent messire Anthoine de Vergy, le comte de Ligny, le seigneur de l'Isle-Adam, le seigneur de Charny; messire Regnier Pot, et messire Anthoine de Toulonjon estoient allés de vie à trespas; et messire Florimont et messire Simon de Lalaing estoient prisonniers de guerre. Appres les solempnités du service divin en l'église Sainct-Donat, le souverain et chevalliers et frères dudict ordre, entrèrent au chapitre de ladicte église de Sainct-Donat, le premier jour de décembre, vestus de leurs habits d'iceluy ordre, comme il appartenoit. Auquel chaquel le souverain et chevalliers, séant aussi en siéges paraulx, les ungs à dextre, les aultres à senestre, selon l'ordre, procédèrent à l'élection de deux chevalliers pour estre frères dudict ordre, l'ung au lieu de messire Regnier Pot, et l'aultre au lieu de deffunt messire Anthoine de Toulonjon, ainsi qu'il est accoustumé en ordre de faire. Et fut éleu messire Andrieu de Toulonjon, pour lors pélerin en la Terre Saincte, frère et compaignon de l'ordre, au lieu de messire Regnier Pot; mais ledict messire Andrieu alla de vie à trespas audit sainct voyage; et par ainsi ne porta point le collier dudict ordre, et le seigneur d'Anthoing fut éleu à seigneur et compaignon dudict ordre, au lieu de messire Andrieu de Toulonjon; et lui fut porté le collier de l'ordre par Thoison-d'Or [1]; lequel il receut très amiablement et aggréablement; et depuis, ledict seigneur d'Anthoing alla

(1) Lefebvre de St-Remy, auteur des présentes chroniques.

devers le duc le merchier très humblement, et aussi à messeigneurs de l'ordre, fist le serment ès mains du duc aussi, et par la manière qu'il est accoustumé.

CHAPITRE CLXXV.

Comment Pierre de Luxembourg, comte de Sainct-Pol, asségia la ville de Sainct-Valery, quy luy fut rendue [par traictié; du trespas du comte de Sainct-Pol, et des emprinses et conquestes que monseigneur Jehan de Luxembourg, comte de Ligny, fist sur les Franchois.

Au mois de juing mil quatre cent trente-trois, se partirent le duc et la duchesse, pour aller secourre et visiter ses pays de Bourgongne, auxquels ses ennemis estoient entrés; et avoient couru par pluiseurs fois, tant à puissance comme aultrement, où ils avoient prins et ravi, tant par force comme par traictié ou emblée, pluiseurs villes et forteresses, lesquelles ils tenoient ainsi que cy-apprès sera faicte mencion. Si emmena le duc une très grand' et noble armée en sa compaignie, et par espécial de pluiseurs lieux de Picardie; et fut son partement de la ville d'Arras; et à l'environ de ladicte ville fut faicte son assemblée, là où il fût ordonné par le duc et son conseil ce qu'il s'eusuit : c'est ascavoir que Pierre de Luxembourg, comte de Sainct-Pol et d'Enghien, chevallier de l'ordre de la Thoison-d'Or, asségieroit une bonne ville nommée Sainct-Walery-sur-Somme, qui est place de mer, laquelle pour ce temps estoit ravie et remplie des ennemis du duc, qui luy portoient et faisoient grant contraire et dhommaige, et à tout le pays à l'environ; et messire Jehan de Luxembourg, comte de Ligny, aussi chevallier de ladicte ordre, auroit certain nombre de gens d'armes pour garder la rivière de Somme, que les ennemis n'entrassent èsdicts pays du duc, tant Picardie, Arthois, comme Flandres et Haynault. Or est vray que le comte de Sainct-Pol en brief temps fit après son amas de gens d'armes où il y eut une moult grande et noble compaignie. Et environ l'entrée du mois de juillet, il mit le siége devant Sainct-Walery, là où il fut par l'espace de cinq sepmaines ou environ; et tant constraint iceulx estants dedans ladicte ville, par force d'armes, que il les conquesta par certain traictié faict entre luy et eulx. Lequel traictié fut tel : que ceulx de ladicte ville auroient jour et temps, durant ung mois, pour combattre ou rendre ladicte ville, et bonnes trèves et abstinence de guerre entre luy et eulx, durant icelluy terme, voire par ainsi que ledict comte seroit plus fort sur les champs à icelle journée que lesdicts adversaires, ils se renderoient saufs leurs corps et biens; et pour tous leurs prisonniers et habillements de guerre, ils debveroient avoir dudict comte la somme de mille salus d'or; et pour tous ces traictiés et accords entretenir, iceulx de ladicte ville donneront hostages suffisants. Si tint ledict comte de Sainct-Pol la journée qui fut le vingtiesme jour d'aoust l'an dessusdict; et fut en sa compaignie sur les champs, pour tout le jour, environ six mille combattants, tant des marches de Picardie comme d'Angleterre. Or est ainsi que ceulx de ladicte ville de Sainct-Wallery ne eurent point de secours; et ne s'y apparurent nuls d'eulx à ladicte journée; et se rendirent par la forme dessusdicte. Icelle ville rendue, que vous ayez ouy, le comte de Sainct-Pol entra dedans Normandie atout sa noble compaignie, et mit siége devant une forteresse, nommée Monceaulx, quy alors estoit emplie des ennemis du duc; sy se mirent en composition, et prindrent journée de rendre ladicte ville, ou de combattre, le vingtiesme jour d'octobre ensuivant; et de ce faire livrèrent deulx gentilshommes de leur compaignie, pour pleiges et hostages de ladicte journée entretenir ou de ladicte place rendre. Il est vray, durant ce temps, et devant le vingtiesme jour d'octobre, le comte de Sainct-Pol alla de vie à trespas; et tantost après le trespas dudit comte, ung capitaine adversaire du duc, appelé La Hire, accompaignié d'aultres capitaines, tels que Pothon de Sainct-Trailles et aultres, à grand' puissance de gens d'armes, passa la rivière de Somme et entra ès pays du duc, comme Arthois, Haynault, Vermendois et Cambrésis, et y boutta les feux en pluiseurs villaiges et églises, et y fit de grands pilleries et prinses de prisonniers. Lors estoit en la comté de Sainct-Pol le comte de Ligny avec son nepveu, fils dudict défunt, que Dieu pardoint! en très grand deul pour la mort de son frère, non sachant la venue des adversaires ès plus prochaines villes et places à eux obéissants, atout leurs butins. Iceulx adversaires avoient nouvellement prins une forteresse, nommée Haplencourt, séant sur la rivière de Somme, en laquelle avoient enfermé cinquante ou quarante hommes, lesquels polvoient grandement grever au pays à l'environ. Sy fut ainsy : que le comte de Ligny, atout une très grosse puissance, alla mettre le siége devant ladicte forteresse de Haplencourt; et tant les constraint par force d'armes que iceulx adversaires se rendirent à la voullenté dudict comte. Sy les fist tous pendre, excepté cinq. Durant ledict siége, quy dura cinq jours ou environ, lesdicts adversaires se mirent ensemble, faisants semblant de vouloir lever le siége. Mais ils ne furent pas conseillés, et s'en retournèrent chascun en leurs places. Là furent des chevaliers de l'ordre, avec le comte de Ligny, le seigneur d'Anthoing et messire Simon de Lalaing. Ces choses faictes, le comte de Ligny se partit et donna congié à ses gens jusques au vingtiesme jour d'octobre, que ladicte journée de Monceaulx se debvoit tenir; laquelle journée il tint pour et au nom de son nepveu, fils et héritier de feu le comte Pierre de Sainct-Pol, comme sa première armée. Sy y eut une belle compaignie, nombrée de cinq à six mille combattants. Et y furent, de la noble ordre de la Thoison-d'Or : le seigneur d'Anthoing, messire Simon de Lalaing, et les trois de Brimeu dessus nommés. Mais à icelle journée ne s'y apparurent nuls de ses adversaires, ains laissèrent leurs hostages comme ils les avoient livrés, et ne rendirent point la place, ne ne tindrent promesses nulles qu'ils eussent faictes; donc, après icelle journée ainsy passée, chascun de mesdicts seigneurs se retrayrent dedans leurs villes, maisons et forteresses. Ne demoura gaires après, que lesdicts adversaires de mondict seigneur le duc, tant de la garnison de la cité de Laon comme de là environ, refirent une grosse assemblée pour cuidier eschieller et prendre la ville de Vrevin en Tierasse; mais ils faillirent à leur emprinse; sy se retrayrent; et, en retournant, bouttèrent les feux en plusieurs lieux en la comté de Marle; et par espécial ils ardirent tous les faulxbourgs de la ville de Marle, laquelle chose vint à la congnoissance dudict comte, quy estoit en sa ville de Guise. Sy se partist hastivement atout ce qu'il pot avoir de gens, et tira après lesdicts adversaires; sy les rataingt à ung passaige là où ils cuidoient passer la rivière, assez près de ladicte ville de Marle; et furent prins en desroy et rués jus. Et là y eut sur la place environ deux cents ou environ, tant de pied comme de cheval, et de prisonniers environ soixante-six, lesquels furent tous pendus : et la cause, pour ce qu'ils avoient boutté les feux en la comté de Marle et ailleurs.

CHAPITRE CLXXVI.

Comment le duc de Bourgoigne partit d'Arras pour aller en Bourgongne contre ses ennemis quy gastoient le pays ; de plusieurs places quy se rendirent à luy par traictié ou aultrement.

Or fault revenir à parler comment le duc se partit de la ville d'Arras pour aller en Bourgongne, ainsi que devant est dict. Vray est que, avant son partement, fut conclu qu'il laisseroit aulcuns commis pour gouverner et garder ses pays, tant Arthois, Flandres, Brabant, comme Haynault, Hollande, Zellande et Namur. Si y furent d'iceulx commis, de la noble ordre de la Thoison : le seigneur de Roubaix, le seigneur de Commines, messire Hues de Lannoy et messire Rolland d'Utequerke, avec plusieurs aultres. Environ le partement du duc furent commis et envoyés, de par luy, ambassadeurs au sainct concile, à Basle; c'est assavoir messire Guilbert de Lannoy, chevallier dudict ordre, avec plusieurs aultres nobles et souffisants clerqs, et pour declarer l'emprinse et allée dudict duc et de la duchesse, qui se estoient partis pour secourir et aidier sondict pays de Bourgongne, où ses adversaires estoient entrés, comme dict est. Après ces choses ainsi par luy ordonnées et par son noble conseil, tant en la ville d'Arras comme ailleurs, fault revenir à parler, de ses advenues depuis icelle ville d'Arras jusques à sondict pays de Bourgongne, et, au surplus, de ses emprinses et conquestes, avec les grands faicts d'armes qui ont esté faicts et accomplis audict pays de Bourgongne, ès jours, termes et dates cy-après dictes.

Or est vrai que le duc ordonna pour sa conduicte deulx principaulx capitaines; c'est assavoir, messire Jehan de Croy qui faisoit l'avantgarde; le duc, avec plusieurs nobles capitaines, qui faisoit la bataille; et le seigneur de Crequy, l'arrière-garde. Et en ceste noble assemblée avoit une très grant et très noble armée de chevalliers et escuyers. Le duc entra au pays de Champaigne, où on le tenoit pour adversaire. Le duc et son armée passa la Marne assez près d'Espinay, en tenant son chemin devers la cité de

Challons, et en oultre, devers la cité de Troyes, auquel chemin il eut grant faulte de vivres; mais il sejourna par trois jours devant la ville de Troyes, là où vindrent pluiseurs marchands des villes et forteresses obéissants à luy, qui très grandement avitaillèrent et pourveyrent son ost de vivres et aultres affaires dont ils avoient grant nécessité, et firent de moult grants reconforts en pluiseurs manières; et là vindrent les grants seigneurs de Bourgongne, à noble compaignie, allencontre du duc. Le quart jour se deslogea, et alla mettre le siége devant une bonne ville, nommée Mussy-l'Evesque, séant sur la rivière de Saone, à l'entrée du pays de Bourgongne. Le duc se logea à Poittières, une forte abbaye, ainsi que à une lieue près de Mussy-l'Evesque. Le seigneur de Charny, messire Jehan de Croy, le seigneur de Crequy et le bastart de Sainct-Pol, et pluiseurs aultres grants seigneurs, mirent le siége; et en peu d'heures fut ladicte ville de Mussy tellement approchée qu'il y en eust logiés devant les fossés; et tant fut approchée que au bout de huit jours ils se mirent en traictié de rendre ou combattre, au huitiesme jour ensuivant; et au cas qu'ils ne seroient secourus, ils renderoient ladicte ville, et s'en iroient, saufs corps et biens, rendant tous prisonniers, et la ville entière. Et de ce faire et entretenir livrerent hostages de ladicte ville. A laquelle journée ne s'apparut nul pour combattre ne secourir. Si fut la ville rendue par la manière que dict est, et furent renvoyés lesdicts hostages. Appres la reddition de ladicte ville, se alla le duc, atout sa noble compaignie, à Chastillon, où estoit la duchesse; et de Chastillon se partist la duchesse, atout son estat, très noblement accompaigniée, et s'en alla à Dijon, en Bourgongne, là où elle se tint une très grand' espace de temps; et la conduisoient messire Anthoine de Vergy et le seigneur de Neuf-Chastel. Ces choses faictes, le duc se partist de Chastillon, atout son armée, et tira devers une forte place, nommée Lizines, séant au pays de Bourgongne, là où il avoit grosse garnison de ses adversaires. Si y mist le siége, et ordonna comme chief de l'ost le seigneur de Charny et messire Jehan de Croy, chevalliers de la noble ordre de la Thoison-d'Or. Et se tint le duc en un petit chastelet, nommé Haussy-le-Seigneur, assez près dudict Lizines; et y fut le siége par l'espace de douze jours ou environ; lesquels douze jours, iceulx adversaires furent si contraints, par force d'armes, que pour eulx rendre à la vollenté du duc. Et ainsi se rendirent; et estoient environ mille à douze cents combattants. Si leur fut dict que, s'ils sçavoient trouver manière de rendre Passy, une ville fermée, et chasteau séant à un quart de lieu de là endroit, on leur saulveroit la vie; ou si ce non, ils morroient tous. Et alors, iceulx compaignons traictèrent tant devers iceulx de Passy que ils eulrent quinze jours de indusse[1] pour leur secours aller querre; et en cas qu'ils se trouveroient plus forts sur les champs que le duc, ils demoureroient paisiblement en leurs possessions; et si ce non, ils estoient tenus de rendre ladicte place; et de ce livrèrent bons et seurs hostages. Le duc, après ce qu'il ot ouy leur responce, leur dict que, pour quinze jours qu'ils demandoient il leur donneroit ung mois, lequel fut le premier jour de septembre; et sur ce receupt lesdicts hostages. Le duc, espérant avoir journée de battaille, sans faillir, manda la noble chevalerie et gentillesse, lesquels y vindrent bien et diligemment; et durant icellui terme d'ung mois le duc se tira à Dijon vers la duchesse, et ordonna les seigneurs de Charny, messire Jehan de Croy et le seigneur de Crequy, avec grant foison de gens, pour conquerre et recouvrer pluiseurs places et forteresses ennemies du duc, à l'environ d'icelles places de Passy et de Lizines, assavoir à Maligny, une forteresse moult belle, là où ils furent l'espace de trois jours. Si se rendirent, saulfs leurs corps et biens; et dedans estoient environ cinquante ou soixante combattants. Appres, lesdicts seigneurs tirèrent devers Ligny-le-Chastel, qui, tantost appres la sommacion faicte, se mirent en l'obéissance. Et pareillement se rendirent pluiseurs aultres forteresses. Appres tirèrent à ung lieu nommé Orby, là où il y a bonne ville fermée; si y mirent le siége; et y furent environ quatre ou cinq jours. Auquel terme ceulx de ladicte ville, doubtants la force de l'ost, se mirent en traictié avant que les bombardes ne canons eussent tiré, ne à eulx faict grant dhommaige, par ainsi que ils auroient tel traictié et appoinctement que ceulx dudict Passy, et de ce livreroient bons et seurs hostages, jusques au nombre de six. Si leur fut ac-

(1) Trèves.

CHAPITRE CLXXVI.

cordé, par ainsi qu'ils furent constraints de donner et délivrer vivres pour l'ost avitailler, moyennant que on leur payast; et ainsi fut faict. Puis de là s'en allèrent mettre le siége devant un fort chastel, nommé Coursant, et y furent environ huit jours; et furent tant battus de canons et de bombardes qu'ils feurent constraints, par force d'armes, que toutte la garnison se rendist prisonniers; et furent emmenés prisonniers plus de soixante à quatre-vingts hommes de guerre. Durant icellui siége de Coursant, vindrent par seurté, après sommacions faictes par officiers d'armes, héraulx ou poursuivants, devers lesdicts seigneurs, c'est assavoir le seigneur de Santes, le capitaine de Venissy et le capitaine de Sainct-Falle; et leur fut accordé tout tel traictié que ceulx de Passy avoient. Donc, pour tout ce faire et entretenir, ils livrèrent hostages et seurs; et pour ce que ladicte journée du premier jour de septembre approchoit de la reddicion de Passy, comme dict est, iceulx seigneurs de Charny, messire Jehan de Croy et le seigneur de Crequy se retrayrent à Monbar, et à l'environ, atout leur armée, et là attendirent le duc, lequel avoit assemblé une très grande armée de gens de sondict pays de Bourgongne, et tant qu'à ladicte journée ils se trouvèrent ensemble huit mille combattants ou environ. Si vint aussi en l'aide du duc le seigneur de Tallebot, atout mille combattants anglois; et si y estoit le seigneur de l'Isle-Adam, mareschal de France. Si est ainsi que, quand ils furent assemblés tous ensemble, nouvelles vindrent au duc que le seigneur de Chasteau-Villain, et le damoiseau de Commersi, adversaires, avoient ascégié une place nommée Bourg, assez près de Lengres, tenant le parti du duc. Si prist le duc conseil quel secours il leur polroit faire. Si fut ordonné que messire Anthoine de Vergy et le seigneur de Crequy iroient avec le comte de Fribourg et messire Jehan de Vergy, atout une grosse et noble compaignie de gens, prinse en l'ost du duc, nonobstant que la journée estoit le mardy ensuivant, que le duc debvoit tenir la journée pour combatre devant Passy, comme dict est. Et fut envoyé le secours à Bourg, le prochain dimence devant. Le duc se tira à ung gros village nommé Ravières, à deulx lieues près de Passy; et là, par bonne délibéracion de conseil, fut ordonné que le seigneur de Charny et messire Jehan de Croy, comme chiefs de l'ost, iroient tenir la place pour le duc devant Passy; et meneroient et conduiroient la noble armée du duc; et il demourroit audict Ravières, accompaignié de sa noblesse; et ainsy fut faict. Et la cause pourquoy le duc n'alla point au lieu où la journée se debvoit tenir fut, pour ce que les adversaires ne se comparurent point à puissance à ladicte journée, comme après sera dict. Or est vray que le seigneur de Charny et messire Jehan de Croy tindrent la journée, comme dessus est dict, à laquelle nul ne s'apparut pour combattre; dont ladicte ville et chastel de Passy se rendirent comme leur traictié le portoit; et en prinrent lesdicts seigneurs la possession; et pareillement se rendirent toutes les villes et forteresses dont ci-devant est faict mencion. Si furent les hostages renvoyés et délivrés, comme raison estoit. Après ceste journée ainsy tenue par le duc et les choses dessus faictes et passées, il donna congié à la plus grant partie des gens quy là estoient venus à son mandement; et se retournèrent le seigneur de Tallebot, Anglois, le seigneur de l'Isle-Adam, et pluiseurs aultres, à Paris et ailleurs, dont ils estoient partis; et les remerchia le duc moult honorablement, en faisant de moult nobles et riches dons. Et aussy pluiseurs seigneurs de Bourgongne s'en retournèrent en leurs lieux et maisons. Le duc print son chemin à Noyers; et là ordonna, par bonne délibéracion de conseil, qu'il envoieroit mettre le siége devant une forte ville nommée Chamblires, là où estoient ses ennemis à grant puissance; et furent chiefs d'icelle armée le seigneur de Charny et messire Jehan de Croy; et y furent par l'espace de six jours ou environ, que iceulx furent si constraints par force d'armes que ils se rendirent, saulfs corps et biens. Or fault parler de cinq chevalliers, quy tous furent en leur temps frères et compaignons de la noble ordre de la Thoison-d'Or; c'est assavoir messire Jehan et messire Anthoine de Vergy, le seigneur de Neufchastel, le seigneur de Crequy et le seigneur de Montagu, avecques eulx le comte de Fribourg, qui par le duc furent envoyés pour lever le siége que tenoient le damoiseau de Commersi et le seigneur de Chasteau-Villain, et aultres devant Bourg; et fut le partement le vingt-huitiesme jour d'aoust, an dessusdict. Or est ainsi que, quand lesdicts de Chasteau-Villain et de Commersi sceurent la venue desdicts seigneurs, et qu'ils venoient sur eulx à puissance, ils levèrent leur siége et se retrairent dedans la cité de Lengres. Quand les seigneurs dessusdicts sceurent leur partement et là où ils estoient retraits, ils se meirent apprès eulx en chemin, et s'en allèrent devant ladicte cité de Lengres, là où ils furent depuis dix heures au matin jusqu'à sept heures aux vespres ; et là y eult de grants armes et escarmouches faictes. Apprès partirent iceulx seigneurs de là, et allèrent mettre le siége devant une forte place nommée Cavenchy, là où il y avoit dedans environ soixante combattants, lesquels se rendirent, saulfs corps et biens. Si fut conclu par lesdicts seigneurs de abattre ladicte place, laquelle appartenoit au seigneur de Chasteau-Villain ; et fut abattue et toutte démolie. Apprès, envoyèrent iceulx seigneurs sommer une aultre place nommée Villers, apartenant pareillement au seigneur de Chasteau-Villain, lesquels se rendirent, et mirent les gens en la main du duc. Apprès touttes icelles choses faictes, se retournèrent iceulx seigneurs tous en leurs hosteulx, réservé le seigneur de Crequy, quy s'en vint logier à Jumeaulx, ung gros village, à trois lieues près de Dijon, et y mena ses gens, pour ce qu'il avoit eu nouvelles que le seigneur de Chasteau-Villain y voulloit boutter les feulx. Si se y tint, par l'espace de trois jours, pour garder ledict village ; mais nul ne s'apparut pour che faire. Le duc manda le seigneur de Crequy, qu'il venist vers luy hastivement en la ville d'Espoisse, pour conclure à ses affaires, et pour aller devant Avallon, comme cy après sera dict.

CHAPITRE CLXXVII.

Comment le duc print la ville d'Avallon d'assault, et la forteresse de Pierre Pertuis.

Apprès les choses dessus faictes et passées, le duc se partit de Noyers, et tira son chemin vers Espoisse, laquelle siet en son pays de Bourgongne, là où il se tint une espace de temps ; et là fut conclud et délibéré, par noble conseil, d'aller mectre le siége devant la ville d'Avallon, là où il y avoit grant garnison de ses adversaires, jusques au nombre de trois cents ou environ, lesquels avoient prins et emblé ladicte ville, et faisoient moult de dhommaige au pays de Bourgongne. Si furent ordonnés les choses, et gouverneurs du siége les seigneurs de Charny et messire Jehan de Croy, lesquels tindrent le siége d'ung costé de la ville ; et, d'aultre costé, fut ordonné le seigneur de Créquy, avecques le seigneur de Chastellus, le seigneur de Prebles, le bastard de Sainct-Pol, et le seigneur de Humières. Et dura icellui siége trois sepmaines, ou environ ; auquel terme la ville et muraille furent moult travaillées et endommagiées de bombardes et canons, et moult de gens morts et navrés, tant par traicts d'artillerie comme aultrement. Pour laquelle cause on commença à parlementer les ungs aulx aultres, en demandant à ceulx de dedans pluiseurs grants demandes, tant de la réparacion de la ville comme de rendre aultres places et forteresses prinses et tenues de iceulx de leur parti ; à quoi nul traictié ne s'y povoit trouver. Et advint qu'en iceulx jours que on parlementoit, ung grant pan de mur de la ville, lequel avoit esté fort battu de bombardes, chéyt ès fossés, dont ceulx de l'ost, qui che virent, furent moult joyeulx, et crièrent : « à l'arme ! » Et adonc, sans nulle ordonnance, et oultre le commandement du duc quy, par pluiseurs fois, avoit deffendu que on ne l'assaillist point, iceulx de l'ost assaillirent bien asprement et radement ; duquel assault il y eult moult de gens morts et navrés d'ung costé et d'aultre. En telle manière fut assaillie que, par force d'armes, il convint retraire les assaillants, et faillirent à leur emprinse ; et, nonobstant, ceulx de la ville, après la retraicte faicte, se mirent ensemble, pour eulx conseillier qu'ils avoient à faire. Et ainsy que à neuf heures de nuict, doubtans que derechief ils ne fussent assaillis, et aussy que ils ne pourroient payer les grants demandes que on leur avoit icelluy jour faictes, se conclurent de eulx en aller et habandonner la ville, et à icelle heure ils firent secrettement defferner une petite posterne, pour eulx enfuir. Si saillirent moult radement, tant à cheval comme à pied ; de laquelle saillie le guet se perceut, et crièrent : « à l'arme ! » Et là y eut une grant mortalité à l'assembler ensemble, tant d'ung costé comme d'aultre ; et en eschappa trente, ou environ, de ceulx de dedans ; et le surplus, par force d'armes, furent reboultés dedans la ville, et ceulx de l'ost avecques eulx ; et mesme par les murailles, tant abbatues que droictes, et par force d'assault prinrent la ville, et mirent tout à sacquement. A laquelle furent prins deulx cents prisonniers et quatre cents chevaulx de selle, et grant foison de gens morts et navrés, comme il est de coustume faire en tel cas. Icelle conqueste et prinse d'Avallon faicte, le duc entra dedans, et visita ladicte ville, laquelle il trouva fort adommagiée par les bombardes et canons; et si trouva iceulx deulx cents prisonniers, lesquels eurent tel traictié avecques le duc que, pour leur vie saulve et avoir délivrance de prison, ils feirent rendre en l'obéissance du duc Mailly-la-Ville, Mailly-le-Chastel, et Sainct-Vrin, emplies de grosses garnisons, et quy moult avoient adommagié le pays environ. Touttes lesquelles garnisons se partirent; et par ainsy lesdicts prisonniers furent quictes et mis à délivrance, comme raison estoit. Après icelles choses faictes, le duc se tira à Veselay, là où il séjourna jusques au jour des ames; et envoya mectre le siége devant une forteresse nommée Pierre-Pertuis[1]. Le duc se partit de Veselay, et vint audit siége de Pierre-Pertuis. Si fist visiter la place, et trouva que la basse-cour estoit imprenable d'assault; mais néanmoins ils assaièrent lendemain, au point du jour; moitié assault, moitié emblée, si l'assaillirent et l'emportèrent d'assault; et, par force d'armes, ils poursuivirent, et continuèrent si rademant leur emprinse qu'ils les feirent retraire au donjon; et là le duc fut des premiers montant au bolverq et entrant dans la basse-court. Si feurent si constraints iceulx adversaires qu'ils traicterent d'eulx partir, saulfs leurs biens, et ung baston en leurs mains, et, avecques che, de rendre tous prisonniers qu'ils avoient en leur pouvoir, là où qu'ils fussent, avecques une bonne ville et chastel nommés Crevant; et ainsy fut faict et accompli. Or est vray que, en touttes les emprinses faictes et conquestes advenues, depuis la venue du duc de Bourgongne en icelluy sondict pays, le seineur de Charny a esté et estoit tousjours gouverneur du pays de Bourgongne, ayant povoir de tout pardonner à tous malfaicteurs, abolir et recepvoir hommes, place, ville et forteresse; de donner saulf-conduit, et de faire touttes choses quy appartiennent à lieutenant de prince, tout et en telle manière que se le duc y eust

(1) Entre Avalon et Vézelai. Une *pierre percée*, le long de la rivière Cousin, porte encore le nom de *Pierre-Pertuis*.

esté en personne; là où il s'est gouverné grandement et honourablement. Et ainsy a esté tousjours, touttes les conquestes durant jusques en fin, le seigneur de Croy, en la compaignie du duc et auprès de luy, à touttes choses faire, tant en consaulx comme à touttes les journées et lieux là où il espéroit avoir battaille, comme son premier chambellan et le plus prochain de son corps. Et aussy le seigneur de Ternant a accompaignié le duc tousjours durant lesdicts voyaiges, armées et conquestes. Esquelles conquestes et durant touttes les choses dessusdictes, tant par les reddicions des forteresses adversaires du duc, comme par celles quy ont esté prinses et conquestées par force d'armes, par plusieurs parties, depuis le premier jusque siége mis par le duc devant Mussy-l'Évesque, jusques à l'accomplissement de Pierre-Pertuis, se sont partis et vidés, tant du pays de Bourgongne comme des frontières, à l'environ deulx mille bons combattants, ou plus, comme les traictiés et accords en font vraie mencion.

CHAPITRE CLXXVIII.

De la troisième feste et chapitre de l'ordre de la Thoison-d'Or, tenue à Dijon, où le nombre des chevalliers fut accru de six.

La vigille Sainct-Andrieu, mil quatre cent trente-trois, devant la sollempnité des vespres, fut tenu chapitre de la chapelle des ducs à Dijon, et y feut procédé aux élections quy estoient à faire, pour ce que le nombre des chevaliers quy estoient là presents estoit petit, et pour remplir les lieux de huit chevaliers quy estoient à élire : c'est assavoir, le premier au lieu de messire Renier Pot, au lieu duquel, l'an précédent, avoit esté éleu messire Andrieu de Toulonjon, quy, avant que son élection luy fut signifiée, estoit trespassé au retour du voyaige de la terre saincte; le second au lieu du comte de Sainct-Pol, trespassé depuis le précédent chapitre; et six aultres quy feurent mis de creue[1]; car la première ordonnance n'estoit que de vingt-cinq chevaliers, et depuis fut advisé que on en mectroit encoires six quy feroient le nombre de trente-un. Ainsy y eult à ce chapitre huit chevaliers éleus, dont les noms s'ensieult; c'est assavoir : le seigneur de Crevecœur, messire Jehan de Vergy, messire

(1) Accroissement.

Baudot de Noyelle, messire Jehan bastard de Sainct-Pol, le comte de Charrollois, seul fils du souverain dudict ordre, le comte de Varnembourg et le seigneur de Neufchastel; lesquels huit chevaliers éleus feurent très joyeulx de leur élection, receurent très agréablement le collier, et firent les serments audict lieu de Dijon appartenant à faire, comme il est déclaré ès chapitres dudit ordre.

CHÁPITRE CLXXIX.

Comment les adversaires du duc de Bourgongne prinrent d'assault la ville de Mont-Sainct-Vincent; et comment ils abandonnèrent le siége.

Le jour des rois audict an fut prinse des adversaires du duc la ville du Mont-Sainct-Vincent au pays de Charrollois, et fut prinse d'assault. C'est assavoir de Rodrigues Chappelle, Sallesart et pluiseurs aultres capitaines; et estoient en nombre de quatorze cents combattants. Le duc eult nouvelle de ladicte prinse le lendemain au vespre, en la ville de Dijon où il estoit; et tantost après icelles nouvelles ouies de ladicte prinse, assembla son conseil que dès icelle nuict il y envoyeroit de ses gens. Sy y envoya le bastard de Sainct-Pol et messire Baudast de Noyelle, le seigneur d'Auxy et aultres, atout cinq cents combattants; lesquels s'en allèrent logier à ung villaige à trois lieues près de ladicte ville de Mont-Saint-Vincent, et prinrent dix ou douze prisonniers desdicts adversaires, par quoy on sceult quels gens estoient en ladicte ville. Les chevaliers dessusdicts firent sçavoir au duc, quy pour lors estoit à Dijon, touttes nouvelles de sesdicts adversaires; et lors se party le duc, ces nouvelles ouyes, en toutte haste pour les approchier, et s'en alla à Challons sur la Somme. Et quand le duc feut illec arrivé, il fist son mandement en sa duchié et comté de Bourgongne, et assembla grand nombre de gens, lesquels allèrent à Buschy, où les chevaliers dessusdicts nommés avoient esté dix à douze jours en gardant le pays du duc. Et allèrent adviser la ville du Mont-Saint-Vincent pour y mettre le siége, et quand ils eurent advisé la ville, ils se logièrent à demie lieue de la ville pour lendemain mettre le siége. Mais les dessusdicts adversaires, doubtants du siége qu'ils véoient approchier, se partirent et s'enfuirent par bois, haies et chemins, au pays de Bourbonnois dont ils estoient partis, sans ce que les gens du duc s'en perchussent qu'il ne fut jour; et quand les nouvelles vinrent en l'ost, les seigneurs en furent moult esbahis. Sy firent tantost mettre gens sus pour aller après, mais ils estoient sy eslongiés qu'il n'en y eult nuls prins. Aulcuns des gens entrèrent en la ville, laquelle estoit destruite desdicts adversaires, et les aultres s'en tirèrent à Challons. Tantost après se partist le duc de Challons pour aller à Chambery, en Savoie, aux nopces du comte de Genève, fils aisné du comte de Savoie et cousin germain du duc. Si furent en sa compaignie pluiseurs grands seigneurs des pays de Bourgongne et de Picardie, comme cy-après sera dict.

CHAPITRE CLXXX.

De la feste des nopces du comte de Genève, fils aisné du duc de Savoie, et de Anne, fille du roy de Cyppre, en la ville de Chambery; des princes, seigneurs, dames et damoiselles quy y furent; et de la pompe et esbattemens de ladicte feste.

Le dimanche, septiesme jour de fevrier, audict an mil quatre cent trente-trois, fut faicte la feste et solempnité des nopces de Loys, aisné fils du duc de Savoie, nommé comte de Genève, et de Anne, fille du roy de Cippre, en la ville de Chamberi en Savoie. Et à iceluy jour, entra ladicte dame des nopces en ladicte ville de Chamberi, environ quatre heures après midi, accompaigniée du cardinal de Cippre, oncle de ladicte dame, et deulx chevaliers nottables du royaulme de Cippre, et de pluiseurs aultres chevaliers, et escuyers, dames et damoiselles. Sy furent en la compaignie du comte de Genève seigneur des nopces, allencontre de ladicte dame, le duc et les ducs de Savoie et de Bar, Jehan monseigneur de Clèves, Jehan monseigneur de Nevers, Philippe monseigneur de Savoie, le prince d'Orange et le marquis de Salusse, le comte de Fribourg, Christophe de Harcourt, et pluiseurs grants seigneurs de Bourgongne, de Savoie et d'ailleurs, dont le recorder seroit trop long à escripre. Et quand les seigneurs dessusdicts furent issus de ladicte ville de Chambery, se partist le comte de Genève, seigneur des nopces, accompaignié de Jehan monseigneur de Clèves, Jehan monseigneur de Nevers, Philippe monseigneur de Savoie, son frère, et pluiseurs chevalliers et escuyers, et allèrent au devant de ladicte dame plus avant que lesdicts aultres seigneurs dessusdicts ne firent, et trouvèrent ladicte dame une petite lieue de la ville. Or n'avoit oncques veu le comte de Genève, seigneur des nopces, ladicte dame ; si la bienviengna et baisa, et aussi firent les dessusdicts de Clèves, de Nevers et de Savoie ; et ce faict, retourna le comte de Genève vers les grans seigneurs dessusdicts, lesquels attendoient ladicte dame environ ung quart de lieue de la ville. Et les trois aultres, de Clèves, de Nevers et de Savoie, demourèrent avec ladicte dame et l'accompaignèrent jusques où les grants seigneurs estoient. Quand ladicte duchesse fust arrivée là où les grants seigneurs l'attendoient, hors de ladicte ville, elle fust receue grandement et honnourablement. Et là estoit le cardinal de Cippre à qui les honneurs furent faicts premiers ; et le baisa chascun des grants seigneurs à la joue, et puis après ladicte dame des nopces ; et ce faict, entrèrent dedans la ville en très grand et très noble compaignie. En icelle entrée estoit la dame vestue, et aussy les dames et damoiselles de sa compaignie, de la livrée du comte de Genève, seigneur des nopces ; laquelle livrée estoit robbes vermeilles, et dessus les manches ung estocq, enquel estocq pendoit une plume d'austriee faicte de brodure et d'orfaivrerie très gracieusement, et espousa en tel estat. A icelle entrée, et tout au long de la ville, fust la dame menée par deulx chevalliers à pied, nommés messire Jehan de Frise et messire Loys de la Morée, à destre du duc et du duc de Bar, et ainsi accompaigniée jusques à la chappelle du chastel, là où elle fust grandement receue. Devant la chappelle estoient pluiseurs grants dames et damoiselles, chevalliers et escuyers, qui la receurent grandement et honnourablement ; et là estoient les dames : premièrement, madame Marguerite, fille au duc de Savoie, sœur au comte de Genève, seigneur des nopces et royne de Sézille, la dame de Gaucourt, la dame de Vauvert, la dame de Vergectes, la dame de Cutille et pluiseurs aultres dames et damoiselles, dont les noms seroient trop longs à escripre. Or fust la dame menée en la chappelle par le duc et le duc de Bar, et là où les solempnités de saincte Eglise furent faictes. Et ce faict, fust la dame menée en sa chambre pour lui ordonner, et là fust revestue d'une riche robbe de drap d'or ; et tantost après fust la dame menée par les ducs et damoiselles là où estoit la royne de Sezille, hors de la chambre, jusques en icelle court du chastel pour aller soupper ; et en icelle court vindrent assembler avec les dames et damoiselles, le duc et les ducs de Savoie et de Bar, et pluiseurs grans seigneurs qui là estoient. Et, durant ladicte feste, les princes et princesses s'assemblèrent en ladicte court à l'heure que on debvoit disner ou soupper. La dame fust menée en la salle par le duc et le duc de Bar. Lors lavèrent, puis assirent à table, comme cy-après est escript : le cardinal de Cippre, le duc, la dame des nopces, la royne de Sezille, le duc de Bar, Jehan, monseigneur de Clèves, et Jehan monseigneur de Nevers ; la seconde table : le prince d'Oranges, la dame de Vauvert, le viscomte de Moriene, la damoiselle de Bon-Repos, messire Jehan d'Assonville, la dame du Chastiau-le-Palus, la damoiselle de Sallenove. La tierce table : Christophe de Harcourt, le duc de Savoie, la dame de Gaucourt, le comte de Monrevel, le seigneur de Tallenchon. La quarte table : l'evesque de Morième, l'evesque de Thurin, l'evesque de Velais, le provost de Mongat. La quinte table : le marquis de Salusse, la dame de Millan, la bailliesse de Savoie, la dame de Vergectes, la dame de la Marche. La sixième table : le seigneur de Bussi, le seigneur de Vauvert, le seigneur de Palus, la femme de Pierre de Menton, la femme de Guille de Genève. La septiesme table : le comte de Fribourg, la dame de Piémont, le seigneur de Blammont, la dame de Choragne, la dame de Barbazan, la dame de Monnagour, la dame des Allemens. Et avec che y avoit pluiseurs chevalliers et escuyers qui alloient devant les mests : premiers, Guille du Bois, premier maistre d'hostel du duc, messire Pierre Amblart, maistre d'hostel de Savoie, Melfroy de Salusse, mareschal de Savoie, messire Ymbert, bastard de Savoie, le bastard de la Morée, messire Nicolle de Menton, le seigneur de Briaux, messire Boniface d'Oussex, le seigneur de Battray, Pierre de Menton, Philibert de Menton, Jehan Mareschal. Ladicte salle fut très grandement et plantureusement servie ; et tant belle chose estoit à veoir que merveilles. Et pour entremest de viandes, y eult chines[1] tous blans, et sur

(1) Cygnes.

chascun chine avoit une bannière des grans seigneurs qui là estoient, dont il y avoit grand foison. Après y eult aussi ung aultre entremest de deux héraulx du duc de Savoie, lesquels estoient vestus, et leurs chevaulx couverts des armes de Savoie, et après eulx avoit quattre trompettes sur chevaulx de artifice, couverts, eulx et leurs chevaulx, desdictes armes; après lesdictes trompettes avoit douze gentilshommes qui portoient chascun une bannière en main, armoyée des ducés, comtés et seigneuries du duc de Savoie, et estoit chascun gentilhomme vestu et armoyé, et leurs chevaulx. Lesquels chevaulx estoient tous d'artifice, excepté les deulx chevaulx des deulx héraulx dessusdicts, qui estoit chevaulx à chevaulchier; et ainsi entrèrent en ladicte salle, trompettes et clarons jouants, et les douze gentilshommes, atout leurs bannières, saillants et poursaillants, tellement que belle chose estoit à veoir. A icellui souper avoit pluiseurs trompettes et menestreulx de divers pays, jouant devant la grant table. Après che, y eult pluiseurs rois d'armes, heraulx et poursuivants de divers lieux dont les noms s'ensuivent : Le roy d'armes de la Thoison-d'Or, Autheriche, Savoie, France, comté de Genève; héraulx : Hermenie, Romarimon, Monreal, Argueil, Esprunier, Hurier, Zunicant, Humble-Requeste, Doulce-Pensée, Léal-Poursuite; auxquels fut donné par le duc de Savoie deulx cents francs, monnoie de Savoie, pour crier largesse. Après souper commencbèrent les dances, où il y eult grant noblesse; dont il y eult entre les aultres choses, vingt-six chevalliers, escuyers, dames et damoiselles qui dansèrent deulx et deulx, dont le duc et la dame de Gaucourt furent premiers, le duc de Bar et la dame de Rie, après le prince d'Oranges et la dame de Gensy, le marquis de Salusse et la dame de Veussel et pluiseurs aultres, jusques au nombre dessusdict. Lesquels chevalliers, escuyers, dames et damoiselles furent tous vestus de drap de soie vermeil, et dessus batture à fachon de drap d'argent, très richement faict. Et avoient les chevalliers et escuyers leurs robbes bordées de martres, et les dames et damoiselles, colliers et brodures de laitices[1]. Ainssi dansèrent icelle nuict les dessus nommés, et après les dances fut appareillé ung très bel bancquet pour tous ceulx qui bancqueter voulloient; ainsi passa la première nuit en très grant joye. Le lundy, huitiesme jour du mois ensuivant, furent les princes et les princesses dessus nommés en la grande chappelle dudict chastel ouyr messe, laquelle fut celebrée par l'evesque de Morienne, et chantée par les chappelains du duc tant mélodieusement que c'estoit belle chose à ouyr; car pour l'eure on tenoit la chappelle du duc la meilleure du monde, du nombre qu'ils estoient. Et à icelle messe ne fut à l'offrande que la dame des nopces. Après icelle messe chantée, se retrayrent les dessus nommés en leurs chambres, et tantost après se rassemblèrent en la court du chastel et allèrent ensemble disner en la grant salle. L'assiette de la grant table fut : le cardinal de Cippre, la royne de Sezille, le duc, la dame des nopces, le duc de Bar, Jehan monseigneur de Cleves, Jehan monseigneur de Nevers; et aux aultres tables furent assis les chevalliers, escuyers, dames et damoiselles, comme le jour devant avoient esté. Sy fut la salle servie très grandement, et allerent les chevalliers, escuyers, trompettes et menestreulx devant les mests, comme le jour precedent. A icellui disner, eut ung entremest d'une nef à voille, mast et hune, en laquelle hune avoit ung homme, et au chastel de derrière estoit le patron de la nef, au long de la salle formée de seraines[1] qui chantoient très gracieusement; et estoit icelle nef chargée de poissons, desquels en fut decbargiée partie devant la grant table. En ce mesme disner jouerent trompettes et menestreulx, comme le jour devant, et leur fut donné par Ymbert, bastard de Savoie, cinquante francs pour crier largesse; ainsi se passa le disner; après, les danses; et qui danser voulloit, dansoit. Au souper furent les seigneurs, dames et damoiselles en la salle, et fût l'assiette faicte comme celle du disner, et fut ladicte salle grandement servie; et durant icellui souper y eult ung entremest d'un destrier mené par deulx varlets, à fachon d'olifant, et dessus ung chastel de bois là où il y avoit ung gentilhomme, lequel avoit ailes de plumes de paon, et ordonné à façon de dieu d'amour, et tenoit en sa main ung arc dont il trayoit de table en table, dessus les dames et damoiselles, roses blanches et ver-

(1) Fourrures de couleur de lait.

(1) Syrènes.

meilles, et ainsi alla deulx tours au long de la salle; et fut si bien faict que c'estoit belle chose à veoir. Apprès jouerent les trompettes et menestreulx devant la table, et leur fut donné par le cardinal de Cippre cinquante francs pour crier largesse. Et après graces dictes commenchèrent les danses, èsquelles danses y eut pluiseurs grans seigneurs, dames et damoiselles, jusques au nombre de trente à quarante, tous vestus de blanc, or, clinquant, et sur leurs testes bourlets pareilles des robbes. Et avoient les chevalliers et escuyers leurs robbes à longues mances aguës, et chains de grosses chaintures plaines de clochettes, et les dames et damoiselles justes robbes; et dansèrent en tel estat deulx et deulx. Et menoit le duc la royne de Sezille, le duc de Bar la dame de Vergectes, et tous les aultres pareillement dansèrent comme la nuit devant; et après icelles danses fut apporté vin et espisses, et ainsi passa icelle nuit. Le mardi ensuivant furent les seigneurs, dames et damoiselles, en la chappelle dessusdicte, oyr messe. Après la messe allèrent disner en la salle, excepté le duc et le duc de Savoie, lesquels disnerent en leurs chambres. L'assiette de la grant table: le cardinal de Cippre, la royne de Sezille, le duc de Bar, la dame des nopces, Jehan monseigneur de Clèves, Jehan monseigneur de Nevers, et les aultres tables ainsi que devant avoient esté, réservé que Philippes de Savoye fut assis en la place du duc de Savoie, son pere. Là y eult ung entremest de quatre hommes, en fourme d'hommes saulvaiges, lesquels portoient ung jardin vert plain de roses, et dedans ledict jardin avoit ung bouquetin en vie, lequel avoit les cornes dorées d'or; et estoit ledict bouquetin si bien attachié sur le jardin qu'il ne se povoit bougier; et ce jour jouerent trompettes et menestreulx, et leur donna messire de Salusse trente francs, monnoie du pays, pour crier largesse. Ainsi passa le disner dessusdict, et après le disner les danses. Icellui jour, au souper, furent lesdicts princes et princesses, en la salle comme dessus. A icellui souper y eult ung entremest de quatre hommes, lesquels portoient ung pasté au long de la salle; et fust ouvert devant la grant table, et avoit dedans ledict pasté ung homme en forme d'ung aigle, si proprement ordonné de teste, de becq, d'ailles et de corps, que bien ressembloit à un aigle; et faisoit le-

dict aigle semblant de voller hors du pasté; et alors issoient de dessus lui coullons[1] blans, lesquels voulloient sur les tables de la salle, et sembloient aulcunes fois que lesdicts coullons ississent de dessous ses ailles. Si fut porté deux tours au long de ladicte salle; et ce faict, jouèrent trompettes et menestreulx, et donna Philippes, monseigneur de Savoie, cinquante francs pour crier largesse, et le marquis de Salusse en donna pareillement cinquante; laquelle largesse fut criée ainsi que dessus. En ce point passa le soupper; après commenchèrent les danses des seigneurs et dames dessusdictes, jusques au nombre de trente ou quarante, lesquels furent tous vestus de robbes, chapperons et chappeaux noirs couverts de clinquant, et sur les chappeaux grans plumes d'icellui or, et leurs chapperons en formes, et les chevalliers et escuyers faulx visaiges, et les dames non. Si danserent en tel estat, excepté le duc, lequel fut lui dixiesme ou douziesme vestu de pallettes de drap vermeil, et par-dessus longhes robbes à queues traisnantes et très déliées, et avoient sur leurs chiefs rons bourlais, et dessus lesdicts bourlais voilles pareilles desdictes robbes, et ainsi vindrent danser avecques les dames. Après lesdictes dances fut ordonné ung très beau bancquet, là où les seigneurs et damoiselles bancqueterent en très grant joie et léesse. Après icellui bancquet recommenchèrent les dances comme devant. Et le merquedi ensuivant, il n'y eult ni disner ni soupper en ladicte salle; mais il y eult dances, èsquelles y eult dix-huit chevalliers et escuyers vestus de robbes de drap jaunes couverts de clocquettes, chapperons et robbes tenans ensemble, et avoient les chapperons grans oreilles comme fols, et ainsi dansèrent avec les dames. Le jeudi y eut pareillement danses au vespre, sans nul desguisement; et là y eult maintes chansons chantées, tant de musicque comme de bregieretes, et apprès, vin et espisses furent donnés. Et ainsi se passa ceste belle feste, comme vous avez ouï, et de icelui soir les ungs prindrent congié des aultres; car lendemain se partirent les princes, le duc et le duc de Bar, et pluisieurs aultres chevalliers et escuyers, dames et damoiselles qui là estoient venus en

(1) Pigeons.

grant nombre; car à la vérité, ce fut une grande et noble assemblée de princes et grans seigneurs, de dames et damoiselles, et fut la feste, sans tournoy et jouste, aussi belle qu'on povoit veoir, et pour la beauté d'icelle je le mis par escript.

CHAPITRE CLXXXI.

Comment le duc de Bourgongne envoya gaster le pays de Beaujolois; et comment il retourna en ses pays de Flandres et de Brabant.

Tantost après icelle feste, le duc retourna à Dijon; et fut le dix-huitiesme jour de fevrier où il fist assembler pluiseurs gens de guerre, lesquels il ordonna à estre en la compaignie du bastard de Sainct-Pol et de messire Bauldot de Noyelle, et les envoya au pays de Beaujolois et ès marches d'environ; et entrèrent audit pays de Beaujolois lesdicts seigneurs, et y firent de grands dommages, et y prinrent pluiseurs forteresses, et bouttèrent les feux en pluiseurs lieux. Sy ne trouvèrent nul qui se offrist à les combattre, et ainsy retournèrent en Bourgongne. Le darrain jour de mars, se partist le duc de Dijon, pour aller en ses pays de Brabant, de Flandres, Arthois et Haynault. Or est vray que, avant son partement, le duc ordonna, par bonne délibération de conseil, que la duchesse demourroit ès pays de Bourgongne, ayant le gouvernement des dessusdicts pays; et messire Anthoine et messire Jehan de Vergy seroient capitaines du pays. Après icelles ordonnances se partist le duc pour retourner en Flandres, et arriva en sa ville d'Arras, le dix-septiesme jour d'apvril ensuivant 1434, et de là à Lille, Bruges et Gand, et en pluiseurs aultres villes. En ce temps, le comte de Ligny print une forte abbaye, nommée Sainct-Vincent, auprès de la cité de Laon; et estoit ladicte abbaye sy près de ladicte cité que de canons et serpentines ils jectoient tous les jours l'ung dedans l'aultre. A merveilles coustoit audict comte de Ligny à garder icelle place en espérant de mettre la cité en subjection, mais rien n'y vallut; ains par certain appointement se partit le comte de Ligny de ladicte place, et feurent ceulx de ladicte cité tenus d'abattre icelle forteresse, laquelle chose ils firent à grand' deplaisance, et feut toute demolie.

CHAPITRE CLXXXII.

Comment le duc de Bourgongne partit de son pays de Flandres pour estre au jour que les Franchois avoient prins de combattre ou rendre la place de Gransy, laquelle fut rendue; et de pluiseurs forteresses prinses autour de Mascon; et de la prinse de Chaumont et Belle-Ville; et comment les ducs et duchesses de Bourgongne et de Bourbon s'assemblèrent à Nevers, faisants grosses chières les ungs aux aultres; et de la conclusion de la journée quy se tiendroit en la ville d'Arras.

En icelle saison 1434, fut, par les nobles et grands seigneurs de la duchié et comté de Bourgongne, le siége mis devant Gransy, que les Franchois tenoient; et tant y fut procédé que les Franchois prindrent traictié et de combattre ou rendre la place. Le duc, quy estoit en Flandres, sceult le jour. Sy fist son mandement et assembla gens pour estre à ladicte journée; et se partist de son pays de Picardie, accompaignié de messire Jehan de Clèves, des seigneurs de Croy, de Haultbourdin, d'Auxy, de Waurin, de messire Simon de Lalaing, de Lancelot, de la Trimouille et de pluiseurs aultres, et vint tenir ladicte journée; et luy vindrent au devant, de ses pays de Bourgongne, le prince d'Oranges, messire Anthoine et messire Jehan de Vergy, le seigneur de Neufchastel, et le seigneur de Sainct-George, le seigneur de Ternant et la chevalerie de Bourgongne. Lesdicts Franchois ne vindrent point, et fut ladicte place rendue et desmolie. Au departir de la journée, le duc et la duchesse, quy estoient allés au-devant du duc, et le seigneur de Charrollois, s'en allerent à Dijon; et pour ce que lesdicts Franchois avoit prins pluiseurs places en Charrollois et environ Mascon, le duc envoya les seigneurs de Hautbourdin et de Waurin ès frontières de Charrollois; et messire Anthoine de Vergy mena avec luy messire Simon de Lalaing, messire Robbert de Saveuses, Lancelot de la Trimouille, Harpin de Ricammes, et les gens de messire Jehan de Hornes et le seigneur d'Auxy devant Lengres; et ardirent le pays allenviron; et y ot une grosse escarmouche devant Lengres. Au retour, le duc envoya le seigneur de Charny, accompaignié desdicts seigneurs de Lalaing, de Saveuses, de Ricammes, avec aultres de Bourgongne, à Mascon, où ils trouvèrent le seigneur de Ternant accompaignié de Jehan, seigneur de Grouville, et pluiseurs aultres; et leur ordonna de mettre le siége devant pluiseurs forteresses que les Franchois tenoient environ ladicte ville de Mascon, ce qu'ils firent; et prinrent et abattirent; et firent ceulx de dedans tous prendre. Pareillement envoya les seigneurs de Hautbourdin et de Waurin, et pluiseurs aultres, mettre le siége devant une forte place, nommée Chaumont; et estoient dedans environ deulx cents combattants. Le duc, mesme ce temps pendant, durant le siége, envoya querir le prince d'Oranges et pluiseurs aultres seigneurs; et s'en allerent devant ladicte place de Chaumont; et là fut tant que elle se rendit à sa voullenté, et les fit tous pendre. Au partir de là, il manda le seigneur de Charny, et luy dit l'heure et le jour qu'il seroit audict lieu de Mascon, et luy ordonna qu'à icelle heure luy et tous ses gens partissent et menassent vivres avec eulx, et allassent devant Villefrance prendre le siége et enclorre le duc de Bourbon dedans, et que le lendemain il y seroit à [1] toute sa puissance. Les seigneurs dessusdicts se partirent à l'heure ordonnée et se mirent aulx champs et parlèrent au duc, quy à icelle heure entra audict Mascon; et se mirent en chemin environ le soleil couchant; et environ minuit leurs chevaucheurs rencontrèrent le seigneur de la Crette, le seigneur de Chabannes et la puissance du duc de Bourbon, quy s'estoient partis de Belleville pour venir ruer jus le logis dudict Saveuses, quy avoit esté logié en ung villaige au dehors de Mascon. Lesdicts Franchois eurent le premier cry et reboutèrent les coureurs dedans leurs gens; mais tantost messire Simon de Lalaing et aultres, quy faisoient l'avant-garde devant le charroy, mirent pied à terre et jectèrent leur cry, et tantost lesdicts Franchois retournèrent en grand desroy à Belleville. Mais pour che que c'estoit nuict on ne les chassa point, et se remirent lesdicts Picards et Bourgongnons en leur chemin en belle ordonnance, et passèrent auprès dudict Belleville, et arrivèrent devant Villefrance; le lendemain, environ huit heures du matin, ils se mirent en bataille assez près de la ville; et là descendirent et repeurent eulx et leurs chevaulx; et conclurent que, quand ils auroient repeus, ils drescheroient une grosse escarmouche, et adviseroient de prendre leur logis; mais tantost qu'ils feurent descendus, ung messagier apporta lettres du duc, par lesquelles il leur manda qu'il ne venroit point, et que tantost ces lettres veues, ils s'en retournassent audit lieu de Mascon. Et à ceste cause, après ce qu'ils eurent repeus, se mirent en retour en bonne ordonnance. Et pour ce qu'ils sçavoient le duc de Bourbon avec grand' puissance, et que le pays environ Villefrance est couvert et estroit, ils ordonnèrent deux cents archiers à pied avec les arrières-coureurs, et firent mener leurs chevaulx par leurs compaignons, jusques à che que on venroit au large. Mais peu de gens se monstrèrent pour venir après eulx. Ils se remirent en leur train; et au repasser devant Belleville eult une très grosse escarmouche à pied et à cheval; et fut bien avant en la nuict avant qu'ils fussent retournés à Mascon. Le lendemain fut par le duc conclud d'aller assegier Belleville; ce qu'il fist; et le fist tellement battre qu'il fut conclud que à certain jour, à l'obbe du jour, ung chascun seroit armé le plus près des fossés qu'ils polroient; et eut ledict de Lalaing la charge, à certain nombre de gens garnis d'eschelles, après que la bombarde auroit gecté, entrer ès fossés et monter amont et les aultres sievir [1], moictié eschelles, moictié assault. Mais cependant le seigneur de Hautbourdin, par le moyen du seigneur de Plansy, parlementa et fist tant qu'ils se offrirent d'eulx rendre, et d'en aller, saufs leurs vies, ung baston à la main, et laisseroient chevaulx, harnois et touttes aultres bagues. Ceulx de la ville quy vouldrent demourer demourèrent, et leur accorda-t-on tous leurs biens meubles; mais les vivres furent d'avantaige pour la garnison quy y entra, et y furent mis en garnison le seigneur de Charny, Anthoine et Guillaume de Wandres et pluiseurs aultres. Le duc, pour l'hiver quy approchoit, s'en alla à Challons et laissa grosse garnison à Mascon, quy coururent tout le pays de Dombes et y prinrent pluiseurs places; et quant au duc de Bourbon, il se tenoit à Villefrance. Ne demoura gaires de temps après qu'une journée, pour traicter de la paix entre le duc et le duc de Bourbon, se print, et assemblèrent leurs gens ensemble en la ville de Belleville. Les gens du duc de Bourbon se bouttèrent à voulloir soutenir que le duc de Bourbon venoit de la lignie sainct Loys, et devoit aller devant le duc; pour la-

(1) Avec.

(1) Suivre.

quelle cause on se partist sans rien faire. Tantost après, à l'heure que on entendoit la chose estre en plus grand' aigreur et plus ennemie que devant, le duc de Bourbon envoya devers le duc requerre ung sauf conduit pour ung chevalier de son hostel, nommé messire Gasconnet, son maistre d'hostel, pour aller devers le duc, auquel il fist tant de si belles offres de par le duc de Bourbon, pour venir à paix, que journée fut accordée et prinse de eux assembler à Nevers, à certains briefs jours ensuivant. Icelle journée accordée, le duc renvoya son armée. A icelle journée de Nevers, assemblèrent le duc et le duc de Bourbon, et les dames de Bourgongne et de Bourbonnois, aussy le connestable de France et pluiseurs princes et chevaliers, barons et escuyers ; et là firent grand' feste les ungs aulx aultres, et sy grand' chiere faisoient qu'il sembloit que jamais ne eussent eu guerre ensemble. Et dès la première nuict souppèrent les princes ensemble en la chambre du seigneur de Croy, et aussy pluiseurs chevaliers et escuyers. Mais ne fut mie sans boire d'autant ; et toulloient les couppes et tasses les ungs des aultres ; et là disoient pluiseurs saiges, quy les regardoient faire telle chière et de sy bon cœur, qu'il estoit fol quy en guerre se bouttoit et se faisoit tuer pour eux. Le duc et la duchesse de Bourbonnois sa propre seur s'entrefaisoient grand' chère et grand' liesse demenoient. Là y furent faicts pluiseurs beaulx bancquets et belles danses. Après fut conclud que une journée se tenroit en la ville d'Arras, à la Sainct-Jehan de lors prochain venant, pour la paix pour le royaulme de France, entre le roy Charles, septiesme de ce nom, et le duc. Après pluiseurs festoiements et chières faictes, le duc et le duc de Bourbonnois et pluiseurs princes quy là estoient s'en retournerent en leurs pays ; et quant au duc et à la duchesse et leur fils de Charrollois, retournèrent en Picardie, Flandre et Brabant. Et print le duc son chemin par la ville de Paris et fist sçavoir à messire Jehan seigneur de Saveuses et aultres, qu'ils fussent au-devant de luy ; lesquels le firent atout belle et grand' compaignie de gens d'armes et de traict, jusqu'à la ville d'Auxoire. Le duc fut par aulcuns jours en la ville de Paris, où il et sa compaignie firent très grand' chière ; et de Paris s'en alla en ses pays dessusdits, où il fut besognant en ses affaires jusques à la journée et convention d'Arras.

CHAPITRE CLXXXIII.

De la journée quy se tint à Arras, entre le duc et les ambassadeurs du saint-père, les ambassadeurs des roys de France et d'Angleterre, pour la paix finalle du royaulme de France, laquelle fut faicte et conclue entre le duc et les ambassadeurs de France ; des seigneurs quy se trouvèrent à ladicte journée, et des armes quy y furent faictes entre deulx gentilshommes, chevalliers, assavoir messire Jehan de Merlo, Castillan, et le seigneur de Charny, Bourguignon, dont le duc estoit juge.

Au nom de Dieu, de la glorieuse Vierge Marie et de toutte la saincte cour du Paradis, Amen, vraie mémoire soit faicte de la très noble assemblée, laquelle se fist en la très bonne ville d'Arras, en l'an 1435. Pour parvenir, par la grasce de Dieu, au très sainct bien de paix par moult longtemps desirée de toutte la chrétienté, et obvier à la très grand' et horrible division estant entre les roys, princes et seigneurs de France, d'Angleterre et de Bourgongne, en icelle assemblée furent de par le père saint, nommé Eugènes, à icelle heure tenant son siége en la cité de Florence, et de par le saint concile tenu à Basle-sur-le-Rhin, en Allemaigne, accordé de Dieu, du père saint et de sainte Eglise, fut envoyé en ladicte cité d'Arras deulx cardinaulx, dont l'ung fut iceluy de Cippre, et l'aultre de Saincte-Croix ; et entrèrent en ladicte ville au jour cy-après déclaré, accompaigniés par la manière qu'il s'ensuit. Il est vray que le huitiesme jour de juillet, an dessusdits, entra le cardinal de Cippre, légat, accompaigné comme s'ensuit ; premier, l'archevesque d'Aux, lequel avoit soubs luy deux docteurs chapelains et gentilshommes ; l'evesque de Brexionan en Dace, du royaulme de Suède ; se avoit en sa compaignie un docteur ; l'archidiacre de Mets en Lorraine, avec pluiseurs chapellains, au nombre de treize que chevaulx que mulles ; l'évesque d'Albinghe, soubs le duc de Milan, accompaignié d'ung chevalier et d'ung docteur, à quinze que mulles que chevaulx ; l'évesque de Uzès servi de moult nobles docteurs ; sire Nicolle Lassessequin, lequel estoit au sainct consille, de par le roy de Poullane[1], à quinze chevaulx ; l'abbé de Veselay, le sacristin de Lion-sur-le-Rosne ; si estoient les familiers de son hostel, son auditeur, docteur ; l'arcediacre de Thurin, docteur ; ung maistre

(1) Pologne.

CHAPITRE CLXXXIII.

en théologie, son confesseur, six chappellains, seize gentilshommes, tous ceulx de son hostel. Les aultres archevesques et evesques quy entrèrent dedans Arras, cent et cinquante que mulles que chevaulx, en la compaignie du cardinal de Cippre. Le treiziesme jour dudict mois, vint en la ville d'Arras le cardinal de Saincte-Croix, légat du pape, moult honnourablement accompaignié de l'évesque de Viseu, au royaulme de Portingal, de sire Loys de Garcie, docteur en théologie, de messire Luc de Saincte-Victoire, archeprestre de Juvelles, et d'aultres nobles, familliers et serviteurs, jusques au nombre de cinquante que chevaulx que mulles. Le vingt-cinquiesme juillet arriva une noble et puissante ambassade, de par le roy d'Angleterre, moult grandement accompaigniée, jusques au nombre de trois cents chevaulx; sy y furent l'archevesque d'York, l'évesque de Norvic, l'évesque de Sainct-David, le comte de Sulforch, messire Gautier de Hunghefort, baron, messire Jehan Rateclif et aultres, jusques à six chevaliers et quatre docteurs. Le vingt-troisiesme jour dudict mois de juillet, entra en sadicte ville d'Arras le duc, accompaigné, premier du duc de Guelldres, lequel avoit en sa compaignie deux cents chevaulx.

Item, entra avecques le duc le damoiseau de Clèves, son nepveu, à vingt-quatre chevaulx. En après estoit le comte d'Estampes, cousin germain du duc, fils au comte de Nevers, à quarante chevaulx ou environ. Après estoit le comte de Nassau, Brabanchon, noblement accompaignié, jusques au nombre de quatre-vingt et six chevaulx; après estoit le damoisel de Gasebecq, noblement accompaignié, et ses gens montés de quarante chevaulx ou environ; après le seigneur de Rousseclare, à dix-sept chevaulx; après le damoisel de Rousselare, frère audict seigneur, à dix chevaulx; après estoit le commandeur de Chanteraine, accompaignié de quatorze chevaulx; messire Jehan, seigneur de Witem, à dix chevaulx; Guillaume de Sombref et Jehan de Sombref, frères, richement montés de dix-sept chevaulx; messire Clair de Sainct-Guernies et son frère, nommé Henry, à sept chevaulx; Jehan de Castregat, à quatre chevaulx; Jehan Hincart et son frère, à six chevaulx, et pluiseurs aultres nobles du pays de Brabant. De Hollande y eut de grands seigneurs et nobles hommes. Premier, le seigneur de Mont-fort, Hollandois, accompaignié et richement monté de quarante chevaulx ou environ, et de deux chevaliers et dix gentilshommes; le seigneur de Wassenaire, à vingt-quatre chevaulx; messire Guillaume d'Argiemont, seigneur de Ysseltain, oncle du duc de Gueldres, à dix-sept chevaulx; Guillaume de Valduit, maréchal de Hollande a héritage, à dix-sept chevaux; et pluiseurs aultres de Hollande quy ne sont point icy comprins. Avec les dessus nommés estoient pluiseurs prelats et gens d'Eglise; c'est assavoir les evesques de Cambray, d'Arras, d'Auxoire, confesseur du duc, le prévost de Trect, l'archidiacre de Rouen, le grand prieur de France et pluiseurs aultres prélats. En outre, estoient en la compagnie du duc, de la noble ordre de la Thoison-d'Or, pluiseurs ducs, comtes et barons, lesquels ne sont pas escripts par ordre selon leur degré, pour ce qu'ils sont venus à pluiseurs fois; premiers le comte de Nevers, le comte de Ligny, le seigneur d'Antoing, le seigneur de Croy, le seigneur de Commines, messire Rollant d'Utequerke, messire Simon de Lalaing, messire Bauldot de Noyelle, le seigneur de Crequy, le seigneur de Charny, le seigneur de Crèvecœur, messire Jehan de Croy, le seigneur de Roubaix, le seigneur de Ternant, messire David, messire Jacques et messire Florimont de Brimeu, messire Hues, messire Guillebert et messire le Besgue de Lannoy. Et avec che y avoit grand' foison de chevaliers et escuyers, seigneurs et barons du duc et de ses pays, tant de Bourgongne, Arthois, Hainault et Flandres, dont il s'ensieult une partie de leurs noms, sans y comprendre les chevaliers et escuyers d'escuyrie, chambellans, maistre d'hostel, et aultres familiers de sa cour. Premiers: le comte de Faulkemberghe, le seigneur d'Arguel, fils du prince d'Oranges, le vidame d'Amiens, le seigneur de Chastillon, le seigneur de Lignes, messire Jehan de Hornes, le seigneur de Humières, le seigneur de Saveuses, messire Jacques de Sars, messire Jehan Villain, le seigeur de Lens, messire Guillan de Hallewin, le seignuer d'Isenghien, le seigneur d'Inchy, le seigneur de Landas, le seigneur de Fossés, le seigneur de Robecque, messire Gauwain de Bailloeul, messire Lancelot de Chau-Maisnil, le seigneur de Sombrin, le seigneur de Croisilles, messire Paien de Beaufort, messire le

Besgue d'Antreulle, le seigneur de Waurin, le seigneur de Flourent, le seigneur de Roye, le seigneur de Chauny, le seigneur de Sainct-Simon, le seigneur de Moroeul, le seigneur d'Aulphemont, Jacques de La-Hamaide, Jacques de Dinselle, Jehan Villerval, Jehan d'Avelus, Jehan de Potiers, Henry de la Tour, Guillaume de Vandre, Robert de Saveuses, Philibert de Jaucourt, Joffroy de Thoisy, le seigneur de Thoisy. La plupart d'iceulx vindrent a pluiseurs fois, et pour ce ne sont pas mis par ordre selon leur degré. Et quand le duc feut entré en sadicte ville d'Arras, il s'en alla, ainsy acompaignié, jusques à l'hostel du cardinal de Saincte-Croix, et là descendit et entra dedans le duc de Gueldres et le damoiseau de Clèves avec luy; et là se fit grands révérences et honneurs; et puis remonta à cheval et s'en alla devers le cardinal de Cippre, lequel estoit logié sur le grand marchié. Et vint au-devant du duc, tout à pied, et bien loing de son hostel; et là se firent grands révérences et honneur; et puis remonta à cheval et s'en alla jusque à son hostel, que on dist à la Courle-Comte, auprès de Sainct-Vaast; et estoient au nombre de deux mille chevaulx ou environ. Le comte de Vaudemont arriva en la ville d'Arras le derrain jour de juillet, accompaignié de chevaliers et escuyers, et aultres en nombre de trente-six chevaulx. Et icelluy jour, vint l'ambassade envoyée de par le roy Charles de France. Sy estoit le premier le duc de Bourbon, accompaignié du seigneur de la Fayette, maréchal de France pour le roy Charles dessusdict, de vingt-cinq chevaliers et trente gentilshommes, bien richement, à trois cents chevaulx ou environ. Après vint le comte de Richemont, connestable de France, pour le roy Charles dessusdit, moult grandement accompaignié de sept chevaliers et d'escuyers jusques à quarante ou environ, à onze cent soixante chevaulx. Si y feurent pour chevaliers messire Gilles de Saint-Simon, messire Pierre Grudjo, messire Pierre Bragonnet, le seigneur de Margny, messire Jehan de Chevery, le seigneur de Saint-Pierre et messire Franchois de Chaunay.

Item, avec lesdicts ambassadeurs de France, assavoir le duc de Bourbon et comte de Richemont, y avoit pour chascun vingt-quatre archiers bien montés et armés, et vestus de robes de livrées à orphaivreries; et avec ce y avoit rois d'armes, héraults, poursuivants, trompettes, ménestreulx, chapellains et tous officiers quy appartiennent à estat de prince, moult noblement et richement habillés; l'archevesque de Rains, per et chancellier de France, pour le roy Charles dessus nommé, révéremment et richement monté et adourné, accompaignié de vaillants et nobles hommes et clercqs, au nombre de quinze et quarante chevaulx. Le comte de Vendosme estoit moult noblement accompaigné de chevalliers et escuyers, au nombre de soixante chevaulx; le seigneur de La Fayette, mareschal de France, noblement monté à trente chevaulx; Christofle de Harcourt, moult bien accompaignié de chevalliers, escuyers et aultres, à soixante chevaulx, ou environ; maistre Adam de Cambray, premier président en parlement, moult bien accompaignié; le grant doyen de Paris, moult bien accompaignié; seigneur Jehan Castenier, l'ung des trésoriers de France, moult bien accompaignié. Somme totale, en icelle ambassade de France pour le roy Charles de France, il estoit entre neuf cents et mille chevaulx ou environ. La duchesse de Bourgongne entra le troisiesme jour d'aoust ensuivant; et furent au-devant d'elle Brabanchons, Hainnuyers, Hollandois, Flamands, Artesiens, Picards, Bourgongnons, Namurois, et moult d'aultres grants seigneurs et princes, et par espécial les Franchois, moult honnorablement, tels que le duc de Bourbon, le comte de Richemont, l'archevesque de Rains, le comte de Vendosme, Cristofle de Harcourt, le mareschal de La Fayette et aultres; et estoient, à son entrée, de onze à douze cents chevaulx. Et estoit la duchesse en une littière moult richement dorée, garnie et couverte, acostée des grants ducs et comtes, et cinq chariots dorés de fin or moult richement couverts de draps d'or, emplis de dames et de damoiselles sur haquenées, au nombre de douze, sieuvant la littière, touttes vestues d'une coulleur de noir, richement ouvrées d'orphaivrerie; et allèrent ainsy tout au long de la ville jusques au grant marchié. Et quand elle fut devant les hostels de mesdicts seigneurs de France, elle voulut prendre congié d'eulx, en les remerchiant; et se firent de grants révérences; mais, néantmoins, ils ne voulurent arrester jusques à tant qu'ils vindrent à l'hostel du duc ; et là prinrent congié, puis retournèrent à leurs hostels. Le seigneur de Longueval, baron, vint en ladicte ville d'Arras, le septiesme jour d'aoust, à douze chevaulx, et estoient tous ceulx de sa compaignie gentilshommes. Le comte de Sainct-Pol et le comte de Ligny y entrerent le huitiesme jour d'aoust, accompaigniés moult grandement et honnorablement de Thieubaut, monseigneur, frere audit comte de Sainct-Pol, et de chevallerie et escuyerie. Là estoient messire Daviot de Poix, messire Baudart de Cuvillers, et le seigneur de Belleforière; messire Ferrande, Espaignol; messire Jacques de Lievin, chevallier ; et de gentilshommes richement montés environ cinquante, et de chevaulx environ soixante-dix. Le comte de Meurs vint en ladicte ville, le neuviesme jour d'aoust, bien accompaignié de chevalliers et escuyers des pays d'Allemaigne, jusques au nombre de seize ou environ, et de chevaulx environ cinquante. Messire Rollant d'Utekerke y entra che jour, bien accompaignié, et ses gens richement vestus de sa livrée de brodure et orphaivrerie, douze crenequins arbalétriers devant luy, et sept paiges derrière luy, et moult beaulx chevaulx, sans les sommiers et bagaiges.

Le jeudi, onziesme jour d'aoust, y eult faictes armes dont le duc fut juge ; et se feirent par deulx gentilshommes chevalliers, dont l'ung estoit du royaulme de Castille, et avoit nom messire Jehan de Merlo, et l'aultre le seigneur de Charny, du pays de Bourgongne. Si estoient les armes telles, que de courre chascun trois lances assises et rompues, chascun armé à voullenté ; et se feirent par la manière qu'il s'ensieult. Le jour dessusdict, entra ledict de Merlo, à neuf heures du matin, par la fenestre et entrée des lices, monté tout armé sur son cheval, et avoit ung heaulmet atout ung blanc plumas en sa main, une bannerette vermeille, atout une croix blanche sur son cheval tout couvert de drap vermeil ; et avoit son espée chainte, et faisoit mener ung coursier en main après luy.

Item, on portoit après luy quatre lances touttes blanches. En sa compaignie estoient quatre chevalliers que le duc luy avoit ordonnés pour luy conduire ; et estoient en sa compaignie environ vingt chevaulx ; et s'en vint présenter ainsy devant le duc, et dict : « Très « excellent et puissant prince et redoubté sei- « gneur, je me viens présenter devant vous,

« pour accomplir che que j'ai promis à faire. » Le duc luy dict qu'il estoit le très bien venu, et qu'il le tenoit bien pour presenté. Environ demie heure après, vint le seigneur de Charny, accompaignié de très grant foison de seigneurs, chevalliers et escuyers, rois d'armes, héraulx et trompettes; et y fut le comte de Suffort, Anglois, lequel tenoit une lance ; le prince d'Arguel, fils au prince d'Oranges, portoit une aultre lance ; après venoient le comte de Sainct-Pol et le comte de Ligny, lesquels portoient aussy chascun une lance quy estoient touttes bleues. Le comte d'Estampes alloit après, lequel portoit son heaulme ; après alloient : le comte de Nevers, quy portoit le manicle, et messire Simon de Lalaing, le grant garde-bras. On menoit derrière luy quatre beaulx coursiers par quatre paiges, couverts moult richement de drap vermeil, brodé d'or ; et son coursier sur quoy il estoit, estoit couvert de drap d'or violet, et avoit une journada [1] de pareil pardessus son harnois, en sa main une bannerette, dont à l'ung des lez estoit l'imaige de Nostre-Dame, et à l'aultre costé l'imaige de sainct George. Les quatre seigneurs dessusdits, qui portoient les lances, vindrent requerre au duc que on visitast les mesures des lances ; et ainsy feut faict : mais elles ne feurent mie trouvées toutte d'une longueur ; et, pource que on mettoit ung peu trop longuement à les mettre à point, ledict seigneur de Charny envoya dire au seigneur de Merlo que il lui envoyast deulx de ses lances, et qu'il luy envoieroit deulx des siennes. Ledict seigneur de Charny essaya son cheval deulx courses avant che qu'ils besongnassent ; et, après le cri et les deffenses faictes, ils firent leurs courses de la manière qu'il s'enssieult. La première course, ils faillirent ; et aussy la deuxiesme et la troisiesme ; la quatriesme assist ledict de Merlo; la cinquiesme, ils faillirent ; la sixiesme, ils croisèrent. Or est vray que le cheval dudict de Merlo fuyoit tousjours, et ne voloit le cop attendre. Il fit requérir au duc qu'il luy donnast grace de rechangier de cheval, et le duc luy accorda ; si descendit ès lices, présent tout le peuple, puis remonta moult habillement sur ung aultre cheval, et parfirent leurs courses. Le premier cop après le changement, ils rencontrèrent très radement de bonne et noble assiette, et rom-

---

(1) Casaquin.

pirent tous deulx leurs lances très vaillamment. Le treiziesme cop toucha ledict Merlo; le quatorziesme, ils faillirent; le quinziesme, ils croiserent; le seiziesme, ils assirent tous deulx, et rompit ledit de Merlo sa lance; et, en che point, les fit cesser le duc et les fit venir devant luy, et dit premièrement audict de Merlo : « Je « tiens les armes de cheval de vous et de vos- « tre compaignon pour accomplies; et les avez « faictes bien et vaillamment. » Et pareillement en dit autant au seigneur de Charny. En che point prinrent congié du duc, et se partirent hors des lices. Mais ils faisoient difficulté de partir hors l'ung devant l'aultre; et firent demander au duc comment ils luy plaisoit qu'ils fissent; à quoi le duc respondit que ils vidassent chascun par où ils estoient entrés, et qu'il n'y avoit point de peril lequel vidast premier. En che point se conclut la journée. Or fault ung peu parler de che que ledict de Merlo entra dedans les lices, l'espée chainte, et atant eurent trois ou quatre courses. Les conducteurs, lesquels estoient du conseil du seigneur de Charny, parlerent au duc, en disant que ledict de Merlo avoit son espée chainte en courant, quy n'estoit point chose acoustumée. Si en fut parlé audict seigneur de Merlo quy, tantost, liberallement, la deschaindit. Le lendemain vendredy, lesdicts de Merlo et de Charny firent armes à pied, comme ils avoient promis par leurs scellés, grant temps devant, dont le duc fut juge; et firent par la manière quy s'ensuit. Les preneurs ad che commis et ordonnés par le duc furent huict; et à l'heure de sept heures du mattin, entra ledict de Charny par la dextre entrée du champ, sur ung coursier, moult richement armoyé de ses armes, et moult nottablement accompaignié; et portoit le comte de Suffort son espée, le comte de Sainct-Pol la targe, le comte de Ligny la lance, et le comte d'Estampes la hache; et s'en alla tout droit dedans son pavillon, lequel estoit moult riche de drap de Damas, armoyé de ses armes; et puis s'en alla devant le hourd [1] où le duc estoit accompaignié moult honourablement, et se mit à genoux. Là le seigneur de Santes parla pour luy, et dit en telle manière : « Mon très redoubté seigneur, vous véez cy « monseigneur de Charny, lequel se présente

(1) Echafaud.

« devant vous, comme à son juge, pour faire « che pourquoy il est ichy venu. » Et le duc luy dit qu'il le tenoit bien pour presenté. Après che, il se retrait en son pavillon, et avoit en sa main une bannerette là où il y avoit, à l'ung des costés, l'image de Nostre-Dame, et à l'aultre lez sainct Georges; et en faisoit souvent le signe de la croix. Tantost après vint ledict de Merlo tout à pied, accompaignié de ceulx qui l'avoient accompaignié le jour de devant, lesquels portoient ses bastons; et estoit armé de tout plein harnas, le bachinet en teste, visière levée, ung bien delié couvrechief devant sa visiere, lequel il avoit, à la journée devant, autour de son bras; et estoit vestu de sa cotte d'armes; et ainsy entra en son pavillon, puis alla faire la reverence au duc leur juge; après retourna en son pavillon. Icelles choses faictes, les seigneurs quy accompaignerent le seigneur de Charny allerent devers le duc, et par especial le seigneur de Santes, et dist en telle manière : « Mon très redoubté seigneur, vous nous « avez ordonnés au conseil du seigneur de « Charny, et si vous avez veues lettres contenant « ce pourquoy ils sont ici assemblés au faict « des armes. Nous avons veu que le chevallier « qui est ici venu a porté un becq de faucon « en lieu de hache, et vous savez qu'ils doib- « vent combattre de haches; et nous semble « qu'il y a grant différence; si vous plaise à « en ordonner; et ledict seigneur de Charny est « prest à faire che qu'il vous plaira. » Ces paroles ouyes, le duc alla au conseil, et sur ce il leur respondit : « Il me semble qu'eux-mesmes « en soient d'accord ensemble, et parlez aux « deulx parties. » Donc sur ceste response faicte par le duc, les seigneurs parlerent les ungs aux aultres; et y eult assez paroles, mais enfin ils se conclurent; et s'en revinrent lesdicts seigneurs qui avoient parlé au duc, et lui dirent ainsy : « Mon très redoubté seigneur, monsei- « gneur de Charny est d'accord, pour l'honneur « de vous et de gentillesse, et pour son hon- « neur, et non pas pour droict, que l'aultre se « combatte de son bec de faucon, ce que on « n'a point veu au royaulme de France; car « bec de faucon n'est mie hache, ains sont deulx « choses. » Appres ces parolles, ils se retrayrent. Le duc tenoit une flesche en sa main; si demanda aux gardes, c'est à entendre aux preneurs, s'ils congnoissoient bien le signe, et ils dirent que oil. Tantost apprès, les cris et deffences, ainsi qu'il est accoustumé faire, furent faictes ; et ce faict, le seigneur de Charny saillit de son pavillon, en cotte d'armes, garni de tous ses bastons, la lance branlant en son poing, et d'ung hardi courage tira pas à pas pour aller vers le pavillon de sa partie. Apprès saillit ledict de Merlo de son pavillon, sa visière levée, sa lance au poing, le couvre-chief sur sa visière, lequel il fist oster par ung gentilhomme de son pays ; et bien hardiement en che point, la lance au poing, s'en alla au-devant de son compaignon, lequel s'estoit fort avanchié. Adonc, ledict de Charny, quand il le veist si près de lui que pour jecter la lance, il la jecta, et puis bien hastivement print sa hache à deulx mains. Mais adonc ledict de Merlo, par grant vertu, jecta sa lance et assena ledict de Charny au bras sénestre, et le ferra en l'extrémité de son brachelet, au-dessus du gantelet, tant que la lance se tint attachiée une espasse. Mais ledict de Charny, bien habillement escouy[1] son bras, et se deferra. Ledict de Merlo print son becq de faucon à deulx mains, et s'en vint bien hardiement contre ledict de Charny ; et là se rencontrèrent bien et vaillamment. Quand ils se furent une espasse combattus de leurs haches, et faits l'ung l'autre tourner et dépasser, et monstré les tours d'armes qu'ils sçavoient, comme vaillants et hardis chevalliers, le duc jecta sa flesche en bas, et dist : « Holà ! holà ! » Adonc, les preneurs les prindrent sus en che point ; les conducteurs vindrent devers le duc, en disant qu'ils les avoient prins sus plus tost que les parties n'eussent voullu. Si demandèrent au duc quel chose il lui plaisoit qu'ils fissent, ou s'ils viendroient tous deulx ensemble devers luy, ou chascun à part soy. Si vint le seigneur de Charny, et se mist à genoulx, et leva sa visière, et parla ledict de Santes, et dist : « Mon très redoubté seigneur, vechy le seigneur « de Charny tout prest de faire et parfaire son « debvoir. » A quoi le duc respondit : que il avoit très bien et vaillamment faict, et que il tenoit les armes bien accomplies. Après vint ledict de Merlo, sa visière levée, et se mist à genoulx devant le duc, et dist : « Très hault et « très excellent et puissant prince, redoubté « seigneur, je suis venu de bien loing devant « vostre seigneurie, là où je ai eut moult de « travail par terre et par mer, et une grande « despense pour si peu de chose faire. J'eusse « bien voulu qu'il vous eust pleu de nous laisser ung peu esbattre, et encoires prendre ung « petit de plaisir en armes. » Le duc lui dit qu'il avoit très bien et très vaillamment faict, et qu'il tenoit les armes accomplies. Alors ledict chevallier répliqua, et dit : « Très redoubté seigneur, les longs voyages et travail que j'ai « faict pour venir devant vostre seigneurie, « laquelle est tant et si noblement recommandée par tout le monde, me fait penser et envier que vous ne nous avez laissiés plus avant « besoigner, s'il vous eust pleu. » Le duc luy respondit : « Vous ne debvez estre mal content ; « car vous avez faict très vaillamment ; aussi a « l'autre ; si tiengs les armes pour touttes par« faictes et accomplies. — Adonc, respon« dit-il, puisque il plaist ainsi à vostre noble « seigneurie, il en soit faict à vostre noble plaisir, car je ne puis aultre chose faire. » Et en che point, il se retrait pour aller devers son pavillon. Le seigneur de Santes vint dire au duc quel chose il lui plaisoit qu'ils fissent, et que on avoit veu aultrefois que on les faisoit toucher ensemble. Adonc, dist le duc que on les fist venir tous deulx, et que on les fist toucher ensemble par bonne amour. Ils vindrent tous deulx devant le duc, et ostèrent leurs gantelets, et bénignement ils se touchèrent ensemble ; et Dieu scet les révérences et remerciances qu'ils faisoient. Si prinrent congié du duc et se partirent du champ honnorablement. Le vingt-deuxiesme jour du mois d'aoust, entra en ladicte ville d'Arras l'évesque de Liége, en compaignie de nobles chevaliers et escuyers, gentilhommes et aultres, richement habilliés, au nombre de deulx cents quarante-six chevaulx ; et s'en alla tout droict à l'hostel du duc. En ce mesme jour, entra l'ambassade d'Angleterre en la ville d'Arras ; pour laquelle cause le duc monta à cheval pour aller au-devant d'eulx, très noblement accompaignié de ses seigneurs, comtes, barons, chevaliers et escuyers. Pareillement se mirent ensemble tous les cardinaulx et tous les archevesques et evesques quy estoient en ladicte ville, et s'en allèrent allencontre de ladicte ambassade ; en laquelle ambassade estoient le cardinal de Vincestre, le comte de Hontinton, le comte de Suffort et plusieurs aultres, lesquels

---

[1] Délivra.

venoient du royaulme d'Angleterre. Sy les accompaigna toutte la compaignie jusques en l'eglise Nostre-Dame en la cité, là où lesdits cardinal et seigneurs d'Angleterre furent logiés. Et là y eut de grands honneurs et révérences faictes, et puis s'en départirent. Le cardinal de Vincestre et le comte de Hontinton furent noblement accompaigniés de nobles barons, chevaliers et escuyers, moult richement et nottablement habilliés et montés, jusques au nombre de cinq cents chevaulx ou environ.

Or faut parler du disner que fist le duc en son hostel en la ville d'Arras. Vray est que, le premier jour de septembre, tint le duc estat, et fist ung moult noble disner, là où furent conviés les nobles seigneurs d'Angleterre, ambassadeurs, dont dessus est faicte mention ; et y furent les estats moult grands et honnourables. L'assiette de la grand' table fut : l'archevesque d'York, le cardinal de Vincestre, le duc, le duc de Gueldres, l'évesque de Liége, le duc de Buillon, le comte de Suffort, le comte de Hontinton ; et puis les nobles barons, chevaliers et escuyers aux aultres tables, de degré en degré. Comme ils furent servis ne faut pas demander, car le duc fut en son vivant ung trésor d'honneur, et par tant je me passe de plus rien dire. En iceluy jour entra en la ville d'Arras une grand' ambassade envoyée par l'université de Paris, où il y avoit de moult notables docteurs et clercqs. Le six dudict mois de septembre se partirent lesdicts ambassades, prélats et nobles d'Angleterre, et s'en retournèrent en Angleterre sans rien besongnier, ne pour trèves ne pour la paix, et sans espérance de y besongnier ; et très déplaisants s'en retournèrent, pour ce qu'ils véoient que le duc estoit du tout enclin à faire paix. Et le merquedy septiesme dudict mois, la veille de Nostre Dame, vint le comte de Charrollois, fils du duc; et fut apporté de Lens en Arthois en une litière, moult honnourablement et notablement accompaigné. Au-devant de luy furent les ambassades de France et la noble chevalerie du pays du duc ; et fut recheupt à grand' joie. Or est vray que lendemain, jour de Nostre-Dame, en l'église de Sainct-Vaast, les cardinaulx de Saincte-Croix et de Cippre, ensemble les ambassadeurs de nostre sainct-père, du sainct concile, et le duc, et aussy tous les princes et ambassades de France, de quelque part qu'ils fussent, et mesmement tous les aultres princes, comtes, barons, et chevaliers et escuyers quy en la ville estoient, furent là assemblés ; et là fut chantée une belle messe par les chantres de la chappelle ; et là fut consacrée très heureuse paix pour le royaulme de France, jurée par les princes et ambassadeurs de France, pour et au nom du roy, et par le duc en pardonnant la mort de feu le duc Jehan de Bourgongne son père; et aussy par les princes et aultres comtes, chevaliers et escuyers quy là estoient, excepté messire Jehan de Luxembourg, comte de Ligny qui ne le voult point jurer, pour aulcunes causes qui cy-après seront dictes. Laquelle paix est escripte bien au long en ce present livre. Et ce mesme jour Nostre-Dame, tint le duc ung moult et noble estat, là où il donna à disner aux seigneurs de France, et à tous les aultres ducs et comtes à ceste heure estants à Arras, et au cardinal de Cippre. Et fut l'assiette telle qu'il s'ensieult : à la grand' table, l'archevesque de Rains, chancellier et pair de France; le cardinal de Cippre, fils, frère et oncle des roys de Cippre ; après estoit le duc, et le duc de Bourbon et le comte de Richemont, connestable de France ; le comte de Vendosme et Christofle de Harcourt. L'assiette de la petite table, quy estoit en la salle que on dist la Chambre, fut : l'évesque de Liége, le duc de Gueldres, le comte de Meurs et le seigneur de la Fayette, mareschal de France.

CHAPITRE CLXXXIV.

Du jugement d'armes quy se fist à Arras, à l'occasion du débat entre messire Collart, dict Florimont de Brimeu, d'une part, et messire David de Brimeu, son oncle, d'aultre part, pour les armes de la bannière et seigneurie de Brimeu.

Or faut parler du jugement d'armes quy se fist, le treiziesme jour d'aoust, en l'hostel du duc, par nobles chevaliers et escuyers. Et fut la question telle : que ung seigneur de Brimeu, chief des armes de Brimeu, lequel avoit ung frère maisné de luy, nommé Guille, et n'avoit d'enfants que une fille, laquelle il maria à ung chevalier, nommé messire David de Poix, issu de Poix, nonobstant qu'il n'estoit pas seigneur, or morut ledit seigneur de Brimeu ; et demoura audit David toute la seigneurie et terre de Brimeu, à cause de sa femme ; et print les armes et le nom de Brimeu en délaissant celles de Poix, dont il estoit issu. Sy est vray que Guille de Brimeu, son second frère, à quy les armes debvoient appartenir, fut moult courrouchié de ce que ledit de Poix avoit prins les armes dessusdictes, et le voult débattre, mais néantmoins ledict de Poix ne les voult laisser; et, luy assailly de procès, s'en voult deffendre, en telle manière que il convint que chevaliers et escuyers les appointassent. Sy fut considéré que ledict de Poix, quy avoit ladicte terre de Brimeu, estoit trop plus riche et puissant que ledict Guille en son temps chevalier, lequel estoit moult anchien, et avoit cinq fils de bien josne asge. Se fut appoinctié entre lesdictes parties que, pour obvier aux maulx et aux pertes quy s'en pourroient ensievir [1], que ledict de Poix les porteroit toutte sa vie en bataille et fait d'armes là où il appartiendroit, tant en bannières et pennons comme en cottes d'armes, et ainsy les héritiers quy de luy isseroient; et ledict seigneur Guille les porteroit en son scel, sa vie durant, non aultrement; car il estoit sy anchien que il estoit excusé de luy jamais armer; et après sa mort les débattist qui y sentiroit avoir droit. Or issit dudict de Poix ung fils quy pareillement les porta; et de ce fils ung aultre; et tant que celle génération, issue de Poix, joyrent et portèrent les armes cinquante ans ou environ. Or faillit icelle lignie de père à fils, et la terre de Brimeu retourna à femme. Sy est ainsi que ledict Guille de Brimeu, quy avoit cinq fils, comme dict est, trespassa, dont l'aisné de ses fils reprint lesdictes armes de Brimeu que son père avoit transportées, comme dict est; et se maria; et dudict mariage issy ung fils nommé Collart, dict Florimont de Brimeu, en son temps chevalier. Or vesquirent grand temps lesdicts Florimont frères, et ledict Florimont fils de l'aisné. Or trespassa ledict aisné frère, chief desdictes armes et père dudict Florimont. Et l'aisné après lors vivant voult prendre les armes, et dit qu'elles luy appartenoient comme à celuy quy estoit venu plus prochain de l'estocq, car il estoit fils dudict sire de Brimeu; et ledict Florimont dit qu'il estoit fils du fils aisné dudict sire Guillaume, et disoit qu'elles luy appartenoient mieulx, et comme raison estoit les debvoit avoir. Et sur ces poincts dessusdicts, entre ces deux chevaliers, oncle et nepveu, en

(1) Ensuivre.

fut envoyé à Paris, Amiens et ailleurs, à plaiseurs clercqs, maistres et licenciés ès lois, et aultres seigneurs à ce congnoissants en parlement, pour en avoir leur conseil et advis. Si en furent pluiseurs oppinions oyes, grands rolles et escriptures faites, lesquelles furent lancées devant lesdicts seigneurs chevaliers ad ce commis pour juger, et présents pluiseurs roys d'armes et hérauts cy-après declarés. Et premièrement furent demandées les oppinions desdicts roys d'armes et hérauts. Et par moy portant la parolle de toutte l'office d'armes, ainsy que par eulx ordonné m'estoit, fut dit que ledict Florimont, fils de l'aisné frère, debvoit succeder et avoir les armes plaines, comme son père et ses devanchiers les avoient eues et portées; et que le transport que ledict messire Guille avoit fait de ses armes audict de Poix, avoit esté de nulle valeur, et qu'il ne debvoit porter préjudice au prochain des armes; c'est assavoir masle, car femme poeult bien avoir la seigneurie, mais les armes non. Et se ne poeult par droict homme nul vendre, transporter, ne aliéner ses armes, que elles ne voisent [1] tousjours d'homme à homme et de degré en degré; et en oultre que possession, tant soit de long terme, est de nulle valleur en armes, puisqu'elle soit prinse induement. L'oppinion de l'office d'armes proposée par ma bouche, le chancellier de Bourgongne demanda aux chevaliers et escuyers leurs advis, lesquels furent tous, excepté ung, de l'oppinion de l'office d'armes; et par ainsy demeurèrent à messire Florimont les plaines armes de la seigneurie et bannière de Brimeu, et la terre à l'héritier [2].

CHAPITRE CLXXXV.

Coppie du traictié de la paix faicte et conclue en la ville d'Arras, entre le duc de Bourgongne et l'ambassade du roy Charles de France, VII° de ce nom.

« Philippe, par la grace de Dieu duc de Bourgongne, de Lothier, de Brabant et de Lembourg, comte de Flandres, d'Arthois, de Bourgongne, palatin de Haynault, de Hollande,

(1) Aillent.
(2) Le manuscrit de la Bibliothèque du roi n° 9869³, ancien fonds Colbert, n° 603, finit ici; mais je dois à l'obligeance du marquis Levert la communication d'un manuscrit plus complet. C'est de ce manuscrit que je tire les chapitres qui suivent jusqu'à la fin.

de Zellande et de Namur, marquis de Sainct-Empire, seigneur de Frise, de Salins, de Malines, savoir faisons à tous présents et advenir que comme, pour et afin de parvenir à paix générale en ce royaulme, aient esté tenues pluiseurs conventions et assemblées, et mesmement en nostre cité d'Auxerre, et en la ville de Corbeil, et derrain ait esté accordé de tenir en ceste ville d'Arras certaine journée et convention sur le faict de ladicte paix générale; pour laquelle mon très redoubté seigneur le roy Charles ayt envoyé, et y soit venus nos très chiers et amés frères et cousins le duc de Bourbonnois et d'Auvergne, le comte de Richemont, connestable de France, le comte de Vendosme, grand maistre d'hostel, et très révérend père en Dieu l'archevesque et duc de Rains, chancellier; Christofle de Harcourt, Guillebert, seigneur de la Fayette, mareschal de France; maistre Adam de Cambray, premier président en parlement, et maistre Jehan Tudert, doyen de Paris, conseiller et maistre des requestes de l'hostel; Guille Chartier, aussi conseiller; Jehan Castenier, et Robert Marlière secrétaire de mondict seigneur le roy, et tous ses ambassadeurs; et de la part de nostre très chier sire le roy d'Angleterre y sont venus très révérend père en Dieu l'archevesque d'Yorck, nos amés cousins, les comtes de Hontinton et de Suffort, et pluiseurs aultres gens d'église et séculiers; et aussi y soyons venus et comparus en nostre personne, à compaignie de pluiseurs de nostre sang et aultres, nos féaulx et subjects en grant nombre; à laquelle convention et journée, de par notredict sainct-père le pappe, ayt esté envoyé très révérend père en Dieu nostre très chier et espécial ami le cardinal de Saincte-Croix, a tout bon et souffisant pouvoir de nostre sainct-père; et de par le sainct concile de Basle semblablement y aient esté envoyés très révérend père en Dieu nostre très chier et très amé cousin le cardinal de Cippre, et pluiseurs dessus nommés, ayant pouvoir souffisant sur ce dudict concile; par devant lesquels cardinaulx légaulx et ambassadeurs de nostre sainct-père et du sainct concile sont comparus lesdicts ambassadeurs de France d'une part et d'Angleterre d'aultre, et nous aussi en nostre personne, toutefois qu'il a esté besoing; et, par icelles ambassades, ayant esté faictes pluiseurs ouvertures et oblacions d'ung costé et

d'aultre. Et combien que finablement de la part de mondict seigneur, par lesdicts ambassadeurs, ayent esté faictes aulx gens et ambassadeurs d'Angleterre grants et nottables offres et oblacions, afin de parvenir à ladicte paix générale; lesquelles il sembloit aulxdicts cardinaulx et aultres légats et ambassadeurs de nostre sainct-père et du sainct concile estoient justes et raisonnables, et ne les debvoient ou polvoient raisonnablement refuser lesdicts ambassadeurs d'Angleterre, et que lesdicts cardinaulx de Saincte-Croix et de Cippre, et aultres ambassadeurs du sainct concile, eussent prié et requis à iceulx ambassadeurs d'Angleterre les accepter, en leur disant et remonstrant que aultrement et au cas qu'ils ne vouldront entendre par effect à ladicte paix générale, ils avoient charge et commandement de nostre sainct-père et du concile de nous exhorter, requérir et sommer de entendre avec mondict seigneur le roy, à paix particulière avec lui, en tant que touchier nous polvoit. Touttes voies, lesdicts ambassadeurs d'Angleterre n'ont voulu accepter lesdictes offres à eulx faictes, mais se sont départis de nostre ville d'Arras sans aulcune conclusion, et sans vouloir prendre ne accepter lesdictes offres, ne jour certain de retourner. Parquoy, après leur department, par lesdicts cardinaulx et aultres légaulx en ce, ayant esté exhortés, requis et sommés de vouloir entendre par effect à ladicte paix particulière et réunion avec nostre seigneur le roy, moyennant que pour le cas de la mort de feu nostre très chier seigneur et père, que Dieu pardoint! que, pour nostre intérest en ceste partie nous seroient de par nostredict seigneur le roy et ambassadeurs dessus nommés, ad ce souffisamment fondés pour lui et en son nom, faictes offres raisonnables, à fin de satisfaction, recompensation et aultrement que en debvroient estre contents; lesquelles offres, par lesdicts ambassadeurs d'icelui monseigneur le roy, ayent esté baillées par escript en ung rolle aulx cardinaulx et ambassades du concile, et par iceulx avons présenté, duquel rolle de mot à mot la teneur s'ensuit.

« Nous, Charles, duc de Bourbonnois et d'Auvergne, Arthus, comte de Richemont, connestable de France; Loys de Bourbon, comte de Vendosme; Regnault, archevesque de Rains,

CHAPITRE CLXXXV.

chancellier de France; Christophe de Harcourt, Guillebert, seigneur de la Fayette, mareschal de France; Adam de Cambray, président en parlement, et Jehan Tudert, doyen de Paris; Guille Chartier, Estienne Moreau, conseillers; Jehan Costenier et Robert Molière, secrétaires, et tous ambassadeurs du roy de France, notre souverain seigneur, estant présentement en la ville d'Arras, faisons pour et au nom de luy au duc de Bourgongne et de Brabant, pour son intérest et querelle qu'il a et peut avoir à l'encontre du roy à cause de la mort de feu le duc Jehan, duc de Bourgongne, son père, comme aultrement affin de parvenir avec luy au traicté de paix et de concorde.

« *Item*, que le roy dira, ou, par ses gens notables souffisants fondés, fera dire au duc que la mort de feu le duc Jehan son père, que Dieu absolve, fut iniquement et maulvaisement faicte par ceulx qui perpétrèrent le cas et par maulvais conseil, et lui en a tousjours despleu, et de présent déplaist de tout son cœur, et que s'il eust sceu le cas, en tel asge et entendement qu'il a de présent, il y eust obvié à son polvoir; mais il estoit bien jeune et avoit pour lors bien petite congnoissance, et ne fut point si advisé que pour y pourvoir; et priera au duc que toute rancune ou haine qu'il poeult avoir à l'encontre de lui à cause de ce, il oste de son cœur, et que entre eulx il y ait bonne paix et amour, et si en fera de ce expresse mention ès lettres qui seront faictes de l'accord et traictié d'entre eulx.

« *Item*, que tous ceulx qui perpétrèrent ledict mauvais cas ou qui en furent consentants, le roy les habandonnera et fera toute diligence de les faire prendre, s'il est possible, quelque part que trouvés pourront estre, pour estre pugnis en corps et en biens, et se appréhendés ne peuvent estre, les bannira et fera bannir à tousjours, sans grasce ne rappel, hors du royaulme et Daulphiné, avec confiscation de tous leurs biens, et seront hors de tous traictiés.

« *Item*, ne souffrira le roy d'aulcuns d'eulx estre recepté ne favorisé en aulcun lieu de son obéissance, et fera crier par tous les lieux desdits royaulme et Daulphiné, accoutumés de faire cris et publications, que aulcun ne les récepte ou favorise sur peine de confiscation de corps et de biens.

« *Item*, que le duc le plus tost qu'il pourra, bonnement après ledict accord passé, nommera ceulx dont il est ou sera informé qui perpétrèrent ledict mauvais cas, ou en furent consentants, affin que incontinent et dilligemment soit procédé à l'encontre de eulx, de la part du roy, et en oultre, pource que le duc n'a encore pu avoir vrai congnoissance ne deue information de tous ceulx qui perpétrèrent ledict mauvais cas et en furent consentants, touttefois qu'il en sera cy-après deuement informé d'aulcuns aultres, il les pourra aultrement nommer et signifier par les lettres-patentes ou autrement souffisamment au roy, lequel, en ce cas, sera tenu de faire procéder tantost et diligemment allencontre d'eulx, par la manière dessusdicte.

Item, que pour l'ame dudict feu duc Jehan de Bourgongne, de feu messire Archambault de Foix, de monseigneur de Navailles, qui fut mort avec lui, et de tous aultres trespassés à cause des divisions et guerres de ce royaulme, seront faictes les fondations et édifices qui s'ensuivent; c'est assavoir, en l'église de Montereau en laquelle fut premièrement enterré le corps dudict feu Jehan, duc de Bourgongne, sera fondée une chappelle et capellenie perpétuelle d'une messe basse de *Requiem*, chacun jour perpétuellement, laquelle sera rentée et douée convenablement, à rentes amorties, jusques à la somme de soixante livres parisis par an, et aussi garnie de calices et adournements d'église, bien et souffisamment aux dépens du roy, et laquelle chappelle sera à la collacion du duc et de ses successeurs duc de Bourgongne à tousjours.

« *Item*, que en ladicte ville de Montereau, ou au plus près d'icelle que faire se pourra, sera construite et édiffiée par le roy et à ses despens une église, couvent et monastère de chartreux; c'est assavoir pour ung prieur et douze religieux, avec les cloistres, salles, réfectoires, granges et aultres édifices qui y seront nécessaires et convenables; et lesquels chartreux, c'est assavoir ung prieur et douze religieux, seront fondés par le roy de bonnes rentes et revenus annuels et perpétuels, et bien amortis, souffisants et convenables, tant pour les vivres des religieux et entretenement du divin service comme pour le soustenement des édifices du monastère et aultrement, jusques à la somme de huit cents livres parisis par an, à l'ordonnance et par l'advis de très révérend père en Dieu le cardinal de Saincte-Croix, ou de celui ou ceux qu'il vouldra à ce commettre.

« *Item*, et que sur le pont de Montereau, ou lieu où fut fait ledit mauvais cas, sera faicte, édifiée et bien entaillée et entretenue à tousjours, une belle croix aux despens du roy, de telle façon et ainsi qu'il sera advisé par ledict cardinal ou ses commis.

« *Item*, que en l'église des chartreux de Dijon, en laquelle gist et repose de présent le corps dudict feu duc Jehan, sera fondée par le roy et à ses despens, une haulte messe de *Requiem*, qui se dira chacun jour perpétuellement au grant autel à telle heure qu'il sera advisé; et laquelle fondacion sera douée et assurée de bonnes rentes amorties, jusques à la somme de cent livres parisis par an et aussi garnie de calices et ornements comme dessus.

« *Item*, que lesdictes fondacions et édifices seront commenchés à faire le plus tost que faire se pourra bonnement; en espécial commencera l'en à dire et célébrer les messes incontinent après ledict accord passé; et au regard des édifices qui se doivent faire en la ville de Montereau ou au plus près d'icelle, l'en commencera à ouvrer dedans trois mois après ce que ladicte ville de Montereau sera réduite en l'obéissance du roy; et si commencera l'en diligemment et sans interruption, tellement que tous iceulx édifices seront achevés et parfaits dedans cinq ans après ensuivant; et quant auxdictes fondacions, l'en y besoingnera sans délay, le plus tost que faire se poulra. Et pour ces causes, tantost après ledit accord passé, sera faict et assommé ladicte fondation de la haulte messe ès chartreux de Dijon, comme dessus est faicte mencion, avec tout ce qui en deppend, de livres, calices et aultres choses ad ce nécessaires; et aussi sera dicte et célébrée, aux despens du roy, la basse messe quotidienne qui doit estre fondée en l'église de Montereau, jusques à ce que la ville sera réduite en l'obéissance du roy; et au surplus, touchant les fondacions et édifices qui se doivent faire en ladicte ville de Montereau de la part du roy, sera mis dedans lesdicts trois mois, après la reddiction d'icelle ville en l'obéissance du roy, ès mains de celui ou ceulx que y vouldra commettre icelui cardinal de Saincte-Croix, certaine somme d'argent souffisant pour commencier à faire lesdicts édifices et acheter les calices ad ce nécessaires; et d'aultre part seront aussi lors advisées, assises et délivrées les rentes dessus déclarées, montants pour ledict lieu de Montereau à huit cents soixante livres parisis par an, un bien revenans et seurement amorties et assises au plus près que bonnement faire se pourra dudict lieu de Montereau, sans y comprendre les cent livres parisis de rente, qui tantost doivent estre assises pour la fondation de la haulte messe ès chartreux dudict Dijon.

« *Item*, que pour et en récompensation des joaulx et autres biens meubles que avoit le duc Jehan au temps de son décès, qui furent prins et perdus, et pour avoir et en accepter des autres en lieu d'iceulx, le roy payera et fera payer réalment et de faict au duc la somme de cinquante mille riez, escus d'or, du poids de soixante-quatre livres au marcq de Troyes, huit onces pour le marcq et vingt-quatre karat ung quart de karat de remède d'aloy, ou aultre monnoie d'or coursable à la valleur, aux termes qui ensieuvent; c'est assavoir quinze mille à Pasques prochain venant en ung an, qui commencera l'an mil quatre cent trente-sept, et quinze à Pasques ensievant, mil quatre cent trente-huit; et les vingt mille qui resteront, aux autres Pasques ensievant, qui commencera mil quatre cent trente-neuf. Et avec ce sera saulvé et réservé au duc son action et poursieutte au regard du beau collier de feu le duc son père, allencontre de tous ceulx qui l'ont eu ou ont peu avoir ou recouvrer, pour ledict collier et joyaulx avoir à son profit, en oultre pardessus lesdicts cinquante mille escus.

« *Item*, que de la part du roy au duc, pour partie de son intérest, seront délaissiés, et avecque ce bailliés et transportiés de nouvel pour lui et ses hoirs procréés de son corps, et les hoirs de ses hoirs, en descendant tousjours en ligne directe masle, les terres et seigneuries qui s'ensieuvent; c'est assavoir la cité et comté de Mascon, ensemble toutes les villes, villages, terres, cens, rentes et revenus quelsconques qui sont et appartiennent, et doivent compéter et appartenir en domaine au roy et à la couronne de France, en et partout les villages royaulx de Mascon et de Sainct-Gengon, et ès mectes d'iceulx, avec toutes les appartenances et appendances d'icelle comté de Mascon et de aultres, et par tous lesdicts bailliages de Mascon et de Sainct-Gengon, et tout en fief et arrière-fiefs, confiscations, patronages d'église, collations et bénéfices, comme en aultre droit et prouffits quelconques, sans y rien retenir de la part du roy de ce qui touche et peut touchier la domaine, seigneurie et jurisdiction ordinaire des comtés et lieux dessusdicts, et ost saulvé et réservé au roy; semblablement les fiefs et hommaiges des choses dessus dictes, et le ressort et souveraineté ensemble, garde et souveraineté des églises et subjets d'icelles, de fondacion royale, estants ès mectes desdicts bailliages, enclavés en iceulx, et le droit de régalle là où il a lieu, et aultres droits royaulx appartenants d'anchienneté à la couronne de France et ès bailliages dessusdicts ; et pour ladicte cité et comté de Mascon, ensemble des villes, villaiges, terres et domaine dessusdicts, joyr et user par le duc et sesdicts hoirs à tousjours et les tenir en foy et hommage du roy et de sa cour de parlement, sans moyen pareillement, et en telles franchises, droits et prérogatives comme les aultres pers de France.

« *Item*, et avecques ce, de la part du roy seront transportés et baillés au duc et à cellui de sesdits hoirs légitimes et procréés de son corps auquel il délaissera, après son déces, ledicte comté de Mascon, tous les prouffits et émoluments quelconques qui escherront èsdicts bailliages royaulx de Mascon et de Sainct-Gengon, à cause des droits royaulx et de souveraineté appartenants au roy en iceulx bailliages, soient par le moyen de la garde et souveraineté des églises quy sont de fondacion, et des jects, droit et régalle, et aultrement tant confiscation pour quelque cas que ce soit, amendes, exploits de justice, le prouffit et émolument de la monoie, comme aultres prouffits quelconques, pour en joyr par le duc et sondit hoir après luy, durant leurs vies et du survivant d'eulx, tant seulement et par la manière qu'il s'ensuit : c'est assavoir qu'à la nomination du duc et sondict hoir après luy, le roy commectera et ordonnera celuy quy sera bailly de Mascon pour le duc, juge royal et commis de par luy à congnoistre tous ces royaulx et aultres choses procédants des bailliages, pays, lieux et enclavements dessusdicts, aussy avant et tout en la forme et manière qu'ils ont faict et accoustumé de faire par cy-devant les baillifs royaulx de Mascon et de Saint-Gengon, quy ont esté le temps passé ; et lequel bailly de Sainct-Gengon est et sera bailly par ce moyen ; et semblablement seront commis de par le roy, à la nomination du duc et de sondict hoir, tous aultres officiers nécessaires pour l'exercice de ladicte jurisdiction et droits royaulx, tant chastelains, capitaines, prévosts, sergents, comme receveurs et aultres officiers nécessaires, quy exerceront lesdites offices au nom du roy, au prouffit du duc et de son hoir après luy, comme dict est.

« *Item*, et semblablement, de la part du roy, seront transportés et bailliés, audict duc et à son droit hoir apprès luy, tous les prouffits des aydes ; c'est assavoir, les greniers au sel, quatrièmes de vins vendus en détail, impositions de toutes denrées, tailles, fourrages et subvencions quelconques quy ont ou auront cours, et quy sont et seront imposés ès élections de Mascon, Chaslons, Ostun et Lengres, si avant que icelles élections s'étendent ens et partout la duchié de Bourgongne et comté de Charrollois, et ladicte comté de Mascon et tout le pays de Mascongnois, et ès villes et terres quelconques enclavées en icelle comté, duchié et pays ; pour jouyr, de la part du duc et de sondict hoir apprès luy, de toutes ces aydes, tailles et aultres subvencions, et en avoir les prouffits, durant le cours de leur vie et du survivant d'eulx, auquel le duc et son droit hoir après luy appartient la nomination de tous les officiers ad che nécessaires soient esleus clercs, receveurs ou aultres, commissions et institutions, comme dessus.

« *Item*, et aussy sera par le roy transporté et baillié au duc, à tousjours, pour luy et pour ses hoirs, soient masles ou femelles, descendants en directe ligne, en héritage perpétuelle, la cité et comté d'Auxerre, avecque touttes ses appartenances quelconques, tant en justice, domaine, fiefs, arrière-fiefs, patronages d'églises, collacions de bénéfices, comme aultrement, à les tenir du roy et de la couronne de France, en foy et en hommaige et en pairie de France, sous le ressort et souveraineté du roy et de sa court de parlement, sans moyen pareillement, et en telles franchises, droits et prérogatives, comme les aultres pers de France.

« *Item*, et avecques seront transportés et bailliés par le roy, au duc et à celluy de ses hoirs auquel il délaissera, apprès son décès, ladicte comté d'Auxerre, tous les proffits et émoluments quelconques quy escherront en ladicte cité et comté d'Auxerre, et en toutes les villes et terres enclavées en icelle, quy ne sont pas soient à églises ou aultres, à cause des droits royaux en quelque manière que che soit, tant en régalles constitutions, amendes et exploits de justice, le prouffit et émolument de la monnoie, comme aultrement ; pour en jouir, par le duc et son droit hoir après luy, durant leur vie et du survivant d'eulx tant seulement et par la manière dessus déclarée ; c'est assavoir, que à la nominacion du duc et de son hoir apprès luy, le roy commectera et ordonnera celluy quy sera baillif d'Auxerre, pour le duc, juge royal et commis de par luy à congnoistre de tous cas royaulx et aultres choses ès mectes de la comté d'Auxerre et des enclavements d'icelle, aussy avant, et tout par la forme que ont fait et accoustumé de faire par ci-devant les baillifs de Sens, audict lieu d'Auxerre ; et lequel baillif de Sens ne se entremectera aulcunement durant la vie du duc et de sondict fils, son droit hoir, mais en lessera convenir ledict baillif d'Auxerre, quy sera juge commis de par le roy à la nominacion du duc et de son droit hoir, tous aultres officiers nécessaires pour l'exercité de ladicte jurisdiction et droits royaulx en ladicte comté d'Auxerre, tant chastelains, capitaines, prévosts, sergents, comme receveurs et aultres, quy exerceront leurs offices au nom du roy, au prouffit du duc, et de son droit hoir après luy, comme dict est.

« *Item*, et en outre de la part du roy, seront transportés et bailliés au duc, et à son droit hoir après luy, tous les prouffits des aydes ; c'est assavoir des greniers de sel, quatriesmes de vins vendus en détail, impositions de touttes denrées, tailles et aultres aydes et subventions quelconques, quy ont ou auront cours, et quy sont ou seront imposés en ladicte comté et ès villes enclavées, pour en jouyr par le duc, et son droit hoir après luy, et en avoir les prouffits durant leur vie et du survivant tant seulement ; auquel le duc, et à son droit hoir après luy, appartiendra la nominacion de tous les officiers ad che nécessaires, comme dict est.

« *Item*, et aussy seront, par le roy, transportés et bailliés au duc, pour luy et ses hoirs légitimes procréés de son corps, et les hoirs de ses hoirs, soient masles ou femelles, descendants en ligne directe, à tousjours et en héritage perpétuel, les chastel, ville et chastellenie de Bar-sur-Seine, ensemble touttes les appartenances et appendances d'icelle chastellenie, tant en domaine, justice, jurisdiction, fiefs, arrière-fiefs, patronages d'églises, collacion et bénéfices, comme aultres proffits et émoluments quelconques, à les tenir du roy, en foy et hommaige, et en pairie de France, soubs le ressort et souveraineté du roy et de sa court de parlement, sans moyen.

« *Item*, avecques che, appartiendra au duc, et de la partie du roy luy seront bailliés et transportés, pour luy, et pour celluy de sesdicts hoirs auxquels il delaissera, apprès son trespas, ladicte seigneurie de Bar-sur-Seine, tous les proffits des aydes, tant du grenier à sel, se grenier y a accoustumé, quatriesmes de vins vendus à détail, imposicions de touttes denrées, tailles, fouages, aultres aydes et subventions quy ont ou auront cours, sont ou seront imposés en ladicte ville de Bar, et ès villes, villages, subjects, et ressortissants à icelle chastellenie, pour jouyr de la part du duc et de son droit hoir, et en avoir les prouffits par la main des greneliers et receveurs royaulx quy seront ad che commis par le roy à la nominacion du duc, durant la vie de luy et de son droit hoir après luy, et du survivant d'eulx.

« *Item*, et aussi que de la part du roy sera transporté et baillié au duc, pour luy et ses hoirs comtes de Bourgongne, à tousjours et à héritage perpétuel, la garde de l'église de Luxeul, ensemble tous les droits, prouffits, et émoluments quelconques appartenants à ladicte garde, laquelle le roy, comme comte, et à cause de la comté de Champaigne, dit et maintient à luy appartenir, combien que les comtes de Bourgongne prédécesseurs ayent par cy-devant prétendu et querellé au contraire ; disant et maintenant icelle abbaye et église, quy est hors du royaulme et ès metes de la comté de Bourgongne, debvoir estre de leur garde ; et pour che, pour le bien de paix, et pour obvier à tous débats, sera délaissé par le roy, et demourra la garde entièrement au duc, pour luy et pour ses successeurs, comtes de Bourgongne.

« *Item*, aussy seront par le roy transportées et bailliées au duc, pour luy et ses hoirs masles légitimes, procréés de son corps, et descendus en ligne directe, à tousjours en héritage perpétuel, les chastellenies, villes et prévostés foraines de Péronne, Mont-Didier et Roye, avecques touttes les appartenances et appendances quelconques, tant en domaine, justice, jurisdicion, fiefs, arrière-fiefs, patronages d'églises, collacions de bénéfices, comme aultres droits, proffits et émoluments quelconques, à les tenir du roy et de la couronne de France, soubs le ressort et souveraineté du roy et de sa court de parlement, sans moyen.

« *Item*, avecques che, baillera et transportera le roy au duc, et à celluy de ses droits hoirs masles auquel il délaissera, appres son décès, lesdictes villes et chastellenies de Péronne, Mont-Didier et Roye, tous les prouffits et émoluments quelconques quy escherront en icelles villes et chastellenies et prévostés foraines, à cause des droits royaulx, en quelque manière que che soit, tant en régalles, constitucions, amendes et exploits de justice, comme aultrement ; pour en jouyr par le duc et son droit hoir masle apprès luy, durant leur vie et du survivant d'eulx, tant seulement en et par la manière dessus déclairée ; c'est assavoir qu'à la nominacion du duc et de son droit hoir masle après luy, commectera et ordonnera celluy quy sera gouverneur ou baillif desdictes villes et chastellenies, pour mondict seigneur de Bourgongne, juge commis de par luy à congnoistre de tous cas, et aultres choses procédants desdictes villes, chastellenies et prévostés foraines, et ès villes et terres subjectes et ressortissantes à icelles, aussy avant, et par la forme et manière que ont accoustumé de faire par ci-devant les baillifs royaulx de Vermandois et d'Amiens ; et en outre seront commis, se mestier est, par le roy, à la nominacion de mondict seigneur de Bourgongne et de son droit hoir masle, tous aultres officiers nécessaires pour l'exercice de ladicte jurisdicion des droits royaulx.

« *Item*, et semblablement, de la part du roy, seront transportés et bailliés au duc, et à son droit hoir masle après luy, tous les prouffits des aydes ; c'est assavoir du grenier au sel, quatriesme de vins vendus à détail, imposicion de touttes denrées, tailles, fouages, et aultres aydes et subvencions quy ont ou auront cours, et quy sont ou seront imposés èsdictes villes, chastellenies et prévostés foraines, pour en jouyr par le duc, et son droit hoir masle apprès luy, durant le cours de leur vie et du survivant d'eulx ; auquel duc, et son droit hoir masle, appartiendra la nomination de tous les officiers ad ce nécessaires, soient esleus, clercs, etc., et au roy la commission et institution comme dessus.

« *Item*, et en oultre de la part du roy sera délaissié au duc et à celui de ses héritiers auquel, après son décès, il laissera la comté d'Arthois, la composition des aydes audict comté d'Arthois, ressorts et enclavements d'icelles, montant à présent à vingt-quatre mille francs pour un an ou environ, sans ce que le duc et son droit hoir après lui, durant leurs vies, soient abstraints d'en avoir aultre don ou octroy du roy ne de ses successeurs, et nommeront le duc et son droict hoir après lui officiers, compellans, tant esleus, receveurs, sergents, comme aultres ; lesquels ainsi nommés le roy sera tenu de instituer et commettre lesdicts officiers, et leur en fera baillier ses lettres.

« *Item*, et que le roy baillera et transportera au duc pour lui, ses hoirs et oyant cause, à tousjours, touttes les cittés, villes et forteresses, terres et seigneuries appartenantes à la couronne de France sur la rivière de Somme d'ung costé et d'aultre, comme Sainct-Quentin, Corbie, Amiens, Abbeville et aultres, ensemble toutte la comté de Ponthieu, deçà et delà : ladicte rivière de Somme, Dourlens, Saint-Ricquier, Crèvecœur, Arleux, Mortaingne, avec les appartenances et dépendances quelconques, et toutes aultres terres qui peuvent appartenir à ladicte couronne de France, depuis ladicte rivière de Somme inclusivement, en tirant du costé d'Arthois, de Flandres, de Haynault, tant du royaulme que de l'empire, en prenant aussi au regard des villes, séants sur ladicte rivière de Somme, du costé de France, les baillières et eschevinaiges d'icelles villes, pour jouir de par le duc, ses hoirs et oyants-causes, à tousjours desdictes cités, villes, et en tous prouffits et revenus, tant de domaines, d'aides, ordonnances pour la guerre, et aussi tailles et immoluments quelconques, et sans y retenir, de par le roy, fors les foi, hommaige et souveraineté ; et lequel transport et bail se fera par le roy, comme dict est, de la somme de quatre cent mil escus d'or viés[1] de soixante-quatre en marcq de Troyes, huict onces pour le marcq ; et d'alloy,

(1) Vieux.

à vingt-quatre karats ung quart, de remède ou aultre monnoye d'or, courant à la valeur : duquel rachat, de la part de monseigneur de Bourgongne, seront baillées lettres bonnes et souffisantes, par lesquelles il promectra, pour lui et les siens, que touttes et quantes fois il plaira au roy ou aulx siens faire ledict rachat, le duc ou eulx seront tenus, en recevant ladicte somme d'or, de rendre et laissier au roy, aulx siens, touttes lesdictes cités, villes, forteresses et seigneuries comprises en ce présent article, tant seulement, et sera content en oultre, le duc, de recevoir le payement desdicts quatre cent mille escus d'or à deulx fois, c'est assavoir à chascune fois la moitié, pourveu qu'il ne sera tenu de rendre lesdictes cités, villes, etc., jusques ad ce que ledict payement soit accompli, et que il ait receu le derrain denier desdicts quatre cent mil escus, et cependant aura le duc les frais siens de touttes lesdictes cités, villes, forteresses, et sans rien déduire ne rabattre du principal ; et est à entendre que audict transport et bail que fera le roy ne seront point comprins la cité de Tournay, et bailleve dudict Tournay et Tournésis, et Sainct-Amand, ainçois demeureront ès mains du roy, réservé Mortaingne qui y est comprinse, et demourra au duc, ainsi que dessus est dict. Et combien que ladicte cité de Tournay ne doit point estre baillée au duc, ce nonobstant est réservé à iceluy duc l'argent à lui accordé par ceulx de ladicte ville de Tournay, par certain traictié qu'il a avecques eulx, durant jusques à certain temps et années advenir ; et lequel argent lesdicts de Tournay entièrement payeront au duc : et est assavoir que, au regard de tous officiers qui seront nécessaires à mectre et instituer ès cités, villes et forteresses dessusdictes, au regard des domaines, monseigneur de Bourgongne et les siens les y mectront et institueront pleinement à leurs vollentés ; et au regard des droicts royaulx, et aussi des aydes, tailles et aultres, la nomination en appertiendra à monseigneur de Bourgongne et aulx siens, et les institucions et commissions au roy, comme dessus est déclaré en cas semblable.

« *Item*, et pour ce que le duc prétend avoir en la comté de Boulongne sur la mer, laquelle il tient et possède, et pour le bien de paix, icelle comté sera et demourra au duc, et enjoyra à tous prouffits et émolumens par lui et ses enfants masles, procréés de son corps seulement ; et en après sera et demourra icelle comté à iceulx qui droict y ont ou auront ; et sera chargié le roy de contenter et appaisier les parties prétendants avoir droict en icelle, tellement que cependant il n'y demande ne querelle rien, ne en face aulcune poursuicte allencontre du duc et de ses enfants masles.

« *Item*, que les chastel, ville, comté et seigneurie de Gien-sur-Loire, que l'en dict avoir esté donnée et transporté pieça avec la comté d'Estampes et seigneurie de Dourdan, par feu monseigneur le duc de Berry à feu le duc Jehan, père du duc, seront de la part du roy mis et baillés, réalment et de faict, ès mains du duc de Bourbonnois et d'Auvergne, tantost après ledict accord passé, pour le tenir et gouverner l'espace d'un an après ensuivant, et jusques ad ce que durant ledict an, Jehan de Bourgongne, comte d'Estampes, ou le duc pour lui, auront monstrée ou faict monstrer au roy, ou à son conseil, les lettres dudict don, faictes à mondict seigneur de Bourgongne par mondict seigneur duc de Berry ; lesquelles veues, si elles sont trouvées souffisantes et vallables souverainement et de plain, sans procès, nous, duc de Bourbonnois, serons tenus de baillier et délivrer audict comte d'Estampes lesdictes villes, chasteaulx et comté de Gien-sur-Loire, à lui appartenants par le moyen du don, nonobstant quelconques conditions et oppinions d'aultres qui vouldroient prétendre droict en ladicte comté de Gien ; aulxquels, se aulcuns en y a, sera réservé leur droict pour le poursuivyr par voie de justice, quand bon leur semblera, contre ledict comte d'Estampes.

« *Item*, que par le roy sera réservé et payé à monseigneur le comte de Nevers, et audict monseigneur d'Estampes, son frère, la somme de trente-deulx mil huict cents escus d'or, que feu le roy Charles, derrain trespassé, fist, comme l'en dict, prendre en l'église de Rouen, où icelle somme estoit en dépost, comme deniers de mariage, appertenants à feue madame Bonne d'Arthois, mère desdicts seigneurs, en cas que l'en fera directement apparoir que icelle somme ayt esté, et soit allouée en compte, au prouffit dudict feu roy Charles, à payer icelle somme de trente-deulx mil huict cents escus d'or, à tels termes raisonnables qui seront advisés, après le payement faict et accompli au duc de cinquante mil escus ; et au regard des debtes que ledict duc et maintient à lui estre deus par feu le roy Charles, tant à cause de dons et pensions, comme aultrement, montant à bien grants sommes de deniers, son droict tel qu'il a, et doict avoir pour la recongnoissance d'icelles debtes, lui demourra sauf et entier.

« *Item*, le duc ne sera tenu de faire aulcune foy, hommaige, ne service au roy, des terres et seigneuries qu'il tient à présent au royaulme de France, ne d'icelles qui lui pourront escheoir cy-après, par succession audict royaulme ; mais sera et demourra exempt de sa personne, en tout cas, de subjection, hommaiges, ressort, souverainetés, et aultres du roy, durant la vie de lui. Mais après son décès, le duc fera à son fils et successeur en la couronne de France, hommaige de fidélité et service, tel qu'il appartient ; et aussi se le duc alloit de vie à trespas avant le roy, ses héritiers et ayants cause feront au roy lesdicts hommaiges, services, et ainsi qu'il appertiendra.

« *Item*, et pour ce que cy-après le duc, tant ès lettres qui se feront de la paix, comme en aultres lettres et escriptures, et aussy de bouche, recongnoistra, nommera, et polra nommer et recongnoistre là où il appartiendra le roy, souverain seigneur, offrants et consentants lesdicts ambassadeurs du roy que lesdictes nominations et recongnoissances, tant par escript que de bouche, ne portent aulcun préjudice à l'exemption personnelle du duc sa vie durant ; et que icelle exemption demeure en sa vertu, selon la teneur de l'article précédent, et aussi que icelles nominations et recongnoissances ne estendent que aulx terres et seigneuries que iceluy duc tient et tiendra en ce royaulme.

« *Item*, et au regard des féaulx et subjects du duc, des seigneuries qu'il a et tient, et doit avoir par ce présent traictié, et quy luy pourront escheoir par succession au royaulme de France, durant les vies du roy et de luy, ils ne seront point constraints d'eulx avoir au commandement du royaulme de ses officiers, supposé qu'ils tiennent avecques ce du roy aulcunes terres et seigneuries ; mais est content le roy que touttes les fois qu'il plaira au duc mander de ses féaulx et subjects, pour ses guerres, soit ou royaulme ou en dehors, ils soient tenus et constraints de y aller, sans polvoir ne debvoir venir au commandement du roy, se lors il les mandoit ; et pareillement sera faict au regard des serviteurs du duc, quy sont ses familiers et de son hostel, supposé qu'ils ne soient pas ses subjects.

« *Item*, touttefois, s'il advenoit que les Anglois ou aultres, leurs alliés, fassent guerre cy-après au duc et à ses pays subjects, et à l'occasion de ce présent traictié ou aultrement, le roy sera tenu de secourir au duc et à ses pays ou subjects auxquels l'en feroit guerre, soit par mer, soit par terre, à toutte puissance ou aultrement, selon que le cas le requerra, et tout ainsy comme son propre faict.

« *Item*, et que de la part du roy et de ses successeurs roys de France, ne sera faicte, ne promise, ne soufferte faire par les princes et seigneurs dessusdicts, aulcune paix, traictié et accord avec ses adversaires et ceulx de la part d'Angleterre, sans le signifier au duc ou à son héritier principal après luy, et sans leur exprès consentement les y appeller et comprendre, se compris y veullent estre, pourvu que pareillement soit faict de la part du duc et de son héritier principal, au regard et en tant qu'il touche la guerre d'entre France et Angleterre.

« *Item*, que le duc et ses féaulx subjects et aultres, quy par cy-devant ont porté en armes l'ensaingne de mondict seigneur, c'est assavoir la croix Sainct-Andrieu, ne seront pas constraints prendre aultre ensaingne en quelque mandement ou armée qu'ils soient en ce royaulme ne ailleurs dehors, soit en la présence du roy, ou connestable, ou mareschaulx, et soient à ses gaiges souldés ou aultrement.

« *Item*, que le roy fera restituer et dédommagier de leurs pertes raisonnables et aussy de leurs ranchons, ceulx quy furent prins le jour de la mort dudict feu le duc Jehan de Bourgongne, et quy y perdirent leurs vies ou furent grandement ranchonnés.

« *Item*, que au surplus abolicion générale soit faicte, tous cas advenus et choses dictes, passées et faictes à l'occasion des divisions de ce royaulme, excepté ceulx quy perpétrèrent ledict maulvais cas ou furent consentants de la mort dudict feu monseigneur le duc Jehan de Bourgongne, lesquels seront et demourront hors de tous traictiés, et que au surplus chascun costé et d'aultre retourne au sien ; c'est assavoir les gens d'église à leurs églises et bénéfices, et séculiers à leurs terres, rentes, héritaiges, possessions et biens immeubles en l'estat qu'ils seront, réservé au regard des terres et seigneuries estants en la comté de Bourgongne, lesquelles le duc et feu monseigneur son père ont eues, ou retenues, ou ont donné à aultruy comme confisquées à eulx, ad cause des guerres et divisions, lesquelles seront et demourront, nonobstant ladicte abolicion et accord, à ceulx quy les tiennent et possèdent ; mais partout ailleurs, chascun reviendra à ses terres et héritages, comme dict est, sans ce que pour démolicions, empirements, gardes des places ou réparations quelconques, on puist rien demander l'ung à l'aultre ; et sera chascun tenu quicte des charges et rentes escheues du temps qu'il n'aura joy de ses terres et héritages ; mais au regard des meubles prins d'un costé et d'aultre, jamais n'en pourra estre aucune querelle d'ung costé ne d'aultre.

« *Item*, et par ce présent traictié soient estaintes et abollies toutes injures et rancunes, tant de paroles et de faict comme aultrement, advenues cy-devant à l'occasion des divisions, et tant d'une part comme d'aultre, sans ce que nul en puist aulcune chose demander ou faire question, ne reprochier ou donner blasme pour avoir tenu aulcun party, et que ceux quy diront ou feront le contraire soient pugnis comme transgresseurs de paix, selon la qualité du meffait.

« *Item*, en ce présent traictié seront compris, expressément de la part du duc, toutes les gens d'église, nobles, bonnes villes et aultres de quelque estat qu'ils soient, quy ont tenu ou party de feu mondict seigneur son père, et joyront des bénéfices de ce présent traictié, tant au regard de l'abolicion que de recouvrer et avoir leurs héritages et biens immeubles à eulx empeschiés, tant au royaulme comme en Daulphiné, à l'occasion desdictes divisions, pourvu qu'ils accepteront ce présent traictié et en voudront joyr.

« *Item*, et renoncera le roy à l'alliance qu'il a faicte à l'empereur contre le duc, et à toutes aultres alliances par luy faictes avec quelconques aultres princes ou seigneurs quy soient allencontre du duc, pourvu que le duc le fasse pareillement ; et sera tenu et promectera en oultre, le roy au duc, de le soutenir et aidier allencontre de tous ceulx quy le vouldroient grever ou luy faire dommaige par voie de guerre ou aultrement.

« *Item*, et consentira le roy, et de ce baillera ses lettres, que s'il advenoit que cy-après de sa part fut enfraint le présent traictié, ses vassaulx, subjets et serviteurs, présents et advenir, ne soient plus tenus de l'obéir et servir, mais seront tenus dès lors de servir le duc et ses successeurs allencontre de luy, et que audit cas tous sesdits féaulx, vassaulx et subjects soient absous et quictes de tous serments de fidélité et aultres, et de toutes promesses et obligations de service en quoy ils pourroient estre tenus par avant envers le roy, sans ce que pour le temps advenir il leur puist estre imputé pour charge ou reproche, ny que l'on leur puist rien demander ; et que pour lors et dès maintenant le roy leur commande de ainsy le faire, et les quicte et décharge de toutes obligations et serments au cas dessusdict, et que pareillement soit faict et consenti du costé du duc, au regard de ses vassaulx, féaulx, subjects et serviteurs.

« *Item*, et seront, de la part du roy, faictes les promesses, obligations et submissions touchant l'entérinement de ce présent traictié ès mains de monseigneur le cardinal de Saincte-Croix, légat de notre sainct-père le pape, de monseigneur le cardinal de Cippre et aultres ambassadeurs du sainct concille de Basle, le plus ample que l'on pourra adviser, et sur les peines d'excommuniement, aggravation et réaggravation, interdit en ses terres et seigneuries, et aultrement, le plus avant que la censure de l'église se pourra extendre en ceste partie, selon la puissance que en ont mesdits seigneurs les cardinaulx de notre sainct-père le pape et du concile, pourvu que pareillement soit faicte du costé du duc.

« *Item*, avecques ce, fera le roy baillier au duc avecques son scellé, les scellés des princes et seigneurs de son sang et de son obéissance, comme du duc d'Angoulesme, Charles son frère, du duc de Bourbon, du comte de Richemont, le comte de Vendosme, le comte de Foix, le comte d'Erminacq et aultres que l'on advisera, èsquels scellés desdits princes sera incorporé le scellé du roy ; et promecteront de entretenir de leur part le contenu dudict scellé, et s'il estoit enfraint de la partie du roy, de en ce cas estre aydant et confortant au duc et les siens allencontre du roy; et pareillement sera faict du costé du duc.

« *Item*, et que pareillement, le roy fera baillier semblables scellés des gens d'église, des aultres nobles et des bonnes villes de ce royaulme et de son obéissance; c'est assavoir ceux desdictes gens d'église, nobles et bonnes villes que le roy voudra nommer, avecques seureté de paines corporelles et pécunielles, et aultres seuretés que messeigneurs les cardinaulx et prélats adviseront y appartenir.

« *Item*, et s'il advenoit cy-après qu'il y eut aulcune faute ou obmission en l'accomplissement d'aulcuns des aultres dessusdicts, ou aulcune infraction ou attemptat faicts contre le contenu desdicts articles, d'une part et d'aultre, et nonobstant ceste présente paix, traictié et accord seront et demourront vallables et en leur plaine force, vertu ou vigueur, et ne sera pourtant icelle paix réputée, cassée ne annullée; mais les attemptats seront réputés, et les malfaicts contre icelle paix amendés, et aussy les défaultes et obmissions accomplies et exécutées duement, tant seulement que dessus est escript, et ad ce constraints ceulx qu'il appartiendra par la forme et sur les peines dictes.

« *Item*, ayant esté de rechief très instamment exhortés, requis et sommés par lesdicts cardinaulx et ambassadeurs du sainct concille, de vouloir entendre et de nous incliner et condescendre, moyennant les offres dessusdictes quy leur sembloient estre raisonnables, ne les polvions ne debvions de raison refuser ainsy qu'ils nous ont dit, à paix et réunion avec mondict seigneur le roy, en nous disant et remonstrant en oultre que ainsy le debvions faire selon Dieu, raison et tout honneur, nonobstant les serments, promesses et alliances piéçà faites entre feu notre très chier seigneur le roy d'Angleterre derrain trépassé, et nous, pour pluiseurs grands causes et raisons à nous remonstrées et alléguées par lesdicts cardinaulx et aultres ambassadeurs de par notre sainct-père et le concille; nous, pour révérence de Dieu, principalement pour la pitié et compassion que nous avons du povre peuple de ce royaulme, quy tant a souffert en tous estats, et aux requestes, prières et sommations à nous faites par lesdicts cardinaulx, que nous tenons et réputons pour commandement, comme prince catholique et obéissant fils de l'Eglise, eu sur ce grand avis et mesme délibéracion de conseil en grand nombre avec pluiseurs grands seigneurs de notre sang et lignaige et aultres nos féaulx et vassaulx, subjects et gens de conseil en grand nombre, ayant pour nous et nos successeurs, féaulx, vassaulx et adhérants en ceste partie, fait et faisons bonne, léalle, ferme, seure et entière paix et réunion avec mondict seigneur le roy et ses successeurs, moyennant les offres et aultres choses cy-dessus escriptes, quy de la part de monseigneur le roy et ses successeurs nous doivent estre faictes et accomplies; et lesquelles offres, de nostre part et en tant qu'il nous touche, avons agréables et les acceptons. Et dès maintenant consentons et faisons les renonciations, promesses, submissions et aultres choses dessus déclairées, quy sont à faire de nostre part, et recongnoissons mondict seigneur, le roy Charles, nostre souverain seigneur, au regard des terres et seigneuries que avons en ce royaulme, promettant pour nous, nos hoirs et successeurs, par la foy et serment de nostre foy et corps, en parolle de prince, sur nostre honneur et obligation de tous nos biens présents et advenir quelconques, ladicte paix et réunion, et toutes et singulières choses cy-dessus transcriptes, tenir, garder, entretenir et accomplir de nostre part, et en tant que touchier nous peult, inviolablement et à tousjours de point en point, tant par la forme et manière dessus escriptes, sans faire ou venir, ou souffrir faire ou venir au contraire couvertement et en appert ne aultrement en quelque manière que ce soit; et pour les choses dessusdites et chascune d'icelles tenir, entretenir et accomplir, nous submettons à la coercion, conclusion et constrainte de nostre sainct-père le pape, du sainct concille et desdicts cardinaulx, légats et aultres ambassadeurs du concille, et à touttes cours tant d'église comme séculiers, voulant et octroyant par icelles et chascun d'icelles estre constraints et complis par la censure de l'Église, tant et sy avant qu'il semblera expédient auxdicts cardinaulx et légats, ou cas que faulte auroit de ma part ès choses avant dites ou aulcunes d'icelles, renunchant à toutes allégations et exceptions, tant de droit que de faict, que pourrions dire ou allégier au contraire, et en espécial au droit, disant que générale renunciation ne vault, se l'espécial ne procède et tout sans fraulde, baras ou mal-engein. Et afin que ce soit ferme chose et estable à tousjours, nous avons fait mectre notre scel, en nostre ville d'Arras, le vingt-unième jour de septembre, l'an de grasce 1435. »

CHAPITRE CLXXXVI.

Des offres que le duc Philippe de Bourgongne fist faire au roy d'Angleterre, de la part du roy de France, pour trouver la paix des deux royaulmes, quy ne furent ni agréables ni receues audict roy d'Angleterre.

En icelluy mois de septembre, l'an dessusdict, le duc, pour le désir qu'il avoit à la paix générale d'entre France et Angleterre, pratiqua envers les ambassadeurs du roy, dessus nommés, ladicte paix et traictié des deulx royaulmes dessusdicts. Et pour parvenir à icelle, furent advisées certaines et grandes offres qui se feroient, de par le roy, au roy d'Angleterre ; et, ad ce faire et pratiquier, y furent messeigneurs les cardinaulx de Saincte-Croix et de Cyppre ; et par ung notable clercq de l'ordre des frères prescheurs, rescripvirent messeigneurs les cardinaux audict roy d'Angleterre ; et le duc y envoya, par moi Thoison-d'Or, les offres grandes et honnourables que le roy faisoit au roy d'Angleterre, lesquelles offres seront cy-après déclairées ; c'est assavoir que le roy offroit au roy d'Angleterre, moyennant qu'il renonchast à la succession, tiltre et demande qu'il faisoit à la couronne de France, la duchié de Normandie tout entièrement, saulf et réservé l'hommaige ; la duchié de Guyenne, ce de quoi ils possessoient ; et tout ce qu'ils tenoient en Picardie d'anchienne conqueste. Et pour lors le roy se vouloit obligier à ce traictié faire ; et pour che que le roy d'Angleterre n'avoit que quatorze ans, et que la coustume d'Angleterre est telle que il faut que ung enfant masle ait vingt et ung ans ains qu'il soit tenu pour eagié ; or, il y a de quatorze jusques à vingt-un ans, sept ans ; cedict temps, le roi d'Angleterre ne seroit point obligié ; mais quand il seroit en eage, et ledict traictié de paix et offres dessusdictes lui plaisoient, et estoit content de ratifier ledict traictié de paix ; et il lui plaisoit, pour plus grande amour et alliance, avoir et prendre madame Arragonne, fille aisnée du roy, à mariage, le roy lui donneroit ; et au cas que iceulx traictiés et offres ne voldroit prendre, il pourroit revenir à toutes ses premières demandes et querelles. Et pour ce qu'il sembloit à pluisieurs notables seigneurs du conseil, que attendu que le roy d'Angleterre avoit esté couronné de nouvel à Paris roy de France, que de prime face ne vouldroit point de sitost devenir homme du roy, me fut commandé à moi, Thoison-d'Or, de dire au roy d'Angleterre ou à son conseil, que durant la vie du roy d'Angleterre il ne seroit point tenu de relever la duchié de Normandie ne aultres tenues du roy ; et pourroit estre ordonné, s'il lui plaisoit, que son premier fils ou les fils aisnés de ses successeurs seroient nommés ducs de Normandie ; et seroient doresnavant les lettres des fils aisnés des roys d'Angleterre ; et durant la vie de leurs pères, roy d'Angleterre, releveroient ladicte duchié du roy ; et par ainsi, le roy d'Angleterre ne releveroit pas du roy. Toutes lesquelles offres furent par moi, Thoison-d'Or, portées en Angleterre ; lesquelles ne furent point acceptées, et mal prendrent en gré mon allée ; et me fut respondu, par le chancellier d'Angleterre, les paroles qui s'ensuivent : « Thoison-d'Or, le roy d'Angleterre et « de France, mon souverain seigneur, a veu « les lettres et offres que vous lui avez apportées, lesquelles lui ont moult despleu, et non « sans cause ; pour lesquelles choses il a assemblé ceux de son sang et lignaige, pour y « avoir advis, et vous en polvez bien retourner « delà la mer. » Et aultre response je n'eus ; et toutteffois le duc avoit escript lettres closes au roy, et assez gracieuses, par lesquelles il lui signifioit que ce nonobstant qu'il eust fait paix au roy, et que ait pardonné la mort et intérest de feu monseigneur son père, toutteffois il n'entendoit point de avoir guerre à lui ne à ses voisins, mais se vouloit employer de tout son polvoir au bien de la paix générale ; et pour icelle avoit obtenu du roy les offres dont dessus est faicte mencion, lesquelles offres lui sembloient dignes d'estre acceptées. Et quant au notable religieux envoyé par messeigneurs les cardinaulx, ambassadeurs dessusdicts, devers le roy d'Angleterre, fut la response toute telle que celle de bouche me fut dict ; et aultre response ne firent lesdicts Anglois. Les ambassadeurs de France s'en retournèrent moult liement, et leur feit le duc de grands dons, tant en or, argent, vaisselle, comme aultres choses ; et pareillement le feit à la pluspart des grands seigneurs qui là estoient ambassadeurs ; et ne demoura gaires, après ce que lesdicts ambassadeurs furent arrivés devers le roy en la ville de Chinon, que la royne accoucha d'un beau fils auquel le roy feit donner le nom comme le duc ; et furent les premières lettres que le roy escripvit oncques au duc.

CHAPITRE CLXXXVII.

Comment le roy de France jura la paix d'Arras solempnellement, et la fist aussy jurer aux grands seigneurs quy estoient entour luy ; et comment le mariage de madame Catherine, deuxième fille du roy, fut traictié avecques le comte de Charrollois.

Ne demoura gaires, appres que les ambassadeurs du roy furent partis de la ville d'Arras, que le duc envoya son ambassade, c'est assavoir messire Jehan de Croy, le seigneur de Harsy, le seigneur de Crèvecœur, et aultres, lesquels avoient charge de requérir au roy de faire le serment de la paix, et jurer tous les articles de ladicte paix de poinct en poinct, et avecques ce, que le roy fist jurer tous les princes de son sang qui là furent, et aultres grants seigneurs qui là estoient. Le roy recheupt grandement et honnourablement ladicte ambassade, et ordonna jour et heure où ils jurèrent ladicte paix, laquelle chose fist solempnellement ; et si le fist jurer à messire Charles d'Anjou, et à tous les aultres grants seigneurs qui entour lui estoient ; lesquels, tous jurèrent, excepté le bastard d'Orléans, qui ne le voult jurer, et s'excusa, disant que le duc d'Orléans et le duc d'Angoulesme, son frère, estoient en Angleterre ; et que, sans le commandement et les congiés et licences d'eulx, ne vouldroit rien faire de ladicte paix. Sy fust le roy moult joyeulx, et bien le debvoit estre, car ce fust le plus grant bien que lui advinst oncques ; et, par icelle, recouvra tout son royaulme, et se trouva au-dessus de ses ennemis, craint et doubté de ses voisins ; et en telle renommée et gloire régna jusques à la mort ; et qu'il soit vray que depuis trois cents ans n'eust roy en France quy mieulx se gouverna que luy. Et pour revenir à parler desdicts ambassadeurs du duc, le roy leur fist grant chière et honneur, et leur donna de grants dons ; et là se traicta le mariage de madame Katerine, seconde fille du roy, et du comte de Charrollois,

seul fils et héritier du duc, en la forme et manière que cy-après sera dict.

CHAPITRE CLXXXVIII.

La coppie des lettres que le roy escripvit au duc de Bourgongne.

« Très chier et très amé cousin, pour ce que bien savons que très grant plaisir prenez à oyr nouvelles de nous et de nostre Estat, vous signifions que, grace à nostre Seigneur, nous sommes en très bonne santé et disposition de nostre personne, et que pareillement désirons estre et savoir de vous et de vostre estat, duquel, et de vos nouvelles, nous veuillez souvent rescripre et acertener ; car d'en oyr en bien nous sera très grant resjouissement et plaisir ; et comme autrefois, vous avons rescript que par vos gens et ambassadeurs retournés devers vous, vous avez peu savoir comment nous avons esté très contens et très parfaictement joyeulx, quand par la révélation de beau-cousin de Bourbon, de Richemmont et de Vendosme, de nostre amé et féal chancellier, de nostre cousin Christofle de Harcourt, et d'aultres, nos gens, qui ont esté à Arras, devers vous, avons esté acertenez plainement du bon et finable appoinctement pris et formé avecques vous, touchant la bonne amour, paix et union d'entre nous et vous, qui estoit la chose en ce monde que tousjours avons plus pourquise et désirée, espérant fermement que tout bien s'en ensieuvra à la gloire et louange de nostre Seigneur, et à la bonne prospérité de touttes nos affaires et les vostres, et mesme de toutte la chose publicque de nostre royaulme, et semblablement de toutes vos seigneuries. Et ad ce que tout le monde puist mieulx congnoistre et percevoir que de vray intérest avons accepté, voullons et désirons icelle paix inviolablement entretenir, et, en tant que polroit estre possible, augmenter et accroistre la proximité et affinité d'entre nous et vous de nostre propre mouvement, après ce qu'il a plu à nostre Créateur délivrer aujourd'hui nostre très chiere et très amée compagne, de ung beau fils à la santé d'elle et de l'enfant, nous avons, nonobstant vostre absence, esleu et nommé, par affection cordiale, pour estre nostre compère, et pour donner vostre nom à nostredict fils, et le avons faict tenir de par vous, sur les saincts fonts de baptesme, par nostre cousin de Bourbon, vostre frère, et par beaufrère, Charles d'Anjou; lesquels, en représentant vostre personne, lui ont donné vostre nom; et pour la confiance que nous avons que doyez estre joyeulx de la nativité de nostredict fils, et de ce que, comme dict est, lui avons faict donner et porter vostredict nom, le vous rescripvons et faisons savoir par cestuy propre message, que pour ce envoyons devers vous, vous priant que, en ayant considération à vostre bonne intention, veuilliez avoir agréable ce que faict en avons, et réputer nostredict fils pour vostre filleul, comme se en propre personne le eussiez levé et tenu sur les saincts fonts; car Dieu scet qu'en toutte bonne amour et intention l'avons ainsi faict, et mesme pour tousjours mieulx accroistre et continuer amour entre nous et vous, nostre lignée et la vostre. En oultre, vous prions bien que la personne et bonne délivrance de nostre beau-frère, le roy de Sézille, dont autrefois vous avons bien espécialement escript, vueilliez, pour l'amour de nous, avoir en bonne mémoire et recommandation, et tellement que selon que nostre fiance y est, que briefs s'en doive percevoir de nostre intercession, car tout le plaisir bien et courtoisie que lui ferez, réputons à nous estre faict semblablement. Et vous prions d'avoir la personne, estat et bon droict de nostre cousin, l'évesque de Tournay, pour singulièrement recommandé, et que soyez content de lui, et qu'il demeure paisible en son éveschié, selon ce que autrefois vous avons requis et rescript, sans lui donner sur ce aulcune vexation, et vous nous ferez très agréable plaisir. Au surplus, de nos nouvelles qui, de par la grace de Dieu, sont depuis ladicte paix prospérées, et de jour en jour prospèrent de bien en mieulx, que désormais plus encore feront par vostre bon aide et moyen, vous en polrez estre en brief informés pleinement, par vos aultres gens qui encoires sont ici, et qui dedans briefs jours doibvent partir pour retourner par-devers vous. Pour che, de ceste heure plus avant ne vous rescripvons.

« Donné à Chinon, le quatriesme jour de février; et ainsi signé, CHARLES.

« Et plus bas, *Picquart.* »

CHAPITRE CLXXXIX.

La coppie de la response que le duc de Bourgongne fist aux lettres du roy.

« Mon très redoubté seigneur, je me recommande à vous, tant et si humblement que je puis; et vous plaise sçavoir, mon très redoubté seigneur, que j'ai receu vos gracieuses et bénignes lettres, qu'il vous a pleu moi envoyer; par lesquelles, de vostre humilité, m'avez signifié le bon effect et disposition de vostre personne, et comment par mes gens et ambassadeurs qui ont esté devers vous j'ai peu savoir que vous avez esté content et parfaictement joyeulx, quand par la relation de beau-frère de Bourbon et Richemont, beau-cousin de Vendosme, et d'aultres, vos gens, qui ont esté devers moi à Arras, avez esté content plainement du bon final appointcement, prins et fermé avec moi, touchant la bonne paix et union d'entre vous et moi, qui est la chose en ce monde, que tousjours avez pourquise et désirée, afin de inviolablement entretenir, et, en tant qu'il polroit estre possible, augmenter et accroistre la proximité et affinité d'entre vous et moi de vostre propre mouvement. Apprès ce qu'il a pleu à nostre Créateur délivrer madame la royne, vostre compagne, d'ung beau fils à la santé d'elle et de l'enfant, nonobstant mon absence m'avez esleu et nommé par affection cordiale pour estre vostre compère, et pour donner mon nom à monseigneur vostre filz, et l'avez faict tenir de par moi sur les saincts fonts de baptesme, par ledict frère de Bourbon, et par beau-cousin Charles d'Anjou; lesquels, en représentant ma personne, lui ont donné mon nom; et pour la confiance que avez que doye estre joyeulx de la nativité de monseigneur vostre fils, et de ce que lui faictes donner mon nom. Le m'avez escript et faict savoir par cestuy propre message, que pour ceste cause avez envoyé devers moi, afin que, en ayant considération à vostre bonne intention, veuille avoir agréable ce que faict en avez et réputer vostredict fils pour mon filloel, comme se en personne l'eusse levé et tenu sur lesdicts saincts fonts de baptesme. Si vous plaise savoir, mon très redoubté seigneur, que de votre bon estat et disposition, et aussy de la délivrance de madicte dame votre compaigne, j'ay esté et suis, comme raison est, tant parfaitement joyeulx, qu'en ce monde plus ne pourroye, priant nostre Seigneur Jésus-Christ que par sa miséricorde veuille à vous, à madame et à vostre noble lignée, donner telle et sy bonne prospérité que par moy-mesme le vouldroye et pourroye mieulx souhaidier. Et puisque vostre humilité desire de mon estat estre acertené, il est vray, mon très redoubté seigneur, que je, ma très chière et très amée compaigne, et mon fils de Charrollois, estions en bonne santé de nos personnes, graces à Dieu le tout-puissant, quy semblable nous veuille tout temps envoyer; et vous remerchie, mon très redoubté seigneur, tant humblement et cordialement que faire le puis, de la très singulière amour et affection que de vostre grand' bonté m'avez monstrée, en me avoir en mon absence, de vostre mouvement, éleu pour estre parin de mondict seigneur vostre fils et luy donner mon nom; car plus grand honneur ne me pourroit estre faict; et certainement je l'ay plus agréable et à greigneur plaisir que dire ne pourroye; pourquoy je cognois véritablement, que se le cas se polvoit offrir plus grand, que plus volontiers le eussiez fait et feriez, à la contemplation de ladicte paix et union; laquelle, comme Dieu sait, je suis, très parfaitement et sur touttes choses, desirant de l'entretenement par moy et les miens garder et entretenir; car par le moyen d'icelle, le peuple et chose publique de vostre royaulme et des pays voisins sera au bon plaisir de Dieu delivré de la très angoisseuse et pitoyable persécution où long-temps ils ont esté; à laquelle paix et union, quant à mon honneur l'ay peu bonnement faire, j'ay esté très enclin, disposé et volontaire; et oncques sy grand' joie ne me advint que quand j'ay peu veoyr le temps qu'elle a esté reformée; dont je loue le hault roy des roys, quy est auteur de vraie paix. Mon très redoubté seigneur, sur ce qu'il vous a pleu moy rescripre touchant beau cousin le roy de Secille, j'ay entendu qu'il doit briefment envoyer de ses gens devers moy, lesquels venus et oys, je feray en son faict; pour l'honneur et révérence de vous, ce que bonnement me sera possible de faire. Et au regard de messire Jehan de Harcourt, dont vos lettres font mention, je vous en ay par deulx fois fait savoir mon intention et les causes quy ad ce me meuvent; parquoy, mon très redoubté seigneur, je vous supplie très instamment qu'il vous plaise escripre à nostre sainct-père le pape qu'il veuille translater ledict messire Jehan aultre part, et avoir mon amé et féal conseiller l'archidiacre, chief de mon conseil en l'absence de mon chancellier, pour singulièrement recommandé, en manière que sa promotion, que je ay desirée, puist briefment sortir son effect, et vous me ferez très parfaicte amour et plaisir, etc. »

CHAPITRE CXC.

De la cinquième feste et chapitre de la Thoison-d'Or qui fut tenue à Bruxelles.

Le cinquiesme chappitre, feste et solempnité de la devant dicte ordre de la Thoison-d'Or, fut tenue à Bruxelles, à la Sainct-Andrieu, audict an mil quatre cents trente-cinq. A laquelle feste furent en personne avec le duc, souverain dudict ordre, les seigneurs cy-après nommés: premier, le seigneur de Roubaix, messire Hue de Lannoy, le comte de Ligny, le seigneur de Croy, messire Jacques de Brimeu, le comte de Meurs, le seigneur d'Anthoing, le comte de Charrollois, messire Rolant d'Utekercque, messire David de Brimeu, le seigneur de Commines, messire Guilbert de Lannoy, le seigneur de Ternant, le seigneur de Créquy, le seigneur de l'Ille-Adam, messire Florimont de Brimeu, messire Bauduin de Lannoy, messire Simon de Lalaing, le seigneur de Crèvecœur, le bastard de Sainct-Pol, le comte de Vernembourg. S'ensuivent ceulx quy comparurent par procureurs: les seigneurs de Sainct-Georges, messire Antoine de Vergy, le seigneur de Jonvelle, le seigneur de Charny, messire Jehan de Croy, messire Jehan de Vergy, messire Baudon de Noyelle, messire Guy de Pontailler, le seigneur de Neufchastel. Au temps d'icelle solempnité et chappitre, n'avoit nul des chevaliers d'iceluy ordre allé de vie à trespas. Si commencèrent en chappitre à procéder aulx corrections et requestes, lesquelles durèrent par l'espasse de quatre jours, car il y avoit de grands et pesantes matières et requestes quy pour lors furent bailliés.

CHAPITRE CXCI.

De la proposition que le souverain baillif de Flandres fist par le commandement et en présence du duc de Bourgongne, comte de Flandres, et aux doyens jurés et mestre de bourgeoisie de la ville de Gand; et la response faicte sur icelle.

Le lundy huitiesme jour de mars, l'an dessusdict, en la présence des eschevins des deulx bans ensemble, les deulx doyens et tous les aultres doyens et jurés, et les membres de bourgeoisie, dedans la ville de Gand, fut pronunchié par la bouche du souverain baillif de Flandres, à commandement du duc, ce quy s'ensuit. Quand le duc fut assis en sa chaière, et qu'il donna congié et commandement audict souverain de dire sa parole, il commença et dist : « Vous, seigneurs généralement, nostre
« très redoubté seigneur et prince vous fait
« dire par moy, à vous tous, bon jour, et vous
« remercie de ce qu'il vous trouve en sy notta-
« ble nombre. Nostre très redoubté seigneur et
« prince naturel, que vous véez ichy devant
« vous en présence, est cy venu d'encosté
« vous, pour une chose quy moult luy touche
« au cœur, et plus que nulle aultre qu'il eust
« oneques à faire, laquelle il m'a commandé de
« vous dire, que se vous vueilliez mieulx pren-
« dre en gré que je ne vous sauroie dire, car je
« ne suis pas aprins à parler espécialement et
« de si hault matière, je vous diray, sous la
« correction de sa révérente princeté, vous
« seigneurs generalement, que nostre très re-
« doubté seigneur a intention que vous ayez en
« bonne retenue et retentive la journée quy a
« esté à Arras, touchant la paix quy fut fermée
« entre le roy de France, nostre souverain sei-
« gneur, et luy; à laquelle paix le avoient meu
« deulx principales causes, la première, très
« miserable povreté et destruction, quy long-
« temps avoient regné dedans la couronne de
« France, comme il avoit veu par expérience,
« descendant de son pays de Bourgongne, et
« venant en son pays de Flandres, que les che-
« vaulx quy en sa compaignie venoient, mou-
« roient, que les povres gens mangeoient et se
« combattoient pour avoir la char, laquelle
« chose luy estoit grevable à véoir, et l'advisa
« en grand' compassion, avec tant d'aultres
« diverses maleurtés et chetivetés quy ré-
« gnoient au royaume de France, qui estoient
« innumérables à dire. L'aultre point estoit la
« remembrance qu'il avoit eue du pape Martin
« de saincte mémoire, pluiseurs fois et par di-
« vers temps, parquoy il estoit semons, au nom
« de Dieu, de s'employer à paix et d'avoir com-
« passion sur la couronne de France, pareille-
« ment de notre sainct-père le pape Eugennes,
« quy à présent est, et semblablement du sainct
« concille, de cardinaulx, d'archevesques et
« aultres sainctes gens. Mon très redoubté sei-
« gneur, meu de pitié, et doubtant le péril de
« Dieu, s'est appliqué à paix et a fait mectre
« une journée en sa ville d'Arras, où il estoit
« escript au roy d'Angleterre, et à aultres sei-
« gneurs et princes de son sang qu'ils y en-
« voyassent leurs ambassadeurs; car mon très
« redoubté seigneur se vouloit pener de faire
« une paix générale. A laquelle journée fut en-
« voyé le cardinal de Saincte-Croix par nostre
« sainct-père le pape, le cardinal de Cippre de
« par le sainct concille, et aultres évesques et
« prélats en grand nombre. Et avoit mon très
« redoubté seigneur, tant fait que aulx Anglois
« fut consenti l'ung tiers et meilleur tiers de la
« couronne de France, ce qu'ils ne vouldrent
« point accepter; et se excusèrent sur le josne
« temps et eage du roy d'Angleterre ; sur quoy
« leur fut consenti le temps de sept ans, en la
« fin duquel sept ans, il pourroit estre à son
« choix de accepter ladicte paix ou de estre en
« tel estat que il estoit ad ce jour, laquelle chose
« ne vouldrent accepter; ains se partirent les
« ambassadeurs d'Angleterre de la ville d'Ar-
« ras, sans rien vouloir emprendre aulcune
« charge ne prendre charge de reporter aul-
« cune chose. Mon très redoubté seigneur ce
« considérant, et par la diligence quy luy fut
« faict de par lesdicts cardinaulx, accepta ladicte
« paix particulière; et pour soy mectre en son
« devoir, fit aulxdicts Anglois avoir trois mois
« de jour, dedans lesquels ils pouvoient estre
« comportés à ladicte paix, s'il leur eust plu; et
« pour ce que mon très redoubté seigneur se
« voult mieulx mectre en son debvoir, lesdicts
« cardinaulx ont envoyé de par eulx nottables
« docteurs pour sommer le roy d'Angleterre
« qu'il voulsist accepter ceste paix; et sembla-
« blement y envoya mon très redoubté sei-
« gneur le roy d'armes de la Thoison-d'Or.
« Aulxquels ambassadeurs ne roy d'armes ne
« fut baillée aulcune réponse; mais fut mis

« ledict roy d'armes en une chambre fermée ; et
« luy furent dictes plusieurs rudes parolles ; et
« fut menacié d'estre noyé ; et aussy dirent
« plusieurs parolles touchant la personne et
« princeté de mon très redoubté seigneur, com-
« bien que telles personnes sont accoustumées
« d'aller franchement en toutes places, et aussy
« que nostre très redoubté seigneur peult sen-
« tir qu'ils ont intention de tourner tout le
« courroux sur luy et ses pays, comme il peut
« apparoir, et que mondict seigneur est plus à
« plain informé, et que ils ont envoyé devers
« l'empereur, l'archevesque de Coulongne, l'é-
« vesque de Liége, le duc de Gueldres, le duc
« de Mons, le comte de Meurs et le comte de
« Nevers, afin qu'ils volsissent estre ennemis à
« nostre très redoubté seigneur et prince. Sem-
« blablement peut apparoir leur mauvaise in-
« tention, car ils ont rescript aulx villes de
« Hollande et Zellande pour les injurer ; et que
« à mon très redoubté seigneur ils ne feissent
« assistance nulle, eulx offrant partout grands
« sommes de deniers. Lesquelles lettres les
« bonnes villes de Hollande ont envoyé à mon
« très redoubté seigneur, luy priant que sur ce
« il voulsist faire telle response qu'il luy plai-
« roit, fust à venir a paix ou à guerre. Pareil-
« lement peut apparoir leur mauvaise volonté ;
« car en Angleterre, depuis la paix d'Arras, ils
« ont occis certain nombre de Flamands et
« noyés ; et aussy ont pris sur la mer certain
« nombre de vaissaulx quy avoient charge et
« avoir de Portingal et des Flamands. Au Por-
« tingal alors rendirent leur avoir, et retinrent
« l'avoir des Flamands, disant que à mon très
« redoubté seigneur ils feroient guerre de feu et
« de sang. Aussy s'en sont-ils mis en peine de
« prendre par traison sa ville d'Ardres, dont les
« malfaicteurs qui le debvoient avoir livré sont
« ès mains de nostre très redoubté seigneur. Et
« combien que mon très redoubté seigneur
« avoit intencion de vivre à paix, et ses pays
« tenir en bonne justice, ce ne luy peult adve-
« nir, dont il luy desplait ; et, puisque il se
« veult deffendre, luy semble que en nulle ma-
« nière il ne se peult mieux deffendre que ac-
« querre son paternel patrimoine et héritaige,
« quy est la ville de Calais, et laquelle est per-
« pétuelle marge de ses pays de Flandres et
« d'Artois ; pour laquelle ville de Calais son
« pays de Flandres prend innumérable dom-

« mage et perte ; et a advisé que son pays de
« Flandres est fondé sur la drapperie, et que la
« laine d'Angleterre est mise si hault que les
« marchants ne peuvent prouffiter ; et, plus
« estre, il faut payer ung tiers de buillon, et
« bailler deulx phlorins pour ung noble ; par
« lesquelles institucions et ordonnances la
« monnoye de nostre très redoubté seigneur
« seroit en voie de aller néant, et son pays
« estre sans gaignaige ; et aussy trouvoit mon
« très redoubté seigneur que la laine d'Es-
« paigne et d'Escoche se commençoient à ré-
« gler selon l'Englesse, et que l'en acceptoit
« lesdictes laines autant que l'en soulloit[1]
« faire les Englesses. Mon très redoubté sei-
« gneur advisant que son peuple croissoit,
« et marchandise et gaignage diminuoient
« en son pays, et que bonnement n'y pou-
« voient demourer en estat, et aussy con-
« sidérant la mauvaise intencion des Anglois,
« voulloit faire, comme bon droicturier sei-
« gneur et prince, et comme bon pasteur, et
« voulloit oster le loup hors des brebis ; et
« estoient son intencion et vollenté, par la
« grace de nostre Seigneur, et à l'ayde des
« bonnes gens de la ville de Gand, d'avoir et
« reconquerre son héritage, et de pour che
« mouvoir sa son sang, et tous ses bons aultres
« subjects ; et leur faisoit prier, surtout le ser-
« vice que jamais luy pourroient faire, et sur
« la foy et serment qu'ils leur doibvent, que en
« che il luy voulsissent faire assistance, en
« quoy ils lui feroient le plus grant plaisir et
« agréable service que oncque luy feirent ; et
« que en che ils voulsissent ensuyr les traces de
« leurs devanciers, quy, par plusieurs et di-
« verses fois, avoient faict aux seigneurs et
« princes, ses devanciers, de bonne mémoire,
« comme au Pont-à-Choisy, en Brabant, à
« Hem, en Vermandois, et ailleurs ; que en che
« ils voulsissent adviser comment c'estoit près
« d'iceulx ses pays, et que soulloit estre Flan-
« dres anciennement, et le grant dommage de
« son pays de Flandres et tous les aultres pays
« en prendroient, et aussy que en che voulsis-
« sent penser à l'amour de nostre très redoubté
« seigneur et prince, quy, par sa puissance et
« bien conquis, oultre plus de deulx cents
« lieues, et jusques à Lyon, sur le Rosne, grant

(1) Avoit coutume.

« nombre de villes et fermetés ; et s'il estoit
« ainsy, que ils cessent cestuy, que che seroit
« grandement à son deshonneur et d'iceulx ses
« pays; et grandement à son honneur et à
« l'honneur d'eux, se il le conquéroit, et qu'il
« en seroit mémoire aussy longuement que le
« monde dureroit, et che on mecteroit en chro-
« niques grandement à leur honneur. Et pour
« che que personne de prince, et avecque che,
« de pour ceste cause, travailler les princes et
« seigneurs de aulcuns pourroient dire que il
« se lesseroit contenter d'argent, il n'est pas
« ainsy ; car il aime mieulx vostre service
« que che luy donnissiez ung million d'or. Sur
« laquelle requeste mon très redoubté seigneur
« requierre avoir response de vous quy soit
« bonne, et à demain. »

Lors parla mon très redoubté seigneur de sa bouche ses mots : « Mes bonnes gens, che que
« vous a dict est tout vray, et vous prie que
« m'aydiez à conquerre mon héritage, et vous
« me ferez le plus grand plaisir et service que
« jamais me pourriez faire, et le recongnoistrai
« toute ma vie. »

Lendemain mattin, neuviesme jour dudict mois de mars, vint le duc, à heure de douze heures, sur la loge des Foulons, où sa response luy fut donnée par la bouche de maistre Bours de la Helle, pensionnaire de la ville, en telle manière qu'il s'ensieult :

« Très chier seigneur et prince naturel, les
« trois membres de ceste ville de Gand ont esté
« assemblés, chascun à sa place, où ils ont ac-
« coustumé d'assembler; et sur che que, à la
« requeste quy hier leur fut faicte par monsei-
« gneur, nostre souverain baillif de Flandres,
« de par l'humilité de vostre princeté, sur che
« ferme sont d'ung accord de rendre à vostre
« personne de princeté ceste response que, par
« l'ayde de Dieu et de vos autres subjects et
« bien veuillants ils vous ayderont à conquerre
« vostre héritage et patrimoine; et ad che vous
« présentent corps et avoir, priant à l'humilité
« de vostre princeté que ceste response vous
« soit agréable, et que vous le veuillez avoir
« en vostre recommandacion et princeté.

« *Amen.* »

FIN DES MÉMOIRES DE JEAN LEFEBVRE, SEIGNEUR DE SAINT-REMY.

APPENDICE.

MÉMOIRE
SUR LES DERNIÈRES ANNÉES
DE LA VIE
DE JACQUES CŒUR[1].

Tous ceux qui ont parlé de Jacques Cœur jusqu'à présent se sont copiés les uns les autres, et n'ont fait aucun usage des pièces de son procès, qui sont en grand nombre ; c'était néanmoins dans ces sources qu'ils auraient dû puiser, s'ils avaient voulu nous donner un détail exact de sa vie. La communication que j'en ai eue, et la lecture des pièces originales, dont quelques-unes sont de la main de Jacques Cœur, m'ont mis en état d'en parler avec plus d'exactitude, et de relever les erreurs où sont tombés tous nos historiens, en racontant les derniers événements de la vie de cet homme célèbre.

Au reste, ce qui concerne Jacques Cœur ne doit pas être indifférent à des Français ; c'est un citoyen recommandable par son amour pour son roi, pour sa patrie, et estimable par les qualités du cœur et les talents de l'esprit. Amateur du bien public, il ne sépara jamais ses intérêts particuliers de ceux de l'Etat. S'il employa ses richesses à faire des acquisitions considérables, s'il profita de la faveur dont le roi l'honora pour placer ses enfants dans des postes élevés, il n'en est pas moins vrai que son prince trouva toujours en lui un sujet reconnaissant, prêt à le servir dans les besoins de l'Etat. C'est à lui que Charles VII fut redevable du bon ordre qui régna dans ses finances, de la suppression des abus qui s'étaient introduits dans la fabrication des monnaies, et du rétablissement du commerce, totalement tombé dans le royaume pendant les guerres funestes contre l'Angleterre. Enfin c'est à lui qu'est principalement due la gloire du règne de Charles VII ; car, sans vouloir rien diminuer ici des louanges que méritent les héros qui se signalèrent alors par les armes, il faut convenir que leur carrière n'aurait peut-être pas été aussi brillante qu'elle le fut, si Jacques Cœur, par ses soins, n'eût procuré aux armées tous les secours d'argent, de vivres et d'artillerie, nécessaires dans les expéditions militaires. Cependant il s'en faut beaucoup que son nom soit aussi célèbre parmi nous que celui des Dunois, des Lahire, des Saintraille, des Chabannes, et de tant d'autres qui ont si glorieusement aidé Charles VII à reconquérir son royaume.

La mémoire d'un homme, uniquement occupé à remédier aux maux intérieurs d'un Etat, en y rétablissant l'ordre et l'abondance qui font le bonheur des peuples, ne passe point à la postérité d'une manière aussi brillante que celle d'un conquérant ; les effets que produit un gouvernement sage, s'opérant presque sans éclat, et étant d'une nature à laisser dans l'obscurité leurs auteurs et les moyens qu'ils emploient, frappent peu les esprits de la multitude, qui, trop superficielle pour discerner le grand de l'éclatant, attache l'idée de grandeur aux actions qui font le plus de bruit.

Jacques Cœur serait probablement resté toute sa vie négociant, si Charles VII, qui reconnut pendant son séjour à Bourges les talents qu'il avait pour le gouvernement, ne l'eût engagé à les employer au bien de son Etat, et ne lui eût donné la direction d'une partie de ses finances, sous le titre de conseiller et [1] ar-

---

[1] Par M. Bonamy ; Mémoires de l'Académie des Inscriptions et Belles-Lettres. t. XX.

[1] La plupart de nos auteurs croient que l'argentier du roi était le surintendant des finances ; mais M. du Cange d'

gentier du roi ; mais il lui accorda en même temps la permission de faire le commerce, qu'il continua par ses facteurs jusqu'à son emprisonnement.

Anobli dès l'an 1440, il vivait avec une splendeur conforme à la noblesse dont il était décoré et aux richesses immenses qu'il avoit amassées par des voies licites, lorsqu'en 1451 une intrigue de cour renversa cette fortune, trop grande pour être durable, quoiqu'elle fût légitime, le fit condamner à perdre tous ses biens, et l'obligea de s'enfuir de sa patrie pour aller mourir dans une terre étrangère. « Ses richesses, dit la Thaumassière, furent le plus grand de ses crimes, et donnèrent envie à des vautours de cour d'en poursuivre la confiscation, et de lui faire faire son procès par des juges intéressés et enrichis de ses dépouilles. »

C'est cette chute et les tristes effets dont elle fut suivie que je vais décrire d'après des monuments authentiques ; les mêmes monuments me serviront encore à faire voir que l'on doit regarder comme absolument chimérique tout ce que nos historiens ont dit jusqu'à présent sur la retraite et sur la mort de Jacques Cœur dans l'île de Chypre. Ce ne furent pas ses richesses seules qui lui suscitèrent à la cour des ennemis puissants, à la tête desquels était Antoine de Chabannes, comte de Dammartin ; la faveur dont Jacques Cœur jouissait auprès du roi, qui paraissait lui donner trop de part dans sa confiance, ne fut pas un moindre objet de leur jalousie, et leur fit chercher les moyens de le perdre dans son esprit.

La mort d'Agnès Sorel, maîtresse de Charles VII, fut le premier prétexte qu'ils employèrent pour y parvenir ; cette demoiselle étant venue voir le roi à l'abbaye de Jumièges, où il était alors pour achever la conquête de la Normandie, elle y mourut le 9 février 1450, et l'on prétendit qu'elle avait été empoisonnée par Jacques Cœur. Jeanne de Vendôme, de l'ancienne maison des seigneurs de ce nom, femme de François de Montberon, seigneur de Mortagne-sur-Gironde, se rendit son accusatrice, et déposa si formellement de l'empoisonnement qu'on ne douta point que l'accusation ne fût bien fondée. En conséquence, Jacques Cœur fut arrêté le 31 juillet 1451 à Taillebourg, où il s'était rendu auprès du roi ; et sans aucune information juridique ni aucun jugement rendu, ses biens furent saisis et mis en la main du roi, qui en prit cent mille écus pour la guerre de Guyenne, et destina ses terres à Antoine de Chabannes, à Guillaume Gouffier et à plusieurs autres, qui furent en même temps ses ennemis, ses geôliers et ses juges.

Cependant ce crime prétendu ne fut point avéré, et Jacques Cœur daigna à peine se défendre d'une pareille accusation. Il avait été nommé par Agnès Sorel l'un de ses exécuteurs testamentaires ; c'était au moins une preuve qu'elle ne l'avait pas soupçonné d'une telle noirceur. Jean Cœur, archevêque de Bourges, et ses frères, dans un mémoire qu'ils firent pour la justification de leur père, nous fournissent une autre preuve de la fausseté de cette accusation, en nous apprenant un fait que nos historiens ont ignoré : c'est qu'Agnès Sorel était morte en couches, et que son enfant avait vécu six mois après la mort de sa mère ; « ce qui est, disent-ils, preuve claire que jamais ne fut empoisonnée, et ce apperra par le procès de maistre Robert Poitevin, médecin du roi, et l'un des exécuteurs testamentaires d'Agnès Sorel : aussi Jeanne de Vendôme fut-elle convaincue de calomnie « condamnée [1] à faire amende honorable à Jacques Cœur. »

Il semblerait qu'après cela on aurait dû l'élargir. En effet, par la première commission pour le faire arrêter, les commissaires n'avaient charge que de l'examiner sur les poisons et sur une prétendue conspiration contre le roi, dont il se purgea aussi facilement que de l'accusation du poison donné à Agnès Sorel. Mais il y avait trop de gens intéressés à ne pas laisser

---

que c'était celui à qui les trésoriers royaux étaient obligés de remettre tous les ans une certaine somme des revenus du roi, pour être employée aux dépenses de sa maison ; et l'argentier était tenu d'en rendre compte à la chambre des comptes. Étienne de La Fontaine, qui exerçait cet office en 1351, n'avait que quatre cents livres de gages. Voy. le *Gloss. de du Cange, au mot* Argentarius.

(1) Ce sont les propres termes du mémoire cité ci-dessus, où Jeanne de Vendôme, fille de Pierre de Vendôme, IIe du nom, est appelée *la damoiselle de Mortaing*, parce qu'elle avait épousé en secondes noces François de Montberon, seigneur de Mortagne-sur-Gironde, lieu situé environ à cinq lieues audessous de Blaie. Les enfants de Jacques Cœur parlent ainsi dans ce Mémoire. « A la vérité la damoiselle de Mortaigne « et Jacques Colone en (des poisons) avoient déposé formelle- « ment, lesquelx depuis s'en sont desdits, et en ont esté con- « dampnés à faire amende honorable à nostre dict père. »

déclarer innocent un homme dont ils avaient déjà en partie partagé les biens : ceux à qui il avait prêté de l'argent sans intérêt, et dont nous avons encore une longue liste, se trouvaient tout d'un coup quittes de leurs dettes par la condamnation de leur bienfaiteur ; ainsi il ne faut pas s'étonner s'il s'éleva contre lui tant d'ennemis qui lui cherchèrent d'autres crimes pour le rendre coupable. Ils obtinrent donc du roi une autre commission pour faire informer sur de nouvelles accusations ; les principales étaient qu'il avait fait sortir du royaume de l'argent et du cuivre en grande quantité ; qu'il avait renvoyé à Alexandrie un esclave chrétien qui s'était réfugié en France, et avait abjuré le christianisme depuis son retour en Egypte ; qu'il avait contrefait le petit scel du secret du roi et ruiné le pays de Languedoc par des exactions sans nombre, par d'affreuses concussions colorées de différents prétextes propres à faire retomber sur le prince tout le mécontentement des peuples. On l'accusait enfin d'avoir, sans la permission du roi et du pape, transporté chez les Sarrazins une grande quantité d'armes, qui n'avait pas peu contribué, disait-on, au gain d'une victoire remportée par ces infidèles sur les chrétiens.

Mon but n'est point d'entrer dans tout le détail du procès de Jacques Cœur, ni de discuter tous ces chefs d'accusation et les réponses qu'il y fit ; ce qui demanderait un mémoire particulier. Je me bornerai à rapporter historiquement la suite de la procédure ; et j'observerai d'abord que les enfants de Jacques Cœur prétendirent toujours que l'arrêt donné contre leur père était un jugement inique. Les avocats du parlement de Paris dirent qu'il y avait eu au procès nullité, injustice, iniquité manifeste et erreur expresse ; ce que Louis XI reconnut aussi en 1463, lorsqu'il dit dans ses lettres que Jacques Cœur « avoit esté constitué prisonnier à la poursuite de plusieurs ses haineux et malveillants, tendants à le dépouiller et eux enrichir de ses biens. » En effet, le malheureux Jacques Cœur, arrêté d'abord sur un fait reconnu faux, et livré, non aux juges ordinaires, mais à des commissaires intéressés, fut traité comme un criminel dont on avait résolu la perte. On le transféra du château de Taillebourg à celui de Lusignan, où il fut interrogé, le 10 septembre 1451, par Guillaume Gouffier, premier chambellan du roi, qui fit aussi les premières informations, et interrogea les témoins. Les enfants de Jacques Cœur se plaignirent que les juges n'entendaient que des ennemis de leur père « gens, disaient-ils, paillards, perdus, infâmes, accusés de meurtres et décriés pour leurs crimes », dont quelques-uns même, dans la suite, avouèrent qu'ils avaient été gagnés pour déposer contre Jacques Cœur. Ce fut en vain qu'il voulut se justifier par des témoins qu'il offrait d'administrer ; on exigea de lui qu'il le fît par lettres, quittances, décharges et autres papiers qu'il disait avoir. Jacques Cœur répondit que, s'il était en liberté, il lui serait aisé de constater son innocence par ce moyen ; mais qu'il lui était impossible de recouvrer tant de pièces nécessaires à sa justification, qui se trouvaient éparses en différents endroits, et dont quelques-unes pouvaient être sur ses vaisseaux dans le Levant, et d'autres entre les mains de ses facteurs et serviteurs qui travaillaient sous lui, et qui avaient été obligés de prendre la fuite. Il demanda en particulier à ses juges qu'on permît à Guillaume Varic, son principal facteur, anobli par Charles VII, de revenir dans le royaume pour l'assister, comme celui qui était plus au fait de ses affaires et plus en état de satisfaire ses juges sur les connaissances dont ils avaient besoin ; mais ils lui refusèrent cette grâce, aussi bien que la demande qu'il leur fit d'avoir des avocats et un conseil pour le guider dans ses défenses. On lui offrit seulement de lui donner des personnes de sa connaissance, telles qu'il les voudrait choisir. Néanmoins, sur la réquisition qu'il fit de plusieurs personnes qu'il nomma, entre autres de l'évêque d'Agde, en qui il avait confiance, ses commissaires ne voulurent pas y consentir. Ils poussèrent même la rigueur jusqu'à lui refuser la consolation de voir son fils aîné, Jean Cœur, archevêque de Bourges, prélat respectable par sa piété, sa droiture et sa générosité, et dont la mémoire est encore aujourd'hui en bénédiction dans son diocèse. Jacques Cœur n'avait demandé à le voir que pour lui donner, en présence de ses juges, des renseignements touchant les pièces justificatives qu'on exigeait de lui ; « parce que, « disait-il, ses gens, facteurs et serviteurs, qui « avoient ses besognes, feroient plus pour ledict « archevesque qu'ils ne feroient pour les autres. »

Mais ils furent inexorables sur cet article, et lui donnèrent deux de ses facteurs, maître Jean Thierri, secrétaire du roi, et Pierre Jober, changeur du trésor, quoique Jacques Cœur remontrât qu'ils ne se connaissaient point en matière de finances. Ces deux hommes, qui étaient honnêtes gens, furent donc ceux que députèrent ses juges pour recouvrer dans le Languedoc tous les titres servant à la justification de Jacques Cœur. On les fit venir devant lui pour recevoir ses instructions, mais après leur avoir fait promettre par serment qu'ils ne lui feraient entendre par signe ni ne lui diraient autre chose que ce qui était dans un écrit qu'on leur remit entre les mains, Jacques Cœur leur indiqua les personnes et les lieux où ils pourraient trouver les papiers qu'on lui demandait. Ces deux députés voulaient qu'on mît dans leur commission qu'il leur serait aussi permis de faire entendre les témoins, ce qui leur fut dénié ; les juges leur enjoignirent seulement de recouvrer les lettres et titres qu'ils pourraient trouver.

Cependant Jacques Cœur fut encore changé de prison ; on le conduisit de Lusignan au château de Maillé, où l'on continua les informations. Quoique ce ne fût pas toujours les mêmes commissaires qui les fissent, c'était le même esprit qui les guidait. Après Antoine de Chabannes, on n'en voit pas de plus animé contre Jacques Cœur qu'un nommé Otto Chastelan[1], trésorier de Toulouse, ennemi déclaré de Jacques Cœur, et qui paraît avoir été l'âme de toute l'intrigue tramée contre lui. Jacques Cœur, perdant toute espérance d'obtenir justice de pareils juges, n'eut plus d'autre ressource que de s'avouer clerc, et d'appeler de la procédure de gens qui étaient tous laïcs, et par conséquent incompétents ; car on voyait alors des gens mariés qui étaient clercs tonsurés ; et l'évêque de Poitiers avait réclamé comme tel Jacques Cœur, dans le temps qu'il était prisonnier à Lusignan, ville de son diocèse, comme fit aussi l'archevêque de Tours, pendant sa prison à Maillé et à Tours ; mais les commissaires n'eurent pas plus d'égard à leur réquisitoire, dont ils ne firent aucune mention dans leur procès, qu'à l'appel de Jacques Cœur.

Comme il persistait toujours à soutenir son innocence, qu'il offrait de s'en rapporter, sur certains chefs, à l'évêque d'Agde, au cardinal d'Estouteville et au roi lui-même, à qui ses juges n'avaient garde de s'adresser, ils lui proposèrent un délai de deux mois pour justifier de ses faits, à commencer au premier juillet 1452 jusqu'au premier septembre suivant. Ce fut Antoine de Chabannes, alors chef de la commission, qui, après plusieurs interrogatoires, lui annonça qu'on le lui accordait. Ce délai était une suite naturelle du voyage en Languedoc ordonné par les commissaires pour recueillir toutes les pièces essentielles au procès. Mais les deux députés ne purent agir que quinze jours après le commencement du délai : car leurs lettres de commission ne sont datées, de Mehun-sur-Yèvre, que du 17 juillet 1452. Aussi Jacques Cœur, qui en sentait l'inutilité, ne l'accepta-t-il qu'en remontrant combien ce temps était court pour tant d'opérations, puisqu'il s'agissait de rechercher dans les différentes villes du Languedoc les ordres qu'il avait reçus du roi pour la levée des deniers, les quittances qui en justifiaient l'emploi, les lettres de ce prince par lesquelles il lui en accordait une partie, et enfin les permissions qu'il assurait avoir eues des papes Eugène IV et Nicolas V, pour les transports de quelques armures chez les Sarrazins ; « lesquelles permissions, disait-« il, il faudra peut-être chercher dans les re-« gistres de Rome, si elles ne se trouvaient pas « à Montpellier ou à Aigues-Mortes. » Elles ne s'y trouvèrent pas en effet, et l'on en prit droit de condamner Jacques Cœur sur cet article, qu'on regardait alors comme une chose importante. Il est cependant certain qu'elles existaient, puisqu'on les lit parmi les pièces de son procès, avec les certificats qui en constatent l'authenticité.

Les commissaires, en lui annonçant ce délai, déclarèrent en même temps que le procès n'était pas en état d'être jugé ; il y avait cependant

---

(1) Othon Castelan ou Chastellan était un Florentin qui avait fait fortune en France, où il s'était établi ; il était en procès, en 1446, avec Marie d'Anjou, femme de Charles VII, et avait été fait trésorier de Toulouse dans le temps que Jacques Cœur était en faveur ; mais après sa disgrâce il lui succéda dans sa place d'argentier du roi, dont il ne jouit pas long-temps ; car ayant été accusé de quelques malversations, il fut arrêté prisonnier à Lyon, en 1455, par Jean de la Gardette, prévôt de l'hôtel du roi, ce prince étant alors dans cette ville.

onze mois que Jacques Cœur était en prison, et l'on avait entendu contre lui environ cent cinquante témoins. Le délai étant expiré sans que ses juges eussent de nouvelles lumières, et celui-ci étant suivi d'un autre aussi infructueux, on le transféra à Tours, où il fut enfermé dans le château ; et le roi fit expédier le 13 janvier 1453, une nouvelle commission, adressée à Anthoine d'Aubusson, Otto Chastellan, et à d'autres commissaires, « par laquelle « leur fut donnée puissance de besogner ès pro- « cès encommencés, et d'interroger encore « Jacques Cœur, » qui, soutenant toujours qu'il était clerc, et refusant de s'en rapporter aux dépositions de témoins qui étaient notoirement ses ennemis, et même en procès contre lui lors de sa détention, obligea ses juges d'en venir à des voies plus violentes ; car le 22 mars ils ordonnèrent qu'il serait mis à la question pour savoir la vérité des faits dont il était accusé.

En effet, le lendemain, veille du dimanche des Rameaux, il fut conduit devant ses commissaires, qui le firent dépouiller et lier. Ce fut en vain qu'il réclama sa cléricature, qu'il remontra qu'il avait été pris en habit et tonsure de clerc, et qu'il dit qu'il appelait de la question et procédure faite contre lui : quelques-uns des commissaires lui dirent que « puisqu'il « se mettoit en telles matières, la question lui « en seroit plus dure. » Alors, épouvanté par la crainte des tourments, il se désista de son appel, et se soumit à dire tout ce que l'on voudrait, et à s'en rapporter même à Michel et Isaac Teinturier, « quoiqu'ils fussent, » disait-il, « ses haineux. » Ces deux hommes avaient été facteurs de Jacques Cœur, et patrons de ses galères : ils l'accusaient principalement de les avoir obligés de renvoyer à Alexandrie un esclave chrétien qui, ayant quitté son maître, était venu en France dans le vaisseau de Michel Teinturier, et qui, après son retour à Alexandrie, avait apostasié.

Jacques Cœur ne niait pas le fait, mais il soutenait qu'il ne savait pas que cet esclave fût chrétien ; qu'au reste Michel Teinturier avait eu tort d'enlever et de prendre furtivement un esclave appartenant à un Sarrazin, contre les conventions faites avec le soudan d'Egypte, par lesquelles on avait expressément stipulé que les sujets de l'une et l'autre nation ne s'enlèveraient pas leurs serviteurs ; que les marchands avaient fait de grandes plaintes de cette prise, et que le grand-maître de Rhodes (c'était Jehan de Lastic) lui en avait écrit et lui mandait que c'était agir contre la sûreté donnée aux marchands français, et qu'au premier voyage ses galères en seraient inquiétées, puisque dès lors les Sarrazins vouloient se venger sur certains plèges pour marchandises qui étaient à Alexandrie. Sur cela, Jacques Cœur avait assemblé les négociants à Montpellier, pour savoir ce qu'il y aurait à faire en cette occasion ; et il fut conclu qu'il fallait absolument renvoyer cet esclave à son maître.

Ce renvoi, qui était un acte de justice, fut néanmoins un des plus grands griefs qu'on allégua contre Jacques Cœur, comme on le voit par l'arrêt de sa condamnation. La fermeté avec laquelle il répondait jetait ses juges dans l'embarras ; et quoiqu'ils le menaçassent encore, le 27 mars, de lui faire donner la question, il persista dans ses justifications.

Ce fut dans ce même temps que mourut Macée de Léodepard, sa femme, accablée de chagrins et d'ennuis de la prison de son mari qui, quelques jours après, fut encore transféré à Poitiers ; c'était sa cinquième prison.

Charles VII, étant venu à Lusignan au mois de mai 1453, ordonna qu'on y fît apporter toutes les pièces du procès pour les faire examiner en sa présence, et travailler à la rédaction de l'arrêt.

Le 26 de ce mois, l'évêque de Poitiers députa ses vicaires généraux à Lusignan, pour demander qu'on lui remît la personne de Jacques Cœur comme *clerc solu*[1]. Les juges répondirent « qu'il ne seroit ne ne devoit estre « rendu ; c'est pourquoi ledit évesque, considé- « rant l'Église et la juridiction ecclésiastique « estre grevées par ladite répons eet dénégation, « en appela, et de ceux par qui ou par l'auto- « rité desquels elle avoit esté faite et donnée, à « celui ou à ceux à qui ou auxquels de droit et « de raison il devoit et pouvoit provoquer et « appeler, » et il demanda acte de son appel, qui fut reçu, non par le greffier de la commission, mais par Louis Piat, notaire royal, qui s'était pour cela transporté dans l'hôtel épiscopal.

---

(1) On apelait *clerus solus*, non-seulement ceux qui n'avaient point été mariés, mais encore ceux qui, l'ayant été, ne l'étaient plus par la mort de leur femme.

C'est une chose risible que de voir avec quel scrupule les commissaires interrogèrent les barbiers des différents lieux où Jacques Cœur avait été prisonnier, pour savoir si, en le rasant, ils lui avaient fait la tonsure, et s'ils en avaient aperçu quelques vestiges; et enfin quelle était la forme des habits qu'il portait quand il fut pris, tandis qu'ils refusaient d'admettre ses lettres de tonsure, que l'archevêque de Tours, l'évêque de Poitiers et Jean Cœur, archevêque de Bourges, offraient de montrer. Ce dernier, voyant qu'il n'y avait point de justice à attendre pour son père, alla à sept heures du matin, la veille de la prononciation de l'arrêt, accompagné d'un notaire, chez Geoffroi Garin, clerc, garde du scel royal établi aux Contreaux à Poitiers, pour y former un acte d'appel, où il exposa que « puis n'a guères il estoit venu à
« sa notice et cognoissance que certains hai-
« neux malveillants de Jacques Cuer son père
« s'efforçoient de pourchasser plusieurs griefs,
« dommages, intérests, troubles et empesche-
« ments à sa délivrance, dont et desquels griefs
« par lui dits et exposés il a appelé et appelle où
« il pourra et devra, et de ce requiert instru-
« ment ou lettres testimoniales, pour lui servir et
« valoir ce que pourra, et devers qui il pourra. »

On sent assez, à la manière dont furent faits ces actes, que les tribunaux étaient fermés pour les complaignants, et que la voix de l'innocence opprimée ne pouvait parvenir aux oreilles du roi. La bonté naturelle de ce prince et son équité même semblaient concourir pour la condamnation de Jacques Cœur avec l'injustice et la passion de ses juges. Les rois se croient toujours obéis; et Charles VII avait, dès le commencement de la procédure, recommandé aux commissaires d'agir en conscience et suivant les lois. Pouvait-il les soupçonner d'être infidèles, d'avoir changé ou altéré les confessions de Jacques Cœur, et d'avoir soustrait beaucoup de choses qui servaient à sa justification, comme les en accusèrent ses enfants, et comme en convinrent quelques-uns des commissaires dans la suite. C'est ainsi que les plus grandes vertus des souverains deviennent inutiles, disons même nuisibles à leurs sujets, lorsque leur confiance tombe sur des ministres qui en abusent.

Le roi s'étant donc fait rendre compte des informations, interrogations et autres pièces concernant l'accusé, il ordonna au chancelier de France, Guillaume Jouvenel des Ursins, de prononcer l'arrêt au château de Lusignan, le 29 mai mil quatre cent cinquante-trois.

Par cet arrêt, qui est très long, et dont la plupart des abrégés que nous en avons sont peu exacts[1], Jacques Cœur est déclaré atteint et convaincu de concussion et d'exaction des finances, d'avoir pris, levé et retenu plusieurs grandes sommes de deniers, tant sur le roi que sur ses pays et sujets, en grandes désolation et destruction desdits pays ; d'avoir transporté de l'or et de l'argent hors du royaume, et en particulier chez les Sarrazins, ennemis de la foi ; d'avoir transgressé les ordonnances royaux ; et enfin il est déclaré coupable du crime de lèse-majesté et autres crimes, pour lesquels il a encouru la peine de mort et la perte de ses biens ; toutefois pour aucuns services par lui rendus au roi, et en contemplation et faveur du pape, qui lui en avait fait requête, et pour autres causes, Sa Majesté lui remet la peine de mort, le prive et déclare inhabile à toujours de tous offices royaux et publics, le condamne à faire au roi amende honorable, en la personne de son procureur, nu-tête, sans chaperon, tenant une torche du poids de dix livres; à racheter des mains des Sarrazins l'enfant qu'il avait renvoyé à Alexandrie, si faire se peut, sinon à racheter en sa place un chrétien desdits Sarrazins, et à le faire amener à Montpellier ; et en outre condamne ledit Jacques Cœur, pour les sommes par lui retenues, en la somme de 100,000 écus, et en celle de 300,000 écus, en amende profitable au roi, et à tenir prison jusqu'à pleine satisfaction ; au surplus, déclare tous ses biens confisqués, le bannit perpétuellement du royaume, réservé sur ce le bon plaisir du roi ; et au regard de l'empoisonnement d'Agnès Sorel, ce prince déclare « pour ce que
« le procès n'est pas en état de juger pour le
« présent, qu'il n'en fait aucun jugement, et
« pour cause. »

Ce dernier article doit paraître d'autant plus extraordinaire que Jeanne de Vendôme avait été condamnée, comme calomniatrice, à faire réparation à Jacques Cœur, et à se tenir éloignée de dix lieues de tous les endroits où se trouveraient le roi et la reine, le roi lui remettant la peine de mort qu'elle avait encourue.

[1] On le trouvera en entier à la suite de cet appendice.

Aussi les avocats du parlement de Paris, que les enfants de Jacques Cœur consultèrent sur la manière dont ils pourraient revenir contre son arrêt, y trouvèrent-ils une iniquité manifeste, en ce qu'il paraissait par le procès que la principale charge de l'emprisonnement était fondée sur les poisons dont l'accusé ne s'était point trouvé chargé, « mais au contraire avoit esté « prouvée son innocence par la sentence don- « née contre Jeanne de Vendosme, demoiselle « de Mortaigne. Ainsi est bien clair, con- « cluaient-ils, selon droit, en bonne justice et « raison, que Jacques Cœur devoit estre absous « de ladite charge. Toutefois par ladite sentence « apert que sur cela ne fut rien délibéré par les « opinions, mais fut dit qu'on n'y faisoit point « de jugement; en quoi semble ladite sentence « contenir iniquité manifeste. »

L'amende prononcée contre Jacques Cœur nous paraît excessive; car les 400,000 écus feraient aujourd'hui de notre monnaie 4,228,360 livres. Mais quelque exorbitante que fût cette somme, il était en état de la payer, et il n'avait pas besoin pour y satisfaire du secours de ses facteurs, comme quelques historiens l'ont avancé. L'on a déjà vu que le roi s'était saisi de 100,000 écus dès le commencement de la procédure, et la vente de ses terres, au nombre de plus de quarante paroisses, et des maisons et meubles qu'il avait dans plusieurs provinces du royaume, était plus que suffisante pour payer les autres 300,000 écus. Les auteurs qui ont parlé avec admiration de ses grands biens, ne les ont point exagérés : ils étaient si prodigieux qu'on crut qu'il avait la pierre philosophale.

C'était, si l'on en croit Borel, le fameux Raimond Lulle qui, ayant trouvé à Montpellier Jacques Cœur encore jeune, conçut de l'amitié pour lui, et lui communiqua le secret de faire de l'or; mais tout le secret de Jacques Cœur consistait dans ses talents et son habileté pour le trafic. On n'est plus étonné de ses richesses immenses, lorsqu'on fait réflexion qu'il avait en propre dix ou douze navires qui voyageaient continuellement pour son compte en Egypte et dans les Echelles du Levant; que depuis vingt ans il faisait lui seul plus de commerce que tous les marchands de l'Europe ensemble. Aussi voit-on, par les pièces du son procès, qu'il avait par là encouru la haine des Génois, des Vénitiens et de tous les Italiens, dont il avait ruiné le trafic. Je ne parle point des profits qu'il avait pu faire dans les charges de finance dont il avait été revêtu, ayant été successivement maître des monnaies de Bourges et de Paris, et argentier du roi; charges dans lesquelles il soutint toujours qu'il s'était comporté en homme de bien.

Telle avait été la situation de Jacques Cœur, lorsqu'il fut arrêté. Quoique sa condamnation ne lui eût point été signifiée dans sa prison de Poitiers le même jour qu'elle fut prononcée à Lusignan, cependant, le 2 juin suivant, Jean Dauvet s'était transporté à Poitiers par-devers Jacques Cœur, en vertu des lettres du roi données à Lusignan le premier juin mil quatre cent cinquante-trois, pour lui faire commandement de payer la somme de 400,000 écus. Il répondit : « qu'il lui étoit impossible de payer une si « grande somme, et que ses biens n'estoient suf- « fisants de la fournir à beaucoup près; qu'il « devoit 220,000 écus qu'il avoit empruntés « pour les affaires du roi; c'est pourquoi il « prioit le sieur Dauvet et M. de Dammartin de « remontrer au roi son pauvre fait, et lui sup- « plier qu'il lui plaise d'avoir pitié et compas- « sion de lui et de ses pauvres enfants. » Jacques Cœur, en s'exprimant ainsi, n'entendait certainement parler que de l'argent comptant qu'il pouvait avoir actuellement : car ses biens valaient plus que l'amende à laquelle il avait été condamné, comme nous l'avons dit.

Cinq jours après sa condamnation, les commissaires, le chancelier à leur tête, se transportèrent à Poitiers pour la lui signifier. Le jour même de leur arrivée, qui était le quatre juin, Pierre de Chaumont, abbé de Saint-Cyprien, et maître Jean Tripault, vicaire général et official, députés par l'évêque de Poitiers, s'adressèrent à M. le chancelier et aux autres seigneurs du grand conseil du roi, assemblés au prétoire du palais, et requirent qu'on leur remît la personne de Jacques Cœur comme *clerc solu*, dont ils montrèrent les lettres de tonsure. Comme ils ne purent avoir réponse ce jour-là sur leur réquisitoire, ils revinrent le lendemain; mais les huissiers leur ayant refusé l'entrée du prétoire par ordre des commissaires, quoique tout le monde y entrât librement, ils furent contraints de rester seuls dans la grande salle du palais, où deux des commissaires, Hugues de Couzai, lieutenant du sénéchal de Poitou, et Hélie de Tourotte, lieutenant de Saintonge, accompagnés du greffier du grand conseil, leur vinrent demander ce qu'ils désiraient, et leur dirent que, s'il s'agissait du réquisitoire qu'ils avaient présenté la veille, ils avaient ordre de leur signifier qu'ils n'entreraient point au conseil, ni ne parleraient à messeigneurs du conseil : à quoi les députés répliquèrent : que le réquisitoire par eux fait était juste et raisonnable, puisqu'il s'agissait de rendre à l'Eglise, comme sujet, Jacques Cœur, « pour estre puni et corrigé selon l'exigence des « cas, crimes et maufaits par lui commis : » mais au reste ils leur signifiaient aussi à leur tour « qu'au cas que messeigneurs du conseil « voudroient procéder contre ledit Jacques Cœur « et le contraindre à faire amende honorable ou « autre exécution, de quoi pourroit estre infamé, « ils en appelloient, et de faict en appellent au « roi leur souverain seigneur, bien conseillé, ou « à autre à qui il appartiendra. » Ils prièrent ensuite ces deux commissaires de notifier aux seigneurs du conseil l'appel par eux fait, et la cause pourquoi ils appelaient, les supplier qu'il leur plût au moins de surseoir et différer de procéder contre Jacques Cœur jusqu'à ce qu'ils eussent nouvelles du roi, vers lequel l'évêque de Poitiers avait envoyé pour lui faire de très humbles remontrances. Mais malgré ces prières et tant de protestations réitérées, les seigneurs du conseil firent venir le malheureux Jacques Cœur à la vue d'une foule de peuple accourue à ce spectacle, lui prononcèrent son arrêt et lui firent faire amende honorable publiquement, une torche au poing, sans ceinture et sans chaperon.

C'est ainsi que fut condamné Jacques Cœur, après avoir été pendant vingt-deux mois en différentes prisons. « Son procès, pour me ser- « vir des termes de la consultation des avocats, « fut fait de place en place, de chasteau en chas- « teau ; les témoins ne furent récolés ne con- « frontés. Il y eut mutation de commissaires, « parmi lesquels, quoiqu'il s'y trouvast de no- « tables gens, les uns ont esté au commencement « et les autres non, et ceux qui ont opiné n'ont « esté à faire le procès ; ainsi ne peut qu'il n'y « ait eu des fautes au jugement. »

Jean Dauvet, procureur général du parlement, fut commis pour mettre l'arrêt à exécution, et faire vendre tous ses biens, meubles et immeubles. Il n'y eut aucun de ses juges qui n'eut quelque portion des grandes richesses qu'il avait amassées ; mais Antoine de Chabannes fut le mieux partagé. Son lot fut la seigneurie de Saint-Fargeau, les baronnies de Toucy et de Péreuse, c'est-à-dire presque tout le pays connu sous le nom de Puisaie [1], consistant en plus de vingt paroisses. On a déjà vu que les terres de Jacques Cœur avaient été distribuées dès le commencement de la procédure, avant qu'il y eût encore aucun jugement rendu contre lui ; néanmoins, comme il aurait paru trop odieux que les donataires ne les possédassent qu'en vertu d'une confiscation prématurée, ils se les firent adjuger après sa condamnation. Les terres du pays de Puisaie, qui avaient été mises en criées à la requête du procureur du roi, furent adjugées en l'auditoire du trésor de Paris, le trente janvier mil quatre cent cinquante-six, à Antoine de Chabannes, pour la somme de 20,000 écus d'or ; et il en rendit foi et hommage au roi, le 10 février de l'année suivante. Guillaume Gouffier, premier chambellan, eut la terre et seigneurie de la Motte, celle de Boissi, la moitié de celles de Rouanne et de Aon, pour 10,000 écus ; et le roi se réserva, pour en ordonner à son plaisir, les sommes qui étaient dues à Jacques Cœur par ses débiteurs, parmi lesquels on trouve François de Montberon et Jeanne de Vendôme, sa femme.

Il s'agit maintenant d'examiner ce que devint Jacques Cœur après son arrêt, en quel lieu il se retira, et où il mourut ; quelles furent les suites de sa condamnation, et enfin s'il est vrai que sa mémoire fut réhabilitée par le parlement, comme le disent quelques auteurs.

C'est une chose étonnante combien tous nos historiens ont débité de fables sur ce que devint Jacques Cœur après sa condamnation. Les uns ont dit que, pendant son absence, ses amis avaient ménagé son accommodement ; que le parlement l'avait remis en sa bonne renommée, et ordonné que ses biens lui seraient rendus ;

---

[1] La petite ville de Saint-Fargeau, située sur la rivière de Loing, à deux lieues de sa source, est la capitale de la Puisaie. En visitant, il y a une dizaine d'années, les archives du château de Saint-Fargeau, j'ai retrouvé un rouleau de soixante feuilles de parchemin, contenant les diverses pièces du procès et de la condamnation de Jacques Cœur. Le marquis de Boisgelin, possesseur actuel du château, a bien voulu me le confier à Paris et m'autoriser à le publier dans ce volume. Je l'ai fait copier et on le retrouvera à la fin de cet appendice. B.

d'autres, qu'après avoir ouï la lecture de sa sentence il trouva moyen, par l'intelligence qu'il avait avec ses gardes, de sortir de prison, après avoir fait ferrer ses chevaux à l'envers, et de se retirer chez le soudan d'Égypte, où il fut bien accueilli. Le commissaire La Mare le fait voyager en Turquie, « d'où, dit-il, si l'on « en croit une tradition que l'on tient pour con- « stante, il rapporta à son retour des poules de « Turquie qu'il fit élever dans son beau chas- « teau de Beaumont en Gâtinois. » Mais le plus grand nombre de nos auteurs, même les plus célèbres, comme la Thaumassière, Godefroi, le Père Daniel et d'autres, se réunissent à dire qu'ayant reçu de ses principaux facteurs 60,000 écus, il se retira dans l'île de Chypre, où il trouva moyen de faire encore une nouvelle fortune, et de marier richement deux filles qu'il y eut d'une dame du pays, nommée Théodora, avec laquelle il se remaria, chacune de ces deux filles ayant eu, disent-ils, 50,000 écus en mariage. L'aînée fut mariée dans la ville de Famagouste, et l'autre à une personne de considération du royaume de Chypre. Enfin Jacques Cœur, selon ces mêmes auteurs, ayant bâti un hôpital pour les pèlerins de la Palestine, et ayant fondé magnifiquement l'église des Carmes de Famagouste, il y fut enterré avec pompe.

Après un détail aussi circonstancié de ce que fit Jacques Cœur dans l'île de Chypre, qui ne croirait qu'il y a dans ce récit quelque réalité? Cependant ce récit n'est qu'une pure fable ; et l'erreur dans laquelle sont tombés un aussi grand nombre d'écrivains sur ce point particulier de notre histoire doit nous rendre fort réservés à l'égard de plusieurs faits plus importants, auxquels nous accordons, sans examen, notre croyance, parce que nous les voyons attestés unanimement par une foule d'auteurs, la plupart dignes de foi. Combien de fois, en remontant à la source, ne trouverait-on pas qu'un grand nombre de témoignages ne forment qu'un seul témoin! L'application de ce principe à l'opinion que je vais tâcher de détruire est toute naturelle : en effet, quoique adoptée par presque tous nos historiens, elle ne doit peut-être son origine qu'à André Thevet. Ce voyageur, qui vivait sous le règne de Henri III, et qui dans son temps était également décrié pour son ignorance et ses mensonges, rapporte qu'il avait vu dans l'île de Chypre le tombeau de Jacques Cœur avec cette épitaphe : *Hic jacet Jacobus Cordatus, civis Bituricensis.*

Les auteurs que j'ai cités ci-dessus auraient dû au moins faire plus d'usage d'un titre dont ils ont eu connaissance, je veux dire des lettres de Charles VII, du cinq août mil quatre cent cinquante-sept, par lesquelles il rend aux enfants de Jacques Cœur une partie des biens de leur père ; car le roi, dans ces lettres, parle toujours de Jacques Cœur comme étant mort alors « en exposant sa personne à l'encontre des en- « nemis de la foi catholique, » et le livre des obits de l'église de Saint-Étienne de Bourges, à laquelle Jacques Cœur avait fait beaucoup de bien, donne à ce grand homme la qualité de capitaine général des armées de l'Église contre les Infidèles. *Obiit generosi animi Jacobus Cordis Ecclesiæque capitaneus generalis contrà Infideles.* Ces deux pièces authentiques devaient faire conclure que le court espace de temps écoulé depuis la fin de l'année mil quatre cent cinquante-trois jusqu'à sa mort, arrivée à la fin de mil quatre cent cinquante-six, temps employé, au moins en partie, à des expéditions militaires, ne pouvait s'accorder avec un mariage d'où seraient sorties deux filles, et avec toutes les opérations nécessaires pour faire un nouvel établissement et une nouvelle fortune. Il était naturel, au contraire, de penser que ce ne devait pas être dans l'île de Chypre, mais en Italie, que Jacques Cœur avait dû chercher un asile contre ses persécuteurs, puisqu'on le fait mourir à la tête des armées de l'Église contre les Infidèles. C'est en effet le parti qu'avait pris Jacques Cœur, comme nous l'apprenons par d'autres lettres de Charles VII, données à Saint-Prix, en Dauphiné, au mois de février mil quatre cent cinquante-sept. Ces lettres, qui parlent de Jacques Cœur comme étant mort alors, seront le dénouement de ses dernières aventures. Elles contiennent une abolition accordée à un nommé Jean de Village, qui non-seulement avait contribué à l'évasion de Jacques Cœur, mais encore s'était opposé à l'exécution des ordres du roi pour la saisie de ses biens. Cet homme, devenu célèbre dans la suite, mérite bien que nous le fassions connaître plus particulièrement.

Si quelques-uns des facteurs de Jacques Cœur furent ses accusateurs et ses plus cruels ennemis, il y en eut d'autres, en plus grand nombre, qui partagèrent la disgrâce d'un si bon maître et ne l'abandonnèrent pas dans ses malheurs. Obligés de s'enfuir à la nouvelle de son emprisonnement, ils mirent à couvert tout ce qu'ils purent emporter de leurs biens et de ceux de Jacques Cœur, avec qui ils étaient associés dans son commerce. Les principaux étaient Guillaume de Varie et Jean de Village : le premier avait fait une fortune considérable, et avait été anobli par Charles VII, comme je l'ai dit ; le second, natif de Bourges, avait été connu jeune par Jacques Cœur, qui, reconnaissant en lui des sentiments de probité et des talents pour le trafic, lui avait fait épouser sa nièce, et lui avait confié le commandement de ses galères. Il fut dans la suite seigneur de Lançon en Provence, viguier de Marseille, capitaine général de la mer, conseiller et maître-d'hôtel de René, roi de Sicile, et chambellan du duc de Calabre, fils de ce prince ; car c'est une chose à remarquer ici en passant, que tous ceux qui furent employés par Jacques Cœur parvinrent à des postes honorables : ce qui prouve combien il se connaissait en mérite.

Jean de Village était dans un port de Languedoc, lorsque les officiers du roi se transportèrent dans cette province pour se saisir des navires de Jacques Cœur et de toutes les marchandises qui y étaient. Jean de Village s'opposa à cette saisie : non-seulement il en demanda une décharge de la part du roi ; mais il voulut encore en avoir une de Jacques Cœur, après qu'il lui aurait rendu ses comptes. La vigueur qu'il témoigna en cette occasion fut cause que les commissaires du roi ne portèrent pas alors plus loin cette affaire, et laissèrent en repos Jean de Village. Une opposition si marquée aux ordres de son souverain devait lui faire appréhender des suites fâcheuses, et ce fut pour se mettre à l'abri de toute poursuite qu'il se retira à Marseille, qui n'était pas encore de la dépendance du royaume. Néanmoins, quelque temps après, avec la permission de René d'Anjou, roi de Sicile et comte de Provence, on emprisonna la femme et les enfants, et l'on saisit tous les biens de Jean de Village, qui se sauva dans les pays étrangers, et ne revint en France qu'après la mort de Jacques Cœur. Charles VII, touché alors de compassion envers Jean de Village, reconnaissant « qu'en tous autres cas il estoit « homme de bonne vie et conversation, et aussi « qu'il estoit fort duit et expérimenté au fait du « navigaige, » lui pardonna, par les lettres dont j'ai parlé ci-dessus, toutes les fautes qu'il avait commises au sujet de Jacques Cœur, et dont il avait fait l'aveu dans une requête présentée au roi au mois de février mil quatre cent cinquante-sept.

C'est par sa requête, relatée dans les lettres d'abolition que le roi lui accorda, que nous apprenons le détail de la sortie de Jacques Cœur hors du royaume, où il était encore au commencement de l'année quatorze cent quarante-cinq. Quelques recherches que j'aie pu faire, je n'ai pu découvrir de quelle manière il était sorti de sa prison de Poitiers après sa condamnation ; mais enfin il était encore, au mois de janvier quatorze cent quarante-cinq, dans la ville de Beaucaire, où, suivant la relation de Jean de Village, « il s'estoit rendu en franchise dans le « couvent des cordeliers. » Il ne faut pas entendre, par le terme de franchise, une retraite d'où Jacques Cœur fût en liberté de sortir quand il aurait voulu, comme on va le voir.

Ce fut de là qu'il envoya, par un frère cordelier, à Jean de Village, qui s'était alors réfugié à Marseille, une lettre par laquelle il le priait « que pour Dieu il eust pitié de lui, en « trouvant moyen de le tirer hors de là et de lui « sauver la vie. » Jean de Village, mû de pitié à la lecture de cette lettre, résolut de sauver son bienfaiteur. « Il considéroit, dit-il au roi dans « sa requête, qu'estant serviteur et parent de « feu Jacques Cœur, que tous les biens qu'il « avoit en ce monde lui estoient et sont venus « par son moyen, et aussi qu'il estoit commune « renommée que Jacques Cœur feroit son ap- « pointement envers le roi et ne perdroit pas « tous ses biens, il n'avoit pas cru commettre « une action blamable de le soustraire au res- « sentiment de ses ennemis. » En effet, Jean de Village prit le parti d'aller à Tarascon, situé sur le Rhône, vis-à-vis de Beaucaire : il s'y logea chez les cordeliers pour être plus à portée de savoir les intentions de Jacques Cœur, à qui il fit donner avis de son arrivée par un cordelier de Tarascon, qui, sous prétexte d'une visite qu'il allait faire aux cordeliers de Beaucaire, trouva facilement moyen de parler à leur prisonnier. Jacques Cœur donna au moine des tablettes sur lesquelles il priait Jean de Village, comme son fils, « que pour Dieu il le jettast

« dehors de là, car il appréhendoit fort qu'on ne « le fist mourir en ladite franchise sans le sceu « du roi. » Ce dernier trait prouve l'acharnement des ennemis de Jacques Cœur, qui, non contents de l'avoir dépouillé de la plus grande partie de ses biens, cherchaient encore à lui ôter la vie. Jean de Village lui fit dire, pour le réconforter, « que puisqu'il avoit volonté de « sortir des cordeliers de Beaucaire, il avoit « courage, moyennant l'aide de Dieu, de l'en « mettre dehors ; et qu'en attendant l'exécution « de son projet il eust à faire bonne chère. »

Il retourna en diligence à Marseille, où il fit part de ses desseins à deux autres facteurs de Jacques Cœur, nommés Guillaume Gymart et Guillardet, natifs de Bourges, que l'emprisonnement de leur maître avait aussi obligés de prendre la fuite : ceux-ci l'encouragèrent et s'offrirent à le suivre. Comme Jean de Village avait des navires armés à sa disposition, il n'eut pas de peine à trouver dix-huit ou vingt compagnons de guerre, dont lui et ses deux associés jugèrent à propos de se faire escorter. Cette petite troupe étant arrivée à Tarascon, on fit avertir Jacques Cœur de se tenir prêt, le lendemain, à sortir des cordeliers, après qu'il aurait entendu leurs matines qui se disaient à minuit.

Il était question d'entrer dans la ville de Beaucaire, entourée de murailles ; mais un des soldats de Jean de Village connaissait une ouverture dans un endroit du mur que l'on pouvait aisément agrandir, et par où il serait facile de passer sans être aperçu. Ils traversèrent donc le Rhône dans une barque qu'ils avaient louée, avec les instruments dont ils avaient besoin ; et, étant arrivés au pied des murs de Beaucaire, ils y attendirent l'heure marquée pour se rendre au couvent des cordeliers. Jacques Cœur étant venu à leur rencontre à la sortie des matines, ils lui firent repasser le Rhône dans la barque jusqu'à Tarascon, d'où ils le conduisirent par terre à la Tour-de-Bouc, petit port de Provence où Jean de Village avait ordonné qu'on lui tînt toute prête une barque dans laquelle il fit monter Jacques Cœur ; et, l'ayant fait débarquer auprès de Marseille, il le conduisit par terre jusqu'à Nice. Jacques Cœur s'y embarqua sur un navire armé, et se rendit à Pise, d'où enfin il arriva heureusement à Rome.

Il put encore avoir la consolation d'y voir le pape Nicolas V, qui, pendant sa prison, avait, mais inutilement, écrit en sa faveur à Charles VII. Il l'avait honoré de son amitié, et avait conçu une grande estime pour lui lorsqu'il vint à Rome en qualité d'ambassadeur à cette célèbre ambassade d'obédience de Charles VII, qui rehaussa si fort le lustre de la nation française aux yeux des Romains, et dont toute la pompe et la magnificence étaient dues aux richesses et aux soins de Jacques Cœur. Le pape ne voulut point alors qu'il eût d'autre demeure que son palais ; et dans une maladie qu'il y eut, il lui rendit des visites fréquentes, et ordonna à ses médecins d'en avoir autant de soin que de sa propre personne. Mais il ne dut pas jouir longtemps du plaisir de revoir un pontife qui avait pris tant de part à ses malheurs : la mort enleva Nicolas, les derniers jours de mars quatorze cent cinquante-cinq, après huit années de pontificat.

Jacques Cœur, n'ayant plus rien à craindre de ses ennemis au milieu de la ville de Rome, s'y occupa à régler ses affaires, et à se faire rendre compte des biens dont ses facteurs avaient eu l'administration ; car toutes les richesses de Jacques Cœur n'étaient pas en France : il était en correspondance avec les négociants de l'Italie et du Levant ; ses vaisseaux faisaient encore des voyages sur la Méditerranée pendant sa prison ; et ceux de ses facteurs qui lui demeurèrent fidèles mirent en sûreté les biens de leur maître. Ainsi, malgré la confiscation de ceux qui se trouvèrent en France lorsqu'il fut emprisonné, il trouva encore des ressources. Jean de Village dit que pendant le séjour que Jacques Cœur fit à Rome, il alla l'y trouver, et « besoigna avecques lui de toutes les « charges et administrations de ses galées et « faicts qu'ils avoient eus ensemble ; » et qu'après avoir partagé ce qui leur devait revenir, ils se séparèrent contents l'un de l'autre.

Ainsi il est constant, par le récit de Jean de Village, que Jacques Cœur passa l'année quatorze cent cinquante-cinq à Rome ; et comme il mourut au mois de novembre l'année suivante, on sent bien, sans que j'en avertisse, qu'il est impossible qu'il ait passé dans l'île de Chypre pour s'y marier, qu'il ait eu deux filles de son mariage, et enfin qu'il y ait fait cette grande fortune dont parlent presque tous nos historiens.

Mais si Jacques Cœur n'est pas mort dans l'île de Chypre, où s'est-il donc retiré après son départ de Rome? Je n'ai trouvé qu'un auteur qui ait pu me donner quelque éclaircissement sur ce sujet ; c'est Jean d'Auton, historien de Louis XII, qui avait vécu avec les enfants de Jacques Cœur. Cet auteur, après avoir raconté une expédition des Français à l'île de Métélin, en quinze cent un, dit que leur flotte aborda à l'île de Chio pour y descendre les malades, dont quelques-uns moururent et furent enterrés dans l'église des cordeliers, « auquel lieu, » ajoute-t-il, « est pareillement enséputuré feu Jacques Cœur « dedans le milieu du chœur de ladite église. » Ce témoignage de Jean d'Auton paraît d'autant mieux fondé qu'il s'accorde parfaitement avec ce que disent les lettres de Charles VII et l'obituaire de Saint-Etienne de Bourges, que Jacques Cœur est mort en combattant contre les Infidèles à la tête des troupes de l'Eglise. Il n'y a qu'à faire voir qu'en quatorze cent cinquante-six le pape Calixte III arma en effet à Ostie, contre les Turcs, nouvellement maîtres de Constantinople, une flotte qui vint débarquer à l'île de Chio, et qui est la seule sur laquelle Jacques Cœur ait pu avoir quelque commandement.

La prise de Constantinople par Mahomet II, le vingt-sept mai mil quatre cent cinquante-trois, avait répandu la terreur dans toute l'Europe. Le pape Nicolas V avait exhorté les princes chrétiens à s'opposer à un torrent qui menaçait toute la chrétienté ; mais les guerres qui les divisaient alors ne permettaient pas d'espérer un prompt secours, et Nicolas V étant mort au mois de mars mil quatre cent cinquante-cinq, Calixte III, qui lui succéda au mois d'avril suivant, résolut d'exécuter les projets de son prédécesseur. Il avait fait à son élection un vœu solennel de déclarer la guerre aux Turcs, et de faire tous ses efforts pour reprendre sur eux la ville de Constantinople. Quoiqu'il ne fût pas secondé par les princes chrétiens, 200,000 écus d'or qu'il trouva dans le trésor de l'Eglise, les décimes qu'il avait imposées sur le clergé, et les aumônes que lui ramassèrent les prédicateurs qu'il avait envoyés prêcher la croisade, le mirent en état d'armer une flotte de seize galères.

Michel Ducas, auteur contemporain, et l'un des historiens de l'histoire byzantine, dit que cette flotte était commandée par le patriarche d'Aquilée, et qu'elle fut destinée à porter du secours aux îles les plus voisines de la domination des Turcs, comme à Rhodes, à Chio, Lesbos, Lemnos, Imbros, Samothrace et Thasos. Ce ne peut être que sur cette flotte que s'embarqua Jacques Cœur ; il commandoit apparemment sous les ordres du patriarche d'Aquilée. Michel Ducas rapporte les expéditions de cette flotte qui, s'étant jointe à des pirates catalans et d'autres nations, ravagea pendant trois ans les côtes de l'Asie-Mineure et les îles dont les Turcs s'étaient emparés. Mais Jacques Cœur ne put avoir part à tous ces ravages, puisqu'il mourut au mois de novembre mil quatre cent cinquante-six. Michel Ducas, qui marque exactement tous les lieux où s'arrêta la flotte, ne fait aucune mention de l'île de Chypre : il dit expressément qu'en partant d'Italie elle vint en droiture à l'île de Rhodes, où après avoir demeuré quelque temps elle aborda à l'île de Chio, où elle séjourna aussi ; et ce fut alors que Jacques Cœur étant tombé malade dans cette île, il y mourut, puisque Jean d'Auton assure qu'il fut enterré au milieu du chœur de l'église des cordeliers. Nous ne savons aucun détail des circonstances de sa mort : Charles VII, dans ses lettres du cinq août mil quatre cent cinquante-sept, nous apprend seulement « que « Jacques Cœur, à la fin de ses jours, lui avoit « recommandé ses enfants, en le suppliant hum- « blement qu'eu égard aux grands biens et hon- « neurs qu'il avoit eus en son temps autour de « lui, son plaisir fust de leur donner aucune « chose, afin que ceux qui estoient séculiers « pussent honnestement vivre sans nécessité. »

MÉMOIRE

SUR

LES SUITES DU PROCÈS

DE JACQUES COEUR,

PAR M. BONAMY [1].

Il ne me reste plus, pour terminer mes recherches sur Jacques Cœur, qu'à exposer les

[1] Voyez le volume XX de l'Académie des Inscriptions et Belles-Lettres.

SUITES DU PROCÈS DE JACQUES CŒUR.

suites du procès que ses enfants intentèrent contre ceux qui, ayant profité de sa disgrâce, s'étaient emparés de ses biens; et à examiner si, comme le disent quelques auteurs, sa mémoire fut réhabilitée par le parlement. Ce que je dirai est tiré de titres originaux, et je me servirai souvent des propres termes des actes.

Il n'était pas possible que le temps et la réflexion n'affaiblissent les impressions que les accusations portées contre Jacques Cœur avaient faites sur l'esprit de Charles VII, prince naturellement tendre et bon : on en était si persuadé, qu'on ne pouvait s'imaginer qu'un sujet qui l'avait si bien servi ne trouvât enfin grâce devant lui, et ne conservât au moins une partie de ses grands biens. C'est ainsi qu'on en parlait publiquement ; et peut-être que si Jacques Cœur avait vécu plus longtemps il serait venu à bout de démontrer si bien son innocence, qu'il aurait couvert ses accusateurs de la confusion qu'ils méritaient : mais étant mort un an après son évasion, il laissa à ses enfants le soin de venger sa mémoire outragée.

Il en avait quatre, Jean, archevêque de Bourges, Henri, doyen de l'église de Limoges, Renaud et Geoffroi, tous deux mineurs : il avait encore une fille, nommée Perrette, mariée en mil quatre cent quarante-sept avec Jacquelin Trousseau, fils d'Artault, seigneur de Mareuil et de Saint-Palaie. Elle avait eu en mariage la somme de dix mille tournois une fois payée, et à condition de ne pouvoir venir à la succession de ses père et mère tant qu'il y aurait hoirs mâles descendants de mâles.

Cette dot paraît médiocre eu égard aux richesses du père; il est vrai qu'alors il n'avait pas encore fait l'acquisition de toutes ces grandes terres qui lui attira l'envie de plusieurs grands du royaume : j'ai remarqué qu'il ne la fit que depuis l'an mil quatre cent quarante-sept.

Lorsqu'il fut arrêté, il possédait les seigneuries de la Motte, de Boissy, de Saint-Aon et une partie de celle de Rouanne dans le Forès, celles de Mennetou-Salon, Marmaigne, Maubranche et Barlieu en Berri, de Saint-Fargeau, de Lavau, de la Coudrai, de Champignelles, de Mézilles, de Saint-Maurice sur l'Avéron, de la Frénoie, Messeroi, Fontenouilles, et les baronnies de Toucy et de Péreuse dans les diocèses de Sens et d'Auxerre, avec toutes les appartenances de ces terres, qui consistent en près de trente paroisses ; je passe sous silence les autres qu'il possédait encore[1].

Quant à ses maisons, il en avait deux à Paris, dont l'une était où est le Palais-Royal, et l'autre subsiste encore aujourd'hui dans la rue de l'Homme-Armé, plusieurs à Bourges, et entre autres celle qu'on appelle encore l'hôtel de Jacques Cœur, où s'assemble depuis mil six cent quatre-vingt-trois le corps municipal de cette ville; à Sancerre, à Saint-Pourçain, à Lyon, à Montpellier, à Béziers, etc.

Le roi Charles adressa ses lettres en forme de commission le premier juin mil quatre cent cinquante-trois, à Jean Dauvet, son procureur général, pour mettre à exécution l'arrêt donné contre Jacques Cœur, et saisir tous et chacun ses biens meubles et immeubles, les mettre en criées et subhastations, et pour faire adjourner les opposants auxdites criées par-devant les conseillers-trésoriers de France, en leur auditoire du trésor à Paris.

Les biens de Jacques Cœur ayant été mis en vente, Jean Cœur, archevêque de Bourges, et les tuteurs de ses frères Renaud et Geoffroi y formèrent leurs oppositions, et demandèrent qu'au moins on fît soustraction des biens qui devaient leur revenir de l'héritage de Macée de Léodépart, leur mère. Il y eut encore d'autres oppositions formées par plusieurs particuliers. Sur ce dernier article, la cour du trésor dit « que lesdits héritages de Macée de Léodépard, « si aucuns en y a de compris esdites criées, « seroient distraits au profit desdits deffendeurs « et opposants par sentence définitive et par « droit; mais quant aux autres causes d'oppo-« sitions et à la demande que formoient les en-

---

[1] J'ai lu, dans un inventaire de la Chambre des comptes, « une procuration de monseigneur l'argentier, signée JACQUES « CUER, et scellée de son sceel le vingt-septième jour de feb-« vrier mil quatre cent cinquante, par laquelle il constitue ses « procureurs Guillaume de Varie, et maître Jehan de la Loère, « pour faire les foi, hommage et debvoirs qu'il est tenu « faire à messeigneurs les comtes de Nevers et de Gien, et « autres seigneurs, à cause de la baronie de Toussy, et des « terres, chasteaulx, places et chastellenies de Saint-Furgeoul, « (Saint-Fargeau), Péreuse, la Codée (la Coudray), Lavau, Mé-« zilles, Saint-Martin, Saint-Privé, Rongières (Ronchère), Sept-« fons, Sainte-Colombe, Fauterelles (Faverelles), Arquien, « Sauzay, la Bussière, Chastillon, Montbouy, le Bois-Saint-« Germain, Destenières, Fontaines, Moulins, Dracy, la Vilette, « et autres assis en la terre de Puisaye ; en des estangs, for-« ges, bois, rivières, granges, mestayries, juridictions hautes, « moyennes et basses, et autres choses. »

« fants de Jacques Cœur pour l'annullation de
« l'arrest rendu contre leur père, il fut dit que
« lesdits articles posés ès causes d'opposition
« seroient rejetés comme impertinents et con-
« traires à l'honneur et autorité du roi ; deffen-
« dit aux opposants d'user d'ores-en-avant, et
« de proposer telles paroles ne langage contre
« l'autorité du roi et Sa Majesté royale, ne des
« arrests et jugements par lui donnés contre
« Jacques Cœur, comme criminel de lèze-ma-
« jesté ; deffend à tous avocats ou procureurs
« et autres, quels qu'ils soient, de proposer ou
« faire proposer telles et semblables frivoles al-
« légations, sur peine de privation de leur of-
« fice et de tous autres offices s'ils sont officiers
« royaux, et les avocats et procureurs de patro-
« ciner, et d'amende arbitraire ; et au surplus,
« ladite cour déboute lesdits opposants de leurs
« causes d'opposition touchant les conquests faits
« par Jacques Cœur, lesquels conquests seront
« adjugez, vendus, baillez et délivrez au plus
« offrant et dernier enchérisseur. »

En effet, le cinq décembre mil quatre cent cinquante-cinq, on délivra à Guillaume Gouffier, l'un des juges de Jacques Cœur, conseiller et premier chambellan du roi, et sénéchal de Saintonge, pour la somme de 10,000 écus d'or, les terres et seigneuries de la Motte et de Boissi, avec leurs appartenances et dépendances, la moitié des terres et seigneuries de Hoanne et de Saint-Aon, et d'une maison assise audit Saint-Aon, et de toutes les terres, rentes, revenus et appartenances d'icelles seigneuries situées au pays de Roannois.

L'année suivante, malgré l'appel interjeté au parlement par les enfants de Jacques Cœur, on procéda à l'adjudication de ses autres biens. Antoinette de Maignelais, veuve du sieur de Villequier, maîtresse de Charles VII, qui avait succédé à Agnès Sorel, eut la terre de Menetou-Salon en Berri, pour la somme de 8,000 écus d'or. Je passe, pour abréger, les noms de ceux à qui les autres terres et maisons furent délivrées.

Cependant la nouvelle de la mort de Jacques Cœur étant venue en France, ses enfants réitérèrent leurs instances auprès du roi. Ce prince, touché des dernières paroles de Jacques Cœur, qui lui avait recommandé en mourant ses enfants, reçut la requête que lui présentèrent Jean Cœur, archevêque de Bourges, et ses autres frères, auxquels se joignit Guillaume de Varic, l'un des principaux facteurs de Jacques, anobli par le roi, dont les biens avaient été aussi mis en la main du roi pendant son absence. Le roi, par ses lettres datées de Courceilles, près Souvigni, le cinq août mil quatre cent cinquante-sept, « désirant pourvoir aux-
« dits enfants et aussi audit Guillaume de Varic,
« afin qu'ils pussent mieux et plus honorable-
« ment vivre et trouver leur provision en ma-
« riage ou autrement, quitte et transporte à
« Renaud et Geoffroi Cœur, et à leurs succes-
« seurs et ayant-cause, les maisons de Bourges
« qui appartenoient à Jacques Cœur leur père,
« ensemble toutes les autres maisons, places,
« jardins et rentes assises en ladite ville de
« Bourges, terres, prez et héritaiges assis à
« l'entour, et généralement au pays de Berry,
« qui n'ont esté adjugez par décret à ceux qui
« les ont mis à prix, deux grandes maisons si-
« tuées à Lyon, les mines d'argent, plomb et
« cuivre de la montagne de Pompalieu et de
« Cosne, et le droit que le roi avoit ès mines de
« Chessieu, Sainct-Pierre-la-Palu, et de Ros-
« sur-Tarare, sans aucune chose réserver en
« icelles. Item, avec et outre les choses dessus-
« dites, le roi donne par ces présentes auxdits
« Renaud et Geoffroi et à Guillaume de Varic,
« c'est à savoir : à chacun d'eux par tiers,
« touttes les dettes, actions et biens meubles
« qui appartenoient à feu Jacques Cœur tant par
« lettres et cédules que par les papiers et autres
« enseignements qui furent dudit Cœur, quel-
« ques parts que soient lesdites dettes et biens,
« tant dans le royaume que dehors, qui ne sont
« venus au profit du roi ou au profit de ceux
« en faveur desquels il en avoit disposé ; et
« veut le roi que lesdits Renaud et Geoffroy et
« Varic en puissent faire action, demande et
« poursuite, et qu'ils soient à ce faire reçus en
« jugement et dehors, comme eussent esté lesdits
« Jacques Cœur et Guillaume de Varic, avant
« la prononciation de l'arrest. » Mais le roi se réserve, pour en ordonner à son plaisir, les sommes de deniers que Jacques Cœur avait prêtées à différentes personnes, dont les noms sont spécifiés dans une longue liste de gens de tout état, à la tête desquels est le comte de Foix, pour 2,985 écus d'or. On trouve dans cette liste des évêques, des maréchaux de France, des chevaliers, des chambellans, des

échansons, des secrétaires du roi, des maîtres des requêtes et des domestiques de la maison du roi, jusqu'à des peintres et des lavandières. Mais le roi, en donnant, par une grâce spéciale et une pure libéralité, aux enfants de Jacques Cœur, une partie des biens de leur père, qu'il regarde toujours dans cet acte comme justement condamné, déclare en même temps « qu'il entend que l'archevesque de Bourges, « maistre Henri Cœur, Renaud et Geoffroy leurs « frères, et Perrette Cœur, femme de Jacques « Trousseau, aussi bien que Guillaume de Va- « ric, renonceront à tous les biens qui furent « dudit Jacques Cœur, et ne pourront jamais « aucune chose demander au roi ne à autres « pour raisons des biens dudit feu Jacques « Cœur et dudit Guillaume de Varic, prins de « par lui, soit à cause de la succession de la « femme dudit feu Jacques Cœur, mère desdits « enfants, ne autrement, en quelque manière « que ce soit. »

En conséquence des lettres du roi, Jean Cœur, archevêque de Bourges, Henri Cœur, doyen de l'église de Limoges, Renaud et Geoffroi Cœur et Guillaume de Varic, donnèrent leurs lettres de renonciation à tous les biens qu'ils pouvaient répéter, excepté à ceux que le roi, par ses don et octroi, leur avait laissés, et les présentèrent aux gens des comptes et trésoriers de France, qui ordonnèrent, par leurs lettres du trois octobre mil quatre cent cinquante-sept, à tous les justiciers et officiers du roi, qu'ils laissassent jouir desdites cessions Renaud et Geoffroi Cœur et Guillaume de Varic.

C'est ainsi que par une pure libéralité du roi les enfants de Jacques Cœur rentrèrent dans la possession d'une partie des biens de leur père. Mais, malgré l'engagement qu'ils avaient contracté de ne plus rien demander des autres biens, ils crurent devoir profiter de la disgrâce où Antoine de Chabannes tomba lorsque Louis XI fut monté sur le trône, en mil quatre cent soixante-un; ils l'avaient toujours regardé comme le principal moteur des affaires suscitées à leur père, ainsi il n'est pas étonnant qu'ils l'aient attaqué, et aient obligé son héritier, après des poursuites qui durèrent près de trente ans, d'en venir enfin à un accord à l'amiable qui termina entièrement le procès dont je vais rendre compte.

La question était de savoir de quelle manière ils pourraient revenir contre un arrêt donné par le roi même.

L'archevêque de Bourges dressa un mémoire sur toute la procédure tenue contre son père, et l'envoya à sept des plus fameux avocats de Paris, pour avoir leurs avis. Ces avocats étaient Fradet, la Reaulté, Luillier, Simon, Fournier, le Maire et Besançon, dont quelques-uns furent dans la suite conseillers au parlement. Toutes les pièces du procès de Jacques Cœur étaient en si grand nombre qu'il y en avait *la charge d'un cheval;* c'est ainsi que s'exprime l'archevêque de Bourges, qui n'envoya que les principales, avec des extraits des autres, et manda aux avocats qu'il leur enverrait le tout, s'ils le jugeaient nécessaire. Il était si persuadé du bon droit de son père qu'il dit que quoiqu'il fût qu'au procès inventorié et baillé par Babin, avocat du roi, ce magistrat eût changé les confessions, et ôté beaucoup de choses qui servaient grandement à la justification de son père, comme il se fait fort de le prouver par le témoignage d'aucuns qui avaient été du nombre des commissaires, néanmoins il désire que les avocats ne fassent attention qu'aux pièces du procès tel qu'il est, et qu'ils disent leur avis sur l'équité ou l'injustice de cette procédure, après la lecture qu'ils en auront faite.

Les avocats convinrent qu'il y avait dans le procès injustice et iniquité manifeste; mais ils ne furent pas de même sentiment sur la manière de revenir contre l'arrêt.

Fradet, qui était le rapporteur, fut d'avis que M. l'archevêque de Bourges et ses frères ne pouvaient venir à faire rétracter la sentence par relèvement des appellations interjetées par Jacques Cœur, attendu qu'elle avait été donnée par le roi par forme d'arrêt, *à quo non appellatur;* mais qu'il était d'opinion que lesdits frères y devaient venir par supplication et par proposition d'erreur; que cette voie était plus abrégée, puisque par ce moyen ledit procès serait jugé *ex eisdem actis*, au lieu que si l'on prenait la voie du relèvement des appellations, il faudrait entrer en faits et en enquête, et serait la procédure longue avant qu'on pût parvenir à obtenir arrêt.

La Réaulté fut aussi d'avis qu'il était périlleux de mettre le procès en la cour de parlement, parce qu'il savait bien que la plupart des notables gens de ladite cour avaient si grande et si bonne opinion du feu roi qu'à grande peine leur pouvait tomber en l'entendement de rescinder ou rétracter ladite sentence, attendu que le procès avait été conduit par gens de grande autorité et en grand nombre, après une mûre délibération ; c'est pourquoi il conseillerait plutôt à M. de Bourges et à ses frères qu'ils venissent par forme de grâce, telle qu'il plairait au roi leur faire, pour la restitution des biens de leur feu père.

Simon, ayant parlé le troisième, ne fut point de l'avis du rapporteur, qui était d'avoir réparation par proposition d'erreur ou supplication pour les raisons qu'avait dites La Reaulté ; mais il conclut qu'on ne devait revenir par le moyen de relever les deux appellations interjetées par Jacques Cœur, lesquelles sesdits enfants relèveraient comme héritiers au nom de leur feu père, et que mondit seigneur l'archevêque et ses frères relèveraient aussi les appellations qu'ils interjetèrent après la mort de leur père, et seraient relevés de laps de temps et de la renonciation, si aucune en avaient faite du temps du feu roi, et impétreraient encore un examen à futur pour faire examiner témoins vieux et valétudinaires ; et par autres lettres pendant le procès serait mandé à la cour que ledit examen fût joint audit procès, pour y avoir tel égard que de raison, etc.

Cet avis ayant passé à la pluralité fut envoyé à l'archevêque de Bourges, qui s'apprêta à poursuivre cette affaire.

Cependant Antoine de Chabannes était, comme je l'ai dit, tombé dans la disgrâce du roi, qui, se ressouvenant qu'il l'avait obligé, sous le règne de Charles VII, de s'enfuir du Dauphiné, ne fut point fâché de lui faire sentir son courroux en le mettant au nombre de tous les anciens serviteurs de son père qu'il priva de leurs emplois et de leurs dignités. Antoine fut mis en prison au Louvre, où il fut enfermé pendant deux ans, et au bout de ce temps, ayant été transféré à la Conciergerie, où il demeura prisonnier pendant dix jours, il fut condamné, le vingt août mil quatre cent soixante-trois, au bannissement, et ses biens furent confisqués ; néanmoins, au lieu de lui rendre la liberté, on le renferma dans la Bastille, d'où il se sauva, comme nous le dirons bientôt.

Geoffroi Cœur, qui était valet de chambre de Louis XI, profita de l'emprisonnement d'Antoine de Chabannes pour demander au roi les biens qu'il avait eus par confiscation sur Jacques Cœur. Renaud son frère était mort, et ses deux autres frères, Jean, archevêque de Bourges, et Henri Cœur, doyen de Limoges et maître ordinaire de la chambre des comptes étant ecclésiastiques, Geoffroi se trouva le seul héritier de sa famille, par la cession que ses deux frères lui firent de leurs droits.

Ils obtinrent du roi des lettres qui les relevèrent du laps de temps, et leur permirent de poursuivre l'appel de leur père et de faire entendre les témoins ; mais, sans attendre l'issue du procès, Geoffroi Cœur, se transporta dans le pays de Puisaie, se saisit de toutes les terres, châteaux, forteresses et meubles d'Antoine de Chabannes, où son fils et héritier Jean prétendit qu'il avait spolié pour 50,000 francs de meubles. C'est ainsi que Geoffroi Cœur rentra dans la possession de cette partie des biens de son père ; car on ne voit pas qu'il ait intenté procès à aucun des autres qui avaient aussi profité de la confiscation des biens de Jacques Cœur.

Cependant le procès porté au parlement y fut plaidé à huis clos, le vingt mai mil quatre cent soixante-deux, et l'avocat Haslé, pour les appelants, après s'être étendu sur les louanges de Jacques Cœur et fait voir son innocence, établit la nullité de la procédure. Il avait commencé son plaidoyer par avouer que c'était à regret qu'il parlait contre Antoine de Chabannes, mais que l'infamie qui rejaillissait de la condamnation de Jacques Cœur sur ses enfants ne leur permettait pas de demeurer dans le silence, et de laisser attaquer la mémoire de leur père sans la défendre. M. Ganai, pour le procureur du roi, après avoir remontré l'importance de la matière, soutint que les appellations n'étaient pas recevables, le procès ayant été fait par commissaires délégués par sa majesté, qui, par l'avis d'aucuns de son sang, de tout son grand conseil, d'aucuns présidents et conseillers de la cour, avaient donné leur jugement, dont Jacques Cœur n'avait appelé, et qu'au contraire le jugement avait été exécuté ; sur quoi et plusieurs autres moyens il établit les fins de non-recevoir.

Haslé ayant répliqué, il y eut appointé à mettre devers la cour le procès et tout ce que les parties voudraient et au conseil. Il y eut même appointement le quatre suivant, sur les lettres des appelants, qui furent jointes au procès principal; mais la cour ne prononça ni sur les appellations, ni sur les lettres que les enfants avaient obtenues de Louis XI pour être reçus appelants.

Geoffroi Cœur, qui s'était déjà saisi par voie de fait des biens d'Antoine de Chabannes, fut confirmé par les lettres que Louis XI lui octroya à Paris au mois d'août l'an quatorze cent soixante-trois, et qui furent enregistrées au parlement le sept septembre suivant, et le dix à la chambre des comptes. Le roi parle dans ces lettres en termes très durs d'Antoine de Chabannes et de son injustice, et relève au contraire les services rendus à l'État par Jacques Cœur; c'est pour les récompenser qu'il restitue à son fils Geoffroi les terres et seigneuries de Saint-Fargeau, de Lavau, de la Coudre, de Péreuse, de Champignelles, de Mézilles, de Villeneuve-les-Genets et leurs appartenances, et celles de Saint-Maurice, de la Frenaie, de Fontenouilles, de Mez-le-Roi et de la baronnie de Touci, dont Antoine de Chabannes s'était emparé, et qu'il s'était fait adjuger par décret.

Mais les choses ne restèrent pas longtemps en cet état. Antoine de Chabannes s'étant sauvé de la Bastille, le douze mars mil quatre cent soixante-quatre ou mil quatre cent soixante-cinq, alla joindre les princes révoltés dans la guerre du bien public; et pendant qu'il était dans le Bourbonnais, il s'avança avec des troupes vers Saint-Fargeau et Saint-Maurice-sur-l'Aveyron dont il s'empara, y fit prisonnier Geoffroi Cœur, et prit tous les biens meubles qui y étaient. La paix s'étant faite en mil quatre cent soixante-cinq, et Antoine de Chabannes ayant été rétabli dans tous ses biens, il poursuivit le procès contre Geoffroi Cœur, et répéta plus de 50,000 livres de biens meubles qui étaient à Saint-Fargeau lorsque Geoffroi Cœur s'en était emparé; il demanda de plus la restitution des fruits, profits et revenus qu'il avait perçus pendant plusieurs années, desdites seigneuries, dans lesquelles Antoine de Chabannes disait avoir dépensé plus de 200,000 livres pour les mettre en valeur. Les parties ayant été appointées en droit, Antoine de Chabannes resta possesseur de Saint-Fargeau et les autres seigneuries, dont le roi ne reçut néanmoins l'hommage qu'en mil quatre cent[1] quatre-vingt-trois, c'est-à-dire après la mort de Jean Cœur, archevêque de Bourges, arrivée le vingt-neuf juin mil quatre cent quatre-vingt-deux; le roi n'ayant pas voulu sans doute causer cette mortification à ce prélat, qui s'était acquis une grande considération par ses vertus et son mérite. Mais le roi étant mort lui-même le trente août mil quatre cent quatre-vingt-trois, Geoffroi Cœur fit, mais inutilement, de nouvelles instances pour faire terminer le procès. Antoine de Chabannes fit tout ce qu'il put pour empêcher le jugement, engagea même Anne de France, sœur de Charles VIII, successeur de Louis XI, à demander, au nom de ce prince, que le parlement envoyât à sa majesté toutes les pièces du procès. Le roi, pour cet effet, avait députe au parlement messieurs Jean Chambon et Charles Pontez conseillers, et le sieur de Saint-Mesme, écuyer d'écurie, avec des lettres de créance, datées de Montereau-Faut-Yonne, le sept mai mil quatre cent quatre-vingt-sept, portant injonction à la cour d'envoyer par lesdits députés le procès pendant en icelle entre les enfants de feu Jacques Cœur d'une part et le procureur général d'autre. Les chambres s'étant assemblées, il fut décidé que pour le présent ledit procès ne serait donné, ni envoyé hors des mains d'icelle cour, pour les dangers et inconvénients qui en pourraient ensuivre; mais qu'on écrirait au roi de cette matière.

Antoine de Chabannes et Geoffroi Cœur ne survécurent pas longtemps à cette décision; car Geoffroi mourut le onze octobre mil quatre cent quatre-vingt-huit, et Antoine le vingt-cinq décembre suivant. Ce dernier laissa pour unique héritier Jean de Chabannes, comte de Dammartin; et Geoffroi laissa d'Isabeau Bureau, sa femme, quatre enfants: Jacques Cœur, Jeanne, mariée alors à Jacques Pavye, seigneur de Loubatières, Marie, âgée de quinze ans, et Germaine, d'environ treize ans.

Enfin les héritiers des deux contendants, las de la durée d'un procès qui avait commencé il y avait près de trente ans, se déterminèrent à s'accorder ensemble. Le roi Charles VIII donna, le vingt-sept août mil quatre-vingt-neuf, des lettres au parlement pour ne mettre empêchement à l'accord et pacification que voulaient faire Jean de Chabannes et la veuve de Geoffroi Cœur. En conséquence, la cour reçut les parties à passer ledit accord par arrêt du trois septembre mil quatre cent quatre-vingt-neuf. La transaction qu'ils passèrent alors est dans les archives de Saint-Fargeau en original, et elle finit ainsi : « Les parties « estant en adventure de choir en grande invo- « lution de procès et dépens avant l'issue d'i- « ceux, elles aiment mieux traiter, transiger « et s'accorder ensemble de bonne foy, à ce « mues par le conseil de plusieurs notables « personnes et de leur parenté qui vouloient « mettre paix et nourrir amour entre les par- « ties : c'est pourquoi elles sont convenues que « ledit comte Jean promet bailler, assigner, « céder et transporter à ladite veuve et héri- « tiers, 400 livres de rente tournois, en reve- « nue annuelle perpétuelle, et pour ce cède la « seigneurie de Beaumont-le-Bois, pour et en « assiette de 200 livres tournois de rente sur et « tant moins de 400 livres ; et pour les autres « 200 livres, ledit seigneur comte Jean s'oblige « et promet de les assigner dedans la prévosté « et vicomté de Paris, et tout en fonds de terre, « rente et revenue bien et duement, en lieu « convenable, dedans un an prouchain venant, « tellement que perpétuellement ladite rente ou « revenue se puisse prendre sans aucune dimi- « nution. Ledit sieur comte Jean promet payer « et fournir icelle somme de 200 livres de rente « ausdits veuve et héritiers de Geoffroi Cœur « dedans la ville de Paris par chacun an en « quatre termes accoutumez, le premier terme « à Nouel prochain venant ; et ledit seigneur « comte ne pourra rachepter ladite rente qu'en « en rachetant 50 livres à la fois au moins, en « en payant la somme de 1,000 livres tour- « nois. En outre, promet mondit seigneur le « comte payer 10,000 écus d'or à la couronne, « c'est à sçavoir présentement 3,000 écus d'or « que lesdits veuve et héritiers reconnoissent « avoir reçus et estre contents, et le reste d'an- « née en année, sçavoir 2,000 écus à la Saint- « Jean-Baptiste prochain venant, 2,500 écus à « la Saint-Jean suivant, et 2,500 écus à la Saint- « Jean-Baptiste de l'an mil quatre cent quatre- « vingt-douze. » Ces 10,000 écus d'or à la couronne, de 70 et demi au marc, vaudraient aujourd'hui environ 100,000 livres de notre monnaie.

C'est ainsi que finit le procès suscité à l'occasion de la condamnation de Jacques Cœur. On a pu voir par tout le détail fastidieux dans lequel je suis entré que le parlement n'a fait aucun acte pour rétablir sa mémoire ; mais l'ardeur avec laquelle ses enfants osèrent poursuivre pendant tant d'années Antoine de Chabannes, ce seigneur si puissant auprès du roi, revêtu des premières charges de la couronne, considérable par sa naissance, ses alliances et ses richesses, fait voir qu'ils étaient bien persuadés de la justice de leur cause et des vœux du public en leur faveur. On peut même dire que Jean de Chabannes ne se croyait pas bien assuré de son droit, puisqu'il dédommagea en quelque façon les héritiers de Jacques Cœur des grands biens que son père leur avait enlevés.

Des quatre enfants de Geoffroi Cœur, il ne resta que deux filles, Marie et Germaine, qui laissassent postérité ; la première fut mariée à Eustache Luillier, et la seconde à Louis de Harlai, à qui elle porta la terre de Beaumont-le-Bois, érigée en comté par Henri IV, en faveur de Achille de Harlai, premier président du parlement, son petit-fils.

ACTES JUDICIAIRES

RELATIFS AU PROCÈS ET A LA CONDAMNATION

DE

JACQUES CŒUR,

D'après le manuscrit original déposé dans les archives du château de Saint-Fargeau (1).

Charles, par la grâce de Dieu, roy de France, à tous ceulx qui ces présentes lettres verront, salut. Comme par arrest donné par nous à Lezignen, le vingt-neufviesme jour de may, l'an mil quatre cens cinquante et trois, par l'advis et délibéracion de pluseurs seigneurs de nostre sang et lignaige, des gens de nostre grant conseil et autres notables gens, nous eussions déclairé Jaques Cuer, nagaires nostre argentier, estre

(1) Ce document authentique et curieux est déposé dans les archives du château de Saint-Fargeau, ancienne propriété de Jacques Cœur et propriété actuelle du marquis de Boisgelin qui a bien voulu m'envoyer l'original, et m'autoriser à en faire prendre copie et à le publier.

entre autres choses crimineulx de crime de leze-magesté et de pluseurs autres grans crimes contenus oudit arrest, et avec ce l'eussions condempné envers nous en la somme de quatre cens mil escus d'or et à tenir prison jusques à plain paiement de ladite somme, et au seurplus eussions déclairé tous les biens dudit Jaques Cuer estre confisquez envers nous, comme par nostre dit arrest duquel la teneur s'ensuit puet apparoir.

« Charles, par la grâce de Dieu, roy de France, à tous ceulx qui ces présentes lettres verront, salut. Comme après le décès de feue Agnès Sorelle, damoiselle, la commune renommée fut qu'elle avoit esté empoisonnée, et par icelle commune renommée Jaques Cuer, lors nostre conseiller et argentier, en eust esté souspeconné, et aussi d'avoir envoyé du harnois de guerre aux Sarrazins nos anciens ennemys et de la foi chrestienne, et que aucuns de nos subgectz nous eussent fait pluseurs grans plainctes et clameurs dudit Jaques Cuer, disant icelui Jaques Cuer avoir fait pluseurs grandes concussions et exactions en nostre païs de Languedoc et sur nos subgez, et avoir transporté ou fait transporter ausdits Sarrazins par ses gens, facteurs ou serviteurs, sur ses galées, grande quantité d'argent blanc, et tellement qu'il en avoit, ainsi que l'en disoit, comme du tout exillé et désimé nostre dit pais de Languedoc, pour quoy eussions ordonné estre faictes informacions par aucuns de nos gens et officiers, et icelles faictes rapporter par devers nous pour y pourveoir et en ordonner ainsi que faire se devroit par raison; lesquelles informacions faictes, mesmement sur ledit cas de la mort et empoisonnement de la dicte damoiselle Agnès, et rapportées par devers nous au lieu du chastel de Taillebourg où nous estions pour la conqueste de nostre païs et duchié de Guienne, les avons fait veoir et visiter en nostre présence par ceulx de nostre grant conseil et pluseurs autres de nos gens et officiers à ce appelez en grant nombre; et icelles informacions veues et visitées bien au long et aussi la depposicion de Jehanne de Vendosme, damoiselle dame de Mortaigne, qui touchant ledit cas de la mort et empoisonnement de la dicte damoiselle Agnès avoit depposé à la charge dudit Jaques Cuer, par l'advis et délibération desquelles gens de nostre grant conseil et autres dessusdits, eussions appoinctié et ordonné : que iceluy Jaques soit arresté, ses biens mis en nostre main par inventaire et en garde de bons et seurs commissaires, qui en sceussent rendre compte et reliqua, quant et là où il appartiendroit; depuis lequel nostre appoinctement et incontinant après et avant l'exécution d'iceluy, ledit Jaques Cuer se feust traict par devers nous, et en la présence desdits gens de nostre dit grant conseil et autres dessusdits estans encores assemblez, nous eust dit et exposé : que l'en avoit prins par nostre ordonnance l'un de ses serviteurs, et avoit entendu que l'en faisoit certain procès contre luy, en nous requérant qu'il nous pleust avoir regard à son faict et luy tenir termes de raison et justice, en nous offrant de soy mettre en prison et tenir tel arrest qu'il nous plairoit pour soy justiffier des cas dont on l'accusoit; auquel Jaques Cuer, par l'advis et délibération desdits gens de nostre grant conseil et autres dessusdits, eussions fait dire de par nous : que sadicte offre estoit juste et raisonnable, et que en icelle acceptant voulions et ordonnyons qu'il tenist arrest oudit chastel de Taillebourg; et pour ce eust iceluy Jaques Cuer esté arresté prisonnier oudit chastel de Taillebourg, et en iceluy détenu et gardé par aucun temps, et depuis mené par nostre ordonnance en nostre chastel de Lezignen, ouquel chastel ledit Jaques Cuer fut interrogé par pluseurs et diverses fois par notables hommes, tant de nostre conseil que autres à ce par nous commis et depputez, et ses confessions reddigées par escript; et depuis, pour ce que, pour aucuns nos grans affaires, nous transportasmes ou chastel des Montils lez Tours, fut aussi ledit Jaques Cuer mené et transporté de nostre dit chastel de Lezignen ou chastel de Maillé, où par devers nous et nosdis commissaires furent apportées pluseurs autres informacions à la charge dudit Jaques Cuer; lesquelles ordonnasmes, par iceulx nos commissaires et autres que de nouvel commismes avec eulx, estre veues et visitées, et par lesdites informacions ledit Jaques Cuer fut trouvé chargé : que dès l'an mil quatre cents vingt-neuf, lui estant compaignon de la ferme de nostre monnoye de Bourges, il avoit fait forger escus à moindre poix et loy, comme escus de soixante-seize, quatre-vingt-quatre et quatre-vingt-neuf escus pour marc, et à quatorze et quinze karas, combien qu'il deust avoir lors forgié escus de soixante et dix au marc et à dix-huit caras, selon nos ordonnances royaulx, et par ce moien y avoit eu prouffit de vingt ou trente escus pour marc où il n'en devoit avoir que deux escus, en desfraudant et desrobant nous et la chose publicque de nostre royaume, et en commettant, en ce faisant, crime de fausse monnoye; et pareillement en l'an mille quatre cents trente, ouquel an, par nostre ordonnance, furent forgiez royaulx de soixante quatre au marc et à vingt-trois caras et trois quars de carat, d'avoir forgié et fait forgier en ladicte monnoye de Bourges royaulx à vingt-trois caras et de poix moins demy réal sur le marc; et semblablement aussi d'avoir fait et commis pluseurs autres grans faultes et abus ou fait de nos dites monnoyes de Bourges. Fut aussi trouvé chargé ledit Jaques Cuer par lesdites informacions : que luy ou ses gens avoient fait mener grant quantité de harnois ausdits Sarrazins et mescréans, et que iceluy Jaques Cuer, afin que ses galées fussent mieulx traictées, et qu'il peust tirer deux ou trois cens esportes de poivre du païs d'Alixandrie sans paier le droit ou souldan, qui pouvoit monter quatorze ou quinze ducas pour esporte, avoit envoyé et fait présenter par ses gens audit souldan des Sarrazins certaine grant quantité de harnois ou habillemens de guerre et de autres armes invasives; c'est assavoir de cranequins, haches, guysarmes, couleuvrines, vouges, jaserans et autres habillemens de guerre, et qui pis estoit, avoit fait présenter ledit harnois audit souldan en nostre nom, combien que de ce faire n'eust charge ne commission aucune de par nous. Et estoit commune renommée que, par le moien desdits harnois ainsi transportez audit souldan et Sarrazins par ledit Jaques Cuer, iceulx Sarrazins avoient gaigné une bataille sur les chrestiens, dont on nous donnoit charge et blasme de le avoir souffert, cuydans ceulx qui ainsi nous en donnoient blasme que ce feust de nostre congié et voulenté, combien qu'il n'en feust riens. En outre, fut trouvé chargé par lesdites informacions ledit Jaques Cuer d'avoir fait mener et transporter oudit païs d'Alixandrie et vers lesdits Sarrazins grant quantité de cuivre, et aussi d'avoir fait fondre et mettre en lingos en nostre royaulme, et en aucunes de nos monnoyes et ailleurs, grant quantité d'argent blanc alayé en partie de nostre monnoie ayant cours à présent, et d'autre billon à moindre loy de deux deniers ou environ que n'est l'argent aiant cours en nostre dit royaulme, et iceluy argent blanc, ainsi fondu et alayé comme dit est, en grant quantité et jusques à vingt mil marcs d'argent et plus mené ou fait mener par ses dites gens, facteurs et serviteurs, sur ses dites galées, et de là ou païs d'Alixandrie et autre part vendre, sans aucun congié ou licence de nous, ausdits Sarrazins mescréans nos ennemys et ennemys de la foy, en venant et faisant par ce moien contre nos ordonnances royaulx, et en apouvrissant et comme du tout désimant dudit argent et de chevance nosdits royaume et subgets d'iceluy, et aussi en enrichissant lesdits Sarrazins nos ennemys et ennemys de la foy chrestienne; et combien que ledit argent blanc ainsi fondu, alayé et transporté ausdits Sarrazins par ledit Jaques Cuer ou ses dites gens et serviteurs ne feust de pareille loy comme celuy qui avoit et a cours en nostre dit royaume, mais de moindre loy beaucop, néantmoins pour le mieulx vendre et à pareil pris que celui de la loy de nostre dit royaume, ledit Jaques Cuer de son auctorité privée l'avoit signé ou au moins permis et souffert signer par ses dits facteurs, gens et serviteurs, à une fleur de lis contrefaicte, en falsiffiant et contrefaisant nostre marque, dont grant deshonneur estoit advenu à nous et à nos subgects; car les Sarrazins qui avoient acheté dudit argent et l'avoient trouvé de moindre loy que ladite marque ne demonstroit, avoient dit tout communément et en présence de pluseurs autres marchans estranges que Francoys estoient trompeurs. Avoit ainsi ledit Jaques Cuer, comme il apparoit par lesdites informacions, transporté ou fait transporter par ses dites gens, facteurs et serviteurs, grant quantité de billon, tant d'or comme d'argent, en Avignon et ailleurs, hors de nostre dit royaume, en contempnant nos dites ordonnances royaulx sur ce faictes, lesquelles ledit Jaques Cuer, qui autreffois avoit esté maistre de monnoyes, ne povoit ignorer ni les peines contenues en icelles. Fut aussi ledit Jaques Cuer trouvé chargé par informacion que, combien que en l'an mil quatre cents quarante-six la galée Saint-Denis, appartenant audit Jaques Cuer, estant en Alixandrie, et Michiel Tinturier patron d'icelle, ung jeune enfant de l'aage de quatorze à quinze ans, chrestien, de la terre du Prestre Jehan, détenu esclave par ung Sarrazin, se feust rendu en ladite galée Saint-Denis et mis à genoils devant ledit patron, en criant : *Pater noster, Ave maria*, et en disant qu'il vouloit être bon chrestien, et que pour ceste cause il s'en estoit fouy de l'ostel dudit Sarrazin, son maistre, et que ledit Michiel Tinturier l'eust fait amener sur ladite galée Saint-Denis jusques en nostre ville de Montpellier, où ledit enfant eust demeuré par loing temps et par plus de deux mois avecques aucuns bourgois et marchans de ladite ville, et aussi avecques feu maistre Pierre du Moulin, lors arcevesque de Thoulouse, en le servant de office de varlet de chevaulx, et ce pendant se feust ledit enfant mainctenu et gouverné comme chrestien, en alant à l'église, oyant messe, comme les autres chrestiens, et eust esté en sa franchise et liberté sans estre détenu aucunement, ainsi que l'en a acoustumé détenir esclaves, néantmoins ledit Jaques Cuer estant audit Montpellier avoit mandé ledit Michiel Tinturier venir parler à luy et luy avoit fait très mauvaise chière et dit pluseurs paroles injurieuses, en lui disant : qu'il avoit mal fait d'avoir amené ledit esclave chrestien d'Alixandrie et de l'avoir robé à son maistre ; que ses galées en pourroient avoir à souffrir ou temps lors à venir ; et jà-soit-ce que ledit Michiel Tinturier se feust excusé et eust compté audit Jaques Cuer le cas tel qu'il estoit, et avec ce luy eust dit qu'il ne faisoit pas grande estimacion du dangier desdites galées, et que le Sarrazin, maistre dudit enfant, si aymeroit mieulx cinquante ducas que l'enfant, néantmoins ledit Jaques Cuer n'avoit tenu compte de ladite excusacion dudit Tinturier ne de chose qu'il luy eust dit, mais luy avoit dit qu'il failloit rendre ledit enfant, et que si aucun dommaige en advenoit à ses galées il destruiroit ledit Michiel Tinturier et son père aussi ; et depuis ledit Jaques Cuer avoit pareillement envoyé quérir Ysart Tinturier, père dudit Michelet et luy avoit dit semblables et toutes et telles parolles qu'il avoit dit par avant audit Michelet son fils, et en oultre avoit renyé Dieu que, ou cas que sesdites galées en auroient à faire, il destruiroit ledit Ysart son fils de corps et de bien, en lui disant qu'il feist, comment que ce feust, qu'il recouvrast ledit enfant ; et depuis iceluy Jaques Cuer ou ses gens et serviteurs, par son ordonnance et commandement, et de leur auctorité privée, si avoyent prins et emprisonné ledit enfant ès prisons du bailli de nostre dite ville de Montpellier, et illecq avoit esté détenu par force et contre son gré et voulenté l'espace de deux mois et plus, et jusques à ce que les galées dudit Jaques Cuer se furent despechées pour s'en aler oudit païs d'Alixandrie, que iceluy Jaques Cuer le fist traire desdites prisons, prendre et mener èsdictes galées, retourner oudit païs d'Alixandrie et délivrer audit Sarrazin son maistre, où il a depuis autreffois renyé la foi chrestienne ; en commectant par ce moien et en ce faisant pluseurs grans et énormes crimes, comme crime de leze magesté, force publicque, prison privée, transport de nostre juridicion en autre, crime de plage et autres pluseurs. Fut en outre trouvé ledit Jaques Cuer chargé par lesdites informacions, d'avoir fait prendre et emprisonner pluseurs gens qu'il disoit estre ruffiens et coquins, et mectre en ses galées pour naviger, entre lesquels y avoit esté prins ung jeune homme Alement pélerin qui aloit à Saint-Jaques, que l'en disoit estre homme d'Eglise ; lequel quant s'estoit trouvé ainsi prins et mis èsdites galées, de dueil et desplaisance s'estoit gecté en la mer et noyé ; furent aussi prins et mis èsdites galées deux nos sergens de nostre dite ville de Montpellier, et par les gens et facteurs dudit Jaques Cuer chargés et baillés aux coursaires et pirates pour et en eschange d'autres gens, et lesquels deux nos sergens estoient mors, ou l'un d'eulx, depuis en la main desdits coursaires. Fut aussi ledit Jaques Cuer chargé par icelles informacions d'avoir fait faire, de son auctorité et sans nostre sceu, ung petit scel de plomb ou cuyvre pareil et semblable à nostre petit scel de secret, et lequel petit scel, depuis l'arrest et empeschement dudit Jaques Cuer, avoit esté gecté au feu et fondu secrètement par aucuns de ses gens et serviteurs. Et aussi fut trouvé par lesdites informacions que pendant le temps que l'on traitoit le mariage de nostre très chière et très amée fille Jehanne avecques nostre très chier et très amé cousin le conte de Clermont, iceluy Jaques Cuer, meu de grant avarice et non aiant nostre fait et honneur devant ses yeulx, ainsi qu'il devoit, avoit dit aux seigneurs de Canillat, de la Fayete et autres, qui estoient venus en nostre ville de Chinon par devers nous de par nostre très cher et très amé cousin le duc de Bourbon pour la poursuite dudit traictié de mariage : qu'ils ne feroient riens vers nous touchant ledit traictié de mariage, si non que nous eussions premièrement deux mil escus pour jouer aux dez et faire nos plaisances ès festes de Noël, qui estoient lors prouchaines à venir ; et que pour ladite somme de deux mil escus il avoit prins les obligations et scellés desdits seigneurs de Canillac et de la Fayete, en nous chargeant en ce faisant très grandement de nostre honneur, car jamais ne l'eussions voulu ne daigné penser. Fut en outre trouvé ledit Jaques Cuer chargé par lesdites informacions d'avoir exigé et eu indeuement pluiseurs grandes sommes de deniers des marques des Genevoys, de Provence et de Cathaloigne, et espécialement d'avoir accumulé l'ancienne marque des Genevoys, mise sus pour récompenser les dampniffiez en la perte de la galée de Narbonne, avec la dernière marque mise sur pour les dampniffiés en la galée Saint-Denis, ou grand grand préjudice et dommaige desdits dampniffiez pour lesquels ladite première et ancienne marque avoit esté ordonnée ; car par ladicte acmulation et union desdites deux marques des Genevoys, le paiement desdits premiers dampniffiez en avoit esté fort dilayé et appetisié, et en telle manière que là où ils eussent esté payés dedens six ou huit ans, ils ne le seront pas dedens trente ans, et là où ils eussent eu par chacun an livres ou escus, ils n'auront pas sols. Avoit aussi ledit Jaques Cuer fait croistre la somme des dites marques de beaucoup plus qu'elle ne devoit estre, à la grande charge de nos subjets, et si avoit levé et exigé sur ladite marque des Genevoys la somme de six mil escus d'or, soubz ombre de ce qu'il estoit pour distribuer entre les commissaires qui avoient vacqué à l'assiette de la dite marque et paier les autres frais et despenses faictes en la poursuite d'icelle marque, combien qu'il n'en ait riens baillé. Avoit aussi receu ledit Jacques Cuer de Aubert Panes, receveur de ladite marque, la somme de six cens escus d'or, pour obtenir lettres de nous pour mectre sur ladicte marque ; et combien que les autres dampniffiez en ladicte galée de Narbonne ne feussent payés contens de ce pourquoy ils avoient esté colloqués en ladicte marque des Genevoys, mais attendent leur paiement par chacun an, selon leur collocation, néantmoins ledit Jaques Cuer par son auctorité s'estoit fait paier content et en avoit receu six cens soixante escus et pour ses intérests la somme de mil francs ; et combien que par ce moien il eust esté paié content et entièrement de sadicte dampnifficationde ladicte galée de Narbonne, néantmoins, par la grant auctorité qu'il se donnoit, il s'estoit faict de rechief colloquer en la marque de Cathaloigne, pour sadicte dampnifficationde la dicte galée de Narbonne, et aussi s'estoit fait paier content, et en avoit receu deux mil escus d'une part et la somme de treize cens soixante-trois livres d'autre part, et avec ce s'estoit fait paier content des deniers de ladite marque la somme de six mil escus d'or, soubz couleur des frais et mises qu'il disoit avoir faictes en la poursuite de ladicte marque, dont il n'estoit riens, ou grant retardement du paiement et dommaige des autres dampnifiés, colloqués en ladicte marque. Avoit aussi ledit Jaques Cuer receu de la composition de la marque de Provence la somme de douze mil florins pour icelle somme distribuer entre les dampniffiez colloqués en icelle marque, dont il n'avoit riens fait, aincois avoit retenu ladicte somme de douze mil florins et appliccquée à soy ; et combien que ledit Jaques Cuer fust lors notre conseiller et officier et eust la charge et gouvernement de nos finances et commission avecques nos autres conseillers et officiers de bailler ou faire bailler en nostre pais de Languedoc nos fermes, et qu'il ne deust estre fermier, parcionnier ne compaignon de ceulx qui prenoient nosdictes fermes, néantmoins ledit Jaques Cuer, en baillant icelles nos fermes, avoit esté compaignon d'aucuns fermiers et parcionnier d'aucunes desdites fermes, et mesmement des foires de Pesenas et Montignac par pluseurs et diverses années, en quoy il avoit eu de grans gaings à nostre très grant perte et dommaige ; car parce qu'il estoit parcionnier desdites fermes, il trouvoit moiens et facons que nosdites fermes estoient baillées à moindres pris qu'elles ne valoient ; et en l'année mil quarante et ung, combien que, par nos commissaires et ledit Jaques Cuer, aussi lesdites foires si eussent esté affermées pour la somme de neuf mil cinq cens cinquante livres tournois, néantmoins ledit Jaques Cuer qui fut parcionnier de ladite ferme donna à entendre

JUGEMENT RENDU CONTRE JACQUES COEUR.

à sesdits compaignons qu'elles avoient esté affermées à douze mil livres tournois, et par son auctorité et que sesdits compaignons ne luy osèrent contredire, il les contraigny à luy tenir compte de ladicte ferme jusques à la dicte somme de douze mil livres tournois, et toutesfois ledit Jaques Cuer n'en avoit tenu compte à nostre receveur général que de ladicte somme de neuf mil cinq cens cinquante livres tournois; et par ce moien avoit prins et robé tant sur nous que sur sesdits compaignons la somme de deux mil quatre cens cinquante livres tournois. Fut oultre plus ledit Jaques Cuer trouvé chargé par lesdites informacions d'avoir faict mectre sans notre sceu et consentement en nostredit pais de Languedoc, en oultre et par-dessus nos tailles, pluseurs grandes sommes de deniers, et icelles fait lever et exiger sur nos subjets, et aussi avoir fait en nostredit pais de Languedoc et sur nosdits subjez pluseurs commissions grandes et énormes exaccions, les unes par force de dons et d'interest, les autres soubz ombre de pertes de finances, tant sur nostre dit païs de Languedoc en général comme sur nos receveurs particuliers dudit pais, et autres exactions que l'on nomme vulgairement espices, montans à grandes et excessives sommes de deniers, et tellement que, par le moien desdites commissions et grandes exaccions faictes par ledit Jaques Cuer, nostredit pais de Languedoc estoit par commune renommée comme du tout apouvry, désimé et vuide d'argent et de chevance; et si avoit ledit Jaques Cuer en oultre prins pertes de finances sur nous, combien que alors il eust entre ses mains grant somme de noz deniers, et desquelz nos deniers mesmes souventesfois nous faisoit prest, comme l'en disoit, néantmoins prenoit sur nous pour ledit prest pertes de finances; et en oultre, combien que ledit Jaques Cuer, en recevant et recueillant nosdites finances en nostredit pais de Languedoc ne print ne receust escus à présent aians cours que pour vingt-six sols huit deniers, et royaulx pour vingt-neuf solz deux deniers, et que à ce pris il en a receu grant somme montant à plus de deux à trois cens mil pièces, néantmoins ledit Jaques Cuer en nous tenant compte de nosdites finances nous avoit baillez lesdits escus pour vingt-sept solz six deniers tournois, et royaulx pour la somme de trente solz tournois, en quoy il avoit eu grant gaing à la grant perte de nosdits subjez, desquels il les avoit receus à moindre prix ou de nous à qui il les bailloit à plus hault pris. Fut aussi trouvé ledit Jaques Cuer chargé par lesdites informacions d'avoir fait en nostre dit païs de Languedoc et sur nos subgez d'iceluy pluseurs contrainctes et violences, soubz ombre de l'auctorité qu'il se donnoit de par nous. Pourquoy, par l'advis et délibéracion desdits gens de nostre grand conseil et aussi de nosdits commissaires, eussions de rechief ordonné et appoinctié que ledit Jaques Cuer par nosdits commissaires à ce commis et députés seroit de rechief interrogué, tant sur ledit cas de la mort et empoisonnement de ladicte damoiselle Agnès comme aussi sur tous les autres cas contenus et déclairés èsdites informacions, et desquelz ou de la pluspart d'iceulx a esté faicte mention cydessus, et ses confessions faictes sur iceulx cas reddigées et mises par rescript, et ce fait, rapportées par devers nous pour en appoincter et ordonner ce que seroit de raison. Et depuis par nosdites commissaires ledit Jaques Cuer eust de rechief esté interrogué sur tous iceulx cas bien au long et ses confessions mises et reddigées par escript et finablement apportées par-devers nous ou chastel de Chicey, avec toutes informacions et charges servans à la matière, et en la présence de nous, de pluseurs seigneurs de notre sang, de nosdits gens de notre grand conseil, de nosdits commissaires et de pluseurs nos conseillers et officiers, tant de nostre court de parlement que autres, rapportées et visitées en grande et meure délibéracion pour savoir si, veues lesdictes informacions aussi et les confessions faictes par ledict Jaques Cuer, on devoit procéder à sentence diffinitive absolutoire ou condempnatoire, ou à l'eslargissement d'iceluy Jaques Cuer, ou si l'en devoit procéder plus avant à savoir la vérité des cas et crimes dont ledit Jaques Cuer estoit chargé, et ausquelz il n'avoit souffisamment respondu, et par quelle voye. Et finablement, par l'advis et délibéracion de tous les dessusdits eust esté par nous dit et appoinctié que, attendu lesdites informacions faictes à l'encontre dudit Jaques Cuer, les procès et confessions d'iceluy, la matière n'estoit encores disposée pour procéder à sentence absolutoire ou condempnatoire ni à l'eslargissement d'iceluy Jaques Cuer, et eust esté donné délay de deux mois audit Jaques Cuer pour monstrer et enseigner de pluseurs choses dont il s'estoit chargé de monstrer par sesdites confessions, comme des congiez qu'il se disoit avoir de nostre saint père le pappe pour transporter harnois et habillement de guerre ausdits Sarrasins et mescréans, ennemys de nous et de la foy chrestienne, des remissions et abolicions qu'il se disoit avoir de nous touchant les fautes qu'il avoit faictes et commises ou fait de nosdites monnoies, et aussi de la distribucion de pluseurs de noz finances, et autres choses plus à plain declairées en sesdites confessions, et que après ledit délay on parleroit de rechief audit Jaques Cuer, et seroit interrogué plus avant sur lesdits cas et charges dont il avoit esté trouvé chargé par lesdites informacions et ausquelz il n'avoit souffisamment respondu, et que s'il ne monstroit et enseignoit souffisamment dedans ledit délay desdites choses dont il s'estoit chargé monstrer, et aussi s'il ne disoit la vérité sur sesdites charges, l'on en sauroit la vérité par sa bouche par voye extraordinaire de question, ainsi que l'on verroit estre à faire par raison ; lequel délay de deux mois, et encores ung autre délay par nous prolongué audit Jaques Cuer pour monstrer et enseigner des choses dessusdites, passés, et les productions faictes de tout ce que en ceste partie l'arcevesque de Bourges, fils dudit Jaques Cuer, et autres ses gens et serviteurs ont produit et voulu produire et mettre par devers nosdits commissaires, par nostre ordonnance ait iceluy Jaques Cuer esté amené dudit chastel de Maillé en notre chastel de Tours, et illec de rechief esté interrogué par nosdits commissaires, et aussi par autres nos officiers et conseillers tant de nos cours de parlement de Paris et de Thouloze que autres, et parfait et parachevé son procès ; et depuis, pour le recouvrement de nos pais et duchié de Guienne nous ait convenu hastivement partir de nostre dit pais de Touraine, pourquoy n'avons pu bonnement vacquer à l'expédicion et jugement dudit procès, et pour ceste cause avons mandé venir par devers nous en nostre chastel de Lezignen tous nosdits commissaires, et apporter pardevers nous tous lesdits procès faicts ès matières dudit Jaques Cuer, et ce que par ledit arcevesque de Bourges et autres gens et serviteurs d'iceluy Jaques, à la justificacion et descharge dudit Jaques Cuer, avoit esté produit ; lesquelz nos commissaires soient venus par devers nous et aient apporté tous lesdits procès, et aussi ce que pour la justificacion et descharge dudit Jacques Cuer avoit ainsi esté produit par devers eulx, et ait esté ledit Jaques Cuer amené de nostre dit chastel de Tours en nostre chastel de Poictiers, les procès veus, visités et rapportés en nostre présence, en nostre grand conseil où estoient aucuns seigneurs de nostre sang, les gens de nostre grant conseil, touts lesdits commissaires et plusieurs autres nos conseillers et officiers et autres notables clercs que pour ce avons assemblés en grant nombre :

Savoir faisons que, veus lesdits procès et confessions dudit Jaques Cuer et tout ce que pour la justificacion et descharge d'iceluy Jaques Cuer a esté produit par devers nosdits commissaires, et veu et considéré tout ce que faisoit à veoir et considérer en ceste partie, et eue sur ce grande et meure délibéracion de conseil, avons, par nostre arrest jugement, et à droit, dit et déclairé, disons et déclarons : que ledit Jaques Cuer est encheu ès crimes de concussion et exaccions de nos finances et de nos pais et subjez, de faulx, de transport de grant quantité d'argent aux Sarrazins, ennemys de la foy chrestienne et de nous, transport de billon d'or et d'argent en grant nombre hors de nostre royaume, transgression des ordonnances royaulx, crime de leze-majesté et autres crimes, et que par ce il a commis et forfait envers nous corps et biens.

Toutesfois pour aucunes services à nous faits par ledit Jaques Cuer, et en contemplacion et faveur de nostre saint père le pappe qui nous a pour luy rescript et fait faire requeste, et pour autres causes et consideracions à ce nous mouvans, nous avons remis et remettons audit Jaques Cuer la peine de mort, et l'avons privé et déclairé inhabille à toujours de tous offices royaulx et publicques, et avons condempné et condempnons ledit Jaques Cuer à nous faire amende honorable en la personne de nostre procureur, nue teste, sans chapperon, à genouls, tenant en ses mains une torche ardant de dix livres de cire, en disant : que mauvaisement, indeuement et contre raison il a envoyé et fait présenter harnoys et armes au souldan ennemy de la foy chrestienne et de nous, et

JUGEMENT RENDU CONTRE JACQUES COEUR.

aussi fait rendre aux Sarrazins ledit enfant, et fait mener et transporter ausdits Sarrazins grant quantité d'argent blanc, et aussi transporté et fait transporter grant quantité de billon d'or et d'argent hors du royaume, contre les ordonnances royaulx, et qu'il a exigé, prins, levé, recélé et retenu pluseurs grandes sommes de deniers, tant de nos deniers que sur nos païs et subjets, en grant désolacion et destruction de nos dits pais et subjez, en requérant de ce mercy et pardon à Dieu, à nous et à justice. Et aussi l'avons condempné et condempnons à racheter des mains des Sarrazins ledit enfant, et à le faire ramener et restablir en la ville de Montpellier où il fut prins, se faire se puet, et se non à racheter ung chrestien des mains desdits Sarrazins, et le faire amener audit lieu de Montpellier. Et avons déclaré et déclairons ledit scellé et obligation de la somme de deux mil escus baillé par lesdits seigneurs de Canillac et de La Fayete nul et de nulle valeur, et faulsement et mauvaisement avoir esté prins et exigé desdits seigneurs de Canillac et de La Fayete par ledit Jaques Cuer. Et en oultre avons condempné et condempnons iceluy Jaques Cuer à nous rendre et restituer, pour les sommes par luy recélées et retenues indeuement sur nous, et aussi pour les sommes extorquées, prinses et exigées indeuement sur nos païs et subgez, en la somme de cent mil escus, et en amende prouffitable envers nous en la somme de trois cent mil escus, et à tenir prison jusques à plaine satisfaction. Et au surplus avons déclaré et déclairons tous les biens dudit Jaques Cuer confisquez envers nous, et avons iceluy Jaques Cuer banny et bannissons perpetuelment de ce royaume, réservé sur ce nostre bon plaisir. Et au regard des poisons, pour ce que le procès n'est pas en estat de juger pour le présent, nous n'en faisons à présent aucun jugement, et pour cause. En tesmoing de ce nous avons fait mettre nostre scel à ces présentes. Donné en nostre chastel de Lezignen, le vingt-neufviesme jour de may, l'an de grace mil quatre cens cinquante et trois, et de nostre règne le trente et uniesme. Ainsi signé par le roi en son conseil : JA. AUDE.

Pour mettre à exécution lequel arrest nous eussions commis nostre amé et féal conseil et procureur général maistre Jean Dauvet, auquel nous eussions donné pouvoir, entre autres choses, de mettre ou faire mettre en nostre main, et en cures et subhastacions, les héritaiges et bien immeubles dudit Jaques Cuer, et adjourner ou faire adjourner les opposans ausdictes cures pardevant nos amez et féaulx conseillers les trésoriers de France, ou noz conseillers sur le fait de la justice de nostre trésor en leur auditoire à Paris, pour dire les causes de leur opposition et venir procéder à l'adjudication des décrets desdits héritaiges et biens immeubles, et en outre ainsi qu'il appartiendroit par raison, comme par nos autres lettres de commission, desquelles la teneur s'ensuit, puet apparoir :

Charles, par la grâce de Dieu roy de France, a nostre amé et féal conseiller et procureur général, maistre Jehan Dauvet, salut et dilection. Comme nagaires Jaques Cuer, jadis nostre argentier, pour pluseurs crimes et maléfices par luy commis et perpétrés, et desquels il a esté convaincu et attaint, ait esté, par l'advis et délibération de pluseurs seigneurs de nostre sang et lignaige, des gens de nostre grant conseil et autres notables gens, condempné, entre autres choses, par nous, à nous rendre et restituer la somme de cent mil escus, pour pluseurs exactions par luy faictes indeuement sur nous et sur nos subjects, et en trois cens mil escus d'amende, et le résidu de ses biens déclairé confisqué envers nous, et à tenir prison fermée jusques à plaine satisfaction et accomplissement des choses dessusdictes, comme ces choses et autres apparent plus à plain par l'arrest sur ce fait et prononcé à Lézignen, en nostre présence, le vingt-neufviesme jour de may derrenièrement passé, pour lequel arrest mettre à exécution nous soit besoing commettre personne notable et souffisant, savoir faisons que, nous confians à plain de vos sens, loyaulté, preudomie et bonne diligence, par l'advis et délibération des gens de nostre grand conseil, vous avons commis et commettons par ces présentes pour mettre ledit arrest à exécution de point en point selon sa forme et teneur, et pour ce faire vous avons donné et donnons, par cesdites présentes, plain pouvoir, auctorité, commission et mandement espécial de faire ou faire faire commandement audit Cuer, et à tous autres qu'il appartiendra, de nous paier, ou à nos receveurs, chacun en sa charge et limitte, lesdites sommes èsquelles ledit Cuer a esté condempné, et, en défaut de paiement, de prendre et mettre ou faire prendre, et mettre réaument et de fait tous et chascuns les biens tant meubles que immeubles dudit Cuer et autres qu'il appartiendra, et aussi tous et chascuns les biens dont Guillaume de Varic et autres facteurs, serviteurs et clercs dudit Cuer avoient la charge, administration et gouvernement, par bon inventaire, s'ils n'y sont, et lesdits biens meubles vendre ou faire vendre et adeverer. en gardant les solempnitez sur ce accoustumées ès lieux où lesdits biens sont, et de délivrer lesdits biens aux plus offrans et derreniers enchérisseurs, et les deniers qui en ystront bailler et délivrer ès mains de nos receveurs, en paiement et acquict desdittes restitutions et amende, ou retenir lesdittes choses pour nous pour le pris, de veoir et visiter les inventaires autreffois fais des biens dudit Cuer, de contraindre toutes manières de gens par prinses de corps et de biens à vuider leurs mains et à vous bailler et délivrer toutes les lettres, papiers, registres, caterves et autres enseignements, et aussi tous et chascuns les biens que saurez et trouverez qui appartenoient audit Cuer, et que avoient en administration et gouvernement sesdits facteurs, clercs et serviteurs, pour lesdits biens mettre en vente comme dit est; de veoir et visiter les estas, tant en recepte que en despence, des receveurs et commissaires par nous commis au gouvernement des biens dudit Cuer; de faire assavoir par cry publique que tous ceux qui auront ou sauront aucuns des biens dudit Cuer, et dont sesdits facteurs, clercs et serviteurs avoient administration et gouvernement, les vous rapportent ou les vous révèlent dedens quinze jours après, sur peine d'amende arbitraire, et de contraindre et pugnir ceulx qui feront le contraire, ainsi que verrez estre à faire; de contraindre et faire contraindre tous et chascuns les debteurs dudit Cuer et de sesdits facteurs, clercs et serviteurs, à paier les sommes de deniers et autres choses en quoy les trouverez obligés, et à les délivrer à nosdits receveurs, comme pour nos propres debtes ou autrement, ainsi que verrez estre à faire par raison; de contraindre ceulx qui ont eu compaignie avec ledit Cuer et sesdits facteurs, clercs et serviteurs, à vous rendre compte desdittes compaignies et vuider leurs mains du reliqua,

et iceluy bailler et délivrer en vos mains ou ès mains de nos dits receveurs, et de clorre et affiner lesdits comptes; de contraindre tous receveurs, greneriers ou autres officiers de quelque estat qu'ils soient, avec lesquels trouverez ledit Cuer, Guillaume de Varic, et autres ses facteurs, clercs et serviteurs, avoir appoinctement de participer ès prouffis et émolumens de leurs offices ou aultrement, à vous en rendre compte, et d'affiner et clorre lesdits comptes, et le reliqua mectre ès mains de nosdits receveurs; de contraindre ou faire contraindre l'arcevesque de Bourges, et tous autres que trouverez coulpables de la prinse, transport et retention des biens de feu l'évesque de Luçon, derrenièrement trespassé, frère dudit Cuer, c'est assavoir ledit arcevesque par la prinse de son temporel et les aultres par prinse de corps et de biens, à vuider leurs mains desdits biens, pour de et sur iceulx biens faire par vous l'exécution dudit arrest comme de et sur les autres biens dudit Cuer; de sommer et requérir, ou faire sommer et requérir tous seigneurs, communitez et gens estrangiers, de quelque estat qu'ils soient, de vous bailler et délivrer, ou à vos commis et depputez, tous et chascuns les biens dudit Cuer estans en leur puissance, ou les deniers qui ystront des ventes desdits biens, et de contraindre par lesdits seigneurs et communitez, tous marchans et autres estans en leur puissance, justice et seigneurie, qui avoient compaignie et marchandise ou autrement avec ledit Cuer et sesdits facteurs, clercs et serviteurs, à en rendre compte et reliqua, vous ou vos commis présens, pour lesdits deniers qui en ystront délivrer ès mains de nosdits receveurs comme dessus, et de sur ce procéder par toutes voies et manières propices et convenables que verrez estre à faire; de mettre à plaine délivrance les biens que trouverez appartenir à autres que audit Cuer, à ceulx à qui il appartiendra, s'ils vous en requièrent; de oïr ou faire oïr les comptes que Jehan de Villaige et autres patrons des galées qui appartenoient audit Cuer sont tenus de rendre, et iceulx comptes clorre et affiner, et mettre le reliqua ès mains de nos dits receveurs, et de leur faire commandement de par nous de ramener et faire retourner les biens dudit Cuer estans hors de ce royaume, qui sont en la puissance desdits patrons, pour sur iceulx faire et

JUGEMENT RENDU CONTRE JACQUES COEUR.

parfaire l'exécution dudit arrest, et, se mestier est, d'arrester et constituer prisonniers lesdits patrons pour les cás et charges dont ils ont esté trouvés coulpables par les informations et procès fais contre ledit Cuer, desquels cas ils n'ont eu aucune rémission ou abolition de nous; de prendre et mettre, ou faire prendre et mettre en nostre main, réaument et de fait, tous et chascuns des héritaiges et biens immeubles dudit Cuer, s'ils n'y sont, et pour iceulx régir et gouverner commettre gens souffisans et solvables qui en puissent et saichent respondre et rendre bon compte et reliqua, et de mettre ou faire mettre lesdits héritaiges et biens immeubles en criées et subhastacions, en gardant les solempnitez accoustumées en telles exécutions qui se font pour nous ès lieux et justices où lesdits héritaiges sont assis; de adjourner ou faire adjourner les opposans auxdittes criées par-devant nos amés et féaux conseillers les trésoriers de France ou nos conseillers en leur auditoire du trésor à Paris, à certains jours et compétens, pour dire les causes de leur opposition et procéder oultre, ainsi qu'il appartiendra par raison, et renvoyer toutes les criées et subhastacions que ferez ou ferez faire pardevers lesdis trésoriers ou nosdis conseillers au trésor, pour sur ce faire les adjudications des décrets ou la délivrance desdis héritaiges ou biens immeubles ou autrement, ainsi qu'ils verront estre à faire par raison; de contraindre les commissaires qui ont esté ou seront commis à régir et gouverner lesdis héritaiges et biens immeubles, à vous en rendre compte et à vuider leurs mains du reliqua, pour iceluy bailler et délivrer ès mains de nosdis receveurs; de commettre pour et en vostre lieu telles personnes que verrez estre à faire, pour faire tous exploix et exécutions, et de leur bailler et donner toute telle et pareille puissance que celle que vous avons donnée par ces présentes; de tauxer tous voyages et salaires de commissaires, sergens et autres qui vacqueront au faict de laditte exécution, jusques à la somme de vint livres tournois et au-dessoubz, lesquelles tauxacions voulons estre payées par nosdis receveurs et estre alouées en leurs comptes; et généralement de faire ou faire faire, ou fait de laditte exécution, toutes autres choses que verrez estre à faire, jà-soit-ce que les choses requissent mandement ou commission plus spécial. Si vous mandons et expressément enjoignons en commettant, se mestier est, que nostredit arrest avec ces présentes vous mettez à exécution de point en point selon leur forme et teneur, de ce faire vous donnans povoir, auctorité, commission et mandement espécial, car ainsi nous plaist-il et voulons estre fait, nonobstant oppositions ou appellations quelconques, pour lesquelles ne voulons par vous estre différé de faire et accomplir les dessusdittes. Mandons et commandons à tous nos justiciers, officiers et subgez, prions et requérons tous autres, que à vous et à vos commis et depputez en ce faisant obéissent et entendent diligemment, et vous prestent et donnent conseil, confort, aide et prisons, se mestier en avez. Donné à Lezignen, le premier jour de juing, l'an de grâce mil cccc cinquante et trois, et de nostre règne le xxxie. Ainsi signé par le roy en son conseil : Ja. Aude.

Par vertu de laquelle commission iceluy nostre procureur général eust commis le premier de nos sergens à faire et parfaire les criées et subhastacions des terres et seigneuries de Saint-Fargeau en Puisoye, de Malicorne, de Toussi, de Saint-Amand, de Perreuse, de la Couldre, de Champignoilles, de Saint-Morise-sur-Averon, et autres terres et seigneuries estans oudit pays de Puisoye et illec environ, et leur appartenances et appendences, acquises par ledit Jacques Cuer, qui ja estoient mises en nostre main, et de adjourner les opposans ausdittes criées pardevant nosdis conseillers du trésor, comme par commission de nostredit procureur général puet apparoir, de laquelle commission la teneur s'ensuit.

Jehan Dauvet, conseiller et procureur général du roy nostre sire, et commissaire ordonné par le roy à mettre à exécution l'arrest nagaires prononcé à Lezignan à l'encontre de Jaques Cuer, au premier sergent royal qui sur ce sera requis, salut. Nous, en procédant à l'exécution dudit arrest, vous mandons et commettons que vous signifiez et faictes assavoir par criz publiques et solmpnes que les terres et seigneuries de Saint-Fargeau en Puisoye, de Malicorne, de Toussy, de Saint-Amand, de Perreuse, de la Couldre, de Champignoilles, de Saint-Morise-sur-Averon, et autres terres et seigneuries estans oudit païs de Puisoye et ilec environ, et leurs appartenances et appendences, nagaires acquises par ledit Jaques Cuer, sont en vente et en criées et subhastacions au prouffit du roy, pour le paiement et acquit des sommes èsquelles ledit Cuer a esté condempné envers le roy par ledit arrest, en faisant icelles criées et subhastacions bien solempnelement ès lieux et places acoustumées, et tout ainsi qu'il est acoustumé de faire selon les usaiges et coutumes des lieux où lesdittes terres et seigneuries sont situées et assises en recevant à mettre à pris et à l'enchiere lesdittes terres ceulx qui les y vouldront mettre; et se aucuns s'opposent à l'encontre desdittes criées et subhastacions, adjournez-les à certain jour et compétent pardevant messeigneurs les trésoriers de France ou les conseillers du roy au trésor à Paris, pour dire les causes de leurs oppositions, et aussi adjournez les enchérisseurs et ceulx qui mettront à pris icelles terres et seigneuries, pour veoir par mesdis seigneurs les trésoriers ou les conseillers du roy audit trésor à Paris adjuger les décrets et faire les délivrances desdittes terres et seigneuries, et pour procéder oultre ainsi qu'il appartiendra par raison, en nous renvoyant icelles criées et subhastacions et nous certiffiant deuement de tout ce que fait aurez sur ce. De ce faire vous donnons povoir et commission espécial ; mandons et commandons à tous les justiciers, officiers et subgez du roy, que à vous en ce faisant obéissent et entendent diligemment. Donné à Tours, le xviie jour de juillet, l'an mil cccc cinquante et trois. Ainsi signé : J. DAUVET.

Par vertu de laquelle commission, Barthélemy Gaudin, nostre sergent ou bailliage de Montargis, de Cepoy et des ressors et exempcions du duché d'Orléans, et autres commis de par luy, eussent fait les criées et subhastacions de la chastellenie, terre et seigneurie de Saint-Fargeau, des terres et seigneuries de La Vau et de la Couldre, de la terre et seigneurie de Perreuse, de la terre et seigneurie de Champignoilles, de la terre et seigneurie de Mézilles, de la terre et seigneurie de Villeneuve-lez-Genetz, des chastel, ville et seigneurie de Saint-Morise-sur-l'Averon, de la terre et seigneurie de Lieusieurt, de la terre et seigneurie de Meleroy, et de la terré et seigneurie de Fontenailles, estans des appartenances dudit Saint-Morise, et de la terre, baronnie et seigneurie de Toussy, avecques toutes leurs appartenances et appendences, assis oudit païs de Puisoye et environ, comme aians appartenu audit Jaques Cuer; et si eussent adjourné les opposans ausdittes criées à comparoir pardevant nosdis conseillers du trésor en leur auditoire en nostre palais à Paris, pour dire les causes de leur opposition, veoir adjuger les décrets desdittes terres et seigneuries, et procéder en oultre selon raison, comme par neuf relations desdittes criées, attachées ensemble, puet apparoir, desquelles relations les teneurs s'ensuivent.

Et premièrement sensuit la teneur de la relation dudit Pierre Gaudin.

A mes très honnourés seigneurs, messeigneurs les trésoriers de France ou les conseillers du roy nostre sire en son trésor à Paris, et à mon très honnoré seigneur monseigneur maistre Jehan Dauvet, procureur général du roy nostredit seigneur, et commissaire, de par iceluy seigneur, à exécuter certain arrest nagaires prononcé à l'encontre de Jaques Cuer : Barthelemy Gaudin, sergent du roy nostredit seigneur, ou bailliage de Montargis, de Cepoy, des ressors et exempcions du duché d'Orléans, et le vostre honneur, service et révérance avecques toute humble obéissance. Mes très honnorés seigneurs, plaise vous savoir que par vertu des lettres de commission de vous, monseigneur le procureur commissaire dessusdit, de laquelle la teneur s'ensuit :

Jehan Dauvet, conseiller et procureur général du roy nostre sire, et commissaire ordonné par le roy à mettre à exécution l'arrest nagaires prononcé à Lezignen à l'encontre de Jaques Cuer, au premier sergent royal qui sur ce sera requis, salut. Nous, en procédant à l'exécution dudit arrest, vous mandons et commettons que vous signiffiez et faites assavoir par cris publiques et solempnels que les terres et seigneuries de Saint-Fargeau en Puisoye, Malicorne, de Toussy, de Saint-Amand, de Perreuse, de la Couldre, de Champignoilles, de Saint-Morise-sur-l'Averon, et autres terres et seigneuries estans oudit païs de Puisoye et ilec environ, et leurs appartenances et appendences, nagaires acquises par ledit Jaques Cuer, sont en ventes, criées et subhastacions au prouffit du roy nostredit seigneur, pour le paiement et acquit des sommes esquelles ledit Jaques Cuer a esté condempné envers le roy par ledit arrest, en faisant icelles criées et subhastacions bien et solempnellement ès lieux

JUGEMENT RENDU CONTRE JACQUES COEUR.

et places acoustumées, et tout ainsi qu'il est acoustumé de faire selon les usaiges et coustumes des lieux où lesdittes terres et seigneuries sont situées et assises, en recevant à mettre à pris et à l'enchière lesdittes terres ceulx qui les vouldront mettre; et se aucuns se opposent à l'encontre desdittes criées et subhastacions, adjournez-les à certain jour et compétent pardevant messeigneurs les trésoriers de France ou les conseillers du roy au trésor à Paris, pour dire les causes de leurs oppositions, et aussi adjournez les enchérisseurs et ceulx qui mettront à pris icelles terres et seigneuries, pour veoir par messeigneurs les trésoriers de France ou les conseillers du roy au trésor à Paris adjuger les décrets et faire les délivrances desdittes terres et seigneuries, et pour procéder oultre ainsi qu'il appartendra par raison, en nous renvoyant icelles criées et subhastacions et nous certiffiant deuement de tout ce que fait aurez sur ce; de ce faire vous donnons povoir et commission espécial; mandons et commandons à tous les justiciers, officiers et subgez du roy que à vous en ce faisant obéissent et entendent deligemment. Donné à Tours, le dix-septiesme jour de juillet, l'an mil quatre cent cinquante et trois; ainsi signé: J. DAUVET.

Et après ce qu'il est venu à ma congnoissance que les terres et seigneuries de Saint-Fargeau en Puisoye, La Vau, la Couldre, Perreuse, Champignoilles, Mézilles, Villeneufve-lez-Genets, Saint-Morise-sur-l'Averon, la baronnye de Toucy, la granche de Sermoises, séant en la paroisse de Fleury, avec toutes leurs appartenances, appendences et deppendences, ont puis naguieres esté acquises par ledit Cuer, et, comme telles, esté mises en la main du roy, nostredit seigneur, et baillées à gouverner, sous laditte main, à certains commissaires, je, pour mettre lesdittes terres et seigneurie et criées en subhastacions, ainsi que mandé m'est par lesdittes lettres de commission, me transporté oudit pays de Puisoye; et pour ce que ne pouroye faire en ma personne toutes lesdittes criées de chascune chastellenie, terre et seigneurie, pour la distance des lieux, et que icelles criées se faisoient en ung mesme jour en chascune terre et seigneurie, ay commis et ordonné à faire les criées et subhastacions desdittes terres et seigneuries de La Vau et la Couldre, et leurs appartenances, appendences et dépendences, Guillaume Berthier, sergent et crieur juré desdis lieux, de par le roy nostre seigneur; et à faire lesdittes criées et subhastacions de laditte terre et seigneurie de Perreuse et des apartenances, appendences et deppendences, ay commis et ordonné Guillaume Landry, sergent et crieur juré dudit lieu, de par le roy nostredit seigneur; et à faire lesdittes criées et subhastacions de laditte terre et seigneurie de Champignoilles, ses appartenances, appendences et deppendences, commis et ordonné Estienne Hure, sergent et crieur juré dudit lieu, de par ledit seigneur; et à faire lesdittes criées et subhastacions de laditte terre et seigneurie de Mezilles, ses appartenances, appendences et deppendences, commis et ordonné Guillaume Babelin, dit Rabin, sergent et crieur juré dudit lieu, de par le roy nostredit seigneur; et à faire lesdittes criées et subhastacions de laditte terre et seigneurie de Villeneufve-lez-Genets, ses appartenances, appendences et deppendences, commis et ordonné Huguenin Polin, sergent et crieur juré dudit lieu; et à faire lesdittes criées et subhastacions de laditte terre et seigneurie de Saint-Morise sur l'Averon, ses appartenances, appendences et deppendences, commis et ordonné Regnault Arnol, sergent et crieur juré dudit lieu, de par le roy nostredit seigneur; et à faire lesdittes criées de laditte baronnye et seigneurie de Toussy, de la granche de Sermoises, qui est des deppendences de laditte baronnye, ainsi que l'en dit, et leurs appartenances, appendences et deppendences, commis et ordonné Pierre Chastegnier, sergent et crieur juré èsdis lieux par ledit seigneur; et aux dessusdis sergens et crieurs et à chascun d'eulx, après ce que fus informé que en chascune desdittes terres et seigneuries l'en a acoustumé faire les criées et subhastacions à jour de dimenche, comandé et enjoingny commencer à faire lesdittes criées, chascun à son regart, le dimenche ensuivant, douziesme jour du mois d'aoust, l'an mil quatre cent cinquante et trois, pour première huitaine. Et ce fait, me transporté audit lieu de Saint-Fargeau, qui est la principale chastellenie et seigneurie des dessusdittes terres et seigneuries, et illec, ledit dimenche, douziesme jour dudit mois d'aoust l'an dessusdit, à yssue de la grant messe parrochiale dudit lieu, qui est lieu acoustumé à faire cris, par Guillaume Malevoye, sergent et crieur juré de par ledit seigneur audit lieu de Saint-Fargeau, moy présent, feis crier, de par iceluy seigneur : que ladite terre et seigneurie de Saint-Fargeau, avecques ses appartenances, appendences et deppendences, estoit en vente, criées et subhastacions pour le paiement et acquict des sommes èsquelles ledit Jaques Cuer a esté condempné envers ledit seigneur par icelluy arrest, et semblablement toutes les autres terres et seigneuries dessusdittes, et ce pour commencement des criées et première huitaine, en faisant savoir à tous que, s'il y avoit aucune personne qui lesdittes terres et seigneuries voulsist mettre à pris, ou sur icelles ou aucunes d'elles prétendre ou demander aucun droit, il vensist devers moy ou les sergens et crieurs dessusdis par moy ainsi commis, et il y seroit receu ; auquel cry et jour, ne durant laditte huitaine, ne vint devers moy aucun qui lesdittes terres voulsist mettre à pris ne aucune chose dire contre lesdittes criées. Et ce fait, véant que bonnement en personne ne povoye parachever lesdittes criées, obstant pluseurs occupacions et charges que j'avoye touchant le fait du roy nostredit seigneur, je commis et ordonné ledit Malevoye, sergent et crieur dessusdit, à parachever lesdittes criées audit lieu de Saint-Fargeau ; lequel Malevoye a depuis parfaictes lesdittes criées, ainsi qu'il appert par sa relacion ; et pareillement les sergens et crieurs jurés cy-dessus nommés ont crié et subhasté icelles terres et seigneuries, ainsi qu'il est contenu en leurs relations, ausquelles ces présentes sont attachées soubz mon scel. Et le sixiesme jour du mois de septembre audit an mil quatre cent cinquante et trois, et durant la première quinzaine desdittes criées, vint pardevers moy Jehan Bourgoing, au nom et comme procureur de messeigneurs les évesques de Carcassonne, de Nevers et de Montauban, de messire Robinet d'Estampes, chevalier, seneschal de Bourbonnoys, et de Jehan d'Estampes, escuier, lequel, oudit nom, se opposa ausdittes criées, et pour ce luy assignay jour pardevant vous, mesdis seigneurs, au mercredy après Saint-Martin d'iver lors ensuivant, pour dire les causes de leur opposition et pour procéder en oultre par raison. Et le septiesme jour dudit mois de septembre, vint pardevers moy messire Jehan de Courtenay, chevalier, seigneur de Bléneau, lequel se opposa en son nom contre lesdittes criées de la terre et seigneurie de Champignoilles ; et pour ce luy ay donné et assigné jour pardevant vous, mesdis seigneurs, au second jour du mois d'avril prouchain venant, pour dire les causes de son opposition. Et le seisiesme jour du mois d'octobre audit an vint pardevers moy Jehan de Chaumont, escuier, lequel pareillement se opposa contre lesdittes criées dudit lieu de Saint-Fargeau ; et pour ce luy ay donné et assigné jour au quinsiesme jour du mois de mars lors ensuivant pour dire les causes de son opposition et procéder comme dessus. Et le vingt-neufviesme jour dudit mois d'octobre audit an, vint pardevers moy Jehan Bourgoing, ou nom et comme procureur de mesdis seigneurs les évesques de Carcassonne, Nevers et Montauban, de messire Robinet d'Estampes, chevalier, et de Jehan d'Estampes, escuier, lequel procureur se opposa, pour et au nom d'eulx, à l'encontre des criées de Saint-Morise sur l'Averon et de ses appartenances ; et pour ce luy assigné jour pardevant vous, mesdis seigneurs, au vingt deusiesme jour du mois de mars lors ensuivant ; et le dixiesme jour de février ensuivant, audit an, vint pardevers moy Jehan le Juif, ou nom et comme procureur de messire Guillaume de Colligny, chevalier, seigneur d'Andelost et de Chastillon sur Loing, lequel se opposa contre les criées de laditte terre et seigneurie de Saint-Morise et ses appartenances. Et ledit diziesme jour dudit mois de février vint pardevers moy maistre Simon Ozere, licencié en loix, ou nom et comme procureur de messire Jehan de Courtenay, chevalier, seigneur de Saint-Briçon, qui pareillement se opposa contre icelles criées de Saint-Morise avecques ses appartenances. Et le dix-huitiesme dudit mois de février vint pardevers moy maistre Pierre Balant, licencié en loix, ou nom et comme procureur de damoiselle Chrestienne de Villebron, lequel se opposa contre les criées de Beauplessie ; et pareillement messire Robert Sarradin, prebstre, prieur curé de Chasteau-Regnart, lequel se opposa en sa personne contre icelles criées qui se faisoient de laditte terre et seigneurie de Beauplessie. Ausquels derreniers opposans non aians jour, et à chascun d'eulx, je donne et assigne jour pardevant vous, mesdis seigneurs, audit second jour du mois d'avril prouchain venant, pour dire les causes de leur opposition de procéder comme dessus. Et ledit dix-huitiesme jour dudit mois de février vint pardevers moy ledit maistre Pierre Balant, ou nom et comme procureur des prieur et couvent de Bonney sur Loire, lequel se opposa contre lesdittes criées qui se faisoient de la terre et seigneurie de La Vau. Et pareillement cedit jour le prieur de Plainmarches vint pardevers moy, lequel se opposa contre lesdittes criées dudit lieu de La Vau. Ausquels opposans et à chascun d'eulx je donné et assigné jour pardevant vous, mesdis seigneurs, audit second jour d'avril prouchain venant, pour dire les causes de leur opposition et procéder comme dessus. Et le quatorziesme jour du mois de mars ensuivant, vint par devers moy ledit maistre Pierre Balant, ou nom et comme procureur de Jehan de Salezart, escuier, lequel pareillement se opposa contre les criées des dittes terres et seigneuries de Saint-Fargeau, La Vau, Toussy, Mezilles et leurs appartenances; et pour ce luy ay donné jour par-devant vous, mesdits seigneurs, audit second jour d'avril prouchain venant, pour dire les causes de son opposition et procéder comme dessus. Et tout ce, mes très honnorés seigneurs, je vous certifie estre vray et avoir ainsi fait, par ceste présente moye relacion scellée de mon scel et signée de mon saing manuel, duquel je use en mon dit office faisant, à la probacion duquel je requis la garde du scel de la prévosté de Montargis mettre et apposer les scel et contrescel de la ditte prévosté à ces présentes emprès le myen. Ce fut fait les an et jour dessusdits.

Et depuis madite relacion faite, le dix-huitiesme jour de mars oudit an mil quatre cents cinquante et trois, vint pardevers moy messire Jean d'Aigreville, chevalier, seigneur d'Aigreville et de Saint-Vrain-des-Bois, cappitaine et chastellain de Montargis, lequel se opposa à l'encontre desdittes criées pour les terres d'Erquien, le Sausoy, les Valées, Mons et sur Chivre en partie; à laquelle opposition je l'ai receu; et pour dire les causes d'icelle lui donné et assigné jour pardevant vous, mesdits seigneurs, audit second jour d'avril pareillement que dessus. Fait les an et jour dessusdits. Ainsi signé : B. GAUDIN.

Item s'ensuit la teneur de la relacion des criées desdittes terres et seigneuries de La Vau et de la Couldre et leur appartenance.

A mon très cher seigneur Barthelemy Gaudin, sergent du roy nostre sire ou bailliage de Montargis, de Cepoy, des ressors et exempcions du duchié d'Orléans, et commis de par honnorable homme et saige monseigneur maistre Jehan Dauvet, procureur général du roy nostredit seigneur, et commissaire de par luy à exécuter certain arrest prononcé nagaires à l'encontre de Jaques Cuer, Guillaume Berthier, sergent et crieur juré de par le roy nostre sire en la terre et seigneurie de La Vau et de la Couldre, et à tous aultres qu'il appartiendra honneur et révérance avec toute obéissance. Mon très cher sire, plaise vous savoir que, par vertu de vos lettres de commission dont la teneur s'ensuit :

Barthelemy Gaudin, sergent du roy nostre sire ou bailliage de Montargis, de Cepoy, des ressorts et exempcions du duché d'Orléans et commis de par monseigneur maistre Jehan Dauvet, procureur général du roy nostredit seigneur, et commissaire à exécuter certain arrest nagaires prononcé à l'encontre de Jacques Cuer, à Guillaume Berthier, sergent et crieur juré de par le roy nostre sire en la terre et seigneurie de La Vau et de la Couldre, salut. Comme par vertu de la commission de mondit seigneur le procureur commissaire dessusdit, et pour les causes contenues en laditte commission, pour ce que ne puis vacquer ne entendre à faire et parfaire les criées et subhastacions des terres et seigneuries de Saint-Fargeau, de La Vau, de la Couldre, de Champignoilles, de Mézilles, de la Villeneufve-lez-Genets, de Saint-Morise-sur-l'Averon, de la baronnye de Toussy et grange de Sermoises, et leurs appartenances et appendences, nagaires acquises par ledit Jacques Cuer ou pays de Puisoye et environ, ce que mandé m'est par lesdittes lettres de commission, obstant ce que ne pourroye vacquer en tant de chastellenies, terres et seigneuries à ung mesme jour pour la distance des lieux, si vous mande et commect par ces présentes à faire et parfaire lesdittes criées et subhastacions audit lieu et selon la coustume du païs, en moy certifiant souffisamment de ce que fait en aurez, affin que certifier en puisse ceulx qu'il appartiendra; de ce faire vous donne povoir et auctorité par le povoir à moi donné en ceste partie. En tesmoing de ce, j'ay signé ces présentes de mon saing manuel, et scellées de mon scel, le sixiesme jour d'aoust l'an mil quatre cent cinquante et trois. Ainsi signé : B. GAUDIN.

Je me transporté le dimanche douziesme jour de ce présent mois d'aoust, l'an mil quatre cent cinquante et trois, devant l'église dudit lieu de La Vau, heure d'issue de la grant messe parrochiale, et, en la présence de messire Estienne Chappuis, prebstre, chappelain dudit lieu, Jehan Guiart, Estienne Jobineau, Louis Bisot, Huguet Petit, Jehannot Bisot, Simon Bisot et Jaquin Guillot, et de plusieurs autres, crié et subhasté ladicte terre et seigneurie de La Vau et la Couldre et ses appartenances et appendences, pour premier cry et commencement de première huitaine, en faisant savoir à tous, que s'il y avoit personne qui ladite terre et seigneurie de La Vau et de la Couldre et ses appartenances et appendences voulsist mectre à pris, ou sur icelles aucune chose réclamer ou demander, il vensist avant, et il y seroit receu. Auquel cry ne durant ladite huitaine ne vint personne qui mist à pris ladite terre et seigneurie ne aucune chose d'icelle, ne qui volsist dire aucune chose contre lesdittes criées. Et le dimanche dix-neufviesme jour dudit mois d'aoust, en la présence desdits messire Estienne Chappuis, Jehan Guiart, Estienne Jobineau, Loys Bisot, Huguet Petit, Jehannot Bisot, Simon Bisot, Jacquin Guillot, et pluseurs autres, feis lesdittes criées et subhastacions de ladite terre et seigneurie de La Vau et de la Couldre aux lieu et heure dessusdis, pour second cry et commencement de seconde huitaine, en faisant savoir à tous, que s'il y avoit personne qui ladite terre et seigneurie de La Vau et de la Couldre et ses appartenances et appendences voulsist mectre à pris ou sur icelles aucune chose réclamer ou demander, il vensist avant, et il y seroit receu. Auquel cry ne durant ladite huitaine ne vint personne qui mist à pris ladite terre et seigneurie, ne aucune d'icelle, ne qui voulsist dire aucune chose contre lesdittes criées. Et le dimanche vingt-cinquiesme jour dudit mois d'aoust, en la présence desdits messire Estienne Chappuis, Loys Bisot, Huguet Petit, Jehannot Bisot, Simon Bisot, Jaquin Guillot, et pluseurs autres, feis lesdittes criées et subhastacions de ladite terre et seigneurie aux lieu et heure dessusdits, pour le troisiesme cry et commencement de la troisiesme huitaine, en faisant savoir à tous, que s'il y avoit personne qui ladite terre et seigneurie de La Vau et de la Couldre, et ses appartenances et appendences, voulsist mettre à pris, ou sur icelle aucune chose réclamer ou demander, il vensist avant, et il y seroit receu. Auquel cry ne durant ladite troisiesme huitaine ne vint personne qui mist à pris ladite terre et seigneurie ne aucune d'icelle, ne qui voulsist dire aucune chose contre lesdittes criées. Et le dimanche second jour du mois de septembre ensuivant, en la présence desdits messire Estienne Chappuis, Jehan Guiart, Estienne Jobineau, Loys Bisot, Huguet Petit, Jehannot Bisot, Simon Bisot, Jacquin Guillot, et pluseurs autres, feis lesdittes criées et subhastacions aux lieu et heures dessusdits pour le quart cry et commencement de la première quinzaine, en faisant savoir à tous, que s'il y avoit personne qui ladite terre et seigneurie de La Vau et de la Couldre et ses appartenances et appendences voulsist mettre à pris ou sur icelle aucune chose réclamer ou demander, il vensist avant, et il y seroit receu. Auquel cry ne durant ladite première quinzaine ne vint personne qui mist à pris ladite terre et seigneurie, ne aucune d'icelle, ne qui voulsist dire aucune chose contre lesdittes criées. Et le dimenche seiziesme jour dudit mois de septembre en la présence desdits messire Estienne Chapuis, Jehan Guiart, etc., feis lesdittes criées et subhastacions aux lieu et heure dessusdits pour le cinquiesme cry et le commencement de la seconde quainzaine, en faisant savoir à tous, etc. Auquel cry, ne durant ladite seconde quinzaine, ne vint personne qui mist à pris ladite terre et seigneurie ne aucune d'icelle, ne qui voulsist dire aucune chose contre lesdittes criées. Et le dimenche derrenier jour dudit mois de septembre, en la présence des dessusnommés, messire Estienne Chappuis, etc., feis lesdittes criées aux lieu et heure dessusdits pour le sixiesme cry et le commencement de la tierce quainzaine, en faisant savoir à tous, etc. Auquel cry ne durant ladite tierce quainzaine ne vint personne qui mist à pris, etc. Et le dimenche septiesme jour du mois d'octobre ensuivant, en la présence desdits messire Estienne Chappuis, etc., feis lesdittes criées et subhastacions aux lieu et heure dessusdits pour le septiesme cry et le commencement de la première quarantaine, en faisant savoir à tous, etc.; auquel cry ne durant ladite première quarantaine ne vint personne, etc. Et pour ce que la ditte première quarantaine finissoit le jeudi quinziesme jour de novembre ensuivant, et que ledit jour de jeudi, ne à autre jour que à jour de dimenche, l'on n'a accoustumé à faire cris selon la coustume du païs, icelluy jour de jeudi continué jusques au dimenche ensuivant dix-huitiesme jour dudit mois de novembre, lequel dix-huitiesme jour, en la présence des dessusdits messire Estienne Chappuis, etc., feis lesdittes criées aux lieu et heure dessusdits pour le huitiesme cry et le commencement de la seconde quarantaine; en faisant savoir à tous, etc.; auquel cry ne durant ladite seconde quarantaine ne vint personne qui mist à pris, etc. Et pour ce que ladite seconde quarantaine finissoit le jeudi vingt-septiesme jour de décembre ensuivant que se devoit commencer faire la tierce quarantaine, continué lesdittes criées, pour la cause dessusditte, jusques au dimenche ensuivant pénultime jour dudit mois de décembre; lequel dimenche, en la présence des dessusdits messire Estienne Chappuis, etc., feis lesdittes criées et subhastacions aux lieu et heure dessusdits pour le neufviesme cry et le commencement de la tierce quarantaine; en faisant savoir à tous, etc. Auquel cri ne durant ladicte tierce quarantaine ne vint personne, etc. Et le jeudi septiesme jour de février ensuivant que finissoit ladite tierce quarantaine et que se devoit commencer la quarte et derrenière quarantaine, d'abondant, pour la cause dessusditte, continué ledit cry jusques au dimenche ensuivant dixiesme jour dudit mois de février; lequel dimenche, en la présence des dessusdits messire Estienne Chappuis, etc., feis lesdittes criées et subhastacions aux lieu et heure dessusdits pour quarte quarantaine d'abondant et derrenier cri; en faisant savoir à tous, etc., et oultre, que c'estoit ladicte derrenière criée, et que le décret de ladicte terre et seigneurie se donneroit par messeigneurs les trésoriers et conseillers du roy nostre seigneur en son Trésor, à Paris, le second jour d'avril prouchain venant, et icelluy donné, jamais homme ne seroit receu à mettre à pris laditte terre et seigneurie, ne à demander ne prétendre aucun droit sur ycelles. Auquel cry ne durant laditte quarantaine ne vint personne qui mist à pris laditte terre et seigneurie de La Vau et de la Couldre, les appartenances et appendences, ne dire aucune chose contre lesdittes criées, fors seulement Domp Guillaume le Morne, prieur de Plainmarches, qui, ledit dixiesme jour de février, vint devers moy et se opposa contre lesdittes criées, à la conservation du droit de sadite prieuré; auquel je deis qu'il allast devers vous qui estiés principal à faire lesdittes criées, pour y estre receu. Et tout ce, mon très cher sire, je vous certiffie estre vray par ceste présente moye relation scellée de mon scel, et à laquelle, pour plus grant approbacion de mondit scel, j'ay requis le scel aux causes et convenances et le saing manuel de Thomas Munier, clerc tabellion juré de la terre de Puisoye, y estre mis. Ce fut fait les an et jour dessusdits. Ainsi signé : T. MUNIER.

Item s'ensuit la teneur de la relacion des criées de laditte terre et seigneurie de Perreuse et ses appartenances et appendences.

A mon très cher sire Barthelemy Gaudin, sergent du roy nostre sire ou bailliage de Montargis, de Cepoy, des ressorts et exempcions du duchié d'Orléans, et commis de par honnourable homme et saige, monseigneur maistre Jehan Dauvet, procureur général du roy nostredit seigneur et commissaire de par lui à exécuter certain arrest nagaires prononcé à l'encontre de Jacques Cuer, Guillaume Laudre, sergent et crieur juré de par le roy nostredit seigneur en la terre et seigneurie de Perreuse, et à tous autres qu'il appartiendra, honneur et révérance. Mon très cher sire, plaise vous savoir que par vertu de vos lettres de commission dont la teneur s'ensuit :

Barthelemy Gaudin, etc., à Guillaume Laudre, etc., salut; comme par vertu, etc., si vous mande et commect, etc. En tesmoing de ce, etc., le dixiesme jour d'aoust l'an mil quatre cents cinquante et trois. Ainsi signé : B. Gaudin.

Je me transporté le dimenche douziesme jour de ce présent mois d'aoust, l'an mil quatre cents cinquante et trois, devant l'église de Sainte-Colombe, en la terre et seigneurie dudit Perreuse, heure de la grant messe parrochiale, et en la présence de messire Pierre Guillot, curé dudit lieu, Jehan Meslier, Huguenin Patriarche, et pluseurs autres, crié et subhasté laditte terre et seigneurie de Perreuse avec ses appartenances et appendences, pour premier cry et commencement de première huitaine; en faisant savoir à tous, etc.; auquel cry, ne durant laditte huitaine, ne vint personne qui mist à pris, etc., ne qui voulsist dire aucune chose contre lesdittes criées. Et le dimenche dix-neufviesme jour d'aoust, en la présence de messire Pierre Guillot, etc., feis lesdittes criées et subhastacions, etc., pour second cry et commencement de seconde huitaine, en faisant savoir à tous, etc. Auquel cry ne durant ladite huitaine ne vint personne qui mist à pris, etc. Et le dimenche vingt-sixiesme jour dudit mois d'aoust en la présence, etc., feis lesdittes criées, etc., pour le troisiesme cri et commencement de la troisiesme huitaine; en faisant savoir à tous, etc. Auquel cry ne durant ladite troisiesme huitaine ne vint personne, etc. Et le dimenche second jour du mois de septembre ensuivant, en la présence, etc., feis lesdittes criées, etc., pour le quart cry et commencement de la première quainzaine; en faisant savoir à tous, etc.; auquel cry ne vint personne, etc. Et le dimenche seiziesme jour dudit mois de septembre, en la présence, etc., feis lesdittes criées, etc., pour le cinquiesme cry et le commencement de la seconde quainzaine; en faisant savoir à tous, etc.; auquel cry, ne durant ladite seconde quainzaine, ne vint personne, etc. Et le dimenche derrenier jour dudit mois de septembre en la présence, etc., feis lesdittes criées, etc., pour le sixiesme cry et le commencement de la tierce quainzaine; en faisant savoir à tous, etc.; auquel cry, ne durant ladite tierce quainzaine, ne vint personne, etc. Et le dimenche septiesme jour du mois d'octobre, présens messire Jehan Robineau, prestre, Jehan Breteau, Perrin Thomas, Jehan Marreau, simon Droin et pluseurs autres, feis lesdittes criées, etc., pour le septiesme cry et le commencement de la première quarantaine; en faisant savoir à tous, etc.; auquel cry, ne durant ladite première quarantaine, ne vint personne, etc. Et pour ce que ladite première quarantaine finissoit le jeudi quinziesme jour de novembre, et que ledit jour de jeudi, ne à autre jour que le jour de dimenche, l'en n'a pas accoustumé à faire cris selon la coustume du païs, iceluy jour de jeudi, continuées jusques au dimenche ensuivant, dix-huictiesme jour dudit mois de novembre; lequel dix-huictiesme jour, en la présence, etc., feis lesdittes criées et subhastacions, etc., pour le huitiesme cry et commencement de la seconde quarantaine; en faisant savoir à tous, etc. Auquel cry, ne durant ladite seconde quarantaine, ne vint personne, etc. Et le jeudi vingt-septiesme jour de décembre que finissoit ladite seconde quarantaine et que se devoit commencer faire la tierce quarantaine, continuées lesdittes criées, pour la cause dessusditte, jusques au dimenche ensuivant, pénultime jour dudit mois, lequel dimenche, présens Messire Pierre Guillot, etc., feis lesdittes criées, etc., pour le neufviesme cry et le commencement de ladite tierce quarantaine; en faisant savoir à tous, etc.; auquel cry, etc., ne vint personne, etc. Et le jeudi septiesme jour de février ensuivant que finissoit ladite tierce quarantaine et se devoit commencer la quarte et derrenière quarantaine, d'abondant, pour la cause dessusdite continué lesdittes criées jusques au dimenche ensuivant, dixiesme jour dudit mois de février; lequel dimenche, en la présence, etc., feis lesdittes criées, etc., pour la quarte et derrenière quarantaine, en faisant savoir à tous, etc., et oultre que c'estoit la derrenière criée, et que le décret de ladite terre et seigneurie se donneroit par messeigneurs les trésoriers ou conseillers du roy nostre sire, en son trésor à Paris, le second jour d'avril ensuivant, et, iceluy donné, jamais homme ne seroit receu à mettre à pris ladite terre et seigneurie, ne à demander ou prétendre aucun droit sur icelle. Et tout ce, mon très cher sire, vous certiffie estre vray par ceste moye relacion scellée de mon scel, et à laquelle, pour plus grant approbacion de mondit scel, je requis le scel aux contrats et convenances, et le saing manuel de Thomas Munier, clerc tabellion juré de la terre de Puisoye, y estre mis. Ce fut fait les an et jour dessusdits. Ainsi signé : T. MUNIER.

Item s'ensuit la teneur de la relacion des criées de la terre et seigneurie de Champignelles, et ses appartenances et appendences.

A mon très cher sire Barthelemy Gaudin, sergent du roy nostre sire au bailliage de Montargis, etc., et commis de par, etc., à exécuter certain arrest nagaires prononcé à l'encontre de Jacques Cuer, Estienne Hure, sergent et crieur juré de par le roi nostredit seigneur en la terre et seigneurie de Champignelles, et à tous autres qu'il appartiendra, honneur et révérance avec toute obéissance. Mon très cher sire, plaise vous savoir que, par vertu de vos lettres de commission dont la teneur s'ensuit : Barthelemy Gaudin, sergent, etc., et commis, etc., à Estienne Hure, etc., salut ; comme par vertu, etc. ; si vous mande et commect, etc. En tesmoing de ce, etc. ; le septiesme jour d'aoust l'an mil quatre cents cinquante-trois ; ainsi signé : B. Gaudin :

Je me transporté le dimenche douziesme jour de ce présent mois d'aoust, l'an mil quatre cents cinquante et trois, devant l'église dudit lieu de Champignelles, heure d'issue de la grant messe parrochiale, et en la présence de Jehan Vignery, Jehan De Bailly, prévost dudit lieu, Jehan Jacquin, Jehan Hure, Jehan André, sergent, et plusieurs autres, crié et subhasté laditte terre et seigneurie de Champignelles, ses appartenances et appendences, pour premier cry et commencement de première huitaine ; en faisant savoir à tous, etc. ; auquel cry, ne durant laditte huitaine, ne vint personne, etc. Et le dimenche dix-neufviesme jour d'aoust, en la présence, etc., feis lesdittes criées, etc., pour second cry et commencement de seconde huitaine ; en faisant savoir à tous, etc. ; auquel cry, etc., ne vint personne, etc. Et le dimenche vingt-sixiesme jour dudit mois d'aoust, en la présence, etc., feis lesdittes criées, etc., pour le troisiesme cry et commencement de la troisiesme huitaine ; en faisant savoir à tous, etc. ; auquel cry, etc., ne vint personne, etc. Et le dimenche second jour du mois de septembre ensuivant, en la présence, etc., feis lesdittes criées, etc., pour le quart cry et le commencement de la première quinzaine ; en faisant savoir à tous, etc. Auquel cry ne vint personne, mais le septiesme jour dudit mois de septembre, qui estoit durant laditte quinzaine, vint devers moy messire Jehan de Courtenay, chevalier, seigneur de Bleneau, lequel se opposa ausdittes criées ; auquel je deis qu'il allast pardevers vous, qui estiés principal à faire lesdittes criées, faire saditte opposition. Et le dimenche seiziesme jour dudit mois de septembre, en la présence, etc., feis lesdittes criées, etc., pour le cinquiesme cry et le commencement de la seconde quinzaine ; en faisant savoir à tous, etc. ; auquel cry, ne durant laditte seconde quinzaine ne vint personne, etc. Et le dimenche derrenier jour dudit mois de septembre, en la présence, etc., feis lesdittes criées, etc., pour le sixiesme cry et le commencement de la tierce quinzaine ; en faisant savoir à tous, etc. ; auquel cry, ne durant, etc., ne vint personne, etc. Et le dimenche septiesme jour du mois d'octobre ensuivant, en la présence, etc., feis lesdittes, etc., pour le septiesme cry et commencement de la première quarantaine ; en faisant savoir à tous, etc. ; auquel cry, ne durant, etc., ne vint personne, etc. Et pour ce que laditte première quarantaine finissoit le jeudi quinziesme jour de novembre, et que ledit jour de jeudi, ne à autre jour que à jour de dimenche, l'en n'a pas accoustumé à faire cris selon la coustume du païs, iceluy jour de jeudi continué jusques au dimenche ensuivant ; lequel dimenche, dix-huitiesme jour, en la présence, etc., feis lesdittes criées, etc., pour le huitiesme cry et commencement de la seconde quarantaine ; en faisant savoir à tous, etc. ; auquel cry, ne durant, etc., ne vint personne, etc. Et le jeudi vingt-septiesme jour de décembre, que finissoit laditte seconde quarantaine, etc., continué lesdittes criées pour la cause dessusditte jusques au dimenche ensuivant pénultime jour dudit mois ; lequel dimenche, en la présence, etc., feis lesdittes criées, etc., pour le neufviesme cry et le commencement de laditte tierce quarantaine ; en faisant savoir à tous, etc., auquel cry, ne durant, etc., ne vint personne, etc. Et le jeudi septiesme jour de février ensuivant, que finissoit laditte tierce quarantaine et que se devoit commencer la quarte et derrenière, d'abondant, pour la cause dessusditte, continué lesdittes criées jusques au dimenche dixiesme jour dudit mois de février, lequel dimenche, en la présence, etc., feis lesdittes criées, etc., pour la quarte et derrenière quarantaine ; en faisant savoir à tous, etc. ; et, oultre, que c'estoit la derrenière criée, et que le décret de laditte terre et seigneurie se donneroit par messeigneurs les trésoriers et conseillers du roy nostre sire, en son trésor, à Paris, le second jour d'avril ensuivant, et, icelui donné, jamais homme ne seroit receu à mettre à pris laditte terre et seigneurie, ne à demander ou prendre aucun droit sur icelle. Et tout ce, mon très cher sire, vous certiffie estre vray par ceste moye relacion scellée de mon scel, et à laquelle, etc. Ce fut fait les an et jour dessusdits ; ainsi signé : T. MUNIER.

Item s'ensuit la teneur de la relacion des criées de la terre et seigneurie de Mezilles, et ses appartenances et appendences.

A mon très cher sire Barthelemy Gaudin, sergent, etc., et commis de par, etc., à exécuter, etc., Guillemin Babelin, dit Robin, sergent et crieur juré de par le roy nostredit seigneur en la terre et seigneurie de Mezilles, etc. Mon très cher sire, plaise vous savoir que par vertu de vos lettres de commission dont la teneur s'ensuit :

Barthelemy Gaudin, sergent, etc., et commis, etc., à Guillemin Babelin, etc., salut ; comme par vertu, etc. Si vous mande et commect, etc. En tesmoing de ce, etc., le huitiesme jour d'aoust, l'an mil quatre cents cinquante et trois, ainsi signé : B. Gaudin :

Si me transporté le dimenche douziesme jour de ce présent mois d'aoust, l'an mil quatre cent cinquante et trois, devant l'église dudit Me zilles, heure d'issue de la grant messe parrochiale ; et, en la présence de Jehan Bontemps, Jehan Briquier, Guillaume Batonneau, Jacques le Droit, et plusieurs autres, crié et subhasté laditte terre et seigneurie de Mezilles, ses appartenances et appendences, pour premier cry et commencement de la première huitaine ; en faisant savoir à tous, etc. Auquel cry, ne durant laditte huitaine, ne vint personne, etc. Et le dimenche dix-neufviesme jour d'aoust, en la présence, etc., feis lesdittes criées, etc., pour second cry et commencement de seconde huitaine ; en faisant savoir à tous, etc.; auquel cry, ne durant, etc., ne vint personne, etc. Et le dimenche vingt-sixiesme jour dudit mois d'aoust, en la présence, etc., feis lesdittes criées, etc., pour troisiesme cry et commencement de la troisiesme huitaine ; en faisant savoir à tous, etc.; auquel cry, ne durant, etc., ne vint personne, etc. Et le dimenche second jour du mois de septembre ensuivant, en la présence, etc., feis lesdittes criées, etc., pour le quart cry et le commencement de la première quinzaine, en faisant savoir à tous, etc. Auquel cry, etc., ne vint personne, etc. Et le dimenche seiziesme jour dudit mois de septembre, en la présence, etc., feis lesdittes criées, etc., pour le cinquiesme cry et commencement de la seconde quinzaine ; en faisant savoir à tous, etc., auquel cry, etc., ne vint personne, etc. Et le dimenche derrenier jour dudit mois de septembre, en la présence, etc., feis lesdittes criées, etc., pour le sixiesme cry et le commencement de la tierce quainzaine, en faisant savoir, etc.; auquel cry, etc., ne vint personne, etc. Et le dimenche septiesme jour du mois d'octobre ensuivant, en la présence, etc., feis lesdittes criées, etc., pour le septiesme cry et le commencement de la première quarantaine ; en faisant savoir, etc.; auquel cry, etc., ne vint personne, etc. Et pour ce que laditte première quarantaine finissoit le jeudi quinziesme jour de novembre, et que ledit jour de jeudi, ne a autre jour à jour de dimenche l'en n'a pas accoustumé à faire cris, selon la coustume du pays, iceluy jour de jeudi continué jusques au dimenche ensuivant, dix-huitiesme jour dudit mois de novembre. Auquel dimenche, dix-huitiesme jour, en la présence, etc., feis lesdittes criées, etc., pour le huitiesme cry et le commencement de la seconde quarantaine ; en faisant savoir, etc.; auquel cry, etc., ne vint personne, etc. Et le jeudi vingt-septiesme jour de décembre, que finissoit laditte seconde quarantaine et que se devoit commencer faire la tierce quarantaine, continué lesdittes criées pour la cause dessusditte jusques au dimenche ensuivant pénultime jour dudit mois ; lequel dimenche, en la présence de Jehan Bontemps, etc.; feis lesdittes criées, etc., pour le neufviesme cry et le commencement de laditte tierce quarantaine, en faisant savoir à tous, etc.; auquel cry, ne durant, etc., ne vint personne, etc.; et le jeudi septiesme jour de février que finissoit laditte tierce quarantaine et que se devoit commencer la quarte et derrenière quarantaine, d'abondant, pour la cause dessusditte, continué lesdittes criées jusques au dimenche ensuivant dixiesme jour dudit mois de février ; lequel dimenche, en la présence, etc., feis lesdittes criées, etc., pour la quarte et derrenière quarantaine ; en faisant savoir, etc., et, oultre, que c'estoit la derrenière criée, et que le décret de laditte terre et seigneurie se donneroit par messeigneurs, etc., le second jour d'avril ensuivant, et icelui donné, jamais homme ne seroit reçu à mettre à pris, etc. Et tout ce, mon très cher sire, vous certiffie estre vraie par ceste moye relacion scellée de mon scel et à laquelle, etc. Ce fut fait les an et jour dessusdits ; ainsi signé : T. Munier.

JUGEMENT RENDU CONTRE JACQUES CŒUR.

Item s'ensuit la teneur de la relacion des criées et seigneurie de Villeneufve-les-Genetz, avec ses appartenances et appendences.

A mon très cher sire Barthelemy Gaudin, etc., Huguenin Potin, sergent et crieur juré de par le roy nostre dit seigneur en la terre et seigneurie de la Villeneufve-lez-Genets, et à tous autres qu'il appartiendra, honneur et révérance avec toute obéissance. Mon très cher sire, plaise vous savoir que, par vertu de vos lettres de commission, dont la teneur s'ensuit :

Barthelemy Gaudin, etc., le neufviesme jour d'aoust, l'an mil quatre cents cinquante et trois, ainsi signé : B. Gaudin :

Je me transporté le dimenche douziesme jour de ce présent mois d'aoust, l'an mil quatre cents cinquante et trois, devant l'église de la Villeneufve, heure d'issue de la grant messe parrochiale, et, en la présence de Jehan Thiebault, dit Charretier, Pierre le Ramat, Perrin Ramat, et plusieurs autres, crié et subhasté ladite terre et seigneurie de la Villeneufve-lez-Genets avecques ses appartenances et appendences pour premier cry et commencement de la première huitaine, en faisant savoir à tous, etc. Auquel cry, ne durant ladite huitaine, ne vint personne, etc. Et le dimenche dix-neufviesme jour d'aoust, en la présence, etc., feis lesdittes criées, etc., pour second cry et commencement de seconde huitaine, en faisant savoir, etc.; auquel cry, etc., ne vint personne, etc. Et le dimenche vingt-sixiesme jour dudit mois d'aoust, en la présence, etc., feis lesdittes criées, etc., pour le troisiesme cry et le commencement de la troisiesme huitaine, en faisant savoir, etc.; auquel cry, etc., ne vint personne, etc.; et le dimenche second jour du mois de septembre ensuivant, en la présence, etc., feis lesdittes criées, etc., pour le quart cry et commencement de la première quinzaine ; en faisant savoir, etc.; auquel cry, etc., ne vint personne, etc. Et le dimenche seisiesme jour dudit mois de septembre, en la présence, etc., feis lesdittes criées, etc., pour le cinquiesme cry et le commencement de la seconde quinzaine ; en faisant savoir etc.; auquel cry, etc., ne vint personne, etc. Et le dimenche derrenier jour dudit mois de septembre, en la présence, etc., feis lesdittes criées, etc., pour le sixiesme cry et le commencement de la tierce quinzaine ; en faisant savoir à tous, etc.; auquel cry, etc., ne vint personne, etc. Et le dimenche septiesme jour du mois d'octobre ensuivant, en la présence, etc., feis lesdittes criées, etc., pour le septiesme cry et le commencement de la première quarantaine ; en faisant savoir à tous, etc. Auquel cry, etc., ne vint personne, etc. Et pour ce que ladite première quarantaine finissoit le jeudi quinziesme jour de novembre, et que ledit jour, etc., l'en n'a pas accoustumé, etc., icelui jour de jeudi continué jusques au dimenche ensuivant dix-huitiesme jour dudit mois de novembre ; lequel dix-huitiesme jour, en la présence, etc., feis lesdittes criées, etc., pour le huitiesme cry et le commencement de la seconde quarantaine ; en faisant savoir, etc., auquel cry, etc., ne vint personne, etc. Et le jeudi vingt-septiesme jour de décembre que finissoit ladite seconde quarantaine et que se devoit commencer à faire la tierce quarantaine, continué lesdittes criées, pour la cause dessusditte, jusques au dimenche ensuivant, pénultime jour dudit mois ; lequel dimenche, en la présence, etc., feis lesdittes criées, etc., pour le neufviesme cry et le commencement de la tierce quarantaine ; en faisant savoir, etc. Auquel cry, etc., ne vint personne, etc. Et le jeudi septiesme jour de février ensuivant, que finissoit ladite tierce quarantaine, se devoit commencer la quarte et derrenière quarantaine, d'abondant, pour la cause dessusditte, continué lesdittes criées jusques au dimenche ensuivant, dixiesme jour dudit mois de février ; lequel dimenche, en la présence, etc., feis lesdittes criées, etc., pour la quarte et derrenière quarantaine ; en faisant savoir, etc., et, oultre que c'estoit la derrenière criée, et que le décret desdittes terres et seigneuries se donneroit par messeigneurs, etc., le second jour d'avril ensuivant, et, icelui donné jamais homme ne seroit receu à mettre à pris, etc. Et tout ce, mon cher sire, vous certifie estre vray par ceste moye relacion scellée de mon scel, et à laquelle, etc. Ce fut fait l'an et jour dessusdit ; ainsi signé, T. MUNIER.

Item s'ensuit la teneur de la relacion des criées du chastel, ville et seigneurie de Saint-Morise-sur-l'Averon, de la terre et seigneurie de Leuseurt, de la terre et seigneurie de Melcroy, de la terre et seigneurie de Fontenoilles, estant des appartenances dudit Saint-Morise, avecques toutes ses appartenances et appendences.

A mon très cher sire Barthélemy Gaudin, sergent, etc., et à tous autres qu'il appartiendra, Regnault Arnol, sergent fieffé et crieur juré, de par le roy en la terre et seigneurie de Saint-Morise-sur-l'Averon, honneur et révérance, etc. Mon très cher sire, plaise vous savoir que par vertu de vos lettres de commission, dont la teneur s'ensuit :

Barthélemy Gaudin, etc., le cinquiesme jour d'aoust, l'an mil quatre cent cinquante et trois, ainsi signé : B. Gaudin :

Je me transporté le dimenche douziesme jour de ce présent mois d'aoust, l'an mil quatre cent cinquante et trois, devant l'église dudit Saint-Morise, heure d'issue de la grant messe parrochiale, et en la présence de Estienne Guérichon, prévost dudit Saint-Morise, Guillemin Durant, garde, de par le roy nostre sire, du chastel et ville dudit Saint-Morise, et pluseurs autres, criay et subhastay les chastel et ville de Saint-Morise, la terre, etc., etc., qui sont des appartenances dudit Saint-Morise, et nagaires acquises par ledit Jacques Cuer, pour premier cry et commencement de première huitaine, en faisant savoir à tous, etc. ; auquel cry, ne durant laditte huitaine, ne vint personne, etc. Et le dimenche dix-neufviesme jour dudit mois d'aoust, en la présence, etc., feis lesdittes criées, etc., pour second cry et commencement de seconde huitaine, en faisant savoir, etc., auquel cry, etc., ne vint personne, etc. Et le dimenche vingt-sixiesme jour dudit mois d'aoust, en la présence, etc., feis lesdittes criées, etc., pour le troisiesme cry et le commencement de la troisiesme huitaine, en faisant savoir, etc., auquel cry, etc., ne vint personne, etc. Et le dimenche second jour du mois de septembre ensuivant, en la présence, etc., feis lesdittes criées, etc., pour le quart cry et commencement de la première quinzaine, en faisant savoir, etc., auquel cry, etc., ne vint personne, etc. Et le dimenche seiziesme jour dudit mois de septembre, en la présence, etc., feis lesdittes criées, etc., pour le cinquiesme cry et commencement de la seconde quinzaine, en faisant savoir, etc., auquel cry, etc., ne vint personne, etc. Et le dimenche, dernier jour de septembre, en la présence, etc., feis lesdittes criées, etc., pour le sixiesme cry et commencement de la tierce quinzaine, en faisant savoir, etc., auquel cry, etc., ne vint personne, etc. Et le dimenche septiesme jour du mois d'octobre ensuivant, en la présence, etc., feis lesdittes criées, etc., pour le septiesme cry et commencement de la première quarantaine, en faisant savoir, etc., auquel cry, etc., ne vint personne, etc. Et pource que ladite première quarantaine finissoit le jeudi quinziesme jour de novembre, et que ledit jour de jeudi, etc., l'en n'a pas accoustumé, etc. ; icelui jour de jeudi continuay jusques au dimenche ensuivant, dix-huitiesme jour dudit mois de novembre, lequel dimenche dix-huitiesme jour, présens, etc., feis lesdittes criées, etc., pour le huitiesme cry et le commencement de la seconde quarantaine, en faisant savoir, etc., auquel cry, etc. Et le dimenche vingt-septiesme jour de décembre, que finissoit ladite seconde quarantaine et que se devoit commencer la tierce quarantaine, continuay lesdittes criées, pour la cause dessusdite, jusques au dimenche ensuivant, pénultime jour dudit mois de décembre, lequel dimenche, présens, etc., feis lesdittes criées, etc., pour le neufviesme cry et le commencement de ladite tierce quarantaine, en faisant savoir, etc. Auquel cry Jehan le Juif, procureur de messire Guillaume de Colligny, chevalier, seigneur d'Andelost et de Chastillon-sur-Loing, s'est opposé pour certaine ypotheque qu'il dist estre deue audit monseigneur d'Andelost sur ladite terre de Saint-Morise, Leusieurt, Melcroy et Fontenoilles, et à cause du quint denier qu'il dit avoir sur la terre de Leusieurt, pource que il dit que ladite terre de Leusieurt est tenue de ladite terre de Chastillon. Et je lui dis qu'il alast par devers vous, qui estiez principal à faire lesdittes criées, faire sadite opposition. Et le jeudi septiesme jour de février ensuivant que finissoit ladite tierce quarantaine et se devoit commencer la quarte et dernière quarantaine, d'abondant, pour la cause dessusdite, continuay lesdittes criées jusques au dimenche ensuivant, dixiesme jour dudit mois de février, lequel dimenche présens, etc., feis lesdittes criées, etc., pour la quarte et dernière quarantaine, en faisant savoir à tous, etc., et oultre feis assavoir par ledit dernier cry que c'estoit la dernière criée, et que le décret de ladite terre et seigneurie de Saint-Morise, etc., se donneroit par messeigneurs, etc., le second jour d'avril ensuivant, et, icelui donné, jamais homme ne seroit receu à mettre à pris, etc. Auquel cry est venu maistre Simon Ozère, licencié en loix, ou nom et comme procureur de noble et puissant seigneur messire Jehan de Courtenay, chevalier, seigneur de Saint-Brisson, lequel se opposa auxdittes criées, auquel je dis qu'il alast par devers vous, qui estes principal à faire lesdites criées, faire saditte opposition. Et pareillement, le dix-huitiesme jour du mois de février, est venu par devers moy maistre Pierre Balant, licencié en loix, ou nom et comme procureur de damoiselle chrestienne de Villebeon, lequel se opposa contre lesdittes criées ; et pareillement messire Robert Saradin, prestre, prieur du prieuré de Chasteau-Regnart, lequel se opposa en sa personne à l'encontre des criées de Beauplessie ; auxquels je dis qu'ils alassent par devers vous, qui estiez principal à faire lesdites criées, faire leur opposition. En tout ce, mon très cher sire, je vous certifie avoir fait et estre vray, par ceste moye relacion scellée de mon scel, duquel je use en mondit office faisant, à l'aprobacion duquel je requis la garde du scel aux contracts de la prévosté de Saint-Morise-sur-l'Averon, mettre et apposer le scel et contrescel de laditte prévosté après le mien, et le saing manuel de Jehan Bernard, clerc tabellion et notaire juré du scel et escripture de la prévosté de Montargis. Ce fut fait l'an et jour dessusdis ; ainsi signé : J. BERNARD, par le commandement et requeste dudit Regnault Arnoul, sergent dessusdit.

Item s'ensuit la teneur de la relacion des criées de laditte terre, baronnye et seigneurie de Toucy, avec ses appartenances et appendences.

A mon très cher sire Barthélemy Gaudin, etc. Pierre Chasteignier, sergent commis de par le roy, nostredit seigneur de la baronnye de Thoucy, etc. ; mon très cher sire, plaise vous savoir que par vertu de vos lettres de commission, dont la teneur s'ensuit :
Barthélemy Gaudin, etc., le quatriesme jour d'aoust, l'an mil quatre cent cinquante et trois ; ainsi signé : B. Gaudin :
Je me transporté le dimenche douziesme jour de ce présent mois d'aoust, l'an mil quatre cent cinquante et trois, devant l'église parrochiale dudit Toucy, heure d'issue de la grant messe parrochiale, et en la présence de honnourables hommes et saiges, maistre Pierre Joubert, Jehan Titon, Jehan Juif, dit Chauveau, Jehan Roiddot, Jehan du Bois et de Jehan Leroy, prévost dudit lieu de Toucy, et de plusieurs autres, criay et subhastay laditte terre, baronnye et seigneurie dudit Toucy, avec ses appartenances et appendences, nagaires acquises par ledit Jacques Cuer, pour premier cry et commencement de premiere huitaine, en faisant savoir à tous, etc., auquel cry, ne durant laditte huitaine, ne vint personne, etc. Et le dimenche, dix-neufviesme jour dudit mois d'aoust, en la présence, etc., feis lesdittes criées, etc., pour le second cry et commencement de seconde huitaine, en faisant savoir, etc., auquel cry, etc., ne vint personne, etc. Et le dimenche, vingt-sixiesme jour dudit mois d'aoust, en la présence, etc., feis lesdittes criées, etc., pour le troisiesme cry et commencement de la troisiesme huitaine, en faisant savoir, etc., auquel cry, etc., ne vint personne, etc. Et le dimenche second jour du mois de septembre ensuivant, en la présence, etc., feis lesdittes criées, etc., pour le quart cry et commencement de la première quinzaine, en faisant savoir, etc., auquel cry, etc., ne vint personne, etc. Et le dimenche seiziesme jour dudit mois de septembre, en la présence, etc., feis lesdittes criées, etc., pour le cinquiesme cry et le commencement de la seconde quinzaine, en faisant savoir à tous, etc., auquel cry, etc., ne vint personne, etc. Et le dimenche, dernier jour de septembre ensuivant, en la présence desdits, etc., feis lesdittes criées pour le sixiesme cry et commencement de la tierce quinzaine, en faisant savoir, etc., auquel cry, etc., ne vint personne, etc. Et le dimenche septiesme jour d'octobre ensuivant, en la présence, etc., feis lesdittes criées, etc., pour le septiesme cry et le commencement de la première quarantaine, en faisant savoir à tous, etc., auquel cry, etc., ne vint personne, etc. Et le quinziesme jour de novembre ensuivant, que eschéoit la seconde quarantaine à faire, qui estoit jour de jeudi, ay continué icelles criées à faire jusques au dimenche ensuivant, dix-huitiesme jour dudit mois, pource que audit jour de jeudi on n'a accoustumé à faire nulles criées ne subhastacions audit lieu de Toucy ; auquel jour de dimenche ay crié et subhasté, etc., présens, etc., pour le huitiesme cry et commencement de la seconde quarantaine, en faisant savoir, etc., auquel cry, etc. Et le jeudi vingt-septiesme jour de décembre,

que finissoit laditte seconde quarantaine et que se devoit commencer la tierce quarantaine, continuay lesdittes criées pour la cause dessusdite jusques au dimenche ensuivant, pénultime jour dudit mois; lequel dimenche, en la présence, etc., je feis lesdittes criées, etc., pour le neufviesme cry et le commencement de laditte tierce quarantaine, en faisant savoir à tous, etc.; auquel cry, etc., ne vint personne, etc. Et le jeudi septiesme jour de février ensuivant, que finissoit laditte tierce quarantaine et se devoit commencer la quarte et derrenière quarantaine, d'abondant, pour les causes dessusdittes, continuay lesdittes criées jusques au dimenche ensuivant, dixiesme jour dudit mois de février, lequel dimenche, en la présence, etc., je feis lesdittes criées, etc., pour la quarte et derrenière quarantaine, en faisant savoir à tous etc.; auquel cry, etc., ne durant, etc., ne vint personne, etc., et, oultre que c'estoit la derrenière criée et que le décret de laditte terre et seigneurie, ses appartenances et appendences, se donneroit par messeigneurs, etc., le second jour d'avril ensuivant, et, icelui donné, jamais homme ne seroit receu à mettre à pris, etc. En tout ce, mon très cher sire, vous certifie estre vray par ceste moye relacion, scellée de mon scel, et à laquelle, pour plus grant approbacion de mondit scel, je requis le scel aux contracts de la prévosté de Saint-Fargeau y estre mis, et le saing manuel de Thomas Musnier, tabellion de laditte prévosté. Ce fut fait l'an et jour dessusdit, ainsi signé : T. Musnier.

Item s'ensuit la teneur de la relacion des criées de laditte chastellenie, terre et seigneurie de Saint-Fargeau et autres seigneuries acquises par ledit Jacques Cuer oudit païs de Puisoye, avec leurs appartenances et appendences.

A mon très cher sire Barthélemy Gaudin, etc., Guillaume Malevoye, sergent, et crieur juré de par le roy, nostredit seigneur, en la chastellenie, terre et seigneurie de Saint-Fargeau en Puisoye, honneur et révérance. Mon très cher sire, plaise vous savoir que par vertu de vos lettres de commission dont la teneur s'ensuit :

Barthélemy Gaudin, etc., le quatorziesme jour d'aoust, l'an mil quatre cent cinquante et trois, ainsi signé : B. Gaudin:

Je, le dimenche dix-neufviesme jour d'aoust, l'an mil quatre cent cinquante et trois, moy estant devant l'église parrochiale dudit Saint-Fargeau, à yssue de la grant messe et en la présence de Jehan Adin, Thomas Musnier, messire Pierre Brone, prestre curé dudit Saint-Fargeau, Pierre Chappu, Henry Malcary, feis lesdittes criées, etc., pour second cry et commencement de seconde huitaine, en faisant savoir à tous, etc., auquel cry, etc., ne vint personne, etc. Et le dimenche vingt-sixiesme jour dudit mois d'aoust, en la présence, etc., feis lesdittes criées, etc., pour troisiesme cry et commencement de la troisiesme huitaine, en faisant savoir à tous, etc., auquel cry, etc., ne vint personne, etc. Et le dimenche second jour du mois de septembre ensuivant, en la présence, etc., feis lesdittes criées, etc., pour le quart cry et le commencement de la première quinzaine, en faisant savoir à tous, etc., auquel cry ne vint personne; mais le sixiesme jour dudit mois de septembre, qui estoit durant laditte quinzaine, vint devers moy Jehan Bourgoing, soy disant procureur de messeigneurs les évesques de Carcassonne, Nevers et Montauban, messire Robinet d'Estampes, chevalier, et Jehan d'Estampes, escuyer, lequel s'opposa ausdittes criées; auquel je deis qu'il alast par devers vous, qui estiez principal à faire lesdittes criées, faire sadite opposition. Et le dimenche seiziesme jour dudit mois de septembre, présens, etc., feis lesdittes criées, etc., pour le cinquiesme cry et le commencement de la seconde quinzaine, en faisant savoir, etc., auquel cry, ne durant, etc., ne vint personne, etc. Et le dimenche derrenier jour dudit mois de septembre, présens, etc., feis lesdittes criées, etc., pour le sixiesme cry et le commencement de la tierce quinzaine, en faisant savoir, etc., auquel cry, etc., ne vint personne, etc. Et le dimenche, septiesme jour du mois d'octobre ensuivant, présens, etc., feis lesdittes criées, etc., pour le septiesme cry et commencement de la première quarantaine, en faisant savoir, etc., auquel cry ne vint personne ; mais le seiziesme jour dudit mois d'octobre, vint devers moi Jehan de Chaumont, escuyer, lequel se opposa ausdittes criées, et je lui deis qu'il parlast à vous qui estiez en laditte ville de Saint-Fargeau. Et pour ce que laditte première quarantaine finissoit le jeudi quinziesme jour de novembre, et que ledit jour de jeudi ne à autre jour que à jour de dimenche l'en n'a pas accoustumé à faire cris selon la coustume du païs, icelui jour de jeudi continué jusques au

JUGEMENT RENDU CONTRE JACQUES COEUR.

dimenche ensuivant, dix-huitiesme jour dudit mois de novembre; lequel dix-huitiesme jour, présens, etc., feis lesdittes criées, etc., pour le huitiesme cry et le commencement de la seconde quarantaine, en faisant savoir, etc., auquel cry, etc., ne vint personne, etc. Et le jeudi vingt-septiesme jour de décembre, que finissoit ladite seconde quarantaine et que se devoit commencer à faire la tierce quarantaine, continué lesdittes criées pour la cause dessusditte, jusques au dimanche ensuivant pénultime jour dudit mois; lequel dimenche, présens, etc., feis lesdittes criées, etc., pour le neufviesme cry et le commencement de laditte tierce quarantaine, en faisant savoir, etc., auquel cry, etc., ne vint personne, etc. Et le jeudi, septiesme jour de février ensuivant, que finissoit laditte tierce quinzaine et se devoit commencer la quarte et derrenière quarantaine, d'abondant, pour la cause dessusditte continué lesdittes criées jusques au dimenche ensuivant, dixiesme jour dudit mois de février, lequel dimenche, présens, etc., feis lesdittes criées, etc., pour la quarte et derrenière quarantaine, en faisant savoir à tous, etc., et, oultre que c'estoit la derrenière criée et que le décret desdittes terres et seigneuries se donneroit par messeigneurs, etc., le second jour d'avril ensuivant, et, icelui donné, jamais homme ne seroit receu à mettre à pris, etc. Et tout ce, mon très cher sire, vous certifie estre vray, par ceste moye relacion scellée de mon scel, et à laquelle, pour plus grant approbacion de mondit scel, j'ai requis le scel aux contracts et le saing manuel de Thomas Musnier, tabellion de laditte prévosté dudit Saint-Fargeau, y estre mis. Ce fut fait les an et jour dessusdis, ainsi signé : T. Musnier.

Lesquelles criées eussent esté certifiées estre bien et deuement faictes selon la coustume du païs, comme par lettres attachées ausdittes criées, faictes soubs le scel du bailliage de Montargis, puet apparoir; desquelles lettres la teneur s'ensuit :

Nous, Guillaume Quarre, lieutenant de noble homme Guillaume Pallain, dit Pelliege, seigneur de Silas, escuyer d'escurie du roy nostre sire et son bailli de Montargis, de Cepoy, des ressors et exempcions du duchié d'Orléans et bailli de Puisoye, pour le roy nostredit seigneur, certiffions à nos très honnorez seigneurs messeigneurs les trésoriers de France, les conseillers du roy nostredit seigneur, en son trésor à Paris, à monseigneur maistre Jehan Dauvet, licencié en loix, procureur général du roi, nostredit seigneur et commissaire, à mettre à exécution certain arrêt nagaires prononcé à l'encontre de Jacques Cuer, et à tous autres qu'il appartendra, avoir veu, visité et leu de mot à mot les relations ausquelles ces présentes sont attachées, soubs le contre-scel dudit bailliage de Montargis, et que les criées dont ès dittes relations est faite mention et chacune d'icelles sont bien et deuement faites selon les usaiges, stilles et coustumes gardées ès terres et seigneuries, dont mention est faite ès dittes relations, et que ainsi on en use et a accoustumé user. En témoing de ce, nous avons signé ces présentes de nostre saing manuel, et scellées des scel et contre-scel dudit bailliage de Montargis, le dix-septiesme jour de mars, l'an mil quatre cent cinquante et trois, ainsi signé : G. Huant.

Lesquels nos conseillers du trésor eussent ordonné, appointié et dicut du droit et des oppositions des opposans ausdittes criées par la forme et manière contenues ès lettres de sentence, par eulx données, et ainsi que déclaré sera cy-après ; desquelles lettres de sentence les teneurs s'ensuivent. Et premièrement s'ensuit la teneur de la sentence donnée, touchant nostre amé et féal Jehan de Courtenay, chevalier seigneur de Bleneau.

Les conseillers du roy nostre sire, sur le fait de la justice de son trésor à Paris, à tous ceulx qui ces présentes lettres verront, salut. Comme procès ait nagaires esté pendant par-devant le bailli de Sens ou son lieutenant, et depuis renvoyé par-devant nous en la chambre et auditoire dudit trésor ou palais à Paris, entre Jehan de Courtenay, chevalier, seigneur de Bleneau, demandeur en cas de retraict, d'une part ; et le procureur du roy, nostredit seigneur, pour et ou lieu de Jacques Cuer, défendeur ou dit cas de retraict, d'autre part ; sur ce que ledit demandeur disoit que feus messire Pierre de Courtenay, en son vivant chevalier, et Agnès de Meleun, jadis sa femme, avoient esté père et mère de feu messire Pierre de Courtenay, aussi en son vivant chevalier, et dudit demandeur, duquel deffunct messire Pierre estoit issu et descendu messire Jehan de Courtenay, chevalier, seigneur de Saint-Brisson, et par ainsi iceluy, messire Jehan de Courtenay, chevalier, seigneur de Saint-Brisson, estoit nepveu dudit demandeur, fils de son frère, auquel messire Jehan, seigneur de Saint-Brisson, avoit competté et appartenu pluseurs belles terres et seigneuries de la succession de sesdits feus père et ayeuls paternels; et entre autres terres et seigneuries, lui avoit competté et appartenu la terre et seigneurie de Champignoilles, assise ou bailliage dudit Sens, laquelle terre et seigneurie de Champignoilles iceluy seigneur de Saint-Brisson avoit vendue audit Jacques Cuer, le vingt-quatriesme ou vingt-cinquiesme jour de mars mil quatre cent cinquante ou environ, qui estoit puis an et jour en çà à compter de l'introduction dudit procès, et par ce, de raison et par la coustume notoirement tenue et gardée en ce royaume, iceluy demandeur, comme oncle et lignaigier dudit vendeur, du costé dont ladite terre et seigneurie lui estoit venue et escheue, pouvoit et devoit estre receu au retraict d'icelle terre et seigneurie, et pour ce, iceluy demandeur, par vertu de certaines lettres royaulx par lui obtenues le vingt-deuxiesme jour de janvier ensuivant, l'an mil quatre cent cinquante et ung, iceluy demandeur, ou mois de février ensuivant, audit an mil quatre cent cinquante et ung, avoit fait adjourner ledit Jacques Cuer par-devant ledit bailli de Sens ou son dit lieutenant, à certain jour lors ensuivant, pour recevoir ou veoir recevoir ledit demandeur et procéder, au surplus, au retraict de ladite terre et seigneurie de Champignoilles. Disoit oultre, iceluy demandeur, que, à l'occasion de l'emprisonnement qui estoit survenu en la personne dudit Jacques Cuer, ledit demandeur avoit obtenu autres lettres royaulx par lesquelles estoit mandé audit bailli de Sens ou son lieutenant, que appelé le procureur du roy nostredit seigneur ou dit bailliage, et autres qui seroient à appeler, il receust ledit demandeur à retraire ladite terre et seigneurie de Champignoilles, en mettant en main de justice le pur sort et les loyaulx coustés qui avoient esté payez par la vente d'icelle terre et seigneurie, tout ainsi que se les deniers estoient baillez audit Jacques Cuer, et que, pour veoir entériner lesdittes lettres royaulx, iceluy Jacques Cuer avoit esté adjourné par-devant ledit bailli de Sens ou sondit lieutenant ; à l'encontre duquel Jacques Cuer, iceluy demandeur, avoit obtenu deux défaulx, et ce fait, iceluy procureur du roy avoit reprins, ou au moins s'estoit bouté en proie pour et au lieu dudit Jacques Cuer; et pour ce, iceluy demandeur avoit fait faire sa demande en matière de retraict pour raison de ladite terre et seigneurie de Champignoilles, à l'encontre dudit procureur du roy, telle en effect et substance que dit estoit; et, pour parvenir à ses fins et conclusions cy-dessoubs escriptes, et audit retraict, disoit iceluy demandeur que ladite terre et seigneurie de Champignoilles avoit esté vendue par ledit seigneur de Saint-Brisson audit Jacques Cuer, le pris et somme de sept ou huit cents escus; lesquels iceluy demandeur avoit offert et bourse, et deniers, et à parfaire. Et de fait iceluy demandeur avoit consigné en main de la court dudit bailli la somme de mille escus d'or, tant pour le sort principal comme pour les loyaulx coustemens, et offert à parfaire, en concluant par ledit demandeur à ce que, par sentence dudit bailli ou sondit lieutenant, feut dit que iceluy demandeur feust receu à retraire ladite terre et seigneurie de Champignoilles, et que icelle terre lui feust adjugée par retraict, parmi payant à Jehan Briconnet ou autre, à ce commis et depputé de par le roy, nostredit seigneur, le pur sort dudit achat avec les loyaulx cousts, frais et despens, lesquels il avoit toujours offert et pour lesquels il avoit consigné ès mains de la court dudit bailli ladite somme de mille escus d'or, et offert parfaire, avec toutes autres offres qui appartenoient de faire en tel cas et tout pertinent, et demandes et despens à l'encontre dudit procureur du roy, en tant qu'il s'estoit mis ou dit procès pour et ou lieu dudit Jacques Cuer, offrant à prouver de ses fais, tant que suffire devroit, pour obtenir à son intencion. Et de la partie dudit procureur du roy avoit esté dit pour ses défenses : que de raison et par la coustume dont on usoit tout communément et notoirement en ce royaume de France, et mesurement ès villes de Sens, de la Villeneuve-le-Roy, audit lieu de Champignoilles et pays environ, aucun n'estoit recevable à demander ou au moins ne devoit estre receu au retraict d'un héritaige, sinon qu'il feust parent et lignaigier du vendeur, du costé et ligne dont lui estoit venu et escheu cet héritaige qu'il requéroit avoir par retraict, et que ledit héritaige vendu lui peust escheoir par succession par le trespas du vendeur, et aussi que tel qu'il vouloit venir au retraict vensist dedens l'an et jour de la vendicion faitte, et consignast le par sort de la vente dudit héritaige avec les loyaulx coustemens ; et présupposé, disoit ledit défendeur que laditte terre et seigneurie de Champignoilles avoit compété et appartenu audit messire Jehan de Courtenay, chevalier, seigneur de Saint-Brisson, par le trespas et de la succession de sa feue mère, jadis femme dudit messire Pierre de Courtenay, à laquelle deffuncte icelui demandeur n'atteignoit aucunement de lignage et ainsi ne pourroit venir au retraict de laditte terre. Mais supposé que laditte terre et seigneurie de Champignoilles eust compété et appartenu audit feu messire Pierre de Courtenay, jadis père dudit vendeur, ce avoit esté par achat par lui fait durant et constant le mariage de lui et de la feue mère dudit vendeur, et par ce, de raison et par la coustume toute notoire et notoirement tenue et gardée en cedit royaume, ladite feue mère dudit défendeur avoit eu la moitié en icelle terre et seigneurie de Champignoilles, et estoit escheue icelle moittié audit vendeur par le trespas de sa feue mère, à laquelle ledit demandeur n'avoit esté aucunement lignaigier ; et ainsi, supposé que ledit demandeur eust esté lignaigier dudit feu messire Pierre de Courtenay, jadis père dudit vendeur, dont toutes voyes icelui défendeur ne savoit rien et ne le croioit point, si ne povoit-il venir au retraict que de la moitié d'icelle terre et seigneurie de Champignoilles. Disoit oultre ledit défendeur que, supposé que ledit demandeur feust lignaigier dudit défendeur, du costé et ligne dont lui estoit escheu laditte seigneurie de Champignoilles, néanmoins il n'estoit venu dedens l'an de la vendicion faicte d'icelle seigneurie, et si n'avoit fait signifier audit Jacques Cuer, à sa personne, ledit retraict, par quoy icelui demandeur ne devoit estre receu audit retraict, mais, par autre raison, ne devoit laditte seigneurie de Champignoilles estre adjugée audit demandeur par retraict, car laditte seigneurie de Champignoilles avoit esté vendue par ledit messire Jehan de Courtenay, chevalier, seigneur de Saint-Brisson, audit Jacques Cuer, avec la terre et seigneurie de Saint-Morise-sur-Averon, tout par ung marché et à une fois, le prix et somme de six à sept mille escus, et si estoit laditte seigneurie de Champignoilles plus noble et de plus grant revenu que laditte seigneurie de Saint-Morise, et ainsi convenoit dire qu'elle avoit esté vendue trois ou quatre mille escus ; et néantmoins iceluy demandeur n'avoit consigné que mil escus pour le sort principal et pour les loyaulx coustemens, et par ce ne devoit estre receu audit retraict, au moins sinon en paiant lesdits trois ou quatre mil escus. Disoit oultre que par autres lettres royaulx estoit mandé audit bailly ou son dit lieutenant que s'il lui apparoit que laditte terre et seigneurie de Champignoilles cheist en retraict, et que ledit demandeur feust lignaigier dudit seigneur de Saint-Brisson vendeur, et ou cas qu'il en seroit requis, il jugeast et délivrast ledit retraict au prouffit dudit demandeur en fournissant par icelui demandeur la main dudit seigneur se assez n'estoit fournye du pur sort et loyaulx coustemens, et que ledit bailli ou son dit lieutenant fist délivrance plainière de laditte terre audit demandeur, en tenant la main du roy nostre dit seigneur mise en icelle à l'occasion de l'emprisonnement dudit Jacques Cuer, tout ainsi et par la forme et manière que ledit bailli ou son dit lieutenant feroit et faire pourroit en jugement contradictoire entre ledit demandeur et ledit Jacques Cuer se il y estoit présent ; pour les deniers qui en vendroient et ystroient estre baillez et délivrez à Jehan Briçonnet, esleu sur le fait des aydes à Tours, et commis à la garde des biens que ledit Jacques Cuer, au temps de ses prinse et arrests, avoit au pays de Languedoïl, à la conservation d'iceulx au prouffit de qui il appartiendra en la fin du procès dudit Jaques Cuer ; au seurplus son fait respondoit à celuy demandeur, en concluant par ledit défendeur qu'il feust dit par ledit bailli ou son dit lieutenant et par sa sentence que ledit demandeur ne faisoit à recevoir de requérir estre receu audit retraict, au moins qu'il avoit tort et mauvaise cause, afin d'absolution et tout pertinent ; offrant à prouver de ses fais tant que suffire devroit pour obtenir à son intencion. Et de la partie dudit demandeur eust esté repplicquée, et pour ses repplicques disoit que son entencion estoit bien fondée par ce qu'il avoit dit en sa demande ; et n'y faisoit riens ce que ledit défendeur disoit que lesdittes seigneuries de Saint-Morise-sur-Averon et de Champignoilles avoient esté vendues tout et une fois le pris et somme de six à sept mil escus, car le contraire estoit au vray, sauve sa grace, et avoient esté lesdittes seigneuries vendues à diverses fois, ja soit ce que tout feust mis en unes lettres, et n'avoit esté vendue ladite seigneurie de Champignoilles que de sept à huit cens escus. Et au regard de l'adjournement, disoit iceluy demandeur qu'il avoit esté bien fait et dedans l'an de la vendicion d'iceluy, comme il povoit apparoir par les exploix. Aussi iceluy demandeur offroit monstrer qu'il estoit lignaigier du costé et ligne dont estoit escheu audit seigneur de Saint-Brisson laditte seigneurie de Champignoilles ; en concluant comme dessus. Lesquelles parties oyes en tout ce qu'elles eussent voulu dire et proposer, d'un costé et d'autre, iceluy bailli ou son dit lieutenant les eust appoincté en fais contraires et en enqueste ; en fournissant auquel appointement icelles parties eussent baillé leurs escriptures par fois contraires, et eust icelui demandeur fait faire son enqueste, et ledit défendeur non ; et laquelle enqueste eust été receue pour juger ; et eussent icelles parties mis et produit leurs lettres et ce que bon leur eust semblé, par devers ledit bailli et son lieutenant, lequel les eust appoinctés en droit ; et depuis, par vertu de certaines lettres royaulx obtenues par le procureur du roy nostre dit seigneur, ledit procès eust esté renvoyé et jour assigné aux parties à comparoir pardevant nous à certain jour lors ensuivant ; auquel jour assigné ou autre deppendant d'iceluy, et après ce que icelui procès eust esté apporté pardevers nostre ditte court cloz et scellé, il eust esté ouvert et monstré ausdittes parties afin de veoir leurs pièces ; et eust esté trouvé audit procès ung petit advertissement produit par le demandeur tendant afin de condempnation de despens contre ledit procureur du roy nostre dit seigneur ; à quoy iceluy procureur dudit seigneur n'avoit respondu, et pour ce le procureur du roy nostre dit seigneur ou trésor eust baillé par devers nous une cédule au contraire tendant à ce qu'il feust par nous dit que iceluy défendeur ne povoit ou devoit estre condempné en aucuns dépens, et que ledit procureur du roy n'en paioit aucuns ; et, ce fait, nous eussions appoincté les parties à oïr droit, comme par appoinctement duquel la teneur s'ensuit puet apparoir.

Du mercredi second jour d'octobre, l'an mil quatre cent cinquante et quatre ; entre messire Jehan de Courtenay, chevalier, seigneur de Bleneau, demandeur en matière de retraict, comparant en personne et par maistre Jehan Savin, d'une part ; et le procureur du roy au trésor, défendeur, d'autre part ; après ce que ledit procureur du roy a baillé une cédule pour respondre à ung petit advertissement qui estoit ou sac du costé du demandeur, et que ledit demandeur n'a plus voulu dire aucune chose, appoincté est à faire droit aux parties ; savoir faisons que veu ledit procès avec tout ce qui estoit mis et produit ou sac d'icelles parties et l'enqueste sur ce faicte, ensemble ledit appointement à oïr droit, et tout veu et considéré ce qui faisoit à veoir en ceste partie, et sur ce conseil, advis et délibération, nous avons dit et disons que icelui demandeur sera receu et iceluy recevons au retraict de ladicte terre et seigneurie de Champignoilles, assise ou dit baillage de Sens, et avons adjugé et adjugeons à iceluy demandeur ladicte terre et seigneurie de Champignoilles moyennant la somme de mil escus d'or pour le sort principal avec les loyaulx coustemens que ledit demandeur sera tenu rendre et payer audit défendeur, laquelle somme de mil escus d'or et loyaulx coustemens seront mis ès mains dudit Jehan Briconnet, esleu sur le fait des aides à Tours, et commis par le roy nostredit seigneur à recevoir les biens dudit Jacques Cuer, et sans despens d'une partie ne d'autre. Par notre sentence définitive et par droit prononcé et dit audit demandeur à sa personne et à maistre Estienne de Normant, procureur du roi nostre dit seigneur audit trésor.

Si donnons en mandement par ces présentes à l'uissier dudit trésor ou au premier sergent royal sur ce requis que nostre dicte sentence ils mettent à exécution deue selon leur fourme et teneur en ce qui requerra exécucion, en contraignant à ce faire et souffrir tous ceulx qui pour ce seront à contraindre par toutes voies deues et raisonnables ; de ce faire donnons povoir auxdis huissier ou sergent par ces présentes par lesquelles nous mandons à tous les justiciers, officiers et subgez du roy nostre dit seigneur que à eulx en ce faisant obéissent et entendent diligemment. Donné à Paris audit trésor soubz nos signes, le ven-

JUGEMENT RENDU CONTRE JACQUES COEUR.

dredi onziesme jour d'octobre, l'an mil quatre cent cinquante et quatre. Ainsi signé, J. DE BAILLY ; collation en faicte.

De laquelle sentence nostre dit procureur général, tantost après qu'elle feust venue à sa congnoissance, en eust appelé en nostre court de Parlement, en laquelle il eust relevé son dit appel, et finablement iceluy nostre procureur général et ledit seigneur de Bleneau eussent esté d'accord par lequel icelui seigneur de Bleneau eust renoncé à ladicte sentence par lui obtenue de nosdits conseillers du trésor et à tout procès, et aussi au retrait lignaigier par lui prétendu en ladicte terre et seigneurie de Champignoilles, comme par lettres d'accord passé en icelle nostre court de parlement puet apparoir, desquelles lettres la teneur s'ensuit : *Karolus, Dei graciâ Francorum rex, universis presentes litteras inspecturis salutem. Notum facimus quod, de licentiâ et auctoritate nostre parlamenti curie, inter magistrum Johannem Savin et Johannem de Courtenayo scutiferum, filium Johannis de Courtenayo militis, procuratores per procuratorium inferius insertum fundatos ex unâ parte, et magistrum Petrum de Thocy, procuratoris nostri generalis substitutum ex parte alterâ tractatum, concordatum et pacificatum extitit, prout et quemadmodum in sceduld papiri inferius insertâ per dictos dicti Johannis de Courtenayo procuratores et substitutum, unanimiter et concorditer dicte curie nostre tradita continetur. Cujus scedule tenor sequitur in hec verba.*

Comme plait ait esté meu et pendant pardevant le bailli de Sens ou son lieutenant, et depuis renvoyé pardevant messeigneurs les généraux conseillers sur le fait de la justice de son trésor à Paris, entre messire Jehan de Courtenay, chevalier, seigneur de Bleneau, demandeur en cas et matière de retraict, d'une part, et le procureur général du roy nostre sire, défendeur, d'autre part, pour raison de la terre et seigneurie de Champignoilles, assise au bailliage de Sens, qui fut messire Jehan de Courtenay, chevalier, seigneur de Saint-Briçon, nagaires par lui vendue à Jaques Cuer, pour lors argentier du roy nostre sire, que le roy nostredit seigneur prétendoit à lui competter et appartenir par la forfaicture, confiscation et autres moiens dudit Jaques Cuer, et laquelle ledit demandeur requéroit avoir par proximité de lignage, et pour lequel retraict iceluy demandeur avoit consigné et mis en main de justice ès mains de Dreue de Viel Chastel, receveur de Sens, la somme de mil escus d'or courans, pour le pris et sort principal d'icelle terre ; ouquel procès a tant esté procédé que, les parties oyes, elles ont esté appoinctées par devant le bailli ou son lieutenant en fais contraires et en enqueste ; laquelle enqueste a esté faite du costé dudit demandeur, et après a esté assigné jour ou delais ausdictes parties à bailler lettres et repprouches, contredicts et salvacions ; en ensuivant lequel appoinctement icelles parties produisirent lettres et ce que bon leur sembla, et sur ce prins jour à son droit, pendant lequel delay, ou depuis, ladicte cause et le principal d'icelle estant en l'estat que dessus, fut renvoyée pardevant lesdis conseillers dudit trésor en leur court et auditoire ou palais à Paris, où ledit procureur du roy produisist ce que bon luy sembla, et sur ce furent les parties appoinctées en drois comme devant. Et depuis tout veu, mesdis seigneurs les conseillers du trésor condempnèrent le procureur du roy à délaisser par retraict audit demandeur la terre et seigneurerie de Champigneulles comme plus prouchain parent et lignagier dudit seigneur de Saint-Briçon, et sans despens. De laquelle sentence ledit procureur du roy a appelé en la court de parlement en laquelle il a fait intimer ledit demendeur à certain jour passé, sans ce que plus avant ne autrement ait esté en ce procédé. Finablement lesdittes parties, pour obvier à multiplication de procès, sont d'accord, s'il plaist à la court, en la manière qui s'ensuit. C'est assavoir que ladite appellation mise au néant, ledit messire Jehan de Courtenay a renoncé et renonce de fait par ces présentes à ladite sentence donnée à son prouffit, et aussi audit procès, et à tout ledit droit de retraict lignaigier qui lui compettoit et appartenoit ou puet competter et appartenir, au prouffit du roy nostredit seigneur ; et par ce moyen ledit procureur du roy consent et est d'accord que ladite somme de mil escus d'or consignée et mise ès mains dudit receveur de Sens soit baillée entièrement et délivrée réaument et de fait audit messire Jehan ou à son procureur pour lui souffisamment fondé, et que à ce faire icelui receveur soit contraint réaument et de fait, tout ainsi que accoustumé est de faire pour deniers prévillégiez et de garde en d épost; et a ce faire et entretenir veulent et consentent lesdittes parties estre condempnées par arrest de laditte court; et partant se départent lesdittes parties de court et dudit procès sans despens. Fait et passé en parlement par maistre Jehan Savin et Jehan de Courtenay, escuyer, fils et procureur dudit messire Jehan de Courtenay, d'une part, et par maistre Pierre de Thocy, substitut du procureur général du roy, d'autre part, le seiziesme jour d'aoust, l'an mil quatre cent cinquante et cinq.

Ad quodquidem accordum ac omnia et singula in eo contenta specificata et declarata, attendendum, tenendum, complendum ac firmiter et inviolabiliter observandum, prefata curia nostra, per eam, appellacione de qua in dicta accordi scedula cavetur absque emenda adnullata partes predictas et earum quemlibet quatenus unamquamque ipsarum tangit, per arrestum condemnavit et condemnat, ac ut ea arrestum ejusdem curie nostre teneri, compleri ac firmiter et inviolabiliter observari et executioni demandari, voluit et precepit partes ipsas à curiâ et processu impunè abire, et sine expensis recedere, permittendo juxta dicte scedule contenentiam et tenorem. Tenor vero dicti procuratoris sequitur et est talis.

A tous ceulx, etc. Guillaume Tartarin, garde du scel de la prévosté de Bleneau, salut. Savoir faisons que pardevant messire Estienne Lebeau, prestre, tabellion juré d'icelle prévosté, auquel nous ajoutons pleine foy, establi personnellement, noble seigneur Jehan de Courtenay le Sire, chevalier, seigneur du Bleneau, lequel chevalier affirma que comme certain accord ait esté traictié en pourparlé entre le procureur général du roy nostre sire, ou son substitut, en sa court de parlement, d'une part, et Jehan de Courtenay, escuyer, fils dudit messire Jehan de Courtenay, seigneur dudit Bleneau, d'autre, en la manière qui s'en suit:

Comme plait, etc. *(comme ci-dessus).*

Pour ledit accord, consentement et renonciation faite en la court de parlement, ledit seigneur de Bleneau a fait, constitué et ordonné ses procureurs généraux et certains messagiers espéciaulx; c'est assavoir ledit Jehan de Courtenay, escuyer, son fils, et maistre Jehan Savin, procureur en la court de parlement, ausquelz il donne plein pouvoir, etc. En tesmoing de ce, nous, au rapport dudit juré, avons scellé ces lettres du scel de ladite prévosté de Bleneau. Donné audit lieu de Bleneau le onziesme jour d'aoust, l'an mil quatre cent cinquante cinq. *Sic signatum*, E. LEBEAU.

In cujus rei testimonium presentibus litteris nostris jussimus apponi sigillum. Parisiis, in parlamento nostro, die sedecima Augusti, anno Domini millesimo quadringentesimo quinquagesimo quinto, et regni nostri tricesimo tertio. Sic signatum : concordatum in curia: CHEVETEAU. *Collatio facta est.*

Item s'ensuit la teneur de la sentence donnée touchant maistre Henry Cuer et Pierre Bruneau, prestre, curateur de Gieffroy Cuer, enfans dudit Jaques Cuer.

Les conseillers du roy nostre sire sur le fait de la justice de son trésor à Paris, à tous ceulx qui ces présentes lettres verront, salut. Comme procès ait nagaires esté pendant par devant nous en la chambre et auditoire dudit trésor ou palais à Paris, entre le procureur du roy nostredit seigneur en icelui trésor, demandeur et poursuivant les criées des héritages de Jaques Cuer, nagaires argentier du roy nostredit seigneur, et autrement, d'une part; et maistre Henry Cuer, chancellier de l'église de Bourges, et Gieffroy Cuer, enfans dudit Jaques Cuer, et messire Pierre Bruneau, curateur dudit Gieffroy, défendeurs et opposans auxdittes criées, d'autre part. Sur ce que ledit demandeur disoit que ledit Jaques Cuer, par arrest donné à Lezignen le vingt-neufviesme jour de may, l'an mil quatre cent cinquante et trois, par le roy nostredit seigneur en son grant conseil, avoit esté déclairé estre encheu ès crimes de concussion et exactions des finances d'iceluy seigneur et de ses païs et subgiez, de faulx, de transport de grant quantité d'argent aux Sarrazins ennemis de la foy chrestienne et dudit seigneur, transport de billon d'or et d'argent en grant nombre hors de ce royaume, transgression des ordonnances royaulx, crime de lèze-majesté et autres crimes, et par ce avoit commis et forfait envers icelui seigneur corps et biens; néantmoins icelui seigneur, pour aucunes causes à ce le mouvans, lui avoit remis la peine de mort; et avec ce par icelui arrest ledit Jaques Cuer, entre autres choses, avoit esté condempné envers ledit seigneur, pour les sommes par lui recelées et retenues induement sur icelui seigneur, et aussi pour les sommes extorquées, prinses et exigées induement sur les païs et subgez du roy nostredit seigneur, en la somme de cent mil escus, et en amende prouffitable envers ledit seigneur en la somme de trois cent mil escus, et à tenir prison jusques à plaine satisfaction; je, au seurplus, avoit icelui seigneur déclairé tous les biens dudit Jaques Cuer, confisquez envers luy:

Pour mettre à exécution lequel arrest le roy nostredit seigneur, par autres ses lettres, avoit commis et ordonné maistre Jehan Dauvet, son conseiller et procureur général, auquel, entre autres choses, il avoit donné povoir de prendre et mettre ou faire prendre et mettre en la main d'icelui seigneur tous et chascuns les héritaiges et biens immeubles en criées et subhastacions, et les opposans ausdittes criées et achetteurs d'iceulx héritaiges adjourner ou faire adjourner pardevant nous, en nostre auditoire dudit trésor ou palais à Paris, pour dire les causes de leur opposition, vuider leurs mains des deniers de l'achat d'iceulx héritaiges, et procéder comme de raison. Par vertu desquelles lettres de povoir et aussi de la commission sur ce donnée par ledit procureur général, et pour mettre à exécution ledit arrest et condempnacion, certains sergens royaulx avoient mis en vente, criées et subhastacions les terres, seigneuries et héritaiges de Saint-Fargeau en Puisoye, La Vau, Malicorne, Toussy, Saint-Amand, Perreuse, La Couldre, Champignoilles, Saint-Morise-sur-l'Averon et autres héritaiges assis au païs de Puisoye et ilec environ, et aussi les terres et seigneuries de La Mote de Boisy, de Rohan et de Saint-Haon, assis au païs de Rohannois, et semblablement les terres et seigneuries de Berleu près Vailly, de Menesto[1] Salon, de Yvel[2] le Viel, avec les maisons, terres, vignes, rentes, revenues assis en la ville de Bourges ou païs de Berry et païs environ, comme aians nagaires appartenu audit Jaques Cuer. Ausquelles criées lesdis defendeurs et opposans s'estoient opposés, et pour dire les causes de leur opposition leur avoit esté donné et assigné jour pardevant nous; auquel jour assigné, ou autre deppendant d'icelui, ledit demandeur avoit requis et concluld que lesdis défendeurs baillassent leurs causes d'opposition, et que non obstant et sans la charge des causes d'opposition d'iceulx défendeurs et opposans, lesdittes terres, seigneuries et héritaiges et autres criez feussent adjugez, vendus, baillez et délivrez au plus offrant et dernier enchérisseur, et tout pertinent.

Et de la partie desdits défendeurs et opposans, pour leurs causes d'opposition, eust esté dit : que ledit Jaques Cuer avoit esté conjoinct par mariage avec feue Macée de Leodeparp; duquel mariage estoient yssus, entre autres enfans, lesdis maistre Henry et Gieffroy Cuer; constant lequel mariage icelui Jaques Cuer avoit acquis pluseurs terres, seigneuries, héritaiges et autres bien immeubles; et semblablement ladite feue Macée estoit en son vivant possesseresse, de son propre et ancien héritaige, de pluseurs autres terres et héritaiges, le tout à déclairer, se mestier estoit; laquelle feue Macée estoit puis lors nagaires alée de vie à trespas, delaissiez lesdis enffans défendeurs et opposans; disoient oultre que par la coustume générale de ce royaume de France, par laquelle le mort saisit le vif son prouchain héritier habille à luy succéder; et mesmement du pays de Berry et des lieux ou lesdis biens estoient assis, homme et femme conjoincts par mariage estoient communs en tous biens meubles et conquests immeubles, en telle manière que, par le trespas de l'un desdis conjoints, lesdis biens se divisioient entre le survivant et les héritiers du trespassé; et ainsi, au moyen du trespas de ladicte feue Macée, et par ladicte coustume, la moitié de tous les dis conquests immeubles qui estoient communs entre ledit Jaques Cuer et laditte feue Macée au temps du trespas d'icelle deffunte, compettoient et appartenoient ausdis enfans, et semblablement compettoient ausdis enfans les propres de laditte feue Macée; ce nonobstant le procureur du roy nostredit seigneur avoit fait mettre en criées et subhastacions tous les biens immeubles qui estoient communs entre ledit Jaques Cuer et ladite feue dame Macée et aussi ses propres; ausquelles criées iceulx défendeurs s'estoient opposez afin de distraire à leur prouffit la moitié desdis conquests immeubles et tous les propres de laditte feue Macée.

Or disoient lesdiz deffendeurs et opposans

---

[1] Mennetou-Salon, dans le Berry, aujourd'hui département du Cher, à quatre lieues de Bourges.

[2] Yvoi.

qu'ilz estoient bien fondez pour obtenir à leurs fins, car ledit demandeur ne prétendoit obligacion, condempnacion ne autre debte sur les biens d'iceulx enfans ; par quoy, en tant que touchoit lesdis biens d'iceulx enfans, lesdittes criées ne se povoient soustenir, et n'y faisoit riens ce que ledit demandeur avoit voulu dire, que ledit Jaques Cuer avoit esté déclairé crimineulx de lèze-majesté et tous ses biens confisquez, car de ce lesdis defendeurs ne savoient rien et ne le croioient pas ; mais posé que par sentence icelui Jaques Cuer eust esté déclairé crimineulx de lèze-majesté, ladite sentence seroit nulle par pluseurs moiens : le premier, car il ne seroit point trouvé qu'il eust fait chose pour quoy on le deust avoir déclairé crimineulx de lèze-majesté; secondement, car ledit Jaques Cuer n'avoit point esté oy en ses deffenses ne à icelles proposer, combien qu'il l'eust requis par pluseurs fois ; tiercement, car il avoit toujours esté destenu prisonnier si estroictement que nul n'avoit osé parler à lui ; et n'avoit l'on voulu permettre qu'il eust du conseil ne qu'il feust oy en justice, et qui plus est, ladite sentence avoit esté donnée en son absence, et par ce nulle de rechief.

Disoient lesdis deffendeurs et opposans que par autre moien icelle sentence et tout le procès fait sur icelle estoient nulz, car ledit Jaques Cuer longtemps par avant son mariage estoit clerc ; mesmement au temps de ladite sentence donnée estoit clerc non marié, car ladite feue Macée estoit alée de vie à trespas, et ainsi estoit exempt de toute juridicion laye ; et neantmoins sondit procès avoit esté fait par juridicion laye, et ladite sentence aussi donnée par juridicion laye. Ce ainsi posé, que ledit procès eust esté disposé à prendre droit par la confession ou procès extraordinaire, touteffois une sentence donnée contre ung clerc par juridicion laye, supposé que ung tel clerc le consentist, est nulle, et mesmement en choses criminelles.

Disoient oultre lesdis deffendeurs que, supposé que ladite sentence eust esté donnée ainsi que droit le vouloit, néantmoins par les previlleges des bourgeois et habitans de la ville de Bourges, et aussi par la coustume notoirement tenue et gardée en icelle ville, ung bourgeois ou habitant d'icelle ville ne povoit confisquer ses biens pour quelque crime que ce feust.

Or estoit ainsi, que ledit Jaques Cuer estoit bourgeois de ladite ville et natif en icelle, et par ce ses biens ne povoient estre dit confisquez, et s'ils estoient confisquez, se ne povoient estre comprins en ladite confiscation la moictié desdis conquests immeubles appartenant ausdis enfans par le trespas de ladicte feue Macée, jadis leur mère, ne les propres d'icelle leur mère ; mesmement que s'aucune sentence avoit esté donnée contre ledit Jaques Cuer, ce avoit esté après le trespas de ladite feue Macée jadis mère desdis enfans. Par quoy, dès l'heure dudit trespas, la moictié desdiz conquests immeubles et propres d'icelle feue Macée avoient esté dévolus ausdiz enfans opposans et n'y avoit plus riens ledit Jaques Cuer. En concluant par lesdiz défendeurs et opposans, à ce que desdittes criées feust distraicte la moictié de tous les biens immeubles qui estoient communs entre ledit Jaques Cuer et ladite feue Macée au temps du trespas d'icelle feu Macée, et aussi pour distraire tous les autres biens et héritaiges propres demourés du décès d'icelle deffuncte ; à tout le moins pour distraire desdittes criées telle part et porcion desdiz biens que raison donroit, offrant à prouver tant que souffire devroit pour obtenir à leur entencion et tout pertinent.

Et de la partie dudit demandeur eust esté repplicqué, et pour ses repplicques disoit : que son entencion est bien fondée, et debvoit le decret desdiz heritaiges criez estre adjugé au plus offrant et dernier enchérisseur sans faire aucune distraction, car par sentence et arrest lesdiz héritaiges avoient esté déclairez confisquez au roy nostredit seigneur à l'encontre dudit Jaques Cuer, et par vertu dudit arrest avoient esté mis en criées. Et pour respondre à ce que lesdis defendeurs disoient en leurs causes d'opposition qu'il devoit estre distraict desdittes criées la moictié des conquests immeubles et les propres de ladite feue Macée, disoit icelui demandeur, que lesdis defendeurs ne faisoient à recevoir à ce requérir, au moins avoient tort. Et premièrement au regard des propres, car ils n'en declairoient aucuns, et ainsi l'en n'y devoit avoir regard ; et autant que touchoit les conquests dont lesdiz defendeurs requéroient avoir la moictié, disoit icelui demandeur que par condempnacion et arrest donné contre ledit Jaques Cuer, lesdiz héritaiges avoient esté déclairez confisquez au roy nostredit seigneur, à cause de crime de lèze-magesté commis par ledit Jaques Cuer.

Or, disoit que en crime de lèze-magesté, voir en tout autre crime, le mary faisoit meubles et conquests, car il en est seigneur sa vie durant ; et ainsy ledit Jaques Cuer avoit tout confisqué ; et n'y faisoit riens ce que lesdiz défendeurs avoient dit que, avant ladite sentence et arrest donné, ladite feue Macée estoit alée de vie à trespas ; et ainsi dès lors estoient ses biens dévoluz ausdiz défendeurs ses enfants, car en crime de lèse-magesté l'on ne devoit avoir regard seulement au temps de la sentence, mais du crime commis, et estoient lesdiz biens confisquez dès le temps du crime commis. Or disoit ledit demandeur que ledit crime de lèze-magesté avoit esté commis par ledit Jaques Cuer du vivant de ladite feue Macée, et dès son vivant mesmes estoit jà icelui Jaques Cuer prisonnier et mis en justice, et lesdiz biens prins et mis en la main du roy nostredit seigneur. Et ne disoient pas lesdiz défendeurs et opposans que au temps que ledit Jaques Cuer fust arresté et prins prisonnier que icelle feue Macée feust trespassée ; et ainsi, dès son vivant, lesdiz biens estoient confisquez, et n'y convenoit plus que la declaracion de confiscation. A ce que lesdis défendeurs avoient debatu ladite sentence de nullité, disoit icelui demandeur que à ce n'estoient recevables, mesmement en païs coustumier où ladite sentence avoit esté donnée, et convenoit venir par appellacion ou proposer erreur, ce qui n'avoit esté fait. Et supposé que à ce feussent recevables, toutesvoyes ils avoient tort, car ledit Jaques Cuer avoit esté ouy, et avoit esté fait procès extraordinaire contre lui, tellement que sentence et arrest s'en estoient ensuivis, et ausquelz ledit Jaques Cuer avoit acquiescé, mesmement en tant que touchoit l'amende honorable ; en concluant comme dessus, et que le décret desdiz héritaiges criés feut adjugé au plus offrant et dernier enchérisseur, sans faire aucune distraction, et tout partinent.

Et de la partie desdis defendeurs et opposans par leurs dupplicques, eust esté dit, que leur entencion estoit bien fondée par çe qu'ilz avoient dit en leurs causes d'oppositions ; et pour respondre à ce que ledit demandeur avoit dit, que les défendeurs n'estoient recevables à requerir distraction des propres de ladite feue Macée, par ce qu'ilz ne declairoient, disoient iceulx défendeurs que ce n'y faisoit riens et souffisoit de les déclarer à l'exécucion de la sentence. Et en tant que touchoit la moictié des conquests immeubles, disoient que ledit Jaques Cuer n'avoit pu confisquer ce qui appartenoit ausdis enfans ; et au seurplus employant ce qu'ils avoient dit en leurs causes d'opposition, en concluant comme dessus.

Lesquelles parties à plain par nous oyes, nous les eussions appoinctées à mettre par devers nous et en droit, comme par appoinctement duquel la teneur s'ensuit puet apparoir.

Du vendredi sixiesme jour de septembre, l'an mil quatre cents cinquante et quatre. Entre le procureur du roy, demandeur et poursuivant les criées des héritaiges de Jacques Cuer, d'une part, et maistre Henry Cuer et messire Pierre Bruneau, curateur de Gieffroy Cuer, enfants dudit Jaques, défendeurs et opposants ausdittes criées, comparants par maistre Guillaume de Besançon, d'autre part. Appoinctié est à mettre par les parties devers la cour dedens huitaine ce que bon leur semblera et en droit ; et depuis, icelles parties comparants par devant nous, de la partie dudit procureur du roy eust esté dit de nouvel, à l'encontre des causes d'opposition desdis défendeurs et opposants, que les articles posez tant ès-causes d'opposition comme duppliques d'iceulx défendeurs tendants à l'annullation de l'arrest donné par le roy nostredit seigneur, devoit estre respecté comme impertinent et escrit contre l'honneur dudit seigneur ; car contre ung arrest aucun ne povoit venir par nullité, mais seulement par proposition d'erreur. Disoit oultre que ledit Jaques Cuer estoit criminelx de plusieurs grans crimes, et mesmes de crime de lèze-magesté, et estoit au temps de sa prinse marié, et n'estoit en habit et tonsuré, ainsi devoit estre regecté ce que les défendeurs avoient dit que ladite sentence estoit donnée par son non-juge. Aussy ledit Jaques Cuer avoit esté oy, ainsi que en tel cas appartient, par voye extraordinaire, et n'estoit jà besoing de prononcer l'arrest en sa présence ; mais quoy qu'il soit, il avoit bien sceu ledit arrest et avoit fait l'amende honnorable.

Disoit oultre que, supposé qu'il n'y eust aucune confiscation contre ledit Jacques Cuer, si estoit-il condempné en quatre cents mil escus envers ledit seigneur pour cause de deniers deuz audit seigneur, lesquels il avoit prins ; et ainsi tous ses héritaiges, et mesme ceulx de ladicte feue Macée qui avoient esté communs entre elle et ledit Jacques Cuer, estoient obligez et ypotéquez au paiement d'icelle somme, parce qu'il en estoit tenu dès le vivant d'icelle feue Macée ; et ainsi, supposé que lesdits défendeurs eussent la moictié esdits conquests immeubles, si seroit ladicte moitié vendue pour la somme de deux cents mil escus, faisant la moitié de celle somme de quatre cents mils escus. En concluant par ledit demendeur comme dessus, et que lesdits héritaiges criez feussent adjugez au plus offrant et derrenier enchérisseur, et lesdits articles touchant l'annullation dudit arrest regectez, et iceulx défendeurs et chacun d'iceulx et aussi leur advocat et procureur condempnez en amende envers ledit seigneur pour raison desdittes choses alléguées, à nostre discrétion, et à tenir prison jusques à plain paiement de ladicte amende, et tout pertinent. Et de la partie de maistre Pierre de Toussy, advocat et Guillaume de Besançon, procureur en parlement, pour leur excusation, eust esté dit que eulx, comme Toussy et Besançon, ne vouloient en riens soustenir les faits et articles que les défendeurs avoient fait dire et proposer, car ils ne leur touchoient en riens, et n'estoit leur fait, et s'en rapportoient à ce que justice en vouldroit ordonner, mais estoit vray que lesdis maistre Henry Cuer et messire Pierre Bruneau estoient venuz tout par exprès en ceste ville de Paris pour advoer lesdis Toussy et Besançon, disant qu'ils avoient fait ou fait faire leurs causes d'opposition et duplicques, en l'estat qu'elles estoient, et que pour ce faire, dès par avant, avoient baillé mémoires expresses à ceste fin. Et de la partie desdis défendeurs et opposants eust esté dit que les articles contenus en leursdittes causes d'opposition et dupplicques ne devoient estre regectez, car ils estoient de droit. Et si estoient les parties appoinctées en droit, en concluant à ses fins. Sur quoy nous nous eussions appoinctié de rechef les parties en droit, comme par appoinctement duquel la teneur sensuit puet apparoir.

Du vendredy quatorsiesme jour de février, l'an mil quatre cents cinquante et quatre. Entre le procureur du roy ou trésor, demandeur et poursuivant les criées des héritaiges de Jacques Cuer, d'une part ; et maistre Henry Cuer, messire Pierre Bruneau, prestré curateur de Gieffroy Cuer, lesdis Cuer, enfans dudit Jaques, défendeurs et opposants ausdittes criées, comparants par maistre Guillaume de Besançon, d'autre part. Appoinctié est à mectre devers la court et en droit. Pendant laquelle procédure dont cy-dessus est faicte mencion eussent esté mis en criées et subhastacions autres héritaiges dudit Jaques Cuer, auxquelles criées iceulx défendeurs et opposants se feussent semblablement opposez ; et pour ce icelui demandeur, et aussi lesdis défendeurs et opposants tant à fin principale que sur le regart des articles de l'annulacion dudit arrest, eussent d'un et d'autre employé ce qu'ils avoient dit cy-dessus ; et ce fait les eussions appoinctiez en droit comme par deux appoinctements desquels les teneurs s'ensuivent puet apparoir.

Et premièrement s'ensuit la teneur du premier appoinctement.

Du mercredi quatriesme jour de décembre, l'an mil quatre cents cinquante et quatre. Entre le procureur du roy ou trésor, demandeur et poursuivant les criées des héritaiges de Jaques Cuer, d'une part ; et maistre Henry Cuer, chancellier de l'église de Bourges, et Gieffroy Cuer, enfants dudit Jaques, et messire Pierre Bruneau, prestré, comme tuteur et curateur dudit Gieffroy, défendeurs et opposants ausdittes criées, comparants par maistre Guillaume Besançon, d'autre part. Après ce que lesdis défendeurs pour leurs causes d'opposition ont employé ce que autreffois ont escript et allégué à l'encontre dudit demandeur touchant autres criées des héritaiges dudit Jacques, et leurs lettres pour les fonder, ensemble leurs dupplicques, et aussi que le demandeur a employé ses reppliques et ce qu'il a produit contre lesdits défendeurs, appoinctié est à oyr droit.

Item s'ensuit la teneur du second appoinctement.

Du vendredi septiesme jour de mars, l'an mil quatre cents cinquante-quatre. Entre le procureur du roi au trésor, demandeur et poursuivant les criées des héritaiges de Jaques Cuer, d'une part, et maistre Henry Cuer et Gieffroy Cuer, enfants dudit Jaques Cuer, et messire Pierre Bruneau, curateur dudit Gieffroy, defendeurs et opposants ausdittes criées, comparant par maistre Guillaume de Besançon, d'autre part; après ce que le demandeur a employé ce qu'il a dit contre les défendeurs touchant le regect des articles proposés par iceulx défendeurs en leurs causes d'opposition et dupplicques, et requis semblables conclusions, et que les défendeurs ont employé ce qu'ils ont dit au contraire, appointctié est à oir droit. Savoir faisons que veu par nous ledit procès avec lesdittes criées et les causes d'opposition desdits defendeurs, reppliques et dupplicques, et tout ce que lesdittes parties ont mis et produit par devers nous tant à fin principale comme sur le regect d'iceulx articles, ensemble lesdits appoinctements à oyr droit, et tout veu et considéré ce qui faisoit à veoir et considérer en ceste partie, et sur ce conseil, advis et délibération, nous avons dit et disons que lesdits articles posez esdittes causes d'opposition desdits deffendeurs et opposans, tendant à l'annulation dudit arrest et jugement donné par le roy nostredit seigneur contre ledit Jaques Cuer, par lequel il a esté déclairé crimineulx de leze-magesté et de plusieurs autres grans, énormes et détestables crimes, seront regectez et mis hors dudit procès, et defendons ausdits défendeurs et opposants, sur peine d'amende arbitraire, que doresenavant ils ne usent ne proposent, ne facent proposer telles parolles ne langaiges contre l'auctorité du roy nostredit seigneur et sa magesté royale, ne des arrestz et jugements par lui donnez. Et aussi defendons à tous advocats et procureurs et autres, quels qu'ils soient, qu'ils ne proposent ou facent proposer telles ou semblables faulces allégacions, sur peine de privation de leurs offices et de tous autres offices s'ils sont officiers royaulx, et les advocats et procureurs de patrociner, et d'amende arbitraire. Et au surplus avons deboutez et deboutons lesdits défendeurs et opposants de leurs causes d'opposition touchant les conquests fais par ledit Jaques Cuer, lesquels conquests criez seront adjugez, vendus, baillés et délivrez au plus offrant et derrenier enchérisseur, sans la charge et nonobstant les causes d'opposition d'iceulx défendeurs et opposants. Et au regard des propres héritaiges qui furent et appartindrent à laditte feue Macée de Leodeparp, en son vivant femme dudit Jaques Cuer, et mère desdits maistre Henry et Gieffroy, nous avons dit et disons que lesdits héritaiges, s'aucuns en y a comprins esdittes criées, seront distraits au prouffit desdits deffendeurs et opposants par nostre sentence deffinitive et par droit. Prononcé et dit à maistre Estienne de Nouviant, procureur du roy nostredit seigneur audit trésor, demandeur, et à maistre Jehan de la Motte, substitut de maistre Guillaume de Besançon, procureur desdits défendeurs, d'autre part. De laquelle sentence ledit de la Motte, ou nom que dessus, a appellé en parlement. Donné à Paris, audit trésor, soubz nos signés, le vingt-troisiesme jour de may, l'an mil quatre cents cinquante et cinq. Ainsi signé : J. DE BAILLY. Collation est faicte.

Item s'ensuit la teneur de la sentence donnée touchant nos amez les religieux, prieur et couvent de Bonney-sur-Loire.

CHARLES, par la grace de Dieu roy de France, à tous ceulx qui ces présentes lettres verrons, salut. Comme procès ait nagaires esté pendant pardevant nos amez et féaux conseillers sur le fait de la justice de nostre trésor en leur auditoire audict trésor, à Paris, entre nostre procureur oudit trésor, demandeur et poursuivant les criées de la terre et seigneurie de La Vau, assise au pays de Puysoye, comme aians appartenu à Jaques Cuer, nagaires nostre argentier, d'une part; et les religieux, prieur et couvent de Bonney-sur-Loire, défendeurs et opposans ausdittes criées, d'autre part, sur ce que ledit demandeur disoit que, par arrest par nous donné à Lezignen, en nostre grant conseil, le vingt-neufviesme jour de may, l'an mil quatre cents cinquante et trois, icelui Jacques Cuer avoit esté déclairé crimineulx de crime de lèze-magesté, et de pluseurs autres grans crimes déclairez oudit arrest, par lequel arrest, et pour les causes contenues en iceluy, ledit Jacques Cuer avoit en oultre esté condempné envers nous en la somme de quatre cents mil escus d'or, et tous ses biens et héritaiges déclairez acquis et confisquez à nous. Par vertu duquel arrest et de l'exécutoire sur ce obtenus avoient esté prins et mis en nostre main et en criées et subhastacions pluseurs terres, seigneuries et héritaiges comme aians appartenu audit Jaques Cuer, et, entre autres, ladicte terre et seigneurie de La Vau; auxquelles criées lesdits défendeurs s'estoient opposez, et pour dire les causes de leur opposition leur avoit esté assigné jour par devant nosdis conseillers du trésor ; auquel jour ou autre deppendant d'icelui ledit demandeur avoit requis et conclud que laditte terre et seigneurie de La Vau feust adjugiée, vendue, bailliée et délivrée par décret au plus offrant et derrenier enchérisseur, sans la charge et nonobstant l'opposition desdits défendeurs et opposants, de laquelle ils feussent par nosdits conseillers déboutez et tout pertinent. Et de la partie desdits défendeurs et opposants pour leurs causes d'opposition eust esté dit que le prieuré de Bonney estoit de notable et ancienne fondation, et à cause de la fondation et dotation d'iceluy, ou au moins à autre juste titre, iceulx opposants, entre les autres drois, terre et seigneuries, avoient esté seigneurs des cens et terraiges de la paroisse ou finage de Sept-Fons, située et assise en laditte terre et seigneurie de La Vau, et avec ce avoient esté seigneurs de certaine grange située en laditte parroisse, devant l'église, et du four, bannier et moulin, et de certain estang d'icelle parroisse, avecques trente arpens de bois, et autres pluseurs droits.

Disoient oultre lesdits défendeurs et opposans que dès l'an mil trois cents et treize ils avoient baillé au conte de Bar-le-Duc, pour lors seigneur de laditte terre et seigneurie de La Vau, lesdits drois, terres et seigneuries à vingt livres parisis de rente ; et à icelle rente paier et continuer de lors en avant ledit conte avoit obligée laditte terre et seigneurie de La Vau, tant et si avant que l'en povoit faire en tel cas ; depuis laquelle prinse ledit conte et ses successeurs seigneurs de laditte terre et seigneurie de La Vau avoient tousjours paié et continué laditte rente de vingt livres tournois ausdits défendeurs et opposans ; lesquels en avoient joy depuis lors paisiblement, et mesmement, l'an mil quatre cents vint-trois, feu le cardinal de Bar, en son vivant seigneur de laditte terre et seigneurie de La Vau, en ensuivant ses prédécesseurs, avoit recongneu devoir et estre tenu esdittes vingt livres tournois de rente envers lesdis défendeurs et opposans à cause de laditte seigneurie de La Vau, et avoit ordonné à ses receveurs et officiers de laditte terre qu'ils paiassent laditte rente par chacun un ; et de ce icelui feu cardinal de Bar avoit baillé lettres de recognoissance ausdis défendeurs et opposants deuement signées et scellées ; et ensuivant laditte ordonnance iceulx défendeurs avoient tousjours esté paiez de laditte rente et arréraiges et jusques à l'an mil quatre cents quarante-ung, depuis lequel temps les arréraiges d'icelle rente leur estoient deubz ; et pour ce lesdis défendeurs s'estoient opposés pour laditte rente et arréraiges, en concluant à ce que par nosdits conseillers du trésor et leur sentence feust dit et déclairé que aucune adjudication d'icelle terre et seigneurie de La Vau ne devoit estre et ne seroit faicte, sinon que ce feust à la charge de laditte rente de vingt livres tournois, ensemble des arréraiges de neuf années escheues devant ledit présent procès, et des arréraiges depuis escheuz durant cedit procès ; au moins que s'aucune adjudication estoit faicte d'icelle terre et seigneurie de La Vau, que, à la distribution des deniers qui en ystroient, lesdis défendeurs et opposans feussent preférez et premier payez avant tous autres, et en tout événement en leur ordre et tout pertinent. Et de la partie dudit demandeur pour ses repplicques eust esté dit que son entencion estoit bien fondée par ce qu'il avoit dit en sa demande, car ledit Jaques Cuer avoit esté déclairé crimineulx de crimes de lèze-magesté et ses biens et héritaiges déclairés acquis et confisquez à nous, et si avoit en oultre esté condempné, icelui Cuer, envers nous en laditte somme de quatre cents mil escuz, par quoy laditte terre et seigneurie devoit estre adjugée, vendue, bailléé et délivrée par décret au plus offrant et derrenier enchérisseur, sans la charge de l'opposition desdits défendeurs et opposants ; car quant à nous escheoient aucunes terres, seigneuries ou héritaiges par confiscation, mesmement pour crime de lèze-magesté, ils nous appartenoient sans quelque charge de rentes ne autres ypothèques, sinon que telles rentes feussent ensaisinées ou enféodées. Or n'estoit laditte rente d'iceulx défendeurs et opposans ensaisinée ne enféodée, et par ce icelle terre et seigneurie de La Vau nous appartenoit sous la charge d'icelle rente ; par quoy elle devoit estre adjugée par décret sans laditte charge ; mais supposé que aucune chose en feust, disoit ledit demandeur que laditte terre et seigneurie de La Vau devoit estre adjugée sans la charge des arréraiges d'icelle rente, et que sur les deniers qui ystroient de laditte vente et ajudication, iceulx défendeurs n'en auroient aucun paiement, car lesdis arréraiges estoient reputés simples ypothèques, ce que nous n'estions tenu de paier par ce qui

JUGEMENT RENDU CONTRE JACQUES CŒUR.

avoit esté dit devant. En concluant par ledit demandeur comme dessus.

Et de la partie d'iceulx défendeurs et opposants par leurs dupplicques eust esté dit que leur entencion estoit bien fondée parce qu'ils avoient dit en leurs défenses et causes d'opposition ; et n'y faisoit riens ce que ledit demandeur avoit dit que laditte rente n'estoit ensaisinée ne enféodée, car laditte saisine, s'aucune en estoit acquise, ne se povoit adapter ou cas de présent, pour ce que lesdis défendeurs et opposans ne maintenoient pas avoir laditte rente par achat, ouquel cas auroit lieu laditte saisine, mais l'avoit et leur appartenoit laditte rente à tiltre d'eschange et onéreux, car, comme dit estoit dessus ès causes d'opposition d'iceulx défendeurs et opposans, ils avoient baillé pluseurs droits seigneuriaulx à l'encontre de laditte rente, qui valoient laditte rente par chascun an, et mieulx ; en concluant comme dessus. Lesquelles parties oyes par nosdis conseillers du trésor, et après ce qu'elles eussent mis et produit par devers eulx ce que bon leur eust semblé, iceulx nos conseillers eussent appoinctié lesdittes parties en droit, comme par appoinctement duquel la teneur s'ensuit puet apparoir.

Du vendredi seiziesme jour d'aoust, l'an mil quatre cent cinquante et quatre. Entre le procureur du roy, demandeur et poursuivant les criées des héritaiges de Jaques Cuer, d'une part ; et les religieux prieur et couvent de Bonney-sur-Loire, défendeurs et opposans ausdittes criées, comparant par maistre Galois de Vertus, d'autre part. Après ce que lesdis défendeurs ont baillé leurs duppliques, appoinctié est à oyr droit. Savoir faisons que veu par nosdis conseillers du trésor ledit procès avec lesdittes causes d'opposition et tout ce que lesdittes parties ont mis et produit pardevers eulx ensemble ledit appoinctement, à oyr droit et tout veu et considéré ce qui faisoit à veoir et considérer en ceste partie, iceulx nos conseillers, par leur sentence deffinitive, et par droit, ont dit que laditte terre et seigneurie de La Vau sera adjugée, vendue, baillée et délivrée au plus offrant et derrenier enchérisseur à la charge de laditte rente de vingt livres tournois et des arréraiges d'icelle rente escheus depuis la prononciation d'iceluy nostre arrest par nous donné contre ledit Jaques Cuer, ledit vingt-neuf-viesme jour de may, l'an mil quatre cent cinquante et trois et sans la charge des arréraiges d'icelle rente escheus paravant ledit vingt-neufviesme jour de may. Prononcé et dit à maistre Estienne de Nouviant, nostre procureur audit trésor, demandeur, et à maistre Galois de Vertus, procureur desdits défendeurs. En tesmoing de ce nous avons fait mettre nostre scel à ces présentes. Donné à Paris, le vingt-quatriesme jour de may, l'an de grace mil quatre cent cinquante et cinq, et de nostre règne le trente-troisiesme. Ainsi signé par le conseil estant en la chambre de la justice du trésor à Paris : J. DE BAILLY. Collacion est faitte.

Item s'ensuit la teneur de la sentence donnée touchant nostre amée Jeanne Thiessarde, damoiselle vefve de feu Jehan Chanteprime, en son vivant escuyer, et autres nommés en ladite sentence.

Les conseillers du roy, nostre sire, sur le fait de la justice de son trésor à Paris, à tous ceulx qui ces présentes lettres verront, salut. Comme procès ait nagaires esté pendant pardevant nous en la chambre et auditoire dudit trésor au Palais à Paris, entre le procureur du roy nostredit seigneur en icelui trésor, demandeur et poursuivant les criées de la terre et seigneurie de Beauplessie lez Saint-Morise-sur-l'Averon, comme aians appartenu à Jaques Cuer, nagaires argentier du roy nostredit seigneur, d'une part ; et damoiselle Jehanne Thiessarde, vefve de feu Jehan Chanteprime en son vivant escuyer seigneur de Chambost, et paravant vefve de feu François de Vilvys de la ville de Sens, tant en son nom comme tuteresse légitime et aiant la garde, gouvernement et administration de Denisete de Vilvys, mineur d'ans, sa fille, Gilles de Goudry et Estienne Matignon, tuteurs et curateurs de laditte Denisete, et Jaques Lenormant, marchand espicier et bourgeois de Paris, et Marie de Vilvys sa femme, à cause d'elle ; lesdittes Marie et Denisette, seurs, filles dudit feu François de Vilvys et de laditte damoiselle Jehanne Thiessarde, et héritières de leur dit seul père, défendeurs et opposans ausdittes criées, d'autre part ; sur ce que ledit demandeur disoit que iceluy Jaques Cuer, par arrest donné à Lezignen le vingt-neufviesme jour de may mil quatre cent cinquante et trois par le roy nostredit seigneur en son grand conseil, avoit esté déclaré crimineulx de lèze-majesté et de pluseurs autres grans crimes déclairés audit arrest, et par iceluy mesme arrest, et pour les causes ens contenues, avoit esté condempné, entre autres choses, envers le roy nostredit seigneur en la somme de quatre cens mil escus d'or et tous ses biens et héritaiges déclairez confisquez à icelui seigneur; par vertu duquel arrest et de l'exécutoire sur ce obtenue, avoient esté mis en la main du roy nostredit seigneur et en criées et subhastacions plusieurs terres, seigneuries et héritaiges comme aians appartenu audit Jaques Cuer, et entre autres laditte terre et seigneurie de Beauplessie lez Saint-Morise-sur-l'Averon; ausquelles criées lesdis défendeurs et opposans esdits noms s'estoient opposez; et pour dire les causes de leur opposition leur avoit esté assigné certain jour pardevant nous. Auquel jour ou autre deppendant d'icelui ledit demandeur avoit requis et conclud que laditte terre et seigneurie de Beauplessie feust adjugée au plus offrant et derrenier enchérisseur et sans la charge de l'opposition desdits défendeurs et opposans et tout pertinent. Et de la partie desdits deffendeurs et opposans pour leurs causes d'opposition eust esté dit que le quatriesme jour du mois de mars, l'an mil quatre cent cinq, feuz Guillaume de Villebeon, de son vivant seigneur de Villebeon, et Estienne de Villebeon, seigneur de Beauplessie lez Saint-Morise-sur-l'Averon, frères, avoient vendu, cédé et transporté à tousjours perpétuellement et chacun pour le tout, à feu Jehan Chacerat, en son vivant bourgeois de Sens, pour lui, ses hoirs et aians cause, dix-sept livres tournois de rente annuelle et perpétuelle en or sur lesdittes terres et seigneuries de Villebeon et Beauplessie, qu'ils en avoient asservis, obligez et ypothequez au paiement de laditte rente aux quatre termes à Sens accoutumés, le premier terme commençant à la saint Jehan-Baptiste mil quatre cens six, pour le pris et ainsi que plus à plain estoit contenu qui de ce avoient esté deslors faittes et passées pardevant le tabellion dudit Sens; et depuis icelui feu Chacerat, achetteur de laditte rente, estoit alé de vie à trespas, delaissié Marie Chacerat, sa fille et héritière, qui depuis avoit esté conjoincte par mariage avec feu Jehan de Vilvys, en son vivant trésorier du Dauphiné; à laquelle Marie par ce moyen estoient escheuz lesdits dix-sept livres tournois de rente avec les arréraiges qui lors en estoient deubz; et d'icelle rente laditte feue Marie estoit entrée en foy et hommaige et avoit esté receue par feu messire Blanche Bracque, en son vivant chevalier, seigneur de la chastellenie, terre et seigneurie dudit Saint-Morise-sur-l'Averon; et depuis icelle feue Marie, estant vefve dudit feu Jehan de Vilvys, jadis son mari, estoit alée de vie à trespas, délaissié ledit feu François de Vilvys, son fils et héritier, auquel par ce moyen laditte rente avoit competté et appartenu avec les arréraiges qui en estoient deubz; et certain temps après icelui feu François de Vilvys estoit alé de vie à trespas, delaissié laditte damoiselle Jehanne Thiessarde, sa vefve, à laquelle par ce moien avoit competté et appartenu la moittié des arréraiges qui lors estoient deubz à cause de laditte rente, delaissiez aussi lesdittes Marie et Denisete ses filles et héritières, ausquelles, comme héritières de leur dit feu père, laditte rente avoit competté et appartenu, ensemble la moittié des arréraiges escheuz auparavant le trespas de leur dit feu père, et tous les arréraiges depuis ledit trespas escheuz. Après lequel trespas lesdits Gilles de Goudry et Estienne Matignon avoient esté créez et donnez tuteurs et curateurs par justice ausdittes seurs lors mineures; et depuis icelle Marie avoit esté conjoincte par mariage avec ledit Jaques le Normant, auquel par ce moien compettoit et appartenoit la moittié en laditte rente et ès arréraiges escheuz depuis le trespas dudit feu François de Vilvys, et le quart ès arréraiges escheuz paravant ledit trespas; et pour ce s'estoient lesdits defendeurs opposez; en concluant par lesdits défendeurs et opposans afin que s'aucune adjudication estoit faitte deladitte terre et seigneurie criée, que ce feust à la charge de laditte rente de dix-sept livres tournois comme appartenans auxdittes seurs, et que sur les deniers qui vendroient et ystroient de la vendicion de laditte terre et seigneurie de Beauplessie, iceulx défendeurs et opposans esdis noms feussent payez premierement et avant tous autres des arréraiges de vingt-huit années deubz et escheuz à cause de laditte rente, montant iceulx arréraiges dès le commencement desdittes criées à la somme de quatre cens soixante-seize livres tournois ou environ, et ensemble des arréraiges depuis escheuz et qui escherroient pendant ce présent

JUGEMENT RENDU CONTRE JACQUES COEUR.

procès, ou de telz autres arréraiges que raison donroit ; à tout le moins que lesdis défendeurs et opposans èsdis noms vensissent à la contribution des deniers qui vendroient et ystroient de laditte vente et adjudication avec les autres créanciers et opposans auxdittes criées. Et au cas que lesdits autres opposans ou aucuns d'iceulx vouloient contredire et empescher lesdittes conclusions, qu'ilz feussent condempnez ès despens, dommaiges et intérests d'iceulx défendeurs et opposans, et tout pertinent ; offrans à prouver, se mestier estoit, et pour obtenir à leur entencion eussent lesdits défendeurs et opposans produit leurs lettres et tiltres. Et de la partie dudit demandeur eust esté repplicqué, et disoit pour ses repplicques que lesdits héritaiges criez avoient esté déclairez confisquez au roy nostredit seigneur pour crime de lèze-magesté commis par ledit Jaques Cuer, et ainsi au roy nostredit seigneur appartenoient lesdits héritaiges sans ce qu'il feust tenu de payer aucunes debtes, ypothèques ne rentes constituez sur lesdits lieulx criez, sinon toutes voyes que telles rentes feussent ensaisinées ou enféodées et qu'elles ne feussent aucunement prescriptes ; et ce estoit bien fondé en raison, car le roy nostredit seigneur avoit aussi grant droit ès choses à luy escheues par confiscacion comme ung hault justicier ou seigneur féodal ès choses à luy commises.

Or estoit vray que ung seigneur féodal ou hault justicier avoit droit de prendre les choses à luy commises, sans payer quelques debtes, ypothèques ne charges, senon qu'elles feussent ensaisinées ou enféodées ; et par ce au roy nostredit seigneur competoient et appartenoient les héritaiges et biens à luy venus par confiscation, mesmement pour crime de lèze-magesté, sans ce qu'il fuist tenu de paier aucunes debtes. Et pour respondre à ce que lesdis défendeurs disoient en leurs causes d'opposition qu'ils avoient droit de prendre laditte rente de dix-sept livres tournois sur laditte terre et seigneurie de Beauplessie, disoit icellui demandeur que laditte rente n'estoit enféodée ne ensaisinée, et par ce estoit repputée simple ypothèque, et ainsi laditte seigneurie de Beauplessie estoit escheue audit seigneur sans la charge de laditte rente feust ensaisinée ou enféodée, si estoit icelle rente prescripte, car lesdis défendeurs ne aultres pour eulx n'en avoient joy passé vingt ne trente ans ; disoit oultre icelui demandeur que supposé qu'il n'y eust prescription, au moins les arréraiges deubz à cause de laditte rente estoient repputez simple ypotèque, et aussi laditte terre et seigneurie devoit estre adjugée sans les charges desdis arréraiges ; en concluant comme dessus. Et de la partie desdis défendeurs et opposans pour leurs dupplicques eust esté dit que leur entencion estoit bien fondée par ce qu'ils avoient dit en leurs causes d'opposition ; car laditte terre estoit enféodée, et en avoient fait apparoir iceulx défendeurs par leurs lettres et titres qu'ils avoient produit pour fonder leurs causes d'opposition ; et ainsi supposé que laditte terre de Beauplessie eust esté déclairée confisquée au roy nostredit seigneur, si est ce à la charge de laditte rente, et ne povoit estre laditte rente perdue.

A ce que ledit demandeur disoit qu'il y avoit prescription, disoient iceulx défendeurs que ledit demandeur ne aultre ne se povoit aider de prescription touchant laditte rente, car lesdittes filles avoient esté mineures la plus grant partie du temps, et encore estoit laditte Denise mineure d'ans, et icelle Marie avoit esté mariée puis deux ou trois ans en ça ; aussi les parties avoient esté de diverses obéissances ; car Villebeon et Beauplessie sur quoy laditte rente estoit constituée avoit esté en l'obéissance du roy nostredit seigneur, et la ville de Sens, en laquelle demouroient ceulx à qui appartenoit laditte rente, avoit esté occupée par les Anglois, anciens ennemis dudit seigneur ; mais par autre moien le demandeur ne se povoit aider de prescription, car pour raison de laditte rente de dix-sept livres tournois avoit esté et encores estoit procès et requestes entre ung homme Guillaume de Chanteprimé, escuier, comme soy disant héritier et aiant cause de Colinet de La Vingne, demandeur et poursuivant certaines criées qui à sa requeste, et par vertu de certaine sentence par lui obtenu et donné par les maistres des requestes de l'hostel du roy nostredit seigneur, avoient esté faictes des terres et seigneuries de Villebeon et Beauplessie, d'une part, et les tuteurs et curateurs desdittes Marie et Deniste de Vilvys, lors mineures d'ans, d'autre part, sur ce que lesdits tuteurs et curateurs s'estoient opposez ausdittes criées pour la rente mesmes pour laquelle iceulx défendeurs et opposans s'estoient opposés aus criées dont question estoit à présent, et par ce n'y povoit avoir aucune prescription; en concluant comme dessus. Lesquelles parties par nous oyes, nous les eussions appoinctiées à mettre par devers nous et en droit, comme par appoinctement duquel la teneur s'ensuit puet aparoir.

Du dixiesme jour de juillet, l'an mil quatre cent cinquante et quatre; entre le procureur du roy au trésor demandeur et poursuivant les criées des héritaiges de Jaques Cuer, d'une part; et damoiselle Jehanne Thiessarde, vefve de feu Jehan Chanteprime, en son vivant escuyer, seigneur de Chambost, et paravant vefve de feu François de Vilvys, tant en son nom comme tuteresse legitime et aiant la garde, gouvernement et administracion de Denisete de Vilvys, mineure d'ans, sa fille; Gilles de Goudry et Estienne Matignon, tuteurs et curateurs de laditte Denisete, Jaques Lenormant, espicier et bourgeois de Paris, et Marie de Vilvys, sa femme, à cause d'elle, lesdittes Marie et Denisete seurs, enfans dudit feu François de Vilvys et de laditte damoiselle Jehanne, héritiers de leurdit feu père, défendeurs et opposans ausdittes criées, comparant par maistre Ph. Jobert d'autre part; appoinctié est à mettre par les parties devers la court ce que bon leur semblera et en droit; et mettra le demandeur une cédule devers la court se bon lui semble dedens huitaine qui sera enregistrée, pour respondre ausdis défendeurs se assez n'ont respondu. En fournissant auquel appoinctement, icelles parties eussent mis et produit par devers nous ce que bon leur eust semblé; savoir faisons que veu par nous ledit procès, avec ce que lesdittes parties ont mis et produit par devers nous, ensemble ledit appoinctement à oyr droit, et tout veu et considéré ce qui faisoit à veoir et considérer en ceste partie, nous avons dit et disons que laditte terre et seigneurie de Beauplessie sera adjugée, vendue, baillée et delivrée au plus offrant et dernier enchérisseur, à la charge de laditte rente de dix-sept livres tournois et des arréraiges d'icelle escheuz depuis la prononciation de l'arrest donné par icelui seigneur contre Jaques Cuer, le dix-neufviesme jour de may, par nostre sentence deffinitive et par droit. Prononcé et dit à maistre Estienne de Nouviant, procureur du roy nostredit seigneur ou dit trésor, demandeur, et à maistre Phelippe Jobert, procureur desdis défendeurs. Donné à Paris audit trésor soubz nos signez le vingt-troisiesme jour de may, l'an mil quatre cent cinquante et cinq. Ainsi signé : J. DE BAILLY. Collation est faitte.

Item s'ensuit la teneur de la sentence donnée touchant nos amez et feaulx conseillers les evesques de Carcassonne, de Nevers et de Montauban; Robinet d'Estampes, chevalier, et et Jehan d'Estampes, escuier, frères.

Les conseillers du roy nostre sire, sur le fait de la justice de son trésor à Paris, à tous ceulx qui ces présentes lettres verront, salut. Comme procès ait esté et encores soit pendant pardevant nous en la chambre et auditoire dudit trésor ou palais, à Paris, entre le procureur du roy nostredit seigneur en icelui trésor, demandeur et poursuivant les criées des terres et seigneuries de Saint-Morise, Saint-Fargeau, et autres terres et seigneuries assises ou païs de Puisoye, comme aians appartenu à Jaques Cuer, nagaires argentier dudit seigneur, d'une part; et messires Jehan, et Jehan et Guillaume d'Estampes, evesques de Carcassonne, de Nevers et de Montauban; messire Robinet d'Estampes, chevalier, conseiller et chambellan du roy, nostredit seigneur, et Jehan d'Estampes, escuyer, frères, défendeurs et opposans ausdittes criées, d'autre part. Sur ce que ledit demandeur disoit que par arrest donné à Lezignen par le roy en son grand conseil, le vingt-neufviesme jour de may, l'an mil quatre cent cinquante-trois, icelui Jaques Cuer avoit esté déclairé criminelx de crime de lèze-magesté, etc.; et oultre condempné, etc. En vertu duquel arrest, etc., avoient esté prins et mis en la main du roy, et en criées et subhastacions lesdittes terres et seigneuries de Saint-Morise, Saint-Fargeau, La Vau, Perreuse, et autres terres et seigneuries qui avoient competé et appartenu audit Jaques Cuer, assavoir en Puisoye et ou païs d'environ; ausquelles criées lesdits défendeurs s'estoient opposés, et pour dire les causes de leur opposition leur avoit esté assigné jour pardevant nous, auquel jour le demandeur avoit requis que lesdittes terres et seigneuries criées feussent adjugées par décret au plus offrant et dernier enchérisseur, nonobstant et sous la charge de l'opposition desdits défendeurs, de laquelle ils feussent par nous deboutez, et tout pertinent. Et de la partie desdits défendeurs et opposans pour leurs accusés d'opposition, eust esté dit que feus messire Blanche Bracque, en son vivant chevalier, et Bureau de Dampmartin, escuier, dès le onziesme jour de juing, l'an mil quatre cent et onze, s'estoient obligez envers feu Jehan Tarenne, pour cause de pur et loyal prest et autrement deuement, en la somme de cinq mil trois cents trente-trois livres six sols huit deniers tournois ; laquelle somme lesdis Bracque et Dampmartin avoient promis rendre et paier audit feu Tarenne, et s'estoient obligez avec leurs biens tant et si avant que l'on povoit faire en tel cas. Et avec ce feu monseigneur Loys, cardinal et duc de Bar, le onziesme de décembre, l'an mil quatre cent et seize, avoit vendu, cédé et transporté audit feu Jehan Tarenne deux cent vingt-cinq livres tournois de rente annuelle et perpétuelle, à les avoir, prendre et parcevoir par ledit feu Tarenne, ses hoirs, successeurs et aians cause, à deux termes en l'an, c'est assavoir à Noël et à la saint Jehan-Baptiste également et par moittié, en et sur lesdittes terres de Saint-Fargeau, Perreuse et La Vau en Puisoye, et généralement sur toutes les autres terres et seigneuries appartenant audit feu cardinal et duc de Bar ; icelle vente faitte pour le prix et somme de deux mil deux cent cinquante livres tournois que ledit feu cardinal en avoit receu comptant, et moyennant ce, ledit feu cardinal avoit promis paier et continuer laditte rente par la manière dessusdite. Disoient oultre lesdis défendeurs que, le huitiesme jour de janvier lors ensuivant, oudit an mil quatre cent et seize, icellui feu Jehan Tarenne, voulant user de bonne foy, avoit congneu et confessé par deux notaires du Chastelet de Paris que jà-çoit-ce qu'il eult achepté lesdis deux cens vingt-cinq livres tournois de rente en son propre et privé nom, néantmoins l'acquisition d'icelle rente avoit esté faite au prouffit de luy et de maistre Pierre de l'Esclat, fils émancipé de feu maistre Pierre de l'Esclat, lequel avoit baillé audit feu Tarenne pour ce faire la somme de onze cens vingt-cinq livres tournois ; et ainsi cent douze livres dix sols tournois, faisant la moittié desdittes deux cent vingt-cinq livres tournois de rente, compettoit et appartenoit audit maistre Pierre de l'Esclat le jeune, auquel de l'Esclat icelui feu Tarenne avoit cédé et transporté la moictié d'icelle rente. De rechief disoient les défendeurs que ledit feu cardinal de Bar, le onze mars audit an mil quatre cens et seize, avoit semblablement vendu, cédé et transporté à Michiel Culdoe, pour lui, ses hoirs et aiant cause, cent livres tournois de rente à parcevoir sur la terre, chastel et chastellenie de Boursault, assise ou bailliage de Victry, ou pais de Champaigne, et généralement sur toutes les autres terres et seigneuries qui audit feu cardinal de Bar avoient appartenu, moyennant la somme de mille livres tournois qui avoit esté lors payée audit feu cardinal ; depuis lesquelles acquisitions ainsi faittes, c'est assavoir le septiesme jour de septembre mil quatre cens cinquante, lesdis maistres Pierre de l'Esclat et Michiel Culdoe, et damoiselle Jehanne de l'Esclat, sa femme, avaient cédé et transporté à maistres Loys, Pierre et Charles Tarenne, enfans et héritiers dudit feu Jehan Tarenne, en paiement et solucion de certaines grosses sommes en quoy ils estoient tenus ausdis Tarenne, lesdis deux cens douze livres dix sols tournois ; c'est assavoir les cent douze livres dix solz tournois, faisant la moittié desdis deux cens vingt-cinq livres tournois acquises par ledit feu Tarenne au prouffit de luy et dudit maistre Pierre de l'Esclat, et les autres cent livres tournois acquises par icelui Michiel Culdoe, avec tous les arréraiges. Et par ces moiens ausdis maistres Loys, Charles et Pierre Tarenne avoient competté et appartenu toutes lesdittes rentes, montans ensemble trois cens vingt-cinq livres tournois, avec les arréraiges qui en estoient deubz ; lesquels Tarenne, pour certaines grans sommes de deniers en quoy ils estoient obligiez et avoient esé condempnez par arrest de la court de parlement envers lesdis défendeurs et opposans, avoient cédé et transporté à iceulx opposants laditte somme de cinq mil trois cents trente-trois livres six solz huit deniers tournois, en quoy estoient obligés de leur vivant lesdits feus messire Blanchet Bracque et Bureau de Dampmartin, et lesdis trois cents vingt-cinq livres tournois de rente vendus par ledit feu cardinal et duc de Bar ausdis Jehan Tarenne et Michiel Culdoe par la manière dessusditte, avec tous les arréraiges qui en estoient dus. Et par ces moiens, ausdis défendeurs et opposans competoient et appartenoient lesdittes sommes de cinq mil trois cens trente-trois livres six sols huit deniers tournois pour une fois, et trois cens vingt-cinq livres tournois de rente, avec les arréraiges d'icelle rente, dont estoient escheuz vingt-quatre années d'arréraiges, montans à la somme de sept mil sept cens livres tournois. De rechief disoient lesdis défendeurs et opposans que depuis ladite obligation passée desdis cinq mil trois cent trente-trois livres six sols huit deniers tournois, et aussi depuis la constitution de ladite rente de trois cens vingt-cinq livres tournois, lesdits messires Blanchet Bracque et Bureau de Dampmartin, et ledit cardinal et duc de Bar, estoient alés de vie à trespas, delaissié par ledit messire Blanchet Bracque messire Jehan de Courtenay, chevalier, seigneur de Saint-Brisson, et autres ses héritiers, ausquelz il avoit délaissié lesdittes terres et seigneuries de Saint-Morise, et autres seigneuries criées ; et ledit cardinal et duc de Bar avoit délaissié le marquis de Montferrad et autres ses héritiers, ausquelz semblablement estoient escheuz lesdittes terres et seigneuries de Saint-Fargeau, La Vau en Puisoye, et la terre de Boursault, aussi criées et subhastées ; lesquelles terres et seigneuries estoient obligées au paiement desdits arréraiges et continuation de ladite rente. Et depuis, icelles terres et seigneuries avoient esté vendues, cédées et transportées par lesdits héritiers audit Jaques Cuer, comme l'en vouloit dire, et comme aians appartenu audit Jaques Cuer avoient esté mises en criées et subhastacions à la requeste du procureur général du roy nostredit seigneur; ausquelles criées lesdis défendeurs s'estoient opposez.

Or disoient que, par les moiens desusdis, à bonne et juste cause s'estoient opposez, en concluant à ce que par nous et nostre sentence feust dit et déclaré que se lesdittes terres et seigneuries de Saint-Morise et autres, qui avoient appartenu à feu messire Blanchet Bracque, estoient adjugées, que ce fust à la charge de la somme de cinq mil trois cens trente-trois livres six sous huit deniers tournois ; et que de l'argent qui ystroit de la vente les défendeurs et opposans feussent payés avant tous autres de ladite somme ; et avec ce que lesdittes terres et seigneuries de Saint Fargeau, et autres seigneuries criées, qui avoient appartenu audit feu cardinal et duc de Bar, feussent délivrées au plus offrant, chargées et ypothéquées desdittes trois cens vingt-cinq livres tournois de rente, et que des deniers de ladite rente iceulx opposans feussent payés des arréraiges, ou à tout le moins qu'ilz venissent à contribution avec les autres opposans, et tout pertinent. Et de la partie dudit demandeur, pour ses repplicques eust esté dit que lesdittes terres et seigneuries avoient esté confisquées et acquises audit seigneur pour crime de lèze-magesté commis par ledit Jaques Cuer ; et ainsi appartenoient audit seigneur, sans ce qu'il feust tenu de payer aucunes charges, debtes ne ypothèques, sinon qu'elles feussent ensaisinées ou enféodées, et ainsi en usoient tous haulx justiciers. Or disoit ledit demandeur, en tant que touchoit ladite somme de cinq mil trois cens trente-trois livres six sols huit deniers tournois, que s'aucune chose en estoit, c'estoient cédules dont les saings manuels n'estoient congneus et n'emportoient aucune ypotheque quel que soit, estoit ladite rente prescrite, et n'estoient lesdites rentes et somme ensaisinées ne enféodées. Et ainsi devoient estre adjugés lesdits heritaiges criez, nonobstant l'opposition des défendeurs, en concluant comme dessus.

Et de la partie desdis défendeurs, pour leurs dupplicques eust été dit que leur entencion estoit bien fondée par ce qu'ils avoient dit en leurs causes d'opposition. Et n'y faisoit riens ce que le demandeur avoit dit, que lesdittes rentes n'estoient ensaisinées ne enféodées ; car d'icelles rentes les défendeurs, ou ceulx dont ils avoient droit, en avoient joy et avoient esté payez, qui souffisoit ; et se mestier estoit, montreroient que lesdittes rentes avoient esté ensaisinées de fait. Et ainsi lesdits héritaiges devoient estre adjugés à la charge desdittes rentes et aussi de ladite somme pour une fois, mesmement que lesdittes terres n'avoient esté criées comme confisquées au roy nostredit seigneur, mais seulement pour avoir paiement de ladite somme de quatre cens mil escus ; et aussi que les défendeurs ne savoient point que les héritaiges de Jaques Cuer eussent esté déclairez acquis et confisquez, et ne povoit icelui seigneur prendre lesdits héritaiges sans payer les charges constituées sur iceulx ; attendu encores que lesdittes rentes estoient constituées dès longtemps avant que lesdits héritaiges aient appartenu audit Jaques Cuer.

Et en tant que touchoit la prescription, disoient qu'il ne povoit avoir prescription ; car iceulx défendeurs, et ceulx dont ils avoient le droit, avoient tousjours tenu le parti du roy nostredit seigneur, et lesdis héritaiges criés avoient esté occuppez par les ennemys dudit seigneur; en concluant comme dessus. Lesquelles parties par nous oyes, et après ce qu'elles eussent mis et produit pardevers nous ce que bon leur eust semblé, nous les eussions appoinctées à oyr droit, etc., savoir faisons que veu par nous ledit procès avec les causes d'opposition des défendeurs, et tout ce que lesdittes parties ont mis et produit pardevers nous, et tout veu et considéré, nous avons dit et disons que, en tant que touche ladite rente et les arréraiges d'icelle, les défendeurs feront apparoir de la saisine, inféodation et joissance qu'ils dient avoir eu de laditte rente de trois censvingt-cinq livres tournois sur les héritaiges criés, en dedens trois mois prouchainement venans pour tout delai, autrement dès-lors pour maintenant, et dès maintenant pour lors, nous avons déboutez et déboutons lesdis défendeurs et opposans de ladite rente et arréraiges. Et pour ce faire avons commis et commettons le plus prouchain juge royal, appelez ceulx qui seront à appeler, et adjoinct avec luy ung preudomme non suspect ne favorable. Et l'enqueste qui sera faicte et parfaicte par ledit juge et rapportée pardevers nous, nous ferons droit aux parties. Et au regard de l'ypothèque que les défendeurs prétendent sur les héritaiges criés pour la somme de cinq mil trois cens trente-trois livres six sous huit deniers tournois, nous en avons debouté et deboutons lesdis défendeurs; et seront lesdis héritaiges adjugés, sans la charge de la dette ypothèque, par nostre sentence-jugement et par droit. Prononcé et dit à maistre Estienne de Nouviant, procureur du roi, nostredit seigneur oudit trésor, demandeur, et en l'absence desdis défendeurs appelez par Olivier Rodand, commis à exercer l'office de huissier dudit trésor, et mis en défault.

Donné à Paris audit trésor, soubz nos signes, le vingt-troisiesme jour de may, l'an mil quatre cents cinquante et cinq. Ainsi signé : J. DE BAILLY. Collation est faicte.

De laquelle sentence le procureur de nosdits conseillers, les évesques et leurs frères, ont appelé comme par acte dudit appel attachée auxdittes lettres de sentence peut apparoir, de laquelle acte la teneur s'ensuit.

Les conseillers du roy nostre sire, sur le fait de la justice de son trésor à Paris, à tous ceulx qui ces présentes lettres verront, salut. Savoir faisons que aujourd'hui est venu et comparu pardevant nous maistre Guillaume Besançon, procureur de messeigneurs les évesques de Carcassonne, de Nevers et de Montauban, de messire Robinet d'Etampes, chevalier, et Jehan d'Etampes, écuyer, défendeurs et opposans, lequel a appelé et appelle de la sentence par nous donnée le vingt-troisiesme jour de ce présent mois de may, cy attaché, sous l'un de nos signes, au prouffit du roy, nostredit seigneur, audit trésor, demandeur, et contre lesdits défendeurs; duquel appel ledit demandeur nous a requis lettres pour lui valoir en temps et en lieu; pour lesquelles nous lui avons octroyé ces présentes.

Donné à Paris audit trésor, soubz nos signes, le vingt-neuviesme jour de may, l'an mil quatre cents cinquante et cinq. Ainsi signé : J. DE BAILLY.

Item s'ensuivent les teneurs de deux sentences données touchant nostre amé et féal Guillaume de Colligny, chevalier, seigneur d'Andelost, en son nom et comme légitime administrateur de Jehan Bourdin, Regnault, Jaques, Marie, Loyse et Anthoine, enfants dudit chevalier et de feue Katherine de Salligny, jadis sa femme. Et premièrement s'ensuit la teneur de la première.

Les conseillers du roy, nostre sire, sur le fait de la justice de son trésor à Paris, à tous ceulx qui ces présentes lettres verront, salut. Comme procès ait nagaires esté pendant pardevant nous entre le procureur du roy nostre dit seigneur en iceluy trésor, demandeur et poursuivant les criées de la terre, chastel et seigneurie de Saint-Morise-sur-l'Averon, et de la granche du Pont et leurs appartenances, comme aïant appartenu à Jaques Cuer, nagaires argentier dudit seigneur, d'une part; et messire Guillaume de Colligny, chevalier, seigneur d'Andelost, en son nom et comme légitime administrateur de Jehan, Lourdin, Regnault, Jaques, Marie, Loyse et Anthoine, enfans dudit chevalier et de feue Katherine de Salligny, jadis sa femme, défendeur et opposant auxdittes criées d'autre part; sur ce que ledit demandeur disoit que par arrest, etc. (*comme aux précédentes sentences*); par vertu duquel arrest avoient esté pris et mis en la main du roy nostre seigneur, et en criées et subhastacions, les héritaiges et biens immeubles qui avoient appartenu audit Jaques Cuer, et entre autres laditte terre, chastel et seigneurie de Saint-Morise-sur-l'Avèron, et aussi laditte granche du Pont; ausquelles criées ledit défendeur s'estoit opposé, et le demandeur avoit requis que lesdittes terres feussent adjugées par décret au plus offrant et dernier enchérisseur, nonobstant l'opposition du défendeur, de laquelle il feust par nous débouté, et tout pertinent. Et de la partie du défendeur et opposant, ès noms que dessus, pour ses causes d'opposition eust esté dit que feu messire Blanchet Bracque, en son vivant chevalier, et Jehanne de Chastillon, jadis sa femme, en leurs vivans estoient seigneurs de laditte terre et seigneurie de Saint-Morise-sur-l'Avèron, et estoient trespassez saisis et vestus d'icelle seigneurie, par avant lequel trespas et constant leur dit mariage ils avoient vendu les rentes cy-après déclairées aux personnes cy-après nommées, c'est assavoir : à Jacotin de Renti, dès l'an mil quatre cents et cinq, trois cents livres tournois de rente; à maistre Robert Le Carlier, dès l'an mil quatre cents et neuf, quarante escus d'or de rente, l'escu valant vingt-deux sols six deniers parisis pièce; à Jehan Bonel, audit an mil quatre cents et neuf, cinquante escus d'or de rente; à Charles de Pommelay et Marguerite d'Orgemont, sa femme, l'an mil quatre cents et dix, cent livres tournois de rente; à Henry de Lisac, l'an mil quatre cents et treize, soixante-deux livres dix sols tournois de rente ; à maistre Nicole d'Orgemont, audit an mil quatre cents et treize, cinquante escus d'or de rente ; à demoiselle Nicole d'Orgemont, l'an mil quatre cents et quatorze, douze livres dix sols de rente ; et à sire Giles de Vittry, l'an mil quatre cents vingt et huit, cent cinquante escus d'or de rente ; et à païer et continuer lesdittes rentes iceulx vendeurs avoient obligié et ypothéqué toutes leurs terres et seigneuries sans avoir fait paiement des arréraiges. Desquelles rentes iceulx vendeurs estoient alés de vie à trespas, et sur ce laditte terre et seigneurie de Saint-Morise estoit chargée et ypothéquée ausdittes rentes et arréraiges de vingt-neuf années. Disoit oultre que, après le trespas desdits feus messire Blanchet Bracque et sa femme, messire Jehan de Courtenay, chevalier, s'estoit porté héritier en partie desdits deffuncts, et par ce moïen et autrement avoit tenu et possédé laditte terre et seigneurie de Saint-Morise, au moins en partie ; et ainsi estoit tenu de payer lesdittes rentes et arréraiges, tant sur icelle seigneurie que autrement, c'est assavoir personnellement par porcion et ypothéquèrement pour le tout. De rechief disoit iceluy défendeur que feu messire Lourdin de Salligny, en son vivant chevalier, avoit eu le droit de toutes lesdittes rentes et arréraiges par transport à lui fait par les acquesteurs d'icelles; et depuis iceluy feu messire Lourdin estoit alé de vie à trespas, délaissié Katherine de Salligny, jadis sa fille et son héritière seule et pour le tout, laquelle avoit esté conjoincte par mariage avec ledit messire Guillaume de Colligny, défendeur; et certain temps après laditte Katherine de Salligny estoit alée de vie à trespas, laissié lesdits Jehan, Lourdin, Regnault, Jaques, Marie, Anthoine et Loyse, ses enfans et héritiers mineurs d'ans, desquels ledit défendeur et opposant, leur père, estoit légitime administrateur, et par ce moïen ausdits enfans avoient appartenu lesdittes rentes et arréraiges. Pour lesquelles rentes et arréraiges iceluy défendeur, ou nom que dessus, s'estoit opposé ausdittes criées. Disoit oultre ledit défendeur et opposant : qu'il avoit pleigé et cautionné ledit messire Jehan de Courtenay de la délivrance à laditte faitte de la part et portion des biens des successions desdits feus messire Blanchet et sa femme, de laquelle pleigerie iceluy de Courtenay avoit promis soubz l'obligation de tous ses biens de en descharger, garantir et garder du dommaige, ledit défendeur. Et par ce moïen laditte seigneurie de Saint-Morise, laquelle avoit appartenu audit de Courtenay, estoit obligée et ypothéquée au desdommagement de laditte pleigerie, pour laquelle ypothèque ledit défendeur s'estoit semblablement opposé ausdittes criées. Semblablement disoit ledit défendeur et opposant que ausdits enfans competoit et appartenoit de leur propre héritaige à eulx venu par la succession de leur ditte feue mère, et avoient droit de prendre sur la granche du Pont et ses appartenances, assez près du pont de pierre sur la rivière de l'Averon, aussi mise en criées, douze sols tournois de rente avec les arréraiges de dix années, pour la rente et arréraiges ; le défendeur s'estoit opposé, en concluant par ledit défendeur ès noms à ce que par nous feust dit et déclairé que s'aucune adjudication estoit faitte de laditte terre et seigneurie de Saint-Morise, et aussi de la-ditte granche du Pont, que ce feust à la charge des rentes et arréraiges, et aussi de l'ypothèque de garantie et desdommagement dessus déclairez; et que, avant tous autres, iceluy défendeur feust payé des dettes, rentes et sommes, au moins vensist à contribution avec les autres opposans ausdittes criées, et tout pertinent.

Et de la partie dudit demandeur pour ses repliques eust esté dit que les biens dudit Jaques Cuer avoient esté déclairez confisquez au roy, nostredit seigneur, pour crime de lèze-magesté. Or estoit vray que quand audit seigneur escheoient aucuns biens par confiscation, mesmement pour crime de lèze-majesté, iceluy seigneur n'estoit tenu de payer quelques rentes chargées ou ypothéquées, sinon qu'elles feussent ensaisinées ou enféodées; disoit que les rentes et charges que prétendoit ledit défendeur n'estoient ensaisinées ne enféodées, et estoient repputez simples ypothèques, mesmement les arréraiges et aussi l'ypothèque de desdommagement et garantie; et si y avoit plus, car lesdittes rentes estoient prescrites; et par ce lesdittes terres et seigneuries criées devoient estre adjugées sans la charge de l'opposition dudit défendeur, en concluant comme dessus.

Et de la partie dudit défendeur pour ses duppliques eust esté dit que son intention estoit bien fondée par ce qu'il avoit dit en ses causes d'opposition; et n'y faisoit riens ce que le demandeur avoit voulu dire que lesdittes rentes et charges n'estoient ensaisinées ne enféodées, et quand aucune chose escheoit au roy, nostredit seigneur, il n'estoit tenu de payer charges, sinon qu'elles feussent ensaisinées ou enféodées; car, soubz correction, ce n'estoit pas vray; bien povoit estre que quand le seigneur direct mettoit en sa main le fief tenu de luy par faulte d'omme ou de devoirs non fais ou qu'il estoit à luy commis, il n'estoit tenu de payer quelques charges ou ypothèques, sinon qu'elles feussent ensaisinées; mais ainsi n'estoit ou cas présent, en concluant comme dessus.

Lesquelles parties par nous oyes nous les eussions appointez en droit, etc.

Savoir faisons que veu par nous ledit procès avec les causes d'opposition du défendeur et opposant, et tout veu et considéré, nous avons dit et disons que ledit défendeur et opposant fera apparoir des saisines, inféodations et joïssance qu'il dit avoir desdittes rentes sur lesdits héritaiges criez en dedens trois mois prouchainement venans pour toutes préfixions et délais, autrement dès lors pour maintenant et dès maintenant pour lors, nous avons débouté et déboutons ledit défendeur et opposant des drois par luy prétendus ès dit nom en ses dittes causes d'opposition. Et pour faire l'enqueste à ce nécessaire, nous avons commis et commettons le plus prouchain juge royal, etc., et l'enqueste faitte, parfaitte et rapportée nous ferons droit ausdittes parties. Et au regard de ladite simple ypothèque et recours de garantie, nous avons débouté et déboutons ledit défendeur et opposant par nostre sentence, jugement, et par droit. Prononcé et dit à maistre Estienne de Nouviant, procureur du roy nostre dit seigneur oudit trésor, demandeur, et à maistre Jehan Savin, procureur dudit défendeur.

Donné à Paris oudit trésor, soubz nos signez, le vingt-troisiesme jour de may, l'an mil quatre cents cinquante et cinq. Ainsi signé : J. DE BAILLY. Collation est faicte.

Item s'ensuit la teneur de la seconde sentence.

Les conseillers du roy nostre sire sur le fait de la justice de son trésor à Paris, à tous ceulx qui ces présentes lettres verront, salut. Comme par arrest donné par le roy, nostre dit seigneur, à Lezignen, etc., Jaques Cuer ait esté condamné, etc. Par vertu duquel arrest aient esté mis en la main dudit seigneur et en criées et subhastacions la terre et seigneurie de Saint-Morise sur l'Averon, et la granche du pont, ausquelles criées messire Guillaume de Colligny, chevalier, seigneur d'Andelost, s'estoit opposé, etc., et ait esté tant procédé pardevant nous que dès le vingt-troisiesme jour du mois de may derrenier passé, mil quatre cents cinquante et cinq, nous avions appoinctié par nostre sentence interlocutoire que le défendeur et opposant feroit apparoir des saisines, inféodations et joïssances qu'il disoit avoir desdictes rentes, en dedens trois mois, etc., auquel jour assigné à rapporter ladite enqueste, au moins le vingt-septiesme jour du mois d'aoust ensuivant, oudit an mil quatre cents cinquante et cinq, maistre Estienne de Nouviant, procureur du roy nostredit seigneur oudit trésor, demandeur, soit comparu bien et souffisamment en jugement pardevant nous à l'encontre dudit défendeur, lequel n'y soit venu, ne comparu, ne autre pour luy, luy attendu et appellé en la manière accoustumée; et pour ce audit demandeur, ce requérant, aions octroyé défault, par vertu duquel défault icelluy demandeur nous ait requis à avoir et à luy estre adjugié certain prouffit, par lui mis et baillé en escript par devers nous, contenant la forme qui s'ensuit : C'est la demande, etc. Savoir faisons que : veu par nous ledit défault, avec le prouffit d'icelluy et aussi nostre ditte sentence ou appoinctement donné le vingt-troisiesme jour de may derrenier passé, considéré le stile de nostre court tout notoire en tel cas, et tout veu et considéré, nous, par raison et par vertu dudit défault, avons adjugié et adjugeons audit demandeur tel prouffit ; c'est assavoir que nous avons dit et disons que ledit défendeur et opposant ès nom que dessus est décheu, et le forcloons et déboutons des drois par luy prétendus en ses dittes causes d'opposition, à cause desdittes rentes et arréraiges, et si seront lesdittes terres et seigneuries criées, adjugées par décret au plus offrant et derrenier enchérisseur, sans la charge desdittes rentes et arréraiges par nostre sentence diffinitive et par droit. Prononcé et dit en la présence dudit maistre Estienne de Nouviant, procureur du roy nostre dit seigneur oudit trésor, demandeur, et en l'absence dudit défendeur appellé par ledit commis et mis en défault.

Donné à Paris oudit trésor, soubs nos signez, le vingt-uniesme jour de janvier, l'an mil quatre cent cinquante et cinq. Ainsi signé : J. DE BAILLY. Collation est faite.

Item s'ensuit la teneur de la sentence donnée touchant notre amé et féal chevalier, Jehan, seigneur d'Aigreville.

Les conseillers du roy, nostre seigneur, sur le fait de la justice de son trésor à Paris, à tous ceux qui ces présentes lettres verront, salut. Comme procès ait nagaires esté pendant pardevant nous en la chambre et auditoire dudit trésor, au palais à Paris, entre le procureur du roy nostredit seigneur en icelluy trésor, demandeur et poursuivant les criées de la terre et seigneurie d'Erquien, de la Motte, le Sauzay les Valées, Mons sur Tinois et autres héritaiges criez comme ayant appartenu à Jaques Cuer, nagaires argentier dudit seigneur, d'une part, et messire Jehan d'Aigreville, chevalier, seigneur dudit lieu d'Aigreville et de Saint-Vrain-des-Bois, défendeur et opposant ausdittes criées, d'autre part. Sur ce que ledit demandeur disoit que par arrest, etc., icelui Jaques Cuer avoit esté, etc. Par vertu duquel arrest avoient esté prins et mis en main dudit seigneur les héritaiges et biens immeubles dudit Jaques Cuer, et entre autres laditte terre et seigneurie d'Arquien, de la Motte, le Sauzay, les Valées, et Mons sur Tinois ; ausquelles criées ledit défendeur s'estoit opposé, et pour dire les causes de son opposition lui avoit esté assigné jour pardevant nous, auquel jour le demandeur avoit requis et conclud que lesdis héritaiges feussent adjugez, nonobstant l'opposition du défendeur, de laquelle il feust par nous débouté et tout pertinent. Et de la partie du défendeur et opposant pour ses causes d'opposition eust esté dit qu'il estoit seigneur du chastel et chastellenie dudit Saint-Vrain-des-Bois, tenu et mouvant du roy nostredit seigneur, venu et escheu audit défendeur à cause de ses prédécesseurs, en la ligne de ceux d'Amboise, de laquelle il estoit issu ; de laquelle terre de Saint-Vrain estoient tenus et mouvans en plain fief lesdittes terres et seigneuries d'Arquien, le Sauzay, les terres de la Motte, laditte terre de Mons et les Valées qui estoient en criées, lesquelles terres et seigneuries avoient compété et appartenu partie à feu Erard de Saint-Vrain, et l'autre partie à messire Erard de Lezignes, chevalier, et à dame Marie de Lezignes et à feu Gaucher d'Arche ; lesquels en avoient fait la foy et hommaige et baillé leurs dénombrements et adveus, tant à feu messire Hue d'Amboise, lors seigneur de Saint-Vrain, que autres ses prédécesseurs qui comme seigneurs les avoient receus. Disoit oultre que l'an mil trois cent quatre-vingt et quatorze et quatre-vingt quinze, monseigneur Robert, duc de Bar, et madame Marie de France avoit conquesté lesdittes terres et seigneuries criées, et à cause de ce en avoient fait la foy et hommaige, et payé les drois et devoirs audit feu messire Hue d'Amboise à cause de laditte seigneurie de Saint-Vrain, desquelles terres les seigneurs et possesseurs d'icelles avoient joy soubz la foy et hommage dudit seigneur de Saint-Vrain, et jusques environ a seize ans, que les héritiers dudit feu duc de Bar, et aussi du cardinal de Bar, avoient vendu lesdittes terres criées ; et par défault d'homme et de debvoirs non fais e payés, icellui défendeur avoit mis ou fait mettre en sa main lesdittes terres et seigneuries criées. Néanmoins icelles terres et seigneuries avoient esté mises en la main du roi, nostre seigneur, et en criées et subhastacions, comme ayant appartenu audit Jaques Cuer; ausquelles criées icellui défendeur s'estoit opposé, en concluant à ce que par nous et nostre sentence feut dit que lesdittes terres et seigneuries criées feussent distraites d'icelles criées au prouffit du défendeur et opposant, et que la main mise esdittes terres par le défendeur à la cause que dessus, et comme seigneur du fief, devoit valoir et tenir et sortiroit son effect au prouffit dudit défendeur, pour en joyr et en prendre par luy les revenus jusqu'à ce qu'il ait homme et soit payé de sesdis drois et devoirs, au moins que s'aucune adjudication estoit faitte desdittes terres criées, que ce feust à la charge desdits drois et devoirs seigneuriaulx et féodaulx, et tout pertinent.

Et de la partie dudit demandeur, pour ses repplicques eust esté dit : que les biens dudit Jaques Cuer avoient esté déclairez confisquez au roy, nostredit seigneur, pour crime de lèse-majesté ; or disoit que iceluy seigneur n'estoit tenu de payer quelques charges ou ypothèques, sinon qu'elles feussent ensaisinées ou enféodées, et toutesvoyes les devoirs prétendus par le défendeur, mesmement ceux qui estoient escheuz paravant ledit arrest donné contre icelui Jaques Cuer, estoient repputez simples ypothèques et n'estoient ensaisinés ne enféodés, et ainsi le roy nostredit seigneur n'estoit tenu de les payer. Et en tant que touchoit la distraction requise par ledit défendeur et opposant, disoit : que ce n'estoit raison et ne povoit seulement que demander homme ; car en lui baillant homme il debvoit estre satisfait, en concluant comme dessus.

Et de la partie dudit défendeur, pour ses dupplicques eust été employé ce qui avoit été dit en ses défenses et conclud comme dessus.

Lesquelles parties par nous oyes, etc., savoir faisons que, veu par nous ledit procès avec lesdittes causes d'opposition et tout ce que lesdittes parties ont mis et produit par devers nous, et tout veu et considéré, nous avons dit et disons : que aucune distraction ne sera faicte desdis héritaiges criez, mais seront adjugez et delivrez au plus offrant et derrenier enchérisseur, à la charge des drois et devoirs seigneuriaulx et féodaulx, et sans la charge des arréraiges escheuz à cause d'iceulx drois et devoirs, par nostre sentence deffinitive et par droit.

Prononcé et dit soubz nos signez. le vingt-troisiesme jour de mai, l'an mil quatre cent cinquante et cinq. Ainsi signé : J. DE BAILLY. Collation est faite.

Item s'ensuit la teneur de la sentence donnée touchant nostre amé Jehan de Chaumont, escuyer.

Les conseillers du roy nostre sire sur le fait de la justice de son trésor à Paris, à tous ceulx qui ces présentes lettres verront, salut. Comme procès ait nagaires esté pendant devant nous en la chambre et auditoire dudit trésor ou palais à Paris, entre le procureur du roy nostredit seigneur en icelluy trésor, demandeur et poursuivant les criées de la terre et seigneurie de Saint-Fargeau en Puisoye, comme ayant appartenu à Jaques Cuer, nagaires argentier dudit seigneur, d'une part ; et Jehan de Chaumont, escuyer, défendeur et opposant ausdittes criées, d'autre part. Sur ce que le demandeur disoit que icelluy Jaques Cuer, par arrest, etc., avoit esté déclairé crimineulx de lèze-majesté, etc., et tous ses biens déclairez acquis et confisquez au roy nostredit seigneur, par vertu duquel arrest avoient esté mis en la main du roy et criées la terre et seigneurie de Saint-Fargeau ; ausquelles criées le défendeur s'estoit opposé, et pour dire les causes de son opposition lui avoit esté assigné jour par-devant nous, auquel jour ledit demandeur avoit requis et conclud que la terre et seigneurie de Saint-Fargeau feust adjugée sans la charge et nonobstant l'opposition du défendeur, de laquelle opposition feust par nous débouté. Et de la partie du défendeur pour ses causes d'opposition eust esté dit : que le feu messire Robert de Bonnay, en son vivant chevalier, avoit droit de prendre par chascun an sur la terre et seigneurie de Saint-Fargeau huit livres tournois de rente, de laquelle rente il avoit joy tant que luy que ses prédécesseurs, par l'espace de vingt, trente, quarante, cent ans et plus, et en apparoit assez de la joïssance tant par lettres faittes et données l'an mil quatre cent et deux, par madame Marie, fille du roy de France, duchesse de Bar et de Cassel, et lors dame dudit Saint-Fargeau, par lesquelles elle mandoit à son receveur qu'il payast delors en avant audit feu messire Robert de Bonnay, par chacun an, lesdits huit livres tournois de rente que ledit feu messire Robert avoit droit de prendre sur son chasteau de Saint-Fargeau, comme aussy par autres lettres données l'an mil quatre cent et quinze, par lesquelles Jehan de Bar, seigneur pour lors dudit Saint-Fargeau, avoit fait pareil mandement à sondit receveur que laditte duchesse de Bar. Disoit oultre ledit défendeur que icellui feu messire Robert estoit alé de vie à trespas, délaissié Constance de Bonnay, femme dudit défendeur, sa fille et son héritière seule et pour le tout, à laquelle par ce moien laditte rente avoit competé et appartenu, et audit défendeur comme son mary appartenoit de présent icelle rente avec les arréraiges, montant à dix-huit années; et par lesquelles causes ledit défendeur s'estoit opposé, en concluant à ce que par nostre sentence feust dist et déclairé : que s'aucune adjudication estoit faicte de ladite terre et seigneurie de Saint-Fargeau, que ce feust à la charge desdicts huit livres tournois de rente, et que icelle seigneurie feust ditte affectée, obligée et ypotequée à laditte rente, et avec ce en dix-huit années d'arréraiges, desquels iceluy défendeur feust paié premièrement et avant tous autres, sur les deniers qui ystroient de la vendition de laditte terre et seigneurie, et tout pertinent. Pour fonder lesquelles causes d'opposition icelluy défendeur avoit produit ses lettres et tiltres, lesquels avoient esté montrez audit demandeur.

Et de la partie dudit demandeur pour ses repplicques eust esté dit que laditte terre et seigneurie de Saint-Fargeau et tous les héritaiges qui avoient appartenu audit Jaques Cuer avoient esté déclairez acquis et confisquez au roy nostredit seigneur, pour crime de lèze-majesté, et ainsi audit seigneur appartenoit laditte terre et seigneurie de Saint-Fargeau, sans ce qu'il feut tenu de payer aucunes debtes, ypotèques ou rentes constituées sur laditte terre, sinon qu'elles feussent ensaisinées ou enféodés et qu'elles ne feussent aucunement prescriptes, car telles rentes non ensaisinées estoient repputez simples ypothèques, et estoit vray que ung hault justicier avoit droit de prendre les choses à lui commises sans paier quelques ypotèques; et par ce au roy nostredit seigneu compettoit et appartenoit laditte terre de Saint-Fargeau, sans ce qu'il feust tenu de payer laditte rente, parce qu'elle n'estoit ensaisinée ne enféodée; mais supposé qu'elle feust ensaisinée ou enféodée, si estoient les arréraiges d'icelle repputez simple ypothèque; par quoy laditte terre devoit estre adjugée sans la charge d'iceulx arréraiges, en concluant comme dessus. Et de la partie dudit défendeur et opposant, pour ses dupplicques eust esté employé ce qui avoit esté dit en ses causes d'opposition et conclud comme dessus. Ausquelles parties par nous oyes et appoinctiées en droit, etc., savoir faisons que, veu par nous ledit procès et tout veu et considéré, nous avons dit et disons que laditte terre et seigneurie de Saint-Fargeau en Puisoye sera adjugée, vendue, baillée et délivrée par décret au plus offrant et derrenier enchérisseur, à la charge de laditte rente de huit livres tournois et des arreraiges d'icelle escheuz depuis ledit arrest donné par icelluy seigneur contre Jaques Cuer, le vingt-neufviesme jour de may l'an mil quatre cent cinquante et trois, et sans la charge des arréraiges escheuz du temps précédent, ledit arrest, par nostre sentence deffinitive et par droit, prononcé et dit à maistre Estienne de Nouviant, procureur du roy nostredit seigneur oudit trésor, demandeur, d'une part, et à maistre Quentin Tueleu, procureur dudit défendeur. Donné à Paris oudit trésor, soubs nos signez, le vingt-troisiesme jour de may, l'an mil quatre cent cinquante et cinq. Ainsi signez : J. DE BAILLY. Collation est faitte.

Item s'ensuit la teneur de la sentence donnée touchant nostre amé Jehan de Salezart, escuier, et Marguerite sa femme.

Les conseillers du roy, nostre sire, sur le fait de la justice de son trésor à Paris, à tous ceulx qui ces présentes lettres verront, salut. Comme procès ait nagaires esté pendant pardevant nous en la chambre et auditoire dudit trésor au palais à Paris, entre le procureur du roy nostre dit seigneur en iceluy trésor, demandeur et poursuivant les criées des terres et seigneuries de Saint-Fargeau, Toussy, La Couldre, La Vau, Perreuse, Mézilles et autres terres et seigneuries, au païs de Puisoye, comme aïans appartenu à Jacques Cuer, nagaires argentier du roy, nostre dit seigneur, d'une part;

et Jehan de Salezart, escuier, et Marguerite sa femme, défendeurs et opposans auxdittes criées, d'autre part. Sur ce que ledit demandeur disoit que par arrest, etc., iceluy Jaques Cuer avoit esté déclairé crimineulx de lezè-majesté, etc., ses biens et héritaiges déclairez confisquez au roy nostredit seigneur; par vertu duquel arrest avoient esté mis en la main du roy et en criées et subhastacion entre autres héritaiges, les terres et seigneuries dessusdis assis au païs de Puisoye; ausquelles criées lesdis défendeurs s'estoient opposez; et pour dire la cause de leur opposition, leur avoit esté assigné jour par-devant nous; auquel jour ledit demandeur avoit requis que les terres et seigneuries criées feussent adjugées sans la charge et nonobstant l'opposition d'iceulx défendeurs, de laquelle ils feussent par nous deboutez. Et de la partie desdits défendeurs et opposans, pour leurs causes d'opposition, eust esté dit que feu le cardinal de Bar estoit en son vivant seigneur desdittes terres et seigneuries de Saint-Fargeau, Toussy et autres terres, chasteaux et forteresses assis au païs de Puisoye, en la comté de Nevers, en la baronnie de Donzy et ès marches environ; sur lesquelles terres et seigneuries, et pour plusieurs grans affaires que ledit feu cardinal avoit, le feu seigneur de La Trimoille, dès l'an mil quatre cents vingt et un, vingt-deux, vingt-trois, avoit baillé, nombré et presté audit feu cardinal de Bar plusieurs grans sommes de deniers qui lui estoient encores deues, et par espécial la somme de deux mil escus d'or dont il lui avoit baillé sa cédule de date du vingt et uniesme jour de mars audit an mil quatre cents vingt-trois. Et avec ce, oudit an mil quatre cents vingt-trois, iceluy feu seigneur de La Trimoille avoit presté audit feu cardinal de Bar, pour la raençon en finance d'un nommé Pierre de Mons, dit de Savoye, lors capitaine de Saint-Fargeau, qui estoit ès mains des Anglois, et par lettres missives dudit feu cardinal de Bar, et à sa prière et requeste, six marcs d'argent et trois cens escus d'or des deniers qui avoient cours, le vingt-septiesme jour de juing, l'an mil quatre cens vingt-trois; pour lesquelles sommes et par certain appoinctement et accord fait et passé audit an mil quatre cens vingt-trois, entre ledit feu cardinal et ledit seigneur de La Trimoille, iceluy cardinal avoit baillé et laissé audit feu seigneur de La Trimoille toutes les places dessusdites avec la revenue d'icelles, pour enjoyr, icelles exploicter et lever jusques à ce que ledit feu seigneur de La Trimoille eust esté satisfait desdis deux mil escus et autres sommes qui luy povoient estre deues. En oultre, par ledit mesme appoinctement, pour ce que lesdittes terres estoient prouchaines et voisines des terres et seigneuries dudit feu seigneur de La Trimoille, et aussy qu'ils estoient en frontière et près des ennemys du roy, nostre dit seigneur, iceluy feu cardinal avoit voulu que ledit feu seigneur de La Trimoille eust la garde desdictes places, et d'icelles luy avoit baillié le gouvernement aux gaiges et pensions, oultre la revenue, d'icelles qui pour lors estoit bien petite, de douze cens francs chascun an; et laquelle pension iceluy feu cardinal de Bar avoit promis rendre et païer audit feu seigneur de La Trimoille. Et si avoit voulu ledit feu cardinal que ledit feu seigneur de La Trimoille joyst desdittes terres et seigneuries, lesquelles il luy avaient bailliées franches quittes et délivrées, et avoit promis l'en faire joyr franchement et quittement, et oster ou faire oster tous empeschemens quelsconques qui pourroient sourdre; en telle manière que le feu seigneur de La Trimoille peust exploicter et lever les revenues d'icelles terres et seigneuries. Et à ce tiltre ledit seigneur de La Trimoille avoit eu la garde desdittes places et icelles gardées à ses despens, et tellement que, à cause de ce, iceluy feu cardinal de Bar et toutes lesdittes terres et seigeuries criées estoient obligées et affectées audit feu seigneur de La Trimoille en grandes sommes de deniers qui montoient et pouvoient monter de trente-deux à trente-trois mil escus d'or et plus, car par la faculté et coulpe dudit feu cardinal de Bar qui avoit promis de faire joyr ledit feu seigneur de La Trimoille franchement et quittement desdittes terres et seigneuries et en faire les hommaiges et oster tous empeschemens, iceluy feu seigneur de La Trimoille n'avoit peu joyr desdittes terres et seigneuries ne de la revenue d'icelles, en quoi il avoit esté grandement dommaigé et intéressé; et, pour particulariser, iceluy feu seigneur de La Trimoille avoit esté intéressé en la terre du Sauzay, qui valoit par an deux cents francs, de la somme de quatre mil escus d'or, parce que ledit feu cardinal n'en avoit voulu faire la foy et hommaige au seigneur de Chastellus, auquel laditte terre estoit tenue et mouvans, et lequel seigneur de Chastellus à ceste cause en avoit joy l'espace de vingt-sept ans; et pareillement avoit esté intéressé en la terre de Chastellus, de laquelle iceluy feu seigneur de La Trimoille devoit joyr de la somme de deux mil escus d'or, parce que Jehan de Sommeur, par la faulte et coulpe dudit feu cardinal de Bar, en avoit joy; et aussi iceluy feu seigneur de La Trimoille avoit esté intéressé et dommaigé en la terre d'Erquien, de laquelle il devoit joyr comme dessus, de la somme de deux mil escus d'or, parce que le seigneur d'Aigreville auquel elle estoit tenue, l'avoit exploictée l'espace de vingt-sept ans par la faulte et coulpe dudit feu cardinal de Bar; et disoient oultre lesdis défendeurs que depuis sept ans en çà lesdittes terres et seigneurie de Saint-Fargeau et de Mézilles, qui estoient les principales terres desquelles ledit feu seigneur de la Trimoille devoit joyr, estoient demourées en la main du roy nostredit seigneur tant par faulte d'hommaige comme de devoirs non payez, en quoy ledit feu seigneur de la Trimoille avoit esté interessé de la somme de quatre mil escus d'or et plus. Et semblablement iceluy feu seigneur de la Trimoille avoit esté intéressé et dommaigé ès terres et seigneuries du Boucherot et des Tanyères de la somme de deux mil francs, parce que monseigneur le comte du Maine, comme comte de Gien, auquel elles estoient tenues en foi et hommaige, en avoit joy par la faulte et coulpe dudit feu cardinal de Bar.

En oultre avoit esté interessé de cents cinquante livres et plus, parce que ledit seigneur de Chastillon avoit joy de la terre de la Bussière, de laquelle ledit seigneur de la Trimoille devoit joyr, par la coulpe dudit feu cardinal de Bar. Et avec ce, monseigneur le comte de Joigny, par défault de foy et hommaige non fais, avoit joy des terres et seigneuries de Sermoisses et de Fleury, desquelles devoit joyr ledit feu seigneur de la Trimoille, et en ce avoit esté interessé de cinq cens escus d'or et plus. Et pareillement icelui feu seigneur de la Trimoille avoit esté endommaigé et interessé de la somme de quinze mil francs à l'occasion des terres et seigneuries de Perreuse, de La Vau et de la Couldre, desquelles monseigneur le comte de Nevers avoit joy et levé les fruiz et prouffiz, et fait pescher les estangs par défault de foy et hommaige non fait. Et avec ce, deux ans après ou environ ledit accord ou appointement, les gens et officiers dudit feu cardinal de Bar s'estoient ensaisinez et avaient pris la place de Saint-Fargeau, dont ils avoient pesché les estangs ou les aucuns d'iceulx, et par leur commandement avoient esté reprins les autres; en quoy ledit feu seigneur de la Trimoille avoit esté interessé de dix à douze mil livres tournois. Et par le défault d'iceulx gens et officiers dudit feu cardinal de Bar, ladite place de la Couldre avoit esté prinse et emblée par ceulx du party de Bourgongne, pour laquelle recouvrer ledit feu seigneur de la Trimoille avoit baillé quatre mil escus d'or et ung cheval de deux cens francs, sans les autres grans dommaiges que ladite place avoit porté ou pays, et en quoy ledit feu seigneur de la Trimoille avoit esté endommaigé de la somme de mil escus d'or et plus. Et si avoit perdu ledit feu seigneur de la Trimoille ou ceulx qui de luy avoient cause le quint et requint denier de la vente de Bazerne par défault de hommaige non fait à monseigneur l'evesque d'Auxerre, et auquel quint deniers et ès poursuites pour ce faict pour y donner provision, avoit esté interessé de mil escus d'or et plus; et lesquelz interests, avec les sommes de deniers qui en povoient estre deues, avoient compette et appartenu oudit seigneur de la Trimoille ou à ses ayant cause; et lesquelles sommes joinctes ensemble montoient à la somme de trente-deux mil escus d'or et plus.

Disoient oultre lesdis défendeurs et opposans que l'an mil quatre cent quarante et ung avoit esté traictié le mariage d'entre ledit de Salezart, escuier, et ladite feue Marguerite à présent sa femme, fille dudit seigneur de la Trimoille; et lequel mariage avoit depuis esté consommé en face de sainte Église, et d'iceluy estoient yssus pluseurs enfans. En faisant lequel traictié de mariage, icelui seigneur de la Trimoille avoit donné entre autres choses à ladite Marguerite, sa fille, sur tous telz drois d'ypothèque qu'il avoit et povoit avoir sur ladite seigneurie, terre et chastellenie de Saint-Fargeau en Puisoye, la somme de quatre mil livres tournois pour estre propre héritaige de ladite Margueritte et de ses héritiers avenir. En oultre icelui seigneur de la Trimoille avoit donné et transporté audit Jehan de Salezart, défendeur, tout le seurplus et résidu des drois

JUGEMENT RENDU CONTRE JACQUES COEUR. 631

et ypothèques et de toutes autres demandes qu'il povoit avoir et demander aux moiens que dessus en sur icelle terre et seigneurie, sans en rien retenir ni réserver. Et depuis icelluy feu seigneur de la Trimoille estoit alé de vie à trespas, sans ce que lesdis défendeurs aient eu aucun paiement des sommes et ypothèques dessusdittes, délaissié dame Katherine de l'Ille, dame de l'Ille Bouchart, sa vefve, icelle Marguerite, femme dudit défendeur, et pluseurs autres ses enffans estans au bail de laditte vefve leur mère ; durant lequel bail s'estoient meuz pluseurs procès, à cause des promesses dessusdictes et autres déclairées oudit traictié de mariage, entre ledit de Salezart, d'une part, et ladite dame de l'Ille en son nom et comme aiant le bail de sesdis enfans, d'autre part. Et depuis, c'est assavoir le quinziesme jour d'aoust mil quatre cent quarante-sept, avoient esté d'accord lesdittes parties en la manière qui s'ensuit ; c'est assavoir que laditte vefve, ès noms, avoit baillié et delaissié ausdis defendeurs tous les drois et ypothèques que ledit feu seigneur de la Trimoille, et sa vefve, jadis sa femme, avoient et povoient avoir sur lesdittes terres, chasteaulx, seigneuries et forteresses de Toussy, Saint-Fargeau, la Vau, la Couldre, Perreuse, Mezilles et autres, assis oudit païs de Puisoye, qui avoient appartenu audit feu cardinal de Bar, sans aucunes excepter ; et par ce moien ausdis defendeurs compettoient et appartenoient toutes les demandes, actions et ypothèques dessusdittes ; pour lesquelles ypothèques et autres choses dessusdittes s'estoient opposez ausdittes criées ; et mesmement pour distraire laditte seigneurie de Toussy ou prouffit desdis défendeurs ; car ledit Jaques Cuer n'en avoit oncques eu possession ; en concluant par lesdis défendeurs et opposans à ce que par nous et nostre sentence feust dict et déclairé que lesdittes terres et seigneuries criées feussent distraictes et séparées dudit procès et criées, et mesmement la place, terre et seigneurie de Toussy, et la possession d'icelles, nonobstant laditte main mise et criées, baillée et délivrée ausdis opposans pour en joyr, user, et icelles exploicter et lever avecques les fruis d'icelles comme leur gaige et ypothèque, et à eulx obligées au moins jusques à ce qu'ils feussent payez et contentez des sommes dessusdittes. En quoi que feust, que s'aucune

adjudication de décret estoit faicte desdis terres et seigneuries criées, que ce feust à la charge de toutes les ypothèques, seuretez et engaigemens dessusdis ; au moins qu'ils feussent premiers paiez et satisfaiz des sommes dessusdittes sur les deniers qui ystroient de la vendicion desdittes terres et seigneuries criées et tout pertinent. Et ce fait de la partie du demandeur avoit esté reppliqué, et pour ses reppliques disoit que nonobstant chose proposée par les défendeurs, lesdittes terres et seigneuries criées devoient estre adjugées sans la charge de l'opposition desdis défendeurs, car icelles avoient esté déclairées et confisquées au roy nostredit seigneur pour crime de lèze-magesté commis par ledit Jaques Cuer. Or disoit ledit demandeur que quant un seigneur hault justicier prenoit terres et seigneuries par confiscation, tel seigneur n'estoit tenu de paier aucunes debtes ou ypothèques, sinon que elles feussent ensaisinées ou enféodées ; et par ce le roy nostredit seigneur, ou cas présent, avoit aussy grant droit que ung seigneur hault justicier, mesmement que ladicte déclairation de confiscation estoit pour crime de lèze-magesté ; disoit oultre que lesdittes debtes et ypothèques n'estoient ensaisinées ni enféodées, et n'en apparoit aucunement, aussi lesdis défendeurs ne s'en ventoient point ; et par ce icelles terres et seigneuries criées estoient escheues audit seigneur, sans les charges des ypothèques dessusdittes. En concluant, par ledit demandeur, qu'aucune distraction ne devoit estre faicte desdittes seigneuries criées, mais devoient estre adjugées sans la charge de l'opposition des défendeurs de laquelle ils feussent par nous deboutez.

Et de la partie desdis défendeurs et opposans pour leurs dupplicques eust esté employé ce qui avoit esté dit en leurs causes d'opposition et conclue comme dessus.

Lesquelles parties à plain par nous oyes et appointez en drois, etc.

Savoir faisons que veu par nous ledit procès, etc., et tout veu et considéré, nous avons dit et disons : que aucune distraction ne sera faicte desdis héritaiges criez, mais seront adjugez au plus offrant et derrenier enchérisseur sans la charge des drois d'ypothèque prétendus par les défendeurs et opposans, par nostre sentence deffinitive et par droit. Prononcée et dit à maistre Estienne de Nouviant, procureur du roy nostredit seigneur oudit trésor, demandeur, et à maistre Anné Bournet, procureur desdis défendeurs. Donné à Paris, oudit trésor, soubz nos signez, le vingt-troisiesme jour de may l'an mil quatre cent cinquante et cinq. Ainsi signé : J. DE BAILLY. Collation est faitte.

Item s'ensuit la teneur de la sentence donnée touchant nostre amé et féal conseiller l'évesque d'Auxerre.

Les conseillers du roy nostre sire sur le fait de la justice de son trésor à Paris, à tous ceulx qui ces présentes lettres verront, salut. Comme procès ait nagaires esté pendant par devant nous, etc., entre le procureur du roy nostredit seigneur audit trésor, demandeur et poursuivant les criées de la terre et baronnie de Toussy, assis au païs de Puisoye, et ses appartenances, comme aians appartenu à Jaques Cuer, d'une part ; et monseignenr l'évesque d'Auxerre, défendeur et opposant ausdittes criées, d'autre part ; sur ce que ledit demandeur disoit que par arrest, etc. (*comme aux précédentes sentences*). Et de la partie dudit défendeur et opposant pour ses causes d'opposition, eust esté dit que la baronnie de Toussy et ses appartenances estoit tenue de luy en foy et hommaige à cause de son dit éveschié et aux droits et devoirs de quins deniers quant le cas y escheoit ; et mesme iceluy Jaques Cuer, en l'an mil quatre cens cinquante et cinq, qui lors avoit acquis de nouvel laditte baronnye de Toussy, avoit fait la foy et hommaige d'icelle baronnye audit défendeur, et à ceste occasion estoit tenu de lui payer le quint denier pour ses droits et devoirs, mais iceluy défendeur n'avoit à ce contraint ledit Cuer, à l'occasion du grant port qu'il avoit lors ce royaume et jusques à ce que ledit Jaques Cuer avoit esté constitué prisonnier, tantost après lequel emprisonnement le défendeur avoit fait mettre en sa main ladite baronnye de Toussy par défault de devoirs non-payez ; ce nonobstant le procureur du roy avoit fait mettre en criées ladite terre et baronnye de Toussy, ausquelles criées le défendeur s'estoit opposé ; en concluant à ce que par nous fut dit et déclairé laditte baronnye estre obligée au paiement du quint denier qui lui estoit deu par ledit Jaques à cause de laditte baronnye, comme tenue de luy en foy et hommaige à cause de son dit éveschié ; et que des deniers qui ystroient de la vendi-

cion d'icelle baronnye, le défendeur feust premièrement paié et avant tous autres et tout pertinent. Et de la partie du demandeur pour ses repplicques eust esté dit que quant au roy nostredit seigneur eschéoit, etc. (*comme ci-dessus*), que ledit quint denier prétendu par le défendeur n'estoit que une simple ypothèque, qui n'estoit ensaisinée ne enféodée, et par ce ledit seigneur n'en estoit tenu paier aucune chose, en concluant comme dessus.

Et le défendeur pour ses dupplicques, etc., disoit que ledit quint denier estoit deu à cause de son droit seigneurial, parquoy il en devoit estre paié, etc. ; lesquelles parties par nous oyes, etc. : savoir faisons que, veu par nous ledit procès, etc., nous avons dit et disons que ladite terre et baronnye de Toussy sera adjugée, etc., au plus offrant et derrenier enchérisseur à la charge des droits seigneuriaulx et sans la charge des deniers pour une fois, pour lesquels ledit défendeur s'est opposé, et par notre sentence diffinitive et par droit, prononcé et dit, etc. Donné à Paris audit trésor soubz noz signez, le vingt-septiesme jour d'aoust, l'an mil quatre cens cinquante et cinq. Ainsi signez : J. DE BAILLY. Collation en faitte.

Item s'ensuit la teneur de la sentence donnée touchant Guillaume Lalemant.

Les conseillers du roy nostre sire sur le fait de la justice de son trésor à Paris, à tous ceulx, etc. Comme procès ait n'agaires esté pendant pardevant nous, etc., entre le procureur du roy nostredit seigneur en icelui trésor, demandeur et poursuivant les criées des héritaiges et biens immeubles assis en la ville de Bourges et ou pays de Berry comme aians appartenu à Jaques Cuer, nagaires argentier du roy nostredit seigneur, d'une part, et Guillaume Lalemant marchand et bourgeois de laditte ville de Bourges, défendeur et opposant ausdittes criées, d'autre part. Sur ce que ledit demandeur disoit que par arrest, etc. (*comme ci-dessus*) ; et de la partie dudit défendeur et opposant eust esté dit, pour ses causes d'opposition : que audit défendeur, de son conquest, compettoit et appartenoit une petite maison assise en laditte ville de Bourges, au lieu dit la Porte Gordaine, joignant la maison dudit opposant d'une part[1], et d'autre part à la

(1) La maison des frères Lalemant existe encore. Elle est ornée de fort élégantes sculptures. La ville de Bourges vient de l'acheter pour en faire un musée.

JUGEMENT RENDU CONTRE JACQUES COEUR.

maison où demeuroit Robert Claseau apothicaire ; et laquelle petite maison estoit assise au lieu où estoit anciennement partie de la porte de la cité, que on disoit la Porte Gordaine. Disoit oultre que ledit Jaques Cuer, qui faisoit faire et ediffier sa grand maison dudit Bourges, saichant que les fondemens de laditte petite maison dudit défendeur et opposant estoient tous de grandes et grosses pierres de taille et très bonnes à faire son ouvrage de saditte grant maison, avoit tellement fait avec ledit défendeur et opposant, que icelui défendeur avoit consenti que ledit Jaques Cuer fist démolir laditte petite maison et en print lesdittes pierres, moyennant et parmi ce que iceluy Jaques Cuer luy avoit promis de faire faire et réédiffier une maison toute neufve ou lieu d'icelle petite maison, ou paier audit défendeur la somme de trois cents escus d'or pour une fois. Et à ceste cause ledit Jaques Cuer avoit fait démolir laditte petite maison et prendre lesdis fondemens, et tellement qu'il n'y estoit demouré que la place vuide, sans que ledit Jaques Cuer eust fait réédiffier en icelle place une maison neufve, ne paié audit défendeur laditte somme de trois cens escus ; et pour ce ledit défendeur s'estoit opposé ausdittes criées. Et pour respondre à ce que le demandeur avoit dit que iceluy Jaques Cuer avoit forfaict et confisqué tous ses biens, disoit iceluy défendeur : que de ce ne savoit rien et ne le croioit pas, mais supposé que aucune chose en feust, toutesvoyes laditte confiscation ne povoit avoir lieu au regard des biens et héritaiges assis oudit pays de Berry, car les bourgeois et habitans de ladite ville de Bourges, et les particuliers d'icelle, par previllege, ne povoient confisquer leurs biens pour quelque crime qu'ils feussent attaincts, à moins que leurs créanciers ne feussent payez de leurs debtes.

Or estoit ledit Jaques Cuer bourgeois d'icelle ville de Bourges, et ainsy n'avoit peu confisquer ses biens, quoy que soit, que ses créanciers ne feussent paiés. Et de ce avoient joy lesdis habitans de si long temps qu'il n'estoit mémoire du contraire. En concluant par ledit défendeur et opposant à ce que par nous et nostre sentence feust dit et déclaré que sur lesdis héritaiges criés et des deniers quy en ystroient, il feust paié premièrement et avant tous autres opposans de laditte somme de trois cens escus d'or, au moins qu'il vensist à contribution avec les autres opposans ausdittes criées, ou que aucune adjudication ne feust faitte desdis héritaiges, sinon à la charge de faire refaire audit défendeur et opposant saditte maison.

Et de la partie du demandeur eust esté dit pour ses repliques que son intencion estoit bien fondée, car ledit Jaques Cuer avoit esté déclaré criminelux de crime de lèze-majesté, et ses biens acquis et forfais audit seigneur, et en apparoit par arrest, et par ce estoit donnée response à ce que le défendeur avoit dit que de laditte confiscation ne savoit riens. Or disoit iceluy demandeur que quant au roy nostredit seigneur eschéoient aucuns héritaiges par confiscation, mesmement pour crime de lèze-majesté, icelluy seigneur n'estoit tenu de paier aucunes debtes ne ypothèques sinon qu'elles feussent ensaisinées et enféodées. Or n'estoit la debte dudit opposant ensaisinée ne enféodée, aussi ne s'en ventoit point ledit opposant, mais estoit simple promesse qui chéoit seulement en action ; et ainsy n'estoit ledit seigneur tenu de paier laditte debte, et devoient estre lesdis héritaiges adjugez sans la charge de l'opposition du défendeur. Et pour respondre au previllege allegué et à la joissance d'iceluy, disoit iceluy demandeur que dudit previllege ne savoit riens et ne le croioit pas, mais supposé que aucune chose en feust, toutesvoyes quand aucun se aidoit de previllege contre le roy nostredit seigneur, il estoit tenu en faire apparoir promptement, autrement il en devoit estre débouté. Or n'en avoit ledit défendeur fait apparoir, jà-soit ce que en matière de criées l'en doye bailler et produire lettres et tiltres pour fonder ses causes d'opposition ; et ainsy dudit previllege le défendeur ne se povoit aider, et encore moins de la joyssance ; car contre le roy nostredit seigneur on ne povoit prescripre ; et ainsy, quelque joïssance que l'on eust eue, dont le demandeur ne savoit riens et le nyoit, si ne povoit elle préjudicier audit seigneur ; en concluant comme dessus.

Et de la partie dudit défendeur pour ses dupplicques eust esté employé ce qui avoit esté dit en ses defenses et conclud comme dessus.

Lesquelles parties à plain par nous oyes, etc., savoir faisons que veu par nous ledit procès, etc., nous avons dit et disons que lesdits héritaiges et biens immeubles et biens criez seront adjugés etc., sans la charge de l'opposition dudit défendeur et opposans, de laquelle nous l'avons debouté et deboutons, etc. Donné à Paris, oudit trésor, soubz nos signez, le cinquiesme jour de septembre l'an mil quatre cens cinquante et cinq. Ainsy signé : J. DE BAILLY. Collation est faitte.

Item s'ensuit la teneur de la sentence donnée touchant nostre aîné Jehan Lebrun, nostre receveur de l'équivalent en la séneschaucée de Toulouse.

Les conseillers du roy etc., à tous ceulx etc., salut. Comme procès ait nagaires esté pendant pardevant nous entre le procureur du roy, etc., demandeur et poursuivant les criées des héritaiges de Jaques Cuer, d'une part ; et Jehan Lebrun, receveur pour le roy nostredit seigneur de l'équivalent en la seneschaucée de Toulouse, défendeur et opposans ausdittes criées, d'autre part ; sur ce que ledit demandeur disoit que par arrest, etc.

Et de la partie dudit défendeur et opposant pour ses causes d'opposition eust esté dit : que dès l'an mil quatre cent quarante et trois ou environ, icelui défendeur avoit eu don du roy nostredit seigneur d'icellui office de receveur, lequel office il avoit tousjours depuis exercé, et receu les deniers venans dudit aide, desquels il avoit tenu bon compte par les descharges du trésorier général du Languedoc ; durant le temps de laquelle recepte, icelui Jaques Cuer, qui pour lors estoit conseiller et argentier dudit seigneur, et avoit grant auctorité devers lui, et fournissoit son argenterie de toutes denrées, avoit prins et receu presque tous les deniers dudit païs de Languedoc appartenant au roy nostredit seigneur, et à ceste cause icelui défendeur et les autres receveurs du païs de Languedoc avoient baillé les deniers qu'ils avoient receu pour ledit seigneur à icelui Jacques Cuer sans aucune difficulté, lequel leur en faisoit avoir leurs acquits et décharges.

Et mesmement ledit défendeur, en l'an mil quatre cent cinquante et ung, et avant la prinse et empeschement d'iceluy Jaques Cuer, avoit baillé à la requeste d'iceluy Jaques Cuer, et par les lettres d'iceluy Cuer qui lui en avoit promis faire avoir les acquits et descharges du roy nostredit seigneur, les sommes qui s'ensuivent, des deniers du roy nostredit seigneur et de sa recepte, aux personnes cy-après nommées, montans ensemble à la somme de seize cens huit livres tournois ou environ ; c'est assavoir : à Valsarin et Gasparin Detrez, armeuriers du roy nostredit seigneur, la somme de quatre cents quarante-cinq livres ; à Mergon de Castillon, capitaine de Bazas, la somme de deux cents livres qui lui estoit assignée par le roy nostredit seigneur ; à Arnault Guillem, seigneur de Saint-Gère, la somme de cent livres tournois en déduction de plus grant somme qui lui estoit assignée par ledit seigneur ; à monseigneur d'Albret, ou à André Fordat son trésorier, la somme de sept cents livres cinq sols tournois à cause de sa pension ; à Helion Legroing, capitaine de Lectort, la somme de quatre-vingts livres tournois pour la parpaie de deux cens livres tournois à lui deue et ordonnée par le roy nostredit seigneur à cause de sa capitainerie ; à Antoine Gibertier la somme de seize escus d'or pour le port de six charges, tant monnoye que pouldre et autre artillerie pour le siége d'Acqs ; à Michiel Mercier, habitant de Saint-Flour, pour le port de trois charges de cuivre, de Lyon à Thoulouse, pour faire colevrines et autre artillerie pour le fait du roy nostredit seigneur, lequel cuivre avoit esté mis en œuvre pour le roy nostredit seigneur à la derrenière armée de Bordeaulx, la somme de treize livres dix sols tournois ; et à André Triston, Escossois, de l'ordonnance dudit seigneur soubz Robin Petit-Loup, pour un harnas complet que le roy nostredit seigneur avoit ordonné luy estre délivré, la somme de trente-cinq escus de Thoulouse. Desquels sommes ci-dessus déclarées montans ensemble à la somme de seize cens huit livres tournois, iceluy Jaques Cuer n'en avoit tenu compte audit défendeur et opposant, obstant que brief temps après il avoit esté empesché.

Et pour iceluy défendeur avoit voulu alouer lesdittes sommes audit trésorier général du Languedoc, mesmement que tout ou pluspart avoit esté baillé pour le fait et à la descharge d'iceluy seigneur ; mais ledit trésorier ne l'avoit voulu alouer audit défendeur et opposant, en lui en tenir compte, et lui avoit respondu qu'il se pourveuse sur les biens dudit Jaques Cuer.

Et pour ces causes ledit défendeur s'estoit opposé ausdictes criées afin d'avoir paiement des sommes dessusdictes ; et disoit que son fait estoit bien fondé, car lesdittes sommes ainsi par lui paiées estoient des deniers de laditte recepte et couvertes en l'acquit et descharge dudit seigneur. Et pour respondre à ce que le demandeur avoit dit que icelui Jaques Cuer avoit confisqué tous ses biens, disoit ledit défendeur que de ce ne savoit riens ; mais supposé que ledit Cuer eust forfait et confisqué tous ses biens, touteffois ladite confiscation n'avoit lieu au regard des biens et héritaiges estans en Berry, car les bourgeois et habitans de la ville de Bourges, et les particuliers d'icelle avoient privillége tel que, pour quelque cas qu'ils feussent attaincts, supposé mesme que ce feust pour crime de lèze-magesté, ils ne povoient confisquer leurs biens, et disoit-on communément que confiscation de biens n'avoit lieu en Berry, à moins que les créanciers du crimineulx ne feussent payez sur les deniers dudit crimineulx ; et de ce avoient joy lesdis bourgeois de tout temps et ancienneté. Or disoit que ledit Jaques Cuer estoit bourgeois et habitant de ladicte ville de Bourges, et ainsi n'avoit peu confisquer ses biens, quoy que ce soit, que ses créanciers ne feussent payez sur iceulx. En concluant par ledit défendeur à ce que par nous fust déclairé que sur lesdits biens et héritaiges criez et des deniers qui en vendroient, icelui défendeur feusse paié premièrement et avant tous autres, ou autrement, de ladicte somme de seize cens huit livres tournois ou environ, au moins qu'il vensist à contribution avec les autres opposans ausdittes criées, et tout pertinent.

Et de la partie dudit demandeur pour ses reppliques eust esté dit que son entencion estoit bien fondée par ce qu'il avoit dit en sa demande. Et n'y faisoit rien ce que le défendeur avoit dit qu'il ne savoit point que ledit Jaques Cuer eust confisqué ses biens, car il apparoit par arrest qu'ils estoient acquis et confisqués au roy nostredit seigneur. Disoit icelui demandeur que quand à seigneur hault justicier escheoient héritaiges par confiscation, ils n'estoient tenus de payer aucunes debtes sinon ensaisinées ou enféodées, et ainsi au roy nostredit seigneur qui estoit souverain en ce royaume appartenoit semblable droit, mesmement des choses à luy acquise pour crime de lèze-magesté ; qu'ainsi audit seigneur appartenoient les biens et héritaiges dudit Jaques Cuer sans ce qu'il feusse tenu de païer aucune debte, mesmement celle pour lesquelles le défendeur s'estoit opposé, lesquelles n'estoient ensaisinées ne enféodées, et, qui plus estoit, n'emportoient point hypothèques, n'estant que simples cédules ou promesses dudit Jaques Cuer qui chéoient seulement en action à l'encontre dudit Cuer.

Et quant au privillége allégué par ledit défendeur, disoit iceluy demandeur qu'il n'en savoit rien et ne le croioit point, mais le nyoit, et que quant aucun se aidoit de privillége contre le roy nostredit seigneur, il estoit tenu d'en faire apparoir, autrement ne s'en povoit aider. Or n'en avoit icelui défendeur fait apparoir ; et au regard de la joïssance disoit que l'on ne pouvoit prescrire contre le roy nostredit seigneur, sinon que l'on eusse tiltre ; or n'avoit icelui défendeur monstré aucun tiltre et ne se povoit aider de joyssance contre le roy nostredit seigneur; en concluant par ledit demandeur comme dessus. Et de la partie dudit défendeur pour ses dupplicques eust esté employé ce qui avoit esté dit en sa cause d'opposition et conclue comme dessus. Lesquelles parties par nous oyes, etc., savoir faisons que, veu par nous ledit procès, etc., nous avons dit et disons que lesdits héritaiges criez seront adjugez et délivrez par decret sans la charge de l'opposition dudit défendeur, de laquelle nous l'avons débouté et déboutons par nostre sentence deffinitive et par droit, etc. Donné à Paris audit trésor, soubz noz signes, le cinquiesme jour de septembre, l'an mil quatre cents cinquante et cinq. Ainsi signé : J. DE BAILLY. Collation est faicte.

Item s'ensuit la teneur de la sentence donnée touchant nostre amé maistre Guillaume Turrault, prieur séculier de l'église collégiale de Saint-Austrille du chasteau lez Bourges, Jehan Lacan, fils de feuz Guillaume Lacan et de Parrette Godarde, jadis sa femme, Jehan Barry et Parrette sa femme, et Anthoine Chauvel et Marguerite sa femme.

Les conseillers du roy, sur le fait de la justice de son trésor à Paris, à tous ceulx que ces présentes lettres verront, salut. Comme procès ait nagaires esté pendant par-devant nous, etc. Entre le procureur du roy, etc., d'une part, et maistre Guillaume Turrault, prieur séculier de l'église collégiale de Saint-Austrille du chasteau lez Bourges, Jehan Lacan, fils de feuz Guillaume Lacan et de Parrette Godarde, jadis sa femme, Jehan Barry et Parrette sa femme, Anthoine Chauvel et Marguerite sa femme, icelles femmes filles desdits feuz Guillaume Lacan et Parrette, seurs dudit Jehan Lacan, défendeurs et opposans ausdittes criées, d'autre part. Sur ce que ledit demandeur disoit que par arrest, etc., par vertu duquel, etc., avoient esté prins et mis en criées et subhastacion les héritaiges et biens immeubles qui avoient appartenu audit Jaques Cuer, ausquelles criées lesdis défendeurs s'estoient opposés ; et pour dire les causes de leur opposition leur avoit esté assigné jour par-devant nous ; auquel jour ou autre dépendant d'iceluy, le demandeur avoit requis et conclut que les héritaiges criez feussent adjugez sans la charge de l'opposition des défendeurs de laquelle ils feussent par nous déboutez. Et de la partie des défendeurs pour leurs causes d'opposition eust esté dit que ledit Jaques Cuer, et feuz Pierre et Barthomier Godart, jadis frères, en leur vivant, avoient contracté ensemble compaignie et société en tout fait de marchandise, et mesmement au fait du roy nostredit seigneur, de monseigneur le daulphin et d'autres seigneurs, et en toutes autres choses dont ils povoient faire leur prouffit ; pendant laquelle société et compaignie ung chacun d'eulx avoit faict au mieulx qu'il avoit peu au prouffit de ladicte communaulté ; et, certain temps après, lesdis Pierre et Barthomier Godart estoient alez de vie à trespas, délaissié survivant Jehanne leur mère et lors vefve de feu Perrinet Godart ; après lequel trespas, c'est assavoir l'an mil quatre cens trente-neuf ou environ, iceluy Jaques Cuer, et Jehan de Labre, lors lieutenant du bailly de Berry, prenant en main pour Jehanne sa fille, veuve dudit Pierre Godart, au nom d'elle comme tuteresse des enfans d'elle et dudit feu Pierre, et aussi ledit maistre Guillaume Turrault et Guillaume Lacan prenant en main pour Jehanne, vefve dudit feu Perrinet Godart, jadis mère desdis feuz Pierre et Barthomier, d'iceluy maistre Guillaume Turrault et de la femme dudit Lacan, avoient esté assemblez avec ledit Jaques Cuer pour faire compte et fin de ladicte société et compaignie ; lequel compte ils avoient fait ; et par la fin d'iceluy, toutes choses déduictes et rabattues, c'est assavoir tous autres comptes, cédules et lettres obligatoires qui par avant avoient esté faits entre lesdis Godart et ledit Cuer, nulles et de nulle valeur, avoit esté trouvé que iceluy Jaques Cuer estoit demouré tenu envers les héritiers desdis feuz Godart en la somme de deux mil cinq cens onze livres dix-huit sols ung denier tournois que ledit Cuer avoit à recouvrer pour les dessusdis mère et héritiers desdits feuz Godart; laquelle somme de deux mil cinq cens onze livres dix-huit sols ung denier tournois, iceluy Jaques Cuer leur avoit promis païer soubz l'obligation de tous ses biens lors présens et advenir, sitost et incontinent que recouvrée l'auroit du maistre de la chambre aux deniers, ou autrement leur rendre les cédules qui en avoient esté baillées audit Cuer, et autres appoinctemens de ce deppendans. Et depuis iceluy Jaques Cuer avoit recouvert ladicte somme ; mais supposé que non, si estoit il tenu et obligié de rendre lesdictes cédules et appoinctemens. Et sur ledit compte iceluy Jaques Cuer avoit prins pour lui et à son prouffit semblable somme de deux mil cinq cens onze livres dix-huit sols ung denier tournois. Disoient oultre lesdis défendeurs et opposans que, à ladicte Jehanne, vefve dudit feu Perrinet Godart, jadis mère desdis feuz Pierre et Barthomier Godart, avoit competé et appartenu pour son droit, et à cause de la communaulté qu'elle avoit avec sesdis enfans, la moictié de ladicte somme de deux mil cinq cens onze livres dix-huit sols ung denier tournois, montant icelle moictié douze cens cinquante et cinq livres quatorze sols six deniers oboles tournois, et l'autre moictié appartenoit à sesdis enfans. Et depuis, ladicte feue Jehanne estoit alée de vie à trespas, et avoit délaissié plusieurs ses héritiers, c'est assavoir ledit maistre Guillaume, son fils de son premier mariage, et lesdis Jehan Lacan, Parrette, femme dudit Jehan Barry, et Marguerite, femme dudit Jehan Chauvel, frères et seurs, nepveux de ladicte Jehanne, et enfans légitimes de feue Parrette Godarde, jadis sa fille de son second mariage ; ausquelz par ce moïen ladicte somme de douze cens cinquante-cinq livres quatorze sols six deniers oboles tournois avoit competé et appartenu ; de laquelle somme iceulx défendeurs n'avoient aucunement esté contentez ne satisfaiz par ledit Jaques Cuer, et si ne leur avoit rendu lesdittes lettres et cédules ; par quoy il estoit demouré tenu, et tous ses héritaiges obligez et ypothéquez envers lesdis défendeurs au paiement de laditte somme de douze cens cinquante-cinq livres quatorze sols six deniers oboles tournois, ou au moins à rendre lesdittes lettres et cédules.

Ce nonobstant, icelui procureur général du

JUGEMENT RENDU CONTRE JACQUES COEUR.

roy, nostredit seigneur, avoit fait mettre en criées lesdits héritaiges et biens immeubles qui avoient appartenu audit Jacques Cuer, sans la charge de laditte somme, auxquelles criées lesdits défendeurs s'estoient opposés pour laditte somme de douze cent cinquante-six livres quatorze sols six deniers oboles tournois ; et disoient que à bonne et juste cause s'estoient opposés, et que ledit Jacques Cuer ne pouvoit avoir confisqué ses héritaiges et biens assis au pays de Berry, car les bourgeois de la ville de Bourges, pour quelque crime qu'ils feussent attains, ne povoient confisquer leurs biens au moins que les créanciers ne feussent payés, etc. En concluant par lesdits défendeurs à ce qu'il feust par nous dit que sur les deniers qui vendroient ou ystroient de la vendition desdits héritaiges criés, iceulx défendeurs et opposants feussent payez premierement et avant tous les autres, au moins qu'ils venissent à contribution avec les autres contributions auxdittes criées; quoy que ce soit, que lesdittes cédules et lettres dont dessus est faict mention leur feussent restituez, et tout pertinent. Et de la partie dudit demandeur eust esté repplicqué, et pour ses repplicques disoit, etc. (*les mêmes moyens que ci-dessus pour les droits du roy et pour le privilége des habitants de Bourges*). Au regard de la joyssance encore moins, car quelque joyssance que l'on 'eust contre le roy, nostredit seigneur, elle ne valoit, si non que l'on eust titre ; or n'avoient les défendeurs titre, et ainsi quelque joyssance qu'ils eussent eue ne leur povoit prouffiter; en concluant comme dessus ; et de la partie desdits défendeurs pour leurs dupplicques eust esté employé ce qu'ils avoient dit en leurs défenses et conclud dessus. Lesquelles parties pour nous oyes, et après ce qu'elles eussent mis et produits par devers nous ce que bon leur eust semblé, nous les eussions appoincté en droit, etc.

Savoir faisons que veu par nous ledit procès avec les causes d'opposition desdits défendeurs, etc. nous avons dit et disons que lesdits héritaiges criez seront adjugez, vendus et baillez et délivrez par décret au plus offrant et dernier enchérisseur sans la charge de l'opposition desdits défendeurs et opposants, de laquelle nous les avons débouté et déboutons par nostre sentence définitive et par droit. Prononcé et dit, etc. Donné à Paris audit trésor, nos soubssignes, le cinquiesme jour de septembre l'an mil quatre cent cinquante et cinq.

Item s'ensuit la teneur de la sentence donnée touchant nostre amé maistre Estienne Valée, licencié en droit canon et civil et nostre procureur en Berry, et Jehanne Delaloe, sa femme ; Philippon Delaloe, ou nom et comme curateur de maistre Ranaud Godard, licencié en loix, et Jaquet Godart et Macée, sa femme.

Les conseilliers du roy, etc., à tous ceulx, etc. Comme procès est nagaires esté pendant pardevant nous, etc., entre le procureur du roy, etc., et maistre Estienne Vallée, licencié en droit canon et civil, procureur du roy, nostredit seigneur en Berry, et Jehanne Delaloe, sa femme, à cause d'elle, par avant femme de feu Pierre Godart, et Philippon Delaloe, au nom et comme curateur de maistre Renaud Godard, licencié en loix, Jaquet Godart et Macée Godarde, enfants dudit feu Pierre Godart et de ladite Jehanne, défendeurs et opposants auxdittes criées, d'autre part ; sur ce que ledit demandeur disoit que par arrêt, etc.

Par vertu duquel, etc., avoit esté prins et mis en la main du roy, nostredit seigneur, et en criées et subhastacions les héritaiges qui avoient appartenu audit Jacques Cuer, auxquelles criées lesdits défendeurs s'estoient opposés, et pour dire les causes de leur opposition leur avoit esté assigné jour pardevant nous, auquel jour ou autre deppendant d'iceluy ledit demandeur avoit requis et conclud que lesdits héritaiges criés feussent adjugez nonobstant l'opposition des défendeurs de laquelle ils feussent par nous déboutez, et tout pertinent.

Et de la partie desdits défendeurs et opposants, pour leurs causes d'opposition, eust esté dit que despièça iceluy feu Pierre Godart et ledit Jacques Cuer avoient contracté société et compaignie de toutes marchandises et autres choses lors communes entre eulx, et en icelle société avoient fait chacun d'eulx au mieulx qu'ils avoient peu. Et certain temps après, ledit feu Pierre Godart estoit alé de vie à trespas, délaissié laditte Jehanne Delaloe, sa vefve et les dessusdits ses enfants et héritiers, lesquels vefve et enfants estoient demourez communs en tous meubles et conquests demourez au décès dudit feu Pierre Godart; car par la coustume générale de ce royaume, mesmement au pays de Berry, homme et femme conjoincts ensemble par mariage estoient communs en tous meubles, debtes et conquests, tellement que se l'un d'eulx aloit de vie à trespas, le survivant demouroit commun avec les héritiers du trespassé.

Disoient oultres lesdits défendeurs et opposants que en l'an mil quatre cent trente-neuf, auquel temps ledit feu Pierre Godart estoit alé de vie à trespas, icelui Jacques Cuer avait fait compte final de laditte société et compaignie avec lesdits défendeurs, par lequel compte ledit Cuer estoit demouré en reste envers lesdits enfants en la somme de deux mille cinq cent onze livres dix-huit sols ung denier tournois; laquelle somme il avoit promis payer soubs l'obligation de tous ses biens, lors présents et advenir, tantost et incontinent qu'il l'aurait recouvrée du maistre de la chambre aux deniers et d'autres, dont de ce faire iceluy Jacques Cuer s'estoit chargé et obligé ses biens comme dessus, ou autrement rendre ausdits enfants les cédules avec les appointements qui lui avaient esté baillez pour lesdittes sommes recouvrer. Et depuis, iceluy Jacques Cuer avoit recouvert toute ladicte somme de deux mille cinq cent onze livres dix-huit sols ung denier tournois, de laquelle somme il n'avoit satisfait lesdits opposants ne aucun d'eulx, ne restitué lesdictes cédules et appointements; et ainsi estoit demouré ledit Cuer et tous ses biens obligez et ypothéquez au paiement de laditte somme. Ce nonobstant, le procureur général du roy, nostredit seigneur, avoit fait prendre et mettre en la main du roy, nostredit seigneur, et en criées et en subhastacion lesdits héritaiges comme appartenants au roy, nostredit seigneur; ausquelles criées lesdits défendeurs s'estoient apposez, et disoient icelles oppositions estre bien raisonnables et fondées en toute équité, attendu la minorité desdits enfants et la viduité de ladicte vefve de laquelle l'en traistoit de ses biens. Et pour respondre à ce que le demandeur avoit dit, que ledit Jacques Cuer avoit esté déclaré crimineulx de crime de lèze-magesté, disoient iceulx défendeurs que de ce ne savoient rien, mais s'en rapportoient à ce qu'il en estoit. Aussi ne savoient point que les héritaiges dudit Jacques Cuer eussent esté déclairez acquis et confisquez audit seigneur; mais, supposez que aucune chose en fust, ce ne povoit empescher que lesdits défendeurs ne feussent premièrement payez de ladicte somme de deux mille cinq cent onze livres dix-huit sols ung denier à eulx deue sur les deniers qui ystroient de la vendicion desdits héritaiges criez, par deux moiens : l'un, car ledit Jacques Cuer ne povoit confisquer que ses biens; or n'estoient les debtes deues par ledit Jacques Cuer comprins en ses biens ne de ses biens, et ainsi, quelque confiscation qu'il y deut, si devoient estre premièrement payez les debtes dudit Jacques Cuer sur lesdits héritaiges criez; l'autre moien : car, supposé que ledit Jacques Cuer eust forfaict ses biens, toutefois laditte confiscation ou forfaicture ne povoit avoir lieu au regard des biens et héritaiges estant au païs de Berry, car par le privilége de tous les habitants et bourgeois d'icelle ville de Bourges nul d'iceulx ne povoit confisquer ses biens pour quelque chose que se feust, supposé mesme qu'ils feust attainct de crime de lèze-magesté, et ainsy en avoient lesdits bourgeois joy et usé de tout temps.

Or estoit ledit Jacques Cuer bourgeois, natif et habitant d'icelle ville de Bourges, et ainsi les héritaiges dudit Cuer ne povoient estre confisquez à moins que ses créanciers ne deussent estre payez des debtes à eulx deues par ledit Jacques Cuer. En concluant par lesdits défendeurs et opposants à ce qu'il feust par nous dit que sur les deniers qui ystroient de la vendicion desdits héritaiges criés iceulx défendeurs feussent payez avant tous autres, au moins qu'ils feussent payez selon l'ordre de priorité et postériorité ainsi que raison le vouloit; quoy que ce soit, qu'ils eussent restitution desdittes cédules faisant mention de la somme dessus dicte, et tout pertinent. Et de la partie dudit demandeur eust esté dit : (*mêmes moyens qu'aux précédents jugements*) en concluant comme dessus. Et de la partie des défendeurs pour leurs dupplicques eust esté dit que leur intencion estoit bien fondée par ce qu'ils avoient dit en leur cause d'opposition; et n'y faisoit rien ce que le demandeur avoit dit, que quand aucuns héritaiges eschéoient à haulx justiciers par confiscation, ils n'estoient tenus de payer aucunes dettes sinon qu'elles feussent ensaisinées ou enfeodées, car ce n'estoit pas vray, soubs corrections, mais avoit ceste raison lieu seulement quand aucuns héritaiges et biens estoient acquis par commission de fiefs, ouquel cas le seigneur féodal n'estoit tenu de payer les debtes sinon qu'elles ne fussent ensaisinées ou enfeodées ; mais quand aucune chose écheoit par confiscation, si devoient les seigneurs à quy ils estoient escheuz payer les charges et debtes, en concluant comme dessus. Lesquelles parties à plain par nous oyes, etc. : savoir faisons que, veu par nous ledit procès, etc., nous avons dit et disons que lesdits héritaiges criez seront adjugez, vendus, baillez et délivrez par décret au plus offrant et dernier enchérisseur, sans la charge de l'opposition desdits défendeurs et opposants de laquelle nous les avons débouté et déboutons par nostre sentence définitive et par droit. Prononcé et dit à maistre Estienne de Nouviant, procureur du roy, nostredit seigneur, oudit trésor, demandeur, et en l'absence desdits défendeurs appelez par Olivier Rodand, commis à exercer l'office de huissier dudit [trésor et mis en défaut. Donné à Paris ou dit trésor soubz noz signes le cinquiesme jour de septembre, l'an mil quatre cent cinquante et cinq, Ainsi signé : DE BAILLY. Collation est faicte.

Item s'ensuit la teneur de la sentence donnée touchant nos amez Artault Trousseau, escuier, seigneur de Marueil, et Jaquelin Trousseau, aussi escuier, son fils, et Parrette Cuer, damoiselle, sa femme.

Les conseillers du roy, etc., à tous ceulx, etc., salut. Comme procès ait nagaires esté pendant pardevant nous, etc. Entre le procureur du roy, nostredit seigneur, poursuivant les criées des héritaiges de Jacques Cuer, nagaires argentier dudit seigneur, d'une part ; et Artault Trousseau, escuier, seigneur de Marueil, et Jaquelin Trousseau, aussi escuier, son fils, et damoiselle Parette Cuer sa femme, fille dudit Jacques Cuer, défendeurs et opposants ausdictes criées, d'autre part. Sur ce que ledit demandeur disoit que par arrest, etc., par vertu duquel, etc., avoient esté mis en la main du roy, nostredit seigneur, et en criées et subhastacions les héritaiges qui avoient appartenu audit Jacques Cuer ; ausquelles criées les défendeurs et opposants s'estoient opposés ; et pour dire les causes de leur opposition leur avoit esté assigné jour pardevant nous ; auquel ou autre dépendant d'iceluy ledit demandeur avoit requis que les héritaiges criez feussent adjugez sans la charge de l'opposition des défendeurs, de laquelle ils feussent par nous débouté et tout pertinent. Et de la partie desdits défendeurs et opposants pour leur cause d'opposition, eust esté dit que iceluy Jacques Cuer avoit traictié le mariage de laditte Parrette, sa fille, audit Jaquelin Trousseau ; et ou contract d'iceluy mariage lui avait donné la somme de dix mille livres tournois ; laquelle somme iceluy Jacques Cuer avoit promis paier audit Artault Trousseau pour et ou nom et de sondit fils. Et semblablement iceluy Jacques Cuer avoit promis audit Artault Trousseau et à sondit fils de bailler à sadite fille joyaulx beaux et convenables selon l'estat desdits opposants ; et à ce tenir, fournir et accomplir iceluy Jacques Cuer avoit obligié tous ses biens meubles et immeubles lors présents et advenir. Disoient oultre lesdits défendeurs que ledit Artault Trousseau estoit tenu et obligié envers les Célestins de Marcoussis en la somme de cent vingt-cinq livres tournois de rente, dont il avoit paié plusieurs grans arréraiges montant à plus de sept mille livres tournois, et de laquelle rente, ensemble desdits arréraiges, le seigneur de Lynières estoit tenu a acquicter ledit Trousseau envers lesdits Célestins et tous autres, dont de ce faire ledit seigneur de Lynières avoit esté reffusant ; et pour ce s'estoit meu procès entre ledit Artault Trousseau, demandeur, d'une part, et ledit seigneur de Lynières, d'autre part. Et depuis, par le moyen dudit Jacques Cuer, icelles parties avoient esté d'accord en telle manière que ledit seigneur de Lynières s'estoit obligé et promis paier audit Artault Trousseau, tant pour lesdits arréraiges que pour ses dommaiges-intérests et pour les despens dudit procès la somme de trois mille huit cents livres tournois, laquelle somme iceluy Jacques Cuer avoit receue du seigneur de Lynières, au moins luy en avoit tenu compte et luy avoit déduite sur la somme de neuf mille livres tournois que iceluy Jacques Cuer devoit à monseigneur de Culan, à cause de l'acquisition par luy faicte dudit seigneur de Culan de la terre et seigneurie de Ynnel les Vielz. Et laquelle somme de neuf mille livres pour ladicte acquisition iceluy Jacques Cuer estoit tenu paier et bailler pour ledit seigneur de Culan à iceluy seigneur de Lynières, pour le mariage de la fille dudit seigneur de Culan au fils dudit seigneur de Lynières. Et, à ceste cause, iceluy Jacques Cuer avoit promis paier, en son propre et privé nom, audit Artault Trousseau ladicte somme de trois mil huit cents livres tournois; et pour ce faire avoit obligé et ypothéqué tous ses biens et héritaiges. Par ce moyen, iceluy seigneur de Lynières estoit demouré quicte envers ledit Artault Trousseau de ladite somme de trois mil neuf cents livres tournois. Et ainsi apparoit que ledit Jacques Cuer estoit démouré tenu et obligié envers lesdits défendeurs et opposants ès dicte somme de dix mil livres tournois d'une part, trois mil huit cents livres tournois d'autre part, qui faisoit en tout treize mil huit cents livres tournois, et ès dits joyaulx que les défendeurs estimoient à deux mil livres tournois. Disoit oultre que le roy, nostredit seigneur, avoit donné ou dit Artault Rousseau, seigneur de Marueil, la somme de mil escus d'or pour convertir et employer en repparations au Bois Sire-Amé, assis ou païs de Berry, appartenant audit seigneur de Marueil, pour cause que le roy nostredit seigneur, toutes fois qu'il estoit ou dit païs de Berry, au moins le plus souvent, se logeoit oudit Bois Sire-Amé. Laquelle somme de mil escus d'or icelui Jaques Cuer avoit receue dudit seigneur et si n'avoit paié audit seigneur de Marueil en repparations dudit Bois Sire-Amé que la somme de mil cinquante deux livres onze sols trois deniers tournois ; ainsi restoit la somme de trois cents vingt-deux livres sept sols neuf deniers tournois.

Sur lesquelles sommes icelui Jaques Cuer avoit fait paiements audit seigneur de Marueil, en plusieurs parties, de la somme de sept mil cinquante et quatre livres quinze sols six deniers tournois. Ainsi apparoit qu'il estoit due pour ledit Jacques Cuer ausdits défendeurs et opposants, du reste des sommes dessusdictes, la somme de sept mil soixante-sept livres douze sols trois deniers tournois, avec ladicte somme de deux [mil livres tournois par lesdis joyaulx. Ce nonobstant ledit procureur général avoit fait mectre en criées lesdits héritages sans la charge desdittes debtes. Ausquelles criées lesdits défendeurs et opposants s'estoient opposez afin d'estre paiez desdictes sommes.

Et pour respondre à ce que ledit demandeur avoit dit que ledit Jaques Cuer avoit esté déclairé criminculx du crime de lèze-magesté, disoient iceulx défendeurs que de ce ne sçavoient riens, mais s'en rapportoient à ce qu'il en estoit. Aussi ne savoient point que les héritaiges dudit Jaques Cuer eussent esté déclairez acquis et confisquez audit seigneur ; mais, supposé que aucune chose en feust, ce ne povoit empescher que lesdits défendeurs ne feussent premièrement payez desdites sommes à eulx deues sur les deniers qui ystroient de la vendicion des héritaiges criez ; et ce par deux moyens : (*littéralement les mêmes moyens que dans la précédente affaire concernant Estienne Valée, et autres*.) En concluant à ce qu'il feut par nous dit que sur les deniers qui ystroient de la vendicion desdicts héritaiges iceulx défendeurs feussent payés desdittes sommes à eulx deues avant tous autres, au moins qu'ils venissent à contribution avec les autres opposants, et tout pertinent. Et de la partie dudit demandeur pour ses repplicques enfin esté dit, etc. (*comme au précédent procès, quant aux droits du roi et aux privilèges des habitants de Bourges*). En concluant comme dessus.

Et de la part desdits défendeurs pour leurs duppliques eust esté dit que leur entencion estoit bien fondée, et n'y faisoit rien ce que ledit demandeur avoit dit que, quant en leurs héritaiges eschéoient à haulx justiciers par confiscation, ils n'estoient tenus payer aucunes debtes sinon enféodées ou ensaisinées ; car ce n'estoit pas vray, soubz correction ; mais avoit ceste raison lieu seulement quant aucuns héritaiges et bien par commission de fief ; mais quand aucune chose eschéoit par confiscation, si debvoient les seigneurs à qui ils eschéoient payer les charges et debtes, en concluant comme dessus. Lesquelles parties par nous oyes, etc., savoir faisons que, veu par nous ledit procès avec les causes d'opposition, etc., nous avons dit et disons que lesdits héritaiges criez seront adjugez par décret au plus offrant et derrenier enchérisseur, sans la charge de l'opposition desdits défendeurs, de laquelle nous les avons déboutez et déboutons par nostre sentence diffinitive et par droit. Prononcé et dit à maistre Estienne de Nouviant, procureur du roy, etc., demandeur, et en l'absence des défendeurs appellez, etc., et mis en défault. Donné à Paris, oudit trésor, soubz nos signetz, le cinquiesme jour de septembre, l'an mil quatre cents cinquante et cinq. Ainsi signé : J. DE BAILLY. Collation est faicte.

JUGEMENT RENDU CONTRE JACQUES COEUR.

Item s'ensuit la teneur de la sentence donnée touchant Pierre Bruneau, prestre, chanoine de Saint-Pierre-le-Pullier et de Nostre-Dame-de-Selles de Bourges.

Les conseillers du roy, etc., à tous ceulx, etc., salut. Comme procès ait nagaires esté pendant par devant nous, etc. Entre le procureur du roy nostredit seigneur audit trésor, demandeur et poursuivant les criées des héritaiges de Jaques Cuer, nagaires argentier dudit seigneur, d'une part; et messire Pierre Bruneau, prestre, chanoine de l'église de Saint-Pierre-le-Pullier et de Nostre-Dame-de-Selles de Bourges, défendeur et opposant ausdittes criées, d'autre part. Sur ce que ledit demandeur disoit que, par arrest, etc., par vertu duquel, etc., avoient esté prins et mis en la main du roy, nostredit seigneur, et en criées et subhastacion les biens et héritaiges qui avoient appartenu audit Jaques Cuer; ausquelles criées ledit défendeur s'estoit opposé, et pour dire les causes de son opposition lui avoit esté assigné jour par devant nous, auquel jour, etc., le demandeur avoit requis et conclud que lesdits héritaiges criez feussent adjugez sans la charge de l'opposition dudit défendeur, de laquelle il feut par nous débouté, et tout pertinent. Et de la partie dudit défendeur pour ses causes d'opposition eust esté dit que en l'an mil quatre cent quarante-six, et par avant, icelui défendeur et opposant estoit receveur de monseigneur l'arcevesque de Bourges; environ lequel temps icelui Jaques Cuer avoit traictié le mariage de damoiselle Parrette, sa fille, avec Jaquelin Trousseau, escuier, fils de Artault Trousseau, aussi escuier; en traictant lequel mariage ledit Cuer avoit promis donner à sadicte fille certaine grant somme de deniers, avec ce lui assigner certaine rente; pour asseoir partie de laquelle rente iceluy Jaques Cuer avoit chargé audit défendeur et opposant de achetter, des deniers de saditte recepte d'iceluy archeveschié, certaine rente que messire Pierre de Grassay, chevalier, avoit au lieu de Chabris, qui pouvoit valoir par chacun an trente livres tournois de rente, et que la somme qu'il conviendroit pour ce faire il prensist des deniers de ladite recepte, et il en feroit tenir quicte ledit défendeur et opposants envers ledit arcevesque. Disoit oultre ledit défendeur que ledit de Crassay avoit vendu laditte rente audit Jaques Cuer le pris et somme de six cents royaulx et trente escus d'or, laquelle somme iceluy défendeur avoit payée des deniers de saditte recepte; et depuis iceluy Jaques Cuer n'avoit appoinctié ne parlé audit monseigneur l'arcevesque, et si n'avoit voulu iceluy monseigneur l'arcevesque alouer audit défendeur laditte somme de six cents royaulx, mais lui avoit seulement aloué icelle somme de trente escus. Et pour ce, icelui défendeur s'estoit opppposé ausdittes criées, afin d'avoir paiement desdits six cents royaulx. En concluant à ce que par nous feust dit et déclaré que s'aucune adjudication estoit faicte desdits héritaiges criez, que ce feust à la charge desdits six cents royaulx, et, en tout événement, qu'il feust payé d'icelle somme et vensist à contribution avec les autres opposants, et tout pertinent. Et de la partie dudit demandeur eust esté repplicqué, et disoit que son entencion estoit bien fondée, car ledit Jaques Cuer avoit esté déclairé crimineulx du crime de lèze-magesté et tous ses biens confisquez au roy nostredit seigneur. Et ainsi n'estoit tenu de paier quelques chairges ou ypothèques, sinon qu'elles feussent ensaisinées ou enféodées. Or disoit que ledit défendeur ne allèguoit quelque obligation et ne disoit point icelle debte estre ensaisinée ne enféodée; aussi à la vérité n'estoit-elle point, et gisoit seulement en simple action; par quoy iceluy défendeur ne povoit prétendre aucun droit sur lesdits héritaiges criez; en concluant comme dessus. Lesquelles parties par nous oyes, etc., savoir faisons que veu par nous ledit procès, etc., nous avons dit et disons : que lesdits héritaiges criez seront adjugez au plus offrant et derrenier enchérisseur, sans la charge de l'opposition dudit défendeur, de laquelle nous l'avons débouté et déboutons par nostre sentence deffinitive et par droit. Prononcé, etc. Donné à Paris, oudit trésor, soubz noz signez, le cinquiesme jour de septembre, l'an mil quatre cents cinquante et cinq. Ainsi signé : J. DE BAILLY. Collation est faicte.

Item s'ensuit la teneur de la sentence donnée contre Pierre Jobert.

Les conseillers du roy nostre sire, etc., à tous ceulx, etc., salut.

Comme procès ait nagaires esté pendant par-devant nous, etc., entre le procureur du roy, etc., demandeur et poursuivant les criées des héritaiges de Jaques Cuer, etc., d'une part; et

Pierre Jobert, marchand et bourgeois de la ville de Bourges, défendeur et opposant ausdittes criées, d'autre part. Sur ce que le demandeur disoit que par arrest, etc., par vertu duquel, etc., avoient esté mis en criées et subhastacions les héritaiges et biens immeubles qui avoient appartenu audit Jaques Cuer; ausquelles criées ledit défendeur s'estoit opposé, et pour dire les causes de son opposition lui avoit esté assigné jour par devant nous; auquel jour ou autre deppendance d'iceluy ledit demandeur avoit requis et conclud que lesdits héritaiges et biens criez feussent adjugez sans la charge de l'opposition dudit défendeur, de laquelle il feust par nous débouté et tout pertinent. Et de la partie dudit défendeur pour ses causes d'opposition eust esté dit : que ledit Jaques Cuer, par avant son emprisonnement, avoit fait faire pluseurs grans édiffices et autres bastiments, tant en la ville de Bourges que ailleurs en pluseurs et divers lieux, montans à grant somme de deniers. Et oultre, iceluy Jaques Cuer avoit esté, la plupart de son temps, en pluseurs et divers lieux et païs, tant pour le service du roy nostredit seigneur que autrement pour ses affaires particulières, sans faire résidence continuelle en ladite ville de Bourges ne ailleurs particulièrement en ung lieu. Et, à ceste cause, icelui Jaques Cuer, dix ou douze ans a, ou environ, avoit requis audit défendeur et opposant, lequel avoit esté son serviteur, qu'il voulsist fournir et bailler tout l'or et l'argent et autres choses qui seroient nécessaires pour lesdits bastiments et édiffices, et semblablement de fournir et faire les frais nécessaires pour la despense de son hostel de ladite ville de Bourges, auquel il avoit sa feue femme et ses enfants et le refuge de ses serviteurs. Et pour la distribution des deniers tant desdits bastiments que la despense dudit hostel, ledit Jacques Cuer avait commis ung nommé Jaquelin Culon, bourgeois de ladite ville de Bourges, et ung nommé Guillot Tuppault, son serviteur; et que, en faisant lesdits frais par ledit défendeur, iceluy Jaques Cuer avoit promis audit défendeur de le rembourser de ses deniers et de lui rendre et restituer tous ses autres frais qu'il avoit fait et feroit pour les choses dessusdictes. Au moien de laquelle promesse iceluy défendeur avoit fait pluseurs grans mises, et baillé pour ledit Jaques Cuer les sommes cy après déclairées, c'est assavoir : audit Jaquelin Culon, qui avoit la charge de la distribution des deniers pour lesdits bastiments, la somme de deux mil cent soixante-dix-neuf livres cinq solz tournois, et audit Guillot Tuppault, qui avoit la charge de la despense dudit hostel, la somme de six cents quatre livres six solz trois deniers tournois, et desquelles sommes lesdits Culon et Tuppault avoient fait recepte et despense en leurs comptes par eulx rendus aux commissaires du roy nostredit seigneur à ce ordonnez. Disoit oultre ledit défendeur qu'il avoit payé et baillé, pour et ou nom dudit Jaques Cuer, par son commandement et par l'ordonnance du roy nostredit seigneur, à ung nommé maistre Hevré de Wicembourg, haubergier dudit seigneur, la somme de quatre cents escus d'or; car ledit Cuer estant à Taillebourg, par l'ordonnance du roy nostredit seigneur, avoit escript audit défendeur unes lettres closes afin de bailler laditte somme audit de Wicembourg, en recouvrant la cédule de Guillaume de Varie, lequel estoit obligié pour ledit seigneur audit haubergier.

Ces choses nonobstant, ledit procureur général, prétendant iceulx héritaiges estre acquis et confisquez audit seigneur, les avoit fait mectre en criées et subhastacions; auxquelles criées ledit défendeur s'estoit opposé afin d'estre paié des sommes dessusdittes. Or disoit que, veu ce que dit estoit, à bonne cause s'estoit opposé, car les deniers baillez audit Culon avoient esté baillez pour la repparacion et entretenement desdits bastiments et édiffices, parquoy ledit défendeur en devoit estre restitué et préféré à tous autres; et semblablement devoit estre restitué et préféré à tous autres de ladite somme de six cents quatre livres six sols trois deniers; car elle estoit privillégiée pour ce qu'elle estoit baillée pour la despense dudit hostel; et au regard de la somme de quatre cents escus, ledit défendeur l'avoit payée et baillée par l'ordonnance du roy nostredit seigneur et pour ses affaires; et ainsi estoit bien cler que ledit défendeur devoit estre restitué. Et pour respondre à ce que le demandeur avoit dit que ledit Jacques Cuer avoit esté déclairé crimineulx de crime de lèze-magesté, disoit icelui défendeur que de ce ne savoit riens et s'en rapportoit à ce qu'il en estoit, aussi ne savoit point que les héritaiges dudit Jaques Cuer eussent esté déclairez acquis et confisqués audit seigneur; mais supposé que aucune chose en fust, ce ne povoit empescher que ledit défendeur ne fust entièrement paié desdittes sommes par deux moiens. (*Les mêmes que ci-dessus.*)

En concluant par ledit défendeur afin d'avoir paiement des sommes ci-dessus déclairées et que tous les biens et héritaiges criés fussent déclairez afffectez, obligez et ypothéqués au paiement desdittes sommes, et vendus au plus offrant et derrenier enchérisseur à la charge d'icelles sommes; ou que des deniers qui vendroient et ystroient de laditte vente il feust fait premièrement et avant tous autres opposans, au moins avec lesdits opposans et tout pertinent. Et de la part dudit demandeur par ses reppliques eust esté dit (*mêmes arguments que ci-dessus pour les droits du roi et pour le privilége des habitants de Bourges.*) en concluant comme dessus. Et de la partie dudit défendeur pour ses duppliques eust esté employé ce qui avoit esté dit en ses défenses, et conclud comme dessus. Lesquelles parties à plain par nous oyes, etc., savoir faisons que, veu par nous ledit procès, etc., nous avons dit et disons que lesdits héritaiges criez seront adjugez, etc., au plus offrant et dernier enchérisseur, sans la charge de l'opposition dudit défendeur, de laquelle nous l'avons débouté et déboutons par nostre sentence diffinitive et par droit, prononcé, etc. Donné à Paris, audit trésor, soubs nos signes, le cinquiesme jour de septembre, l'an mil quatre cent cinquante et cinq. Ainsi signé : J. DE BAILLY. Collation est faicte.

Item s'ensuit la teneur de la sentence donnée touchant nostre amée chrestienne de Villebeon, damoiselle.

Les conseillers du roy, etc., à tous ceulx, etc., salut. Comme procès ait nagaires esté pendant par devant nous, etc., entre le procureur du roy nostredit seigneur oudit trésor, demandeur et poursuivant les criées des héritaiges de Jaques Cuer, nagaires argentier dudit seigneur d'une part, et damoiselle Chrestienne de Villebeon, défenderesse et opposant ausdittes criées, d'autre part. Sur ce que ledit demandeur disoit que par arrest et par vertu duquel, avoient esté mis en la main du roy nostredit seigneur et en criées et subhastacions les terres, seigneuries et héritaiges qui avoient appartenu audit Jaques Cuer, assis en Puisoye et ou païs environ, et, entre autres, la terre et seigneurie de Beauplessie; ausquelles criées laditte défenderesse se estoit opposée, et pour dire les causes de son opposition lui avoit esté assigné jour par devant nous, auquel, ou autre deppendence d'iceluy, ledit demandeur avoit requis et conclu que laditte terre et seigneurie de Beauplessie feut adjugée et nonobstant l'opposition de laditte défenderesse, de laquelle elle feut par nous déboutée et tout pertinent. Et de la partie de laditte défenderesse et opposante pour ses causes d'opposition eust esté dit que à elle compettoient et appartenoient pluseurs belles terres et seigneuries, lesquelles lui estoient venues et escheues par les successions et hoiries de ses père et mère et autres ses parents et amis; et, entre autres, à laditte défenderesse compettoit et appartenoit laditte terre et seigneurie de Beauplessie, de laquelle seigneurie icelle opposant avoit joy et usé, tant par elle que par ses prédécesseurs, par tel et si longtemps qu'il n'estoit mémoire du contraire, et sans ce que aucun autre, mesmement le procureur du roy nostredit seigneur, et au nom dudit seigneur, y prétendist aucun droit de propriété ou seigneurie. Disoit oultre laditte défenderesse et opposant que l'on ne povoit ne devoit-on procéder par criées sur aucunes terres, sinon que les propriétaires d'icelles terres feussent obligez, convaincus ou condempnez, ou qu'il y eust chose previllegiée, ou que lesdittes terres criées appartenissent à celuy qui faisoit faire lesdites criées. Et jà-soit que laditte défenderesse opposant ne feust aucunement tenue, obligée, convaincue ne condempnée envers ledit seigneur et que ladite seigneurie de Beauplessie ni appartenist au roy nostredit seigneur, ce nonobstant le procureur général dudit seigneur en certaines criées qu'il avoit fait faire des héritaiges qui avoient appartenu audit Jaques Cuer avoit fait comprendre en icelle criées laditte terre et seigneurie de Beauplessie, laquelle compettoit et appartenoit à ladite défenderesse opposant, de son propre héritaige, sans ce que ledit Jaques Cuer y eust oncques eu aucun droit de propriété. Et pour ce ladite défenderesse s'estoit opposé ausdictes criées, afin de distraire ladicte terre et seigneurie de Beauplessie d'icelles criées par les moiens dessusdis. Et n'y faisoit riens si le demandeur vouloit dire que ledit Jaques Cuer estoit propriétaire et à lui compettoit ladite terre et seigneurie de Beauplessie ; car ce n'estoit pas vray, soubz correction ; mais appartenoit icelle terre et seigneurie de Beauplessie à ladicte défenderesse, et y avoit icelle défenderesse, au temps desdictes criées encommencées, procureur, receveur et entremetteurs pour gouverner et régir ladicte terre et seigneurie, ce qu'elle n'eust eu si ledit Jaques Cuer en eust esté propriétaire ; mais en y eust eu commis de par lui, ce qu'il n'avoit pas ; et par ainsi apparoit assez que icelui Jaques Cuer n'estoit seigneur ne propriétaire de ladite terre et seigneurie de Beauplessie, et ainsi ne devoit estre comprinse ès dictes criées. En concluant par ladite défenderesse et opposant afin que par nous et nostre sentence feusse dit et déclairé que ladicte terre et seigneurie de Beauplessie ne feust comprinse ès dictes criées, mais en feust distraicte, et tout pertinent.

Et de la partie dudit demandeur pour ses repplicques eust esté dit que son entencion estoit bien fondée par ce qu'il avoit dit en sa demande, car par ledit arrest les héritaiges dudit Jaques Cuer avoient esté déclairez acquis et confisquez audit seigneur. Et pour respondre à ce que ladicte défenderesse avoit dit que ladite terre et seigneurie de Beauplessie lui appartenoit, disoit que ce n'estoit pas vray, mais appartenoit audit Jaques Cuer par le moien de la vente à lui faictes par ladicte défenderesse et opposant ; et en joissoit icelui Jaques Cuer au temps de la main mise et des criées encommencées, et non ladicte défenderesse, et ainsi à bonne cause estoit comprinse ès dictes criées. En concluant comme dessus, et que ladite seigneurie de Beauplessie ne feust distraicte desdites criées, mais feust adjugée et vendue au plus offrant et derrenier enchérisseur.

Lesquelles parties par nous oyes et après ce que ladite défenderesse eust renoncé à produire lettres pour fonder ses causes d'opposition, nous eussions appoincté que ladite défenderesse nous informeroit du droit de possession et joissance qu'elle disoit avoir eu au temps desdites criées encommencées, et ledit demandeur informeroit au contraire en dedans trois mois lors en suivans pour toutes préfixions et délais, et ladicte information faicte, parfaicte, rapportée par devers nous, et receue pour juger, nous leur ferions droit. En ensuivant lequel nostre appoinctement, icelle défenderesse eust fait faire son information et enqueste, laquelle eust esté rapportée par devers nous et receue pour juger, et savoir faisons que, veu par nous ledit procès, etc., nous avons dit et disons que aucune distraction ne sera faicte d'icelle seigneurie de Beauplessie, mais sera icelle seigneurie adjugée au plus offrant et derrenier enchérisseur, par nostre sentence deffinitive et par droit. Prononcé, etc. Donné à Paris, audit trésor, soubz noz signez, le cinquiesme jour de septembre de l'an mil quatre cent cinquante et cinq. Ainsi signé : J. DE BAILLY. Collation est faicte.

Item s'ensuit la teneur de la sentence donnée touchant nostre amé Robert Sarradin, prestre, prieur curé de l'eglise de Chasteau-Regnart.

Les conseillers du roy nostre sire et à tous ceulx, etc., salut. Comme procès ait nagaires esté pendant par devant nous, etc., entre le procureur du roy nostredit seigneur en icelui trésor, demandeur et poursuivant les criées du chastel, terre et seigneurie de Saint-Morise-sur-l'Averon et de la seigneurie de Beauplessie, comme aians appartenu à Jaques Cuer, nagaires argentier dudit seigneur, d'une part, et messire Robert Sarradin, prestre, prieur curé de l'église de Chasteau-Regnart, défendeur et opposant ausdictes criées, d'autre part. Sur ce que ledit demandeur disoit que par arrest et vertu duquel, etc., avoient esté prins et mis en la main du roy nostredit seigneur et en criées et subhastacions les héritaiges et biens immeubles dudit Jaques Cuer, et, entre autres, ladite terre, chastel et seigneurie de Saint-Morise-sur-l'Averon et ses appartenances, et aussi ladite seigneurie de Beauplessie ; ausquelles criées ledit défendeur et opposant s'estoit opposé, et pour dire les causes de son opposition lui avoit esté donné et assigné jour] par devant nous ; auquel jour ou autre deppendant d'iceluy ledit demandeur avoit requis que lesdits héritaiges criez feussent adjugez, nonobstant l'opposition dudit défendeur, de laquelle il feust par nous débouté. Et de la partie dudit défendeur pour ses causes d'opposition eust esté dit que dès l'an mil cent quatre vingt et sept, feue Agnès de Beauffort, en son vivant dame de Saint-Morise, de l'auctorité et consentement de feu Estienne, jadis son mary, avoit donné en aumosne ung muy de blé de rente annuelle et perpétuelle, moictié froment et moictié seigle, aux religieux, prieur et couvent de Cudot, à iceluy muy de blé, lever, pendre et parcevoir par chascun an sur ledit chastel, terre et seigneurie de Saint-Morise et ses appartenances. Et depuis lesdits religieux de Cudot avoient permué, cédé et transporté ledit muy de blé aux religieux de l'église de Chasteau-Regnart, au moien de laquelle permutacion et transport, et depuis iceluy, les prieurs dudit prioré de ladicte église de Chasteau-Regnart avoient joy et usé dudit muy de blé, et avoient joy par chascun an sans contredit ou empeschement aucun.

Disoit oultre ledict défendeur que après ladicte permutation et transport, messire Jehan de Salligny, chevalier, et Simon son frère, et seigneurs desdictes seigneuries de Saint-Morise et de Beauplessie, assirent et assignèrent audict défendeur ledit muy de blé de rente à le prendre et avoir par chascun an sur leurs terraiges de Saint-Morise et Beauplessie et sur leurs appartenances, et mesmement que ledit défendeur avoit esté paié dudit blé par damoiselle Chrestienne de Villebeon, du temps qu'elle avoit tenu en sa main ladicte seigneurie de Beauplessie, et aussi en avoit esté paié par messire Jehan de Courtenay, chevalier, seigneur de Saint-Brisson, du temps qu'il avoit tenu en sa main lesdictes seigneuries de Saint-Morise et Beauplessie; et aussi en avoit esté paié par ledit Jacques Cuer ou ses officiers, et jusques à nagaires que lesdictes terres, chastel et seigneuries de Saint-Morise et de Beauplessie, à la requeste du procureur général du roy nostredit seigneur, avoient esté prises et mises en la main du roy nostredit seigneur et en criées et subhastacions; ausquelles criées le défendeur s'estoit opposé afin de lui conserver ledit muy de blé de rente; et ainsi apparoit clèrement que s'aucune adjudication estoit faicte dudit chastel, terre et seigneurie de Saint-Morise et aussi d'icelle seigneurie de Beauplessie, que ce devoit estre à la charge dudit muy de blé de rente, et qu'il devoit estre préféré à tous autres, car il estoit premier de temps. En concluant et à ce que par nous et nostre sentence feust dit que aucune adjudication des terres et seigneuries ne deusse estre faicte sinon que ce feust à la charge dudit muy de blé de rente, moitié froment et moitié seigle, avec les arréraiges dudit blé qui lors estoient escheuz et qui escherroient pendant ce présent procès; et que s'aucune adjudication estoit faicte, que sur les deniers qui ystroient de la vendicion d'icelles seigneuries iceluy défendeur et opposant feust paié premierement et avant tous autres de ladicte et arréraiges; au moins qu'il venist à contribution avec les autres opposans et tout pertinent.

Et de la partie dudit demandeur pour ses repliques eust esté dit que son entencion estoit bien fondée par ce qu'il avoit dit en sa demande, car ledit Jacques Cuer avoit esté déclaré crimineulx de crime de lèze-majesté et tous ses biens déclairez acquis et confisquez audit seigneur. Or, disoit ledit demandeur que quand à aucun hault-justicier eschéoient aucuns héritaiges par confiscation, icelui hault seigneur n'estoit tenu et n'avoit accoustumé de paier quelques debtes, charges ou ypothèques sinon qu'elles feussent ensaisinées ou enféodées, et qu'il n'y eust aucune prescription; et ainsi au roy nostredit seigneur, qui estoit souverain en ce royaume, appartenoit tel et semblable droit, mesmement en crime de lèze-majesté; et par ce n'estoit tenu de paier quelques debtes, charges ou ypothèques qui feussent constituées sur lesdictes seigneuries de Saint-Morise et Beauplessie, sinon qu'elles feussent ensaisinées ou enféodées; car ledit chastel et seigneurie de Saint-Morise et aussi ladicte seigneurie de Beauplessie appartenoient audit seigneur par confiscation à cause du crime de lèze-majesté commis par ledit Jacques Cuer, auquel icelles seigneuries appartenoient au temps dudit crime par lui commis. Disoit oultre ledit demandeur que de la rente dudit muy de blé ne savoit riens; mais supposé que aucune chose en feust, elle n'estoit ensaisinée ne enféodée, et par ce n'estoit ledit seigneur tenu en paier aucune chose; mais il y avoit plus, car ladicte rente estoit prescrite, et ainsi, supposé que ledit défendeur et opposant y eust eu aucun droit, il l'avoit perdu. Et ce donnoit response aux causes d'opposition dudit défendeur et opposant. En concluant par ledit demandeur comme dessus.

Et de la part dudit défendeur et opposant pour ses suppliques avoit esté employé ce qui avoit esté dit en ses causes d'opposition et dit que du contenu en icelles il avoit fait apparoir par lettres, et n'estoit besoing de inféoder ladicte rente veu la matière d'icelle et la longue possession dont ledit défendeur et ses prédécesseurs avoient joy, car ils en avoient joy dès le temps du don à eulx fait qui avoit esté dès ledit an mil cent quarante et sept, comme dit est, et jusques environ le temps de l'empeschement dudit Jacques Cuer; en concluant par ledit défendeur comme dessus.

Lesquelles parties par nous oyes, etc., nous eussions appoinctié que ledit défendeur nous informeroit de la possession et joissance qu'il disoit avoir eu de ladicte rente en dedens trois mois ensuivans pour toutes préfixions et délais; et pour faire ladicte information et enqueste, nous eussions commis le plus prouchain juge royal, appelez ceulx qui seroient à appeler, et adjoinct avec luy ung preudomme non suspect ne favorable; et ladicte information et enqueste faicte, rapportée pardevers nous et receue pour juger, nous ferions droit ausdictes parties. En fournissant auquel appoinctement icelui défendeur eust fait faire sadite information et enqueste en dedens le temps à lui ordonné; laquelle enqueste a esté apportée pardevers nous et receue pour juger; etc.

Savoir faisons que, veu par nous ledit procès, etc., nous avons dit et disons que lesdictes terres et seigneuries de Saint-Morise et de Beauplessie seront adjugées, vendues, baillées et délivrées par décret au plus offrant et dernier enchérisseur, à la charge dudit muy de blé, moitié froment et moitié seigle, et des arreraiges deuz et escheuz à cause dudit blé depuis la prononciation de l'arrest donné par ledit seigneur contre ledit Jacques Cuer, ledit vingt-neuviesme jour de may oudit an mil quatre cent cinquante et trois, et sans la charge des arréraiges du temps précédent, par nostre sentence diffinitive et par droit. Prononcé, etc. Donné à Paris oudit trésor, soubz noz signez, le cinquiesme jour de septembre l'an mil quatre cent cinquante et cinq. Ainsi signé: J. DE BAILLY. Collation est faicte.

Item s'ensuit la teneur de la sentence donnée touchant Béatrix, vefve de feu maistre Jehan Catin, en son vivant nostre procureur ou Chastelet de Paris, en son nom icelle Béatrix, Nicolas Catin et maistre Robert Tueleu, tuteurs et curateurs des enfans mineurs d'ans dudit feu Catin et de ladicte vefve.

Les conseillers du roy, etc., à tous ceulx, etc. Comme procès ait nagaires esté pendant pardevant nous, etc. Entre le procureur du roy, etc., d'une part; et Béatrix, vefve de feu maistre Jehan Catin, en son vivant procureur d'iceluy seigneur ou Chastelet de Paris, en son nom, ladicte Béatrix, Nicolas Catin et maistre Robert Tueleu, tuteurs et curateurs des enfans mineurs d'ans desdis deffunct et vefve, défendeurs et opposans ausdittes criées, d'autre part. Sur ce que le demandeur disoit que par arrest, etc., par vertu duquel, etc., avoient esté prins et mis en la main du roy, nostredit seigneur, et criées et subhastacions les héritaiges qui avoient appartenu audit Jacques Cuer, ausquelles criées lesdis défendeurs s'estoient opposez. Et pour dire les causes de leur opposition, leur avoit esté assigné jour pardevant nous; auquel jour ou autre dépendant d'iceluy ledit demandeur avoit requis et conclud que lesdis héritaiges criez feussent adjugez nonobstant l'opposition des défendeurs, de laquelle ils feussent par nous déboutez, et tout pertinent. Et de la partie desdis défendeurs pour leurs causes d'opposition eust esté dit que le vingt-ungniesme jour de septembre mil quatre cent cinquante, pour certaines causes raisonnables, icelui Jacques Cuer avoit promis et s'estoit obligé par une cédule escripte de sa main et signée de son saing manuel de rendre et paier audit feu maistre Jehan Catin la somme de mil francs à certains termes contenus en ladicte cédule. Sans avoir fait paiement de laquelle somme par ledit Jacques Cuer, iceluy feu maistre Jehan Catin estoit alé de vie à trespas, délaissié ladicte vefve et héritiers défendeurs, ausquels ladicte somme de mil francs compettoit et appartenoit, et pour laquelle somme iceulx défendeurs s'estoient opposez; en concluant à ce que par nous feust dit que iceulx héritaiges criez feussent déclairez affectez, obligez et ypothéquez au paiement de ladicte somme de mil francs, et tout pertinent. Et de la partie dudit demandeur pour ses repplicques eust esté dit, etc. (comme aux précédents jugements

JUGEMENT RENDU CONTRE JACQUES COEUR.

relatifs aux dettes non ensaisinées ni enféodées)... et la debte des défendeurs qu'ils disoient leur estre deue par ledit Jacques Cuer n'estoit ensaisinée ne enféodée, aussi ne s'en ventoient point lesdis défendeurs, et ainsi n'estoit tenu iceluy seigneur paier ladicte debte; par quoy lesdis héritaiges criez n'estoient aucunement obligez ne ypothequez à icelle somme, en concluant comme dessus. Lesquelles parties à plain par nous oyes, etc., savoir faisons que veu par nous ledit procès, etc., nous avons dit et disons que lesdis héritaiges criez seront adjugez au plus offrant et derrenier enchérisseur nonobstant l'opposition desdis défendeurs, de laquelle nous les avons déboutez et déboutons par nostre sentence diffinitive et par droit. Prononcé, etc. Donné à Paris oudit trésor soubz nos signez le vingt-sixiesme jour de novembre mil quatre cent cinquante et cinq. Ainsy signé : J. DE BAILLY. Collation est faicte.

Item s'ensuit la teneur de la sentence donnée touchant Michel Culdoe et maistre Pierre de Lesclat.

Les conseillers du roy, etc., à tous ceulx, etc., salut.

Comme par vertu de certain arrest, etc., aient esté prins et mis en la main du roy nostredict seigneur et en criées et subhastacions les héritaiges et biens immeubles qui avoient appartenu audit Jacques Cuer assis au païs de Puisoye et environ, ausquelles criées Michel Culdoe et maistre Pierre de Lesclat s'estoient opposez, et pour ce, par vertu de certaines nos autres lettres de commission données en date le huitiesme jour de janvier derrenier passé mil quatre cent cinquante et cinq, Jehan Giffan, sergent à verge du nombre de la douzaine d'iceluy seigneur au chastellet de Paris, le mercredi quatorziesme jour dudit mois de janvier, ait adjourné lesdis défendeurs et opposans à comparoir pardevant nous au vendredy ensuivant pour dire les causes de leurs oppositions et procéder en oultre selon raison; auquel jour assigné et semblablement le vingt et ungniesme jour dudit mois de janvier maistre Estienne de Nouviant, procureur d'iceluy seigneur audit trésor, demandeur, soit comparu bien et souffisamment en jugement pardevant nous à l'encontre desdis défendeurs et opposans, lesquels n'y soient venus ne comparu, ne autre pour eulx, attendus et appelez souffisamment de nostre commandement et ordonnance par Olivier Rodand, commis à exercer l'office de huissier dudit trésor; et par ce au demandeur, ce requérant, avons donné et octroyé défault à l'encontre desdis défendeurs dudit vingt et ungniesme jour de janvier, etc. Savoir faisons que, veu par nous ledit défault avec la demande et prouffit d'iceluy, etc. nous, pour raison et par vertu dudit défault, avons adjugié et adjugeons audit demandeur tel prouffit, c'est assavoir que nous avons dit et disons que lesdis héritaiges criez seront adjugez, vendus, baillez et délivrez par décret au plus offrant et dernier enchérisseur, nonobstant l'opposition desdits défendeurs et opposans, de laquelle nous les avons déboutez et déboutons par nostre sentence diffinitive et par droict. Prononcée et dit, etc. Donné à Paris, audit trésor, soubz noz signez, le vingt-huitiesme jour de janvier, l'an mil quatre cent cinquante et cinq. Ainsi signé : J. DE BAILLY. Collation est faicte.

Item s'ensuit la teneur de la sentence donnée touchant nostre amé et féal Jehan de Courtenay, chevalier, seigneur de Saint-Brisson.

Les conseillers du roy, etc., à tous ceulx, etc., salut. Comme par vertu de certain arrest donné par le roy nostredit seigneur à Lezignen, etc., aient esté prins et mis en la main d'iceluy seigneur et en criées et subhastacions les héritaiges et biens immeubles qui ont appartenu audit Jacques Cuer, et entre autres la terre et seigneurie de Saint-Morise-sur-l'Averon, la terre et seigneurie de Leufrenot, la terre et seigneurie de Melcroy et la terre et seigneurie de Fontenoilles, avec leurs appartenances et appendences, ausquelles criées messire Jehan de Courtenay, chevalier, seigneur de Saint-Brisson, défendeur, se soit opposé et en faisant la quarte criée desdittes terres et seigneuries, qui fut le dixiesme jour de février audit an mil quatre cent cinquante et trois; et pour ce Barthélemy Gaudin, sergent du roy nostredit seigneur au bailliage de Montargis, le dix-huitiesme jour dudit mois de février, ait adjourné ledit défendeur à comparoir pardevant nous au second jour d'avril lors ensuivant, à l'encontre du procureur du roy nostredit seigneur audit trésor, demandeur en poursuivance desdittes criées, pour dire les causes de son opposition et procéder en oultre selon raison. Auquel jour assigné, et semblablement le tiers jour de may lors ensuivant mil quatre cent cinquante et quatre, maistre Estienne de Nouviant, procureur d'iceluy seigneur audit trésor, demandeur, soit comparu bien et souffisamment en jugement pardevant nous à l'encontre dudit défendeur et opposant, lequel n'y soit venu ne comparu ne autre pour luy, luy attendu et appellé souffisamment, de nostre commandement et ordonnance, par Olivier Rodand, commis à exercer l'office d'huissier dudit trésor; et pour ce au demandeur, ce requérant, avons donné et octroyé défault à l'encontre dudit défendeur et opposant dudit tiers jour de may, etc. Savoir faisons que, veu par nous ledit défault avec la demande et prouffit d'iceluy, etc., nous, pour raison et par vertu dudit défault, avons adjugié et adjugeons que lesdittes terres et seigneuries criées seront adjugez par décret au plus offrant et dernier enchérisseur, nonobstant l'opposition dudit défendeur et opposant, de laquelle nous l'avons débouté et déboutons par nostre sentence diffinitive et par droit. Prononcé, etc., du etc. Donné à Paris, audit trésor, soubz noz signez, le vingt-ungniesme jour de janvier l'an mil quatre cent cinquante et cinq. Ainsi signé : J. DE BAILLY. Collation est faicte.

Item s'ensuit la teneur de la sentence donnée touchant nostre amé Guillaume Lemoine, religieux, prieur de Plainmarchis.

Les conseillers du roy, etc., à tous ceulx, etc., salut. Comme par vertu de certain arrest, etc., aient esté prins et mis en la main du roy nostredit seigneur et en criées et subhastacions les héritaiges et biens immeubles dudit Jaques Cuer assis au païs de Puisoye et environ, et entre autres la seigneurie de La Vau, ausquelles criées se soit opposé frère Guillaume Lemoine, prieur de Plainmarchis, défendeur; et pour ce lui a esté assigné jour pardevant nous pour dire les causes de son opposition et procéder en oultre selon raison; auquel jour assigné, au moins le treiziesme jour d'avril audit an mil quatre cent cinquante et trois avant Pasques, iceluy défendeur ait eu délay à bailler ses causes d'opposition ou aussi ses tiltres pour les fonder, au premier jour plaidoyable après Quasimodo lors ensuivant; et semblablement le tiers jour de mai ensuivant mil quatre cent cinquante et quatre, iceluy défendeur ait encores eu autre délay à bailler sesdictes causes d'opposition et tiltres à quinzaine lors ensuivant, ou sur peine d'estre décheu; à laquelle quinzaine, au moins le vingt-deuxiesme jour du mois de may, maistre Estienne de Nouviant, procureur du roy nostredit seigneur audit trésor, demandeur, soit comparu bien et souffisamment en jugement pardevant nous contre ledit défendeur et opposant ; lequel n'y soit venu ny comparu ne aultre pour luy, luy attendu et appellé souffisamment de nostre commandement et ordonnance par Olivier Rodand, commis à exercer l'office de huissier dudit trésor. Et pour ce audit demandeur et requérant avons octroyé défault à l'encontre du défendeur dudit vingt-deuxiesme de may, par vertu duquel défault, iceluy demandeur nous ait requis à avoir et à lui estre adjugié certain prouffit, etc. Savoir faisons que, veu par nous ledit défault avec la demande et prouffit d'icelui, etc., nous, par raison et par vertu dudit deffault avons adjugié et adjugeons audit demandeur tel prouffit; c'est assavoir que nous avons dit et disons que ladicte seigneurie de La Vau et autres héritaiges criez seront adjugez par décret au plus offrant et derrenier enchérisseur, nonobstant l'opposition dudit défendeur, de laquelle nous l'avons débouté et déboutons par nostre sentence diffinitive et par droit. Prononcé et dict, etc. Donné à Paris, audit trésor, soubz noz signez, le vingt et ungniesme jour de janvier l'an mil quatre cent cinquante et cinq. Ainsi signé : J. DE BAILLY. Collation est faicte.

Item s'ensuit la teneur de la sentence donnée touchant nostre bien amé Loys de la Tremoille, comte de Joigny.

Les conseillers du roy, etc., à tous ceulx, etc. salut. Comme procès ait nagaires esté pendant pardevant nous, etc., entre le procureur du roy nostredit seigneur, demandeur et poursuivant les criées des héritaiges de Jaques Cuer, etc., d'une part; et monseigneur Loys de la Tremoille, comte de Joigny, défendeur et opposant auxdittes criées d'autre part ; sur ce que le demandeur disoit que par arrest, etc., par vertu duquel arrest, etc., avoit esté prins et mis en criées et subhastacions les héritaiges, terres et seigneuries dudit Jaques Cuer; auxquelles criées ledit défendeur s'estoit opposé, et pour dire les causes de son opposition lui avoit esté assigné

JUGEMENT RENDU CONTRE JACQUES COEUR.

jour pardevant; auquel jour ou autre dépendant d'icelui le demandeur avoit requis et conclu que les héritaiges criés fussent adjugés nonobstant l'opposition du défendeur, de laquelle il fust par nous débouté, et tout pertinent.

Et de la partie dudit défendeur pour ses causes d'opposition eust esté dit : qu'il estoit seigneur de la comté de Joigny, et qui, à cause d'icelle comté et chastel de Joigny, estoient tenus et mouvans de luy pluseurs nobles fiefs et arrière-fiefs ; et entre les autres fiefs tenus dudit chastel de Joigny, estoit tenu et mouvant la terre, grange et seigneurie de Sermoises, située et assise près de Saint-Maurice Tirouaille, laquelle terre, grange et seigneurie de Sermoises avoit jà pièça appartenu aux ducs de Bar, lesquels en avoient fait foy et hommaiges aux prédécesseurs comtes de Joigny dudit défendeur, à cause dudit chastel de Joigny, ce leur en avoient baillé pluseurs dénombremens. Disoit oultre ledit défendeur que de ladite terre, grange et seigneurie de Sermoises estoit tenue et mouvant la Motte, terre et seigneurie de Ponceaulx en plein fief, et en arrière-fief dudit chastel de Joigny. Et semblablement de ladicte Motte de Ponceaulx estoit tenue en plein fief le chastel, ville, terre et seigneurie de Saint-Morice Tirouaille, et en arrière-fief de ladicte seigneurie de Sermoises et dudit chastel de Joigny. De rechief disoit ledit défendeur et opposant que par défaut de foy et hommaige à lui non fait de ladite seigneurie de Sermoises, il avoit fait mettre en sa main ladicte grange et seigneurie de Sermoises dès l'an mil quatre cent et onze ; et depuis lors avoit toujours joy des revenus d'icelle seigneurie, et pareillement avoit fait mettre en sa main ladicte Motte de Ponceaulx, et la terre, ville, chastel et seigneurie de Saint-Morice Tirouaille, et en avoit joy longtemps par défaut de foy et hommaige à luy non fais, et encore en joyssoit et les tenoit en sa main au temps de l'empeschement dudit Jaques Cuer, à l'occasion duquel empeschement lesdictes terres et seigneuries avoient esté mises en la main dudit seigneur, et depuis en criées et subhastation. Auxquelles criées ledit défendeur s'estoit opposé, en concluant à ce que par nous et nostre sentence fust dit et déclairé que lesdictes terres et seigneuries de Sermoises et de la Motte de Ponceaulx, et ladicte terre, chastel et seigneurie dudit Saint-Morice Tirouaille feussent distraictes desdictes criées, ou au moins que s'aucune adjudication ou vendition en estoit faicte, que la joyssance desdictes terres et seigneuries feust baillée audit défendeur et opposant pour en joir et prendre les fruis et levées jusques à ce qu'il eust homme ; et aussi que lesdictes terres et seigneuries criées feussent adjugés à la charge, quoy que ce soit, que sur les deniers qui ystroient de la vendition d'icelle, ledit défendeur feust payé des reliefs, quins deniers et aultres droits seigneuriaulx à luy deuz à cause desdictes terres et seigneuries, et tout pertinent.

Et de la partie dudit demandeur eust esté repliqué ; et disoit que son entencion estoit bien fondée par ce qu'il avoit dit en sa demande. Et pour répondre à ce que ledit défendeur et opposant avoit dit que lesdictes terres et seigneuries estoient tenues de luy en fief et arrière-fief à cause de sondit chastel de Joigny, disoit iceluy demandeur que de ce ne savoit rien ni aussi qu'ils eussent esté mis en sa main ; mais posé que aucune chose en feust, si ne pouvoit icelui défendeur avoir aucuns reliefs, quins deniers ne autres droits sur lesdictes terres et seigneuries ne sur les deniers qui ystroient de la vendicion d'icelle, car lesdictes terres et seigneuries qui avoient appartenu audit Jaques Cuer avoient esté acquises et confisquées audit seigneur, pour crime de lèze-magesté, commis par ledit Jaques Cuer. Or, estoit vray que quand au roy nostredit seigneur eschéoient aucuns héritaiges, terres ou seigneuries par confiscation, mesmement pour crime de lèze-majesté, ils lui eschéoient sans ce qu'il feust tenu de payer aucunes debtes, charges ou hypothèques, sinon qu'elles feussent ensaisinées ou enféodées. Disoit que lesdits reliefs, quins deniers et droits estoient réputez simples ypothèques et n'estoient ensaisinés ne enféodés ; et ainsi le roy, nostredit seigneur, n'estoit tenu de le payer, mesmement ceulx qui estoient eschus paravant la déclaration de ladite confiscation qui avoit esté faicte ledit vingt-neufviesme jour de may, l'an mil quatre cent cinquante et trois, que ledit arrest avoit esté donné ; et ainsi en usoient tous seigneurs haulx-justiciers ; en concluant comme dessus.

Et de la partie du défendeur pour ses dupplicques eust esté employé ce qui avoir esté dit en ses causes d'opposition et défenses, et conclud comme dessus.

Lesquelles parties par nous oyes, nous eussions appoincté par nostre sentence interlocutoire, donnée le vingt-septiesme jour d'aoust dernier passé, l'an mil quatre cent cinquante et cinq, que lesdictes parties informeroient de chacun costé, si bon leur sembloit, qui joissoit et possessoit desdictes terres et seigneuries au temps desdictes criées encommencées, en dedans le premier jour plaidoyable après la Saint-Martin d'iver, lors ensuivant, pour toutes préfixions et délais. Et à ladicte information et enqueste nous eussions commis les baillis de Sens et de Montargis ou leurs lieutenans, et chacun d'eulx avec un adjoint, appelez ceulx qui seroient à appeler. En fournissant auquel appoinctement iceluy défendeur eust fait faire son enqueste ou information, laquelle eust esté apportée par devers nous et en droit, etc. En fournissant auquel appoinctement les parties eussent mis et produit pardevers nous ce que bon leur eust semblé ; savoir faisons que, veu par nous ledit procès, etc., nous avons dit et disons que aucune distraction ne sera faicte desdictes terres et seigneuries criées, mais seront adjugées, etc., à la charge des drois et devoirs seigneuriaux deulz audit défendeur et opposant et aussi des fruits et levées et droits seigneuriaulx qui sont eschus depuis icelui arrest donné par ledit seigneur contre ledit Jaques Cuer, le vingt-neufviesme jour de may, l'an mil quatre cent cinquante et trois, et sans la charge des drois et devoirs dubs du temps précédent ledit arrest. Et au surplus nous avons levé et levons la main du roi nostre dit seigneur desdictes terres et seigneuries criées pour icelles exploiter et en recevoir les fruits et levées par ledit défendeur et opposant jusques à ce qu'il ait homme, par nostre sentence définitive et par droit. Prononcé et dit, etc. Donné à Paris, audit trésor, soubz nos signes, le vingt-huitiesme jour de janvier, l'an mil quatre cent cinquante et cinq. Ainsi signé : J. DE BAILLY. Collation est faite.

Pendant laquelle discucion et question desdits opposans, Laurens Cailliau, au nom et comme procureur de nostre bien amé Anthoine de Chabannes, conte de Dampmartin, seigneur de Blancfort, grant-pannetier de France, feust venu et comparu pardevant nosdits conseillers du trésor, lequel, le cinquiesme jour d'avril, l'an mil quatre cent cinquante et trois, avant Pasques, eust mis lesdites terres et seigneuries et chastellenies de Saint-Fargeau et autres dessus déclairées, à la somme de douze mil escus d'or aians cours de présent, comme par autres lettres de nosdits conseillers du trésor puet apparoir, desquelles lettres la teneur s'ensuit :

Les conseillers du roy, etc., à tous ceulx, etc., salut.

Savoir faisons que aujourd'hui est comparu pardevant nous Laurens Cailliau, demourant à Paris, au nom et comme procureur de monseigneur Anthoine de Chabannes, conte de Dampmartin, grant-pannetier de France, comme par lettres de procuration desquelles la teneur s'ensuit puet apparoir. Saichent tous présent et avenir que, en la court du roy nostre sire à Tours, en droit pardevant nous personnellement establi, noble et puissant seigneur Anthoine de Chabannes, conte de Dampmartin, grant-pannetier de France, soubsmectant soy, ses hoirs avec tous et chacuns ses biens et choses, meubles et immeubles, où qu'ils soient présents et avenir, à la juridiction, cohercion, povoir et ressort de ladicte court, sans nulle autre advouer, réclamer, requerre ne demander quant au fait qui s'ensuit ; lequel a congnu et confessé en droit en ladicte court avoir fait, constitué, ordonné et establi, et par ces présentes fait, constitue, ordonne et establit ses bien amez messire Jehan d'Aunoy, chevalier, dit le Galoys d'Aunay, seigneur d'Orville, Laurens Cailliau et Bureau Triquot, ses procureurs généraulx, certains messaigiers et avouez espéciaulx, et chacun d'eulx parsoyet pour le tout, ainsi que la condition de l'occupant ne soit pas la meilleure, mais tout ce que par l'un d'eulx aura esté encommencé puisse par l'autre estre poursuy et mené à fin deue en toutes et chacunes ses causes, querelles, besoingnes et negoces meues et à mouvoir contre tous et chacuns ses adversaires, tant en demandant comme en défendant, en parlement et dehors, donnant et octroyant ledit constituant à ses devant dis procureurs et à chascun d'eulx plain povoir, auctorité et mandement espécial d'eulx comparoir, présenter et estre en jugement audit parlement et dehors pour lui demander et faire demander requestes et libelles de ses parties adverses, d'appeiger, contra-appeiger, d'opposer, de advoer, de desadvouer, de garantir et prendre en garantaige, de contester plait, de jurer de calumpnie, de malice, de vérité, et de faire toute autre manière de serement que ordre de droit requiert; de demander et requerre la délivrance et recréance de tous et chacuns ses biens et choses meubles et immeubles présens et avenir si prises et saisies estoient, o[1] pleige, sans pleige et autrement, comme raison donra; de produire lettres, témoins, actes, procès, instrument et toutes autres manières de enseignemens en forme et manière de preuve; de bailler reprouches de tesmoings, contreditz de lettres et salvations, de conclurre en cause à oïr droit; d'oïr drois, arrestz interlocutoires et sentences deffinitives; d'en appeler une fois ou pluseurs; leur appel ou appeaulx relever ou en eulx en delaisser si bon leur semble; et par espécial ledit constituant a donné et donne par ces présentes à sesdits procureurs et chacun d'eulx, puissance, auctorité et commandement espécial d'eulx comparoir, présenter et estre pour lui tant pardevant messeigneurs les trésoriers de France ou les conseillers du roy nostre sire en son trésor à Paris, que devant honnourable homme et saige maistre Jehan Dauvet, conseil et procureur général dudit seigneur, commissaire de par iceluy seigneur, à exécuter certain arrest nagaires prononcé à l'encontre de Jaques Cuer, et mectre à pris de deniers, telz qu'ilz verront estre à faire et prouffitable pour iceluy constituant, les chastellenies, terres, seigneuries et appartenances de Saint-Fargeau, Toussy, La Vau, Mezilles en Puisoye, Perreuse, Saint-Morise-sur-l'Averon, Champignoilles, La Villeneufve lez Genest, avecques toutes chacunes les appartenances appendences et deppendences de chacune des seigneuries dessusnommées; les enchérir se mestier est, et de bailler et fournir les deniers pour lesquels icelles terres seront demourées et mises à pris; et requérir lettres de décret ou décrets de adjudication desdites terres et seigneuries telles que ou cas appartiendra, et généralement de faire en ce que dit est tout ce que procureurs deuement constituez puent et doivent faire, et que ledit constituant feroit ou faire pourroit se présent y estoit en sa propre personne, jà-soit-ce qu'il y ait chose qui requerre mandement plus espécial. Promettant ledit constituant en bonne foy et soubz l'obligation et ypothèque de tous ses biens à avoir et tenir ferme, estable et agréable tout ce que par ses devant dis procureurs sera mis à pris, enchery, procuré, baillé et autrement ordonné ès circunstances et deppendences d'icelles, soit tant pour luy que contre luy, et à poir pour eulx et chacun d'eulx le juge ou juges se mestier est, et les relever de toute charge de satisdation.

Ce fut faict audit lieu de Tours, en la présence de Pierre Chastellain, marchant de Tours et Olivier Barbier, tesmoings à ce acquis et appelez, et jugé à tenir par le jugement de ladicte court, ledit establissant présent et consentant, et scellé à sa requeste du scel royal estably et dont l'on use aux contractz en ladicte ville, chastellenie et ressort de Tours. En tesmoing de vérité, donné le vingt-huitiesme jour de mars, l'an de grace mil quatre cent cinquante et trois. Ainsi signé: ITERRE, et par moy pour M. Lailler.

Lequel Laurens, au nom que dessus, a mis à pris les chastellenies, terres, seigneuries et appartenances de Saint-Fargeau, Toussy, La Vau, Mezilles en Puisoye, Perreuse, Saint-Morise-sur-l'Averon, Champignoilles, la Villeneufve lez Genest avec toutes et chacunes des appartenances, appendences et deppendences d'icelles terres et seigneuries, criées à la requeste du procureur général du roy nostredict seigneur, comme aians appartenu à Jaques Cuer, nagaires argentier dudit seigneur, à la somme de douze mil escus d'or aians de présent cours; duquel pris icelui Laurens, au nom que dessus, nous a requis lettres, pour lui valoir en temps et en lieu ce que raison donra; pour lesquelles nous lui avons octroyé ces présentes. Donné à Paris soubz noz signes, le cinquiesme jour d'avril, l'an mil quatre cent cinquante et trois avant Pasques. Ainsi signé: J. DE BAILLY. Collation est faicte.

Et le sixiesme jour dudit mois d'avril en icelluy an mil quatre cent cinquante et trois, avant Pasques, nostre amé et féal chevalier Jehan d'Aunoy, dit Le Galois, seigneur d'Orville, eust mis à pris lesdictes terres et seigneuries criées à la somme de treize mil escus d'or, comme par autres lettres d'iceulx nos conseillers du trésor puet apparoir, desquelles la teneur s'ensuit:

---

(1) Avec.

Les conseillers du roy nostre sire etc., à tous ceulx, etc. salut. Savoir faisons que aujourd'hui est comparu pardevant nous messire Jehan d'Aunoy, dit Le Galois, chevalier seigneur d'Orville ; lequel a mis à pris, hausse et renchiere les chastellenies, terres, seigneuries et appartenances de Saint-Fargeau, Toussy, La Vau, Mezilles en Puisoye, Perreuse, Saint-Morisc-sur-l'Averon, Champignoilles, la Villeneufve lez Genetz, avec toutes les appartenances, appendences et dépendences desdites seigneuries à la somme de treize mil escus d'or aians cours de présent, et lesquelles estoient seulement à douze mil escus d'or. Duquel pris enchiere iceluy seigneur d'Orville nous a requis lettres pour lui valoir en temps et en lieu ce que raison donra ; pour lesquelles nous lui avons octroyé ces présentes. Donné à Paris soubz nos signez, le sixieme jour d'avril l'an mil quatre cent cinquante et trois avant Pasques. Ainsi signé : J. DE BAILLY.

Et le neufviesme jour d'iceluy mois d'avril et an dessusdict, iceluy Laurens Cailliau, au nom que dessus, eust mis à pris lesdits terres et seigneuries criées à la somme de seize mil escus d'or, comme par lettres de nosdits conseillers du trésor, desquelles la teneur s'ensuit, puet apparoir.

Les conseillers du roy etc., à tous ceulx, etc., salut. Savoir faisons que aujourd'hui est comparu pardevant nous Laurens Caillau, au nom et comme procureur de monseigneur Antoine de Chabannes, conte de Dampmartin, grand-pannetier de France, lequel a mis à pris, haulse et enchiere, les chastellenies, terres et seigneuries et appartenances de Saint-Fargeau, etc., à la somme de seize mil escus d'or, aians cours de présent et lesquelles estoient seulement à treize mil escus d'or. Duquel pris est enchière, etc. (*comme ci-dessus*.) Donné à Paris soubz noz signez, le neufviesme jour d'avril, l'an mil quatre cent cinquante et trois, avant Pasques. Ainsi signé, J. DE BAILLY. Collation est faite.

Et le seiziesme jour de novembre en suivant, l'an mil quatre cens cinquante et quatre, iceluy seigneur d'Orville eust mis enchère de mil escuz d'or sur laditte somme de seize mil escuz d'or, à quoy lesdittes terres et seigneuries estoient mises à pris ; comme appert par autres lettres de nosdits conseillers du trésor, desquelles la teneur s'ensuit.

Les conseillers du roy, etc., à tous ceulx, etc., salut ; savoir faisons que aujourd'huy est comparu par-devant nous messire Jehan d'Aunoy, dit le Galois, chevalier, seigneur d'Orville, lequel a mis enchère de mil escus d'or sur la somme de seize mil escus d'or, à quoy lesdittes terres et seigneuries de, etc., estoient mises à pris ; ainsi monte tout le prix dix-sept mil escuz d'or ; duquel prix est enchère, etc. (*comme ci-dessus*). Donné à Paris soubz noz signez, le seiziesme jour de novembre, l'an mil quatre cens cinquante et quatre. Ainsi signé : J. de BAILLY.

Et le dixiesme jour du mois de janvier ensuivant audit an mil quatre cens cinquante et quatre, iceluy Laurens Cailliau, au nom que dessus, eust mis lesdictes terres et seigneuries criées à la somme de vingt mil escuz d'or, comme il peut apparoir par autres lettres d'iceulx nos conseillers du trésor, dont la teneur s'ensuit :

Les conseillers du roy, etc., à tous ceulx, etc., salut. Savoir faisons que aujourd'huy est comparu par-devant nous Laurens Cailliau, au nom et comme procureur de monseigneur Anthoine de Chabannes, comte de Dampmartin, grand-pannetier de France, lequel a mis à pris, hausse et renchère, les chastellenies, terres, seigneuries, et appartenances de Saint-Fargeau, etc., etc., à la somme de vingt mil escuz d'or aïans cours de présent, et lesquelles estoient seulement à la somme de dix-sept mil escuz d'or ; duquel pris et enchère icelui Laurens Cailliau, etc. Donné à Paris soubz noz signez, le dixiesme jour de janvier, l'an mil quatre cens cinquante et quatre. Ainsi signé : J. DE BAILLY.

Et pour ce que de la sentence donnée par nozdis conseillers du trésor, cy-dessus incorporée, entre nostre procureur et icelui nostre trésor, demandeur et poursuivant lesdictes criées, d'une part, et lesdis maistres Henry Cuer et Pierre Bruneau, prestre, curateur dudit Gieffroy Cuer, défendeurs et opposans ausdictes criées, d'autre part, iceulx défendeurs eussent appelé, nostredit procureur général eust obtenu noz autres lettres données au Bois Sire-Amé, le quatorziesme jour de juillet dernier passé mil quatre cens cinquante et cinq, desquelles la teneur s'ensuit :

JUGEMENT RENDU CONTRE JACQUES COEUR.

CHARLES, par la grace de Dieu roy de France, au premier huissier de nostre parlement ou nostre sergent qui sur ce sera requis, salut. Nostre procureur général nous a fait exposer que Jaques Cuer, jadis nostre argentier, pour certains grans délicts et maléfices par lui commis et perpétrez, a, entre autres choses, par certain arrest par nous donné à Lezignen, en nostre grand conseil, esté condempné en certaines grosses amendes pour le paiement desquelles, en défault de biens meubles, certains biens immeubles et héritaiges, qui furent audit Jacques Cuer, ont esté mis en criées et subhastacions; à quoy maistre Henry Cuer et Gieffroy Cuer, enfans dudit Jaques Cuer, et Pierre Bruneau, prestre, curateur dudit Gieffroy, pour empescher l'adjudication du décret desdictes choses, se sont opposez; et sur ce s'est meu procès, par-devant nos amez et féaulx conseillers sur le fait de la justice de nostre trésor à Paris, où tant a esté procédé que par sentence de nozdis conseillers, donnée le vingt-troisiesme jour de may passé, a esté dit que certains articles posez par lesdis opposans en leurs causes d'opposition tendant à l'adnullation dudit arrest et jugement par nous donné contre ledit Jaques Cuer, par lequel il a esté déclairé criminneulx de lèze-magesté et de plusieurs autres grans crimes, seroient regectez et mis hors dudit procès; et ont certaines inhibitions et défenses esté faictes tant ausdis défendeurs et opposans que à autres pour les causes contenues en ladicte sentence. Et au seurplus ont lesdits défendeurs et opposans esté déboutez de leur opposition touchant les conquests faits par ledit Jaques Cuer; et a esté dit que lesdis conquests, qui ont esté criez et subhastez, seront adjugez et délivrez au plus offrant et derrenier enchérisseur nonobstant ladicte opposition; et que, au regard des propres héritaiges qui furent et appartiendrent à la mère desdis défendeurs et opposans, lesdis héritaiges, s'aucuns en y avoit comprins ès dictes criées, seroient distrais au prouffit desdis défendeurs et opposans; de laquelle sentence, iceulx défendeurs et opposans, ou leur procureur pour eulx, dient avoir appellé à nostre court de parlement, en laquelle ils se sont efforciez et efforcent de relever leurdit appel, duquel la congnoissance doit appartenir à noz amez et féaulx conseillers, les gens de nostre grant conseil, attendu que ce deppend de l'exécution dudit arrest par nous donné en nostredit grant conseil auquel ceste matière, qui autreffois y a esté traictée, pourra seurement estre discutée et terminée, parce que nosdis conseillers les gens de nostredit grant conseil sçavent les mérites d'icelle, comme nostredit procureur nous a fait dire et remonstrer; requérant sur ce nostre provision. Pour quoy nous, ces choses considérées, te mandons et commettons par ces présentes que lesdis appelans tu adjournes à certain et compétant jour, par-devant nosdis conseillers les gens de nostre dit grant conseil, pour monstrer et enseigner la poursuite et diligence qu'ils ont faicte de leurdit appel, relever et poursuir iceluy, veoir dire et déclairer desert, nul ou frivol, se mestier est, et estre le doit, et se non pour procéder et avant aler en iceluy, et en oultre selon raison. Et néantmoins mandons à nosdis conseillers sur le fait de la justice de nostredit trésor à Paris que les procès desdictes parties, que l'on dit estre par escript, ils envoyent en nostredit grant conseil féablement cloz et scellez, comme en tel cas appartient, par personne seure et féable, le plustost que faire se pourra; pour, au seurplus, en estre, par lesdis gens de nostredit grant conseil, discuté et ordonné selon raison, en certifiant souffisamment, iceulx gens de nostredit grant conseil, de tout ce que fait aura esté sur ce; ausquelz nous mandons, et, pour les causes dessusdictes, commandons et enjoingnons que ausdictes parties fassent bon et brief droit; car ainsi nous plaist-il estre fait, nonobstant quelsconques lettres subreptices à ce contraires. Mandons et commandons à tous noz justiciers, officiers et subgez que à toy, en ce faisant, obéissent et entendent diligemment. Donné au Bois Sire-Amé, le quatorziesme jour de juillet, l'an de grace mil quatre cens cinquante et cinq, et de nostre règne le trente-troisiesme. Ainsi signé : Par le roy : maistre Pierre Doriole et autres présens. A. ROLANT.

Par vertu desquelles noz lettres, et à la requeste d'iceluy nostre procureur général, Alain De La-Croix, huissier sergent des requestes de nostre palais à Paris, le vendredi tiers jour du mois d'octobre ensuivant, audit an mil quatre cens cinquante et cinq, eust adjourné ledit maistre Henry et Bruneau, au nom que dessus, à comparoir par-devant noz amez et féaulx conseillers les gens de nostre grant conseil, au vendredi ensuivant, en nostre ville de Bourges ou ailleurs quelque part que nostredit grant conseil feust, pour veoir dire ledit appel desert ou y procéder comme de raison, comme par la relacion dudit Alain De La Croix puet apparoir, de laquelle relation la teneur s'ensuit :

A mes très honnourez et doubtez seigneurs, messeigneurs les gens du grant conseil du roy nostre sire, Alain De La Croix, huissier, sergent des requestes du palais à Paris, honneur, service et révérance avec toute humble obéissance. Mes très honnourez seigneurs, plaise vous savoir que le vendredi tiers jour d'octobre, l'an mil quatre cens cinquante et cinq, par vertu des lettres royaulx données au Bois Sire-Amé le dix-neuviesme jour de juillet audit an, ausquelles ceste ma relation atachée soubz mon scel, à moy présentée par le procureur général dudit seigneur, impétrant d'icelles, me transporté en ceste ville de Bourges, aux personnes de maistre Henry Cuer et messire Pierre Bruneau, prestre, curateur de Gieffroy Cuer, frère dudit maistre Henry ; lesquels maistre Henry à sa personne, et ledit Gieffroy Cuer à la personne dudit messire Pierre Bruneau, au nom et comme curateur dessusdits, je adjourne à estre et comparoir par-devant vous, mesdis seigneurs, au vendredi prouchain ensuivant en ceste ville de Bourges, ou ailleurs quelque part que soyez pour monstrer et enseigner la poursuite et diligence qu'ils ont faicte d'avoir poursuy et relevé certain appel par eulx interjecté de messeigneurs les conseillers sur le faict de la justice du trésor dudit seigneur à Paris, pour raison de certaine sentence donnée par lesdis conseillers au prouffit dudit seigneur et contre lesdis enfans appelans, iceluy appel veoir dire et déclairer desert, se estre le doit, ou sinon pour y procéder et aler en avant par-devant vous, mesdis seigneurs dudit grant conseil, où ledit procès a pour iceluy seigneur puis nagaires esté evocqué ainsi qu'il appartiendra pour ráison, comme plus à plain et déclairé èsdictes lettres royaulx. Lesquels maistre Henry, en son nom, et ledit Bruneau, au nom et comme curateur dessusdit particulièrement, m'ont demandé et requis avoir coppie desdictes lettres et de ma relation, ce que je leur ay octroyé. Et ce, mes très honnorez et doubtez seigneurs, vous certiffie avoir fait, selon le contenu d'icelles lettres royaulx, pour ceste ma relacion scellée de mon scel et signé de mon saing manuel, le jour et an dessusdis. Ainsi signé : A. DE LA CROIX.

Auquel jour assigné, au moins le vingt-deuxiesme jour dudit mois d'octobre, icelles parties comparant par-devant lesdictes gens de nostre grant conseil, eust esté par eulx donné et octroyé congié et défault à iceluy nostre procureur général à l'encontre desdis maistre Henry et Bruneau, au nom que dessus, et en leur présence. Par vertu desquels congié et défault lesdis gens de nostredit grant conseil eussent ordonné que lesdis maistre Henry Cuer et Bruneau, curateur dudit Gieffroy Cuer, feussent derechief adjournez par-devant eulx pour voir adjuger le prouffit desdis congié et défault, etc.; pour ce faire eussent esté octroyées à nostredit procureur général noz autres lettres données à Bourges, ledit vingt-deuxiesme jour d'octobre, audit an mil quatre cens cinquante et cinq, desquelles la teneur s'ensuit : Charles, par la grace de Dieu roy de France, au premier huissier de nostre parlement ou nostre sergent qui sur ce sera requis, salut. Comme par vertu de certaines noz autres lettres données au Bois Sire-Amé, le quatorziesme jour de juillet derrenièrement passé, impétrées à la requeste de nostre procureur général, Alain De La Croix, huissier sergent des requestes de nostre palais à Paris, ait adjourné maistre Henry Cuer et Pierre Bruneau, prestre, au nom et comme curateur de Gieffroy Cuer, frère dudit maistre Henry, appelans de noz amez et féaulx conseillers sur le fait de la justice de nostre trésor à Paris, à comparoir par-devant noz amez et féaulx conseillers les gens de nostre grant conseil, au vendredy dixiesme jour de ce présent mois d'octobre, pour monstrer et enseingner la poursuicte et diligence qu'ilz ont faicte de relever ou poursuir leur dit appel, et pour procéder au seurplus comme de raison. Audit jour de vendredi, que soit le vingt-deuxiesme jour du mois d'octobre, lesdictes parties comparans en leurs personnes par-devant lesdis gens de nostre conseil, de la partie de nostre procureur a esté requis que lesdis appelans voulsissent déclairer leur dicte cause d'appel et conclurre en icelle comme en procès par escript, attendu que ledit procez, en cas d'appel, est par escript ; mais iceulx appelans

JUGEMENT RENDU CONTRE JACQUES COEUR.

n'ont voulu procéder par-devant lesdis gens de nostredit conseil, ains ont requis estre renvoyez en nostre court de parlement, ce qui a esté débatu par nostredit procureur, et finalement, les parties sur ce bien à plain oyes, a esté dit par lesdis gens de nostre conseil que aucun renvoi n'en seroit fait en nostredicte court, et que les parties procéderoient par-devant eulx. Mais, ce nonobstant, iceulx appelans, ilec présens, n'ont aucune chose voulu dire ne procéder en ladicte cause, et pour ce a, nostre procureur général, requis congié et défault à l'encontre d'eulx, lequel lui a esté octroyé en leur présence; par le moïen desquelz congié et défault, à nostredit procureur requis lui estre adjugié certain prouffit contenant la forme qui s'ensuit : C'est la demande, etc., lequel prouffit de congié et défault lesdis gens de nostre grant conseil n'ont encores voulu octroyer à nostredict procureur ; ains ont ordonné iceulx maistre Henry Cuer et Bruneau, curateur dudit Gieffroy Cuer, estre derechief adjournez par-devant eulx pour veoir adjuger le prouffit desdis congié et défault.

Pourquoy nous te mandons et commettons par ces présentes que ledit Henry Cuer et Bruneau, oudit nom, tu adjournes à certain et compettent jour pardevant lesdis gens de nostredit conseil, quelque part qu'ils soient, pour veoir par eulx adjuger le prouffit desdis congié et default, et intimation que, viengnent ou non, ils procéderont à l'adjudication dudit prouffit, et procéderont au surplus en la manière ainsi qu'ils verront estre à faire par raison. De ce faire te donnons povoir, en certifiant souffisamment, audit jour, les gens de nostredit conseil, de tout ce que fait en auras. Mandons et commandons à tous nos justiciers, officiers et subjez, que à toy en ce faisant obéissent et entendent diligemment. Donné à Bourges, le vingt-deuziesme jour d'octobre, l'an de grace mil quatre cent cinquante et cinq, et de nostre regne le trente-quatriesme. Ainsi signé : Par le roy, à la relation des gens de son grant conseil, DANIEL.

Par vertu desquelles nos lettres iceluy Alain De La Croix, huissier dessus nommé, le jeudi vingt-troisiesme jour dudit mois d'octobre, l'an que dessus, eust adjourné ledit maistre Henry Cuer en son nom, et iceluy Bruneau, comme curateur dudit Geoffroy Cuer, à comparoir pardevant lesdis gens de nostredit grant conseil au samedi ensuivant, vingt-cinquiesme jour dudit mois, pour veoir par eulx adjugier à nostredit procureur général le prouffit desdis congié et défault, et procéder en oultre selon raison, en tout selon le contenu ès lettres de relacion dudit Alain De La Croix, desquelles la teneur s'ensuit. (*Suit l'assignation dans la même forme que celle du trois du même mois d'octobre.*) Auquel vingt-cinquiesme jour d'octobre icelles parties feussent comparues pardevant lesdis gens de nostredit grant conseil ; c'est assavoir, ledit maistre Henry en sa personne, et Jehan Chastain, prestre, comme procureur dudit Bruneau, lesquelles eussent dit que autrefois ils avoient appelé desdis gens de nostredit grant conseil en nostre cour de parlement, et que encores en appelloient, et eussent baillé certaine cédulle par laquelle ils se disoient avoir appelé ; sans ce que lesdis maistre Henry et Bruneau, ainsi comparans que dit est, eussent voulu procéder pardevant lesdis gens de nostredit grant conseil, etc. Pourquoy iceulx gens de nostredit grant conseil, attendu que c'estoit contre nostre auctorité et n'estoit recevable ne licite d'appeler de nous ne de nostre dit grant conseil, eussent donné à nostredit procureur second défault contre lesdis maistre Henry et Bruneau, appellans en ladicte cause d'appel, avec tel prouffit que de raison. Veus lesquelz congié et défaulx ainsi obtenus que dit est dessus, ensemble les lettres et procès sur ce fais, et le procès et sentence dont avoit esté appellé de nosdis conseillers du trésor, par arrest desdis gens de nostredit grant conseil eust esté dit, entre autres choses, que par vertu desdis congié, et défaulx, qui estoient bien entretenus et deuement fais, ils eussent adjugié à nostredit procureur général tel prouffit à l'encontre desdis maistre Henry Cuer et Pierre Bruneau, comme curateur dudit Gieffroy Cuer ; c'est assavoir que lesdis appellans estoient decheuz de leur dicte cause d'appel, et qu'il avoit esté bien jugié par nosdis conseillers du trésor et mal appellé par lesdis appelans, et l'amenderoient, et seroit la sentence de laquelle avoit esté appellé mise à exécution selon sa forme et teneur ; et oultre eust esté dit que lesdis appellans tortionèrement et en grant mesprins et offense de nous et de nostredit grant conseil, avoient appellé d'iceulx gens de nostredit grand conseil, et que ladicte appellacion n'estoit pas recevable, et n'en avoient peu ne povoient valablement appeller; et pour repparacion de ladicte offense, lesdis gens de nostredit grant conseil eussent condempné ledit maistre Henry en trente livres, et ledit Chastain, en son propre et privé nom, en vingt livres tournois envers nous, comme par arrest des gens de nostredit grant conseil puet apparoir, duquel arrest la teneur s'ensuit :

CHARLES, par la grace de Dieu roy de France, à tous ceulx, etc., salut. Comme par vertu de certaines noz lettres données au Bois Sir-Amé le quatorziesme jour de juillet derrenièrement passé, impétrées à la requeste de nostre procureur général, maistre Henry Cuer et Pierre Bruneau, prestre, ou nom et comme curateur de Gieffroy Cuer, frère dudit maistre Henry, appelans de noz amez et féaulx conseillers sur le fait de la justice de nostre trésor à Paris, avoit esté adjournez à comparoir pardevant noz amez et féaulx conseillers les gens de nostre grant conseil au vendredi dixiesme jour de ce présent mois d'octobre pour monstrer et enseigner la poursuicte, etc. Auquel jour ou autre deppendant d'iceluy, c'est assavoir le vingt-deuxiesme jour dudit mois d'octobre, lesdits parties comparans en leurs personnes pardevant les gens de nostredit grant conseil, de la partie de nostredit procureur, eust esté requis que lesdis appelans voulsissent conclurre en icelle cause d'appel comme en proie par escript, attendu que ledit procès en cas d'appel estoit par escript; mais iceulx appelans ne vouldrent procéder pardevant lesdis gens de nostredit conseil, ains requisdrent estre renvoyez en nostre court de parlement, ce qui fut débatu par nostredit procureur; et finablement, lesdictes parties sur ce bien a plain oyes, eust esté dit par lesdis gens de nostredit conseil que aucun renvoy ne seroit fait en nostredicte court de parlement de ladicte cause d'appel, et que lesdictes parties procéderoient pardevant eulx en ladicte cause. Et néanmoins lesdis appelans, ilec présens, n'eussent aucune chose voulu dire, procéder ne conclure en ladicte cause. Et pour ce nostredit procureur général eust requis congé et défault à l'encontre d'eulx, qui lui eust esté octroyé en leur présence ; et, iceluy congié et défauls ainsi obtenus, nostre dit procureur eust baillé par escript pardevers lesdis gens de nostre grant conseil sa demande et prouffit de congié et défault par laquelle il disoit que ledit Jaques Cuer, père desdis maistre Henry et Gieffroy, pour plusieurs grans crimes, excès et maléfices par luy commis et et perpetrez, et sur lesquelz il fut examiné, interrogué par certains notables commissaires sur ce commis et depposez de par nous et nostre grant conseil, le vingt-neuviesme jour de may mil quatre cent cinquante-trois, déclaré criminelx de crime de lèze-majesté et autres crimes, et avoit forfait corps et biens envers nous, et de grace espécielle, pour certaines causes et considérations à ce nous mouvans, lui remismes la peine de mort; mais il fut condampné à faire amende honorable à nostredit procureur, ce qu'il fist; et pour restitution et satisfaction de certaines grans exactions par lui faictes au païs de Languedoc sur noz subgez, et autrement, fut condampné envers nous en la somme de cent mil escuz, et, pour amende prouffitable, en la somme de trois cens mil escuz, et le surplus de ses biens déclairez confisqués envers nous, et à tenir prison jusques à plaine satisfaction ; pour lequel arrest mettre à exécution les biens immeubles dudit Jacques Cuer furent mis en criées et subhastations; à l'encontre desquelles lesdis appelans s'opposèrent, et pour dire les causes de leur opposition leur fut jour assigné pardevant noz conseillers du trésor à Paris, ausquelz avions commis la congnoissance et discultion desdictes criées et des oppositions et adjudications des décretz desdis biens immeubles; pardevant lesquels fut tellement procédé que, lesdictes parties oyes, etc., fut dit et déclairé entre autres choses par leur sentence et jugement que lesdis appellans seroient déboutez de leur opposition et que nonobstant icelle le décret desdis biens immeubles seroit adjugié au plus offrant et derrenier enchérisseur, et les deniers qui en ystroient seroient délivrez à nous ou à nos receveurs en acquit des condampnacions et amendes déclairez à l'encontre dudit Cuer. De laquelle sentence ledit maistre Henry Cuer et Pierre Bruneau, curateur dudit Gieffroy Cuer, appellèrent, laquelle appellation ilz ne relevèrent point dedens les trois mois et par ce estoit déserte. Et depuis, par vertu de certaines noz lettres impétrées par nostredit procureur, demandeur, lesdis appellans furent adjournez, comme dit est, pardevant nous et lesdis gens de nostre grant conseil audit dixiesme jour de ce présent mois d'octobre; et depuis, c'est assavoir le mercredi douziesme jour dudit mois, continue et deppendant dudit dixiesme jour, lesdis parties comparans pardevant lesdis gens de nostre grant conseil, fut donné et octroyé congié et défault par la manière que dessus est déclairé a nostredit procureur à l'encontre desdis appellans, déffaillans et contumax et de chacun d'eulx, en l'absence desquelz, et comme se présens y eussent esté, ledit demandeur avoit baillé sa demande en requérant et concluant à l'encontre desdis appellans et de chascun d'eulx que par le moien dudit congié et défault, ou au moins de son principal, feusse dit et déclairé par arrest et jugement de nous et nostredit grant conseil que ladicte appellation estoit déserte et sinon qu'elle n'estoit pas recevable, au moins valable, et que il avoit esté bien jugé par nozdis conseillers du trésor et mal appellé par lesdis appellans, et que ilz amendassent, et que ladicte sentence sortist son plain effect et feust mise à exécution réaument et de fait, ou que telles autres requestes et conclusions feussent faictes et adjugées audit demandeur que raison donroit; lequel prouffit de congié et défault lesdis gens de nostre grant conseil n'eussent pour lors voulu adjuger à nostre procureur, ains eussent ordonné iceulx maistre Henry Cuer et Pierre Bruneau, ou nom et comme curateur de Gieffroy Cuer, estre de rechief adjournez pardevant eulx pour veoir adjuger le prouffit desdis congié et défault, o intimation que, vensissent ou non, l'en procéderoit à l'adjudication dudit prouffit. Par vertu de laquelle ordonnance et de noz lettres sur ce octroyées, nostredit procureur eust fait adjourner ledit maistre Henry et Pierre Bruneau, curateur de Gieffroy Cuer, à comparoir pardevant lesdis gens de nostre grant conseil au samedi vingt-cinquiesme jour de ce présent mois d'octobre, comme il appert plus à plain par les exploits sur ce faits; auquel jour les parties comparans pardevant lesdis gens de nostre grant conseil, c'est assavoir ledit maistre Henry en sa personne, et ledit curateur par Jehan Chastain, prestre, son procureur souffisamment fondé; après ce que par nostredit procureur général eust esté requis que lesdis appellans et anticipez voulsissent conclure oudit procez, ou autrement qu'il eust congié contre eulx avec le prouffit d'iceluy, lesdis appellans eussent respondu qu'ilz estoient appellans en parlement où ilz avoient autreffois requis estre renvoyez et encores le requéroient, et n'entendoient aucunement procéder pardevant lesdis gens de nostre grant conseil; et à ceste fin eussent baillé et présenté certaine cédulle par laquelle ilz se disoient avoir appellé de nostre grant conseil et encore en appelloient; et avoient avec eulx deux notaires, c'est assavoir Jehan Alabat et Pierre Du Boscq, lesquelz, interrogez par serement par les gens de nostre grant conseil qui les avoient fait venir, eussent respondu que c'estoient ledis appellans pour leur bailler instrument de la requeste qu'ilz feroient et de la responce qui leur seroit faicte. Sur quoy, eue délibération par les gens de nostredit grant conseil, attendu que c'estoit contre nostre auctorité et n'estoit recevable, et n'est licite d'appeller de nous ne de nostredit grant conseil, eussent donné à nostredit procureur général second défault contre lesdis appellans, avec tel prouffit que de raison, et, en oultre, eussent ordonné que lesdis maistre Henry Cuer, Jehan Chastain, Jehan Alabat et Pierre Du Boscq, pour l'offence par eulx faicte, seroient constituez prisonniers en la grosse tour de Bourges, en réservant à nostredit procureur général de prendre et requérir ses conclusions contre eulx pour ladicte offense en temps et en lieu. Et depuis, c'est assavoir le vingt-septiesme jour d'octobre, les parties dessusdictes comparans devant les gens de nostredit grant conseil, nostredit procureur général eust requis et conclud à l'encontre desdis maistre Henry Cuer, Jehan Chastain, Jehan Alabat et Pierre Du Boscq, et chacun d'eulx, pour ladicte offense, qu'ilz feussent condampnez et contraints à réparer les excès dessusdis, et en ce faisant à nous faire amende honnorable en la personne de nostredit procureur général, à genoulx, sans chapperon et sans sainture, tenans chacun une torche de six livres de cire ardant en la main, et à crier mercy à nous et aux gens de nostredit grant conseil, en disant que faulsement et mauvaisement ilz avoient appellé et baillé ladicte cédulle, et qu'elle feust rompue et desciré publicquement, et en amende prouffitable, c'est assavoir ledit maistre Henry Cuer de deux mil, ledit Chastain de mil, et chascun desdis deux notaires de cinq cens livres tournois, et privez de tous offices royaulx et mesmement d'office de notaire royal. Finablement, veuz par les gens de nostredit grant conseil lesdis congié et défault obtenus par nostredit procureur général en l'encontre desdis maistre Henry Cuer et Pierre Bruneau, ou nom et comme curateur dudit Gieffroy Cuer, ensemble les lettres et exploiz sur ce faiz et le procès et sentence dont il a esté appellé; veue aussi ladicte cédulle d'appellation baillée et les confessions desdis maistre Henry, Jehan Chastain, Jean Alabat et Pierre Du Boscq qui ont esté interrogez sur la matière de ladicte offense, et considéré tout ce qui fait à veoir et considérer en ceste partie, par arrest des gens de nostre grant conseil a esté dit: que, par vertu desdis congiés et défaulx qui sont bien entretenus et les adjournements bien et deuement faiz, ilz adjugent tel prouffit à nostredit procureur; c'est assavoir que lesdis appellans sont décheuz de leurdicte cause d'appel, et qu'il a esté bien jugé par nosdis conseillers du trésor, et mal appellé par lesdis appellans; et se amenderont; et sera la sentence dont a esté appellé mise à exécution selon sa forme et teneur. Et au regard de ladicte offense faicte par lesdis maistre Henry Cuer, Jehan Chastain, Jehan Alabat et Pierre Du Boscq, a esté dit par les gens de nostredit grant conseil: que lesdis appellans tortionerement et en grant mespris et offense de nous et de nostredit grant conseil ont appellé desdis gens de nostre grant conseil, et que ladicte appellation n'est pas recevable, et n'en ont peu ne puent valablement appeller; et pour repparation de ladicte offense, lesdis gens de nostre grant conseil ont condampné et condampnent, c'est assavoir ledit maistre Henry Cuer, qui est partie principale, en trente livres, ledit Chastain qui est procureur, attendu mesmement que sa procuration ne porte pas formellement qu'il appellast des gens de nostre grant conseil, en vint livres tournois envers nous en son propre et privé nom; et en tant que touche ledit Jehan Alabat, notaire, considéré qu'il est viel, ancien, maladif, chargé de cinq ou six petis enfans, et aussi ledit Du Boscq, notaire, veu qu'il a affermé par serement ne avoir jamais veu ladicte cédule et ne savoir qu'elle contenoit, a esté dit par lesdis gens de nostre grant conseil que la prison qu'ils ont soustenue souffist et leur sera pour peine et amende. En tesmoing de ce nous avons fait nostre scel à ces présentes mettre.

Donné à Bourges, ce vingt-septiesme jour d'octobre, l'an de grace mil quatre cens cinquante et cinq, et de nostre regne le trente-quatriesme. Ainsi signé: Par le roy, à la relation des gens de nostre grant conseil, PICHON.

Et il soit ainsi que en ensuivant l'arrest desdits gens de nostre grant conseil et pour mettre à exécution ladicte sentence dessus incorporée donnée par nosdis conseillers du trésor entre nostre procureur en iceluy nostre trésor, demandeur et poursuivant les criées des héritaiges dudit Jacques Cuer, d'une part, et lesdis maistre Henry Cuer et Pierre Bruneau, curateur dudit Gieffroy Cuer, défendeurs et opposans ausdittes criées, d'autre part; par laquelle sentence iceulx nos conseillers du trésor eussent débouté lesdis défendeurs et opposans de leurs causes d'opposition touchant les conquests faiz par ledit Jacques Cuer, lesquelz conquests criez ilz eussent ordonné qu'ilz seroient adjugez sans la charge et nonobstant l'opposition des défendeurs; et au regard des propres héritaiges qui avoient competté et appartenu à feue Macée de Leodeparp, jadis femme dudit Jacques Cuer et mère desdis maistre Henry et Gieffroy, iceulx nos conseillers du trésor eussent dit que lesdis héritaiges, s'aucuns en y avoit comprins èsdictes criées, seroient distrais au prouffit des défendeurs et opposans; et afin de déclairer les héritaiges propres par lesdis maistre Henry et Bruneau, iceluy nostre procureur général eust obtenu noz autres lettres données à Bourges le quart jour de novembre derrenier passé mil quatre cent cinquante et cinq, desquelles lettres la teneur s'ensuit:

CHARLES, par la grace de Dieu roy de France, au premier huissier de nostre parlement ou nostre sergent qui fut et sera requis, salut. De la partie de nostre procureur général nous a esté opposé que certains procès a esté meu et pendant par devant noz amez et féaulx conseillers sur le faicte la justice de nostre trésor à Paris, entre nostre procureur audit trésor, demandeur et requerant l'adjudication, etc., d'une part, et maistre Henry Cuer, chanoine de l'église de Bourges, et Pierre Bruneau, prestre, curateur de Gieffroy Cuer, défendeurs et opposans à l'encontre desdites criées et subhastacions, d'autre part; ouquel procès fut tant procédé que, lesdites parties à plain oyes, nosdis conseillers par leur sentence, entre autres choses, déboutèrent lesdis défen

JUGEMENT RENDU CONTRE JACQUES COEUR.

deurs de leurs causes d'opposition en tant que touchoit les conquests fais par ledit Jacques Cuer, et que iceulx conquests seroient adjugez sans la charge et nonobstant les causes d'opposition desdis défendeurs et opposans. Et en oultre que les propres héritaiges qui furent et appartindrent à feue Macée de Leodeparp, en son vivant femme dudit Jacques Cuer et mère desdis maistre Henry et Gieffroy, s'aucuns en y avoit comprins èsdictes criées, seroient distrais au prouffit desdis défendeurs et opposans, comme plus à plain puet apparoir par ladicte sentence de laquelle lesdis défendeurs et opposans appelèrent. Et pour ce, nostredit procureur exposant, par vertu de certaines noz lettres, fit adjourner lesdis appellans pour monstrer la poursuite et diligence qu'ilz avoient faicte de leurdit appel et procéder en oultre comme de raison pardevant les gens de nostre grant conseil, attendu que ledit arrest, par vertu duquel lesdites criées avoient esté faictes, avoit esté donné par nous en nostre grant conseil, comme dit est. Pardevant lesquelz gens de nostre grant conseil nostredit procureur exposant obtint deux congiés et défaulx, à l'encontre desdis appellans, et finalement, veu lesdis congiés et défaulx, par arrest desdis gens de nostre grant conseil, dit a esté : que les appellans estoient et sont encheuz de leur dicte cause d'appel et qu'il a esté bien jugé par nosdis conseillers du trésor, et mal appellé par lesdis appellans, et l'amenderoient, et que la sentence dont a esté appelé sera mise à exécution selon sa forme et teneur. Toutesvoyes, lesdis maistre Henry et Gieffroy Cuer, qui ne quierent que fouyr et délayer et empescher de tout leur povoir l'adjudication et expédition dudit décret, depuis lesdis sentence et arrest, n'ont fait ne fait faire aucune diligence de déclairer se aucuns héritaiges propres qui aient appartenu à ladicte Macée leur mère estoient comprins èsdictes criées; par quoy ladicte sentence demourroit illusoire et infructueuse, nostredit procureur exposant qui ne puet avoir expédition et délivrance du décret sans ladicte déclaration, ou grant retardement de l'adjudication du décret, si comme il dit, humblement requérant sur ce nostre provision. Pourquoy nous, attendu ce que dit est, voulans l'adjudication dudit décret estre faicte ainsi que cas appartient, te mandons et commettons par ces présentes que tu adjournes peremptoirement lesdis maistre Henry Cuer et Pierre Bruneau, curateur dudit Gieffroy Cuer, à certain et compétent jour pardevant nosdis conseillers, sur le fait de la justice de nostredit trésor à Paris, pour dire et déclairer s'aucuns héritaiges propres de ladicte feue Macée de Leodeparp, mère desdis maistre Henry et Gieffroy Cuer, sont comprins èsdictes criées, et pour les bailler par déclaration, se mestier est, et faire en oultre comme de raison sera, o[1] intimations que, s'ilz ne comparent audit jour qui sur ce leur sera assigné, nosdis conseillers du trésor procéderont à l'expédition, adjudication et délivrance du décret ainsi qu'il appartiendra par raison, nonobstant leur absence ou contumace. De ce faire te donnons povoir, auctorité et mandement espécial; mandons et commandons à tous noz justiciers, officiers, subjez, que à toy en ce faisant obéissent et entendent diligemment. Donné à Bourges, le quart jour de novembre, l'an de grace mil quatre cent cinquante et cinq, et de nostre règne le trente-quatriesme. Ainsi signé : Par le roy, à la relation du conseil, G. DE BLOIS.

Par vertu desquelles nos lettres, iceluy Alain De La Croix, huissier desdictes requestes de nostredit palais, dessus nommé, et à la requeste de nostredit procureur général, le cinquiesme jour dudit mois de novembre, eust adjourné ledit maistre Henry Cuer, en son nom, et Pierre Bruneau, comme curateur dudit Gieffroy Cuer, à comparoir péremptoirement pardevant nozdis conseillers du trésor au vingtiesme jour d'iceluy mois de novembre pour déclairer s'aucuns héritaiges propres de ladicte feue Macée estoient comprins ès criées des héritaiges de Jacques Cuer et pour les bailler, se mestier estoit, par déclairation; en leur intimant que, comparussent ou non, nozdis conseillers du trésor procéderoient à l'adjudication desdis héritaiges, comme par la relacion dudit Alain De La Croix puet apparoir. (Suit l'assignation.)

Auquel vingtiesme jour de novembre maistre Guillaume de Besançon, ou nom et comme procureur desdis maistre Henry Cuer et Pierre Bruneau, prestre curateur dudit Gieffroy Cuer, se feust présenté pardevant nosdis conseillers du trésor à l'encontre de nostre procureur en iceluy nostre trésor, comme par procuration au dos de laquelle est escripte ladicte présen-

(1) Avec.

tation puet apparoir, de laquelle procuration la teneur s'ensuit.

A tous ceulx qui ces présentes lettres verront, Estienne Valée, licencié en droit canon et civil, garde du scel royal de la prévosté de Bourges, salut. Savoir faisons que en la présence de Jehan Alabat, clerc, notaire juré du roy nostre sire et dudit scel, usant de nostre auctorité et pouvoir, furent pour ce personnellement establis vénérables et discrettes personnes maistres Henry Cuer, chanoine de l'église de Bourges, et messire Pierre Bruneau, prestre, ou nom et comme curateur de Gieffroy Cuer, enfans et héritiers de feue damoiselle Macée de Leodeparp, en son vivant femme de sire Jacques Cuer, leur père; lesquels, de leur bon gré et certaine science, si comme ilz disoient, ont fait, constitué et establi leurs procureurs généraux et certains messagiers espéciaulx, honnourables hommes et saiges maistres Guillaume de Besançon, Guillaume Brivon, Pierre Luillier, Pierre Des Fuches, Pierre Bonnet, Estienne de Thory, André Couraud, Pierre Couraud, exhibeurs et porteurs de ces présentes, et chacun d'eulx pour le tout, etc.; donnans et octroyans lesdis constituans à leurs procureurs, et à chacun d'eulx pour le tout, plain povoir, auctorité et mandement espécial de comparoir pour leurs personnes représenter, excuser et exourer; leurs causes défendre, poursuir et mener à fin, convenir, congnoistre, advoer et désavoer, etc., plaider, etc., conclurer en cause, etc. et généralement de faire, dire et procurer toutes autres choses nécessaires, etc.; promettant ledit constituant etc. Si comme ledit juré, auquel nous créons fermement nous a rapporté les choses dessus dictes estre vrayes. A la relacion duquel et en tesmoing de ce ledit scel royal de ladicte prévosté de Bourges avons mis à ces présentes lettres. Donné le septiesme jour de novembre, l'an mil quatre cent cinquante et cinq. Ainsi signé : J. ALABAT.

Et au dos de la dicte procuration estoit escript ce qui s'ensuit : Guillaume de Besançon, procureur de maistre Henry Cuer, chancellier de l'église de Bourges et de messire Pierre Bruneau, prestre, curateur de Gieffroy Cuer, se présente pour eulx pardevant messeigneurs les conseillers sur le fait de la justice du trésor, à ce vingtiesme jour de novembre mil quatre cent cinquante et cinq contre le procureur du roy au trésor. Du vingtiesme jour de novembre, l'an mil quatre cent cinquante et cinq ; au trésor.

Et depuis, icelui maistre Guillaume de Besançon, ou nom que dessus, eust baillé par déclaration pardevers nosdis conseillers du trésor les héritaiges que lesdis maistre Henry et Bruneau, oudit nom de curateur, disoient avoir appartenu à ladicte feue Macée de Leodeparp, jadis femme dudit Jacques Cuer et mère desdis maistre Henry et Gieffroy, de son propre héritaige, de laquelle déclaration la teneur s'ensuit :

Maistre Henry Cuer, chancellier de l'église de Bourges, et messire Pierre Bruneau, prestre, comme curateur de Gieffroy Cuer, dient et déclairent que feue damoiselle Macée de Leodeparp, jadis femme de Jaques Cuer, de son propre héritaige estoit dame et luy appartenoient soixante-dix solz tournois de rente assis sur une maison assise en la ville de Bourges, que tient de présent Loys de Bourgoingnon, boucher de ladicte ville, joignant d'une part à la maison de feu l'Auxerrois, boucher, et d'autre part à la maison de feu André de Crosses, et jouxte la rivière d'Aurete, le chemin publicque entre deux. *Item* lui appartenoient deux fez de maison avecques leurs appartenances et appendences quelsconques, situez et assis en ladicte ville de Bourges, au coing, ainsi que on descend du palais à la porte Orvoyse, joignant d'une part aux murs des Jacobins, la rue qui va du palais au poirier entre deux, d'une part, et la maison de Henry le Cousturier, d'autre part; et jouxte la maison de feu Pierre Cuer, la rue qui descend à la porte Orvoyse entre deux, d'autre part. *Item* lui appartenoit une granche avecques toutes ses appartenances et appendences, comme terres, prez, bois, buissons et autres choses appartenans à ladicte grange, située et assise en la paroisse de Bussy. Baillé au trésor à maistre Guillaume de Besançon, procureur de maistre Henry Cuer, et messire Pierre Bruneau, prestre, curateur de Gieffroy Cuer, dessus nommez, le second jour de décembre l'an mil quatre cent cinquante et cinq. Ainsi signé : J. DE BAILLY.

En laquelle déclaration ne feussent aucunement comprinses lesdictes terres, chastellenies et seigneuries de Saint-Fargeau, Saint-Morise, et autres déclairées ès criées dessus incorporées. Et pour ce que de la sentence donnée par nos-

JUGEMENT RENDU CONTRE JACQUES COEUR.

dits conseillers du trésor touchant nostre amé et féal conseiller l'évesque de Carcassonne, Robinet d'Estampes, chevalier, et leurs frères, avoit esté appellé, et que ledit appel estoit encore pendant pardevant lesdits gens de nostre grant conseil, sans en avoir esté discuté; et aussi que ausdictes criées survenoient continuelement plusieurs opposans pour rentes ou ypotheques, les aucunes desquelles oppositions, c'est assavoir une opposition faicte par Pierre de Mongenin, escuier, curateur de Jacotin de Renty, par laquelle il prétendoit estre paié sur aucuns desdits héritaiges criez de cent vielz escus d'or de rente et des arreraiges d'icelle rente, n'estoit encores widée, iceluy nostre procureur général, le vingt-quatrième jour de décembre derrenier passé, an mil quatre cent quarante-cinq, eust obtenu nos autres lettres données à Saint-Pourcien, par lesquelles eussions mandé à nosdits conseillers du trésor que, nonobstant lesdictes appellacions et autres faictes ou à faire et les oppositions des opposans qui seulement s'estoient opposez ou opposeroient pour rentes, ypothèques ou debtes mobiliaires, et sans préjudice d'icelles, qu'ils procédassent à l'adjudication et délivrance des décrets desdits héritaiges par la forme et manière accoustumée, à la charge des procès desdittes appellations et oppositions, et sauf à discuter desdictes appellations et oppositions aussi bien après ledit décret adjugé que devant, pourveu que aucune adjudication ne feust faicte des héritaiges dont debat estoit, est ou sera, sur la distraction des propres héritaiges qui furent et appartindrent à ladicte feue Macée, jadis femme dudit Jaques Cuer, comme par nos autres lettres puet apparoir, desquelles la teneur s'ensuit.

CHARLES, par la grace de Dieu roy de France, à nos amés et feaulx conseillers sur le fait de la justice de nostre trésor à Paris, salut et dilection. Nostre procureur en iceluy nostre trésor nous a exposé que, par arrest donné de nous à Lezignen, etc. Par vertu duquel arrest, etc., ont esté mis en nostre main et en criées et subhastacions les héritaiges et biens immeubles dudit Jaques Cuer; ausquelles criées pluseurs se sont opposez, et entre autres nostre amé et féal conseil Jehan d'Estampes, évesque de Carcassonne, Robinet d'Estampes, chevalier, et leurs frères, pour trois cens livres de rente et les arréraiges d'icelle, à quoy ils dient les terres et seigneurie assises ou païs de Puisoye, qui appartenoient audit Jaques Cuer, estre ypothéquées et obligées. Ouquel procès tant a esté procédé que, par vostre sentence et jugement, a esté dit que lesdis d'Estampes et autres qui s'estoient opposez pour rentes ou ypothèques constituez sur lesdits héritaiges mis en criées, prouveroient dedens trois mois l'inféodation ou ensaisinement et perception desdictes rentes; et ou cas qu'ils ne prouveroient dedans lesdits trois mois lesdits inféodation, ensaisinement et perception, que le décret desdits héritaiges seroit adjugié, baillé et délivré au plus offrant et derrenier enchérisseur. A laquelle sentence tous les opposans pour rentes et ypothèques ont acquiescé, excepté lesdits d'Estampes, lesquels, quatre ou cinq jours après ladicte sentence prononcée, ont appellé, et leur appel relevé par devant nous et les gens de nostre grant conseil; et, par vertu de nos lettres de relievement en cas d'appel, vous ont fait faire les défenses au tel cas accoustumées. Et doubte nostredit procureur que, soubz umbre dudit appel et des défenses dessus dictes et des autres opposans auxdictes criées, ou de ceulx qui se pourroient opposer jusques à la délivrance dudit décret, vous différez à procéder à l'adjudication du décret desdis héritaiges criez; par quoy nostredit arrest demourroit illusoire et sans exécution, en la diminution de nos droits et de maine, si comme ledit exposant dit, en nous humblement requerant que, attendu que lesdits opposans se sont opposez pour rentes, ou autres ypothèques seulement, et non pas pour la propriété desdits héritaiges criez, et n'ont intérest que lesdits héritaiges soient adjugiez, sauf à discuter de leur appellation et de leur opposition aussi bien après ledit décret adjugié que devant, nous lui vueillons sur ce pourveoir de remède convenable; pourquoy nous, ces choses considerées, voulans l'exécution de nostredit arrest sortir son effet, vous mandons, et pour ce que par noz autres lettres la congnoissance desdictes criées vous est commise, commettons, que nonobstant les dictes appellations et autres faictes ou à faire, et les oppositions des opposans qui seulement se seroient opposés ou opposeroient pour rentes, ypothèques ou debte, mobiliaires, et sans préjudice d'icelle, procédez à l'adjudication et délivrance des décretz desdis héritaiges, si les enchérisseurs requièrent iceulx decretz leur estre adjugiés, à la charge des procès desdictes appellations ou oppositions, et sauf à en discuter aussi bien après ledit décret adjugé que devant; pourveu toutes voyes que des héritaiges dont débat sera sur la distraction des propres héritaiges de la feue femme dudit Jaques Cuer, aucune adjudication ne soit faicte; car ainsi nous plaist-il estre fait; nonobstant quelsconques lettres subreptices, impétrées ou à impétrer, à ce contraires. Donné à Saint-Porcien, le vingt-quatriesme jour de décembre, l'an de grace mil quatre cent quarante-cinq, et de nostre règne le trente-quatriesme. Ainsi signé : Par le roy, à la relation des conseillers, ses Vergiers.

Et il soit ainsi que desdictes terres et seigneuries déclairées ès criées dessus incorporées ne feust aucun débat sur la distraction d'iceulx comme dit est, et pour ce iceulx noz conseilliers du trésor, pour procéder meurement à l'adjudication du décret desdictes terres et seigneuries, eussent fait faire, en l'auditoire d'iceluy trésor, une criée desdictes terres et seigneuries en la manière accoustumée, comme par autres lettres de nosdis conseillers du trésor, desquels la teneur s'ensuit, puet apparoir :

Les conseillers du roy nostre sire sur le fait de la justice de son trésor à Paris, à tous ceulx qui ces présentes lettres verront, salut. Savoir faisons que le jour de la date de ces présentes, Olivier Rodant, commis à exercer l'office de huissier dudit trésor, a crié, publié et fait assavoir, de par le roy nostredit seigneur et nous, en l'auditoire d'iceluy trésor, en la manière accoustumée, que, s'il y avoit aucun ou aucuns qui voulsissent demander, prétendre ou réclamer aucun droit sur les terres et seigneuries de Saint-Fargeau, La Vau, la Couldre, Perreuse, Champignoilles, Mezilles, La Villeneufve lez Genets, Saint-Morise-sur-l'Averon, Lenfrenot, Melcroy, Fontenailles et la baronnye de Toussy, avecques toutes leurs appartenances et appendences plus à plain déclairées et criées sur ce faictes, comme aïant appartenu à Jacques Cuer, nagaires argentier dudit seigneur, ou soy opposer aux criées d'icelles terres et seigneuries, ou lesdictes terres et seigneuries enchérir et mettre à greigneur pris que de la somme de vingt mil escuz d'or, à quoy monseigneur Anthoine de Chabannes, comte de Dampmartin, et seigneur de Blancfort, les a mis à pris, vensist et comparust présentement, et il seroit oy et receu, ou sinon jamais n'y seroit oy ne receu, mais seroient lesdictes terres et seigneuries adjugées au plus offrant et derrenier enchérisseur. A laquelle criée aucun n'est apparu qui se soit opposé ne qui icelles terres et seigneuries ait enchéry ne mis à greigneur pris que de ladicte somme de vingt mil escuz d'or. De laquelle criée le procureur du roy nostredit seigneur audit trésor, demandeur et poursuivant lesdictes criées, nous a requis lettres pour lui valoir ce que de raison, pour lesquelles nous lui avons octroyé ces présentes. Donné à Paris, audit trésor, soubz noz signez, le trentiesme et pénultime jour de janvier, l'an mil quatre cens cinquante et cinq. Ainsi signé : J. DE BAILLY.

Ausquelles criées n'est apparu aucun qui icelles terres et seigneuries, déclairées plus à plain èsdictes criées, ait enchéry ne mis à greigneur pris que de ladicte somme de vingt mil escuz d'or, à quoy ledit comte de Dampmartin les a mis à pris.

Savoir faisons que veu par nosdis conseillers du trésor lesdictes criées, sentences, arrests, déclaration et autres lettres dessus incorporées, et tout veu et considéré ce qui faisoit à veoir et considérer en ceste partie, iceulx noz conseillers du trésor par leur sentence diffinitive, décrets judiciaulx et à droit, ont adjugé, vendu, baillé et délivré lesdictes terres et seigneuries de Saint-Fargeau, La Vau, la Couldre, Perreuse, Champignoilles, Mezilles, La Villeneufve lez Genets, Saint-Morise-sur-l'Averon, Lenfrenot et Melcroy, Fontenailles et la baronnye de Toussy, avec leurs appartenances et appendences plus à plain déclairées èsdictes criées, à iceluy nostre bien amé Anthoine de Chabannes, comte de Dampmartin, seigneur de Blancfort et grant-pannetier de France, pour ledit pris et somme de vingt mil escus d'or, comme au plus offrant et derrenier enchérisseur, à la charge des droits seigneuriaulx et fonsiers, et aussi aux charges cy-après déclairées; c'est assavoir ladicte seigneurie de Saint-Fargeau, de huit livres tournois de rente envers nostre amé Jehan de Chaumont, escuyer ; icelle seigneurie de La Vau, de vint livres tournois de rente envers les religieux, prieur et couvent de Bonney sur Loire; ladicte

JUGEMENT RENDU CONTRE JACQUES COEUR.

seigneurie de Saint-Morise et la seigneurie de Beauplessie, d'un muy de blé, moitié froment et moitié seigle, envers Robert Sarradin, prestre, prieur, curé de Chasteau-Regnart, de rente par chacun an ; et aussi ladicte seigneurie de Beauplessie, de dix-sept livres tournois de rente envers Jehanne Thiessarde, damoiselle, vefve de feu Jehan Chanteprime, et par avant vefve de feu Françoys de Vilvys, de la ville de Sens, tant en son nom que comme tuteresse légitime, et ayant la garde, gouvernance et administration de Denisete de Vilvys, mineur d'ans, sa fille, Gille de Goudry et Estienne Matignon, tuteurs et curateurs de ladicte Denisete ; et Jaques Lenormant, espicier et bourgeois de Paris, et Marie de Vilvys, sa femme, à cause d'elle ; lesdictes Marie et Denisete sœurs, filles et héritières dudit feu de Vilvys et aussi filles de ladicte vefve. Et aussi lesdictes seigneuries dessus déclairées à la charge, chacun en droit soy, des arréraiges desdictes rentes escheuz depuis l'arrest par nous donné contre ledit Jaques Cuer, ledit vingt-neufviesme jour de may, l'an mil quatre cents cinquante et trois, et à la charge de la discution des appellations et oppositions de nostredit conseiller l'évesque de Carcassonne et ses frères, et aussi de la discution de l'opposition d'icelluy Pierre de Mongenin, escuier, curateur dudit Jacotin de Renty, aussi escuier, et des procès sur icelles appellations et oppositions ; et sauf à discuter d'icelles appellations et oppositions aussi bien après ledit decret adjugié que devant ; pour desdictes terres et seigneuries et leurs appartenances joïr et user par ledit comte de Dampmartin, ses hoirs, successeurs et aïans cause, héréditablement et à perpétuité, aux charges dessusdictes.

Si donnons en mandement par ces présentes aux baillis de Sens, de Montargis et d'Auxerre, et à tous noz autres justiciers ou à leurs lieuxtenans et à chacun d'eulx si comme à luy appartiendra, qu'ilz fassent commandement de par nous aux seigneurs desquelz lesdictes terres et seigneuries dessus déclairées avecques leurs appartenances et appendences sont tenues et mouvans en fief ou en censive, et aux gardes de leurs justices, que ledit comte de Dampmartin ils reçoivent à homme et à foy et hommaige, et le mettent ou facent mettre en possession et saisine desdictes terres et seigneuries et leurs appartenances et appendences à lui adjugées par nosdis conseillers du trésor, et en facent, souffrent et laissent ledit comte de Dampmartin joïr et user plainement et paisiblement sans lui faire ou donner, ne souffrir estre fait ou donné, aucun destourbier ou empeschement au contraire, en eulx païant de leurs droicts et devoirs seigneuriaulx, s'aucuns en sont pour ce deubz, se jà payez ne sont ; et ou cas que lesdis seigneurs ou aucuns d'eulx seroient de ce faire refusans, délayans ou en demoure, nous mandons et commettons par ces mesmes présentes à nosdis juges ou à leursdis lieuxtenans, et à chacun d'eulx, que ledit comte de Dampmartin ilz reçoivent à homme et à foy et hommaige, et le mettent en saisine et possession desdictes terres et seigneuries avec leurs appartenances et appendences à luy adjugées par nosdis conseillers du trésor, et d'icelles le facent joïr par la manière dessusdicte, en paiant ou en consignant en main de justice lesdis droicts et devoirs seigneuriaulx. En tesmoing de ce nous avons fait mettre nostre scel à ces présentes. Donné à Paris le trentiesme et pénultime jour de janvier, l'an de grace mil quatre cents cinquante et cinq, et de nostre règne le trente-quatriesme.

Au bas de cet acte pend le sceau du roi.

NOTE

SUR LA MAISON DES FRÈRES L'ALEMANT,

Dont il est parlé dans le procès.

Cette maison, bâtie à Bourges dans le même style que la maison de Jacques Cœur, est ainsi que cette dernière parfaitement conservée. La ville vient de l'acheter pour placer son musée. Le cabinet de travail des frères l'Alemant est fort élégamment sculpté ; cet hôtel relevait de trois paroisses, et à cette occasion on a gravé dans l'une des pièces l'inscription qui suit :

Des Alemans l'hotel
Se peult donner loz tel.

Jadis pour moy trois curés prindrent cure
A estriver qui m'auroit en son cure ;
Mais en l'an mil dix et huit et cinq cens
Nostre prélat, qui eut bon et sain sens,
Les accorda d'une façon nouvelle ;

Car par arrest finitif leur revelle:
Que chascun d'eulx en son an me tiendra;
Dont Sainct-Bonnet le premier obtiendra;
Sainct-Jehan des Champs le suyvra de bien près;
Puis La Fourchault viendra dernier après;
Et pour jouyr sans l'ung l'autre ennuyer,
Commanceront droict au moys de janvier
Qui ouvre à tous la porte de l'année.
O! bon lecteur, par cest chose ordonnées
Venter te peulx, quelque part où paroisses,
D'avoir trové maison de troys parroisses.

BULLE
DU PAPE NICOLAS V,
EN FAVEUR DE JACQUES CŒUR.

(1452).

Nicolaus, episcopus, servus servorum Dei, dilecto filio nobili viro Jacobo Cordi, argentario regis Francie, salutem et apostolicam benedictionem. Sincere devotionis affectus quem ad nos et Romanam geris Ecclesiam non indignè meretur ut ea tibi favorabiliter concedamus, perque, sublatis quibusvis dispendiis tuis tuorumque, sævis et indemnitatibus, valeat salubriter provideri. Cum itaque sicut exhibita nobis nuper pro parte tua petitio continebatur, tu pro nonnullis tuis et aliis peragendis negociis cum quatuor galeris, seu galeaciis per diversarum mundi partium maria navigare et ad portus, civitates, terras, ac loca ad nos et Romanam Ecclesiam pertinentia personaliter accedere, seu aliquos ex infra scriptis, cum rebus bonis et mercantiis, aut pro emendis victualibus et aliis necessariis transmittere intendas, sed id efficere pertimescas, nostra licentia seu fiducia desuper non obtenta; nos, tue et infra scriptorum tuorum securitati providere volentes, tuis in hac parte supplicationibus inclinati, tibi et Guillermo Gimardi, nostre domine sancti Michaelis, ac Joanni du Village, Magdalene et Joanne Forest, nostre domine sancti Jacobi, necnon Gallardeto de la Fargor nostre domine sancti Dionisii, seu galearum patronis dilectis filiis, eorumque scriptoribus, subscriptoribus, comitibus et subcomitibus, marineriis, sociis, nautis aliisque officialibus, galeotis, mercatoribus et eis servientibus ac quibuscumque in eisdem galeris existentibus, laïcis et ecclesiasticis omnibusque aliis familiaribus negociorum gestoribus, factoribus et procuratoribus, ubilibet commorantibus, presentibus et futuris, ac cuilibet ipsorum cujuscumque status, gradus, ordinis, nobilitatis et conditionis, ac quotcumque numero fuerint, ad portus, civitates, terras et loca quecumque ad nostram dictam Ecclesiam pertinencia, accidendi ibidemque permanendi et pro libito recedendi quomodocumque, quandocumque et quotiemcumque volueris et voluerint, tam in personis quam in rebus et bonis ac mercantiis omnibus, plene securitatis licentiam et validumque salvum-conductum, auctoritate apostolica et certa scientia, tenore presentium concedimus pariter et indulgemus; universos et singulos ad quos presentes littere nostre pervenerint eorum serie paternos affectus requirentes et hortantes in Domino; subditis vero nostris et galearum aliorumque navigiorum patronis, necnon gentium armigerarum nostrarum capitaneis, officialibusque nostris districte precipiendo mandantes, quatenus te et patronos ac ceteros supradictos, et quemlibet ipsorum, cum galeis seu galeaciis aliisque navigiis, personis, rebus, bonis et mercantiis quibuscumque eorum per nostra maria, provincias, civitates, terras, loca, portus, flumina, pontes et passus quelibet, inveniendo stando et recedendo quoties venire, stare seu recedere ad quecumque loca te et alios supradictos, conjunctim vel separatim, transire contigerit, pro nostra et dicte sedis reverentia benigne commendatos habentes, tuam et aliorum supradictorum, vel alicujus ipsorum, personas, mercantias, res et bona, quavis occasione vel causa seu ad cujuscumque instantiam arrestare, detinere seu aliqua alia molestia vel offensione afficere per se vel alios, directe vel indirecte, quovis quesito colore, occasione vel causa, non presumant, sed potius benigne tractant ac tute accedere morari et recedere permittant, ac tibi et illis, necnon cuilibet ipsorum de recepta scorta securo conductu et omni grata tractatione providere, ac victualia et alia tibi et aliis prefatis necessaria pro condecenti pretio vendere, prout a te et aliis supradictis eos requirere contigerit; ut ex inde apud nos et sedem ipsam possint merito commendari presentibus usque ad nostrum et sedis apostolice beneplacitum; ac donec et quousque hujus modi bene placiti revocatio tibi et cuilibet predictorum intimata fuerit, et post intimationem hujusmodi per tres menses valituris, non obstantibus privilegiis apostolicis, statutis quoque et consuetudinibus, etiam municipalibus civitatum, terrarum et locorum predictorum, juramento, confirmatione apostolica vel quacumque firmitate alia roboratis. Quibus omnibus et singulis etiam si quis ad illorum derogationem de ipsis eorumque totis tenoribus, de verbo ad verbum, presentibus habenda foret mentio quoad premissa expressa, serie expresse derogamus ; quodque etiam forsan tu et alii supradicti talia commisisses et commisissent propter quorum in premissis non expressionem ipse presentes de surreptione seu invaliditate aliqua valerent impugnari, ceterisque contrariis quibuscumque.

Nulli ergo omnino homini liceat hanc paginam nostre concessionis, indulti, requisitionis, hortationis, mandati et derogationis infringere vel ei ausu temerario contra ire. Si quis autem hoc attentare presumpserit, indignationem omnipotentis Dei et beatorum Petri et Pauli apostolorum ejus se noverit incursurum.

Datum Rome, apud sanctum Petrum, anno Incarnationis dominice millesimo quadringentesimo quinquagesimo secundo, tertio nonarum maii, pontificatus nostri anno sexto [1].

(1) Extrait des archives du monastère de Saint-Victor-lez-Marseille, couverture d'un cahier cote n° 656, déposé dans les archives de la préfecture, à Marseille, et conforme à la copie qui m'a été envoyée par l'archiviste.

FIN DE L'APPENDICE ET DU VOLUME.

TABLE DES MATIÈRES

CONTENUES DANS CE VOLUME.

Dédicace à M. de Salvandy. . . . . vij
Notice sur Jacques Du Clercq. ix
Notice sur Jean Lefèvre de Saint-Remy. . . . . xj

MÉMOIRES DE JACQUES DU CLERCQ.

Pages.

Préface et intention de l'auteur. 1

LIVRE PREMIER.

Comment le roy de France Charles, VII° de ce nom, conquesta toute la Normandie et le pays de Guyenne et de Bourdelois.

1448. CHAP. I. Comment les Anglois prindrent Fougières en Bretaigne; et des seigneuries que les Anglois possessoient en France. 2

— CHAP. II. Comment le roy de France envoya signifier au duc de Sombreset que la ville de Fougières luy feust rendue et restituée avec touts les biens qui avoient esté prins dedans. 3

— CHAP. III. Comment la ville et chastel du Pont-de-l'Arche feurent prins des gents du roy de France par subtylle voye; et comment le seigneur du pays de Bretaigne promit de servir le roy de France. . . ib.

1449. CHAP. IV. Comment Conacq et Sainct-Marguerin, au pays et sur les marches de Bourdelois, feurent prinses, et Gerberoy en Beauvoisin. 4

— CHAP. V. Comment la ville de Conches feut prinse; et des ambassades de par les Anglois quy vindrent devers le roy. . . . . ib.

— CHAP. VI. Comment la guerre recommença entre les roys de France et d'Angleterre, et feurent toutes trefves rompues. 5

— CHAP. VII. Comment la ville de Vernoeul feut prinse par ung molnier, et le chastel assiégé. . . . . ib.

— CHAP. VIII. Comment la tour de Vernoeul feut assiégée, et du secours que le seigneur de Tallebot leur cuida faire; et comment le roy de France entra en Normandie pour secourir ceulx du siège; et comment la ville de Pont-Eau-de-Mer feut prinse par les François. . . . . ib.

— CHAP. IX. Comment le roy de France arriva à Vendosme et à Chartres; et comment Sainct-James de Buveron feut assailly et puis prins; et de ceulx de la tour de Vernoeul quy se rendirent au roy. . . . 6

— CHAP. X. Comment la cité de Liseulx, Noeufchastel et ceulx de la ville de Mante, se rendirent au roy; et de l'entrée du roy à Vernoeul; et comment le chastel de Vogny feut remis en l'obéissance du roy. . . 7

— CHAP. XI. Comment les villes de Vernon sur Saine, Gournay et le chastel d'Essay feurent mis en l'obéissance du roy de France. . . . . ib.

1449. CHAP. XII. Comment Fescamps, le chastel de Harecourt, le chastel de Chambrois et la Roche-Guyon feurent rendus au roy. 8

— CHAP. XIII. Comment le duc de Bretaigne entra en Normandie et meit en l'obéissance du roy les villes de Coustances et de Saint-Loup; et le duc d'Allençon print la ville d'Allençon. . . . . ib.

— CHAP. XIV. Comment le comte de Foix se partit de son pays et alla mectre le siége devant Mauléon, et comme le roy de Navarre vint pour cuider lever le siége, puis s'en retourna sans rien faire, et se rendit la ville au comte de Foix; et du sieur de Luce qui se rendit François atout six cents combattants. . . . 9

— CHAP. XV. Comment le chastel d'Yevres se rendit François; de la prinse des ville et chastel d'Argentan; et comment le roy de Cécille et son frère vindrent servir le roy de France; et du siége qui feut mis devant le Chastel-Gaillard. . . . . ib.

— CHAP. XVI. Comment la ville de Gisors feut mise en l'obéissance du roy, et comment le roy et toute son armée alla devant Rouan pour sommer de rendre la ville. 10

— CHAP. XVII. Comment les François cuidèrent entrer en la ville de Rouan par le moyen d'aulcuns de la ville, mais le seigneur de Tallebot les rebouta, et en y eut plusieurs morts. 11

— CHAP. XVIII. De la prinse de la ville et cité de Rouan, sauf le palais et le chastel. . . . . ib.

— CHAP. XIX. Comment le roy de France feit mectre le siége devant le palais de Rouan, et comment le palais lui feut rendu. 13

— CHAP. XX. Comment le roy feit son entrée en la cité de Rouan, et comme il y feut receu. 14

— CHAP. XXI. Comment le duc de Bretaigne print Gournay, Reneville, le pont d'Oire, la Haye du pays de Valoingnes, et aultres villes en la Basse-Normandie et en Coustantin, et Fougières. 16

— CHAP. XXII. Du siège qui feut mis devant Harfleur, et comment la ville feut rendue; puis parle de l'armée que feit le comte de Foix; et comment il assiegea le Chastel-Guisant; et comme il défeit les Anglois, et en y eut, que morts que prins, environ douze cents. . . ib.

— CHAP. XXIII. Du siège de Honnefleur, et comme elle fut rendue; et des ville et chastel de Ballesmes, que le duc d'Allençon assiégea et print; et de la ville de Fresnay quy se rendit par composition. 17

— CHAP. XXIV. De la bataille de Fourmigny, où les Anglois feurent desconfits, et en mourut trois mille six cents soixante-quatorze. . . . . ib.

TABLE DES MATIÈRES

1450. CHAP. XXV. Comme la ville de Vires et aultres villes feurent mises en l'obéissance du roy de France; et du siége mis debvant la cité de Bayeulx; et comme on l'assailfit par deulx fois, et enfin feut rendue par composition. 19

— CHAP. XXVI. Comment les François prinrent Bricquebecq et Valloingnes; et du siége quy feut mis debvant Sainct-Saulveur-le-Vicomte, et comme enfin la ville feut mise en l'obéissance du roy de France. 20

— CHAP. XXVII. Comment les François meirent le siége debvant la ville de Caen et comme ils gaignèrent ung boullevert. ib.

— CHAP. XXVIII. Comme le roy de France se partit d'Argentan, et alla au siége debvant Caen, et comme les François assaillirent le boullevert et le prindrent. 21

— CHAP. XXIX. Comment ceulx de Caen feurent leur traictié devers le roy, et comme ils luy délibvrèrent les ville et chastel où estoit le comte de Sombreset, lequel, sa femme, ses enfants et touts ceulx de leur compagnie, feussent Anglois ou aultres, s'en allèrent, leurs corps et leurs biens saulfs. ib.

— CHAP. XXX. Comment le roy de France se partit de l'abbaye d'Ardaine et entra en la ville de Caen. 22

— CHAP. XXXI. Comment le siége feut mis devant Fallaise, et des assaults que les Anglois feirent, mais enfin feurent reboultés. 23

— CHAP. XXXII. Comment le roy de France alla en personne au siége de Fallaise, et aveques luy plusieurs seigneurs, et comment ils se logèrent. ib.

— CHAP. XXXIII. Comment le siége feut mis par les François devant Chierbourg; et comment Fallaise feut rendue et mise en la main du roy de France. ib.

— CHAP. XXXIV. Du siége quy feut mis devant Donfort, et comme elle feut rendue au roy de France; et de la mort de François, duc de Bretaigne. 24

— CHAP. XXXV. Comment le seigneur de Cottivy, admiral de France, et le bailly de Troyes feurent tués durant le siége de Chierbourg, et comme la ville feut mise en l'obéissance du roy de France. ib.

— CHAP. XXXVI. Comment, après que le roy eust conquis tout le pays de la Normandie, il envoya ses gents d'armes en Guyenne; et des gents de guerre qu'il laissa pour garder ledict pays de Normandie, puis s'en retourna en sa ville de Tours. ib.

— CHAP. XXXVII. Des graces que le roy rendit à Nostre Seigneur; et ordonna chascun, en la mémoire de la victoire que Dieu luy avoit envoyée, faire processions générales par tout son royaulme, quy se feroient le quatorziesme jour d'aoust; et de l'ordonnance des gents d'armes et de leurs habillements. 25

— CHAP. XXXVIII. Comment le seigneur d'Albreth desconfit ceulx de Bourdeaulx, et en occit quinze cents, et prit prisonniers douze cents; et de la prinse de maistre Jean Panchoux, recepveur général du roy, et de sa condampnation. 26

— CHAP. XXXIX. Comment Pierre de Bretaigne feit honneur au roy de la duchié de Bretaigne; et comment le roy envoya le comte de Dunois avec armée au pays de Guyenne; et de la rendition du chastel de Montguyon et de la ville de Blaye. ib.

— CHAP. XL. Comment tout à ung mesme temps le comte de Dunois assiégea la ville et chastel de Bourg, le comte d'Albreth assiégea la cité d'Arques, le comte d'Arminacq assiégea Rion, le comte de Ponthièvre assiégea Chastillon en Pierregort; et feurent toutes ces places rendues au roy de France. 28

1451. CHAP. XLI. Comment le comte de Dunois envoya mectre le siége devant le chasteau de Fronsacq, en tenant le siége qu'il avoit mis à Bourg for quy de gents de traict; et feit savoir à ceulx de Libourne d'eulx rendre; et comme plusieurs places se rendirent au roy de France. 29

— CHAP. XLII. Comment la ville de Bourdeaulx feut mise et rendue en la main du roy de France; et de l'entrée que feirent les gens du roy en ladicte ville de Bourdeaulx. 30

— CHAP. XLIII. Comment le siége feut mis debvant la cité de Bayonne, et des seigneurs quy y vindrent; des saillies et assaults quy y feurent faicts. 32

— CHAP. XLIV. Comment la ville de Bayonne, par appoinctement, se rendit au roy de France; et d'une croix blanche quy feut veue en l'air dessus la cité; et des Biscayens quy vindrent en l'aide du roy. 33

— CHAP. XLV. De l'entrée du comte de Dunois, comme lieutenant du roy de France, en la ville et cité de Bayonne. 34

— CHAP. XLVI. Comment l'empereur Frédéricq espousa pour femme la fille du roy de Portugal; et du discord quy feut en Angleterre pour le gouvernement du royaulme entre le duc d'Yorck et le duc de Sombreset; et de l'ambassade du pape. ib.

APPENDICE du livre I. Sur les guerres d'Angleterre. — Avertissement. 35

Préface de l'auteur. ib.

1448. CHAP. I. Du discord quy feut entre le duc d'Yorck et le duc de Sombreset, pour le gouvernement du royaulme, et de la mort dudict duc de Glocestre, et exil du duc d'Yorck. ib.

— CHAP. II. Du capitaine apostat et de petit lieu quy esmeut une partie de la commune d'Angleterre contre les nobles, et comment plusieurs princes et seigneurs feurent par luy mis à mort et descapités; et en la fin comment il feut occis. 36

1450. CHAP. III. Comment le duc d'Yorck feut rappellé, et feut régent d'Angleterre, et eut le gouvernement du royaume, et de la mort du duc de Sombreset. 37

— CHAP. IV. Comment le roy d'Angleterre rentra au gouvernement du royaulme, et comment le duc d'Yorck et touts ses alliés feurent bannis d'Angleterre, et leurs terres saisies. ib.

— CHAP. V. Comment le duc d'Yorck, par bataille, oit le gouvernement d'Angleterre, et comment il mourut en bataille. 38

— CHAP. VI. Comment la royne oit le gouvernement d'Angleterre, et feit bannir Edouard, fils du duc d'Yorck; comment ledict Edouard, comte de la Marche, desconfit la royne et apréhenda le royaulme. ib.

LIVRE DEUXIÈME.

Cy-après s'ensuivent les chapitres du second livre, lesquels contiennent tout au long les guerres quy feurent entre Philippes, duc de Bourgoingne, comte de Flandres, et entre ceulx de Gand, quy durèrent environ deux ans.

1451. CHAP. I. Comment et pour quelle cause Philippes, duc de Bourgoingne, de Brabant, de Lothiers, de Lembourg et de Luxembourg, comte de Flandres, etc., requit aulx quatre membres de Flandres certaine imposition sur le sel, quy feut la cause pourquoy la guerre sourdit d'iceluy duc contre les Gantois. 39

1451.—CHAP. II. Comment la ville de Bourdeaulx et de tous les pays de Bourdelois feurent mis en la main des Anglois. 40

1452. — CHAP. III. Comment, après que le pays de Bourdelois feut ainsy retourné au roy d'Angleterre, vindrent derechief plusieurs capitaines audict pays; comment le roy envoya desfier le duc de Savoye, et de l'accord quy feut faict entre le roy de France et ledict duc. 41

— CHAP. IV. Cy commence à parler de la mortelle guerre quy feut entre Philippes, duc de Bourgoingne, comte de Flandres, et ceulx de la ville de Gand, ses subjects, et premier comment la guerre commença. 42

— CHAP. V. Du mandement des gents d'armes que feit le duc de Bourgoingne. ib.

— CHAP. VI. Comment les trois membres de Flandres, avecques ung notable homme et deulx des Chartreulx de Gand, vindrent à Bruxelles devers le duc de Bourgoingne pour traictier la paix des Gantois; cependant ils assiégèrent Audenarde. 43

— CHAP. VII. De la grande assemblée que le duc de Bourgoingne feit quand il sceut que ceulx de Gand estoient vuidiés pour assiéger Audenarde; et les noms d'aulcuns seigneurs quy le vindrent servir; et comment ils gaignèrent le pont de Pierre et occirent plusieurs Gantois. ib.

— CHAP. VIII. Des nobles hommes et seigneurs quy vindrent à Grandmont, où le duc estoit, pour le servir en armes, moult noblement accompaigniés; et comment le comte d'Estampes leva le siège de devant Audenarde, et des chevaliers quy y feurent faicts, et de la grande multitude des Gantois quy y moururent. 44

— CHAP. IX. Comment on vint dire au duc que les Gantois levoient leur camp et siège d'Audenarde; lequel duc, non sachant ce que le comte avoit faict, se partit de Grandmont et les poursuivit, toujours tuant, jusqu'à Gand, et comment ceulx de Gand feirent décappiter leurs huyguemans, et en feirent cinq nouveaux. 45

— CHAP. X. Des garnisons que le duc meit ès villes prochaines de Gand; et de plusieurs courses que les gents d'armes du duc feirent jusques aux portes de Gand. 46

— CHAP. XI. De la vaillance de messire Jacques de Lallaing; et comment il entra premier au pays de Wast, quy estoit moult fort pays. ib.

— CHAP. XII. Comment le comte de Sainct-Pol entra au pays de Wast, et des chevaliers quy y feurent faicts. 47

— CHAP. XIII. Des bastilles et boulleverts que les Gantois oirent faict à Nivelles, en Flandres; et comment le comte d'Estampes les conquesta par force, et des morts quy y feurent tant d'ung costel que d'aultre. 48

— CHAP. XIV. Comment le duc Philippes de Bourgoingne s'appareilla pour entrer au pays de Wast, et comment les Gantois cuidèrent rompre une digue sur la mer, pour noyer ledict duc et ses gents et tout le pays de Wast. ib.

— CHAP. XV. De la bataille de Rippelmonde, et comment Cornille, fils bastard du duc de Bourgoingne, y feut tué, et comment aussy les Gantois feurent desconfits. 49

— CHAP. XVI. Comment une grande compagnie de Hollandois vindrent en l'ayde du duc de Bourgoingne, et comment ledict duc commanda ardoir le pays de Wast,

et comment ceulx d'Acres laissèrent leurs boulleverts; et feut ladicte ville arse. 50

1452. CHAP. XVII. Des ambassadeurs que le roy de France, Charles septiesme de ce nom, envoya devers ledict duc, pour mectre traictié de paix entre le duc et ceulx de Gand. ib.

— CHAP. XVIII. De la response que le duc feit aux ambassadeurs du roy, et comment trefves feurent données trois jours. 51

— CHAP. XIX. Comment les ambassadeurs du roy de France s'en allèrent à Gand et retournèrent sans rien faire. ib.

— CHAP. XX. Comment Anthoine, fils bastard du duc de Bourgoingne, desconfit les Gantois, et du coustellier quy feut prins et pendu, auquel au retour ceulx de Gand avoient promis de le faire comte de Gand. ib.

— CHAP. XXI. Comment les Hollandois se combattirent à ceulx qui feurent enfuis de Hulste; et comment les Gantois feurent derechief desconfits; et comment Molbecq feut arse. 52

— CHAP. XXII. Comment les ambassadeurs du roy revindrent devers le duc, et du siége que le duc meit devant la ville de Gand; et comment les Gantois envoyèrent prier audict duc d'avoir saulf-conduict de venir vers luy. ib.

— CHAP. XXIII. Comment les ambassadeurs rallèrent à Gand, tant que trefves feurent données de six sepmaines, et comment après ce le duc leva le siége et desfit son armée. ib.

— CHAP. XXIV. Comment les trefves feurent publiées, et comment les Gantois feirent pendre le varlet d'ung hérault que les ambassadeurs avoient envoyé à Gand publier lesdictes trefves. 53

— CHAP. XXV. Comment ceulx de Gand vindrent à Lille et promeirent d'entretenir ce que les ambassadeurs du roy ordonnèrent, et la sentence que les ambassadeurs rendirent. ib.

— CHAP. XXVI. Comment ceulx de Gand ne tindrent point l'ordonnance de la paix, mais recommencèrent la guerre et ardirent Hulste; et comme ung hérault eschappa de Gand. 55

— CHAP. XXVII. Comment les ambassadeurs du roy, quy avoient esté envoyés devers le duc Philippes de Bourgoingne, après ce qu'ils se feussent travailliés, selon que dict est, prindrent congié au duc, et s'en retournèrent; et comme les Gantois ardirent Axelles. ib.

— CHAP. XXVIII. Comment le duc de Bourgoingne rassembla ses osts et feit nouvelle armée, et manda le mareschal de Bourgoingne, et comment ceulx de Gand ardirent la ville de Harlebecq. 56

— CHAP. XXIX. Comment Philippes, duc de Bourgoingne, envoya à Courtray son mareschal de Bourgoingne et le premier capitaine principal de toutes ses gents d'armes, et des garnisons qu'il y meit ès bonnes villes; des ordonnances que feit iceluy mareschal, et des feus quy feurent bouttés. ib.

— CHAP. XXX. Comment messire Jacques de Lallaing feit une course vers Gand, et de la première course que feit le mareschal de Bourgoingne vers icelle ville de Gand. 57

— CHAP. XXXI. Comment Anthoine, bastard de Bourgoingne, alla courre jusqu'à Gand, et comment les Gantois luy coururent sus, et de la fuite que ses gents feirent. ib.

TABLE DES MATIÈRES

Pages.

1452. CHAP. XXXII. Comment le mareschal de Bourgoingne avecques ses gens, feit ardoir Escloot, et comment messire François l'Arragonois reboutta valliamment les Gantois quy estoient venus mectre le siége devant la ville d'Aloste. 58

— CHAP. XXXIII. De la valliance de douze archiers picards, et comment ung des capitaines de la Verde Tente feut prins et esquartelé. 59

— CHAP. XXXIV. Comment messire Jacques de Lallaing secourut son frère messire Philippes, que les Gantois et Anglois cachoient. ib.

— CHAP. XXXV. Comment les Gantois de la Verde Tende bouttèrent les feus au pays de Haynault, et comment messire François l'Arragonois rua jus plusieurs Gantois, et comment aussy plusieurs Anglois de dedans Gand se allèrent rendre au bastard de Bourgoingne. 60

— CHAP. XXXVI. Comment les Gantois envoyèrent devers le comte d'Estampes pour vouloir traictier de paix, et du parlement quy feut faict à Bruges. ib.

— CHAP. XXXVII. Comment les Gantois vindrent assaillir Courtray, et comment le seigneur de Dreulx sortit de la ville. 61

— CHAP. XXXVIII. Comme les Gantois cuidèrent prendre la duchesse de Bourgoingne, et de la valliance d'ung chevallier de Flandres qui olt nom le seigneur de Maldeghem, et de messire Symon de Lallaing. ib.

— CHAP. XXXIX. Comment se feit assemblée, à Seclin, pour cuider traictier la paix des Gantois, et comment Pierre Moreau mena par deulx fois les Gantois à Terremonde, et de l'assault qu'ils y feirent. 62

1453. CHAP. XL. Des feus que les Gantois bouttèrent vers Enghuien et vers Tournay, et comment les gents d'armes du duc estoient maulvaisement payés. 63

— CHAP. XLI. Comment le duc Philippes rassembla ses gents d'armes pour aller à Gand, et comment on cuida ardoir et brusler l'artillerie et amonition dudict duc à Lille. ib.

— CHAP. XLII. Du cruel assault que les Gantois feirent à la ville d'Aloste; de la valliance de messire Loys de Viefville, chevallier; et comment messire Anthoine de Wissocq, chevallier, cuida surprendre l'ost des Gantois. ib.

— CHAP. XLIII. Du traicté qu'on cuida avoir faict à Lille; et comment les pays du duc estoient travailliés tant des gents de guerre du duc comme des tailles. 64

— CHAP. XLIV. Comment le duc envoya le sieur de Croy à Lembourg, et des seigneurs quy allèrent avec luy. 65

— CHAP. XLV. Comment le bailly de Haynault rua jus plusieurs Gantois; de la grande assemblée que le duc feit pour aller vers Gand, et comment il se partit de Lille avec son armée. ib.

— CHAP. XLVI. Comment le duc alla assiéger Herlebecq, et le print, avec ung fort moustier. 66

— CHAP. XLVII. Comment le duc alla assiéger Poucres; et de la mort de messire Jacques de Lallaing, très valliant et hardy chevallier, et comment ledict chastel feut prins, et ceux de dedans pendus et estranglés. ib.

— CHAP. XLVIII. Comment le duc retourna à Courtray, et comment le peuple estoit travaillié pour avoir et lever argent. 67

— CHAP. XLIX. Comment le duc alla assiéger Gaures; et de l'ordonnance dudict duc. ib.

Pages.

1453. CHAP. L. Comment ceulx quy estoient dedans Gaures eurent promesse des Gantois de les secourir, et comment Jean de Vos eschappa de Gaures, et alla quérir les Gantois, et comment ceulx du chastel se rendirent. 68

— CHAP. LI. Comment, à l'admonestement de Jean de Vos, ceulx de Gand vuidèrent en bataille contre le duc leur seigneur. ib.

— CHAP. LII. Comment le duc envoya Charles son fils à Lille, pour le destourber d'estre en la bataille de Gaures, et comment ledict Charles voullut estre en bataille. 69

— CHAP. LIII. Comment le duc se meit pour aller en bataille contre ceulx de Gand, ses mortels ennemis, et de la belle ordonnance qu'il feit; et des nouveaulx chevalliers quy y feurent faicts, et aussy de ceulx quy ce jour levèrent bannière. ib.

— CHAP. LIV. De la mortelle bataille que le duc de Bourgoingne eult contre ceulx de Gand, ses subjects; et comment les Gantois feurent desconfits; et de la grande occision qu'il y olt. 70

— CHAP. LV. Comment le duc envoya ung hérault dedans Gand, et comme les Gantois envoyèrent vers luy requérir miséricorde. 71

— CHAP. LVI. Du traictié de paix de ceulx de Gand avec leur seigneur et prince le duc de Bourgoingne. 72

— CHAP. LVII. Comment les ambassadeurs retournèrent à Gand, et de la joye que iceulx de Lille feirent de ce que leur paix estoit faicte. 73

— CHAP. LVIII. De l'amendise que les Gantois feirent, et comment ils vindrent prier mercy au duc. 74

— CHAP. LIX. Comment le seigneur de Croy et les Picards qu'il avoit avec luy reconquirent ce que les Allemands 'avoient conquis en la duché de Luxembourg, et des trefves quy feurent données. 75

LIVRE TROISIÈME.

Cy commence le tiers livre, où il parle comment le roy de France, la deuxiesme fois, reconquesta Bourdelois, et de la conqueste de Constantinople par le Turc; de la sentence et prinse du duc d'Alençon, et aultres choses quy advinrent jusques en l'an mil quatre cents cinquante-neuf.

1453. CHAP. I. Comment Charles VII° de ce nom, roy de France, alla la deuxiesme fois en Bourdelois, pour reconquester le pays, et de la prinse de la ville de Chalaix en Bourdelois par les François, et du siége quy feut mis devant Chastillon. 75

— CHAP. II. Comment messire Tallebot cuida lever le siége de Chastillon, et comment il y mourut et son fils, et se rendirent ceulx du chastel; et de la grande occision d'Anglois quy feut devant Chastillon. 76

— CHAP. III. Comment Sainct-Million et Libourne se rendirent au roy de France, et de plusieurs places que le comte de Clermont meit en l'obéissance du roy de France. 77

— CHAP. IV. Comment le roy de France meit le siége devant Cadillacq, et le prit d'assault. 78

1453. CHAP. V. De la rendition de la ville de Bourdeaulx assiégée, et de tout le pays de Bourdelois et de Guyenne. 79

— CHAP. VI. Comment le grand Turc assiégea la ville de Constantinople. ib.

— CHAP. VII. De la situation de Constantinople, et comment le Turc, après plusieurs conseils, se résolut d'assaillir Constantinople. 80

— CHAP. VIII. Comment le Turc feit assaillir Constantinople, et de la grande deffense qu'on y feit, et comment elle fut prinse d'assault. 81

— CHAP. IX. Comment la ville de Père se rendit au Turc, et comment aulcuns se saulvèrent et aultres périrent, et de la perte qui feut à Constantinople, et de la façon du Turc. 82

— CHAP. X. Comment le roy de France feit faire deux chasteaux à Bourdeaulx; et comment il olt grande apparence de guerre au royaulme d'Angleterre; et de la prinse du seigneur de l'Espare, et comment il mourut et feut escartelé. 83

— CHAP. XI. Comment le chevallier Blanc occit vingtquatre mille Turcs, et envoya dix-huict Turcs, à savoir : six au pape, six au roy de France, et six au duc de Bourgoingne; et de la condemnation de maistre Guillaume l'Olive, docteur en théologie, comme vaudois. ib.

— CHAP. XII. De la sentence quy feut baillée contre Jacques Cœur, argentier du roy de France, lequel avoit esté faict prisonnier, et depuis eschappé de prison. 84

— CHAP. XIII. Du discord quy feut pour l'éveschié d'Arras. 85

— CHAP. XIV. Comment le pape Nicolas envoya devant le duc Philippes de Bourgoingne ung chevallier avec la copie d'unes lettres que le grand Turc avoit escriptes au pape Nicolas. ib.

— CHAP. XV. De la response que le duc Philippes de Bourgoingne feit au message du pape, et des vœux quy feurent voués, lesquels vœux peu ou néant feurent accomplis. 87

— CHAP. XVI. Comment le duc Philippes de Bourgoingne feit fiancer à son fils la fille du duc de Bourbon, laquelle estoit fille de sa sœur; et comment après ce ledict duc se partit et s'en alla en Allemagne, pour trouver passaige et avoir aide et compagnie pour aller sur les Infidèles. 88

1454. CHAP. XVII. Du marriage du comte de Charrollois à la fille du duc de Bourbon, et comment le duc, quand il retourna en ses pays, feut grandement festoyé et l'honneur que on lui feit. 89

1455. CHAP. XVIII. Des grands subsides et aydes que le duc de Bourgoingne demanda au pays d'Artois et ailleurs en ses pays pour aller guerroyer les Turcs, et de plusieurs incidents. 90

— CHAP. XIX. Comment le duc Philippes de Bourgoingne feit son fils bastard, nommé David, évesque d'Utrech, quy est entre Frise et Hollande; et de la guerre quy s'en esmeut; et comment enfin le duc feit sa volonté, et feut sondict fils évesque, nonobstant qu'il feust évesque de Thérouanne. 91

1456. CHAP. XX. De la prinse du duc d'Allençon, en la ville de Paris, par le commandement du roy; et aultres incidents. 92

— CHAP. XXI. Comment les Turcs feurent desconfits et ruéz, en Hongrie, jus par un noble chrestien, nommé Ovidianus, plus par miracle que autrement, et comment le pape, après ceste victoire, voult que par toute chrestienneté en soit faicte mémoire perpétuelle. 93

1456. CHAP. XXII. Comment Loys, daulphin de Vienne, aisné fils du roy de France, vint à refuge au duc de Bourgoingne, et eschappa des mains de ceulx quy le cachoient; et de plusieurs incidents. 95

— CHAP. XXIII. Comment le duc d'Yorck se combattit au roy d'Angleterre, et y mourut le duc de Sombreset et aultres seigneurs, et reprint le duc le gouvernement du royaulme, et sy feut le roy blescié. 96

— CHAP. XXIV. Du crollement de terre quy feut en Puille, et des cités quy fondirent par icelluy crollement. ib.

— CHAP. XXV. D'une grande destruction des Turcs que feirent les Hongrès au pays de Hongrie. 97

— CHAP. XXVI. Comment le duc de Bourgoingne se courrouça à Charles son fils, et comment despuis le daulphin feit la paix; et de la femme dudict Charles, quy accoucha d'enfant, d'une fille; et de plusieurs aultres incidents. 98

1457. CHAP. XXVII. Comment le duc de Bourgoingne mena le daulphin à Bruges, et de l'honneur que on luy feit, et aultres choses. 100

— CHAP. XXVIII. De la venue de la femme de monseigneur le daulphin devers son mary; et comment aulcuns François se bouttèrent en mer et descendirent en Angleterre, et prindrent Saint-Wicq, ung port en Angleterre, et aultres choses. 102

— CHAP. XXIX. Comment le comte de Sainct-Pol vint devers Philippes, duc de Bourgoingne, pour quéder avoir la main-levée de sa terre d'Enghien; et comment le duc, en la présence dudict comte, luy feit proposer plusieurs crimes par luy faicts, et de la response dudict comte, et d'aultres choses. 103

— CHAP. XXX. De l'ambassade que Lancelot, roy de Hongrie et de Behaigne, envoya devers le roy de France, pour avoir sa fille en mariage; et d'aultres choses. 105

— CHAP. XXXI. Comment nouvelles vindrent en France aulx ambassadeurs, de la mort du roy Lancelot, et du grand dueil que on en feit. 107

— CHAP. XXXII. De la maladie du roy Charles, et de plusieurs aultres choses. 109

— CHAP. XXXIII. Comment, à la requeste de ceulx de Gand, Philippes, duc de Bourgoingne, alla à Gand; et comment ceulx de Gand le receurent honnorablement; et aultres choses. 110

— CHAP. XXXIV. De l'ambassade que le roy Charles envoya devers Philippes, duc de Bourgoingne, pour luy signifier qu'il fust au jour qu'il vouloit rendre la sentence du duc d'Allençon; et aultres choses. 112

1458. CHAP. XXXV. Comment le roy de France envoya dire au duc de Bourgoingne qu'il se déportast de venir à la journée de Montargis, et luy suffisoit qu'il y envoyast trois ou quatre notables personnes, députées de par luy; et de plusieurs aultres choses. 113

— CHAP. XXXVI. De la venue de la femme du comte de Nevers à Lille devers Philippes, duc de Bourgoingne, et de la feste que on luy feit; et aultres choses. ib.

— CHAP. XXXVII. Du lict de justice que le roy Charles tint à Vendosme; et comment le duc de Bourgoingne envoya une ambassade, en partie pour excuser le duc d'Allençon, et prier au roy qu'il eust pitié de luy; et des parolles moult notables que le duc y feit proposer,

TABLE DES MATIÈRES

Pages.

et après, la condempnation dudict duc d'Allenchon; et des vers faicts en rhime que on sema en la cour du duc de Bourgoingne. 116

Copie de ce que les ambassadeurs du duc de Bourgoingne proposèrent devant le roy Charles, en la ville de Vendosme, où il tenoit son lict de justice pour le duc d'Allençon. 118

Copie de la response faicte du roy par la bouche de monseigneur de Coutances aux ambassadeurs du duc de Bourgoingne. 120

Cy-après s'ensuit la copie du *dictum* de l'arrest proféré à Vendosme, le dixiesme d'octobre l'an mille quatre cents cinquante-huict, par le chancellier de France, le roy séant en son siége et accompagné comme dessus est dict, après ce qu'il olt par plusieurs jours tenu son lict de justice. 121

Cy-après s'ensuit la réservation que le roy feit dudict duc d'Allençon et de ses biens. ib.

1458. CHAP. XXXVIII. De la mort d'Alphonse, roy d'Arragon, et des merveilleulx signes quy advinrent environ l'heure de sa mort, et aulcuns jours après; et de la richesse du roy. 122

— CHAP. XXXIX. De la mort du pape Calixte; et comment le pape Pius feut eslue, et aultres choses quy advindrent en icelluy temps. 123

— CHAP. XL. D'une ambassade d'Angleterre quy vint devers Philippes, duc de Bourgoingne; et comment les Anglois prindrent aulcuns vaisseaulx que les Bretons avoient amenés, et allèrent à Estaples, et aultres choses. 125

— CHAP. XLI. De l'obéissance que Philippes, duc de Bourgoingne, envoya rendre au pape Pius, et comment deulx compagnons tuèrent deulx aultres, embastonnés, ainsy comme par miracle; et plusieurs aultres choses. ib.

— CHAP. XLII. De la mort du duc de Bretaigne, et d'une grosse ambassade des Grecqs quy vindrent devers le duc; et comment la paix feut faicte du comte de Sainct-Pol et du duc de Bourgoingne, et aultres choses. 126

— CHAP. XLIII. D'ung hermite nommé Alphonse, hérétique, quy fust ards à Lille, et des grandes erreurs qu'il disolt; et aultres incidents. 128

1459. CHAP. XLIV. D'ung carmois quy feut prins en son église des Carmes-lez-Arras, et comment il rappela les erreurs qu'il avoit preschiées. 129

— CHAP. XLV. De l'ambassade que Philippes, duc de Bourgoingne, envoya à Mantua, où le pape avoit assemblé plusieurs prélats et princes chrestiens, pour conclure sur plusieurs choses touchantes les Turcqs et la foy; et aultres incidents. 130

— CHAP. XLVI. Comment le duc de Bourgoingne envoya le comte d'Estampes à Amiens, pour prendre le vidamme d'Amiens et aultres. 131

— CHAP. XLVII. Comment la femme de monseigneur Loys, fils aisné du roy de France, daulphin de Vienne, accoucha d'ung fils, au chasteau de Genappe, en Brabant; et aultres incidents. 132

— CHAP. XLVIII. De l'armée que le duc de Bourgoingne envoya en Gueldres, pour ayder le fils du duc de Gueldres, son nepveu, contre ledict duc de Gueldres, son père; et comment le comte d'Arminacq s'enfuit de Paris où il estoit prisonnier eslargy, et vint vers ledict duc de Bourgoingne. 134

LIVRE QUATRIÈME.

S'ensuict le quatriesme livre de la présente histoire, auquel est traictié des grandes occisions quy feurent en Angleterre; comment aussy plusieurs en la ville d'Arras feurent prins et aulcuns ards comme Vauldois et sorciers; de la mort du roy de France et du couronnement de son fils, daulphin de Vienne.

Pages.

1459. CHAP. I. Comment la royne d'Angleterre eust bataille contre le duc d'Yorc, et comme le duc de Sombreset cuida prendre Calais et faillit, puis se boutta dedans Guynes, où il fut en grand dangier. 135

— CHAP. II. De la mort de Joachim, fils de monseigneur Loys de France, daulphin de Vienne; et comment Charles, roy de France, envoya en ambassade devers le duc de Bourgoingne le cardinal de Coutances et aultres gents de son conseil; de la proposition que ledict cardinal feit, et comment le duc luy respondict de luy-mesme. 136

— CHAP. III. D'une femme nommée Deniselle, laquelle feut prinse en la ville de Douay, comme vauldoise, et amenée prisonnière en la cité d'Arras ès prisons de l'évesque, laquelle raccusa ung appelé Jean La Vitte, dict Abbé-de-peu-de-sens, et comment aussy ledict abbé feut prins, et les morgues qu'ils tindrent quand ils feurent prins, et aultres incidents. 137

1460. CHAP. IV. Comment la dessusdicte Deniselle, elle cinquiesme de femmes, l'Abbé-de-peu-de-sens, et Jehan le Febvre furent mitrés en preschiés publiquement, puis rendus à la justice laye et ars, leurs corps ramenés en pouldre, comme vauldois; la manière comme ils alloient à la vaulderie, et quelles choses ils faisoient quand ils y estoient, comme il feut dict publicquement; et comme ils se desdisoient touts à la mort. 139

— CHAP. V. Comment le comte d'Erminacq feut banny du royaulme de France; et aultres incidences. 142

— CHAP. VI. Comment, en la ville d'Amiens et de Tournay, on prit plusieurs gents comme vauldois, lesquels après, on laissa aller sans quelque sentence. 144

— CHAP. VII. Comment le seigneur de Beauffort, chevallier, et Jehan Tacquet, bourgeois d'Arras, et aultres, feurent prins comme vauldois. ib.

— CHAP. VIII. Comment encoires, en la ville d'Arras, on preschia comme vauldois, trois hommes avec six femmes, desquels les trois hommes et cinq femmes feurent ards. 145

— CHAP. IX. Comment maistre Anthoine Sacquespée, bourgeois et eschevin de la ville d'Arras, Jehan Josset, aussy eschevin, et Henriet de Royville, et aultres, furent prins comme accusés d'estre vauldois; et comment Martin Cornille, recepveur des aydes du duc de Bourgoingne, et Willaume le Febvre, eschevin de ladicte ville, et Hotin Loys, sergeant, s'enfuirent, pour doubte d'estre prins pour ce cas; et de la grande perplexité en quoy ceulx de la ville estoient; et des preschements que les vicaires feirent preschier; et de ceulx quy feurent commis à interroguier les prisonniers prins comme vauldois. 146

— CHAP. X. Comment Martin Cornille, Willaume le Febvre et Hotin Loys feurent cités comme vauldois; et d'une grosse bataille quy feut en Angleterre des gents du duc d'Yorc contre les gents de la royne d'Angleterre. 147

1460. CHAP. XI. Comment, à la requeste du seigneur de Beauffort, Anthoine Sacquespée, et ceulx quy estoient prisonniers comme Vauldois, on envoya les vicaires de l'évesque devers le duc de Bourgoingne, affin que ledict duc assemblast touts les plus grands clercqs qu'il poiroit trouver, affin de avoir conseil et déterminer ce qu'on feroit desdicts prisonniers; et avecq ce, on envoya quérir plusieurs clercqs aux despends desdicts prisonniers, lesquels vindrent à Arras. 148

— CHAP. XII. D'ung nommé Noël Ferre, natif d'Amiens, lequel feut ards en la ville de Mantes, et la cendre ruée au vent, lequel avoit cogneu d'avoir esté en ladicte vaulderie. 150

— CHAP. XIII. Comment le roy d'Escoce mourut de l'esclat d'une bombarde; et d'une grande orage qu'il feit en Liége et ailleurs; et d'aultres choses. ib.

— CHAP. XIV. Comment ceulx quy avoient porté les procès des prisonniers pour le faict de la vaulderie revindrent; et comment le seigneur de Beauffort feut preschié publicquement; et Jehan Tacquet, Perrotin du Carieulx et Huguet Aubry feurent mitrés et preschiés aussi publicquement, et de leur condampnation. 152

— CHAP. XV. Comment les vicaires de l'évesque d'Arras délivrèrent maistre Anthoine Sacquespée, Henriet de Royville, Jehan Josset, et plusieurs aultres prisonniers accusés pour ladicte vaulderie, ny oncques despuis ne prindrent personne pour ledict cas. 156

— CHAP. XVI. Comment les vicaires d'Arras absouldrent Martin Cornille, lequel ils avoient excommunié comme vauldois. 158

— CHAP. XVII. D'une grosse bataille quy feut en Angleterre entre le duc d'Yorc et les gents de la royne; et comment le duc d'Yorc feut vaincu et prins, et son second fils et le comte de Saleberie descapités. 159

— CHAP. XVIII. Comment Charles, comte de Charrollois, fils de Philippes, duc de Bourgoingne, se vint plaindre audict duc de Bourgoingne, son père, du seigneur de Croy, principal gouverneur dudict duc. 160

— CHAP. XIX. Comment ung huissier de parlement vint en la prison de l'évesque d'Arras, et en tira hors le seigneur de Beauffort, quy le volsist veoir; et aultres choses. 161

— CHAP. XX. D'une josne fille quy feut menée à l'évesque du Mans, pour le travail que l'ennemy luy faisoit, comme elle disoit. 162
Copie des lettres de l'évesque du Mans à dame madame Marie, royne de France, touchant la josne fille. ib.

— CHAP. XXI. Comment ladicte josne fille feut menée devers le conseil du roy de France, et illecq interrogulée par lesdicts conseillers, et après preschiée comme sorcière et corrompue d'homme. 165

— CHAP. XXII. Comment les vicaires d'Arras allèrent à Paris contre le seigneur de Beauffort, par le commandement de l'évesque d'Arras, quy estoit à Rome, ils délivrèrent Huguet Aubry; et comment Martin Cornille revint. 166

— CHAP. XXIII. D'une chose merveilleuse quy advint assez près de Soissons, asscavoir, d'ung prestre quy baptisa ung crapault, et d'ung sorceron qu'on feit, dont quatre personnes moururent. ib.

— CHAP. XXIV. D'une grosse bataille quy feut en Angleterre entre la royne d'Angleterre et Edouard, nouvel duc d'Yorc; et comment les gents de la royne enfin s'enfuirent desconfits; et comment ledict Edouard, duc d'Yorc, se feit couronner roy d'Angleterre. 168

1461. CHAP. XXV. De la feste de l'ordre du Thoison que le duc de Bourgoingne feit à Sainct-Omer, et aultres choses. 170

— CHAP. XXVI. Comment le doyen d'Arras, quy avoit esté cause de faire ardoir ceulx quy avoient esté prins comme vauldois, queit malade et hors de son bon sens; et comment la femme de monseigneur le daulphin se adjust d'une fille. 171

— CHAP. XXVII. Comment plusieurs ambassadeurs de moult divers pays vindrent touts ensemble devers le roy de France et puis devers le duc de Bourgoingne. 172

— CHAP. XXVIII. Comment la cause du seigneur de Beauffort feut plaidoyée en parlement, et ledict seigneur de Beauffort eslargy. ib.

— CHAP. XXIX. Comment Charles, roy de France, septiesme de ce nom, à Meung, emprès de Bourges en Berry, alla de vie en trespas. 174

— CHAP. XXX. Comment le duc de Bourgoingne alla à Avesnes, en Haynault, devers le nouvel roy de France Loys; et comme on y feit le service du roy Charles, et aultres choses. 176

— CHAP. XXXI. Comment le corps du roy Charles feut apporté et mis en sépulture à Sainct-Denys en France. 177

— CHAP. XXXII. Comment le roy Loys feut sacré à Raims, et quels princes estoient avecq luy, et des chevaliers quy y feurent faicts, et aultres plusieurs choses. ib.

— CHAP. XXXIII. Comment le roy Loys de France entra en la ville de Paris après son sacre, et comment le duc de Bourgoingne alla noblement accompaigné allencontre de luy, et des noblesses quy y feurent. 180

— CHAP. XXXIV. Des officiers que le roy renouvella, et comment il se partit de Paris, et comme il prit congié au duc de Bourgoingne, et comme ledict duc le reconvoya, et des parolles que le roy dit au duc de Bourgoingne au prendre congié. 186

— CHAP. XXXV. Comment le duc de Bourgoingne se partit de Paris et s'en retourna en ses pays. 187

— CHAP. XXXVI. Comment la communauté de la cité de Raims s'esmeut, pour les subsides et gabelles quy régnoient, et meirent aulcuns de ceulx quy les recepvoient à mort, et comment ils en feurent punis. 188

— CHAP. XXXVII. De plusieurs signes quy feurent veus en la ville d'Arras. 189

— CHAP. XXXVIII. Comment Charles, fils du duc de Bourgoingne, alla veoir le roy Loys, et comment il se perdit à la chasse, et du deuil que le roy en faisoit, et aultres choses. 191

— CHAP. XXXIX. Comment la dame de Thyembrone feut meurdrye à Hesdin par son beau-fils, et d'ung maulvais faict que feit messire Loys de la Vicfville, et comment il mourut, et aultres choses. 193

— CHAP. XL. Comment le duc de Bourgoingne feut fort malade, et des prières et processions qu'on en feit, et aultres choses. 194

1462. CHAP. XLI. De la nativité du fils du duc d'Orléans; de la mort de Jehan Toustain, premier varlet de chambre du duc de Bourgoingne, que le comte de Charrollois feit descapiter, pour tant qu'il l'avoit cuidé faire mourir par poison, et aultres choses. 196

— CHAP. XLII. Comment le bailly d'Amiens, par mandement du duc, vint à Arras et allenviron pendre plusieurs maulvais ornemens, lesquels il feit pendre;

Pages.

et de la mort de Jehan du Clercq, abbé de Saint-Waast d'Arras; et d'aultres plusieurs choses. 198

1462. CHAP. XLIII. Comment la duchesse de Bourbon, sœur du duc de Bourgoingne, vint devers luy à Bruxelles, et comment le roy Loys envoya en Angleterre, au secours de la royne, deux mille combattants; et d'aultres choses. 201

— CHAP. XLIV. D'aulcuns gents d'armes que le duc de Bourgoingne envoya à Mayence, pour le discord quy estoit meu par l'évesque; et de plusieurs joustes qu'on feit à Bruxelles; et d'aultres choses. 202

— CHAP. XLV. Comment on print plusieurs prisonniers, lesquels avoient faict une imaige de cyre pour nuire au comte de Charrollois; et de la mort de maistre Robert-le-Jeusne, gouverneur d'Arras; et aultres choses. 203

1463. CHAP. XLVI. De l'honneur qu'on feit au duc de Bourgoingne, à Lille, après sa maladie, et du seigneur de Montmorency quy avoit deulx fils, dont le maisné cuida occire l'aultre; et aultres choses quy advinrent en celuy temps. 205

APPENDICE du livre IV. Continuation des procès meus à requeste du seigneur de Beaufort et aultres pour le faict de la vaulderie. 207

I. Ce quy après s'ensuit a esté extraict du papier mémorial de l'escheviuage d'Arras, commençant au mois de may an mil quatre cents quatre-vingt et quatre, folio 87, et finant au mois de novembre l'an mil quatre cents quatre-vingt et quinze. ib.

II. Copie de la sentence et arrest en latin, prononcé en la cour du parlement à Paris, entre messire Collard de Beaufort, Jehan Tacquet et aultres, appelants de maistre Robert-le-Jeusne, gouverneur d'Arras, Robert de Marquais, son lieutenant, et aultres, le vingtiesme jour de may mil quatre cents quatre-vingt et onze, collationné à l'original. 212

LIVRE CINQUIÈME.

En ce livre cinquiesme est traictié comment les princes de France allèrent ensemble contre le roy; de la bataille quy feut entre le roy et le comte de Charrollois au Mont-le-Héry; comment la royne d'Angleterre vint, elle et son fils, en France; de la rebellion de ceulx du pays de Liége; et comment la ville de Dynant feut destruicte; de la mort du duc de Bourgoingne et aultres choses, et parle jusqu'au mois de juillet, an mil quatre cents soixante et sept.

1463. CHAP. I. Comment la royne d'Angleterre vint à l'Escluse en Flandres, et y amena son fils, et vint devers le duc de Bourgoingne et son fils, lesquels la receurent moult haultement; et parolle aussy comme le roy donna au seigneur de Croy la comté de Guynes et aultres terres; et aultres choses advenues en ce temps. 222

— CHAP. II. Comment le roy Loys receut du duc de Bourgoingne les terres engaigées sur la rivière de Somme; et comment il alla devers le duc à Hesdin; et d'aultres choses quy advinrent en ce temps. 225

— CHAP. III. De la mort de Marie, royne de France; et comment Loys, comte de Sainct-Pol, feut adjourné à comparoir en personne devant le roy, et aultres choses advenues. 226

Pages.

1463. CHAP. IV. Comment l'évesque de Tournay revint de Roe; et comment le duc assembla les trois estats de ses pays, en intention d'aller sur les Turcs, et du mariage du fils du duc de Gueldres à la fille de Bourbon; et aultres choses. 227

1464. CHAP. V. Comment le duc de Bourgoingne rassembla derechief les trois estats de ses pays à Bruges; et comment son fils les feit venir en dedans leur jour en Anvers en Brabant, pardevant luy, dont le duc feut mal content; item, des crimes que sondict fils dict que le seigneur de Croy avoit commis; et comment enfin le duc pardonna à sondict fils ce qu'il pooit avoir mesfaict. 228

— CHAP. VI. Comment les députés rendirent response audict comte; et comment, par leur conseil, ledict comte s'en alla devers son père à Bruges, et feurent d'accord ensemble. 231

— CHAP. VII. Comment le roy Loys de France vint en la ville et cité d'Arras, et d'illecq alla en Tournay et à Lille, et de l'honneur qu'on luy feit partout. 232

— CHAP. VIII. Comment le duc de Bourgoingne envoya le bastard de Bourgoingne avec deulx mille combattants devers le pape pour aller contre les Turcqs; et comment le roy Loys feit détenir prisonnier Philippes de Savoye, sous saulf-conduict, feit adjourner le comte Sainct-Pol, et aultres choses. 235

— CHAP. IX. Comment le bastard de Bourgoingne se partit pour aller sur les Turcqs; et aultres choses; et de la mort du comte de Nevers. 236

— CHAP. X. D'une bataille quy feut en Angleterre; et du comte de Charrollois quy vint vers son père; et de la mort de Pierre de Louvain. 237

— CHAP. XI. Comment le roy de France vint devers le duc de Bourgoingne; et d'une adventure quy advint en la chambre où on plaide à Paris. 238

— CHAP. XII. De la mort du pape Pius; et comment le bastard de Reubempré feut prins en Hollande; et comment le seigneur de Haplincourt et Raoul de Flavy feurent bannis du royaulme. 240

— CHAP. XIII. Du duc de Bourbon quy vint devers le roy; et du soudain partement que le duc de Bourgoingne feit de Hesdin. 241

— CHAP. XIV. Comment le roy manda, des pays et villes racheptées et aultres pays, aulcuns députés, pour eulx remoustrer qu'il estoit déplaisant de la renommée quy couroit du comte de Charrollois, et pour faire le comte de Nevers cappitaine de Picardie. ib.

— CHAP. XV. Comment le comte de Charrollois vint à Lille devers son père; et de l'ambassade que le roy de France envoya à Lille devers le duc de Bourgoingne. 242

— CHAP. XVI. De la response que le comte de Charrollois feit aulx ambassadeurs du roy, et comment les ambassadeurs, par toutes les villes de Picardie, au repasser, excusèrent le roy de France des parolles quy couroient. 244

— CHAP. XVII. Comment les seigneurs de Torsy et de Moy meirent Crèvecœur, emprès Cambray, en l'obéissance du roy et de l'évesque de Tournay; et aultres seigneurs quy allèrent de par le duc de Bourgoingne devers le roy de France. 245

1465. CHAP. XVIII. De la mort de Charles, duc d'Orléans; et du marriage d'Édouard, roy d'Angleterre et aultres choses advenues en icelluy temps. 246

1465. CHAP. XIX. Des deulx bastards de Bourgoingne quy revindrent; et de l'ambassade que le duc avoit envoyée devers le roy, quy revint; et aultres choses. 247

— CHAP. XX. Comment le bastard retourna du voyage qu'il avoit entreprins; et comment le duc de Bourgoingne feut malade à Bruxelles; et comment le seigneur de Croy, son frère Jehan de Croy, leurs enfants, et le seigneur de Lannoy, feurent déboutés de la cour et des pays du duc de Bourgoingne. 248

Copie des lettres que le comte de Charrollois envoya par les bonnes villes des pays de son père. 250

— CHAP. XXI. Comment le duc de Berry, frère au roy Loys de France, s'en alla en Bretaigne sans le congié du roy. 253

— CHAP. XXII. Comment le comte de Dampmartin eschappa hors de la bastille Sainct-Anthoine, où le roy le tenoit prisonnier; et de la conjonction de Saturne, Jupiter et Mars. ib.

— CHAP. XXIII. La teneur d'une lettre que Charles, duc de Berry, seul frère du roy Loys de France, envoya au duc de Bourgoingne; et comment Jacques de Sainct-Pol revint d'Angleterre. 254

Copie de une lettre que Loys, roy de France, envoya au duc de Bourbon, quy avoit espousé sa sœur. 255

Copie des lettres que le duc de Bourbon rescript au roy en response à ses lettres. ib.

Copie d'unes lettres que Loys, roy de France, par tout son royaulme envoya pour publier aux lieux accoustumés de faire publications. 257

De la teneur de la lettre que le comte de Nevers et de Rétel feit publier par les villes dont il estoit lieutenant du roy. 259

De la teneur d'unes lettres que le comte de Charrollois envoya en la ville d'Arras et en plusieurs aultres villes de ses pays. ib.

— CHAP. XXIV. Comment le duc de Bourgoingne pardonna à son fils sou mal talent, et du grand mandement des gents d'armes qu'il feit après qu'il ot assemblé les trois estats de ses pays. 260

— CHAP. XXV. Comment la pluspart des gents du comte de Nevers le laissèrent pour aller servir le comte de Charrollois. 262

— CHAP. XXVI. Comment le comte de Charrollois print congié à son père, et des ambassadeurs du roy quy vindrent vers luy; et comment il se partist pour aller en France avec grosse artillerie. 263

— CHAP. XXVII. Comment le comte de Charrollois passa la rivière de Somme pour tirer en France, et des villes de Bray, de Neelle, Roye et Mont-Didier qu'il meit en son obéissance. 264

— CHAP. XXVIII. Comment le comte de Nevers se partist de Péronne; et du siége que le comte de Charrollois meit à Beaulieu. ib.

— CHAP. XXIX. Comment le comte de Charrollois se partist de Pont et entra dedans Sainct-Denys, puis alla en la bataille dedans Paris; et comment le comte de Sainct-Pol gagna Sainct-Cloud-sur-Saine et eut passaige sur Saine; et plusieurs aultres choses. 265

— CHAP. XXX. Comment le comte de Charrollois se partist, et toute son armée, du pont Sainct-Cloud pour aller allencontre du taigne, quy ne pooit passer, pour les gents du roy; et comment il sceut que le roy de France venoit hastivement pour le ruer jus. 266

— CHAP. XXXI. Comment le roy Loys de France vint has-tivement du pays de Bourbonnois pour combattre le comte de Charrollois. 267

1465. CHAP. XXXII. Comment le comte de Charrollois feit ses batailles et meit ses gents en ordonnance pour attendre la puissance du roy. 268

— CHAP. XXXIII. De la bataille ou rencontre quy feut faicte sur le Mont-le-Héry. ib.

— CHAP. XXXIV. Comment aulcuns de Paris saillirent hors de la ville et prindrent les fuyants de la bataille quy avoient abandonné le comte de Charrollois. 270

— CHAP. XXXV. Comment, après la bataille de Mont-le-Héry, le comte de Charrollois feit enterrer les morts. ib.

— CHAP. XXXVI. Comment le roy de France se partist de Corbeil et alla à Paris; et comment il envoya l'évesque de Paris devers le comte de Charrollois. 271

— CHAP. XXXVII. Comment les ducs de Berry et de Bretaigne vindrent et arrivèrent à Estampes, devers le comte de Charrollois; et du comte de Charny, quy feut rué jus par les gents du roy et prins prisonnier. 272

— CHAP. XXXVIII. Comment les ducs de Calabre, de Bourbon, de Nemours, comte d'Arminacq, et aultres, arrivèrent à Estampes; et comment le roy alla à Rouen; et aultres choses. ib.

— CHAP. XXXIX. Comment on somma à ceulx de Paris qu'ils se rendissent au duc de Berry et aulx princes quy estoient en sa compagnie. 273

— CHAP. XL. Comment l'évesque de Paris pourchassa tant que trefves feurent données; et des nouvelles quy vindrent ès pays du duc de Bourgoingne, auquel on rapporta que le comte de Charrollois avoit esté desconfit et rué jus au Mont-le-Héry du roy. ib.

— CHAP. XLI. Comment ceulx de Compiègne assaillirent Roye, et comment le seigneur de Boulliencourt requist aide de gents pour garder Mont-Didier. 275

— CHAP. XLII. Comment les nouvelles vindrent ès pays du duc que le comte de Charrollois avoit eu victoire au Mont-le-Héry. ib.

— CHAP. XLIII. Comment ceulx du pays de Liége envoyèrent deffier le comte de Charrollois; et de l'alliance que le roy de France print aulx Liégeois. ib.

— CHAP. XLIV. Comment le duc de Bourgoingne envoya de l'argent à son fils; et comment le roy alla à Conflans devers le comte de Charrollois; et aultres choses. 278

— CHAP. XLV. Comment ceulx de la ville de Dynant pendirent la pourtraicture du comte de Charrollois devant Bouvynes; et des opprobres qu'ils disoient de luy; et aultres choses. id.

— CHAP. XLVI. Comment le roy de France alla à Conflans devers le comte de Charrollois; et plusieurs aultres choses. 279

— CHAP. XLVII. De la prinse du roy Henry d'Angleterre par le roy Edouard; et comment la ville de Rouen feut prinse par le duc de Bourbon, Ponthoise par les Bretons; et du miracle de Sainct-Jacques; et d'aultres choses. ib.

— CHAP. XLVIII. De la mort de la comtesse de Charrollois; et comment le comte de Nevers feut prins, et le chastel et ville de Péronne. 280

— CHAP. XLIX. Comment les Liégeois feurent desconfits par les gents du duc de Bourgoingne, à Montenacq, et jusques au nombre de deulx mille ou plus de morts. 281

TABLE DES MATIÈRES

	Pages.
1465. CHAP. L. Comment la paix feut traictiée entre le roy de France et les seigneurs de son sang.	282
Copie des lettres au prouffit du comte de Charrollois, par le traictié de Conflans.	283
Copie encoires d'unes lettres de don faict par le roy au comte de Charrollois, pour parvenir au traictié de paix.	287
— CHAP. LI. Comment le comte de Charrollois print congié au roy et aulx princes de France, et se partist de Conflans; et comment le roy, à sa requeste, vint veoir toute l'armée du comte; et comment le duc de Normandie feit hommage au roy de la duché.	288
— CHAP. LII. Comment le comte de Charrollois alla à Maisières-sur-Meuse, et illecq assembla son ost pour entrer au pays de Liége.	ib.
— CHAP. LIII. Comment le duc de Normandie feit son entrée à Rouen; et comment tantost après, le roy, à force d'armes, rentra en Normandie; et se rendit tout le pays à luy, lequel il osta à son frère; et d'aulcuns hérétiques en nostre foy quy feurent ards en la ville de Lille.	289
1466. CHAP. LIV. Comment le comte de Charrollois entra au pays de Liége; et comment les Liégeois feirent tant qu'ils eurent trefves.	291
— CHAP. LV. Comment le traictié de paix feut faict d'entre le duc de Bourgoingne, son fils et ceulx du pays de Liége.	ib.
— CHAP. LVI. Comment le comte de Charrollois se partist de Sainct-Tron, et s'en alla veoir son père à Bruxelles, lequel le receut à grande joye.	292
— CHAP. LVII. Comment ceulx du pays de Liége, et par espécial ceulx de la ville de Dynant, rompireut la paix par eux faicte au duc de Bourgoingne, et recommencèrent la guerre; et aultres choses.	294
— CHAP. LVIII. De la sentence d'excommuniement que le pape jetta sur ceulx de Dynant; et comment le duc et son fils assemblèrent leurs osts et allèrent mettre le siége devant la ville de Dynant; et aultres choses.	296
1466. CHAP. LIX. Comment ceulx de Dynant se rendirent par force d'estre battus d'engins.	298
— CHAP. LX. De la destruction de la ville de Dynant, et comment elle feut arse, et puis destruite et desmolie de tout point.	300
— CHAP. LXI. Comment, après Dynant destruite, ledict duc retourna à Namur, et tout son ost, pour entrer au pays de Liége; et allèrent devant la cité; et des villes quy se rendirent au comte son fils.	301
— CHAP. LXII. Comment la paix feut faicte derechief du comte de Charrollois et du duc son père et de ceulx de la cité de Liége et du pays.	302
1467. CHAP. LXIII. D'une piteuse adventure quy advint en ung villaige nommé Dyevast.	304
— CHAP. LXIV. De la mort et trespas de Philippes, duc de Bourgoingne, et de son enterrement. Fin et dernier chapitre de ce présent livre.	306
Vers mis par escript autour du tombeau de Philippes, grand duc de Bourgoingne.	308

APPENDICE.

PRISE DE CONSTANTINOPLE PAR LES TURCS.	309
Information envoyée par Francisco de Trasne à très révérend père en Dieu monseigneur le cardinal d'Avignon, par Jehan Blanchien et Jacques Tétardé, marchans florentins, de l'entreprinse de Constantinople faite par l'empereur turc, le dix-neuviesme jour de mars l'an mille quatre cent cinquante-trois, à laquelle ledit Jacques estoit personnellement.	ib.
RELATION DE LA PRISE DE CONSTANTINOPLE PAR MAHOMET II, extraite des Annales de l'empire ottoman de Saad-Eddin-Effendi, et traduite du turc par M. Garcin de Tassy.	313

MÉMOIRES DE SAINT-REMY.

	Pages.
PROLOGUE.	319
INTRODUCTION.	321
1408. CHAP. I. La rébellion des Liégeois faicte l'an 1408, à l'encontre de leur seigneur et esleu, Jehan de Bavière, lequel ils assiégèrent dedans la ville de Trecht, etc.	322
1409. CHAP. II. Du concille quy se tint à Pise, où furent condempnés deulx antipappes, et en leur lieu esleu pappe Alexandre, V^e de ce nom, quy estoit auparavant archevesque de Milan, nommé Pierre de Candye.	324
— CHAP. III. La fortune adverse qui advint à l'archevesque de Rains en allant au concille de Pise.	ib.
— CHAP. IV. Comment les Jénevois se rébellèrent contre les François et occirent le lieutenant de Boussicault; et comment Montagu eult la teste tranchée pour avoir mal gouverné les finances du roy.	ib.
1410. CHAP. V. L'assemblée que les enfants d'Orléans, avecques ceulx de leur party, feirent en la ville de Chartres.	325
— CHAP. VI. L'assemblée que le roi feist contre les enfants d'Orléans, et comment il délaya la sentence qu'il avoit faict contre eulx.	ib.
1410. CHAP. VII. Comment le seigneur de Croy, en allant en ambassade devers le roy et le duc de Berry, fut rencontré des gens du duc d'Orléans et mené prisonnier à Blois.	325
1411. CHAP. VIII. Des lettres que les trois frères d'Orléans envoyèrent au roy pour avoir justice de la mort de leur père, et des lettres de défiance qu'ils envoyèrent au duc de Bourgoingne.	326
— CHAP. IX. Du mandement que le roi feit contre ses ennemis, les enfants d'Orléans, avec l'assemblée des gens d'armes et des Flamands que le duc fit.	327
— CHAP. X. Du desordre que les Flamands faisoient en l'armée du duc, dont plusieurs desbats s'ensuivoient.	328
— CHAP. XI. Le siége devant la ville de Hem, qui feut à la fin abandonnée des Orliénois et pillée des Bourguignons.	ib.
— CHAP. XII. Comment ceulx de la ville de Nelle se rendirent au duc de Bourgoingne.	ib.
— CHAP. XIII. Comment le duc d'Orliens et ses alliés passèrent Marne, et assemblèrent au pays de Valloirs plusieurs gens d'armes de diverses langues, quy furent appelés Erminacques.	329

DES MÉMOIRES DE SAINT-REMY.

1411. CHAP. XIV. Comment les Flamands retournèrent de devant Mont-Didier, quoique le duc de Bourgongne leur feist remonstrer, et feurent conduicts en leur pays par le duc de Brabant, frère au duc de Bourgongne. 329

— CHAP. XV. Comment la ville de Saint-Denis leur fut rendue; et de la guerre que les Orliénois firent aux Parisiens; et des bouchers de Paris. ib.

— CHAP. XVI. Comment le duc de Bourgongne entra dedans Paris et prit la ville et tour de Saint-Cloud sur les Orliénois; et de la guerre et prise de plusieurs places que le roy et le duc de Bourgongne feirent ès pays de Beausse et de Vallois. 330

— CHAP. XVII. Comment Waleran, comte de Saint-Pol, fut fait connestable de France, au lieu de Messire Charles de Labreth; et comment la comté de Vertus feut rendue au roy. 331

— CHAP. XVIII. Comment messire Jehan, fils du seigneur de Croy, print le chastiau de Moncheaux, et en icelui trois des enfans du duc Jehan de Bourbon; et de plusieurs capitaines qui furent ordonnés de faire la guerre au duc d'Orléans et ses alliés, en divers lieux et pays. 332

1412. CHAP. XIX. La délivrance du seigneur de Croy et des enfans du duc de Bourbon; et comment le seigneur de Croy feut fait gouverneur du Boullenois, chastellain de Bray-sur-Somme, et grand bouteiller de France. 333

— CHAP. XX. Comment le bailly de Caen, en Normandie, print aucuns des ambassadeurs et tous leurs papiers et instructions, que les ducs de Berry, d'Orliens et de Bourbon et aultres, leurs alliés, envoyoient en Angleterre, l'an 1412. ib.

— CHAP. XXI. Comment les siéges furent mis devant les ville et chasteau de Daufrons, et ville et chasteau de Saint-Remy, tenant le parti des Orliennois, qui furent rendus au roy. 335

1413. CHAP. XXII. Comment les ducs de Berry, de Bourbon et d'Orliens, envoyèrent derechef ambassade au roy d'Angleterre; et des alliances et traités qui se firent entre eulx. 337

— CHAP. XXIII. Des lettres que le roy d'Angleterre envoya aux Gantois, à ceulx de Bruges et du Franc; et comment la ville de Guisnes feut prinse des Franchois. 338

— CHAP. XXIV. Comment le roy meit le siége devant la cité de Bourges, où traicté se feit, et feut la cité rendue, et la paix de Chartres renouvelée entre les partyes d'Orliens et de Bourgongne; et comment les Anglois descendirent en Normandie. 340

— CHAP. XXV. Du retour du roy à Paris, et comment le duc d'Orliens alla vers le duc de Clarence, et le contenta de la soulde des Anglois qu'il avoit amenés à son ayde et secours; et des commotions et haines couvertes entre les princes du sang royal; et comment le duc de Bourgongne, comte de Flandres, se partit du roy et retourna en son pays de Flandres. 341

— CHAP. XXVI. Comment la ville de Soubise, en Guyenne, fut prise et démolie par le duc de Bourbon et le comte de la Marche, sur les Anglois. ib.

— CHAP. XXVII. De l'assemblée et commotion des Parisiens, et des outrages que feirent au duc de Guyenne, et de plusieurs maux qu'ils mirent en sus perpétrèrent; des blancs chapperons qu'ils mirent en sa livrée, que le roy porta et plusieurs aultres seigneurs; et de l'outrage qu'ils feirent au roy et à la royne, ès personnes d'aucuns princes et seigneurs, dames et damoiselles. 342

1413. CHAP. XXVIII. De la proposition et harangue que les ambassadeurs du roy de Cécille, des ducs d'Orliens et de Bourbon, feirent à Ponthoise aux ducs de Berry et de Bourgongne, pour le bien et utilité, paix et union du royaume; et des articles sur ce advisés. 346

— CHAP. XXIX. Comment le roy conclut de entretenir ce qui avoit esté concluà à Ponthoise; et de la délivrance des princes et aultres grands personnaiges, chevaliers et officiers, emprisonnés par les Parisiens; aussy la réintégration de plusieurs roy qui avoyent esté desmis de leurs offices; du partement du duc de Bourgongne; de la venue de plusieurs princes à Paris; et comment messire Charles de Labreth feut remis en l'estat de connestable. 351

— CHAP. XXX. Le mandement que le roy feit publier par tout son royaume, par lequel il annulla, révoqua et annichila tous aultres mandemens et ordonnances par luy octroyées contre les princes de son sang, barons et aultres. 353

— CHAP. XXXI. De la venue à Paris de Jean, duc de Bretagne, biau-fils du roy; du comte de Richemont, son frère, et de l'ambassade d'Angleterre; comment le duc d'Orléans et ceulx de son party retournèrent à gouverner le roy et royaume; et de l'édit que le roy feit pour entretenir la paix; et plusieurs aultres besognes. 355

— CHAP. XXXII. Comment Loys, duc de Bavière, épousa la vefve du comte de Mortaing, frère du roy de Navarre; du bannissement du royaume des gens du duc de Bourgongne, et de l'ambassade que le roy envoya au duc de Bourgongne; et aultres incidents. 347

— CHAP. XXXIII. Comment le roy de Sécille renvoya la fille du duc de Bourgongne, Catherine, laquelle estoit plegie à Loys son filz, dont le duc feut mal content; et des lettres excusatoires et accusatoires que ledit duc envoya au roy. 358

— CHAP. XXXIV. Comment la royne feit prendre quatre chevalliers et plusieurs escuyers et serviteurs du duc de Guyenne, son fils, desquels messire Jehan de Croy estoit l'un, qui feut envoyé tenir prison à Mont-le-Héry; des lettres que le duc de Guyenne escripvit au duc de Bourgongne, lequel avec son armée, vint jusques à devant Paris, où il ne poeult entrer; et comment ledict messire Jehan de Croy feut par force et subtilité délivré de sa prison. 362

1414. CHAP. XXXV. Des mandemens que le roy feit publier par son royaume à l'encontre du duc de Bourgongne, en le bannissant et privant de toutes graces et bienfaits, ensemble ses favorables, amis et alliés, en luy imputant crimes horribles et détestables. 365

— CHAP. XXXVI. Comment les chaisnes de la ville de Paris furent ostées, et les bastons invasibles et deffensables furent deffendus de porter aulx Parisiens, et leurs armures ostées; et comment les articles de maistre Jean Petit, que aultrefois avoit proposés, furent ars publiquement. 367

— CHAP. XXXVII. Des mandemens et remonstrances que le duc de Bourgongne feit aulx nobles de son pays d'Arthois et de Picardie; et de la maladie quy alors régnoit au royaume de France, nommée la coqueluche. 368

— CHAP. XXXVIII. De l'armée que le roy mist sus contre le duc de Bourgongne, et comment la ville de Compiengne feut assaillie, et du roy se trouva en personne; et comment la ville luy feut rendue par appoinctement. 568

— CHAP. XXXIX. Comment Soissons feut assiégée par le roy, prinse et pillée, les églises violées, et de grands crimes y perpétrés. 371

TABLE DES MATIÈRES

                                                                  Pages.
1414. CHAP. XL. Comment le duc de Bourgongne pourvey de capitaines ses villes de la comté d'Arthois et frontières. 372

— CHAP. XLI. Comment Bapasme feut asségiée et rendue au roy par traictié et appoinctement. id.

— CHAP. XLII. Des préparations que ceulx d'Arras feirent pour la garde de la ville et cité, attendant le siège du roi. 373

— CHAP. XLIII. Comment le roi assiégea Arras avec deulx cent mille hommes, qui fut approchée et battue, et vaillamment deffendue. ib.

— CHAP. XLIV. Comment armes feurent faictes ès mines devant Arras, du comte d'Eu allencontre du seigneur de Montagu; et d'autres armes qui se feirent devant la ville de Lens; et les bonnes chières que les parties feirent les uns aulx aultres. 374

— CHAP. XLV. Comment la paix feut traictiée et accordée entre le roy et le duc de Bourgongne, au siège devant Arras; et du désordre qui feut au délogement, à l'occasion du feu quy feut ès logis de l'ost. 376

— CHAP. XLVI. Le contenu des articles de la paix quy feut jurée par le duc de Brabant, la comtesse de Hainault et les députés du duc de Bourgongne, d'une part, et d'autre par le duc de Guyenne, le duc d'Orléans, le duc de Bourbon et aultres. 377

1415. CHAP. XLVII. Comment les Parisiens feurent mal contens qu'ils n'avoient esté appelés à traictier la paix devant Arras; et comment le duc s'en alla en Bourgongne, où il print la ville et chasteau de Tonnerre. 379

— CHAP. XLVIII. Du concile quy se tint à Constance, où le cardinal de Colonne feut esleu pappe et se nomma Martin; et comment le comte Waleran de Saint-Pol assegia la forteresse de Neufville-sur-Meuse, quy luy feut rendue. 380

— CHAP. XLIX. Des services et obsèques que le roy feit faire solemnellement pour défunt Loys, duc d'Orléans, son frère. 381

— CHAP. L. Comment aulcuns hommes d'armes et gens de compaignie faisoient plusieurs maulx au royaume; et comment la paix quy avoit esté accordée et traictiée devant Arras feut parachevée à Paris, et derechief jurée. ib.

— CHAP. LI. Comment messire Guichard Dolphin feut envoyé en ambassade, de par le roy, vers le duc de Bourgongne, qu'il trouva en la forest du chasteau d'Argilly, près de Beaulne, se déduisant à la chasse, où il jura d'entretenir la paix, comme avoient fait les ducs de Bourbon et autres. 382

— CHAP. LII. De plusieurs armes qui se feirent en divers lieux, entre Franchois et Portugalois; et de l'ambassade d'Angleterre qui demanda madame Catherine de France à femme pour le roy d'Angleterre. 384

— CHAP. LIII. Du trespas de Walleran, comte de Saint-Pol et de Ligny, et de ses héritiers, et comment le duc de Guyenne emporta les finances de la royne sa mère, et emprint le gouvernement du roy et royaume. 386

— CHAP. LIV. Comment le roy d'Angleterre feit esquiper une armée de mer pour passer en France; de l'ambassade envoyée au roy d'Angleterre; des offres qu'ils lui feirent; et de la response du roy d'Angleterre. 387

— CHAP. LV. La lettre que le roy d'Angleterre envoya devant son parlement de Hantonne, au roy de France; de la justice que le roy d'Angleterre feit de ceulx qui avoient machiné sa ruine. 388

1415. CHAP. LVI. Comment le roy d'Angleterre descendit et print port entre Honfleur et Harfleur, laquelle, par faute de secours, luy feut rendue. 390

— CHAP. LVII. Comment le roy d'Angleterre entra dedans la ville de Harfleur; du traictement qu'il feit aux gens de guerre, aux manans de la ville et aux gens d'églises; d'une embusche que les Franchois feirent sur les Anglois pendant le siège de ladite ville. 391

— CHAP. LVIII. Comment le roy d'Angleterre se partit de Harfleur pour tirer à Calais et passer la rivière de Somme à la Blanche-Tache; de deux beaux coups de lance donnés devant la ville d'Eu; et comment par un prisonnier feut destourné de passer par ledit lieu, mais passa ladite rivière allentour d'Athies. 393

— CHAP. LIX. Comment les ducs d'Orléans et de Bourbon et le connestable envoyèrent vers le roy d'Angleterre, pour avoir journée et place pour combattre; de la réponse dudit roy, et comment le roy de France manda au connestable et autres princes qu'il feust combattu. 394

— CHAP. LX. Du chemin que le roy d'Angleterre tint quand il feut passé la rivière de Somme; comment les Franchois allèrent au-devant de luy; et comment ils virent l'un l'autre, et se logèrent pour celle nuict; et comment le roy d'Angleterre ordonna lendemain sa bataille. 395

— CHAP. LXI. Comment les Franchois ordonnèrent leurs batailles pour combattre le roy d'Angleterre. 397

— CHAP. LXII. De l'emprinse que dix-huit gentilshommes Franchois feirent contre la personne du roy d'Angleterre; et du parlement qui fut tenu entre les deux batailles; de la bataille d'Azincourt, où l'armée des Franchois feut de tous points defaite par le roy Henry d'Angleterre. 398

— CHAP. LXIII. Comment le roy d'Angleterre, après la bataille d'Azincourt, tint son chemin vers Guisnes, et de là à Calais et à Londres, avec ses prisonniers, entre lesquels estoit le duc d'Orléans, qui feut trouvé entre les morts; et comment il feut reçu en son royaume d'Angleterre. 401

— CHAP. LXIV. Les noms des princes, grans maistres, seigneurs et chevaliers franchois qui moururent à la bataille d'Azincourt. 403

— CHAP. LXV. Les noms des prisonniers franchois qui feurent prins à ladite journée d'Azincourt. 405

— CHAP. LXVI. Comment le roy de France feut adverti de la bataille que les princes de son sang avoient perdue; comme aussi feut le duc de Bourgongne qui, à grand' puissance d'armes, tira vers Paris, où il ne peut entrer; et du départ du duc de Guyenne; et comment le comte d'Erminacq feut faict connestable. ib.

1416. CHAP. LXVII. Du retour du duc de Bourgongne en son pays de Flandres, et comment il alla visiter ses deux nepveux, Jehan et Philippe, fils de son frère Anthoine, duc de Brabant, qui mourut en la bataille d'Azincourt; et des gens de guerre quy gastoient le pays de Santers, quy feurent rués jus par le commandement du roi de France. 407

— CHAP. LXVIII. Comment la sentence de condamnation, par cy-devant faicte par l'évesque de Paris, allencontre de feu maistre Jehan Petit, feut déclairée de nulle valeur au concile de Constance. ib.

— CHAP. LXIX. Comment l'empereur Sigismond arriva à Paris, où honorablement feut reçu du roy, et de là passa en Angleterre, où aussi feut honorablement reçu et festoyé du roy d'Angleterre ; de son retour en France sans avoir besongné touchant la paix des deux roys ; et du trespas du duc Jehan de Berry, oncle du roy de France. 408

1416. CHAP. LXX. De l'armée de mer que le roy de France mit sus, laquelle feut défaite par l'armée des Anglois, dont le duc de Clarence estoit chief. 409

— CHAP. LXXI. Comment l'empereur Sigismond se trouva derechief à Calais, vers le roy d'Angleterre, comme aussi feit le duc de Bourgoigne ; et de la rencontre que les Anglois de Harfleur eurent aux Franchois. ib.

— CHAP. LXXII. Du monopole que les Parisiens feirent, quy feut descouvert d'une femme ; et comment ceux qui feurent coupables feurent exécutés ; et comment le dauphin de Viennois espousa la fille au comte de Haynault ; et des trespas desdits dauphin et comte de Haynaut. 410

— CHAP. LXXIII. Comment Jehan de Bavière, esleu de Liége, bailla empeschement à dame Jacqueline de Bavière, en la comté de Hollande ; et comment il se maria à la duchesse de Luxembourg, laquelle estoit vefve de feu Anthoine, duc de Brabant. 412

— CHAP. LXXIV. Comment le duc de Bourgongne escripvit lettres à plusieurs villes du royaume, pour remettre le roy en liberté, et pour le bien public du royaume ; et comment la royne feut envoyée par le roy à Tours, en Touraine, avec trois gouverneurs, qui la tenoient bien court. ib.

— CHAP. LXXV. Comment aucuns rebelles de Rouen occirent leur bailllif, son lieutenant et autres ; et comment le dauphin y alla à main armée et feit punir les rebelles. 413

1417. CHAP. LXXVI. Le trespas du roy Loys de Sézille, et quels enfans il délaissa, et des pilleries et mauvais gouvernement qui estoit au royaume de France. 414

— CHAP. LXXVII. Comment le duc de Bourgoigne envoya ses ambassadeurs aux villes d'Amiens, de Dourlens, Abbeville, Sainct-Riquier et Montreuil ; et de la promesse que lesdites villes luy feirent. 415

— CHAP. LXXVIII. Comment le duc de Bourgongne, avec une grande armée, s'en alla à Corbie et à Amiens, où le seigneur de Chauny vint vers luy de par le roy ; de ses instructions, et la response du duc de Bourgongne ; et comment ledit seigneur de Chauny feut constitué prisonnier en la bastille à son retour. 416

— CHAP. LXXIX. Comment le duc de Bourgongne, en tirant à Paris, entra en plusieurs villes du royaume, qui se rendirent à luy ; comment il alla loger sur le Mont-Rouge, et envoya son héraut avec lettres, pour présenter au roy et au dauphin ; de la réponse du dauphin auxdictes lettres ; comment Mont-le-Hery, Estampes, Chartres et plusieurs autres villes se meirent en son obéissance. 418

— CHAP. LXXX. Comment le duc de Bourgongne escripvit derechief lettres à plusieurs bonnes villes, et envoya une cédule qui contenoit la substance de la proposition que ceulx du concile luy avoient faict faire par un docteur ; comment il s'en alla devers Tours, au mandement de la royne, laquelle il ramena à Chartres. 420

— CHAP. LXXXI. Comment la royne envoya lettres aux bonnes villes de France estans en l'obéissance du duc de Bourgongne ; comment le duc de Bourgongne feut derechief frustré de l'entrée de Paris ; et comment la royne et luy se tinrent la plus grant part de l'hiver à Troyes. 421

1417. CHAP. LXXXII. Comment Jehan de Bavière print la ville de Gorcum sur la comtesse de Hollande ; comment ses gens feurent desconfits ; comment le roy d'Angleterre conquestoit villes et chasteaux en Normandie, et le duc de Glocestre, son frère. 422

— CHAP. LXXXIII. Comment le roi feit asségier Senlis ; comment les Franchois en partirent ; du secours que le comte de Charrollois leur envoya en l'absence du duc de Bourgongne, son père ; et comment ambassades feurent envoyées d'un costé et d'autre, pour union du royaume. ib.

— CHAP. LXXXIV. Comment deux cardinaux feurent envoyés en France, pour la paix qui feut conclue, et empeschée de parfaire par le comte d'Erminacq et plusieurs aultres. 424

— CHAP. LXXXV. Comment le seigneur de l'Isle-Adam, à l'aide d'aucuns Parisiens, entra avec ses gens tenants la partie du duc de Bourgongne dedans Paris ; des désordres et occisions y perpétrés ; comment la bastille feut rendue, et le seigneur de Chauny, qui estoit prisonnier, commis à la garde d'icelle. ib.

— CHAP. LXXXVI. Comment les Parisiens, gens de petit estat, au nombre de quarante mille hommes, allèrent en diverses prisons, et tuèrent bien trois mille hommes, entre lesquels feut occis le comte d'Erminacq, connestable de France, plusieurs évesques et seigneurs ; comment la royne et le duc de Bourgongne entrèrent dedans Paris ; de plusieurs aultres choses advenues ; et comment la ville de Compiengne feut prinse des Dauphinois. 426

1418. CHAP. LXXXVII. Comment Jehan, duc de Brabant, espousa dame Jacques de Bavière, comtesse de Haynault et de Hollande, sa cousine-germaine. 427

— CHAP. LXXXVIII. Comment les vicaires de l'évesque de Paris revoquèrent en plein sermon la condamnation qui autrefois avoit esté faicte contre maistre Jehan Petit, en réparant l'honneur du duc de Bourgongne ; comment Lagny-sur-Marne feut prinse et reprinse ; et de la grand' peste qui régna dans Paris. ib.

— CHAP. LXXXIX. Comment les Parisiens occirent derechief plusieurs prisonniers ; et comment le daulphin reprint la ville de Tours. 428

— CHAP. XC. Comment le roy d'Angleterre descendit avec son armée en Normandie, accompagné de deulx de ses frères et aultres gros seigneurs d'Angleterre ; comment plusieurs villes et forteresses se rendirent à luy ; comment la ville de Caen feut prinse par assault ; et comment le duc de Glocestre assegia la ville et chasteau de Cherbourg. ib.

— CHAP. XCI. Comment le roy d'Angleterre asségia la ville de Rouen, et comment il fortifia son siége ; de plusieurs choses quy advinrent pendant ledit siège ; des ambassades des deulx roys, qui ne se peurent accorder et partirent sans traicter la paix. 429

— CHAP. XCII. Comment ceulx de Rouen envoyèrent devers le roy et le duc de Bourgongne, pour avoir secours, et leur remonstrer la nécessité et misère et povreté qu'ils souffroient par famine et peste ; d'une embusche que les Franchois feirent sur les Anglois, qui ne leur porta que dommaiges. 432

— CHAP. XCIII. Du traictié que le roy d'Angleterre et ceux de Rouen feirent, moyennant lequel ils rendirent la ville audit roy, quy avoit esté en l'obéissance des Franchois deux cent et quinze ans.

TABLE DES MATIÈRES

1419. CHAP. XCIV. Comment l'ambassade du roy d'Angleterre, en allant vers le roy de France, feut assaillie par les Daulphinois, qui feurent desconfits par les Anglois; et du parc qui feut faict vers Meullant, où convinrent ensemble le roy d'Angleterre et ses deux frères, la reine de France, dame Catherine sa fille, le duc de Bourgongne et leurs consaulx, et retournèrent sans besongner. 435

— **CHAP. XCV.** Comment le duc de Bourgongne se trouva vers monseigneur le daulphin, où la paix feut entre eulx jurée solemnellement; entre les mains du légat envoyé par le Saint-Père; et comment le roy d'Angleterre feit eschèler la ville de Ponthoise, où les Anglois trouvèrent et gagnèrent grant finance. 436

— **CHAP. XCVI.** Comment la ville de Gisors se rendit aux Anglois, comme aussi feit le Chasteau-Gaillard, après avoir soutenu et enduré le siège par l'espace de seize mois, et par faute de cordes pour tirer eau. 438

— **CHAP. XCVII.** Comment le duc Jehan de Bourgongne feut occis à Montereau où faut Yonne, par le commandement et en présence du daulphin, seul fils du roy de France; des mandemens que le roy feit publier à icelle cause dedans son royaulme; et comment le daulphin assembloit de tous costés gens d'armes. 429

1420. CHAP. XCVIII. Comment la mort du duc Jehan de Bourgongne fut annoncée à son fils unique, Philippe, comte de Charrolois, qui en feut moult desplaisant, et tout le pays du roy de France; de l'alliance qu'il feit, par conseil et licence dudit roy, avecques le roy d'Angleterre; et du traictié faict à Troyes entre les deux roys, par lequel le roy de France donna sa fille à femme au roy d'Angleterre, et le feit héritier du royaume. 442

— **CHAP. XCIX.** Comment le daulphin se fortifia contre ses ennemis; et comment le comte de Conversan, messire Jehan de Luxembourg, son frère, et aultres, asségièrent la forteresse de Alibaudière qui leur feut rendue; et de plusieurs places au pays de l'Auxerrois, qui se rendirent au roy. 444

— **CHAP. C.** Comment le roy Henry d'Angleterre espousa madame Katherine de France, en la ville de Troyes, en Champaigne. .... ib.

— **CHAP. CI.** Le traictié faict entre les roys de France et d'Angleterre. 445

— **CHAP. CII.** Comment les roys de France et d'Angleterre asségièrent Sens, en Bourgongne, qui leur feut rendue, et la ville de Montereau-où-faut-Yonne, prinse d'assault, et le chasteau rendu par composition; comment le corps de feu le duc Jehan feut porté et enterré aux Chartreux, à Dijon, en Bourgongne; et comment le daulphin print la ville de Saint-Esprit, sur le Rhosne, et pluiseurs autres forteresses, en Languedoc. 446

— **CHAP. CIII.** De la croisie contre les Bohémois et Pragois, laquelle ne profita gaires ou rien. 448

— **CHAP. CIV.** Du siége de Melun, quy feut environnée de tous costés; comment le roy d'Angleterre y amena la royne sa femme; et comment, par traictié, elle feut rendue, et de pluiseurs incidens; et comment les roys et roynes entrèrent à Paris, et à grant joie feurent reçus. .... ib.

— **CHAP. CV.** Comment le duc de Bourgongne feit faire sa complainte au roy séant en justice, pour la mort du duc Jehan, son père, et demanda réparation; de la responce du roy; et comment René d'Anjou, frère du roy de Sécile, épousa la fille héritière du duc de Lorraine. 451

1420. CHAP. CVI. Comment les roys de France et d'Angleterre tinrent leurs estats à Paris, le jour de Noël; et comment le roy d'Angleterre commença de régner en France. 452

— **CHAP. CVII.** Comment le roy d'Angleterre retourna en Angleterre avec sa femme, qu'il feit couronner royne en la ville de Londres, en Angleterre, où il tint moult grant feste; de l'aide qu'il requit à ses subjects, qui libéralement luy accordèrent. .... ib.

— **CHAP. CVIII.** Comment la duchesse de Brabant se partit du duc son mari, par jalousie, et s'en alla avecques le seigneur de Robersart, en Angleterre, où elle se maria avecques le duc de Glocestre. 453

— **CHAP. CIX.** Comment le daulphin feut banni du royaume et jugé indigne de la succession du royaume de France; et comment le seigneur de l'Isle-Adam feut fait prisonnier du duc d'Exestre, capitaine de Paris. ib.

1421. CHAP. CX. Comment le duc de Clarence feut occis des Daulphinois, avecques la fleur de la cavalerie d'Angleterre, à la bataille de Baugé, au pays d'Anjou; et du mariage du duc d'Alençon à la seule fille du duc d'Orléans. 454

— **CHAP. CXI.** Comment le roy d'Angleterre descendit à Calais à grosse armée, et tira vers Chartres, cuidant combattre le daulphin qui l'avoit asségiée; et de la grant famine quy estoit à Paris, et entre Seine et Loire, Brie et Champaigne. 455

— **CHAP. CXII.** Comment le duc Philippe de Bourgongne combattit les Daulphinois, et gaigna la bataille qui feut nommé la bataille de Mons-en-Vimeux. .... ib.

— **CHAP. CXIII.** Comment le roy d'Angleterre asségia la ville de Meaux, en Brie, des saillies que les asségiés feirent; de la monnoye quy feut abbaissée, et les salus forgiés pour 25 sols. 457

— **CHAP. CXIV.** Comment le duc partist de Flandres pour aller en son pays de Bourgongne, en passant par Paris au bois de Vincennes, où estoient le roy et la royne, et de là au siége de Meaux; et comment il alla visiter le duc et la duchesse de Savoye, son bel oncle et sa tante; et comment le comte de Conversan fut délivré de prison; et aussi fut Arthus, comte de Richemont, frère au duc de Bretaigne. 458

— **CHAP. CXV.** De l'emprinse du seigneur d'Offemont pour entrer en la ville de Meaux, en laquelle feut prins; et comment ceulx de la ville se retirèrent au marché, en abandonnant la ville qui des Anglois feut prinse. .... id.

— **CHAP. CXVI.** Comment le roy d'Angleterre feit sommer ceux quy estoient à Meaux, lesquels se rendirent audit roy par traictié; et comment plusieurs villes et forteresses feurent rendues par les Daulphinois au roy d'Angleterre. 459

1422. CHAP. CXVII. Comment la royne d'Angleterre arriva à Harfleur, et de là s'en alla au bois de Vincennes, vers le roy et royne, ses père et mère, où le roy d'Angleterre vint vers elle; comment les dits roy et royne tirèrent à Paris et à Senlis; de la femme de l'armoyeur du roy quy fut exécutée avec aucuns de ses complices. .... [461

— **CHAP. CXVIII.** De la puissance que le duc de Bourgongne mena devant la ville de Cosne-sur-Loire, pour combattre le daulphin qui l'avoit faict asségier, lequel n'y comparut pas; du trespas du roy Henry d'Angle-

DES MÉMOIRES DE SAINT-REMY.

terre, et des remontrances qu'il feit aux princes d'Angleterre. 462

1422. CHAP. CXIX. Comment le corps du roy Henry d'Angleterre, dict le conquérant, fut porté en Angleterre et enterré à Westmoustier, auprès de ses prédécesseurs; de la pompe funèbre quy fut faicte, tant en chemin qu'en Angleterre. 464

— CHAP. CXX. Du trespas de la duchesse de Bourgongne, madame Michelle de France, en la ville de Gand; et du trespas du roy Charles de France, VIe de ce nom, nommé le Bien-Aimé, en la ville de Paris. 465

— CHAP. CXXI. Comment le duc de Bethfort fut régent du royaume de France, pour son nepveu, le roy Henry d'Angleterre, VIe de ce nom. .... ib.

— CHAP. CXXII. Comment ceulx de Meullent se rendirent aux Daulphinois, mais incontinent furent constraints de eulx rendre au duc de Bethfort, régent de France, à leurs grans perte et dhommaige. .... ib.

1423. CHAP. CXXIII. Comment les Daulphinois prinrent le chasteau de Dommart. 466

— CHAP. CXXIV. Des alliances que le régent de France, les ducs de Bourgongne et de Bretaigne feirent ensemble; et des mariages de deux sœurs du duc de Bourgongne, Anne et Margueritte, qui feurent traictiés avecques le régent et duc de Bretaigne; et de pluiseurs places prinses par ledit régent. .... ib.

— CHAP. CXXV. Comment les Daulphinois perdirent la bataille contre les Bourguignons et les Anglois, devant la ville de Crevant qu'ils avoient asségiée. 467

— CHAP. CXXVI. Comment le Crotoy fut rendu au régent de France; et de la mort de messire Jacques de Harcourt. 468

— CHAP. CXXVII. Comment messire Jehan de Luxembourg asségia la ville de Guyse; et comment la ville de Yvrey-la-Cauchie feut rendue aux Anglois par faulte de secours. 469

1424. CHAP. CXXVIII. Comment les Daulphinois feurent desconfits en bataille par le régent de France, près de Verneuil, où le duc d'Allenchon feut prisonnier, et pluiseurs aultres. 470

— CHAP. CXXIX. Comment la ville de Guyse se rendit à messire Jehan de Luxembourg quy de là en avant se nomma comte de Guyse. .... ib.

— CHAP. CXXX. Comment les ducs de Brabant et de Glocestre se submirent touchant leur procès à l'occasion de dame Jacques de Bavière, que chacun disoit estre sa femme, sur les ducs de Bethfort et de Bourgongne; et comment le duc de Glocestre refusa l'appointement par iceulx faict. 471

— CHAP. CXXXI. Comment le duc de Bourgongne espousa madame Bonne d'Arthois, sœur du comte d'Eu, sa belle tante; du mariage de monseigneur Charles de Bourbon à la sœur dudict duc de Bourgongne, nommée Agnès; du trespas de Jehan de Bavière, oncle du duc et duchesse de Brabant, qui délaissa le duc de Bourgongne son héritier. .... ib.

— CHAP. CXXXII. Comment le duc de Glocestre et la duchesse descendirent à Calais et tirèrent à Valenciennes, où ils ne peurent entrer, et de là à Mons, où elle feit ses remonstrances, et feut le duc de Glocestre receu pour seigneur. 472

— CHAP. CXXXIII. Comment la ville de Brayne, en Haynault, fut rendue au duc de Brabant; et comment les Brabanchons retournèrent en leur pays. .... ib.

1424. CHAP. CXXXIV. Des lettres poignantes que le duc de Glocestre envoya au duc de Bourgongne. 473

— CHAP. CXXXV. De la response du duc de Bourgongne aux lettres envoyées par le duc de Glocestre, par laquelle il luy présente de le combattre corps à corps. 474

— CHAP. CXXXVI. De la response du duc de Glocestre aux lettres du duc de Bourgongne, par laquelle il lui accepta le combat et assigna jour. 475

— CHAP. CXXXVII. Comment le duc de Glocestre se partit, et comment le duc de Brabant asségia la ville de Mons, en Haynault; du traictié faict audict siége, par lequel dame Jeanne de Bavière fut baillée en garde au duc de Bourgongne. 476

— CHAP. CXXXVIII. Des remonstrances que le duc de Bethfort, frère du duc de Glocestre, feit faire au duc de Bourgongne, pour empescher le combat, à quoi ledit duc ne se volt consentir; touttefois rien ne ensuivit, et ne retourna oncques puis en France le duc de Glocestre, fors que autour de Calais. 477

1425. CHAP. CXXXIX. Comment le souldan d'Egypte et de Syrie envahist le royaulme de Cyppre, où il feist de gros dommaiges. 478

— CHAP. CXL. Des ambassadeurs par lesquels le daulphin envoya faire obéissance au pappe Martin; et des lettres du pappe, publiées au pays de Brabant, pour le faict de la duchesse dame Jacques. 480

— CHAP. CXLI. Comment le duc de Bethfort, régent de France, gaigna la cité et comté du Mans par traictié. .... ib.

— CHAP. CXLII. Comment la duchesse Jacques de Bavière trouva façon d'eschapper de Gand, et s'en alla en Zellande et Hollande, où elle feut receue comme dame; du secours que le duc de Glocestre luy envoya d'Angleterre; et comment le duc de Bourgongne les combattist et gaigna la bataille; et d'aultres emprinses faictes audict pays; et le trespas de la duchesse de Bourgongne, madame Bonne d'Arthois. .... ib.

1426. CHAP. CXLIII. Comment le roy de Cippre fut prins à la bataille des Sarrazins, et mené prisonnier au souldan Baldador; et comment, par finance, il fut eslargi de prison et s'en retourna en Cippre. 481

— CHAP. CXLIV. Comment les Hollandois furent desconfits par les Bourguignons, quy tenoient garnison à Hornes; et comment plusieurs villes quy tenoient de la partie de la duchesse se rendirent. 484

— CHAP. CXLV. Comment les Anglois furent desconfits au siége de Montargis. .... ib.

— CHAP. CXLVI. Comment la ville de Zenenberghe et le seigneur qui tenoit le party de la duchesse Jacques de Bavière, se rendirent au duc de Bourgongne; et du trespas du duc Jehan de Brabant, fils d'Anthoine, duquel Philippe, son frère, fut héritier, quy estoit comte de Sainct-Pol et de Ligny, seigneur de Fiennes et chastelain de Lille. .... ib.

1427. CHAP. CXLVII. Comment le régent de France vint vers le duc de Bourgongne à Lille, pour l'appoincter avecques le duc de Glocestre. 485

— CHAP. CXLVIII. Du débat pour l'évesché d'Utrecht, et de la paix finalle quy feut faicte entre le duc de Bourgongne et dame Jacques de Bavière, quy se maria à messire Frank de Borsel, comte de Ostrevant. .... ib.

— CHAP. CXLIX. De plusieurs crollements de terre qui advinrent en Castelogne, Espaigne et Languedoc, et coppie de la lettre que le souldan de Babylone envoya aux seigneurs de la chrestienté. 486

J. Du Clercq et St. Remy.

TABLE DES MATIÈRES

1428. CHAP. CL. Comment les Anglois asségièrent la ville d'Orléans, où le comte de Salbery fut occis d'un coup de canon. 487

— CHAP. CLI. Comment la pucelle Jehanne vint en bruit, et feut amenée au siége d'Orléans; comment elle saillist avec les Franchois sur les Anglois, et fut le siége abandonné. 488

1429. CHAP. CLII. Comment le daulphin fut couronné roy de France à Rains; de plusieurs villes quy se rendirent à luy; comment le duc de Bethfort luy alla allencontre, et présenta la bataille; des faicts de la Pucelle, quy mena le roy devant Paris. 489

— CHAP. CLIII. De l'ambassade que le duc de Bourgongne envoya en Portugal, pour avoir madame Ysabel, fille du roy, en mariage. 490

— CHAP. CLIV. Du mariage de l'Infant don Édouard, fils du roy de Portugal, aisné à la sœur du roy Alphonse d'Arragon; de leurs accoustrements et pompe nuptiale, et nopces célébrés dans la ville d'Estremoux. ib.

— CHAP. CLV. Comment madame Ysabel de Portugal arriva à l'Escluse, en Flandres, où elle fut honorablement receue; de la solemnité et feste des nopces du duc et d'elle, quy se tint à Bruges; et des joustes et esbattemens quy se y feirent; et des seigneurs et dames quy se trouvèrent à ladite feste. 494

— CHAP. CLVI. Comment le duc de Bourgongne, durant la feste de ses nopces, institua et meit sus la noble ordre de la Toison-d'Or. 497

— CHAP. CLVII. Des armes quy se firent en la ville d'Arras, entre Franchois et Bourguignons, dont le duc estoit juge. 498

1430. CHAP. CLVIII. Comment le duc de Bourgongne asségia la ville de Compiengne, où la pucelle Jehanne fut prinse par une saillie qu'elle fit; et de plusieurs aultres faits de guerre. 499

— CHAP. CLIX. Comment les Liégeois commenchèrent la guerre contre les Namurois, boutants feu en plusieurs endroits. 500

— CHAP. CLX. Comment le comte de Ligny mit le siége devant Crespy en Lannois, qui luy feut rendue, et la cité de Soissons luy fist obéissance au nom du duc de Bourgongne. ib.

— CHAP. CLXI. Du trespas du duc Philippe de Brabant; et comment le duc de Bourgongne print possession de la duché; de pluiseurs faicts d'armes quy se firent durant le siége de Compiengne; et comment il fut délaissé. ib.

— CHAP. CLXII. De la guerre de l'évesque de Liége allencontre des Bourguignons, au pays de Namur et dudit Liége, laquelle fut fort rigoureuse. 502

— CHAP. CLXIII. Comment les gens du duc de Bourgongne furent rués jus devant Garmegny d'ung chevalier de France; comment ils envoyèrent demander la bataille au duc, quy estoit dedans Roye; et la response que le duc luy fist. 504

— CHAP. CLXIV. Du pardon que le duc feit aux Cassellois pour leur rébellion; et comment il en fist exécuter, et remit le pays en justice. 505

— CHAP. CLXV. De l'estat que le duc de Bourgongne tinst en la ville de Brouxelles; et du trespas de son cousin le prince de Piedmont. 506

— CHAP. CLXVI. La publication que le duc feist faire en la ville de Brouxelles, pour encommenchier la feste de l'ordre de la Toison-d'Or. ib.

1431. CHAP. CLXVII. De la première feste de l'ordre de la Toison-d'Or, que le duc de Bourgongne tint à Lille; et des cérémonies observées à ladicte feste. 507

— CHAP. CLXVIII. La coppie des lettres de l'institution de la noble ordre et confrairie de la Toison-d'Or, faicte en la ville de Lille, le vingt-septiesme jour de novembre, l'an de grace mil quatre cent et trente-un. 510

— CHAP. CLXIX. Du nombre des officiers de l'ordre de la Thoison-d'Or; et comment ils doibvent exercer leur office; et du serment qu'ils sont tenus de faire. 520

— CHAP. CLXX. Comment le prince d'Orange et les Bourguignons furent desconfits en la bataille des Daulphinois, devant Anthonne; et comment le seigneur de Montagu fut privé de l'ordre de la Thoison-d'Or. 523

— CHAP. CLXXI. De la guerre du duc de Bar, René d'Anjou, contre le comte de Vaudemont, lequel, avec le secours des gens de guerre que le duc de Bourgongne luy feit, combattist ledit duc de Bar, quy fut prisonnier et envoyé au duc de Bourgongne, et perdist la bataille. 524

— CHAP. CLXXII. De la bataille du Bregier, où les Franchois furent desconfits des Anglois. 526

1432. CHAP. CLXXIII. Comment le duc de Bethfort, régent de Franche, asségia Laigny-sur-Marne, laquelle fut ravitaillée des Franchois, et le siége délaissé par ledict régent. 527

— CHAP. CLXXIV. De la seconde feste et solempnité de la Thoison-d'Or, quy fut tenue à Bruges. ib.

1433. CHAP. CLXXV. Comment Pierre de Luxembourg, comte de Sainct-Pol, asségia la ville de Sainct-Valery, quy luy fut rendue par traictié; du trespas du comte de Sainct-Pol, et des emprinses et conquestes que monseigneur Jehan de Luxembourg, comte de Ligny, fist sur les Franchois. 528

— CHAP. CLXXVI. Comment le duc de Bourgongne partit d'Arras pour aller en Bourgongne contre ses ennemis quy gastoient le pays; de plusieurs places quy se rendirent à luy par traictié ou aultrement. 529

— CHAP. CLXXVII. Comment le duc print la ville d'Avallon d'assault, et la forteresse de Pierre Pertuis. 532

— CHAP. CLXXVIII. De la troisième feste et chapitre de l'ordre de la Thoison-d'Or, tenue à Dijon, où le nombre des chevalliers fut accru de six. 533

— CHAP. CLXXIX. Comment les adversaires du duc de Bourgongne prinrent d'assault la ville de Mont-Sainct-Vincent; et comment ils abandonnèrent le siége. 534

— CHAP. CLXXX. De la feste des nopces du comte de Genève, fils aisné du duc de Savoie, et de Anne, fille du roy de Cyppre, en la ville de Chambery; des princes, seigneurs, dames et damoiselles quy y furent; et de la pompe et esbattemens de ladicte feste. ib.

1434. CHAP. CLXXXI. Comment le duc de Bourgongne envoya gaster le pays de Beaujolois; et comment il retourna en ses pays de Flandres et de Brabant. 538

— CHAP. CLXXXII. Comment le duc de Bourgongne partit de son pays de Flandres pour estre au jour que les Franchois avoient prins de combattre ou rendre la place de Gransy, laquelle fut rendue; et de pluiseurs forteresses prinses autour de Mascon; et de la prinse de Chaumont et Belle-Ville; et comment les ducs et duchesses de Bourgongne et de Bourbon s'assemblèrent à Nevers, faisants grosses chières les ungs aux aultres; et de la conclusion de la journée quy se tiendroit en la ville d'Arras. ib.

	Pages
1454. CHAP. CLXXXIII. De la journée quy se tint à Arras, entre le duc et les ambassadeurs du saint-père, les ambassadeurs des roys de France et d'Angleterre, pour la paix finalle du royaulme de France, laquelle fut faicte et conclue entre le duc et les ambassadeurs de France; des seigneurs quy se trouvèrent à ladicte journée, et des armes quy y furent faictes entre deulx gentilshommes, chevalliers, assavoir messire Jehan de Merlo, Castillan, et le seigneur de Charny, Bourguignon, dont le duc estoit juge.	540
— CHAP. CLXXXIV. Du jugement d'armes quy se fist à Arras, à l'occasion du débat entre messire Collart, dict Florimont de Brimeu, d'une part, et messire David de Brimeu, son oncle, d'aultre part, pour les armes de la bannière et seigneurie de Brimeu.	546
— CHAP. CLXXXV. Coppie du traictié de la paix faicte et conclue en la ville d'Arras, entre le duc de Bourgogne et l'ambassade du roy Charles de France, VIIe de ce nom.	547
— CHAP. CLXXXVI. Des offres que le duc Philippe de Bourgongne fist faire au roy d'Angleterre, de la part du roy de France, pour trouver la paix des deux royaulmes, quy ne furent ni agréables ni receues audict roy d'Angleterre.	558
— CHAP. CLXXXVII. Comment le roy de France jura la paix d'Arras solempnellement, et la fist aussy jurer aux grands seigneurs quy estoient entour luy; et comment le mariage de madame Catherine, deuxieme fille du roy, fut traictié avecques le comte de Charrollois.	559
1454. CHAP. CLXXXVIII. La coppie des lettres que le roy escripvit au duc de Bourgongne.	ib.
— CHAP. CLXXXIX. La coppie de la responce que le duc de Bourgongne fist aux lettres du roy.	560
— CHAP. CXC. De la cinquième feste et chapitre de la Thoison-d'Or qui fut tenue à Bruxelles.	561
— CHAP. CXCI. De la proposition que le souverain baillif de Flandres fist par le commandement et en présence du duc de Bourgongne, comte de Flandres, et aux doyens jurés et mestre de bourgeoisie de la ville de Gand; et la responce faicte sur icelle.	562

APPENDICE.

MÉMOIRE SUR LES DERNIÈRES ANNÉES DE LA VIE DE JACQUES COEUR.	565
MÉMOIRE SUR LES SUITES DU PROCÈS DE JACQUES COEUR, par M. Bonamy.	576
ACTES JUDICIAIRES relatifs au procès et à la condamnation de Jacques Cœur, d'après le manuscrit original déposé dans les archives du château de Saint-Fargeau.	582
NOTE sur l'hôtel des frères l'Alemant, à Bourges.	662
BULLE DU PAPE en faveur de Jacques Cœur.	665

FIN DE LA TABLE DES MATIÈRES.

CATALOGUE GÉNÉRAL
DU PANTHÉON LITTÉRAIRE
150 VOLUMES.

CHRONIQUES ET MÉMOIRES.
vol.
Histoire de Morée. — Histoire des Catalans. — Histoire de Procida. — Guerre des Albigeois. — Villehardoin. — Henri de Valenciennes. — Joinville, J. Froissart. — Maréchal de Boucicaut. 1
Chroniques de Flandre. — Chronique de Duguesclin. — L Orcuville. — Christine de Pisan. 1
Monstrelet. 1
Georges Chastelain (inédit) 1
Commines. — Guill. de Villeneuve. — Olivier de la Marche. — Chronique de J. Delalain. — J. Bouchet. 1
P. de Fenin. — Journal d'un bourgeois de Paris. — Guill. Cruel. — Math. Coussy. — Chron. et procès de la Pucelle. 1
J. Du Clerq. — Lefèvre de Saint-Remy. 1
Saulx Tavannes. — Du Villars. 1
Blaise de Montluc. — Maréchal de Vieilleville. 1
Chron. de Bayart. — Guill. de Marillac. — Ant. de Laval. — J. Buonaparte. — De Fleurange. — Louise de Savoie. 1
— Du Bellay. — Maréchal de Montluc. — Vieilleville. — Duc d'Alençon. — De Coligny. — De Castelnau. — De Rochechouart. — De Castelnau. — De Mergey. — de la Noue. — Cheverny. — Hurault. 1
P. de la Place. — Régnier de la Planche. — D'Aubigné. — Rabutin. 1
L'Estoile : Mémoires sur la Ligue . . 1
Brantôme : Œuvres complètes 5

HISTOIRE.
Thucydide. — Xénophon 1
Polybe. — Hérodien. — Zozime . . . 1
Hérodote. — Ctésias. — Arrien. . . . 1
Flavius Josèphe 1
Jules-César. — Salluste 1
Tite-Live 2
Tacite. — Quinte-Curce 1
Plutarque : Hommes illustres 2
Barthélemy : Anacharsis . . . .
Rollin : Histoire ancienne, histoire romaine 6
Gibbon . . . .
Robertson . . . .
Hume . . . .
Guichardin . . . .
Machiavel . . . .

ÉCONOMIE POLITIQUE ET JURISPRUDENCE.
vol.
Turgot. — Quesnay. — Smith. — Godwin. — Malthus. — Ricardo. 3
Grotius. — Burlamaqui. — Puff. Hoff. Blackstone . . . .
Montesquieu . . . .
D'Aguesseau . . . .
Beccaria. — Filangieri. — Vico . . . 1

THÉOLOGIE.
La sainte Bible 2
Choix d'ouvrages mystiques . . . . . .
Monuments primitifs de l'Église chrétienne . . . .
Éloquence et philosophie chrétienne, quatrième et cinquième siècles . . 1
Saint Barnabé. — Saint Clément. — Saint Ignace. — Saint Polycarpe. — Saint Denys l'Aréopagiste. — Saint Justin. — Athénagoras . . . .
Origène . . . .
Saint Jérôme . . . .
Saint Augustin 2
Saint Jean Chrysostôme . . . .
Saint Clément d'Alexandrie . . . . . .
Bossuet : Œuvres complètes . . . . . .
Massillon : Œuvres complètes 3
Bourdaloue : Œuvres complètes . . . 3
Fléchier : Œuvres choisies . . . .
Petits traités de piété et de morale religieuse . . . .
Livres sacrés de l'Orient : Coran. — Lois de Manou. — Chou-King. — Sse-Chou.

PHILOSOPHIE.
Platon : Œuvres complètes 3
Aristote : Œuvres litt., polit. et philos.
Sénèque . . . .
Lucien . . . .
Bacon . . . .
Descartes . . . .
Locke. — Leibnitz . . . .
Clarke. — Mendelshon. — Hutcheson 1
Montaigne . . . .
Charron. — Pascal. — La Rochefoucauld. — La Bruyère. — Vauvenargues.

ÉLOQUENCE.
La Harpe : Cours de littérature . . . 2
Cicéron : Œuvres 4
Démosthènes. — Eschine . . . .
Orateurs politiques français et anglais.
Orateurs du barreau français et anglais.
Choix de discours de L'Hôpital. — Talon. — Séguier. — Servan, etc. — Pasquier. — Desèze. — Mirabeau, etc. . 1

SCIENCES.
vol.
Système de l'univers : Ptolémée. — Copernic. — Galilée. — Kepler. — Newton. — Herschell. — Laplace . . . .
Histoire naturelle : Pline. — Linné.
Médecine { Hippocrate. — Celse.
{ Pinel. — Bichat.

POÉSIE.
Homère. — Virgile. — Quintus de Smyrne . . . .
Milton. — Le Dante. — Le Tasse . . 1
L'Arioste. — Pétrarque . . . .
Camoëns. — Alonzo d'Ercilla . . . . .
Ovide. — Horace. — Lucrèce. — Perse. — Juvénal . . . .
Petits poètes grecs : Hésiode. — Tyrtée. — Anacréon. — Théocrite, etc. . . . 1
Petits poètes français : Chaulieu. — Lafare. — Chapelle. — Sénecé, etc.
Poètes satiriques : Régnier. — Boileau. — Gilbert . . . .
La Fontaine . . . .
Byron . . . .
Fabliaux et contes du XIIe siècle . .
Ballades et chansons historiques du XIIe siècle.

THÉÂTRE.
Eschyle. — Sophocle. — Euripide. — Aristophanes. — Ménandre . . . .
Sénèque. — Plaute. — Térence . . . .
Maffei. — Alfieri. — Goldoni. — Manzoni. — Federici. — Giraud 1
Shakspeare . . . .
Schiller . . . .
Goethe . . . .
Lope de Véga. — Calderon. — Moratin.
P. et Th. Corneille . . . .
Racine . . . .
Voltaire . . . .
Beaumarchais . . . .

ROMANS.
Les mille et une Nuits. — Les mille et un Jours. — La Sultane et les Vizirs . 2
Don Quichotte. — Lazarille de Tormes. — Fray Gerundio 1

GÉOGRAPHIE ET VOYAGES.
Lettres édifiantes et curieuses écrites des missions étrangères . . . .
Choix des meilleurs voyages dans les quatre parties du monde 2

OUVRAGES AUXILIAIRES. — 60 VOLUMES.

Abrégé de l'Hist. de France . . . . . .
Le Gaulois. Chateaubriand. Leopardi .
Bossuet : Discours sur l'hist. univ . .
Saint François de Sales . . . .
Buffon : Œuvres complètes . . . .
Bernardin de Saint-Pierre . . . .
Voltaire : Œuvres complètes . . . . . .
J.-J. Rousseau . . . .
Diderot . . . .
Mme de Staël. — . . . .

Béranger . . . .
Chateaubriand 5
Casimir Delavigne . . . .
Mme de Staël 3

www.ingramcontent.com/pod-product-compliance
Lightning Source LLC
Chambersburg PA
CBHW061958300426
44117CB00010B/1387